上

桥梁检测与加固手册

◎ 张劲泉　王文涛　主编

人民交通出版社

内 容 提 要

本手册分上、下两册，共有五篇内容。第一篇主要讲述了桥梁检查、检测、试验与评定的原理、方法、标准及常用仪器设备的相关知识；第二篇至第四篇，分桥型讲述了桥跨结构的病害及成因分析、加固计算方法、加固措施及其施工技术等，第五篇则重点讲述桥梁下部结构加固的相关内容。

在编写过程中，编者尤其注重理论与实践的结合，在每一篇中均有丰富的典型工程实例可作参考。手册内容全面、实用，既可作为桥梁检测、评定与加固领域的工具参考书，又不失为一本很好的培训教材。

图书在版编目（CIP）数据

桥梁检测与加固手册．上册/张劲泉，王文涛主编．北京：人民交通出版社，2007.1

ISBN 978-7-114-06333-6

Ⅰ.桥…　Ⅱ.①张…②王…　Ⅲ.①桥-检测-技术手册②桥-加固-技术手册　Ⅳ.U445.7-62

中国版本图书馆 CIP 数据核字（2006）第 149667 号

书　　名：桥梁检测与加固手册（上册）
著 作 者：张劲泉　王文涛
责任编辑：张征宇
出版发行：人民交通出版社
地　　址：（100011）北京市朝阳区安定门外外馆斜街 3 号
网　　址：http://www.ccpress.com.cn
销售电话：（010）59757969，59757973
总 经 销：北京中交盛世书刊有限公司
经　　销：各地新华书店
印　　刷：北京密东印刷有限公司
开　　本：787×1092　1/16
印　　张：46.75
字　　数：1091 千
版　　次：2007 年 2 月第 1 版
印　　次：2008 年 11 月第 1 版第 2 次印刷
书　　号：ISBN 978-7-114-06333-6
印　　数：3001—5000 册
定　　价：200.00 元（上、下册）
（如有印刷、装订质量问题，由本社负责调换）

序

我国有着悠久的建桥历史。赵州桥、万安桥、湘子桥等一大批古代名桥，是中国古代科学技术史上的一颗颗璀璨明珠，并且至今熠熠生辉。新中国成立后，我国的公路交通事业走上了更加辉煌的发展历程，一大批领世界技术之先的特大型桥梁跨海越江，使天堑变通途。到 2005 年底，全国通车运营的公路桥梁总数已达 33.7 万座，计 1475 万延米。

在桥梁建设事业飞速发展的同时，我国公路桥梁的养护管理任务越来越繁重。特别是 20 世纪 80 年代前修建的公路桥梁，受当时经济、技术条件的限制，设计荷载均在汽车—20 级以下。随着设计寿命逐渐临近，重载交通迅猛增加，一些桥梁的使用技术状况迅速下降，已难以满足实际交通需求，急需采取工程措施进行加固或改造。针对这种情况，为了及时消除隐患，保证人民群众生命财产安全，交通部从 2001 年起，在全国范围内组织开展了旧桥改造工程。6 年来，已对 1 万余座桥梁进行了加固或改造，有效提高了公路行车的安全水平。

为更好地指导工程实践，提高旧桥检测、加固和改造工作技术水平，交通部公路科学研究院组织编写了《桥梁检测与加固手册》。手册较为系统地总结了近 20 年来我国公路桥梁检测和加固技术的发展经验和科研成果，介绍了常用的检测技术、评价和加固设计方法，分桥型说明了加固施工关键技术和工艺，并提供了大量的典型工程实例，具有较强的实用性和指导性。

桥梁检测和加固技术对保证桥梁安全运行有着至关重要的作用。希望广大桥梁工程技术人员，在实践中以科学的态度，求实的精神，锐意进取，坚持创新，认真总结工程经验，不断丰富和完善桥梁检测加固技术，为提高我国的桥梁养护管理技术水平，为公路交通更安全、更畅通，做出新的贡献。

冯正霖

二〇〇七年二月一日

编 审 人 员

主　　　编： 张劲泉　王文涛

副　主　编： 何玉珊　李万恒　魏洪昌

参加编写人员：（以姓氏笔画为序）

马　晔　王岐峰　王志英　王来永　王国亮

王杰林　王恩东　任红伟　刘本昌　孙同波

张小江　李　武　李　健　李　湛　李宏江

李怀峰　李承昌　邵新鹏　郑晓华　胡吉利

赵怀志　赵尚栋　徐　萍　贾海庆　郭长路

宿　健　曹茂坤　梁奎基　程寿山　廖　军

主　　　审： 李　华　谢经纬　陈国靖

前　言

新中国成立以来，我国的公路桥梁事业得到了长足发展。特别是改革开放以来，更是进入到了一个全新的发展时期，公路桥梁总数由改革开放前的5.59万座，跃升到2005年的33.66万座，计1474.7万延米。立交桥、高架桥、跨江河湖海、深沟峡谷的大型、特大型桥梁建设更是日新月异。我国用短短20年的时间走过了发达国家50年的历程，桥梁建设成就举世瞩目。随着公路桥梁建设事业的迅猛发展，带来的桥梁养护管理任务也愈来愈繁重。特别是20世纪80年代以前修建的桥梁，由于受当时经济、技术条件的限制，荷载等级均在汽车—20级以下，随着我国公路交通运输事业的飞速发展，重载交通迅猛增加，对这些桥梁在开展检测评定的基础上进行加固改造，提高它们的适应性已成为公路桥梁养护管理面临的重大现实问题。另外，随着桥梁设计使用寿命的逐渐临近，或桥梁在设计、施工上的某些不足，加上频繁的重载交通，使得一些桥梁的使用技术状况有了不同程度的下降，对这些桥梁急需在检测诊断的基础上采用工程措施进行加固或改造，以使其能够满足实际交通需求。基于此情，我们组织编写了《桥梁检测与加固手册》，以便更好地指导工程实践，满足公路桥梁养护管理工作和培训相关技术人员的需要。

本手册是在借鉴国内外先进经验和科研成果的基础上，总结了我国近20年来在桥梁检测、试验、评价与加固改造等方面的技术成果和成熟做法，系统地介绍了公路桥梁的检测技术、试验评价和加固设计方法，分桥型阐述了各种加固施工方法和工艺要求，并列举了相应的典型工程实例，以提高手册的实用性和指导性。手册分上、下两册，共五篇，由张劲泉、王文涛组织编写。上册由一、二两篇组成，第一篇主要介绍了桥梁定期检查与评定、结构混凝土现场检测、桥梁结构试验技术及相应的典型工程技术状况检测和承载能力评定实例；第二篇，侧重于加固方法特点、适用条件、材料要求、力学特点、设计方法、施工要求等方面，介绍了混凝土桥梁的常用加固技术，并提供了相应的典型工程实例。下册由三、四、五三篇组成，第三篇主要介绍了钢桁架桥、斜拉桥、悬索桥的维修加固技术与相应的典型工程实例；第四篇着重介绍了混凝土及圬工拱桥的加固技术与相应的典型工程实例；第五篇系统介绍了桥梁下部结构的加固技术和相应的典型工程实例。全书由李华、谢经伟、陈国靖主审，手册的编写严格执行了我国公路桥梁有关现行技术标准、规范与规程。鉴于工程实例大多在2004年新版规范颁布前完成，其中引用的部分参数和控制指标可能与新颁规范不一致，但不影响“手册”所述方法的应用。我们期望通过本手册的出版，能够促进我国公路桥梁检测、评价与加固改造技术的提高，对我国公路桥梁养护管理工作有所裨益。

手册编写过程中得到了交通部领导、公路司、科教司、交通部西部交通建设科技项目管理中心、交通部公路科学研究院的关怀与指导，广东、山东、四川、江西、浙江、江苏、河北、安徽、河南、广西、青海、新疆、内蒙古和天津等省（市、自治区）的交通厅、公路管理部门、科研院所以及长安大学、东南大学、长沙理工大学和重庆交通学院等院校给予了积极帮助和大力支持，不少专家和学者提供了非常有用的技术资料，人民交通出版社的领导和编辑们为本书的出版付出了辛勤的劳动，在此一并表示衷心感谢！

由于时间仓促，加之学识水平和能力有限，本书疏漏、谬误之处在所难免。特别是随着桥梁检测、评价与加固改造技术的不断进步，新材料、新方法等的不断出现，手册的内容需要在今后不断进行补充完善和修订。为此，恳请同行及广大读者批评指正，多提出宝贵意见，添砖加瓦，使手册日臻完善。意见请邮寄到：北京市海淀区西土城路8号，交通部公路科学研究院（邮编：100088）。

编者

2006年12月于北京

目　录

（上册）

第一篇　桥梁检测与试验

（下册）

第三篇 钢桥及索结构桥梁的加固

第四篇 混凝土及圬工拱桥的加固

第一篇　桥梁检测与试验

第一章 概 论

§1.1 我国公路桥梁的现状与加固技术改造需求

建国以来，特别是改革开放以来，随着我国社会主义建设事业的发展，我国的公路建设取得了长足的发展，公路技术等级和路面等级不断提高，高速公路建设实现历史性突破，县乡公路里程大幅度增长，公路密度不断提高，公路通达情况进一步改善；公路总量继续增长，路网结构进一步完善。截止到2005年底，全国等级公路为159.18万公里，占公路总里程的82.5%；二级及二级以上高等级公路为32.58万公里，占公路总里程的16.9%，其中：高速公路41 005km、一级公路38 381km、二级公路246 442km；全国有铺装路面和简易铺装路面公路里程99.46万公里，占总里程的51.5%，其中：有铺装路面达到532 697km，简易铺装路面为461 901km；在有铺装路面的公路中，沥青混凝土路面为226 075km，水泥混凝土路面为306 622km。全国通车的公路总里程为193.05万公里，其中：国道132 674km、省道233 783km、县道494 276km、乡道981 430km、专用公路88 380km，分别占公路总里程的6.9%、12.1%、25.6%、50.8%和4.6%。公路密度为20.1公里/百平方公里，全国通公路的乡（镇）占全国乡（镇）总数的99.81%。

公路交通行业紧紧抓住机遇，加快基础设施的建设，乘势而上，实现了跨越式发展，公路运输对社会经济发展的"瓶颈"制约得到有效缓解，基本改变了公路运输"乘车难"、"运货难"的紧张状况，有力支持了经济社会的快速发展。

但是，目前我国公路交通依然处于低水平、不全面、不平衡状态，交通紧张状况的缓解是初步的、不稳定的。截止到2005年底，我国公路路网中，三级以下低等级公路占公路总里程的83.12%。技术标准低、通过能力差的四级公路与等外公路所占比重仍然较大，约占公路总里程的65.27%，严重地制约了路网的通行能力。对路网进行技术改造，提高桥梁适应能力，提升路网服务水平，适应社会经济发展和人民生活质量提高的需要，是我国公路交通主管部门面临的一大艰巨任务。

截止到2005年底，在我国通车公路中，现有各种桥梁共计33.66万座，累计长度为1474.75万延米，其中：特大桥876座，145.96万延米；大桥23 290座，512.53万延米；中桥7.17万座，393.74万延米，小桥24.07万座，422.53万延米。从2004年的全国桥梁普查资料来看，有近一半的中、小跨径桥梁，主要分布在技术等级低、通行能力差的县乡公路上。这些桥梁的荷载标准大多为汽-13、拖-60或汽-15、挂-80，还有相当一部分桥梁的荷载标准仅为汽-10、履带-50，甚至低于汽-10级标准。这些桥梁的建设期大多在1950年～1980年期间，系按1981年以前颁布的技术标准设计建造的桥梁。虽然，在"六五"、"七五"期间曾对它们进行过技术改造，但由于当时资金有限，技术改造主要是以加固补强和加宽为主的。这些桥梁经过近20年的重载交通频繁运行，普遍老化、衰退严重，绝大多数桥梁处于"带病"坚持工作状态。桥梁承载力低，达不到现行技术标准要求，已成为我国公路桥梁技术状况较差、与当前运输不相适应的一个主要表征。

另外，相当数量的桥梁，桥面宽度不符合现行技术标准。路宽桥窄且承载力严重不足问题更为突出。桥面宽度窄，形成公路运输的"颈口"，严重地影响了整条线路的畅通，成为交通事故的多发地点。少数桥梁的桥头接线，由于受山区地形和集镇的限制，修建时为了节省投资和减少拆迁工作，出现桥头接线（桥头直线段）长度不足，纵坡过大，以及平曲线半径过小等不符合技术标准的情况，严重影响了行车安全和车速。特别是一些沿溪公路的桥梁，有的线路竟成90°角度跨越河流，根本谈不上技术标准，桥头翻车死亡事故时有发生。所以，要想提高路网通行能力，就必须对这些技术标准低、通行能力和技术状况差的桥梁进行技术改造（加固、加宽）。

改革开放后，我国公路桥梁建设进入了高速发展期，在高速公路、江河湖海、深沟峡谷中修建了为数众多的现代桥梁。但从使用情况来看，不少桥梁不同程度地存在安全与耐久性方面的隐患。比如：近20年，我国修建的预应力混凝土连续梁和连续刚构桥，由于在设计和施工上存在一定的缺陷或不足，致使这些桥梁在投入使用1～6年后，普遍表现出预应力管道压浆不饱满或漏压浆、后期预应力损失偏大，主梁跨中下挠过大、梁体斜向和纵横向开裂严重等危及桥梁正常使用与耐久性的病害。再如，我国近几年修建的高速公路上，采用预制安装施工方法修建了大量的钢筋混凝土和预应力混凝土空心板梁与小箱梁桥，这些桥梁在投入使用以后，普遍出现了梁端支承受力不匀、支座滑脱，造成梁体受力不均，铰缝纵向开裂严重，横向连接削弱，桥面系整体受力性能差，单板或单梁受力特征显著，在当前频繁重载交通下，存在极大的安全隐患。对这些桥梁亟需采取必要的技术改造措施，以提高其安全性和耐久性。

从目前我国基本建设投资来看，大量的资金用于新建高等级公路，用于国、省道，特别是县乡道路的技术改造的资金相当有限。由于资金短缺，不可能对技术状况差的桥梁进行拆除重建，因为这样做不仅要耗费大量投资，而且工期也较长，因此世界各国都按照充分利用和革新的原则，对旧桥采取适当的加固改造措施，以满足桥梁营运和延长其使用年限的需要。国内旧桥加固或改造的经验表明，在一般情况下，桥梁的加固费用约为新建桥梁费用的10％～20％；双曲拱桥的加固改造费用约为新建桥梁费用的20％～40％。旧桥加固或改造措施可以在不中断桥上运输或通航的条件下实施。因此，如何充分利用现有桥梁，对其进行有效的技术改造，将是今后相当长的一段时期内我国公路桥梁建设面临的一个紧迫而特殊的任务。

截止2004年底，全国普查出危桥13 303座，达468 888延米。其中，国道上共有危桥931座、56 267延米，省道上有危桥1 596座、84 400延米，县道上共有危桥4 257座、154 733延米，乡道上有危桥5 720座、159 422延米。危桥的存在，已严重影响到路网和干线的畅通，甚至出现了"断路"现象。此外，随着我国公路交通事业的快速发展，各级公路上的交通流量均在不断增加，运输车辆的吨位有较大幅度的增长，这对我国路网中的桥梁通行能力和承载力均提出了更高、更新的要求。因此，通过一定的技术措施，对技术标准低、通行能力和技术状况差的桥梁进行加固补强与加宽改造，消灭危桥，使现有桥梁在今后公路交通事业的发展保持充分的适应性，是我国公路交通主管部门需要面对的现实问题。

§1.2　桥梁加固技术改造的目的要求

为确保桥梁正常营运，必须加强桥梁检查与养护维修。随着交通运输事业的发展，公路交通量和大吨位车辆不断增加，要求通过对原有桥梁进行合理而有效的加固、加宽等技术改造来提高通过能力和荷载标准。桥梁维修与技术改造的目的要求如下：

一、确保桥梁安全、完整、适用与耐久

桥梁结构物经常遭受风、雨、水流（包括洪水、冰凌）及大气污染的侵蚀，温度、湿度及日照变化的影响，承受车辆通过时的冲击，甚至遭到地震的破坏；通航河道上的桥梁，还往往受到船只的碰撞。所以，桥梁在营运使用过程中，难免不发生病害或损伤。一旦发生病害或损伤，就要及时进行维修。小坏小修，随坏随修，防止病害扩大，确保结构物的安全与完整。相反，桥梁产生病害后若不及时维修，由于病害的逐渐扩大，不但导致桥梁建筑物的提前破坏，势必影响公路运输的畅通，给国家与人民带来重大损失。例如，某市一大桥系 6 孔双曲拱桥，全长 412m，最大跨径（主航道跨）65m，为该地区最大的一座桥梁。该桥于 1977 年竣工后，经省、地有关单位组织验收合格，并未发现问题。6 年之后，1983 年 1 月 30 日，一行路人路过该桥时，一块人行道板突然断裂，连人带板摔到桥下 20 余米深的岩石上，当场死亡。同年 3 月 21 日，当地一农民路过大桥时，刚刚踏过的人行道板又突然断裂，落到桥下，由于行人走的快，且已踏上前一块板，幸免坠落。经查，全桥一半以上的人行道板底部跨中附近位置都有裂缝，裂缝最大宽度达 5mm，随时都有再断裂的可能。2001 年 11 月 7 日凌晨，四川宜宾南门大桥由于承重短吊杆严重锈蚀，在一超重车辆通过时，吊杆突然断裂，导致桥体两端先后发生断塌，造成重大损失（图 1.1.2-1）。

图 1.1.2-1　四川宜宾南门大桥部分垮塌

2004 年 6 月，位于辽宁省盘锦市境内 305 国道的辽河大桥北起第 14 孔和 15 孔之间，由于多年失养，且又无常规检测，发生悬臂梁端突然断裂，造成挂孔整体脱落，酿成毁桥事故，一货车、一轿车和一辆四轮农用车一同落入河中（图 1.1.2-2）。

在国际上，1986 年欧洲、北美、澳大利亚、日本等 16 个国家组成一个专家组，对这些国家内及跨国的约 80 万座水泥混凝土桥梁现状进行了细致和全面的调查，指出钢筋锈蚀和冻融破坏是桥梁两种最主要的破坏形式。尤其在使用除冰盐时更加严重。根据美国国家桥梁

图 1.1.2-2　盘锦辽河大桥垮塌

分类目录（NBI）的统计，截至2003年，美国约有588 930座桥梁，其中病害桥梁约为158 859座，占桥梁总数的27%。美国的桥梁设计寿命基准期为75年，而实际使用的桥梁平均寿命为44年，州际桥梁的平均使用寿命仅为39年。在美国，平均每年约有150～200座桥梁部分或完全倒塌，这些桥梁的平均寿命不足20年，单其修复费用每年就高达900亿美元。

国外还有很多桥梁突然垮塌的例子，例如：

1967年12月横跨美国俄亥俄河上的银桥突然倒塌，造成46人死于非命。

1994年10月韩国汉城横跨汉江的圣水大桥中央坍塌50m，死亡32人，事故原因是长期超负荷营运，下部钢桁架螺栓及杆件疲劳破坏所致，见图1.1.2-3。

图 1.1.2-3　汉江的圣水大桥坍塌

1996年9月26日，位于距菲律宾以东大约2500km的岛国帕劳共和国的Koror-Babeldaob桥倒塌，当时正在桥上通行的车辆掉入海中，造成2人死亡，4人受伤，见图1.1.2-4。

倒塌前　　倒塌后

图 1.1.2-4　Koror-Babeldaob桥倒塌

2001年3月5日，葡萄牙北部杜罗河上连接河间镇和派瓦堡镇的公路桥因年久失修经不住暴雨和洪水的袭击而坍塌，正行驶在桥上的一辆载有67名乘客的大轿车和两辆小车翻进河中，约70余人落水失踪（图1.1.2-5）。

2004年11月19日，智利圣哈维尔到孔斯蒂图西翁之间一座垮塌的桥梁，造成十人受伤（图1.1.2-6）。

图1.1.2-5　杜罗河公路桥垮塌

图1.1.2-6　智利一座公路桥垮塌

怎样防止桥垮人亡悲剧，确保桥梁的安全性，是世界各国共同关注的技术问题。

二、掌握桥梁结构状况，完善基础资料，为维修加固提供必要条件

为了对桥梁进行养护维修管理，必须掌握有关桥梁设计文件、施工记录、质量检验、竣工验收以及营运状况记录、检查记录、维修加固记录等技术资料。但有的桥梁由于建造年限较长，历经各种社会变迁，或者由于其他原因，致使技术资料不全，甚至荡然无存。因此，在桥梁的维修加固过程中，必须采用各种调查和测试手段，建立和完善必要的资料库。资料库为桥梁营运使用及维修加固工作创造了有利条件，可为合理安排现场检查和决定加固方案提供可靠依据。对整个公路管理部门来说，桥梁技术资料也包括进行桥梁维修加固时的必要记录，特别是桥梁承载力的检定及其现状的检测评定，十分重要。

三、提高原有桥梁的通过能力与承载力

对于中小型公路桥梁，若地基可靠，墩台承载能力足够，则可以在不加筑基础的情况下，对桥台、桥墩进行拓宽加固，从而增加桥面行车道的宽度，达到提高车辆通过能力的目的。对于原设计荷载等级较低，不能满足通行重车的桥梁，可根据实际情况，采用各种加固方法对旧桥加以改造。通过改造，使原有桥梁承载能力得到提高。

§1.3　桥梁加固改造的一般概念

为了维持桥梁的正常营运，尽量保持和延长桥梁的使用寿命，对桥梁结构物进行经常性的养护维修是非常必要的。当桥梁结构物无法满足承载能力、通过能力（如荷载标准提高、原结构严重损伤从而承载能力降低、桥面过窄妨碍车辆畅通）等要求时，则需对桥梁进行必要的补强加固、拓宽等技术改造。因此，一座桥梁竣工交付使用后将进行两方面的工作，其一是经常性的养护维修，其二是针对桥梁实际存在的问题与新的使用要求，进行必要的技术改造。

一、桥梁的维修整治

桥梁的维修整治或称养护维修主要是对危害桥梁正常营运的部分进行修缮工作。例如桥面铺装层、桥面伸缩缝装置、桥面防水设施、桥梁主体结构（如钢筋混凝土桥梁等的混凝土裂缝等）的缺陷，都会影响桥梁的正常营运及使用寿命，严重的甚至直接导致桥梁承载能力的降低。因此，在桥梁使用过程中对其进行经常性的维修整治是不容忽视的一项工作。桥梁技术改造的工作重点，往往是针对桥梁的主体结构，但同时也必须对影响桥梁正常使用的其他部分进行维修整治。

二、桥梁的技术改造

桥梁结构的安全度是以结构的强度、刚度、稳定性及耐久性等指标来衡量的，也就是说，桥梁结构必须满足基本的承载能力功能的要求。桥梁结构应具有足够的强度，以承受作用其上的荷载，使桥梁结构构件或其连接构造不致产生破坏；结构各部分应具有足够的刚度，以使其在荷载作用下不产生过大的挠曲变形；构件的截面必须有适当大小的截面尺寸，以使其在承受荷载时不发生屈曲而丧失稳定性。对桥梁结构物不仅要保证结构具有整体强度、刚度及稳定性，而且必须保证结构各组成构件具有足够的强度、刚度及稳定性，同时结构物必须具备良好的工作性能及足够的耐久性。但是，桥梁结构由于作用荷载的随机性、材料强度的离散性、制造与施工质量的分散性以及计算假定的近似性等原因，其实际安全度往往是一个不确定值。有的桥梁由于设计与建造年代久远，原设计荷载标准偏低，现时运行重车增多、行车密度增加而不适应；有的桥梁由于采用的桥型结构不当或设计计算假定不尽合理，导致结构实际受力状态与计算假定不完全相符；有的桥梁在施工时由于质量控制不严、管理不善而造成不应有的缺陷；有的则因不注意经常性的检查、维修整治导致结构产生缺陷而不能维持正常的工作条件等。

桥梁的技术改造正是通过对桥梁结构物的补强加固及拓宽等工作，改善结构性能，恢复和提高桥梁结构的安全度，提高桥梁承载能力和通过能力，以延长它们的使用寿命，满足并适应进一步发展的交通运输需求。

三、桥梁加固技术改造的分类

桥梁加固技术改造其根本目的是为了恢复和提高其承载能力，方法大致分为以下几种类型。

(1) 加强薄弱构件

对于有严重缺陷或因通行重型车辆而不能满足安全承载要求的薄弱构件，可以采用以新材料（钢筋、钢板、混凝土等），增大构件的截面尺寸、增设外部预应力或用化学粘贴剂粘贴补强材料等补强措施进行加固。这种方法实际上是通过增加截面的刚度或增加受力材料数量来提高原桥梁结构构件的承载能力。

(2) 增加辅助构件

在原有结构上增加新的受力构件（如纵梁、横梁等），也可采用新的预制构件替换原有结构中具有严重缺陷而不易修复的构件。

(3) 改变结构体系

不同的结构体系其受力性能也不同，通过结构体系的转换来改变原有结构的受力状况，有意识地增强原结构受力薄弱的截面，以改善和提高桥梁承受荷载的能力。例如将原有的多孔简支梁桥改变为多孔连续梁桥，利用连续体系来减小原有简支梁跨中部分的受力；或者利用梁、拱的组合作用等改善结构整体受力状况。这种结构受力体系的转变一般都能起到较好的补强加固效果。当然，随着体系的改变所形成的新体系中某些构件或截面的受力应按新体系要求进行认真的验算，并采取相应的结构措施。

在桥梁上部结构进行补强加固提高承载能力的同时，对桥梁下部结构及其基础是否需采取补强措施也应认真研究。如果原桥梁下部结构及基础具有足够的潜力，足以满足上部结构补强加固所增加的桥梁自重以及活荷载对它的要求时，则可不再采取补强措施。如果墩台与基础的承载能力不足，或者上部结构的缺陷、承载能力的降低等是由于墩台与基础的位移或缺陷等所引起的，则应对原桥梁墩台与基础进行必要的补强加固。

桥梁墩台与基础的补强加固技术，一般通过对墩台结构的补强、限制或减小墩台的位移、增加原基础的承载能力（如加桩、增大基础面积）等途径进行的。

四、桥梁维修加固的工作内容

桥梁维修加固包括养护维修和加固两个方面。

1. 桥梁的养护维修

桥梁的养护维修是指经常性的养护管理工作，包括以下内容。

(1) 桥梁构造物的小修保养。

①保持构造物表面的清洁完整，防止表面的风化和及时修理风化部分；

②保持排水设备的良好状态，除掉排水管中堵塞的泥土，防止砌缝砂浆漏水和修理其浸蚀部分；

③经常检查各部分有无病害发生，当发现圬工上有裂缝、小洞、剥落、缺角、钢筋外露等局部缺陷或表面损伤时，必须及时修补；

④保证伸缩缝装置能够自由活动，清除影响支座活动的阻障物；

⑤对木桥进行防腐，对钢梁涂防锈涂装等。

(2) 对桥梁结构物进行定期检查，并鉴定其实际安全承载能力，确定其损坏的程度。当发现桥梁结构产生异常或损坏时，要分析其产生的原因，判断损坏对结构使用的影响，说明维修加固的必要性，并对修补加固方法进行比较选择。发现异常时必须及早维修，若损坏严重则必须在调查原桥的损坏程度、历史状况、现场具体条件、特点，现在及将来交通运输对桥梁宽度、设计荷载的要求，公路发展规划等方面的资料后，对旧桥维修加固方案与部分或全部改建的方案经济比较，通过成本—效益分析，作出决策，选择最优方案。

(3) 超重车辆或履带车不得随意通过现有桥梁，必须经过公路管理部门的许可。因此，做好超重车辆或履带车过桥的管理工作，也是桥梁养护维修的一项不可缺少的工作内容。

(4) 对原有桥梁技术资料进行管理，建立和保存桥梁档案资料。技术资料的内容包括：工程地质和水文勘探资料，桥梁设计图纸，设计变更内容以及其他有关设计资料；桥梁施工的检查记录，质量事故处理记录，原材料、半成品和成品的出厂合格证和试验、化验报告，沉降观察记录、工程竣工图纸和其他有关施工文件；桥梁交付使用阶段的沉降观测记录，重要的检查和鉴定记录，大修、加固施工图纸和施工记录等。

2. 桥梁的加固与改建

桥梁加固与改建工作的主要内容：对发生重大病害和不能满足运输要求的桥涵设施彻底进行整治加固、改善和更新。目的是恢复原有桥梁建筑物的整体使用功能和延长使用年限，提高原有桥梁通行的荷载等级标准和通过能力。

桥梁加固与改建工作的主要内容有：

①桥梁上部结构构件的加固；

②桥梁下部结构构件的加固；

③拓宽桥梁的行车道或人行道；

④提高桥梁上部构造的高度；

⑤更换桥梁行车道板或桥面铺装；

⑥部分或全部更换桥梁损坏或破旧了的结构物。

桥梁的加固与改建工作，应充分利用原有结构，凡能加固的，则不宜改建；如能部分改建的，则不应全部改建。

五、桥梁维修加固的工作步骤

对桥梁进行维修加固，一般可采用如下的步骤：

(1) 检查桥梁现状及损坏情况。

(2) 调查桥梁历史技术资料及现有交通状况。

(3) 提出维修加固或改建方案并进行分析比较。

(4) 确定方案，即进行维修加固或改建施工。

桥梁维修加固的工作步骤具体可参见图 1.1.3-1 所示。

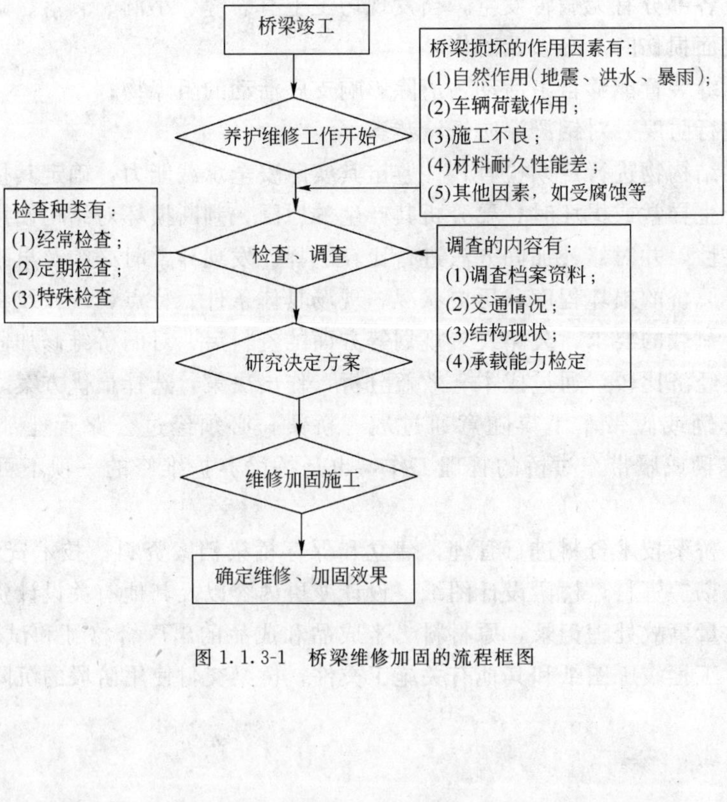

图 1.1.3-1 桥梁维修加固的流程框图

§1.4　桥梁加固改造的特点

桥梁加固技术改造是一项十分复杂的系统工程，它所需要考虑的因素及涉及到的问题很多，从某种意义上讲，无论是技术改造方案的拟定与设计计算，还是技术改造的具体实施，其难度要比新建桥梁还大，其风险性和技术难度很高，因此必须慎重处之。

一般情况下桥梁加固技术改造方案的拟定，首先要根据桥梁现有的技术状况和通行荷载的要求，对技术改造的必要性和可行性作出判断，然后对各种可能的技术改造方案的技术经济效果进行分析比较，从中选择合理的加固技术改造方案。

一、加固改造的一般特点

(1) 桥梁的加固技术改造工程通常要求在不中断交通或尽量少中断交通的条件下进行施工。

(2 加固改造的施工现场狭窄、拥挤，常受原有结构物的制约。

(3) 补强加固施工往往对原有结构物及相邻结构构件产生不利影响。

(4) 加固改造施工中对原有结构的拆除、清理工作量大，工程较烦琐零碎，并常常隐含许多不安全因素。

二、加固改造的技术要求

(1) 加固改造方案及实施应尽量减少对原有结构的损伤，并充分利用原有的结构构件，且应保证原有结构保留部分的安全性与耐久性。加固改造的方案拟定与设计计算，要充分考虑新、旧结构的强度、刚度与使用寿命的均衡，以及新、旧结构的共同工作。对于确无利用价值的构件则予以拆除，但其材料应尽量回收。

(2) 加固改造应做到结构可靠、安全、耐久，满足使用要求。

(3) 加固改造工程的技术经济指标应包括由于交通受阻等所带来的损失。

(4) 加固改造工程的施工应是技术上简易可行，施工方便，所要求的机具设备尽量简单。

(5) 对于某些因下部结构或基础的不均匀沉降等而导致的上部结构损伤，或由于其他偶然因素（如地震等）所引起的结构损伤，在进行补强加固时应同时考虑采取消除、减小或抵御这些不利因素的措施，以免在加固后结构物继续受这些因素的影响。

三、加固改造工程必须满足的基本条件

(1) 桥梁经加固改造后，其结构性能、承载能力与耐久性等都能满足使用上的要求。

(2) 具有较明显的经济效益。对于桥梁结构物的加固改造可以采用两种不同的方式：一种是废弃原有结构物进行重建，这就相当于建造一座符合新的使用要求的新桥，但还要包括拆除原桥的工程内容；另一种是充分利用原桥，进行补强加固，若需加宽则再行拓宽，这就是通常所说的桥梁技术改造。桥梁技术改造的经济效益就反映在它的耗资明显低于新建，否则就无法体现其优越性与基本原则。从多年来的工程实践看，桥梁技术改造的经济效益是明显的。以广东省为例，该省从 70 年代初期起就对桥梁进行了较大规模的技术改造，根据 20 多年的实践分析，采用补强加固方法保持和提高原有桥梁的承载能力的桥梁，其费用约占新建费用的 5%～20%。又如安徽省皖南某地一双曲拱桥，由于原桥设计荷载偏低，长期通行重车后损伤严重，原计划准备投资 50 万拆除老桥造新桥，后采用加大拱肋截面、增加横隔板等补强加固措施，仅耗资近 15 万元，达到了技术改造的目的，提高了原桥的承载能力。

对重建与加固改造进行综合经济效益分析时，应当包括相应交通受阻的经济损失以及拆除原桥所需的费用等。一般认为技术改造比重建能节省 50%～60%以上时，经济效益已相当可观，此时以采用加固改造方案为宜，否则可采取重建新桥的方案。

为了更好地对各种加固改造方案进行技术经济比较，对各种改造方案进行评价，从中选择经济合理的加固改造方案，可以用以下两个指标进行分析比较。

(1) 结构改善系数 k

桥梁加固改造的主要目的之一就是提高桥梁的承载能力，结构改善系数 k 就是表示经补强加固改造后桥梁承载能力提高的百分率，若以通式表示即为：

$$k = \frac{Q_2 - Q_1}{Q_1} \times 100\%$$

式中：Q_1——桥梁补强加固前通过活荷载的能力；

Q_2——桥梁补强加固后通过活荷载的能力。

但是，目前对桥梁的承载能力尚缺乏更准确的、可以完全用量值表达的评定方法，也即上式中的 Q_1、Q_2 尚很难量化。而桥梁加固改造往往是通过增强原结构的抗弯刚度来提高其承载能力的，因此，上述结构改善系数 k 可以转换为技术改造前、后在设计荷载作用下所产生的最大挠度值的变化来表示，即：

$$k = \frac{f_1 - f_2}{f_1} \times 100\%$$

式中：f_1——补强加固前原结构在设计荷载作用下的最大挠度；

f_2——补强加固后同一荷载作用下的最大挠度与由补强加固所增加的恒载而产生的挠度之和。

式中的 f_1、f_2 取值，当有试验资料时，可用实测挠度值；无试验资料时则可采用理论计算值。

(2) 成本效益系数 F

成本效益系数是指加固改造工程单位成本所得的“结构改善系数”，成本效益系数愈大，说明该桥技术改造的经济效益愈好。成本效益系数 F 可用下式表达：

$$F = k/S$$

式中：S——每平方米桥面所需的加固改造费用；

k——结构改善系数。

各种不同的技术改造方案其技术经济效益往往会因桥而异。因为影响经济效益的因素很多，例如桥梁跨径的大小、损伤程度、补强加固设施的养护费用、阻塞交通的损失、加固技术的耐久性、安全和环境干扰程度等。所以，只有对加固改造工程的技术经济效果进行全面的综合评价，才能对方案的选择作出合理的判断。

四、加固改造工程的设计原则

桥梁加固改造工程必须进行详细的设计计算，对关键的技术措施应尽量在事先进行必要的试验，以掌握其关键技术要求及检验方法。一般进行加固改造工程设计应遵循以下基本原则：

(1) 应按现行《公路桥涵设计规范》进行设计，改造后的桥梁在使用荷载作用下，原有结构构件及新增结构各部构件的强度、刚度及裂缝限值等均应符合规范要求。

(2) 当仅要求提高原桥的承载能力时，改造工程可在原有结构保持恒载应力状态下进行。此时，原有结构的全部恒载及补强加固所增加的恒载，可以考虑由原构件（截面）承受，活载则由原结构和新增构件（截面）共同承受。

(3) 若当原有结构构件的应力已接近或超过容许限值，需要减小桥梁的恒载应力时，则应采取卸载措施，使桥梁在卸去部分恒载的状态下进行加固改造设计。此时，新增构件（截面）除与原有构件共同承受活载外，还承受原有结构的一部分恒载，因此，新旧结构按整体受力计算。

(4) 设计时应周密考虑并采取必要措施保证新旧结构、新旧混凝土的整体性并能共同工作。新旧结构的混凝土往往会由于收缩不同而导致结构内力重分布，从而引起新旧混凝土结合面因较大的拉应力而开裂，这将影响结构的整体性。因此，在设计时应注意采取相应的措施尽量减少混凝土收缩的不利影响。

(5) 加固改造工程设计的工作程序

①调查并确定技术改造的目的、要求及技术标准；

②原桥的现场调查与技术资料的收集；

③原桥承载能力及技术状况的评定与分析；

④技术改造方案的拟定与设计计算；

⑤施工图绘制及工程数量与预算编制。

第二章 桥梁定期检查与评定

§2.1 概 述

公路桥梁是贯通公路的重要设施。由于反复承受汽车荷载、环境因素和交通事故的侵害，尤其是交通量和重载汽车的不断增长，以及设计施工中遗留的某些缺陷，桥梁的质量状况会日渐恶化，耐久性下降。如果桥梁的缺损不能及时发现和维修，任其发展，将会逐渐丧失原有的通行能力，难以保证行车安全和公路的畅通。所以，我国《公路桥涵养护规范》中规定必须对桥梁进行检查和维修。

桥梁检查的目的在于，通过对桥梁的技术状况及缺陷和损伤的性质、部位、严重程度及发展趋势进行检查，弄清出现缺陷和损伤的主要原因，以便能分析和评价既存缺陷和损伤对桥梁质量和使用承载能力的影响，并为桥梁维修和加固设计提供可靠的技术数据和依据。因此，桥梁检查是进行桥梁养护、维修与加固的先导工作，是决定维修与加固方案可行和正确与否的可靠保证，是桥梁评定、养护、维修与加固工作中必不可少的重要组成部分。这就是国内外为什么十分重视桥梁检查工作的主要原因。

按照检查的范围、深度、方式和检查结果的用途等的不同，大致上桥梁检查可归纳为下列四类，即巡视检查、日常检查、定期检查和特殊检查。

一、巡视检查

巡视检查是由专家对一条线路或一定区域内的桥梁进行的快速扫视检查。其目的在于对所需检查的桥梁的技术状况和存在的主要问题形成一个总体印象，以便能对它们进行初步的专家排序，并为进一步的检查作技术准备。

二、日常检查

日常检查也叫例行检查，或叫经常检查。根据桥梁技术状况，由路段检查人员或桥工班或护桥人员，每1～3个月检查一次，主要针对桥面设施和桥台、附属构造的技术状况进行扫视检查。旨在确保结构功能正常，使结构能得到及时的养护和小修保养或紧急处理，对需要检修和一些重大问题作出报告。在诸如大风雨、暴雨和洪水等特殊自然现象发生之后，对暴露性建筑物还要进行扩大的日常检查。日常检查使得检查人员能有机会在各种天气情况下对桥梁进行观察，因此检查人员应着重注意下列情况的发生：支承结构和交通照明设施的损坏、因车辆碰撞造成的损坏、侵蚀和冲刷破坏、排水系统失效、构件脱落和桥上车行道路面状况，及时上报严重的损坏、开裂和不正常变形的范围、程度和发生时间。

经常检查一般包括下列内容：

(1) 桥面铺装是否平整，有无裂缝、局部坑槽、积水、沉陷、波浪、碎边，混凝土桥是否有剥离、渗漏，钢筋是否露筋、锈蚀，缝料是否老化、损坏，桥头有无跳车。

(2) 排水设施是否良好，桥面泄水管是否堵塞和破损，排水是否对结构构件造成侵蚀。

(3) 桥面是否清洁，有无杂物堆积，杂草蔓生。构件表面的涂装层是否完好，有无损坏、老化变色、开裂、起皮、剥落、锈迹。

(4) 伸缩缝是否堵塞卡死，连接部件有无松动、脱落、局部破损，有无异常的伸缩变形。

(5) 人行道、缘石、栏杆、扶手和引道护栏（柱）有无撞坏、断裂、松动、错位、缺件、剥落、锈蚀等。

(6) 桥梁结构有无异常变形，竖向振动、横向摆动是否异常，车辆荷载作用下有无异常响声。

(7) 支座是否有明显的缺陷，有无脱空、跑位现象，活动支座是否灵活，形变和位移量是否正常。

(8) 桥位区段河床冲淤变化情况，河床是否因冲刷而下切低于设计高程，河床淤积是否影响泄洪能力。

(9) 基础是否受到冲刷损坏、外露、悬空、下沉，墩台及基础是否有生物腐蚀和化学侵蚀，是否受到船只或漂浮物撞击而受损。

(10) 翼墙（侧墙、耳墙）有无开裂、倾斜、滑移、沉降、风化剥落和异常变形。

(11) 锥坡、护坡、调治构造物有无塌陷，铺砌面是否缺损，勾缝灰浆脱落，有无垃圾成堆、灌木杂草丛生。桥头排水沟和行人台阶是否完好。

(12) 交通信号、标志、标线、照明设施及桥梁其他附属设施是否完好。

(13) 其他显而易见的、达到三和四类技术状况的损坏或病害。

桥梁经常检查记录表如表 1.2.1-1 所示。

桥梁经常检查记录表　　　　表 1.2.1-1

管理单位：					
路线编号		路线名称		桥位桩号	
桥梁编号		桥梁名称		养护单位	
部件名称	缺损类型	缺损范围		保养、小修措施	
翼墙、耳墙					
锥坡、护坡					
桥台与基础					
桥墩与基础					
地基冲刷					
支座					
结构异常变形					
桥面铺装					
桥与路连接					
伸缩缝					

续上表

部件名称	缺损类型	缺损范围		保养、小修措施	
人行道、缘石					
栏杆、护栏					
标志、标线					
排水设施					
照明系统					
调治构造物					
其他					
桥梁清洁状况					
检查负责人		检查记录人		检查日期	年 月 日

三、定期检查

定期检查通常由具有一定检查经验并受过专门桥梁检查培训以及熟悉桥梁设计、施工等方面知识的检查工程师，按照规定周期，对桥梁主体结构及其附属构造物的技术状况进行定期跟踪的全面检查。其目的是通过对结构物进行彻底的（视觉的）和系统的检查，建立结构管理和养护档案，对结构的缺损状况作出评估，评定结构构件和整体结构的技术状况，确定改进工作和特别检查之需求，并确定结构维修、加固或更换的优先排序。定期检查结果主要从缺损状态、结构与构件的技术状况和改进工作这三个方面进行评定。对于缺损状况，主要依据检查人员的判断，从缺损形式和程度、缺损可能发展变化趋势和可能会产生的后果三方面来评估打分。在结构或构件的技术状况评定中，主要考虑缺损状态的评定结果，同时也兼顾结构构件的功能、价值与美观要求。改进工作的评定旨在决定改进时间和方法，往往是通过对改进工作的技术和经济分析来实现这一评定的。定期检查的周期大约是 3 年一次，但对木桥、浮桥等特殊结构一般是一年检查一次。

尽管日常检查和定期检查必要时可辅以简单手持工具进行检测，但是由于它们均是以目力以主的桥梁外观检查，检查结果的评定大多是基于检查工程师的经验，所以这两类检查比较适合于桥梁管理与养护部门。

四、特殊检查

特殊检查通常可分为应急检查和专门检查两种。当桥梁遭受洪水、流冰、漂流物碰撞等自然灾害和船舶撞击、滑坡、地震、风灾、超载车辆未经养护管理部门批准自行通过等事故后，应立即对结构作详细检查，即为应急检查，旨在查明缺损状况，以便采用应急措施，尽快恢复交通。专门检查是因各种特殊原因由专家们依据一定的物理、化学或无破损检测手段对桥梁一个或多个组成部分进行的全面察看、测强和测伤或测缺，旨在找出缺损的明确原因、程度和范围，分析缺损所造成的后果以及潜在缺陷可能给结构带来的危险，为评定桥梁的耐久性和承载能力以及确定加固维修工作的实施提供依据。通常在下列四种情况下需对桥梁进行特殊检查：①对定期检查中难以判明损坏原因和程度的桥梁，有必要使用特殊设备或专门技术对定期检查作补充时；②在进行复杂和昂贵的维修之前，需查出定期检查中未能发现的损坏情况时，或拟通过加固手段提高载重等级的桥梁；③在发生如洪水灾害、流冰、漂流物和船舶撞击事故、滑坡、地震、风灾及重车过桥等特别事件之后；④需要使用特殊仪器或需作特别详细记录的检查，拟评定结构实际状况时，如桥梁技术状况为四类、五类者。

(1) 特殊检查一般由现场检查和实验室测试分析两大部分构成，现场检查可分为一般检查和详细检查两个阶段。一般检查通常像定期检查那样对结构及其附属设施的所有构件或部位进行彻底、视觉和系统的检查，记录所有缺损的部位、范围和程度。一般检查的结果系构成是否进行详细检查的依据，详细检查主要是对一些重点部位或典型桥孔采用一些专门技术和检测设备进行深入而细致的检测。

(2) 桥梁特殊检查的一般程序如图 1.2.1-1 所示。

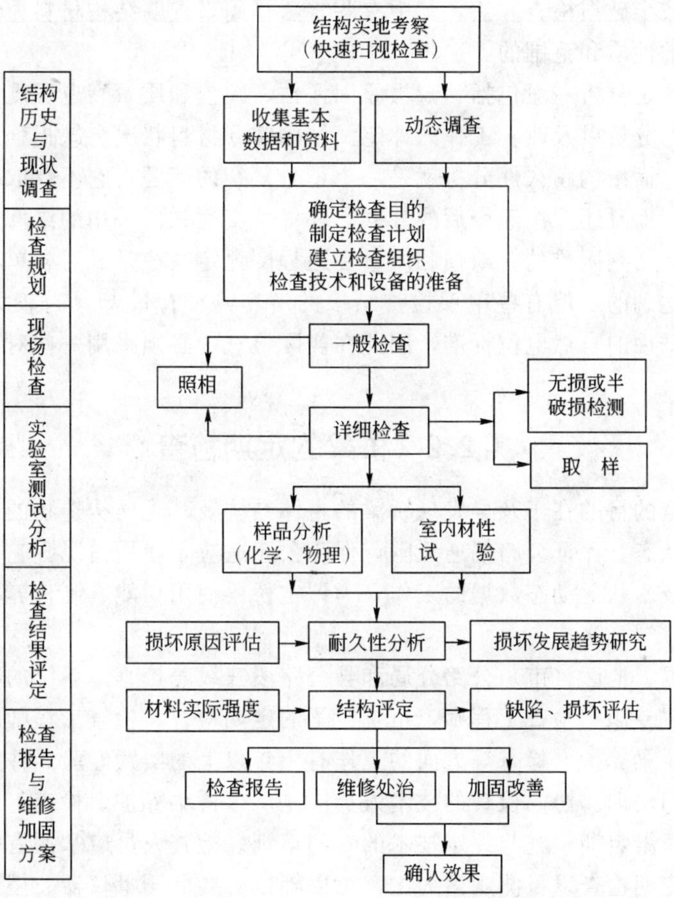

图 1.2.1-1　桥梁特殊检查的一般程序

在结构历史与现状调查阶段，通过对桥梁快速扫视检查以及向设计、施工、监理和养护等部门或有关人员进行的基本数据资料收集和动态调查，需了解和收集到如表 1.2.1-2 所列的信息资料。

表 1.2.1-2

桥梁快速扫视检查	桥梁目前主要存在问题、限重、限速的大小
桥梁基本数据和资料的收集	(1) 桥梁设计、施工、监理以及历次检查与试验资料； (2) 历年养护、维修与加固或改善资料
动态调查	(1) 桥梁病害历史演变过程即病害史； (2) 使用中的特别事件和限重、限速的原因； (3) 交通状况，包括日平均交通量、高峰时的交通量、交通量的季节性变化，交通类型等； (4) 其他相关事项，如今后的扩展、改线计划、水文、气候环境等

(3) 常用的桥梁特殊检查方法大体上有二类，一类是目力检查和简单物理测量方法，这类方法大多用来检查桥梁的外观病害，如结构的变形、位移以及混凝土表面剥落、开裂等；另一类是无破损或半破损检查方法，其中有些方法是用来查明结构材料力学性能的，有些则是用来确定缺损的性质和范围的。

检查结果的评定分析一般包括：缺损原因评估、缺损和质量衰退程度评定、结构耐久性和实际材料状况的分析以及改善工作的评定。结构实际材料状况、缺损程度通过适当的计算分析就可以确定，而结构耐久性分析就是一个十分复杂的问题，它不仅取决于缺损和衰退进一步发展的速度，而且还取决于今后的气候、环境、交通和所采用的维修方案，因此对结构耐久性作出切实评估是困难的。缺损和质量衰退程度评定往往是靠对各单项检查结果进行仔细的解释判读而达到的，但有些单项检查结果的解释判读标准却具有较大的相对性和局限性，如判读钢筋锈蚀的自然电位标准，因此在实际检查中必须采用一些对比手段建立相应的专用判别标准。

§2.2 桥梁的定期检查

桥梁定期检查的目的在于及早发现桥梁的主体结构及其附属构造物的缺损状况，并使它们经常处于良好状态，保证公路畅通无阻，保障公路适应于使用情况。它是桥梁养护管理系统中，采集结构技术状况动态数据的工作，为评定桥梁使用功能、制订养护计划提供基本数据。

按照省公路局、地区（市）公路分局和县公路段三级养护管理系统的要求，各级桥梁养护管理部门应设置专职的检查工程师，负责桥梁的定期检查。检查工程师应熟悉桥梁设计和施工细节，从事桥梁养护、检查等方面的工作有十年以上的实践经验，并受过桥梁定期检查与评定技术的专门培训。协同检查的技术人员应是从事桥梁养护、检查工作有五年以上的实践经验，并受过桥梁定期检查与评定技术的专门培训。检查人员应掌握有关测量、摄影和绘图方面的技能。定期检查以目测观察为主，可以辅以必要的测量仪器、望远镜、照像机、探测工具和设备。检查人员必须接近各部件检查其功能及材料的缺损情况。检查人员应负责现场校核桥梁基本数据，实地记录各部件缺损状况并作出评定，现场判断缺损原因，估计维修方式及范围，提出维修计划；对需要进一步查明原因或程度的缺损部件，提出特殊检查（补充检验）的要求；对需要继续观察的缺损部位，确定下次检查时间；对损坏严重，或危及安全运行的危险桥梁，提出限制交通或封闭交通的建议。

一、定期检查的频率

木桥、新建成的新型结构桥梁一般一年检查一次，新建桥梁和加固修建的桥梁应在交付使用一年后进行第一次全面检查。在经常检查中，若发现桥梁的重要部（构）件的缺损明显达到三、四、五类技术状况时，应立即安排一次定期检查。通车三年以后的新结构桥梁和其他永久性桥梁在结构质量状况较好、营运正常的情况下，一般每三年检查一次。对基础、支座、桥面铺装、排水系统和桥台护坡宜 1～3 年检查一次。冲刷较大的桥梁基础，每年洪水期后必须检查一次。其他桥梁基础，当发生超过正常的特大洪水后必须检查一次，正常情况可 2～3 年检查一次。钢支座和无封闭措施的活动支座，必须每年检查和保养一次，其他简单支座可 2～3 年检查一次。桥面系统及其附属设施和桥台护坡应予经常性检查及维护，一般每 2～3 年进行一次功能性检查。临时桥梁应每年检查一次。检查工程师可根据桥梁年龄、交通状况、环境侵蚀与缺损发展状况，以及养护条件等决定桥梁的下次检查时间。

二、定期检查工作流程

桥梁定期检查工作的一般流程如图 1.2.2-1 所示。

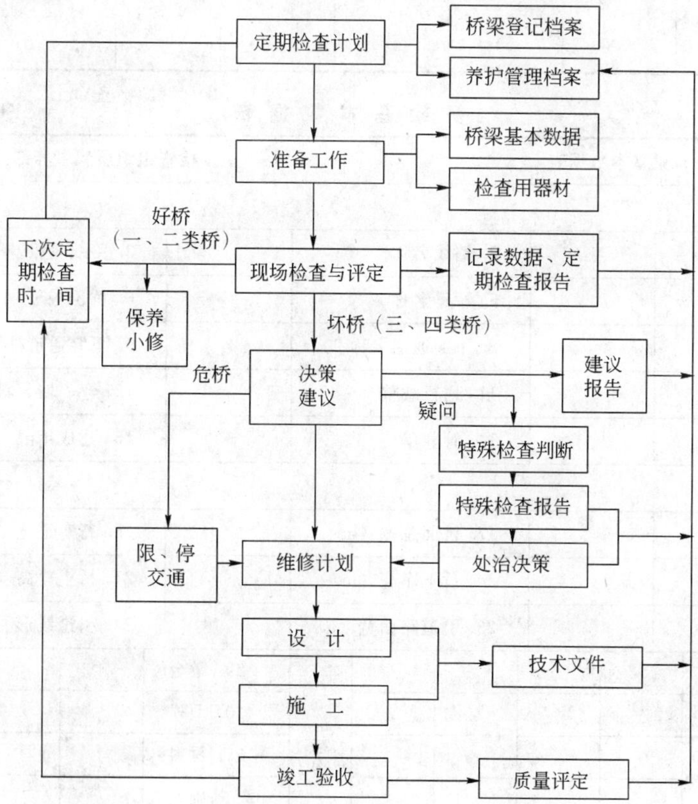

图 1.2.2-1 桥梁定期检查工作流程图

三、检查计划与准备

负责的检查工程师应根据管辖区内登记的桥梁基本数据表（桥梁卡片），制订出年度桥梁检查实施计划。其内容包括：按巡检路线列出需要检查的桥梁清单，实施进度，需临时租用的检查用车、船或工作架等辅助设备和预算费用等。

检查人员必须事先准备和携带下列文件：桥梁检查清单，见表 1.2.2-1；桥梁基本数据表（桥梁卡片），见表 1.2.2-2。新建桥梁应根据技术档案事前登记好基本数据表，最近经过专门检验或维修（大、中修）、加固改善的桥梁，其内容必须事先登记在基本数据表内。桥梁定期检查数据表，包括本次用的和上次（最近的）记录的检查数据表，见表 1.2.2-3。本次用的表应事先将表头的基本数据填好。

检查人员应配备的基本设备和器材，如表 1.2.2-4 所列。除附加设备可根据需要就地就近临时租用外，其余是检查组应常备的基本设备和器材。检查组应配备一辆厢式小货车（车顶能装载伸缩梯）作为检查人员专用车。

桥 梁 检 查 清 单　　表 1.2.2-1

<table>
<tr><td rowspan="2">桥梁名称</td><td rowspan="2">路线号</td><td rowspan="2">桥梁号</td><td rowspan="2">里程</td><td rowspan="2">下穿通道名称</td><td rowspan="2">养护单位编号</td><td colspan="4">上次□本次□</td></tr>
<tr><td>定期检查日期</td><td>状况评定</td><td>补充检验日期</td><td>维修日期</td></tr>
<tr><td></td><td></td><td></td><td></td><td></td><td></td><td></td><td></td><td></td><td></td></tr>
</table>

桥 梁 基 本 数 据 表　　表 1.2.2-2

<table>
<tr><td colspan="6">桥梁基本数据表</td><td colspan="6">（检查组织所属管养部门全称）</td></tr>
<tr><td colspan="12">A、行政识别数据</td></tr>
<tr><td colspan="2">1. 路线编号</td><td colspan="2"></td><td colspan="2">2. 路线名称</td><td colspan="2"></td><td colspan="2">3. 路线等级</td><td colspan="2"></td></tr>
<tr><td colspan="2">4. 桥梁编号</td><td colspan="2"></td><td colspan="2">5. 桥梁名称</td><td colspan="2"></td><td colspan="2">6. 桥位桩号</td><td colspan="2"></td></tr>
<tr><td colspan="2">7. 功能类别</td><td colspan="2"></td><td colspan="2">8. 下穿通道名称</td><td colspan="2"></td><td colspan="2">9. 下穿通道桩号</td><td colspan="2"></td></tr>
<tr><td colspan="2">10. 设计荷载</td><td colspan="2"></td><td colspan="2">11. 通行载重</td><td colspan="2"></td><td colspan="2">12. 弯、坡、斜度</td><td colspan="2"></td></tr>
<tr><td colspan="2">13. 桥面铺装</td><td colspan="2"></td><td colspan="2">14. 管养单位</td><td colspan="2"></td><td colspan="2">15. 建成年限</td><td colspan="2"></td></tr>
<tr><td colspan="12">B、结构技术数据</td></tr>
<tr><td colspan="2">16. 桥长（m）</td><td colspan="2"></td><td colspan="2">17. 桥面总宽（m）</td><td colspan="2"></td><td colspan="2">18. 行车道宽（m）</td><td colspan="2"></td></tr>
<tr><td colspan="2">19. 桥面高程（m）</td><td colspan="2"></td><td colspan="2">20. 桥下净高（m）</td><td colspan="2"></td><td colspan="2">21. 桥上净高（m）</td><td colspan="2"></td></tr>
<tr><td colspan="2">22. 引道总宽（m）</td><td colspan="2"></td><td colspan="2">23. 引道路面宽（m）</td><td colspan="2"></td><td colspan="2">24. 引道线形</td><td colspan="2"></td></tr>
<tr><td rowspan="4">上部结构</td><td>25. 孔号</td><td></td><td></td><td></td><td></td><td rowspan="4">下部结构</td><td>29. 墩台</td><td></td><td></td><td></td><td></td></tr>
<tr><td>26. 型式</td><td></td><td></td><td></td><td></td><td>30. 型式</td><td></td><td></td><td></td><td></td></tr>
<tr><td>27. 跨径（m）</td><td></td><td></td><td></td><td></td><td>31. 材料</td><td></td><td></td><td></td><td></td></tr>
<tr><td>28. 材料</td><td></td><td></td><td></td><td></td><td>32. 基础型式</td><td></td><td></td><td></td><td></td></tr>
<tr><td colspan="2">33. 伸缩缝类型</td><td colspan="2"></td><td colspan="2">34. 支座型式</td><td colspan="2"></td><td colspan="2">35. 地震动峰值加速度系数</td><td colspan="2"></td></tr>
<tr><td colspan="2">36. 桥台护坡</td><td colspan="2"></td><td colspan="2">37. 护墩体</td><td colspan="2"></td><td colspan="2">38. 调治构造物</td><td colspan="2"></td></tr>
<tr><td colspan="2">39. 常水位</td><td colspan="2"></td><td colspan="2">40. 设计水位</td><td colspan="2"></td><td colspan="2">41. 历史洪水位</td><td colspan="2"></td></tr>
</table>

续上表

桥梁基本数据表			(检查组织所属管养部门全称)		
C、档案资料（全、不全或无）					
42. 设计图纸		43. 设计文件		44. 施工文件	
45. 竣工图纸		46. 验收文件		47. 行政文件	
48. 定期检查报告		49. 特殊检查报告		50. 历次维修资料	
51. 档案号		52. 存档案		53. 建档年/月	

D、最近技术状况评定										
54	55	56	57	58	59	60	61	62	63	64
检查年月	定期或特殊检查	全桥评定等级	桥台与基础	桥墩与基础	地基冲刷	上部结构	支座	经常保养小修	处治对策	下次检查年份

E、修建工程记录											
65. 施工日期		66. 修建类别	67. 修建原因	68. 工程范围	69. 工程费用	70. 经费来源	71. 质量评定	72. 建设单位	73. 设计单位	74. 施工单位	75. 监理单位
开工	竣工										
76. 备注											

F、桥梁照片					
77. 立面照			78. 正面照		
79. 主管负责人		80. 填卡人		81. 填卡日期	年　月　日

桥梁定期检查数据表　　表 1.2.2-3

桥梁定期检查数据表			(检查组织所属管养部门全称)		
1. 路线编号		2. 路线名称		3. 桥位桩号	
4. 桥梁编号		5. 桥梁名称		6. 下穿通道名	
7. 桥长（m）		8. 主跨结构		9. 最大跨径（m）	
10. 管养护单位		11. 建成年月		12. 上次维修日期	
13. 上次检查日期		14. 本次检查日期		15. 气候	

16. 部件号	17. 桥梁部件名称	18. 评分（0～5）	19. 特殊检查	20. 维修范围	21. 维修方式	22. 维修年月	23. 费用（万元）
1	翼墙、耳墙						
2	锥坡、护坡						
3	桥台与基础						

续上表

16. 部件号	17. 桥梁部件名称	18. 评分（0～5）	19. 特殊检查	20. 维修范围	21. 维修方式	22. 维修年月	23. 费用（万元）
4	桥墩与基础						
5	地基冲刷						
6	支座						
7	上部主要承重构件						
8	上部一般承重构件						
9	桥面铺装						
10	桥与路连接						
11	伸缩缝						
12	人行道						
13	栏杆、护栏						
14	标志、标线						
15	照明系统						
16	排水设施						
17	调治构造物						
18	其他						
24. 总体状况评定等级		25. 全桥清洁状况			26. 保养、小修状况		
27. 经常性养护建议							
28. 检查记录人		29. 检查负责人			30. 下次检查时间		
31. 缺损状况说明							

部件号	桥梁部件名称	缺损位置	缺损状况（类型、性质、范围、程度）	照片/图片（编号/年月）
1	翼墙、耳墙			
2	锥坡、护坡			
3	桥台与基础			
4	桥墩与基础			
5	地基冲刷			
6	支座			
7	上部主要承重构件			
8	上部一般承重构件			
9	桥面铺装			
10	桥与路连接			
11	伸缩缝			
12	人行道			
13	栏杆、护栏			

续上表

部件号	桥梁部件名称	缺损位置	缺损状况 （类型、性质、范围、程度）	照片/图片 （编号/年月）
14	标志、标线			
15	照明系统			
16	排水设施			
17	调治构造物			
18	其他			

桥梁定期检查用设备和器材　　表 1.2.2-4

安全、保护用品	检测仪具	工具、器材	附加设备
警告标志	照相机	电筒（强光）	软梯
警告信号灯	长焦镜头	扁刮刀	伸缩梯
反光背心	广角镜头	地质锤	充气皮艇
安全帽	闪光灯	地铲	工作船
安全带	望远镜	铁锹	拼装式悬挂作业架
工作服	刻度放大镜	钢丝刷	桥梁专用检查作业架
防滑鞋	地质罗盘	油漆刷	专用检查作业车
雨靴	100m 钢卷尺	特种铅笔	
水裤	3～5m 钢卷尺	喷雾筒漆	
救生衣	1～2m 木折尺	彩色粉笔	
救生索	30～50m 皮尺	器具箱	
防护眼镜	垂球测绳	工具袋	
其他劳保用品	测量花杆	文件包	
	水准仪及塔尺	其他工具	
	水平尺		
	量角器（大号）		
	测量记录本		
	记录文件夹		

四、检查顺序与缺损位置描述规则

1. 检查顺序

为了防止漏检部件和统一记录次序，要求按以下顺序进行检查：

（1）按路线里程增长方向，从右至左顺序检查，见图 1.2.2-2。

（2）从下往上顺序检查。首先检查下部结构和基础冲刷，同时检查上部结构的底面和侧面，然后顺序检查支座、箱梁内部，最后检查桥面系统。桥梁主体结构检查完成后，检查调治构造物的状况。

（3）在检查结构缺损状况过程中，同时校对桥梁结构的基本数据是否与实际相符。

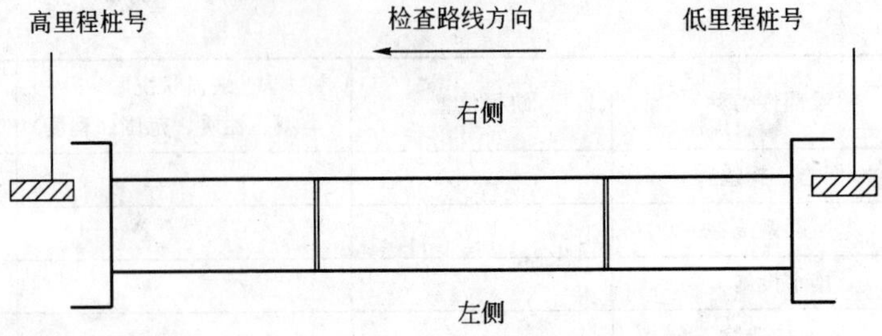

图 1.2.2-2 检查顺序示意图

2. 对缺损位置的描述，可以应用下述规则

(1) 先描述发生缺损构件所在的桥跨号和墩台号，如图 1.2.2-3 所示。然后再在同一墩台或桥跨中按里程增长方向从右至左对相同类型构件顺序编号，起始号一般定为 1。

(2) 对给定构件的缺损位置，可以用右侧面 (R)、左侧面 (L)、高桩号侧面 (H)、低桩侧面 (S)、上面 (up)、底面 (ud) 等来描述损坏出现构件在哪一个面上。

(3) 对于构件任一面上的损坏位置，可以采用跨中、支点处、中部、端部、顶部、底部等加以详细说明。

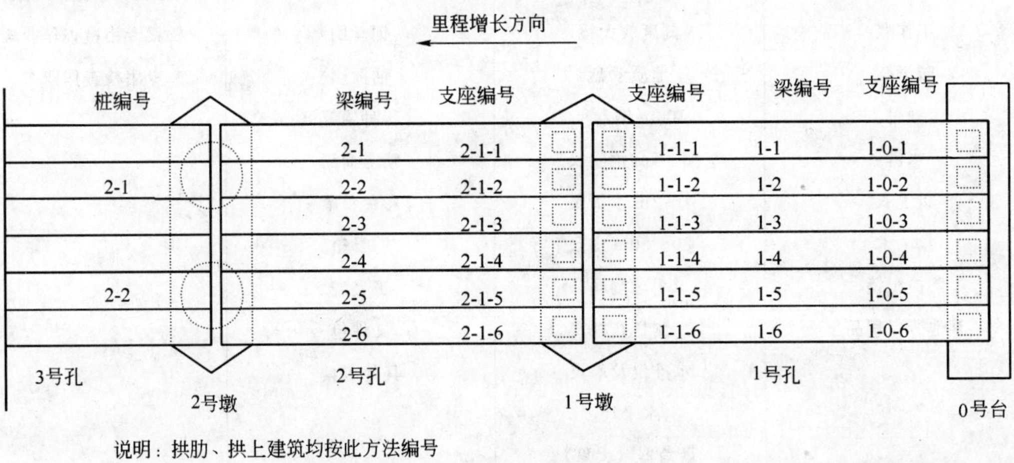

图 1.2.2-3 桥梁构件编号示意图

五、桥梁常见缺损名称及性状

1. 桥面铺装的缺损名称与性状

(1) 高低差——在与结构物连接部位的高低差。

(2) 凸凹——沿纵断方向周期性的波，即搓板，或表面的鼓包，如铺装表面的局部超填。

(3) 车辙——横断方向的波，即横断方向的凸凹，车轮通过频率较高的地方产生的规则凹槽。

(4) 泛油——指铺装表面有沥青渗出的状态。

(5) 松散——由于行驶车轮的作用，铺装表面的细骨料慢慢地脱离，表面呈现锯齿式的粗糙状态。

(6) 磨光——铺装被行驶的车轮所研磨，形成平滑的表面。

(7) 坑槽——指铺装层局部脱落而产生的洞穴或长槽。

(8) 桥头跳车——指桥梁两端路基下沉而造成行车颠跳。

(9) 线状裂缝——指横车道方向，或在其纵断方向，几乎沿直线伸展的裂缝。

(10) 网状裂缝——指裂缝形成相互连接的网状或格子状。

2. 混凝土桥梁的缺损名称与性状

(1) 蜂窝——指混凝土局部疏松，砂浆少，砂多，石子之间出现空隙，形成蜂窝状孔洞的现象。

(2) 麻面——指混凝土表面局部缺浆、粗糙，或有许多小凹坑，但无钢筋外露现象。

(3) 空洞——指混凝土内部有空隙，局部没有混凝土，或蜂窝特别大的现象。它常发生在钢筋密集处或预留孔洞和预埋件处。

(4) 裂缝——指中间存留缝隙或不存留缝隙的两处以上不完全分离的现象。

(5) 剥落——指混凝土表面的砂、水泥浆脱落，粗骨料外露的现象。如果严重时则形成骨料及包着骨料的砂浆一起脱落，或混凝土表面灰浆呈片状的脱落。

(6) 露筋——指钢筋混凝土内的主筋、箍筋等没有被混凝土包裹而外露的现象。

(7) 游离石灰——指由内部渗出，附在外表面的附着物，通常为呈白色的石灰类附着物的总称。

(8) 坑穴——是因内部压力导致混凝土表面发生破碎而产生的浅凹陷。这种缺陷经常是和使用易受冻害的骨料有关，一般说来，可在坑穴底部看到一部分还附着于坑穴内的破碎骨料颗粒。

(9) 恶化——指在混凝土表面或整体上出现机械、物理、化学性质损坏的变化，其常会构成混凝土组成成分的离析。

3. 钢桥的缺损名称与性状

(1) 涂层变色——是涂层原来的颜色变化。

(2) 涂层退色——指有光泽色颜料变淡，失去本来颜色的状态。

(3) 白垩化——指构成涂层表面的展色剂风化、失去粘结颜料的力，表面出现白粉状化合物，逐渐消耗下去的状态。

(4) 膨胀——当涂层下的水分或浸透的水分膨胀力大于涂层的粘结力和凝聚力时，涂层就会像风帆那样膨起来。

(5) 开裂——是随着涂层的脆化，由于应变和冲击产生的裂缝引起的开裂。

(6) 剥离——指涂层的粘结性能降低，从底面或从涂层的层间剥离的状态。

(7) 恶化——指由于从桥面板混凝土裂缝处漏水，其附近的涂层局部剥离或生锈的状态。

(8) 绉缩——是涂层很厚时引起的现象，主要是由于内部溶剂还没蒸发的时候，就招致表面干燥，表面上出现线状收缩的现象。

(9) 变位，移动，下沉，倾斜。

(10) 异状挠曲，过大振动。

（11）异状变形，裂缝，剪断。

（12）松弛，错动。

（13）钢材变质。

（14）锈蚀、腐蚀、锈得粘在一起。

六、桥梁缺损原因分析

桥梁结构在施工和使用过程中，常会形成各种各样的缺陷和损伤。产生缺陷和损伤的原因是多方面的，一般而言，有三个方面的原因，一是设计方面，二是施工方面，三是外因。通常，桥梁的缺损种类和原因未必是单一的，有时一个缺损可能是由几个原因产生的。在长年累月使用的桥梁上，一旦出现缺损，要想查明缺损原因往往是较为困难的。一般要求检查人员应具有较为丰富的专业知识，并能通过广泛的检查进行综合分析判断。就公路上占绝大多数的混凝土桥梁而言，其缺损原因如图 1.2.2-4 所列。

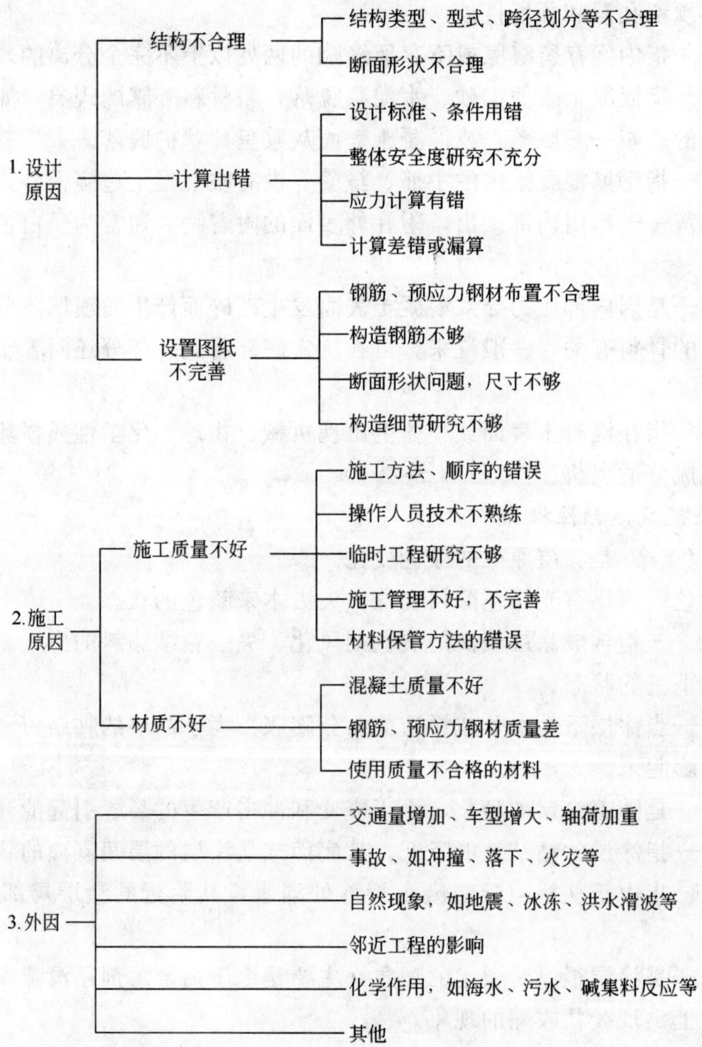

图 1.2.2-4　混凝土桥梁缺损原因解析示例图

七、定期检查要点

(1) 对桥跨结构，首先观察有否异常变形、声音、振（摆）动，如：上部结构竖向曲线是否平顺，拱轴线变位状况，桥跨有无异常的竖向振动或横向摆动等。然后再检查各部件的技术状况，查找异常原因。

(2) 墩台与基础的检查应包括下列内容：

①墩台与基础有否滑动、倾斜、下沉或冻拔。

②台背填土有无沉降、裂缝右挤压隆起。

③混凝土墩台及帽梁有无冻胀、风化、腐蚀、开裂、剥落、露筋等，空心墩的水下通水洞是否堵塞。

④石砌墩台有无砌块断裂、通缝脱开、变形，砌体泄水孔是否堵塞，防水层是否损坏。

⑤墩台顶面是否清洁，有无泥土杂物堆积、滋生草木，伸缩缝处是否漏水。

⑥基础下是否发生不许可的冲刷或淘空现象。扩大基础的地基有无侵蚀；桩基顶段在水位涨落、干湿交替变化处有无冲刷磨损、颈缩、露筋，有无环状冻裂，是否受到污水、咸水或生物的腐蚀。必要时对大桥、特大桥的深水基础可进行潜水检查。

(3) 支座主要检查功能是否正常，组件是否完好、清洁，有无断裂、错位和脱空现象，连接部件有无松动、局部破损。各种支座的检查，应包括下列内容：

①简易支座的油毡是否老化、破裂或失效。

②钢板滑动支座、弧形支座和组合式钢支座是否干涩、锈蚀，固定支座的锚栓是否紧固，销板或销钉是否完好。

③摆柱支座各组件相对位置是否准确，受力是否均匀。钢筋混凝土摆柱支座的柱体有无混凝土脱皮、开裂、露筋，钢筋及钢板有无锈蚀。

④四氟板支座是否脏污、老化，四氟乙烯板是否完好，橡胶块是否滑出钢板。

⑤橡胶支座是否老化、开裂，有无异常的剪切变形或压缩变形，各夹层钢板之间的橡胶层外凸是否均匀，有无钢板外露现象。

⑥盆式橡胶支座的固定螺栓有否剪断，螺母是否松动，钢盆外露部分是否锈蚀防尘罩是否完好。

⑦辊轴支座的辊轴是否出现不允许的爬动、歪斜。

⑧摇轴支座的辊轴是否倾斜。

⑨活动支座是否灵活，实际位移量是否正常，固定支座的锚销是否完好。

⑩支承垫石是否开裂、破碎。

(4) 钢筋混凝土和预应力混凝土桥跨结构的检查，包括下列内容：

①混凝土有无裂缝、渗水、表面风化、剥落、露筋和钢筋锈蚀，有无碱集料反应引起的整体龟裂、层离或剥落现象。

②预应力钢束锚固区段混凝土有无开裂，沿预应力筋的混凝土表面有无纵向裂缝。

③梁（板）式结构主要检查梁（板）跨中、支点、变截面处、悬臂端牛腿或中间铰部位刚构和桁架节点部位混凝土是否开裂、缺损，有无钢筋锈蚀迹象等。

④装配式梁桥应注意联结部位的缺损状况。如：组合梁的桥面板与梁的结合部位，以及桥面板之间的接头处混凝土有无开裂、渗水；梁（板）接缝混凝土有无开裂、渗水；横向联

结构件是否开裂，连接钢板的焊缝有无锈蚀、断裂，边梁有否横移或向外倾斜等。

⑤梁端头、底面是否损坏，箱梁、空心板梁内有无积水，箱梁通风情况是否良好。

（5）拱桥的检查，包括下列内容：

①主拱圈的拱板或拱肋是否开裂；钢筋混凝土拱有无露筋、钢筋锈蚀；圬工拱桥砌块有无断裂、压碎、局部掉块或脱落，砌缝有无脱离或脱落、渗水，表面有无苔藓、草木丛生，拱铰工作是否正常；空腹拱的小拱是否变形、开裂、错位，立墙或立柱有无倾斜、开裂。

②拱上立柱（或立墙）上下端、盖梁和横系梁的混凝土有无开裂、剥落、露筋和锈蚀；中下承式拱桥的吊杆上下锚固区的混凝土有无开裂、渗水，吊杆锚头附近是否有锈蚀现象，外罩是否有裂纹，锚头夹片、楔块是否发生滑移，吊杆钢索有无断丝；采用型钢或钢管混凝土芯的劲性骨架拱桥，要注意检查混凝土表面是否沿骨架出现纵向或横向裂缝。

③拱的侧墙与主拱圈间有无脱落，侧墙有无鼓凸变形、开裂，实腹拱拱上填料有无沉陷；肋拱桥的肋间横向联结是否开裂、表面剥落、钢筋外露、锈蚀等。

④双曲拱桥拱肋间横向联结拉杆是否松动或断裂，拱波与拱肋结合处是否脱裂，拱波之间砂浆有否松散脱落，拱波顶是否开裂、渗水等。

⑤薄壳拱桥壳体是否出现纵、横向及斜向裂缝；系杆拱混凝土系杆是否开裂，无混凝土包裹的系杆是否锈蚀、松弛等；钢管混凝土拱桥拱座是否开裂，管内混凝土是否充填密实(可用敲击法检查)。钢管部分的检查参见钢桥检查有关内容。

（6）钢桥的检查，应包括下列内容：

①构件（特别是受压构件）是否扭曲变形、局部损伤。

②铆钉和螺栓有无松动、脱落或断裂，节点是否滑动错裂。

③焊缝及其边缘（热影响区）有无裂纹或脱开。

④油漆层有否裂纹、起皮、脱落，构件是否腐蚀生锈。

⑤钢箱梁箱内湿度是否符合要求，除湿设施是否工作正常。

（7）悬索桥和斜拉桥的检查，应包括下列内容：

①检查索塔高程、塔柱倾斜度、桥面高程及梁体纵向位移，注意是否有异常变位。

②检测索体振动频率、索力有无异常变化，索体振动频率检测应在多种典型气候下进行。检测周期不宜超过6年。

③主梁按相应的预应力混凝土或钢结构的要求进行检查。

④悬索桥锚锭及锚杆有否异常的拔动滑移，锚头、锚杆、散索鞍有无锈蚀、破损，锚室(锚洞）和锚碇混凝土有无开裂、渗水，温湿度是否符合要求。

⑤主缆、吊杆及斜拉索的表面封闭、防护是否完好，有无开裂、老化、鼓肚、变形和漏水等现象，必要时可剥开防护套检查索内干湿和钢索锈蚀情况。应注意吊杆、斜拉索的两端锚固部位，包括索端及锚头、锚固构造，是否有渗水、锈蚀、开裂和松动，必要时可打开锚具后盖抽查锚杯内是否有潮湿、积水，防锈油是否结块、失效。主缆索夹紧固螺栓有否松弛和锈死，索夹是否出现移位、破损等。

⑥悬索桥的索鞍是否工作正常，有无异常的错位、卡死、辊轴歪斜，是否有锈蚀、破损

等现象。主缆索跨过索鞍部分是否有挤偏现象。

⑦注意检查索端出索处钢护筒、钢管与索套管连接处的情况。检查钢护筒是否松动脱落、锈蚀、渗水，抽查连接处钢护筒防水垫圈是否老化失效，筒内是否潮湿、积水。

⑧索塔的爬梯、检查门、工作电梯是否安全可靠，塔内的照明系统是否完好等。

(8) 木桥主要检查木构件有无腐朽、顺纹张裂和磨损，各部分结合点、榫头和支承处是否松动，螺栓、铁箍、垫圈和铁钉等连接紧固件是否松动、脱落、缺件或锈死。

(9) 通道、跨线桥与高架桥的结构检查同其他一般公路桥梁。对通道应检查通道内有无积水，机械排水的泵站是否工作正常，排水系统是否畅通；对跨线桥、高架桥应检查防抛网、隔音墙是否完好。通道、跨线桥与高架桥下的道面是否完好，有无非法占用情况和火灾隐患等。

(10) 翼墙、侧墙、耳墙是否有开裂、倾斜、滑移、沉陷等降低或丧失挡土能力的状况。锥坡、护坡是否有冲刷、滑坍、沉陷等造成坡顶高度显著下降现象。土质锥形护坡表面覆盖草皮是否损坏，有无沟槽和坍塌现象。铺砌面是否开裂，有无勾缝砂浆脱落、隆起或下陷、灌木杂草丛生和下滑，坡脚是否损坏。埋置式桥台台前溜坡基础埋置深度是否足够，有无冲刷损坏。

(11) 桥面系构造的检查，应包括下列内容：

①桥面铺装层纵、横坡是否顺适，有无严重的裂缝（龟裂、纵横裂缝）、坑槽、波浪、桥头跳车、防水层漏水。

②伸缩缝是否异常变形、破损、脱落、漏水，是否造成明显的跳车。

③人行道构件、栏杆、护栏有无撞坏、断裂、错位、缺件、剥落、锈蚀等。

④桥面排水是否顺畅，泄水管是否完好、畅通；桥头排水沟功能是否完好，土质锥坡有无冲蚀、塌陷。

⑤桥上交通信号、标志、标线、照明设施是否损坏、老化、失效，是否需要更换；避雷装置、航空灯、照明灯及结构物内供检查养护用的照明系统是否完好、有效；路用通信、供电线路及设备是否完好等。

(12) 调治构造物是否适用，有无水毁、损坏，河床是否变迁，有无漂流物堵塞现象；是否需要改善或增设调治构造物。

§2.3 桥梁定期检查结果的评定

对桥梁定期检查结果的评定，一般由有经验的桥梁检查工程师，依据桥梁定期检查资料，凭借自己丰富的知识经验，从结构缺损状况、可能导致的不良后果和需要进行的改进工作这三个方面，通过对桥梁各部件缺损状况进行等级评定，确定出桥梁的技术状况等级，提出桥梁的改造与维修措施。这种评定为一种数量级的评价，属于桥梁一般评价的范畴。在桥梁各部件缺损状况的等级评定中，主要考虑缺损的形式、程度、发展变化情况及其对桥梁使用功能的影响。改进工作的评定主要是决定改进时间和改进方法，一般可通过对改进工作的技术和经济分析来实现这一评定。桥梁技术状况等级，主要依据桥梁各部件缺损状况的等级评定结果，采用考虑桥梁各部件权重的综合评定方法进行评定；亦可按照桥梁重要部件最差的缺损状况等级评定结果直接进行评定，或对照桥梁技术状况评定标准进行评定。

一、桥梁部(构)件缺损状况的评定

对桥梁结构缺损状况，一般分部(构)件如表 1.2.2-3 所列，采用等级评定即评分的方法进行评定。具体评定方法如下：

(1) 首先根据缺损形式和程度(大小、多少或轻重)、缺损对结构使用功能的影响程度(无、小、大)和缺损发展变化状况(趋向稳定、发展缓慢、发展较快)等三个方面，以累加评分方法对各构件缺损状况作出等级评定，即评分，具体评定方法详见表 1.2.3-1。

(2) 然后，根据构件缺损状况的评分按照下列原则进行部件缺损状况的等级评定，并可按照表 1.2.3-1 确定出桥梁各部构件的技术状况及等级分类。

①对重要部件，如墩台与基础、上部承重构件、支座，以其中缺损状况最严重的构件评分作为其对应部件的评分；

②对其他部件，可根据多数构件缺损状况评分作为其对应部件的评分。

为方便于现场检查评定，针对我国公路常见桥梁，按照上述评定方法和原则制定的桥梁各部构件缺损状况推荐性评定标准如表 1.2.3-2～表 1.2.3-16 所列。按照表列标准评定桥梁部、构件缺损状况时，每一等级评定只需符合对应诸条评定标准中的任何一条即可，若部分符合，则可按降低一个等级进行评定。

桥梁部（构）件缺损状况评定方法　　表 1.2.3-1

缺损状况及标度			组合评定标度					
缺损程度及标度		程度	小→大 少→多 轻度→严重					
		标度		0	1	2		
缺损对结构使用功能的影响程度	无、不重要	0				0	1	2
	小、次要	1				1	2	3
	大、重要	2				2	3	4
以上两项评定组合标度				0	1	2	3	4
缺损发展变化状况的修正	趋向稳定	−1			0	1	2	3
	发展缓慢	0			1	2	3	4
	发展较快	+1		1	2	3	4	5
桥梁部构件缺损状况等级评定结果（评分）			0	1	2	3	4	5
桥梁部构件的技术状况			完好	良好	较好	较差	差的	危险
桥梁部构件的技术状况等级分类			一类		二类	三类	四类	五类
备注	(1)“0”表示完好状态，或表示没有设置且经调查表明无需设置的结构部件，如调治构造物； (2) 当缺损程度标度为“0”时，不再进行叠加； (3)“5”表示危险状态，或表示原未设置，而调查表明需要补设的结构部件							

推荐的桥面铺装缺损状况评定标准 表 1.2.3-2

等级评定（评分）	等级评定标准
1	①桥面铺装基本完好、平整、清洁。 ②有少量细裂缝，缝长在1m以下，对水泥混凝土铺装，缝宽小于0.15mm；对沥青混凝土铺装，缝宽小于0.3mm。 ③桥下无渗漏现象
2	①铺装层10%以内的表面有纵横裂缝、浅坑槽（坑槽深不大于2cm）、波浪。 ②纵横裂缝的长度不到1/2跨长或行车道宽，对水泥混凝土铺装，缝宽小于0.25mm；对沥青混凝土铺装，缝宽小于0.4mm。 ③桥下基本上无渗漏现象
3	①铺装层10%～20%的表面有严重的龟裂、深坑槽（坑槽深大于2cm）、波浪。 ②有纵横裂缝，缝长不到2/3跨长或行车道宽，对水泥混凝土铺装，缝宽小于0.3mm；对沥青混凝土铺装，缝宽小于0.5mm。 ③桥下局部有渗漏迹象
4	①铺装层表面磨光、打滑，沥青混凝土铺装有泛油现象。 ②有纵横裂缝，缝长大于2/3跨长或行车道宽，对水泥混凝土铺装，缝宽在0.3mm以上；对沥青混凝土铺装，缝宽超过0.5mm。 ③铺装层20%～60%的表面有严重的龟裂、局部碎裂、深坑槽（坑槽深大于2cm）、波浪等。 ④桥下多处出现渗漏现象
5	①铺装层60%以上的表面桥面有严重的龟裂、碎裂、深坑槽（坑槽深大于2cm）、波浪等。 ②桥面普遍坑洼不平、积水。 ③有大量的纵横通缝，缝宽大多超过0.5mm。 ④桥下有大面积的渗漏现象

推荐的伸缩缝缺损状况评定标准 表 1.2.3-3

等级评定（评分）	等级评定标准
1	①伸缩缝结构完好无损、平整、清洁
2	①伸缩缝结构构件基本上完好，略有凹凸不平。 ②上层槽口有因清洁工作不及时而造成的堵塞、卡死现象
3	①伸缩缝有明显凹凸不平，但高低差未超过2cm。 ②伸缩缝的伸缩体或填缝材料，或伸缩缝与桥面铺装连接处，出现局部开裂、渗漏现象。 ③伸缩缝锚固构件松动或焊缝开焊在20%以内
4	①伸缩缝严重凹凸不平，高低差超过2cm。 ②伸缩缝的伸缩体或填缝材料，或伸缩缝与桥面铺装连接处普遍开裂，渗漏现象严重；或伸缩体或缝材填料老化严重。 ③伸缩缝20%～60%锚固构件松动或焊缝开焊，伸缩缝结构构件出现局部缺损现象
5	①伸缩缝结构构件缺损现象严重。 ②伸缩缝60%以上锚固定构件松动或焊缝开焊。 ③伸缩缝功能不足，或丧失功能者

推荐的排水设施缺损状况评定标准 表 1.2.3-4

等级评定（评分）	等级评定标准
1	①排水设施设置合理、完好无损。 ②少量泄水漏斗、聚水槽和排水孔道存在因清洁工作不及时而造成的堵塞现象。 ③排水设施周围无渗漏现象
2	①排水设施设置合理、结构构件基本完好无损。 ②大量泄水漏斗、聚水槽和排水孔道存在因清洁工作不及时而造成的堵塞现象。 ③排水设施周围无渗漏现象
3	①排水设施设置合理、完好无损，20%以下排水设施构件破损或缺件。 ②桥面排水不畅，少量排水设施周围出现局部渗漏现象
4	①排水设施设置欠合理。 ②20%以上的排水设施构件破损或缺件。 ③桥面排水不畅，大量排水设施周围出现局部渗漏现象
5	①排水设施设置不当，造成桥面严重积水。 ②缺少必要的排水设施

推荐的人行道、栏杆缺损状况评定标准 表 1.2.3-5

等级评定（评分）	等级评定标准
1	①人行道栏杆完整、清洁，无松动现象。 ②少数构件表面有非结构受力性的细裂纹、麻面
2	①人行道栏杆个别构件破损、脱落。 ②3%以内的人行道栏杆构件有松动、开裂、剥落和污染。 ③人行道铺装局部层离、破裂、隆起或脱落
3	①10%以内的人行道栏杆构件有松动、开裂、剥落、露筋、脱落。 ②人行道栏杆构件表面出现细小的顺钢筋裂纹、钢筋发生锈蚀现象。 ③缘石残缺不全、高度不够或周围出现漏水现象
4	①10%～20%的人行道栏杆构件有松动、开裂、剥落、露筋、脱落。 ②人行道栏杆构件表面出现缝宽超过 0.20mm 的顺钢筋裂纹、钢筋发生较为严重的锈蚀。 ③局部出现交通车辆引起的损坏等
5	①20%以上的人行道栏杆构件有松动、开裂、剥落、露筋、锈蚀、脱落。 ②人行道栏杆构件有异常变形、残缺，危及行人安全。 ③多处出现交通车辆引起的损坏

推荐的支座缺损状况评定标准 表 1.2.3-6

等级评定（评分）	等级评定标准
1	①支座各部分清洁、完好无缺、位置正确。 ②支座工作状态正常
2	①支座有尘土堆积、略有腐蚀。 ②支座滑动面干涩
3	①钢支座固定螺栓松动，锈蚀严重。 ②油毡、橡胶、四氟板支座开始老化。 ③混凝土支座有剥落、露筋、锈蚀现象

续上表

等级评定（评分）	等级评定标准
4	①钢支座的组件出现断裂。 ②油毡支座老化破裂，橡胶支座老化开裂。 ③混凝土支座碎裂。 ④活动支座坏死，不能活动。 ⑤支座上下错位过大，有倾倒脱落的危险
5	①支座错位、变形、破损严重。 ②支座丧失正常的支承功能，使上下部结构受到异常约束，造成支承部位的缺损和桥面的不平顺

推荐的混凝土上部结构缺损状况评定标准 表 1.2.3-7

等级评定（评分）	等级评定标准
1	①结构基本上完好无缺，无渗水、污染现象，但表面欠清洁。 ②结构构件表面有非结构受力性裂缝，裂缝宽度在限值范围内。 ③次要构件有少量的短细受力裂纹，裂纹宽度小于限值
2	①结构基本上完好无缺，无渗水，局部有轻微污染现象。 ②3%以内的构件表面有风化、蜂窝麻面和短细受力裂缝，缝宽小于限值。 ③组合结构的结合面开裂，开裂长度小于 1/8 结合面长度或跨长
3	①结构基本上完好无缺，桥面板局部有渗水、污染现象。 ②结构构件 3%～10%的表面有风化、蜂窝麻面、剥落、露筋、锈迹和非结构受力裂缝等各种缺损。 ③结构构件表面有正常的结构受力裂缝，且裂缝的长度或高度、间距小于设计计算值，裂缝宽度在限值范围之内。 ④组合结构结合面开裂，缝长为 1/8～1/2 结合面长度或跨长。 ⑤结构的横向连接件断裂、脱焊或松动，边梁或边拱肋有横移或外倾的迹象
4	①结构构件 10%～20%的表面有风化、蜂窝麻面、剥落、露筋、锈迹和非结构受力裂缝等各种缺损。 ②结构构件表面有正常的结构受力裂缝，且裂缝的长度或高度、间距大于设计计算值，或裂缝宽度超出限值范围；或结构重点部位出现接近全断面的开裂。 ③结构构件有顺主筋方向的纵向裂缝，钢筋锈蚀和混凝土剥落严重。 ④桥面板开裂漏水严重，或局部出现钟乳石状悬挂沉积物。 ⑤组合结构结合面开裂，缝长大于 1/2 结合面长或跨长，且缝宽小于限值。 ⑥横向联系损坏严重，造成结构横向刚度明显降低。 ⑦结构存在明显的永久变形，变形趋于稳定，且变形值在规范规定的范围之内。 ⑧在车辆荷载作用下，结构有异常响声、振动或摆动
5	①结构存在明显的永久变形，变形值大于规范规定值，或变形仍处于发展变化之中。 ②结构构件重点部位出现全截面的开裂，或部分钢筋屈服或断裂，或受压区混凝土压碎。 ③主拱圈出现四铰，呈不稳定结构；受压构件有严重的横向扭曲变形。 ④组合结构结合面开裂贯通，造成截面组合作用明显降低。 ⑤结构的振动或摆动过大，行车和行人有明显的不安全感。 ⑥评估的结构承载力比设计降低 15%以上。 ⑦结构横向有失稳迹象

推荐的砖石上部结构缺损状况评定标准 表 1.2.3-8

等级评定（评分）	等级评定标准
1	①结构完好无损，砖石表面有轻微的风化迹象。 ②结构构件表面欠清洁，或局部生长苔藓
2	①结构基本完好无损，构件表面有水迹污染，砌体滋生杂草。 ②局部砌缝灰浆脱落或有短细的裂缝，且缝宽小于限值
3	①砖石表面普遍风化，或砌缝灰浆脱落，或局部有渗漏现象。 ②砌体出现结构受力裂缝，缝宽在限值范围内，且缝长小于1/2 截面尺寸或 1/3 跨长。 ③砌体局部松动、外鼓，或次要承重构件出现异常变形
4	①砌体结构多处出现严重渗漏，砖石结构表面风化严重。 ②砌体出现结构受力裂缝，缝宽在限值范围内，且缝长介于 1/2～2/3 截面尺寸或 1/3～2/3 跨长之间。 ③砌体有较大的松动、变形，或多处出现局部松动、外鼓。 ④重要承重构件出现异常变形，但已趋于稳定
5	①砌体出现结构受力裂缝，缝宽大于限值，或缝长大于 2/3 截面尺寸或 2/3 跨长，或发生开合现象。 ②砌体渗漏、松动、变形严重。 ③重要承重构件出现异常变形，变形仍处于发展变化之中。趋稳定。 ④干砌拱桥出现走动变形

推荐的木结构缺损状况评定标准 表 1.2.3-9

等级评定（评分）	等级评定标准
1	①结构组成各部件完好无缺，防腐、防蚁效果良好。 ②木结构表面欠清洁
2	①木结构部分螺栓或钉存在锈死现象。 ②次要构件少量接合点、榫头松动。 ③结构个别构件表面处理局部未达到规定要求
3	①次要构件大多接合点、榫点或拉杆螺栓松动。 ②重要构件少量接合点、榫头松动。 ③结构个别小件脱落，或重要构件表面局部有腐烂、磨损。 ④次要构件表面出现腐烂、磨损现象
4	①结构构件出现顺纹裂纹，缝宽小于 0.50mm。 ②承重构件发生腐朽脱落，但尚未造成结构失稳。 ③结构联结键出现剪切变形
5	①构件严重腐烂脱落，且有失稳现象。 ②结构出现明显异常变形。 ③构件较多顺纹裂纹，缝宽大于 0.50mm；或有垂直于木纹的裂纹

推荐的钢结构缺损状况评定标准　　表 1.2.3-10

等级评定（评分）	等级评定标准
1	①结构组成各部件及焊缝完好，各节点铆钉、螺栓无松动现象。 ②结构构件涂层均匀、完整，表面色泽鲜明
2	①结构组成各部件完好，焊缝无开裂，少数节点个别铆钉、螺栓松动变形或脱落。 ②结构构件涂层有老化现象，涂层出现变色、退色、白垩化、膨胀、绉缩、剥离等，面积在10%以内。 ③结构构件焊接部位涂层出现开裂现象
3	①结构构件涂层明显老化，涂层出现变色、退色、白垩化、膨胀、绉缩、剥离等的面积达到10%～60%，其中涂层失效面积在10%～20%之间。 ②联结铆钉、螺栓松动变形或脱落不足10%。 ③个别次要构件出现局部变形，焊缝有裂纹。 ④结构在车辆荷载作用下有振动、摇晃感或有异常音
4	①结构构件涂层显著老化，涂层出现变色、退色、白垩化、膨胀、绉缩、剥离等的面积在60%以上，其中涂层失效面积在20%以上。 ②联结铆钉、螺栓松动变形或脱落在10%～20%之间。 ③个别主要构件有扭曲变形、损伤裂纹、开焊、严重锈蚀。 ④钢材有变质现象，或结构在车辆荷载作用下有较强的振动、摇晃感或有异常音
5	①主要构件有严重的扭曲变形、损伤裂纹、开焊、严重锈蚀，截面削弱在5%以上。 ②结构出现永久变形，变形值大于规范规定值，或变形仍处于发展变化之中。 ③钢材明显变质，强度性能恶化，造成结构承载力明显降低。 ④节点板及联结铆钉、螺栓松动变形或脱落在20%以上。 ⑤结构在车辆荷载作用下有过大的振动、摇晃或有不正常移动，行车和行人有不安全感。 ⑥涂层失效面积在50%以上

推荐的下部结构缺损状况评定标准　　表 1.2.3-11

等级评定（评分）	等级评定标准
1	①结构各部件完整，基础及地基状况良好，浅基防护符合要求。 ②结构表面有污秽，或长有藓苔或局部滋生杂草。 ③结构构件表面有少量的线状短缝，缝宽在限值范围之内
2	①结构3%以内的表面有局部网裂或线状裂缝，裂缝宽度在限值范围内。 ②砌体局部砌缝灰浆脱落或有短细的裂缝，且缝宽小于限值。 ③结构构件表面有风化、麻面、剥落，剥落深度不足2cm，面积在3%以内。 ④基础无冲蚀现象
3	①结构3%～10%的表面有局部网裂或线状裂缝，缝宽超过限值。 ②结构风化、麻面、露筋、锈蚀、剥落，剥落深度为2～5cm不等，面积在3%～10%之间。 ③砌体严重风化，存在灰缝脱落、局部松动变形现象，漏水浸蚀严重。 ④结构出现下沉、倾斜、滑动、冻拔等现象，但量值较小，且发展缓慢。 ⑤基础有局部冲蚀现象，或桩基出现冲蚀磨损现象

续上表

等级评定（评分）	等级评定标准
4	①结构表面有网裂严重（面积在10%～20%之间）；或有较多的线状通缝或裂缝宽而密，裂缝宽度超过限值。 ②结构风化、麻面、露筋、剥落，剥落深度大于5cm，面积在10%～20%之间，钢筋锈蚀严重。 ③砌体出现大面积的灰缝脱落、松动变形、漏水浸蚀现象。 ④结构出现下沉、倾斜、滑动、冻拔等现象，变形值虽在规范规定的范围之内，但有发展趋势。 ⑤台背填土有沉降裂缝或挤压隆起变形，且变形发展较快。 ⑥基础冲刷大于设计值，基底冲空面在10%～20%以内。桩基顶段被冲蚀，出现露筋、颈缩现象，或桩基顶段有环状冻裂，木桩腐蚀、蛀蚀严重
5	①结构不稳定，下沉、倾斜、滑动、冻拔现象严重，变形值大于规范值，或变形发展变化较快，造成上部结构和桥面变形过大，不能正常行车。 ②墩台、桩基出现结构性裂缝，裂缝宽度超过限值，或裂缝有明显的开合现象。基础严重冲刷。 ③基础冲刷深度大于设计值，基底冲空面积在20%以上，地基和桩基承载力降低，桥台岸坡出现滑移现象

推荐的翼墙、耳墙缺损状况评定标准 表1.2.3-12

等级评定（评分）	等级评定标准
1	完好无缺，仅表面脏污，或有藓苔、杂草、灌木丛生
2	①翼墙出现个别裂缝，缝宽小于限值。 ②砌体风化、局部剥落，灰缝脱落，面积在10%以内
3	①翼墙断裂与桥台前墙脱开，但无明显外倾、下沉现象。 ②砌体灰缝脱落、剥落、松动变形，面积在20%以内
4	①翼墙断裂与桥台前墙脱开，有外倾、下沉迹象。 ②砌体20%以上的表面出现灰缝脱落、剥落、松动变形，或出现部分倒塌现象。 ③结构有双向剪切通缝
5	①翼墙、耳墙出现滑动、倾斜和下沉现象。 ②结构出现影响结构安全的双向剪切通缝

推荐的调治构造物缺损状况评定标准 表1.2.3-13

等级评定（评分）	等级评定标准
1	①构造设置合理，功能正常。 ②构造物完好，无存留漂浮物，滋生有少量的杂草、灌木等
2	①构造物设置合理、功能基本正常。 ②砌体局部开裂、鼓肚、凹陷或灰浆脱落
3	①构造本身抗洪能力不足，边坡局部下滑或坡脚局部损坏，基础局部冲蚀。 ②构造物20%以内出现下沉、倾斜、局部坍塌，或表面出现大面积损坏
4	①构造本身抗洪能力太低，边坡大面积下滑或坡脚损坏，基础冲蚀严重。 ②构造物20%以上被破坏，部分丧失功能或功能下降。 ③构造物设置欠合理，构造物的个数或长度不够
5	①构造物大范围毁坏，失去功能，或设置不合理，未达到预期效果。 ②需要设置但没有设置调治构造物者

护墩、破冰体评定标准　　表 1.2.3-14

等级评定（评分）	等级评定标准
1	完好无缺，功能正常，仅表面有漂浮物或污泥
2	个别构件腐朽、损裂或松动
3	多数构件腐朽、损裂或松动
4	构件普遍松动、腐朽或损裂、已不能正常发挥功能者
5	构件完全损坏，丧失功能；或应该设置但未设置护墩或破冰体者

推荐的锥形护坡及溜坡缺损状况评定标准　　表 1.2.3-15

等级评定（评分）	等级评定标准
1	①铺砌面局部有污秽，或杂草、灌木丛生。 ②桥头排水沟和行人台阶完好
2	①土质护坡覆盖草皮损坏，或局部冲成浅坑、沟或槽。 ②铺砌面局部隆起、凹陷，或砌缝砂浆脱落。 ③桥头排水沟堵塞不畅通，行人台阶局部塌落
3	①土质护坡冲成深坑，沟或槽。 ②铺砌面大面积出现隆起、凹陷，或局部坡脚损坏。 ③桥头排水沟和行人台阶损坏，功能降低
4	①锥坡体和坡脚冲蚀严重，土质护坡坍塌、滑坡。 ②坡顶下降较大，护坡作用明显减小，铺砌面大面积下滑或坡脚损坏。 ③埋置式桥台台前溜坡基础埋置深度不够，或有冲刷损坏。 ④桥头排水沟和行人台阶全部损坏，几乎消失
5	①护坡功能完全丧失者。 ②需要设置但没有设置护坡者

推荐的照明、标志、附属设施缺损状况评定标准　　表 1.2.3-16

等级评定（评分）	等级评定标准
1	完好无缺，布置合理
2	照明灯泡坏，灯柱锈蚀，标志不正、脱落
3	灯柱歪斜不正，灯具损坏，标志倾斜损坏
4	照明线路老化断路或短路，灯柱、灯具残缺不齐，标志损失严重

桥梁结构裂缝最大限值如表 1.2.3-17 所列，裂缝超过表列数值时应进行修补，以保证结构的耐久性。

裂缝缝宽限值表 表 1.2.3-17

<table>
<tr><th>结构类型</th><th colspan="3">裂缝部位</th><th>允许最大缝宽（mm）</th><th>其他要求</th></tr>
<tr><td rowspan="5">钢筋混凝土梁</td><td colspan="3">主筋附近竖向裂缝</td><td>0.25</td><td></td></tr>
<tr><td colspan="3">腹板斜向裂缝</td><td>0.30</td><td></td></tr>
<tr><td colspan="3">组合梁结合面</td><td>0.50</td><td>不允许贯通结合面</td></tr>
<tr><td colspan="3">横隔板与梁体端部</td><td>0.30</td><td></td></tr>
<tr><td colspan="3">支座垫石</td><td>0.50</td><td></td></tr>
<tr><td rowspan="2">预应力混凝土梁</td><td colspan="3">梁体竖向裂缝</td><td>不允许</td><td></td></tr>
<tr><td colspan="3">梁体纵向裂缝</td><td>0.20</td><td></td></tr>
<tr><td rowspan="3">砖、石、混凝土拱</td><td colspan="3">拱圈横向</td><td>0.30</td><td>裂缝高度小于截面高度一半</td></tr>
<tr><td colspan="3">拱圈纵向（裂缝）</td><td>0.50</td><td>裂缝长小于跨径 1/8</td></tr>
<tr><td colspan="3">拱波与拱肋结合处</td><td>0.20</td><td></td></tr>
<tr><td rowspan="7">墩台</td><td colspan="3">墩台帽</td><td>0.30</td><td rowspan="7">不允许贯通墩台身截面一半</td></tr>
<tr><td rowspan="5">台墩身</td><td rowspan="2">经常受浸蚀性环境水影响</td><td>有筋</td><td>0.20</td></tr>
<tr><td>无筋</td><td>0.30</td></tr>
<tr><td rowspan="2">常年有水，但无浸蚀性水影响</td><td>有筋</td><td>0.25</td></tr>
<tr><td>无筋</td><td>0.35</td></tr>
<tr><td colspan="2">干沟或季节性有水河流</td><td>0.40</td></tr>
<tr><td colspan="3">有冻结作用部分</td><td>0.20</td></tr>
</table>

二、桥梁技术状况的评定

在确定出桥梁各部件缺损状况的等级评定结果即评分之后，首先可根据桥梁所在地区的环境条件和养护要求，采用专家调查评估的方法，利用层次分析法确定出各部件的权重，然后按照下列原则采用表 1.2.3-1 所示的综合评定方法进行桥梁技术状况的评定。《公路桥涵养护规范》（JTG H11—2004）推荐的桥梁各部件权重如表 1.2.3-18 所列。

（1）对于跨径、结构形式相同的多跨桥梁，一般以整座桥作为一个评定单元进行桥梁技术状况的等级评定与分类。亦可逐跨进行桥梁技术状况的等级评定，然后以缺损状况最严重、技术状况等级评定结果最差的一跨作为全桥的评定结果。

（2）对于跨径、结构型式不同的多跨桥梁，一般可根据跨径和结构形式的分布情况采用划分评定单元的方式，先逐一单元进行技术状况等级评定，再以缺损状况最严重、技术状况等级评定结果最差的一个评定单元作为全桥的评定结果。

推荐的桥梁各部件权重及桥梁技术状况综合评定方法　　表 1.2.3-18

部件	部件名称	权重 W_i	桥梁技术状况评定办法
1	翼墙、耳墙	1	(1) 综合评定采用下列计算式： $$D_r=100-\sum_{i=1}^{n}R_iW_i/5$$ 式中：R_i——按表 2.3..2.1 所示的方法确定出的桥梁各部件的等级评定结果即评分（0～5）； W_i——桥梁各部件的权重，$\sum W_i=100$； D_r——全桥结构技术状况综合评分值（0～100）；评分值高表示结构状况好，缺损少。 (2) 桥梁技术状况等级评定分类采用下列界限： $D_r \geqslant 88$　一类 $88>D_r \geqslant 60$　二类 $60>D_r \geqslant 40$　三类 $40>D_r \geqslant 30$　四类 $30>D_r$　五类 (3) $D_r \geqslant 60$ 的桥梁，并不排除有缺损状况等级评定结果即评分 $R_i \geqslant 3$ 的桥梁部构件，仍有维修的需求
2	锥坡、护坡	1	
3	桥台及基础	23	
4	桥墩及基础	24	
5	地基冲刷	8	
6	支座	3	
7	上部主要承重构件	20	
8	上部一般承重构件	5	
9	桥面铺装	1	
10	桥与路连接	3	
11	伸缩缝	3	
12	人行道	1	
13	栏杆、护栏	1	
14	照明、标志	1	
15	排水设施	1	
16	调治构造物	3	
17	其他	1	

亦可按照桥梁重要部件最差的缺损状况等级评定结果参照表 1.2.3-1 的方法直接进行评定。或对照表 1.2.3-19 所列的桥梁技术状况评定标准进行评定。

对通过一般评定划分的各类桥梁，应采取不同的养护措施。一类桥梁进行正常保养；二类桥梁需进行小修；三类桥梁需进行中修，酌情进行交通管制；四类桥梁需进行大修或改造，及时进行交通管制，如限载、限速通过，当缺损较严重时应关闭交通；五类桥梁需要进行改建或重建，及时关闭交通。

推荐的桥梁技术状况等级评定标准　　表 1.2.3-19

桥梁技术状况等级评定	评定标准
一类	完好、良好状态。 ①重要部件功能与材料均良好。 ②次要部件功能良好，材料有少量（3%以内）轻度缺损或污染。 ③承载能力与桥面行车条件符合要求。 ④对桥梁使用功能无任何影响，只需进行清洁保养者
二类	较好状态。 ①重要部件功能良好，材料有局部（3%以内）轻度缺损或污染，裂缝缝小于限值。 ②次要部件有较多（10%以内）中等缺损或污染。 ③承载能力和桥面行车条件达到设计指标。 ④对桥梁使用功能影响不大，需要继续跟踪观察或进行小修

续上表

桥梁技术状况等级评定	评 定 标 准
三类	较差状态。 ①重要部件材料有较多（10%以内）中等缺损，裂缝缝宽超限值；或出现轻度功能性病害，但发展缓慢，尚能维持正常使用功能。 ②次要部件有大量（10%～20%）严重缺损，功能降低，进一步恶化将不利于重要部件，或影响正常交通。 ③承载能力比设计降低10%以内，桥面行车不舒适。 ④尚能维持正常作用功能，缺损会发展恶化，需要进行中修
四类	差的状态。 ①重要部件材料有大量（10%～20%）严重缺损，裂缝缝宽超限值，裂缝间距小于计算值，风化、剥落、露筋、锈蚀严重；或出现轻度性病害，且发展较快。结构变形小于或等于规范值，功能明显降低。 ②次要部件有20%以上的严重缺损，失去应有功能，严重影响正常交通。 ③承载能力比设计降低10%～25%，必要时限速或限载通行。 ④不能保证正常的使用功能，需要通过特殊检查，确定大修、加固或更换构件的措施
五类	危险状态。 ①重要部件出现严重的功能性病害，且有继续扩展现象；关键部位的部分材料强度达到极限，出现部分钢筋断裂、混凝土压碎或压杆失稳变形的破损现象，变形大于规范值，结构的强度、刚度、稳定性和动力响应不能达到平时交通安全通行的要求。 ②承载能力比设计降低25%以上，必须降低通行荷载与车速，或封闭交通。 ③严重影响桥梁使用功能，需要通过特殊检查立即确定加固补强、重建或改建等处治对策。否则，应限制或停止交通

§2.4 桥梁定期检查记录与提交文件

一、桥梁定期检查记录

在进行桥梁定期检查时，发现的各种缺损均应在现场用油漆等将其范围与日期标注清楚。对三类以上桥梁，或有严重缺损的桥梁，或难以判断缺损原因和程度的桥梁，应作影像记录，并附病害状况说明。

所有原始检查记录，必须按桥梁检查数据表的格式填写清楚。缺损状态描述尽可能采用标准术语，并用简图和照片来阐明结构或构件典型的缺损状态。

二、桥梁定期检查应提交的文件

(1) 桥梁定期检查数据表、桥梁基本数据表及桥梁清单。

(2) 本次检查记录的缺损和病害简图、照片及相关说明。

(3) 桥梁总体照片。一张为桥梁正面照，在低桩号侧引道中心拍摄；另一张为桥梁立面照，在桥梁右侧拍摄。如果桥梁经拓宽改造左右两侧结构不一致，立面照应在两侧分别拍摄。

(4) 桥梁定期检查报告。报告应包括以下内容：

①桥梁的小修保养情况，需要大中修或改建的桥梁计划，说明大中修或改建项目、拟采用的技术方案、估计费用和建议实施时间。

②要求进行特殊检查桥梁的报告，说明需要开展特殊检查的理由、范围、项目内容与建议实施时间等。

③需要限制或停止交通的建议报告。

三、桥梁基本数据表登记说明

1. 行政与识别数据

(1) 路线编号，为国标“公路路线命名和编号”规定的路线编号，用4位码登记。

(2) 路线名称，为上述国标规定的路线命名，用文字登记。

(3) 路线等级，即路线的技术等级，是国标《公路工程技术标准》规定的分类等级，用1位或2位码登记。①H：高速公路；②H1：一级汽车专用公路；③H2：二级汽车专用公路；④II：二级公路；⑤III：三级公路；⑥IV：四级公路；⑦L：低于Ⅳ的等外公路。

(4) 桥梁编号，为国标“公路桥梁命名和编码”规定的桥梁编号，用5位码登记。

(5) 桥梁名称：即桥梁的全名，用文字登记。对既有桥梁采用原有标称的桥名，对新建桥梁采用国标规定的命名。

(6) 桥位桩号，为1/2桥长处的路线里程，登记形式为：K＊＊＊＊＋＊＊＊M

(7) 功能类别，采用文字方式登记下列桥梁功能类别之一：①跨河桥（跨非通航河道）；②跨航道桥；③跨线桥（简单立交桥－分离立交）；④互通式立交桥；⑤跨山谷桥；⑥高架桥；⑦开启桥；⑧其他，需具体说明。

(8) 下穿通道名称，为非通航河流、航道、铁路和山谷等时，仅登记其文字名称，不登记编号。下穿通道为公路，按上述第2项的规定进行登记。

(9) 下穿通道桩号，为下穿通道中线与桥梁轴线相交处下穿通道的里程桩号，按上述第6项的规定进行登记。非公路的下穿通道，则登记“%”。

(10) 设计荷载，按照“公路桥涵设计通用规范”规定的设计车辆荷载等级登记。

(11) 通行载重，即目前使用荷载，可以按桥上限重标志登记；若桥上无限重标志且结构状况良好时按原设计车辆荷载等级登记；经过荷载试验的桥梁，按试验鉴定的许可荷载等级登记。

(12) 弯、斜、坡度，①弯桥采用“$+R\cdots$”或“$-R\cdots$”形式登记弯曲半径，精确至1m。其中“＋”表示右弯，“－”表示左弯。所谓右弯是指弯曲中心位于桥梁右侧。②斜桥采用“$+\alpha$”或“$-\alpha$”形式登记，精确至1°。其中“＋”或“－”分别表示桥梁右或左斜，α为桥轴方向的中心线与支承线构成的锐角。自桥轴方向的中心线起，α角在右侧即为右斜桥。③当桥面纵坡大于正常排水要求的2.5%时，应将其视为坡桥，登记其最大纵坡值，精确至0.5%。登记时需考虑以下三种情形：a. 双向坡桥，按里程增长方向顺序登记，形式为：L×.×%H×、×%。b. 单向坡桥，若沿里程增长方向为下坡，则登记为：L×，×%H×.×%；反之，则登记为L×.×%H×，×%。c. 桥梁一侧有纵坡而另一侧无纵坡，则登记为L0.0%H×.×%或L×.×%H0.0%。

(13) 桥面铺装，采用文字方式登记下列桥面铺装型之一：①沥青表面处治；②沥青混凝土；③水泥混凝土；④其他，需具体说明。

(14) 管养单位。管养单位名称，仅登记县级或相当于县级的公路养护部门的文字名称。养护单位编号，用6位码表示，按照国标 GB2260 规定编号登记。

(15) 建成年限，即桥梁建造竣工交付使用的年月，年用6位码表示，月用2位码表示，登记形式为年/月。

2. 结构技术数据

(16) 桥长（m），有桥台的桥梁为两岸桥台侧墙或八字墙尾端间沿桥面中心线的长度，无桥台的桥梁为桥面系行车道沿桥面中心线的长度，精确到0.1m。

(17) 桥面总宽（m），登记上部构造外缘之间垂直于桥轴线方向的宽度，精确至0.1m。

(18) 行车道宽度（m），为两侧缘石或护轮带内侧之间宽度。若桥面中央设有分隔带，该宽度应为不包括分隔带在内的有效行车宽度。

(19) 桥面高程（m），登记1/2桥长处桥面纵向竖曲线顶点处行车道中心点的高程，精确至0.01m。

(20) 桥下净高（m）：①跨河桥登记桥下容许泄洪的净空，精确到0.1m。梁式桥登记常水位至上部结构跨中下缘的实际竖向高度。拱式桥登记常水位至拱顶下缘以下0.5m处的实际竖向高度。多跨桥，仅登记跨主河槽的桥下实际竖向净空。②跨航道桥仅登记主通航孔跨中的设计通航净空。③跨线桥、互通式立交桥及高架桥登记下穿通道路面或轨顶至上部结构下缘的最小竖向高度。④跨山谷桥、开启桥、此项登记为“%”。

(21) 桥上净高（m），上承式桥，桥上无竖向净空限制，此项登记“%”；中承或下承式和桥上有竖向空限制的上承式桥，登记行车顶面上跨结构限制的实际最小竖向高度，精确至0.1m。

(22) 引道总宽（m），按“公路工程技术标准”的相关规定进行登记。

(23) 引道路面宽（m），为两侧缘石、护轮带内侧或硬路肩之间的度。若路面中央设有分隔带，该宽度应为不包括分隔带在内的有效行车宽度。

(24) 引道线形，主要登记引道的弯曲情况，分别按高桩号、低桩号引道两种情况，以行车方向为基准，用左弯或右弯和弯曲半径进行描述。

(25) 孔号，按里程增长方向顺序编号，起始号为1。结构形式和跨径均相同的孔号登记形式为：××（小编号）～××（大编号），不同数组之间用“，”隔开。

(26) 上部结构形式，按①、②、③先后顺序用文字方式登记下述内容：

①行车道位置：a. 上承式，一般可不注明；b. 中承式；c. 下承式。

②截面形式：a. 板式：实体板、空心板、肋板；b. 肋梁式：π形、I形、T形、矩形等；c. 箱形：单箱单室、单箱多室、双箱单室、双箱多室等；d. 板—梁组合。RC微弯板—I字梁组合，RC板—I字梁组合。e. 桁架；f. 其他，需具体说明。

③结构体系类型：a. 梁式桥：简支梁、悬臂梁、连续梁、T形刚构、连续—刚构等；b. 拱桥：实腹拱、双曲线拱、桁架拱、刚架拱、系杆拱等；c. 刚架桥：门形刚架、斜腿刚架、连续刚架；d. 其他，需具体说明。

(27) 跨长（m），即“公路桥涵设计通用规范”规定的标准跨经，精确至0.1m。登记时应与第25项相对应。

(28) 上部结构材料，采用文字方式（也可用代码）登记下列项目之一：

①钢筋混凝土（RC）；

②预应力混凝土：a. 先张（PrePC），b. 后张（PostPC）；

③素混凝土；

④石料或砖：a. 干砌，b. 浆砌；

⑤钢材：a. 铆接；b. 焊接；c. 栓接；d. 混合连接，如栓焊、铆焊等；

⑥木材；

⑦组合的，应注明组成材料；

⑧其他，需具体说明。

在登记①～③项时，应注明预制现浇；在登记④项时，应注明石料的种类，如：料石、片石或块石等。

(29) 墩台，登记墩台号，按里程增长方向顺序编号，起始号为0。对下部结构形式、基础类型（包括桩数量）均相同的墩台号，可参照第25项的规定进行登记。

(30) 墩台形式，用文字方式进行登记：

①桥墩形式：a. 实体墩；b. 空心墩；c. 桩（柱）式墩：单排、多排；d. 柔性墩；e. 薄壁墩：双壁式、V形、X形或Y形墩；f. 单向推力墩：半重力式、悬臂式、斜撑式。

②桥台形式：a. 重力式桥台：U形、八字式、一字式、埋置式；b. 轻型桥台：薄壁式、支撑梁式；c. 框架式桥台：双柱、多柱、墙式、半重力式；d. 组合桥台：锚定板式、过梁式、台墙组合式；e. 承拉桥台；f. 齿槛式桥台；g. 空腹式桥台即L形桥台。

(31) 下部结构材料，参照第28项进行登记。

(32) 基础形式，用文字方式登记下列基础类型：

①浅置基础或扩大基础；

②桩基础：a. 打入桩：钢筋混凝土桩、预应力混凝土桩、钢桩、木桩；b. 现浇钢筋混凝土桩：钻孔桩、挖孔桩；c. 管柱；

③沉井；

④其他，需另行注明。

(33) 伸缩缝类型，用文字方式登记下列伸缩缝类型：

①橡胶伸缩缝：a. 橡胶带（板）伸缩缝；b. 组合伸缩缝：橡胶与型钢组合、橡胶与钢板组合；

②钢制伸缩缝：a. 板式：滑动型、梳形；b. 拼板式；c. 毛勒缝；

③锌铁皮伸缩缝即U形伸缩缝；

④简易接缝。

(34) 支座类型，用文字方式登记下列支座类型：

①油毡支座；

②钢板支座；

③辊轴支座；

④钢铰支座；

⑤钢筋混凝土摆柱式支座；

⑥钢筋混凝土铰座；

⑦板式橡胶支座；

⑧盆式橡胶支座；

⑨其他，应另行注明。

(35) 地震动峰值、地加速度系数，按设计取用参数进行登记，或登记桥梁抗震设计烈度。

(36) 桥台护坡，用文字方式登记下列桥台溜坡及锥形护坡类型：①土质，②植物保护，③石料铺砌，④混合型，⑤其他（需说明）。若无桥台护坡，则登记“%”。

(37) 护墩体，登记破冰或护墩体的材料类型，如木桩、钢筋混凝土桩等。

(38) 调治构造物，用文字方式登记下列调治构造物类型：①导流坝；②封闭式导流堤；③梨形堤；④顺水坝；⑤丁坝；⑥其他，应另行注明。

(39) 常水位（m），按设计文件的数据登记，精确至 0.1m。

(40) 设计水位（m），按设计文件的数据登记，精确至 0.1m，并注明设计洪水频率。登记形式为 B/A，其中 A 为设计洪水频率，B 为设计洪水位。

(41) 历史最大洪水位（m），通过查询有关资料档案资料根据现场调查，登记过去曾经发生的最大洪水位；或按设计文件的数据进行登记，精确至 0.1m。

3. 档案资料

第（42）项～第（50）项，仅登记文件的有无、全、不全情况。登记形式如下：有且完整，登记为：“√”；有但不全，登记为：“Δ”；无，登记为：“×”。

设计图纸，包括初步设计图纸，施工设计图等。设计文件，是指除设计图纸以外的所有设计文件，包括招标文件、设计任务书、设计计算书等。

施工图纸，包括施工图、临时工程设计图、竣工图等。

施工文件，是指除施工图之外的所有施工文件，包括施工合同文件、隐蔽工程记录、材料试验报告等。

验收与鉴定文件，主要包括监理文件、竣工验收文件及承载能力试验鉴定等文件。

历次维修资料，主要指中、大修及改善的设计文件和图纸。

(51) 档案号，是指一座桥梁所有档案资料的总档案号，此项数据由档案保存单位提供。

(52) 存档案，主要登记档案资料保存单位的全称。

(53) 建档日期，最初建立桥梁档案的日期，由档案保存单位提供。

4. 最近技术状况评定

(54) 检查年月，年用 6 位码表示，月用 2 位码表示，登记形式为年/月。

登记形式同第（10）项。

(56) 定期或特殊检查，用文字方式登记下列检查类别之一：①定期检查，②特殊检查。

(57) 全桥评定等级，按照桥梁技术状况等级评定结果进行登记。

第（58）项到第（62）项，主要登记桥梁检查数据表对应部件缺损状况等级评定结果。

(63) 处治对策，用文字描述桥梁采取的维修、加固或改造措施。

(64) 下次检查年份，此项数据可从桥梁检查数据表中得到。

5. 修建工程记录

(65) 施工日期，登记建造、维修、加固、改建或重建工程的开工和竣工年月，分别用六位数字登记，登记形式为：××××/××（开工年/月）－××××/××（竣工年/月）。

(66) 修建类别，用文字方式登记下列类别之一：①小修；②中修；③大修；④改建（拓宽）；⑤重建；⑥建造。

(67) 修建原因，用文字方式只登记中修、大修和改善的原因，新建桥梁登记为“%”。

(68) 工程范围，改善与维修工程需登记此项，建造工程只登记“%”。

(69) 工程费用（万元），登记建造、维修、加固、改建与重建工程的总费用，精确至0.1万元。

(70) 经费来源，用文字方式登记费用来源。

(71) 质量评定，依据工程验收文件用文字登记。

第（72）项到第（75）项，用文字方式登记修建工程建设、设计、施工、监理单位的全名称。

(76) 备注，用文字方式描述需要进一步说明的问题。

6. 桥梁照片

(77) 立面照，用6为数字登记照片的编号。

(78) 正面照，用6为数字登记照片的编号。

(79) 主管负责人，为负责桥梁检查工作的桥梁检查工程师的签认。

(80) 填表人，为参与桥梁检查、负责现场记录的桥梁检查工程师的签名。

(81) 填表日期，登记填表的具体日期，登记形式为：××××（年）/××（月）/××（日）。

四、桥梁定期检查数据表登记说明

(1) 路线编号、(2) 路线名称、(3) 桥位桩号、(4) 桥梁编号、(5) 桥梁名称、(6) 下穿通道名、(7) 桥长、(10) 管养单位、(11) 建成年月、(12) 上次大中修日期、(13) 上次检查日期等项，应参照桥梁基本数据表填写。

(8) 主跨结构，按照桥梁基本数据表第26和30项规定登记主跨结构形式。

(9) 最大跨径（m），按《公路桥涵设计通用规范》规定的标准跨径，登记最大跨的跨径，精确至0.1m。

(14) 本次检查日期，登记本次现场检查的具体日期，登记形式为：年/月/日，表示月、日的数字不得超过两位，年的数字用4位表示。

(15) 天气，用文字方式登记现场检查时的下列天气状况之一：晴、阴、雨、雪、雾等，并注明现场检查时桥址处的大气温度，精确至1℃。

(18) 评分，检查桥梁一个或多个部件后，应及时对构件缺损状况作出评定，登记评定分0～5。当桥梁缺少第17项所列的一个或多个部件时，则要注意所缺部件是否需要设置，若所缺部件无需设置，应在相应的评分栏上登记“%0”，如果所缺部件必需设置，则应在相应的评分栏上登记“%5”。若桥梁部件的构件数缺少时，应在相应的评分栏上登记“%a”，a为状况评分1，2，3，4中的任一数字。

(19) 特别检查，当桥梁部件的缺损程度或缺损原因无法确定时，在相应的特别检查栏上应登记“＋”，以表示该部件需作特别检查，并需注明建议的特别检查项目内容。

(20) 维修范围，检查人员建议的有关部件的维修范围，应填写上需维修构件数目、长度和面积等。

(21) 维修方式，检查人员建议的具体维修措施或方法。《公路养护技术规范》推荐的养护、修理与加固方法可供选用。

(22) 维修时间，登记检查人员建议的维修年月，登记形式为：××××（年）/××（月）。

(23) 费用（万元），登记所建议的维修工程预估总造价，精确至0.1万元。

(24) 总体状况评定等级，按照桥梁技术状况等级评定结果进行登记。

(25) 全桥清洁状况评分，在现场检查时，检查人员应对全桥清洁状况作出评估，即G、P、B三个字分别代表全桥清洁状况的好、中、差。

(26) 保养、小修状况评分，填写上G、P、B三个字母中的任一个，以表示全桥日常保养与小修情况的好、中、差。

(27) 经常性养护建议，若第25、26项填写的是B或P，则应在此项中对需要在日常保养与小修中加以纠正的缺损给予必要的说明，说明中应涉及建议的日常保养与小修措施。

(28) 记录人，为参与桥梁检查、负责现场记录的桥梁检查工程师的签名。

(29) 负责人，为负责桥梁检查工作的桥梁检查工程师的签认。本表提交前，检查负责人应认真核实每项数据，在确认无误的情况下，方可签名提交。

(30) 下次检查时间，用六位码登记建议的下次检查年/月。

(31) 缺损说明，填写缺损说明时，应简明扼要，措词要尽可能一致，应尽可能使本细则和养护规范所提及的缺损术语。

§2.5 桥梁的综合评定

随着对桥梁评定问题的深入研究，人们愈来愈深刻认识到桥梁评定应该是一个综合评价的问题。所谓综合评价，是指对受多种因素影响的事物或现象进行总的评价。换而言之，就是在评价事物时，应兼顾各个方面，做出任何一个决策，都必须对多个相关因素作综合考虑。

桥梁状况的评定，涉及到许多相关因素的复杂影响。对一座桥梁而言，包括上部结构、下部结构和基础工程，如再细分，又各自包括许多基本构件，对每一个基本构件，既可能存在因设计、施工和使用过程中的不同原因所引起的缺损，也可能存在由于相互作用所产生的损伤，此外，还可能存在因环境、自然灾害等引起的损坏等。这些因素之间的相互关系十分复杂，同时又相互影响，由此可见，桥梁的综合评价是十分复杂的。

一、评价的基本要求

一般来讲，对桥梁状况评定的基本要求应包括三个方面，即桥梁的安全性、耐久性和适用性。也就是说，对桥梁状况可以从使用价值、使用功能和结构承载能力等三个方面加以评价。使用价值评价，属于宏观评价的范畴。通常在对桥梁进行了直观和微观评价，确定桥梁在使用功能和承载能力的利用价值之后，还需从宏观技术经济的角度对旧桥在规划使用期限内的使用价值进行评估。对高速公路和一般公路分别以30年和20年作为规划使用期限，一般以下式判别其使用价值：

$$K_V = \frac{B_1 - P_1 - P_2}{B_2 - P_3 - P_4}$$

当 $K_V > 1$ 时，则认为桥梁具有宏观使用价值，才有必要进行加固改造。式中：K_V 为桥梁使用价值系数，B_1 为规划期限内利用桥梁路线总收益，P_1 为桥梁加固改造费用，P_2 为规划期限内利用桥梁路线养护总支出。B_2 为改建新桥路线在规划期内的总收益，P_3 为新建桥梁的总投资，P_4 为改建新桥路线养护的总支出。需要说明的是，桥梁使用价值系数 K_V 随着技术经济发展水平的提高，将有增大的趋势。

对桥梁在规划使用期限内的使用功能和承载能力的评价，分属于直观和微观评价的范畴，是桥梁状况评价的重点，为人们所说的通常意义上的桥梁评定。一般说来，这一桥梁评定包含了一般评定和综合评定两部分内容。一般评定是依据桥梁定期检查资料，通过数量级评定方法对桥梁各部件技术状况作出综合评定，进而确定出桥梁的技术等级，提出各类桥梁的养护措施。

二、综合评定的内容

综合评定包括承载能力适应率、通行能力适应率、洪水宣泄能力适应率和承载能力评定等四方面的内容。前三方面均以路线为单位，表征公路桥涵的整体适应性。承载能力评定则是针对单座桥梁的，通常在一般评定的基础上，结合荷载试验、力学分析、经济分析，对桥梁实际承载能力进行检算表征和评定。对定期检查确定的四类桥梁一般需要进行承载能力的评定。

(1) 桥梁承载能力适应率评定，可分线路按照表 1.2.5-1 各级公路车辆荷载等级的规定考核（现应按规范 JTG D60—2004 要求），桥梁承载能力适应率的计算公式为：

$$\beta = \frac{m}{m_0} \times 100\%$$

式中：β——桥梁承载能力适应率；

m——一条线路桥梁总座数；

m_0——一条线路桥梁符合表 1.2.5-1 标准的座数。

各级公路车辆荷载　　表 1.2.5-1

公路等级	汽车专用公路			一般公路		
	高速公路	一	二	二	三	四
计算荷载	汽车-20 超 20 级	汽车-20 超 20 级 汽车-20 级	汽车-20 级	汽车-20 级	汽车-20 级	汽车-10 级
验算荷载	挂车-120	挂车-120 挂车-120	挂车-100	挂车-100	挂车-100	履带-50

桥梁承载能力适应率按照其值大小可分为三个等级，其标准见表 1.2.5-2。

桥梁承载能力评定标准　　表 1.2.5-2

评定等级	良好	适应	不适应
评定标准 β (%)	$100 \geqslant \beta \geqslant 90$	$90 > \beta \geqslant 70$	$70 > \beta$

（2）通行能力适应率按照下式计算：

$$\beta_t = \frac{n}{N} \times 100\%$$

式中：β_t——通行能力适应率；

n——一条线路上计算通行能力满足现行交通量需要的桥梁数；

N——一条线路上的桥梁总数。

通行能力适应率按其大小可分为三个等级，其标准见表 1.2.5-3。

通行能力适应率评定标准 表 1.2.5-3

评定等级	良好	适应	不适应
评定标准 β_t（%）	$100 \geqslant \beta_t \geqslant 90$	$90 > \beta_t \geqslant 70$	$70 > \beta_t$

（3）洪水渲泄能力适应率计算公式如下：

$$\beta_h = \frac{h}{H} \times 100\%$$

式中：β_h——洪水渲泄能力适应率；

h——一条线路上计算计算能满足洪水渲泄的的桥梁数；

H——一条线路上的桥梁总数。

洪水渲泄能力适应率按其大小可分为三个等级，其标准见表 1.2.5-4。

洪水渲泄能力适应率评定标准 表 1.2.5-4

评定等级	良好	适应	不适应
评定标准 β_h（%）	$100 \geqslant \beta_h \geqslant 90$	$90 > \beta_h \geqslant 70$	$70 > \beta_h$

（4）单座桥梁承载能力应分上部和下部结构分别计算或检测，以承载能力低的为依据确定评定等级，并用承载能力符合率表征。承载能力符合率用下式计算：

$$\beta_f = \frac{f}{F} \times 100\%$$

式中：β_f——桥梁承载能力符合率；

f——桥梁实际承载力；

F——桥梁设计承载力。

桥梁承载能力符合率的评定标准如表 1.2.5-5 所列。

桥梁承载能力评定标准 表 1.2.5-5

评定等级	良好	适应	基本适应	不适应
评定标准 β_f（%）	$\beta_f \geqslant 100$	$100 > \beta_f \geqslant 90$	$90 > \beta_f \geqslant 75$	$75 > \beta_f$

第三章　结构混凝土现场检测技术

§3.1　概　　述

一、混凝土测试技术体系的形成和发展

混凝土是一种用量大，历史悠久，而又正在蓬勃发展的工程材料。近年来，混凝土材料科学的发展，对测试技术提出了新的要求，也促进混凝土测试技术的发展。目前，混凝土材料所采用的测试技术，很多来自基础学科或其他技术领域，但各项移植的测试技术都必须使之适应于混凝土的结构特点，从而逐渐形成了混凝土特有的测试体系。

1. 混凝土测试体系的构成

混凝土是一种多相复合体系，各相随机地交织在一起，形成极为复杂的内部结构。目前已被采用的各项测试技术，实际上都是为了观察和测量混凝土中不同层次的结构状态和特性指标。因此，各项测试技术可按其不同层次的测试对象加以分类。大体上分为以下三大类：

(1) 混凝土宏观力学性能及其他宏观性能测试技术。这是随混凝土在工程结构物中的广泛应用而发展起来的，它所测试的指标是材料内部的结构的总体体现，并直接运用于设计和施工，是工程材料质量评价和质量控制的基本依据。它包括各种试件强度的破坏性实验、快速试验、非破损试验以及混凝土拌合物及硬化混凝土的各项物理性能试验等。值得注意的是，由于混凝土材料科学的发展，以及结构设计对材料性能的许多新要求的不断提出，正在出现一系列新的宏观指标，如脆性指标、断裂性能等。因此，这类测试技术既包含大部分传统的试验项目，同时又有新的实验项目在不断涌现。鉴于混凝土内部结构及试验条件等的复杂影响，使宏观性能的测试结果带有较大的随机性。所以，以统计数学为基础的数据处理方法，已成为这类测试技术不可分割的一部分。

(2) 混凝土细观结构的观察和分析技术。由于细观结构往往成为混凝土性能的重要影响因素，因此近年来在混凝土材料科学的研究很重视这一层次的观察和分析。所谓细观级的尺度范围很宽，因而测试方法也是多种多样的。常见的有孔结构测量，显微硬度测量和微裂缝及其扩展的观察等等。

(3) 微观结构的观察和分析。材料的微观结构是构成细观和宏观结构的基础。混凝土这一层次的试验技术与其他材料领域所采用的微观分析方法基本相同，包括电子光学形貌分析、微区成分分析、X 光结构分析和其他光谱分析等。

2. 宏观性能试验技术及其发展

首先采用的混凝土宏观性能试验方法是“试件试验”。早在 1911 年，由英国皇家建筑学提出。这类方法以试件破坏时的实测值作为判断混凝土性能的依据，比较直观，但由于试件中的混凝土与结构物中的混凝土在质量、受力状态等各种条件都不可能完全一致，所以试件实测值只能被认为是混凝土在特定条件下的性能反映，只能用于各种混凝土在相同条件下性能相对比较，而不能完全确切地代表结构混凝土的质量状况。但“试件试验”延用了数十

年，已成为混凝土结构设计、施工及验收规范的基本依据，所以尽管它有很大的局限性，但在今后相当长的时期内，必将仍是宏观性能试验的基础。

试件试验以标准养护28d作为标准龄期，但28d后的试验数据，显然不能及时反馈于施工质量控制和工艺调整，所以近年来在试件实验的基础上发展形成了一个重要分支——快速实验，用以推定早期混凝土强度。快速测定混凝土强度的方法基本上仍是经验性的方法。其有两类，一类是以水灰比定律为基础，进行混凝土混合物快速分析，以实测的水灰比估算混凝土强度。另一类方法是快速养护法，它是以快速养护的试件强度与标准养护的试件强度的相关关系为基础的。

从20世纪30年代开始，混凝土非破损试验方法逐渐发展起来，起始出现的是表面压痕法和混凝土弹性模量的共振法测量。在20世纪40年代末，E. Schmidt设计出回弹仪，Leslie和Cheesman、R·Jones和E. N. Gatfield运用超声脉冲进行混凝土检测。接着R·Jones又使用放射性同位素进行混凝土密实度和强度检测。同时，前苏联、罗马尼亚和日本等国也进行了许多研究，其中罗马尼亚I. Facaoaru提出的多因素综合估算混凝土强度的方法，受到各国重视。为了提高非破损方法的可靠性，近年来钻芯法、拔出法等半破损方法又重新被广泛采用。我国自20世纪50年代中期就开展了现场检测技术的研究，70年代以后发展尤为迅速，目前广泛用于工程测试，并已制定了若干有关混凝土强度测定问题的部级标准，非破损检测技术不仅可以用于结构混凝土测强、探伤，而且还可以用于混凝土性能变化过程的连续观测。

随着高强混凝土被采用，混凝土脆性指标的测量问题已成为高强度混凝土设计、应用、改性的关键之一，因而近年来许多研究者在如何测量混凝土应力-应变全曲线及弹性和塑性等方面进行了大量研究。湖南大学土木系在利用普通试验机，增加“刚性元件”解决应力-应变曲线畸变方面取得良好效果，同时我国自制的电子伺服式试验机也已问世。混凝土的断裂性能受力历史以及损伤程度，也是近年来引起广泛重视的新指标，它对工程设计及既有工程使用寿命的评估等都有重大意义。声发射技术是测定这些指标的重要手段，20世纪40年代开始研究，60年代开始用于混凝土的研究，现在已用于重要结构的安全监视。我国声发射技术的研究始于1973年，在混凝土中的启用才刚刚起步。

总之，随着混凝土使用领域的扩大，对其性能的要求越来越高，必须提供一系列相应于新性能指标的测试技术，这是当前测试技术发展中的新趋势。

3. 细观和微观结构的分析与观察方法

在混凝土这种多相复合材料中，微观结构对宏观性能的决定作用往往被细观结构的影响所掩盖，所以混凝土细观结构是宏观性能的重要基础。一般认为，细观结构是指结构单肢线度自10^{-4}cm至几厘米的范围。现有细观测试技术大体上可分为两种类型：一类是直接观察，主要运用各种不同放大倍数的显微镜；另一类是通过某些物理及化学参数，测量混凝土细观结构的特征。下面简述几种常用的细观测试技术：

(1) 孔结构分析

①光学方法。适用于10μm以上孔系的测量，用高达1 000～1 500倍放大倍数的光学显微镜在经磨平处理的试样上进行观察，配上图像分析仪后，还可运用微处理技术对观察结果进行统计处理。

②压汞法。将汞用不同的压力压入孔隙，从而反映出孔级配，它最适宜的被测孔隙平均半径约为10mm～10μm。在压汞法计算中，由于孔隙几何形状，表面张力，接触角等基本参数假定偏离实际，所以分析结果有较大误差。

③吸附法。根据水蒸汽或氮气在不同相对压力下，在孔壁上的吸附和凝聚现象，计算孔隙结构，适用于孔径范围约为300A°～5A°。

(2) 混凝土固有微裂缝及相界结构的观测

混凝土固有微裂缝及相界面的结构和分布状态，是宏观力学行为的重要根源，但其观测方法都不很成熟。目前可供采用的方法有：

①光学显微镜及电子显微镜的观测。它只能反映视野中的局部状态，而且试样制备中需不影响其原貌。

②显微硬度法。用显微硬度计在界面两侧测出硬度，从而分析界面结构。

③超声脉冲法。利用适当频率的超声脉冲在材料内部界面上的能量损耗，根据声速、衰减、接收信号频谱等参数反映细观结构，但其定量关系还有待于进一步研究。

④振动内耗法。将内部微裂缝、界面等均视为内耗源，根据内耗值分析细观结构，其定量关系也有待研究。

⑤声发射技术。在材料受力时，微裂缝等都是声发射源，按声发射参数分析其内部结构。

⑥X射线技术。采用X射线照片完整地反映混凝土中的微裂缝，此方法比显微镜法省时，并易于掌握。

(3) 目前常用的混凝土微观结构观察和分析技术主要有三种。

①电子显微技术。即采用电子显微镜观察和分析。电子束的波长约为0.5A°，分辨率能达到2～10A°。现代电子显微镜不仅可作形貌分析，而且还可利用电子束在试样表面所激发的次级发射谱，进行微区成分分析。

②X射线结构分析。早在1912年Laue就从实验方面证实了用X射线衍射现象分析各种晶体结构的可能性。目前该技术已普遍用于水泥石的研究。它不仅可用于定性分析，而且还可利用谱线强度的直接法或内部标准法进行定量分析。

③摄谱法。它利用物质和电磁辐射的相互作用进行分析，常用的方法有电子发射、原子吸收、红外光谱、X射线萤光及电子探讨等。

以下我们只限于讨论结构混凝土现场质量检测的问题。它是宏观性能测试技术中的一个分支。

二、结构混凝土强度现场检测的基本依据

所谓结构混凝土，是指用于结构或构件的硬化混凝土。其需要检测的项目包括力学强度、弹性及塑性性质、断裂性能、缺陷、损伤以及耐久性预测等等。但作为桥梁结构的质量评价和验收，或作为旧桥梁损伤程度的评估，其现场检测的主要项目应是混凝土强度检测和缺陷及损伤探测。而且要求这两项测试的具体方法，必须以不损伤结构混凝土本身的使用性能为前提。也就是说，测试方法必须是非破损的或半破损的。

就强度而言，由于非破损方法要求在混凝土所受的力尚未达到最大应力之前，即能推算其强度值，所以必须寻找与混凝土强度有关，而又能在结构物上直接测量，并且不损坏结构

物本身的物理量。然后依据其间的理论或经验关系，推定混凝土的强度。物理量的选择，将直接影响非破损测强结果的精确度，是结构混凝土现场检测的关键所在。所选择的一些物理量与强度之间的相互关系，就是各种现场检测方法的基本依据。

寻找与混凝土强度密切相关而又能在结构物上用非破损方法直接测量的物理量的方法有两种。一种是归纳法，即在大量试验的基础上，用回归分析的方法，确定某一物理量与混凝土强度之间的经验关系。例如，由大量试验建立起混凝土表面回弹值与强度的关系，超声脉冲传播速度与强度的关系等等。这种方法试验工作量大，常带有一定的盲目性，而且由于试验条件及原材料等因素对试验结果影响很大，所得的试验结果往往只局限于某种条件或某一地区适用而没有普遍性。另一种方法是演绎法。它是根据混凝土强度与某些物理量之间的理论联系，进行逻辑推演，从理论上确定其间的相互关系，然后再作适当的试验验证。由于这种方法所得结果是以基础科学的基本原理为依托，因而具有较好的普遍性。众所周知，混凝土强度理论是一个尚待进一步研究的复杂问题，有许多未知因素需要解决。显然，要在结构混凝土现场检测的各种试验方法中，都采用演绎法建立基本关系是有困难的。因此，目前常用检测方法中，仍以归纳法作为建立强度与物理量之间相互关系的主要方法。

为了尽可能地把结构混凝土现场检测技术置于材料科学基本理论的基础之上，以加深对现场检测技术基本依据的理解，这里不妨就与混凝土相关的物理量作一些定性分析。

1. *材料的理论强度与断裂强度*

由固体物理学可知，材料的理论强度可以定义为拉开单位断裂面两侧的相邻原子所需的力。根据双原子模型推导出的无缺陷理想材料的理论强度 σ_t 的表达式如下：

$$\sigma_t = \sqrt{\frac{E\gamma}{a_0}} \tag{1.3.1-1}$$

式中：E——材料的弹性模量；

γ——材料的表面能密度；

a_0——原子处于平衡位置时的间距。

但真实材料往往存在着许多缺陷，这些缺陷常会导致材料因应力集中而破坏，使材料的实际强度低于理论强度。早在20世纪20年代初期，英国学者Grifflth以线弹性理论为基础，从能量平衡角度研究了完全脆性材料裂纹扩展的规律，导出了如下公式：

$$\sigma_f = \sqrt{\frac{2E\gamma}{\pi C}} \tag{1.3.1-2}$$

式中：σ_f——材料中有长度为2C的裂纹时的断裂强度；

C——原始裂纹长度之半。

而实际上，像混凝土等材料，在受力后尚有塑性变形，吸收了部分弹性应变所积蓄的部分能量。绝大多数金属材料断裂方式和断裂过中裂尖也会因塑性变形而钝化。此时Griffith理论失效。在Griffith理论提出30年之后，Qrowan通过对金属材料裂纹扩展过程的研究，正确地指出裂纹扩展前在其尖端附近要产生一个塑性区，并就塑性变形问题修正了Griffith公式，修正后的公式如下：

$$\sigma_f = \sqrt{\frac{2E(\gamma + \gamma_p)}{\pi C}} \tag{1.3.1-3}$$

式中：γ_p——塑性变形所吸收的能量，即塑性功率。

从上述三个公式，可作以下定性分析，即混凝土强度取决于以下四个方面：

(1) E 值及 γ_p 值，即强度与应力应变性质有关；

(2) γ 值，即强度与水泥石的表面能及集料与基质界值的表面能有关；

(3) C 值，即强度与混凝土中的孔隙、裂缝、界面等缺陷的数量和状态有关；

(4) a_0 值，即强度与水泥石中凝胶体的凝聚状态有关，而凝聚状态又与水灰比、密实程度等因素有关。

若能全面测出各项参数，进行综合分析，应能较确切地反映混凝土的强度特性。但在现场检测技术中，一种试验很难全面反映这些参数，因此只能取其中的一种或几种参量，与强度建立经验关系，而将其他参量作为定值处理，正因为如此，现有现场检测方法所得到的强度值，往往有较大误差。目前，在现场检测技术中，最常用的物理量参数是孔隙率和应变性质两项。这两项参量可通过超声脉冲传播速度、能量衰减、表面回弹、射线吸收等物理量予以间接测量。

2. 混凝土孔隙率与强度的关系

一般认为，固体材料的强度与其总孔隙率之间如有下经验关系：

$$\sigma = \sigma_T(1-p)^n \tag{1.3.1-4}$$

式中：σ——固体材料的抗压强度；

σ_T——没有孔隙时的理论强度；

p——总孔隙率；

n——常数。

就混凝土而言，强度与孔隙率之间如图1.3.1-1所示的实验关系。因此，孔隙状况一直是研究混凝土强度理论的重要参数。早在1896年R. Feret就提出了水泥空隙比的学说，其表达式如下：

$$R = K\left(\frac{C}{C+W+a}\right)^2 \tag{1.3.1-5}$$

式中：R——混凝土抗压强度；

C、W、a——分别为水泥、水、空气的容积；

K——实验常数。

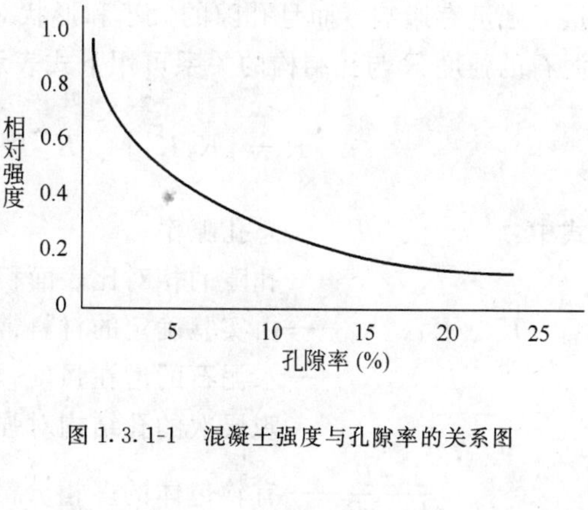

图 1.3.1-1　混凝土强度与孔隙率的关系图

若将式 (1.3.1-5) 进行以下改写：

$$R = K\left(1 - \frac{W+a}{C+W+a}\right)^2 \tag{1.3.1-6}$$

式中：$W+a$ 决定了水泥石的总孔隙量，$(W+a)$ / $(W+a+c)$ 即为水泥石的总孔隙率。由于混凝土中的孔隙，除了成型密实的因素外，主要取决于水灰比的大小。1919 年 D. Abrams 在实验基础上，提出了混凝土强度与水灰比的关系：

$$R = K_1/K_2^{W/C} \tag{1.3.1-7}$$

式中：W/C——水灰比；

K_1 和 K_2——取决于水泥质量等因素的实验常数。

这就是著名的水灰比定律，后来被修改为多种不同形式，至今仍被作为混凝土强度的基本依据。目前我国最常用的形式如下：

$$R_{28} = AR_c[(W/C) - B] \tag{1.3.1-8}$$

式中：R_{28}——混凝土立方体 28d 龄期的抗压强度；

R_c——水泥强度；

A、B——实验常数；

W/C——重量比。

由于 W/C 与水泥石的孔隙率有如图 1.3.1-2 所示的相关关系，所以水灰比定率仍然是孔隙率与强度关系的一种形式。美国学者 T. C. Powers 曾采用了强度与孔隙之间更为直接的关系，即

$$R = AX^m \tag{1.3.1-9}$$

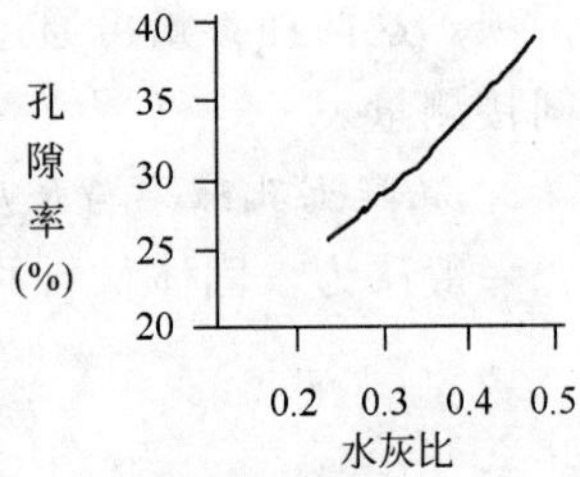

图 1.3.1-2　水泥石的水灰比与孔隙率的关系曲线图

式中：X——胶孔比；

m——实验常数，约为 2.5～3；

A——水泥凝胶的固有强度。

以上各式都只反映了混凝土强度与孔隙总量的经验关系。近年来的研究表明，不仅孔隙量对强度有影响，而且孔隙的大小和形状对强度也有一定的影响。我国黄蕴元教授认为，水泥石的强度 R 与孔结构的关系可用下式表示：

$$R = [K_1 K_2^3] \cdot [K_2^{K_3(S-1)}(1-P)^{K_3 S + K_4}] \cdot \left[\frac{1-P}{1+2P}\right] \tag{1.3.1-10}$$

式中：P——总孔隙率；

S——孔隙的相对比表面积；

K_1、K_2、K_3、K_4——由实验确定的材料常数；

$K_1 K_2^3$——水泥石的潜在强度，决定于原子-分子层次的组分与结构，为微观-细观层次的孔结构对强度的影响。

$\frac{1-P}{1+2P}$——有软包体的多相分散体系，在细观-粗观层次上的应力集中对强度的影响。

以上研究成果说明，若选用的检测方法能确切地反映混凝土的孔隙率或孔隙结构等参数，则由此推算出强度是可能的。这一点正是结构混凝土现场检测技术中射线穿透、吸收及振动和声波衰减等方法的基本依据。

3. 混凝土应变性质与强度的关系

图 1.3.1-3 为混凝土的典型应力-应变全曲线。由图可见，混凝土的整个应力应变行为是弹性性质和非弹性性质的综合表现。其中非弹性性质随应力的不断增大而渐趋明显。

图 1.3.1-4 表明加荷载速度对混凝土的应力—应变曲线有明显的影响。此外，在持续不变的应力下，混凝土的徐变应变可能达到初始弹性应变的数倍。可见混凝土应变性质非但与应力有关，而且还是时间的函数。因此混凝土是一种弹-粘-塑性材料。

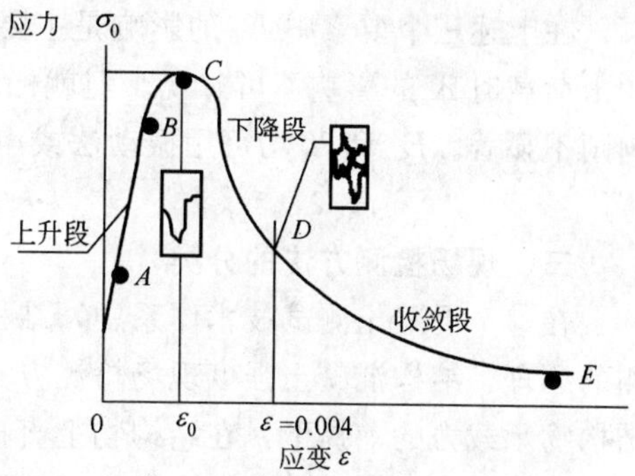

图 1.3.1-3　混凝土的典型应力-应变全曲线图

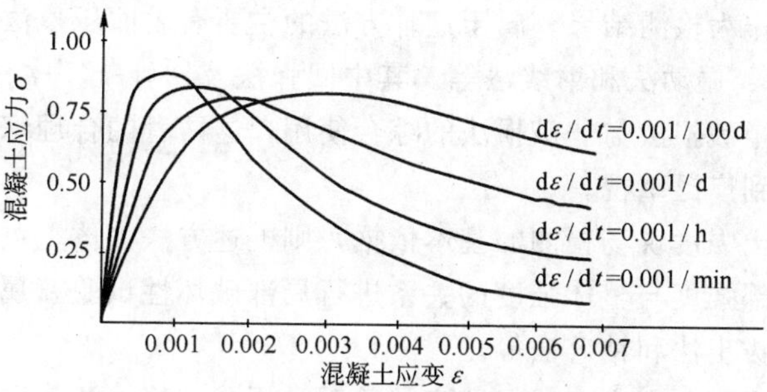

图 1.3.1-4　加荷速度对混凝土应力-应变曲线的影响

利用流变学符合模型，忽略“假塑性”的影响，在混凝土应力-应变曲线的上升段即 $0<\varepsilon<\varepsilon_r$（混凝土破坏时的应变值 ε_r）区段内，近似的引用 E. Hognested 的混凝土应力应变关系表达式，可以推导出：

$$\sigma = \frac{1}{3}E_d \cdot \varepsilon + \frac{4KV_L}{3E_d}(1 - e^{-\frac{E_d}{2K}t}) \tag{1.3.1-11}$$

当 $\varepsilon=\varepsilon_r$ 时 $\sigma = \sigma_{max} = R$，式（1.3.1-11）可写成

$$R = \frac{1}{3}E_d\varepsilon_r + \frac{4KV_L}{3E_d}(1 - e^{-\frac{E_d}{2K}t}) \tag{1.3.1-12}$$

式中：R——混凝土强度；

E_d——动力弹性模量或称原点切线模量；

K——粘滞系数；

V_L——加荷速度。

该式就是混凝土强度与应力-应变性质的关系式，它明确地说明，用应力-应变性质反映混凝土强度时的几个构成要素：

（1）混凝土的弹性性质 E_d；

（2）混凝土的非弹性性质 K；

（3）混凝土的实验条件 V_L 和 t。

在上述三个要素中 E_d 的影响是主要的，K 的影响与 V_L 关联，当 V_L 很大时，即振动或冲击荷载时 K 的影响不可忽视。但就标准强度而言，V_L 和 t 采用标准值，V_L 很小，K 的影响则不显著。E_d 和 K 均可用振动法或声学方法测量，是十分适用于现场非破损测量的物理量。

三、现场检测方法的分类

在整个混凝土测试技术体系中，结构混凝土强度检测技术是一个重要分支。按照现场检测的原理，结构混凝土强度现场检测方法可分为三种：第一种为半破损法，它是以在不影响结构物承载力的前提下，在结构物上直接进行局部破坏试验。或直接取样试验所得的值，经一定换算即为检测结果。属于半破损法的有钻芯法、拔出法、拔脱法、板析法和射击法等。目前钻芯法和拔出法使用较多。第二种为非破损法，它以某些物理量与混凝土标准强度之间的相关性为基本依据，在不损坏结构的前提下，测出混凝土的某些物理量特性，并按相关关系推出混凝土的强度作为检测结果。属于这种方法的主要有表面压痕法、回弹法、超声脉冲法、回弹-超声综合法、振动法和射线法等。其中回弹法及回弹-超声综合法已广泛用于工程检测。第三种方法是半破损法与非破损法的综合使用，这两者的合理综合，可同时提高检测效率和精度，因而受到广泛重视。

而按照结构混凝土强度现场检测的基本依据，则上述方法大体上可分为三类。

第一类，是以局部强度与整体强度的关系进行局部破坏性试验。属于这一类的方法有表面压痕法、射线法、拔出法和钻芯法等。

第二类，是根据强度与密实度或孔隙率的关系，用非破损法测量混凝土的密实度，然后推算其强度。属于这一类的方法有透气法、γ 射线穿透吸收及散射法等。

第三类，以混凝土强度与应变性能的关系，测量混凝土在某一应力作用下所产生的变形，再推算其强度。属于这一类的方法有回弹法、超声法和振动法等。

四、结构混凝土强度的基本定义

1. *混凝土强度*

混凝土的强度是指混凝土受力达到破坏极限时的应力值。因此，要准确测量混凝土强度，必须把混凝土试件或构件加载至破坏极限，取得试验值后试件已被破坏。而结构混凝土（是指用于结构或构件的硬化混凝土）强度的检测，就是要在不破坏结构或构件的情况下，取得混凝土的破坏应力值。所以人们一直在致力于寻找一个或几个与混凝土强度具有相关性，而测试时又无损于结构混凝土受力功能（即无破损或半破损检测方法）的物理量作为结构混凝土强度检测的现场间接测定参数，并以其为依据来推算结构混凝土的强度。所以，采用无破损或半破损方法得到的强度值，实际是一种间接推算值。它和混凝土实际强度的吻合程度，取决于非破损或半破损方法的直接检测物理量与混凝土强度之间的相关性。

2. *标准强度与强度设计*

所谓混凝土的“实际强度”是一个不严谨的概念，因为任何一个强度试验值都与试件制作条件、形状、尺寸、龄期、加荷速度等因素有关。目前世界上大多数国家的现行规范，都是把按标准条件制作和养护 29d 龄期的标准立方体或圆柱体试块并按标准方法进行中心受压试验得到的混凝土抗压极限强度称作“标准强度”。就一批混凝土而言，其强度标准值是一个统计概念上的特征量，它是一批用标准方法测试的标准强度总体分布中的一个值，强度低于该值的百分率不超过5%。混凝土强度等级就是按该强度标准值划分的。也就是说，混凝土强度等级，实际上是具有规定保证率（95%）的混凝土标准强度的特征强度值，即“标准特征强度”。设计强度则是标准特征强度除以相应的材料分项安全系数。在无损或半破损检测中，当采用某一物理量（如回弹值、声速值等）与混凝土强度值建立相关关系时，所指的强度值应是标准强度，根据所建立的相关关系所推算的无损检测结果应是混凝土标准强度的推算值。用一批标准强度推算值，并按统计概念所确定的被测混凝土的强度值应是强度标准值的推定值。

3. 特征强度

值得指出的是，通常进行无损检测的结构或构件，在养护条件、测试龄期等方面，都不可能与标准立方体试件的试验条件相同。所以，即使各种无损检测方法所使用的相关公式是根据物理量与标准强度之间的相关性而建立的，但推定结果仍不能与标准强度及强度标准值等同。因此，现有各种现场检测的方法中，仅仅是把现场检测值换算成用立方体试块所表示的强度值而已，并非标准强度。用这些换算值求得的保证率为95%的特征值，谓之“特征强度”。它有别于标准特征强度。特征强度只是结构或构件混凝土强度的推定或估计值。严格说来，将其作为评定结构或构件混凝土强度的依据是不严格的。

在工程中进行结构混凝土强度无损检测时，通常是要对结构或构件中的混凝土作出合格性评定。在《混凝土强度检验评定标准》中已明确规定，可采用统计法和非统计法进行。在无损或半破损检测方法的现有规程中，都采用统计法推定混凝土的特征强度值。推定原则仍与《混凝土强度检验评定标准》相一致，但鉴于各种无损或半破损检测方法的特点，推定的具体方法和取值有所不同。

§3.2 结构混凝土强度现场检测技术

一、结构混凝土强度的回弹法检测

在早期的研究中，以钢球在一定的静压力或冲击力作用下，压入混凝土表面所形成的压痕直径或深度，作为其表面硬度指标，这种方法通常称为压痕法。1948年E. Schmidt发明了回弹仪，用弹击时能量的变化来反映混凝土的弹性和塑性性质，称为回弹法，从而把表面硬度法推上了新水平。由于回弹法易于掌握，仪器构造简单，检测效率高，费用低廉，影响因素较少，因而得到广泛应用。目前已有十多个国家制订了回弹法的国家标准或协会标准，国家标准化组织（ISO）也于1980年提出了“硬化混凝土-用回弹仪测定回弹值”的国际标准草案（ISO/DIS 8045），我国早于1985年就编制了《回弹法评定混凝土抗压强度技术规程》（JGJ 23—85），1992年又进行了重新修订《回弹法检测混凝土抗压强度技术规程》（JGJ/T 23—92）。这些标准对回弹法的评价各不相同，总的看来，大概有以下四个方面的应用：

（1）根据回弹值检验混凝土的匀质性；

（2）对比混凝土质量是否达到某一特定要求；

（3）依据回弹值推定结构混凝土的特征强度；

（4）确定结构中混凝土质量有疑问的区域，以便用其他方法作进一步检测。

1. 回弹法的基本原理

回弹法是用一弹簧驱动的重锤，通过弹击杆（传力杆），弹击混凝土表面，并测出重锤被反弹回来的距离，以反弹距离与弹簧的起始长度之比即回弹值作为与强度相关的指标，来推定混凝土强度。它属于表面硬度法的一种。

图 1.3.2-1 为回弹法的原理示意图。当重锤被拉到冲击前的起始状态时，若重锤的质量为 1，则这时重锤所具有的势能 e 为：

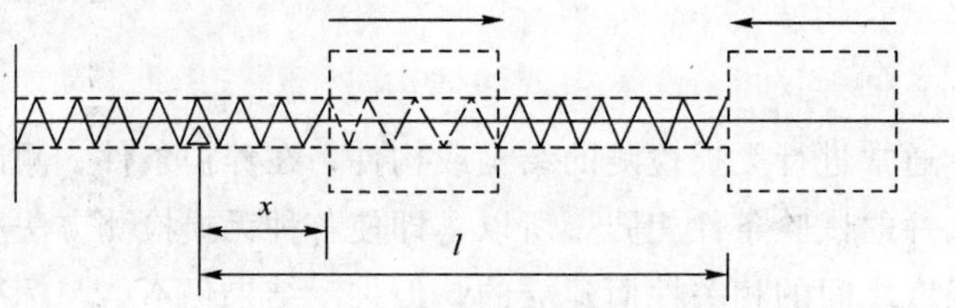

图 1.3.2-1 回弹法原理示意图

$$e=\frac{1}{2}E_s l^2 \tag{1.3.2-1}$$

式中：E_s——拉力弹簧的弹性系数；

l——拉力弹簧起始拉伸长度。

混凝土受冲击后产生瞬时弹性变形，其恢复力使重锤弹回到 x 位置时所具有的势能 e_x 为：

$$e_x=\frac{1}{2}E_s x^2 \tag{1.3.2-2}$$

重锤在弹击过程中，所消耗的能量 Δe 为：

$$\Delta e=e-e_x=e[1-(x/l)^2] \tag{1.3.2-3}$$

令 $N=x/l$，N 值即为回弹仪的回弹值，则：

$$N=\sqrt{1-\Delta e/e}=\sqrt{e_x/e} \tag{1.3.2-4}$$

可见，回弹值 N 等于重锤冲击混凝土表面后剩余的势能与原有势能之比的平方根，是重锤冲击过程中能量损失的反映。能量最主要损失在以下三方面：

(1) 混凝土受冲击后产生塑性变形所吸收的能量；

(2) 混凝土受冲击后产生振动所消耗的能量；

(3) 回弹仪各机构之间的摩擦所消耗的能量。其中第一项是主要的，第二、三项在具体试验中则是可以固定于某一统一的条件的。回弹值既反映了混凝土的弹性性能（E_d），也反映了它的塑性性能（K）。但因影响因素较多，N 与 E_d 和 K 理论关系难以推导，因而目前常用试验归纳法，建立混凝土强度 R 与回弹值 N 之间的回归公式。常见的回归方程有：

直线方程 $$R=A+B\overline{N} \tag{1.3.2-5}$$

幂函数方程 $$R=A\overline{N}^{B} \tag{1.3.2-6}$$

抛物线方程 $$R=A+B\overline{N}+C\overline{N}^2 \tag{1.3.2-7}$$

二元方程　　$$R = A\overline{N}^{B} \cdot 10^{C \cdot \overline{L}} \tag{1.3.2-8}$$

式中：R——混凝土测区的推定强度；

$\overline{N}$——测区平均回弹值；

$\overline{L}$——测区平均碳化深度；

A、B和C——试验常数。实用经验公式一般取相关系数较大者，即相关性较好者。

2. 回弹仪

(1) 回弹仪的类型、构造及工作原理

按弹击方式不同，回弹仪可分为直射式和摆式两种。按其冲击动能的大小，又可分为四种：

重型　HT3000 型回弹仪或 M 型回弹仪：冲击动能为 26.42J，用于大体积混凝土，如公路路面等；

中型　HT225 型或 N 型回弹仪：冲击动能为 2.21J，用于混凝土建筑构件，为常用型；

轻型　HT100 型或 L 型回弹仪：冲击动能为 0.98J，用于轻质混凝土，砖或薄壁结构等；

特轻型　HT28 型回弹仪：冲击动能为 0.27J，可供检测砂浆强度或圬工砌体的砌缝砂浆。

近年来，新型回弹仪虽不断出现，但其基本构造仍以 Schmidt 回弹仪为基础，只不过是在系列配套和回弹值的测读、记录、修正和处理等方面有较大发展。常用回弹仪的构造及主要零件名称如图 1.3.2-2 所示。

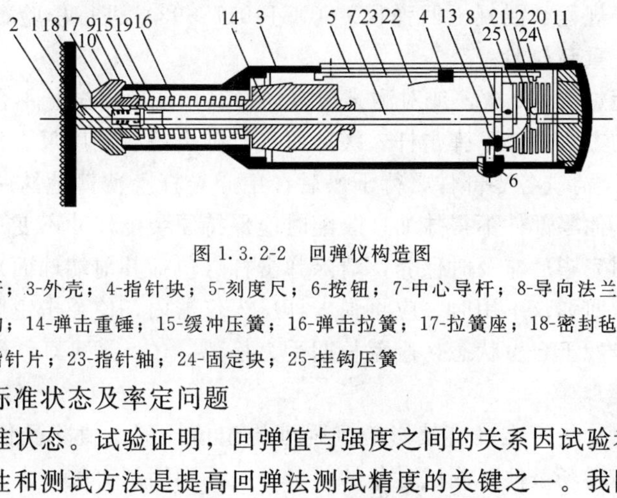

图 1.3.2-2　回弹仪构造图

1-混凝土表面；2-弹击杆；3-外壳；4-指针块；5-刻度尺；6-按钮；7-中心导杆；8-导向法兰；9-盖帽；10-卡环；11-尾盖；12-压簧；13-挂钩；14-弹击重锤；15-缓冲压簧；16-弹击拉簧；17-拉簧座；18-密封毡圈；19-塞子；20-调零螺丝；21-紧固螺母；22-指针片；23-指针轴；24-固定块；25-挂钩压簧

(2) 回弹仪的标准状态及率定问题

①回弹仪的标准状态。试验证明，回弹值与强度之间的关系因试验者和仪器的不同而有差异，统一仪器特性和测试方法是提高回弹法测试精度的关键之一。我国现行回弹法技术规程，明确规定了回弹仪的下列标准状态：

a. 水平弹击时，弹击锤锐钩的瞬间，回弹仪的标称能量应为 2.2J。

b. 弹击锤与弹击杆碰撞的瞬间，弹击拉簧应处于自由状态，此时弹击锤起跳点相应于指针指示刻度尺上“0”处。

c. 在洛氏硬度 HRC 为 60±2 的钢砧上，回弹仪的率定值应为 80±2。

为了保证上述标准状态，必须保证机芯主要部件的装配尺寸和性能。其中最主要的有：

a. 弹击拉簧的工作长度 l_0

l_0 为拉簧座后端沿至弹击锤挂簧孔边缘大面间的距离。当指针位于刻度尺的零处时，l_0 应为61.5mm。当 $l_0>61.5$mm 时，会出现“冲压”现象，造成回弹值偏高；当 $l_0<61.5$mm 时，因“冲拉”现象出现，回弹值偏低。调节拉簧座的孔位可调整 l_0 值。

b. 弹击锤的冲击长度 l_p 及弹击拉簧的刚度

标准状态下弹击重锤的冲击长度 l_p 应等于弹击拉簧的拉伸长度 l，应为 75mm，弹击拉簧的刚度应为 7.85N/cm，此时脱钩瞬间的冲击能量等于 2.25J。试验证实，l_p 高于 75mm 时回弹值偏低，反之亦然。当机芯在机壳内工作时，压簧对重锤脱钩的瞬间施于拉簧的反力传给缓冲压簧后，产生的压簧变形约为 0.5mm，因此调整时应使 $l_p=75.5$mm。

c. 重锤的起跳点

设计的重锤起跳点与刻度尺上的零处相对应，当仪器处于标准状态时，重锤应在刻度尺“100”处脱钩，如有偏差，可调节尾盖螺丝的长度来校正。

②回弹仪的率定　回弹仪用洛氏硬度 HRC＝60±2 的钢砧进行率定。当测试过程中对回弹值有怀疑时，或进行构件测试前后，若连续数天测试，可在每天测试完毕后进行一次率定。率定的目的是为了保证回弹仪的弹击动能恒定。率定时，钢砧应稳固在刚度大的混凝土地坪上，回弹仪向下弹击时，弹打杆分四次旋转，每次旋转约 90°，弹击 3～5 次，取其中最后连续三次且读数稳定的回弹值进行平均，弹击杆每放置一次的率定平均值均应符合 [N] ＝80±2 的要求，率定试验宜在＝20℃±5℃的条件下进行。

③回弹仪的校验与保养　新仪器启用前、或超过检定有效期或累计弹击次数超过 6 000 次、遭受撞击、损害、零部件更换后、拉簧座孔位变更及尾盖调零螺丝松动等，均应送校验单位按国家计量检定规程《混凝土回弹仪》（JGJ 817—93）进行校验。校验后的有效期为一年，超过有效期应重新校验。

当回弹仪弹击超过 2 000 次，或对测试值有怀疑时，或率定试验不合要求时，应进行常规保养。常规保养的方法是卸下弹击杆，缓冲压簧、弹击锤、刻度尺、指针轴和指针，用清洗剂，（一般为汽油）清洗各零部件，待干燥后在中心导杆上薄薄地抹一层表油或其他无腐蚀性的轻油。注意其他零部件不得抹油，装配时应保持原装配尺寸不变。

回弹仪每次使用完毕后应及时保养，清除弹击杆（包括其前端球面）以及刻度尺表面和外壳的污垢、尘土。回弹仪不用时，应将弹击杆压入仪器内，使弹击锤脱钩，按下按钮，锁住机芯，使弹击拉簧处于自由状态，避免长期受力松弛。

3. 回弹值的测量

由于回弹值的测量是否准确直接影响到强度推定值，测量值除受仪器的标准状态影响外，还与操作方法、现场条件、测试对象的状况等一系列因素有关，因此测试必须严格统一条件和操作才能取得满意结果。

(1) 测试前的现场准备

为了统一测试条件，测试前应做好以下准备工作：

①了解测试对象的详细情况，其中包括工程名称，设计、施工、监理和建设单位名称，结构或构件名称，结构构件的外形尺寸，数量及混凝土设计强度；原材料、施工情况、龄期养护情况和环境条件等，了解水泥的安定性合格与否最重要，若水泥的安定性不合格则不能采用回弹法检测。有条件时最好能找到与待测的结构混凝土同条件的立方体试块，测定其回

弹值、碳化深度、抗压强度，以便与现场测量结果进行比较。

②合理抽样和选定测试部位　当采用回弹法推定结构或构件的混凝土强度时，其抽样原则和数量应与有关验收规范所规定的原则相吻合。JGJ/T 23—92 规程依据《钢筋混凝土工程施工及验收规范》作了如下规定：当用于单个推定结构或构件的混凝土强度时，可根据混凝土质量的实际情况决定测试数量；当用抽样法推定整个结构或成批的构件混凝土强度时，随机抽样的数量不少于结构或构件总数的 30%，测区总数不少于 100 个。具体的抽样方法，一般由建设、施工、监理和检测单位共同商定。在每一个抽取的试样上，测点布置采用测位、测区和测面的概念，一个测位相当于一组（3 块）试块；一个测区相当于一个试块，一个测面相当于混凝土试块的一个表面。测区的大小以能容纳 8～16 个测点为宜，同时也应使之与立方体试块的测面大小相近，一般约为 $400cm^2$。JGJ/ T23—92 规程规定，取一个结构或构件混凝土作为评定混凝土强度的最小单元，测区数应不少于 10 个，相邻测区的间距不宜大于 2m，应均匀布置在浇筑侧面上，若因条件限制，亦可布置在混凝土浇筑的表面或底面，但其回弹值应予修正。但对长度小于 3m，高度低于 0.6m 的结构或构件，其测区数可适当减少，但不应少于 5 个，测区宜避开接近表面的钢筋或预埋铁件，并要使测区具有二个相对的测试面。对于测区的外观质量应作记录，以作为分析时的参考。

③测面的要求　测区表面应清洁、平整、干燥和无冰冻，不应有接缝、饰面层、粉刷层、浮浆、油垢及蜂窝、麻面等。必要时可用砂轮清除表面的杂物和不平处，磨光的表面不应残留有粉末或碎屑。每一面上的测点宜均匀分布，同一测点只能弹击一次，相邻两测点的间距一般不小于 3cm，测点距结构构件边缘或外露钢筋、铁件的距离不得小于 5cm。蒸汽养护的混凝土应在 14d 龄期后测试。体积小刚度差或测试部位厚度小于 10cm 的构件，当测试中无法保证其无颤动时，应加支撑固定。

(2) 回弹仪的操作要点

将弹击杆顶住混凝土的表面，轻压仪器，松开按钮，弹击杆徐徐伸出。使仪器对混凝土表面缓慢均匀施压，待弹击锤脱钩冲击弹击杆后即回弹，带动指针向后移动并停留在某一位置上，即为回弹值。继续顶住混凝土表面并读取和记录回弹值后，逐渐对仪器减压，使弹击杆自仪器内伸出，重复进行上述操作，即可测得被测构件或结构的回弹值。操作中要注意在缓慢均匀施压的过程中保持回弹仪的轴线始终垂直于构件混凝土的表面（测试面），在弹击锤脱钩前不得施加冲击力。

(3) 回弹值的测读和计算

每一测区弹击 16 个点，一个测面弹击 8 点。如测值明显异常，测试者可予舍弃，并补充测点。回弹值测读至 1。测区的回弹值应从 16 个测点的测读值中分别剔除了 3 个最大值和 3 个最小值，然后将余下的 10 个测读值按下式计算测区平均回弹值：

$$\overline{N}=\sum_{i=1}^{10}N_i/10 \tag{1.3.2-9}$$

式中：N_i——第 i 测点的回弹值（$\overline{N}$ 计算至 0.1）。

当回弹仪在非水平方向弹击或在非浇筑测面上弹击时，对测读值应按下面述及的方法予以修正。

4. 影响强度与回弹值关系的主要因素

由于混凝土强度 R 与回弹值 N 之间的关系是建立在实验基础上的，它受多种影响因素的制约，所以研究各种因素对 R-N 基准曲线的影响，是提高 R-N 基准曲线推算混凝土强度的精度，以及确定 R-N 基准曲线运用范围的重要环节。鉴于我国回弹法推定混凝土强度的研究成果基本运用于普通混凝土，故下面以普通混凝土为对象来讨论各种因素对 R-N 关系的影响。

国内外大量试验研究证实：水泥的品种和标号、水泥用量即水灰比、细骨料的品种和粒径、粗骨料的粒径、外加剂、混凝土标号及成型方法等因素，对 R-N 关系影响并不显著。一般说来，当改变上述因素之一时，利用 R-N 基准曲线推定混凝土强度所引起的平均相对误差未超过±15%，因此这些因素可不予考虑修正。而测试面的位置，模板种类、测试角度、龄期和碳化程度、养护方法等，则对 R-N 关系影响显著，需予适当修正。

(1) 测试角度的影响及修正

若回弹仪的测试方向与水平方向成 α 角时，由于重力 W 的作用，在非水平方向上的测试结果与水平方向上是不同的（图 1.3.2-3），此时，弹击时的势能 e_α 为：

$$e_\alpha = \frac{1}{2}E_s l^2 - Wl\sin\alpha \qquad (1.3.2\text{-}10)$$

重锤回弹的势能 $e_{\alpha x}$ 为：

$$e_{\alpha x} = \frac{1}{2}E_S x^2 - Wx\sin\alpha \qquad (1.3.2\text{-}11)$$

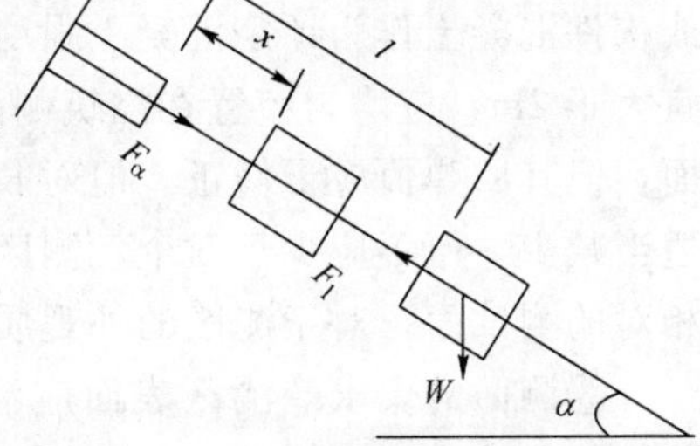

图 1.3.2-3 角度修正示意图

由于与水平方向成 α 角时的回弹值 N_α 为：

$$N = 100x/l \qquad (1.3.2\text{-}12)$$

当 $\alpha=0$ 时，$N_\alpha=N$；则不难导出：

$$N = N_\alpha\left(\frac{1-100K\dfrac{\cos\alpha}{N_\alpha}}{1-K\sin\alpha}\right)^{1/2} \qquad (1.3.2\text{-}13)$$

式中：$K=2W/E_s l$，对 HT225 回弹仪，$K=0.124$。

此式即为回弹仪非水平方向弹击时的回弹值与水平弹击时的回弹值之间的理论修正公式。

不同测试角度 α 的回弹值修正值 ΔN_α　　表 1.3.2-1

$\overline{N}\alpha$	测试角度 α							
	+90°	+60°	+45°	+30°	−30°	−45°	−60°	−90°
20	−6.0	−5.0	−4.0	−3.0	+2.5	+3.0	+3.5	+4.0
30	−5.0	−4.0	−3.5	−2.5	+2.0	+2.5	+3.0	+3.5
40	−4.0	−3.5	−3.0	−2.0	+1.5	+2.0	+2.5	+3.0
50	−3.5	−3.0	−2.5	−1.5	+1.0	+1.5	+2.0	+2.5

注：表中未列入的相应于 $\overline{N}\alpha$ 的 ΔN_α 修正值，可用内插法求得，精确至 0.1。当 $\overline{N}_\alpha$ 小于 20 时，按 $\overline{N}_\alpha=20$ 修正，当 $\overline{N}_\alpha$ 大于 50 时，按 $\overline{N}_\alpha=50$ 修正；测试角 α 见图 1.3.2-4

为便于使用起见，我国现行规程（JGJ 23—85）规定，在非水平方向测试混凝土浇筑侧面时，可按下式进行回弹值修正。

$$\overline{N}=\overline{N}_{\alpha}+\Delta N_{\alpha} \tag{1.3.2-14}$$

式中：N_{α}——与水平方向成 α 角测试时的测区平均回弹值（计算至 0.1）；

ΔN_{α}——按表 1.3.2-1 查得的不同测试角 α 的回弹修正值（计算至 0.1）。

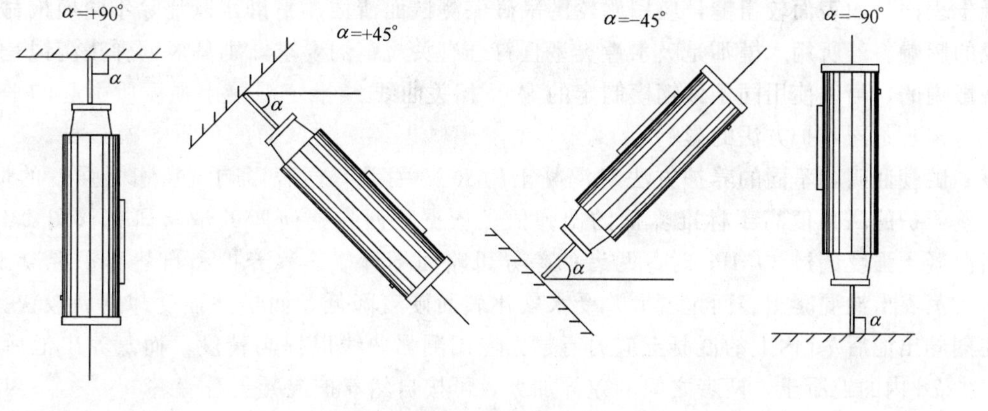

图 1.3.2-4 测试角度 α 示意图

（2）混凝土不同浇筑面的影响

图 1.3.2-5 为不同浇筑面对回弹值的影响的典型试验结果。由于泌水、浆厚等原因，在混凝土的浇筑表面（指原浆抹光面）所测回弹值较侧面低。在混凝土的浇筑底面，由于骨料下沉、离析等原因，测得的回弹值较侧面高。因此，规程规定，当回弹仪在水平方向测试混凝土表面或底面时，应将所测数据按下式予以修正。

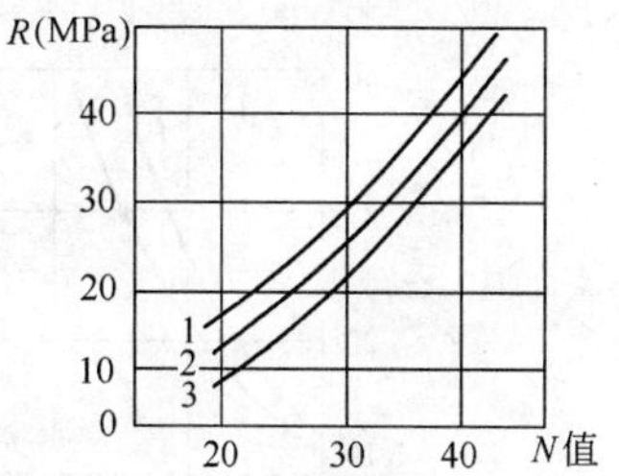

图 1.3.2-5 不同浇筑面对回弹值的影响曲线图

$$\overline{N}=\overline{N}_{S}+\Delta N_{S} \tag{1.3.2-15}$$

式中：$\overline{N}_{S}$——回弹仪在水平方向测试混凝土浇筑表面或底面时的测区平均回弹值（计算至 0.1）；

$\Delta\overline{N}_{s}$——不同浇筑面的回弹修正值，按表 1.3.2-2 所列值取用；

$\overline{N}$——相当于回弹仪在水平方向测试混凝土浇筑侧面时的测区平均回弹值。

不同浇筑面的回弹值修正值 ΔN_S 表 1.3.2-2

$\overline{N}_s$	$\Delta\overline{N}_s$		备注
	表面	底面	
20	+2.5	−3.0	（1）表中未列入的相应于 $\overline{N}_s$ 的 $\Delta\overline{N}_s$ 修正值，可用内插法求得，计算至 0.1。当 $\overline{N}_s$ 小于 20 时，按 $\overline{N}_s=20$ 修正；当 $\overline{N}_s$ 大于 50 时，按 $\overline{N}_s=50$ 修正。（2）表中有关混凝土浇筑表面的修正值，是指一般原浆抹面后的修正值。（3）表中有关混凝土浇筑底面的修正值，是指结构或构件底面与侧面采用同一类模板在正常浇筑情况下的修正值
25	+2.0	−2.5	
30	1.5	−2.0	
35	+1.0	−1.5	
40	+0.5	−1.0	
45	0	−0.5	
50	0	0	

(3) 不同模板材料的影响

图 1.3.2-6 示出的是我国常用钢模和木模对回弹值影响的典型试验结果。但由于木模所选用的材质不同，表面平整度及脱模剂不同，新旧程度及周转次数也不同，因此不同研究者的试验结果区别较大，难以确定一个固定的修正系数，在现场检测时，对于用木模成型的混凝土表面，如表面较粗糙，应用砂轮磨平确保测试面清洁、平滑，以消除不同模板材料所造成的影响。若所用木模不是吸水性类型且符合有关规范的要求，则其对回弹法测强是没有显著影响的，可以使用同条件钢模制定的 *R-N* 相关曲线。

(4) 不同养护方法的影响

试验证明，不同的养护方法对混凝土的 *R-N* 关系有显著影响。在相同强度的情况下，自然养护的回弹值高于标准养护的回弹值。依据陕西省建研所的试验研究（图 1.3.2-7），当混凝土强度超过 30MPa 时，两者的差异可略而不计，蒸汽养护和自然养护混凝土相比，由于蒸养出池混凝土表面湿度大，受水软化表面硬度降低，而早期强度却发展较快。因此，在蒸养出池后 7d 内上的混凝土应另行建立专用测强曲线以提高精度，而蒸养出池后再自然养护 7d 内的混凝土，两者之间的差异加大，可按自然养护混凝土看待。

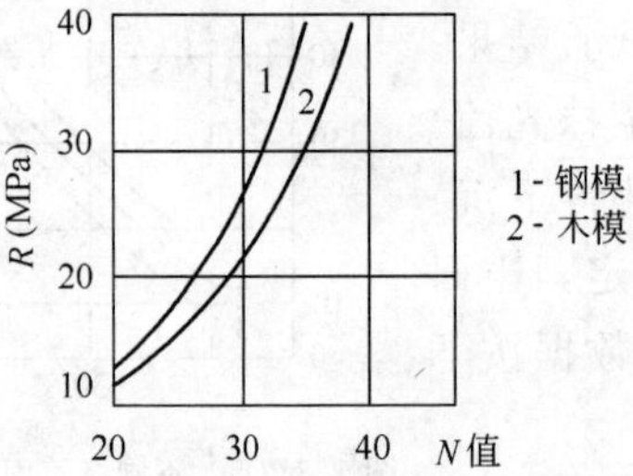

图 1.3.2-6 不同模板材料对回弹值影响关系曲线图

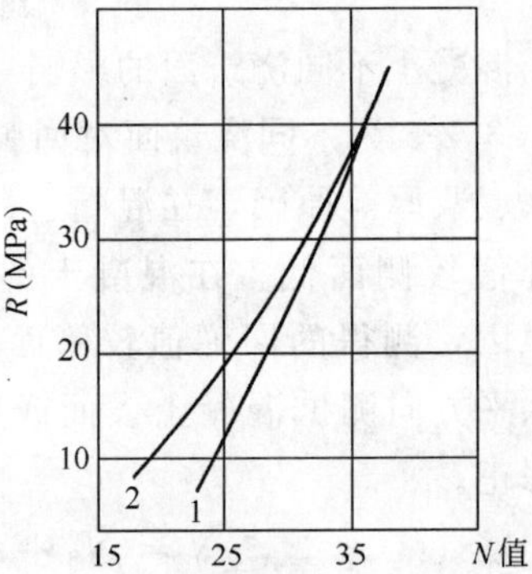

图 1.3.2-7 养护方法对回弹值的影响关系曲线图

1-自然养护；2-标准养护

(5) 表面湿度的影响

试验证明，混凝土表面的湿度对回弹值有显著影响。一般说来湿度越大，回弹值越低，随着强度的增加，湿度的影响逐渐减小，特别在 30MPa 以上，这种影响已不复存在了。图 1.3.2-8 为陕西建筑科学研究所的试验资料。但由于混凝土的温度与气候条件、龄期、混凝土原材料条件等均有关系，各地实测的影响程度区别较大，在现场检测中应尽可能采用干燥状态。

(6) 龄期及碳化的影响

混凝土在适当的温度和充分的湿度条件下，其抗压强度随龄期的增加而增长，但增长的幅度却逐渐减小。在干燥条件下水泥的水化反应几乎停止，强度不再随龄期增长，可见龄期的影响与养护条件是密切相关的。陕西省建研所的试验研究证实，在排除了碳化影响后，对龄期在一年以内的自然养护混凝土，可不计龄期对 *R-N* 关系的影响；当龄期在三年以上时，可适当考虑长龄期引起的混凝土强度增长。

一般地，自然养护的混凝土，碳化作用与龄期的影响是伴随产生的。随龄期的增长，混凝土表面碳化层的厚度逐渐增大，表面硬度增高，回弹值增大。图 1.3.2-9 为混凝土碳化深度 L 与回弹值 N 之间的相互关系。从这些关系中可见，当混凝土的强度等级相同时，回弹值随碳化深度的增大而增大，直至碳化深度大于 5～6mm 后，回弹值 N 随碳化深度 L 的增长速率才渐趋平稳。因此碳化深度对 R-N 关系会产生显著影响，必须加以修正。

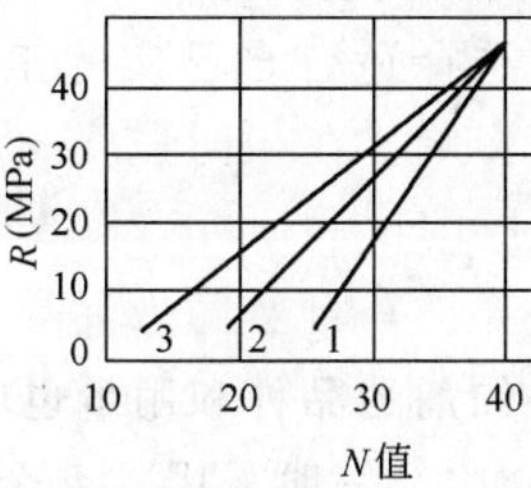

图 1.3.2-8　湿度对回弹值的影响关系曲线图

1-自然养护；2-淋水；3-潮湿或泡水

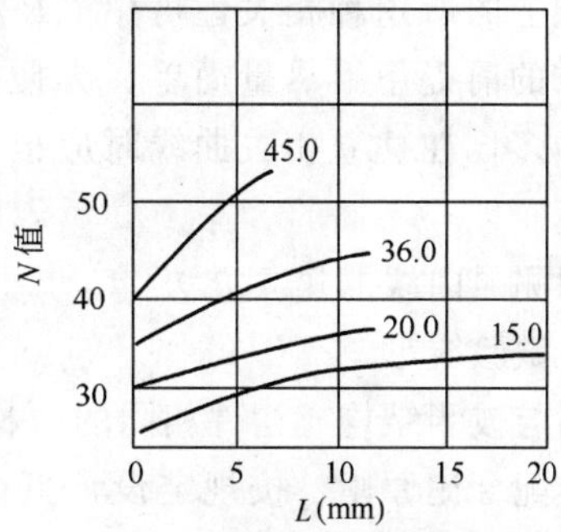

图 1.3.2-9　自然碳化与回弹值“N-L”等强度关系曲线图

我国 JGJ/T 23—92 规程依据有关单位试验研究成果，采用了将碳化深度作为回归方程中的第二个自变量予以考虑的方法。当测区的平均碳化深度（计算至 0.5mm）$\bar{L}$ 值小于或等于 0.4mm 时可按无碳化处理，即 $L=0$；如 $\bar{L}$ 值大于 6mm，则按 6mm 计算。

5. 回弹法测强的基准曲线

基准曲线的制定方法是：在实验室制作一定数量的考虑不同强度、不同原材料条件、不同龄期等各种因素的立方体试块，测定其回弹值、碳化深度及抗压强度等参数，然后进行回归分析，求得拟合程度最好，相关数最大的回归方程，作为经验公式或画出基准曲线。因为 R-N 或 R-N-L 的相关关系受许多因素的影响，在制定曲线的过中，所考虑的影响因素越多，曲线的适应性和覆盖面越大，离散性也越大，推定混凝土强度的误差也越大。

目前常用的基准曲线可分为三种类型：

（1）第一类，专用测强曲线，是针对某一预制厂、某一工程或某一商品混凝土供应区的特定的原材料质量、成型和养护工艺，测试龄期等条件而制定的基准曲线，适用于检测与该结构或构件相同条件的混凝土强度。一般要求专用曲线的平均相对误差 $\bar{S}$ 不大于±12%，相对标准差 S_r 不大于 14.0%。

（2）第二类，地区测强曲线，是针对某一省、市、自治区或条件较为类似的特定地区而制定的基础曲线，适用于无专用曲线时检测符合规定条件的结构或构件混凝土强度。一般要求地区基准曲线的平均相对误差 $\bar{S}\leqslant\pm14\%$，相对标准差 S_r 不大于 17.0%。

（3）第三类，统一测强曲线规程（JGJ/T23—92）在保持测试条件一致的前提下，全国广泛布点研究，最后选定的统一测强曲线的回归方程为：

$$R_n = 0.0250\bar{N}^{2.0108} \times 10^{-0.0358\bar{L}} \tag{1.3.2-16}$$

式中：R_n——测区混凝土的抗压强度（精确至 0.1MPa）；

$\bar{L}$——测区平均碳化深度（精确至 0.1mm）。

统一曲线适用于无地区曲线或专用曲线时检测符合规定条件的构件或结构混凝土强度。统一曲线的平均相对误差 $\overline{S} \leqslant \pm 15\%$，相对标准差 $S_r \leqslant 18\%$，当 $\overline{L}=0$ 时的相关系数等于0.87。

6. 回弹法专用测强曲线的建立

回弹法测定混凝土的抗压强度，是建立混凝土的抗压强度与回弹值之间具有一定相关性的基础上的，这种相关性可用"*R-N*"相关曲线或公式来表示。相关曲线应在满足测定精度要求的前提下，尽量简单、方便、实用且适用范围广。我国南北、东西气候差异大，材料品种多，在建立相关曲线时应根据不同的条件和要求，选择适合自己实际工作需要的类型。

专用测强曲线的建立方法：

(1) 试验线形

采用与被测结构或构件相同的原材料，若掺外加剂，其外加剂的品种和用量也应相同，根据最佳配合比原则，按规定设计五个强度等级的混凝土配合比。一般采用的五个强度等级：对 325 号水泥，为 C8、C13、C18、C23、C28；对 425 号水泥，为 C8、C18、C23、C28、C38；对 525 号水泥，C13、C18、C23、C38、C48。采用与被测结构或构件相同的浇捣工艺，每一强度等级的混凝土成型 150mm×150mm×150mm 立方体试块 2 组，分别供龄期的前限试压和后限试压，每组 3 块。一个龄期五个强度等级混凝土的试块共 10 组，全部试块宜在同一天内成型完成。在成型后的第二天，将试块移至与被测结构或构件相同的硬化条件下养护至规定的龄期，试块的拆模日期宜与构件的拆模日期相同。试块在自然养护过程中应按"品"字型堆放，并使试块的底面向下，表面向上，四个侧面（与试模侧板相邻的一面）均能接触空气。堆放于室外的试块应避免暴晒或雨淋。

(2) 试块测试

采用专用测强曲线测试时，对龄期的要求并不十分严格，每一龄期的前、后限可根据被测结构或构件要求的可能变动范围和测定误并的要求来确定。一般前、后限规定为其龄期的10%左右。例如：28d 龄期的前、后限为 25～31d。此外，龄期的前限不宜早于结构或构件成型后 14d。

①将到达龄期前限或后限的每一强度等级 11 组，五个强度等级共 5 组的试块表面擦抹干净，以试块与试模侧板相接触的两个表面置于压力机上下两承压板之间，加压 30～50kN（低强度试块取低值加压）。

②在试块保持 30～50kN 的压力下，用符合标准状态的回弹仪按规定损伤程序，在试块两个相对侧面上选择均布分布 8 个点进行弹击，测读每点的回弹值至 1，点与点之间，点与试块边缘之间的距离不小于 30mm，并不得弹击在外露石子和气孔上。

③在每一试块的 16 个回弹值中分别剔除其中 3 个最大值和 3 个最小值，然后再求余下的 10 个回弹值的平均值，计算至 0.1，即得该试块的平均回弹值 $\overline{N}$。

④将试块加荷直至破坏，然后计算试块的抗压强度 R 准确至 0.1MPa。

⑤每一龄期的前限或后限试块应分别在同一天内试压完毕。

(3) 专用测强曲线的建立

用于表达每一龄期的专用测强曲线的回归议程式，应采用 30 个试块中每一试块成结的

R、$\overline{N}$ 数据，按最小二乘法的原理求得。

推荐采用的回归方程式如下：

$$R_{cu}^{c}=A+B\overline{N} \tag{1.3.2-17}$$

$$R_{cu}^{c}=A\overline{N}^{B} \tag{1.3.2-18}$$

$$R_{cu}=A+B\overline{N}+C\overline{N}^{2} \tag{1.3.2-19}$$

用同一批 30 个数据按不同形式的回归方程式进行试算比较，取其中平均相对误差 m_{δ} 和相对标准差 S_r 均符合要求，且其值较小的一个回归方程式作为绘制专用测强曲线的依据。

平均相对误差：
$$m_{\delta}=\pm\frac{1}{n}\sum_{i=1}^{n}\left|\frac{R_{cu,i}}{R_{cu,i}^{c}}-1\right|\times 100 \tag{1.3.2-20}$$

相对标准差：
$$S_{r}=\sqrt{\frac{1}{n-1}\sum_{i=1}^{n}\left(\frac{R_{cu,i}}{R_{cu,i}^{c}}-1\right)^{2}}\times 100 \tag{1.3.2-21}$$

式中：m_{δ}——回归方程的强度平均相对误差（%）（精确至一位小数）；

S_r——回归方程的强度标准差（%）（精确至一位小数）；

$R_{cu,i}$——由第 I 个试块抗压试验得出的混凝土抗压强度（MPa)(精确至 0.1MPa)；

$R_{cu,i}^{c}$——由同一试块的平均回弹值（$\overline{N}$），按回归方程算得的混凝土抗压强度（精确至 0.1MPa)；

n——建立回归方程式的试块数。

专用测强曲线只适用于在它建立时间的统计试块的最大和最小回弹值区间，不得外推，为方便起见，可制成表格用。此外，还应定期取一定数量的同条件试块对专用测强曲线进行校核，发现有显著差异时，应查明原因采取措施，否则不得继续使用。

7. 结构或构件混凝土特征强度的推定

如前所述，由于回弹法测强是建立在同条件试块的破损与非破损之间具有实验相关的基础上的。因此回弹法所检测的结构或构件的混凝土强度，相当于与该结构或构件同条件同龄期的边长为 150mm 的立方体试块强度。显然，这种强度与标养 28d 的强度、钻芯取样的强度以及结构混凝土实际强度是不一样的。

现行有关设计、施工、混凝土强度检验等国家标准与规范，均以标准养护 28d 边长为 150mm 立方体试块强度作为确定强度等级和结构或构件混凝土强度合格与否的依据，只有对上述标准养护试块强度的代表性有怀疑时，才允许采用回弹法在内的无破损或半破损方法来推定混凝土强度。显然，需要用回弹法检测结构或构件混凝土强度的场合，大部分是现场的结构或构件混凝土强度产生质量事故，标养 28d 试块强度或没有制作或已失去代表性不被承认，需对其质量进行处理。新行业标准《回弹法检测混凝土抗压强度技术规程》(JGJ/T 23—92) 在推定结构或构件混凝土强度时，基本上遵循了现行国家标准《混凝土强度检验评定标准》以及《混凝土结构工程施工及验收规范》所规定的原则。除要求给出强度推定值外，对于测区数大于等于 10 个的结构或构件还要求平均强度值，测区最小强度值和标准差。对于测区数小于 10 个的结构或构件，要求给出平均强度值，测区最小强度值。这样做，概念明确、全面，使得处理这类结构或构件时，既能了解构件强度推定值，又能考虑其平均强度值，最小强度值、质量的匀质性，对设计人员事后处理结构或构件混凝土质量很有用处。

用回弹法检测结构或构件混凝土强度的推定方法如下：

(1) 第一步，先根据每测区的回弹平均值 $\bar{N}$ 和碳化深度值 L，依据专用曲线或地区曲线，或统一曲线求出该测区混凝土换算强度值。再按下式求出构件或结构强度平均值和强度标准差。

构件强度平均值：
$$\bar{R}_n=\frac{\sum_{i=1}^{n}R_{ni}}{n} \tag{1.3.2-22}$$

式中：$\bar{R}_n$——结构或构件混凝土的强度平均值（精确至 0.1MPa）；下角 n 为测区数；

R_{ni}——测区混凝土强度（精确至 0.1MPa）；

n——对于单个构件，为测区的总数；对批构件，应为各抽样构件测区总数之和。

强度标准差：
$$S_n=\sqrt{\frac{\sum_{i=1}^{n}R_{ni}^2-n\bar{R}_n^2}{n-1}}\quad（精确至 0.01MPa） \tag{1.3.2-23}$$

(2) 第二步，按下述方法进行结构构件混凝土强度的推定。

①单个构件检测时，以该构件测区中最小强度换算值作为该构件混凝土强度推定值，即

$$R_n=(R_{ni})_{min} \tag{1.3.2-24}$$

其适用于单独的结构式构件的检测。

②批量检测时，结构或构件混凝土强度的第一条件值 R_{n1} 和第二条件值 R_{n2} 分别为：

$$R_{n1}=\bar{R}_{n,min}-1.645S_n \tag{1.3.2-25}$$

$$R_{n2}=\bar{R}_{n,min} \tag{1.3.2-26}$$

式中：$\bar{R}_{n,min}$——该批每个构件中最小的测区混凝土强度换算值的平均值（精确至 0.1MPa）。

在该批构件强度平均值满足相应的均方差要求的前提下，取第一条件值和第二条件值中较大者作为该批构件强度的推定值。批量检测适用于在相同的生产工艺条件下，混凝土强度等级相同，原材料、配合比、成型工艺、养护条件基本一致且龄期相近的同类构件。抽检的构件数量不得少于同批构件总数的 30%，且测区数量不得少于 100 个。

(3) 对于按批量检测的构件，当该批构件混凝土强度标准差 S_n 出现下列情况时，则该批构件全部按单个构件检测推定。

①当该批构件混凝土强度平均值小于 25MPa 时，且 S_n＞4.5MPa；

②当该批构件混凝土强度平均值等于或大于 25MPa 时，且 S_n＞5.5MPa。

8. 检测记录与检测报告

(1) 回弹法检测原始记录表、结构或构件混凝土强度计算表以及结构或构件混凝土强度推定汇总表如表 1.3.2-3 至 1.3.2-5 所示。

回弹法检测原始记录表 表 1.3.2-3

工程名称： 第 页 共 页

编号	回弹值 R_n																	碳化深度 l_i (mm)
构件测区	1	2	3	4	5	6	7	8	9	10	11	12	13	14	15	16	$\overline{R}_{ni}$	
1																		
2																		
3																		
4																		
5																		
6																		
7																		
8																		
9																		
10																		

测面状态	侧面、表面、底面、干燥、潮湿	回弹仪	型号		回弹仪检定证号	
测试角度 α	水平、向上、向下		编号		测试人员资格证号	
			率定值			

结构或构件混凝土强度计算表 表 1.3.2-4

工程名称：

构件名称及编号： 第 页 共 页

项目 \ 测区		1	2	3	4	5	6	7	8	9	10
回弹值	测区平均值										
	角度修正值										
	角度修正后										
	浇筑面修正值										
	浇筑面修正后										
平均碳化深度 i (mm)											
测区换算强度值 R_{ni} (MPa)											
强度计算 (MPa) $n=$		$\overline{R}_{ni}=$			$S_n=$			$R_{ni,min}=$			
使用测区强度换算表名称：规程、地区、专用					备注：						

测试： 计算： 复核： 计算日期： 年 月 日

结构或构件混凝土强度推定计算表 表 1.3.2-5

建设单位名称：

工程名称：

构件名称	强度计算 (MPa)					推定强度
	n	$\overline{R}_{ni}$	S_n	R_{n1}	R_{n2}	R_n (MPa)

测试： 计算： 复核： 计算日期： 年 月 日

(2) 检测报告

用回弹法检测结构或构件混凝土强度的检测报告，一般须包括下列主要内容：

①建设单位；②委托单位；③施工单位；④设计单位；⑤工程名称和结构或构件名称；⑥施工日期；⑦检测原因；⑧检测环境；⑨检测依据（所用标准名称及编号）；⑩回弹仪生产厂、型号、出厂编号及检定证号；⑪结构或构件的平均强度值、标准差、最小测区强度值，构件测区布置示意图、强度推定值；⑫出具报告的单位名称、审核人、检测负责人、试验人员的姓名及资质；⑬检测及出具报告的日期；⑭其他需要说明的事项。对于无法用文字表达清楚的内容，应附简图加以说明。

二、结构混凝土强度的超声脉冲法检测

1. 概述

早在1880年就已发现压电效应，1928年制成了第一台连续超声波材料探伤仪，1934年有人提出用超声波进行金属探伤。第二次世界大战后，R. Jones等人首先把该项技术用于混凝土的检测，并取得了满意的结果，引起世界工程界的重视。目前超声脉冲检测技术，已成为工程结构物质量检测的重要手段之一。我国自20世纪50年代开始研究这一领域，近十年来已基本上形成了适合我国特点的方法体系，在工程应用方面积累了较多经验并取得了较好的效益。

结构混凝土的超声脉冲法检测主要包括强度检测、缺陷探测、弹性和非弹性参数及其他参数的测定等三部分内容。强度检测是以强度与超声波在混凝土中的传播参数如声速、衰减系数等之间的相关关系为基础的，从理论上讲超声波传播特性应是描述混凝土强度的理想参数。但由于混凝土的复杂性，要想建立强度和超声波传播特性之间的简单关系是困难的。至今超声测强还只能建立在试验归纳的基础上，一般是通过实验建立强度（R）与声速（V）的关系曲线或经验公式，作为基本换算依据。因此，超声脉冲法测强的关键，就在于建立准确的R-V关系，精确地测量声速以及搞清R-V关系的影响因素这三个方面。

2. 超声波的物理性能

(1) 振动和波动

物体或质点在一定位置附近作来回的重复运动，称为机械振动（简称振动）。在不同的振动现象中，最基本最简单的振动是简谐振动，一切复杂的振动都是由若干个简谐振动的合成。有关简谐振动的一些基本知识，在普通物理学中已作了详尽介绍，这里不再赘述。

从微观角度来看，任何一块固体材料都可看成是许多质点的集合体，这些质点之间通过一定的方式彼此联系。在混凝土这种弹黏塑性材料中，这种联系具有弹黏性性质。当其中的某一质点受激励而产生振动时，必然会把振动能量传递给周围的质点，从而由近及远地使周围质点、外围质点以及更外围的质点振动起来，于是振动就以一定的速度由近及远地向各个方向传播出去，形成波动。由此可见，振动是产生波动的根源，波动则是振动在介质中的传播。

根据质点的振动方向与波的传播方向的相互关系，可将波动分为如下几种类型：

①如果在波动中，质点的振动方向和波的传播方向相互垂直，这种波称为横波。由于横

波会使质点间产生剪切变形，而液体和气体只有容变弹性没有剪切弹性，故横波只能在固体中传播。

②如果在波动中，质点的振动方向和波的传播方向相互平行，这种波称为纵波。产生纵向作用时，物体中的质点的振动以疏密相间的形式向前传播。在稠密区材料受到压缩，而在疏密区材料受到拉伸。纵波常引起质点间的容变弹性和长变弹性，故而纵波在固体、液体和气体中均能传播。

③如果质点的振动与传播方向之间的关系介于垂直与平行之间，并沿着物体表面传播，振幅随深度增加而迅速衰减的波称为表面波。根据材料厚度与波长相比较的结果以及质点振动方式和传播速度的不同，表面波又可分为瑞利波和乐甫波。瑞利波是当材料厚度约大于波长时在一定条件下产生的表面波，而乐甫波则是当材料的厚度小于波长时在一定条件下产生的表面波。

④板波：板波是于 1916 年由莱姆（Lamb）首先从理论上发现的。它是在板厚与波长相当的弹性薄板中传播的一种应力波，亦称莱姆波。

尽管波动种类众多，但从运动学的角度来看，任何复杂的波型都是横波与纵波的叠加结果。因此，纵波和横波是两种最简单最基本的波型。

波动由波源发出后，在无限大且各向同性的弹性媒质中传播时，波源振动在某一时刻所能传播到的那些具有相同相位的点所构成的面称为波阵面。而振动的传播方向则称为波线。在某一时刻各质点振动传播的前沿的轨迹面，称为波前。根据波阵面的几何形状不同，波动可分为平面波（图 1.3.2-10）、球面波（图 1.3.2-11）、柱面波和活塞波。活塞波在接近波源的区域，由于干涉现象很显著，情况比较复杂；远离声源的区域，干涉现象已不明显，波阵面近似球面波，可按球面波处理。超声波探伤使用的探头所激发的波性就属于这一种。

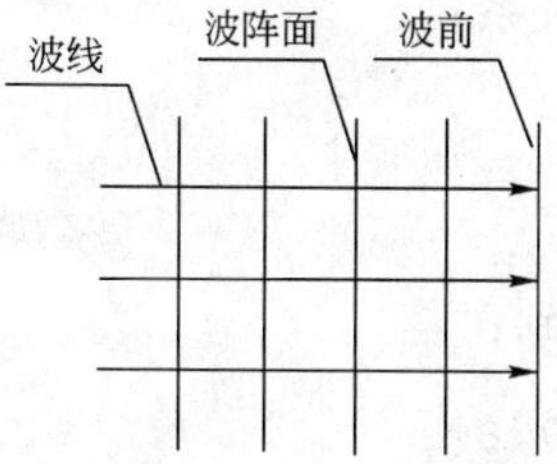

图 1.3.2-10　平面波示意图

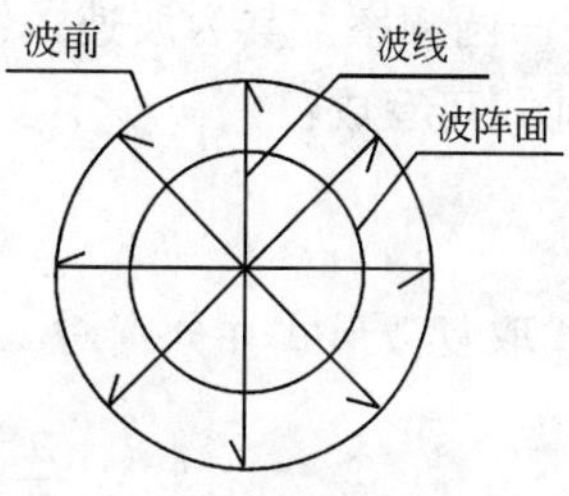

图 1.3.2-11　球面波示意图

波在媒质中传播时，如果媒质中各质点均作连续不断的振动，这种波称为连续波。在连续波中，若各质点和波源都作简谐振动，则这种连续波称为简谐波，即余弦或正弦波。如果媒质中各质点作单个或间歇的脉冲振动，这种波称为脉冲波。这就是在混凝土检测中常用的声脉冲。可以证明，不论脉冲或非正弦的连续波，都可认为是由许多频率不同的简谐波所合成的。因此简谐波的规律是最基本的。

（2）波动方程

波传播过程中媒质各点的运动规律，可用波动方程来描述。为使问题简化，在此只讨论平面余弦波在理想的无衰减的均匀无限大媒质中传播时的波动方程。

假定有一平面余弦波在媒质中沿 x 方向传播，则在与 x 轴垂直的任一平面上，所有质点均作相同的振动。在 $x=0$ 的平面上，质点的振动方程为：

$$\xi = A\cos\omega t \tag{1.3.2-27}$$

式中：ξ——振动位移；

A——位移振幅；

ω——圆频率；

t——时间。

若波的传播速度为 c，则经过时间 t_1 后，波的传播距离 $x=ct_1$，即在 x 处的平面上各质点的振动，比 $x=0$ 平面上的质点振动滞后一段时间 $t_1=x/e$。若媒质无衰减，则在 x 处的平面上，质点的振动方程为：

$$\xi = A\cos\omega(t - x/c) \tag{1.3.2-28}$$

上式所表示的是在波线上任一点处的质点在任一瞬时 t 的运动规律，该式即为沿 x 方向传播的平面余弦波在理想介质中的波动方程。

在波动传播中，同一波线上两个相邻的相位相差 2π 的质点的振动步调恰好是一致的，这两个质点之间的距离即为一个完整波的长度，称为波长，用 λ 表示。一个完整的波通过波线上某点所需时间或波传过一个波长的时间，称为波的周期，用 T 表示。则波长 λ 和周期 T 间有如下关系：

$$\lambda = C \cdot T = C/f = 2\pi C/w \tag{1.3.2-29}$$

式中：C——波在媒质中的传播速度；

f——波动频率；

w——圆频率。其为波速、波长和频率之间的基本关系式。

所以前式可写成：

$$\xi = A\cos 2\pi(t/T - x/\lambda) \tag{1.3.2-30}$$

将上式取复数形式并分别对 t 和 x 偏导二次，可以得到：

$$\frac{\partial^2\xi}{\partial x^2} = \frac{T^2}{\lambda^2} \cdot \frac{\partial^2\xi}{\partial^2 t} = \frac{1}{c^2} \cdot \frac{\partial^2\xi}{\partial^2 t} \tag{1.3.2-31}$$

此式反映了一切平面波的共同特征，统称为平面波动方程。可以证明：在三维空间传播的一切波动，只要媒质是理想无衰减的各向同性均匀媒质，其波动方程为：

$$\frac{\partial^2\xi}{\partial X^2} + \frac{\partial^2\xi}{\partial Y^2} + \frac{\partial^2\xi}{\partial Z^2} = \frac{1}{C^2} \cdot \frac{\partial^2\xi}{\partial t^2} \tag{1.3.2-32}$$

研究球面波时，可将上式化成求球标的形式，并考虑到各个径向方向中的波的传播完全相同，即得到球面波的波动方程为：

$$\frac{\partial^2(r\xi)}{\partial^2 r} = \frac{1}{C^2} \cdot \frac{\partial^2(r\xi)}{\partial^2 t} \tag{1.3.2-33}$$

式中：ξ——振动位移；

r——沿着任一半径方向上离点波源的距离。相对应的球面余弦波波动方程：

$$\xi = A/r\cos\omega(t - r/c) \tag{1.3.2-34}$$

可见，球面波的振幅是与距离 r 成反比例地逐渐减小的。

实际上，即使平面波在均匀媒质中传播时，媒质总是要吸收波的一部分能量，因而波的强度和振幅都将逐渐减小。若以指数形式表示最大位移 A 随传播距离的增长而衰减，即：

$$A = A_{o}e^{-\alpha x} \tag{1.3.2-35}$$

式中：A_{o}、A——分别为 $x=0$ 和 $x=x$ 处的位移振幅；

α——媒质的吸收系数或波动的衰减系数，其为常值。

则在 x 处的平面上，顶点的振动议程表示成：

$$\xi = A_{o}e^{-\alpha x}\cos2\pi(t/T - x/\lambda) \tag{1.3.2-36}$$

将上式取复数形式，并分别对 x 和 t 求二阶偏导数，同样可以得出：

$$\frac{\partial^{2}\xi}{\partial X^{2}} = \frac{1}{C^{*2}}\cdot\frac{\partial^{2}\xi}{\partial^{2}t} \tag{1.3.2-37}$$

式中：C^{*}——复数声速。

它与 C 的关系为：

$$C^{*} = \frac{C}{1 - ja/k} \tag{1.3.2-38}$$

式中：j——复数形式；

k——波数，$k=w/c$。

(3) 声波，超声波和次声波

在弹性媒质中，若振源所激起的波动频率，在 20Hz 到 20kHz 之间，就能引起人的听觉。在这频率范围内的振动称为声振动，由声振动所激起的纵波称为声波、声波为机械波，按照波动频率的不同，声波可分为次声波；可闻声波和超声波。频率低于 20Hz 的机械波即为次声波。超声波为频率高于 20kHz 的机械波。

次声波的频率很低，它的波长很长，可以数十米起直到数千米。碰到非常大的障碍物或介质分界面时，才会发生明显的反射和折射；在介质中传播时衰减很慢。因此，可以传送到很远的距离。正是这些特性已使得次声波在气象、海洋、地震和军事侦察等方面得到广泛应用并已导致声学的一个新分支——次声学的形成。

高频超声波最明显的传播特性之一就是方向性很好，射线能定向传播。超声波的穿透本领极大，在液体、固体中传播时衰减很小。超声波碰到杂质或媒质分界面有显著的反射。此外超声波在媒质中的传播特性与媒质的各种宏观的非声学的物理量有着密切关系。利用这些特性，目前已制成了测定材料的弹性模量、密度、孔隙率和粘滞性等物理量的各种超声仪器。

从本质上看，超声波的传播特性，决定于媒质的分子特性。声速、吸收和频散与分子的结构等都有密切的关系。所以超声波技术越来成为研究物质结构的有力工具。

此外，在生产实践和科学研究中，人们已经发现超声波对物质的许多特殊作用极为有用。其中最基本的主要作用有：①超声的机械作用；②空化作用；③热作用等。这些作用目前已被广泛应用于焊接、化学、生物和医学等领域。因此，今后进一步研究超声波对物质的作用是非常必要的。

在材料检测中，实用的声波频段如图 1.3.2-12 所示。一般说来，用于材料无损检测的频率范围在 20kHz 到 20MHz 之间。而在混凝土检测中，往往使用这一频率段中的较低频段，即 20kHz 到 500kHz 左右。

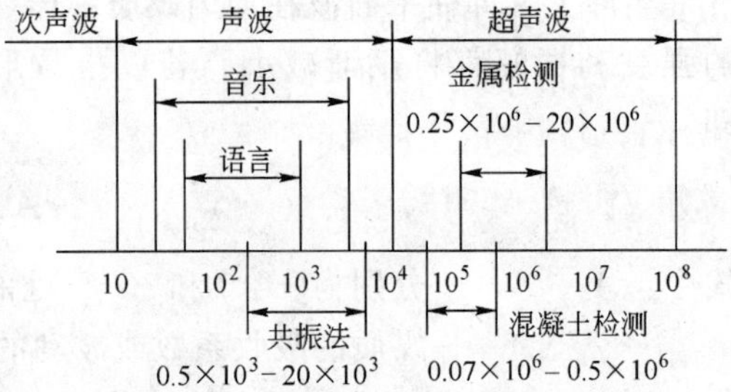

图 1.3.2-12　材料检测的实用频段示意图

(4) 超声场

充满超声能量的空间称为超声场，超声场的结构与探伤结果是紧密相关的。因此了解超声场是十分重要的。声压、声强和声阻抗等是描述超声场特征的重要物理量，它们为超声场的特征量。

①声压、声阻抗和声强描述超声波在媒质中各点的强弱，常用声压和声强两个物理量。

声压为超声场中某一点在某一时刻所具有的压强 P_1 与没有超声波存在时同一点的静态压强 P。之差，若在超声场中取出一体积元，其质量为 m，与声波传播方向相垂直的界面积为 $\mathrm{d}s$，长度为 $\mathrm{d}x$，假定面积元 $\mathrm{d}s$ 上的声压为 p 则由动量原理可得：

$$p\mathrm{d}s \cdot \mathrm{d}t = mv \tag{1.3.2-39}$$

式中：v——体积元的振动速度，当体积元无限小时即为质点的振动速度。

由波动方程求出的质点振动速度为：

$$v = \mathrm{d}\xi/\mathrm{d}t = -Aw\sin w(t - x/c) \tag{1.3.2-40}$$

又：$m=\rho\mathrm{d}x$，ρ 为介质密度，则有：

$$P = -AW\rho c\sin W(t - x/c) = \rho cv \tag{1.3.2-41}$$

由上式可见，超声场中某点声压的大小与介质密度 ρ、声速 c、频率 w 及声源振幅 A 成正比。在声压 P 保持恒定的情况下，ρc 越大，质点振动速度越小，在给定的介质中 ρc 为一恒量，声学上把 $p/v=\rho c$ 称为介质声阻抗率，以 Z 表示。

垂直于超声波传播方向上单位面积单位时间内所通过的声波能量，称为声强 I。当超声波传播到介质中某一处时，该处附近原来不动的质点开始振动，因而具有动能和势能。振动过程中动能和势能相互转化，但总的能量为一常量，根据声强的定义，声中 I 可用单位时间内声压所做的功平均值来表示，即：

$$I = \overline{P \cdot v\rho} \tag{1.3.2-42}$$

就无衰减平面余弦行波而言，则上式可以变换为：

$$I = \frac{1}{2}\rho c A^2 W^2 \tag{1.3.2-43}$$

上式表明，声强与声阻抗率成正比，与质点振动位移振幅 A 和圆频率 W 的平方成正比。

②圆片状声源的指向性　从圆片状声源出发的超声波，其能量是集中在一定区域内，并以束状向一个方向辐射，这种现象称为波的指向性，它反映了声束的集中程度。当该声束以某一扩散角向前辐射时，在圆片状声源的中心轴线上，声压最大；偏离中心一角度时，声压减小形成声波的主波束（主瓣），离声源较近处（即近场区）形成声波的副瓣。主波的半扩散角 θ 可按下式计算。

$$\theta = \arcsin(1.22\lambda/D) \tag{1.3.2-44}$$

式中：D——声源直径；

　　λ——波长。

可见，超声波主波束的扩散角随着 D 及 λ 的变化而变化。在同一介质中，若 λ 越大即频率 f 越小，则 θ 越大，指向性越差。

指向性的好坏对实际探伤影响很大，一般指向性越好，主波束越窄，声能量越集中。因而探测灵敏度方向性也越好，这不仅可以提高对缺陷识别的能力，而且还有利于准确地判断缺陷位置。因此，在实际探伤中常采用大直径探头或提高频率的办法来得到小的扩散角。

③圆片状声源轴线上的声压圆片状声源轴线上的声压振幅的变化规律如下：

$$P = P_0 2\sin[\pi/\lambda(\sqrt{D^2/4 + x^2} - x)] \tag{1.3.2-45}$$

式中：P——距声源 X 处的声压；

　　P_0——声源处的起始声压；

　　x——与声源的距离；

　　λ——波长；

　　D——声源直径。

根据上式可绘制如图 1.3.2-13 所示的曲线。可见，当 x 小于某一特定值 n 时，声压 P 有若干个极大值。这是由于靠近声源处，由声源表面上各点源辐射至轴线上一点的声波、因波程差大，引起它们之间相互干涉所造成的。当 x 大于 n 后，声压 P 随 x 的增加而衰减。n 即为近场区（Fresnel 区）和远场区（Franhofer 区）的分界点。n 与 d 和 λ 有以下近似关系：

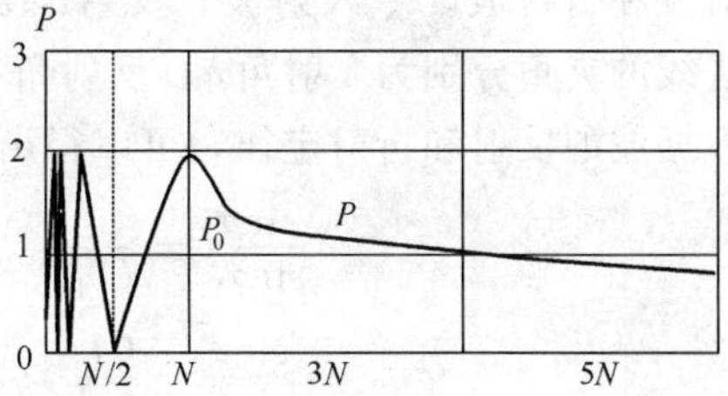

图 1.3.2-13　圆片状声源轴线上的声压关系图

$$N = \frac{D^2}{4\lambda} - \frac{\lambda}{4} \tag{1.3.2-46}$$

当 $D \gg \lambda$ 时 $N \approx D^2/4\lambda$

由于近场区声压变化极复杂，在检测时应尽可能避开这一区域。在混凝土检测中，由于

f 较低，θ 很大，即波束的指向性差。而 N 点虽然较大，但因混凝土构件的尺度一般均较大，所以测试时一般不可能在近场区内。

(5) 超声波的传播速度和界面效应

超声波在弹性介质中单位时间内传播的距离称为超声波在这种介质中的传播速度，用 C 表示。声速取决于介质的特性，它是表示介质声学特征的一个物理量。在“无限大”各向同性的弹性介质中，由波动方程推导出的纵波声波的传播速度 C_L 为：

$$C_L=\sqrt{\frac{E(1-\upsilon)}{\rho(1+\upsilon)(1-2\upsilon)}} \tag{1.3.2-47}$$

式中：E——弹性模量；

υ——泊桑比；

ρ——介质的密度。在“无限大”均匀固体介质中横波 C_S 和表面波超声波的传播度 C_R 的计算表达式如下：

横波
$$C_S=\sqrt{G/P}=\sqrt{E/2\rho(1+\upsilon)} \tag{1.3.2-48}$$

表面波
$$C_R=\frac{0.87+1.12\upsilon}{1+\upsilon}\sqrt{G/P} \tag{1.3.2-49}$$

式中：G——固体的剪切模量。

比较上述三式可以看到，在同一介质中传播的超声波纵波速度为最快，横波速度次之，表面波最慢。由式 $\lambda=c/f$ 可知，对同一频率而言，在同一介质中纵波波长最长，横波次之，表面波波长最短。而探测缺陷的分辨率与波长有关，波长短的分辨率高。故表面波探测的分辨率优于横波，横波优于纵波。此外，由于多数介质的密度随温度升高而减少，因而声速随温度的升高而降低。

由于界面的存在将使超声波波型发生转换，能量重新分配，传波方向改变等。而混凝土又是一种复合材料，其内部有着许多界面，因此在混凝土性能的超声测试中，超声波的界面效应是十分重要的，下面将对超声波的界面效应作一下简单介绍。

①超声波的反射和折射　当平面超声波从一种介质传播到另一种介质时，在两种介质的分界线上，波的传播方向要发生变化，产生反射和折射现象，形成如图 1.3.2-14 所示的反射波和折射波。令入射波、反射波及折射波线与界面法线的夹角分别为λ射角 α、反射角 α_1 和折射角 β，则根据波的反射和折射定律，可以得出：

$$\frac{\sin\alpha}{\sin\alpha_1}=\frac{C_1}{C'_1} \tag{1.3.2-50}$$

$$\frac{\sin\alpha}{\sin\beta}=\frac{C_1}{C_2} \tag{1.3.2-51}$$

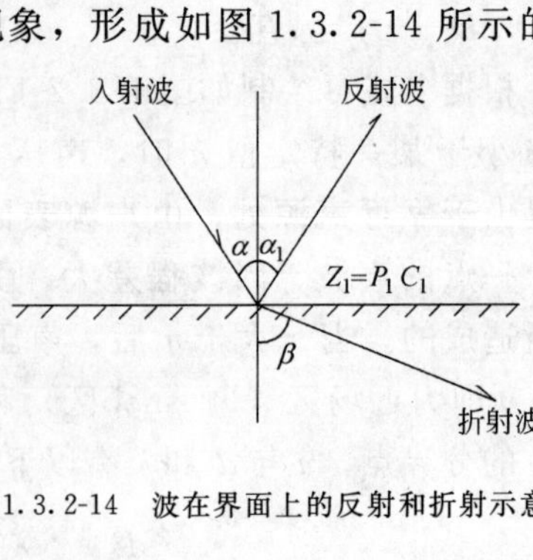

图 1.3.2-14　波在界面上的反射和折射示意图

式中：C'_1、C_1——分别为入射波和反射波在第一种介质中的传播速度；

C_2——折射波在第二种介质中的传播速度。

当入射波与反射波型一样时，则有 $C_1=C'_1$，所以 $\alpha=\alpha_1$。

反射波声压 P_r 与入射波声压 P 之比为声压反射率 R。折射声压 P_t 与入射波压 P 之比

即为声压射率 T。依据能量守恒定律，则有：

$$R+T=1,\text{即 } P_{r}=P_{t}=P$$

R 和 T 的大小与入射角、介质声阻抗率及第二种介质的厚度有关。当第二种介质很厚时

$$R=\frac{z_2\cos\alpha-z_1\cos\beta}{z_2\cos\alpha+z_1\cos\beta} \tag{1.3.2-52}$$

$$T=\frac{2z_2\cos\alpha}{z_2\cos\alpha+z_1\cos\beta} \tag{1.3.2-53}$$

如果这时声波为垂直入射，即 $\alpha=\beta=0$，则上两式可简化为

$$R=\frac{z_2-z_1}{z_2+z_1} \tag{1.3.2-54}$$

$$T=\frac{2z_2}{z_2+z_1} \tag{1.3.2-55}$$

在超声波检测中经常会遇到异质薄层问题。由于存在双界面，结果在薄层两侧分别形成一系列的反射波和折射波。根据波的叠加原理，垂直入射声波的反射率和折射率为：

$$R=\sqrt{\frac{1/4(m-1/m)\sin^2\pi d/\lambda}{1+1/4(m-1/m)^2\sin^2 2\pi d/\lambda}} \tag{1.3.2-56}$$

$$T=\frac{1}{\sqrt{1+1/4(m-1/m)^2\sin^2 2\pi d/\lambda}} \tag{1.3.2-57}$$

式中：$m=Z_1/Z_2$；

d——薄层厚度；

λ——波长。

由式可见，R 和 T 的数值随薄层的厚度的增加在一定范围内有规律地变化。

②波型的转换超声波以一定倾角入射到介质介面上时，除出现前述的反射和折射现象之外，还会产生波型的转换，见图 1.3.2-15。在特定条件下有可能还会产生表面波。但这些波的反射角、折射角与入射角的关系均能符合波的折射和反射定律，即

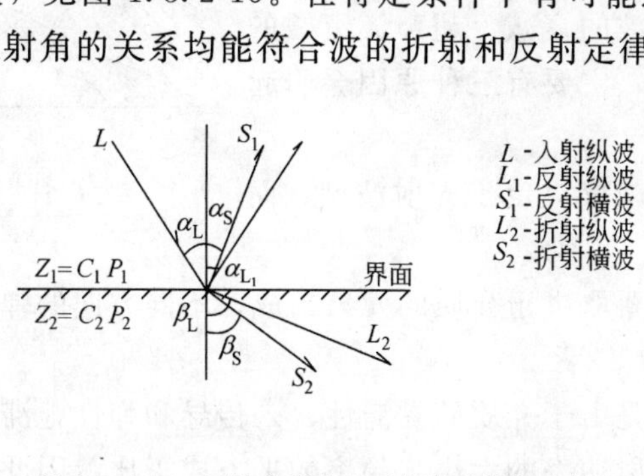

图 1.3.2-15　固体介质中界面的波型转换示意图

$$\frac{\sin\alpha_L}{C_{1L}}=\frac{\sin\alpha_{L1}}{C_{1L}}=\frac{\sin\beta_L}{C_{2L}}=\frac{\sin\alpha_s}{C_{1s}}=\frac{\sin\beta_s}{C_{2s}} \tag{1.3.2-58}$$

式中：C_{1L}、C_{2L}——分别为纵波在第一、第二种介质中的传播速度；

C_{1S}、C_{2S}——横波在第一、第二种介质中的传播速度。

因在同一介质中纵波声速大于横波声速，所以 $\alpha_{L1}>\alpha_s$、$\beta_L>\beta_S$。当 α_l 为一特角度时，$\beta_L\geqslant 90°$，即在第二种介质中存有横波，这时的 α_L 称之为第一临界角。当 α_L 继续增大，使 $\beta_S\geqslant 90°$时，横波沿着界面传播，即形成了表面波。这时的 α_L 称为第二临界角。这一现象常用作在试件中产生横波或表面波的方法之一。

总之，超声波在介质中传播时，若遇到尺寸远大于波长的障碍物时，则会发生反射和折射等现象。如果障碍物的尺寸与波长相当时，就会发生显著的绕射现象。若障碍物的尺寸小于波长时，则声波一般会绕过障碍物继续前进，但同时也会有一部分声能在障碍物处向四周散射。如果障碍物为刚性球状物，其直径为 d，而且 kd 远大于 1（k 为波数，$k=2\pi/\lambda$），则障碍物造成的散射功率 W_S 可近似地表示为：

$$W_S=\frac{\pi}{2}ZA^2W^2d^2 \tag{1.3.2-59}$$

式中：Z——基质的声阻抗率；

A——基质中质点的位移振幅；

W——圆频率。

由式可见，粒状障碍物散射功率的大小与基质的声抗率、声波频率的平方及障碍物直径的平方成正比。在混凝土中，粗集料对声波的散射功率与此类似。

3. *超声波在混凝土中的传播特点*

由于混凝土是一种多相复合材料，其内部存有广泛的复杂界面，例如砂浆与集料的界面及各种缺陷所形成的界面等。因此超声波在混凝土中的传播状态要比在均匀介质中复杂得多，如图 1.3.2-16 所示。

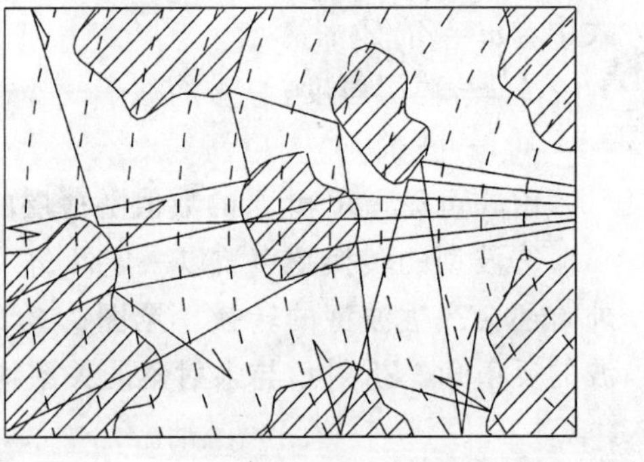

图 1.3.2-16　超声波脉冲在混凝土中的传播示意图

超声波在混凝土中的传播特点：

(1) 超声波的衰减较大。一般地，超声波在介质中传播时，随着传播距离的增加，其能量会逐渐减弱。这种现象称为超声波的衰减。超声波衰减的机理很复杂，从理论上讲，主要有三种原因会引起声波的衰减，它们是：

①声束扩散，扩散衰减仅决定于入射波型，而与传播介质无关；

②散射，散射衰减主要取决于介质的元素构成，不同方向的弹性数值不一，声阻抗不均匀以及晶粒大小等；

③介质吸收，这主要是由于介质的黏滞性、入传导和弹性弛滞等因素引起的。在混凝土中散射衰减十分明显，散射功率的大小与频率的平方成正比。因此为了使超声波在混凝土中的传播距离加大，常采用比金属材料探伤中所采用的频率低得多的超声频率；

(2) 指向性差。其主要原因是由于所采用的超声频率较低，波长较长，其扩散角一般均较大，当换能器直径为1.22倍波长时，半扩散角θ达90°。这时由发射换能器进入混凝土内的超声波实际上是以换能器为中心的球面波，而失去指向性，超声场将占据整个试件空间。此外，由于混凝土众多界面所造成的反射和折射波彼此相互干涉和叠加，导致较大的漫射声能。

(3) 超声波在混凝土中遇到较大缺陷时并非直线传播。这主要是由于波线常因界面反射和折射而曲折所致。

(4) 混凝土中，声场所及的空间内任一点都存在着一次声波（入射声波）及二次声波（反射声波、折射声波和波型转换后的横波）。接收探头所接收的信号应为一次声波和二次声波的叠加。因直接穿越的一次声波所走的距离较短，二次声波经多次反射和折射所走距离较长，以及二次声波中的横波传播速度又较慢。所以二次声波滞后于一次声波。一次声波首先到达接收探头。但由于二次声波的叠加，往往会使接收信号变大，并使波形畸变。认识这一现象，对于正确分析波形及精确测量超声脉冲通过时间是有益的。

尽管超声波在混凝土中的传播特点是利用超声波进行混凝土无损检测的重要基础，但因混凝土本身结构的复杂性，至今许多传播规律或特点还没有被人们所发现。因此上述定性说明并不确切。在实际应用中，对现象的解释难免出现谬误，有时还可能影响到测试结果的准确分析。这是很值得注意的。

4. *混凝土超声检测仪*

(1) 基本任务和组成

混凝土超声检测仪的基本任务是，向待测的结构混凝土发射超声脉冲，使其穿越混凝土，然后接收穿过混凝土后的脉冲信号，仪器显示超声脉冲穿过混凝土所需的时间、接收信号的波形、波幅等。根据超声脉冲所需的时间、接收信号的波形、波幅等。根据超声脉冲穿遇混凝土的时间即声时和距离即声程，即计算声速；根据波幅，可求得超声脉冲在混凝土中的能量衰减；根据所显示的波形，经适当处理后可得接收信号的频谱等信息。

混凝土超声检测仪的基本组成主要包括：

①同步系统，它由晶振、分频等线路所组成，起着指挥整体各部件协调动作的作用；

②发射和接收系统，由发射电路、发射换能器、信号放大线路、衰减器以及接收换能器所组成；

③计时系统，由晶振、分频和门控等路线所组成。目前常用仪器的计时测读方式有三种，即自动整形关门，手动游标关门，自动和手动兼有；

④显示系统，主要显示波形及声时值。常用仪器可分为有波形显示和无波形显示两种。有波形显示的系统由扫描示波线路及数字线路所组成。无波形显示的系统只有数字线路；

⑤电源系统，由整流稳压线路或充电电池等组成。

(2) 超声波换能器与超声脉冲的产生

将一种能量转换成另一种能量的器件称为换能器。超声换能器有电声和机声换能器两种。其中电声换能器具有可逆性，它既能将声能变为电能，又能将电能转换为声能；机声换能器为不可逆的，它只能将机械能转换为声能。

下列是不同种类超声换能器的超声脉冲产生方式以及其所发生的频率f范围、换能效率η和最大声强I：

- 超声换能器
  - 机器换能器
    - 气体动力式
      - $f=20-300\text{kHz}$
      - $\eta=30\%-70\%$
      - $I=20-50\text{W/cm}^2$
    - 液体动力式
      - $f=2-50\text{kHz}$
      - $I=3\text{W/cm}^2$
  - 电声换能器
    - 磁致伸缩式
      - $f=20-200\text{kHz}$
      - $\eta=20\%-50\%$
    - 电致伸缩式
      - $f=30-100\text{kHz}$
      - $\eta=30\%-60\%$
      - $I=55\text{W/cm}^2$

超声波探伤所用换能器主要是利用电致伸缩效应即压电效应来产生脉冲的。

①压电效应　1880 年居里（curie）发现当在某些晶体后多晶陶瓷产生极化，在其表面出现电荷。这种现象称为正压电效应。反之，若在晶体或多晶陶瓷表面施加一电压，则其在电场作用下会产生变形，这种现象称为逆压电效应。具有压电效应的晶体或多晶陶瓷称为压电体。在混凝土超声检测仪中，常用的压电体为人工烧结的压电陶瓷材料，它属多晶各向同性体，为钡钛矿型晶胞，如图 1.3.2-17 所示。当温度高于某一温度 Tc 时属于立方晶系，而温度低于 Tc 时属于四方晶系。这种压电陶瓷晶胞类型随温度的变化称为相变，温度 Tc 称为相变温度或居里点，钛离子虽然可能偏离其平衡位置，但由于立方体对称程度高，而且钛离子从四面八方偏离其平衡位置的几率是相同的，结果平均电荷为零。所以立方晶胞组成的晶粒不会出现电极化。在居里点以下时，立方晶胞变为四方晶胞，这时钛离子向长轴方向偏离其中心位置的几率大，于是正负电荷中心不再重合，而出现极化。由于这种极化不是外加电场引起的，故称为自发极化。并在晶体中出现自发极化方向一致的小区域，即电畴，每个电畴均具有压电性，但在整块多晶体中其取向混乱，其综合结果不显现极化，也没有压电性质。然而，压电陶瓷电畴的极化方向可以在外电场（一般以每毫米 1 000～3 000 伏的强电场加于压电陶瓷的两端）作用下转向，成定向排列。因此，用外电场使电畴重新取向（极化处理）后的压电陶瓷就能发生压电效应。由此可见，压电效应实质上取决于晶体中原子的排列以及电荷几何中心的平衡；采用不同的极化方向和电场施加方向，可获得不同方向的压电性，即可获得各种不同辐射状态的超声换能器，如图 1.3.2-18 所示。图 1.3.2-18 中 a）所示的压电体为厚度方向振动，常用于纵波声速测量，图 1.3.2-8b）、c）所示的压电体主要产生径向振动，常数片叠合组成圆管状换能器，用于大体积混凝土或岩体钻孔壁孔孔壁测量。

②超声波换能器　目前所使用的超声波换能器即探头，绝大多数是利用压电效应原理制作的。根据产生超声波波型的不同，探头可分为纵波探头及横波探头。在混凝土声速测量中主要使用纵波探头，当需要测量剪切弹簧横量时，才采用横波探头。

超声波发射换能器的基本原理是，在压电体上加一突变的脉冲电压，则压电体产生相应的突然激烈变形，同时产生自振而发出一组声波，接收换能器的基本原理为，当压电体与一具有声振动的物体接触时，则因物体的振动（声波）而使压电体被交变地压缩或拉伸，因而压电体输出一个与声波频率相应的交变信号。

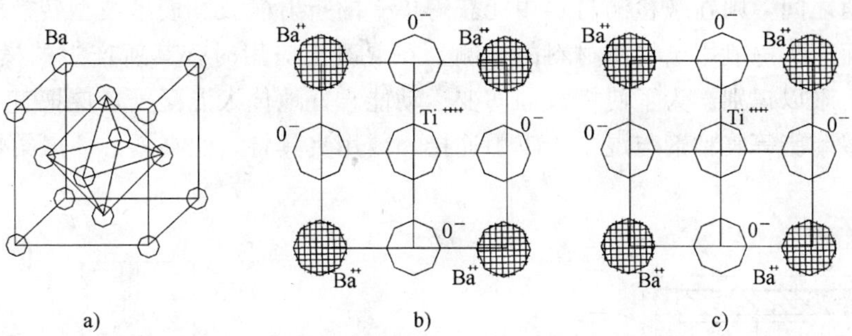

图 1.3.2-17　压电陶瓷的压电效应原理示意图

a）钡钛矿型晶胞；b）立方晶体；c）四方晶体

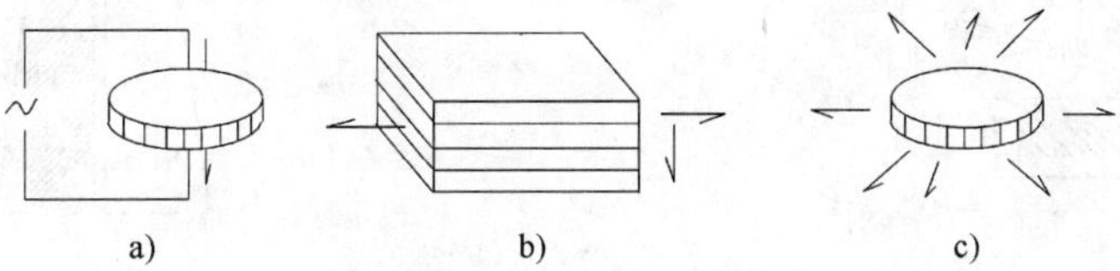

图 1.3.2-18　几种不同的压电振子示意图

a. 纵波探头

纵波探头同用于发射和接收纵波，其有平面探头和经向探头两种。平面探头的一般结构如图 1.3.2-19 所示。它由压电体、外壳、绝缘压块、吸声块和弹簧等基本部分组成。外壳起保护、支承和绝缘的作用，其紧贴压电体的面板厚度应按多层介质反射和折射公式计算。压电体应根据发射和接收频率的要求选择适当材料和尺寸。压电体两面板镀以保护银膜，形成两个极板，其中一个极板直接与外壳连接而接地，另一极板则通过引线和接插件与发射或接收电路连接，压电体与外壳一般用环氧树脂、502 胶等胶结。吸声块的作用是消除压电体的反向辐射，使发射脉冲带宽变窄，吸声块一般用阻尼较大而声阻抗与压电体接近的材料制成，表面车螺纹并做成楔形，使反向辐射经多次反射后在吸声块中衰减掉，并使压电体自振阻尼加大。由于在混凝土中测试距离一般较大，发射脉冲宽带要求不高，而且发射频率较低，吸收块作用不明显，因而用于混凝土测试的超声探头常省去吸收块。

在结构混凝土的检测中，当测试距离较大时，为了获得较大的接收信号，目前常用低频夹心式探头，其构造如图 1.3.2-20 所示。在检测桩基等下部构造的混凝土时，一般采用径向发射的纵波探头进行深孔检测。目前常用的径向发射探头为增压式，其构造如图1.3.2-21 所示。在供水下使用时，整个换能器和电缆接头均需用树脂或橡胶类材料加以密封。在选择密封材料时应考虑尽量减少声能的损失。此外，径向探头还可用管状或空心球状压电陶瓷制作。而且还可把发射接收探头组合在一整体中，用于单元检测。

b. 横波探头

横波探头有直入式和斜入式两种。直入式横波探头主要是利用压电陶瓷片在适当极化方向时产生横向振动和原理制作的。斜入式横波探头（斜探头）主要是应用压电体发射的纵波通过斜楔与探测材料的界面产生波型转换而得到横波，其构造与纵波探头基本相同，所不同的是在压电体前置一块楔形波形转换板，见图 1.3.2-22。若纵波的入射角 θ 介于第一临界角与第二临界角之间，则在被检测材料中能获得单一的折射横波。楔形波型转换板多用有机玻璃制作。斜面探头一般用于均质材料的检测。在混凝土应用时，其所产生的横波信号较弱，与纵波混杂，难以识别。为了使横波的切变运动能较好地传入混凝土，应把直入式或斜入式探头用水杨酸苯脂等胶粘剂与混凝土牢固连接，或用夹具将它们夹紧。一般柔性耦合剂不宜使用。

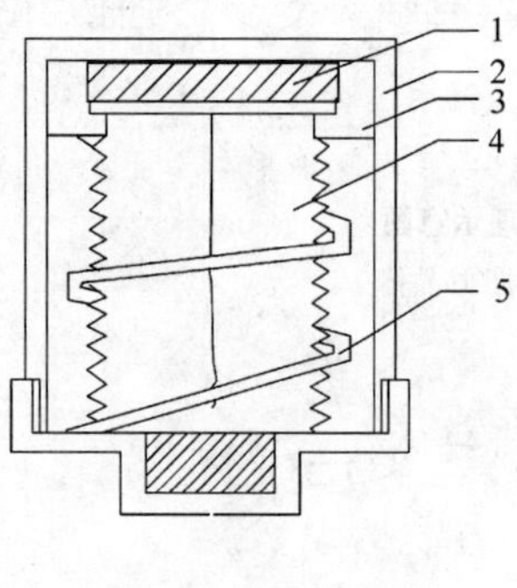

图 1.3.2-19 平面探头的一般结构示意图

1-压电体；2-外壳；3-绝缘压块；4-吸声块；5-弹簧

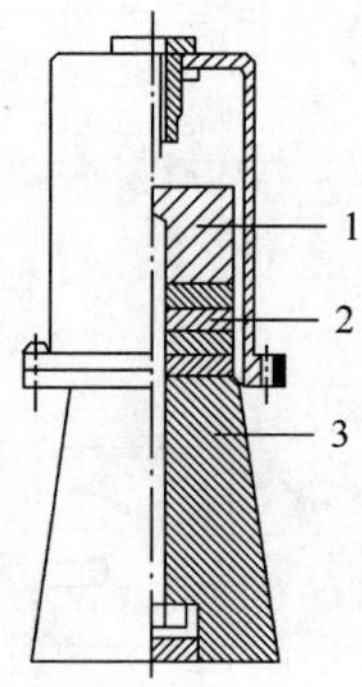

图 1.3.2-20 低频夹心式探头构造示意图

1-配重块；2-压电体；3-辐射体

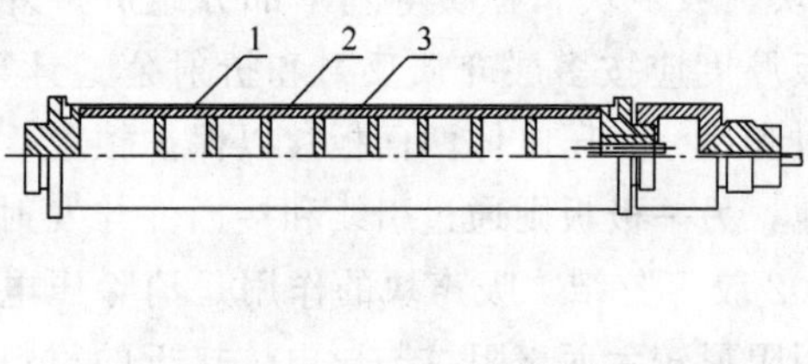

图 1.3.2-21 增压式径向发射探头构造示意

1-绝缘层；2-压电陶瓷片；3-金属管

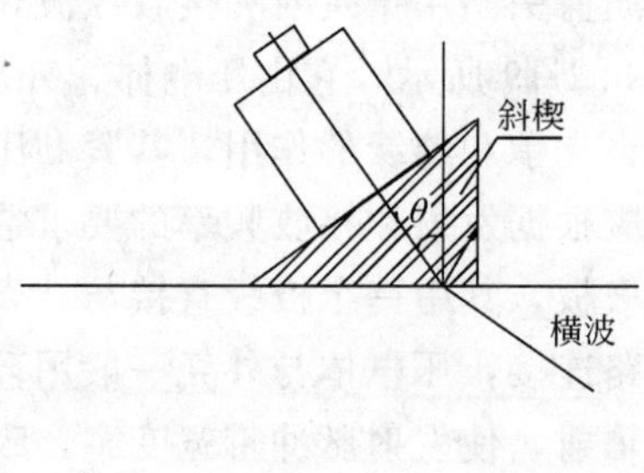

图 1.3.2-22 斜入横波探头示意图

在使用横波探头时，要注意使发射与接收探头的横波偏振方向一致，否则接收灵敏度很低。

(3) 仪器电路原理简介

不同型号的超声波检测仪的电路均大同小异。现以 CTS-25 型金属超声检测仪为例，作简略说明。图 1.3.2-23 为 CTS-25 型超声检测仪的方框图。检测仪可分为同步分频，发射与接收、扫描与示波、计时显示及电源等五部分。各部分的主要波形及其相互关系，示于图 1.3.2-24 中。

现将各部分的原理分述如下：

①同步分频率部分：由 100kHz 石英振荡器产生周期为 10s 的脉冲。先经 10 分频，得到周期为 10μs 的脉冲。将两各脉冲送至时标输出电路合成复式时标后，输出给混合电路，最后加至示波管的垂直偏转板，因而扫描线上产生一系列间隔为 10μs 及 100μs 的尖脉冲复式时标刻度。读数时可用时标刻度及面板上的“精调”旋钮直接读出声时值，但由于该系统

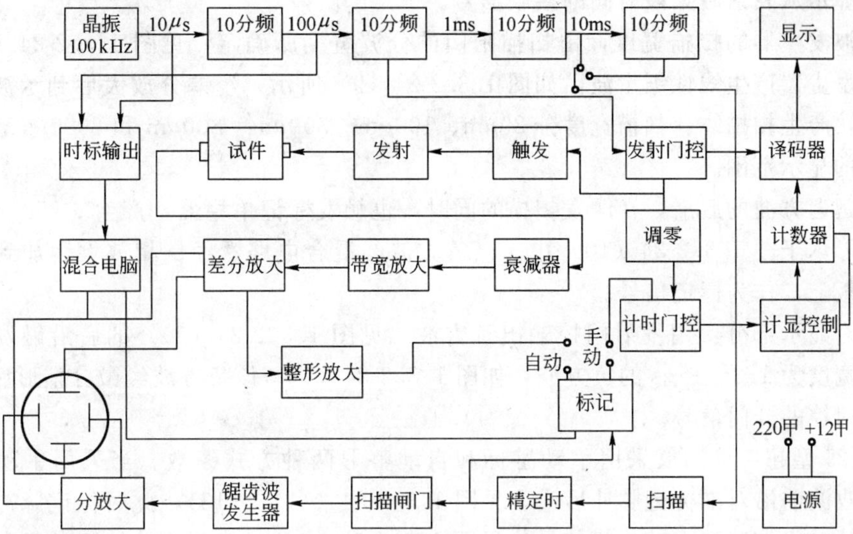

图 1.3.2-23 CTS-25 非金属超声检测仪方框图

有数码显示系统，复式时标仅用于应急之用，属备用装置，通常可用开关将其从示波屏扫描线上消去。同时将周期为 100μs 脉冲依次经 10 分频得到 1ms、10ms 和 20ms 的周期信号，以 10ms 或 20ms 周期脉冲作为整机同步脉冲，其波形见图 1.3.2-24（1）。

②发射与接收部分：同步脉冲后沿触发发射门控双稳器，使双稳器翻转，而由第二个十分频级间引出的 200μs 周期脉冲触发的双稳器复原，于是发射门控双稳器输出周期为 10ms 或 20ms 宽度为 200μs 的方波，见图 1.3.2-24。该方波后沿经由触发输入电路触发可控硅导通，形成触发的周期性尖脉冲，见图 1.3.2-24。该触发脉冲激励探头压电体的机械振动，发出超声脉冲，见图 1.3.2-24（12）。发射电压分 200、500 和 1000 伏三档。重复频率即触发脉冲频率为 50、100Hz 两档。一般用 100Hz 档，若测试距离较长，可改用 50Hz 档。而超声脉冲本身的频率则取决于压电体的自振频率，与线路无关。因此，欲改变频率则只有更换探头。

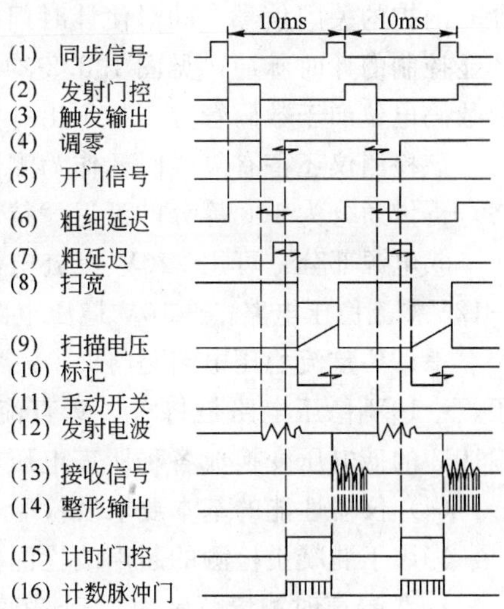

图 1.3.2-24 CTS-25 型非金属超声检测仪主要波形图

超声波脉冲穿过试体到达接收探头，并转换为电讯号，如图 1.3.2-24（13），经由衰减器送到接收放大器放大，最后经差分放大加在示波器的垂直偏转板上，显示其波形。其中衰减器用以转变接收信号的波幅，并定量指示其衰减值。若接收信号较弱，探头线较长时，可在探头输出处加接一前置放大器，以提高信号幅度。

③扫描示波部分：它由锯齿波发生器、可调扫描延迟电路、扫描闸门发生器、锯齿波放大器等组成。为了可随意观察全部或部分信号，装置了由单稳器组成的可调扫描延迟电路，它由同步脉冲触发，经延迟后触发扫描，见图 1.3.2-24（6）（7）。显然，经延迟后在示波

屏上只能显示从发射后某段时间的接收信号。

锯齿波发生器的扫描宽度，由扫描闸门的分波宽度所确定，见图 1.3.2-24（8），它控制锯齿波发生器产生线性锯齿波，如图 1.3.2-24（9）所示，经差分放大后到示波器的水平偏转板上，产生扫描线。扫描宽度分 20μm、100μm、300μm、800μm 和 2000μs 五档，用以调节信号的显示范围。

扫描延迟方波的后沿，在触发扫描的同时，也触发标记单稳器，产生 6-250μs 的标记方波，其波形示于图 1.3.2-24（10）中。该负方波经混合电路、经倒相放大后加到示波器的垂直偏转板上，作为标记信号。

④计时显示部分：用发射门控输出正方波（见图 1.3.2-24（2））的后沿触发调零单稳器，产生宽度为 1.2～15μs 的负方波，如图 1.3.2-24（4）。该负方波经微分整形后，其后沿作为计时门控的开门信号。

GTS-25 型超声检测仪采用手动游标和自动整形两种方式读数。当采用手动游标方式时，将接收波前沿对准标记脉冲后沿，见图 1.3.2-24（11）、（13），此时标记脉冲经微分整形后作为计时门控制的手动关门信号，见图 1.3.2-24（15）。将正方波输至计显制电路。当采用自动整形方式时，则将接收波进行放大整形，见图 1.3.2-24（14），取其首波前沿作为计时门控的关门信号，同时使计时门控制上输出一个正方波，并输入至计显控制电路。经过计显控制的计时脉冲，见图 1.3.2-24（16），由五级十进制计数器计数，并经译码器将十进制数码电位加于数码管上，显示出计数的时间（最在为 ms 级）。

该检测仪还备有复式时标作为测读的辅助或备用系统，它在扫描线上刻出每格 10μs 分格，再借助分为 100 等分的延迟“精调”旋钮，也可读至 0.1μs。

⑤电源部分：可用 220V 交流电源供电，亦可用＋12V 直流电源供电，电源部分包括＋12V整流稳压电路，＋10V 稳压电路，直流变换器等。

＋12V 整流稳压电路是将 220V 交流电经桥式整流后，由稳压电路输出＋12V 的直流电压。＋10V 稳压电路是将＋12V 直流电压进一步稳定为＋10V 电压输出。直流变还器是将＋10V 的低电压变换成各种所需电压，供给示波管及有关电路使用。

（4）仪器性能的基本要求及检验

①用于混凝土检测的超声波检测仪必须满足以下基本要求：

a. 仪器声时测读范围为 0.5～9999μs，测读精度为 0.1μs；

b. 仪器应具有良好的稳定性，声时显示调节在 20～30μs 范围内时，2h 内声时显示的漂移应不大于±0.2μs，且在观测期间内，不允许发生间隔的跳动显示；

c. 仪器接收放大器频度响应范围应有足够的宽度；为扩大频响范围，宜分 10～200kHz 和 200～500kHz 两频段；

d. 仪器宜具有示波屏显示及手动游标测读功能，显示应清晰稳定，若采用整形自动测读，混凝土超声测距不得超过 1m；

e. 仪器应适用于温度为－10～＋40℃，相对湿度≤80％，电源电压波动在 220V±20V 的环境中，且能连续正常工作 4h；

f. 可配用多种形式的换能器，换能器的频率宜在 50kHz 范围以内，换能器的实测频率与标称频率相差不大于±10％。

②仪器使用前应作如下检验：

a. 缓慢调节延期旋钮，逐步检查数字显示是否满足十进位递变的要求；

b. 调节聚焦。辉度和扫描延时旋钮，扫描基线和波形应清晰稳定；

c. 将换能器与标准棒良好耦合后，分别调整仪器增益和发射电压，观察波形信号是否随增益大小而变化以及随电压增大而增大；对有衰减的仪器，需将增益置于最大，调节衰减器，观察波形信号是否随衰减值增大而减少；

d. 用空气声速计算值与实测空气声速比较的方法校验仪器声时显示是否准确。其具体方法如下：

取常用平面探头一对，接于超声仪上，开机预热30min。在空气中，将探头的辐射面对准（相对置于同一轴线上）。两探头应用适当夹具悬空夹持，或置于平整的海绵电块上，然后在同一轴线上改变两者间距（0.10、0.15、0.20、0.25、0.30、0.35、0.40m 等）准确测量间距值，精确至0.5%。同时，将接收信号尽可能放大，以手动游标或自动关门方式测相应声读数 t_1、t_2、t_3…，精确至0.1μs。并测量空气温度，精确至0.2℃。

以探头间距为纵坐标，声时读数为横坐标，将各组数据点绘在直角坐标图上。各点应在一直线上。在坐标纸上绘出直线并计算出直线斜率，此为实测空气速度 V_e。也可用最小二乘法计算，即

$$V_e=\frac{\sum (L_i-\bar{L})(t_i-\bar{t})}{(t_i-\bar{t})^2}\times 10^6 \tag{1.3.2-60}$$

式中：V_e——实测声速（m/s）；

L_i——每次测量的探头间距（m）；

L——各次测量时探头间路的评论值（m）；

t_i——每次实测声时值（μs）。

空气声速的计算值可按下式计算：

$$V_c = 340.3\sqrt{0.948 + 0.00347T} \tag{1.3.2-61}$$

式中：V_c——空气温度 T℃时空气声速的计算值（m/s）；

T——实测的空气温度（℃）。

空气声速计算值 V_C 与实测空气声速值 V_e 之间的相对误差为：

$$e_r = \frac{V_c - V_e}{V_c}\times 100\% \tag{1.3.2-62}$$

若 e_r 值≤0.5%，则该仪器为正常工作。

（5）超声仪器的操作

超声仪器应按下列步骤进行操作：

①操作前应仔细阅读仪器使用说明书，严格按说明书的要求进行操作；

②仪器在接通电源前，应检查电源电压，接上电源后，应将仪器预热10min；

③换能器应与标准棒良好耦合，测读声时值时应将首波幅度调节至30～40mm。对有调零装置的仪器，应调节调零电位器以扣除初读数。

（6）仪器的维护保养

仪器的可靠使用是当前无损检测方法推广使用的关键所在。仪器的可靠性一方面有赖于

仪器设计质量及工艺水平的提高，但另一方面也与合理使用和精心的维护保养很有关系。只要工厂设计和生产保证质量，再加上精心维护，那么，它的可靠性是可以满足要求的。

由于超声检测仪的维修技术牵涉较广的电子学知识，一般应由专职技工修理，以下仅就使用保养的一般常识问题加以说明：

所谓仪器的可靠性，是指仪器在一定的使用条件下，在一定的时间内，保持其性能完善的能力。随着使用时间的增加，可靠性将逐渐减少，也就是故障越来越多。仪器的故障大体上可分为两类：一类是偶然性故障，例如因仪器积灰而短路，因过载而烧损元件，接插件的磨损或积污而接触不良……；另一类是必然故障，例如元件的老化等等。一般来说故障的发生与设计和工艺的合理性有关，这是使用操作人员无能为力的，但故障的发生，尤其是偶然故障的发生与使用合理性极有关系，若使用和维修合理，可使偶然性故障避免或减少，也可使必然故障推迟发生，为此应注意下列各点：

①使用前务必了解仪器的使用特性，仔细读仪器使用说明书，要对整个仪器的使用规定有全面的了解再开机使用，而不要看一条操作一条；

②要对使用环境有清晰的了解，尤其是现场测试时，更应注意。例如、电源、温度、砂尘、水雾、烈日等状况都应采用相应保护措施；

③电源电压要稳定，并尽可能远离干扰源（如电焊机、强磁场等）；

④仪器的环境温度不能太高，以免元件变质损坏，一般半导体元件及集成电路组装的仪器，使用环境温度约－10～40℃；

⑤探头的温度应严格低于居里点，一般钛酸钡钴探头不得超过 250℃，酒石酸钾钠等不得超过 40℃，石英探头不得超过 550℃；探头切忌敲击；

⑥连续使用时间不宜过长；

⑦保持仪器清洁，以免尘埃短路；清理时可用压缩空气或用毛刷清扫，也可用少量无水酒精揩拭；

⑧定期开机驱潮，尤其是南方的霉雨季节，更应定期接通电源，使仪器加热 1h 以上，并选择洁净干燥的房间贮存仪器；

⑨为使无损检测工作顺利开展，最好是仪器由经过专门培训的使用、维修人员保管。

5. 声速测量技术

声速可按下式计算：

$$V = l/t \tag{1.3.2-63}$$

式中：V——声速（m/s）；

l——声波传播的距离即声程（m）；

t——声时（s）。

因此，声速度测量技术的关键是，排降各种影响的干扰，准确测量声程和声时。

(1) 探头频率的选择及探头的布置

①探头频率的选择

鉴于超声波在混凝土中传播时明显的衰减现象，所采用的超声脉冲频率不宜太高，探头频率应随测试距离的增大而降低。同时为了考虑声波传播时的边界条件，所选频率还应与被测试体的横截面尺寸相适应，R. jones 和 Faxaoaru 认为在测量混凝土中的纵波声速时，应选择适当频率，使波长应不大于测试距离的1/2及横截面尺寸的1/2，国际材料与结构试验研究协会（RILEM）建议按表1.3.2-6所示的规定选择探头频率。我国目前尚无统一规定，北京地区混凝土非破损测试技术研究组曾建议按下式选用：

$$\lambda/l \leqslant 0.25 \sim 0.3 \quad (1.3.2\text{-}64)$$

式中：λ——波长λ（C/F）；

l——试件尺寸或测试的声程，按上式所选的频率，比R. Jones所建议的高，但比RILEM所建议的低，一般认为根据我国现有仪器的灵敏度情况，北京地区的建议是适宜的。

RILEM关于探头频率的选择 表1.3.2-6

测量距离（mm）	探头频率（kHz）	试体最小横截面尺寸（mm）
100～700	≥60	70
700～1500	≥40	150
>1500	≥20	300

当采用不同频率的探头时，在同一混凝土试体（测距及最小横截截面尺寸均相同）上，所测得的声速是否完全一致，尚有争论。从理论上来说，由于混凝土是弹－黏－塑性材料，应有频散现象，即传播速度随频率的变化而变化的现象。频散现象与介质的驰豫过程有关，也就是说，与介质对波动的吸收衰减有关。当超声波的频率在材料驰豫附近时，则会出现明显的频散现象，这一频段称之为显著频散频段。混凝土的显著频散频段尚待研究，它可能落在较低段内，但由于混凝土的驰豫周期很长，该频段可能远离常用频率范围（50～100kHz），所以，对混凝土来说，当使用目前推荐的常用频率时，频散现象不明显，探头频率对声速无显著影响。但当探头频率在常用频段（50～100kHz）以外时，其影响不可忽视。

表1.3.2-7和图1.3.2-25为当探头标称频率以50kHz增加到550kHz时，声速约变化3～3.5%，在常用频率范围内（50～100kHz），声速约变化0.5%～1%。此外，其影响程度随测试距离的增大而减小，随混凝土水灰比的增大而降低，随含石量的增大而增大。这些现象的本质有待进一步研究。值得注意的是，探头频率对声速的影响，除频散现象外，还可能来自因频率不同，接受信号首波前沿的陡度不同等因素引起的读数视觉误差，在研究频散现象时，这些因素都应予以消除。

探头频率对声速的影响 表1.3.2-7

探头标称频率（kHz）	混凝土试件实测声速（m/s）	
	测试距离 l=32cm	测试距离 l=10cm
50	4342	4357
100	4385	4402
150	4403	4411
240	4410	4450
550	4463	4502

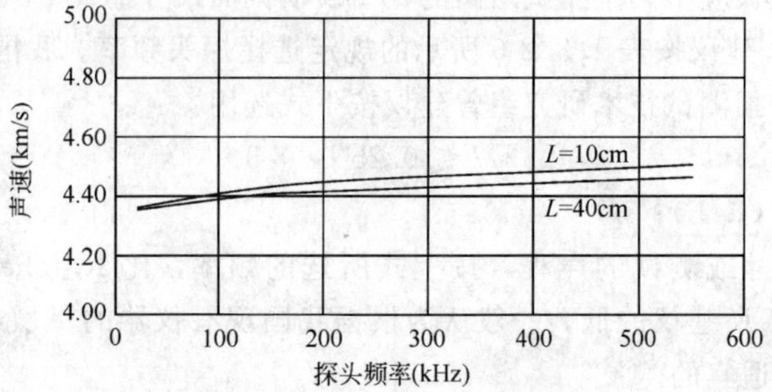

图 1.3.2-25　探头频率对声速的影响关系图

根据以上分析，在尚未搞清频率的影响之前，在实际检测中适当限制常用频率范围，似有必要。

②测量声速探头的布置方式

a. 直穿法［图 1.3.2-26a)］，既发射探头和接收探头分别置于试体的两对面并在同一法线上，让声脉冲穿越试体。这种方法适合于实验室标准试块的测量，也适用于结构物上。两探头能顺利布置在构件两对应面的条件下的测量。

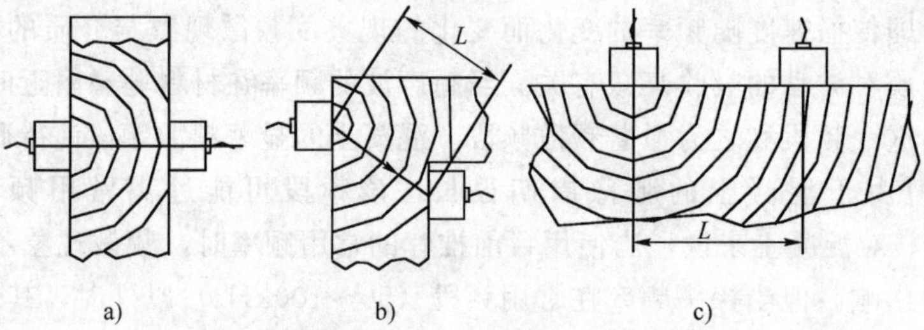

图 1.3.2-26　探头的布置方式示意图

a）直穿法；b）斜穿法；c）平测法

b. 斜穿法［图 1.3.2-26b)］，当在实际结构物的测量中，用直穿法有困难时，可将探头斜置，这种方法称斜穿法。

c. 平测法［图 1.3.2-26c)］，当探头无法置于两对应面上时，可把两探头置于试体的同一侧。这是利用低频声脉冲在混凝土中传播时指向性差的特性，这种测法，虽然探头都面向混凝土结构物的另一对应面，但接收探头首先接收到的仍然是从发射探头直接传来的或绕射的信号，而不象金属检测中用高频脉冲测试时只能收到底面反射信号，这在混凝土检测和金属检测有原则性区别之处，当然在接收信号中首波接收到后，随后到达的信号中，还有底面反射信号的迭加，所以平测法接收信号的波形还有畸变，这在波形分析时是要注意的。由于两探头并排布置，在声程计算上应予修正。此外，这种测法只反映了表层混凝土的性质，而穿透法则能反映内部情况。

（2）测点的选择与测面处理

在进行实验室标准立方体试块或棱柱试块的测量时，应选择成型的测面进行测试，并将探头用直穿法测量上、中、下 3～5 个点，布置方式见图 1.3.2-27 所示，这样所测结果的平均声速能较全面地反映试块状况。

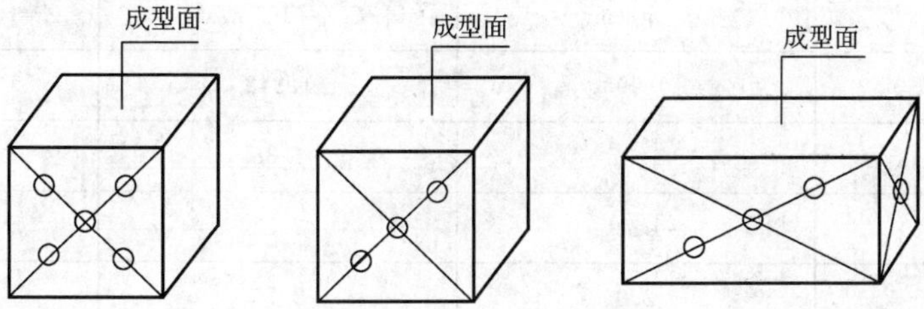

图 1.3.2-27 标准试件的测点布置示意图

在进行现场结构物测试时，应尽可能选择浇筑时的模板测面为测试面。若限于条件，必须在混凝土浇筑的上表面与底面之间测试时，实际声速一般低于测面测试的声速，其原因与混凝土离析有关，在浇筑表面砂浆较多，底面则石子较多，混凝土强度较高，离析程度较轻，不同测试面对声速的影响较少。在混凝土强度较低，离析程度较严重时，该影响较为明显。一般可作如下修正：

$$v = v_1 K \tag{1.3.2-65}$$

式中：v_1——在混凝土浇筑的上表面与底面之间所测的声速；

v——修正后的混凝土声速，即相当于浇筑侧面上测试的声速；

K——修正系数，可取 1.034。

测度的部位应视工程的检测要求选定，一般将 200mm×200mm 的面积作为一个测区。本章只讨论用声速单因素确定混凝土强度的方法，但其测区选择和布置的方法可参考“超声-回弹”综合法的有关规定，此处暂不细述。每一测区内测点的布置方式与立方试块同，测区应尽量避开有钢筋的部位，尤其是要避开与声通路平行的钢筋部位，当无法避开时，则应进行修正换算。为了避免构件界面影响，测区应选在距构件边缘 8～12mm 处。若测试目的仅限于测量构件的强度，而不是为了测量构件的缺陷或均匀性，则测点也应避开缺陷部位(如裂缝、孔洞、输送等)。若是为了检测均匀性等，则应采用网格布点法，在构件上根据要求选用网点间距一般取（20～30cm），并在每一网点上进行测量。

为使换能器与被测混凝土表面有良好的声耦合，要求测区内混凝土表面要平整清洁，应预先扫净砂土浮灰，如果混凝土表面粗糙，不平整，而测区又无法移动时，应将表面用砂轮打磨，或用快硬水泥浆取最小厚度填平。

表面整平后，在换能器与试体之间仍需加耦合剂，以减少声能反射损失，耦合剂应满足以下要求：

①耦合剂的声阻抗应介于探头与被测混凝土之间，当耦合层的声阻抗与试体的声阻接按近时，反射系数最小而透过系数最大；

②耦合剂应有良好的塑性，能容易地填满探头与试体接触处的各种空隙，因此耦合剂多半选用液态、胶状或浆状的物质；

③对人体无害，无腐蚀作用，不影响混凝土表面的再施工，易于清洗。

目前常用声耦合剂的声阻抗列于表 1.3.2-8。

常用声耦合剂的声阻抗率 表 1.3.2-8

种 类	ρ（g/cm）	C（×10³m/s）	Z=ρC（×10⁶kg/m²·s）
轴润滑油（32℃）	0.905	1.342	1.2145
甘油（100%）	1.27	1.88	2.38
水玻璃（100%）	1.70	2.35	3.99
滑石粉浆	2.0	2.70	5.4
水（20℃）	1.0	1.48	1.48

耦合剂在一定程度上对测试结果有影响，因此使用时尽可能使耦合层减薄，并排除气泡。

探头与试件之间的压紧程度，也将对耦合情况造成影响，因而也会影响衰减值而导致声时读数的误差。为使探头压紧力稳定，可采用图 1.3.2-28 所示的压紧装置，可改变弹簧的长短，来改变压紧力。图 1.3.2-29 为衰减值与探头压紧力的关系，从图中可见，当压力超过 400N（40kg·f），衰减值趋向稳定。

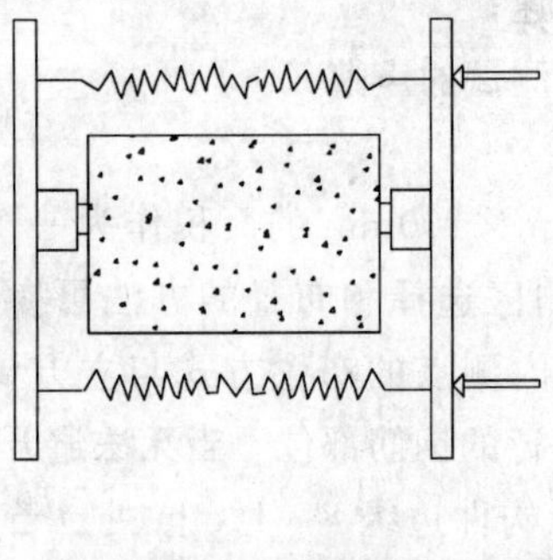

图 1.3.2-28 探头夹紧装置示意图

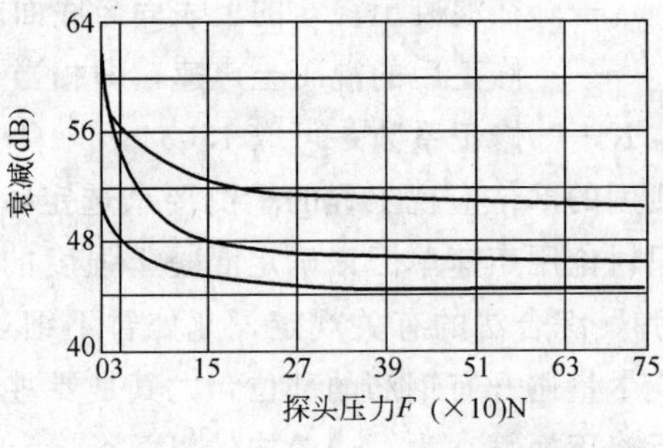

图 1.3.2-29 不同耦合剂时压力对衰减的影响图

(3) 测距的影响和声程的计算

①测试距离对声速值的影响

关于测试距离对声速值的影响目前尚有一定分歧。我国许多单位对这一影响作了仔细研究，认为这种影响是存在的。南京水利科学研究院根据试验结果，就测试距离对声速的影响提出了表 1.3.2-9 所列的修正系数。

测 距 换 算 系 数 表 1.3.2-9

测试距离（cm）	15	50	100	200	300	400	500
修正系数	1	1.003	1.015	1.023	1.027	1.030	1.031

注：1. 表中结果系采用手动游标测读方式，等幅值方法试验所得；
2. 本表系南京水利科学研究院资料。

关于测距对声速造成影响的原因，说法不一。如果混凝土的质量是均一的，则从理论上来说，测距对声速应无影响。目前所造成的影响，主要是由于混凝土的衰减作用及仪器测读时人为视差的综合结果。混凝土对超声脉冲具有衰减作用，而且其衰减的大小与频率有关。当超声脉冲穿过混凝土时，其高频部分首先被衰减，穿越的距离越长，接收波频率越低，接收波前沿明显平缓。因此，无论是手动游标测读或自动整形测读，都必然使读数起始点后移，使声值加大，基于这一认识，其影响的大小，可与探头频率、仪器的灵敏度、混凝土对声波的衰减性能等一系列因素有关。上述修正值只能适用于一定的条件。若测距不超过1m，测距对声速的影响可保持在允许的误差范围以内，而无须修正。因此，在现场测试中，对测距作适当限制是必要的，一般应不超过1m。若不得不作大距离测试时，则应参考上述资料予以修正。

a. 关于混凝土检测时的最小测试距离，国际材料与结构试验研究协会（RILEM）建议根据粗集料的最大粒径予以限制，具体限制值见表1.3.2-10。

超声在混凝土中的最小测试距离 表1.3.2-10

混凝土粗集料的最大粒径（mm）	最小测试距离（mm）
30	100
45	150

b. 声脉冲从发射探头至接收探头所传播的距离称为声程，它是计算声速时的要素之一，在直透法和斜透法的测试中，声程即为两探头平面几何中心联线的长度，只要用直尺量即可。

ⓐ当采用平测法时，因换能器与试件接触的面积有一定大小，决定声程时，应选择整个探头面积上的哪一点作为测量探头间距的依据有一定困难。考虑到换能器间的相互作用，发射探头与接收探头间的“有效距离”（即声程），并不等于几何中心间的距离 L，而要略小一些，因此，必须对几何中心间的距离 L 作一定的修正其值 δ 如图1.3.2-30所示，即声程 $L_1=L-\delta$，声速则为

$$v=\frac{L-\delta}{t} \tag{1.3.2-66}$$

式中：v——声速；

L——几何中心间的距离；

δ——声程修正值；

t——声时。

δ 值可由对比试验法确定，即在同一块试体上，首先进行直透法测定，求出声时 t_1 和声程 L_1 及声速 v_1，然后将探头移至试体同一侧进行平测，逐渐移动探头使声时等于 t_1，这时量用探头几何中心间距 L，则 $L-L_1=\delta$，该值不该大于探头接触面积的直径。

实验结果表明，用一定的探头时，在实验误差范围内声程修正值 δ 可以认为是一个固定的数值。由于 δ 为一定值，所以在近距离测量时，这种修正尤为重要，而距离较远时误差较小。图1.3.2-31为平测法与直穿法比较的相对误差与距离的关系。图中所列数据系用频率为40kHz，直径为4.5cm，平测声程修正值 δ 为1.1cm的探头在混凝土板上实测的结果。

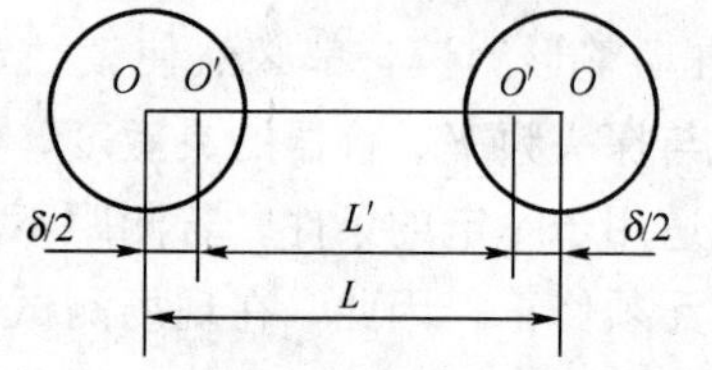

图 1.3.2-30 平测法声程的修正示意图

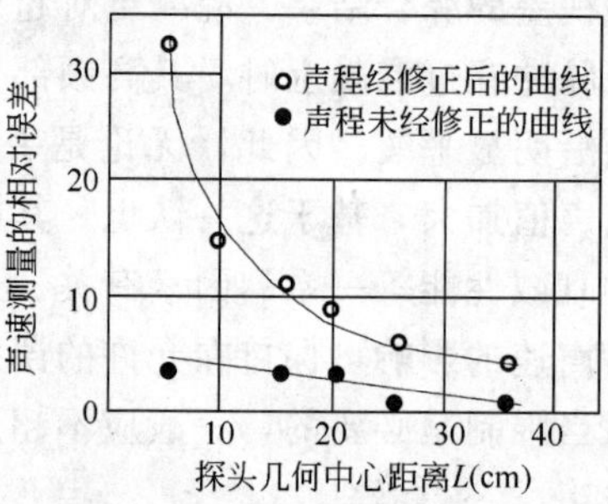

图 1.3.2-31 平测法声速的相对误差与探头几何中心距离的关系图

ⓑ在平测时，为了避免声程的误差，也可采用多点平移测量法直接确定声速，即在测试面的某一方向上，沿直线等距平移探头，测得一系列声时和探头距离值。以声时为横坐标，以探头距离为纵坐标描出各测点，各点连成的直线方程的斜率即为声速，但这种测法每测一个声速需测许多测点，在现场应用较为不便。

(4) 声时的测读

声脉冲在材料中传播一定声程所需的时间称为声时。声时也是计算声速的要素之一，为了准确地测读声时，必须注意以下各点：

①仪器声时零读数在测试时，不管何种超声仪，不管何种测读方式，仪器所显示的发射脉冲与接收信号之间的时间间隔 t_1，实际上是发射电路施加于压电晶片上的电讯号的前缘与接收到的声波被压电晶体交换成的电讯号的起点之间的时间间隔。由于从发射电脉冲变成到达试体表面的声脉冲，以及从声脉冲变成输入接收放大器的电讯号；中间还有种种延迟，所以仪器所反映的声时并非超声波通过试件的真正时间。这一差异来自下列原因：

a. 声延迟。换能器中的压电体与试件间并不直接接触，中间一般隔着换能器外壳及耦合层，它们有一定的厚度，若是夹心式探头在压电体前面还有很厚的辐射体。因此，声脉穿过他们，需要有一定的时间，这就是声延迟。

b. 电延迟。电脉冲讯号在电路内传导过程，也需有一极短的时间，因而也可能造成延迟现象。更明显的电延迟是由于触发脉冲前沿不可能是理想的方波，而有一定的斜度，因而与触发电平的交点后移造成触发延时。

c. 由声转换问题。在电声转换时，换能器的瞬间响应会使波形复杂化，这时 a 和 b 的读数也可能有某种系统误差。

这些因素的综合，构成了显示读数与实际声时的差异。其中声延迟所占的比例最大。这种时间上的差异统称为仪器声时零读数；常用符号 t_0 来表示。修正上述时间差异的影响，需要先测定试件长度为零时的时间读数，即仪器声时零读数。仪器声时零读数的定义为：当发收换能器间仅有耦合介质（发、收各一层，共二层）时仪器的测读时间，而超声波在被测物体中的传播时间 $t=t_1-t_0$。所以实际声速应为：

$$v=\frac{L}{t}=\frac{L}{t_1-t_0} \tag{1.3.2-67}$$

式中：v——声速；

L——声程；

t_1——仪器直读数；

t_0——声时零读数。

不同的超声仪，不同的换能器，t_0 值均各不相同，应分别标定之。t_0 的标定方法有两种，一种是直接相对法，即把发、收探头隔着耦合剂层相对（有人认为直接相对耦合剂层太薄，建议中间加垫一层纸），直接用超声仪测量声时读数，此即为仪器声时零读数 t_0。但将发射和接收探头直接加耦合剂对接，测读出 t_0，实际上是有困难的。因为 t_0 很小，探头对接时，发射与接收脉冲往往重叠，而读不出 t_0。而且由于直接对接，讯号太强，为避免仪器损坏，某些仪器不允许这样测量。目前常用的方法是第二种，即标准棒法，该法是在两探头间夹一已知声时的标准试棒，仪器所显示的声时与标准试棒上所标的声时之差即为 t_0 值。为了方便，许多仪器都附有标准试棒。若没有标准试棒时，此时，可采用长短测距法，即可以找一块匀质的长方形试块见图 1.3.2-32，在两个尺寸不同 l_1 和 l_2 方向上测出相应的声时读数 t_1 和 t_2，若仪器声时零读数为 t_0，则实际声时为 t_1-t_0 和 t_2-t_0，又因材料匀质。两个方向上的声速相同，即

$$v=\frac{l_1}{t_1-t_0}=\frac{l_2}{t_2-t_0} \qquad (1.3.2\text{-}68)$$

所以

$$t_0=\frac{l_1t_2-l_2t_1}{l_1-l_2} \qquad (1.3.2\text{-}69)$$

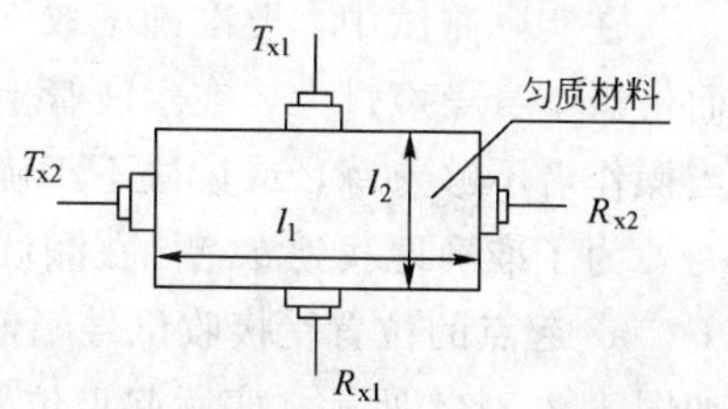

图 1.3.2-32 仪器声时零读数 t_0 的测量示意图

用此法测 t_0 时，可选用较匀质的金属或有机玻璃等作为试块，试块的形状应规则，表面平整，尺寸应精确测量。

若为径向发射探头，则可在水中测 t_0，在一定温度下，清水（蒸馏水）的声速是较为稳定的，因此，也可用水作为标准介质，改变探头间距测 t_0。20℃时蒸馏水的声速为1483m/s，当温度变化时，可用下式计算：

$$v_t=1557-0.0245(74-t)^2 \qquad (1.3.2\text{-}70)$$

式中：v_t——温度为 t℃时水的声速（m/s）；

t——试验时水的温度（℃）。

有资料证明，采用匀质材料的不同距离测 t_0 时，材料的品种不同，对 t_0 值会有影响。其原因尚等研究。所以，应统一选定一种材料，但目前尚无规定。

目前，仪器常备有标准试棒，并设有调节装置，每次测试前用标准试棒及调节旋钮，消除 t_0，这时仪器所显示的声时即实际声时，无需再进行校正。

②接收讯号起点读数的确定虽然旋加在发射换能器上的电讯号是很窄的脉冲。但经电声转换后，从检测仪的示波管萤光屏上，我们所观察到的是成为一组有很长延续时间（可达几百 μs）的波形见图表 1.3.2-33。造成这种波形的因素主要有：

a. 发射换能器电声转换时的瞬态机械响应；

b. 声脉冲讯号在试体中传播时，由于材料内部界面所引起的绕射、折射、反射及波形转换等原因，而将波速分离成不同声程的波，先后到达接收探头，并在最后的接收波上叠加在一起；

c. 接收换能器电声转换的瞬态电响应。

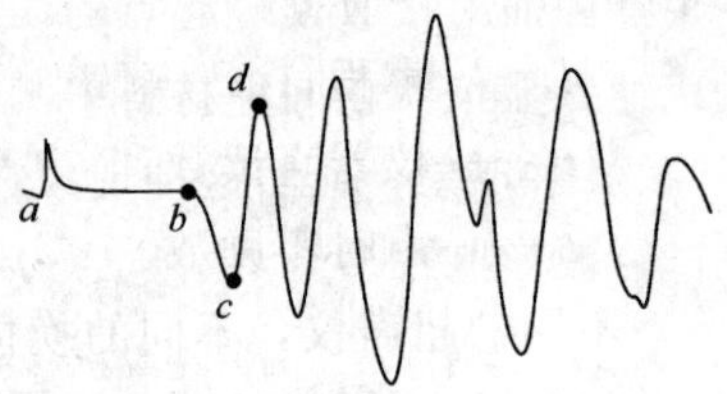

图 1.3.2-33 接受讯号的波形图

以上三个因素中第二个因素是最主要的，所以，接收波形，带有材料内部构造状态的信息。在测量材料声速时，是以探头间的直线距离（即最短距离）作为声速计算依据的，所以也应以最先到达接收探头的波前作为测读声时的依据。在图表 1.3.2-33 中可见，接收讯号前沿 b 的声时读数，代表声读号波前到达接收换能器的最短时间，只有 b 点读数才能与最短声程相适应，作为计算声速的依据。

应指出，有人以 c 点或 d 点作 声时测读点的做法。这是不妥当的。而且 b 点与 c 点、d 点的时间间隔并不是固定值。它与波形随传播时试体的内部状态而产生的畸变及频率变化有关，c、d、b 三点并无相应关系，也无法换算。

在实际测试中，要准确读取 b 点的时间读数，并不是很容易的事。尤其是接收讯号微弱而仪器本身噪声过大，在示波管上造成对接收讯号起点的干扰时，更难于读准。实践证明，当操作者不够熟练，或读法不正确时，声时测读误差可达几个微秒或更多。

为了准确地找到 b 点，在测读时要注意以下几点：

a. 起点的位置受接收讯号幅值大小的影响，幅值较小时往往后移，以至声时读数偏大。如图 1.3.2-34 所示，实际起点位置在 b 点，但因幅值太小，易误读成 b' 点。

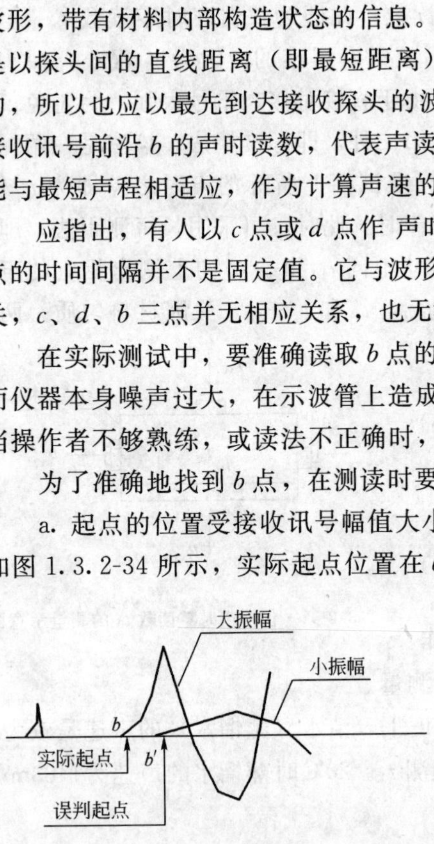

图 1.3.2-34 因接收讯号幅值太小而造成的误判示意图

因此，实际测读时，应尽可能使接收讯号的幅值调节到足够大，或某一统一的高度，再行读数，若测距过长，接收读号太弱，振幅不能调到足够大的高度时，在测读前最好先借助衰减器改变接收波的幅值大小，熟悉在幅值较低时起点的正确读法，或预测幅值不同时，起点位移的多少，再予修正。

b. 起点的位置还会受接收讯号波形的影响，在正常情况下，接收讯号的首波近似于正弦波，但有时由于试件内部构造因素的影响，或由于换能器与试件的耦合等问题，而造成波形畸变，这时，也易对起点位置造成误读，而引起显著的读数误差见图 1.3.2-35，这种情况应尽可能避免。发生这种畸变波现象时，应对该测点进行探伤检测，检测是否有内部缺陷。

c. 单一数显仪器的“丢波”现象。从以上分析可知，声时的测读往往因仪器灵敏度不高，引起接收讯号起点误判，而带来误差。在有波形监视的仪器中，可以从示波器上尽力正确判别。但使用自动测读或纯数显的超声检测仪时，由于这种仪器中，往往因首波太低，整形后所产生的计时关门脉冲必然后移，而使仪器所显示的声时值，实际上并非 b 点声时，而是后面较高波幅时的声时见图 1.3.2-36。所以这类仪器虽然测读简便，但因仪器本身对接收读号起点的误判，而造成误差。尤其是测量距离较大时，或试件内部缺陷较多时，衰减较大，因而对接收读号起点的误判越来越严重，声速测量的误差也越来越大，这就是自动测读或纯数显仪器在同种材料中测试时，声速随测试距离的加大而下降的原因之一，也就是所谓“丢波”现象，显然这种现象在声速测量时是不利的。建议使用自动整形测读方式时，仍须进行波形监视。

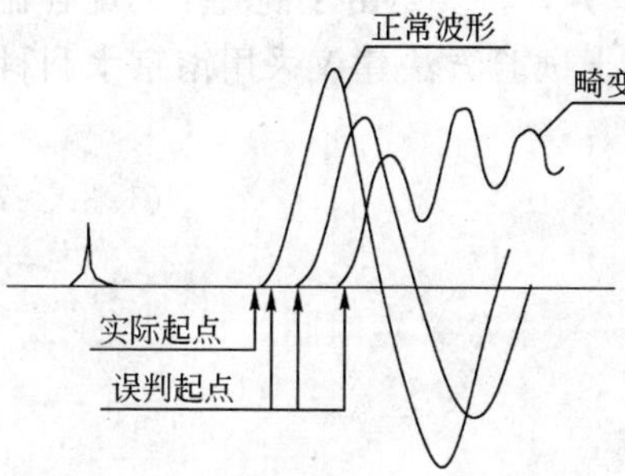

图 1.3.2-35 因接收讯号畸变而造成的误判示意图

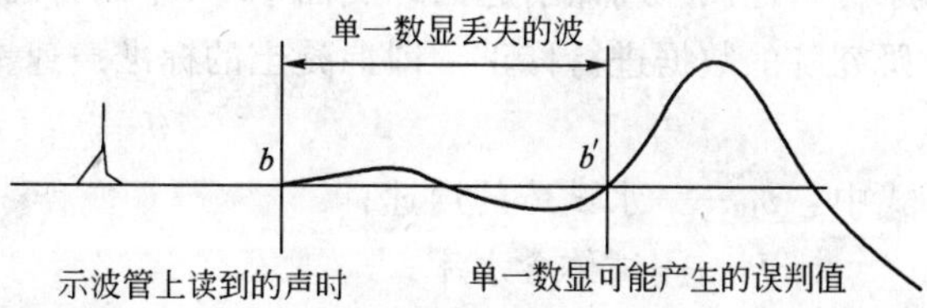

图 1.3.2-36 单一显仪器的“丢波”现象示意图

(5) 声程和声时测读精度的要求

因为声速为声程与声时之商（$v=l/t$）。所以，根据误差传递，声速相对误差和声程与声时的相对误差的关系为：

$$\frac{\Delta v}{v}=\left|\frac{\Delta L}{L}\right|\left|\frac{\Delta t}{t}\right| \tag{1.3.2-71}$$

即声速的相对误差为声时相对误差与声程相对误差之和。

根据混凝土其他性能试验所能达到的精度及这些性能与声速的关系，一般认为声速的相对误差应小于1.5～2%，所以

$$\left|\frac{\Delta L}{L}\right|+\left|\frac{\Delta t}{t}\right|<2\% \tag{1.3.2-72}$$

表 1.3.2-11 所示为几种标准所采用的精度要求。

有关标准对测量的精度要求 表 1.3.2-11

标准名称	TOCT17624—72	BS—4408	ASTMC597—68T	中国工程建设标准化委员会标准 CECS 02=88	中国港工混凝土试验方法
声时	1%	1%	0.5%	0.1μs	1%
声程	试件 0.3% 构件 0.5%	1%		≤1%	1%

(6) 试件温度和湿度的影响

①测试时试件的温度对声速有一定的影响，图 1.3.2-37 为同一试件，声速随温度的变化情况。可见，当温度 20℃～40℃范围内时影响不大，当温度超过 50℃后，声速随温度的升高而降低。因此在一般测试条件下，温度影响可以忽略，但是在较高或较底温度时，例如刚出池的蒸汽养护构件或冬天室外的构件等，则有必要予以修正。当混凝土结冰时不宜测试。但由于混凝土原材料的多变性，很难找到统一的修正系数。为此，一般均对现场检测时的环境温度加以限制，规定在－4℃～60℃之间，测量时可不予修正。温度低于 0℃，混凝

土表面结冰时不宜检测。

②试件的湿度对声速也有明显影响。前苏联钢筋混凝土研究所的研究结果为：混凝土湿度减少2%～2.5%，声速降低6%～7%，而R. jones研究结果则为：混凝土湿度变化2%～3%，声速变化1%～4%。我国南京水利科学研究院所得的结果为：混凝土含水量增加1%，则声速也增加1%，如图1.3.2-38所示。之所以有这些差异，主要是由于混凝土的配合比及原材料性质不同而引起的，我国1979年制订的港工混凝土试验方法建议采用南京水利科学研究院的数据进行修正。即混凝土的标准声速 v 应为：

$$v = v_{\mathrm{H}}(1 - H) \tag{1.3.2-73}$$

式中：v_{H}——水试体的声速；

H——试体含水率；

v——修正后的声速。

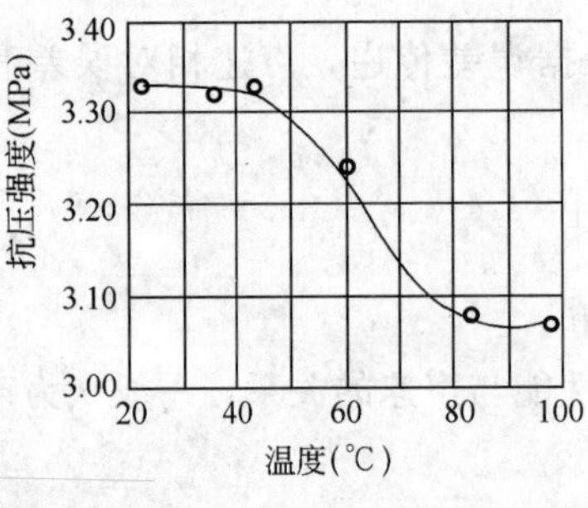

图1.3.2-37 试件温度对声速的影响关系图

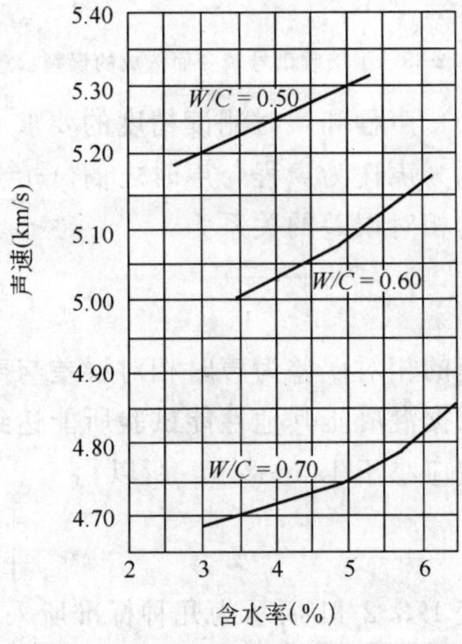

图1.3.2-38 混凝土含水率与声速的关系图
（南京水利科学研究院资料）

(7) 钢筋对声速的影响

在钢筋混凝土结构的检测中，将遇到钢筋的影响，由于钢筋中的声速大于混凝土声速。因此，发射探头所发出的声脉冲的部分声能将通过钢筋而抢先到达接收探头。所以在有钢筋的情况下所测量的声时实际上是钢筋和混凝土的综合声时，若误将综合声时作为混凝土声时，则所计算的声速将偏大。为消除这一影响，可根据下列两种情况分别加以校正：

①钢筋垂直于声脉冲传播方向当声脉冲传播的方向与钢筋的轴向垂直时（图1.3.2-39），声波穿越整个试体的厚度 l 所需的声时 t，应等于声波穿越钢筋所占的声程 l_{s} 所需的声时与声波穿过混凝土所占的声程 $l-l_{\mathrm{s}}$ 所需的声时之和，即：

$$t = \frac{l - l_{\mathrm{s}}}{v_{\mathrm{c}}} + \frac{l_{\mathrm{s}}}{v_{\mathrm{s}}} \tag{1.3.2-74}$$

式中：t——穿越试体的综合声时；

l——总声程；

l_s——钢筋中的声程，$l_s = \sum d_i$（d_i 为钢筋直径）；

v_c——混凝土的声速；

v_s——钢筋的声速（在较大的块体中，$v_s = 5850\text{m/s}$，在杆中 $v_s = 5150\text{m/s}$，一般取两者之间的一个值，即 $v_s = 5600\text{m/s}$）。

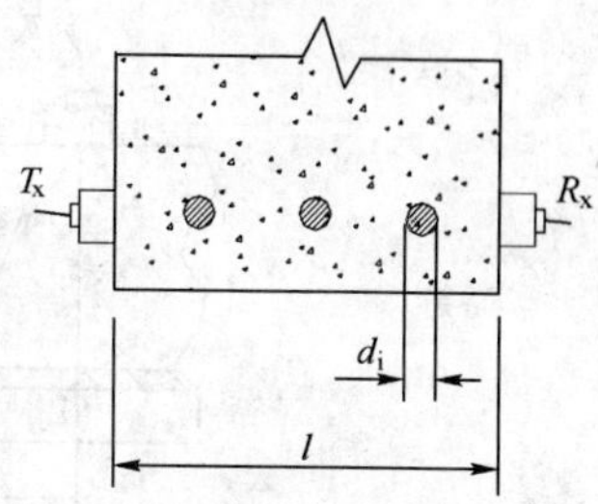

图 1.3.2-39 钢筋垂直于声脉传播方向示意图

设包括钢筋在内的综合声速为 v，即 $t = l/v$，代入式中可得：

$$v_c = \left[1 - \frac{l_s(v_s - v_c)}{lv_s}\right]v \quad (1.3.2\text{-}75)$$

该式说明，在声脉冲传播的方向上，有垂直于波线的钢筋存在时，混凝土的实际声速应为测试声速乘一修正项 $\left[1 - \frac{l_s\ (v_s - v_c)}{lv_s}\right]$，该数值也可列表备查（表 1.3.2-12）。

声速修正项数值表（钢筋垂直于超声传播方向） 表 1.3.2-12

l_s/l	$\frac{v_c}{v} = 1 - \frac{l_s\ (v_s - v_c)}{lv_s}$		
	质量差的混凝土 $v_c = 3000\text{m/s}$	质量一般的混凝土 $v_c = 4000\text{m/s}$	质量好的混凝土 $v_c = 5000\text{m/s}$
1/12	0.96	0.97	0.99
1/10	0.95	0.97	0.99
1/8	0.94	0.96	0.99
1/6	0.92	0.94	0.98
1/4	0.88	0.92	0.97
1/3	0.83	0.88	0.95
1/2	0.69	0.78	0.9

显然，当钢筋位置偏离探头连线时，这一影响会显然降低。所以垂直钢筋对声速的影响是次要的，而且也易于避开。

②钢筋平行于声脉冲传播方向

若超声传播与钢筋轴线平行，且探头靠近钢筋轴线，如图 1.3.2-40 所示，设 v_c 为混凝土的声速；v_s 为钢筋的声速；l 为两探头间的距离；a 为探头与钢筋轴线的距离。则超声脉冲在混凝土中的传播时间 t_c 为：

$$2t_c = \frac{2\sqrt{a^2 + x^2}}{v_c} \quad (1.3.2\text{-}76)$$

$$t_s = \frac{l - 2x}{v_s} \quad (1.3.2\text{-}77)$$

总的传播时间 t（即仪器所显示的声时值）为：

$$t = 2t_c + t_s = \frac{2\sqrt{a^2 + x^2}}{v_c} + \frac{l - 2x}{v_s} \quad (1.3.2\text{-}78)$$

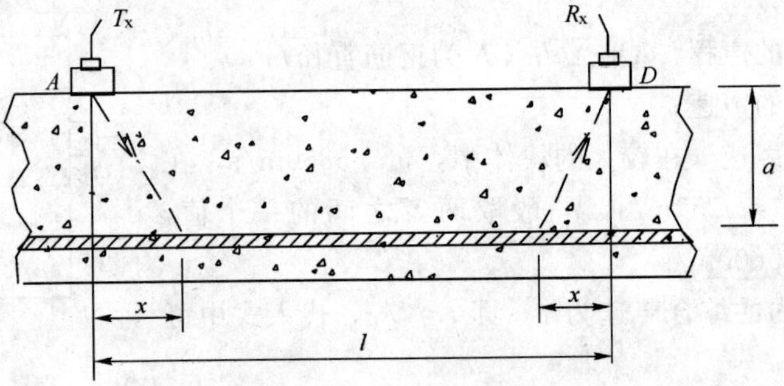

图 1.3.2-40 钢筋平行于声脉冲传播方向示意图

由于混凝土中声脉冲方向性很差，假定为球面波状传播，则其波线可在许多点与钢筋相交，从上式的函数关系中可知，t 对 x 的一阶导数等于 0 时，t 值最小，这就是接收探头接到最先到达的讯号所显示的时间。所以，由上式对 x 求一阶段导数，并令 $\frac{dt}{dx}=0$，得

$$\frac{1}{2}\cdot\frac{2}{v_c}\cdot\frac{2x}{\sqrt{a^2+x^2}}-\frac{2}{v_s}=0$$

经整理后得：

$$x=\frac{av_c}{\sqrt{v_s^2-v_c^2}}$$

则，超声波最短时间（总的传播时间）t：

$$t=2a\sqrt{\frac{v_s^2-v_c^2}{v_s^2v_c^2}}+\frac{l}{v_s} \tag{1.3.2-79}$$

超声波在混凝土中传播的真正声速为：

$$v_c=\frac{2av_s}{\sqrt{4a^2+(v_st-l)^2}} \tag{1.3.2-80}$$

根据南京水利科学研究所的实测和验证资料，钢筋的声速 v_s 随钢筋直径而变化，具体见图 1.3.2-41。

如果能使探头与钢筋的距离 a 增大，则钢筋对混凝土声速的影响逐渐缩小。

若令 $t_c=l/v_c$ 为超声脉冲直接从混凝土中通过，而不受钢筋影响所需要的时间，显然，欲使钢筋不产生影响，必须满足

$$t_c\leqslant t \quad 即\frac{l}{v}\leqslant 2a\sqrt{\frac{v_s^2-v_c^2}{v_s^2v_c^2}}+\frac{l}{v_s} \tag{1.3.2-81}$$

整理后得：

$$l\leqslant 2a\sqrt{\frac{v_s+v_c}{v_s-v_c}} 或 a\geqslant\frac{l}{2}\sqrt{\frac{v_s-v_c}{v_s+v_c}}$$

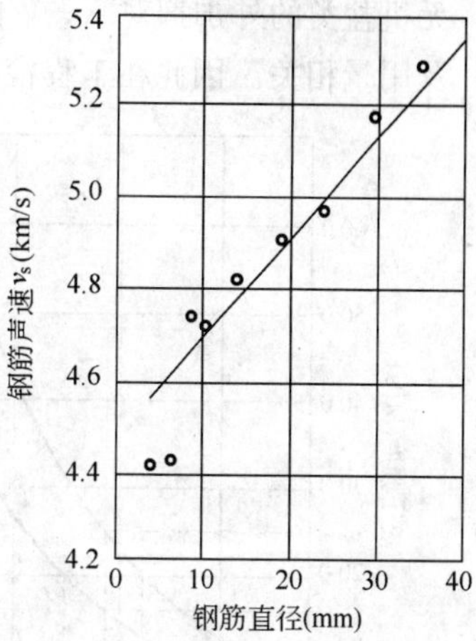

图 1.3.2-41 钢筋直径与声速的关系图

从上两式可见，当探头的有效距离 l 小于 $2a\sqrt{\frac{v_s+v_c}{v_s-v_c}}$ 或探头与钢筋的距离 a 大于$\frac{l}{2}\sqrt{\frac{v_s-v_c}{v_s+v_c}}$时，由于经由钢筋传播的信号落在直接由混凝土传播的信号之后，于是钢筋的存在就不会影响混凝土声速，通常当探头连线即超声测量线离开钢筋轴线的距离大于探头间距离 1/8～1/6 时，就足以避免钢筋的影响。一般测量前，应对钢筋分布，保护层厚度分布进行调查。

6. *影响混凝土强度与声速关系的因素*

影响混凝土强度 R 和声速 V 之间关系的因素很多，归纳起来大概有三大类：其一是混凝土材料性质及其配合比例的影响；其二是混凝土龄期的影响；其三是环境条件所造成的混凝土温、湿度的影响。

(1) 混凝土原材料性质及配合比例的影响

混凝土的总声速与各组分的声速随着混凝土各复合组分原材料的声速不同及其间的比例不同而不同，在一定范围内，各组分性质对混凝土强度影响的程度也不相同。因此，不同原材料性质及不同配合比的混凝土的声速与抗压强度之间关系有着明显影响。图 1.3.2-42 至图 1.3.2-52 示出的是混凝土原材料、外加剂和配合比的各项具体影响。由图可见，由于集料声速比混凝土中其他组分的声速要高的多，它在混凝土中所占比例又高达 75%左右。所以集料声速对混凝土总声速具有决定性的影响。但由于集料强度一般比所配的混凝土抗压强度高 1.5 倍，在一定范围内，集料本身的性质及含量对混凝土强度的影响并不是很显著。因此，对两种不同集料品种的混凝土而言，强度相同时集料声速大的混凝土，其声速也较高。但声速相差不大时，强度则相差较大。一般来说，当声速相同时，碎石混凝土的抗压强度比卵石混凝土的抗压强度高出 10%～20%。由此可见，不管集料品种的影响，简单地采用某一特定的 R—V 关系曲线来确定混凝土强度将产生很大的误差。一般说来，混凝土的声速随集料最大粒径的增大而增加，但对强度却是降低的。因而会使混凝土的 R—V 关系受到较大影响。同一强度的混凝土砂率越低，声速越大。因此不考虑砂率的影响时，用声速单一指标推定混凝土强度会产生 5%～15%的误差。由于超声波传播速度对水泥矿物组分的比例并不敏感，因而对 R—V 关系有一定影响。国内外学者研究认为，水泥品种对 R—V 关系的影响规律主要取决于两点，其一是水泥中的硅酸三钙的含量，其值越大，同一声速对应的强度越高；其二是水泥的细度，其值越大，同一声速所对应的强度越高。一般地，相同声速对普通硅酸盐水泥拌制的混凝土强度比矿渣硅酸盐水泥所拌制的混凝土强度要高 25%。当集灰比大于 5 时，强度随集灰比的增加而增加，集灰比小于 5 时，强度却随集灰比的增加而下降。集灰比对声速的影响是单项递增的。声速随集灰比的增加而上升，且其对声速的影响速率比强度大得多，这就造成了不同集灰比的混凝土，R—V 曲线差异甚大。因此，集灰比是影响 R—V 关系的主要因素之一。在混凝土中掺入少量的外加剂，对混凝土性能将产生显著影响。对声速的影响却随外加剂的不同而不同，一般说来，表面活性剂型外加剂对 R—V 关系影响不大，无机盐类的外加剂对 R—V 曲线有显著影响。必须指出，外加剂的影响与外加剂的类型、品种及用量相关。因此在工程检测中应根据实际使用的外加剂，通过试验确定其影响程度。

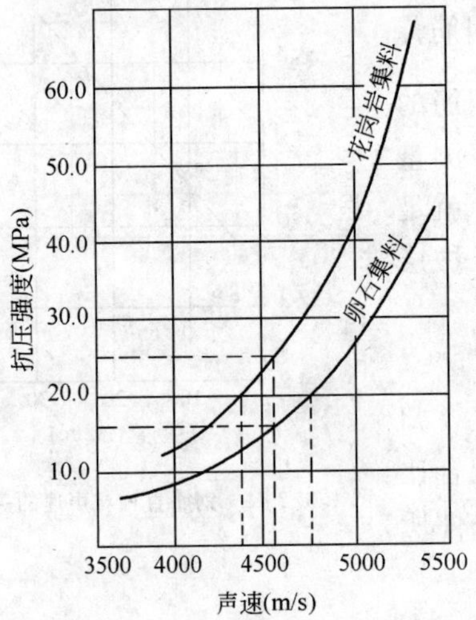

图 1.3.2-42 集料品种不全时“R-V”关系图

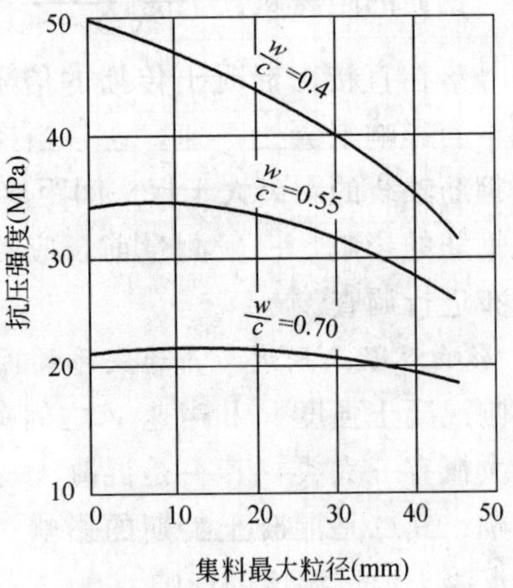

图 1.3.2-43 集料最大粒径的强度的影响关系图

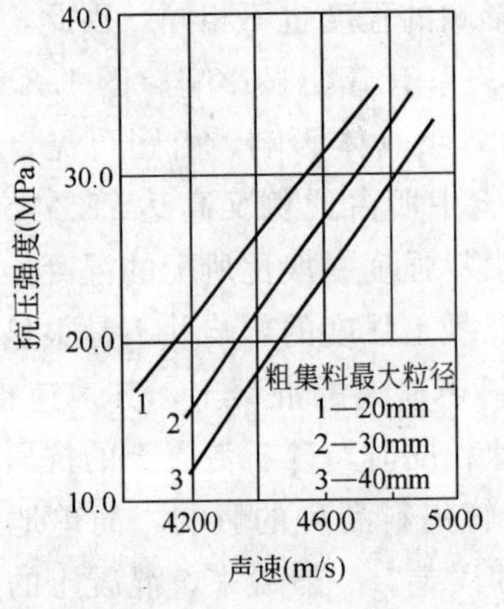

图 1.3.2-44 集料最大粒径对“R-V”的影响关系图

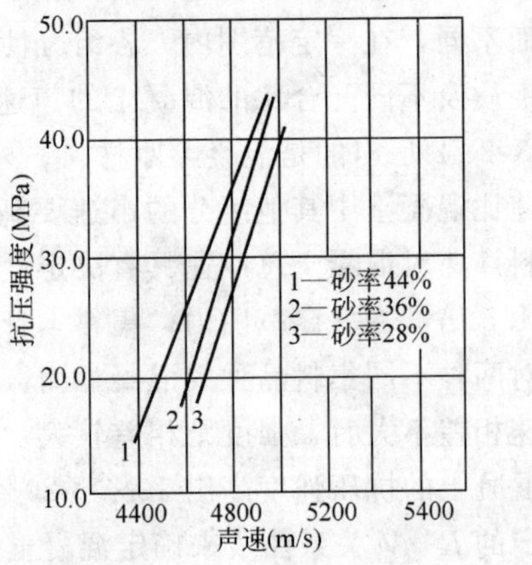

图 1.3.2-45 砂率对“R-V”的影响关系图

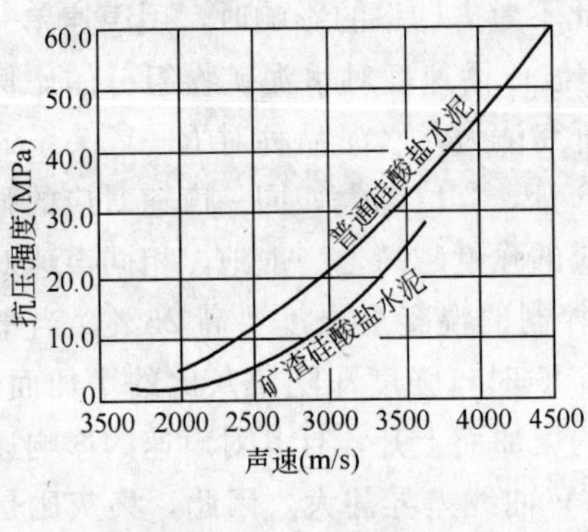

图 1.3.2-46 不同水泥对“R-V”的影响（龄期 28d）关系图

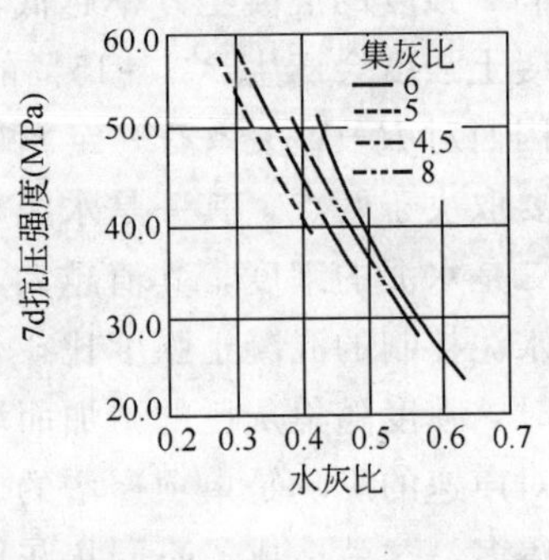

图 1.3.2-47 集灰比结对混凝土强度的影响关系图

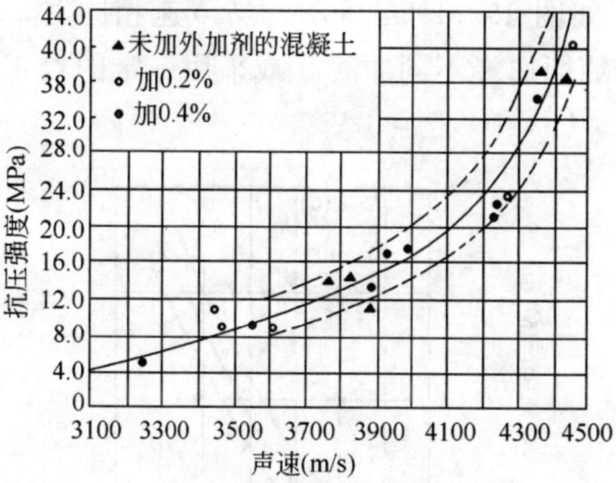

图 1.3.2-48 外加剂木素磺酸钙对"*R-V*"的影响关系图

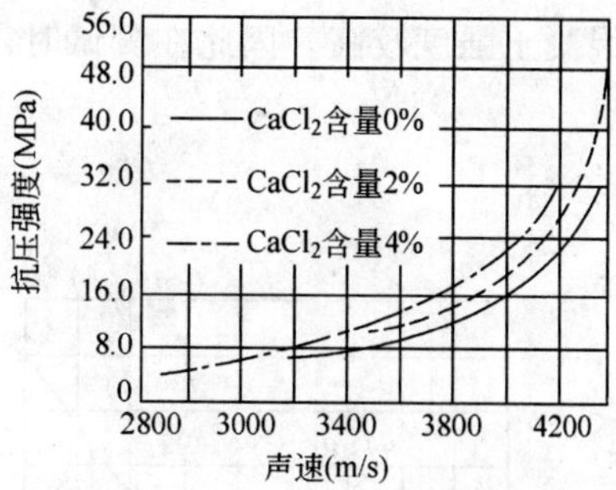

图 1.3.2-49 $CaCl_2$ 掺加量对"*R-V*"的影响关系图

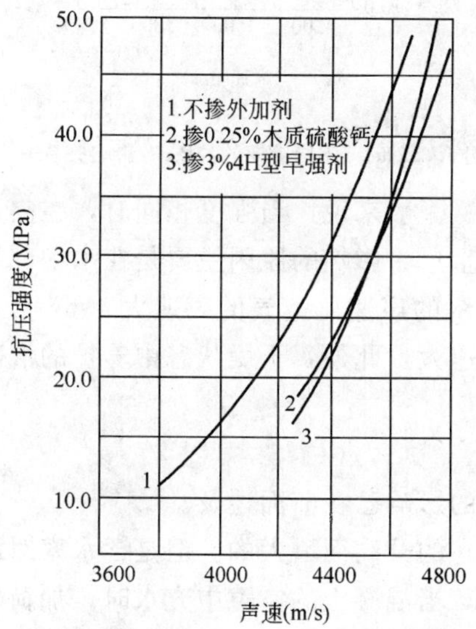

图 1.3.2-50 外加剂对"*R-V*"的影响关系图

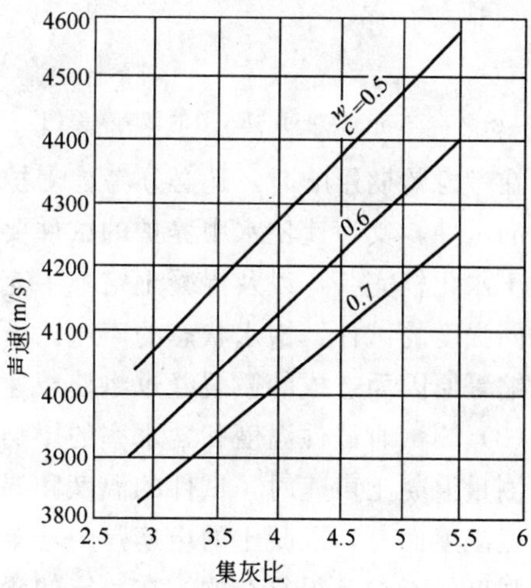

图 1.3.2-51 水灰比对声速的影响关系图

(2) 混凝土龄期的影响

试验证明，混凝土的强度与声速关系曲线上，在硬化早期或低强度时，强度 R 的增长小于声速 v 增长，即曲线斜率 dr/dv 很小。这时声速对强度的变化很敏感。随着硬化过程的进行，或对强度较高的混凝土，dr/dv 值迅速增加，即 R 值的增长大于 v 值的增长（图 1.3.2-53），甚至在强度达到一定值后，超声传播速度增长极慢，这时用声速来反映强度就显得不够灵敏，必须提高波速测量的准确性。否则声速无法反映强度。这就是超声脉冲法在高强混凝土强度测量中离散性较大的原因。

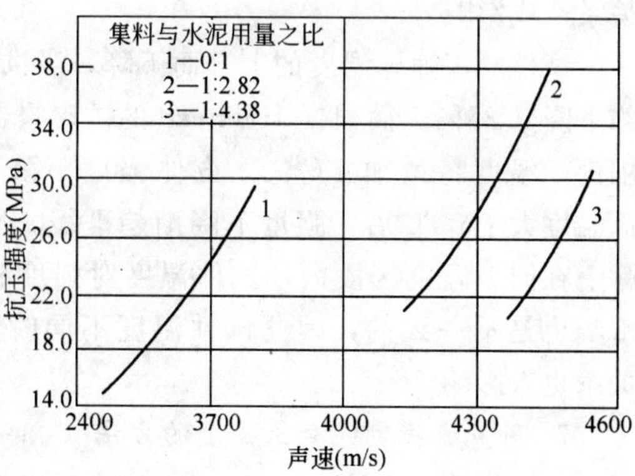

图 1.3.2-52 不同水灰比对"*R-V*"的影响关系图

不同龄期的混凝土的 R-v 关系曲线是不同的，如图 1.3.2-54 所示。当声速相同时，龄期长的混凝土强度较高，因此在测试时须根据不同龄期选择不同曲线，或采用一定的校正系数。

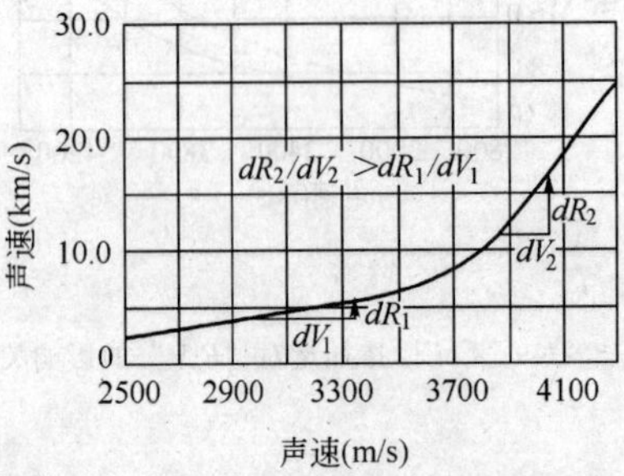

图 1.3.2-53　龄期对“R-v”的影响关系图

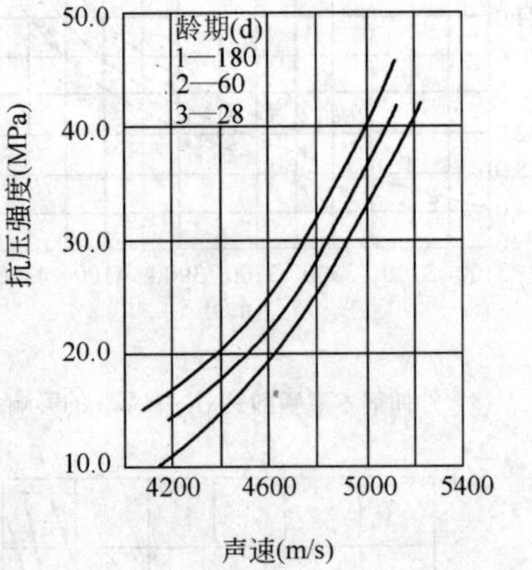

图 1.3.2-54　不同龄期的“R-v”影响关系图

在考虑龄期影响时，还必须考虑养护条件的影响。一般来说，当强度相同时，在空气中养护的试件，其声速比水中养护的试件要低得多。产生这一影响的原因主要是在水中养护的混凝土水化较完善，以及混凝土空隙中充满了水，而水的声速比空气的声速大 4.67 倍，所以相同强度的试件，饱水状态的声速比干燥状态的声速大。此外，干燥状态中养护的混凝土因干缩等原因而造成的微裂缝也将使声速降低。

（3）测试时试件温度和含水率的影响

测量混凝土声速时，试件的温度和湿度对声速值的影响已在前面述及。

就湿度而言，混凝土的声速是随着湿度（含水率）的升高而增大的。但是含水率对混凝土的强度的影响是很复杂的。在一定的含水率范围内，当混凝土的空隙中充水时，加荷后因水的静压和尖劈作用，将使强度稍有下降。因此，在一定的条件下，含水率对强度和声速的影响恰是相反的。它一方面使强度下降，另一方面又使声速提高，因此，将对混凝土 $R-v$ 关系造成影响。

试件的声速随温度的上升而下降，当试件温度超过 50℃后，试件温度每提高 1℃，声速约下降 0.25%。而根据 Halstead 的试验报告由图 1.3.2-55 可见，当温度在 1.5～42℃的范围内，温度每增加 1℃，立方体强度下降 0.25%，而温度大于 50℃后，强度下降渐趋平缓。所以，实际上在同一温度区段内，试件温度对强度和声速的影响也是不一致的，因此试件温度不同时，对 R-v 关系也有影响。

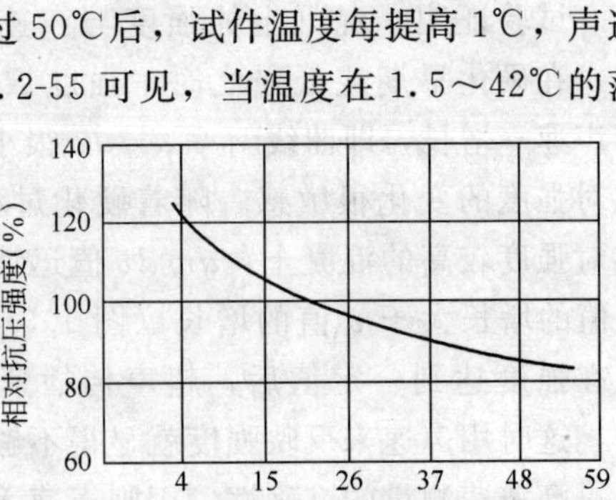

图 1.3.2-55　混凝土试件温度对强度影响关系图

7. 用声速推定混凝土强度的方法

（1）声速分级法

早在 20 世纪 50 年代初，英国和美国就已用声速对混凝土的质量进行分级。表 1.3.2-13 即为美国莱斯利、奇斯迈以及韦赫特等人于 1950 年前后提出的混凝土质量按声速分级标准。

这种分级方法是超声法测定混凝土强度的最原始的应用。它丝毫没有考虑各种因素对混凝土强度与声速关系的影响，显然是十分粗略地，而且各级混凝土的质量并无定量概念，不能满足现代质量检测的要求。因此，这种方法除了用于粗略地估计混凝土质量以外，已被淘汰。

混凝土按声速分级标准 表 1.3.2-13

声速（m/s）	混凝土质量
4 500	优
3 500～4 500	好
3 000～3 500	差
2 000～3 000	不佳有问题
2 000	很差

（2）校准曲线法

校准曲线法就是在试验室里制作一定数量的立方体试块，同时对试块用非破损方法（测量试块声速）与破损方法（用压力机实测抗压强度）进行测定，然后根据上述实测值建立强度和声速的关系曲线。在对结构物或建筑构件进行非破损检查时，则用该曲线作为确定强度的查考依据。该曲线的两端点应在试验布点的范围内，原则上不应随意延展。

显然，采用这种方法时，只有当待查的混凝土的原材料性质、配合比例、成型和养护工艺、期龄、测试时的含水状态等一系列条件均与试验室里所制作的试块的条件基本相同时，才有较高的精确度。也就是说一条曲线只能满足一种状态，否则将会产生较大误差。但是由于这种方法概念直观，当满足上述条件时可达到很高的精确度，所以国内外一直沿用至今，作为一种有效的、可靠的方法被广泛采用。而且许多国家的超声测试规程均采用这一方法作为测定强度的依据。

鉴于在一定的地区范围内，原材料条件、配比设计方法及施工方法等均较接近的特点，我国于 1977 年在北京召开的“混凝土超声波测强技术座谈会”上决定建立地区校准曲线，至今已在许多地区提出了各自的校准曲线。若求出这些曲线的回归方程，则可得一系列 R-v 关系的经验公式。凡测试地区和测试条件与所得地区经验公式基本一致，则可将所测的声速值代入经验公式或直接查对曲线，求出混凝土强度。但当被测试混凝土的各项技术条件与建立曲线的原始条件不符时，则应建立新的校准曲线或采用修正系数法。

（3）修正系数法

修正系数法实际上是校准曲线法的一种发展，它首先选定某种工程上常用的混凝土作为基准，称标准混凝土，然后用实测的方法求出标准混凝土的抗压强度 R_s 与声速 V 的校准曲线，并用数量统计方法求出该曲线的回归方程。此后，凡待测的混凝土的具体技术条件，如原材料、配合比、期龄…，与标准混凝土有差异时则乘以一定的修正系数予以修正。

修正系数法计算的具体步骤是：

首先确定标准混凝土的 R_s 和 v 的回归方程，假定该方程为：

$$R_s = f(v) \tag{1.3.2-82}$$

当实际待测的混凝土的具体技术条件与标准混凝土不同时，待测混凝土的抗压强度与标准混凝土抗压强度之间的关系为：

$$R = R_s \cdot A_t \tag{1.3.2-83}$$

式中：R_s——声速为 v 时按 $R_s = f(v)$ 算出的标准混凝土强度；

A_t——总的修正系数，它为各种影响因素修正系数之积，即

$$A_1 = A_1 \cdot A_2 \cdot A_3 \cdots A_n \tag{1.3.2-84}$$

式中 A_1、A_2、A_3、…、A_n 为各种影响因素的修正系数，n 的多少，根据实际影响因素多少而定。一般说来，对各种影响因素考虑得越周全，n 数越大，修正项越多，则准确度越高。但修正项太多，必将造成使用时的不便，因此，往往尽可能在达到所要求的精确度的前提下，删减修正项数。罗马尼亚采用了水泥品种影响系数；水泥用量影响系数；集料性质影响系数；最大集料粒径影响系数；0～1mm 细集料所占比例影响系数；混凝土成熟度影响系数；混凝土湿度影响系数；混凝土外加剂影响系数等八项。我国北京地区混凝土非破损测试技术研究组则根据本地区常用原材料的特点，采取确立数种标准混凝土的回归方程的方式，以适应多种情况。这样使一些主要影响因素在不同的标准混凝土中得到体现，从而使修正项数目大为减少。

从上述论述可知，当测出待测混凝土的声速，并了解待测混凝土的原材料性质、配合比例、期龄等一系列资料后，即可根据声速求出标准混凝土强度 R_s，并根据已知资料查出各修正系数，确定各修正值 A_t。然后根据式 $R = R_s \cdot A_t$ 即可确定等测混凝土的强度 R，由于有了一系列修正系数的帮助，使校准曲线及其回归方程的适用范围，大大扩展了。

下面就修正系数法的几个具体问题予以说明：

①标准混凝土的选择和标准混凝土 $R-v$ 曲线的建立。所谓标准混凝土，即今后实际待测混凝土与之比较的基准，它的原材料、配合比、养护条件等参数的选择，均应以本地区最常见的参数为宜。

选定标准混凝土的原材料及配合比范围后，则需首先在试验室条件下制作一系列试块。然后，在一定的期龄，测量试块的声速和实际抗压强度，并用直角坐标画出强度和声速之间的关系曲线。为了获得不同强度的标准混凝土试块，以便制定校准曲线。可采用在不改变基本配合比的情况下，改变水泥比的方法，一般水灰比的变化每档为 0.05。也可采用按不同强度要求，根据一般配合比设计原则，设计一系列不同强度的试块。强度变化的分档可用 5MPa 或 7.5MPa 一档。按第一种方法作制所的试块，除用水量变化外，其他材料用量一概不变，但就每个试块而言，因含水量变化，单位体积中各种材料的绝对含量亦是随之变化的。第二种方法则以水灰比变化为主，其他原材料用量在配合比设计中即产生变化。罗马尼亚采用变水灰比法制作标准混凝土曲线。根据我国陕西省建筑科学研究所的试验（见图 1.3.2-56）证明，这两种方法抽测出的标准混凝土曲线和回归方程，在大多情况下都比较接近。经综合计算后，平均相对误差均在±15％以内。

②回归方程的建立根据试块实测的 $R\text{-}v$ 关系曲线的形状，选择几种与之相适应的函数方程，进行回归分析。并计算出它们的相关系数 r，相对标准差 S 和离散系数 C_v。经比较后选出其中最符合实测曲线的函数方程，作为标准混凝土的测强公式。

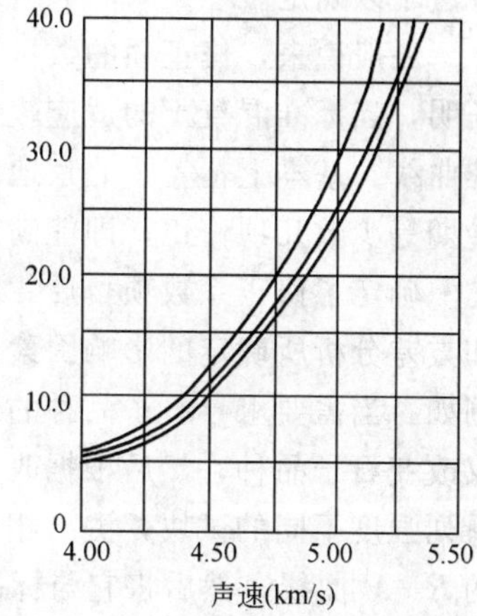

图 1.3.2-56 标准混凝土“$R\text{-}v$”关系曲线实例（西安）图

1-最佳配合比法（28d）；2-变化水灰比值（28d）；3-标准混凝土声速-强度曲线（14～150d）

关于函数方程，许多国家提出了各自的不同形式，由于各国原材料及施工条件的不同，彼此差异很大，即使在同一国家中，尤其是那些幅员辽阔、原材料来源复杂的国家，不同地区所用的公式也可能是不同的。

我国北京地区曾就几种不同配比的混凝土的声速-强度曲线用直线方程、指数方程、抛物线方程、幂函数方程进行了比较，各种方程的相关系数 r 和离散系数 C_v 示于表 1.3.2-14 中。可见，所选四种方程中以幂函数方程最好，但南京地区的曲线用抛物线方程、指数函数方程和幂函数方程进行比较时，则以抛物线方程为最佳。

总之，在求标准混凝土的测强公式时，应进行回归分析，选择最佳的函数形式。

不同函数方程的比较（实例之一） 表 1.3.2-14

主要测定条件	测强公式			
	直线议程 $R=A+BC$	指数方程 $R=Ae^{BC}$	抛物线方程 $R=A+BN+DC^2$	幂函数方程 $R=AC^B$
水灰比 0.45～0.70 粗集料、卵石 1324～1407kg/m^3 中砂、砂率 29%～32%	$r=0.85$ $C_v=21.4\%$	$r=0.89$ $C_v=20.3\%$	$r=0.85$ $C_v=25.7\%$	$r=0.89$ $C_v=19.9\%$
水灰比 0.44～0.69 卵石 1330～1347kg/m^3 中砂、砂率 29～34%	$r=0.85$ $C_v=43.1\%$	$r=0.88$ $C_v=19.3\%$	$r=0.85$ $C_v=22.5\%$	$r=0.90$ $C_v=19.1\%$
水灰比 0.45～0.70 粗集料、卵石 1241～1350kg/m^3 中砂、砂率 28%～38%	$r=0.85$ $C_v=23.8\%$	$r=0.89$ $C_v=21.7\%$	$r=0.85$ $C_v=21.0\%$	$r=0.89$ $C_v=21.4\%$
水灰比 0.44～0.69 卵石 1328～1340kg/m^3 中砂、砂率 29%～35%	$r=0.85$ $C_v=91.9\%$	$r=0.88$ $C_v=22.1\%$	$r=0.85$ $C_v=22.3\%$	$r=0.90$ $C_v=22.1\%$

③各修正系数的求导。在确定各修正系数程前，必须先通过试验，搞清有哪些因素及其影响程度。在前面所分析的主要影响因素，但并不是所有的因素都要进行修正的，决定是否需要修正的依据是影响因素的显著性。影响因素的显著性，一般采用正交设计和方差分析的

方法予以确定。

一般说来，修正项的数目越少越好，罗马尼亚采用了 8 个修正项，而我国一些研究资料证明，当标准混凝土的适应较宽时，修正项的数目可大为减少。例如北京地区制定了 6 条校准曲线，基本上覆盖了北京地区的各种原材料和配合比条件，因此，在现场检测中只要进行龄期等少数几项修正，即能满足总的精度要求。

确定了修正系数项目后，即可进一步求导修正系数的具体数值，其方法是根据正交设计和方差分析所确定的影响因素，逐项引入标准混凝土，制成引入影响因素后的 $R-V$ 曲线。例如，当需要求导石子品种的影响时，可用标准混凝土的配比不变，其他原材料也不变，仅仅改变石子品种，然后根据改变水灰比法或按不同强度要求进行配合比计算的方法，制成一系列强度不同的试块，测出相应的强度和声速值，即可描出一条引入受不同品种石子的影响的 $R-V$ 曲线，然后将它与标准混凝土曲线一起描在图上，进行比较，看它们在同一声速所对应的强度差异，两者的强度之比，即为修正系数，也可通过回归分析求得修正系数 A_1，用公式代替图上作业。

图 1.3.2-57 所示，即为标准混凝土曲线和引入影响因素 I 和 II 后 所得的另外两条曲线，假定在声速为 v 时，标准混凝土的强度为 R_s，而引入影响因素 I 的混凝土强度为 R_I，则影响因素 I 的修正系数 A_I 应为：

$$A_I = \frac{R_I}{R_S} \tag{1.3.2-85}$$

按图中所示的情况，$R_I > R_s$，所以 $A_I > 1$

影响因素的修正系数 A_{II} 应为：

$$A_{II} = \frac{R_{II}}{R_s} \tag{1.3.2-86}$$

按图中所示的情况，$R_{II} < R_s$，$A_{II} < 1$

但由于引入各项影响因素后混凝土与标准混凝土的 $R-v$ 的关系曲线的斜率可能不同，v 和 R 的范围也可能不同，因此，找 R_I、R_{II}、R_s 等数值所对应的 v 值位置的选择应慎重，否则所求得 A_i 值相差很大。

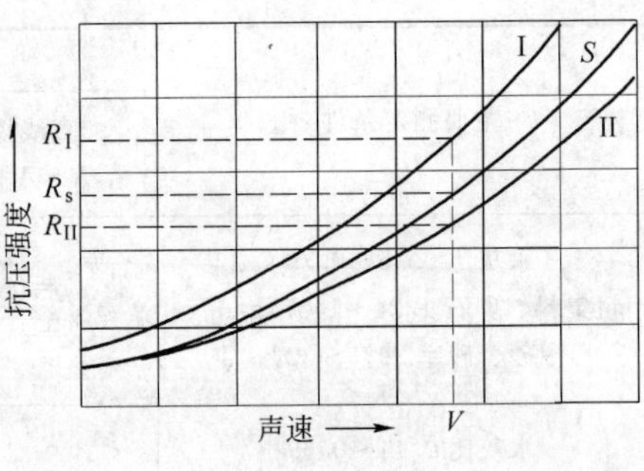

图 1.3.2-57 引入影响因素后同一声速时强度的差异示意图

一般可采用以下三种方法进行：

a. 多点平均法：根据影响曲线的声速范围均等地选取 3～5 个声速值 v_1、v_2、v_3、…、v_n。在图中查出相应于各声速的标准混凝土强度 R_{s1}、R_{s2}、R_{s3}、…、R_{sn}、以及引入影响因素后的混凝土的相应强度 R_{i1}、R_{i2}、R_{i3}、…、R_{in}（图 1.3.2-58）然后按下式求出修正系是 A_i。

$$A_i = \frac{\frac{R_{i1}}{R_{s1}} + \frac{R_{i2}}{R_{s2}} + \frac{R_{i3}}{R_{s3}} + \cdots + \frac{R_{in}}{R_{sn}}}{n} \tag{1.3.2-87}$$

b. 假定中值法：取常用混凝土强度的中间值，如某地区常用强度为 C25 级，则在引入影响因素的混凝土 $R-V$ 曲线上，找出强度为 25MPa 的点所对应的声速 V，同时找出与 V 对应的标准混凝土的强度 R_s（图 1.3.2-59）修正系数即为

$$A_i = \frac{25.0}{R_s} \tag{1.3.2-88}$$

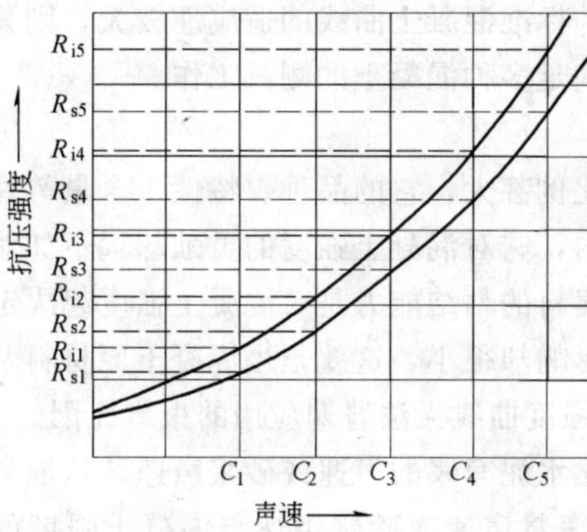

图 1.3.2-58 多次平均法求修正系数关系图

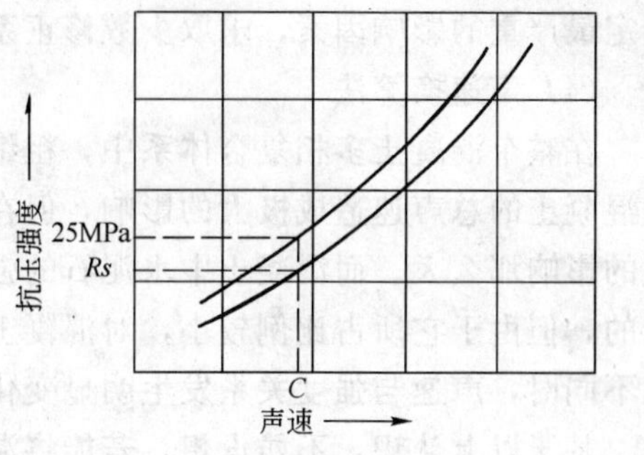

图 1.3.2-59 假定中值法求修正系数关系图

c. 计算中值法：求出引入影响因素的混凝土 R-v 曲线所包含的强度范围的中间值，然后以此值与同声速的标准混凝土的相应强度相比较，求出该因素的修正系数是 A_i 值，即：

$$A_i = \frac{R_m}{R_s} \tag{1.3.2-89}$$

式中 R_m 为中间强度值，取值方法为：

$$R_m = R_i + \frac{R_h - R_1}{2} \tag{1.3.2-90}$$

式中 R_1 为引入影响因素的混凝土曲线强度范围中的最低值，R_h 则为该范围的最高值(见图 1.3.2-60)

用以上三种方法所求得的校正系数基本上是接近的。我国陕西省建筑科学研究所的研究证明，三种方法中以计算中值法所求得的修正系数在实测中运用时，所引起的相对误差最小。

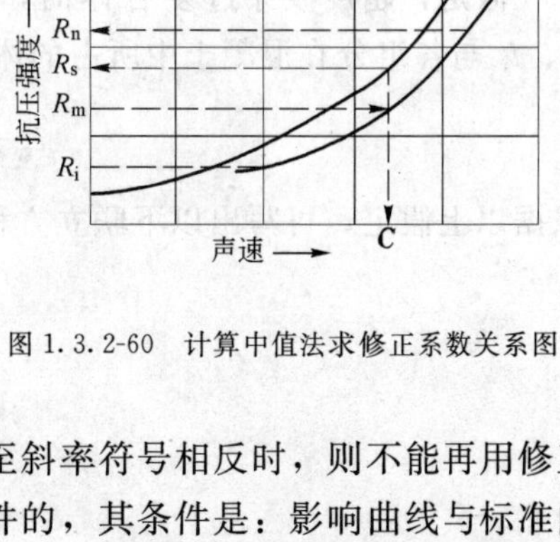

图 1.3.2-60 计算中值法求修正系数关系图

显然，只有当影响曲线与标准曲线和形状和斜率均相接近时，上述的求导修正系数法才能得到较为满意的结果，若两种曲线的形状、斜率，甚至所对应的函数方程有较大的差异时，很难求出适当的修正系数。这种情况说明，在整个曲线的强度范围内，各强度区间所引入的影响因素所造成的影响程度不同，在某些实际测量中是确实存在的。当两种曲线的差异较大，甚至斜率符号相反时，则不能再用修正系数进行校正。因此，修正系数法的应用是有一定的条件的，其条件是：影响曲线与标准曲线的斜率、形状等均较一致，或相差不大，否则将引起较大误差，当两曲线的斜率符号相反时，则无法修正，此外，修正系数的求导最好是建立在正交试验设计和方差分析的基础上，标准曲线和影响曲线最好通过 F 检验，看它们是否可以合并，若不能合并，再看是否能用修正系数进行修正。

修正系数法是由罗马尼亚首先提出来的，这种方法的测量精度，虽然比校准曲线法稍差，但其适用范围比校准曲线法要宽的多。若所选的标准混凝土曲线的适应性较大，则只需选定最严重的影响因素，求取少数修正系数，就能满足多种混凝土的测试工作。

(4) 声速换算法

在整个混凝土多相复合体系中，粗细集料所占比例甚大，它的品种、特性、含量等往往对混凝土的总声速造成极大的影响，但在一定范围内，它对混凝土强度的贡献却远不如对声速的影响那么大。而混凝土中水泥石的强度及其与集料的粘结能力是对混凝土强度起决定作用的，但由于它所占比例较小，对混凝土总声速的影响却很小，这就是当混凝土原材料及配比不同时，声速与强度关系发生明显变化，使声速-强度曲线无法普遍应用的根本原因。

基于以上认识，不妨设想，若能将混凝土中硬化水泥净浆的声速或砂浆声速，从混凝土总声速中通过换算离析出来，建立换算的硬化水泥净浆声速或砂浆声速与混凝土强度的关系，则可消除集料品种、含量等因素的影响，从而只要建立少数几种不同水泥品种的“硬化水泥净浆声速-混凝土强度”或“砂浆声速-混凝土强度”关系曲线或公式，就能适应各种不同配合比的混凝土的需要。这种消除配比因素影响的方法，即所谓水泥净浆换算声速法或水泥砂浆换算声速法。我国建筑材料科学研究院和陕西省建筑科学研究院在这方面曾作了较系统的研究。

①硬化水泥净浆声速换算法

假定将混凝土试体视为一块由粗、细集料及硬化水泥浆分段组成的块体（图 1.3.2-61）。设 l 为试体的长度，即超声穿过时的总路径，l_g、l_s、l_c 分别为超声波在粗、细集料及硬化水泥浆中的传播路径；t 为超声穿过试体所经历的时间；t_g、t_s、t_c 分别为超声穿过粗、细集料及硬水泥浆在混凝土中所经历的时间；v_g、v_s、v_c 分别为粗、细集料及硬化水泥浆在混凝土中所占的体积分数；C 为混凝土的总声速；C_g、C_s、C_c 分别为粗、细集料及硬化水泥浆的声速。

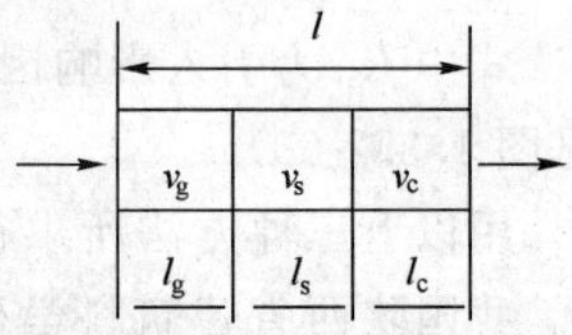

图 1.3.2-61　假想的混凝土复合模型示意图

假定，超声波穿过复合体时，在各组分中的传播路径 l_g、l_s、l_c 与各组分在混凝土中所占的体积成正比，即

$$l_g = lv_g;l_s = lv_s;l_c = lv_c;$$

根据以上假定，可写出以下联立方程式：

$$\begin{cases} t = t_g + t_s + t_c \\ C_g = \dfrac{lv_g}{t_g} \\ C_s = \dfrac{lv_s}{t_s} \\ C_c = \dfrac{lv_c}{t_c} \\ C = \dfrac{l}{t} \end{cases} \tag{1.3.2-91}$$

解联立方程式，即可得：

$$C_c = \frac{V_c \cdot CC_g C_s}{C_g C_s - C(V_g C_s + V_s C_g)} \tag{1.3.2-92}$$

从式中可见，只要分别知道混凝土的配合比（体积比 v_g、v_s、v_c）；知道粗、细集料的声速 C_g、C_s，并测出混凝土声速 C，即可求得硬化水泥浆的声速 C_c，用 C_c 与混凝土的抗压强度建立关系则可消除配合比等因素的影响。

图 1.3.2-62 即为当不同集灰比及不同粗、细集料比例时，混凝土强度与声速的关系曲线。从图中可见，一种配比对应一条曲线，彼此相差甚大，所以一条曲线只适用于一种配合比的混凝土。而图 1.3.2-62b）和图 1.3.2- 63b），即用这些不同配比的混凝土所测试的数据，根据上式换算成硬化水泥浆声速后，再与混凝土强度一起绘制成的关系曲线，从图中可见，经换算后，不同配合比例的混凝土强度声速关系，均可用一条曲线来反映，也就是说，只要制作几条不同水泥品种，不同密实程度及不同期龄的“混凝土强度-硬化水泥浆换算声速”的关系曲线，当已知混凝土配合比例及粗、细集料声速后，即可用换算法解决各种不同配比的混凝土的强度测量问题。

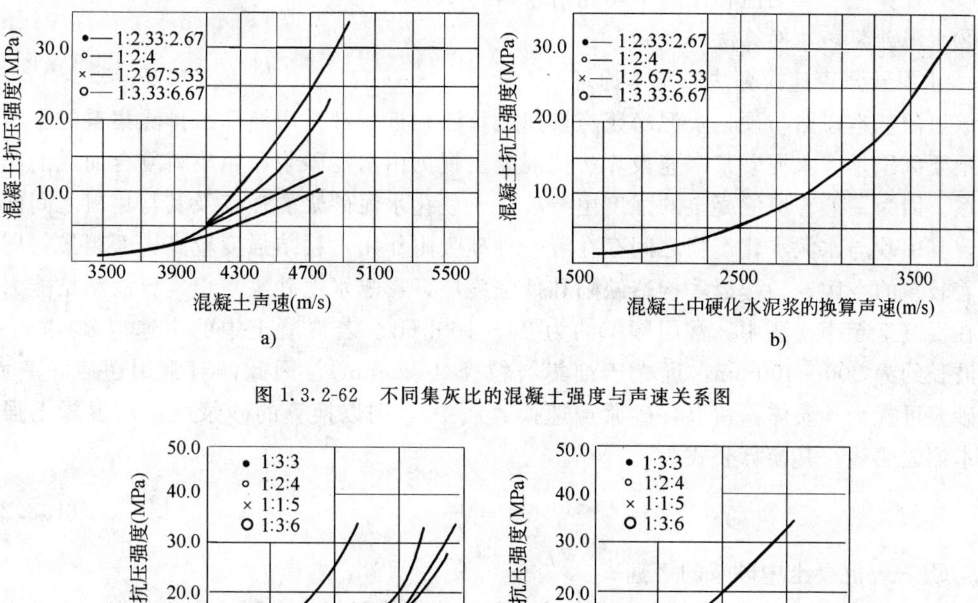

图 1.3.2-62 不同集灰比的混凝土强度与声速关系图

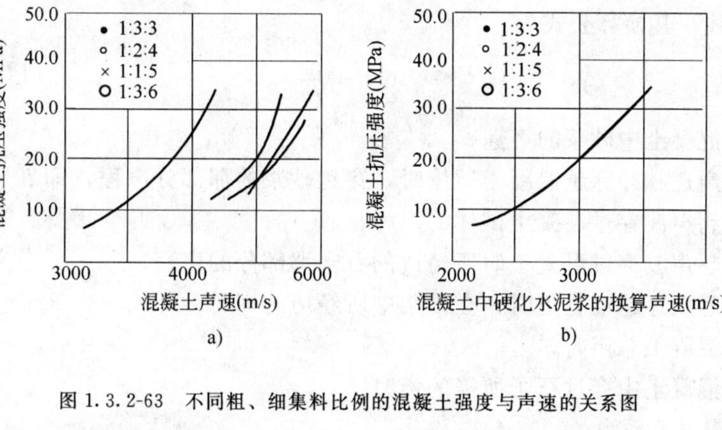

图 1.3.2-63 不同粗、细集料比例的混凝土强度与声速的关系图

关于混凝土强度与硬化水泥浆换算声速之间的关系式，应根据相应的实测曲线用回归法求出。

我国建筑科学研究院的研究成果表明，该关系式应采用下面的函数形式，即

$$R = AC_c^B \tag{1.3.2-93}$$

式中：R——混凝土抗压强度（MPa）；

C_c——根据混凝土配比及声速换算的硬化水泥浆声速（km/s）；

A、B——系数。

根据实验结果提出了以下两个具体公式，可供参考；

a. 普通硅酸盐水泥，控制拌合物坍落度为7cm以上，混凝土强度 R 与混凝土中硬化水泥浆换算声速 C_c 之间的关系：

$$R = 0.637C_c^{3.04} \tag{1.3.2-94}$$

式中：R——用水泥净浆声速换算法推算的混凝土强度（MPa）；

C_c——经换算求得的硬化水泥浆声速（km/s）；

此式计算值与实测相比的平均相对误差为10.23%。

b. 矿渣硅酸盐水泥，控制拌和物坍落度为7cm以上的混凝土：

$$R = 0.218C_c^{3.64} \tag{1.3.2-95}$$

该式计算值与实测值相比的平均相对误差为10.35%。

②水泥砂浆声速换算法

a. 水泥砂浆声速换算法的基本原理

该法的基本思路与硬化水泥净浆声换速换算法相近，都是用换算来排除集料的影响。其间的主要区别是：水泥砂浆声速换算法把混凝土视为由水泥砂浆和粗集料复合而成的两相复合体系。因为一般普遍混凝土的强度主要取决于硬化水泥砂浆的强度及其与集料之间的粘结强度，其中砂与水泥水化产物之间存在着一种硅吸附作用，粘结强度较高，而粗集料周围则存在着较多的空隙、微裂缝等构造缺陷和低强度层，影响水泥砂浆与粗集料的粘结能力。此外，在混凝土超声检测中，常用频率约为20～100kHz。若混凝土中的声速以4.0km/s计，则其波长约为200～400mm，远大于细集料粒径（<5mm）。因此，对常用超声频率而言，水泥砂浆可视为均质体。所以，砂浆声速换算法中，则以换算的砂浆声速与混凝土强度建立基本测强曲线。其换算公式为：

$$C_m = \frac{l_m}{t_m} \tag{1.3.2-96}$$

式中：C_m——混凝土中砂浆的声速；

l_m——声速脉冲穿越混凝土试体时，穿越砂浆的那部分声程，即 $l_m = l - l_g$；

l——超声波穿过混凝土试体的声程；

l_g——超声波穿过混凝土时所经过的石子那部分的声程；

t_m——超声穿越混凝土时，在砂浆中所经历的声时，即 $t_m = t - t_g$；

t——混凝土总声时；

t_g——混凝土中穿过石子所需的声时。

t_g 与石子声速关系为：

$$t_g = \frac{l_g}{C_g} \tag{1.3.2-97}$$

将上述三式联立求解可得

$$C_m = \frac{C_g(l-l_g)}{C_g t - l_g} \tag{1.3.2-98}$$

从该式可知，只要预视石子声速 C_g，并算出超声穿过混凝土试体时，在混凝土的石子所经历的声程 l_g，即可换算出混凝土中砂浆的声速 C_m，然后用 C_m 与相应的混凝土强度 R 建立关系，该关系排除了石子的影响，可适用于多种配合比的混凝土。

b. 混凝土强度与混凝土中砂浆换算声速的关系

我国陕西省建筑科学研究所在进行系统研究的基础上，提出了混凝土强度与砂浆换算声速回归方程为：

$$R = 0.958_m^{2.88} \tag{1.3.2-99}$$

式中：R——用砂浆声速法所推算的混凝土强度（MPa）；

C_m——经换算求得的混凝土中砂浆的声速（km/s）。

上式的适用范围较宽，其计算相关系数 $r=0.91$，相对误差为±15.5%。

8. *建立超声测强曲线的方法*

混凝土中超声波传播的速度 V 与混凝土的抗压强度 R 之间有着良好的相关性，即混凝土的强度越高，相应的超声速也越高。一般说来，以非线性的数学模型拟合其间的相关性更能反映 $R-V$ 关系的规律。混凝土强度与超声传播声速之间相关规律是受混凝土的组分及技术条件诸如水灰比、水泥用量、集料粒径和用量、养护条件、含水率等因素影响而异的。因此，各类混凝土没有统一的 $R-V$ 关系曲线，即尚不能根据超声声速检测混凝土强度的规程、方法、建议中都规定须以一定数量的相同技术条件的混凝土试件进行校正试验，预先建立 $R-V$ 的校正曲线，然后用超声声速推算混凝土的强度。这样推算的强度值才能达到比较满意的精度。

(1) 超声测强曲线类型和适用范围

根据相关曲线的制定方法和使用条件可分为三种：

①校准曲线校准曲线是采用与本工程、工厂的构件混凝土相同的原材料、配合比和成型养护工艺配制的混凝土试块，对技术管理健全、混凝土质量比较稳定的工程或工厂，也可以从生产过程中随机而均匀地直接取料（混凝土拌合物）制作混凝土试块，通过一定数量的破损与非破损试验所建立的曲线。它适用于检测与试块相同技术条件的混凝土试块的组成、养护条件和试验状态等基本上一致，推算混凝土强度时，不存在影响因素，故无须作修正。

②地区性曲线地区性曲线是采用本公司、本地区常用的原材料、成型养护工艺配制的混凝土试块，通过较多的破损与非破损所建立的曲线。它适用于无校准曲线时检测相同技术条件的本公司、本地区混凝土制品的强度，具有较高的测量精度。选用地区性曲线推算混凝土强度时，由于试块的组成、养护条件基本相同，所以只考虑试验状态影响因素的修正系数。

③统一曲线统一曲线是采用统一规定的标准混凝土制作试块，在标准养护条件下，通过大量的破损试验与非破损试验所建立的曲线。它适用于无校准曲线和地区曲线时检测符合规定使用条件的混凝土构件的强度。测量精度稍低。选用统一曲线推算混凝土强度时，由于现场结构与标准条件（组成、养护条件和试验状态）的差异，需要建立影响因素的修正系数，以提高测量精度和曲线的适用性。

比较上述三种曲线可以看到，使用校准曲线推算混凝土强度时，避免了众多因素的影响，无需修正，其测试精度高于其他两种曲线。在我国的专业技术规程中规定优先应用地区专用测强曲线，对于不具备地区专用曲线，要事先做校正试验，以便确定修正系数借用统一曲线推算混凝土的强度。

（2）试验设计与方法

为使建立的 R-v 相关曲线有较宽的适用范围，要求试件强度和超声声速对应的检测值要有较大的变化范围，一般按不同原材料规格品种采用变化配合比、龄期和水灰比等方法制备一批混凝土试件，测定试件的平均声速，然后作抗压强度试验。

为了使校准曲线既有代表性又有可比性，试验设计和试验方法一般可遵循如下几点拟定试验方案：

①根据本地区或本部门工程常用的原材料品种、规格，按最佳配合比配制 C10～C50 的混凝土制作试块，试块的尺寸有边长为 150mm 立方体（粗集料最大粒径为 40mm）、边长为 100mm 立方体（粗集料最大粒径为 20mm）和边长为 200mm 的立方体（粗集料最大粒径为 60mm）三种。

②制作试块所用的混凝土拌合料，最好是在施工过程中随机抽取试样，也可采用符合工程的配料和工艺条件在实验室中成型制作。

③按 7d、14d、28d、60d、90d、180d、365d …龄期制备试块并进行测试，每一龄期需 3 个（或 6 个）试块，每种标号试块不少于 30 块。

④试块养护与被测的结构混凝土养护条件尽可能相同。

⑤试块超声声速值 v_i 的测量应取试块的捣制侧面为测试面，测点布置采用三对或五对，如图 1.3.2-64 所示。取试块的平均声时，计算超声声速 v_i。

⑥最后，将试块另一侧面作为承压面置于压力机上，以 0.3～0.8MPa/s 的速度连续而均匀地加荷（低标号混凝土取 0.3～0.5MPa/s 的加荷速度；30 号以上的混凝土取 0.5～0.8MPa/s 的加荷速度）至破坏，计算混凝土的极限抗压强度 R_i。

⑦以数理统计方法对试验数据 v_i 和 R_i 进行回归分析，建立统计的数学模型，并确定回归的效果和误差范围。

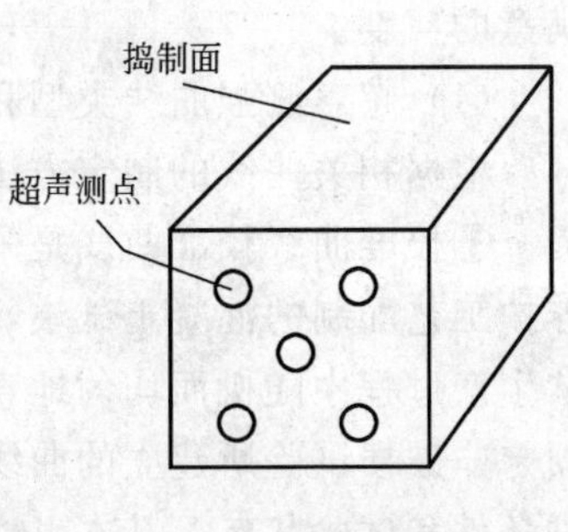

图 1.3.2-64　试块超声测点示意

（3）试验数据处理分析

试块的超声声速：

$$v_i = \frac{l}{t_m} \times 10(\text{km/s})(\text{计算精确至 } 0.01\text{km/s}) \quad (1.3.2\text{-}100)$$

式中：l——发射和接收探头和测试距离，即为试块的测试厚度（cm），计算精确至 0.01m；

t_m——测区（试块）的平均声时值，计算精确至 0.1μs。

如果个别测点声时偏差超过试块声时平均值的±5%时，则该试块应予以弃除。

试块的极限抗压强度：

$$R_i = \frac{F}{A} \cdot K(\text{MPa})(\text{计算精确至 } 0.1\text{MPa}) \quad (1.3.2\text{-}101)$$

式中：F——极限荷载（N）；

A——试块承压面积（mm^2）；

K——试块尺寸换算系数（边长为150mm的立方体试块，$K=1$；边长为100mm立方体试块，$K=0.95$；边长为200mm立方体试块，$K=1.05$）。

一般情况下，以三个试块的算术平均值作为该组试块的抗压强度值。当三个测值中的最大值或最小值中如有一个与中间值的差超过中间值的15%时，则把最大值及最小值一并弃除，取中间值作为该组试块的抗压强度，如两个测试值与中间值相差均超过15%，则此组试验结果无效。

（4）拟合测强曲线与效果分析

混凝土超声测强曲线，受混凝土的原材料品种规格、养护方法、龄期、含水率等综合影响。因此，对应的大量实测混凝土强度值 R_i、超声声速 v_i 之间属于非确定关系。要确定这些非确定性试验数据之间的数学经验表达式，通常采用数理统计方法寻求参量之间的统计相关关系。

混凝土超声测强的数学表达式有线性和非线性两种，采用非线性的拟合曲线，更精确地描述参量之间的相关性，且用声速推算混凝土强度的精确度更高些。不论是哪一种表达形式，对回归分析得到的数学表达式均需进行相关性和相对标准差的计算检验。

9. 结构混凝土强度的超声检测与推定

（1）测区选择与测点布置

如果把一个混凝土构件作为一个检测总体，要求在构件上均布划出不少于10个200mm×200mm方格网，以每一个方格网视为一个测区。如果对同批构件，则按批抽样检测。构件抽样数应不少于同批构件总数的30%，且不少于4个，同样，每个构件测区数不少于10个。每个测区应满足下列要求：①测区布置在构件混凝土浇筑方向的侧面，测区与测区的间距不宜大于2m；②测区宜避开钢筋密集区和预埋铁件；③测试面应清洁和平整，如有杂物粉尘应清除，测区应标明编号。

为了使构件混凝土测试条件和方法尽可能与率定曲线时的条件、方法一致，在每个测区网格内布置三对或五对超声波的测点。构件相对面布置测点，应力求方位对等，使每对测点的测距最短。如果一对测点在某一测试面上碰到蜂窝、麻面或模板漏浆缝等病害，则可适当相应改变该对测点的位置，使各对测点表面平整，声耦合良好。

（2）结构混凝土强度的推定

根据各测区超声声速检测值，按率定的回归议程式计算或查表取得对应测区的混凝土强度值 $R_{cu,j}^{c}$，最后按下述情况推定结构混凝土的强度。

①按单构件检测时，单个构件的混凝土强度推定值 $R_{cu,c}^{c}$ 取该构件各测区中最小的混凝土强度计算值 $R_{cu,min}^{c}$，即

$$R_{cu,c}^{c}=R_{cu,min}^{c} \tag{1.3.2-102}$$

②按批抽样检测时，该批构件的混凝土强度推定值 $R_{cu,c}^{c}$ 可按下式计算：

$$R_{cu,c}^{c}=R_{cu,m}^{c}-1.645S_R \tag{1.3.2-103}$$

式中：结构或构件混凝土强度平均值 $R^{c}_{cu,m}=\frac{1}{n}\sum_{i=1}^{n}R^{c}_{cu,i}$，精确至 0.1MPa

结构或构件强度标准差 $S_R=\sqrt{\frac{\sum_{i=1}^{n}(R^{c}_{cu,i})^2-nR^2_m}{n-1}}$，精确至 0.01MPa

n——对于单个检测构件，取一个构件的测区数；对于抽样测定的结构或构件（批构件），取各抽检构件测区数之和。

③当同批测区混凝土强度换算的标准差过大时，批构件的混凝土强度推定值 $R^{c}_{cu,c}$ 可按下式计算：

$$R^{c}_{cu,c}=R^{c}_{cu,min,m}=\frac{1}{m}\sum_{i=1}^{m}R^{c}_{cu,min,j} \tag{1.3.2-104}$$

式中：$R^{c}_{cu,min,m}$——批中各构件最小的测区强度换算值的平均值，精确至 0.1MPa；

$R^{c}_{cu,min,j}$——批中第 j 构件最小的测区强度换算值，精确至 0.1MPa；

m——批中抽取的构件数。

④按批抽样检测时，若全部测区强度的标准差出现下列情况时，则该批构件应全部按单个构件检测和推定强度：

a. 当混凝土强度等级低于或等于 C20 时，$S_R>4.5$MPa；

b. 当混凝土强度等级高于 C20 时，$S_R>5.5$MPa。

三、结构混凝土强度的综合检测

1. 基本思路及综合指标的选择原则

用单一指标与混凝土强度之间所建立的相互关系，往往局限性较大。因此，不得不分别制定一系列与工程条件相适应的专用曲线，或采用众多的修正系数和修正方法以提高其测试精度。但是尽管如此，许多国家的标准中，对这些方法的运用仍采取十分慎重的态度。

（1）单一指标法局限性较大的原因主要有以下两点，第一，混凝土强度是一个多要素的综合指标，它与弹性、塑性、材料结构的非均质性、孔隙的量和孔的结构及试验条件等一系列因素有关。因此，用单一的物理指标必然难以全面反映这些要素，当然也不能确切地反映强度值。从理论上来说，这些单一指标本身就先天不足。第二，混凝土的某些配合比的因素或构造因素对单一指标的影响程度与对强度的影响程度不一致。例如，混凝土中粗集料用量及品种的变化，可导致声速的明显变化，其变化率可达 10%～20%，但对强度的影响却并不如此显著。又如，含水率对强度的影响并不显著，但它却可使声速上升而使回弹值下降。这种影响程度的不一致，必然导致对单一指标之间相关关系的影响，使其局限性增大。此外，某些因素所造成的影响，对不同的单一指标来说可能是相反的。

因此，人们很自然地会想到用较多的指标综合反映混凝土强度的可能性，这就是综合法的基本设想。换句话说，所谓综合法就是采用两种或两种以上的非破损检测手段，获取多种物理参数，从不同的角度综合评价混凝土强度的方法。

早在 20 世纪 50 年代，前苏联的杜拉索夫、克雷洛夫就提出采用超声和射线法测定混凝土声速和密度，进而通过弹性模量综合推算强度的方法。但在工程上应用最为成功的还是罗马尼亚的弗格瓦洛等人提出的“超声回弹”综合法，该法于 20 世纪 60 年代提出，至今还被许多国家采用，我国陕西省建筑科学研究所于 20 世纪 60 年代开始进行“超声－回弹”综合法的研究，20 世纪 70 年代逐渐形成全国性的研究协作网络，1988 年就已形成规程，即 CECS02－88《超声回弹综合法检测混凝土强度技术规程》。与此同时，我国其他指标综合法的研究也非常活跃，例如：声速-衰减综合法、声速-回弹-衰减综合法、回弹-砂浆声速综合法等等都取得了一定的效果。近年来，南斯拉夫及我国建筑科学研究院等又就非破损法和半破损法的综合运用展开了研究。由此可见，无论从理论上的逻辑推论来看，还是从已取得的研究成果来看，综合法都是现场结构混凝土强度检测的必然趋势。

（2）合理选择用以综合的物理参数，是综合法的关键。从现有综合法来看，综合参数的选择是十分灵活的，但是以下三点是必须考虑的原则：

①所选的参数应与混凝土的强度有一定的理论联系或相关关系；

②所选的各项参数在一定程度上能相互抵消或离析采用单一指标测量强度时的某些影响因素；

③所选的参数应便于在现场用非破损或半破损的方法测量。

一般来说，只要满足上述原则的参数，均能作为综合指标。因此，综合法的研究途径是十分宽阔的。在合理选择单一方法组合的前提下，所采用的非破损测试方法越多，混凝土强度 R 的测试精度就越高。

（3）采用综合法测量 R 时应符合下列条件：

①单一法的仪器性能、测试技术和测试误差都应满足规定的要求；

②在已查明的单一法测强影响因素的基础，应当采取对测强影响较大但影响效果互为相反的单一法进行综合，以便抵消或减少一些影响因素；

③综合法比单一法应具有较小的测试误差和较宽的适应范围；

④综合法应适用于确定内部无缺陷部位的混凝土强度 R。

2.“超声-回弹”综合法

（1）“超声-回弹”综合法的基本依据

①超声和回弹法都是以材料的应力应变行为与强度的关系为依据的。但超声速度主要反映材料的弹性性质，同时，由于它穿过材料，因而也反映了材料内部构造的某些信息。回弹法反映了材料的弹性性质，同时在一定程度上也反映了材料的塑性性质，但它只能确切反映混凝土表层（约 3cm 左右）的状态。因此，超声与回弹值的综合，既能反映混凝土的弹性，又能反映混凝土的塑性，既能反映表层的状态，又能反映内部的构造，自然能较确切地反映混凝土的强度。这就是超声-回弹综合法基本依据的一个方面。

②基本依据的另一个方面是，实践证明声速 V 和回弹值 N 合理综合后，能消除原来影响 $R\text{-}v$ 与 $R\text{-}N$ 关系的许多因素。例如，水泥品种的影响，试件含水量的影响及碳化影响等，都不再象原来单一指标时那么显著。这就使综合的 $R\text{-}N\text{-}V$ 关系有更广的适应性和更高的精度。而且使不同条件的修正大为简化了。

③超声回弹综合法是采用超声仪和回弹仪，在结构混凝土同一测区分别测量声时值 t 和回弹值 N，然后利用已建立起来的测强公式推算该测区强度的一种方法。这种方法与单一的回弹或超声法相比，具有以下显著特点：

a. 减少龄期和含水率的影响

混凝土声速 v 除受粗集料的影响外，还受混凝土的龄期和含水率等因素的影响，混凝土

回弹值 N 除受表面状态的影响外，还受混凝土的龄期和含水率的影响，但混凝土龄期和含水率对回弹值 N 和超声声速 v 的影响有着本质的不同，混凝土含水率大，声速加大，回弹值降低；混凝土龄期长，声速的增长率下降，而回弹值则因混凝土碳化程度增大而提高。因而，二者综合测强，可以部分减少龄期和含水率的影响。

b. 弥补相互不足

回弹值主要以表层砂浆的弹性性能来反映混凝土的强度，当混凝土强度较低，塑性变形较大时，这种反映就不太敏感，当构件截面尺寸较大或内外质量有较大差异时，就很难反映混凝土的强度。

声速值主要以整个断面的动弹性来反映强度，而强度高的混凝土，动弹性指标变化幅度小，声速随强度变化的幅度也不大，其微小变化往往被测试误差所掩盖，所以对强度大于35MPa 的混凝土，强度-声速的相关性较差。采用回弹和声速综合法测强，可内外结合，又能在较低或较高的强度区间相互弥补各自的不足，能够较全面地反映结构混凝土的实际质量。

c. 提高测试精度

由于综合法能减小一些因素的影响程度，较全面的反映整体混凝土质量，所以对提高无损检测混凝土强度的精度，具有的明显的效果。

(2) 影响 R-N-V 关系的主要因素

近年来，我国有关部门对用超声-回弹综合法测定混凝土强度的影响因素，进行了全国性协作研究，针对我国施工特点及原材料的具体条件，全面地得出了切合我国实际的分析结论。这些结论的要点如下：

①水泥品种及水泥用量的影响用普通硅酸盐水泥、矿渣硅酸盐水泥及粉煤灰硅酸盐水泥所配制的 C10、C20、C30、C40、C50 级的混凝土试件所进行的对比试验证明，上述水泥品种对“*R-N-V*”关系无显著影响，可以不予修正。

一般认为，水泥品种对声速和回弹有影响的原因主要有二：第一，由于各种水泥比重不同，导致混凝土中水泥体积含量的差异；第二，由于各种水泥的强度发展不同，普通硅酸盐水泥及硅酸盐水泥中的硅酸三钙含量较高，因此强度发展快。而掺混合材的水泥则因硅酸三钙相对含量较低，早期强度发展较慢。从而导致配比相同的混凝土，由于水泥品种不同而造成在某一龄期区间内（一般 28d 以前）强度不同。但就检测中的实际情况分析，水泥比重不同，所引起的混凝土中水泥体积含量的变化是很小的，不会引起声速值和回弹值明显波动。

关于各种水泥强度发展规律的不同的确存在，但主要影响在早期，据试验，在早期若以普通硅酸盐水泥的混凝土的推算强度为基准，则矿渣水泥混凝土实际强度可能低 10%，即推算强度应乘以 0.9 的修正系数。但 28d 后这一影响已不明显，两者的强度渐趋一致，而实际检测一般在 28d 以后，所以在“超声-回弹”综合法中，水泥品种的影响可不予修正是合理的。

试验还证明，当每立方米混凝土中，水泥用量在 200、250、300、350、400、450kg 范围内变化时，对“*R-N-V*”综合关系也没有显著影响。但当水泥用量超过上述范围时，应另外制订专用曲线。

②碳化深度的影响 在回弹法测强中，碳化对回弹值有显著影响，因而必须把碳化深度作为一个重要参量。但是，试验证明，在综合法中碳化深度每增加 1mm，用“R-N-V”关系推算的混凝土强度仅比实际强度高 0.6%左右。为了简化修正项，在实际检测中，碳化因素基本上可不予考虑。

在综合法中碳化因素可不予修正的原因，是由于碳化仅对回弹值产生影响，而回弹值 N 在整个综合关系中的加权比单一回弹法时要小得多。同时，一般来说，碳化深度较大的混凝土含水量相应降低，导致声速稍有下降，在综合关系中也可抵消因回弹值上升所造成的影响。

③砂子品种及砂率的影响用山砂、特细砂及中砂所配制的混凝土进行对比试验的结果证明，发现砂的品种对“R-N-V”综合关系无明显影响，而且当砂率在常用的 30%上下波动时，对“R-N-V”综合关系也无明显影响。其主要原因是，在混凝土常用砂率的波动范围有限，同时砂的粒径远小于声超波长，对超声波以混凝土中的传播状态不会造成很大影响。但当砂率明显超出混凝土常用砂率范围（例如，小于 28%或大于 44%）时，也不可忽视，而应另外制订专用曲线。

④石子品种、用量及石子粒径的影响若以卵石和碎石比较，试验证明，石子品种对“R-N-V”关系有十分明显的影响。由于碎石和卵石的表面情况完全不同，使混凝土内部界面的粘结情况也不同。在相同的配合比时，碎石因表面粗糙，与砂浆的界面粘结较好，因而混凝土的强度较高，卵石则因表面光滑而影响粘结，混凝土强度较低。但超声速度和回弹值对混凝土内部的界面粘结状态并不敏感，所以若以碎石混凝土为基础，则卵石混凝土的推算强度平均约偏高 25%左右（见图 1.3.2-65）。而且许多单位所得出的修正值并不一样，为此，一般来说，当石子品质不同时，应分别建立“R-N-V”关系曲线。

当石子用量变化时，声速将随含石量的增加而增加，回弹值也随含石量的增加而增加。

当石子最大粒径为 2～4cm 范围内变化时，对“R-N-V”的影响不明显，但超过 4cm 后，其影响也不可忽视。

所以，在“超声-回弹”综合法测强中，石子的影响是必须予以重视的。

⑤外加剂的影响由于外加剂的主要效应在早期，即混凝土塑化作用和 3～5 天早期强度均增高，而超声－回弹综合法测强规定 14 天后进行，所以外加剂的影响可以不予修正。试验证明，选择常用的木钙减水剂、硫酸钠、三乙醇胺早强复合剂对混凝土强度与声速和回弹值的关系无影响。

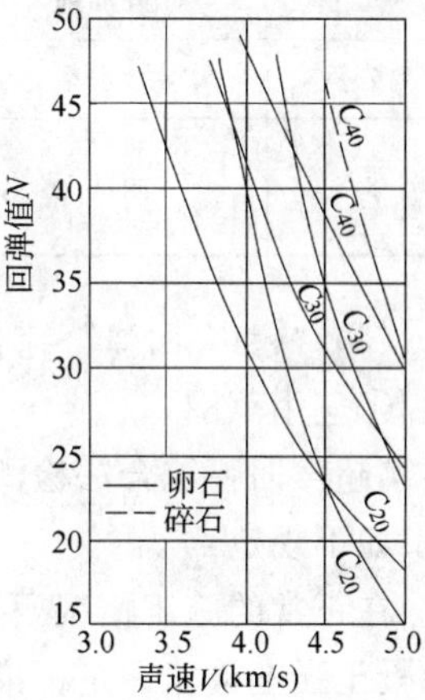

图 1.3.2-65 石子品种对 R-N-V 影响的关系图

⑥混凝土含水率的影响试验证明，混凝土表面的湿度对回弹值有显著影响，湿度越大，回弹值越低。由于超声波在水中传播的速度要比在空气中传播的速度快，因而在混凝土强度与声速和回弹值关系中可抵消因回弹值下降所造成的影响。此外，混凝土含水率的影响随强度的提高而变小，但是，由于混凝土的湿度与气候条件、龄期、混凝土原材料等均有关系，各地所测得的影响程度区别较大。所以，在现场测试中应尽可能采用干燥状态。

⑦测试面的位置及表面平整度的影响当采用钢模或木模施工时，混凝土的表面平整明显不同，采用木模浇筑的混凝土表面不平整，往往影响探头的耦合，因而使声速偏低，回弹值也偏低，但这一影响与木模的平整程度有关，很难用一个统一的系数来修正，因此一般应对不平整表面进行磨光处理。

当测试在混凝土浇筑表面或底面进行时，由于石子离析下沉及表面沁水、浮浆等因素的影响，其声速与回弹值均与侧面测量时不同。若以侧面测量为准，上表面或底面测量时对声速及回弹值均应乘以修正系数。

从以上分析来看，声速-回弹综合法的影响因素，比声速或回弹单一参数法要少得多。现将有关的影响因素列于表 1.3.2-15。

“超声-回弹”综合法的影响因素 表 1.3.2-15

序号	影响因素	试验验证范围	影响程度	修正方法
1	水泥品种及用量	普通水泥、矿渣水泥、粉煤灰水泥、250～450kg/m	不显著	不修正
2	碳化深度		不显著	不修正
3	砂子品种及砂率	山砂、特细砂、中砂 28～40%	不显著	不修正
4	石子品种、含石量	卵石、碎石、骨灰比 1：4.5～1：5.5	显著	必须修正或制订不同的曲线
5	石子粒径	0.5～2cm、0.5～4cm、0.5～3.2cm	不显著	＞4cm 修正
6	外加剂	木钙减水剂、硫酸钠、三乙醇胺	不显著	不修正
7	含水率	木钙减水剂、硫酸钠、三乙醇胺	有影响	尽可能干燥状态
8	测试面	浇筑侧面与浇筑上表面及底面比较	有影响	对 V、N 分别进行修正

(3)“超声-回弹”综合法检测的若干规定

①应用范围

《超声回弹综合法检测混凝土强度技术规程》(CECS02：88) 对综合法测强的应用范围作了如下规定：

在正常的施工情况下，结构混凝土的强度应按《钢筋混凝土工程施工及验收规范》及《混凝土强度检验评定标准》所规定的预留试块进行验收。只有在下列情况下才能应用“超声-回弹”综合法，进行混凝土强度推定，并作为处理混凝土质量或结构承载能力鉴定检算的一个主要依据。

a. 对原有预留试块的抗压强度有怀疑，或没有预留试块时；

b. 因原材料，配合比以及成型与养护不良而发生质量问题时；

c. 对结构或构件的混凝土强度有怀疑时；

d. 已使用多年的老结构，为了维护加固处理，需取得混凝土实际强度值，而且只有从结构上钻取的芯样进行校核的情况下。

“超声-回弹”综合法对于遭受冻害、化学腐蚀、火灾、高温损伤的混凝土、被测构件厚度小于100mm及结构表面温度低于－4℃或高于60℃的情况下，一般不宜使用。若必须使用时，应作为特殊问题研究解决。总之，凡是不宜进行回弹、超声单一参数检测的工程，综合法也不宜使得。

②检测前的现场准备

a. 资料准备

检测前应详细了解待测结构施工情况、现场测试条件、测试范围及电源情况等，应具备下列有关资料：工程名称、设计、施工和建立单位名称，结构或构件名称、编号、施工图及混凝土强度等级，混凝土原材料的有关资料及配合比等，模板类型、混凝土灌注和养护情况、成型日期，结构或构件可能存在的质量问题和原因，混凝土试块试压报告等。

“超声-回弹”综合法所推算的强度，相当于构件混凝土制成边长150mm的立方体试块的强度。因此，一个测区仍然相当于一个试块。

b. 被测结构或构件准备

在结构或构件表面布置测区，测区布置应符合下列规定：按单个构件检测时，应在构件上均匀布置测区，且不少于10个。当对同批构件抽样检测时，构件抽样数应不少于同批构件的30%，且不少于4件，整个构件测区数不少于10个。对长度小于或等于2m的构件，其测区数量最少不应少于3个。

当按批构件抽样检测时，凡符合下列条件的构件，才可作为同批构件处理：混凝土强度等相同，混凝土原材料、配合比、成型工艺、养护条件及龄期基本相同，构件种类相同，施工阶段所处状态相同。

c. 结构或构件的测区，应满足以下要求：

测区宜布置在构件混凝土浇筑方向的侧面，应均匀分布，相邻测区的间距不宜大于2m；应避开钢筋密集区和预埋铁件；测区尺寸为20×20cm，相对应的两个20×20cm方块视为一测区，测区距施工层界接缝和构件边缘或截面交线的净距应大于5cm。测试面应清洁、平整、干燥，不应有接缝、锈面层、浮浆和油垢，并避开蜂窝、麻面部位，必要时可用砂轮片清除杂物和磨平不平整处，并擦净残留粉尘。测区应注明编号，并草图记录测区与在结构上所处的位置和外观混凝土质量状态，如一测区应尽可能处于干燥状态，测试时，先测回弹值，再测超声值。施测前应用钢筋保护层厚度测试仪查明测区钢筋分布状况，应同时测出超声探头至钢筋的最小表面距离。对非一同测区回弹、超声值，不能用综合法推算测区混凝土强度换算值。

③回弹值的测量与计算用于综合法测强的回弹仪，必须处于校准状态，并在钢砧上进行率定值为80±2的仪器。回弹测点宜在测区范围均匀分布，不得打在气孔或外覆石子上，同一测点只允许弹击一次，一测面弹击8点，一测区弹击16点。相邻两测点的间距一般不小于3cm，测点距构件边缘或外露钢筋铁件的距离不小于50mm。回弹仪的轴线方向应与测试面保持垂直。

回弹值的计算。首先，从一测区的16个回弹值 N_i 中剔除3个最大和3个最小，求出回弹平均值：

$$R_m = \sum_{i=10}^{10} N_i / 10 \text{（计算至 0.1）} \tag{1.3.2-105}$$

然后，再进行回弹平均值修正。修正时，先进行非水平状态的修正，后进行浇筑方面的顶面或底面的修正。

④超声值的测量与计算超声测试所使用的超声波仪应符合技术要求，并具有质检合格证明。测试点应布置在同一个测区的回弹值测试面上，但探头安放位置不宜与弹击点重叠。每个测区应在相对测试面上对应地布置三个测点（图 1.3.2-66），相对面上的收、发探头应在同一轴线上。收发探头应与混凝土表面耦合良好。只有在同一个测区内所测得的回弹值和声速才能作为推算强度的综合参数，不同测区的测值不可混淆。

声时和声程的测量应完全按规定进行，然后按下列计算：

$$v = \beta \cdot \frac{l}{t_m}$$
$$t_m = (t_1 + t_2 + t_3)/3 \tag{1.3.2-106}$$

式中：v——测区声速值（km/s），精确至 0.01km/s；

l——超声测距即声程（mm），精确至 1mm；测量误差不大于±1%；

t_m——测区平均声时值（μs），精确至 0.1μs；

t_1、t_2、t_3——分别为测区 3 个测点的声时值，重复测量误差不得超过±1%；

β——超声测试面修正系数，在混凝土浇灌顶面及底面测试时，$\beta=1.034$；在混凝土浇灌侧面测试时，$\beta=1$。

（4）“强度（R）—回弹值（N）—超声声速（V）”关系曲线的建立

在综合法测强中，结构或构件上每一个测区的混凝土强度，是根据该测区实测的并经必要修正的超声波声速值 V，及回弹平均值 N，按事先建立的 R-V-N 关系曲线（即 R-V-N 测强曲线）推算出来的，因此必须建立可靠的 R-v-N 关系曲线。

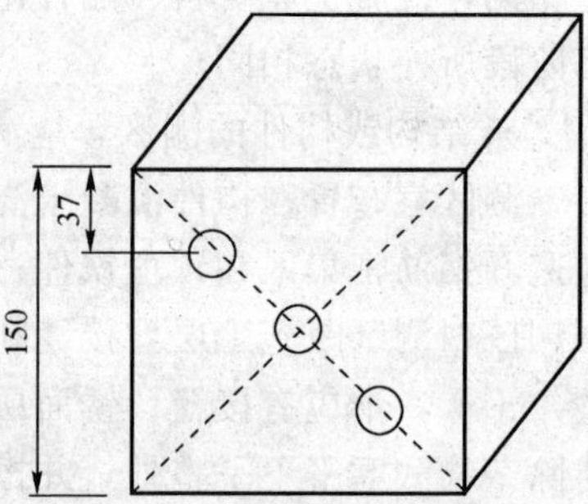

图 1.3.2-66　试块上测点的布置

①R-V-N 测强曲线的分类按其适用范畴分三类：

a. 统一测强曲线（全国曲线）或（通用曲线）这类曲线一般以全国常用的有代表性的混凝土原材料、成型养护工艺和龄期为基本条件，是建立在全国许多地区曲线的基础，经过大量的分析研究和计算汇总而成。适用于：地区测强曲线和专用测强曲线的单位，对全国大多数地区来说，具有一定现场适应性，使用范围大，但其精度不很高。

b. 地区（部门）测强曲线

这类曲线采用本地区或本部门常用的有代表性的混凝土原材料、成型养护工艺和龄期为基本条件，在本地区或本部门制作相当数量的试块进行非破损和破损的平行试验建立的测强曲线。适用于无专用测强曲线的工程测试。对本地区或本部门来说，其现场适应性和强度测试精度均优于统一测强曲线。由于我国地区辽阔，各地材料差别较大，一般要制订这类测强曲线。

c. 专用（率定）测强曲线

以某一个具体工程为对象，采用与被测工程相同的材料、成型养护工艺和龄期，制作一定数量的试块，进行非破损和破损的平行试验测试建立的测强曲线。这种曲线针对性较强，测试精度最高，一般大型工程最好能建立这类曲线，以便能有效地实施结构混凝土质量控制。

②$R\text{-}N\text{-}v$ 测强曲线的制定方法由于综合法测强中，混凝土的配合比、水泥品种及用量、粗集料品种及用量、粗集料粒径与龄期等因素对测试结果都有不同程度的影响，为了解决这个问题，提高测试精度，在如何建立测强曲线这个问题上目前有两种做法：一种是标准混凝土法；另一种为常用配合比或最佳配合比法。

a. 标准混凝土法

用人为规定影响因素的影响系数均为 1 的情况下，所制成的混凝土（标准混凝土）用改变水灰比的办法把混凝土试件强度从低到高拉开，以得到不同强度等级的混凝土试块再用其来建立测强曲线——即标准曲线，标准曲线的影响因素为 1，其余均为非标准混凝土。当改变混凝土原材料种类或配合比时，则应建立相应的修正系数，一般每改变一个因素就要建立一个相应的修正系数，修正系数 C_0 用下式计算：

$$C_0 = f_{标} / f_{非} \tag{1.3.2-107}$$

式中：$f_{标}$——标准混凝土抗压强度；

$f_{非}$——非标准混凝土的抗压强度。

然后用多个系数进行修正，以确定非标准混凝土的强度。

$$f_{非} = f_{标} \cdot C_1 \cdot C_2 \cdot C_3 \cdot C_4 \cdot C_5$$

罗马尼亚习惯采用此法来建立“超声回弹”综合法测强曲线，罗马尼亚采用的标准混凝土是：325 级普通硅酸盐水泥，用量 300kg/m^3；粗集料为石英质河卵石，最大粒径为 3cm；粒径为 0～1.0mm 的细集料，含量为 12%；不掺外加剂；试块尺寸 20cm×20cm，标准养护；混凝土成熟度为 100℃·d。

“超声-回弹”综合法测强中其建立了五个修正系数，即：水泥品种、水泥用量、粗集料种类、最大集料粒径与 0～1mm 细集料的比例修正系数。

b. 最佳配合比（或常用配合比）法

首先采用最佳配合比，配制不同强度等级的混凝土试块。然后在不同龄期进行试验测试，以建立 $R\text{-}N\text{-}V$ 测强曲线。这样建立的 $R\text{-}N\text{-}V$ 测强曲线针对性强、精度较高，但曲线数量较多，目前是我国应用较多的一种做法。

地区或专用的 $R\text{-}N\text{-}V$ 测强曲线的制定方法如下：

a. 采用本工程或本企业（专用曲线）或本地区（地区曲线）常用的水泥、粗集料、细集料按最佳配合比配制强度 C10～C50 级的混凝土，并制成边长为 150mm 的立方体试块，制定地区测强曲线时，每种强度等级的试块不少于 150 块，制定专用测强曲线时，每种强度等级的试块不少于 30 块，并宜在同一天成型或尽可能短的时间内完成，试块应在振动台上振捣成型或采用与构件相同的浇捣工艺成型。

b. 对试件进行标准养护或与构件同条件养护后，按龄期 7d、14d、28d、60d、90d、180d、365d 进行超声、回弹及抗压强度测试，每一龄期每组试块须 3 块或 6 块。测定声时值时，采用对测法，测点布置如图 1.3.2-66 所示，宜采用黄油为耦合剂。测试后得到的每一试块声时值 t_1、t_2、t_3 取平均值，保留小数后一位数字，然后除以声通路的距离 l（即试块两测试面间的距离），即可得到声速值，并保留小数后二位数字。回弹值测量应选用不同于声时测量的另一相对侧面，应将试块油污擦净放在压力机上，加压至 30～50kN，然后在两相对面上各弹击 8 个点，测试时回弹仪轴线应与试块侧面保持垂直，测点宜在测区内均匀分布，并不应弹击在气孔或补露石子上，同一测点只允许弹去一次，相邻两测点的间距一般不小于 30mm，测点离试块边缘的距离不小于 30mm。然后剔除 3 个最大和 3 个最小值，将余下 10 个回弹值的平均值作为该试块的回弹值，保留小数后点后一位数字。最后将试块回弹值测试面放置在压力机平板间加压，以每秒 6kN±1kN 的速度连续均匀加荷至破坏，得混凝土抗压强度值（精确至 0.1MPa）。

c. 将所有测试龄期的试块全部测试完成后得到的声速 V、回弹值 N 及强度 R 汇总后进行回归分析，并计算其标准差。在回归分析时，应选择多种方程进行拟合计算，将其相关系数最大者作为曲线方程，试验证明下式为最常见的方程形式：

$$R = AV^B N^C \tag{1.3.2-108}$$

式中：R——推算强度；

A——常数项系数；

B、C——回归系数；

V——声速；

N——回弹值。

相对标准误差 e_r，可接下列公式计算：

$$e_r = \sqrt{\frac{\sum_{i=1}^{n} (R_i/R_{ci}-1)^2}{n-1}} \times 100\% \tag{1.3.2-109}$$

式中：e_r——相对标准误差（MPa）；

R_i——第 i 个立方体试块抗压强度（MPa）；

R_{ci}——对应于 i 个立方体的试块按回归方程计算的强度推算值（MPa）；

n——试块数。

所制作的曲线的相关系数 γ 应大于等于 0.9，相对标准误差 e_r 应满足下列要求：

地区测强曲线 $|e_r| \leqslant 14.0\%$；

专用测强曲线 $|e_r| \leqslant 12.0\%$；

并给专门机构审定才能应用于工程现场检测。

R-v-N 关系既可用公式、表格形式表达，而且为了清晰明了，也可用图形表示。式（$R=AV^B N^C$）是一个三元方程，可用三维直角坐标系作图，其图形为一曲面。为了方便，也可用一组等强平面与曲面相交，其交线为一组等强度曲线。然后将这些等强度曲线投影在

N-V 平面上，形成一组等强度曲线（图 1.3.2-67），使立体图形变为平面图形，便于查阅。

③通用曲线（全国基准曲线）的应用《超声回弹综合法检测混凝土强度技术规程》（CECS 02：88）编写组收集了北京、上海、天津、黑龙江、吉林、山西、内蒙、安徽、河南、陕西、新疆、青海、四川、江苏、湖北、江西、湖南、广西、福建、贵州、重庆、南京等 22 个省、市、自治区的建筑科学研究所、建筑工程公司、高等院校等 29 个单位所提供的资料，共 8096 个试块的声速值、回弹值、碳化深度值及抗压强度值。这些试块的制作基本上与各地现场同条件，或根据制定地区曲线的要求制作。回弹仪进行标准率定，超声仪虽然型号不同，但均采用经统一率定的标准棒扣除 t_0，测试技术基本统一。因此，所得试验数据的测试条件基本统一，然后，将这批数据进行统计分析，选用 10 种综合法回归方程式 33 种组合进行优选，最后选定了按卵石、碎石两种回归方程式作为全国基准曲线即通用曲线，如表 1.3.2-16 所示。

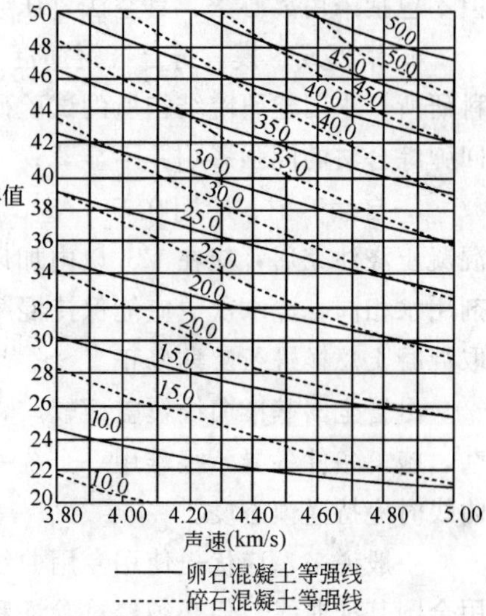

图 1.3.2-67　通用 R-N-v 曲线图

全国基准曲线　　　　表 1.3.2-16

粗集料品种	方程系数 $R=AV^{B}N^{C}$	试块数量（块）	相关系数（r）	相对标准误差 er（%）	平均相对误差 mer（%）
卵石	$A=0.0038$ $B=1.23$ $C=1.95$	2164	0.9118	15.6	13.2
碎石	$A=0.008$ $B=1.72$ $C=1.57$	3124	0.9153	15.6	13.1

表 1.3.2-16 所列公式也可制成表格形式或曲线形式，其曲线形式见图 1.3.2-67，表格形式参见“CECS 02：88”规程之附表二：“测区混凝土强度换算表”。

上述通用曲线适用于下列条件的普通混凝土：

a. 混凝土用水泥符合国家标准《硅酸盐水泥、普通硅酸盐水泥》和《矿渣硅酸盐水泥、火山质硅酸盐水泥与粉煤灰硅酸盐水泥》的要求；

b. 混凝土用砂、石集料符合《普通混凝土用砂质量标准及检验方法》和《普通混凝土用碎石或卵石质量标准及检验方法》的要求；

c. 掺或不掺减水剂或早强剂的普通混凝土。据四川省建研对掺所与不掺所规定的减水剂和早强剂的试验研究表明，对综合法测强影响不显著；

d. 人工或一般机械搅拌、成型。包括采用通常使用的自落式或强制式机械搅拌，采用平板、插入、附着式振动器成型的混凝土，以及采用滑模、拉模、泵送等工艺浇注混凝土，但不包括采用离心法、真空法、压浆法、喷射法制作的混凝土；

e. 钢模或木模，符合《钢筋混凝土工程施工及验收规范》的有关规定。根据中建四局科研所、中国建研院结构所的试验研究，在自然养护的条件下，两种模板的混凝土，对超声回弹综合法的测强影响并不显著；

f. 自然养护、龄期在 7～730d 内，强度等级为 C10～C50。自然养护，一般指常温下，混凝土浇注完后，应在 12h 以内加以覆盖和浇水，浇水时间不得小于 7 昼夜，养护用水与拌剂用水相同，浇水次数应能保持混凝土具有足够的润湿状态；如若龄期超出 7～730d，应钻取混凝土总样进行龄期修正。

尽管全国基准曲线覆盖面较广，具有一定的代表。但是，由于我国地域辽阔，原材料复杂，施工条件各异，很难用一个统一的经验公式解决所有的问题。因此，各地使用全国基准曲线时应持谨慎态度。

一般说来，应优先使用专用曲线或地区曲线。若尚未制定专用曲线或地区曲线时，可使用全国基准曲线，但必须经过验证和修正。

验证方法是按该地区常用混凝土原材料，最佳配合比，配制强度等级为 C10、C20、C30、C40、C50 的混凝土，并制作边长为 150mm 的立体试块各三组，采用自然养护。然后按龄期 28、60、和 90d 进行综合法测试和抗压试验，测出试块的声速值、回弹值、抗压强度值，并用实测的声速值和回弹值代入表 1. 3. 2-16 所列公式，算出推算强度。

然后，根据推算强度和实测强度值，计算相对标准误差 e_r，若 $|e_r| \leqslant 15\%$，则该地区可使用全国基准曲线，否则应另作地区专用曲线，或进行必要修正后使用。

④基准曲线的现场修正现场混凝土的原材料、配合比以及施工条件不可能与 R-N-V 基准曲线的制作条件完全一致，因此，强度推算值往往偏差较大。为了提高结果的可靠性，可结合现场情况对基准线作适当修正。

修正的方法是利用现场预留的同条件试块（新建或在建结构）或从结构构件上综合法测区处钻取的芯样，一般要求试块或芯样数不少于 3 个。用标准方法测定这些试样的超声值、回弹值、抗压强度值，并用基准曲线（该现场准备采用的专用曲线、地区曲线或通用曲线）推算出试块的计算强度，然后按下式求出修正系数。

预留的同条件试块校正的修正系数：

$$\eta=\frac{\sum_{i=1}^{n}\frac{R_i}{R_{ci}}}{n} \tag{1.3.2-110}$$

式中：η——基准曲线的修正系数；

R_i——各预留试块的实测强度，精确至 0. 1MPa；

R_{ci}——各预留试块按拟修正的基准曲线所推算的强度，精确至 0. 1MPa；

n——预留的修正试件数。

测区钻芯取样校正的修正系数：

$$\eta=\frac{\sum_{i=1}^{n}\frac{R_{cori}}{R_i}}{n} \tag{1.3.2-111}$$

式中：η——基准曲线的修正系数，精确至小数点后两位；

R_{cori}——各芯样的实测并换算成立方体试块的强度，换算方法见后。精确至 0.1MPa；

R_i——钻取芯样处测区混凝土按拟修正的基准曲线所推算的强度，精确至 0.1MPa；

n——芯样数。

修正系数乘以拟修正的基准曲线公式即为修正后基准曲线公式。在旧结构或构件上钻芯取样时，应根据在结构或构件上测区实测的混凝土强度的均匀性或离散分布情况，划分等级取芯，芯样最少不能少于 6 个。

(5) 结构或构件混凝土特征强度的推定

以上用 R-N-V 关系基准所推算的强度是每一个测区的混凝土换算强度，即相当于一个试块的强度。为了对构件或结构的混凝土强度作出总体评价，应根据我国的《混凝土强度检验评定标准》及《混凝土结构工程施工验收规范》的规定原则推定混凝土的特征强度。其推定方法如下：

①单个构件混凝土特征强度的推定：取该构件各测区中最小的换算强度 R_{cmin}，作为该构件混凝土的推定强度。

②按同批构件抽样检测时，该批构件混凝土特征强度应按下述公式推定：

$$R=\bar{R}c-1.645S \tag{1.3.2-112}$$

$$\bar{R}_C=\frac{1}{n}\sum_{i=1}^{n}R_i \tag{1.3.2-113}$$

$$S=\sqrt{\frac{\sum_{i=1}^{n}R_i^2-n\bar{R}_c^2}{n-1}} \tag{1.3.2-114}$$

式中：R——该批构件混凝土强度推定值 (MPa)；

$\bar{R}_C$——该批构件所有测区混凝土强度换算值的平均值 (MPa)；

R_i——该批构件各测区混凝土强度推算值 (MPa)；

S——该批构件所有测区混凝土强度推算值的标准差 (MPa)；

n——该批构件测区总数。

但当该批构件测区混凝土强度换算值的标准差 S 过大时，该批构件的混凝土强度推定值可按下列公式计算：

$$R=R_m=\frac{1}{m}\sum_{j=1}^{m}R_{jmin} \tag{1.3.2-115}$$

式中：R_{jmin}——第 j 个构件中的最小测区混凝土强度换算值 (MPa)；

R_m——各批每个构件中最小的测区强度推算值的平均值 (MPa)。

当属同批构件按批抽样检测时，若全部测区强度换算值的标准差出现下列情况时，则该批构件应全部按单个构件检测；

a. 当混凝土强度等级低于或等于 C20 时，$S>4.5$MPa；

b. 当混凝土强度等级高于 C20 时，$S>5.5$MPa。

在超声测距超过 1m 的情况下，是否能使用上述原则进行结构或构件混凝土特征强度的推定，尚有争论，主要异议有以下两点：

其一、一种意见认为上述推定方法基本上套用的是《钢筋混凝土工程及验收规范》和

《混凝土强度检验评定标准，按预留试块评定结构中混凝土特征强度的方法。其中 S 值是指各块测定结果的标准差。但在综合法测强中，当测距超过一个试块的厚度时，所测声速实际上是若干个试块的平均值，因而导致推算强度 S 值的降低，使推定值偏高，偏于不安全。因此，必须乘一个测距系数予以修正。另一种意见则认为，在一个测区内，测量声速时整个声通路上的混凝土应是同一盘混凝土，当采用预留试块法评定强度时，应是同一个取样点，而同一个取样点的混凝土被认为是匀质的，这是采样制作预留试块时的基本假定。因此，超声法或综合法测强时，整个声通路虽然超过了一个试块的厚度，但它仍然代表一个试块所代表的那一批混凝土。因此，不必对 S 值进行修正。

其二、一般认为，综合法、超声法、回弹法等采用物理量间接推算强度的方法所推算的强度的标准差 S 包含两个部分：一部分来自混凝土本身因质量变异所带来的标准差；另一部分是来自这些方法采用物理量间接推算强度时，基准曲线所固有的误差。因此，该 S 值应较预留试块所计算的 S 值偏大，也就是说推定的强度偏低，偏于安全。如何修正尚待研究。

从以上两方面来看，第一个因素可能造成推定强度偏高，第二个因素可能造成推定强度偏低，两者是反向的。但由于这两种因素对 S 值影响的定量关系尚未搞清，它们是否能完全抵消仍无定论。在中国工程建设标准化委员会制定的《超声回弹综合法检测混凝土强度技术规程》中，仍用上述原则推定混凝土结构或构件的特征强度。

(6) 回弹法、超声法、“回弹-超声”综合法的比较

为了比较前面章节所讨论的三种现场强度测量方法的可靠性，全国回弹-超声综合研究协作组曾将来自 22 个省、市用来制定通用曲线的实测数据，根据三种方法的要求进行回归分析和方差分析。中国建筑科学研究院还用同一芯样试件，采用三种方法推算其强度，再与实际抗压强对比的方法，进一步验证了这三种测量结果的精确度。结果列于表 1.3.2-17 和表 1.3.2-18 中。

回弹、超声、回弹—超声综合法比较表 表 1.3.2-17

综合法 $R=AV^BN^C$			回弹法（含碳化）$R=AN^B10^{CL}$	回弹法 $R=AN^B$	超声法 $R=AV^B$
卵石 $n=2164$	A	0.0037937	0.0107064	0.011181	0.468378
	B	1.228138	2.178297	2.154209	2.73904
	C	1.952291	−0.003414	/	/
	r	0.9118	0.8930	0.8834	0.4522
	e_r	15.6%	17.7%	18.6%	38.5%
	m_{er}	13.2%	14.1%	15.1%	30.7%
碎石 $n=3124$	A	0.0079984	0.024301	0.029374	0.253283
	B	1.723517	2.00851	3.92446	3.14975
	C	1.56854	−0.014883	/	/
	r	0.9153	0.8970	0.8528	0.6553
	e_r	15.6%	18.3%	20.9%	32.3%
	m_{er}	13.1%	14.4%	16.9%	25.2%

回弹、超声、回弹 — 超声综合法芯样实测结果比较表　　表 1.3.2-18

芯样编号	测定强度（MPa）				误　差（%）		
	压力机试验	综合法试验	超声法试验	回弹法试验	综合法试验	超声法试验	回弹法试验
1	6.0	5.8	6.2	8.9	−3	+3	+48
2	5.7	5.1	4.8	9.8	−10	−16	+80
3	8.8	8.0	8.6	9.8	−9	−2	+11
4	7.1	5.8	5.7	9.8	−10	−20	+38
5	8.7	8.0	8.2	10.8	−8	−6	+24

从这些有代表性的数据的分析结果来看，综合法相对标准误差 e_r 及相关系数 r 均优于回弹法和超声法。

3．“声速-衰减系数”综合法

“声速-衰减系数”综合法采用演绎法确定检测物理量。首先运用现有的理论知识推导混凝土强度（R）-声速（V）-衰减系数（a）之间的函数关系，然后通过试验验证，并确立其常数的具体数值。

（1）动力弹性模量 E_d 与声速 C 的关系

当声波在完全弹性构件中沿杆轴传布时，若忽略纵向应力所引起的横截面积的变化，按照固体力学方法不难导出：

$$E_d = \frac{\rho c^2}{\Phi} \tag{1.3.2-116}$$

式中：ρ——固体介质密度；

Φ——形状修正系数，对杆状介质，$\Phi=1$；板状介质，$\Phi=1/(1-\mu)^2$，其中 μ 为材料的泊桑比，混凝土 μ 约为 0.15～0.20。

（2）超声波在混凝土中的衰减

声波在实际介质中传播时，其振幅将随传播距离的增大而逐渐减少，这种现象称为衰减。超声波为高频机械振动在介质中的传播，它在混凝土中的衰减，与材料振动时的内外阻尼有关，它在一定程度上体现了材料的非弹性性质，同时也包含了材料的内部结构的信息，因而很值得重视。

①超声波的衰减系数超声波的衰减系数 α 可按下式计算：

$$a = \frac{1}{X}\ln\frac{A_0}{A} \tag{1.3.2-117}$$

式中：A_0——$X=0$ 时的位移振幅；

A——X 时的位移振幅；

X——超声波在材料中的传播距离。

②混凝土中超声波衰减的原因分析在实际材料中，超声波衰减主要来自以下三个因素：

a. 由于材料的粘塑性所引起的能量吸收，这时部分超声波在材料中被转换成其他能而损失，这种能量衰减称为吸收衰减，其衰减系数被称为吸收衰减系数 α。

混凝土中粘塑性性质可用松弛周期来描述，应力松弛过程实质上也就是微观声带中的弛过程。在弛豫过程中，吸收衰减系数 α_a 与频率如图1.3.2-68所示的关系。

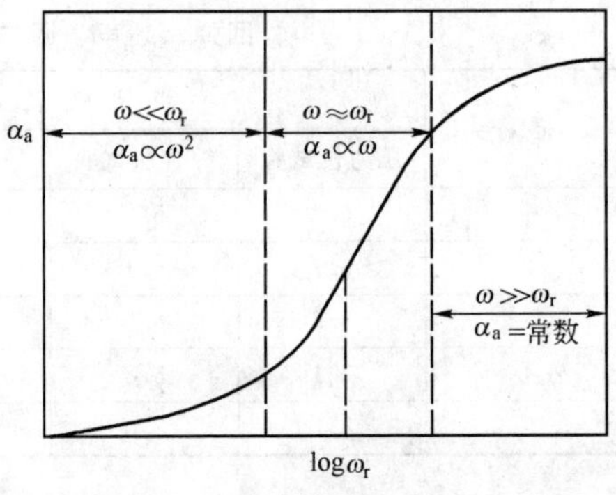

图 1.3.2-68 弛滞过程 α_a 与超声波频率的关系图

从图中可见吸收衰减系数 α_a 与超声波圆频率 ω 之间的关系，随频段的不同而不同，频段的划分与弛滞频率 ω_r（即松弛周期的倒数）有关，当 $\omega \ll \omega_r$ 时，α_a 正比于 ω^2；当 $\omega \approx \omega_r$ 时，α_a 正比于 ω；当 $\omega \gg \omega_r$ 时，α_a 趋向饱和，接近于一个恒量，混凝土的松驰周期较大，ω_r 很小，所以可以认为在常用的检测频率范围内，混凝土的 α 与 ω 成正比，甚至与 ω 无关。

从分子声学中还可导出，当超声波频率选定后吸收衰减系数随弛豫频率 ω_r 的增大而增大。换而言之，也就是 α_a 随混凝土的松弛周期的增长而减小。

b. 因材料中存在颗粒状结构（如混凝土中的集料或缺陷），当超声波到达颗粒界面时产生反向，颗粒本身成为一个新的波源向四周发射声波，这一现象称为波的散射。因散射现象而引起的衰减称为散射衰减，其衰减系数被称为散射衰减系数 α_s。

散射衰减与散射粒子的形状、尺寸、数量和性质有关。散射粒子的尺寸愈小，数量少则散射影响也愈小，同时也与超声波频率 f 有关，当波长 λ 比粒径 d 大得多时，可以认为 α_s 与 f^4 成正比。

混凝土是一种典型的颗粒状集结型复合材料，其中的集料都是有效的散射体，尤其以粗集料的散射作用最大，其散射作用的大小取决于石子平均粒径与波长的关系，根据瑞理散射理论，若保持混凝土中总石含量不变，而改变石子粒径时，颗粒数量也随之变化，则当 $\pi d > \lambda$ 时，石子散射衰减与粒径 d 成反比，而当 $\pi d < \lambda$ 时，石子散射衰减与粒径 d 的 3 次方成正比。

图 1.3.2-69 为混凝土中粒径变化时，α 的变化规律，图中所列数据采用 40kHz 频率探头，混凝土声速以 4000m/s 计，则波长约 10cm；当 $\pi d = \lambda$ 时 $d = 3.2$cm 左右。所以按上述规律，当 $d > 3.2$cm 时，随 d 的增大 α_s 缓慢下降，而当 $d < 3.2$cm 时，α_s 随 d 的增大而上升，实测结果基本相符。

c. 因波束扩散，单位面积上的声能随传播距离的增加而减少，通常称扩散衰减，其衰减系数为 α_r。在混凝土中由于所选的超声频率较低，扩散角很大，有时甚至完全以球面波的形式充满整个试件，因此扩散损失是比较严重的。但是扩散衰减并不完全满足指数规律，而只与面积随距离增加而增加，是与材料本身性能无关的一个衰减因素，严格说来它不计入总的 α 中，而应予修正。如正在测量时选取相同的测量距离，则波束扩散衰减应为一个恒量，因此并不影响测量结果体现的某种相对的规律性。

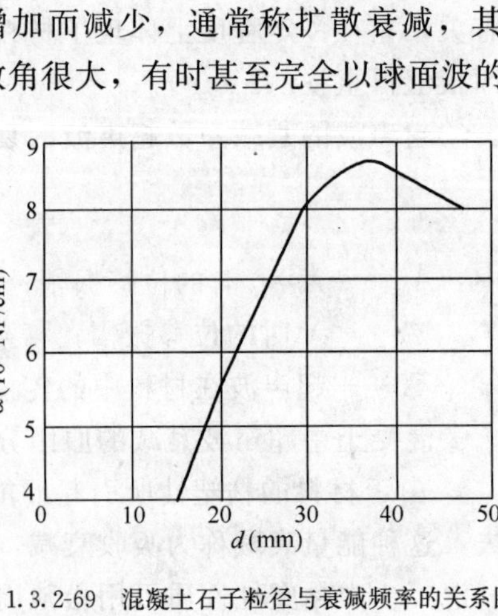

图 1.3.2-69 混凝土石子粒径与衰减频率的关系图

综上所述，超声波混凝土的衰减主要有三部分组成，即：

$$\alpha = \alpha_a + \alpha_s + \alpha_r \qquad (1.3.2\text{-}118)$$

其中，α_a 主要反映材料的黏塑性吸收；α_s 反映材料的颗粒结构及各种缺陷的散射，亦即反映材料结构的非匀质性；而 α_r 则是与材料本身性能无关的一个衰减因素，当测试距离固定后，它为一固定值。

③不同频率对混凝土衰减系数的影响根据以上的分析几种不同的衰减与频率有如下粗略关系：

$$\alpha_a = Af \tag{1.3.2-119}$$

$$\alpha_s = Bf^4 \tag{1.3.2-120}$$

式中：A、B——比例系数。

f——频率。

α_a 与扩散角的大小有关，所以应与 f 成反比，但在混凝土中一般较大，而且它并不反映材料性能，一般用固定测试距离的方法使其不变，所以在混凝土中超声衰减系数与频率的关系为：

$$\alpha = Af + Bf^4 + \alpha_r \tag{1.3.2-121}$$

从该关系式中可见，当选用不同的测试频率时，在总的衰减系数 α 中，α_a 与 α_s 及 α_r 的加权是不同的。在采用较低频率时，α_s 的加权相对增大，也就是说，总的 α 中所包含的因吸收衰减而引起的衰减成分较多。而采用较高频率时，散射衰减系数 α_s 的加权增加，这时 α 主要反映材料内部结构的散射衰减。由此可见，当采用不同的频率时，所测量的衰减系数 α 将带有不同的信息。可惜，目前在这方面的研究还不多，频率与信息的定量关系尚不明确。这是今后有待进一步研究的问题，但是这些概念仍有助于对某些实测结果的分析。

图 1.3.2-70 和图 1.3.2-71 为用不同的频率（40kHz 和 50kHz）的探头所测量的含石量与衰减系数 α 的关系。从图中可见，当频率较高时由于散射衰减占主导地区，因为衰减系数随含石量的增加而增加，而采用低频探头时却得到相反的结果。其原因是复杂的，原因之一可能是当低频时吸收衰减的加权增大，所以对混凝土的粘性比较敏感，而含石量减少时，由于水泥砂浆相对含量增加，粘塑随之增加，因此，衰减系数随含石量的减少而上升。这两组实验数据证实了用不同频率测量的衰减系数，带有不同的信息，这是用超声衰减系数分析材料性时，值得注意的，也是有待进一步探讨的问题。

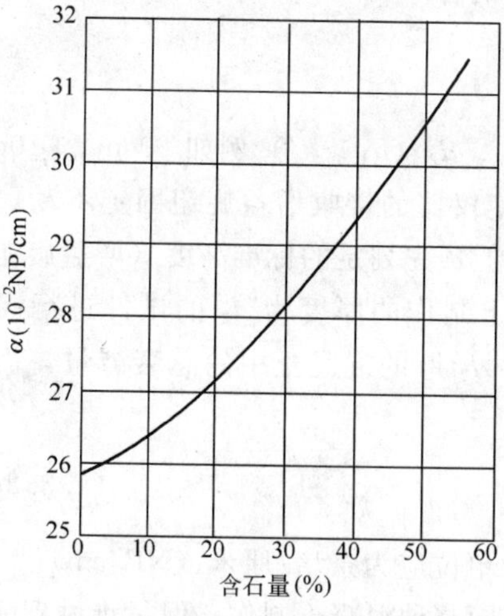

图 1.3.2-70　衰减系数与含石量的关系（40kHz）

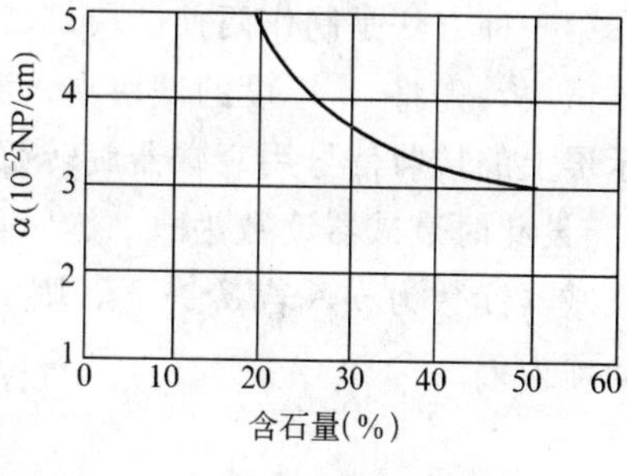

图 1.3.2-71　衰减系数与含石量的关系（50kHz）

从图还可看出，在同样的混凝土试块中，50kHz 高频超声脉冲的衰减系数约比 40kHz 的低频超声脉冲的衰减系数高 7～8 倍。换而言之，同一混凝土试件，对一复频脉冲中各频率成分的衰减是不一致的。因此随着混凝土性质的变化往往造成接收信号频谱的变化，即某些频率成分被衰减较少，而另一些频率成分则衰减较少，所以超声脉冲的接信号的频谱，往往同时带有混凝土粘塑性性质及内部结构的信息。

(3) 混凝土中超声波衰减系数的测量方法

由于超声脉冲在混凝土中的衰减系数对混凝土内部结构的形态有较大的敏感性，因而近年来国内外都在这方面进行了较多的研究。至今已提出的测试方法中，以波高法和多次反射法较为成熟。

①波高法这种方法的基本原理是，测量穿过不同混凝土厚度的接收信号的波高（波幅），来计算混凝土的衰减系数。

波高法测衰减系数，可采用的有波形显示及带有衰减器的超声检测仪进行，如 CT-25 非金属超声检测仪内部已带有衰减器，可满足波高法测量的要求。

测试时为了提高准确性，应注意以下各点：

a. 试件的制作应表面平整，相对面尽可能保持平行。

b. 发射和接收探头置于试件两相对面时，应保持两探头的中心轴线在同一直线上。要做到这一点必须设计一个测试架，以保证探头轴线的一致。图 1.3.2-72 为一个测试架示例，它有夹板、导规及试件托架所组成，试件置于可调高低的托上，然后将两个装有探头的夹板顺导规推入，紧贴试件两相对面，并从注入孔中注水，使耦合水腔排除气泡，完全充满水，即可开始测试。

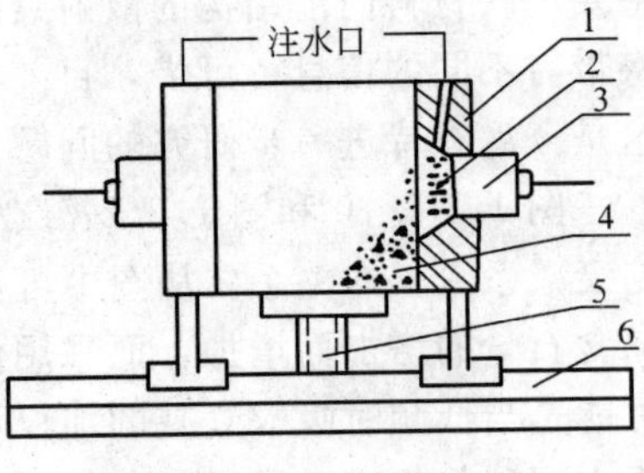

图 1.3.2-72 衰减测试架

1-夹板；2-耦合水腔；3-探头；4-试件；5-可调托架；6-导规及底座

c. 要保证探头耦合的稳定，用油耦合时衰减值往往随探头的压力大小而变，历此在图 1.3.2-72 的测试架中，探头不直接与试件接触，而采用耦合水腔的方式，使耦合完全稳定。

在测试时的具体方法如下：

ⓐ第一种方法是制作两种试块，其厚度分别为 d_1、d_2（$d_1>d_2$）例如 20cm 和 10cm 的立方体试块，先将 d_1 厚度的试块夹入测试架中，并使仪器的接收增益旋钮固定不动，然后把显示屏上的接收信号用衰减器旋转钮压到在示波屏上预先划定的标准高度（增益旋钮固定不动）。设此时衰减器读数为 n，然后再用同一混凝土制作的厚度为 d_2 的试件进行同样试验。衰减器读数为 m，若 $d_1>d_2$，则 $m-n$ 就是 d_1-d_2 厚的混凝土中的总衰减量，而衰减系数 α 即为：

$$\alpha=\frac{m-n}{d_1-d_2} \tag{1.3.2-122}$$

若 m、n 读数为 NP，d_1、d_2 读数为 cm，则 α 的单位应为奈培/厘米（NP/cm）。

这种方法的缺点是，不同厚度的两种试块虽然用同一种混凝土制作，但很难做到完全均一。如果两试块的衰减系数较为接近，这种方法不会有太大误差。但如果厚试块的衰减值 n

偏大，则所算出的衰减系数会特别小。而如果较薄试件的衰减值 m 大，则所算出的衰减系数会特别大。

ⓑ第二种方法是用一种厚度的试件，与同厚度水中的衰减作对比。假定试件的厚度为 d，则先把测试架放到相距 d 的位置，而中间全部充水，增益旋钮固定，把接收信号用衰减器压到标准高度，设此时的衰减器读数为 a。再把测试架推到相距为 $d/2$ 处，中间仍充水，如衰减器读数为 b，则水中每单位厚度的衰减值为 $2(b-a)/d$。现将 d 厚度的试件放入测试架内，如果仍然用衰减器被波高压到标准高度，衰减器读数为 c、则 $a-c$ 就等于厚度混凝土中的衰减，加上界面（水和混凝土）两次反射引起的衰减（可按垂直入射计算的反射衰减公式 $1n=\frac{(1-r)}{4r}$）计算，再减去 d 厚度水的衰减，故得

$$d\alpha = a-c+2(b-a)-1n\frac{(1-r)}{4r} \tag{1.3.2-123}$$

$$\alpha = \frac{2b-a-c}{d}-\frac{1}{d}1n\frac{(1-r)}{4r} \tag{1.3.2-124}$$

式中：$r=\frac{\rho v}{\rho_{水}\ v_{水}}$；

ρ、$\rho_{水}$ 及 v、$v_{水}$ 分别为混凝土和水的密度和声速。

用这种方法的优点是无需制作两种不同厚度的试块，因而也消除了试件之间不均质所带来的误差。实验证明，用这种方法所得的测试点结果的重复性误差在5%～10%以内。在波高法中都需将波高用衰减器压在标准高度，但接收信号往往是一组波高不一的叠加波形，因此存在着是取最大波高还是取首波波高为准的问题。这两种测法所得的衰值是不同的，试验表明，就一般的混凝土而言，两者之间存在一定的关系。试验所得的两者之间的经验关系为

$$\alpha = \alpha' + 0.633NP \tag{1.3.2-125}$$

式中：α——用首波波高法所测的衰减值；

α'——最大波高所测的衰减值。

实验证明，用首波波高法所测的结果较合理，而最大波高法因其他波的叠加而受到干扰，宜用首波波高法测量。

②多次反射法匈牙利和捷克提出了另一种测量衰减的方法，它是以测量超声脉冲在试件两测试面之间进行多次反射，所产生的波幅降低为基础的。

在有波形显示的超声检测仪示波屏上，如果扫描速度选择适当，可看见如图所示的一组波形，图中1.3.2-73各点为直达波及二次、三次、四次反射波的最大波高，它们的联线所构成的包络线应为一指数曲线，表达式为

$$A = A_m e^{-\alpha x} \tag{1.3.2-126}$$

式中：A_m——直达波最大波高；

A——脉冲在多次反射中经过 x 距离时的波高；

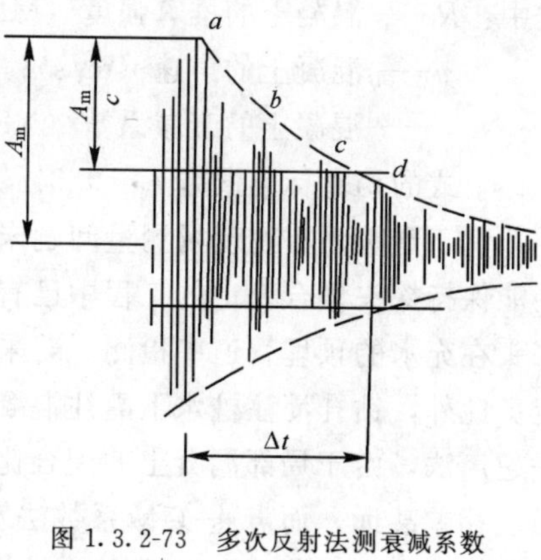

图 1.3.2-73　多次反射法测衰减系数

α 即衰减系数。

所以

$$\alpha = \frac{1}{x}\ln\frac{A_{\mathrm{m}}}{A} \tag{1.3.2-127}$$

若在所摄录的波形图的包络线上量出 A_{m} 及 A_{m}/e 所对应的时间间隔 Δt，并已知混凝土的声速 c，则

$$\alpha = \frac{1}{\Delta t \cdot c}\ln\frac{A_{\mathrm{m}}}{\frac{A_{\mathrm{m}}}{e}} = \frac{1}{c \cdot \Delta t} \tag{1.3.2-128}$$

在质量较均匀的混凝土中，使用这种方法，已收到良好效果，但当混凝土质量较差，而且存在种种缺陷时，很难收到理想的多次反射波形，或波形因缺陷反射波的多次叠加强烈畸变，在这种情况下则不能再用此法测量。

(4) 混凝土的黏性系数 K 与衰减系数 α 及声速 v 的关系。

前苏联乌尔苏姆采夫曾对弹粘性体中的衰减系数与黏性系数之间的关系进行理论探讨，他所导出的关系是：

$$K = \frac{E_{\mathrm{d}}}{2\alpha v} \tag{1.3.2-129}$$

式中：E_{d}——动弹性模量；

K——黏性系数；

α——衰减系数；

v——声速。

(5) $R=f$ (α、V) 关系式

由于在混凝土中许多问题的理论关系尚不明确，利用均质体假定导出的理论关系应用于混凝土时失真性较大，很多参数在理论上是未知的，因此目前仍用归纳法通过试验来确定某些参数，从而得到半经验公式。常用的半经验公式为：

$$R = 0.379 \times 10^{-2}\left(\frac{v}{\alpha}\right)^2 - 52.07 \tag{1.3.2-130}$$

式中：R——混凝土的推算强度（MPa）；

v——混凝土的声速（m/s）；

α——混凝土的衰减系数（NP/m）。

上式的相对标准误差 $e_{\mathrm{r}}=9.3\%$。

由于衰减系数的现场测量问题未能妥善解决，因此，工程应用受到极大限制。目前在某些能保持探头耦合稳定的工程中已有应用实例。例如，在混凝土钻孔灌注桩的检测中，由于探头在充水的预埋管道中检测，若采取措施使探头在管道中保持居中位置，则能基本耦合稳定。此外，钻孔灌注桩水下灌注混凝土的均匀性较差，有些部位偏离设计配比较远。若用单一超声法，由于局部混凝土的配合比与基准曲线的配合比差别较大，导致推算的强度与实际强度相差甚远，而声速-衰减系数法对不同的配合比的混凝土适应性较强。试验证明，在这种条件下，用声速-衰减系数综合法测强效果良好。

4. 其他综合法

由于多项指标的综合，能较全面的反映与混凝土强度有关的各要素，并能消除一些因素的影响，提高了测强精度，因而受到重视。作为提高非破损测强精度的重要途径，近年来许多研究者在这方面作了新的尝试。下面所谈及的其他综合法虽然未及广泛应用，但对于开拓研究思路是有价值的。

(1)“超声-射线”综合法

前苏联克雷洛夫曾提出用超声和 γ 射线综合法。其指导思想是认为混凝土强度非但与应变性质有关，而且还与密度有密切关系。因此建议用动弹性模量和密度结合与抗压强度建立关系。其中弹性模量用声速间接反映，密度则以 γ 射线穿过材料时的射线强度减小程度来间接反映。

γ 射线穿过混凝土时射线强度的变化符合如下公式：

$$I = I_{o} e^{-\mu_{m} \rho d} \tag{1.3.2-131}$$

式中：I——γ 射线穿过厚度为 d 的混凝土后的辐射强度；

I_{o}——示穿过混凝土时的初始辐射强度；

μ_{m}——质量吸收系数（cm/g）；

ρ——混凝土密度（g/ cm^3）；

d——混凝土厚度（cm）。

因此，混凝土密度可按下式计算；

$$\rho = \frac{l_{n} \dfrac{I}{I_{o}}}{\mu_{m} d} \tag{1.3.2-132}$$

若将 μ_{m}、d、I_{o} 取为定值，则 ρ 和 I 之间的实测结果证明，ρ 和 I 有良好的相关性。

混凝土强度 R 与弹性模量 E_{d} 及密度 ρ 之间的关系，用回归法求得，可直接建立 R-V-I 关系，也可由 I 值计算 ρ 值，再由 ρV 值计算 E_{d}，然后建立 R-E_{d} 的相关关系。

这一方法可用于水下及深基混凝土的检测。由于 γ 射线强度的测量涉及完全防护等一系列问题。因此，在一般建筑工地上较少使用。

(2)“回弹—砂浆声速—碳化”综合法

我国陕西省建筑科学研究所提出了“回弹—砂浆声速—碳化”综合法试验证明，这种方法对消除混凝土的湿度和粗集料对测强的影响，具有明显的效果，其测试精度也有显著提高。

表 1.3.2-19 为采用北京、杭州、成都等八地区的常用材料和最佳配合化，配制 8 种不同强度的混凝土所作的对比验证。

几种方法的比较　　表 1.3.2-19

方　法	回 归 方 程	平均相对误差（%）	相对标准差（%）
回弹法	$R=AN^{B}10^{CL}$	14.16	17.58
砂浆声速法	$R=AV_{m}^{B}$	17.67	21.28
回弹-砂浆声速-碳化综合法	$R=AV_{m}^{B}N^{C}10^{HL}$	10.43	13.19

注：表中 A、B、C、H 为常数，其余常数，其余符号同前。

由表可见，“回弹—砂浆声速—碳化综合法”非但对各种不同集料的混凝土有较大的适应性，而且也有较好的测强精度。

四、结构混凝土强度的半破损检测

1. 概述

在不影响结构物总体使用性能的前提，直接从结构上取样进行强度试验，或直接在结构物的适当部位进行局面破损性试验。然后根据试验结果推算混凝土的强度值。这种检测结构混凝土强度的方法即为半破损检测法。目前在工程中已应用的半破损检测方法主要有如下几种：

(1) 贯入阻力法（Windsor 探针试验）

贯入阻力法是将一高速射击的探针，用一定的发射速度射向待测混凝土的表面，探针的射击动能造成混凝的局面破坏，同时探针的射击动能被混凝土的破坏过程所吸收探针被植入混凝土体内，然后根据探针的外露长度作阻力的量度。若将探针规格、发射枪的射击动能及具体操作等均予严格规定，则探针的外露长度与混凝土强度之间即可建立一经验关系。美国ASTM 已将射入阻力试验列为试验标准，即《硬化混凝土射入阻力试行方法》ASTMC803-75T。该法规定使用一种标准的炸药发射枪，将一标准的硬质合金探针射入混凝土中。其发射能量的大小，则以探针射出发射枪 2m 处的飞行速度控制。对不同规格的混凝土应采用不同规格的探针。对于密度小于 2000kg/m^3 的混凝土，探针规格为一直径 7.94mm，长径比为 10 的圆柱体；对于密度大于 2000kg/m^3 的混凝土，探针的头部做成圆台形，即端头的直径为 6.35mm，圆台长度为 14.29mm，底部直径为 7.94mm，后部仍为圆柱状，探针总长度 79.4mm。

这一方法适宜于为确定拆摸时间而进行的混凝土早期强度发展的测定，也适宜于测定同一结构不同部位的相对强度或不同结构的相对强度。从不同国家的试验研究成果来看，混凝土强度与探针外露长度成正比关系，当混凝土强度愈高时，贯入阻力愈大，探针的外露部分就愈长。但试验结果受混凝土中所有集料的种类、硬度等影响较大。

(2) 构件边角咬切试验

构件边角咬切试验是用一专用夹钳，在构件边角进行咬切，当咬切的面积和咬切方式固定时，咬切力与混凝土强度具有相关性。由于咬切部位选择在构件的边角处，一般在主筋保护层上，因此不影响构件的承载能力，但咬切区的粗集料对试验结果影响极大，精度较差。

(3) 扳折试验

它是测定与混凝土表面平行且有一定距离的平面上混凝土的抗弯强度的方法。在混凝土上用一薄壁钻头钻切一环形狭槽，留下钻芯圆柱体，然后用旋力系统对留下的钻芯圆柱体施加与芯柱顶面成某一角度的力，使芯柱从底部被扳折脱落。扳折力与混凝土的抗折强度及抗压强度有一定的相关性。在钻切环形狭槽时，必须注间不影响粗集料与砂浆的粘结，否则离散性较大。在 Scamdinavia，钻芯直径为 55mm，芯柱高度为 70mm，每一试验结果常取五个测读值。也有采用预留环形狭槽的方法，避免钻切时的影响，但大部分现场检测都是由于对质量有疑虑时才采用的，事先并无打算，往往不可能预留狭槽，而且预留狭槽常会影响集料的分布，造成芯柱与母体混凝土的差异，产生明显误差。

(4) BRE 内部破裂试验

此法于1976年由英国建筑研究所提出，最早用于高矾土水泥混凝土，是测定构件表层混凝土强度的一种半破损检测法，其已被列进英国标准BS6089：1981。这个试验需在混凝土表面钻直径为6mm，探度为30mm至35mm的几个孔，在孔中安放一个入孔深度为20mm的锲形锚头膨胀螺栓，然后以直径为80mm的反作用三脚架为底座通过旋转螺母将契形锚拉出，此时用扭矩计，测得的扭矩与混凝土抗压强度具有一定的相关性，但其相关关系常受到混凝土中的压应变的影响，因而试验点最好选择在低压应力区。此试验的实施可能会使构件混凝土剥落，而在表面开成一个达50mm宽的浅孔，所以试验点应离开构件边缘50mm，离开钢筋25mm；相邻两点宜相距100m以上。每一个测位需取六个测读值。

（5）直接内部破裂试验

它是在BRE内部破裂试验的基础上，改进了加载系统，从而克服了BRE内部破裂试验装置既给混凝土以力矩又给以拉力所造成的影响。此法主要利用一种特制加载架使楔形锚膨胀螺栓能用液压千斤顶的直接拉力拉出。测得被拉出的锥体的几何尺寸一般保持不变，所加荷载常用油压表测定，但试验结果更受操作人员和加荷技术影响较大。

（6）拉脱试验

拉脱试验是由Stehno和Mall及Long和Murry等人提出的，此法是在清除了灰浆的混凝土表面，用环氧树脂或其他适当的胶粘剂粘接一个带连接杆的钢质圆盘，然后用拉拔机沿连杆轴线拉拔，圆盘下部被粘结的混凝土被拉脱，以最大拉脱力除以圆盘面积的商作为混凝土强度的指标，称为拉脱拉拉强度。为了限制拉拔面积及混凝土表面层偏差的影响，可预先在混凝土表面上钻切一环形浅槽，然后将圆盘及连杆粘接在环形槽的中心。

（7）拔出试验

拔出试验是在混凝土中预埋或钻孔装入一钢质锚固件，然后用拉拔装置拉拔，拉下一堆台形混凝土块。用拉拔力或拉拔强度作为混凝土质量的量度，或建立拉拔强度与标准抗压强度的经验关系，用以推定混凝土的抗压强度。

在混凝土浇筑时埋拉拔元件的方法，称为LOK试验。在硬化混凝土上钻孔安装拉拔元件的方法，称为后装法拔出试验，又称CAPO试验，这两种方法将在第二节中详细讨论，拔出法在美国、前苏联、加拿大、丹麦以及其他若干欧洲国家已广泛应用，1983年国际标准化组织（ISO）曾提出关于测定硬化混凝土拔出强度的国际标准草案（ISO/DIA8046）。我国在这方面的研究已初步取得成果，现已有专用拔出试验装置供应。

（8）取芯法

该法是用钻机直接在待测混凝土上钻取芯样，然后进行抗压或点压试验，并把芯样抗压强度值换算成立方体抗压强度值。此法直观可靠，应用极为广泛。我国已于1989年制定出了《钻芯法检测混凝土强度技术规程》（CECS 03：88）。在第三节中将结合CECS 03：88规程作出详尽介绍。

（9）SST法

该法是日本学者最近研制出来的直接测定构件混凝土抗压强度的方法，其原理是把一个标准圆柱体埋入混凝土，除直接与混凝土粘接的两个表面外，外露的一个面用胶带贴封好，埋入深度可视检测要求而定，待混凝土硬化后，用螺杆对圆柱体施加转矩，直至混凝土砂浆破坏，然后根据实测破坏转矩来推定混凝土的抗压强度。

半破损方法与非破损方法相比，具有如下特点：

①较直观。其测定值都是混凝土局部破坏条件下的具体指标，与结构混凝土强度的联系比非破损法更为直接。

②较可靠。由于测值的换算关系较直接，因而提高了它的可靠性。

③有一定局限性。因为上述试验都会造成混凝土结构的局部破坏，因此测试点不宜过多，而且在结构的主要受力部位不宜布点，这样一来，大大降低了半破损检测法试验结果的代表性。

2. 拔出试验

(1) 基本原理

拔出试验是把一个金属制作的锚固件埋入未硬化的混凝土浇筑构件内，或在已硬化的混凝土构件上钻孔埋入一个锚固件，然后测试锚固件被拔出时的拉力，来确定混凝土的拔出强度，并据以推算混凝土的立方抗压强度的一种半破损测强方法。在浇筑时预埋锚固件的方法叫预埋法（又称 LOK 试验），混凝土硬化后再埋入锚固件的方法叫后装法（又称 CAPO 试验）。一般来说，采用预埋法，锚固件与混凝土的粘结较好，拉拔时着力点较稳定，试验结果也较好，但预埋法必须先有进行拔出法测定的打算，例如，为了确定混凝土的拆模时间、停止养护时间及施加后张法预应力的时间，均可采用预埋法，预先按计划置测点和预埋锚固件。但在现场为检测混凝土的强度，往往是由于试块强度不足，或对质量有怀疑，这时只能采用后装埋入锚固件。

图 1.3.2-74 为拔出试验的三种试验方案，图 a)、b) 均为预埋法，两者所不同的是前者锚固件的拉杆可以拆卸，后者则为整体式，图 b) 则为后装法，首先在已硬化的混凝土上钻孔。然后伸入一膨胀螺栓使其胀紧，整个测试系统由嵌装的锚固件、反力支承环或支承架，液压加荷载装置等三部分组成。当加荷至极限荷载时，混凝土产生一锥台形断口，从而可算出拔出强度。

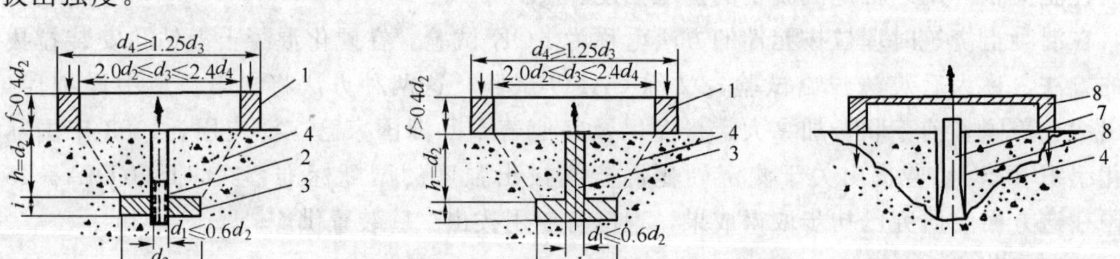

图 1.3.2-74　拔出试验的三种方案示意图

由于对拉拔时混凝土中的应力状态尚无定论，要建立拉拔强度与混凝土抗压强度之间的稳定关系是困难的。因此，目前还只能用拉拔强度作为衡量混凝土质量的相对指标。当必须用拔出试验推定混凝土抗压强度时，则必须建立混凝土标准抗压强度与拔强度之间的经验关系。

由于我国至今尚无统一的技术规程，本节下面所述的具体试验及推算方法，主要根据国际标准草案、前苏联标准（OCT 21243—75）及我国部分研究成果叙述。

（2）试验装置

①锚固件锚固件应由金属制成，一般为钢质，并由一个埋入混凝土内的圆柱形锚头与连接的拔出杆组成。锚头和拔出杆可连为一体，也可分为两部分，一般均采用膨胀螺栓。

锚固件应有足够的强度，预埋式锚固件锚头的直径 d_2，应取 25mm（见图 1.3.2-74）。各部分尺寸允许偏差，应在公称尺寸的 2%以内。

锚固件的拔出杆应便于和加荷系统联结，预埋时便于在模板上定位，其直径 $d_1 \leqslant 0.6d_2$（见图 1.3.2-74）。

②加荷和测力系统加荷装置是一个专用的油压千斤顶。油缸可用手动进油（见图 1.3.2-75）或电动泵进油。要求能在拔出杆上以均速的速率施力，并在 120±30s 内完成。

加荷装置的油缸活塞杆与锚固件拔出杆的联结不宜采用刚性联结，而应采用万向结式球座，以免在拉拔时产生偏心或弯折（见图 1.3.2-76）。

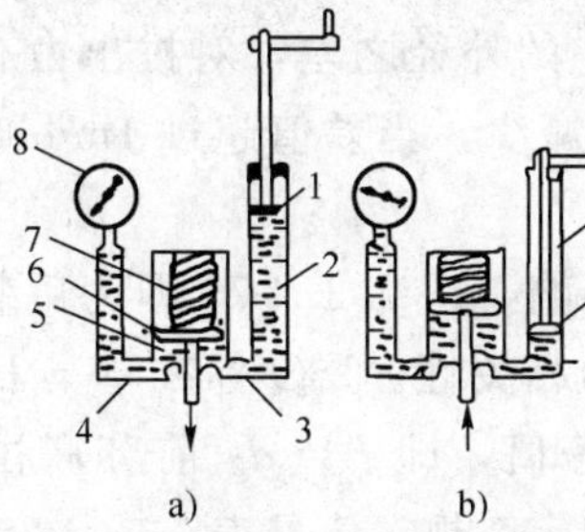

图 1.3.2-75　手动油压加荷装置示意图

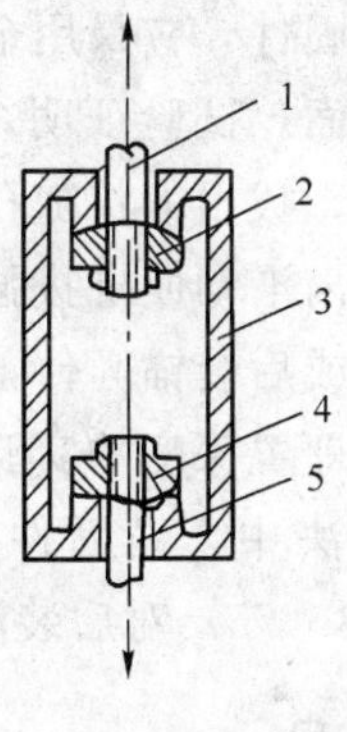

图 1.3.2-76　加荷装置与拔出杆的连接示意图

测力装置应能测量出最大拉拔力，精确到 2%，可采用油压表指示（如图 1.3.2-75）也可采用荷载传感器，以便自动记录。整个加荷装置支承在一个承力环或承力架上，承力环是一环状金属制件，其内径与拔出力有关（见如 1.3.2-77），因此应有统一规定，内径 d_3 一般小于等于 $2.4d_2$，外径大于等于 $1.25d_3$。支承架一般做成三支点，以 120°角均布的支承形式，其内接圆直径，也与拉拔力有关（见图 1.3.2-77）。ISO 标准草案 DIS8046 推荐环形支承，但据我国哈尔滨建工学院的研究，认为三点式支承比环形支承所测得的拔出力变异系数要小，无论环式或三点支承，都必须使加荷装置严格对中。

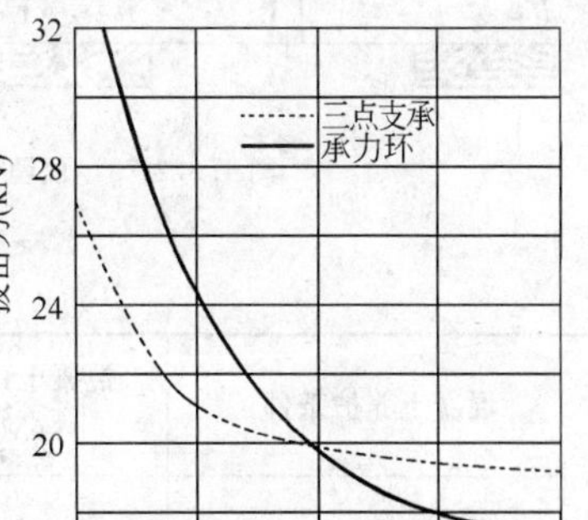

图 1.3.2-77　支承环或支承架内径与拔出力的关系图

（3）试验方法

① 测试点的布置在结构物上的测点，应分布在外荷载或预应力钢筋压力引起的应力最小部位。测点与测点之间的距离至少为预埋锚头直径的 10 倍（即 $L \geqslant 10d_2$），同时，拔出点与混凝土试件边缘的距离至少为预埋锚头直径的 4 倍（即 $L \geqslant 10d_2$）。锚固件安装的位置，应使被拔出的破裂锥体混凝土与钢筋的距离大于一倍钢筋直径，或者

大于集料粒径，两者中取其较大值。

用以代表一个结构的某一区段或某一部位所需要的拔出法测点数量，取决于结构的形式、几何尺寸，以及所处的温度、湿度状况，干燥程度的均匀性等条件。一般要求，在某个作为测定单元的区段内，至少设置六个测点。

结构表面如有饰面层，应把试验部位的抹灰及其他饰面层铲除，其清除面积应足够大，使其不影响承力环或承力架的安置，并且不影响被拔出的混凝土锥体的自由脱落，一般每测点应清理出 250×250mm 的面积。

测试部位的结构混凝土厚度，应大于锚固件埋设深度的一倍以上。

②锚固件的埋置预埋式锚固件应在浇筑混凝土之前固定在模板上，使拔出杆与模板内面（即硬化后的混凝土表面）垂直，预埋的锚固件应用螺栓或其他适当的方法与模板固定，避免在浇捣混凝土时被震落或移位，以确保其埋设位置的准确。在模板上的固定方法参见图 1.3.2-78 所示。

后装式锚固件，应采用金钢石钻具钻孔，采用电动或风动钻机均可，但钻出的孔必须垂直于混凝土表面，试验证明，孔径与锚固件（膨胀螺栓）的外径之差，对拔出力有一定影响，一般来说，拔出力将随孔径与锚固件外径之差的增大减少，当差值超过 1mm 时，由于膨胀螺栓在孔内滑动使抗拔强度显著下降。

无论预埋或后装锚固件，其埋置深度对拔出力都有影响，图 1.3.2-79 即为后装法拔出力与膨胀螺栓埋置深度的实验关系，它们之间有着良好的相关性。ISO 标准草案 DIS 8046 规定，在预埋法中，锚固件的埋置深度取与锚头直径等值，即 $h=d_2$ 前苏联国家标准（TOCT 21243—75）对后装法膨胀螺栓埋置深度也作了规定，规定值见表 1.3.2-20。

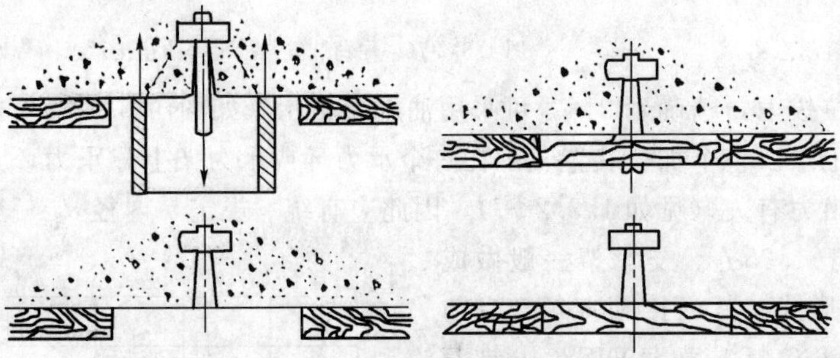

图 1.3.2-78 预埋锚固件的固定示意图

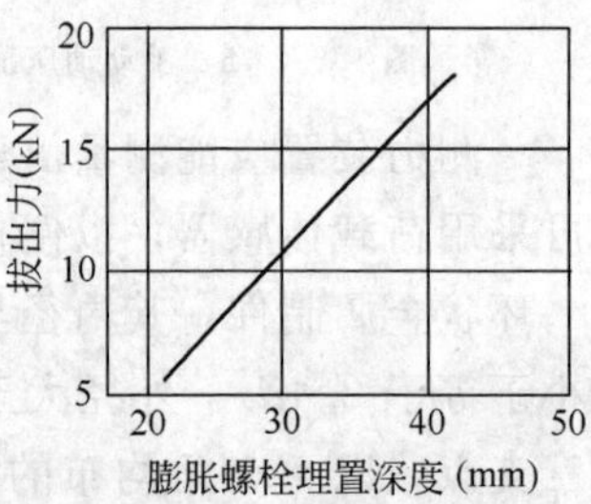

图 1.3.2-79 锚固件埋置深度与拔出力的关系图

α 系 数 表 表 1.3.2-20

混凝土养护条件	混凝土设计强度 (MPa)	锚固件埋置深度 (mm)	α (cm⁻²)	
			普通混凝土	轻集料混凝土
自然养护	≤50 >50	48 30	0.1 0.23	0.11 —
	≤50 >50	48 35	0.085 0.24	0.095 —
	≤50	35	0.14	—

续上表

混凝土养护条件	混凝土设计强度（MPa）	锚固件埋置深度（mm）	α（cm^{-2}）	
			普通混凝土	轻集料混凝土
湿热养护	≤50 ＞50	48 35	0.12 0.25	0.11 —
	≤50 ＞50	48 30	0.1 0.26	0.095 —
	≤50	35	0.17	—

注：本表引自 TOCT 21243—75。

③拔出力的测定　进行拔出试验之前，应将锚固件与模板的定位零件全部拆除。清除混凝土的残渣，修补不平的表面，并使承压面与拔出杆垂直。

承力环或承力支架与拔出杆同心放置于混凝土的表面上。然后安装好加荷装置，使油压千斤顶的油缸活塞杆与拔出杆通过球座式万向节联接，加一初荷载，使承力环或承力支架的支撑点与混凝土承力面贴紧，再检查一次承力环或承力架与拔出杆的同心度和与混凝土的贴平度。

如果要测定混凝土的拔出强度时，以均匀的加荷速度对拔出杆施加压力，直至拉脱一锥台形混凝土块、记录测力装置的最大读数，即为拔出力，整个加荷过程应在 120s±30s 内完成。

拔出力的读数精确到测力装置刻度的 0.5 倍，误差不大于±2%，一般取 6 个测点的平均值，并计算至 0.05MPa。但如果拔出试验结果的差异，是反应了由于批量混凝土质量和养护条件的变异而带来的真正强度上的差异，而不是由于拔出法造成的偏差则不应取平均结果。

在某些情况下，无需测出拔出强度，而只要了解被测混凝土是否已达到规定的强度水平，以便确认下一道工序（如拆模、起吊、停止养护、施加预应力等）可否进行。在这种情况下，无需加荷至混凝土锥体脱落，只要在 120s±30s 的加荷过程中，荷载已达到规定的水平，即可终止试验，这样不影响构件的完整性，也无需修补。

（4）拔出强度的计算和混凝土抗压强度的推算。

①当采用预埋锚固件，并采用承力环时［图 1.3.2-74a）、b）］，其拔出强度按下式计算。

$$R_P = \frac{P}{A} \tag{1.3.2-133}$$

式中：R_p——混凝土的拔出强度（MPa）；

P——拔出力（N）；

A——拔出混凝土锥台的侧面积（mm^2）。

拔出混凝土锥台的侧面积 A 可按下式计算：

$$A = \frac{\pi}{4}\ (d_2 + d_3)\ \left[4h^2 + \ (d_3 - d_2)^2\right]^{1/2} \tag{1.3.2-134}$$

式中：d_2——锚头直径（mm）；

d_3——承力环内径，或为拔出混凝土锥台的较大底圆的理论直径（mm）；

h——自锚头至混凝土顶面的距离（mm）。

②当采用后装锚固件，并采用三点式承力架时，其拔出体锥而模型如图 1.3.2-80 所示。

根据图中的破坏线，可以认为，破坏首先从 A 点开始，以 B 点向上延伸至 C 点，然后从 C 点开始，以平均角 α 沿近于直线的形式向前扩展，直至 D 点。试验证明，D 点以后的破坏是无规则的。因此，我们可将 ACD 线所构成的加旋锥面，作为抵抗拔出力的主要破坏面，DE 段所构成的不规则锥面，作为与抗拔力关系不大的从属性破坏面。所以，母线为 BD 的锥面侧表面，沿与拉拔力垂直方向（即水平方面）的投影面积 A' 为

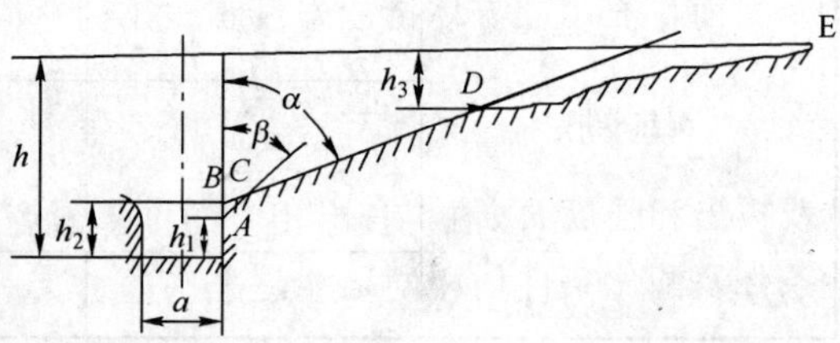

图 1.3.2-80　采用三点式承力架时拔出的混凝土锥台模型图

$$A' = \pi(h-h_2-h_3)^2\text{tna}^2\alpha + \pi a(h-h_2-h_3)\tan\alpha \qquad (1.3.2\text{-}135)$$

式中：A'——破坏面至拉拔力垂直方向的投影面积（mm^2）；

h——钻孔深度或膨胀螺栓埋置深度（mm）；

h_2——简化的破坏体起点深度（见图 1.3.2-80）（mm）；

h_3——拐点深度（见图 1.3.2-80）（mm）；

a——钻孔直径（mm）；

α——破坏面的平均倾角度，其测量方法，可在拔出的锥体上画出若干条均匀分布的母线，逐条量出母线的形状，再取平均值，画出平均母线位置，从该平均母线上可量出平均倾角 α。

然后按下式计算拉拔强度：

$$R'_{\text{P}} = \frac{P'}{A'} \qquad (1.3.2\text{-}136)$$

式中：R'_{P}——采用三点式承力架时混凝土的拔出强度（MPa）；

P'——拔出力（N）；

A'——同前。

必须指出，由于试验条件的不同，上述两种拔出强度在数值和含义上都是不同的。前者 R_{P} 测定时，混凝土受到承力环的制约，在破坏面上，受到拉应力和剪应力的作用，所以，以整个圆台的侧面积作为受力方面来计算，后者则认为主要呈拉力破坏，以所受力面积只取与拉力方向垂直的投影面积。

③R_{P} 与混凝土立方抗压强度 R 的关系当采用拔出法作为施工控制的依据时，往往不必推算混凝土的抗压强度值，而采用拔出强度作为相对指标即可，但是，当需要采用拔出试验作为混凝土强度的推定依据时，则必须建立 $R=f$（R_{p}）或 $R=f$（P）的换算关系。

但是 $R=f$（R_{p}）或 $R=f$（P）关系不仅受试验条件的影响，例如，承力环的内径，锚

固件埋置深度等均对 P 和 R_p 造成影响，而且还受某些混凝土构成因素的影响。例如，混凝土中粗集料的最大粒径，对混凝土立方抗压强度及拔出力影响并一致，粗集料粒径，对拔出力的影响试验结果示于图 1.3.2-81，因此一般来说，R-P 或 R-R_p 之间只能有经验关系，它不可能对各种混凝土有普遍的适应性。

目前，表示立方体抗压强度与拔出力之间关系的方法有以下两种：

a. 制作 R 与 p 或 R_p 的实验曲线的方法

图 1.3.2-82 所示即为 R-P 及 R_p 关系曲线之一例。根据这些实验关系，即可根据拔出力 P 或拔出和强度 R_p 值，查出相应的推算强度。显然，这些曲线只有在被推算的混凝土的试验条件及配比条件均相同，才是准确的，其适应性有多大，尚待研究。

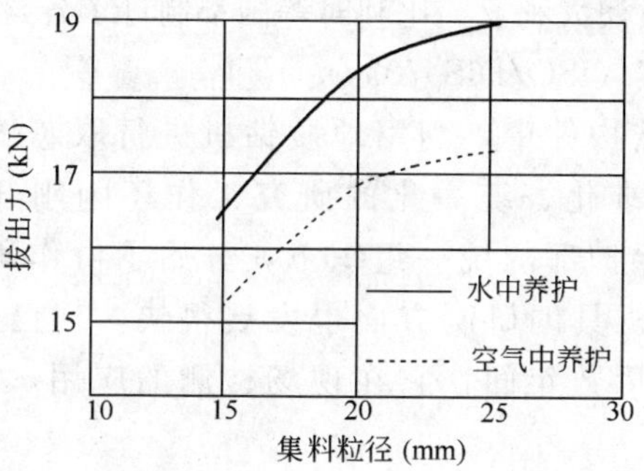

图 1.3.2-81　混凝土粗集料最大粒径对拔出力的影响关系图

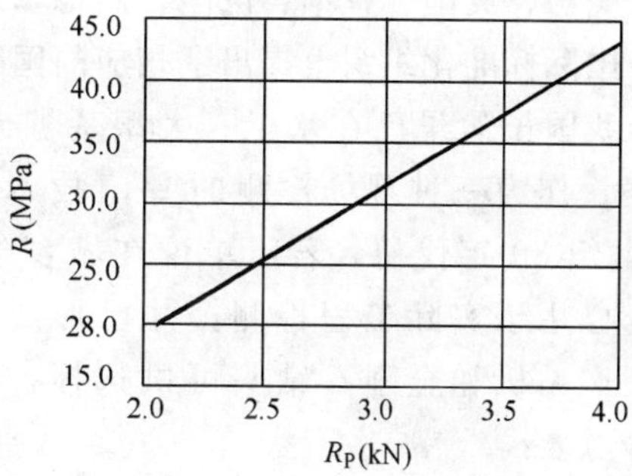

图 1.3.2-82　"R-R_p"关系曲线图

b. 经验系数法

前苏联国家标准（TOCT 21243—75）采用如下换算公式：

$$R = \alpha m_p \tag{1.3.2-137}$$

式中：R——推算的混凝土抗压强度（MPa）；

P——拔出力（N）；

m——混凝土粗集料粒径修正系数，最大粒径小于 50mm 时，$m=1$；最大粒径大于或等于 50mm 时，$m=1.1$；

α——混凝土强度与拉拔力的比例系数（mm^{-2}）。

α 是一个经验系数，对于强度等于或大于 10MPa 的普遍混凝土和强度为 5～40MPa 的轻集料混凝土，当使用常用锚固件时，可取表 1.3.2-19 所列的 α 值。

当采用其他形式的锚固件时，α 值可按下式计算：

$$a=\frac{\sum_{i=1}^{n}\overline{R}_i}{\sum_{i=1}^{n}\overline{P}_i} \tag{1.3.2-138}$$

式中：α——比例系数（cm^{-2}）；

n——试件批数量，这些试件在 5d 内连续成型，共 15 批，每批包括三个立方体标准试块和一个 150mm×300mm×1300mm 的拉拔试块，该试块可供 5 次拉拔试验之用。

$\bar{R}_i$——每批立方体试件的抗压强度平均值；

$\bar{P}_i$——每批试块拉拔强度平均值。

3. 取芯法

(1) 概述

结构混凝土强度的取芯法试验是使用专用钻机直接从结构上钻取芯样，并根据芯样的抗压强度推定结构混凝土立方抗压强度的一种半破损现场检测方法。

由于取芯法的测定值，就是圆柱状芯样的抗压强度，即参考强度或现场强度量，它与立方体试件抗压强度之间，除了需进行必要的形状修正外，无需进行某种物理强度量之间的换算，因此，普遍认为这是一种较为直观、可靠的方法，已为较多的国家所采用。例如，前苏联、美国、英国、日本、法国、西德和东德，以及澳大利亚、比利时等国都制订了各自的标准。国际标准化组织也提出了相应的国际标准草案（ISO/DIS 7034）。

我国虽然早已在水工、大型基桩或基础等结构件中，利用地质钻机进行取芯试验，但是，作为一种现场检测的专门技术，使其标准化、统一化的研究工作还刚刚开始。20 世纪 80 年代初，若干单位在城乡建设环境保护部的统一组织下，开始了协作研究。至今已用于实际工程检测，并已形成规程，在机具的研制方面也发展很快，现已有多种国产钻机和金刚石钻头可供选择，预计在今后数年间，它在现场检测的应用，将更加普及。

必须指出，虽然取芯法与其他方法比较，更为直观和可靠，但是它毕竟是一种半破损的方法，试验费用也较高，一般不宜把取芯法作为经常性的检测手段。近年来，国内外都主张把取芯法与其他非破损方法结合使用，一方面利用非破损方法来减少取芯的数量，一方面又利用取芯法来提高非破损方法的可靠性，这两者的结合，是取芯法发展的必由之路。

取芯法的关键问题是，如何用适当的机具钻取合格的芯样，并考虑各种影响因素，将芯样强度换算成立方体强度及结构混凝土的特征强度。

(2) 试验装置

①取芯机取芯机是钻芯试验法的必备设备，用以从混凝土结构物上钻取所需的合格芯样。钻芯机应具有足够的刚度、操作灵活、固定和移动方便的特点，其主轴的径向跳动不应超过 0.1mm，工作时噪声不应大于 90dB。

一般的钻孔取芯机由机架、驱动部分、减速部分、进钻部分及冷却排渣系统五部分组成，目前国内生产的钻芯机主要有：GE-1120 型 、JXE-83-1 型和 HZQ-100 型等。

②人造金刚石薄壁钻头由于金刚石的硬度大，切割效率高，而且取出的芯样表面光洁，芯样受损程度较轻，与混凝土母体的差异较少，所以目前均采用人造金刚石薄壁钻头。这种钻头由高强人造金刚石、金属胎料及钻头简体三部分组成，钻头工作冠部呈薄壁空芯管状，切口宽度为 3～5mm。钻头胎体对钢体的同心度偏差不得大于 0.3mm，钻头的径向跳动不得大于 1.5mm 。钻头上应开有出水口，不圆度，垂直度均应符合要求，不得有肉眼可见的裂缝，缺边，少角，倾斜和喇叭口变形。钻头的内径视被钻混凝土集料的最大粒径而定，一般不宜小于集料的最大粒径的 3 倍，任何情况下不得小于二倍，常见钻头规格见表 1.3.2-21。

常用钻头规格　表1.3.2-21

名　称	规　格		
	外径（mm）	内径（mm）	长度（mm）
内冷式钻头	76	70.5	200
	76	70.5	400
	82	76.0	400
	101	100.0	550
	159	152.0	550

注：引自《人造金刚石薄壁钻头》专业标准（ZB 400—85）。

③锯切机　用来切平芯样端面，端面要求平整并与主轴垂直，芯样锯切机由电机、锯片、芯样夹具和推移系统及冷却系统组成。

④端面补平机具　芯样锯切后若端面达不到平整度要求，或与中轴线不垂直，则需对端面磨平或补平处理，磨平采用端面磨平机，补平可用水泥浆或砂浆。

⑤钢筋保护层测试仪　钻芯时为了避免钻头切断主要钢筋，钻芯前应查明钢筋的位置，钢筋保护层测试仪最大探测深度不应小于60mm，探测位置偏差不宜大于±5mm。

(3) 芯样的钻取与加工

①钻前的准备　取芯法一般用于原有预留试块强度不足或对试块强度有怀疑时；或因原材料条件、施工工艺等因素而造成质量事故时；也可用于混凝土受各种物理的及化学的侵蚀需了解其侵蚀程度时，以及对老结构物进行安全鉴定时，因此，和其他方法一样，检测员必须详细了解工程情况，以利于检测后的分析评定。

由于强度太低的混凝土钻芯时芯样极易损伤，所以取芯法一般宜用于强度低于10MPa的混凝土。

钻芯的位置应选择在结构受力较小，没有钢筋或预埋铁件的部位，而且要考虑取样的代表性，以及便于钻芯机安放与操作的部位。

取芯的数量应视检测要求而定，可分为以下三种情况：

a. 为了对已知的质量薄弱部位进行验证性检测，这时，取芯的位置和数量可由已知质量薄弱部位的大小确定，检测结果仅代表取芯位置的质量，而就应据此整个构件或结构物强度作出总体评价。

b. 为了对某一构件的混凝土强度作出评估，这时，在该构件上的取芯个数一般不少于3个，较小的构件可少于3个，但不得少于2个。

c. 为了对同一批构件或对同一施工段，设计强度等级相同，配合比及施工条件，龄期等基本相同的成批量混凝土的强度作出总体评估时，应按抽样检验的方法确定取芯位置和数量，一般取芯点的位置在该批混凝土上尽可能均匀布置，若以构件为单位，则被取芯的构件不少于该构件总数的30%，构件数不少于4个，芯样总数不少于10个，每个被取芯的构件取芯数量不少于1个。

②钻芯方法　在选定的取芯点上将钻机就位，使钻机主轴与混凝土表面垂直，并用钻机上的固定装置，把钻机固定，以便工作时不致产生位置偏移。

接通水、电，若为三相电机，接电时应检查电机旋转方向是否正确，然后即可安装钻头，用进钻操作手柄调节钻头位置，待钻头刃部入槽稳定后方可加压，逐渐进钻，同时，调整好冷却水量，冷却水流量宜为3～5L/min，出口水温不宜超过30℃。

钻到顶定深度后将钻头提出，用长度约为300mm，宽度约为20mm，并与钻头弧度一致的带梢扁钢插入钻孔缝隙中，用小锤敲击扁钢，芯样即可在底部剪断，用夹钳或钢丝活套从钻孔中将芯样取出。

芯样应当当即做好标记，记录钻取位置、长度及外观质量，若长度及外观质量不能满足要求时应重新钻取。

③芯样的标准状态与加工　芯样的抗压强度除了取决于混凝土本身的质量以外，还受其他试验条件的影响，例如，芯样的尺寸、端部的状态、垂直度、干湿状态、是否含有钢筋、钻取方向等因素的影响，因为，在进行芯样抗压试验以前，必须确立一种标准状态，使芯样试验条件基本一致，当芯样与标准状态有差异时，或对试样进行加工，或对试验结果进行经验性修正。

a. 芯样的尺寸

与立方体试件一样，圆柱体芯样在抗压试验时也有尺寸效应，试验证明，芯样直径越大，强度越低，这与立方体试件的试验结果一致，但当芯样直径为ϕ150mm或ϕ100mm进，强度相差甚小，鉴于普通混凝土集料的在最大粒径一般均在40mm以下，芯样直径取100～150mm已足以满足要求，所以我国与大多数国家一样，规定以ϕ100mm及ϕ150mm芯样作为抗压强度试验的标准芯样试件。

必须指出，当芯样直径小到一定程度时，芯样强度并不随直径的减小而增大，甚至反而随直径的减少而下降，这一现象与立方体试块不同，其原因可能是由于试件越小，钻出面的损伤对混凝土的影响越明显的缘故，由于芯样尺寸效应所造成的芯样强度随芯样直径见效而下降的趋势两者往往相互抵消，至使大尺寸芯样与小尺寸芯样抗压强度相差很小，所以有人认为，采用小直径芯样既可保证试验结果的可靠性，又可使钻芯费用降低，并可减轻结构受损程度。

芯样抗压试验时，由于端面与试验机上下压板之间的摩擦力所造成的“环箍效应”，使芯样的高径比对试验结果产生明显影响，高径比越大，则测定的强度值越低，因此，必须对不同高径比的芯样试验强度值进行换算。

我国允许使用高径比为1～2的芯样进行抗压试验，并以高径比为1的芯样作为标准芯样，即高径比为1时试验强度值的尺寸换算系数α为1，当高径比为其他值时，应采用表1.3.2-22中所列的尺寸换算系数α。

芯样试件混凝土强度换算系数 α　　表1.3.2-22

高径比（h/d）	1.0	1.1	1.2	1.3	1.4	1.5	1.6	1.7	1.8	1.9	2.0
系数（α）	1.00	1.04	1.07	1.10	1.15	1.15	1.17	1.19	1.21	1.22	1.24
备注	(1) 直径100和150mm的标准芯样试件，当高径比相同时，可采用相同修正系数。 (2) 对于$1<L/d<2$的芯样试件，换算系数可采用插入法确定										

芯样端面与轴承之间的垂直度（不柱度）偏差过大，会降低芯样强度，试验证明，当垂直度不超过2°时，影响不明显，因此，芯样的垂直度应控制在2°以内。

为了满足上述要求，芯样取回后，应在试验室进行切割加工。切割在专用锯切机上进行，切割并经端面补平后的试样高径比应在 0.95～2.05 之间，垂直度小于 2°。

CECS 03：88 规程规定，芯样抗压试件沿芯样调试任一直径与平均直径相差不应大于 2mm。

b. 芯样的端面状态及补平方法

芯样端面的不平整，会造成试件与压力机压板之间的局部接触，因而导致应力集中，使实测强度偏低。为此，要求对不平整的端面进行适当加工，通常可用磨平法或端面补平法。可用硫磺胶泥补平或用水泥净浆补平。

当用硫磺胶泥补平时，首先将芯样端面洗净，垂直地夹持在补平器夹具中，置于一定高度，同时在补平器的圆盘上涂上一层脱模剂，以防硫磺与模盘黏结，将硫磺预先熔化（约 150℃），倒入补平器底盘中，然后转动手轮使芯样下移，座入硫磺中，待硫磺冷却凝固后提起芯样，一个端面即已补平，另一面如法进行。

当用水泥净浆和砂浆补平时，首先将水泥净浆或砂浆倒在已涂有脱模剂的平整钢板上，然后将芯样装入套模，使其垂直座入水泥浆中，等 2h 后同样补平另一面，清理侧面多余的砂浆，静置 24h 后送入养护室养护，直至补平层强度不低于芯样强度，方能进行抗压试验。

补平层厚度对强度有一定影响，因此，用硫磺补平时，厚度不超过 1.5mm，水泥净浆后砂浆补平时，厚度不超过 5mm，修补后以端面一平整度在 100mm 长度内不超过 0.1mm。补平层应与芯样的结合面不能提前开裂。

c. 芯样中含有钢筋对强度的影响

钻取芯样时，应事先探明钢筋位置，并尽量避免钻到钢筋，若有钢筋存在于芯样中时，将对强度产生影响，其影响程度视钢筋直径及其在芯样中的位置不同而不同。

与芯样轴线平行的纵向钢筋，将严重影响芯样强度，因此芯样中不允许存在与芯样轴线平行的纵向钢筋。

对与芯样轴线垂直的钢筋，其影响较复杂，当钢筋较细，则影响较小，但其影响可能是正的也能是负的。一般认为，若钢筋较长或通过轴心，在抗压试验时，钢筋抑制了芯样的横向膨胀，因而起增强作用。若钢筋处于芯样周边附近的位置上，由于钢筋与砂浆的粘结力低于砂浆与集料的粘结力，因而降低了芯样强度。

所以，为了避免钢筋对芯样强度的影响，原则上芯样中不应含有钢筋，万一无法避免时，也不允许有纵向钢筋，最多只允许有 2 根直径在 10mm 以内，并与芯样轴线基本垂直的钢筋，而且这些钢筋不得露出端面。

d. 芯样的干湿状态

一般来说，混凝土含水状态的抗压强度总低于干燥的抗压强度，这里所说的是试验时的干湿状态，而不是使芯样强度更能表示结果混凝土的实际强度，在芯样抗压试验时，可采用与结构混凝土工作条件一致的干湿状态进行试验。按自然干燥状态进行试压时，芯样在抗压前应在室内自然干燥 3d，按潮湿状态进行试压时，芯样在抗压前应在 20℃±5℃清水中浸泡 40～48h，从水中取出后立即进行抗压试验。

（4）芯样强度及混凝土推定强度

芯样试件各项尺寸及端面条件等均满足上述要求后，即可先进行抗压试验。芯样的抗压强度可按下式计算：

$$R_{cor}=\alpha\frac{4P}{\pi d^2} \tag{1.3.2-139}$$

式中：R_{cor}——芯样在试验龄期时的抗压强度（MPa）；

P——芯样试件抗压试验测得的最大压力（N）；

d——芯样试件的平均直径（mm），精确至0.5mm；

α——高径比换算系数，见表表1.3.2-21。

根据试验证明，直径为100和150mm，高径比为1的标准芯样抗压强度，与边长为150mm的立方体抗压强度相当。因此，基本上可用标准芯样的抗压强度代替立方体强度，推定结构混凝土的强度。

根据取芯法试验结果推定结构混凝土强度时，可分为与确定取芯位置和数量时相适应的三种情况：

①为了对已知质量薄弱部位进行验证性检测或对单个构件检测，可取芯样试件混凝土强度换算值中的最小值即为该部位或单个构件的强度推定值。

②为了对某一构件的混凝土强度作出评估，若构件较小，取芯数量也较少，则可取其中较小的芯样强度值，作为该构件混凝土强度的推定值。当构件较大，如大型基础等，则应按同一批抽样方法推定其总体强度。

③为了对同一批构件或对同一混凝土的强度作出总体评价时，应采用如下方法：

a. 求出芯样平均强度

$$\bar{R}_{cor}=\frac{\sum_{i=1}^{n}R_{cori}}{n} \tag{1.3.2-140}$$

式中：$\bar{R}_{cor}$——芯样平均强度；

n——芯样总数；

R_{cori}——第i个芯样的实测抗压强度。

b. 求出芯样总体的标准差

$$S=\sqrt{\frac{\sum_{i=1}^{n}(R_{cori})^2-n(\bar{R}_{cor})^2}{n-1}} \tag{1.3.2-141}$$

式中：S——该批芯样的标准差；

其余各项同前。

若S值出现下列情况时：

混凝土强度等级≤C20，S＞4MPa；

混凝土强度等级≥C25，S＞5MPa。

则说明结果过于离散，该批混凝土质量差异较大，不宜作为一个检验批，对其强度统一作出评估。因此，应分析原因，重新进行批的划分，对其中有显著差异的部分，应按局部区域的检测要求进行推定。

c. 求出混凝土的特征强度

$$R_{cor} = \overline{R}_{cor} - 1.645s \tag{1.3.2-142}$$

式中：R_{cor}——芯样的特征强度；

其余各项同前。

d. 结构混凝土强度的推定值

以该检验批中芯样强度的最小值（$R_{cor\ min}$），与该检验批芯样的特征强度值作比较，取两者中的较大值，作为该检验批结构混凝土强度的推定值。

(5) 钻孔的修补

钻孔取芯后，结构物上留下的圆孔必须及时加以修补。一般可采用以合成树脂为胶结料的细石聚合物混凝土，也可采用微膨胀水泥细石混凝土，修补时应充分清除孔中污物。修补后应妥善养护，保证新填混凝土与结构母体的良好结合。一般来说，即使修补后构件的承载能力仍可能低于未钻孔前的承载能力。所以钻孔取芯法不宜普遍使用。更不宜在一个受力区域内集中钻孔。

4. 半破损法与非破损法的结合使用

如前所述，各种非破损测强方法都具有简便、易行、测试效率高、成本低等优点。但是非破损法测强是以混凝土抗压强度与某些物理量的相关性为基础的，这些相关性又往往受众多因素的影响。因此，非破损法测强结果的准确性往往受到怀疑。而半破损法测强是以混凝土的局部破坏强度为基础的，其测值较为直观可靠。尤其是钻芯法已得到国际上的普遍承认。但是由于半破损法会造成结构或构件的局部破坏，其测点的数量受到严格的限制，不可能在整个结构上普遍使用，而且，钻芯法成本也较高。因此，若能把钻芯法与非破损法结合起来，利用芯样试验的直观和准确性，来校正非破损检测的推定值，同时，又利用非破损测强方法的简便易行，可在结构物上普遍布置测点的特点，来减少钻芯的数量，无疑是一个好办法。

要将这两种方法结合起来，必须解决以下两个问题；

(1) 如何用芯样的抗压试验值校正超声声速或回弹值与强度的关系；

(2) 如何按声速或回弹值的离散程度确定应钻取芯样的个数。

我国在这方面虽然已有所应用，但尚未开展较系统的研究。南斯拉夫标准中关于钻芯法与超声或回弹法结合使用的有关规定，可供参考。南斯拉夫国家标准规定，当钻芯法与超声或回弹法结合使用时，应先用超声或回弹仪在 30 个点上进行测定，并计算出它们的标准差，从而可看出该结构混凝土的质量均质性水平。然后根据标准差的大小，按表 1.3.2-23 的规定，决定应钻取的芯样数量。其目的是尽量减少钻芯数量，又使芯样能较确切地代表结构混凝土的质量水平。

超声、回弹与钻芯法结合使用时的取芯个数 表 1.3.2-23

回弹值标准差（回弹值）	声速值标准差（km/s）	最少钻取芯样个数
≤7	≤1.5	3
7.1～10	1.6～2.5	5
10.1～15	2.6～3.5	7
≥15	3.5≥	10

然后，按取芯法的有关规定选择钻芯点，并在选定的钻芯点上用超声或回弹仪测定超声声速和回弹值，这些测值与相应的芯样抗压强度建立相关关系。作为校正原有“R-N”“R-C”“R-N-C”等关系的依据。

此后，即可用超声或回弹或超声-回弹综合法普测整个结构物，并根据校正后的关系推算混凝土的强度。

这一方法既提高了超声、回弹等非破损方法的可靠性，又减少了钻芯数量，是一种较好的方法。

§3.3 结构混凝土缺陷及损伤的检测

一、概况

1. 混凝土缺陷及损伤超声检测技术的发展

在混凝土结构或构件的施工及使用过程中，常会形成各种各样的缺陷和损伤，产生缺陷和损伤的原因是多种多样的。一般而言，主要有四个方面的原因：一是施工原因。例如，因振捣不足，钢筋网过密而骨粒粒径过大以及模板外漏浆等原因所造成的内部孔洞，不密实区，蜂窝及保护层不足、钢筋外露等；二是非外力作用所形成的裂缝，例如温度收缩裂缝、塑性裂缝、干缩裂缝以及钢筋锈蚀引起的裂缝等；三是长期在腐蚀介质或冻融作用下由表及里的层状破坏，譬如：层离、剥落等；四是受外力作用产生的裂缝，譬如由超载引起的裂缝等。

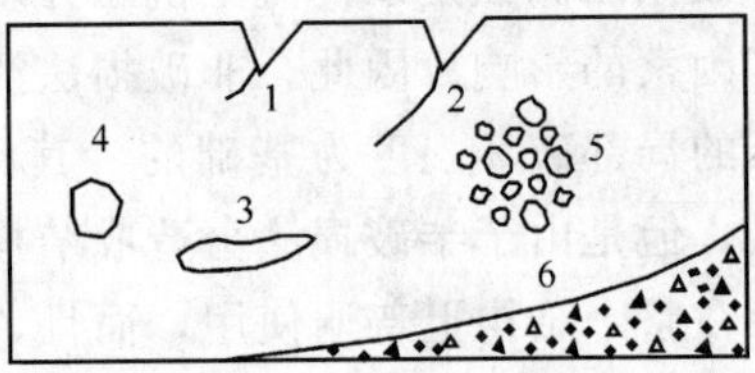

图 1.3.3-1 混凝土缺陷和损伤种类示意图
1、2、3-裂缝；4-孔洞；5-蜂窝；6-层状破坏

虽然形成缺陷和损伤的原因很多，但是缺陷和损伤的种类不外乎图 1.3.3-1 所示的几种。

混凝土探伤和测缺是以无损检测手段确定其内缺陷和损伤的存在、大小、位置和性质的一项专门技术，可用于探伤和测缺的无损检测手段，大体上可分为两大类：一类是机械波法，其包括超声脉冲波、冲击脉冲波和声发射等；另一类是穿透辐射法，其包括 x 射线、γ 射线和中子流等。罗马尼亚、日本及前苏联等国家，用 x 射线和 γ 射线检测混凝土的密实度、空洞、裂缝及预应力构件预留孔洞的灌浆质量。由于在实际应用中因射线的穿透能力有限，尤其对非匀质的混凝土，其穿透深度受到很大的限制，而且产生射线的设备相当复杂，操作中又需解决人身防护等问题。故而现场应用很不方便，很少应用。超声脉冲波的穿透能力较强，尤其是用于检测混凝土，这一特点更为突出，而且超声检测设备较简单，操作较方便，所以广泛应用于结构混凝土缺陷和损伤的检测。超声探伤技术始于 1928 年，起初只能确定缺陷的存在，且主要用于金属材料或零件。1934 年提出了用超声脉冲技术进行探伤。20 世纪 40 年代末 50 年代初，加拿大、前西德、英国和美国的学者相继进行简单的模拟试验，当时由于受仪器灵敏度低，分辨率差的限制，加上混凝土缺陷检测的影响因素尚未弄清楚，因此难以普遍用于工程实测。自 20 世纪 70 年代末期以来，随着电子技术迅速发展，超声仪器的性能不断改善，测试技术不断提高，混凝土缺陷的超声检测技术发展很快。检测仪器由笨重的电子管单示波显示型发展到集成化、数字化和智能化的多功能型；测量参数由单一的声速发展到声速、波幅和频率等多参数；检测范围由单一的大空洞或浅裂缝检测发展到多种性质的缺陷检测；缺陷的差别由大致定性发展到半定量和定量的程度。不少国家已将超声脉冲法检测缺陷的内容列入结构混凝土质量检验标准。

在我国20世纪60年代初期，中国科学院水电研究所便进行了超声脉冲波检测混凝土表面裂缝的尝试，到60年代中期全国不少单位开展了超声测缺技术的研究和应用，尤其是1976年以来组织了全国性协作组，对超声测缺技术进行了较系统的研究，并逐步应用于工程实测。1982年至1983年期间，水利电力部、建设部先后组织了对超声脉冲法检测混凝土缺陷科研成果的鉴定，使这项技术进入了实用阶段，1990年我国颁布了《超声法检测混凝土缺陷技术规程》，使该项技术规范化，更利于推广应用。

2. 超声波检测混凝土缺陷及损伤的基本原理

超声脉冲波检测结构混凝土缺陷及损伤主要是利用脉冲波在技术条件相同（指混凝土的原材料、配合比、龄期和测试距离一致）的混凝土中传播的时间（或速度）、接收波的振幅和频率等声学参数的相对变化，来判定混凝土的缺陷。这些声学参数为什么可以作为判定混凝土缺陷及损伤的依据，是大家比较关心的问题。

因为超声脉冲波传播速度的快慢，与混凝土的密实程度有直接关系，对于原材料、配合比、龄期及测试距离一定的混凝土来说，声速高则混凝土密实，相反则混凝土不密实。当有空洞或裂缝存在时，便破坏了混凝土的整体性，超声脉冲波只以能绕过空洞或裂缝传播到接收换能器，因此传播的路程增大，测得的声时必然偏长或声速降低。

另外，由于空气的声阻抗率远小于混凝土的声阻抗率，脉冲波在混凝土中传播时，遇着蜂窝、空洞或裂缝等缺陷，便在缺陷界面发生反射和散射，声能被衰减，其中频率较高的成分衰减更快，因此接收信号的波幅明显降低，频率明显减小或者频率谱中高频成分明显减少。再者经缺陷反射或绕过缺陷传播的脉冲波信号与直达波信号之间存在声程和相位差，叠加后互相干扰，致使接收信号的波形发生畸变。

根据上述原理，可以利用混凝土声学参数测量值和相对变化综合分析、判别其缺陷的位置和范围，或者估算缺陷的尺寸。

3. 超声波检测混凝土缺陷及损伤的基本依据

金属材料的探伤主要是应用超声波在内部缺陷界面上的反射特性，以反射波作为判断缺陷状态的基本依据。鉴于混凝土非均匀性，当超声波在其内传播时，将受到无数个界面的反射，所以混凝土探伤原理与金属材料是不同的。

混凝土超声探伤采用以下四点作为判别缺陷及损伤的基本依据：

(1) 根据超声波在混凝土中传播时遇到缺陷或损伤的绕射现象，按声时和声程的变化来判别和计算缺陷或损伤的大小。

(2) 依据超声波在缺陷界面上的反射，抵达接头探头时能量显著衰减的现象，来判别缺陷的存在和大小。

(3) 依据超声脉冲各频率成分在遇到缺陷时被衰减的程度不同，从而造成接收频率明显降低。或接收波频谱与反射波频谱产生差异，来判别内部缺陷。

(4) 根据超声波在缺陷处的波形转换和叠加，造成波形畸变的现象来判别缺陷。

以上四点可以单独运用，也可综合运用。因此，在进行混凝土超声探伤时需要检测的物理量是声程、声时、衰减量、接收波及其频谱。这样看来，凡是有波形显示的超声波检测仪均可用于探伤。无波形显示的数显式声速仪，虽能用于探伤，但由于判别依据唯一，因而容易造成误判。

4. 超声脉冲波检测混凝土缺陷和损伤的方法

由于混凝土非匀质性，一般不能像金属探伤那样，利用脉冲波在缺陷界面反射的信号，作为判别缺陷状态的依据，而是利用超声脉冲波透过混凝土的信号来判别缺陷状况。一般根据被测结构或构件的形状、尺寸与所处环境，确定具体测试方法。常有的测试方法大致可分为以下几种：

(1) 平面测试（用厚度振动式换能器）

①对测点：一对发射（T）和接收（R）换能器，分别置于被测结构相互平行的两个表面，且两个换能器的轴线位于同一直线上。

②斜测法：一对发射和接收换能器分别置于被测结构的两个表面，但两个换能器的轴线不在同一直线上。

③单面平测法：一对发射和接收换能器置于被测结构物同一个表面上进行测试。

(2) 钻孔测试（采用径向振动式换能器）

①孔中对测：一对换能器分别置于两个对应钻孔中，位于同一高度进行测试。

②孔中斜测：一对换能器分别置于两个对应的钻孔中，但不在同一高度而是在保持一定高程差的条件下进行测试。

③孔中平测：一对换能器置于同一钻孔中，以一定的高程差同步移动进行测试。

厚度振动式换能器置于结构表面，径向振动式换能器置于钻孔中进行对测和斜测。

5. 超声法检测混凝土缺陷的主要影响因素

超声波检测混凝土缺陷，同超声法检测混凝土强度一样，也受许多因素的影响。在工程检测中，如不采取适当措施，尽量避免或减小其影响，必然会给测试结果带来很大误差。试验和实践证明，影响超声测缺的主要因素主要有以下几种：

(1) 耦合状态的影响

由于脉冲波接收信号的波幅值，对混凝土缺陷反映最敏感，所以测得的波幅值（A_i）是否可靠，将直接影响到混凝土缺陷的检测结果。对于测距一定的混凝土，测试面的平整程度和耦合剂的厚薄，是影响波幅测试值的主要原因，如果测试面的凹凸不平或粘附泥沙，便保证不了换能器整个辐射面与混凝土测试面的接触，发射和接收换能器与测试面之间只能通过局部点传递脉冲波，使其大部分声能被损耗，造成波幅降低。此外，如果作用在换能器上的压力不均衡，使其耦合剂半边厚或时厚时薄，造成波幅不稳定。这些原因都会使测试结果不能反映混凝土的真实情况，使波幅测值失去可比性。因此，要求超声测试必须具备良好的耦合状态。

(2) 钢筋的影响

由于脉冲波在钢筋中的传播速度比在混凝土中快，在发射和接收换能器的连线上或其附近存在主钢筋时，必然影响混凝土声速测量值，其影响程度取决于钢筋相对于测试方向的位置及钢筋的数量和直径。试验表明，当钢筋轴线垂直于测试方向，其影响程度取决于通过各钢筋声程之和 l_s 与测试距离 l 之比，对于声速大于 4000m/s 的混凝土，$l_s \leqslant l/12$ 时，钢筋对混凝土声速的影响较小，一般为 1%～3%。当钢筋轴线平行于测试方向，对混凝土声速测值的影响较大，为避免这一影响，发射和接收换能器的连线必须离开钢筋一定距离。

（3）水分的影响

由于水的声速和声阻抗率比空气的声速和声阻抗率大许多倍，如果混凝土缺陷中的空气被水取代，则脉冲波的绝大部分在缺陷界面不再反射和绕射，而是通过水耦合层穿过缺陷直接传播至接收换能器，使得有或者无缺陷的混凝土声速、波幅和频率测量值的差异不明显，给缺陷测试和判断带来困难。为此，在进行缺陷检测时，要力求混凝土处于自然干燥状态。

二、混凝土内部缺陷超声检测的估算与判别

1. 内部空洞、裂缝及蜂窝状缺陷的检测

（1）缺陷大小的实际声程计算法

混凝土内部缺陷的检测一般采用穿透法。若混凝土构件内有如图 1.3.3-2 所示的缺陷。即蜂窝状缺陷或空洞位于发射和接受探头连线的中央时，探测时首先在无缺陷处采用平测法测出无缺陷混凝土的声速。然后移动探头确定缺陷区及缺陷中心，声时最长点即为缺陷在垂直于两探头连线平面的中心位置。再在缺陷中心位置处测读声时，此声时即为声波绕过缺陷所需的时间。若设缺陷居中，缺陷在声波传播方向的横向最小尺寸 d 可按下式计算：

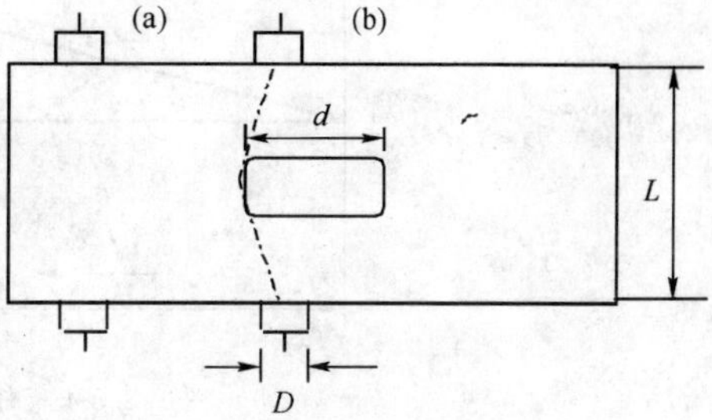

图 1.3.3-2 居中缺陷的超声探测示意图

$$d = D + \sqrt{t_1^2 C^2 - L^2} \qquad (1.3.3\text{-}1)$$

式中：D——为探头直径；

t_1——为在缺陷中心所测读的声时；

C——为无缺陷处混凝土声速；

L——为探头连线方向构件尺寸。

由上式可以看出，L/d 越小，有无缺陷处声时相差越大，探测的准确度越高。若 d 小，L/d 很大，即出现图 1.3.3-3 所示的片状缺陷。当探头移至图中（a）位置处时，声时基本无变化，显然此时无法探测出缺陷的大小。克服这一问题的方法是将探头移至斜角，见图 1.3.3-3 中的（e）。片状缺陷在其平面内的最小尺寸 d 可按下式进行计算：

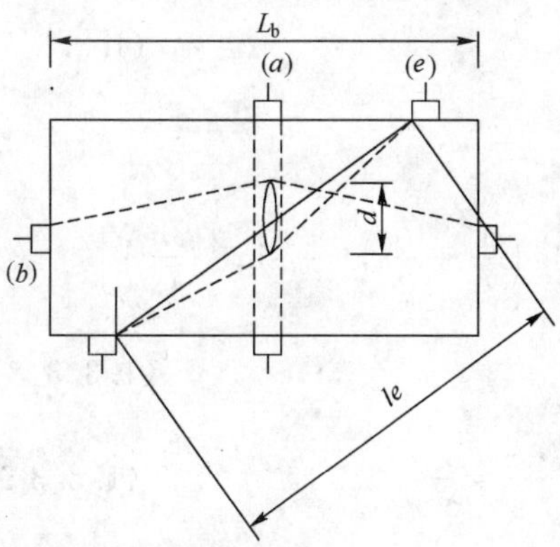

图 1.3.3-3 片状缺陷的超声探测示意图

$$d = \frac{1}{\sin\alpha}\sqrt{t_e^2 C^2 - L_e^2} \qquad (1.3.3\text{-}2)$$

式中：α——为斜角处两探头连线与片状缺陷平面的夹角；

t_e——为斜角处所测读的声时值；

L_e——为斜角处两探头间最小距离；

C——为无缺陷处混凝土声速。

需要说明的是，当缺陷小于探头直径时，声时无变化，但声波在缺陷界面上的散射将使衰减值增加，接收波的波高下降，此时可采用衰减值即波高变化或接收频率的下降作为判别缺陷是否存在的依据。因此，当探头在某一面上移动时，如发现某一点波高显著下降，而声时无变化，且当探头连线转过一角度后有同样现象，则可判为该点有小于探头直径的缺陷存在 。

一般说来，混凝土内部如存在空洞或蜂窝状缺陷，不可能刚好在正中间，如图 1.3.3-4 所示情形，即空洞位于发射和接收换能器连线的任意位置，设检测距离为 l，空洞中心（在另一对测试面上声时最长的测点位置）距某一测试面的垂直距离为 l_h，脉冲波在空洞附近无缺陷混凝土中传播的时间平均值为 t_m，绕过空洞传播的时间（空洞处的最大声时值）为 t_n，空洞半径为 r。

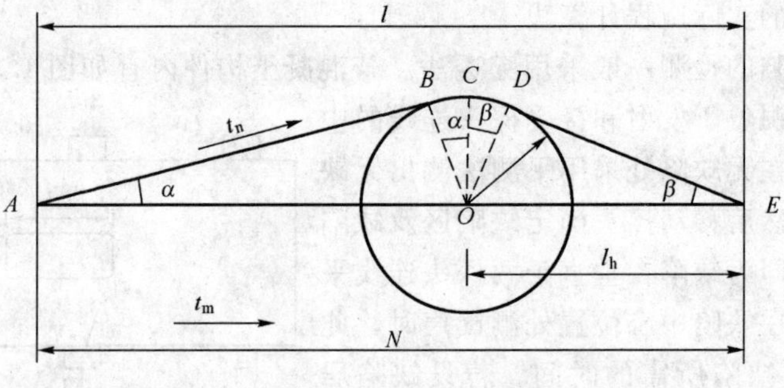

图 1.3.3-4　任意位置缺陷的超声探测示意图

由图可见：

$$t_n - t_m = \Delta t = [(\overline{AB} + \overline{BC} + \overline{CD} + \overline{DE}) - l]/v \tag{1.3.3-3}$$

式中：

$$\overline{AB} = \sqrt{(l-l_h)^2 - r^2} = \sqrt{l^2 - 2l \cdot l_h + (l_h)^2 - r^2} \tag{1.3.3-4}$$

$$\overline{BC} = r \cdot \alpha(\text{弧度}) = r \cdot 0.01745\sin^{-1}\left(\frac{r}{l-l_h}\right) \tag{1.3.3-5}$$

$$\overline{CD} = r \cdot \beta(\text{弧度}) = r \cdot 0.01745\sin^{-1}\left(\frac{r}{l-l_h}\right) \tag{1.3.3-6}$$

$$\overline{DE} = \sqrt{l_h^2 - r} \tag{1.3.3-7}$$

所以

$$\frac{\Delta t}{t} = \sqrt{l - 2\frac{l_h}{1} + \left(\frac{l_n}{l}\right)^2 - \left(\frac{r}{l}\right)^2} + \frac{r}{l} \cdot 0.01745\left[\sin^{-1}\left(\frac{1}{r} - \frac{l_h}{r}\right)^{01} + \sin^{-1}\left(\frac{r}{l_h}\right)\right]$$

$$+\sqrt{\left(\frac{l_h}{l}\right)^2 - \left(\frac{r}{l}\right)^2} - 1 \tag{1.3.3-8}$$

设

$$x = \frac{\Delta t}{t};\ y = \frac{l_h}{l};\ z = \frac{r}{l};\ \frac{r}{l_h} = \frac{l \cdot z}{l \cdot y} = \frac{z}{y} \tag{1.3.3-9}$$

则

$$x = \sqrt{(1-y)^2 - z^2} + \sqrt{y^2 - z^2} + z \cdot 0.01745 \cdot \left[\sin^{-1}\left(\frac{z}{1-y}\right) + \sin^{-1}\left(\frac{x}{y}\right)\right] - 1 \tag{1.3.3-10}$$

已知 x、y 便可求出 z，根据 $z = \frac{r}{l}$，便可知空洞半径 r。

为便于应用，按上式事先计算出 x、y、z 之间的函数表见表 1.3.3-1。

x、y、z 函数值　　表 1.3.3-1

z / x / y	0.05	0.08	0.10	0.12	0.14	0.16	0.18	0.20	0.22	0.24	0.26	0.28	0.30
0.10 (0.9)	1.42	3.77	6.26										
0.15 (0.85)	1.00	2.56	4.06	5.96	8.39								
0.2 (0.8)	0.78	2.02	3.17	4.62	6.36	8.44	10.9	13.9					
0.25 (0.75)	0.67	1.72	2.69	3.90	5.34	7.03	8.98	11.2	13.8	16.8			
0.3 (0.7)	0.60	1.53	2.40	3.46	4.73	6.21	7.91	9.38	12.0	14.4	17.1	20.1	23.6
0.35 (0.65)	0.55	1.41	2.21	3.19	4.35	5.70	7.25	9.00	10.9	13.1	15.5	18.1	21.0
0.4 (0.6)	0.52	1.34	2.09	3.02	4.12	5.39	6.84	10.3	12.3	14.5	16.9	19.6	
0.45 (0.55)	0.50	1.30	2.03	2.92	3.99	5.22	6.62	8.20	9.95	11.9	14.0	16.3	18.8
0.5	0.50	1.28	2.00	2.89	3.94	5.16	6.55	8.11	9.84	11.8	13.8	16.1	18.6

注：表中 $x=(t_h-t_m)/t_m\times100\%$；$y=t_h/l$；$z=r/l$

这种方法比较符合实际情况，就这种估算方法，曾做过如下模拟试验：

①南京水科院的试验　制作一个尺寸为 300mm×300mm×600mm 的混凝土试件，内部制备了 ϕ150、ϕ110、ϕ85 和 ϕ50 mm 的圆柱空洞，在另一个 ϕ85 园柱孔中填充了多孔混凝土，经超声测试和估算，结果见表 1.3.3-2。

南京水科院缺陷试件测试数据　　表 1.3.3-2

空洞实际尺寸（mm）	ϕ150	ϕ110	ϕ85	ϕ/85 填多孔混凝土	ϕ50
无洞混凝土声时（μs）	68.0	68.0	69.8	67.5	67.5
过洞中心的声时（μs）	77.6	75.1	73.1	71.5	69.2
洞的计算尺寸（mm）	156	132	102	102	68
绝对误差（mm）	+6	+22	+17	+17	+18
相对误差（%）	+4	+20	+20	+20	+36

②陕西省建筑科研院的试验　制作几个 200mm×200mm×200mm 的混凝土模拟试件，其中分别预设空洞 ϕ30、30mm×50mm、60mm×80mm、ϕ58 mm 和埋置 100mm×100mm×100mm 加气混凝土块。采用超声垂直圆柱孔和矩形孔进行测试，如图 1.3.3-5 所示。测试和估算结果见表 1.3.3-3。

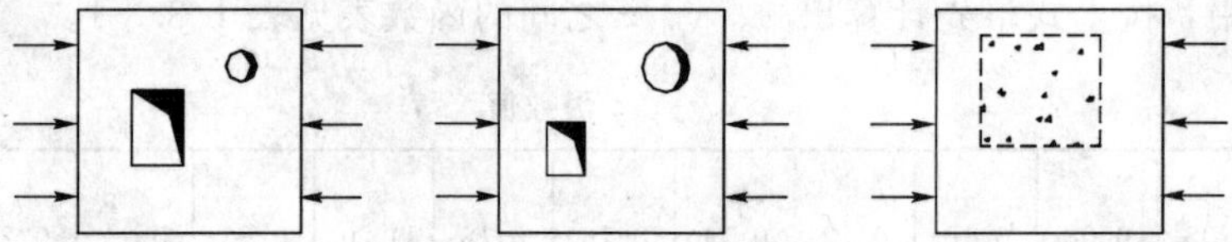

图 1.3.3-5 空洞估算模拟试验（箭头表示侧点位置）示意图

陕西省建科院缺陷试件测试数据 表 1.3.3-3

空洞实际尺寸（mm）	ϕ30	ϕ68	ϕ30×50	60×80	100×100
无洞混凝土的声时 t_m（μs）	37.7	36.3	37.7	37.7	42.0
过洞中心的声时 t_n（μs）	38.2	37.4	38.1	39.8	50.0
洞的计算尺寸（mm）	28.0	56	28.0	68.0	118
绝对误差（mm）	2	12	2	−8	−18
相对误差（%）	1.0	17.6	1.0	−13.3	−18
备　注		取芯孔			加气混凝土块

从上述试验结果看出，用此法大致估算混凝土内部空洞的尺寸还是可行的。不过这种方法比上一种计算方法复杂得多，应用起来较麻烦，一般情况下，用上一种方法估算也可以。试验表明，不管空洞是否位于发射和接收换能器的连线的任何位置，按上述公式计算的结果普遍偏大。值得注意的是，无论哪种估算方法在理论推导过程中，为了计算方便，都是假设空洞是圆球形或其轴线垂直于测试方向的圆柱形，而且空洞周围的混凝土是密实的，上述模拟试验也是按此假设进行的。但是，实际结构物中因施工失误造成的空洞不可能处于如此理想的状态，形态总是不规则，周围总伴随着一些蜂窝状不密实区。因此估算结果肯定存在一定误差，有待进一步研究和验证。

（2）大面积扫测时的缺陷判别

在实际工作中，常需弄清结构重要受力部位或对施工质量有怀疑部位的内部缺陷。这就是缺陷的大面积扫测问题。可用的大面积仔细探测方法是“多级网络法”。首先在结构构件表面测区上布置第一级测量网络，一般地第一级网络的间距为 30cm，在每一个网络节点上采用穿透法测出声时，在声时变化的节点上再划出二级网络，其间距一般取 10m，如图 1.3.3-6 所示。测出各级网络节点的声时后，绘出等声时线（即缺陷大小），在等声线的范围中声时最长的点即为该缺陷的中心。

为了能定量地确定缺陷的存在，目前普遍采用统计法。其具体作法如下：

①利用各测点的声时 t_i 和声程 L_i 计算出声速 C_i，并由强度与声速的关系即 $R=f(C)$ 确定出测点估算强度 R_i。

②找出总体的平均值和 $\bar{R}$ 标准差 S_R，则存在缺陷的判据为：

$$R_i < \bar{R} - 2S_R \quad (1.3.3\text{-}11)$$

若无确立的 $R=f(C)$ 关系，可用声速来判别缺陷的存在，即

$$C_i < \bar{C} - 2S_C \quad (1.3.3\text{-}12)$$

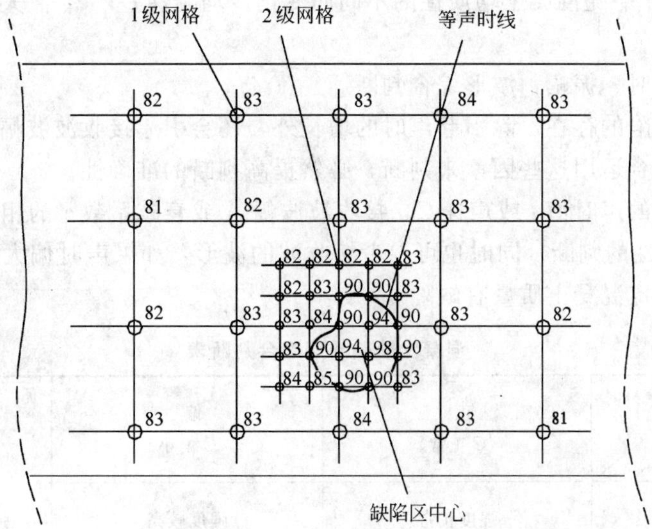

图 1.3.3-6　多级网格法探测缺陷区意图

当 $\bar{L}$ 不变化，也可采用声时来判别，其判别缺陷存在的公式是

$$t_i < \bar{t} + 2S_t \tag{1.3.3-13}$$

以上判别均未反映测点数量的影响，为更确切地判别缺陷，南京水利科学研究院提出了以下判别方法：

a. 首先计算出测点估算强度 R_i 总体的平均值 $\bar{R}$ 和标准差 S_R。

b. 然后分两种情况对各测点进行判别：

ⓐ第一种情况是有孤立的低强度 R_{min} 点。此时首先由

$$(\bar{R} - R_{min})/S = Z \tag{1.3.3-14}$$

计算出样本标准差的倍数 Z，再由正态分布表上 R_{min} 出现的概率 P，然后计算出 N 个测点中 R_{min} 可能出现的次数 M。

$$M = NP \tag{1.3.3-15}$$

判别缺陷的条件是：

$$M < 1 \tag{1.3.3-16}$$

即正常情况下，这样的强度值是不应当出现的，现在出现了一点说明是异常点，就判为缺陷。

ⓑ第二种情况是有几个相邻点的强度都低于某一最小强度的区。一般地，取最小强度 $R_{min} = \bar{R} - 2S_R$，此时 R_{min} 出现的概率 $P = 2.28\%$。若某测点 A 的估算强度 R_A 小于 R_{min}，且其相邻四点中的任一点也低于 R_{min}，则这种情况出现的概率：

$$P = (2.28\%)^2 \times 4 = 0.208\%$$

如果对 N 个测点有 NP 小于 1，则可认为此相邻两点处有缺陷存在。

最后需要说明的是，上述判别方法虽然改变了完全经验性的判别，使缺陷的判别数值化，但这一判别方法还有待完善，其问题主要在于。假定测值和总体是满足正态分布的，事实上有缺陷时，测值的分布与常用的混凝土强度分布规律不同，缺陷越多，则偏离正态分布

规律越远。标准差 S_R 随混凝土均质性的不同而变化。均匀性差，S_R 值大，会掩盖真正的缺陷。

（3）缺陷的声时、振幅、波形综合判断

前面已述及缺陷的存在，除引起声时的增长外，还会引起接收波波幅的降低（衰减）和波形畸变。如能综合运用这些因素来判断，必然提高判断的准确性。

若测得各测点的声时值 t 或声速 C，接收波波幅 A 或衰减系数 α 的相对值，大体上可按表 1.3.3-4 进行定性的判断。同时也可参考接收波的波形，如果声时偏大，振幅偏小，且波形畸变，则可以肯定混凝土质量有缺陷。

混凝土缺陷超声综合判断表 表 1.3.3-4

质量判断（衰减＼声时）	t 正常（C 正常）	t 偏小（C 偏小）	t 偏大（C 偏大）
A 正常（α 正常）	强度正常	强度较高	强度较低有局部缺陷
A 偏大（α 偏小）	强度正常或偏高	强度较高质量较好	强度正常 混凝土浆多石少
A 偏小（α 偏大）	强度正常但表层不良 或有内部缺陷	强度正常 混凝土石多浆少	强度偏低质量 不良内部有缺陷

为了能定量地用声时，振幅和接收波频率来判断缺陷的存在，南京水利科学研究院提出了一个综合判断指标。

$$K_{cam}=\frac{A_i(f_i-n)}{t_i-m} \tag{1.3.3-17}$$

式中：K_{cam}——判断缺陷的综合值；

A_i——某测点接收波波幅（NP，dB 或 mm）；

f_i——某测点接收波频率（kHz）；

t_i——某测点声时值（μs）；

m、n——常数。

在上式中引入 m、n 常数的原因主要是由于混凝土质量变化时，A_i、f_i 和 t_i 的变化幅度并不一致，其中 A_i 的变化幅度最大，t_i 的变化幅度最小，因而三者对 K_{cam} 的制约权数不等，为了改善这种状况，故引入了 m、n 常数项。

m 和 n 的确定是以 A_i、f_i 和 t_i 三者的变异系数相等为原则的，一般可按下式计算：

$$\frac{S_A}{\overline{A}}=\frac{S_F}{\overline{f}}=\frac{S_T}{\overline{t}} \tag{1.3.3-18}$$

式中：S_A——各测点接收波波幅测值的标准差；

$\overline{A}$——各测点接收波波幅测值的平均值；

S_F——各测点接收波频率减去 n 值后的标准差；

$\overline{f}$——各测点接收波频率减去 n 值后的平均值；

S_T——各测点声时值减去 m 值后的标准差；

$\bar{t}$——各测点声时减去 m 值后的平均值。

2. 混凝土不密实区和空洞的检测

这里，结合 CECS21：90 规程，着重介绍一下，钢筋混凝土结构物在施工过程中，因漏振、漏浆或因石子架空在钢筋骨架上，导致混凝土内部形成蜂窝状不密实或空洞的检测方法。

(1) 测试方法

混凝土内部的隐蔽缺陷情况，无法凭直觉判断，一般根据现场施工记录和外观质量情况，或者在结构的使用过程中出现了质量问题而怀疑混凝土内部可能存在的缺陷，其位置只是大致的，因此这类缺陷的测试区域，一般总要大于所怀疑的范围，或者首先作大范围的粗测，根据粗测情况再着重对可疑区域进行细测。

进行混凝土不密实区和空洞检测时，结构的被测部位及测区应满足以下要求：

ⓐ被测部位应具有一对（或两对）相互平行的测试面；

ⓑ测区的范围应大于有怀疑的区域；

ⓒ在测区布置测点时，应避免 T、R 换能器的连线与附近的主钢筋轴线平行。

①平面对测　当结构被测部位具有两对平行表面时，可采用一对厚度振动式换能器，分别在两对互相平等的表面上进行对测。如图 1.3.3-7 所示，先在测区的两对平行表面上，分别画出间距为 200mm～300mm 的网格，并逐点编号，定出对应测点的位置，然后将 T、R 换能器经耦合剂分别置于对应测点上，逐点读取相应的声时（t_i）、波幅（A_i）和频率（f_i），并量取测试距离（l_i）。

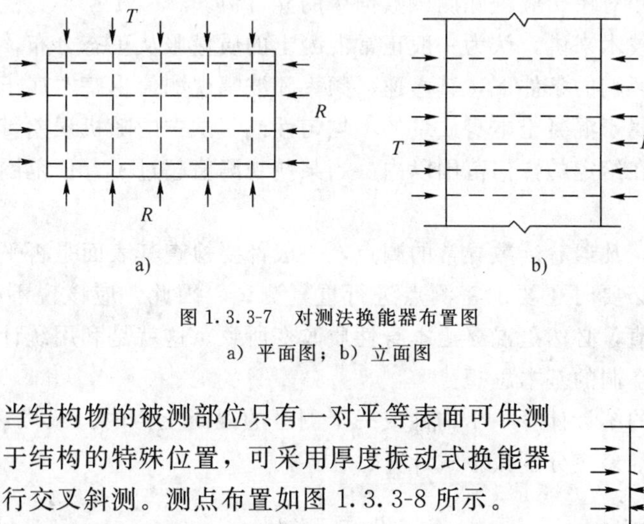

图 1.3.3-7　对测法换能器布置图

a）平面图；b）立面图

②平面斜测　当结构物的被测部位只有一对平等表面可供测试，或被测部位处于结构的特殊位置，可采用厚度振动式换能器在任意两个表面进行交叉斜测。测点布置如图 1.3.3-8 所示。

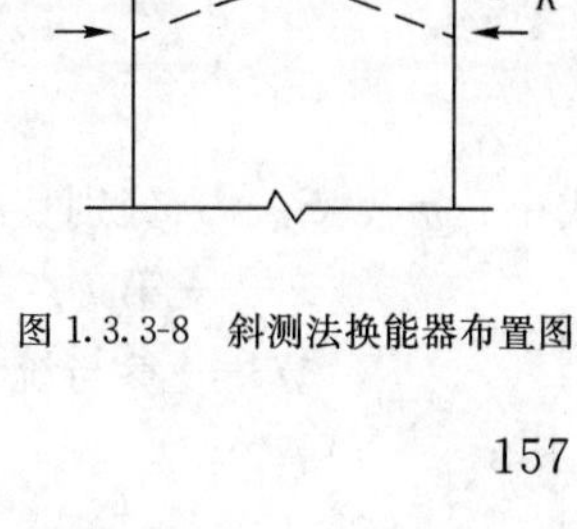

图 1.3.3-8　斜测法换能器布置图

③钻孔测法　对于大体积混凝土结构，由于其断面尺寸较大，如直接进行平面对测，接收到的脉冲信号微弱，甚至无法识别首波的起始位置，不利于声学参数的读取和分析。为了缩短测试距离，提高检测灵敏度，可在结构适当的位置钻一个或多个平行于侧面的测孔。测孔的直径一般为 40mm～50mm，测孔深度视检测需要而定。结构的侧面采用厚度振动式换能器，一般用黄

油耦合，测孔中用径向振动式换能器，用清水作耦合剂。换能器的布置如图 1.3.3-9 所示。检测时根据需要，可以将孔中和侧面的换能器置于同一高度，也可以将二者保持一定的高度差，同步上下移动，逐点读取声时、波幅和频率值，并记下孔中换能器的位置。

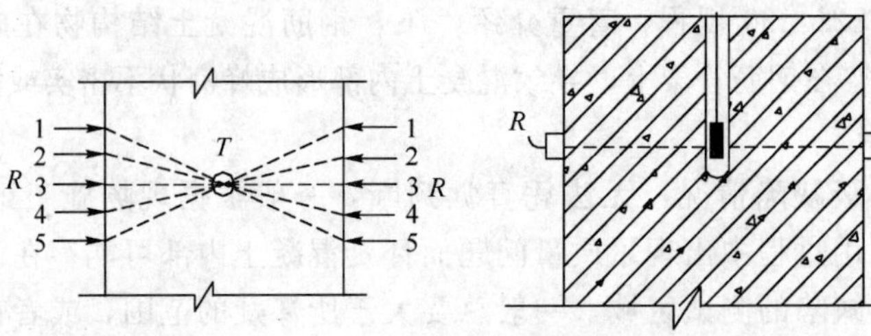

图 1.3.3-9　钻孔测法换能器布置图

(2) 不密实区和空洞的判定

由于混凝土本身的不均匀性即使是没有缺陷的混凝土，测得的声时、波幅等参数值也在一定范围波动，更何况混凝土的原材料品种、用量及混凝土的湿度和测距等因素都不同程度的影响着声学参数值。因此，不可能确定一个固定的临界指标作为判断缺陷的标准，一般都利用统计方法进行判别。

统计学方法的基本思想在于，给定一置信概率（如 0.99 或 0.95），并确定一个相应的置信范围（如 $m_x \pm \lambda_1 S_x$），凡超过这个范围的观测值，就认为它是由于观测失误或者是被测对象性质改变所造成的异常值。如果在一系列观测值中混有异常值，必将歪曲试验结果，为了能真实地反映被测对象，应剔除测试数据中的异常值。

对于超声测缺技术来讲，认为一般正常混凝土的质量服从正态分布，在测试条件基本一致，且无其他因素影响的条件下，其声速、频率和波幅观测值也基本属于正态分布。在一系列观测数据中，凡属于混凝土本身质量的不均匀性或测试中的随机误差带来的数值波动，都应服从统计规律，在给定的置信范围以内。当某些观测值超过了置信范围，可以判断它是属于异常值。

在超声检测中，凡遇着读数异常的测点，一般都要检查其表面是否平整、干净或是否存在别的干扰因素，必要时还要加密测点进行重复测试。因此，应该说不存在观测失误的问题，出现的异常测值，必然是混凝土本身性质改变所致。这就是利用统计学方法判定混凝土内部存在不密实和空洞的基本思想。

①混凝土声学的统计计算一个构件或一个测区的混凝土声时（或声速）、波幅及频率等声学的平均值和标准差应分别按下式计算：

$$m_x = \frac{1}{n}\sum_{i=1}^{n} x_i \tag{1.3.3-19}$$

$$S_x = \sqrt{\left(\sum_{i=1}^{n} x_i^2 - n \cdot m_x^2\right) / (n-1)} \tag{1.3.3-20}$$

式中：m_x、S_x——分别代表某一声学参数的平均值和标准差；

x_i——第 i 点某一声学参数的测值；

n——参与统计的测点数。

②异常值的差别在数理统计学中，判别异常观测值的方法有许多种，其中较典型的几种方法是：

a. 拉依达法

该方法的基本点是，对 n 次测量值 x_1、x_2…x_n，计算其平均值 m_x 和标准差 S_x，当某个测值 $x_k > m_x + 3S_x$，则认为 x_k 是含粗大误差的异常值，应予以剔除。

此法较简单，曾在国内外广泛应用，但是只有在观测次数 n 足够大，且被测对象离散性较小时，判别异常值较为有效，当 n 较小时不易判出异常值，往往造成漏判。

b. 肖维勒法

该法是在 n 次测量中，取不可能发生的个数为 $\frac{1}{2}$，那么对正态分布而言，误差不可能出现的概率为：

$$1-\frac{1}{\sqrt{2\pi}}\int^{am}-am\exp\left(-\frac{x^2}{2}\right)d_x=\frac{1}{2n} \tag{1.3.3-21}$$

根据标准正态分布函数的定义，则有：

$$\phi(\omega_n)=\frac{1}{2}\left(1-\frac{1}{2n}\right)+0.5=1-\frac{1}{4n} \tag{1.3.3-22}$$

利用标准正态函数表，可以求出不同的 n 的不同 ω_n 值。若某一测量值 $x_k > m_x + \omega_n S_x$，则 x_k 判为异常值，应剔除。

此法克服了拉依达法的缺点，在测量次数 n 较小时也能判出异常值，但试验表明，对于非匀质混凝土来说，漏判的可能性也大。

c. 格拉布斯法

该法先将 n 个测量按大小顺序排列，$x_1 \leqslant x_2 \leqslant x_3 \cdots \leqslant x_n$，假设可疑值是 x_n，则计算 n 个测量值的 m_x 和 S_x，并以 $\lambda(a,n)=\lambda(a,n)\sqrt{\frac{n-1}{n}}$，列出 n 和某一置级信水平 a 下的对应 λ 值。

若 $X_n > m_x - \lambda(a,n)\cdot S_x$，则判 x_n 为异常值。

此法被认为是一个较好的判别方法，尤其对统计数中仅有一个异常值的判出功效较高。

d. 狄克逊法

该法也是先将 n 个测量按大小顺序排列，$x_1 \leqslant x_2 \leqslant x_3 \cdots \leqslant x_n$，用极差比进行异常值判别。同样以其概率密实度函数，求出某一置信水平 a 和统计值个数 n 的临界值 $f(a,n)$。当认为 x_1 可疑时，极差比 $f_0=\frac{x_2-x_1}{x_n-x_1}$，若 $f_0 > f(a,n)$，则判 x_1 为异常值，予以剔除。当认为 x_n 可疑时，极差比 $f_0=\frac{x_n-x_{n-1}}{x_n-x_1}$，若 $f_0 > f(a,n)$，则判断 x_n 为异常值，人们认为此法定的判别异常值的临界值较宽，适用于有多个异常值的情况。

上述四种判别异常值的方法，都是以被测对象均匀一致为条件，判别因观测失误造成的异常值。而混凝土缺陷检测，则是在尽可能避免观测失误的条件下，判别因被测对象本身性质改变所产生的异常值，两者之间有较大差异。由于混凝土的不均匀性，就是不存在缺陷，其声学参数观测值也会出现一定离散，统计的标准差 S_x 一般比较大，硬套上述某一种判别方法，都易造成缺陷的漏判。因此规程参考了肖维勒和格拉布斯法，综合混凝土缺陷检测的特点，制定了如下判别异常值的方法：

ⓐ将测区各测点的声时值 t_1 按大小顺序排列，$t_1 \leqslant t_2 \leqslant t_3 \cdots \leqslant t_n$，视排于后面明显偏大的声时为可疑值，将可疑值中最小的一个数同其前面的声时值进行平均值（m_t）和标准差（S_t）的统计，以 $x_0 = m_t + \lambda \cdot S_t$ 为异常值的临界值。

当参数与统计的可疑值 $t_n \geqslant x_0$ 时，则 t_n 及排列于其后的声时值均为异常值。若 $t_n < x_0$，再将 t_n+1 放进去统计和差别，其余类推。

ⓑ将测区各测点的波幅（A_1）、频率（f_i）或由声时换算成的声速（v_i）按大小顺序排列为 $\geqslant x_1 \geqslant x_2 \geqslant x_3 \cdots\cdots \geqslant x_n$，视排于后面明显小的数为可疑值，将可疑值中最大的一个连同其前面的数进行平均值（m_x）和标准差（S_x）的统计。

以 $x_0 = m_x - \lambda_1 S_x$ 为异常值的临界值，当参与统计的可疑值 $x_n \leqslant x_0$ 时，则 x_n 及排列于其后的值均为异常值。若 $x_n > x_0$，再将 x_{n+1} 放进去统计和判别。

其中 λ_1 为异常值判定系数，可根据概率函数中（λ_1）$= \dfrac{1}{n}$，由正态分布函数表查出对应于统计个数 n 的 λ_1 值见表 1.3.3-5。

统计数的个数 n 与的 λ_1 表 1.3.3-5

n	14	16	18	20	22	24	26	28	30
λ_1	1.47	1.53	1.59	1.64	1.69	1.73	1.77	1.80	1.83
n	32	34	36	38	40	42	44	46	48
λ_1	1.86	1.89	1.92	1.94	1.96	1.98	2.00	2.02	2.04
n	50	52	54	56	58	60	62	64	66
λ_1	2.05	2.07	2.09	2.10	2.12	2.13	2.14	2.16	2.17
n	68	70	72	74	76	78	80	82	84
λ_1	2.18	2.19	2.20	2.21	2.22	2.23	2.24	2.25	2.26
n	86	88	90	92	94	96	98	100	102
λ_1	2.27	2.28	2.29	2.30	2.31	2.31	2.32	2.32	2.33

③不密实混凝土和空洞范围的判定一个构件或一个测区中，某些测点的声时，（或声速）、波幅或频率被判为异常值，可结合异常测点的分布及波形状况，判定混凝土内部存在不密实区和空洞的范围。

值得注意的是，在进行混凝土内部缺陷判定时，不仅依靠检测数据的分析和判别，还包含着检测人员的实践经验。经验不足者，容易产生漏判和误判。另外，实践证明，波幅测量值（A_i）虽然对缺陷的反映很敏感，但由于受声耦合状态的影响较大，一般不太服从正态分布，在统计和判别过程中是作为正态分布来处理的，若以波幅（A_i）为判定缺陷的主要依据时，应特别注意。尤其在耦合条件较差，难以保证波幅的准确测量时，更应慎重。

下面举例说明混凝土内部缺陷的检测方法和判定方法。

某框架柱，由于梁与柱交接处，横向、竖向钢筋交叉处分布，排列十分密集，混凝土浇筑结束脱模后，发现部分梁、柱交接处存在蜂窝，凿开其中一个，发现柱头内部石子架空较严重，由此怀疑所有柱头的混凝土内部质量，经超声检测，有的柱头虽然表面存在蜂窝麻面，但内部不一定有空洞。可是有个别柱表面很光洁，内部却存在蜂窝架空。现以最典型的J27号柱为例，说明判定过程。

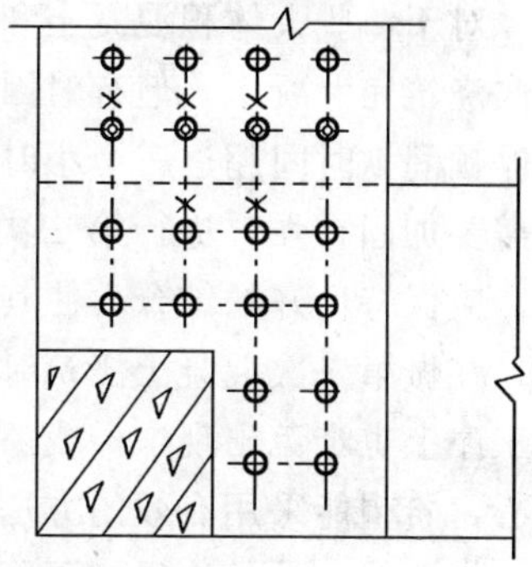

图 1.3.3-10　测点布置图

该柱的测距为 510mm，测点布置如图 1.3.3-10 所示，各测点的声时和波幅测值分别按大小顺序排列，示于表 1.3.3-6。

J27 柱测点数据排列　　表 1.3.3-6

序　号	1	2	3	4	5	6	7	8	9	10
t (μs)	106.4	107.2	107.9	109.2	109.4	109.6	109.6	109.6	110.4	110.4
A (mm)	44	44	41	40	40	40	39	39	36	34
序　号	11	12	13	14	15	16	17	18	19	20
t (μs)	111.2	111.4	111.6	111.8	112.2	112.4	114.3	114.6	115.1	115.8
A (mm)	34	33	31	30	30	26	25	25	23	20

先判别声时（t）的异常值。假设 t_{15}、t_{16}…、t_{20} 为可疑，则统计 $t_1 \sim t_{15}$ 的平均值（m_t）和标准差（S_t）并进行判别：$n=15$；$m_t=109.9$；$S_t=1.71$；$\lambda_1=1.50$。

$$x_0 = m_t + \lambda_1 \cdot S_t = 109.9 + 1.71 \times 1.50 = 112.5$$

$$t_{15} < x_0$$

说明 t_{15} 为正常值，由于 t_{16} 与 t_{15} 接近，故再假设 $t_{17}-t_{20}$ 可疑，将 t_{17}、t_{16} 放进去统计和判断，结果是：$n=17$；$m_t=110.27$；$S_t=2.00$；$\lambda_1=1.56$ ＋$x_0=110.27+1.56\times 2.00=113.39$

$$t_{17} > x_0$$

则 $t_{17}-t_{20}$ 为异常值。

再判别波幅（A）的异常值。假设 $A_{16}-A_{20}$ 可疑，将 A_1-A_{16} 进行统计和判断，结果如下：

$$n = 16; m_A = 36.31; S_A = 5.36; \lambda_1 = 1.53$$

$$x_0 = 36.31 - 1.53 \times 5.36 = 28.1$$

$$A_{16} < x_0$$

则 $A_{16}-A_{20}$ 为异常值。

图 1.3.3-10 中"·"的测点为声时异常值，"x"的测点为波幅异常值。该部位正好是大梁主钢筋穿过柱子，横竖钢筋密集的地方，经局部凿开检查，内部存在石子架空的蜂窝孔隙。

3. 两次浇筑的混凝土之间结合质量的检测

对于一些大体积混凝土和钢筋框架等重要结构物，为保证其整体性。应该连续不间断地一次浇筑完混凝土，但有时因施工工艺的需要或因停电、停水等意外原因，在混凝土浇筑中途停顿间歇时间超过三个小时后再继续浇筑；还有已浇筑好的混凝土结构物，有时因某些原因需要加固补强，进行第二次混凝土浇筑。在同一个结构或构件上，两次浇筑的混凝土之间，应保持良好的结合，使其形成一个整体，共同承担荷载，方能确保结构的安全使用。但是，在做第二次混凝土浇筑时，对已硬化混凝土表面的处理往往不能完全满足设计要求，浇筑工序上也难免出现这样或那样的问题。因此，人们对两次浇筑的混凝土之间结合质量特别关心，希望能采用有效的方法进行检验。超声脉冲技术的应用，为两次浇筑的混凝土结合质量提供了较有效的途径。下面结合 CECS21：90 规程作的规定一一介绍。

(1) 测试方法

混凝土结合面检测时，被测部位及测点的确定应满足下列条件：

①测试前应查明结合面的位置和走向，以便正确确定被测部位及布置测点；

②结构的被测部位应具有使超声波垂直或斜穿结合面的一对平行测试线；

③所布置的测点应避开平行声波传播方向的主钢筋或预埋铁件。

超声脉冲检验两次浇筑的混凝土结合面质量，一般采用穿过与不穿过结合面的脉冲波声速、波幅和频率等声学参数相比较进行判断的方法。换能器的布置方法如图 1.3.3-11 所示。

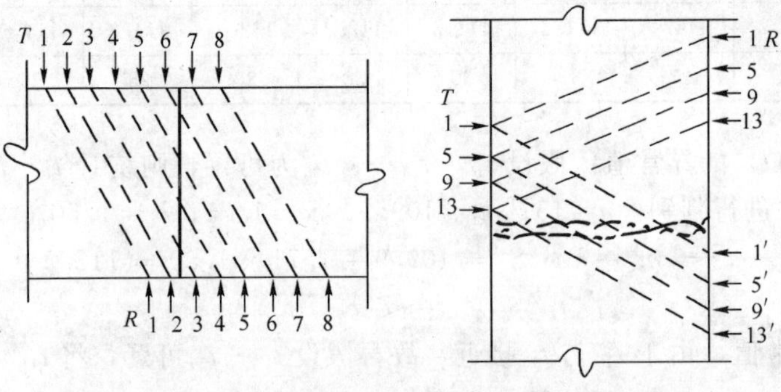

图 1.3.3-11 检测结合面的换能器布置示意图

为保证各测点具有一定可比性，每一对测点应保持其测线的倾斜度一致，测距相等。测点间距应根据被测结构的尺寸的结合面的外观质量情况确定，一般为 100～300mm，间距过大易造成缺陷漏检的危险。

(2) 数据处理及判定

两次浇筑的混凝土结合面质量的判定与混凝土不密实区和空洞的判定方法基本相同。当结合面为施工缝时，因前后两次浇筑的混凝土原材料、强度等级、工艺条件等都基本一致，如果两次的混凝土结合的良好，脉冲波通过与不通过施工缝的声学参数应基本一致，可以认为这些数据来自同一个母体。因此，可以把过缝与不过缝的声时（或声速）、波幅或频率测量值放在一起，分别进行排列统计。当施工中局部地方存在疏松、孔隙或填进杂物时，该部位混凝土失去连续性脉冲波通过时，其波幅和频率会明显降低，声时也有不同程度增大，因此，凡被判为异常值的测点，查明无其他原因影响时，可以判定这些部位施工缝结合不良。

对于结构物进行修补加固所形成的混凝土结合面，因两次浇筑混凝土的间隔时间较长，而且加固补强用的混凝土往往比结构物原来的混凝土高一个强度等级，集料级配和施工工艺条件也与原来混凝土不一样。所以，可以说两次浇筑的混凝土不属于同一母体，但如果结合面两侧的混凝土厚度之比保持不变，通过结合面的脉冲波，其声学参数反映了该两种混凝土的平均质量。因此，仍然可以将通过结合面各测点的声时、波幅和频率测量值按前述的方法进行统计和判别。被判为异常值的测点，查明无其他原因影响时，可判定这些部位的新老混凝土结合不良。

在一般工业与民用建筑中，混凝土结合面质量检验的机会相当多，大量实践表明，采用超声脉冲检测是相当有效的。

实例：某工程 B-5 号柱施工缝检测

该柱断面的尺寸为 500mm×500mm，距地面 1.9m 处有一施工缝，采用过缝与不过缝的斜测方法。

声时和波幅测量值见表 1.3.3-7。

声时和波幅测量值 表 1.3.3-7

测点号	不过缝		过缝	
	声时 t (μs)	波幅 A (dB)	声时 t (μs)	波幅 A (dB)
1	103.5	4.7	109.7	0
2	106.6	6.0	107.7	0.9
3	104.5	13.2	110.4	0
4	106.5	2.0	117.2	0
5	105.6	2.0	102.5	0.9
6	108.5	6.0	102.8	7.4
7	105.1	10.4	105.2	2.5
8	106.1	8.4	115.3	0
9	109.7	4.4	111.1	0
10	107.9	16.0	104.7	11.0
11	108.5	15.0	107.5	7.0
12	106.9	8.0	176.6	0
13	108.4	5.7	109.1	3.7
14	108.2	20.0	107.7	9.4
15	108.4	11.0	112.7	0
16	108.4	9.9		

用声时统计和判别结果，过缝的 t_3、t_4、t_8、t_9、t_{12}、t_{15} 为异常值。

用波幅统计和判别结果，过缝的 A_1、A_3、A_4、A_8、A_{12}、A_{15}为异常值。

从过缝测点的分布情况看，这些异常测点分布在施工缝的四周，经凿开检查，四周的混凝土确实差，尤其是西南角存在松散石子的蜂窝孔隙，尺寸见图 1.3.3-12。

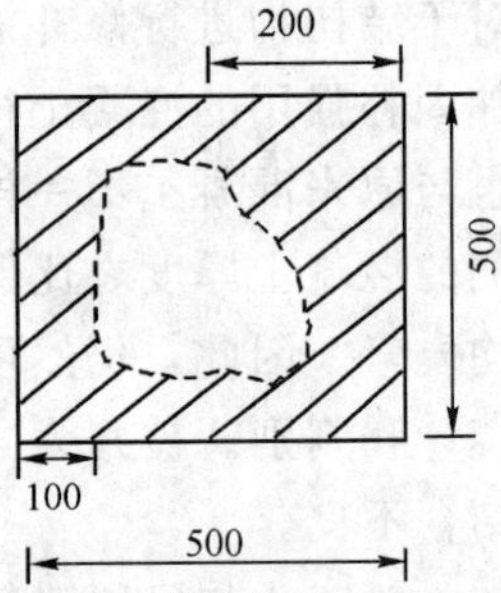

图 1.3.3-12 测施工缝（阴影区为结合不良）示意图（尺寸单位：mm）

三、混凝土表面损伤层的检测

混凝土和钢筋混凝土结构物，在施工和使用过程中，其表面层会在物理和化学的因素作用下受到损坏。物理因素大致有火焰和冰冻；化学因素大致有酸、碱盐类。结构物受到这些因素作用时其表层损坏程度除了作用时间的长短及反复循环次数有关外，还与混凝土本身的某些特征有关系，例如体积和比表面积大小、龄期、水泥用量、水灰比及捣实程度等。

在考察上述问题时，人们都假定混凝土的损坏层与未损伤部份具有明显的分界线。实际情况并非如此，国外一些研究人员曾用射线照相法观察因化学作用对混凝土产生的腐蚀情况。发现损伤层与未损伤部分不存在明显的界限。从工程实测结果来看，也反映了此种情况，总是最外层损伤严重，越向里深入，损伤程度越轻，其强度和声速的分布曲线应该是连续圆滑的，如图 1.3.3-13 所示。但人们为了计算方便，把损伤层与未损伤部分简单地分为两层来考虑，计算模型如图 1.3.3-14 所示。

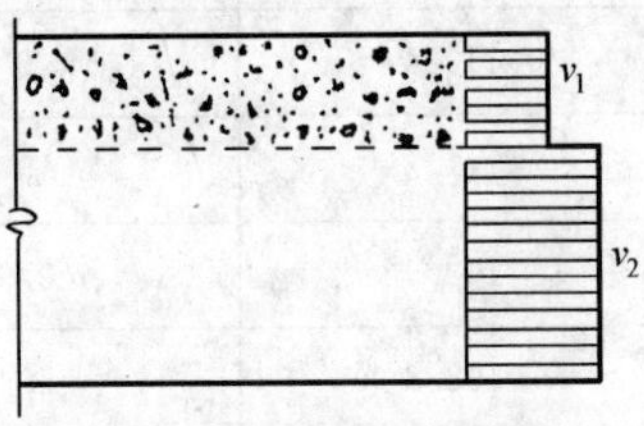

图 1.3.3-13 实际声速分布示意图

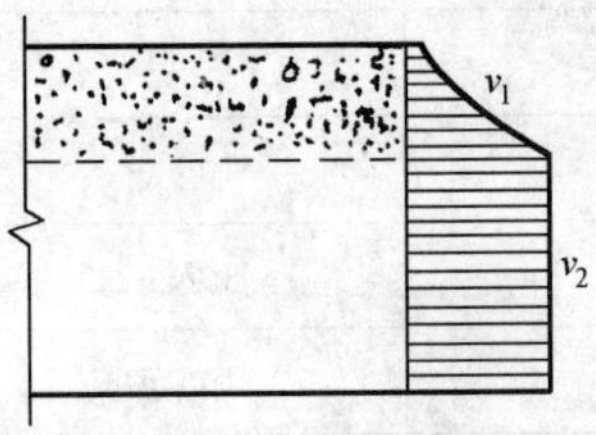

图 1.3.3-14 假设声速分布示意图

现就 CECS21：90 规程规定的检测方法作一介绍。

检测表面损伤厚度时，被测部位和测点的确定应满足以下要求：

①根据结构的损伤情况和外观质量选取有代表性的部位布置测区；

②结构被测表面应平整并处于自然干燥状态，且无接缝和饰面层；

③测点布置时应避免 T、R 换能器的连线方向与附近主钢筋的轴线平行。

1. 测试方法

采用超声脉冲法检测混凝土表面损伤层，宜选用频率较低的厚度振动式换能器，表面损伤层厚度的检测方法大致有两种：

(1) 单面平测法

此法可应用于仅有一个可测表面的结构，也可应用于损伤层位于两个对应面上的结构或构件。如图 1.3.3-15 所示，将发射换能器 T 置于测试面某一点保持不动，再将接收换能器 R 以测距 l_i=100mm、150mm、200mm，依次置于各点，读取相应的声时值 t_i。每一侧区的测点数不得少于5个。若结构的损伤层厚度不均匀，则应适当增加测区数。

此法的基本原理是，当T、R换能器的间距较近时，脉冲波沿表面损伤层传播的时间最短，首先到达接收换能器，此时读取的声时值反映了损伤层混凝土的传播速度。当T、R换能器的间距较大时，脉冲波透过损伤层沿着未损伤混凝土传播的时间短，此时读取的声时中大部分是反映未损伤混凝土的传播速度。当T、R换能器的间距达到某一测距l_0时，沿损伤层传播的脉冲波与经过两次角度沿未损伤混凝土传播的脉冲同时到达接收换能器，此时便有下面的等式：

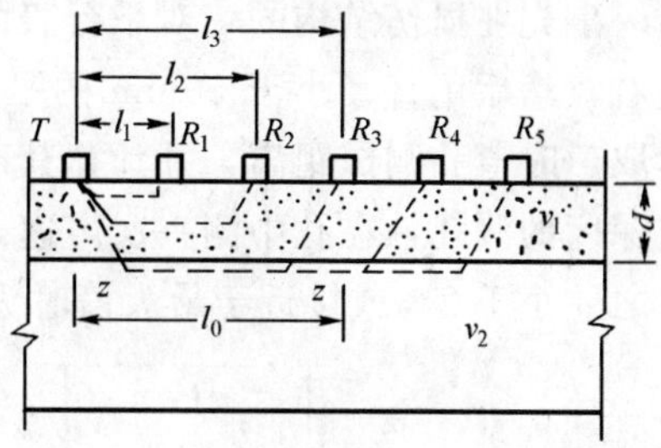

图 1.3.3-15　平测损伤层厚度示意图

$$\frac{l_0}{v_1}=\frac{2}{v_1}\sqrt{d^2+x^2}+\frac{l_0-2x}{v_2} \tag{1.3.3-23}$$

式中：d——损伤层厚度；

x——穿过损伤层传播路径的水平投影；

v_1——损伤层混凝土声速；

v_2——未损伤混凝土声速。

由于$t_1=\dfrac{l_0}{v_1}$，所以上式可改写成

$$t_1=\frac{2}{v_1}\sqrt{d^2+x^2}+\frac{l_0-2x}{v_2}$$

取$\dfrac{\mathrm{d}t_1}{\mathrm{d}x}=0$

$\dfrac{\mathrm{d}t_1}{\mathrm{d}x}=0$　　则有：

$$\frac{x^2}{v_1^2\ (d^2+x^2)}=\frac{1}{v_2^2}$$

求解上式并取正值可得：

$$x=\frac{v_1}{\sqrt{v_2^2-v_1^2}}=d$$

将上式代入$\dfrac{l_0}{v_1}=\dfrac{2}{v_1}\sqrt{d^2+x^2}+\dfrac{l_0-2x}{v_2}$中整理后可得：

$$d=\frac{l_0}{2}\sqrt{\frac{v_2-v_1}{v_2+v_1}} \tag{1.3.3-24}$$

由于平面式换能器辐射声场的扩散角与其频率成反比，频率越低，声场的扩散角越大，平测时传播到接收换能器的脉冲信号越强，所以平测法一般都采用30～50kHz的低频换能器。

这种方法还可以用来测量双层结构中不可测层的脉冲传播速度。但是必要的测试条件是，要求内层声速（v_2）大于面层的声速（v_1）。

有时由于损伤程度较轻或损伤层厚度不大，可能出现v_1、v_2的差值不大。因此，测量时必须准确测量T、R换能器之间的距离。

(2) 逐层穿透法

事先在损伤结构的一对平行表面上，分别钻出一对对不同深度的测试孔，孔径为50mm左右，然后用直径小于50mm的平面式换能器，分别在不同深度的一对测孔中进行测试，读取声时值和测试距离，并计算其声速值。或者在结构同一位置先测一次声速，然后凿开一定深度的测孔，在孔中测一次声速，再将测孔增加一定深度，再测声速，直至两次测得的声速之差小于2%或接近于最大值时为止，如图1.3.3-16所示。

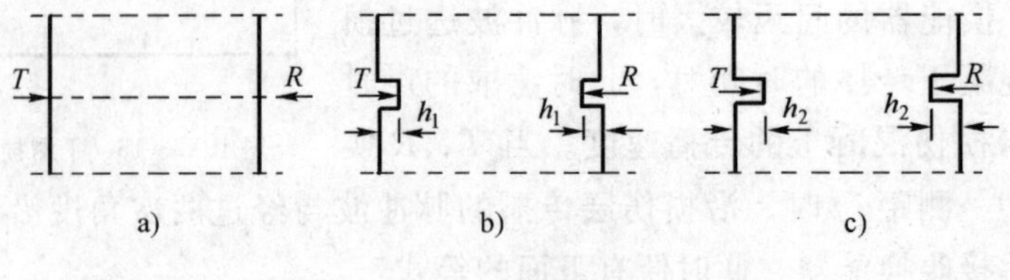

图1.3.3-16 逐层穿透测损伤厚度示意图

该方法不仅对结构造成局部破损，而且钻孔和凿孔很费事，还必须将孔底处理平整才能进行有效测试1，操作相当麻烦。但局部凿开不仅可以测量混凝土的声速，还可以根据敲凿的难易程度和碎屑的外观质量情况，进行综合判断，在一般情况下，其检测结果的可靠性较高，因此仍不失为一种值得推广应用的方法。

2. *损伤层厚度判定*

当采用单面平测时，将各测点的声时测值 t_i 的相应的测距值 l_i 绘制“时-距”坐标图。如图1.3.3-17所示，两条直线的交点 B（拐点）所对应的测距定为 l_0，直线 AB 的斜率，便是损伤层混凝土的声速 v_1，直线 BC 的斜率，便是未损伤混凝土的声速 v_2，则有：

$$v_1 = \cot\alpha = \frac{l_2 - l_1}{t_2 - t_1}$$

$$v_2 = \cot\beta = \frac{l_5 - l_3}{t_5 - t_3}$$

式中：l_1、l_2、l_3、l_5 分别为“时-距”图拐点前后名。

根据 $d=\frac{l_0}{2}\sqrt{\frac{v_2-v_1}{v_2+v_1}}$ 便可计算损伤层厚度 d。为便于绘制“时-距”图，每一测区的测点不得少于5点，如果被测结构各测区的损伤层厚度差异较大，应适当增加测区数。

当采用逐层穿透法检测时，可将每次测量的声速值（v_1）和测孔深度值（h_i）绘制“v-h”曲线，如图1.3.3-18所示，当声速趋于基本稳定的测孔深度，便是混凝土损伤层的厚度 h。

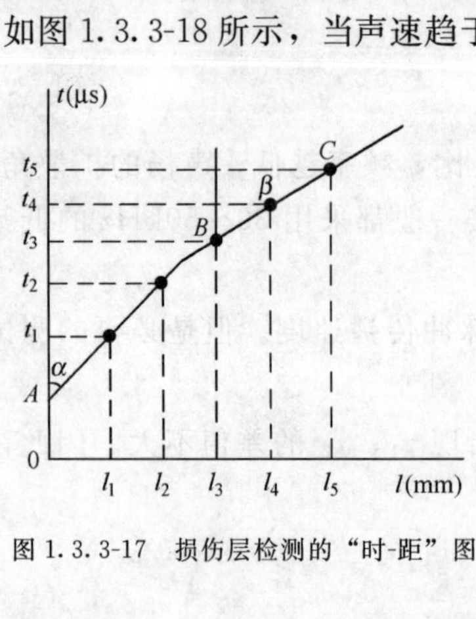

图1.3.3-17 损伤层检测的“时-距”图

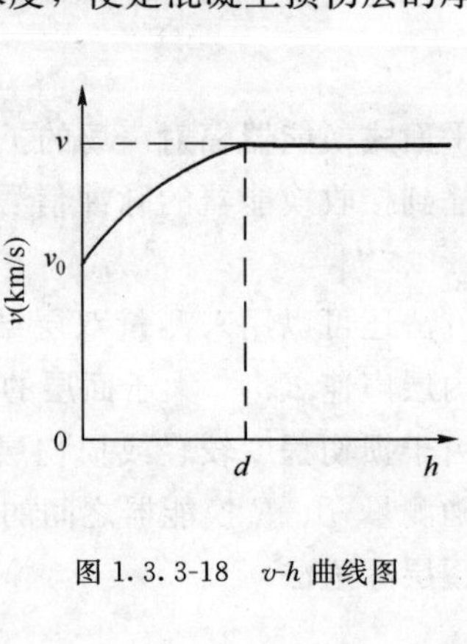

图1.3.3-18 v-h 曲线图

示例一

某招待所框架结构，当浇筑好第三层柱的混凝土，正进行第四层楼板和大梁支模（大模）和绑孔钢筋时，发生了火灾，几十根柱子遭受不同程度的烧伤。检测时采用单面平测与穿透对测相结合的方法，按单面平测法测得的“时-距”曲线如图 1.3.3-19 所示。由坐标图上查得 $v_1=\tan\alpha=3.27$km/s；$v_2=\tan\beta=4.17$km/s。再将局部表层凿去 50mm 左右磨平后再进行平测，得到图中虚线（2），其声速 $v_2=4.14$km/s。又以柱子根部，其本未受火灾损伤部位，采用穿透对测，得声速 $v=4.0\sim4.13$km/s。由此证明“t-1”图计算的值是可靠的，能代表未损伤混凝土的声速。

根据 $d=\frac{l_0}{2}\sqrt{\frac{v_2-v_1}{v_2+v_1}}$ 计算各柱的烧伤层厚度为 47～65mm，迎火面厚一些，背火面浅一些，距火源近的柱子烧伤较深，距火源远的几根柱子烧伤很轻微。

示例二

某框架梁柱结构冻伤程度检测

采用单面平测和穿透对测相结合的方法进行检测。按平测法绘制的“t-l”曲线查得的 $v_1=2.30\sim2.90$km/s　$v_2=4.0\sim4.17$km/s，采用穿透对测法对未受冻柱子测得声速为：4.01～4.18km/s；对受冻严重的部位（在柱子边缘对测）测得冻伤层声速为 2.30～2.50 km/s，按式 $d=\frac{l_0}{2}\sqrt{\frac{v_2-v_1}{v_2+v_1}}$ 计算得冻伤层厚 $d=60\sim110$mm，如图 1.3.3-20 所示，迎风的东北侧面冻伤较深，与实际情况相符。

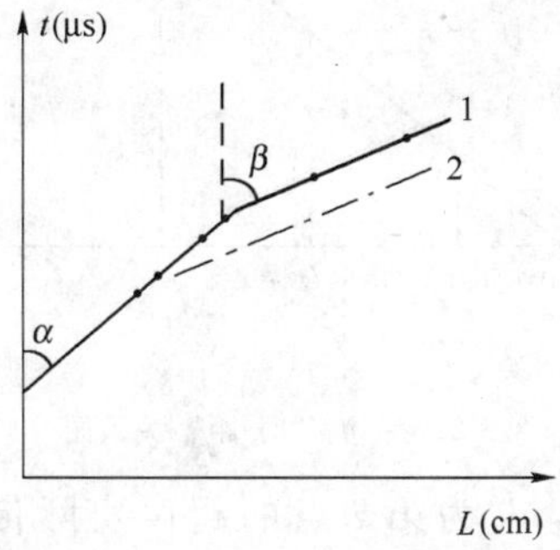

图 1.3.3-19　“时-距”关系曲线图

1-在构件表面测试；2-凿去表层后测试

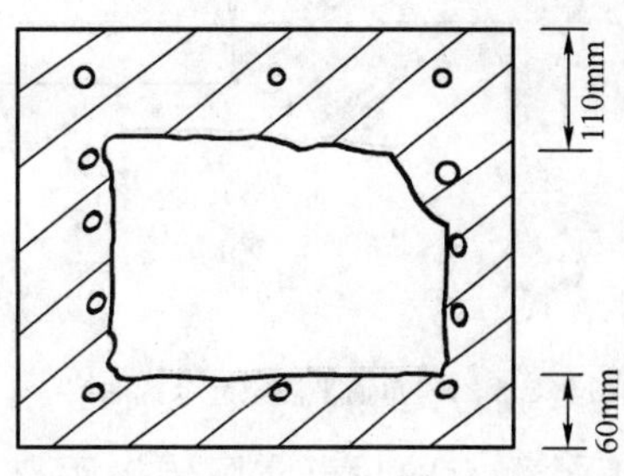

图 1.3.3-20　冻伤层厚度（阴影区）示意图

①在构件表面测试；

②凿去表层后测试

四、结构混凝土浅裂缝的检测

所谓浅裂缝，系指局限于结构表层，开裂深度不大于 500mm 的裂缝。若裂缝在深度方向的走向与构件开裂表面基本上垂直，则称为开口垂直浅裂缝。否则，即为开口斜向浅裂缝。当然实际检测工作中事先不会知道裂缝的深浅。一般情况下可根据结构物的断面尺寸和裂缝在结构表面的宽度，大致估计被测的是浅裂缝还是深裂缝，对于一般工程结构中的梁、柱、板和机场跑道出现的裂缝，都属于浅裂缝。

1. 开口垂直浅裂缝的检测

根据被测结构的实际情况，对开口垂直浅裂缝，可采用单面平测法、对穿斜测法和穿透对测法进行其深度检测。检测时，裂缝中应没有积水和其他能够传导声波的夹杂物；裂缝附近的混凝土应是相当匀质的。测点布置时应注意使发射换能器 T 和接收换能器 R 的连线至少与穿过裂缝的且平行于这一连线的主钢筋轴线相距 1.5 倍的裂缝预计深度。

(1) 单面平测法

当结构的被测部位只具有一个表面可供超声检测时，可采用平测法进行开口垂直浅裂缝深度的检测，如混凝土路面、飞机跑道、洞窟建筑及其他大体积结构的开口垂直浅裂缝检测。

如图 1.3.3-21 所示，首先将发射换能器 T 和接收换能器 R 置于裂缝同一侧，并将 T 耦合好保持不动，以 T、R 两个换能器内边缘间距 l'_i 为 100mm、150mm、200mm、250mm，依次移动 R 并读取相应的声时值 t_i。以 l' 为纵轴、t 为横轴绘制 l'-t 坐标图，如图 1.3.3-22 所示。也可以用统计法求 t 与 l' 之间的回归直线式 $l'=a+bt$。式中 a、b 为待求的回归系数。

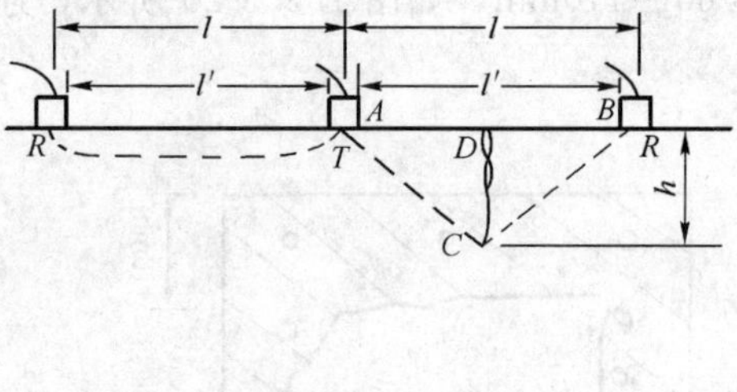

图 1.3.3-21 单面平测裂缝示意图

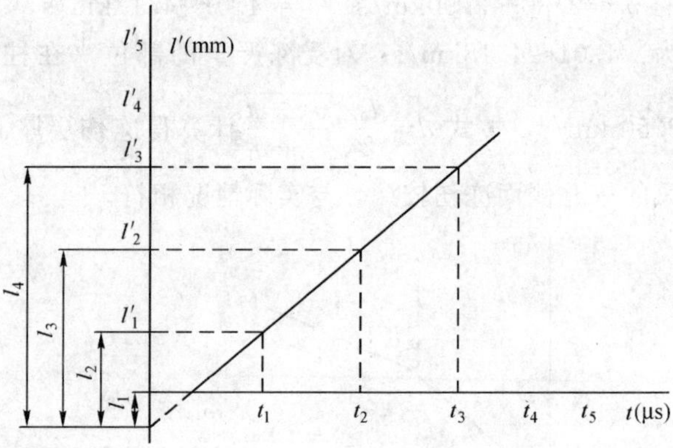

图 1.3.3-22 平测“时-距”关系图

每一个测点的超声实际传播距离 $l_i=l'_i+a$。其中，l_i 为第 i 点的超声实际传播距离(mm)，l'_i 为第 i 点的 R、T 换能器内边缘间距（mm)，为“时-距”图中 l' 轴的截距或回归所得关系式的常数项（mm)。考虑“a”是因为声时读取过程中存在一个声时初读数 t_0 及首波信号并非沿混凝土表面直接传播，所以“a”是一个声程的综合修正值。对频率为 40kHz、直径为 4.5cm 的探头，其经验值 $A=1.1$cm。

第二步进行跨缝的声时的测量。将 T、R 换能器分别置于以裂缝为轴心的对称两侧，两换能器中心连线垂直于裂缝的表面走向以 l' 为 100mm、150mm、200mm、250mm、300mm，分别读取声时值 t_{ci0} 该声时值便是脉冲波绕过裂缝末端传播的时间，根据几何原理，可推算出如下关系式：

$$\overline{DC}^2=h_i^2=\overline{AC}^2-\left(\frac{l_i}{2}\right)^2 \tag{1.3.3-25}$$

$$\overline{AC}=\frac{1}{2}Vt_{ci} \tag{1.3.3-26}$$

式中：$\overline{DC}$——裂缝深度 h；

v——无缺陷处混凝土的声速；

t_{ci}——第 i 次测距为 l_i 时跨缝平测的超声脉冲波绕过裂缝传播的时间；

l_i——不跨缝平测第 i 次的无缺陷混凝土超声传播距离；

t_{ci}——第 I 次测距为 l_i 时不跨缝平测的无缺陷混凝土声时值；

求解上述两式可得开口垂直浅裂缝的深度 h_i 计算公式为：

$$h_i = \frac{1}{2}\sqrt{V^2 t_{ci}^2 - l_i^2} \quad 或 \quad h_i = \frac{l_i}{2}\sqrt{\left(\frac{t_{ci}}{t_i}\right)^2 - 1} \tag{1.3.3-27}$$

该式便是目前国内广泛用于单面平测法计算裂缝深度的公式。

此法是基于裂缝中完全充满空气，脉冲波只能绕过裂缝末端到达接收换能器，当裂缝中填充水泥或泥浆，脉冲波便经水耦合层穿过裂缝直接到达接收换能器，不能反映裂缝的真实的深度。因此检测时，要求裂缝中不得填充水和泥浆。若裂缝中的水无法排除，可采用横波换能器进行检测，因横波不能在水中传播，因而排除了水的干扰。

当有钢筋穿过裂缝时，如果 T、R 换能器的连线靠近该钢筋，则沿钢筋传播的脉冲首先到达接收换能器，测试结果也不能反映裂缝的深度。

试验证明，当有钢筋穿过裂缝时，换能器必须离开钢筋一定距离，方能避免钢筋的影响。如图 1.3.3-23 所示，若换能器附近无钢筋影响，则超声脉冲波绕过裂缝所需的声时 t_c 为：

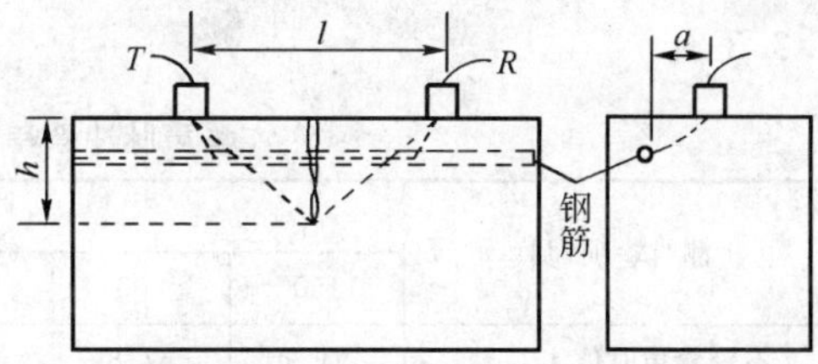

图 1.3.3-23　平测时避免钢筋的影响示意图

$$t_c = \frac{1}{V}\cdot\sqrt{4h^2 + l^2} \tag{1.3.3-28}$$

当有钢筋时，脉冲波通过钢筋所需要的声时 t_s 可按下式计算：

$$t_s = 2a\sqrt{\frac{v_s^2 - v^2}{v_s^2 \cdot v^2}} + \frac{l}{V_s} \tag{1.3.3-29}$$

欲使钢筋对裂缝深度检测不造成影响，必须使 $t_s \geqslant t_c$，所以应有：

$$2a\sqrt{\frac{v_s^2 - v^2}{v_s^2 \cdot v^2}} + \frac{1}{v_s} \geqslant \frac{l}{v}\sqrt{4h^2 + l^2}$$

上式经简化得：

$$a \geqslant \frac{v_s\sqrt{4h^2 + l^2 - v \cdot l}}{2\sqrt{v_s^2 - v^2}} \tag{1.3.3-30}$$

式中：v_s——超声波在钢筋中的传播声速；

v——超声波在混凝土中的传播声速；

l——两个换能器之间的距离；

h——裂缝深度；

a——为避免钢筋影响，换能器距钢筋的最小距离。

由于混凝土的声速不是固定值，钢筋的声速又受其直径及周围混凝土质量的影响，也并非固定值，所以"a"也是随钢筋直径及混凝土质量而变化的一个数。对于一般的混凝土和钢筋来说，可粗略考虑成 $a \geqslant 1.5h$。吉林省交通科研所在总结大量试验研究的基础上，曾建议：当裂缝深度大于 250mm 时，a 值应大于 15cm，实在无法避开钢筋时，a 也不得低于 8cm。

试验表明，由 $h_i=\frac{l_i}{2}\sqrt{\left(\frac{t_{ci}}{t_i}\right)^2-1}$ 计算的裂缝深度（h_i），随换能器至裂缝的距离 $\left(\frac{l_i}{2}\right)$ 不同而不同，一般情况下换能器至裂缝的距离与裂缝深度接近时，计算的 h_i 值较可靠。但是在实际检测中事先无法判别裂缝深度，因此只能以各次计算的平均值 h_c 作为该裂缝深度的取值依据。当平均值大于某一组测试的 l 值时，说明该组的换能器至裂缝的距离太近，计算的 h_i 值误差较大，应将该组数据舍弃，取余下各组 h_i 的平均值，作为裂缝的判定深度值。

南京水利科学研究院，曾用 300mm×300mm×1200mm 试件弯折至开裂。从侧面量测裂缝的深度为 186mm，再用超声脉冲波作单面平测法进行裂缝深度的测定，结果见表 1.3.3-8。

超声脉冲波单面平测测得的裂缝深度 表 1.3.3-8

测试项目	两个换能器内边缘之间距离（mm）							
	150	200	250	300	350	400	450	500
不跨缝声时值 t（μs）	54.9	67.8	79.2	91.5	103.0	115.8	127.8	139.9
跨缝声时值 t_c（μs）	98.0	120.6	126.0	131.0	144.4	154.6	160.9	171.0
计算缝深 h（mm）	168	204	203	194	210	211	202	203

由表中 8 个 h 值的平均值为 199mm，大于第一组的 l 值，故舍弃 168mm 后取余下 7 个平均值为 204mm 与实际裂缝深度的误差为 9.7%。

吉林交通科研所曾建议按图 1.3.3-24 所示的方式用平测法来检测开口垂直浅裂缝的深度。检测时两换能器中心之距要大于使用声波波长的 2.5 倍，每次换能器移动距离 ΔL 应两侧相等，一般取 5 至 10cm 为宜。对每次测读的声时值 t_i 可按下式计算相应的裂缝深度 H_{si}：

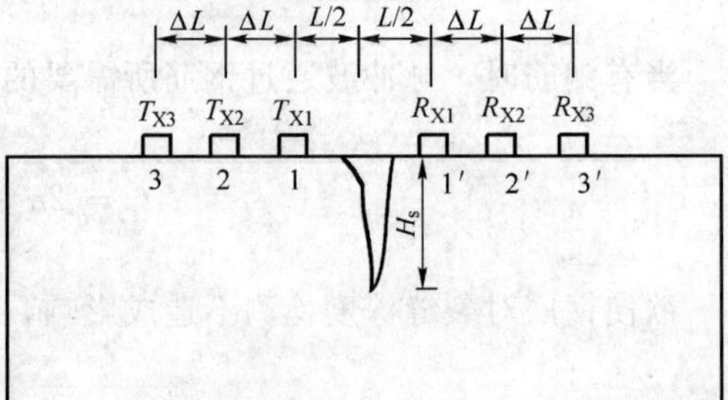

图 1.3.3-24 吉林交通科研所建议的检测方式示意图

$$H_{si}=\frac{S_i}{2}\sqrt{\frac{(t_i)^2}{(t_{wi})^2}-1} \tag{1.3.3-31}$$

式中：S_i——第 i 次检测时两换能器中心之距；

t_i——第 i 次跨裂缝检测的声时值；

t_{wi}——在裂缝附近无缺陷区，使两换能器中心之距为 S_i 所测得的声时值。

裂缝深度 H_S 取三次测值的平均值。

英国 BS188 1 规范规定按图 1.3.3-25 和图 1.3.3-26 所示的方式来探测裂缝深度。在图 1.3.3-25 所示的方式中，裂缝深度 h（mm）按下式计算：

$$h = 150\sqrt{\frac{4t_1^2 - t_2^2}{t_3^2 - t_1^2}} \tag{1.3.3-32}$$

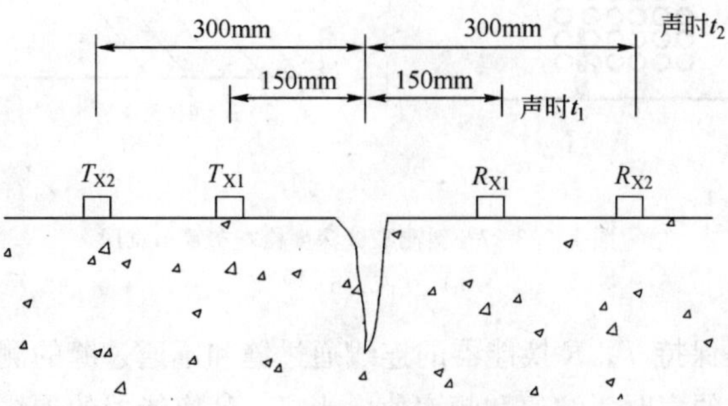

图 1.3.3-25　英国 BS1881 规范规定的裂缝深度估测法布置示意图

图 1.3.3-26 所示的方式是把发射探头置于裂缝一侧并距裂缝中心 2.5y，把接收探头在朝着裂缝的方向依次放在离发射探头为 y、$2y$、$3y$、等五个地方，并分别测出其声时值。然后将声时值和五次测距绘成如图 1.3.3-26b）所示的曲线，则裂缝深度 h 可按下两式计算。

$$h = 1.25y\frac{T_3^2 - T_2^2}{T_1T_2} \tag{1.3.3-33}$$

或

$$h=\frac{y}{2}\sqrt{\left(\frac{2t_2^2+3t_3^2}{t_2t_3}\right)}-25 \tag{1.3.3-34}$$

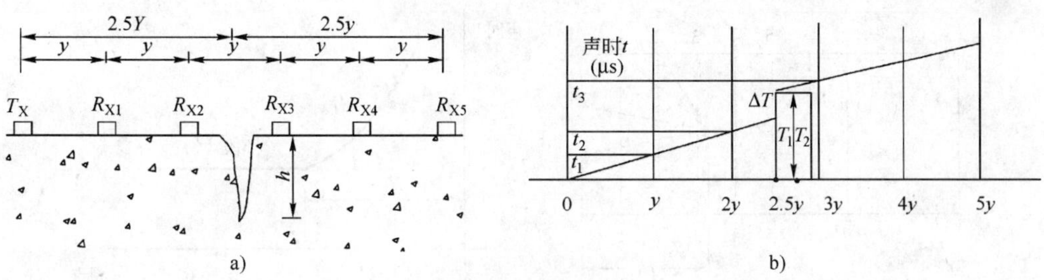

图 1.3.3-26　英国 BS1881 规范建议的裂缝深度估测法布置及曲线图

通常取 y=15cm。用这一方式来判定裂缝深度往往受裂缝两侧一定范围内是否有隐藏裂缝的限制。如果声时与测距的关系曲线当接收与发射探头在同一侧时通过零点，则可认为接收和发射探头所在一侧是没有隐藏不现的裂缝的。

（2）对穿斜测法

由于实际裂缝中不可能被空气完全隔开，总是存在个别连通的地方，因此单面平测时，脉冲波的一部分绕过裂缝末端，另一部分穿过裂缝中的连通部位，以不同声程到达接收换能器，在仪器的接收信号首波附近形成一些干扰波，严重影响首波起始点的辨认，如操作人员经验不足，便产生较大的测试误差。所以当结构物的裂缝部位具有一对相互平行的表面时，宜优先选用对穿斜测法。

一般的钢筋混凝土梁、柱、板等构件都具有一对平行表面，可按图图 1.3.3-27 英国 BS1881 规范建议的裂缝深度估测法布置示意图所示的方法布置换能器，进行裂缝深度检测。

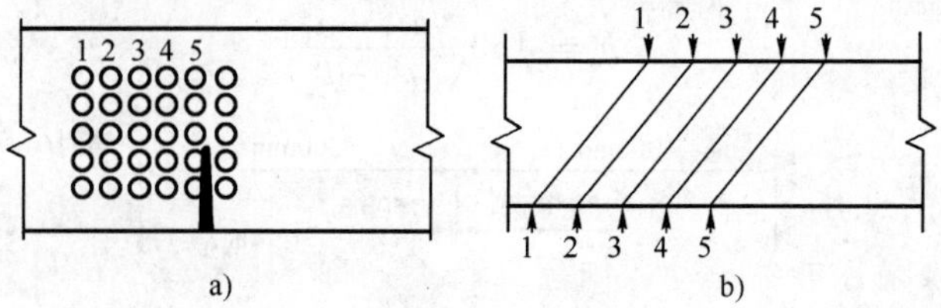

图 1.3.3-27 斜测裂缝深度检查布置示意图

a）立面；b）平面

该方法的基本点是保持 T、R 换能器的连线通过缝和不通过缝的测试距离相等、倾斜角一致的条件下，读取相应的声时、波幅和频率值。当 T、R 换能器的连线通过裂缝时，由于混凝土失去了连续性能在裂缝界面上产生很大衰减，接收到的首波信号很微弱，其波幅和频率与不过缝的测点相比较，存在显著差异。据此便可判定裂缝的深度及是否在水平方向贯通。

这种检测方法较直观，测试结果较可靠，一般工业与民用建筑的混凝土构件裂缝检测多用此方法。

（3）穿透对测法

对开口垂直浅裂缝，当构件断面不大且具有一对相互平行的可测表面时，亦可在平行裂缝的两个侧面上用穿透对测法进行裂缝深度的检测：

①首先在两个侧面上等距布置测点，并逐点测出声时值，见图 1.3.3-28a）。

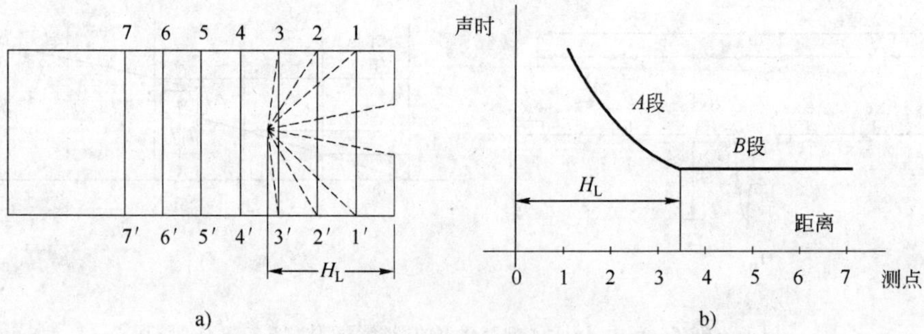

图 1.3.3-28 开口垂直浅裂缝的穿透对测法检测布置示意图

②再绘制测点声时与距离的关系曲线，见图 1.3.3-28b）。曲线 A 段的末端与 B 段的首端之距即为裂缝深度所在区域。然后对这一区域可采用加密测点的方法来准确地确定裂缝深度 H_L。

从图 1.3.3-28 可以看到，当两探头连线与裂缝平面相交时，随换能器的移动，声时逐渐由长变短，未相交后声时不变。实际测量时只要有三个不变声时点，即可认为稳定了。

需要指出的是，采用这一检测方法所测得的裂缝深度往往小于实际深度。这主要是由于裂缝中或多或少会有一些积水或其他能传播声波的夹杂物。为了使判断准确，避免误判。一般需利用波高法作为辅助判据。其基本思路是：当接收信号的波高明显下降，而且越来越低。不再上升时，即使声时没有明显增大，波高开始下降的点也应判作裂缝深度。

此外，由于裂缝中的某些夹杂物形成声通路，声时会突然减小但波高不会完会恢复。因而据此还可排除裂缝中夹杂物的影响。

2. 开口斜向浅裂缝的检测

(1) 开口斜向浅裂缝走向的测定

图 1.3.3-29 示出的是开口斜向浅裂缝走向的测定方式。首先将发射和接收换能器对称置于裂缝两侧，保持发射换能器不动，向远离裂缝方向等距离移动接收换能器，若测读声时逐渐减小，则接收换能器移动方向就是开口斜向浅裂缝的走向。

(2) 开口斜向浅裂缝深度的测定

一般采用三角形定位法和双椭圆定位法来测定开口斜向浅裂缝的深度同时也可以确定其走向。

图 1.3.3-30 所示为三角形定位法。首先在裂缝附近测出混凝土的平均声速 C，然后将发射换能器固定于 A 位置，将接收换能器分别置于 E 及 D 处测出声波经折线$\overline{AB}$、$\overline{BE}$和$\overline{AB}$、$\overline{BD}$的声时值 t_1 和 t_2，利用几何关系不难导出：

$$\overline{AB} + \overline{BE} = Ct_1$$

$$\overline{AB} + \overline{BD} = Ct_2$$

$$\overline{BE}^2 = \overline{AB}^2 + l_1^2 - 2\,\overline{AB} \cdot l_1 \cos\alpha$$

$$\overline{BD}^2 = \overline{AB}^2 + l_2^2 - 2\,\overline{AB} l_2 \cos\alpha$$

$$\overline{BF}^2 = \overline{AB}^2 + l_3^2 - 2\,\overline{AB} l_3 \cos\alpha$$

$$h = \overline{AB} \sin\alpha$$

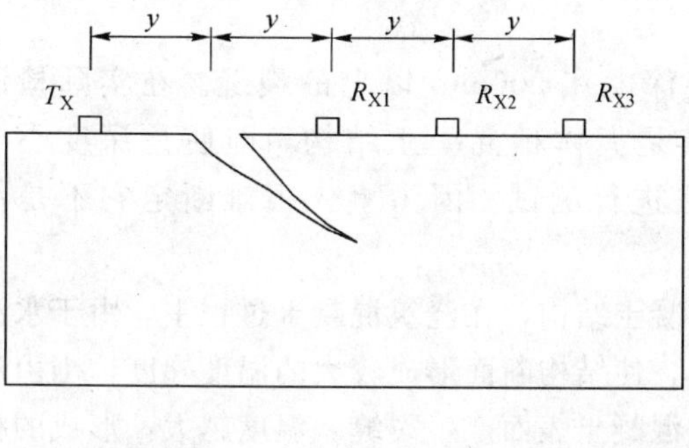

图 1.3.3-29　开口斜向浅裂缝走向的测定布置示意图

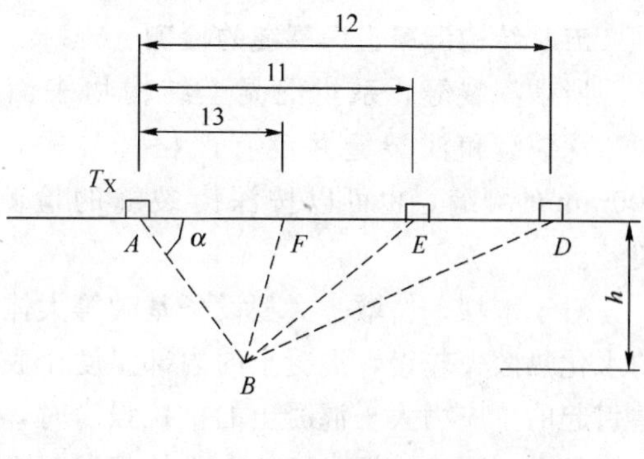

图 1.3.3-30　开口斜向浅裂缝的三角形定位检测布置图

解上述联立方程，并解出未知项，即可由△ABE 或△ABD 确定出开口斜向浅裂缝的深度和走向。

图 1.3.3-31 所示为双椭圆定位法。同样应在裂缝附近测出混凝土的平均声速 C，然后将两发射和接收换能器分别

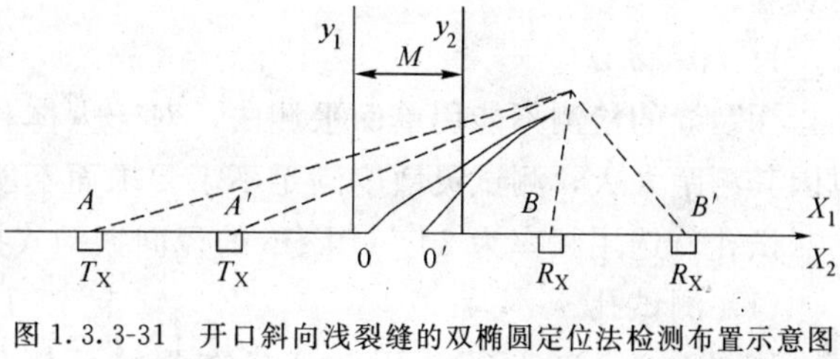

图 1.3.3-31　开口斜向浅裂缝的双椭圆定位法检测布置示意图

置于 A、B 以及 A'、B' 位置处。取 $\overline{AB}=\overline{A'B'}=2J$，若测出声波沿 $\overline{AD}$、$\overline{DB}$ 以及沿 $\overline{A'D}$、$\overline{DB'}$ 传播的声时值分别为 t_1 和 t_2。

令：

$$\overline{AD}+\overline{DB}=Ct_1=2a_1$$

$$\overline{AD}+\overline{DB}=Ct_2=2a_2$$

$$b_1^2=a_1^2-J^2$$

$$b_2^2=a_2^2-J^2$$

因此，分别以 A、B 及 A'、B' 分别为两个椭圆的焦点，并以 a_1、b_1 和 a_2、b_2 分别作为两个椭圆的长、短轴，则可写出两个椭圆方程：

$$\begin{cases}\dfrac{x_1^2}{a_1^2}+\dfrac{y_1^2}{b_1^2}=1\\[2ex]\dfrac{x_2^2}{a_2^2}+\dfrac{y_2^2}{b_2^2}=1\end{cases}$$

若取同一坐标，则：

$$\begin{cases}\dfrac{x_1^2}{a_1^2}+\dfrac{y_1^2}{b_1^2}=1\\[2ex]\dfrac{(x_1+M)^2}{a_2^2}+\dfrac{y_1^2}{b_2^2}=1\end{cases}$$

显然裂缝的末梢必在两椭圆的交点上。解上述联立方程组即可求出裂缝末梢的坐标位置。为简化计算，也可用作图定位法求出裂缝末梢的坐标。

五、结构混凝土深裂缝的检测

所谓深裂缝，系指混凝土结构物表面开裂深度在 500mm 以上的裂缝。在实际检测中，深裂缝和浅裂缝并没有严格的界限，尤其是大体积混凝土结构，即使是深度小于 500mm 的裂缝，也可以按深度裂缝的检测方法进行测试，因为事先很难断定它不是深裂缝。

对于水坝、桥墩、大型设备基础等大体积混凝土结构，在浇筑混凝土过程中，由于水泥的水化热散失较慢，混凝土的内部温度比表面高，使结构断面形成较大的温度梯度，当由温差引起的拉应力大于混凝土的抗拉强度时，便在混凝土表面产生裂缝。温度越大，形成的拉应力越大，裂缝越深。因此，大体积混凝土在施工过程中，往往因施工管理不善而造成较深的裂缝。

1. 测试方法

深裂缝的检测不能用单面平测法，对于大体积的混凝土来说，即使具有一对平行表面，也因其测距太大，测试灵敏度满足不了要求而不能在平行表面进行测试。一般是在裂缝两侧钻测试孔，选用频率为 20～40kHz 的径向振动式换能器置于钻孔中进行测试。

（1）测试孔

如图 1.3.3-32 所示，用钻芯机在裂缝两侧分别钻一个测试孔 A、B。为了便于测试无缝混凝土的声学参数，可在裂缝的一侧多钻一个较浅的孔 C，供对比测试与判别之用。

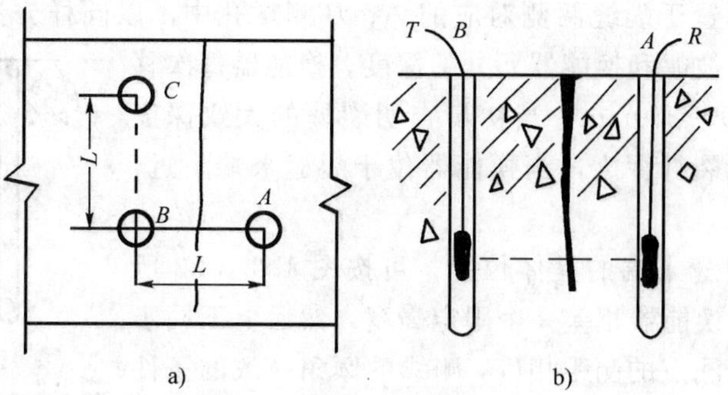

图 1.3.3-32　钻孔测裂缝深度示意图

a）平面；b）立面

测试孔的质量直接影响深裂缝的检测结果。因此，在被测结构钻取的测试孔应满足下列技术要求：

①测试孔的直径应比换能器的直径大 5～10mm。目前国内生产的增压式或管式换能器的直径多数在 27～35mm，为使换能器在测试孔中移动顺利，钻孔的直径一般为 40～50mm。

②测试孔的深度大于被测裂缝的深度，至少比裂缝预计深度深 700mm。本测试方法是以脉冲波通过有缝和无缝混凝土的波幅变化来判定裂缝的深度，因此测试孔必须深入到无缝混凝土一定深度，为便于判别，深入到无缝混凝土的测点应不少于 3 点。当然，事先不知道裂缝深度，一般凭经验先钻至一定深度，经测试，如发现测试孔未超过裂缝的深度，应加深钻孔。

③对应的两个测试孔应始终位于裂缝两侧，且其轴线保持平行。因声时值和波幅值随测试距离的变化而变化，如果两个测试孔轴线不平行，各测点的测试距离不一致，读取的声时和波幅值缺乏可比性，将给测试数据的分析和裂缝深度判定带来困难。

④两个对应测试孔的间距宜为 2m 左右，同一结构的各对应测试孔的间距应相同。根据目前一般超声仪器和径向振动式换能器的灵敏度及工程实测经验表明，测试孔间距过大，脉冲波的接收信号很微弱，过缝与不过缝进行测试的波幅差异不太明显，不利于测试数据的比较和裂缝的判断。若测试孔间距过小，测试灵敏度虽然提高了，但是延伸的裂缝有可能位于两个测试孔的连线之外，造成漏检。

⑤测试孔中的粉尘碎屑应清理干净。如果测试孔中存在粉尘碎屑，注水后便形成悬浮液，使脉冲波在孔中大量散射而衰减，影响测试结果。

⑥横向测试孔的轴线应具有一定倾斜角。当需要在混凝土结构物的侧面钻横向测试孔时，为了保证测试孔中能蓄满水，应使孔口高出孔底一定高度。必要时可在孔口做一“围堰”以提高测试孔的水位。

（2）测试

首先向测试孔注满清水，并检查是否有漏水现象，如果漏水较快，说明该测试孔与裂缝相交，此孔不能用于测试。经检查测试孔不漏水，可将发射（T）、接收（R）换能器分别置于裂缝同侧的B、C孔中，以相同高度等间距地同步向下移动，并读取相应声时和波幅值。再将两个换能器分别置于裂缝两侧对应的A、B测试孔中，以同样方法同步移动两个换能器，逐点读取声时、波幅和换能器所处的深度。换能器每次移动的间距一般为200～300mm，当初步查明裂缝的大致深度时，为便于准确判定裂缝深度，当换能器位于裂缝末端附近，移动的间距应减小。

如果需要确定裂缝末端的具体位置，可按图1.3.3-33所示的方法，将T、R换能器相差一个固定高度，然后上下同步移动，在保持每一个测点的测距相等，测线的倾角一致的条件下，读取相应的声时的波幅值及两个换能器的位置。

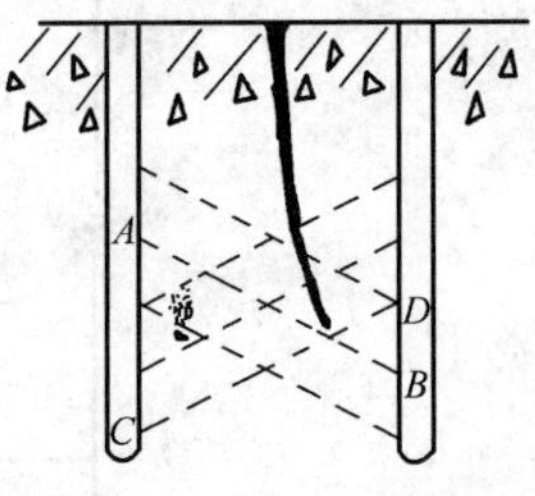

图1.3.3-33　孔中交叉斜测示意图

2. 裂缝深度及末端位置判定

(1) 裂缝深度判定

钻孔测试裂缝深度的方法，主要以波幅测值作为依据。以裂缝两侧相对应的一对测孔所测得的波幅值和相应的孔深作图进行判别。其方法如下：换能器所处深度d为纵坐标，对应的波幅值A为横坐标，绘制d-A坐标图，如图1.3.3-34所示，随着换能器位置的下移，波幅逐渐增大，当换能器下移至某一位置后，波幅达到最大并基本保持稳定，该位置对应的深度，便是该裂缝的深度值h。

在混凝土结构物上产生裂缝总是表面较宽，越向里深入越窄，直至闭合，而且裂缝两侧的混凝土不可能被空气完全隔开，可能在个别地方被石子、砂粒等固体介质所连通。裂缝越宽，连通的地方越少，相反，裂缝越窄，其连通的地方越多，因此脉冲波通过裂缝时，一部分被空气层反射，一部分经连通点穿过裂缝传播到接收换能器。所以通过缝和不通过缝的测点声时差异不明显，而波幅差异却很大，且随着裂缝宽度减小，波幅值增大，直至两个换能器的连线即测线超过裂缝末端，波幅值将达到最大值。

(2) 裂缝末端位置判定

如图1.3.3-33所示，当（测线超过裂缝末端后，波幅测值将保持最大值，根据这种情况可以确定达到裂缝末端的两条测线AB和CD的位置，该二线的交点便是裂缝末端的位置。

实践证明，钻孔测裂缝深度的方法可靠性相当高，与传统的压水法和渗透法检验相比较，超声脉冲法能反映出极细微的裂缝，所以比其他方法检测的裂缝深度要深一些。

例如南京水利科学研究院等单位曾在某水利枢钮工程质量检测中，采用钻孔进行超声脉冲波对测的方法，测了70多条裂缝的深度，设计和施工部门据此进行了补救处理。当时为了验证检测结果，对部分裂缝采用压水法复验其深度，如图1.3.3-35所示。以一定压力先后向每一斜孔中压水，如某一孔未穿过裂缝，压水试验时，水无处渗透，水压基本保持不变，由此可判定该裂缝的深度。由于压水孔不可能钻很多，两个斜孔的高度差较大，测量结果的误差较大，而且对于微细裂缝，由于渗水量极少，对裂缝末端的判断十分困难，故一般压水法测得的结果浅于裂缝的实际深度。现将几条裂缝的两个种方法检测结果列于表1.3.3-9进行对比。

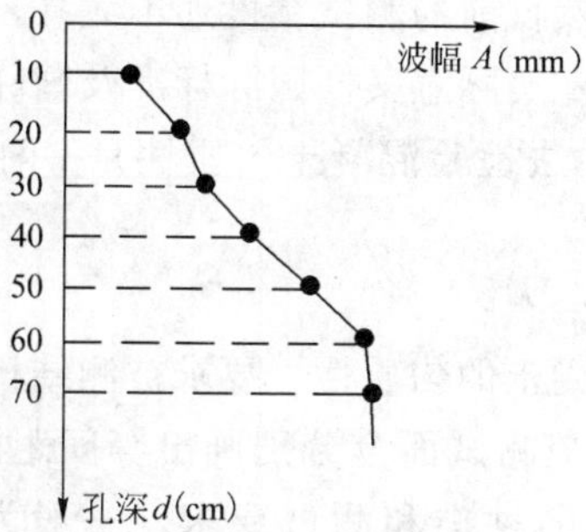

图 1.3.3-34 d-A 坐标图

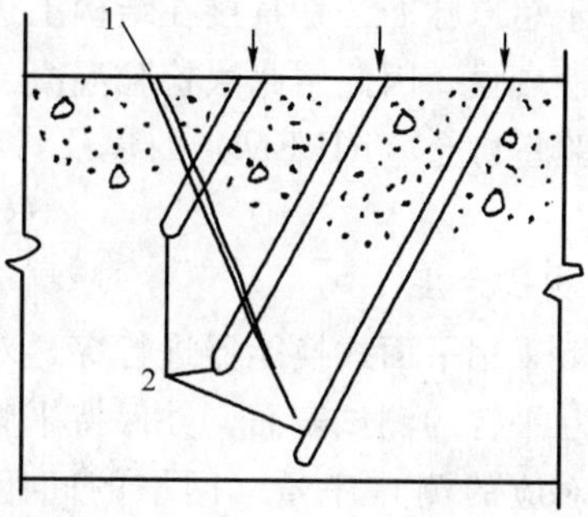

图 1.3.3-35 压水法测裂缝深度示意图
1-裂缝；2-压水孔

裂缝检测对比 表 1.3.3-9

部位 缝深（m） 方法	一号厂房 16-17 孔	二号厂房 14-15 孔	3 号船闸 5 号缝	右墙右侧 7 号缝	右墙左侧	左墙左侧
压水法	3.35	4.00	3.22	3.50	4.30	7.91
超声法	3.75	4.30	3.30	5.50	5.75	10.70

应用此法时，应注意以下几个问题：

①混凝土不均匀性的影响。当一对测试孔之间的混凝土质量不均匀或存在不密实和空洞时，将使 d-A 曲线偏离原来趋向，此时应注意识别和判断，以免产生对裂缝深度的误判。

②温度和外力的影响。由于混凝土本身存在较大的体积变形，当其温度升高而膨胀时，其裂缝变窄甚至可能完全闭合，结构混凝土在外力作用下，其受压区也会产生类似情况。在这种情况下进行超声检测，将难以正确判别裂缝深度。因此，最好在气温较低的季节或者结构卸荷状态下进行裂缝检测。

③钢筋的影响。与浅裂缝测试的道理一样，当有主钢筋穿过裂缝且靠近一对测孔时，T、R 换能器处于该钢筋的高度时，大部分脉冲波沿钢筋传播至接收换能器，波幅测值将难以反映裂缝的存在，测试时应注意判别。

当裂缝充水，脉冲波很容易穿过裂缝传播到接收换能器，有裂缝和无裂缝的波幅值无明显差异，难以判别裂缝深度。因此，检测时被测裂缝中不应填充水或泥浆。

六、混凝土匀质性检验

所谓匀质性检验，是对整个结构物或同一批构件的混凝土质量均匀性的检验。混凝土均质性检验的传统方法是，在结构物浇筑混凝土的时候，现场取样制作混凝土标准试块，以其破坏强度的统计值来评价混凝土的匀质性水平。这种方法存在一些局限性，例如：试块的数量有限；因结构的配筋率、几何尺寸及成型方法的不同，其混凝土的密实程度与标准试块相比，必然存在较大差异；构件与试块的硬化条件（养护温度、失水快慢等）不同等等。除此之外，还可能遇着一些偶然因素的影响。由此可以说标准试块的强度，很难全面反映结构混凝土的质量情况。

由于超声脉冲法是直接在结构上进行全面检测，虽然目前的测试精度还不太高，但其数据代表性较强，因此用此法检验混凝土的匀性质具有一定实际意义。国际标准及国际材料和结构试验室协会（RILEM）的建议，都确认用超声脉冲法检验混凝土匀质性是一种有效的方法。

1. 测试方法

一般采用平面式换能器进行穿透对测法检测结构混凝土的匀质性，要求被测结构应具备一对相互平行的测试表面，并保持平整、干净。先在两个测试面上分别画出等间距的网格，并编上对应的测点序号。网格的间距大小取决于结构的种类和测试要求，一般为200～500mm。对于测距较小，质量要求较高的结构，测点间距宜小些，测距较大的大体积结构，测点间距可适当取大些。

测试时，应使发射（T）、接收（R）换能器在对应的一对测点上保持良好耦合状态，逐点读取声时值 t_i。超声测距的测量方法可根据构件的实际情况确定，如果各测点的测距完全一致，便可在构件的不同部位抽测几次，取其平均值作为该构件的超声测距值 l。当各测点的测距不尽相同（相差≥2%）时，应分别进行测量。有条件最好采用专用工具逐点测量 l_i 值。

2. 计算和分析

为了比较或评价混凝土质量均匀性的优劣，需要应用数理统计学中的两个特征值——标准差和离差系数（也称变异系数）。

在数理统计中，常用标准差来判断一组测量值的波动情况或比较几组测量过程的准确程度。但标准差只能有效地反映一组观测值的波动情况，要比较几组测量过程的准确程度，则概念就不够明确，没有统一的基数，且缺乏可比性。例如，有两批混凝土构件，分别测得混凝土强度的平均值为20MPa、45MPa，标准差为4MPa、5MPa，仅从标准差来看，前者的强度较均匀，其实不然，如以标准差除以其平均值，则分别为0.2和0.11，实际上是后者的强度均匀性较好。所以人们除了用标准差以外，还常采用离差系数来反映一组或比较几组观测数据的离散程度。

（1）混凝土的声速值按下式计算：

$$v_i = \frac{l_i}{t_i} \tag{1.3.3-35}$$

式中：v_i——第 i 点混凝土声速（km/s）；

l_i——第 i 点超声测距值（mm）；

t_i——第 i 测读声时值（μs）。

（2）混凝土声速的平均值、标准差及离差系数分别按下列公式计算：

$$V_m = \frac{1}{n}\sum_{i=1}^{n} V_i \tag{1.3.3-36}$$

$$S_V = \sqrt{\left(\sum_{i=1}^{n} V_i^2 - n \cdot V_m^2\right) / (n-1)} \tag{1.3.3-37}$$

$$C_V = \frac{S_V}{V_m} \tag{1.3.3-38}$$

式中：V_m——混凝土声速平均值（km/s）；

S_V——混凝土声速的标准差（km/s）；

C_V——混凝土声速的离差系数；

n——测点数。

如果按“R-V”相关关系将混凝土测点声速换算成强度值，再进行强度平均值、标准差和离差系数的计算更好。

由于混凝土的强度与其超声脉冲传播速度之间存在较密切的相关关系，结构上各测点声速值的波动，基本反映了混凝土强度质量的波动情况，因此可以用混凝土声速的标准差（S_V）和离差系数（C_V）来分析比较相同测距的同类结结混凝土质量均匀性的优劣。

但是，由于混凝土的声速与其强度之间存在的相关关系并非线性，所以用声速统计的标准差和离差系数，与现行验收规范以标准试块28d的抗压强度统计的标准差和离差系数不属于同一量值。所以最好将声速值换算成混凝土强度，以强度的标准差和离差系数，来评价同一批混凝土的匀质性等级。

首先，按R-V相关关系求出每一测点的换算强度值R_i，再按下列公式计算平均换算强度值$\overline{R}$、测点换算强度标准差S_R和换算强度的离差系数C_V^R：

$$\overline{R}=\frac{1}{n}\sum_{i=1}^{n}R_i \tag{1.3.3-39}$$

$$S_R=\sqrt{\frac{\sum_{i=1}^{n}R_i^2-r\overline{R}^2}{n-1}} \tag{1.3.3-40}$$

$$C_V^R=\frac{S_R}{R}\times 100\% \tag{1.3.3-41}$$

然后，用下式计算出相应于给定保证率的最小概率强度特征值R_t：

$$R_t=\overline{R}(1-tC_V^R) \tag{1.3.3-42}$$

式中系数t值应按给定保证率下的某一测位或测区的测点数来确定。所谓给定保证率，是指用该种方法所测定的强度值在规定范围内是可靠的，保证率为0.95和0.90的系数t值列于表1.3.3-10中。

系数 t 值　　表1.3.3-10

测点数	给定保证率		测点数	给定保证率	
	0.95	0.90		0.95	0.90
1	6.31	3.08	8	1.86	1.40
2	2.92	1.87	10	1.81	1.37
3	2.35	1.64	15	1.75	1.34
4	2.13	1.53	20	1.72	1.32
5	2.02	1.48	30	1.70	1.30
6	1.94	1.44	35	1.65	1.28

根据最小概率特征R_t，按下式计算匀质系数K_b：

$$K_b=\frac{R_t}{M} \tag{1.3.3-43}$$

式中：M——混凝土设计强度。

如果根据不少于70个测点所取得的是正态不对称分布，且离差系数 C_V^R 大于20%，则按上式计算的匀质系数值 K_b 需按下式进行修正，修正后的匀质系数 $K_a=\beta K_b$。式中系数 β 为大于1的数，见表1.3.3-11。

系数 β 值 表1.3.3-11

A_s/C_V^R ╲ C_V^R（%）	0.5	0.75	1.0	1.5	2.0	2.5	3.0
12	1	1	1	1	1	1	1
15	1.02	1.06	1.09	1.14	1.18	1.23	1.31
20	1.07	1.14	1.21	1.28	1.35	1.45	1.53
25	1.30	1.42	1.58	1.76	1.92	2.01	2.18
30	2.40	2.80	3.20	3.80	4.30	4.75	5.10

表1.3.3-11中的不对称系数 A_s 按下式计算：

$$A_s=\frac{1}{2}\frac{\sum_{i=1}^{n}(R_i-\overline{R})^3}{ns_R^3} \tag{1.3.4-44}$$

式中：n——测点数。

根据系数 K_a 或 K_b，按表1.3.3-12即可进行结构混凝土的匀质性等级评定。

混凝土的匀质性等级评定表 表1.3.3-12

系数 K 值	混凝土质量	系数 K 值	混凝土质量
>0.85	良好	<0.70	差
0.70～0.85	中等		

七、钻孔灌注桩内部缺陷的超声检测

1. 概述

钻孔灌注桩是桥梁工程应用较广的基桩形式。近年来钻孔灌注桩的施工数量逐年增多，而且为了提高单桩承载力，钻孔灌注桩的桩长和桩径都有越来越大的趋势。由于钻孔灌注桩施工中的影响因素较多，又需就地灌注大量的水下混凝土，稍有不慎，极易发生断桩、夹层、颈缩和孔洞等质量事故。据统计国内外钻孔灌注桩的事故率高达5%～10%。另外，由于基桩是地下隐蔽工程，其质量直接影响上部结构的安全。因此，采用比较简便的方法检测钻孔桩混凝土质量和各种隐患是极为重要的。本节将钻孔灌注桩的超声检测技术作为特例予以详述。

混凝土钻孔灌注桩的质量应包含两方面的内容，其一，是桩的承载力；其二，是桩内混凝土的连续性、均匀性和强度等级，所谓连续性是指混凝土中是否存在内部缺陷，如断桩、夹层、孔洞、局部疏松、缩颈等，而均匀性则指灌注时是否产生离析或混入泥水导致混凝土强度严重差异。由于承载力与设计计算参数相关，一般认为只要用动测法测定承载力能达到设计要求即可算合格。但是，仔细分析就会明白，钻孔灌注桩的质量主要是由混凝土的连续

性、均匀性和强度控制的。这是因为钻孔灌注桩的某些缺陷，从长期使用的观点看，将逐步导致承载力的下降，但缺陷桩的早期承载力未必达不到设计要求。例如，某市对200多根桩进行控制性压桩试验结果的统计，其中有10%～15%的缺陷桩，而承载力达不到设计要求的只有5%～10%，这些承载力已达到要求的缺陷桩由于长期承受载荷和地下侵蚀性环境的作用，仍可能存在工程隐患。此外，就承载力的非破损试验而言，目前尚有不同意见。近年来我国大量采用动测法确定承载力，但根据国际力学与基础工程学会推荐动荷载试桩法时指出："如果锤击力不足以充分发挥土的强度，则任何承载力的测定方法都将不能测定桩的承载力，如同静荷载试验中没有施加足够的作用荷载一样，也不能测得总强度。"而在大直径钻孔灌注桩上运用动测法时，要达到足够的锤击力和贯入度是有困难的，根据以上两点理由，钻孔灌注桩，尤其是大直径钻孔灌注桩的质量，主要应以桩身混凝土的连续性和均匀性以及混凝土的实际强度来控制，这一概念是合理的。目前，常用的钻孔灌注桩质量的检测方法有以下几种：

(1) 钻芯检验法

由于大直径钻孔灌注桩的设计荷载一般较大，用静力试桩法有许多困难，所以通常采用地质钻机在桩身上沿长度方向钻取芯样，通过对芯样的观察和测试确定桩的质量。

但这种方法只能反映钻孔范围内的小部分混凝土质量，而且设备庞大、费工费时、价格昂贵，不宜作为大范围的检测方法，而只能用于抽样检测，一般抽检总桩量3%～5%，或作为对无损检测结果的校核手段。

(2) 振动检测法

振动检测法又称动测法。它是在桩顶用各种方法（例如锤击、敲击、电磁激振器、电水花等）施加一个激振力，使桩体乃至桩土体系产生振动，或在桩内产生应力波，通过对波动及振动参数的种种分析，以推定桩体混凝土质量及总体承载力的一类方法。这类方法主要有以下四种：

①敲击法和锤击法用力棒或锤子打击桩顶，在桩内激励振动，用加速度传感器接收桩头的响应信号，信号经处理后被显示或记录，通过对信号的时域及频域分析，可确定桩尖或缺陷的反射信号，据此可判断桩内是否存在缺陷。当锤击力足以引起桩土体系的振动时，根据所测得的振动参数，可计算桩的动刚度和承载力。

②稳态激振机械阻抗法在桩顶用电磁激振器激振，该激振力是一幅值恒定、频率从20～1000Hz变化的简谐力。量测桩顶的速度响应信号。由于作用在简谐振动体系上的作用力F，与所引起的体系上某点的振动速度v之比，称为机械阻抗。机械阻抗的倒数称即为导纳，因此，可用所谓记录的力和速度经仪器合成，描绘出导纳曲线，还可求得应力波在桩身混凝土中的波速、特征导纳、实测导纳及动刚度等动参数。据此，可判断是否在断桩、缩颈、鼓肚、桩底沉渣太厚缺陷，并可由动刚度估算单桩容许承载力。

③瞬态激振机械阻抗法用力棒等对桩顶施加一个冲击脉冲力，这个脉冲力包含了丰富的频率成分。通过力传感器和加速度传感器，记录力信号和加速度信号，然后把两种信号输入信号处理系统，进行快速富里叶变换，把时域变成频域，信号合成后同样可得到桩的导纳曲线，从而判断桩的质量。

④水电效应法在桩顶安装一高约1m的水泥圆筒，筒内充水，在水中安放电极和水听器。电

极高压放电，瞬时释放大电流产生声学效应，给桩顶一冲击能量，由水听器接收桩土体系的响应信号，对信号进行频谱分析，根据谱曲线所含有的桩基质量信息，判断桩的质量和承载力。

(3) 超声脉冲检验法

该法是在混凝土测缺技术的基础上发展起来的。其方法是在桩的混凝土灌注前沿桩的长度方向平行地预埋若干根检测用管道，作为超声发射和接收换能器的通道。检测时探头分别在两个管子中同步移动，沿不同深度逐点测出横截面上超声脉冲穿过混凝土时的各项参数，并按超声测缺原理分析每个断面上混凝土的质量。

(4) 射线法

该法是根据放射性同位素辐射线在混凝土中的衰减、吸收、散射的现象为基础的一种方法。当射线穿过混凝土时，因混凝土质量不同或因存在缺陷，接收仪所记录的射线强弱将发生变化，据此来判断桩的质量。

由于射线的穿透能力有限。一般用于单孔测量，采用散射法，以便了解孔壁附近混凝土的质量，扩大钻芯法检测的有效半径。

从以上所列的常用检测方法可见，桩基检测方法和研究和应用是一个十分活跃的领域。在这些方法中，就检测桩内混凝土的连续性、均匀性和强度等级而言，超声脉冲检测法是最直观、可靠的方法，因此受到广泛重视。例如英国试验顾问有限公司已用这种方法检测了几万根桩。法国 CEBTP 公司研制成了超声脉冲法检测桩基质量的专用仪器，该仪器采用感光记录系统记录不同深度上超声接收信号首波位置的移动曲线（类似于声时-深度曲线），作为判断依据，该仪器输出形象直观，但只能作定性判断。我国湖南大学于 1982 年首先开展了超声脉冲检测桩基的研究工作，提出了定量判据，并于 1989 年研制成功全自动智能化超声测桩仪。许多单位也相继开展了研究和应用。本节将在已论述的超声测缺的基础上，介绍超声脉冲检测桩基的有关问题。

2. 钻孔灌注桩超声脉冲检测法的基本原理和检测设备

钻孔灌注桩超声脉冲检测法的基本原理与超声测缺损和测强度技术基本相同。但由于桩深埋土内，而检测只能在地面进行，因此又有其特殊性。

(1) 检测方式

为了使超声脉冲能横穿各不同深度的横截面，必须使超声探头深入桩体内部，为此，须事先预埋声测管，作为探头进入桩内的通道。根据声测管埋置的不同情况，可以有如下三种检测方法：

①双孔检测在桩内预埋两根以上的管道，把发射探头和接收探头分别置于两根管道中，见图 1.3.3-36a)。检测时超声脉冲穿过两道之间的混凝土，实际有效范围即为超声脉冲从发射到接收探头所扫过的范围。为了尽可能扩大在桩横截面上的有效检测控制面积，必须使声测管的布置合理。双孔测量时根据两探头相对高程的变化，又可分为平测、斜测、扇形扫测等方式，在检测时视实际需要灵活运用。

②单孔检测在某些特殊情况下，只有一个孔道可供检测使用，例如在钻孔取芯后需进一步了解芯样周围混凝土的质量，以扩大取芯检测后的观察范围，这时可采用单孔测量方式，见图 1.3.3-36b)，换能器放置在一个孔中，探头之间用隔声材料隔离。这时声波从水中及混凝土中分别绕射到接收换能器，接收信号为从水及混凝土等不同声通路传播而来的信号的叠加，分析这一

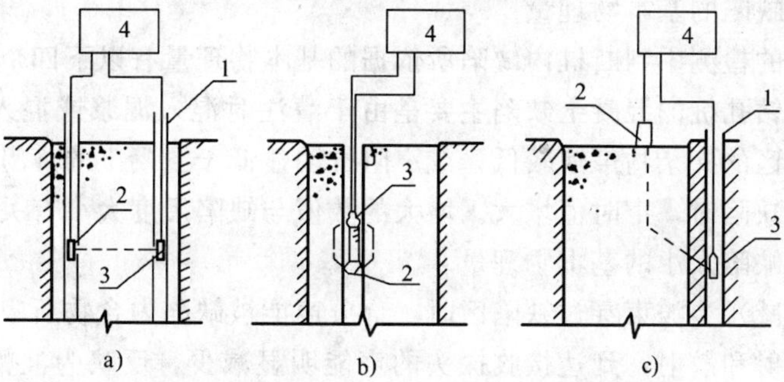

图 1.3.3-36 钻孔灌注桩超声脉冲检测方式示意图

a）双孔检测；b）单孔检测；c）桩外孔检测

1-声测管；2-发射探头；3-接收探头；4-超声检测仪

叠加信号，并测出不同声通路的声时及波高等物理量，即可分析孔道周围混凝土的质量。

应用这一检测方式时，必须运用信号分析技术，排除管中的混响干扰。当孔道内有钢质套管时，不能用此法检测。

③桩外孔检测当桩的上部结构已施工，或桩内未预埋管道时，可在桩外的土基中钻一孔作为检测通道。检测时在桩顶上放置一较强功率的低频平探头，向下沿桩身发射超声脉冲，接收探头从桩外孔中慢慢放下。超声脉冲沿桩身混凝土并穿过桩与测孔之间的土进入接收探头，逐点测出声时波高等参数，作为判断依据，见图 1.3.3-36c)。这种方式的可测深度受仪器发射功率的限制，一般只能测到 10m 左右。

以上三种方式中，双孔检测是桩基超声脉冲检测的基本形式。其他两种方式在检测和结果分析上都比较困难，只能作为特殊情况下的补救措施。

双孔检测，要求在灌注混凝土以前预埋检测管道即声测管。常见的测声管布置方式有三种方案，如图 1.3.3-37 所示。在选择声测管材顶时，应注意考虑声能损失和安装定位问题。常用钢管作声测管。钢管不仅可以代替部分钢筋截面，而且还可以作为以后桩底压浆的通道。声测管可直接采用焊接或绑扎方式固定在钢筋笼上，管子之间保持平行，不平行度应控制在 10%以下，管子一般随钢筋笼分段安装，每段之间的接头可采用反螺纹套筒接口或套管焊接方案。管子底部应封闭，管子接头和底部封口都不应漏浆，接口内壁应保持平整，不应有焊渣条凸出物，以免妨碍探头移动。

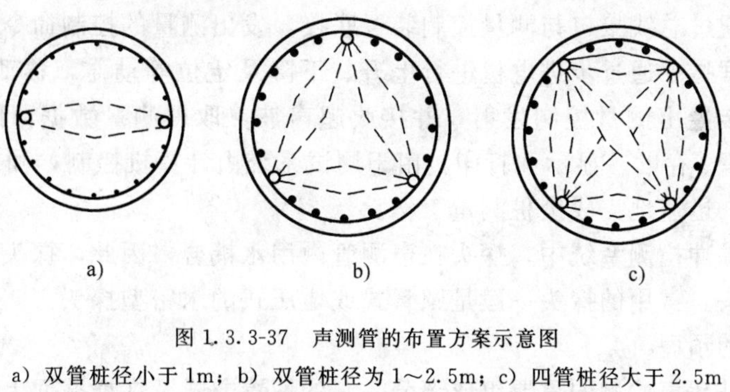

图 1.3.3-37 声测管的布置方案示意图

a）双管桩径小于 1m；b）双管桩径为 1～2.5m；c）四管桩径大于 2.5m

(2) 判断桩内缺陷的基本物理量

在钻孔灌注桩的检测中判断桩内缺陷所依据的基本物理量有以下四个：

①声时值鉴于钻孔桩的混凝土缺陷主要是由于灌注时混入泥浆或混入从孔壁坍落的泥、砂所造成的。缺陷区的夹杂物声速较低，或声阻抗明显低于混凝土的声阻抗。因此，超声脉冲穿过缺陷或绕过缺陷时，声时值增大。增大的数值与缺陷尺度大小有关。所以声时值是判断缺陷有无和计算缺陷大小的基本物理量。

②波幅（或衰减）当波束穿过缺陷区时，部分声能被缺陷内含物所吸收，部分声能被缺陷的不规则表面反射和散射，到达接收探头的声能明显减少，反映为波幅降低。实践证明，波幅对缺陷的存在非常敏感，是在桩内判断缺陷有无的重要参数。

③接收信号的频率变化当超声脉冲穿过缺陷区时，声脉冲中的高频部分首先被衰减，导致接收信号主频下降，即所谓的“频漂”，其下降百分率与缺陷的严重程度有关。接收频率的变化实质上是缺陷区声能衰减作用的反映，它对缺陷也较敏感，而且测量值比较稳定，因此，也可作为桩内缺陷判断的重要依据。

④接收波形的畸变接收波形产生畸变的原因较复杂，一般认为是由于缺陷区的干扰，部分超声脉冲波被多次反射而滞后到达接收探头。这些波束的前锋到达接收探头的时间参差不齐，相位也不尽一致，叠加后造成接收波形的畸变。因此，接收波形上带有混凝土内部的丰富信息。如能对波形进行信息处理，搞清波束在混凝土内部反射和叠加机理，则可确切地进行缺陷定量分析。但目前，波形信息处理方法未能解决，一般只能将波形畸变作为缺陷定性分析依据和判断缺陷的参考指标。

在检测时，探头在声测管中逐点测量各深度的声时、波幅（或衰减）、接收频率及波形畸变位置等。然后，可绘成“声时-深度曲线”、“波幅-深度曲线”及“接收频率变化率-深度曲线”等，供分析使用。

(3) 钻孔灌注桩超声脉冲检测法的主要设备

目前常用的检测装置有两种。一种是用一般超声检测仪和发射及接收探头所组成如图 1.3.3-36 所示。探头在声测管内的移动由人工操作，数据读出后再输入计算机处理。这套装置与一般超声检测装置通用，但检测速度慢、效率较低。

另一种是全自动智能化测桩专用检测装置见图 1.3.3-38。它由超声发射及接收装置、探头自动升降装置、测量控制装置、数据处理计算机系统等四大部分所组成。

数据处理计算机系统是测控装置的主控部件，具有人机对话，发布各类指令，进行数据处理等功能。它通过总线接口与测量控制装置联接，发出测量的控制命令，以及进行信息交换；升降机构根据指令通过步进电机进行上升、下降及定位等动作，移动探头至各测量点；超声发射和接收装置由测量控制发射，并接收超声波，取得测量数据，传送到数据处理计算，进行数据处理、存贮、显示和打印。由于测试系统由计算机控制，测量过程无需人工干预，因此可自动、迅速地完成全桩测量工作。

在桩基超声脉冲检测系统中，探头在声测管内用水耦合，因此，探头必须是水密式的径向发射和接收探头。常用的探头一般是圆管式或增压式的水密型探头。

(4) 声测管的预埋

声测管是桩基超声检测的重要组成部分，它的埋置方式及在横截面上的布置形式，将影

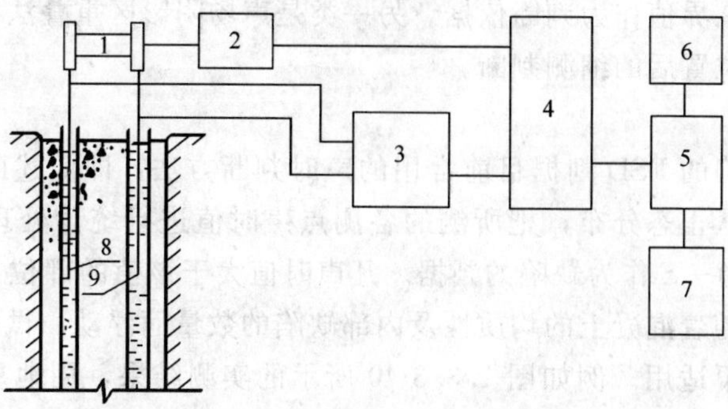

图 1.3.3-38　全自动智能化测桩专用检测装置原理框图

1-探头升降机构；2-步进电机驱动电源；3-超声发射与接收装置；4-测控接口；5-计算机；6-磁带机；7-打印机；8、9-探头

响检测结果。因此，需检测的桩应在设计时将声测管的布置方法标入图纸。声测管材质的选择，以透声率最大及便于安装、费用低廉为原则。一般可采用钢管、塑料管、波纹管等。目前使用最多的是钢和波纹管。

①声测管的埋置数量和布置方式声测管的埋置数量和横截面上的布局涉及检测的控制面积。通常有图 1.3.3-37 中所示的布置方式，图中阴影区为检测的控制面积。一般桩径小于 1m 时沿直径布置两根；桩径为 1～2.5m 布置三根，呈等边三角形；桩径大于 2.5m 时布置四根，呈正方形。

②声测管的预埋方法声测管可直接固定在钢筋笼上，固定方式可采用焊接或绑扎。管子之间应基本上保持平行，不平行度控制在 1 以下。管子一般随钢筋笼分段安装，每段之间接头可采用反螺纹套筒接口或套管焊接方案（图 1.3.3-39)，波纹管可利用波纹套接。管子底部应封闭，管子接头和底部封口都不应漏浆，接口内壁应保持平整，不应有焊渣凸等出物，以免妨碍探头移动。

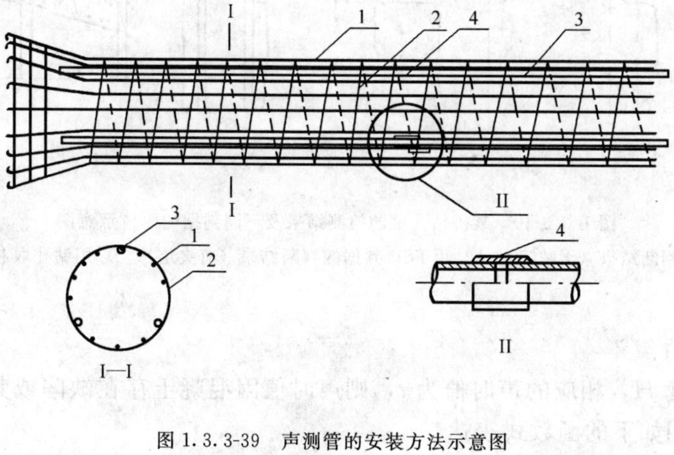

图 1.3.3-39　声测管的安装方法示意图

1-钢筋；2-箍筋；3-声测管；4-套管

3. 检测结果的分析与判断

目前常用的分析与判断方法有两大类，一类是数值判据法，即根据测试值经适当处理后

找出一个存在缺陷的临界值作为判断依据。另一类是声场阴影区重叠法，这类方法通常用于数值判据法确定缺陷位置后的细测判断。

（1）数值判据法

①用声时判断缺陷的PSD判据目前常用的声时判断方法，即前述的统计法。它是假定名测点声时的总体服从正态分布，把所测的各测点声时值进行统计处理，求出标准差 S 及平均值 $\bar{t}$，然后以 $\bar{t}+A-S$ 作为缺陷的判据。凡声时值大于该值的部位，判为缺陷区。但这一判值的大小，必然随着混凝土的均质性及内部缺陷的数量而浮动。试验证明，声时值统计处理方法在钻孔栏中不适用。例如图 1.3.3-40 所示的实测结果，用地质钻钻孔取芯检验确认，该桩在 21～22m 处有断层，声时值在该区域内有明显变化，但如果将所有声时值按上述方法统计处理，断层部位的声时值均在 $\bar{t}+2S$ 的范围以内，判断应为该区没有缺陷，显然与事实不符。由此可见，当混凝土均质性较差，S 值较大时，用 $\bar{t}+AS$ 作为判据是不适宜的，因为有缺陷结构物各测点的声时值并非正态分布。为此，提出一种新的判据形式，称为“相邻测点间声的斜率和差值乘积判据”，简称 PSD 判据，现将该判据的含义和性质简述如下。

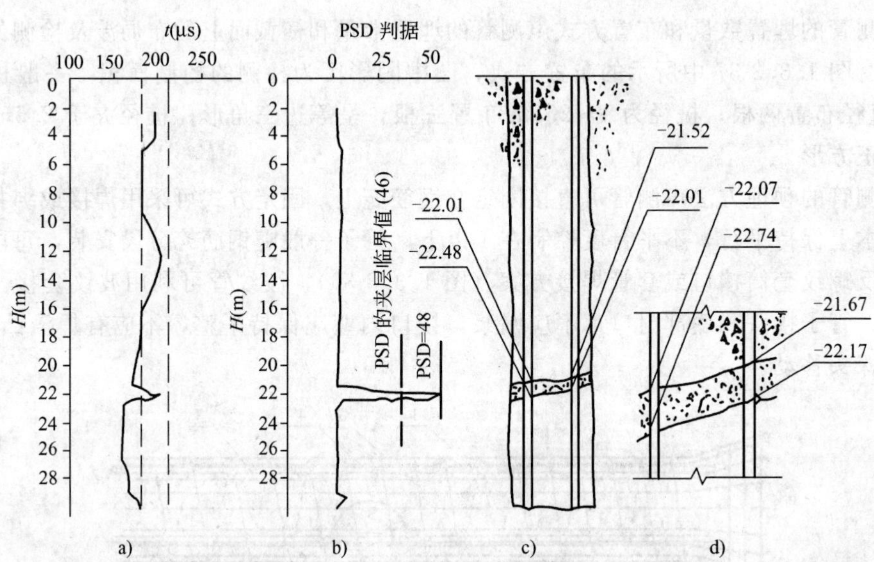

图 1.3.3-40 某桥钻孔桩的检测结果及不同判据的比较示意图

a）用 $t+AS$ 判据的判断结果（无缺陷）；b）用 PSD 判据的判断结果（有夹层）；c）用钻孔取芯的结果；d）细测的定位结果

a. PSD 判据的含义

设测点的深度 H，相应的声时值为 t，则声时值因混凝土存在缺陷或其他因素的影响而随深度变化。可用如下的函数式表达：

$$t = f(H) \tag{1.3.3-45}$$

当桩内存在缺陷时，由于在缺陷与完好混凝土界面处声时值的突变，从理论上讲，该函数应是不连续函数。在缺陷的界面上，当深度增量（即测点间距）ΔH 趋向于零时，声时增量 Δt 不趋向于零。因此，该函数的不连续点即为缺陷的所在位置。但由于实际检测时总是每隔一定距离检测一点，不可能使 ΔH 完全趋于零，而且声时变化又是由于缺陷引起波线曲折而造成的。所以在 $t=f$（H）的实测曲线中。在缺陷处只表现为斜率的变化，该斜率可用两相邻测点的声时差值与测点间距之比求得，即：

$$S_i = \frac{t_i - t_{i-1}}{H_i - H_{i-1}} \tag{1.3.3-46}$$

式中：　i——测点位置或序号；

S_i——$i-1$ 至 i 测点之间的斜率；

t_i、t_{i-1}——相邻两测点的声时值；

H_i、H_{i-1}——相邻两测点的深度。

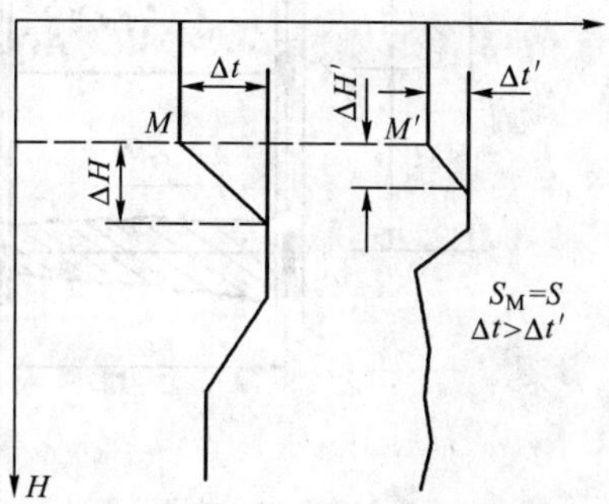

图 1.3.3-41　t～H 曲线图

但是，斜率只反映了相邻两测点声时值的变化速率。实测时往往采用不同的测点间距。因此，虽然所求出的 S_i 相同，但所对应的声时差值不一定相同。正如图 1.3.3-41 所示的两条 t～H 曲线，在 M 和 M' 点的 S_i 相同，但声时差值不同，而声时差值是与缺陷大小有关的参数。为了使判据进一步反映缺陷的大小，就必须加大声时差值在判据中的权数。因此判据可写成：

$$K_i = S_i(t_i - t_{i-1}) = \frac{(t_i - t_{i-1})^2}{H_i - H_{i-1}} \tag{1.3.3-47}$$

式中：K_i 即为 i 点的 PSD 判据，其含义是相邻两测点间声时的斜率和差值的乘积。显然，当 i 处相邻两测点的声时值无变化时，$K_i=0$；当有变化时，由于 K_i 与（t_i-t_{i-1}）^{2} 成正比，因而 K_i 将大幅度变化。

实验证明，PSD 判据对缺陷十分敏感。而对于因声测管不平行，或混凝土强度不均匀等原因所引起的声时变化，基本上没有反映。这是由于非缺陷因素所引起的声时变化都是渐变过程。虽然总的声时变化量可能很大。但相邻测点间的声时差却很小，因而 K_i 值很小，所以应用 PSD 判据基本上消除了声测管不平行或混凝土不均匀等因素所造成的声时变化对缺陷判断的影响。

在对全桩各测点进行判别时，需描绘“H—K”曲线。凡在 K 值较大的地方，均可列为可疑区，作进一步的细测。

b. 临界判据值及缺陷大小与 PSD 判据的关系

PSD 判据实际上反映了测点间距。声波穿透距离、介质性质、测量的声时值等参数之间的综合关系，这一关系随缺陷性质的不同而不同，现分别推导如下：

ⓐ假定缺陷为夹层，见图 1.3.3-42。

设混凝土的声速为 C_1，夹层中夹杂物的声速为 C_2，声程为 L，测点间距为 ΔH。若在完好混凝土中的声时值为 t_{i-1}，夹层中的声时值为 t_i，则：

$$t_i - t_{i-1} = \frac{C_1 - C_2}{C_1 C_2} L$$

将上式代入 PSD 判别表达式可得：

$$K_C = \frac{L^2(C_1 - C_2)^2}{C_1^2 C_2^2 \Delta H} \tag{1.3.3-48}$$

用上式所求得判据值 K_i 即为遇到夹杂物声速为 C_2 的断桩或夹层的临界判据值。若某点的 PSD 判据 K_i 大于 K_C 时，该点应判为夹层或断桩。

ⓑ假定缺陷为孔洞，见图 1.3.3-43。

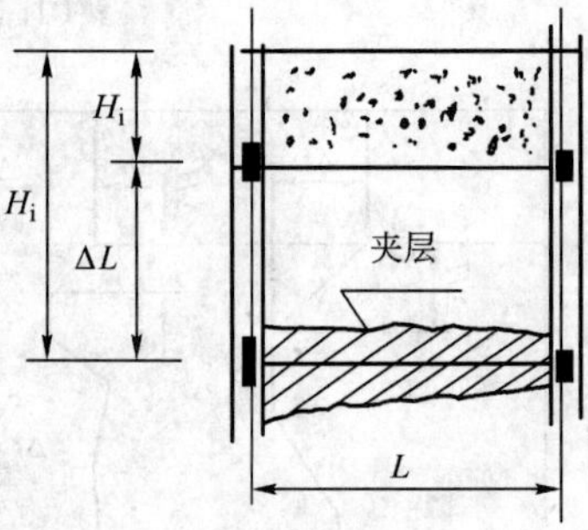

图 1.3.3-42　夹层示意图

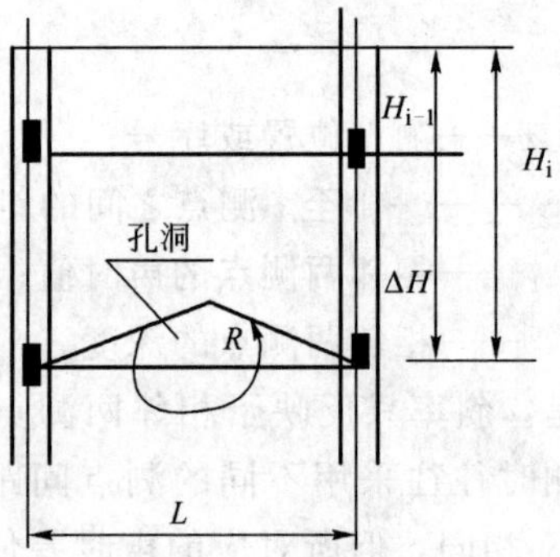

图 1.3.3-43　孔洞示意图

设缺陷为半径 R 的孔洞，以 t_{i-1} 代表声波在完好混凝土中直线传播时的声时值，t_i 代表声波遇到孔洞成折线传播时的声时值，则：

$$K_R = \frac{4R^2 + 2L^2 - 2L\sqrt{4R^2 + L^2}}{\Delta H C_1^2} \tag{1.3.3-49}$$

根据上式，可列出 R—K_R 关系的图或表。

ⓒ假定缺陷为“蜂窝”或被其他介质填塞的孔洞

这时超声脉冲在缺陷区的传播有两条途径。一部分声波穿过缺陷介质到达接收探头，另一部分沿缺陷绕行。当绕行声时小于穿行声时时，可按孔洞处理。反之，则缺陷半径 R 与 PSD 判据的关系可按类似的方法求出：

$$K_i = \frac{4R^2(C_1 - C_2)^2}{\Delta H C_1^2 \cdot C_2^2} \tag{1.3.3-50}$$

式中，C_2 为缺陷内夹杂物声速。据试验，蜂窝状疏松区的声速约为密实混凝土声速的 80%～90%，取 $C_2 = 0.85C_1$，则上式可写成：

$$K_i = \frac{0.125R^2}{C_1^2 \Delta H} \tag{1.3.3-51}$$

由于声通路有两个途径，只有当穿行声时小于绕行声时时，才能用上式计算。

通过上述临界判据值与各点测量判据值的比较，即可确定缺陷的性质和大小。由于缺陷中夹杂物的声速只能根据周围土层情况预以估计，因此所得出的缺陷大小仅仅是粗略的估计值，尚需通过进一步的细测准确定位。

②概率法首先计算出桩基各测点声时的平均值 m_t 及标准差 S_t，然后分两种情况对各测点进行判断。

a. 孤立的高声时点计算出该点声时与平均声时之差是样本总标准差 s_t 的倍数 Z，即

$$(t_h - m_t)/S_t = Z \tag{1.3.3-52}$$

式中：m_t——所有测点的平均声时；

t_h——孤立高声时点的声时值；

S_t——全桩测值的声时标准差。

再从正态分布表上查表 $t_h=m_t+ZS_t$ 时出现的概率 P，然后算出在 N 个测点中 t_h 可能出现的次数

$$M = NP \tag{1.3.3-53}$$

式中：M——孤立的高声时点 t_h，在正态分布的数值样本中可能出现的次数；

N——测点总数；

P——t_h 在正态分布样本中的概率。

其判断为缺陷的条件为

$$M < 1 \tag{1.3.3-54}$$

即在正常情况下，这样的声时值是不应该出现的，现在出现了一个点，说明是异常点，应判为缺陷。

b. 几个相邻点的声时都高于某一高声时值的区，通常采用最高声时 $t_h=m_t+ZS_t$，即 $Z=2$。这时 t_h 出现的概率为 $P=2.28\%$。

若在全桩测试值中，某点的声时高于 t_h，其相邻两点中的任一点也高于 t_h 这种情况出现的概率为

$$P=(2.28\%)^2\times 2=1.04\%$$

同样，相邻高声时点出现的概率 M'，为

$$M'=NP \tag{1.3.3-55}$$

判为缺陷的条件为

$$M'<1 \tag{1.3.3-56}$$

即两相邻高声时点出现的概率小于 1 时，这两个相邻高声时为异常值，可判为缺陷。

③多因素概率分析法以上两种判据多是采用声时或波幅等单一指标作为判别的基本依据，但检测时可同时读出声时、波高、接收波频率等参数，若能综合运用这些参数作为判断依据，则可提高判断的可靠性。多因素的概率法就是运用声时、频率、波高或声速、频率、波高等参数，通过其总体的概率分布特征，获得一个综合判断值 NFP 来判断缺陷的一种方法。

各测点的综合判据值 NFP 按下式计算

$$NFP_i=\frac{V_i\cdot F'_i\cdot A'_i}{\frac{1}{n}\sum_{i=1}^{n}(V_i\cdot F'_i\cdot A'_i)-ZS} \tag{1.3.3-57}$$

式中：NFP_i——第 i 测点的综合判据；

$V'_i\cdot F'_i\cdot A'_i$——第 i 点的声速、频率、波幅的相对值，即分别除以该桩各测点中最大声速、频率、波幅后所得的值；

S——上述三个参数相对值之积为样本的标准差；

Z——概率保证系数，它是根据与样本相拟合的夏里埃（Charliar）分布率密函数及样本的偏倚系数、峰凸系数及其保证率所决定的。

根据 NFP 判据的性质可知，当 NFP 越大，则混凝土质量越好，当 $NFP_i<1$ 时，该点应判为缺陷，同时根据实践经验所得的表 1.3.3-13 可作为判断缺陷性质的参数。

NFP 法判断缺陷性质的参考表 表 1.3.3-13

判断依据				缺陷性质
NFP	v	f	α	
≥1				无缺陷
0.5～1	正常	正常	略低	局部夹泥（局部缺陷）
	低	低	正常	一般低强区（局部缺陷）
0.35～0.5	正常	正常	较低	较严重的夹泥、夹砂
	低	低	较低	较严重的低强区或缩颈
0～0.35	低	低	较低	砂、石堆积断层
	很低	很低	很低	夹泥、砂断层

(2) 声场阴影重叠法

运用上述判据判定桩内是否有缺陷，以及缺陷的大体位置后，可在缺陷区段内采用声场阴影重叠法仔细判定缺陷的确切位置、范围和性质。这就是所谓的缺陷性质和大小的细测判断。所谓声场阴影重叠法，就是当超声脉冲横向穿过桩体并遇到缺陷时，在缺陷背面的声场减弱，形成一个声辐射阴影区。在阴影区内，接收信号波高明显下降，同时声时增大，甚至波形畸变。若采用两个方面检测，分别划出阴影区，则两个阴影区边界线交叉重叠所围成的区域，即为缺陷的确切范围。

双管对测时，各种不同缺陷同声场阴影重叠法的具体测试方法示于图 1.3.3-44～图 1.3.3-47 中。其基本方法是一个探头固定不动，另一个探头上下移动，找出声阴影的边界位置，然后交换测试，找出另一面的阴影边界。边界线的交叉范围内的重叠区，即为缺陷区。在混凝土中，由于各种界面的漫长反射及低频声波的绕射等原因，使声场阴影的边界十分模糊，因此，需综合运用声时、波高、频率等参数进行判断，在这些参数中波高是对阴影区最敏感的参数，在综合判断时应有较大的“权数”。

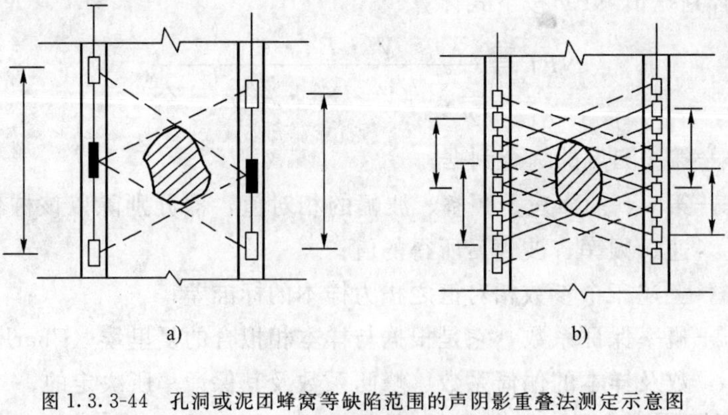

图 1.3.3-44 孔洞或泥团蜂窝等缺陷范围的声阴影重叠法测定示意图

a）扇形扫测；b）平移扫测

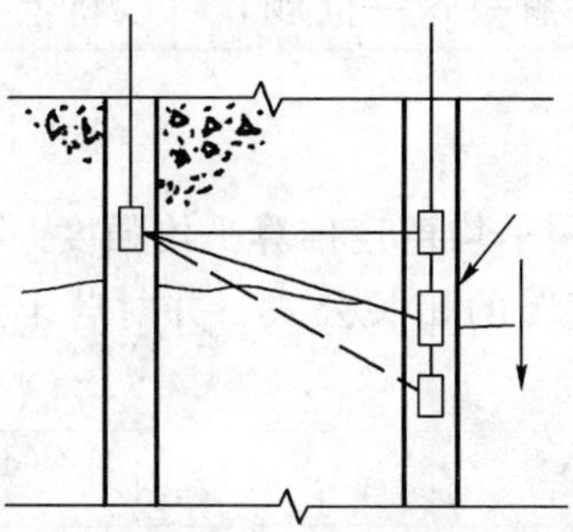

图 1.3.3-45　断层位置的细测判断示意图
（图中箭头所指位置为声时波高突变点）

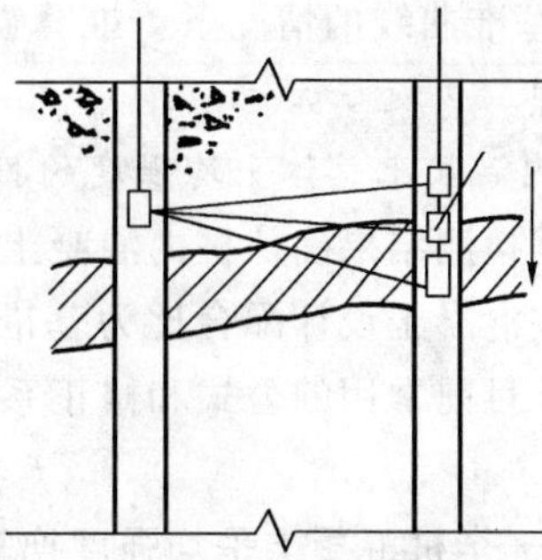

图 1.3.3-46　厚夹层上下界面的细测定位示意图
（图中箭头所指位置为声时波高突变点）

当需要确定局部缺陷在桩的横截面上的准确位置时，可用图 1.3.3-48 所示的多测向叠加法。

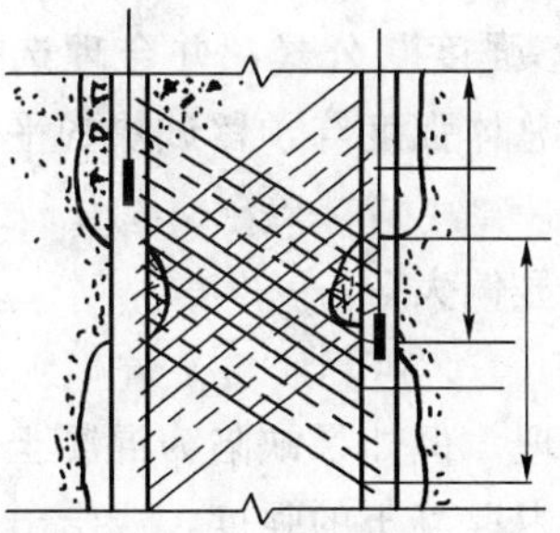

图 1.3.3-47　缩颈现象的细测判断示意图

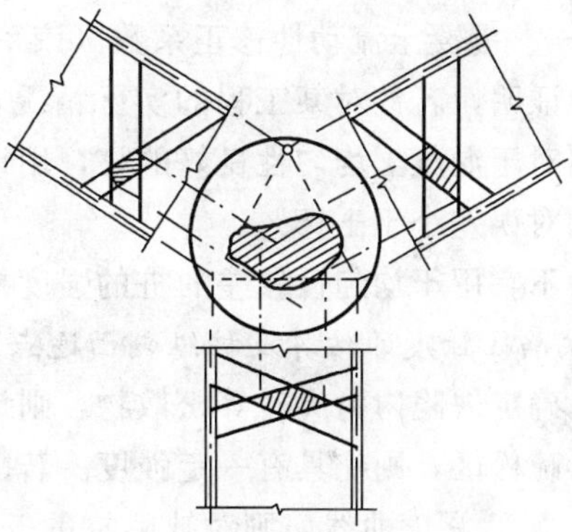

图 1.3.3-48　局部缺陷在桩的横截面上位置的多测向叠加定位法

在运用上述分析判断方法时，应注意排除声测管和耦合水声时值、管内混响、箍筋等因素的影响，而且检测龄期应在 7d 以上。

最后，需要指出的是，PSD 判据也可应用于其他结构物大面积扫测时的缺陷判别，即将扫测网络中每条测线上的数据，用 PSD 判据处理，然后把各测线处理结果综合在一起，同样可定出缺陷的性质、大小及位置。

八、钻孔灌注桩桩内混凝土强度的检测

在检测实践中，设计和施工单位都希望能提供桩内混凝土强度的推定值。桩内混凝土强度的推定有两种情况，一种是以总体验收为目的，即给出其全桩的平均强度。另一种是以缺陷区或低强区强度验算为目的，即要求给出全桩纵剖面上的各点的强度值，或缺陷区及低强区的强度值，以便确定缺陷处理方案。目前，在这两种情况下，要准确推定混凝土强度都有一定困难。其原因是，桩内一般只能用声速单一指标推算混凝土的强度，但“声速-强度”相关关系受混凝土配合比等因素的严重影响，而桩内混凝土由于水下灌注往往离析严重，无法知道各段混凝土的实际配比，也就是说无法确切知道影响“声速-强度”相关关系有关因素的实际变化情况，因此也无从修正，所以，即使事前按桩内混凝土的设计配比制定了“声速-强度”基准曲线的情况下，推算误差仍然很大。为了解决这一问题，可以将上述两种情况分别处理。

1. 桩内混凝土总体平均强度的推算

当根据检测结果确认桩内混凝土均匀性较好时，可用平均声速推算平均强度。

事先按混凝土设计配合比为基准，制作“声速-强度”的相关公式，并对若干影响因素进行修正。目前常用的公式和修正系数如下

$$f = Av^{B} \cdot K_1 \cdot K_2 \cdot K_3 \tag{1.3.3-58}$$

式中：f——全桩混凝土平均强度换算值；

v——全桩混凝土平均声速（计算声速时应扣除 t_0 及声测管厚度的耦合水的声时值）；

A、B——经验系数；

K_1——测距修正系数，当 $L<100$cm 时，$K_1=1$；当 $100 \leqslant L<150$cm 时，$K_1=1.015$；当 $150 \leqslant L<200$cm 时，$K_1=1.020$；当 $L \geqslant 200$cm 时，$K_1=1.023$；

K_2——含水修正系数（一般取 0.98）；

K_3——混凝土流动性修正系数（该系数由实验确定）。

试验证明，若针对某工程的实际情况，建立专用“声速-强度”公式，并合理选择修正系数，则对于混凝土均匀性良好的桩，用该式推定的混凝土总体强度与预留试块的平均强度之间的相对误差小于±15%。

该法不宜用于均匀性较差的桩的强度推算，否则误差明显偏大。

2. 缺陷区强度的估算及桩纵剖面逐点强度的估算

若已确定缺陷内为夹砂等松散物，则该区可作无强度处理。但如果缺陷为混凝土低强区或蜂窝状疏松区，则仍具有一定强度。若能准确推定缺陷区内混凝土的强度，或给出全桩纵向各点的强度-深度曲线，则对缺陷桩的安全核算及确定修补方案具有重要意义。但由于缺陷区混凝土配比已不同于完好部位的混凝土配比，因此，要用声速单一指标推定缺陷区的混凝土强度有较大误差。

根据现有的研究成果，采用“声速-衰减综合法”已取得较好效果。该法采用声速、衰减两项参数与强度建立相关公式，从而可消除混凝土配合比和离析等因素的影响，其推算公式如下：

$$f = K_1 \cdot K_2 \cdot K_3 \left[A\left(\frac{v}{a}\right)^2 + B \right] \tag{1.3.3-59}$$

式中：f——各测点的推算强度；

v——各测点的声速；

a——各测点的衰减系数；

A、B——实验系数；

K_1、K_2、K_3——修正系数，意义同前。

采用该法时应保证探头在声测管中的耦合稳定，以保证 a 值的稳定测量。制作相关公式时，探头的耦合条件应与桩内相似。

总之，对于均匀性较差的桩，以及缺陷桩，要检测其各点强度时，由于实际配比不一致等原因，不宜用单一声速指标估算其强度。用“声速-衰减”综合法也应持慎重态度。

3. 钻孔灌注桩混凝土质量水平的评价

混凝土的均匀性是钻孔灌注桩质量的重要指标之一。根据《混凝土强度检验评定标准》附录三的规定，混凝土的总体质量水平，可根据统计周期内混凝土强度标准差和试件强度不低于要求强度等级的百分率两项指标来划分。并按规定将混凝土划分为优良、一般、差三等。对桩的混凝土进行总体质量水平评价时也应以上述规定为基础。具体方法是根据予先建立的声速强度相关公式，将各测点声速换算成强度换算值。然后按下例 S、P 公式算出全桩混凝土强度标准差和不低于规定强度等级的百分率。

$$S=\sqrt{\frac{\sum_{i=1}^{n}f_{cu,i}^{2}-n\cdot m^{2}f_{cu,m}^{2}}{n-1}} \tag{1.3.3-60}$$

$$P=\frac{n_0}{n}\times 100\%$$

式中：$f_{cu,i}^{2}$——全桩各测点混凝土强度换算值；

n——全桩测点总数，$n\geqslant 25$；

$mf_{cu,m}$——n 个测点强度换算值的平均值；

n_0——全桩各测点强度换算值中不低于要求等级的组数。

根据所算出的 S 和 P，按表 1.3.3-14 划分混凝土质量水平等级，则应以表为依据进行推算。

外孔灌注桩混凝土质量水平等级参考表　　表 1.3.3-14

评定指标 ＼ 混凝土强度等级 ＼ 混凝土质量水平	优良		一般		差	
	<C20	≥C20	<C20	≥C20	<C20	≥C20
全桩混凝土强度换算值标准差 S (N/mm^2)	≤3.5	≤4.0	≤4.5	≤5.5	>4.5	>5.5
强度换算值不低于要求强度等级的百分率 P（%）	≥95		>85		≤85	

§3.4 结构混凝土中钢筋状态的检测

一、钢筋混凝土的抗腐蚀

1. 钢筋混凝土结构与介质相互作用的特点

钢筋混凝土是一种复合材料，钢筋承受拉力，混凝土承受压力并保护钢筋免受腐蚀及火灾时高温的作用。因此，在钢筋混凝土中，混凝土是直接与周围介质接触的。若混凝土十分密实并能长期保护钢筋的话，那么，这种结构处于侵蚀性环境中是耐久的。十分密实的混凝土对钢筋本来就起到有利的保护作用。众所周知，浇筑混凝土时经常在钢筋表面出现的薄锈层是看不见的，经过几天的自然养护或蒸气养护并去掉混凝土保护层后便能发现。铁锈消失溶解在混凝土中后，一般是不再出现的，尽管混凝土这处毛细管亲水体仍会含有湿气和渗入使钢筋发生电化学锈蚀的酸类等物质。

但是，研究表明，并非任何混凝土都是稳定并能长期保护钢筋的。一种情况是在结构建造后钢筋就立刻开始锈蚀，另一种情况是要经过一段时间（有的甚至要经过很长一段时间）钢筋才开始锈蚀。看来前者显然是保护性能差，但也可能是混凝土本身具有腐蚀性。

目前，对促使混凝土中钢筋早锈蚀的主要因素进行了研究。这些因素，即所谓混凝土固有的“内部”因素，与混凝土的结构及液相成分有关。在密实的混凝土中，由于碱度高，钢筋最终是会被钝化的，即钢实际上不再溶解成铁离子进入电解质中。在低碱混凝土（石膏混凝土、石膏火山灰质水泥、活性硅酸盐及其他）、含氯化物外加剂及多孔混凝土中，钢筋是不会被钝化的或仅仅处于不稳定的钝化状态。

已建造好的钢筋混凝土结构，经过若干时间后，钢筋出现锈蚀并不断发展。这说明，混凝土在周围介质（即所谓“外部”因素）的上已失去保护钢筋的能力。这些外部因素可能是物理的、化学的或物理化学的过程。

机械剥落、磨损、周期性加热冷却及冻融循环等外部因素，对混凝土来说，是纯粹的物理作用。它破坏混凝土保护层，致使钢筋裸露。钢筋由于直接与介质接触而被锈蚀。

介质对结构产生的化学和物理化学作用有两种：介质直接破坏混凝土保护层，随即钢筋裸露并锈蚀，或者并不直接破坏混凝土，而使混凝土液相发生改变，结果钢筋锈蚀是发生在混凝土内部。这时，钢筋的锈蚀往往比在同样介质作用下裸露的钢结构更快。这说明，混凝土保护层反复湿润的时间和使钢筋发生电化学锈蚀的水膜停留在钢筋表面上的时间比在钢结构表面上更长。

钢筋锈蚀产物的体积是整个锈蚀层体积的 2～2.5 倍，因而压迫其周围的混凝土并产生超过混凝土抗拉强度的拉应力，结果使保护层沿着锈蚀的钢筋形成裂缝。这些裂缝成为侵蚀性介质渗入钢筋的通道，因而加速钢筋的锈蚀。若不采取措施，则钢筋的锈蚀会进一步发展直至保护层剥落。这时，钢筋与混凝土之间的粘结遭到破坏，致使结构的承载能力急剧下降。对受弯构件来说，因钢筋与混凝土之间的粘结破坏而使其承载能力降低 30％～35％。

研究介质对结构承载能力破坏的形式时，按其主要破坏过程的不同可以把所有介质分为如下两类：使混凝土逐渐破坏，钢筋随后锈蚀；使混凝土失去保护钢筋的能力，钢筋锈蚀产物的压力又使混凝土进一步遭到破坏。

为了预测结构的耐久性而必须对介质加以分类时，应对现有金属锈蚀的有关控制过程和因素的理论加以了解。这些理论基本上可应用在混凝土的腐蚀上，但是应用于预测混凝土破坏的速度还仅仅是个开头。

用混凝土孔隙中内部物质迁移的过程来确定下述几种情况下混凝土腐蚀的速度，可得到十分精确的结果：水泥石的溶解，溶解产物及侵蚀性物质在反应区的迁移，它们之间的相互作用和反应产物或沉积物的迁移。

上述混凝土腐蚀的基本过程是同时发生的，即实际上只按同一速度进行。该速度是由上述物质缓慢渗透的情况决定的。这一基本过程可称之为限制或控制过程。如果混凝土在酸性介质中腐蚀的产物停留在混凝土表面上，那么他们将形成特殊的缓冲层。起初，腐蚀速度较快并且仅受溶解作用的制约，随后，由于腐蚀产物在缓冲层中迁移受到阻碍而开始以扩散控制为主。

在湿空气介质中，当混凝土因碳化而失去钝化钢筋的能力时，碳酸气在混凝土碳化层中的扩散是决定的条件；而当氯化物溶液作用于结构时，氯化物透过混凝土向钢筋迁移则是控制过程。

此外，根据金属电化学锈蚀理论，混凝土中钢筋的钝化状态是由于强烈的阳极控制所致。此时，因为处于碱性介质中的钢筋其表面形成稳定相或吸附膜而抑制了铁变成离子状态的阳极过程。

当混凝土中钢筋的钝化状态被破坏时，与条件有关的钢筋的锈蚀控制将是以阳极、阴极或欧姆电阻控制为主的组合，因为铁（阳极）的离解作用，靠近钢筋表面电解质层中的任何一种阴极去极化剂对自由电子（阴极）的同化作用和离子的迁移最终将会同时发生。

以上述控制过程的理论为基础来保证钢筋混凝土在侵蚀性介质中的抗腐蚀性就能最有效地提高结构的耐久度。介质对结构的主要作用形式列于表 1.3.4-1。

实际上，所遇到的情况大都是上述作用的不同组合。例如，对钢筋来说，最普遍而又最有害的是气体介质的恒定作用与氯溶液周期性湿润结构的组合。

表 1.3.4-1 中普遍地注意到了用提高混凝土密实度的方法来提高结构的耐久性。

介质对钢筋混凝土结构作用的基本情况　　表 1.3.4-1

介　质	作用条件	在混凝土中的主要反应	混凝土中局部作用的特征	结构破坏特征（主要过程）	结构的保护方法
酸性溶夜	恒定有缓冲层	溶解及中和置换反应	在腐蚀产物层中扩散	混凝土腐蚀产物分层形成，作用停止	对结构表面加或不加保护视腐蚀速度而定
	恒定没有缓冲层	溶解及中和置换反应	扩散-移动	混凝土腐蚀产物脱落，作用不停止	对结构表面加或不加保护视腐蚀速度而定
盐溶液（金属硫酸和其他得到结晶新生的盐类）	恒定	新生成物结晶的置换反应	在混凝土结构中扩散	混凝土开裂	使用低铝酸盐水泥，提高混凝土密实度，浸渍密实，隔绝结构表面
	周期吸水蒸发	新生成物结晶的置换反应	在混凝土结构中扩散-对流	混凝土开裂加速	使用低铝酸盐水泥，提高混凝土密实度，浸渍密实，隔绝结构表面
金属氯化物	恒定	盐浓度平衡的扩散迁移	在混凝土结构中扩散	去钝化和强烈阴极控制的钢筋锈蚀	提高混凝土保护层密实度和增加其厚度，用淡水饱和，浸渍密实，隔绝结构表面，钢筋保护层
	周期吸水、蒸发	盐聚积的扩散-对流迁移	在混凝土结构中扩散-对流	去钝化，与混凝土密实度和湿度有关而以阴极和阳极控制为主的钢筋锈蚀	提高混凝土保护层密实度和增加其厚度，用淡水饱和浸渍密实，隔绝结构表面，钢筋保护层
湿空气	恒定	被酸性气体中和	在中和混凝土层中扩散	去钝化，与混凝土密实度和湿度有关而以阳极或欧姆电阻控制为主的钢筋锈蚀	提高混凝土保护层密实度和增加其厚度，浸渍密实，隔绝结构表面

当浓度接近或高于（2～3 倍）卫生标准的侵蚀性气体作用于结构时，混凝土的腐蚀速度一般是缓慢的。此时，沿混凝土结构表面出现的不深且分布均匀的腐蚀并非承载能力降低的原因。承载能力降低一般是钢筋锈蚀的结果。

考虑混凝土的非匀质性，以及钢筋与设计位置允许的正常误差，利用保护层的密实度和厚度作为条件，研究酸性气体对混凝土的中和作用，并且在结构上和工艺上采取措施，就能够计算和确保在湿气体介质中结构的耐久性。

限制混凝土受拉区出现裂缝是十分重要的，因为裂缝促使钢筋局部的锈蚀过早产生和发展。因通常可用预应力钢筋来防止或大大限制受弯和受拉构件中裂缝的扩展，所以同样条件下，配预应力钢筋的结构在长期保护钢筋方面比配非预应力钢筋的结构具有明显的优点。如果高强度预应力钢筋没有特殊锈蚀状态，其中包括应力腐蚀的脆性破坏，以上结论是毫无疑义的。

2. 混凝土对钢筋的保护

①钢筋锈蚀机理要正确阐述混凝土对钢筋的保护作用的实质，必需引用金属电化学腐蚀理论中的一些观点。氯化状态是铁在自然界中真正的稳定形态。单元素的铁不同于稀有金属，它在自然界中是不能单独存在的，可以通过还原铁矿石中的氧来制取铁。钢和生铁（这是铁在利用上的主要合金形态）锈蚀后又重新变成铁的氧化物。

虽然大气热力具不稳定性，但铁合金的锈蚀由于其元素反应受到一系列基本过程的动力控制仍然是相当缓慢的，故铁合金能成功地得到广泛应用（附带说明一下，电化学腐蚀只有在金属表面上存在电解质薄膜时才会发生，这不同于热气体的化学作用）。这样，铁溶解在电解质中（如水）的阳极过程（离解）便形成由金属表面的水化阳离子和多余电子组成的双面层。这些不同电性的粒子互相吸引，建立动态平衡。这时，金属的整个表面仍然是中性的，金属不再继续溶解。但是，如果多途的电子受到排斥，造成电键，而且在铁上加以正电位，那么平衡将被破坏，重新出现阳极铁的溶解。这与衡定电流作用下的锈蚀情况相类似。

电子能够被任何一种电解质吸收。这时阳极溶解过程又可重新出现，即锈蚀过程开始。

为了便于研究这一现象，应把锈蚀的金属表面分为阳极和阴极两个区域。

在第一区域中，产生铁溶解的阳极过程：

$$Fe \rightarrow Fe^{2+} + 2e$$

在第二区域，产生多余电子积聚的阴极过程：

$$e + D \rightarrow [De]$$

这个过程叫做阴极去极化作用，因为它使金属表面阴级区城内电子积聚的极化作用减弱。

在酸性电解质中（pH<4），氢离子一般是去极化剂，它按以下反应吸收电子而还原成氢气（氢的去极化作用）：

$$H^{+} + e \rightarrow H \qquad \text{然后} \; H + H \rightarrow H_2 \uparrow$$

在中性介质中（水、大气、土壤），由于氧气的还原作用使介质变成氢氧根离子，去极化作用按以下反应进行（氧的去极化作用）：

$$O_2+2H_2O+4e \rightarrow 4OH^-$$

阴极极化与多余电子的积聚及阴极表面电位向阳极电位移动有关。在实例中，可以看出，减小电位差，即减小电子在金属中移动的电动力和减小金属表面阴极与阴极之间电解质中离子移动的电动力（即锈蚀电流）将使锈蚀过程减慢。

阳极极化作用与金属离解困难有关，它主要是提高这种金属离子在接近电解质层中的浓度（浓缩极化作用）。在电解质中对离子迁移有利的对流过程使浓缩极化作用减弱。在不加搅动的电解质中，如混凝土孔隙中的液体，因为没有对流作用离子扩散转移十分困难，因而浓缩极化作用是很强烈的。

根据现有资料，气体在湿饱和多孔材料中的扩散速度为液体中的1/10～1/10000。气体在多孔体中的扩散速度与其在空气中相比也有这样大的差别。

法兰克一卡缅涅切基利用有效扩散系数表示多孔材料扩散渗透的特性：

$$D' = D\frac{N}{x}\cdot\frac{\pi h^2}{4}$$

式中：D——气体在气体中的扩散系数；

N——单位自由表面积上的孔隙数；

x——孔隙曲折系数；

h——平均孔径。

因此，孔隙率越低，孔隙越小及其曲折度越大，则扩散阻力越大。当混凝土中钢筋锈蚀时，孔隙特征会对阳极区的浓缩极化作用和阴极区的氧的去极化作用产生一定影响。

在被锈蚀的金属表面上，阳极和阴极过程是相互伴随的。也就是说，他们的速度是相同的，并由该条件下最困难的过程来确定（控制整个锈蚀的速度）。

除了阴极和阳极控制能影响金属锈蚀速度外，还有欧姆电阻。它是由于在阳极和阴极之间的电解质中离子移动受到阻碍而产生的。欧姆控制具有实际意义，国为与湿度有关的混凝土的阻力可在若干个数量级范围内变化。

钢筋在碱性介质中的钝化现象对钢筋混凝土结构的耐久性来说是重要的。从电化学角度来说，这表明钢筋的强烈阳极化作用。这时，甚至在钢筋电极上加上＋1B能级的正电位，尽管电解质的电阻也不大，溶液的电流仍然是很小的。这说明，金属离解的阳极过程十分困难；实际上锈蚀已停止。

对钝化机理的解释各说不一。按现代的理论，钝化或者与氧（或其他原子）的吸附作用有关，或者与金属表面上形成的金属氧化相膜有关。

钢筋上的吸附膜或相膜对金属离子通过产生很大的阻力，但几乎不阻碍电子通过。

混凝土的碱性及其孔隙中pH为12～13的氢氧化钙饱和溶液有利于形成和保持钢筋的钝化膜。这时，钢筋处于高抗腐蚀状态。

当混凝土的pH值由于各种原因降至11.8或更低时，由于不能保存钝化膜，因此钢筋的钝化变得不稳定，最后甚至被破坏。

混凝土中钢筋钝化状态被破坏的主要原因之一是混凝土被酸性气体（如被碳酸气）中和。即，空气中的碳酸气被混凝土吸收并与其中的氢氧化钙结合：

$$CO_2+Ca(OH)_2 \rightarrow CaCO_3+H_2O$$

生成的碳酸钙是微溶化合物。$CaCo_3$ 饱和溶液的 pH 值等于 9。当孔隙溶液的 PH 值降低时，便使水泥石水化物稳定存在的条件破坏并水解变成氢氧化硅、氢氧化钙、氢氧化铁，而所有的碱性氧化物（钙、镁、碱金属）则变成碳酸盐。

此时，混凝土的强度一般不会降低（尽管采用某种水泥时强度有所降低），但是，混凝土却失去了钝化钢筋的性能使钢筋处于活化状态并进而发生锈蚀，因为这时混凝土的毛细孔结构含有水和渗入氧。

因空气中实际上都含有碳酸气（在大气中，CO_2 正常含量为空气体积 0.03%～0.04%，在工业区更高，在某些工业和农村建筑中则特别高），所以所有的地面建筑和部分地下建筑实际上都受到碳化作用。

在工业区，除了碳酸气的作用外，还有其他酸性气体的作用。

混凝土中钢筋锈蚀的另一个带普遍性的原因是氯化物的作用。氯化物是一种钢筋的活化剂。当其浓度不高时，亦能使处于碱性混凝土介质中钢筋的钝化膜破坏。这与氯离子的高吸附性有关。它置换吸附的氧破坏钝化膜而使钢筋发生溃烂锈蚀。

研究表明，密实的水泥混凝土失去固有的钝化作用，一般与液相中存在去钝化的离子（如混凝土外加剂中以及水泥、骨料和拌合水中的氯离子）有关。所以，各国的建筑标准对上述混凝土混合物成分中，尤其是预应力钢筋混凝土结构中，氯化物的含量有一定限制。

直到 1967 年，国外尚未严格限制使用氯化物外加剂。不仅如此，为了能制得在负温下硬化的混凝土混合物、缩短周期，通常还往混凝混合物中加入占水泥重量 2% 以上的氯化物。用这种混凝土建造的钢筋混凝土结构，在 2～5 年期间内，由于钢筋锈蚀，致使结构严重破坏。

目前，建筑标准仅允许在非预应力结构中使用掺量占水泥重量 2% 的氯化钙。这种结构只能在空气相对湿度不超过 60% 的情况下使用。对于预应力结构，标准不允许往混凝土中掺入氯化物。一些国际性的组织建议在组成混凝土混合物各成分中（水泥、骨料和拌合水）限制和控制氯化物的含量。

钢筋锈蚀的第二种情况是由于介质中的氯化物透过混凝土保护层破坏钢筋的钝化状态而引起的。一般是指海上和海岸构筑物，以及与盐碱土接触或受到盐溶液淋洒的结构。但是，无论在自然条件下或者在生产厂房内，盐都能进入混凝土中并且通过空气成为空气胶溶体。这时，常常由于氯盐在结构表面上沉积成高吸湿性粉状物，最后甚至使干燥的厂房湿润，于是氯化物透过保护层迁移到钢筋上并使其锈蚀。

由于在混凝土中游离的石灰量不足或者它在硬化过程中被结合了，混凝土就不能保持钝化钢筋所必需的碱度。由此而产生的腐蚀与含氯化物水泥混凝土的腐蚀是不同的。各种石灰硅质胶结材料制成的活性混凝土是个曲型的代表。

国内外研究表明，当硬化温度在 180～200℃时，石灰与骨料中的二氧化硅（磨细砂、碳灰和页岩灰、磨细矿渣）迅速结合，而没有足够的数量来饱和比水泥混凝土碱性低得多的孔隙水。这时，灰分和矿渣常常含有硫化物、硫酸盐、氯化物等侵蚀性溶解物以及不溶解的未燃炭粒，因而这种混凝土对钢筋也有一定的侵蚀性。

在蒸压的多孔混凝土中，由于碱度低（甚至当用水泥胶结材料时）及结构渗透性大，因此钢筋的锈蚀更厉害。在石膏混凝土和石膏火山灰质胶结材料制成的混凝土中钢筋仍然是活性的。

必需从水泥混凝土中分出一类没有钝化作用的高孔隙率的混凝土，特别是大孔混凝土；在不与水泥石接触的钢筋表面上仍然是活性的部位。用“假密实”结构的多孔骨料、低标号水泥、低水泥用量制成的混凝土属于这一类。混凝土与钢筋混凝土科学研究院的研究证实，在这类制品蒸养时，多孔骨料能与大量的石灰化合。

在上述任何情况下，只有采取专门的措施才能达到长期保护钢筋的目的，其中最主要的措施就是在使用过程中混凝土的湿度始终保持在使钢筋不锈的限度内。用这种办法可阻止建筑物隔热围护结构混凝土中钢筋锈蚀的发展。这种结构用在空气湿度高的建筑物中时，为了上述这个目的，墙面应预先采用密实的隔绝层。蒸压的多孔混凝土结构，不管使用条件如何，均要求给钢筋涂以特种保护层。在石膏混凝土和火山灰质水泥混凝土结构中，这种保护层也是必要的。

关于不会使结构有危险的钢筋锈蚀的允许程度的问题是十分重要的。

当代的科学水平不可能以钢筋的锈蚀程度来计算钢筋混凝土结构的耐久性，即采用B. Ф. 里亚勃奇奇的极限状态理论把保护层完全碳化或者钢筋在薄弱部位钝化被破坏的那一瞬间当作钢筋混凝土结构的耐久性。

果然，保护层中和后，允许钢筋锈蚀就被认为是正常吗？

试验表明，厚度符合设计要求的“普通”密实混凝土保护层在一般的环境中，其中和作用可持续进行几十年到一百年（这里不研究厚度薄且密实度很差的混凝土保护层仅经10～15年就发生严重腐蚀的情况）。假如该过程持续了五十年之久，那么处于高湿度空气介质中的供暖车间的结构，再经过1～3年的时间，钢筋锈蚀的最初过程便使得保护层在锈蚀层的压力作用下发生干裂和剥落，也即保护层在持续的中和过程中实际上已失去了“保护作用”。建议考虑混凝土保护层的强度和厚度这两个因素，因为它们能阻止裂缝的出现。钢筋越细，开裂的应力就越小。

看来，保护层已破坏的结构应除外，因为这时，在侵蚀性介质中，钢筋锈蚀迅速发展，而又不能用一般的办法修补保护层。要能顺利地完成这个复杂的任务，首先必需进行繁重艰巨的除锈工作。

为了专门解决有关钢筋混凝土结构在湿空气介质中耐久度的极限状态问题，就必需研究钢筋锈蚀破坏的特点。

②各种钢筋锈蚀的特点迄今为上，唯一能保护钢筋的实际上是混凝土。试验表明，混凝土的保护作用并不是任何时候都要保证，还必需考虑钢筋混凝土结构中钢筋锈蚀可能产生的后果。因此，必须定量地说明钢筋的锈蚀状态。

所谓金属锈蚀的状态，就是指它在锈蚀过程中各项指标的全部变化。既然长期保持钢筋混凝土结构中钢筋的强度及延伸性是重要的，那么锈蚀的状态不是以锈蚀金属的重量及破坏深度的变化来表示的，而是以拉断应力、延伸性的降低和所出现破坏的特点来表示的。

内部因素（钢的化学成分和微观结构、内应力、构件的配筋及其表面状态）和外部因素（施加的应力值及其特点、介质的特点）对钢筋的锈蚀状态都有影响。

氯化物常常使混凝土中的钢筋发生溃烂性锈蚀。溃烂就是应力集中。在高强度钢筋中，应力随着塑性的降低而逐渐松弛。这就使高强度预应力钢筋混凝土结构中钢筋锈蚀的速度加快并使塑性和强度急剧下降。有文献记载，氯化物引起钢筋的锈蚀致使结构发生倒坍事故。对于预应力混凝土结构而言，混凝土中不允许掺入氯盐，并必需防止外来氯盐的渗入。

高强度预应力钢筋锈蚀的特征，是弹性变形能力急剧下降，或者出现所谓裂纹性锈蚀。

这种钢筋的应力腐蚀常常是在垂直于主拉应力方向上（即配筋构件的横向）出现裂纹。该裂纹不断发展直至钢筋被拉断。特别是这种裂纹的形成与普通均匀的或溃烂的锈蚀发展无关，而且通常是在表面破坏不明显或者没有破坏的时候发生的。这种锈蚀是特别危险的，因为在没有任何预兆的情况下就能造成钢筋突然性破坏。

钢筋锈蚀裂纹的常规试验是把预应力试件静置于热硝酸盐溶液中。最常用的是如下成份的溶液（按质量计）：600 份硝酸钾，50 份硝酸铵和 350 份温度为 100～120℃的水。

研究表明，热力强化钢筋最易产生锈蚀裂纹，然而热轧钢筋则不会发生这种情况。

对钢筋混凝土结构发生钢筋锈蚀裂纹的条件研究得还不多。当钢筋与水泥的紧密接触而钝化时，锈蚀裂纹是不会发生的。但当高强度钢筋完全或者部分地失去钝化特性时，就会出现应力腐蚀脆性破坏的危险。

温度、透气性、某些离子（钠、氯、硫化物、硫酸盐及其他等等）的存在和浓缩、阳极极化（回路电流）等都是众所周知的加速裂纹发展的因素。由于对这种现象研究得不多，所以混凝土中钢筋的裂纹破坏过程比一般的表面锈蚀更难预测。此外，在不利的条件下（例如在不能完全钝化钢筋的潮湿混凝土中）一旦出现了锈蚀裂纹，即使随后条件有所改变（例如湿度降低）。但锈蚀裂纹仍会不断发展直至钢筋被拉断。拉应力以及由于毛细管凝结、电化学和扩散结果而积存在裂纹内的介质的共同作用就是以使裂纹发展。

以上说明，对于非预应力结构而言，如果考虑到混凝土保护层中和后钢筋锈蚀的发展，只要适当提高结构设计的耐久度就能解决，而对于预应力结构来说，钢筋锈蚀的危险却是事关重大的。

③混凝土内钢筋的四种锈蚀状态

a. 钝化状态

钝态是钢筋在 pH 值高，供氧充分的砼内被保护的正常状态。在这种状态下，钢筋锈蚀率通常很低（0.1mm/年）。在没有氯盐的情况下，钝化电位幅度很宽，当 pH 值 13 时为 ＋200mV～－700mV（饱和甘汞电极）。在加气混凝土内，钢筋的正常显示（钝化）电位变幅为＋100 至～－200mV（饱和甘汞电极）。混凝土的“质量”包括像水灰比，火山灰质外加物、渗透性及电阻等参数，决定混凝土在钝化钢筋基本上尚未锈蚀情况下抵抗各种脱钝作用（以后讨论）和影响特性电位的能力。

b. 点锈蚀

点蚀是氯离子存在或侵入引起的典型局部锈蚀状态。点蚀的显著特征是在以大面积钝化钢筋为阴极，与以氯盐高度集中，PH 值下降的局部小面积为阳极之间的动电（直流）电流活动。

钝化钢筋和局部阳极间的典型平均电位是－200～－500mV。电化学电位图显示出靠近阳极区的电位梯度很高。

c. 全面锈蚀

全面锈蚀是由于混凝土碳化或混凝土内有大量氯盐，导致钢筋普遍失去钝化的结果。其电化学电位与钢筋在其他环境中锈蚀电位相似。典型的电位是－450～600mV（饱和甘汞电极），电位梯度不很大。

d. 结化，低电位锈蚀

在氧进入混凝土内大受限制，以致钢筋钝化膜难以维持的环境中，甚至高碱性混凝土中的钢筋也可能变为活化。铁在PH值13的溶液中，平衡电位大约是－1000mV，并溶介为FeO_2离子络合物。但是，锈蚀率却很低——等于甚至低于钝化状态下的锈蚀率。而且，若环境条件变化，以致供氧充沛时，钢筋还易于重新钝化。

在这种情况下，不可能发生点蚀，因为电位比点蚀的阳极电位低。在混凝土裂缝底部，若钢筋的一小部份暴露于外部环境，这一部分钢筋即将承受阴极保护作用。

④混凝土对钢筋的保护作用

a. 混凝土的钝化及隔绝作用

为使钢筋在混凝土中保持钝化状态，必须使混凝土能形成一个碱性的介质，并在此介质中能引起钢筋锈蚀的盐类浓度低于达到危险的程度。由硅酸盐水泥制成的密实的普通混凝土对这些条件一般都能满足。研究表明，水泥加水经2min后液相中的Ca（$OH)_2$浓度（折算为CaO）即达到1.5g/L。以后，由于转变为苛性碱溶液，Ca（$OH)_2$浓度逐渐降低，氢氧化钙逐渐为苛性碱所取代。水泥水化初期，其液相具有的pH值为12.6～12.9。碱性大的水泥浆加水1h后的pH值约为13.2，并有可能达到13.45。曾经测量过水灰比为0.5、灰砂比为1∶2的水泥砂浆液相中的pH值。所用水泥的Na_2O含量为0.29%，K_2O含量为0.38%。试件在水中养护3天，然后放置在潮湿箱。测量结果是：砂浆制成20min后pH值为12.5；4d龄期——13.3；一年以后龄期——13.12。这样，硅酸盐水泥制成的密实的混凝土中液相的pH值约为13。

但是，并非所有混凝土都具有高pH值。矾土水泥和水的悬浮液中pH值在制成1h后为12。此类悬浮液的pH值等于11.2～11.7，而Ca（$OH)_2$的最终浓度（折算为CaO）为0.3～0.4g/L。

矾土水泥混凝土易于碳化，碳化以后pH值下降到8。高压釜处理的混凝土以及掺水硬性活性掺合料及含有细轻骨料的蒸养混凝土也可能具有较低的pH值。

混凝土液相中含有在一定条件下能导致钢筋锈蚀的盐类，如硫酸盐、氯化物等。硫酸盐仅是当混凝土中氢氧化钙数量不足以使pH值保持高于12的水平时才能引起混凝土中的钢筋锈蚀。比如，在石膏混凝土中掺入石灰可使其中钢筋的锈蚀完全消除，硅酸盐水泥中的石膏掺料也不会引起混凝土中的钢筋锈蚀。前东德对水泥中含氯量进行了分析，在硅酸盐水泥中氯盐含量占0.03%～0.05%。

试验研究测得水泥石浸出液中的成份是Ca^{2+}——398g/L，Fe^{2+}——0.3g/L，Fe^{3+}——0.5g/L，SO_4^{-2}——18.9g/L，Cl^{-1}——24g/L。具有这样成份的电解质应该是钝化的介质。

钢筋在水泥混凝土中锈蚀的条件只是减少pH值或混凝土中存在着显著数量氯离子。B. И. 巴布什金的物理化学试验得出，钢筋锈蚀是从pH值降低到11.8时开始的。可能导致钢筋在混凝土中锈蚀的氯盐数量与这些氯盐是拌制时随水掺入还是混凝土硬化后才掺入有关。作为混凝土中组成部分的氯盐能化合成难溶于水的水化氯铝酸盐及水化铁氯盐。在这种状态下就不再对钢筋起锈蚀作用了。能起化合作用的氯盐数量取决于水泥中未结合成水化硫铝酸盐的铝酸盐含量。

许多研究工作者都证明，在干燥的使用条件下，根据所用水泥品种不同在混凝土中掺入1%～2%氯化钙（按水泥质量计）对钢筋来说是没有危险性的。渗入硬化了的混凝土中的氯盐仅仅有少量能化合成难溶解的化合物，故钢筋锈蚀在混凝土中氯盐总含量很少的情况下就会开始。不同资料表明，这一含量为混凝土质量的0.1%～0.2%。

钢筋在混凝土中锈蚀的发展是由钢筋表面阴极部分及阳极部分之间存着电化学结合所致，而这种现象只在具有水分的情况下才能发生。混凝土的电阻（5×5×25cm饱水试件，用四电极法测得）为450～650欧姆·厘米。把空气的相对湿度由100%降低到60%，混凝土的电阻值将提高约一倍半，而在50%及30%相对湿度时，相应可达到10^6及$10^8\Omega\cdot cm$（图1.3.4-1）。试验表明，在空气湿度低于60%时，钢筋在混凝土中就停止锈蚀。这是由于混凝土内部吸附着的很多水分具有很低的导电性。混凝土中氯盐或其他盐类的存在提高了混凝土的吸湿性及液相部分的导电性，降低了发展钢筋锈蚀所要求的湿度界限。在混凝土碳化过程中可以发现，其电阻值会有所增加。这是因为微溶于水$Ca(OH)_2$变化成为实际上不溶于水的$CaCO_3$所致。电阻的增加可略为减缓由于碱度降低所引起的钢筋锈蚀。

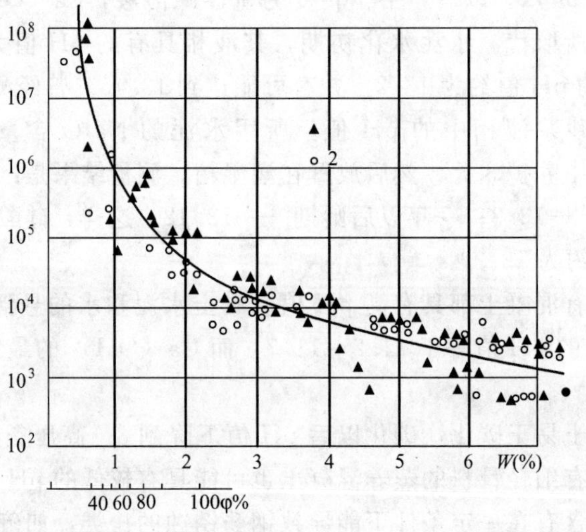

图 1.3.4-1 电阻率与混凝土湿度的关系

1-潮湿条件下养护28天的混凝土；2-蒸气养护的混凝土

混凝土除对钢筋起钝化作用外还能把它与周围介质隔绝起来。混凝土保护层愈密实，空气温湿度的变化对钢筋的作用程度就俞小。酸性气体、尘埃及盐类溶液要达到钢筋表面就必须先穿透保护层。此时，酸性物质将为水泥石中的碱性盐所中和。随着时间的延续，混凝土的隔绝及钝化作用渐渐消除。要增加混凝土的保护作用，原则上应该是着眼于长期保持其初始的高碱度，这首先是通过降低混凝土内部结构的渗透性（酸性气体及侵蚀性液体）来达到。

b. 混凝土中钢材锈蚀的抑制

试验研究测得的钢在掺有氯盐及硫酸盐的水泥浸出液中的极化曲线表明：在钝化状态下钢的阳极极化性能比阴极极化性能为强。钢在活化状态下其阴极作用所受的抑制较阳极作用为大。有资料表明，在氯化钠及硫酸钠溶液中浸泡一年的水泥砂浆试件中钢的阳极极化性能要比阴极为强。而在掺有 2%$CaCl_2$ 的水泥砂浆中阳极和阴极的极化性能实际是相同的。

B. И. 巴布什金，T. M. 马特维耶夫及 O. П. 莫契特洛夫-彼德洛相用热力学的方法算出，在 pH 值为 12 的介质中氧的去极作用是在氧的分压力大于 10^{-36}MPa（兆帕）时才能发生。对 PH=9 的介质，此压力等于 10^{-38}MPa。由此可以得出结论：在大气条件下（氧的分压力为 0.021MPa）混凝土中具有足够数量的氧气以维持钢筋的锈蚀。

C. Г. 叶尼雪尔洛娃及 C. Д*. 皮斯考夫对相对湿度为 80%的大气中水泥砂浆内钢筋的极化曲线进行了分析，得出在这样的条件下锈蚀为阳极作用所抑制的结论。混凝土对钢锈的抑制作用是由于氧气的缓慢进入以及在阳极区锈蚀生成物的堆积所致。

关于混凝土中钢筋锈蚀受抑制的本质问题尚未有一个一致的看法。有一些作者认为，混凝土中钢筋的锈蚀由阳极作用来抑制。另一些人认为氧气对混凝土的渗透性具有很大的意义，这也就是认为抑制是阴极性质的。这些分歧的原因是在于缺乏关于混凝土内钢筋在大气条件下所产生的电化学作用的试验资料。

为了弄清钢锈被抑制的机理曾测定了蒸汽养护混凝土内的钢筋极化曲线。混凝土的配合比是：50 号波特兰水泥——349kg/m^3，砂——780kg/m^3，花岗岩碎石，粒级为 5～10 及 10～20mm——1020kg/m^3，水灰比=0.5。同时还测定了灰砂比为 1∶3、水灰比=0.5 的水泥砂浆的极化曲线。采用在混凝土中掺入 4%$CaCl_2$（以水泥质量计）或加速碳化的方法来消除钝化作用。试件处于与各种相对湿度的大气相平衡的状态下。在测定极化曲线以前，先测量试件的电阻（表 1.3.4-2）。试件的电阻因湿度不同可变化 20 倍。碳化的结果使电阻增加很多。掺 4%$CaCl_2$ 的混凝土仅在相对湿度下降到 35%时其电阻才增加。

在各种湿度下的混凝土试件的电阻值（欧姆）　　表 1.3.4-2

混凝土或砂浆的种类	在空气中的相对湿度为（%）				水　中
	35	66	80	100	
混凝土					
普通混凝土	7100	5070	1460	334	142
已碳化的	—	6660	6500	—	2480
掺有 4%$CaCl_2$	4400	441	232	150	78
已碳化的	7850	1070	1025	—	183
砂浆					
水泥砂浆	—	475	430	195	—
已碳化的	—	6580	1550	775	355
掺 4%$CaCl_2$	—	—	175	67	—

钢在混凝土及砂浆中的固定电位（相对于镉饱和电极）随着湿度的降低而升高（表 1.3.4-3）。

混凝土或砂浆中钢筋的固定电位值（mV） 表 1.3.4-3

混凝土或砂浆的种类	在空气中的相对湿度为（%）				水中
	35	66	80	100	
混凝土					
普通混凝土	135	132	157	211	242
已碳化的	—	162	296	—	798
掺有 4% $CaCl_2$	258	338	458	483	827
已碳化的	180	347	371	—	733
砂浆					
水泥砂浆	—	—	—	—	400
已碳化的	—	143	307	407	500

按固定电位值，算出在相对湿度为 80%情况下或者在水中时的混凝土内钢筋锈蚀的阳极和阴极的抑制程度（表 1.3.4-4）。

混凝土中钢锈的阴极及阳极的抑制程度 表 1.3.4-4

混凝土	$\varphi=80\%$		水中	
	阳极	阴极	阳极	阴极
掺 4% $CaCl_2$	0.78	0.22	0.22	0.78
已碳化的	0.833	0.167	0.037	0.963

此外，还按阴极或阳极极化曲线计算出了钢筋的极化性能（见表 1.3.4-5）。

用阳极和阴极极化曲线算得的钢筋极化性能 表 1.3.4-5

混凝土	钢筋的极化性能，当空气湿度为（%）			
	35	66	80	100
掺 4% $CaCl_2$	1.45/76.7①	5.68/17.5	2.87/12.2	4/5.85
已碳化的	—	157/800	75/500	—

注：1. 分子为阴极的，分母为阳极的。

电化学试验结果表明在大气条件下非钝化的混凝土中钢筋表面阳极作用的发展所受到的阻力要比阴极作用的为大。在相对湿度为 35%到 80%的区间内，随着空气相对湿度的增加，阳极及阴极的极化性能均降低。仅在 $\varphi\approx100\%$时，阴极抑制作用才有所增长。在湿度较低时阴阳两极的作用均减缓的原因似乎是由于减少了钢筋和电解质的接触面积及浓度极化的增长。

混凝土中钢筋锈蚀速度与湿度的大致关系是：相对湿度为35%时，混凝土的电阻很大，即由于含水量少，阴极和阳极作用显著地受到阻碍，因而钢筋的锈蚀受到阻抗抑制；当$\varphi=60\sim80\%$，尤其混凝土中掺有氯盐时，电阻值减小，锈蚀受到阳极-阻抗抑制；$\varphi\approx80\%$或更高时，阴极和阳极的作用加剧，锈蚀进行时具有阳极-阻抗抑制；$\varphi\approx100\%$时，阴极阻碍作用增加，锈蚀的发展具有阳极或阴阳极-阻抗抑制。饱水的混凝土中钢筋的锈蚀完全取决于经由混凝土液相部分渗入钢筋表面的氧气，这也就是说几乎等于零。这样的情景对不同的混凝土来说可能有一些变化。例如，掺有氯化钙的混凝土中，阻抗抑制的这一部分就较少。而对已碳化的则较大。在比较密实的混凝土中，阴极抑制在湿度较低时就可能出现。

锈蚀受抑制的性质同样可用在长期腐蚀试验中钢筋失重和阴极电流相比较来得知。对掺有水泥重量4%$CaCl_2$的混凝土中的钢筋锈蚀进行了在相对湿度为80%的大气中的一年观察。其保护层厚度为10mm。阴极电流值用在同样相对湿度的空气中及水中的混凝土内的钢筋来测定。为此，测量了相对于甘汞饱和电极为800mV电位下的"时间-电流"极化曲线(图1.3.4-2)，在这样的电位下，具有氧去极作用的阴极作用显然易于进行，而此时氢去极作用是不存在的。在$\varphi=80\%$潮湿空气的混凝土中，阴极电流在试验开始后1～2h趋于稳定。从不同的试验得出，此值是在$5\sim40\mu A/cm^2$的范围内，平均约为$15\mu A/cm^2$。象这样大小的反应电流相当于钢筋可能的一年失重$450\sim3600g/m^2$，平均约为$1300g/m^2$。表7所示的试验结果表明在大气条件下钢筋的实际失重显著地要比阴极电流所能形成的为小。这表明在潮湿空气下的混凝土中不存在着钢锈的阴极抑制。

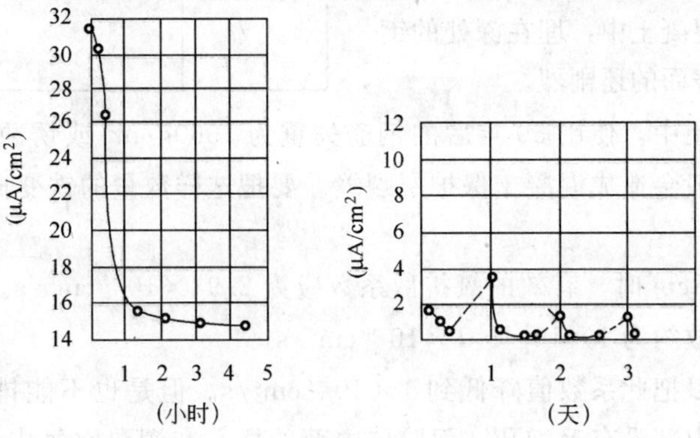

图1.3.4-2 引入电位为800毫伏时钢筋表面电流变化曲线图

a) $\varphi=60\%$的干燥空气中的混凝土内；b) 饱水的混凝土内每昼夜进行8h极化

在饱水的混凝土中阴极电流一直下降，到第四天达到$0.032\mu A/cm^2$，这相应为一年锈蚀失重$2.8g/m^2$，也证明了锈蚀作用受到剧烈的阴极抑制。

大体上，在空气中和饱水状态下，钢筋内的阴极电流可以相差四个数量级。这种情况和扩散系数的差异相类似，扩散系数在气体中为$1\times10^{-1}cm^2/s$，而在水中为$1\times10^{-5}cm^2/s$。

在掺有4%$CaCl_2$的混凝土中钢筋的实际失重和计算失重　　表1.3.4-6

混凝土配合比			钢筋失重（g/m²·年）		
水泥：砂：碎石	水泥用量（kg/m³）	水灰比	φ=30%时实际失重	计算失重	
				φ=80	水中
1：2.24：2.92	349	0.5	78.5	1300	2.8
1：2.87：3.54	293	0.6	187.5	—	—
1：3.43：4.17	252	0.7	435	—	—

在非钝化混凝土中钢筋的失重随着混凝土渗透力的降低而下降（见表1.3.4-6）。这似乎是因为阳极作用速度较低所致（锈蚀生成物的剥落减慢，增加了浓度极化的作用）。

掺水泥重量5%$CaCl_2$的混凝土，在相对湿度90%的空气中36个月的情况下，把保护层厚度从10mm增加到40mm，其钢筋锈蚀并不减少（表1.3.4-7）。在保护层10mm厚处锈蚀速度的低弱似乎是因为在表面层湿度较低，其阻抗抑制增加所致。把保护层厚度提高到10cm并不能减少钢筋的锈蚀面积。在不能使钢筋钝化的高强石膏混凝土中，埋在深处的钢片的锈蚀甚至比试件表面的还剧烈。

掺5%$CaCl_2$混凝土在φ=90%的空气中36个月的钢筋锈蚀失重表　表1.3.4-7

水灰比	保护层厚度（mm）	钢筋失重（g/m²）
0.5	10	74.2
	20	92.7
0.6	10	309.5
	20	363
	30	396
	40	337
0.7	10	383
	20	531

在非钝化的混凝土中，使用50年后的钢筋失重为1560g/m² 或锈蚀深度为0.2mm。钢锈达到这样的程度一般会造成混凝土保护层裂缝。要把这样数量的铁变成Fe_3O_4需470L/m²的氧气。

在保护层厚度为2cm时，有效的氧扩散系数应为$2.98\times10^{-7}cm^2/s$。气体在普通密度的混凝土中有效扩散系数约为$1\times10^{-4}\sim1\times10^{-5}cm^2/s$。

混凝土饱水后可以把此系数值降低到$1\times10^{-7}cm^2/s$。但是也不能排除有这样一些非常密实的混凝土，它们内部没有毛细孔，而胶体内部的微孔在潮湿空气中均为凝结水所充满。在这样的情况下，氧气的扩散将只能通过混凝土中的液相部分，其渗透性是极低的，也即可以对钢锈形成有效的阴极抑制作用。

c. 混凝土中钢筋失去钝化作用的原因及钢筋锈蚀的发展

钢筋混凝土结构中钢筋锈蚀的原因可能是由于结构上或工艺上的问题，或者是未采用与侵蚀介质相适应的防锈措施。

ⓐ结构上的问题有：

构件形状复杂，有易于使混凝土因收缩、荷载或其他因素形成裂缝的凹角；

具有某些边、角，在这些部位，只要钢筋位置稍有偏离设计要求，即会减少保护层的厚度；

钢筋排列过密，使其间的空间难以用混凝土填实。

ⓑ工艺上的问题有：能促使混凝土渗透性增加的配合比、成型工艺、捣实和养护等方面的各种偏差；制作混凝土所采用的材料及掺合物中含有对钢筋有侵蚀作用的，或者是使混凝土液相碱度降低的物质；以及保护层厚度小于设计值等。从物理化学的角度上来看，上述的诸种情况导致了钢筋失去它去它非常需要的与水泥浆紧密贴合而形成的钝化作用，或者是混凝土的液相部分对钢筋失去了钝化作用。某些情况下，如骨料中含有未燃尽的煤，可能会形成微电池，而其中钢筋对碳来说起着阳极的作用所以引起剧烈的锈蚀。构件的形状不利及混凝土渗透性的增加可能促使混凝土碳化作用或对钢筋有害的盐类渗入作用加速。

ⓒ氯盐侵蚀。掺入氯盐产生锈蚀的危险是由于掺入过量，搅拌时分布不匀，以及由于水分蒸发及水分移动而造成盐类积集在某些部位所致。当保护层薄、渗透性强、混凝土碳化作用发展迅速时氯盐具有更大的危险性。

ⓓ湿度影响。在潮湿的混凝土中已经开始了的钢锈发展很快。表1.3.4-8为在潮湿空气中混凝土内钢筋锈蚀试验的汇总结果。大多数情况下，锈蚀的发展是不均衡的，每年形成深度达1.5mm的锈斑。

潮湿空气的混凝土内钢筋锈蚀的速度表　表1.3.4-8

混凝土	失重 $(g/m^2 \cdot 年)$	经一年后锈斑的最大深度（mm）
普通混凝土，无掺合料		
密实的	0	0
多孔的	13～210	0.48
掺氯盐的	10～660	1.63
已碳化的	30	—

曾经作了空气相对湿度为90%情况下掺氯盐的以及已碳化的混凝土内钢锈的补充试验。采用的混凝土配合比列于表1.3.4-9。

混凝土配合比及其吸水率表　表1.3.4-9

混凝土配合比				吸水率，按体积（%）	
水泥：砂：碎石	水泥用量 (kg/m^2)	水灰比	$CaCl_2$，按水泥重量（%）	大气压力下	真空中
1∶2.24∶2.92	349	0.5	5	8.88	13.2
1∶2.87∶3.54	293	0.6	5	11.9	14.1
1∶3.43∶4.17	252	0.7	5	14	14.1
1∶3.43∶4.17①	252	0.7	—	9.5	119

混凝土拌合物的工作度为35～40s。

ⓔ密实度是关键。非钝化的混凝土中钢筋的锈蚀取决于其密实程度。在水灰比＝0.5、0.6及0.7，并掺有5%$CaCl_2$的混凝土中，其失重的比值平均为1∶3∶5。一年后，水灰比为0.5的混凝土中锈斑深度为0.5mm，而水灰比为0.7的为1.6mm。锈蚀过程随时间而变慢。但是，在6个月到36个月的期间内，锈蚀失重增加了1.5～3倍。各钢锈试验的结果总是具有很大的分散性。

⑤已碳化的混凝土。

锈蚀失重和时间的关系在图 1.3.4-3 中以对数坐标绘出。各种渗透性能混凝土的区域界线具有正弦等于 1/2 的倾角，也即金属失重的发展与时间的平方根成正比。

大量的掺有氯盐的混凝土中钢锈研究资料表明，氯化钙掺量超过 1% 在大多数情况下要产生钢筋锈蚀。对预应力混凝土结构不宜掺用氯盐。M. 哈麦达在 1928 年，B. M. 莫斯克维在 1938 年就提出了钢锈是由于混凝土碳化而引起的。此后，许多作者对混凝土碳化情况下的钢锈问题进行了研究。研究得出，钢筋表面的钝化膜由于氢氧化铁在混凝土液相部分 pH 值较低的情况下溶解度增加而遭受破坏。还指出，此时起决定性作用的是混凝土的密实性和潮湿状态。

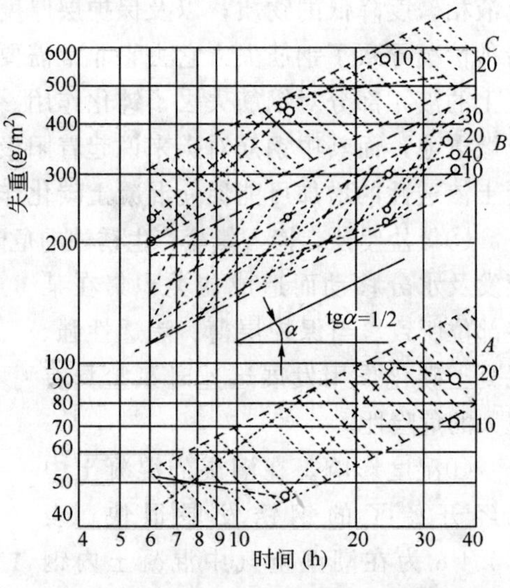

图 1.3.4-3 掺有 5%$CaCl_2$ 混凝土中的钢锈失重与时间关系曲线图

（水灰比为 0.5（A）、0.6（B）、0.7（C），保护层厚度 10～40mm）

二、钢筋锈蚀影响因素的分析

钢筋混凝土结构物的耐久性问题越来越引起人们的重视，而钢筋锈蚀则是影响结构物耐久性的主要因素之一，随着工业污染及建筑结构的老化，钢筋锈蚀问题越来越暴露出来，直接影响到结构物的安全使用。

由前述可知，钢筋锈蚀是一个电化学过程，然而电化学过程的起始与发展还取决许多复杂的因素，一些工程人员往往不重视或不甚了解这些因素的作用原理、与钢筋锈蚀的密切关系等，甚至在设计、施工及使用过程中增加一些不利的人为因素，使结构物过早出现腐蚀问题。此外，一切防护措施，均应在全面分析了和了解影响钢筋锈蚀的各种因素的基础上制定和实施，方能得到预期的效果。

1. 钢筋表面钝化膜的破坏与腐蚀电池的形成

硅酸盐水泥，水化过程产生一定的碱，方程式：

$$2[3CaO \cdot SiO_2] + 6H_2O \rightarrow 3CaO \cdot 2SiO_2 \cdot 3H_2O + 3Ca(OH)_2$$

$Ca(OH)_2$ 一部分溶解于混凝土的液相中，使混凝土 pH 在 13～14 之间，另一部分则沉淀于混凝土的微孔中，处于强碱环境中的钢筋，其表面生成 17～50A°的致密氧化膜，使钢筋处于钝化状态，同时混凝土对钢筋也起着物理保护作用。

但是从热力学的观点来看，钢筋的钝化是不稳定的，钝化状态的保持具有一定的条件，一旦条件改变，钢筋钝化状态便向活化状态转变。

混凝土通常是具有连续贯通的毛细孔隙，起初这些毛细孔隙被水泥水化过程中所产生的自由水和固体 $Ca(OH)_2$ 所填塞，但是，暴露在空气中的混凝土随着时间的推移，会逐渐释放一部分自由水，在干燥过程中，混凝土中水分挥发，其原来占有的孔隙空间就会被空气所填补，通常空气中包含着大量的 CO_2 和酸性气体，他们能与混凝土中的碱性成分起反应，大气中 CO_2、SO_2、SO_3 能中和混凝土中的 $Ca(OH)_2$

$$CO_2 + Ca(OH)_2 \rightarrow CaCO_3 + H_2O$$
$$SO_2 \qquad\qquad CaSO_3$$
$$SO_3 \qquad\qquad CaSO_4$$

这就是我们所说的混凝土碳化，混凝土碳化会使得混凝土的pH值降低，当pH值小于11时，这时混凝土中钢筋表面的致密钝化膜就被破坏，不仅如此，$CaSO_3$、$CaSO_4$还会与水泥水化产物中的铝酸三钙反应，生成一个体积增大的新相，从而使混凝土胀裂，这就是硫酸盐侵蚀破坏。常说的碱性集料反应或者叫碱性反应破坏机理，也相似，当混凝土中的碱浓度超过一定临界值后，集料中象微晶和隐晶硅等活性矿料就会起化学反应而生成一种凝胶，而这种凝胶往往是吸水膨胀的，一旦混凝土遭受水的侵蚀，就使凝胶膨胀，从而产生过高的内应力，导致混凝土胀裂，此外，冻融破坏机理跟它们是大同小异的。在寒冷气候中，混凝土中的液态水会结冰膨胀，当混凝土中的孔隙不是足够大时，在循环冻融状态下，混凝土也会破裂，当混凝土中有氯化物侵入时，由于氯离子的存在，孔隙水冻结点梯度降低，这样一来就加快了混凝土表面剥落。

一旦钢筋表面钝化膜局部破坏或变得致密度差，即不完整，则钝化膜处就会形成阳极，而周围钝化膜完好的部位构成阴极，从而形成了若干个微电池，（见图1.3.4-4）虽然有些微电池处于抑制状态，但在一定条件下可以激化，从而使其处于活化状态，这样就造成钢筋的锈蚀，比如混凝土足够潮湿氯化物含量大等。一旦钢筋锈性，由于空气中氧化或氧化性酸的侵入，就会在钢筋表面生成铁锈，通常生成铁锈体积增大2～4倍，从而外起混凝土胀裂，这就是常说的锈蚀膨胀破坏。因此，研究和了解影响微电池形成和它的效率因素是非常重要的。

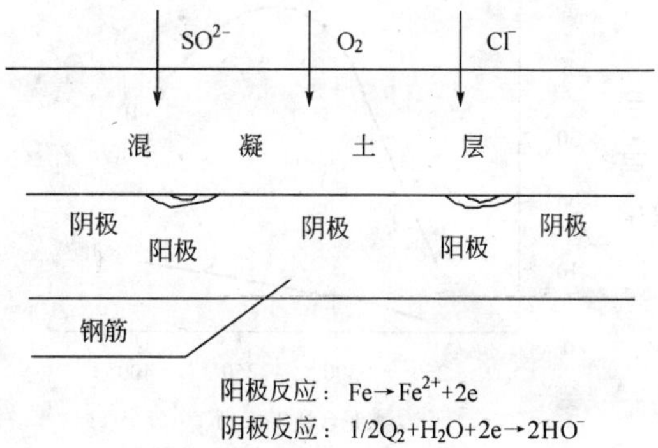

图1.3.4-4　钢筋微电池示意图

影响钢筋腐蚀的因素是复杂的和多方面的。除与钢筋材质有关外，主要取决于钢筋所处环境的物理、化学及电性能等因素。

2. 钢筋锈蚀主要影响因素的分析

(1) 钢筋材质的影响

不同类型的钢筋，其腐蚀敏感性也异，这是由于钢筋的化学成分、组织结构、热处理制度等不同，在外界条件下形成微电池的情况及微电池的效率不同。碳钢、合金钢在一定条件下还能产生应力腐蚀，高强应力钢筋更敏感些。目前一些国家正在发展特殊耐蚀钢筋就是从材质本身提高其抗腐蚀能力。

(2) 与混凝土有关的因素

①微观与宏观结构混凝土对钢筋的物理保护作用，除直接防止钢筋的机械损伤外，主要是混凝土保护层把钢筋与外界环境隔离开来，其隔离程度取决于混凝土的物理结构，特别是微观结构。如微孔的数量、大小、形状；毛细管的数量及曲度等，由于这些指标直接影响混凝土液相存在的形式，而液相是构成腐蚀电池的必要条件，液相的导电性决定着微电池的效

率。因此，致密的混凝土由于气孔率低，毛细管曲度大，使液相不能够连续，这样就有力地阻碍了微电池的作用和限制了它的活动范围，同时也有力地减缓环境中湿气和水及其他有害离子的渗透。

影响混凝土微观结构的因素又是多方面的。图 1.3.4-5 给出了用外加电流法评定的钢筋腐蚀与水泥含量的关系，一般随着水泥用量的增加，钢筋耐蚀性提高，尤以含火山材料的水泥突出，图 1.3.4-6 给出了水灰比与渗透率的关系，而渗透率的提高无疑将加速钢筋的腐蚀。因此，控制或降低水灰比，不仅对混凝土强度等指标的提高有好处，对于增加钢筋的稳定性也是非常重要的。有资料认为，当水灰比＜0.5 时，施工良好，有足够厚度的钢筋混凝土结构，在一般条件下不会出现因钢筋腐蚀而影响耐久性的问题。

集料的种类、质量、夹杂物等也影响混凝土的宏观和微观结构及其密实性，从而也对钢筋腐蚀有影响。

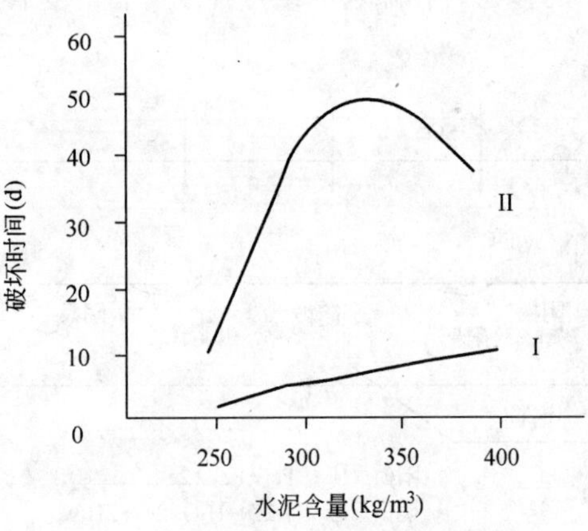

图 1.3.4-5 钢筋锈蚀与水泥含量关系图

I-普通水泥；II-火山质水泥

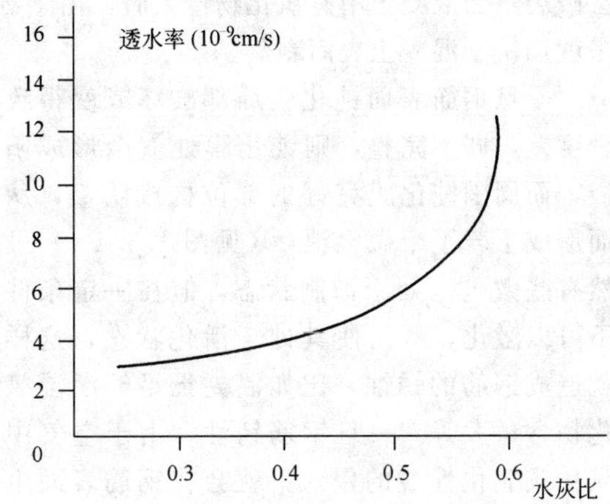

图 1.3.4-6 水灰比与渗透率关系图

混凝土的宏观缺陷——缝隙、裂纹、砂结块等，不论是原有的还是使用中出现的，都会明显促进钢筋腐蚀。表 1.3.4-10 列出了一些研究者所进行的有关裂缝宽度与钢筋腐蚀的试验结果，表 1.3.4-11 列出了一些国家所规定的最大容许裂缝的标准值。

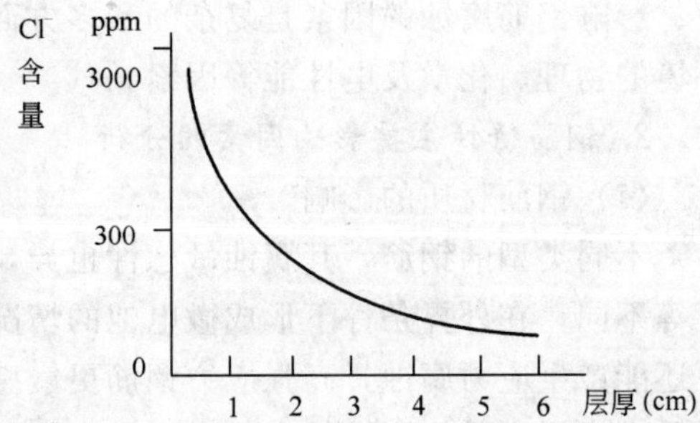

图 1.3.4-7 Cl^- 渗透适量与混凝土厚度关系曲线图

②混凝土保护层厚度设计与施工中保证混凝土层有足够的厚度，是保护钢筋的必要条件，必要的厚度能推迟环境中水（汽），有害离子等扩散到钢筋表面的时间，同时使某些裂纹不致延伸到钢筋表面，推迟碳化时间等。图 1.3.4-7 示出了 Cl^- 渗透到混凝土中的浓度随厚度的增加而减少的示意图。

不同裂缝宽度钢筋锈蚀的试验结果　表 1.3.4-10

研究者	试验条件	试验结果
Tremper	水灰比＝0.4，0.58，0.76 混凝土层厚度 2.9，3.0，3.1cm 裂缝宽度 0.13～1.3mm，室外温和气候/十年。	钢筋全部腐蚀
Engel	一般环境下暴露 15 年以上的结构物调查	混凝土层厚度为 2.5cm 时引起腐蚀的裂纹宽度为 0.2mm。
西田等	混凝土层厚为 1.3～2.5cm 裂缝宽度为 0.05～0.5mm 放置降雪区 20 年。	裂缝宽度<0.1mm 时轻度腐蚀，0.2～0.3 mm 时腐蚀，但钢筋断面损失不大。

不同国家规定的最大容许裂缝宽度值　表 1.3.4-11

制定单位或国家	条件	最大容许裂缝宽度（mm）
美国 ACI224 委员会	干燥空气中或有保护层	0.40
	湿空气或土中	0.30
	有防冻剂时	0.175
	干湿交替处（海潮）	0.15
	防水结构	0.10
CEB、FIP 国际规范	暴露在有害条件下	0.10
	无保护措施	0.20
	有保护措施	0.30
前苏联钢筋混凝土规范		0.20
日本工业标准	港湾构筑物	0.20
	受荷载弯矩结构	0.25
	超荷载弯矩结构	0.05
法国 Brocard		0.4

O_2、水等的扩散也有类似趋势。钢筋腐蚀速度将随混凝土层厚度的增加而降低，可用下式表达：

$$lgM\alpha\frac{1}{d^2}$$

式中：M——腐蚀量；

d——混凝土层厚。

应该指出，完全浸在水中并达到饱和的混凝土，其电阻值、抗渗性等与厚度的关系不太大了，主要取决于微观结构。

表 1.3.4-12 和表 1.3.4-13 列出了前西德关于最小厚度的规定标准（DIN1065）。

混凝土保护层最小厚度值 表 1.3.4-12

钢筋直径（mm）	混凝土厚度（mm）	钢筋直径（mm）	混凝土厚度（mm）
＜12	10	22	
14		25	25
16	15	28	
18		＞28	30
20	20		

所处环境与混凝土保护层最小厚度 表 1.3.4-13

环境条件	混凝土标号为 150 号		混凝土标号为≥250 号		工厂预制
	一般	承重	一般	承重	
一般住宅建筑物	20	15	15	10	10
一般厂房、车库等	25	20	20	15	15
经常处于湿、热状态建筑	30	25	25	20	20
处于腐蚀性气体及其化学介质	40	35	35	30	30

③混凝土 pH 值如前所述，高 pH 值是钢筋钝化的先决条件，此条件的破坏也就意味着钢筋腐蚀的开始，因此，最关重要因素之一是混凝土的 pH 值。许多研究者专门研究了 pH 值与钢筋腐蚀的关系，在理论与实验的基础上提出了钢筋腐蚀的临界 pH 值的范围，虽然认识上尚不完全一致，但大多数的意见是：当pH＜9.8 时钝化膜就不可能形成（或完全破坏），当 pH＞11.5 时方能生成较致密、完整的钝化膜（保持钝化状态的最低值）。pH 在 9.8～11.5 之间，处于不完全钝化状态，有发生坑蚀和局部腐蚀的可能。Shalon、Raphael 以及 He usmen 研究指出，高的 pH 能减缓 Cl^- 的影响。相反，低 pH 能促进 Cl^- 的作用。从而提出 Cl^-/OH^-（浓度）＝0.6，作为钢筋腐蚀临界值，大于这个值，钢筋便发生腐蚀，图 1.3.4-8 给出了钢筋腐蚀速度与 pH。Cl^- 浓度的关系。可以看出，引起钢筋腐蚀的 Cl^- 极限浓度随 pH 的降低而减少。

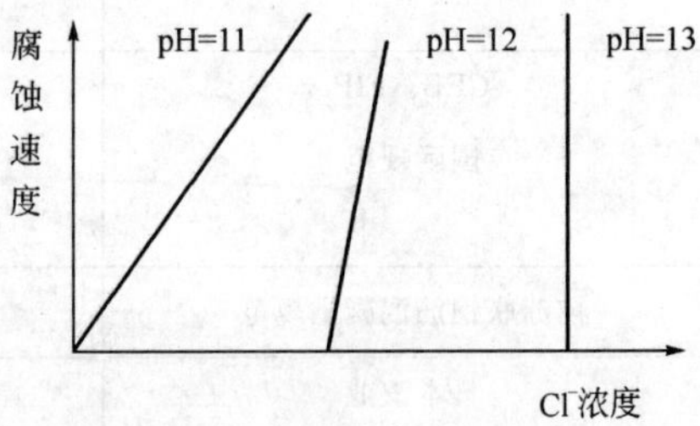

图 1.3.4-8 腐蚀速度与 pH、Cl^- 的关系曲线图

表 1.3.4-14 列出了试验结果，从表 1.3.4-14 看出，随 pH 下降，钢筋自然电位向活化（负向）转化。表 1.3.4-15 表明了极化试验后的试样观察，可知在 pH≥11.5 时试样不腐蚀，而 pH≤11 时发生腐蚀，并随 pH 下降腐蚀更趋严重。这与其他研究者的结果也是一致的。

不同 pH 值下钢筋的平衡电位　　表 1.3.4-14

pH 值	10	10.5	11	11.5	12	13
电位（毫伏、甘汞电极）	−422	−434	−348	−244	−162	−150

图 1.3.4-9 是将钢筋浸入不同 pH 的水溶液中，钢筋的电位随时间的变化曲线，这可以更清楚地看到在高 pH 时电位迅速正向变化进入钝化电位范围；而 pH 低时，电位正向变化很小甚至一直保持其活化电位值。图 1.3.4-10 给出了不同 pH 溶液中钢筋的阳极极化曲线，可进一步看出，极化程度（耐蚀能力）随 pH 的下降而降低。图 1.3.4-11 是根据极化曲线和 Tafel 外推法计算的腐蚀速度与 pH 的关系。

不同 pH 下阳极极化试样表面状态

表 1.3.4-15

pH 值	阳极表面状态
9.5	试样均匀腐蚀，极化程度低
10.0	试样均匀腐蚀
10.5	试样坑蚀
11.0	有腐蚀点
11.5	无腐蚀极化程度高
12.4	无腐蚀极化程度很高

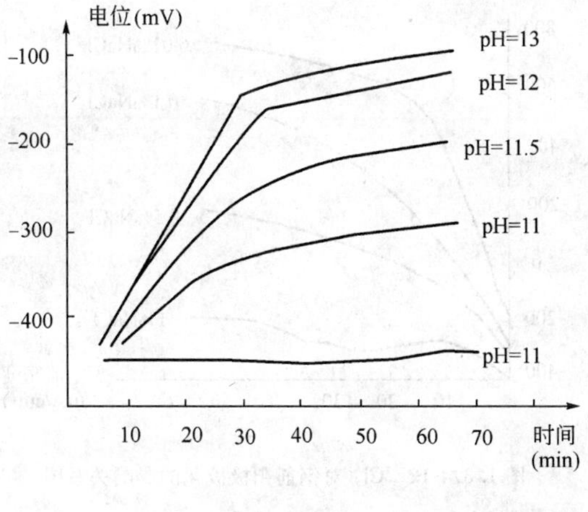

图 1.3.4-9　电位～时间曲线关系图

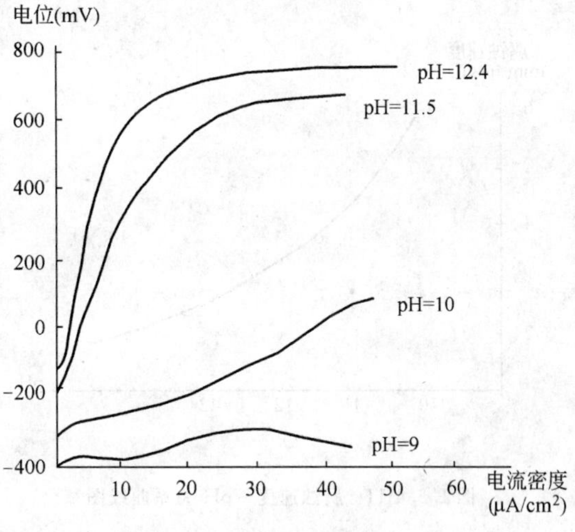

图 1.3.4-10　阳极化曲线关系图

除外界因素影响外，混凝土自身 pH 的降低主要可能是选材不当或混料不均引起的，pH 低于 11.5 的水泥材料，或掺入混凝土中的能降低 pH 的其他掺合料，由于不能保证混凝土的临界 pH 值或局部低于临界值，都有引起钢筋腐蚀的可能性。

目前正在迅速发展多种外加剂掺合料等，它们有可能引起 pH 值降低或导入有害离子而促进钢筋腐蚀。作为促凝剂的氯盐，其危害作用为人们所公认，Cl^- 还可能来环境中。

④不同品种的混凝土材料（水泥、集料、外加剂等），不同制作工艺（如养护制度），以及施工质量不同等均对混凝土的物理性质及质量产生直接影响，从而影响对钢筋的保护作用。

(3) 环境因素

①Cl^-的危害作用 Cl^-来源于促凝剂、防冻盐及环境（盐雾、海水、含 Cl^-的地下水等），研究表明，加入混凝土内部的Cl^-，较之环境中Cl^-危害更大更迅速。目前，国内因加 $Cacl_2$ 过量而引起结构严重腐蚀破坏的实例已有不少，Cl^-的破坏作用更加为人们认识。

在饱和氢氧化钙溶液中加入不同量的 NaCe，以观察在碱性条件下 Cl^-对钢筋钝化膜的破坏作用。表 1.3.4-16 列出了在此试验溶液中钢筋的平衡电位值。

在饱和 $Ca(OH)_2$ 溶液中加入不同 NaCl 后钢筋平衡电位的变化 表 1.3.4-16

NaCl 含量（%）	平衡电位（mV）	阳极极化后表面状态
0.01	−240	无腐蚀，极化程度高
0.10	−340	有坑蚀
0.50	−380	坑蚀较重
1.00	−440	严重坑蚀，极化程度很低

可以看出，随着 Cl^-浓度增加，钢筋电位负向变化（活化），图 1.3.4-12 阳极极化曲线更清楚的看到，随着 Cl^-浓度的提高，极化程度（抗腐蚀能力）下降。

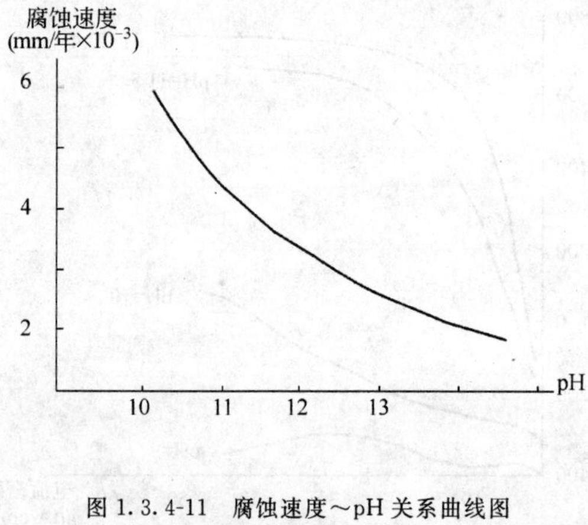

图 1.3.4-11 腐蚀速度～pH 关系曲线图

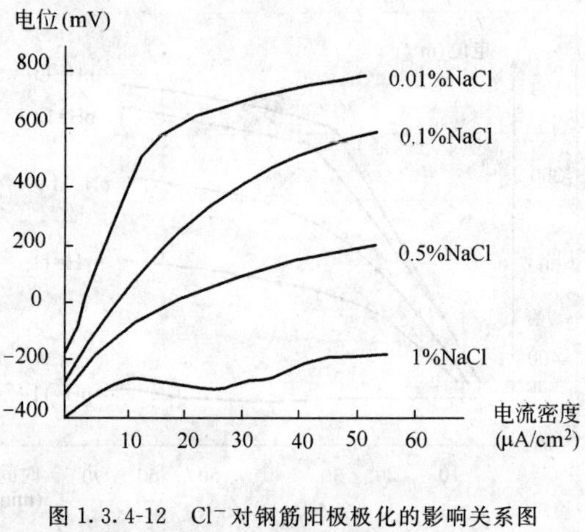

图 1.3.4-12 Cl^-对钢筋阳极极化的影响关系图

关于 Cl^-的作用机理，目前已有许多论点，归纳起来有以下几种：

a. Cl^-有很高的活性和较小的半径，它能首先穿透或破坏钢筋表面的钝化膜，形成局部阳板区；

b. 初始产物 $Fecl_2$ 溶解性强，在远离金属表面生成 $Fe(OH)_2$，这样，一方面腐蚀产物再不能对金属表面有复盖保护作用，另一方面，Cl^-并不消耗，而是又继续重复起破坏作用；

c. Cl^-达到的钢筋局部表面很快酸化，如前所述 pH 值降低加速钢筋的腐蚀；

d. Cl^-自身浓度的差异及所造成的 pH 值的差异，使钢筋表面出现更多的浓度腐蚀电池；

e. Cl^-的存在增加了混凝土的导电性，从而提高了腐蚀电池的效率。表 1.3.4-17 列出的是一组试验数据；

f. Cl^-的存在还能影响水泥的水化过程，使水泥固化不完全，从而影响混凝土质量。

国外研究者和工程人员对氯离子的危害性均给予高度重视，对于Cl^-的极限含量做了一系列研究和规定。一些国家制定了严格控制氯盐含量的规程、规范。氯盐所引起的腐蚀问题，国内也逐渐认识和重视起来，表1.3.4-18汇集了一些有关Cl^-限量的研究结果或规定。

Cl^-含量与溶液的电导率　　表1.3.4-17

溶　液	电导率（MΩ·cm）
去离子水	9.00
自来水	0.67×10^3
饱和 $Ca(OH)_2$	0.67×10^4
饱和 $Ca(OH)_2+0.1\%NaCl$	0.74×10^4
饱和 $Ca(OH)_2+3\%NaCl$	3.74×10^4

现在，世界上比较公认的是Cl^-含量达到水泥重量0.4%，即能引起钢筋锈蚀。因此，大家均把0.4%作为临界值所采用。

Cl^-限量的研究结果表　　表1.3.4-18

研究者、单位或国家	条　件	氯盐限量
Housmem	水溶液中	(1) Cl^-/OH^-（浓度）$\leqslant0.6$ (2) $<700\times10^{-6}$
Clear	水溶液中	$<1000\times10^{-6}$
	混凝土中	$\leqslant0.16\%$
瑞典	水饱和的混凝土	$<1100\times10^{-6}$
印度	水泥中	$<72\times10^{-6}$
	制作混凝土用水	$<517\times10^{-6}$
	混凝土中	<0.15%（混凝土重量百分比）
西德	混凝土中	<0.2%
日本	普通混凝土中	<0.1%
	预应力混凝土中	<0.03%
美国混凝土	预应力混凝土中	<0.06%（可溶性Cl^-在混凝土中占水泥重量百分比）
学会210委员会	潮湿混凝土中	<0.1%
	干燥无氯盐条件下使用的混凝土	<0.15%
美国公路联合会（FHWA）	混凝土中	$<0.71kg/m^3$ 混凝土
中国	混凝土中	按水泥重量百分比≤1%

注：$1\%CaCl_2\cdot2H_2O=0.75\%$，$CaCl_2\approx0.5\%Cl^-\approx0.25\%$可溶性$Cl^-$。

Cl^-主要来源于两个方面，其一是用氯盐作促混剂，我国北方冬季施工过程中应用较广，由于以往认识不足和限量不严格，已出现许多因加氯盐而腐蚀破坏的实例。国际上已对氯盐的使用更加严格控制，并正研制和发展无氯盐促凝剂。其二是来源于环境，如防冻盐的使用，地下水、海水中Cl^-的侵蚀、工业厂房的氯盐污染等。这均需要设计、施工使用及管理人员在了解氯盐危害的基础上采取措施，以防止或减少由Cl^-引起的钢筋锈蚀问题。

②水（湿汽）、氧的作用在干燥条件下混凝土中的钢筋很少或根本不会锈蚀，这是由于缺乏电解质这个形成腐蚀电池的必要条件。然而使用环境中的钢筋混凝土结构，很难避免与水或湿气接触，如前所述，混凝土的物理结构与渗透性和腐蚀之间存在着密切关系，水除了作为电解质外还直接参加电化学反应，如：

$Fe+4H_2O \longrightarrow Fe_2O_4+8H^+ +8e$（阳极过程）

$H_2O+O_2+4e \longrightarrow 4OH^-$（阴极过程）

$Fe+2H_2O \longrightarrow Fe(OH)_2+2H^+ +2e$（二次方程）

$Fe+3H_2O \longrightarrow Fe(OH)_3+3H^+ +3H^+ +3e$

有学者提出，鉴于水的能动作用，即使是在缺氧条件下，钢筋仍有腐蚀的可能。

氧主要是阴极去极化作用，即：

$O_2+2H_2O+4e \longrightarrow 4OH^-$

或 $O_2+2H_2O+4e \longrightarrow H_2O$

氧能及时从阴极上取走电子，从而保证电极过程的持续进行。在自然条件下，对于混凝土中钢筋的腐蚀过程，氧的去极化速度有可能起着决定性作用（氧的扩散控制），因此氧的浓度及扩散到钢筋表面的速度是至关重要的因素。由此引出，一切防止氧到达钢筋表面的措施，均有利于钢筋的保护。

图 1.3.4-13 表明氧对钢筋腐蚀起重大作用的实例，按照Cl^-的作用原理，Cl^-浓度越高，腐蚀速度应越大，但图 1.3.4-13 表明含Cl^-超过一定位后，腐蚀速度反而下降了，这正是因为含氯盐浓度越高的溶液，其氧的溶解量越小，从而阴极去极化作用缓慢了。同理，深海中含氧量少，故钢筋锈蚀速度也慢。

氧还能形成浓差电池而加速钢筋的腐蚀，明显的例子是水中或地下结构物，水浅部位腐蚀最严重，正是因为水线以上（空气）含氧量高，而水线以下（水中）含氧量突然下降，构成氧的浓差电池，使处于水线附近（以下）结构物作为阳极而腐蚀。

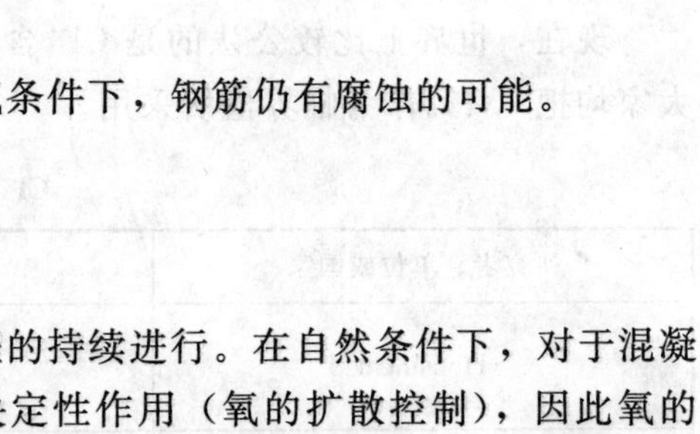

图 1.3.4-13 钢在含盐水中的腐蚀速度示意图

以上分别阐述了 pH、Cl^-、O_2 的主要影响，而这三者的影响是互相联系的，一般情况下，Cl^-浓度不高时 pH 有可能对腐蚀的发生起决定性作用，Cl^-含量超过一定极限后总是加速腐蚀的，氧的扩散起控制作用的条件下，氧对于钢筋腐蚀速度起着决定作用。还应该看到，Cl^-和O_2在阳极区的增加，进一步使 pH 下降，从而加速阳极进程的进行。

图 1.3.4-14 表明了没有Cl^-存在、氧的浓度为8×10^{-6}时 pH 对钢筋腐蚀的影响；图 1.3.4-15 是上述条件下加入10^{-4}（克离子/升）Cl^-的情况；图 1.3.4-16 是 pH=10.5，Cl^-深度为10^{-4}（克离子/升）时，氧的影响。

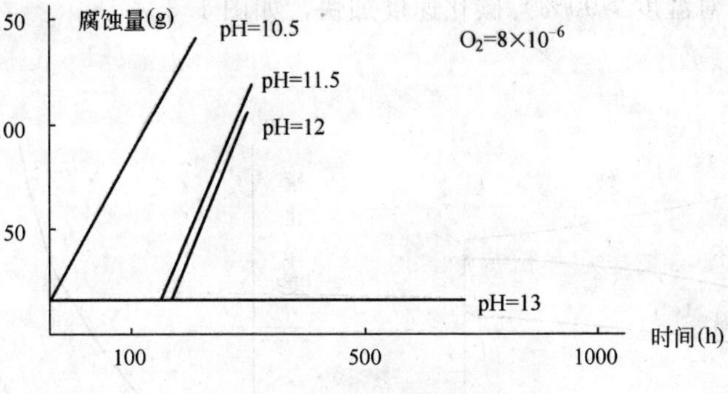

图 1.3.4-14　pH 影响曲线图

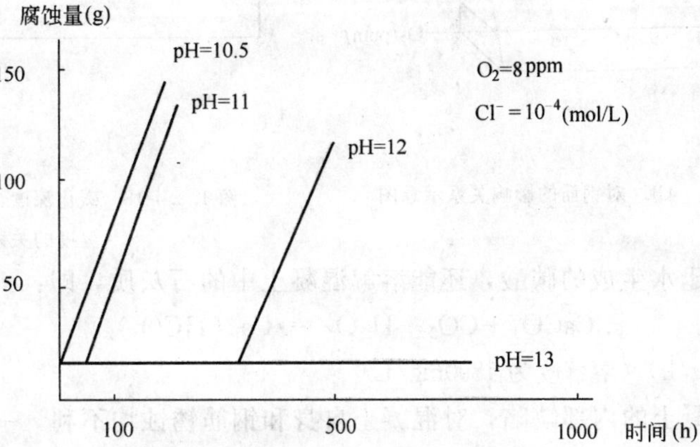

图 1.3.4-15　Cl^- 影响曲线图

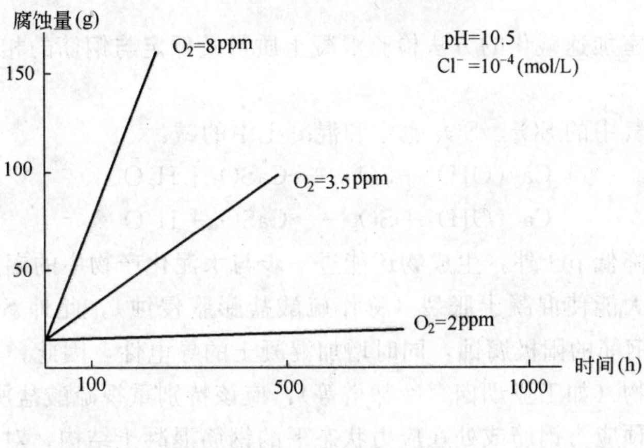

图 1.3.4-16　O_2 影响曲线图

E. Escalante 等研究者绘制了表示 pH、O_2、Cl^- 之间关系的图示（1.3.4-17），能够更直观地反映出三者对钢筋腐蚀的作用和互相关系。三个参数构成一个边界图，在边界之内腐蚀，而边介之外腐蚀。

③混凝土的碳酸盐化与硫酸盐化在大气中的 CO_2 能够中和混凝土中的碱，通常称作碳化。

$CO_2 + Ca(OH)_2 \longrightarrow CaCO_2 + H_2O$ 碳化不仅影响混凝土强度，而且由于 pH 的降低导致钢筋腐蚀。碳化速度取决于大气中 CO_2 浓度，同时与相对温度关系密切，即干燥条件下比潮湿条件下（相对湿度＞90％）碳化速度加快，如图 1.3.4-18。

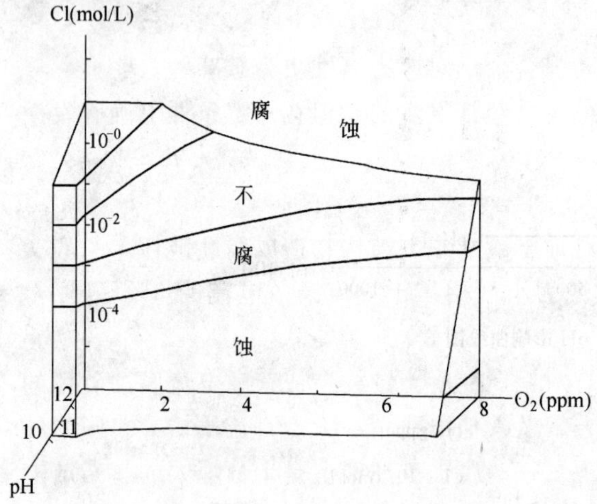

图 1.3.4-17　pH、O_2、CL^- 对钢筋的影响关系示意图

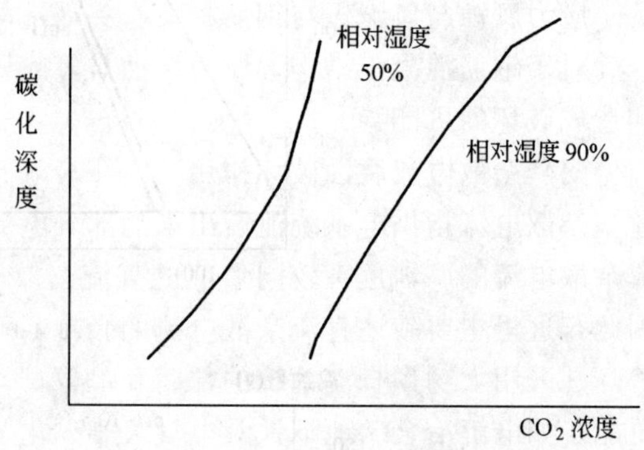

图 1.3.4-18　碳化深度与 CO_2 浓度和相对湿度的关系示意图

此外，CO_2 溶于水生成的碳酸，还能溶解混凝土中的石灰质，即：

$$CaCO_3 + CO_2 + H_2O \longrightarrow Ca(HCO_3)_2$$

(溶解度为 13mg/L)（溶解度为 1890mg/L)

这样增加了混凝土的内部缺陷，对混凝土自身和钢筋锈蚀均不利，一般条件下十几年或几十年方能看出碳化的影响；但在 CO_2 浓度高的工业大气中，碳化速度有可能很快，因而也是不可忽视的。

目前，利用试验室加速碳化的方法检验混凝土质量及评定与钢筋的相溶性，仍在广为应用中。

与碳化同理，大气中的 SO_2、SO_3 也中和混凝土中的碱：

$$Ca(OH)_2 + SO_2 \longrightarrow CaSO_3 + H_2O$$

$$Ca(OH)_2 + SO_3 \longrightarrow CaSO_4 + H_2O$$

反应结果除直接降低 pH 外，生成物还能进一步与水泥化产物中的铝酸三钙起作用，生成新相，由于体积增大能使混凝土胀裂（称作硫酸盐膨胀侵蚀）。此外 SO_3^{2-}、SO_4^{2-}，的存在能像 Cl^- 一样促进钢筋的阳极腐蚀，同时增加混凝土的导电性，因此，处在污染严重的结构物或一些特殊构筑物（如工业烟囱、冷却塔等)，应该特别重视硫酸盐所带来的危害。

④应力腐蚀作用预应力钢筋或处在应力状态下的钢筋混凝土结构，对腐蚀更为敏感，这已被实践所证明，主要是应力与腐蚀的互相促进作用，常常引起突然性破坏，因此是腐蚀工程最严重的问题之一。

目前对钢筋应力腐蚀机理的解释尚存在不同的见解。通常认为，处在应力状态下（拉应力）钢筋表面会呈现微小的裂纹，此处钝化膜破坏，所暴露的钢筋基体作为阳极而腐蚀。由于阳极区较阴极区（钝化部分）的面积小很多，故阳极区可能会有较高的电流密度，使裂纹很快深向发展，同时应力也促使裂纹继续发展，这样应力和腐蚀的联合、交替作用的结果，能在尚未表现出明显征候的情况下突然破坏，此外，裂纹的尖端一般作为阳极存在，其周围构成阴极，腐蚀的结果可能使裂纹深化酸化，造成析氢的条件，氢原子及氢气深入金属内部还会造成氢脆。

应力腐蚀与氢脆还与钢筋材质有关，一般高强合金钢对应力腐蚀更为敏感些。

对于钢筋混凝土结构，应力腐蚀与氢脆，虽不是经常发生的，但在一定条件下确有发生和造成破坏的可能。

(4) 杂散电流腐蚀破坏作用

杂散电流指供电系统泄漏出来的部分电流对地下或水中的结构物造成腐蚀破坏。一般交流杂散电流的腐蚀危害较同量值的直流杂散电流为小（相当于直流杂散电流的3%～5%），因此，这里主要叙述直流杂散电流的影响。

凡采用大功率直流系统的部门和单位，均有对钢筋混凝土结构造成杂散电流腐蚀破坏的可能。如电解冶金、地下铁及电气火车、化工电解及其他电化学、大型直流机械等。国内外均出现不少杂散电流腐蚀的实例。近来国内出现了一些腐蚀破坏情况是十分惊人的，杂散电流能在短时期内造成灾难性破坏。

杂散电流腐蚀，实质上是在结构物上形成电解电池。因此，它仍然是电化学腐蚀的一种特定形式，与一般腐蚀不同的特征是，在杂散电流作用下，一部分钢筋或一部分结构物被强迫成为阳极，而另一部分成为阴极，可在很大范围内形成宏观电池（图 1.3.4-19），当电流由钢筋流出到介质中的部位发生氧化，作为阳极而腐蚀；电流由介质流入钢筋中的部分发生还原反应，成为阴极。

在阳极电流作用下，经过一定潜伏期之后，钢筋迅速腐蚀，其速度附合法拉第电解定律：

$$W=\frac{AI}{nF}\cdot t \tag{1.3.4-1}$$

式中：W——电解量 (g)；

A——被电解金属的原子量；

I——电流强度 (A)；

t——电解持续时间 (s)；

n——原子阶；

F——法拉弟常数。

按照上式计算，1A 直流杂散电流，一年可腐蚀掉 9kg 的钢筋，而腐蚀部位又多发生在地下（水下）的某一局部，平时难以发现，故是一种潜在的威胁。

钢筋腐蚀后，其锈蚀产物可膨胀 2～4 倍。很快把混凝土胀裂，使钢筋与混凝土间的联合作用解体，导致结构物破坏。

在阴极电流作用下也有破坏作用，有时甚至更为严重。然而却往往被忽视，

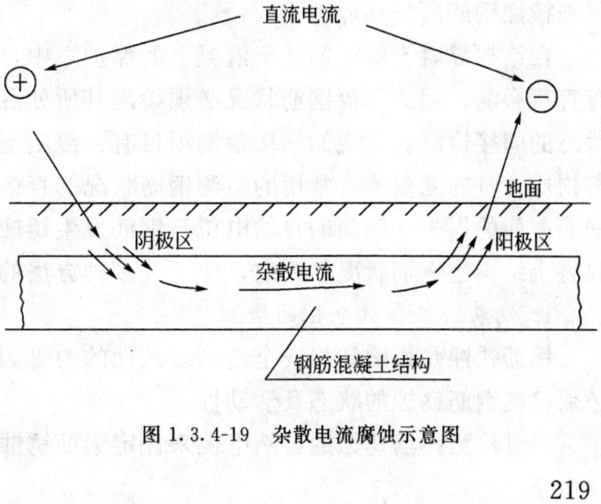

图 1.3.4-19 杂散电流腐蚀示意图

人们通常认为阴极是被保护的，但这只是在控制阴极电位在一定范围内时才是正确的。而杂散电流是在失控条件下进行的，阴极电流密度过大时，能发生析氢反应，对于混凝土中钢筋而言，析氢电位约为1.15～1.2V（硫酸铜电极），大量析氢的结果，同样能使混凝土胀裂，同时还有发生氢脆的危险。

(5) 钢筋锈蚀的人为因素

①设计因素结构物的腐蚀性能首先取于良好的设计，正确地选材。相反，在设计阶段考虑不周、不妥甚至伏下腐蚀隐患，这将为以后带来许多难以处置的问题或将花费更多的人力物力和财力。因此，一方面要坚持高标准的防腐蚀设计，另一方面，设计人员应尽量深入了解腐蚀环境，影响因素及防护原理和措施等，以期在设计阶段就能排除不利因素，使结构物具有可靠的耐腐蚀性能。

②施工因素良好的施工工艺和严格的操作规程，是保证施工质量的必要条件，如前所述，混凝土质量、保护层厚度等，均与钢筋锈蚀直接相关，特别在冬季施工和采用氯盐促凝剂时，更是直接增加了腐蚀因素，实践证明，大量腐蚀问题往往来源于施工质量问题，如保护层厚度不足或不均匀、不适当地加入外加剂，水化作用不完全或存在微观或宏观缺陷等。尽管由此引起的钢筋锈蚀问题，可能在数年或数十年后才体现出来，然而施工人员必须在施工初期就重视此方面问题，以避免以后出现的麻烦。

③使用与维护良好的设计和施工是重要的，但尚不能完全保证结构物在使用过程中不受腐蚀损坏，因为除客观使用条件的多变性外，使用人员和维护管理人员的主观作用也是相当重要的。国内较普遍存在对结构物使用管理不善、不当、人为制造有害环境或对腐蚀破坏因素不予排除处理，以及缺乏及时的检查、评价、维修等。甚至结构物已受严重腐蚀，处于危险状态时还继续使用。到达这种程度后，即使是采取措施也是花费很大而且难以奏效。因此，使用和维护不当造成的问题，应引起普遍重视。

三、结构混凝土中钢筋状态的检测

由于混凝土结构物的设计、施工、质量与工作环境等多种因素的影响，会造成钢筋混凝土结构物中钢筋的锈蚀，而影响结构物的使用安全和耐久性，因此必须对钢筋的状况进行检测。

其检测方法可分为两类，一类是直接检测，用来检测钢筋本身的；另一类是间接检测，用来检测钢筋所处环境的。

在结构混凝土中钢筋处于混凝土的保护之中，混凝土的物理、化学性质对钢筋的耐久性有直接影响，因此评价钢筋状况必须检测其所处混凝土的有关物理、化学参数。这就是钢筋状态的间接检测。常规的间接检测项目有：混凝土保护层、电阻率、含水量、碳化深度及有害物质含量的测量等。常用的检测钢筋状况的直接测量方法是测量钢筋锈蚀的自然电位以及钢筋截面的损失。钢筋的自然电位与钢筋发生锈蚀的概率及状况有良好的对应规律。对钢筋混凝土结构物钢筋状况的评定，应通过多种方法的检测进行综合评价。

1. 钢筋锈蚀自然电位的检测

钢筋锈蚀是影响结构安全性和耐久性的关键因素之一，因此评价结构安全性和耐久性，必须检测钢筋锈蚀的状态及活动性。

通过检测钢筋锈蚀的自然电位来评定钢筋锈蚀的状态和活动性是常用的方法，该方法简便，对结构无损伤，易于现场实施，结果明确，适用于混凝土构件寿命期间的任何期间，不受构件尺寸，钢筋保护层厚度的限制。

钢筋锈蚀是一个电化学过程，钢筋锈蚀电位的测量是把钢筋/混凝土看作一个半电池，通过检测与参考电极的电位差，来作为钢筋锈蚀电位的量度。

(1) 钢筋锈蚀电位检测装置的技术要求：

①钢筋锈蚀电位测量仪应通过技术鉴定，必须具有产品合格证；

②仪器的技术性能要求：

a. 测量范围大于 1V；

b. 准确度优于 0.5%±1mV；

c. 输出电阻大于 $10^{10}\Omega$；

d. 半电池参考电极：铜/硫酸铜电极，温度系数 0.9mV/℃；

e. 显示方式：数字显示；

f. 数据输出方式：有标准打印机输出口，按矩阵或序列形成输出电位值并绘制等电位图；

g. 数据存贮：内存不断电，数据可存贮；

h. 电源：直流供电，连续正常工作时间不小于 6h；

i. 仪器使用环境条件：环境温度 0～+40℃

相对温度≥85%

j. 测量联接导线：导线长不应超过 150m，截面积大于 0.75mm²。

(2) 仪器的使用、维护与保管

①仪器的使用、日常维护与保管应按说明书规定进行；

②对于充电电池供电的仪器，应特别注意每 1～2 个月充放电一次，以保持电池的活性。

(3) 仪器的校准

①铜/硫酸铜电极的校准可使用甘汞电极。将铜/硫酸铜参考电极接于测量仪正极，甘汞电极接于负极，并把两电极同时接触于一块润湿的棉花上，在 22℃时两电极之间的电位差在 68±10mV 之间，则铜/硫酸铜电极就是可用的。每次检测之前应对电极进行校准。

②二次仪表的校准一般应每年进行一次，当检查测量系统各环节时，怀疑其性能，也可进行仪表的检查校准。

a. 准确度的校准方法如图 1.3.4-20 所示。

ⓐ由 10k 多圈电位器分别给出不同电压值，将被检表与标准表的读数值进行比较，计算其准确度应与技术条件的要求相符。

ⓑ校准电压值：1000mV 以下每间隔 100mV 一个测点，1000mV 以上可每间隔 200mV 一个测点。

ⓒ标准 DVM 应比被检表准确度高一个等级。

b. 在现场进行临时的校正检查，可用测量仪测一只 1.5V 电池，再用正常的万用表测同一电池，读数误差应小于 7mV。

c. 输入电阻检查方法如图 1.3.4-21。

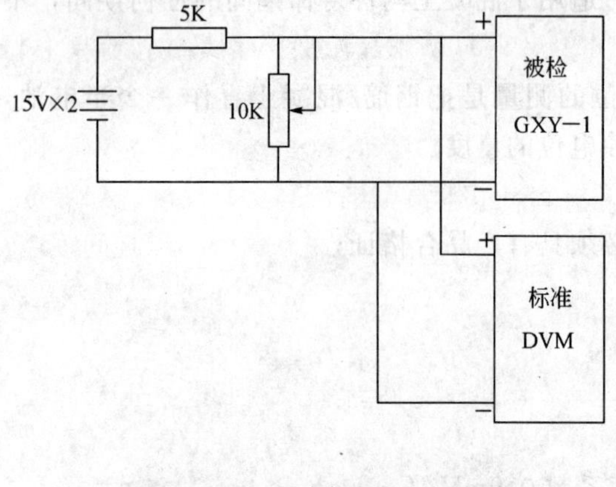

图 1.3.4-20 二次仪表校准接线图

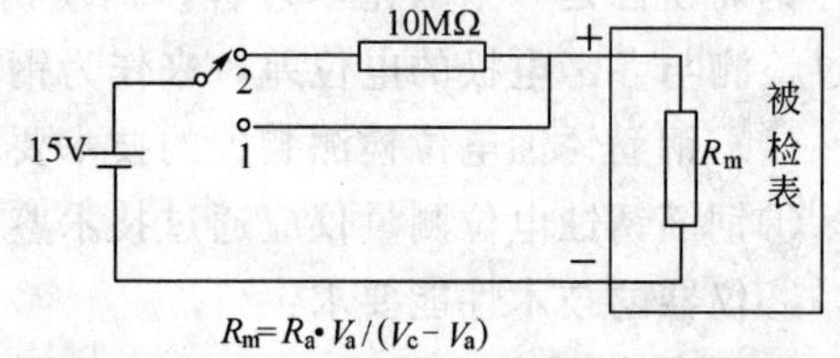

图 1.3.4-21 输入电阻检查接线图

ⓐ将开关置于 1 的位置，读取电池电压 V_c；

ⓑ将开关置于 2 的位置，读取串联 10MΩ 电阻后的电压值 V_a；

ⓒ输入电阻 $R_m = R_a \cdot V_a / (V_c - V_a)$，应符合钢筋锈蚀电位检测装置技术条件的要求。

（4）钢筋锈蚀自然电位的测试方法

①铜/硫酸铜参考电极的准备

饱和硫酸铜溶液用试剂级硫酸铜晶体溶解在蒸馏水中制成，当有多余的未溶解硫酸铜晶体积于溶液底部时，可认为该溶液是饱和的。电极铜棒应清洁，无明显缺陷，否则需用稀释盐酸溶液清洁铜棒，并用蒸馏水彻底冲净。硫酸溶液每月更换，或长时间不用时，再用应更换新溶液，以保持溶液清洁。溶液应充满电极，以保证电联接。

②测区与测点布置

a. 测区应根据构件的环境差异，外观检查的结果来确定，应有各种程度和差异的代表，每一种测区数量不宜少于 3；

b. 在测区上布置测试网格，网格节点为测点，网格间距可选 20cm×20cm，30cm×30cm，20cm×10cm 等，根据构件尺寸而定，测点位置距构件边缘应大于 5Cm，测点数可根据仪器功能要求确定，但一般不宜少于 20 个测点；

c. 当一个测区内存在相邻测点的读数超过 150mV，通常应减小测点的间距；

d. 测区应统一编号，注明位置，并描述外观情况。

③混凝土表面处理用钢丝刷、砂纸打磨测区混凝土表面，去除涂料、浮浆、污迹、尘土等，并将表面润湿。润湿用电接触液可以用水或加入适最液态洗涤剂的水溶液。

④测量系统的连接如图 1.3.4-22。

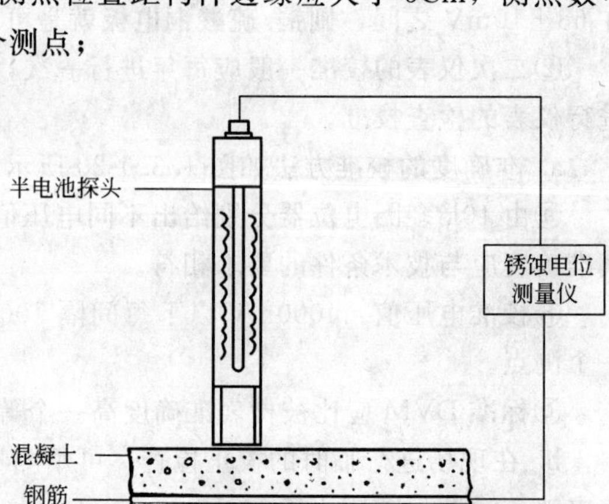

图 1.3.4-22 钢筋锈蚀电位测试系统图

a. 现场检测，铜/硫酸铜电极一般接二次仪表的正输入端，钢筋接二次仪表的负输入端；

b. 局部打开混凝土，在钢筋上钻一小孔并拧上自攻螺钉，用加压型接线夹夹在钉帽上，保证有良好的电联接。若在远离钢筋连接点的测区进行测量，必须用万用表检查内部钢筋的连续性，如不连续，应重新进行钢筋的连接；

c. 铜/硫酸铜参考电极与测点的接触测量前应预先将电极前端多孔塞充分浸湿，以保证良好的导电性，正式测读前应再次用喷雾器将混凝土表面润湿，但应注意两个测点之间不应留有自由表面水。

⑤测量值的采集

a. 测点读数变动不超过 2mV，可视为稳定。在同一测点，同一支参考电极，重复测读的差异不超过 10mV；不同的电极重复测读的差异不超过 20mV。若不符合稳定要求，应检查测试系统的各个环节。

b. 数据按测量仪器的操作要求存入内存，并于每一工作日之后及时输出处理数据。

⑥测量注意的问题与数据的修正

a. 混凝土含水量对测量值有明显影响，因此测量时构件应在自然状态，含水量约为 2%～3%，否则不能使用本指南给出的判据。

b. 如果环境温度在 22℃±5℃范围之外，要对铜/硫酸铜电极做温度修正。

c. 各种外界因素产生的杂散电流，影响测量值，特别是靠近地面的测区。应避免各种电磁场的干扰。

d. 混凝土保护层电阻对测量值产生影响，除测区表面处理要符合规定外，仪器的输入阻抗要符合技术要求。

（5）测试结果的判读与评定

①根据电化学原理，钢筋锈蚀自然电位相对于铜/硫酸铜参考电极应为负值，为了提高现场测试的稳定性，本文介绍的方法测得的读数为正值，评定时按惯例将数据加上负号。

②数据格式

a. 按一定的比例绘出测区平面图，标出相应测点位置的钢筋锈蚀电位，得到数据阵列。

b. 绘出电位等值线图。通过数值相等各点或内插各等值点绘出等值线，等值线差值宜为 100mV，见图 1.3.4-23。

③由于各种土木工程结构环境的差异，现提供一组判据供使用参考。

表 1.3.4-19

−008	−003	007	000	096	113	032
015	016	−022	005	041	031	012
−019	−041	−007	095	323	380	075
037	052	093	080	090	065	093
−068	053	063	112	091	016	−003
−001	−004	−007	−019	−020	004	031
005	009	019	003	−016	014	030

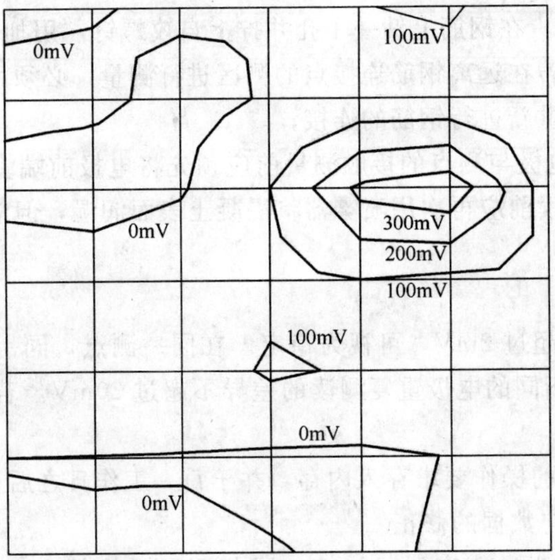

图 1.3.4-23 锈蚀电位测试数据示例图

a. 美国 ANS1/ASTMC876－80 标准

ⓐ见表 1.3.4-20。

表 1.3.4-20

电位水平（mV）	钢筋状态	电位水平（mV）	钢筋状态
＞－200	不发生锈蚀的概率＞90％	＜－350	发生锈蚀的概率＞90％
－200～－350	锈蚀的活动性不确定	＜－500	50％的试件都锈蚀开裂

ⓑ如测得正电位，表明混凝土表面润湿不足，正读数无效。

b. 交通部公路科学研究所判据

ⓐ见表 1.3.4-21。

表 1.2.4-21

电位水平（mV）	钢筋状态	电位水平（mV）	钢筋状态
0～－100	·未锈蚀	－300～－400	发生锈蚀的概率＞90％
－100～－200	发生锈蚀的概率＜10％，可能有轻度锈蚀	＜－400	严重锈蚀的可能性极大
－200～－300	锈蚀状态不确定，可能有坑蚀		

ⓑ相邻两测点的测值相差 150mV，更负的测值处判为锈蚀。

c. 冶金部建筑研究总院差别标准

ⓐ见表 1.3.4-22。

表 1.3.4-22

电位水平（mV）	钢筋状态	电位水平（mV）	钢筋状态
0～－300	不锈蚀	低于－400	腐蚀
－300～－400	有坑蚀可能		

ⓑ两电极相距 20cm，电位梯度为 150～200mV 时，低电位处判作腐蚀。

④钢筋锈蚀自然电位的检测，会受到多种因素的干扰，为了提高现场检测结果判读与评定的准确性，可进行少量的现场比较性试验。对于需进行钢筋锈蚀评定的构件，有时已有钢筋暴露或很容易暴露，只要测其周围的锈蚀电位，比较这些钢筋的锈蚀程度和相应的测量值，就可缩小判据的范围，提高准确。通过大面积的检测评定整个被测结构的钢筋锈蚀状态。

2. 混凝土电阻率的检测

混凝土的电阻率，反映其导电性。混凝土电阻率大，若钢筋发生锈蚀，则发展速度慢，扩散能力弱；混凝土电阻率小，锈蚀发展速度快，扩散能力强。因此对钢筋状况进行检测评定，测量混凝土的电阻率是一项重要内容。

混凝土电阻率的测量采用四电极方法，即在混凝土表面等间距接触四支电极，两外侧电极为电流电极，两内侧电极为电压电极，通过检测两电压电极间的混凝土电阻即可获得混凝土电阻率，如图 1.3.4-24 所示。

$$\rho=\frac{2\pi dv}{I} \quad (1.3.4\text{-}2)$$

式中：V——电压电极间所测电压；

I——电流电极通过的电流；

d——电极间距。

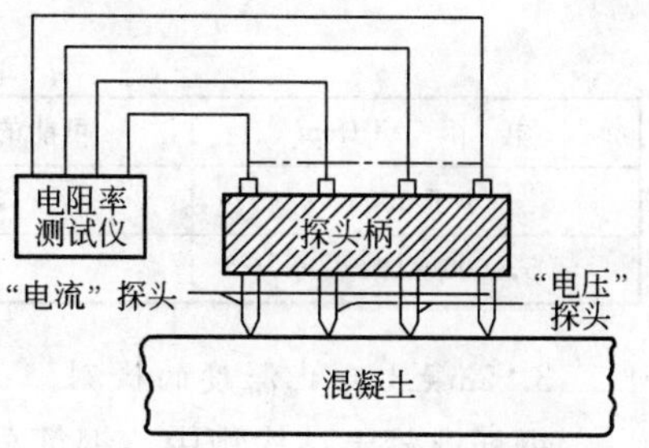

图 1.3.4-24 混凝土电阻率测试技术示意图

(1) 电阻率测试仪及技术要求

①混凝土电阻率测试仪应通过技术鉴定，必须具有产品合格证。

②电阻率测试仪由四电极探头与电阻率仪表组成，采用交流测量系统。

a. 探头四电极间距可调，调节范围 10cm，每一电极内均装有压力弹簧，从而保证可测不同深度的电阻率及电极与混凝土表面接触良好；

b. 电阻率测量范围：1MΩcm；

c. 电压电极间的输入阻抗＞1MΩ；

d. 电极端部直径尺寸不得大于 5mm；

e. 显示方式：直接数字显示电阻率值；

f. 电源：直流供电，连续正常工作时间不小于 6h；

g. 仪器使用环境条件：环境温度 0～＋40℃

相对温度≤85％

(2) 仪器的操作与维护

①仪器的使用、保管与维护按说明书进行。

②对于充电电池供电的仪器，应每1～2月充放电一次。

(3) 仪器的检查

在四个电极上分别接上三支电阻，则仪器的显示值为相应的电阻率值。例如电阻值为1kΩ，相应是阻率值为：2πd×1kΩcm。

(4) 混凝土电阻率的测量

①测区与测位布置可参照钢筋锈蚀自然电位测量的要求，在电位测量网格间进行，并做好编号。

②混凝土表面应清洁、无尘、无油脂。为了提高量测的准确性，必要时可去掉表面碳化层。

③调节好电极的间距，一般采用的间距为50mm。

④为了保证电极与混凝土表面有良好、连续的电接触，应在电极前端涂上耦合剂，特别是当读数不稳定时。

⑤测量时探头应垂直置于混凝土表面，并施加适当的压力。

(5) 混凝土电阻率测量值的表示和判读解释

按一定比例绘出测区平面图，标出相应测位的混凝土电阻率值。见表1.3.4-23。

表1.3.4-23

电阻率Ωcm	可能的锈蚀速度	电阻率Ωcm	可能的锈蚀速度
小于5000	很快	10，000～20，000	较慢
5，000～10，000	快	大于20，000	很慢

3. 混凝土碳化深度的检测

钢筋混凝土结构物中，钢筋处于混凝土的碱性保护之中，混凝土碳化深度一旦到达钢筋，钢筋就失去保护，当外部条件成熟，就会发生锈蚀，因此检测混凝土碳化深度对判断钢筋状态也是很重要的。

(1) 混凝土碳化深度的检测方法

混凝土碳化深度的检测一般使用酸碱指示剂喷在混凝土的新鲜破损面，根据指示剂颜色的变化，可测量混凝土的碳化深度。

(2) 测量前的准备

①目前常用的指示剂为酚酞试剂，配制方法为：75%的酒精溶液与白色酚酞粉末配置成酚酞浓度为1%～2%的酚酞溶剂，装入喷雾器备用。溶剂应为无色透明的液体。

②测区位置的选择原则可参照钢筋锈蚀自然电位测试的要求，若在同一测区，应先进行保护层和锈蚀电位、电阻率的测量，再进行碳化深度的测量。

③结构外侧面应布置测区。

④每一测区应布置测试孔三个，成“品”字排列，孔距应根据构件尺寸大小，但应大于2倍孔径。

⑤测孔距构件边角的距离大于2.5倍保护层厚度。

(3) 碳化深度测量的操作过程

①用装有20mm直径钻头的冲击钻在测点位置钻孔。

②成孔后用圆形毛刷将孔中碎屑、粉末清除，并用皮老虎吹净，露出混凝土新茬。

③将酚酞指示剂喷到测孔壁上。

④待酚酞指示剂变色后，用测深卡尺测量混凝土表面至酚酞变色交界处的深度，准确至1mm。酚酞指示剂从无色变为紫色时混凝土未碳化，酚酞指示剂未改变颜色处的混凝土已经碳化。

⑤将测区、测孔统一编号，并画出示意图，标上测量结果。

⑥测量值的整理应列出最大值、最小值和平均值。

(4) 混凝土碳化对钢筋的影响

若混凝土碳化深度已达到钢筋保护层的厚度，则钢筋失去保护已有锈蚀的危险。

4. 混凝土中氯离子含量的测定

有害物质侵入混凝土，将会影响结构的耐久性。混凝土中氯离子可引起并加速钢筋的锈蚀；硫酸盐（SO_4^{2-}）的侵入可使混凝土成为易碎松散状态，强度下降；碱的侵入（K^+、Na^+）在骨料具有碱活性时，可能引起碱—骨料反应破坏。因此在进行结构耐久性评定时，根据需要应对混凝土中 Cl^-、SO_4^{2-}、Na^+、K^+ 含量进行测定。目前，对混凝土中氯离子含量的测定方法比较成熟，已被普遍应用于现在结构。

氯离子含量的测定方法分析主要有两种：

①实验室化学分析法，此法结果准确，但对操作人员要求较高；

②滴定条法（Quantab-Strips），这种方法比较简便，可在现场完成。

(1) 滴定条法测定氯离子含量

①混凝土粉末分析样品的取样部位和数量

a. 分析样品的取样部位可参照钢筋锈蚀自然电位测试及碳化深度测量的原则确定；

b. 测区的数量应根据结构的工作环境条件及构件本身的质量状况确定。在工作环境条件、质量状况有明显差异的部位布置测区；

c. 每一测区取粉的钻孔数量不宜少于3个，取粉孔可与碳化深度测量孔合并使用；

d. 测区、测孔应统一编号。

②取样方法

a. 使用直径20mm以上的冲击钻在混凝土表面钻孔，钻孔前应先确定钢筋位置；

b. 钻孔取粉应分层收集，一般深度间隔可取3mm、5mm、100mm、15mm、20mm、25mm、50mm……。若需指定深度处的钢筋周围氯离子含量，取粉间隔可进行调整；

c. 钻孔深度使用附在钻头侧面的标尺杆控制；

d. 用一硬塑料管和塑料袋收集粉末，如图1.3.4-25，对每一深度应使用一个新的塑料袋收集粉末，每次采集后，钻头、硬塑料管及钻孔内都应用毛刷将残留粉末清理干净，以免不同深度粉末混杂；

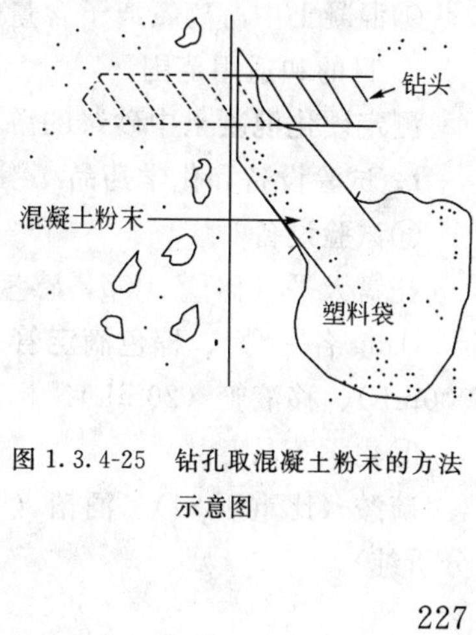

图1.3.4-25 钻孔取混凝土粉末的方法示意图

e. 同一测区不同孔相同深度的粉末可收集在一个塑

料袋内，重量不应少于25克，若不够可增加同一测区测孔数量。不同测区测孔相同深度的粉末不应混合在一起；

f. 采集粉末后，塑料袋应立即封口保存，注册测区、测孔编号及深度。

③分析步骤

a. 将采回的样品过筛，去掉其中较大的颗粒；

b. 将样品置于105±5℃烘箱内烘2h后，冷却至室温；

c. 称取5g样品粉末（准确度优于±0.1g）放入烧杯中；

d. 缓慢加入50ml（1.0m，HNO_3）并彻底搅拌直至嘶嘶声停止；

e. 用石蕊试纸检查溶液是否呈酸性（石蕊试纸变红），如果不呈酸性，再加入适量硝酸；

f. 加入约5g无水碳酸钠（Na_2CO_3）；

g. 用石蕊试纸检查深溶液是否呈中性（石蕊试纸不变）。否则再加入少量无水碳酸钠直至溶液呈中性；

h. 用过滤纸作一锥斗压入液体；

i. 当纯净的溶液渗入锥头后，把滴定条插入液体中；

j. 待到滴定条顶端水平黄色细条转变成蓝色，取出滴定条并顺着由上至下的方向将其擦干；

k. 读取滴定条颜色变化处的最高值，然后，在该批滴定条表中查出所对应的氯离子含量值，此值是以百万分之几（PPM）表示的。若分析过程取样5g，加硝酸50ml，则将查表所得的值除以1000即为百分比含量；

l. 如果使用样品重量不是5g或使用过量的硝酸，则应按下式修正百分比含量。

$$\text{氯离子百分比含量}=\frac{a\times b}{10000c} \tag{1.3.4-3}$$

式中：a——查表所得的值（ppm）；

b——硝酸体积（ml）；

c——样品质量（g）。

（2）实验室化学分析法

①混凝土中游离氯离子含量的测定

a. 目的和适用范围

测定硬化混凝土中砂浆的游离氯离子含量，为查明钢筋锈蚀原因提供依据。

b. 试验设备和化学药品

ⓐ试验设备

托盘天平（称量100g，感量10mg）、分析天平（称量200g，感量1mg。称量200g，感量0.1mg各一台）、棕色滴定管（25mL或50mL）、三角烧瓶（250mL）、容量瓶（100mL、1000mL）、移液管（20mL）、标准筛（孔径0.63mm）。

ⓑ化学药品

硫酸（比重1.84）、酒精（95%）、硝酸银、铬酸钾、酚酞（以上均为化学纯）、氯化钠（分析纯）。

c. 试剂配制

ⓐ配制浓度约5%铬酸钾指标剂——称取5克铬酸钾溶于少量蒸馏水中，加入少量硝酸银溶液使出现微红，摇匀后放置过夜，过滤并移入100mL容量瓶中，稀释至刻度。

ⓑ配置浓度约0.5%酚酞溶液——称取0.5g酚酞，溶于75mL酒精和25mL蒸馏水中。

ⓒ配置稀硫酸溶液——以1份体积硫酸倒入20份蒸馏水中。

ⓓ配置0.02N氯化钠标准溶液——把分析纯氯化纳置于瓷坩埚中加热（以玻璃棒搅拌），一直到不再有盐的爆裂声为止。冷却后称取1.2g左右（精确至0.1毫克），用蒸馏水溶解后移入1000mL容量瓶，并稀释至刻度。

氯化钠当量浓度按下式计算：

$$N=\frac{W}{58.45} \tag{1.3.4-4}$$

式中：N——氯化钠溶液的当量深度；

W——氯化钠重（克）；

58.45——氯化钠的克当量

ⓔ0.02N硝酸银溶液（视所测的氯离子含量，也可配成浓度略高的硝酸银溶液）——称取硝酸银3.4g左右溶于蒸馏水中并稀释至1000mL，置于棕色瓶中保存。用移液管吸取氯化钠标准溶液20mL（V_1）于三角烧瓶中，加入10-20滴铬酸钾指示剂，用于配制的硝酸银溶液滴定至溶液刚呈砖红色。记录所消耗的硝酸银毫升数（V_2）。

$$N_2=\frac{N_1\times V_1}{V_2} \tag{1.3.4-5}$$

式中：N_2——硝酸银溶液的当量浓度；

N_1——氯化钠标准溶液的当量浓度；

V_1——氯化纳标准溶液的mL数；

V_2——消耗硝酸银溶液的mL数。

d. 试验步骤

ⓐ样品处理

取混凝土中的砂浆约30g，研磨至全部通过0.63mL筛，然后置于烘箱中加热（105±5℃）2h，取出后放入干燥器冷却至室温。称取20g（精确至0.01g），重量为G，置于三角烧瓶中并加入200mL（V_3）蒸馏水，塞紧瓶塞，剧烈振荡1～2min，浸泡24h。

ⓑ将上述试样过滤。用移认管分别吸取滤液20mL（V_4），置于二个三角烧瓶中，各加2滴酚酞，使溶液呈微红色，再用稀硫酸中和至无色后，加铬酸钾指示剂10～20滴，立即用硝酸银溶液滴定至呈砖红色。记录所消耗的硝酸银mL数（V_5）。

e. 试验结果计算

游离氯离子含量按下式计算：

$$P=\frac{N_2V_5\times 0.03545}{G\cdot V_4/V_3}\times 100 \tag{1.3.4-6}$$

式中：P——砂浆样品游离氯离子含量（%）；

N_2——硝酸银标准溶液的当量浓度；

G——砂浆样品重（g）；

V_3——浸样品的水重（mL）；

V_4——每次滴定时提取的滤液量（mL）；

V_5——每次滴定时消耗的硝酸银溶液（mL）；

0.03545——氯离子的毫克当量。

②混凝土中氯离子总含量的测定

a. 目的和适用范围

测定混凝土中砂浆的氯离子总含量，其中包括已和水泥结合的氯离子量。为查明钢筋锈蚀原因提供依据。

b. 基本原理

用硝酸将含有氯化物的水泥全部溶解，然后在硝酸溶液中，用佞尔哈德法来测定氯化物含量。

佞尔哈德法是在硝酸溶液中加入过量的 $AgNO_3$ 标准溶液，使氯离子完全沉淀在上述溶液中用铁矾作指示剂；将过量的硝酸银用 KCNS 标准溶液滴定。滴定时 CNS^- 首先与 Ag^+ 生成白色的 AgCNS 沉淀，CNS^- 略有多余时，即与 Fe^{3+} 形成 $Fe(CNS)^{2+}$ 络离子使溶液显红色，当滴至红色能维持 5～10 秒不褪，即为终点。

反应式为：

$$Ag^+ + Cl^- \longrightarrow AgCl\downarrow$$

$$Ag^+ + CNS^- \longrightarrow AgCNS\downarrow$$

$$Fe^{3+} + CNS^- \longrightarrow Fe(CNS)^{2+}\ \text{红色}$$

c. 试验设备和化学药品

ⓐ试验所需设备主要有恒温烘箱、分析天平（称量 100g，感量 0.1mg）、天平（感量 0.01g）、酸式滴定管（10mL）两支、容量瓶（100mL 和 1000mL）、三角锥瓶（250mL）、试剂瓶（1000mL）、移液管（20mL）、玻璃干燥器、研钵、表面皿。

ⓑ氯化钠、硝酸银、硫氰酸钾、硝酸、铁矾、铬酸钾（以上均为化学纯）；

氯化钠（分析纯）

d. 试验步骤

（a）试剂配置

ⓐ0.02N 氯化钠标准溶液的配制——应按本条的有关规定执行；

ⓑ0.02N 硝酸银溶液配制与标定——应按本条的有关规定执行；

ⓒ6N 硝酸溶液的配制——取化学纯浓硝酸（HNO_3）含量 65%～68%25.8 毫升置容量瓶中，用蒸馏水稀释至刻度。

ⓓ10%铁矾溶液——用 10 克化学纯铁矾溶于 90 克蒸馏水配成；

ⓔ0.02N 硫氰酸钾标准溶液——用天平称取化学纯硫氰酸钾晶体约 1.95g 左右，溶于 100mL 蒸馏水，充分摇匀，装在瓶内配成硫氰酸钾溶液并用硝酸银标准溶液进行标定。将硝酸银标准溶液装入滴定管，从滴定管放出硝酸银标准溶液约 25mL，加 6N 硝酸 5mL 和 10%铁矾溶液 4mL，然后用硫氰酸钾标准溶液滴定，滴定时，激烈摇动溶液，当滴至红色维持 5～10s 不褪时即为终点。

硫氰酸钾标准溶液的当量浓度按下式计算：

$$N_1=\frac{N_2V_2}{V_1} \tag{1.3.4-7}$$

式中：N_1——硫氰酸钾标准溶液的当量浓度；

V_1——滴定时消耗的硫氰酸钾标准溶液（mL）；

N_2——硝酸银标准溶液的当量浓度；

V_2——硝酸银标准溶液（mL）。

(b) 混凝土试样处理和氯离子测定步骤

ⓐ取适量的混凝土试样（约40g左右），用小锤仔细除去混凝土试样中石子部分，保存砂浆，把砂浆研碎成粉状，置于105±5℃烘箱中烘2h。取出放入干燥器内冷却至室温，用感量为0.01g天平称取10～20g砂浆试样倒入三角锥瓶：

ⓑ用容量瓶盛100mL稀硝酸（按体积比为浓硝酸：蒸馏水＝15：85）倒入盛有硝浆试样的三角锥瓶内，盖上瓶塞，防止蒸发；

ⓒ砂浆试样浸泡一昼夜左右（以水泥全部溶解为度），其间应摇动三角锥瓶，然后用滤纸过滤，除去沉淀；

ⓓ用移液管准确量取滤液20mL两份，置于三角锥瓶，每份由滴定管加入硝酸银溶液约20mL（可估算氯离子含量的多少而酌量增减），分别用硫氰酸钾溶液滴定。滴定时激烈摇动溶液，当滴至红色能维持5～10s不褪时即为终点。

注：必要时加入3～5滴10％铁矾溶液以增加水泥含有的Fe^{3+}。

(c) 试验结果计算

氯离子总含量按下式计算：

$$P=\frac{0.03545\ (NV-N_1V_1)}{GV2/3}\times 100 \tag{1.3.4-8}$$

式中：P——砂浆样品中氯离子总含量（％）；

N——硝酸银标准溶液的当量浓度；

V——加入滤液试样中的硝酸银标准溶液（mL）；

N_1——硫氰酸钾标准溶液的当量深度；

V_2——每次滴定时提取的滤液量（mL）；

V_3——浸样品的水量（mL）；

G——砂浆样品重（g）；

0.03545——氯离子的毫克当量。

(3) 分析结果的判读解释

①氯化物浸入混凝土引起钢筋的锈蚀，其锈蚀危险性受到多种因素的影响，如碳化深度、混凝土含水量、混凝土质量等，因此应进行综合的分析。

②因氯离子含量引起钢筋锈蚀的危险性可分为三个等级，见表1.3.4-24

表1.3.4-24

氯离子含量（占水泥含量的百分比）	0.4以下	0.4～1.0	1.0以上
钢筋锈蚀危险性	低	中	高

③根据每一取样层氯离子含量的测定值，做出氯离子含量深度的分布线，从而可判断氯化物是混凝土生成时已有的，还是结构使用过程中由外界渗入的以及浸入的深度。

5. 钢筋保护层厚度及分布的检测

混凝土保护层为钢筋提供了良好的保护，其厚度和分布的均匀性是影响钢筋耐久性的重要因素，在结构质量检测中必须进行该项目的测量。

钢筋保护层的测量是通常使用钢筋保护层测量仪器，其工作原理为电磁感应。当探测传感器靠近钢筋时，传感器的电感量发生变化，两端电压发生变化，从而可测定钢筋的位置、直径和保护层厚度。

(1) 钢筋保护层测试仪的技术要求

①钢筋保护层测试仪应通过技术鉴定，必须具有产品合格证。

②仪器的保护层测量范围应大于120mm。

③仪器的准确度应满足：

a. 0～60mm，±1mm；

b. 60～120mm，±3mm；

c. >120mm，±10%。

④用的钢筋直径范围应为ϕ6～ϕ50，并不少于符合有关钢筋直径系列规定的12个档次。

⑤器应具有在未知保护层厚度的情况下，测量钢筋直径的功能。

⑥仪器适用于常用的碳素钢、低合金钢钢筋和普通水泥。当出现超出仪器适用的钢材、水泥品种范围时，仪器仍能工作，只要需要对特殊情况做专门的校准，修正测读值。

⑦仪器应能适用于温度0～40℃，相对湿度≤85%，无强磁场干扰的环境条件。

⑧仪器工作时应为直流供电，连续正常工作时间不小于6h。

(2) 仪器的使用、维护与保管

①食品的使用、维护与保管应遵照说明书进行。

②仪器接通电源后宜预热10min，再进行正式测读。

③在测量的整个过程中，应随时检查和调节仪器的零点。

④测量时应避免强磁场的干扰，两台仪器同时使用相距应大于2m。

⑤对于充电电池供电的仪器，应每1—2个月充放电一次，以保持电池的活性。

(3) 仪器的标定

①保护层测试仪使用期间的标定校准，使用专用的标定块。当测量标定块所给定的保护层厚度时，测读值应在仪器说明书所给定的准确度范围之内。

②标定块由一根ϕ16的普通碳素钢筋垂直浇铸在长方体无磁性的塑料块内，使钢筋距四个侧面分别为15mm、30mm、60mm、90mm。如图1.3.4-26所示。

③标定应在无外界磁场干扰的环境中进行。

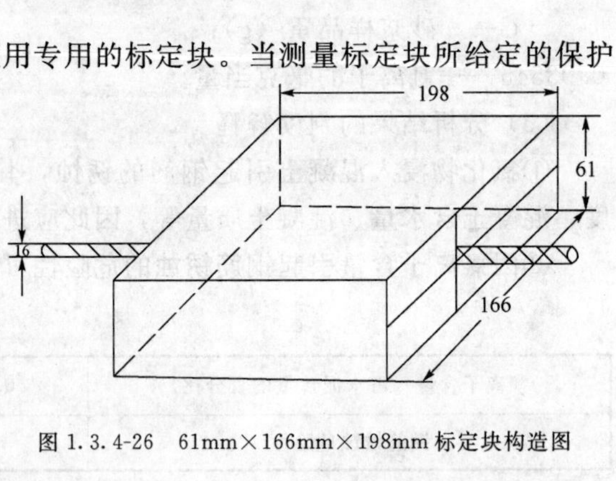

图1.3.4-26 61mm×166mm×198mm标定块构造图

④每次试验检测前均应对仪器进行标定，若达不到应有准确度，应送专门机构维修检验。

（4）钢筋保护层测量的一般原则要求

①测区布置原则

a. 按单个构件检测时，应根据尺寸大小，在构件上均匀布置测区，每个构件上的测区数不应少于3个；

b. 对于最大尺寸大于5m的构件，应适当增加测区数量；

c. 测区应均匀分布，相邻两测区的间距不宜小于2m；

d. 测区表面应清洁、平整、避开接缝、蜂窝、麻面、予埋件等部位。

②测区应注明编号，并记录测区位置和外观情况。

③测点数量及要求：

a. 对构件上每一测区应检测不少于10个测点；

b. 测点间距应小于保护层测试仪传感器长度。

④对某一类构件的检测，可采取抽样的方法，抽样数不少于同类构件数的30%，且不少于3件，每个构件测区布置按单个构件要求进行。

⑤对结构整体的检测，可先按构件类型分类，再按类型进行检测。

（5）钢筋保护层厚度的测量

①测试前应了解有关图纸资料，以确定钢筋的种类和直径。

②进行保护层厚度测读前，应先在测区内确定钢筋的位置与走向，做法如下：

a. 将保护层测试仪传感器在构件表面平行移动，当仪器显示值最小时，传感器正下方即是所测钢筋的位置；

b. 找到钢筋位置后，将传感器在原处左右转动一定角度，仪器显示最小值时传感器长轴线的方向即为钢筋的走向；

c. 在构件测区表面画出钢筋位置与走向。

③保护层厚度的测读

a. 将传感器置于钢筋所在位置正上方，并左右稍稍移动，读取仪器显示最小值即为该处保护层厚度；

b. 每一测点值宜读取2～3次稳定读数，取其平均值，准确至1mm；

c. 应避免在钢筋交叉位置进行测量。

④对于缺少资料，无法确定钢筋直径的构件，应首先测量钢筋直径。对钢筋直径的测量宜采用5～10次测读，剔除异常数据，求其平均值的测量方法。

⑤影响测量的因素及修正

a. 影响测量准确度的因素有：

ⓐ外加磁场的影响，应于避免；

ⓑ混凝土若具有磁性，测量值需加以修正；

ⓒ钢筋品种对测量值有一定影响，主要是高强钢筋需加以修正；

ⓓ不同的布筋状况，钢筋间距影响测量值，当$\frac{D}{S}<3$时需修正测量值。D为钢筋净间距

(mm)，即钢筋边缘至边缘的间距；S 为保护层厚度，即钢筋边缘至保护层表面的最小距离。

b. 保护层测量值的修正。当钢筋直径、材质、布筋状况，混凝土性质都确知时，才能准确测量保护层厚度，而实际测量时往往这些因素都是未知的。

(a) 仪器测量直径档的选择

两根钢筋横向并在一起，(见图 1.3.4-27a)，等效直径 $d_{等效}=d_1+d_2$；

两根钢筋竖向并在一起，(见图 1.3.4-27b)，等效直径 $d_{等效}=\frac{3}{4}(d_1+d_2)$

(b) 用模型进行修正。根据图纸资料，用与实际构件相同的材料制成小尺寸模型，通过检测已知的保护层厚度，获得修正系数 K，这种方法只能在试验室内完成。

$$K=\frac{S_m}{S_r} \tag{1.3.4-9}$$

式中：S_m——仪器读数值；

S_r——保护层厚度实际值。

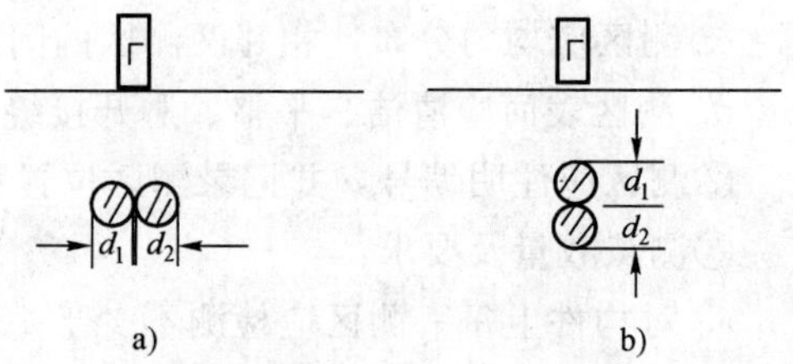

图 1.3.4-27 直径档选择示意图

a) 两根钢筋横向并在一起；b) 两根钢筋竖向并在一起

(c) 用标准垫块进行综合修正，这种方法适用于现场检测，标准垫块用硬质无磁性材料制成，例如：工程塑料或电工用绝缘板，平面尺寸与仪器传感器底面相同，厚度 S_b 为 10mm 或 20mm 修正系数 K 计算方法如下：

ⓐ将传感器直接置于混凝土表面已标好的钢筋位置正上方，读取测量值 S_{m1}；

ⓑ将标准垫块置于传感器原在混凝土表面位置，并把传感器放于标准垫块之上，读取测量值 S_{m2}，则修正系数为：

$$K=\frac{S_{m2}-S_{m1}}{S_b}$$

ⓒ对于不同钢种和直径应确定各自的修正系数，每一修正系数应采用 3 次平均求得。

(d) 用校准孔进行综合修正，这也是现场校准测量值的有效方法。

ⓐ用 6mm 钻头在钢筋位置正上方，垂直于构件表面打孔，手感碰到钢筋立即停止，用深度长尺量测钻孔深度，即为实际的保护层厚度 S_r，则修正系数为：

$$K=\frac{S_m}{S_r}$$

ⓑ对于不同钢种和直径应打各自的校准孔，一般应不少于 2 个，求其平均值。

(e) 现场检测的准确度。经过修正后确定的保护层厚度值，准确度可在 10% 以内，因混凝土表面的平整度及各种影响因素仍会给测量带来误差。

第四章 桥梁结构试验技术

§4.1 概 述

一、桥梁结构试验分类

桥梁结构试验是桥梁结构专业的一门基础技术科学，它是对桥梁的结构物进行直接测试的一项科学实验工作。其主要任务是通过有计划地对结构物加载后的性能进行观测和对测量参数（如位移、应力、振幅、频率……等）进行分析，以便了解桥梁实际工作状态，对结构物的工作性能作出评价以及对桥梁结构的承载能力和使用条件作出正确估计，并为发展桥梁结构的计算、评定理论提供可靠依据。

“桥梁结构试验”技术的基本内容主要由以下三方面构成：

①桥梁结构试验中所用仪器和设备的原理、性能及其使用方法；

②桥梁结构试验的基本原则、方法和实践经验；

③收集、整理、计算和运用试验成果的原理和方法，以及利用结构试验评定桥梁承载能力和使用条件的基本原则和一般方法。

1）在实际工作中，根据不同的试验目的，桥梁结构试验可分为研究性试验和鉴定性试验。

（1）鉴定性试验有直接生产目的，一般以真实结构为试验对象，通过试验鉴定对实际结构作出技术结论。鉴定性试验常用来解决以下几方面的问题。

①检验结果质量，说明工程的可靠性。对一些比较重要的结构物，或采用新计算理论、新材料及新工艺的结构物，在建成之后要求通过试验综合鉴定其质量的可靠程度；对于成批生产的预制构件，则在出厂或安装之前，需要按照试验规程抽样试验以推断成批产品的质量。

②判断结构的实际承载能力和使用条件，为改建和扩建工程提供数据。当旧桥梁结构需要拓宽或需要提高其使用荷载等级时，往往要求通过荷载试验来确定这些旧桥梁结构的承载潜力和使用条件，这对于那些缺乏技术资料的旧桥梁结构更有必要。

③处理工程质量事故，提供技术依据。对于在建造或使用过程中产生严重缺损或遭受地震、火灾、爆炸等灾害而损伤的桥梁结构，常需通过荷承试验，分析桥梁缺损产生的原因，掌握其变化规律，了解其实际承载能力，为进行技术处理提供依据。

鉴定性试验总是在比较成熟的设计理论的基础上进行的，离开了这样的理论指导，鉴定试验就会成为盲目的试验。

鉴定性试验本身也具有重要的科学价值。根据一定标准或规范进行的鉴定性试验所提供的大量数据资料是发展与充实结构设计理论的一条主要途径。

（2）研究性试验的任务是验证结构设计理论，验证各种科学判断、推理、假设和概念的正确性，并为设计计算提供必要的参数。研究性试验常按事先周密考虑的计划进行，一般把对构件有主要影响的因素作为试验参数，试验结构的设计和数量均应按照具体研究目的的需要而定。试验可在实际原型结构上进行，也可在模拟结构上进行。后者常在专门的试验室内进行。在模拟设计中，常需经过细致分析，找出问题的实质，然后再根据抽象出来的本质问题和尽可能简化实验设备的原则进行设计。有时模型只是具体结构的某一关键性局部构件，从表面上看来，似乎与具体结构没有共同之处，但其往往是所研究问题的核心所在，通过系统的试验研究，就会揭示出具有普遍意义的规律。例如，在研究多层钢筋混凝土框架的变形能力时，设计X形节点模型试件。因为钢筋混凝土框架在塑性阶段的变形主要取决于塑性铰的转动能力，节点变形是研究的关键，X形节点试件是研究框架的核心构件，而进行X形节点试件试验的实验设备较做整体框架试验却简单得多，这样大大简化了试验规模。模型试件的尺寸一般根据试验室的加载设备条件和场地大小而定，不一定和实际结构一样大，但为了避免尺寸效应的影响，试件尺寸应尽可能和实际结构接近。如果条件可能，特别是由砖石或混凝土等材料变异较大的材料制成的结构，同样的试件应重复试验两个以上，以免试验结果带有偶然性。

研究性试验的规模和试验方法根据研究目的和任务的不同，可以有很大的差别。如为配合我国钢筋混凝土结构设计规范的修订，而进行的钢筋混凝土偏心受压长柱的试验研究。由于钢筋混凝土材料的复杂性，要获是钢筋混凝土柱的纵向弯曲和稳定问题的数学分析解十分困难，目前大多采用半理论半经验的方法处理。试验研究的目的是为了获得合理的计算偏心距增大系数 η 的经验公式，因而需对不同细长比、不同偏心距、不同配筋率和混凝土标号的钢筋混凝土柱进行系统的试验研究，试件数量多大233个，由8个有关高等院校及研究机构统一协调，分别进行。其主要量测内容为荷载、挠度、钢筋及混凝土的应变。与长柱研究任务不同的另一研究题目是钢筋混凝土海洋平台主体结构的试验研究。由于海洋平台结构形状复杂、承受荷载类型众多，加上缺乏正确的结构分析和合理的结构计算方法，特别缺乏受到海浪、大风暴或地震等动载作用时的动力性能资料。所以对这类试验研究，一般先通过小比例尺的弹性模型试验验证弹性工作时的内力计算方法是否可靠，结构内部的应力或变形是否异常，并取得结构自振频率等动力特性的资料，为实际结构的设计提供依据，然后经过必要的修改，再做小尺寸的钢筋混凝土结构试验，研究结构的弹塑性工作、动力特性和具体构造等方面的问题。这类试验的试件数量不多，一般只做一个，但其试验规模较大。为了取得结构的应力分布、变形等资料，量测内容很多，清华大学土木工程系所做的海洋平台主体结构1∶100的有机玻璃模型试验和1∶16的钢筋混凝土模型试验测点竟多达112个。

2）根据试验荷载作用性质的不同，桥梁结构试验可分为静载试验和动载试验。静动载试验在试验目的和测试内容等方面虽然极不相同，但对于承受以车辆荷载为主的桥梁结构来说，这两种性质的荷载试验，对于全面分析和了解桥梁的工作状态是同等重要的。静载试验可布置较多的测点，便于较全面地分析结构的受力状态，而动载试验则是研究桥梁结构在车辆荷载或其他动力荷载作用下的振动响应所必需的。

3）依据试验对结构所产生的后果，桥梁结构试验又可分为破坏性试验和非破坏性试验两种。一般地，鉴定试验多为非破坏性试验；而科研性试验，为了了解试验结构在逐渐增加的荷载作用下的骨架曲线，常需进行破坏性试验。实际上，原型结构的破坏试验，不论在费用还是在方法都存在一些具体问题，特别是实现结构在趋于破坏状态时的试验是比较困难的。因此，对原形结构很少进行破坏试验。但桥梁结构的破坏试验资料对了解其受力阶段，空间受力特征具有重大的意义和指导价值。

4）按照结构实验持续的时间的长短，可分为长期观测和短期观测试验。鉴定性试验与一般性研究试验都采用短期观测的方法，只有那些必须进行长期观察的对象才采用长期观测的方法，如混凝土结构的徐变性能等。此外，对于特殊的大型结构和新型结构也常采用长期观测或组织定期的检验。

总之，结合不同的试验目的和要求，可选用一种或几种试验方法。短期观测的静载试验是最基本的结构试验。在选择试验种类上应讲求经济效益，一般能用模型来替代的，就不搞大规模的原型试验；能用非破坏性试验的，就不做破坏性试验。

二、桥梁结构试验的一般过程

一般情况下，桥梁结构试验可分为四个阶段，即试验计划、试验准备、加载试验与观测以及试验资料整理分析与总结阶段，各阶段的简繁程度以试验规模的大小不同而异。

1. 试验计划阶段

桥梁荷载试验是一项细致复杂工作，任何疏忽大意都会影响试验的正常进行，甚至会导致试验失或危及人身安全，因此在试验需对整个试验工作做出计划。

在此阶段需反复研究试验目的，充分了解试验具体任务，搜集有关资料，确定试验的性质和规模。若为研究性试验，应提出试验拟研究的主要参量以及这些参量在数值上变动范围；试件组数，并根据实验室的设备能力确定试件的尺寸和量测项目、要求；最后提出试验大纲。若为鉴定性试验，应收集和研究有关的设计原始资料、设计计算书、施工、监理及养护等方面的技术资料，需对桥梁结构进行实地考察以检查结构物的设计质量和施工质量，并需详细了解结构物的使用情况和当前技术状况或主要存在问题，在经过必要的检算后，方可拟订试验大纲或方案。由于现场鉴定性试验规模大，安全问题较多，试验条件差，因此更应重视试验的计划工作。

需强调说明的是，在制订试验大纲时，一定要对试验目的进行充分研究，对试验对象作出初步的理论分析。

2. 试验准备阶段

试验准备工作要占全部试验工作的大部分时间，工作量最大。试验准备工作的好坏以及充分与否，直接影响到试验能否顺利进行和能获得试验结果的多少。特别是在现场鉴定性试验中，试验准备工作很复杂，工作条件也很差，即使极小的疏忽大意也会使试验不能取得预期的结果或使试验结果不够理想，因此切勿低估准备工作阶段的复杂性和重要性，应细致、认真地做好每一项准备工作。

3. 加载试验与观测阶段

加载试验与观测阶段是整个试验工作的中心环节，应按照预定的试验计划进行各项具体的试验内容，运用各种配备得当的测试仪器和设备，观测结构的受载后的工作，并记录观测数据和资料，重要的量测数据应在加载试验中随时整理分析并与事先估算的数值作比较，发现有反常情况时应及时查明原因，待问题弄清后才能继续试验。有时，为了更完善地实现某一加载、观测方案，可先进行试探性的试验。

在试验过程中结构所反映出的外观变化是分析结构性能极宝贵的资料，例如：节点的松动、异常变形、钢筋混凝土结构裂缝的出现和发展以及破坏形态等，对它们应作更为详尽的记录及描述。试件破坏后要拍照和测绘破坏部位及裂缝开裂状态，必要时可从试件上切取部分材料测定力学性能。

4. 试验资料整理分析与总结阶段

试验资料的整理分析包括两部分工作。第一部分将所有的原始资料整理完善，一个严格认真的科学实验，应有一份详尽的原始资料，在有关试验室内存档。第二部分是进行数据处理。因为从某个仪表获得的量测数据和记录曲线一般不能直接解答试验任务所提出的问题，它们只是试验的原始数据，必须对它们进行科学的分析处理，去伪存真，去粗取精，才能得出有用的试验结果。

最后，应对试验得出的规律和一些重要现象作出解释，将试验结果和理论值进行比较，分析产生差异的原因并作出结论，写出试验总结报告。总结报告中应提出试验中发现的新问题以及进一步的研究计划。

三、材性测定

进行结构试验，必须首先掌握结构组成材料的力学性能，只有这样才能正确评估和判断试验结构的实际工作状况和承载能力。

测定材性的方法直接法和间接法两种。直接测定法是结构试验中最常用的方法，它把材料按有关规定做成标准试件，然后在试验机上用标准试验方法进行测定，这就是所谓的“试件试验”。间接测定法分为破损试验和半破损试验法以及两者综合使用。间接测定法是利用有关仪器测定与材料力学有关的参数，如硬度、密度等，间接判断材料的力学性能。

钢筋力学性能测定的项目有屈服强度（包括 $\sigma_{0.2}$）、抗拉极限强度、伸长率和弹性模量等。混凝土力学性能测定的项目有轴心抗压强度、静力受压弹性模量、静力受压泊松比和劈裂抗拉强度等。

在进行恢复力特性试验时，往往需要测定钢筋和混凝土曲线（即应力-应变全过程曲线）。

四、模型试验

模型试验与原型试验相比，具有针对性强、经济性能好等优点。模型设计必须按照相似理论，使得模型与原型保持相似关系。相似条件有严格的要求，满足了必要而又充分的相似条件，模型试验所取得的数据和结论，才能经换算后推广到原型结构上去。

相似理论的基础是相似三定理。它从理论上阐明了相似现象具有什么性质；个别现象的研究如何推及到所有相似现象中去；满足了什么条件才能实现相似。

方程分析法和量纲分析法是导出相似判据的基础基本方法。前者是经常采用的，只有当各物理量之间的关系方程未知是，才应用量纲分析法。

§4.2 荷载试验的量测技术

结构试验的目的不仅要得到有关结构性能的宏观印象，更主要的是要取得确定结构性能的定量数据。当掌握了精确可靠的数据，才能对结构性能作出定性的判断或为建立新的计算理论提供依据。

精确可靠数据的取得依赖于量测。量测是人类对客观事物取得的数量概念的认识过程，是判断事物质量标准的重要手段。可以说，科学技术的发展是与量测技术的不断完善紧密相关的。量测技术的状况反映了一个国家经济发展和科学技术的水平，它已发展成为一门专门学科，对各个领域的科学研究都有重要的意义。在土木结构学科领域中亦不例外。

量测技术一般包括：(1) 量测方法；(2) 量测工具 (仪表)；(3) 量测误差分析三部分。各个不同专业领域都有自己的量测内容和与相应的量测方法和量测工具。对于工程结构的试验研究，主要的量测内容为外部条件 (主要是外荷载及支座反力等)、结构变形 (位移、应变、曲率等)、内力 (应力)、裂缝以及自振频率、振型、阻尼等一系列动力特征。其量测仪器从最简单的逐个读数，手工记录数据的仪表到应用电子计算机快速连续自动采集并进行数据处理的复杂系统，种类繁多，原理不一。由于科学技术的不断发展，各学科互相渗透，新的量测仪器设备层出不穷，所涉及的知识面也越来越广，从事结构试验的人员，除应对被测参数的性质和要求有彻底的理解外，还必需对各种量测仪表的原理、功能和技术指标有所了解，从而可根据有关的产品目录正确选择和使用量测仪表设备。

一、量测仪表

1. 量测仪表的基本组成

不论是一个价格便宜简单量具还是一套调试自动化的快速量测系统，尽管在外形、内部结构、量测原理及量测精度等方面有很大的差别，但作为量测设备，都必需具备三个基本组成部分：感受部分、放大部分、显示记录部分。

其中：(1) 感受部分与直接被测对象联系，感受被测参数的变化并将此变化传给放大部分；

(2) 放大部分将感受部分传来的被测量对象通过各种方式 (如机械式的齿轮、杠杆、电子放大线路或光学放大等) 进行放大；

(3) 显示记录部分将放大部分传来的量测结果通过指针或电子数码管、屏幕等进行显示或通过各种记录设备将试验数据或曲线记录下来。

一般的机械式仪表，这三部分都在同一个仪表内。对于电测仪表，这三部分常常是三个分开的仪器设备，其中第一部分—感受部分非电量的量测对象转换为电量，一般称为传感器。

2. 量测仪表的基本量测方法

结构试验所用量测仪表一般采用偏位测定法和零位测定法两种方法：

(1) 偏位测定法根据量测仪表放大部分产生的偏转或位移定出欲测的物理量，百分表、动态电阻应变仪都属于偏位法；

(2) 零位测定法用已知的标准量去抵消未知物理量对仪表引起的偏转，使被测量和标准量对仪器指示装置的效应经常保持相等，指标装置指零时的标准量，即为被测物理量。大家熟悉的称重天平就是零位测量法的例子。指针式静态电阻应变仪属零位测定法。一般来讲，零位测定法比偏位测定法更精确，尤其当采用电子仪器将被测量和标准量的差值加以放大后，可达到很高的精度。

3. 量测仪表的主要性能指标

(1) 量程：仪器能测量的最大输入量与最小输入量之间的范围称为仪表的量程或量测范围。

(2) 刻度值：仪器指示装置的最小刻度所代表的被测量的数值。

(3) 精确度（精度)：仪器指示与被测值的符合程度。

目前国内外都还没有统一的仪表精度的表示方法，常以最大量程时的相对误差来代表精度，并以此相对误差值来判定仪表的精度等级。例如一台精度为0.2级的仪表，意思是测定值的误差不超过最大量程的±0.2%。

(4) 灵敏度：一般来说，仪器灵敏度是指在做静态量测时单位输出量所引起的仪表输出值的变化。对于不同用途的仪表，灵敏度的单位也各不相同，如百分表的灵敏度单位是毫米/毫米；测力传感器的灵敏度单位是应变/千克。有些仪表的灵敏度还有另外的含义，使用时应相对其说明书，以了解其确切的含义。

(5) 分辨率：使仪器输出量产生能观察出变化的最小被测量。

(6) 滞后：仪表的输入量从起始量程增至最大量程的测量称为正行程，输入量由最大量程减至起始量程的测量称为反行程。同一输入量程正反两个形成输出值间的偏差称为滞后。常以全量程中的最大滞后值与满量程输出值之比表示。

(7) 零位温漂和满量程热漂移：零位温漂是指当仪表的工作环境温度为20℃时零位输出温度的变化率。

满量程热漂移是指当仪表的工作环境温度不为20℃时满量程输出随温度的变化率。

它们都是温度变化的函数，一般由仪表的高低温试验得出其温漂曲线并在试验值中加以修正。

除上述性能外，对于动力试验量测仪表的传感器、放大器及显示记录仪器等各类仪表需考虑下述特性。

(8) 线性范围：保持仪表的输入量和输出信号为线性关系时，输入量的允许变化范围。在动态量测中，对仪表的线性度应严格要求，否则将对量测结果引起较大的误差。

(9) 频响特性：指仪器在不同频率下灵敏度的变化特性，常以频响曲线（一般以对数频率值为横坐标，以相对灵敏度为纵坐标）表示。在进行高频动态量测时，应将使用频率限制在频响曲线的平坦部分以免引起过大的量测误差。对于传感器，提高其自振频率将有助增加使用频率范围。

(10) 相移特性：振动参量经传感器转换成电信号或经放大、记录后在时间上产生的延迟叫相移。若相移特性随频率而变化，则对于具有不同频率成份的复合振动将引起输出电量的相位失真。常以仪器的相频率特性曲线来表示其相移特性。在使用频率范围内，输出信号相对于输出信号的相位差应不随频率改变而变化。

此外，由传感器、放大器、记录器组成的整套量测系统，还需注意仪器相互之间的阻抗匹配及频率范围的配合等问题。

4. 量测仪表的选用原则

在选用量测仪表时，应考虑下列要求：

(1) 符合量测所需的量程及精度要求。在选用仪表前，应先对被测值进行大致的估算。一般应使最大被测值在仪表的2/3量程范围附近以防因估算值不准确引起仪表超量程而损坏仪表。同时，为得到足够大的读数以保证量测精度，应使仪表的最小刻度值不大于5%的最大被测值。

(2) 动力试验用的量测仪表，其线性范围、频响特性以及相移特性等都应满足试验要求。

(3) 对于安装在结构上的仪表或传感器，要求自重轻、体积小，不影响结构工作。特别要注意夹具设计是否合理正确。不正确的安装夹具将使试验结果带有很大的误差。

(4) 同一试验中选用的仪器仪表种类应尽可能少，以便统一数据的精度、简化量测数据的整理工作和避免差错。

(5) 选用仪表是应考虑试验的环境条件，例如在野外试验时仪表常受到风、雨、日晒，周围的温、湿度变化较大，宜选用机械式仪表。此外，应从试验实际需要出发选择仪器仪表的精度，切忌盲目选用高精度、高灵敏度的仪表。一般来说，测定结果的最大相对误差不大于5%即满足要求。

各类仪表各有其优、缺点，不可能同时满足上述要求，选用仪表时应首先满足试验的主要要求。

二、仪表的率定

为了确定仪表的精确度或换算系数，定出其衰减，需将仪表示值和标准量进行比较。这一工作称为仪表的率定，率定后的仪表按国家规定的精确度要求分为若干等级。

用来率定仪表的标准量应是国家计量业务机构确认、具有一定精确度等级的专用率定设备产生的。率定设备的精确度等级应比被率定的仪器高。常用来率定油压试验机荷载度盘示值的标准测力计就是一种专用率定器。当没有专用率定设备时，可以用和被率定仪器具有同级精确度标准的“标准”仪器相比较进行率定。所谓标准仪器是指精确度不比被率定的仪器高，但不常使用，因而其度量性能保持不变，认为其精确度是已知的。还可以利用标准试件来进行率定，即把尺寸加工非常精确的试件放在经过率定的试验机上加载，根据此标准试件及载后产生的变化求出安装在标准试件上的被率定仪表的刻度值。此法的准确度不高，但较简便，容易做到，所以常被采用。

为了保证测量的精确度，仪器率定是一件十分重要的工作。所有新生产出厂的仪器按国家规定都要经过率定，而且应该用专门的率定器率定。正在使用的仪器也必须定期进行率定，因为仪器经长期使用，其零件总有不同程度的磨损，或者损坏后经检修的仪器，零件的位置会有变动，难免引起刻度值的改变。除定期率定外，在重要的试验开始前最好对仪表进行一次率定。

三、应力（应变）量测

应力量测是结构试验中很主要的量测内容。了解应力沿构件分布情况，特别是了解结构危险截面处的应力分布及最大应力值，对于建立强度计算或验证设计是否合理、计算方法是否正确，都有很直接的价值。利用所测应力资料还可直接了解结构的工作状态和强度储备。

直接测定出应力比较困难，目前还没有较好的方法，常常借助测定应变值后通过材料$\sigma-\varepsilon$关系曲线或方程换算为应力值。例如钢材的$\sigma-\varepsilon$关系在弹性阶段是线性的：$\sigma=E\varepsilon$。而钢试件在弹性阶段的应力可由测得的应变乘以该钢材的实际弹性模量得出。混凝土的$\sigma-\varepsilon$关系是非线性的，且随不同标号和不同骨料而有差异，测得应变值后需要在试验前测的相同材料的$\sigma-\varepsilon$曲线上找出相应的应力值，所以应力测定常常是应变测定。如前所述，在正式试验前测定试件材料的$\sigma-\varepsilon$曲线是对试件材料进行基本材性试验的主要内容之一。

测定应变方法一般是用应变计测出试件在一定长度范围l（l称为应变计的标距）内的

长度变化 Δl，再算出 $e=\Delta l/l$，测出的是标距范围 l 内的平均应变（电阻应变片直接测出应变值，但亦是电阻应变片标距长度的平均应变）。因此，对于应力梯度较大的结构以及像混凝土等非均质材料，都应注意应变计标距 l 的选择。结构的应力梯度较大时应变计标距应尽可能小，但对混凝土结构，要求应变计的标距大于 2～3 倍最大骨料粒径，砖石结构要求应变计的标距就可取得小一些。

应变计的种类很多，各具特点，其中用得最多的是电阻应变片（简称应变片）及接触式引伸仪，电阻应变片将应变这一非电参量转换为电参量——电阻的变化，从而将电测法引进结构试验，使结构试验的量测技术产生了质的变化，由于电子仪器的高度发展，使电测法不仅具有精度高、灵敏度高、可远距离量测便于多点量测及快速采集数据和自动记录等优点，而且便于将量测信号和计算机或微机处理机联接，为用计算机控制试验和用计算机分析处理试验数据创造了前提。现在，在结构试验中，非电量转换为电量的方式越来越多，如振弦式、电磁感应式、压电式、电容式等等转换元件，但电阻应变片是其中最基本、用得最多的转换元件。它不仅可量测应变，利用位移、倾角、曲率、力等参量和应变的关系，加上一些机械弹性元件就可用电阻应变片制成各种传感器量测相应的参量。因此，对电阻丝应变片应有较详细的了解。

1. 电阻应变片的工作原理

由物理学可知，金属电阻丝的电阻为

$$R=\rho l/A$$

式中：R——电阻，Ω；

ρ——电阻率，$\Omega mm^2/m$；

l——电阻丝长度，m；

A——电阻丝截面，mm^2。

当电阻丝受到拉伸或压缩后，相应的电阻变化为：

$$dR/R=K_0\varepsilon$$

K_0——电阻丝灵敏系数，对某一种金属材料而言，K_0 为常数。$dR/R=K_0\varepsilon$ 就是利用电阻丝量测应变的理论根据。当金属电阻丝用胶贴在构件上，可以认为它和构件共同变形时，ε 即代表构件的应变。则 $dR/R=K_0\varepsilon$ 说明电阻丝感受的应变和它的电阻相对变化成线性关系。这也是非电量 ε 转换为电量的变化 $\Delta R/R$ 的转换关系。

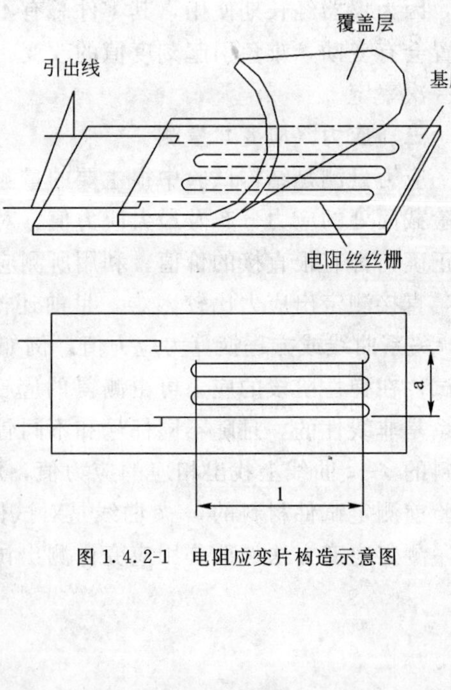

图 1.4.2-1 电阻应变片构造示意图

2. 电阻应变片的构造和性能

电阻应变片的构造如图 1.4.2-1 所示。为增加电阻和构件的接触面积使它更好地代表构件的变形，电阻丝一般做成栅状。基底使电阻丝和被测构件之间绝缘并使丝栅定位。覆盖层保护电阻丝免受划伤并避免丝栅间短路。用做应变片的电阻丝直径仅为 0.025mm 左右的镍铬或铜细丝，极细弱，需用引出线作为和量测导线连接的过渡。

电阻应变片的性能主要有下列几项：

(1) 标距 l——电阻应变片纵轴方向的有效长度；

(2) 使用面积——以标距 $l\times$ 片宽 a 表示；

(3) 电阻值 R；

(4) 灵敏系数 K——电阻应变片的灵敏系数，其值一般比单阻丝的灵敏系数 K_0 小，因为它还包括了电阻应变片的丝栅形状对灵敏度的影响。一般用抽样法实验确定此值；

(5) 应变极限——应变片保持线输出时所能量测的最大应变值。除取决于金属电阻丝的材料性质外还和制作及粘贴用胶有关。一般情况下为 1%～3%左右；

(6) 机械滞后——试件加载和卸载时应变片（$\Delta R/R$）$-\varepsilon$ 特性曲线不重合的程度；

(7) 疲劳寿命；

(8) 零飘——在恒定温度环境中电阻应变片的电阻值随时间的变化；

(9) 蠕变——在恒定的荷载和温度环境中，应变电阻值随时间的变化；

(10) 绝缘电阻——是指已安装的应变片的敏感栅及引线与被测试件间的电阻值。

其他还有横向灵敏系数、温度特性、频响特性等性能要求。横向灵敏系数指应变片对垂直于其主轴方向应变的响应程度，此值将影响主轴方向的量测准确性，现已可从改进电阻应变片的形状等方面使横向灵敏度减少到对量测值无影响的程度，如箔式应变片和短接式应变片的横向灵敏度接近于零。应变片的温度特性指金属电阻丝的电阻随温度而变化以及和被测试件材料因线膨胀系数不同引起阻值变化所产生的虚假应变，又称应变片的热输出。由此引起的测试衰减较大，可在量测线路中接入温度补偿片来消除这种影响（见电阻应变仪的测量电路）。在进行动态量测时，应变片的影响时间为 2×10^{-7}s，可认为应变片对应变的影响应是立刻的，其工作频响随不同的片长而异，当 $L=10$cm 时，$f=25$kHz 左右。

应变片出厂时，应根据每批电阻应变片的电阻值、灵敏系数、机械滞后等指标对其名义值的偏差程度将电阻应变片分成等级。使用时，根据试验量测的精度要求选定所需电阻应变片的等级。

除了绕丝式电阻应变片外，还发展了各种不同基底、不同丝形状、不同金属电阻材料的应变片（图 1.4.2-2）。各生产厂家均有详细列出规格性能的产品目录供选用参考。

电阻应变仪由测量电路、放大器、相敏检波器和电源等部分组成。其中测量电路涉及电阻应变片和电阻应变仪之间的连接方法，试验研究人员应对其电学原理有透彻的了解才能使量测达到预期目的。放大器、相敏检波器的电路结构细节对于应变仪的使用人员并不重要，在此就不详述了。

测量电路的作用是将应变片的电阻变化转换为电压或电流的变化，一般采用惠斯登电桥和电位计式两种测量电路，后者仅仅在量测动态分量时使用，桥式电路则应用非常普遍。

惠斯登电桥由四个电阻 R_1、R_2、R_3、R_4 作为四个桥臂组成电路（图 1.4.2-3）。对电桥的对角端 A、C 输入电压 U 后，若四个桥臂的电阻值保持

$$\frac{R_1}{R_2}=\frac{R_3}{R_4} \tag{1.4.2-1}$$

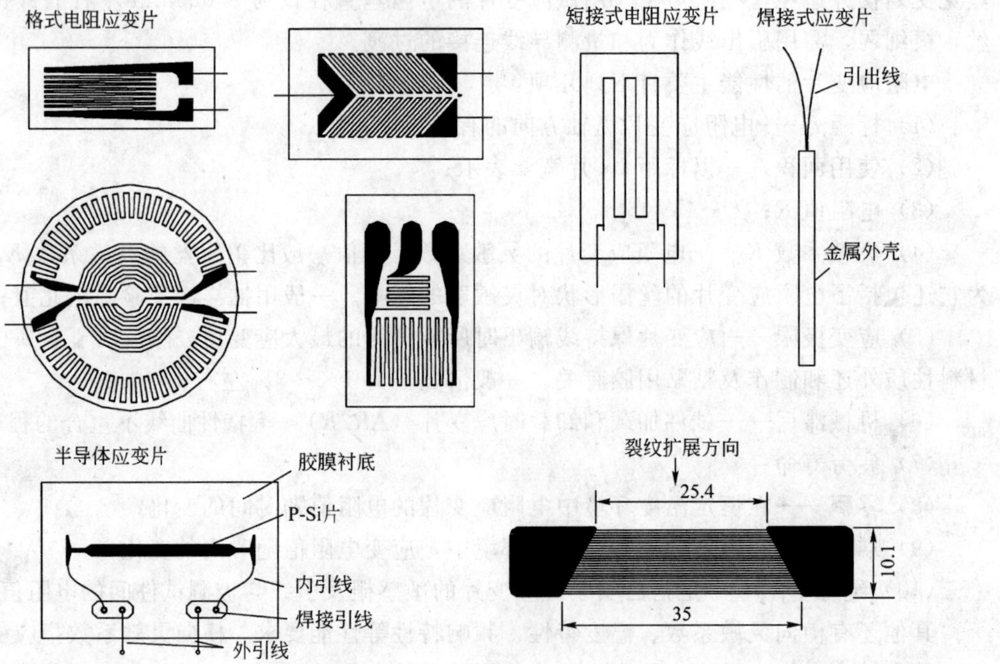

图 1.4.2-2　各种电阻应变片结构示意图

则当两个对角线 B、D 的输出 U_{BD} 为零，此时算电桥平衡。若四个桥臂不满足式 1.4.2-1 的比例要求时，在 B、D 端就有电压输出。

若 R_1，R_2，R_3，R_4 为电阻应变片，由于试件应变 ε 引起 $\Delta R/R$ 的变化后，B、D 端输出电压的变化可由电工学得出。在初始状态符合 $R_1/R_2=R_3/R_4$ 的前提下，当各桥臂有电阻变化时，引起的输出电压增量 ΔU_{BD} 为

$$\Delta U_{BD}=\frac{R_1R_2}{(R_1+R_2)^2}\left(\frac{\Delta R_1}{R_1}-\frac{\Delta R_2}{R_2}-\frac{\Delta R_3}{R_3}-\frac{\Delta R_4}{R_4}\right)U$$

如能使 $R_1=R_2$，$R_3=R_4$；ΔU_{BD} 就为：

$$\Delta U_{BD}=\frac{U}{4}\left(\frac{\Delta R_1}{R_1}-\frac{\Delta R_2}{R_2}-\frac{\Delta R_3}{R_3}-\frac{\Delta R_4}{R_4}\right) \tag{1.4.2-2}$$

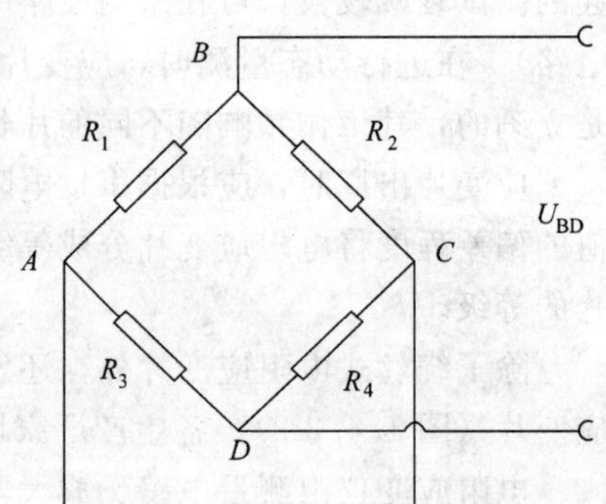

图 1.4.2-3　惠斯登电桥电路图

在选用电阻片时，不难做到使 $R_1=R_2$，$R_3=R_4$（R_1 和 R_2 及 R_3、R_4 阻值差的允许范围为 $\pm 0.5\%\times R$）。

以 $K\varepsilon=\Delta R/R$ 代入式 1.4.2-2 得

$$\Delta U_{BD}=\frac{KU}{4}(\varepsilon_1-\varepsilon_2-\varepsilon_3-\varepsilon_4) \tag{1.4.2-3}$$

式 1.4.2-3 中将力学参量 ε 和电学参量 ΔUBD 联系起来，是一个很有用的公式。使用此式时，应注意应变值的符号，若为压应变，需以 −ε 代入。由式 1.4.2-2 可看出，ΔU_{BD} 表示

四个电阻应变片所量测应变值的代数和。当需要单独测出某一量测点的应变时，可使 $R_3=R_4=$常数，不产生 ΔR_3 和 ΔR_4（使 R_3、R_4 为仪器内部的精密电阻），仅将两个电阻应变片接入 AB 及 BC 两个桥臂，此时电桥输出端的电压变化为：

$$\Delta U_{BD}=\frac{U}{4}\left(\frac{\Delta R_1}{R_1}-\frac{\Delta R_2}{R_2}\right)=\frac{KU}{4}(\varepsilon_1-\varepsilon_2) \qquad (1.4.2\text{-}4)$$

前面曾提到因电阻应变片温度特性而引起的热输出需要在测量线路中消除掉，将量测试件应变的电阻应变片（称工作片）接入 AB 桥臂，另将一片性能相同的电阻应变片贴在和试件相同的材料上，置于相同的温度环境下但不承受荷载。它的阻值变化只反映电阻应变片的热输出，将它接入 BC 桥臂。由式 1.4.2-4 可知，它正好抵消了工作片的热输出，ΔU_{BD}代表的仅是工作片的受力应变。这种接桥方法称为半桥量测。因为只用了电桥的一半，AD 和 CD 两个桥臂并未接入电阻应变片。接入 BC 桥臂的电阻应变片称为温度补偿片，一片温度补偿片可以巡回补偿若干个工作片。

当四个桥臂全部都接入电阻应变片时，为全桥量测。此时利用式 1.4.2-3 表明的关系，将处于拉、压应变状态的电阻应变片恰当地接入桥臂，可提高量测的灵敏度。例如在量测位移、倾角、加速度的传感器中，常用弹性悬臂梁的应变来反映这些参量。例如按图 1.4.2-4 所示方法贴片和接桥，读数将用半桥量测增大四倍。

静态应变仪多采用“零位法”进行测量。当电阻应变片产生应变，电桥不平衡有电流输出时，输出信号经放大器输出指示仪表，调节电位器 R_s 使电桥重新平衡（图 1.4.2-5）。R_s 滑动触点的位移与应变的大小成正比。仪器上的 R_s 调节旋钮上已按某一灵敏系数值（如 $K=2$）直接刻出应变值，R_s 即为电阻应变仪面板上的粗、中、微调度盘。为适应不同灵敏系数的电阻应变片，根据 1.4.2-3 式，可调节电位器 R_K 以改变供桥电压 U，使 R_s 上所刻的应变值适合不同 K 值的电阻应变片。R_K 称为灵敏系数调节旋钮。在使用电阻应变仪时，必需将 R_K 旋钮置于所用应变片 K 值的位置。

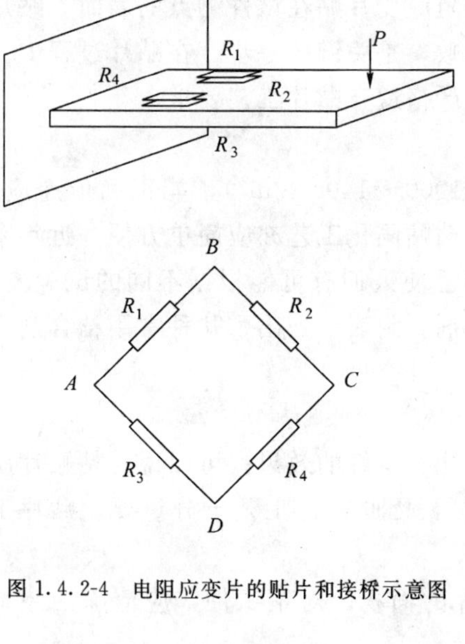

图 1.4.2-4　电阻应变片的贴片和接桥示意图

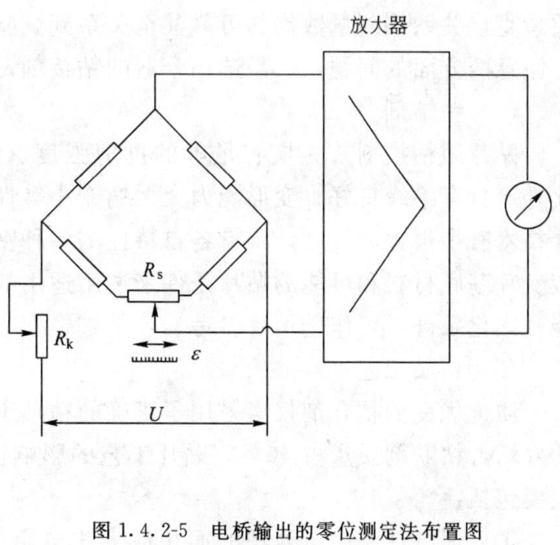

图 1.4.2-5　电桥输出的零位测定法布置图

实际的测量桥路还更复杂些。由于接桥时的接触电阻，导线电阻等的影响，即使精心选用了相同阻值的电阻应变片，各桥臂总有所差异，所以还设置了电阻调平衡电路。电桥中还存在着分布电容和电感，它们对桥平衡的影响更大，因此电桥中还设置了电容调平衡电路。

所有上述桥臂端接线柱 A、B、C、D 电位调节旋钮 R_s，灵敏系数调节旋钮 R_K，电阻调平衡旋钮及电容调平衡旋钮都在电阻应变仪的面板或后板上，是测试人员需要学会操作的部分。

动态应变仪多用偏位法量测，因此没有平衡电位器 R_s 和灵敏系数调节电位器 R_K。每一路动态应变仪上都有给出标准应变信号的标定电阻作为整理记录曲线时的标准尺度。在调好应变仪的放大倍率未开始加载之前，在记录纸上应标出与标准应变信号相应的长度。动态应变仪的电桥部分是一单独的电桥盒，用电缆与应变仪主体相连。

随着电子仪器的发展，各种新型的动、静态电阻应变仪不断出现，如数字显示式静态应变仪、快速自动打印数字记录的静态电阻应变仪等等。今后还会有更新颖的产品，但只要掌握上述量测电路的基本原理，阅读有关的技术说明书后，选用和操作各种仪器就不会太困难。

3. 电阻应变片的使用

电阻应变片作为一种电测方法，具有许多优点，但是仅当按照要求严格操作使用，才能发挥其优点，否则将适得其反。

使用电阻应变片的第一步是根据材料性质以及对试验结构应力分布梯度的估计选择电阻应变片的标距；根据工作条件选用电阻应变片的类型，包括形状、片基材料等。

第二步是检查应变片的外观和电阻值。虽电阻应变片的包装盒上标有电阻值，但还需要逐片用惠斯登电桥检测并按工作片和温度补偿的阻值差异不大于 0.5%R 的原则将电阻应变片分组。注意包装盒上表明的灵敏系数值，同一次试验所用电阻应变片的 K 值最好相等。对无中心线标记的应变片，需在其覆盖层上用铅笔标出中心线以便贴片时定位。

完成上述检查和准备工作后，即可用粘接剂将电阻应变片贴在试件测点的表面。贴片的质量直接关系到测量数据的可靠甚至关系到试验的成败，是关键的一步。在贴片过程中主要应注意两方面的问题：一是选用合适的粘接剂；二是严格遵守贴片工艺要求。

(1) 粘结剂

贴片用粘接剂首先应有足够的抗剪强度（大于 1000～1400N/m^2），能正确传递应力。此外应具有绝缘良好、变形能力大、蠕变小等性能，粘贴固化工艺亦应简单方便。近年来粘合技术有了很大的发展，具有各自特性的各种粘合剂已使人们有可能根据不同的试验要求、应变片基底材料和可能的贴片条件来选用适用的粘合剂。附表一列出了几种常用粘合剂的性能及固化条件，可作选用时参考。

(2) 粘贴工艺

质量优良的粘合剂仅当采用了正确的粘贴工艺才能有良好的效果。可以说，粘贴片质量的好坏，粘贴剂质量占 40%，贴片工艺的影响占 60%，因此贴片工艺十分重要。贴片工艺主要包括：

①处理试件表面。处理的面积应大于电阻应变片的面积。对钢试件，应清除油漆、锈

斑、氧化层及油污等，粘贴面应平整光洁但有一定的粗糙度以增加应变片和试件的粘结。对混凝土试件应除去表面浮浆层，贴片位置应避开空洞或石子。对有机玻璃等塑料试件应略加打毛以增加应变片和试件的粘结。试件表面去油十分重要，否则粘结剂将达不到应有的抗剪强度。根据试件材料，选用丙酮、酒精、四氯化碳等溶剂清洗试件表面，清洗过的地方不能用手触摸，防止手上的汗脂等污染贴片部位；

②在试件表面划出测点中心线（应划在处理过的面积的外围）；

③涂胶贴片。在试件表面及电阻应变片背面各涂一薄层粘结剂再进行粘合以确保粘结剂饱满。试件表面的涂交面积应大于电阻应变片的面积。一般说来，粘结剂层越来越薄，粘结强度越高，但不允许粘结剂层含有气泡。不同的粘结剂有不同的固化或干燥的工艺要求，一般剪切强度高绝缘性能好的粘结剂，固化都需要加温并要求一定的固化时间。应严格遵守各种粘结剂的固化温度要求。温度过低将使粘结剂固化不完全、达不到抗剪强度；温度高将损坏粘结剂和电阻应变片；

④检查贴片质量。包括电阻值、绝缘电阻、贴片位置等。对电阻值和检查电阻片时测定的初始阻值相差较大的应变片应剔除换贴新片。绝缘不良对测试有较大的影响，在静态量测时，一般要求电阻丝和试件间的绝缘电阻值>200MΩ 才能得到稳定的量测数据；

⑤焊接导线和作防潮处理。焊点不允许有虚焊，防潮处理应严格按照各种防潮剂的操作要求进行。所有上述贴片工艺，需要有一定的操作经验的积累才能较完善地达到要求。

（3）布置测点

在了解了应变量测方法和各种测应变仪器的特性后，需要进一步考虑如何布置应变测点。这需要对试验结构有初步的理论分析作为指导。一般布置在最不利截面的应力最大处，如最大弯矩截面的上、下表面；剪力最大截面的中间高度处或弯矩剪力同时都较大处。对于钢筋混凝土结构，拉区混凝土在出现裂缝后便逐渐退出工作，应在拉区主钢筋上布置应变计。可采用预埋电阻片及预埋木块两种做法。预埋电阻片是在浇混凝土之前将电阻片贴在钢筋上，电阻片及引出导线的防水防潮应作妥善处理，防止电阻片受潮后绝缘电阻下降而使电阻片失效，造成不可弥补的测点损失。在做电阻片防水保护层时，还需注意使钢筋和混凝土之间粘结力的损坏范围尽可能小。预埋木块是用小木块在欲贴电阻片处留出位置，待混凝土达到强度后取出木块贴上电阻应变片，此法较稳妥。缺点是木块形成的空洞将损失一部分混凝土计算面积。

（4）应变花布置

在两向应力状态时，需要测出一点的两个或三个方向的应变，才可求取此测点的主应力的大小和方向。这就要使用粘贴在一个公共基底上、按一定方向布置的 2～4 个敏感栅组成的电阻应变片，这种应变片叫做电阻应变花、应变花或多轴应变片。

对于短接式或箔式应变片组成的应变花，因其横向效应系数极小，故不考虑修正问题。对于由半圆头丝绕式应变片组成的应变花，如果对于测试结果要求不很严格的话，必不必考虑修正。

（5）应变计布置

当结构处于弹性阶段时，可借测定截面的应变分布来确定该截面的内力。此时只需在截面上安装与未知内力（如轴力 N、x 方向的弯矩 Mx、y 方向的弯矩 My）数量相等的应变计便可，但是为了消除由于荷载或材料不均匀性引起的偏心作用，也为了校核，即使对单向拉杆或压杆，也至少布置两个仪表，上、下或左、右对称放置。

对于铁路桥涵、反应堆压力容量等大体积结构，还常常要量测混凝土内部的应力分布，这时就要用埋入式应变计。各种埋入式应变计均应注意埋入应变计与混凝土材料之间的刚度及热膨胀的匹配问题，否则会引起应力集中过大的热应力输出使量测值失真。

4. 手持式应变仪

手持式引伸仪是一种用位移计测量应变的仪器。一台仪器可以测量多个测点，使用方便。使用时无须将仪器固定在结构测点上，而是每次用手持着，临时按在各测点上进行测读，读后收起。其所测的结果仍能保持数值的连续性。故特别适合于长期观测，如图1.4.2-6。

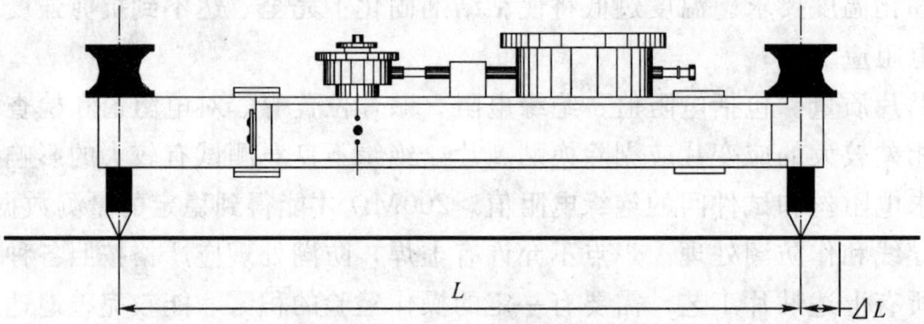

图 1.4.2-6 手持式应变仪构造示意图

手持式应变仪的工作原理就是相对运动原理，位移计的壳体固定在一根金属杆的外突部分上，位移的测杆与另一根金属杆的外突部分接触。两根刚性金属杆之间由二片具有良好弹性的弹簧片连接，因而能被平行地相对移动。每根金属杆的一端有一个尖锐的插足，两插足间的距离 L 为仪器的标距。测试前在构件测点部位，按照标距 L 预埋或预贴带有圆形孔穴的金属测头，测头一般用不锈钢或铜制成，其外径 ϕ8mm，孔径 ϕ1mm 即可。读数时将仪器的两个插足插在孔穴中，两个测头之间相对距离的变化，即为构件在区段 L 所发生的变形 ΔL_1，自位移计上读数可得加荷前后二次读数的差值 ΔL，经计算可确定被测构件的应变值 $\varepsilon=\Delta L/L$在现场试验中，当温度变化较大时，可用同样的材料，制作温度补偿块，测量试件变形时，同时也测定补偿块的变形，以扣除温度的影响。

用位移计测量应变的装置常用夹具位移计安装在结构表面测定变形而求得区段 L 的平均应变。因此各种型式的位移计，不论是机测的还是电测的，都可用来测量变形。这种装置，使用灵活，装拆方便，又能重复使用，常称为工具式应变测量装置。对于钢筋混凝土结构，需用大标距进行测量。但多点测量时，需要位移计数量较多，同时体积较大。

四、位移量测

结构的位移代表结构的整体变形，它概括了结构总的工作性能。通过位移测定，不仅可了解结构的刚度及其变化情况，还可区分结构的弹性和非弹性性质。结构任何部位的异常变形或局部损坏都会在位移上得到反映。因此，在确定测试项目时，首先就应该考虑结构或构件的整体变形——位移的量测。

位移量测的主要内容为某一特征点（一般为跨中或集中荷载下及位移最大处）的荷载—

位移曲线及各特征荷载值下构件纵轴的挠度曲线。

图 1.4.2-7 为各种测位移仪表。其中常用的百分表、电子百分表（又称应变式位移传感器）及线性差动电感式位移计（LADT）等。当位移值较大时，可用多圈电位器。水准仪和经纬仪也是量测大位移的方便工具。它们便于作多点和远距离量测。利用激光量测是一种非接触式量测方法，在动力试验中用它量测位移亦很方便。

选用测位移仪表时，应参考事先估算的理论值以防量程不够或精度不满足要求。量测结构位移时需要特别注意支座沉降的影响。

除应变和位移外，转角等参数也是结构分析的重要资料，可以用基本仪表和各类转换元件配以不同的附件及夹具进行测定。

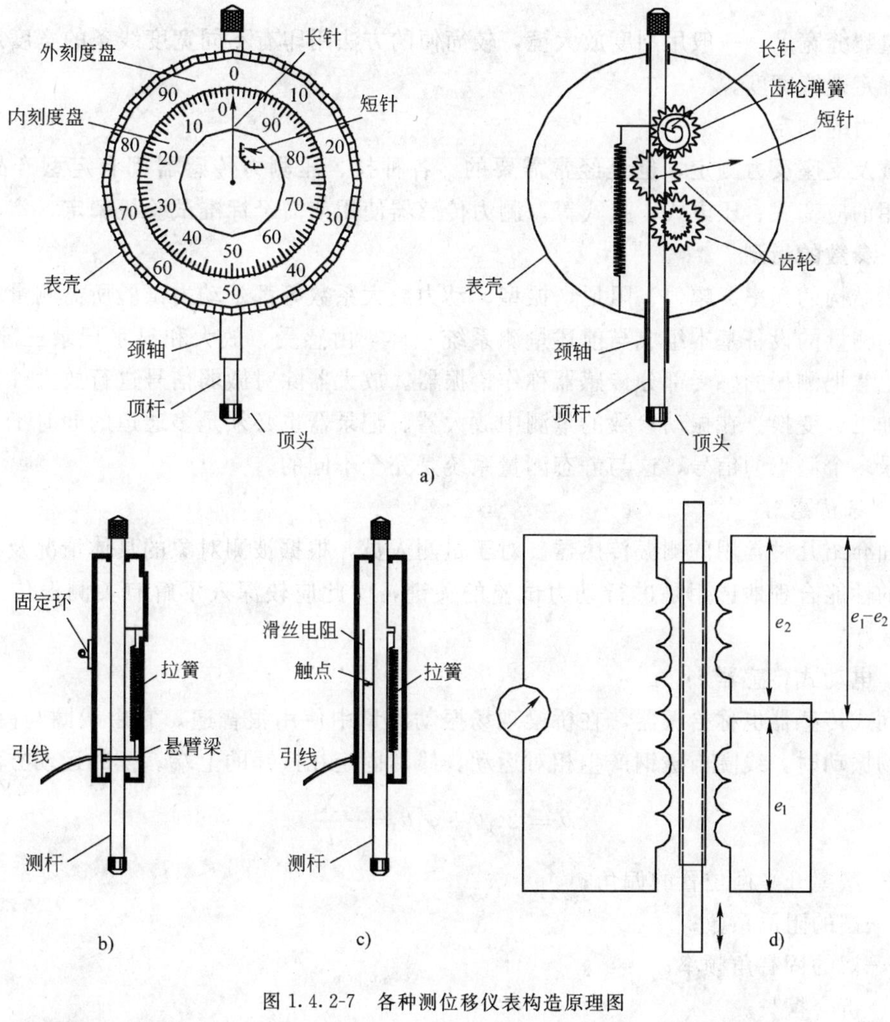

图 1.4.2-7　各种测位移仪表构造原理图

a）百分表（或千分表）；b）电子百分表；c）滑丝电阻式位移计；d）线性差动电感式位移计

五、裂缝量测

监测钢筋混凝土结构或构件的裂缝发生时刻，以及裂缝的宽度、长度随荷载的发展情况对确定开裂荷载、研究结构的破坏过程，尤其是研究预应力结构的抗裂及变形性能都十分重要。

目前最常用来发现裂缝的方法是在构件表面刷一层薄层石灰浆后借助放大镜用肉眼查找裂缝，白色石灰浆涂层有利于衬托出试件表面的微细裂缝。为便于记录和描述裂缝的发生部位和扩展情况，可在构件表面划出网络坐标。当需要更精确地确定开裂荷载时，在拉区连续搭接安装应变计检测第一批裂缝的出现。出现裂缝时，跨裂缝的应变计读数就会异常。由于裂缝出现的位置不易确定，往往需要在较大的范围内连续布置应变计，这将占用过多的仪表和提高试验费用。近年来应用声发射法发现裂缝的技术也得到发展，这种方法是利用材料开裂时发射出的应力波，通过接收传感器检测裂缝的出现荷载、开裂程度，通过多通道的声发射接受仪还可确定裂缝的位置。这种方法不但能发现构件表面的裂缝，还能发现内部的微细裂缝。

测量裂缝宽度，一般用刻度放大镜，较简便的方法用印有不同宽度线条的宽度尺和裂缝对比来确定裂缝宽度。

六、力的测定

荷载及支座反力测定，也是经常需要的。各种拉、压测力传感器都有定型产品可供选用，常用的应变式、压电式、弦式等。测力传感器使用前需经标准试验机率定。

七、参数的量测

桥梁结构的频率、幅值、阻尼、振型、动力放大系数等都是动力试验所需测量的基本参数。振动测量的设备基本组成与前述量测系统一样，由感受、放大和显示记录三部分组成。习惯上也常把测振的感受部分传感器称作拾振器。放大器除对微弱信号进行放大外，还要进行某些加工、变换。在振动参数的量测中放大器、记录器也必须是多通道的同时工作，以便同时记录多个测点的信号，这与静态测量系统是完全不同的。

1. 测振传感器

下面介绍几种常用的测振传感器。对于量测人员，根据被测对象的具体情况及各种测振传感器的性能合理地选用是进行动力试验的关键，因此应较深入了解有关测振传感器的知识。

(1) 电动式传感器

电动式传感器也称拾振器，在桥梁现场振动测量中使用很普遍。它由线圈与磁钢组成。当被测物振动时，线圈与磁钢产生相对运动，线圈固定在摆锤的上端。摆的运动方程为：

$$\theta = 2\varepsilon_1\theta + \varpi_1^2\theta = -\frac{X_i}{l_1} \tag{1.4.2-5}$$

θ——摆离开平衡位置的偏角；

ε——摆的阻尼系数；

ω——摆的固有角频率；

l_1——折合摆长。

因 θ 很小，$\theta=\dfrac{X_c}{l_1}$，X_c：摆对被测物的相对位移，上式可写成 $X_c=2\varepsilon_1 X_c+\omega_1^2 X_c=-X_0$

解此方程可以证明：选用不同的摆 ε_1 与 ω_1 值，可使摆锤中心相对于被测物的唯位移 X_c 在一定频段内与地面运动的位移、速度或加速度成正比。

①当摆的固有频率 ω_1 比被测物固有频率小很多时，$\omega_1 \ll \omega$ 物，且摆的阻尼系数即 ε_1 很小时，上式中 $2\varepsilon_1 X_c$ 与 ωX_c 两项与其他两项比，可忽略。这时摆的运动与被测物运动的位移成正比，$X_c = X_c$，这就是位移摆。

②当 $\omega \gg \omega$，且 ε_1 很小时，上式中 $X_C + 2\varepsilon_1 X_1$ 两项比 ω、X_c 小得多，可以忽略，这是 $X_c \propto X_0$，摆的运动与被测物运动的加速度成正比，称之为加速度摆。

③当 $\omega_1 \approx \omega$，且 ε_1 很大时 $X_c + \omega X_c$，两项可以忽略，此时 $X_c \propto X_0$，摆的运动与被测物运动的速度成正比，称之为加速度摆。

线圈在磁钢中的运动，引起磁通量 ϕ 的变化，在线圈中产生感生电动势，如果线圈有 N 匝，则感生电动势为：

$$\theta_S = N \frac{d\Phi}{dt} \tag{1.4.2-6}$$

若一匝线圈长度 L，磁感应强度为 B，则

$$\theta_S = N \cdot B \cdot L \cdot V = N \cdot B \cdot Ldx/dt \tag{1.4.2-7}$$

可见感生电动势与被测物的运动有一微分关系。位移摆输出的电量是与被测物体运动的速度成正比的，那么速度摆输出的电量反映的是物体的加速度。

上述分析都是对传感器本身自由振动体系而言的，实际测试时运动方式正好相反。

因此对于一个电动式传感器来说，一定要了解其使用范围，只有正确使用才能获得设计物理量的输出，否则可能误差很大，甚至面目皆非。例如某种位移摆，自振频率是 2Hz 以上，若测量 2Hz 以上的振动，摆体的运动才和被测物体的位移成正比，输出的电量与物体运动速度成正比。若使用在远小于 2Hz 的频段，这时输出的电量有可能与物体运动的加速度的微分成正比例。

因此在使用电动式传感器时，一定要了解其使用的频率范围和摆的自振频率。

(2) 电阻应变式传感器

电阻应变片的原理与使用，前面已论述过了。电阻应变式传感器也是使用得很广泛的一种测振传感器，它是将被测的振动量转换成传感元件的电阻变化，这一转换主要是通过电阻丝来实现的。可做成粘贴式的，也可作成张丝式的，典型的是加速度计，它是一个“质量—弹簧”系统，当惯性质量块与外壳发生相对运动时，应变片或电阻丝的电阻发生变化，其值与振动加速度成正比，即：

$$\Delta R/R = K\varepsilon \infty \alpha \tag{1.4.2-8}$$

改变一下传感器的结构型式，可做成电阻应变式位移、倾角、力传感器等。目前还采用了半导体应变片，由于它的灵敏系数是普通应变片的十几倍，因此大大提高了传感器的灵敏度，但半导体应变片的温度响应较差。

电阻应变式传感器的特点是低频响应好，可以从零频开始，一般使用频率范围为 0～100Hz左右，测量仪器通用化，可与动态应变仪配合构成测量系统。

(3) 压电式加速度传感器

这种传感器的工作原理，是以某些晶体在受力后产生电荷的压电效应为基础的，最常用的压电晶体有石英、酒石酸钠、钛酸钠、锆钛酸铅等。

测量时压电晶体片受到惯性质量块的惯性力作用，产生变形，在两导电极面上由于压电

效应产生电荷，电荷量与晶体片的变形成正比。压电元件即是传感元件又是弹簧元件，与惯性质量块构成“质量-弹簧”振动系统，一般压电式加速度计的固有频率提高，在上万赫兹以上。被测振动频率远低于传感器振动系统的固有频率，所以质量块与传感器外壳的相对位移（即压电晶体片的变形）被测物振动的加速度成正比。

压电式加速度计的灵敏度可用电荷灵敏度或电压灵敏度表示。若用电荷放大器则使用电荷灵敏度，若电压放大器则用电压灵敏度。

电荷灵敏度 $S_q=q/\alpha$（库仑/g）；

电压灵敏度 $S_\theta=\theta/\alpha$（毫伏/g）；

其中，a 为被测的加速度。

两者的关系为：

$$S_\theta=S_q/C$$

C 为总电容，当组成测量系统时还应包括电缆的电容。

压电式加速度计使用时应注意的问题：

①安装压电加速度计对使用者来说是很重要的，安装方法可有几种形式。

a. 第一种方法用螺栓连接，此法频响最好，与实际校准加速度计时的条件相似。安装时螺栓不要太紧，特别注意不要完全拧入加速度计的基座中。若安装表面不平滑，可涂一薄层硅脂。

b. 第二种方法使用绝缘螺栓和薄云母垫层将加速度计和振动物体相互绝缘，此法频响也较好。

c. 第三种使用永久磁铁，磁铁也需与振动物体绝缘，此法适用于加速度小于 200g 时的测量。

d. 第四种 501 胶或环氧树脂等粘接剂粘合，此法用于低加速测量，高频响应差。要避免使用软胶体或树脂。

e. 第五种用一薄层蜡粘接加速度计，此法的频率响应也很好，但要不能超过 1000Hz。

②由于横向效应的存在，压电加速度计的输出中也反映出与灵敏度轴垂直方向的振动，因此安装时更要特别注意保证传感器主轴线方向同被测加速度方向相一致。

③接地问题。压电传感器内阻很大，电容的影响也很突出，因此测量屏蔽、接地问题更应注意。应采取一点接地的方法，避免形成接地回路，最好在最后的显示记录仪器上接地。实际工作中由于各种因素的影响，有时需选择几个接地点试验一下，以确定最佳的一个接地位置。

这一原则，对其他的测试系统也适用的。

④使用压电加速度计进行测量时还应注意测量电缆要固定，减小电缆噪声。

⑤注意防潮，传感器输出端子要保持清洁，以免降低绝缘电阻等。

（4）伺服式加速传感器（力平衡式传感器）

它的特点是除了惯性接收系统外，具有两套机一电变换部分。下部分是电动力速度变化部分，上部分是电容位移变化部分。当对惯性接受系统输入 m_x 后，输出响应 y，响应 y 由电容变化器接收，并通过一套电路输出电流 i，然后将电流 i 经过测量电阻 R 输入到电动力变换部分得到电磁力 F_e。在某一瞬间电磁力 F_e 与惯性力应 m_x 是相等的（即所谓平衡），则

电流 i 正比于加速度 X，那么我们在测量电阻上就可得到一正比于加速度的电压 U。对传感器来说，这种平衡马上被破坏，产生新的不平衡，则又有对应的电磁力产生，不平衡—平衡—不平衡的这种周而复始，即是到被测物体加速度的交变信号。

伺服加速度传感器是一种新发展的低频加速度计，使用范围从零赫兹至四、五百赫兹，动态响应好，灵敏度高，线性较好，但测量线路比较复杂。

2. 放大器和记录器

测振动放大器是振动测试系统中的中间环节，它的输入特性与拾振器的输出特性相匹配，而它的输出特性又必须满足记录及显示设备的要求。选用时还要注意其频率范围。常用的测振放大器有电压放大器和电荷放大器两种。电压放大器结构简单，可靠性好，但它和压电式拾振器联用时，对导线变化极敏感。电荷放大器的输出电压与导线电容量的变化无关，这对远距离测试带来很大方便。在目前的振动测试中，压电式加速度传感器常与电荷放大器配合使用。

为将被测振动参数随时间变化的过程记录下来，在振动测试中，记录仪器是不可少的，也有把放大器的输出信号直接输入数据处理现场进行实时处理的做法，目前用得还不太多。

结构振动测量中常用的记录仪器有光线示波器，x—y 函数记录仪，磁带记录仪等。它们各有优缺点。

①光线示波器利用惯性很小，带有小镜的磁电式振子将电信号转换为光信号，经光学系统放大后在感光纸或胶卷上记录显示。它灵敏度高，工作频带宽（可记录 5000Hz 以下的信号），可直接显示调点记录，但准确性较差。

②$x-y$ 函数记录仪可在直角坐标上描绘出两个参量的函数关系，采用零位法进行自动平衡。$x-y$ 函数记录仪准确性高，误差为满幅度的（0.2～0.5）%记录笔幅度大，可达（200～300）mm，直观，但响应时间长，为（0.25～1）s，故只能记录低过程。

③磁带记录仪利用电磁感应原理，通过变化的电磁信号磁化铁材料（磁带）而进行记录。磁带记录仪的工作频带极宽，可以记录从直流到 2MHz 的信号，记录时间可长达几十小时，利用不同的速度，可变换不同的速度，可变换时标信号，快记慢放或慢记快放。这对于信号的分析处理极为有力。在多路记录时能保持多逆信号间正确和相位关系。它最主要的优点是可将磁信号还原为电信号直接输入模拟式信号处理机或进一步经模数转换后输入数字式信号分析仪或电子计算机进行数据处理。若要将较复杂的光线示波器或 $x-y$ 记录仪的记录曲线用信号处理，先要把记录曲线变为模拟量或数字量，然后送入信号处理机或计算机进行处理，这是繁重而易出错的工作。因此随着计算机在数据处理中日益广泛的应用及数据处理技术的发展，磁带记录仪将成为不可缺少的主要记录仪器。

要想使用磁带记录器获得好的记录，正确的使用和平日的维护是很重要的。

使用注意事项：

①使用磁带记录时，首先应了解磁带机的技术性能，看与测试系统的其他仪器是否配套。主要应考虑输入、输出、电压和可记录的通道数等；

②记录时要正确选择带速，可根据所记录信号的频率范围确定。一般桥梁振动量可用最低档的带速，其频带宽约为 DC-几百赫已足够用了；

③记录时要控制信号电平，不要使其饱和，否则会使信号失真，一般磁带记录器上都有电平表，可监视记录电平。通过调节记录放大器输入端的衰减器（或灵敏度调节电位器）可以改变输入信号的幅度，使放大器和记录磁头不至于饱和。也不能使记录电平太小，太小信噪比会恶化。一般可使电平表指针控制在工作区域的1/2左右处，这样大信号也不至于饱和。小信号也能保证一定的信噪比；

④现在的磁带记录器，一般均有语言和噪声补偿电路，有的是各自单独占一个通道，有的是共用一个通道的，使用语言解说后要及时转换到噪声补偿控制。语言说明要尽量在记录前或记录后进行，尽量避免在记录信号的同时进行，因为这多少会对信号通道的记录产生影响；

⑤操作时，若要转换磁带运行状态，应先停止走带再进行转换。

日常维护：

①使用时要防止尘土侵入机内，不要在高温、潮湿和有强磁场的环境中使用。不要用手摸磁带和磁头；

②要定期清洁磁头和转动机构。清洗时可用竹棒前端包上药棉，蘸上无水乙醇或专用清洁剂擦洗几遍，无水乙醇和清洁剂不要蘸的太多，用手指稍稍挤干后进行擦洗。清洁时要切断电源。中盒式磁带记录要打开记录器的磁带仓盖，按下回放按键，便可露出磁头和传动机构；

③磁带断裂后，可将断头重迭一小段。用无磁性剪刀按45°角的方向斜剪一刀，然后把两段磁带的斜口对齐。用塑料胶纸贴牢。粘接时要尽量减小接口处的缝隙，但勿重叠。注意胶纸应贴在无磁粉的那面（即不接触磁头的反面），贴接要平整光滑，最后剪去多余的胶纸使之与磁带宽度相等；

④记录上信号的磁带应妥善保存，置于1525℃的环境之中。若长期不使用，也要定期回放一次，一般间隔一年即可。

3. 振动测试仪器的标定

在进行桥梁动态测量时，测试仪器的标定工作是十分重要的。由于各种原因，测振仪器在使用过程中性能参数会发生一些变化；另外，即使同一种传感器，同一种放大器、记录器，每个通道的性能也有所差异，而使用时相互的搭配关系也时常有变化。为了保证振动测量结果的可靠性及精度，试验前必须对测试仪器进行认真的标定。

(1) 基本标定内容

测振仪器需要进行标定的内容很多，但从使用的角度来讲，主要进行下面几项即可：

①灵敏度的标定通过对单台仪器或整个测试系统的标定，以获得单台仪器或整个测试系统的灵敏度及放大倍数，也就是输出量与输入量的比值。

对于传感器或传感器加上放大器的测量装置，其灵敏度为：

$$S=U/Y$$

U：输出电压幅值；

Y：输入振动量幅值。

对有示波器或笔记录的测试系统，其灵敏度为：

$$S=A/Y$$

A：记录波形的幅值；

Y：输入振动量的幅值。

标定时，通常由振动台给出一个固定的振动幅度，同时测量仪器输出端的信号电平或记录器所记录的波形幅值，从而计算出灵敏度。在计算标定值时，一般取峰～峰值比较好。

例如：701拾震器位移档+701－5放大器+光线示波器测振系统，量得示波器记录波形峰～峰值为50mm，振动台给定位移峰～峰值为0.7mm。该系统灵敏度为：

$$S=50/0.7=71.4\text{mm/mm}$$

放大倍数$K=71.4$倍。

②频率特性的标定频率特性的标定，包括幅频特性曲线和相频特性曲线的标定。一般使用，只标定幅频特性曲线即可。标定时，固定振动台的幅度，改变频率，测出各个频率时仪器输出电平或记录幅度，计算出各自的灵敏度，从而得到灵敏度随频率变化的情况。用灵敏度作纵坐标，频率作横坐标，即刻可得到一条幅频特性曲线，以此决定仪器可使用的频率范围。

③线性度标定线性度是反映在给定的频率下，仪器灵敏度随输入振动幅度大小变化的程度。标定时，振动台固定在测振仪允许使用的频率范围内的某一频率上，改变输入振幅，测量输出，以输入量为横坐标，输出量为纵坐标，即可得到线度曲线，从这条曲线可以看出测振仪的动态范围。

除此以外，测振仪需要标定的参数还有不少，例如：横向灵敏度温度响应等。但对使用者来说，最重要的是灵敏度的标定。

(2) 测振仪的分段标定与系统标定方法

测振仪的标定，从不同角度出发有很多方法。而在实际中，根据仪器的配套情况，可分为两种形式，一种是系统标定法，另一种是分段标定法。

①系统标定法系统标定，即把传感器、放大器、记录设备看成一个整体，标定输入振动量与输出的电量或记录值的关系，得到整套仪器总的灵敏度和频率特性关系等。一般系统标定，在振动台上进行。

系统标定时，要注意测振仪的配套情况与实际使用时一定要完全一致。一旦标定好，传感器与放大器、记录器通道的对应关系就不能再随意改变。传感器的工作状态，放大器、记录器的衰减档，电磁阻尼电阻值，标定时都要认真地做好记录，实测时不能再改变。

系统标定，标定工作比较简单、方便，而且标定时仪器情况与使用时一样，因此较为可靠，误差小，但使用时不够灵活，某一通道的某一环节出故障，整个通道都不能使用，若更换其中一部分，要重新进行标定。

②分段标定法分段标定是把整套测振仪器按传感器、放大器、记录三部分，分别标定其灵敏度K_S、K_F、K_R，则测试系统总的灵敏度为：

$$K=K_S\cdot K_F\cdot K_R$$

例如，分别标定出某一传感器$K_S=250\text{mV/cm/s}$，放大器衰减档1100时，$K_F=0.007\text{mA/mV}$，光线示波器记录所用12000号振子$K_R=40\text{mA/mA}$。则整套仪器的灵敏度为

$$K=250\times 0.007\times 40=70\text{mm/cm/s}$$

分段标定时，要注意各级仪器之间的匹配，所选用的信号源的输出阻抗及检测仪器的输入阻抗应与测振器相应的部分相似。否则，会增大误差，甚至得到错误结果。例如标定放大器时，所选用的信号源输出阻抗及输出幅度应与传感器相似，而检测放大器输出量的仪表应与记录相似。

分段标定的测振仪器，使用起来比较灵活，可任意组合，但标定工作比较麻烦。

(3)“绝对法”和“比较法”标定测振仪器

从对振动给定参数的测量角度讲，测振仪器的标定，可有“绝对标定法”和“比较标定法”两种。

①绝对标定法标定测振仪器时，振动台给定一正弦振动，然后测量这个振动的振幅（长度）和频率（时间）两个最基本的参数。这一振动即为测振仪输入。再根据测振仪所获得的这一标准振动的记录值，即可计算出测振仪的灵敏度等。

绝对标定法，要求精确测定振动台的振幅和频率。频率测量精度容易保证，关键是振幅的测量。目前，多用读数显微镜和激光测振仪来测定。

②比较标定法比较法是用标定的测振仪与已知的标准测振仪同时测量一给定的振动，比较其结果，得到被标定测振仪的灵敏度及频率特性等。由于能直接从已知标准测振仪上读出位移、速度或加速度等，所以比较简单、直观。

标准测振仪性能的优劣将直接影响标定结果，因此应选用比待测定仪器精度高一个等级的仪器。它的灵敏度与频率特性的标准由“绝对法”最高标准技术获得。

做比较标定时，被标测振仪的传感器应与标准传感器尽量靠近，经常采用“背靠背”的安装方法。

§4.3 试验荷载与加载系统

一、试验荷载

结构物上承受的各种外荷载大致可归纳为静力荷载和动力荷载两类。此外，温度和地基不均匀沉降也是引起结构内力的外界因素。根据不同的试验目的，进行结构试验时，应在试验对象上再现要求的荷载。也可以说，试验加载方式直接关系到试验目的和试验性质。

1. 静荷载

对于结构的强度、刚度、稳定等问题的研究试验及鉴定性试验，常常只加静荷载，而且是短期作用的静荷载。在试验前，除需确定荷载类型（水平、垂直；集中、均布……）、加载位置、荷载值以及是否加至破坏荷载等问题外，还需确定加载顺序。静力试验的加载顺序一般分为三个阶段：预加载阶段、标准荷载阶段和破坏荷载阶段。预加载的目的是检验各试验装置及量测仪表的工作是否正常，同时还可使一些试验结构的节点等部位接触密实进入工作状态。结构承受标准荷载是结构的工作状态，为弥补在试验中以短期荷载代替实际长期荷载之不足，要求试验结构在标准荷载下停留较长的时间以使结构变形得到充分发展。对于桥梁结构现场试验一般不小于1h。考虑到观察、测读仪表和分析数据的需要，常采用分级加载的方法对结构施加荷载。每级荷载值约为（10%～20%）的标准荷载。对于钢筋混凝土结构，预加载的数值一般为1～2级荷载值，以不超过结构的开裂荷载为限。在临近开裂和破坏前，可取5%的标准荷载或更小的荷载值作为一级荷截值，以便准确确定开裂和破坏荷载值。

2. 动荷载

对于研究结构动力性能的试验，需施加动荷载。此时，因试验目的和试验对象的不同，试验荷载可有很大的差别。

若为研究实际结构的动力特性，常使结构作自由振动或强迫振动，也常利用风和周围环境的微小振动引起结构的脉动测定结构的动力特性。图1.4.3-1a）为测定结构动力特性所用的荷载。当通过强迫振动测定结构的动力特性时，需连续改变振源的振动频率找出结构的共振。

若为研究结构在各种实际动载下的动力反应，需通过专门的激振设备再现各种实际的动荷载（图1.4.3-1b）、c）、d）），因受激振设备能力的限制常常只能作小比例的结构模型试验。

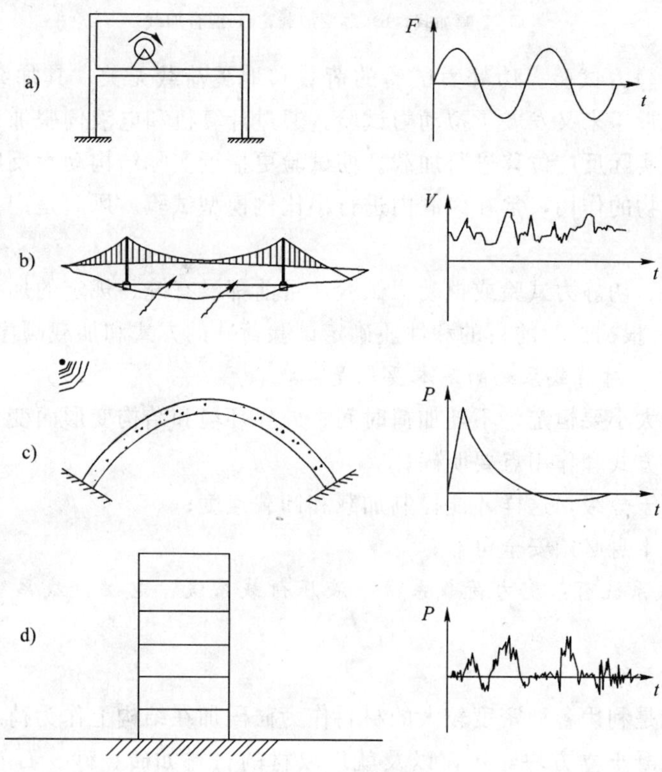

图1.4.3-1　作用在结构上的几种动力荷载图

由于小比例的模型试验数据往往不足以反应实际结构的情况，在假定为第一振型的前提下，常通过对足尺或较大比例的结构构件施加多次反复循环荷载（图1.4.3-2）近似模拟地震等作用，获取结构的非弹性荷载-变形特性，包括能量消耗，延性性能等以建立较符合实际结构情况的数学模型，最后利用计算机程序计算分析动态反应。这种对结构施加反复循环

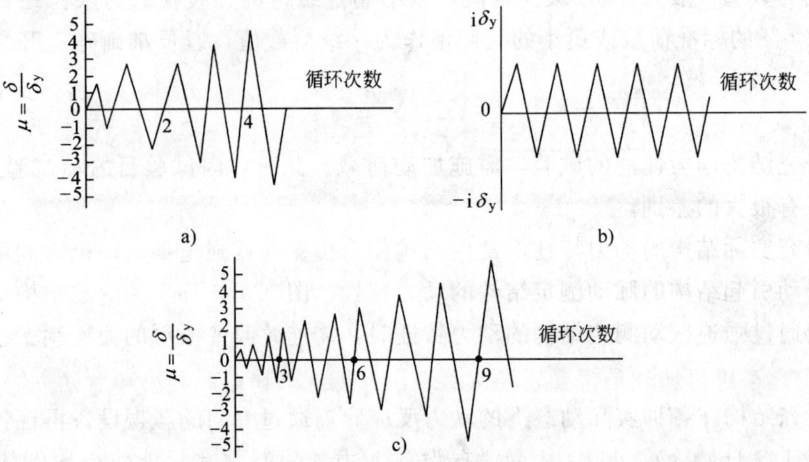

图 1.4.3-2 伪静力试验的几种加载顺序图

a）变幅加载；b）等幅加载；c）混合加载

荷载的方法称为伪静力试验。伪静力试验的荷载和地震荷载无关，其加载里程（即加载顺序）主观确定的。近年来又发展了拟动力试验，通过计算机和电液伺服加载系统对足尺或大比例的结构模型按实际反应位移进行加载。使试验更接近实际结构动力反应的真实情况。若为研究风载对结构物的作用，常在风洞内进行小比例模型试验。风洞是产生不同速度气流的专用试验设备。

不论静力试验、伪静力试验或拟动力试验，目前都没有统一规定的加载方式（或加载顺序），试验研究者常根据试验的目的和性质确定试验荷载的方式和加载顺序。

3. 结构试验中，对荷载系统的基本要求是：

（1）荷载值的大小要恒定，不随加荷时间、外界环境和结构变形而变化；

（2）荷载传力方式和作用点要明确；

（3）荷载要便于分级，这样才能控制加载和卸载速度；

（4）荷载系统本身必须安全可靠；

4. 常用的荷载系统有：重力荷载系统、液压荷载系统、电磁荷载系统、机械荷载系统等多种。

二、重力加载系统

重力加载系统是利用各种密度较大的材料作为砝码加在结构上作为荷载，如专门浇制的标准铸铁砝码，混凝土立方块，水，以及就地取材的材料如砖、砂、石乃至废钢锭、钢轨等。

重物荷载用作集中荷载时，常用杠杆将荷载值放大。此时，应注意使杠杆的三个力点在同一水平线上，以免因结构变形杠杆倾斜改变杠杆原有的放大倍率。

用水作为重力荷载，进行加载试验也是很简便的。水可以盛在水桶和水箱内，用吊杠连于结构作为集中荷载，也可以采用盛水装置作为均布荷载直接加于结构表面。每 10cm 高的水可产生 10～3MPa 的均布荷载，见图 1.4.3-3。

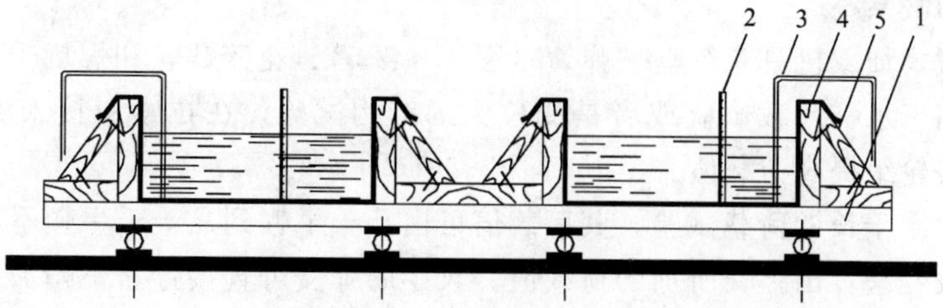

图 1.4.3-3　水加载装置图

1-连续板；2-标尺；3-虹吸管；4-防水布；5-斜撑

用载重汽车进行加载是桥梁现场试验常用的方法。荷载的大小和加载位置根据设计荷载在控制界面所产生的内力效应等效换算确定，荷载的分级可由载重车不同的装载量划分，也可由其在控制截面产生累进的效应来获得。一般加载可分为四级，分别达到最不利活载内力的 40%、70%、90%、100%。使用运行的车辆可作为动力试验荷载。

重力加载系统的优点是设备简单、取材方便、加荷形式灵活等；缺点是荷载量不能很大，操作笨重而费工。砂子等容易受大气温度变化的影响。此外，当用堆载方式试验时，一旦结构破坏，而荷载不随之卸载。因此，必须采取严格的安全措施，防止事故发生。

三、液压加载系统

液压加载系统是目前常用的加载方法。

液压加载设备一般由油泵、管路系统、操作台、千斤顶、加载架和试验台座组成（图 1.4.3-4）。实际上就是一般的油压材料试验机，只是为了适合结构试验要求将试验机的加载油缸和活塞改成可移动的千斤顶，整机架相应改为试验台座和可移动的加载架。

所用千斤顶通常专为加载而设计铸造具有较高的精度，油压一般在 300MPa 以上，因此不需要太大的活塞面积即能给出很大的荷载。使用液压千斤顶加载时，最好配用荷载维持器，否则当结构产生较大变形时，很难保持所需要的荷载值，也就不易获得试验结构在极限荷载后的性能。从操纵台出来的高压油经过分油器后，可同时供给几个千斤顶使用，对结构各个加载点施加同步荷载。拉、压作用千斤顶配以三位四通换向阀可方便地在结构物上施加往复循环荷载。现场加载也可用手动液压千斤顶。

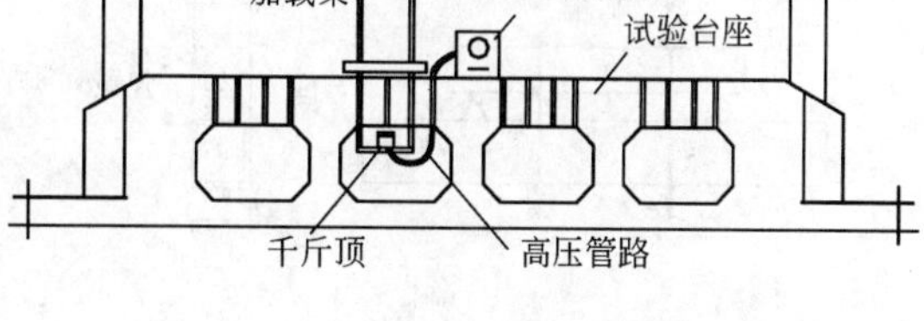

图 1.4.3-4　液压加载系统装置图

加载系统的加载承受千斤顶的反力，必需牢固可靠，刚度足够大，其产生的变形要远远小于结构的变形。

液压加载系统的优点是加载方便，产生的荷载值大，便于进行往复循环加载，带有脉动油泵的脉动千斤顶还可对试件进行疲劳试验。其缺点是当结构产生较大变形时，很难维持要求的荷载值。千斤顶往往会限制结构朝向千斤顶方向的变形，在某些情况下会影响试验结果。

四、机械加载系统

常用的机械式加载机具有绞盘、弹簧（图 1.4.3-5）、花蓝螺丝和螺旋千斤顶等。

绞盘一般用于水平荷载试验或者是变位大的结构试验，在拉索中接入测力计量测加载值，还可利用滑轮组提高荷载值。

弹簧加载常用于长期荷载试验，其荷载值可由几千牛顿到几千千牛顿不等，用千分表量测弹簧长度的改变来算出弹簧所加的荷载值。较小的弹簧可直接拧紧螺帽加载，承载力很大的弹簧则借助液压设备加压再拧紧螺帽。当结构发生徐变后，会产生卸载，因此需经常拧螺帽调整压力。

当需要加载值较小时，用正反丝扣的花篮螺丝加载较方便。

螺旋千斤顶是利用涡轮涡杆传动的原理，使用时需用测力计测定其加载值，它适用于对结构施加等变形荷载，设备简单，使用方便。

以上各类加载设备都只能产生静荷载。

另一种机械式加载设备是机械式激振器，可产生正弦波动荷载，用于测定结构动力特性的动力试验。由变速电动机带动偏心轮，利用偏心重量的离心力产生垂直或水平方向的周期荷载（图 1.4.3-6）。使用时将它固定在结构物上带动结构作强迫振动。改变电机的转速或偏心块的偏心距或质量可得到不同频率不同幅值的振动荷载，这种激振器又叫惯性式激振器，可产生几百牛顿至几千牛顿的振动荷载，工作频率范围一般在 0.5～20Hz 左右。所产生的激振力 P 和电机转速 ω 有关：

$$P=2r\omega^2 m\sin\omega t$$

式中：m——偏心块质量；

r——偏心块的偏心距。

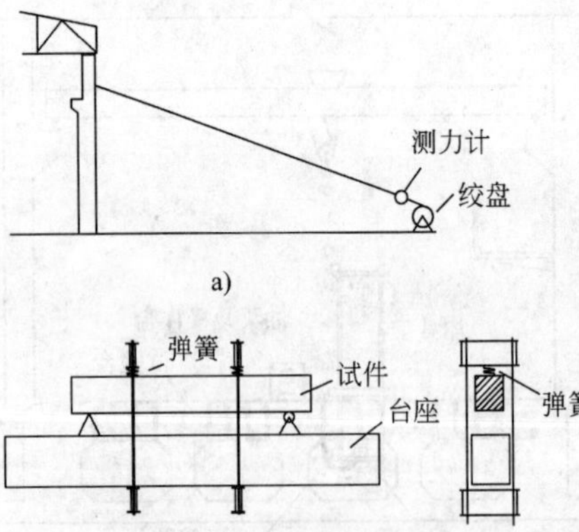

图 1.4.3-5　各种机械式加载机具

a）绞盘加载；b）弹簧加载

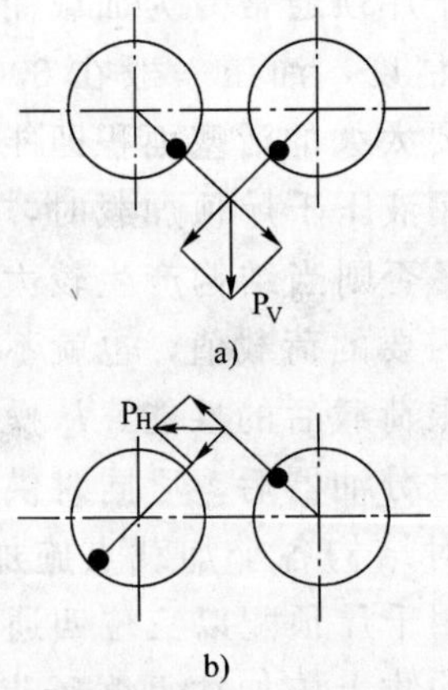

图 1.4.3-6　偏心质量产生周期荷载原理图

a）重直振动；b）水平振动

激振力的大小随频率而变化且频率低时只能产生很小的激振力，是这种激振器的缺点。

进行动力试验也可用绞盘加载使结构产生初始位移，将拉索切断，结构产生自由衰减振动。或用载重汽车在桥面跳车、刹车，以及用重物对结构进行一个瞬时冲击，使其具有一初速度，产生自由衰减振动。

五、电磁加载

电磁加载设备利用电磁力推动结构作强迫振动一般作成振动台或激振器。现场试验使用电磁激振器，如用机械阻抗法检查桩基的完整性时，即可使用电磁激振器作为激振源。激振器的激振力从几十公斤至几吨，频率0.5Hz至几千Hz。

近年来在试验结构附近进行人工爆破，或在结构上施放小火箭进行激振的方法也开始由于现场试验，并取得比较好的效果。用小火箭激振，激振力和作用时间可通过火药量和燃烧时间的控制而准确得到。

此外，在荷载实验中除上述的基本加载设备外，由于结构型式千差万别，还需针对具体结构自行设计各种辅助装置，如夹具、分配梁、支座等。

§4.4　桥梁结构静载试验

一、概况

桥梁结构试验是对桥梁结构物工作状态进行直接测试的一种检定手段，而静载试验就是其中一种主要的测试方法。桥梁结构的静载试验是将静止的荷载作用在桥梁上的指定位置而测试结构的静应变、静位移以及其他试验项目，从而推断桥梁结构在荷载作用下的工作状态和使用能力。对于桥梁结构来说，静载往往是指以缓慢速度行使到桥上的指定荷重级别的车辆荷载。当试验现场条件受限制时，有时也以施加荷重（如堆置铸铁块、水泥、预制块件、水箱等）或者以液压千斤顶装置施力等方式来模拟某一等级的车辆荷载，籍以达到试验的目的。由于静载试验测试的项目多，可以布置较多的测点，因此可以根据所得的测试数据，较为全面地分析结构的受力情况。

一般桥梁结构静载试验的目的主要是解决以下问题：

(1) 检验桥梁结构的设计与施工的质量；

(2) 验证桥梁结构设计理论和计算方法；

(3) 直接了解桥梁结构承载情况，籍以判断桥梁结构实际的承载能力；

(4) 积累科学技术资料，充实与发展桥梁计算理论和施工技术。

桥梁结构的静载试验大体上分为三个阶段，即：桥梁结构的考察和试验方案设计阶段；加载试验与观测阶段；测试结果的分析与总结阶段等等。

1. 桥梁结构的考察和试验方案设计阶段。

在这个阶段，应该根据试验的目的和要求，具体考察桥梁结构的设计图纸、文件、资料，进行必要的理论分析和计算，补充必要的材料力学性能试验。并在这些工作的基础上，有针对性地设计出周密合理的试验方案。同时，要全面地开始做试验前的各项具体准备工作。

2. 加载试验与观测阶段

在充分准备的基础上，按照预定的试验方案，对结构荷载，通过各处测试的仪表机具进行观测，取得数据。试验加载与观测阶段是桥梁结构静载试验的核心。

3. 测试结果的分析与总结阶段

通过加载测试，将得到大量观测数据和资料加以整理与计算，并按照科学的方法进行分析，最后作出科学的结论。

最后，综合上述三阶段内容组成一个综合性报告，即桥梁静载试验报告。

二、试验方案设计

试验方案的设计是桥梁结构静载试验的中心。试验方案的设计就是对整个试验的全过程作一全面的规划和安排。一般来说试验方案设计应根据试验目的，在充分考察和研究试验对象的状况、分析与掌握有利条件和不利因素之后，对试验的规模、形式、数量或种类作一规划。这包括确定试验场、选择试验项目和仪器设备，决定加载方案、试验技术水平、试验季节、试验经费等等，最后从实际出发，综合分析可能达到试验目的的程度，确定试验大致的方案、规模和期限。因此，试验方案的设计应包括下列的内容，即：试验的目的和依据；试验结构的基本情况；试验结构的制作和拼装；试验的基本安排：初步的荷载设计与观测设计；试验程序；安全措施与试验组织；试验进度及预期的结果等。

1. 试验的目的

桥梁结构的静载试验必须紧紧围绕试验目的开展工作。而试验目的的确定是由实际的生产需要或桥梁科学研究需要决定的。生产鉴定性试验，常以下列问题作为试验的目的。

(1) 检验桥梁结构的质量，说明工程的安全度和可靠。对于一般大、中跨径的桥梁或者具有特殊研究目的的桥梁，都要求在竣工之后，通过试验来具体地、综合地鉴定其工程质量的可靠性，并将该试验报告作为评定工程结构质量优劣的主要技术文件和依据。

(2) 判断具体桥梁结构的实际承载能力，为改建或扩建桥梁工程提供数据和资料，从而有效地利用旧有桥梁。目前在我国公路、城市道路、林区道路或其他企业道路上已建成成千上万座各种型式的桥梁。在这些桥梁中，已不能满足当前通行重型荷载的要求，有的桥梁由于受到其他因素的影响，已经受到不同程度的损伤与破坏，因此在工程实践中，经常采用试验的方法，来确定这些桥梁潜在的承载能力和安全度，并由此拟定出加固或改建的方案。特别是对于那些缺乏原始设计计算资料和图纸资料的旧桥，通过实桥荷载试验来确定能否提高载重吨位就更是势在必行的了。

(3) 为处理工程事故而进行试验鉴定，籍以得到必要的技术数据。对某些受到自然灾害或人为因素的影响而损坏的桥梁，必须进行详细的检验，以便为提出修复或加固措施提供必要的技术依据。

对于这些以生产需要为目的的桥梁静载试验，大多数是在生产和施工现场，以实桥为对象进行试验的。这些试验完全可以获得近乎实际工作状态下的技术数据和资料，由于受客观条件的限制，同时参与影响的因素较多，所以这种试验难度大，试验的精度和准确度都要受到影响。

在桥梁静载试验中，以科学研究为试验目的的往往是检验设计计算理论，各种科学假定的正确性以及某些设计参数的实用性。

由于以科学研究为目的的桥梁试验，往往是根据事先周密的考虑，有计划地有步骤地进行，试验的结构或者构件也经常是专门为试验而设计制造的，因此，这类试验大部是在专门的结构试验室内进行。这样就可能突出研究的主攻方向，就可以消除和减少周围环境对试验结果的不利影响。

2. 试验结构的考察

在实验方案设计之前，对试验结构应进行实地考察和了解。其内容如下。

(1) 搜集与试验对象有关的技术文件和资料，其中包括：

①结构的设计资料：如设计图纸、计算书以及设计的原始资料（地质资料、水文资料、土壤分析资料和气象资料等）。

②结构的施工资料：如竣工图纸、施工记录、材料性能试验报告、施工中观测记录、隐蔽工程验收记录以及阶段施工质量检查验收记录等等。

③结构使用的资料：测量桥梁纵断面图、平面图，判断梁或拱的拱度有无变化，有无横向变形；测量各墩台顶面标高、平面位置、判断桥梁墩台有无倾斜、滑动、下沉或者冻拔现象。

（2）试验对象的考察

①对于圬工梁、拱桥，考察的重点是：检查圬工有无风化、剥落、破损、裂纹（注意变截面处、加固修复处及防水层情况），对圬工剥落、裂缝处，注意检查钢筋的锈蚀情况；对钢筋混凝土桥梁注意检查宽度超过 0.2mm 竖向裂缝，并注意检查有无斜向裂缝和顺主筋方向的裂缝；对于预应力混凝土梁，注意观测梁的上拱度变化，并注意检查有无不允许出现的垂直于主筋方向的竖向裂缝；对拱桥应注意测量实际拱轴线和拱圈尺寸，并检查拱圈（拱肋）有无横向裂纹；丈量圬工严重裂缝的具体位置及尺寸，并绘制裂缝图，以便对照分析。

②对于支座的检查，注意各部分相互位置的正确，有无损坏和受力不均现象，活动支座是否灵活，其实际位移量是否正常，注意各部分螺栓有无损坏。

③对于墩台基础，则注意检查墩台圬工有无风化、剥落、破损以及裂缝，对严重裂缝的应丈量其体尺寸、位置、绘制裂缝图，以便对照分析；对有下沉、滑动、倾斜情况的墩台，应弄清地基情况，并检查桥底支座、墩台之间的相对位置关系。

④对于试验对象表面裂缝宽度可用读数放大镜量测，裂缝深度用塞尺测量；对安装质量可通过吊线锤、样规、经纬仪、水准仪量测；对结构内部的隐患可用锤击法、超声波、γ 射线等仪器探测其损坏程度；至于试验对象的几何尺寸，则可直接用钢尺丈量，不过应特别注意节点及接头处变化。

（3）材料主要的物理力学性质的确定

结构材的实际强度（如钢材、混凝土的极限强度）以及弹性模量是重要的物理力学性能指标。它们对正确估计和判断试验结构的承载能力和实际工作状态有着重要的意义，同时它也是试验数据的准确处理和正确判断的依据。因此在桥梁结构试验之前，必须通过各种方法比较准确地确定材料的主要物理力学性能指标。

在结构试验中，确定材料力学性能指标的主要方法有两种，即直接测定法和间接测定法。

直接测定法（试件试验）是研究性试验中常用的方法。在生产鉴定性试验中，对钢结构，常从结构非重要部位挖取材料制成标准的或非标准的试件，然后用标准的方法加载测定；对混凝土及砖石结构，多采用间接法测定，常用方法为非破损试验，半破损试验以及两者的综合使用。

3. 试验结构或构件的制作

（1）桥梁试验结构的设计与制作，一般是按照试验目的和要求进行的，它是研究性试验的一个重要环节。试验结构要能明确地反映研究课题的需要和要求，保证能得出所需要的试验结果。试验结构应按一定的计算理论和方法进行设计，设计中应考虑桥梁结构的支撑构件、加载装置和方法，测量仪表的安装位置和方法等，应提出详细的施工图。

（2）考虑试验结构安装和加载测试的需要，在试验结构或构件上应预留必要的构造。为了保证试验量测的可靠性和仪表安装的方便，可在试件的内部调协预埋件或预留孔洞。对钢筋混凝土结构，试验前可用较稀的石灰浆将试验结构或构件表面粉刷并划分合格，以利于观测裂缝的开展。对预应力混凝土结构，若全面了解其工作或承载性能以及预应力对整个结构的影响，需经常测定预应力钢丝束的应力值和由于预加力作用而使试验结构产生的反拱值，结构预拉区的应力状态以及锚头工作性能等，这些数据要在施工过程中开始积累。

（3）试验结构所用材料一般应与桥梁真实结构一致，其尺寸、比例应根据实验条件、研究性质和目的决定。当实际结构的尺寸很大或者其他因素影响，不能采用足尺的实际结构进行试验时，可以采用模型试验。结构模型的设计必须根据相似理论，按比例缩小。对于钢筋混凝土结构，由于非弹性工作的相似条件难于满足，因此选取的比例不宜太小。对一些较复杂的桥梁结构，要使模型在各个物理量上都能满足相似条件是困难的，此时应根据试验目的，使主要试验内容能满足相似条件的要求。

模型结构的材料，可采用有机玻璃、硬质聚氯乙烯、铸铝、薄刚材等来作，但其结构的破坏特征、破坏荷载往往不能模拟实际结构，只能用来验证设计假定与计算方法。钢筋混凝土桥可以用缩小比例的钢筋混凝土模型结构进行试验。目前使用最多的是小石子混凝土作为研究钢筋混凝土非弹性工作或者极限荷载的模拟材料，此时结构的尺寸、钢筋尺寸、混凝土骨料的最大粒径都应按比例缩小。与此同时对试验加载量及量测手段，也要有特殊要求，必须予以认真考虑。

（4）采用模型试验时，要特别注意试件的支承条件、支座的型式以及支座基础等对模型试验所能带来的影响，如支座刚度不足，将对拱桥模型的测试效果，带来不利的影响；对梁桥模型试验的测试，支座以及测试的部位要进行设计与计算，并加以确切说明。另外在较大型的试验中，还必须考虑侧向稳定装置，以免测试中模型倾倒造成安全事故。

试验结构的生产制作，要能准确地满足设计要求，做好施工记录，并且研究人员应亲自参加试验结构的施工，控制施工质量，贯彻试验意图，掌握第一手材料，这对于分析试验结果是十分必要的。

（5）试验结构制作完毕之后，还必须根据其实际加工尺寸，材料强度、变形能力和实际支承条件按照试验目的的要求，对试验结构进行理论计算，要计算出试验结构在加载过程的各个阶段预期的内力和变形值，提出初步的测试要求，即试验所要达到的有关数据，如开裂荷载，设计荷载或各级加载情况下的内力分布和挠度曲线，荷载变形曲线，特别是各种数据的最大、最小值。这些理论值可以作为确定试验加载设备，选用仪表、规划测点布置和确定加、卸载级差等等的依据。

4. 荷载及观测设计

根据试验目的，按试验方法要求必须作出初步设计的荷载和观测设计。

（1）荷载设计

在编制指定桥梁结构静载试验的试验方案时，就要根据试验结构的设计荷载等级和有关规定，选择相应的汽车类型作为试验荷载。按照试验项目的要求，在试验过程中，试验荷载应该停在对试验部位最不利的轮位上（即经过计算，能够产生最大截面应力和位移的位置）。

此外，还要确定一个加载程序来控制加荷的速度，加荷、卸荷等荷载的循环以及延续时间的安排。如果是采取模拟等代荷载的形式时，还要对加载装置作出设计计算，画出正式图纸，以便于加工制作。

（2）观测设计

根据试验目的，观测设计一般包括观测目的选择、测点布置、选择测试仪表的型号、观测方法以及观测记录的方式等等内容。

对于不同桥型的静载试验，下列内容可作为选择有关试验项目的参考：如在钢桥上试验项目主要有控制截面以及理论计算承载系数最低的杆件应力，承受反复力杆件的受力状态，多主梁受力时的横向分布特性，杆件的次应力和应力集中，桥面系的共同作用，控制部位挠度和支座位移，截面应力分布情况，纵、横梁，桥面共同工作特性以及其他特征部位（如损伤、弯扭部位、桥门架、支座、螺栓）受力特征等；对于圬工梁、拱结构的桥梁，试验项目主要有控制截面受压混凝土和受拉钢筋的弯曲应力，腹板厚度变化处和梁端截面的剪应力和主应力，控制截面的中性轴位置，控制部位的挠度和活动端支座位移，荷载横向分布特性，裂缝在荷载作用下的变化，拱上建筑与主拱圈联合作用的性能，中拱作用特性等；对于墩台基础结构，试验项目有：墩台顶横、纵向位移，墩台控制断面的应力，基桩的垂直承载能力和水平承载能力确定，群桩受力特性等。

在观测设计中，测点应根据试验目的和试验项目进行布置，保证重点突出。关键部位测点要多设一些，一般部位少一些，无关部位不设，以防止一般化。

测量杆件应力时，每截面至少布置 4 个测点；测量多主梁的应力分配时，每一截面至少在一对称轴上布置 2 个测点，并且各片梁应布置在相应位置。测量应力集中时，在应力集中处，如截面突变处，应布置较多的测点，并向外沿伸一段距离，每隔一定距离布设一个测点，以便于了解应力变化情况，在测量截面中性轴位置时，应以截面下缘到上缘每隔一定距离布设一测点。此外，每一测试项目都应布设一定数量的校核性测点。

每一测点均应编号以便于记录分析。编号应根据测点位置，按规律顺序排列，以便看到测点编号就能了解测点位置。编号应尽量简明。

测点的布置应绘制成图表，以便查阅应用。

在观测设计时，应注意观测的过程和加载程序密切配合，使观测工作不仅能达到收集数据的目的，而且还能检查和控制试验的过程。为此应预先把结构在加载过程中应有的反应估计出来，附入试验方案中，以便试验时能随时与实际观测值比较，及时发现问题。

5. 试验的程序

试验程序是根据试验方案拟定的，其内容包括从试验前的准备工作、加载观测，一直到试验结束的现场清理的全部内容。在试验程序中把上述内容按先后秩序、互相衔接、有机地形成一个完整的高效率的指导试验工作的组织计划。试验中就要按着这个程序进行。只有在遇到特殊情况时，可以临时根据实际情况进行调整。

6. 安全措施及试验组织

（1）安全措施

为了保证试验期间人员、结构物、试验荷载以及仪器设备的安全，应根据有关规程及仪器使用说明，结合实际情况制订出措施。

①对于现场桥梁试验，在桥高、有流水的情况下，要设置必要的脚手架或托架，搭设必要的平台，并设立安全网或扶手，要求这些临时结构坚固可靠、布置适当。以保证人身安全，保证试验观测正常进行。

②在使用满载车辆加载时，上桥和下桥的车速要严格控制。在使用重物模拟加载时，重物要轻拿轻放，避免冲击、振动。

③在试验过程中，对使用的附着式仪器，应用安全绳系到固定点上，防止跌落。为了避免损坏仪器，必要时在加载到1.25倍标准荷载时，就应取下全部接触式和附着式仪器，只用遥测仪器观测后期工作。

④在试验过程中，必须注意防止结构早期意外破坏，应该经常检查试验结构物的状况，特别要注意缺陷部位的变化情况。

⑤试验的指挥者应及时全面掌握观测结果。对于大型现场试验，应当有适当通讯网络。通过有效的联络方式及时将各测点的结果进行汇总分析。

（2）试验的组织：

为了保证试验工作顺利进行，必须建立相应的领导组织，由它组织领导整个试验工作。参加人员可根据实际情况，设指挥一人，其下可根据使用的仪器型式、测试项目的情况分小组，每组由经验丰富的人员担任组长。在试验前，应将一切准备工作都逐条列出，并规定完成的措施和期限，规定检查方式，以保证试验程序中一切安排都能落实。

在试验过程中，一切现场工作人员都必须严格遵守纪律，服从指挥，密切配合，以保证整个试验的顺利进行。

7. 工作进度及预计的结果

（1）试验日程进度表

它包括准备工作日期（如现场布置、搭设临时工棚、搭设脚手架、贴电阻应变片、安装各种仪器、连接导线、调试仪器、排除可能的故障、试验演习等的时间和日期安排），正式加载试验日期，现场清理，加收导线和仪器，返回日期等。如果详细的试验工作日历安排有困难，至少可以制订出试验的阶段进度表来指导试验工作的进行。

（2）预计的结果

在正式加载试验以前，应该根据已经确定的加载顺序和每次加载的大小，通过理论分析和计算，得出相应的计算结果，以便和同级加载时的实测数据相比较，指导试验的进行。对于采取破坏试验的结果，尤其要计算出在试验荷载超过标准荷载之后，结构的应力和应变的变化情况，用以控制加荷的速度。

三、加载方案设计

在桥梁静载试验中，试验荷载形式的选择，主要取决于试验的目的要求，同时在很大程度上也决定了现场条件与试验室设备情况。因此，选择试验荷载的形式常与加载方法一起考虑。

1. 试验荷载及加载方法

（1）选择试验荷载和加载方法的基本原则为：

①选用的试验荷载图式与结构设计计算的荷载图式相同或极为接近；

②荷载传力方式及作用点要明确，产生的加荷值要稳定；

③荷载分级的分度值要满足试验量测精度要求，加载系统的最大加载能力要比试验要求的最大荷载大一些留有一定的储备；

④加载设备要操作方便，便于加载与卸载，能控制加载速度，又能适应同时加载或先后加载的不同要求；

⑤加载设备本身要安全可靠，不仅要满足强度要求而且往往还要按变形条件控制加载设备的设计，保证加载设备有足够的刚度，使荷载加大到一定程度时不致发生变形过大或失稳现象。加载设备不应自身构成一承重体系而负担一部分荷载，不然，加载设备就会起卸载作用——即减轻了试验结构实际承担的荷载；

⑥试验加载方法要力求采用现代化先进技术，以减轻体力劳动，提高试验质量；

（2）当出现下列情况之一时，结构静载试验常采用不同于结构设计计算时的加载图式：

①对设计计算时采用的荷载图式的合理性有怀疑时，可考虑在试验中采用其中更接近于结构实际受力情况的荷载布置方式；

②为了测试的方便，同时又不会因为荷载图式的改变而影响结构的工作性能和试验结果的分析和判断。

（3）采用等效荷载时，必须全面验算由于荷载图式的改变对结构的各种影响。采用集中荷载作为等效荷载时，还应注意结构的构造条件是否会因最大内力区域的某些变化而影响结构的承载性能。在鉴定性能试验中，若采用汽车加载，在确定某一控制截面的等效荷载时，还应注意所确定的等效荷载可能会对其他控制截面造成的“超载”影响。

（4）可供选择的试验荷载及加载方法如§4.3节中所述。试验荷载的大小应根据试验目的来确定。在鉴定性试验中，最大加载量一般要达到设计或所要求的标准荷载，即控制荷载，采用等效荷载时，等效荷载的大小宜按照标准荷载产生的控制截面最不利内力或最大变位换算而得。静载试验效率Td可按下式计算：

$$\eta_d=\frac{S_s}{S\ (1+\mu)} \tag{1.4.4-1}$$

式中：S_s——静载试验荷载作用下控制截面的内力计算值；

S——控制荷载作用下控制载面最不利内力计算值；

μ——按有关规范取用的衡击系数；

η_d——采用0.8～1.05，对旧桥鉴定试验 η_d 一般不宜小于0.95。

2. 加载程序的确定

结构的承载能力和变形的性质与所受荷载的时间特性有关。因此，必须正确选择加载程序，才能够正确了解结构的承载能力和变形性质。

加载程序就是指在试验进行期间加载与时间的关系：如加载速度的快慢、间歇的长短、分级荷载量的大小，加荷、卸荷的次数等等。

（1）对于一般的短期试验，加载程序确定的原则是：

①加载卸载应该是分级递加和递减，不宜一次完成。这种分级加载方法的好处是，可以控制加载的速度；使我们能够观测到结构变形与荷载的相互关系，了解桥梁结构各阶段的承载性能；操作上，分级加载也较方便。使用这种方法加载，每级加载量的大小和分级的多少要根据试验目的、试验项目、试验期限要求以及具体的结构来确定。一般情况下分级是均匀

的。加载时，每级一般可取设计标准荷载的20%，分五次加载至设计标准荷载。对于钢筋混凝土桥梁结构，为了准确地得出出现第一条裂缝的荷载，在开裂前可将每级加载量标准减半，即10%标准荷载。第一条裂缝出现后，即可恢复原来的20%的级距。卸载时，级距可放大一倍，即40%～50%标准荷载。当荷载是用多次循环加载时，在最后几次循环中，级距也可以放大一倍。

在破坏试验中，加载分级的级距也可按上述建议执行。

②每级荷载间应该有足够的级间间歇时间。确定级间间歇时间的长短，决定性的因素是结构的变形发展的情况，即要求在试验过程中，每级加载之后，结构的变形能基本上充分地表现出来。如果加载后间歇的时间过短，则可以得到一个偏小的变形值，如果是破坏性试验时，就可以得到偏高的极限值，使结果不可靠。

加载级间间歇时间，包括观测读数的时间在内。对于正常的结构，根据经验级间间歇时间，在钢桥时不少于10min；其他结构时，不少于30min。

桥梁结构加载试验间歇是否够长，上述间歇时间必然拖长，由此，即可发现某些存在的问题。

卸载时级间间歇时间，可以适当缩短。

③在标准设计荷载作用时，应该有足够长的满载间歇时间。由于在标准的设计荷载作用下，桥梁结构的变形值是衡量桥梁结构刚度的指标，因此，在满载期间试验结构变形的变化，足以说明桥梁结构的质量。所以应在满载间歇时间内多次观测。这个间歇时间，一般对于钢桥不少于15min；对于钢筋混凝土桥不少于12h。

④试验过程中，应当观测结构物在加载作用后的残余变形。结构变形的恢复情况和残余变形值能有力地说明结构的工作状况，因此，在桥梁结构静载试验中，必须测出它的数值来。除此之外，结构的残余变形值还与结构的承载历史有关。新结构在第一次荷载作用下，常有很大的残余变形，必须了解结构的承载经历。对于新结构。第一次标准荷载在作用后的残余变形必须仔细地测出来。

为了观测残余变形桥梁结构卸除全部外加的荷载之后，要有相当的零载间歇时间，然后观测残余变形。

零载间歇时间，对于钢桥可取30min；对于钢筋混凝土桥可取1.5倍的满载间歇时间。

⑤在正式加载之前，一般对试验结构进行必要次数的预载（试探性加载）。对试验结构进行预载可取得下列效果：

a. 预载可以使结构进入正常的工作状态，特别是对新结构；钢筋混凝土桥要进行若干次加载循环后，其变形荷载的关系才能趋于稳定。

b. 通过预载可以检查全部试验装置的可靠性。

c. 通过预载可以检查全部观测仪表工作是否正常。

d. 预载可以起演习作用，可以实际检查现场的组织工作和人员的工作质量。通过预载发现问题，可以在正式加载试验前得到解决。

预载所用的荷载最大可达到标准设计荷载。一般可取1～3级分级荷载。但是，由于普通钢筋混凝土结构开裂甚早，因此预载值不得超过开裂荷载。

预载的循环次数，根据需要来定。

综上所述，在桥梁结构试验中，整个加载过程实际上往往由若干阶段组成。每个阶段可包括一个或者几个加载和卸载的循环。

四、观测方案设计

1. 项目及测点布置

桥梁结构在荷载作用下所产生的变形可以分成两大类：一类变形能反映结构的整体工作状况，如梁的挠度、转角、支座位移等，称为整体变形；另一类变形能反映结构的局部工作状况的，如纤维变形、裂缝、钢筋的滑动等，这类称为局部变形。

在确定试验的观测目的时，应该首先考虑到结构的整体变形，因为整体变形的能力能概括结构整个工作的全貌，因此，在一切观测项目中，各种整体变形往往是最基本的。

桥梁结构或构件的破坏性试验本身能更充分地说明问题，因此，观测项目和测点都可以少一些，而桥梁结构或构件的非破坏性试验的观测项目和测点布置，则必须满足分析和推断结构工作状况最低的需要。

布置测点时，应考虑下列原则：

(1) 在满足试验目的前提下，各试验项目的测点数量和布置必须是充分的、足够的；同时测点宜少不宜多，不能盲目设置测点。这样，不仅可以节省仪器设备、避免人力浪费，而且还可使试验工作重点突出。任何一测点的布置都应该有目的的，它服从于分析判断的需要。

(2) 测点的位置必须有代表性，以便于分析和计算。

(3) 测点的布置对试验工作应该是方便的、安全的。不便于观测读数的测点往往不能提供可靠的结果。为了读数方便，减少观测人员、测点的布置应适当集中，以便于一个人管理若干个仪表。对于危险的部位，要妥善考虑安全措施或者选择布设特殊的测量方法和仪器。

(4) 应该布置一定数量的校核性测点。预计在试验过程中可能有部分量测仪器发生故障，校核性测点一方面能验证观测结果是否可靠，另一方面也可提供数据，供分析时采用，为了求得和消除某些观测系统的误差，也需要设立相应的校核性测点。

2. 测试仪器仪表的选择

根据测试项目的需要，在选择仪器仪表时，要注意以下几点：

(1) 选择仪器仪表必须从试验的实际需要出发，选用的仪器仪表应满足测试精度的要求。一般要求测量的结果极限相对误差不超过5%即可。

(2) 在选用仪器仪表时，既要注意环境条件，又要避免盲目地追求精度；因为精密量测仪器仪表的使用，要有比较良好的环境和条件。

(3) 为了简化测试工作，避免出差错，量测仪器仪表的型号、规格，在同一试验中种类愈少愈好，尽可能选用同一类型或规格的仪器仪表。

(4) 仪器仪表应当有足够的量程，以满足测试的需要，试验中途的调试，会增加试验的误差。

(5) 对于在工程现场组织的鉴定性试验，由于现场条件和环境等因素影响，电测仪器仪表的适应性不如机械式仪器仪表；但当测点较多时，机测仪器仪表不够灵活方便，所以在选用时应根据实际情况，慎重选择和比较，采用符合要求又简易的量测装置。

3. 观测方法

(1) 变形的观测

结构的变形及其变形曲线是表征结构总的工作性能的指标。因此，在结构试验中变形是必测的项目。

①对于一般梁、拱、板、桁架结构应观测 1/2 跨、1/4 跨、1/8 跨、3/4 跨和 7/8 跨等位置上的变形，对悬臂梁应观测悬臂端的下挠；对桁架结构，如果上下弦受力状态不同，应分别测定上、下弦的变形曲线。同时应观测支座沉陷以及墩台的变位。值得指出的是，测得的变形值是短期试验的数据，要研究长期变形问题，还须进行必要的修正。

②对于宽度大于 100cm 的板和梁，应考虑在截面两侧布点测点，测值取两测点读数的平均值。

③对跨度小于 6m 的受压或偏心受压构件，变形测点不少于 3 个，跨度在 6m 以上，可适当增加测点。高跨比较大的衍架在测定挠度时，尚应测定水平位移和倾斜角，并进行控制，以保证结构的正确工作状态。

④对于平板类构件，应沿与主要轴向力相互成正交的两个方向布置变形测点。对于钢结构件变形的测量时，因构件易于侧向弯曲，仪表应在截面相互正交的两个方向布置。

桥梁结构的荷载横向分布，往往是以测定桥梁横断面各梁（或梁肋）挠度的方法推算出来的。具体作法是在特征断面（跨中或 1/4 跨断面），所有各梁或梁肋点测挠度，然后经过简单的数据处理，即可得到该断面的荷载横向分布特征值来。

（2）应变的测量

试验结构的断面内力（弯矩、轴向力、剪力、扭矩）和断面应力分布，一般都是通过应变测定来反映的，因此，正确的测定应变值，对于结构受力状态的正确分析是非常重要的。

应变的测量分以下情况：

①对轴向受力构件理论上只须一个应变测点，就可求出截面的应力。实际上须布置二个测点。即在平行于杆轴的两个侧面内各布置一点，取两面的平均应变作为实测应变，这样可以消除偏心的影响，见图 1.4.4-1。

②对受弯构件若测定控制截面的最大应力，只须在上下缘布置两个应变测点，见图 1.4.4-2。

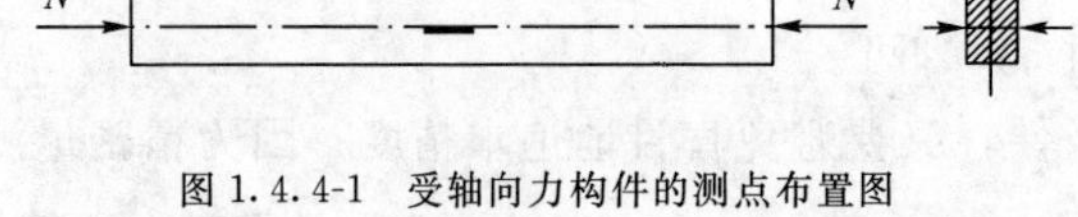

图 1.4.4-1　受轴向力构件的测点布置图

注：黑短线和黑（Δ为同一测点（下同）

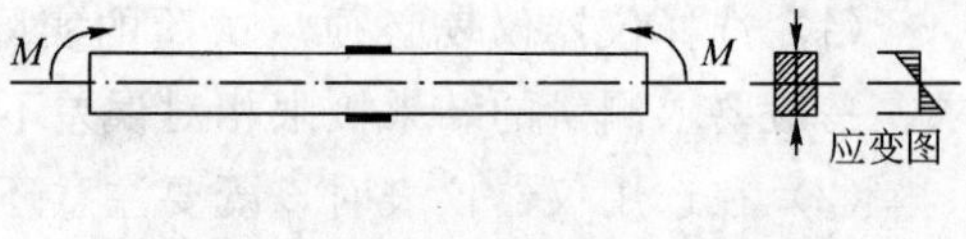

图 1.4.4-2　受弯构件的测点布置图

若测定中和轴位置（或验算平截面假定），可沿梁侧面的高度布置一定数量的应变测点，见图 1.4.4-3。

③对于弯矩和轴向力共同作用的构件，应在弯矩最大位置处平行于杆轴方向的二个侧面内步布置，每一处布置 2 点，见图 1.4.4-4。

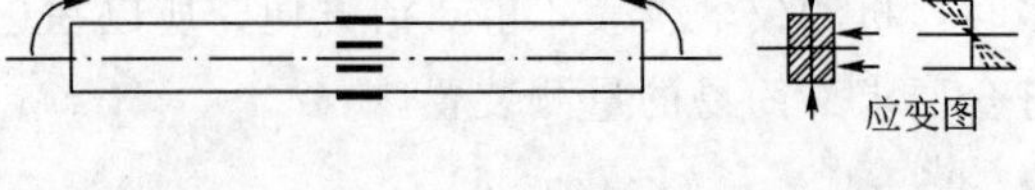

图 1.4.4-3　测定中和轴位置的测点位置图

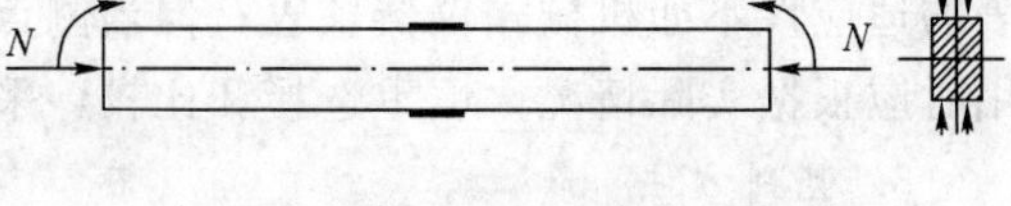

图 1.4.4-4　压弯构件的测点布置图

④对墙板等轴向受力的板类构件，通常仪表可布置在与主要轴向成正交的两个方向上，如图 1.4.4-5 所示。

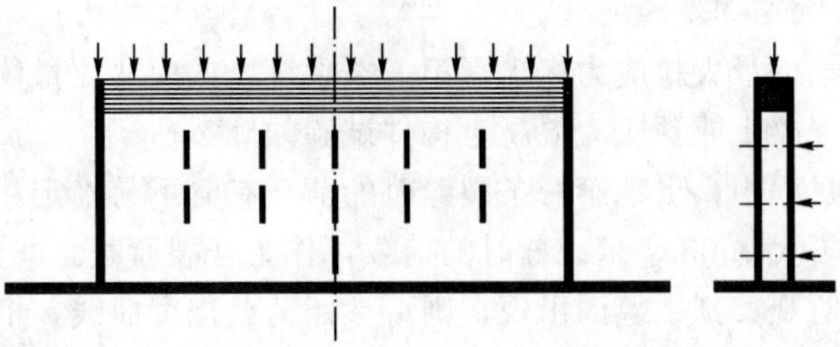

图 1.4.4-5 受轴向力墙板的测点布置图

⑤对处于平面应力状态的构件平面应力状态下的测点布置，可分为下列两种情况：

a. 主方向已知

在平面应力状态下，当主方向已知时，单元的应力与应变之间的关系，可按虎克定律计算。一个平面应力状态的点，当主方向已知时，必须用二片应变片，沿两个主方向布置。只有测得两个主应变 ε_1 和 ε_2，才能算出应力。这里试件的 E 和 γ 须预先测定。

b. 主方向未知

当主方向未知时，平面应力状态的虎克定律具有一般形式

$$\sigma_x=\frac{E}{1-\gamma}\ (\varepsilon_x+\gamma\varepsilon_y)$$

$$\sigma_y=\frac{E}{1-\gamma}\ (\varepsilon_y+\gamma\varepsilon_x)$$

$$\tau_{xy}=\gamma_{xy}G$$

从原则上讲，只要测得 ε_x、ε_y，将其数据代入上式，便可求得 σ_x、σ_y 和 τ_{xy}，再通过计算就可求出主应力和主方向。但由于技术上的原因，通常不测量剪切角 γ_{xy}。可以证明，只要围绕一点测得三个不同方向的线应变，经过计算同样能取得该点的主应力及主方向。对于这种二维应力状态，相当于有三个独立未知量，故需要在一个测点处贴上三个应变片或一个应变花，如图 1.4.4-6 所示，实际上，为了简化计算，三个应变片与 x 轴的夹角总是取特殊角，例如 0，45，90 或 0，60，120 角。应变片由于采用了特殊角布置方式，其计算公式也就标准化了。

有些结构可以利用其特性布点，如开孔的薄腹梁或薄壁容器等，其孔边上的边界主应力方向是已知的，测定时可沿孔边切线方向布点。

为了确定超静定梁或框架的内力图，可采用测定反弯点的方法，即预估出反弯点位置，在其两旁各布置一个或两个测点测得应变后，按比例即可求得应变为零的位置。

当测定钢筋混凝土构件的应变时，布置在混凝土上的应变测量仪表，其标准一般不

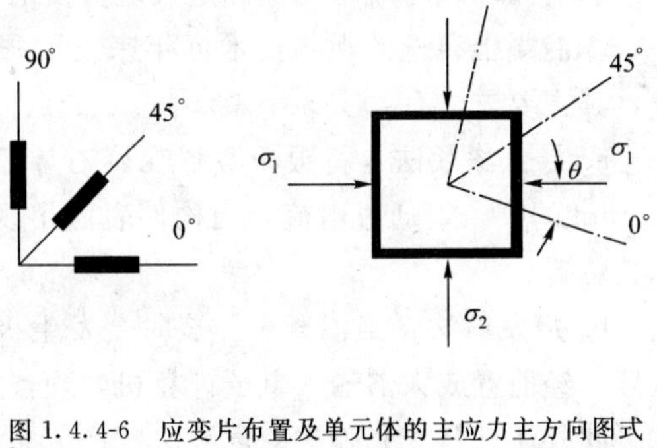

图 1.4.4-6 应变片布置及单元体的主应力主方向图式

小于4倍粗骨料最大粒径；对布置在会出现裂缝的部位的应变测量仪表，其标准应为裂缝间距的倍数或略大于裂缝的间距。

(3) 裂缝的观测

①开裂荷载。当构件最大拉应力区出现第一条裂缝，或应变测量仪表的读数发生跳跃时的荷载值，称为钢筋混凝土或预应力混凝土构件试验的开裂荷载。

由于构件在试验过程中，出现第一条裂缝时的荷载有时不易确定，在这种情况下，可将构件出现第一批宽度不大0.05毫米裂缝时的荷载，作为开裂荷载。

若试验中未能及时观察到裂缝的出现，则可参照荷载挠度曲线，根据荷载与挠度间显著丧失线性条件时的情况，综合地确定开裂荷载的数值。

在钢筋混凝土或预应力钢筋混凝土构件中，当用应变量测仪表确定开裂荷载时，应在构件内力最大的受拉区域沿受力主筋方向在长度不小于2～3个计算的裂缝间距（也不大于30倍主筋直径）范围内连续布置，如图1.4.4-7。

②裂缝宽度的测定分正截面和斜截面两种情形正截面，应取在受拉主筋处的最大裂缝宽度，当确定受弯构件受拉主筋处的裂缝宽度时，应在构件侧面测量。

斜截面，出现裂缝后，即应对裂缝发展情况进行观察并记录在各级荷载作用下裂缝出现的位置、间距、展开宽度和高度。同时绘测构件裂缝分布图。

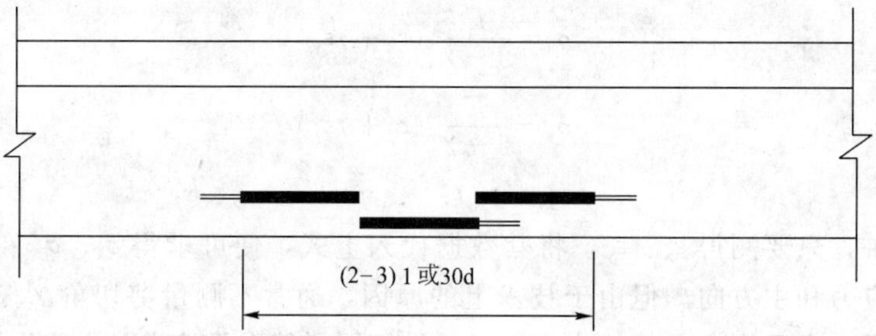

图1.4.4-7　确定开裂荷载的应变仪布置图

l-计算裂缝间距；d-主筋直径

在每级荷载下出现的裂缝或原有裂缝的开展，都要在结构上标明，用软铅笔在离裂缝1～3mm处平行地描出裂缝的走向、长度和宽度，并注明荷载吨位。试验结束时，根据结构上的裂缝，绘出裂缝开展图。

每一测区或每一个构件测定裂缝宽度的裂缝数目一般取3至5条。

③混凝土裂缝的观测技术近年来发展很快，主要作为监视工程质量和结构完整性的手段，其主要方法有：

a. 导点漆膜法：将银粉溶解在聚乙烯酒精溶液中，在待测构件表面涂成厚度为0.1～0.2mm的窄条，通过电流，当构件表面出现1～5μm裂缝时，漆膜即烧坏而从电讯号中发现其位置。

b. 声发射法：当混凝土开裂时会发生极轻微的声能，用探测传感器将此声能转化为电讯号，经前置放大器输入电子计算机处理，从而确定裂缝大小和位置。

此外还有贴光光弹法、声波法、疲劳裂缝记录法以及光纤维技术等。

五、试验数据的整理与分析

试验数据的整理与分析的直接目的是为了更好地达到原定的试验目的，以便对桥梁结构作出相应的技术结论。

试验的成果中，最重要的部分是各种原始记录。原始记录是说明试验情况的第一手资料，从整理上看也是最可靠的，但它难免是烦琐、庞杂而又缺乏条理性。它不能集中而明确地说明试验所得到的主要技术结论。因此，在资料数据的整理过程中要做去粗取精、去伪存真的加工，这样所得到的综合材料要比原始记录更为清楚地表达了试验中所得到的有用的主要成果。

在整理试验成果过程中，必须重视和尊重原始记录，珍惜有用的点滴资料。因为试验成果不仅是进一步进行分析、总结从而达到预定试验目的的依据，而且是人们揭露自然客观规律的科学资料。

在桥梁结构静载试验中，大量的试验资料是在试验过程中通过观测得到的。这些观测的结构是试验的数据。

为了便于收集和集中试验数据，在试验中可根据试验目的、试验项目的不同，分别编制各种专用的记录表格。这些记录表格，应该具有便于记录、便于整理（留出必要的空格），并且能具体注明记载的内容。

为了及时了解结构的工作是否正常，仪器工作有无问题，在试验过程中就应该在表格上进行初步的数据处理，以便从中发现特殊情况，诸如结构开裂、仪器故障、观测错误或者其他意想不到的特殊情况，以便及时采取有力措施，给予纠正。

测值一般等于加载读数减去初读数。对于在弹性工作阶段的结构：

$$\text{测值}=\text{加载读数}-\text{初读数}\approx\text{加载读数}-\text{卸载读数}$$

$$\text{有时还取测值}=\frac{(\text{加载读数}-\text{初读数})+(\text{加载读数}-\text{卸载读数})}{2}$$

除了观测的数据外，还应该把结构在试验工作过程中出现的特殊特征表现都描述下来，如荷载作用下裂缝开展的情况、最后结构破坏的特殊特征。

1. 试验后的资料整理和成果分析

试验结束后，测试资料的整理和成果的分析就成为最主要的工作了。根据观测项目，按各相应的记录表格，直接计算出在各级荷载作用下相应的测值，找出各观测项的具有代表性的数据来。如破坏荷载、开裂荷载、标准荷载作用下的挠度和位移值，最大应力（应变）、最大裂缝宽度、残余变形等。

(1) 结构挠度的计算

由结构静载试验测得的挠度值，要考虑支座沉陷或荷载模拟差等等因素的影响，因此必须对实测的挠度值进行种种相应的修正，才能得到结构受荷后的真正的实测挠度。

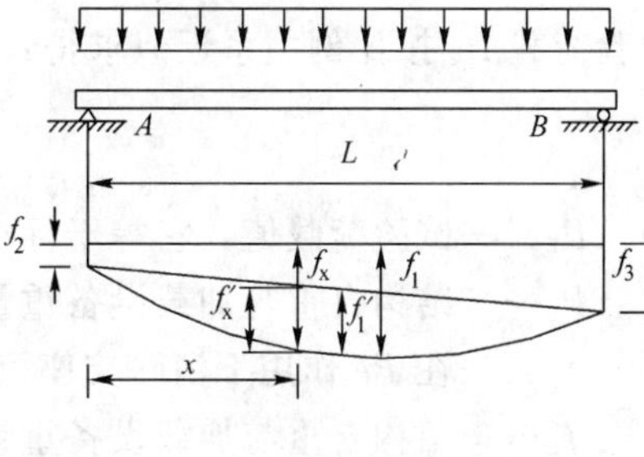

图 1.4.4-8　考虑支座沉陷影响时梁的挠度变形图

①考虑支座沉陷的修正图 1.4.4-8 表示在跨中和支座处各布置一个挠度计，测得的跨中挠度计 f_1、两端支座沉陷值 f_2，f_3，则消除支座沉陷值影

响后的跨中实测挠度为

$$f_1 = f - \frac{f_2 + f_3}{2}$$

如果不是跨中值时，可按照测点的比例求出。如图中距支座 A 为 x 处的挠度值 f_x

$$f_x = f_x - (\frac{x}{l} f_3 + \frac{l-x}{l} f_2)$$

如果支座处因遇障碍，仪表不能安装在计算简图的支座反力作用线位置时，可将仪表安装在离支反力作用线 a_1 和 a_2 处，此时跨时中实测挠度为

$$f'_a = K_a f'_1$$

式中 f_1 是根据 f_2、f_3 修正跨中挠度。

k_a 是考虑支座测点偏移影响的理论修正系数，它与荷载图式有关，其值见表 1.4.4-1。

修 正 系 数 K_a 表 1.4.4-1

荷载图形	a/l									
	0.01	0.02	0.03	0.04	0.05	0.06	0.07	0.08	0.09	0.10
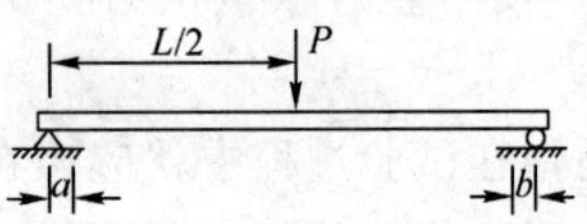	1.031	1.064	1.099	1.136	1.176	1.218	1.264	1.312	1.364	1.420
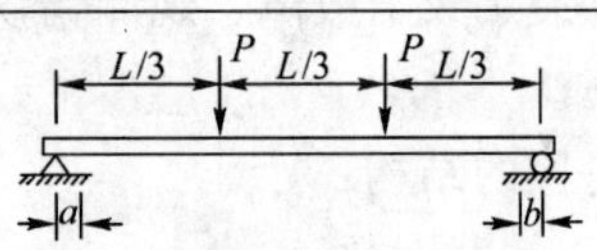	1.032	1.067	1.103	1.143	1.185	1.230	1.278	1.329	1.386	1.446
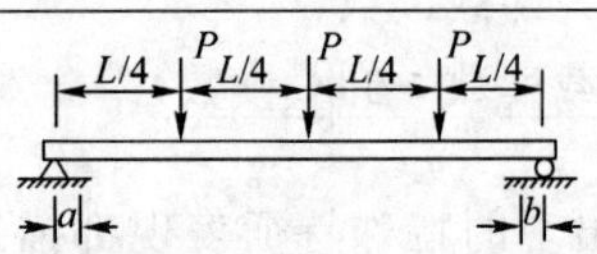	1.033	1.067	1.104	1.144	1.189	1.323	1.281	1.338	1.390	1.451
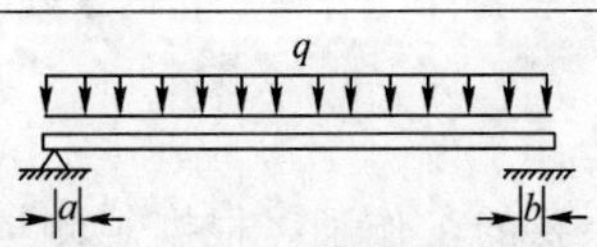	1.033	1.068	1.106	1.146	1.189	1.236	1.285	1.338	1.396	1.457

在使用中，当梁上既有均布荷载又有集中荷载时，可分别修正，再进行迭加。

②考虑结构自重、加载设备重量等影响的修正

试验结构的真实挠度应计入结构自重和加载设备重量所产生的挠度。一般计算中，是根据试验荷载 P_k 按比例关系近似求得：

$$f_g = f_k \frac{P_g}{P_k}$$

式中：P_k——试验荷载值，它等于标准荷载减去结构自重和加载设备重量；

P_g——结构自重与加载设备重量之和；

f_k——在 P_k 作用下消除支座沉陷影响后的跨中实测挠度。

f_g——结构自重与加载设备重量所产生的挠度。

对于钢筋混凝土结构，由于混凝土属于弹塑性材料，结构的挠度并不随荷载的增加而成

线性增长。特别是在出现了裂缝以后情况更明显，为了避免出现较大误差，可取 $P_k=20\%$ 标准荷载进行折算。

考虑结构自重等影响的挠度修正，也可以采用如图 1.4.4-9 的作图法求得。

③考虑预应力反拱影响的修正

对于预应力钢筋混凝土桥，当预应力钢筋张拉后，由于预应力的作用，使结构产生反拱度。这个反拱度的大小与桥梁跨径成正比，因此在预应力钢筋混凝土荷载试验中，实测挠度应扣除预应力反拱值。即：

$$f=f'_1+f_g-f_f$$

式中：f——试验结构的真实挠度。

f'_1——消除支座沉陷后的实测挠度；

f_g——由结构自重和加载设备重量引起的挠度；

f_f——预应力反拱值。f_f 一般用实测法求出。

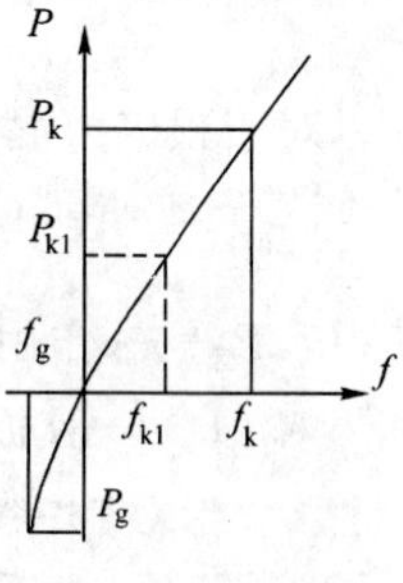

图 1.4.4-9　确定结构自重挠度的 p-f 曲线图

④考虑荷载图式不同的修正

如果用等效集中荷载来代替设计时的均布荷载，由于两种荷载图式不同，会对挠度测定带来影响，因此实测挠度要做相应修正，即：

$$f_b=K_h\ (f_1+f_g)$$

式中：K_h——考虑荷载图式不同的挠度修正系数，其值见表 1.4.4-2。

上述修正方法的基本假设是结构刚度 EI 为常数。对于钢筋混凝土结构，在其裂缝出现后，沿结构全长各截面的刚度 EI 为变数，此时如仍按上述方法修正，会出现一定的误差。

(2) 测点应力的计算

各测点实测的应力可按胡克定律，由实测应变求得，即：

$$\sigma=E\cdot\varepsilon$$

①关于弹性模量 E

钢材的弹性模量，可根据钢材种类，使用有关规程或规范的规定值，也可截取试验结构作试件，通过试验测定该钢种的弹性模量。

对于混凝土结构，其弹性模量一般可按下列方法确定：一种是用回弹仪对全梁进行强度测定，测出梁体混凝土实际的标号，查下表 1.4.4-3 求得相应的弹性模量。

不同荷载图式时的修正系数　　表 1.4.4-2

荷载图形	修正系数	荷载图形	修正系数
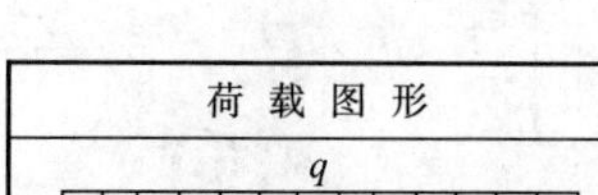	$K_h=1.0$	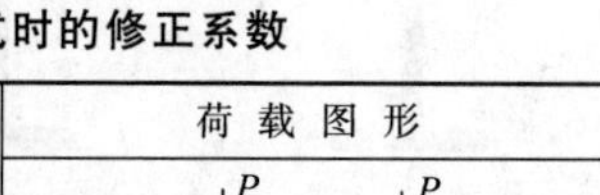	$K_h=0.90$
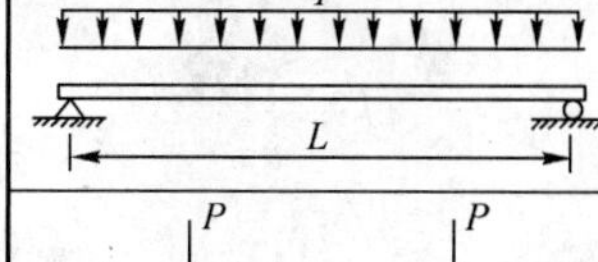	$K_h=0.91$	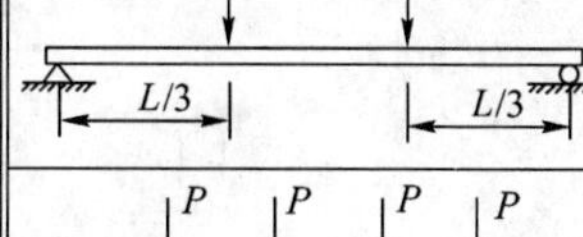	$K_h=0.97$

混凝土的弹性模量 E　　表 1.4.4-3

混凝土标号	15	20	25	30	50	60
弹性模量 MPa	2.3×10^4	2.7×10^4	2.85×10^4	3.0×10^4	3.5×10^4	3.65×10^4

另一种方法是根据实测结构截面特性，通过实测的跨中挠度来反求结构的弹性模量，其公式为：

对钢筋混凝土桥，

$$f=\frac{l^3}{48\ (0.8E_h I)}\sum\frac{P_X}{n}\sin\frac{\pi_x}{l}$$

对于预应力混凝土桥，

$$f=\frac{l}{48E_h I}\sum\frac{P_X}{n}\sin\frac{\pi_x}{l}$$

其中：P_X——作用在梁上距支点为 x 的车轴重（t）

I——钢筋混凝土梁上不计受拉区混凝土的跨中截面换算截面惯性矩或预应力混凝土梁跨中全截面换算截面惯性矩；

n——横断面上梁的根数；

f——为跨中截面实测挠度。

②关于应变 ε

用电测法进行的应变测量时，其测试的结果（指加载读数与初读数之差）即为应变 ε。当用千分表、杠杆引伸仪、手持应变仪测读变位时：

$$\varepsilon=\frac{\text{测值（绝对变位）}}{\text{标距}}$$

(3) 截面应力计算

杠杆截面的纤维应力，一般是由数种应力综合组成，其中包括轴向应力、竖向弯曲应力、水平弯曲应力以及约束扭转应力等。测定这些应力所需要的测点数量和布置方式，随杠杆截面的形状和试验目的而定。在一般情况下，同一截面上布置测点的数量不少于两个，也不少于欲测定的应力种类数。

在具有两个对称轴的截面上，只测定轴向应力 σ 及竖向弯曲应力 σ_x 时，在一个截面上可布置两个测点，如图 1.4.4-10，则：

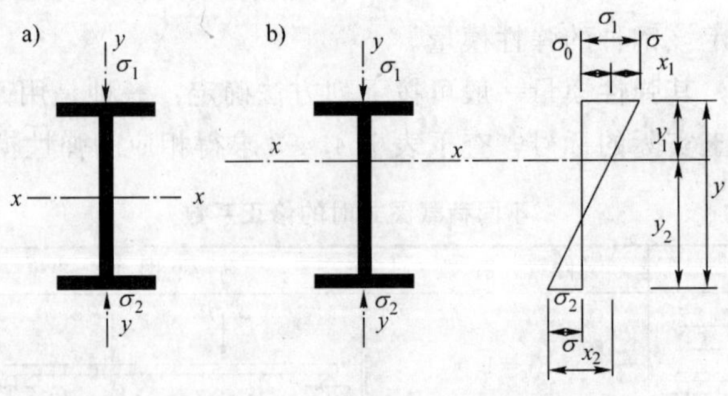

图 1.4.4-10　截面应力计算图式

$$\sigma_0=\frac{\sigma_1+\sigma_2}{2}$$

$$\sigma_x=\frac{\sigma_1-\sigma_2}{2}$$

在具有一个对称轴的 T 形截面上，测点的布置如图 1.4.4-10b。

则：

$$\sigma_0 = \sigma_1 - (\sigma_1 + \sigma_2)\frac{y_1}{h}$$

$$\sigma_{x1} = (\sigma_1 + \sigma_2)\frac{y_1}{h}$$

$$\sigma_{x2} = \sigma_0 + \sigma_2 = \sigma_1 + \sigma_2 - (\sigma_1 + \sigma_2)\frac{y_1}{h}$$

$$\sigma_{x2} = (\sigma_1 + \sigma_2)\frac{y_2}{h}$$

（4）主应力的计算

①在单向应力状态下，按主应力方向测量应变 ε_0 时：

主应力 $\sigma_0 = E\varepsilon_0$

②在平面应力状态下，按主应力方向测量应变 ε_a，ε_b 时：

主应力

$$\sigma_a = \frac{E}{1-\mu^2}(\varepsilon_\partial + \mu\varepsilon_b)$$

$$\sigma_b = \frac{E}{1-\mu^2}(\varepsilon_b + \mu\varepsilon_a)$$

$$\tau_{max} = \frac{E}{2(1-\mu)}(\varepsilon_\partial - \varepsilon_b)$$

式中：μ——材料横向变形系数（泊桑比）。

③在平面应力状态下，主应力方向未知，用应变花测试时：

当三片为直角形时，如图 1.4.4-11a)，

主应力：

$$\sigma_{\substack{\max\\ \min}} = \frac{E}{2}\left\{\frac{\varepsilon_1 + \varepsilon_3}{1-\mu} \pm \frac{1}{1+\mu} \times \sqrt{2[(\varepsilon_1 - \varepsilon_2) + (\varepsilon_2 - \varepsilon_3)]}\right\}$$

剪应力

$$\tau_{\max} = \frac{E}{2(1+\mu)}\sqrt{2(\varepsilon_1 - \varepsilon_2)^2 + (\varepsilon_2 + \varepsilon_3)^2}$$

第一片与最大主应力夹角为：

$$\varphi_0 = \frac{1}{2}\mathrm{tg}\left(\frac{2\varepsilon_2 - \varepsilon_1 - \varepsilon_3}{\varepsilon_1 - \varepsilon_3}\right)$$

当三片为等角型时，如图 1.4.4-11b)

主应力：

$$\sigma_{\substack{\max\\ \min}} = \frac{E}{2}\left[\frac{\varepsilon_1 + \varepsilon_2 + \varepsilon_3}{3(1-\mu)} \pm \frac{1}{1+\mu}\right]$$

$$\sqrt{x\left(\frac{2\varepsilon_1 - \varepsilon_2 - \varepsilon_3}{3}\right) + \frac{(\varepsilon_2 - \varepsilon_3)}{3}}$$

$$\tau_{\max} = \frac{E}{1+\mu}\sqrt{\left(\frac{2\varepsilon_1 - \varepsilon_2 - \varepsilon_3}{3}\right)^2 + \frac{(\varepsilon_2 - \varepsilon_3)^2}{3}}$$

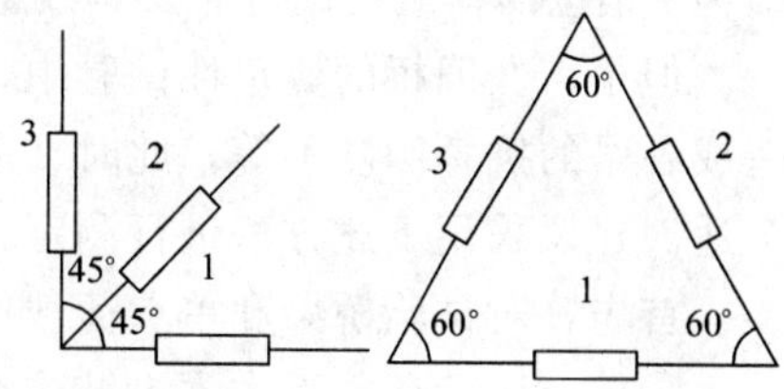

a)　　b)

图 1.4.4-11　应变花型式

第一片与最大主应力夹角为：

$$\varphi_0 = \frac{1}{2}\mathrm{arctg}\frac{\sqrt{3}(\varepsilon_2 - \varepsilon_3)}{2\varepsilon_1 - \varepsilon_2 - \varepsilon_3}$$

（5）求残余变形值

残余变形中最重要的是残余挠度。

结构的残余挠度值大小是与许多因素有关的，如加载程序（荷载的大小、加载的次数、加载的速度）、结构的材料性质（混凝土的配合比、材料湿度）、结构的制造质量（接头、节点的密实程度）、结构设计计算的合理性等等。

通过残余挠度值，可以作出许多重要的技术结论，同时也可根据残余挠度值的分析，全面考虑上述各方面因素的影响。在分析中要注意分清：新结构在第一次加载作用得到的残余变形值，以及结构在承受多次加载作用后出现的残余变形值。

在桥梁结构鉴定试验时，应取在标准荷载作用后的残余变形为根据。当试荷载不等于标准荷载时，需要进行修正。此时假定残余变形值与荷载成正比。

（6）荷载横向分布影响线的计算

通过对桥梁结构跨中断面各主桥挠度的测定，可以绘制出跨中断面横向挠度曲线，按照荷载横向分布的概念，运用变位互等定理，即可计算并绘出实测的任一主梁的荷载横向分布影响线来。

当桥梁横向各主梁断面尺寸相同时，按定义荷载横向分布系数可用下式表示

$$\eta = \frac{\omega_i}{\bar{\omega}_i}$$

其中：ω_i——荷载 P 引起的某一纵向板条（主梁）挠度；

$\bar{\omega}_i$——荷载 P 均匀分布于全桥宽时所产生的挠度。

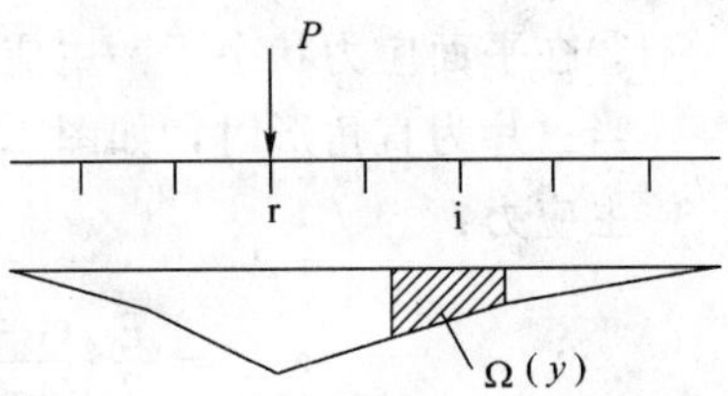

图 1.4.4-12　任一梁荷载挠度曲线图示

若用挠度图面积（如图 1.4.4-12）来定义时，则

$$\eta = \frac{\Omega_i(y_i)}{\Omega} = \frac{y_i}{\sum y_i}$$

其中：Ω_i（y_i）——第 i 个主梁范围内的挠度图面积；

Ω——挠度图的总面积；

y_i——第 i 个主梁的挠度。

根据变位互等定理，以荷重 $P=1$ 作用于 i 主梁轴上时，横桥向各梁位处挠度的连线，即为 i 梁位的荷载横向分布影响线。

但是，在旧桥的鉴定性试验中，除结构本身构造上的差异外，各梁不同程度的损坏，会造成各梁的抗垂刚度不等，此时，用结构弹性互等定理来分析实测荷载横向分布影响线是不合适。建议采用下述方法进行测定。

首先，对试验桥梁和单点荷载作如下假定：

①单点试验荷载不太大，结构在其作用下处于弹性工作状态，平截面假设仍能成立；

②近似认为各主梁所分得的荷载与挠度成正比；

③不论单点荷载作用于哪一个主梁，主梁刚度变化甚小，即认为任何一根梁的刚度为一

常量。

单点荷载作用在跨中截面 j 号梁时，若实测的 i 号梁的跨中挠度为 f_{ij}，则由《结构力学》可知

$$P_{ij}=\frac{E_i I_i}{\beta_i \alpha_i L_i} f_{ij} \tag{1.4.4-2}$$

式中：P_{ij}——单点荷载作用在 j 号梁上，i 号梁实际分担的荷载；

f_{ij}——单点荷载 P 作用在 i 号梁上，i 号梁跨中实测挠度；

α_i——结构体系参数；

β_i——跨径系数，对给定的桥型，其为常数；

L_i——i号梁的计算跨径。

由空间结构静力平衡条件可得；

$$\sum_{i=1}^{n}\frac{E_i I_i}{\beta_i \alpha_i L_i} f_{ij}=P \tag{1.4.4-3}$$

式中：P——单点试验荷载值；

n——主梁的根数。

若令 $W_i=E_i I_i$，对 n 根 n 次加载，则有：

$$\sum_{i=1}^{n}\frac{1}{\alpha_i \mathrm{L}_i \beta_i} W_i f_{ij}=P \qquad (j=1,\ 2,\ \cdots,\ n) \tag{1.4.4-4}$$

对正桥来说，同一种结构，各梁的 α_i、L_i、均为相同，令其分别为 a、L、B，则上式可写成：

$$\frac{1}{\beta \alpha L}\sum_{i=1}^{n} W_i f_{ij}=P \qquad (j=1,\ 2,\ 3\cdots,\ n) \tag{1.4.4-5}$$

求解式（1.4.4-5）可求出各梁的刚度参数 W_i，将 W_i 代入式（1.4.4-2）可求出 P_{ij}，荷载横向分布影响线坐标 η_{ij} 可按下式求得：

$$\eta_{ij}=\frac{P_{ij}}{P} \tag{1.4.4-6}$$

2. 试验曲线的整理

（1）整理出变形与荷载的相互关系曲线

按试验要求，可以针对各种变形，如挠度、转角、应变等绘制变形-荷载关系曲线；变形-时间-荷载关系曲线等，以表达变形与时间、荷载之间的关系。

变形与荷载的关系能够说明结构的基本应力状态和工作性质（弹性或者非弹性的）同时也能反映某些局部的现象（接头、节点的工作情况、开裂与否等等）。变形与时间的关系能说明结构工作状态是否正常，是否有超载现象。

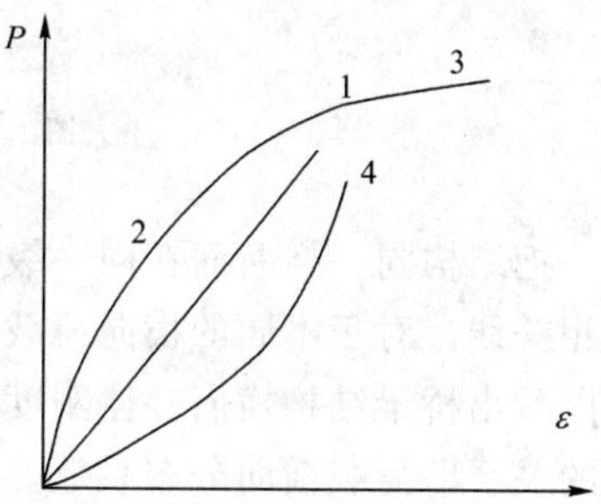

图 1.4.4-13　荷载-变形曲线图

对于变形－荷载曲线，一般主要有四种类型，如图 1.4.4-13 所示。

①曲线 1 是严格的直线。它说明结构处于弹性工作状态，钢桥试验得到这样结果是正常的，钢筋、混凝土木结构或者其他显著非弹性性质的结构，只有承受多次正常荷载作用后再试验，可能得到这样的结果。

②曲线 2 表示非弹性工作状态各种材料的结构在初期受荷载作用时，往往符合这个变形规律，因此分析结构的非弹性程度，既要考虑结构设计特点，也要考虑其使用情况。

③曲线 3 是曲线 2 的极限情况，在这情况下，结构出现屈服现象（钢材的塑流和钢筋的滑动）。

④曲线 4 主要表示卸载的情况，表示一种非弹性变形的恢复过程。如果在加载过程中出现，则往往说明试验有问题，即不是仪器观测错误，就是受别的结构的影响。

整理出荷载—变形曲线，可以看出曲线愈陡，结构的刚度也愈大。根据以上说明，就可以研究和分析结构在各阶段的工作状态。在曲线形状发生特别变化的地方，一定与结构中某些特殊现象相联系的。

(2) 整理出在结构上不同位置变形的相互关系。

可以将沿桥梁跨径方向上各点的实测挠度连接起来，即为结构在荷载作用下的挠度曲线。对于每一级荷载都具有一根。正常的梁和桁架，如果挠度测点较密，都可以得出平滑的弹性曲线来。图 1.4.4-14 表示某拱桥静载试验得到的纵向和横向的挠度弹性曲线。

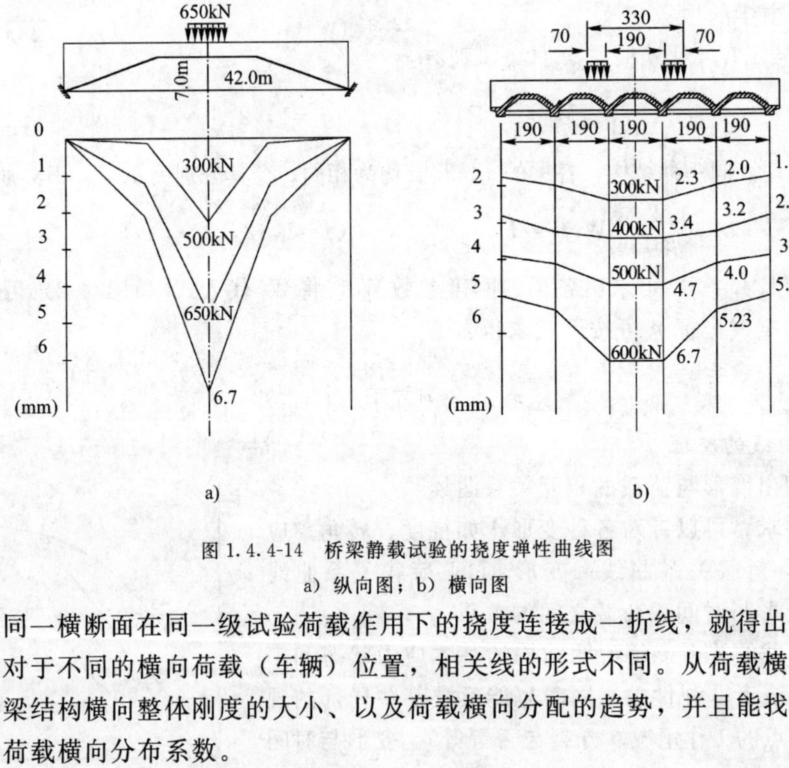

图 1.4.4-14 桥梁静载试验的挠度弹性曲线图

a) 纵向图；b) 横向图

把结构同一横断面在同一级试验荷载作用下的挠度连接成一折线，就得出荷载横向分布的相关线。对于不同的横向荷载（车辆）位置，相关线的形式不同。从荷载横向分布相关线可以看出桥梁结构横向整体刚度的大小、以及荷载横向分配的趋势，并且能找出它们间数量上的关系即荷载横向分布系数。

(3) 整理出变形与时间的个关系曲线

在有的试验中，将变形-荷载-时间三者关系曲线绘在一起，形成变形-荷载-时间的三轴线图。如图 1.4.4-15，用这种方法也给分析工作带来好处和方便。

(4) 结构裂缝及破坏图形

对于钢筋混凝土桥和预应力混凝土桥的静载试验，在试验过程中，当裂缝出现之后，应按裂缝开展面或结构的主、侧面绘制出裂缝开展的全过程，注明出现裂缝时的荷载，裂缝宽

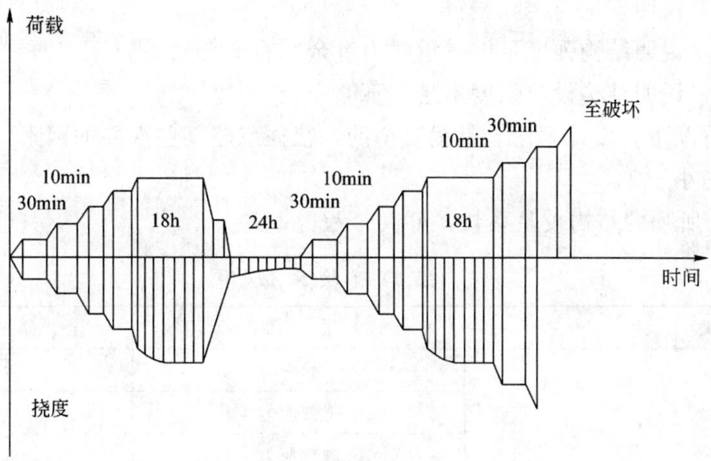

图 1.4.4-15 “变形-时间”、“荷载-时间”关系曲线图

度、长度以及在每级加载情况下的裂缝开展情况。试验结束后，应用照相记录其裂缝和破坏特征，或者用方格按比例描绘记录下来。

除了上述常用的试验曲线和图形外，根据试验研究的结构类型、荷载性质、变形特点的不同，还可以绘出一些其他的结构特征曲线，如超静定结构的荷载反力曲线，某些特定结构的结点局部变形（挤压、滑移）曲线、节点主应力轨迹曲线等。

3. 试验结构的性能分析

桥梁结构静载试验结束以后，要从试验结果的分析中对结构性能作出评价。如果试验研究的目的是为了探索结构内在某种规律，或者是检验某一计算理论的准确性或适用程度，就需要对试验结果进行综合分析，找出互有联系的诸变量之间的相互关系，并与理论计算对比，总结出某些数据和数学表达式，对试验研究作出结论，如果试验目的是生产鉴定性质，则应从试验资料的整理和分析中，提取充分而必要的资料，对结构整体的承载能力、变形能力以及抗裂性等作出判断，进而就可以说明结构安全可靠和满足使用要求的程度。

（1）结构强度的分析

桥梁结构静载试验在一般情况下，选用的试验荷载是结构设计的设计荷载。这样，在试验荷载（结构设计荷载）作用下，结构判断实测最大的应力（应变）就成为评价结构强度的主要内容。一方面控制判断实测最大应力可以和相应结构设计规范规定的允许应力进行比较，来说明结构安全的程度；另外一方面可以对控制判断实测最大应力与理论计算的最大应力进行比较，用相对误差或者用结构校验系数来说明。

①挠度校验系数

$$\eta_{挠}=\frac{实测跨中挠度}{理论跨中挠度}$$

②应力校验系数

$$\eta_{应}=\frac{杠杆实测轴向力}{杠杆理论轴应力}$$

$$\eta_{弯}=\frac{构件实测弯曲向力}{构件理论弯曲应力}$$

当 $\eta<1$ 时，说明理论与实际相符。

当 $\eta>1$ 时，说明结构强度足够，承载力有余，有安全储备。

当 $\eta=1$ 时，说明结构设计强度不足，不够安全。

在大多数情况下，设计理论总是偏安全的，往往忽略某些次要的因素，因此变形结构的校验系数往往稍小于 1。

表 1.4.4-4 所列的结构校验系数，可供参考。

结构校验系数 表 1.4.4-4

类　别		项　目	结构校验系数 η
钢桥	下承式桁梁	上弦应力	0.9～0.95
		下弦应力	0.9～0.8
		腹杆应力	0.95～1.00
		吊杆应力	0.85～0.95
		挠度	0.7～0.75
	上承式桁架	上弦应力	0.75～0.85
		下弦应力	0.85～0.95
		上弦应力（弯矩）	0.8～0.85
		挠度	0.75～0.85
预应力混凝土梁		钢丝应力	0.9～1.0
		混凝土上翼缘应力	0.9～1.0
		挠度	0.7～0.8
钢筋混凝土梁		钢筋应力	0.55～0.65
		混凝土上翼缘应力	0.45～0.55
		挠度	0.55～0.65

（2）结构刚度的分析

在设计规范中，对不同的桥梁结构都分别规定了允许挠度的范围。在桥梁结构静载试验中，可以测出在结构设计荷载时，结构控制截面的最大实测挠度 f'_1，则

$$\frac{f'_1}{l}\leqslant\left[\frac{f}{l}\right] \tag{1.4.4-7}$$

式中：$\left[\frac{f}{l}\right]$——规范规定的允许相对挠度；

f'_1——消除支座沉陷等影响的跨中截面的最大实测挠度；

l——桥跨结构的计算跨径。

当试验荷载比结构设计荷载小时，要推算出在结构设计荷载时的最大挠度 f，然后与规范规定值进行比较：

$$f=f_2\frac{P}{P_2} \tag{1.4.4-8}$$

式中：f_2——试验荷载时实测的跨中最大挠度；

P_2——试验荷载；

P——结构设计荷载。

（3）结构抗裂性的分析

①对于预应力混凝土桥，在静载试验中要注意测出结构混凝土出现第一条裂缝时的试验荷载的大小，该荷载即为开裂荷载 P_f，

$$K_f=\frac{P_f}{P} \tag{1.4.4-9}$$

式中：K_f——实测的结构抗裂安全系数；

P——结构设计的标准荷载。

这一试验结果应符合有关设计规范规定的结构抗裂安全系数 $[K_f]$，即

$$K_f \geqslant [K_f] \tag{1.4.4-10}$$

②对于钢筋混凝土桥，由试验测得的结构抗裂安全系数 K_f 可以与计算的抗裂安全系数相比较，即

$$K_f \geqslant K'_f \tag{1.4.4-11}$$

其中 K'_f——按设计理论计算时，出现第一条裂缝的荷载与标准设计荷载的比值。

（4）结构裂缝宽度的分析

从保证构件正常使用条件出发，在标准设计荷载作用下，钢筋混凝土桥跨结构出现的裂缝宽度 δ_{max}，必须满足下列要求：

$$\delta_{max} \leqslant 0.2\text{mm} \tag{1.4.4-12}$$

通过上述结构性能的分析，就可以对试验结构的质量和承载能力，作出技术评价来。

六、桥梁静载试验报告的编制

在全部试验资料整理与分析的基础上，提出桥梁结构静载试验报告。其内容应该包括下列各项：

1. 试验概况

主要内容是简要介绍被试验的桥梁结构的型式、构造特点、施工概况。对于鉴定性试验，还要说明在施工或设计中存在的技术问题，以及其对使用的影响等。对于科研性试验，还要说明设计中需要解决的问题。文中要适当附上必要的简图。

2. 试验的目的

根据试验对象的特点，要有针对性的说明结构静载试验所要达到的目的和要求。

3. 试验方案设计

这一部分要说明根据试验目的确定的测试目的和测试的方法，仪器配备、测点设置情况并附以简图，同时要说明试验荷载的情况，如试验荷载的形成（是标准列车或汽车荷载，还是模拟的等代荷载）以及加载的程序。

4. 试验日期及试验的过程

说明具体组织桥梁静载试验的起迄日期，试验准备阶段的情况，整个试验阶段特殊的问题及其解决办法。

5. 各项试验达到的精度

将本次试验中，使用的各种仪器、仪表的类型、精度（最小读数），列表说明，同时还

要说明试验中可能使用的夹具对试验精度的影响。

6. 试验成果与分析

依据桥梁结构静载试验项目，将理论计算值、实测值以及有关的参考限值进行对比说明理论与实践二者的符合程度，从中得出试验结构所具有的实际承载能力、抗裂性以及使用的安全度，以及从试验中所发现的新问题。从现场检查的综合情况，说明试验结构的施工质量。对于一些科研性试验，还要从综合分析中说明，设计计算理论的正确性和实用性，以及存在的尚未解决的问题。如果材料丰富，很有可能从综合分析中，提出简化计算公式等。

7. 试验记录摘录

将试验中所得的实测的控制数据，或列表或以曲线的形式表达出来。

8. 技术结论

根据综合分析的结果，得出最后的技术结论，对试验结构作出科学的评价，同时根据存在的问题，提出改进设计或者加强维修养护方面的建议。

9. 经验教训

从结构试验的角度，对本次试验的计划、程序、测试方法，提出不足或改进的意见。

10. 有关图片、照片

§4.5 桥梁结构的动载试验

一、概况

桥梁结构是以承受车辆荷载为主的，车辆荷载对桥梁的冲击和振动影响，常会使其产生的动力效应大于相应的静力效应。在旧桥上，这种动力效应增大的影响，随着目前交通量、交通车辆的行驶速度与载重的不断提高以及桥面系和部分联结构件等的损坏，而日趋严重。因此用动力荷载试验来确定桥梁在车辆荷载下的动力效应以及使用条件，从而进一步对桥梁作出评价是十分重要的。

1. 动载试验测试项目

桥梁结构动载试验的主要测试项目包括：测定桥梁的动力荷载本身动力特性，如动力荷载的大小、方向、频率及作用规律等，测定桥梁结构在动力荷载下的强迫振动响应，如振幅、动应力（挠度）、冲击系数等。

2. 动载试验内容和方法

不同试验目的所采用的桥梁振动的激振方法不同，常见动载试验内容可以分成：

（1）稳态正弦激振试验

稳态正弦试验是使用激振器使结构产生稳态的、变频率的强迫振动，进行共振试验。最常用的是旋转质量同步起振机，由于这种设备低频出力小，出力不易测量以及恒出力等，加之现场安装较麻烦，使用受到一定限制。但使用激振器进行共振试验，可较准确地测定结构的自振频率、阻尼比、振型等参数，当阻尼比小于0.1时，误差小于3%。利用两台同步起振机反向运行，还可做扭转振动试验。

（2）突加荷载激振试验（初速度激振）

在实践中，常用的突加荷载激振试验是跳车激振试验。跳车激振试验是用试验车辆在桥面上驶越三角垫木，利用车轮的突然下落对桥梁产生冲击作用，激起桥梁竖向振动。但试验车辆附加质量常会影响所测结构的自振特性。近年来，还采用了爆炸和发射小型火箭产生荷载的办法来激起结构的振动。

这种激振方法容易实现，但应注意采取多次试验，例如10次，连续记录，以保证信号的长度，减小误差。利用衰减曲线计算阻尼比时，有时会因"拍"现象的出现，而增加误差，甚至难于计算。

(3) 突然卸载试验（初位移激振）

在结构上预先施加一个荷载作用，使结构产生一个初位移，然后突然卸去荷载，利用结构的弹性性质使其自由振动。这一方法常需一些张拉，断裂装置。

(4) 随机激振试验

近十年来由于信号处理技术的发展，随机激振方法引起人们极大的兴趣，在公路桥梁动力试验中得到广泛应用。桥梁的随机振动可通过车辆的行使或由外界不规则的干扰来获得。

(5) 行车激振试验

行车激振试验是让动力试验车以每小时10m、20m、30m、40km……不同车速往复通过桥跨，测量桥梁在动荷载作用下的动力响应，从挠度或应变曲线可计算冲击系数，冲击系数可用来衡量动内力或动挠度增大的影响，其值综合反映了桥跨结构之特性，车辆荷载的动力性能以及桥面平整度等因素引起的影响。因此冲击系数往往成为确定车辆荷载对桥梁动力作用的重要参数。此外通过对行车试验桥梁振动响应信号的分析同样可获得结构的频率、阻尼比等动力特性参数。

进行行车激振试验时应注意下列几个问题：

①汽车应以不同车速，从不同方向行使过桥；反复多次进行，从而可找出最不利的车速。

②应规定行车路线，即确定车辆的横向位置。

③增加同一车速行车试验的次数，连续记录信号或将短信号接长，以见效数据处理的误差。

④测量桥梁响应的同时，也应测量车辆的振动。掌握车辆的总重量。轴重、车速动力性能等数据，以便分析数据时，剔除车辆振动的影响。

(6) 桥梁结构脉动观测试验

对由于外界各种因素所引起的微小而不规则的结构振动，用高灵敏度的测振仪检测脉动信号，通过适当的处理，可得到频率、阻尼比，振型等动力参数。进行脉动测量时应注意：

①保证足够的记录长度，一般以30分钟左右为好；

②采取多点多方向测量，以便判断高阶振型频率，剔除干扰信号；

③同时测量地面脉动信号。

脉动测量和分析，实验方便，不需激振设备，以测量分析低阶振型频率特性优点最为突出，目前已普遍开展这种方法的测量。

二、试验数据的分析和评定

1. 冲击系数

冲击系数的分析计算，可通过行车试验的应变，挠度曲线求得，用下式计算。

$$1+\mu=\frac{f_{动}}{f_{静}}=\frac{2f_{峰}}{f_{峰}+f_{谷}}$$

式中：$f_{峰}$——检测部位的最大波峰值；

$f_{谷}$——同一检测部位与 $f_{峰}$ 相应的波谷值。

实际测量时，应尽量采用与设计荷载相当的动力试验荷载，否则数值偏大，应换算成设计荷载时的数值，再与其比较，实测值应小于理论值。

求得各种车速的冲击系数后，可做出车速 V 与冲击系数（$1+\mu$）的关系曲线，从而分析产生最大冲击的临界车速。

2. 频率和振型的分析

第一振型频率可由自由衰减曲线求得，但高阶振型频率得由对随机振动信号的谱分析方法得到。通过对多点信号的互谱分析、传递函数分析可求出结构的各阶振型，为此在测点布设时应将传感器布置在振型的峰谷点和节点处。

桥梁结构的最低频率应高于一定的限值。在这方面我国尚无明确规定，对中小跨径的桥梁一般应大于 3Hz。原苏联 CH-200-62 规范第 54 条规定混凝土简系梁桥的竖向自振频率应大于 3.33Hz。美国一般设计要求自振频率应大于 3.5Hz。

3. 阻尼比的分析

振动分析中用阻尼比代表阻尼的大小，阻尼比的计算可用两种方法求得。

①一种是利用自由振动衰减曲线，根据下式求得：

$$\xi=\frac{1}{2\mathrm{n}\pi}1n\frac{a_0}{a_{\mathrm{n}}}$$

式中：n——所取波的个数，一般 5 个左右；

a_{o}——第一波的幅值；

a_{n}——第 n 个波的幅值。

②另一种可利用稳态激振的共振曲线或随机振动响应信号的自谱或互谱，根据半功率点带宽来计算阻尼比。计算公式如下：

$$\xi_{\mathrm{i}}=\frac{B_{\mathrm{i}}}{2f_{\mathrm{i}}}$$

式中：f_{i}——第 i 自振频率；

B_{i}——第 i 阶自振频率相应谱峰的半功率点带宽，即 1/2 倍峰值所对应的频率差。

4. 振动强度分析

对于正态分布的随机振动信号，当均值为零时，标准差 δ_{x} 即可反映振动信号的能量大小，又可确定幅值的概率分布。因此可用以比较各种情况下桥梁振动的强弱。

5. 振幅值及最大值

动应力或动挠度的最大值可由时间历程曲线，更换标尺求得。结构控制截面实测最大动应力和挠度值应小于有关标准的容许值。

在计算振幅值时，为了减小由于基线漂移引起的误差，以量取峰－峰值为好，振幅值即为峰－峰值的 1/2。

三、随机振动数据分析方法及应用

1. 数据处理内容

随机数据的处理，主要考虑了概率和统计因素，用统计参数来描述随机振动的物理特征。一般情况下，随机数据的分析，要从幅域、时域、频率域三个方面来进行。

（1）幅域分析：主要包括概率密度函数、概率分布函数、均值、方差或标准差等。概率密度函数描述了数据在幅域的实际概率特征，也可用来进行数据的正态性检验。均值是数据的集中位置，代表了被测参数的静态分量。方差反映了数据的离散程度，代表了被测参数的动态分量。均值、方差或标准差，也可用于检验数据的平衡性。

（2）时域分析：包括自相关函数、互相关函数。它们反映了数据的时差特性。自相关函数也可用作功率谱估计的中间步聚或数据的周期性检验。

（3）频率域分析：主要包括谱密度函数、互谱密度函数、相干函数、传递函数等。频率域分析，主要用来了解振动信号的频率结构及系统传递特性等。

对于不同的处理对象，还要进行特殊需要的分析，但就其数据处理的最基本要求而言，上述三方面是最重要的内容。

2. 数据处理步骤

应用随机数据分析方法，处理公路桥梁动载试验数据，一般来说，只要按下述步骤进行，对于大多数实际工程应用，都可以得到比较满意的结果。

（1）数据准备

模拟磁带记录所获得的原始数据，是被测物理量的时间历程。为了保证分析质量，应对其进行标定、编辑、整理、检查和删除由于仪器异常、噪声干扰等原因而产生的严重失真信号。校准记录零点，避免在零频上出现很大的峰。对于较短的信号，可以进行复制接长等。

（2）数据检验

随机数据分析方法，是建立在数据的平稳性、正态性的假设前提下的。所获得数据的基本性能能否满足要求，将直接影响对分析结果的解释和判断。因此，分析前应对数据进行检验。

①平衡性检验：最方便的方法是应用轮次检验法。选取样本记录中一段波形没有明显突变的信号，将其分成若干相等的区间，计算每一区间的均方值（或均值、方差、标准差等），并把结果按观察序列列出。检查这一序列，看序列中相对某个值（如中值）的轮次数，在一定显著水平下是否符合“轮次分布表”的期望值。符合则接受平稳性假设，否则拒绝。

例如：某公路桥脉动观测数据的平衡性检验，选取 1000s 左右的记录，将其分为 20 个等长的段，每段约 50s。应用 7T08s 信号处理机 AH110 程序计算每段的标准差，得到 20 个值组成的标准差序列，确定其中值，大于或等于中值的为（+），小于中值的为（－）。则有：

＋＋＋＋＋－－－－－＋－＋＋＋＋－－＋＋

1　　　　2　　3 4　　5　　6 7

由此可以看出，20 个标准查值组成的序列有 7 轮次。现“假设数据是平衡的”，则根据“轮次分布表”可知，在 $\alpha=0.05$ 的显著水平下，如果标准差序列相对于中值的轮次数在 6～15之间，则接受平衡性假设。而现在出现 7 轮次，因此在 5％的显著水平下接受平衡假设，即认为数据是平衡的。

②正态性检验：最直观的方法是计算数据的概率密度函数，并与理论正态分布加以比较图 1.4.5-1 是应用 AH110 程序做出的某路桥脉动信号的概率密度函数图。当记录时间足够长时，表现出较好的正态性。

③周期性检验：随机量以外的周期和准周期量，在数据的频谱中会出现峰。若不加鉴别，在谱图的判读中会做出错误的解释。

检验随机量以外的正弦分量，可以观察数据的振幅概率密度函数。一般，随机信号的概率密度函数类似于正态特性的钟形线簇。而正弦波的概率密度函数是盆形的。

正弦分量的检验也可以用数据的自相关函数。随机数据的自相关函数在 τ 增大多少，总是一条连续振荡的曲线。图 1.4.5-2 为某公路桥脉动信号的自相关的函数。

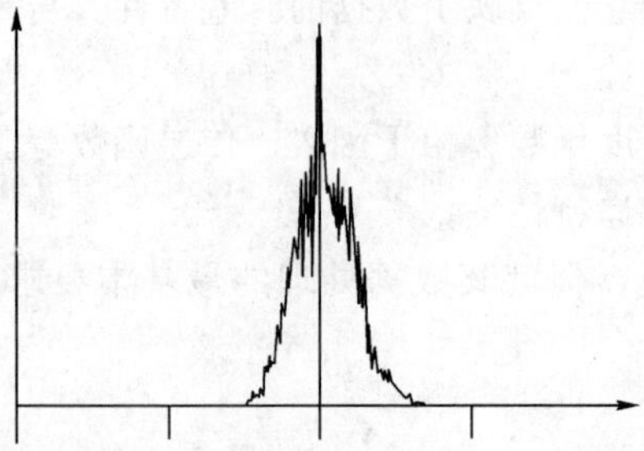

图 1.4.5-1　某公路桥脉动信号的概率密度函数图

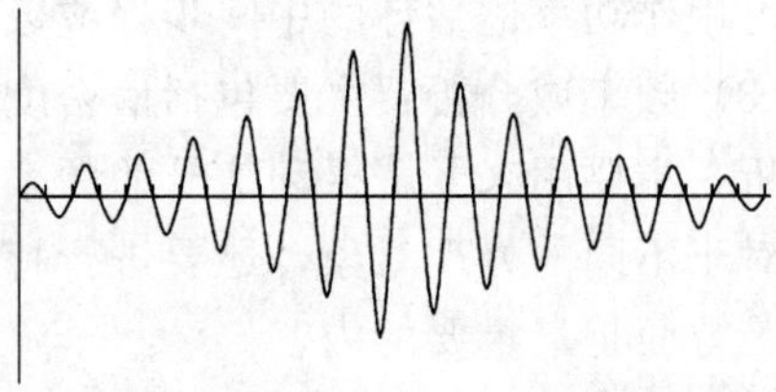

图 1.4.5-2　某公路桥脉动信号的自相关函数图

（3）确定数据处理参数

尽管对于平衡的和各态历经的随机数据，都可以用单个样本的时间平均来描述所有样本的总体平均，但测试和数据处理只能在有限长度范围内进行。当截取有限长度的记录代替无限长度的样本函数时，就会产生渗透。渗透的大小与数据窗的形状和长度有关。另外，实际测试所得到的记录，是连续变化的模拟量。用计算机进行处理时，则要先将模拟量转换成数字量，即用离散的数据序列代替连续数据，进行频谱分析，这会引起原始数据中高、低频率成分的混淆。渗透和混淆都将给分析结果带来误差。

为了避免频率混淆，减小数据处理误差，必须争取确定数据处理的各个参数。这些参数包括：采样时间间隔 Δt，谱分的的带宽和频率 Δf_e，数据的截长度 T_e 和总的记录长度 T，以及平滑的次数 q。

①Δt、Δf_e、T_e 的确定

在确定这几个参数之前，首先应估计所分析信号可能的最高频率成分 f_{mex}。

确定合理的采样时间间隔 Δt，是处理频率混淆的关键。根据采样定律：采样频率 f_S 应大于信号最高频率 f_{max}（包括噪声）两倍以上。即：

$$f_S \geqslant 2f_{max}$$

一般情况取 f_s=（2—4）f_{max}。

而采样时间间隔：

$$\Delta t = 1/f_s$$

也就是 Δt 应满足：

$$\Delta t \leqslant 1/f_{max} \tag{1.4.5-1}$$

否则谱分析的结果与实际输入信号的谱不一致。

对于专用的信号处理机，采样点数 N 是固定的，而频率分辨率：

$$\Delta f_e = 1/\Delta t \times N \tag{1.4.5-2}$$

例如：7T08S 信号处理机采样点数 N=1024，则：

$$\Delta f_e = 1/(\Delta t \times 1024) \tag{1.4.5-3}$$

从式（1.4.5-2）或（1.4.5-3）式可以看出，当 Δt 选定后，谱分析带宽和频率分辨也

就随之确定了。显然，Δt 越小可分析频率越高，而 Δf_e 就越宽，也就意味着频率分辨下降，这在判读结果自振频率和阻尼比时，会增大误差。

Δt 确定后，信号的截面长度 T_e 也就确定了。

$$T_e = \Delta t \times N \tag{1.4.5-4}$$

从式（1.4.5-2）（1.4.5-4）可以得到：

$$\Delta f_e = 1/T_e$$

从以上几个公式可以看出，Δt、Δf_e、ΔT_e 的选取是互相矛盾的。选取较小的 Δt，避免了混淆，但降低了频率分辨率，数据截断长变短，渗漏增大。因此在确定这几个参数时，不能片面追求某一方面，而要统筹兼顾。

在正式信号处理之前，应先检查对信号最高频率成分的估计是否正确。通常，可以先取采样时间为公式（1.4.5-1）所确定 Δt 的 1/2～1/3，进行试分析。从谱图上可以看出，在高于所估计的最高频率成分以上是否存在有意义的谱分量。如果没有，则说明原估计是正确的，否则要修改估计，重新确定 Δt。

公路桥梁动载试验主要研究频率在 20Hz 以下的振动。一般采样时间隔 Δt 取 10～30ms，可分析信号最高频率为 16.7～50Hz，信号的截断长度约 10～30s。

另外，还要说明，进行概率密度等幅域处理时，要注意，为了不丢失峰值，采样频率要高于所研究频率的 10 倍以上。

②根据要求的分析精度确定总记录长度 T 和平滑段数 q。

用计算机对有限长度的测量信号进行分析可知，一般满足功率谱估计精度所需要的记录长度，对于其他参数估计来说也就足够了。功率谱估计的随机误差用 ε_γ，表示，总记录长度与随机误差 ε_γ，及频率分辨率 Δf_e 关系如下：

$$T = 1/\left[\Delta f_e \cdot \varepsilon_r^2\right]$$

工程上，一般要求 $\varepsilon_r \leqslant 0.2$，而 Δf_e 的选择可以根据实际需要，按前面讨论的办法确定。这样即可计算出所需的总记录长度 T。

为了减小数据处理误差，可以做分段平滑处理。即将总记录长度分成若干段，做每一段的谱，把每段所得谱上相同地址的估计值加以平均，得到平滑处理后的估计。原则上平滑次数越多，误差越小。所分段数 Q 与总记录长度 T 及信号截断长度 T_e 有如下关系：

$$\begin{gathered} T = q \cdot T_e \\ q = 1/\varepsilon_r^2 \end{gathered} \tag{1.4.5-5}$$

式（1.4.5-5）反映了随机误差 ε_r 与平滑段数的关系。若取 $\varepsilon_r \leqslant 0.2$，则 $q \geqslant 25$ 段；若取 $\varepsilon_r = 0.1$，则 $q = 100$ 段。从上式也可以看出，如果取 $q = 1$，则 $\varepsilon_r = 1$，随机误差 100%。也就是说只取一段进行分析，误差之大是惊人的。

3. 随机数据分析方法的应用

（1）通过桥梁响应信号的分析识别系统

公路桥梁的动力试验，一般都希望识别自振频率、阻尼比、振型等主要动力学参数。而达到上述目的，若使用人工激振的方法，无论采用大型激振设备还是采用突然施放等办法，都比较烦琐，有时甚至没有条件去实现。然而，我们可以利用桥梁结构对自然动态环境的响应信息，做合理的数据处理，在多数情况下都可以得到结构主要动态特征参数。实践证明，这些数据，基本上可以假定为各态平稳随机过程。

自振频率和振型分析、阻尼比计算前面已做介绍，现给出一个实例。

表 1.4.5-1 及图 1.4.5-3 至图 1.4.5-5 是某简支梁公路桥动载试验的部分结果。使用 7T08S 信号处理机的 P. W. 28 程序处理脉动信号，获得该桥垂直振动的自振频率、振型和阻尼比，与其他方法所得的结果非常接近。而所获得的高阶振型却是其他方法不易得到的。

某简支梁桥垂直振动自振频率和阻尼比　　表 1.4.5-1

试验方法	第一振型		第二振型		第三振型	
	频率	阻尼比	频率	阻尼比	频率	阻尼比
脉动信号计算机分析	5.25Hz	0.025	12.8Hz	0.0103	24.2Hz	

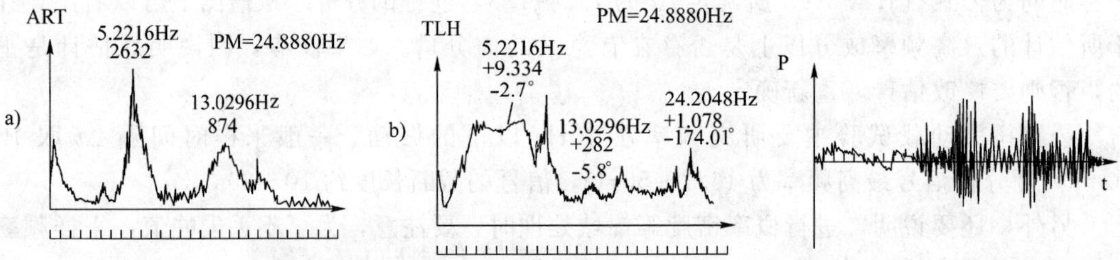

图 1.4.5-3　某简支梁桥谱分析结果图

a) 1/4 测点振幅谱；b) 1/2 测点对 1/4 测点的传递函数

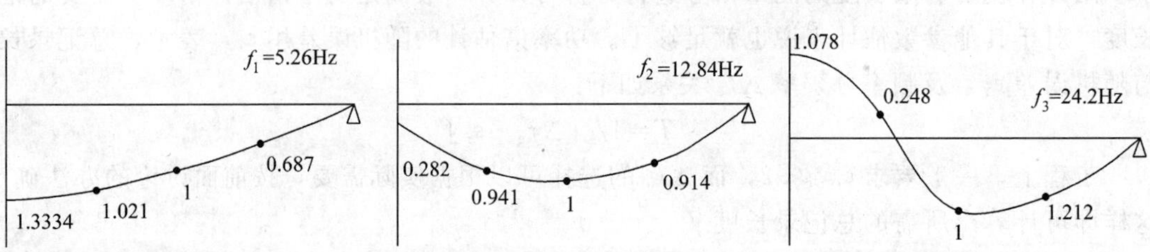

图 1.4.5-4　某简支梁桥半桥长振型图

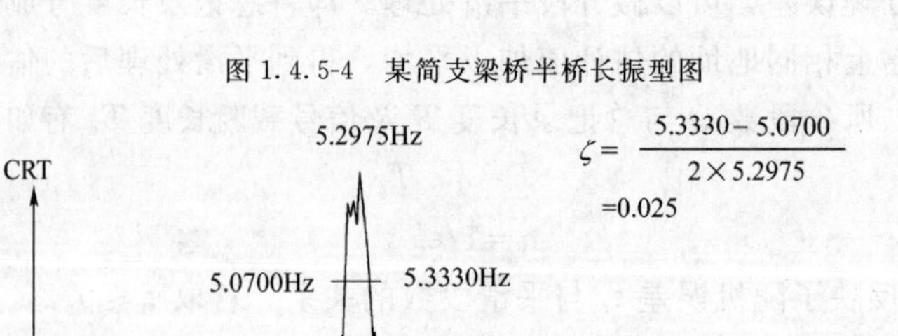

(Δt=30ms, Δf=0.0326Hz, q=85段)

图 1.4.5-5　用互谱计算阻尼比图

（2）桥梁振动强弱及其对行人影响的分析

①桥梁承受各种车辆及人群荷载的激励是随机的。随机振动信号 $x(t)$ 的均方根值 X_{rms} 为：

$$X_{rms}=\sqrt{\frac{1}{T}\int_0^T x^2(t)dt}$$

均方值 $X_{ms}=X_{rms}^2$，与均值 m_x，方差 σ_x 关系如下：

$$X_{ms}=m_x^2+\sigma_x^2$$

一般随机振动信号均值 $m_x=0$，所以：

$$X_{ms}=\sigma_x^2,\ X_{rms}=\sigma_x$$

标准差 σ_x 是随机信号幅域分析的一个重要统计特征值。当正态分布，且均值为零时，信号幅值 X 的累计概率分布与标准差 σ_x 有如下关系：

$|x|>3\sigma_x$ 的概率为 0.3%

$|x|>2\sigma_x$ 的概率为 4.6%

$|x|\sigma_x$ 的概率为 31.7%

由此可以看出，标准差 σ_x 此时即为 X_{rms}）既可反映消耗能量的大小，又可确定幅值的概率分布。因此可用它来比较各种情况下桥梁振动的强弱。

图 1.4.5-6 为某公路桥动力试验数据处理所得到的振动强度与汽车行驶速度关系曲线。从图可以看出，当车速为 45km/h 时，该桥振动最强。试验车重 15.75t。

②表 1.4.5-2 是人群荷载（100 人）与汽车荷载（15.75t）激励上述桥梁时，响应信号的标准差。从表 1.4.5-2 可以看出，汽车荷载激励引起该桥的振动要比人群荷载强。而进行试验时为什么人们的感觉却与此相反呢？从两种情况信号的频谱可以说明，汽车荷载引起该桥振动其主要能量集中在 4Hz 以下，人群荷载主要是 3-6Hz，而人体对竖向振动的敏感频率范围为 4-8Hz。所以从感觉上，人们以为人群荷载引起的该桥振动较强，这是一种错觉，也有很复杂的心理因素起作用。这只能通过频率分析“去伪存真”加以区分。

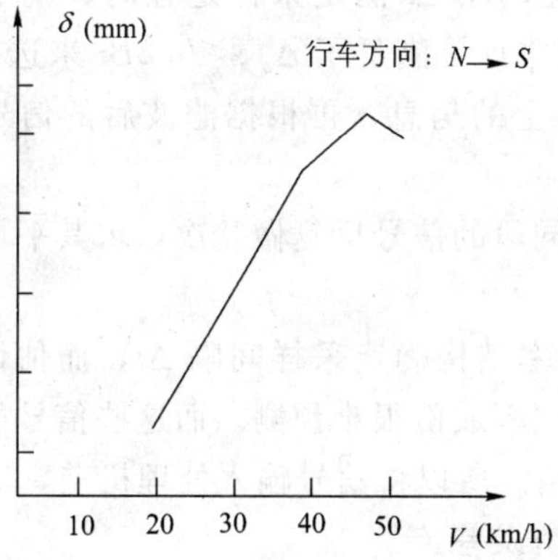

图 1.4.5-6　某公路桥振动强度与车速关系曲线图

人群荷载和汽车荷载作用下某公路桥振动的标准差　　表 1.4.5-2

激振方法		标准差
人群荷载	齐步走	0.202mm
	跑步（N-S）	0.505mm
汽车荷载（15.75t）	45.3km/h（N-S）	1.079mm
	43.4km/h（N-S）	1.079mm

4. 数据处理中几个问题的讨论

（1）结构自振频率的识别和假频率的剔除

对桥梁动态测量所获得的数据进行频率分析时，我们最感兴趣的是谱图中主要峰值的频率及实际意义，即是否是被测结构的自振频率。

在判断时，应该注意几个问题：

①计算机分析时常把各频率成分等间隔划分，所以基频值 $f_0=1/T_e$，各次谱波频率值依次为 $2fo$，$3fo$，……$1/2Nfo$（N 为采样点数）。fo 的值取决于信号的截断长度，实际上由所选择的 Δt 确定。因此，谱图上读得的频率值，有一定的人为因素，结构自振频率的实际值不一定恰好能在谱图中读得。一般可在允许范围内，改变采样间隔 Δt 和平滑的段数 q，将一组谱图中稳定出现较大峰值的频率作为结构的自振频率。

②在判读时不能单纯根据峰值来确定。对于小阻尼结构任何测点信息频谱的峰值，一般反映出激振谱的峰值或结构主要自振频率造成的峰值。为了区别这两个峰值，可以利用结构不同测点的不同振型时有不同的相位来加以判断。

当激振源有可能进行测量时，也要进行测量和分析。

对于扭转频率，可以利用结构同一平面内两侧测点信号的互谱加以鉴别，其相位差应接近 180 度。

③由于结构的空间振动，各部分的耦联，及传感器安装方向的偏差，各测点某一方向的信息中可能会包含其他方向或其他部分的分量。这些频率成分都是有可能在谱图中出现峰值。因此，在进行某一部分某一方向的频率分析时，也要鉴别其他部分和方向的分量。解决这一问题的根本方法，是进行多点多方向的测量和分析，以剔除谱图中非此方向或非此部分的频率。

（2）阻尼比计算中的问题

因结构不同，测点对各阶振型的响应各不相同。在计算第 i 阶振型的阻尼比时，应选用该阶振型响应最大位置测点的信号。这样对提高信噪比，减小误差是有利的。有时根据互谱来计算阻尼比更好，噪声对互谱的污染要小。

在计算低阶振型的阻尼比时，常常有这样的情况，即 Δt 满足采样定理时，就不符合 $\Delta f_e<0.2Bi$ 的要求，这样计算的阻尼比就会偏大。反之如果满足了 $\Delta f_e<0.2Bi$ 来选择 Δt，就会出现频率混淆。利用纸通滤波器滤掉纸阶频率以上的信息，再根据滤波后的信号选择 Δt，这样可同时满足上述两条要求。

阻尼比的计算，有时离散性比较大，最好选用不同段的信号反复做几次，求其平均值。

（3）滤波器的使用

在数据处理参数的讨论中，我们是根据信号的频率结构确定采样间隔 Δt，而估计 f_{max} 时，只能根据对结构的了解，至于噪声干扰等信号的频率成份很难预测。而这些信号往往多在大于所估计的 f_{max} 频段，这些频率成份就会引起混淆。所以将信号输入处理机前，应先进行滤波，把各种干扰信号衰减到最低限度，以减小混淆误差。

再则，实际数据处理时，往往我们并不一定关心信号的所有成分，而只想细致计算基频的某些参数，这时若根据实际信号的 f_{max} 确定 Δt，势必降低分辨率 Δf_e。如果用低通滤波器，保留所需的微弱信息，经过放大后进行处理，会得到较好的效果。

低通滤波截止频率的确定，要考虑到滤波器的衰减特性。目前大多滤波器的衰减特性是 $-20\sim60$db/oct，也就是说在一倍于截止频率处，该频率的信号被衰减到原始信号的

10%～0.1%以下。如果要求信号通过滤波器后，要滤掉的频率成分被衰减到1%以下，则可以将滤波器截止频率 f_c 选择在所关心的频率成分附近，对具有不同衰减特性的滤波器，这时应选择采样频率 $f_S=(2-8)\cdot f_C$。

§4.6　基桩荷载试验

一、试验目的及试验内容

下部结构如墩、台、基础等桥梁的重要组成部分，它承担着上部结构的自重和全部荷载，因此下部结构的工作状态对桥梁的安全使用有决定性的影响。下部结构的荷载试验是确定结构的承载能力和设计理论与工程实践统一起来的重要方法。特别是钻孔灌注桩的出现及其在公路桥梁下部结构中的广泛使用，荷载试验起了很大促进作用。通过荷载试验能够验证钻孔桩的承载能力，选择较为经济的桩长和桩径；通过荷载试验发展了钻孔施工工艺；通过荷载试验积累了科学资料，发展了钻孔桩的设计理论，如修订了单位摩阻力 τ 值、弹性地基梁计算的 m 值和 K 值，推荐了 C 值法，提出了桩壁摩阻力和桩底反力划分方法。目前正在研究利用触探法，振动法确定桩的承载能力。综上所述，荷载试验不是单纯的试验方法，而是对下部结构，特别是钻孔桩的设计、施工、科研都有重要意义的基本工作。

1. 基桩试验的目的

作为荷载试验的主要目的是确定桩的承载力，即确定桩的允许荷载和极限荷载，查明强度的安全储备，推求桩的计算参数，了解桩的变位情况，同时还可以检查所采用的施工工艺和钻孔机具是否合理完善。根据试验的结果，修改原定的桩长或桩径或增减桩数，以保证桩基的安全、经济。

2. 荷载试验的内容

根据不同的试验，试验内容有所差异：

(1) 荷载的测试决　定垂直（竖向）承载力时，应测定垂直荷载；决定水平（横向）承载力时，应测定水平荷载。所有荷载都应分级施加在试桩上，达到规定的荷载或破坏荷载为止。荷载是试验的主要项目，所以应做精确的测定，与此同时，还要记录相应于各级荷载时，其他试验项目的实测值。

(2) 变位的测试　变位是指桩在地面处和其他各截面处的垂直位移、水平位移和转角。变位和荷载的关系表征桩的工作性能，所以它是试桩必须测定的项目，鉴定性试桩最少必须测定桩在地面处的变位，并测试桩的开裂情况。

(3) 应力的测试　通常测定桩内主钢筋应力和混凝土应力。根据实测应力可以推算截面弯矩、轴向力等，即可提供与理论计算的对应资料。通过应力测量还可以测定桩的弹性模量。

(4) 土中应力的测试　土中应力的测定主要是指测试桩对土水平向上压力（土抗力）和桩侧摩阻力等。

(5) 桩底反力的测试　由于直接测定桩侧摩阻力有困难，目前多是通过桩底反力和各截面轴向力的测定来推算桩侧摩阻力。测定桩底反力，还可查明钻孔底部的工作状态。以及同时测定桩底沉淀土的厚度。

(6) 地面变形的测试　地面（包括岩面）变形是判断桩承载力的重要因素。试验时要尽可能观测地面的变形和开裂的情况。

(7) 基桩混凝土质量的测试　这主要是指水下混凝土质量。一般在桩试验后，钻取桩内混凝土芯样来鉴定，并根据试验目的，进行混凝土弹性模量的测定。

(8) 地基试验　通过钻取桩位处的原状土，判断物理力学性能指标，供试验分析计算用。

二、试验方案设计

基桩在试验前，要进行两方面的试验设计，即试桩的设计和反力装置设计。

1. 试桩设计

试桩设计主要包括确定试桩的数量、直径、入土长度、桩距、混凝土标号和配筋以及测点布置等等。

(1) 试桩的位置和数量

①工艺性试桩：可根据地质资料，选择有代表性土层或预计钻进有困难的土层设置，其数量以达到掌握施工工艺为原则而确定。

②鉴定性试桩：对质量有怀疑或发生质量事故经过补强处理的桩，或者根据设计需要而定的桩，要做鉴定试验。

③破坏性试桩：根据工程设计需要或科学研究的需要而定。一般试桩尽可能接近工程实际情况来确定试桩的位置和数量。一根试桩（摩擦桩），可以先后完成垂直荷载试验和水平荷载试验。

(2) 试桩的直径和入土长度

在垂直荷载试验时，试验的长径比最比与实际桩相同。根据研究成果，当桩身混凝土与桩侧土的弹性模量比为一定时，长径比超过 25 之后，长径比对传递到桩底的荷载已无较大影响。因此，当桩的长径比大于 25 时，取长径比为 25，基本上不会影响试验成果。当加载条件受限制时，可考虑用长径比为 10，但不小于 6，并保证试桩实际的承重土层中有足够的长度，满足实际桩底土同桩侧土的弹性模量比的条件，使求得的桩侧摩擦阻力等参数基本上与实际情况接近。

在水平荷载试验时，试桩的入土长度应根据刚性桩或弹性桩两种情况来具体确定。若实际桩很长，属于弹性地基上无限桩范围时，则试桩的入土长度不一定要和实际桩相同，参考表 1.4.6-1 中三种地基系数图式的 α 值。设计试桩时，使其 α 值大于表列所查的数值，就能获得基本上符合实际桩情况的试验结果。表中 C_c，C_z 分别表示试桩底高程处和深度 Z 处的地基系数值，可依钻探资料桥梁设计规范或根据经验确定，EI 为试桩的抗弯刚度，d 为桩直径，L 为入土长度。

为了使试桩获得的地基系数接近桩的实际情况，试桩直径宜与实际桩径相同。当实际桩径超过 1m 时，因地基系数值降低不显著，因此试桩可采取 1m 的直径。

表 1.4.6-1

项　目	$C_Z=C_C=$常数	$C_Z=\frac{C_z}{L}$	$C_Z=C_C\frac{Z}{L}$
弹性长度	$4\frac{4EI}{C_C d}$	$5\frac{EIL}{C_C d}$	$4.5\frac{EIL0.5}{16C_C d}$
$\alpha=\frac{L}{T}$	$\geqslant 2.5$	$\geqslant 4$	$\geqslant 3$

(3) 试桩桩距

在垂直荷载试验时，试桩中心间距一般不得小于桥涵设计规范中钻孔灌注桩最小中心距2.5d的规定。水平荷载试验时的试桩中心距离不宜小于4d。试桩与锚桩的中心距也应满足上述要求。固定量测仪表机具的基准桩同试桩或锚桩的中心距离一般规定为4d以上（取试桩或锚桩直径的大者计算）。

(4) 混凝土标号和钢筋含量

试桩一般采用与实际桩相同标号的混凝土。作水平荷载试验的试桩配筋率应与实际桩的配筋率相同，而作垂直荷载试验的试桩，可以取比实际桩配筋率还低的配筋率。此时，如果荷载很大，应在桩头一段范围内设水平钢筋网2～3层加强，以免加载时发生压碎桩头的事故。

(5) 测点布置

力学性试桩内埋设的仪表元件，应在试桩的施工前准备就绪，并应在灌注混凝土前埋设好。因此，应事先进行测点布置的设计。

①测点位置各种测量仪表元件应尽可能布置在同一标高上。如钢筋应变测点应该和混凝土应变测点布置在同一截面内；地面处水平位移测点应和转角测点位于同一地点，并且都应和水平荷载施力点同一标高；土压力测点应和桩轴线位移测点设在同一标高。

测点的数量必须满足试桩分析的需要。例如地平面、预计的最大弯矩截面、桩轴线位移零点、土层变化界面、桩底和水平荷载施力点等处，均应布设测点。

垂直荷载试验的桩，测点一般是对称于桩的中轴线布置。水平荷载试桩，一般在沿施力方向上布置测点，例如，钢筋应变测点布置在沿施力方向的主钢筋上。

同类型试桩中，测点应尽可能做到位置相同，以利于实测数据的对比分析。

②测点的间距测点一般是按等间距布置，这样做在整理分析实测数据时较为方便。间距为50～100cm。但在某些测量项目的测值可能发生较急剧变化的区段，例如当土抗力随深度有急剧变化或可能发生相反方向作用的区段，均可采用较密的测点间距。

③测点布置的实例某桥桥墩设计，为了求出地基系数的比例系数n值；比较不同桩长时，桩的水平承载力、桩身最大弯矩及其位置；验证m法计算公式的可靠性；为以后钻孔灌注桩积累资料，进行了一次试桩的水平静载试验。该试验桩桩径70cm，设计入土深度40m，采用12Φ20mm作桩的受力主钢筋。该试验利用直径为1.10m的桥墩桩两根作锚桩，同时在两根锚桩之间横置一道钢反力梁，试验时用液压千斤顶加载，荷载大小由油压表测读。

测点的布置是根据试验的目的、地质情况并考虑现有的量测元件的类型、性能和数量，同时结合水平静载试验时的受拉区受压区，最大弯矩截面位置和第一弹性零点位置等因素，决定在本次试验采用上密下疏的不等距测点布置，对称地埋设弦式钢筋计、差动式应变计，并在钢筋骨架下面安设两个压力盒。位移测点布置在桩头地面上方0.6、1.7m两处水平面上，每处各设有三个百分表，测读地面水平位移值。

2. 加载系统的设计

(1) 基本要求

首先要求安全可靠，保证有足够的加载量，不能发生加载量达不到要求而中途停止试验的事故。其次从节约材料、少用经费、取用方便、缩短筹备时间等方面进行比较，选用加载系统。

（2）加载量的确定

根据《公路桥梁设计规范》推荐的地基土强度数据或参考类似的试桩经验并按照鉴定性或破坏性试验的不同要求，确定试桩的破坏荷载或最大的试验荷载（以下称最大加载量）。荷载系统的加载能力至少不低于破坏荷载或最大加载量的1.5倍，最好能达到1.5～2.0倍。

（3）反力装置

反力装置是加载系统中主要的组成部分，对它应事先作好周密的设计。

①采用锚桩方案时，应注意锚桩在受力方面和受压桩有所不同，受轴向压力的受压桩由于桩身材料泊桑比的关系，它的截面在横向有扩大的趋势，这是有利于增强桩壁摩阻力，并且地基土受力后的塑性区是在桩的下段发展。而作为反力装置的抗拔锚桩，受力后横向有缩小的趋势，相对地降低了桩壁摩阻力，塑性区在桩的上段发展。此入土长度相等时，同一地点的锚桩的抗拔力低于受压的抗力，根据一些试验的资料，上拔时桩壁摩阻力极限值约为受压时的1/5～1/3（入土长度在30m以上时用高值）。

用实际工程的桩作锚桩时，一般不允许把它拉裂。对此类的桩，应根据要求的锚固荷载，通过抗裂设计来确定其配筋量。专门用于试验的锚桩允许按开裂设计。锚桩一般在全部长度内配置钢筋，锚桩同反力梁等联接强度也应验算。

②采用桥梁墩台作反力座时，常采用在墩台下部（包括承压板）相应于试桩位置预留孔洞的办法。孔洞的净空尺寸应按照布置荷载系统需要的范围，并考虑测量仪表测读的需要来确定。因预留孔洞而削弱的墩台身截面要按照最大加载量验算强度和抗裂性并配置必要的钢筋。直接受到试验荷载作用的部位要加设钢筋网并垫钢板加强。

常用的反力梁有型钢和混凝土两种。应验算它们承受最大加载量时的强度、抗裂性和挠度。计算的挠度不宜大于预计的试桩最大沉降量。

三、试验结果的整理与分析

1）单桩垂直加载试验的结果，可以绘制沉降-荷载的关系曲线，有时还把它改制成对数关系曲线，如图1.4.6-1，图1.4.6-2，图1.4.6-3，图1.4.6-4表示的沉降-荷载-极限荷载百分率曲线等。根据沉降-荷载关系曲线，就可以确定单桩垂直荷载承载能力。如某单桩垂直静载试验的实测资料，如表1.4.6-2。

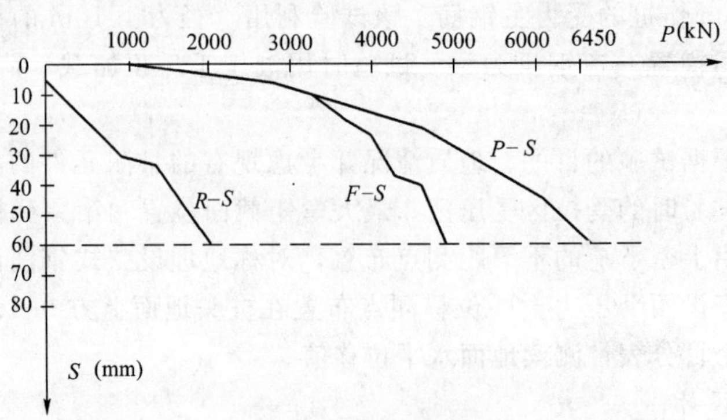

图1.4.6-1 1号试桩 S-P 曲线图

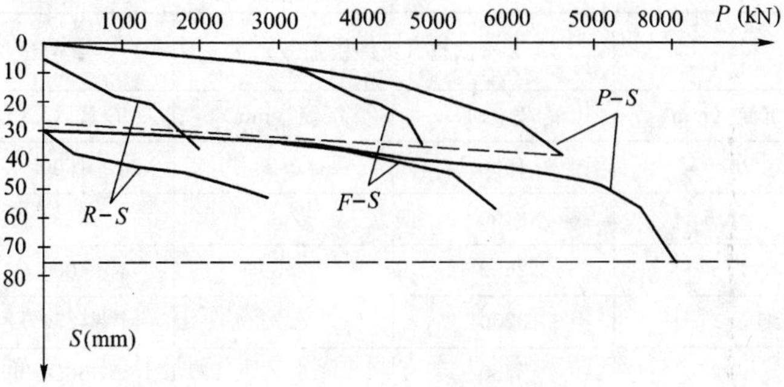

图 1.4.6-2　2 号试桩 S-P 曲线图

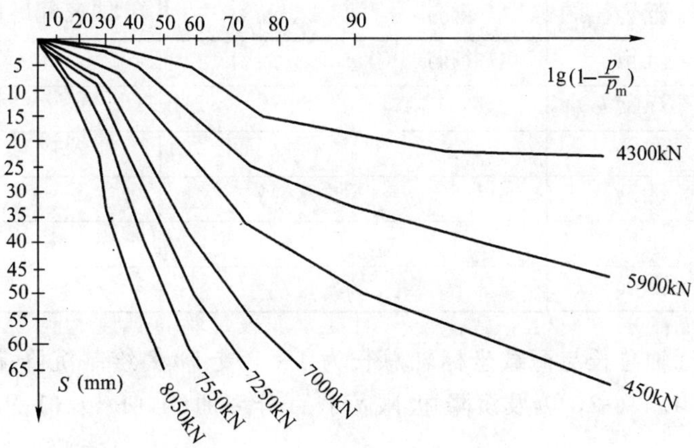

图 1.4.6-3　1 号试桩 $S-\lg\left(1-\frac{P}{P_m}\right)$ 曲线图

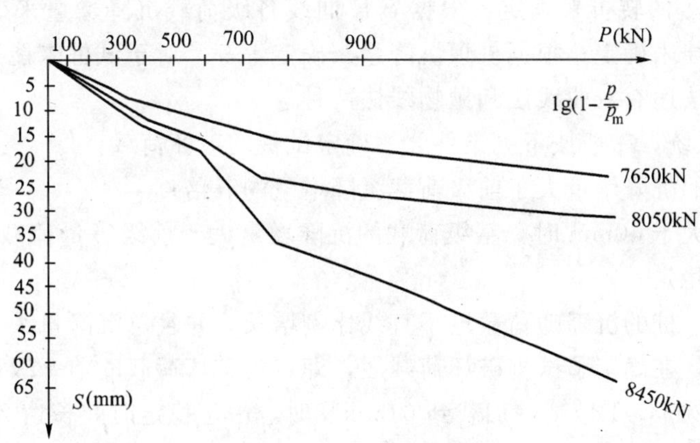

图 1.4.6-4　2 号试桩 S-$\lg\left(1-\frac{P}{P_n}\right)$ 曲线图

试桩垂直静载试验实测资料　　表 1.4.6-2

1 号 试 桩		2 号试桩（第一次加载）		2 号试桩（第二次加载）	
荷载（kN）	沉淀（mm）	荷载（kN）	沉淀（mm）	荷载（kN）	沉淀（mm）
1000	0.9	1000	0.7	1500	23.92
1500	1.6	2100	2.3	3200	26.29
2100	2.57	2650	3.59	4000	27.45
2650	3.81	3200	5.22	4850	29.13
3200	6.25	3750	6.91	5650	30.66
3750	12.33	4300	9.71	6450	32.29
4000	15.75	4850	14.38	6850	34.99
4300	18.45	5400	18.08	7250	38.56
4600	22.28	5900	23.34	7650	43.46
4850	26.91	6450	29.51	8050	48.59
5100	31.57			8450	84.88
5400	36.33				
5650	40.92				
5900	49.31				
5450	68.20				

一般按沉降坐标轴总长与荷载坐标轴总长为 1∶1 或 1∶2 绘制沉降-荷载曲线（*S-P* 曲线）如图 1.4.6-1，1.4.6-2，以及沉降-极限荷载百分率曲线（*S*-lg（1-P/P_m）曲线）如图 1.4.6-3，1.4.6-4。

2）研究和确定试桩的极限荷载对于基桩试验是很重要的。国内外的研究者们在这方面研究并确定了各种决定极限荷载的标准，总结和讨论了许多确定桩极限荷载的方法。例如根据 *S-P* 曲线出现显著的转折来确定；根据 *S-P* 曲线各级荷载沉降增量来确定；根据桩顶沉降随时间发展的规律来确定；根据桩顶沉降量来确定等等。对于试桩未能达到破坏时，用来估计极限荷载的方法还有双曲线法和抛物线法两种。

3）我国公路系统，一般按下列条件之一确定试桩的破坏荷载：

（1）某级荷载的沉降增量大于前级荷载沉降增量的五倍；

（2）总沉降量大于 40mm 时，某级荷载的沉降增量大于前级等量荷载沉降增量的 2 倍，并且 24h 沉降仍不稳定；

（3）加载后期，桩的沉降随荷载近于直线比例增长，并且总沉降量大于 75mm。

根据上述条件，在确定了试桩破坏荷载后，即可将破坏荷载的前一级荷载，确定为试桩的极限荷载。在本例中，1 号试桩加载到 6450kN 时，由于稳定时间长达 23h10min，总沉降量达到 68mm，可以确定 6450kN 已接近极限荷载。2 号试桩的 *S-P* 曲线和 *S*-lg（1-P/P_m）曲线，有明显的拐点或转折，总沉降量在 8050kN 为 4800mm，超过 40mm，因此可确定 8050kN 可为 2 号试桩的极限荷载。

第五章　桥梁技术状况检测评定工程实例

§5.1　钢筋混凝土连续梁板桥

一、桥梁概况及检测的目的

该桥上部结构为 9×13m＋3×13m＋9×13m 钢筋混凝土连续板，两侧为钢筋混凝土 T 梁，中间 3 孔为满足通航要求为空心板混凝土，梁板混凝土设计强度为 25MPa。设计荷载为汽－20，挂－100。桥面净宽：0.5m＋7.0m＋0.5m，共宽 8.0m。下部结构为柱式墩、ϕ100cm 钻孔灌注桩基础，桥台为重力式桥台。

该桥自投入使用以来，经常有大吨位运输车通过，桥梁结构经常处于超载工作状态。此外，由于桥梁地处寒冷地区的沿海，属温带季风气候，海水随季节及潮差变化可到达桥下，受以上因素影响，桥梁病害发展日益严重，主要表现为：钢筋锈蚀严重，一些 T 梁腹板下缘以及腹板底面出现由于钢筋锈蚀引起的纵向通长裂缝，并引起混凝土大面积胀鼓、钢筋保护层剥落；盖梁也发生类似的情况，主要发生在盖梁中部下缘；大部分承重构件混凝土表面侵蚀严重，呈现疏松、风化；桥面铺装、伸缩缝、护拦等构件损坏严重，病害已严重影响了交通运输的安全和行车的舒适。鉴于此，于 2001 年 5 月对该桥的材质状况与耐久性指标进行了全面检测。

二、检测项目与方法

1. 经过现场调查选择病害最严重的两孔进行重点检测，重点检测选取第 20、21 孔。

2. 检测项目包括：

（1）表观损伤检测；

（2）混凝土强度检测；

（3）钢筋锈蚀电位检测；

（4）氯离子含量测定；

（5）钢筋分布及保护层厚度检测；

（6）混凝土碳化深度检测；

（7）混凝土电阻率测试。

3. 检测方法

（1）表观损伤检测

表观损伤总体上可分为①裂缝，包括非结构受力裂缝和结构受力裂缝；②层离、剥落或露筋及掉棱或缺角；③蜂窝麻面、表面侵蚀及表面沉积等。裂缝检测的主要内容为：裂缝的形态；裂缝分布情况；裂缝周围有无锈迹、锈蚀产物和凝胶泌出物；裂缝的宽度、长度和间距等。检测以目力检查为主，辅以刻度放大镜（最小分辨率不得大于 0.05mm）量测宽度，用钢卷尺（最小分辨率不得大于 1.0mm）测量裂缝的长度和间距。对层离、剥落或露筋、掉棱或缺角、蜂窝麻面、表面侵蚀及表面沉积等表观损伤的检测，主要检测面积和深度。检测方法为目力检查、辅助钢尺测量和锤击检查。应检查宽度超过 0.05mm 的裂缝以及大小超过 20mm 的其他表观损伤。

（2）混凝土强度检测

采用“超声-回弹”综合法进行检测。超声法和回弹法都是以材料的应力应变特性与强度建立的一定对应关系为检测依据的。超声速度一方面反映材料的弹性性质，同时由于它穿过材料，因而也反映了材料内部构造的某些信息；回弹法则反映了材料的弹性性质，同时在一定程度上也反映了材料的塑性性质，但它只能确切反映混凝土表面（约 3cm 左右）的状态。因此，超声与回弹法的综合使用，即能反映混凝土的弹性，又能反映混凝土的塑性，即能反映表层的状态，又能反映内部的构造，因而能较确切地反映混凝土的强度。尤其是对龄期较长表面碳化较大的混凝土构件综合法更加准确。

在选定构件按照均布原则布设若干 20cm×20cm 超声－回弹测区，应用回弹仪及混凝土超声波测试仪进行检测读取回弹值及声时值。

（3）钢筋锈蚀电位检测

在选定构件根据侧面尺寸确定钢筋锈蚀电位检测区域，布设 7cm×3cm 的网格，单个测区尺寸为 20cm×20cm，应用钢筋锈蚀测量仪通过测量钢筋的自然电位来评定钢筋锈蚀可能性或锈蚀活动性。测量时用锈蚀测量仪探头测量网格节点的锈蚀电位，并绘出电位图。

（4）氯离子含量测定

混凝土中的氯离子是极强的阳极活化剂，当其浓度达到某一临界值时，可使混凝土中的钢筋失去钝化，引起并加速混凝土中钢筋的锈蚀，因此对于旧混凝土结构来说，测定其氯离子含量是判断分析混凝土中钢筋锈蚀原因及混凝土内部钢筋发生锈蚀可能性的重要依据。

在结构选定测区按照不同深度现场取粉后送交试验室进行化学分析，检测氯离子含量随深度增加的变化规律。

（5）钢筋分布及保护层厚度检测

应用电磁式钢筋保护层测试仪对选定区域的钢筋状况进行检测，主要包括钢筋定位、钢筋直径估测与钢筋保护层厚度的测量，将实测的钢筋分布及保护层厚度绘制成图，与设计图纸进行比较。

（6）混凝土碳化深度检测

空气中的 CO_2 等酸性气体能与混凝土中的 $Ca(OH)_2$ 发生中和反应使混凝土中性化。混凝土碳化会降低混凝土的 pH 值，当混凝土的碳化深度达到钢筋表面时，高碱性环境中钢筋表面钝化膜会遭到破坏，使钢筋易产生锈蚀。另外，碳化的混凝土虽然硬度增加，但强度却降低了，导致构件的实际有效截面折损。

混凝土碳化的检测采用滴酚酞试剂方法进行。在选定测区用冲击钻钻孔，然后用毛刷将粉尘清理干净，取注射针头将浓度为 1%～2%的酚酞溶剂喷于孔内，碳化后呈中性的混凝土不会变色，而未碳化呈碱性的混凝土会变红，用游标卡尺测量从混凝土表面到变色交界处的距离。每个测区测量 3 个点，取平均值作为混凝土的碳化深度值。

（7）混凝土电阻率测试

混凝土电阻率的大小取决于混凝土中氯离子含量和混凝土湿度，混凝土电阻率越低，即混凝土中的氯离子含量越高和（或）混凝土越潮湿，钢筋锈蚀活化的可能性或钢筋锈蚀的速率就越大，电阻率越高，钢筋的锈蚀电流就会越弱。实测采用电阻率测试仪在选定的测区进行测量。

三、检测结果与评定

（1）桥梁所处环境条件影响的分级

按照表1.5.1-1中所列指标，该桥地处寒冷地区的沿海，属温带季风气候，海水随季节及潮差变化可到达桥下，环境类别应属Ⅴ级，为恶劣环境条件，环境影响系数1.4。

推荐桥梁所处环境条件影响的分级评定标准　　表1.5.1-1

环境类别	环境条件		环境影响系数
Ⅰ可忽略	非寒冷或寒冷地区的大气环境，水或土壤无侵蚀性；干燥环境；风环境	内陆干旱地区	1.0
Ⅱ轻微	严寒地区的大气环境；潮湿	不直接受日晒、雨淋或风蚀的构件；水下构件	1.1
Ⅲ中度	内陆潮湿气候；干湿交替	一般环境，受日晒、雨淋或风蚀的构件；靠近地表受地下水影响的构件	1.2
Ⅳ严重	酸雨或沿海环境；接触除冰盐构件	沿海盐雾地区；酸雨或盐碱环境	1.3
Ⅴ恶劣	干湿交替，有侵蚀性水、气体或土壤；高度水饱和并受冻融循环	海水浪溅、潮差区	1.4

（2）表观损伤检测

①裂缝，包括非结构受力裂缝和结构受力裂缝，评定标度值取5。具体表现为：T梁下缘钢筋锈蚀引起的混凝土保护层胀裂、呈现沿钢筋方向的纵向裂缝，21号孔2号、3号、4号梁腹板下缘以及腹板底面出现由于钢筋锈蚀引起的纵向通长裂缝，边梁尤为严重，宽度达到0.5mm以上；发现多处腹板受力裂缝，最大宽度在0.2mm以上；T梁翼缘板发现多处横向裂缝，裂缝宽在0.5～1.3mm之间；梁端混凝土酥松并出现竖向裂缝，这主要是由于伸缩缝破坏，桥面漏水引起梁端锚固钢筋锈蚀。

②层离、剥落或露筋及掉棱或缺角；蜂窝麻面、表面侵蚀及表面沉积等评定标度值均取5。具体表现为：T梁下缘钢筋锈蚀引起的混凝土保护层胀裂、剥落，尤其21号孔1号、5号梁钢筋锈蚀造成大于20%面积的混凝土保护层剥落，钢筋表面锈蚀显著，表面形成3～4mm锈层剥落。

T梁典型表观损伤图1.5.1-1。

依据表1.5.1-2至表1.5.1-4，综合考虑环境影响因素，裂缝损伤的评定标度值取5，表

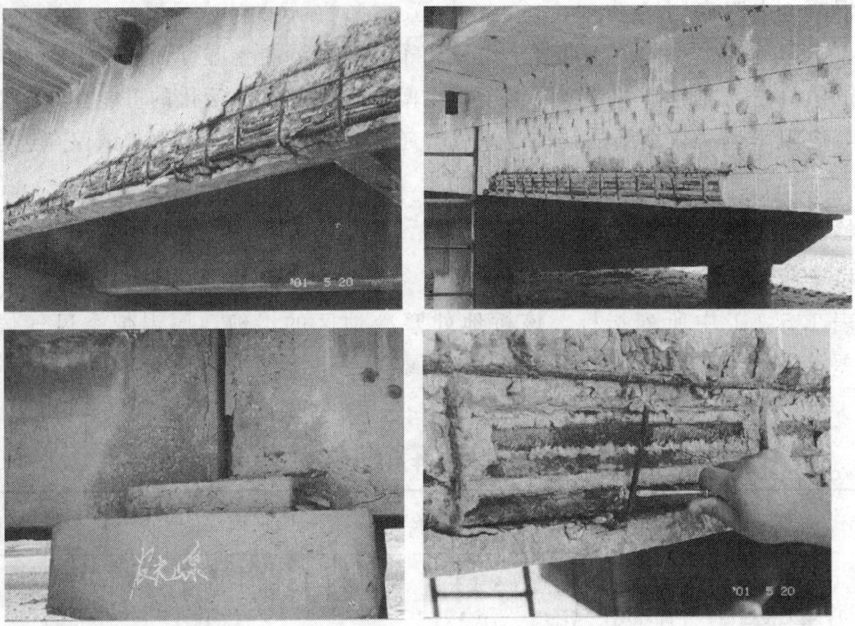

图 1.5.1-1　T 梁表观典型病害

观损伤（除裂缝）层离、剥落或露筋及掉棱或缺角；蜂窝麻面、表面侵蚀及表面沉积等评定标度值均取 5。

钢筋混凝土构件非结构受力裂缝分级评定标准　　表 1.5.1-2

评定标度值	分级标准		
	裂缝最大宽度（mm）	裂缝部位	裂缝形态与分布
1	≤0.25	次要受力部位	少量短细裂缝
	≤0.20	主要受力部位	少量短细裂缝
2	≤0.30	次要受力部位	出现短细裂缝，开裂区域面积占其所在构件表面积的 3%以下
	≤0.25	主要受力部位	出现短细裂缝，开裂区域面积占其所在构件表面积的 2%以下
3	≤0.35	次要受力部位	出现较多的短细裂缝，开裂区域面积占其所在构件表面积的 6%以下
	≤0.30	主要受力部位	出现较多的短细裂缝，开裂区域面积占其所在构件表面积的 4%以下
4	≤0.40	次要受力部位	出现网状裂缝，开裂区域面积占其所在构件表面积的 10%以下；或出现沿受力钢筋方向的裂缝
	≤0.35	主要受力部位	出现网状裂缝，开裂区域面积占其所在构件表面积的 7%以下；或出现沿受力钢筋方向的裂缝

续上表

评定标度值	分级标准		
	裂缝最大宽度（mm）	裂缝部位	裂缝形态与分布
5	＞0.40	次要受力部位	出现网状裂缝，开裂区域面积占其所在构件表面积的15%以下；或出现沿受力钢筋方向的裂缝，缝口有锈迹
	＞0.35	主要受力部位	出现网状裂缝，开裂区域面积占其所在构件表面积的10%以下；或出现沿受力钢筋方向的裂缝，缝口有锈迹
备注	当结构所处环境条件影响系数大于等于1.1时，表观裂缝宽度限值减去0.05mm后取用		

钢筋混凝土构件结构受力裂缝分级评定标准 表1.5.1-3

评定标度值	分级标准			
	裂缝部位	裂缝长度或高度	受力钢筋处裂缝宽度（mm）	裂缝的最小与平均间距
1	次要受力部位	纵向长度小于构件长度1/6，或高度不足截面尺寸1/3	≤0.10	≥50cm
	主要受力部位		≤0.05	
2	次要受力部位	纵向长度介于构件长度1/6～1/4，或高度介于截面尺寸1/3～1/2	≤0.15	≥30cm
	主要受力部位		≤0.10	
3	次要受力部位	纵向长度介于构件长度1/4～1/3，或高度介于截面尺寸1/2～2/3	≤0.20	≥20cm
	主要受力部位		≤0.15	
4	次要受力部位	纵向长度介于构件长度1/3～1/2，或高度大于截面尺寸2/3	≤0.25	＜20cm
	主要受力部位		≤0.20	
5	次要受力部位	纵向长度大于构件长度1/2，或裂缝基本贯穿	＞0.30	开裂严重，裂缝与受力钢筋方向、间距重合，缝口有锈迹
	主要受力部位		＞0.25	
备注	当结构所处环境条件影响系数大于等于1.1时，表观裂缝宽度限值减去0.05mm后取用			

钢筋混凝土及圬工混凝土结构构件表观损伤（除裂缝）分级评定标准 表1.5.1-4

评定标度值	分级标准	
	缺陷部位	缺陷类型：层离、剥落或露筋、掉棱或缺角 蜂窝麻面、表面侵蚀、表面沉积
1	主要受力部位	累积损伤面积占构件外露表面积的3%以下，或由于损伤引起的构件截面最大损失率小于5%
	次要受力部位	累积损伤面积占构件外露表面积的6%以下，或由于损伤引起的构件截面最大损失率小于10%
2	主要受力部位	

续上表

<table>
<tr><td rowspan="2">评定标度值</td><td colspan="2">分 级 标 准</td></tr>
<tr><td>缺陷部位</td><td>缺陷类型：层离、剥落或露筋、掉棱或缺角
蜂窝麻面、表面侵蚀、表面沉积</td></tr>
<tr><td></td><td>次要受力部位</td><td rowspan="2">累积损伤面积占构件外露表面积的10%以下，或由于损伤引起的构件截面最大损失率小于15%</td></tr>
<tr><td rowspan="2">3</td><td>主要受力部位</td></tr>
<tr><td>次要受力部位</td><td rowspan="2">累积损伤面积占构件外露表面积的15%以下，或由于损伤引起的构件截面最大损失率小于20%</td></tr>
<tr><td rowspan="2">4</td><td>主要受力部位</td></tr>
<tr><td>次要受力部位</td><td>累积损伤面积占构件外露表面积的20%以下，或由于损伤引起的构件截面最大损失率小于25%</td></tr>
<tr><td rowspan="2">5</td><td>次要受力部位</td><td>累积损伤面积大于构件外露表面积的15%，或由于损伤引起的构件截面最大损失率大于20%</td></tr>
<tr><td>次要受力部位</td><td>累积损伤面积大于构件外露表面积的20%，或由于损伤引起的构件截面最大损失率大于25%</td></tr>
<tr><td>备 注</td><td colspan="2">——</td></tr>
</table>

(3) 混凝土强度检测

混凝土强度的“超声-回弹”测区布设在T梁腹板。通过对现场检测数据的计算，确定的桥跨结构各测位“超声-回弹”综合法混凝土强度推定值列于表1.5.1-5中。

T梁混凝土强度汇总表 表1.5.1-5

测 位	平均强度值(MPa)	平均强度匀质系数K_{bm}	推定强度值(MPa)	推定强度匀质系数K_{bt}	备 注
1-1	20.88	0.84	16.83	0.67	边梁
1-2	22.76	0.91	19.03	0.76	中梁
1-3	24.17	0.97	20.13	0.81	中梁
1-4	31.00	1.24	24.16	0.97	中梁
1-5	20.35	0.81	16.57	0.66	边梁
2-1	21.68	0.87	17.93	0.72	边梁
2-2	24.53	0.98	20	0.80	中梁

评定时考虑到边梁裂缝较多，外观质量很差，不能真实反应受压区混凝土强度状况。因此强度状态评定时取各中梁的实测值，其平均强度在22.76～31.00之间，平均强度均匀系数在0.91～1.24之间，推定强度在19.03～24.16之间，推定强度均匀系数在0.76～0.97之间，依据表1.5.1-6，推定强度均匀系数K_{bt}最小为0.76，强度耐久性影响系数取4。强度状态属于差的状态。

结构混凝土现场检测强度的评定标准　　表 1.5.1-6

K_{bt}	K_{bm}	强度状态	评定标度值
≥0.95	≥1.00	良好	1
0.95>K_{bt}≥0.90	≥0.95	较好	2
0.90>K_{bt}≥0.80	≥0.90	较差	3
0.80>K_{bt}≥0.70	≥0.85	差	4
<0.70	<0.85	很差	5
注	1. $K_{bt}=R_{it}/R$　式中：K_{bt}为推定强度匀质系数；R_{it}为承重构件或其主要受力部位混凝土的实测强度推定值；R为承重构件混凝土极限抗压强度设计值； 2. $K_{bm}=R_{im}/R$　式中：K_{bm}为平均强度匀质系数；R_{im}为承重构件或其主要受力部位测区平均换算强度值		

（4）钢筋锈蚀电位检测

实测桥跨结构各测区的钢筋锈蚀电位平均值列于表 1.5.1-7 中，1 号梁上游面为外侧面，其锈蚀较大，1 号测区在－400mV 以上。锈蚀电位沿腹板高度方向分布较为明显，在同一高度锈蚀电位相差不大，越靠近腹板下缘其锈蚀电位越小（负），因此 T 梁腹板受拉钢筋处的锈蚀电位应大于表 1.5.1-7 所列数值。相对于混凝土中的钢筋锈蚀电位标准（表 1.5.1-8 所列）作出判断，1 号梁非胀裂区钢筋锈蚀电位在－400～－500mV 之间，有锈蚀活动性，严重锈蚀可能性极大，2 号梁钢筋锈蚀电位在－200～－300mV 之间，有锈蚀活动性，但锈蚀状态不确定，可能坑蚀。

钢筋锈蚀电位实测值汇总表　　表 1.5.1-7

测区编号	高度 1	高度 2	测区编号	高度 1	高度 2
上 1-1-1	－410	－400	上 1-2-1	－60	－130
上 1-1-2	－200	－390	上 1-2-2	－70	－110
上 1-1-3	－160	－240	上 1-2-3	－60	－120
下 1-1-1	－210	－280	下 1-2-1	－90	－150
下 1-1-2	－130	－200	下 1-2-2	－100	－220
下 1-1-3	－90	－140	下 1-2-3	－90	－230
说　明	锈蚀电位单位：mV；测区编号：上（下）$a-b-c$，a表示第几跨，b表示几号梁，c表示测区号，如“上 1-2-3”表示第 1 跨 2 号梁上游面 3 号测区；高度 1 距腹板下缘 30cm，高度 2 距腹板下缘 50cm				

结构混凝土中钢筋锈蚀电位的判定标准　　表 1.5.1-8

序　号	电位水平（mV）	钢 筋 状 态	评定标度值
1	0～－200	无锈蚀活动性或锈蚀活动性不确定	1
2	－200～－300	有锈蚀活动性，但锈蚀状态不确定，可能坑蚀	2
3	－300～－400	锈蚀活动性较强，发生锈蚀概率大于 90%	3
4	－400～－500	锈蚀活动性强，严重锈蚀可能性极大	4
5	<－500	构件存在锈蚀开裂区域	5
备　注	1. 表中电位水平为采用铜－硫酸铜电极时的量测值； 2. 混凝土湿度对量测值有明显影响，量测时构件应为自然状态，否则用此评定标准误差较大		

依据表 1.5.1-8，1 号梁非胀裂区钢筋锈蚀电位在－400～－500mV 之间，锈蚀活化程度的评定标度值取 4。

(5) 氯离子含量测定

实测混凝土中的氯离子含量在 0.3%～0.8%。根据表 1.5.1-9，氯离子含量大于 0.4%就有可能会诱发钢筋锈蚀，当离子含量大于 0.7%就会诱发钢筋锈蚀。氯离子含量的评定标度值取 4。

结构混凝土中氯离子含量的评判标准 表 1.5.1-9

氯离子含量（占水泥含量的百分比）	<0.15	0.15～0.4	0.4～0.7	0.7～1.0	>1.0
诱发钢筋锈蚀的可能性	很小	不确定	有可能诱发钢筋锈蚀	会诱发钢筋锈蚀	钢筋锈蚀活化
评定标度值	1	2	3	4	5

(6) 钢筋分布及保护层厚度检测

使用钢筋保护层检测仪对确定的检测区域进行了检测，钢筋间距与设计基本符合，实测的钢筋保护层厚度均大于设计的 25mm，根据测量部位实测保护层厚度特征值 D_{ne} 与其设计值 D_{nd} 的比值>0.95，混凝土保护层厚度对结构钢筋耐久性评定标度按表 1.5.1-10 取 1。

混凝土保护层厚度的评定标准 表 1.5.1-10

D_{ne}/D_{nd}	对结构混凝土耐久性的影响	评定标度值
>0.95	影响不显著	1
0.85～0.95	有轻度影响	2
0.70～0.85	有影响	3
0.55～0.70	有较大影响	4
<0.55	钢筋易失去碱性保护，发生锈蚀	5

(7) 混凝土碳化深度检测

实测的桥跨结构混凝土碳化深度值列于表 1.5.1-11 中。

混凝土碳化深度实测值汇总表 表 1.5.1-11

测 区	测点号	位 置	碳 化 深 度 (mm)		
1-1-1	3 号	下游	14	13	18
1-1-3	8 号	下游	18	19	15
1-1-2	7 号	上游	15	25	12
1-1-2	25 号	上游	25	—	—
1-1-2	23 号	上游	25	25	28
1-1-3	12 号	上游	21	21	17
1-2-1	8 号	上游	25	—	—
1-2-2	6 号	上游	15	16	13
1-2-3	16 号	上游	20	—	—

由实测数据可知在跨中区段T梁腹板中部混凝土碳化深度在25mm左右，由此可推断在腹板下部边角处混凝土碳化深度应该大于25mm，也就是说跨中受拉区钢筋混凝土保护层已被完全碳化。梁端区段略小一些。碳化深度/保护层厚度大于1。

依据表1.5.1-12，碳化深度对钢筋锈蚀的耐久性影响系数取4。

混凝土碳化深度的评定标准　　表1.5.1-12

碳化层深度/保护层厚度	<1 *	<1	=1	>1	>1 * *
评定标度值	1	2	3	4	5
备　注	1. * 构件全部实测比值均小于1； 2. * * 构件全部实测比值均大于1； 3. 宜分构件逐一进行评定				

（8）混凝土电阻率测试

实测混凝土电阻率大多在5 000～1 0000Ω·cm之间，根据表1.5.1-13所列判据，可能会导致钢筋的锈蚀速度很快。

电阻率实测值及相应评定标度　　表1.5.1-13

测区编号	混凝土电阻率（Ω·cm）	测区编号	混凝土电阻率（Ω·cm）
上1	7 000	下1	1 0000
上2	13 000	下2	9 000
上3	21 000	下3	6 000
上4	7 000	下4	6 000
上5	7 000	下5	5 000
说　明	"上（下）*X*"表示*X*号梁上（下）游侧面		

依据表1.5.1-14，实测混凝土电阻率大多在5 000～1 0000Ω·cm之间，混凝土电阻率的耐久性影响系数取4。

混凝土电阻率的评定标准　　表1.5.1-14

电阻率（Ω·cm）	钢筋发生锈蚀可能的锈蚀速度	评定标度值
>20 000	很慢	1
15 000～2 0000	慢	2
10 000～15 000	一般	3
5 000～10 000	快	4
<5 000	很快	5
备　注	混凝土湿度对量测值有明显影响，量测时构件应为自然状态，否则不能使用此评判标准	

四、桥梁结构耐久性综合评定

（1）单一构件评价

单一构件的耐久性评定以该构件的各项耐久性参数的评定标度值为依据，考虑构件所处环境条件及各项耐久性指标权重值进行评价，公式如下：

$$E_{单}=\delta\times\sum_{i=1}^{n}A_i a_i \tag{1.5.1-1}$$

式中：$E_{单}$——单一构件的耐久性评定结果；

δ——构件所处环境影响系数；

A_i——所检测的构件各项材质状况指标与耐久性检测指标的评定标度；

a_i——材质状况指标与耐久性检测指标的推荐权重值，见表1.5.1-15；

n——所检测的材质状况指标及耐久性指标数，共9项。

混凝土单一构件的耐久性评定标准如表1.5.1-16所列。

混凝土构件材质状况检测指标与耐久性指标推荐权重值 表1.5.1-15

项目		耐久性指标数 n	权重值 a_i		评定标度值 A_i
混凝土表观损伤 a_1	裂缝	1	0.20	0.32	5
	层离、剥落或露筋、掉棱与缺角	2	0.07		5
	蜂窝麻面、表面侵蚀、表面沉积	3	0.05		5
混凝土强度 a_2		4	0.05		4
钢筋自然电位 a_3		5	0.11		4
氯离子含量 a_4		6	0.15		4
钢筋分布及保护层厚度 a_5		7	0.12		1
混凝土碳化深度 a_6		8	0.20		4
混凝土电阻率 a_7		9	0.05		4
备注	环境影响系数为"1.4"				

将前面各项参数的评定标度值及权重值代入公式：

$$E_{单}=\delta\times\sum_{i=1}^{n}A_i a_i=1.4\times(0.20\times5+0.07\times5+0.05\times5+0.05\times4+0.11\times4+0.15\times4+0.12\times1+0.20\times4+0.05\times4)=5.54$$

按照表1.5.1-16的评定标准，$E_{单}=5.54>5$，构件耐久等级为1，构件耐久性状况很差。

混凝土单一构件的耐久性评定标准 表1.5.1-16

$E_{单}$ 范围	$0.7\leqslant E_{单}<2$	$2\leqslant E_{单}<3$	$3\leqslant E_{单}<4$	$4\leqslant E_{单}<5$	$E_{单}\geqslant5$
构件耐久等级	5	4	3	2	1
构件耐久性状况	完好	较好	一般	较差	很差

(2) 结构综合评估

①桥台与基础桥台有竖向裂缝，宽度小于0.20mm，表层混凝土有表面侵蚀现象，侵蚀面积占外露表面积的5%左右。构件耐久等级取3。

②桥墩与基础桩柱表面普遍存在竖向裂缝，裂缝宽度大于0.20mm。5号～14号孔桩柱

混凝土表面凹槽现象严重，普遍存在蜂窝麻面，在主河槽中的桩柱被海水严重侵蚀，损伤面积超过桩柱外露面积的 20 % 以上。破冰体病害与桩柱相同。

盖梁下缘混凝土 10～30cm 区域被钢筋锈蚀胀裂、露筋，盖梁悬臂下缘均已开裂。构件耐久等级取 5。见图 1.5.1-2。

图 1.5.1-2　墩柱与盖梁缺陷照片

③支座支座完好，但不能发挥正常作用，其挡块已碎裂，所有梁在伸缩缝附近区域混凝土表面呈现麻面。构件耐久等级取 5。见图 1.5.1-3。

④上部主要承重构件上部主要承重构件为 T 梁，参照对 T 梁的单一构件评价结果。构件耐久等级取 5.54。

⑤上部一般承重构件横系梁连接钢板处混凝土大部分已剥落，钢板外露。参照对 T 梁的单一构件评价结果。构件耐久等级取 5.54。

⑥桥面铺装桥面铺装严重损坏，表面有大量凹槽，伸缩缝全部失效，伸缩缝处桥面破损严重，行车舒适性很差，行车通过时有明显的跳车冲击现象。泄水管完全堵死。构件耐久等级取 4。

⑦人行道承重构件人行道板破损严重，10%以上开裂、破碎。构件耐久等级取 4，见图 1.5.1-4。

⑧栏杆或防撞墙

栏杆 10%以上破损严重，有几处已完全断裂缺失。构件耐久等级取 4，见图 1.5.1-4。

图 1.5.1-3　支座缺陷照片

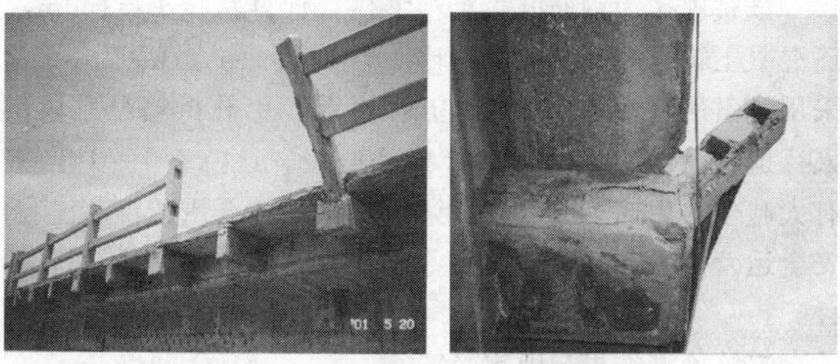

图 1.5.1-4　栏杆与人行道板缺陷照片

推荐的混凝土桥梁各构（部）件权重及耐久性等级汇总，如表 1.5.1-17 所列。

推荐的混凝土桥梁各构（部）件权重值及构件耐久等级汇总表　　表 1.5.1-17

构（部）件	名　称	推荐权重 a_i	构件耐久等级
1	桥台与基础	0.23	3
2	桥墩与基础	0.24	5
3	支座	0.07	5
4	上部主要承重构件	0.26	5.54
5	上部一般承重构件	0.12	5.54
6	桥面铺装	0.02	4
7	人行道承重构件	0.05	4
8	栏杆或防撞墙	0.01	4
备　注	当评定标度值为“1”时，表示好的状态，或表示没有设置的构造部件，不再进行叠加		

结构的耐久性综合评价以组成该结构的各类构件的耐久性评定结果为依据，综合考虑各类构件的权重系数，将各构件代入公式可得：

$$E_{总}=\sum_{j=1}^{m}E_{单j}a_j=3\times0.23+5\times0.24+5\times0.07+5.54\times0.26+5.54\times0.12+4\times0.02+4\times0.05+4\times0.01=4.6652$$

结构整体的耐久性综合评价标准如表 1.5.1-18 所列。

结构整体的耐久性综合评价标准　　表 1.5.1-18

$E_{总}$ 范围	$1\leqslant E_{总}<2$	$2\leqslant E_{总}<3$	$3\leqslant E_{总}<4$	$4\leqslant E_{总}<5$	$E_{总}\geqslant5$
结构耐久等级评定标度	5	4	3	2	1
结构耐久性状况	好	较好	一般	较差	很差

$E_{总}=4.6652$，$4\leqslant E_{总}<5$，结构耐久等级评定标度为 2，结构整体耐久性状况较差。

§5.2　某钢筋混凝土箱形拱桥

一、桥梁概况及检测的目的

该桥主孔为钢筋混凝土箱型拱，计算跨径 $L=150$m，矢跨比 $l/f=1/7$，引桥为 65m 钢筋混凝土箱形截面拱，矢跨比 $l/f=1/8$。拱圈截面由 5 片箱构成，主拱圈宽 7.6m；施工均采用缆索吊装，主孔拱箱分五段吊装，引孔拱箱分三段吊装。桥面净空为净－7＋2×1.5m 人行道，设计荷载为汽-20、挂-100 级。该桥于 1979 年竣工通车，目前交通量较大，并经常有大吨位的运输车通过。桥梁结构存在较严重的混凝土侵蚀剥落、钢筋锈蚀现象，对桥梁的安全运营构成一定的威胁。鉴于此，对该桥的材质状况与耐久性指标进行了全面检测，见图 1.5.2-1。

二、检测结果与评定

（1）桥梁所处环境条件影响的分级

按照表 1.5.1-1 中所列指标，该桥地处内陆，气候潮湿，干湿交替，环境类别应属 III 级，为中度环境条件，环境影响系数 1.2。

图 1.5.2-1 主孔桥跨结构照片

(2) 表观损伤检测

①在靠近实腹段至 $L/4$ 的拱背横向中部出现纵向的裂缝，裂缝宽度在 0.2mm 以内而且该处 8 号、9 号横墙中部断裂。在宜宾侧 8 号和 9 号横墙之间的拱背出现中部纵向开裂，在下游侧边板与中板的接缝位置出现纵向开裂，裂缝表口宽度较宽，表口宽度在 0.5mm 以上，据养护部门反映，过重车时，此裂缝具有一定的活动性。就主拱圈缺损状况而言应属于坏的状态。根据表 1.5.1-1 至表 1.5.1-3 裂缝，包括非结构受力裂缝评定标度值取 1，结构受力裂缝，评定标度值取 5。

②主拱圈混凝土表观质量完好，大部分拱圈底面粘有油毛毡，在拱顶底面油毛毡打开后混凝土表面光滑，未发现明显病害，质量较好。在腹板外表面个别钢筋外露，锈蚀严重，混凝土保护层明显涨裂。拱背混凝土施工质量粗糙，表面未进行抹平处理，混凝土质量尚好。根据以上检测情况查表 1.5.1-2 和表 1.5.1-3，层离、剥落或露筋、掉棱与缺角的评定标度值为 4；蜂窝麻面、表面侵蚀、表面沉积的评定标度值为 2。

(3) 混凝土强度测定

由于受结构构件尺寸的制约，对该桥的混凝土强度采用回弹法进行检测。混凝土强度的回弹测区分别布置在桥面系纵梁、拱上立柱、垫梁、拱背。通过对现场检测数据的计算分析。表 1.5.2-1 列出了各测区测量结果，混凝土强度推定值在 36.4MPa～47.5MPa 之间。混凝土推定强度均匀系数为：1.20～1.69，平均强度均匀系数为：1.09～1.62。根据表 1.5.1-6 评定标准，强度属于良好状态，强度耐久性影响系数取 1。

测区混凝土强度推定值 (MPa) 表 1.5.2-1

测 位	平均强度值 (MPa)	平均强度均匀系数 (K_{bm})	推定强度值 (MPa)	推定强度均匀系数 (K_{bt})
1-1	50.5	1.68	36.4	1.21
主拱圈	48.3	1.21	43.4	1.09
纵梁	45.3	1.51	38.5	1.28
主拱圈	48.0	1.20	44.5	1.11
垫梁	50.7	1.69	48.7	1.62

续上表

测　位	平均强度值（MPa）	平均强度均匀系数（K_{bm}）	推定强度值（MPa）	推定强度均匀系数（K_{bt}）
立柱	46.5	1.55	35.5	1.18
垫梁	47.1	1.57	42.3	1.41
墩柱	46.2	1.54	39.4	1.31
备　注	按碳化深度 5mm 修正			

（4）钢筋锈蚀电位测定

通过测量钢筋的自然电位主要是为了评定钢筋锈蚀可能性或锈蚀活动性。实测桥跨结构各部位的钢筋锈蚀电位列于表 1.5.2-2 中，各测区锈蚀电位平均值在－46～－322mV 之间不等，相邻测区相差较大，1 号和 4 号相差 198.2mV，2 号和 3 号相差 107.2mV，而且有一半测区锈蚀电位在 192.0mV 以上。参照表 1.5.1-8 列出的混凝土中的钢筋锈蚀电位判读标准对结果进行判读，依据表 1.5.1-8，非胀裂区钢筋锈蚀电位在－300～－400mV 之间，锈蚀活化程度系数取 3。

混凝土电阻率与锈蚀电位实测值　　表 1.5.2-2

测区号	电阻率均值（MΩ·cm）	混凝土电阻率标度值	锈蚀电位均值（mV）	锈蚀电位标度值	测 区 位 置
1	0.010	3	－266.2	2	北侧 1 号排架下游立柱
2	0.013	3	－203.2	2	北侧 1 号排架中立柱
3	0.021	1	－96.0	1	北侧 1 号排架中立柱
4	0.015	3	－68.0	1	北侧 1 号排架下游柱垫梁
5	0.013	3	－192.0	1	北侧 1 号排架中立柱垫梁
6	0.014	3	－75.0	1	拱顶 8 号立柱垫梁
7	0.007	2	－46.0	1	南侧
8	0.012	3	—		南侧
9	0.007	4	－322.0	3	南侧

（5）结构混凝土氯离子含量测定

本次检测采用的氯离子含量方法是现场取粉后送交试验室进行化学分析的方法。实测混凝土中的氯离子含量为 0.04%，氯离子诱发钢筋锈蚀的可能性很小，依据表 1.5.1-9，氯离子含量耐久性影响系数取 1。

（6）碳化深度的测定

空气中的 CO_2 等酸性气体能与混凝土中的 $Ca(OH)_2$ 发生中和反应使混凝土中性化。混凝土碳化会降低混凝土的 pH 值，当混凝土的碳化深度达到钢筋表面时，高碱性环境中钢筋表面钝化膜会遭到破坏，使钢筋极易锈蚀。另外，碳化的混凝土虽然硬度增加，但强度却降低了，致使构件的实际有效截面折损。本次对混凝土碳化的检测采用滴酚酞试剂方法进行。实测的桥跨结构混凝土未发生明显碳化，碳化深度在 5mm 以内。依据表 1.5.1-12，碳化深度对钢筋锈蚀的耐久性影响系数取 1。

（7）混凝土电阻率测定

混凝土电阻率的大小取决于混凝土中氯离子含量和混凝土湿度，混凝土电阻率越低，即混凝土中的氯离子含量越高和（或）混凝土越潮湿，钢筋锈蚀活化的可能性或钢筋锈蚀的速率就越大，电阻率越高，钢筋的锈蚀电流就会越弱。采用四电极电流法实测的各详细检查区的混凝土电阻率列于表 1.5.2-2 中，各测区实测电阻率均值大多在 7 000Ω·cm～15 000 Ω·cm之间，根据表 1.5.1-14，可以判断有轻度锈蚀的可能。混凝土电阻率的耐久性影响系数取 4。

三、结构耐久性综合评定

从以上四方面检测结果来看，混凝土碳化和氯离子含量状况较好，不足以导致钢筋锈蚀，混凝土电阻率和钢筋锈蚀电位表明结构有轻度锈蚀可能。结合当地的气候与大气特征，该地区空气比较潮湿，并有下酸雨的经历，空气中酸性气体含量相对较大。综合考虑到环境等其他各方面因素，大桥主拱圈和拱上立柱存在有轻度的钢筋锈蚀，局部可能存在坑蚀。桥面系纵梁从外观检查来看，两边纵梁钢筋严重锈蚀，中梁有轻度锈蚀可能。

（1）单一构件评价

$$E_{单}=\delta\times\sum_{i=1}^{8}A_i a_i\times\frac{1}{\sum_{i=1}^{8}a_i}=1.2\times(5\times0.20+4\times0.07+2\times0.05+3\times0.11+4\times0.05+1\times0.20+1\times0.15+1\times0.05)/(0.32+0.11+0.05+0.20+0.15+0.05)=3.15$$

混凝土构件材质状况检测指标与耐久性指标推荐权重值，见表 1.5.2-3。

根据表 1.5.2-3 的评定标准，构件耐久等级为 3，耐久性状况一般。

（2）结构综合评估

混凝土构件材质状况检测指标与耐久性指标推荐权重值　　表 1.5.2-3

<table>
<tr><th colspan="2">项　目</th><th colspan="2">权　重　值 a_i</th><th>评定标度值 A_i</th></tr>
<tr><td rowspan="3">混凝土表观损伤 a_1</td><td>裂　缝</td><td>0.20</td><td rowspan="3">0.32</td><td>5</td></tr>
<tr><td>层离、剥落或露筋、掉棱与缺角</td><td>0.07</td><td>4</td></tr>
<tr><td>蜂窝麻面、表面侵蚀、表面沉积</td><td>0.05</td><td>2</td></tr>
<tr><td colspan="2">混凝土强度 a_2</td><td colspan="2">0.05</td><td>1</td></tr>
<tr><td colspan="2">钢筋锈蚀电位 a_3</td><td colspan="2">0.11</td><td>3</td></tr>
<tr><td colspan="2">氯离子含量 a_4</td><td colspan="2">0.15</td><td>1</td></tr>
<tr><td colspan="2">混凝土碳化深度 a_5</td><td colspan="2">0.20</td><td>1</td></tr>
<tr><td colspan="2">混凝土电阻率 a_6</td><td colspan="2">0.05</td><td>4</td></tr>
<tr><td colspan="2">环境影响系数 δ</td><td colspan="3">1.2</td></tr>
</table>

①桥台与基础主桥桥台未发现明显缺陷，引桥宜宾侧桥台台身、侧墙和挡墙都出现一定程度的开裂，前墙中部出现横向贯通裂缝，侧墙斜向开裂，在路基填土的挡墙横向有一定偏移，在相应位置的路基出现了一定的沉陷。这主要是路基渗水后，填土的内摩擦角发生变化致使路基填土的挡墙主动土压力变大。构件耐久性取 3，见图 1.5.2-2、图 1.5.2-3。

图 1.5.2-2 引桥桥台前墙中部横向贯通开裂照片

图 1.5.2-3 引桥桥台侧墙斜向开裂照片

②上部主要承重构件上部主要承重构件为主拱圈，参照对主拱圈的单一构件评价结果。构件耐久等级取 3.08。

③上部一般承重构件拱上立柱及垫梁大多质量较好，部分混凝土表面有细微的混凝土收缩裂缝。在靠近拱脚附近的立柱有弱风化，构件表面略显粗糙，而且部分立柱根部出现环向的受力裂缝，主要发生在宜宾侧拱脚附近立柱。如表 1.5.2-4 所示。以根部出现环向裂缝的立柱最为不利，参照对主拱圈的单一构件评价结果，构件耐久等级取 3.08。

桥梁典型病害统计表 表 1.5.2-4

编 号	病害部位病害特征描述	图
1	拱上立柱垫梁混凝土网状收缩裂缝	
2	拱上立柱跟部区域混凝土环向开裂	
3	云南侧 8 号横墙中部断裂，裂缝延伸至拱背	

续上表

编　号	病害部位病害特征描述	图
4	宜宾侧 8 号横墙中部断裂，裂缝延伸至拱背	
5	引桥桥台前墙中部横向贯通开裂	
6	引桥桥台侧墙斜向开裂	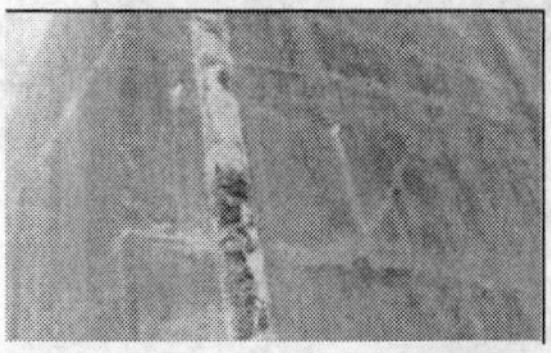
7	引桥腹拱横墙与腹拱结合不良	
8	引桥 2 号横墙中部开裂	
9	引桥 1 号横墙中部开裂	

续上表

编　　号	病害部位病害特征描述	图
10	引桥 4 号横墙中部开裂	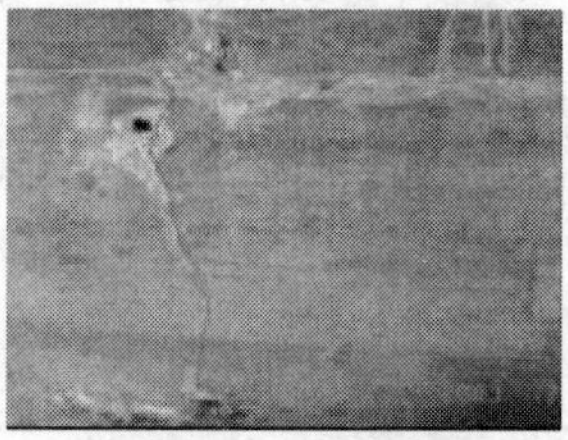

④桥面铺装

桥面损坏严重，桥面铺装局部碎裂，恶化了桥面的行车条件。拱上立柱顶面的桥面铺装由于未做桥面连续处理，各立柱横梁处桥面普遍开裂，并造成该处渗水严重，如图 1.5.2-4～1.5.2-7 所示。构件耐久等级取 4。

图 1.5.2-4　桥梁系雨水侵蚀照片

图 1.5.2-5　纵梁梁端局部碎裂照片

图 1.5.2-6　桥面铺装局部破碎照片

图 1.5.2-7　桥面纵向开裂照片

⑤人行道承重构件人行道栏杆部分构件缺失，人行道板渗水，从而造成两个边纵梁受雨水侵蚀严重，表层混凝土严重风化，并伴混凝土剥落现象，如图 1.5.2-4 所示，钢筋存在严重锈蚀。构件耐久等级取 4。

结构的耐久性综合评价以组成该结构的各类构件的耐久性评定结果为依据，综合考虑各类构件的权重系数，将各构件代入公式可得：

$$E_{总}=\sum_{j=1}^{m}E_{单j}a_{j}=3\times0.23+3.15\times0.26+3.15\times0.12+4\times0.02+4\times0.05=2.167$$

推荐的混凝土桥梁各构（部）件权重值及构件耐久等级汇总，见表 1.5.2-5。

结构整体的耐久性综合评价标准如表 1.5.1-18 所列。

$E_{总}=2.14$，$2\leqslant E_{总}<3$，结构耐久等级评定标度为 4，结构整体耐久性状况较好。

推荐的混凝土桥梁各构（部）件权重值及构件耐久等级汇总表　　表 1.5.2-5

构（部）件	名　　称	推荐权重 a_i	构件耐久等级
1	桥台与基础	0.23	3
4	上部主要承重构件	0.26	3.15
5	上部一般承重构件	0.12	3.15
6	桥面铺装	0.02	4
7	人行道承重构件	0.05	4
备　注	当评定标度值为“1”时，表示好的状态，或表示没有设置的构造部件，不再进行叠加		

§5.3　钢筋混凝土三肋上承式组合体系两铰拱桥

一、桥梁概况

该桥是一座八孔 30m 钢筋混凝土三肋上承式组合体系两铰拱桥。1921 年由法籍工程师设计，1923 年建成，是我国修建较早的一座大跨径钢筋混凝土拱桥。由于建成历史年代久远，桥梁自然损害严重，实际承载能力及材质状况不得而知。另外，该桥曾于 1985 年补强，荷载等级提高至双向汽－15，据养护部门反映，目前该桥实际通行车辆荷载已超过汽－15 的限制，见图 1.5.3-1。

图 1.5.3-1　全桥概貌照片

二、检测结果与评定

（1）桥梁所处环境条件影响的分级

按照表 1.5.1-1，该桥环境类别属于Ⅰ类，环境影响系数取 1.0。

（2）表观损伤检测

在桥梁结构缺陷及损伤检查的基础上，确定西起第一孔为重点检查孔。在该孔选择拱肋、立柱、横系梁、横梁及桥面板进行各项结构材质状况检查。

拱肋上普遍存在的缺损现象为：

①混凝土保护层剥落钢筋锈蚀（参见图 1.5.3-2）；

②钢筋锈蚀引起的混凝土保护层胀裂或沿钢筋方向的裂缝（参见图 1.5.3-3），胀裂部分混凝土疏松、局部鼓翘，锤击检查可发现内部钢筋均锈蚀（参见图 1.5.3-4）；

③桥面排水在拱肋底面引起混凝土侵蚀破坏，混凝土表面龟裂疏松，锤击检查发现内部钢筋均锈蚀较严重，部分钢筋因锈蚀截面减少达 5mm 以上。这类病害均发生在上、下游两边拱肋上，且多集中于“$L/4$（$3L/4$）截面至两拱铰”区域内（参见图 1.5.3-5）；

④部分立柱与拱肋连接处，立柱下缘拱肋侧面存在一弧状的纵向裂缝；

⑤部分拱铰处的环氧树脂玻璃布包裹层暴起、老化变脆，拱肋上未发现径向受力裂缝。

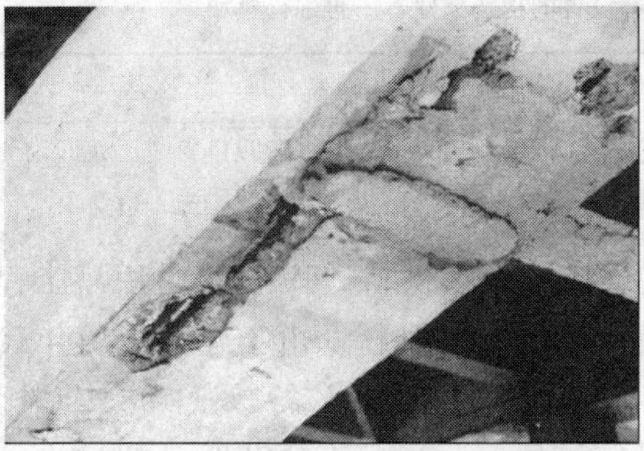

图 1.5.3-2　凝土保护层剥落钢筋锈蚀

图 1.5.3-3　钢筋锈蚀引起的混凝土保护层沿钢筋方向的裂缝

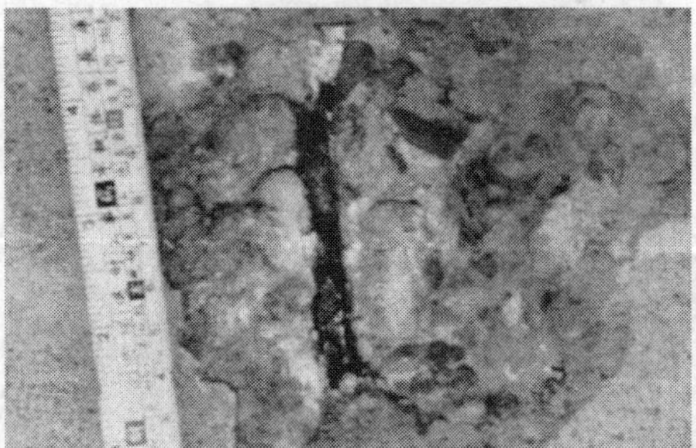

图 1.5.3-4　钢筋锈蚀引起的混凝土保护层胀裂

图 1.5.3-5　桥面排水在拱肋底面引起混凝土侵蚀破坏

根据以上检测情况查表 1.5.1-2 和表 1.5.1-3，裂缝损伤的评定标度值取 5；层离、剥落或露筋、掉棱与缺角的评定标度值为 5；蜂窝麻面、表面侵蚀、表面沉积的评定标度值为 5。

（3）桥跨结构混凝土强度检测

由于受结构构件尺寸的制约，采用“超声-回弹”综合法进行检测。分别在拱肋、拱肋横系梁及横梁上布置测区。通过对现场检测数据的计算分析，确定桥跨结构各测位的“超声-回弹”综合法混凝土强度推定值列于表 1.5.3-1 中。根据表 1.5.1-5 可得构件实测强度耐久性影响系数为 3。

“超声-回弹”综合法混凝土强度推定值 表 1.5.3-1

桥跨构件	北边拱肋		跨中上游横梁	上游侧中横系梁
	拱顶	$L/4$		
混凝土强度推定值（MPa）	25.7	27.4	24.1	20.8
推定强度匀质系数 K_{bt}	1.03	1.10	0.96	0.83
备注	1. 所有测位均在混凝土表面完好部位； 2. 混凝土强度推定值取同一测位各测区计算值的最小值			

（4）结构混凝土碳化深度的测定

本次对混凝土碳化深度的检测采用滴酚酞试剂方法进行。实测的桥跨结构混凝土碳化深度值列于表 1.5.3-2。按照表 1.5.1-12 评定耐久性影响系数为 4。

西一孔桥跨结构混凝土碳化深度值 表 1.5.3-2

拱肋	钻孔位置	碳化深度（cm）	保护层厚度（cm）	碳化层深度/保护层厚度
西一孔南拱肋	顶面	1.8	9.7	0.19
	下游面	2.0	5.5	0.36
	底面	1.7	3.8	0.45
	上游面	1.3	6.0	0.22
西一孔北拱肋	拱脚顶面	0.8	9.0	0.09
	$L/8$ 顶面	1.0	8.8	0.11
	$L/4$ 顶面	1.6	10.1	0.16
上游横系梁	上游侧	1.2	2.8	0.43
	下游侧	2.5	3.1	0.81
下游横系梁	上游侧	4.0	3.0	1.33
	中间	3.5	3.2	1.09
	下游侧	4.0	3.1	1.29
备注	检测部位混凝土表面完好			

（5）结构混凝土氯离子含量测定

本次检测采用的氯离子含量测定方法是现场取粉后送交实验室进行化学分析的方法。实测混凝土中的氯离子含量在 0.073%～0.26%，低于 0.4%，说明混凝土中氯离子含量不足以诱发钢筋锈蚀。根据表 1.5.1-9 可得氯离子含量引起钢筋锈蚀的耐久性影响系数为 1。

(6) 结构混凝土中钢筋锈蚀状况的检测

钢筋发生锈蚀将直接影响钢筋混凝土结构的使用安全及其耐久性。对于旧桥来说，混凝土内部钢筋的锈蚀受到很多因素的影响。对非钢筋胀裂区，采用自然电位法检测钢筋锈蚀的可能性。该方法是通过测量钢筋的自然电位来评定钢筋锈蚀可能性或锈蚀活动性。实测桥跨结构各部位的钢筋锈蚀电位列于表 1.5.3-3 中。

钢筋自然电位值 表 1.5.3-3

桥跨构件	北边拱肋		跨中上游横梁	上游侧中横系梁
	拱顶	$L/4$		
钢筋自然电位值(mV)	−117	−106	−87	−236
备注	1. 所有测位均在混凝土表面完好部位； 2. 钢筋锈蚀电位值取同一测位各测区计算值的最高值			

依据上述判据，查表 1.5.1-8 可知三家店桥拱肋、横梁非胀裂区通常情况下发生锈蚀的可能性不大，横系梁可能会发生坑蚀。混凝土中钢筋锈蚀电位耐久性影响系数为 2。

三、主拱圈耐久性综合评定

(1) 计算耐久性评定标度值：

$$E_{单}=\delta\times\sum_{i=1}^{8}A_i a_i\times\frac{1}{\sum_{i=1}^{8}a_i}=1.0\times(5\times0.32+3\times0.05+2\times0.11+1\times0.15+4\times0.20+2\times0.12)/(0.20+0.07+0.05+0.05+0.11+0.15+0.20+0.12)=3.33$$

混凝土构件材质状况检测指标与耐久性指标推荐权重值，见表 1.5.3-4。

根据表 1.5.1-16 的评定标准，构件耐久等级为 3，耐久性状况为一般。

混凝土构件材质状况检测指标与耐久性指标推荐权重值 表 1.5.3-4

项目		权重值 a_i		评定标度值 A_i
混凝土表观损伤 a_1	裂缝	0.20	0.32	5
	层离、剥落或露筋、掉棱与缺角	0.07		5
	蜂窝麻面、表面侵蚀、表面沉积	0.05		5
混凝土强度 a_2		0.05		3
钢筋锈蚀电位 a_3		0.11		2
氯离子含量 a_4		0.15		1
钢筋分布及保护层厚度 a_5		0.12		2
混凝土碳化深度 a_6		0.20		4
环境影响系数 δ		1.0		

(2) 结构综合评定

①桥墩与基础桥台由锥坡覆盖，无法检查。桥墩混凝土表面自然侵蚀较为严重，表层基本脱落或存在蜂窝麻面(参见图 1.5.3-6)。墩身无新开裂的竖向裂缝，压浆处理过的裂缝

（1986 年）缝口混凝土轻微破碎。

桩柱表面普遍存在竖向裂缝，裂缝宽度大于 0.20mm。5 号～14 号孔桩柱混凝土表面凹槽现象严重，普遍存在蜂窝麻面，在主河槽中的桩柱被海水严重侵蚀，损伤面积超过桩柱外露面积的 20%以上。破冰体病害与桩柱相同。

盖梁下缘混凝土 10～30cm 区域被钢筋锈蚀胀裂、露筋，盖梁悬臂下缘均已开裂，构件耐久等级取 5。

②上部主要承重构件上部主要承重构件为主拱圈，参照对主拱圈的单一构件评价结果，构件耐久等级取 3.33。

③上部一般承重构件拱上立柱除两端环氧树脂玻璃布包裹层存在暴起、老化变脆现象外（参见图 1.5.3-7、图 1.5.3-8），检查过程中未发现其他明显缺陷。

东引桥中间一根中立柱中部有一道环形受力裂缝（参见图 1.5.3-8、图 1.5.3-9），从裂缝的形状特征来判断，裂缝已贯通。

图 1.5.3-6　桥墩基础

图 1.5.3-7　立柱与拱肋连结处下弯的弧形裂缝

图 1.5.3-8　立柱根部环氧树脂包裹层老化

图 1.5.3-9　引桥立柱环状裂缝

大部分拱肋间横向系梁存在环形裂缝，裂缝多发生在系梁与拱肋的连结部位，系梁两端各一条，呈倒“八”形，上宽下窄（参见图 1.5.3-10），裂缝表口混凝土破碎，呈明显的受力活动性。纵梁有少量不规则环形裂缝，多发生在靠近跨中与拱肋连结的实腹段内。

桥面板底面存在大量大致纵桥向的不规则长裂缝，裂缝通过横梁时，部分延伸至横梁，在横梁上形成上宽下窄的“V”形裂缝（参见图 1.5.3-11）。东、西引桥桥面板底面的纵向裂缝延伸至桥头端部。桥面板底面还存在少量横桥向裂缝，横向裂缝多与纵向裂缝交会形成“T”形或“+”形裂缝。

综上所述，构件耐久等级取4。

图1.5.3-10 拱肋间横系梁两端倒“八”形裂缝

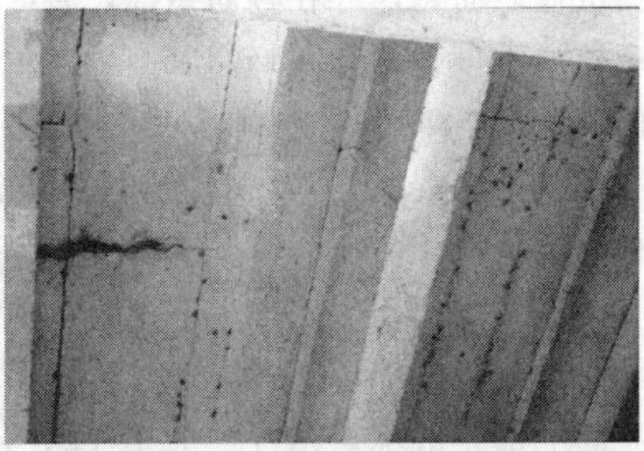

图1.5.3-11 桥面板底面及横梁裂缝

④桥面铺装桥面铺装层存在网状裂缝，裂缝分布较广泛。行车道滑板式伸缩缝损坏严重，大部分已基本失效（参见图1.5.3-12），行车舒适性较差，行车通过时有明显的跳车冲击现象，伸缩缝下面桥面板混凝土局部碎裂、露筋。构件耐久等级取5。

⑤人行道承重构件人行道板底面有较多的横向裂缝，部分裂缝裂至桥梁边缘（参见图1.5.3-13）。裂缝周围大多有白色沉淀物附着，绝大部分裂缝宽度大于0.1mm，从裂缝周围的水渍可以推断，多数裂缝存在渗水现象。构件耐久等级取5。

图1.5.3-12 行车道伸缩缝损坏情况

图1.5.3-13 人行道板底面横向裂缝

⑥栏杆或防撞墙人行道简易伸缩缝均有不同程度的损坏，部分已完全脱落，接缝处混凝土局部破损、露筋（参见图1.5.3-14）。

人行道栏杆有两处因交通事故造成栏杆柱根部断裂（参见图1.5.3-15）、栏杆扶手横向弯曲，其余部位栏杆未发现明显缺陷。构件耐久等级取5。

图1.5.3-14 人行道伸缩缝损坏情况

图1.5.3-15 损坏的栏杆柱

结构的耐久性综合评价以组成该结构的各类构件的耐久性评定结果为依据，综合考虑各类构件的权重系数，将各构件代入公式可得：

$$E_{总}=\sum_{j=1}^{m}E_{单j}a_j=5\times0.24+3.33\times0.26+3.33\times0.12+4\times0.02+4\times0.05+4\times0.01=2.87$$

$E_{总}=2.87$，$2\leqslant E_{总}<3$，结构耐久等级评定标度为4，结构整体耐久性状况较好。

桥梁各构（部）件权重值及构件耐久等级汇总表见表1.5.3-5。

桥梁各构（部）件权重值及构件耐久等级汇总表 表1.5.3-5

构（部）件	名　称	推荐权重 a_i	构件耐久等级
1	桥墩与基础	0.24	5
2	上部主要承重构件	0.26	3.33
3	上部一般承重构件	0.12	3.33
4	桥面铺装	0.02	5
5	人行道承重构件	0.05	5
6	栏杆或防撞墙	0.01	5
备　注	当评定标度值为"1"时，表示好的状态，或表示没有设置的构造部件，不再进行叠加		

§5.4 钢筋混凝土T形梁桥

一、桥梁概况

该桥全长1060.76m，桥面宽18.5m，其中行车道宽15m，两侧人行道净宽1.5m，桥面顺桥向为平坡，横坡为1.0%；全桥共分53孔，每孔由11片（标准跨长20m）钢筋混凝土T形梁组成，T梁混凝土标号为原30号；下部结构为三柱式钢筋混凝土盖梁，ϕ1.2m钻孔灌注桩基础，盖梁与立柱混凝土标号均为原30号，钻孔灌注桩为原20号；设计荷载为汽车—超20级，挂车—120、人群3500kN/m^2；设计抗震烈度为8度。

二、结构材质状况检测

（1）桥梁所处环境条件影响的分级

按照表1.5.1-1，该桥地处寒冷沿海地区，桥址有海水浪溅，环境类别属Ⅴ类。为恶劣环境条件，环境影响系数为1.4。

（2）桥梁表观状况检测

在有针对性的特殊检查进行之前，首先对东风大桥目前整体质量进行了调查，调查主要针对桥梁的铺装层、伸缩缝、支座、栏杆、主梁、盖梁、立柱进行，表观质量检查发现T梁有顺主筋方向裂纹，并造成局部混凝土脱落，见表1.5.4-1结合评定标准确定T梁混凝土裂缝的评定标度值为5；T梁钢筋锈蚀导致大面积混凝土剥落，并有主筋锈断情况，根据表1.5.1-2和1.5.1-3确定T梁层离、剥落或露筋及掉棱或缺角、蜂窝麻面取5。表面侵蚀及表面沉积等标度值取5。

（3）混凝土强度评定

受结构构件尺寸的制约，对盖梁的混凝土强度采用回弹法进行检测，每个盖梁布置10个测区；T梁的混凝土强度采用超声-回弹法进行检测，每孔各挑选4片T梁，占总数的

36%，每片T梁布置10个测区。表1.5.4-2列出了回弹测量结果，T梁混凝土强度推定值介于27.4～38.1MPa之间，混凝土推定强度均匀系数K_{bt}为：0.91～1.27，平均强度均匀系数K_{bm}为：1.19～1.56；盖梁混凝土强度推定值介于26.8～33.4MPa之间，混凝土推定强度均匀系数K_{bt}为：0.89～1.11，平均强度均匀系数K_{bm}为：1.06～1.46。根据表1.5.1-6，T梁混凝土强度评定标度值为2，属于较好状态；盖梁混凝土强度评定标度值为3，属于较差状态。

桥梁典型病害情况 表1.5.4-1

编号	病害部位病害特征描述	图
1	部分跨越水面的T梁下缘存在钢筋锈蚀现象，导致局部混凝土松动或脱落	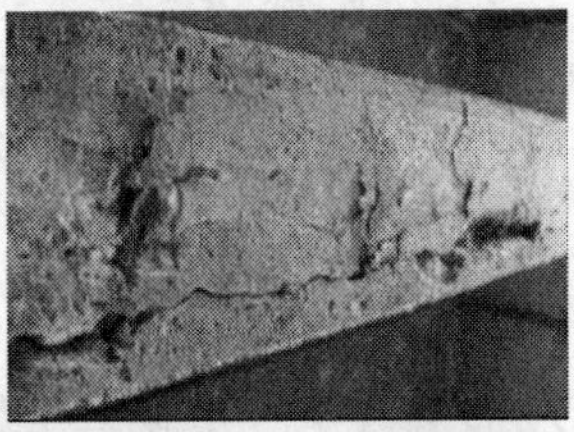 
2	T梁局部位置有大面积的泛白、碱集料反应	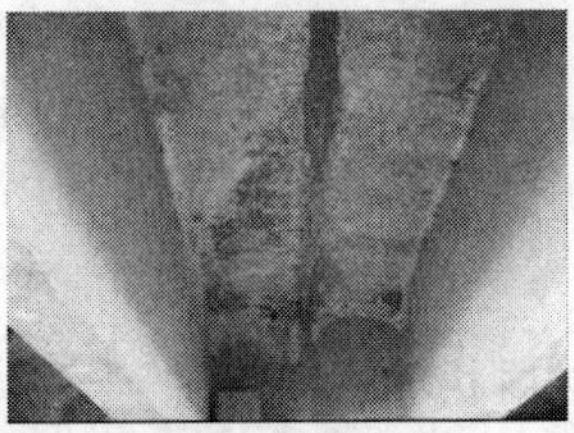

测区混凝土强度推定值（MPa） 表1.5.4-2

测试构件位置	平均强度值（MPa）	推定强度值（MPa）
北桥10号孔1号梁	39.3	30.9
北桥10号孔2号梁	35.8	27.4
北桥10号孔4号梁	41.9	30.2
北桥10号孔5号梁	37.7	31.7
北桥48号孔1号梁	46.8	38.1
北桥48号孔2号梁	38.1	31.9
北桥48号孔3号梁	41.4	29.7
北桥48号孔6号梁	43.6	34.8
北桥10号孔北盖梁	36.3	27.9
北桥48号孔北盖梁	31.8	26.8
北桥48号孔南盖梁	43.8	33.4

(4) 碳化深度的测定

本次对混凝土碳化的检测采用滴酚酞试剂方法进行。实测的桥跨结构混凝土碳化深度如表1.5.4-3。T梁、盖梁碳化深度评定值为3。

混凝土碳化深度测试 表1.5.4-3

测区位置	平均碳化深度 (cm)	测区位置	平均碳化深度 (cm)
北10号孔西1号梁	1.8	北48号孔东3号梁	0.3
北10号孔西2号梁	1.2	北48号孔东6号梁	0.4
北10号孔西3号梁	1.0	北48号孔东1号梁	2.5
北10号孔西4号梁	2.2	北48号孔东2号梁	0.5
北10号孔西5号梁	1.9	北48号孔南盖梁	0.4
北10号孔北盖梁	1.0	北48号孔北盖梁	1.8

(5) 结构混凝土氯离子含量测定

本次检测采用的氯离子含量方法是现场取粉后送交试验室进行化学分析的方法。实测T梁混凝土中的氯离子含量为0.50%～0.68%，实测盖梁混凝土中的氯离子含量为0.84%，会诱发钢筋锈蚀，根据表1.5.1-9可得评定标度值均为3。

(6) 混凝土电阻率测定

采用四电极电流法对各测区的混凝土电阻率进行了测试，其结果列于表1.5.4-4中，并给出了各测区相应的评定标度值，各测区实测电阻率均值在0.007MΩ·cm左右，对应标度值为4。

(7) 钢筋锈蚀电位测定

通过测量钢筋的自然电位来主要是为了评定钢筋锈蚀可能性或锈蚀活动性。实测桥跨结构各部位的钢筋锈蚀电位列于下表1.5.4-4中，各测区锈蚀电位平均值在−60～−322mV之间不等。

混凝土电阻率与锈蚀电位实测值 表1.5.4-4

测区位置	电阻率均值 (MΩ·cm)	混凝土电阻率标度值	锈蚀电位 (mV)	锈蚀电位标度值
北48号孔东侧2号梁跨中	0.007	4	−273	2
北48号孔东侧2号梁端头	0.007	4	−73	1
北48号孔北侧盖梁	0.007	4	−322	3
北10号孔西2号梁	0.007	4	−78	1

三、结构耐久性综合评定

(1) 计算耐久性评定标度值

从以上几方面检测结果来看，混凝土碳化和氯离子含量状况较好，不足以导致钢筋锈蚀，但混凝土电阻率表明结构钢筋锈蚀可能性快，钢筋锈蚀电位表明结构有锈蚀可能，结合大桥所处位置靠近海边，海水蒸发出的含有腐蚀性水雾对混凝土侵入性较强。综合考虑判断，盖梁和T梁存在较为严重的锈蚀。从外观检查来看，盖梁和T梁底面钢筋均有大面积的锈蚀，个别盖梁底面主筋已经锈断。

混凝土构件材质状况检测指标与耐久性指标推荐权重值见表1.5.4-5。

计算耐久性评定标度值：

混凝土构件材质状况检测指标与耐久性指标推荐权重值 表1.5.4-5

项目		权重值 a_i		评定标度值 A_i
混凝土表观损伤 a_1	裂缝	0.20	0.32	5
	层离、剥落或露筋、掉棱与缺角	0.07		5
	蜂窝麻面、表面侵蚀、表面沉积	0.05		5
混凝土强度 a_2		0.05		3
钢筋锈蚀电位 a_3		0.11		2
氯离子含量 a_4		0.15		3
混凝土碳化深度 a_5		0.20		3
混凝土电阻率 a_6		0.05		4
环境影响系数 δ		1.4		

$$E_{单}=\delta\times\sum_{i=1}^{8}A_i a_i\times\frac{1}{\sum\limits_{i=1}^{8}a_i}=1.4\times(5\times0.20+5\times0.07+5\times0.05+2\times0.05+3\times0.11+3\times0.15+3\times0.20+4\times0.05)/(0.20+0.07+0.05+0.05+0.11+0.15+0.20+0.05)=5.22$$

根据表1.5.1-16的评定标准，构件耐久等级为5，耐久性状况为很差。

(2) 结构综合评估

①桥台与基础桥台有竖向裂缝，宽度小于0.20mm，表层混凝土有表面侵蚀现象，侵蚀面积占外露表面积的5%左右。构件耐久等级取3。

②桥墩与基础水中个别立柱受海水侵蚀，钢筋锈蚀膨胀导致面积保护层脱落或失落。对应桥面梳型伸缩缝位置的盖梁上有大量积土，严重影响了支座功能，水中位置80%以上的盖梁底面均存在严重钢筋锈蚀情况，锈蚀膨胀又导致大面积的混凝土松动或脱落，部分位置清晰可见盖梁主筋已经锈断，如图1.5.4-1～1.5.4-3，构件耐久等级取5。

图 1.5.4-1

③支座

支座完好，但不能发挥正常作用，其挡块已碎裂，所有梁在伸缩缝附近区域混凝土表面呈现麻面，见图1.5.4-4～图1.5.4-5，构件耐久等级取5。

对应桥面梳形伸缩缝位置的盖梁上有大量积土，严重影响了支座功能。

图　1.5.4-2

图　1.5.4-3

图　1.5.4-4

图　1.5.4-5

④上部主要承重构件上部主要承重构件为 T 梁，参照对 T 梁的单一构件评价结果。构件耐久等级取 5.22。

⑤上部一般承重构件参照对 T 梁的单一构件评价结果。构件耐久等级取 5.22。

⑥桥面铺装桥面铺装层损坏严重，桥面纵缝、横缝分布普遍，局部损坏坑槽，恶化了行车条件，见图 1.5.4-6。构件耐久等级取 4。

⑦人行道承重构件人行道基本完好，个别构件有开裂和剥落，耐久等级取 3。

⑧栏杆或防撞墙人行道栏杆部分损坏，影响整体美观，如图 1.5.4-7。构件耐久等级取 4。

图　1.5.4-6

图　1.5.4-7

推荐的混凝土桥梁各构（部）件权重值及构件耐久等级汇总表　　表 1.5.4-6

构（部）件	名　称	推荐权重 a_i	构件耐久等级
1	桥台与基础	0.23	3
2	桥墩与基础	0.24	5
3	支座	0.07	5
4	上部主要承重构件	0.26	5.22
5	上部一般承重构件	0.12	5.22
6	桥面铺装	0.02	4
7	人行道承重构件	0.05	3
8	栏杆或防撞墙	0.01	4
备　注	当评定标度值为“1”时，表示好的状态，或表示没有设置的构造部件，不再进行叠加		

结构的耐久性综合评价以组成该结构的各类构件的耐久性评定结果为依据，综合考虑各类构件的权重系数，将各构件代入公式可得：

$$E_{总}=\sum_{i=1}^{m}E_{单i}a_i=3\times0.23+5\times0.24+5\times0.07+5.22\times0.26+5.22\times0.12+4\times0.02+3\times0.05+4\times0.01=4.49$$

结构整体的耐久性综合评价标准如表 1.5.1-18 所列，$E_{总}=4.49$，$4\leqslant E_{总}<5$，结构耐久等级评定标度为 2，结构整体耐久性状况较差。

推荐的混凝土桥梁各构（部）件权重值及构件耐久等级汇总表见表 1.5.4-6。

§5.5　钢筋混凝土双悬臂梁桥

一、桥梁概况

该桥系 1959 年按前苏联标准图修建的钢筋混凝土双悬臂挂梁结构。全桥共七跨(11.15m+5×27.5m+11.15m)，总长 159.80m。其中锚固跨计算跨径为 27.5m，中孔吊梁和两岸端悬臂跨计算跨径分别为 11.5m 和 11.15m。上部结构由三梁式多横隔钢筋混凝土 T 梁与钢筋混凝土桥面板和铺装层组成。桥面净宽 7.0m，人行道宽 2×0.75m。原设计荷载为汽-13、拖-60，人群荷载为 2500kN/m^2 下部结构为重力式钢筋混凝土桥墩，刚性扩大基础。

该桥建成后仅运营了几年，所有主梁的牛腿部位就出现了较为严重的裂缝。后来，虽多次进行加固处理，但在 1985 年桥梁检查时，仍发现主梁开裂严重，且局部有压碎现象。此外，还发现主梁跨中和支点区段有较多的裂缝；桥面伸缩缝和排水系统大多损坏。严重的桥面泄漏对主要承重构件的混凝土和吊梁支座造成了极为有害的局部浸蚀和锈蚀。

为了便于突出详检重点和易于缺陷的描述，在 2 号、3 号两孔每片主梁上选择了六个控制部位作为重点检测区，并在其混凝土表面放有 25cm×25cm 的网格，对每个重点检测区均进行了全面的详细检查。而对详检孔的非重点检测区，由一般检查结果可知，影响结构承载能力和耐久性的病害主要的混凝土的开裂。因此只需对那些缝长超过 20cm、缝宽大于 0.2mm 的裂缝进行详细检测。

二、检测结果与评定

1. 桥梁所处环境条件影响分级

按照表 1.5.1-1 中所列指标，环境类别应属Ⅰ类，环境影响系数取 1.0。

2. 表观损伤检测

(1) 桥面板板底裂缝检查与评定

详检孔桥面板和 T 梁翼板裂缝检查，2 号孔桥面板和翼板板底共有裂缝 43 条，其中横向裂缝为 40 条，纵向裂缝为 3 条。纵向裂缝基本上出现在 T 梁外侧翼板上，缝长在 100～260cm 之间，缝宽为 0.29～0.50mm。在 40 条横向裂缝中，92.5%的横缝均贯通桥面板或翼板，其缝宽在 0.2～0.8mm 之间，平均缝宽为 0.35mm，裂缝最小间距为 37cm。缝宽大于 0.3mm 的横缝占其总数的 50%。3 号孔桥面板和翼板板底共有裂缝 69 条，其中横缝为 65 条，纵缝为 4 条。除二条较短的纵缝出现在翼板和 3 号梁内侧梁托上外，其余二条出现在两端悬臂梁桥面板中间，属于桥面板受力裂缝，但缝宽不大于 0.25mm。纵缝缝宽为 0.2～1.0mm，缝长为 155～670cm 不等。在 65 条横缝中，贯通缝占其总数的 93.85%。3 号孔密云和古北口端悬臂梁段板底横缝分别占其总数的 32.31%和 26.15%。密云端悬臂梁段板底横缝均为贯通缝，缝宽在 0.2～0.81mm 之间，平均缝宽为 0.28mm，裂缝间距为 27～430cm 不等。缝宽大于 0.25mm 的横缝占该段横缝总数的 28.57%。古北口端悬臂梁段板底横向贯通缝占该段横缝总数的 76.47%，横缝宽为 0.20～0.52mm，平均缝宽为 0.31mm，裂缝间距在 49～160cm 之间。缝宽在 0.25mm 以上的横缝占该段横缝总数的 58.82%。吊缝段板底横缝占其总数的 41.54%，且均贯通缝，缝宽在 0.20～0.78mm 之间，平均缝宽为 0.32mm，裂缝最小间距为 29cm。缝宽大于 0.3mm 的横缝占该段横缝总数的 40.74%。此外，2 号孔板底的裂缝分布密度为 3 条/m，3 号孔密云侧悬臂梁段、吊梁段和古北口侧悬臂梁段板底的裂缝最大分布密度为 2～3 条/m。由此反映，详检孔桥面板和翼板横向开裂稍为严重。但这些裂缝并非桥面板或翼板的主要受力裂缝，其主要影响桥面板的耐久性。

(2) 主梁梁腹裂缝检查与评定

从详检孔主梁梁腹裂缝检查结果来看，各梁的裂缝分布情况大致相似。一般地，中梁的裂缝数量约为边梁的 50%或 50%以下，裂缝的长、宽度与边梁相比也小得多。考虑到边缘受雨水浸蚀较为严重，正常的裂缝也会构成潜在的危险。因此选取开裂较为严重的 1 号边梁下游侧梁腹来分析裂缝的开展对结构产生的不利影响，并对其作出评定。

①主梁梁腹非重点区裂缝检查与评定

实测的详检孔 1 号主梁梁腹非重点区裂缝开展情况：

a. 2 号孔 1 号主梁上、下游梁腹非重点区共有裂缝 16 条和 20 条，其中 87.5%和 85%的裂缝分布在截面变化处左右 6m 范围内。截面变化处附近的裂缝均有不同程度的倾斜，越接近跨中区，其倾斜角（与垂直方向的夹角）越小。43.75%和 40%的斜缝基本上贯通梁腹，裂缝宽度为 0.3～1.08mm，裂缝间距在 25～200cm 之间，其最大分布密度为 3 条/m。可见，截面变化处附近主梁表面开裂略为严重。

b. 3 号孔 1 号主梁上游梁腹非重点区共有裂缝 28 条，其中吊梁占 43.9%，两端悬臂梁占 25%和 32%。下游非重点区共有裂缝 22 条，其中吊梁占 45.5%，两端悬臂梁占 32%和 23%。悬臂梁上的裂缝大多为砍头裂缝，缝长在 50～150cm 之间，除 13.8%的裂缝宽大于

0.6mm 外，90%的缝宽介于 0.21～0.46mm 之间，缝宽大于 0.3mm 的裂缝占其总数的 58.6%，裂缝间距为 50～230cm，最大分布密度为 4 条/m。由此可知，悬臂梁非重点区开裂一般。

c. 吊梁上、下游侧非重点区有 60%和 4%的裂缝为贯通缝，缝宽在 0.22～0.90mm 之间，缝长为 60～170cm，裂缝间距为 30～80cm，缝宽大于 0.3mm 的裂缝占其总数的 63.60%，裂缝最大分布密度为 3 条/m。可见，吊梁非重点区开裂略为严重。

②主梁梁腹重点检测区裂缝检查与评定

1 号主梁下游梁腹重点区裂缝检查结果可知：

a. 2 号孔 1 号主梁下游梁腹跨中 4m 区（1-$B1$ 区），共有竖向裂缝 31 条，其中砍头裂缝占 41.9%，梭形裂缝（中间大、两头小）占 58.1%。砍头裂缝全部出现在梁腹下缘，缝宽为 0.2～0.59mm，缝长为 15～73.5cm 不等，裂缝间距介于 10～50cm 之间，缝宽大于 0.3mm 的砍头裂缝约占其总数的 30.8%。除近跨中截面处有一条长 145cm、宽 1.05mm 的梭形裂缝外，其余的梭形裂缝缝宽介于 0.15～0.50mm 之间，缝长为 11～73cm，缝宽在 0.3mm 以上的梭形裂缝占其总数的 16.7%。1-B1 区裂缝最大分布密库为 9 条/m。由此可见，此区梁腹开裂稍为严重。

b. 2 号孔 1 号主梁下游梁腹 2 号墩 4m 截面 3m 区即 1-$B2$ 区，共有裂缝 19 条，其中斜向（与水平交角为 45°～60°）的梭形裂缝约占其总数的 52.6%。在这些斜缝中，有两条裂缝缝宽分别为 0.40mm 和 0.82mm，其余的缝宽在 0.11～0.31mm 之间，缝长为 22.5～195cm 不等，缝宽在 0.3mm 以上的斜缝仅占其总数的 30%其最大分布密度为 4 条/m。可见，此区梁腹的斜向开裂一般。此外，该区还有 47.4%的竖向梭形裂缝，这些裂缝主要分布在该区古北口端 50cm 范围内，除有一条长 108cm，宽 0.36mm 外，其余的缝宽为 0.06～0.29mm，缝长介于 29～78cm 之间。由此反映，1－B_2 区梁腹开裂一般。

c. 2 号墩支点 3m 区（1-B_3 区）共有裂缝 35 条，其中 28.57%的裂缝为发生在上缘的砍头裂缝，砍头裂缝的缝宽为 0.15～0.68mm，缝长在 15～166cm 之间，裂缝最小间距为 20cm，其最大分布密度为 4 条/m。缝宽大于 0.3mm 的砍头裂缝约占总数的 40%，剩余的 71.43%的裂缝大多是发生在梁腹中部的梭形裂缝，裂缝缝宽为 0.09～0.43mm，缝长为 14～83cm不等，缝宽大于 0.3mm 的裂缝的占其总数的 8%。由此可见，1－B3 区梁腹开裂一般。

d. 悬臂梁、吊梁牛腿部位 1.5m 区，即 1-B_4，1-B_5 区的裂缝基本上是一些缝宽小于 0.3mm，长度不大于 50cm 的梭形短缝，它们对结构的承载力和耐久性无太大影响，因此可认为牛腿部位梁腹开裂情况尚好。

e. 吊梁下游梁腹跨中 2m 区（1-B_6 区），共有裂缝 43 条，其中 90.7%的裂缝为发生在梁腹中部的梭形短缝，梁腹下缘的砍头裂缝仅占其总数的 9.30%。砍头裂缝的缝宽为 0.31～0.39mm，缝长为 34～67.5cm，裂缝最小间距为 19cm。梭形裂缝的缝宽在 0.05～0.88mm 之间，缝长为 8～50cm，其中缝宽在 0.3mm 以上的约占其总数的 17.95%。该区裂缝最大分布密度为 24 条/m。由此反映，吊梁跨中梁腹开裂稍为严重。

(3) 主梁的外观检查结果示出了具有代表性的一跨一片主梁表面缺陷的大致分布和预估范围。纵观检查结果可以看到：

①边主梁外侧翼板板底沿桥长出现了不少的横向裂缝，缝宽约在0.1～0.3mm之间，裂缝间距约为40～100cm左右。大多数的裂缝表面有泛白和流膏现象。这种病害主要是由于人行道接缝和铺装层的损坏，或桥面两侧近缘石和泄水孔处防水层损坏，增加了表层积水侵入混凝土的可能性，从而使混凝土中溶解的NaOH和其他胶质成份流向水份易蒸发的表面并从裂缝中析出形成表面沉积。

②在主梁接缝和大部分泄水孔处的主梁外侧翼板板底混凝土受水浸蚀而呈黑褐色，其上的抗震加固钢带下方牛腿部位翼板板底局部钢筋外露并严重锈蚀。

③梁腹出现了较多竖向或斜向（与水平方向约成45°夹角）结构裂缝，其中2号、3号两孔尤为严重。表面看来，裂缝缝宽大约在0.2mm以上，部分裂缝基本上沿梁高裂通，有的已与桥面板或翼板横缝相连，裂缝间距约为20～60cm。此外，梁腹在主梁接缝和部分泄水孔处水蚀严重，表面有淡黄色或深灰色的酸性附着物。

④3号孔上游边吊梁古北口端，梁端混凝土保护层沿梁高全部裂开；下游密云侧边悬臂梁牛腿混凝土保护层局部压劈，支座下垫板固定钢筋压屈，严重的剥落致使外露钢筋轻度锈蚀。

⑤主梁除上述病害以及梁腹下缘、梁底局部有中度或轻度麻面、蜂窝、骨料外露外，总的看来混凝土浇筑质量较好。

根据以上检测情况查表1.5.1-2和表1.5.1-3，裂缝损伤的评定标度值取5；层离、剥落或露筋、掉棱与缺角的评定标度值为2；蜂窝麻面、表面侵蚀、表面沉积的评定标度值为2。

3. 混凝土强度测定

主梁混凝土强度的检测采用了“超声-回弹”综合分析法，即同时测量混凝土超声波传播速度与回弹值，以确定混凝土的抗压强度1号主梁重点检测区混凝土强度统计参数和匀质系数计算见表1.5.5-1。

该桥具有30年龄期的老龄混凝土，表面碳化层对测强精度有一定的影响。为了准确地确定此桥的混凝土强度，在试验室内根据清水河桥的技术资料制作了36块与实桥混凝土同材料、同级配、同配合比的试块，按7d、14d、21d、28d的不同龄期分组进行综合法测试和抗压试验，并用从实桥钻取的10个芯样的超声-回弹、抗压试验结果对试块试验结果进行修正。根据实测的超声速度和回弹值，用标定曲线推求的各重点检测区混凝土强度值列于表1.5.5-2中。可知混凝土强度基本处于良好状态，评定标度值取1。

1号主梁重点检测区混凝土强度统计参数和匀质系数计算　　表1.5.5-1

梁　号	测　　区		平均强度值 $\bar{R}$（MPa）	标准差 S（MPa）	变异系数 C_V^R（%）	强度特征值 $R_{特}$（MPa）	设计标号 M（MPa）	匀质系数 K_b
	1-A_1		37.7	9.06	24.03	20.76	20	1.04
	1-A_2		35.1	7.03	20.03	21.95	20	1.10
	1-A_3		31.4	6.62	21.08	19.02	20	0.95
	1-A_4		32.0	9.24	28.88	14.72	20	0.74
	1-A_5		36.5	9.25	25.34	19.20	20	0.96
		后补区	58.5	3.40	5.81	52.14	30	1.74

重点检测区混凝土强度值 表 1.5.5-2

梁　　号	检 测 区	混凝土强度值 R (MPa)	备　　注
1	1-A_1	28.6	1. 测区混凝土强度是各重点检测区综合法测试区的混凝土强度平均值； 2. 带有“*”的值为后补混凝土强度值
	1-A_2	28.7	
	1-A_3	24.5	
	1-A_4	22.4	
	1-A_5	38.4 *	
	1-A_6	26.0	
2	2-B_1	33.3	
	2-B_2	33.1	
	2-B_3	26.8	
	2-B_4	22.7	
	2-B_5	23.8	
	2-B_6	22.9	
3	3-A_1	29.3	
	3-A_2	30.5	
	3-A_3	22.0	
	3-A_4	22.7	
	3-A_5	35.6 *	
	3-A_6	24.7	

4. 主梁钢筋分布及保护层厚度测定

保护层厚度和钢筋分布是用钢筋混凝土保护层测定仪来测量的，其不仅可以测量保护层厚度、混凝土中钢筋的分布，还可以估测钢筋的大小。

对所有重点检测区均作了钢筋分布情况及保护层厚度测定。除牛腿部位钢筋排列紧密难以测定外，其他部位实测的钢筋分布和大小与原设计要求基本相符。实测的各测区的保护层厚度大多在 3.0～6.5cm 之间，平均保护层厚度为 3.5～5.0cm，极个别地方的保护层略小于 3cm，最低值为 2.1cm。可见，各测区的保护层平均厚度均大于原设计的值 3cm。所以根据表 1.5.1-6 可得评定标度值取 1。

5. 主梁混凝土碳化深度测定

对结构上所有钻取芯样、钻孔取粉和混凝土开凿部位，均用酸碱指示剂（酚酞）喷在混凝土新鲜破损面上，测定其混凝土碳化深度。

主梁混凝土碳化深度测量结果见表 1.5.5-3。为了便于比较分析，表中列出了测量部位混凝土净保护层厚度值。主梁梁底混凝土净保护层基本上全部碳化至钢筋表面，梁腹底部的碳化深度略大于梁腹中部；外侧梁腹的碳化深度已超过其侧面净保护层厚度，最大超出 1.7cm；内侧梁腹的碳化深度基本达到或接近其侧面净保护层厚度，由此反映，主梁表面碳化较为严重．根据表 1.5.1-12 可知，评定标度值取 4。

6. 氯化物含量测定

在结构主要控制部位和侵蚀较为严重的部位，用钻孔取粉法取得了少量的混凝土粉末样品，并在试验室用 quanfab-sfrips 法对样品进行了氯离子含量分析。氯离子含量试验分析结果见表 1.5.5-4。

主梁混凝土碳化深度值　　表 1.5.5-3

孔号	梁号	测量部位		碳化深度平均值（cm）	净保护层厚度（cm）
1号	1号	距悬臂端 1.1m 截面下游梁腹中部		3.8	3.4
2号	1号	跨中截面	下游梁腹底部	6.0	4.3
			上游梁腹底部	5.4	5.4
			梁底	4.8	4.8
	2号	跨中截面	下游梁腹底部	3.6	3.8
			上游梁腹底部	4.2	4.2
			梁底	4.0	4.0
	3号	跨中截面	下游梁腹底部	3.6	5.3
			上游梁腹底部	4.8	6.2
			梁底	4.4	4.4
3号	1号	跨中截面	下游梁腹底部	3.2	3.2
			上游梁腹底部	5.5	4.2
			梁底	3.0	3.0
		吊梁牛腿	下游梁腹中部（后补混凝土区）	1.8	3.2
	2号	跨中截面	上游梁腹底部	5.6	6.0
			梁底	4.0	4.0
	3号	跨中截面	下游梁腹底部	3.4	5.5
			梁底	3.0	3.0
备　注	表中所列净保护层厚度值为用保护层测定仪实测的平均值				

主梁混凝土中氯离子含量值　　表 1.5.5-4

孔号	梁号	钻孔部位		氯离子含量（占水泥重量的百分比）钻孔深度（mm）10	30	60	备　注
1号	1号	距悬臂端 1.1m 截面下游梁腹		0.234	0.398	0.612	侵蚀较为严重部位
2号	1号	跨中截面	下游梁腹	0.332	0.528	0.882	
	2号		上游梁腹	0.630	0.628	0.756	
	3号		中游梁腹	0.747	0.846	0.684	
3号	1号	跨中截面下游梁腹		0.582	1.761	0.972	后补混凝土区
		吊梁牛腿下游梁腹		0.426	0.576	0.576	

分析表 1.5.5-3、表 1.5.5-4 所列数值可以看到，混凝土中钢筋处的氯离子含量较高，除个别为 0.398%外，大多在 0.5%～1%之间，极个别部位有大于 1%的现象。根据表

1.5.1-9 可得氯离子含量的评定标度值取 4。

7. 钢筋锈蚀电位的测定

钢筋锈蚀电位是由 $Cu/CuSO_4$ 半电池与钢筋/混凝土半电池通过“电解液”相接处形成一个单电池来测量的。由于 $Cu/CuSO_4$ 电池的电位值不随时间的温度的变化而相对恒定，因此在所有其他因素不变的情况下，用单电池测得的实际电位值仅与钢筋/混凝土半电池的电位变化即钢筋锈蚀活动状态有关。从详检孔重点检测区电位测定结果看，全部实测电位值均超过－200mV，除中孔牛腿部位局部出现的负值表明钢筋有很轻的锈蚀活化外，其他部位实测电位值均为正值，钢筋没有锈蚀活化。根据表 1.5.1-8 可得评定标度值为 1。

8. 混凝土电阻率的测定

混凝土电阻率的测定是通过四个探头（两个外侧探头为电流探头，两个内侧探头为电压探头）按等间距放在混凝土表面形成电接触，量测电压探头之电位差来完成的。详检孔重点检测区全面的电阻率测定表明，所有的电阻率测值均超过 20 000Ω·cm。由此可知，该桥混凝土处于很干燥的状态，根据表 1.5.1-14 可得评定标度值为 1。

三、结构耐久性综合评定

1. 对主梁的评价

根据表 1.5.5-5 可得

$$E_{单}=\delta\times\sum_{i=1}^{n}A_i a_i=1.0\times(0.2\times5+0.07\times2+0.05\times2+0.05\times1+0.11\times1+0.15\times4+0.12\times1+0.2\times4+0.05\times1)=2.97$$

根据表 1.5.1-16 的评定标准，构件耐久等级为 4，耐久性状况较好。

混凝土构件材质状况检测指标与耐久性指标推荐权重值 表 1.5.5-5

<table>
<tr><th colspan="2">项　目</th><th colspan="2">权 重 值 a_i</th><th>评定标度值 A_i</th></tr>
<tr><td rowspan="3">混凝土表观损伤 a_1</td><td>裂　缝</td><td>0.20</td><td rowspan="3">0.32</td><td>5</td></tr>
<tr><td>层离、剥落或露筋、掉棱与缺角</td><td>0.07</td><td>2</td></tr>
<tr><td>蜂窝麻面、表面侵蚀、表面沉积</td><td>0.05</td><td>2</td></tr>
<tr><td colspan="2">混凝土强度 a_2</td><td colspan="2">0.05</td><td>1</td></tr>
<tr><td colspan="2">钢筋锈蚀电位 a_3</td><td colspan="2">0.11</td><td>1</td></tr>
<tr><td colspan="2">氯离子含量 a_4</td><td colspan="2">0.15</td><td>4</td></tr>
<tr><td colspan="2">钢筋分布及保护层厚度 a_5</td><td colspan="2">0.12</td><td>3</td></tr>
<tr><td colspan="2">混凝土碳化深度 a_6</td><td colspan="2">0.20</td><td>4</td></tr>
<tr><td colspan="2">混凝土电阻率 a_7</td><td colspan="2">0.05</td><td>1</td></tr>
<tr><td colspan="2">环境影响系数 δ</td><td colspan="3">1.0</td></tr>
</table>

2. 结构综合评估

(1) 桥墩与基础

各墩均有不同程度的均匀沉降，最大均匀沉降发生在 6 号墩上，为 5.6cm；相邻墩的均匀沉降差发生在 4 号、5 号墩之间，其值为 3.3cm；此外，各墩上、下游侧有不均匀沉降，但数值较小，最大不均匀沉降出现在 2 号墩上，其值为 1.5cm。据此推求的 2 号墩顶横桥向水平位移为1.541cm，小于“养护规范”所规定的$0.5\sqrt{L}=2.62$cm。可见，桥墩的沉降、倾斜在规定值以内。

几乎所有桥墩表面混凝土均有不同程度的局部麻面、蜂窝、集料外露以及裂缝，其中3号墩较为严重。从整个检查结果来看，桥墩上的水平裂缝，大多发生在混凝土的施工接缝处，属于混凝土塑性收缩裂缝。竖缝或斜缝一般为干缩裂缝，其长度均不超过100cm。这两类裂缝都是一些表面缝，其宽度一般在0.25mm以下，无需修补。其他表面缺陷均为轻度、局部缺陷，对桥墩无影响，可不作任何处理。所以耐久性等级取3。

(2) 支座

中孔吊梁支座除3号孔下游边吊梁密云端支座损坏和上游边吊梁古北口端支座锈死外，其余的吊梁支座基本上完好，只不过是表面稍有锈蚀，但不影响正常使用。3号孔下游边吊梁密云端的切线支座因下垫板下悬臂梁加固竖向钢板与其保护层混凝土粘结力不够，局部承压时出现了劈裂现象；加之下垫板固定钢筋尺寸太小，与悬臂梁牛腿钢筋焊接不当，从而造成了固定钢筋压弯，引起下垫板倾斜，使其失去正常使用。3号孔上游边吊梁古北口端的活动支座因锈蚀严重使上垫板不能正常滑动，造成与钢板焊接的箍筋连同混凝土保护层一起拉裂。构件耐久等级取5。

(3) 上部主要承重构件

参照对主梁的单一构件评价结果。构件耐久等级取2.97。

(4) 上部一般承重构件

参照对主梁的单一构件评价结果。构件耐久等级取2.97。

(5) 桥面铺装

桥面为沥青混凝土铺装层，有小范围的隆起，除在中孔吊梁接缝处出现缝宽为5mm的横向通缝外，其他部位亦出现了一些通缝，缝宽在3～4mm之间。此外，沥青表层返油现象较为严重，有一定量的磨耗。桥面行车道边缘积土长草，严重地影响桥面排水。构件耐久等级取4。

(6) 人行道承重构件

人行道铺装层大多出现龟裂和层离。原设置的人行道接缝大多损坏，有的早已丢失，严重的人行道接隙漏水，对主梁已造成了不同程度的浸蚀。构件耐久等级取4。

(7) 栏杆或防撞墙

表面看来，扶手混凝土质量较差，多处扶手松动，有一段扶手现已丢失。一段扶手混凝土严重剥落，以致钢筋外露并严重锈蚀。此外，还有30余处扶手出现了轻度的钢筋锈蚀裂缝。桥栏杆柱除几处有松动外，其余的均完好无缺，表面质量良好。构件耐久等级取3。

推荐的混凝土桥梁各构（部）件权重值及构件耐久等级评定值汇总，如表1.5.5.6所列。

结构的耐久性综合评价以组成该结构的各类构件的耐久性评定结果为依据，综合考虑各类构件的权重系数，将各构件代入公式可得：

$$E_{总}=\sum_{j=1}^{m}E_{单j}a_j=3\times0.24+5\times0.07+2.97\times0.26+2.97\times0.12+4\times0.02+4\times0.05+3\times0.01=2.51$$

结构整体的耐久性综合评价标准如表1.5.1-18所列。

$2\leqslant E_{总}<3$，结构耐久等级评定标度为4，结构整体耐久性状况较好。

推荐的混凝土桥梁各构（部）件权重值及构件耐久等级汇总表　　表 1.5.5-6

构（部）件	名　　称	推荐权重 a_i	构件耐久等级
1	桥墩与基础	0.24	3
2	支座	0.07	5
3	上部主要承重构件	0.26	2.97
4	上部一般承重构件	0.12	2.97
5	桥面铺装	0.02	4
6	人行道承重构件	0.05	4
7	栏杆或防撞墙	0.01	3
备　注	当评定标度值为“1”时，表示好的状态，或表示没有设置的构造部件，不再进行叠加		

§5.6　双曲拱桥

一、桥梁概况及检测目的

该桥上部结构为 4×40m＋5×30m 无铰双曲拱，下部构造为人工推钻桩基础和沉井基础。桥梁全长 360.599m，拱轴线为悬链线，第 2 孔的净失跨比为 1/6.5，拱轴系数 $m=2.811$；第 1 孔、第 3 孔和第 4 孔的净失跨比为 1/7，拱轴系数 $m=2.814$；第 5～9 孔的净失跨比为 1/6，拱轴系数 $m=2.240$。桥面净宽 8m，设计荷载为汽车-13 级，拖-60，于 1976 年 10 月建成通车，大桥现状见图 1.5.6-1。

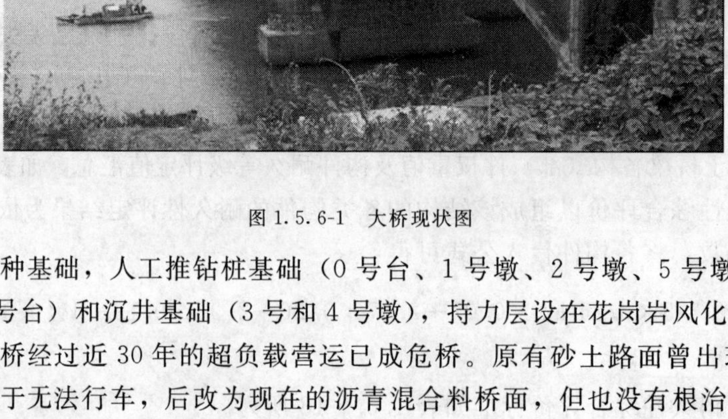

图 1.5.6-1　大桥现状图

该桥采用两种基础，人工推钻桩基础（0 号台、1 号墩、2 号墩、5 号墩、6 号墩、7 号墩、8 号墩和 9 号台）和沉井基础（3 号和 4 号墩），持力层设在花岗岩风化土或者风化土含碎块岩层上。大桥经过近 30 年的超负载营运已成危桥。原有砂土路面曾出现大面积沉陷和严重翻浆，以至于无法行车，后改为现在的沥青混合料桥面，但也没有根治桥面松散、沉陷的病害，给行车养护带来极大的困难。

桥面沥青层存在较多收缩裂缝和存在较严重的坑槽、麻面、露骨、车辙、拥包等病害；拱肋裂缝较多，最大裂缝宽度达 0.3mm；腹拱拱顶最大裂缝宽度达 10mm 和第 1 跨阳江端 1 号腹拱拱脚发生位移等；主拱圈拱波开裂严重，最大裂缝宽度达 7mm；拱肋露主筋且钢筋锈蚀严重。故建议对该桥进行补强加固处治，并提高设计荷载等级。

二、检测项目

包括表观损伤检测；混凝土强度检测；钢筋锈蚀电位检测；氯离子含量测定；钢筋分布及保护层厚度检测；混凝土碳化深度检测。

三、检测结果与评定

（1）桥梁所处环境条件影响的分级

按照表 1.5.1-1 中所列指标，该桥所在地区属于内陆潮湿气候，环境类别应属 III 级，为恶劣环境条件，环境影响系数 1.2。

（2）表观损伤检测

①裂缝，包括非结构受力裂缝和结构受力裂缝，评定标度值取 5。主拱圈拱肋检查发现主拱圈拱肋在跨中、拱脚和 1/4 跨径附近有多处裂缝，裂缝以 U 形和横向为主，从裂缝形态及位置可以判断，裂缝多为拱圈正弯矩和负弯矩裂缝，主要是在超载作用下产生的。全桥主拱圈拱肋共计 134 条，最大宽度为 0.15mm，发生在第 1 孔 3 号拱肋，见图 1.5.6-2。各孔裂缝汇总见表 1.5.6-1。

全桥拱肋裂缝汇总　　表 1.5.6-1

孔　数	第 1 孔	第 2 孔	第 3 孔	第 4 孔	第 5 孔	第 6 孔	第 7 孔	第 8 孔	第 9 孔	全　桥
裂缝条数（条）	44	22	15	21	7	6	7	5	7	134
裂缝长度（m）	29.30	12.97	13.09	17.18	5.12	4.23	5.99	4.48	6.00	98.36

图 1.5.6-2　第 1 号孔湛江侧拱肋裂缝、渗水图

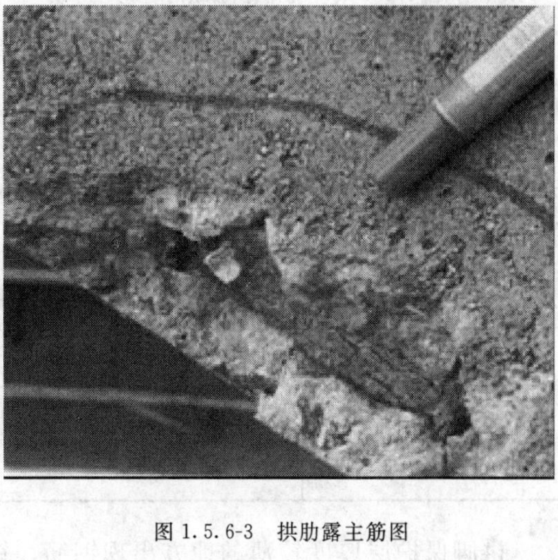

图 1.5.6-3　拱肋露主筋图

全桥主拱圈拱波开裂严重，每孔的拱波都发现 3～9 条纵向裂缝，且裂缝宽度较大，第 1 孔 1 号拱波（1～2 拱肋之间）从 $x=14.27$m 开始有一条纵向裂缝，裂缝长为 8m，裂缝宽

度为 0.6mm。第 2 孔 4 号拱波（4～5 拱肋之间）从 $x=13.90$m 开始有一条纵向裂缝，裂缝长为 11.70m，裂缝宽度为 3.0mm。全桥拱波共有 53 条裂缝，裂缝长度达 212.13m，平均每条裂缝长 4m，全桥拱波裂缝汇总见表 1.5.6-2。拱波裂缝见图 1.5.6-4。

全桥拱波裂缝汇总 表 1.5.6-2

孔 数	第 1 孔	第 2 孔	第 3 孔	第 4 孔	第 5 孔	第 6 孔	第 7 孔	第 8 孔	第 9 孔	全 桥
裂缝条数（条）	6	5	3	6	4	8	5	7	9	53
裂缝长度（m）	20.54	40.37	28.06	16.91	19.91	13.52	10.95	36.12	25.75	212.13

发现拱波多处渗水，拱波有被水蚀的痕迹，见图 1.5.6-5。大部分拱脚（拱波与拱座连接处）渗水严重，伴有白色物质产生，严重者混凝土表面生有青苔。

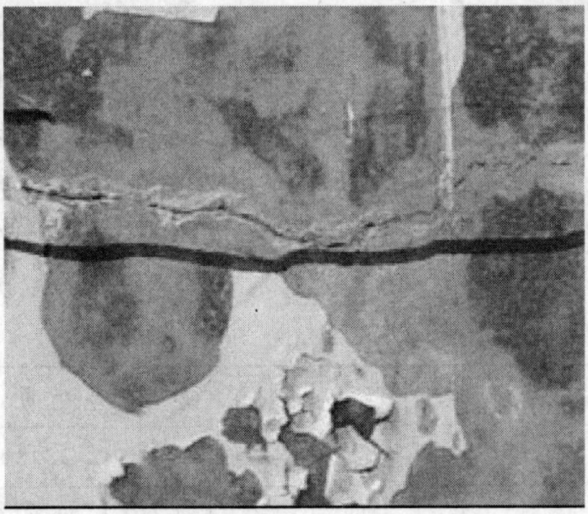
图 1.5.6-4 主拱圈拱波纵向裂缝

图 1.5.6-5 拱波渗水严重

拱波与拱肋的连接处表观质量较好。主拱圈预制拱波与拱肋接缝处渗水严重，泛白现象较普遍。

②层离、剥落或露筋及掉棱或缺角；蜂窝麻面、表面侵蚀及表面沉积等评定标度值均取 5。具体表现为：全桥拱肋均发现露筋，全桥共露筋 106 处，露筋长度共为 15.11m，各孔露筋汇总见表 1.5.6-3。

全桥拱肋露筋汇总 表 1.5.6-3

孔 数	第 1 孔	第 2 孔	第 3 孔	第 4 孔	第 5 孔	第 6 孔	第 7 孔	第 8 孔	第 9 孔	全 桥
露筋（处）	9	4	2	40	9	14	6	21	1	106
露筋长度（cm）	108	53	20	706	89	188	109	228	10	1511

拱脚保护层厚度较薄的地方出现钢筋、锈蚀并诱发混凝土胀裂。边拱（1 号拱肋和 5 号拱肋）混凝土胀裂较多，边拱露筋也较多，但第 4 孔 2 号拱肋底面露筋最严重，共计 26 处，共长 4.3m。第 1 孔 5 号拱肋湛江侧拱脚底面露主筋，且已锈蚀，见图 1.5.6-3；第 8 孔 5 号

拱肋广州侧拱脚底面混凝土脱落和露主筋，脱落面积为120cm×7cm。第3孔1号、2号、4号和5号拱肋广州侧拱脚处混凝土坑洞和蜂窝。边拱肋表面有水污染的痕迹，另外，桥梁防水层防水效果较差，发现全桥范围内均不同程度的渗水，混凝土表面被剥蚀的现象。

依据表1.5.1-1至表1.5.1-3，综合考虑环境影响因素，裂缝损伤的评定标度值取5，表观损伤（除裂缝）层离、剥落或露筋及掉棱或缺角；蜂窝麻面、表面侵蚀及表面沉积等评定标度值均取5。

（3）混凝土强度检测

规范规定：按批量进行检测的构件，抽检数量不得少于同批构件的30％且测区数量不得少于100个。2003年3月，质量监测站抽查了20个测区，不能满足规范规定的批量检测要求。本次补充检测针对主要构件，对缺损较严重及质量状况存在怀疑的部位进行强度补充检测。全桥补充强度检测共计96个测区，全部选取在主拱圈的拱肋上。测区分布情况见图1.5.6-6，计算的每个测点的混凝土强度推定值见表1.5.6-4。

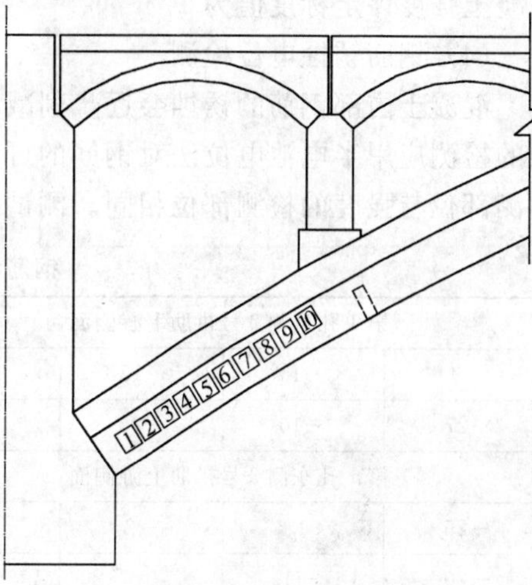

图1.5.6-6　肋回弹-超声强度测区示意图

大桥混凝土强度测试结果　　表1.5.6-4

测试部位	侧区数量	平均强度（MPa）	标准差S_n	推定强度（MPa）	混凝土标号
第1孔广州端2号拱肋	6	32.68	—	31.23	25
第1孔广州端3号拱肋	6	38.00	—	33.14	25
第1孔广州端4号拱肋	4	35.43	—	34.98	25
第1孔湛江端2号拱肋	4	31.47	—	28.97	25
第1孔湛江端3号拱肋	8	28.69	—	27.56	25
第1孔湛江端4号拱肋	6	30.11	—	28.43	25
第2孔广州端3号拱肋	6	28.09	—	26.39	25
第2孔广州端4号拱肋	12	25.26	—	24.17	25
第2孔湛江端2号拱肋	10	25.99	1.98	22.73	25
第2孔湛江端3号拱肋	4	31.76	—	29.29	25
第3孔广州端3号拱肋	4	30.48	—	29.86	25
第3孔广州端4号拱肋	4	26.59	—	25.66	25
第5孔湛江端3号拱肋	2	30.00	—	28.63	25
第6孔广州端4号拱肋	4	36.59	—	35.49	25
第9孔湛江端2号拱肋	8	38.38	—	30.57	25
第9孔湛江端4号拱肋	8	39.89	—	36.85	25
拱肋平均强度				29.62	

由表 1.5.6-4 可以看出，推定结构混凝土强度除第 2 号孔广州端 2 号拱肋和湛江端 3 号拱肋局部强度偏低外（比设计标准强度低，但大于 95%），其余结构物强度均满足设计要求。本次检测发现同类构件的混凝土强度值变异较小，匀质性较好。表 1.5.1-6，全桥拱肋混凝土强度评定标度值为 1。

（4）钢筋锈蚀电位检测

混凝土内部钢筋的锈蚀会逐步削减其工作截面，降低结构的承载能力及耐久性。钢筋锈蚀的检测应用半电池电位法对钢筋的可能锈蚀状况进行评定，每个测区内测取 1 个电位差，检测部位与强度的检测部位相同。测试结果见表 1.5.6-5。

钢筋锈蚀电位测试结果表　　表 1.5.6-5

第 1 孔东侧 2 号拱肋上游侧面				第 1 孔东侧 2 号拱肋下游侧面			
−9	−10	−13	−19	−22	−20	−25	−13
−27	−10	−22	−23	−21	−19	−17	−5
第 1 孔东侧 3 号拱肋上游侧面				第 1 孔东侧 3 号拱肋下游侧面			
−25	1	−2	−4	−3	−28	−18	−17
−20	−9	−7	−13	−4	−2	−20	−22
第 1 孔东侧 4 号拱肋上游侧面				第 1 孔东侧 4 号拱肋下游侧面			
−40	−41	−26	−43	−25	−37	−49	−17
−28	−22			−37	−47		
第 5 孔西侧 3 号拱肋上游侧面				第 5 孔西侧 3 号拱肋下游侧面			
−50	−78	−14	−24	−37	−41	−43	−42
第 6 孔东侧 4 号拱肋上游侧面				第 6 孔东侧 4 号拱肋下游侧面			
−76	−75	−30	−45	−73	−63	−90	−66
−38	−41			−67	−58		
第 9 孔西侧 2 号拱肋上游侧面				第 9 孔西侧 2 号拱肋下游侧面			
−11	−57	−33	−18	−34	−78	−40	−53
−12	−5	−40	−40	−57	−19	−43	−17
−22	−50			−39	−34		
第 9 孔西侧 4 号拱肋上游侧面				第 9 孔西侧 4 号拱肋下游侧面			
−30	−26	−9	−24	−10	−25	−16	−19
−16	−30	−24	−7	−12	−27	−33	−40
1	−14			−2	−10		

混凝土构件内钢筋的测试电位差值一般在 0～−200mV 之间，结合判定依据可知，钢筋锈基本没有发生锈蚀。按 1.5.1-8，拱肋钢筋锈蚀评定标度值可确定为 1。

（5）氯离子含量测定

混凝土中所含的氯化物能降低混凝土强度、破坏钢筋表层的钝化膜，加速钢筋锈蚀并容易产生坑蚀，当混凝土中氯离子含量较高时内部钢筋锈蚀的可能性及速率均较高。表 1.5.6-6 为不同深度的混凝土中氯离子的含量，图 1.5.6-7 为氯离子含量分布图。

混凝土中氯离子含量分析数据

表 1.5.6-6

位置	深度（cm）	氯离子含量（占混凝土重%）
西侧（9号）桥台	0.9	0.168
西侧（9号）桥台	1.9	0.091
西侧（9号）桥台	2.9	0.038
西侧（9号）桥台	4.7	0.368
第9孔5号拱肋西侧拱脚	0.7	0.336
第9孔5号拱肋西侧拱脚	1.7	0.547
第9孔5号拱肋西侧拱脚	2.7	0.470
第9孔5号拱肋西侧拱脚	4.2	0.119

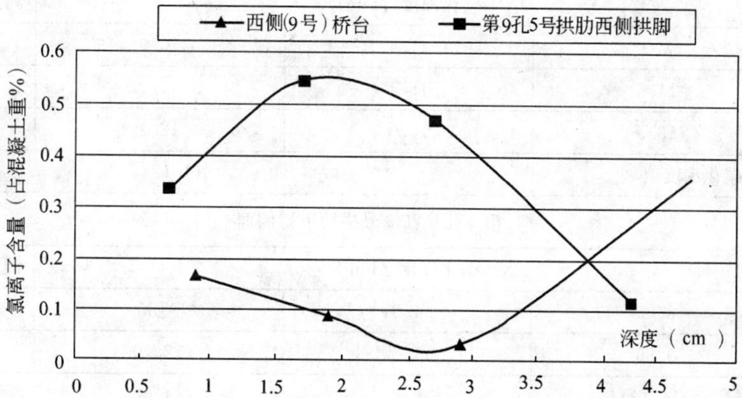

图 1.5.6-7 大桥混凝土中氯离子含量分布图

以钢筋处氯离子占水泥重量比来评估引起钢筋锈蚀的可能性，按表 1.5.1-9 桥台混凝土中氯离子含量在标度值为 2（即不能确定是否锈蚀），拱脚混凝土中氯离子含量在标度值为 3（即可能诱发钢筋锈蚀）。

（6）钢筋分布及保护层厚度检测

对构件的混凝土保护层厚度进行抽样检测，检测部位及测试值见表 1.5.6-7

混凝土保护层厚度测量

表 1.5.6-7

测试部位	测试点数 n	最小值（mm）	平均值（mm）	D_{ne}（mm）	D_{nd}（mm）	D_{ne}/D_{nd}
第9孔西侧2号拱肋下游侧面	6	25	29.9	23.87	36	0.66
第9孔西侧4号拱肋下游侧面	9	29	35.1	25.50	36	0.71
第9孔西侧2号拱肋下游侧面	6	18	20.5	15.17	36	0.42
第9孔西侧3号拱肋下游侧面	6	31	35.2	26.99	36	0.75
第9孔西侧4号拱肋上游侧面	8	30	34.5	20.66	36	0.57
第2孔东侧3号拱肋上游	10	21	26.4	17.04	36	0.47
第2孔东侧4号拱肋上游	8	28	31.7	27.10	36	0.75
第1孔西侧4号拱肋下游	11	24	32.5	21.82	36	0.61
第1孔西侧2号拱肋下游	11	18	21.9	14.29	36	0.40

检测部位的混凝土保护层厚度大多数符合设计要求，但相当一部分混凝土保护层厚度不足而造成样本的离散性大，进而对评定标度有较大的影响。检查发现部分拱肋混凝土露筋且外露钢筋锈蚀较严重图 1.5.6-3。

按表 1.5.1-10 拱肋混凝土保护层标度值为 3。在混凝土保护层厚度检测部位的同时检测了钢筋的分布情况，与设计比较，钢筋分布的间距偏差在 1～4cm 以内，多数符合要求。

(7) 混凝土碳化深度检测

测试时每被测物件选取 3 个测点，每个测点在不同位置量测 3 个测值，取其平均值，即为混凝土的碳化深度值。实测结构混凝土碳化部位与深度值见表 1.5.6-8。

混凝土构件碳化深度测试 表 1.5.6-8

第 1 孔湛江 5 号拱肋下游侧面				
点 号	碳化深度（mm）			测点平均深度（mm）
1	8.9	11.4	10.0	10.10
2	11.6	13.1	11.0	11.90
3	13.5	13.3	12.7	13.17
混凝土碳化深度值		11.72		
第 1 孔湛江 3 号拱肋下游侧面				
点 号	碳化深度（mm）			测点平均深度（mm）
1	8.05	14.31	9.80	10.72
2	9.95	11.80	12.70	11.48
3	14.40	8.60	14.30	12.43
混凝土碳化深度值		11.55		
第 9 孔湛江侧 5 号拱肋下游侧面				
点 号	碳化深度（mm）			测点平均深度（mm）
1	10.60	10.20	10.90	10.57
2	9.50	8.00	9.90	9.13
3	10.50	10.40	9.50	10.13
混凝土碳化深度值		9.99		
第 9 孔湛江侧 3 号拱肋上游侧面				
点 号	碳化深度（mm）			测点平均深度（mm）
1	15.30	13.60	12.20	13.70
2	8.10	10.40	7.80	8.77
3	9.40	10.40	8.00	9.27
混凝土碳化深度值		10.58		

测得的数据表明，主桥结构混凝土碳化深度接近 10～12mm，削弱了保护钢筋防锈蚀能力，但小于结构钢筋的保护层厚度。依据表 1.5.1-12，拱肋碳化深度标度值为 1。

四、结构耐久性综合评定

(1) 单一构件评价

将前面各项参数的评定标度值及权重值代入公式：

$$E_{单}=\delta\times\sum_{i=1}^{8}A_{i}a_{i}/\sum_{i=1}^{8}a_{i}=1.2\times(0.20\times5+0.07\times5+0.05\times5+0.05\times1+0.11\times1+0.15\times3+0.12\times3+0.20\times1)/(0.32+0.05+0.11+0.15+0.12+0.20)=3.499$$

按照表 1.5.1-2 的评定标准，$E_{单}=3.499$，构件耐久等级为 3，构件耐久性状况一般。

混凝土构件材质状况检测指标与耐久性指标推荐权重值　　　表 1.5.6-9

项　目		耐久性指标数 n	权 重 值 a_i		评定标度值 A_i
混凝土表观损伤 a_1	裂　缝	1	0.20	0.32	5
	层离、剥落或露筋、掉棱与缺角	2	0.07		5
	蜂窝麻面、表面侵蚀、表面沉积	3	0.05		5
混凝土强度 a_2		4	0.05		1
钢筋自然电位 a_3		5	0.11		1
氯离子含量 a_4		6	0.15		3
钢筋分布及保护层厚度 a_5		7	0.12		3
混凝土碳化深度 a_6		8	0.20		1
备　注	环境影响系数为 1.2				

(2) 结构综合评估

①桥台与基础与桥墩及其基础同，构件耐久等级取 4。

②桥墩与基础最大沉降发生在 7 号墩，比设计相对工程低 4cm，7 号墩的沉降比 8 号墩下沉多 1.9cm。

主要对 5 号墩～8 号墩的桩基（桩位排列图见图 1.5.6-8）进行检测，检测发现桩头缩径、混凝土表面坑槽、露筋、钢筋锈蚀严重等现象。具体如下：

全部桩头混凝土普遍出现坑槽、蜂窝、露筋等缺陷，见图 1.5.6-9；大部分桩头露筋，钢筋锈蚀严重。8 号墩 5 号桩箍筋外露，锈蚀严重。7 号墩 8 号桩桩头混凝土脱空近 30%，空洞深达 10cm，桩头部分主筋完全外露且锈蚀严重，见图 1.5.6-10。其主要原因是混凝土搅拌不均匀，加上水流冲刷、潮汐和水中有害离子的侵蚀，是钢筋锈蚀，诱发混凝土胀裂，从而使桩头严重破坏。部分桩头存在缩径、桩头变形。如 6 号墩 6 号桩和 5 号墩 11 号桩桩头变形，见图 1.5.6-11。由于水流冲刷、水蚀和潮汐作用，待凿开桩头混凝土表层后，发现其混凝土呈黄土色，说明桩头混凝土腐蚀严重，见图 1.5.6-12。故构件耐久等级取 4。

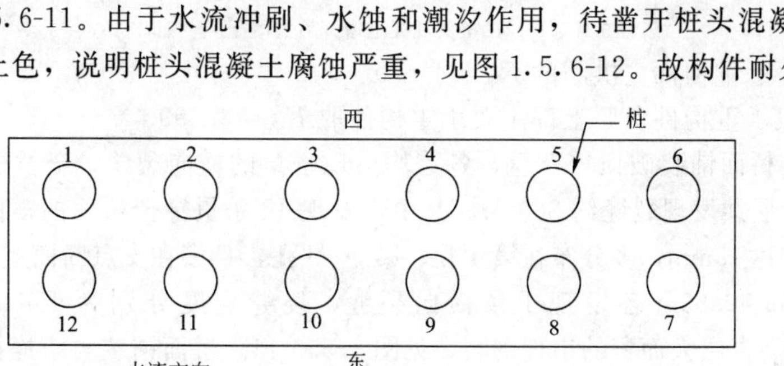

图 1.5.6-8　墩桩位排列图

图 1.5.6-9　桩头坑槽、露筋照片

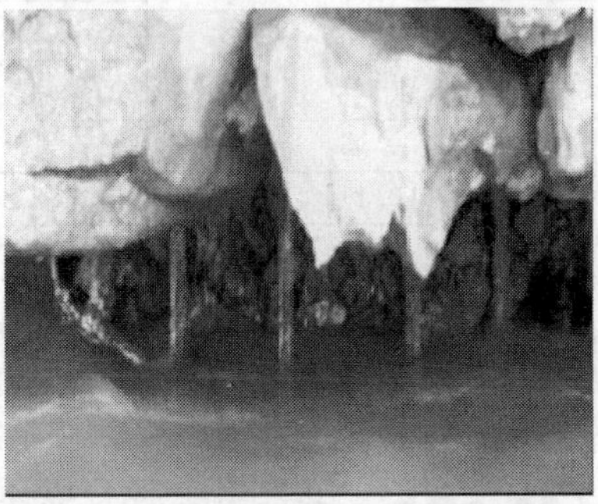

图 1.5.6-10　桩头混凝土掏空、露筋照片

图 1.5.6-11　桩头缩径、变形照片

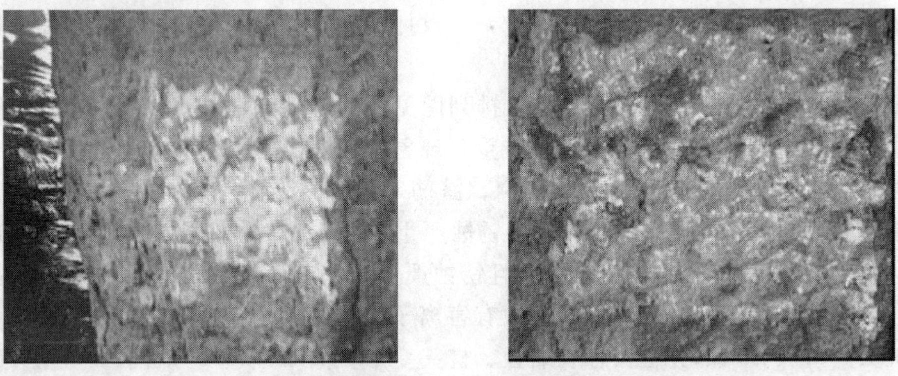

图 1.5.6-12　桩头混凝土凿开后混凝土颜色照片

③上部主要承重构件主拱圈的 $E_{单}=3.499$

④上部一般承重构件参照上部主要承重构件取 $E_{单}=3.499$

⑤桥面铺装桥面铺装破损较严重，各跨均出现密集的横向裂缝，全桥桥面铺装均发生网裂。全桥沥青面层共发现裂缝约 880 条。其中，发现 42 条贯穿全桥面的横向裂缝，这些裂缝宽度较大，最大达 15mm，多分布在第 4 孔、第 7～9 孔，且多在支点断面上。如第 1 号墩顶位置 $x=47.22$m 和 49.93m 各发现 1 条横向裂缝，裂缝宽度分别为 15mm 和 10mm，见图 1.5.6-13。全桥沥青层大面积的出现网裂，见图 1.5.6-14。桥面铺装与防撞护栏连接处出现纵向裂缝，见图 1.5.6-15。全桥桥面存在较严重的坑槽、沥青露筋、车辙和拥包现象。

全桥共发现表现相当严重的病害有坑槽 20 处、沥青露筋 41 处和拥包 11 处，上述严重病害面积达 94.2m²，占全桥面积的 3.27%，加上表现较轻微的病害，其病害面积将达到 15%。在距广州侧桥梁起点 9.17m、170.85m 和距湛江侧桥梁终点 0.5m 处的拥包最严重，拥包高度分别为 7.5cm、6.5cm 和 8.0cm。中间车道在全桥范围内均出现明显车辙，其深度达 7cm。露筋见图 1.5.6-16，拥包见图 1.5.6-17。

桥面排水不畅，绝大部分泄水孔已堵塞。桥面按双向 1.5%的横坡双向排水，桥面因养护不勤，存在较多垃圾、泥土污物等，导致泄水孔堵塞，使桥面排水不畅，加上桥面铺装层的坑槽等，下雨天桥面积水严重，从而使桥面渗水严重。

综上所述，构件耐久等级取 4。

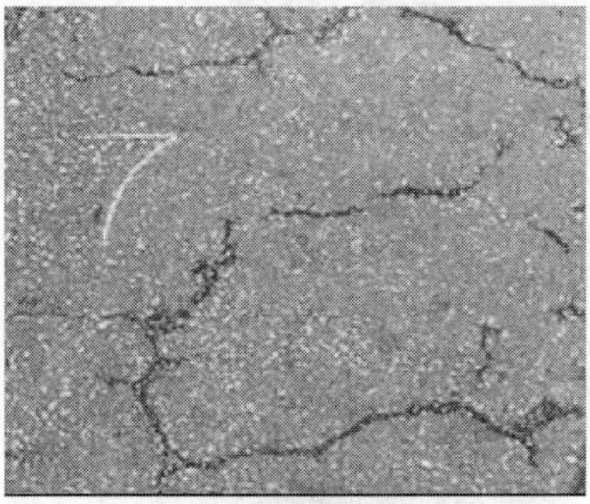

图 1.5.6-13　沥青面层网裂照片

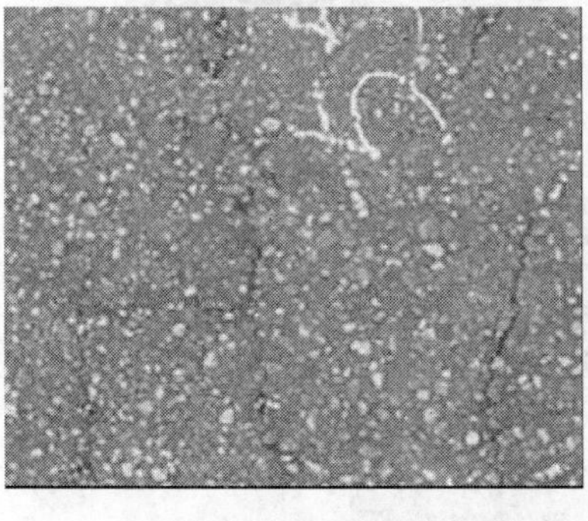

图 1.5.6-14　桥面沥青层通长横向裂缝照片

图 1.5.6-15　与护栏连接处的纵向裂缝照片

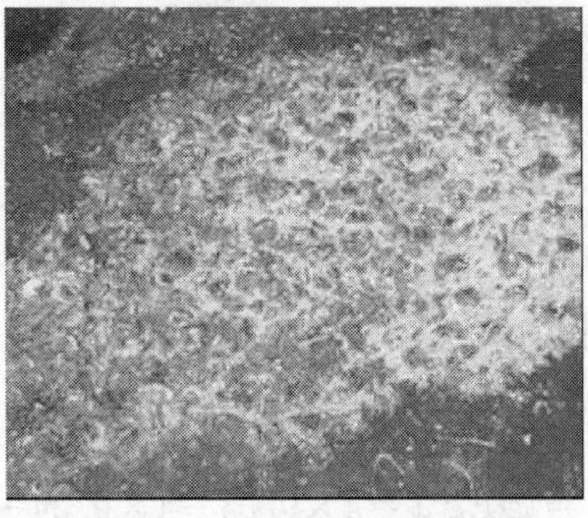

图 1.5.6-16　沥青面层露骨照片

图 1.5.6-17　沥青面层拥包照片

⑥人行道承重构件人行道有一定程度的破损，构件耐久等级取 4。

⑦栏杆或防撞墙如图 1.5.6-18～1.5.6-19 栏杆缺损程度严重，构件耐久等级取 4。

图 1.5.6-18　栏杆丢失、错台

图 1.5.6-19　栏杆立柱混凝土开裂

结构的耐久性综合评价以组成该结构的各类构件的耐久性评定结果为依据，综合考虑各类构件的权重系数，将各构件代入公式可得：

$$E_{总}=\sum_{j=1}^{m}E_{单j}a_{j}=4\times0.23+4\times0.24+3.499\times0.26+3.499\times0.12+4\times0.02+4\times0.05+4\times0.01=3.530$$

$E_{总}=3.530$，$3 \leqslant E_{总}<4$，结构耐久等级评定标度为 3，结构整体耐久性状况为一般。

推荐的混凝土桥梁各构（部）件权重值及构件耐久等级汇总表见表 1.5.6-10。

推荐的混凝土桥梁各构（部）件权重值及构件耐久等级汇总表　　表 1.5.6-10

构（部）件	名　称	推荐权重 a_i	构件耐久等级
1	桥台与基础	0.23	4
2	桥墩与基础	0.24	4
3	上部主要承重构件	0.26	3.499
4	上部一般承重构件	0.12	3.499
5	桥面铺装	0.02	4
6	人行道承重构件	0.05	4
7	栏杆或防撞墙	0.01	4
备　注	当评定标度值为“1”时，表示好的状态，或表示没有设置的构造部件，不再进行叠加		

§5.7　钢筋混凝土板拱桥

一、桥梁概况与检测目的

该桥上部为 16 孔净跨 10m 的整体式现浇钢筋混凝土空心板拱桥，矢跨比为 1/25；下部为钢筋混凝土钻孔桩基础，单排双柱墩身，该桥全长 180.88m，桥面净宽 7m。设计荷载为汽－13，拖－60。

该桥自交付使用以来，由于这种桥型设计理论的缺陷，营运荷载不断增大等因素的影响，结构出现了较为严重的损伤。另外，本桥地处寒冷地区的内陆，属温带大陆性气候，温差较大。受以上因素影响，桥梁病害发展日益严重主要表现在：两端桥台发生剪切变位，石砌前侧墙出现了较多的缝宽在 0.4～5mm 之间的水平剪切缝；盖梁混凝土退化，局部压劈严重，有相当多的盖梁跨中出现了最大缝宽为 2mm 的竖向裂缝；双柱墩身在邻近盖梁处普遍存在缝宽为 0.4～0.6mm 的环向裂缝。板底跨中部位出现了最大缝宽为 3mm 的纵向裂缝，部分纵缝有渗水和钢筋锈蚀迹象，病害已经严重的影响了交通运输的安全和行车的舒适。在 1986 年至 1988 年的三次年检中，发现了上述病害还在继续不断的发展，鉴于此，把此桥列为危桥，准备进行加固处理，并委托交通部公路科学研究所对此桥进行进一步的质量检测。

二、检测结果与评定

（1）桥梁所处环境条件影响的分级

按照表 1.5.7-1 中所列指标，该桥地处寒冷地区的内陆，属温带大陆性气候，环境类别应属Ⅰ级，环境影响系数 1.4。

推荐桥梁所处环境条件影响的分级评定标准 表 1.5.7-1

环境类别	环境条件		环境影响系数
I 可忽略	非寒冷或寒冷地区的大气环境，水或土壤无侵蚀性；干燥环境；风环境	内陆干旱地区	1.0
II 轻微	严寒地区的大气环境；潮湿	不直接受日晒、雨淋或风蚀的构件；水下构件	1.1
III 中度	内陆潮湿气候；干湿交替	一般环境，受日晒、雨淋或风蚀的构件；靠近地表受地下水影响的构件	1.2
IV 严重	酸雨或沿海环境；接触除冰盐构件	沿海盐雾地区；酸雨或盐碱环境	1.3
V 恶劣	干湿交替，有侵蚀性水、气体或土壤；高度水饱和并受冻融循环	海水浪溅、潮差区	1.4

(2) 裂缝深度的测定

主要对拱板板底的纵向裂缝和双柱墩身上的环向裂缝的深度进行了超声擦伤检测。由于被测结构断面很大，裂缝均为开口垂直裂缝，故采用了平测法探测，其探测与判断方式为两种方式的综合。

从检测情况来看，所有拱板板底的纵向裂缝均为贯通缝，即纵缝已裂至桥面铺装层顶面。实测的双柱墩身环向裂缝的深度示于表 1.5.7-2 中。

表 1.5.7-2 可见，1 号墩下游侧柱、2 号墩上游侧柱和 3 号墩下游侧柱的环向裂缝为表面浅缝，最大缝深小于其保护层厚度；其余裂缝的最大缝深均超过其保护层厚度，其中以 15 号墩上游侧柱的环向裂缝为最深，约 15.3cm。显然，这些裂缝的存在对柱内钢筋构成了潜在的威胁，会降低双柱墩身的耐久性和承受水平荷载的能力。

双柱墩身环向裂缝的深度表 表 1.5.7-2

墩身部位	裂缝宽度 b (mm)				声程 (cm)	超声声速平均值	裂缝深度 C (cm)			
	b_A	b_B	b_C	$\bar{b}$		$\bar{V}$ (m/S)	C_A	C_B	C_C	$\bar{C}$
a			0.76		30	3074.24			2.82	
b	0.14	0.18	0.13	0.15		3469.89	7.04	5.30	5.80	6.05
c		0.16				3686.22		3.60		
d	0.39	0.30	0.31	0.33		3293.33	3.33		2.61	2.97
e	0.18	0.13	0.19	0.17		3517.08	3.18	1.53	6.41	3.71
f	0.15					2994.66	9.17			
g	0.34	0.30		0.32		3088.67	12.02	5.08		8.55
h		0.22				3720.49		15.31		
i	0.18					3672.42	8.28			
备注	1. b_A、b_B、b_C、c_A、c_B、c_C、分别代表测量部位 *A*、*B*、*C* 处裂缝的宽度和深度； 2. $\bar{b}$、$\bar{c}$ 表示裂缝的平均测量宽度和深度									

依据表 1.5.1-1 至表 1.5.1-3，综合考虑环境影响因素，裂缝损伤的评定标度值取 5，表观损伤（除裂缝）层离、剥落或露筋及掉棱或缺角；蜂窝麻面、表面侵蚀及表面沉积等评定标度值均取 5。

(3) 混凝土强度测定

混凝土强度的"超声-回弹"测区布设在 T 梁腹板。根据 1988 年年检结果，从口岸起 1～4孔拱板板底和 2 号、5 号盖梁的选定测区内，用"回弹-超声"综合法进行了板（梁）体混凝土强度的检测。由于拱板只有一个可测面，测区内节点的超声声速是由平测法得到的。尽管超声平测法只能反映表层混凝土的质量而不能反映其内部构造，但其能确切地反映混凝土的弹性，当用平测法测得的经适梁修正后的声速 C 与回弹值 N 综合后，能消除原来影响单一指标的 R-C 与 R-N 关系（R 为混凝土强度）的许多因素，并使得许多因素的影响再不像单一指标时那样显著，所以，用平测法测得的声速 C 来近似代替穿透法测得的声速 C_1 与回弹值 N 合理综合评定强度要比单一指标的 R-N 或 R-C 评定强度略为可靠些。这就是对拱板混凝土强度仍采用综合法测定的主要原因。

考虑到该桥无技术资料，建立专用的综合法评定曲线困难较大，因此，在进行其强度评定时，采用了中国建筑科学研究院基于北京、上海、山西等 22 个省、市、自治区资料所建立的碎石通用基准曲线。为了消除由于地区材料性质的差异所扩大的测试误差，依据该地区常用的材料性质，对测试结果进行了两方法的修正，一是直接对强度修正，二是对测试参数修正。

各测区的混凝土强度综合评定结果见表 1.5.7-3。

混凝土强度汇总表　　表 1.5.7-3

孔　号	盖梁号	拱板号	测　区	混凝土强度		推定强度匀质系数 K_{bt}
				推定值 Rp（MPa）	设计值 Rd（MPa）	
1		1	A	23.2	20	1.16
2		2		22.3	20	1.12
3		3		20.0	20	1.00
4		4	A	20.6	20	1.03
2	2		A	29.9	20	1.50
			B	29.4	20	1.47
5	5			29.9	20	1.50

评定时取混凝土强度的实测值，其推定强度在 20.0～29.9 之间，推定强度均匀系数在 1.03～1.50 之间，依据表 1.5.1-6，推定强度均匀系数 K_{bt} 最小为 1，强度耐久性影响系数取 1。强度状态属于良好的状态。

(4) 钢筋锈蚀电位测定

钢筋锈蚀状况

在检测前的巡视检查中，发现部分拱板板底纵缝附近混凝土表面有锈斑，流膏和渗水现象，所有盖梁外露的钢筋表面均有锈迹，部分盖梁局部有严重的水蚀和流膏吸付以及有因钢筋锈蚀而引起的起层，为了详细地弄清构件内钢筋的锈蚀情况，选择了具有代表性的部位进行了混凝土电阻率和自然电位测量。

该方法是通过测量钢筋的自然电位来评定钢筋锈蚀可能性或锈蚀活动性。实测的各测区混凝土表面自然电位值最高为331mV。相对于混凝土中的钢筋锈蚀电位标准（表1.5.1-8所列）作出判断，钢筋锈蚀评定标度为5，锈蚀活动性较强，严重锈蚀可能性极大。

值得指出的是，6号墩上水侧单柱测区内的自然电位值虽然较大，但从暴露的钢筋情况来看，其内钢筋并未锈蚀，这主要是由于墩柱测区距地面较近，地面杂散电流影响较大，使电位正向变化显著的缘故。

(5) 结构混凝土氯离子含量测定

在2号孔拱板上水侧面和2号盖梁一侧面，用钻孔取粉未法取得了一定的混凝土粉未样品，并在试验室用Quantab-strips法对样品进行了氯离子含量分析，盖梁中氯离子含量在0.4%～0.7%之间，超过了作为引起钢筋锈蚀的临界值0.4%，根据表1.5.1-9可知氯离子含量的评定标度值为3，有可能诱发钢筋锈蚀。

(6) 混凝土碳化深度检测

在1号～4号孔拱板板底暴露钢筋部位，2号孔拱板上游侧钻取粉未部位和2号盖梁平鲁城侧面钻取粉末部位实测的碳化深度见表1.5.7-4。为便于比较分析，表1.5.7-4中也列出了量测部位处的混凝土净保护层厚度。由表1.5.7-12可见，拱板板底的碳化深度为其保护层厚度的0.72以下，故其评定标度值为1。盖梁侧面混凝土碳化深度与其保护层厚度的之比为1.07，故其评定标度值为4。

碳化深度及钢筋保护层厚度检测表 表1.5.7-4

拱板	盖梁	测试部位	碳化深度（mm）	净保护层厚度（mm）	碳化深度/保护层厚度
1号		底面	17	25	0.68
2号		底面	18	25	0.72
3号		底面	19	40	0.48
4号		底面	17	29	0.59
	2号	南侧	16	15	1.07
2号		上水侧面	17	—	

(7) 混凝土电阻率测定

实测了各测区混凝土电阻率值，拱板板底纵缝附近混凝土电阻率较其他部分偏低很多，电阻率值最小为12 000Ω·cm，总体看来，盖梁混凝土电阻率较拱板板底要低一些。混凝土电阻率大小取决于其中氯离子的含量和湿度，混凝土电阴率越低，钢筋锈蚀活化的可能性越大，电阻率增高，锈蚀电流会明显减弱。但是，与锈蚀活动性相关的电阻率判读标准迄今还未能得到一致的公认。根据表1.5.1-14得到电阻率的评定标度为3，一般。

(8) 拱板板底保护层厚度的测定

1号～4号孔拱板底测区内的实际保护层厚度见表1.5.7-5。除因条状木制底模内侧不平造成局部保护层厚度略显偏小为0.87外，根据表1.5.1-10评定标度值为2，有轻度影响，其余各测区的实测保护层厚度特征值 D_{ne} 与其设计值 D_{nd} 的比值>0.95，评定标度值为1，影响不显著，基本上符合设计要求。

拱板底测区的实际保护层厚度　　表 1.5.7-5

板　号	测　区	保护层厚度（mm）				$\frac{D_{ne}}{D_{nd}}$
		最大值 H_{max}	最小值 H_{min}	平均值 H	设计值	
1	A	29	16	23.9	25	0.96
2		28	15	21.8	25	0.87
3		55	25	32.5	25	1.3
4	A	49	20	33.7	25	1.35

三、结构耐久性综合评定

（1）单一构件评价

混凝土单一构件的耐久性评定标准如表 1.5.7-6 所列。

混凝土构件材质状况检测指标与耐久性指标推荐权重值　　表 1.5.7-6

项　目		耐久性指标数 n	权重值 a_i		评定标度值 A_i
混凝土表观损伤 a_1	裂　缝	1	0.20	0.32	5
	层离、剥落或露筋、掉棱与缺角	2	0.07		5
	蜂窝麻面、表面侵蚀、表面沉积	3	0.05		5
混凝土强度 a_2		4	0.05		1
钢筋自然电位 a_3		5	0.11		5
氯离子含量 a_4		6	0.15		3
钢筋分布及保护层厚度 a_5		7	0.12		2
混凝土碳化深度 a_6		8	0.20		4
混凝土电阻率 a_7		9	0.05		3
备　注	环境影响系数为 1.4				

将前面各项参数的评定标度值及权重值代入公式：

$$E_{单}=\delta\times\sum_{i=1}^{n}A_i a_i=1.4\times(0.20\times5+0.07\times5+0.05\times5+0.05\times1+0.11\times5+0.15\times3+0.12\times2+0.20\times4+0.05\times3)=5.376$$

按照表 1.5.1-16 的评定标准，$E_{单}=5.376$，构件耐久等级为 1，构件耐久性状况为很差，见表 1.5.7-7。

混凝土单一构件的耐久性评定标准　　表 1.5.7-7

$E_{单}$ 范围	$0.7\leqslant E_{单}<2$	$2\leqslant E_{单}<3$	$3\leqslant E_{单}<4$	$4\leqslant E_{单}<5$	$E_{单}\geqslant5$
构件耐久等级	5	4	3	2	1
构件耐久性状况	完好	较好	一般	较差	很差

（2）结构综合评估

①桥台与基础两端桥台发生剪切变位，石砌前侧墙出现了较多的缝宽在 0.4～5mm 之

间的水平剪切缝。构件耐久等级取5。

②桥墩与基础双柱墩身在邻近盖梁处普遍存在缝宽为0.4～0.6mm的环向裂缝。1号墩下游侧柱、2号墩上游侧柱和3号墩下游侧柱的环向裂缝为表面浅缝，最大缝深小于其保护层厚度；其余裂缝的最大缝深均超过其保护层厚度，其中以15号墩上水游柱的环向裂缝为最深，约15.3cm。显然，这些裂缝的存在对柱内钢筋构成了潜在的威胁，会降低双柱墩身的耐久性和承受水平荷载的能力。构件耐久等级取5。

③上部主要承重构件上部主要承重构件主拱圈耐久等级取5.376。

④上部一般承重构件盖梁混凝土退化，局部压劈严重，有相当多的盖梁跨中出现了最大缝宽为2mm的竖向裂缝。参照上部主要承重构件主拱圈耐久等级取5.376。

⑤桥面铺装桥面铺装严重损坏，表面有大量凹槽，伸缩缝全部失效，伸缩缝处桥面破损严重，行车舒适性很差，行车通过时有明显的跳车冲击现象。泄水管完全堵死。构件耐久等级取5。

⑥人行道承重构件人行道板破损严重，10%以上开裂、破碎。构件耐久等级取5。

⑦栏杆或防撞墙栏杆10%以上破损严重，有几处已完全断裂缺失。构件耐久等级取5。

推荐的混凝土桥梁各构（部）件权重值及构件耐久等级汇总表 表1.5.7-8

构（部）件	名称	推荐权重 a_i	构件耐久等级
1	桥台与基础	0.23	5
2	桥墩与基础	0.24	5
3	上部主要承重构件	0.26	5.376
4	上部一般承重构件	0.12	5.376
5	桥面铺装	0.02	5
6	人行道承重构件	0.05	5
7	栏杆或防撞墙	0.01	5
备注	当评定标度值为“1”时，表示好的状态，或表示没有设置的构造部件，不再进行叠加		

结构的耐久性综合评价以组成该结构的各类构件的耐久性评定结果为依据，见表1.5.7-8。综合考虑各类构件的权重系数，将各构件代入公式可得：

$$E_{总}=\sum_{j=1}^{m}E_{单j}a_j=5\times0.23+5\times0.24+5.376\times0.26+5.376\times0.12+5\times0.02+5\times0.05+5\times0.01=4.79$$

$E_{总}=4.79$，$4\leqslant E_{总}<5$，结构耐久等级评定标度为2，结构整体耐久性状况较差。

推荐的混凝土桥梁各构（部）件权重值及构件耐久等级汇总表见表1.5.7-8。

§5.8 装配式钢筋混凝土连续板梁桥

一、桥梁概况及检测目的

该桥位于青海省境内，原设计结构形式为16孔11.4m的装配式钢筋混凝土连续板梁桥，全桥共长182.4m，桥面全宽为净7加2×0.25m安全带，原设计荷载为汽—13级，挂—60。该桥于1973年建成通车，该段公路将要改建为二级路，相应的荷载等级需提高至汽

—20 级、挂—100，同时桥面需加宽至净 9m 加 2×0.75m 人行道。该桥经过近三十年的营运后经检查在桥面板和桥墩盖梁上发现有裂缝，刚察岸边孔柱身有裂缝产生。对该桥进行质量检测和对裂缝进行了观测，经过现场检测及调查核实确认该桥实际施工与设计有一定出入，主要是桥面板改为整体连续板，主筋数量没有变化，因此根据检测结果对该桥进行了验算，认为该桥主要结构经加固后仍可继续运营。

二、检测项目

包括表观损伤检测、混凝土强度检测、钢筋锈蚀电位检测、氯离子含量测定、钢筋分布及保护层厚度检测、混凝土碳化深度检测、混凝土电阻率测试。

三、检测结果与评定

(1) 桥梁所处环境条件影响的分级

该桥为青海省察哈段的一座桥梁，按照表 1.5.1-1 中所列指标，属严寒潮湿环境，环境类别应属Ⅱ级，环境影响系数 1.1。

(2) 表观损伤检测

大多数盖梁受水侵蚀，西宁侧起第 5、8、9、11、12 号盖梁表层混凝土剥落，局部被压碎；盖梁各部位存有不规则分布的竖向裂缝，缝宽一般小于 0.2mm；墩身多有环状裂缝，蜂窝麻面严重；桥面板两侧受水侵蚀严重，个别两端混凝土被压碎；底板存在大量横向裂缝，约 15cm 一条，缝宽较小，一般在 0.1mm 左右；底板边缘裂缝处渗出乳白色膏状物质。根据观测，桥面板均有不同程度的下挠，可以看出，跨中下挠最大约 5cm 左右（第 6 号孔），一般在 2cm 左右。依据表 1.5.1-1 至表 1.5.1-3，综合考虑环境影响因素，裂缝损伤的评定标度值取 5，表观损伤（除裂缝）层离、剥落或露筋及掉棱或缺角；蜂窝麻面、表面侵蚀及表面沉积等评定标度值均取 5。

(3) 混凝土强度检测

通过对现场检测数据的计算，确定的桥跨结构各测位“超声-回弹”综合法混凝土强度推定值列于表 1.5.8-1 中。

主梁混凝土强度汇总表 表 1.5.8-1

测位	平均强度值（MPa）	平均强度匀质系数 K_{bm}	推定强度值（MPa）	推定强度匀质系数 K_{bt}
9-1	22.62	0.90	18.75	0.75
9-2	21.17	0.85	16.57	0.66
9-3	21.38	0.86	18.18	0.73
10-1	24.38	0.98	19.39	0.78
9 盖梁	18.38	0.74	13.09	0.52

评定时考虑到边梁裂缝较多，外观质量很差，不能真实反应受压区混凝土强度状况。因此强度状态评定时取各中梁的实测值，其平均强度在 18.38～24.38 之间，平均强度均匀系数在 0.74～0.98 之间，推定强度在 13.09～19.39 之间，推定强度均匀系数在 0.52～0.78 之间，依据表 1.5.1-6，推定强度均匀系数 K_{bt} 最小为 0.52，强度耐久性影响系数取 5。强度状态属于很差的状态。

(4) 钢筋锈蚀电位检测

相对于混凝土中的钢筋锈蚀电位标准（表 1.5.1-8 所列）作出判断，4 号孔 1 号梁非胀裂区钢筋锈蚀电位在－200～－300mV 之间，有锈蚀活动性，但锈蚀状态不确定，可能坑蚀，4 号孔 2 号梁钢筋锈蚀电位在－400～－500mV 之间，锈蚀活动性强，严重锈蚀可能性极大。4 号孔 3 号梁在－300～－400mV 之间，锈蚀活动性较强，发生锈蚀概率大于 90%，见表 1.5.8-2。依据表 1.5.1-8，1 号梁非胀裂区钢筋锈蚀电位在－400～－500mV 之间，锈蚀活化程度的评定标度值取 4。

(5) 氯离子含量测定

实测混凝土中的氯离子含量＜0.15%，诱发钢筋锈蚀的可能性很小，根据表 1.5.1-9，氯离子含量的评定标度值取 1。

钢筋锈蚀电位实测值汇总表 表 1.5.8-2

3 号墩下游侧柱	89	71	78	82	67	64	69
	77	102	83	82	74	72	87
3 号盖梁	43	19	－3	5	40	－21	46
	56	15	0	4	22	－37	－2
	－9	－168	－4	12	－39	－11	11
	－30	－53	16	－29	－96	－17	－22
	49	14	43	12	74	28	26
4 号孔 3 号梁	－337	－285	－278	－267	－286	－310	－197
	－186	－199	－192	－187	－208	－215	－237
	－306	－288	－366	－318	－327	－344	－360
	－189	－206	－213	－230	－253	－282	－310
	－153	－170	－176	－189	－202	－228	－250
4 号孔 2 号梁	－228	－205	－193	－162	－168	－144	－116
	－312	－245	－239	－300	－278	－266	－234
	－260	－239	－278	－279	－281	－269	－263
	－325	－335	－397	－341	－387	－419	－380
	－190	－204	－217	－213	－238	－232	－214
4 号孔 1 号梁	－208	－203	－215	－214	－187	－198	－226
	－153	－162	－200	－201	－212	－191	－183
	－138	－177	－177	－163	－166	－181	－154
	－146	－160	－162	－187	－208	－173	－166
	－148	－159	－168	－170	－156	－144	－145

(6) 混凝土碳化深度检测

混凝土碳化深度实测值汇总表 表 1.5.8-3

序 号	位 置	碳 化 深 度 (mm)
1	9 号孔上游方向北侧支座附近	17.0
2	9 号孔下游方向南侧支座附近	16.8
3	9 号孔跨中	17.0

实测的桥跨结构混凝土碳化深度值列于表 1.5.8-3 中。依据表 1.5.1-12，碳化深度对钢筋锈蚀的耐久性影响系数取 1。

(7) 混凝土电阻率测试

实测混凝土电阻率大多在 10 000～15 000Ω·cm 之间，评定标度值为 3。根据表 1.5.1-14 判定，可能会导致钢筋的锈蚀速度一般。

四、结构耐久性综合评定

(1) 单一构件评价

将前面各项参数的评定标度值及权重值（见表 1.5.8-4）代入公式：

$$E_{单}=\delta\times\sum_{i=1}^{n}A_i a_i=1.1\times(0.20\times5+0.07\times5+0.05\times5+0.05\times5+0.11\times4+0.15\times4+0.20\times1+0.05\times3)=3.564$$

按照表 1.5.1-2 的评定标准，$3<E_{单}=3.564<4$，构件耐久等级为 3，构件耐久性状况一般。

混凝土构件材质状况检测指标与耐久性指标推荐权重值 表 1.5.8-4

项目		耐久性指标数 n	权重值 a_i		评定标度值 A_i
混凝土表观损伤 a_1	裂缝	1	0.20	0.32	5
	层离、剥落或露筋、掉棱与缺角	2	0.07		5
	蜂窝麻面、表面侵蚀、表面沉积	3	0.05		5
混凝土强度 a_2		4	0.05		5
钢筋自然电位 a_3		5	0.11		4
氯离子含量 a_4		6	0.15		3
混凝土碳化深度 a_6		7	0.20		1
混凝土电阻率 a_7		8	0.05		3
备注	环境影响系数为 1.1				

(2) 结构综合评估

①桥台、桥墩与基础墩身多有环状裂缝，蜂窝麻面严重；耐久等级均取 3。

②上部主要承重构件参照对主梁的单一构件评价结果。构件耐久等级取 3.564。

③上部一般承重构件大多数盖梁受水侵蚀，西宁侧起第 5、8、9、11、12 号盖梁表层混凝土剥落，局部被压碎；盖梁各部位存有不规则分布的竖向裂缝，缝宽一般小于 0.2mm；参照对主梁的单一构件评价结果。构件耐久等级取 3.564。

④桥面铺装桥面铺装多呈不规则网状开裂，裂缝宽度在 0.15～0.3mm 之间，在每个桥面连续处 1.5 米范围内有 3～4 条横桥向裂缝，宽度达 1mm；桥面中部磨光严重，骨料外露；伸缩缝完全被杂物填充，两侧桥面横向开裂，并有不同程度的混凝土破碎；桥头有跳车现象。构件耐久等级取 4。

⑤人行道承重构件桥面护轮带两侧泥沙堆积，泄水孔位置较高，排水不畅；护轮带与桥面连接处开裂严重，渗水，致使桥面板侧面受水侵蚀构件耐久等级取 4。

⑥栏杆或防撞墙全桥桥面栏杆较完整，构件耐久等级取 1。

结构的耐久性综合评价以组成该结构的各类构件的耐久性评定结果（见表为 1.5.8-5）依据，综合考虑各类构件的权重系数，将各构件代入公式可得：

$$E_{总}=\sum_{j=1}^{n}E_{单j}a_{j}=3\times0.23+3\times0.24+3.564\times0.26+3.564\times0.12+4\times0.02+4\times0.05+1\times0.01=3.05$$

$E_{总}=3.05$，$3\leqslant E_{总}<4$，结构耐久等级评定标度为 3，结构整体耐久性状况一般。

推荐的混凝土桥梁各构（部）件权重值及构件耐久等级汇总表见表 1.5.8-5。

推荐的混凝土桥梁各构（部）件权重值及构件耐久等级汇总表 表 1.5.8-5

构（部）件	名称	推荐权重 a_i	构件耐久等级
1	桥台与基础	0.23	3
2	桥墩与基础	0.24	3
3	上部主要承重构件	0.26	3.564
4	上部一般承重构件	0.12	3.564
5	桥面铺装	0.02	4
6	人行道承重构件	0.05	4
7	栏杆或防撞墙	0.01	1
备注	当评定标度值为“1”时，表示好的状态，或表示没有设置的构造部件，不再进行叠加		

§5.9 连续刚构桥

一、桥梁概况

该桥为预应力混凝土连续刚构桥，跨径布置为150m＋270m＋150m。设计荷载为汽车－超 20 级，挂车－120；地震基本烈度为 7 度；桥面宽：(0.5＋14.25＋0.25) m＋1.0m＋(0.5＋14.25＋0.25) m＝31m；设计车速：120km/h。

该桥连续刚构上部结构为三向预应力单箱单室形式，箱梁混凝土为原 50 号，纵向、横向预应力采用 ASTMA416－87a270 钢绞线，竖向预应力采用 Φ32 精轧螺纹钢，普通钢筋采用 I 级钢筋和 II 级钢筋，钢板采用 A3 钢。上部按平面杆系分析，考虑了桩墩的刚度影响。箱梁底下缘及底板上缘均按二次抛物线变化；三跨连续刚构中仅在两个 0 号梁段中各设置 4 道横向贯通横隔板，两个单桥在 0 号梁端处连成整体。箱梁单 T 施工采用挂篮悬臂对称浇筑，两端边跨现浇段在落地支架上一次连续浇筑完成。

2003 年在对该桥养护检查时，发现箱梁腹板和底板开裂，主要表现为：①两边跨和中跨 $L/4$ 附近箱梁腹板有少量斜向裂缝；②中跨跨中附近箱梁腹板竖向开裂、底板横向开裂，且部分腹板竖向裂缝和底板横向裂缝连通成“U”形。2002 年实测的箱梁中跨跨中最大累计下挠量（与 1997 年 12 月相比较）为 19.27cm，而设计的最大徐变挠度为 11.2cm，实测挠度已远大于理论计算的徐变挠度。

二、检测结果与评定

（1）桥梁所处环境条件影响的分级

按照表 1.5.1-1 中所列指标，该桥地处温热沿海地区，环境类别为Ⅳ，环境影响系数为 1.3。

（2）结构表观缺损状况检测

①箱梁结构开裂情况调查由于条件所限，裂缝检查主要针对上、下游两幅箱梁内表面、上游幅箱梁上游腹板外表面、下游幅箱梁下游腹板外表面以及跨中区段箱梁底板外表面进行，从检查结果来看，上下游两幅桥发现裂缝总量、裂缝总长度比较接近，但上游幅箱梁斜向、竖向受力裂缝较下游多。检查汇总结果如表 1.5.9-1。

箱梁腹板裂缝统计表　　表 1.5.9-1

项目＼位置		上游		下游		合计
		箱内	箱外	箱内	箱外	
裂缝总数		172	108	160	128	568
裂缝总长度（m）		223.22	179.8	233.54	197.17	833.73
宽度（mm）	＜0.2	166	84	153	114	517
	0.2～0.5	6	8	5	0	19
	＞0.5	0	0	2	1	3
腹板裂缝走向	竖向	7	18	6	4	35
	横向	26	32	52	51	161
	斜向	139	42	102	60	343
底板横向		0	16	0	13	29

箱梁开裂主要表现在三个方面：一是中跨跨中附近箱梁底板下表面的横向开裂和腹板的竖向裂缝；二是四分点附近位置和靠近 0 号块附近的腹板的斜向裂缝；三是靠近 0 号块附近的箱梁节段中部的腹板的横向收缩裂缝。

图 1.5.9-1 示出了箱梁中跨跨中箱梁底板横向裂缝和腹板竖向裂缝的典型分布特征示意图：上、下游两幅桥中跨跨中底板位置均有多条横向裂缝，分布于合龙段两侧，其中下游幅桥 13 条，最大宽度为 0.23mm；上游幅桥 16 条，最大宽度为 0.17mm，其中上游幅桥的三条横向裂缝贯通底板全宽，并在箱梁箱梁腹板外表面竖向延伸，最大延伸高度为 2.5m。中跨跨中附近的腹板竖向开裂均是由下至上，最高开裂至距底板 2.54m。其中上游幅桥上游侧腹板部分裂缝贯通腹板。从裂缝性状来看，跨中附近的裂缝应为弯曲受力裂缝。从裂缝发生部位、分布形态和整体数量来看，上游幅桥开裂较下游幅桥严重。

箱梁中跨箱梁腹板斜裂缝的典型分布特征如图 1.5.9-2 所示。腹板斜向开裂主要出现在两个区域，一是位于边跨合龙段至 16 号节段（16’号节段）、中跨合龙段（32 号节段）两侧 16’号节段至 16 号节段之间的范围内；二是位于靠近墩部 1 号节段（1’号节段）至 9 号节段（9’号节段）之间的范围内。裂缝在整个桥跨结构的纵向分布形态中有一定的对称性，但在箱梁上、下游腹板上的对应关系并不显著。斜向裂缝多位于腹板上部，与顶板成 30°～45°夹角，从其性状及其开裂位置来看，应是斜向主拉应力裂缝。

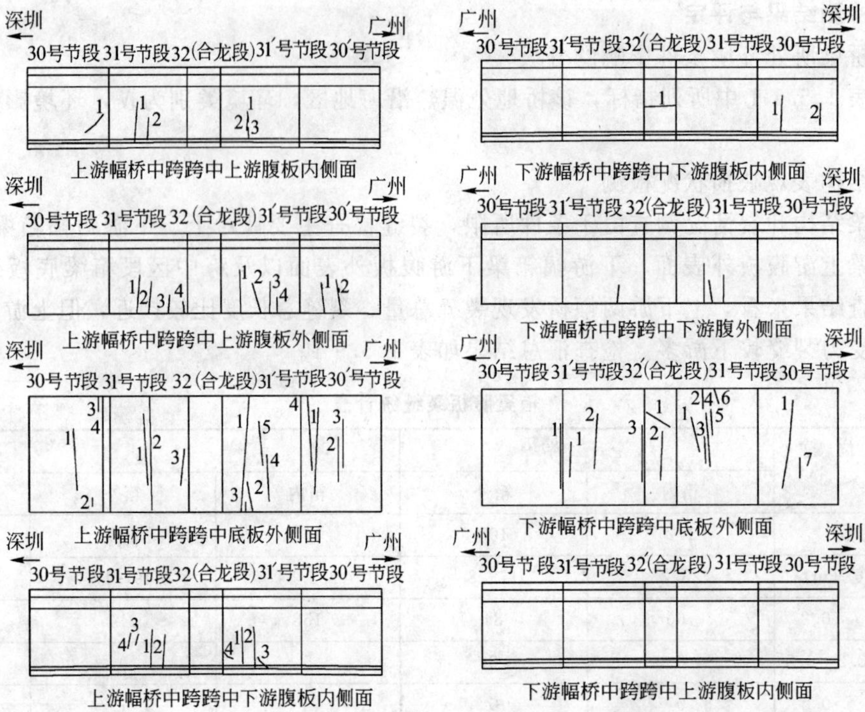

图 1.5.9-1　中跨跨中底板、腹板裂缝分布示意图

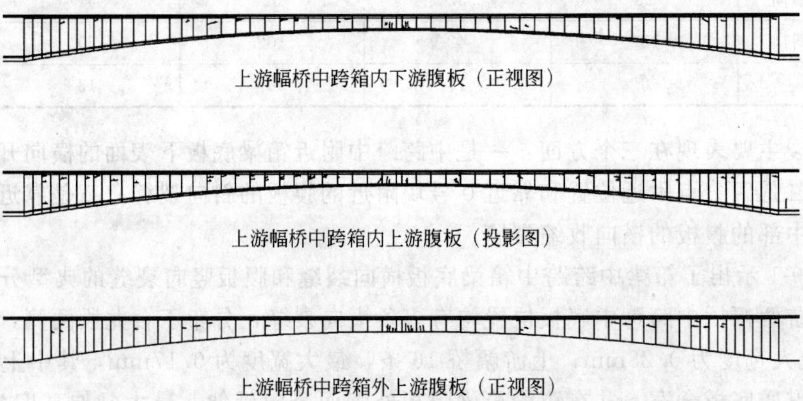

图 1.5.9-2　箱梁腹板斜裂缝典型分布特征图

在箱梁高度较高且腹板较厚区域，腹板上有部分横向裂缝，通过表面用铁钎凿除观察，裂缝深度在 3cm 以下。从裂缝表观特征及深度检测结果来看，此裂缝为混凝土温度收缩裂缝。

②箱内靠近墩部厚腹板区域内的节段接缝错台现象普遍，错台多在 5cm 左右，见图 1.5.9-1、图 1.5.9-2；箱梁边跨部分位置残留较多废弃混凝土；下游幅右边跨内顶板挂篮孔渗水，箱内有积水，见图 1.5.9-3；箱梁内表面有少量的蜂窝、麻面，见图 1.5.9-4、图 1.5.9-6；局部位置有露筋情况，其中下游幅箱梁中跨跨中附近底板露波纹管，见图 1.5.9-4、图 1.5.9-5；下游幅箱梁右边跨现浇段底板上两处对应竖向预应力钢筋锚头位置的混凝土有发散型开裂，可能存在竖向预应力失效的情况，见图 1.5.9-7、图 1.5.9-8。

图 1.5.9-3　节段接缝错台严重

图 1.5.9-4　腹板施工跑模错台

图 1.5.9-5　挂篮孔渗水、箱梁内积水

图 1.5.9-6　箱梁底板外表面振捣不实、露筋

图 1.5.9-7　中跨跨中附近底板露波纹管

图 1.5.9-8　箱梁腹板内表面麻面

箱梁主要控制断面内部几何尺寸与设计值差异不大，但腹板厚度和底板厚度由于客观条件限制未能测量；箱梁纵向线形实测较 1998 年测量值有明显下挠，并已远超过设计值，且下挠无趋缓迹象，如此情况继续发展，可能会导致箱梁的继续开裂；箱梁节段施工接缝表观质量差，混凝土结合质量较完好混凝土偏低，两幅桥中跨跨中接缝均有开裂情况。这在一定程度上也加重了箱梁的下挠。

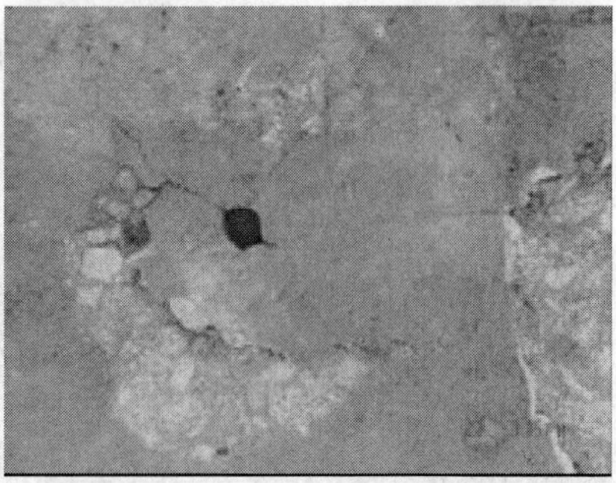

图 1.5.9-9

图 1.5.9-10

箱梁开裂主要表现在三个方面：一是中跨跨中附近箱梁底板下表面的横向开裂和腹板的竖向裂缝，为弯曲受力裂缝；二是四分点区域和靠近 0 号块附近的腹板的斜向裂缝，为主拉应力裂缝；三是靠近 0 号块附近的箱梁节段中部的腹板的横向收缩裂缝。总的来看，开裂情况上游幅桥较下游幅桥严重，但裂缝数量较少。

检查位置箱梁底板预应力锚头状况良好，无滑丝、夹片松动等现象，在锚头附近应不存在预应力损失的情况。但在中跨跨中箱梁底板、墩顶位置箱梁顶板的纵向预应力管道普遍存在压浆不实的情况，个别管道甚至无浆，这对保证预应力的长期有效是不利的。箱梁翼缘板横向预应力锚头漏封、封锚不良情况普遍，锚具锈蚀严重，长此以往，易造成横向预应力突然失效而导致桥面板局部破坏。

箱梁混凝土局部缺损整体较少，个别位置存在露筋、露波纹管、渗水、麻面、施工接缝错台，但对结构整体影响不大。

因此根据表 1.5.9-2～表 1.5.9-3，综合考虑环境影响因素，裂缝损伤的评定标度值取 5，表观损伤（除裂缝）层离、剥落或露筋及掉棱或缺角的评定标度值取以及蜂窝麻面、表面侵蚀及表面沉积均取 2。

预应力混凝土构件非结构受力裂缝分级评定标准　　　　表 1.5.9-2

评定标度值	分级标准		
	裂缝最大宽度（mm）	裂缝部位	裂缝形态与分布
1	≤0.10	次要受力部位	少量短细裂缝
	无	主要受力部位或预应力筋部位	无裂缝
2	≤0.15	次要受力部位	出现短细裂缝，开裂区域面积占其所在构件表面积的 3%以下
	≤0.05	主要受力部位或预应力筋部位	少量短细裂缝
3	≤0.20	次要受力部位	出现较多的短细裂缝，开裂区域面积占其所在构件表面积的 6%以下
	≤0.10	主要受力部位或预应力筋部位	出现短细裂缝，开裂区域面积占其所在构件表面积的 3%以下

续上表

评定标度值	分级标准		
	裂缝最大宽度（mm）	裂缝部位	裂缝形态与分布
4	≤0.25	次要受力部位	出现网状裂缝，开裂区域面积占其所在构件表面积的10%以下；或出现沿受力钢筋方向的裂缝
	≤0.15	主要受力部位或预应力筋部位	出现网状裂缝，开裂区域面积占其所在构件表面积的6%以下
5	＞0.25	次要受力部位	出现网状裂缝，开裂区域面积占其所在构件表面积的10%以上；或出现沿受力钢筋方向的裂缝
	＞0.15	主要受力部位或预应力筋部位	出现网状裂缝或出现沿预应力筋方向的裂缝，开裂区域面积占其所在构件表面积的6%以上
备　注	当结构所处环境条件影响系数大于等于1.1时，表观裂缝宽度限值减去0.05mm后取用		

预应力混凝土构件结构受力裂缝分级评定标准　　表1.5.9-3

评定标度值	分级标准			
	裂缝部位	裂缝长度或高度	受力钢筋处裂缝宽度（mm）	裂缝的最小与平均间距
1	次要受力部位	纵向长度小于构件长度1/6，或高度不足截面尺寸1/4	≤0.05	≥50cm
	主要受力部位		无	
2	次要受力部位	纵向长度介于构件长度1/6～1/4，或高度介于截面尺寸1/4～1/3	≤0.10	≥30cm
	主要受力部位		无	
3	次要受力部位	纵向长度介于构件长度1/4～1/3，或高度介于截面尺寸1/3～1/2	≤0.15	≥20cm
	主要受力部位		无	
4	次要受力部位	纵向长度介于构件长度1/3～1/2，或高度介于截面尺寸1/2～2/3	≤0.20	＜20cm
	主要受力部位		≤0.10	
5	次要受力部位	纵向长度大于构件长度1/2，或高度大于截面尺寸2/3，裂缝基本贯穿	＞0.20	开裂严重，裂缝与受力钢筋方向、间距重合
	主要受力部位		＞0.10	
备　注	当结构所处环境条件影响系数大于等于1.1时，表观裂缝宽度限值减去0.05mm后取用			

（3）混凝土强度与碳化深度评定

混凝土强度与碳化深度检测是随机选取箱梁腹板节段为测试区段，其中上游幅24个节段，下游幅16个节段，每个节段布置13个测区，计算的测区强度推定值及碳化深度见表1.5.9-4。

根据所测的测区实测强度平均换算值和强度推定值，计算其平均强度匀质系数 K_{bm}（R_{im}/R，R 为承重构件混凝土极限抗压强度值，以下同）和推定强度匀质系数 K_{bt}（R_{it}/R）

得，$K_{bm}=1.20$、$K_{bm}=1.20$，按表 1.5.1-6 可知，混凝土强度状态良好，强度耐久性影响系数为 1，属良好状态。

实测的桥跨结构混凝土未发生明显碳化，碳化深度在 5mm 以内，根据 1.5.1-12 可知，碳化深度对钢筋锈蚀的评定标度值取 1。

箱梁腹板混凝土强度测试结果 表 1.5.9-4

测　区	强度推定值（MPa）	碳化深度（mm）
上游幅左跨下游侧腹板 30 号内侧	60.00	<0.5
上游幅左跨上游侧腹板 28 号内侧	60.00	<0.5
上游幅左跨下游侧腹板 28 号内侧	60.00	<0.5
上游幅左跨上游侧腹板 24 号内侧	60.00	<0.5
上游幅左跨下游侧腹板 22 号内侧	60.00	<0.5
上游幅左跨上游侧腹板 17 号内侧	60.00	<0.5
上游幅中跨上游侧腹板 15 号内侧	60.00	<0.5
上游幅中跨下游侧腹板 16 号内侧	60.00	<0.5
上游幅中跨下游侧腹板 23 号内侧	60.00	<0.5
上游幅中跨上游侧腹板 25 号内侧	60.00	<0.5
上游幅中跨上游侧腹板 24 号内侧	60.00	<0.5
上游幅中跨下游侧腹板 27 号内侧	60.00	<0.5
上游幅中跨上游侧腹板 30’号内侧	60.00	<0.5
上游幅中跨下游侧腹板 28’号内侧	60.00	<0.5
上游幅中跨下游侧腹板 26’号内侧	60.00	<0.5
上游幅中跨下游侧腹板 24’号内侧	60.00	<0.5
上游幅中跨上游侧腹板 25’号内侧	60.00	<0.5
上游幅中跨上游侧腹板 26’号内侧	60.00	<0.5
上游幅右跨下游侧腹板 27’号内侧	60.00	<0.5
上游幅右跨上游侧腹板 26’号内侧	60.00	<0.5
上游幅右跨下游侧腹板 22’号内侧	60.00	<0.5
上游幅右跨上游侧腹板 20’号内侧	60.00	<0.5
上游幅右跨下游侧腹板 20’号内侧	60.00	<0.5
下游幅左跨上游侧腹板 30 号内侧	58.83	<0.5
下游幅左跨下游侧腹板 29 号内侧	60.00	<0.5
下游幅左跨下游侧腹板 24 号内侧	60.00	<0.5
下游幅左跨上游侧腹板 25 号内侧	55.88	<0.5
下游幅左跨下游侧腹板 20 号内侧	60.00	<0.5
下游幅左跨上游侧腹板 19 号内侧	60.00	<0.5
下游幅中跨上游侧腹板 19 号内侧	60.00	<0.5
下游幅中跨下游侧腹板 20 号内侧	60.00	<0.5

续上表

测　区	强度推定值（MPa）	碳化深度（mm）
下游幅中跨上游侧腹板 30 号内侧	60.00	<0.5
下游幅中跨下游侧腹板 31 号内侧	60.00	<0.5
下游幅中跨上游侧腹板 26’号内侧	60.00	<0.5
下游幅中跨上游侧腹板 26’号内侧	60.00	<0.5
下游幅右跨上游侧腹板 22’号内侧	60.00	<0.5
下游幅右跨上游侧腹板 21’号内侧	60.00	<0.5
下游幅右跨上游侧腹板 30’号内侧	57.82	<0.5
下游幅右跨上游侧腹板 31’号内侧	60.00	<0.5

（4）钢筋锈蚀电位检测

混凝土内部钢筋的锈蚀会逐步削减其工作截面，降低结构的承载能力及耐久性，钢筋锈蚀的检测应用半电池电位法对钢筋的可能锈蚀状况进行评定，锈蚀电位测量值的高低，可直接反映量测部位混凝土中钢筋发生锈蚀的概率或钢筋正在发生锈蚀的活动性，此次测区选定位置与强度测区对应，每测区布置 12 个测点。实测腹板中钢筋的测试电位差值均在 0mv 左右，根据表 1.5.1-8，评定标度值为 1，属良好状态。

（5）混凝土中氯离子含量的评定

混凝土中的氯离子可诱发并加速钢筋锈蚀，测量混凝土中氯离子含量可间接评判钢筋锈蚀活化的可能性。测定方法采用现场随机在箱梁腹板按混凝土不同深度取样，通过对样品进行化学分析的方法加以测定。测定结果箱梁腹板中氯离子含量介于 0.020%～0.038%，小于 0.15%，诱发钢筋锈蚀的可能性很小，按表 1.5.1-9 评定标度值为 1，属良好状态。

（6）混凝土电阻率测试

混凝土的电阻率是控制混凝土中钢筋锈蚀速率的因素之一，混凝土电阻率小，钢筋锈蚀发展速度快，因此，测量混凝土电阻率可间接评判钢筋的可能锈蚀速率。混凝土电阻率检测测区与钢筋锈蚀电位测区一致，检测结果均大于 20 000Ω·cm，根据表 1.5.1-13，钢筋锈蚀可能性很小，评定标度值为 1，属良好状态。

（7）混凝土保护层厚度及钢筋分布测试

选取强度测试节段对钢筋保护层厚度进行抽样检测，实测混凝土保护层厚度大多符合设计要求，个别位置保护层厚度不足，在混凝土保护层检测部位的同时检测了钢筋的分布情况，如表 1.5.9-5 所示。

计算箱梁混凝土保护层厚度特征值 $D_{ne}=14.52$cm

$$D_{ne}=\overline{D}-KS_D$$

式中：S_D——测量部位测点保护层厚度的标准差。

根据测量部位实测保护层特征值 D_{ne} 与其设计值 D_{nd} 的比值 $D_{ne}/D_{nd}=0.36$，按表 1.5.1-10，评定标度值为 5，钢筋易失去碱性保护而诱发锈蚀。

混凝土保护层测试结果　　　　表 1.5.9-5

测区位置	测点数	最小值（mm）	最大值（mm）	$\overline{D}_n$
上游幅中跨 26’号下游腹板内侧	20	26	48	35.7
上游幅中跨 26’号上游腹板内侧	20	6	13	10.0
上游幅中跨 25’号上游腹板内侧	20	23	34	28.0
上游幅中跨 24’号下游腹板内侧	20	9	24	17.0
上游幅中跨 30’号上游腹板内侧	20	13	26	18.3
上游幅中跨 28’号下游腹板内侧	20	48	55	50.9
上游幅右跨 20’号上游腹板内侧	20	21	41	33.9
上游幅右跨 20’号下游腹板内侧	20	9	21	16.0
上游幅右跨 22’号下游腹板内侧	20	23	31	27.1
上游幅右跨 23’号上游腹板内侧	20	36	45	40.8
上游幅右跨 26’号上游腹板内侧	20	44	55	53.3
上游幅右跨 27’号下游腹板内侧	20	29	37	34.0
上游幅右跨 28’号上游腹板内侧	20	25	38	34.4
上游幅左跨 30 号下游腹板内侧	20	44	49	52.5
上游幅左跨 28 号下游腹板内侧	20	46	60	54.0
上游幅左跨 24 号上游腹板内侧	20	65	90	78.2
上游幅左跨 22 号下游腹板内侧	20	31	50	44.7
上游幅左跨 17 号上游腹板内侧	20	40	60	55.0
上游幅左跨 15 号上游腹板内侧	20	54	75	66.0
上游幅左跨 16 号下游腹板内侧	20	10	22	12.9
上游幅左跨 23 号下游腹板内侧	20	30	47	38.8
上游幅左跨 24 号上游腹板内侧	20	36	51	45.1
上游幅左跨 27 号下游腹板内侧	20	22	42	30.3
上游幅左跨 25 号上游腹板内侧	20	38	54	44.4
下游幅右跨 30’号上游腹板内侧	20	42	57	46.2
下游幅右跨 30’号下游腹板内侧	20	19	28	24.5
下游幅右跨 21’号下游腹板内侧	20	19	41	26.2
下游幅右跨 22’号上游腹板内侧	20	36	55	52.1
下游幅中跨 26’号下游腹板内侧	20	40	51	44.3
下游幅中跨 26’号上游腹板内侧	20	22	31	26.6
下游幅中跨 30 号上游腹板内侧	20	25	38	32.4
下游幅中跨 31 号下游腹板内侧	20	20	41	30.9
下游幅中跨 19 号上游腹板内侧	20	36	47	41.8

续上表

测区位置	测点数	最小值（mm）	最大值（mm）	$\overline{D}_n$
下游幅中跨 20 号下游腹板内侧	20	31	44	39.0
下游幅中跨 19′号上游腹板内侧	20	27	42	36.9
下游幅中跨 19′号下游腹板内侧	20	44	55	49.0
下游幅左跨 24′号下游腹板内侧	20	54	80	66.6
下游幅左跨 24′号上游腹板内侧	20	43	57	50.5
下游幅左跨 29′号下游腹板内侧	20	27	70	49.9
下游幅左跨 30′号上游腹板内侧	20	26	34	31.5

三、结构耐久性综合评定

（1）单一构件评价（表 1.5.9-6）

混凝土构件材质状况检测指标与耐久性指标推荐权重值　　表 1.5.9-6

项目		权重值 a_i		评定标度值 A_i
混凝土表观损伤 a_1	裂缝	0.20	0.32	5
	层离、剥落或露筋、掉棱与缺角	0.07		2
	蜂窝麻面、表面侵蚀、表面沉积	0.05		2
混凝土强度 a_2		0.05		1
钢筋锈蚀电位 a_3		0.11		1
氯离子含量 a_4		0.15		1
钢筋分布及保护层厚度 a_5		0.12		5
混凝土碳化深度 a_6		0.20		1
混凝土电阻率 a_7		0.05		1
环境影响系数 δ		1.3		

$$E_{单}=\delta\times\sum_{i=1}^{n}A_i a_i=1.3\times(0.2\times5+0.07\times2+0.05\times2+0.05\times1+0.11\times1+0.15\times1+0.12\times5+0.2\times4+0.05\times1)=3.9$$

根据表 1.5.1-16，可知构件耐久等级为 3，构件耐久性状况一般。

（2）结构综合评估

①支座个别支座有开裂的现象，继续发展可能会导致垫石局部破碎，对支座受力极为不利。大桥支座安装整体情况良好，但个别支座垫石有压破坏开裂的情况，见图 1.5.9-11、图 1.5.9-12（上游幅左边墩上游侧支座、下游幅左边墩下游侧支座）。构件耐久等级为 3。

②上部主要承重构件主梁构件耐久等级取 3.9。

③上部一般承重构件参照主梁取构件耐久等级 3.9。

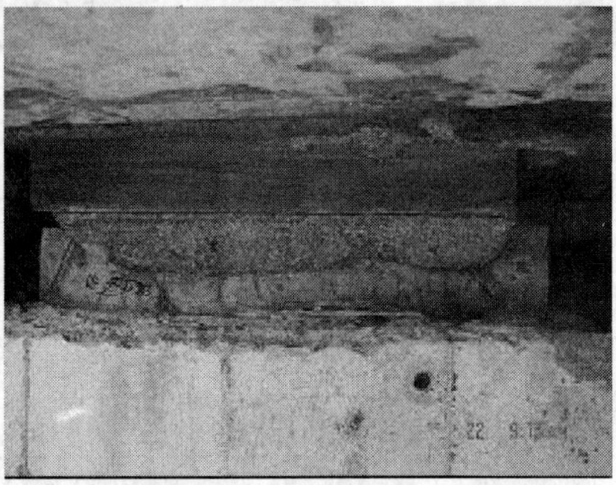

图 1.5.9-11　支座垫石有八字形开裂（上游幅左边墩上游侧支座）

图 1.5.9-12　支座垫石有八字形开裂（下游幅左边墩下游侧支座）

④桥面铺装桥面铺装在大桥距护栏 3m 位置（对应桥面混凝土铺装接缝）沿桥纵向有一条长裂缝，局部铺装有坑槽，桥面伸缩缝总体平顺，清洁，无错台及拉脱现象，处于正常工作状况。见图 1.5.9-13、图 1.5.9-14；构件耐久等级取 2。

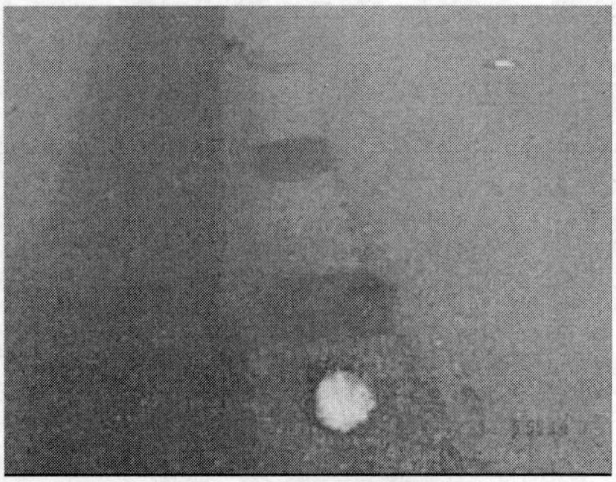

图 1.5.9-13　桥面纵向长裂缝

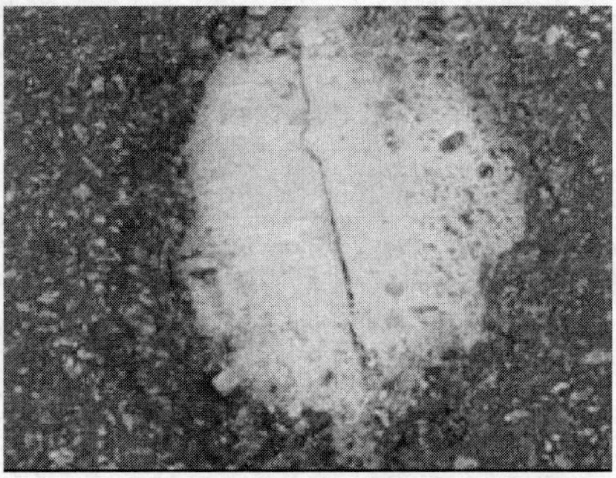

图 1.5.9-14　坑槽内可见混凝土铺装接缝

结构的耐久性综合评价以组成该结构的各类构件的耐久性评定结果为（见表 1.5.9-7）依据，综合考虑各类构件的权重系数，将各构件代入公式可得：

$$E_{总}=\sum_{i=1}^{m}E_{单i}a_{i}=3\times0.07+3.9\times0.26+3.9\times0.12+2\times0.02=1.732$$

$E_{总}=1.732$，$1\leqslant E_{总}<2$，结构耐久等级评定标度为 1，结构整体耐久性状况为好。

推荐的混凝土桥梁各构（部）件权重值及构件耐久等级汇总表见表 1.5.9-7。

推荐的混凝土桥梁各构（部）件权重值及构件耐久等级汇总表　　表 1.5.9-7

构（部）件	名　称	推荐权重 a_i	构件耐久等级
1	支座	0.07	3
2	上部主要承重构件	0.26	3.9
3	上部一般承重构件	0.12	3.9
4	桥面铺装	0.02	2
备　注	当评定标度值为“1”时，表示好的状态，或表示没有设置的构造部件，不再进行叠加		

第六章　桥梁承载能力检测评定工程实例

§6.1　钢筋混凝土简支梁（板）桥

一、13m 简支梁（板）桥

1. 桥梁概况

该桥上部结构为 9×13m＋3×13m＋9×13m 钢筋混凝土梁（板），两侧为钢筋混凝土 T 梁，中间 3 孔为满足通航要求为空心混凝土板。设计荷载为汽-20，挂-100。桥面净宽：0.5m＋7.0m＋0.5m＝8.0m。下部结构为柱式墩、ϕ100cm 钻孔灌注桩基础，桥台为重力式桥台。该桥由于桥梁处在沿海腐蚀性较强的不利环境中，桥梁病害严重，见图 1.6.1-1。

图 1.6.1-1　桥梁全景

2. 桥梁典型病害

(1) T 梁

T 梁腹板普遍存在的缺损现象为：①混凝土保护层剥落，钢筋锈蚀严重；②钢筋锈蚀引起的混凝土保护层胀裂或呈现沿钢筋方向的纵向裂缝，胀裂部分混凝土疏松、局部鼓翘，锤击检查可发现其内部钢筋均已锈蚀，此类现象多发生在跨中截面；③发现多处腹板受力裂缝；④T 梁底面混凝土被钢筋锈蚀胀裂，部分区域混凝土剥落；⑤梁端混凝土疏松并出现竖向裂缝，这主要是由于伸缩缝破坏，桥面漏水引起梁端锚固钢筋锈蚀；⑥T 梁翼缘板发现多处横向裂缝，裂缝宽在 0.5～1.3mm 之间，见图 1.6.1-2。

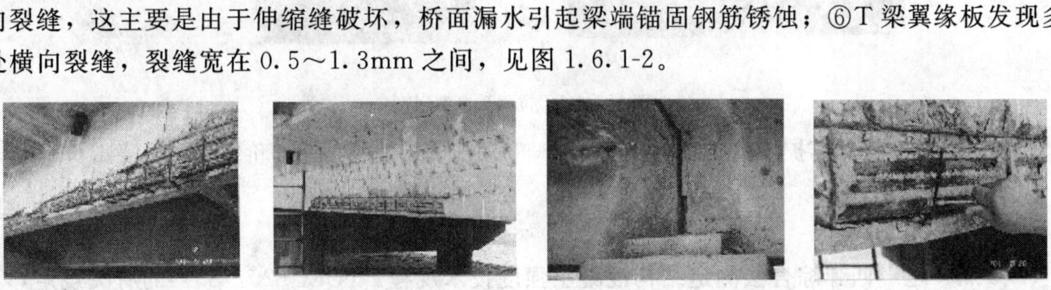

图 1.6.1-2　T 梁典型病害

(2) 横系梁

大部分横系梁存在裂缝，钢板焊接处混凝土剥落、钢板外露，裂缝表口混凝土已破碎。

(3) 盖梁

盖梁下缘混凝土 10～30cm 区域被钢筋锈蚀胀裂、露筋。混凝土表面因受腐蚀性气体侵蚀而出现骨料外露、蜂窝麻面等病害，见图 1.6.1-3。

(4) 支座、挡块

支座完好，但由于挡块已碎裂，支座发挥不了任何作用。所有梁体混凝土表面在伸缩缝附近区域呈现麻面，见图 1.6.1-4。

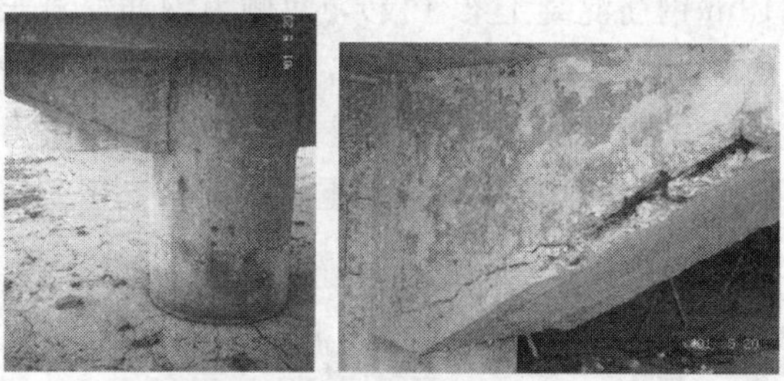

图 1.6.1-3 盖梁及墩柱表观质量

图 1.6.1-4 梁端支座典型病害

(5) 桩柱、破冰体

桩柱、破冰体混凝土表面普遍存在蜂窝麻面，海水侵蚀严重。

(6) 桥面铺装、伸缩缝及人行道栏杆

桥面铺装严重损坏，表面有大量凹槽，伸缩缝全部失效，伸缩缝处桥面破损严重，行车舒适性差。人行道板及栏杆破损严重，见图 1.6.1-5。

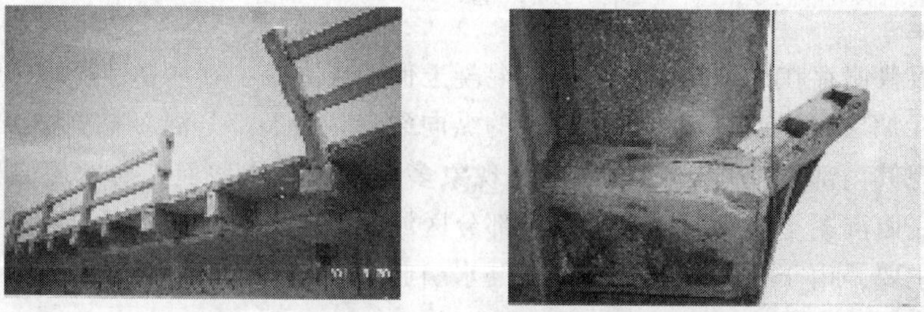

图 1.6.1-5 桥面系典型病害

(7) 基于《公路养护技术规范》(JTJ 073—96) 的桥梁使用功能评价结果列于表 1.6.1-1。

3. 主要检测结果

(1) 混凝土强度

参照《超声回弹综合法测定结构混凝土强度技术规程》(CECS20：88) 的有关规定，采用“超声—回弹”综合测定方法分别在腹板、盖梁上对混凝土强度进行测试，评定结果列于表 1.6.1-2。

主桥各构件综合评定表　　表 1.6.1-1

序号	部件名称	缺损程度	对使用功能影响程度	发展状况的修正	最终评定标度	权重	得分
1	翼墙、耳墙	1	0	0	1	1	1
2	锥坡、护坡	1	0	0	1	1	1
3	桥台及基础	1	2	1	4	23	92
4	桥墩及基础	1	2	1	4	24	96
5	地基冲刷	1	1	0	2	8	16
6	支座	1	1	1	3	3	9
7	上部主要承重构件	2	2	1	5	20	100
8	上部一般承重构件	2	2	1	5	5	25
9	桥面铺装	2	2	1	5	1	5
10	桥头跳车	2	2	0	4	3	12
11	伸缩缝	2	2	0	4	3	12
12	人行道	2	1	0	3	1	3
13	栏杆、护栏	2	1	0	3	1	3
14	照明、标志	0	0	0	0	1	0
15	排水设施	2	1	0	3	1	3
16	调治构造物	1	1	0	2	3	6
17	其他	0	0	0	0	1	0

a) 综合评定采用下列算式：$D_r = 100 - \sum_{i=1}^{n} R_i W_i / 5$

式中：R_i——表中的最终评定标度；

W_i——各部件权重；

D_r——全桥结构技术状况评分。

b) 经计算该桥结构技术状况评分 $D_r = 23.2$ 。

c) 根据规范中的评定分类标准，该桥评为四类桥

测区混凝土强度推定值（MPa）　　表 1.6.1-2

测　　位	平均强度值（MPa）	平均强度均匀系数	推定强度值（MPa）	推定强度均匀系数
1-1	20.88	0.84	16.83	0.67
1-2	22.76	0.91	19.03	0.76
1-3	24.17	0.97	20.13	0.81
1-4	31.00	1.24	24.16	0.97
1-5	20.35	0.81	16.57	0.66
2-1	21.68	0.87	17.93	0.72
2-2	24.53	0.98	20.00	0.80

(2) 混凝土碳化深度

对混凝土碳化的检测采用滴酚酞试剂方法进行。实测的桥跨结构混凝土碳化深度值列于表1.6.1-3。碳化深度与保护层厚度之比约为1。

混凝土碳化深度 表1.6.1-3

测区	测点号	位置	碳化深度(cm)		
1-1-1	3号	下游	1.4	1.3	1.8
1-1-3	8号	下游	1.8	1.9	1.5
1-1-2	7号	上游	1.5	2.5	1.2
1-1-2	25号	上游	2.5	—	—
1-1-2	23号	上游	2.5	2.5	2.8
1-1-3	12号	上游	2.1	2.1	1.7
1-2-1	8号	上游	2.5	—	—
1-2-2	6号	上游	1.5	1.6	1.3
1-2-3	16号	上游	2.0	—	—

(3) 混凝土氯离子含量

氯离子含量测定方法是现场取粉后送交试验室进行化学分析。实测混凝土中的氯离子含量在0.3%~0.8%。根据氯离子含量对钢筋锈蚀的影响程度的评判标准，氯离子含量大于0.4%就有可能会诱发钢筋锈蚀，当离子含量大于0.7%就一定会诱发钢筋锈蚀。

(4) 混凝土电阻率

实测混凝土电阻率大多在5000~10000Ω·cm之间，可能会导致钢筋的锈蚀速度很快，检测评定结果列于表1.6.1-4。

电阻率实测值及相应评定标度 表1.6.1-4

测区编号	混凝土电阻率(Ω·cm)	评定标度	测区编号	混凝土电阻率(Ω·cm)	评定标度
上1	7000	4	下1	10000	4
上2	13000	3	下2	9000	4
上3	21000	1	下3	6000	4
上4	7000	4	下4	6000	4
上5	7000	4	下5	5000	4
说明	"上(下)*X*"表示*X*号梁上(下)游侧面				

(5) 钢筋锈蚀电位

该方法是通过测量钢筋的自然电位来评定钢筋锈蚀的可能性或锈蚀活动性。详细检测及评定结果列于表1.6.1-5中。

4. T梁承载能力评定

基于检测结果的承载能力评定对象选择为21号孔的边梁，其病害特征具有一定的代表性，并且就损坏程度而言，属于最严重情况，对全桥的承载力起控制作用。

钢筋锈蚀电位实测值　　表 1.6.1-5

测区编号	高度 1	高度 2	测区编号	高度 1	高度 2
上 1-1-1	−410	−400	上 1-2-1	−60	−130
上 1-1-2	−200	−390	上 1-2-2	−70	−110
上 1-1-3	−160	−240	上 1-2-3	−60	−120
下 1-1-1	−210	−280	下 1-2-1	−90	−150
下 1-1-2	−130	−200	下 1-2-2	−100	−220
下 1-1-3	−90	−140	下 1-2-3	−90	−230
说　明	锈蚀电位：mV； 测区编号：上（下）*a-b-c*，*a* 表示第几跨，*b* 表示几号梁，*c* 测区号，如“上 1-2-3”表示第 1 跨 2 号梁上游面 3 号测区； 高度 1 距腹板下缘 30cm，高度 2 距腹板下缘 50cm				

（1）T 梁检算系数的确定

①检算系数 Z_1

T 梁检算系数 Z_1 的确定详见表 1.6.1-6。上部结构技术状况评定值为 4.1，相应 T 梁承载能力检算系数 Z_1 取为 0.89。

承载能力检算系数 Z_1　　表 1.6.1-6

检 测 指 标	评定标度值 E_j	权　重 a_j
表观缺损状况	5（危险状态）	0.4
材质强度	4（坏的状态）	0.3
固有模态	3（良好状态）	0.3
计算得技术状况评定值＝5×0.4＋4×0.3＋2×0.3＝4.1		

②承载能力恶化系数 ξ_e

承载能力恶化系数 ξ_e 的确定详见表 1.6.1-7。

T 梁质量状况影响权重及其恶化状况评定　　表 1.6.1-7

检 测 指 标	评定标度值 E_j	权　重 a_j
T 梁表观状况	5（危险状态）	0.32
T 梁混凝土强度	4（坏的）	0.11
钢筋锈蚀电位	5（存在锈蚀开裂区）	0.05
混凝土电阻率	4（快）	0.20
混凝土中氯离子含量	4（会诱发锈蚀）	0.12
混凝土炭化深度	3（碳化深度＜保护层厚）	0.15
钢筋保护层厚度	3（影响不显著）	0.05
计算得恶化状况评定值 E＝5×0.32＋4×0.11＋5×0.05＋4×0.2＋4×0.12＋3×0.15＋3×0.05＝4.12		
环境条件为：干湿交替、冻、有侵蚀介质		

承载能力恶化状况评定值 E 为 4.12，由于桥址处河流为靠海的潮汐河，气候条件较为恶劣，环境条件为：干湿交替、冻、有侵蚀介质。承载能力恶化系数 ξ_e 为 0.19。

③截面折减系数（ξ_c、ξ_s）

构件截面损坏严重，其截面损伤综合评定值 $R=4.2$，取混凝土截面折减系数为 0.85；钢筋锈蚀严重，引起混凝土保护层的剥落，钢筋外露，个别构造钢筋已锈断，钢筋截面损失状况对应于评定标度 5 的技术特征，因此钢筋截面折减系数按 0.80 取用。详细评定结果列于表 1.6.1-8 中。

混凝土截面折减系数评定表 表 1.6.1-8

检测指标	权 重	评定标度值	截面损伤综合评定值
材料风化	0.10	4	$R=\sum_{j=1}^{3} R_j a_j = 4.2$
碳化	0.35	3	
物理化学损伤	0.55	5	

④活载影响修正系数（ξ_q）

根据现场观测，由于路况较差，车辆的通行速度慢，典型代表交通量未超过设计交通量，对应于交通量的活载影响修正系数 ξ_q 取为 1.00。超重车的现象较多（图 1.6.1-6），超过检算汽车荷载主车的大吨位车辆的交通量与实际交通量之比即为大吨位车辆混入率 α，依据 $\alpha<0.3$ 取用对应大吨位车辆混入率的活载影响修正系数 ξ_{q2} 为 1.05；依据后轴重超过汽车检算荷载之最大轴荷所占的百分数 β（$5\%\leqslant\beta<15\%$），取用对应于轴荷分布的活载影响修正系数 ξ_{q3} 为 1.15。由此可计算汽车检算荷载的活载影响修正系数 $\xi_q=(\xi_{q1}\cdot\xi_{q2}\cdot\xi_{q3})^{1/3}=(1.00\times1.05\times1.15)^{1/3}=1.065$。

图 1.6.1-6 典型交通状况

（2）承载能力评定

对于混凝土及预应力混凝土桥梁其承载能力极限状态鉴定计算公式如下：

$$S_d(\gamma_d G;\ \gamma_q \sum Q) \leqslant \gamma_b R_d\left(\xi_c \frac{R_c}{\gamma_c};\ \xi_s \frac{R_s}{\gamma_s}\right) Z_1 (1-\xi_e)$$

式中：S_d——荷载效应函数；

G——永久荷载（结构重力）效应；

γ_d——永久荷载（结构重力）安全系数；

Q——可变荷载及永久荷载中混凝土收缩、徐变影响力效应，基础变位影响力效应，对重载交通桥梁，汽车荷载效应应计入活载影响修正系数 ξ_q；

γ_q—— 荷载 Q 的安全系数；

R_d——结构抗力函数；

γ_b——结构工作条件系数；

R_c——混凝土强度设计采用值；

γ_c——在混凝土强度设计采用值基础上的混凝土安全系数；

R_s——预应力钢筋或非预应力钢筋强度设计采用值；

γ_s——在钢筋强度设计采用值基础上的钢筋安全系数；

Z_1——基于桥梁检测结果的承载能力检算系数；

ξ_e—— 承载能力恶化系数；

ξ_c——配筋混凝土结构的截面折减系数；

ξ_s——钢筋的截面折减系数。

将桥梁检测评定所得的一系列系数带入上列检算公式进行结构承载能力验算。对于 T 梁跨中截面弯矩效应，承载能力检算结果如下：

结构抗力效应：$M_R=1463\times0.89\times0.80\times(1-0.19)=843.7\text{kN}\cdot\text{m}$

荷载效应：$M_j=469.6\times1.4\times1.07+316.8\times1.2=1083.3\text{kN}\cdot\text{m}$

由于结构抗力小于荷载效应（$M_R<M_j$），T 梁跨中截面正截面强度不能满足承载力极限状态要求。该桥须加固。

二、三跨简支 T 梁桥

1. 桥梁概况

该桥上部结构为钢筋混凝土简支 T 梁，下部结构为重力式墩台，共三孔，净跨径为 7.5m＋15.0m＋7.5m，实际梁长为 8.66m＋16.76m＋8.66m，边跨计算跨径 8.4m，中跨计算跨径 16.3m。该桥建于 1960 年，后又于 1988 年对该桥中孔进行了改造扩建。

T 梁的基本设计资料如下：

①桥面净空：净—9＋2×1.25m 人行道；

②主梁跨径及全长：

边跨 T 梁：计算跨径 $l=8.4$m，主梁全长；$l_{全}=8.66$m；

中跨的 T 梁：计算跨径 $l=16.3$m，主梁全长 $l_{全}=16.76$m；

③设计荷载：汽-20 级，挂-100，人群荷载 3.5kN/m^2；

④材料：

钢筋：主筋为 II 级，其他为 I 级；

混凝土：原 25 号；

⑤结构尺寸：主梁横断面分别如图 1.6.1-7 和图 1.6.1-8 所示。

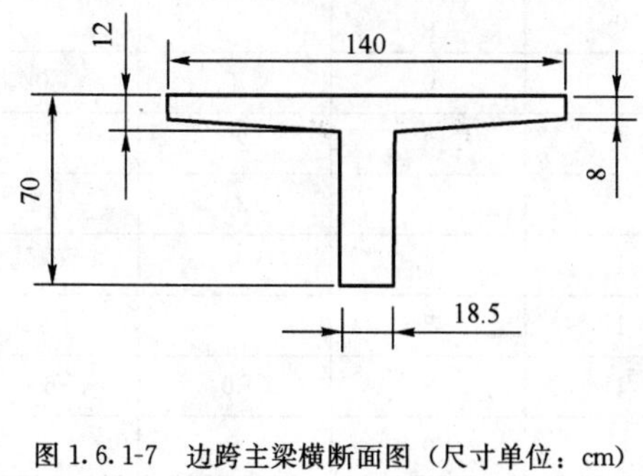

图 1.6.1-7　边跨主梁横断面图（尺寸单位：cm）

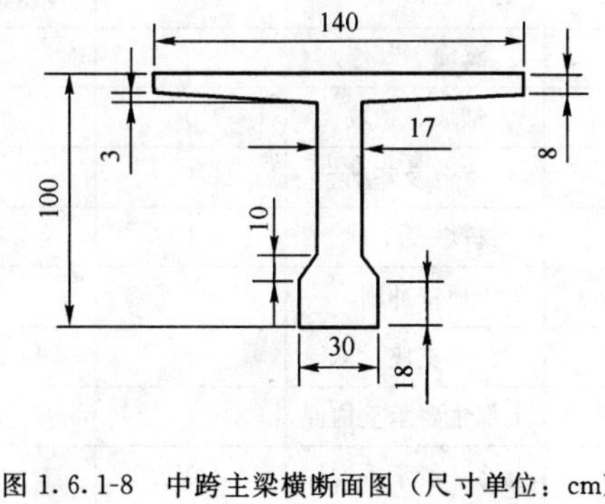

图 1.6.1-8　中跨主梁横断面图（尺寸单位：cm）

2. 桥梁典型病害

(1) 桥面系

桥面铺装层破损严重，有坑槽，沥青面层大面积脱落，裸露出三角垫层。墩顶伸缩缝处出现开裂空洞，见图 1.6.1-9。

图 1.6.1-9 桥面铺装典型病害

(2) 上部结构

中跨 T 梁有受力裂缝，混凝土表面有蜂窝、麻面，局部有钢筋锈蚀，并导致 T 梁混凝土胀裂。

梁端钢板支座锈蚀严重，T 梁间铰缝渗水、泛白，横隔板连接部位存在错台和开裂缺陷，混凝土已脱落，并露出焊接钢板，见图 1.6.1-10。

8 号梁腹板露筋

钢筋锈蚀、混凝土胀裂

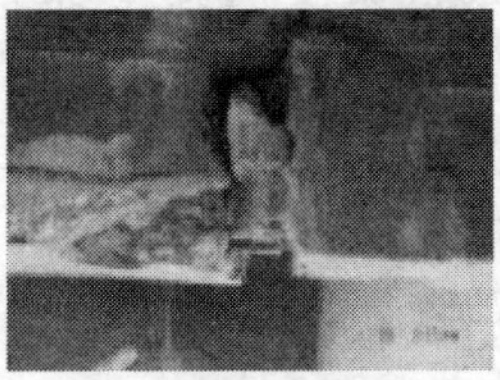

横隔接缝开裂

混凝土开裂渗水

图 1.6.1-10 梁体典型病害

(3) 下部结构

盖梁和墩台表面混凝土疏松，属中度风化。

(4) 基于《公路养护技术规范》(JTJ 073—96) 的桥梁使用功能评价结果列于表 1.6.1-9。

桥梁各构件综合评定 表 1.6.1-9

序号	部件名称	缺损程度	对使用功能影响程度	发展状况的修正	最终评定标度	权 重	得 分
1	翼墙、耳墙	0	0	0	0	1	0
2	锥坡、护坡	0	0	0	0	1	0
3	桥台及基础	1	1	1	3	23	69
4	桥墩及基础	1	1	1	3	24	72
5	地基冲刷	1	1	1	3	8	24
6	支座	1	1	1	3	3	9
7	上部主要承重构件	1	1	1	3	20	60
8	上部一般承重构件	0	0	0	0	5	0
9	桥面铺装	2	2	1	5	1	5

续上表

序号	部件名称	缺损程度	对使用功能影响程度	发展状况的修正	最终评定标度	权 重	得 分
10	桥头跳车	1	1	0	2	3	6
11	伸缩缝	0	0	0	0	3	0
12	人行道	1	0	0	1	1	1
13	栏杆、护栏	1	1	0	2	1	2
14	照明、标志	0	0	0	0	1	0
15	排水设施	1	1	0	2	1	2
16	调治构造物	0	0	0	0	3	0
17	其他	0	0	0	0	1	0
D_r		50		技术状况评定等级		三类	

3. T 梁原结构复算

(1) 边跨 T 梁原结构复核计算

①恒载计算

桥面铺装分配给每片主梁的荷载集度：$g_1=3.8925\text{kN/m}$

横隔板分配给每片主梁的每延米恒载：$g_2=0.8896\text{kN/m}$

人行道、栏杆每延米恒载：$g_3=1.596\text{kN/m}$

桥面恒载（不包括主梁自重）每延米总恒载：$g=g_1+g_2+g_3=6.378\text{kN/m}$

②荷载横向分布系数

因该桥 T 梁纵向有 5 道横隔梁，属具有可靠连接，同时宽跨比 $B/L>0.5$，故采用 G－M法计算跨中荷载横向分布系数。另外，支点附近的横向分布系数按杠杆法原理计算。

a. 跨中荷载横向分布系数

横向分布影响线如图 1.6.1-11 所示。各梁的横向分布系数计算如下：

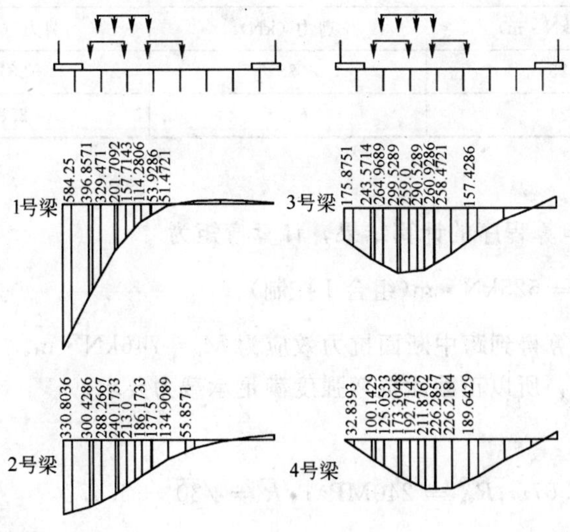

图 1.6.1-11 边跨跨中荷载横向分布系数（$\times10^{-3}$）图式

汽—20：$\eta_{1汽}=\frac{1}{2}(396.8571+157.7143+53.9286)\times10^{-3}=0.304$

$$\eta_{2汽}=\frac{1}{2}(300.4286+213+137.5+55.8571)\times10^{-3}=0.353$$

$$\eta_{3汽}=\frac{1}{2}(243.5714+295+260.9286+157.4286)\times10^{-3}=0.478$$

$$\eta_{4汽}=\frac{1}{2}(100.1429+192.7143+226.2857+189.6429)\times10^{-3}=0.354$$

挂—100：$\eta_{1挂}=\frac{1}{4}(329.471+201.7092+114.2806+51.4721)\times10^{-3}=0.174$

$$\eta_{2挂}=\frac{1}{4}(288.2667+240.1733+186.1733+134.9089)\times^{-3}=0.212$$

$$\eta_{3挂}=\frac{1}{4}(264.9689+299.5289+290.5289+258.4721)\times10^{-3}=0.278$$

$$\eta_{4挂}=\frac{1}{4}(125.0533+173.3048+211.8762+226.2184)\times10^{-3}=0.184$$

人群：$\eta_{1人}=0.584$；$\eta_{2人}=0.331$；$\eta_{3人}=0.176$。

b. 支点横向分布系数（杠杆法）

汽—20：$\eta'_{1汽}=0.427$；$\eta'_{2汽}=0.497$；$\eta'_{3汽}=0.537$；$\eta'_{4汽}=0.537$。

挂—100：$\eta'_{1挂}=0.124$；$\eta'_{2挂}=0.392$；$\eta'_{3挂}=0.429$；$\eta'_{4挂}=0.427$

人群：$\eta'_{1人}=1.156$；$\eta'_{2人}=0.431$；$\eta'_{3人}=00$；$\eta'_{4人}=0.0328$。

③原结构计算结果

利用电算程序“桥梁博士”分析系统输出的控制截面的内力计算结果如表 1.6.1-10 所列。

控制截面内力（由 3 号梁控制） 表 1.6.1-10

荷载组合	跨中		支点
	弯矩（kN·m）	剪力（kN）	剪力（kN）
I	525	88	281
III	424	64.4	258

④跨中正截面强度

跨中断面配筋为 6Φ32，按照电算程序的计算结果，计算弯矩为

$$M_j = 525\text{kN}\cdot\text{m}(\text{组合 I 控制})$$

根据跨中断面的配筋情况，计算得到跨中断面抗力效应为 $M_R=746\text{kN}\cdot\text{m}$。

故抗力效应 $M_R>$荷载效应 M_j，所以正截面抗弯强度满足承载力要求。

⑤支点斜截面抗剪强度

$$b=0.17\text{m};h_0=0.67m;R_{gk}=240\text{MPa};\sqrt{R}=\sqrt{30}=5.477$$

配箍率 $$\mu_k=\frac{n_k a_k}{bS_k}=\frac{2\times0.5}{17\times20}=0.0029$$

纵向受拉钢筋的配筋率　$\mu=\dfrac{A_g}{bh_0}=\dfrac{16.08}{17\times 67}=0.0141$

$$p=100\mu=100\times 0.0141=1.41$$

$$Q_{hk}=0.0349bh_0\sqrt{(2+p)\sqrt{R}\mu_k R_{gk}}$$

$$=0.0349\times 17\times 67\sqrt{(2+1.41)\times 5.477\times 0.0029\times 240}=143.32\text{kN}$$

$$Q_w=0.06R_{gw}\sum A_w\sin\alpha=0.06\times 340\times 8.04\times 0.7=114.82\text{kN}$$

则支点的抗剪承载力为

$$Q_R=Q_{hk}+Q_w=143.32+114.82=258.14\text{kN}$$

由程序算得荷载产生的剪力为

$$Q_j=281\text{kN(组合 III 控制)}$$

则抗力效应 Q_R＜荷载效应 Q_j，故支点斜截面抗剪强度不能满足承载力要求。

(2) 中跨 T 梁原结构复核计算

①恒载计算

桥面铺装分配给主梁的荷载集度：$g_1=3.8925\text{kN/m}$

横隔板分配给主梁的每延米恒载：$g_2=1.1445\text{kN/m}$

人行道、栏杆每延米恒载：$g_3=1.596\text{kN/m}$

桥面恒载每延米总恒载：$g=g_1+g_2+g_3=6.633\text{kN/m}$

②跨中荷载横向分布系数计算

因该桥 T 梁纵向有 5 道横隔梁，属具有可靠连接，同时宽跨比 $B/L>0.5$，故采用 G—M 法计算跨中荷载横向分布系数。绘制横向分布影响线如图 1.6.1-12 所示。各梁的跨中荷载横向分布系数如下：

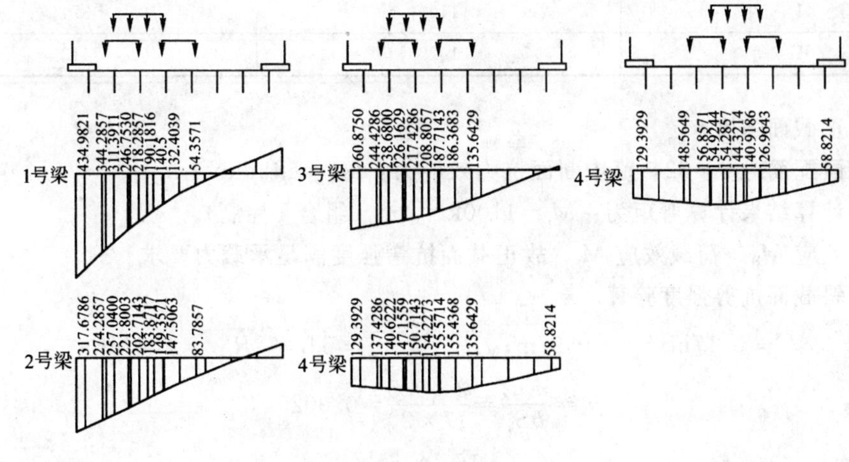

图 1.6.1-12　中跨的跨中荷载横向分布系数计算（$\times 10^{-3}$）图式

汽—20：$\eta_{1汽}=\frac{1}{2}$（344.2857+218.2857+140.5+54.3571）$\times10^{-3}=0.379$

$\eta_{2汽}=\frac{1}{2}$（274.2857+202.7143+149.3571+83.7857）$\times10^{-3}=0.355$

$\eta_{3汽}=\frac{1}{2}$（244.4286+217.4286+187.7143+135.6429）$\times10^{-3}=0.392$

$\eta_{4汽}=\frac{1}{2}$（137.4286+150.7143+155.5714+135.6429）$\times10^{-3}=0.290$

挂—100：$\eta_{1挂}=\frac{1}{4}$（311.3911+246.7530+190.1816+132.4039）$\times10^{-3}=0.22$

$\eta_{2挂}=\frac{1}{4}$（257.0400+221.8003+183.8717+147.5063）$\times10^{-3}=0.20$

$\eta_{3挂}=\frac{1}{4}$（238.6800+226.1629+208.8057+186.3683）$\times10^{-3}=0.215$

$\eta_{4挂}=\frac{1}{4}$（140.6222+147.1559+154.2273+155.4368）$\times10^{-3}=0.149$

人群：$\eta_{1人}=0.435$；$\eta_{2人}=0.318$；$\eta_{3人}=0.261$；$\eta_{4人}=0.188$

③支点横向分布系数（杠杆法）

支点附近的横向分布系数按杠杆法原理计算。计算结果如下：

汽—20：$\eta'_{1汽}=0.427$；$\eta'_{2汽}=0.497$；$\eta'_{3汽}=0.537$；$\eta'_{4汽}=0.537$

挂—100：$\eta'_{1挂}=0.124$；$\eta'_{2挂}=0.392$；$\eta'_{3挂}=0.429$；$\eta'_{4挂}=0.427$

人群：$\eta'_{1人}=1.122$；$\eta'_{2人}=0.431$；$\eta'_{3人}=0.0$

④原结构计算结果

利用电算程序“桥梁博士”分析系统输出控制截面的内力计算结果如表 1.6.1-11 所列。

3 号梁控制截面内力计算表 表 1.6.1-11

荷载组合	跨中弯矩（kN·m）	支点剪力（kN）
I	1100	374
III	1020	412

⑤跨中正截面强度

跨中断面配筋为 8φ32，跨中断面抗力效应为：$M_R=1450\text{kN}\cdot\text{m}$

按程序计算结果计算弯矩为：$M_j=1100\text{kN}\cdot\text{m}$（组合 I 控制）

即抗力效应 $M_R>$荷载效应 M_j，故正截面抗弯强度满足承载力要求。

⑥支点斜截面抗剪强度验算

$$b=0.17\text{m};h_0=0.97\text{m};\sqrt{R}=\sqrt{30}=54.77;R_{gk}=240\text{MPa}$$

配箍率 $$\mu_k=\frac{n_k a_k}{bS_k}=\frac{2\times0.5}{17\times20}=0.0029$$

纵向受拉钢筋的配筋率 $$\mu=\frac{A_g}{bh_0}=\frac{16.08}{17\times97}=0.00975$$

$$p=100\mu=100\times0.00975=0.975$$

$$Q_{hk}=0.0349bh_0\sqrt{(2+p)\sqrt{R}\mu_k R_{gk}}$$
$$=0.0349\times17\times97\sqrt{(2+0.975)\times5.477\times0.0029\times240}=193.81\text{kN}$$
$$Q_w=0.06R_{gw}\sum A_w\sin\alpha=0.06\times340\times8.04\times0.7=114.82\text{kN}$$

则支点的抗剪承载力为：

$$Q_R=Q_{hk}+Q_w=193.81+114.82=308.6\text{kN}$$

由程序算得的荷载产生的剪力为：$Q_j=412\text{kN}$（组合 III 控制）

则抗力效应 Q_R＜荷载效应 Q_j，故支点斜截面抗剪强度不满足承载力要求。

4. 承载能力评定

根据前述表观检查及混凝土强度测试结果，对前述理论计算的结构抗力和荷载效应分别进行修正。修正时引入桥梁检算系数 Z_1 和活载影响修正系数 ξ_q。

基于检测结果的承载能力鉴定表达式如下：

$$S_d(\gamma_d G;\ \gamma_q\cdot\xi_q\cdot\sum Q)\leqslant\gamma_d R_d\left(\frac{R_c}{\gamma_c};\ \frac{R_s}{\gamma_s}\right)Z_1$$

（1）T 梁检算系数的确定

①检算系数 Z_1

T 梁检算系数 Z_1 的确定详见表 1.6.1-12。上部结构技术状况评定值为 3.45，T 梁承载能力检算系数 Z_1 取为 0.88。

承载能力检算系数 Z_1 表 1.6.1-12

检测指标	权 重 a_j	检测指标的评定标度值 D_j	构件技术状况评定值 D	对应于受弯构件的检算系数 Z_1
桥梁外观质量	0.55	3	3.45	0.88
混凝土强度	0.45	4		

②活载影响修正系数 ξ_q

交通量的活载影响修正系数：$\xi_{q1}=1.05$；

大吨位车辆混入率的活载影响修正系数：$\xi_{q2}=1.1$；

轴荷分布的活载影响修正系数：$\xi_{q3}=1.1$。

则活载影响修正系数为：$\xi_q=\sqrt[3]{\xi_{q1}\xi_{q2}\xi_{q3}}=\sqrt[3]{1.1\times1.1\times1.2}=1.08$

（2）承载能力评定

①边跨 T 梁

对于抗弯承载能力，设计抗力为 $M_R=746\text{kN}\cdot\text{m}$，则基于检测结果的结构抗力效应经以上各个折减系数修正后为 $M'_R=656.5\text{kN}\cdot\text{m}$。荷载效应的设计计算值 $M_j=525\text{kN}\cdot\text{m}$，则考虑活载影响修正系数后的荷载效应为

$$M'_j=1.2\times\text{恒载效应}+1.4\times\text{活载效应}\times\xi_q$$
$$=1.2\times113+1.4\times277.6\times1.08=555.3\text{kN}\cdot\text{m}$$

故 $M'_R>M'_j$，即结构的抗力效应大于荷载效应，该桥 T 梁能满足抗弯承载能力的要求。

对于抗剪承载能力，设计抗力为 $Q_R=258.14\text{kN}$，则基于检测结果的结构抗力效应经以上各个折减系数修正后为 $Q'_R=227.2\text{kN}$。荷载效应的设计计算值 $Q_j=281\text{kN}$，则考虑活载影响修正系数后的荷载效应为：

$$Q'_j = 1.2\times 恒截效应 + 1.4\times 活截效应\times \xi_q$$
$$= 1.2\times 54.5 + 1.4\times 168\times 1.08 = 319.4\text{kN}$$

故 $Q'_R<Q'_j$，即结构的抗力效应小于荷载效应，该桥 T 梁不能满足抗剪承载能力的要求。

②中跨 T 梁

对于抗弯承载能力，设计抗力为 $M_R=1450\text{kN}\cdot\text{m}$，则基于检测结果的结构抗力效应经以上各个折减系数修正后为 $M'_R=1276\text{kN}\cdot\text{m}$。

荷载效应的设计计算值 $M_j=1100\text{kN}\cdot\text{m}$，则考虑活载影响修正系数后的荷载效应计算值为 $M'_j=1188\text{kN}\cdot\text{m}$。故 $M'_R>M'_j$，即结构的抗力效应大于荷载效应，该桥 T 梁能满足抗弯承载能力的要求。

对于抗剪承载能力，设计抗力为 $Q_R=308.6\text{kN}$，则基于检测结果的结构抗力效应经以上各个折减系数修正后为 $Q'_R=271.6\text{kN}$。荷载效应的设计计算值 $Q_j=412\text{kN}$，则考虑活载影响修正系数后的荷载效应为：

$Q'_j = 1.2\times 恒截效应 + 1.4\times 活截效应\times \xi_q = 1.2\times 125 + 1.4\times 227\times 1.08 = 493.2\text{kN}$
故 $Q'_R<Q'_j$，即结构的抗力效应小于荷载效应，该桥 T 梁不能满足抗剪承载能力的要求，故需加固改造。

三、20m 简支 T 梁桥（一）

1. 桥梁概况

该桥位于天津市大港区，跨越独流减河，全长 1060.76m，桥面宽 18.5m，其中行车道宽 15m，两侧人行道净宽 1.5m，桥面顺桥向为平坡，横坡为 1.0%；全桥共分 53 孔，每孔由 11 片（标准跨长 20m）钢筋混凝土 T 形梁组成，T 梁混凝土为原 30 号；下部结构为三柱式钢筋混凝土盖梁，ϕ1.2m 钻孔灌注桩基础，盖梁与立柱混凝土均为原 30 号，钻孔灌注桩混凝土为原 20 号；设计荷载为汽车-超 20 级，挂车-120、人群 350kg/m^2；设计抗震烈度为 8 度。见图 1.6.1-13。

图 1.6.1-13 大桥全景

2. 桥梁典型病害

桥梁的典型病害列于表 1.6.1-13。

桥梁典型病害情况　　表 1.6.1-13

编　号	病害部位病害特征描述	照　片
1	桥面铺装层损坏严重，桥面纵缝、横缝分布普遍，局部损坏坑槽，恶化了行车条件	
2	人行道栏杆部分损坏，影响整体美观	
3	对应桥面梳形伸缩缝位置的盖梁上有大量积土，严重影响了支座功能 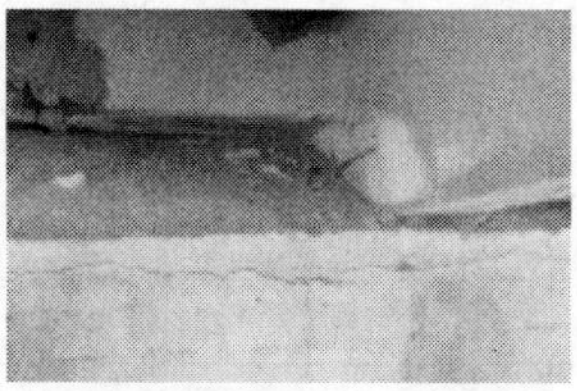	
4	盖梁底面钢筋锈蚀严重，混凝土胀裂并大面积脱落 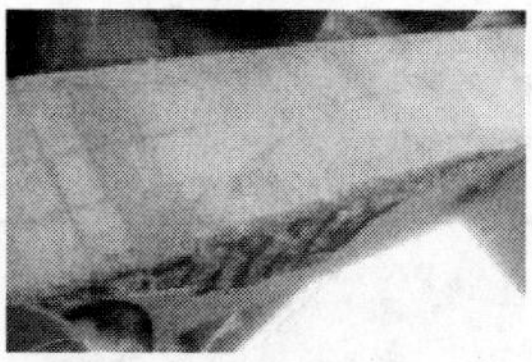	
5	部分跨越水面的 T 梁下缘存在钢筋锈蚀现象，导致局部混凝土松动或脱落 	
6	T 梁翼板局部渗水、泛白 立柱受海水侵蚀，钢筋锈蚀膨胀导致大面积保护层脱落或失落 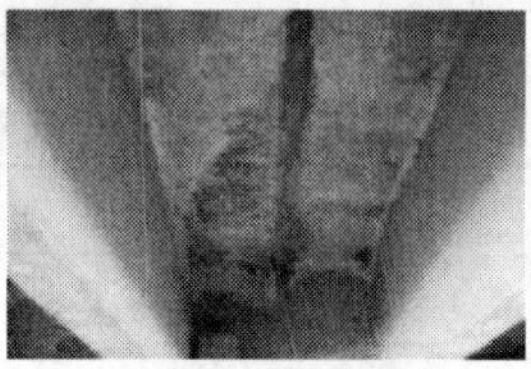	

3. 主要检测结果

通过调查，最终确定处于水面上的北 10 号孔、北 48 号孔作为典型病害评定对象，进行进一步的特殊检查。

(1) 混凝土强度

受结构构件尺寸的制约，对盖梁的混凝土强度采用回弹法进行检测，每个盖梁布置 10 个测区；T 梁的混凝土强度采用超声—回弹法进行检测，每孔各挑选 4 片 T 梁，占总数的 36%，每片 T 梁布置 10 个测区。表 1.6.1-14 列出了回弹测量结果，T 梁混凝土强度推定值介于 27.4～38.1MPa 之间，混凝土推定强度均匀系数 K_{bt} 为 0.91～1.27，平均强度均匀系数 K_{bm} 为 1.19～1.56；盖梁混凝土强度推定值介于 26.8～33.4MPa 之间，混凝土推定强度均匀系数 K_{bt} 为 0.89～1.11，平均强度均匀系数 K_{bm} 为 1.06～1.46。T 梁混凝土强度评定标度值为 2，属于较好状态；盖梁混凝土强度评定标度值为 3，属于较差状态。

测区混凝土强度推定值（MPa） 表 1.6.1-14

测试构件位置	平均强度值（MPa）	推定强度值（MPa）
北桥 10 号孔 1 号梁	39.3	30.9
北桥 10 号孔 2 号梁	35.8	27.4
北桥 10 号孔 4 号梁	41.9	30.2
北桥 10 号孔 5 号梁	37.7	31.7
北桥 48 号孔 1 号梁	46.8	38.1
北桥 48 号孔 2 号梁	38.1	31.9
北桥 48 号孔 3 号梁	41.4	29.7
北桥 48 号孔 6 号梁	43.6	34.8
北桥 10 号孔北盖梁	36.3	27.9
北桥 48 号孔北盖梁	31.8	26.8
北桥 48 号孔南盖梁	43.8	33.4

(2) 混凝土碳化深度

对混凝土碳化深度的检测采用滴酚酞试剂方法进行。实测的桥跨结构混凝土碳化深度值列于表 1.6.1-15。T 梁、盖梁碳化深度评定值为 1。

混凝土碳化深度测试 表 1.6.1-15

测 区 位 置	平均碳化深度（cm）	测 区 位 置	平均碳化深度（cm）
北 10 号孔西 1 号梁	1.8	北 48 号孔东 3 号梁	0.3
北 10 号孔西 2 号梁	1.2	北 48 号孔东 6 号梁	0.4
北 10 号孔西 3 号梁	1.0	北 48 号孔东 1 号梁	2.5
北 10 号孔西 4 号梁	2.2	北 48 号孔东 2 号梁	0.5
北 10 号孔西 5 号梁	1.9	北 48 号孔南盖梁	0.4
北 10 号孔北盖梁	1.0	北 48 号孔北盖梁	1.8

(3) 混凝土氯离子含量

本次检测氯离子含量是采用现场取粉后送交试验室进行化学分析的方法，测试结果详见表1.6.1-16。

氯离子含量对钢筋锈蚀影响程度的评定标准 表1.6.1-16

氯离子含量（占水泥含量的百分比）	<0.15	0.15～0.4	0.4～0.7	0.7～1.0	>1.0
评定标度值	1	2	3	4	5
诱发钢筋锈蚀的可能性	很小	不确定	有可能诱发钢筋锈蚀	会诱发钢筋锈蚀	钢筋锈蚀活化

(4) 混凝土电阻率

采用四电极电流法对各详细检查区的混凝土电阻率进行了测试，其结果列于表1.6.1-17中。并给出了各测区相应的评定标度值，各测区实测电阻率均值在0.007MΩ·cm左右，对应标度值为4。

(5) 钢筋锈蚀电位

实测桥跨结构各部位的钢筋锈蚀电位列于表1.6.1-17中，各测区锈蚀电位平均值在－60～－322mV之间不等。

混凝土电阻率与锈蚀电位实测值 表1.6.1-17

测区位置	电阻率均值(MΩ·cm)	混凝土电阻率标度值	锈蚀电位均值(mV)	锈蚀电位标度值
北48号孔东侧2号梁跨中	0.007	4	－273	2
北48号孔东侧2号梁端头	0.007	4	－73	1
北48号孔北侧盖梁	0.007	4	－286	2
北10号孔西2号梁	0.007	4	－78	1

4. 基于检测结果承载能力评定

(1) 检算系数的确定

①检算系数 Z_1

检算系数 Z_1 的确定列于表1.6.1-18。上部结构T梁技术状况评定值为2.8，其承载能力检算系数 Z_1 取为1.02；盖梁技术状况评定值为3.8，其承载能力检算系数 Z_1 取为0.97。

T梁、盖梁技术状况评定 表1.6.1-18

构件	T梁	盖梁	权重 a_j
检测指标	评定标度值 E_j	评定标度值 E_j	
表观缺损状况	4	5	0.4
材质强度	2	3	0.3
固有模态	2	3	0.3
技术状况评定值	$D=2.8$	$D=3.8$	——
承载能力检算系数	$Z_1=1.02$	$Z_1=0.97$	——

②承载能力恶化系数 ξ_e

承载能力恶化系数 ξ_e 的确定详见表 1.6.1-19。

结构或构件检测指标影响权重及其恶化状况 表 1.6.1-19

构　件	T　梁	盖　梁	权　重 a_j
检测指标	评定标度值 E_j	评定标度值 E_j	
混凝土表观缺损	4	5	0.32
钢筋锈蚀电位	2	2	0.11
混凝土电阻率	4	4	0.05
混凝土碳化深度	1	1	0.20
混凝土保护层厚度	1	1	0.12
混凝土中氯离子含量	1	1	0.15
结构混凝土强度推定值	2	3	0.05
恶化状况评定值 D	2.27	2.64	—
环境条件	干湿交替、冻、有侵蚀性介质		
承载能力恶化系数 ξ_e	0.091	0.108	—

③截面折减系数（ξ_c、ξ_s）

根据检测结果分别对以上各检测指标给出评定标度值，计算得到构件截面损伤（折减）的综合评定值如表 1.6.1-20。

截面折减系数评定表 表 1.6.1-20

构　件	T　梁	盖　梁	权　重 a_j
检测指标	评定标度值 E_j	评定标度值 E_j	
材料风化	1	2	0.10
碳化	1	1	0.35
物理与化学损伤	4	5	0.55
构件截面损伤的综合评定值 R	2.65	3.30	—
结构截面折减系数 ξ_c	0.96	0.90	—
钢筋截面折减系数 ξ_s	0.90	0.80	—

(2) 承载能力评定

承载能力检算结果如下：

单片 T 梁跨中截面弯矩值：$M_j = 2.89\times103$kN·m 大于截面抗力 $M_R = 2.33\times103$kN·m，不满足极限状态下结构承载能力要求。

盖梁跨中截面弯矩值：$M_j = 0.85\times103$kN·m 小于截面抗力 $M_R = 1.88\times103$kN·m，满足极限状态下结构承载能力要求。

T 梁须进行抗弯加固。

四、9×20m 简支 T 梁桥

1. 桥梁概况

该桥上部结构为 9 孔 20m 装配式钢筋混凝土 T 梁桥，全长 184.04m，桥面连续结构。桥面混凝土垫层最小厚度为 6cm，最大厚度为 15cm，沥青混凝土铺装厚度为 2cm。下部结构中，基础为扩大基础，桥墩为钢筋混凝土双柱式桥墩，桥台为钢筋混凝土埋置式轻型桥台。该桥钢筋混凝土 T 梁的混凝土为原 25 号，轴心抗压设计强度 $R_a=14.5$MPa，抗拉设计强度 $R_l=1.55$MPa，弹性模量 $E_h=1.85\times10^4$MPa。钢筋：主筋为 II 级，其他用 I 级钢。

T 梁的计算跨径为 19.5m，标准跨径为 20m，梁长 19.96m。

桥面净空：净－9＋2×0.85m 人行道

设计荷载：汽—20 级，挂—100，人群荷载 3.5kN/m^2

上部结构的纵横向布置分别如图 1.6.1-14 和图 1.6.1-15 所示。

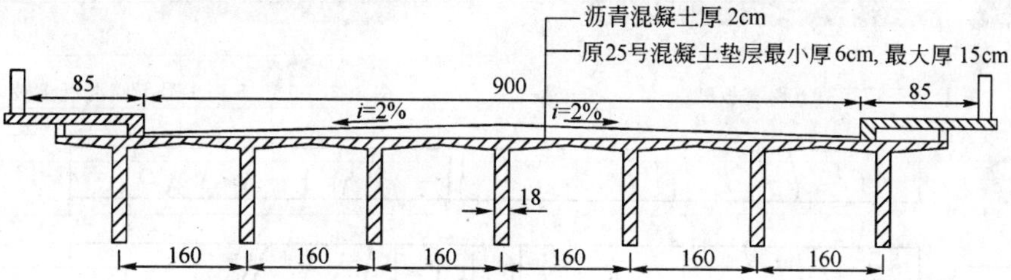

图 1.6.1-14　横向布置图（尺寸单位：cm）

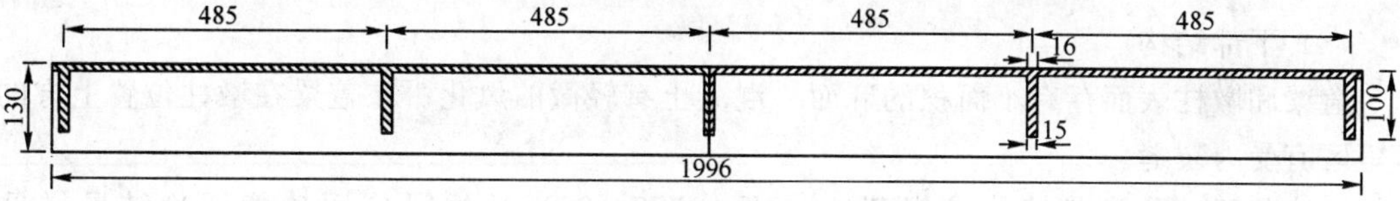

图 1.6.1-15　纵向布置图（尺寸单位：cm）

2. 桥梁典型病害

(1) 桥面铺装

桥面铺装破损严重，沿桥纵向在 T 梁连接部位开裂，局部呈严重网状开裂，见图 1.6.1-16。

图 1.6.1-16　桥面铺装缺陷

(2) 上部结构

T梁间铰缝开裂、渗水、碱蚀；混凝土表面轻度风化，局部有疏松；T梁端部混凝土剥落、露筋；梁体混凝土开裂，最大裂缝宽度已达0.51mm，见图1.6.1-17、图1.6.1-18。梁体混凝土裂缝分布情况见图1.6.1-19。

图1.6.1-17 第五跨翼板碱蚀

图1.6.1-18 5跨1号梁端混凝土破碎露筋

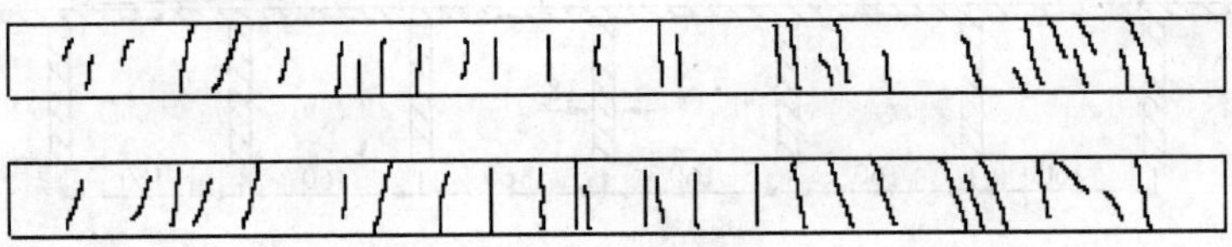

图1.6.1-19 梁体混凝土裂缝分布示意图

(3) 下部结构

盖梁和墩柱表面存有小面积的麻面，混凝土有轻微的风化。在盖梁在墩柱位置上方的负弯矩区有受力裂缝。

(4) 基于《公路养护技术规范》(JTJ 073—96) 的桥梁使用功能评价结果详见表1.6.1-21。

长沙河桥各构件综合评定　　表1.6.1-21

部件	部件名称	缺损程度	对使用功能影响程度	发展状况的修正	最终评定标度	权重	得分
1	翼墙、耳墙	0	0	0	0	1	0
2	锥坡、护坡	1	0	0	1	1	1
3	桥台及基础	1	0	0	1	23	23
4	桥墩及基础	1	1	0	2	24	48
5	地基冲刷	0	0	0	0	8	0
6	支座	1	0	0	1	3	3
7	上部主要承重构件	2	2	2	6	20	120
8	上部一般承重构件	2	1	1	4	5	20
9	桥面铺装	2	2	1	5	1	5

续上表

部　件	部 件 名 称	缺损程度	对使用功能影响程度	发展状况的修正	最终评定标度	权重	得分
10	桥头跳车	0	0	0	0	3	0
11	伸缩缝	0	0	0	0	3	0
12	人行道	0	0	0	0	1	0
13	栏杆、护栏	0	0	0	0	1	0
14	照明、标志	0	0	0	0	1	0
15	排水设施	0	0	0	0	1	0
16	调治构造物	0	0	0	0	3	0
17	其他	0	0	0	0	1	0
D_r		56		技术状况评定等级		三类	

3. 原结构复算

①跨中荷载横向分布系数

因该桥 T 梁纵向有 5 道横隔梁，属具有可靠连接。同时，宽跨比 $B/L>0.5$，故采用 G—M 法计算跨中荷载横向分布系数。T 梁及其横隔梁的横截面尺寸如图 1.6.1-20 和图 1.6.1-21 所示。

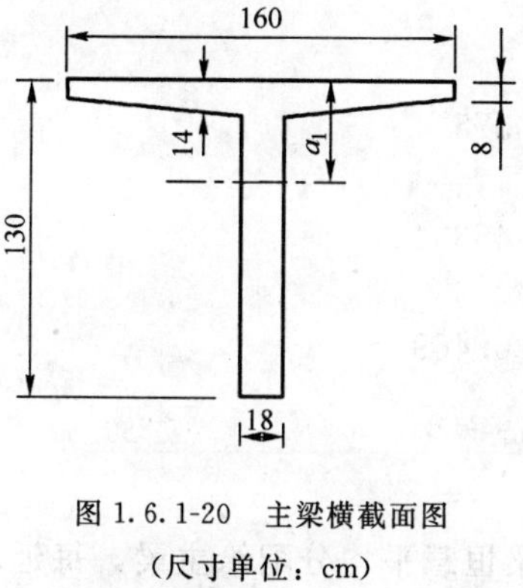

图 1.6.1-20　主梁横截面图（尺寸单位：cm）

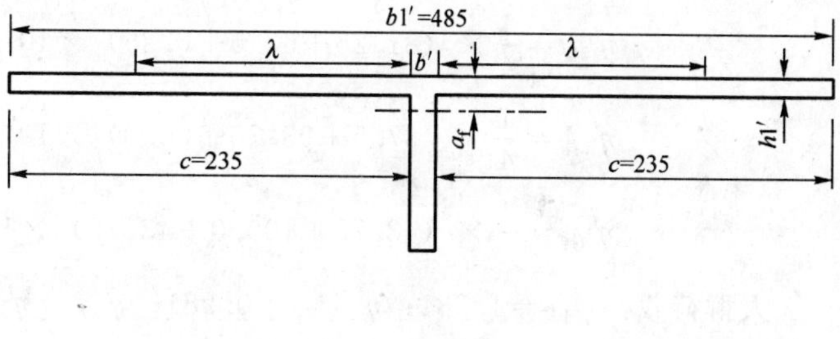

图 1.6.1-21　横隔梁截面图（尺寸单位：cm）

各梁的跨中荷载横向分布系数计算如下：

汽—20：$\eta_{1汽}=\frac{1}{2}\times(393.4129+255.5543+168.8571+67.6071)\times10^{-3}=0.443$

$$\eta_{2汽}=\frac{1}{2}\times(300.2857+229.2143+175.6786+103.8741)\times10^{-3}=0.405$$

$$\eta_{3汽}=\frac{1}{2}\times(260.8643+216.9571+177.8321+118.4321)\times10^{-3}=0.387$$

$$\eta_{4汽}=\frac{1}{2}\times(148.0825+171.2286+171.2286+148.0825)\times10^{-2}=0.319$$

挂—100：$\eta_{1挂}=\frac{1}{4}\times(353.02+282.8314+221.4579+162.4286)\times10^{-3}=0.255$

$\eta_{2挂}=\frac{1}{4}\times(281+245.8571+209.2143+171.4143)\times10^{-4}=0.227$

$\eta_{3挂}=\frac{1}{4}\times(260.8643+216.9571+177.8321+118.4321)\times10^{-3}=0.194$

$\eta_{4挂}=\frac{1}{4}\times(148.0826+171.2286+171.2286+148.0826)\times10^{-3}=0.160$

人群荷载：$\eta_{1人}=0.372$；$\eta_{2人}=0.257$ ；$\eta_{3人}=0.217$；$\eta_{4人}=0.14$

②支点横向分布系数（杠杆法）

支点附近的横向分布系数按杠杆法原理计算。计算结果如下：

汽—20：$\eta'_{1汽}=\frac{1}{2}\times50\times10^{-2}=0.250$

$\eta'_{2汽}=\frac{1}{2}\times100\times10^{-2}=0.50$

$\eta'_{3汽}=\frac{1}{2}\times(62.5+56.25)\times10^{-2}=0.594$

$\eta'_{4汽}=0.594$

挂—100：$\eta'_{1挂}=\frac{1}{4}\times18.75\times10^{-2}=0.047$

$\eta'_{2挂}=\frac{1}{4}\times(81.25+62.5+6.25)\times10^{-2}=0.375$

$\eta'_{3挂}=\frac{1}{4}\times(37.5+93.75+50.0)\times10^{-2}=0.453$

$\eta'_{4挂}=\frac{1}{4}\times(43.75+100.0+43.75)\times10^{-2}=0.469$

人群荷载：$\eta'_{1人}=1.281$；$\eta'_{2人}=-0.281$；$\eta'_{3人}=\eta'_{4人}=0$

③恒载

主梁自重由程序自动计算。将桥面铺装、人行道和横隔梁恒载平均分配给主梁，每延米恒载为 $g_1=1.83\text{kN/m}$。

横隔梁恒载分摊给每片主梁，每延米恒载为 $g_2=1.08\text{kN/m}$。

桥面铺装按 2cm 沥青混凝土加平均厚为 10.5cm 的混凝土垫层计算。沥青混凝土重度为 23kN/m^3，混凝土重度取 24kN/m^3。每片主梁承担的桥面铺装恒载每延米为 $q_3=3.83\text{kN/m}$。

恒载合计　　　$g=g_1+g_2+g_3=1.83+1.08+3.83=6.74\text{kN/m}$

④活载

该桥设计荷载等级为汽-20 级，挂-100，人群荷载按 3.5kN/m^2 计算。汽车荷载的冲击系数为 1.191。

⑤荷载组合

荷载组合 I：1.2 恒载内力＋1.4（汽车＋人群）内力；

荷载组合 III：1.2 恒载内力+1.1 挂车内力

⑥计算结果

计算模型的单元编号如图 1.6.1-22 所示，控制截面的最大荷载效应如表 1.6.1-22 所列。

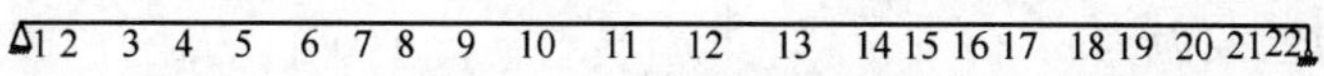

图 1.6.1-22　T 梁计算模型的单元编号

荷 载 效 应（由 1 号梁控制）　　表 1.6.1-22

荷载组合	跨中		支点
	弯矩（kN·m）	剪力（kN）	剪力（kN）
I	2003	99.5	390
III	1980	90.5	370

⑦跨中正截面强度验算

跨中截面配筋如图 1.6.1-23 所示。

受压区高度 x：

$$x = R_g A_g/(R_a b) = 340 \times 72.38 \times /(14.5 \times 160)$$

$$= 10.6\text{cm} < \text{翼缘厚度 } 110.0\text{cm}$$

故中性轴位于翼缘内。则跨中断面的抗弯强度为：

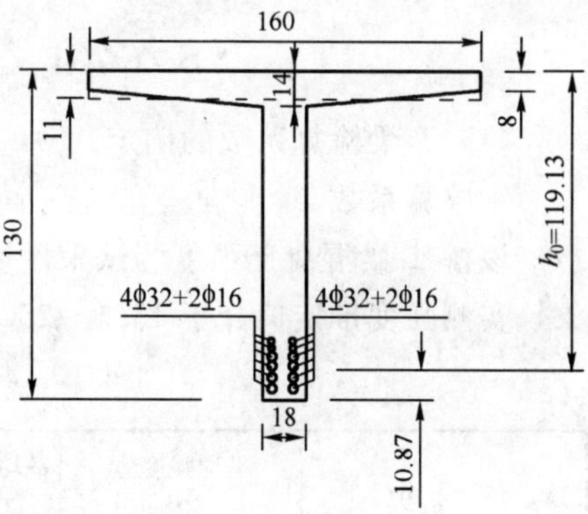

图 1.6.1-23　跨中截面配筋图（尺寸单位：cm）

$$M_R = \frac{1}{\gamma_c} R_a bx\left(h_0 - \frac{a}{2}\right)$$

$$= \frac{1}{1.25} \times 14.5 \times 1600 \times 106 \times \left(1191.3 - \frac{106}{2}\right) \times 10^{-6}$$

$$= 2332\text{kN} \cdot \text{m} > M_j = 2003\text{kN} \cdot \text{m}$$

故正截面抗弯强度符合承载能力要求。

⑧支点斜截面抗剪强度验算

$$b = 0.18\text{m}; h_0 = 1.1913\text{m}; R_{gk} = 240\text{MPa}; \sqrt{R} = \sqrt{25} = 5$$

配箍率　$$\mu_k = \frac{n_k a_k}{bS_k} = \frac{4 \times 0.5}{18 \times 20} = 0.0056$$

纵向受拉钢筋的配筋率：

$$\mu = \frac{A_g}{bh_0} = \frac{16.08}{18 \times 119.13} = 0.0075$$

$$p = 100\mu = 100 \times 0.0075 = 0.75$$

$$Q_{hk}=0.0349bh_0\sqrt{(2+p)}\sqrt{R}\mu_k R_{gk}$$

$$=0.0349\times18\times119.13\sqrt{(2+0.75)\times5\times0.0056\times240}=321.71\text{kN}$$

$$Q_w=0.06R_{gk}\sum A_w\sin\alpha=0.06\times340\times8.04\times0.7=114.82\text{kN}$$

则支点的抗剪承载力为

$$Q_R=Q_{hk}+Q_w=321.7+114.82=436.52\text{kN}$$

由程序算得荷载产生的剪力为

$$Q_j=390\text{kN(组合 I 控制)}$$

则抗力效应 Q_R>荷载效应 Q_j，故支点斜截面抗剪强度满足承载力要求。

4. T 梁承载能力评定

根据前述表观检查及混凝土强度测试结果，对前述理论计算的结构抗力和荷载效应分别进行修正，修正时引入桥梁检算系数 Z_1 和活载影响修正系数 ξ_q。

基于检测结果的承载能力鉴定表达式如下：

$$S_d\ (\gamma_d G;\ \gamma_q\cdot\xi_q\cdot\sum Q)\ \leqslant\gamma_b R_d\left(\frac{R_c}{\gamma_c};\ \frac{R_s}{\gamma_s}\right)Z_1$$

(1) T 梁检算系数的确定

①检算系数 Z_1

该桥 T 梁混凝土强度测试采用回弹—超声综合法。抽查了第 5 跨的三片梁作为测试对象，实测强度推定值介于 15.1～25.04，测试结果具体列于表 1.6.1-23。

测区混凝土强度推定值 表 1.6.1-23

测　　位	平均强度值 MPa	平均强度均匀系数 K_t	推定强度值 MPa	推定强度均匀系数 K_{bm}	强度评定标度值
5 跨 4 号梁	28.4	1.14	25.04	1.00	1
5 跨 6 号梁	26.8	1.07	24.02	0.96	1
5 跨 7 号梁	17.06	0.68	15.1	0.60	5

T 梁检算系数 Z_1 的确定详见表 1.6.1-24。上部结构技术状况评定值为 3，T 梁承载能力检算系数 Z_1 取为 0.90。

承载能力检算系数 Z_1 表 1.6.1-24

检 测 指 标	权重 α_j	检测指标的评定标度值 D_j	构件技术状况评定值 D	对应于受弯构件的检算系数 Z_1
桥梁外观质量	0.55	3	3	0.90
混凝土强度	0.45	3		

②活载影响修正系数 ξ_q

交通量的活载影响修正系数：$\xi_{q1}=1.05$

大吨位车辆混入率的活载影响修正系数：$\xi_{q2}=1.1$

轴荷分布的活载影响修正系数 $\xi_{q3}=1.1$

活载影响修正系数为：: $\xi_q=\sqrt[3]{\xi_{q1}\xi_{q2}\xi_{q3}}=\sqrt[3]{1.05\times1.05\times1.05}=1.08$

③承载能力评定

设计抗力为 $M_R=2333\text{kN}\cdot\text{m}$，则基于检测结果的结构抗力效应经以上各个折减系数修正后为 $M'_R=2100\text{kN}\cdot\text{m}$。荷载效应的设计计算值 $M_j=2003\text{kN}\cdot\text{m}$，则考虑活载影响修正系数后的荷载效应计算值为：

$M'_j\times1.2\times$恒载效应$+1.4\times$活载效应$\times\xi_q=1.2\times784+1.4\times758.3\times1.08=2087.3\text{kN}\cdot\text{m}$

故 $M'_R>M'_j$，即结构的抗力效应大于荷载效应，该桥 T 梁能满足抗弯承载能力的要求。

对于抗剪承载能力，设计抗力为 $Q_R=436.52\text{kN}$，则基于检测结果的结构抗力效应经以上各个折减系数修正后为 $Q'_R=392.9\text{kN}$。荷载效应的设计计算值 $Q_j=390\text{kN}$，则考虑活载影响修正系数后的荷载效应为：

$Q'_j=1.2\times$恒载效应$+1.4\times$活载效应$\times\xi_q=1.2\times161+1.4\times154\times1.08=426\text{kN}$

故 $Q'_R<Q'_j$，即结构的抗力效应小于荷载效应，该桥 T 梁不能满足抗剪承载能力的要求，故须进行抗剪加固。

五、公铁立交桥（20m 钢筋混凝土 T 梁、35m 预应力混凝土 T 梁）

1. 桥梁概况

该桥一座特大型公铁立交桥，全桥长 532.84m。上部结构为 19 孔 20m 钢筋混凝土简支 T 梁和 4 孔 35m 预应力混凝土简支 T 梁。桥面连续结构，桥面 6cm 钢筋混凝土铺装加 2cm 沥青混凝土。下部结构为钻孔灌注桩基础，桩基与墩台连接采用承台和系梁两种形式（图 1.6.1-24）。桥面净空：净－9＋2×1.5m 人行道。设计荷载：汽-20 级，挂-100，人群荷载 3kN/m^2。设计车速：80km/h。

图 1.6.1-24 大桥全景

(1) 20m 钢筋混凝土 T 梁

混凝土为原 25 号，轴心抗压设计强度 $R_a=14.5\text{MPa}$，抗拉设计强度 $R_l=1.55\text{MPa}$，弹性模量 $E_h=2.85\times10^4\text{MPa}$。钢筋：主筋为 II 级，其他用 I 级钢。

计算跨径为 19.5m，标准跨径为 20m，梁长 19.96m。

上部结构的纵横向布置分别如图 1.6.1-25 和图 1.6.1-26 所示。

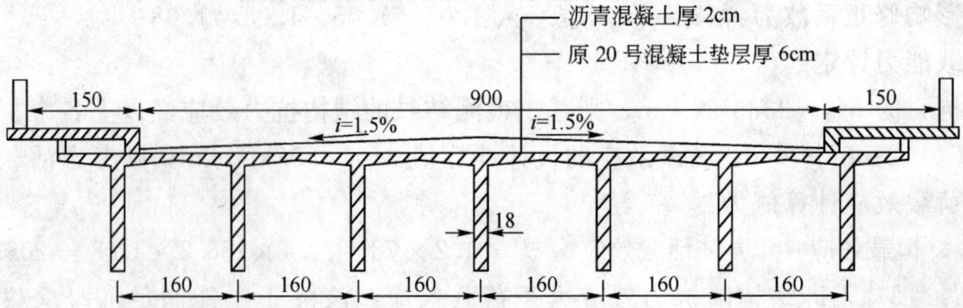

图 1.6.1-25　20m 简支 T 梁桥主梁横向布置图（尺寸单位：cm）

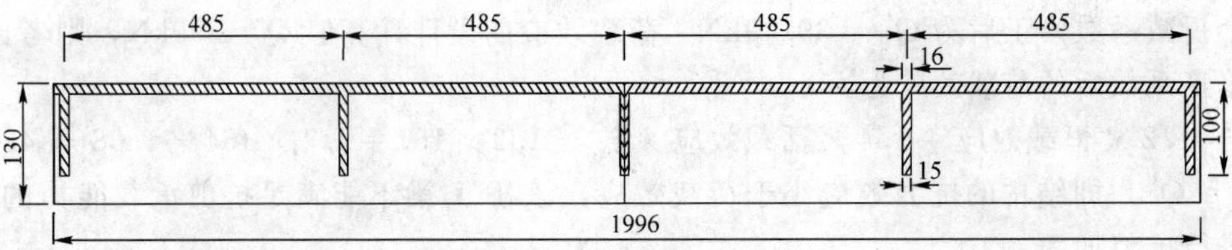

图 1.6.1-26　20m 简支 T 梁桥主梁纵向布置图（尺寸单位：cm）

(2) 35m 预应力混凝土简支 T 梁

混凝土为原 40 号，轴心抗压设计强度 $R_a=17.5$MPa，抗拉设计强度 $R_l=1.75$MPa，弹性模量 $E_h=3.3\times10^4$MPa。钢筋：主筋为 II 级，其他用 I 级钢。预应力钢束为 $24\phi^s5$ 碳素钢丝。单根钢束截面积 4.712cm^2；钢束孔道直径 40mm；松弛系数 0.045；孔道偏差系数 $k=0.015$；孔道摩擦系数 $\mu=0.55$；极限强度 $R_y^b=1600$MPa；抗拉设计强度 $R_y=1280$MPa；锚具变形 $\sum\Delta l=12$mm；张拉控制力：565kN；成孔方式为橡皮管抽芯成型。

计算跨径为 34.02m，标准跨径为 35m，梁长 34.96m。

上部结构横截面尺寸如图 1.6.1-27 所示。

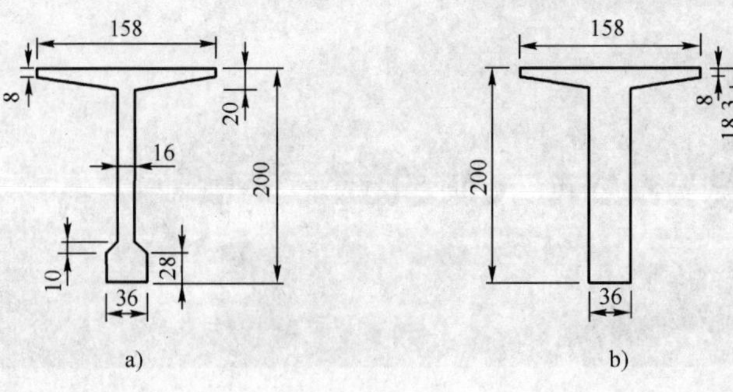

图 1.6.1-27　35m 预应力混凝土简支梁横截面尺寸图（尺寸单位：cm）

a）跨中；b）支点

2. 桥梁典型病害

(1) 20m 钢筋混凝土 T 梁

①桥面系

桥面铺装局部坑洼、开裂、破损严重，已经严重影响了车辆的通行，管养单位在桥面破损严重的部位临时铺设了钢板，部分栏杆和人行道板由于车辆撞击已经断裂，属危险状态。

②上部结构（图 1.6.1-28）

图 1.6.1-28　20m 梁上部结构典型病害

全桥 20m 简支 T 梁普遍存在铰缝渗水，超过 20%的 T 梁翼板存在泛白现象。40%T 梁横隔板联接部位发生混凝土开裂、剥落。T 梁横向联系构件的损坏，导致横向联系减弱，T 梁趋于单梁受力状态。超过 50%T 梁端部限位挡块大多因受剪而破损，严重的已经被剪断，失去了限位和加强横向稳定性的功能。由于 T 梁彼此间横向联接的破坏，使得 T 梁端部已经移位，并导致支座脱空。

T 梁表观质量较差，麻面、蜂窝现象普遍。沿腹板高度方向上多处存有混凝土空洞、露筋等病害。T 梁裂缝的典型分布见图 1.6.1-29。

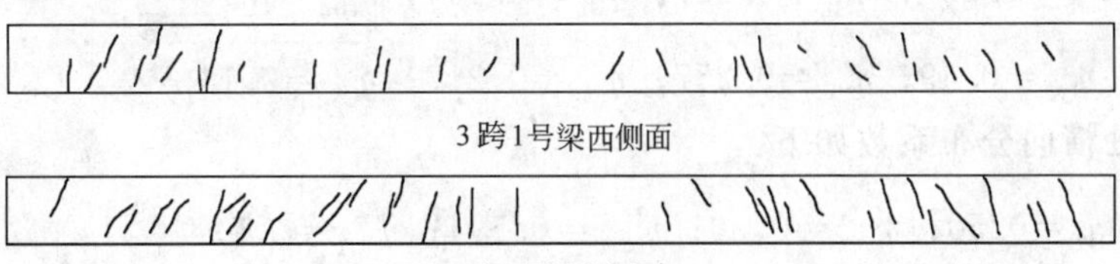

图 1.6.1-29　T 梁典型裂缝分布示意图

③下部结构

全桥的盖梁，在墩柱位置，上缘均存在负弯矩裂缝，部分在中间下部发现正弯矩裂缝。

(2) 35m 预应力混凝土简支 T 梁

①桥面铺装网状开裂。

②上部结构（图 1.6.1-30）预应力混凝土 T 梁间铰缝开裂渗水、泛白；横隔板普遍存

在错台、接缝混凝土脱落并露出焊接钢板，错台变形严重的已达 5cm；少数 T 梁底面混凝土空洞、露筋，波纹管和箍筋外露。该桥 35m 预应力钢筋混凝土 T 梁属于较差的状态。

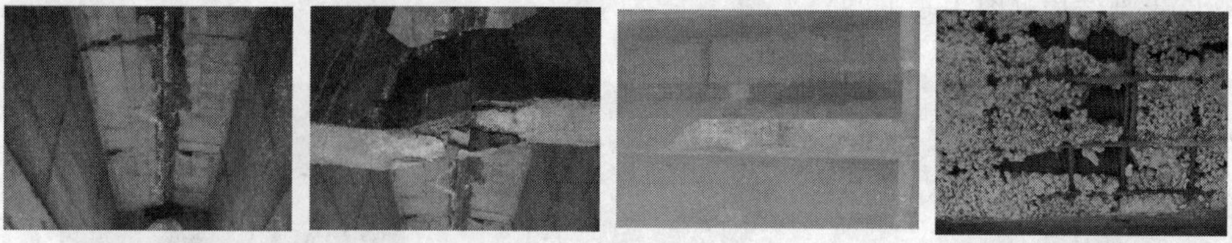

铰缝开裂渗水　　梁间横隔损坏　　梁波纹管外露

图 1.6.1-30　35m 预应力 T 梁上部结构典型病害

3. 原结构复算

(1) 20m 钢筋混凝土 T 梁

①荷载横向分布系数

因该桥 T 梁纵向有 5 道横隔梁，同时宽跨比 $B/L>0.5$，故采用 G－M 法计算跨中荷载横向分布系数。另外，支点附近的横向分布系数按杠杆法原理计算。T 梁及其横隔梁的横截面尺寸如图 1.6.1-31 和图 1.6.1-32 所示。

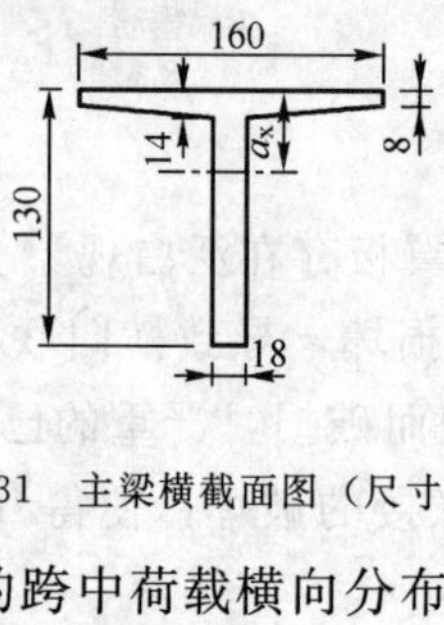

图 1.6.1-31　主梁横截面图（尺寸单位：cm）

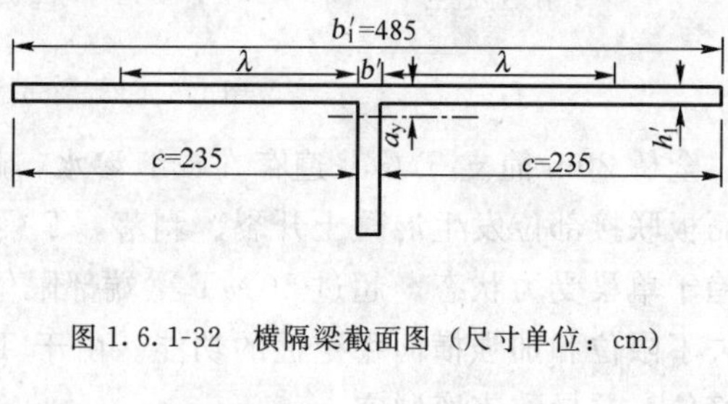

图 1.6.1-32　横隔梁截面图（尺寸单位：cm）

各梁的跨中荷载横向分布系数如下：

汽—20：$\eta_{1汽}=0.443$；$\eta_{2汽}=0.405$；$\eta_{3汽}=0.387$；$\eta_{4汽}=0.319$

挂—100：$\eta_{1挂}=0.255$；$\eta_{2挂}=0.227$；$\eta_{3挂}=0.194$；$\eta_{4挂}=0.160$

人群荷载：$\eta_{1人}=0.49$；$\eta_{2人}=0.257$；$\eta_{3人}=0.217$；$\eta_{4人}=0.14$

各梁支点处横向分布系数如下：

汽—20：$\eta'_{1汽}=0250$；$\eta'_{2汽}=0.50$；$\eta'_{3汽}=0.594$；$\eta'_{4汽}=0.594$

挂—100：$\eta'_{1挂}=0.047$；$\eta'_{2挂}=0.375$；$\eta'_{3挂}=0.453$；$\eta'_{4挂}=0.469$

人群荷载：$\eta'_{1人}=1.281$；$\eta'_{2人}=-0.281$；$\eta'_{3人}=\eta'_{4人}=0$

②恒载计算

主梁自重由程序自动计算；桥面铺装、人行道和横隔梁等重力平均分配给主梁。参照设计图纸，人行道恒载主要包括缘石、支撑梁、人行道梁（A 型和 B 型）、镶面贴、栏杆柱以及扶手等重力。经计算，将两侧人行道的总重力分摊给每片主梁的每延米重力为 $g_1=6.3718\times2/7=1.82\text{kN/m}$；跨内横隔梁总重力以均布荷载形式分摊给每片主梁，其每延米

重力为 $g_2=1.08$kN/m。

桥面铺装按 2cm 沥青混凝土＋平均厚为 6cm 的混凝土垫层计算。沥青混凝土重度为 23kN/m^3，混凝土重度取 24kN/m^3。每片主梁承担的桥面铺装重力为每延米 $g_3=3.04$kN/m。

恒载合计　　　$g=g_1+g_2+g_3=1.82+1.08+3.04=5.94$kN/m

③活载计算

该桥设计荷载等级为汽-20 级，挂-100，人群荷载按 3.0kN/m^2 计算。其中，汽车荷载的冲击系数为 1.191。

④荷载组合

荷载组合 I：1.2 恒载内力＋1.4（汽车＋人群）内力

荷载组合 III：1.2 恒载内力＋1.1 挂车内力

⑤控制截面的荷载效应与设计抗力效应

计算模型的单元编号如图 1.6.1-33 所示。控制截面（包括跨中和支点）的荷载效应和抗力效应如表 1.6.1-25 所列。

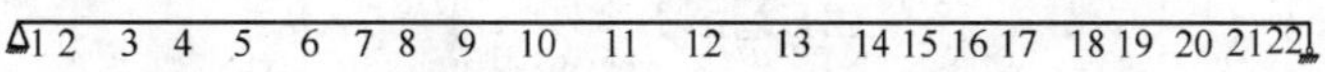

图 1.6.1-33　20mT 梁计算模型的单元编号

控制截面的荷载效应与抗力效应　　　　表 1.6.1-25

控制截面的控制内力	荷载效应		设计抗力效应
	组合 I	组合 III	
跨中弯矩（kN·m）	1960	1940	2294.5
支点剪力（kN）	381	360	436.5

(2) 35m 预应力混凝土简支 T 梁

①恒载计算

a. 主梁自重：按跨中截面计，主梁的恒载集度：$0.585\times25=14.625$kN/m

由于梁端腹板加宽所增加的重力折算成的恒载集度：0.7301kN/m

由于马蹄抬高所形成四个横置的三棱柱重力折算成的恒载集度：

$$\frac{4}{2}(4.86\times2-1.53-0.15)\times(0.66-0.28)\times0.1\times25/34.02=0.449\text{kN/m}$$

将横隔梁重力均摊至每个主梁上的恒载集度：1.2223kN/m

则主梁自重为：$g_{(1)}=14.625+0.7301+0.449+1.2223=17.0264$kN/ m

b. 二期恒载

一侧栏杆：1.52kN/m

一侧人行道：7.2kN/m

桥面铺装（2cm 沥青混凝土＋6cm 混凝土垫层）：每片主梁承担 3.04kN/m

将两侧栏杆、人行道和桥面铺装均摊至 7 片主梁：

$$g(2)=\frac{1}{7}(1.52\times 2+7.2\times 2)+3.04=5.53\text{kN/m}$$

②活载计算

活载效应为：$S=(1+\mu)\xi m_c \sum P_i y_i$

其中冲击系数：$1+\mu=1+\frac{(1.3-1.0)}{45-5}\times(45-34.02)=1.082$

对于双车道，不考虑汽车荷载折减，即：$\xi=1.0$

③荷载横向分布系数

因为该桥具有多道横隔梁且宽跨比 $B/L=(1.6\times 6)/34.02=0.28<0.5$，故采用考虑抗扭刚度的修正刚性横梁法。

单根主梁的抗弯惯矩：$I_i=0.295514\text{m}^4$

单根主梁的抗扭惯矩：$I_{Ti}=4.514047\times 10^{-3}\text{m}^4$

则考虑抗扭刚度的修正系数

$$\beta=\frac{1}{1+\frac{Gl^2\sum I_{Ti}}{12E\sum a_i^2 I_i}}=0.9417<1.0$$

根据电算程序求得各片主梁的荷载横向分布系数，并取其中最大值为

$$\text{跨中:汽-20:}m_c=0.481$$

$$\text{挂-100:}m_c=0.278$$

$$\text{人群荷载:}m_c=0.71$$

$$\text{支点:汽-20:}m_c=0.597$$

$$\text{挂-100:}m_c=0.469$$

$$\text{人群荷载:}m_c=1.92$$

④控制截面的荷载效应与设计抗力效应

图 1.6.1-34 示出了该桥 T 梁的计算模型及其单元编号。控制截面包括跨中断面（8 号单元左节点）和支点断面（14 号单元右节点），其荷载效应和抗力效应以及应力验算结果如表 1.6.1-26 所列。

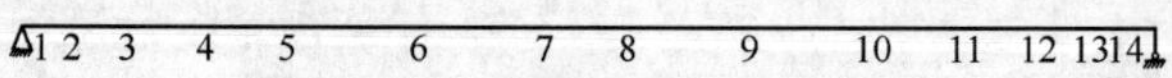

图 1.6.1-34 计算模型的单元编号

结构计算结果 表 1.6.1-26

极限状态	检算内容	部位	计算值	抗力效应或限值
承载能力	弯矩（kN·m）	跨中	6710（组合Ⅰ控制）	7640
	剪力（kN）	支点	755（组合Ⅲ控制）	960.6
正常使用	梁下缘混凝土正应力（MPa）	跨中	−0.1（压应力）	14.0
	梁体混凝土主拉应力（MPa）	支点	0.2	2.08

4. 基于检测结果的承载能力的评定

引入桥梁检算系数 Z_1、承载能力恶化系数 ξ_e、截面折减系数（混凝土 ξ_c 和钢筋 ξ_s）和活载影响修正系数 ξ_q 等的承载能力检算公式如下：

$$S_d\ (\gamma_d G;\ \gamma_q \cdot \xi_q \sum Q) \leqslant \gamma_b R_d \left(\xi_c \frac{R_c}{\gamma_c};\ \xi_s \frac{R_s}{\gamma_s}\right) Z_1 (1-\xi_e)$$

(1) 20m 钢筋混凝土 T 梁

①20m 钢筋混凝土 T 梁主要检测评定指标如下：

a. 钢筋锈蚀状况。钢筋锈蚀电位和混凝土保护层厚度检测评定结果详见表 1.6.1-27、表 1.6.1-28。

20mT 梁钢筋锈蚀电位测试评定结果 表 1.6.1-27

测区	测点	1	2	3	4	5	均值 (mV)	锈蚀电位标度值
1	1	−140	−107	−87	−56	−66	−86.75	1
	2	−120	−105	−75	−65	−103		
	3	−89	−77	−94	−48	−50		
	4	−115	−115	−68	−53	−102		
2	1	−114	−124	−76	−60	−21	−110.2	1
	2	−124	−110	−114	−113	−103		
	3	−155	−119	−132	−148	−86		
	4	−159	−142	−89	−90	−125		

20mT 梁混凝土保护层厚度测试评定结果 表 1.6.1-28

测试部位	测点	碳化深度 (mm)	保护层厚度 (mm)	D_{ne}/D_{nd}	影响程度评价标度值	说明
20 跨 1 号梁	1	23	35	0.50	5	钢筋易失去碱性保护，发生锈蚀
	2	23	35			
	3	23	35			
	4	22	35			
	5	22	35			
	6	27	35			
	7	36	35			
	8	29	35			
	9	35	35			
	10	25	35			

续上表

测试部位	测点	碳化深度（mm）	保护层厚度（mm）	D_{ne}/D_{nd}	影响程度评价标度值	说明
20跨2号梁	1	24	35	0.66	4	对结构耐久性有较大影响
	2	30	35			
	3	28	35			
	4	29	35			
	5	25	35			
	6	28	35			
	7	26	35			
	8	24	35			
	9	25	35			
	10	29	35			

b. 混凝土强度。混凝土强度测试评定结果详见表1.6.1-29。

混凝土强度测定 表1.6.1-29

测试部位	实测值（MPa）	设计强度（MPa）	实测/设计
20跨1号梁	14.1	25	0.564
20跨4号梁	11.2	25	0.448
20跨5号梁	10.3	25	0.412
20跨6号梁	10	25	0.4

②检算系数的确定

a. 检算系数 Z_1：T梁检算系数 Z_1 的确定详见表1.6.1-30。上部结构技术状况评定值为2.7，T梁承载能力检算系数 Z_1 取为0.93。

承载能力检算系数 Z_1 表1.6.1-30

检测指标	权重 a_j	检测指标的评定标度值 D_j	构件技术状况评定值 D	对应于受弯构件的检算系数 Z_1
桥梁外观质量	0.4	3	2.7	0.93
混凝土强度	0.3	3		
结构模态参数	0.3	2		

b. 承载能力恶化系数 ξ_e 的确定详见表1.6.1-31。

承载能力恶化系数 ξ_e　　表 1.6.1-31

序　号	检 测 指 标	权　重 a_j	指标评定标度 E_j	恶化状况评定标度 E	恶化系数 ξ_e
1	混凝土表观缺损	0.32	3	2.69	0.04（环境条件按干燥、不冻及无侵蚀介质考虑）
2	钢筋锈蚀电位	0.11	2		
3	混凝土电阻率	0.05	2		
4	混凝土碳化深度	0.20	3		
5	混凝土保护层厚度	0.12	3		
6	氯离子（Cl^-）含量	0.15	2		
7	结构混凝土强度推定值	0.05	3		

c. 截面折减系数 ξ_c、ξ_s。截面折减系数 ξ_c 的确定详见表 1.6.1-32，钢筋折减系数 ξ_s 为 0.98。

截面折减系数 ξ_c　　表 1.6.1-32

检 测 指 标	权 重 值 a_j	检测指标的评定标度 R_j	截面损伤综合评定值 R	混凝土截面折减系数 ξ_c
材料风化	0.10	2	2.35	0.96
碳 化	0.35	3		
物理与化学损伤	0.55	2		

d. 活载影响修正系数 ξ_q

交通量的活载影响修正系数：$\xi_{q1}=1.2$

大吨位车辆混入率的活载影响修正系数：$\xi_{q2}=1.1$

轴荷分布的活载影响修正系数：$\xi_{q3}=1.1$

则活载影响修正系数为：$\xi_q=\sqrt[3]{\xi_{q1}\xi_{q2}\xi_{q3}}=\sqrt[3]{1.1\times1.1\times1.2}=1.13$

e. 承载能力评定。对于抗弯承载能力，设计抗力为 $M_R=2239.4\text{kN}\cdot\text{m}$，则基于检测结果的结构抗力效应经以上各个折减系数修正后为 $M'_R=2049.38\text{kN}\cdot\text{m}$。荷载效应的设计计算值 $M_j=1960\text{kN}\cdot\text{m}$，则考虑活载影响修正系数后的荷载效应计算值为 $M'_j=2094.83\text{kN}\cdot\text{m}$。故 $M'_R<M'_j$，即结构的抗力效应小于荷载效应，该桥 T 梁不能满足承载能力的要求。

对于抗剪承载能力，设计抗力为 $Q_R=436.52\text{kN}$，则基于检测结果的结构抗力效应经以上各个折减系数修正后为 $Q'_R=389.9\text{kN}$。荷载效应的设计计算值 $Q_j=381\text{kN}$，则考虑活载影响修正系数后的荷载效应为

$Q'_j=1.2\times$ 恒载效应 $+1.4\times$ 活载效应 $\times\xi_q=1.2\times153+1.4\times154\times1.13=427.2\text{kN}$

故 $Q'_R<Q'_j$，即结构的抗力效应小于荷载效应，该桥 T 梁不能满足抗剪承载能力的要求，故须进行抗弯及抗剪加固。

（2）35m 预应力混凝土简支 T 梁

①承载能力检算系数 Z_1

T 梁检算系数 Z_1 的确定详见表 1.6.1-33。上部结构技术状况评定值为 2.15，T 梁承载能力检算系数 Z_1 取为 0.98。

承载能力检算系数 Z_1　　表 1.6.1-33

检测指标	权重 a_j	检测指标的评定标度值 D_j	构件技术状况评定值 D	对应于受弯构件的检算系数 Z_1
桥梁外观质量	0.4	2		
混凝土强度	0.3	2.5	2.15	0.98
结构模态参数	0.3	2		

②承载能力恶化系数 ξ_e

承载能力恶化系数 ξ_e 的确定详见表 1.6.1-34。

承载能力恶化系数 ξ_e　　表 1.6.1-34

序号	检测指标	权重 a_j	指标评定标度 E_j	恶化状况评定标度 E	恶化系数 ξ_e
1	混凝土表观缺损	0.32	3		
2	钢筋锈蚀电位	0.11	2		
3	混凝土电阻率	0.05	2		
4	混凝土碳化深度	0.20	2	2.37	0.02（环境条件按干燥、不冻及无侵蚀介质考虑）
5	混凝土保护层厚度	0.12	2		
6	氯离子（Cl^-）含量	0.15	2		
7	结构混凝土强度推定值	0.05	3		

③截面折减系数 ξ_c、ξ_s

截面折减系数 ξ_c 的确定详见表 1.6.1-35，钢筋折减系数 ξ_s 为 0.95。

截面折减系数 ξ_c　　表 1.6.1-35

检测指标	权重值 a_j	检测指标的评定标度 R_j	截面损伤综合评定值 R	混凝土截面折减系数 ξ_c
材料风化	0.10	2		
碳化	0.35	2	2	0.98
物理与化学损伤	0.55	2		

④活载影响修正系数 ξ_q

交通量的活载影响修正系数：$\xi_{q1}=1.2$

大吨位车辆混入率的活载影响修正系数：$\xi_{q2}=1.1$

轴荷分布的活载影响修正系数：$\xi_{q3}=1.1$

则活载影响修正系数：$\xi_q=\sqrt[3]{\xi_{q1}\xi_{q2}\xi_{q3}}=\sqrt[3]{1.1\times1.1\times1.2}=1.13$

⑤承载能力评定

根据设计计算结果，设计抗力 $M_R=7640\text{kN}\cdot\text{m}$。荷载效应，考虑前述各项折减系数，得到基于检测结果的结构抗力效应为 $M'_R=7117\text{kN}\cdot\text{m}$。荷载效应的设计计算值 $M_j=6710\text{kN}\cdot\text{m}$，则考虑活载影响修正系数后的荷载效应计算值为 $M'_j=7080\text{kN}\cdot\text{m}$。故 $M'_R>M'_j$，即结构的抗力效应大于荷载效应，该桥T梁的抗弯强度能够满足承载能力的要求。

对于抗剪承载能力，设计抗力为 $Q_R=960.3\text{kN}$，则基于检测结果的结构抗力效应经以上各个折减系数修正后为 $Q'_R=854.9\text{kN}$。荷载效应的设计计算值 $Q_j=755\text{kN}$，则考虑活载影响修正系数后的荷载效应为：

$$Q'_j=1.2\times\text{恒载效应}+1.4\times\text{活载效应}\times\xi_q=790\text{kN}$$

故 $Q'_R>Q'_j$，即结构的抗力效应大于荷载效应，该桥T梁的抗剪强度能够满足承载能力要求。

六、20m简支T梁桥（二）

1. 桥梁概况

该桥上部结构为1孔装配式钢筋混凝土T梁，设计采用“公路桥涵标准图JT/GQB 010—73”。下部结构为双柱式钢筋混凝土灌注桩，设计采用“公路桥涵标准图JT/GQB 015—73”。设计荷载等级为汽-15级，挂-80。桥梁全长24.04m，计算跨径19.5m。桥面宽度为净−7.0+2×0.5m（安全带）。

该桥钢筋混凝土T梁的混凝土为原25号，轴心抗压设计强度 $R_a=14.5\text{MPa}$，抗拉设计强度 $R_l=1.55\text{MPa}$，弹性模量 $E_h=2.85\times10^4\text{MPa}$。钢筋：主筋为II级，其他用I级钢。

上部结构的纵横向布置分别如图1.6.1-35和图1.6.1-36所示。

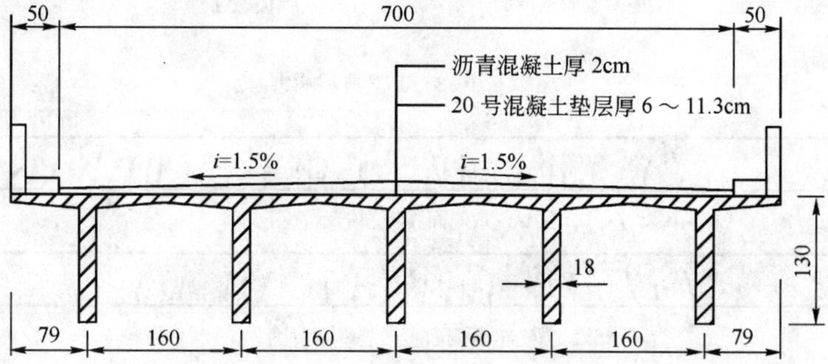

图1.6.1-35 T梁横向布置图（尺寸单位：cm）

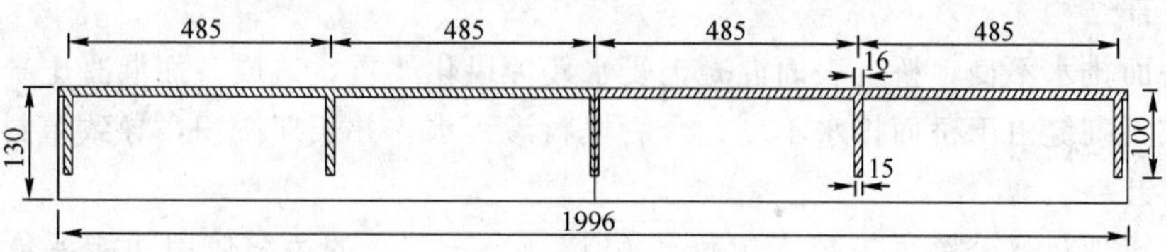

图1.6.1-36 T梁纵向布置图（尺寸单位：cm）

2. 桥梁典型病害

（1）桥面系

桥面铺装有沿桥纵向长约10m的车辙，局部骨料外露，并有大面积的龟裂。人行道板横梁表观混凝土普遍疏松，部分人行道横梁已经断裂，见图 1.6.1-37。

桥面车辙　　桥面龟裂　　人行道板横梁断裂

图 1.6.1-37　桥面系典型病害

(2) 上部结构

T 梁腹板下部混凝土疏松，钢筋锈蚀、混凝土胀裂，严重的混凝土大块脱离，露筋并锈蚀；T 梁腹板受雨水侵蚀、泛白；由于雨水侵蚀，部分钢板支座锈蚀严重，钢板丧失铰接的功能，见图 1.6.1-38。T 梁腹板部位开裂，裂缝宽度最大已达 0.39mm。腹板裂缝分布情况见图 1.6.1-39。

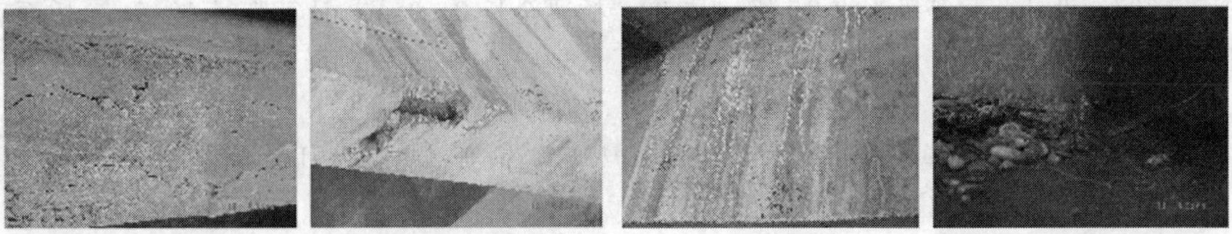

钢筋锈胀混凝土胀裂　　混凝土脱落露筋　　腹板碱蚀　　钢板支座锈蚀

图 1.6.1-38　T 梁典型病害

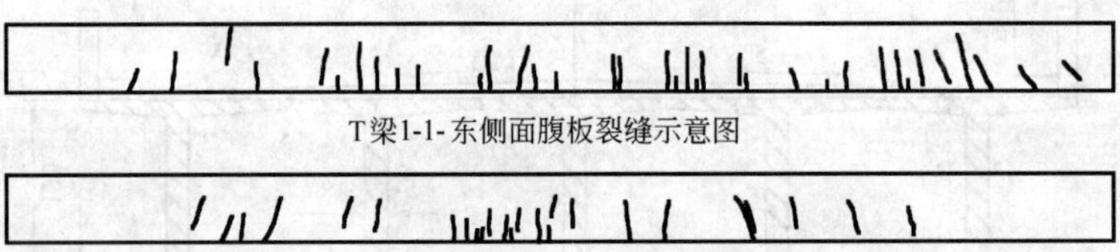

T梁1-5-西侧面腹板裂缝示意图

图 1.6.1-39　T 梁典型裂缝分布示意图

(3) 下部结构

由于桥面排水不良，桥台表面混凝土受水侵蚀风化严重，造成表面混凝土疏松。桥台浆砌块石护坡，砌缝由于桥面排水不良，台后填料渗入水，并长期淤积，导致填料膨胀，造成砌体沿砌缝开裂。

(4) 基于现行《公路养护技术规范》(JTJ 073—96) 的桥梁使用功能评价结果详见表 1.6.1-36。

3. T 梁原结构复算

(1) 荷载横向分布系数

各梁的跨中荷载横向分布系数如下：

汽-20：$\eta_{1汽}=0.530$；$\eta_{2汽}=0.465$；$\eta_{3汽}=0.4$

挂-100：$\eta_{1挂}=0.337$；$\eta_{2挂}=0.268$；$\eta_{3挂}=0.200$

各梁支点处横向分布系数如下：

汽-20：$\eta'_{1汽}=0.434$；$\eta'_{2汽}=0.498$；$\eta'_{3汽}=0.595$

挂-100：$\eta'_{1挂}=0.14$；$\eta'_{2挂}=0.468$；$\eta'_{3挂}=0.468$

桥梁各构件综合评定表　　表 1.6.1-36

部件	部件名称	缺损程度	对使用功能影响程度	发展状况的修正	最终评定标度	权重	得分
1	翼墙、耳墙	0	0	0	0	1	0
2	锥坡、护坡	1	0	0	1	1	1
3	桥台及基础	1	1	0	2	23	46
4	桥墩及基础	0	0	0	0	24	0
5	地基冲刷	0	0	0	0	8	0
6	支座	1	1	1	3	3	9
7	上部主要承重构件	2	2	2	6	20	120
8	上部一般承重构件	1	1	1	3	5	15
9	桥面铺装	2	2	1	5	1	5
10	桥头跳车	0	0	0	0	3	0
11	伸缩缝	0	0	0	0	3	0
12	人行道	2	2	1	5	1	5
13	栏杆、护栏	0	0	0	0	1	0
14	照明、标志	0	0	0	0	1	0
15	排水设施	0	0	0	0	1	0
16	调治构造物	0	0	0	0	3	0
17	其他	0	0	0	0	1	0
D_r		59.8		技术状况评定等级		三类	

（2）恒载

主梁自重由程序自动计算；桥面铺装（包括沥青面层）、横隔梁、缘石、栏杆等重力平均分配给主梁。其荷载集度为 $g_1=5.80\text{kN/m}$。

（3）活载

该桥设计荷载等级为汽-15 级，挂-80。其中，汽车荷载的冲击系数为 1.191。

（4）荷载组合

荷载组合 I：1.2 恒载内力＋1.4 汽车内力

荷载组合 III：1.2 恒载内力＋1.1 挂车内力

（5）计算结果

计算最大荷载效应汇总如表 1.6.1-37 所列。

荷载效应（由1号梁控制） 表1.6.1-37

荷载组合	跨中		支点
	弯矩（kN·m）	剪力（kN）	剪力（kN）
I	1830	86.4	394
III	1800	81.4	419

（6）跨中正截面强度

跨中截面配筋如图1.6.1-40所示。

受压区高度 x：

$$x = R_g A_g/(R_a/b)$$

$$= 340 \times 72.38/(14.5 \times 160)$$

$$= 10.6\text{cm} < \text{翼缘厚度 } 11.0\text{cm}$$

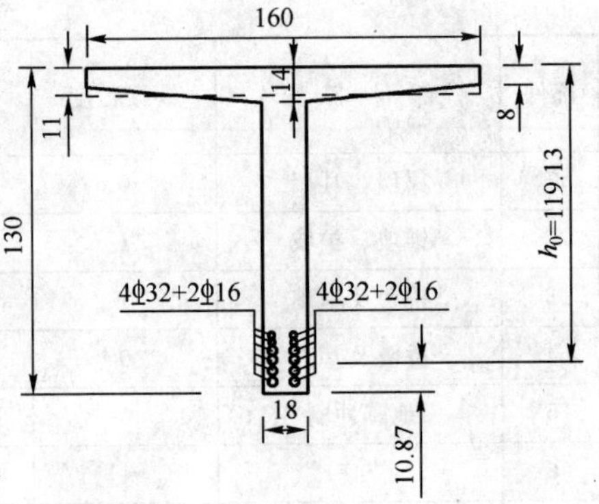

图1.6.1-40 跨中截面配筋示意图（尺寸单位：cm）

故中性轴位于翼缘内。则跨中断面的抗弯强度为：

$$M_R = \frac{1}{\gamma_c} R_a bx\left(h_0 - \frac{a}{2}\right)$$

$$= \frac{1}{1.25} \times 14.5 \times 1600 \times 106 \times \left(1191.3 - \frac{106}{2}\right) \times 10^{-6}$$

$$= 2239.4\text{kN}\cdot\text{m} > M = 1830\text{kN}\cdot\text{m}$$

故正截面承载能力符合强度要求。

（7）支点斜截面抗剪强度验算

$$b = 0.18\text{m}; h_0 = 1.1913\text{m}; \sqrt{R} = \sqrt{25} = 5; R_{gk} = 240\text{MPa}$$

配箍率 $\mu_k = \frac{n_k a_k}{bS_k} = \frac{4 \times 0.5}{18 \times 20} = 0.0056$

纵向受拉钢筋的配筋率 $\mu = \frac{A_g}{bh_0} = \frac{16.08}{18 \times 119.13} = 0.0075$

$$p = 100\mu = 100 \times 0.0075 = 0.75$$

$$Q_{hk} = 0.0349 bh_0 \sqrt{(2+p)}\sqrt{R}\mu_k R_{gk}$$

$$= 0.0349 \times 18 \times 119.13\sqrt{(2+0.75)} \times 5 \times 0.0056 \times 240 = 321.71\text{kN}$$

$$Q_w = 0.06 R_{gw} \sum A_w \sin\alpha = 0.06 \times 340 \times 8.04 \times 0.7 = 114.82\text{kN}$$

则支点的抗剪承载力为：

$$Q_R = Q_{hk} + Q_w = 321.7 + 114.82 = 436.52\text{kN}$$

由程序算得荷载产生的剪力为：$Q_j = 419\text{kN}$（组合I控制）

则抗力效应 $Q_R >$ 荷载效应 Q_j，故支点斜截面抗剪强度满足承载力要求。

4. 基于检测结果的T梁承载能力评定

根据检测结果，对理论计算的结构抗力和荷载效应分别进行修正，修正时引入包括桥梁

检算系数 Z_1、承载能力恶化系数 ξ_e、截面折减系数（混凝土 ξ_c 和钢筋 ξ_s）和活载影响修正系数 ξ_q 等在内的各种折减系数。基于检测结果的承载能力鉴定表达式如下：

$$S_d(\gamma_d G;\ \gamma_q \sum Q)\cdot\xi_q\leqslant\gamma_b R_d\left(\xi_c\frac{R_c}{\gamma_c};\ \xi_s\frac{R_s}{\gamma_s}\right)Z_1(1-\xi_e)$$

（1）检算系数 Z_1

T 梁检算系数 Z_1 的确定详见表 1.6.1-38。上部结构技术状况评定值为 3.15，T 梁承载能力检算系数 Z_1 取为 0.91

承载能力检算系数 Z_1 表 1.6.1-38

检测指标	权重 a_j	检测指标的评定标度值 D_j	构件技术状况评定值 D	对应于受弯构件的检算系数 Z_1
桥梁外观质量	0.4	3	3.15	0.91
混凝土强度	0.3	3.5		
结构模态参数	0.3	3		

（2）承载能力恶化系数 ξ_e

承载能力恶化系数 ξ_e 的确定详见表 1.6.1-39。

承载能力恶化系数 ξ_e 表 1.6.1-39

序号	检测指标	权重 a_j	指标评定标度 E_j	恶化状况评定标度 E	恶化系数 ξ_e
1	混凝土表观缺损	0.32	4	2.9	0.045（环境条件按干燥、不冻及无侵蚀介质考虑）
2	钢筋锈蚀电位	0.11	2		
3	混凝土电阻率	0.05	2		
4	混凝土碳化深度	0.20	2		
5	混凝土保护层厚度	0.12	3.5		
6	氯离子（Cl^-）含量	0.15	2		
7	结构混凝土强度推定值	0.05	3.5		

（3）截面折减系数 ξ_c、ξ_s

混凝土折减系数 ξ_c 的确定详见表 1.6.1-40，钢筋折减系数 ξ_s 为 0.98。

混凝土截面折减系数 ξ_c 表 1.6.1-40

检测指标	权重值 a_j	检测指标的评定标度 R_j	截面损伤综合评定值 R	混凝土截面折减系数 ξ_c
材料风化	0.10	3	2.45	0.96
碳化	0.35	3		
物理与化学损伤	0.55	2		

(4) 活载影响修正系数 ξ_q

交通量的活载影响修正系数：$\xi_{q1}=1.1$

大吨位车辆混入率的活载影响修正系数：$\xi_{q2}=1.05$

轴荷分布的活载影响修正系数：$\xi_{q3}=1.05$

则活载影响修正系数为：$\xi_q=\sqrt[3]{\xi_{q1}\xi_{q2}\xi_{q3}}=\sqrt[3]{1.1\times1.05\times1.05}=1.08$

(5) 承载能力评定

对于抗弯承载能力，设计抗力为 $M_R=2239.4\text{kN}\cdot\text{m}$，则基于检测结果的结构抗力效应经以上各个折减系数修正后为 $M'_R=1947\text{kN}\cdot\text{m}$。荷载效应的设计计算值 $M_j=1830\text{kN}\cdot\text{m}$，则考虑活载影响修正系数后的荷载效应计算值为：

$$M'_j=1.2\times\text{恒载效应}+1.4\times\text{活载效应}\times\xi_q=1.2\times739+1.4\times670\times1.08=1900\text{kN}\cdot\text{m}$$

故 $M'_R>M'_j$，即结构的抗力效应大于荷载效应，该桥 T 梁能够满足承载能力的要求。

对于抗剪承载能力，设计抗力为 $Q_R=436.52\text{kN}$，则基于检测结果的结构抗力效应经以上各个折减系数修正后为 $Q'_R=379.5\text{kN}$。荷载效应的设计计算值 $Q_j=419\text{kN}$，则考虑活载影响修正系数后的荷载效应为：

$$Q'_j=1.2\times\text{恒载效应}+1.4\times\text{活载效应}\times\xi_q=1.2\times152+1.4\times208\times1.08=496.9\text{kN}$$

故 $Q'_R<Q'_j$，即结构的抗力效应小于荷载效应，该桥 T 梁不能满足抗剪承载能力的要求，故需加固改造。

七、30m 预应力混凝土 T 梁桥

1. 桥梁概况

该桥为 30m 的预应力混凝土 T 梁。T 梁的设计资料如下：

(1) 桥面净空：净－9＋2×1.5m 人行道

(2) 主梁跨径和全长

标准跨径 $l_b=30\text{m}$（墩中心距离）

计算跨径：$l=29.16\text{m}$（支座中心距离）

主梁全长：$l_{全}=29.96\text{m}$（主梁预制长度）

(3) 设计荷载：汽—20 级，挂—100 和人群荷载 3.5kN/m^2

(4) 材料

钢筋：主筋用 II 级钢，其他用 I 级钢

混凝土：主梁为 40 号，桥面防水混凝土为 20 号，墩帽 25 号，墩身 20～30 号，承台 25 号，钻孔桩 20 号。

预应力钢筋：24ϕ5 碳素钢丝，共 9 束，标准强度 $R_y^b=1600\text{MPa}$，弹性模量 $E_y=2.0\times10^5\text{MPa}$

采用橡胶抽拔管制孔，张拉控制力 1～6 号为 557.7kN，7～9 号为 550.1kN。

(5) 总体布置

T 梁横向及纵向布置分别如图 1.6.1-41～图 1.6.1-44 所示。

2. 桥梁典型病害

(1) 上部结构 T 梁

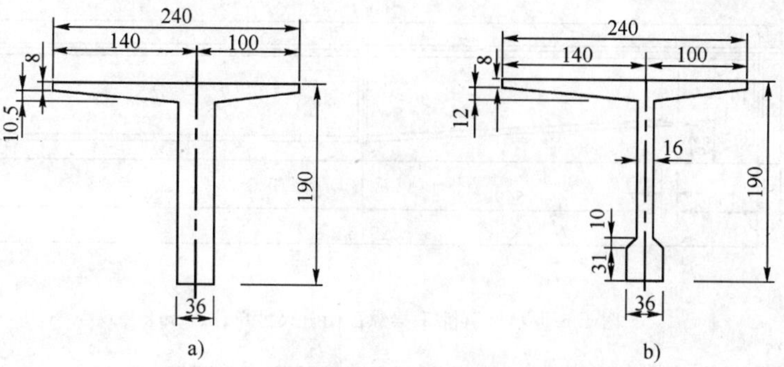

图 1.6.1-41　边梁横断面图（尺寸单位：cm）

a）支点截面；b）跨中截面

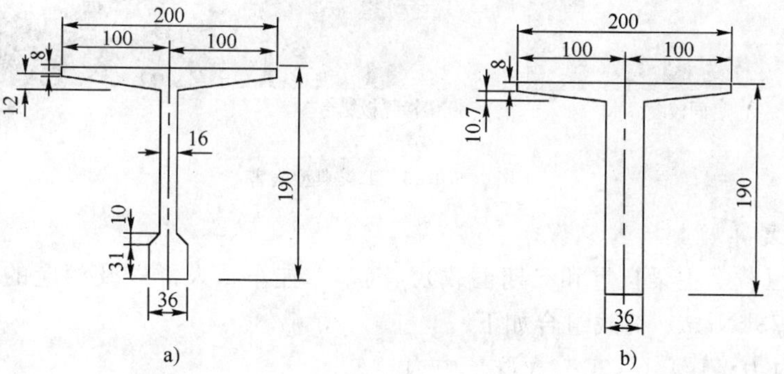

图 1.6.1-42　中梁横断面图（尺寸单位：cm）

a）跨中截面；b）支点截面

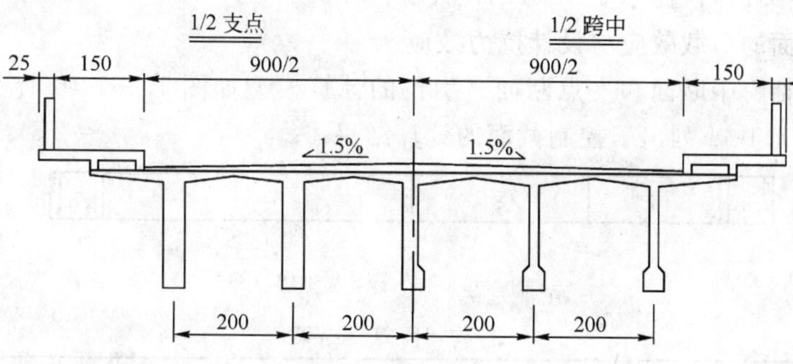

图 1.6.1-43　引桥 T 梁横截面图（尺寸单位：cm）

T 梁铰缝渗水、泛白，横隔板错台、错位现象普遍；T 梁端部发现有表面混凝土轻微的风化，个别部位混凝土脱离、露筋（图 1.6.1-45）。该引桥 T 梁属于较好的状态。

（2）盖梁

盖梁表面混凝土轻微风化，并且受水侵蚀严重。盖梁在墩柱相应位置上方发现存在一定数量的竖向负弯矩裂缝。该引桥 T 梁下部结构属于较好的状态。

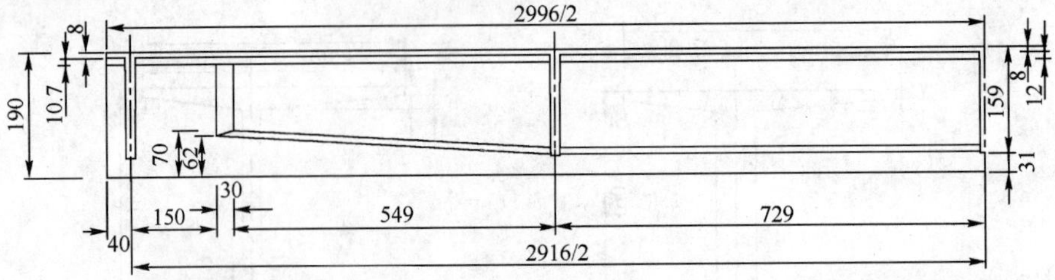

图 1.6.1-44 引桥 T 梁纵面图（尺寸单位：cm）

间铰缝渗水　　T梁横隔板错台　　梁端

图 1.6.1-45 T 梁典型病害

3. 原结构复算

荷载考虑恒载（主梁自重和二期恒载）、汽车、挂车、人群以及相应的荷载组合，其中二期恒载为 8.73kN/m。荷载组合如下：

1.2 恒载内力+1.4（汽车+人群）内力

1.2 恒载内力+1.1 挂车内力

(1) 跨中荷载横向分布系数

汽-20：m_c＝0.714；挂-100：0.416；人群：1.065。

(2) 控制截面的荷载效应与设计抗力效应

控制截面包括跨中断面和支点断面。引桥的计算模型如图 1.6.1-46 所示，图中数字为单元编号。表 1.6.1-41 列出了控制截面的计算结果。

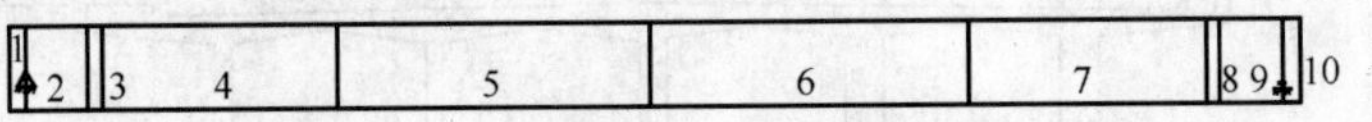

图 1.6.1-46 计算模型图

结构计算结果　　表 1.6.1-41

极限状态	计算内容	部位	计算值	抗力效应或限值
承载能力	弯矩（kN·m）	跨中	5250（组合 I 控制）	7270
	剪力（kN）	支点	782（组合 I 控制）	893.5
正常使用	梁下缘混凝土正应力（MPa）	跨中	2.03	14.0
	梁体混凝土主拉应力（MPa）	支点	0.959	2.08

4. 承载力评定

根据前述表观检查及混凝土强度测试结果，对前述理论计算的结构抗力和荷载效应分别进行修正，修正时引入桥梁检算系数 Z_1 和活载影响修正系数 ξ_q。

基于检测结果的承载能力鉴定表达式如下：

$$S_d\ (\gamma_d G;\ \gamma_q \cdot \xi_q \cdot \sum Q) \leqslant \gamma_b R_d\left(\frac{R_c}{\gamma_c};\ \frac{R_s}{\gamma_s}\right) Z_1$$

(1) 检算系数 Z_1

T 梁检算系数 Z_1 的确定详见表 1.6.1-42。上部结构技术状况评定值为 2.2，T 梁承载能力检算系数 Z_1 取为 0.98。

承载能力检算系数 Z_1　　表 1.6.1-42

检 测 指 标	权　重 a_j	检测指标的评定标度值 D_j	构件技术状况评定值 D	对应于受弯构件的检算系数 Z_1
桥梁外观质量	0.4	2.5	2.2	0.98
混凝土强度	0.3	2		
结构模态参数	0.3	2		

(2) 活载影响修正系数 ξ_q

交通量的活载影响修正系数 $\xi_{q1}=1.2$

大吨位车辆混入率的活载影响修正系数 $\xi_{q2}=1.1$

轴荷分布的活载影响修正系数 $\xi_{q3}=1.1$。

则活载影响修正系数为：$\xi_q=\sqrt[3]{\xi_{q1}\xi_{q2}\xi_{q3}}=\sqrt[3]{1.1\times1.1\times1.2}=1.13$

(3) 承载能力评定结果

对于抗弯承载能力，设计抗力 $M_R=7270\text{kN}\cdot\text{m}$，荷载效应。考虑前述各项折减系数，得到基于检测结果的结构抗力效应为 $M'_R=7124.6\text{kN}\cdot\text{m}$。荷载效应的设计计算值 $M_j=5250\text{kN}\cdot\text{m}$，则考虑活载影响修正系数后的荷载效应计算值为 $M'_j=5471\text{kN}\cdot\text{m}$，故 $M'_R>M'_j$，即结构的抗力效应大于荷载效应。该桥 T 梁的抗弯强度能够满足承载能力的要求。

对于抗剪承载能力，设计抗力为 $Q_R=893.5\text{kN}$，则基于检测结果的结构抗力效应经以上各个折减系数修正后为 $Q'_R=875.6\text{kN}$。荷载效应的设计计算值 $Q_j=782\text{kN}$，则考虑活载影响修正系数后的荷载效应为 $Q'_j=834.5\text{kN}$，故 $Q'_R>Q'_j$，即结构的抗力效应大于荷载效应。该桥 T 梁的抗剪强度能够满足承载能力要求。

八、某地区八座梁桥（六座工字梁、一座宽腹 T 梁、一座槽形梁）

某地区需检测评定的 8 座桥梁，其中 6 座设计荷载标准为汽-15，挂-80，其他 2 座为汽-20，挂-100。这 8 座桥梁均为 20 世纪 70 年代建造。

1. 主要检测结果

(1) 包家河桥（图 1.6.1-47）

该桥建于 1972 年，全长 79m，桥面宽 10m。上部构造为三孔 16.8m 少筋微弯板与工字梁组合的装配式钢筋混凝土简支结构。设计荷载为汽-15，挂-80。

①主要病害

a. 桥面系

栏杆松动，个别栏杆断裂缺失，桥面连续缝开裂，桥面铺装下陷出现横向坑槽，雨水下渗导致梁体混凝土表面受侵蚀、盐析泛白。桥面铺装在边梁和中梁接缝处纵向开裂（图 1.6.1-48）。

图 1.6.1-47　桥梁全景

栏杆断裂破坏

桥面连续缝开裂

图 1.6.1-48　桥面系典型缺陷

b. 微弯板

微弯板出现横向、纵向裂缝。调查发现约 40％的微弯板有纵向裂缝，裂缝最大宽度在 0.2mm 以上，并伴有严重的盐析、泛白现象。支座处横向盖板开裂漏水严重，致使雨水下渗，导致梁体混凝土受侵蚀，局部混凝土疏松、剥落，见图 1.6.1-49。

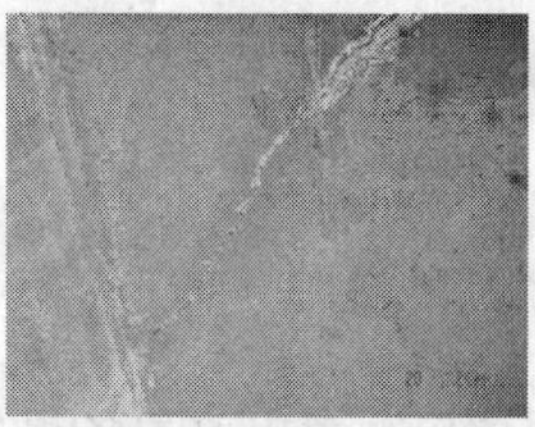

微弯板开裂渗水

梁微弯板纵向、横向开裂

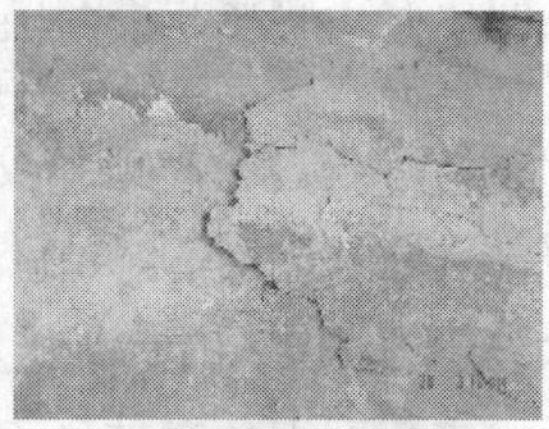

工字梁顶部混凝土剥落

微弯板接缝断开

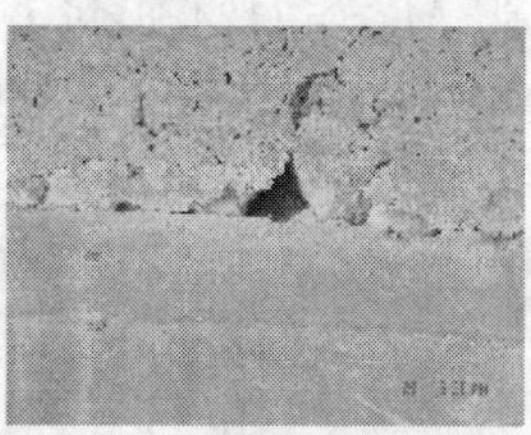

微弯板与工字梁连接处漏水

微弯端部边缘破碎、空洞

图 1.6.1-49　微弯板典型缺陷

c. 工字梁

工字梁梁底钢筋锈蚀严重、混凝土锈胀，梁底纵向开裂、混凝土保护层剥落，梁底锈胀范围占整个梁体长度的 40％。混凝土表面伴有大面积表面盐析、蜂窝、麻面现象。梁体缺损状况处于坏的状态。工字梁梁端破坏严重，梁端部和支座两侧混凝土板破损开裂。工字梁腹板裂缝较多，每片梁一侧腹板裂缝有 20～30 条，裂缝宽度较小，大多在 0.2mm 以下，裂缝高度一般在 40cm 以内。裂缝多为受力裂缝，集中在跨中、1/4 跨处和 3/4 跨处。有相当一部分裂缝已贯通整个截面，两侧面开裂位置、裂缝走向有明显的对应性（图 1.6.1-50、图 1.6.1-51）。

d. 支座

梁底钢筋锈蚀、混凝土胀裂　　梁底混凝土剥落　　梁底空洞

梁端支座处开裂

图 1.6.1-50　工字梁典型缺陷

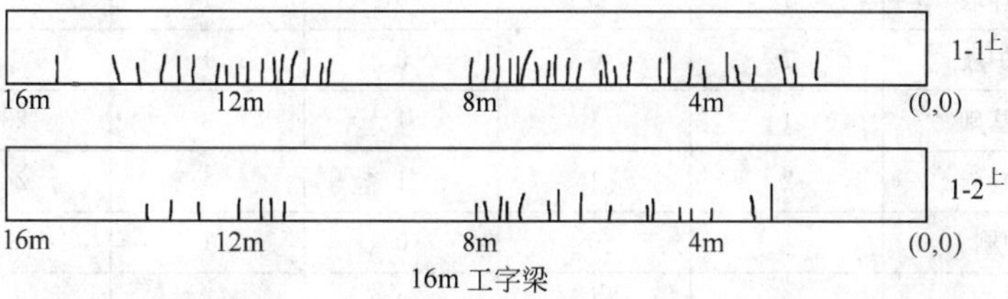

图 1.6.1-51　工字梁典型裂缝分布示意图

钢板支座锈蚀，部分工字梁支座处混凝土胀裂（图 1.6.1-52)。

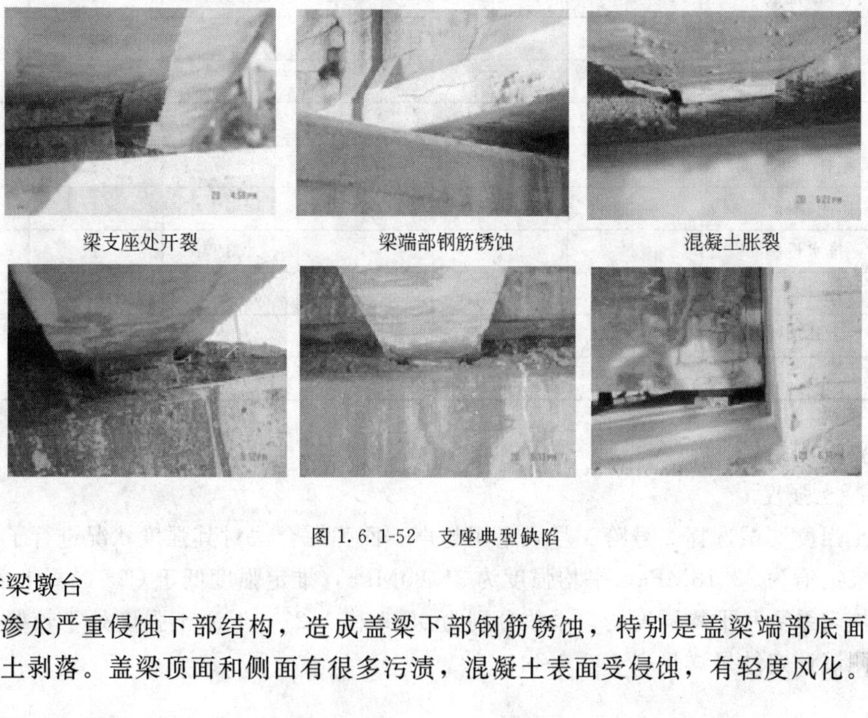

梁支座处开裂　　梁端部钢筋锈蚀　　混凝土胀裂

图 1.6.1-52　支座典型缺陷

e. 桥梁墩台

桥面渗水严重侵蚀下部结构，造成盖梁下部钢筋锈蚀，特别是盖梁端部底面，锈蚀严重，混凝土剥落。盖梁顶面和侧面有很多污渍，混凝土表面受侵蚀，有轻度风化。桥台砌石

护坡局部损坏，砌缝混凝土脱落（图 1.6.1-53）。

图 1.6.1-53　墩台典型缺陷（盖梁底面钢筋锈蚀、混凝土胀裂）

f. 基于《公路养护技术规范》(JTJ 073—96) 的桥梁使用功能评价结果详见表 1.6.1-43。

包家河桥各构件综合评定表　　　　表 1.6.1-43

部件	部件名称	缺损程度	对使用功能影响程度	发展状况的修正	最终评定标度	权　重	得　分
1	翼墙、耳墙	1	0	0	1	1	1
2	锥坡、护坡	1	0	0	1	1	1
3	桥台及基础	1	1	1	3	23	69
4	桥墩及基础	2	1	1	4	24	96
5	地基冲刷	1	0	0	1	8	8
6	支座	2	1	0	3	3	9
7	上部主要承重构件	2	1	1	4	20	80
8	上部一般承重构件	1	1	1	3	5	15
9	桥面铺装	1	1	0	2	1	2
10	桥头跳车	1	1	0	2	3	6
11	伸缩缝	2	1	1	4	3	12
12	人行道	1	1	0	2	1	2
13	栏杆、护栏	2	1	0	3	1	3
14	照明、标志	0	0	0	0	1	0
15	排水设施	2	1	0	3	1	3
16	调治构造物	0	0	0	0	3	0
17	其他	0	0	0	0	1	0
38.6　四类							

②主要检测结果

a. 混凝土强度

混凝土强度测试选择 2 号跨 1 号梁采用超声—回弹综合法对其强度状况进行了测试，混凝土强度推定值为 22.18MPa，平均强度为 31.80MPa，推定强度低于 C25 混凝土强度要求。推定强度均匀系数和平均强度均匀系数分别为 0.89 和 1.27，混凝土强度处于较好状态。混凝土强度测试评定结果详见表 1.6.1-44。

混凝土强度推定值 表 1.6.1-44

测区号	平均强度值（MPa）	推定强度值（MPa）	平均强度值（MPa）	推定强度均匀系数 K_{bm}	平均强度均匀系数 K_t	强度评定标度值
1	26.27	22.18	31.80	0.89	1.27	2（较好）
2	22.28					
3	30.59					
4	23.31					
5	22.18					
6	41.35					
7	37.68					
8	36.08					
9	36.96					
10	41.31					

b. 钢筋锈蚀状况

混凝土碳化：混凝土碳化的检测采用滴酚酞试剂方法进行，完好混凝土部位混凝土碳化深度在6～22.5mm之间，与保护层厚度（30mm）之比值均小于1，锈胀区混凝土保护层厚度已基本完全碳化，评定标度值取3。

氯离子含量：选取样品的实测混凝土氯离子含量为0.08%、0.12%和0.11%，小于0.15%，氯离子诱发钢筋锈蚀的可能性很小，评定标度为1。

钢筋锈蚀电位：对露筋处和锈胀区的钢筋自然电位进行检测，各测区锈蚀电位值在−128～−384mV之间不等。混凝土中钢筋发生锈蚀的概率大于90%。

混凝土电阻率与锈蚀电位实测值 表 1.6.1-45

测区	电阻率均值（MΩ·cm）	混凝土电阻率标度值	锈蚀电位均值（mV）		锈蚀电位标度值	
			测点1（h=0.3m）	测点2（h=0.5m）	测点1（h=0.3m）	测点2（h=0.5m）
1	0.009	4	−213	−175	2	1
2	0.006	4	−306	−221	3	2
3	0.014	3	−197	−155	1	1
4	0.006	4	−364	−256	3	2
5	0.010	4	−314	−266	3	2
6	0.011	3	−350	−193	3	1
7	0.017	2	−228	−128	2	1
8	0.006	4	−239	−148	2	1
9	0.015	3	−384	−283	3	2
10	0.008	4	−305	−211	3	2

c. 混凝土电阻率

采用四电极电流法对各测区的混凝土电阻率列于表 1.6.1-45 中，各测区电阻率实测值在 0.006～0.17 MΩ·cm 之间，对钢筋锈蚀的影响程度较大。

③桥梁自振特性

桥梁自振频率测试结果如表 1.6.1-46 所列，一阶自振频率为 7.08Hz，二阶自振频率为 22.80Hz；一阶自振频大于相应的理论计算值 5.70Hz，处于良好状态，相应的评定标度值为 1。

桥跨模态参数实测值与计算值 表 1.6.1-46

阶数	计算值（Hz）	振型	实测值（Hz）
			1号跨
一阶	5.70	竖向对称	7.08
二阶	22.80	竖向反对称	22.80

（2）西河桥

西河桥建于 1970 年，全长 140m，桥面宽 10 m。上部结构为 8 孔 16.8m 少筋微弯板与工字梁组合的装配式钢筋混凝土简支结构。设计荷载为汽-15、挂-80。

①主要病害与包家河桥相似。桥梁使用功能评价结果详见表 1.6.1-47。

西河桥各构件综合评定表 表 1.6.1-47

部件	部件名称	缺损程度	对使用功能影响程度	发展状况的修正	最终评定标度	权重	得分
1	翼墙、耳墙	1	0	0	1	1	1
2	锥坡、护坡	1	0	0	1	1	1
3	桥台及基础	1	1	0	2	23	46
4	桥墩及基础	1	1	0	2	24	48
5	地基冲刷	1	0	0	1	8	8
6	支座	2	1	0	3	3	9
7	上部主要承重构件	2	1	1	4	20	80
8	上部一般承重构件	1	1	1	3	5	15
9	桥面铺装	1	1	0	2	1	2
10	桥头跳车	1	1	0	2	3	6
11	伸缩缝	1	1	1	3	3	9
12	人行道	1	1	0	2	1	2
13	栏杆、护栏	2	1	0	3	1	3
14	照明、标志	0	0	0	0	1	0
15	排水设施	2	1	0	3	1	3
16	调治构造物	0	0	0	0	3	0
17	其他	0	0	0	0	1	0
综合得分 53.4　三类桥							

②主要检测结果

a. 混凝土强度

混凝土强度测试选择 2 号跨 1 号梁采用超声—回弹综合法对其强度状况进行测试，混凝土强度推定值为 29.16MPa，平均强度为 35.50MPa，推定强度能够满足 C25 混凝土强度要求。推定强度均匀系数和平均强度均匀系数分别为 1.17 和 1.42，混凝土强度处于良好状态。检测评定结果列于表 1.6.1-48。

混凝土强度推定值 表 1.6.1-48

测区号	平均强度值（MPa）	推定强度值（MPa）	平均强度值（MPa）	推定强度均匀系数 K_{bm}	平均强度均匀系数 K_t	强度评定标度值
1	30.14	29.16	35.50	1.17	1.42	1（良好）
2	39.11					
3	39.35					
4	35.56					
5	37.81					
6	36.85					
7	38.11					
8	37.42					
9	28.63					
10	32.02					
11	36.02					
12	31.90					

b. 钢筋保护层厚度

钢筋分布和保护层厚度总共对 2 片梁四个断面进行了测试，实测混凝土保护层厚度特征值 D_{ne} 为 30.2～34.6mm 之间，与其设计值 D_{nd}（30mm）的比值在 1.01～1.15 之间，大于 0.95，此时混凝土保护层对耐久性影响不显著，相应的评定标度值为 1。检测评定结果列于表 1.6.1-49。

保护层厚度测量表 表 1.6.1-49

序号	测区位置	底面钢筋根数	钢筋直径（mm）	保护层厚度（mm）	厚度特征值 D_n	D_n/D_{ne}
1	1 号跨 2 号梁 $L/4$	4	28	24～35	30.2	1.01
2	1 号跨 2 号梁 $L/2$	4	28	23～41	34.6	1.15
3	2 号跨 2 号梁 $L/4$	4	28	26～36	31.5	1.05
4	2 号跨 2 号梁 $L/2$	4	28	28～40	32.0	1.07

c. 钢筋锈蚀状况

混凝土碳化：完好混凝土部位混凝土碳化深度在 5.4～17.5mm 之间，与保护层厚度

(30mm）之比值均小于1，锈胀区混凝土保护层厚度深度12.5～22.0mm，没有完全碳化，评定标度值取3。

钢筋锈蚀电位：测量钢筋的自然电位主要是为了评定钢筋锈蚀可能性或锈蚀活动性。对露筋处和锈胀区的钢筋自然电位进行检测，各测区锈蚀电位值在－90～－259mV之间不等。各测区评定标度值如表1.6.1-50所列。

混凝土电阻率与锈蚀电位实测值 表1.6.1-50

测　区	电阻率均值（MΩ·cm）	混凝土电阻率标度值	锈蚀电位均值（mV）		锈蚀电位标度值	
			测点1（h=0.3m）	测点2（h=0.5m）	测点1（h=0.3m）	测点2（h=0.5m）
1	0.014	3	－185	－112	1	1
2	0.021	1	－106	－90	1	1
3	0.020	2	－132	－118	1	1
4	0.009	4	－251	－169	2	1
5	0.011	3	－242	－204	2	2
6	0.016	2	－259	－183	2	1
7	0.026	1	－247	－174	2	1
8	0.016	2	－172	－146	1	1
9	0.012	3	－194	－142	1	1
10	0.024	1	－211	－162	2	1

混凝土电阻率：采用四电极电流法测得各测区的混凝土电阻率列于表1.6.1-50中，实测值都在0.009～0.26 MΩ·cm之间，越靠近锈胀区混凝土电阻率越低。可以判断有轻度锈蚀的可能。

(3) 吴桥

吴桥建于1970年，全长12m，桥面宽8 m。上部构造为1孔10m少筋微弯板与工字梁组合的装配式钢筋混凝土简支结构。设计荷载为汽－15，挂－80，见图1.6.1-54。

图1.6.1-54　桥梁全景

①主要病害与包家河桥相似。桥梁使用功能评价结果详见表1.6.1-51。

吴桥各构件综合评定表 表1.6.1-51

部件	部 件 名 称	缺损程度	对使用功能影响程度	发展状况的修正	最终评定标度	权　重	得　分
1	翼墙、耳墙	1	0	0	1	1	1
2	锥坡、护坡	1	0	0	1	1	1
3	桥台及基础	1	0	0	1	23	23

续上表

部件	部件名称	缺损程度	对使用功能影响程度	发展状况的修正	最终评定标度	权重	得分
4	桥墩及基础	1	0	0	1	24	24
5	地基冲刷	1	1	0	2	8	16
6	支座	2	1	1	4	3	12
7	上部主要承重构件	2	1	1	4	20	80
8	上部一般承重构件	2	1	1	4	5	20
9	桥面铺装	2	1	0	3	1	3
10	桥头跳车	1	1	1	3	3	9
11	伸缩缝	2	1	1	4	3	12
12	人行道	1	1	0	2	1	2
13	栏杆、护栏	2	1	0	3	1	3
14	照明、标志	0	0	0	0	1	0
15	排水设施	2	1	0	3	1	3
16	调治构造物	2	1	1	4	3	12
17	其他	0	0	0	0	1	0
桥梁综合技术状况等级			55.8　三类				

②主要检测结果与西河桥基本一致，参照使用。

(4) 西干渠桥

西干渠桥建于1959年，全长29m，桥面宽9.4 m。上部构造为3孔9m简支宽腹T梁结构，桥面板为整体现浇板。设计荷载为汽-13、拖-60，见图1.6.1-55。

①主要病害

a. 桥面铺装层破损严重，沥青层完全失效，后在桥面摊铺有约20cm砂砾，桥面平整度很差，见图1.6.1-56。

图1.6.1-55　桥梁全景

图1.6.1-56　桥面状况

b. 上部结构

梁腹板箍筋锈蚀、混凝土胀裂，局部引起混凝土保护层剥落，此病害主要发生在边梁外侧。横隔板大多竖向开裂，裂缝宽度较宽，在0.2mm以上，部分达到0.5mm。工字梁腹板下缘底面裂缝较多，宽度较小，大多在 0.15mm 以下，多为受力裂缝，间距在 10～15cm，集中在跨中、1/4 跨处和 3/4 跨处。腹板侧面裂缝少于底面，裂缝大多与底面裂缝相连，分布区域主要是跨中和四分点附近（图 1.6.1-57）。

边梁　　横隔板损坏

横隔板损坏　　梁底受弯裂缝

图 1.6.1-57　上部结构病害

c. 由于未设支座，工字梁下方盖梁混凝土局部压碎。盖梁悬臂端根部钢筋锈蚀，混凝土胀裂产生破损（图 1.6.1-58）。

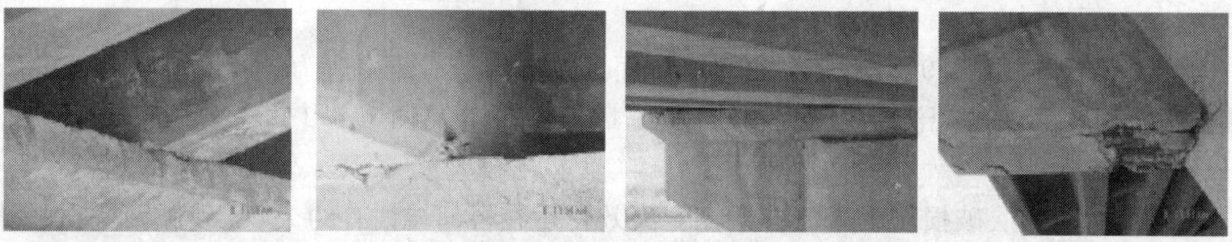

支座处混凝土压碎　　梁端部压碎　　盖梁下游侧压碎　　墩帽悬臂钢筋锈蚀、混凝土胀裂

图 1.6.1-58　支座及墩台病害

d. 桥梁技术状况

桥梁各构件综合技术状况评定，见表 1.6.1-52。

西干渠桥各构件综合评定表　　表 1.6.1-52

部件	部 件 名 称	缺损程度	对使用功能影响程度	发展状况的修正	最终评定标度	权　重	得　分
1	翼墙、耳墙	1	0	0	1	1	1
2	锥坡、护坡	2	1	0	3	1	3
3	桥台及基础	1	1	0	2	23	46
4	桥墩及基础	2	1	0	3	24	72

续上表

部件	部件名称	缺损程度	对使用功能影响程度	发展状况的修正	最终评定标度	权重	得分
5	地基冲刷	1	0	0	1	8	8
6	支座	2	2	1	5	3	15
7	上部主要承重构件	2	1	1	4	20	80
8	上部一般承重构件	2	1	1	4	5	20
9	桥面铺装	2	2	1	5	1	5
10	桥头跳车	2	1	1	4	3	12
11	伸缩缝	2	1	1	4	3	12
12	人行道	2	1	0	3	1	3
13	栏杆、护栏	2	1	0	3	1	3
14	照明、标志	0	0	0	0	1	0
15	排水设施	2	2	1	5	1	5
16	调治构造物				0	3	0
17	其他	0	0	0	0	1	0
桥梁综合技术状况等级		43 三类					

②主要检测结果

a. 钢筋分布及保护层厚度

钢筋分布及保护层测试选择 3 号跨 3 号、4 号和 5 号梁 $L/4$ 处底面进行了测试，测试结果如表 1.6.1-53 所列。实测钢筋分布间距在 20～28mm 之间，小于有关设计规定值要求(30mm)。厚度特征值见表 1.6.1-53，与设计要求值（30mm）之比为 0.71。

保护层厚度测量表 表 1.6.1-53

序号	测区位置	底面钢筋根数	钢筋直径(mm)	保护层厚度(mm)	厚度特征值 D_n	D_n/D_{ne}	评定标度值
1	3 号跨 3 号梁 $L/4$ 处底面	5	28	20～24	21.4	0.71	3
2	3 号跨 4 号梁 $L/4$ 处底面	5	28	21～27			
3	3 号跨 5 号梁 $L/4$ 处底面	5	28	24～28			

b. 混凝土强度

混凝土强度选择 1 号跨 3 号梁采用回弹法进行了测试。测区碳化深度为 3～5mm，在梁体下缘边角处混凝土碳化深度较大，达到 8～12mm，但小于混凝土保护层实测值。混凝土强度推定值为 19.23MPa，平均强度为 21.28MPa，推定强度能够满足 C25 混凝土强度要求。推定强度均匀系数和平均强度均匀系数分别为 0.77 和 0.85，混凝土强度处于坏的状态，见表 1.6.1-54。

混凝土强度推定值　　表 1.6.1-54

测　区　号	平均强度值（MPa）	推定强度值（MPa）	平均强度值（MPa）	推定强度均匀系数 K_{bm}	平均强度均匀系数 K_t	强度评定标度值
1	20.90	19.23	21.28	0.77	0.85	4
2	22.00					
3	22.30					
4	22.90					
5	19.05					
6	19.50					
7	21.70					
8	20.90					
9	21.20					
10	20.90					

（5）叶盛桥

叶盛桥建于 1989 年，全长 84.4m，桥面宽 12 m。上部构造为 6 孔 14m 少筋微弯板与工字梁组合的装配式钢筋混凝土简支结构，设计荷载为汽-20、挂-100，见图 1.6.1-59。

图 1.6.1-59　桥梁全景

①主要病害

a. 桥面纵向开裂，桥面破损。

b. 工字梁局部混凝土有蜂窝、麻面现象。

c. 工字梁腹板处裂缝较多，多集中在跨中、1/4 跨处和 3/4 跨处，每片梁侧面约有 10～20 条裂缝，宽度较小，大多在 0.1mm 以下，裂缝高度大多在 40cm 以内（图 1.6.1-60）。从裂缝分布特征可以判断为受力裂缝。

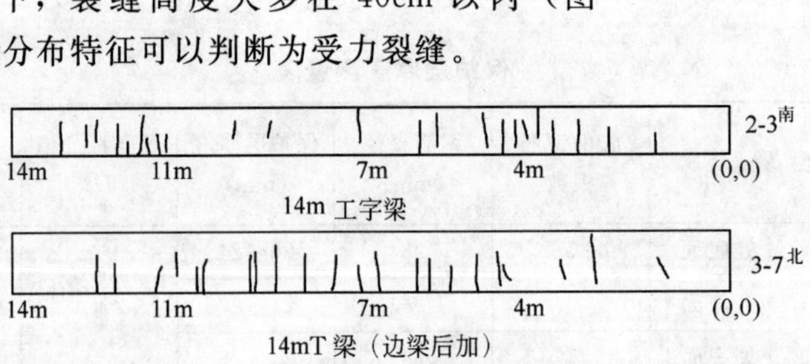

图 1.6.1-60　梁体裂缝分布示意图

d. 桥梁技术状况详见表 1.6.1-55。

②主要检测结果

a. 混凝土强度

混凝土强度测试选择 2 号跨 3 号梁采用超声—回弹综合法进行，混凝土强度推定值为 27.10MPa，平均强度为 39.58MPa，推定强度能够满足 C25 混凝土强度要求。推定强度均匀系数和平均强度均匀系数分别为 1.08 和 1.58，混凝土强度处于良好状态。强度测试评定结果详见表 1.6.1-56。

叶盛桥各构件综合评定表　　表 1.6.1-55

部件	部件名称	缺损程度	对使用功能影响程度	发展状况的修正	最终评定标度	权重	得分
1	翼墙、耳墙	1	0	0	1	1	1
2	锥坡、护坡	1	0	0	1	1	1
3	桥台及基础	1	0	0	1	23	23
4	桥墩及基础	1	0	0	1	24	24
5	地基冲刷	0	0	0	0	8	0
6	支座	1	1		2	3	6
7	上部主要承重构件	1	1	1	3	20	60
8	上部一般承重构件	1	1	1	3	5	15
9	桥面铺装	1	1	1	3	1	3
10	桥头跳车	2	1	1	4	3	12
11	伸缩缝	1	1	1	3	3	9
12	人行道	1	1	0	2	1	2
13	栏杆、护栏	1	1	0	2	1	2
14	照明、标志	0	0	0	0	1	0
15	排水设施	2	1	1	4	1	4
16	调治构造物				0	3	0
17	其他	0	0	0	0	1	0
桥梁综合技术状况等级			67.6　二类				

混凝土强度推定值　　表 1.6.1-56

测区号	平均强度值(MPa)	推定强度值(MPa)	平均强度值(MPa)	推定强度均匀系数 K_{bm}	平均强度均匀系数 K_t	强度评定标度值
1	32.44	27.10	39.58	1.08	1.58	1（良好）
2	27.17					
3	38.00					
4	28.67					
5	27.10					
6	52.52					
7	47.72					
8	45.60					
9	44.12					
10	52.44					

b. 钢筋锈蚀状况检测

混凝土碳化：混凝土碳化的检测采用滴酚酞试剂方法进行，完好混凝土部位混凝土碳化深度在6～22.5mm之间，与保护层厚度（30mm）之比值均小于1。

氯离子含量：实测混凝土中的氯离子含量为0.08%、0.12%和0.11%，均小于0.15%，氯离子诱发钢筋锈蚀的可能性很小，评定标度为1。

钢筋锈蚀电位：测量钢筋的自然电位主要是为了评定钢筋锈蚀可能性或锈蚀活动性。对露筋处和锈胀区的钢筋自然电位进行检测，各测区锈蚀电位值在－87～－256mV之间不等。各测区评定标度值如表1.6.1-57所列。

混凝土电阻率与锈蚀电位实测值 表1.6.1-57

测区	电阻率均值（MΩ·cm）	混凝土电阻率标度值	锈蚀电位均值（mV）		锈蚀电位标度值	
			测点1（h=0.3m）	测点2（h=0.5m）	测点1（h=0.3m）	测点2（h=0.5m）
1	0.011	3	－143	－112	1	1
2	0.016	2	－177	－154	1	1
3	0.014	3	－241	－167	2	1
4	0.026	1	－196	－135	1	1
5	0.030	1	－117	－96	1	1
6	0.015	2	－144	－130	1	1
7	0.022	1	－122	－104	1	1
8	0.018	2	－256	－174	2	1
9	0.012	3	－203	－158	1	1
10	0.013	3	－112	－87	1	1

混凝土电阻率：采用四电极电流法测得各测区混凝土电阻率列于表1.6.1-57中。各测区电阻率实测值在0.011～0.034 MΩ·cm之间，可以判断有轻度锈蚀的可能。

c. 桥梁自振特性

桥梁自振频率测试结果如表1.6.1-58所列，一阶自振频率为7.58Hz，二阶自振频率为20.72Hz；一阶自振频率大于相应的理论计算值6.73 Hz，测试结果处于良好状态，相应的评定标度为1。

桥跨模态参数实测值与计算值 表1.6.1-58

阶数	计算值（Hz）	振型	实测值（Hz）
			1号跨
一阶	6.73	竖向对称	7.58
二阶	——	——	20.72

(6) 石子沟桥

石子沟桥全长54.4m，上部构造为三孔16.8m少筋微弯板与工字梁组合的装配式钢筋混凝土简支结构。车行道净宽7m，无人行道。两侧栏杆、缘石均系预制拼装构件，见图1.6.1-61。

①主要病害与包家河桥相似。桥梁使用功能评价结果详见表1.6.1-59。

②主要检测结果

a. 混凝土强度

混凝土强度选择2号跨3号梁采用回弹法进行了测试，混凝土强度推定值为27.40MPa，平均强度为40.40MPa，推定强度能够满足C25混凝土强度要求。推定强度均匀系数和平均强度均匀系数分别为1.08和1.62，混凝土强度处于良好状态。混凝土强度检测评定结果参见表1.6.1-60。

图1.6.1-61 桥梁全景

石子沟桥各构件综合评定表

表1.6.1-59

部件	部件名称	缺损程度	对使用功能影响程度	发展状况的修正	最终评定标度值	权重	得分
1	翼墙、耳墙	1	0	0	1	1	1
2	锥坡、护坡	1	0	0	3	1	3
3	桥台及基础	1	0	0	2	23	46
4	桥墩及基础	1	1	1	3	24	72
5	地基冲刷	0	0	0	1	8	8
6	支座	2	2	1	5	3	15
7	上部主要承重构件	2	1	1	4	20	80
8	上部一般承重构件	2	1	1	4	5	20
9	桥面铺装	2	1	1	5	1	5
10	桥头跳车	1	1	1	4	3	12
11	伸缩缝	2	2	1	4	3	12
12	人行道	2	2	1	3	1	3
13	栏杆、护栏	1	1	1	3	1	3
14	照明、标志	0	0	0	0	1	0
15	排水设施	2	2	1	5	1	5
16	调治构造物	0	0	0	0	3	0
17	其他	0	0	0	0	1	0
桥梁综合技术状况等级		49.4 三类					

混凝土强度推定值 表 1.6.1-60

测区号	平均强度值 (MPa)	推定强度值 (MPa)	平均强度值 (MPa)	推定强度均匀系数 K_{bm}	平均强度均匀系数 K_t	强度评定标度值
1	41.45	27.40	40.40	1.17	1.42	1（良好）
2	42.05					
3	46.60					
4	42.45					
5	45.45					
6	44.30					
7	39.70					
8	44.45					
9	29.90					
10	27.40					
11	33.10					
12	44.50					

b. 钢筋锈蚀状况检测

混凝土碳化：混凝土碳化的检测采用滴酚酞试剂方法进行，完好混凝土部位混凝土碳化深度在 6～22.5mm 之间，与保护层厚度（30mm）之比值均小于 1。锈胀区混凝土保护层厚度已基本完全碳化，评定标度值取 3。

钢筋锈蚀电位：对露筋处和锈胀区的钢筋自然电位进行检测，各测区锈蚀电位值在 −91～−345mV 之间不等。各测区评定标度值如表 1.6.1-61 所列。

混凝土电阻率与锈蚀电位实测值 表 1.6.1-61

测区号	电阻率均值 (MΩ·cm)	混凝土电阻率标度值	锈蚀电位均值（mV）		锈蚀电位标度值	
			测点 1 (h=0.3m)	测点 2 (h=0.5m)	测点 1 (h=0.3m)	测点 2 (h=0.5m)
1	0.012	3	−136	−140	1	1
2	0.007	4	−181	−152	1	1
3	0.016	2	−144	−197	1	1
4	0.011	3	−225	−104	2	1
5	0.024	1	−206	−91	2	1
6	0.014	3	−219	−182	2	1
7	0.008	4	−345	−127	3	1
8	0.010	3	−210	−90	2	1
9	0.021	1	−218	−184	2	1
10	0.012	3	−262	−149	2	1
11	0.007	4	−186	−182	1	1
12	0.015	2	−257	−125	2	1

混凝土电阻率：采用四电极电流法测得各测区混凝土电阻率列于表 1.6.1-61 中，各测区电阻率实测值在 0.007～0.024 MΩ·cm之间，越靠近锈胀区混凝土电阻率越低，可以判断有轻度锈蚀的可能。

（7）宫井沟桥

该桥全长 71.2m，共 4 孔，每孔跨径 16.8m。上部构造为少筋微弯板与工字梁组合的装配式钢筋混凝土简支结构。车行道宽 7m，无人行道。两侧栏杆、缘石均系预制拼装构件。1972 年 6 月底竣工通车，见图 1.6.1-62。

图 1.6.1-62　桥梁全景

①主要病害与包家河桥相似。桥梁使用功能评价结果详见表 1.6.1-62。

②主要检测结果

宫井沟桥各构件综合评定表　　表 1.6.1-62

部件	部件名称	缺损程度	对使用功能影响程度	发展状况的修正	最终评定标度	权重	得分
1	翼墙、耳墙	1	0	0	1	1	1
2	锥坡、护坡	1	0	0	1	1	1
3	桥台及基础	1	0	0	1	23	23
4	桥墩及基础	1	0	1	2	24	48
5	地基冲刷	0	0	0	0	8	0
6	支座	2	2	1	5	3	15
7	上部主要承重构件	2	1	1	4	20	80
8	上部一般承重构件	1	1	1	3	5	15
9	桥面铺装	2	1	1	4	1	4
10	桥头跳车	1	1	1	3	3	9
11	伸缩缝	2	2	1	5	3	15
12	人行道	2	2	1	5	1	5
13	栏杆、护栏	1	1	1	3	1	3
14	照明、标志	0	0	0	0	1	0
15	排水设施	2	2	1	5	1	5
16	调治构造物	0	0	0	0	3	0
17	其他	0	0	0	0	1	0
桥梁综合技术状况等级			55.2　三类				

a. 混凝土强度

混凝土强度测试选择 2 号跨 3 号梁采用回弹法进行了测试，混凝土强度推定值为 27.90MPa，平均强度为 37.40MPa，推定强度能够满足 C25 混凝土强度要求。推定强度均匀系数和平均强度均匀系数分别为 1.12 和 1.50，混凝土强度处于较差状态。混凝土强度检测评定结果参见表 1.6.1-63。

混凝土强度推定值 表 1.6.1-63

测区号	平均强度值(MPa)	推定强度值(MPa)	平均强度值(MPa)	推定强度均匀系数 K_{bm}	平均强度均匀系数 K_t	强度评定标度值
1	30.15	27.90	37.40	1.12	1.50	1（良好）
2	27.90					
3	30.50					
4	28.75					
5	41.60					
6	42.05					
7	41.60					
8	42.30					
9	37.35					
10	41.15					
11	43.30					
12	42.45					

b. 钢筋锈蚀状况检测

混凝土碳化：混凝土碳化的检测采用滴酚酞试剂方法进行，完好混凝土部位混凝土碳化深度在 7～14.6mm 之间，与保护层厚度（30mm）之比值均小于 1。锈胀区混凝土保护层厚度已基本完全碳化，评定标度值取 3。

氯离子含量：实测混凝土中的氯离子含量为 0.10%、0.05% 和 0.08%，均小于 0.15%，氯离子诱发钢筋锈蚀的可能性很小，评定标度值为 1。

钢筋锈蚀电位：测量钢筋的自然电位主要是为了评定钢筋锈蚀可能性或锈蚀活动性。对露筋处和锈胀区的钢筋自然电位进行检测，各测区锈蚀电位值在－54～－188mV 之间不等。各测区评定标度值如表 1.6.1-64 所列。

混凝土电阻率与锈蚀电位实测值 表 1.6.1-64

测区	电阻率均值(MΩ·cm)	混凝土电阻率标度值	锈蚀电位均值（mV）		锈蚀电位标度值	
			测点 1 (h=0.3m)	测点 2 (h=0.5m)	测点 1 (h=0.3m)	测点 2 (h=0.5m)
1	0.022	1	－96	－90	1	1
2	0.013	3	－122	－128	1	1
3	0.0019	2	－173	－149	1	1
4	0.020	1	－164	－139	1	1
5	0.021	1	－119	－114	1	1
6	0.018	2	－116	－126	1	1
7	0.015	2	－64	－54	1	1

续上表

测　区	电阻率均值 (MΩ·cm)	混凝土电阻率标度值	锈蚀电位均值（mV）		锈蚀电位标度值	
			测点 1 (h=0.3m)	测点 2 (h=0.5m)	测点 1 (h=0.3m)	测点 2 (h=0.5m)
8	0.010	3	−106	−114	1	1
9	0.011	2	−117	−103	1	1
10	0.018	2	−188	−154	1	1
11	0.0015	2	−134	−121	1	1
12	0.016	2	−132	124	1	1

混凝土电阻率：采用四电极电流法测得各测区混凝土电阻率列于表 1.6.1-64 中，各测区电阻率实测值在 0.009～0.022 MΩ·cm 之间，可以判断有轻度锈蚀的可能。

（8）唐徕渠桥

唐徕渠桥是一座 4 孔 20m 预应力混凝土槽形梁桥，于 1977 年 9 月竣工通车。并于 1988 年经过加宽改造两边各加 1 片 20m 普通钢筋混凝土 T 梁，见图 1.6.1-63。

①主要病害

a. 桥面系

部分人行道板挑梁混凝土开裂、脱落，（见图 1.6.1-64）。

图 1.6.1-63　桥梁全景

桥面铺装

人行道挑梁

图 1.6.1-64　桥面系病害

b. 上部结构

梁体开裂，裂缝宽度最大已经达到 0.29mm，裂缝的分布及走向如图 1.6.1-65 所示。梁体表面混凝土存在轻微风化。由于 T 梁翼板露水以及铰缝渗水等，导致了 2 跨 1 号梁腹板受水冲刷。处于边侧的 8 号片 T 梁腹板受侵蚀面积超过 60%。在翼板所有泄水孔周围混凝土碎落、露筋并锈蚀。T 梁混凝土表面有麻面、蜂窝，在第 3 号梁底有空洞、露主筋。

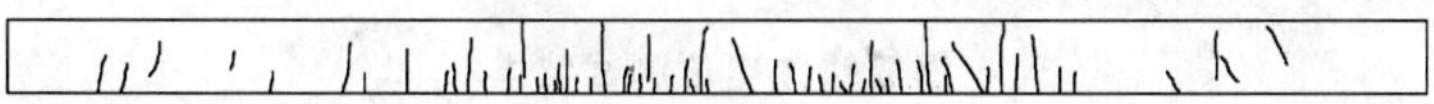

T梁1-6下游侧腹板裂缝示意图

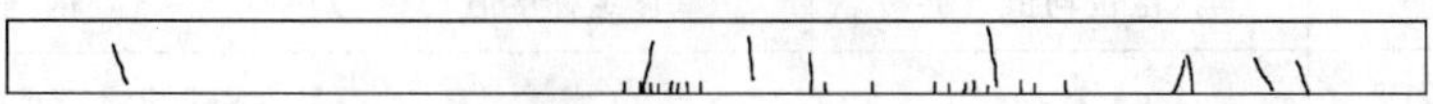

T梁3-1上游侧腹板裂缝示意图

图 1.6.1-65　梁体裂缝分布示意图

c. 下部结构

桥墩、及盖梁表面混凝土存在轻微风化，桥台护坡浆砌块石砌缝开裂，砌体松动。

d. 桥梁技术状况，见表 1.6.1-65 评定结果。

唐徕渠桥各构件综合评定表 表 1.6.1-65

部件	部件名称	缺损程度	对使用功能影响程度	发展状况的修正	最终评定标度	权重	得分
1	翼墙、耳墙	1	0	0	1	1	1
2	锥坡、护坡	1	0	0	1	1	1
3	桥台及基础	1	0	0	1	23	23
4	桥墩及基础	1	0	0	1	24	24
5	地基冲刷	0	0	0	0	8	0
6	支座	1	1	0	2	3	6
7	上部主要承重构件	1	1	1	3	20	60
8	上部一般承重构件	1	1	1	3	5	15
9	桥面铺装	1	1	0	2	1	2
10	桥头跳车	1	0	0	1	3	3
11	伸缩缝	1	0	0	1	3	3
12	人行道	1	1	0	2	1	2
13	栏杆、护栏	1	1	0	2	1	2
14	照明、标志	0	0	0	0	1	0
15	排水设施	1	1	1	3	1	3
16	调治构造物	0	0	0	0	3	0
17	其他	0	0	0	0	1	0
桥梁综合技术状况等级			71.0 二类				

②主要检测结果

a. 钢筋锈蚀电位

测试结果列于表 1.6.1-66。从表中可知，该桥钢筋无锈蚀活动性或锈蚀活动性不确定。

钢筋锈蚀电位测试结果 表 1.6.1-66

测试部位	测区电位均值（mV）	评定标度值	钢筋状态
4 跨 5 号梁下游侧面	−122.1	1	无锈蚀活动或锈蚀活动性不确定
4 跨 5 号梁上游侧面	−159	1	无锈蚀活动或锈蚀活动性不确定

b. 桥跨结构自振特性

结构自振频率测试结果如表 1.6.1-67 所列，一阶自振频率为 7.58Hz，二阶自振频率为 20.72Hz，一阶自振频率大于相应的理论计算值，二阶自振频率与理论计算值较为吻合，桥梁处于良好状态，相应的评定标度值为 1。

桥跨模态参数实测值与计算值 表 1.6.1-67

振阶	计算值（Hz）	振型	实测值（Hz）
			1 号跨
一阶	5.19	竖向对称	7.58
二阶	20.76	竖向反对称	20.72

2. 基于检测结果的承载能力评定

梁体断面图详见图 1.6.1-66、图 1.6.1-67。

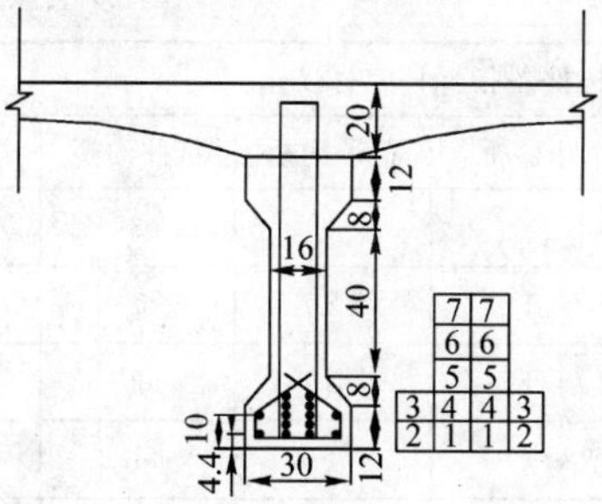

图 1.6.1-66 16m 工字梁受弯主筋配筋图（尺寸单位：cm）

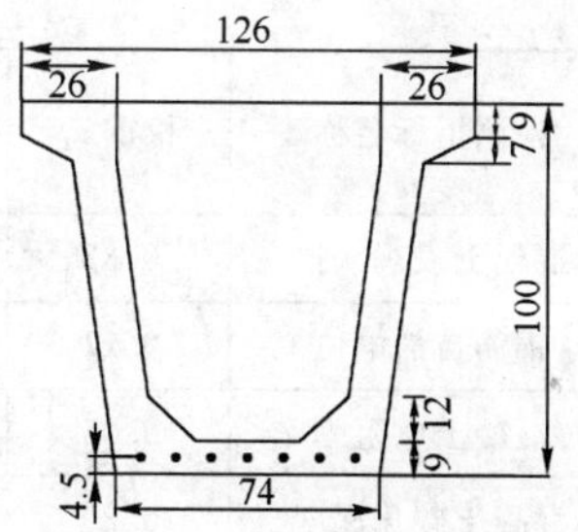

图 1.6.1-67 20m 槽型梁桥受弯主筋配筋图（尺寸单位：cm）

（1）结构荷载效应计算

在所检测的 7 座工字梁中，跨径分为 9m、10m、14m 和 16.8m4 个类型。计算时只考虑汽车和挂车与恒载的组合效应，不考虑人群荷载。荷载效应计算结果如表 1.6.1-68 所列。

荷载效应汇总表（单位：力 kN；弯矩 kN·m） 表 1.6.1-68

跨径类型	恒载效应	活载效应		组合效应	
		汽车	挂车	恒载＋汽车	恒载＋挂车
14m 工字梁	364.3	447.3	585.2	1063.4	1080.9
16.8m（6 片）	499.7	396.0	595.8	1154.0	1255.1
16.8m（5 片）工字梁	499.7	419.0	627.2	1186.3	1289.6
20m 槽形梁	981.8	656.3	822.9	2097.0	2083.3

（2）基于检测结果的承载能力评定

①检算参数确定

a. 检算系数 Z_1 列于表 1.6.1-69 中。

承载能力检算系数 Z_1 表 1.6.1-69

检测指标名称（D_j）	桥梁外观质量	混凝土强度	结构模态参数	构件技术状况评定值 D	对应于受弯构件的检算系数 Z_1
权重 a_j	0.5	0.3	0.2		
包家河桥	5	3	1	3.6	0.94
西河桥	4	1	1	2.5	1.05
叶盛桥	2	1	1	1.5	1.12
石子沟桥	4	1	1	2.5	1.05
宫井沟桥	3	1	1	2.0	1.10
唐徕渠	2	1	1	1.5	1.12

b. 承载能力恶化系数 ξ_e 列于表 1.6.1-70 中。

承载能力恶化系数 ξ_e 表 1.6.1-70

序号	检测指标名称	权重 a_j	构件各指标评定标度值					
			包家河桥	西河桥	叶盛桥	石子沟桥	宫井沟桥	唐徕渠桥
1	混凝土表观缺损	0.32	5	4	2	4	3	2
2	钢筋自然电位	0.11	3	2	1	2	1	1
3	混凝土电阻率	0.05	3	2	1	2	2	1
4	混凝土碳化深度	0.20	1	1	1	1	1	1
5	混凝土保护层厚度	0.12	1	1	1	1	1	1
6	氯离子（Cl^-）含量	0.15	1	1	1	1	1	1
7	结构混凝土强度值	0.05	3	1	1	1	1	1
恶化状况评定标度值 E			2.7	2.12	1.32	2.12	1.69	1.32
耐久性恶化系数（ξ_e）（干燥、冻/无侵蚀介质）			0.06	0.04	0.03	0.04	0.03	0.03

c. 截面折减系数（ξ_c、ξ_s）列于表 1.6.1-71、表 1.6.1-72 中。

混凝土截面折减系数 ξ_c 表 1.6.1-71

序号	检测指标名称	权重 a_j	构件各指标评定标度值					
			包家河桥	西河桥	叶盛桥	石子沟桥	宫井沟桥	唐徕渠桥
1	材料风化	0.10	1	1	1	2	1	2
2	碳化	0.35	1	1	1	1	1	1
3	物理与化学损伤	0.55	3	2	1	2	2	1
缺损状况评定标度值 E			2.1	1.55	1.0	1.65	1.55	1.1
混凝土截面折减系数（ξ_e）			0.97	0.98	1.00	0.98	0.98	1.00

钢筋截面折减系数 ξ_s　　表 1.6.1-72

桥梁名称	锈蚀特征描述	评定标度值	系 数 ξ_s
包家河桥	钢筋锈蚀引起混凝土剥落，钢筋外露，表面膨胀锈层显著	4	0.85
西河桥	沿钢筋出现纵向裂缝，宽度大于限值，并出现层离	2	0.95
叶盛桥	未出现沿钢筋纵向裂缝	1	1.00
石子沟桥	钢筋锈蚀引起混凝土剥落，钢筋外露，表面有膨胀锈层或坑蚀	3	0.90
宫井沟桥	沿钢筋出现纵向裂缝，宽度大于限值	2	0.95
唐徕渠桥	未出现沿钢筋纵向裂缝	1	1.00

d. 活载影响修正系数（ζ_q）

桥梁所处路线等级一般为二、三级，交通量变化不大，实际典型代表交通量 Q_m 与设计交通量 Q_d 之比在 $1<\frac{Q_m}{Q_d}\leqslant 1.3$，取对应于交通量的活载影响修正系数 ζ_{q1} 为 1.0；考虑到实际营运过程中超载情况的发生，大吨位车辆混入率小于 30%，取对应于大吨位车辆混入率的活载影响修正系数 ζ_{q2} 为 1.05；后轴重超过汽车检算荷载之最大轴荷者所占的百分数 β 在 5%～15%之间，故 ζ_{q3} 取 1.15，由公式 $\zeta_q=\sqrt[3]{\zeta_{q1}\zeta_{q2}\zeta_{q3}}$ 可得活载影响修正系数 ζ_q 为 1.06。

②承载能力评定计算

对于配筋混凝土桥梁，对《公路钢筋混凝土及预应力混凝土桥涵设计规范》（JTJ 023—85）第一章第 1.0.5 条荷载效应不利组合设计值小于或等于结构抗力效应设计值的方程式改变如下：

$$S_d\ (\gamma_d G;\ \xi_q\gamma_q\sum Q)\ \leqslant \gamma_b R_d\left(\xi_c\frac{R_c}{\gamma_c};\ \xi_s\frac{R_s}{\gamma_s}\right)Z_1\ (1-\xi_e)$$

将以上的反映桥梁当前状况的各项系数带入上式，根据荷载效应和结构抗力效应的比较情况对构件的承载能力状况作出判断。桥梁检算参数汇总于表 1.6.1-73。

桥梁检算参数汇总表　　表 1.6.1-73

桥 梁 名 称	检 算 系 数	恶 化 系 数	截面折减系数		活载影响修正系数
			钢筋截面折减系数	混凝土截面折减系数	
包家河桥	0.94	0.06	0.85	0.97	1.06
西河桥	1.05	0.04	0.95	0.98	1.06
叶盛桥	1.12	0.03	1.00	1.00	1.06
石子沟桥	1.05	0.04	0.90	0.98	1.06
宫井沟桥	1.10	0.03	0.95	0.98	1.06
唐徕渠桥	1.12	0.03	1.00	1.00	1.06

基于桥梁检测结果的承载能力检算结果如表 1.6.1-74 所列，其中包家河桥抗力与荷载效应相差较大，抗力较荷载效应低 31%，不能满足汽-15、挂-80 级荷载相应的承载力要求；西河桥抗力

跨中截面极限承载能力（kN·m）验算 表 1.6.1-74

桥名	荷载效应			当前极限承载能力 M_u ④	（④−①）/④	（④−③）/④
	汽车＋恒载 ①	ξ_q 汽车＋恒载 ②	挂车＋恒载 ③			
包家河桥	1154.0	1187.3	1255.1	961.5	−20.0%	−30.5%
西河桥	1154.0	1187.3	1255.1	1225.9	5.9%	−2.4%
叶盛桥	1063.4	1101.0	1080.9	1390.8	23.5%	22.3%
石子沟桥	1186.3	1221.4	1289.6	1161.4	−2.1%	−11.0%
宫井沟桥	1186.3	1221.4	1289.6	1297.7	8.6%	0.6%
唐徕渠桥	2097.0	2152.1	2083.3	1772.4	−18.3%	−17.5%

与最大荷载效应基本相当，分别为 1225.9kN·m 和 1255.1kN·m，能满足汽-15、挂-80 级荷载相应的承载力要求；叶盛桥能满足汽-15、挂-80 级荷载相应的承载力要求；石子沟桥抗力效应为 1161.4kN·m，考虑活载变异后的荷载效应为 1221.4 kN·m，汽车＋恒载荷载效应比抗力效应大 2.1%，汽车＋恒载荷载效应 1289.6kN·m，比抗力效应大 11.0%，不能满足汽-15、挂-80 级荷载相应的承载力要求；宫井沟桥抗力与荷载效应基本相当，分别为 1297.7kN·m 和 1221.4kN·m，能满足汽-15、挂-80 级荷载相应的承载力要求；唐徕渠桥由于预应力钢筋特征参数无相关资料，而且从主梁外观质量的检查情况来看，梁体表面无可见裂缝和明显缺损，因此检算时对正常使用状态不进行验算，而只进行承载能力极限状态计算。按现有图纸资料计算，极限承载力 M_u＝1772.4kN·m，荷载效应控制值为 2152.1 kN·m，不能满足承载能力要求，极限承载能力与结构实际工作状态相差很大，可能是由于图纸资料不全所致。

§6.2 钢筋混凝土 T 形刚构桥

一、桥梁概况

该桥全长 551.82m，总跨径 540m，共 12 孔，1988 年建成通车。主跨为两孔 90mT 形刚构，横断面为单筋双室结构，全桥共三个 T，边孔为跨径 30m 的钢筋混凝土预应力 T 形梁。桥孔组合 5×30m＋60m＋2×90m＋60m＋3×30m。全桥 5 个水中墩均为高桩承台基础，共 42 根桩。过渡墩为每墩 6 根桩，主墩为每个墩 10 根桩，桩径 1.5m，桩长 15～34m，嵌岩 11～28m。其余墩为混凝土扩大基础，嵌岩 2m 以上。墩身为钢筋混凝土实体墩。

主桥 T 形刚构设计资料如下：

荷载标准：汽-20，挂-100，人群 3.5kN/m²

桥面净宽：净 9m＋2×1.5m 人行道

桥下净空：按 5 级行道标准

设计洪水频率：1/300

地震烈度：按 8 级设防

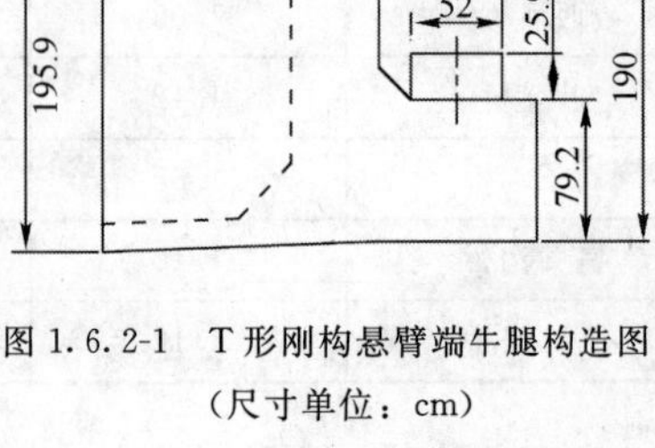

图 1.6.2-1 T 形刚构悬臂端牛腿构造图（尺寸单位：cm）

该桥 T 构悬臂端的牛腿构造如图 1.6.2-1 所示，T 构的总体布置如图 1.6.2-2 所示。

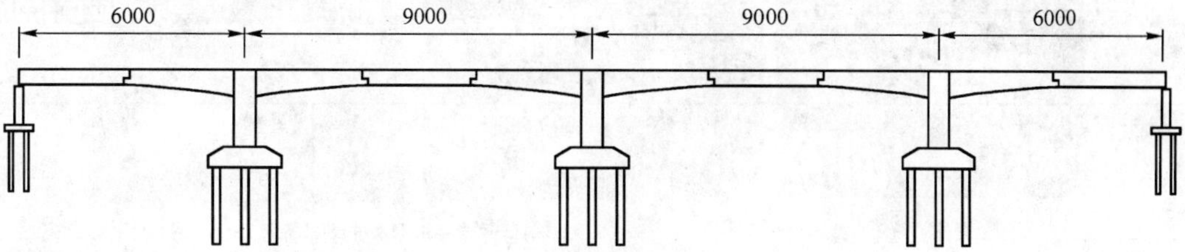

a)

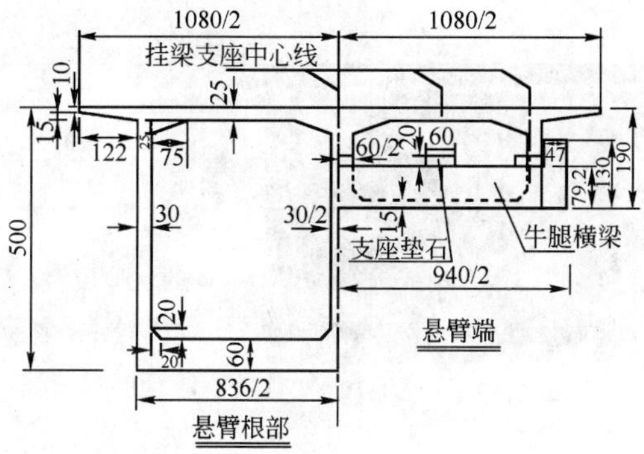

b)

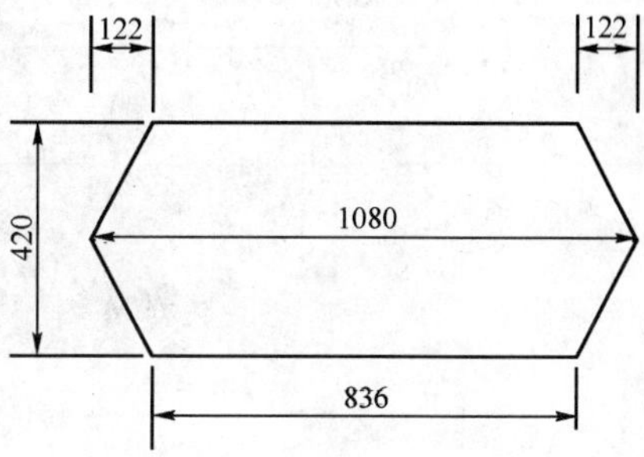

c)

图 1.6.2-2　主桥 T 形刚构总体布置图（尺寸单位：cm）

a）纵向布置；b）横向布置；c）主墩墩身断面

二、桥梁典型病害

1. 上部结构

混凝土表面有麻面、蜂窝，部分施工节段的接缝结合不良，接缝结合部混凝土有空洞、露筋等缺陷。部分施工节段接缝有错台现象，错台高度最大为 4cm，见图 1.6.2-3。

底板底面露筋

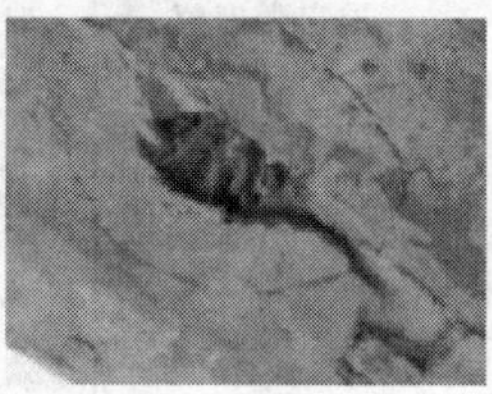

腹板孔洞

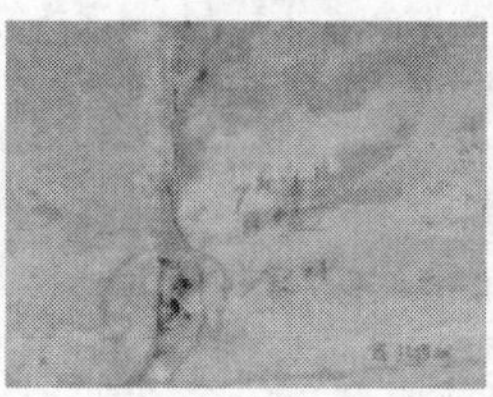

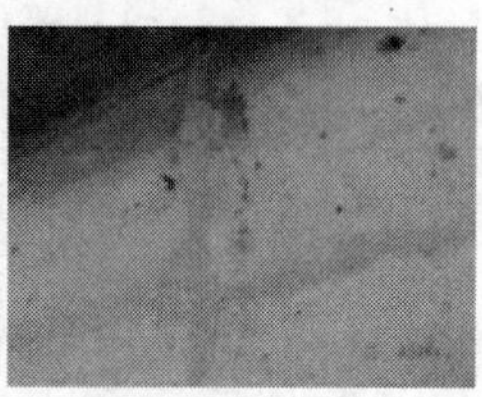

节段施工错台、结合不良

图　1.6.2-3

2 号 T 构 7 号块底板发现有 5 条斜裂缝，1 号 T 构 0 号块上部发现 3 条竖向短裂缝，这些裂缝长度不大于 0.5m，宽度不大于 0.2mm。T 构悬臂端牛腿局部混凝土疏松、剥落露筋，见图 1.6.2-4。

挂梁与 T 形刚构之间的铰缝渗水、盐析，挂梁翼板混凝土局部脱离、露筋并锈蚀，见图 1.6.2-5。

梁体裂缝　　　　T构悬臂端底板混凝土剥落露筋

图　1.6.2-4

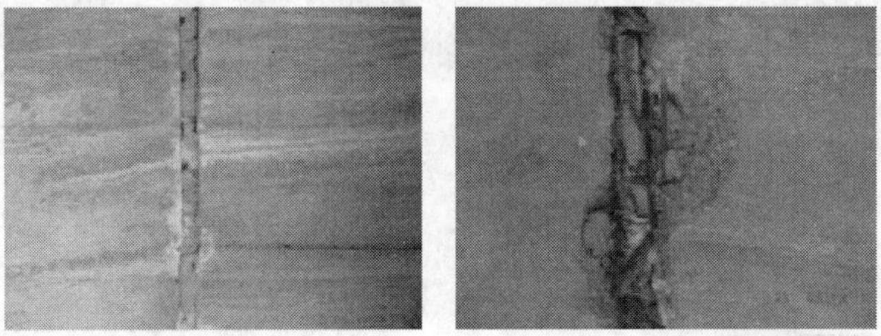

铰缝渗水　　　　铰缝结合不良、翼板露筋

图　1.6.2-5

2. 下部结构

下部结构中除盖梁和墩台表面混凝土中度风化，余未见明显的病害。

三、主要检测结果

1. 混凝土强度

混凝土强度测试结果详见表 1.6.2-1，腹板和挂梁混凝土强度处于良好的状态。

测区混凝土强度推定值　　表 1.6.2-1

测　　位	平均强度值（MPa）	平均强度均匀系数 K_t	推定强度值（MPa）	推定强度均匀系数 K_{bm}	强度评定标度值
2 号 T 构 7 号块北腹板	54.65	1.14	41.9	1.05	1
2 号 T 构 9 号块北腹板	51.09	1.07	44.8	1.12	1
1-2 挂梁 1 号梁	58.53	0.68	54	1.35	1

2. 钢筋锈蚀电位

选取半电池电位法进行钢筋锈蚀电位的测试，选取了 1-2 挂梁 2 号预应力钢筋混凝土 T 梁露筋的两处进行测试，测试结果表明，钢筋电位水平介于－68～－73mV 之间，钢筋状态处于无锈蚀活动性，或锈蚀状态不确定。

3. 混凝土保护层厚度

在 2 号 T 构的 3、4、6、7 块腹板进行钢筋混凝土保护层厚度测试，具体测试结果列于表 1.6.2-2。从表 1.6.2-2 可知，混凝土保护层厚度对钢筋耐久性有轻度影响。

混凝土保护层厚度测试结果　　表 1.6.2-2

测试部位	D_{ne} (mm)	D_{nd} (mm)	D_{ne}/D_{nd}	评定标度值	对钢筋耐久性的影响
2号 T-3	43.5	50	0.87	2	有轻度影响
2号 T-4	49.5	50	0.99	1	影响不显著
2号 T-6	45.5	50	0.91	2	有轻度影响
2号 T-7	44.5	50	0.89	2	有轻度影响

四、原结构检算

控制截面荷载效应与设计抗力效应计算：

电算程序采用同济大学的桥梁博士分析系统。图 1.6.2-6 为主跨的计算模型。

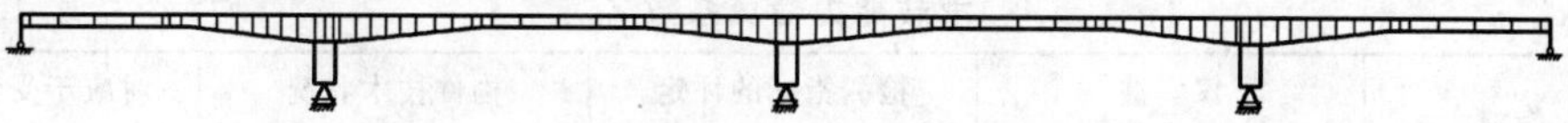

图 1.6.2-6　结构计算模型

由于 T 形刚构从结构受力角度来讲，属静定体系，因此设计计算、复核均选择 T 构悬臂根部断面作为最不利验算断面。在图 1.6.2-7 中，左数第一个 T 构悬臂根部对应的 22 号单元右节点，即 23 号节点，即为强度和应力验算断面。

结构计算边界条件：

①两端过渡墩处简支，约束竖向位移；

②中间 3 个主墩底部固结，约束平动和转动位移；

③牛腿处，T 构与挂梁和过渡梁均为主从节点约束，使挂梁和过渡梁均保持简支体系；

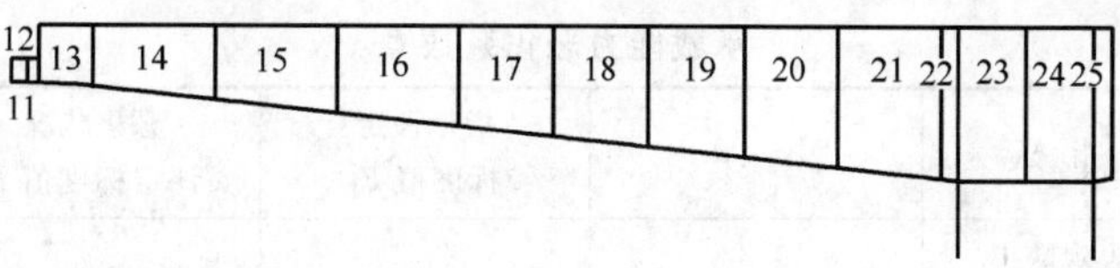

图 1.6.2-7　单 T 构一侧单元编号图

④荷载考虑恒载（包括主梁自重和二期恒载）、汽车、人群、挂车及其相应组合 I 和组合 III，并计入预应力的作用。

组合 I：1.2 恒载内力＋1.4（汽车＋人群）内力

组合 III：1.2 恒载内力＋1.1 挂车内力

表 1.6.2-3 列出了控制截面（T 构悬臂根部断面）的结构计算结果。

结构计算结果　　表 1.6.2-3

极限状态	检算内容	部位	计算值	抗力效应或限值
承载能力	弯矩（kN·m）	悬臂根部	-1.06×10^5（组合 I 控制）	-3.5×10^5
正常使用	梁下缘混凝土正应力（MPa）	悬臂根部	6.44	14.0
	梁体混凝土主拉应力（MPa）	悬臂根部	0.97	2.08

五、结构承载能力评定

根据前述表观检查及详细检测结果，对前述理论计算的结构抗力和荷载效应分别进行修正，修正时引入包括桥梁检算系数 Z_1、承载能力恶化系数 ξ_e、截面折减系数（混凝土 ξ_c 和钢筋 ξ_s）和活载影响修正系数 ξ_q 等在内的各种折减系数。

基于检测结果的承载能力鉴定表达式如下：

$$S_d\ (\gamma_d G;\ \gamma_q \sum Q) \leqslant \gamma_b R_d \left(\xi_c \frac{R_c}{\gamma_c};\ \xi_s \frac{R_s}{\gamma_s}\right) Z_1\ (1-\xi_e)$$

1. 检算系数 Z_1

T 梁检算系数 Z_1 的确定详见表 1.6.2-4。上部结构技术状况评定值为 2.2，相应 T 梁承载能力检算系数 Z_1 取为 0.98。

承载能力检算系数 Z_1 表 1.6.2-4

检测指标	权重 a_j	检测指标的评定标度值 D_j	构件技术状况评定值 D	对应于受弯构件的检算系数 Z_1
桥梁外观质量	0.4	2.5	2.2	0.98
混凝土强度	0.3	2		
结构模态参数	0.3	2		

2. 承载能力恶化系数 ξ_e

承载能力恶化系数 ξ_e 的确定详见表 1.6.2-5。

3. 截面折减系数（ξ_c、ξ_s）

混凝土截面折减系数 ξ_c，如表 1.6.2-6 所列；钢筋折减系数为 $\xi_s=0.98$。

承载能力恶化系数 ξ_e 表 1.6.2-5

序号	检测指标	权重 a_j	指标评定标度值 E_j	恶化状况评定标度值 E	恶化系数 ξ_e
1	混凝土表观缺损	0.32	2.5	2.1	0.02（环境条件按干燥、不冻及无侵蚀介质考虑）
2	钢筋锈蚀电位	0.11	1.5		
3	混凝土电阻率	0.05	5		
4	混凝土碳化深度	0.20	2		
5	混凝土保护层厚度	0.12	1.5		
6	氯离子（Cl^-）含量	0.15	2		
7	结构混凝土强度推定值	0.05	5		

截面折减系数 ξ_c 表 1.6.2-6

检测指标	权重值 a_j	检测指标的评定标度值 R_j	截面损伤综合评定值 R	混凝土截面折减系数 ξ_c
材料风化	0.10	2	1.55	0.99
碳化	0.35	1.5		
物理与化学损伤	0.55	1.5		

4. 活载影响修正系数（ξ_q）

交通量的活载影响修正系数 $\xi_{q1}=1.2$；

大吨位车辆混入率的活载影响修正系数 $\xi_{q2}=1.1$；

轴荷分布的活载影响修正系数 $\xi_{q3}=1.1$；

则活载影响修正系数为：$\xi_q=\sqrt[3]{\xi_{q1}\xi_{q2}\xi_{q3}}=\sqrt[3]{1.1\times1.1\times1.2}=1.13$

5. 承载能力综合评定结果

根据前述计算结果，设计抗力为 $M_R=-3.45\times10^5\text{kN}\cdot\text{m}$。基于检测结果的结构抗力效应经以上各个折减系数修正后为 $M'_R=-3.21\times10^5\text{kN}\cdot\text{m}$。

荷载效应的设计计算值 $M_j=1.06\times10^5\text{kN}\cdot\text{m}$，则考虑活载影响修正系数后的荷载效应计算值为 $M'_j=1.1\times10^5\text{kN}\cdot\text{m}$。故 $M'_R>M'_j$，即结构的抗力效应大于荷载效应，该桥 T 梁能够满足承载能力的要求。

§6.3　拱　　桥

一、钢筋混凝土箱形拱桥

1. 桥梁概况

该桥为两跨拱桥，主孔为钢筋混凝土箱型拱，计算跨径 $l=150\text{m}$，矢跨比 $l/f=1/7$；引桥为 65m 钢筋混凝土箱形截面拱，矢跨比 $l/f=1/8$。拱圈截面由 5 片箱构成，主拱圈宽 7.6m；施工均采用缆索吊装，主孔拱箱分五段吊装，引孔拱箱分三段吊装。桥面净空为净−7+2×1.5m 人行道，设计荷载为汽车-20 级、挂车-100。该桥于 1979 年竣工通车，目前交通量较大，并经常有大吨位的运输车通过。桥梁结构存在较严重的混凝土侵蚀剥落、钢筋锈蚀现象，对桥梁的安全营运构成一定的威胁，见图 1.6.3-1。

图 1.6.3-1　拱桥主孔

2. 桥梁典型病害

(1) 桥面系

桥面损坏严重，桥面铺装局部碎裂，恶化了桥面的行车条件。拱上立柱顶面的桥面铺装由于未作桥面连续处理，各立柱横梁处桥面普遍开裂、渗水。人行道栏杆部分构件缺失，人行道板渗水侵蚀纵梁，混凝土严重风化，并伴有混凝土剥落现象。桥面系纵梁在支承处混凝土局部受压破坏（图 1.6.3-2）。

桥梁系雨水侵蚀

纵梁梁端局部碎裂

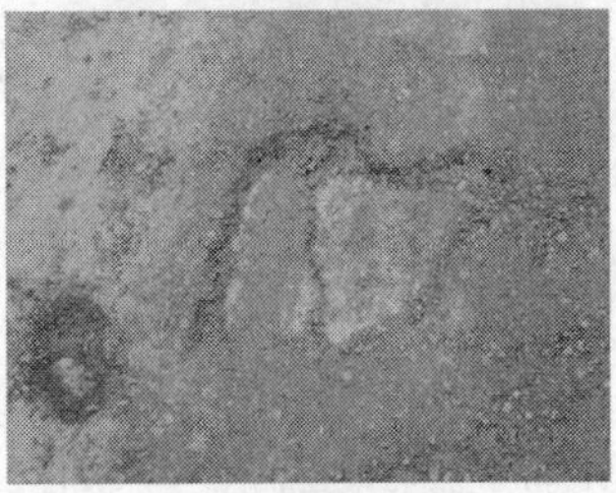

桥面铺装局部破碎

桥面纵向开裂

图 1.6.3-2　桥面系破损、开裂

（2）主拱圈及拱上建筑

主拱圈在腹板外表面个别位置钢筋外露、锈蚀，混凝土保护层胀裂。在实腹段至 $L/4$ 之间的拱背中部出现纵向裂缝，裂缝宽度在 0.2mm 以内，该处 8 号、9 号横墙中部断裂。在宜宾侧 8 号和 9 号横墙之间的拱背处中部纵向开裂，在下游侧边板与中板的接缝位置出现纵向开裂，裂缝表口宽度较宽，最宽在 0.5mm 以上。过重车时，此裂缝呈一定的活动性，见图 1.6.3-3。

宜宾侧 9号横墙开裂

云南侧 9号横墙开裂

图　1.6.3-3

（3）桥台及引桥

主桥桥墩、桥台未发现明显缺陷，引桥宜宾侧桥台台身、侧墙和挡墙开裂，前墙中部有一道横向贯通裂缝，侧墙斜向开裂，挡墙横向外倾，相应位置的路基发生沉陷。

引桥主拱圈基本完好，对其腹拱检查发现 1 号、2 号、3 号和 4 号立墙或垫梁有不同程度开裂，开裂部位主要集中在横墙或垫梁横向中部，与主跨拱圈开裂和立墙断裂有一定的相似。

3. 主要检测结果

（1）混凝土强度

由于受结构构件尺寸的制约，在桥面系纵梁、拱上立柱、垫梁、拱背布置测点，采用回弹法进行混凝土强度检测。表1.6.3-1列出了各测区测量结果，混凝土强度推定值在36.4～44.5MPa之间。混凝土推定强度均匀系数为1.20～1.69，平均强度均匀系数为1.09～1.62，混凝土属于良好状态。

测区混凝土强度推定值（MPa）　　表1.6.3-1

测　位	平均强度值（MPa）	平均强度均匀系数（K_{bm}）	推定强度值（MPa）	推定强度均匀系数（K_{bt}）
1-1	50.5	1.68	36.4	1.21
主拱圈	48.3	1.21	43.4	1.09
纵梁	45.3	1.51	38.5	1.28
主拱圈	48.0	1.20	44.5	1.11
垫梁	50.7	1.69	48.7	1.62
立柱	46.5	1.55	35.5	1.18
垫梁	47.1	1.57	42.3	1.41
墩柱	46.2	1.54	39.4	1.31
备注	按碳化深度5mm修正			

（2）钢筋锈蚀状况

①碳化深度的测定。实测的桥跨结构混凝土未发生明显碳化，碳化深度在5mm以内。

②混凝土氯离子含量。实测混凝土中的氯离子含量为0.04%，氯离子诱发钢筋锈蚀的可能性很小。

③混凝土电阻率。采用四电极电流法实测的各检查区的混凝土电阻率列于表3.1.3-2中，各测区实测电阻率均值在0.007～0.21 MΩ·cm之间，可以判断有轻度锈蚀的可能。

④钢筋锈蚀电位测定。测量钢筋的自然电位主要是为了评定钢筋锈蚀可能性或锈蚀活动性。实测桥跨结构各部位的钢筋锈蚀电位列于表1.6.3-2中，各测区锈蚀电位平均值在－46～－322mV之间不等，相邻测区差较大，1号和4号相差198.2 mV，2号和3号相差107.2mV，而且有一半测区锈蚀电位在192.0 mV以上。

混凝土电阻率与锈蚀电位实测值　　表1.6.3-2

测　区	电阻率均值（MΩ·cm）	混凝土电阻率标度值	锈蚀电位均值（mV）	锈蚀电位标度值
1	0.010	3	－266.2	2
2	0.013	3	－203.2	2
3	0.021	1	－96.0	1
4	0.015	3	－68.0	1
5	0.013	3	－192.0	1

续上表

测　区	电阻率均值（MΩ·cm）	混凝土电阻率标度值	锈蚀电位均值（mV）	锈蚀电位标度值
6	0.014	3	−75.0	1
7	0.007	2	−46.0	1
8	0.012	3	—	
9	0.007	4	−322.0	3

4. 承载能力评定

(1) 检算系数 Z_1

表 1.6.3-3 列出了各构件的技术状况评定值。主拱圈技术状况评定值 $D=2.5$，主要为偏心受压构件，相应的检算系数 Z_1 为 1.05。拱上立柱技术状况评定值 $D=2.0$，主要为偏心受压构件，相应的检算系数 Z_1 为 1.10。纵梁技术状况评定值 $D=3.5$，主要为受弯构件，抗弯检算系数 Z_1 为 0.95。

主拱圈、立柱和边纵梁技术状况评定　　表 1.6.3-3

检测指标名称（D_j）		桥梁外观质量	混凝土强度	结构模态参数	构件技术状况评定值 D
权重 a_j		0.5	0.3	0.2	
构件	立柱	3	1	1	2.0
	拱圈	4	1	1	2.5
	边纵梁	5	2	2	3.5

(2) 承载能力恶化系数 ξ_e

承载能力恶化系数 ξ_e 的确定详见表 1.6.3-4。

构件检测指标影响权重及其恶化状况　　表 1.6.3-4

序号	检测指标名称	权重 a_j	构件各指标评定标度值			综合评定方法
		规程推荐	主拱圈	立柱	纵梁	
1	混凝土表观缺损	0.32	4	3	5	某一构件恶化状况评定值 E 按下式计算： $E=\sum_{j=1}^{7}E_j a_j$ 式中：E_j——结构或构件某一检测评定指标的评定标度值； a_j——某一检测评定指标的影响权重，$\sum_{j=1}^{7}a_j=1$
2	钢筋自然电位	0.11	2	2	5	
3	混凝土电阻率	0.05	3	3	5	
4	混凝土碳化深度	0.20	1	1	5	
5	混凝土保护层厚度	0.12	1	1	1	
6	氯离子（Cl^-）含量	0.15	1	1	1	
7	结构混凝土强度推定值	0.05	1	1	2	
恶化状况评定标度值 E			2.17	1.85	3.77	

应用表 1.6.3-4 方法计算主拱和拱上立柱承载能力恶化状况评定值 E 为 2.17 和 1.85，边纵梁 E 值为 3.77。由于桥址附近有一火力发电站，而且有下酸雨的历史，确定桥梁承载

能力恶化程度按最不利环境取值，取主拱圈和拱上立柱承载能力恶化系数 ξ_e 分别为 0.09 和 0.08，边纵梁承载能力恶化系数 ξ_e 为 0.18。

（3）截面折减系数 ξ_c

根据桥梁检查的结果来看，对于主拱结构不考虑截面的折减，对于拱上立柱和桥梁纵梁考虑截面的折减。就拱上立柱而言，混凝土表面存在弱风化；由于雨水侵蚀，部分立柱表面有风化；两个边纵梁有 50%以上的表面有附着物，因此认为其物理与化学损伤标度为 5。因此，对于主拱，截面折减系数 ξ_c 取 1，拱上立柱 ξ_c 取 0.98，边纵梁 ξ_c 取 0.85。

（4）活载影响修正系数（ξ_q）

《公路工程技术标准》规定三级公路日交通量在 2000～6000 辆，实际日交通量在 8000 以上（表 1.6.3-5），实际典型代表交通量与设计交通量之比大于 2，交通量活载的影响修正系数 ξ_{q1} 取 1.2。大吨位车交通量较少，不考虑其影响，只考虑轴荷分布的活载影响修正系数。考虑大型载货汽车和载货拖挂车的影响，根据交通量分布情况，其值应 5%～15%之间，轴荷分布的活载影响修正系数 ξ_{q3} 为 1.15。则活载影响修正系数：$\xi_q=\sqrt[3]{\xi_{q1}\xi_{q2}\xi_{q3}}=1.12$。

交通量统计表　　表 1.6.3-5

项　目	小型载货汽车	中型载货汽车	大型载货汽车	小型客车	大型客车	载货拖挂	人力车	自行车	合计（经折算的混合日交通量）
绝对数	1850	696	1563	2126	1041	27	3129	2446	
换算系数	1.0	1.0	1.5	0.5	1	1.5	0.5	0.1	8062.6

（5）结构内力计算

应用有限元程序对主孔拱圈的拱脚、$L/4$ 和拱顶截面在恒载作用下和活载作用下的内力进行了计算，计算结果如表 1.6.3-6 所列。由于缺少详细的施工资料，计算恒载内力时，未就主拱形成过程进行模拟，只计算成桥状态恒载的作用，活载按汽-20，挂-100 级计算。表 1.6.3-7 列出了在活载作用下的主拱内力组合值，并考虑了活载修正。

主拱各截面恒载与活载内力　　表 1.6.3-6

截面位置	恒载内力 S_G			汽　车-20S_Q			挂　车-100		
	轴力（kN）	剪力（kN）	弯矩（kN·m）	轴力（kN）	剪力（kN）	弯矩（kN·m）	轴力（kN）	剪力（kN）	弯矩（kN·m）
拱脚	4723.5	−53.7	−17.7	119.46	55.9	−817.6	57.8	37.2	−560.3
$L/4$	4245.8	66.1	−399.4	208.3	−7.0	−477.5	99.3	−5.1	−257.0
拱顶	4077.1	30.9	779.0	181.5	14.1	427.9	104.3	−0.1	408.8

主拱各截面恒载与活载内力组合值　　表 1.6.3-7

截面位置	经修正后的控制内力组合值（$1.2S_G+1.12\times1.4S_Q$）		
	轴力（kN）	剪力（kN）	弯矩（kN·m）
拱脚	58555	232	−13032
$L/4$	54216	683	−12280
拱顶	51171	592	16057

（6）持久状态桥梁结构承载能力极限状态评定计算

持久状态桥梁结构承载能力极限状态评定计算公式如下：

$$S_d\ (\gamma_{s0}\psi\sum\gamma_{s1}Q)\leqslant R_d\left(\frac{R^j}{\gamma_m},\ \alpha_k\right)Z_1\xi_c$$

式中：S_d——荷载效应函数；

Q——荷载在结构上产生的效应；对重载交通桥梁，汽车荷载效应应计入活载影响修正系数 ξ_q；

γ_{s0}——结构的重要性系数；

γ_{s1}——荷载安全系数；

ψ——荷载组合系数；

R_d——结构抗力效应函数；

R^j——材料或砌体的极限强度；

γ_m——材料或砌体的安全系数；

α_k——结构的几何尺寸；

Z_1——承载能力检算系数；

ξ_c——截面折减系数。

拱脚、$L/4$ 和拱顶检算截面在汽车与恒载组合内力作用下全截面处于受压状态，拱脚处抗力为：$N_u=9945\times1.05\times(1-0.09)\times1=91494$kN

$L/4$ 处抗力为：$N_u=9682\times1.05\times(1-0.09)\times1=89074$kN

拱顶处抗力：$N_u=9569.6\times1.05\times(1-0.09)\times1=88041$kN

分别大于表 1.6.3-7 中相应的内力值。

以 1 号立柱根部为控制截面，每根立柱在恒载和活载作用下的内力控制值 $N=535$kN，$F=15$kN，柱长为 15m，$A_g=A'_g=942\text{mm}^2$。应用公式 1 计算边纵梁抗力为 $715.9\times0.98\times0.92\times1.10=710$kN，大于 535kN，满足设计要求。

边梁弯矩控制值 $M=420.4\text{kN}\cdot\text{m}$，$A_g=4559\text{mm}^2$，截面抗力为：$M_u=566.1\times0.95\times0.85\times(1-0.18)=374.8\text{kN}\cdot\text{m}$，不能满足设计要求。

（7）持久状态桥梁结构正常使用极限状态评定计算

正常使用极限状态只针对主拱圈各控制截面的上、下缘正应力进行了校核计算。表 1.6.3-8 列出了主拱各截面相应的上下缘应力，介于 3.21～12.88MPa，可以看出各截面都处于全截面受压状态，主拱圈承载能力能够满足正常使用状态下要求。

主拱各截面恒载与活载作用下应力值 表 1.6.3-8

截面位置	控制截面应力值		允许应力	
	上缘应力（MPa）	下缘应力（MPa）	压应力（MPa）	拉应力（MPa）
拱脚	5.24	12.88	23.0	−2.15
$L/4$	4.79	11.98	23.0	−2.15
拱顶	12.62	3.21	23.0	−2.15
说明	应力符号压为正			

二、20m 圆弧拱双曲拱桥

1. 桥梁概况

该桥建成于 1970 年，为 1 跨 20m 圆弧线双曲拱，设计荷载标准为，汽-13、拖-60，矢跨比 1/4，桥面净宽 7m，不设人行道。全桥纵向布置见图 1.6.3-4，横断面布置见图 1.6.3-5。

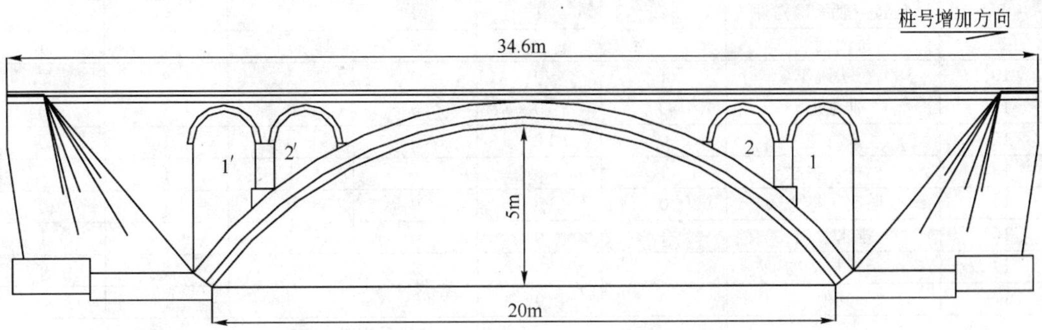

图 1.6.3-4　桥型布置图

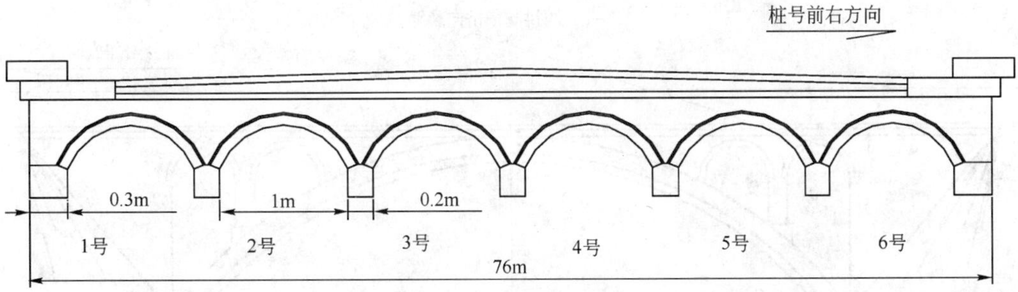

图 1.6.3-5　横断面布置图

2. 桥梁典型病害

(1) 桥面系质量状况较好，无明显病害。

(2) 上部结构

预制拱波拱顶沿桥纵向开裂，并碱蚀严重，其中 4 号拱肋拱波拱顶沿桥全部贯通开裂，接近桥台拱脚部位受水侵蚀、碱蚀严重，见图 1.6.3-6。1 号、1′号腹拱拱顶存在横桥向开裂，见图 1.6.3-7。

图 1.6.3-6　上部构造

(3) 构件综合评定

构件综合评定见表 1.6.3-9。

桥梁各构件综合评定表　　表 1.6.3-9

部件	部件名称	缺损程度	对使用功能影响程度	发展状况的修正	最终评定标度	权重	得分
1	翼墙、耳墙	0	0	0	0	1	0
2	锥坡、护坡	1	0	0	1	1	1
3	桥台及基础	1	0	1	2	23	46
4	桥墩及基础	0	0	0	0	24	0
5	地基冲刷	0	0	0	0	8	0

续上表

部 件	部 件 名 称	缺 损 程 度	对使用功能影响程度	发展状况的修正	最终评定标度	权 重	得 分
6	支座	0	0	0	0	3	0
7	上部主要承重构件	2	2	1	2	20	100
8	上部一般承重构件	2	1	1	4	5	20
9	桥面铺装	1	0	0	1	1	1
10	桥头跳车	1	0	0	1	3	3
11	伸缩缝	0	0	0	0	3	0
12	人行道	0	0	0	0	1	0
13	栏杆、护栏	1	0	0	1	1	1
14	照明、标志	0	0	0	0	1	0
15	排水设施	1	0	0	1	1	1
16	调治构造物	0	0	0	0	3	0
17	其他	0	0	0	0	1	0
D_r		65.4		技术状况评定等级		二类	

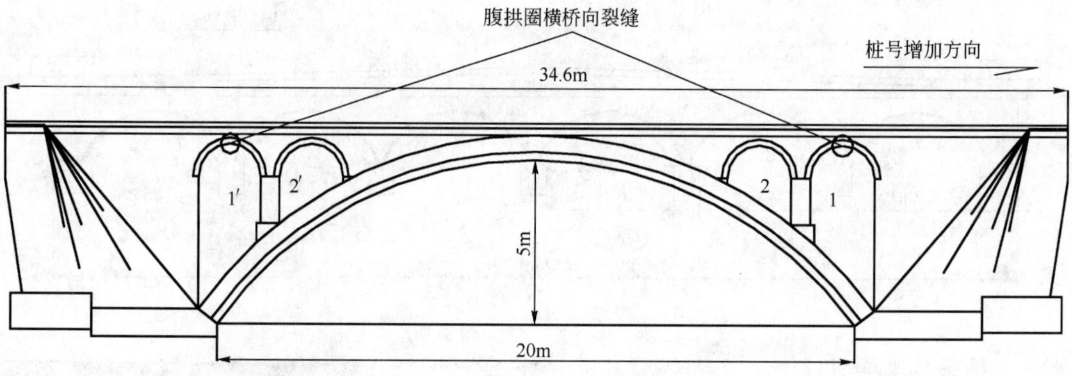

图 1.6.3-7　裂缝分布示意图

3. 基于检测结果的承载能力评定

(1) 检算系数 Z_1（表 1.6.3-10）

承载能力检算系数 Z_1 计算表　　表 1.6.3-10

检测指标名称	权重值 a_j	评定标度值 D_j	综合评定度 D	检算系数 Z_1
桥梁外观质量	0.4	3	1.8	1.02
混凝土强度	0.3	1		
结构模态参数	0.3	1		

(2) 截面折减系数 ξ_c（表 1.6.3-11）

截面折减系数（ξ_c）的计算表　　表 1.6.3-11

结 构 类 别	检测指标名称	权重值 a_j	标度值 R_j	标度值 R	ξ_c
混凝土及配筋混凝土构件	材料风化	0.10	2	1.65	0.987
	碳化	0.35	1		
	物理与化学损伤	0.55	2		

（3）荷载组合

取单拱片进行计算，各种荷载最不利组合按如下原则进行：

组合 I＝1.03×S_1　　$S_1=1.2S_g+1.4\times(S'_{Q1}+S'_{Q2})$

组合 II＝1.03×0.8S_2　　$S_2=1.2S_G+1.4(S'_{Q1}+S'_{Q2}+S''_{Q2})$

组合 III＝1.03×0.8S_3　　$S_3=1.2S_G+1.4\times S''_{Q1}$

其中：S_G——表示结构自重效应；

S'_{Q1}——表示汽车及人群效应；

S''_{Q1}——挂车效应；

S'_{Q2}——混凝土收缩效应；

S''_{Q2}——温度下降的效应。

（4）结构分析模型

本次检算分析用平面杆系程序进行，全桥共 88 个单元，其中拱肋单元 24 个，桥面单元 36 个，腹拱单元 24 个，横墙单元 4 个。结构离散见图 1.6.3-8。

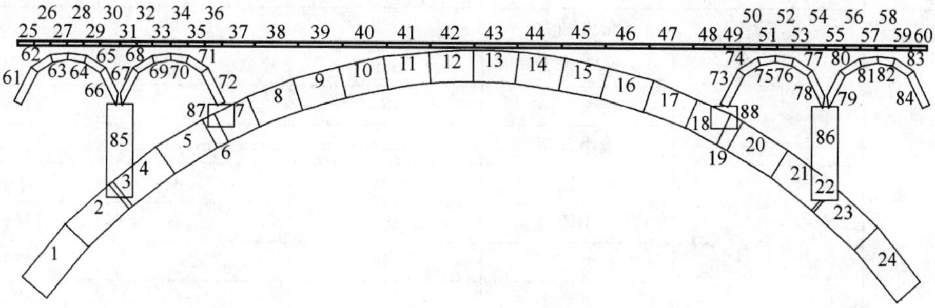

图 1.6.3-8　结构离散图

（5）拱肋承载能力极限状态验算

计算公式为：

$$S_d\ (\gamma_{s0}\psi\sum\gamma_{s1}Q)\ \leqslant R_d\ (R^j/\gamma_m,\ \alpha_k)\ Z_1\xi_c$$

式中：S_d——荷载效应函数；

Q——荷载在结构上产生的效应；

γ_{s0}——结构的重要性系数；

γ_{s1}——荷载安全系数；

ψ——荷载组合系数；

R_d——结构抗力小效应函数；

R^j——材料或砌体的极限强度；

γ_m——材料或砌体的安全系数；

α_k——结构的几何尺寸；

Z_1——承载能力检算系数；

ξ_c——截面折减系数。

通过有限元模型计算分析得出，拱肋的荷载效应的最不利组合设计值 N_j 均小于折减后的拱肋截面抗力效应的设计值 $R_dZ\xi_c$（表 1.6.3-12）。

拱肋正截面强度验算表 表 1.6.3-12

控制截面	荷载组合		荷载组合的内力		截面抗力设计值
			N_j（kN）	M_j（kN·m）	$R_d Z \xi_c$（kN）
拱顶	组合 1	最大轴力	537	87.6	2879.276
		最小轴力	312	53.9	2748.4
		最大弯矩	412	132	1258.425
		最小弯矩	362	−10.3	4892.756
	组合 2	最大轴力	537	87.6	2879.276
		最小轴力	274	99.5	1036.942
		最大弯矩	387	181	700.691
		最小弯矩	362	−10.3	4892.756
	组合 3	最大轴力	543	63.5	3443.051
		最小轴力	354	51.1	3120.894
		最大弯矩	511	118	2003.413
		最小弯矩	347	1.26	4560.532
$L/4$	组合 1	最大轴力	582	17.4	4298.78
		最小轴力	339	10.1	4298.78
		最大弯矩	482	111	2063.817
		最小弯矩	332	−45.5	3030.287
	组合 2	最大轴力	582	17.4	4298.78
		最小轴力	303	29.7	3644.399
		最大弯矩	416	123	1429.571
		最小弯矩	332	−45.5	3634.331
	组合 3	最大轴力	595	49.9	3775.275
		最小轴力	383	12.8	4268.578
		最大弯矩	507	114	2083.952
		最小弯矩	406	−61.6	2828.939
拱脚	组合 1	最大轴力	788	−34.1	4771.948
		最小轴力	524	−140	878.884
		最大弯矩	514	73.4	3241.703
		最小弯矩	626	−238	652.3675
	组合 2	最大轴力	788	−34.1	4892.756
		最小轴力	517	−214	1147.684
		最大弯矩	514	73.4	3473.253
		最小弯矩	634	−314	815.4594
	组合 3	最大轴力	781	−39.6	4641.071
		最小轴力	575	−116	2275.232
		最大弯矩	547	101	2687.996
		最小弯矩	743	−220	1489.975

（6）正常使用极限状态验算

①截面应力验算

在持续荷载作用下中拱肋各控制截面的计算应力列于表 1.6.3-13 中。从表中可知，满足汽－15 设计荷载等级的要求。但是拱脚位置负弯矩引起的截面上缘的拉应力比较大，所以该桥承载潜力不大。

②拱肋变形验算

汽车荷载作用下，在拱肋 $L/4$ 处产生的正负挠度的最大绝对值之和远小于规范规定的 $L/800$ 的要求，见表 1.6.3-14 所列。

拱肋正常使用状态截面应力验算表　　表 1.6.3-13

控制截面	位　置	荷载组合截面应力（MPa）	抗拉设计强度（MPa）	抗压设计强度（MPa）
拱顶	最上缘	−1.00	−1.3	14.5
	最下缘	4.9	−1.3	14.5
$L/4$	最上缘	0.536	−1.3	14.5
	最下缘	1.24	−1.3	14.5
拱脚	最上缘	2.43	−1.3	14.5
	最下缘	0.681	−1.3	14.5

拱肋正常使用状态挠度验算表　　表 1.6.3-14

控制截面	荷载组合	最大挠度（mm）	最小挠度（mm）	挠度绝对值之和（mm）	允许值（mm）
$L/4$	汽车荷载	0.488	−0.69	1.178	25

该桥拱肋满足汽-15、挂-80 设计荷载的要求，但其承载潜力不大。

三、21m 钢筋混凝土双曲拱桥

1. 桥梁概况

该桥为 1 跨 21m 钢筋混凝土双曲拱桥，矢跨比 1/7。拱圈截面由 7 片拱肋构成，桥面净空为净 7m+2×0.75m 人行道（见图 1.6.3-9、图 1.6.3-10），设计荷载为汽-15、挂-100。

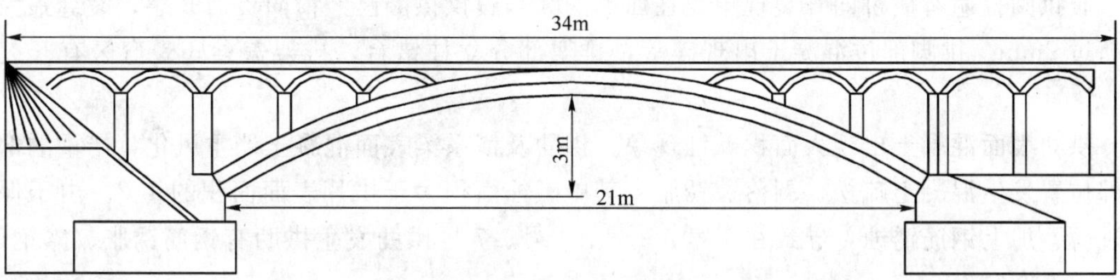

图 1.6.3-9　桥型布置图

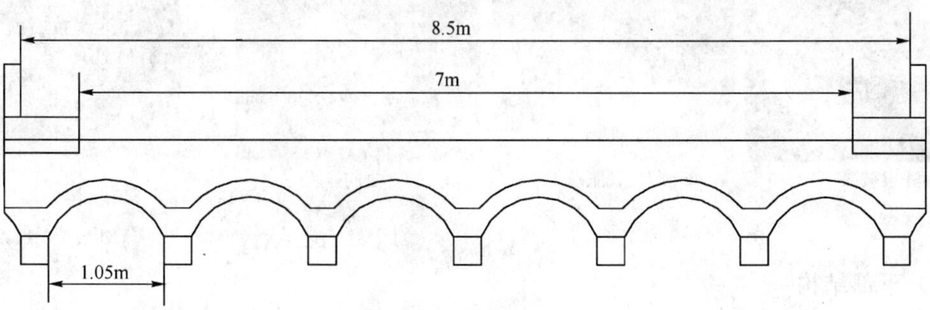

图 1.6.3-10　拱顶横断面图

2. 桥梁典型病害

(1) 桥面铺装局部损坏，但程度较轻。桥面系未出现严重病害，总体状况较好，见图1.6.3-11。

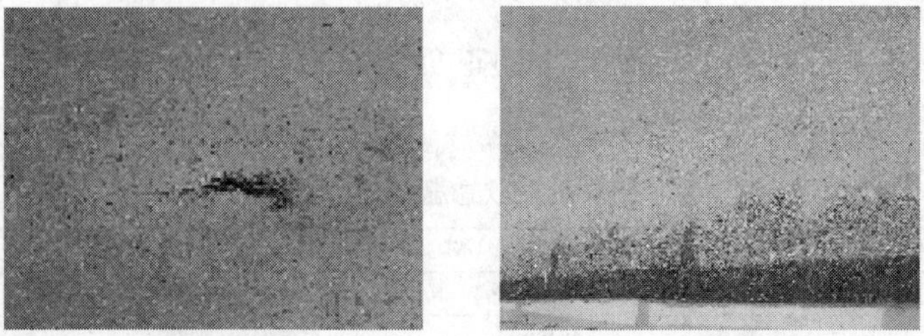

桥面下游侧纵缝　　桥面坑陷

图 1.6.3-11

(2) 上部结构

腹拱及排架表面混凝土发生严重的风化，并且发现较为严重的大面积的碱蚀现象、混凝土表层剥落、露钢筋。见图 1.6.3-12。

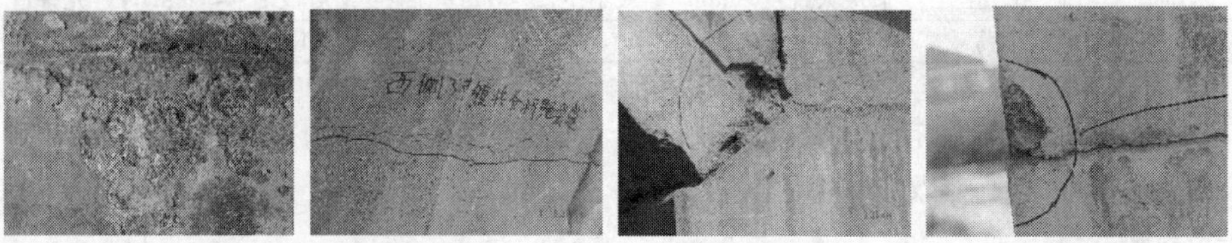

排架柱混凝土剥落　　腹拱圈开裂　　腹拱东脚碎裂　　排架立柱错台

图 1.6.3-12

腹拱圈普遍有横桥向开裂现象，在西侧的3号腹拱拱圈已经横向贯通开裂，裂缝最大宽度超过2mm。拱脚部位混凝土出现碎落，排架部分立柱错台，排架盖梁底受弯区有开裂现象。

拱肋表面混凝土出现大面积碱蚀现象，拱肋及横系梁表面混凝土严重风化，严重的部位局部位置发生混凝土疏松、剥落、锈胀。其中碱蚀面积大于拱片表面面积的1/2。由于保护层过薄，加上钢筋锈蚀，导致在1号、2号、4号、7号拱肋发生拱肋有钢筋锈胀、露钢筋，见图 1.6.3-13。

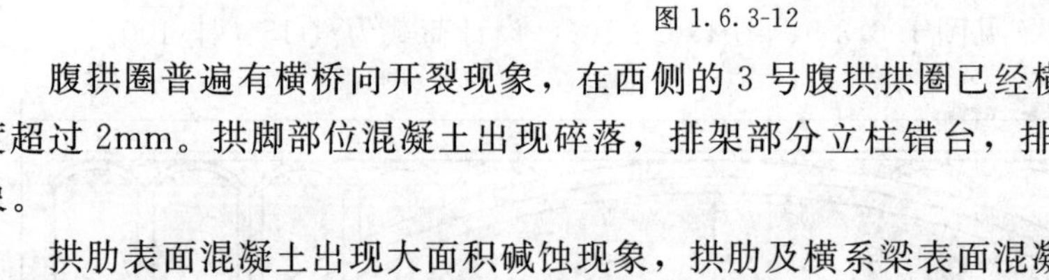

横系梁碱蚀　　拱肋锈胀　　拱肋露筋

图 1.6.3-13

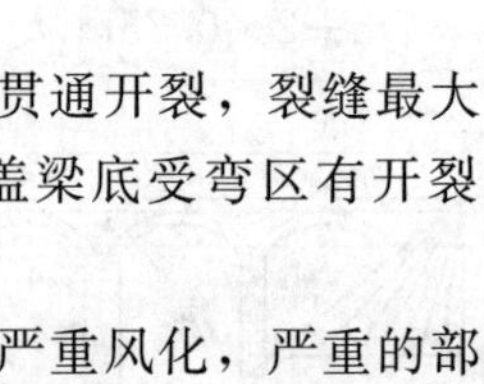

图 1.6.3-14

(3) 下部结构

桥台混凝土表面风化严重，部分拱脚下部位置发生混凝土表面疏松，局部剥落。桥台中间位置竖向开裂。该桥下部结构属于坏的状态。见图 1.6.3-14。

（4）各构件综合评定（表 1.6.3-15）

各构件综合评定表 表 1.6.3-15

部 件	部件名称	缺损程度	对使用功能影响程度	发展状况的修正	最终评定标度值	权 重	得 分
1	翼墙、耳墙	0	0	0	0	1	0
2	锥坡、护坡	1	0	0	1	1	1
3	桥台及基础	2	1	1	4	23	92
4	桥墩及基础	0	0	0	0	24	0
5	地基冲刷	1	0	0	1	8	8
6	支座	0	0	0	0	3	0
7	上部主要承重构件	2	2	1	5	20	100
8	上部一般承重构件	2	2	1	5	5	25
9	桥面铺装	1	1	0	2	1	2
10	桥头跳车	1	0	0	1	3	3
11	伸缩缝	0	0	0	0	3	0
12	人行道	1	1	0	2	1	2
13	栏杆、护栏	0	0	0	0	1	0
14	照明、标志	0	0	0	0	1	0
15	排水设施	1	0	0	1	1	1
16	调治构造物	0	0	0	0	3	0
17	其他	0	0	0	0	1	0
D_r		53.2		技术状况评定等级		三类	

3. 主要检测结果

（1）拱肋混凝土强度

实测混凝土强度推定值介于 13.18～23.88MPa 之间，具体测试结果见表 1.6.3-16。

测区混凝土强度推定值 表 1.6.3-16

测 位	平均强度值（MPa）	平均强度均匀系数 K_{bm}	推定强度值（MPa）	推定强度均匀系数 K_{bt}
1 号拱肋	25.97	0.87	17.70	0.59
2 号拱肋	25.45	0.85	13.18	0.44
4 号拱肋	28.15	0.94	23.25	0.77
5 号拱肋	27.80	0.93	23.88	0.80

（2）钢筋锈蚀电位

对该桥选取了 3 个测区，测区锈蚀电位均值介于－122.1～－291.7mV 之间。详细测试结果列于表 1.6.3-17。

钢筋锈蚀电位测试结果 表 1.6.3-17

测试部位	测区电位均值（mV）	评定标度值	钢筋状态
西拱脚 1 号拱肋上游侧	−122.1	1	无锈蚀活动性或锈蚀活动性不确定
3 号拱肋下游北侧	−159	1	无锈蚀活动性或锈蚀活动性不确定
5 号拱肋下游南侧	−291.7	2	有锈蚀活动性，但锈蚀状态不确定，可能坑蚀

（3）结构自振特性

前四阶振动的特性参数列于表 1.6.3-18。

结构自振特性参数 表 1.6.3-18

序号	振型	频率（Hz）	阻尼比（%）
1	二次竖弯	9.18	1.87
2	二次扭转	17.5	3.30
3	三次竖弯	29.39	0.80
4	三次扭转	33.07	1.13

4. 结构承载能力验算

（1）检算系数 Z_1（表 1.6.3-19）

承载能力检算系数 Z_1 计算表 表 1.6.3-19

检测指标名称	权重值 a_j	评定标度值 D_j	综合评定度 D	检算系数 Z_1
桥梁外观质量	0.4	4	3.4	0.89
混凝土强度	0.3	5		
架构模态参数	0.3	1		

（2）截面折减系数 ξ_c（表 1.6.3-20）

截面折减系数 ξ_c 计算表 表 1.6.3-20

结构类别	检测指标名称	权重值 a_j	标度值 R_j	标度值 R	ξ_c
混凝土及配筋混凝土构件	材料风化	0.10	4	3.5	0.89
	碳化	0.35	1		
	物理与化学损伤	0.55	5		

（3）荷载组合

取边拱肋进行计算，各种荷载最不利组合按如下原则进行：

组合 I＝$1.03\times S_1$　　$S_1 = 1.2S_G + 1.4\times(S'_{Q1}+S'_{Q2})$

组合 II＝$1.03\times 0.8S_2$　　$S_2 = 1.2S_G + 1.4(S'_{Q1}+S'_{Q2}+S''_{Q2})$

组合 III＝$1.03\times 0.8S_3$　　$S_3 = 1.2S_G + 1.4\times S''_{Q1}$

其中：S_G——表示结构自重效应；

S'_{Q1}——表示汽车及人群效应；

S''_{Q1}——挂车效应；

S'_{Q2}——混凝土收缩效应；

S''_{Q2}——温度下降的效应。

（4）结构分析模型

本次承载能力验算分析选取中拱肋，利用平面杆系程序进行，全桥共116个单元，其中拱肋单元40个，桥面单元36个，腹拱单元34个，拱背立柱单元8个。结构离散见图1.6.3-15。

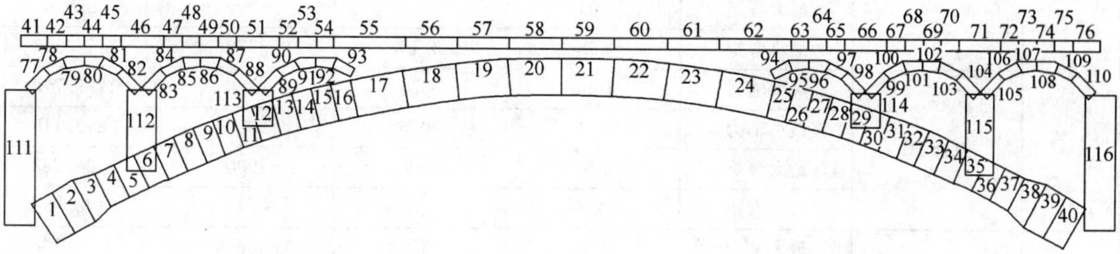

图1.6.3-15　结构离散图

（5）拱肋承载能力极限状态验算

计算公式为：

$$S_d\ (\gamma_{s0}\psi\sum\gamma_{s1}Q)\leqslant R_d\ (R^j/\gamma_m,\ \alpha_k)\ Z_1\xi_c$$

式中：S_d——荷载效应函数；

Q——荷载在结构上产生的效应；

γ_{s0}——结构的重要性系数；

γ_{s1}——荷载安全系数；

ψ——荷载组合系数；

R_d——结构抗力效应函数；

R^j——材料或砌体的极限强度；

γ_m——材料或砌体的安全系数；

α_k——结构的几何尺寸；

Z_1——承载能力检算系数；

ξ_c——截面折减系数。

通过有限元模型计算分析得出，各个主要控制截面的承载能力验算结果列与表1.6.3-21中。从表中可知，当拱脚截面处于荷载组合II、III时，截面最小弯矩M_j、轴力N_j均大于拱肋截面抗力效应值$R_d Z\xi_c$，所以拱脚的截面承载能力已经不能满足设计荷载等级（汽-15，挂-80）下的最不利荷载组合的要求。

从计算的结果可知，该桥拱肋拱脚截面抗力不能满足设计荷载（汽-15，挂-80）等级下最不利荷载组合的要求，其他截面满足要求。

拱肋正截面强度验算表 表 1.6.3-21

控制截面	荷载组合		荷载组合的内力		截面抗力设计值	折减后截面抗力
			N_j（kN）	M_j（kN·m）	R_d（kN）	$R_dZ\xi_c$（kN）
拱顶	组合 I	最大轴力	939	48	2450	1940.645
		最小轴力	684	40.5	2390	1893.119
		最大弯矩	854	128	1900	1504.99
		最小弯矩	608	3.19	2770	2194.117
	组合 II	最大轴力	939	48	2450	1940.645
		最小轴力	551	80	1930	1528.753
		最大弯矩	709	162	1600	1267.36
		最小弯矩	608	3.19	2770	2194.117
	组合 III	最大轴力	1000	95.6	2180	1726.778
		最小轴力	684	40.5	2390	1893.119
		最大弯矩	970	139	1930	1528.753
		最小弯矩	634	5.85	2740	2170.354
$L/4$	组合 I	最大轴力	808	−45.1	3380	2677.298
		最小轴力	414	40.4	2160	1710.936
		最大弯矩	433	45.4	2130	1687.173
		最小弯矩	768	48.9	3380	2677.298
	组合 II	最大轴力	808	−45.1	3380	2677.298
		最小轴力	252	36.3	1930	1528.753
		最大弯矩	433	45.4	2130	1687.173
		最小弯矩	768	−48.9	3380	2677.298
	组合 III	最大轴力	878	−63.3	3310	2621.851
		最小轴力	424	60.5	1940	1536.674
		最大弯矩	424	60.5	1940	1536.674
		最小弯矩	838	−71.9	3190	2526.799
拱脚	组合 I	最大轴力	1120	−154	2590	2051.539
		最小轴力	609	−85.5	2550	2019.855
		最大弯矩	740	−21.6	3380	2677.298
		最小弯矩	971	−258	1540	1219.834
	组合 II	最大轴力	1120	−160	2590	2051.539
		最小轴力	492	−172	852	674.8692
		最大弯矩	745	−26.2	3380	2677.298
		最小弯矩	845	−336	852	674.8692
	组合 III	最大轴力	1190	−137	2850	2257.485
		最小轴力	616	−93.4	2510	1988.171
		最大弯矩	825	12.4	2700	2138.67
		最小弯矩	1110	−331	1370	1085.177

四、35m双曲拱桥

1. 桥梁概况

该桥建成于1971年，为1孔35m悬链线双曲拱桥，设计荷载标准汽-13、拖-60，桥面净宽7.0m，人行道宽2×0.5m，失跨比1/6（图1.6.3-16）。1992年，对该桥进行了加宽加固设计（图1.6.3-17），加固后荷载等级提高为汽-20、挂-100。

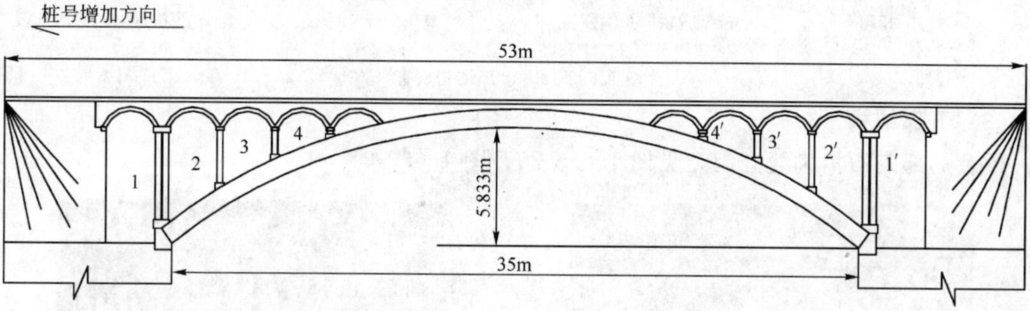

图1.6.3-16 桥型布置图

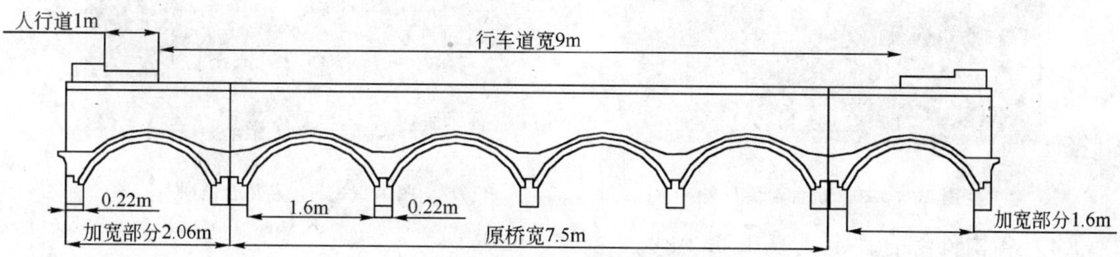

图1.6.3-17 拱顶横断面图

2. 桥梁典型病害

(1) 桥面系

桥面铺装局部坑洼。桥面铺装在拱背1′号排架对应的位置出现梁横向裂缝，在4′号腹拱拱顶相应位置上桥面铺装层出现横桥向裂缝，见图1.6.3-18。

图1.6.3-18 桥面系病害

(2) 上部结构

预制拱波沿桥纵向开裂，并贯通整块拱波。加宽的拱波在拱脚位置均存在不同程度的碱蚀，腹拱拱顶普遍砌缝开裂。拱背排架破损严重，2～3号排架腹拱联系梁混凝土脱落，并露筋，加宽部分排架与原有桥跨排架的连接部位均开裂。另外排架垫梁在拱波顶部相应的位置存在纵向开裂，且延伸至拱背上，见图1.6.3-19。

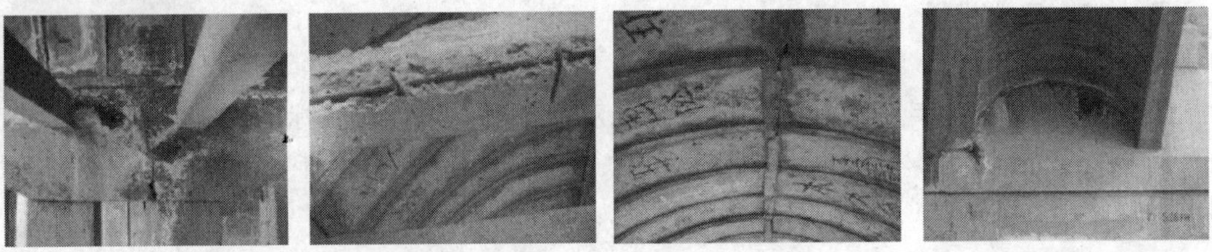

排架碱蚀、开裂　　排架腹拱联系梁露筋　　1′号拱波碱蚀　　腹拱横向砌缝均开裂

图 1.6.3-19　上部结构病害

(3) 下部结构

桥台局部砌石沿砌缝开裂，见图 1.6.3-20、图 1.6.3-21。

图 1.6.3-20　桥台砌缝开裂

图 1.6.3-21　新桥台碱蚀

(4) 各构件综合评定见表 1.6.3-22。

各构件综合评定表　　表 1.6.3-22

部　件	部件名称	缺损程度	对使用功能影响程度	发展状况的修正	最终评定标度值	权　重	得　分
1	翼墙、耳墙	0	0	0	0	1	0
2	锥坡、护坡	1	0	0	1	1	1
3	桥台及基础	1	1	1	3	23	69
4	桥墩及基础	0	0	0	0	24	0
5	地基冲刷	0	0	0	0	8	0
6	支座	1	0	0	1	3	3
7	上部主要承重构件	2	1	1	4	20	80
8	上部一般承重构件	1	1	1	3	5	15
9	桥面铺装	1	1	0	2	1	2
10	桥头跳车	0	0	0	0	3	0
11	伸缩缝	0	0	0	0	3	0
12	人行道	0	0	0	0	1	0
13	栏杆、护栏	0	0	0	0	1	0
14	照明、标志	0	0	0	0	1	0
15	排水设施	0	0	0	0	1	0
16	调治构造物	0	0	0	0	3	0
17	其他	0	0	0	0	1	0
D_r		66		技术状况评定等级		二类	

3. 主拱承载能力验算

(1) 检算系数 Z_1 见表 1.6.3-23。

承载能力检算系数 Z_1 计算表　　表 1.6.3-23

检测指标名称	权重值 a_j	评定标度值 D_j	综合评定度 D	检算系数 Z_1
桥梁外观质量	0.4	3	1.8	1.02
混凝土强度	0.3	1		
架构模态参数	0.3	1		

(2) 截面折减系数 ξ_c 见表 1.6.3-24。

截面折减系数（ξ_c）的计算表　　表 1.6.3-24

结构类别	检测指标名称	权重值 a_j	标度值 R_j	标度值 R	ξ_c
混凝土及配筋混凝土构件	材料风化	0.10	2	1.65	0.987
	碳化	0.35	1		
	物理与化学损伤	0.55	2		

(3) 荷载组合

取边拱肋进行计算，各种荷载最不利组合如下原则：

组合 I＝1.03×S_1　　$S_1 = 1.2S_g + 1.4 \times (S'_{Q1} + S'_{Q2})$

组合 II＝1.03×0.8S_2　　$S_2 = 1.2S_G + 1.4(S'_{Q1} + S'_{Q2} + S''_{Q2})$

组合 III＝1.03×0.8S_3　　$S_3 = 1.2S_G + 1.4 \times S''_{Q1}$

式中：S_G——结构自重效应；

S'_{Q1}——汽车及人群效应；

S''_{Q1}——挂车效应；

S'_{Q2}——混凝土收缩效应；

S''_{Q2}——温度下降的效应。

(4) 结构分析模型

本次检算分析基于平面杆系程序进行，全桥共 156 个单元，其中拱肋单元 42 个，桥面单元 58 个，腹拱单元 48 个，横墙单元 8 个。结构离散见图 1.6.3-22。

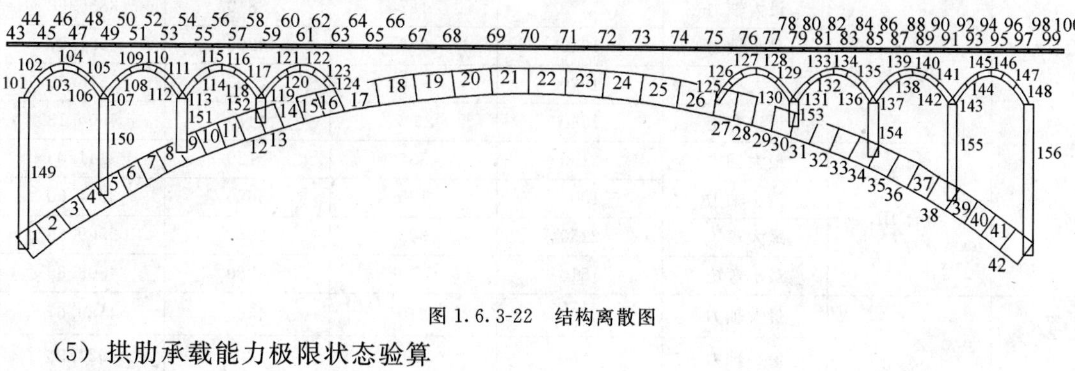

图 1.6.3-22　结构离散图

(5) 拱肋承载能力极限状态验算

计算公式为：

$$S_d\ (\gamma_{s0}\psi\sum\gamma_{s1}Q) \leqslant R_d\ (R^j/\gamma_m,\ \alpha_k)\ Z_1\xi_c$$

式中：S_d——荷载效应函数；

Q——荷载在结构上产生的效应；

γ_{s0}——结构的重要性系数；

γ_{s1}——荷载安全系数；

ψ——荷载组合系数；

R_d——结构抗力小效应函数；

R^j——材料或砌体的极限强度；

γ_m——材料或砌体的安全系数；

α_k——结构的几何尺寸；

Z_1——承载能力检算系数；

ξ_c——截面折减系数。

通过有限元模型计算分析得出，拱肋的荷载效应的最不利组合设计值 N_j（表 1.6.3-25）均小于折减后的拱肋截面抗力效应的设计值 $R_d Z\xi_c$。

（6）拱肋正常使用极限状态验算

①拱肋截面应力验算

在持续荷载作用下边拱片各控制截面的计算应力列于表 1.6.3-26 中。各控制截面在持续荷载作用下全截面受压，满足汽-20、挂-100 设计荷载等级的要求。

②拱肋最大挠度验算

在汽车荷载作用下，拱肋正负挠度最大绝对值之和，小于 $L/600$，具体见表 1.6.3-27。

拱肋正截面强度验算表　　表 1.6.3-25

控制截面	荷载组合		荷载组合的内力		截面抗力设计值	折减后截面抗力
			N_j（kN）	M_j（kN·m）	R_d（kN）	$R_d Z\xi_c$（kN）
拱顶	组合 I	最大轴力	2220	187	3810	3835.68
		最小轴力	1640	170	3600	3624.26
		最大弯矩	1890	392	2730	2748.40
		最小弯矩	1540	26.2	4470	4500.13
	组合 II	最大轴力	2220	187	3810	3835.68
		最小轴力	1610	226	3260	3281.97
		最大弯矩	1920	460	2500	2516.85
		最小弯矩	1540	26.2	4470	4500.13
	组合 III	最大轴力	2130	332	3120	3141.03
		最小轴力	1800	175	3650	3674.60
		最大弯矩	2150	383	2950	2969.88
		最小弯矩	1510	55.9	4280	4308.85
$L/4$	组合 I	最大轴力	2290	−105	4550	4580.67
		最小轴力	1680	−20.8	4890	4922.96
		最大弯矩	1490	201	3300	3322.24
		最小弯矩	2140	−183	4020	4047.10

续上表

控制截面	荷载组合		荷载组合的内力		截面抗力设计值	折减后截面抗力
			N_j（kN）	M_j（kN·m）	R_d（kN）	$R_d Z\xi_c$（kN）
L/4	组合 II	最大轴力	2290	−105	4550	4580.67
		最小轴力	1650	−2.32	4890	4922.96
		最大弯矩	1280	211	3050	3070.56
		最小弯矩	2140	−183	4020	4047.10
	组合 III	最大轴力	2210	−165	4160	4188.04
		最小轴力	1840	−24.2	4890	4922.96
		最大弯矩	1550	187	3430	3453.12
		最小弯矩	2240	−216	3880	3906.15
拱脚	组合 I	最大轴力	2650	58.7	4420	4449.79
		最小轴力	1450	−59.3	4620	4651.14
		最大弯矩	2400	368	3140	3161.16
		最小弯矩	1620	−338	2340	2355.77
	组合 II	最大轴力	2650	58.7	4420	4449.79
		最小轴力	1430	−183	3510	3533.66
		最大弯矩	2400	368	3140	3161.16
		最小弯矩	1600	−512	1630	1640.99
	组合 III	最大轴力	2520	120	4180	4208.17
		最小轴力	1630	−29.1	4890	4922.96
		最大弯矩	2510	426	3020	3040.36
		最小弯矩	1840	−427	2420	2436.31

拱肋正常使用状态截面应力验算表　　表 1.6.3-26

控制截面	位置	荷载组合截面应力（MPa）	抗拉设计强度（MPa）	抗压设计强度（MPa）
拱脚	最上缘	1.11	−1.3	14.5
	最下缘	10.5	−1.3	14.5
L/4	最上缘	2.3	−1.3	14.5
	最下缘	6.99	−1.3	14.5
拱顶	最上缘	4.27	−1.3	14.5
	最下缘	2.33	−1.3	14.5

拱肋正常使用状态挠度验算表　　表 1.6.3-27

控制截面	荷载组合	最大挠度（mm）	最小挠度（mm）	挠度绝对值之和（mm）	规范允许值（mm）
L/4	汽车荷载	2.86	−3.77	6.63	43.75

4. 拱背排架立柱承载能力极限状态验算

(1) 检算系数 Z_1 见表 1.6.3-28。

承载能力检算系数 Z_1 计算表 表 1.6.3-28

检测指标名称	权重值 a_j	评定标度值 D_j	综合评定度 D	检算系数 Z_1
桥梁外观质量	0.4	4	2.2	0.98
混凝土强度	0.3	1		
架构模态参数	0.3	1		

（2）截面折减系数 ξ_c 见表 1.6.3-29。

截面折减系数（ξ_c）的计算表 表 1.6.3-29

结构类别	检测指标名称	权重值 a_j	标度值 R_j	标度值 R	ξ_c
混凝土及配筋混凝土构件	材料风化	0.10	3	2.85	0.938
	碳化	0.35	1		
	物理与化学损伤	0.55	4		

（3）立柱承载能力验算

通过有限元模型计算分析得出，拱背立柱（见表 1.6.3-30）荷载效应的最不利组合设计值 N_j 均小于折减后的拱肋截面抗力效应的设计值 $R_d Z\xi_c$，拱肋强度满足汽-20、挂-100 的要求。

从计算的结果可知，该桥拱肋满足汽-20、挂-100 设计荷载的要求，拱背排架立柱强度满足汽-20、挂-100 设计荷载等级的要求。

拱背排架立柱正截面强度验算表 表 1.6.3-30

控制截面	荷载组合		荷载组合的内力		截面抗力设计值	折减后截面抗力
			N_j（kN）	M_j（kN·m）	R_d（kN）	$R_d Z\xi_c$（kN）
拱背 1 号排架立柱	组合 I	最大轴力	181	−24.7	302	277.46
		最小轴力	35	1.36	659	605.46
		最大弯矩	35.1	1.33	663	609.13
		最小弯矩	135	−25.7	182	167.21
	组合 III	最大轴力	147	−22.3	261	239.79
		最小轴力	40.3	0.661	865	794.72
		最大弯矩	40.3	0.661	865	794.72
		最小弯矩	128	−22.8	204	187.43
拱背 2 号排架立柱	组合 I	最大轴力	303	2.23	817	750.62
		最小轴力	112	−1.1	804	738.68
		最大弯矩	221	3.59	770	707.44
		最小弯矩	213	−1.87	810	744.19
	组合 III	最大轴力	287	1.31	821	754.29
		最小轴力	113	−1.2	800	735.00
		最大弯矩	204	3.68	761	699.17
		最小弯矩	168	−1.5	807	741.43

续上表

控制截面	荷载组合		荷载组合的内力		截面抗力设计值	折减后截面抗力
			N_j (kN)	M_j (kN·m)	R_d (kN)	$R_d Z\xi_c$ (kN)
拱背3号排架立柱	组合I	最大轴力	277	5.18	757	695.49
		最小轴力	111	0.826	865	794.72
		最大弯矩	255	6.93	715	656.91
		最小弯矩	118	−1.63	783	719.38
	组合III	最大轴力	258	5.76	739	678.96
		最小轴力	112	0.916	865	794.72
		最大弯矩	245	7.79	692	635.78
		最小弯矩	121	−1.89	773	710.19
拱背4号排架立柱	组合I	最大轴力	261	10.2	658	604.54
		最小轴力	103	5.18	607	557.68
		最大弯矩	230	14.6	554	508.99
		最小弯矩	115	1.23	799	734.08
	组合III	最大轴力	240	13.8	577	530.12
		最小轴力	104	4.88	622	571.46
		最大弯矩	204	15.3	511	469.48
		最小弯矩	119	0.754	865	794.72

§6.4 预应力混凝土桥

一、三跨连续刚构桥

1. 桥梁概况

实例桥为预应力混凝土连续刚构桥，分左右两幅，跨径布置为39m+72m+39m。设计荷载为汽车-超20级，挂车-120；地震基本烈度为6度；单幅桥面宽15.75m；桥面纵坡：+1.15%；设计车速：120km/h。

该桥上部结构为三向预应力单箱单室，箱梁施工采用挂篮悬臂浇筑，箱梁顶宽15.75m，底宽8.0m，支点处梁高3.8m，跨中梁高2.0m。箱梁底下缘及底板上缘均按二次抛物线变化，箱梁仅设支点横隔板，不设跨中横隔板，箱梁顶面设2%单向横坡。箱梁混凝土为原50号，纵向、横向预应力采用ASTM416—87a270钢绞线，标准强度为1860MPa。结构示意图见图1.6.4-1。

下部构造主墩为双壁双柱钻孔桩基础，桩基除65号过渡墩为嵌岩桩外，其余均为摩擦桩。主墩墩身混凝土为原40号，桩基混凝土为原25号。

2. 主要检测结果

(1) 桥梁恒载调查

①箱梁底板及腹板厚度

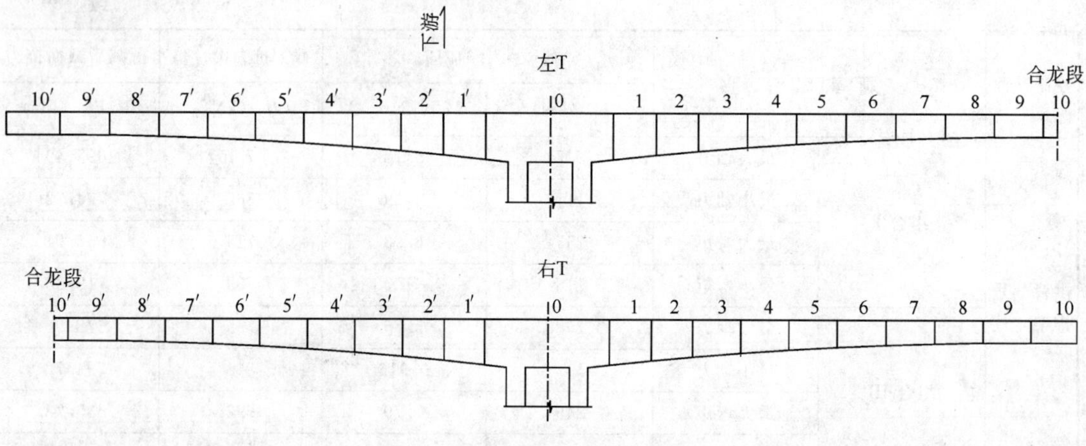

图 1.6.4-1 桥梁上部结构示意图

对箱梁底板、腹板厚度进行尺寸复核量测表明，上游幅箱梁局部底板厚度实测值与设计值的较差介于－11%～60%，下游幅箱梁介于－20%～29%，最大差值达 15cm，差值分布有较大的离散性。腹板厚度实测值与设计值整体差异不大，绝大部分较差介于－3%～3%，个别两处腹板差值达到 6～7cm。

②桥面铺装层及箱梁顶板厚度

如表 1.6.4-1、表 1.6.4-2 所列，实测上游幅桥面沥青铺装层平均厚度为 10.3cm，调平层及箱梁顶板平均总厚度 26.3cm；实测下游幅桥面沥青铺装层平均厚度为 10cm，调平层及箱梁顶板平均总厚度 31.9cm。桥面铺装层较原设计值偏大，增加了恒载自重。

上游幅铺装层及顶板厚度测量结果 表 1.6.4-1

测试位置编号	沥青铺装层厚度（cm）		混凝土调平层与箱梁顶板厚度（cm）	
	实测值	设计值	实测值	设计值
左边跨跨中附近 1 号点	11.5	8	27.5	25.0
中跨跨中附近 2 号点	8.5	8	27.5	25.0
中跨跨中附近 3 号点	8.0	8	25.0	25.0
右边跨跨中附近 4 号点	9.5	8	25.5	25.0
左边墩墩顶附近 5 号点	8.0	8	—	—
右边墩墩顶附近 6 号点	8.0	8	—	—

下游幅铺装层及顶板厚度测量结果 表 1.6.4-2

测试位置编号	沥青铺装层厚度（cm）		混凝土调平层与箱梁顶板厚度（cm）	
	实测值	设计值	实测值	设计值
左边跨跨中附近 1 号点	9.5	8	32.0	25.0
中跨跨中附近 2 号点	7.5	8	32.5	25.0
中跨跨中附近 3 号点	13.5	8	31.0	25.0
右边跨跨中附近 4 号点	9.5	8	32.0	25.0

续上表

测试位置编号	沥青铺装层厚度（cm）		混凝土调平层与箱梁顶板厚度（cm）	
	实测值	设计值	实测值	设计值
左边墩墩顶附近 5 号点	10.0	8	——	25.0
右边墩墩顶附近 6 号点	10.0	8	——	25.0

（2）桥梁交通量调查结果详见表 1.6.4-3。

1998 年至 2003 年大桥日平均交通量 表 1.6.4-3

日平均交通量	一类车	二类车	三类车	四类车	五类车	六类车	总车次（不计一类车）
1998 年	573	12076	2624	1009	662	539	16911
1999 年	238	14531	2697	1368	660	832	20089
2000 年	172	17682	2975	1790	706	874	24028
2001 年	108	19381	2808	2189	651	943	25973
2002 年	78	22484	2752	3005	701	1261	30202
2003 年	1461	24487	3286	2981	854	1257	32865
说明	**一类车**指摩托车；**二类车**指 12 座以下客车，2t 以下货车；**三类车**指 13 座至 30 座客车，2t 以上至 5t 货车；**四类车**指 31 座至 50 座客车，5t 以上至 8t 货车；**五类车**指 51 座以上客车，8t 以上至 20t 货车，5～9m 拖挂车；**六类车**指 20t 以上货车，9m 以上拖挂车						

（3）箱梁结构开裂状况

箱梁开裂主要表现在三个方面：一是 $L/4$ 区段一定范围内腹板斜向开裂；二是箱梁顶板下表面的顺桥向裂缝；三是墩顶横隔板的竖向和横向裂缝。检查汇总结果如表 1.6.4-4。

箱梁裂缝统计表 表 1.6.4-4

项目 \ 位置			上游 箱内	上游 箱外	下游 箱内	下游 箱外	合计
腹板	裂缝总数		174	38	206	64	482
腹板	裂缝总长度（m）		115.93	51.84	169.22	84.44	421.43
腹板	宽度（mm）	<0.2	150	34	177	42	403
腹板	宽度（mm）	0.2～0.5	24	4	27	22	77
腹板	宽度（mm）	>0.5	0	0	2	0	2
腹板	裂缝走向	竖向	0	0	0	1	1
腹板	裂缝走向	横向	1	0	0	0	1
腹板	裂缝走向	斜向	173	38	206	63	480
顶板裂缝数目			128	—	49	—	177
横隔板裂缝数目			29	—	16	—	45

①箱梁腹板斜向裂缝分布状况详见图 1.6.4-2。

②箱梁顶板顺桥向裂缝主要分布在梁顶板中部，裂缝宽度介于 0.1～0.2mm 之间，其

典型位置及性状详见图 1.6.4-3。

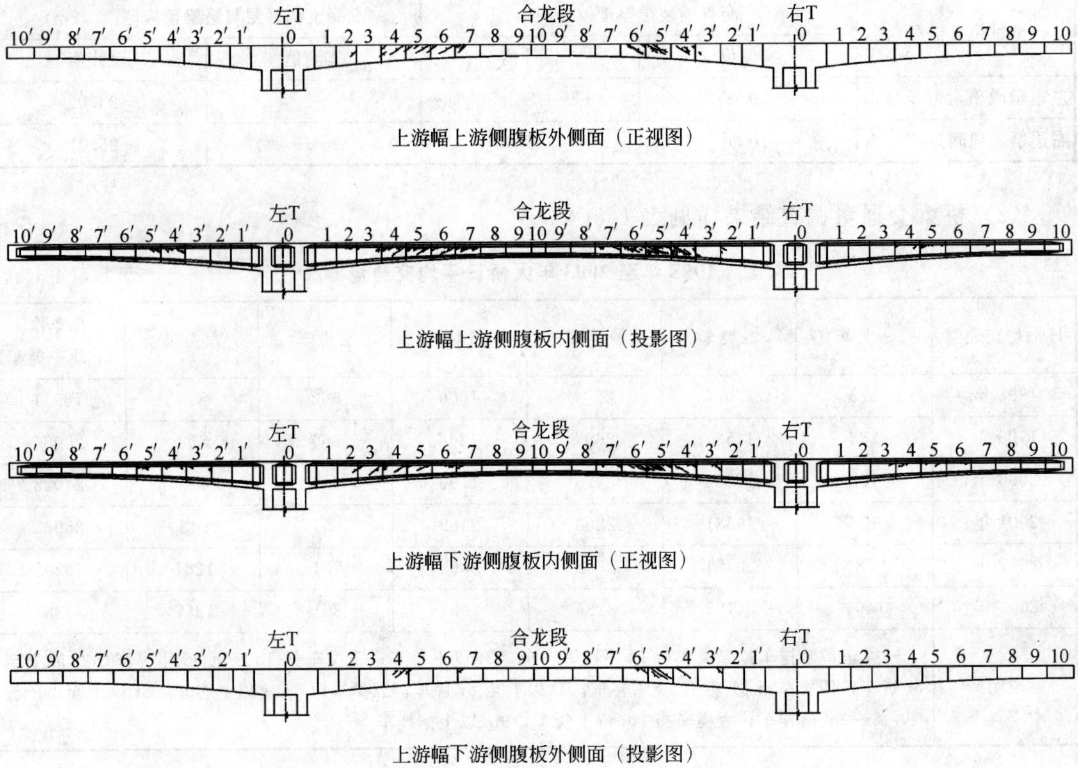

图 1.6.4-2　箱梁腹板裂缝分布示意图（上游幅）

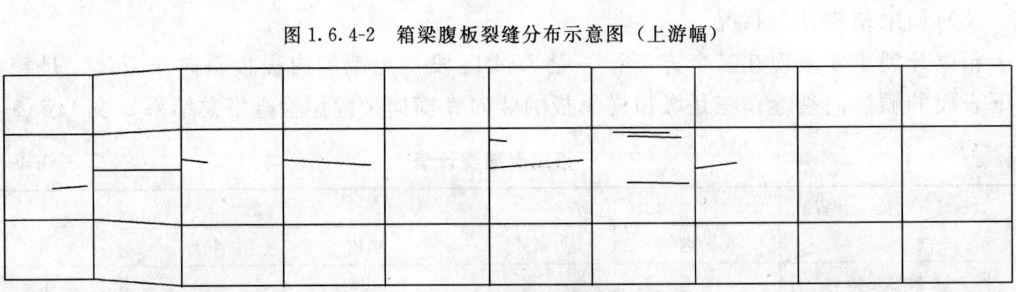

图 1.6.4-3　箱梁顶板纵向裂缝分布示意图

（4）墩顶横隔板竖向和横向开裂状况详见图 1.6.4-4。

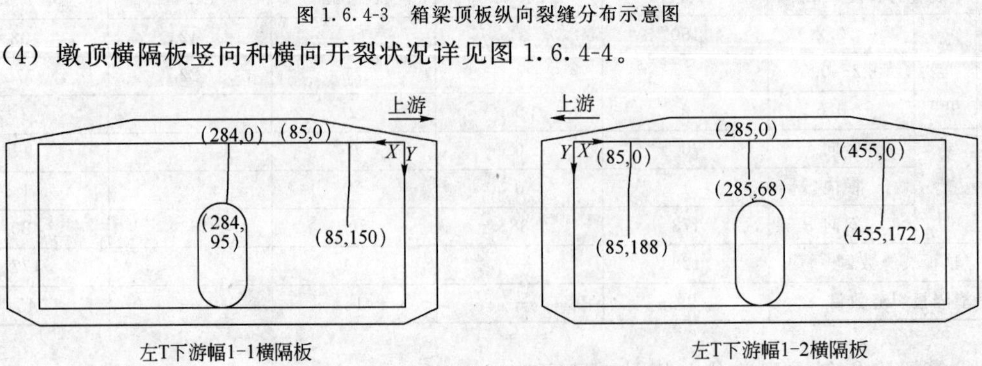

图 1.6.4-4　箱梁横隔板板裂缝分布示意图

（5）箱梁混凝土表观缺损状况详见表 1.6.4-5。

桥梁典型病害情况　　　　表 1.6.4-5

编　　号	病害部位病害特征描述	照　　片
1	箱梁部分节段接缝错台，约占全部接缝的 50%，箱内个别位置错台达到 5cm	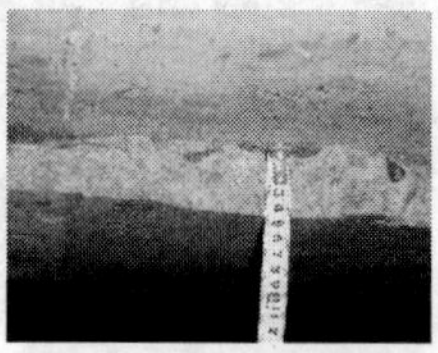
2	箱梁外表面局部存在蜂窝麻面、露筋、振捣不实跑浆、露波纹管等病害，此类病害累计面积约占总面积的 5%	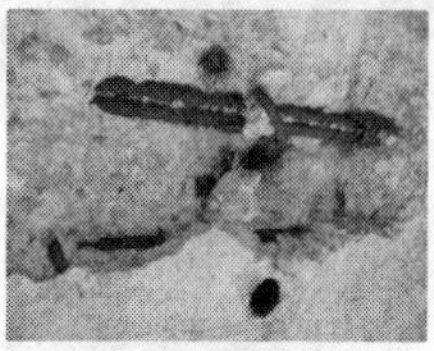 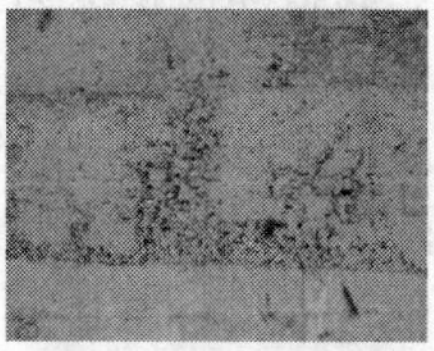
3	箱内混凝土浮浆、施工垃圾多	

（6）箱梁结构材质状况

①混凝土强度

根据测区实测混凝土强度平均换算值和强度推定值，计算其平均强度匀质系数 K_t（R_{im}/R，R 为承重构件混凝土极限抗压强度值，以下同）和推定强度匀质系数 K_{bm}（R_{it}/R）得，$K_t=1.00$、$K_{bm}=1.00$，强度评定标度值为 1，属良好状态。

②钢筋锈蚀状况

实测腹板中钢筋的测试电位差值大多介于在 0～100mV 之间，评定标度值为 1，属良好状态。

③混凝土氯离子含量

实测箱梁腹板中氯离子含量介于 0.036%～0.072%，小于 0.15%，评定标度值为 1，属良好状态。

④混凝土电阻率

实测的混凝土的电阻率均大于 20000Ω·cm，评定标度值为 1，属良好状态。

⑤混凝土保护层厚度及钢筋分布

计算箱梁混凝土保护层厚度特征值 $D_{ne}=15.76$cm，实测保护层特征值 D_{ne} 与其设计值 D_{nd} 的比值 $D_{ne}/D_{nd}=0.36$，评定标度值为 5，钢筋易失去碱性保护而诱发锈蚀。

（7）箱梁纵向预应力体系状态的抽样检查（图 1.6.4-5）

管道压浆状况

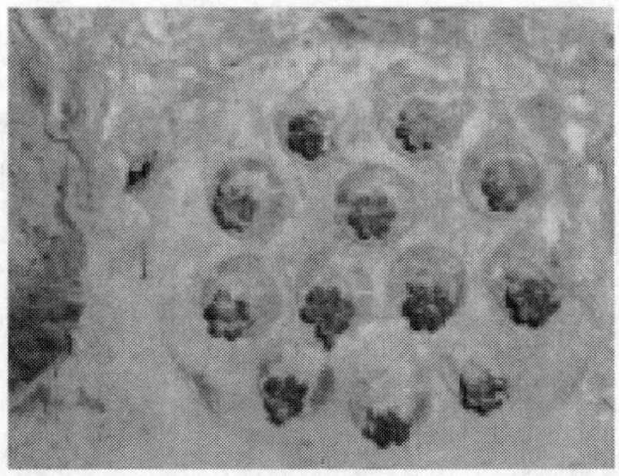

锚头现状

图 1.6.4-5　纵向预应力体系

①顶、底板纵向预应力束管道压浆情况

部分预应力管道存在压浆不饱满的现象。

②底板纵向预应力束锚固情况

底板纵向预应力束锚固情况较好，无夹片松动、弹出、断丝等异常现象。

（8）桥跨结构自振特性

表 1.6.4-6、表 1.6.4-7 中列出了该桥实测的结构模态参数。测试中对营运状态及封闭交通两种情况进行了比较，其中封闭交通情况下桥梁固有频率高于运营状态下的有载频率；营运状态下振动幅值最大值（速度峰值）远高于封闭交通状态下的振动值。

结构模态测试结果　　表 1.6.4-6

模态阶数	模态频率（Hz）		振型
	封闭交通	通车状态	
1	2.18	2.16	70m 跨一次弯曲振型为主
2	4.25	4.22	45m 跨一次弯曲振型为主，70m 跨二次弯曲振型
3	5.03	4.95	70m 跨二次弯曲振型为主
4	5.90	5.84	70m 跨一次扭转，45m 跨一次弯曲振型为主
5	9.62	9.55	70m 跨二次扭转，45m 跨一次扭转振型为主

无荷载最大振动幅值（峰值）　　表 1.6.4-7

编号	营运状况（$\times10^{-3}$m/s）	封闭交通（$\times10^{-3}$m/s）	编号	营运状况（$\times10^{-3}$m/s）	封闭交通（$\times10^{-3}$m/s）
1	13.04	2.02	4	41.41	1.35
2	37.43	1.60	5	19.53	3.90
3	14.19	1.60	6	25.98	3.92

3. 基于检测结果的检算系数的确定

（1）承载能力检算系数 Z_1 的确定详见表 1.6.4-8。

构件评定技术状况　　表 1.6.4-8

检测指标	评定标度值 E_j	权重 a_j	检测指标	评定标度值 E_j	权重 a_j
表观缺损状况	4	0.4	技术状况评定值	$D=2.8$	
材质强度	1	0.3	承载能力检算系数	$Z_1=1.02$	
固有模态	3	0.3			

(2) 承载能力恶化系数 ξ_e 的确定详见表 1.6.4-9。

恶化系数评定指标　　表 1.6.4-9

检测指标	评定标度值 E_j	权重 a_j	检测指标	评定标度值 E_j	权重 a_j
混凝土表观缺损	4	0.32	混凝土中氯离子含量	1	0.15
钢筋锈蚀电位	1	0.11	结构混凝土强度推定值	1	0.05
混凝土电阻率	1	0.05	恶化状况评定值	$D=1.96$	
混凝土碳化深度	1	0.20	环境条件	干湿交替、不冻、无侵蚀性介质	
混凝土保护层厚度	1	0.12	承载能力恶化系数	$\xi_e=0.0392$	

(3) 截面折减系数 ξ_c、ξ_s 的确定详见表 1.6.4-10。

截面折减系数评定指标　　表 1.6.4-10

检测指标	评定标度值 R_j	权重 a_j
材料风化	1（微风化，构件表面直观较光洁）	0.10
碳化	1（碳化深度 2mm）	0.35
物理与化学损伤	4（截面开裂）	0.55
构件截面损伤的综合评定值	$R=2.65$	
结构截面折减系数	$\xi_c=0.955$	
钢筋截面折减系数	$\xi_s=1.00$	

(4) 活载影响修正系数 ζ_q 的确定

①《公路工程技术标准》规定四车道高速公路日交通量为 25000～55000 辆，实际交通量为 39448 辆，典型代表交通量 Q_m 与设计交通量之比约为 1.0，选择对应的交通量的活载影响修正系数 ζ_{q1} 为 1.0。

②根据实际调查的重量超过汽车检算荷载主车的大吨位车辆的交通量与实际交通量之比，即大吨位车辆（四至六类车）混入率 α 为 0.26，取用大吨位车辆混入率的活载影响修正系数 ζ_{q2} 为 1.04。

由于实际调查轴载分布有一定困难，此处仅考虑大型载货汽车和载货拖挂车的轴载影响，确定后轴重超过汽车检算荷载之最大轴载的轴载所占百分数 β 介于 5%～15%之间，取用对于轴载分布的活载影响修正系数 ζ_{q3} 为 1.15。

根据确定对应交通量、大吨位车辆混入率、轴载分布的活载影响修正系数，计算汽车检算荷载的活载影响修正系数 $\zeta_q=(\zeta_{q1}\cdot\zeta_{q2}\cdot\zeta_{q3})^{1/3}=1.06$。

4. 基于检测结果的桥梁承载能力评定

(1) 结构检算模型

①材料参数取值

a. 混凝土材料：主梁采用原 50 号混凝土，重度取 26kN/m³（自重修正系数 1.04），弹性模量取 3.5×10^4MPa，混凝土龄期取 7d。主墩采用原 40 号混凝土，在计算模型中取 40 号，重度取 26kN/m³（自重修正系数 1.04），混凝土龄期取 28d。基础采用原 30 号混凝土。

b. 预应力材料：张拉控制应力为 1395MPa，超张拉系数 3%，锚具回缩变形 6mm，松弛率取 3.0%，松弛时间 42d。

②结构单元的划分

计算模型共划分单元 132 个，其中基础单元 6 个（基础单元等效刚度主要参数：$H=40$m，$A=3.99$m²，$I=4.64$m⁴，$L=12.8$m），主墩单元 24 个，主梁单元 102 个，详见图 1.6.4-6。

预应力钢束 138 根。

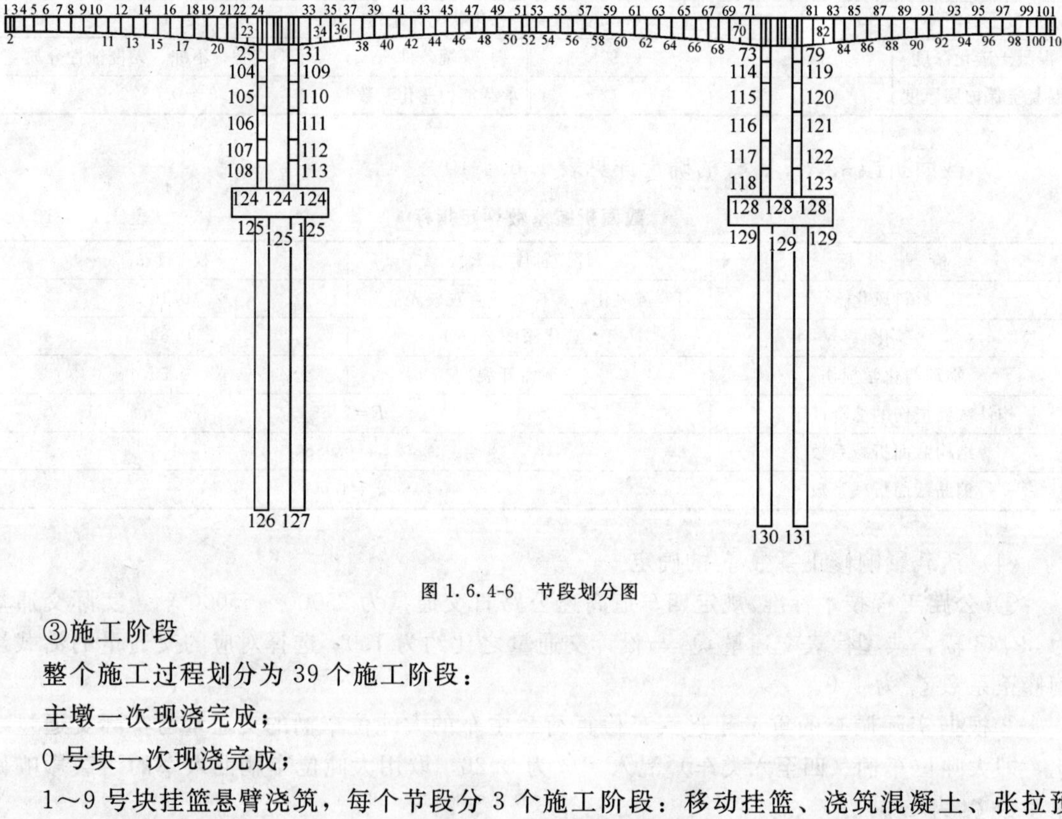

图 1.6.4-6 节段划分图

③施工阶段

整个施工过程划分为 39 个施工阶段：

主墩一次现浇完成；

0 号块一次现浇完成；

1～9 号块挂篮悬臂浇筑，每个节段分 3 个施工阶段：移动挂篮、浇筑混凝土、张拉预应力。其中移动挂篮施工周期 5d，浇筑混凝土 7d，张拉预应力 2d，每个节段的施工周期为 14d；

边跨合龙分为 5 个施工阶段，中跨合龙分为 3 个施工阶段；

二期铺装划分为 1 个施工阶段；

挂篮按集中力作用于梁端，挂篮自重力 520kN，模板自重力取 351kN，施工活载 45kN，合计 916kN。

④计算荷载

考虑到桥梁实际状况，对结构检算条件作如下修正：

环境条件取相对湿度 0.8，其余取野外一般条件，按 2000d 计算混凝土的收缩和徐变；

活载影响修正系数 ζ_q 为 1.06；

活载：汽车-超 20 级（单幅桥按三列车布置，横向分布调整系数 2.34），挂车-120（横向分布调整系数 1.15）；

二期恒载：57.3kN/m（7cm 沥青铺装层，7cm 桥面调平层）；

考虑底板齿板及底板浮浆恒重；

体系温差：升温 18℃，降温 20℃；

日照温差：

a. 桥规（JTJ 023—85）：桥面板升温 5℃（距上缘 0～450mm 桥面板范围内）；

b. 规范（BS5400）升温模式，见图 1.6.4-7。

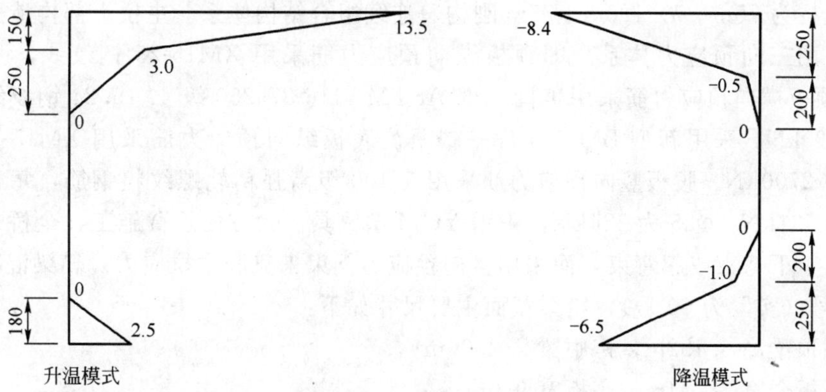

图 1.6.4-7　BS5400 非线性温度梯度模式图（尺寸单位：mm）

（2）计算结果

①荷载组合

荷载组合情况见表 1.6.4-11。

荷载组合表　　表 1.6.4-11

1. 成桥状态	至成桥各施工阶段累计	5. 组合 II-3	组合 II-1＋升温（桥面板升温 5℃）
2. 组合 I	成桥状态＋2000d 收缩徐变＋汽车-超 20 级	6. 组合 II－4	组合 II-1＋升温（上 13.5℃，下 2.5℃，非线性分布）
3. 组合 II-1	组合 I＋体系升温 18℃	7. 组合 II-5	组合 II-2＋降温（上－8.4℃，下－6.5℃，非线性分布）
4. 组合 II-2	组合 I＋体系降温 20℃	8. 组合 III	成桥状态＋2000d 收缩徐变＋挂车-120

②计算结果

成桥状态下主梁结构处于良好的压应力状态。

在成桥状态＋2000d 收缩徐变＋汽车-超 20 级＋体系升温＋桥规（JTJ 023—85）非线性升温模式下，主梁混凝土在距墩顶 4.5～28m 范围内出现了较大的主拉应力，最大达－2.47MPa

(跨中与 2 号墩之间 4 号块)，与混凝土－2.75MPa 的容许值接近，安全储备少。

在成桥状态＋2000d 收缩徐变＋汽车－超 20 级＋体系升温＋BS5400 非线性升温模式下，主梁混凝土在距墩顶 4.5～28m 范围内出现了较大的主拉应力，最大达－2.41MPa（跨中与 2 号墩之间 4 号块)，与混凝土－2.75MPa 的容许值接近，安全储备少。

基于桥梁正常使用极限状态的计算，结合桥梁现状特点，引入桥梁技术状况的各项系数和活载修正系数，在最不利工况组合下（组合 II-3 和组合 II-4)，墩顶四分之一截面附近主拉应力均接近混凝土控制应力，结构安全储备少。但如考虑实际情况下预应力管道压浆不实可能造成的预应力损失（如按 10%取值)，所得最不利工况组合（组合 II-5）墩顶四分之一截面附近主拉应力为 2.78MPa，超过混凝土控制应力。

二、刚构—连续组合结构桥

1. 桥梁概况

该桥主桥为 75m＋7×120m＋75m 刚构—连续组合结构体系。主桥上部构造为单箱单室箱型梁，采用三向预应力体系。即顶板纵向预应力筋采用 XM15-25 钢绞线，张拉控制力 4500kN，顶板横向预应力筋采用美国标准 ASTMA416-87a250 级 4ϕ15.24 钢绞线，每束张拉控制力 720kN，采用新型 BM15-4 扁平锚具。底板纵向预应力筋采用 XM15-15 钢绞线，张拉控制力 2700kN。腹板竖向预应力筋采用 5/100 级高强精轧螺纹粗钢筋，每根张拉控制力：Φ32 为 531kN，Φ25 为 324kN，采用 YGM 型锚具。为方便悬臂施工，全桥未设置连续预应力钢束、下弯束或起弯束，而采用竖向预应力钢束来克服主拉应力。箱梁混凝土设计标号为原 50 号（实际为 60 号)，箱梁截面主要尺寸如下：

主墩墩顶梁高 6.432m，跨中梁高 2.60m；

箱梁顶板全宽 18.34m，底板宽 9.0m；

底板厚 0.25～0.80m（跨中～墩顶)；

直腹板厚 0.40～0.80m（跨中～墩顶)。

上部结构施工方法为挂篮悬臂浇筑，先边跨和次边跨合龙，然后再中间五孔一次合龙。

下部构造：中间四个墩 60 号～63 号为双墙薄壁墩身，墩梁固结，两侧四个墩 58 号、59 号、64 号、65 号为薄壁空心墩身，墩顶设盆式支座，墩基为高桩承台，双排共计六根直径 2m 的钻孔桩。

该桥于 1993 年 10 月竣工通车。主桥总体布置图参见图 1.6.4-8。

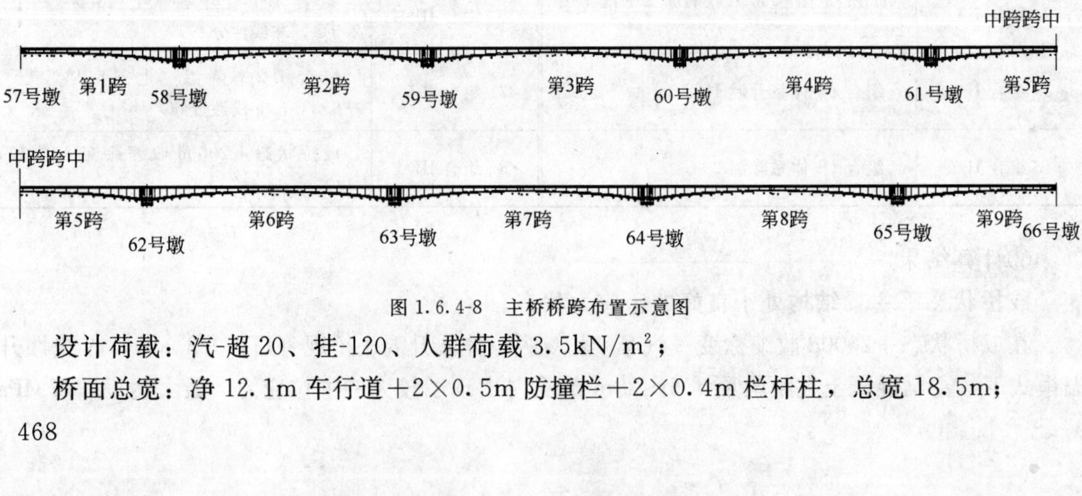

图 1.6.4-8 主桥桥跨布置示意图

设计荷载：汽-超 20、挂-120、人群荷载 3.5kN/m^2；

桥面总宽：净 12.1m 车行道＋2×0.5m 防撞栏＋2×0.4m 栏杆柱，总宽 18.5m；

通航标准：按四级航道通航净宽44m；通航净高8m加预留河床淤高3.5m；

地震设防：按七度设防。

2. 主要检测结果

(1) 箱梁开裂状况

箱梁开裂主要表现为三个方面：其一是箱梁腹板大范围的斜向开裂；其二是合龙段附近箱梁顶板在一定范围内的纵向开裂；第三是箱梁底板和横隔板轻微的无规律开裂。

①腹板斜向开裂的典型特征如图1.6.4-9所示。

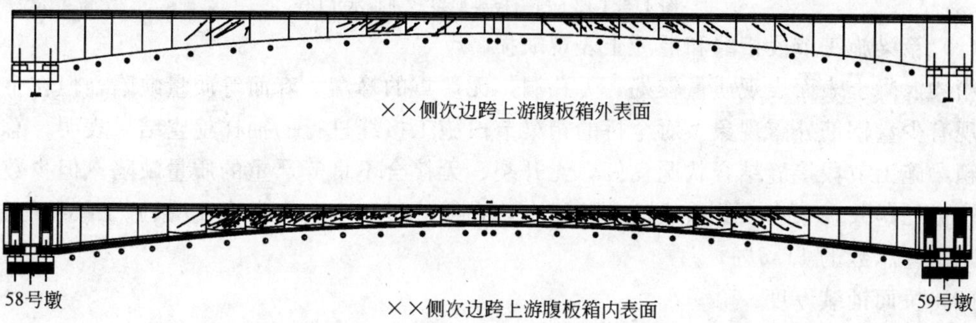

图1.6.4-9　第2跨（58号～59号墩）腹板裂缝分布示意图

②箱梁顶板开裂的典型特征如图1.6.4-10所示。

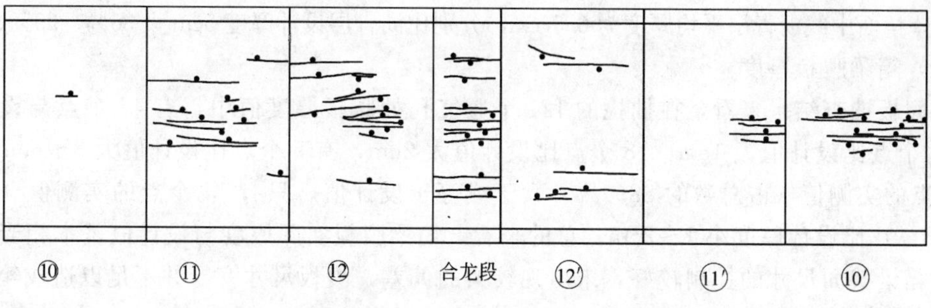

图1.6.4-10　箱梁顶板典型裂缝分布示意图

③箱梁底板开裂的典型特征如图1.6.4-11所示。

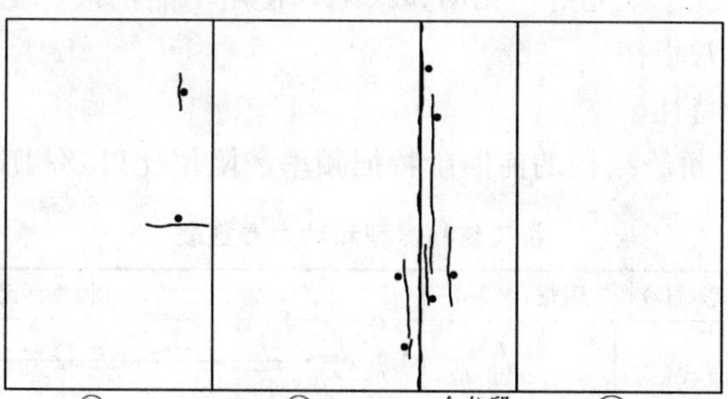

图1.6.4-11　64～65跨中区段顶板裂缝分布示意图

④墩顶横隔板开裂的典型特征如图1.6.4-12所示。

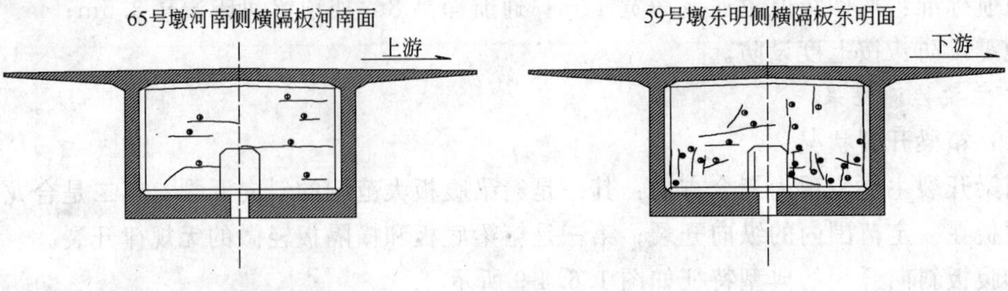

图 1.6.4-12　横隔板典型裂缝分布示意图

(2) 箱梁施工节段接缝和混凝土表观缺损

箱梁混凝土表面表观质量较好，无孔洞，无严重的蜂窝、麻面等质量缺陷，但在个别区段发现有少量钢筋外露现象。对全桥的箱梁节段施工接缝进行的抽样检查结果表明，总体上看，箱梁施工节段接缝结合状况良好，无开裂、无接合不良等严重的质量缺陷。但少数接缝存在轻微的跑浆现象和由此造成的接缝错台，在缝检过程中，共发现 19 条施工接缝有错台，占施工接缝总数的 11.5%。

(3) 桥面铺装厚度

沿桥面上、下游车道中心线和桥面中心线每 0.5m 布置一测点，用雷达检测车对桥面铺装的厚度及其沿桥纵向分布的情况进行检测。从检测结果来看，沿纵向桥面沥青铺装层的厚度较均匀，桥面上游超车道中线沥青铺装层厚度平均值为 6.79cm，下游超车道中线沥青层平均厚度为 6.43cm，桥面中线沥青层平均厚度为 6.67cm，分别比沥青层设计厚度 5cm 大 36%、29%、33%。

(4) 箱梁腹板厚度

从腹板抽查结果来看，在抽检的 121 个通气孔处腹板厚度值中，有 47 个点与设计值相等，37 个点比设计值大 1cm，18 个点比设计值大 2cm，有 5 个点比设计值大 3～5cm，总共 107 个点的实测值（占总数的 88.4%）大于或等于设计值，只有 14 个点的实测值（占总数的 11.6%）比设计厚度小 1～2cm。总的来看，箱梁腹板实际厚度与设计值基本相当，施工单位对箱梁截面尺寸的控制较好，未出现较大的偏差，腹板尺寸变异并不足以造成箱梁抗剪有效截面的明显降低。

(5) 伸缩缝和支座状况

桥梁两侧伸缩缝状况基本完好，无明显缺陷，使用功能正常。支座工作状况良好，无异常变形，亦无锈蚀和异常损伤。

(6) 桥跨结构自振特性

表 1.6.4-12 列出了桥跨结构的前四阶特征频率、阻尼比以及相应的振型。

桥跨结构振型和动力参数表　　表 1.6.4-12

振　型	频　率(Hz)	阻尼比(%)	振型示意图
竖向一阶（各跨正对称）	1.147	1.628	57号 58号 59号 60号 61号 62号 63号 64号 65号
竖向二阶（中跨反对称，其余各跨正对称）	1.367	1.838	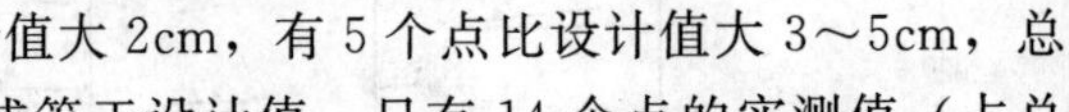 57号 58号 59号 60号 61号 62号 63号 64号 65号

续上表

振　　型	频　率(Hz)	阻尼比(%)	振型示意图
竖向扭转	4.663	1.312	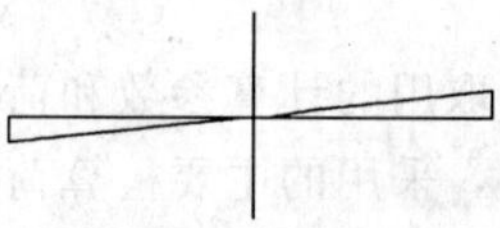
侧向一阶（各跨正对称）	2.026	2.422	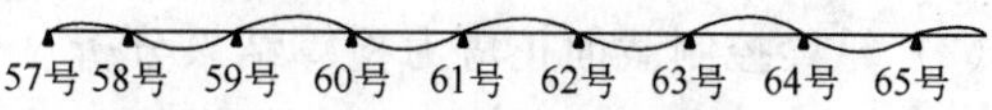

由表中数据可见，桥跨结构竖向一阶特征频率为 1.147Hz、阻尼比为 1.6288%；竖向二阶特征频率为 1.367、阻尼比为 1.838%；侧向一阶特征频率为 2.206Hz、阻尼比为 2.422%；竖扭特征频率为 4.663、阻尼比为 1.312%。与 1993 年桥梁竣工初始状态实测结果相比，桥跨结构的竖向一阶振型的振动频率有明显的降低（1993 年实测竖向一阶特征频率为 1.2754Hz），降低幅度约 10%，竖向一阶振型对应的实测阻尼比较 1993 年实测值 1.28%增大 27%。由此表明箱梁的开裂已经造成桥跨结构的刚度下降，同时也引起了结构振动阻尼的增大。

（7）基于检测结果的使用功能评价（表 1.6.4-13）

主桥各构件综合评定表　　　　表 1.6.4-13

部　件	部件名称	缺损程度	对使用功能影响程度	发展状况的修正	最终评定标度值	权　重	得　分
1	翼墙、耳墙	1	0	0	1	1	1
2	锥坡、护坡	1	0	0	1	1	1
3	桥台及基础	1	1	0	2	23	46
4	桥墩及基础	1	1	0	2	24	48
5	地基冲刷	0	0	0	0	8	0
6	支座	1	1	0	2	3	6
7	上部主要承重构件	2	2	0	4	20	80
8	上部一般承重构件	1	1	0	2	5	10
9	桥面铺装	1	1	0	2	1	2
10	桥头跳车	1	1	0	2	3	6
11	伸缩缝	1	1	0	2	3	6
12	人行道	1	1	0	2	1	2
13	栏杆、护栏	1	1	0	2	1	2
14	照明、标志	1	0	1	2	1	2
15	排水设施	1	1	0	2	1	2
16	调治构造物	1	1	0	2	3	2
17	其他	1	1	0	2	1	2
技术状况评分 $D_r=56.8$，该为三类桥							

3. 结构检算分析

对主桥采用有限元方法，按平面杆单元进行了分析计算。计算采用交通部公路科学研究所开发的综合计算程序《公路桥梁结构设计系统 GQJS》。考虑各个施工阶段到成桥状态，最后到运营的实际情况将主桥上、下部结构划分为 254 个平面杆单元。检算分析情况概括如下：

(1) 主要检算荷载、取用的计算参数和荷载组合情况

主桥结构检算分析中，采用的主要检算荷载、取用的有关计算参数以及荷载组合情况如表 1.6.4-14 所列。

(2) 箱梁控制截面正应力检算结果分析

在所检算的九种荷载组合下，箱梁控制截面的上下缘正应力能够满足规范（JTJ 023—85）的要求。

(3) 箱梁控制截面主拉应力检算结果分析

在所检算的九种荷载组合下，箱梁梁腹的主拉应力是能够满足规范（JTJ 023—85）要求的。

主要检算参数一览表

表 1.6.4-14

序号	参数名称	按规范（JTJ 023—85）取用值	结构检算实际取用值
1	材料重度（kN/m^3）	25～26	26
2	徐变特征终极值	2.1～2.5	2.5
3	弹性继效系数	0.3	0.3
4	徐变速度系数	0.021	0.021
5	收缩变形终极值	0.00015	0.00015
6	收缩速度系数	0.021	0.021
7	汽车荷载 (1) 汽车-超 20 级 (2) 车道数×折减系数① (3) 冲击系数 (4) 计算增大系数	 汽车-超 20 级 4×0.7 1.0 未规定	 汽车-超 20 级 4×0.7 1.0 1.2
8	挂车荷载 (1) 挂车-120 (2) 计算增大系数	 挂车-120 未规定	 挂车-120 1.5
9	人群荷载（kN/m^2）	3～3.5	3.5
10	体系温度变化（℃）② (1) 合龙温度 (2) 均匀升温 (3) 均匀降温	 未规定，由设计考虑 20 20	 9～16.2 20 20
11	日照温差（℃） (1) 升温 (2) 降温	 未规定，必要时考虑 未规定，必要时考虑	按照英国 BS-5400 规范取用 上 13.5℃，下 2.5℃，非线性分布； 上 −8.4℃，下 −6.5℃，非线性分布
12	预加应力及程序 (1) 管道摩阻系数 (2) 管道局部偏差的摩阻系数 (3) 预加应力及程序	 0.25 0.0015 未专门规定，由设计考虑	 0.25 0.0015 按施工图资料计算

续上表

序　号	参 数 名 称	按规范（JTJ 023—85）取用值	结构检算实际取用值
13	施工荷载及程序	未专门规定，由设计考虑	按施工图资料计算，未计及施工临时荷载的影响
控制检算受力阶段与荷载组合：			
1. 成桥状态		结构重力＋预加应力＋收缩徐变影响力	结构重力＋预加应力＋收缩徐变影响力
2. 组合 I		成桥状态＋汽车＋人行道人群荷载	成桥状态＋汽车＋人行道人群荷载
3. 组合 II-1		组合 I＋体系升温 20℃	组合 I＋体系升温 20℃
4. 组合 II-2		组合 I＋体系降温 20℃	组合 I＋体系降温 20℃
5. 组合 II-3		组合 I＋日照降温（上－8.4℃，下－6.5℃，非线性分布）	组合 I＋日照降温（上－8.4℃，下－6.5℃，非线性分布）
6. 组合 II-4		组合 I＋日照升温（上 13.5℃，下 2.5℃，非线性分布）	组合 I＋日照升温（上 13.5℃，下 2.5℃，非线性分布）
7. 组合 II-5		组合 I＋体系和日照升温	组合 I＋体系和日照升温
8. 组合 II-6		组合 I＋体系和日照降温	组合 I＋体系和日照降温
9. 组合 III		成桥状态＋挂车	成桥状态＋挂车

注：①—按照规范（JTJ 01—88）（1995 年版），车道横向折减系数为 0.67，纵向折减系数为 1.0，即总折减系数为 0.67×1.0＝0.67。

②—按照规范（JTJ 021—89）规定，温度变化范围，应根据建桥地区的气温条件而定，预应力混凝土结构，一般按当地月平均最高和最低气温以及结构合龙温度计算温度变化值。该桥月平均最高气温为 29℃，月平均最低气温为－3.8℃

4. 基于检测结果的箱梁承载能力评定

(1) 承载能力检算系数（Z_1）的确定

①箱梁表观缺损评定

根据检测的箱梁表观情况，混凝土表面无孔洞，无严重的蜂窝、麻面等质量缺陷，主要表现为箱梁腹板大范围的斜向开裂、合龙段附近顶板一定范围内的纵向开裂和底板、横隔板轻微的无规律开裂。其中箱梁腹板共发现裂缝 2330 条，裂缝宽度大多在 0.2mm 以上，个别裂缝宽度达到 0.65mm；约 60％的裂缝长度大于 1m，并有相当一部分在 2m 以上；部分斜裂缝斜向连通顶、底板，具有明显的结构受力裂缝特征。箱梁顶板裂缝主要分布在跨中附近节段，走向大多沿箱梁纵向分布在顶板中部，缝宽大多在 0.15mm 以下，为非结构受力裂缝。

从箱梁下挠监测资料来看，1993 年竣工至 2002 年，除两边跨外，各中间跨跨中均发生了较大下挠，尤以两侧边跨跨中下挠最大，分别为 14.5cm、13.3cm，远大于运营期徐变引起的跨中计算下挠变形 3.9cm。根据以上表观缺损情况，结合评定标准确定评定标度值为 5（危险状态）。

②混凝土强度

在箱梁腹板表面采用回弹法测得的混凝土强度，其推定强度为 55.04MPa，满足原 50

号混凝土设计要求，推定强度匀值系数 $K_{bt} \geqslant 0.90$，$K_{bm} \geqslant 1.00$，混凝土处于良好状态，其强度评定标度值为1。

③结构模态参数

根据1993年10月的验收荷载试验报告，实测的上部结构竖向一阶特征频率为1.275Hz，箱梁开裂后于2002年10月实测的上部结构竖向一阶特征频率为1.147Hz，其比值1.147/1.275=0.89。结合评定标准确定评定标度值为4（桥梁结构处于坏的状态）。根据表1.6.4-15确定箱梁技术状况评定值为3.5，根据此评定值确定承载能力检算系数 $Z_1 = 0.95$。

箱梁技术状况评定表 表1.6.4-15

检测指标	评定标度值 E_j	权重 a_j
表观缺损状况	5（危险状态）	0.4
材质强度	1（良好状态）	0.3
固有模态	4（坏的状态）	0.3
计算得技术状况评定值=5×0.4+1×0.3+4×0.3=3.5		

(2) 承载能力恶化系数（ξ_e）的确定

根据现场检查情况分别对影响箱梁质量状况的指标给出评定标度值，详见表1.6.4-16。承载能力恶化系数 ξ_e 为0.0484。

箱梁质量状况影响权重及其恶化状况评定 表1.6.4-16

检测指标	评定标度值 E_j	权重 a_j
箱梁表观状况	5（危险状态）	0.32
箱梁混凝土强度	1（良好）	0.11
钢筋锈蚀电位	1（无锈蚀活动性）	0.05
混凝土电阻率	1（很慢）	0.20
混凝土中氯离子含量	1（很小）	0.12
混凝土碳化深度	1（碳化深度＜保护层厚）	0.15
钢筋保护层厚度	1（影响不显著）	0.05
计算得恶化状况评定值=5×0.32+1×0.11+1×0.05+1×0.2+1×0.12+1×0.15+1×0.05=2.28		
环境条件为：干湿交替、不冻、无侵蚀介质		

(3) 截面折减系数（ξ_c、ξ_s）的确定

根据现场检查情况，分别对影响截面折减指标给出评定标度值，计算得到构件截面损伤的综合评定值 R 见表1.6.4-17。

构件截面损伤综合评定值 表1.6.4-17

检测指标	评定标度值 R_j	权重 a_j
材料风化	1（微风化，手摸构件表面，无砂砾滚动摩擦的感觉，手掌上粘有构件材料粉末，无砂砾。构件表面直观较光洁）	0.10
碳化	1（碳化深度＜保护层厚）	0.35

续上表

检 测 指 标	评定标度值 R_j	权 重 a_j
物理与化学损伤	1（构件表面较好）	0.55
计算得构件截面损伤的综合评定值 $R=1\times0.10+1\times0.35+1\times0.55=1.0$		

根据截面损伤的综合评定值 R，得出截面折减系数 $\xi_c=0.99$

(4) 活载影响修正折减系数（ξ_q）的确定

对于频繁通行大吨位车、超重运输严重及交通量严重超限的重载交通桥梁应考虑实际运营荷载状况对结构承载能力所造成的不利影响。在进行荷载效应组合时可引入活载影响修正系数 ξ_q，适当提高汽车检算荷载效应的分项系数，以反映桥梁实际承受荷载情况。

①根据实际调查，大桥的交通量未达到设计交通量，对应交通量的活载影响修正系数 ξ_{q1} 可取为 1.00；

②该桥通行超重车的现象较多，超过汽车检算荷载主车的大吨位车辆的交通量与实际交通量之比，即大吨位车辆混入率 $\alpha<0.3$，取用对应大吨位车辆混入率的活载影响修正系数 ξ_{q2} 为 1.05；

③根据后轴重超过汽车检算荷载之最大轴载的轴载所占的百分数 β（$5\%\leqslant\beta<15\%$），取用对应于轴载分布的活载影响修正系数 ξ_{q3} 为 1.15。

④根据确定对应交通量、大吨位车辆混入率、轴荷分布的活载影响修正系数，计算汽车检算荷载的活载影响修正系数 $\xi_q=(\xi_{q1}\xi_{q2}\xi_{q3})^{1/3}=(1.00\times1.05\times1.15)^{1/3}=1.065$

(5) 检算结果

由于箱梁承载能力恶化系数 $\xi_e=0.0284$，截面折减系数 $\xi_c=0.99$，加之预应力结构承载能力较高，从加固角度考虑，只对正常使用极限状态进行检算。

检算过程中不考虑桥面两侧的可移动隔离墩的恒载。

对于箱梁控制截面的最小法向应力，荷载组合Ⅰ下（对应于荷载组合 1），为 -0.60MPa；荷载组合Ⅱ或组合Ⅲ下（以组合 5 为最小），为 -3.21MPa，不满足规范（JTJ 023—85）第 5.2.23 条规定的荷载组合Ⅱ或组合Ⅲ下 $\sigma_{hl}\leqslant0.9R_l^b=0.9\times3.0\times Z_1$（原 50 号混凝土，$R_l^b=3.0$MPa）$=2.7\times0.95MPa=2.57$MPa 的要求。

在不考虑竖向预应力作用情况下，组合 5 主拉应力最大达到 3.70MPa，大于规范（JTJ 023—85）第 5.2.24 条规定的 $0.9R_l^b\times Z_1=2.7\times0.95MPa=2.57$MPa 的要求。

三、三等跨连续刚构

1. 桥梁概况

该桥为预应力混凝土连续刚构桥，分左右两幅，上游幅桥跨径布置为 70m＋70m＋70m，下游幅桥跨径布置为 70m＋70m＋45m。设计荷载为汽车-超 20 级，挂车-120；地震基本烈度为 7 度；桥面宽：(0.5＋14.25＋0.25) m＋1.0m＋ (0.5＋14.25＋0.25) m＝31m；桥面纵坡：＋1.15%；设计车速：120km/h。

该桥上部结构为三向预应力单箱单室形式，箱梁混凝土为原 50 号，纵向、横向预应力采用 ASTM A416－87a270 钢绞线，竖向预应力采用 ϕ32 精轧螺纹钢，普通钢筋采用Ⅰ级钢筋和Ⅱ级钢筋，钢板采用 A3 钢。上部按平面杆系分析，考虑了桩墩的刚度影响。箱梁底下缘及底板上缘均按二次抛物线变化；三跨连续刚构中仅在两个0号梁段中各设置4道横向贯通横隔板，两个单桥在0号梁端处连成整体。箱梁单T施工采用挂篮悬臂对称浇筑，两端边跨现浇段在落地支架上一次连续浇筑完成。桥型布置示意图见图1.6.4-13。

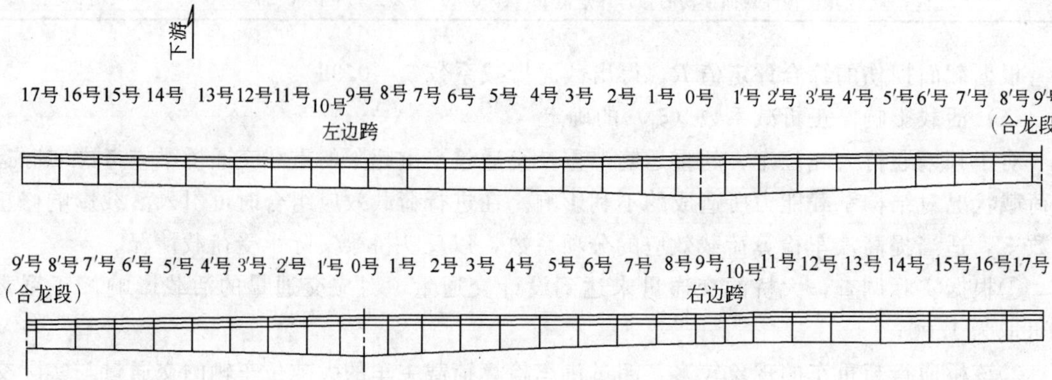

图1.6.4-13 上部结构示意图（半桥）

2. 主要检测结果

(1) 桥梁恒载调查

底板厚度测量结果详见表1.6.4-18。总的来说，底板厚度的变化对结构整体影响较小。

上游幅底板厚度测量结果 表1.6.4-18

检测位置	设计值(cm)	实测值(cm)	相对较差(%)
右边跨16号节段	25	22.0	−12
右边跨10号节段	25	27.0	8
右边跨6号节段	26.6	28.0	5
右边跨5号节段	30.1	32.0	6
右中跨2号节段	42.2	41.0	−3
右中跨3号节段	37.3	37.0	−1
右中跨5号节段	30.1	30.0	0
右中跨6号节段	27.6	30.0	9
左中跨6号节段	27.6	29.0	5
左中跨3号节段	37.3	37.0	−1
左中跨1号节段	47.4	48.0	1
左边跨3号节段	37.3	37.0	−1
左边跨4号节段	33.3	32.0	−4
左边跨6号节段	27.6	29.0	5
左边跨7号节段	26.0	26.0	0
左边跨8号节段	26.0	28.0	8
左边跨8号节段	25.2	26.0	3
左边跨7号节段	26.0	27.0	4
左边跨6号节段	27.6	27.0	−2
左边跨5号节段	30.1	26.0	−14

续上表

检测位置	设计值（cm）	实测值（cm）	相对较差（%）
左边跨4号节段	33.3	32.0	−4
左边跨3号节段	37.0	35.0	−5
左中跨3号节段	37.3	34.0	−9
左中跨5号节段	30.1	29.0	−4
左中跨7号节段	26.0	23.0	−12
右中跨5号节段	30.1	30.0	0
右中跨4号节段	33.3	35.0	5
右中跨3号节段	37.3	38.0	2
右中跨2号节段	42.2	41.0	−3
右边跨1号节段	47.4	46.0	−3
右边跨2号节段	42.2	43.0	2
右边跨3号节段	37.3	37.0	−1
右边跨4号节段	33.3	36.0	8
右边跨6号节段	27.6	28.0	1
右边跨7号节段	26.0	28.0	8

检测过程中对跨中附近及墩顶位置桥面沥青铺装层、混凝土调平层及顶板厚度进行了局部钻孔测量，测量结果详见表1.6.4-19、表1.6.4-20。实测上游幅桥面沥青铺装层厚度为4.9cm，混凝土调平层厚度为6.4cm，箱梁顶板厚度24.4cm；实测下游幅桥面沥青铺装层为5.6cm，混凝土调平层厚度为4.5cm，箱梁顶板厚度24.2cm。总的来看，沥青铺装层、箱梁顶板厚度与设计值差异不大，但桥面混凝土调平层增加的二期自重恒载较多，对结构整体受力有一定影响。

上游幅铺装层及顶板厚度测量结果　　表1.6.4-19

测试位置编号	沥青铺装层厚度（cm）		混凝土调平层厚度（cm）		箱梁顶板厚度（cm）	
	实测值	设计值	实测值	设计值	实测值	设计值
左边跨跨中附近1号点	5.0	5	10.0	——	25.5	25
左边跨跨中附近2号点	6.0	5	8.0	——	26.5	25
中跨跨中附近3号点	4.5	5	5.5	——	24.5	25
中跨跨中附近4号点	4.0	5	4.0	——	24.0	25
右边跨跨中附近5号点	4.0	5	6.8	——	22.0	25
右边跨跨中附近6号点	7.5	5	3.5	——	24.0	25
左中墩墩顶附近7号点	4.0	5	6.0	——	——	——
左中墩墩顶附近8号点	4.0	5	7.5	——	——	——

下游幅铺装层及顶板厚度测量结果　　表1.6.4-20

测试位置编号	沥青铺装层厚度（cm）		混凝土调平层厚度（cm）		箱梁顶板厚度（cm）	
	实测值	设计值	实测值	设计值	实测值	设计值
右边跨跨中附近1号点	5.5	5	6.5	——	25.0	25
右边跨跨中附近2号点	4.5	5	5.0	——	24.5	25
中跨跨中附近3号点	5.0	5	2.5	——	29.0	25
中跨跨中附近4号点	5.5	5	3.0	——	22.0	25
左边跨跨中附近5号点	6.5	5	4.5	——	20.5	25
右中墩墩顶附近6号点	7.0	5	5.5	——	——	——
左中墩墩顶附近7号点	5.0	5	5.0	——	——	——

(2) 箱梁结构开裂情况

箱梁开裂主要表现在四个方面：一是 $L/4$ 区段一定范围内腹板斜向开裂；二是箱梁顶板下表面的顺桥向裂缝；三是箱梁简支梁端顶板的斜向裂缝；四是墩顶横隔板的竖向和横向裂缝。检查汇总结果见表 1.6.4-21。

箱梁裂缝统计表　　表 1.6.4-21

项目＼位置			上游		下游		合计
			箱内	箱外	箱内	箱外	
腹板	裂缝总数		167	48	223	42	480
腹板	裂缝总长度 (m)		188.76	73.12	184.62	68.95	515.45
腹板	宽度 (mm)	<0.2	129	48	167	42	386
腹板	宽度 (mm)	0.2～0.5	35	0	54	0	89
腹板	宽度 (mm)	>0.5	2	0	2	0	4
腹板	裂缝走向	竖向	4	0	1	0	5
腹板	裂缝走向	横向	1	0	5	0	6
腹板	裂缝走向	斜向	162	48	217	42	469
顶板			91	—	101	—	192
横隔板			47	—	33	—	80

①箱梁腹板上的斜向开裂状况详见图 1.6.4-14。

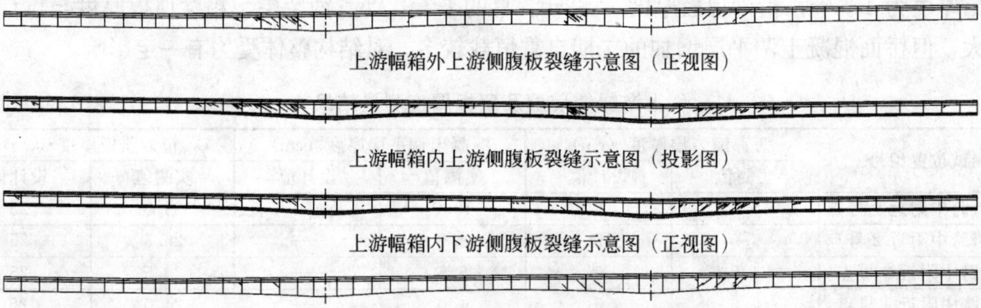

图 1.6.4-14　箱梁腹板裂缝分布示意图（上游幅）

②箱梁顶板的顺桥向和斜向开裂状况详见图 1.6.4-15。

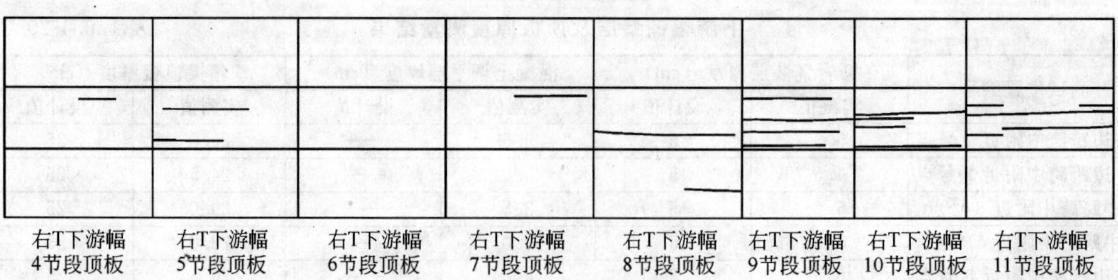

图 1.6.4-15　箱梁顶板纵向裂缝分布示意图

③箱梁梁端顶板的斜向开裂状况详见图 1.6.4-16。

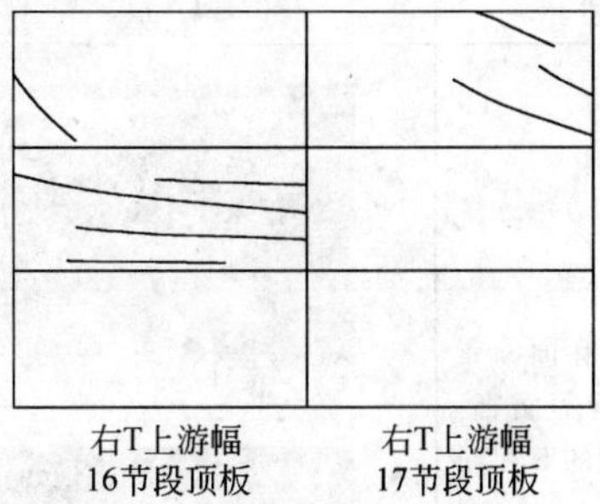

图 1.6.4-16　箱梁梁端顶板斜向裂缝分布示意图

④墩顶横隔板的竖向和横向开裂状况详见图 1.6.4-17。

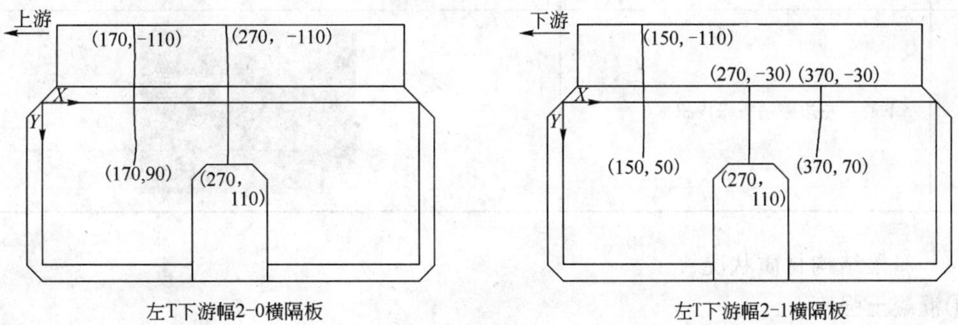

图 1.6.4-17　箱梁横隔板裂缝分布示意图

(3) 箱梁混凝土表观缺损状况

缺损状况检查主要针对桥梁的铺装层、伸缩缝、支座、箱梁内外表面进行，主要存在的问题详见表 1.6.4-22。

桥梁典型病害情况　　表 1.6.4-22

编　号	病害部位病害特征描述	照　片	
1	全桥箱梁节段底板外表面接缝均存在错台现象，错台普遍在 3cm 左右		
2	下游幅右 T-16、17、4′、5′号节段，上游幅左 T-9、10、11、14、4′号节段存在翼缘板横向预应力封锚不良的情况，外露钢绞线已经锈蚀		

续上表

编　号	病害部位病害特征描述	照　　片	
3	箱梁外表面局部存在蜂窝麻面、露筋、振捣不实跑浆、露波纹管等病害，此类病害累计面积约占总面积的5%	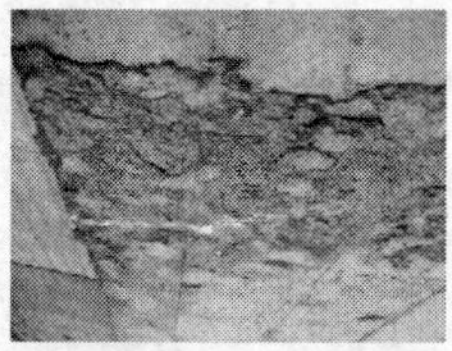 	 
4	下游幅左边跨端头箱内积水		

(4) 箱梁结构材质状况

①混凝土强度

根据所测的测区实测强度平均换算值和强度推定值，计算其平均强度匀质系数 K_{bm} (R_{im}/R，R 为承重构件混凝土极限抗压强度值，以下同）和推定强度匀质系数 K_{bt} (R_{it}/R) 得，$K_{bm}=1.02$、$K_{bt}=0.95$，强度评定标度值为1，属良好状态。

②钢筋锈蚀状况

实测腹板中钢筋的测试电位差值大多介于在0～100mV之间，结合交通部公路科学研究所推荐的推断钢筋状态的判定依据可知，钢筋未发生锈蚀，评定标度值为1，属良好状态。

③混凝土氯离子含量

实测的箱梁腹板混凝土氯离子含量介于0.073%～0.086%，小于0.15%，诱发钢筋锈蚀的可能性很小，评定标度值为1，属良好状态。

④混凝土电阻率

实测混凝土的电阻率均大于20000Ω·cm，评定标度值为1，属良好状态。

⑤混凝土保护层厚度及钢筋分布

计算箱梁混凝土保护层厚度特征值 $D_{ne}=12.35$cm，实测保护层特征值 D_{ne} 与其设计值 D_{nd} 的比值 $D_{ne}/D_{nd}=0.36$，评定标度值为5，钢筋易失去碱性保护而诱发锈蚀。

(5) 箱梁纵向预应力体系状态的抽样检查

①顶、底板纵向预应力束管道压浆情况

通过对上、下游幅墩顶位置顶板的纵向预应力束四处凿开位置的波纹管检查，发现检查部位波纹管压浆基本饱满。部分预应力管道存在压浆不饱满的现象。

②底板纵向预应力束锚固情况

底板纵向预应力束锚固情况较好，无夹片松动、弹出、断丝等异常现象。

(6) 桥跨结构自振特性

表 1.6.4-23、表 1.6.4-24 中列出了该桥实测的结构模态参数。测试中对运营状态及封闭交通两种情况进行了比较，其中封闭交通情况下桥梁固有频率高于营运状态下的有载频率。

上游幅模态结果 表 1.6.4-23

模态阶数	模态频率（Hz）		振型
	封闭交通	通车状态	
1	1.90	1.80	一次弯曲振型，边跨一次弯曲振型为主
2	2.47	2.46	边跨一次扭转振型为主
3	2.89	2.85	中跨一次弯曲振型为主
4	3.52	3.47	中跨一次扭转振型为主，边跨一次扭转
5	3.68	3.68	中跨一次扭转振型为主
6	5.62	5.48	中跨二次弯曲振型为主
7	6.21	6.18	二次扭转振型为主
8	——	6.63	边跨二次弯曲振型为主
9	7.57	7.57	中跨二次扭转振型为主
10	——	10.01	边跨三次弯曲振型为主

下游幅模态结果 表 1.6.4-24

模态阶数	模态频率（Hz）		振型
	封闭交通	通车状态	
1	1.82	1.81	70m 边跨一次弯曲振型为主
2	2.48	2.43	中跨一次扭转振型
3	2.89	2.86	中跨一次弯曲振型为主
4	3.68	3.65	45m 跨一次弯曲振型为主
5	5.04	4.98	45m 跨一次弯曲振型为主，70m 跨二次弯曲
6	6.29	6.20	70m 跨二次扭转振型，45m 跨一次弯曲振型
7	——	7.52	中跨二次弯曲振型为主
8	10.02	9.96	70m 边跨二次扭转振型为主
9	11.09	11.04	70m 边跨三次弯曲振型为主
10	12.07	11.85	45m 跨二次弯曲振型为主

3. 基于检测结果的检算系数的确定

(1) 承载能力检算系数 Z_1

承载能力检算系数 Z_1 的确定详见表 1.6.4-25。

构件评定技术状况 表 1.6.4-25

检测指标	评定标度值 E_j	权重 a_j	检测指标	评定标度值 E_j	权重 a_j
表观缺损状况	4	0.4	技术状况评定值	$D=2.8$	
材质强度	1	0.3	承载能力检算系数	$Z_1=1.02$	
固有模态	3	0.3			

(2) 承载能力恶化系数 ξ_e

承载能力恶化系数 ξ_e 的确定详见表 1.6.4-26。

恶化系数评定指标　　表 1.6.4-26

检测指标	评定标度值 E_j	权重 a_j	检测指标	评定标度值 E_j	权重 a_j
混凝土表观缺损	4	0.32	混凝土中氯离子含量	1	0.15
钢筋锈蚀电位	1	0.11	结构混凝土强度推定值	1	0.05
混凝土电阻率	1	0.05	恶化状况评定值	$D=1.96$	
混凝土碳化深度	1	0.20	环境条件	干湿交替、不冻、无侵蚀性介质	
混凝土保护层厚度	1	0.12	承载能力恶化系数	$\xi_e=0.0392$	

(3) 截面折减系数 ξ_c、ξ_s 的确定

截面折减系数 ξ_c、ξ_s 的确定详见表 1.6.4-27。

截面折减系数评定指标　　表 1.6.4-27

检测指标	评定标度值 R_j	权重 a_j
材料风化	1（微风化，构件表面直观较光洁）	0.10
碳化	1（碳化深度 2mm）	0.35
物理与化学损伤	4（截面开裂）	0.55
构件截面损伤的综合评定值	$R=2.65$	
结构截面折减系数	$\xi_c=0.955$	
钢筋截面折减系数	$\xi_s=0.99$（个别位置沿钢筋出现裂缝，宽度小于限值）	

(4) 活载影响修正系数 ζ_q 的确定

根据确定对应交通量、大吨位车辆混入率、轴荷分布的活载影响修正系数，计算汽车检算荷载的活载影响修正系数 $\zeta_q=(\zeta_{q1}\cdot\zeta_{q2}\cdot\zeta_{q3})^{1/3}=1.06$。

4. 基于检测结果的桥梁承载能力评定

(1) 结构检算模型

①材料参数取值

a. 混凝土材料：

主梁采用原 50 号混凝土，重度取 26kN/m^3（自重修正系数 1.04），弹性模量取 $3.5\times10^4\text{MPa}$，混凝土龄期取 7d。

主墩采用原 50 号混凝土，在计算模型中取 50 号，重度取 26kN/m^3（自重修正系数 1.04），混凝土龄期取 28d。

基础采用原 30 号混凝土。

b. 预应力材料：

张拉控制应力：1395MPa，超张拉系数 3%，锚具回缩变形 6mm，松弛率取 3.0%，松弛时间 42d。

②结构单元的划分

上游幅桥计算模型共划分单元 168 个，其中基础单元 6 个（基础单元等效刚度主要参数：$H=29.3\text{m}$，$A=3.99\text{m}^2$，$I=4.64\text{m}^4$，$L=16.8\text{m}$），主墩单元 44 个，主梁单元 118

个，详见图 1.6.4-18。预应力钢束 142 根。

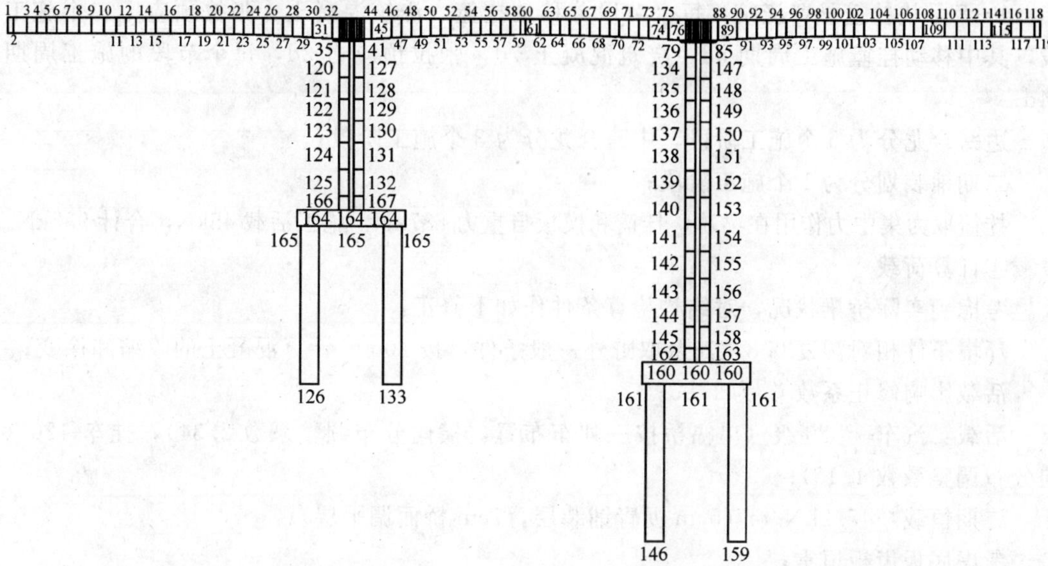

图 1.6.4-18　上游幅单元划分图

下游幅桥计算模型共划分单元 153 个，其中基础单元 6 个（基础单元等效刚度主要参数：$H=29.3\mathrm{m}$，$A=3.99\mathrm{m}^2$，$I=4.64\mathrm{m}^4$，$L=16.8\mathrm{m}$），主墩单元 40 个，主梁单元 107 个，详见图 1.6.4-19。预应力钢束 132 根。

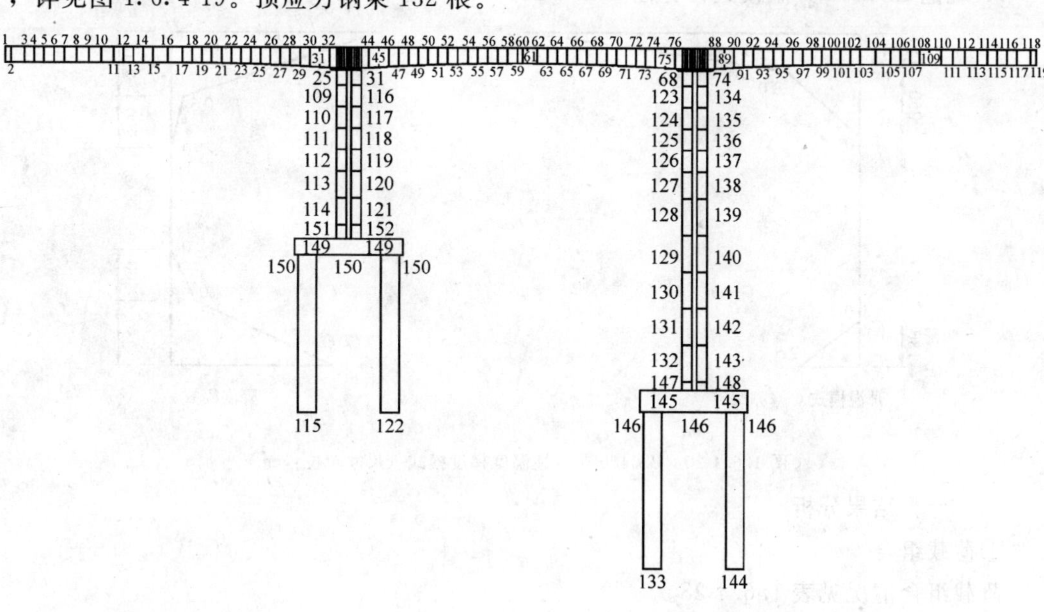

图 1.6.4-19　下游幅单元划分图

③施工阶段

整个施工过程划分为 37 施工阶段：

主墩一次现浇完成；

0 号块一次现浇完成；

1～8 号块挂篮悬臂浇筑，每个节段分移动挂篮、浇筑混凝土、张拉预应力三个施工阶段，其中移动挂篮施工周期 5d，浇筑混凝土 7d，张拉预应力 2d，每个节段的施工周期为 14d；

边跨合龙分为 5 个施工阶段，中跨合龙分为 3 个施工阶段；

二期铺装划分为 1 个施工阶段；

挂篮取为集中力作用在梁端，挂篮和模板自重力 887kN，施工活载 45kN，合计 932kN。

④计算荷载

考虑到实际桥梁状况，对结构检算条件作如下修正：

环境条件相对湿度 0.8，其余取野外一般条件，按 2000d 计算混凝土的收缩和徐变；

活载影响修正系数 ζ_q 为 1.06；

活载：汽车-超 20 级（单幅桥按三列车布置，横向分布调整系数 2.34），挂车-120（横向分布调整系数 1.15）；

二期恒载：45.2kN/m（5cm 沥青铺装层，7cm 桥面调平层）；

考虑底板齿板恒重；

体系温差：升温 18℃，降温 20℃；

日照温差：

a. 桥规（JTJ 023—85）：桥面板升温 5℃（距上缘 0～450mm 桥面板范围内）；

b. 规范 BS5400 升温模式，见图 1.6.4-20。

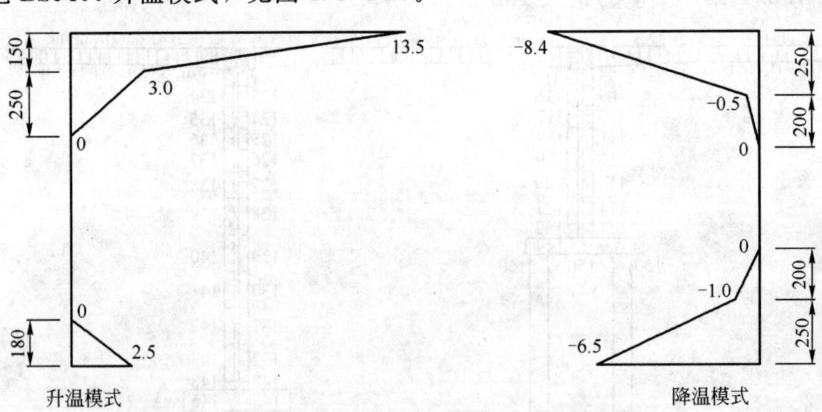

图 1.6.4-20　BS5400 非线性温度梯度模式（尺寸单位：cm）

（2）计算结果分析

①荷载组合

荷载组合情况见表 1.6.4-28。

荷载组合表　　表 1.6.4-28

1. 成桥状态	至成桥各施工阶段累计	3. 组合 II-1	组合 I＋体系升温 18℃
2. 组合 I	成桥状态＋2000 天收缩徐变＋汽车-超20级	4. 组合 II-2	组合 I＋体系降温 20℃

续上表

5. 组合 II-3	组合 II-1＋升温（桥面板升温 5℃）	7. 组合 II-5	组合 II-2＋降温（上－8.4℃，下－6.5℃，非线性分布）
6. 组合 II-4	组合 II-1＋升温（上 13.5℃，下 2.5℃，非线性分布）	8. 组合 III	成桥状态＋2000 天收缩徐变＋挂车-120

②计算结果

成桥状态下主梁结构处于良好的压应力状态。

在成桥状态＋2000d 收缩徐变＋汽车-超 20 级＋体系降温＋BS5400 非线性降温模式下，上游幅在距墩顶 3.5～23.5m 区间出现了较大的主拉应力，最大峰值达－2.94MPa；下游幅在距墩顶 3.5～27.5m 区间出现了较大主拉应力，最大达－2.85MPa，超过混凝土的－2.75MPa的容许值，不能满足规范要求。

在成桥状态＋2000d 收缩徐变＋汽车-超 20 级＋体系升温＋85 桥规非线性升温模式下，上游幅在距墩顶四分之一截面附近出现了较大的主拉应力达－2.73MPa，接近混凝土的－2.75MPa的容许值，抗拉安全储备小。

基于检测结果下的验算，结合桥梁现状特点，引入桥梁技术状况的各项系数和活载修正系数，在最不利工况组合下（组合 II-5）在墩顶四分之一截面及边跨支点附近应力均超过混凝土控制应力，结构的应力超过混凝土的容许值，不能满足规范要求。

第二篇 混凝土梁桥的加固

第一章　钢筋混凝土及预应力混凝土梁桥的加固技术

§1.1　常用的混凝土梁（板）桥类型

混凝土简支梁桥构造简单，梁（板）尺寸统一，易于实现工厂化预制，质量容易控制，施工费用较低。简支梁桥是静定结构，结构内力不受地基变形的影响，能适用于地基较差的地区，因而成为应用最广泛的一种桥型。常用的混凝土简支梁桥有板桥和肋梁桥。

一、板桥

图 2.1.1-1 是常用混凝土板桥的横截面形式。图 2.1.1-1a)表示整体式板桥横截面。为了减轻自重有时也可将受拉区稍加挖空做成矮肋式的板桥如图 2.1.1-1b）所示。图 2.1.1-1c）和 2.1.1-1d）为采用预制装配施工的板桥截面。当跨度较大时，往往做成横截面被挖空的空心板桥以减轻自重，如图 2.1.1-1d）所示。通常板的跨径多在 20m 以下，板厚与跨度之比一般取 1/16～1/23。

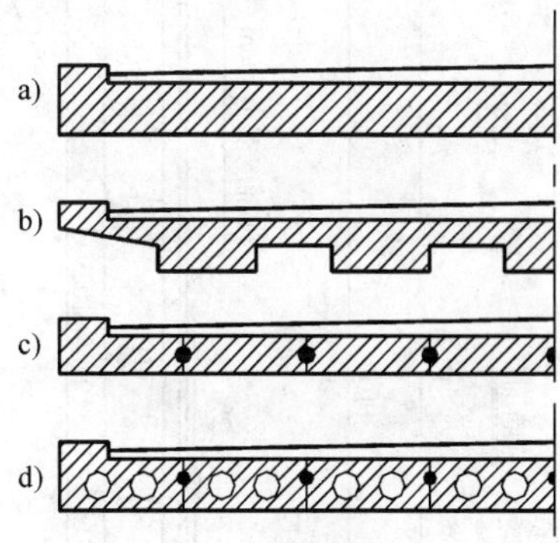

图 2.1.1-1　板桥横截面图

图 2.1.1-2 为板长 5m 的装配式钢筋混凝土实心矩形板桥标准图中的一个设计实例；图 2.1.1-3 所示为板长 10m 的预应力混凝土空心板桥标准图中的一个设计实例。预制板安装就位后，在企口缝内填筑与板同等强度的小石子混凝土并浇筑厚 8～10cm 的桥面铺装层使连成整体。为了加强预制板与铺装层的结合，加强相邻预制板的联结，将板中的钢筋伸出预制板顶面，待安装就位后将其弯平，并与相邻块件中的同样钢筋相绑扎，最后再浇在铺装层中。

二、肋梁桥

图 2.1.1-4 是常用混凝土梁桥的横截面形式。图 2.1.1-4a)、b)、c）为常用现浇整体式简支梁桥的横截面。为减轻自重，在保证抗剪、稳定、构造尺寸等条件下，将受拉主筋在梁肋底部较为集中地布置，就呈马蹄形的梁肋底部，如图 2.1.1-4b）所示。图 2.1.1-4c）所示为箱形横截面，这种结构抗扭刚度较大，故适用于曲线梁桥。

图 2.1.1-4d)、e)、f）示出了常用装配式梁桥的横截面形式。图 2.1.1-4d）为装配式 T 形梁桥横截面，各主梁之间的横向联结主要借助横隔梁来实现，以保证各主梁间荷载的传递。为简化预制工作，并避免在架梁后操作困难的横隔梁集整工作，还修建了不少无中横梁的装配式简支梁桥。在此情况下，主梁间的横向联结主要以加强桥面板来实现，如图 2.1.1-4e）所示。为了减轻主梁构件，也可以用纵向水平缝将梁肋与桥面板分开预制，形成组合式梁桥，如图 2.1.1-4f）所示。图 2.1.1-4g）为装配式箱形梁桥横截面。通常梁的跨径

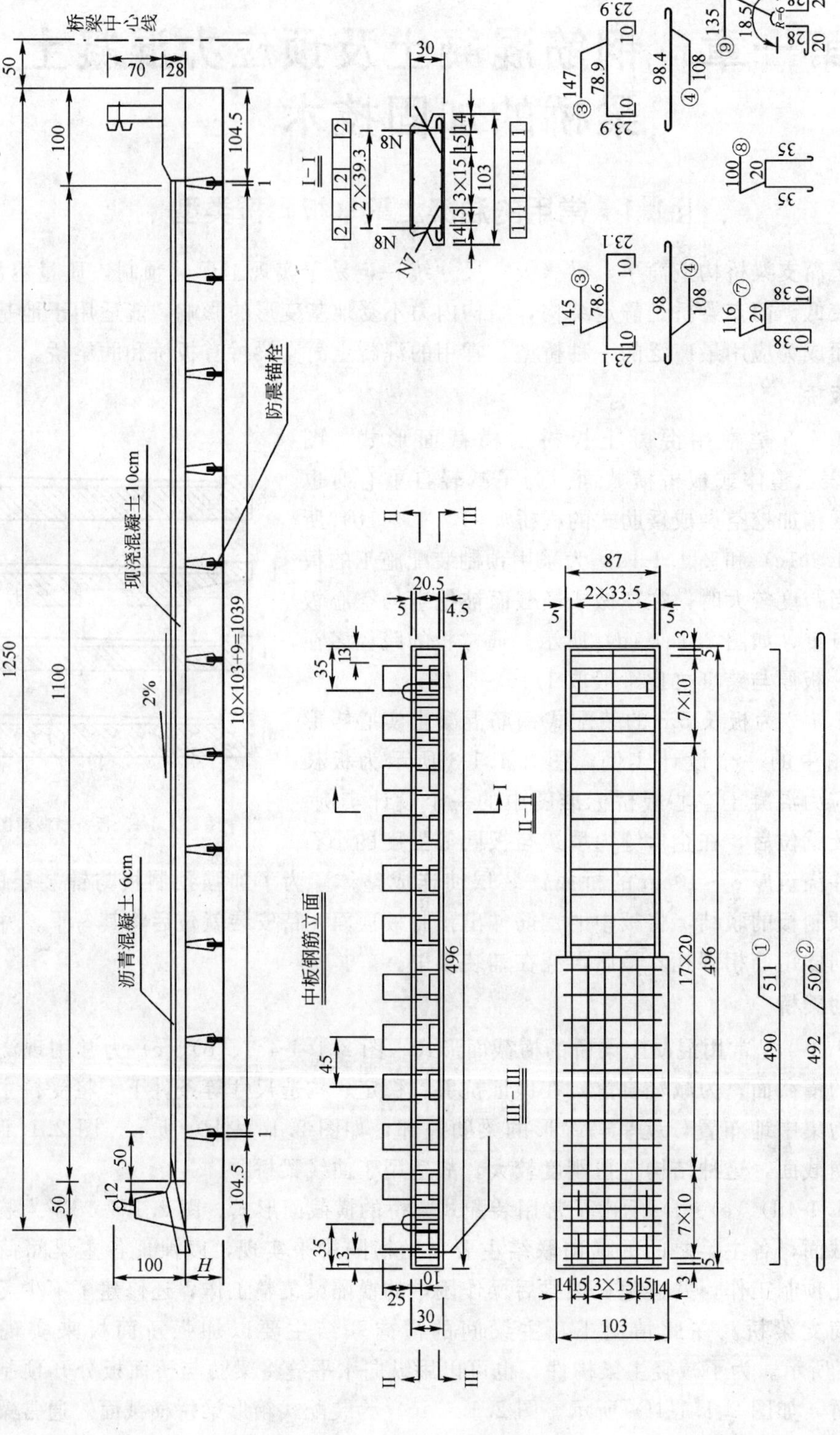

图2.1.1-2 跨径5m装配式钢筋混凝土矩形板桥构造图(尺寸单位:cm)

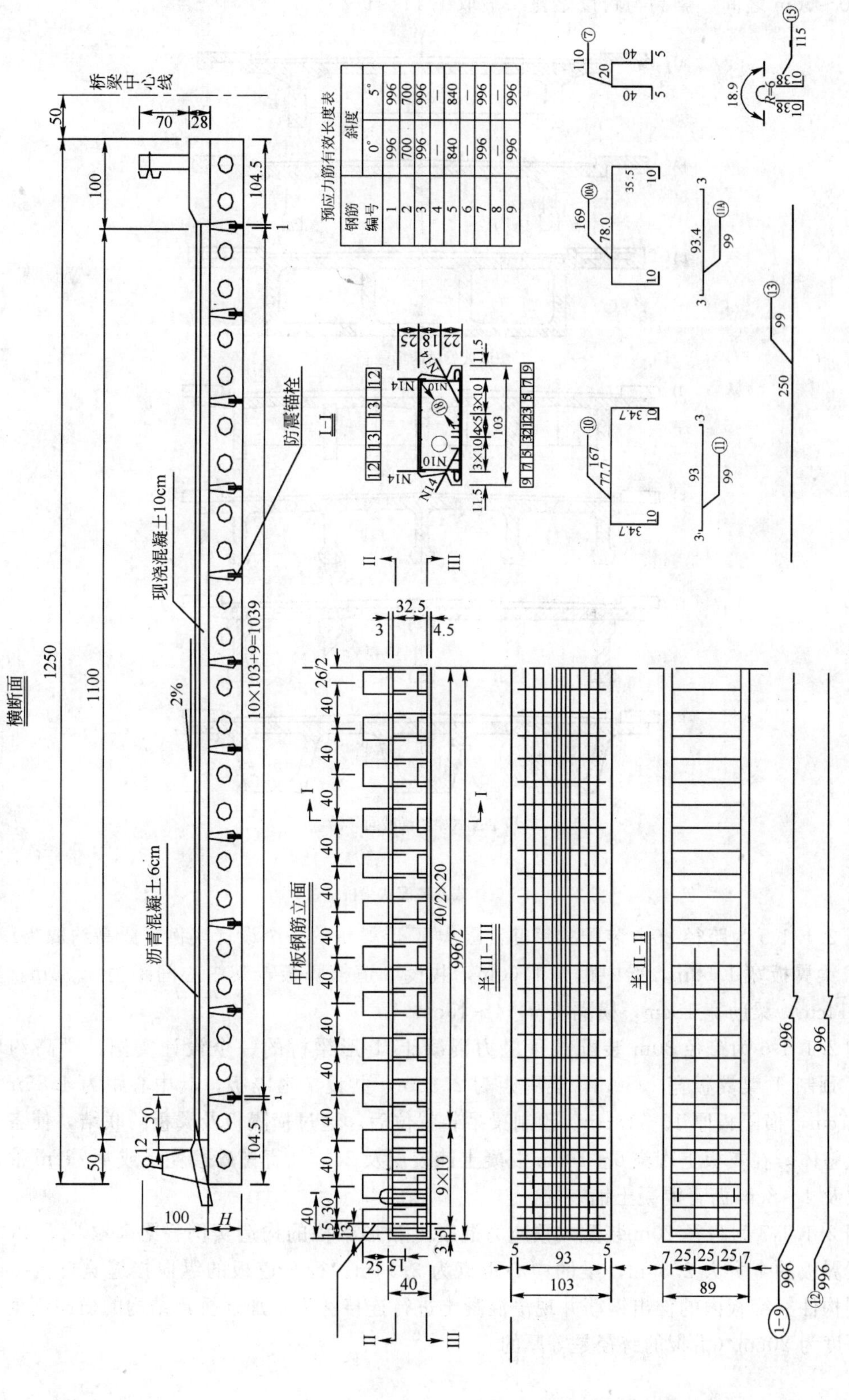

预应力筋有效长度表

钢筋编号	斜度 0°	斜度 5°
1	996	996
2	700	700
3	996	996
4	—	—
5	840	840
6	—	—
7	996	996
8	—	—
9	996	996

图2.1.1-3　跨径10m装配式预应力混凝土空心板桥构造图（尺寸单位：cm）

多在 20～50m 之间，梁高与跨度之比一般取 1/11～1/20。

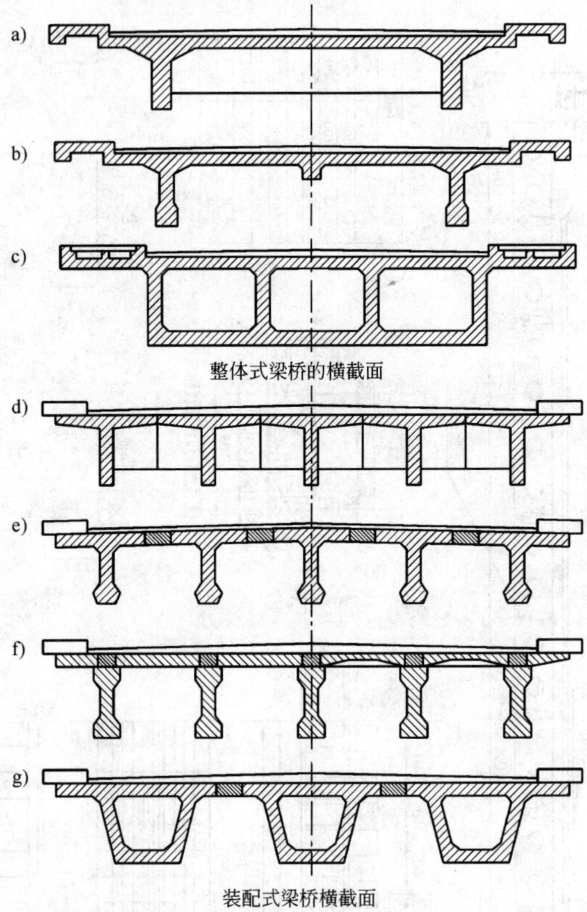

图 2.1.1-4　整体式及装配式梁桥横截面图

图 2.1.1-5 为跨径 20m 装配式钢筋混凝土 T 形梁桥的一个设计实例。梁高约取为$L/15$，预制 T 梁翼板宽 1.58m，梁中距为 1.60m，共设 5 道横隔板，其中心间距为 4.85m。翼板厚 8～14cm，梁肋宽 18cm，横隔板厚 14～15cm。

图 2.1.1-6 为跨径 30m 装配式预应力混凝土 T 形梁桥的一个设计实例。梁高约取为$L/16$，预制 T 梁翼板宽 1.80m，梁中距为 2.30m，共设 7 道隔板，其中心距为 4.85m。翼板厚 17cm，横隔板厚 16～18cm。预制梁吊装就位后，通过横隔板及翼板的联结，使各片 T 梁连成整体。在翼板上现浇 6～10cm 混凝土铺装层及 2cm 沥青黑碎磨耗层或 4～6cm 混凝土找平层及 4～8cm 沥青混凝土铺装层。

图 2.1.1-7 为跨径 20m 装配式预应力混凝土箱形梁桥的构造实例。梁高取为 $L/20$，预制箱梁翼板的全宽为 2.50m，梁的中心距离为 3.14m。行车道板的纵向接缝宽度为 64cm，借预制构件翼缘板内的伸出钢筋并现浇混凝土进行连接。为了加强桥跨结构的横向刚度，桥面板厚度为 20cm（沿板的跨径是等厚的）。

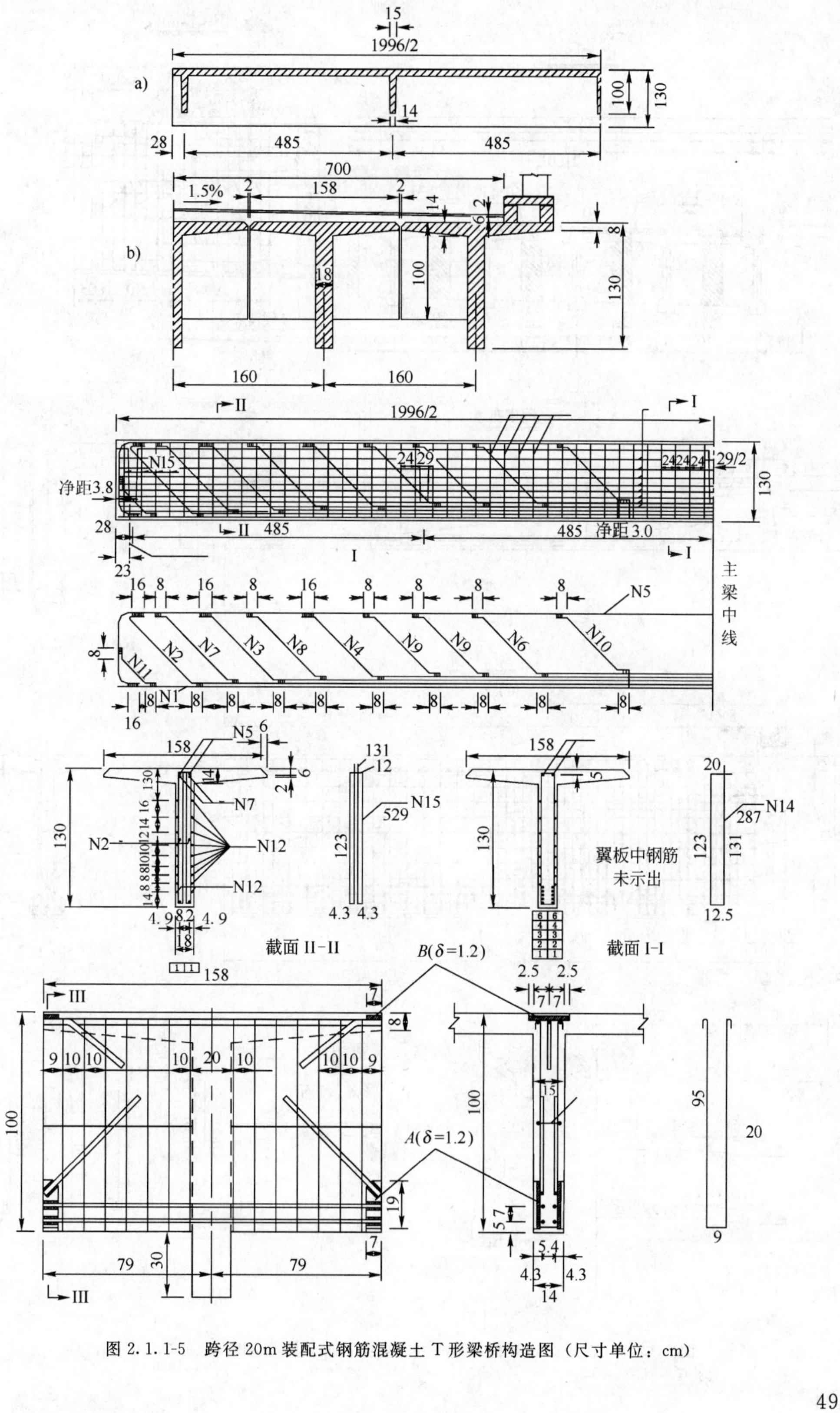

图 2.1.1-5　跨径 20m 装配式钢筋混凝土 T 形梁桥构造图（尺寸单位：cm）

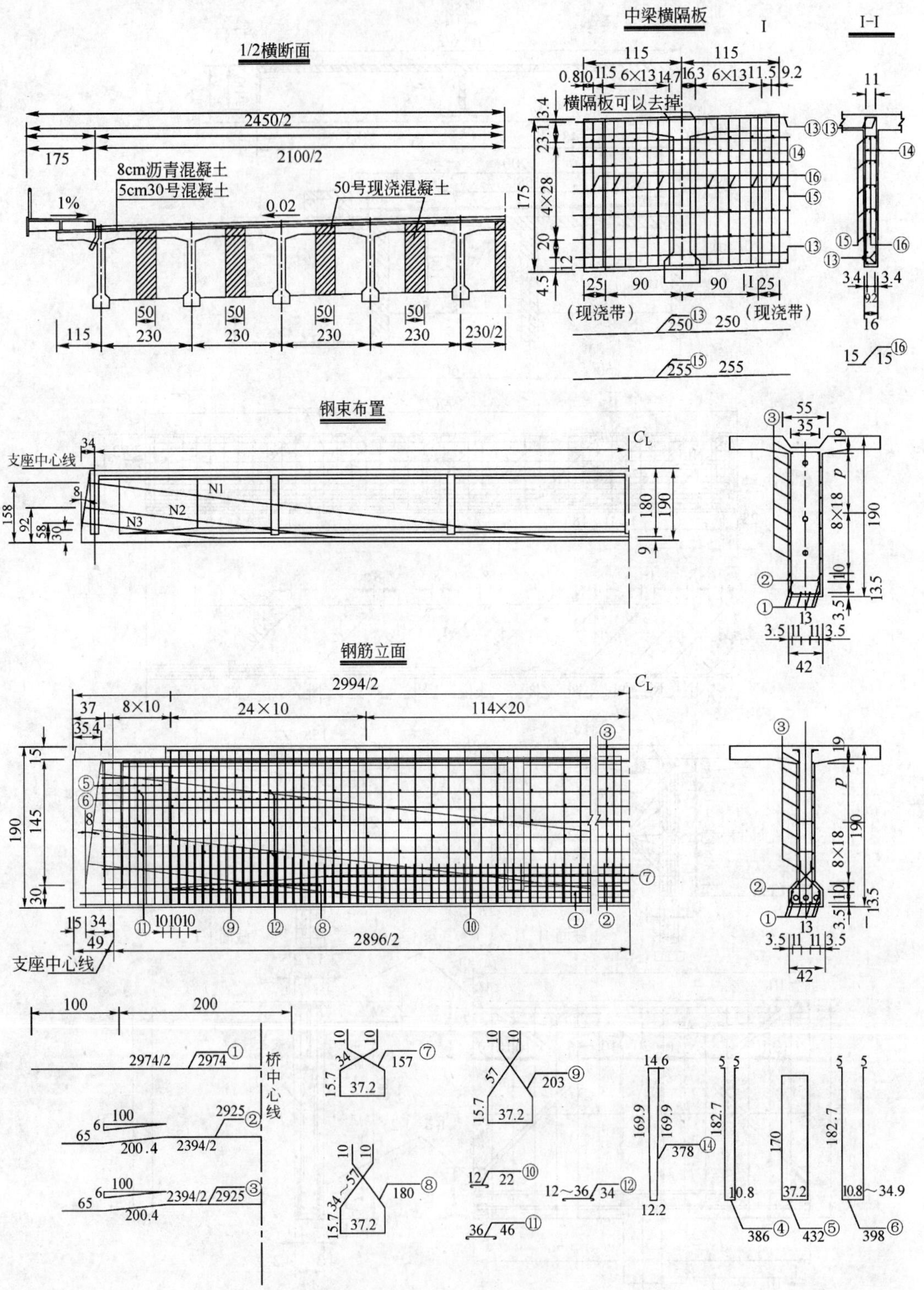

图 2.1.1-6　跨径 30m 装配式预应力混凝土 T 形梁桥构造图（尺寸单位：cm）

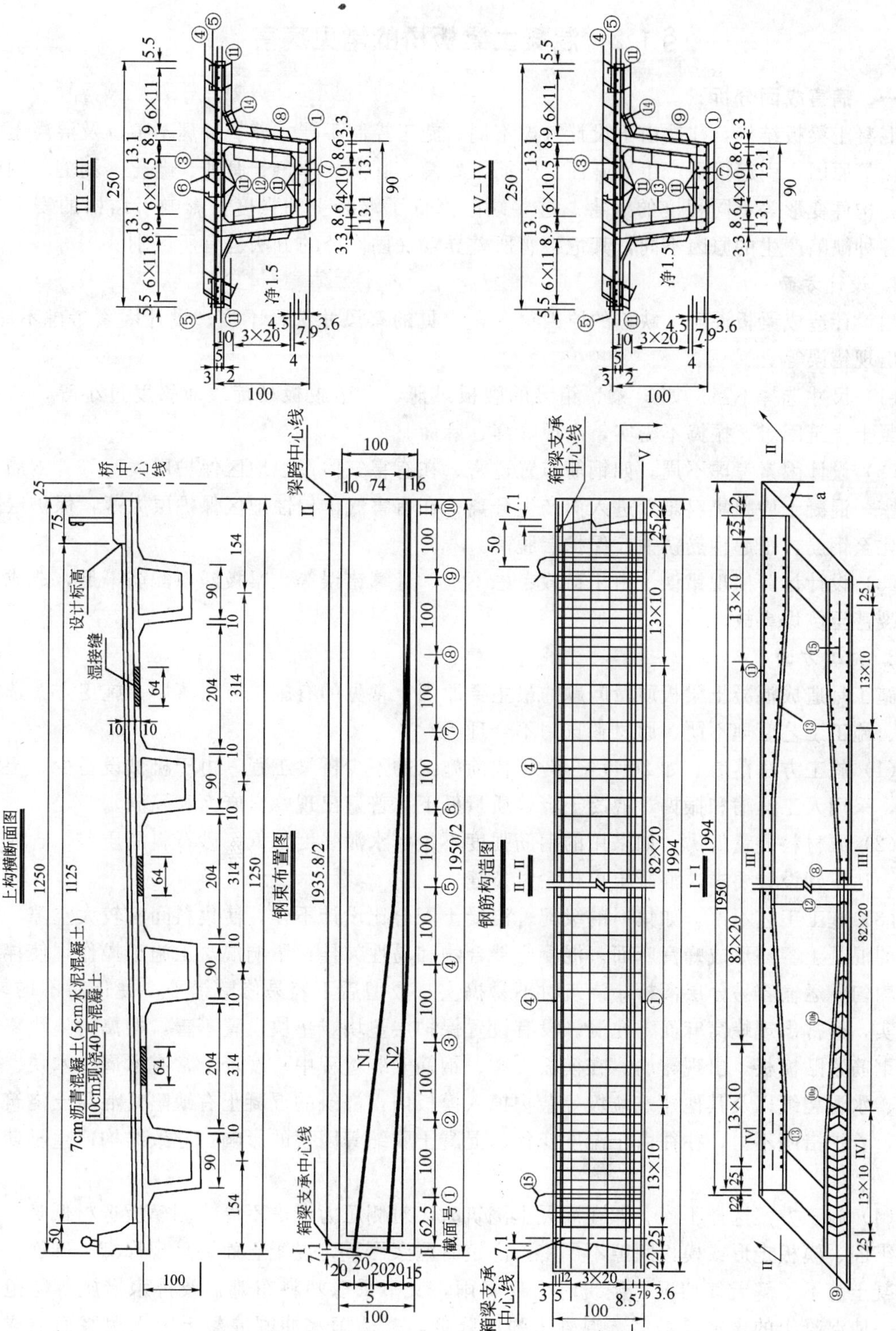

图2.1.1-7　20m装配式预应力混凝土箱形梁构造图(尺寸单位:cm)

§1.2 混凝土梁板桥的常见病害

一、病害成因分析

混凝土梁板结构，往往由于设计考虑不周、施工控制不严、养护管理不善以及混凝土本身老化等原因，引起梁板产生如麻面、露筋、蜂窝、孔洞、掉角、腐蚀、老化、剥落、钢筋锈蚀、构件变形等不同程度的病害。这些缺陷降低了混凝土的强度，影响了结构的安全使用。各种缺陷产生的原因不同，其危害有所差异，加固修补的方法也有所区别。

1. 设计方面

因设计造成梁板混凝土缺陷的原因很多，常见的有尺寸选择不当、设计因素考虑不周、计算出现错误等。

(1) 尺寸选择不当。如T梁、箱梁的腹板过薄、T梁腹板马蹄顶面斜度过小等，均易使混凝土浇筑困难、振捣不密实，出现蜂窝、麻面。

(2) 设计因素考虑不周。如钢筋布置过密、在有害气体侵蚀地区保护层太薄等。钢筋布置过密，混凝土中粗集料难以进入而产生分离；在有害气体侵蚀地区保护层太薄，保护层很快碳化至钢筋，引起钢筋锈蚀、保护层脱落。

(3) 设计计算出现错误。由于荷载考虑不周、计算错误等，梁板断面配筋不足，造成严重开裂甚至倒塌事故。

2. 施工方面

施工是造成混凝土梁板质量问题的最主要原因，常见的有施工方法落后、施工方案选择不当、施工工艺管理不严、原材料选用不合理等。

(1) 施工方法落后。如20世纪80年代前施工的不少桥梁工程，由于机械设备少，土法上马，采用人工运输和振捣，混凝土浇筑质量低下，普遍出现蜂窝麻面和孔洞。

(2) 原材料质量低劣。如采用的钢筋强度不足，水泥强度偏低，砂石料品质差、含泥量大等，达不到设计要求，混凝土出现大量裂缝。

(3) 施工工艺不严。如集料的级配、混凝土配合比设计不佳，使集料间有较大空隙，浇筑成的混凝土容易形成蜂窝麻面。混凝土拌合物和易性欠佳，影响混凝土施工操作，使拌和不易均匀，运输容易分层离析，浇筑时不易捣实，成型后不容易修整铺平，硬化后不均匀、不密实，经常出现蜂窝麻面、孔洞。没有设置保护层垫块或垫块设置不善，振捣时垫块移位造成钢筋紧贴模板，出现露筋。在模板安装、钢筋安装过程中，现场上常有木屑、木块、塑料纸、水泥袋纸以及其他建筑垃圾等杂物掉入模板内，浇筑的混凝土有缺陷。混凝土浇筑完成后，养护措施不力，往往由于温度变化、混凝土收缩等因素的影响，导致结构产生早期裂缝。

(4) 施工方案选择不当。如在混凝土浇筑时，对侧压力考虑不周，侧模板选材低劣、结构不牢固、模板走形或模板间隙不严密，浇筑时漏浆严重，混凝土面层呈现蜂窝、麻面。浇筑混凝土前不了解天气情况，浇筑时出现降雨，又不采取塑料布遮盖及排水措施等防范措施，一使混凝土的含水量增多、混凝土强度降低，二使雨水冲刷混凝土中水泥浆而造成麻面、蜂窝缺陷。

(5) 受经济利益影响。桥梁工程和其他建筑工程一样，在施工中由于资金短缺或投资过少而造成工程质量低下的情况很多，特别是在竞争机制下，施工单位为了获得中标机会，互相压低标价，达到低价中标。一旦中标后，技术措施、施工设备、材料质量等由于资金不足而降低标准，施工质量就得不到必要的保证。施工单位层层分包加大了管理费用支出，增加了管理层次，施工质量也难以控制。

3. 运营管理方面

运营管理方面的原因主要是营运管理不善、维修不及时等。

（1）长期超负荷运营。随着国民经济的发展、汽车技术的进步，单车质量有逐渐增大的趋势，特别是私自改装车辆，有些超过设计标准汽车－20级加重车重量的两倍。一般道路上的桥梁是按汽车—20级及以下标准设计的，现有车辆荷载超出了桥梁的承载能力，使桥梁长期处于超负荷状态，引起梁板出现裂缝、变形过大甚至倒塌事故。

（2）污水侵蚀。如北方的桥梁在冬季一般采用撒盐除雪，盐水渗入混凝土内引起钢筋锈蚀、混凝土保护层脱落；受盐雾影响的桥梁也会产生这种问题。

（3）人为损坏。如立交桥净高不足或车辆超高，车辆撞击梁板，造成混凝土脱落、钢筋裸露。

（4）维修工作不及时。桥梁建筑物应及时进行维修保养才能保证其强度和安全性，延长使用寿命，然而由于经费不足、人力有限、管理不力及其他原因，不少桥梁未能得到及时维修，长期带病工作，严重影响了桥梁的安全性和耐久性。

二、混凝土梁板的裂缝

1. 混凝土梁板裂缝的分类

混凝土是一种非均匀的脆性材料，它由集料、水泥、水以及存留其中的气体组成。在温度、湿度变化及硬化过程中，混凝土体积产生微变。由于混凝土各组成材料变形不一致，因此在其内部产生用显微镜才能看得见的微细裂缝。这种微细裂缝的分布是不规则且不连贯的，在荷载作用下或温差增大和干缩增大情况下，裂缝的长度、宽度和数量均会相应地增大，并逐渐互相贯通，出现肉眼可见的较大裂缝。缝宽超过0.02mm的，称为宏观裂缝，即通常所说的裂缝。

混凝土裂缝可以根据其形成的时间分为硬化前裂缝、硬化过程裂缝及完全硬化后裂缝。图2.1.2-1是Jean-Pierre Le’vy于1954年提出的描述各种裂缝的裂缝圆。

硬化前形成的裂缝有因集料（碎石或砂）下沉形成的裂缝，如图2.1.2-1a）所示，模板移动形成的裂缝如图2.1.2-1b）所示，模板膨胀和变形、土基下沉、结构支座下沉引起的裂缝。

硬化过程中的收缩裂缝亦有多种形式，如图2.1.2-1c)、图2.1.2-1d)、图2.1.2-1e）所示。

在混凝土硬化后，当混凝土中拉应力超过混凝土抗拉强度时即产生裂缝。拉应力可以由各种荷载、构件自由活动受阻、温度变化等因素引起。不适当的钢筋布置亦会引起拉应力，如图2.1.2-1h）所示。钢筋锈蚀亦会产生裂缝，如图2.1.2-1g）所示。

混凝土梁板结构的裂缝是固体材料中某种不连续的现象，是由材料内部的初始缺陷、微裂扩展引起的。引起裂缝的原因很多，但可归结成两大类。

第一类，由变形引起的裂缝，也称非结构性裂缝。如温度变化、混凝土收缩、地基不均匀沉降等因素引起的变形，当此变形得不到满足，在结构构件内部产生自应力，当此自应力超过混凝土允许应力时，即会引起混凝土裂缝。

第二类，由外荷载引起的裂缝，也称为结构性裂缝、受力裂缝；其裂缝与荷载相对应，预示结构承载力可能不足或存在严重问题。

混凝土结构产生裂缝的原因是多种的，其裂缝的形式也是多样的。裂缝原因分析是裂缝危害性评定、裂缝的修补和加固的依据。若对裂缝不经分析研究就盲目进行处理，不仅达不到预想的效果，还可能潜藏着突发性事故的危险。

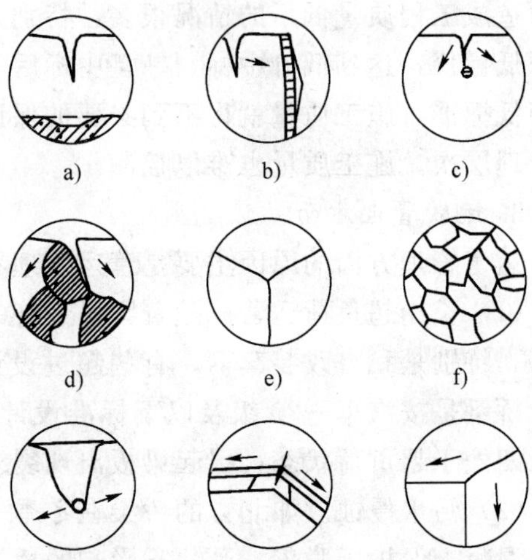

图 2.1.2-1　混凝土裂缝

a) 由集料下沉造成的裂缝；b) 侧模板移动产生的裂缝；c) 垂直于钢筋方向的收缩裂缝；d) 垂直于集料表面的收缩裂缝；e) 干缩形成的三支裂缝；f) 水泥碳化的网状细裂缝；g) 钢筋腐蚀膨胀引起的裂缝；h) 弯折钢筋受拉引起的裂缝；i) 转角处拉应力引起的裂缝

2. 非结构性裂缝产生的原因

(1) 塑性裂缝

混凝土浇筑好后开始逐渐凝聚，由流体逐渐变为塑态，然后硬化变为固态。在塑态阶段产生的裂缝通称为塑性裂缝。它是各类现浇钢筋混凝土结构中经常发现的一种早期裂缝。其产生的原因主要有两种。

①混凝土集料沉落裂缝

混凝土在振动器和重力作用下，集料开始下沉，水泥浆上升，并挤出部分水分和空气。这种沉落直到混凝土硬化时才停止。集料沉落过程若受钢筋、预埋件及模板表面的阻力，或两部件沉落不同而产生的一种裂缝，这种裂缝通常沿着梁上面或板上面钢筋的位置出现，裂缝深度通常达到钢筋表面（图 2.1.2-2），或在侧模板移动上表面（图 2.1.2-3），或在结构的变截面处、板肋交接处的表面（图 2.1.2-4），深度一般不超过 20～25mm。

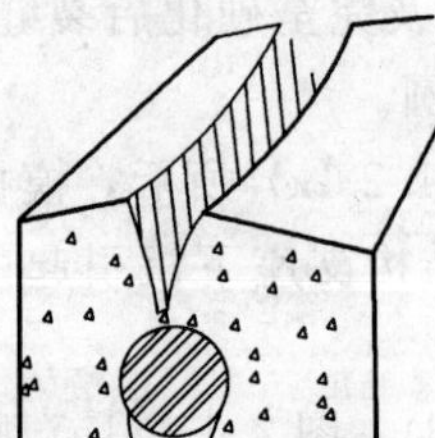

图　2.1.2-2

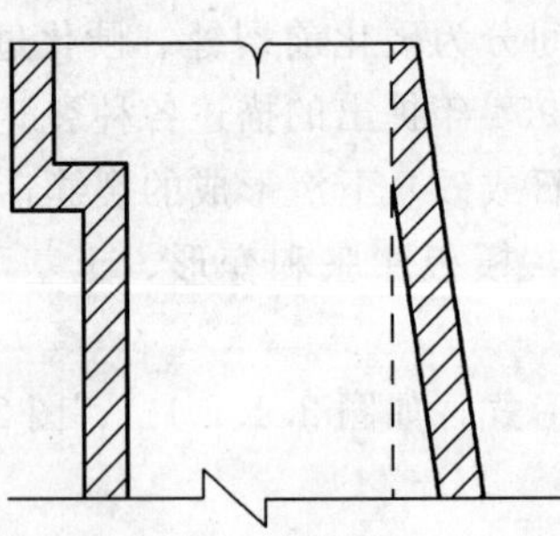

图　2.1.2-3

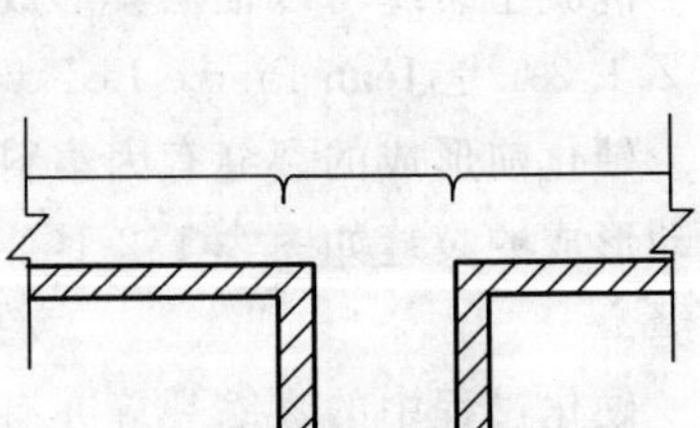

图　2.1.2-4

②塑性收缩裂缝

混凝土仍处在塑性状态时，由于混凝土表面水分蒸发过快而产生的裂缝。这类裂缝均在表面出现，形状不规则，长短不一，细而多且不连贯，故又称为龟裂（图 2.1.2-5）。

(2) 收缩裂缝

当混凝土成形后，表面水分蒸发，这种水分蒸发总是由表及里逐步发展，截面上湿度形成梯度，内外干缩量不一样，因而混凝土表面收缩变形受到混凝土内部约束，或受其他约束产生拉应力，尤其是当混凝土养护不当，受到风吹日晒，表面水分蒸发过快，产生较大的拉应力。而混凝土早期强度较低，因此出现收缩裂缝。

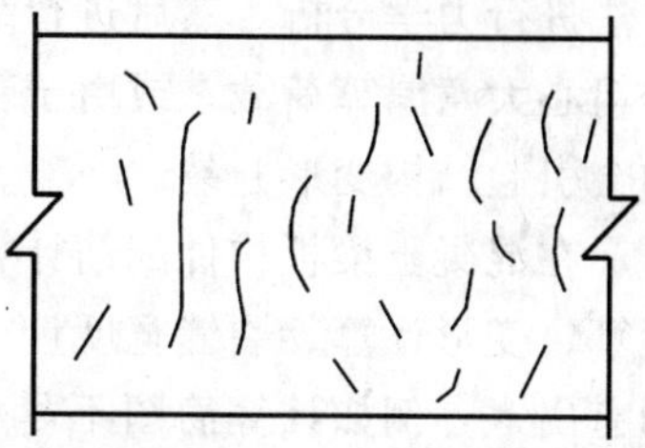

图 2.1.2-5　龟裂大样图

(3) 温度裂缝

钢筋混凝土结构随着温度变化会产生热胀冷缩变形，这种变形称为温度变形。当此变形受到约束，在混凝土内部即会产生应力，当此应力超过混凝土抗拉强度，混凝土即会出现裂缝，此裂缝称为温度裂缝。混凝土简支梁（板）桥两端可自由活动，均匀升降温、上下缘温差只引起结构的位移，不产生温度应力；但截面内外温差若控制不严，易产生裂缝。

预制构件蒸汽养护时，由于混凝土升温或降温控制不严，升、降温过速，或养护窑坑盖过早揭开，致使混凝土表面剧烈升温或降温，在构件截面内外呈非线性温度分布，从而产生纵向约束应力。有时此温度自应力是相当大的，往往超过混凝土抗拉强度值，尤其混凝土早期强度比较低，会造成混凝土裂缝，称为截面内外温差裂缝。这种裂缝一般较深，有时是贯穿性的，将破坏结构的整体性。

(4) 施工缝不当引起的裂缝

施工缝如处理不好，由于混凝土收缩或受力变形后会呈现裂缝。

3. 结构性裂缝产生的原因

结构性裂缝是由荷载引起的。裂缝与荷载相对应，是结构承载力不足的结果，其裂缝形式有多种多样，主要原因如下。

(1) 设计原因为主的裂缝

①钢筋锚固长度不够产生裂缝

受拉钢筋必须有足够的锚固长度，否则会产生钢筋变形引起混凝土的裂缝。如某高架桥开始开放交通时发现有些主梁在悬臂板的根部出现了裂缝，因而不得不立即加上支撑。检查结果发现，裂缝均产生在上部钢筋的端头处。因这些钢筋的长度不够，不能满足抗拉的需要（设计者是按 40 倍钢筋直径和锚固长度要求确定的），后来采用加预应力的办法来减小这些拉应力。因此悬臂结构的顶部钢筋应伸出反弯点以外，但在任何情况下不能小于悬臂受力的要求。

②计算简图与实际受力不符引起开裂

选定结构和计算简图时，一方面要反映结构的工作情况，使计算结果与实际情况尽量接近，同时也要略去次要的细节，使计算工作得以简化。可是，实际结构往往是比较复杂的，各部分之间存在着多种多样的联系，如何对各种联系进行合理的简化，就要分析联系的性质，并找出决定联系性质的主要因素，忽略次要细节，得出合理的计算简图。另一方面，在选定计算简图后，还应采取适当的构造措施，使所设计的结构体现出计算简图的要求。由于选取计算简图的复杂性，初搞设计者选取计算简图往往不当，因而引起结构事故。

③计算错误、构造不当引起的变形开裂

在结构设计中，首先应正确选择计算简图，再根据作用在结构上的荷载选择合适的计算方法进行力学分析，然后进行结构截面设计。由于怕麻烦随意简化计算造成误差太大，或由于粗心大意漏算荷载；或由于新型材料没有现成计算方法而套用其他差别很大的计算方法，均会引起结构变形开裂。

在混凝土梁板构件配筋计算中，截面的主要尺寸及钢筋数量由计算决定，其中包括强度计算、变形计算、裂缝宽度计算等。但这些计算是作了许多假定的，这些假定或多或少与实际有出入，例如计算简图不尽与实际结构相符、忽略桥面连续构造、材料不完全是弹性体等；另一方面结构计算中尚未考虑许多细节问题，例如混凝土收缩应力、温度应力、配筋率的影响、钢筋的搭接、锚固等。此外，还要照顾到施工的方便和可能，例如板的最小厚度、钢筋保护层，架立钢筋等。这些未详尽考虑的因素均在构造要求中来体现和弥补，并在设计规范和施工规范中作出明确规定。但是，由于一些技术人员对构造要求不熟悉或不重视，因而引起质量事故和裂缝。

④构件刚度不足引起开裂

混凝土梁板的变形与裂缝有着一定关系，结构过大的变形，可产生对应的裂缝，过大的裂缝又可扩大结构的变形。影响梁板变形的最主要因素是截面高度，所以首先应选择合适的截面高度，以便满足刚度要求。

⑤结构次应力引起的裂缝

桥梁结构的实际工作状态与计算模型有一定出入，当设计时没有进一步考虑其影响，即只考虑结构的主要应力，不计算次应力，因而导致结构产生裂缝。

⑥设计未考虑施工方法引起开裂

设计计算时应考虑施工时结构的受力情况，施工过程中结构受力状态和受力大小的改变可能会引起结构产生裂缝或损坏。

⑦预制构件联结开裂

预制构件最普遍的问题是其联结，主要是焊接钢板和湿接缝的配筋构造不当，构件间支承不当，施工方法不当或温度收缩产生联结处开裂等。

(2) 施工原因为主的裂缝

①钢筋配置位置不当

在混凝土梁板结构中，钢筋配置位置是否正确，直接关系到结构的强度、刚度和裂缝的宽度。例如梁、板的钢筋位置不正确，且偏向中性轴时，就将显著减小梁、板的有效高度。这不但使构件的承载能力降低，变形增加，而且会大大增加裂缝的宽度，严重的还会使梁、板有折断的危险。

②模板或支架不善

模板的制作和安装质量，对于保证钢筋混凝土结构和构件的外观平整、几何尺寸的准确以及结构的强度和刚度等将起重要作用。由于模板造成构件尺寸错误、支设不牢而造成工程质量问题时有发生。现浇结构还有支架设置的强度、刚度、稳定性及施工质量的因素。这些模板、支架问题，轻者造成构件尺寸误差、不平整，重者引起构件裂缝，甚至倒塌，应引起高度的重视。

③原材料质量不佳

建筑材料的性能不但与原材料、生产方式等有关，而且在施工过程中，甚至在运输、储存过程中，它的性质都在或多或少地起变化。例如水泥安定性不合格，在硬化过程中体积增大，引起混凝土结构出现弯曲、龟裂、松脆等不良现象。又如使用减水剂不当，引起混凝土结构出现开花形裂缝。

④施工超载

施工期间在现浇桥面上堆放建材、机具等，有时超过设计允许范围，尤其施工尚未完毕，混凝土强度偏低，各构件联结尚未完全形成，一旦超载，轻者使建好的构件出现裂缝，重者可能倒塌。

⑤施工质量粗糙低劣

某些施工单位，特别是个人承包的施工工程，为了眼前一时利益，没有按规范要求施工，而是粗制滥造，甚至偷工减料，给工程带来严重隐患。

⑥预应力空心板裂缝

预应力空心板有以下几种裂缝：

a. 蒸养法产生的裂缝。各类预制板在采用蒸养法生产时，容易在构件表面产生横、斜裂缝，或者肋部产生纵、横裂缝。产生这些裂缝的主要原因，是出池前后的温度变化较大。有时因未能坚持蒸养制度，升降温度的时间控制不严格，有的甚至不打开盖降温就“热出”。

b. 由于运输或堆放时悬臂部分过长，负弯矩太大，在板端上部产生横向水平裂缝。

c. 由于堆放时，垫木位置不正确，堆放方法不妥或堆放场地不平整等原因，使板面上产生横向水平裂缝、斜向水平裂缝或纵向水平裂缝。

⑦预应力混凝土梁裂缝

a. 预应力混凝土梁强度未达到设计强度就进行张拉预应力筋。施工单位没有严格按照设计要求张拉钢筋，或张拉设备未经标定，从而造成预应力值的错误。

b. 预应力筋闪光对焊接头不合格。

c. 冬季施工没有措施。在冬季，特别是初冬，气温骤降时所压水泥浆游离水受冻膨胀而导致裂缝发生。

d. 预应力筋锚具加工不合格。锚具虽小，但它是预应力混凝土技术的关键，它的加工好坏直接影响到预应力筋的锚固效果，必须给予足够的重视。预应力构件端部预埋件和预应力锚具有标准的垂直面的要求，应避免锚具除承受轴向拉力外，还有受弯、受剪等其他应力。

⑧施工顺序不当引起的裂缝

施工单位往往不根据设计图纸要求，只考虑施工方便而确定施工顺序，理解不透设计意图，施工过程改变原结构受力，引起结构裂缝。

(3) 使用原因为主的裂缝

①车辆荷载等级提高

随着国民经济的发展和汽车技术的提高，重型车辆逐年增加，一般的县乡道上也常见汽车-20 级车列，这大大超过了原桥承载能力，引起板梁受力裂缝。如 205 国道山东滨州黄河大桥，1972 年建成，为净 9＋2×1.5m，设计荷载为汽车-13 级，拖车-60，1986 年为提高防汛标准，又在北岸接长 77×20m 引桥，设计荷载为汽车-15 级，挂车-80。1999 年交通量为 18000 辆/日，检测到的最重单车重量为 171t，大大超过了设计荷载，引起 T 梁梁肋裂缝，有些裂缝已上升到 T 梁中性轴之上，并造成 T 梁翼板混凝土破碎。

②年久失修

桥梁经过长期使用，构件的材料强度会有所降低，尤其是受到自然灾害的影响或人为损坏，使桥梁的构件承载力显著降低，功能丧失。因此，及时采取合理的维修，对延长桥梁使用年限，保障车辆、行人的安全，满足使用要求，避免构件裂缝、变形扩大，均有十分重要的意义和作用。相反，若年久失修，即使是高质量建筑物，寿命也会缩短，各种隐患有可能酿成事故。

(4) 其他原因引起的裂缝

①火灾事故对混凝土结构的影响

火灾对混凝土结构有一定的影响，据试验资料，当燃烧的时间不太长，温度不超过300℃时，影响不很大。一般混凝土有较大安全储备，如钢筋机械性能基本未受影响，主要是进行梁板裂缝处理。恢复结构整体性可采用水泥浆灌缝。其次是修复烧伤的表层混凝土，清除烧伤层，再做叠浇层，修复后，可经荷载试验，验证其强度、刚度、抗裂度是否满足要求。一般都能达到设计和使用的要求。

②钢筋腐蚀裂缝

在钢筋混凝土结构内，钢筋受到周围混凝土的保护，一般并不腐蚀。但当保护层受破坏或保护层厚度不足时，钢筋在一定条件下将产生腐蚀。钢筋腐蚀削减了钢筋的受力截面积，降低了与混凝土间的黏结力，且腐蚀体积膨胀大约增大 2.2 倍，会使混凝土保护层破裂甚至脱落，从而降低结构的受力性能和耐久性能。

由于混凝土抗拉弱且塑性差，所以只要很少的钢筋锈蚀就产生裂缝，通常在钢筋处的混凝土表面沿钢筋方向出现发丝裂缝，如图 2.1.2-6a) 所示。同时，除第一条裂缝外，还产生其他裂缝，进一步松动的混凝土最后将脱落，钢筋露出如图 2.1.2-6b) 所示。

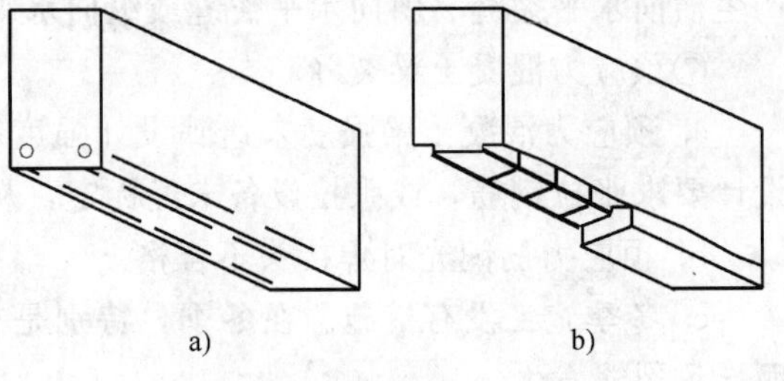

图 2.1.2-6 钢筋锈蚀迹象示意图

有些早期建造的桥梁结构物，由于混凝土中掺氯化钠作为早强剂，致使钢筋腐蚀，构件发生多条裂缝。

③地震作用引起的裂缝

我国是一个地震区分布很广的国家，许多地区曾发生过强烈地震。地震时会释放出大量的能量，以地震波的形式向四周扩散，地震波到达地面后引起地面运动，由此产生的内力可能与设计受力不一致或超过结构构件的承载力，或在地震作用下，结构的侧移超过允许值，使混凝土结构构件产生裂缝，甚至倒塌。在地震裂度大于 7 度的地区，应进行抗震验算。

4. 裂缝的危害

混凝土梁板的裂缝是一个很普遍的技术问题，工程的破坏与倒塌大多是由裂缝的扩展开始的，所以，人们对裂缝往往产生一种破坏前兆的恐惧感，也成为人们关注的问题之一。对混凝土结构构件的裂缝开展了许多试验研究、调查与总结，得知混凝土材料裂缝的出现是其内部结构发展的结果。

近代对混凝土强度理论进行亚微观研究，大量工程实践所提供的经验，都说明混凝土结构的裂缝是不可避免的，微细裂缝对使用无多大危害，裂缝是一种人们可以接受的材料特征，不必害怕，如果对建筑物抗裂要求过严，必将付出巨大的经济代价。因此，在混凝土梁板设计计算理论中，构件是允许带裂缝工作的，但应控制裂缝的宽度不能过宽，过宽的裂缝对结构危害较大，其主要表现有如下几方面：

（1）冰冻的影响。混凝土有了裂缝，水即能渗入，即使渗得不很深，当气温降到－2℃以下时，水分就会结成冰，水分结冰体积膨胀约9%，会导致沿裂缝边缘的散裂。而冻融循环重复一次，这种散裂现象就会发生一次，这样裂缝将逐渐加宽。

（2）钢筋锈蚀。一旦水分或有腐蚀的气体到达钢筋，锈蚀就会开始。锈蚀削减了钢筋的受力截面积，特别是高强钢丝，因表面积大而截面积小，锈蚀对其危害更大。其次，锈蚀的产物——铁锈，比原金属有更大的体积，产生一定的膨胀力，致使混凝土裂缝继续扩展，影响钢筋和混凝土的粘结力。

（3）加快混凝土碳化剥落，降低结构抗疲劳能力，影响结构的耐久性。

（4）降低结构的承载力。由于钢筋腐蚀，截面削减和混凝土裂缝使有效高度削减，使构件承载力有所降低。

如上所述，在混凝土中，微细裂缝不可避免，也无多大危害，而宽度较大的裂缝又危害甚大。究竟裂缝多宽，不致于影响结构的承载力和耐久性呢？要准确地回答这个问题还比较困难，因为它和外界条件，受力情况，防水要求等有关。目前世界各国多在调查基础上按经验定出允许的裂缝宽度值。

英国标准实用法规CP110建议：在一般条件下，裂缝的最大允许宽度为0.3mm，但当构件暴露于特殊侵蚀性环境条件下时，这一宽度应减小到主要受力钢筋保护层厚度的0.004。

日本混凝土工程协会从耐久性防水性的角度出发，对一般构件处在不甚有害环境下，裂缝最大允许宽度为0.3mm，环境中等为0.2mm。环境非常不利为0.1mm，对防水有要求者裂缝宽度应小于0.05mm。

我国《混凝土结构设计规范》（GBJ10-89）规定：对使用中允许出现裂缝的钢筋混凝土构件应验算裂缝宽度。计算所得的最大裂缝宽度对处在室内正常环境的一般构件不应超过0.3mm，对处于年平均相对湿度小于60%地区，且可变荷载标准值与恒载标准值之比大于0.5的受弯构件，其最大裂缝宽度不应超过0.4mm。对于屋架、托架、重级工作制的吊车梁以及露天或室内高湿度环境，其最大裂缝宽度不应超过0.2mm。

《公路钢筋混凝土及预应力混凝土桥涵设计规范》（JTJ 023—85）① 规定：在一般正常大气（不带高浓度侵蚀性气体）条件下，钢筋混凝土受弯构件在荷载组合Ⅰ作用下，算得的最大裂缝宽度不应超过0.2mm；在荷载组合Ⅱ或组合Ⅲ作用下，不应超过0.25mm；处于严重暴露情况（有侵蚀性气体或海洋大气）下的钢筋混凝土构件，容许裂缝宽度不应超过0.1mm。

§1.3　混凝土梁（板）桥的常用加固技术

一、加固的一般原则与方法

1. 加固的一般原则

桥梁结构由于种种原因不能满足使用的安全性、耐久性要求，经过检测与试验，破损严

① 现行规范为（JTG D62—2004）。

重者，必须进行加固处理。旧桥加固技术通过对桥梁构件的补强和改善结构性能，达到恢复和提高桥梁承载能力、延长使用寿命、适应现代交通的目的。对旧桥进行加固，应根据桥梁状况的不同，采用不同的方法，但各种加固方法都应遵循以下原则：

(1) 尽量减少对原结构的损伤；

(2) 技术可靠，具有长期加固效应，能满足结构耐久性要求；

(3) 施工设备简单，施工操作方便；

(4) 材料用量少，费用低；

(5) 养护工作量少；

(6) 加固施工时尽量不中断交通。

2. 常用的加固方法

根据国内外已有的经验，旧桥加固技术基本上有三种类型：加强薄弱构件，增加或更换桥梁构件，改变结构受力体系等。工程中最常用的方法如下：

(1) 体外预应力加固技术；

(2) 粘贴钢板加固技术；

(3) 增大构件截面加固技术；

(4) 改变结构体系加固技术；

(5) 增设主梁加固技术；

(6) 增强桥梁整体性加固技术；

(7) 裂缝修补加固技术。

体外预应力与粘贴钢板加固技术分别在§1.4、§1.5节中介绍。本节简要介绍其他维修加固技术。

二、增大构件截面加固技术

1. 加厚桥面板加固法

将原有桥面铺装拆除，在原桥面上浇筑钢筋混凝土补强层，以提高桥梁结构的抗弯刚度和承载能力，通常称为“加厚法”。这种方法由于加厚桥面使桥梁自重和恒载弯矩增加较多，一般只适用于跨径较小的T形梁、π形梁或板梁等。

施工时，桥面板表面要凿毛冲洗干净，以保证新旧混凝土有良好的结合。也可采用在原桥面板上设置齿形剪力槽（深1～1.5cm、间距5～7cm）或埋置钢筋柱，或用环氧树脂作为胶结层等措施，来保证粘结面上有足够的抗剪强度，从而增强新旧结构间的整体性。新浇补强层中应设置钢筋网（一般采用ϕ8～12mm的钢筋）。

对于有三角垫层的桥面结构，可将原来只作为传力结构的三角垫层凿除，用补强层代替三角垫层，这样可以少增加自重，加固效果更好些。

2. 增焊主筋加固法

当梁的主筋应力超过容许范围，而又受到桥下净空限制时，可采用只增焊主筋的方法进行加固。因增加的钢筋一般无法穿过支座锚固，需将新增钢筋焊接在原主筋上。

(1) 增大主筋加固法的基本做法

①剥除梁底混凝土保护层，露出主筋，并将原有箍筋切断拉直。

②增焊主筋。

新增钢筋预先拉直，用临时吊架吊在梁底，紧贴在原主筋下面。然后从跨中开始向两端依次逐段施焊。为减少焊接时的温度应力避免烧坏混凝土，采用断续双面焊缝，每段焊缝分两次焊接。

③恢复箍筋，将原箍筋接长，焊接成型。

如经计算箍筋不足，要增设箍筋。新增箍筋上端锚固在桥面板中，梁腹上埋设销钉固定新增箍筋位置。

④恢复混凝土保护层。

采用环氧树脂小石子混凝土或膨胀水泥混凝土或砂浆材料，作为恢复的方法有涂抹法，挤压法或灌注法。

用挤压法敷设环氧树脂小石子混凝土保护层的具体作法是：在支承梁上铺设模板，分段设置。在模板上先铺一层玻璃布作为隔离层，再把环氧混凝土混合料铺上抹平，在模板与支承梁之间楔入木楔（或设置千斤顶），使模板顶起压向梁底，待挤压到设计厚度时，将侧模压紧在梁面上，再顶紧底模，使新增保护层与原混凝土紧密贴合。固化 24 小时后即可拆除模板。表面涂一层灰漆，以保持与原混凝土色调一致。

采用灌浆法敷设膨胀水泥砂浆保护层的做法是：在梁上设置悬挂模板，侧模上每隔 2m 布设一个灌浆嘴（ϕ30 长 5～7cm），在模板上铺一层塑料薄膜作为隔离层，灌注前先用砂浆泵压水冲洗模板内杂物，然后从一端开始向另一端依次压浆，每一灌浆嘴范围内要一次灌注饱满。

(2) 增焊主筋加固法需注意的问题

①由于增加的钢筋是靠焊缝的抗剪强度传递拉力的，端部焊缝剪力等于该处钢筋的拉力，比中部钢筋焊缝所需承受的剪力大得多，因此，加固钢筋不宜断在弯矩较大的部位。

②为使新增主筋能充分发挥作用，与原主筋受力状态相接近，可采取在卸除部分恒载作用情况下进行加固。即在梁下设支承点，将梁顶起卸载，起顶位置和吨位需经计算确定。

③要严格控制焊接质量，焊缝要相互错开，减少温度应力的影响，采取双面焊缝，两次施焊，待第一次焊缝温度降至常温后再进行第二次焊接。

加固设计主要是焊缝抗剪强度的验算。端焊缝剪力等于端部加固钢筋（图 2.1.3-1，截面 *a-a*）的拉力，中间焊缝剪力等于截面 *a-a* 与 *b-b* 拉力之差（图 2.1.3-1）。

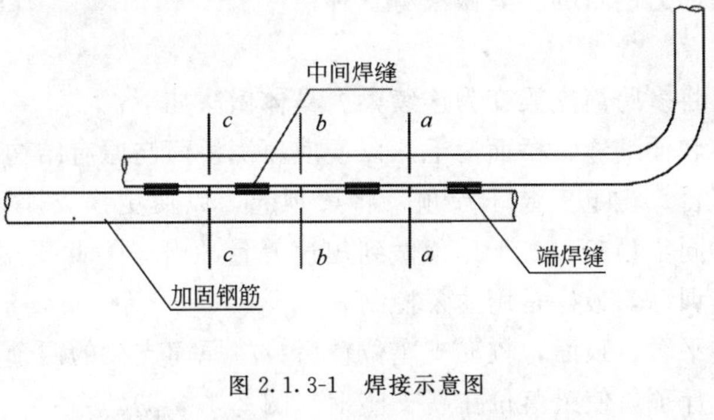

图 2.1.3-1　焊接示意图

鉴于后浇筑的保护层与增焊的主筋和原混凝土的粘结力较差，剪力验算时考虑保护层的粘结力，用焊缝两端截面平均弯矩计算钢筋拉力进行焊缝剪力验算。

焊缝长度（双面焊）：

$$L=\frac{\sigma F}{2\delta[\tau]}$$

式中：σ——钢筋设计应力；

F——增焊钢筋截面积；

δ——焊缝厚度；

$[\tau]$——焊缝容许剪切强度。

考虑到实际焊缝长度损失以及焊接质量的影响，实际焊缝长度宜比设计长度适当增加一些，一般可采用设计长度的1.2～1.5倍。

3. 增大梁腋法

增大梁腋法是将梁的下翼缘加宽加高，扩大梁的断面，在新增断面中增设主筋（图2.1.3-2）。做法如下：

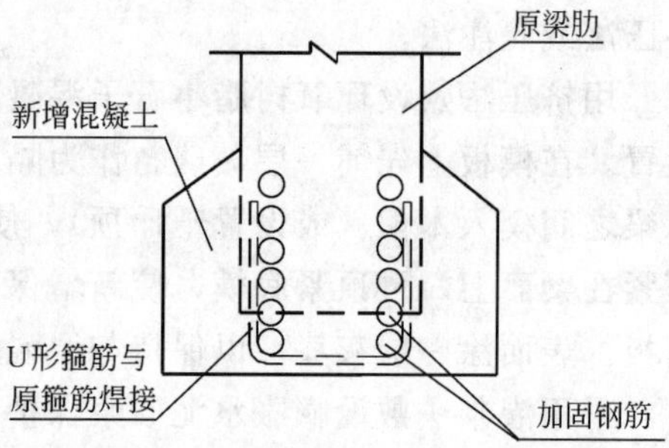

图2.1.3-2 增大梁腋法示意图

（1）将梁腋加大部分的表面凿毛，为使新旧混凝土粘结良好，应将露出集料冲洗干净。在梁的侧面每隔一定距离（50～70cm）凿露主筋，以便与新增钢筋骨架联结。

（2）焊接钢筋骨架。用U形箍筋将新增主筋焊成骨架，然后将骨架焊接在凿露的主筋上，在梁的端部，钢筋两端向上弯起，焊在原主筋上；或者在梁端安装U型锚固板，将新增主筋焊在锚固板上。

（3）立模浇筑混凝土。一般都是采用悬挂模板施工。

三、改变结构体系加固技术

1. 变简支梁为连续梁

变简支梁为连续梁的加固原理是，通过将相邻两个梁的梁端固结，或在桥跨中间增设支点等措施，使简支梁变成一组连续梁体系。按照连续梁的力学特征，支点处的负弯矩使跨中的正弯矩减小，以及邻跨荷载的相互作用，使桥梁的受力状况得到改善，实现在不增加梁截面的情况下提高承载能力的目的。其做法有三种。

（1）梁端固结法

通过梁端固结，将多跨简支梁变为连续梁。具体做法如下：

①拆除桥面铺装和伸缩缝，桥面凿毛，以便使新浇桥面与原有结构有效结合成整体。

②起梁。在墩（台）帽上安装千斤顶，将梁顶起，以便更换支座。为保持梁的横向联结，要求一孔内的梁同步顶起，各千斤顶做到匀速等量顶升。为此要用统一规格的千斤顶，事先标定，进行操作训练，最好是用油泵控制。

③更换支座。整平墩台顶面，校准支座位置后，将原简支梁的两个支座改换成一个支座（橡胶支座），卸落千斤顶，使梁落位在新支座上（图2.1.3-3）。

④凿除梁端混凝土保护层。一是为衔接混凝土有一个良好的粘结面，二是为露出主筋以便焊接连接钢筋，清除碎渣和浮尘后，焊接梁端连接钢筋。

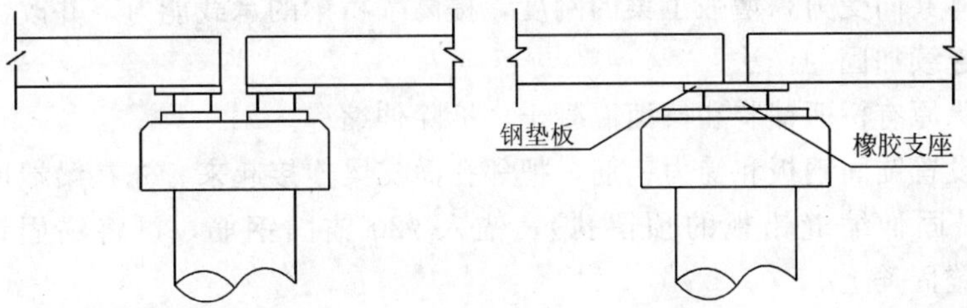

图 2.1.3-3　更换支座示意图

⑤布设负弯矩钢筋。先在桥面板上凿出锚固孔洞，或用钻孔机钻孔。按计算确定的数量和长度在桥面上布设负弯矩钢筋，钢筋两端的弯钩扣入锚固孔洞。洞内尘土渣屑用水冲净，梁面也要清洗干净，然后布设桥面构造钢筋，绑扎成整体。

⑥浇筑梁端接头和桥面混凝土，先浇接头混凝土，终凝前进行二次振捣，然后浇筑桥面混凝土。注意锚固孔要填实，保证锚固的可靠性。

（2）八字撑架法

通过在桥下设置八字撑提供两个弹性支承（图 2.1.3-4），可使单孔简支梁变为一组三跨的连续梁。这种方法也可用来改善连续梁的受力状况。其要点如下：

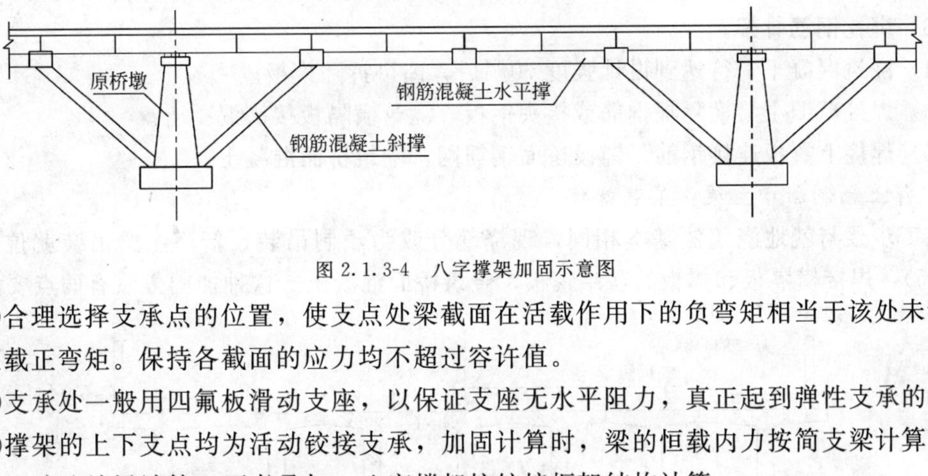

图 2.1.3-4　八字撑架加固示意图

①合理选择支承点的位置，使支点处梁截面在活载作用下的负弯矩相当于该处未设支承前的恒载正弯矩。保持各截面的应力均不超过容许值。

②支承处一般用四氟板滑动支座，以保证支座无水平阻力，真正起到弹性支承的作用。

③撑架的上下支点均为活动铰接支承，加固计算时，梁的恒载内力按简支梁计算，活载内力按三跨连续梁计算，两者叠加。八字撑架按铰接框架结构计算。

④如果改为连续梁体系后仍满足不了承载能力的要求时，则可同时采取加厚桥面板或增大梁截面等措施。

（3）墩柱支承法

在桥墩两侧或跨中设置钢筋混凝土墩柱，墩柱顶安装橡胶支座，提供新的支承，使简支梁变为连续梁。

这种方法对于在重荷载作用下出现病害的桥梁，减少跨中弯矩和支承处剪力，改善受力状况，是很有效果的。

2. 桥面连续加固法

这种方法的原理是通过桥面连续将多跨简支梁连接起来，变为桥面连续梁。桥面连续与原梁结合成整体共同受力，增强了梁的刚度，提高了桥梁的承载能力，并改善行车条件。

（1）桥面连续加固的作法

①首先铲除原有桥面铺装和桥面混凝土，拆除伸缩缝。

②在梁端设置锚固钢板和受力钢筋，把邻孔简支梁连接起来。先在梁端顶面上打锚固孔（或利用原有锚固伸缩缝铅板的预留孔），锚入 ϕ20 锚固钢筋，再将锚固钢板（10mm×300mm）焊在锚固筋上。

③梁面凿毛，清洗干净，铺设桥面钢丝网。

④浇筑桥面混凝土（8～10cm）要连续进行。

（2）桥面连续加固法与变简支梁为连续梁加固法的不同

桥面连续加固后梁端没有固结，支座没有改变，梁本身还是简支的。由于梁端桥面是连续的，又与梁结合为整体，可传递部分活载负弯矩，可视为不等跨的变截面连续梁。

四、增设主梁加固技术

对于结构完好而需提高荷载标准的装配式 T 梁，可采取增设主梁的方法来加固，并可同加宽桥面结合起来，其做法有两种。

1. 保持原有主梁的位置不动，在两片梁之间加一片新梁。

（1）掀开桥面铺装，凿除部分翼板混凝土，切断横隔板，空出新增主梁的位置。

（2）安装新梁支座，支立模板，桥高不便从桥下搭设支架时，可采用悬挂模板。

（3）绑扎钢筋骨架。

（4）浇筑混凝土，待达到设计强度 70%后，即可拆除模板。

（5）焊接新旧主梁横隔板钢筋或接头钢板，浇筑横隔板接头混凝土。

（6）焊接上翼板连接钢筋，铺设桥面钢筋网，浇筑桥面混凝土。

2. 岸上预制新增主梁，吊装就位

施工步骤与就地浇筑法基本相同，现浇部分改为预制吊装，新增主梁吊装就位后（图 2.1.3-5），焊接横隔板和翼板的联结钢板，浇筑桥面混凝土。这种加固方法有两点要注意：

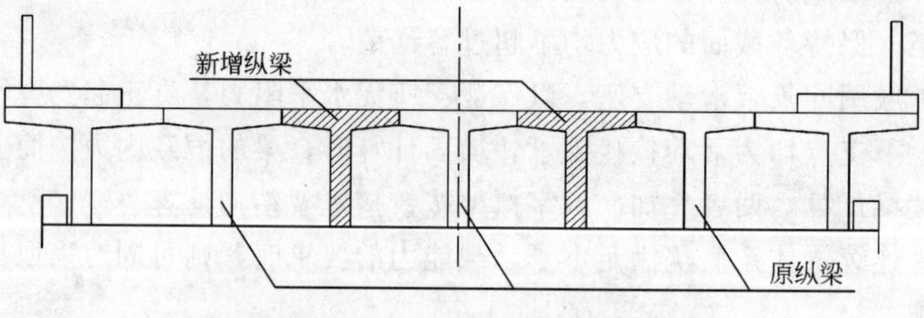

图 2.1.3-5　增设纵梁加固示意图

（1）保证新旧主梁的整体性，新旧主梁间的横隔板和翼板联结要加强，可设置贯穿全桥宽的拉紧钢筋，以增强横向整体性。

（2）新旧主梁的联结工序，应在新梁拆除模板之后进行，以免新梁荷重增加旧梁的附加应力。

五、增强桥梁整体性的加固技术

有些桥梁，梁的主体性能良好，但因横向联系薄弱，整体性差，而使承载能力降低，可采取加强横向联系的措施，增强桥梁的整体性，以达到提高承载能力的目的。

（1）加强横隔板（梁）

增大横隔板（梁）的截面，或设置横向拉紧钢筋，加强横梁与纵梁的联结作用。

（2）增设横隔板（梁）

（3）铺设桥面补强层

在新增桥面混凝土中设置钢丝网，或掺入钢纤维，使整体性增强。

六、灌浆法修补裂缝技术

裂缝是钢筋混凝土桥梁中普遍存在的一种现象。一般裂缝有两种类型：一种是由于桥梁结构的强度或刚度不足，在外荷载作用下产生的裂缝；另一种是由于施工质量不好而出现的收缩裂缝。不管哪一种，只要裂缝的宽度和数量超出规范容许的限度，都会导致结构受力性能恶化，影响到承载能力和使用寿命，应及时进行裂缝的修补。

1. 灌浆法的机理及修补原则

用灌浆法修补混凝土裂缝，已是国内外桥梁维修中广泛应用的技术。所用的胶粘剂主要有环氧树脂、甲凝和水泥，应根据裂缝宽度合理选用。灌浆修补裂缝，一方面是靠粘结剂的粘结力将结构内部组织重新结合为整体，恢复应有的强度，另一方面阻断空气和水分进入梁体避免钢筋腐蚀。

甲凝粘滞度小，有很好的渗透性，易于灌入细微的裂缝，小于 0.1mm 的裂缝适于用甲凝。

大于 0.1mm 小于 0.4mm 的裂缝，可用环氧树脂。环氧树脂粘度大，掺入适量稀释剂以降低粘滞度，提高可灌性。

大于 0.4mm 的裂缝，可用水泥浆灌注。

2. 灌浆法的灌注工艺

（1）清缝

灌注前先刷除混凝土的松散组织，将裂缝凿出 V 形槽，用钢丝刷和压缩空气清除槽内浮尘，然后用丙酮擦干表面。

（2）布嘴

骑缝布设灌浆嘴。一般布置在裂缝开裂大和裂缝交叉处，间距为 30～50cm；另外两侧灌浆时，灌浆嘴要错开布置。灌浆嘴可用环氧树脂或 502 胶粘贴，嘴周围用环氧砂浆封好。

（3）封缝

用环氧砂浆填平 V 形槽，上面粘铺一层玻璃布，布上再罩一层环氧树脂胶浆封面。封缝工作要仔细，防止漏浆。

（4）试气

封缝干固后，在周边涂刷肥皂水，然后向裂缝中充压缩空气，检查是否有漏气的地方。用一个嘴充气，其他嘴临时封好。试气压力可比灌浆压力略大 0.1～0.2MPa，对漏气的部位进行补封。

（5）灌浆

一般是自上而下，由一端向另一端依次连续进行灌注，灌浆压力一般控制在 0.5～0.6MPa。

灌注操作程序：

①接通管路；

②将配制好的胶浆注入灌浆罐；

③打开贮气瓶阀门，调节压力；

④打开灌浆罐通向灌浆嘴的阀门，进行灌注；

⑤当相邻灌浆嘴冒浆时，关闭阀门；

⑥封住灌浆嘴；

⑦将管路移至下一个灌浆嘴。

（6）检验

灌浆完毕后，要检查饱满程度。对于大体积混凝土，可取芯样检查，不宜取样时，一般可用超声波探伤仪检查。

当灌注水泥浆时，灌浆前要先向裂缝中灌注清水，使混凝土缝面润湿，以便水泥浆能与混凝土面有良好粘结和能够充分硬化。

为了保证灌浆质量，还应注意选择适宜的施工时机。由于裂缝随着结构温度变化而张合，宜选择在裂缝张开度大的季节进行灌注，但气温过低，又影响到胶结料的固化。一般宜选择在春季季度气温较低时，经验表明，最佳施工温度为20～25℃，最低不宜低于10℃。

灌浆补强的效果在很大程度上取决于粘结剂的质量；粘结剂要配比合理，拌制应均匀。环氧树脂浆液配制时，需先将树脂稍加热使其流动性增大，然后依次加入增塑剂、稀释剂和固化剂，搅拌均匀。

七、加固方案的选择

1. 针对病害原因选择加固方案

各种加固方法都有它一定的适用范围和各自的优缺点，可根据所需加固桥梁的缺陷性质、技术状况以及施工条件，选择某一种方法或几种方法同时使用，以达到预期的加固效果。

2. 桥梁加固方案的确定

首先要对桥梁的技术状况进行检验，作出评价。再根据通行荷载的要求，对加固的必要性和可行性作出分析判断，然后对几种可能采用的加固方案进行技术经济效果的分析比较，从中选择最佳的加固方案。一般来说，只有符合下列条件时，加固方案才被认为是可行的。

（1）桥梁加固后，其结构性能、承载标准以及加固技术的耐久性都能达到使用要求。

（2）桥梁下部结构要有足够的承载能力，以满足上部结构加固后桥梁自重和通行荷载增加对基础的要求。如基础承载能力不足，则应采取措施首先加固下部结构。

（3）加固比改建新桥可节省材料、费用和时间，有较大的经济效益。在分析经济效益时，应包含改建或加固中断交通所造成的经济损失。一般情况下，可认为加固比改建节省费用60％以上才是有价值的。

§1.4　体外预应力加固技术

一、特点及适用范围

体外预应力加固法是采用外加预应力钢拉杆对结构构件进行加固的方法，特点是通过预应力手段强迫后加部分——拉杆受力，改变原结构内力分布并降低原结构应力水平，使一般加固结构中所特有的应力应变滞后现象得以完全消除，因此，后加部分与原结构能较好地共同工作，结构的总体承载能力可显著提高。预应力加固法具有加固、卸荷、改变结构内力的三重效果，适用于采用一般方法无法加固或加固效果很不理想的较高应力状态下的大跨桥梁加固。

体外预应力加固根据加固目的及被加固结构受力要求的不同分为直线式、折线式及曲线式等拉杆布置方式。直线式拉杆适用于正截面受弯承载能力不足的加固，由于拉杆对梁体施加预应力较小，多用于房屋结构的小型构件加固，桥梁加固很少使用。折线式拉杆适用于梁斜截面受剪承载力及正截面受弯承载力均不足以及连续梁的加固；根据拉杆材料及截面尺寸不同可对梁体施加不同预应力，可广泛应用于各类构件加固中。曲线式拉杆也适用于梁斜截面受剪承载力及正截面受弯承载力均不足以及连续梁的加固；这种方式对梁体施力均匀，但构造复杂；当梁有横隔板时，曲线拉杆不好布置，一般仅用于无横隔板的大跨径桥梁中。本节重点介绍折线式拉杆的加固技术。

二、体外预应力筋的构造

体外预应力加固法构造设计的关键是拉杆（力筋）的锚固及与构件的连接，其设计准则是锚固承载能力必须大于拉杆（力筋）本身的承载能力。从构造形式上看，主要由以下几部分组成。

1. 水平力筋

水平力筋亦称水平拉杆，多由钢筋、高强螺纹粗钢筋、钢丝束或钢绞线组成。其作用是在梁底部位施加纵向预应力，从而对梁体产生反向弯矩，以抵消部分自重及活载产生的正弯矩，提高梁的承载能力。

当水平力筋采用高强粗钢筋时，一般为冷拉 III、IV 级钢筋，亦可用 45 号圆钢制作。在钢筋（拉杆）的两端做粗制螺纹，配以螺母加以锚固（图 2.1.4-1）。当采用高强钢丝束时（通常为曲线筋），用锚头将其两端锚固在梁端的顶部。钢丝束的纵向线形由设在梁底两侧的箍筋加以固定（图 2.1.4-2）。当采用钢绞线时，可直接用锚固销将两端固定在主梁的腹板上，张拉后用钢丝卡锁住（图 2.1.4-3）。亦可将钢绞线的两端锚固在梁底的滑块上（图 2.1.4-4）。

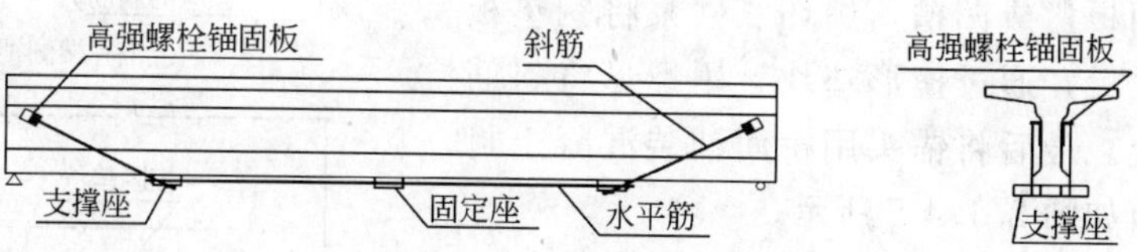

图 2.1.4-1　采用摩擦—黏结型锚固装置的加固示意图

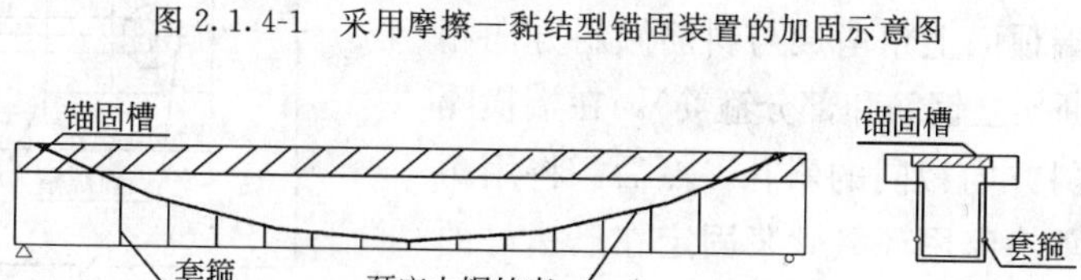

图 2.1.4-2　曲线筋加固体系示意图

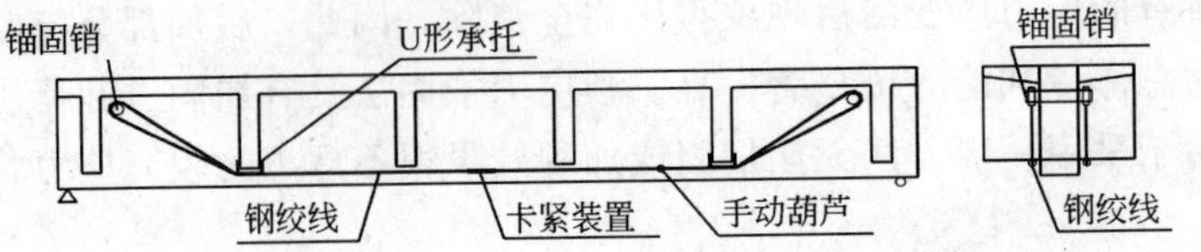

图 2.1.4-3　钢绞线加固示意图

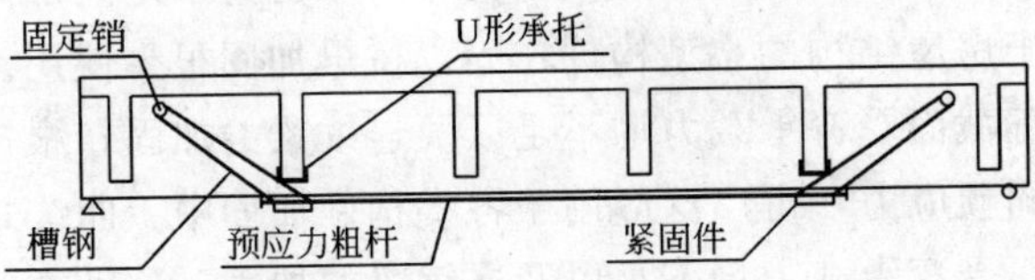

图 2.1.4-4　槽钢及水平粗钢筋加固体系示意图

2. 斜筋

斜筋亦称为斜拉杆，多由高强粗钢筋或槽钢做成。斜拉杆的下端通过设置在梁底的滑块与水平力筋连接，上端锚固于梁端顶部或梁端腹板处。斜拉杆的作用是为梁端附近提供负弯矩和负剪力，从而提高梁的承载能力。当采用钢丝束或钢绞线时，可以不单独设斜筋，而将斜筋和水平筋一体相连。

3. 上锚固点

斜筋提供的负剪力和负弯矩的大小，与上锚固点的位置有关，上锚固点的位置可根据主梁的特点及施工的具体情况做选择。

(1) 梁顶锚固

当桥上交通量较小有可能短期限制交通或当桥下作业难度较大时，可将斜筋的上端锚固在桥面板顶面或梁端顶面上角处。对于锚固在桥面板顶面的情况，首先在桥面板和端横隔梁上开凿与斜筋倾斜方向相同的斜孔，穿进斜筋后，在斜孔周围，按钢垫板尺寸将桥面板凿成凹槽，用环氧砂浆将钢垫板粘牢。斜筋张拉后，通过楔形垫块，用螺母将斜筋锚固在桥面板上。最后将锚头用桥面铺装混凝土封闭，其构造细节如图 2.1.4-5 所示。

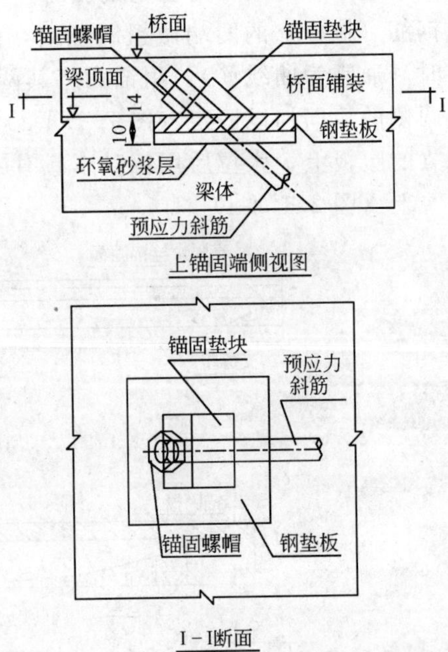

图 2.1.4-5　梁顶锚固构造示意图（尺寸单位：mm）

对锚固在梁端顶面的情况，首先将梁端部分混凝土桥面凿掉，将梁端顶面上角凿成与斜筋倾斜方向相垂直的斜面（需剪断架立钢筋和部分箍筋），在端横隔板上开凿与斜筋倾斜方向相同的斜孔，然后，将用角钢或槽钢制作的支承垫座用环氧砂浆固定在已凿好的梁端斜面上。斜筋穿过横隔梁和支承垫座的斜孔，用千斤顶进行张拉并用螺母锚固在支承垫座上，最后用混凝土将锚头封闭，其构造细节见图 2.1.4-6。

(2) 腹板锚固

当桥上交通量很大难以中断交通且桥下便于施工作业时，可将斜筋的上端设在主梁的腹板上。具体做法又可分为两种。

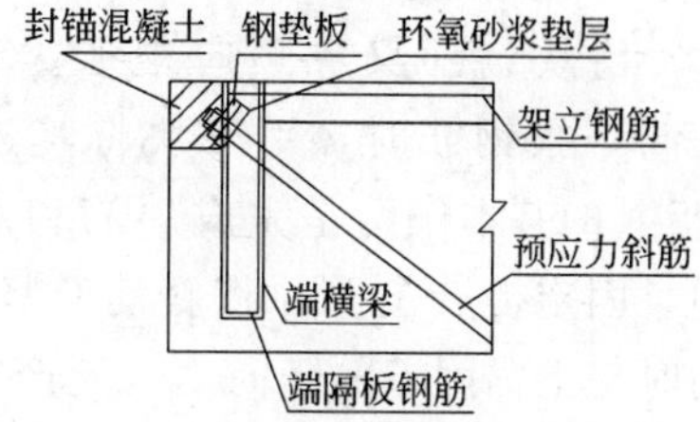

图 2.1.4-6　梁端锚固构造示意图

①钢销锚固

当斜筋采用钢绞线或型钢时，采用钢销锚固是较方便的。钢销锚固是将钢绞线（或型钢）端头做成扣环（或圆孔），套在穿过梁腹板的钢销的端头，通过钢销来锚固斜筋。钢销的直径应根据钢销受力情况和材料强度，按计算确定。钢销两端伸出梁腹板的长度，应满足设置钢绞线扣环和固定螺母的构造要求。为了穿过钢销，首先应在梁的腹板上穿孔，设置钢套管。钢套管的内径应比钢销直径大 1～2mm，钢套管壁厚为 5～10mm。腹板钻孔直径，应比钢管套管外径大 10～12mm。钢套管用环氧砂浆固定。在埋设钢套管时，一定要保证钢套管的轴线垂直于梁的腹板平面，以避免腹板两侧的体外索受力不均匀。钢销锚固的构造见图 2.1.4-7。

②摩擦—粘着锚固

摩擦—粘着锚固是通过用高强螺栓固定在梁腹板上的锚固装置来锚固斜筋，其锚固作用是通过高强螺栓的摩擦力和环氧砂浆的粘结力来保证。

锚固装置是由 M20～M22 高强螺栓组件、钢丝网环氧树脂砂浆黏结层和锚固钢板组成。高强螺栓组件中包括高强螺栓、高强螺母及垫圈。这三种零件均由 45 号钢经热处理制成。其主要作用是以高强螺栓的预拉力将锚固板、黏结层和梁体夹紧，以夹紧力产生的摩擦力来传递预应力。钢丝网环氧树脂砂浆粘结层的作用是将锚固板和梁体粘在一起，与高强螺栓所产生的摩擦力一起传递预应力。同时对高强螺栓孔所引起的梁体削弱给以补强，并兼起垫层作用。试验表明，摩擦—黏结型锚固具有锚固力大，传力均匀，对梁体损伤小等优点，但用钢量相对较大。摩擦—黏结型锚固的构造见图 2.1.4-8。

③梁端锚固

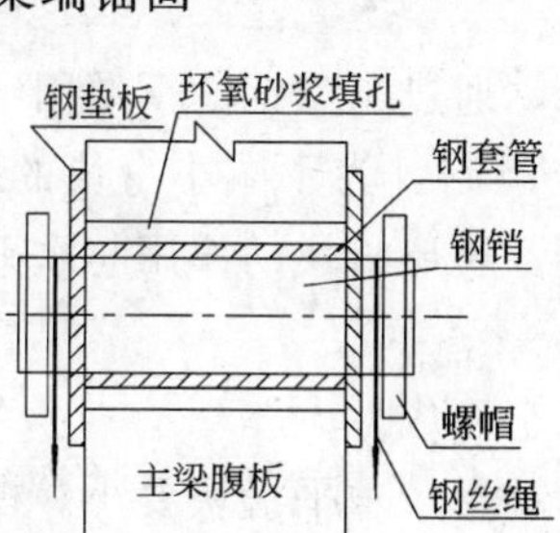

图 2.1.4-7　钢销锚固构造示意图

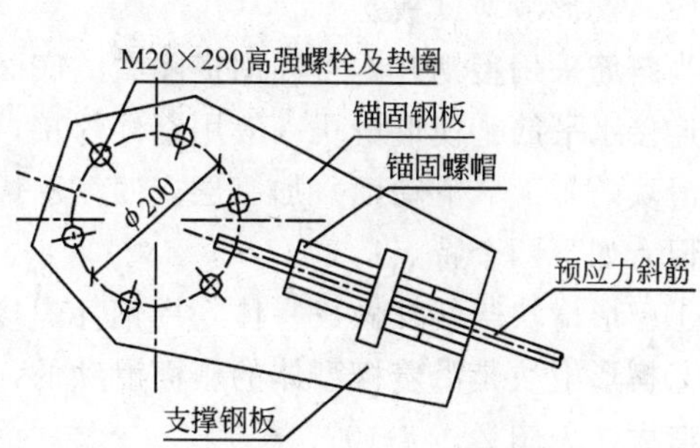

图 2.1.4-8　摩擦—黏结锚固构造示意图

当采用横向夹紧施加预应力的工艺时，可采用梁端锚固。该方法是将 U 形锚固钢板套在梁端腹板的下部，将斜筋的顶端焊在钢板上，以 U 形钢板下混凝土的局部承压强度及粗钢筋与钢板间的焊接强度来提供锚固作用。

4. 滑块（板）

滑块(板)又称竖向支承。当斜筋和水平筋不是同一根钢筋时，用滑块将其连接为一体。滑块(板)的基本作用是完成斜筋和水平筋之间力的传递，固定折点位置并将斜筋的竖向分力传于梁底，同时与上锚固点的竖向力一起产生作用于梁端部的负弯矩和负剪力，从而提高梁的承载力。根据构造形式可将滑块分为水平滑块和楔形滑块。

(1) 水平滑块（板）

水平滑块由连接斜筋和水平筋的活动滑块支承座和固定在梁底的支承钢垫板组成，其构造示于图 2.1.4-9。

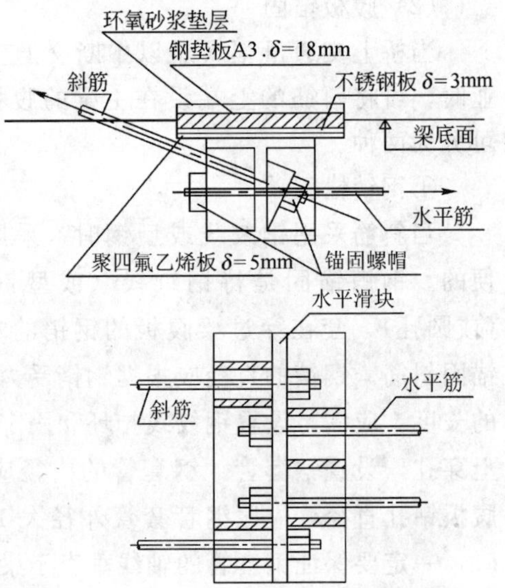

图 2.1.4-9 水平滑块（板）构造示意图

滑块或支承座为铸钢件，亦可采用厚钢板焊接而成。支撑座上设有连接筋和水平筋的肋板。为了增强滑块的滑动能力，可在支承座顶面粘贴一层聚四氟乙烯薄板。支承钢垫板用环氧砂浆粘贴于梁的底面，为了增加梁底的局部抗压强度，可在环氧砂浆垫层中设置钢丝网。支承钢垫板的纵向尺寸，应大于活动滑块支承座的纵向尺寸，以满足支承座纵向滑动的需要。为了减小滑块的摩阻力，可在支承钢垫板表面加一层不锈钢板。

水平滑块的主要功能是通过滑块的水平滑动，调整斜筋与水平筋之间的内力平衡，并使表面受力趋于均匀。当在梁底水平筋上施加预应力或外荷载使梁体发生弯曲时，均会使水平筋内力增加，此时滑块将向跨中方向滑动。而这种滑动的结果恰恰会使斜筋内力增加，水平筋内力减小，从而使两者受力趋于均匀。当在梁顶面张拉斜筋上端时，斜筋受力很大，此时滑块将向梁端方向滑动，并带动水平筋受力。直到斜筋和水平筋之间的内力达到某种平衡时，滑块停止滑动而处于平衡状态。

(2) 楔形滑块（板）

当斜筋采用型钢时，可利用横隔梁的底面作为竖向支承，通过与型钢的下端固结的楔形滑块连接水平筋。楔形滑块一般用钢件焊接，亦可用混凝土浇制。为了减小滑块的摩擦力，可在滑块的斜面（滑动面）加一层聚四氟乙烯板或不锈钢板。楔形滑块的作用与水平滑块相同，但有如下两个特点：

①楔形滑块与斜杆做成一体，用钢件焊接或用混凝土浇筑而成。

②楔形滑块是沿着楔型体的斜面滑动的，因此其水平滑动量较水平滑块要小。楔形滑块的构造大样见图 2.1.4-10。

5. U 形承托

当采用型钢作为斜杆时，或以一根钢绞线取代斜筋和水平筋时，常利用距离梁端的第二个横隔板作为竖向支承，并兼作斜筋和水平筋的转折点。在此情况下，为减小横隔板底部的摩擦力，减小横隔板的弯曲作用，在横隔板的底部设置 U 形承托。U 形承托可用钢板弯制而成，套在横隔板的底面，并用环氧砂浆和锚固螺栓固定在横隔板上。其构造大样见图 2.1.4-11。

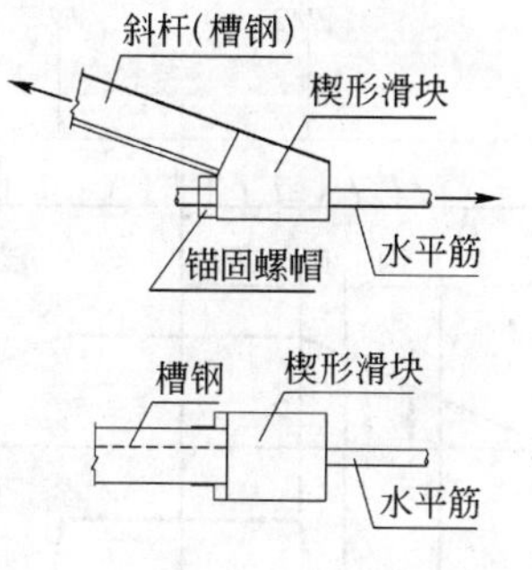

图 2.1.4-10 楔形滑块（板）构造示意

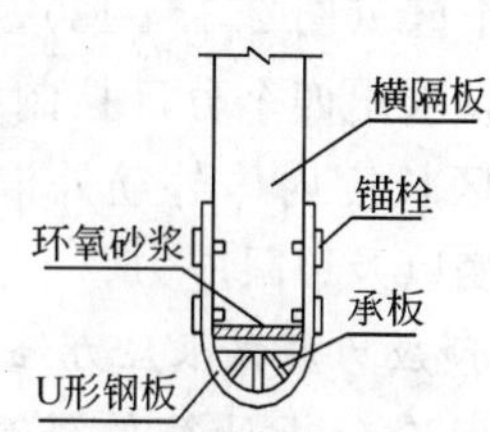

图 2.1.4-11 U 形承托构造示意图

6. 水平筋固定座

水平预应力筋固定座用 A3 钢板及钢管焊接而成，并用螺栓和环氧砂浆固定在梁的底面上。水平筋固定座的布置见图 2.1.4-1，构造细节见图 2.1.4-12。水平筋固定座的作用是减小水平筋的自由长度，从而起到水平筋的减振作用。该装置对于跨径较大的体外索加固系统尤为重要。

三、体外预应力筋的极限应力

1. 体外预应力筋极限应力理论分析

在体外预应力加固的混凝土梁中，体外预应力筋应变的改变等于沿预应力筋全长周围混凝土应变变化的平均值。所以，在破坏截面，当受压区混凝土达到极限压应变时，体外预应力筋中应变的增加比有粘结筋的要小，一般达不到屈服强度。计算体外预应力加固的混凝土梁（板）的抗弯强度，关键是确定构件在极限承载能力时体外预应力筋中的极限应力 σ_y^c 值。试验表明，在三分点荷载作用下，体外预应力加固梁和有粘结梁一样，在极限荷载下等弯矩区段内裂缝的分布和梁顶混凝土纵向应变的分布比较均匀，而且在极限荷载 P 作用下沿梁长的曲率分布图也是相同的。因此，可以运用弯矩—曲率的分析方法来对体外预应力筋的极限应力、梁的跨中挠度和抗弯强度进行理论分析。

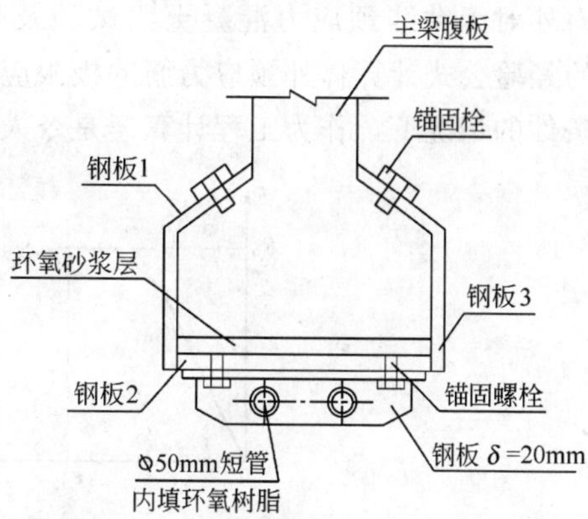

图 2.1.4-12 水平筋固定支座构造示意图

在理论分析中仍采用有粘结梁的基本假定条件，因体外预应力筋的应力增量是一个未知数，需增加一个纵向变形协调的条件，亦即体外筋应变（应力）增长值可以用体外筋长度的增加与周围混凝土长度变化总和相等的条件求得。梁在极限荷载下的弯矩和曲率分布的简化图形示于图 2.1.4-13。采用弯矩-曲率分析的方法，体外预应力加固梁与有粘结梁的主要区别在于，前者需要首先假设一个体外筋的应力增量，经计算后如果预应力筋长度的增长与周围混凝土长度变化不相等，则修改应力增量，直到求出比较精确的结果为止。在计算中，预应力钢筋按实测的应力-应变曲线取值，混凝土可用抛物线图形（图 2.1.4-14）计算公式取值。

$$\sigma_h = R_a\left[\frac{2\varepsilon}{\varepsilon_0} - \left(\frac{\varepsilon}{\varepsilon_0}\right)^2\right]$$

计算时将梁 $\xi_0=0.002$ 划分为相互对称的 I、II、III 和 IV 四个区（图 2.1.4-13），接着假设一个体外筋极限应力以求出四个分区控制截面的弯矩和曲率，然后求出各区长度内体外筋处混凝土的应变，无粘结筋的总应变以及极限应力。

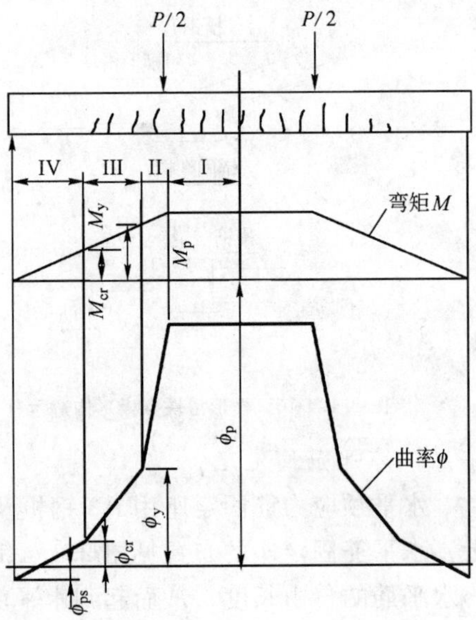

图 2.1.4-13　极限荷载下梁的弯矩曲率图

2. 体外预应力筋极限应力经验计算公式

按上述理论分析计算体外预应力筋极限应力，手算工作量大，计算结果往往需要几次迭代才能满意，而且在体外预应力加固的混凝土受弯构件中，影响体外筋极限应力的因素较多，如体外筋有效预应力的大小、体外筋与非预应力钢筋的配筋率、受弯构件的高跨比、加载方式和支承条件、滑块与梁体的摩擦力、体外筋的形式和材料性能、构件混凝土的强度和截面形式等。体外预应力加固梁的力学性能与无粘结预应力混凝土梁相似，因此可参照国内外对无粘结预应力混凝土梁试验及理论分析得出的经验公式计算体外预应力筋的极限应力。这些经验公式虽有一定的局限性，但在满足一定条件的情况下，作为工程计算还是令人满意的。

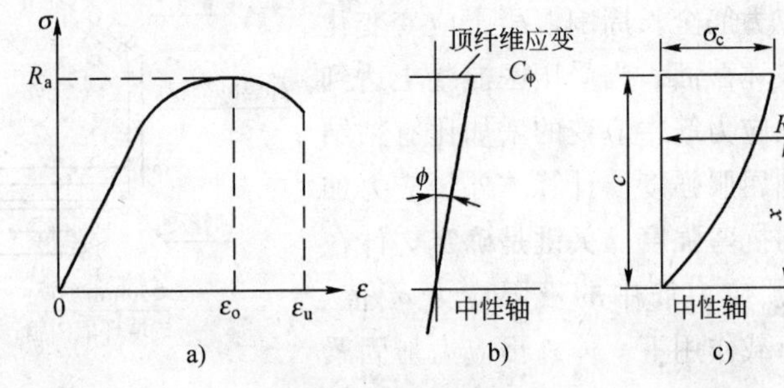

图 2.1.4-14　抛物线型混凝土 σ-ε 曲线的应力应变图

a）抛物线形 σ-ε 曲线；b）应变；c）应力

(1) A. L. L. Baker 建议

在分析计算无粘结预应力筋的极限应力时，采用变形协调系数 F。其定义为：

$$F=\frac{\text{预应力筋应变的变化}}{\text{破坏截面的预应力筋周围混凝土应变变化}}$$

F 值虽是几个参数的函数，但 Baker 建议在设计中取用一个安全的偏低值 0.1。使用该方法计算极限荷载下无粘结筋的应力要经叠加，比较费事。

(2) 1962 年，Warwaruk 等人提出的公式

他们提出无粘结筋极限应力增量与 μ/R_a 有关的简化公式：

$$\sigma_y^c=\sigma_{ye}+(210-49.4\times104\mu_y/R_a)(\text{MPa})$$

式中：σ_y^c——在承载能力极限状态下无粘结预应力筋的应力；

σ_{ye}——有效预应力；

μ_y——无粘接筋配筋率。而 $\mu_y = A_y/bh_y$

其中：A_y——无粘结预应力筋的面积；

b——梁的宽度；

h_y——无粘结筋至截面受压区边缘的距离；

R_a——混凝土抗压强度。

（3）新西兰 NIS3101 规定

$$\sigma_y^c = \sigma_{ye} + 100 \text{ (MPa)}$$

（4）美国规范 ACI318-89 规定

①跨高比小于和等于 35 的构件：

$$\sigma_y^c = \sigma_{ye} + 70 + R_a/100\mu_y \text{(MPa)}$$

限制条件：σ_y^c 不应大于 $\sigma_{0.2}$，也不应大于 $\sigma_{ye}+420$MPa

②对于跨高比大于 35 的构件：

$$\sigma_y^c = \sigma_{ye} + 70 + R_a/300\mu_y \text{(MPa)}$$

限制条件：σ_y^c 不应大于 $\sigma_{0.2}$，也不应大于 $\sigma_{ye}+210$MPa

为了改善裂缝分布，ACI318-89 规范规定梁和单向板必须配置截面积不小于 $0.004A$（A 指截面受拉区的面积）、屈服强度低于 420MPa 的变形钢筋。但上述两式均未考虑配置的非预应力钢筋破坏形态及无粘结筋极限应力的影响。

（5）英国 1985 年公布的 BS8110 规范公式

$$\sigma_y^c = \sigma_{ye} + \frac{7000}{L/h_y}(1 - 1.7R_y A_y / R_a b h_y)$$

该式规定，无粘结筋极限应力增长与跨高比 L/h_y 成反比关系，且 $\sigma_y^c \leqslant 0.7R_y^b$（$R_y^b$ 为预应力筋的特征强度）。

（6）德国 DIN4227 规定

单跨梁：$\sigma_y^c = \sigma_{ye} + 110$（MPa）

悬臂梁（无粘结筋锚固在固定端处）：$\sigma_y^c = \sigma_{ye} + 50$（MPa）

连续梁：$\sigma_y^c = \sigma_{ye}$（MPa）

（7）S5400 方法

σ_y^c 值根据表 2.1.4-1 选取：

表 2.1.4-1

$\frac{\sigma_{ye}A_y}{R_a b h_0}$	当 L_0/h_0 为下值时，σ_y^c/σ_{ye} 取用		
	30	20	10
0.025	1.23	1.34	1.45
0.05	1.21	1.32	1.45
0.10	1.18	1.26	1.45
0.15	1.14	1.20	1.36
0.20	1.11	1.16	1.27

表 2.1.4-1 采用下列假定：

①$\sigma_{ye} \leqslant 0.6R_y$；

②压应力图形是具有均匀应力 $0.4R_a$ 的矩形块；

③力筋是布置在管道内或条件类似于管道的；

④有效高度是依据力筋与管道的顶部接触条件来决定的。

（8）加拿大 CAN4—A23.3—M84 规范

$$\sigma_y^c = \sigma_{ye} + \frac{5000}{l_e}(h_y - C_y)$$

限制条件：$\sigma_y^c \leqslant R_y$

式中：C_y——假设无粘结筋达到 R_y 时的混凝土受压区高度；

l_e——无粘结筋锚固端之间的距离除以形式破坏机构所需的塑性铰的数目。

在计算 C_y 值时，将计及非预应力普通钢筋的影响。因此，CAN4—A23.3—M84 规范考虑了非预应力钢筋对无粘结筋极限应力增量的影响。

上述计算公式和规定，在无粘结预应力混凝土构件的无粘结筋的设计应力取值时，均考虑了预应力的大小、预应力钢材与混凝土的强度和性能、预应力配筋率大小等。

（9）我国《无粘结预应力混凝土结构技术规程》计算公式

中国建筑科学研究院在对 100 个试验数据的分析基础上，经过回归分析和数据处理，并经可靠度分析，对用碳素钢丝、钢铰线作无粘结预应力筋的受弯构件，提出了以综合配筋指标 β_0 表示的在承载能力极限状态下无粘结预应力筋应力计算公式：

①对跨高比 L/h 小于、等于 35，且 β_0 小于等于 0.45 的构件：

$$\sigma_y^c = \frac{\sigma_{ye} + (500 - 770\beta_0)}{1.2}$$

②对跨高比 L/h 大于 35，且 β_0 小于等于 0.45 的构件：

$$\sigma_y^c = \frac{\sigma_{ye} + (250 - 380\beta_0)}{1.2}$$

$$\beta_0 = \beta_y + \beta_g = \frac{A_y \sigma_y^c}{R_a b h_y} + \frac{A_g R_g}{R_a b h_g}$$

式中：β_0——综合配筋指标；

A_g——普通有粘结钢筋的面积；

h_g——普通有粘结钢筋重心至梁上缘的距离。

限制条件：σ_y^c 不应小于无粘结预应力筋的有效预应力 σ_{ye}，也不应大于无粘结预应力钢材的抗拉强度设计值 R_y。

计算公式中 1.2 是根据碳素钢丝、钢绞线材料分项系数而作的调整系数。在桥梁设计中，为了使计算公式与《公路桥涵设计规范》中承载能力极限强度计算公式一致，应采用如下公式：

①对跨高比 L/h 小于、等于 35，且 β_0 小于、等于 0.45 的构件：

$$\sigma_y^c = \sigma_{ye} + (500 - 770\beta_0)$$

②对跨高比 L/h 大于 35，且 β_0 小于、等于 0.45 的构件：

$$\sigma_y^c = \sigma_{ye} + (250 - 380\beta_0)$$

$$\beta_m = \beta_y + \beta_g = \frac{A_y \sigma_y^c}{R_a b h_y} + \frac{A_g R_g}{R_a b h_g}$$

（10）同济大学推荐的计算公式

同济大学通过 5 根无粘结部分预应力混凝土箱形截面梁试验，研究了无粘结部分预应力混凝土梁的正截面强度。在国外学者研究的基础上，通过理论分析推导了梁极限破坏时，无粘结预应力筋应力的计算公式，并考虑了跨高比、截面形式和附加非预应力钢筋对极限应力的影响。建议在承载能力极限状态下无粘结预应力筋的应力设计值 σ_y^c 按下列公式计算：

$$\sigma_y^c = \sigma_{ye} + 70 + \frac{\gamma R_a}{100\mu_y}$$

当 $L/h_0=15$ 时，$\gamma=2.2$；

$L/h_0=20$ 时，$\gamma=1.7$；

$L/h_0=25$ 时，$\gamma=1.3$；

$L/h_0=30$ 时，$\gamma=1.1$。

该计算公式适用于矩形截面、T 形截面和箱形截面的无粘结部分预应力混凝土梁。

四、体外预应力加固体系的正截面强度

用体外预应力加固的钢筋混凝土梁的极限抗弯强度计算方法可参照的《公路钢筋混凝土及预应力混凝土桥梁设计规范》（JTJ 023—85）[①] 中对钢筋混凝土和预应力混凝土受弯构件的强度计算方法。建议引入以下几点假设：

①原梁经用体外预应力加固之后，平截面假设仍然成立；

②在极限状态下，原梁受拉区混凝土退出工作，全部拉力由原梁内非预应力钢筋和体外水平筋承担；

③受压区混凝土的应力仍按矩形应力块考虑，其应力大小为混凝土抗压设计强度 R_a，混凝土极限压应变为 $\varepsilon_u=0.003$；

④原梁中受拉及受压钢筋的应力分别达到其设计强度 R_g、R'_g；

⑤体外预应力水平筋在极限状态下的应力达到 σ_y^c，且 σ_y^c 可以求出。

根据上述假设建立的 T 形截面梁的抗弯计算图式见图 2.1.4-15。

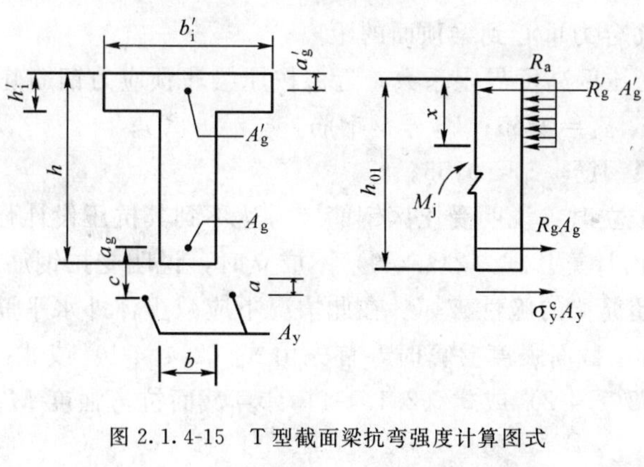

图 2.1.4-15 T 型截面梁抗弯强度计算图式

① 现行规范为（JTG D62—2004）

按上述假设及图式，由平衡方程可得如下两组方程：

当 $x \leqslant h'_i$ 时为第一类T形：

$$\sum X=0 \quad R_a b'_i x + R'_g A'_g = R_g A_g + \sigma_y^c A_y \tag{2.1.4-1}$$

$$\sum M_a=0 \quad M_j \leqslant \frac{1}{\gamma_c} R_a b'_i x\left(h_{01}-\frac{x}{2}\right)+\frac{1}{\gamma_s} R'_g A'_g \ (h_{01}-a'_g) \tag{2.1.4-2}$$

当 $x > h'_i$ 时为第二类T形：

$$\sum X=0 \quad R_a b'_i x + R'_a \ (b'_i - b) \ h'_i + R'_g A'_g = R_g A_g + \sigma_y^c A_y \tag{2.1.4-3}$$

$$\sum M_a=0 \quad M_j \leqslant \frac{1}{\gamma_c} R_a b x\left(h_{01}-\frac{x}{2}\right)+\frac{1}{\gamma_c} R'_a \ (b'_i - b) \ h'_i\left(h_{01}-\frac{h'_i}{2}\right)+\frac{1}{\gamma_s} R'_g A'_g \ (h_{01}-a'_g) \tag{2.1.4-4}$$

式中：M_j——按现行公路桥规求出的计算弯矩；

γ_c，γ_s——混凝土及钢材的材料安全系数，按现行桥规取 $\gamma_c=\gamma_s=1.25$；

h_0——原梁的有效高度；

a——受拉钢筋 A_g 和 A_y 合力作用点到体外索水平筋重心的距离，按下式计算：

$$a=\frac{R_g A_g (a_g + c)}{R_g A_g + \sigma_y^c A_y} \tag{2.1.4-5}$$

R_a——混凝土抗压设计强度；

h_{01}——预应力水平筋和原梁非预应力钢筋合力作用点到原梁顶面的距离：

$$h_{01}=h+c-a \tag{2.1.4-6}$$

其他符号意义参见图2.1.4-15。

按上述公式计算时，可由下面条件判断中性轴位置：

$$R_g A_g + \sigma_y^c A_y \leqslant R_a b'_i h'_i + R'_g A'_g \tag{2.1.4-7}$$

当式（2.1.4-7）成立时，为第一类T形，即按宽度 b'_i 的矩形截面计算。当式（2.1.4-7′）不成立时为第二类T形，计算时应考虑梁肋混凝土的抗压作用。

式（2.1.4-1）至式（2.1.4-4）的计算中应满足下列条件：

$$x \geqslant 2a'_g \tag{2.1.4-8}$$

$$x \leqslant \xi_{jg} h_0 \tag{2.1.4-9}$$

式中：a'_g——受压钢筋合力重心到梁顶面的距离；

ξ_{jg}——混凝土受压区高度界限系数，近似按原梁非预应力钢筋确定：

I级钢筋，$\xi_{jg}=0.65$；（5号钢钢筋，$\xi_{jg}=0.60$）；

II、III级钢筋，$\xi_{jg}=0.55$；

式（2.1.4-8）不成立时，说明受压区钢筋应力达不到其抗压设计强度 R'_g，此时可忽略 A'_g 的影响，按单筋截面计算。式（2.1.4-9）不成立时，说明受拉钢筋应力达不到其抗拉设计强度 R_g，可能出现超筋梁的脆性破坏。在此情况下应减少体外水平筋的截面面积。

当用上述公式进行正截面强度验算时，首先由式（2.1.4-1）或式（2.1.4-3）确定截面中性轴 x，然后由式（2.1.4-2）或式（2.1.4-4）计算截面抗弯强度 M'_j，并应满足 $M_j \leqslant M'_j$ 的控制条件。

五、体外预应力加固体系的斜截面强度

用体外预应力加固的钢筋混凝土简支梁其斜截面抗剪强度首先应满足公路桥规提出的抗

剪强度上限要求，以避免梁端混凝土出现斜压破坏。作用在梁端部体外预应力斜筋中的预加力应作为外力考虑，其竖向分量将抵消一部分荷载剪力。假定在极限状态下，体外预应力斜筋中的应力为 σ_{y1}^{c}，考虑材料安全系数后，则其负剪力的竖向分量为：

$$Q_y = \frac{\gamma_b}{\gamma_s}\sigma_{y1}^{c} A_{y1}\sin\alpha$$

式中：Q_y——由体外预应力斜筋产生的负剪力；

α——体外预应力斜筋与梁轴线的夹角；

A_{y1}——体外预应力斜筋截面面积；

γ_b——构件工作条件系数，按《公路钢筋混凝土及预应力混凝土桥涵设计规范》(JTJ023-85) 取 $\gamma_b=0.95$；

γ_s——钢筋材料安全系数，取 $\gamma_s=1.25$。

于是用体外预应力加固的钢筋混凝土梁的抗剪强度上限值可写为如下形式：

$$Q_{jmax} - Q_y \leqslant 0.051\sqrt{R}bh_0(\text{kN})$$

式中：Q_{jmax}——加固梁的最大支点计算剪力；

R——混凝土强度（MPa）；

b、h_0——原梁支点截面的腹板厚度及梁的有效高度（cm）。

体外预应力加固结构斜截面抗剪强度由原钢筋混凝土梁的抗剪强度与体外预应力斜筋提供的抗剪强度构成，计算图式见图 2.1.4-16。其总的抗剪强度可用下式表示：

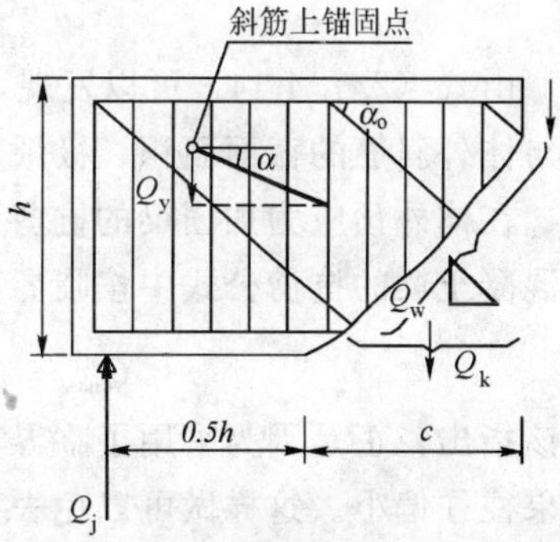

图 2.1.4-16　斜截面抗剪强度计算图式

$$Q_j \leqslant Q_h + Q_k + Q_w + Q_y$$

式中：Q_h——原梁斜截面上由混凝土提供的抗剪强度；

Q_k——原梁斜截面上由箍筋提供的抗剪强度；

Q_w——原梁与斜截面相交的弯起钢筋提供的抗剪强度。

上式中前三项抗剪强度 Q_h、Q_k、Q_w 可直接套用《公路钢筋混凝土及预应力混凝土桥涵设计规范》(JTJ 023—85) 中的公式求得，即：

$$Q_h = \frac{\gamma_b}{\gamma_s}\times 0.011(2+\rho)\sqrt{R}bh/m(\text{kN}) \tag{2.1.4-10}$$

$$Q_k = \frac{\gamma_b}{\gamma_s}\times 0.048\text{m}\mu_k R_{gk} bh_0(\text{kN}) \tag{2.1.4-11}$$

$$Q_w = \frac{\gamma_b}{\gamma_s}\times 0.08R_{gw}\sum A_w\sin\alpha_0(\text{kN}) \tag{2.1.4-12}$$

式中：m——剪跨比，$m=a/h_0=M/Qh_0$；

a——集中力作用点到支点的距离；

M、Q——作用在斜截面顶端的弯矩和剪力；

ρ——原梁斜截面内受拉纵向钢筋的配筋率，$\rho=100\mu\leqslant3.5$，$\mu=A_g/bh_0$；

μ_k——原梁箍筋配筋率，$\mu_k=A_{gk}/S_k b$；

A_{gk}、A_{gw}——分别为原梁中一排箍筋的截面面积和一个弯起钢筋平面内弯起钢筋的截面积（cm^2）；

R_{gk}、R_{gw}——分别为原梁中箍筋和弯起钢筋的抗拉设计强度；

α_0——原梁弯起钢筋与梁轴线的夹角；

S_k——原梁内箍筋间距（cm）；

b、h_0——分别为原梁与斜截面相交的腹板厚度和有效高度（cm）；

R——混凝土设计强度（MPa）。

由体外斜筋提供的抗剪强度可按下式计算：

$$Q_y = \frac{\gamma_b}{\gamma_s}\sigma_{y1}^c A_{y1}\sin\alpha/10 = 0.076\sigma_{y1}^c A_{y1}\sin\alpha(\text{kN}) \qquad (2.1.4\text{-}13)$$

将式（2.1.4-10）~式（2.1.4-13）合写在一起，并取 $\gamma_b=0.95$、$\gamma_c=\gamma_s=1.25$，则体外预应力加固梁总的抗剪强度可由式（2.1.4-14）表示：

$$Q_j \leqslant 0.008(2+p)\sqrt{R}bh_c/m + 0.0365m\psi\mu_k R_{gk}bh_0 + 0.06R_{gw}\sum A_{gw}\sin\alpha_0 + 0.076\sigma_{y1}^c A_{y1}\sin\alpha \qquad (2.1.4\text{-}14)$$

由式（2.1.4-14）可以发现，体外预应力加固梁的抗剪强度不仅与原梁抗剪强度有关，还与体外斜筋的截面面积、极限应力及弯起角度有关。

在体外预应力加固梁的抗剪计算中，混凝土抗剪强度 Q_h 和箍筋抗剪强度 Q_k 亦可像钢筋混凝土梁的抗剪公式中按临界剪跨比 m_L 的计算，采用 Q_{hk}的形式，即：

$$Q_{hk} = 0.0349bh_0\sqrt{(2+p)\sqrt{R}\mu_k R_{gk}}(\text{kN})$$

应该指出，正是因为采用了临界剪跨比 m_L 而使得 $Q_{hk}\leqslant Q_h+Q_k$，从而使梁的抗剪强度计算结果往往偏小。这样做可以免去剪跨比 m 的计算，且使抗剪计算结果偏于安全。

简支梁的抗剪试验表明，第一条斜裂缝的位置通常出现在梁底距支座 $0.5h$ 的地方，因此该处应作为加固体系抗剪计算的首选位置，以后各斜截面位置可参照普通钢筋混凝土梁来确定。为确保加固体系的抗剪强度，体外斜筋的上锚固点应位于距支点 $0.5h$ 的范围内，如图（2.1.4-17）所示。体外斜筋的上锚固点的竖向位置应综合考虑正截面抗弯强度和斜截面抗剪强度两方面的因素及构造条件确定。

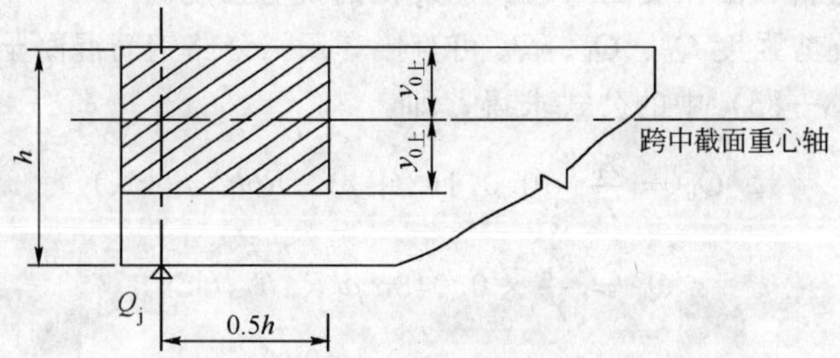

图 2.1.4-17　体外索斜筋上端锚固点位置图

六、体外预应力筋的估算

体外预应力加固混凝土梁所需要的体外预应力筋用量的估算，首先应考虑满足强度要求和使用性能的要求，在此基础上要力争做到经济、合理、施工方便。因此，此项工作往往经过多次反复计算才能取得满意的结果。

A. E. Naaman 提出了预应力比率的概念，预应力比率 PPR 表示的意义为：预应力钢筋的极限抗力矩与全部受拉钢筋抗力矩之比。

$$\mathrm{PPR}=\frac{(M_u)_p}{(M_u)_{p+s}}=\frac{A_y\sigma_y^c\left(h_y-\frac{x}{2}\right)}{A_gR_g\left(h_g-\frac{x}{2}\right)+A_y\sigma_y^c\left(h_y-\frac{x}{2}\right)}$$

令 $h_y\approx h_g$ $\mathrm{PPR}\cong\frac{A_y\sigma_y^c}{A_gR_g+A_y\sigma_y^c}$

1. 矩形截面混凝土梁（图 2.1.4-18）

（1）估计合理的 PPR。无粘结部分预应力混凝土构件构造要求 PPR≥0.25，考虑到要加固的钢筋混凝土梁受拉钢筋较无粘结部分预应力混凝土梁多，可取 PPR≥0.2。

（2）计算体外预应力钢筋面积

$$A_y=\frac{\mathrm{PPR}\cdot A_gR_g}{(1-\mathrm{PPR})\sigma_y^c}$$

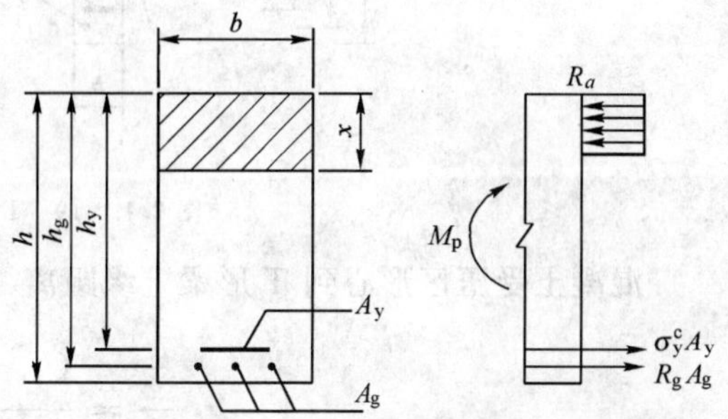

图 2.1.4-18　矩形梁破坏截面应力图

（3）验算梁的抗弯强度

根据梁在破坏时的平衡条件

$$A_gR_g+A_y\sigma_y^c=R_abx+A'_gR'_g$$

$$x=\frac{A_gR_g+A_y\sigma_y^c-A'_gR'_g}{R_ab}$$

混凝土受压区高度应符合下列条件：

$$x\leqslant\xi_{jy}h_0$$

$$x\geqslant 2a'$$

式中：ξ_{jy}——预应力混凝土受弯构件受压区高度界限系数，按表 2.1.4-2 采用。

预应力混凝土受弯构件受压区高度界限系数　　表 2.1.4-2

钢 筋 种 类	ξ_{jy}
碳素钢丝、刻痕钢丝、钢绞线、热处理钢筋、冷拉 IV 级钢筋	0.40
冷拔低碳钢丝	0.45
冷拉 II、III 级钢筋、冷拉 5 号钢钢筋	0.55

梁的抗弯强度

$$M=\frac{1}{\gamma_s}A_gR_g\left(h_g-\frac{x}{2}\right)+\frac{1}{\gamma_s}A_y\sigma_y^c\left(h_y-\frac{x}{2}\right)$$

2. T 形截面混凝土梁

当 T 形截面梁（图 2.1.4-19）破坏时，如果受压区高度 $x\leqslant h'_i$，可按矩形截面梁的方法估算预应力筋用量。当 $x>h'_i$ 时，应按 T 形截面梁估算预应力钢筋用量。

根据力的平衡原理：

$$A_gR_g+A_y\sigma_y^c=R_a(b'_i-b)h'_i+R_abx$$

$$\therefore x=\frac{A_gR_g+A_y\sigma_y^c-R_a(b'_i-b)h'_i}{R_ab}$$

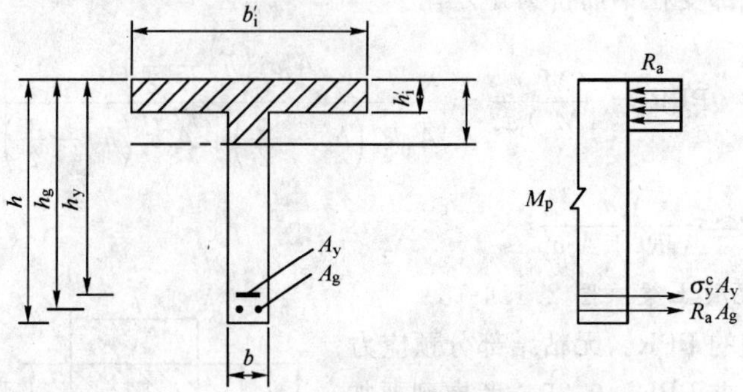

图 2.1.4-19　T 形梁破坏截面应力图式

混凝土受压区形心到 T 形梁上缘距离

$$\frac{\overline{x}}{2}=\frac{(b'_i-b)\frac{h'^2_i}{2}+b\cdot\frac{x^2}{2}}{(b'_i-b)h'_i+bx}$$

梁的抗弯强度

$$M_j=\frac{1}{\gamma_s}A_gR_g\left(h_g-\frac{\overline{x}}{2}\right)+\frac{1}{\gamma_s}A_y\sigma_y^c\left(h_y-\frac{\overline{x}}{2}\right)$$

七、张拉控制应力和预应力损失计算

1. 张拉控制应力

预应力钢筋的张拉控制应力 σ_k，是指张拉钢筋进行锚固前，张拉千斤顶所指示的总拉力除以预应力钢筋截面面积所求得的预应力钢筋应力值。

在体外预应力加固混凝土板梁设计中，张拉控制应力的取值可按有粘结预应力混凝土构件取值方法确定：

对于钢丝、钢绞线

$$\sigma_k\leqslant 0.75R_y^b$$

对于冷拉粗钢筋

$$\sigma_k\leqslant 0.9RR_y^b$$

式中：R_y^b——预应力钢筋的标准强度。

在施工过程中，为了减少摩擦、钢筋松驰和分批张拉钢筋的弹性压缩等引起的预应力损失，而需要进行超张拉的钢筋，可以适当提高张拉应力；但在任何情况下，钢筋的最大控制应力对钢丝、钢绞线不应超过 $0.8R_y^b$，对于冷拉粗钢筋不超过 $0.95R_y^b$。

2. 体外筋预应力损失计算

桥梁体外预应力加固结构的预应力筋构造形式及施工方法，与常规的体内有粘结或无粘结预应力钢筋有较大的差异，因此，其预应力损失的计算方法亦有所不同。体外预应力加固结构的预应力损失计算一般以水平钢筋为准，参考《公路钢筋混凝土及预应力混凝土桥涵设计规范》(JTJ 023—85) 应考虑下列因素引起的预应力损失值：

①预应力钢筋与滑块（或垫板与滑块）之间的摩擦 σ_{s1}；

②锚具变形 σ_{s2}；

③外界环境温度升高 σ_{s3}；

④分批张拉引起的弹性压缩 σ_{s4}；

⑤预应力钢筋的应力松弛 σ_{s5}；

⑥混凝土的收缩与徐变 σ_{s6}。

体外预应力钢筋的各项应力损失可根据试验数据确定。如无可靠的试验资料，可按下列方法计算。

(1) 摩阻力引起的预应力损失 σ_{s1}

摩阻力引起的损失因体外筋的构造形式不同而异。对图 2.1.4-20 给出的五种构造形式，可分为二种情况加以考虑。

第一种情况，在梁底张拉水平钢筋者。此时斜筋和水平筋通常为两根筋通过滑块相连接。由于张拉力的读数是在滑块和垫板发生相对滑动之后测取的，且滑块上锚固孔道的长度很短，故可认为摩阻损失近似为零。

第二种情况，在梁顶张拉斜筋者。此时斜筋和水平筋可以是两根钢筋通过滑块相连接［图 2.1.4-20a)］，也可以采用一根折线形钢筋或钢绞线、钢丝绳［图 2.1.4-20d)］。在斜筋顶端施加预加力 N_{k1} 时，水平筋的预加力为 N_k。由图 2.1.4-21 中的滑块平衡可以建立 N_{k1} 与 N_k 的关系并导出相应的摩阻损失 σ_{s1}。

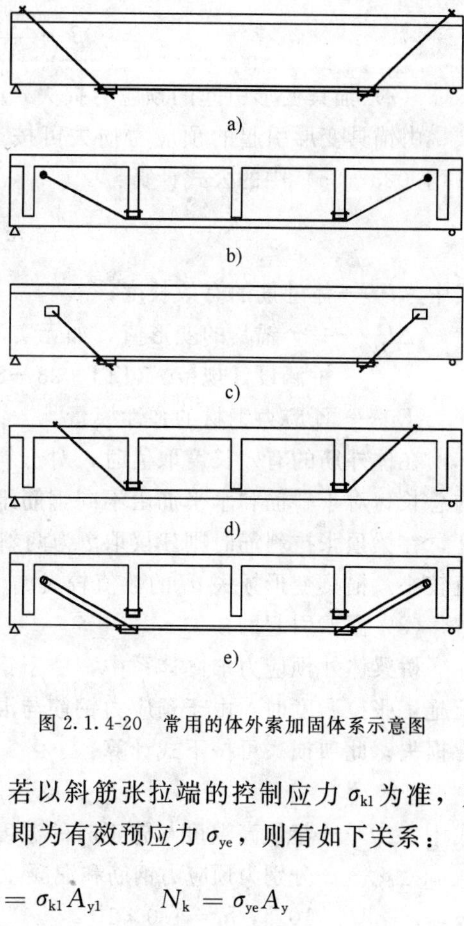

图 2.1.4-20　常用的体外索加固体系示意图

由滑块水平向各力的平衡可有

$$N_{k1}\cos\alpha = N_k + T_k$$

$$T_x = Nf_0 = N_{k1} f_0 \sin\alpha$$

故　$N_k = (\cos\alpha - f_0\sin\alpha)\, N_{k1}$　(2.1.4-15)

对于斜筋和水平筋由同一种钢材组成的情况，若以斜筋张拉端的控制应力 σ_{k1} 为准，则水平筋的相应应力 σ_k 即为有效预应力 σ_{ye}，则有如下关系：

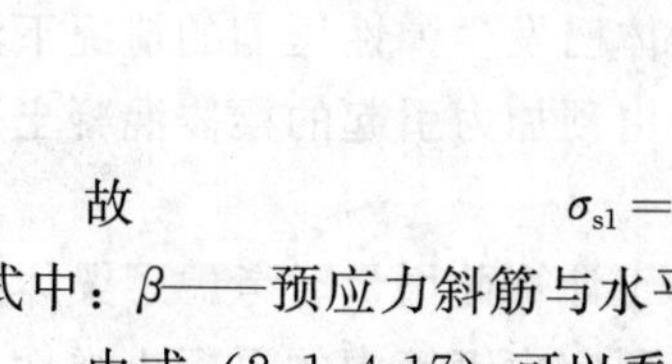

图 2.1.4-21　斜筋张拉时的计算图式

$$N_{k1} = \sigma_{k1} A_{y1} \qquad N_k = \sigma_{ye} A_y$$

令 $\beta = A_1/A_2$

利用式 (2.1.4-15) 可求出由摩阻引起的水平筋的预应力损失如下：

$$\sigma_{ye} = \beta(\cos\alpha - f_0\sin\alpha)\alpha_{k1} \tag{2.1.4-16}$$

故

$$\sigma_{s1} = \sigma_{k1} - \sigma_{ye} = [1-\beta(\cos\alpha - f_0\sin\alpha)]\,\sigma_{k1} \tag{2.1.4-17}$$

式中：β——预应力斜筋与水平筋截面面积之比。

由式 (2.1.4-17) 可以看出，对于斜筋与水平筋由同一根钢筋组成或虽然由两个钢筋组成但其截面面积相等，即 $\beta=1$ 时，水平筋的预应力损失主要与斜筋的倾角 α 有关。当取 $f_0=0.11$，$\alpha=10°\sim30°$时，水平筋的摩阻损失为斜筋张拉控制应力的 3.4%～19%。可见当倾角 α 较大时，采用梁顶张拉是不经济的。

为了充分发挥水平筋的作用，斜筋和水平筋应采用不同的钢种或不同的截面面积。若使水平筋的控制应力达到其容许的限值，β 应满足下列要求：

$$\beta=\frac{A_{y1}}{A_y}=\frac{1}{\cos\alpha-f_0\sin\alpha}\cdot\frac{\sigma_k}{\sigma_{k1}}$$

对于斜筋和水平筋由同一钢种组成的情况，若使 $\sigma_{k1}=\sigma_k$，且 $\sigma_{s1}=0$，则 β 应满足下列要求：

$$\beta=\frac{A_{y1}}{A_y}=\frac{1}{\cos\alpha-f_0\sin\alpha}$$

（2）锚具变形引起的预应力损失 σ_{s2}

由锚具变形引起的预应力损失可按《公路钢筋混凝土及预应力混凝土桥涵设计规范》（JTJ 023—85）中的公式计算：

$$\sigma_{s2}=\frac{\sum\Delta l}{l}E_y$$

式中：l——体外筋的有效长度；

Δl——一个锚具的变形值，如无实测资料可按桥规《公路钢筋混凝土及预应力混凝土桥涵设计规范》（JTJ 023—85）表 5.2.7 取值；

E_y——预应力钢材的弹性模量。

在体外筋的有效长度取值时，对于斜筋与水平筋由一根钢筋组成时取 l 为斜筋和水平筋的总长；对于斜筋和水平筋由不同钢筋组成的情况，当在梁底张拉水平筋时取 l 为水平筋长度，在梁顶张拉斜筋时则建议取 l 为两斜筋长度之和。不难发现，对第二种情况，由于 l 取值较小，锚具变形损失 σ_{s2} 的数值较大。

（3）温差引起的损失 σ_{s3}

桥梁体外预应力加固体系中，由于钢筋外露且与梁体混凝土无粘结，当外界环境温度高于施工张拉温度时，由于预应力钢筋与混凝土的线膨胀系数不同，将引起预应力钢筋中的应力损失。此项损失可按下式计算：

$$\sigma_{s3}=(\alpha_y-\alpha_h)\Delta tE_y$$

式中：Δt——年最高温度与施工时的温度差；

α_y、α_h——分别为预应力钢筋和混凝土的线膨胀系数，如无实测资料时，可取：$\alpha_y=1.2\times10^{-5}$，$\alpha_h=1.0\times10^{-5}$

由于预应力钢筋与混凝土的线膨胀系数相差较小，且春、夏季施工时与年最高温度的温差较小，因而该项损失的计算结果也较小。

（4）分批张拉引起的混凝土弹性压缩损失 σ_{s4}

在桥梁体外预应力加固施工中，由于张拉力的读数是在梁体已发生弹性压缩的情况下测取的，因此，不论是在梁顶张拉斜筋还是在梁底张拉水平筋，由预加力引起的梁体混凝土弹性压缩不再引起预应力损失。

在活载作用下，荷载将引起体外水平筋中的拉力增量。由于计算此增量时考虑了梁体的变形协调及体系的内力平衡。因此，活载拉力增量亦不会引起预应力钢筋中的混凝土弹性压缩损失。

在桥梁加固时，通常对一片梁的两根钢筋采用同时张拉的工艺，故在两筋之间也不存在弹性压缩及分批张拉损失的问题。但一跨桥梁由多片梁组成，由于张拉设备的限制，不可能对所有的梁同时进行张拉。因此，由于后张拉的梁的影响必然引起先张拉梁的弹性压缩，即产生分批张拉损失。

上述分批张拉损失可以通过一定的施工工艺加以调整。例如，超张拉或重复张拉等方法，其原理如下：对多根主梁组成的桥梁进行体外预应力加固，当采用分批张拉时，其分批张拉顺序可由中梁开始，逐步向两侧边梁对称张拉，亦可由一侧边梁开始，逐片张拉。无论采用哪种张拉顺序，张拉以后各梁时，通过横隔梁的传递作用，都将对先张拉的梁产生弹性压缩，引起先张拉梁加固筋的预应力损失。工程上可采取对先张拉钢筋超张拉或重复张拉的办法，调整各梁的预加力，使得各梁最后的实际有效预加力基本相等。

这样，各梁的实际张力可按下式计算：

$$P_i = \mu_i N_k \tag{2.1.4-18}$$

式中：N_k——单梁的设计张拉力；

P_i——第 i 片梁的实际张拉控制力；

μ_i——第 i 片梁的超张拉系数。

对于全桥整体工作的各主梁来说，后张拉各梁引起的先张拉各梁的预加力减少（即预应力损失），表现为先张拉各梁的拱度将有所减少。换句话说，可以用分批张拉引起的各梁的跨中挠度变化规律，来描述各梁体外筋中预加力的变化。而各梁跨中挠度变化规律，又可通过桥梁的荷载横向分布系数来描述。这样，即可通过荷载横向分布系数来计算各梁的超张拉系数。

当张拉第 j 片梁时，对先张拉的第 i 片梁的影响，可通过第 j 片梁对应的第 i 片梁的荷载横向分布系数 η_{ij} 来表示。这样，超张拉系数即可表示为：

$$\mu_i = 1 + \sum_{i}^{n} \eta_{ij}$$

式中：i——张拉筋所在的梁号，$i=1$，…，n；

j——按序张拉时，尚未张拉的各梁号，$j \geqslant i+1$，$j \leqslant n$；

n——横桥向主梁片数；

η_{ij}——张拉第 j 片梁对先张拉的第 i 片梁的影响量，即第 i 片梁对应的横向分布影响线的坐标。

计算表明由梁的一侧逐片向另一侧张拉的超张拉系数要小于由中梁开始逐步向两边对称张拉时的超张拉系数。但用式（2.1.4-18）计算张拉控制力时应注意被张拉钢筋的应力不宜超过其控制应力的 1.15 倍。否则，应采取降低分批张拉损失的措施，例如分阶段张拉。

经过上述超张拉或重复张拉工艺，可以认为分批张拉损失 σ_{s4} 近似为零，且可以认为张拉后各梁的体外筋拉力均能达到设计值。

（5）钢筋松弛引起的损失 σ_{s5}

体外预应力钢筋张拉后将发生松弛损失。该项损失可按《公路钢筋混凝土及预应力混凝土桥涵设计规范》（JTJ 023—85）第 5.2.10 条计算，即

①对于冷拉粗钢筋

一次张拉：$\sigma_{s5}=0.05\sigma_k$

超张拉：$\sigma_{s5}=0.035\sigma_k$

②对于钢丝、钢绞线

一次张拉：$\sigma_{s5}=0.07\sigma_k$

超张拉：$\sigma_{s5}=0.045\sigma_k$

式中 σ_k 为张拉钢筋时锚下控制应力。

(6) 混凝土收缩与徐变引起的应力损失 σ_{s6}

因旧桥混凝土的收缩在长期使用过程中已基本完成。在长期恒载作用下的混凝土徐变也已基本完成。体外筋加固体系并不会使桥梁恒载增加许多，且使原梁受压区的应力明显减小。因此，混凝土徐变也基本停止。即可近似取混凝土收缩、徐变损失 $\sigma_{s6}=0$。

于是，体外索加固中预应力钢筋总的应力损失为：

$$\sigma_s=\sigma_{s1}+\sigma_{s2}+\sigma_{s3}+\sigma_{s5}$$

上述各项损失按其发生的时间亦可分为两组：

①预施应力阶段发生的第一组损失：

$$\sigma_s^{\mathrm{I}}=\sigma_{s1}+\sigma_{s2}$$

②使用荷载作用阶段发生的第二组损失：

$$\sigma_s^{\mathrm{II}}=\sigma_{s3}+\sigma_{s4}$$

计算表明，与一般的预应力混凝土结构相比，体外筋加固结构的预应力损失要小得多。针对这一特点，建议适当降低预应力钢筋的控制应力，以避免体外预应力筋长期处于高应力状态下工作，这对改善体外筋结构的受力状态是有利的。为此，用于体外筋加固结构的预应力钢筋的张拉控制应力建议比《公路钢筋混凝土及预应力混凝土桥涵设计规范》(JTJ 023—85)中规定的限值降低5%～10%。即取：

对于钢丝、钢绞线：$\sigma_k\leqslant0.7R_y^b$

对于冷拉粗钢筋：$\sigma_k\leqslant0.8R_y^b$

体外水平筋中的有效预应力可以表示为：

$$\sigma_{ye}=\sigma_k-\sigma_s$$

式中：σ_k——水平筋中的张拉控制应力；

σ_{ye}——水平筋中的有效预应力；

σ_s——水平筋中的预应力损失总量，亦可分阶段表示为 σ_s^{I} 和 σ_s^{II}。

八、体外预应力加固体系正常使用阶段计算

1. 加固体系的裂缝验算

用体外预应力加固的钢筋混凝土梁，根据所选取的预应力度不同，在设计荷载作用下可能属于不同结构。若所选取的预应力度较大，在设计荷载作用下，结构可能不出现裂缝或不出现拉应力，这时应按部分预应力混凝土 A 类构件或全预应力混凝土构件进行应力验算；若所选取的预应力度较小，在设计荷载作用下结构出现裂缝，这时可按以下方法验算。

混凝土梁板结构中，除了存在着由荷载引起的裂缝外，还存在着大量的受荷前就已发生的裂缝。这些裂缝往往是由于外部约束或内部约束引起的拉应力超过抗拉强度所致。事实上，裂缝的开展过程和受力机理是相当复杂的，国内外学者在这方面进行了大量的试验研究工作，积累了不

少研究成果。就钢筋混凝土裂缝计算理论来说，有滑移理论和无滑移理论两大主要派别。近年来也有学者应用断裂力学理论对裂缝作了一些研究，但离实际应用还有一段距离。

目前，国内外针对体外预应力加固梁的裂缝研究尚未见报导。有些文献建议加固体系开裂后的裂缝宽度计算方法参照无粘接部分预应力混凝土构件进行。体外预应力加固混凝土梁板与无粘接部分预应力混凝土构件的区别在于，体外预应力加固混凝土梁板原为钢筋混凝土构件，配筋较多，且在施加预应力时构件已经受力，裂缝形态更象钢筋混凝土构件。由于体外预应力筋与周围混凝土不粘接，在荷载作用下发生弯曲变形时，体外筋可以相对混凝土发生滑移，截面的整体变形不符合平截面假定，体外筋就像在钢筋混凝土构件内部增设的一根预应力拉杆。因此在计算体外预应力加固混凝土梁板的裂缝宽度时，可将体外预应力做为外力施加于梁上，按钢筋混凝土梁的方法计算。矩形、T 形和工字形截面的钢筋混凝土受弯构件，规范规定其最大裂缝宽度（mm）按下式计算：

$$\delta_{\mathrm{fmax}} = C_1 C_2 C_3 \frac{\sigma_g}{E_g}\left(\frac{30+d}{0.28+10\mu}\right) \tag{2.1.4-19}$$

式中：C_1——考虑钢筋表面形状的系数，对于光面钢筋 $C_1=1.4$，对于螺纹钢筋 $C_1=1.0$；

C_2——考虑荷载作用的系数，短期静荷载（不考虑冲击荷载）作用时 $C_2=1.0$，长期荷载作用时 $C_2=1+0.5\frac{M_0}{M}$，其中 M_0 为长期荷载下的弯矩，M 为全部使用荷载下的弯矩；

C_3——与构件形式有关的系数，当为板式受弯构件时 $C_3=1.15$；当为有腹（肋）板的受弯构件时 $C_3=1.0$；

d——纵向受拉钢筋 A_g 的直径（mm），当用不同直径的钢筋时，公式（2.1.4-19）中的 d 改用换算直径 $4A_g/s$（s 为纵向受拉钢筋总周长）；当用钢筋束时，取用一束钢筋截面换算为一根钢筋的换算直径；

μ——含筋率，按下式计算：

$$\mu = \frac{A_g}{bh_0 + (b_i - b)h_i}$$

当 μ 大于 0.02 时，取 $\mu=0.02$；当 μ 小于 0.006 时，取 $\mu=0.006$；

b_i——受拉翼缘宽度；

h_i——受拉翼缘高度；

h_0——受压边边缘至受拉钢筋重心的距离；

σ_g——受拉钢筋在使用荷载下的应力，按下式计算：

$$\sigma_g = \frac{M}{0.87A_g h_0}$$

2. 加固体系的挠度验算

用体外预应力加固的混凝土简支梁板，其弯矩 M 与挠度 f 的变化规律与部分预应力混凝土梁相类似，可用图 2.1.4-22 表示。按《公路钢筋混凝土及预应力混凝土桥涵设计规范》（JTJ 023—85）的规定，体外预应力加固的混凝土简支梁板在短期荷载作用下的挠度，可根据给定的构件刚度用材料力学的方法计算。短期荷载作用下受弯构件的刚度，可按下列规定采用：

(1) 全预应力构件、部分预应力混凝土 A 类构件及 $M \leqslant M_f$ 的 B 类构件采用 $0.85E_hI_0$。

(2) $M > M_f$ 的部分预应力混凝土 B 类构件，在 M_f 作用时采用 $0.85E_hI_0$；在 $(M-M_f)$ 作用时 $0.85E_hI_{01}$。

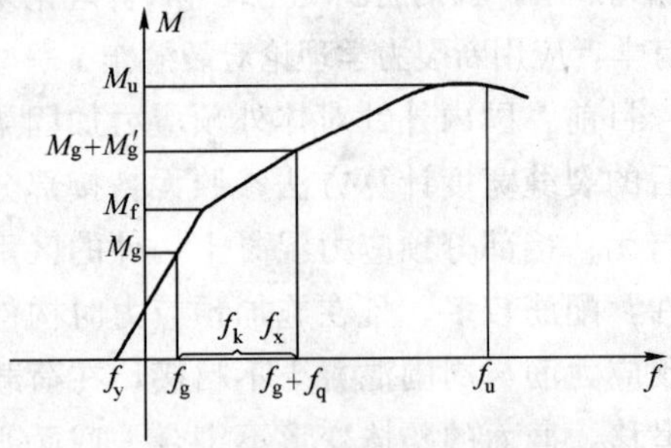

图 2.1.4-22　体外索加固 M-f 关系曲线图

其中：E_h——混凝土的弹性模梁；

I_0——构件换算截面的惯性矩；

I_{01}——开裂后的换算截面的惯性矩；

M——使用荷载产生的弯矩；

M_f——截面开裂弯矩，按下式计算：

$$M_f = (\sigma_h + \gamma R_l^b)W_0$$

σ_h——受弯构件受拉边缘（使用荷载作用时）的有效预压应力；

γ——受拉区混凝土塑性系数，$\gamma = \frac{2S_0}{W_0}$；

S_0——换算截面重心轴以下或以上的面积对重心轴的面积矩；

W_0——对构件受拉边缘（使用荷载作用时）的换算截面抵抗矩。

3. 加固体系的其他计算

(1) 锚固销及梁腹板局部承压计算

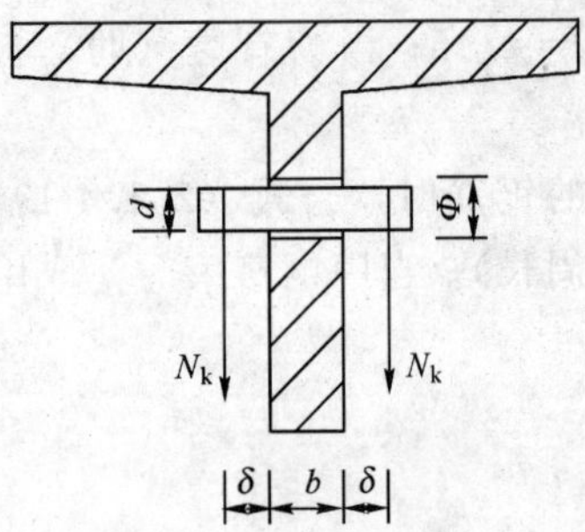

图 2.1.4-23　锚固销计算图式

当体外筋的材料选用钢绞线时，需要用锚固销将其锚固在被加固梁的腹板上。在此情况下锚固销是一个重要的受力部件，须保证其有足够的强度。在计算中可以认为锚固销中的钢销嵌固在梁体的腹板内，因此锚固销的不利受力状态在于其端部的受弯、受剪及对梁腹板的局部承压。锚固销的计算图式见图 2.1.4-23。

在设计张拉力 N_k 作用下，由于力臂 δ 的存在使钢销的根部受弯，同时，亦受剪切作用。钢销的根部断面所承受的弯矩和剪力分别为：

$$M = N \quad Q = N_k$$

按材料力学公式可求出钢销根部的最大弯曲应力及剪应力：

$$\sigma \leqslant \frac{32N_k\delta}{\pi d^3} \leqslant [\sigma_w]$$

$$\tau = \frac{4N_k}{\pi d^2} \leqslant [\tau]$$

式中：　σ——钢销根部的最大弯曲应力；

τ——钢销端部的最大剪应力；

$[\sigma]$、$[\tau]$——钢销材料的允许弯曲压力和允许剪应力；

d——钢销的直径；

N_k——钢绞线的控制张拉力；

δ——钢绞线拉力作用点到钢销根部的距离。

加固梁腹板的局部承压应力可按下式计算：

$$\sigma_c = \frac{2N_k}{b\phi} \leqslant [\sigma_0]$$

式中：b——梁腹板厚度；

ϕ——锚固销钢套管的直径；

$[\sigma_0]$——混凝土允许局部承压应力。

（2）摩擦—黏结型锚固计算

当采用摩擦—黏结型锚固体系时，其锚固力体现为环氧树脂砂浆与锚固钢板间的抗剪能力。而抗剪能力的大小与高强螺栓的预拉力 P 有关。为保证锚固强度，应使得锚固钢板的抗剪强度大于或等于斜筋的极限抗拉强度，即有如下关系式：

$$\frac{nP\mu n_m}{K} \leqslant A_{y1}R_{y1} \tag{2.1.4-20}$$

式中：n——高强螺栓的个数；

P——一个高强螺栓的设计拉力；

K——安全系数，建议取 $K=2.0$；

n_m——摩擦面个数，对腹板两侧锚固的情况取 $n_m=2$；

A_{y1}、R_{y1}——分别为斜筋的截面面积和设计强度；

μ——包含粘结力影响的摩擦系数，建议取 $\mu=0.5$。

根据式（2.1.4-20）可以求出在给定高强螺栓预应拉力情况下所需的螺栓个数 n，或在给定高强螺栓个数情况下的高强螺栓预拉力 P。

九、体外预应力加固施工技术

桥梁体外预应力加固施工中，由于各种加固体系的构造形式不同，其施工方法也不尽相同，但就工艺流程而言是有共性的。本节根据国内桥梁体外索加固的工程实践归纳出桥梁体外索加固施工的工艺流程（图 2.1.4-24），并对其中六个主要施工步骤予以简述。

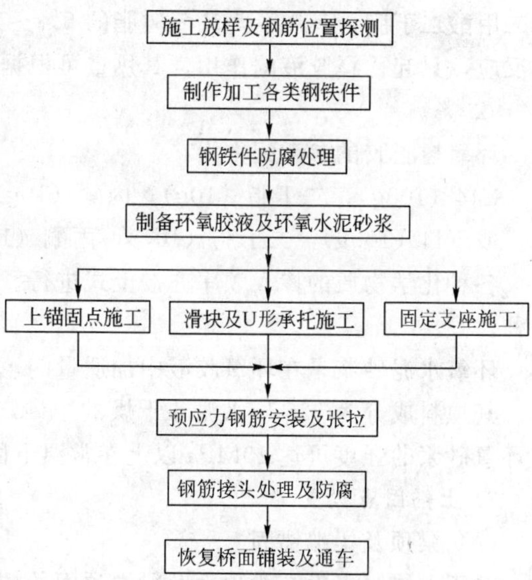

图 2.1.4-24　桥梁体外索加固工艺流程图

1. 施工放样及钢筋位置探测

体外预应力加固施工需对上锚固点、滑块垫板及跨中预应力钢筋固定支座的位置进行准确放样定位。

（1）上锚固点放样

当斜筋上锚固点位于梁顶或梁端面时，放样比较简单。以梁顶（端）面的纵轴线为基准，沿纵桥向量测锚固点距梁端的距离。当锚固点位于梁端时，应量取锚固点距梁底或梁顶面的垂直距离，再沿横桥向对称量取上锚固点的横向距离，标出锚固点的理论位置。

由于梁的顶板和腹板中均有钢筋特别是受力钢筋存在，不应将其切断，锚固点的位置应躲避这些钢筋。因此梁上的实际上锚固点位置与理论位置会有差异，但必须限制这种误差。一般情况下可允许上锚固点位置水平移动±10cm，垂直移动±3cm。当上锚固点位置偏差较大时，应按其实际位置重新进行校核计算。上锚固点的允许位置偏差可由斜筋的角度及滑块的位置加以调整。

(2) 滑块垫板及固定支座位置放样

沿梁底从锚固中心（投影点）向跨中方向量取滑块垫板的中心位置及跨中位置，分别标记在梁底的两侧，并将垫板的平面尺寸绘在梁底面上，同时标出有关螺栓的孔位。在垫板放样中可以不计梁的挠度影响。

(3) 钢筋位置探测

在上锚固点、滑块及固定座的垫板施工中需为锚固螺栓钻孔，在加固设计中仅根据原结构的设计图纸确定锚固及打孔位置是不够的，由于原桥施工中可能出现钢筋代换及钢筋施工位置偏差，都将为钻孔施工带来很大的麻烦，因此在放样施工中必须探测钢筋位置。这一工作借助于钢筋位置测定仪或混凝土保护层测定仪来完成。

2. 环氧胶液及环氧水泥砂浆制备

环氧胶液及环氧砂浆主要用来粘贴锚固及支承用的钢垫板。环氧胶液是以环氧树脂为基本原料的高强粘结剂。环氧树脂是浓缩状胶液，其本身单独存在并不具备粘结强度，只有在其中加入固化剂以后，才能形成粘结强度。

固化剂为胺类化学试剂，不同牌号的环氧树脂采用的固化剂略有不同。工程上用得最多的E44环氧树脂，常采用的固化剂是乙二胺和T31。固化剂用量过少，固化速度慢，甚至不能形成强度。固化剂的用量过多，胶液活化时间短，固化速度快，并使胶液硬化后的脆性增加。

此外，为了改善环氧胶液的性质，还可适当地加入增塑剂和稀释剂。增塑剂一般采用邻苯二甲酸二丁脂，其用量为环氧树脂的5%～15%。稀释剂一般采用丙酮。稀释剂不参与化学反应，只起稀释胶液的作用。其用量可根据施工所需的稀释程度确定，一般为环氧树脂的5%～20%。

环氧树脂胶的参考配方为：

E44（100g），二丁脂（10g），丙酮（10g），乙二胺（8g）

或E44（100g），二丁脂（10g），丙酮（10g），T31（30g）

各种化学物质的掺入顺序亦按上式进行。每一种化学药品加入后需搅拌均匀，再加入下一种。

环氧水泥砂浆是在环氧胶液中加适量的填料形成的。填料的用量一般按环氧胶液5倍计算。其填料成分为325号水泥和干燥的中砂，其中水泥和砂比例为1∶2。按上述比例配制的环氧砂浆的强度可达40MPa以上在常温下固化约需要3天左右。

3. 上锚固点设置

(1) 梁顶及梁端锚固

对于上锚固点设在梁顶面及梁端顶面的情况，需按设计的斜筋穿出位置，在桥面板或梁端顶面凿穿二个具有与斜筋角度相同的斜孔。首先应掀去桥面铺装层，将梁顶面混凝土保护层凿去，露出钢筋，再将锚固垫板下面的混凝土进行细凿。为了凿好斜孔，应按斜孔的设计角度做一个凿孔架，将凿岩机的钻杆放入凿孔架的槽内，使钻头中心对准理论锚固点。在正式开凿之前还应在理论锚固点上用人工打一个与钻头大小相近的小坑，以避免开钻时由于钻头跳动造成孔位偏差。当锚固孔快钻透时，由于钻杆上端紧靠混凝土表面，而下侧已经脱空，这段斜孔往往向下偏移，必须进行人工补凿，以保证斜孔的顺直。上锚孔凿完之后应将梁顶面混凝土清理干净，除去混凝土碎碴。先在开凿后的混凝土表面涂一层环氧胶液，再用环氧水泥砂浆铺平。

当上锚固点设在梁顶时，应保证锚垫板的上表面与梁顶面平齐，或略低一点，以确保锚固点上有尽可能厚的混凝土保护层。当上锚固点设在梁端顶面时，亦应保证锚后有足够大的混凝土体封锚。当上锚固点设在梁端底部时，可将锚固钢板热弯成U形，直接套在梁端的底部，拉筋焊在锚固钢板的两侧面上。安装U形钢板时要先凿除梁端混凝土保护层，露出梁端主筋，以环氧砂浆粘贴钢板并填塞梁端与锚固钢板之间的空隙。

（2）腹板锚固

①锚栓孔打眼

当上锚固点设在梁腹板上时，首先遇到的问题就是在腹板上打孔，上锚固点施工质量如何主要取决于打孔的质量。对于打孔质量主要有以下三方面的要求：

a. 孔位必须准确。除要求孔位放样准确，更要注重钻头跳动造成的孔位偏差。

b. 孔眼必须顺直。特别是双向对打时，不能出现错台，否则将给穿锚固栓带来困难。

c. 尽量减少对孔周围混凝土的破坏，尽量减少对梁体混凝土的削弱。

钻孔施工时，若从一侧钻进穿透腹板，将在腹板的另一侧形成漏斗形孔口，所以，对于穿透腹板的螺栓孔，必须从两侧对打。在打孔开始应用冲子在混凝土表面打出一个小坑，以免开钻时跳位。在钻孔过程中应保证孔位及方位，必要时可制作专门的打孔支架，以保证打孔质量。打孔工作亦可采用电动冲击钻完成。先在孔位四周用小直径钻头打一圈小孔，然后再凿除中间部分混凝土以减少对四周混凝土的损坏。

由于钻头顶端带有锥度，当从腹板两侧对钻时，在孔的对头部位将形成径缩。此外，如果两侧对钻的方向有偏差，两个半截孔也会出现错台现象，因此必须进行修孔。修孔时可用同直径的长钻头从腹板的一侧穿向另一侧。

在钻孔过程中遇到钢筋时，必须把钢筋截断并取出才能继续钻进。由于主要受力钢筋在放样时已经避开，因此可能遇到的钢筋多为小直径的箍筋或水平防收缩钢筋，可在钢筋附近局部扩孔，并用小直径的电钻钻头将钢筋切断并剔出，这样做不会影响周围的混凝土。

②钢销锚固孔施工

应在腹板上设计位置钻孔，清孔后灌入环氧水泥砂浆并插入钢套管。待环氧水泥砂浆固化形成强度，钢套管固定后再穿入钢销，套上钢丝绳，并在钢销的两端旋紧防止钢丝滑落的挡板，以备张拉。

③摩阻—粘着式锚固的施工

摩阻—粘着式锚固施工较钢销锚固要复杂一些，其主要难点在于定位及钻孔。按前述方法完成定位和钻孔之后，应将锚板下混凝土凿毛，以增加混凝土与环氧水泥砂浆间的黏结力和抗剪强度。凿毛时以凿去浮浆、全部见到混凝土新茬为原则。

在加环氧水泥砂浆之前应先进行锚板试安装，应以锚板上所有锚固螺栓都能顺利装上为准。否则必须修孔。试安装后的锚板应编号记录，实际安装时应对号入座。

锚固板正式安装之前需将混凝土表面刷干净（干刷即可），并对锚固板进行去污和除锈处理，在安装之前还应在锚固板和混凝土表面薄薄地刷一层环氧树脂胶液。在涂好胶液的锚固板上先摊铺一薄层环氧水泥砂浆，铺设钢丝网，再摊铺一层环氧水泥砂浆。在梁腹板混凝土表面亦可铺上一层环氧水泥砂浆，以增加粘结力。

将带有环氧水泥砂浆的锚固板就位，上螺栓并适当地拧紧。挤出的环氧水泥砂浆可回收再用。当环氧水泥砂浆粘结层硬化并达到30MPa强度时，再将高强螺栓拧到设计吨位。在螺栓施拧过程中，应分为两阶段进行，第一阶段可达到设计吨位70%。施拧螺母时应以对称方式进行。

4. 滑块及垫板施工

水平滑块多用18～30mm的钢板焊接而成。如用铸铁加工将更为经济。楔形滑块常用钢材制作并焊在型钢斜杆的下端，也可用钢筋混凝土直接浇筑在型钢斜杆的下端。对于后者亦需预留孔道以穿入水平预应力钢筋。

水平滑块的垫板由于受斜筋竖向分力的作用将一直处于受压状态，因此，水平滑块的垫板只需用环氧砂浆粘贴在梁的底面上。施工时应先将梁底混凝土凿2cm左右，并在混凝土表面抹一层环氧胶液，再用环氧砂浆层找平，然后用临时吊架将支承板粘贴在梁底。当在水平滑块上设置四氟乙烯滑板时，可用环氧胶液将其预先粘贴在钢垫板底面或滑块的顶面上。

水平预应力钢筋的固定座可粘贴在跨中梁底位置上。由于粘贴面上受到固定座的自重作用，加之梁在活载作用时的振动影响，为确保安全，固定座除用环氧水泥砂浆粘贴之外，还应在其底面或梁底马蹄形的上面设置锚固螺栓。当在梁底面设锚固螺栓时，需向上钻孔，施工操作难度较大。在此情况下可采用抬杠法操作。该方法需两人操作，一人开机并控制横桥方向电锤的垂直度，另一人扶机并控制顺桥向的垂直度。固定座垫板的粘贴方法同水平滑块支座垫板的方法。

当采用楔形滑块或用钢绞线加固时，需在横隔板下缘设置U形承托板。U形承托板用钢板热弯成型，然后用环氧砂浆或螺栓固定在横隔板下部。为防止钢绞线横向滑动，在U形承托板的两端焊接防滑钢板。

5. 预应力钢筋的安装及张拉

体外索加固中预应力钢筋的安装方法与其构造方式有关。在安装之前应先检查各种锚夹具是否能正常工作，特别是粗钢筋的螺杆和螺母的匹配情况，应逐个试拧，每个丝头均应达到在不加力的情况下以手拧动。

对于水平筋和斜筋分别采用两根粗钢筋或斜杆为型钢的情况，应先将斜筋与水平滑块固定在一起，并将斜筋的上锚固定点固定。用临时支架将滑块定位在其垫板（或U形承托）的位置上，然后再穿入水平筋。穿筋时应保证水平筋的两端均有相等的丝头长度，检查滑块位置并预留滑移量。手动上紧两水平筋的螺母，且应保证水平筋的中心与滑块锚孔的对中，以防止在张拉锚固时拧紧螺母困难。

对于斜筋与水平筋由一根钢绞线或钢丝束组成的情况，首先应安装定位U形箍筋，U形箍筋用Φ12mm～Φ16mm的钢筋制作，端部设有穿丝的套环。首先按设计位置和顺序，将U形箍筋依次排好，并临时吊挂在梁下，将钢绞线（束）的一端由锚固板穿入，再穿过各箍下的套环，由另一端锚固板穿出，收紧后用轧丝锚头临时锚固，以备张拉。

对于横向收紧水平筋产生预应力的体系，首先按斜筋的斜度要求将斜杆焊在梁端的U形锚板上，采用夹杆焊将水平筋（拉杆）焊在斜筋上。为减少垂度，每隔2～2.5m用木块将水平拉杆垫起，然后安装锁紧装置。先安放弯起点处的立柱，再按设计位置安装撑棍和收紧器，以备张拉。

体外预应力筋的张拉方法亦与其构造形式有关。就张拉位置而言，可以沿斜筋方向在梁顶张拉，亦可沿水平筋方向在梁底张拉。在一般情况下，由于张拉设备及操作人员的限制不可能所有的梁同时张拉，但对于同一根梁的两侧预应力钢筋应尽量做到同步张拉，以保证梁两侧的钢筋具有相等或相近的预应力状态。体外索的张拉程序与预应力混凝土梁相同，即：

初张力（10%）$\xrightarrow{\text{逐步加力}}$超张拉（105%）$\xrightarrow{\text{稳压 2min}}$降回设计预拉力（100%）$\longrightarrow$锚固$\longrightarrow$回零卸截

对有水平筋的情况，在张拉过程中还应注意调整跨中预应力筋固定座的位置，尽量不使固定座上的钢套管碰及预应力钢筋，以免影响实际张拉力。

体外预应力体系的张拉方式主要有以下几种：

①用千斤顶张拉

当在梁底张拉水平筋时，只需一对YC-60型双作用千斤即可完成张拉工作。在张拉之前，应先对千斤顶及油泵进行校准和标定，以确保张拉吨位的精度。张拉时可用支架将千斤顶支承或吊挂在梁底，通过连接件对钢筋施加预应力。当在梁顶或梁端张拉斜筋时，最好用四只千斤顶同时工作，这样可以减少单梁两侧索中预加力之差异。

②电热法张拉

电热张拉法是通过电热设备对钢筋通电加热，使之热涨伸长到一定长度后拧紧两端螺母，冷却后钢筋收缩即产生预应力。采用此法张拉时，对钢筋电热的温度及伸长值都应事先计算确定，以便张拉施工时进行吨位控制。该方法常用张拉梁底水平筋。

③手动葫芦张拉

当水平筋和斜筋为同一根钢绞线且其两端锚固在梁的腹板上时，可采用手动葫芦张拉法。钢绞线的自由端设在跨中，用手动葫芦张拉后，至少要用四个钢丝夹锁定以免发生滑丝，然后方可卸除葫芦。

张拉时钢绞线自由端装上三部滑轮组，穿入手动葫芦并在三部滑轮组中安装电子秤，直接测定拉力并控制预加力的大小。预加力亦可在钢绞线上安装钢索测力计加以控制。

④横向收紧张拉

当采用横向收紧张拉法时，在水平钢筋安装后，旋紧收紧器使两侧拉杆向中间收拢即施加预应力。首次张拉时，取设计拉力的80%～90%，保持12h后卸除，以调直拉杆并检查拉杆的焊接质量。正式张拉时，按设计收紧量对称分次收紧。设计预拉力数值可用收紧距离来控制。当达到设计收紧量后，安装锁紧螺栓并使收紧量超过设计值1～2mm。用双螺母锁住并卸除收紧器即完成张拉工作。

在各种张拉方法中，设计预拉力可通过千斤顶读表、粘贴应变片、测定拉杆的自振频率、测定螺母板手的旋转力以及量测张拉索的变形量等方法测量。

6. 防腐处理

体外预应力加固体系中的主要铁件如水平筋、斜筋、钢丝束（绳）、滑块（支撑座）、垫板及固定座等均应进行防腐处理。防腐处理应尽可能在张拉前完成，在条件不允许时亦可在张拉之后进行。凡在工厂制作的杆件应先除锈并刷一层防锈漆，再涂一层红丹及两层防锈灰漆。每一道工序均应等前一道工序的涂料完全干了之后再进行。杆件的丝头部分应涂上黄油并套以塑料保护管，以避免在运输过程中损坏螺纹。支座及支座垫板的光洁度应达到设计要求。上述钢件在运送或储存中应有专人保管，避免受雨水浇淋。高强钢丝束或钢绞线最好采用热压成型的外 PE 塑料保护套防腐。上述施工操作完成之后，应将多余的钢筋头切除。切割工具最好采用砂轮锯。

在张拉工作全部完成之后，应用水泥砂浆或环氧水泥砂浆填平锚固板和各种垫板的凹入部位，防止钢垫板锈蚀及锚固螺栓松动，当斜筋上端设在梁顶或梁端时，还应做好封锚混凝土，并恢复桥面铺装。上述工作完成之后，如果条件允许，可进行一次加固后的静、动载试验，以对比桥梁加固前后的工作状态。此后即可竣工通车。

十、体外预应力加固设计计算示例

1. 设计计算资料

滨州黄河大桥引桥，桥宽净 9m＋2×1.5m，标准跨径 $L_b=20.00m$，原设计荷载：汽-15，挂车-80，计算跨径 $L=19.40m$，主梁全长 $L_{全}=19.96m$。加固设计荷载：汽车-20 级、挂车-100，人群荷载 3.5kN/m²。材料：混凝土 25 号，钢筋主筋 II 级，其他 I 级。结构尺寸见图 2.1.4-25。加固设计依据：《公路桥涵通用设计规范》(JTJ 021—85)；《公路钢筋混凝土及预应力混凝土桥涵设计规范》(JTJ 023—85)。采用体外预应力法加固设计。

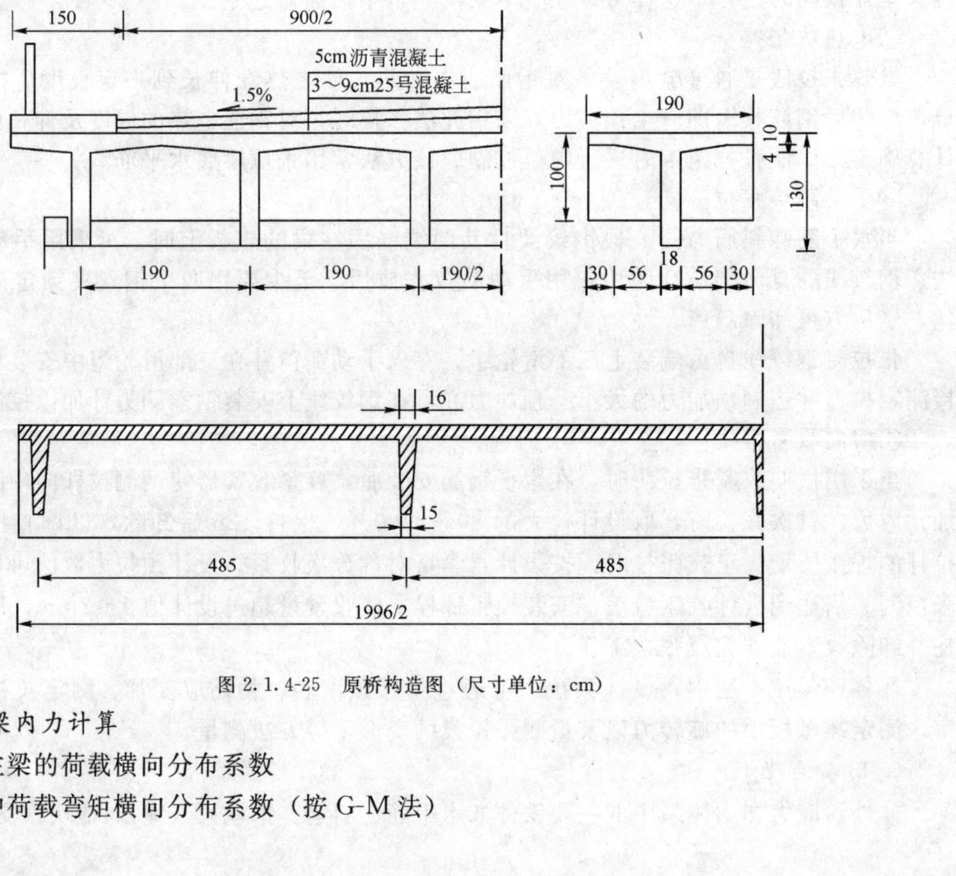

图 2.1.4-25 原桥构造图（尺寸单位：cm）

2. 主梁内力计算

(1) 主梁的荷载横向分布系数

①跨中荷载弯矩横向分布系数（按 G-M 法）

a. 主梁的抗弯及抗扭惯矩 I_X 和 I_{TX}

求主梁截面的重心位置 $y_上$：

平均翼板厚 $h=0.1+\dfrac{0.56\times0.04}{1.9}=0.112$

$$y_上=\frac{0.112\times(1.9-0.18)\times\dfrac{0.112}{2}+0.18\times1.3\times\dfrac{1.3}{2}}{0.112\times(1.9-0.18)+0.18\times1.3}=0.382\text{m}$$

$$I_x=\frac{1}{12}\times(1.9-0.18)\times0.112^3+(1.9-0.18)\times0.112\times(0.382-0.112)^2$$

$$+\frac{1}{12}\times0.18\times1.3^3+0.18\times1.3\times(0.65-0.382)^2=0.0641\text{m}^4$$

T 形截面抗扭惯矩近似等于各个矩形截面抗扭惯矩之和，即

$$I_{Tx}=\sum C_i b_i t_i^3$$

式中：C_i——矩形截面抗扭刚度系数；

b_i、t_i——矩形截面的宽度和厚度。

$\dfrac{b_1}{t_1}=\dfrac{1.9}{0.112}>10$ 查材料力学教材表得 $C_1=1/3$

$\dfrac{b_2}{t_2}=\dfrac{1.3-0.112}{0.112}=6.6$ 查表得 $C_2=0.301$

$$\therefore\quad I_{Tx}=\frac{1}{3}\times1.9\times0.112^3+0.301\times(1.3-0.112)\times0.18^3=0.002975\text{m}^4$$

单位抗弯及抗扭惯矩

$$J_x=\frac{I_x}{b}=\frac{0.06401}{1.9}=0.03369\text{m}^3$$

$$J_{Tx}=\frac{I_{Tx}}{b}=\frac{0.002975}{1.9}=0.001566\text{m}^3$$

b. 横梁抗弯及抗扭惯矩

翼板有效宽度计算

横梁长度取为两边主梁轴线间距，即

$$c=\frac{4.85-0.15}{2}=2.35\text{m}$$

$$h'=1.0\text{m}\quad b'=0.15\text{m}\quad h_1=0.112\text{m}$$

$$\frac{c}{l}=\frac{2.35}{9.5}=0.247$$

$$l=1.5b=5\times1.9=9.5\text{m}$$

由 F·史来麦尔《土木工程师手册》P843～846 附表：

c/l	0.05	0.10	0.15	0.20	0.25	0.30	0.35	0.40	0.45	0.50
λ/c	0.983	0.936	0.867	0.789	0.710	0.635	0.568	0.509	0.459	0.416

求得$\frac{\lambda}{c}=0.715$

$\therefore \lambda=2.35\times0.715=1.68\text{m}$

求横截面重心位置

$$y_{上}=\frac{2\times1.68\times0.112\times\frac{0.112}{2}+0.15\times1\times\frac{1}{2}}{2\times1.68\times0.112+0.15\times1}=0.183\text{m}$$

$$I_y=\frac{1}{12}\times2\times1.68\times0.112^3+2\times1.68\times0.112\times(0.183-0.112)^2$$

$$+\frac{1}{12}\times0.15\times1^3+0.15\times1\times(0.5-0.183)^2=0.02892\text{m}^4$$

梁的抗扭惯矩

$$I_{Ty}=c_1b_1t_1^3+c_2b_2t_2^3$$

$$\frac{b_1}{t_1}=\frac{4.85}{0.112}>10$$

横梁的抗弯惯矩

查表得 $C_1=1/3$，但由于连续桥面板的单宽抗扭惯矩只有独立宽扁板的一半，可取 $C_1=1/6$

$$\frac{b_2}{t_2}=\frac{1-0.112}{0.15}=5.92 \text{ 查表得：} C_2=0.297$$

$$I_{Ty}=C_1b_1t_1^3+C_2b_2t_2^3$$

$$=\frac{1}{6}\times4.85\times0.112^3+0.297\times(1-0.112)\times0.15^3$$

$$=0.002026\text{m}^3$$

单位抗弯及抗扭惯矩

$$J_y=I_y/b=0.02892/4.85=0.005963\text{m}^3$$

$$J_{Ty}=J_{Ty}/b=0.002026/4.85=0.000418\text{m}^3$$

c. 计算抗弯参数 θ 和扭弯参数 α

$$\theta=\frac{B'}{L}\sqrt[4]{\frac{J_x}{J_y}}=\frac{\frac{11.4}{2}}{19.4}\times\sqrt[4]{\frac{0.03369}{0.005963}}=0.453$$

$$\alpha=G(J_{Tx}+J_{Ty})/2E\sqrt{J_xJ_y}$$

式中：B——T 梁总宽的一半（图 2.1.4-26）；

G——剪切弹性模量，取 $G=0.43E$；

$$\alpha=\frac{0.43(0.001566+0.000418)}{2\sqrt{0.03369\times0.005963}}=0.0300956$$

$$\sqrt{\alpha}=0.173$$

d. 计算最大弯距横向分布坐标

已知 $\theta=0.453$，查《公路桥涵设计手册·梁桥》P498～P504，按 G-M 法计算图表可得表 2.1.4-3 数值。

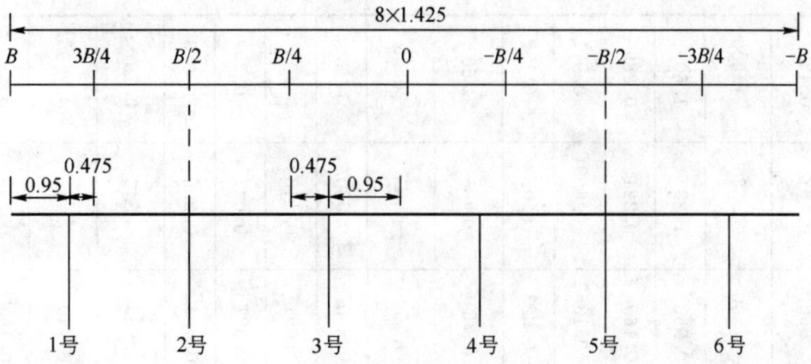

图 2.1.4-26 梁位关系图

表 2.1.4-3

惯矩	梁位	最大位置								
		B	3B/4	B/2	B/4	0	−B/4	−B/2	−3B/4	−B
K_1	0	0.89	0.93	1.00	1.06	1.10	1.06	1.00	0.93	0.89
	B/4	1.09	1.11	1.13	1.13	1.07	0.98	0.90	0.80	0.75
	B/2	1.34	1.03	1.25	1.13	1.00	0.88	0.76	0.66	0.60
	3B/4	1.70	1.50	1.31	1.11	0.93	0.79	0.69	0.60	0.50
	B	2.00	1.64	1.34	1.08	0.88	0.75	0.60	0.50	0.44
K_2	0	0.68	0.83	1.00	1.18	1.25	1.18	1.00	0.83	0.68
	B/4	1.48	1.40	1.33	1.27	1.14	0.90	0.61	0.30	0.05
	B/2	2.35	2.09	1.78	1.41	1.00	0.63	0.23	−0.17	−0.55
	3B/4	3.45	2.80	2.10	1.45	0.85	0.34	−0.17	−0.56	−1.02
	B	4.50	3.50	2.35	1.50	0.62	0.05	−0.56	−1.04	−1.56

用内插法求各梁处值：

1 号、6 号梁

$$K = K_{\frac{3}{4}B} + (K_B - K_{\frac{3}{4}B}) \times \frac{0.475}{1.425} = K_{\frac{3}{4}B} + \frac{1}{3}K_B - \frac{1}{3}K_{\frac{3}{4}B} = \frac{2}{3}K_{\frac{3}{4}B} + \frac{1}{3}K_B$$

2 号、5 号梁

$$K = K_{\frac{1}{2}B}$$

3 号、4 号梁

$$K = K_0 + (K_{\frac{1}{4}B} - K_0) \times \frac{0.95}{1.425}$$

$$= K_0 + \frac{2}{3}K_{\frac{1}{4}B} - \frac{2}{3}K_0$$

$$= \frac{1}{3}K_0 + \frac{2}{3}K_{\frac{1}{4}B}$$

列表计算各梁的横向分布影响线坐标 η 值（表 2.1.4-4）

e. 绘制横向分布系数影响线图（图 2.1.4-27），求横向分布系数

各梁的横向分布系数：

横向分布影响线坐标 η 值 表 2.1.4-4

	计算式	荷载位置								
		B	$3B/4$	$B/2$	$B/4$	0	$-B/4$	$-B/2$	$-3B/4$	$-B$
1号梁	$K=\frac{2}{3}K_{1\frac{3}{4}B}+\frac{1}{3}K_{1B}$	1.800	1.547	1.320	1.100	0.913	0.777	0.660	0.567	0.480
	$K_0=\frac{2}{3}K_{0\frac{3}{4}B}+\frac{1}{3}K_{0B}$	3.800	3.033	2.188	1.467	0.773	0.243	−0.300	−0.720	−1.200
	$\Delta=K_1-K_0$	−2.000	−1.486	−0.863	−0.367	0.140	0.534	0.960	1.287	1.608
	$\Delta\cdot\sqrt{\alpha}$	−0.344	−0.256	−0.148	−0.063	0.024	0.092	0.165	0.221	0.289
	$K_\alpha=K_0+\Delta\sqrt{\alpha}$	3.456	2.777	2.040	1.404	0.797	0.335	−0.135	−0.499	−0.911
	$\eta=K_\alpha/6$	0.567	0.463	0.340	0.234	0.133	0.056	−0.023	−0.083	−0.152
2号梁	$K_1=K_{1\frac{1}{2}B}$	1.34	1.30	1.25	1.13	1.00	0.88	0.76	0.66	0.60
	$K_0=K_{0\frac{1}{2}B}$	2.35	2.09	1.78	1.41	1.00	0.63	0.23	−0.17	−0.55
	$\Delta=K_1-K_0$	−1.010	−0.790	−0.530	−0.280	0.0	0.250	0.530	0.830	1.15
	$\Delta\cdot\sqrt{\alpha}$	−0.174	−0.136	−0.091	−0.048	0	0.043	0.091	0.143	0.198
	$K_\alpha=K_0+\Delta\sqrt{\alpha}$	2.176	1.954	1.689	1.362	1.00	0.673	0.321	0.027	−0.352
	$\eta=K_\alpha/6$	0.363	0.326	0.282	0.227	0.167	0.112	0.054	0.005	−0.059
3号梁	$K_1=\frac{1}{3}K_{10}+\frac{2}{3}K_{1\frac{1}{4}B}$	1.023	1.050	1.087	1.107	1.080	1.007	0.933	0.843	0.797
	$K_0=\frac{1}{3}K_{00}+\frac{2}{3}K_{0\frac{1}{4}B}$	1.213	1.210	1.220	1.240	1.177	0.993	0.740	0.477	0.260
	$\Delta=K_1-K_0$	−0.190	−0.160	−0.133	−0.133	−0.097	0.014	0.193	0.366	0.537
	$\Delta\cdot\sqrt{\alpha}$	−0.033	−0.028	−0.023	−0.023	−0.017	0.002	0.033	0.063	0.092
	$K_\alpha=K_0+\Delta\sqrt{\alpha}$	1.180	1.182	1.197	1.217	1.160	0.995	0.773	0.540	0.352
	$\eta=K_\alpha/6$	0.197	0.197	0.200	0.203	0.193	0.166	0.129	0.090	0.059

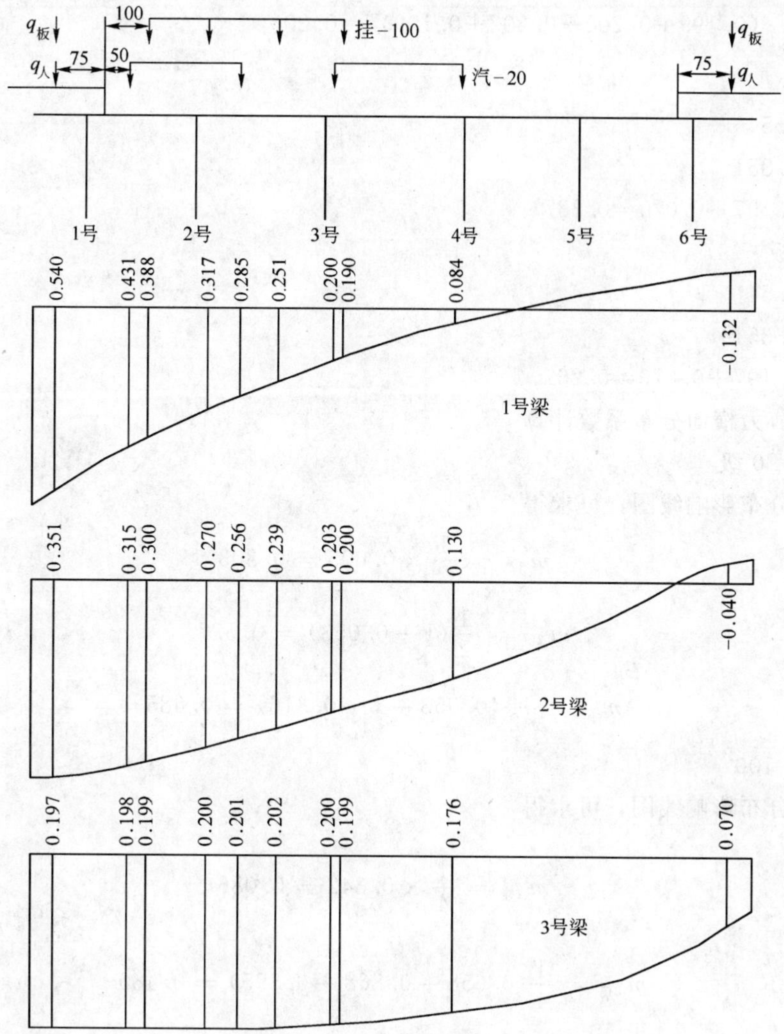

图 2.1.4-27　横向分布系数影响线图

汽车-20

$$m_{1汽}=\frac{1}{2}\ (0.431+0.285+0.200+0.084)\ =0.500$$

$$m_{2汽}=\frac{1}{2}\ (0.315+0.256+0.203+0.130)\ =0.452$$

$$m_{3汽}=\frac{1}{2}\ (0.198+0.201+0.200+0.176)\ =0.388$$

挂车-100

$$m_{1挂}=\frac{1}{4}\ (0.388+0.317+0.251+0.190)\ =0.287$$

$$m_{2挂}=\frac{1}{4}\ (0.300+0.270+0.239+0.200)\ =0.252$$

$m_{3挂}=\frac{1}{4}$（0.199+0.200+0.202+0.199）=0.200

人群

$m_{1人}=0.54$

$m_{2人}=0.351$

$m_{3人}=0.197+0.070=0.267$

人行道板

$m_{1板}=0.54$

$m_{2板}=0.351$

$m_{3板}=0.197+0.070=0.267$

②梁端剪力横向分布系数计算

a. 汽车-20 级

绘横向分布影响线图，可求得

$$m'_{1汽}=\frac{1}{2}\times 0.605=0.303$$

$$m'_{2汽}=\frac{1}{2}(1+0.053)=0.527$$

$$m'_{3汽}=\frac{1}{2}(0.053+1+0.316)=0.685$$

b. 挂车-100

绘横向分布影响线图，可求得

$$m'_{1挂}=\frac{1}{4}\times 0.342=0.086$$

$$m'_{2挂}=\frac{1}{4}(0.658+0.868+0.395)=0.480$$

$$m'_{3挂}=\frac{1}{4}(0.053+0.526+1.0+0.052)=0.526$$

c. 人群荷载

绘横向分布影响线图，可求得

$$m'_{1人}=1.263 \qquad m'_{2人}=-0.263 \qquad m'_{3人}=0$$

（2）内力计算

①恒载内力计算

a. 主梁恒载

$$g_1=\left[0.18\times 1.3+\left(\frac{0.1+0.14}{2}\right)\times 0.56\times 2+0.1\times 0.3\times 2\right]\times 25=10.71\text{kN/m}$$

b. 横隔梁恒载

中梁：$g_2=\frac{0.15+0.16}{2}\times 0.89\times(1.9-0.18)\times 25\times 5/19.4=1.53\text{kN/m}$

边梁：$g'_2=\frac{g_2}{2}=0.77\text{kN/m}$

c. 桥面铺装恒载，由六片梁平均分担：

$$g_3=\frac{0.05\times9\times23+\frac{0.03+0.09}{2}\times9\times24}{6}=3.89\text{kN/m}$$

d. 栏杆、人行道、路缘石等单侧每米重力

$$g_4=8\text{kN/m}$$

1 号梁：$m_{1板}=0.54$　　$m_{1板}\times g_4=0.54\times8=4.32\text{kN/m}$

2 号梁：$m_{2板}=0.351$　　$m_{2板}\times g_4=0.351\times8=2.81\text{kN/m}$

3 号梁：$m_{3板}=0.267$　　$m_{3板}\times g_4=0.276\times8=2.14\text{kN/m}$

各梁恒载汇总列于表 2.1.4-5（单位：kN/m）。

表 2.1.4-5

梁　号	主　梁	横隔梁	铺　装	栏杆等	合　计
1	10.71	0.77	3.89	4.32	19.69
2	10.71	1.53	3.89	2.81	18.94
3	10.71	1.53	3.89	2.14	18.27

恒载内力计算结果列于表 2.1.4-6（单位：M——kN·m　Q——kN）。

表 2.1.4-6

梁号	内力＼位置	0	$L/8$	$L/4$	$3L/8$	$L/2$
1	M	0	405.3	694.7	868.4	926.3
	Q	191.0	143.2	95.5	47.8	0
2	M	0	389.8	668.3	835.3	891.0
	Q	183.7	137.8	91.9	45.9	0
3	M	0	376.0	644.6	805.8	859.5
	Q	177.2	132.9	88.6	44.3	0

②活载内力计算

a. 汽车冲击系数

$$1+\mu=1+\frac{45-19.4}{45-5}\times0.3=1.192$$

b. 活载弯矩计算

ⓐ汽车-20 级

按影响线布载，求得的最大弯矩（kN·m）列于表 2.1.4-7。

表 2.1.4-7

位　置		0	$L/8$	$L/4$	$3L/8$	$L/2$
$1+\mu$		1.192				
M_0		0	575.0	968.1	1179.3	1251.1
1 号梁	$\eta_{1汽}$	0.500				
	$M_{1汽}$	0	342.7	577.0	702.9	745.7
2 号梁	$\eta_{2汽}$	0.425				
	$M_{2汽}$	0	309.8	521.6	635.4	674.1
3 号梁	$\eta_{3汽}$	0.388				
	$M_{3汽}$	0	265.9	447.7	545.4	578.6

ⓑ挂车-100

按影响线布载，求得的最大弯矩（kN·m）列于表 2.1.4-8。

表 2.1.4-8

位　置		0	$L/8$	$L/4$	$3L/8$	$L/2$
M_0		0	1722.0	2837.7	3496.8	3549.9
1 号梁	$\eta_{1挂}$	0.287				
	$M_{1挂}$	0	494.2	814.4	1003.6	1018.8
2 号梁	$\eta_{2挂}$	0.252				
	$M_{2挂}$	0	433.9	715.1	881.2	894.6
3 号梁	$\eta_{3挂}$	0.200				
	$M_{3挂}$	0	344.4	567.5	699.4	710.0

ⓒ人群荷载

按影响线布载，求得的最大弯矩（kN·m）列于表 2.1.4-9。

表 2.1.4-9

位　置		0	$L/8$	$L/4$	$3L/8$	$L/2$
M_0		0	108.1	185.2	231.5	247.0
1 号梁	$\eta_{1人}$	0.540				
	$M_{1人}$	0	57.4	100.0	125.0	133.4
2 号梁	$\eta_{2人}$	0.351				
	$M_{2人}$	0	37.9	65.0	81.3	86.7
3 号梁	$\eta_{3人}$	0.267				
	$M_{3人}$	0	28.9	49.4	61.8	65.9

ⓓ弯矩组合

汽车-20 级弯矩提高系数的计算列于表 2.1.4-10。

表 2.1.4-10

梁号	位置 / 组合	0	$L/8$	$L/4$	$3L/8$	$L/2$
1	$\frac{汽}{恒+汽+人}\times100\%$		42.5%	42.1%	41.4%	41.3%
	弯矩提高系数	0	3%	3%	3%	3%
2	$\frac{汽}{恒+汽+人}\times100\%$		42.0%	41.6%	40.9%	40.8%
	弯矩提高系数	0	3%	3%	3%	3%
3	$\frac{汽}{恒+汽+人}\times100\%$		39.6%	39.2%	38.6%	38.5%
	弯矩提高系数	0	3%	3%	3%	3%

挂-100 弯矩提高系数计算列于表 2.1.4-11。

表 2.1.4-11

梁号	位置 / 组合	0	$L/8$	$L/4$	$3L/8$	$L/2$
1	$\frac{挂}{恒+挂}\times100\%$		54.9%	54.0%	53.6%	52.4%
	弯矩提高系数	0	2%	2%	2%	2%
2	$\frac{挂}{恒+挂}\times100\%$		52.7%	51.7%	51.3%	50.1%
	弯矩提高系数	0	2%	2%	2%	2%
3	$\frac{挂}{恒+挂}\times100\%$		47.8%	46.8%	46.5%	45.2%
	弯矩提高系数	0	2%	2%	2%	2%

按《公路钢筋混凝土及预应力混凝土桥涵设计规范》(JTJ023—85) 4.1.2 条规定，弯矩组合及荷载安全系数采用：

$$1.2M_{恒}+1.4(M_{汽}+M_{人})$$

$$1.2M_{恒}+1.1M_{挂}$$

弯矩（kN·m）组合列于表 2.1.4-12。

e. 活载剪力计算

ⓐ汽车-20 级

按影响线布载，求得的最大剪力列于表 2.1.4-13。

表 2.1.4-12

梁号	位置	恒载	人群	汽车	挂车	$1.2M_{恒}+1.4(M_{汽}+M_{人})$	汽—20提高系数	汽车组合 ⑤×⑥	$1.2M_{恒}+1.1M_{挂}$	挂—100提高系数	挂车组合 ⑧×⑨	采用值
		①	②	③	④	⑤	⑥	⑦	⑧	⑨	⑩	
1	0	0	0	0	0	0	0	0	0	0	0	0
	L/8	405.3	58.4	342.7	494.2	1047.9	1.03	1079.3	1030.0	1.02	1050.6	1079.3
	L/4	694.7	100.0	577.0	814.4	1781.4	1.03	183.49	1729.5	1.02	1764.1	1834.9
	3L/8	868.4	125.0	702.9	1003.6	2201.1	1.03	2267.2	2146.0	1.02	2189.0	2267.2
	L/2	926.3	133.4	745.7	1018.8	2342.3	1.02	2412.6	2232.2	1.02	2276.9	2412.6
2	0	0	0	0	0	0	0	0	0	0	0	0
	L/8	389.8	37.9	309.8	433.9	954.5	1.03	983.2	945.1	1.02	964.0	983.2
	L/4	668.3	65.0	521.6	715.1	1623.2	1.03	1671.9	1588.0	1.02	1620.3	1671.9
	3L/8	835.3	81.3	635.4	881.2	2005.7	1.03	2065.9	1971.7	1.02	2011.1	2065.9
	L/2	891.0	86.7	674.1	894.6	2134.3	1.03	2198.3	2053.3	1.02	2094.3	2198.3
3	0	0	0	0	0	0	0	0	0	0	0	0
	L/8	376.0	28.9	265.9	344.4	863.9	1.03	889.8	830.0	1.02	846.6	889.8
	L/4	644.6	49.4	447.7	567.5	1469.5	1.03	1513.5	1397.8	1.02	1425.7	1513.5
	3L/8	805.8	61.8	545.4	699.4	1817.0	1.03	1871.6	1736.3	1.02	1771.0	1871.6
	L/2	859.5	65.9	578.6	710.0	1933.7	1.03	1991.7	1812.4	1.02	1848.6	1991.7

表 2.1.4-13

梁号 \ 剪力(kN) \ 位置	0	L/8	L/4	3L/8	L/2
1	124.3	124.3	119.0	96.7	74.3
2	172.4	134.4	107.6	87.4	67.2
3	203.2	135.6	92.4	75.0	57.7

ⓑ挂车-100

按影响线布载，求得的最大剪力列于表 2.1.4-14。

表 2.1.4-14

梁号 \ 剪力(kN) \ 位置	0	L/8	L/4	3L/8	L/2
1	171.6	171.6	167.9	132.0	96.1
2	307.7	215.7	147.4	115.9	84.4
3	306.0	194.3	116.9	92.0	67.0

ⓒ人群荷载

按影响线布载，求得的最大剪力列于表 2.1.4-15。

表 2.1.4-15

梁号 \ 剪力(kN) \ 位置	0	L/8	L/4	3L/8	L/2
1	35.9	23.0	15.5	10.7	6.9
2	12.1	12.1	10.1	7.0	4.5
3	10.5	9.7	7.6	5.3	3.4

ⓓ剪力（kN）组合

汽车-20 级剪力提高系数的计算列于表 2.1.4-16。

表 2.1.4-16

梁号	组合 \ 位置	0	L/8	L/4	3L/8	L/2
1	$\frac{汽}{恒+汽+人}\times 100\%$	35.4%	42.8%	51.7%	62.3%	91.5%
	提高系数	3%	3%	0	0	0
2	$\frac{汽}{恒+汽+人}\times 100\%$	46.8%	47.3%	51.3%	62.3%	93.7%
	提高系数	3%	3%	0	0	0

续上表

梁号 \ 组合 \ 位置		0	L/8	L/4	3L/8	L/2
3	$\frac{汽}{恒+汽+人}\times 100\%$	52.0%	48.7%	49.0%	60.2%	94.4%
	提高系数	0	3%	3%	0	0

挂-100 剪力提高系数的计算列于表 2.1.4-17。

表 2.1.4-17

梁号 \ 组合 \ 位置		0	L/8	L/4	3L/8	L/2
1	$\frac{挂}{恒+挂}\times 100\%$	47.3%	54.5%	63.7%	73.4%	100%
	弯矩提高系数	2%	2%	3%	3%	3%
2	$\frac{挂}{恒+挂}\times 100\%$	62.6%	61.0%	61.6%	71.6%	100%
	弯矩提高系数	3%	3%	3%	3%	3%
3	$\frac{挂}{恒+挂}\times 100\%$	63.3%	59.4%	56.9%	67.5%	100%
	弯矩提高系数	3%	2%	2%	2%	2%

剪力（kN）组合列于表 2.1.4-18。

3. 主梁承载力计算

主梁配筋如图 2.1.4-28 所示（箍筋沿梁全长均配 8Φ24 双肢，图中未示）。

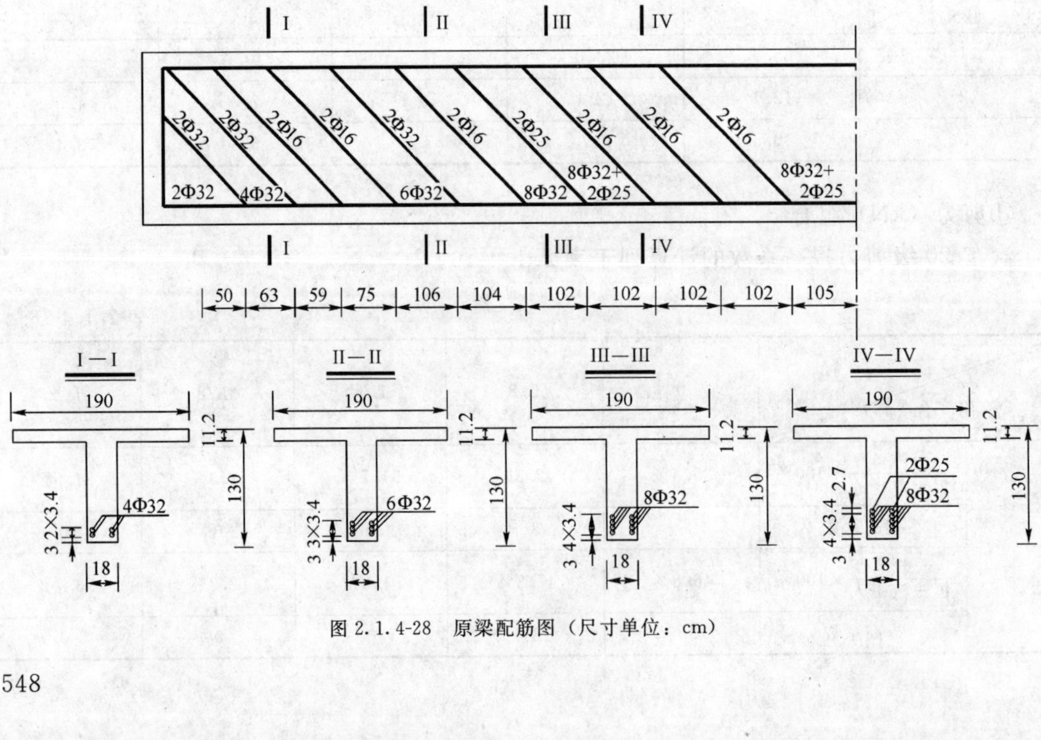

图 2.1.4-28　原梁配筋图（尺寸单位：cm）

表 2.1.4-18

梁号	位置	恒载	人群	汽车	挂车	$1.2Q_{恒}+1.4$ ($Q_{汽}+Q_{人}$)	汽－20 提高系数	汽车组合 ⑤×⑥	$1.2Q_{恒}+1.1$ $Q_{挂}$	挂－100 提高系数	挂车组合 ⑧×⑨	采用值
		①	②	③	④	⑤	⑥	⑦	⑧	⑨	⑩	
1	0	191.0	35.9	124.3	171.6	453.5	1.03	467.1	418.0	1.02	42.6	467.1
	$L/8$	143.2	23.0	124.3	171.6	378.1	1.03	389.4	360.6	1.02	367.8	389.4
	$L/4$	95.5	15.5	119.0	167.9	302.9	1.00	302.9	299.3	1.03	308.3	308.3
	$3L/8$	47.8	10.7	96.7	132.0	207.7	1.00	207.7	202.6	1.03	208.6	208.6
	$L/2$	0	6.9	74.3	96.1	113.7	1.00	113.7	105.7	1.03	108.9	113.7
2	0	183.7	12.1	172.4	307.7	478.7	1.03	493.1	558.9	1.03	575.7	575.7
	$L/8$	137.8	12.1	134.4	215.7	370.5	1.03	381.6	402.6	1.03	414.7	414.7
	$L/4$	91.9	10.1	107.6	147.4	275.1	1.00	275.1	272.4	1.03	280.6	280.6
	$3L/8$	45.9	7.0	87.4	115.9	187.2	1.00	187.2	182.6	1.03	188.0	188.0
	$L/2$	0	4.5	67.2	84.4	100.4	1.00	100.4	92.8	1.03	95.6	100.4
3	0	177.2	10.5	203.2	306.0	511.8	1.00	511.8	549.2	1.03	565.7	565.7
	$L/8$	132.9	9.7	135.6	194.3	362.9	1.03	373.8	373.2	1.02	380.7	380.7
	$L/4$	88.6	7.6	92.4	116.9	246.3	1.03	253.7	234.9	1.02	239.6	253.7
	$3L/8$	44.3	5.3	75.0	92.0	165.6	1.00	165.6	154.4	1.03	159.0	165.6
	L/2	0	3.4	57.7	67.0	85.5	1.00	85.5	73.7	1.03	75.9	85.5

(1) 计算抗弯强度

由于主筋弯起，各段抗弯强度不同，分段计算各段抗弯强度

如距支点 $X=3.52\sim5.59\text{m}$，受拉主筋 8Φ32，$A_g=64.32\text{cm}^2$

$$a_g = 3+2\times3.4 = 9.8\text{cm} \quad h_0 = h-a_g = 130-9.8 = 120.2\text{cm}$$

$$A_gR_g = 64.32\times10^{-4}\times320\times10^3 = 2058.2\text{kN}$$

$$A_gR_g < R_a b'_i h'_i = 3085.6\text{kN}$$

∴受压区在翼缘内

$$x = \frac{A_gR_g}{R_a b'_i} = \frac{2058.2}{14.5\times10^3\times190\times10^{-4}} = 7.5\text{cm}$$

$$M_j = \frac{1}{1.25}\times14.5\times10^3\times190\times7.5\times(120.2-\frac{7.5}{2})\times10^{-6} = 1924.9\text{kN}\cdot\text{m}$$

按同样方法可算出其他各断面抗弯强度，汇总见表 2.1.4-19。

表 2.1.4-19

位　置 （距支点距离）	0～1.13m	1.13～3.52m	3.52～5.59m	5.59～9.7m
抗弯强度（kN·m）	992.4	1470.0	1924.9	2170.3

(2) 计算抗剪强度

梁全长均配 8Φ24 双肢箍筋

$$a_k = 0.503\text{cm}^2 \qquad S_K = 24\text{cm} \qquad R_{gk} = 240\text{MPa} \qquad n_k = 2 \qquad b = 18\text{cm}$$

$$\mu_k = \frac{2\times0.503}{18\times24} = 0.233\%$$

根据《公路钢筋混凝土及预应力混凝土桥涵设计规范》(JTJ 023—85) 第 4.1.9 条规定："在进行受弯构件斜截面抗剪强度验算时，其验算位置应按照下列规定：①距支座中心 $h/2$ 处的截面；②受拉区弯起钢筋弯起点处的截面；③箍筋数量或间距有改变处的截面。"第一排钢筋弯起点距支座中心

$$0.5\text{m} < \frac{h}{2} = \frac{1.30}{2} = 0.65\text{m}(h\text{ 为梁高})$$

所以此位置不必验算。距支座 $X=h/2\sim1.13\text{m}$，即第二排钢筋弯起点处

$$h_0 = h-3-3.4 = 123.6\text{cm}$$

$$\rho = 100\mu = \frac{100A_g}{bh_0} = \frac{100\times4\times8.04}{18\times123.6} = 1.45$$

$$\begin{aligned}\therefore Q_{hk} &= 0.0349bh_0\sqrt{(p+2)\sqrt{R}\mu_kR_{gk}}\\ &= 0.0349\times18\times123.6\times\sqrt{(1.45+2)\sqrt{25}\times0.00233\times240}\\ &= 241.2\text{kN}\end{aligned}$$

设 $c=0.6mh_0=1.1h_0$，则斜截面顶端距支座中心距离为

$$\left(\frac{h}{2}\sim1.13\right)+1.1h_0 = (0.65\sim1.13)+1.1\times1.236 = 2.01\sim2.49\text{m}$$

取 $L/8=2.425\text{m}$ 处试算，2 号梁处剪力最大，控制设计，其 $Q=414.7\text{kN}$

对应弯矩 $M = 983.2\text{kN}\cdot\text{m}$

$$\therefore m = \frac{M}{Qh_0} = \frac{983.2}{414.7 \times 1.236} = 1.918$$

$$\therefore c = 0.6 \times 1.918h_0 = 1.15h_0$$

与假设相近，保守取 $C=1.0\quad h_0=1.236\text{m}$

则此斜截面切到1排Φ32弯起钢筋及2排Φ16斜筋Φ32：$R_{gw1}=320\text{MPa}$，Φ16：$R_{gw2}=340\text{MPa}$

$$A_{w1} = 2 \times 8.04 = 16.08\text{cm}^2$$

$$A_{w2} = 2 \times 2 \times 2.01 = 8.04\text{cm}^2$$

$$\begin{aligned}\therefore Q_w &= 0.06 \sum R_{gwi}A_{wi}\sin\alpha \\ &= 0.06\sin45^\circ(320 \times 16.08 + 340 \times 8.04) \\ &= 334.2\text{kN}\end{aligned}$$

$$\therefore Q_j = Q_{hk} + Q_w = 241.2 + 334.2 = 575.4\text{kN}$$

按同样方法可算出其他各断面抗剪强度，汇总列于表2.1.4-20。

表2.1.4-20

位置（距支点距离m）	$h/2 \sim 1.13$	$1.13 \sim 3.53$	$3.53 \sim 5.59$	$5.59 \sim l/2 = 9.7$
抗剪强度（kN）	575.4	596.6	481.1	407.9

（3）主梁实际承载力

由于该桥裂缝较多，且由梁底向上发展得较高，梁的工作状况较差，根据《旧桥检验评定规范》的规定，其计算承载力应降低10%作为实际承载力。梁的实际承载力列于表2.1.4-21。

表2.1.4-21

位置（距支点距离m）	0～1.13（$h/2$～1.13）	1.13～3.53	3.53～5.59	5.59～$L/2$=9.7
M_j（kN·m）	893.2	1323.0	1732.4	1953.3
Q_j（kN）	517.9	536.9	433.0	367.1

4. 截面强度校核计算

由弯矩组合表2.1.4-12可以看出，1号梁弯矩最大，控制设计，按1号梁校核抗弯强度；由剪力组合表2.1.4-18可以看出，支点～$L/8$处2号梁剪力最大，$L/4$～$L/2$处1号梁剪力最大，因此分别按1号、2号梁校核抗剪强度。绘出1号、2号梁的弯矩、剪力包络图及承载力图（图2.1.4-29）。由图可以看出，1号梁$L/4$至跨中抗弯承载力明显不足，需要补强的最大弯矩在1号梁跨中，为

$$M_{补} = 2412.6 - 1953.3 = 459.3\text{kN}\cdot\text{m}$$

2号梁支座附近抗剪承载力虽然不足，但根据《公路钢筋混凝土及预应力混凝土桥涵设计规范》（JTJ 023—85）4.1.9条，仅验算距支座中心$h/2=0.65\text{m}$处剪力，而此处剪力为

$$Q_{h/2} = 575.7 - \frac{575.7 - 414.7}{2.425} \times 0.65 = 532.5\text{kN}$$

$$\therefore \frac{Q_{h/2}-Q_j}{Q_j}=\frac{532.5-517.9}{517.9}=2.8\%<5\%$$

荷载产生的剪力仅比抗剪承载力超出 2.8%，可不进行抗剪加固。

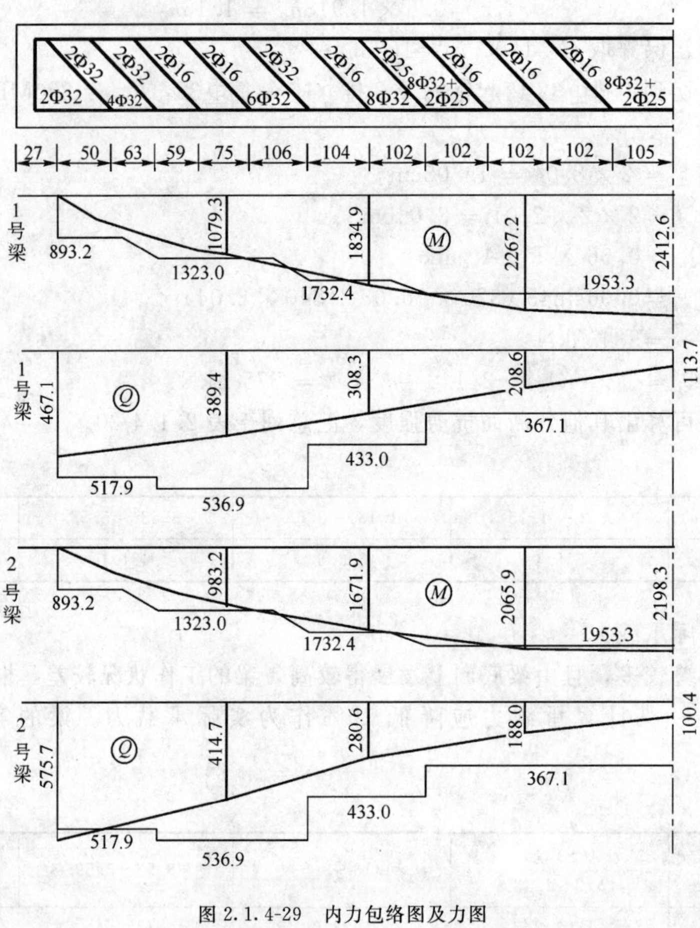

图 2.1.4-29　内力包络图及力图

5. 加固设计

(1) 加固设计方案

该桥位于国道 205 线上，是鲁东北地区通过黄河的咽喉，交通繁忙，为减小对交通的影响，仅在张拉时封闭交通，进行施工，预应力筋布置如图 2.1.4-30 所示，体外预应力加固构造参数如下：

$$L_1=4.85\text{m}\qquad L_2=9.7\text{m}\qquad L_3=4.5\text{m}$$

$$h=1.3\text{m}\qquad h_y=1.0\text{m}\qquad c=0.12\text{m}$$

选用 IV 级冷拉钢筋

$$R_y^b=750\text{MPa}\qquad E_y=2\times10^5\text{MPa}$$

滑动摩擦系数 $f_0=0.11$

(2) 控制应力及预应力损失计算

控制应力：

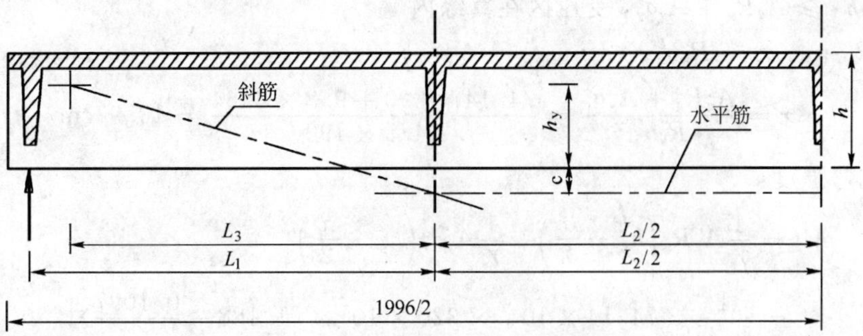

图 2.1.4-30　体外预应力筋布置示意图

$$\sigma_k = 0.85R_y^b = 0.85 \times 750 = 637.5\text{MPa}$$

由于在梁底张拉水平预应力钢筋，因此摩阻损失应为零，即

$$\sigma_{s1} = 0$$

采用螺杆锚具，单端张拉，螺帽前加一块垫板，缝隙压密：

$$\sum \Delta l = 1 + 1 = 2\text{mm}$$

$$\sigma_{s2} = E_y \cdot \frac{\Delta l}{l_2} = 2 \times 10^5 \times \frac{2 \times 10^{-3}}{9.7} = 41.2\text{MPa}$$

取年度最高温度与施工温度之差 25℃，则温度差引起的预应力损失：

$$\sigma_{s3} = (\alpha_g - \alpha_h)\Delta t \cdot E_y = (1.2 \times 10^{-5} - 1.0 \times 10^{-5}) \times 25 \times 2 \times 10^5 = 10.0\text{MPa}$$

采用超张拉工艺，故取分批张拉预应力损失：

$$\sigma_{s4} = 0$$

由钢筋松弛引起的预应力损失，按规范取：

$$\sigma_{s5} = 0.035\sigma_k = 0.035 \times 637.5 = 22.3\text{MPa}$$

全部预应力损失：

$$\sum \sigma_s = 41.2 + 10 + 22.3 = 73.5\text{MPa}$$

有效预应力：

$$\sigma_{ye} = \sigma_k - \sum \sigma_s = 564\text{MPa}$$

(3) 用预应力比率估算体外预应力水平筋面积

极限状态下预应力筋极限应力计算采用新西兰 NIS3101 规范规定：

$$\sigma_y^c = \sigma_{ye} + 100 = 564 + 100 = 664\text{MPa}$$

取 $PPR = 0.2$，用跨中断面进行计算

$$A_y = \frac{PPR \cdot A_g \cdot R_g}{(1 - PPR)\sigma_y^c} = \frac{0.2 \times 74.14 \times 320}{(1 - 0.2) \times 664} = 8.93\text{cm}^2$$

取 2ΦL25 $A_y = 9.8\text{cm}^2$

(4) 按极限状态法验算加固后梁的承载力

$$A_g R_g + A_y \sigma_y^c = 74.14 \times 10^{-4} \times 320 \times 10^3 + 9.8 \times 10^{-4} \times 664 \times 10^3$$
$$= 3023.2\text{kN}$$

$$R_a b'_i h'_i = 14.5 \times 10^3 \times 1.9 \times 0.112 = 3085.6\text{kN}$$

$\because R_a b'_i h'_i \geqslant A_g R_g + A_y \sigma_y^c$，受压区在翼缘内

由 $A_g R_g + A_y \sigma_y^c = R_a b'_i x$

$$x = \frac{A_g R_g + A_y \sigma_y^c}{R_a b'_i} = \frac{74.14 \times 320 + 9.8 \times 6.64}{14.5 \times 190} = 10.97\text{cm}$$

梁的抗弯强度：

$$M_j = \frac{1}{\gamma_s} A_g R_g \left(h_g - \frac{x}{2}\right) + \frac{1}{\gamma_s} A_y \sigma_y^c \left(h_g - \frac{x}{2}\right)$$

$$= \frac{1}{1.25} \times 74.14 \times 10^{-4} \times 320 \times 10^3 \times (1.188 - \frac{0.1097}{2})$$

$$+ \frac{1}{1.25} \times 9.8 \times 10^{-4} \times 664 \times 10^3 \times \left(1.3 + 0.12 - \frac{0.1097}{2}\right)$$

$$= 2861.4\text{kN} \cdot \text{m} > 2412.6\text{kN} \cdot \text{m}$$

满足规范要求。

(5) 正常使用阶段验算

①裂缝宽度计算

按式 2.1.4-19

$$\delta_{fmax} = C_1 C_2 C_3 \frac{\sigma_g}{E_g} \left(\frac{30 + d_e}{0.28 + 10\mu}\right)$$

其中：$C_1 = 1.0$　　$C_2 = 1.0$　　$C_3 = 1.0$

$$\mu = \frac{A_g}{bh_0} = \frac{74.14}{18 \times 118.8} = 0.035$$

按《公路钢筋混凝土及预应力混凝土桥涵设计规范》(JTJ 023—85) 的规定，当 $\mu > 0.02$ 时，取 $\mu = 0.02$。

$$d_e = \frac{n_1 d_1 + n_2 d_2}{n_1 + n_2} = \frac{8 \times 32 + 2 \times 25}{8 + 2} = 30.6\text{mm}$$

把加固预应力作为外力，抵消部分使用荷载，由预加应力产生的抵抗弯矩为：

$$M_y = A_y \sigma_{ye} (h + c - y_{上})$$

$$= 9.8 \times 10^{-4} \times 564 \times 10^3 \times (1.3 + 0.12 - 0.382)$$

$$= 573.7\text{kN} \cdot \text{m}$$

根据《公路钢筋混凝土及预应力混凝土桥涵设计规范》(JTJ 023—85)，荷载 M_q 取不计安全系数的荷载组合，查弯矩组合表 4-12。

$$M_q = 926.3 + 133.4 + 745.7 = 1805.4\text{kN} \cdot \text{m}$$

$$M = M_q - M_g = 1805.4 - 573.7 = 1231.7\text{kN} \cdot \text{m}$$

$$\sigma_g = \frac{M}{0.87 A_g h_0} = \frac{1231.7}{0.87 \times 74.14 \times 10^{-4} \times 1.188} \times 10^{-3}$$

$$= 160.7\text{MPa}$$

$$\delta_{fmax} = C_1 C_2 C_3 \frac{\sigma_g}{E_g} \left(\frac{30 + d_e}{0.28 + 10\mu}\right)$$

$$= 1.0 \times 1.0 \times 1.0 \times \frac{160.7}{2.0 \times 10^5} \times \left(\frac{30 + 30.6}{0.28 + 10 \times 0.02}\right)$$

$=0.101\text{mm}<0.2\text{mm}$

满足规范要求。

②加固体系挠度计算：

截面开裂弯矩：

$$M_{\mathrm{f}}=(\sigma_{\mathrm{h}}+\gamma R_{\mathrm{L}}^{\mathrm{b}})W_{0\mathrm{x}}$$

因为采用了体外预应力加固，是无粘结预应力结构，在换算截面特性计算中不计预应力筋的影响，跨中换算截面面积：

$$\begin{aligned}A_{\mathrm{h}}&=0.112\times(1.9-0.18)+0.18\times1.3\\&=0.42664\text{m}^2\\A_0&=A_{\mathrm{h}}+(n_{\mathrm{g}}-1)A_{\mathrm{g}}\\&=0.42664+(7.02-1)\times74.14\times10^{-4}\\&=0.47127\text{m}^2\end{aligned}$$

式中：n_{g}——普通钢筋的弹性模量与混凝土弹性模量之比。

$$n_{\mathrm{g}}=E_{\mathrm{g}}/E_{\mathrm{h}}=2.0\times10^5/2.85\times10^4=7.02$$

换算截面形（重）心轴的位置

$$\begin{aligned}y_0&=\frac{\sum A_{\mathrm{i}}y_{\mathrm{i}}}{\mathrm{A}_0}\\&=\frac{0.42664\times0.382+(7.02-1)\times74.14\times10^{-4}\times1.188}{0.47127}\\&=0.4583\text{m}\end{aligned}$$

换算截面对形心轴的惯性矩

$$\begin{aligned}I_0&=I_{\mathrm{h}}+A_{\mathrm{h}}(y_0-y_{上})^2+(n_{\mathrm{g}}-1)A_{\mathrm{g}}(h_0-y_0)^2\\&=0.0641+0.42664\times(0.4583-0.382)^2+(7.02-1)\\&\quad\times74.14\times10^{-4}\times(1.188-0.4583)^2\\&=0.09025\text{m}^4\end{aligned}$$

换算截面对形心轴的最大静矩

$$\begin{aligned}S_0&=\frac{1}{2}by_0^2+(b'_{\mathrm{i}}-b)h'_{\mathrm{i}}\left(y-\frac{h'_{\mathrm{i}}}{2}\right)\\&=\frac{1}{2}\times0.18\times0.4583^2+(1.9-0.18)\times0.112\times\left(0.4583-\frac{0.112}{2}\right)\\&=0.0964\text{m}^3\end{aligned}$$

换算截面对受拉边缘的截面抵抗模量

$$W_{0\mathrm{x}}=\frac{I_0}{y_0}=\frac{0.09025}{0.4583}=0.197\text{m}^3$$

受拉区塑性系数

$$\gamma=\frac{2S_0}{W_0}=\frac{2\times0.0964}{0.197}=0.979$$

受拉边缘有效预压应力

$$\sigma_h = \frac{\sigma_{ye} A_y}{A_0} + \frac{\sigma_{ye} A_y e_y}{W_{ox}}$$

$$= \frac{564 \times 9.8 \times 10^{-4}}{0.47127} + \frac{564 \times 9.8 \times 10^{-4} \times (1.3 + 0.12 - 0.4583)}{0.197}$$

$$= 3.871\text{MPa}$$

查《公路钢筋混凝土及预应力混凝土桥涵设计规范》(JTJ 023—85) 表：$R_l^b = 1.9\text{MPa}$

截面开裂弯矩：

$$M_f = W_{ox}(\sigma_h + \gamma R_l^b)$$

$$= 0.197 \times (3.871 + 0.979 \times 1.9) \times 10^6 \times 10^{-3}$$

$$= 1129.0\text{kN} \cdot \text{m}$$

截面开裂后中性轴位置方程

$$x^3 + 3e_N x^2 + Dx + C = 0$$

其中：e_N——等效偏心压力至截面顶边的距离

$$e_N = \frac{M}{N_{y0}} - h_y$$

回转半径：
$$r^2 = \frac{I_0}{A_0} = \frac{0.09025}{0.47127} = 0.1915\text{m}^2$$

$$N_{y0} = N_y \left[1 + \frac{n_y A_y}{A_0}\left(1 + \frac{e_y^2}{r^2}\right)\right]$$

$$= 564 \times 10^6 \times 9.8 \times 10^{-4} \times 10^{-3} \left[1 + \frac{7.02 \times 9.8 \times 10^{-4}}{0.47127}\right.$$

$$\left.\left(1 + \frac{(1.3 + 0.12 - 0.4583)^2}{0.1915^2}\right)\right]$$

$$= 764.2\text{N}$$

$$e_N = \frac{M}{N_{y0}} - h_y = \frac{1805.4}{764.2} - 1.3 - 0.12 = 0.942\text{m}$$

求解中性轴方程的系数：

$$D = \frac{3}{b}[(b'_i - b)h'^2_i + 2(b'_i - b)h'_i e_N + 2n_g A_g(h_g + e_N) + 2n_y A_y(h_y + e_N)]$$

$$= \frac{3}{0.18}[(1.9 - 0.18) \times 0.112^2 + 2 \times (1.9 - 0.18) \times 0.112 \times 0.942 + 2 \times 7.02$$

$$\times 74.14 \times 10^{-4}(1.188 + 0.942) + 2 \times 7.02 \times 9.8 \times 10^{-4} \times (1.42 + 0.942)]$$

$$= 10.646$$

$$C = -\frac{1}{b}[(b'_i - b)h_i^3 + 3(b'_i - b)h_i'^2 e_N + 6n_g A_g h_g(h_g + e_N) + 6n_y A_y h_y(h_y + e_N)]$$

$$= -\frac{1}{0.18}[2 \times (1.9 - 0.18) \times 0.112^3 + 3 \times (1.9 - 0.18) \times 0.112^2 \times 0.942$$

$$+ 6 \times 7.02 \times 74.14 \times 10^{-4} \times 1.188 \times (1.188 + 0.942)$$

$$+6\times7.02\times9.8\times10^{-4}\times1.42\times(1.42+0.942)]$$

$$=-5.525$$

代入方程：

$$x^3+2.826x^2+10.646x-5.525=0$$

用迭代法求解：

$$x=0.455\text{m}$$

开裂后换算截面几何特性

$$A_{01}=(1.9-0.18)\times0.112+0.18\times0.455+7.02\times74.14\times10^{-4}=0.3266\text{m}^2$$

开裂截面对梁顶的截面静矩：

$$S_{01}=(1.9-0.18)\times0.112\times\frac{0.112}{2}+0.18\times\frac{0.455^2}{2}+7.02\times74.14\times10^{-4}\times1.188$$

$$=0.09125\text{m}^3$$

开裂截面重心轴至截面上缘的距离：

$$y_{01}=\frac{S_{01}}{A_{01}}=\frac{0.09125}{0.3266}=0.279\text{m}$$

开裂截面惯矩：

$$I_{01}=\frac{1}{12}(1.9-0.18)\times0.112^3+(1.9-0.18)\times0.112\times\left(0.279-\frac{0.112}{2}\right)^2$$

$$+\frac{1}{12}\times0.18\times0.455^3+0.18\times0.455\times(0.455-0.275)^2$$

$$+7.02\times74.14\times10^{-4}\times(1.188-0.279)$$

$$=0.0567\text{m}^4$$

短期荷载下跨中总挠度：

$$f_0=\frac{5}{48}\cdot\frac{l^2}{0.85E_h}\left(\frac{M_f}{I_0}+\frac{M-M_f}{I_{01}}\right)$$

$$=\frac{5}{48}\times\frac{19.4^2}{0.85\times2.85\times10^4\times10^6}\left(\frac{1129.0}{0.09025}+\frac{1805.4-1129.0}{0.0567}\right)\times10^3\times10^3$$

$$=39.5\text{mm}$$

恒载作用下梁的挠度按不开裂截面计算

$$f_g=\frac{5}{48}\times\frac{M_g l^2}{0.85E_h I_0}$$

$$=\frac{5}{48}\times\frac{926.3\times10^3\times19.4^2\times10^3}{0.85\times2.85\times10^4\times10^6\times0.09025}$$

$$=16.6\text{mm}$$

活载挠度

$$f=f_0-f_g=39.5-16.6$$

$$=22.9\text{mm}<\frac{L}{600}=\frac{19400}{600}=32.3\text{mm}$$

满足规范要求。

§1.5 粘贴钢板加固技术

一、特点及适用范围

1. 粘贴加固的优点

由于桥梁结构补强加固的胶粘剂，其粘结强度应该大于等于被粘材料本身的强度，能与被粘合构件成为整体。实践表明，粘贴钢板加固钢筋混凝土桥梁构件，具有如下优点。

(1) 技术先进，性能良好。

将强度高的钢板粘贴于被加固的钢筋混凝土梁受力部位，不仅能保证混凝土和钢板作为一个新的整体共同受力，而且能最充分地发挥粘贴钢板的强度，封闭粘贴部位加固构件的裂缝，约束混凝土变形，从而有效地提高加固构件的刚度与抗裂性；同时可以任意地依设计需要与可能而粘贴，有效地发挥粘钢构件地抗弯、抗剪、抗压地性能，其受力均匀，不会在混凝土中产生应力集中现象。

(2) 所占空间小，不影响被加固结构外观和使用空间。

由于加固体大都是一层 3～4mm 厚钢板粘贴于相对体形或厚度大得多地结构上，因此，加固体所占空间小，基本上不影响外观。加固施工所需空间，也可视净空要求，采用支顶、活动卡和锚栓加压粘贴。

(3) 加固施工周期短。

由清理、修补加固构件表面，将钢板粘贴于构件上，到加压固化，大约 1～2 天时间，比其他的加固法大大节省施工时间。

(4) 材料消耗小。

钢材可按计算的需要量粘贴于构件的加固部位，并和原构件共同协调受力。

(5) 工艺简便

粘贴钢板加固工序为，对加固构件表面清理和修补、钢板除锈、拌胶粘贴、加压固化、钢板外露面涂刷防锈漆等；施工工艺简便，只要认真细致，每道工序较容易达到操作规程要求。

由于粘钢加固法有一系列优点，虽然用于桥梁工程中的时间不长，但发展迅速，应用越来越广泛。

2. 适用范围

试验资料表明，建筑结构胶的粘结抗剪强度随温度而变，当温度高于 60℃时，强度开始下降。试件长期泡在水中，强度也有所降低，因而粘贴钢板加固法广泛应用于无化学腐蚀桥梁结构中。

外部粘贴钢板加固试验，目前受弯构件静载试验较多，缺乏动载试验，特别是疲劳性能试验资料甚少。我国用胶来粘贴钢板加固构件的时间不长，使用最多的是环氧类建筑结构胶。这种胶有较为系统的试验和工程使用经验，性能较为可靠，但目前胶种发展很快，有的性能已相当不错。为不妨碍建筑结构胶的发展，而在使用上又安全可靠，故对新胶种应持慎重态度，通过系统的试验和试点，取得经验后逐步推广使用。

3. 材料要求

加固所用的胶粘剂，必须是强度高、耐久性好、具有一定弹性。目前所用的环氧类结构胶的粘结抗剪、抗拉强度随被粘基层材料种类而异。当基层材料为钢材，破坏发生在胶层，粘结强度接近于胶本身的强度；当基层材料为混凝土时，破坏发生在混凝土上，粘结强度等于混凝土的强度。

混凝土的抗剪强度试验值 R_V^0、标准值 R_V^K 及设计值 R_V，可采用中国建筑科学研究院结构所试验统计数据（表 2.1.5-1）；混凝土的轴心抗拉强度标准值及设计值按现行规范规定采用。

加固用钢板，一般以 3 号钢或 16 锰钢为宜，钢板、连接螺栓及焊缝的强度设计值，应按现行钢结构设计规范规定采用。

混凝土抗剪强度（MPa）　　表 2.1.5-1

强度名称 \ 混凝土强度 强度	C15	C20	C25	C30	C35	C40	C45	C50	C55	C60
试验值 R_V^0	2.25	2.70	3.15	3.55	3.90	4.30	4.65	5.00	5.30	5.60
标准值 R_V^K	1.70	2.10	2.50	2.85	3.20	3.50	3.80	3.90	4.00	4.10
设计值 R_V	1.25	1.75	1.80	2.10	2.35	2.60	2.80	2.95	2.95	3.10

二、粘贴加固梁破坏特征与受力分析

1. 粘贴加固梁的破坏特征

许多试验表明，粘贴钢板加固梁板破坏时，粘贴在梁底的钢板可以达到屈服强度。在适筋范围内，随着荷载的增加，原梁中钢筋屈服，钢板随着也达到屈服，随即混凝土被压碎而破坏。

也有部分试验表明，粘贴在梁底的钢板未达到屈服强度，而是钢板与混凝土间撕脱导致加固梁破坏。这种破坏没有明显的预兆，钢板与混凝土间粘结突然撕脱，梁中钢筋应力突增，很快进入强化阶段而脆性破坏。

2. 粘贴钢板加固梁受力分析

对于粘贴钢板加固梁，由于原受拉钢筋的极限应变为 $\varepsilon_{gu}=0.11$。比 3 号钢钢板比例极限应变值 $\varepsilon_{gu}=0.001\sim0.0025$ 大 10 倍以上，虽然加固梁钢板比原钢筋有应力滞后现象，但在破坏时，钢板一般均能达到屈服强度，因此其截面受力可按一般受弯构件计算。

同时也应注意到，由于粘贴钢板的应力滞后，当钢板达到屈服时，加固梁的挠度及裂缝就偏大。

部分试验和实践表明，加固梁破坏时钢板未达到屈服强度，梁的破坏是钢板与混凝土间撕脱所致，其承载力远低于钢板到达屈服时承载力，并且是脆性破坏。这种现象应避免出现。造成此种破坏主要有三方面原因。

（1）锚固长度不够

在混凝土表面粘结钢板与埋在混凝土中的钢筋相比，受力较为不利。钢板的拉力仅仅依靠单面的粘结应力来平衡。钢板的合力与粘结应力不在一条线上，它们形成一个力偶，使钢板产生与梁的弯曲方向相反的变形，起着剥离钢板的作用，容易使钢板撕脱，因而要求有较长的锚固长度。一般要求锚固长度：受拉区不得小于 $200t$（t 为钢板厚度），亦不得小于

600mm；受压区不得小于 160t，亦不得小于 480mm。

(2) 粘结剂的质量问题

钢板能否有效地参与原梁的工作，主要取决于钢板与混凝土之间粘结力的抗剪和抗拉强度。胶粘剂的质量对强度影响极大，应认真选择。由于原材料质量、工艺操作变化，不同厂家生产出来的结构胶质量不一，若质量不佳，粘贴钢板加固受力时，容易出现钢板撕脱而破坏。故现场使用的结构胶应及时检验，其强度指标应不低于混凝土强度，但检验结构胶的方法尚无统一标准，只能参照已有经验进行。

(3) 施工质量的影响

粘贴钢板加固的效果与施工质量密切相关。粘贴钢板加固梁出现钢板撕脱主要是施工质量不佳引起的。其中表面处理，包括加固构件结合处理及钢板粘合处理，是最关键的工序，应根据构件表面的新旧程度、坚实程度、干湿程度，分别对待，认真处理。粘贴、固定与加压应追踪检查，保证粘贴密实。否则非常容易出现粘贴钢板受力撕脱。为了保证工程质量，粘贴加固必须由专业化施工队伍施工。

三、粘贴钢板加固计算

1. 梁（板）受拉区粘贴钢板加固计算

(1) 承载能力计算

梁（板）正截面强度不足时，可采用在受拉区表面粘贴钢板予以加固，如图 2.1.5-1 所示。

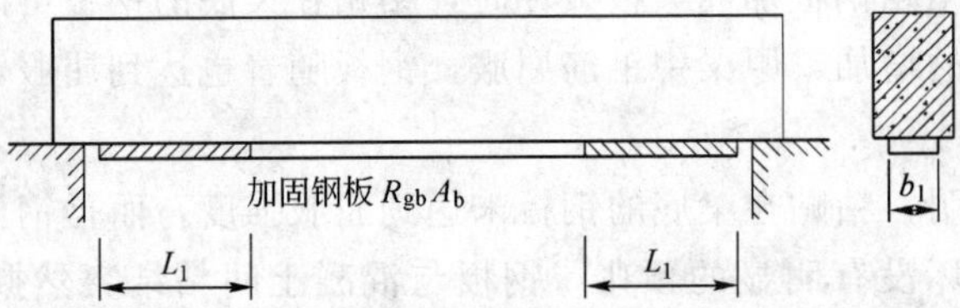

图 2.1.5-1 粘贴钢板加固受力计算区段图式

此时，矩形截面受弯承载力可按下式进行计算：

$$R_a bx = R_g A_g - R'_g A'_g + 0.9 R_{gb} A_b$$

$$M_j = \frac{1}{\gamma_s} R_g A_g \left(h_0 - \frac{x}{2}\right) + \frac{0.9}{\gamma_s} R_{gb} A_b \left(h_{01} - \frac{x}{2}\right)$$

式中：R_g——原构件纵向钢筋抗拉强度设计值；

R'_g——原构件纵向钢筋抗压强度设计值；

A_g——原构件纵向受拉钢筋截面面积；

A'_g——原构件纵向受压钢筋截面面积；

R_{gb}——加固钢板抗拉强度设计值；

A_b——加固钢板截面面积；

0.9——考虑加固钢板的应力滞后、撕脱力影响等的强度折减系数；

R_a——原构件混凝土弯曲抗压强度设计值；

x——混凝土受压区高度；

b——原构件的宽度；

h_{01}——粘贴钢板重心至混凝土梁上缘的距离；

h_0——受拉钢筋重心至混凝土梁上缘的距离；

γ_s——钢筋安全系数，取 $\gamma_s=1.25$。

（2）钢板锚固粘结长度计算

钢板锚固粘结长度 L_1，是指在原梁不需要加固截面以外的粘贴钢板的延伸长度。它保证了钢板在拉断之前不发生脱胶等粘结破坏。要求钢板在锚固区的粘结受剪承载力 V_j 必须大于钢板的受拉（受压）承载力 T_j，其锚固长度按下式计算：

$$L_1 \geqslant 2R_{gb}t_a/R_V$$

式中：t_a——受拉加固钢板厚度；

R_V——被粘混凝土抗剪强度设计值；

R_{gb}——加固钢板抗拉强度设计值。

公式中系数 2 为锚固区剪应力分布不均匀系数，近似按三角形考虑。

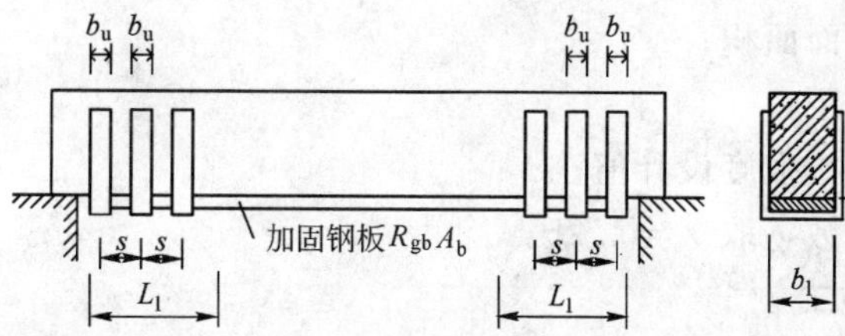

图 2.1.5-2　锚固长度计算图式

若钢板粘贴长度不能满足计算长度 L_1，可在钢板的端部锚固粘结 U 型箍板，如图 2.1.5-2 所示。当箍板与补强钢板间的粘结受剪承载力小于或等于箍板与混凝土间的粘结受剪承载力时，锚固承载力为加固钢板与混凝土间的粘结受剪承载力及箍板与加固钢板间的粘结受剪承载力之和；反之锚固承载力则为加固钢板和箍板与混凝土间的粘结受剪承载力之和，其计算公式为：

当 $R_{gV}b_1 \leqslant 2R_Vb_u$ 时

$$R_{gb}A_b \leqslant 0.5R_vb_1L_1 + 0.7nR_{gV}b_ub_1$$

当 $R_{gV}b_1 > 2R_Vb_u$ 时

$$R_{gb}A_b \leqslant (0.5b_1L_1 + nb_uL_u)\ R_{gv}$$

式中：n——每端箍板数量；

b_u——箍板宽度；

L_u——箍板单肢的梁侧混凝土的粘结长度；

R_{gv}——钢与钢粘接抗剪设计值。

2. 斜截面承载力极限状态计算

当梁的斜截面受剪承载力不足时，可采用局部粘贴并联 U 形箍板进行加固（图 2.1.5-3），此时斜截面受剪承载力按下式计算：

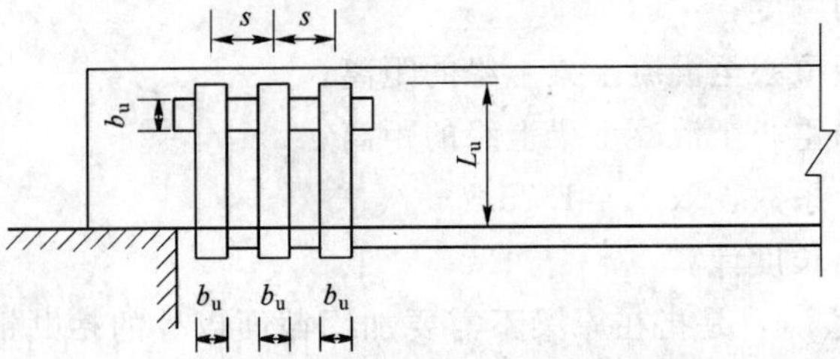

图 2.1.5-3 受剪 U 形箍板锚固计算图式

$$Q_j = Q_0 + \frac{2}{\gamma_s} R_{gb} A_{b1} \frac{L_u}{s}$$

同时，必须满足以下条件

$$\frac{L_u}{s} \geqslant 1.5$$

式中：Q_j——斜截面受承载剪力设计值；

Q_0——原构件斜截面受剪承载力设计值；

A_{b1}——单肢箍板截面面积；

s——箍板轴线间距；

R_{gb}——加固钢板抗拉强度设计值；

γ_s——钢筋安全系数，取 $\gamma_s = 1.25$。

四、粘贴钢板加固施工

1. 构造要求

粘贴钢板加固结合面的粘结强度主要取决于混凝土强度，因此被加固构件的混凝土强度不能太低。一般粘贴钢板加固基层的混凝土强度等级不应低于 C20。

粘贴钢板板厚度主要根据结合面混凝土强度、锚固区长度及施工操作要求而定。钢板愈厚所需锚固长度就愈长，而且很硬，不好粘贴；反之，钢板愈薄，相对用胶量就愈大，不经济。根据经验，粘贴钢板厚度以 2～6mm 为宜，一般取 4mm。

粘贴钢板在加固点外的锚固长度，除满足计算外，还必须满足一定的构造要求。对于大跨径结构或经受反复荷载的结构，锚固区尚宜增设 U 型箍板或螺栓等附加锚固措施。

为了延缓胶层老化，防止钢板锈蚀，钢板及其邻接的混凝土表面，应进行密封防水防腐处理。简单而有效的办法是用 M15 水泥砂浆抹面，其厚度对于梁不应小于 20mm，对于板不应小于 15mm。

2. 施工要点

粘贴钢板加固施工应按图 2.1.5-4 工艺流程进行。

(1) 表面处理

表面处理包括加固构件结合面处理和钢板贴合面处理，是粘贴钢板加固施工过程最关键的工序。

对于混凝土构件结合面应根据构件表面的新旧程度、坚实程度、干湿程度，分别按以下四种情况处理。

①对很旧很脏的混凝土构件的粘合面，应先用硬毛刷沾高效洗涤剂，刷除表面油垢污物

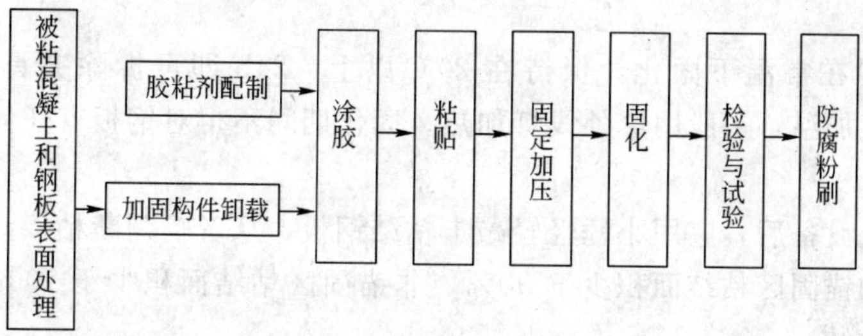

图 2.1.5-4 粘钢加固施工工艺流程框图

后用冷水冲洗，再对粘合面进行打磨、除去 2～3mm 厚表层，直至完全露出新鲜面，并用压缩空气除去粉尘。处理后，若表面严重凹凸不平，可用环氧树脂砂浆修补。

②如果混凝土表面不是很脏很旧，可直接对粘合面进行打磨，去掉 1～2mm 厚表层，用压缩空气除去粉尘，用棉花沾丙酮擦拭表面。

③对于新混凝土粘合面，先用角磨机将粘合面磨平，再用钢丝刷将表面松散浮渣刷去，用棉花沾丙酮擦拭表面。

④对于龄期在 3 个月以内，或湿度较大的混凝土构件，粘钢前尚须进行人工干燥处理。

对于钢板粘合面，应根据钢板锈蚀程度，分别按以下两种方法处理：

①如钢板未生锈或轻微锈蚀，可用喷砂、砂布或平砂轮打磨，直至出现金属光泽。打磨粗糙度越大越好，打磨纹路尽量与钢板受力方向垂直。然后用脱脂棉花沾丙酮擦拭干净。

②如钢板锈蚀严重，须先用适度盐酸浸泡 20min，使锈层脱落，再用石灰水冲洗，中和酸离子、最后用平砂轮打磨出纹道，再用丙酮擦拭干净。

(2) 卸荷

为了减轻粘贴钢板的应力、应变滞后现象，粘贴钢板及胶液固化期间应封闭交通。

(3) 配胶

目前结构加固用胶粘剂中最常用的是环氧类粘结剂。环氧类粘结剂分为甲、乙两组，使用前应进行现场质量检验，合格后方能使用。使用时将甲、乙两组分别按说明规定混合在一起，用转速为 100～300r/min 的轴式搅拌器搅拌，至色泽均匀为止。容器内不得有油污，搅拌时应避免水进入容器，并按同一方向进行搅拌，以免带入空气形成气泡，降低粘结性能。

(4) 粘贴

粘结剂配制好后，用抹刀同时涂抹在已处理好的混凝土表面和钢板上，厚度 1～3mm，中间厚边缘薄。然后将钢板贴于预定位置，若是立面粘贴，为防止流淌，可加一层脱蜡玻璃丝布。粘好钢板后，用手锤沿粘贴面轻轻敲击钢板，如无空洞声，表示已粘贴密实，否则应剥下钢板补胶，重新粘贴。

(5) 固定与加压

钢板粘贴好后立即用特制 U 型夹具夹紧或用木杆顶撑，压力保持为 0.05～0.1MPa，以使胶液刚从钢板边缝挤出为度。若用膨胀螺栓固定，膨胀螺栓一般是钢板的永久附加锚固，其埋设孔洞应与钢板一道于涂胶前钻成。

(6) 固化

环氧类粘结剂在常温下固化，保持在 20℃以上，24h 即可拆除夹具或支撑，若低于 15℃，应采用人工加温，一般用红外线灯加热。固化期间不得对钢板有任何扰动。

(7) 检验

撤除临时固定设备后，应用小锤轻轻敲击粘结钢板，从音响判断粘接效果或用超声波法探测粘贴密度。如锚固区粘结面积少于 90%，非锚固区粘结面积少于 70%，则此粘结件无效，应剥下重新粘结。

对于重大工程，为了真实检验其加固效果，尚需抽样进行荷载试验，一般仅作标准使用荷载试验，即在标准荷载作用下，加固结构的变形和裂缝开展应满足设计的使用要求。

(8) 防腐处理

粘贴钢板加固的钢板，应按设计要求进行防腐处理。可在钢板表面粉刷水泥砂浆保护，如钢板面积较大，为了有利于砂浆粘贴，可粘一层铅丝网或点粘一层豆石。并在抹灰时涂刷一道混凝土界面剂。水泥砂浆的厚度：对于梁不应小于 20mm，对于板不应小于 15mm。

§1.6 粘贴碳纤维片材加固法

一、特点及适用条件

粘贴碳纤维（CFRP）片材具有轻质高强、操作简单、易于粘贴、不锈蚀的优点，可用于抗弯、抗剪、抗压（偏心受压）及抗震等多种形式的加固。

该方法适用于混凝土梁、板桥的抗弯和抗剪加固。对于配筋率较低或钢筋锈蚀严重的旧桥，加固效果尤为显著。该法还适用于混凝土墩柱的抗剪、抗压补强，抗震延性补强以及地震破坏后的修复等。其适用性见表 2.1.6-1。

需要注意是，在采用该技术加固时必须严格遵守材料商对碳纤维片材和粘结剂等提供的环境要求（如温度，湿度等）。

CFRP 片材对于各种加固类型的适应性　　表 2.1.6-1

加固类型 \ CFRP 片材		CFRP 板	CFRP 织物
梁桥加固	抗弯	最佳适用	适用
	抗剪	适用	最佳适用
板梁加固	抗弯	最佳适用	适用
	抗剪		
墩柱加固	抗剪	适用	最佳适用
	抗偏压	适用	最佳适用
	抗震		适用
薄壁板加固	抗弯	最佳适用	适用
	抗剪		最佳适用
	抗震	适用	适用

二、材料要求

纤维片和粘结剂必须由供应商配套提供，并同时给出材料的各项性能指标。若无法提供材料性能指标，可参考表 2.1.6-2 和表 2.1.6-3 的材料性能指标。

碳纤维片材的主要力学性能要求　　表 2.1.6-2

性　　能	CFRP 板	CFRP 布
抗拉强度（MPa）	≥2000	≥3000
弹性模量（MPa）	$\geqslant 1.4\times10^5$	$\geqslant 2.1\times10^5$
伸长率（%）	≥1.4	≥1.4

环氧树脂粘结剂的主要性能指标　　表 2.1.6-3

性能（20℃）	环氧树脂粘结剂	剪切强度（MPa）	10－30
密度（kg/m^3）	1100－1700	抗压强度（MPa）	55－110
弹性模量（GPa）	0.5－20	破断拉应变（%）	0.5－5
剪切模量（GPa）	0.2－8	近似的断裂能（Jm－2）	200－1000
泊松比	0.3－0.4	热膨胀系数（10^{-6}/℃）	25－100
拉伸强度（MPa）	9－30	玻璃转换温度（℃）	45－80

三、力学特点

碳纤维片材受拉时呈线弹性性能直至破坏，其脆性性能与钢筋的延性有明显的区别。一方面碳纤维片材不具备钢筋所拥有的延性，加固后结构的延性将受到限制；另一方面由于碳纤维片材的延性缺乏，构件中的应力重分布将受到约束。因此，在粘贴碳纤维片材的结构设计中不能简单地将碳纤维片材作为钢筋的替代物，必须考虑碳纤维片材的脆性特点。

四、设计计算

1. 设计原则

(1) 混凝土桥梁结构自重大，加固时不能完全卸载，必须考虑二次受力。

(2) 混凝土桥梁结构尺度大，由实验室条件下得到的经验公式不一定都能适用于桥梁结构的加固，因此必修对这些公式进行修正，如修正安全系数等。

(3) 加固设计计算时，所有的设计状况和荷载组合都必须考虑到。计算过程包括承载能力极限状态和正常使用极限状态的验算。一般情况下，正常使用极限状态将控制加固设计。

(4) 承载力极限状态的验算要考虑到可能发生的各种破坏形态。通常将破坏模式分为两大类，即粘贴碳纤维片材后能整体工作的构件与不能整体工作的构件（如发生片材脱落等早期破坏的情况）。

(5) 正常使用极限状态的验算包括：①应力的限制以避免钢筋的屈服、混凝土的破坏或过度徐变和 CFRP 的断裂；②变形的限制；③开裂的限制（包括粘结界面）以保证结构的耐久性与粘结的完整性。

(6) 意外的设计情况（即特殊的设计）应考虑由于撞击、人为破坏或火灾等引起的碳纤维片材的脱落。

2. 抗弯加固设计计算

(1) 抗弯加固方法

抗弯加固通常是在构件的受拉面粘贴 FRP 片材，当条件不允许时也可以在构件的侧面粘贴 FRP 片材（图 2.1.6-1）。FRP 片材中还可以施加预应力，从而更大程度地提高构件地承载能力，但施加预应力需要较为复杂张拉设备和锚固设施。

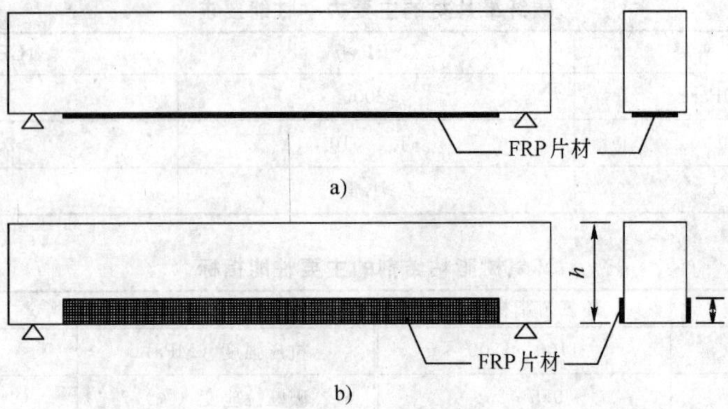

图 2.1.6-1 FRP 片材粘贴位置示意图

a）受拉面粘贴 FPR 片材；b）侧面粘贴 FRP 片材

通常在 FRP 片材端部设置附加锚固措施，以增强其端部锚固性能。常见的附加锚固措施有 U 型 FRP 条带锚固和钢板锚固等（图 2.1.6-2）。

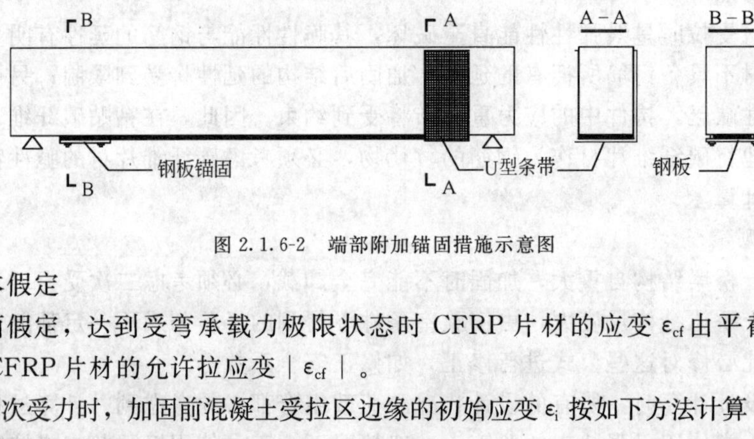

图 2.1.6-2 端部附加锚固措施示意图

（2）基本假定

①平截面假定，达到受弯承载力极限状态时 CFRP 片材的应变 ε_{cf} 由平截面假定确定，但不应超过 CFRP 片材的允许拉应变 $|\varepsilon_{cf}|$。

②考虑二次受力时，加固前混凝土受拉区边缘的初始应变 ε_i 按如下方法计算（图 2.1.6-3）。

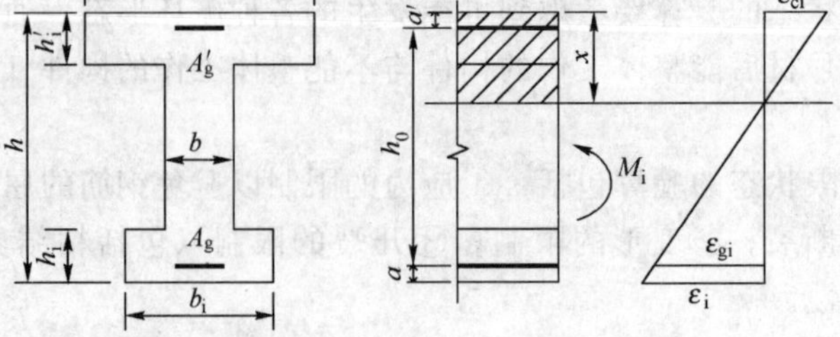

图 2.1.6-3 初始弯矩作用下的截面应变计算图式

$$\varepsilon_i = \frac{h}{h_0}(\varepsilon_{ci} + \varepsilon_{gi}) - \varepsilon_{ci} \tag{2.1.6-1}$$

$$\varepsilon_{ci}=\frac{M_i}{\zeta E_h b h_0^2},\varepsilon_{gi}=\frac{\psi}{\eta}\frac{M_i}{E_g A_g h_0}$$

$$\zeta=\frac{(1+3.5\gamma'_f)n_g\rho}{0.2(1+3.5\gamma'_f)+6n_g\rho},\psi=1.1-0.65\frac{R_l^b}{\sigma_{gi}\rho_{te}}$$

$$\sigma_{gi}=\frac{M_i}{A_g\eta h_0}$$

式中：M_i——加固前计算截面作用的初始弯矩值；

ε_i——初始弯矩作用下混凝土受压边缘的压应变；

ε_{gi}、σ_{gi}——初始弯矩作用下受拉钢筋的应变和应力；

ζ——受压边缘混凝土压应变综合系数；

η——内力臂系数，近似取 0.87；

n_g——钢筋弹性模量与混凝土弹性模量之比值，$n_g=E_g/E_h$；

ρ——受拉钢筋配筋率，$\rho=A_g/bh_0$；

ρ_{te}——按有效受拉混凝土截面面积计算的配筋率。

$$\rho_{te}=A_g/A_{te}$$

其中：A_{te}——有效受拉混凝土面积，对受弯构件，$A_{te}=0.5bh+(b_i-b)h_i$；

b_i、h_i——分别为受压翼缘的宽度和高度；

对于矩形截面 $A_{te}=0.5bh$；

R_l^b——混凝土抗拉强度标准值；

γ'_f——受压翼缘加强系数，

$$\gamma'_f=\frac{(b'_i-b)h'_i}{bh_0}$$

b'_i、h'_i——分别为受压翼缘的宽度和高度，对于矩形截面 $\gamma'_f=0$。

当初始弯矩 M_i 小于未加固截面受弯承载力的 20%时，可忽略二次受力的影响。

③钢筋应力取钢筋应变与其弹性模量的乘积 $E_g\varepsilon_g$，但不大于其强度设计值；CFRP 片材的拉应力取其弹性模量与拉应变的乘积 $E_{cf}\varepsilon_{cf}$。

④达到受弯承载力极限状态前，CFRP 片材与混凝土之间不发生粘结破坏。

⑤CFRP 片材拉断时的应力取其弹性模量与允许拉应变的乘积 $E_{cf}[\varepsilon_{cf}]$，其中 $[\varepsilon_{cf}]$ 计算如下

$$[\varepsilon_{cf}]=k_m\varepsilon_{cfu} \tag{2.1.6-2}$$

$$k_m=1-\frac{n_{cf}E_{cf}t_{cf}}{420000} \tag{2.1.6-3}$$

其中：k_m——CFRP 片材厚度折减系数；

ε_{cfu}——CFRP 片材的极限拉应变；

n_{cf}——CFRP 片材的粘贴层数；

t_{cf}——单层 CFRP 片材的厚度，单位为 mm；

E_{cf}——CFRP 片材的弹性模量，单位取 MPa。

由式（2.1.6-2）计算得的 $[\varepsilon_{cf}]$ 不能大于 $2\varepsilon_{cfu}/3$ 与 0.01 的较小者，否则取 $[\varepsilon_{cf}]$ 等于它们中的最小者。

(3) 抗弯承载能力极限状态计算

①界限高度系数：CFRP 片材达到允许拉应变与受压区混凝压坏同时发生时，定义此时的混凝土受压区高度与截面高度的比值为界限高度系数，ξ_{cfb}，ξ_{cfb} 按下式进行计算（图 2.1.6-4）

$$\xi_{cfb}=\frac{x_b}{h}=\frac{\beta x_c}{h}=\frac{\beta\varepsilon_{hmax}}{\varepsilon_{hmax}+[\varepsilon_{cf}]+\varepsilon_i} \tag{2.1.6-4}$$

式中：x_c、x_b——分别为混凝土受压区高度和换算高度；

h——截面高度；

ε_{hmax}——混凝土的极限压应变，按《公路钢筋混凝土及预应力混凝土桥涵设计规范》(JTJ 023—85) 取 0.003；

β——高度换算系数，按《公路钢筋土及预应力混凝土桥涵设计规范》(JTJ 023—85) 取 0.9。

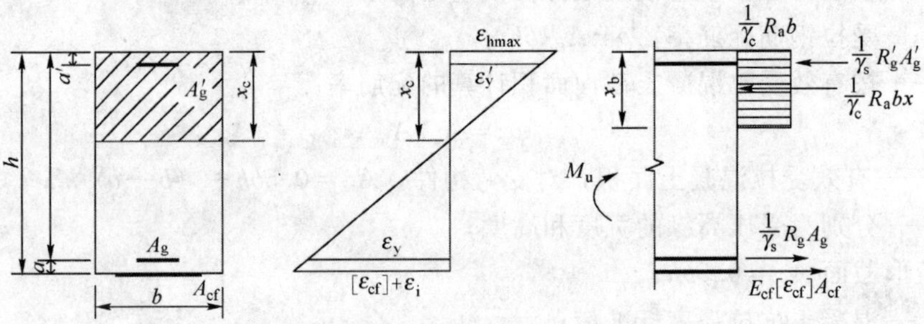

图 2.1.6-4 界限破坏计算图式

对于钢筋混凝土构件，《公路钢筋混凝土及预应力混凝土桥涵设计规范》(JTJ 023—85) 规定当满足 $x<\xi_{jg}h_0$ 时可使钢筋在破坏时达到屈服，然而对于加固后的钢筋混凝土构件，由于粘贴 CFRP 片材的影响，$x<\xi_{jg}h_0$ 时不一定能使钢筋达到屈服，因此为确保加固后钢筋仍能在破坏时屈服，要求受压区高度满足：

$$x<0.8\xi_{jg}h_0$$

②基本计算式

当 $\xi_{cfb}h<x<0.8\xi_{jg}h_0$ 时（图 2.1.6-5），有

$$M_u=\frac{1}{\gamma_c}R_abx\left(h_0-\frac{x}{2}\right)+\frac{1}{\gamma_s}R'_gA'_g(h_0-a')+E_{cf}\varepsilon_{cf}A_{cf}a \tag{2.1.6-5}$$

$$M_u=\frac{1}{\gamma_c}R_abx\left(h-\frac{x}{2}\right)+\frac{1}{\gamma_s}R'_gA'_g(h-a')-\frac{1}{\gamma_s}R_gA_ga \tag{2.1.6-6}$$

$$\frac{1}{\gamma_c}R_abx+\frac{1}{\gamma_s}R'_gA'_g=\frac{1}{\gamma_s}R_gA_g+E_{cf}\varepsilon_{cf}A_{cf} \tag{2.1.6-7}$$

$$\varepsilon_{cf}=\frac{\beta\varepsilon_{hmax}}{x}\left(h-\frac{x}{\beta}\right)-\varepsilon_i \tag{2.1.6-8}$$

式中：ξ_{jg}，M_u，γ_c，γ_s，R_a，R_g，R'_g，A_g，A'_g 等符号意义与《公路钢筋混凝土及预应力混凝土桥涵设计规范》(JTJ 023—85) 相同。

A_{cf}——粘贴 CFRP 片材的面积，取计算厚度与粘贴宽度的乘积（一层时）；

ε_{cf}——CFRP 片材的拉应变。

h、h_0、a、a'、b 及 x 等几何参数参照图 2.1.6-3～图 2.1.6-5。

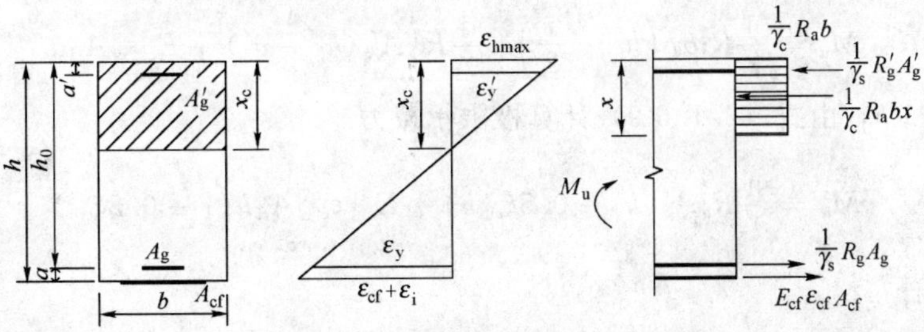

图 2.1.6-5 破坏时 CFRP 片材未被拉断计算图式

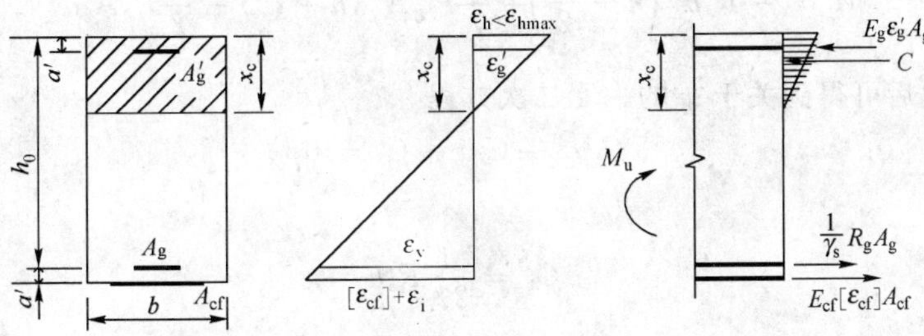

图 2.1.6-6 破坏时 CFRP 片材被拉断计算图式

当 $x<\xi_{cfb}h$ 时（图 2.1.6-6），CFRP 片材被拉断时混凝土尚未压坏。对于这种情况，可偏安全地取 $x=\xi_{cfb}h$，并忽略受压钢筋的作用，有

$$M_u=\frac{1}{\gamma_s}R_gA_g(h_0-0.5\xi_{cfb}h)+E_{cf}[\varepsilon_{cf}]A_{cf}h(1-0.5\xi_{cfb}) \tag{2.1.6-9}$$

③截面强度复核

已知计算弯矩 M_j 及 CFRP 片材加固量 A_{cf}，验算极限承载力 $M_j<M_u$。

假定 $x>\xi_{cfb}h$，则由式（2.1.6-7）、式（2.1.6-8）联合可求得 x，即

$$\begin{cases}\dfrac{1}{\gamma_c}R_abx+\dfrac{1}{\gamma_s}R'_gA'_g=\dfrac{1}{\gamma_s}R_gA_g+E_{cf}\varepsilon_{cf}A_{cf}\\ \varepsilon_{cf}=\dfrac{\beta\varepsilon_{hmax}}{x}\left(h-\dfrac{x}{\beta}\right)-\varepsilon_i\end{cases}$$

上式可化简为关于 x 的一元二次方程

$$C_1x^2+C_2x+C_3=0 \tag{2.1.6-10}$$

式中：

$$C_1=\frac{1}{\gamma_c}R_ab$$

$$C_2=\frac{1}{\gamma_s}R'_gA'_g-\frac{1}{\gamma_s}R_gA_g+E_{cf}A_{cf}(\varepsilon_{hmax}+\varepsilon_i)$$

$$C_3=-\beta E_{cf}A_{cf}\varepsilon_{hmax}h$$

解方程（2.1.6-10）可求得 x，若 $x>\xi_{cfb}h$，且 $x<0.8\xi_{jg}h_0$ 时，则假设成立，由式

(2.1.6-8) 求出 ε_{cf} 后即可按式 (2.1.6-5) 计算极限承载力

$$M_u = \frac{1}{\gamma_c} R_a bx\left(h_0 - \frac{x}{2}\right) + \frac{1}{\gamma_s} R'_g A'_g (h_0 - a') + E_{cf}\varepsilon_{cf} A_{cf} a$$

否则 $x < \xi_{cfb} h$，由式 (2.1.6-9) 计算极限承载力

$$M_u = \frac{1}{\gamma_s} R_g A_g (h_0 - 0.5\xi_{cfb} h) + E_{cf}[\varepsilon_{cf}] A_{cf} h(1 - 0.5\xi_{cfb})$$

④加固设计

已知计算弯矩 M_j，求 CFRP 片材的加固量 A_{cf}。

假定 $x > \xi_{cfb} h$，并令 $M_j = M_u$，则可由式 (2.1.6-6) 求得 x，即

$$M_j = \frac{1}{\gamma_c} R_a bx\left(h - \frac{x}{2}\right) + \frac{1}{\gamma_s} R'_g A'_g (h - a') - \frac{1}{\gamma_s} R_g A_g a$$

将上式简化后可得到关于 x 的一元二次方程

$$C_1 x^2 + C_2 x + C_3 = 0 \tag{2.1.6-11}$$

式中：

$$C_1 = \frac{1}{2\gamma_c} R_a b$$

$$C_2 = \frac{1}{\gamma_c} R_a bh$$

$$C_3 = \frac{1}{\gamma_s} R_g A_g a - \frac{1}{\gamma_s} R'_g A'_g (h - a') + M_j$$

由方程式 (2.1.6-11) 可解得 x，若 $x > \xi_{cfb} h$，且 $x < 0.8\xi_{jg} h_0$ 时，则假设成立，由式 (2.1.6-7) 可求得

$$A_{cf} = \left(\frac{1}{\gamma_c} R_a bx + \frac{1}{\gamma_s} R'_g A'_g - \frac{1}{\gamma_s} R_g A_g\right) \Big/ E_{cf}\varepsilon_{cf}$$

否则 $x < \xi_{cfb} h$，令 $M_j = M_u$，由式 (2.1.6-9) 可求得

$$A_{cf} = \left[M_j - \frac{1}{\gamma_s} R_g A_g (h_0 - 0.5\xi_{cfb} h)\right] \Big/ E_{cf}[\varepsilon_{cf}] h(1 - 0.5\xi_{cfb})$$

⑤T 形截面的计算

上述计算式均是针对矩形截面，对于 T 形截面按如下步骤计算：

先假定为第一类 T 形截面，即受压区高度 $x \leqslant h'_i$，此时可按宽度为 b'_i 的矩形截面（即 $b = b'_i$）计算出 x，分三种情况进行讨论：

a. 当求得的受压区高度 $x \leqslant h'_i$，且 $\xi_{cfb} h < x < 0.8\xi_{jg} h_0$ 时，与假定第一类 T 形截面相符，计算成立。

b. 当求得的受压区高度 $x \leqslant h'_i$，且 $x < \xi_{cfb} h$ 时，有可能为第一类 T 形截面，也有可能是第二类 T 形截面，但不管那一种情况，破坏时 CFRP 片材材都被拉断。此时仍偏安全地取 $x = \xi_{cfb} h$，并忽略受压钢筋的作用，于是仍然可用式 (2.1.6-9) 进行计算（图 2.1.6-7）。

c. 当求得的受压区高度 $x > h'_i$，与假定的第一类 T 形截面不相符，此时应按如下进行计算：

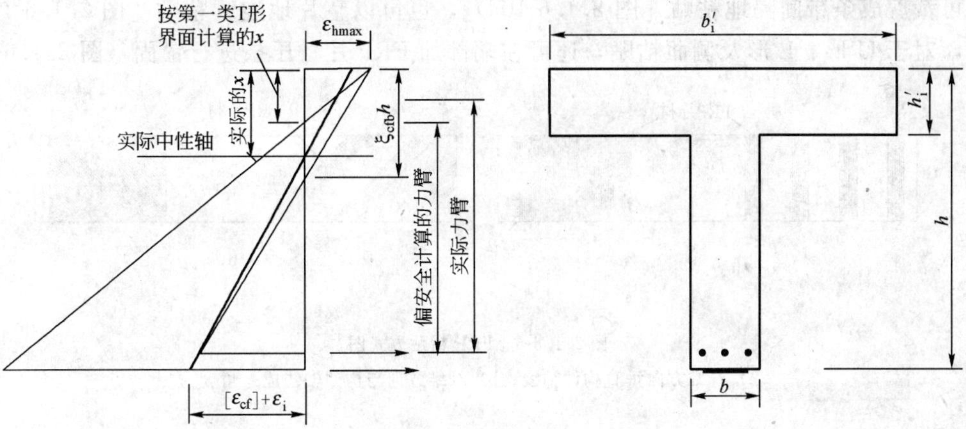

图 2.1.6-7　T 形截面计算图式

当 $\xi_{cfb}h<x<0.8\xi_{jg}h_0$ 时，式（2.1.6-5）～式（2.1.6-7）相应改为

$$M_u=\frac{1}{\gamma_c}R_a\left[(b'_i-b)h'_i\left(h_0-\frac{h'_i}{2}\right)+bx\left(h_0-\frac{x}{2}\right)\right]+\frac{1}{\gamma_s}R'_gA'_g(h_0-a')+E_{cf}\varepsilon_{cf}A_{cf}a$$

$$M_u=\frac{1}{\gamma_c}R_a\left[(b'_i-b)h'_i\left(h-\frac{h'_i}{2}\right)+bx\left(h-\frac{x}{2}\right)\right]+\frac{1}{\gamma_s}R'_gA'_g(h-a')-\frac{1}{\gamma_s}R_gA_ga$$

$$\frac{1}{\gamma_c}R_a[(b'_i-b)h'_i+bx]+\frac{1}{\gamma_s}R'_gA'_g=\frac{1}{\gamma_s}R_gA_g+E_{cf}\varepsilon_{cf}A_{cf}$$

方程（2.1.6-10）中的 C_2 系数相应地改为（C_1、C_3 不变）

$$C_2=\frac{1}{\gamma_c}R_a(b'_i-b)h_i+\frac{1}{\gamma_s}R'_gA'_g-\frac{1}{\gamma_s}R_gA_g+E_{cf}A_{cf}(\varepsilon_{hmax}+\varepsilon_i)$$

方程（2.1.6-11）中的 C_3 系数相应地改为（C_1、C_2 不变）

$$C_3=\frac{1}{\gamma_s}R_gA_ga-\frac{1}{\gamma_s}R'_gA'_g(h-a')-\frac{1}{\gamma_c}R_a(b'_i-b)h'_i\left(h-\frac{h'_i}{2}\right)+M_j$$

当 $x<\xi_{cfb}h$ 时，仍偏安全地取 $x=\xi_{cfb}h$，并忽略受压钢筋的作用，仍然可用式（2.1.6-9）进行计算。

（4）承载能力极限状态计算时应满足的规定

①为保证受拉钢筋充分屈服，受压区高度 x 不宜大于 $0.8\xi_{jg}h_0$。

②加固后受弯承载力的提高幅度不宜超过 40%

③当采用侧面粘贴 CFRP 片材时，宜将 CFRP 片材面积乘以折减系数（$1-0.5h_{cf}/h$），其中 h_{cf} 为侧面 CFRP 片材的粘贴高度，且由于 CFRP 合力重心发生了变化，计算式也应作相应改动。

3. 抗剪加固设计计算

（1）抗剪加固方法

抗剪加固中 FRP 片材的粘贴形式有多种，从纤维粘贴的方向来看，可垂直构件轴线或与构件成某一倾角（图 2.1.6-8），实际工程中通常取 FRP 片材纤维方向与构件轴线垂直；从横截面包裹方式上看，通常有封闭包裹粘贴［图 2.1.6-9a)］、U 形粘贴［图 2.1.6-9b)］、双 L 形粘贴［图 2.1.6-9c)］和侧面粘贴［图 2.1.6-9d)］等；从纵向粘贴方式来看，FRP

片材可裁剪成条带间隔地粘贴［图 2.1.6-10a)］，也可以整片地连续粘贴［图 2.1.6-10b)］。此外，对于 U 形、L 形及侧面粘贴，还可在端部加 FRP 片材压条进行锚固（图 2.1.6-11）。

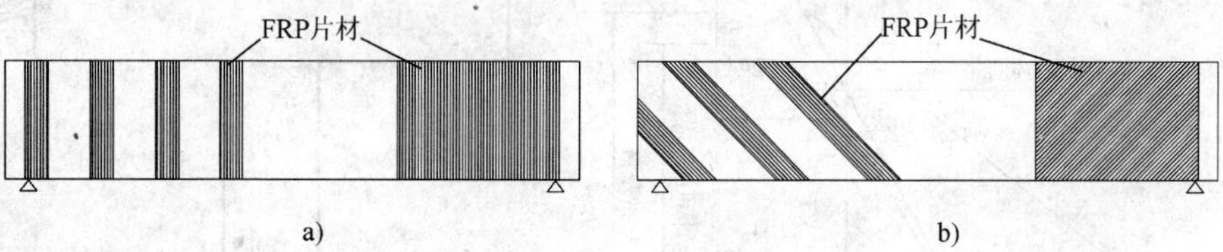

图 2.1.6-8 FRP 粘贴方式图

a）纤维方向垂直构件轴线；b）纤维方向与构件轴线成一角度

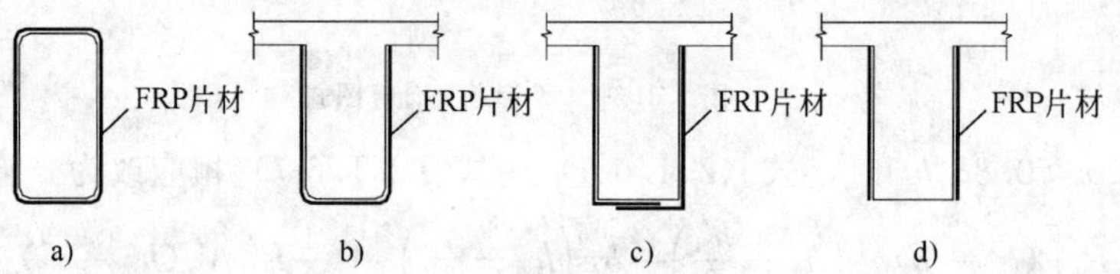

图 2.1.6-9 FRP 横截面上粘贴方式图

a）封闭包裹粘贴；b）U 形粘贴；c）双 L 形板；d）侧面粘贴

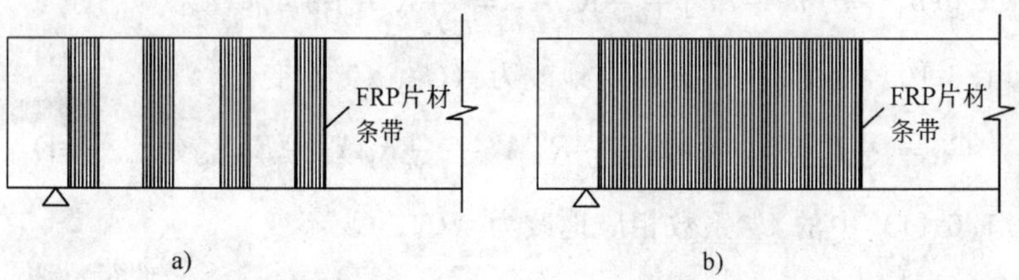

图 2.1.6-10 FRP 片材纵向粘贴方式图

a）条带间隔粘贴；b）连续粘贴

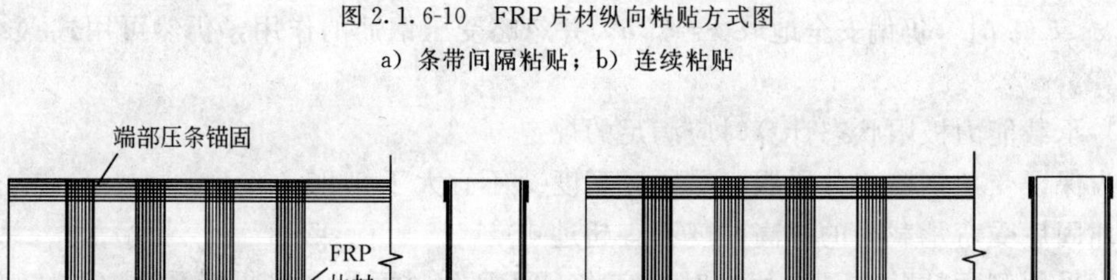

图 2.1.6-11 锚固方式图

a）U 形粘贴＋端部压条锚固；b）侧面形粘贴＋端部压条锚固

（2）抗剪承载能力极限状态计算

加固后梁的抗剪承载力按下式计算

$$V_u = V_{u0} + V_{cf} \quad (2.1.6\text{-}12)$$

式中：V_{u0}——未加固前的钢筋混凝土梁的抗剪承载力，按《公路钢筋混凝土及预应力混凝土桥涵设计规范》(JTJ 023—85) 有关规定进行计算

V_{cf}——加固后由 CFRP 片材承担的剪力，按下式进行计算

$$V_{cf} = \phi \frac{2n_{cf}w_{cf}t_{cf}}{(s_{cf}+w_{cf})}\varepsilon_{cfv}E_{cf}h_{cf} \quad (2.1.6\text{-}13)$$

式中：ϕ——CFRP 抗剪加固形式系数，对于封闭粘贴取 1.0，对于 U 形粘贴 0.85，对于侧面粘贴取 0.7；

n_{cf}——CFRP 片材的粘贴层数；

w_{cf}——CFRP 片材条带宽度（图 2.1.6-12）；

t_{cf}——单层 CFRP 片材的计算厚度；

s_{cf}——CFRP 片材条带的净间距（图 2.1.6-12）；

h_{cf}——CFRP 片材在梁侧面的粘贴长度（图 2.1.6-12）。

ε_{cfv}——达到抗剪承载力状态时 CFRP 片材的应变，按下式计算

$$\varepsilon_{cfv} = \frac{2}{3}(0.2+0.12\lambda)\varepsilon_{cfu}$$

其中：λ——计算截面的剪跨比，当 $\lambda>3.0$ 时取 $\lambda=3.0$，当 $\lambda<1.5$ 时取 $\lambda=1.5$。

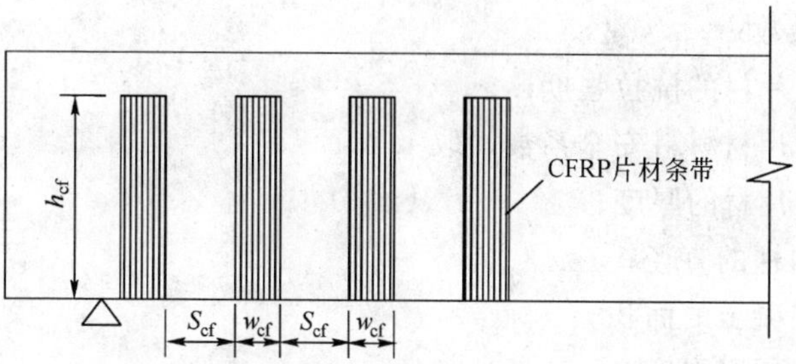

图 2.1.6-12　抗剪计算图式

4. 混凝土墩柱的加固计算

(1) 加固方法

①包裹法

通常用单向的 FRP 布或织物浸渍树脂后包裹粘贴于柱体上。FRP 纤维方向一般取柱的环向，FRP 片材可重叠粘贴多层。沿柱的高度方向，FRP 片材粘贴有以下几种方式：连续粘贴［图 2.1.6-13a)］、螺旋形间隔粘贴［图 2.1.6-13b)］及环状间隔粘贴［图 2.1.6-13c)］。

②纤维丝缠绕法

与包裹法相似，不同的是缠绕法采用 FRP 纤维丝代替 FRP 布或织物，从而可以用机器自动地将纤维丝缠绕到柱体上。采用这种方法可以有效地控制 FRP 的厚度、纤维方向以及纤维的体积率等。

③预制 FRP 板套筒法

预制套筒可做成半圆形或槽形，也可以做成带缺口的圆形（图 2.1.6-14），此外用此方法可改变柱的形状（图 2.1.6-15），此时 FRP 套筒同时可充当浇筑混凝土的模板。

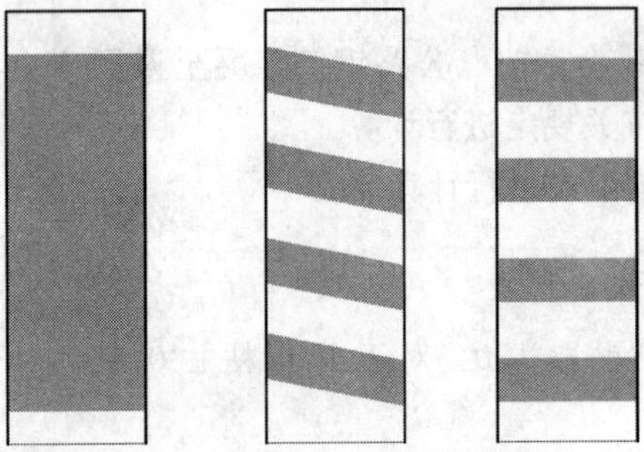

a)　　b)　　c)

图 2.1.6-13　包裹法示意图

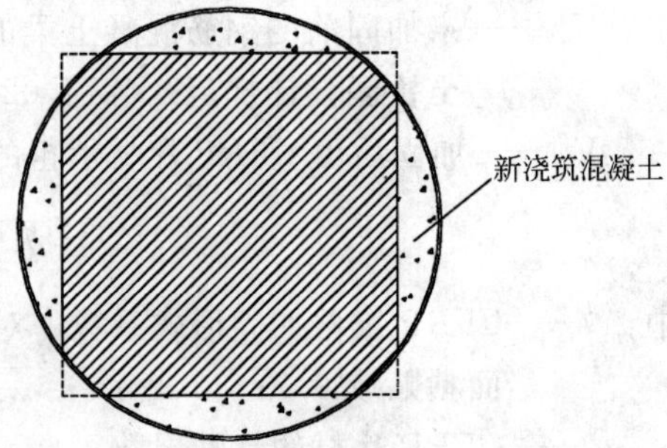

图 2.1.6-14　FRP 板套筒加固后改变柱的形状示意图

(2) 碳纤维片材加固轴心受压圆柱墩的承载能力极限状态计算

CFRP 片材加固轴心受压圆形柱的承载力可按下式计算：

$$N_{u}=\left(\frac{0.67}{\gamma_{c}}f_{cu}+4k_{g}\ \frac{f_{cf}t_{cf}}{r_{cf}d}\right)A_{c}+\frac{f_{y}}{\gamma_{s}}A_{sc} \tag{2.1.6-14}$$

式中：f_{cu}——未混凝土的立方体抗压强度；

k_g——间距系数；

f_{cf}——CFRP 片材的抗拉强度；

γ_{cf}——CFRP 片材材料安全系数，取 1.25；

t_{cf}——CFRP 片材的厚度；

d——加固圆柱的直径；

A_c——截面混凝土的面积；

f_y——钢筋的屈服强度；

A_{sc}——纵向钢筋截面面积。

结合我国《公路钢筋混凝土及预应力混凝土桥涵设计规范》(JTJ023-85)，建议采用下式进行计算：

$$N_{u}=\varphi\gamma_{b}\left[\left(\frac{1}{\gamma_{c}}R_{a}+4k_{g}\ \frac{f_{cf}t_{cf}}{\gamma_{cf}d}\right)A+\frac{1}{\gamma_{s}}R'_{g}A'_{g}\right] \tag{2.1.6-15}$$

式中：φ、γ_b、γ_c、γ_s、R_a、R'_g 意义及取值均按《公路钢筋混凝土及预应力混凝土桥涵设计规范》(JTJ 023—85)；

A——加固构件截面面积；

A'_g——纵向钢筋截面面积；

其余符号同公式 (2.1.6-14)。

5. 正常使用极限状态计算

将碳纤维等同于钢筋，按《公路钢筋混混凝土及预应力混凝土桥涵设计规范》(JTJ 023—85) 的有关规定，对应力、变形和裂缝进行验算。

五、粘贴碳纤维的施工

1. 施工工序

粘贴 CFRP 片材加固的一般施工工艺流程为：

构件表面处理 → 涂刷底层树脂 → 找平修补 → 粘贴FRP片材 → 表面防护

（1）构件表面处理

①清除构件表面的剥落、疏松、蜂窝、腐蚀等劣化混凝土，对较大面积的劣质层，在剔除后应用聚合物水泥砂浆进行修复。

②检查外露钢筋是否锈蚀，如有锈蚀应进行除锈处理。

③对于裂缝部位，应先进行灌缝或封闭处理。

④用混凝土角磨机、砂轮（砂纸）等工具，去除混凝土表面的浮浆、油污等杂质，直至完全露出新鲜面。构件基面的混凝土要打磨平整，尤其是表面的凸出部位要磨平。转角粘贴处要进行倒角处理并打磨成圆弧状，圆弧半径不小于 20mm。

⑤用吹风机将混凝土表面清理干净并保持干燥。

（2）涂刷底层树脂

①按产品供应商提供的工艺要求配制底层树脂。

②用滚桶刷或毛刷将胶均匀涂抹于混凝土构件表面，厚度不超过 0.4mm，并不得漏刷或有流淌、气泡。等胶固化后（固化时间视现场气温定，以手指触感干燥为宜，一般不小于 2 小时），再进行下一道工序。

（3）找平修补

①按产品供应商提供的工艺要求配制找平材料（通常用环氧腻子）。

②混凝土表面凹陷部位应用刮刀嵌刮找平材料修补填平，模板接头等出现高度差的部位应用找平材料填补，尽量减少高差。

③转角的处理，应用找平材料将其修补为光滑的圆弧，半径不小于 10mm。

④找平材料须固化后（固化时间视现场气温而定，以手指触感干燥为宜，一般不小于 2 小时），方可再进行下一道工序。

（4）粘贴 CFRP 片材

粘贴 CFRP 布或织物的工艺与粘贴 CFRP 板有所不同，粘贴 CFRP 布或织物时按以下步骤进行：

①按设计要求的尺寸裁剪 CFRP 布。

②按产品供应商提供的工艺要求配制浸渍树脂，然后用滚筒刷将浸渍树脂均匀涂抹于所粘贴部位，在搭接、拐角部位适当多涂抹一些。

③将 CFRP 布贴到涂抹有浸渍树脂的构件表面上，然后用专用滚筒在 CFRP 布表面沿同一方向反复滚压至树脂渗出 CFRP 布外表面，挤除气泡，使浸渍树脂充分浸透 CFRP 布。

④多层粘贴应重复以上步骤，且应在 CFRP 布表面指触感干燥后，立即进行下一层 CFRP 布的粘贴。

⑤在最外一层 CFRP 布的外表面均匀涂抹浸渍树脂。

粘贴 FRP 板时应按以下步骤进行：

①按设计要求的尺寸裁剪 CFRP 板。

②按产品供应商提供的工艺要求配制浸渍树脂。

③将 CFRP 板表面的粉尘、油污等擦拭干净。如需粘贴两层时，对底层的 FRP 板两面均应擦拭干净。

④擦拭干净 CFRP 板后，立即涂刷粘结树脂，树脂应呈起伏状，平均厚度应不小于 2mm。

⑤将涂有粘结树脂的 CFRP 板轻压粘贴到构件上，用专用滚筒顺纤维方向均匀平稳压实，使树脂从两边溢出，确保粘结密实无空洞。当平行粘贴多条 CFRP 板时，两相邻板条间隙应不小于 5mm。

⑥粘贴两层 CFRP 板时，应连续粘贴。如不能立即粘贴，再开始粘贴前应对 CFRP 板重新擦拭干净。

(5) 表面防护

涂刷表面防护涂料，防止紫外线造成 CFRP 老化。

2. 加固构造要求

(1) 抗弯加固构造要求

①粘贴多条 CFRP 片材时，应尽量并列布置 CFRP 片材条带，条件不允许时可重叠粘贴，如图 2.1.6-15 所示。当重叠粘贴 CFRP 片材条带时，对于 CFRP 板不宜超过 3 层，对于 CFRP 布或织物不宜超过 5 层。

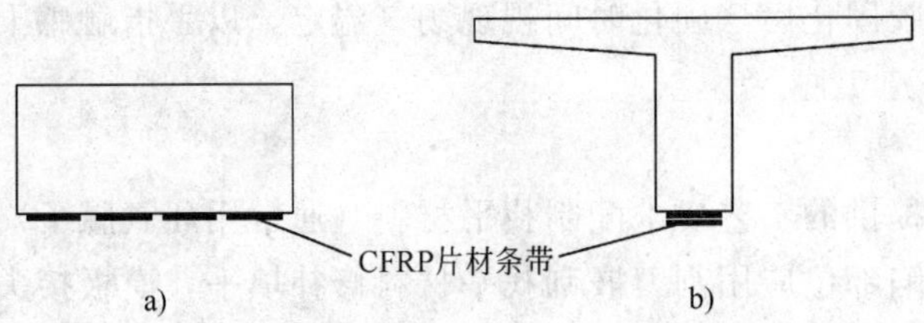

图 2.1.6-15 粘贴多条 CFRP 片材条带示意图

a) 并列粘贴条带；b) 重叠粘贴条带

②尽量避免 CFRP 片材间的搭接。必须搭接时，CFRP 片材在纤维受力方向搭接长度应不小于 100mm。当平行布置多条或多层 CFRP 片材加固时，各条或各层 CFRP 片材的搭接位置应相互错开，图 2.1.6-16。

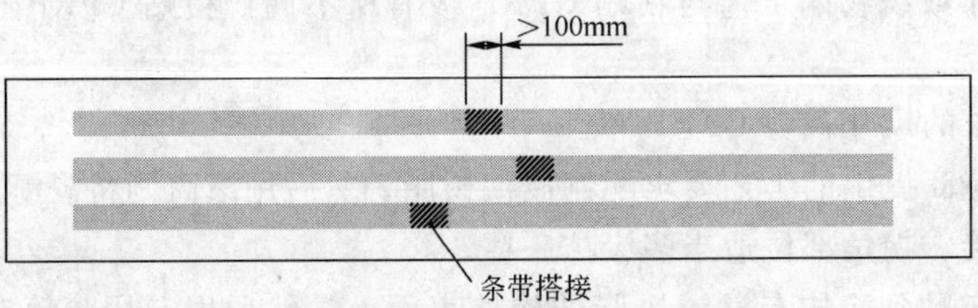

图 2.1.6-16 CFRP 片材条带搭接示意图

③CFRP 片材端部宜采取可靠的锚固措施。

④当在梁、板的正弯矩区粘贴 CFRP 片材加固时，对于跨径 20m 以内，宜将 CFRP 片材末端延伸至支座边缘。跨径大于 20m 时，CFRP 片材截断位置应满足锚固长度的要求：

CFRP片材充分利用截面（即计算控制截面）至CFRP片材末端的距离应不小于 l_d，且CFRP片材末端至不需要CFRP片材加固截面的距离不小于200mm，如图2.1.6-17所示。l_d 按下式计算：

$$l_d=\frac{E_{cf}\varepsilon_{cf}A_{cf}}{\tau_{cf}b_{cf}}$$

式中：E_{cf}、A_{cf}——分别为CFRP片材的弹性模量和截面面积。

ε_{cf}——CFRP片材充分利用截面处CFRP片材的应变。

τ_{cf}——CFRP片材与混凝土之间的粘结强度，近似取0.5MPa。

b_{cf}——CFRP片材的宽度，对于板取1000mm板宽内粘贴的CFRP片材的总宽度。

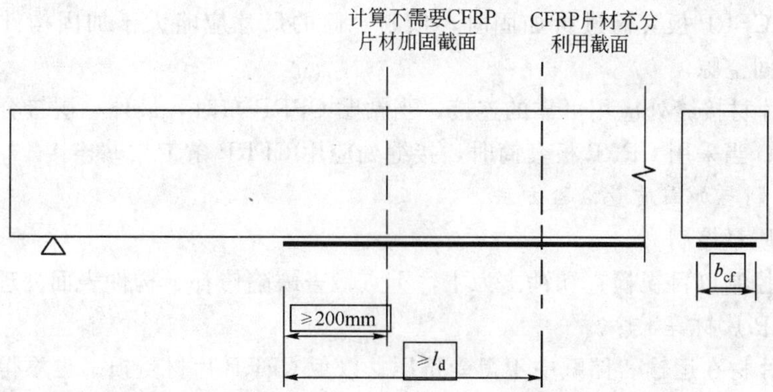

图2.1.6-17　CFRP片材截断位置示意图

⑤对于T形或箱形连续梁，可在翼板（顶板）底面粘贴CFRP片材进行负弯矩区的加固；此时CFRP片材应紧靠梁肋粘贴，其粘贴范围宜在4倍翼板厚度以内，如图2.1.6-18所示。

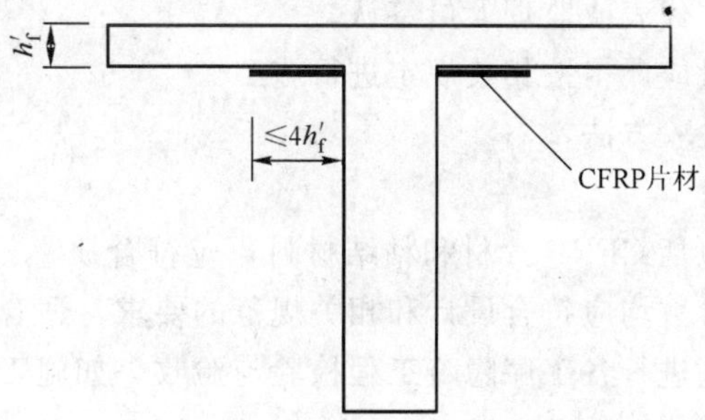

图2.1.6-18　负弯矩区的加固示意图

⑥当CFRP用于侧面粘贴时，粘贴区域宜在距受拉区边缘1/4梁高范围内，如图2.1.6-1b）所示。

⑦板的抗弯加固时，CFRP片材宜采用多条密布方案，如图2.1.6-15a）所示，条带宽度对于CFRP板，建议在100～200mm之间，对于CFRP布或织物，建议在150～300mm

之间，且宜均布粘贴于板宽内。

(2) 抗剪加固构造要求

①在截面上的转弯处粘贴 CFRP 片材时，转角的最小半径应不小于 30mm。

②抗剪加固最好采用封闭粘贴或 U 形粘贴，条件不允许时也可采用侧面粘贴，且宜设置端部锚固措施。

③当采用 CFRP 片材条带间隔粘贴（图 2.1.6-12）时，其净间距 W_{cf} 不应大于现行《公路钢筋混凝土及预应力混凝土桥涵设计规范》（JTJ 023—85）规定的最大箍筋间距的 0.7 倍。

④为提供水分散发的路径，不提倡 CFRP 片材的大面积粘贴。

(3) 墩柱加固构造要求

①当采用 CFRP 片材加固矩形柱时，应将转角修成圆角。

②当采用 CFRP 板套筒进行加固时，预制套筒的尺寸应略大于加固构件的尺寸，并用水泥浆灌填期间空隙。

③CFRP 片材接缝处应用可靠的连接，当粘贴 CFRP 布时，最外一层接合处应保证有足够的重叠长度；当采用 CFRP 板套筒时，接缝处应用 CFRP 条带粘贴连接。

3. 质量控制与加固质量检验方法

(1) 工序质量控制

工序质量控制以目视检查和锤击为主，重点检查缺陷修补、构件表面处理、涂刷底层树脂和粘贴 CFRP 片材等工序。

①CFRP 片材在运输、储藏中不得受挤压，以免 CFRP 片材受损。也不得直接日晒和雨淋。粘结材料应阴凉密闭储存。

②各工序的施工质量，由工长负责指导、监督。每一道工序完成后督促操作小组自检，确认合格并提请技术员检查认可后才能进行下道工序，否则必须返工至合格为止。贴片前、后，还要由技术员请业主代表或监理人员检查，作贴片数量与质量的签认。不贴片的部位，最后一道工序也要由业主代表或监理人员签认。

③各工序的施工质量应严格按相关规定进行施工。

(2) 加固工程质量检验方法

基本要求：

①所有进场材料，包括 CFRP 片材和粘结材料，应符合质量标准，并具有出厂合格证，其各种性能指标及技术参数均应符合设计和相关规范的要求，适合现场温度、湿度条件。

②应严格按有关规范进行各工序隐蔽工程检验与验收，如施工质量不能满足相关条款要求时，应立即采取补救措施或返工。

③CFRP 片材实际粘贴面积、搭接长度等符合设计要求。

④必要时可对施工质量进行现场抽样检验。

⑤必要时可对 CFRP 片材和配套树脂粘结材料进行现场取样检验。

检验方法：

CFRP 片材与混凝土之间的粘结质量可用小锤轻轻敲击或手压 CFRP 片材表面的方法来检查，总有效粘结面积不应低于 95%。当 CFRP 片材的空鼓面积小于 $10000mm^2$ 时，可采用针管注胶方式进行补救，当空鼓面积大于10000mm^{2}时，宜将空鼓处的CFRP片材切除，重新搭接贴上等量的CFRP片材，搭接长度应不小于100mm。

(3) 实测项目

实测项目参照《公路工程质量检验评定标准》(JTJ 071—98) 相关规定进行检验评定，特殊实测项目见表2.1.6-4。

特殊实测项目　　表2.1.6-4

项次	检验项目	合格标准	检验方法	频数
1	构件表面处理	满足设计要求	目测	100%
2	粘贴位置	偏差小于10mm	用尺量	100%
3	粘贴质量	有效粘结面积≥95%	指压和敲击	20%
4	现场取样检验	混凝土破坏	取样机	2~3%

4. 加固效果评述

(1) 粘贴CFRP片材加固混凝土桥梁，对于配筋较低或钢筋锈蚀严重的梁、板进行抗弯和抗剪加固，可以取得很好的效果，对于配筋率较高的梁、板，仅采用粘贴CFRP加固往往达不到要求的加固效果，此时可以考虑采用混合加固方法。

(2) 对于混凝土墩柱，粘贴CFRP片材进行抗压或抗震加固效果显著，对震后墩柱的修复也有较好的效果。

§1.7　桥面补强层加固技术

一、特点及适用条件

桥面补强加固法是通过在桥面板（主梁顶面）加铺一层钢筋混凝土层，使其与原有结构形成整体，从而达到增大桥面板或主梁有效高度和受压截面，增加桥面整体刚度，提高桥梁承载能力的一种常用且有效的加固方法。

主梁或桥面板承载力不足，刚度不够，或铰接梁、板的铰缝不能有效传力时，可采用桥面补强加固法进行加固。受桥面补强层厚度的限制，这种加固方法主要适用于中小跨径的桥梁。

采用桥面补强进行加固，桥面板或主梁恒载将有所增加，应通过计算判断桥面增厚后是否可以提高桥梁的有效承载能力。若恒载的增加影响较大，则应考虑采用其他加固方法或与其他方法综合运用。同时，加铺补强层厚后，桥面高程也将受到影响，连接路面或桥面纵坡应予调整。为减少补强层增加的恒载，往往必须先将原有的桥面铺装层凿除，并要求对伸缩缝进行改造。

二、材料要求

1. 钢筋

补强层中通常布设两类钢筋：一类为加强补强层与原结构的联结而设置的结合钢筋，一端植埋于原结构中，一端伸入补强层中，因锚固长度短，应采用螺纹钢筋以增加握裹力，保证新旧混凝土的有效结合。另一类是在补强层中布设的构造钢筋，补强层位于构件计算截面受压区，一般不设受力钢筋，因而钢筋直径不应过大，为加强与混凝土的联结，也宜选用螺纹钢筋。

2. 混凝土

补强层混凝土除应具有粘结力强、收缩小、抗裂性能高外，还应具有足够的韧性、抗冲击能力和抗渗性。可以从施工工艺上采取适当的措施，改善混凝土的使用性能。

（1）使用外加剂，如防水剂，可增加混凝土密实性，提高抗渗性；掺入膨胀剂可使混凝土产生适度膨胀，增强密实性，或配制补偿收缩混凝土，减少干缩裂缝，提高抗裂防渗能力等。使用外加剂应注意合理选择品种，进行必要的试验，施工时必须按产品说明书要求采用正确的掺入法，严格控制掺量，并适当延长搅拌时间和加强养护。

（2）纤维混凝土具有抗裂性、韧性，延伸率、抗冲击力和抗渗能力高等特点，适合用于桥面补强加固。纤维一般采用合成纤维和钢纤维。合成纤维应能耐酸碱、高强度、变形能力大、低导热、抗老化和无吸水性和腐蚀性等，施工时不易结团，分散均匀，操作方便。钢纤维宜采用波形钢纤维，长径比在60～80之间，掺量不应小于0.5%，也不宜超过3%。

采用钢纤维时应注意纤维腐蚀、生锈引起的桥面污染，以及纤维暴露时对车辆轮胎的损害作用。

3. 植筋胶

植筋胶应具备粘接力强、耐久性好、快硬性和低毒、无害等特性，一般可采用环氧树脂类粘结材料。

4. 界面剂

由于旧混凝土表面的吸水特性，引起新旧混凝土界面不易粘结，采用界面剂可以增强它们之间的粘结力。界面剂应对混凝土粘结力强，抗化学腐蚀，强度高，可用于潮湿表面，并有适当的操作时间。

三、力学特性

采用桥面补强层法加固时，加固结构属二次受力结构，加固前原结构已经受力，补强层在加固后并不立即受力，而只有在新增荷载下，即第二次加载情况下才开始受力。其次，加固结构存在补强层与原结构整体工作、共同受力的问题，混凝土结合面上的强度较整体浇筑的强度要低，必须采取构造措施克服这一弱点。

当混凝土结合面的强度可以保证补强层与原有梁（板）的整体受力工作性能时，所形成的加固构件就是组合梁（板），也就具有组合构件的分阶段受力的特点，相应具有“受拉钢筋应力超前”、“后浇混凝土受压应变滞后”和“荷载预应力”等力学特征。

补强层与原有梁（板）的结合面处于复合应力状态。结合面传递压力，一般不存在问题，对于剪力和拉力，由于结合面混凝土所具有的抗剪和抗拉能力弱，易于出现裂缝。对配置结合钢筋，表面加工成凹凸粗糙状时，结合面开裂主要是结合面上作用的剪力增大到一定程度而使混凝土中的主拉应力达到其抗拉强度时，沿结合面出现局部水平裂缝。在斜裂缝开展至结合面引起局部水平裂缝后，随着结合面相对滑移的增大，集合面的裂缝宽度也相应增大，因而使穿过结合面的结合钢筋产生拉应力，而其所产生的反作用力对结合面形成了约束作用，使结合面的裂缝开展受到了抑制，剪力得以通过结合面上混凝土的集料咬合摩阻力和结合钢筋的销栓作用来传递。此时，梁（板）的承载力由其他强度控制，并不发生沿结合面破坏的情况。

四、设计计算

1. 内力设计值计算

补强层厚度不大，在补强层施工阶段原结构仅承受本身自重及补强层的重量，可不进行强度计算。在形成组合结构后，除承受自重外，还应计入可变荷载作用。

弯矩设计值按下式计算：

$$M_d = M_{1Gd} + M_{2Gd} + M_{2Qd} \tag{2.1.7-1}$$

剪力设计值按下式计算：

$$V_d = V_{1Gd} + V_{2Gd} + V_{2Qd} \tag{2.1.7-2}$$

式中：M_{1Gd}、V_{1Gd}——原结构和补强层自重产生的弯矩和剪力设计值；

M_{2Gd}、V_{2Gd}——补强层施工完成后的二期桥面系自重产生的弯矩和剪力设计值；

M_{2Qd}、V_{2Qd}——可变荷载产生的弯矩、剪力组合设计值。

上述荷载作用的分项系数按规范有关规定取用。

2. 正截面和斜截面承载能力极限状态计算

组合梁（板）的承载力试验表明：结合面符合构造要求的组合梁与相同截面一次整体浇筑梁的承载力是非常接近或相等的。因此，视为组合结构的加固结构承载力计算可以直接采用整体浇筑梁的计算假定和计算方法，具体计算假定和方法可参见相关桥涵设计规范。注意原结构与补强层混凝土强度不同时，可偏安全的取用其中较低者；当补强层上不再设桥面铺装，应扣除磨耗层厚度进行计算。

3. 结合面受剪承载能力极限状态计算

结合面处理符合构造要求时，其抗剪承载力应满足下列要求：

$$\frac{V}{bh_0} \leqslant 0.45\text{MPa} \tag{2.1.7-3}$$

式中：V——加固构件最大剪力组合设计值；

b——加固构件结合面宽度；

h_0——加固构件有效高度。

如果同时结合钢筋在垂直于板跨方向的配筋面积不少于 $0.293\frac{bs}{f_{sd}}$（以 mm^2 计）（b 为结合面宽度，以 mm 计；s 为结合钢筋纵向间距，以 mm 计；f_{sd} 为结合钢筋的抗拉强度设计值，以 MPa 计），其结合面抗剪承载力应符合下列要求：

$$\frac{V}{bh_0} \leqslant 2\text{MPa} \tag{2.1.7-4}$$

式中符号意义同前。

4. 承载能力折减

计算加固结构承载能力时，还应考虑原结构的状况。当原结构完好时可直接运用公式（2.1.7-1）～式（2.1.7-4）计算；若存在缺陷或病害时，则应按照《公路桥梁承载能力检测评定规程》的要求对原结构进行评定，确定承载能力检算系数、恶化系数、活载影响修正系数等，并视修补情况，对上述计算结果予以折减。

五、桥面补强层施工

1. 施工工序

在开展桥面补强层加固施工之前，应做好各项准备工作，必要时应对桥梁质量进行核查，重点查明桥梁主要病害的发展、变化情况和其他隐患，检查结构现状与设计计算所采用的参数、假定等是否相符，如差异显著，应重新进行计算、分析。

补强层加固施工项目主要包括结合面处理、补强层混凝土浇筑等，而且由于均在桥面施工，操作方便，施工工序也相对简单，工序详见图 2.1.7-1。

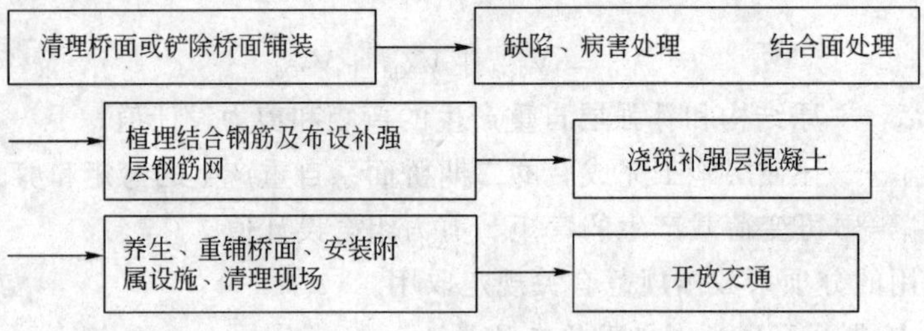

图 2.1.7-1　施工工序图

(1) 桥面板（主梁）结合面处理

结合面处理对保证新旧混凝土整体受力、共同工作具有重要作用。结合面应凿除原结构表面浮浆，使集料外露，形成 4～6mm 自然凹凸粗糙面或用机械刻槽形成粗糙面，并彻底清扫干净。要求施工时不能损坏原结构混凝土的强度，不应有局部光滑结合面。对存在缺陷的部位，应进行修补，如空洞，在凿除疏松部分混凝土后，用强度高一级的细石子混凝土填筑密实；出现钢筋锈蚀引起混凝土胀裂时，先剔除松动开裂的混凝土，再进行钢筋表面除锈和防护等。

(2) 植埋结合钢筋

结合钢筋植埋应严格按照设计和所采用的结构胶粘剂的要求进行，施工步骤和技术要求如下：

①桥面板上钻孔

孔深与结合钢筋埋设深度相同，孔径比结合钢筋大 2～3mm，孔位应避让原结构的预应力筋束和普通钢筋，以免钻孔对其造成损伤，并应使孔位间距在设计要求范围之内。

②清理钻孔

先用硬鬃毛刷清理，再以高压干燥空气吹去孔底灰尘，注胶前应注意防止沙石、土粒和水等进入孔内。

③灌胶

将植筋胶由孔底灌注至约孔深 3/4 处，待插入结合钢筋后，应使胶充满整个孔洞。

④插入结合钢筋

结合钢筋插入前应清除插入部分的表面污物，并须插到孔底，孔口多余的胶应清除。

⑤在胶液干固之前，避免扰动结合钢筋和在孔位附近有明水。

(3) 浇筑补强层混凝土

在浇筑补强层混凝土前，应对结合面进行彻底清理，检查结合钢筋及其他构造钢筋数量及布置是否正确。原结构的结合面应充分湿润，但不应有明水。若使用界面剂，应控制好混凝土的浇筑时间。

补强层混凝土浇筑应按设计规定的程序进行。由于补强层中钢筋较密，振捣必须充分到位。厚度薄时应注意避免过振引起的集料沉底，砂浆上翻的现象。对钢纤维混凝土，宜采用平板式振捣器振捣密实，最后再用圆棒滚压表面，使表层钢纤维沉入内部。

加入外掺剂或纤维的混凝土制备时，应严格按照有关产品说明书及设计要求进行操作，掌握及掺入量和掺入方法。必要时应做工艺试验，选用最佳方法。

由于补强层面积大，厚度薄，新旧混凝土存在龄期，混凝土浇筑完后应特别注意养护。一是尽早进行养护；二是延长养护时间，一般要求湿养护时间不少于14天，并随季节、气温进行调整。

2. 构造要求

(1) 桥面板（主梁）表面应做成凹凸不小于4～6mm的粗糙面，无表面浮浆，集料外露清晰，亦可在表面涂刷界面剂以加强新旧混凝土的粘结。

(2) 补强层宜选用较高标号混凝土，其标号不应低于C30及主梁混凝土标号，厚度不宜小于10cm。

(3) 结合面应设置结合钢筋，结合钢筋宜用螺纹钢筋，直钢筋末端弯成直钩，纵向设置间距不应大于50cm，直径不小于8mm，也不应大于20mm。结合钢筋植埋于桥面板（主梁）的深度符合胶粘材料的要求，伸入补强层的直线长度不宜小于5d（d为结合钢筋的直径）、大于6cm。

(4) 补强层与原结构混凝土龄期一般相差较大，为减少和避免补强层出现收缩裂缝，补强层中须设构造钢筋，其间距应不大于20cm，直径宜在6～16mm之间。

3. 质量控制与加固质量检验评定

(1) 工序质量控制方法

工序质量控制以目视检查为主，重点检查缺陷修补、接合面处理、结合钢筋植埋、补强层混凝土浇筑等工序。要求缺陷修补后结构尺寸、强度基本恢复，外观接近原样；处理完的结合面应干净、粗糙，粗糙度符合构造要求；结合钢筋植埋应使孔径、孔位、孔深合适，钢筋与接合面垂直，外露端高度与埋入段长度符合设计要求；在结合面充分湿润，或界面剂涂刷好后，方可浇筑补强层混凝土，严格控制混凝土的质量，振捣合理，并及时养护。

(2) 加固工程质量检验评定方法

①基本要求

a. 补强层加固所用材料的种类、型号、规格、数量和质量应符合设计要求。

b. 按规定的程序施工，胶粘材料的配置、使用时间应严格按产品说明进行控制。

c. 结合面处理不得破坏原结构的混凝土强度，钻孔应避让混凝土中的预应力筋束和普通钢筋。

d. 补强层不得出现露筋和空洞现象。

e. 按设计要求对缺陷进行修补。

②实测项目

实测项目参照《公路工程质量检验评定标准》（JTJ 071—98）相关规定进行检验评定，

特殊实测项目见表 2.1.7-1。

特 殊 实 测 项 目 表 2.1.7-1

项次	检 查 项 目		规定值或允许偏差	检查方式和频率
1	补强层混凝土强度（MPa）		在合格标准内	按规定方法检查①
2	补强层混凝土厚度（mm）		±10	钢尺，每跨量 3～5 处
3	补强层构造钢筋	长度（mm）	±10	钢尺，每跨纵横各查 3～5 根
		间距（mm）	±10	钢尺，每跨查 3～5 个网眼
		距顶面距离（mm）	±3	水准仪，每跨测 3～5 处
4	结合面处理（mm）		符合设计要求	目测，全部
5	结合钢筋	抗拔力（kN）	符合设计要求	在试件上拉拔，每 500 根测 1 根
		长度（mm）	±10	钢尺，查 20%
		间距（mm）	±50	钢尺，每跨量 3～5 处
		植埋深度（mm）	+2d，−d/2	钢尺，查 20%

注：1. 规定方法是指《公路工程质量检验评定标准》（JTJ 071—98）附录－D 所述方法。

4. 加固效果评述

（1）桥面补强加固法施工活动全部在桥面进行，操作便利，易于控制工程质量。

（2）补强层仅增加受压区混凝土面积，承载能力提高幅度受原结构受拉区钢筋的面积和强度影响而受限制。宜与其他加固方法如粘钢板、贴碳纤维等结合使用，补强效果更加明显。

（3）此加固方法对新旧混凝土结合面和收缩差动变形提出了特殊构造要求，以保证实现加固结构符合叠合结构的受力特征。

§1.8 改变结构体系加固技术

改变结构体系加固桥梁通常是指增设附加构件和进行技术改造，使桥梁的受力体系和受力状况发生改变，从而起到减小承重构件的应力，改善桥梁性能，达到提高承载能力的目的。

一、概况

1. 常使用的方法

（1）简支梁改连续梁法。

（2）将多跨简支梁改造为桥面连续简支梁法。

（3）增加辅助墩法。

（4）八字支撑法。

（5）将梁式桥转换为梁拱组合体系法。

（6）改桥为涵洞加固法。

（7）钢索斜拉加固法。

其中（3）～（7）加固方案形式各异有不同的要求，但实质相同，均是为所加固的桥梁加入新的支撑点，缩短梁的计算跨径。

2. 一般规定与注意事项

(1) 加固时往往需要在桥下操作，设置永久设施，影响桥下净空，所以必须考虑对通航及排洪能力的影响。

(2) 加固时改变了受力体系，使原本只承受正弯矩的简支梁在部分位置出现负弯矩，所以要注意加强梁上缘配筋。

(3) 应注意由各种方法带来的一些其他不利的附加影响。

二、简支梁改连续梁法

1. 特点及适用条件

(1) 特点

此加固方法是将原两跨及两跨以上简支梁的梁端连接起来，使受力体系由原来的简支转换为连续，减小跨中正弯矩，提高结构的承载能力，同时减少了伸缩缝数量，提高了行车舒适性。这种方法主要适用于多跨简支梁（板）因配筋不足、截面尺寸偏小、使桥跨中截面抗弯承载能力明显不足及下弯挠度过大的情况（图 2.1.8-1）。

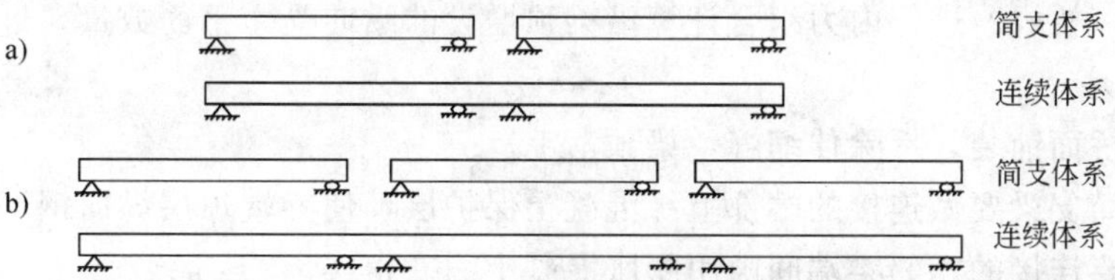

图 2.1.8-1　简支梁变连续梁示意图

a）两跨简支梁变连续；b）三跨简支梁变连续

(2) 适用条件

①由多跨简支改为连续，必将拆除部分伸缩缝，而剩余伸缩缝将因伸缩量不足而需要更换，伸缩量需重新计算。更换伸缩缝时，位于伸缩缝两侧后浇筑的混凝土铺装必须有一个养生时间，使其达到设计强度。

②原简支梁一边为固定支座一边为活动支座，改变体系后的多跨连续梁体系的双支座形式会对上下部结构受力及支座本身带来一定影响，加固时应适当考虑。

③必须充分考虑原桥的地基条件，防止由于基础沉降等对新行成的连续体系上部结构产生不利影响。

④因为伸缩缝与支座的影响，建议连续跨数不超过 4 跨，最好为 2～3 跨一联，具体要依据伸缩缝与支座的计算。

⑤本加固方案需要凿除部分梁端桥面铺装，加固后势必要做好新旧铺装的连接。如果凿除面积已大于原桥面面积的 1/2，或桥面铺装本身已破损，则建议全部凿除，重新铺装会使加固效果提高。

⑥梁端在变换体系后会有负弯矩，梁端连接不好会直接影响加固效果。

2. 力学特性

(1) 桥面铺装与汽车活载由连续梁体系承担，其在跨内产生的正弯矩比简支梁体系小，起到卸载及提高承载能力的作用。

(2) 由于桥面铺装混凝土参与结构受力，截面高度增加，提高了结构抗弯能力与刚度。

（3）体系改变为中间支撑为双支座支撑的连续梁，减少中间支撑上的负弯矩，即相对与单支点有消减负弯矩峰值的作用，（图 2.1.8-2）：

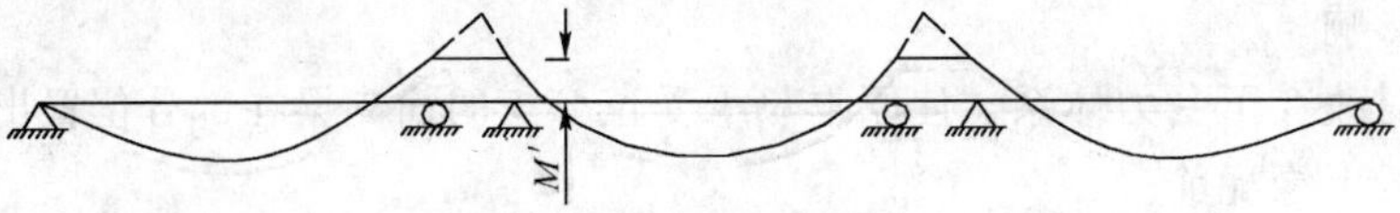

图 2.1.8-2 双支座连续梁弯矩示意图

3. 设计计算要点

（1）根据现有支座以及伸缩缝计算适宜的联系跨数，或先定出连续跨数最后验算伸缩缝以及支座是否满足要求。

（2）计算简支裸梁恒载、栏杆、人行道荷载（若栏杆、人行道加固时也拆除并在体系连续后新建，则其内力计算并入 3 中）。

（3）计算桥面铺装在体系转变后的连续梁上的内力。

（4）计算活载在连续梁体系上的内力。

（5）参考《桥规》进行内力组合计算沿梁顶增设的纵向受力钢筋数量，进行强度验算。

4. 施工工序

（1）凿除桥面铺装，拆除伸缩缝，梁顶凿毛。

（2）凿开简支梁要做连接的端部上缘混凝土保护层，使梁端顶层纵向钢筋及箍筋外露。

（3）将需要连接的相邻梁端间隙用膨胀混凝土添塞密实。

（4）焊接梁端顶层外露纵向钢筋，作为支点负弯矩配筋的一部分。

（5）配置剩余负弯矩钢筋。

（6）重新安装伸缩缝，浇筑桥面铺装。

5. 构造要求

（1）梁（板）端头结构应无破损现象。

（2）为保证桥面铺装与原梁体共同参与结构作用，梁顶要凿毛，有条件还要设置抗剪栓钉，桥面铺装采用收缩较少的混凝土。

（3）梁端间隙截面也要凿毛有利于膨胀混凝土的添塞密实。

（4）对于焊缝连接钢筋，焊缝满足规范要求。

（5）新增负弯矩钢筋可绑扎或焊接在外露的箍筋上，若无箍筋可用栓钉固定。

如某简支梁为空心板梁，其简支变连续时的新增抗负弯矩筋及混凝土浇注结构（图 2.1.8-3）。

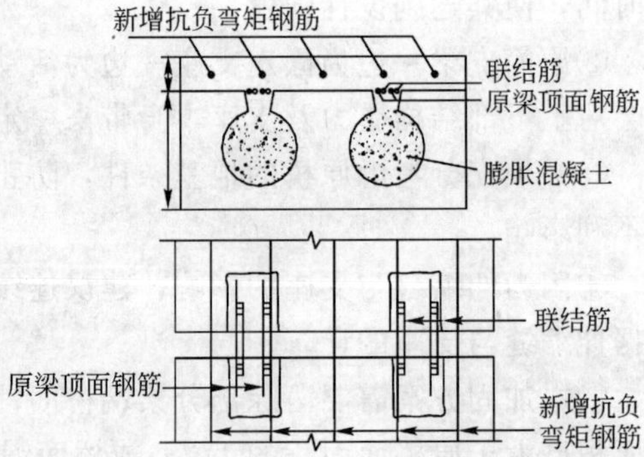

图 2.1.8-3 空心板梁桥简支变连续体系结构示意图

6. 质量控制与质量检验方法

（1）工序质量控制

严格按照施工工序及构造措施要求来保证施工质量，加固施工的质量控制按《公路桥涵施工技术规范》（JTJ 041－2000）要求进行，重点控制端头连续构造处理。

(2) 加固工程质量检验评定方法

①基本要求

a. 所用材料的种类、型号、规格、数量和质量应符合有关规范及设计要求。

b. 按设计要求的程序施工，凿除桥面铺装、梁顶凿毛、混凝土的浇筑和养生应符合设计要求。

②实测项目

实测项目参照《公路工程质量检验评定标准》(JTJ 071—98) 相关规定进行检验评定，特殊实测项目见表 2.1.8-1。

特殊检验 表 2.1.8-1

项次	检验项目	合格标准	检验方法	频数
1	梁顶凿毛程度	满足设计要求	目测检验	100%
2	抗剪拴钉数量	满足设计要求	目测检验	100%

7. 加固效果评述

该法内力计算与截面设计计算简单明确，加固后体系改变大大减少了原结构所承受的内力，加固效果显著。施工包括凿去桥面铺装及桥端混凝土，加强桥端部配筋，伸缩缝桥面铺装的更新等。被加固桥梁几乎要在加固施工全过程中中断交通。

三、多跨简支梁改造为桥面连续简支梁法

1. 适用条件及技术特点

适用于桥面铺装破损较严重，且伸缩缝处的不平整的简支梁桥。

将桥面连续可以提高行车的舒适性和减少桥面不平整时车辆荷载对桥梁的冲击影响，也可使荷载横向分布趋于合理。

2. 附加影响

(1) 连续未处理好，或伸缩缝处所预留的伸缩量不足，或养护不及时伸缩缝被杂物嵌牢，均易使在天热温度升高时连续桥面连接点处发生拱起，引起桥面破坏。

(2) 桥面连续必将拆除部分伸缩缝，而剩余伸缩缝将因伸缩量不足而需要更换，伸缩量需重新计算。更换伸缩缝时位于伸缩缝两侧后浇筑的混凝土铺装必须有一个养生时间，使其达到设计强度。

(3) 因为伸缩缝与支座的影响，建议连续跨数不超过 6 跨，最好为 3～5 跨一联，具体要依据伸缩缝与支座的计算。

3. 力学特点

(1) 受力体系未发生本质改变，但使得过于集中的荷载分布趋于合理，梁体在横向共同受力，减小每片梁荷载横向分布。

(2) 减少了不必要的车辆冲击力。

(3) 由于桥面铺装参与结构受力，结构截面高度提高，提高了抗弯刚度与抗弯能力。

4. 设计计算要点

改造加固后，仅仅是桥面连续的简支梁体系，恒载，及活载内力计算还是按简支梁的要

求来计算。

5. 施工要点

(1) 凿除桥面铺装，梁顶凿毛。

(2) 每片主梁梗肋上方开两道槽，用来布置连接筋。

(3) 每片主梁上布置2根直径为20～25mm的钢筋，做好钢筋在梁端支点处的垫层。

(4) 重新浇筑桥面铺装。

6. 构造要求

(1) 梁端两支点长度范围内的钢筋包扎上柔性垫层，垫层特性要求具有良好的防腐蚀性，并可使钢筋与混凝土隔开，钢筋不承受轮重压力。

(2) 桥面现浇层中布置的钢筋网在接缝处不断开。

(3) 为使桥面平整、美观，在混凝土桥面上铺一层3cm左右的沥青混凝土面层作磨耗层，可使假缝处产生的裂缝不致明显地反映到面层上，还可提高桥面的使用质量。

7. 质量控制与质量检验方法

(1) 工序质量控制

严格按照施工工序及构造措施要求来保证施工质量，加固施工的质量控制按《公路桥涵施工技术规范》(JTJ 041—2000) 要求进行，重点控制桥面连续构造处理。

(2) 加固工程质量检验评定方法

①基本要求

a. 所用材料的种类、型号、规格、数量和质量应符合有关规范及设计要求。

b. 按设计要求的程序施工，凿除桥面铺装、梁顶凿毛、混凝土的浇筑和养生应符合设计要求。

②实测项目

实测项目参照《公路工程质量检验评定标准》(JTJ 071—98) 相关规定进行检验评定，特殊实测项目见表2.1.8-2。

特殊检验　　表2.1.8-2

项次	检验项目	合格标准	检验方法	频数
1	梁顶凿毛程度	满足设计要求	目测检验	100%
2	搭接筋数量	满足设计要求	目测计算	100%

8. 加固效果评述

该法内力计算与截面设计计算简单，加固后加强了横向联系，对结构承载能力略有提高，并使行车更舒适。从某方面说起到了桥面铺装养护作用，对桥下净空、墩台及原桥景观无影响。但要凿去桥面铺装及桥端混凝土，且在施工期需全过程中断交通。

四、加辅助墩法

1. 特点及适用条件

增设支点后，改变了结构体系，减小梁的跨径及荷载作用下跨中的弯矩，从而能较大幅度地提高承载能力，并能减小和限制梁板的挠曲变形。

适用于梁（板）挠度过大，承载能力明显不足的钢筋混凝土梁桥或要求通行重载而要加固的桥，此加固方案同时可减轻下部结构及基础的受力。但要求不受桥下净空及排洪影响。若桥下净空较大，或有常年流水，则此方法不经济也不可行（图 2.1.8-4）。

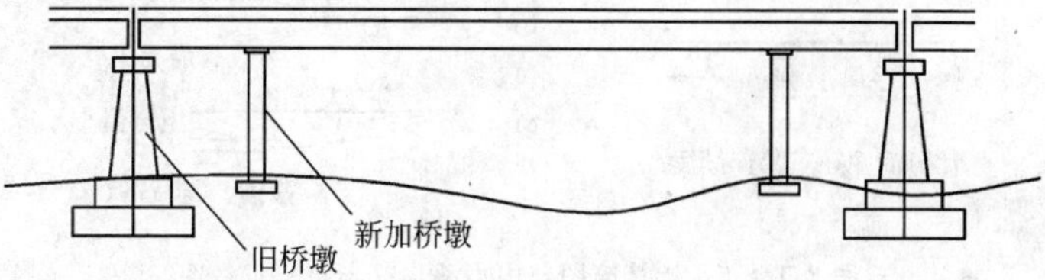

图 2.1.8-4　增加辅助墩改变桥梁体系示意图

2. 附加影响

（1）新墩柱占用了桥下净空、影响了排洪或通行。

（2）新加设墩处预加顶升力值不易求得，应根据实际情况适当加力，仅以改善原梁非弹性变形及使新墩与梁紧密结合即可，预加力宁小勿大。

（3）新加设墩支点处组合弯矩难以保证为正弯矩，为确保安全，支点处上缘应适当采用其他方法补强加固。

（4）新墩柱上需要设新支座，要求为活动支座。

（5）若桥下净空过高，加设墩修筑费用加大。

3. 力学特性

（1）原结构自重产生的内力，仍由原 T 梁结构自行承受。

（2）新加设墩上的预加顶升力只是改善原梁非弹性变形，并使新墩与梁紧密结合，可不考虑其对主梁恒载的卸载作用，即新墩不承受恒载作用。

（3）活载是由新墩与 T 梁组成的连续梁体系承受。活载内力由于是连续梁体系承受，使跨中弯矩减少，支点处出现活载负弯矩，要求新加设墩支点处的活载负弯矩与恒载正弯矩组合为正弯矩。

4. 设计计算要点

计算时将辅助墩新增支点按刚性支点考虑，以致被加固结构构件的新支点在外荷载作用下没有竖向变位或很小可以忽略，所受荷载直接传给辅助墩，内力组合步骤如下：

（1）恒载在改变体系前为简支体系下的内力。

（2）活载内力按三跨连续梁计算，算出活载对辅助墩的最大竖向力 N。

（3）对 1、2 工况进行内力组合（计算简图及内力叠加见图 2.1.8-5）。

（4）检验比较看新支点截面是否出现过大负弯矩值，如是则适当调整支点位置；同时检验跨中弯矩是否减少到满足截面强度要求；若上述两项均难以满足，则此方法不适宜加固此类桥梁。

（5）计算新支点处抗弯、抗剪强度，若不满足要求，可采取粘贴钢板等其他加固方法。

辅助墩的设计，由计算所得竖向力 N 按《公路钢筋混凝土及预应力混凝土桥涵设计规范》（JTJ 023—85）中钢筋混凝土构件的轴心受压构件来计算，辅助墩下的地基加固计算按一般基础设计来计算。

5. 施工要点

（1）根据地质条件与原桥墩台基础情况修筑新墩基础。

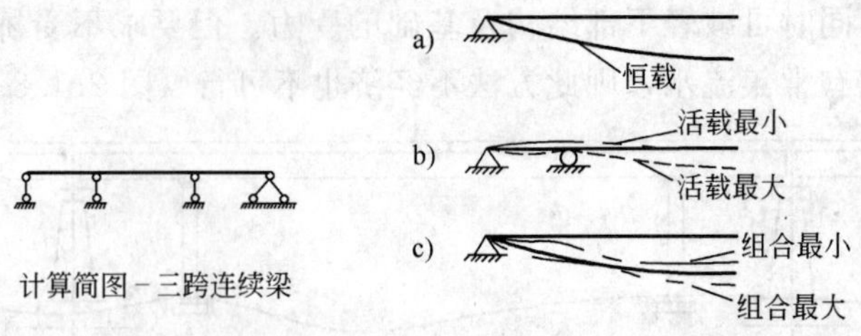

图 2.1.8-5 计算简图与内力叠加（半跨）示意图

a）恒载内力；b）加墩后活载内力包络图；c）内力组合图

（2）采用如粘贴钢板的其他方式对支点梁上缘进行补强加固。

（3）修筑新墩台及墩台帽至梁底面。

（4）在墩台帽上用千斤顶顶升主梁，仅用于消除主梁部分非弹性变形引起的过大挠度，并为放置支座提供空间。

（5）设置支座，除去千斤顶。

6. 构造要求

（1）新加设墩基础要求不能破坏原桥墩台基础。

（2）新墩形式一般要与原桥墩形式相同，或用构造更简单更符合景观的桥墩形式。

（3）新墩高度不易超过 5m（初步建议），否则加固方案不经济；

（4）支座采用板式橡胶支座。

7. 质量控制与质量检验方法

（1）工序质量控制

严格按照施工工序及构造措施要求来保证施工质量，加固施工的质量控制按《公路桥涵施工技术规范》（JTJ 041—2000）要求进行，重点控制千斤顶顶升主梁和负弯矩区上缘补强处理。

（2）加固工程质量检验评定方法

①基本要求

a. 所用材料的种类、型号、规格、数量和质量应符合有关规范及设计要求。

b. 按设计要求的程序施工，修筑新基础、千斤顶顶升主梁工艺应符合设计要求。

②实测项目

实测项目参照《公路工程质量检验评定标准》（JTJ 071—98）相关规定进行检验评定，特殊实测项目见表 2.1.8-3。

特 殊 检 验 表 2.1.8-3

项　次	检 验 项 目	合 格 标 准	检 验 方 法	频　数
1	桥墩支点位置	满足设计要求	钢尺测量	100%
2	顶升高度	使塑性变形在跨中挠度值减小一半	水准仪	100%

8. 加固效果评述

该法内力计算与截面设计计算简单，加固后体系改变，减少了原结构在荷载作用下产生的内力，加固效果显著。如果设计合理则无需对原梁上缘进行补强加固，且施工期部分中断交通，否则将加大施工难度及延长中断交通时间。要增设桥墩，新建桥墩基础，工程量大，影响桥下净空及排洪，使桥梁景观受到影响。

五、八字支撑架法

1. 特点及适用条件

在简支梁桥孔增设八字支撑，为原桥上部结构提供两个弹性支撑，从而使原来的一跨简支梁变为三跨连续梁。结构体系的这一改变使结构受力状况得到改善，减小梁的跨径及荷载作用下跨中的弯矩，从而可以提高承载能力。

适用于梁（板）挠度过大，承载能力明显不足的钢筋混凝土梁桥或要求通行重载而要加固的桥。因增加的斜支撑可直接支撑在原墩台基础上或抗推能力强的墩身或台身上，是对增加辅助墩法的一种补充，弥补了对于桥下净空大，或有常年流水不易增加辅助墩的缺点，但此方法不能起到对墩台基础卸载作用，反而对墩台基础要求有足够承载力及抗推刚度(图 2.1.8-6)。

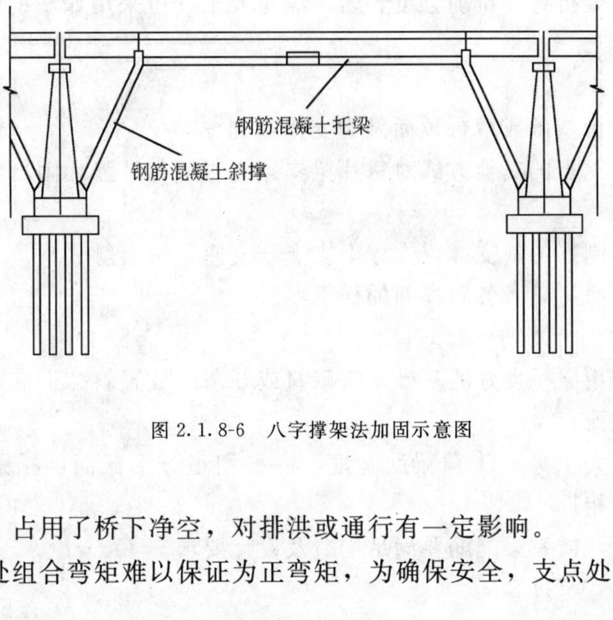

图 2.1.8-6 八字撑架法加固示意图

2. 附加影响

(1) 八字撑架，占用了桥下净空，对排洪或通行有一定影响。

(2) 撑架支点处组合弯矩难以保证为正弯矩，为确保安全，支点处上缘应适当采用其他方法补强加固。

(3) 要求设置四氯板式橡胶支座，用以提供无水平阻力的弹性支撑。

(4) 钢筋混凝土托梁因收缩徐变，会与梁体接触不紧密，应提前预制受压，使其收缩徐变完全。

(5) 撑架支撑于墩台基础上，对同一桥墩，撑架位置最好对称布置用来相互抵消对墩的水平推力，对于桥台则应适当加固。

(6) 斜撑构造比墩柱轻细，每片主梁下均有斜撑，数量较多。

3. 力学特性

同增加辅助墩加固力学特点相似即：

(1) 原结构自重产生的力，由原梁结构自行承受，撑架不承受恒载作用。

(2) 活载是由撑架与原梁组成的连续梁体系共同承受，活载内力由于是连续梁体系承受，使跨中弯矩减少，支点处出现活载负弯矩。要求新墩支点处的活载负弯矩与恒载正弯矩组合为正弯矩。

4. 设计计算要点

因八字撑架的托梁顶面与原梁不是结合成整体，所以活载的内力是通过托梁支点传递到八字撑架的。这样可通过一般的结构力学方法加以求解，而不需按斜腿刚构结构体系来求解，计算步骤如下：

(1) 恒载在改变体系前为简支体系下的内力。

(2) 活载内力按三跨连续梁计算，算出活载对斜撑的最大压力 N。

(3) 对 (1)、(2) 工况进行内力组合。

(4) 检验新支点截面是否出现过大负弯矩，如是则适当调整支点位置，同时检验跨中弯矩是否减少到满足截面强度的要求。若上述两项均难以满足，则此方法不适宜加固此类桥梁。

(5) 计算新支点处抗弯，抗剪强度，若不满足要求，可采用如贴钢板等其他加固方法补强加固。

5. 施工要点

(1) 改造原桥墩台基础或承台顶面做为支撑基础。

(2) 采用如粘贴钢板的其他方式对每片梁支点上缘进行补强加固，同时主梁支点下缘安装活动支座。

(3) 梁下安置预制好的斜支撑，支撑上支点与支座紧密接触。

(4) 安置主梁下缘托梁及各斜撑间的横系梁。

6. 构造要求

(1) 基础主要利用原桥良好的基础，需砌筑或开凿出放置斜撑下支点的沟槽就可，放置斜撑后浇筑混凝土封死。

(2) 斜撑截面积大于等于 T 梁梁肋宽度，一般用正方形截面，托梁，横系梁，要求与斜撑截面尺寸相同或相近。

(3) 斜撑，托梁，横系梁配筋要满足构造及设计要求。

(4) 斜撑长度不宜超过 8m。

(5) 支座固定在主梁下缘，选用高度低的活动支座如四氯乙烯活动支座。

7. 质量控制与质量检验方法

(1) 工序质量控制

严格按照施工工序及构造措施要求来保证施工质量，加固施工的质量控制按《公路桥涵施工技术规范》(JTJ 041—2000) 要求进行，重点控制斜撑、水平撑、活动支座和负弯矩区上缘补强处理。

(2) 加固工程质量检验评定方法

①基本要求

a. 所用材料的种类、型号、规格、数量和质量应符合有关规范及设计要求。

b. 按设计要求的程序施工，修筑新基础、斜撑、水平撑构造应符合设计要求。

②实测项目

实测项目参照《公路工程质量检验评定标准》(JTJ 071—98) 相关规定进行检验评定，特殊实测项目见表 2.1.8-4。

特殊检验 表 2.1.8-4

项次	检验项目	合格标准	检验方法	频数
1	支点位置	满足设计要求	钢尺测量	100%

8. 加固效果评述

该法内力计算简单，加固后体系减小了桥梁跨径，大大减少了原结构所承受的内力，加固效果显著。如果设计合理则无需对原梁上缘进行补强加固，且施工期部分中断交通，否则将加大施工难度及延长中断交通时间。影响桥下净空及排洪，使桥梁景观受到一定影响。

六、梁拱组合体系法

1. 特点及适用条件

对于梁桥，当原桥承载能力严重不足，需要较大幅度地提高荷载等级，而原桥墩台地基应力及稳定性均满足要求时，可采用对梁式体系加入拱式体系而改变为梁拱组合体系加固法，对梁桥进行加固改造。在拱肋（拱圈）上设制立柱盖梁支撑原主梁改变原梁简支体系，减小梁的跨径及荷载作用下跨中的弯矩，从而可以提高承载能力（图 2.1.8-7）。

适用于基础条件好，对桥下净空无要求且净空低的简支梁桥。

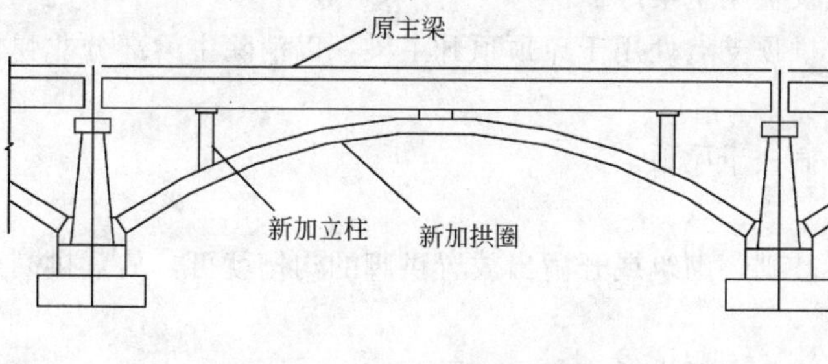

图 2.1.8-7 梁拱组合体系加固示意图

2. 附加影响

(1) 加入新拱圈立柱占用了桥下净空，对排洪或通行有一定影响。

(2) 盖梁支点处组合弯矩难以保证为正弯矩，为确保安全，支点处上缘应适当采用其他方法补强加固。

(3) 盖梁支点处一般要求设置活动支座，以提供无水平阻力支撑。

(4) 钢筋混凝土拱圈因收缩徐变，会与梁体接触不紧密，应提前预制受压构件，使其收缩徐变完全。

(5) 拱脚支撑于墩台基础上，对同一桥墩拱脚位置最好对称布置用来相互抵消对墩的水平推力，对于桥台则应适当加固。

3. 力学特性

与增加辅助墩法力学特性相似，即：

(1) 原结构自重产生的力，由原梁结构承受。

(2) 盖梁支点处预加顶升力只是改善原梁非弹性变形，并使盖梁支点和拱顶支点与梁紧密结合，可不考虑其对主梁恒载的卸载作用，也即拱桥不承受原梁恒载作用。

(3) 活载由拱桥与T梁组成的组合体系共同承受，活载内力由组合体系承受，使跨中弯矩减少，支点处出现负弯矩。要求新墩支点处的活载负弯矩与恒载正弯矩组合为正弯矩。

4. 设计计算要点

主要计算工作为组合体系的活载内力计算，而梁、拱内力组合则要分开计算，拱桥按设计新桥方法进行，内力计算步骤如下：

(1) 计算原梁恒载在改变体系前即简支体系下的内力及拱桥自身恒载内力。

(2) 活载内力按组合体系计算，计算分别得出梁、拱活载内力。

(3) 对 (1)、(2) 工况分别进行内力组合得出梁、拱组合内力。

(4) 检验新支点截面是否出现较大负弯矩值，如是则适当调整支点位置；同时检验跨中弯矩是否减少到满足截面强度要求；若上述两项均难以满足，则此方法不适宜加固此桥。

(5) 计算新支点处抗弯，抗剪强度，若不满足要求，可采用如贴钢板等其他加固方法补强加固。

5. 施工工序

(1) 利用原桥墩台良好的基础，在原梁下砌筑拱圈或拱肋。

(2) 按设计要求对支点梁上缘进行补强处理。

(3) 修筑新立柱及盖梁至梁底面。

(4) 在盖梁顶及拱顶支点处用千斤顶顶升主梁，以消除主梁部分非弹性变形引起的过大挠度。

(5) 设置支座，撤去千斤顶。

6. 构造要求

(1) 利用原桥的基础，砌筑或开凿出放置拱脚的沟槽就可，放置拱圈后浇筑混凝土封死做成拱脚。

(2) 其他构造选材与一般拱桥相似。

7. 质量控制与质量检验方法

(1) 工序质量控制

严格按照施工工序及构造措施要求来保证施工质量，加固施工的质量控制按《公路桥涵施工技术规范》(JTJ 041—2000) 要求进行，重点控制千斤顶顶升主梁和负弯矩区上缘补强处理。

(2) 加固工程质量检验评定方法

①基本要求

a. 所用材料的种类、型号、规格、数量和质量应符合有关规范及设计要求。

b. 按设计要求的程序施工，修筑新基础、千斤顶顶升主梁工艺应符合设计要求。

②实测项目

实测项目参照《公路工程质量检验评定标准》(JTJ 071—98) 相关规定进行检验评定，特殊实测项目见表 2.1.8-5。

特殊检验　　表 2.1.8-5

项次	检验项目	合格标准	检验方法	频数
1	支柱支点位置	满足设计要求	卷尺测量	100%
2	顶升高度	使塑性变形在跨中挠度值减小一半	水准仪	100%

8. 加固效果评述

该法加固效果良好，但由于桥下增加拱桥需要加强桥墩台，并架设拱圈，施工复杂，施工期大部分时间需中断交通，影响桥下净空。

七、斜拉—梁组合体系法

1. 特点及适用条件

此方法是依靠原桥墩在桥墩两侧修筑矮塔，（支柱用钢筋混凝土管或预制混凝土柱）塔柱顶面布置刚性或柔性拉索，拉吊起桥底已布置的钢梁或加强后的横隔板，为原桥上部结构提供一个或几个弹性支撑，使原简支梁变为连续梁，构成斜拉—梁组合体系。结构体系的这一改变使结构受力状况得到改善，从而提高结构承载能力。

适用于梁挠度过大，承载能力不足的情况，特别适用于简支跨多，墩低的梁桥，在墩侧重新修筑基础建造矮塔，或利用桥墩伸出的墩帽在墩帽上修筑矮塔。由于横向联系的原因，此方法使用于窄桥，T 梁数不超过 5 片的简支梁桥（图 2.1.8-8）。

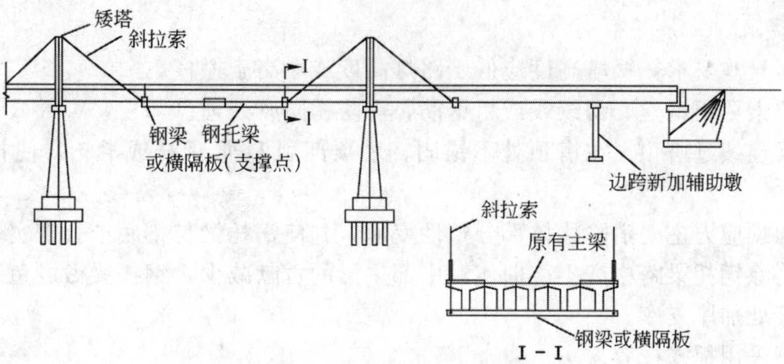

图 2.1.8-8　斜拉—梁组合体系加固法示意图

2. 附加影响

（1）为给矮塔提供空间，需要凿除部分边梁梁端翼板及其上部的附属构造，拉索穿过翼板的地方要凿孔。

（2）加固所用索、塔均在桥面系上部，加固迹象明显。

（3）梁底部支点要成对出现，而塔是对称布索，必然有靠近桥台边跨的一支点要由辅助墩来组成（图 2.1.8-8）。

（4）对于柱式墩要对墩帽适当加固。

3. 力学特性

与增加辅助墩加固力学特点相似，即：

（1）原结构自重产生的力，由原梁结构自行承受。

（2）支点处预加拉力只是改善原梁非弹性变形，并使托梁与原梁紧密结合，可不考虑其对主梁恒载的卸载作用，也即拉索不承受原梁恒载作用。

（3）活载由斜拉索与原梁组成的组合体系共同承受，活载内力由组合体系承受，使跨中弯矩减少，支点处出现活载负弯矩。要求支点处的活载负弯矩与恒载正弯矩组合为正弯矩。

4. 设计计算要点

因为是矮塔短索，可假设矮塔与索组合刚度足够的大，则可简化为连续梁体系计算，步骤如下：

（1）恒载在改变体系前为简支体系下的内力计算。

（2）活载内力按三跨连续梁计算，算出活载对支点的最大压力 N，也即为拉索最大拉力。

（3）对（1）、（2）工况进行内力组合。

（4）检验新支点截面是否出现较大负弯矩值，如是则适当调整支点位置；同时检验跨中弯矩是否减少到满足截面强度的要求；若上述两项均难以满足，则此方法不适宜加固此桥；

（5）对于柱式墩要验算墩帽抗剪切强度；若不满足要求，可采用其他固方法补强。

（6）验算新支点处抗弯抗剪强度，若不满足要求，可采用其他加固方法补强。

5. 施工要点

（1）凿除墩顶处梁端翼缘板或墩顶处人行道板为矮塔柱留出空间。

（2）原桥墩帽作为矮塔基础，设置栓钉或嵌入钢筋，修筑矮塔。

（3）采用如粘贴钢板的其他方式对支点梁上缘进行补强加固。

（4）布置斜拉索并施加预应力锚固于已设置的钢横梁或加强后的梁横隔板。

6. 构造要求

（1）根据景观要求，矮塔高度应低于路灯高度或略高于栏杆。

（2）斜拉索可用钢丝、钢绞线或粗钢筋，需防锈防腐处理。

（3）拉索连续过塔顶，在塔顶处不锚固，塔顶部用 U 形承托或滑轮，使拉索在塔顶无水平拉力。

（4）施加预应力主要消除梁体部分塑性变形，并使钢托梁与梁底结合密实。

（5）为消除钢托梁跨中产生挠曲使对中部主梁的贡献减少，钢托梁做成鱼腹式或跨中与中部主梁相接处加厚支座。

（6）支座采用板式橡胶支座。

（7）钢托梁与钢梁或加强的横隔板应锚固或焊接。

（8）拉索两端可做成一端锚固一端可调。

7. 质量控制与质量检验方法

（1）工序质量控制

严格按照施工工序及构造要求来保证施工质量，加固施工的质量控制按《公路桥涵施工技术规范》（JTJ 041—2000）要求进行，重点控制钢托梁、斜拉索、索塔的施工。

（2）加固工程质量检验评定方法

①基本要求

a. 用材料的种类、型号、规格、数量和质量应符合有关规范及设计要求。

b. 设计要求的程序施工，钢托梁、索塔、斜拉索构造应符合设计要求。

②实测项目

实测项目参照《公路工程质量检验评定标准》（JTJ 071—98）相关规定进行检验评定，

特殊实测项目见表 2.1.8-6。

特 殊 检 验　　表 2.1.8-6

项　　次	检 验 项 目	合 格 标 准	检 验 方法	频　　数
1	支撑点位置	满足设计要求	几何测量	100%
2	顶升高度	使塑性变形在跨中挠度值减小一半	水准仪	100%

8. 加固效果评述

该法加固效果明显，工程量不大，但施工复杂，施工期需中断交通。对桥下净空无影响，因桥面上新加立柱，改变了原桥景观。

八、改桥为涵洞

1. 特点及适用条件

对于跨径较小的桥梁，在不影响通航和排洪能力的情况下，可采用改桥为涵的方法进行加固（图 2.1.8-9）。

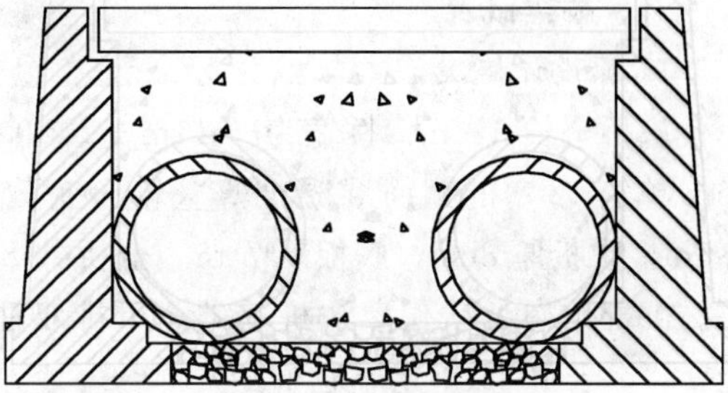

图 2.1.8-9　改桥为涵洞加固法示意

2. 附加影响

(1) 降低原有排洪能力。

(2) 施工时要移动主梁（板），会对梁（板）带来损伤。

3. 施工工序

(1) 凿除桥面铺装，移去主梁。

(2) 安置管涵，砌筑管涵上部填充物，并夯实。

(3) 重新放回主梁，重做桥面铺装。

4. 构造措施

(1) 填充物夯实并要与主梁结合紧密。

(2) 其他按管涵构造要求。

5. 质量控制与质量检验方法

(1) 工序质量控制

严格按照施工工序及构造要求来保证施工质量，加固施工的质量控制按《公路桥涵施工技术规范》(JTJ 041—2000) 要求进行，重点控制移梁的施工。

(2) 加固工程质量检验评定方法

①基本要求

a. 所用材料的种类、型号、规格、数量和质量应符合有关规范及设计要求。

b. 按设计要求的程序施工。

②实测项目

实测项目参照《公路工程质量检验评定标准》(JTJ 071—98) 相关规定进行检验评定。

6. 加固效果评述

该法施工简单，不足之处是施工期间要中断交通。

第二章　混凝土梁桥加固工程实例

§2.1　钢筋混凝土连续箱梁严重开裂的加固

——采用锚喷混凝土增大截面加固法

一、桥梁概况

1. 原设计概况

该桥全长644m，桥宽为净11m+2×0.5m，桥面横坡为1.5%。上部构造为每联5孔16m单箱12室的钢筋混凝土薄壁箱形变截面连续梁，支承处梁高1.06m，跨中部位梁高0.5m，顶板厚8cm，底板厚7cm。全桥共8联40孔，梁底为二次抛物线，25号钢筋混凝土。下部结构为钻孔灌注桩基础，单排双柱式桥墩，T形变截面盖梁。设计荷载为汽-20，挂-100，于1985年建成通车。

2. 存在的主要问题

该桥位于国道上，交通量大、重型车辆多。运营十几年来，该桥一些承重构件损坏严重，主要是上部结构主梁底面开裂严重，呈现顺、横桥向的垂直交叉裂缝。裂缝主要分布在桥中线和跨中部位，个别孔底面出现网状裂缝，混凝土成片脱落致使钢筋外露锈蚀。各孔的主要裂缝宽度基本上都大于0.1mm，顺桥向裂缝最大宽度为0.5mm，横桥向裂缝最大宽度为0.16mm，顺桥向裂缝宽度比横桥向裂缝大。桥面沥青混凝土铺装层磨损严重，普遍存在网裂、龟裂等现象；伸缩缝缺失损坏较严重，损害处造成沥青面层破损；下部结构中27、28号盖梁端部开裂严重，大部分接柱存在蜂窝、麻面现象，部分接柱冲刷严重。

根据《公路养护技术规范》(JTJ 073—96）对该桥总体技术状况进行了等级评定，全桥结构技术状况评定为三类桥。

二、原结构复算

1. 结构复算依据

(1) 原桥设计图纸

(2) 该桥质量检测报告

2. 计算模型的选择

根据主梁底面裂缝分布情况，经分析认为裂缝是由于顺桥向和横桥向在跨中抗弯刚度不足，导致梁底应力过大引起的。为了较为准确地判断裂缝的成因，分别采用空间和平面计算程序对其计算分析。

(1) 主梁的空间计算模型

①模型的建立

利用结构的对称性，对主梁模型进行简化，这样5跨一联，取两跨半，长40m。共划分为23040个单元，31556个结点，模型见图2.2.1-1。

②计算参数的选取

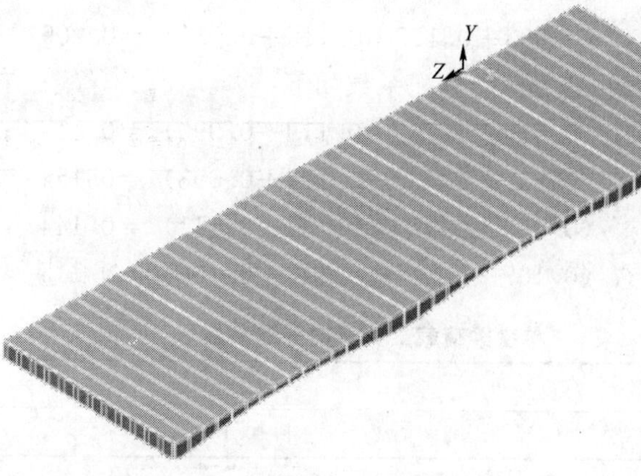

图 2.2.1-1　主梁实体有限元模型图

根据原桥建立的主梁三维实体有限元模型，其中主要参数的取值如下：容重 $\gamma=26\mathrm{kN/m^3}$，泊松比 $\mu=0.167$，弹性模量 $E=2.85\times10^4\mathrm{MPa}$，剪切弹性模量 $G=1.2482\times10^4\mathrm{MPa}$。

③活载布置

该桥的设计荷载为汽-20 级、挂-100，根据《公路桥涵设计规范》(JTJ 021—89)，共分三种工况布置基本可变荷载，同时由于桥面铺装破损严重，因此在计算中不计入其承载力，只计入自重，桥面铺装荷载集度为 $2.28\mathrm{kN/m^2}$。由于本桥为跨径较小的钢筋混凝土连续梁桥，考虑汽车的冲击作用，冲击系数取为 0.20。以下计算三种工况的单轮荷载：

工况一：分三列布置汽-20 级车队荷载

按三列车队布载，汽车荷载折减系数 0.78。

工况二：分列布置汽-20 级车队荷载

按二列车队布载，汽车荷载不折减。

工况三：布置挂车荷载

人行道板人群荷载取为 $3.5\mathrm{kN/m^2}$。顺桥向、横桥向的布载距离按《公路桥涵设计通用规范》(JTJ 021—89) 取用。

(2) 主梁的平面计算模型

由于主梁的单箱 12 室为整体现浇，与铰接空心板和刚接空心板有所不同，现有的空心板计算横向分配系数图表不能够准确反应整体现浇板梁的荷载横向分配，因此利用空间程序计算出其横向分布影响线，采用平面杆系程序按照原设计图纸对主梁进行了复算。

①模型的建立

将主梁横桥向离散成 12 片单箱室梁，并依次编排序号 1～12、取单联 5 孔进行计算，在顺桥向划分成 80 个平面杆系单元，根据结构的对称性，取两跨半的计算结果。

②横向分配系数的计算

根据空间模型计算出活载的横向分布影响线，经计算各单室梁在汽车荷载下的最大横向分配系数如下。

1 号梁：$m_q=(1/2)\times(0.264+0.140+0.093+0.049)=0.273$

2 号梁：$m_q=(1/2)\times(0.224+0.144+0.101+0.057)=0.263$

3 号梁：m_q＝（1/2）×（0.154＋0.160＋0.113＋0.071）＝0.249

6 号梁：m_q＝（1/2）×（0.093＋0.125＋0.115＋0.084）＝0.209

各单室梁在挂车荷载下的最大横向分配系数如下：

1 号梁：m_g＝（1/4）×（0.219＋0.160＋0.119＋0.090）＝0.147

2 号梁：m_g＝（1/4）×（0.229＋0.162＋0.125＋0.098）＝0.154

3 号梁：m_g＝（1/4）×（0.155＋0.171＋0.137＋0.111）＝0.144

6 号梁：m_g＝（1/4）×（0.107＋0.125＋0.122＋0.104）＝0.115

单室梁荷载最大横向分配系数

荷载类型	汽　车 m_q	挂　车 m_g	人　群 m_r
横向分布系数	0.273	0.154	0.354

3. 计算结果分析

(1) 空间复算结果分析

①顺桥向最不利布载

根据分析，主梁的应力和挠度在边跨的跨中最大，各工况下边跨跨中的应力和挠度见表 2.2.1-1。其中工况三的计算结果见图 2.2.1-2 和 2.2.1-3。从图中可以看出，主梁在偏心荷载下的弯扭效应非常明显，受力最为不利，说明其抗扭刚度不够，导致主梁整体受力性能不足。在三种工况中，受力最不利的位置都是在跨中，这与检测报告中裂缝集中在跨中附近相吻合。

图 2.2.1-2　主梁在工况三下的顺桥向应力分布图

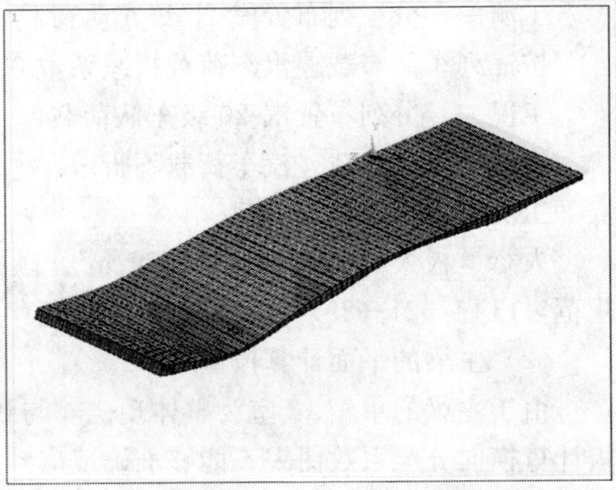

图 2.2.1-3　主梁在工况三下的挠度分布图

顺桥向最不利布载下边跨跨中计算结果　　表 2.2.1-1

工　况	混凝土纵向受压应力（MPa）		混凝土纵向受拉应力（MPa）		挠　　度（mm）	
	计算最大值	容许值	计算最大值	容许值	计算最大值	允许值
工况一	7.34		−3.98		6.5	36.7
工况二	8.51		−5.40		7.7	36.7
工况三	14.1		−6.83		11.5	36.7

②横桥向最不利布载

在横桥向上最不利布载，重车荷载布置在桥中线上。在跨中的桥中线下缘横桥向受力最为不利，见图 2.2.1-4、表 2.2.1-2 和表 2.2.1-3。

横桥向最不利布载位置下计算结果　　表 2.2.1-2

工况	横向受压应力（MPa）		横向受拉应力（MPa）		竖向挠度（mm）	
	计算最大值	标准强度	计算最大值	标准强度	计算最大值	容许值
工况一	1.15	17.5	−1.31	−1.90	6.5	36.7
工况二	1.74	17.5	−1.63	−1.90	5.2	36.7
工况三	2.15	17.5	−2.47	−1.90	7.6	36.7

顺桥向不同位置布载对横桥向下缘拉应力的影响值　　表 2.2.1-3

布载位置	跨中（MPa）	L/4 处（MPa）
工况三	−2.28	−1.68

表 2.2.1-2 的计算结果表明，车辆荷载位于桥中线时，产生的横桥向的拉应力较大，超过了允许值。从表 2.2.1-2 和表 2.2.1-3 可以看出，在跨中位置布载，桥中线位置处的横桥向拉应力最大。

图 2.2.1-4　主梁在工况三最不利布载下横桥向的应力分布图

(2) 平面复算结果分析

用桥梁博士计算程序对主梁结构进行了复算。表 2.2.1-4 为各跨控制截面弯矩及相应容许应力，其中边跨跨中钢筋的拉应力超过了容许应力值（25 号混凝土的容许压应力为 11.0MPa，二级钢筋的容许拉应力为 185MPa），配筋量不足，其余截面的钢筋应力也较接近钢筋的容许应力，因此应对各控制截面进行加强，表 2.2.1-5 的各控制截面主拉应力均小于容许值（25 号混凝土的容许主拉应力为 0.75MPa）。

单室梁截面弯矩及相应容许应力计算汇总　　表 2.2.1-4

荷载组合		边跨跨中	次边跨		中跨	
			墩顶	跨中	墩顶	跨中
组合一	弯矩（kN.m）	432.6	−822.8	182.5	−637.2	283.3
	混凝土应力（MPa）	8.69	5.87	5.07	5.18	6.52
	钢筋应力（MPa）	182.2	171.4	156.9	179.9	161.4
组合二	弯矩（kN.m）	485	−813	209	−572	283.9
	混凝土应力（MPa）	9.74	5.80	5.81	4.65	6.54
	钢筋应力（MPa）	204.2	169.4	179.6	161.5	161.7

注：组合一：恒载＋汽－20 级＋人群；组合二：恒载＋挂－100。

单室梁控制截面中性轴处的主拉应力（MPa）　　表 2.2.1-5

荷载组合	边跨				次边跨				中跨		
	墩顶	$L/4$	$L/2$	$3L/4$	墩顶	$L/4$	$L/2$	$3L/4$	墩顶	$L/4$	$L/2$
组合一	−0.43	−0.39	−0.61	−0.54	−0.06	−0.66	−0.46	−0.33	−0.59	−0.62	−0.42
组合二	0.56	−0.44	−0.68	−0.66	−0.76	−0.72	−0.52	−0.57	−0.72	−0.73	−0.51

从表 2.2.1-6 中可以看出，主梁的计算最大挠度都没有超过规定值，这与荷载试验结果吻合较好。

单室梁跨中的最大挠度（mm）　　表 2.2.1-6

荷载组合	边跨跨中	次边跨跨中	中跨跨中
恒载	10.3	3.0	5.2
汽—20 级	7.1	5.2	6.0
挂—100	8.7	6.1	6.5
人群	0.6	0.2	0.3

主梁的墩顶处上缘的拉应力和跨中下缘的拉应力都远远超过了允许拉应力，结构出现开裂，由于该构件为普通混凝土构件，因此允许带裂缝工作，下面对其裂缝宽度进行了验算。

跨中：$\delta_{fmax}=0.221mm<[\delta_{fmax}]=0.25mm$，小于最大裂缝限值，但与允许值较接近。

支座处：$\delta_{fmax}=0.176mm<[\delta_{fmax}]=0.25mm$，所以在支座处的负弯矩区的裂缝宽度也小于规范的允许值。

三、箱梁裂缝成因分析

综合以上的空间和平面分析，主梁下边缘混凝土顺桥向的拉应力超过了容许值，导致混凝土横桥向的开裂，在设计时主梁顺桥向配置了受力钢筋，使得跨中横桥向截面下缘产生的裂缝宽度小于设计规范要求，同时，主梁顺桥向的挠度也满足设计规范要求，表明主梁纵向钢筋的配置和断面尺寸的选择是合理的；由于整体板式主梁的长宽比（4∶3）较小，主梁在横桥向也分配了相当的弯矩，主梁下边缘混凝土横桥向的拉应力超过或接近容许值，而在原设计图中未充分考虑主梁弯扭作用，在横桥向未布置受力钢筋，导致顺桥向的开裂较为严重。这与顺桥向的裂缝宽度比横桥向的裂缝大的检测结果相吻合。

在实际使用荷载下，超重车辆多，各跨中范围内的底板下缘过大的拉应力是裂缝产生的主要原因，应对各跨中底板进行加固补强。

四、加固设计

1. 加固设计方案

根据以上对裂缝成因的分析，主梁的裂缝属于结构性受力裂缝，因此拟按以下方案对主梁进行加固维修。

(1) 方案一

横桥向在跨中底面粘贴热轧扁钢带限制裂缝的扩展，在顺桥向张拉体外无粘结预应力，然后对底板裂缝进行灌浆或表面封闭处理。

①横桥向粘贴钢板

由于该大桥主梁底板的顺桥向裂缝是由于横桥向的弯矩产生的底缘拉应力引起的，根据此受力特点采用在箱梁表面粘贴热轧扁钢带进行局部加固补强。加固区域是在跨中左右各4.6m，共9.2m的区域内进行加固补强，在支座附近粘贴间距为25cm的扁钢，如图2.2.1-5所示，不同钢板厚度对混凝土拉应力的影响列于表2.2.1-7。

加贴钢板后在挂－100最不利布载的横桥向混凝土最大拉应力　　表2.2.1-7

加贴钢板厚（mm）	0	2	3	4	6	10
混凝土横向拉应力（MPa）	2.47	1.642	1.551	1.479	1.353	1.178

注：本加固方案中在跨中附近采用了间距为10cm，6×60mm的热轧扁钢。

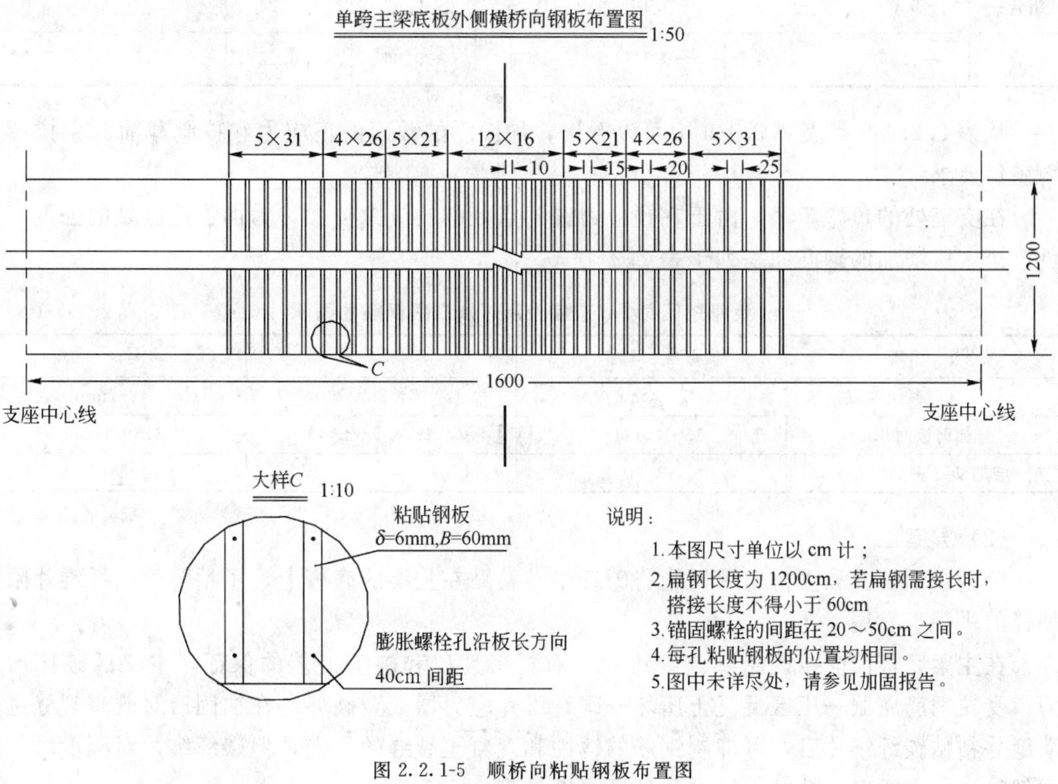

图2.2.1-5　顺桥向粘贴钢板布置图

②顺桥向增加体外预应力，负弯矩区增加配筋

该大桥横桥向的裂缝是由跨中的正弯矩产生的。根据此受力特点，在顺桥向增加体外预应力。同时为了保证跨中受压区混凝土的正应力不超过允许值，将原桥面铺装凿除，在主梁上面现浇5cm的40号混凝土层，使其参与主梁截面抗力，即增加结构层，加厚顶板至13cm。并在负弯矩区增加钢筋面积平衡预应力钢束在锚固区产生的拉应力。

在顺桥向根据空间计算的横向分布影响线，将空间结构离散，加固后顺桥向的控制应力计算如下：

加固后跨中顺桥向上、下边缘正应力（MPa）　　表 2.2.1-8

组合类型		1 号 孔		2 号 孔		3 号 孔	
		上缘	下缘	上缘	下缘	上缘	下缘
组合一	最大	11.2	8.92	9.62	9.93	10.1	8.99
	最小	5.39	−0.09	3.86	−0.92	4.5	0.1
组合二	最大	11.4	9.95	9.58	9.16	9.51	7.81
	最小	5.23	−0.01	4.47	−0.86	4.98	1.09

各控制截面的最大主拉应力（MPa）　　表 2.2.1-9

组合类型	边 跨			次 边 跨			中 跨	
	$L/4$	$L/2$	$3L/4$	$L/4$	$L/2$	$3L/4$	$L/4$	$L/2$
组合一	−0.06	−0.09	−0.16	−0.15	−0.92	−0.24	−0.21	−0.03
组合二	−0.05	−0.04	−0.12	−0.11	−0.86	−0.22	−0.17	−0.02

从表 2.2.1-8 和表 2.2.1-9 中可以看出，加固后的截面的正应力和控制截面的主拉应力均满足要求。

在支座处的负弯矩区，由于在预应力锚固点处的拉应力较大，为加强此区域的强度，在负弯矩区所增加的钢筋面积列于表 2.2.1-10。

负弯矩区每 1m 宽度上所增加二级钢筋的面积　　表 2.2.1-10

支 座	1 号、6 号	2 号、5 号	3 号、4 号
受压区混凝土高度	31.7mm	54.2mm	48.7mm
加钢板面积	1351.9mm^2	1624.6mm^2	1735.1mm^2
增加 Φ22 钢筋（根）	3.6	4.3	4.6

（2）方案二

分别在顺桥向和横桥向用树脂将碳纤维布粘贴在主梁的底板上。用粘贴的碳纤维片限制裂缝的进一步发展。

在主梁底板面受拉区粘贴碳纤维片，有材料性质和施工工艺的保证，主梁的破坏形态为：受拉钢筋屈服→压区混凝土压坏→碳纤维片应力增大至破坏。在加固后对既有裂缝进行灌缝并粘贴碳纤维片后，可抑制钢筋的锈蚀和混凝土裂缝的发展，但碳纤维片对刚度增加的贡献较小。主梁底板粘贴碳纤维片计算厚度见表 2.2.1-11。

主梁底板粘贴碳纤维布厚度　　表 2.2.1-11

粘贴方向	顺 桥 向	横 桥 向
碳纤维片（TXD-C-20）	二层（0.222mm）	一层（0.111mm）

根据主梁的受力特点，在粘贴碳纤维片时，顺桥向在 1/4 跨至 3/4 跨之间粘贴两层，其余粘贴一层碳纤维片。为了方便观察碳纤维片加固的效果，沿顺桥向和横桥向分别隔一定间距粘贴碳纤维片，呈网格状，如图 2.2.1-6 所示。

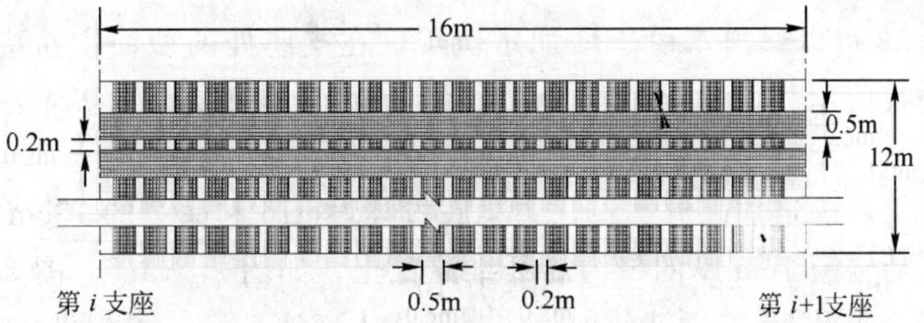

图 2.2.1-6　主梁底板粘贴碳纤维布示意图

(3) 方案三

在主梁底板挂设补强钢筋网，并锚喷 7cm 厚聚丙烯纤维混凝土，对墩顶负弯矩区主梁顶面加铺纵向增强钢筋，桥面铺装层改为 9cm 聚丙烯纤维混凝土，加强全桥的整体性。

①横桥向的补强钢筋

由于该大桥主梁底板的顺桥向裂缝主要是横桥向的弯矩产生的，因此在主梁底板横桥向增加受力钢筋来限制裂缝的产生和发展。横桥向补强钢筋用量列于表 2.2.1-12。

横桥向补强钢筋用量　　表 2.2.1-12

钢筋直径（mm）	间距（cm）	实用钢筋面积（mm^2/m）	钢筋直径（mm）	间距（cm）	实用钢筋面积（mm^2/m）
ϕ12	10	1130.4	ϕ18	20	1271.5
ϕ16	15	1339.7			

②顺桥向的补强钢筋

在主梁下表面锚喷了 7cm 厚的混凝土，增加了恒载，因此对原桥进行了重新计算（单元划分同前），以确定补强钢筋的数量。顺桥向补强钢筋用量列于表 2.2.1-13。

顺桥向补强钢筋用量　　表 2.2.1-13

补强截面	增加钢筋数量				主拉应力（MPa）
	直径	增加面积（mm^2/m）	直径	增加面积（mm^2/m）	
6 号	⌀22	759.8（2 根）	⌀16	804（4 根）	0.280
7 号	⌀22	759.8（2 根）	⌀16	804（4 根）	0.272
8 号	⌀22	359.9（1 根）	⌀16	402（2 根）	0.441
17 号	⌀22	759.8（2 根）	⌀16	负弯矩区采用⌀22	0.884（不足）
25 号	⌀22	359.9（1 根）	⌀16	402（2 根）	0.688
26 号	⌀22	359.9（1 根）	⌀16	402（2 根）	0.359
27 号	⌀22	759.8（2 根）	⌀16	804（4 根）	0.431
31 号	⌀22	359.9（1 根）	⌀16		0.582
33 号	⌀22	1139.7（3 根）	⌀16	负弯矩区采用⌀22	0.785（不足）
34 号	⌀22	759.8（2 根）	⌀16		0.767（不足）
40 号	⌀22	359.9（1 根）	⌀16	402（2 根）	0.492
41 号	⌀22	359.9（1 根）	⌀16	402（2 根）	0.346

由表 2.2.1-13 可以看出，由于增加了恒载，在支座处的截面主拉应力超过了充许值，因此对支座处的抗剪承载力进行加强。将桥台上的两个空室浇筑成实体，经过验算抗剪满足要求。

根据以上计算，确定加固方案：在主梁底板挂设ф16 和ф12 的 15cm×10cm（横向×纵向）钢筋网，然后锚喷 7cm 厚的聚丙烯纤维混凝土，如图 2.2.1-7、图 2.2.1-8 所示。在主梁底板锚喷混凝土以及 7d 养生期间内，应封闭桥上交通。

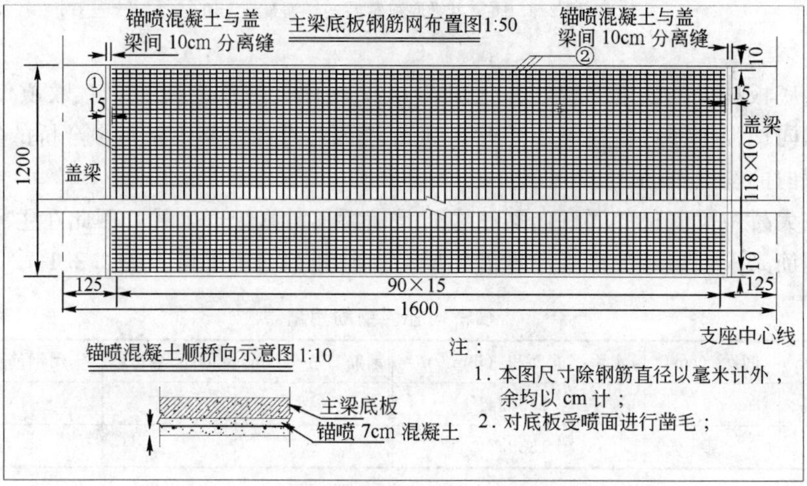

图 2.2.1-7　底板钢筋布置图

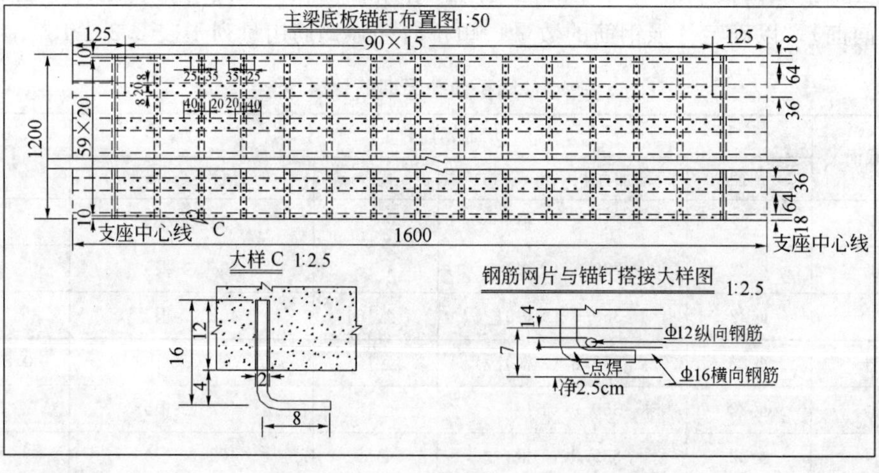

图 2.2.1-8　底板锚筋布置图

桥面重新铺设，将原桥面凿除，在负弯矩区次边跨支点上主梁顶面增加 4×ф22（16 号～18 号截面），在中跨支点主梁顶面上增加 5×ф22（31 号～35 号截面），铺设 ϕ10 的 10cm×10cm 的钢筋网，现浇 9cm 的 C40 聚丙烯纤维混凝土，如图 2.2.1-9 所示。

混凝土中的聚丙烯按 2kg/m^3 的量掺入。

对各跨跨中原人行道板边缘的泄水管进行加长。

将原桥伸缩缝更换成D80的毛勒伸缩缝。

由于在主梁下锚喷混凝土，增加了恒载，基础的单桩容许承载力 $[P]=3698.53\text{kN}>P_j=2919.64$，满足要求。

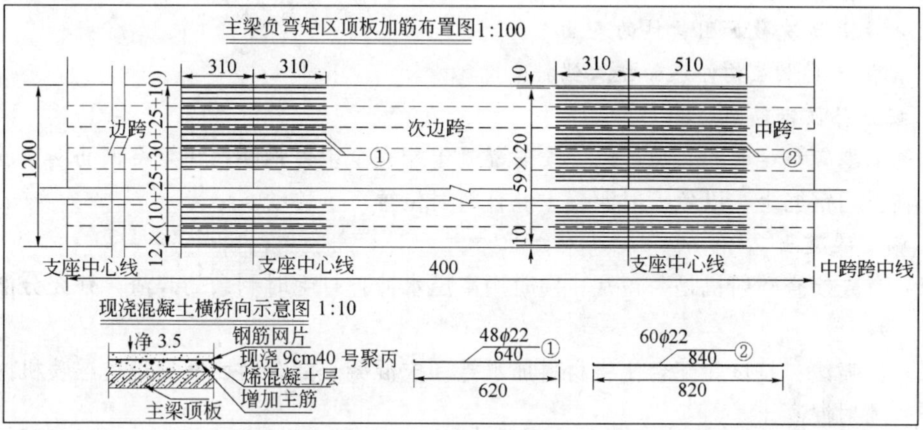

图 2.2.1-9　顶板负弯距钢筋布置图

2. 加固设计方案比选

本加固设计对主梁的加固维修提出了三种方案。三种方案均能有效地限制裂缝的开展，达到加固的目的。下面以列表方式对三个方案进行综合比选。

项目	方案一（增加体外预应力钢束和粘贴钢板）	方案二（粘贴碳纤维布）	方案三（锚喷增大截面）
优点	通过增加体外预应力钢束和粘贴钢板，可以有效地提高主梁的承载能力，这对于荷载试验报告中原桥的安全储备较小是有利的	（1）施工方便，只需用树脂将碳纤维布粘贴在原结构的外表面上，不需在结构上打孔，因此也不损伤原结构； （2）可以改善结构的延性，从计算和荷载试验结果看来原桥的刚度较好，改善其延性是很有益的，另外碳纤维布可以抑制钢筋的锈蚀	通过锚喷混凝土，增加配筋，可以有效地提高主梁的承载能力，这对于荷载试验报告中原桥的安全储备较小是有利的。相对于其他方案不需对梁底裂缝及局部混凝土剥落区进行处理
缺点	（1）施工比较麻烦，粘贴热轧扁钢时要在底板上打孔，穿体外预应力钢束时，需在底板、顶板和横隔板上打孔； （2）在主梁的底板打孔锚固扁钢和在顶板、横隔板和底板钻孔穿体外预应力束，会损伤原结构，且原桥的主梁底板和顶板较薄，底板和顶板厚度分别只有7cm和8cm，钻孔粘钢板和穿索有一定的风险性，同时增加预应力索后在锚固区会产生较大的拉应力，需增加配筋来克服，增加配筋的施工较为困难，施工有一定的风险	主梁底面为抛物线，粘贴碳纤维布的效果较难保证	（1）本方案的施工工艺要求较高，其中锚喷混凝土、钻锚孔和植入锚杆的施工必须由专业施工队伍完成； （2）由于需在主梁上植入锚杆，会在一定程度上对主梁有损伤
工程造价	829.97万元	1840.37万元	735.81万元

综合以上三种方案，推荐采用方案三，但在施工中一定要严格控制主梁上植入锚杆的质量和底板锚喷混凝土的质量，须达到设计的要求。

五、锚喷混凝土施工工艺要点

1. 打毛并清洗被加固构件的表面

2. 按设计要求在构件表面植入锚杆

3. 安设补强钢筋网

钢筋周围应有足够的间隙，以便喷射混凝土能完全包裹钢筋。注意将钢筋网牢固地绑扎或点焊在锚固钢筋上，以免喷射混凝土混合料时位置产生移动。

4. 喷射混凝土

(1) 首先检查喷射机是否正常，同时用高压水冲掉打毛时剩余的碎渣，并充分湿润受喷面。

(2) 湿喷法：按试验配合比将材料加水拌和成混凝土混合料，然后送进湿喷机内。

(3) 喷射混凝土。

喷嘴与受喷面的最佳距离一般为0.8～1.2m左右，距离过大将增加回弹量，并降低密实度，从而也降低了强度。喷嘴应尽量与受喷面垂直，否则会降低混凝土密实度。当对配有钢筋网的受喷面进行喷射时，喷嘴应更靠近受喷面一些，且与垂直方向稍偏离一个小角度，以便获得较好的握裹效果，同时便于排除回弹物。

喷射混凝土下垂脱落和回弹量过大，是向顶面喷射混凝土的两大问题。下垂常常是喷层过厚或过湿造成的。由于新喷上的混凝土混合料，其抗拉强度及粘结强度都很低、一旦喷射的混凝土的自重大于其与顶部受喷面的粘结强度时，即出现下垂或脱落。因此较厚的喷射混凝土应分层喷射。一次喷射厚度以喷射混凝土不滑移，不堕落为度。既不能因喷射层太厚而影响喷射混凝土的粘结力和凝聚力，又不能因喷射混凝土太薄而增加回弹。

回弹物中水泥含量很少，主要为粗集料，凝结硬化后则是一种松散、多孔隙的块体，因此应及时予以清除，不能使之聚集在结构物内，更不能直接将其放入下批混凝土中，否则将影响混凝土的质量。

5. 表面修整

喷射面自然整平，不论从结构强度和耐久性方面来讲，都是可取的。然而，喷射面过于粗糙，对于要求表面光滑和外形美观的桥孔，应及时修整。一般可在喷射混凝土初凝后用刮刀将设计线以外多余的材料刮掉，然后再喷或抹一层砂浆；或在喷射面上直接喷射或抹一层砂浆。保证主梁底板平整美观。

6. 喷射混凝土的养生

喷射混凝土终凝两小时后，采用养生剂进行养生。养生时间应不少于14天。对于水泥含量高、表面粗糙的薄层喷射混凝土结构的养生，是确保其强度的形成和避免表面开裂的重要措施。

六、锚喷混凝土加固效果

该桥加固完成1年后，经现场检查，梁底未发现裂缝，且重车通行明显感觉振动减小，说明加固达到了预期的效果。

§2.2 预应力混凝土连续箱梁严重开裂的加固

——采用加劲钢架、粘贴钢板及碳纤维加固法

一、桥梁概况

1. 原设计概况

该桥主桥为52m＋80m＋52m连续梁桥。设计荷载为汽－20级、挂－100、人群荷载3.5kN/m²；桥面为净2m（人行道）＋12m（行车道）＋2m（人行道），总宽16m。通航标准按八级航道要求，净宽17m，净高4m。

箱梁采用50号混凝土挂篮悬臂浇筑，箱梁截面的主要尺寸如下：

箱梁顶板全宽15.5m，底板宽8m；

主墩墩顶处截面梁高5m，跨中截面梁高2.3m；

底板厚30～60cm（跨中至墩顶）；

直腹板厚35～60cm（跨中至墩顶）

箱梁顶面设双向1.5%横坡，纵向设2.5%纵坡，并设有半径为3600m竖曲线，因此箱梁顶面纵向各点标高按竖曲线确定。纵向预应力采用7ϕ5mm钢绞线，锚具为XM15-7，横向采用24ϕ5mm碳素钢丝，张拉端用弗氏锚，固定端采用墩头锚。竖向预应力采用精轧螺纹钢筋，锚具为YGM锚，成孔纵向和横向采用ϕ65mm和ϕ55mm波纹管、竖向采用ϕ45mm铁皮管。中跨在墩顶处顶板钢束为128束，中跨跨中底板钢束为60束，边跨底板钢束为38束，中跨跨中附近及边孔端部附近顶板均设有6根结构连续钢束。三孔箱梁共设8道横隔板，均在墩顶处。桥面横向钢束丝间距为50cm，竖向ф32mm精轧螺纹钢筋间距为50cm。

下部结构5、6号桥墩分别为6ϕ1.2m和8ϕ1.5m钻孔嵌岩桩，8号桥墩为明挖基础，7号桥墩为沉井套箱与8ϕ1.5m嵌岩钻孔组合基础。

2. 存在的主要问题

该桥于1992年建成通车，1997年9月，箱梁腹板发现有裂缝产生，但未对裂缝作具体的统计。

1999年6月对箱梁内腹板、顶板及横隔板进行了全面检查，主桥箱梁腹板共发现裂缝1795条，其中裂缝长度在1m以上的有3条，顶板及底板未发现裂缝。未对箱外的裂缝进行检查。

2001年5月又对箱内裂缝进行检查，结果发现腹板裂缝数量有所增加，原有裂缝长度呈发展态势，裂缝长度超过1m的已有70条，比1999年增加了67条，部分裂缝宽度已达0.3～0.4mm。

2002年9月对该桥进行全面检查检测，检测结果如下：

（1）共发现裂缝2975条，其中腹板裂缝1403条，顶板裂缝1224条，底板裂缝384条。宽度大于0.2mm的共787条。腹板中绝大多数裂缝的走向为与箱梁轴线斜交的斜裂缝，腹板内外侧斜向裂缝分别占各类裂缝总数的82.13%和90.63%，但斜向夹角都不大，其余为与箱梁轴线基本平行的水平纵向裂缝。

（2）桥跨结构长度、跨径与箱梁外形尺寸实测值与设计值基本一致，箱梁关键部位混凝土强度的推定值满足设计强度要求。

(3) 根据对箱梁控制断面的温度测量结果进行分析，发现箱梁的内外温度差值比较大，对箱梁的受力状况产生不利影响。

二、原结构复算

1. 结构复算依据

(1) 原桥设计图纸。

(2) 质量检测报告。

(3) 英国标准 BS5400，英国标准学会，1978-82 版。

2. 计算模型的选择

由于主梁梁高比较矮（墩顶处梁高 5m，跨中截面梁高仅 2.3m），竖向预应力筋很难对腹板全高度区域产生有效作用，因此在结构复算中没有考虑竖向预应力钢筋的影响。

对主桥结构检算分析，采用平面杆系有限元计算程序，共划分了梁单元 116 个，纵向计算模型钢束 94 束，主桥结构单元离散情况如图 2.2.2-1 所示。

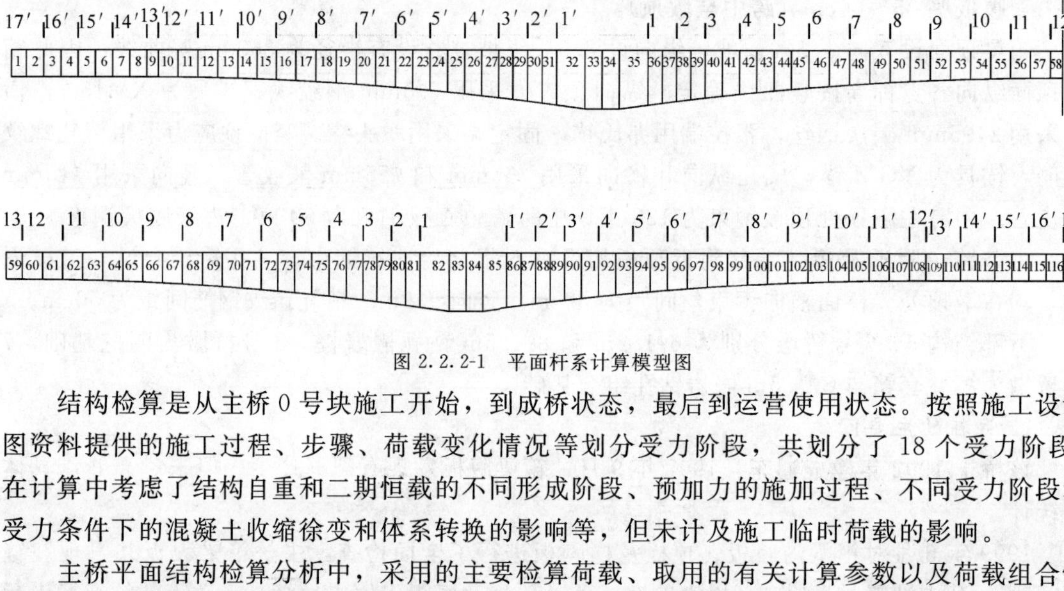

图 2.2.2-1　平面杆系计算模型图

结构检算是从主桥 0 号块施工开始，到成桥状态，最后到运营使用状态。按照施工设计图资料提供的施工过程、步骤、荷载变化情况等划分受力阶段，共划分了 18 个受力阶段，在计算中考虑了结构自重和二期恒载的不同形成阶段、预加力的施加过程、不同受力阶段和受力条件下的混凝土收缩徐变和体系转换的影响等，但未计及施工临时荷载的影响。

主桥平面结构检算分析中，采用的主要检算荷载、取用的有关计算参数以及荷载组合情况列于表 2.2.2-1。鉴于该桥箱梁翼缘较宽，剪力滞效应明显，跨间又未设横隔板，在偏心活荷载作用下，箱梁除了产生纵向弯曲外，还会产生较为明显的扭转和畸变变形。所以在平面检算时，取用了 1.2（汽车荷载）和 1.15（挂车荷载）的计算增大系数来覆盖扭转、畸变和剪力滞全部效应的影响。

主桥平面检算主要参数一览表　　　　表 2.2.2-1

序　号	参 数 名 称	按规范取用值	结构检算实际取用值
1	汽车荷载 (1) 汽车－20 级 (2) 车道数×折减系数① (3) 冲击系数 (4) 计算增大系数	 汽车－20 级 4×0.67 (2) 0 未规定	 汽车－20 级 4×0.67 (2) 0 1.2

续上表

序 号	参 数 名 称	按规范取用值	结构检算实际取用值
2	挂车荷载 (1) 挂车－100 (2) 计算增大系数	 挂车－100 未规定	 挂车－100 1.15
3	人群荷载（kN/m^2）	3～3.5	3.5
4	体系温度变化（℃） (1) 合龙温度 (2) 均匀升温 (3) 均匀降温	 未规定，由设计考虑 20 20	 15 20 20
5	日照温差（℃） (1) 升温 (2) 降温	 未规定，必要时考虑 未规定，必要时考虑	按照英国 BS-5400 规范取用
6	预加应力及程序 (1) 管道摩阻系数 (2) 管道局部偏差的摩阻系数 (3) 预加应力及程序	 0.25 0.0015 未专门规定，由设计考虑	 0.25 0.0015 按施工图资料计算
7	施工荷载及程序	未专门规定，由设计考虑	按施工图资料计算，未计及施工临时荷载的影响
控制检算受力阶段与荷载组合：			
1. 成桥状态		结构重力＋预加应力＋收缩徐变影响力	结构重力＋预加应力＋收缩徐变影响力
2. 组合 I		成桥状态＋汽车－20 级＋步道人群荷载	成桥状态＋汽车－20 级＋步道人群荷载
3. 组合 II-1		组合 I＋体系升温 20℃	组合 I＋体系升温 20℃
4. 组合 II-2		组合 I＋体系降温 20℃	组合 I＋体系降温 20℃
5. 组合 II-3		组合 I＋升温（桥面板升温 5℃）	组合 I＋升温（桥面板升温 5℃）
6. 组合 II-4		组合 I＋降温（上－8.4℃，下－6.5℃，非线性分布）	组合 I＋降温（上－8.4℃，下－6.5℃，非线性分布）
7. 组合 II-5		组合 I＋升温（上 13.5℃，下 2.5℃，非线性分布）	组合 I＋升温（上 13.5℃，下 2.5℃，非线性分布）
8. 组合 III		成桥状态＋挂车－100	成桥状态＋挂车－100

注：按照 JTJ 021—89 规定，温度变化范围，应根据建桥地区的气温条件而定，预应力混凝土结构，一般按当地月平均最高和最低气温以及结构合龙温度计算温度变化值。大桥月平均最高气温为 28.3℃，月平均最低气温为 3.7℃。

3. 计算结果分析

由于本桥为连续梁桥，整体温差对结构的受力影响不明显，组合 II-1 和 II-2 的结果与组合 I 差别很小，因此本加固设计中没有列出其计算结果。根据结构的对称性，取主桥一半的计算结果汇总于表 2.2.2-1～表 2.2.2-5，表中应力单位为 MPa，压应力为正，拉应力为负。

组合 I 箱梁控制截面应力检算结果汇总表　　表 2.2.2-2

控制截面	桥梁博士计算结果（MPa）					
	上缘最大	上缘最小	下缘最大	下缘最小	最大主压应力	最大主拉应力
13′号	4.17	1.96	5.98	2.03	5.98	−0.2
7′号	6.42	4.28	8.58	4.98	8.58	−0.70
0 号	5.48	4.17	7.95	6.28	8.21	−1.69
7 号	7.78	6.54	6.75	4.69	7.78	−0.69
13 号	6.57	4.07	6.83	2.49	6.83	−0.18

组合 II—3 箱梁控制截面应力检算结果汇总表　　表 2.2.2-3

控制截面	桥梁博士计算结果（MPa）					
	上缘最大	上缘最小	下缘最大	下缘最小	最大主压应力	最大主拉应力
13′号	4.59	1.96	5.99	1.8	5.99	−0.36
7′号	7.13	4.28	8.59	4.51	8.59	−0.74
0 号	6.39	4.17	7.95	6.1	8.21	−1.8
7 号	8.81	6.53	6.76	3.7	8.81	−0.77
13 号	7.97	4.06	6.85	0.59	7.97	−0.23

组合 II—4 箱梁控制截面应力检算结果汇总表　　表 2.2.2-4

控制截面	桥梁博士计算结果（MPa）					
	上缘最大	上缘最小	下缘最大	下缘最小	最大主压应力	最大主拉应力
13′号	4.17	−0.08	5.99	0.504	5.99	−0.2
7′号	6.42	2.11	8.59	3.85	8.85	−0.70
0 号	5.48	1.89	7.95	4.26	8.52	−1.69
7 号	7.78	4.45	6.76	2.98	8.19	−0.69
13 号	6.57	2.06	6.85	0.92	6.93	−0.18

组合 II—5 箱梁控制截面应力检算结果汇总表　　表 2.2.2-5

控制截面	桥梁博士计算结果（MPa）					
	上缘最大	上缘最小	下缘最大	下缘最小	最大主压应力	最大主拉应力
13′号	7.68	1.96	6.65	2.03	7.68	−0.33
7′号	10.2	4.28	8.8	4.98	10.2	−0.75
0 号	9.46	4.17	8.65	6.28	9.46	−1.79
7 号	11.8	6.53	6.84	4.69	11.8	−0.76
13 号	10.8	4.06	6.85	1.89	10.8	−0.22

从表 2.2.2-2～表 2.2.2-5 中平面计算结果来看，最大正应力为 11.8MPa（组合 II—5 中，7 号截面上缘），最小正应力为−0.08MPa（组合 II-4 中，13 号截面上缘），符合表

2.2.2-6 的控制应力要求。主拉应力（边跨支点处的主拉应力偏大外）、主压应力都在规范允许范围内，也符合表 2.2.2-6 的要求，说明原设计是符合规范要求的。

50 号混凝土在预应力结构中的控制应力（MPa）　　表 2.2.2-6

阶　段	法向压应力	法向拉应力	主压应力	主拉应力
施工阶段	18.3	−2.41		
荷载组合	17.5	−2.4	21	−2.4
成桥状态	21	−2.7	22.75	−2.7

三、箱梁裂缝成因分析

从原结构的检算结果来看，采用平面杆系程序计算，各种荷载组合是能够满足《桥梁设计规范》要求的。但实际情况是箱梁腹板、顶板、底板均出现了裂缝，这一现象令人深思。为了探寻箱梁开裂原因，同时也为弥补平面杆系程序计算箱型薄壁结构的不足，采用大型通用程序 ANSYS 和交通部公路科学研究所开发的 BridgeKF 系统进行空间分析。

1. 空间计算模型

在空间分析时，采用 ANSYS 和 BridgeKF 系统分别建立模型进行计算。由于 ANSYS 模拟空间预应力和分阶段计算十分复杂，因此用 ANSYS 的计算结果主要对 BridgeKF 系统进行校核和分析箱梁的空间效应，而在 BridgeKF 系统的分析中对原结构根据施工顺序划分了 9 个阶段进行计算，以及各工况下的受力计算。

ANSYS 计算模型

在 ANSYS 空间分析中，根据桥梁的对称性，取主桥的一半进行建模，共划分 8 结点实体单元 99947 个，共有结点 128329 个。ANSYS 分析模型见图 2.2.2-2。

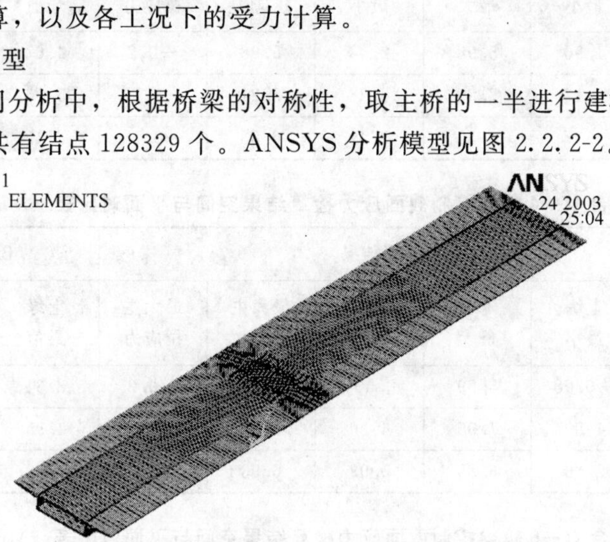

图 2.2.2-2　ANSYS 计算分析模型图

BridgeKF 分析中共划分 8 结点实体单元 7740 个，共有结点 12137 个，纵向预应力束计算模型 410 束，横向预应力束计算模型 367 束，没有计入竖向预应力钢筋的影响，分析模型见图 2.2.2-3。

图 2.2.2-3　BridgeKF 计算分析模型图

结构检算按照施工设计图资料提供的施工程序划分为9个阶段连续计算，考虑了9个阶段中结构自重、预加力、混凝土收缩徐变和体系转换等的影响。

2. 计算结果分析

(1) 平面复算结果分析及与BridgeKF计算结果比较

现将空间与平面计算结果摘录于表2.2.2-7～表2.2.2-10，根据结构的对称性，取主桥一半的计算结果汇总：

成桥状态箱梁控制截面应力检算结果空间与平面对比表（MPa）　　表2.2.2-7

控制截面	桥梁博士计算结果						BridgeKF计算结果		
	上缘最大	上缘最小	下缘最大	下缘最小	最大主压应力	最大主拉应力	上缘最值	下缘最值	最大主拉应力
13′号	2.67	2.67	4.72	4.72	4.72	−0.002	3.68	5.23	−0.15
0号	5.3	5.3	6.51	6.51	7.28	−1.27	7.07	11.78	−1.36
13号	4.73	4.73	5.69	5.69	5.69	−0.02	6.42	8.21	−0.71

组合I箱梁控制截面应力检算结果空间与平面对比表（MPa）　　表2.2.2-8

控制截面	桥梁博士计算结果						BridgeKF计算结果		
	上缘最大	上缘最小	下缘最大	下缘最小	最大主压应力	最大主拉应力	上缘最值	下缘最值	最大主拉应力
13′号	4.17	1.96	5.98	2.03	5.98	−0.2	4.67	6.17	−0.32
0号	5.48	4.17	7.95	6.28	8.21	−1.69	5.16	6.77	−1.30
13号	6.57	4.07	6.83	2.49	6.83	−0.18	8.49	4.57	−1.20

组合II—4箱梁控制截面应力检算结果空间与平面对比表（MPa）　　表2.2.2-9

控制截面	桥梁博士计算结果						BridgeKF计算结果		
	上缘最大	上缘最小	下缘最大	下缘最小	最大主压应力	最大主拉应力	上缘最值	下缘最值	最大主拉应力
13′号	4.17	−0.08	5.99	0.504	5.99	−0.2	3.34	5.19	−1.26
0号	5.48	1.89	7.95	4.26	8.52	−1.69	4.95	6.07	−2.74
13号	6.57	2.06	6.85	0.92	6.93	−0.18	6.63	5.05	−1.30

组合II—5箱梁控制截面应力检算结果空间与平面对比表（MPa）　　表2.2.2-10

控制截面	桥梁博士计算结果						BridgeKF计算结果		
	上缘最大	上缘最小	下缘最大	下缘最小	最大主压应力	最大主拉应力	上缘最值	下缘最值	最大主拉应力
13′号	7.68	1.96	6.65	2.03	7.68	−0.33	7.70	7.43	−0.92
0号	9.46	4.17	8.65	6.28	9.46	−1.79	9.63	7.83	−1.67
13号	10.8	4.06	6.85	1.89	10.8	−0.22	12.93	4.40	−1.91

由于箱梁的剪力滞、翘曲、畸变等空间效应，控制截面纵向正应力空间结果与平面结果稍有差异，但都在合理范围内。空间计算结果中最大正应力为 12.93MPa（组合 II-5 中，13 号截面上缘），最小正应力为 1.89MPa（组合 II-5 中，13 号截面下缘），符合表 2.2.2-6 的控制应力要求。根据平面和空间计算结果，表明桥梁在原设计状态下其正截面承载力是满足要求的，这也与检测结果是一致的，桥梁没有出现正截面承载力不足所引起的横桥向裂缝。

（2）空间复算结果分析

①ANSYS 计算结果分析

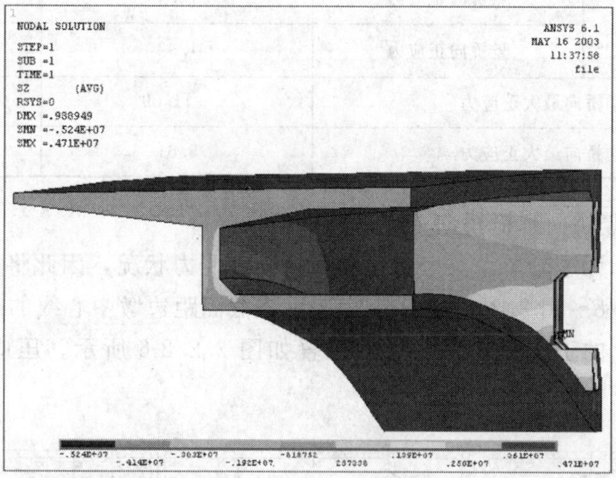

图 2.2.2-4　自重状态下顺桥向中跨主梁正应力分布剖面图

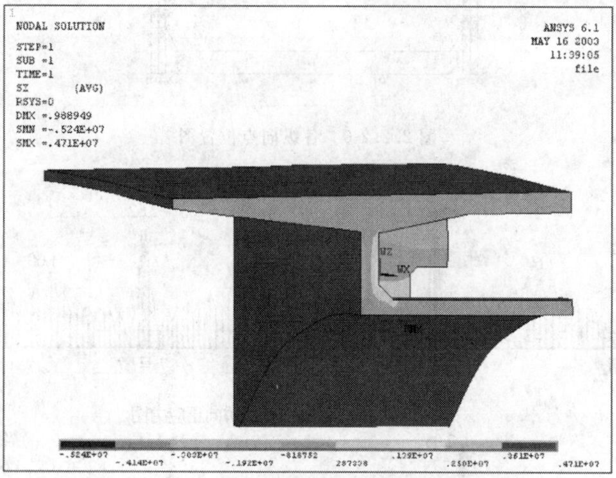

图 2.2.2-5　自重状态下竖桥向中跨主梁正应力分布剖面图

从图 2.2.2-4、2.2.2-5 中可以看出，在自重状态下，腹板内侧和腹板外侧在竖桥向呈现两种受力状态，在腹板外侧竖桥向受压，腹板内侧受拉，这是由于跨中位置底板的自重效应引起的。

ANSYS 计算结果与 BridgeKF 计算结果比较，相同位置处的应力差别最大在 15%以内，这是由于单元划分的数量不同，引起的差异。ANSYS 和 BridgeKF 的计算结果基本一致，具体数据较多，仅列出部分数据进行比较，如表 2.2.2-11 所列。

自重状态下的跨中 13 号截面的各控制点的受力情况比较（MPa） 表 2.2.2-11

点号		ASYS 计算结果	BridgeKF 计算结果
腹板中点内侧	顺桥向正应力	−4.28	−4.59
	竖桥向正应力	−1.96	−1.76
腹板中点外侧	顺桥向正应力	−3.49	−3.87
	竖桥向正应力	1.93	1.80
底板下缘顺桥向最大正应力		−11.09	−11.18
顶板上缘顺桥向最大正应力		5.61	6.28

②BridgeKF 的竖桥向和横桥向正应力计算结果分析

在平面分析中，无法分析箱梁竖桥向和横桥向的受力状况，因此将空间程序的计算结果摘录如下，图 2.2.2-8～图 2.2.2-14 横坐标表示该截面距边墩中心线的距离，竖坐标表示该纵向点沿桥跨方向上的正应力值，各点的位置如图 2.2.2-6 所示。压应力为正，拉应力为负，单位为 MPa。

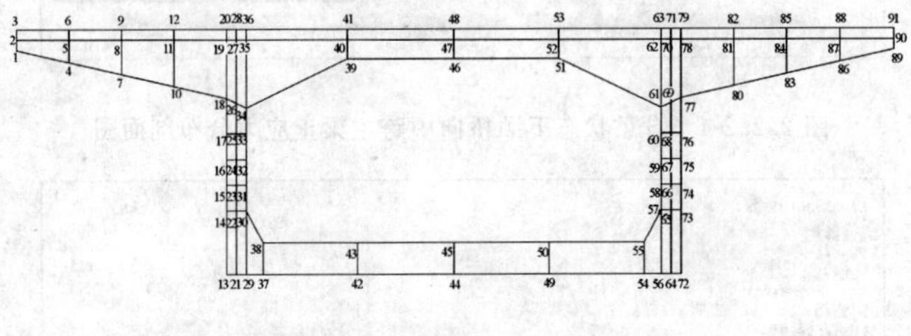

图 2.2.2-6 各纵向点位置图

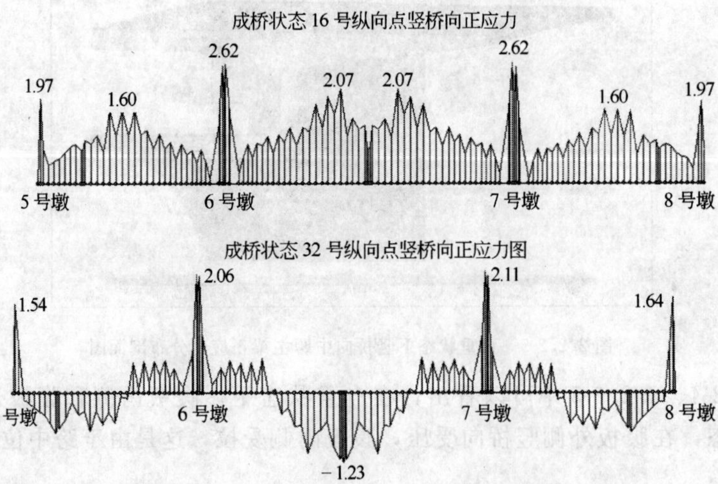

图 2.2.2-7 成桥状态部分控制点相应正应力图

成桥状态 + 汽车-20 级 +JTJ 023—85 规范温度场 16 号纵向点竖桥向正应力图

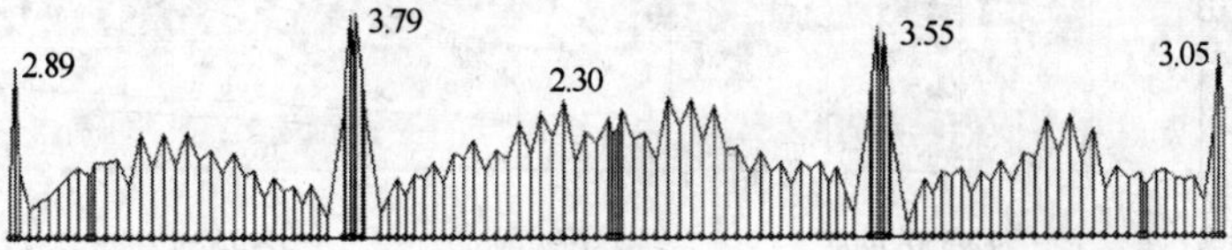

成桥状态 + 汽 -20 级 +JTJ 023—85 规范温度场 32 号纵向点竖桥向正应力图

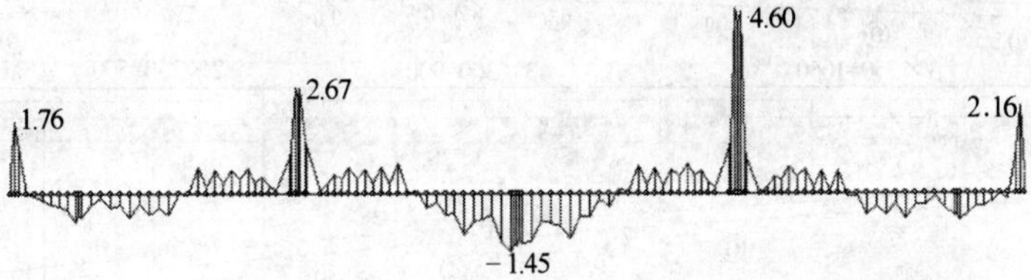

图 2.2.2-8　组合 II—3 各控制点的相应正应力图

成桥状态 + 汽 -20 级 +BS5400 降温模式 16 号纵向点竖桥向正应力图

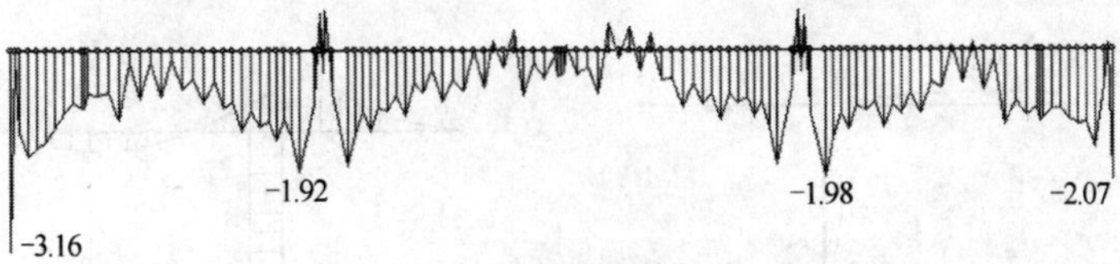

成桥状态 + 汽 -20 级 +BS5400 降温模式 32 号纵向点竖桥向正应力图

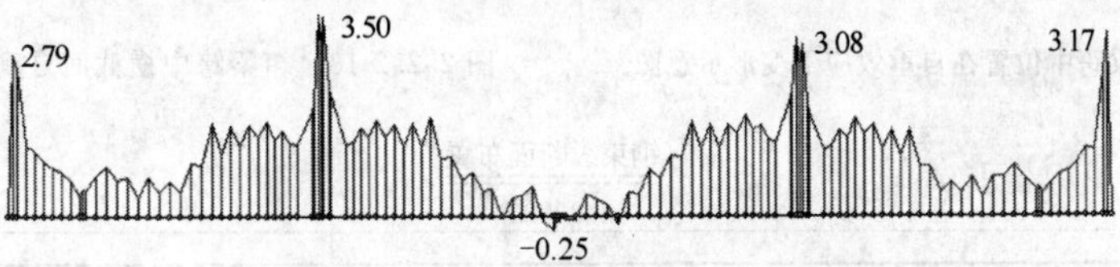

图 2.2.2-9　组合 II—4 各控制点的相应正应力图

成桥状态 +BS5400 升温模式 16 号纵向点竖桥向正应力图

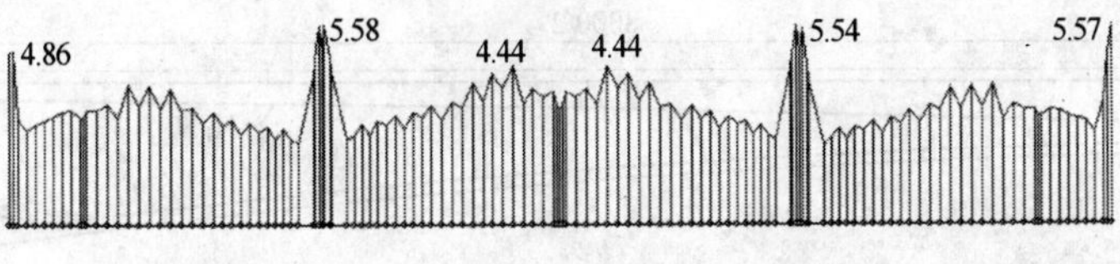

成桥状态 +BS5400 升温模式 32 号纵向点竖桥向正应力图

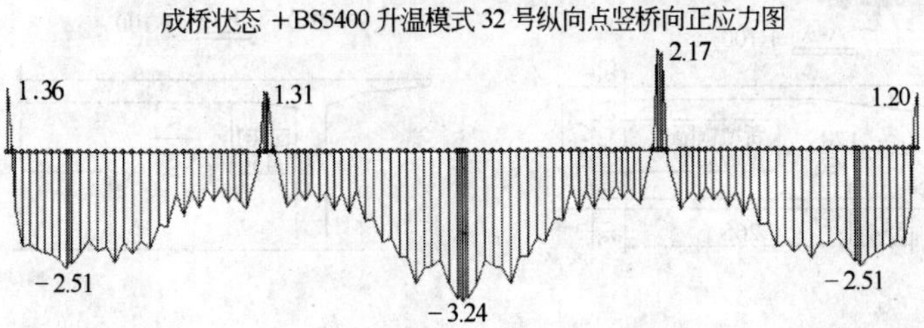

图 2.2.2-10　成桥状态＋BS5400 升温模式各控制点的相应正应力图

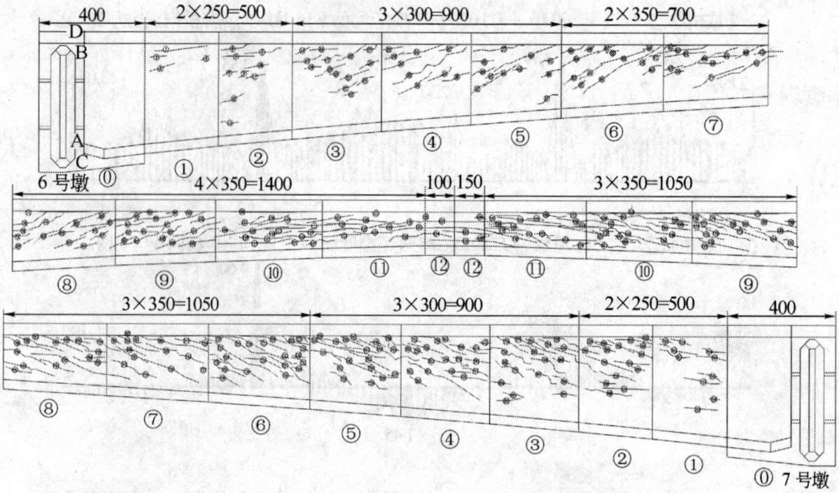

图 2.2.2-11　实际检测的裂缝分布图

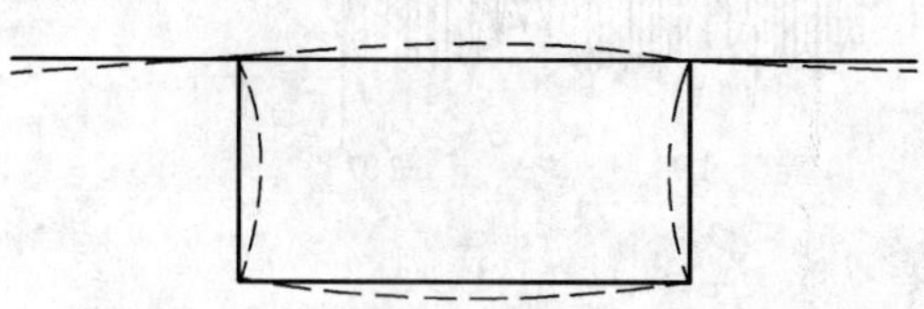

图 2.2.2-12　宽箱梁跨中位置在自重效应下变形示意图

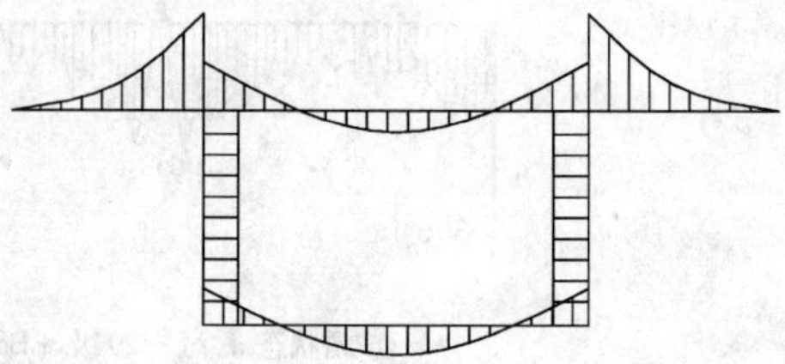

图 2.2.2-13　箱梁跨中横截面自重效应下弯矩示意图

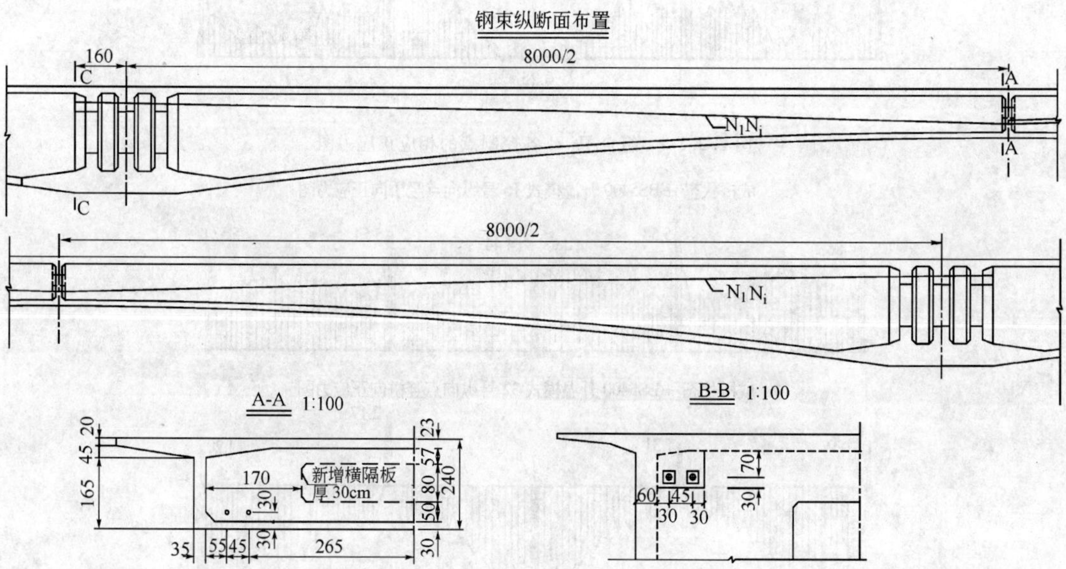

图 2.2.2-14　体外预应力布置图

从图 2.2.2-7 可以看出，成桥状态腹板外侧竖桥向受压（16 号纵向点），边跨和中跨跨中位置腹板内侧竖桥向受拉（32 号纵向点），最大拉应力达到－1.23MPa，而相应位置的腹板外侧的竖桥向压应力却达 2.08MPa。边跨和中跨跨中位置的底板下缘横桥向处于受拉状态，最大拉应力达－1.57MPa。以上结果与 ANSYS 的计算结果的结论相同。

从图 2.2.2-8 来看，在组合 II—3 下腹板的竖桥向和顶板横桥向受力相似，底板下缘横桥向较成桥状态和组合 I 有所增大，达到了－2.20MPa，但没有超过表 2.2.2-6 的规范允许值。

从图 2.2.2-9 中可以看出，在组合 II—4 下，支点附近腹板外侧产生了较大的拉应力，最大达－2.11MPa（主桥端部点拉应力比较奇异，剔除不计）。而在跨中位置的腹板外侧和内侧竖向应力都基本为零，说明在组合 II—4 下的竖桥向是支座位置受力不利，而在跨中受力是有利的。

在组合 II—4 下，底板下缘产生了比较大的拉应力，最大达－3.64MPa，超过了表 2.2.2-6 的规范允许值，在《大桥质量检测报告》中表明在相应位置产生了纵桥向的裂缝，复算结果与检测结果一致。

从图 2.2.2-10 中可以看出，在成桥状态和 BS5400 升温模式的组合下，腹板内侧竖桥向产生了较大的拉应力，并且在靠近底板的位置仅跨中的一小段范围内的竖向拉应力超过了规范允许值，越靠近顶板超过规定值的范围越大，在靠近顶板位置处，全桥范围内腹板内侧的拉应力基本上都超过了允许值。检测的结果表明，在跨中位置腹板在整个高度范围内都产生了水平裂缝，越是远离跨中，腹板内侧产生裂缝的位置随之逐渐升高，到靠近支座位置处，裂缝基本是产生在靠近顶板位置处，而在靠近底板位置则没有出现裂缝。这一点检算结果与检测结果吻合良好，实际检测的裂缝分布情况见图 2.2.2-11。

虽然在检测报告中提出，腹板内侧裂缝占总数的 82.13%，但经过仔细核查，主要裂缝的水平夹角基本上均小于 30°，这也说明裂缝不是传统意义上平面内的主拉应力产生的，而是由于竖桥向正应力产生的。斜裂缝的夹角是由跨中向支座逐渐增大的，该夹角是竖向正应力和剪应力组合产生的。

3. 裂缝成因定性分析

腹板裂缝产生的原因：

（1）横山大桥主梁箱底较宽，跨径与底板宽度比值较大（$L/B=10$），且中间无横隔板，在远离支座位置底板的内力直接传向腹板，不沿桥跨纵向传递内力。

（2）跨中底板较厚（30cm），因此底板在自重状态下将产生较大的自重弯矩。

（3）跨中梁高较矮（跨中截面梁高 2.3m，箱内净高 1.67m，倒角间的腹板净高 1m），腹板的横向抗弯刚度很大，因此腹板将分配较大的底板产生的侧向挠曲弯矩。

（4）跨中截面腹板厚度较薄（35cm）。

综合以上原因，底板自重产生较大的横向挠曲空间效应，跨中位置的腹板上由底板自重引起了较大腹板侧向弯矩；又由于腹板较薄，因此在腹板内侧产生较大的竖桥向拉应力，腹板外侧产生较大的竖桥向压应力。以上现象在空间计算程序计算结果中得到了充分的验证。成桥状态下腹板内侧的拉应力虽然没有超过允许的范围，但降低了其抗拉安全储备。在温度荷载作用下，当箱内温度低于箱外温度时，腹板内侧受拉，腹板外侧受压，腹板内侧的竖桥向拉应力超过了混凝土的抗拉极限强度，腹板内侧产生了水平裂缝。当箱内温度高于腹板外侧时，腹板内侧将产生压应力，腹板外侧产生拉应力，成桥状态腹板外侧有较大的压应力储备，在温度自应力的作用下，腹板外侧的竖桥向拉应力没有超过混凝土的抗拉极限强度，腹板外侧则没有出现裂缝。以上结论与腹板内侧大量地存在着以水平缝为主的裂缝，而腹板外侧基本上没有裂缝的检测结果是一致。

在原桥腹板的竖桥向构造配筋为ф14@20，配筋量较少，没有充分考虑到空间竖桥向应力情况。同时从检测结果来看，箱梁内混凝土表面存在较严重的气泡、蜂窝、麻面和露筋等缺陷，局部混凝土疏松、不密实。腹板在竖桥向的抗力不足，在自重效应和温度自应力的作用下，腹板内侧产生了水平裂缝，截面上的剪力随离支座位置的接近而增大，在剪应力的组合下，水平裂缝有一定的斜向倾角，离支座的位置越近，水平倾角越大。通过对检测的腹板内侧裂缝仔细查核，宽度大于0.2mm的裂缝基本上为水平缝或水平夹角很小，与以上分析吻合良好。

底板裂缝主要是由于其自重产生的横桥向弯矩和箱外低于箱内的温差产生的温度自应力组合效应引起的，从检测结果来看，底板裂缝基本上都分布在外侧底板中央，走向沿顺桥向，这与前面的空间计算结果一致。

四、桥梁现状评定

1. 基于检测结果的使用功能评定

(1) 设计技术标准适应情况

从检测的情况来看，大桥主体现状是能够满足设计荷载标准和通航标准要求的，但应禁止超载车辆通行。

(2) 桥梁各构件完好程度

箱梁混凝土表面存在较严重的气泡、蜂窝、麻面和露筋等缺陷，局部混凝土疏松、不密实，锤击检查发现混凝土表面砂浆修补层与原混凝土结合不好，脱空现象较严重；箱梁顶板施工预留孔洞大部分渗水严重，大多伴有白色钟乳状悬挂物，雨天过重车顶板有异常响声，说明箱梁顶板与桥面铺装层之间局部脱空。

桥面铺装层磨耗严重，伸缩缝顶面与锚固混凝土顶面欠平整，造成跳车现象，伸缩装置基本完好，部分路灯柱栏杆表面混凝土剥落，钢筋锈蚀严重。

以上缺陷已影响到桥梁的正常使用功能。

(3) 桥梁养护状况分析

主桥箱梁自1997年9月份发现腹板出现裂缝以来，分别于1999年6月、2001年5月和2002年11月对箱梁裂缝进行了详细的检查。从检查结果来看，2001年5月检查时，发现新增裂缝67条。根据交通部公路工程检测中心对主桥的质量检测报告，腹板典型主裂缝宽度超过0.5mm的箱内有39条，箱外有8条；底板箱外表面典裂缝宽度超过0.2mm的箱内有98条，可见其开裂情况是非常严重的。

(4) 桥梁总体技术状况等级评定

根据主桥全面检测结果，按照《公路养护技术规范》(JTJ 073—96) 的要求对该桥总体技术状况等级进行评定，全桥结构技术状况综合评分 $D_r=39.0$，评定该桥为四类桥。按养护技术要求，该桥应进行大修。考虑到该桥上部主要承重构件裂缝较多、较宽，需对其进行加固处理。

2. 基于检测结果的承载能力评定

(1) 评定系数的确定

①承载能力检算系数（Z_1）的确定

箱梁的承载能力检算系数 $Z_1=0.98$。

②承载能力恶化系数（ξ_e）的确定

箱梁的承载能力恶化系数 ξ_e 为 0.0284。

③截面折减系数（ξ_c、ξ_s）的确定

截面折减系数 $\xi_c=0.93$

④活载影响修正折减系数（ξ_q）的确定

汽车检算荷载的活载影响修正系数 $\xi_q=(\xi_{q1}\xi_{q2}\xi_{q3})^{1/3}=(1.00\times1.05\times1.15)^{1/3}=1.065$

(2) 检算结果

由于箱梁承载能力恶化系数 $\xi_e=0.0284$，截面折减系数 $\xi_c=0.93$，加之预应力结构承载能力较高，从加固角度考虑，只对正常使用极限状态进行检算。

对于箱梁控制截面的最小法向应力，荷载组合 I 下（对应于荷载组合 1），为 −0.96MPa；荷载组合 II-3 或组合 II-4 下（以组合 II-5 为最小），为 −3.50MPa，不满足（JTJ 023—85）规范第 5.2.23 条规定的荷载组合 II 或组合 III 下 $\sigma_{hl}\leqslant0.9R_l^b=0.9\times3.0\times Z_1$（50 号混凝土，$R_l^b=3.0$MPa）$=2.7\times0.98MPa=2.65$MPa 的要求。

在不考虑竖向预应力作用情况下，组合 II-5 主拉应力最大达到 3.84MPa，大于（JTJ 023—85）规范第 5.2.24 条规定的 $0.9R_l^b\times Z_1=2.7\times0.98MPa=2.65$MPa 的要求。

五、加固设计

1. 加固设计要点

在加固计算中充分考虑了桥梁的实际现状，根据该桥质量检测报告的检测结果进行加固计算。从检测结果来看，边跨 46 号束“假张拉”，在加固计算中不考虑该钢束的影响。从桥梁的温度测试结果来看，箱室内外温差比较大，因此在加固计算时加大了箱梁的温度荷载，特别是腹板和底板内外侧的温差，如表 2.2.2-12 所列。

加固计算的荷载组合表 表 2.2.2-12

1. 施工阶段	按施工过程划分了 9 个施工阶段
2. 成桥状态	结构重力＋预加应力＋收缩徐变影响力
3. 组合 I	成桥状态＋汽车－20 级＋人群荷载
4. 组合 II-3	组合 I＋降温（桥面板升温 5℃）
5. 组合 II-4	组合 I＋降温（上－8.4℃，下－6.5℃，腹板外侧－7℃，非线性分布）
6. 组合 II-5	组合 I＋升温（上 13.5℃，下 6℃，腹板外侧 8℃，非线性分布）
7. 组合 III	成桥状态＋挂车－100

根据桥梁的现状，对箱梁的控制应力值乘以 Z_1 折减。折减后的控制应力见表2.2.2-13。

桥梁加固控制应力（MPa）　　表 2.2.2-13

阶　段	法向压应力	法向拉应力	主压应力	主拉应力
荷载组合 I	17.15	2.35	20.58	2.35
荷载组合 II-3 或 II-4	20.58	2.65	22.30	2.65

2. 主桥加固方案设计

（1）体外预应力综合加固方案（方案一）

①对全桥宽度大于 0.1mm 的裂缝进行灌浆，对宽度小于 0.1mm 的进行表面封闭处理，对混凝土表面缺陷进行修补。

②在边跨跨中增加 4 道横隔板，中跨跨中增加 5 道横隔板，增强箱梁的整体性，以改善箱梁底板和腹板的受力状态，为防止增加横隔板后由于局部应力集中引起局部受力不利，因此拟增加的横隔板相对于腹板比较薄弱，横隔板厚度为 30cm，混凝土强度等级为 C40。张拉体外预应力束以平衡增加横隔板自重引起的内力，横隔板和体外预应力布置如图2.2.2-14所示。

③根据腹板的裂缝成因，活载（汽车和温度）产生的内力由碳纤维板条承担。在腹板粘贴 100×1.2mm 的碳纤维板，碳纤维板中心间距为 50cm，粘贴范围延伸至梗腋。

④根据底板的裂缝成因，在底板 $L/4 \sim 3L/4$ 范围内粘贴碳纤维板条，碳纤维板条为 100×1.2mm，条间间距为 50cm。

⑤更换主桥桥面铺装，更换伸缩缝。

（2）钢框架综合加固方案（方案二）

①对全桥宽度大于 0.1mm 的裂缝进行灌浆，对宽度小于 0.1mm 的进行表面封闭处理，对混凝土表面缺陷进行修补。

②在主梁箱室内每隔 3m 增加一道封闭式加劲钢架，以改善箱梁的整体受力性能。在加劲钢架的上下锚梁间用螺杆施加竖向拉力，以平衡底板自重产生的弯矩。从空间分析结果来看，竖向拉杆的力对顶板的受力影响不大，同时有加劲梁的共同作用，顶板的受力变化不大，而对底板的受力有明显的改善。锚梁采用环氧砂浆将工字梁粘贴在顶、底、腹板上，并用锚杆将工字梁锚固在顶、底、腹板上，如图 2.2.2-15 所示。

③根据腹板的裂缝成因，在加固计算中活载（汽车和温度）产生的内力由钢板条承担，最大的裂缝宽度控制在 0.1mm 以内。在腹板粘贴 60×6mm 的热轧扁钢条，并植螺杆锚固，钢板条中心间距为 30cm，粘贴范围延伸至梗腋。

④根据底板的裂缝成因，由于增加了竖向拉杆及锚梁，底板的受力大大改善，底板外的裂缝只需局部粘贴碳纤维。

⑤更换主桥桥面铺装，同方案一。

（3）钢框架综合加固方案（方案三）

在主梁箱室内中间增加一道纵向钢腹板，将主梁变成一单箱双室梁，在中间腹板上通过喷灯加热的方法施加一定的竖向预应力，这样可以从根本上解决本桥箱梁的裂缝问题。钢腹板采用 Q345 的钢板，厚 14mm，通过上、下钢锚梁与顶、底板相连，钢腹板分段预制，在箱内组装成型，详见图 2.2.2-16。

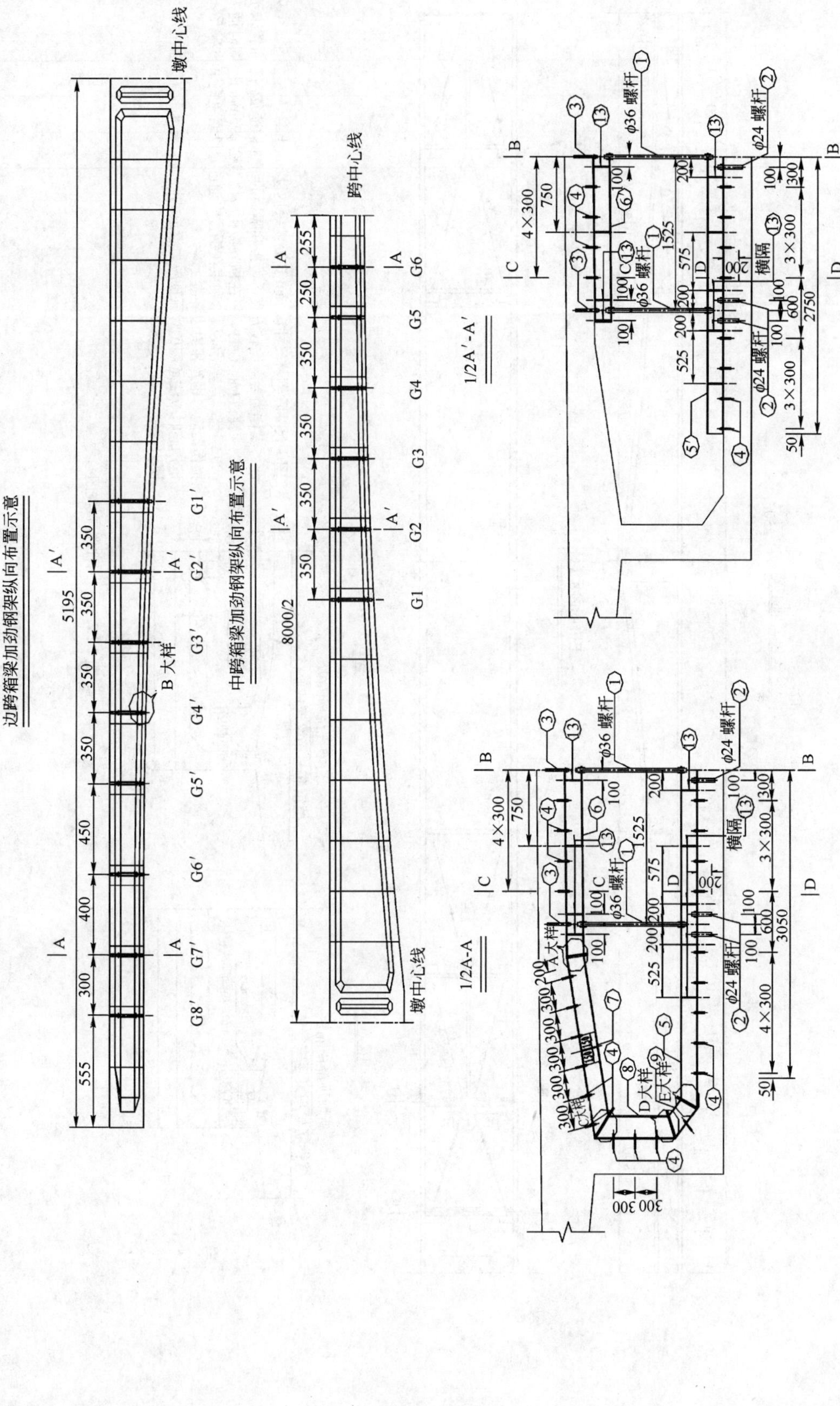

图 2.2.2-15　钢框架布置图

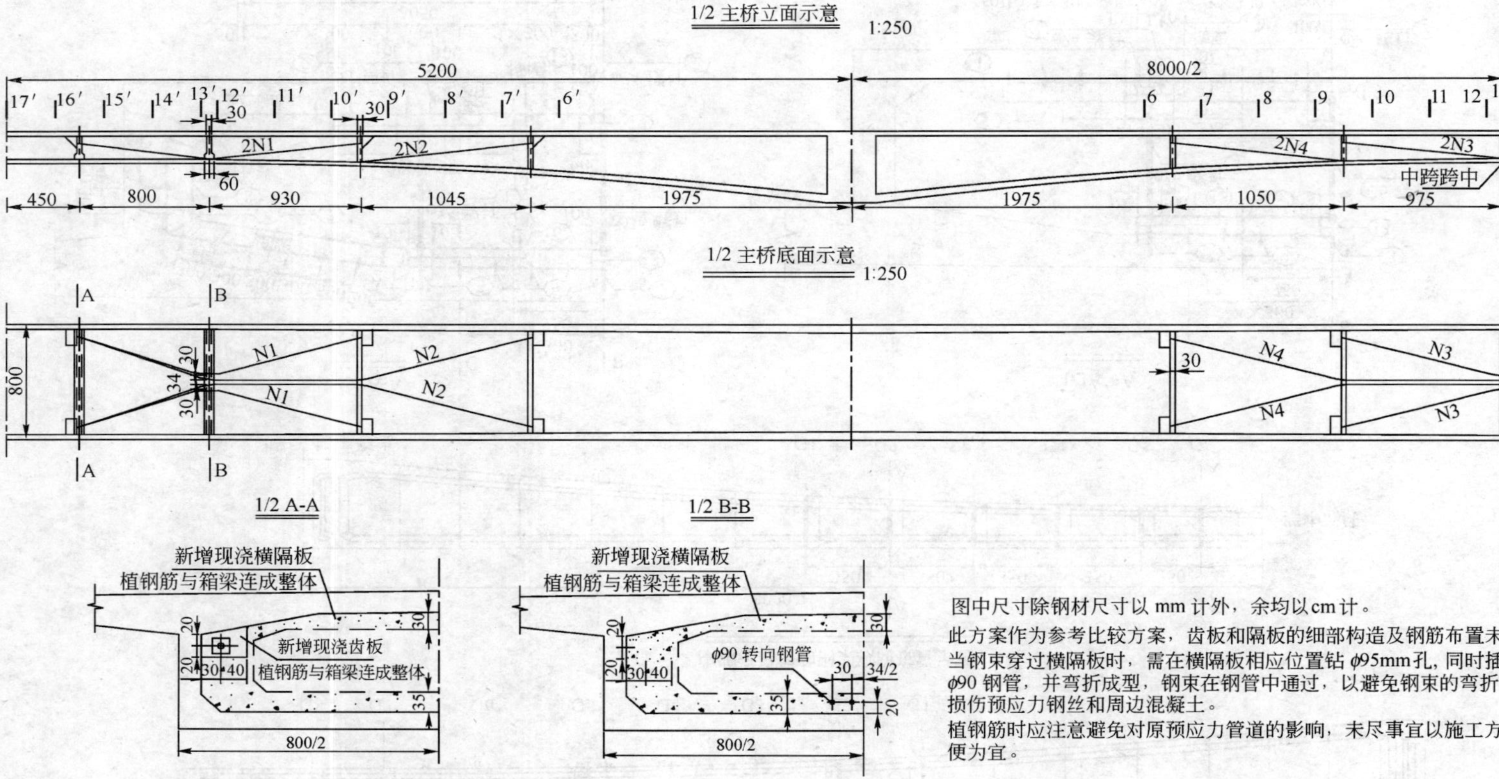

图中尺寸除钢材尺寸以 mm 计外，余均以cm计。

此方案作为参考比较方案，齿板和隔板的细部构造及钢筋布置未示。当钢束穿过横隔板时，需在横隔板相应位置钻 ϕ95mm孔，同时插入 ϕ90 钢管，并弯折成型，钢束在钢管中通过，以避免钢束的弯折损伤预应力钢丝和周边混凝土。

植钢筋时应注意避免对原预应力管道的影响，未尽事宜以施工方便为宜。

图 2.2.2-16　钢腹板布置图

其他同方案二。

3. 主桥加固方案比选

(1) 方案一

本方案的优点：

①增加横隔板可以有效地增强主梁受力的整体性，改善腹板和底板的受力状态。

②在腹板上粘贴碳纤维板，可以不用在腹板上打孔，对于本来就开裂很严重的腹板是有利的。

本方案的缺点：

①增加的混凝土横隔板产生较大的自重，必须采用体外预应力钢束平衡，体外预应力施工的张拉、锚固均有一定难度，在长期运营下的损失较大，且养护也较为繁琐。同时浇筑横隔板时在顶板位置很难浇筑密实，施工有一定的难度，混凝土的施工质量无法保证。

②粘贴的碳纤维板对腹板的刚度提高不大，不能有效地抑制裂缝的产生，只能限制裂缝的宽度不超过规范的规定值。由于碳纤维所需的锚固长度较长，梗腋处的较宽的裂缝离转角很近，碳纤维对其的抑制效果不明显。

③本方案的费用较高。

(2) 方案二（推荐方案）

本方案的优点：

①增加加劲钢架可以有效地增强主梁受力的整体性，改善腹板和底板的受力状态，施工也相对比较简单方便。

②由于本方案增加的自重不大，原设计的安全储备较大，不需施加体外预应力束，施工较为方便。

③在腹板上粘贴钢板，可以直接有效地限制裂缝的开展。

④不需在底板外侧粘贴碳纤维，大大减少了施工难度和造价。

⑤本方案的加固费用较低。

本方案的缺点：

①增加加劲钢架和在腹板上粘贴钢板，需要在顶、底、腹板上打孔，对原结构有一定的损伤。

②加劲钢架的竖向拉杆由于拉力较小，拉力容易损失，对施工工艺要求较高。

(3) 方案三

本方案的优点：

①增加纵向腹板可以最有效地改善腹板和底板的受力状态。

②在腹板上粘贴钢板，可以直接有效地限制裂缝的开展。

③不需在底板外侧粘贴碳纤维，大大减少了施工难度和造价。

④本方案的加固费用最低。

本方案的缺点：

①增加纵向钢腹板，施加竖向预应力难度比较大，且对顶板的受力较为不利。

②钢腹板进入箱内时需在顶板上开孔。因此本方案的施工具有一定的风险。

通过以上综合比较，建议采用方案二。

采用方案二增加了加劲钢架、桥面铺装加厚 1cm，腹板上粘贴钢板，增加了一定的恒载。因此对其进行了验算，最不利荷载组荷下截面应力值摘录于表 2.2.2-14。从表 2.2.2-14 可以看出截面应力均满足表 2.2.2-16 的允许值。

加固后最不利组合下截面应力值（MPa） 表 2.2.2-14

控制截面	桥梁博士计算结果					
	上缘最大	上缘最小	下缘最大	下缘最小	最大主压应力	最大主拉应力
13′号	4.84	0.596	5.76	0.253	5.77	−0.302
7′号	7.54	3.3	7.44	2.13	7.84	−0.561
0 号	4.83	1.24	8.85	5.16	9.21	−2.07
7 号	6.9	3.49	8.93	5.71	9.53	−0.822
13 号	7.52	3.01	6.23	0.278	7.52	0.196

六、加固施工工艺要点

1. 裂缝封闭处治

(1) 清缝处理

①对所有拟处理的裂缝，沿缝凿成深 2～4mm、宽 4～6mm 的 V 形槽。

②剔除缝口表面的松散杂物，用压缩空气清除槽内浮尘。

③沿缝长范围内用丙酮进行洗刷，擦清表面。

(2) 埋设灌浆嘴

清缝处理后，骑缝用环氧树脂埋设、粘贴灌浆嘴，灌浆嘴的间距沿缝长依缝宽窄以 35～50cm为宜。原则上缝宽可稀、缝窄可密，但每一条裂缝至少须有一个进浆口和排气孔。

(3) 封缝

①对缝宽小于 0.1mm 的裂缝，沿缝长先涂一层环氧树脂基液，待其初凝后再抹上一层环氧胶泥，并除气泡抹平。

②对缝宽大于等于 0.1mm 的裂缝，在经丙酮擦洗干净的 V 形槽口内，涂抹一层薄薄的环氧树脂基液，用环氧胶泥抹压进行封缝处理，再用橡皮刮板将表面刮平，防止产生小孔和气泡，待环氧胶泥初凝后，表面涂刷一层环氧树脂基液。

(4) 密封检查（气检）

等封缝材料固化后，沿缝涂刷一层肥皂水，并从灌浆嘴中通过气压为 0.2MPa 的压缩空气，检查缝的密封效果。对漏气部位应进行补封处理。

(5) 灌浆

采用成品胶，按使用说明书要求，现场配制，采用成熟的压浆设备，并按照压浆设备使用说明书的要求进行灌浆。

(6) 封口处理

灌浆后待缝内浆液凝结后，可拆除灌浆嘴，用环氧胶泥对灌浆孔进行封口抹平。进行灌浆封闭的缝要进行抽样开孔检查，以保证灌浆封闭质量。

2. 混凝土表面缺陷处治

(1) 混凝土酥松区较浅处的修补

①修补材料

采用 NSF 外加剂配制而成的改性水泥砂浆，同时内掺 10%UEA 膨胀剂。NSF 砂浆力学性能指标要求列于表 2.2.2-15。

NSF 砂浆力学性能指标　　表 2.2.2-15

强度类别	抗压强度（MPa）		抗折强度（MPa）		黏结强度（MPa）	
龄期	7d	28d	7d	28d	7d	28d
NSF 砂浆	≥50	≥60	≥8	≥12	≥2	≥5

②修补施工程序

a. 首先将缺损部位表层劣质混凝土凿除，直至露出新鲜、密实混凝土，剔除修补结合面（开凿后的表面）的表面浮石。修补结合面应凿毛凿平、整齐划一，并对外露的钢筋表面进行人工除锈处理，用掺有水泥用量的 3%的 R-I 型除锈剂的 525 号硅酸盐水泥纯浆涂刷在钢筋表面上。

b. 再用高压射流技术清洗修补结合面，在饱水 24 小时后，用纱布吸干自由水，在保持湿润的条件下，涂刷二层 NSF 净浆，并立即摊铺自由水泥砂浆，用力压平抹光。30 分钟后二次抹面，然后再覆盖湿麻袋保护潮湿养护 14 天。

③NSF 砂浆施工技术要求

a. 原材料

水泥：需用 525 号及 525 号以上普通硅酸盐水泥或硅酸盐水泥，不能采用矿渣水泥，且要求水泥新鲜无结块。

砂：当修补层厚度大于 1cm 时，宜采用中粗砂（细度模量 2.8 左右）；当修补层厚度小于 1cm 时，砂子宜过 2.5mm 筛，砂中含泥量等品质应满足有关规范规定。

NSF 剂：需满足南京水科院科研产品品质指标要求；NSF 剂、UEA 膨胀剂应妥善保持，不得受潮，施工前需将 NSF 剂按 NSF 剂：水＝1：2 的比例配制成浆液待用。

b. 修补结合面的处理

步骤一：清除修补面的疏松层、油污及一切脏物，并用高压射流技术清洗干净。

步骤二：表面光滑或薄层修补区，需进行凿毛处理，且对小面积修补需在修补区边缘凿一道 2～3cm 深、3～5cm 宽的齿槽，以利修补材料与基底的粘结。

步骤三：施工前基底面应饱水 24 小时，施工时表面潮湿，但不能有积水。

c. NSF 砂浆的配比与拌制

配比：NSF 砂浆的配比如前所述，水灰比应通过现场试拌调整确定，总用水量包括 NSF 浆剂中所含的 2/3 水分。

设试拌机确定水灰比为 0.3，则 100kg 水泥总用水量为 30kg，扣除 NSF 浆剂中含水 36×（2/3)＝24kg，实际只能再加水 30～24kg，（砂）含水还应照常规扣除。

拌制：

首先按配比称取各种材料，要求称量正确，尤其是 NSF 剂与水的称量应准确，由于 NSF 砂浆流动度对加水量较敏感，须严格控制已确定的水灰比，不得随意加水。

再将水泥、砂、膨胀剂干拌均匀，然后加入 NSF 浆剂与水继续拌和，宜采用强制式搅拌机或立式砂浆拌和机（拌和 3min），如采用人工拌和，开始时料会显得很干，要反复用力压抹，才能越拌越稀，可借助平板振捣器或振捣棒帮助拌匀，加快出浆，切忌多加水，水灰比过大会会影响 NSF 砂浆的各项性能。

d. 施工程序及养护

先在处理过的修补结合面上刷一层 NSF 净浆，涂抹厚度为 1～2mm。

在净浆未干之前，立即将 NSF 砂浆摊铺到位，振捣或用力压实抹平，30min 左右后二次抹面收光（时间视气温等经验而定）。

如果施工面为斜面或曲面，施工应从较低部位开始，然后依次施工到较高部位，如果修补面积过大（$>10m^2$）宜分段分块间隔施工，以避免砂浆干缩开裂。

NSF 砂浆应随拌随用，拌和后宜在 30～40min 内使用完毕，每次拌和量可根据修补面积与施工进度而定。

如遇夏天或气温较高，日照强烈，宜选择在早晚无阳光直射时间施工。

NSF 砂浆早期干缩偏大，应特别注意加强早期潮湿养护，表面收光后应喷雾养护，约 2 小时后即覆盖湿草袋或麻袋或塑料薄膜（周边需密封压紧）并由专人负责保水，使之处于潮湿状态 14 天。

（2）混凝土酥松区较深处与孔洞的修补

孔洞以及深度超过 6cm 的深层酥松区拟按下列方法进行修补。

①修补材料

采用 NSF 细石混凝土配合比可参照前述 NSF 砂浆的配合比，由工地试验室确定，要求 1 天抗压强度不小于 30MPa、7 天抗压强度不小于 50MPa，28 天抗压强度不低于 C60。另外，应注意在 NSF 细石混凝土中添加 10%的 UEA 膨胀剂。

②修补施工程序

a. 首先将酥松区劣质混凝土凿除，其周边宜凿成规则的多边形，开凿范围以见新鲜、凿实混凝土为止，开凿区以及孔洞的四周边宜做成台阶状，台阶高差以不小于 3cm 为宜。

b. 剔除开凿表面（新旧混凝土结合面）的浮石，并用高压射流技术清洗开凿表面，饱水 24 小时。

c. 在保持结合面湿润但无自由水的情况下，涂刷二层 NSF 净浆后，立即立模浇筑 NSF 细石混凝土并振捣密实，终凝后及时拆模覆盖湿麻袋保持潮湿 14 天。

d. 养护 14 天后，在修补区的外露表面无尘埃、无自由水且湿润的条件下，用 NSF 净浆在纵横向分批涂抹二度。

3. 粘贴钢板

（1）加固构件结合面处理

①对很旧很脏的混凝土构件的粘合面，应先用硬毛刷沾高效洗涤剂，刷除表面油垢污物后用冷水冲洗，再对粘合面进行打磨、除去 2～3mm 厚表层，直至完全露出新面和平整，并用无油压缩空气吹除粉粒。处理后，若表面严重凹凸不平，可用环氧树脂砂浆修补。

②如果混凝土表面不是很脏很旧，则可直接对粘合面进行打磨，去掉 1～2mm 厚表层，使之平整，用压缩空气除去粉尘，再用脱脂棉花沾丙酮擦试表面即可。

③对于新混凝土粘合面，先用角磨机将粘合面磨平，再用钢丝刷将表面松散浮渣刷去，

用棉花沾丙酮擦拭表面。

④对于龄期在3个月以内，或湿度较大的混凝土构件，粘钢前尚须进行人工干燥处理。

（2）钢板粘合面处理

①如钢板未生锈或轻微锈蚀，可用喷砂、砂布或平砂轮打磨，直至出现金属光泽。打磨粗糙度越大越好，打磨纹路尽量与钢板受力方向垂直。然后用脱脂棉花沾丙酮擦拭干净。

②如钢板锈蚀严重，须先用适度盐酸浸泡20min，使锈层脱落，再用石灰水冲洗，中和酸离子、最后用平砂轮打磨出纹道，再用丙酮擦拭干净。

（3）卸荷

为了减轻粘贴钢板的应力、应变滞后现象，粘钢板及胶液固化期间应封闭交通。

（4）配胶

加固用胶粘剂中最常用的是环氧类胶粘剂。环氧类胶粘剂为甲、乙两组分，使用前应进行现场质量检验，合格后方能使用。使用时将甲、乙两种组分按说明书说明规定混合在一起，用转速为100～300r/min的轴式搅拌器搅拌，至色泽均匀为止。容器内不得有油污，搅拌时应避免水进入容器，并按同一方向进行搅拌，以免带入空气形成气泡，降低粘结性能。

（5）粘贴

胶粘剂配制好后，用抹刀同时涂抹在已处理好的混凝土表面和钢板上，厚度1～3mm，中间厚边缘薄。然后将钢板贴于预定位置，若是立面粘贴，为防止流淌，可加一层脱蜡玻璃丝布。粘好钢板后，用手锤沿粘贴面轻轻敲击钢板，如无空洞声，表示已粘贴密实，否则应剥下钢板补胶，重新粘贴。

（6）固定与加压

钢板粘贴好后立即用特制U形夹具夹紧或用木杆顶撑，压力保持为0.05～0.1MPa，以使胶液刚从钢板边缝挤出为度。若用膨胀螺栓固定，膨胀螺栓一般是钢板的永久附加锚固，其埋设孔洞应与钢板一道于涂胶前钻成。

（7）固化

环氧类胶粘结剂在常温下固化，保持在20℃以上，24h即可拆除夹具或支撑，若低于15℃，应采用人工加温，一般用红外线灯加热。固化期间不得对钢板有任何扰动。

（8）检验

撤除临时固定设备后，应用小锤轻轻敲击粘结钢板，从音响判断粘接效果或用超声波法探测粘贴密实度。如锚固区粘结面积少于90%，非锚固区粘结面积少于70%，则此粘结件无效，应剥下重新粘结。

对于重大工程，为了真实检验其加固效果，尚需抽样进行荷载试验，一般仅作标准使用荷载试验，即在标准荷载作用下，加固结构的变形和裂缝开展应满足设计的使用要求。

（9）防腐处理

粘贴钢板加固的钢板，应按设计要求进行防腐处理。可在钢板表面粉刷水泥砂浆保护，如钢板面积较大，为了有利于砂浆粘贴，可粘一层铅丝网或点粘一层豆石。并在抹灰时涂刷一道混凝土界面剂。水泥砂浆的厚度；对于梁不应小于20mm，对于板不应小于15mm。

4．加劲钢架安装

（1）先将H形钢梁锚固在顶、底、腹板上，先采用环氧砂浆将H型钢粘贴，然后用植锚固螺栓加压固定，相应的工艺及要求参考粘贴钢板部分，在打锚孔时严禁打伤预应力钢筋。

粘贴H形钢梁所用的环氧砂浆性能指标要求见表2.2.2-16所列，植埋锚固螺杆的结构胶性能指标要求列于表2.2.2-17。

环氧砂浆性能指标 表2.2.2-16

强度类别	抗压强度（MPa）		抗折强度（MPa）		黏结强度（MPa）	
龄期	7d	28d	7d	28d	7d	28d
环氧砂浆	≥40	≥60	≥8	≥12	≥3	≥5

结构胶性能指标 表2.2.2-17

强度类别	抗压强度（MPa）		抗折强度（MPa）		黏结强度（MPa）	
龄期	3d	28d	3d	28d	3d	28d
结构胶	≥40	≥60	≥8	≥12	≥4	≥6

结构胶的基本要求：凝固时间短、流动性小（顶板锚孔注入后不倒流）、黏结强度高(在拉拔试验中钢筋与环氧砂浆的黏结面和环氧砂浆与混凝土的粘结面不能先于混凝土破坏，即环氧砂浆的粘接强度大于混凝土的抗拉强度，100mm锚杆单根拉拔力不得小于50kN，200mm锚杆单根拉拔力不得小于120kN)、抗热性能好（加劲钢架焊接时胶不被烧坏）、耐久性满足桥梁的使用要求。建议采用成熟的成品胶（推荐采用喜利得结构胶或Sika结构胶等)，且性能满足以上要求。

(2) 将锚固后的H形钢用高强螺栓或焊接的工艺连成整体，形成整体加劲钢圈，如果不能闭合亦应将顶、底板锚梁分别连成整体。焊接和高强螺栓的连接应满足施工规范的要求。

(3) 施加竖向拉力，竖向拉杆采用精轧螺纹钢筋或用型钢现场套丝，若用型钢现场套丝则采用普通螺纹。

拉力螺杆的预加拉力采用扭矩扳手施加，拉应力应进行二次补拉，且补拉时间间隔不得少于3天。二次补拉后如果损失不大，对螺母进行固定，防止拉力损失。如果二次补拉后的预应力损失较大，则应重复补拉，直至满足要求后才能对螺母固定。

(4) 钢结构的防护，应对箱内钢结构进行防腐处理，防护年限满足桥梁的使用要求。

5. 维护要点

(1) 做好主梁箱内外的通风，防止箱内外出现过大的温差。

(2) 对箱内钢结构进行定期检查，重点检查拉力螺杆的应力损失情况，如有损失应及时补拉。

§2.3 刚构—连续组合体系梁桥箱梁开裂及下挠的加固

——采用新增横隔板、加厚腹板及体外预应力加固法

一、桥梁概况

1. 原设计概况

该桥主桥为75m+7×120m+75m刚构—连续组合体系。

上部构造：主桥为单箱单室箱型梁，采用三向预应力体系。即顶板纵向预应力筋采用XM15-25的钢绞线，张拉控制力4500kN，顶板横向预应力筋采用美国标准ASTMA416-

87a250级钢绞线，每束张拉控制力720kN，采用BM15-4的新型扁平锚具。底板纵向预应力筋采用XM15-15的钢绞线，张拉控制力2700kN。腹板采用ϕ32精轧螺纹筋，每根张拉控制力为531kN，以及ϕ25精轧螺纹筋，每根张拉控制力为324kN，采用YGM型锚具。为方便悬臂施工，全桥未设置连续预应力钢束、下弯束或起弯束。箱梁混凝土设计标号为50号（实际为60号），箱梁截面主要尺寸如下：

主墩墩顶梁高6.432m，跨中梁高2.60m；

箱梁顶板全宽18.34m，底板宽9.0m；

底板厚0.25～0.80m（跨中至墩顶）；

直腹板厚0.40～0.80m（跨中至墩顶）。

上部结构施工方法为挂篮悬臂浇筑，先边跨和次边跨合龙，然后再中间五孔一次合龙。

下部构造：中间60号～63号四个墩为双墙薄壁墩身，墩梁固结，两侧58号、59号、64号、65号四个墩为薄壁空心墩身，墩顶设盆式支座，墩基为高桩承台，双排共计六根直径2m的钻孔桩。

设计荷载：汽-超20级、挂-120、人群荷载3.5kN/m^2；

桥面总宽：净12.1m车行道+2×0.5m防撞栏+2×0.4m栏杆柱，总宽18.5m；

通航标准：按四级航道通航净宽44m；通航净高8m加预留河床淤高3.5m；

地震设防：按七度设防。

2. 存在的主要问题

该桥存在的主要问题是箱梁腹板开裂和跨中的下挠，从1997年开始，对主桥箱梁的裂缝和结构的线形进行了监测。经过近六年的观测，发现目前主桥箱梁腹板的开裂和跨中下挠已基本趋于稳定。根据大桥主桥质量检测与评价报告，存在以下问题。

（1）箱梁开裂

箱梁开裂主要表现为三个方面：其一是箱梁腹板大范围的斜向开裂；其二是合龙段附近箱梁顶板在一定范围内的纵向开裂；第三是箱梁底板和横隔板轻微的无规律开裂。

（2）箱梁施工节段接缝和混凝土表观缺损

濮阳侧边跨部分区段顶板的挂篮孔和梗腋处箱梁顶板局部渗水，部分区段箱梁局部混凝土表面有沙浆修补过的痕迹，并在个别区段发现有少量钢筋外露现象。

（3）桥面标高及纵向线形

各跨跨中相对桥梁竣工时发生下挠，总体上看，东明侧半联的下挠量大于濮阳侧半联，两侧次边跨的下挠量又明显大于其他各跨。东明侧次边跨（58号～59号墩间跨）实测的跨中最大下挠量上游测为14.3cm、下游测为14.7cm，濮阳侧次边跨（64号～65号墩间跨）实侧的跨中最大下挠量上游侧为13.9cm、下游侧为12.6cm。两次边跨的下挠量均明显大于由于徐变引起的跨中计算下挠变形3.9cm。

综合比较、分析2001年到2002年这三次测量结果，应该说箱梁的下挠变形速度趋缓，且基本趋于稳定。

二、原结构复算

1. 结构复算依据

（1）原桥设计图纸。

（2）该桥质量检测报告。

（3）英国标准 BS5400，英国标准学会，1978-82 版。

2. 计算模型的选择

对主桥结构检算分析，按当时的设计思路，采用平面杆系有限元计算程序（桥梁综合程序 GQJS）。

在“质量检测与评价报告”检算分析的基础上，加固设计前又对数据文件中截面参数、预应力信息、温度模式等进行了详细的复核，考虑到加固的需要，本次检算不考虑竖向预应力的作用，检算参数及荷载组合列于表 2.2.3-1。

主桥主要检算参数一览表　　表 2.2.3-1

序　号	参 数 名 称	按规范取用值	结构检算实际取用值
1	材料容重（kN/m³）	2.5～2.6	2.6
2	徐变特征终极值	2.1～2.5	2.5
3	弹性继效系数	0.3	0.3
4	徐变速度系数	0.021	0.021
5	收缩变形终极值	0.00015	0.00015
6	收缩速度系数	0.021	0.021
7	汽车荷载 （1）汽车-超 20 级 （2）车道数×折减系数 （3）冲击系数 （4）计算增大系数	 汽车-超 20 级 4×0.7 1.0 未规定	 汽车-超 20 级 4×0.7 1.0 1.2
8	挂车荷载 （1）挂车-120 （2）计算增大系数	 挂车-120 未规定	 挂车-120 1.5
9	人群荷载（kN/m²）	3～3.5	3.5
10	体系温度变化（℃）② （1）合龙温度 （2）均匀升温 （3）均匀降温	 未规定，由设计考虑 20 20	 9～16.2 20 20
11	日照温差（℃） （1）升温 （2）降温	 未规定，必要时考虑 未规定，必要时考虑	按照英国 BS-5400 规范取用 上 13.5℃，下 2.5℃，非线性分布 上－8.4℃，下－6.5℃，非线性分布
12	预加应力及程序 （1）管道摩阻系数 （2）管道局部偏差的摩阻系数 （3）预加应力及程序	 0.25 0.0015 未专门规定，由设计考虑	 0.25 0.0015 按施工图资料计算，竖向预应力的作用不考虑
13	施工荷载及程序	未专门规定，由设计考虑	按施工图资料计算，未计及施工临时荷载的影响

续上表

序　号	参 数 名 称	按规范取用值	结构检算实际取用值
控制检算受力阶段与荷载组合：			
1. 成桥状态		结构重力＋预加应力＋收缩徐变影响力	结构重力＋预加应力＋收缩徐变影响力
2. 组合 1		成桥状态＋汽车＋人行道人群荷载	成桥状态＋汽车＋人行道人群荷载
3. 组合 2		成桥状态＋挂车	成桥状态＋挂车
4. 组合 3		组合 1＋日照降温（上－8.4℃，下－6.5℃，非线性分布）	组合 1＋日照降温（上－8.4℃，下－6.5℃，非线性分布）
5. 组合 4		组合 1＋日照升温（上 13.5℃，下 2.5℃，非线性分布）	组合 1＋日照升温（上 13.5℃，下 2.5℃，非线性分布）
6. 组合 5		组合 1＋体系和日照降温	组合 1＋体系和日照降温
7. 组合 6		组合 1＋体系和日照升温	组合 1＋体系和日照升温

注：1. 按照 JTJ 01—88（1995 年版），车道横向折减系数为 0.67，纵向折减系数为 1.0，即总折减系数为 0.67×1.0＝0.67。

2. 按照 JTJ 021—89 规定，温度变化范围，应根据建桥地区的气温条件而定，预应力混凝土结构，一般按当地月平均最高和最低气温以及结构合龙温度计算温度变化值。大桥址处月平均最高气温为 29℃，月平均最低气温为－3.8℃。

3. 计算结果分析

（1）正应力检算结果

成桥状态箱梁截面最大正应力为 12.40MPa（截面上缘），最小正应力为 3.43MPa（截面下缘），表明成桥状态箱梁截面下缘压应力储备偏小。根据表 2.2.3-1 中的 6 种荷载组合，对于箱梁控制截面的最大法向压应力，荷载组合 I 下（对应于荷载组合 1），为 12.2MPa。荷载组合 5 和荷载组合 6 下（以组合 6 为最大），为 18.45MPa。能够满足（JTJ 023—85）规范第 5.2.21 条要求的使用荷载下预应力混凝土构件的法向压应力 σ_{ha}：荷载组合 I$\sigma_{ha}\leqslant 0.5R_a^b=17.5$MPa，荷载组合 5 或组合 6$\sigma_{ha}\leqslant 0.6R_a^b=21$MPa 的规定。

对于箱梁控制截面的最小法向应力，荷载组合 I 下（对应于荷载组合 1），为－0.70MPa，表明箱梁已不是全预应力结构。荷载组合 5 或组合 6 下（以组合 5 为最小），为－3.29MPa，如图 2.2.3-1 所示，不满足（JTJ 023—85）规范第 5.2.23 条规定的荷载组合 5 或组合 6 下 $\sigma_{hl}\leqslant 0.9R_l^b=0.9\times 3.0$（50 号混凝土）＝2.7MPa 的要求。

（2）主拉应力检算结果

根据表 2.2.3-1 中的 6 种荷载组合，在不考虑竖向预应力作用情况下，以组合 5（组合 1＋体系降温 20℃＋日照降温（上－8.4℃，下－6.5℃，非线性分布）的主拉应力最大，图 2.2.3-2 为主拉应力全桥分布图，主拉应力最大达到 3.7MPa，大于（JTJ 023—85）规范第 5.2.24 条规定的 $0.9R_l^b=2.7$MPa。

三、基于检测结果的桥梁现状评价

1. 基于检测结果的使用功能评价

（1）设计技术标准适应情况

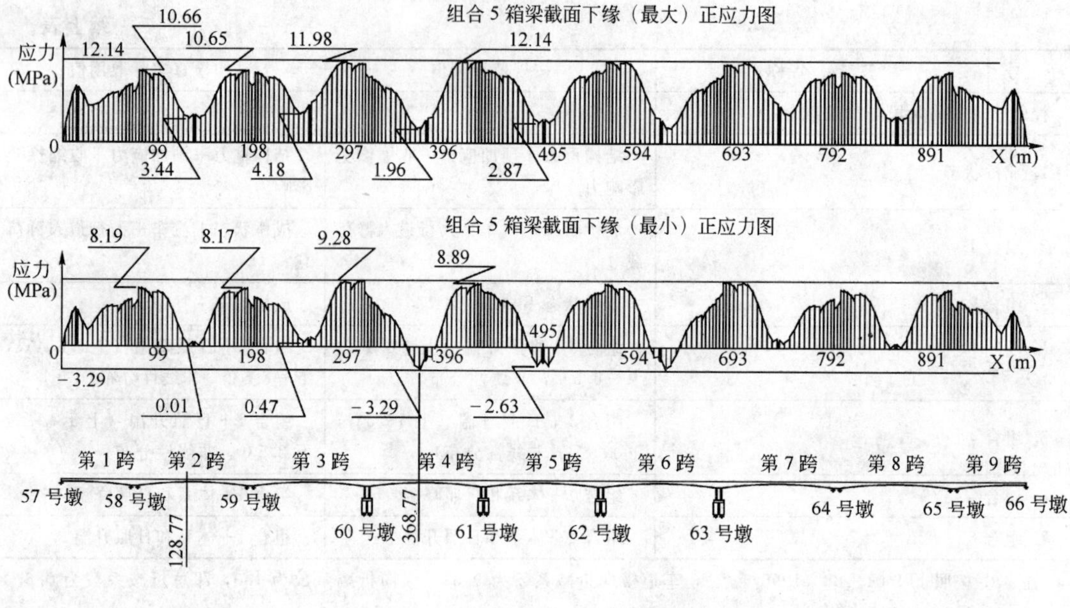

图 2.2.3-1　组合 5 箱梁截面下缘正应力分布图

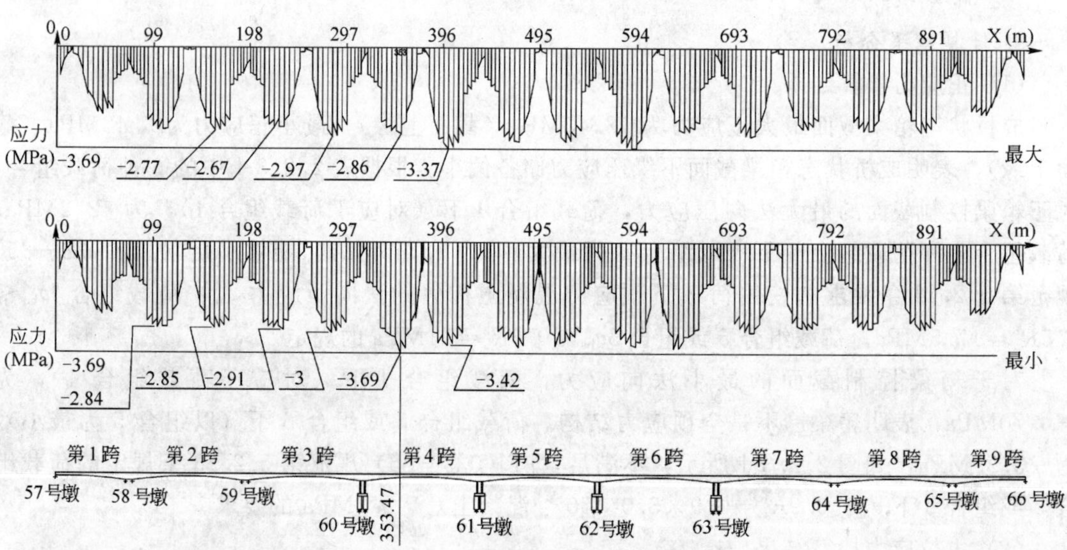

图 2.2.3-2　组合 5 主拉应力分布图

从检测的情况来看，其设计荷载标准和通航标准是能够满足运营要求的，但应禁止超载车辆通行。

（2）桥梁各构件完好程度

箱梁混凝土表面质量较好，除裂缝外，无其他严重的质量缺陷。伸缩缝、支座、桥面铺装等构件基本完好，不影响桥梁的正常使用功能。

（3）桥梁养护状况分析

主桥箱梁自1996年11月份发现腹板出现裂缝以来，养护管理部门针对开裂与跨中下挠的互相影响，制定了科学的观测方案，每年对主桥的裂缝和高程观测四次，截止到2001年12月份，积累了丰富的观测资料。根据交通部公路科学研究所对主桥的质量检测与评价报告，腹板典型主裂缝宽度与以往比较没有明显变化，箱梁下挠变形有趋缓、趋稳的迹象。

（4）桥梁总体技术状况等级评定

根据主桥全面检测结果，按照《公路养护技术规范》（JTJ 073—96）的要求对该桥总体技术状况等级进行评定，全桥结构技术状况综合评分 $D_r=56.8$，评定该桥为三类桥，按养护技术要求，应进行中修，但考虑到该桥上部主要承重构件裂缝较多、较宽，需对其进行加固处理。

2. 基于检测结果的承载能力评价

（1）评定系数的确定

基于检测检测结果的承载能力评价所需的各种系数的确定详见《承载能力评定实例集》，这里只给出结果。

①承载能力检算系数（Z_1）的确定

箱梁承载能力检算系数 $Z_1=0.95$。

②承载能力恶化系数（ξ_e）的确定

箱梁承载能力恶化系数 ξ_e 为0.0284。

③截面折减系数（ξ_c、ξ_s）的确定

根据现场检查情况分别对影响截面折减指标给出评定标度值，计算得到构件截面损伤的综合评定值 R。

根据截面损伤的综合评定值 R，得出截面折减系数 $\xi_c=0.99$

④活载影响修正折减系数（ξ_q）的确定

检算荷载的活载影响修正系数 $\xi_q=(\xi_{q1}\xi_{q2}\xi_{q3})^{1/3}=(1.00\times1.05\times1.15)^{1/3}=1.065$

（2）检算结果

由于箱梁承载能力恶化系数 $\xi_e=0.0284$，截面折减系数 $\xi_c=0.99$，加之预应力结构承载能力较高，从加固角度考虑，只对正常使用极限状态进行检算。检算过程中不考虑桥面两侧的可移动隔离墩的恒载。

对于箱梁控制截面的最小法向应力，荷载组合Ⅰ下（对应于荷载组合1），为 -0.60MPa；荷载组合5或组合6下（以组合5为最小），为 -3.21MPa，不满足（JTJ 023—85）规范第5.2.23条规定的荷载组合5或组合6下 $\sigma_{hl}\leqslant0.9R_l^b=0.9\times3.0\times Z_1$（50号混凝土，$R_l^b=3.0$MPa）$=2.7\times0.95MPa=2.57$MPa的要求。

在不考虑竖向预应力作用情况下，组合5主拉应力最大达到3.70MPa，大于（JTJ 023—85）规范第5.2.24条规定的 $0.9R_l^b\times Z_1=2.7\times0.95MPa=2.57$MPa的要求。

四、加固设计

根据《质量检测与评价报告》及前面的检算情况，初步确定对箱梁结构进行补强，即通过增设底板体外束，来增加箱梁跨中附近截面下缘压应力储备；通过加厚腹板和粘贴钢板条，来抵抗活载和温度变化引起的主拉应力，以使加固后的桥梁达到原来的设计荷载标准。

1. 加固设计要点

针对箱梁跨中的正弯矩裂缝，应增设底板体外预应力束，针对腹板出现的大量斜裂缝，考虑采用增厚腹板，并粘贴钢板或碳纤维来抑制斜裂缝的发展。同时增设的体外预应力束，应综合考虑改善底板和腹板的受力。

2. 加固设计方案比选

(1) 体外预应力的布置

结合各跨跨中截面下缘正应力补强，考虑了三种钢束布置形式及相应的横隔板布置，如图 2.2.3-3 所示。钢束布置一：在四分点附近设置 3 道横隔板，在 2 道横隔板处弯起并锚固 15－15 型、1860MPa 的无粘结预应力钢绞线；钢束布置二：与钢束布置一束数相同，区别是在四分点附近设置 5 道横隔板，分散在 4 道横隔板处弯起并锚固；钢束布置三：在四分点附近设置 3 道横隔板，不弯起锚固 15－7 型、1860MPa 的无粘结预应力钢绞线。对这三种钢束布置方式进行计算分析，由表 2.2.3-2 可知，钢束布置一和钢束布置二这种弯起方式与钢束布置方式三对减少梁腹板主拉应力的作用不明显，其原因是为了保证千斤顶的张拉工作空间，相对于梁高 3.63m 的位置，其锚固位置距箱梁顶面 1.12m，使得弯起钢束的锚固位置较低，影响了弯起钢束限制主拉应力的作用。而当腹板加厚 15cm，其对主拉应力的影响较大。考虑到施工的方便，不设置弯起钢束，采用第三种钢束布置方式，以增加跨中附近截面下缘压应力为主。由于温度梯度模式较为复杂，根据以往的经验控制荷载组合 I 下的压应力储备，考虑到箱梁混凝土的收缩徐变已基本完成，结合腹板加厚及新增横隔板的情况，采用 20 束 15－7 的无粘结预应力钢绞线，控制组合 5 下，箱梁跨中截面下缘有 1.5MPa 压应力。

不同加固方式下（第四跨）箱梁截面应力计算值 表 2.2.3-2

应力（MPa）	位置		成桥阶段（MPa）				
			原结构	加体外预应力			腹板加厚 15cm
	单元	节点		钢束布置一 (15ϕ15.24)	钢束布置二 (15ϕ15.24)	钢束布置三 (7ϕ15.24)	
主拉应力 (L/4) 附近	81	i (5)	−1.8	−1.6	−1.7	−1.8	−1.1
		j (5)	−1.7	−1.5	−1.6	−1.8	−1.1
	82	i (5)	−1.8	−1.6	−1.7	−1.9	−1.1
		j (5)	−1.8	−1.4	−1.5	−1.9	−1.1
	83	i (5)	−1.8	−1.5	−1.5	−2.0	−1.1
		j (5)	−1.7	−1.4	−1.3	−1.6	−1.0
	84	i (5)	−1.8	−1.4	−1.4	−1.7	−1.1
		j (5)	−2.0	−1.5	−1.5	−1.8	−1.2
	85	i (5)	−1.7	−1.2	−1.2	−1.6	−1.0
		j (5)	−1.7	−1.5	−1.5	−1.5	−1.0
	86	上 (j)	11.0	12.5	12.3	12.7	11.0
		下 (j)	4.0	6.1	6.1	6.6	4.1

续上表

<table>
<tr><th rowspan="3">应力（MPa）</th><th colspan="2" rowspan="2">位　置</th><th colspan="5">成 桥 阶 段（MPa）</th></tr>
<tr><th rowspan="2">原结构</th><th colspan="3">加体外预应力</th><th rowspan="2">腹板加厚
15cm</th></tr>
<tr><th>单元</th><th>节点</th><th>钢束布置一
（15ϕ15.24）</th><th>钢束布置二
（15ϕ15.24）</th><th>钢束布置三
（7ϕ15.24）</th></tr>
<tr><td rowspan="6">正应力
（跨中附近）</td><td rowspan="2">87</td><td>上（j）</td><td>12.4</td><td>14.0</td><td>14.0</td><td>14.3</td><td>12.4</td></tr>
<tr><td>下（j）</td><td>3.6</td><td>5.5</td><td>5.4</td><td>5.5</td><td>3.7</td></tr>
<tr><td rowspan="2">88</td><td>上（j）</td><td>9.6</td><td>11.2</td><td>11.3</td><td>11.4</td><td>9.5</td></tr>
<tr><td>下（j）</td><td>4.4</td><td>5.6</td><td>5.4</td><td>5.6</td><td>4.4</td></tr>
<tr><td rowspan="2">89</td><td>上（j）</td><td>7.8</td><td>9.5</td><td>9.6</td><td>9.7</td><td>7.8</td></tr>
<tr><td>下（j）</td><td>4.1</td><td>5.1</td><td>4.9</td><td>5.1</td><td>4.2</td></tr>
</table>

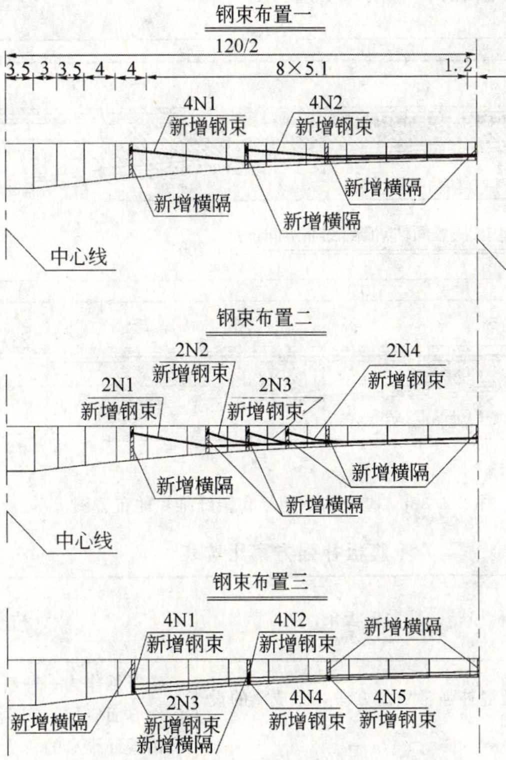

注：

1. 本图尺寸以 m 计。
2. 新增预应力钢束布置一和布置三采用 15ϕ15.2，布置三采用 7ϕ15.2，强度 1860MPa。

图 2.2.3-3　体外预应力钢束和新增横隔板布置图

（2）腹板加厚、粘贴钢板条

采用加厚腹板、粘贴钢板条来增加箱梁斜截面抗剪强度，是目前箱梁腹板补强常用的、也是实践证明较为有效的方法。

根据计算结果，在腹板加厚 15cm 和增加底板正弯矩钢束情况下（钢束布置三），在活载和温度作用下产生的最大主拉应力为 1.0MPa，比原结构在活载和温度作用下的最大主拉应力减少 0.9MPa，作用明显。

腹板箱内表面粘贴钢板条的分布间距、数量、宽度和厚度，按其与加厚部分混凝土共同承受活载和温度产生的主拉应力来确定。根据以往的加固经验，箱梁腹板粘贴钢板条后，在箱内梗腋处会产生新的裂缝，因此梗腋与腹板一并进行粘贴钢板条补强。

(3) 粘贴碳纤维布

在箱梁主拉应力区粘贴碳纤维片，来抑制斜裂缝的开展，加固实例较少，结合黄石大桥的箱梁腹板粘贴碳纤维片的情况，按照其承受活载和温度引起的主拉应力来确定碳纤维片的厚度。

(4) 腹板加厚、粘贴钢板条与粘贴碳纤维布方案的比选

箱梁腹板粘贴钢板和碳纤维片的布置如图 2.2.3-4 所示。由表 2.2.3-3 方案比选可知，腹板加厚、粘贴钢板条方案设计经验成熟，施工技术要求不高，其工程费用较粘贴碳纤维布方案少，经综合比选采用腹板加厚、粘贴钢板条方案。

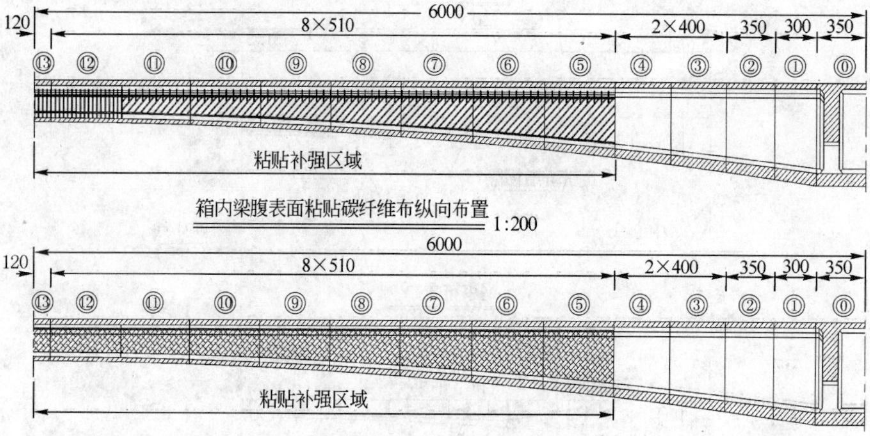

图 2.2.3-4 腹板粘贴钢板和碳纤维片的布置图

腹板补强方案比选表 表 2.2.3-3

比较项目 \ 方案	腹板加厚、粘贴钢板条	粘贴碳纤维布
设计经验	是箱梁腹板裂缝补强常用的方法，有成熟的设计经验	碳纤维作为一种新型材料，在加固立柱和受弯构件方面应用较广，对于箱梁腹板斜截面抗剪，采用碳纤维布的较少，也无较为成功的工程实例
施工方法和难易程度	施工方法简单、易于操作，技术要求不高，但施工比较繁琐	只需用树脂将碳纤维布粘贴在原结构的外表面上，施工方便，但技术要求高
施工工期	90d	60d
全桥主要工程数量	①C50 混凝土：384 (m^3) ②钢筋网：43.36 (t) ③植筋：32512 个 (Φ16 锚筋) ④粘贴钢板：19688 (m) ⑤植埋螺杆：53600 (套)	粘贴碳纤维布：11736 (m^2)
全桥工程造价	408 万元	1643 万元

(5) 新增横隔板方案

新增横隔板考虑了两个方案（图 2.2.3-5），方案一整体性好，但施工中灌注混凝土和振捣有一定的难度，需在箱梁顶板开洞。方案二施工相对简单但整体性差，推荐方案一。

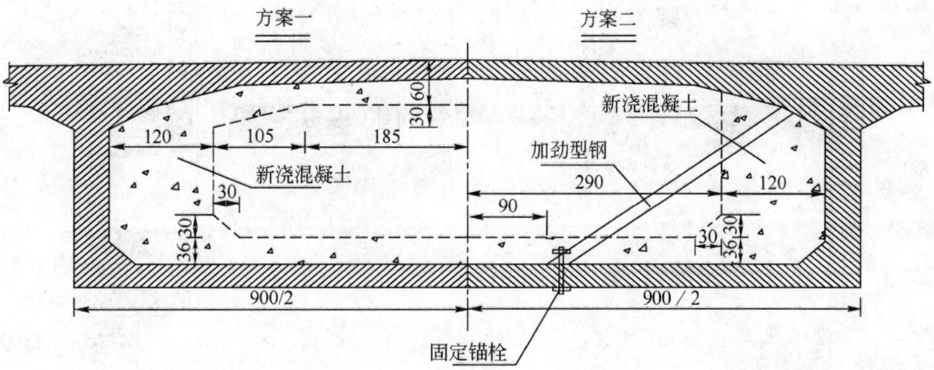

图 2.2.3-5 新增横隔板方案构造图

(6) 新增横隔板对主桥箱梁的影响分析

①计算模型

大桥主桥箱梁较宽，为了分析新增横隔板对箱梁的影响，采用四节点壳单元建立空间分析模型，全桥共划分单元 29386 个，节点 29205 个，桥梁模型如图 2.2.3-6 所示。

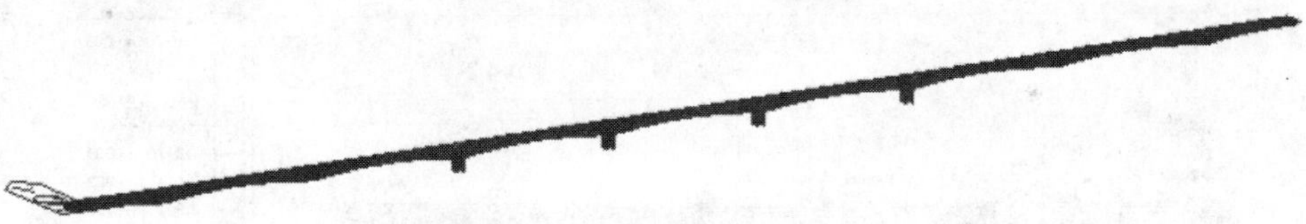

图 2.2.3-6 大桥空间分析模型图

通过以上计算模型对箱的空间效应进行了分析，重点分析了增加横隔板对箱梁空间受力的影响，横隔板的布置见加固设计图纸。加载工况如表 2.2.3-4 所列。

空间分析加载工况 表 2.2.3-4

1. 自重状态	结构重力＋二期恒载	3. 组合 II－3	组合 I＋日照升温（BS5400 升温模式）
2. 组合 I	自重＋汽超－20 级＋人行道人群荷载	4. 组合 III	自重＋挂车－120

②横隔板影响分析结果

由于计算数据量很大，下面选择典型的组合 II-3 的计算结果分析，图中应力拉为正，压为负，单位为 kPa。

从图 2.2.3-7 和图 2.2.3-8 可以看出，剪力值高值区与箱梁腹板实际开裂区域是一致的。增加横隔板后，在横隔板位置附近可以显著地减小腹板的剪应力值，而在其他位置，剪力值增加很有限，因此对于宽箱，增加适当数量的横隔板，对减小腹板高值区剪应力，增强箱梁整体性是有益的。

以上的分析是选择了连续梁段次边跨的应力分布情况，在连续刚构次边跨段的应力分布

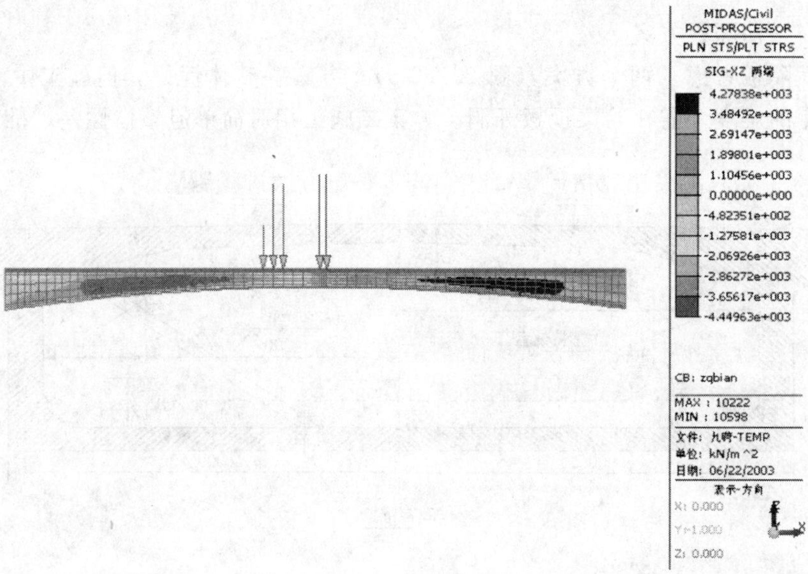

图 2.2.3-7　连续梁次边跨未加横隔板腹板 xz（x-横桥向，z-竖桥向）面内剪应力分布图

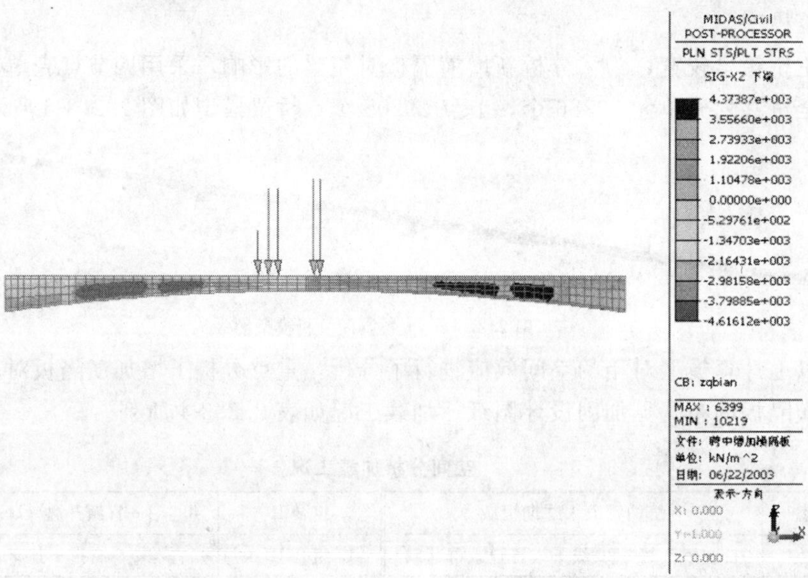

图 2.2.3-8　连续梁次边跨增加横隔板腹板 xz（x-横桥向，z-竖桥向）面内剪应力分布图

与连续梁段的基本相同，因此具体分析从略。

五、加固施工工艺要点

1. 腹板加厚

（1）布设钢筋网

在箱梁内侧，再在粘贴的薄钢板条外加铺一层钢筋网（间距 10×10cm、ϕ12 钢筋），两岸及上下游对称布置。

①首先将加厚部分原箱梁表面凿毛凿平，剔除表面浮石，并用高压射流技术清洗开凿表面（结合面）；

②在开凿表面钻眼埋设锚固钢筋，以 40～60cm 的间距，在箱梁腹板及承托范围以梅花状布置锚于箱梁的锚固钢筋。锚固钢筋采用ф16mmII 级钢筋，长度 16cm，埋入箱梁内的锚固长度不小于 6cm。采用和植埋螺杆相同的步骤与方法进行锚固；

③在箱梁内侧布设钢筋网，并注意钢筋网与预埋锚筋焊接形成整体，钢筋网采用焊接连接。

（2）浇筑混凝土

①用高压射流技术再次清洗结合面，在其表面保持湿润但无自由水的情况下，模浇筑 C55 号用细骨料并掺早强剂和微量膨胀剂的高强、早强水泥混凝土；

②应采取妥善办法保持湿度并进行养生，待新浇混凝土终凝且达到拆模强度后再行拆模。

2. 新增横隔板混凝土、增设体外预应力

（1）浇筑新增横隔板混凝土

①采用与腹板植筋相同的办法，植埋 ϕ16 钢筋，在顶板、底板处植筋，应格外小心，避免损伤预应力管道。

②按图纸要求布置预应力筋通过横隔板的钢管及锚具。

③按照浇注腹板加厚混凝土相同的方法，浇筑横隔板混凝土（与顶板相连部位，需在桥面适当位置开口灌注混凝土）。

（2）张拉体外预应力

①按图纸要求张拉预应力钢束。

②按图纸要求进行封锚处理。

六、加固效果

1. 裂缝灌浆的检验

从取芯来看，裂缝内充满浆液，说明灌浆效果良好，达到了设计的要求。

2. 钢板粘贴的检验

从检验结果来看，钢板与腹板之间的粘结强度大于混凝土本身的抗拉强度。

3. 碳纤维拉拔试验

从试验结果来看，碳纤维布与混凝土之间的粘接强度大于混凝土本身的抗拉强度。

4. 张拉完预应力束完好

加固通车运营三年后，对箱梁进行了检查，未发现新的裂缝，说明加固到达了预期的效果。

§2.4　预应力混凝土 T 构箱梁悬臂端部下挠、偏扭，顶板开裂的加固

——采用体外预应力、桥面补强、顶升挂梁加固法

一、桥梁概况

1. 原设计概况

该桥为三孔带挂梁的 T 形刚构桥，孔径布置：52.5m＋80.0m＋37.5m。主要结构构造参数与施工方法如下。

(1) T形刚构

1号T构悬臂长33.5m，2号T构悬臂长25.5m。两个T构梁高均按抛物线设置，单箱双室箱梁，根部梁高4.8m，端部梁高1.8m。腹板沿桥长方向等厚度，均为28cm。箱梁混凝土设计标号为40号，悬臂浇筑施工。

(2) 挂梁

边孔及中孔挂梁均为17.0m简支T梁，每孔5片梁，边梁高1.8m，中梁高1.15m，靠悬臂端侧边板设置饰板。挂梁全部采用25号混凝土，预制吊装施工。

(3) 桥墩

钢筋混凝土空心墩，壁厚60cm。1号墩高43.25m，2号墩高40.50m。墩身采用两种标号混凝土，标高131.92以上用30号，其余用25号，滑模施工。

(4) 桥台

U形重力式桥台，15号片石混凝土。

(5) 基础

桥墩基础采用人工开挖的短桩，桥台为明挖扩大基础，持力层均为砂岩。

(6) 预应力体系

24丝直径5mm高强钢丝束，标准强度不小于1600MPa，弗氏锚具，双控张拉。

2. 存在的主要问题

大桥于1994年4月建成通车，次年发现1号T构悬臂端产生较大的向下挠度，随即在悬臂端部桥面加铺了5cm的沥青混凝土填平层。长期监测表明，悬臂端下挠在持续发展，1999年4月最大下挠达18.4cm。

3. 检测结果

(1) 桥面铺装

原设计桥面铺装材料为25号素混凝土，除梁端设置伸缩缝处断开外，其他部位未设断缝。挂梁部分及T构墩顶部分桥面铺装完整、无裂缝，其余部分均出现裂缝。裂缝多呈横桥走向，并存在贯穿整个桥面铺装的横向裂缝。在1号T构第5梁段附近裂缝最多，且缝宽较大，桥面铺装已失去防水和分布荷载的功能。

(2) 防撞护栏

防撞护栏假缝间距为5m，连续长度与桥面铺装相同。由于箱梁下挠变形较大，防撞护栏参与结构受力，假缝之间均出现裂缝，其中40%的裂缝贯通整个外表面。缝宽较大，90%超过0.5mm。

(3) 箱梁

①外观状况

箱梁大部分梁段二次浇筑施工缝及梁段之间的施工缝处存在用水泥砂浆修补的痕迹。

②裂缝

箱梁顶板存在三种裂缝：短纵向裂缝、长连续纵向裂缝和横向裂缝。除1号T构第5梁段存在横桥裂缝外，其余顶板裂缝均呈纵桥向；缝宽多在0.1mm左右，局部在横桥向分布较密，各箱室中都存在1至2条较长的连续纵向裂缝，位于顶板跨中附近。2号T构裂缝多于1号T构裂缝。

箱梁腹板及横隔板未发现裂缝。箱梁底板为受压构件，加之上表面被施工残留物及尘土覆盖，未做裂缝检查。

③混凝土强度

箱梁 26 个关键部位的检测强度中，22 个达到设计标号（40 号），4 个低于设计标号。根据检测数据分析：1 号和 2 号 T 构箱梁混凝土强度变异系数及测区换算强度低于标号的百分比分别为 11.8%和 4.1%、12.9%和 2.4%，强度匀质性欠佳。

④线形

桥面线形呈波浪形，波谷出现在 T 构悬臂端部，箱梁变形属于整体下挠。1 号 T 构悬臂端下挠分别为 17.8 和 16.5cm，2 号 T 构悬臂端下挠分别为 6.1 和 4.9cm。1 号 T 构中心比 2 号 T 构中心低 14mm，两个 T 构下挠曲率在第 5 梁段明显大于其他部位。

上述下挠值是假定成桥时桥面线形符合设计线形得出的。由于缺乏可靠的施工过程实测资料，不排除其中包含施工标高误差。另一方面，部分梁段混凝土养护龄期不足，造成徐变变形加大，从而也加大了箱梁的下挠值，使下挠持续发展。

根据伸缩缝的变形状况，两个 T 构都未发生纵桥向位移，但呈现偏扭现象。1 号墩墩顶上游侧向岸边偏移 4.7cm，下游侧向河中央偏移 3.7cm。2 号墩墩上游侧向岸边偏移 1.5cm，下游侧向河中央偏移 3.7cm（上述偏移是墩顶至水面 12.0 米高度的相对值）。

⑤构造钢筋分布及细部尺寸

箱梁调查区域实测的构造钢筋在数量上与设计图纸要求基本相符，但其分布间距呈现出明显的不均匀性，并与设计图纸要求出入较大。

T 构悬臂长度偏差在 20mm 以内，箱梁顶、底板宽的误差一般介于－5 至＋15mm 之间，箱高偏差在－5 至＋10mm 之间，腹板总厚度偏差在－6 至＋10mm 之间，实测值与设计值相差不大。

管道压浆检查未发现压浆不饱满或无浆的管道。

（4）伸缩缝

全桥共设 6 道伸缩缝，均为板式橡胶伸缩缝。1 号 T 构两悬臂端部伸缩缝由于桥面加铺了 5mm 的沥青混凝土，已失去伸缩功能。2 号 T 构悬臂端部伸缩缝和汝城侧桥台伸缩缝行车道部分被挤压变形翘曲，部分伸缩橡胶板固定螺帽松动或脱落，使用性能已部分丧失，车辆通过时，对梁体产生的冲击作用明显。仁化侧桥台伸缩缝工作性能基本正常。

（5）支座

除支座橡胶有老化迹象外，未见其他缺损，工作状态正常。

（6）桥墩、桥台及挂梁

除前述的墩身偏扭外，桥墩及桥台未发现其他缺陷或损伤。

（7）其他

各挂梁工作状态未见异常。

此外，由于桥墩高，各孔挂梁均简支在 T 构悬臂端和桥台上，计算及动力性能测试表明大桥整体性欠佳，结构较柔。

二、病害分析

设计上 1 号 T 构悬臂长与 2 号 T 构悬臂长相同为 25.5m，挂梁长 25m。在施工过程中，

2号T构按原设计施工，在1号T构悬臂施工快结束时，用于起吊长25m挂梁的起吊设备不能按时到场，又无法租到相应能力的起吊设备，最后将挂梁长度减短8m，挂梁长变为17m，相应1号T构又向前延伸了8m，达到33.5m，但悬臂根部预应力束同原设计一样。从施工时凿除的桥面铺装厚度来看，在安装完挂梁后，1号T构悬臂端即开始下挠，为保持桥面平顺，悬臂端部的混凝土铺装层厚度较根部厚10cm。通车后，在活载作用下，悬臂端部进一步下挠，且未有稳定迹象，加固势在必行。

墩身偏扭，从检测结果判断是由施工时立模偏差和不对称荷载共同造成的，其中施工偏差是主要成因，从其偏扭量来看，不会对结构受力产生严重不利影响。

三、加固设计

1. 加固设计要点

(1) 维持桥梁外形和结构体系不变，利用现有的T构箱梁断面尺寸及混凝土强度，采用增设预应力钢束以提高箱梁的预应力度及承载力。

(2) 通过调整T形刚构部分顺桥向不同位置的桥面铺装厚度和挂梁支座垫石高度，使桥面标高恢复到原设计标高，改善行车条件。

2. 主桥加固设计方案

(1) 新增预应力钢束布置

在T形刚构箱梁顶板布置预应力钢束，如图2.2.4-1所示。由于第5梁段下挠变形曲率最大，并在顶板存在横向裂缝，因此预应力钢束纵向以通长布置。为避免集中锚固造成底板产生拉应力，避让原有钢束及方便施工，钢束全部布置在箱内，分散锚固在箱梁端部顶板齿板上。

(2) 新增预应力钢束数量估算

结构分析模型采用平面杆系。计算时考虑了原结构的部分预应力束失效及增加的桥面铺装重量，并控制箱梁各断面不出现拉应力，压应力不大于14.5MPa，由此确定预应力钢束数量。

主要计算参数：

混凝土：$E=3.0\times10^4$MPa，$\gamma=26$kN/m^3。

预应力钢材：$E=1.9\times10^5$MPa（钢绞线），$E=2.0\times10^5$MPa（碳素钢丝）。

箱内预应力钢束按无粘结预应力筋设计，防振装置间距为8m。

根据桥面线形测量结果，桥面铺装增加厚度分别为：1号T构悬臂端部汝城侧20cm，仁化侧19cm，2号T构两端均为7cm，各墩顶部位为0cm，其他部位按保持桥面标高线形变化原则确定。

四、施工工序

(1) 铲除T构部分桥面铺装，第5梁段的防撞护栏全部拆除（但保留其中的预埋钢筋），其余部分按间距5m分割防撞护栏，并拆除已损坏的伸缩缝（保留伸缩缝预埋钢筋）。

(2) 锚固齿板位置开槽，绑扎齿板钢筋，浇注混凝土，并养护至要求强度。

(3) 桥面铺装植锚筋，布设预应力钢束，然后绑扎桥面铺装分布钢筋。

(4) 按先长后短顺序张拉预应力钢束，全部张拉完后浇注桥面铺装混凝土。

(5) 整体顶升悬臂端侧挂梁，移开支座，在原位浇筑支座垫石至相应高度，待达到要求

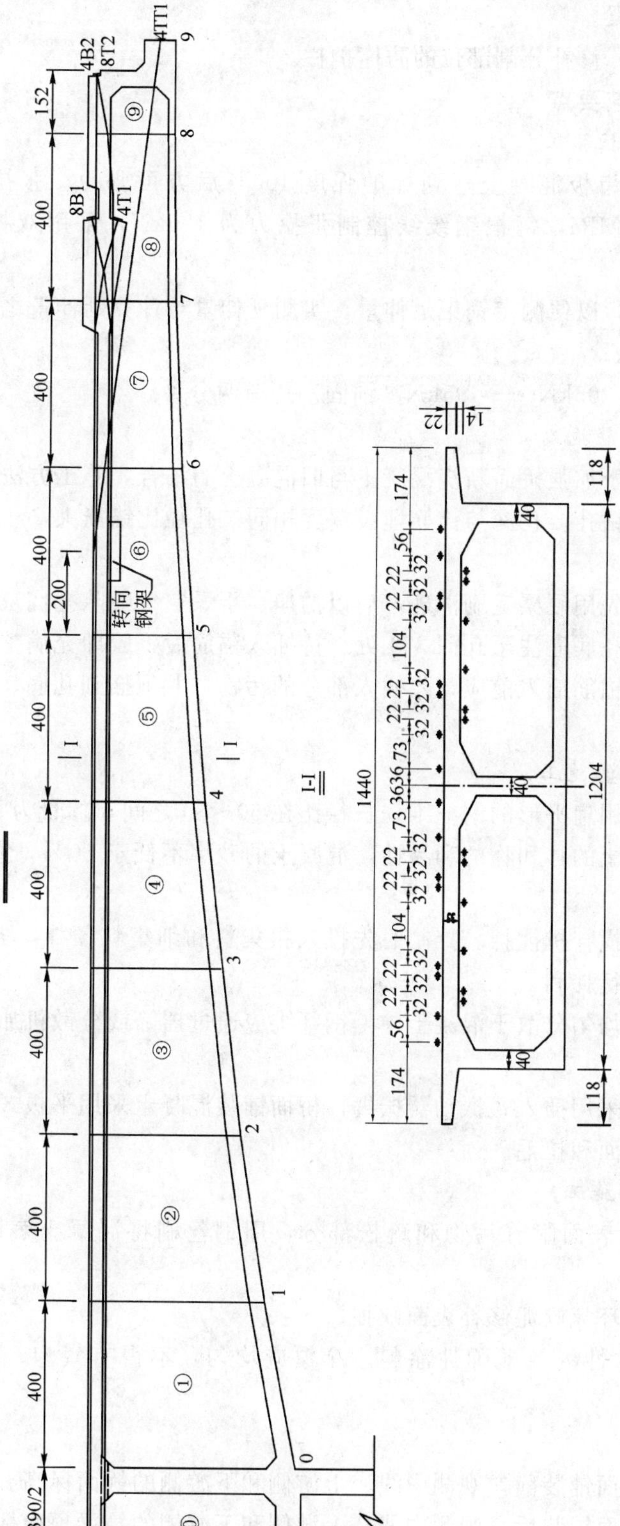

图 2.2.4-1　新增预应力钢束布置图

强度后安装支座和落梁。

(6) 安装伸缩缝，修补分割部位的防撞护栏。

五、加固施工工艺要点

1. 预应力钢束张拉施工

预应力钢束应在齿板混凝土达到标准强度100%后方可张拉。张拉时锚下控制张拉应力为$0.75R_y^b=1380$MPa，每根钢绞线控制张拉力为195kN，采用双控、两端同时对称张拉。

张拉时应有标记，以便测定钢束延伸量。实测延伸量与计算延伸量之差应在±5%以内，超出者必须查明原因。

张拉步骤：0——205kN——195kN（锚固）持荷两分钟。

2. 桥面铺装植锚筋施工

桥面铺装锚筋用于加强桥面新浇混凝土与旧混凝土的结合，施工方法如下：

(1) 在箱梁顶板钻孔。孔深与锚筋埋设深度相同，孔径比锚筋大2～3mm，孔位应避让钢束和顶板构造钢筋。

(2) 清理钻孔。先用硬鬃毛刷清理，后以洁净、干燥空气喷除孔底灰尘、碎片和水分。

(3) 将植筋胶由孔底灌注至孔深3/4处。待插入锚筋后，胶即充满整个空洞。

(4) 插入锚筋。锚筋插入前应清除插入部分的污物，并须插到孔底，孔口多余的胶应清除。

3. 钢纤维混凝土的施工

(1) 钢纤维可选用扁平形的钢纤维，长径比在60～80之间，掺量为1.5%。

(2) 为保证混凝土的拌和物的和易性，混凝土的砂率不低于50%，宜选用优质减水剂，严禁掺加氯盐。

(3) 使用强制式搅拌机搅拌。拌制时先投入粗集料和细集料预拌，再投入钢纤维干拌，然后投入水和水泥进行拌和。

(4) 为使钢纤维均匀分散于混凝土中，钢纤维应通过摇筛或分散机加料，严防钢纤维在搅拌过程中结团。

(5) 齿板混凝土采用插入式振动器振捣，桥面铺装混凝土采用平板式振动器振捣，并用圆钢管滚压，最后抹面和拉毛。

4. 顶板裂缝封闭施工

(1) 清除混凝土表面附着污物和疏松部分，用钢丝刷将混凝土表面刷毛，并冲洗干净。

(2) 干燥后，用环氧胶泥修补表面缺损。

(3) 涂覆SIA水性丙烯酸弹性涂料。涂覆应均匀，不得有气泡，厚度控制在1.5～2.0mm内。

5. 施工观测

(1) 在铲除旧桥面铺装前，观测中线、上游侧和下游侧的桥面标高。

(2) 在铲除旧桥面铺装后，观测中线、上游侧和下游侧的箱梁顶面标高。

(3) 在绑扎完桥面铺装钢筋后、张拉预应力钢束前，观测中线、上游侧和下游侧的箱梁顶面标高。

(4) 在张拉预应力钢束后、浇筑桥面铺装混凝土前，观测中线、上游侧和下游侧的箱梁顶面标高。

(5) 在浇筑桥面铺装混凝土后、顶升挂孔前，观测中线、上游侧和下游侧的箱梁顶面标高。

(6) 在全部施工完成后，观测中线、上游侧和下游侧的桥面标高。

六、加固效果

在增设预应力束后，悬臂端下挠已有所减小，通车1年后，经现场检查未发现裂缝和下挠现象，说明加固效果达到了加固设计的要求。

§2.5 预应力混凝土简支箱梁开裂、下挠加固

——采用改变结构体系加固法

一、桥梁概况

1. 原设计概况

该大桥为4×25m预应力混凝土简支梁桥，设计荷载为汽车—超20级、挂车—120，桥面宽为净11.0+2×0.5m。

上部结构主梁截面形式为等高度箱形截面，每孔由四片箱梁组成。主梁截面尺寸为：梁高1.25m，顶板宽3m，底板宽1m，顶板为等厚度15cm，底板厚度15cm，仅在距支点1.6m处开始加厚，且逐渐加厚至25cm，加厚区段长1.5m。腹板为斜腹板，厚度15cm，在距支点1.6m处逐渐加厚至25cm。为防止应力集中和便于脱模，在腹板与顶板交界处设置20cm×10cm的承托。横隔梁仅设在梁端处。主梁横断面构造如图2.2.5-1所示。

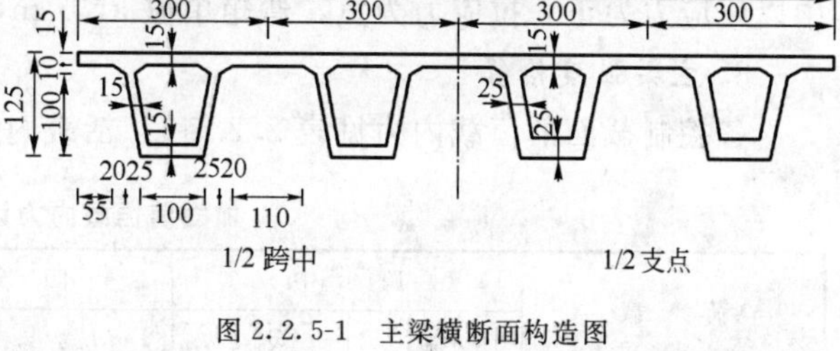

图2.2.5-1 主梁横断面构造图

预应力混凝土主梁采用50号混凝土。每片主梁均布置4束5ϕ15预应力钢束和一束6ϕ15预应力钢束。预应力钢束采用符合ASTM A416-92a的低松弛高强钢绞线，单根直径为15.24mm，截面面积为140mm^2。锚具采用OVM型锚具及其配套设备，锚垫板等预埋钢板采用低碳钢。预应力管道用钢波纹圆、扁管成形。

下部结构为柱式桥墩，桩基础。

2. 存在的主要问题

由于近年来交通量增加迅速，特别是大型、重型车与日俱增，致使桥梁承载能力不能满足交通量的需求，大桥安全受到严重影响。通过对原桥进行实桥检测，发现主梁跨中区段的腹板上存在竖向裂缝，缝宽0.15～0.3㎜，梁底也存在沿钢筋方向的细小裂缝，均有继续发展的趋势。混凝土保护层碳化，剥落严重，导致钢筋部分锈蚀。用回弹法测定主梁混凝土强度，测得其标号由原来的50号降至45号。此外，主梁在汽车荷载作用下最大挠度达4.2cm，已超出容许变形0.2cm：桥梁伸缩缝或阻塞或破坏，引起跳车现象。鉴于问题的严重性和迫切性，决定对原桥进行维修加固，提高桥梁的承载能力。

二、原结构检算

1. 结构检算依据

（1）原桥施工设计图。

（2）原桥实桥检测报告。

该桥经过实桥检测，发现受力最不利的边主梁混凝土碳化严重，部分混凝土保护层剥落严重，剥落厚度最大达 5cm。钢筋发生部分锈蚀。另外，实测主梁混凝土标号为 45 号，比设计值有所降低。检算时应根据桥梁现状，依据“检算指南”中的相关规定进行相应折减。

由于简支梁结构简单，受力明确，故根据原设计方案及施工过程取跨中、四分点、变化点截面（箱梁腹板和底板开始加厚处）和支点截面为控制截面，进行检算。简支梁为静定结构，所以内力组合仅考虑了组合 I 和组合 III。

2. 检算结果分析

预应力混凝土梁从预加力开始到受荷载破坏，须经受预加应力、使用荷载作用、裂缝出现和破坏等四个受力阶段，为保证主梁受力可靠并予以控制，应对控制截面进行各个阶段的检算。检算时，先进行破坏阶段的截面强度检算，再进行使用阶段的截面应力检算（包括混凝土法向应力、混凝土主应力、预应力钢束中的应力等），以确定结构是否满足要求，能否正常使用。

按照以上步骤对原桥进行检算，检算以受力最不利的边主梁为例，列于表 2.2.5-1。表中以压应力为正，拉应力为负，弯矩单位 kN·m，剪力单位 kN，应力单位为 MPa。

3. 主梁强度检算

各控制截面的恒载内力见表 2.2.5-1，活载内力见表 2.2.5-2。

加固前恒载内力计算结果 表 2.2.5-1

荷载	跨中		四分点		变化点		支点
	M_{max}	Q_{max}	M_{max}	Q_{max}	M_{max}	Q_{max}	Q_{max}
一期恒载	1647	0	1255	139.3	416.5	241.5	287.6
二期恒载	635.4	0	476.4	52.69	157.2	91.82	105.9
总荷载	2309.4	0	1731.4	192.26	573.7	333.32	393.5

注：变化点指距支点 1.6m 处箱梁腹板、底板开始加厚的截面。

加固前活载内力计算结果 表 2.2.5-2

荷载	跨中		四分点		变化点		支点
	M_{max}	Q_{max}	M_{max}	Q_{max}	M_{max}	Q_{max}	Q_{max}
汽—超 20	1627	123.5	1366	234.1	479.6	298.2	333.9
挂—120	1971	150.3	1551	254.9	533.4	333.4	359.5

（1）内力组合：按照“桥规”第 2.1.2 条规定，根据可能同时出现的作用荷载选择了荷载组合 I 和荷载组合 III，再汇总恒载内力和活载内力值，根据“公预规”第 4.1.2 条规定进行内力组合及提高荷载系数，最后得到各控制截面的计算内力，列于表 2.2.5-3。

加固前控制截面内力组合表　　表 2.2.5-3

内力组合		跨中		四分点		变化点		支点
		M_{max}	Q_{max}	M_{max}	Q_{max}	M_{max}	Q_{max}	Q_{max}
承载能力极限状态	组合 I	5200	172.8	4111	558.5	1401	817.6	967.9
	组合 III	4938	165.3	3860	521.4	1301	782.1	885
正常使用极限状态	组合 I	3936.4	123.5	3097.4	426.7	1053.3	631.52	727.4
	组合 III	4280.4	150.3	3282.4	447.5	1107.1	666.72	753

(2) 截面强度检算：根据承载能力极限状态内力组合的结果，判断截面的受力类型，并进行截面强度检算。根据“检算指南”，检算应基于桥梁现状，依据下式进行：

$$S_d\ (\gamma_g G;\ \gamma_q \sum Q) \leqslant \gamma_b R_d\left(\xi_c \frac{R_c}{\gamma_c};\xi_s \frac{R_s}{\gamma_s}\right) Z_1(1-\xi_e)$$

由于梁高、混凝土标号、钢筋强度和面积等，与原设计值相比均发生改变，根据“检算指南”，得各折减系数分别为：$\xi_c=0.93$，$\xi_s=0.97$，$\xi_e=0.02$，$Z_1=0.95$。

表 2.2.5-4 给出边梁的截面强度检算结果（截面抗力计算时已计入截面内普通钢筋的作用）。

主梁截面强度检算表　　表 2.2.5-4

截面	跨中	四分点	变化点
受力性质	下拉受弯	下拉受弯	下拉受弯
最大弯矩	5200	4111	1401
截面抗力	5095	4020	3018
是否满足	否	否	是

通过对各个主要截面进行强度检算，发现从跨中到四分点之间的截面强度均不能满足要求，说明原桥在使用荷载作用下，其承载能力不能满足荷载标准的要求。

(3) 应力限值

根据“检算指南”，正常使用极限状态应力计算公式改变如下式：

$$\sigma_d < Z_1\sigma_L$$

取 $Z_1=0.95$。应力限值列于表 2.2.5-5。

检算应力限值（MPa）　　表 2.2.5-5

荷载	法向压应力	法向拉应力	主压应力	主拉应力	钢筋应力
组合 I	16.625	2.28	19.95	2.28	−1148.55
组合 II	19.95	2.565	21.613	2.565	−1236.9

(4) 应力检算

①正常使用阶段混凝土法向应力及主应力检算，结果见表 2.2.5-6、表 2.2.5-7。

混凝土法向应力检算（MPa）　　表 2.2.5-6

内力组合	跨中截面		四分点截面		变化点截面		支点截面	
	上缘	下缘	上缘	下缘	上缘	下缘	上缘	下缘
组合 I	7.3	−1.44	6.25	−0.080	3.33	5.21	1.44	5.7
组合 III	7.95	−1.81	6.49	0.286	3.46	5.63	1.44	6.03

混凝土主应力检算（MPa）　　表 2.2.5-7

应力	跨中截面		四分点截面		变化点截面		支点截面	
	组合 I	组合 III	组合 I	组合 III	组合 I	组合 III	组合 I	组合 III
组合 I	−1.44	−1.81	−0.243	−0.212	−0.484	−0.506	−0.382	−0.386
组合 III	7.3	7.95	7.06	7.19	8.06	8.18	6.19	6.17

通过对主梁各截面上下缘混凝土法向应力检算，表明从跨中到四分点，截面下缘出现了拉应力，但由于该桥主梁按照部分预应力混凝土 A 类构件设计，应力并未达到极限值。混凝土最大压应力为 7.95MPa，符合规定。各截面混凝土主应力值也均符合要求。

②正常使用阶段钢束应力检算：表 2.2.5-8、表 2.2.5-9 给出受力最不利的 1 号钢束（离中性轴最远）在荷载组合 I、III 作用下的应力检算结果。（1 号钢束 30 等分，由对称性，仅列出一半等分点的检算结果）。

加固前 1 号钢束荷载组合 I 时应力检算（MPa）　　表 2.2.5-8

点　号	最大应力	是否满足	点　号	最大应力	是否满足
1	−1161	否	2	−1148	是
3	−1144	是	4	−1141	是
5	−1150	否	6	−1155	否
7	−1159	否	8	−1163	否
9	−1160	否	10	−1162	否
11	−1165	否	12	−1163	否
13	−1167	否	14	−1169	否
15	−1172	否	16	−1174	否

加固前 1 号钢束荷载组合 III 时应力检算（MPa）　　表 2.2.5-9

点　号	最大应力	是否满足	点　号	最大应力	是否满足
1	−1161	是	2	−1148	是
3	−1145	是	4	−1143	是
5	−1152	是	6	−1158	是
7	−1162	是	8	−1167	是
9	−1164	是	10	−1168	是
11	−1171	是	12	−1169	是
13	−1174	是	14	−1177	是
15	−1180	是	16	−1183	是

对其他钢束进行检算，均有不满足规定的情况，此不赘述。

结构变形和裂缝检算可按照“检算指南”中的方法进行，此处从略。

综上，通过对该桥在使用荷载作用下的各项检算结果表明，混凝土截面应力均可达到要求，但全桥从 $L/4 \sim 3L/4$ 之间，截面强度和钢束应力均不满足要求，主梁挠度也超过限值，故桥梁结构的承载力不能满足现状荷载标准要求，产生了开裂等病害。

三、基于检测结果的桥梁现状评定

通过对该桥各孔主梁检查，发现在 $L/4 \sim 3L/4$ 范围内主梁腹板和底板均有裂缝，属于受力裂缝，有些裂缝宽度大于 0.2 mm，并且由于桥梁的交通量较大，裂缝有继续发展的趋势。混凝土碳化严重，集料外露，在伸缩缝附近有破损现象。桥梁伸缩缝破损严重失去作用，梁与伸缩缝之间完全被砂、石子、泥土阻死，引起严重跳车。此外，泄排水设施、支座等构件也存在不同程度的破损。可见，原桥的正常使用已经出现了较严重病害，应及时进行维修加固，保证桥梁的正常使用。

四、加固设计

1. 加固设计方案比选

针对该桥现已查明的病害和缺陷，对如何提高原桥的承载能力提出了两种加固方案进行比选。

(1) 方案一。对原桥进行改变结构体系加固。通过在墩顶两侧一定范围内的主梁上部布设局部预应力短束，将原四跨简支梁改变为四跨一联的连续梁，从而减小跨中正弯矩，提高桥梁的承载能力。该方案内力计算简单明确，加固后不但减小了原结构所承受的内力，加固效果显著，而且提高了行车的舒适性，同时对桥下净空及原桥景观均无影响。但是在加固后改变了结构体系，使主梁部分位置出现负弯矩，需要进行配筋计算。加固过程中几乎要中断交通。

(2) 方案二。采用钢板粘贴加固法对原桥进行加固。该加固方案施工工艺简单，施工质量易于控制、工期短、也较经济，并且不须改变原桥的结构体系，是一种简便的加固方法。但是粘结剂的质量及耐久性会影响加固效果，加固中接合面处理和钻埋螺栓孔对原结构有一定损伤，也不能改善行车的舒适性，而且加固后对原桥景观有一定影响。加固可在不影响或少影响正常交通的情况下进行。

经综合分析比较，方案一不但可以有效提高原桥的承受能力，而且改善了行车的舒适性。同时，方案一较方案二的加固效果持久，对原桥景观也无影响。考虑各方面的因素后，决定采用方案一对原桥进行加固。

2. 加固设计要点

计算时，由于发生体系转变，所以新建的护栏、桥面铺装及活载均由体系转变后的连续梁承担，需要重新计算它们产生的内力，同时还要考虑温度变化、支座沉降等因素产生的次内力。再按照规范要求进行内力组合，计算抵抗负弯矩所需要的钢筋数量，最后进行强度验算，确定桥梁的承载能力是否满足。本桥采用桥梁专门用平面杆系有限元程序进行结构计算分析，计算过程与一般简支变连续梁的计算过程类似。以下列出几个主要步骤。(仅给出支点 1、支点 2、支点 3 处的左、右截面和边跨、中跨跨中截面的计算结果，截面位置如图

2.2.5-2 所示)。

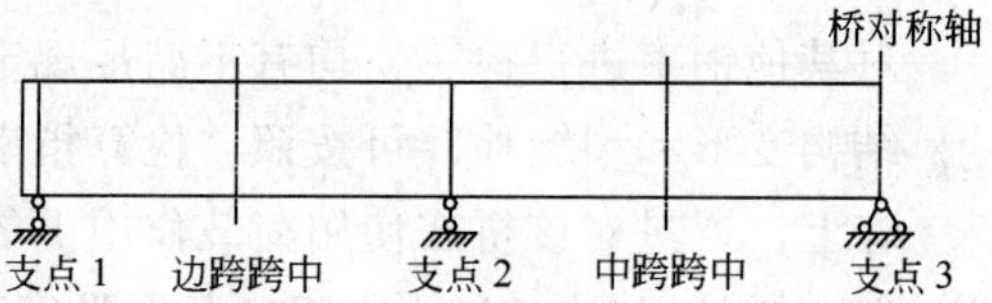

图 2.2.5-2 截面位置示意图

进行加固计算时，由于此时并未改变旧桥主梁截面的几何性质和力学性质，有关数据仍应依据“检算指南”中的规定予以折减。

(1) 计算原简支裸梁恒载

各控制截面的一期恒载内力详列于表 2.2.5-1。

(2) 计算桥面铺装、护栏等二期恒载在连续梁上产生的内力。

体系转变后的四跨连续梁，其计算跨径分别为 24.52m、25m、25m、24.52m。计算二期恒载内力时，将两侧护栏和桥面铺装层恒载均摊给四片主梁，每片主梁承担的恒载集度为 8.82kN/m。表 2.2.5-10 列出一期恒载及二期恒载在连续梁上的内力。

体系转变后的恒载内力　　表 2.2.5-10

截　面	剪力 (kN)	弯矩 (kN·m)	截　面	剪力 (kN)	弯矩 (kN·m)
支点 1 左	15.3	−3.06	支点 2 右	418	−838
支点 1 右	364	−3.06	中跨跨中	8.81	1780
边跨跨中	−33.9	1990	支点 3 左	400	−618
支点 2 左	435	−838	支点 3 右	400	−618

(3) 计算活载在连续梁上产生的内力

鉴于本桥具体构造特点，活载内力计算考虑横向分布，采用刚接梁法计算。将本桥作为四等跨常截面连续箱梁桥分析，由于中跨各主梁的荷载横向分布系数均大于边跨相应梁位的相应数值，为简化连续梁的活载内力计算，偏安全地全桥统一取用中跨主梁荷载横向分布系数。采用专用程序在主梁活载内力影响线上动态加载，求得活载最大内力。活载内力计算结果如表 2.2.5-11 和表 2.2.5-12 所列。

汽超—20 级内力　　表 2.2.5-11

截面号	M_{max} (kN·m)		M_{min} (kN·m)		Q_{max} (kN·m)		Q_{min} (kN·m)	
	剪力	弯矩	剪力	弯矩	剪力	弯矩	剪力	弯矩
支点 1 左	0	0	92	−36.8	0	0	92	−9.13
支点 1 右	0	0	18.5	−36.8	272	0	−25.1	0
边跨跨中	30.2	1130	−25.9	−330	75.7	928	−135	813
支点 2 左	−70.2	182	239	−1080	−8.79	172	322	−810
支点 2 右	−33.3	182	131	−1080	308	−799	−33.6	173
中跨跨中	61.9	947	26.6	−392	115	694	−118	742
支点 3 左	−45.3	311	233	−946	−45.3	311	311	−723
支点 3 右	−28	311	121	−946	303	−757	−45.3	311

挂—120 级内力 表 2.2.5-12

截面号	M_{max}（kN·m）		M_{min}（kN·m）		Q_{max}（kN·m）		Q_{min}（kN·m）	
	剪力	弯矩	剪力	弯矩	剪力	弯矩	剪力	弯矩
支点 1 左	0	0	120	−48.1	0	0	120	−11.9
支点 1 右	0	0	2.5	−48.1	397	0	−37.5	0
边跨跨中	−7.42	1790	−37.5	−460	123	1510	−215	1650
支点 2 左	10.6	259	321	−1180	−10.6	259	437	−649
支点 2 右	−50.1	259	60.1	−1180	425	−509	−50.1	259
中跨跨中	−44.5	1490	60.1	−426	164	1350	−164	1310
支点 3 左	−16.4	325	296	−995	−60.1	325	424	−581
支点 3 右	−60.1	325	50.2	−995	428	−547	−60.1	325

此外，由于静定体系转变为超静定体系，温度变化、支座沉降等因素都会使结构产生二次力，本桥采用桥面板升温 5℃，边支座沉降 1cm 来计算结构的次内力。

（4）进行内力组合，计算负弯矩区段混凝土截面上缘增设的纵向受力钢筋的数量，并进行布置。

内力组合方式为：

组合 I：恒载＋汽车。

组合 II：恒载＋汽车＋温度影响力＋基础变位影响力＋混凝土收缩、徐变影响力。

组合 III：恒载＋挂车。

布置预应力钢束时应考虑到负弯矩区钢束不仅用来承担二期恒载、活载负弯矩及结构次内力，同时又是结构体系转换的有效手段。

表 2.2.5-13、表 2.2.5-14 和表 2.2.5-15 列出承载能力极限状态荷载组合 I、II、III 的内力。

体系转变后计算内力组合（荷载组合 I） 表 2.2.5-13

截　面	内力性质	最大剪力（kN）	最小剪力（kN）	最大弯矩（kN·m）	最小弯矩（kN·m）
支点 1 左	剪力	147.1	18.38	18.38	147.1
	弯矩	−16.46	−3.675	−3.675	−55.18
支点 1 右	剪力	841.4	248.7	436.3	695.5
	弯矩	−3.785	−2.45	−3.675	−55.18
边跨跨中	剪力	75.46	−222.3	1.668	−70.25
	弯矩	3090	3129	4019	1047
支点 2 左	剪力	933.7	379	381.5	798.1
	弯矩	−2267	−513.4	−500.2	−2558
支点 2 右	剪力	897.6	328.7	329	641.3
	弯矩	−2253	−511.5	−500.2	−2558
中跨跨中	剪力	171.5	−157.3	100.1	53.47
	弯矩	2776	2640	3565	830.1

续上表

截　面	内力性质	最大剪力（kN）	最小剪力（kN）	最大弯矩（kN·m）	最小弯矩（kN·m）
支点 3 左	剪力	943	249.1	249.1	806.2
	弯矩	−1807	−25.27	−25.27	−2066
支点 3 右	剪力	930.8	257.8	280.3	648.7
	弯矩	−1854	−25.21	−25.27	−2066

体系转变后计算内力组合（荷载组合 II）　　表 2.2.5-14

截　面	内力性质	最大剪力（kN）	最小剪力（kN）	最大弯矩（kN·m）	最小弯矩（kN·m）
支点 1 左	剪力	147.1	18.38	18.38	147.1
	弯矩	−16.46	−3.675	−3.675	−55.18
支点 1 右	剪力	796.5	248.7	436.3	695.5
	弯矩	−3.47	−2.45	−3.675	−55.18
边跨跨中	剪力	91.87	−222.3	22.63	−70.25
	弯矩	3051	3129	4022	1047
支点 2 左	剪力	933.7	315.9	381.2	798.1
	弯矩	−226.7	57.92	70.16	−2558
支点 2 右	剪力	897.6	282.8	283.1	641.3
	弯矩	−2253	59.65	70.16	−2558
中跨跨中	剪力	171.5	−153.9	85.36	53.47
	弯矩	2776	2799	3695	830.1
支点 3 左	剪力	877.3	249.1	256.6	806.2
	弯矩	−1351	−25.27	292.5	−2066
支点 3 右	剪力	865.5	257.8	287.3	648.7
	弯矩	−1395	−25.21	292.5	−2066

体系转变后计算内力组合（荷载组合 III）　　表 2.2.5-15

截　面	内力性质	最大剪力（kN）	最小剪力（kN）	最大弯矩（kN·m）	最小弯矩（kN·m）
支点 1 左	剪力	155.2	18.38	18.38	155.2
	弯矩	−17.31	−3.675	−3.675	−58.31
支点 1 右	剪力	890.6	286	436.3	452.2
	弯矩	−3.749	−2.756	−3.675	−58.31
边跨跨中	剪力	104.5	−285	−49.82	−71.77
	弯矩	3446	4331	4439	1285
支点 2 左	剪力	1022	379.7	379.7	892.1
	弯矩	−1754	−469.6	−469.6	−2346

续上表

截　面	内力性质	最大剪力（kN）	最小剪力（kN）	最大弯矩（kN·m）	最小弯矩（kN·m）
支点2右	剪力	987.9	320.5	320.5	578.3
	弯矩	−1596	−469.6	−469.6	−2346
中跨跨中	剪力	196.3	−172.4	−38.37	74
	弯矩	3734	3045	3779	1133
支点3左	剪力	964.8	293.8	341.8	821.5
	弯矩	−1408	−198.6	−198.4	−1872
支点3右	剪力	969.2	293.7	293.7	545.6
	弯矩	−1370	−198.4	−198.4	−1872

（5）进行强度验算与应力验算，检验加固效果是否可靠。可按照“检算指南”中的方法进行计算。表2.2.5-16给出强度计算与验算结果。表2.2.5-17给出1号钢束荷载组合Ⅰ应力验算结果，其他钢束应力验算皆满足要求，各截面应力验算也满足要求。

加固后截面强度验算结果　　表2.2.5-16

截　面	类　型	性　质	计算弯矩（kN·m）	抵抗弯矩（kN·m）	是否满足
支点1	上拉受弯	最大弯矩	−3.674	−2562	是
		最小弯矩	−55.18	−2562	是
边跨跨中	下拉受弯	最大弯矩	4897	5095	是
		最小弯矩	1232	5095	是
支点2	上拉受弯	最小弯矩	−2227	−6113	是
中跨跨中	下拉受弯	最大弯矩	4950	5095	是
		最小弯矩	949.4	5095	是
支点3	上拉受弯	最小弯矩	−1623	−6113	是

加固后1号钢束荷载组合Ⅰ应力验算　　表2.2.5-17

点　号	最大应力（MPa）	是否满足	点　号	最大应力（MPa）	是否满足
1	−1146.7	是	2	−1114.4	是
3	−1107.7	是	4	−1093.5	是
5	−1089.7	是	6	−1085.9	是
7	−1081.1	是	8	−1075.4	是
9	−1068.8	是	10	−1065.0	是
11	−1065.0	是	12	−1066.9	是
13	−1070.7	是	14	−1074.5	是
15	−1077.3	是	16	−1073.5	是
17	−1070.7	是	18	−1066.9	是
19	−1063.1	是	20	−1058.3	是
21	−1040.3	是	22	−1043.1	是

续上表

点　　号	最大应力（MPa）	是否满足	点　　号	最大应力（MPa）	是否满足
23	−1050.7	是	24	−1047.9	是
25	−1050.7	是	26	−1046.0	是
27	−1042.2	是	28	−1042.2	是
29	−1057.4	是	30	−1062.1	是
31	−1073.5	是			

验算结果表明，各个截面的强度、应力和钢束应力均满足要求，裂缝和变形也均在限值内，因而该加固方法能有效地提高桥梁的承载能力。

五、加固施工要点

原桥加固的施工过程分为以下几个阶段（如图 2.2.5-3 所示）。

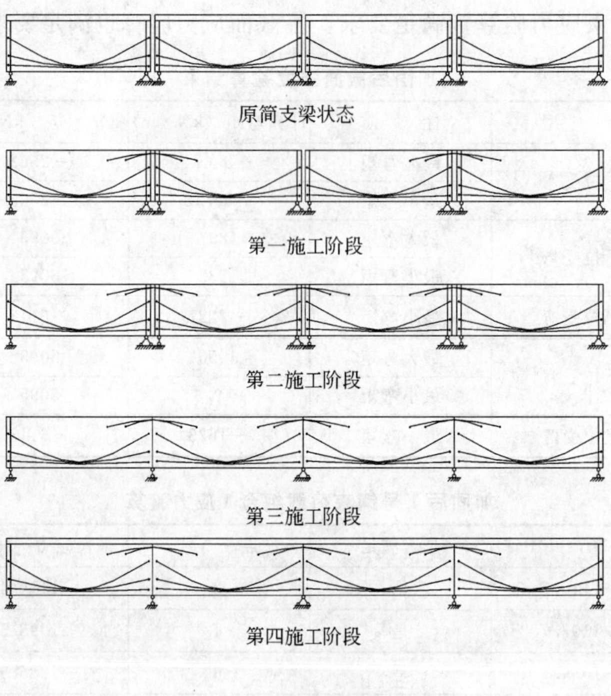

图 2.2.5-3　施工阶段示意图

（1）凿除原桥面铺装和简支梁端部上缘混凝土，拆除伸缩缝，并将梁顶凿毛。将第一、二跨及三、四跨间隙用膨胀混凝土填塞密实，已备支点负弯矩段下缘受压，达到设计强度后，张拉负弯矩区预应力钢束并压注水泥浆。

（2）浇筑第二、三跨连续段接头混凝土，达到设计强度后，张拉负弯矩区预应力筋并压注水泥浆。此阶段形成了七跨连续梁（四大跨三小跨）。

（3）拆除相邻简支梁之间的支座，主梁支承在新设的永久支座上，完成体系转换，形成四跨连续梁。

(4) 重新安排伸缩缝，布置新铺桥面钢筋，浇筑整体桥面混凝土并养生至设计强度。桥面铺装混凝土宜采用补偿混凝土，可减少或不产生桥面混凝土收缩，从而减少或不产生新老混凝土之间的收缩差应力。

§2.6　预应力混凝土简支T梁下挠、破损开裂的加固

——采用增设辅助墩加固法

一、桥梁概况

1. 原设计概况

该大桥为40m标准跨径的简支梁桥，设计荷载为汽-20级，挂-100级，人群荷载3.5kN/m^2；桥面为净1m（人行道）+9m（行车道）+1m（人行道），总宽11m。

主梁截面尺寸如下：

主梁高度：250cm。

主梁腹板厚度：16cm，在跨中段梁腹板下部设置马蹄，马蹄宽40cm，高38cm。

翼板尺寸：宽1.6m，湿接缝宽60cm。

考虑到预应力钢束在梁内布置的要求以及锚具布置的要求，横截面设计沿跨上变化，为配合钢束的弯起而从四分点开始向支点逐渐抬高，同时腹板宽度逐渐加厚。

为增加各主梁的横向联系，使各主梁在荷载作用下的受力均匀，设置9道横隔梁，为减轻吊装重量，横隔梁采用开洞形式，考虑施工方便和钢筋布置，横隔梁厚度上端16cm，下端14cm。

主梁预应力钢束采用符合冶金部YB255标准的碳素钢丝。

主梁所用到的钢板除主梁间的联接用16Mn低合金钢板，其余均采用A_3碳素钢板。

锚具采用24丝锥形锚，锚环、锚塞采用45号优质碳结构钢，其中锚塞的HRC=55～58，按后张法制作主梁，预留预应力钢束的孔道，由ϕ=50mm的抽拔橡胶管形成。

2. 存在的主要问题

近年来桥上交通量日益增长，且大吨位车辆不断增加，桥梁承受的荷载也越来越大，由于当初设计时对未来交通量的增长估计不足以致原设计荷载不能满足现有交通量的要求。

该桥梁结构因承受荷载日益增大而产生较大变形，有明显的下挠度，并且各主梁在跨中下缘出现较多裂缝，宽度不等，一般延伸至翼板下，接近于计算中性轴，有部分截面裂缝贯通，在很大程度上造成了桥梁的承载能力降低。另外在桥面铺装、伸缩缝、泄排水设施、支座、栏杆、人行道等构件状况也存在不同程度的破坏，但对主梁的承载力不造成影响。

二、原结构验算

对于各种荷载来讲，边梁所承担的荷载均大于其他主梁，故本桥结构验算中只对边梁进行强度计算。

1. 原设计荷载下主梁跨中内力计算

(1) 恒载内力计算

表2.2.6-1包括一期恒载（主梁自重）、二期恒载（现浇桥面板湿接缝折算成的线荷载）和三期恒载（栏杆、人行道、桥面铺装的重力）。

恒载内力计算值 表 2.2.6-1

计算数据	$L=38.88$m	
项目	恒载集度（kN/m）	跨中弯矩（kN·m）
一期恒载	23.008	4347.5
二期恒载	1.125	212.6
三期恒载	7.134	1348
恒载汇总	31.267	5908.1

（2）活载内力计算

①主梁的荷载横向分布系数计算

本桥跨内设有9道横隔梁，具有可靠的横向联结，且承重结构的长宽比 $L/b=38.88/(5\times2.20)=3.53>2$，所以可按修正的刚性横隔梁法来绘制横向影响线和计算横向分布系数 m_c。

本桥T形梁截面，抗扭惯矩可近似计算得 $I_T=978680.7\text{cm}^3$。

本桥主梁的间距相等，并将主梁近似看成等截面，则计算得抗扭修正系数 $\beta=0.92$。

按修正的刚性横梁法计算横向影响线竖坐标值，计算所得的 η_{ij} 值分别为：$\eta_{i1}=0.568$，$\eta_{i5}=-0.168$，在其他梁处分别作线形插值求得。

根据主梁的横向影响线和最不利布载图求得，荷载的横向分布系数分别为：

汽-20 $m_{cq}=0.659$

挂-100 $m_{cg}=0.381$

人群荷载 $m_{er}=0.618$

②跨中截面最大弯矩

采用直接加载求活载内力列于表2.2.6-2，计算公式为：

$$S=(1+\mu)\cdot\phi m_c\cdot\sum P_i\times Y_i$$

跨中截面活载内力计算值 表 2.2.6-2

荷载类别	汽−20					挂−100			
$1+\mu$	1.0459					1			
m_c	0.659					0.381			
P_i	60	120	120	70	130	300	300	300	300
Y_i	7.02	9.02	9.72	4.72	2.72	7.12	7.72	9.72	9.12
$\sum P_i\times Y_i$	3354					8420			
主梁跨中弯矩（kN·m）	2314.9					3203.37			

③人群荷载内力计算：

$q=3.5\text{kN/m}$，$M_{max}=m_c ql^2/8=0.618\times3.5\times38.88^2/8=408.71$（kN·m）

（3）主梁内力组合

选择荷载组合，汇总前面的内力，然后进行内力组合及提高内力（弯矩）系数，如表2.2.6-3所列。

主 梁 内 力 组 合　　表 2.2.6-3

序　号	荷载类别	跨中弯矩（kN·m）
1	总恒载	5908.1
2	人群	408.71
3	汽－20	2314.9
4	挂－100	3203.37
5	汽＋人	2723.61
6	恒＋汽＋人	8631.71
7	恒＋挂	9111.47
8	组合 I：1.2×（1）＋1.4×（5）	10902.77
9	1.4×（3）/（8）100％	35％
10	弯矩提高系数 3％后	11229.85
11	组合 II：1.2×（1）＋1.1×（4）	10613.43
12	1.1×（4）/（11）100％	33％
13	提高后	10613.43

2. 提高荷载等级后，在汽超-20 和挂-120 作用下主梁的跨中弯矩

提高荷载等级后，仍与原设计荷载下的恒载跨中弯矩相同。各主梁的横向分布系数也并不发生改变，由活载引起的跨中弯矩计算见表 2.2.6-4。

跨中截面活载内力　　表 2.2.6-4

荷载类别	汽超-20							挂-120			
$1+\mu$	1.0459							1			
m_c	0.659							0.381			
P_i	130	70	140	140	120	120	30	300	300	300	300
Y_i	2.02	4.02	9.02	9.72	6.22	5.52	4.02	7.12	7.72	9.72	9.12
$\sum P_i \times Y_i$	4661							10104			
主梁跨中弯矩（kN·m）	3213							3849			

3. 截面强度验算

在承载能力极限状态下，预应力混凝土梁沿着正截面有可能破坏，按下式对正截面强度去进行验算：

$$M_j \leqslant [R_a bx(h_0 - x/2) + R_a(b_1 - b)h_2(h_0 - h_2/3) + R_a h_1(b_2 - b)/2 \times (h_0 - h_2 - h_1/3)]/\gamma_c$$

上式右侧计算结果为：11796.43kN·m，与表 2.2.6-5 比较可知不满足序号 10 的要求。

提高荷载后主梁内力组合　　表 2.2.6-5

序　号	荷载类别	跨中弯矩（kN·m）
1	总恒载	5908.1
2	人群	408.71
3	汽超－20	3213
4	挂－120	3849
5	汽＋人	3621.1
6	恒＋汽＋人	9529.8
7	恒＋挂	9757
8	组合 I：1.2×（1）＋1.4×（5）	12168.1
9	1.4（5）/（10）100％	37％
10	弯矩提高系数 3％后	12524.9
11	组合 II：1.2×（1）＋1.1×（4）	11323.62
12	1.1（4）/（11）101％	37.4％
13	弯矩提高系数 3％后	11663.33

4. 验算结果分析

在汽-20 和挂-100 的设计荷载作用下，主梁跨中正截面强度满足要求。对于汽超-20 和挂-120 等级的荷载，主梁的跨中正截面内力（弯矩）达到 12524.9kN·m，已经超出了按承载力极限状态下跨中截面强度要求，这是造成裂缝以及变形的主要原因。

三、基于检测结果的桥梁现状评定

1. 基于检测结果的使用功能评定

对该桥进行全面检测的结果显示，桥跨结构长度、跨径与主梁外形尺寸实测值与设计值基本一致，主梁关键部位混凝土强度的推定值满足设计强度要求。桥梁各部构造能保持正常的使用状况，桥面平整度、伸缩缝、泄排水设施、支座、栏杆、人行道等构件有轻微破损，腐蚀、风化、疲劳等损坏现象轻微，不影响桥梁的承载能力。有挠曲、沉陷等变形现象，较多裂缝的存在使的结构的承载力下降，尤其在交通量日益增大的情况下，结构承受荷载也在不断加大，使得桥梁的上部结构不能满足实际荷载的要求，对桥梁的正常使用功能造成很大的影响。

2. 基于检测结果的承载能力评定

根据对该桥的检测情况知，由于交通量以及加重车辆的增多造成了桥梁结构承受荷载的增大，甚至超过了桥梁跨中控制截面的强度要求，而导致裂缝展开过大，裂缝在进一步程度上又对桥梁的承载力造成影响。从而加固方案应从提高桥梁结构的承载力出发，使加固后该桥能够满足现有以及今后交通增长的要求。

四、加固设计与施工要点

1. 加固设计要点

(1) 加固后应能较大幅度地提高结构的承载能力，并能限制梁的挠曲和变形。

(2) 加固方案应使施工简单方便、受力可靠。

(3) 在加固施工过程中应尽可能减少对桥上通行车辆及行人的干扰，采取必要的措施以减小对周围环境的污染。

2. 加固方案的选择

针对本桥由于结构承受的荷载增大使主梁跨中截面强度超出正常使用状态而造成破坏的主要原因，为达到提高承载力的目的，采用在简支梁下分别距两端 11m 处增设辅助桥墩的方法使桥梁受力体系由简支转为连续，由于支点负弯矩对跨中正弯矩的卸载作用，跨中的弯矩会显著减小，从而增大荷载后能够达到截面的强度要求。

该桥增设辅助墩加固后，转为超静定结构的连续体系，求新的桥跨结构在恒载作用下的跨中弯矩 1287.52kN·m，与加固前恒载作用下的跨中弯矩 5908.1kN·m 相比较有较大程度的降低，仅就连续体系对恒载弯矩的卸载作用已经使主梁能够满足强度要求，况且体系转变后对活载引起的跨中弯矩也同样有卸载作用，所以在距两桥端分别增设辅助墩的方法能够有效的解决该桥因跨中弯矩过大而破坏的问题（对宽度大于 0.5mm 的裂缝进行压水泥浆处理，一般小裂缝不作处理）。

3. 施工工艺要点

(1) 根据地质条件与原桥台基础构造，扩建新桥墩基础。

(2) 采用粘贴钢板对支点梁上缘进行补强加固。

(3) 修筑新墩身及墩帽至梁底面。

(4) 在新建墩帽上用千斤顶顶升主梁，用于消除主梁部分非弹性变形引起过大挠度，并为放置支座提供空间。

(5) 放置新支座，卸去千斤顶，落梁。

§2.7 钢筋混凝土简支 T 梁开裂破损、下挠的加固

——采用增设大边梁加固法

一、桥梁概况

1. 设计概况

(1) 主要技术标准

设计荷载：汽车-20 级，挂车-100 级，人群荷载 3kN/㎡。

桥面净宽：净 7m+2×0.75m。

无通航要求

(2) 主要材料

混凝土：采用 25 号，抗压强度 $R_a=14.5$MPa，弹性模量 $E_h=2.85\times10^4$MPa。

钢筋：主筋采用Φ32 及Φ20 钢筋，标准强度 $R_g^b=340$MPa（当钢筋直径大于或等于 ϕ28 时 $R_g^b=320$MPa），弹性模量 $E_g=2.0\times10^5$MPa。

采用板式橡胶支座。

(3) 桥型及纵、横断面布置

该桥为一孔标准孔径 20.00m 简支 T 梁桥，沿纵桥向设 5 道横隔板，间距 4.85m。每孔 5 片主梁组成，各梁之间刚性连接。T 梁跨中处设 8 根Φ32 及 2 根Φ20，支点处设 2 根Φ32。上部结构横断面布置见图 2.2.7-1。

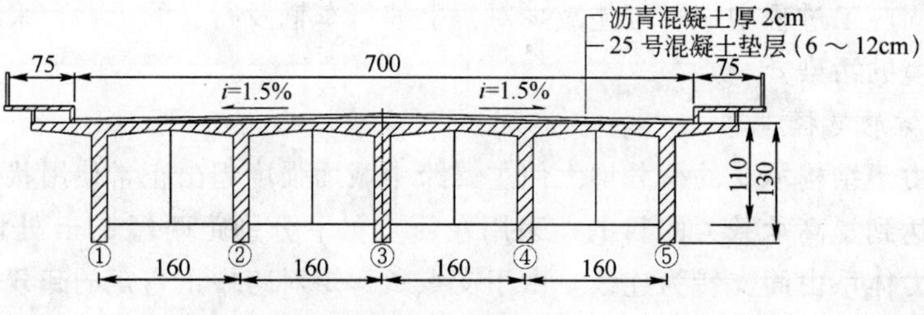

图 2.2.7-1 上部结构横断面布置图（尺寸单位：cm）

2. 存在的主要问题

通车 5 年后，对桥梁检查，发现主梁存在如下问题：

(1) 在主梁 $L/4 \sim 3L/4$ 范围内有裂缝出现，缝宽在 0.05～1.0 ㎜之间，一般延伸到翼缘板下，接近于计算中性轴，有部分裂缝横桥向贯通整个主梁。

(2) 混凝土保护层剥落严重，部分钢筋外露，并发生锈蚀。

(3) 上部结构下挠现象明显，中附近挠度最大达 43 ㎜，已超出容许下挠度值 33 ㎜。此系上部结构在长期荷载作用下，受压混凝土的徐变、钢筋的滑移及裂缝随时间的扩展等因素的影响所形成。

二、原结构验算

1. 荷载横向分布系数计算

由于原桥宽跨比小于 0.5，车辆荷载作用下中间横梁的弹性挠曲变形同主梁相比很小，因此采用刚性横梁法计算横向分布系数。

由于混凝土碳化和混凝土保护层剥落等原因使主梁材料和截面尺寸发生变化，通过回弹法测得混凝土推定强度为 22.5MPa。计算横向分布系数时所用截面尺寸如图 2.2.7-2 所示（如保护层未脱落，横截面高度可采用竣工资料即 1.30m）。

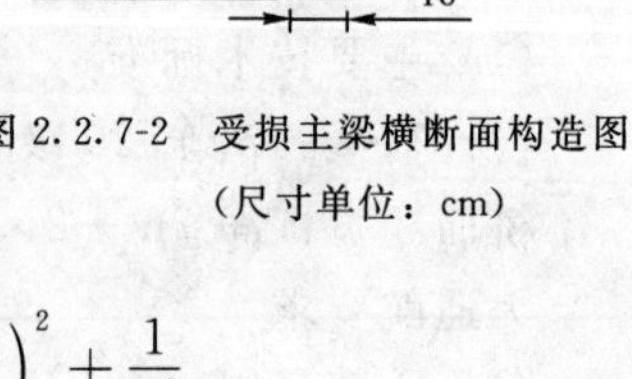

图 2.2.7-2 受损主梁横断面构造图（尺寸单位：cm）

内梁的截面抗弯惯矩和抗扭惯矩为：

内梁截面重心位置

$$a_x = \frac{(160-18)\times 11\times \frac{11}{2} + 125\times 18\times \frac{125}{2}}{(160-18)\times 11 + 125\times 18} = 39.1\text{cm}$$

抗弯惯矩

$$I = \frac{1}{12}\times 142\times 11^3 + 142\times 11\times\left(39.1-\frac{11}{2}\right)^2 + \frac{1}{12}$$

$$\times 18\times 125^3 + 125\times\left(39.1-\frac{125}{2}\right) = 0.05941\text{m}^4$$

抗扭惯矩

$$I_t = \frac{1}{3} \times 1.6 \times 0.11^3 + 0.3003 \times 1.14 \times 0.18^3 = 0.00271 \text{m}^4$$

使用电算程序计算荷载横向分布系数，得各梁的横向分布系数如表 2.2.7-1。

横 向 分 布 系 数 表 2.2.7-1

梁 号	横向分布系数		
	M_{cq}（汽）	M_{cg}（挂）	M_{cr}（人群）
1	0.523	0.329	0.633
2	0.461	0.264	0.417
3	0.400	0.200	0.400

2. 跨中截面内力计算

(1) 恒载内力

①恒载集度

假定桥面构造各部分恒载平均分配给各主梁承担。

主梁每延米恒载 g_1：

$$g_1 = \left[1.60 \times 1.25 - 2 \times 0.71 \times \left(1.25 - \frac{0.081 + 0.14}{2}\right)\right] \times 25 = 9.53 \text{kN/m}$$

横板每延米恒载 g_2：

3 号梁： $g_2 = 0.89 \times \frac{0.16 + 0.15}{2} \times 2 \times 0.71 \times 5 \div 19.5 \times 25 = 1.26 \text{kN/m}$

1 号梁： $g_2 = 0.89 \times \frac{0.16 + 0.15}{2} \times 0.71 \times 5 \div 19.5 \times 25 = 0.63 \text{kN/m}$

桥面铺装恒载 g_3：

沥青混凝土： $0.02 \times 1.60 \times 23 = 0.74 \text{kN/m}$

混凝土垫层： $1.6 \times \frac{0.06 + 0.12}{2} \times 24 = 3.46 \text{kN/m}$

$$g_3 = 0.74 + 3.46 = 4.2 \text{kN/m}$$

人行道部分 g_4：

$$g_4 = 2 \times 12.35 \div 2.5 \div 5 = 2 \text{kN/m}$$

各梁的恒载汇总于表 2.2.7-2。

各 梁 恒 载 汇 总 表 2.2.7-2

梁 号	g_1	g_2	g_3	g_4	合 计
1（5）	9.53	0.63	4.2	2	16.36
2～4	9.53	1.26	4.2	2	16.99

②恒载内力

影响线面积计算列于表 2.2.7-3。

影响线面积　　表 2.2.7-3

项　目	影响线面积 Ω
$M_{\frac{1}{2}}$	$\Omega=\frac{1}{4}\cdot l\cdot l\cdot\frac{1}{2}=\frac{1}{8}\times19.5^2=47.53$
$M_{\frac{1}{4}}$	$\Omega=\frac{3}{16}\cdot l\cdot l\cdot\frac{1}{2}=\frac{3}{32}\times19.5^2=35.65$

恒载内力计算值见表 2.2.7-4。

恒载内力计算值　　表 2.2.7-4

梁　号	$M_{\frac{1}{2}}$ (kN·m)			$M_{\frac{1}{4}}$ (kN·m)		
	q	Ω	$q\Omega$	q	Ω	$q\Omega$
1 (5)	16.36	47.53	801.36	16.36	35.65	601.06
2～4	16.99	47.53	807.53	16.99	35.65	605.69

(2) 活载内力

①汽车荷载冲击系数　$1+\mu=1+\frac{45-19.5}{45-5}\times0.3=1.191$

②活载内力计算结果列于表 2.2.7-5、表 2.2.7-6、表 2.2.7-7。

汽车—20 产生的弯矩（单位 kN·m）　　表 2.2.7-5

梁　号	内力	m_{cq} (1)	m_{cq} (2)	m_{cq} (3)	m_{cq} (4)	内力值 (1)×(2)×(3)×(4)
1	$M_{\frac{1}{2}}$	0.523	1.191	26.5	47.53	784.5618
	$M_{\frac{1}{4}}$	0.523	1.191	27.3	35.65	606.2275
2	$M_{\frac{1}{2}}$	0.461	1.191	26.5	47.53	691.5544
	$M_{\frac{1}{4}}$	0.461	1.191	27.3	35.65	534.3611
3	$M_{\frac{1}{2}}$	0.400	1.191	26.5	47.53	600.0472
	$M_{\frac{1}{4}}$	0.400	1.191	27.3	35.65	463.6539

挂—100 产生的弯矩（单位 kN·m）　　表 2.2.7-6

梁　号	内力	m_{cg} (1)	m_{cg} (2)	m_{cg} (3)	内力值 (1)×(2)×(3)
1	$M_{\frac{1}{2}}$	0.329	75.25	47.53	1176.712
	$M_{\frac{1}{4}}$	0.329	80.13	35.65	939.8328
2	$M_{\frac{1}{2}}$	0.264	75.25	47.53	944.231
	$M_{\frac{1}{4}}$	0.264	80.13	35.65	754.1515
3	$M_{\frac{1}{2}}$	0.200	75.25	47.53	715.3265
	$M_{\frac{1}{4}}$	0.200	80.13	35.65	571.3269

人群产生的弯矩（单位 kN·m）　　表 2.2.7-7

梁　号	内力	m_{cr}（1）	m_{cr}（2）	m_{cr}（3）	内力值 (1)×(2)×(3)
1	$M_{\frac{1}{2}}$	0.633	2.25	47.53	67.6946
	$M_{\frac{1}{4}}$	0.633	2.25	35.65	50.77451
2	$M_{\frac{1}{2}}$	0.417	2.25	47.53	44.59502
	$M_{\frac{1}{4}}$	0.417	2.25	35.65	33.44861
3	$M_{\frac{1}{2}}$	0.4	2.25	47.53	42.777
	$M_{\frac{1}{4}}$	0.4	2.25	35.65	32.085

(3) 内力组合

弯矩组合：对于静定结构，仅考虑组合 I、II。

组合 I：1.2 恒载内力+1.4（汽车+人群）内力。

组合 II：1.2 恒载内力+1.1 挂车内力。

弯矩提高系数计算值列于表 2.2.7-8，弯矩组合结果列于表 2.2.7-9。

弯矩提高系数计算值　　表 2.2.7-8

梁　号	内力	汽-20 $\frac{汽}{恒+汽+人群}\times100\%$	提高系数	挂-100 $\frac{挂}{恒+挂}\times100\%$	提高系数
1	$M_{\frac{1}{2}}$	47%	3%	59%	2%
	$M_{\frac{1}{4}}$	48%	3%	61%	3%
2	$M_{\frac{1}{2}}$	45%	3%	54%	2%
	$M_{\frac{1}{4}}$	46%	3%	55%	2%
3	$M_{\frac{1}{2}}$	41%	3%	47%	2%
	$M_{\frac{1}{4}}$	42%	3%	49%	2%

弯 矩 组 合 结 果　　表 2.2.7-9

梁号	内力	恒载 (kN·m)	人群 (kN·m)	汽车 (kN·m)	挂车 (kN·m)	1.2 恒 +1.4 (汽+人) (kN·m)	汽-20 提高系数	组合 I (kN·m)	1.2 恒 +1.1 挂 (kN·m)	挂-100 提高系数	组合 II (kN·m)	采用值
1	$M_{\frac{1}{2}}$	801.36	67.69	784.56	1176.7	2154.79	1.03	2219.43	2256.02	1.02	2301.14	2301.14
	$M_{\frac{1}{4}}$	601.06	50.77	606.23	939.83	1641.07	1.03	1690.31	1755.09	1.03	1807.74	1807.74
2	$M_{\frac{1}{2}}$	807.53	44.60	691.55	944.23	1999.65	1.03	2059.63	2007.69	1.02	2047.84	2059.64
	$M_{\frac{1}{4}}$	605.69	33.45	534.36	754.15	1521.76	1.03	1567.41	1556.39	1.02	1587.52	1587.52
3	$M_{\frac{1}{2}}$	807.53	42.78	600.05	715.33	1868.99	1.03	1925.06	1755.90	1.02	1791.01	1925.06
	$M_{\frac{1}{4}}$	605.69	32.09	463.65	571.33	1420.86	1.03	1463.49	1355.29	1.02	1382.39	1463.49

3. 正截面强度检算

根据《检算指南》，可计算得 $Z_1=0.95$，$\xi_e=0.05$，$\xi_c=0.98$，$\xi_g=0.95$ 计算时所用横断面形式如图 2.2.7-3 所示。

（1）判定"T"形截面类型

$$a=\frac{0.95\times6434\times320\times(30+2\times34.5)+628\times340\times(4\times34.5+11+30)}{0.95\times6434\times320+628\times340}=93\text{mm}$$

$h_0=1300-93=1207\text{mm}$

计算得：R_gA_g（实）$=0.95\times6434\times320+628\times340=2.17\text{kN}\cdot\text{m}$

$R_ab'_ih'_i$（实）$=0.98\times14.5\times1580\times110=2.47\text{kN}\cdot\text{m}$

可见

$R_ab'_ih'_i$（实）$>R_gA_g$（实），为第一类"T"形截面。

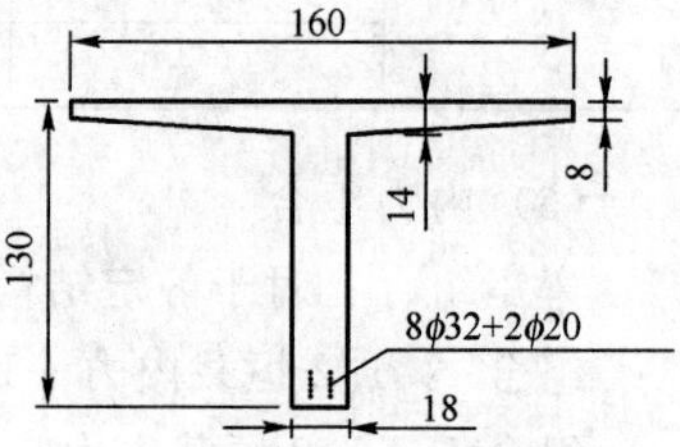

图 2.2.7-3 主梁检算横断面图

（2）求受压区高度 x

$$x=\frac{R_gA_g(\text{实})}{R_ab'_i(\text{实})}=\frac{0.95\times6343\times320+628\times340}{0.98\times14.5\times1580}$$

$$=97\text{mm}<h'_i=110\text{mm}$$

（3）强度检算

正截面抗弯承载力 M_u，按下式计算：

$$M_\mu=\frac{\xi_c}{\gamma_c}R_ab'_ix\left(h_0-\frac{x}{2}\right)Z_1(1-\xi_e)$$

$$=\frac{0.98}{1.25}\times14.5\times1580\times97\times\left(1207-\frac{97}{2}\right)\times0.95\times(1-0.05)$$

$$=1821.61\text{kN}\cdot\text{m}<M_j=2301.14\text{kN}\cdot\text{m}$$

$$\frac{M_j-M_\mu}{M_j}=21\%$$

因此桥梁承载力不足，需要进行加固改造，以满足检算荷载要求。

三、加固设计

1. 方案比选

原桥结构抗力不满足设计荷载要求，但还可以利用，且原桥台及基础提高承载能力尚有潜力，考虑到桥宽也不满足通行能力的要求，故采用拓宽加固方法，既增加桥面宽度，又可提高桥梁承载能力。

该桥桥面净宽 7＋2×0.75m 人行道，现拓宽至净－10.5＋2×0.75m 人行道。在拓宽问题上曾考虑两种方案：

（1）方案一：

凿除 2、4、6 梁之间的横向联结，然后对原桥上部进行移梁，在 2、4 梁和 4、6 梁之间安装新 T 形梁 3、5，形成"3-5"横向布置［图 2.2.7-4］。从受力角度出发该形式最有利，但施工量较大，也带来了其他不利影响。

(2) 方案二：

预制安装新T形梁（即新增1号及7号梁），与原梁之间刚接，形成“1-7式”横向布置［图2.2.7-4］。改方法施工较方便，且效果显著。

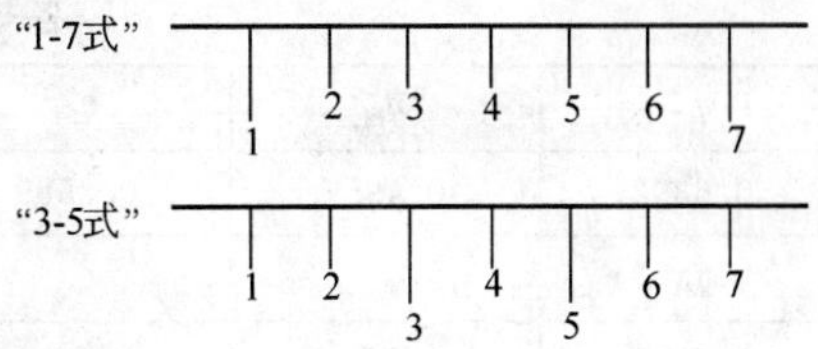

图2.2.7-4　横向布置形式图

经分析，第二方案便于实施，故采用第二方案。

2. 加固设计要点

(1) 增大边梁主要是指边梁刚度大于原梁刚度，可以通过加高边梁或增加梁肋宽度来实现，本桥同时采用两种方法来实现。两侧新增预制装配T形大边梁（1号及7号梁），梁高为1.4m，肋宽0.4m，其余尺寸同原梁，采用ф32钢筋，边梁钢筋跨中处配置12根ϕ32，支点处配置2根ϕ32。

(2) 将新T梁翼缘板内钢筋每隔两根与旧桥翼缘板内钢筋相焊接。

(3) 在人行道梁内侧的凸缘与旧桥面板间，用25号混凝土浇筑桥面加宽部分，桥面铺装层混凝土同时浇筑形成净－10.5m行车道。

(4) 浆砌片石加宽桥台，其高度比原桥台降低0.1m，其余尺寸均同旧桥台。

(5) 加宽部分桥台与旧桥台连成整体。

拓宽加固后上部结构横截面如图2.2.7-5所示。

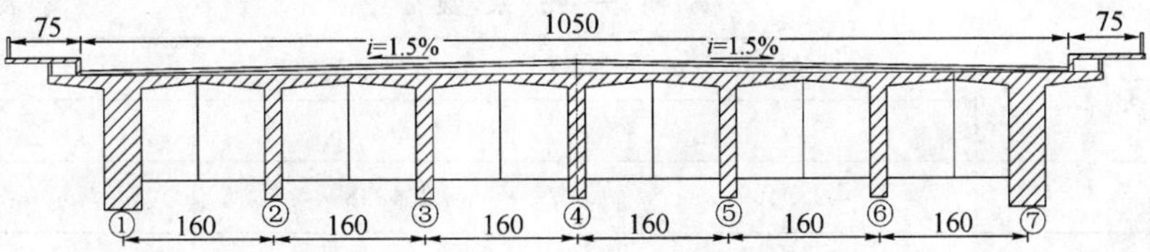

图2.2.7-5　拓宽加固后上部结构横断面布置图（尺寸单位：cm）

四、加固结构验算

1. 荷载横向分布系数计算

内梁的截面抗弯惯矩和抗扭惯矩为：

$$I_{内} = 0.05941\text{m}^4, I_{t内} = 0.00271\text{m}^4$$

大边梁的截面抗弯惯矩和抗扭惯矩为：

$$I_{边} = 0.144267\text{m}^4, I_{t边} = 0.4715\text{m}^4$$

横隔梁的截面抗弯惯矩和抗扭惯矩为：

$$I_{横} = 0.0322\text{m}^4, I_{t横} = 0.001971\text{m}^4$$

计算时假定边梁和内梁的抗扭刚度相等，只考虑抗弯刚度的影响：

$$r = \frac{I_{边}}{I_{内}} = 2.43, \Gamma = \frac{1}{r-1} = \frac{1}{2.43-1} = 0.6993$$

按比拟正交异性板法算得等截面主梁当刚度参数$\Gamma=0.001$时，各梁荷载影响线坐标计算结果列于2.2.7-10，各梁横向分配系数计算结果列于表2.2.7-11。

各梁荷载影响线坐标计算结果　表 2.2.7-10

η_{11}	η_{12}	η_{13}	η_{14}	η_{15}	η_{16}	η_{17}
0.6392	0.4959	0.3589	0.2299	0.1083	−0.0079	−0.1210
η_{21}	η_{22}	η_{23}	η_{24}	η_{25}	η_{26}	η_{27}
0.1913	0.1639	0.1344	0.1030	0.0707	0.0381	0.0053
η_{31}	η_{32}	η_{33}	η_{34}	η_{35}	η_{36}	η_{37}
0.1393	0.1330	0.1236	0.1097	0.0917	0.0714	0.0497
η_{41}	η_{42}	η_{43}	η_{44}	η_{45}	η_{46}	η_{47}
0.0937	0.1030	0.1099	0.1126	0.1010	0.1030	0.0937
η_{51}	η_{52}	η_{53}	η_{54}	η_{55}	η_{56}	η_{57}
0.0482	0.0714	0.0930	0.1124	0.1279	0.1390	0.1470
η_{61}	η_{62}	η_{63}	η_{64}	η_{65}	η_{66}	η_{67}
0.0053	0.0381	0.0707	0.1030	0.1344	0.1639	0.1913
η_{71}	η_{72}	η_{73}	η_{74}	η_{75}	η_{76}	η_{77}
−0.1210	−0.0079	0.1083	0.2299	0.3589	0.4959	0.6392

横 向 分 布 系 数　表 2.2.7-11

梁　号	横向分布系数		
	m_{cq}	m_{cg}	m_{cr}
1	0.9409	0.4238	0.7131
2	03167	0.1473	0.2054
3	0.2625	0.1277	0.1810
4	0.2086	0.1069	0.1778

2. 跨中截面内力计算

(1) 恒载内力

①恒载

主梁每延米恒载 g_1：

中梁：$g_1=\left[1.60\times1.25-2\times0.71\times\left(1.25-\dfrac{0.081+0.14}{2}\right)\right]\times25=9.53\text{kN/m}$

边梁：　$g_1=[1.60\times1.40-2\times0.71\times(1.40-0.11)]\times25=10.205\text{kN/m}$

横隔板每延米恒载 g_2：

中梁：　$g_2=0.89\times\dfrac{0.16+0.15}{2}\times2\times0.71\times5\div19.5\times25=1.26\text{kN/m}$

边梁：　$g_2=0.89\times\dfrac{0.16+0.15}{2}\times0.71\times5\div19.5\times25=0.63\text{kN/m}$

桥面铺装恒载 g_3：

沥青混凝土：　$0.02\times1.60\times23=0.74\text{kN/m}$

混凝土垫层：
$$1.6\times\frac{0.06+0.12}{2}\times24=3.46\text{kN/m}$$
$$g_3=0.74+3.64=4.2\text{kN/m}$$

人行道恒载 g_4：
$$g_4=2\times12.35\div2.5\div5=2\text{kN/m}$$

各梁恒载汇总于表 2.2.7-12。

各梁恒载汇总（单位：kN/m）　　表 2.2.7-12

梁　号	g_1	g_2	g_3	g_4	合　计
1（5）	10.205	0.63	4.2	2	17.035
2～4	9.53	1.26	4.2	2	16.99

②恒载内力计算

恒载内力计算结果列于表 2.2.7-13。

恒载内力计算值　　表 2.2.7-13

梁　号	$M_{1/2}$（kN·m）			$M_{1/4}$（kN·m）		
	q	Ω	$q\Omega$	q	Ω	$q\Omega$
1（7）	17.035	47.53	809.67	17.035	35.65	607.30
2～6	16.99	47.53	807.53	16.99	35.65	605.69

（2）活载内力

①汽车荷载冲击系数
$$1+\mu=1+\frac{45-19.5}{45-5}\times0.3=1.191$$

②活载弯矩计算结果如表 2.2.7-14、表 2.2.7-15、表 2.2.7-16 所列。

汽车—20 级产生的弯矩（单位 kN·m）　　表 2.2.7-14

梁　号	内　力	m（1）	$1+\mu$（2）	k（3）	Ω（4）	内力值 （1）×（2）×（3）×（4）
1	$M_{1/2}$	0.9404	1.191	26.5	47.53	1410.71
	$M_{1/4}$	0.9404	1.191	27.3	35.65	1090.05
2	$M_{1/2}$	0.3167	1.191	26.5	47.53	475.09
	$M_{1/4}$	0.3167	1.191	27.3	35.65	367.10
3	$M_{1/2}$	0.2625	1.191	26.5	47.53	393.78
	$M_{1/4}$	0.2625	1.191	27.3	35.65	304.27
4	$M_{1/2}$	0.2086	1.191	26.5	47.53	312.92
	$M_{1/4}$	0.2086	1.191	27.3	35.65	241.80

挂－100 产生的弯矩（单位 kN·m） 表 2.2.7-15

梁　号	内　力	m (1)	k (2)	Ω (3)	内力值 (1) × (2) × (3)
1	$M_{1/2}$	0.4238	75.25	47.53	1515.78
	$M_{1/4}$	0.4238	80.13	35.65	1210.64
2	$M_{1/2}$	0.1473	75.25	47.53	526.84
	$M_{1/4}$	0.1473	80.13	35.65	420.78
3	$M_{1/2}$	0.1277	75.25	47.53	456.74
	$M_{1/4}$	0.1277	80.13	35.65	364.79
4	$M_{1/2}$	0.1069	75.25	47.53	382.34
	$M_{1/4}$	0.1069	80.13	35.65	305.37

人群产生的弯矩（单位 kN·m） 表 2.2.7-16

梁　号	内　力	m (1)	k (2)	Ω (3)	内力值 (1) × (2) × (3)
1	$M_{1/2}$	0.7131	2.25	47.53	76.26
	$M_{1/4}$	0.7131	2.25	35.65	57.20
2	$M_{1/2}$	0.2054	2.25	47.53	21.97
	$M_{1/4}$	0.2054	2.25	35.65	16.48
3	$M_{1/2}$	0.1810	2.25	47.53	19.36
	$M_{1/4}$	0.1810	2.25	35.65	14.52
4	$M_{1/2}$	0.1778	2.25	47.53	19.01
	$M_{1/4}$	0.1778	2.25	35.65	14.26

(3) 内力组合

组合 I：1.2 恒载内力＋1.4（汽车＋人群）内力。

组合 II：1.2 恒载内力＋1.1 挂车内力。

弯矩提高系数计算结果列于表 2.2.7-17，弯矩组合结果列于表 2.2.7-18。

弯矩提高系数计算值 表 2.2.7-17

梁　号	内　力	汽－20：$\frac{汽}{恒+汽+人群}\times 100\%$	提高系数	挂－100：$\frac{汽}{恒+挂}\times 100\%$	提高系数
1	$M_{1/2}$	61%	0	65%	3%
	$M_{1/4}$	62%	0	67%	3%
2	$M_{1/2}$	36%	3%	39%	0%
	$M_{1/4}$	37%	3%	41%	0%
3	$M_{1/2}$	32%	5%	36%	0%
	$M_{1/4}$	33%	3%	38%	0%
4	$M_{1/2}$	27%	5%	32%	0%
	$M_{1/4}$	28%	5%	34%	0%

弯 矩 组 合（kN·m）　　表 2.2.7-18

梁号	内力	恒载	人群	汽车	挂车	1.2恒+1.4（汽+人）	汽—20提高系数	组合Ⅰ	1.2恒+1.1挂	挂—100提高系数	组合Ⅱ	采用值
1	$M_{1/2}$	809.67	76.26	1410.71	1515.78	2946.60	1	2946.60	2638.96	1.03	2718.13	2946.60
	$M_{1/4}$	607.30	57.20	1090.05	1210.64	2254.83	1	2254.83	2060.46	1.03	2122.28	2254.83
2	$M_{1/2}$	807.53	21.97	475.09	526.84	1634.16	1.03	1683.19	1548.56	1	1548.56	1683.19
	$M_{1/4}$	605.69	16.48	367.10	420.78	1240.77	1.03	1277.99	1189.69	1	1189.69	1277.99
3	$M_{1/2}$	807.53	19.36	393.78	456.74	1520.33	1.05	1596.34	1471.45	1	1471.45	1594.34
	$M_{1/4}$	605.69	14.52	304.27	364.79	1152.81	1.03	1187.39	1128.10	1	1128.10	1187.39
4	$M_{1/2}$	807.53	19.01	312.92	382.34	1407.12	1.05	1477.48	1389.61	1	1389.61	1477.48
	$M_{1/4}$	605.69	14.26	241.80	305.37	1065.35	1.05	1118.62	1062.74	1	1062.74	1118.62

由表可知：弯矩由 1 号大边梁控制加固设计，同时应进行 2 号次边梁（原旧桥边梁）加固后成桥状态的检算。

$$M_{j1} = 2946.60\text{kN}\cdot\text{m}, M_{j2} = 1683.19\text{kN}\cdot\text{m}$$

3. 正截面强度验算

（1）大边梁检算

①判定“T”形截面类型

$$a = \frac{8042\times4826\times2\times320\times(30+3\times34.5)}{4826\times2\times320} = 133\text{mm}$$

$$h_0 = 1400-133 = 1267\text{m}$$

$$R_g A_g = 4826\times2\times320 = 3.09\text{kN}\cdot\text{m}$$

$$R_a b_i h_i = 14.5\times1580\times110 = 2.52\text{kN}\cdot\text{m} < R_g A_g = 3.09\text{kN}\cdot\text{m}$$

为第二类“T”形截面

②求受压区高度 x

$$R_a b(x-h_i) + R_a h_i b_i = R_g A_g$$

$$\begin{aligned} x &= (R_g A_g - R_a h_i b_i)/(R_a b) + h_i \\ &= (3.09 - 14.5\times0.11\times1.58)/(14.5\times0.4) + 0.11 \\ &= 0.208m \\ &= 208\text{mm} < \xi_{jg} h_0 = 0.55\times1267 = 697\text{mm} \end{aligned}$$

③正截面强度验算

$$M_u = \frac{1}{\gamma_c}\left[R_a b_x\left(h_0-\frac{x}{2}\right)+R_a(b'_i-b)h'_i\left(h_0-\frac{h'_i}{2}\right)\right] = \frac{1}{1.25}$$

$$\times\left[14.5\times400\times208\times\left(1267-\frac{208}{2}\right)+14.5\times(1580-400)\times110\times\left(1267-\frac{110}{2}\right)\right]$$

$$= 2947.32\text{kN}\cdot\text{m} > M_{j1} = 2946.60\text{kN}\cdot\text{m}$$

（2）次边梁验算

正截面抗弯承载能力 M_u 按下式计算：

$$M_u=\frac{\xi_c}{\gamma_c}R_a b_i x\left(h_0-\frac{x}{2}\right)Z_1(1-\xi_e)$$

$$=\frac{0.98}{1.25}\times14.5\times1580\times97\times\left(1207-\frac{97}{2}\right)\times0.95\times(1-0.05)$$

$$=1821.61\text{kN}\cdot\text{m}>M_{j2}=1683.19\text{kN/m}$$

五、施工工艺要点

1. 桥台拓宽

原有桥梁为重力式桥台，且修建在岩石上，拓宽时仍用重力式结构使新老桥台连成整体，避免因地基沉陷不同，在新老桥台的连接部位脱开。

2. 预制、安装大边梁

预制大边梁因地致宜，可将预制场设在老桥面上，梁体就位时可以省去纵移，只需横移即可。浇筑梁体时，须考虑汽车行驶引起的震动对预制主梁的影响。

3. 新边梁与旧边梁的横向联结

为保证新旧主梁能够共同作用，关键是新旧混凝土梁得以刚性联结，因此须将新旧主梁横隔梁内的钢筋焊接，并在横隔板下部增设两根贯通于桥宽的拉结钢筋，同时加大横隔梁下缘的混凝土截面，将拉结钢筋包裹起来，形成刚结。

六、加固效果

加固前后原主梁横向分布系数及计算弯矩比较（表 2.2.7-19、表 2.2.7-20）

加固前后原主梁横向分布系数比较表 表 2.2.7-19

梁 号	横向分布系数					
	m_{cq}（汽车）		m_{cg}（挂车）		m_{cr}（人群）	
	加固前	加固后	加固前	加固后	加固前	加固后
1	0.523	0.3167	0.329	0.1473	0.633	0.2054
2	0.461	0.2625	0.264	0.1277	0.417	0.1810
3	0.400	0.2086	0.200	0.1069	0.400	0.1778

注：表中梁号为加固前梁号。

加固前后原主梁计算弯矩比较表 表 2.2.7-20

梁 号	位 置	$M_{前}$（kN·m）	$M_{后}$（kN·m）	$\frac{M_{前}-M_{后}}{M_{前}}\times100\%$
1	$\frac{1}{2}$	2301.14	1634.162	29%
	$\frac{1}{4}$	1807.74	1240.768	31%
2	$\frac{1}{2}$	2059.64	1520.328	26%
	$\frac{1}{4}$	1587.52	1152.806	27%
3	$\frac{1}{2}$	1925.06	1407.124	27%
	$\frac{1}{4}$	1463.49	1065.348	27%

注：表中梁号为加固前梁号。

通过对拓宽加固前后横向分布系数值比较，可以得出如下的结论：在旧桥改造加宽时采用新增大边梁的方法，适用于原梁由于设计荷载不满足要求但还可以被利用的情况。由于新梁刚度大，配筋足，可承受较大的荷载，就可减小原结构的受力，起到加固作用。

从拓宽加固前后原梁横向分布系数比较（表 2.2.7-19）可以看出加固后原梁的横向分布系数值明显减小，而大边梁的横向分布系数值很大，因此可分配较多的荷载，使原梁分配的荷载效应减小很多，从而起到加固的作用。从加固前后原主梁计算弯矩值比较（表 2.2.7-20）可知，拓宽后原梁各截面弯矩有明显降低，加固效果显著。

§2.8　钢筋混凝土双悬臂梁桥主梁及牛腿开裂、下挠的加固

——采用桥面补强、粘合剂加固法

一、桥梁概况

1. 原桥设计

该桥为 9 孔双悬臂钢筋混凝土梁桥，孔径为 12.6m＋7×33m＋12.6m，桥长 256.2m。悬臂孔挂梁计算跨径为 14m。原设计荷载为汽-10、拖-60，桥面宽度为净－7＋2×1.5m 人行道。该桥主梁、挂梁、次梁、车行道板及悬臂人行道板混凝土标号均为旧 170 号，整体现浇。桥面铺装为 2cm 油毛毡防水层上再浇 8cm 厚旧 200 号混凝土。牛腿上支座为钢板支座。伸缩缝为锌铁皮加沥青麻絮。该桥于 1955 年按苏联标准图设计，1956 年建成通车（图 2.2.8-1）。1964 年 9 月，曾翻修了部分桥面铺装层、人行道表层。以后，还对伸缩缝两侧桥面铺装层翻修过。

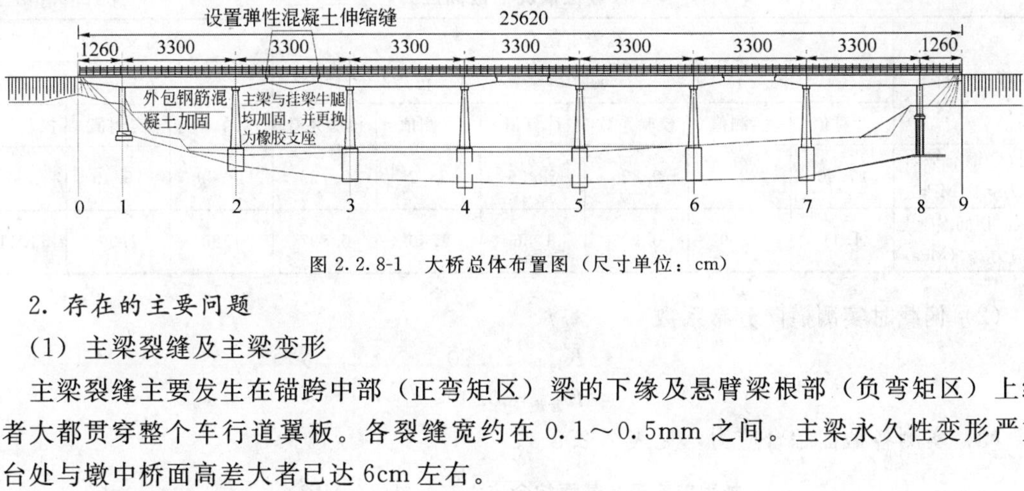

图 2.2.8-1　大桥总体布置图（尺寸单位：cm）

2. 存在的主要问题

（1）主梁裂缝及主梁变形

主梁裂缝主要发生在锚跨中部（正弯矩区）梁的下缘及悬臂梁根部（负弯矩区）上缘，后者大都贯穿整个车行道翼板。各裂缝宽约在 0.1～0.5mm 之间。主梁永久性变形严重，墩台处与墩中桥面高差大者已达 6cm 左右。

（2）牛腿裂缝

裂缝大者达 21mm 之多，为支座附近竖直裂缝。少数支座钢板外移，钢筋外露，锈蚀严重。挂梁上牛腿裂缝较少，大多是（嵌固端）转角处斜裂缝或竖向裂缝。

（3）桥面混凝土破碎严重，悬臂孔上伸缩缝全部破坏。

二、加固前静载试验和强度验算

静载试验要求以汽车-10 级为试验荷载，实测锚跨主梁跨中最大正弯矩和带挂梁的悬臂支点处最大负弯矩时梁截面受力状况。由于悬臂孔的主梁牛腿均有较严重的损坏，试验车辆

不敢驶过，故只能选择靠岸的主梁进行静载试验，(即第二、三孔范围)(图 2.2.8-2)。

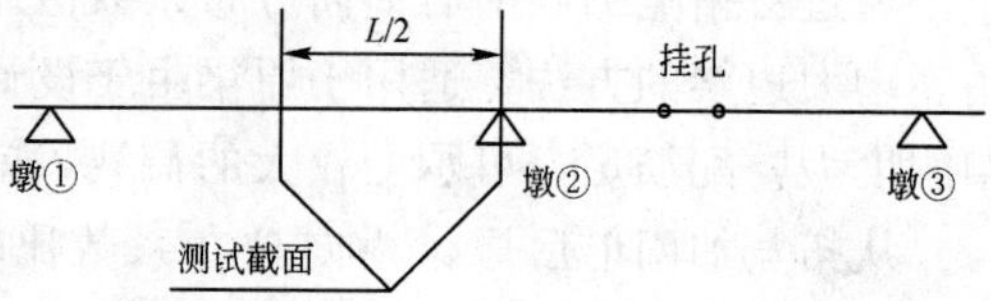

图 2.2.8-2 加固前后测试截面布置图

1. 试验荷载及加载方法

(1) 试验荷载及横向布载

采用两辆相当于汽-10 标准车的东风载重车(其平均载重较标准车重 14.15%)和两辆相当于汽-10 加重车的黄河载重车。试验车辆横向布置均采用偏载形式。

(2) 荷载纵向布置

试验车辆在跨中，按产生跨中最大正弯矩的部位布置。悬臂支点截面，由于牛腿损坏，试验车辆不能驶入挂梁范围，故仅能在悬臂范围内，按产生支点处最大负弯矩的部位布置，如表 2.2.8-1 所列。

荷 载 纵 向 布 置　　表 2.2.8-1

检 测 部 位	载 位 1	载 位 2	载 位 3
主梁锚跨跨中截面	两辆并列黄河重车	两辆并列黄河重车及两辆并列东风车	
主梁悬臂支点截面			两辆并列黄河重车

2. 试验结果

(1) 在各载位情况下，各截面应力如表 2.2.8-2 所列。

各载位情况下截面应力　　表 2.2.8-2

项 目	锚跨跨中截面						悬臂支点截面		
	载 位 1			载 位 2			载 位 3		
	计算值	实测值	校验系数	计算值	实测值	校验系数	计算值	实测值	校验系数
受拉区钢筋平均应力 σ_g (MPa)	27.40	22.6	0.825	38.66	28.2	0.729	17.79	16.40	0.922
受压区顶面混凝土压应力 σ_g (MPa)	1.11	1.09	0.982	1.56	1.40	0.897	1.80	1.99	1.11

(2) 偏载时实测横向分布系数

$$K_{跨中}=0.70$$

$$K_{悬臂}=0.60$$

(3) 实测各截面综合应力，见表 2.2.8-3。

加固前实测各截面综合应力表 (单位：MPa)　　表 2.2.8-3

项 目	主梁跨中截面				悬臂支点截面	
	载 位 1		载 位 2		载 位 3	
	σ_h	σ_g	σ_h	σ_g	σ_h	σ_g
恒载	3.91	80.16	3.91	80.16	6.84	58.63
车辆荷载	1.09	22.60	1.40	28.20	1.99	16.40
合计	5.00	102.76	5.31	108.36	8.83	75.03

(4) 试验结果

①截面应力计算值与实测值大都较接近，校验系数在 0.729～0.982 之间，仅悬臂支点截面的受压区顶面混凝土压应力，其校验系数为 1.11。说明主梁工作状态基本正常。

②实测各截面综合应力不大，说明该种桥梁在提高承载能力方面有一定潜力。

③偏载时实测横向分布系数对跨中为 0.70，对悬臂为 0.60。

(5) 试验结果表明加固设计可以以原设计标准作为起点来考虑。

3. 强度验算结果

对该桥主要部件结构强度的验算。结果表明：对该桥单纯采取修补的方法，只能恢复到满足汽－10 荷载的要求，而不能满足汽－20 荷载运行的要求。按容许应力法计算，悬臂孔支点截面受压区混凝土最大应力达 13.5MPa，超出实际混凝土容许压应力值；而按承载能力极限状态计算，跨中截面正截面强度不足，主梁所能承受之最大弯矩为 11839.87kN·m，不能满足所需承受的弯矩 13184.81kN·m。根据现场检查、试验及计算分析资料，要使大桥通过加固达到承受汽－20、挂－100 荷载等级的要求，就必须对挂梁牛腿悬臂孔、主梁及其上桥面铺装进行加固补强，并对牛腿支座及伸缩缝加以改造。

三、加固设计要点

1. 悬臂孔主梁及挂梁牛腿的加固

(1) 经计算，牛腿最弱截面为 $\theta=28.86°$ 或 $\theta=41.19°$ 的斜截面，按偏心受拉构件验算，拉应力分别为 2.0 及 2.2MPa。按对牛腿截面尺寸能否符合裂缝控制要求验算，发现牛腿截面尺寸不足，必须公式 $F_{vk} \leqslant \beta [1-0.5 (F_{hk}/F_{vk})] [f_{tk}/(0.5+a/h_o)]$ 中的系数 $\beta \geqslant 1.39$ 方能满足，而承受静力荷载的牛腿抗裂度取值至少应是 $\beta=0.80$。由上可见，加固前牛腿状况显然不安全。加以牛腿伸缩缝处不平整引起的跳车、冲击，可使垂直荷载实际上增大很多，最后引起严重开裂而破坏。

(2) 由于牛腿是悬臂梁桥的一个关键部位，又是悬臂梁的薄弱环节，牛腿处梁高突变减小，截面凹折转角多，而要传递的集中力数值非常大，受力复杂。现有各种验算方法带有相当的近似性，还不能完全反映受力情况。为此，对牛腿加固提出了两种方案。

①方案一：凿除原牛腿的低标号混凝土(旧 170 号混凝土)，改为浇筑 30 号钢纤维混凝土（图 2.2.8-3）。

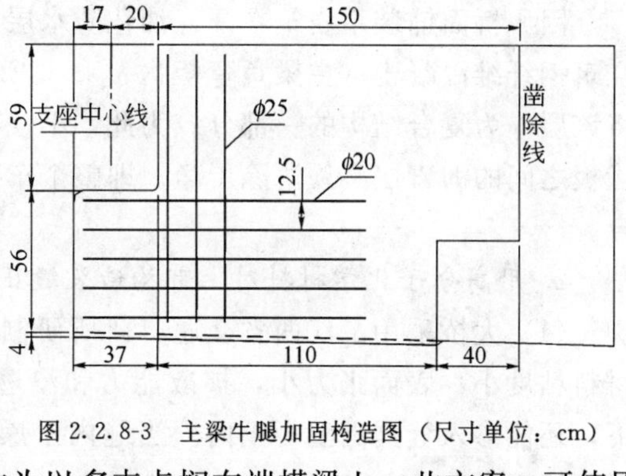

图 2.2.8-3　主梁牛腿加固构造图（尺寸单位：cm）

②方案二：将挂梁从两个支点搁在主梁上改为以多支点搁在端横梁上。此方案，可使原牛腿上受力减少，但牛腿的混凝土因已开裂，仍需凿除后重浇新混凝土，端横梁也因原宽度不足及标号过低，也需凿除重浇加宽，这就增大了工程量。该方案另一缺点是传力情况不明确。

加固时采用了第一方案。

(3) 牛腿上支座类型的选用。牛腿处原支座为钢板支座，一些支座锈蚀损坏。加固时将原钢板支座改为橡胶支座。

2. 主梁负弯矩区的加固

根据计算增加了纵向受拉钢筋，置于原铺装层范围内，由于新设计标准荷载负弯矩作用，桥面混凝土的拉应力将达到3.96MPa，采用桥涵设计规范中所列各标号普通混凝土均仍会因抗拉设计强度无法满足而使梁顶开裂，故铺装层采用浇筑钢纤维混凝土，在主梁翼缘板顶设锚筋并刷粘层剂使新老混凝土紧密结合。在浇筑钢纤维混凝土铺装层前，尚需用高分子化学材料压入梁顶的裂缝内，使裂缝粘合。

主梁负弯矩区加固的另一方案是在桥面铺装层范围内采用无粘结预应力加固。此措施旨在使桥面原裂缝进一步闭合，同时可因悬臂区负弯矩减小而减小悬臂端挠度，并减轻主梁和挂梁衔接处冲击。该方案因施工工期短、施工技术要求高，且需一定设备，此次加固未采用。

3. 主梁锚跨及挂梁正弯矩区加固

按承载能力极限状态计算时，在汽—20、挂—100荷载作用下主梁截面强度不满足，故需补强。补强的措施是在凿去原桥面铺装层及油毛毡后，将原桥面打毛，用锚杆在原铺装层厚度范围内加一层钢筋网，然后浇筑30号UEA补偿收缩自防水混凝土。UEA补偿收缩是一种适度膨胀的混凝土，可在混凝土中建立0.2～0.7MPa预压应力，使结构达到抗裂防渗的目的。挂梁除在原铺装层厚度范围内不增钢筋网外，其余均与主梁加固方法相同。

4. 主梁裂缝粘合

为改善主梁负弯矩区受力情况，并增加梁板耐久性能及刚度，同时为了在加固施工中需要将导梁移孔时，主梁及挂梁能安全承受在其上通过的导梁设备重。本桥加固设计采用了以高分子化学材料对主梁及挂梁裂缝以压灌粘合的方法，使裂缝予以粘合。

四、加固施工工艺要点

1. 凿除原桥面铺装

因原桥面铺装系浇筑在沥青油毡防水层之上，已出现大量网裂。加固时将其凿除而分别浇筑钢纤维混凝土（主梁负弯矩区）和UEA补偿收缩自防水混凝土（主梁正弯矩区），并将该层作为复合结构的一部分。为此，不仅要凿除原桥面铺装及防水层，而且其与梁顶及翼缘板之间的沥青层必须凿除干净。即整个车行道范围全部予以打毛，使新老混凝土能牢固结合。

2. 用高分子化学材料对上部构造裂缝压灌粘合

（1）大桥采用了江西省交通科研所研制的GJK-1高分子化学材料来粘合梁体裂缝。此材料粘度小，表面张力小，扩散能力和渗透力强，可以灌入很细小的裂缝内，在一定压力下，还能渗入缝周围混凝土内。当缝内干燥时，灌缝的粘结强度可达2.0～2.8MPa，湿缝时可达1.7～2.2MPa。

（2）灌浆作业采用吊篮设备进行。

灌浆设备使用普通轻型空气泵，灌浆用压浆罐、灌浆嘴等。

（3）灌浆主要操作程序如下：

①刷去梁板裂缝四周尘污，然后用丙酮清洗缝两侧各5～6cm范围。

②封闭裂缝：采用环氧胶泥将缝封严（留下粘贴灌浆嘴位置），以免压浆时浆从未封闭严密的缝隙中挤出。

③粘贴灌浆嘴：在灌浆嘴底座四周抹胶泥，不要堵塞浆灌入的孔洞口，然后将嘴座粘在预定的位置上。为防嘴在粘贴之初因自重而脱落，可用胶带临时将其固定在粘贴位置处。

灌浆嘴粘贴位置：当两面缝相通时，采用两面交错粘贴，各侧嘴位相距约 40～50cm，当只有一面见缝时，嘴位相距约 20～25cm。凡裂缝的首尾均需布嘴，若有转岔应加嘴。

④试漏：将空气泵逐个接通粘贴牢固的灌浆嘴上，将空气压入，并同时沿此嘴附近已封闭的缝上涂抹肥皂水，看是否有连续肥皂泡出现；如出现此种情况则说明该处未封闭严密，需再对冒泡处予以再封闭。

⑤调制高分子化学浆液。注意要按药品投入次序及准确秤量配合量。调制时，需要一段预聚时间。调制好后则可将浆液倒入压浆罐内，准备压浆。

⑥压浆：压浆一般是从下而上逐嘴进行。在对各嘴压灌时，当压力升到最大值，而吃浆量又很小，持续 5 分钟即可结束。灌浆结束前，先关闭进浆管开关，使孔内浆液处在有压状态下聚合，使之充填密实。当浆液丧失流动性时，可将灌浆嘴敲下，并把该处裂缝封闭。

3. 用双钢导梁吊起挂梁，以凿除主梁牛腿旧混凝土，重浇桥面，安放新支座

4. 通过试验室试验来确定保证设计要求的钢纤维混凝土配合比及制订工地浇筑的工艺。按大桥负弯矩区钢纤维混凝土设计要求，钢纤维混凝土不仅要保证设计抗压强度为 30MPa，而且其极限抗弯拉强度应不小于 6.4MPa。故考虑试验室试验取保证率为 95%，$Z=1.64$，施工管理等级取良，$C_v=0.15$，因而试验室配制的极限抗弯拉强度要求达到：

$$R_{ow}=6.4/(1-1.64\times0.15)=8.48\text{MPa}$$

多次试验表明，影响抗折强度的因素：①选定较高的钢纤维体积率；②选适合施工要求和易性的水灰比；③选适当的砂率；④选一定量的水泥。试验分析如表 2.2.8-4 所列。

钢纤维混凝土试验分析　　表 2.2.8-4

列号	1	2	3	4	考核指标		
试验号＼因素	A 钢纤维体积率（%）	B 水灰比（%）	C 水泥用量（N/m³）	D 砂率（%）	坍落度（mm）	28 天抗压强度（MPa）	28 天抗折强度（MPa）
1	1（1.5）	1（0.50）	3（4800）	2（56）	180	38.43	7.16
2	2（2.0）	1	1（4000）	1（53）	5	41.88	8.70
3	3（2.5）	1	2（4400）	3（59）	15	43.47	10.97
4	1	2（0.45）	2	1	20	47.00	6.87
5	2	2	3	3	100	51.40	8.00
6	3	2	1	2	0	55.29	9.71
7	1	3（0.4）	1	3	0	50.07	7.36
8	2	3	2	2	0	55.76	8.35
9	3	3	3	1	0	59.02	10.52
坍落度 K_1	67	67	2	8			
坍落度 K_2	35	40	12	60			
坍落度 K_3	5	0	93	38			
坍落度 R	62	67	91	52			

续上表

列号		1	2	3	4	考核指标		
试验号 \ 因素		A 钢纤维体积率（%）	B 水灰比（%）	C 水泥用量（N/m^3）	D 砂率（%）	坍落度（mm）	28 天抗压强度（MPa）	28 天抗折强度（MPa）
抗压强度	K_1	45.17	41.26	49.08	49.30			
	K_2	49.68	51.23	48.74	49.83			
	K_3	52.59	54.95	49.62	48.31			
	R	7.42	13.69	0.88	1.52			
抗折强度	K_1	7.13	8.94	8.59	8.70			
	K_2	8.35	8.19	8.73	8.41			
	K_3	10.40	8.74	8.56	8.78			
	R	3.27	0.75	0.17	0.37			

根据分析结果，满足桥面受拉区钢纤维混凝土的最优组合为 A2B1C1D1。即 $V_f=2\%$，$W/C=0.50$，$C=4000N$，$G_P=0.53$ 为最优配合比。其坍落度为 5mm，28 天抗压强度为 41.88MPa，28 天抗折强度为 8.70MPa。

五、加固效果

该桥通过在桥面铺装层内增设纵向钢筋，用钢纤维混凝土重新浇筑牛腿和浇筑负弯矩区桥面铺装层，用 GJK-1 高分子化学材料粘合梁体裂缝等措施，将大桥原仅能承受汽－10、拖－60 的承载能力提高到汽－20、挂－100 标准，说明此种加固方法是有效的。工期短，费用少，完全可以应用到同类的双悬臂钢筋混凝土梁桥加固上。该桥经加固后开放交通至今，使用情况一直良好，经跟踪观察未发现新的病害。

§2.9 预应力混凝土 T 构开裂、挂孔下沉、牛腿破损的加固

——采用体外预应力、更换支座加固法

一、桥梁概况

大桥设计全长为 1090.26m，桥面净空：净－7＋2×1.5m 人行道；设计荷载为汽车－13；拖车－60；人群－3.5kN/m²。上部结构为 16 孔预应力钢筋混凝土带挂孔悬臂 T 构，孔径分别为：48.13m＋14×71m＋48.13m；T 构两端悬臂长各 23.5m，施工时每端悬臂分九块预制后悬臂干接缝拼装，横截面为单箱双室，悬臂端部梁高 2.0m，T 构根部箱梁高 4.0m。每跨挂孔由五片预制吊装普通钢筋混凝土 T 梁构成，挂孔跨径为 21m，梁长 21.56m，跨中内梁高 1.35m，外梁高 2m，支点处梁高 1.028m，全跨共设置五根横隔板。下部结构为：普通钢筋混凝土重力式实体桥墩配钢筋混凝土沉井基础；两岸为双排架钢筋混凝土柱桩式轻型桥台配打入式钢筋混凝土桩基础。

该桥悬臂采用悬拼施工，每侧悬臂分为 9 块，每块长 1.5～3.10m，使每块安装重量不超过 40t。由于墩身系在现场浇筑、1 号块件则在预制场预制，为了调整两者间的施工误差，在 1 号块件与墩身连接处设置 5cm 宽水泥砂浆湿接缝。其余各块件之间均为干接缝。各块件用间接（分块）连续浇筑法在预制场预制。

大桥箱梁采用明槽布置预应力钢筋，因此在铺筑桥面铺装前设计要求在明槽顶铺设油毛毡防水层以加强防水性。

大桥自1970年建成通车至2002年，先后进行四次较大的支座、伸缩缝更换及桥面系整修。

二、承载能力验算与评定

1. 结构构造上的固有缺陷

大桥上部结构为预制节块干接缝悬拼施工的带挂孔预应力混凝土T构，由于构造上的原因，以及当时施工工艺、预应力束的材料和设计理论与计算手段的局限，使之存在一些固有的缺陷。这种形式的桥梁，经过一段时间的使用后，在T构悬臂端部，即支承挂孔的牛腿处都有明显的下垂现象，支座与伸缩缝亦非常容易损坏，行车时的冲击和桥梁振动都比较强烈。大桥的支座与伸缩缝虽经多次维修更换，都时隔不久后损坏。其主要原因就是：挂孔与T构悬臂连接处，因结构原因而变形复杂、变形量大，并伴有旋转，导致伸缩缝间隙呈上窄下宽的八字形，加上高温使得伸缩缝受挤压损坏。而牛腿处（即悬臂端部）下垂较大的原因是多方面的，主要是混凝土的收缩徐变，以及部分预应力损失所致。所以，预应力损失是影响预应力桥梁结构安全的最主要因素之一。这种现象在悬臂法施工的预应力桥梁上尤为明显，特别是早期采用预制节块悬臂施工的预应力桥梁。

该桥上部结构采用的就是早期悬臂法施工工艺：预制节块、干接缝悬臂拼装后施加预应力，相邻块件的两端面直接贴合，因而不易保证接缝密合，易受水气侵袭，且容易产生局部应力集中现象，对桥梁的整体性、以及预应力钢筋受大气侵袭而锈蚀都不利。由于施工过程中，各块件间未留任何湿接缝，则在拼装中发现位置有偏差时亦难以调整，其块件接缝处应力传递情况较复杂，整体性也差。另外，悬臂拼装时采用明槽布置钢束，其工程数量也增大许多。

带挂孔的T构桥，由于墩柱两侧的不平衡力矩，使得墩顶箱室受力复杂、局部应力集中并过大。另外，就是桥面接缝多，且大多数接缝都在悬臂端部。由于悬臂的挠度将使接缝处形成折角，对该位置上的支座、伸缩缝都极为不利，亦影响行车的平稳和舒适。尤其是预应力混凝土的收缩、徐变、钢筋的松弛以及日照的影响等，都会使悬臂端的挠度变化日益发展。

2. 结构检算

带挂梁的T型刚构，属静定结构体系，采用预制悬拼的方法施工（干接缝），按全预应力构件进行设计，设计中采用的主要材料参数如下：

混凝土：标号为旧400号，弹性模量$E=3.8\times10^4$MPa。

预应力筋：采用ф12　45硅2钛（$45Si_2Ti$）钢筋，抗拉设计强度$\sigma=750$MPa，控制张拉应力：

$\sigma_k=675$MPa（1至7号块），$\sigma_k=650$MPa（8至9号块）。

（1）检算假定

大桥共16跨，全长一千多米。全桥为以8号墩中心纵向对称结构，每跨结构尺寸及预应力钢束均相同。虽桥两端各两跨因桥面设1.5%纵坡而桥墩尺寸有少许不同，但由于纵坡较小，对上部结构受力影响甚小，因而本次检算选取对称四跨进行结构检算与分析。该四跨以中墩（2号墩）中心线左右对称，挂梁支座仍按全桥的左右对称状模拟。挂梁内、外梁因其功能不同而截面高度不同，内梁较边梁截面矮 65cm，本次计算从安全角度考虑以内梁截面进行整体验算，进行细部计算时根据实际受力状态进行分析。

（2）检算方法

本次检算按平面杆系计算方法采用“公路桥梁结构设计系统”进行计算与分析，并采用“桥梁博士”进行复核。为提高计算精度，在几何形状上尽可能反映桥梁结构的真实情况，在结构单元划分时，不仅桥梁墩台位置精确，对截面尺寸稍有变化处均设置了节点元素，因此结构离散元素较密集。将选取的四跨桥孔结构离散成 110 个节点，100 个桥面系单元，9 个非桥面系单元和 5 个支撑杆件元，结构离散图如图 2.2.9-1 所示。

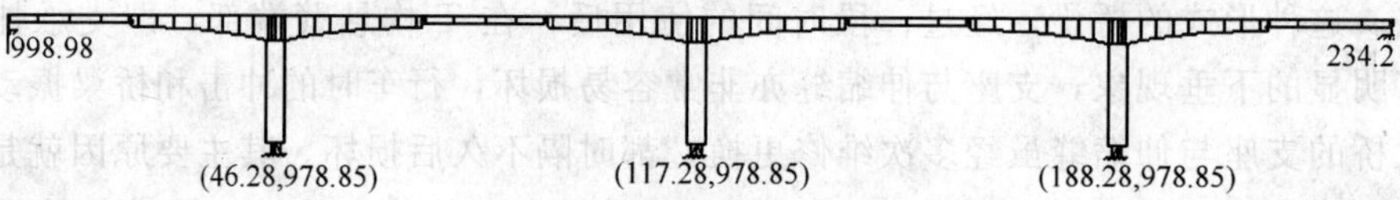

图 2.2.9-1 结构离散图

（3）检算工况

在结构计算过程中，按全桥施工完成、运营荷载（汽车-15；挂车-80；人群-3.5kN/m^2）及分别考虑有效预应力失效 10%、20%、30%五个工况进行结构分析，荷载按交通部《公路桥涵设计通用规范》（JTJ 021—89）两列车队进行模拟加载。冲击系数 $\mu=1.15$，汽车荷载横向分布系数按偏心受压法计算得最大一根腹板受力为 0.443，挂车荷载分布系数取 1.15。

（4）检算荷载

原设计荷载为汽车-13；拖车-60；人群-3.5kN/m^2，而 1967 年编《公路桥涵车辆荷载及净空标准暂行规定》即取消了该级设计荷载，并增加了汽车-15；挂车-80。经对多座各类型桥梁分别按汽车-13、拖车-60 与汽车-15、挂车-80 进行试算，该两种设计荷载对桥梁产生的效应比较接近，因而本桥按照汽车-15；挂车-80；人群-3.5kN/m^2 进行控制截面效应的检算。

（5）控制断面结构检算结果

各工况计算结果详见表 2.2.9-1。

结构应力检算结果表（单位：MPa） 表 2.2.9-1

截面号	全桥竣工时		汽车-15；挂车-80；人群-3.5KN/m^2								备注
			组合应力		预应力 10%失效时		预应力 20%失效时		预应力 30%失效时		
	上缘	下缘	上缘	下缘	上缘	下缘	上缘	下缘	上缘	下缘	
1	10.9	4.6	7.5	4.6	4.9	5.1	2.1	5.7	−0.6	6.2	
2	11.0	4.7	7.6	4.7	5.0	5.2	2.3	5.8	−0.3	6.3	
3	11.0	4.7	7.5	4.7	5.0	5.2	2.4	5.8	−0.1	6.3	
4	10.4	4.6	7.0	4.6	4.6	5.1	2.2	5.6	−0.2	6.1	
5	9.6	4.2	6.4	4.2	4.3	4.7	2.2	5.2	0.1	5.6	
6	9.1	3.3	6.2	3.3	4.4	3.7	2.5	4.1	0.6	4.6	

续上表

截面号	全桥竣工时		汽车-15；挂车-80；人群-3.5KN/m²								备注
			组合应力		预应力10%失效时		预应力20%失效时		预应力30%失效时		
	上缘	下缘	上缘	下缘	上缘	下缘	上缘	下缘	上缘	下缘	
7	7.8	2.8	5.5	2.8	4.0	3.1	2.5	3.3	1.0	3.5	
8	6.1	1.5	4.8	1.5	3.8	1.6	2.7	1.7	1.7	1.8	
9	2.2	0.0	2.0	0.0	1.6	0.0	1.3	0.1	1.0	0.1	
挂梁跨中	6.0	−80.0	6.0	−146.0							

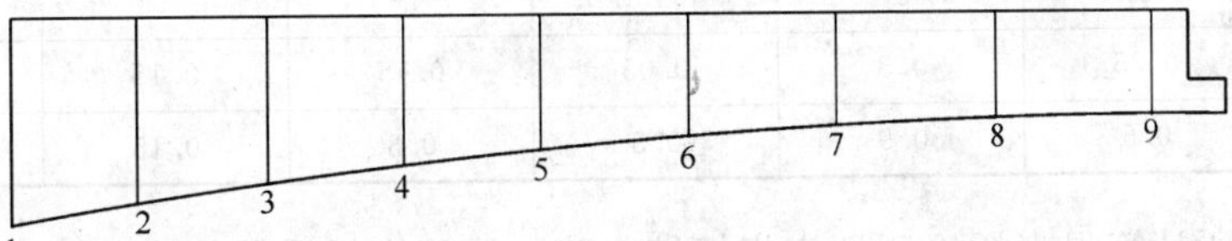

附注：①表中除挂梁下缘应力为钢筋应力外，其余均为混凝土应力。
②表中"+"表示压应力，"−"表示拉应力。
③截面号1～9如图所示。
④挂梁普通钢筋容许拉应力为194MPa。

(6) 牛腿结构检算

由于牛腿下部预应力筋外包混凝土碎裂，预应力筋锈蚀严重，因而本次检算考虑下部预应力完全失效，按普通钢筋混凝土构件检算，计算中考虑了挂梁恒载、牛腿恒载及两列汽车荷载竖向力、摩阻力的作用，计算简图为图2.2.9-2。

计算结果：$R_{max}=2005\text{kN}$　$M_{max}^{a-a}=662\text{kN}\cdot\text{m}$，$\theta=26°$（最不利受力斜截面）

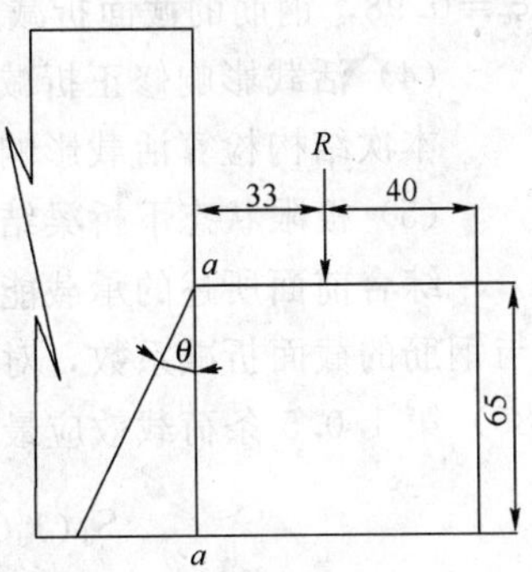

图2.2.9-2　牛腿构造受力简图

经计算若牛腿下部预应力完全失效，牛腿最不利截面在设计荷载作用下，上缘产生最大拉应力$\sigma=1.4\text{MPa}$，经复核牛腿内配置的普通钢筋亦可满足汽车-15；挂车-80；人群-3.5kN/m²的荷载使用要求。

3. 承载能力分析与评定

(1) 承载能力检算系数（Z_1）的确定

本次承载能力检算系数（Z_1）的确定系按照结构检查中各构件技术状况评定值D（表2.2.9-2）确定的。

桥梁各构件技术状况评定值一览表　　表2.2.9-2

检测指标名称	上部结构表观	下部结构表观	混凝土强度	氯离子含量	混凝土碳化程度	混凝土保护层厚度	预应力使用状况
D	2	2	2	2	1	2	3

注：本表中的评定值系根据《公路养护技术规范》(JTJ 073—96)表4.2.22-1取值。

考虑到大桥T构为悬臂干接缝拼装而成，预应力钢筋的使用状况好坏直接影响到大桥的使用状态与安全，故采用控制指标的最低评定值作为大桥构件技术状况评定值D，并综合检测的各项指标与参数，确定大桥检算系数 $Z_1=1.0$。

(2) 承载能力恶化系数 (ξ_e) 的确定

根据大桥的结构特点与本次结构检查（测）的实际状况，制定了各结构或构件检测指标影响权重系数 α，如表 2.2.9-3 所列。

桥梁各构件技术状况评定值一览表　　表 2.2.9-3

检测指标名称	结构表观	预应力使用状况	混凝土强度	氯离子含量	混凝土碳化深度	混凝土保护层厚	Σ
评定值D	2	3	2	2	1	2	
权重系数 α	0.25	0.3	0.05	0.15	0.15	0.1	
$D\times\alpha$	0.5	0.9	0.3	0.3	0.15	0.2	2.15

根据上表所计算得大桥检测评定指标综合值，取用大桥承载能力恶化系数 $\xi_e=0.075$。

(3) 截面折减系数 (ξ_c、ξ_s) 的确定

鉴于大桥主梁上、下游侧表面存在一定物理与化学损伤（混凝土剥落、疏松、碳化等等），因而本次结构检算中考虑了主梁截面折减系数。根据结构检测的主梁混凝土碳化深度、物理与化学损伤检测指标的评定标度进行综合分析计算。经分析，取用结构的截面折减系数 $\xi_c=0.98$，钢筋的截面折减系数 $\xi_s=0.98$。

(4) 活载影响修正折减系数 (ξ_g) 的确定

本次结构检算活载影响修正系数取 $\xi_g=1$，即不考虑大吨位车辆对大桥造成的不利影响。

(5) 极限状态下桥梁结构承载能力计算

综合前面所述的承载能力检算系数 Z_1、承载能力能力恶化系数 ξ_e、结构截面折减系数与钢筋的截面折减系数，对《公路钢筋混凝土及预应力混凝土桥涵设计规范》(JTJ 023—85) 第1.0.5条荷载效应最不利组合设计值小于或等于结构抗力效应设计值的公式变换为：

$$S_d(\gamma_d G;\ \gamma_q \sum Q) \leqslant \gamma_b R_d\left(\xi_c \frac{R_c}{\gamma_c};\ \xi_s \frac{R_s}{\gamma_s}\right) Z_1\ (1-\xi_e)$$

式中：S_d——荷载效应；

G——永久荷载效应；

γ_c——永久荷载安全系数；

Q——可变荷载（活载，效应）；

γ_q——可变荷载的安全系数；

R_d——结构抗力效应；

γ_b——结构工作条件系数；

R_c——混凝土强度设计值；

γ_c——混凝土安全系数；

R_s——预应力钢筋及普通钢筋强度设计值；

γ_s——钢筋安全系数；

Z_1、ξ_e——承载能力检算系数、恶化系数；

ξ_c、ξ_s——截面及钢筋折减系数。

经综合计算，大桥 T 构及挂梁满足汽车-15 级；挂车-80；人群-3.5kN/m^2 的荷载使用要求。

（6）检算结果评定

从综合检算结果看：大桥承载能力极限状态尚满足原设计荷载（汽车-13 级；拖车-60；人群-3.5kN/m^2）的使用要求，但在主梁开裂截面影响下，主梁局部控制截面钢筋与混凝土应力已基本达到设计值，大桥的使用安全系数较小。

三、桥梁使用功能评定

（1）桥梁各构件缺损程度

①该桥各构件表观质量一般，主梁上、下游侧表面风化、剥落较为严重，面积较大，局部钢筋外露并锈蚀，已严重影响到大桥使用的安全性与耐久性。

②大桥主梁裂缝较多，最宽已达 0.5mm 以上，为钢筋及预应力钢筋的锈蚀提供了条件。

③大桥桥面开裂严重，破损处较多，致使桥面呈波浪形，不仅影响了行车舒适性，增大了过往车辆对大桥的冲击系数，且 T 构桥面的开裂，极易使桥面雨水渗入并直接锈蚀明槽内预应力筋，给大桥的继续使用产生极不安全隐患。

④大桥的伸缩缝与支座损坏极其严重，致使主梁不能正常伸缩，随着温度的变化，使主梁产生不同的附加内力。

综合以上桥梁各构件缺损程度分析，大桥的正常使用功能受到严重威胁。

（2）桥梁总体技术状况等级评定

根据该桥全面检测结果，按照《公路养护技术规范》（JTJ 073—96）的要求对该桥总体技术状况等级进行评定，全桥结构技术状况综合评定分 D_r＝38，评定该桥为四类桥梁，应进行大修。

四、加固的可行性评价

根据该桥的结构检查、检测及检算结果，其加固提载的可行性评价如下：

（1）该桥的桥墩及 T 构悬臂、挂孔 T 梁等主体结构受力情况尚好，为大桥加固和提高荷载等级提供了可靠依据。

①该桥各桥墩混凝土质量尚好，除墩顶 0 号块开检查孔的横隔板发现竖向裂缝外，均未发现过大的沉降和倾斜、位移及转动等病害现象，从而确保了大桥 T 构悬臂箱梁和桥梁整体正常工作，也为大桥继续使用以及大修加固、提高荷载等级奠定了基础。

②T 构悬臂箱梁混凝土质量较为均匀、混凝土强度达到原设计值，除发现部分预应力筋锚头锈蚀和腹板局部开裂等病害外，尚未发现其他明显的结构性病害，则为大修加固和提高荷载等级提供了可能性和可行性。

③各挂孔 T 梁的主体结构除梁体存在局部竖向裂缝、支座损坏严重外，其他情况尚好。

④该桥的结构检算结果表明，大桥主体结构承载能力满足原设计荷载标准。主体结构具有加固利用和补强提载的前提条件。

（2）现有成熟的桥梁加固提载技术、施工工艺及新型材料均为大桥加固与补强提载，提供了可行性和可能性。

(3) 该桥已发现的其他病害，如桥台病害、人行道破损、支座损坏、车行道伸缩缝破落等，都可有针对性地进行相应的加固处理。

综上所述，通过加固、补强提载，达到处理病害，确保大桥继续正常、安全使用并提高大桥承载能力是完全可能和可行的。

五、加固技术经济评价

1. 经济技术评价的目的是对加固部分与新建该部分的经济合理性进行分析、论证并作出评价。为项目的决策提供依据。本桥经济技术评价采用加固费用系数和加固寿命系数两个指标进行评判：

(1) 加固费用系数＝加固费用/新建费用，其中加固费用＝宏观经济总损失＋加固工程费用，新建费用＝宏观经济总损失＋新建工程费用（包括旧桥拆除费用）。

(2) 加固寿命系数＝（桥梁原设计寿命－已运营年限）/桥梁原设计使用寿命。

2. 宏观经济总损失计算

桥梁加固宏观经济总损失主要包括：成本损失、时间损失、拥挤损失、绕行损失和事故损失等五项，用公式表示为：

$$S = S_{hj} + S_{kj} + S_{hy} + S_{ky} + S_{hd} + S_{kd} + S_{hs} + S_{ks} + S_{jsh} + S_{ssh}$$

式中：S——全社会公路使用者的经济损失（万元）；

S_{hj}——桥梁加固施工使得货物运输成本提高的损失（万元）；

S_{kj}——桥梁加固施工使得旅客运输成本提高的损失（万元）；

S_{hy}——桥梁加固施工使得附近相关公路增加拥挤的货物运输成本提高的金额（万元）；

S_{ky}——桥梁加固施工使得附近相关公路增加拥挤的旅客运输成本提高的金额（万元）；

S_{hd}——桥梁加固施工使得车辆绕行增长里程增加的货物运输成本（万元）；

S_{kd}——桥梁加固施工使得车辆绕行增长里程增加的旅客运输成本（万元）；

S_{hs}——货物延长在途时间的价值（万元）；

S_{ks}——旅客延长在途时间的价值（万元）；

S_{jsh}——交通事故增加导致的费用（万元）；

S_{ssh}——货损事故增加导致的费用（万元）。

鉴于交通部门已对该大桥进行部分交通管制，主要货运车辆及过境车辆由另一座新建大桥和即将开通的高速公路通行，因而本次宏观经济总损失不考虑桥梁加固对货物运输造成的损失 S_{hj}、S_{hy}、S_{hd}、S_{hs}、S_{ssh}。经计算，桥梁加固期间的宏观经济总损失为：

$$S = S_{kj} + S_{ky} + S_{kd} + S_{ks} + S_{jsh}$$

$$= 19.77 + 79.06 + 313.89 + 417.81 + 9.85 = 840.38 \text{ 万元}$$

桥梁新建部分的宏观经济损失为：

$$S = 840.38 \times 6 = 5042.28 \text{ 万元}$$

3. 加固费用系数 n_1 计算

加固费用系数 n_1＝加固费用/新建费用

加固费用＝宏观经济总损失＋加固工程费

＝840.38＋1771.32＝2611.7 万元

新建费用＝宏观经济总损失＋新建工程费用（包括拆除旧桥费用）

＝5042.28＋3270.78＋763.18＝9076.24万元

（上式中拆除旧桥按7000元/每延米桥长计，新建按3.0万元/每延米桥长计）

加固费用系数 n_1＝2611.7/9076.24＝0.288

4. 加固寿命系数 n_2 计算

加固寿命系数 n_2＝（桥梁原设计使用寿命－桥梁已营运年限）/桥梁原设计使用寿命

其原设计使用寿命按照特大桥50年计算，该桥为1970年10月竣工通车，运营至今32年，所以加固寿命系数为：n_2＝（50－32）/50＝0.36。

5. 加固技术经济评价

根据桥梁加固技术经济确定原则：当满足加固寿命系数 $n_2=N_2$，加固费用系数 $n_1<N_1$ 条件时，则认为该桥梁进行加固是合理的，否则应拆除后重建。（N_1、N_2 取值列于表2.2.9-4）。

N_1、N_2 取值 表2.2.9-4

运营年限（年）	加固寿命系数 N_2	加固费用系数 N_1	运营年限（年）	加固寿命系数 N_2	加固费用系数 N_1
10	0.8	0.6	30	0.4	0.4
20	0.6	0.5	40	0.2	0.3

根据计算，该大桥加固寿命系数为 n_2＝0.36，加固费用系数 n_1＝0.288，与上表对比可以推算运营年限为32年时，N_2＝0.36，N_1＝0.38。即满足加固寿命系数 $n_2=N_2$，加固费用系数 n_1＝0.288，N_1＝0.38（$n_1<N_1$），可以得出结论，该大桥进行加固维修是经济合理的。

六、加固设计要点

1. 设计标准

原设计荷载标准：汽车-13级，拖-60

加固设计荷载标准：方案一按汽车-15级、挂车-80（与原设计荷载相当）

方案二按汽车-20级，挂车-100

桥面宽度：净－7＋2×1.5m人行道

2. 加固设计原则

（1）加固设计要充分考虑旧桥结构性能不确定性的特点。由于本桥年代久远，虽然经过检测查明了一些情况，但任何检测总是有限的，因此本桥的实际情况仍有很多未知之处，加固设计及施工中必须充分考虑这些情况。

（2）加固设计要采取标本兼治的原则。

（3）加固设计要充分考虑安全性的原则。既要考虑各种病害导致结构承载力的降低，也要考虑加固措施及其施工过程对结构承载力的有利及不利的影响。

（4）细致性原则。旧桥加固有别于新桥工程，病害在不同的部位体现不一样，设计施工均应尽量细致。

（5）优先采用新材料、新技术的原则。

(6) 动态设计的原则：

①边施工、边测试，边调整设计。设计单位建议在工程全面开展之前，应先取一个边跨作为试验跨，在试验跨采取稳妥的步骤，进行必要的测试，完善施工工艺，验证设计效果，并根据测试结果调整设计。

②下部加固宜采取先作初步方案，开挖后，根据实际情况调整设计，再施工。

3. 加固设计目标

加固设计的目标分两部分：

(1) 对本桥的病害进行较彻底的维修，整治。如：对所有裂缝均进行化学灌浆、封闭；对破损混凝土进行修复；对桥面铺装、人行道、栏杆均全部更换；行车道伸缩缝将更换为模数式伸缩缝；挂梁支座全部更换为橡胶板式支座；两岸桥台在台后填土开挖后，进行彻底加固。

(2) 恢复或提高本桥承载能力，对T构箱梁采用体外预应力束加固；对挂梁则采用在跨中下缘贴碳纤维布。

4. 加固方案

(1) 方案一的病害维修、整治部分

①对挂梁、箱梁的竖向、横向裂缝采用化学灌浆，并按裂缝宽度分别处理。

②凿除原面铺装，全部重新浇注40号钢纤维混凝土（加筋）。

③拆除挂梁原固定支座（切线式钢板支座）及活动支座（板式橡胶支座），重新安装板式橡胶支座（带4氟及不带4氟的）。

④拆除原有行车道橡胶板式伸缩缝，全部换为模数式伸缩缝。

⑤拆除原人行道、栏杆，重新安装新的人行道、栏杆。

⑥对箱梁预应力锚头进行防锈处理：1～8号块件在锚头上挂钢筋网，再浇注15cm环氧树脂混凝土，封锚9号块件先凿除5cm厚原封锚混凝土，再恢复至原封头尺寸。

⑦对挂梁（个数较少）横隔板混凝土破损部分，先凿除，再重新浇注。

方案一的加固部分，是恢复桥梁承载能力，使其在原设计荷载下，可继续使用。其内容为：

①在主墩上部凿开孔洞，在箱梁的6号、8号块采用植筋技术，设置齿板，用体外预应力对箱梁进行加固。

②在挂梁的底部和T构箱梁的腹板，粘贴碳纤维布进行加固。

(2) 方案二的病害维修、整治部分与方案一相同。

方案二的加固部分与方案一类似，但体外预应力束及碳纤维布的数量比方案一多，其用量是保证桥梁承载力，在荷载提高到汽-20、挂-100时，仍然能正常使用。

5. 加固设计的结构计算

(1) T构悬臂箱梁的计算

采用平面杆系结构分析程序《钢筋混凝土及预应力混凝土桥梁综合设计程序》，分阶段进行计算。计算工况先分为原结构受力性能的模拟计算及加固后结构的计算。原结构在目前状态下承载力的计算，考虑了预应力有效值的损失及混凝土有效强度的折减。计算中选取两个T构基本单元，一个中跨挂梁，两个边跨挂梁作为基本计算体系。共划分95个梁元，94

个节点。结构离散图如图 2.2.9-3 所示。

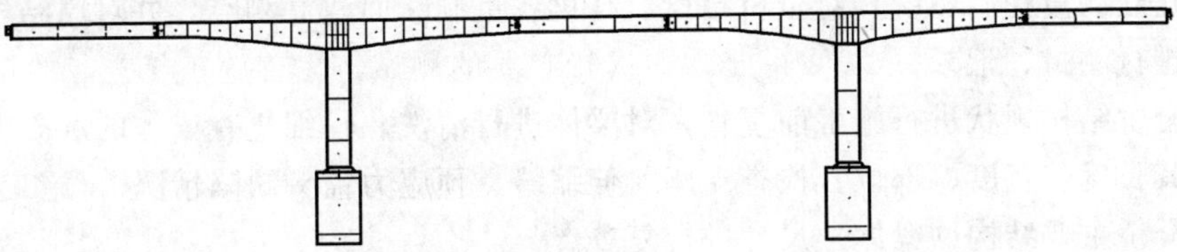

图 2.2.9-3　T 构悬臂箱梁结构离散图

对加固后的结构其混凝土收缩、徐变已完成，而新加的预应力束是按体外预力束设置的，其预应力损失比体内束小，性能也有很大差异，在结构中容许使用应力也与体内不同。这些都在计算中作了考虑。

经计算在箱梁根部应力列于表 2.2.9-5。

T 构悬臂箱梁根部计算应力（MPa）　　表 2.2.9-5

箱梁根部	原结构	加固后	加固并提载后
上缘最大	3.442	7.775	7.775
上缘最小	1.368	5.713	5.311
下缘最大	8.878	9.526	9.789
下缘最小	6.149	6.524	6.523

计算表明提载后在箱梁产生的应力增加较小。

(2) 挂梁计算

挂梁采用大型空间有限元程序计算，计算中将全部挂梁（腹板、翼板、横隔板）离散为实体元，将汽车荷载模拟为单元上的节点力，进行计算。

挂梁跨中弯矩见表 2.2.9-6。

挂梁跨中计算弯矩值（kN·m）　　表 2.2.9-6

梁　号	恒＋汽车 15	恒＋汽车 20	梁　号	恒＋汽车 15	恒＋汽车 20
1	2692	2832	2	847	931

6. 推荐方案

方案二的造价比方案一仅多 15.8%。两者在维修方面的工程量很接近，差别主要是在加固用的体外束及碳纤维布数量。从实际情况来看，经济和交通量的发展很需要提高荷载等级，而拆旧建新的投资是加固的 3.4 倍。从技术角度看，通过加固把荷载提高到汽车－20 级是完全可引的。因此，按第二方案实施加固。

七、施工要点

1. 施工程序

施工程序分预备工作、试验段施工、全面施工三个阶段。

（1）预备阶段

①先建立测量控制系统，对全桥箱梁、挂梁各控制断面建立测点，并对原结构各测点的三维坐标进行测量、记录。

②对全桥结构现状进行施工前复查，对梁体进行清洗，仔细复查梁体的混凝土缺陷及裂缝，测量其长度、宽度、部位。检查支座、伸缩缝、预应力锚头缺陷情况。

③对全桥主要结构（梁体）尺寸进行复查。

（2）施工阶段（试验阶段与此相同，只是在一个边跨内进行）

①全桥封闭交通，对箱梁、挂梁的裂缝进行化学灌浆。

②对锚头进行防锈处理。

③在箱梁内设立齿板及体外束支架。

④凿除原桥面铺装。

⑤重新浇筑桥面铺装 40 号钢纤维混凝土。

⑥粘贴碳纤维布（箱梁、挂梁）。

⑦张拉箱梁体外预应力束（先短束，后长束），同时，可在桥台处把挂梁支起，开挖台后的填土。

⑧更换挂梁全部支座。

⑨修补挂梁横隔板。

⑩根据开挖后的情况，调整桥台加固方案，并实施。

⑪更换全桥伸缩缝。

⑫根据全面复查的结果，对全桥人行道、栏杆进行维修加固。

⑬加固工程荷载试验及验收。

⑭开放交通，通车。

2. 工艺要点

①预应力体系：齿板是先采用植筋技术，后浇混凝土。植筋的粘结剂及工艺均应经过抗拔试验，认可后才能全面施工。每一个齿板的植筋完成后，还要进行抗拔抽检。要确保植筋的可靠性。后浇混凝土应注意保证其密实。张拉预应力束时，应在齿板混凝土达到 80% 设计标号时，才能进行。预应力采用双控（张拉吨位、伸长量）工艺，以张拉吨位为主，伸长量作为校核。伸长量是以 0.1 mm为起点，直到设计控制张拉力换算的。注意调整体外束的定位架顶面的高度，使之成一直线，以保证体外束为一直线，如图 2.2.9-4、图 2.2.9-5 所示。在张拉体外束时，应注意观测箱梁有无异常情况。在张拉长束时，应分级张拉，梁体有异常时，应及时与设计单位商定。

②裂缝化学灌浆：化学灌浆所采用的结构胶、粘结剂及其他设备、工艺均应经过检验。首先是检验化学浆液在裂缝中的可灌入性，在细裂缝的情况下是否能灌到缝底，可通过钻小孔取样检查。而胶体的强度可采用胶结两块混凝土块，做抗拉试验来鉴定。

③粘贴碳纤维布：本桥粘贴碳纤维布主要是约束裂缝发展，进一步封闭裂缝。碳纤维布的受力性能是各向异性的，应注意始终要把碳纤维布的主纤维方向与裂缝垂直。

④挂梁支座更换：要求新支座一定要保持在水平位置，为此，上、下钢垫板要用环氧砂浆座浆，直到环氧砂浆达到强度后，千斤顶才能松开（图 2.2.9-6）。

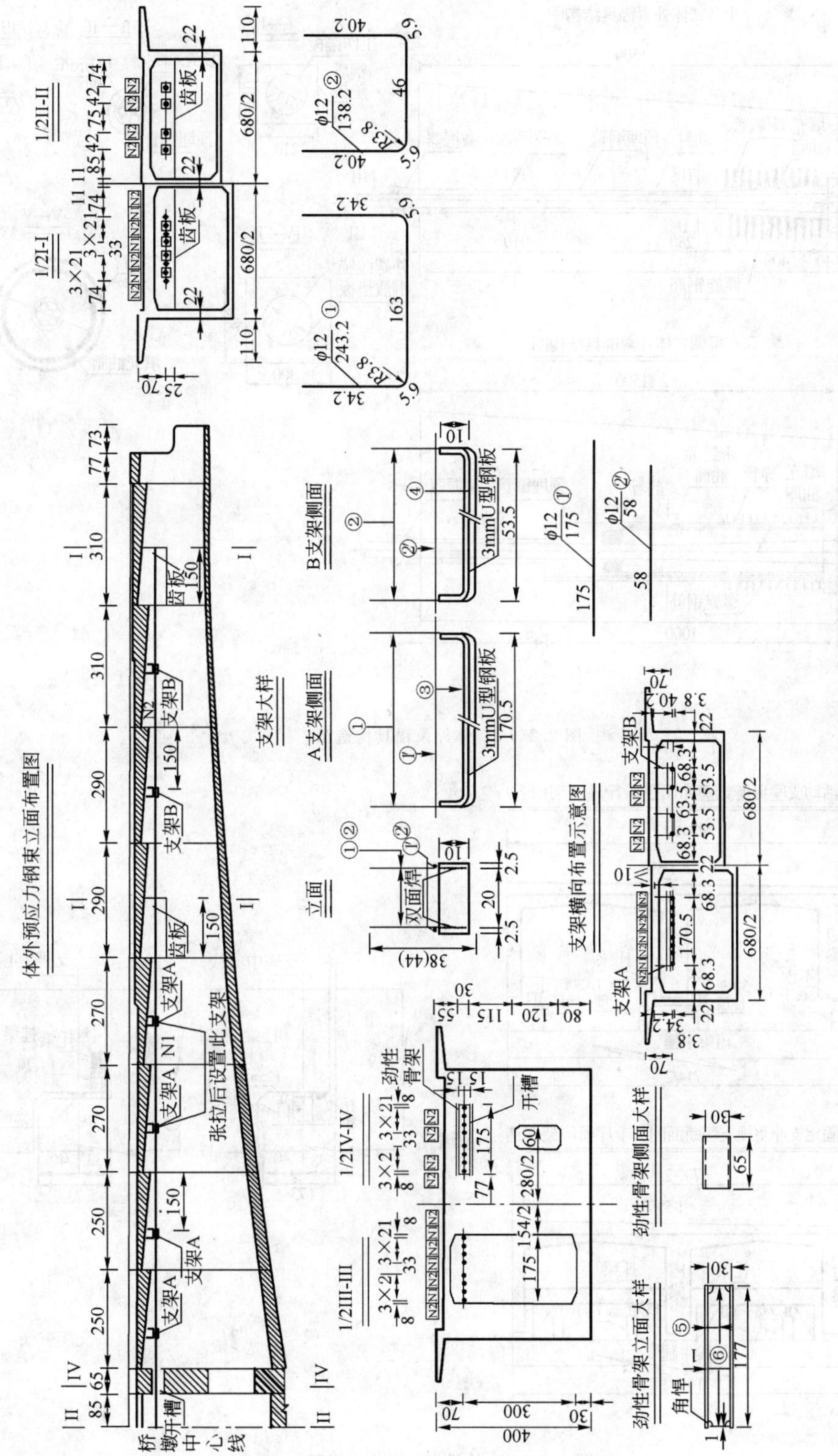

图2.2.9-4　T构箱梁体外预应力钢束布置图(尺寸单位:cm)

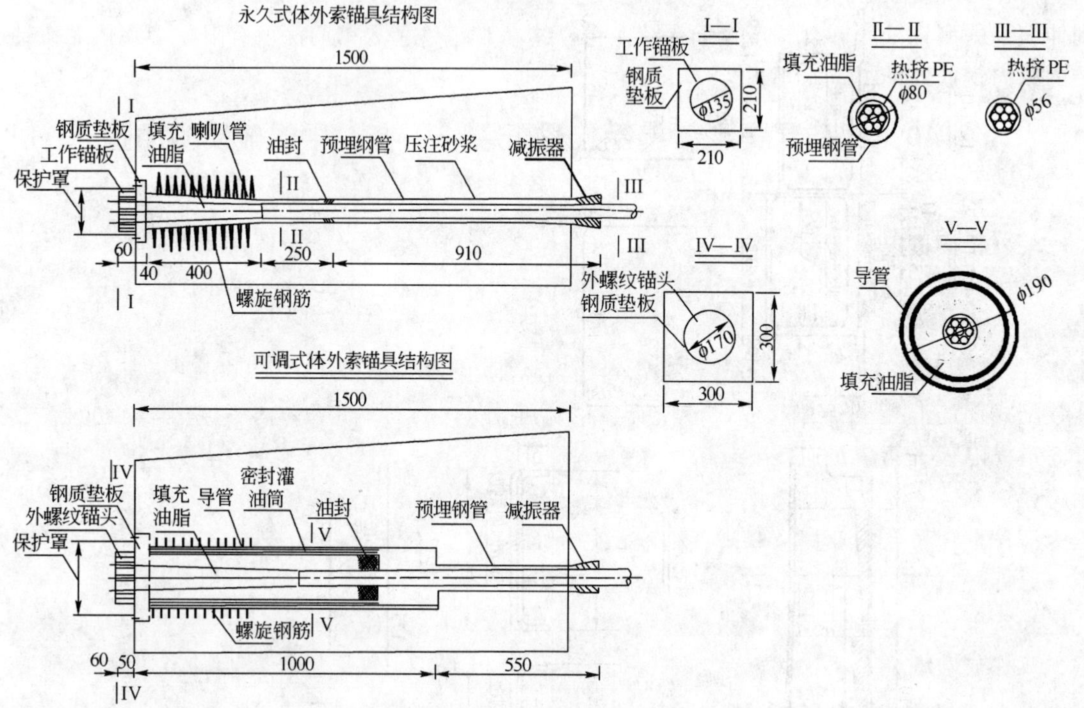

图 2.2.9-5　体外束锚具构造图

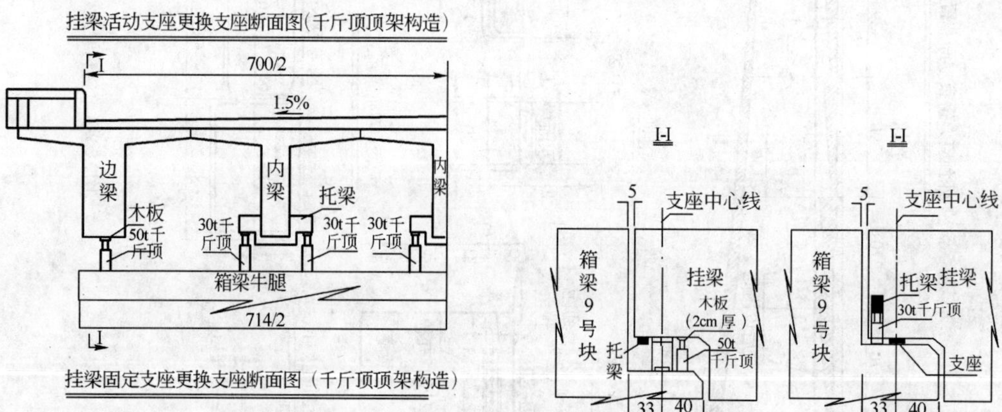

图 2.2.9-6　挂梁支座更换工序图

⑤伸缩缝更换：应注意伸缩缝处预留缝宽要满足 5cm 左右，桥面铺装的纵向钢筋要伸到伸缩缝的型钢处，并与相应钢筋焊接。由于本桥伸缩缝植入钢筋深度有限，必须依靠桥铺装的纵向钢筋才能抵抗水平力。

§2.10　钢筋混凝土 T 构及挂梁开裂、下挠，牛腿破损的加固

——采用增大截面植筋、粘贴碳纤维布加固法

一、桥梁概况

该桥共有 11 孔，各孔跨径分别为 33.137m＋32.363m＋4×33m＋38m＋2×43m＋38m＋33m，桥梁全长 393.60m。桥面净空为：净－7＋2×1.0m 的人行道。原设计荷载标准：汽车-13 级，拖车-60。该桥建成于 1972 年，运营至今已三十多年。大桥每孔上部构造由 5 片装配式钢筋混凝土 T 梁组成，每片 T 梁的宽度为 1.6m，梁高 1.8m，每跨 T 梁之间各设置 5 道横隔板。为满足通航要求，该桥共设置了三个带挂孔的双悬臂 T 构墩，使得主孔最大跨径达到 43m；其余均为钢筋混凝土双柱式桥墩；T 构墩基础为薄壁沉井，双柱式桥墩基础为灌注桩；桥台为 5 桩式双排桩基础，横断面为 30cm×35cm。行车道主梁用 300 号混凝土（原标号）；摆柱式支座用 400 号混凝土（原标号）；桥面铺装，人行道块件，桥台台座，立柱和基础，T 型墩悬臂梁双柱式桥墩帽、梁用 200 号混凝土（原标号）；栏杆、T 型墩墩帽、双柱式墩墩柱、系梁和承台、薄壁沉井用 170 号混凝土（原标号）；缘石、T 型墩墩身用 140 号混凝土（原标号）；沉井封底及灌注桩用 170 号水下混凝土（原标号）。T 型墩悬臂梁主钢筋用低合金钢筋其他主钢筋用 A5 螺纹钢筋；支座钢板用 A5 钢板，垫板用 A3 钢板。

二、结构检算结果的评定

1. 结构检算

大桥为一座主跨为 T 构墩加挂梁的简支结构桥梁，属静定结构体系。对其原设计承载能力进行检算，进而评定该桥的实际承载能力。

（1）检算内容

根据大桥结构类型与特点，结构验算选取对称的三孔进行结构检算与分析，计算内容包括：上部结构（包括牛腿）、下部构造（T 构桥墩）。由大桥竣工图纸可知“桥墩基础均嵌入岩层”，因而本次检算未进行基础检算。

（2）检算荷载

在结构计算过程中，分别计算恒载、二期恒载及运营荷载（汽车-15，挂车-80，人群-3.5kN/m^2）和（汽车-20，挂车-100，人群-3.5kN/m^2）作用下桥梁结构的内力、应力以及裂缝宽度等，汽车荷载按交通部《公路桥涵设计通用规范》（JTJ 021—89）两列车队进行模拟加载，考虑偏载系数取用 $m_{汽}=2.6$、$m_{挂}=1.63$。

（3）检算假定

①大桥各构件结构尺寸按照竣工图纸进行。

②牛腿处按非桥面系单元处理，根据支座形式采用单向受压非桥面系杆单元进行模拟。

③该桥各墩（台）均嵌入岩层，因而本次计算考虑桥梁墩（台）底部为固结状态。

（4）检算过程

检算按平面杆系计算方法，采用交通部公路科学研究所“公路桥梁结构设计程序GQJS”计算程序进行计算与分析，为提高计算精度，在几何形状上尽可能反映桥梁结构的真实情况，在结构单元划分时，不仅桥墩位置精确，对截面尺寸变化处均设置了节点元素，因此结构离散元素较密集。将选取的三跨桥孔结构离散成 79 个节点、58 个桥面系单元和 20 个非桥面系单元。

根据该桥的施工程序，计算按四阶段（浇筑桥墩、浇筑 T 构墩悬臂梁、安装简支 T 梁和二期恒载阶段）进行加载，最后按承载能力极限状态进行内力组合，分别计算了各控制截面的组合内力，最大位移，并进行了自动配筋，其所配钢筋按原设计采用的 5 号钢筋Φ32（$R_g^b=280$MPa），最后与原设计的配筋量进行了比较。

2. 结构控制断面检算结果

通过上述的结构计算，大桥结构控制断面的检算结果表明，大桥原设计结构能够满足现行《公路桥涵设计规范》规定的汽-15，挂-80 的荷载标准，但不能满足汽-20，挂-100 荷载的通行要求（正常使用极限状态下裂缝宽度超过规范的规定）。

3. 检算结果评定

从检算结果看，大桥能够满足汽车-15 级，挂车-80 荷载的通行；上部结构的关键部位，上、下牛腿内配置的普通钢筋，亦能满足汽-15，挂-80，人群-3.5kN/m^2 的荷载使用要求。

三、结构检测结果的评定

1. 结构检测结果

通过对大桥全面的现状结构检查，得出以下结果：

（1）大桥的结构整体和细部尺寸基本符合原设计。

（2）大桥主要承重构件的混凝土质量较为均匀，混凝土强度基本上达到原设计值。但 T 构悬臂梁和挂孔 T 梁的腹板跨中、支点竖向开裂严重（图 2.2.10-1）。

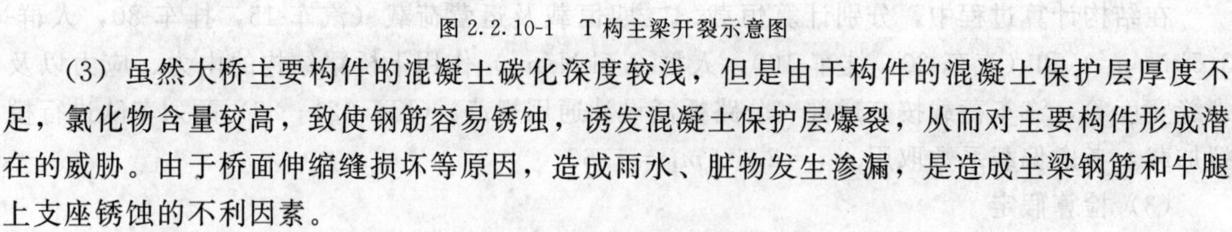

图 2.2.10-1　T 构主梁开裂示意图

（3）虽然大桥主要构件的混凝土碳化深度较浅，但是由于构件的混凝土保护层厚度不足，氯化物含量较高，致使钢筋容易锈蚀，诱发混凝土保护层爆裂，从而对主要构件形成潜在的威胁。由于桥面伸缩缝损坏等原因，造成雨水、脏物发生渗漏，是造成主梁钢筋和牛腿上支座锈蚀的不利因素。

（4）各主要承重构件上的上、下游侧面的表面有轻度起皮、剥落，局部存在混凝土爆裂和破损；T 梁跨中断面上、下游侧面均有竖向裂缝（图 2.2.10-2）。

（5）各孔牛腿上的支座均存在钢板锈蚀严重和固定支座滑移量过大，不能复位等病害。

（6）全桥伸缩缝均损坏严重，已不能正常使用，加之固定支座滑移量较大不能复位。

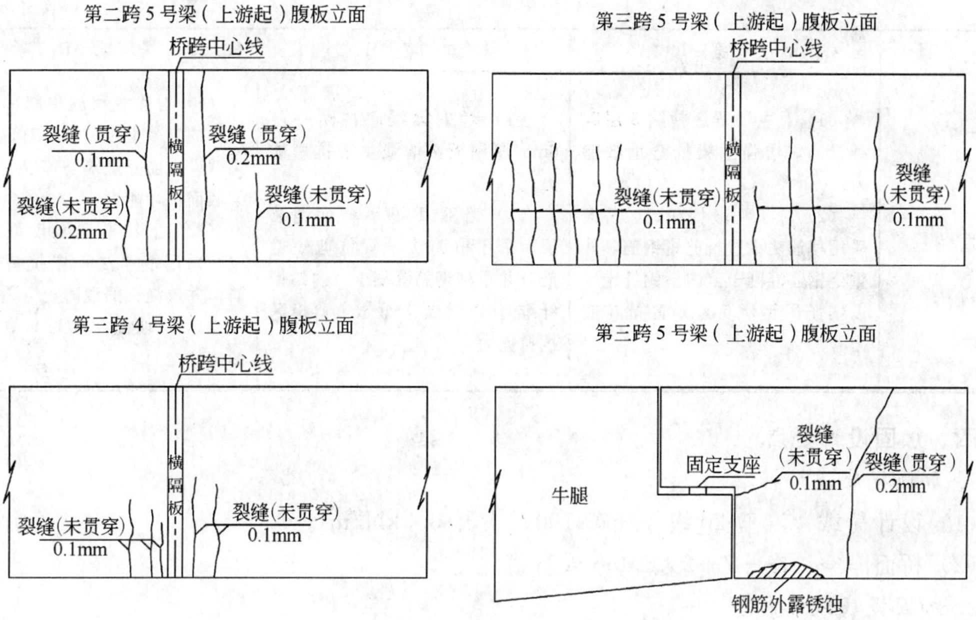

图 2.2.10-2　挂孔 T 梁开裂示意图

(7) 大桥桥面现已呈波浪形，各孔主梁跨中部位均有明显下沉，桥面损坏严重。

(8) 人行道悬臂梁和人行道板局部存在混凝土碎裂、脱落、钢筋外露锈蚀等病害，部分栏杆与栏杆柱亦破损。

(9) 各 T 构墩混凝土质量尚好，未发现过大沉降和倾斜但有较多竖向裂缝。

(10) 大桥在荷载作用下振动较大，说明大桥整体结构刚度不足。

2. 检测评定

鉴于大桥存在较多的病害，已影响了大桥的正常使用，并严重威胁着过往车辆与行人的安全，根据大桥的实际状况提出加固提载方案（表 2.2.10-1）。

大桥加固提载方案一览表　　表 2.2.10-1

项　目	方　案　I	方　案　II	方　案　III
设计荷载	汽车—20 级；挂车—100；人群—3.5kN/m^2		
桥面净空	净—7+2×1.0m 人行道		
加固维修方案	(1) 更换全桥所有固定支座，换成板式橡胶支座； (2) 对 T 型墩与主梁裂缝（缝宽＞0.2mm）采用化学灌浆法进行修补； (3) 更换已损坏的人行道梁、人行道板及栏杆扶手； (4) 凿除桥面铺装层，重新浇筑钢筋混凝土桥面铺装层（内掺钢纤维）； (5) 对主梁支点附近采用粘贴钢板法增强支点斜截面抗剪能力； (6) 对主梁局部损坏部位进行修复； (7) 对两岸桥台台帽下填土进行回填，并恢复台前溜坡； (8) 拆除原有伸缩缝，重新设置仿毛勒伸缩缝		

续上表

项　目	方　案 I	方　案 II	方　案 III
提载方案	（1）对主梁梁底粘贴3层碳纤维布，增强主梁抗弯承载能力； （2）对T型墩负弯矩区桥面采用植筋法设置抗剪短钢筋，并重浇钢筋混凝土（内掺钢纤维），以增强T型墩负弯矩区抗拉能力	（1）对主梁梁底粘贴一层6mm厚钢板，增强主梁抗弯能力； （2）凿除T型墩桥面铺装层，采用植筋法设置抗剪短钢筋，并重浇钢筋混凝土（内掺钢纤维），以增强T型墩负弯矩区抗拉能力	（1）凿除主梁底牛腿部分主筋外的混凝土保护层，对每片主梁增设主筋并浇筑马蹄以增大主梁截面抗弯能力； （2）凿除T型墩桥面铺装层，采用植筋法设置抗剪短钢筋，并重浇钢筋混凝土（内掺钢纤维），以增强T型墩负弯矩区的抗拉能力

四、加固设计要点

1. 加固提载设计标准

（1）设计荷载：汽车-20级，挂车-100；人群-3.5kN/m^2。

（2）桥面净空：净－7＋2×1.0m人行道。

2. 加固提载设计内容

（1）维修部分

①更换全桥所有固定支座（切线钢板支座），换成板式橡胶支座（规格为GJZ200mm×300mm×57mm），如图2.2.10-3所示。

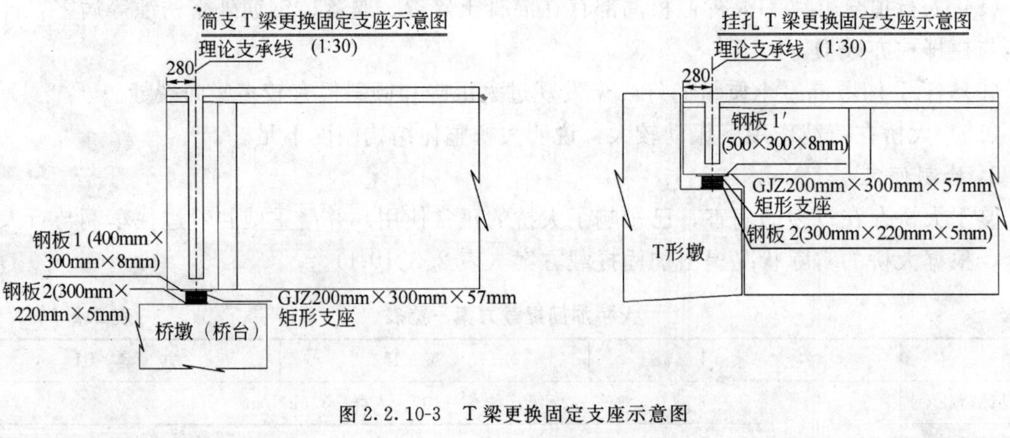

图2.2.10-3　T梁更换固定支座示意图

②对T构墩与主梁裂缝（缝宽＞0.1mm）采用化学灌浆法进行修补以恢复结构的整体性和使用功能。

③更换已损坏的人行道梁、人行道板及栏杆扶手。

④拆除原有伸缩缝，重新设置毛勒伸缩缝JKS-40C型。

⑤对两岸桥台台帽下填土进行回填，并恢复台前溜坡。

⑥对主梁露筋，混凝土碎裂脱落等局部损坏部位进行修复。

（2）提载部分

①凿除T构主梁及挂孔T梁下缘主筋及箍筋外的混凝土保护层，对每片主梁增设7根ф25主筋并浇筑马蹄以增大主梁截面抗弯能力，如图2.2.10-4、图2.2.10-5所示。

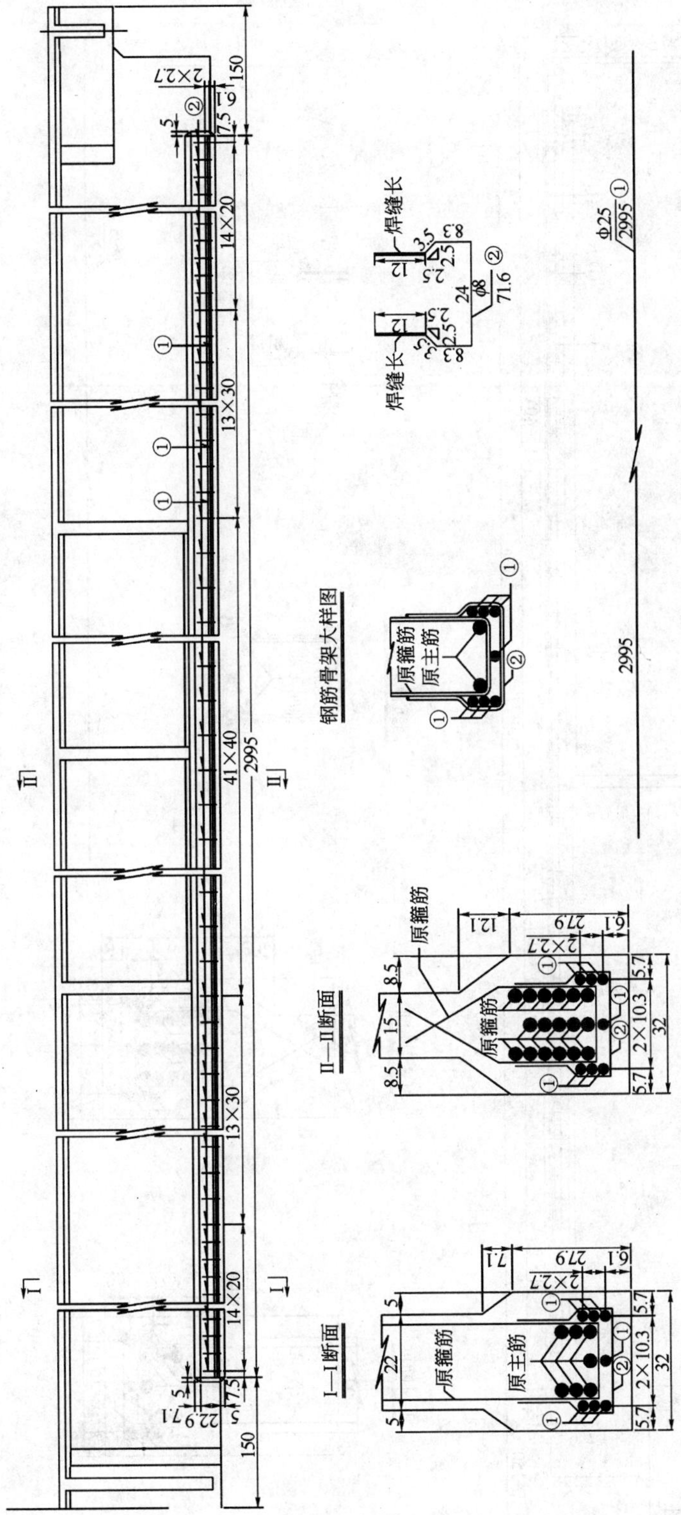

图 2.2.10-4 T 构主梁加固构造图

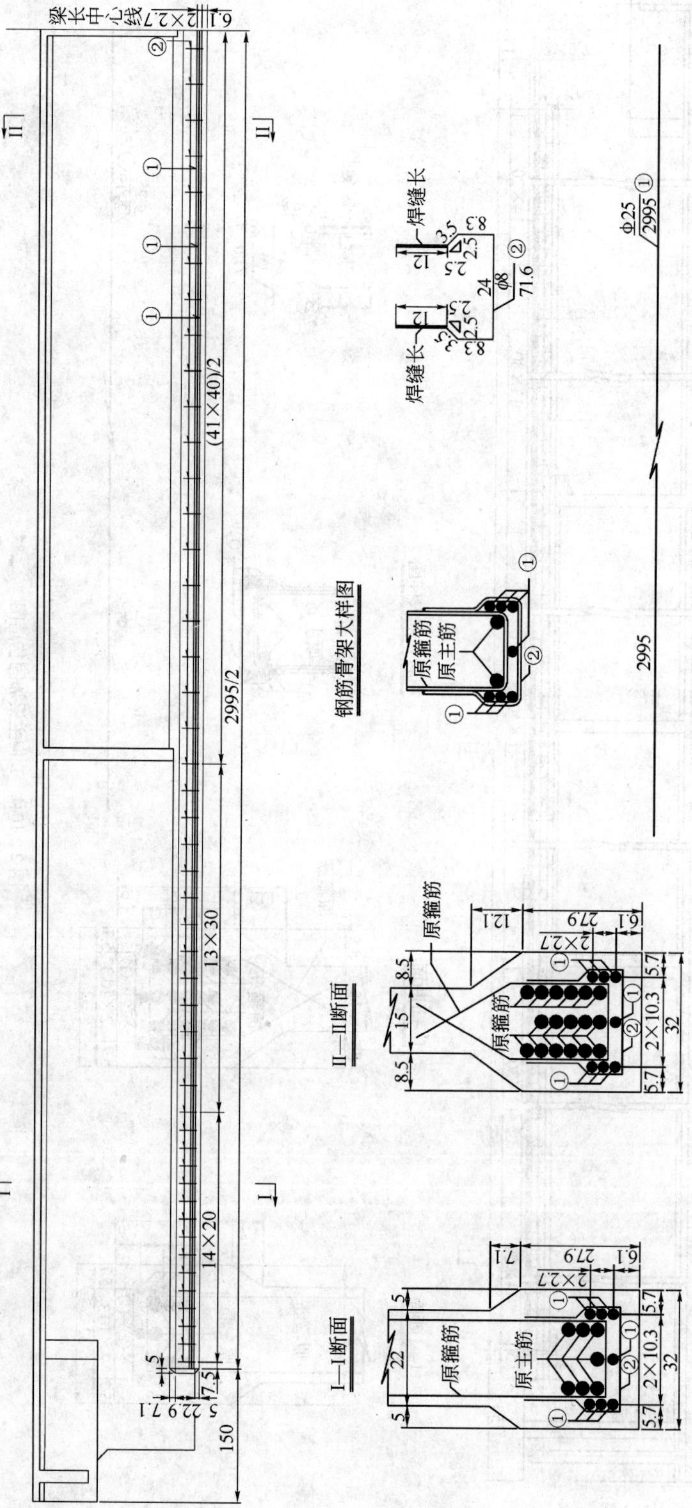

图 2.2.10-5　挂孔T梁加固构造图

②凿除 T 构墩桥面铺装层，采用植筋法设置抗剪短钢筋，并在桥面内设置 15cm×15cm 规格的钢筋网，以增强 T 构主梁负弯矩区的抗拉能力。

③在挂孔 T 梁支点附近粘贴 U 形碳纤维布，并用压条压住，以增强主梁支点斜截面抗剪能力（图 2.2.10-6）。

④凿除原桥面铺装层，重新浇筑钢筋混凝土桥面铺装层（内置一层规格为 15cm×15cm 的钢筋网）。

3. 加固提载结构验算要点

（1）计算参数取值

①活载：汽车-20 级；挂车-100；人群-3.5kN/m^2；

②考虑到该桥营运至今已三十多年，桥梁墩（台）沉降基本稳定，本次计算未考虑墩台沉降作用。

（2）结构验算

根据大桥结构类型与特点，选取了其中 3 跨进行结构验算。

验算采用平面杆系计算方法，采用交通部公路科学研究所“公路桥梁结构设计程序 GQJS”计算，并采用广州市政设计研究院“桥梁结构静动力 CAD 系统 BRCADV5.0”与同济大学桥梁工程系编制“桥梁博士系统”进行复核。

五、施工要点

1. 施工流程

根据本桥提载加固设计特点，可按照以下施工流程进行加固施工（图 2.2.10-7）。

2. 工艺要点

（1）粘贴碳纤维布施工过程中应严格按照《粘贴碳纤维增强复合材料加固混凝土工程施工与验收》（建设部建筑物鉴定与加固规范管理委员会颁：建规固［2001］008 号）进行施工，并应特别注意以下几点：

①粘贴碳纤维布应按以下框图（图 2.2.10-8）的程序进行施工。

②粘贴碳纤维布应在拆除半幅桥面之后进行，尽量减轻上部构造的恒载，以充分发挥碳纤维布的高强性能。

③粘贴碳纤维布时及粘结胶达到强度前，不允许对上部构造增加重荷载作用，以免影响粘贴质量。

④在粘贴碳纤维布胶达到强度后，开始浇筑桥面。

⑤要求粘贴前应清除主梁表面疏松部分，至露出混凝土结构层。若有裂缝，应先行修补，用修补材料将混凝土表层修复平整，要求平整度达到 5mm/m。

⑥粘贴碳纤维布时，应使碳纤维布材料充分浸润，确保粘结效率。

⑦施工前应对粘贴表面混凝土含水率及所处的环境进行测量。若混凝土表层含水率大于 4%或现场气温低于 5℃时，应停止施工或采取措施。

⑧碳纤维布是否与被粘结面充分粘合直接关系到碳纤维布的施工质量，在粘贴后应仔细检查粘贴面，若发现碳纤维布与主梁混凝土之间有气孔，应采用注射针管进行注射粘结胶修补，确保碳纤维布与拱肋底面充分粘合。

⑨加固所用的碳纤维布及其配套粘结材料均应有厂家所提供的材料检验证明和合格证，

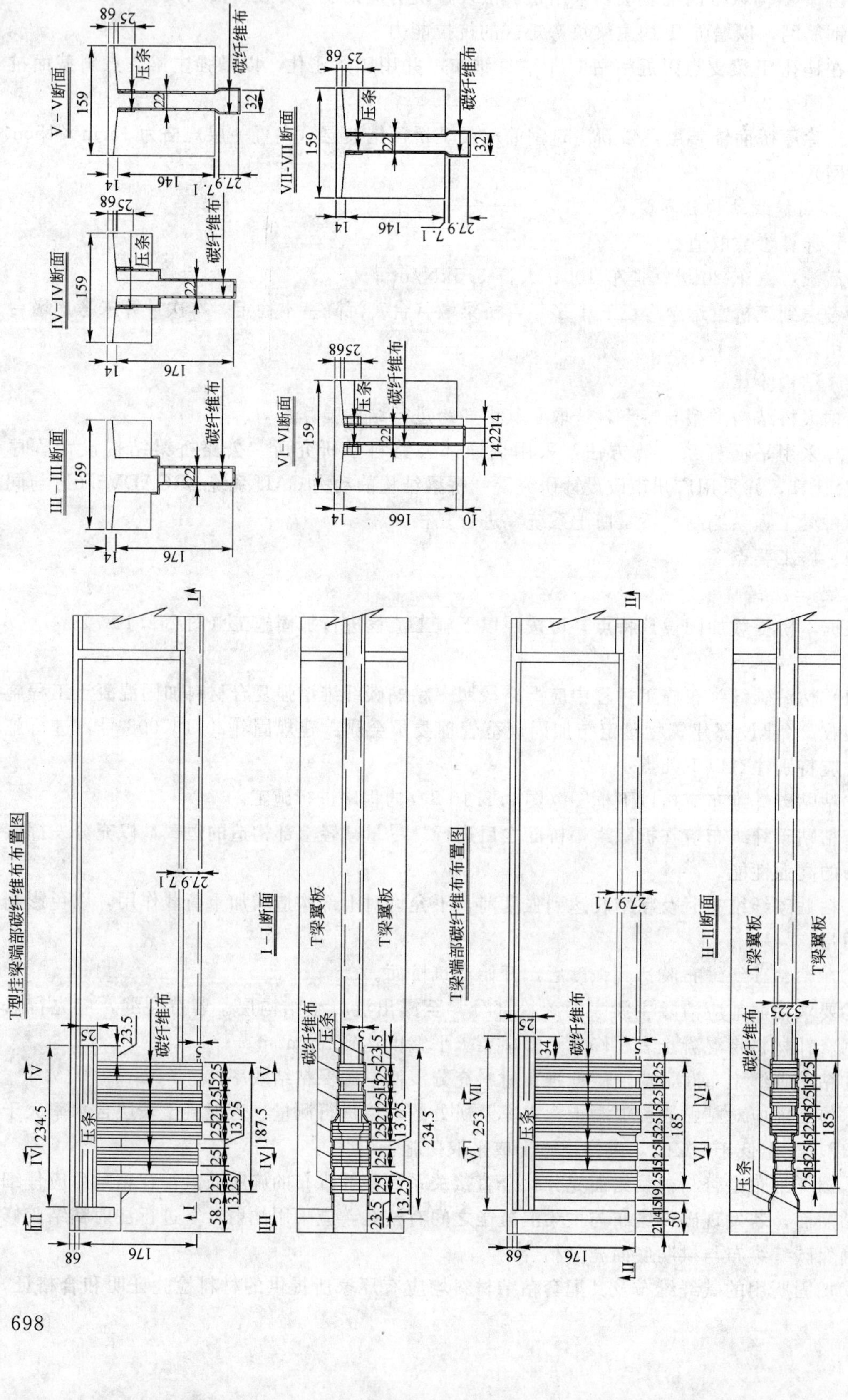

图2.2.10-6 挂孔T梁粘贴碳纤维布一般构造图（尺寸单位：cm）

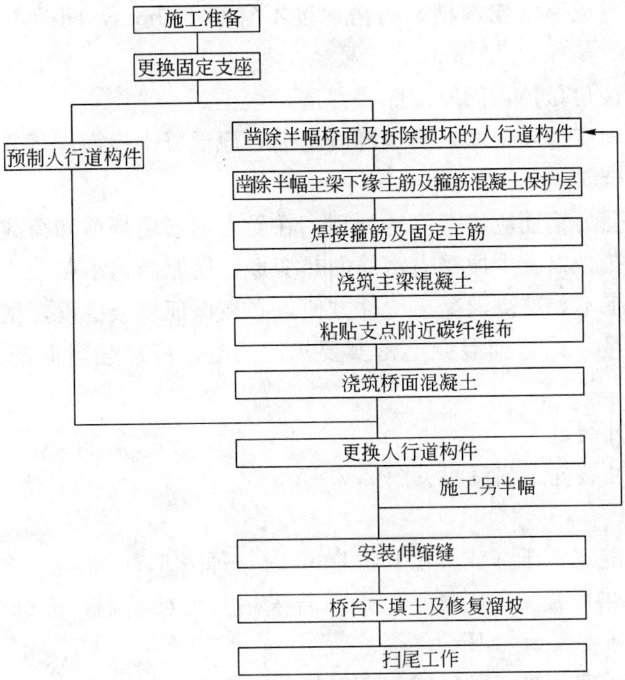

图 2.2.10-7 大桥施工流程图

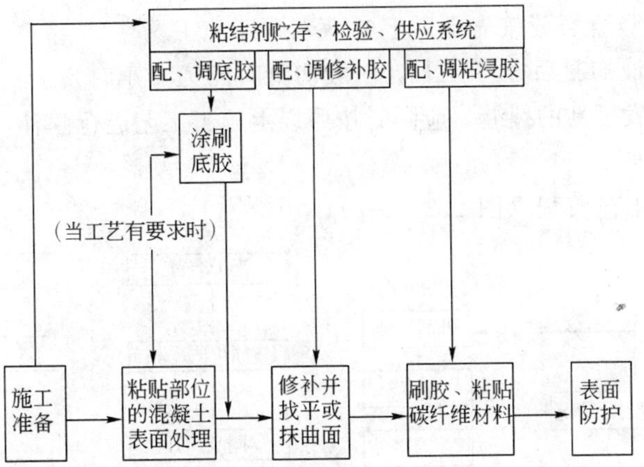

图 2.2.10-8 粘贴碳纤维布施工程序框图

本次加固维修所采用的碳纤维布技术指标要求列于表 2.2.10-2。

碳纤维布技术指标一览表

表 2.2.10-2

碳纤维类别	单位面积质量 (g/m²)	设计厚度 (mm)	抗拉设计强度 (MPa)	弹性模量 (MPa)
$T700P_L$	300	0.167	3500	2.35×10^5

(2) T 梁底植筋

①为了加强新、旧混凝土的结合，应对原构件混凝土存在的缺陷清理至密实部位，并将

构件表面凿毛，要求打成麻坑或沟槽，沟槽深度不宜小于 6mm，间距不宜大于箍筋的间距或 200mm。

②应将旧构件的棱角敲掉，同时应除去浮渣、尘土。

③原有混凝土表面应清除干净，浇筑混凝土前，原混凝土表面应用界面剂进行处理，以加强新老混凝土的结合。

④对原有和新设受力钢筋应进行除锈处理，在受力钢筋施焊前卸荷或采取支顶措施，并逐根分区分段分层焊接，以减少原受力钢筋的热变形，使原结构承载力不致遭受较大影响。

⑤外包混凝土施工不如整浇混凝土构件方便，必须保证模板搭设，钢筋安置以及新混凝土的浇筑和振捣的质量，以达到混凝土密实要求。同时，应加强新混凝土的养护，养护期 14 天以上。

(3) 化学灌浆修补裂缝

①化学灌浆法修补裂缝工艺流程见图 2.2.10-9。

②注意事项

a. 布嘴原则：裂缝宽大于（或等于）0.1mm 时，每隔 50cm 布嘴一个。

b. 化学灌浆建议采用赣交科 I 号粘结剂，若采用其他粘结剂，应进行相关性能指标试验，要求粘结剂抗拉强度大于 3MPa。

c. 灌浆设备由电动空压机、贮气罐、送气管、贮浆罐。

d. 压浆嘴由钢材制作而成，输浆及送气管采用 ϕ90mm、耐压 1MPa 以上的耐压管。

e. 施工过程中，竖直裂缝按先下后上的灌浆顺序施工。

f. 压浆嘴应在浆液初凝后方可拔下（一般初凝时间为 4 小时）。

g. 施工过程中若发现新的裂缝，应同时按照以上施工工艺进行修补，工程量以实际为准。

(4) 更换固定支座

①更换固定支座工艺流程（图 2.2.10-10）

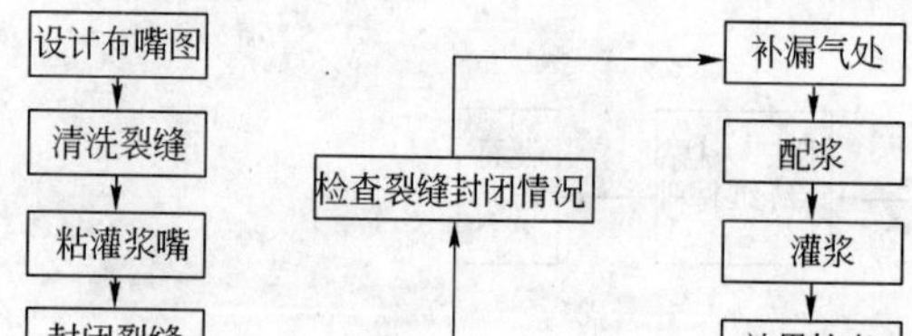

图 2.2.10-9 化学灌浆施工流程图

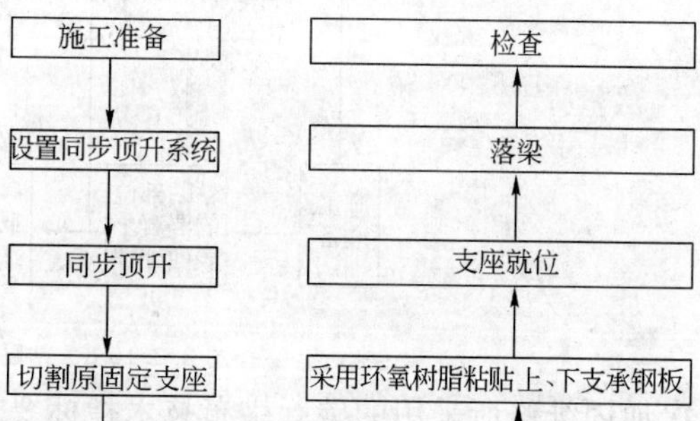

图 2.2.10-10 更换固定支座施工流程图

②注意事项

a. 更换支座前应做好一切准备工作，以免顶升时间过长产生危险，且更换支座时应封闭桥上一切交通。

b. 在正式顶升前应对操作手进行培训与预演，确保五片主梁同时顶升。

c. 顶升高度不宜超过 10mm。

d. 顶升过程中应切实做好安全防范措施与保障。

§2.11 装配式钢筋混凝土T梁梁端破损开裂的加固

——采用斜撑式体外预应力加固法

一、桥梁概况

1. 原桥设计

该桥原设计荷载为汽车-13级，拖车-60，桥面净宽为净－7＋2×0.75m，上部构造为11孔22.2m无横隔板装配式钢筋混凝土T梁，横向五根梁，固定支座为弧形钢板支座，活动支座为摆柱支座，桥两端4孔桥面纵坡均为1.8%，中间3孔为平坡，下部构造桥墩为单排4根80cm钻孔灌注桩基础，双柱式钢筋混凝土墩身，桥台为5根断面为30cm×30cm的钢筋混凝土打入桩加盖梁组成。该桥1969年10月建成通车。

2. 存在的主要问题

(1) 由于桥台的沉降和倾斜，两桥台的背墙均与T梁顶死，伸缩缝完全失效，严重渗水，支座向岸边倾斜，倾斜度为5～10度。

(2) 两边孔每片T梁均与台背顶死，有8片T梁端部破损严重、底部混凝土保护层脱落，主筋外露，生锈，每片T梁翼板及其根部出现宽度为0.5～0.8mm裂缝，渗水现象严重。

(3) 其余9跨中孔，T梁翼板及其根部均存在不同程度裂缝和支座处破损。

(4) 因桥面铺装损坏严重，相邻T梁横向连接较差，使连接处裂缝渗水。

(5) 全桥所有支座破坏严重，钢板生锈，且均发生不同程度的倾斜。全桥伸缩缝严重破损，失去作用。

(6) 全桥桥面铺装表面混凝土全部剥落，砾石外露，并有少许钢筋外露，特别是每条伸缩缝前后1～2m范围内破损严重，产生许多裂缝。

二、承载能力试验结果的评定

1. 试验目的和内容

在全面调查分析的基础上，为了对大桥加固前的承载能力进行鉴定以及便与加固后实际承载能力提高的对比，决定对大桥于加固前进行一次静载试验，主要测试内容有：

(1) 测定桥梁荷载横向分布规律。

(2) 测定T梁控制截面的内力影响线。

(3) 测定桥梁墩台在荷载作用下的应力及变形情况。

2. 试验方案和测点布置

大桥原设计荷载为汽车-13级，拖车-60，与现行规范的汽车-15级、挂车-80相近，为便于按规范对大桥的承载能力作出鉴定，试验时采用相当于汽车-15级荷载作用下的80%（弯矩），按弯矩等效的原则由四辆V0LV0车作为加载车。

(1) T梁挠度测点

①试验跨（第一跨）的跨中（$L/2$）梁底竖向位移，采用5只百分表（每片T梁下一个）。

②靠桥台一侧的梁端从下游至上游的1至3号T梁底部采用3只百分表测试位移。

(2) T梁跨中钢筋应力测点

在跨中断面每片T梁梁底面打出一根受力主钢筋处理后粘贴应变片，以测定钢筋在活载使用下的应力大小。

(3) 混凝土应变片测点

①跨中断面每片梁底一个测点。

②跨中断面每片T梁从梁底垂直向上高40cm处各布一测点。

③在试验孔的桥墩及盖梁上各布设一测点。

3. 据整理分析

(1) 跨中挠度数据(表2.2.11-1)

跨中断面梁底挠度表(单位:mm)　　表2.2.11-1

车型 \ 梁号	1		2		3		4		5	
	实测	理论	实测	理论	实测	理论	实测	理论	实测	理论
两辆V0LV0跨中加载	5.21	16.2	6.02	17.7	6.15	19.1	6.14	17.7	5.31	16.2
80%汽-15等效弯矩(四辆V0LV0)	6.75	19.0	7.33	20.76	7.29	22.4	6.86	20.76	5.45	19.2

(2) 实测跨中梁底钢筋应力数据(表2.2.11-2)

跨中断面梁底钢筋应力表(单位:MPa)　　表2.2.11-2

车型 \ 梁号	1			2			3			4			5		
	实测	理论	η	实测	理论	η	实测	理论	η	实测	理论	η	实测	理论	η
两辆V0LV0跨中加载	35.35	66.7	0.53	41.43	72.68	0.57	46.27	78.42	0.59	34.45	78.31	0.49	34.47	62.68	0.55
80%汽-15等效弯矩(四辆V0LV0)	47.05	78.41	0.60	53.82	85.43	0.63	58.13	92.27	0.63	38.68	82.3	0.47	34.85	75.76	0.46

(3) 偏载作用下横向分布系数(表2.2.11-3)

主梁在偏载作用下横向分布系数表　　表2.2.11-3

项目 \ 梁号	1	2	3	4	5
挠度横向分布系数	0.181	0.209	0.213	0.212	0.185
弯矩横向分布系数	0.187	0.198	0.217	0.203	0.195

根据实测数据,与计算的恒载数据相加,可计算得恒载+80%汽车-15级等效弯矩下,跨中梁底钢筋应力如表2.2.11-4。

跨中断面梁底钢筋应力表(单位:MPa)　　表2.2.11-4

项目 \ 梁号	1	2	3	4	5
恒载(计算)	75.9	75.9	75.9	75.9	75.9
汽-15(80%)实测	47.05	53.82	58.13	38.68	34.85
合计	122.95	129.72	134.03	114.58	110.75

试验时，对桥台桩基及试验孔的桥台立柱进行了测试，所测试出的应力较小，说明下部构造受力情况良好。

4. 静载试验结果与评定

(1) 由实测的桥梁荷载横向分布系数可知，各片 T 梁内力分配较均匀，整体性能较好。

(2) 跨中挠度检验系数 $\eta<0.5$，说明该试验孔 T 梁刚度较大。

(3) T 梁底钢筋应力检验系数 $0.4<\eta<1$，在容许范围内，说明桥梁最大承载力在汽－15 左右。

(4) 根据实测跨中钢筋应力影响线等分析，大桥进行加固提载后，可满足汽－20 的荷载要求。

三、加固设计与施工要点

1. T 梁加固提载设计要点

由于该桥交通十分繁忙，不允许中断交通进行加固，另搭施工便桥，又有便桥较长等困难，经多方案比较后决定采用基本上不中断交通的体外预应力加固提载法。

(1) 体外预应力筋布置方式的确定

体外预应力筋的布置和张拉方式主要有三种，即梁底水平设置的预应力筋，斜撑式预应力钢筋布置，组合式预应力钢筋布置方式。根据结构分析计算和加固前的静载试验，大桥基本状况良好，承载能力为汽车-15 级左右，无需采用组合式体外预应力筋布置方式，决定采用斜撑式体外预应力筋加固方式，即能明显提高跨中断面的抗弯能力，又能改善斜撑内断面的抗剪能力，预应力施工又很方便，故采用斜撑式体外预应力筋布置方式（图 2.2.11-1）。

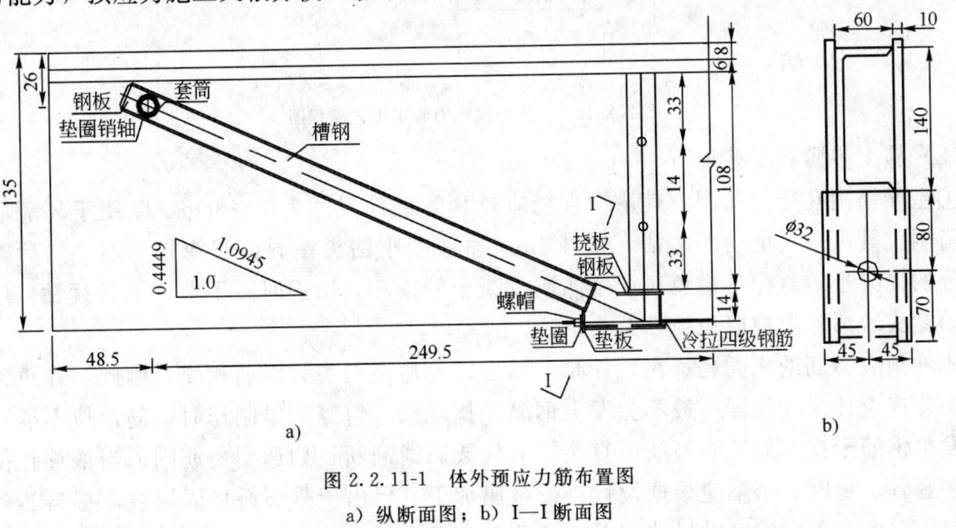

图 2.2.11-1　体外预应力筋布置图

a) 纵断面图；b) I—I 断面图

(2) 体外预应力筋计算

预应力筋的加固计算分别按加固前 T 梁所能承受的荷载（弯矩和剪力）；要求加固达到汽车-20、挂车-100 的荷载等级下的弯矩和剪力，原则上弯矩和剪力承载能力的不足部分就是需由体外预应力筋承担的部分。

体外预应力的计算中，有一个重要影响因素就是预应力损失的计算问题。除了和体内预应力混凝土相同的预应力损失计算因素以外，由于预应力筋布置在混凝土外，完全裸露，对温度的影响比混凝土灵敏得多，同时混凝土梁和预应力筋相对而言，还有时间的滞后性，目前，此方面的实测数据和理论研究都很不够，多数凭经验估计分析计算，须认真考虑。

2. 施工工艺要点

(1) 工艺流程图（图 2.2.11-2）

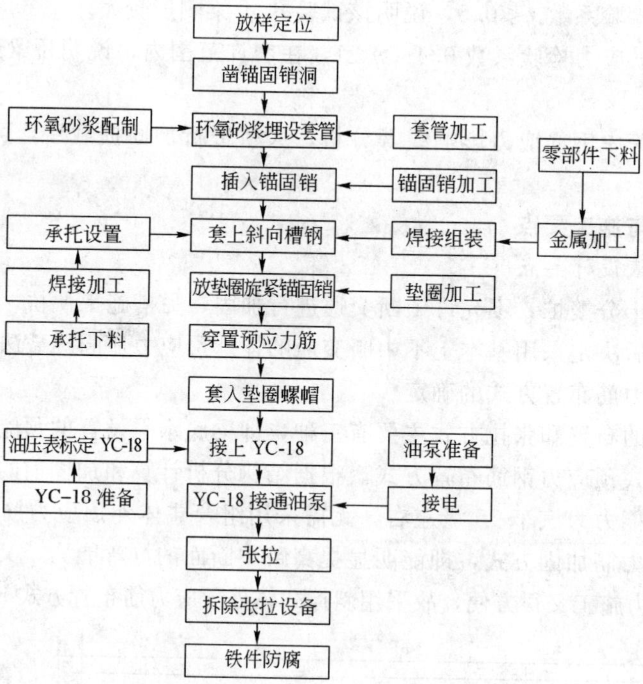

图 2.2.11-2 体外预应力施工工艺流程图

(2) 施工步骤和工艺要点

①主梁锚固孔定位凿洞。其凿洞直径应较套管设计尺寸大 2～3cm，以便于环氧砂浆埋设，凿洞工具可采用电动冲击钻，先以 8mm 直径的小钻头在洞位四周打一圈，然后再凿中间部分的混凝土，这样可避免对洞壁四周混凝土的损坏。钻进时，不要一下子猛钻，应边钻边拉动钻头，清除散粒以免损坏钻头。

体外预应力筋的锚固孔，在设计时已精心计算避免与主梁斜筋相交，因此，在正常情况下，正确按设计尺寸放样一般不会发生钢筋干扰现象，但当主梁制作时钢筋定位不准，仍有可能发生钢筋干扰，如遇到箍筋可直接用氧气或扁凿割断，如遇到主筋则适当偏移孔位。

②套管、垫圈、销轴应根据设计进行金属加工，但由于是旧桥加固提载，很自然各片 T 梁在制作时会有不同程度的尺寸误差，故此，应及时对套管和锚固轴的长度相应调整。

③环氧砂浆埋设套管，锚固孔凿好后应进行表面处理使孔洞洞壁清洁干燥，浮松部分清除，配制环氧树脂砂浆，用斜面压降法或灌浆法埋设套管。

④斜向受拉槽钢的加工，根据设计图要求，对各部件切割下料，焊接前应事先进行放样组拼，准确无误后方可进行施焊，并注意锚固孔是否因故改动。否则，槽钢下端角度及有关尺寸必须相应调整，以免形成水平钢筋在箱形槽钢二端的穿钢筋孔眼不在一条水平线上，引起弯曲或螺帽与箱形槽钢顶端不垂直，产生角偏差，造成张拉受力后预应力钢筋折断。一般

在制作和凿孔放样时均有一定的误差，宜将孔眼适当放大为长圆孔。

⑤用砂轮切割机进行力筋切割下料，并将割口毛边用锉刀锉圆。连接器和螺帽严格按设计要求的材料尺寸和工艺制作，连接器连接时先用力筋的一端作好一半连接器长度的标记，将连接器放到标记部位，然后放进另端力筋。如设计时采用冷拉四级钢筋为预应力钢筋时，需先加工螺丝端杆，按设计要求长度对焊钢筋，再通过冷拉工艺后才能使用。

⑥安装预应力构件。把斜向槽钢套入锚固销，另一端用绳子拉起或支架撑住箱形部位穿入预应力钢筋，旋上垫圈、螺帽，然后用人工将螺帽旋紧至下面横隔板下承托，以减小机械张拉的行程。

⑦张拉设备准备。油泵接电、电机就位，由于张拉工作在桥下空中操作，须事先搭好操作脚手支架，如在船上搭架，须注意船只锚定稳固，油泵油管要有足够的长度。

⑧张拉。张拉用拉伸机应事先在试验机上标定油压表与拉力的关系，以便准确控制张拉力。本桥预应力筋为悬空直线，中间无摩阻损失，因此，可采用单机一头张拉。张拉程序宜以二侧边梁开始向中间顺序进行，以减少中梁的弹性压缩损失，张拉前应仔细再检查一遍槽钢下端箱体上的钢板孔臂是否和预应力钢筋相碰，螺帽和箱体盖板是否垂直，如不符合要求，必须进行调整，调整合格检查无误后，即用油泵控制压力表进行张拉到规定吨位后用特制的长扳手用力旋紧螺帽，以尽量减小螺帽压密损失。

⑨材料防护。预应力钢筋及其他一切外露钢材用钢丝刷除锈后，涂二遍防锈漆，箱形槽钢内灌入水泥细石子混凝土至与预应力钢筋平齐。待预应力钢筋上的油漆干燥后，涂热沥青二遍，并用浸透沥青的粗麻袋条沿钢筋缠绕一遍并用细铅丝固定，如此重复二次，形成三麻四油的防护保护层，然后再用聚苯乙稀的平园保温大套用细铅丝固定再缠绕一层麻袋布，形成防护保温层。

⑩在船只繁忙和桥下净空较低的河道，宜在桥梁边梁外的腹板上用红漆标志“严禁碰撞”等安全标志。

四、加固效果

1. 加固提载后的荷载试验

（1）试验目的和内容

试验的目的是测定大桥加固后的承载能力是否已达到加固设计要求，主要测试主梁加固后的受力状况，为便于与加固前静载试验结果相比较，仍选择同一桥跨作为试验孔，试验内容和测点布置与加固前方案基本相同，只是增加了预应力钢筋的应变测试，主要有：

①测定桥梁荷载横向分布规律。

②测定在等效于汽车-20 级静载作用下 T 梁的应变和挠度。

③测定在等效于汽车-20 级静载作用下预应力加固钢筋的应变。

测点布置主要有：

①T 梁跨中和支座处梁底竖向位移。

②T 梁跨中梁底主筋应变测试。

③T 梁跨中断面混凝土应变测试。

④预应力加固钢筋应变测试。

（2）试验的主要结果和比较（跨中截面）。恒载＋汽车－20 级静载作用下 T 梁底部钢筋应力列于表2.2.11-5。恒载＋汽车-20级静载作用下T梁底部钢筋应力比较表列于表2.2.11-6。恒载＋汽车-20级静载作用下预应力加固钢筋应力列于表2.2.11-7。

恒载＋汽车－20级静载作用下T梁底部钢筋应力（单位：MPa）　表2.2.11-5

项　目	1号梁	2号梁	3号梁	4号梁	5号梁
恒载（计算）	55	55	55	55	55
汽车-20级荷载（实测）	54	59.5	62	49.4	43
合计	109	114.2	117	104.4	98

恒载＋汽车－20级静载作用下T梁底部钢筋应力比较表（单位：MPa）　表2.2.11-6

项　目	1号梁	2号梁	3号梁	4号梁	5号梁
加固前	154.49	161.53	168.4	158.2	149.5
加固后	109	114.2	117	104.4	98

注：加固前的数据为4辆VOLVO加载车按80％汽－15荷载加载时的实测值推算得到的，以便进行比较。

恒载＋汽车－20级静载作用下预应力加固钢筋应力（单位：MPa）　表2.2.11-7

项　目	1号梁	2号梁	3号梁	4号梁	5号梁
张拉应力	325.6	325.6	325.6	325.6	325.6
汽车-20级荷载作用（实测）	27	29.6	30	26.8	25.6
合计	352.6	355.2	355.6	352.4	351.2

2. 加固效果评价

（1）在恒载＋汽车-20级静载作用下T梁底部钢筋应力最大为117MPa，小于160MPa，且比加固前的最大值168.4MPa小51.4MPa，说明T梁经加固后承载能力大大加强，达到并超过汽车-20级的承载能力要求。

（2）在恒载＋汽车-20级荷载作用下预应力加固钢筋应力最大为355.6MPa，小于560MPa，能够满足汽车-20级荷载要求。

（3）加载时各测点的读数稳定，卸载后各部位的应变或挠度恢复迅速，其相对残余变形值较小，表明该桥孔各部件（T梁、支座）均处于弹性工作状态，受力状态良好。

综上所述，通过加固改造后，其上部结构承载能力得到了较大的提高，能够满足汽车-20级荷载要求，达到了加固设计的预期效果。

§2.12　装配式T梁严重开裂的加固

——采用改变结构体系加固法

一、桥梁概况

原桥为8－20m装配式钢筋混凝土T形简支梁桥，总长188.92m。桥宽7.0m＋2×1.0m人行道。设计荷载为汽-13级、拖-60。大桥原建于1960年，1963年8月改建竣工通车，运营近40年，桥梁已发生严重的病害，T型主梁、横隔板、盖梁等主要结构出现多处裂缝，桥面、栏杆等也出现较大程度破损。

二、检测和试验结果的评定

1. 检测结果

(1) 现场检测表明

①主梁截面尺寸与设计基本一致，混凝土强度与设计值基本符合（C30）。

②混凝土裂缝较多，最大裂缝宽度为 0.2 mm，裂缝长度最长为 87 cm。

③由于混凝土裂缝较多，混凝土碳化严重，使得主梁下缘受力钢筋锈蚀较严重。

(2) 结构验算

①根据现场检查，结构基本尺寸按原设计取值，其计算结果见表 2.2.12-1。

单梁跨中最大弯矩值（单位 kN·m）　　表 2.2.12-1

恒载 M_G	人群 M_r	汽-13M_{q1}	汽-15M_{q2}	汽-20M_{q3}
80.85	10.60	94.64	109.45	130.37

荷载内力组合见表 2.2.12-2。

荷载内力组合表（kN·m）　　表 2.2.12-2

汽-13＋人群 $S_{Q1}=1.15\times M_{q1}+M_r$	汽-15＋人群 $S_{q2}=1.15\times M_{q2}+M_r$	汽-20＋人群 $S_{q3}=1.15\times M_{q3}+M_r$
119.44	136.47	160.53

按 I 类组合：$M_j=1.2S_G+1.4S_Q$

$M_{j1}=264.24$	$M_{j2}=288.08$	$M_{j3}=321.76$

②根据《公路旧桥承载能力鉴定方法》，计算中未考虑桥面铺装层和受压钢筋作用，并计入 $Z_1=0.95$ 的旧桥检算系数。计算得出截面抗力：

$$M_p = R_a \times S_0 \times Z_1 = 275.89\text{kN}\cdot\text{m}$$

从上面计算结果得知：旧桥的检算承载能力基本满足汽－13、拖-60、和汽-15、挂-80 荷载标准。

2. 荷载试验

(1) 观测截面与测点布置

①主梁应力观测截面选在第一跨、第六跨和第七跨的跨中，每截面测点分别置于 6 片主梁的下缘受拉钢筋上。

②主梁挠度测点布置在试验跨跨中截面的主梁下缘。

(2) 加载方法

荷载试验采用等效汽车加载，分别以汽-13、拖-60、汽-15、挂-80 两种荷载作为试验控制荷载，在影响线上按最不利位置分级加载。

本次试验共采用 4 辆重车（单车总重约 18.5t，轴距 4.67m），以 7 种不同载位进行加载，见图（载位 1～载位 7）。

(3) 观测方法

应力观测均采用测点应变传感器通过电阻应变仪测量的方法。挠度观测则分别在控制点采用位移计测量的方法。

3. 荷载试验结果

(1) 应力试验结果，列于表 2.2.12-3。

各跨跨中截面钢筋应力测试结果（MPa） 表 2.2.12-3

加载载位	实测平均值			计算值
	第一跨	第六跨	第七跨	
1	5.40	5.40	5.40	7.22
2	17.10	17.13	16.45	20.61
3	22.40	22.43	21.05	26.21
5	33.17	33.47	32.73	39.04

上表中应力符号为“+”，压力符号为“—”

(2) 挠度测试结果，列于表 2.2.12-4。

各跨跨中挠度测试结果 表 2.2.12-4

加载载位	实测平均值（mm）		
	第一跨	第六跨	第七跨
1	1.15	1.58	1.69
2	4.02	4.10	4.19
3	4.58	4.67	4.72
5	6.86	7.86	7.82
卸载	0.08	0.28	0.17

上表中挠度符号：向下为“+”，向上为“—”。

(3) 裂缝增量情况，列于表 2.2.12-5 和表 2.2.12-6。

第一跨跨中截面最大裂缝增量测试结果（mm） 表 2.2.12-5

测点号 / 加载载位	1号	3号	5号
1	0	0	0.01
2	0.02	0.01	0.02
3	0	0	0.01
5	0.01	0.01	0.04
卸载	0.01	0.01	0.02
6（偏载）	0.03	0.01	−0.01
7（偏载）	0.02	0.01	0

第六跨跨中截面最大裂缝增量观测结果（mm） 表 2.2.12-6

加载载位 / 测试点	1	2	3	4	5	卸载	6偏载	7偏载
4号	0.05	0.05	0.04	0.04	0.05	0	0	0.02

从各种观测及试验结果看，三个试验桥跨（第 1、6、7 跨）比较一致，表明所选试验跨具有代表性，其试验结果可用于全桥的评价。

试验截面应力和挠度观测结果表现出明显的定性规律，比较好地与各加载工况对应，且实测应力值小于相应和计算值，实测挠度和裂缝增量均很小，并在卸载后基本恢复。表明目前该桥在试验荷载下尚处于弹性工作状态，其强度和刚度满足试验控制荷载的通行要求。

4. 检测试验评价

通过对大桥现状结构检算和荷载试验，根据大量完整可靠的测试数据分析和反复验算分析得出以下综合评价：

现有状态下的桥梁在试验荷载作用下，表现出较好的静力工作性能，具有较大的变形刚度和一定强度储备。现阶段的桥梁尚能通行汽—30、拖—60 的设计荷载或汽—15、挂—80 检算荷载。但由于目前桥梁已存在较严重的病害，为避免损伤加剧影响营运安全，应严格限制超重车辆通行速度（小于 20km/h），并尽快对现有桥梁进行加固和改造，以提高桥梁的通行能力和使用寿命。

三、加固设计要点

1. 加固技术标准

荷载等级：汽-20、挂-100、人群：3.5kN/㎡

桥面净空：净宽—7.0＋2×1.5m 人行道

2. 加固方案

（1）将原简支结构改变成连续结构，即将 8 跨简支梁改变为 2 联每联 4 跨的连续结构。拆除原桥行车道板以上全部结构，割断相应的原 T 梁固定支座钢轴，将其梁端连结。梁端连结构造见图 2.2.12-1。

（2）采用植筋法“HY—150 粘合剂”，该粘合剂具有强度高，埋入深度浅及钻孔直径小等优点。同时采用“TM 型界面胶”，对新旧混凝土的结合面能产生很高的粘结强度，确保共同受力（图 2.2.12-2）。

（3）为了尽量减少连续梁的跨中弯矩，采用二次浇注的施工方法。即对混凝土浇注顺序的强度要求为：

①主梁端头膨胀混凝土 C30 强度达到 85％以上才允许浇注主梁端头负弯矩最大的部位混凝土（即第一批浇注混凝土，主梁端头两边各 5.6m 部位）。

②待第一批浇注混凝土强度达到 95％以上才允许浇注第二批混凝土（即跨中部位的混凝土）如图 2.2.12-3 所示。

（4）对主梁已经产生的少数严重非结构性裂缝采取逐条封闭处理。

（5）人行道悬臂长度适当增加（图 2.2.12-4）。

（6）对桥墩进行维修加固：保持原桥结构形式不变。清除墩身表面已破损部分并洗净，埋设锚钉，挂放钢筋网，涂刷混凝土粘结胶，立模浇注混凝土（图 2.2.12-5）。

四、加固效果评定

2001 年 4 月，该桥加固施工完毕，为检验加固改建后桥梁是否达到设计荷载标准，于 2001 年 5 月进行了静荷载试验。

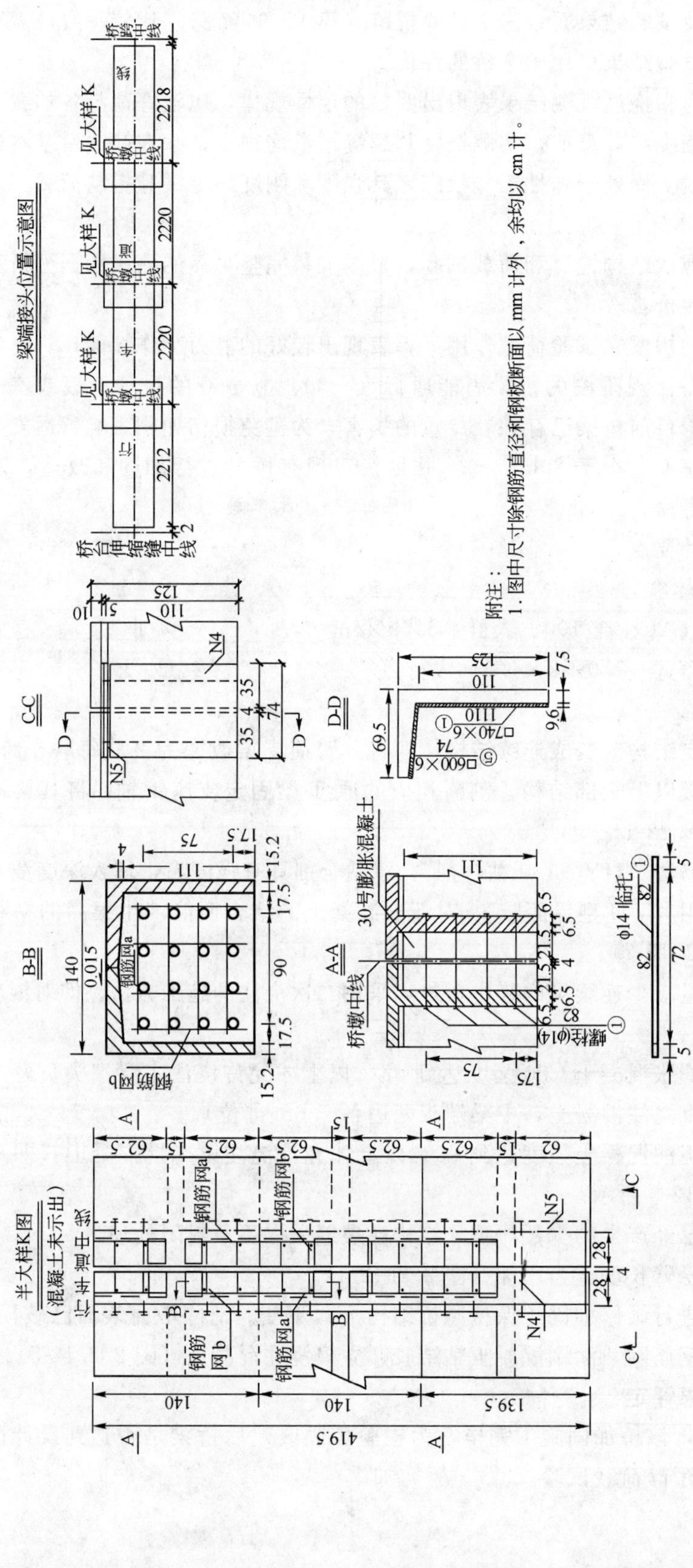

附注：

1. 图中尺寸除钢筋直径和钢板断面以mm计外，余均以cm计。

图2.2.12-1 梁端连接构造图

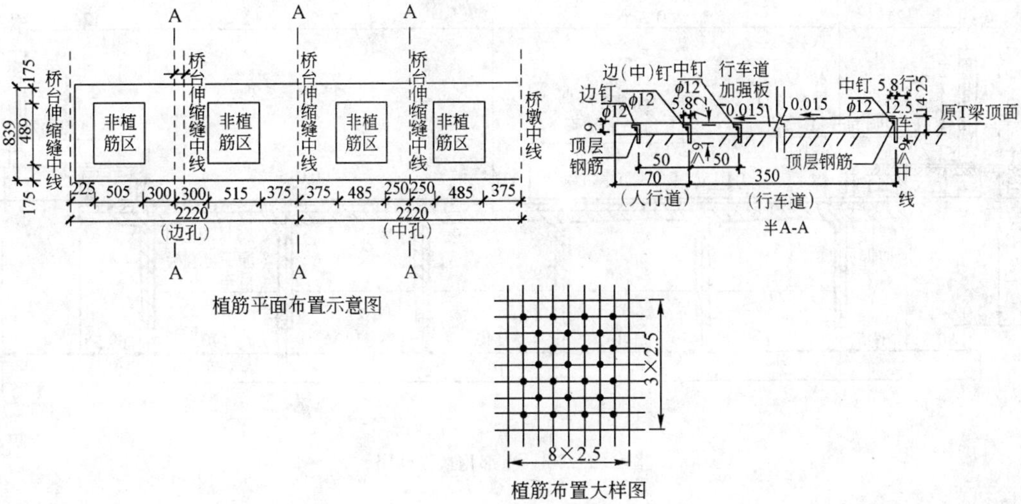

图 2.2.12-2 桥面植筋布置图（尺寸单位：cm）

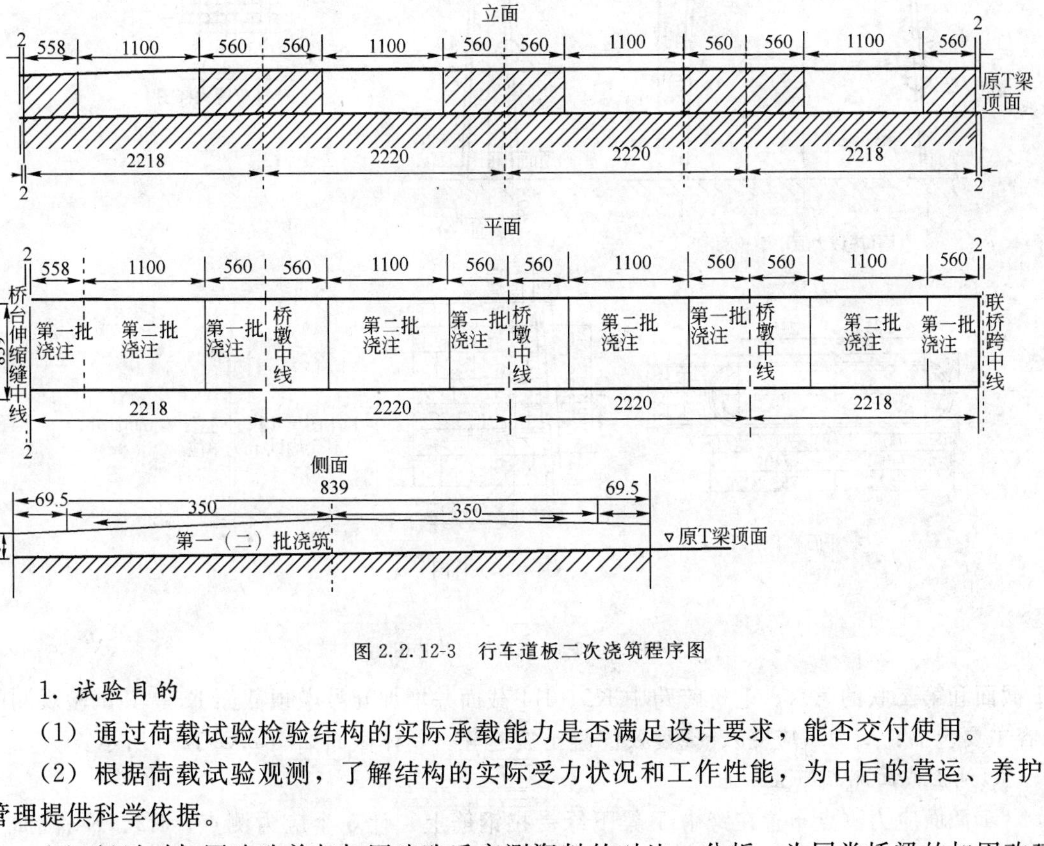

图 2.2.12-3 行车道板二次浇筑程序图

1. 试验目的

（1）通过荷载试验检验结构的实际承载能力是否满足设计要求，能否交付使用。

（2）根据荷载试验观测，了解结构的实际受力状况和工作性能，为日后的营运、养护及管理提供科学依据。

（3）经过对加固改造前与加固改造后实测资料的对比、分析，为同类桥梁的加固改建、完善设计、改进工艺，积累资料。

2. 试验内容

根据结构特点与现场情况，荷载试验与加固鉴定前相同，选取大桥第一联的第一跨跨中

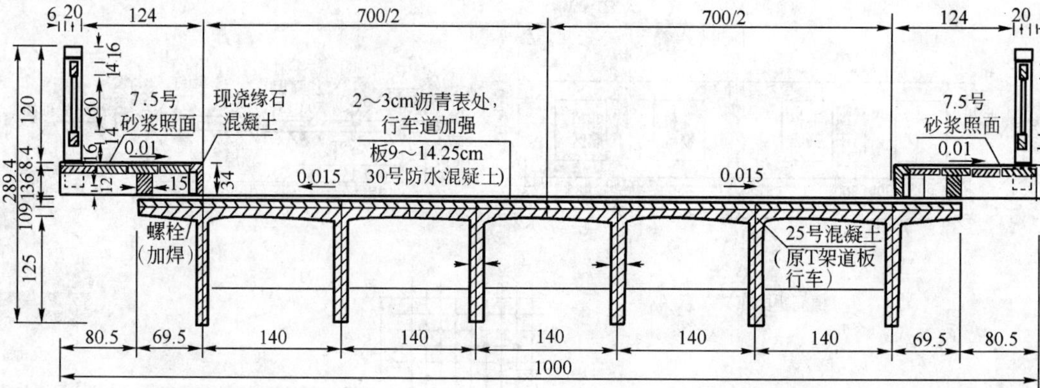

图 2.2.12-4　上部构造横断图

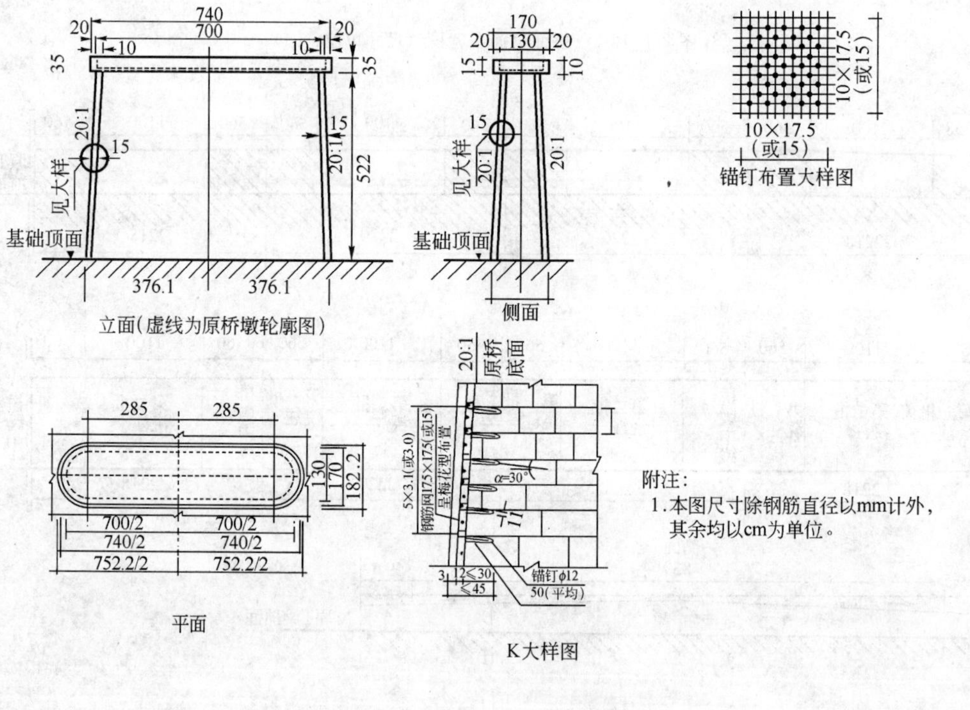

图 2.2.12-5　桥墩加固构造图

K1 截面和第二联的第六、七桥跨跨中 K2、K4 截面并增加 6 号墩顶截面 K3，其试验观测的内容主要包括：应力（应变）、挠度及混凝土裂缝等。具体截面如图 2.2.12-6 所示。

3. 试验截面测点布置

K1 截面应力测点布置在跨中 T 梁下缘受拉钢筋上，计 5 个应力测点；K2、K4 截面 T 梁上缘为预埋钢筋应变计，各 6 个应力测点；T 梁下缘布置在受拉钢筋上，计 4 个应力测点；K3 墩顶截面在 T 梁上缘预埋钢筋应变计，计 5 个应力测点。

挠度测点：K1 截面分别布置在中梁和两片边梁的下缘；K2、K4 截面分别布置在桥跨中上、下游的两片次边梁上。

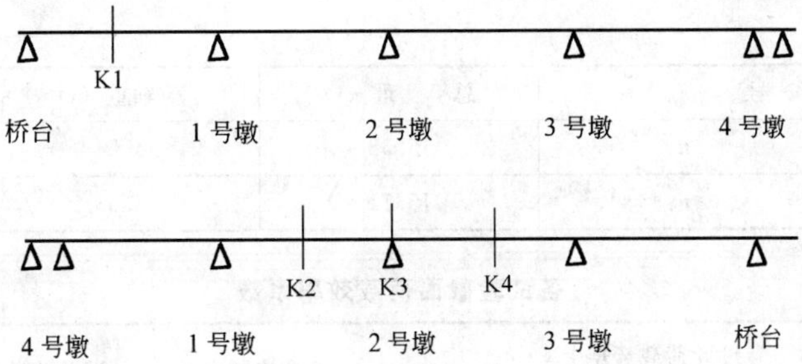

图 2.2.12-6　控制截面示意图

各截面测点布置示意图见图 2.2.12-7～图 2.2.12-9。

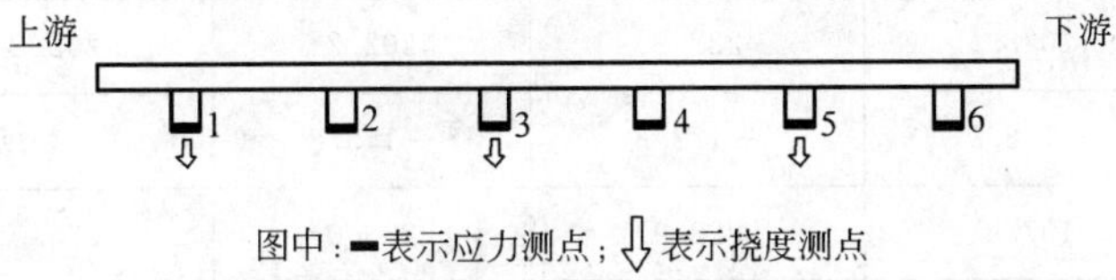

图 2.2.12-7　K1 截面测点位置示意图

图 2.2.12-8　K2、K4 截面测点位置示意图

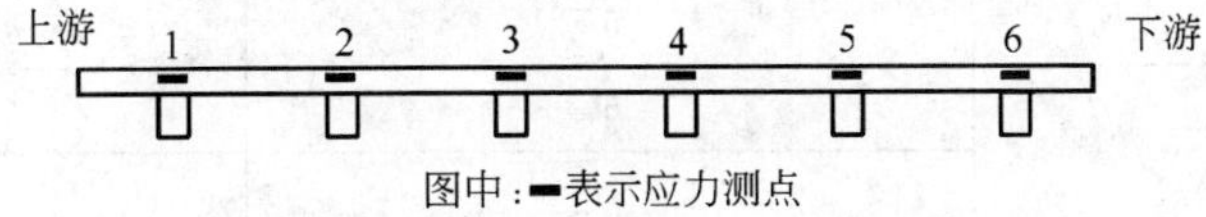

图 2.2.12-9　K3 截面测点位置示意图

4. 试验荷载布置

本次试验荷载属竣工验收性荷载试验，仅对桥梁的上部结构进行加载试验。根据《大跨径混凝土桥梁的试验方法》第 3.8 条规定，试验荷载效率 $\eta = S_{stat}/(S \cdot \delta)$ 应满足 $0.8 < \eta \leqslant 1.05$ 的要求，本次静载试验根据现场车辆情况，按照弯矩等效原则共采用了 4 辆重车作为试验荷载，其中红岩车与东风车各两辆，各车重量参数列于表 2.2.12-7，各试验截面荷载效率系数列于表 2.2.12-8，各加载工况及对应载位车辆列于表 2.2.12-9。荷载效率 η 计算式中 S_{stat} 为试验荷载作用下的检测部位变位或力的计算值，S 为设计标准荷载作用下的检测部位变位或力的计算值，δ 为设计取用的动力系数。

各 车 重 量 系 数　　　　表 2.2.12-7

车 辆 编 号		总　重 (t)	前轴重 (t)	中、后轴重 (t)
红岩	n_1	31.48	5.26	26.22
	n_2	31.01	6.61	24.4

续上表

车辆编号		总重（t）	前轴重（t）	中、后轴重（t）
东风	n_3	15.58	4.64	10.94
	n_4	15.11	4.33	10.78

各试验截面荷载效率系数 表 2.2.12-8

控制截面	设计荷载弯矩 kN·m		试验控制弯矩 kN·m	试验荷载弯矩 kN·m	荷载效率
	汽-20＋人群	挂-100			
K_1	128.6	280.0	227.0	227.0	0.81
K_2	107.9	228.9	202.2	202.2	0.88
K_3	−118.9	−177.8	−145.8	−145.8	0.82
K_4	107.9	228.9	236.0	236.0	1.03

各级加载工况及车辆 表 2.2.12-9

控制截面	工况	对应载位加载车辆
K_4（正载）	1	n_1+n_2
	2	n_1+n_2
	3	$n_1+n_2+n_3+n_4$
K_4（偏载）	4	n_1+n_3
	5	$n_1+n_2+n_3+n_4$
K_2、K_3（正载）	6	n_1+n_2
	7	n_1+n_2
	8	$n_1+n_2+n_3+n_4$
K_2（偏载）	9	n_1+n_3
	10	$n_1+n_2+n_3+n_4$
K_1（正载）	11	n_1+n_2
	12	n_1+n_2
	13	$n_1+n_2+n_3+n_4$
K_1（偏载）	14	n_1+n_3
	15	$n_1+n_2+n_3+n_4$

本次试验，分 15 种工况对各试验截面加载（略）。

5. 试验结果

(1) 应力

将试验截面主要测量在相应各级加载工况下的应力观测结果及对应的计算值列于表 2.2.12-10～表 2.2.12.15，表中应力符号"＋"为拉，"－"为压。

K4 截面应力测试结果一（单位：MPa）　　表 2.2.12-10

工　况	跨　中				实测平均值	计算平均值
	下缘钢筋各点实测应力值					
	1	2	3	4		
1	19.37	18.56	21.00	17.58	19.13	/
2	25.07	24.58	27.51	23.12	25.07	49.11
3	31.09	29.95	33.37	28.33	30.68	62.68
4	6.35	11.40	19.05	22.30	/	/
5	25.88	27.84	33.70	31.42	/	/

K4 截面应力测试结果二（单位：MPa）　　表 2.2.12-11

工　况	跨　中						实测平均值	计算平均值
	上缘混凝土各点实测应力值							
	5	6	7	8	9	10		
1	−0.38	−0.35	−0.48	−0.58	−0.59	−0.54	−0.49	/
2	−0.48	−0.44	−0.73	−0.90	−0.93	−0.85	−0.72	−2.20
3	−0.63	−0.56	−0.88	−1.09	−1.13	−1.00	−0.88	−2.81
4	−0.09	−0.48	−0.49	−0.47	−0.34	−0.15	/	/
5	−0.49	−0.65	−0.77	−0.89	−0.84	−0.66	/	/

K2 截面应力测试结果一（单位：MPa）　　表 2.2.12-12

工　况	跨　中				实测平均值	计算平均值
	下缘钢筋各点实测应力值					
	1	2	3	4		
6	13.51	12.53	10.42	12.05	12.13	/
7	18.40	17.58	14.65	15.79	16.60	53.03
8	28.98	27.67	23.12	24.58	26.09	59.3
9	7.16	11.56	13.02	18.88	/	/
10	23.77	26.05	23.77	28.33	/	/

K2 截面应力测试结果二（单位：MPa）　　表 2.2.12-13

<table>
<tr><td rowspan="3">工　况</td><td colspan="6">跨　中</td><td rowspan="3">实测平均值</td><td rowspan="3">计算平均值</td></tr>
<tr><td colspan="6">上缘混凝土各点实测应力值</td></tr>
<tr><td>5</td><td>6</td><td>7</td><td>8</td><td>9</td><td>10</td></tr>
<tr><td>6</td><td>−0.30</td><td>−0.27</td><td>−0.37</td><td>−0.34</td><td>−0.30</td><td rowspan="5">测点损坏</td><td>−0.32</td><td>/</td></tr>
<tr><td>7</td><td>−0.38</td><td>−0.36</td><td>−0.53</td><td>−0.48</td><td>−0.42</td><td>−0.43</td><td>−2.38</td></tr>
<tr><td>8</td><td>−0.60</td><td>−0.54</td><td>−0.82</td><td>−0.76</td><td>−0.65</td><td>−0.67</td><td>−2.66</td></tr>
<tr><td>9</td><td>−0.11</td><td>−0.43</td><td>−0.39</td><td>−0.35</td><td>−0.24</td><td>/</td><td>/</td></tr>
<tr><td>10</td><td>−0.48</td><td>−0.61</td><td>−0.73</td><td>−0.67</td><td>−0.55</td><td>/</td><td>/</td></tr>
</table>

K3 截面应力测试结果（单位：MPa） 表 2.2.12-14

工 况	跨 中						实测平均值	计算平均值
	上缘混凝土各点实测应力值							
	1	2	3	4				
6	2.44	2.28	2.85	3.17	3.17	2.69	2.77	/
7	2.52	2.60	2.77	3.09	3.01	2.52	2.75	66.34
8	3.42	3.58	3.66	3.99	3.83	3.17	3.60	100.29

K1 截面应力测试结果（单位：MPa） 表 2.2.12-15

工 况	跨 中						实测平均值	计算平均值
	上缘混凝土各点实测应力值							
	1	2	3	4	5	6		
11	24.74	23.93	23.12	24.58	25.88	22.95	24.20	/
12	9.47	30.77	29.95	32.07	33.53	27.19	30.50	36.70
13	39.07	39.40	38.26	40.53	43.47	36.63	39.56	66.81
14	3.74	9.60	14.81	23.44	32.88	35.65	/	/
15	31.74	34.67	36.30	41.84	47.86	43.79	/	/

（2）挠度

表 2.2.12-16～表 2.2.12.18 为试验截面挠度观测结果，表中竖向位移符号“＋”表示向下，“－”表示向上。

K4 截面挠度观测结果（单位：mm） 表 2.2.12-16

测点布置 / 加载工况	上 游	下 游
1	3	3
2	5	3.5
3	6	4.5
残余	0	0
4	1	2
5	5	5
残余	0	0

K2 截面挠度观测结果（单位：mm） 表 2.2.12-17

测点布置 / 加载工况	上 游	下 游
6	0	2
7	1	3
8	3	3.5
残余	0	0
9	1	2
10	3	4.5
残余	0	0

K1 截面挠度观测结果（单位：mm） 表 2.2.12-18

测点布置 / 加载工况	上 游	中 部	下 游
11	3.9	4.3	4.2
12	4.4	4.9	4.7
13	6.2	6.8	6.7

续上表

加载工况＼测点布置	上 游	中 部	下 游
残余	0.1	0.2	0.2
14	0.6	2.7	4.7
15	5.0	6.5	7.1
残余	0	0.1	0.2

（3）裂缝观测

加固施工完成后的大桥，未按加固设计要求对梁体上的原裂缝进行处治，大量裂缝也未进行封闭。但在整个试验过程中，受检桥跨均未发现新的裂缝出现。

6. 加固前、后试验结果对比

本次试验结果与加固前的结果列于表 2.2.12-19～表 2.2.12-20，由表中数据可以看出，加固后的大桥无论是梁体刚度还是强度均明显得到提高。

应力试验结果对比 表 2.2.12-19

试验截面（下缘受拉钢筋）		最大荷载工况下的实测应力平均值（MPa）	计算值（MPa）	应力结构校验系数
第一跨跨中截面	加固改造前	33.17	39.04	0.85
	加固改造后	39.56	66.81	0.59
第六跨跨中截面	加固改造前	33.47	39.04	0.86
	加固改造后	26.09	59.31	0.44
第七跨跨中截面	加固改造前	32.73	39.04	0.84
	加固改造后	30.68	62.68	0.49

挠度试验结果对比 表 2.2.12-20

试验截面（下缘受拉钢筋）		最大荷载工况下的实测挠度平均值（mm）	荷载效率
第一跨跨中截面	加固改造前	6.68	0.91
	加固改造后	6.6	0.81
第六跨跨中截面	加固改造前	7.86	0.91
	加固改造后	3.3	0.88
第七跨跨中截面	加固改造前	7.82	0.91
	加固改造后	5.2	1.03

①在整个静荷载试验过程中，未发现受检桥跨出现新的受力裂缝。从试验数据结果可以看出，应力实测值与计算值具有明显的对应规律且小于计算值。其中墩顶截面（K3）由于实体断面影响，实测钢筋应力值远远小于对应的计算最大值，其余各试验截面的应力结构校

验系数（表 2.2.12-21）在 0.25～0.59 之间，说明该桥具有较大的强度储备，在试验荷载作用下满足强度要求。

②各试验正弯矩截面实测挠度值均小于规范允许值，且卸载后残余值很小，相对残余挠度（表 2.2.12-22）小于 20%，说明试验桥跨结构刚度满足使用要求，在试验荷载作用下处于较好的弹性工作状态。

应力结构校验系数 表 2.2.12-21

试验截面		最大荷载工况下的实测应力平均值（mm）	理论计算值（MPa）	结构校验系数 η
K1	下缘	39.56	66.81	0.59
K2	上缘	0.67	2.66	0.25
	下缘	26.09	59.31	0.44
K3	上缘	3.60	100.29	0.04
K4	上缘	0.88	2.81	0.31
	下缘	30.68	62.68	0.49

相对残余变位 表 2.2.12-22

试验截面	试验荷载下的实测平均值（MPa）	卸载后残余值（mm）	相对残余变位
K1	6.8	0.2	2.9%
K2	4.5	0	0
K3	6	0	0

7. 加固效果

本次试验各工况最大荷载效率均满足“试验方法”要求，其试验结果可用于评价结构工作性能。

根据静载试验所得的数据结果分析认为，受检试验桥跨现有结构的承载能力、变形和抗裂性能满足加固设计荷载标准和使用要求。

为保证大桥在长期荷载作用下的安全，延长其使用寿命，应按照加固设计要求对 T 梁裂缝进行灌浆封闭处理，并限制超重车辆通行。

下

桥梁检测与加固手册

◎ 张劲泉　王文涛　主编

人民交通出版社

内 容 提 要

本手册分上、下两册，共有五篇内容。第一篇主要讲述了桥梁检查、检测、试验与评定的原理、方法、标准及常用仪器设备的相关知识；第二篇至第四篇，分桥型讲述了桥跨结构的病害及成因分析、加固计算方法、加固措施及其施工技术等，第五篇则重点讲述桥梁下部结构加固的相关内容。

在编写过程中，编者尤其注重理论与实践的结合，在每一篇中均有丰富的典型工程实例可作参考。手册内容全面、实用，既可作为桥梁检测、评定与加固领域的工具参考书，又不失为一本很好的培训教材。

图书在版编目（CIP）数据

桥梁检测与加固手册．下册/张劲泉，王文涛主编．北京：人民交通出版社，2007.1

ISBN 978-7-114-06333-6

Ⅰ.桥… Ⅱ.①张…②王… Ⅲ.①桥-检测-技术手册②桥-加固-技术手册 Ⅳ.U445.7-62

中国版本图书馆 CIP 数据核字（2006）第 149667 号

书　　名：桥梁检测与加固手册（下册）
著 作 者：张劲泉　王文涛
责任编辑：张征宇
出版发行：人民交通出版社
地　　址：（100011）北京市朝阳区安定门外外馆斜街 3 号
网　　址：http://www.ccpress.com.cn
销售电话：（010）59757969，59757973
总 经 销：北京中交盛世书刊有限公司
经　　销：各地新华书店
印　　刷：北京密东印刷有限公司
开　　本：787×1092　1/16
印　　张：60.75
字　　数：1432 千
版　　次：2007 年 2 月第 1 版
印　　次：2008 年 11 月第 1 版第 2 次印刷
书　　号：ISBN 978-7-114-06333-6
印　　数：3001—5000 册
定　　价：200.00 元（上、下册）
（如有印刷、装订质量问题，由本社负责调换）

序

我国有着悠久的建桥历史。赵州桥、万安桥、湘子桥等一大批古代名桥，是中国古代科学技术史上的一颗颗璀璨明珠，并且至今熠熠生辉。新中国成立后，我国的公路交通事业走上了更加辉煌的发展历程，一大批领世界技术之先的特大型桥梁跨海越江，使天堑变通途。到 2005 年底，全国通车运营的公路桥梁总数已达 33.7 万座，计 1475 万延米。

在桥梁建设事业飞速发展的同时，我国公路桥梁的养护管理任务越来越繁重。特别是 20 世纪 80 年代前修建的公路桥梁，受当时经济、技术条件的限制，设计荷载均在汽车—20 级以下。随着设计寿命逐渐临近，重载交通迅猛增加，一些桥梁的使用技术状况迅速下降，已难以满足实际交通需求，急需采取工程措施进行加固或改造。针对这种情况，为了及时消除隐患，保证人民群众生命财产安全，交通部从 2001 年起，在全国范围内组织开展了旧桥改造工程。6 年来，已对 1 万余座桥梁进行了加固或改造，有效提高了公路行车的安全水平。

为更好地指导工程实践，提高旧桥检测、加固和改造工作技术水平，交通部公路科学研究院组织编写了《桥梁检测与加固手册》。手册较为系统地总结了近 20 年来我国公路桥梁检测和加固技术的发展经验和科研成果，介绍了常用的检测技术、评价和加固设计方法，分桥型说明了加固施工关键技术和工艺，并提供了大量的典型工程实例，具有较强的实用性和指导性。

桥梁检测和加固技术对保证桥梁安全运行有着至关重要的作用。希望广大桥梁工程技术人员，在实践中以科学的态度，求实的精神，锐意进取，坚持创新，认真总结工程经验，不断丰富和完善桥梁检测加固技术，为提高我国的桥梁养护管理技术水平，为公路交通更安全、更畅通，做出新的贡献。

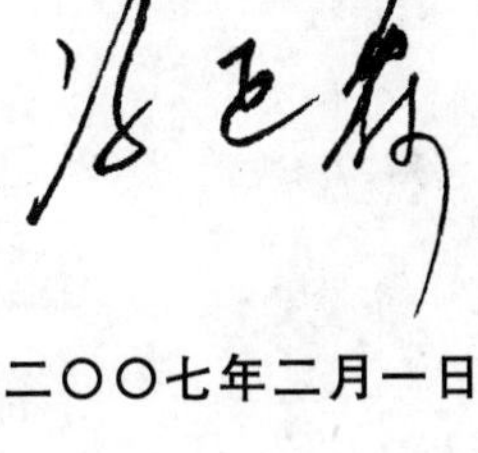

二〇〇七年二月一日

编 审 人 员

主　　　编： 张劲泉　王文涛

副　主　编： 何玉珊　李万恒　魏洪昌

参加编写人员：（以姓氏笔画为序）

马　晔　王岐峰　王志英　王来永　王国亮
王杰林　王恩东　任红伟　刘本昌　孙同波
张小江　李　武　李　健　李　湛　李宏江
李怀峰　李承昌　邵新鹏　郑晓华　胡吉利
赵怀志　赵尚栋　徐　萍　贾海庆　郭长路
宿　健　曹茂坤　梁奎基　程寿山　廖　军

主　　　审： 李　华　谢经纬　陈国靖

前言

新中国成立以来，我国的公路桥梁事业得到了长足发展。特别是改革开放以来，更是进入到了一个全新的发展时期，公路桥梁总数由改革开放前的5.59万座，跃升到2005年的33.66万座，计1474.7万延米。立交桥、高架桥、跨江河湖海、深沟峡谷的大型、特大型桥梁建设更是日新月异。我国用短短20年的时间走过了发达国家50年的历程，桥梁建设成就举世瞩目。随着公路桥梁建设事业的迅猛发展，带来的桥梁养护管理任务也愈来愈繁重。特别是20世纪80年代以前修建的桥梁，由于受当时经济、技术条件的限制，荷载等级均在汽车—20级以下，随着我国公路交通运输事业的飞速发展，重载交通迅猛增加，对这些桥梁在开展检测评定的基础上进行加固改造，提高它们的适应性已成为公路桥梁养护管理面临的重大现实问题。另外，随着桥梁设计使用寿命的逐渐临近，或桥梁在设计、施工上的某些不足，加上频繁的重载交通，使得一些桥梁的使用技术状况有了不同程度的下降，对这些桥梁急需在检测诊断的基础上采用工程措施进行加固或改造，以使其能够满足实际交通需求。基于此情，我们组织编写了《桥梁检测与加固手册》，以便更好地指导工程实践，满足公路桥梁养护管理工作和培训相关技术人员的需要。

本手册是在借鉴国内外先进经验和科研成果的基础上，总结了我国近20年来在桥梁检测、试验、评价与加固改造等方面的技术成果和成熟做法，系统地介绍了公路桥梁的检测技术、试验评价和加固设计方法，分桥型阐述了各种加固施工方法和工艺要求，并列举了相应的典型工程实例，以提高手册的实用性和指导性。手册分上、下两册，共五篇，由张劲泉、王文涛组织编写。上册由一、二两篇组成，第一篇主要介绍了桥梁定期检查与评定、结构混凝土现场检测、桥梁结构试验技术及相应的典型工程技术状况检测和承载能力评定实例；第二篇，侧重于加固方法特点、适用条件、材料要求、力学特点、设计方法、施工要求等方面，介绍了混凝土桥梁的常用加固技术，并提供了相应的典型工程实例。下册由三、四、五三篇组成，第三篇主要介绍了钢桁架桥、斜拉桥、悬索桥的维修加固技术与相应的典型工程实例；第四篇着重介绍了混凝土及圬工拱桥的加固技术与相应的典型工程实例；第五篇系统介绍了桥梁下部结构的加固技术和相应的典型工程实例。全书由李华、谢经伟、陈国靖主审，手册的编写严格执行了我国公路桥梁有关现行技术标准、规范与规程。鉴于工程实例大多在2004年新版规范颁布前完成，其中引用的部分参数和控制指标可能与新颁规范不一致，但不影响"手册"所述方法的应用。我们期望通过本手册的出版，能够促进我国公路桥梁检测、评价与加固改造技术的提高，对我国公路桥梁养护管理工作有所裨益。

手册编写过程中得到了交通部领导、公路司、科教司、交通部西部交通建设科技项目管理中心、交通部公路科学研究院的关怀与指导，广东、山东、四川、江西、浙江、江苏、河北、安徽、河南、广西、青海、新疆、内蒙古和天津等省（市、自治区）的交通厅、公路管理部门、科研院所以及长安大学、东南大学、长沙理工大学和重庆交通学院等院校给予了积极帮助和大力支持，不少专家和学者提供了非常有用的技术资料，人民交通出版社的领导和编辑们为本书的出版付出了辛勤的劳动，在此一并表示衷心感谢！

由于时间仓促，加之学识水平和能力有限，本书疏漏、谬误之处在所难免。特别是随着桥梁检测、评价与加固改造技术的不断进步，新材料、新方法等的不断出现，手册的内容需要在今后不断进行补充完善和修订。为此，恳请同行及广大读者批评指正，多提出宝贵意见，添砖加瓦，使手册日臻完善。意见请邮寄到：北京市海淀区西土城路8号，交通部公路科学研究院（邮编：100088）。

编者

2006年12月于北京

目 录

（上册）

第一篇 桥梁检测与试验

（下册）

第三篇　钢桥及索结构桥梁的加固

第四篇 混凝土及圬工拱桥的加固

第五篇 桥梁下部结构的加固

第三篇　钢桥及索结构桥梁的加固

第一章　概　论

§1.1　我国公路钢桥使用现状与评价

一、我国公路钢桥发展概况

我国钢桥的建设已经有100多年历史，新中国成立以前所建的钢桥跨度均较小，建桥的钢材均为进口，结构基本上采用铆接，工艺很简陋。跨径较大的钢桥大都由外国人承建的。由我国技术人员自行建造的、具有代表性的钢桥，是由著名桥梁专家茅以升主持的于1937年建成的公铁两用的钱塘江大桥，其桥跨结构为16孔65.84m简支桁梁+4孔50m桁拱+7孔9.2m钢筋混凝土框架。

新中国成立以后，钢桥建设发展很快，1957年借用原苏联的钢材和技术，建成公铁两用的武汉长江大桥（正桥9孔，为三联3×128m的连续钢桁梁）。1968年用国产16Mnq钢完全依靠自己的力量建成公铁两用的南京长江大桥（正桥10孔，其中9孔为3×160m三联三跨连续钢桁梁及一孔128m简支钢桁梁）。20世纪60年代中期开始，铁路部门系统地研究发展了栓焊钢桥新技术，一举建成各种不同结构形式的栓焊钢桥44座，结束了在我国使用近100年的铆接钢桥历史。这在钢桥发展史上是一个很大的进步，为我国钢桥技术发展开创了新的时代。

此间，公路钢桥的建设也取得了很大的成就。一般跨度大于100m的公路桥都采用了钢结构，并且使钢桥向标准化和永久化方向发展，设计建成了一批各种桥型的钢桥，包括钢板梁、钢桁梁、钢拱及悬索桥等。如1966年在四川渡口修建的180m箱肋无铰拱钢拱桥和1968年建成的四川河门口钢悬索桥（主跨180m）。这一历史时期修建了约200座公路钢桥，桥长且跨径大，建桥水平有了很大的提高。

20世纪80年代以后，随着中国国民经济迅猛发展，中国的公路钢桥和公铁两用钢桥也进入了快速发展时期，并且在结构形式、材料及加工制作、施工架设方面有所开拓和创新。随着材质（主要是高强度钢材和各种耐候钢）的提高以及焊接工艺和高强度螺栓连接的不断完善，受力性能优越、制作架设容易的箱形截面梁得到大力发展。钢桥突显出大跨、轻质、高强、美观、施工快速等特点。

1987年修建的山东东营黄河公路钢斜拉桥，主桥为60.5m＋136.5m＋288m＋136.5m＋60.5m五孔全飘浮体系正交异性板钢斜拉桥，全长682m，4车道，是我国修建的第一座钢斜拉桥。1991年建成了上海南浦大桥，该桥（40.5m＋76.5m＋94.5m＋423m＋94.5m＋76.5m＋40.5m）为双塔双索面钢—混凝土组合梁飘浮体系斜拉桥；1993年建成的上海杨浦大桥，主桥为双塔双索面（99m＋144m＋602m＋144m＋99m）钢—混凝土组合梁飘浮体系斜拉桥，全长1088m；1999年建成汕头礐石公路大桥，主桥为双塔双索面钢—混凝土组合梁斜拉桥（47m＋47m＋100m＋518m＋100m＋47m＋47m），全长2402m；2000年建成的武汉白沙洲双塔双索面钢—混凝土混合箱梁斜拉桥（50m＋180m＋618m＋180m＋

50m），全长 3586m；2001 年建成的南京长江二桥，其南汊桥主桥为双塔双索面五孔连续飘浮体系全焊加劲钢箱梁斜拉桥（主桥 58.5m＋246.5m＋628m＋246.5m＋58.5m）等。

进入 20 世纪 80 年代，我国悬索桥技术水平已跨入世界先进行列。1984 年修建的西藏达孜拉萨河钢悬索桥跨径已达 500m，载重为汽车—20 级。1996 年修建了西陵长江公路大桥，其主跨为 900m 的全焊加劲钢箱梁悬索桥；1997 年建成通车的广东虎门大桥，主航道桥为 888m 的全焊加劲单跨钢箱梁悬索桥，桥面净宽 30m，钢材为 SM490C 钢；1997 年香港建成青马公铁两用双跨钢桁梁悬索桥（主跨 l377m）；1999 年建成通车的江阴长江公路大桥，主跨为 1385m 全焊单跨加劲钢箱梁悬索桥，已居世界第四位，该桥桥面净宽 30.5m，全宽 37.7m，钢材为 16Mnq 钢；2000 年建成厦门海沧全焊加劲三跨连续钢箱梁悬索桥（主跨 648m），桥面净宽 28.5m，钢材为 14MnNbq 钢。2005 年建成的江苏润扬长江公路大桥是我国首座悬索桥和斜拉桥构成的现代化组合桥梁，其南汊钢箱梁悬索桥主跨长达 1490m。为世界第三位，北汊为主跨 406m 的斜拉桥，建国后，我国公路钢桥建设成就斐然。表 3.1.1-1为我国公路钢桥一览表（为不完全统计）。

我国公路钢桥一览表 表 3.1.1-1

序号	桥　名	所在省、区	主孔桥型结构	主孔最大跨径（m）	桥梁全长（m）	建成年份	跨径组合
1. 钢桁梁桥							
1	中山铁桥	甘肃省	连续钢桁架	45.6	234	1954	
2	武汉长江大桥（公铁两用）	湖北省	连续钢桁架	128	1670.6	1957	3-(3×128m)
3	甘机厂桥	甘肃省	连续钢桁架	67	232.6	1959	
4	嘉陵江大桥	重庆市	连续钢桁架	88	524	1965	68m＋80m＋88m＋80m＋68m＋7×20m
5	南京长江大桥（公铁两用）	江苏省	连续钢桁架	160	4589（公路）	1968	3-(3×160m) ＋128m
6	襄樊汉江大桥	湖北省	钢桁架桥	100	880	1970	
7	平阴黄河桥	山东省	连续钢桁架	112	963.5	1970	2-(96m＋112m＋96m)
8	枝城长江大桥（公铁两用）	湖北省	连续钢桁架	160	1744.8（公路）	1971	4×160m＋5×128m
9	北镇黄河桥	山东省	连续钢桁架	112	2931	1972	4×112m
10	马房北江大桥（公铁两用）	广东省	简支正交异性板上承式钢箱梁桥	64	919.6	1984	14×64m
11	西江大桥（公铁两用）	广东省	连续钢桁架	144	720	1984	5×114m＋5×30m
12	九江长江公铁两用桥	江西省	柔性拱加劲连续钢桁梁桥	216	4460（公路）	1992	2-(3×160m)＋(180m＋216m＋180m)＋2×126m

续上表

2. 钢拱桥

序号	桥　名	所在省、区	主孔桥型结构	主孔最大跨径（m）	桥梁全长（m）	建成年份	跨径组合
1	武汉汉江一桥	湖北省	3孔连续钢板梁和拱式钢桁架组合桥	87.37	322.3	1956	54.3m＋87.37m＋54.3m
2	渡口大桥（02号桥）	四川省	栓结钢板箱型无铰拱	180	304.5	1966	
3	密地桥（03号桥）	四川省	栓焊钢桁架拱	180	299	1969	
4	关渡桥	台湾省	中承式5孔连续钢系杆拱	165	539	1983	44m＋143m＋165m＋143m＋44m
5	卢浦大桥	上海市	中承式全焊接钢箱拱	550	750	2003	550m＋2×100m

3. 斜拉桥

序号	桥　名	所在省、区	主孔桥型结构	主孔最大跨径（m）	桥梁全长（m）	建成年份	跨径组合
1	东营黄河桥	山东省	双塔双索面钢箱梁斜拉桥	288	2817.46	1987	60.5m＋136.5m＋288m＋136.5m＋60.5m
2	南浦大桥	上海市	双塔双索面组合梁斜拉桥	423	8348	1991	40.5m＋76.5m＋94.5m＋423m＋94.5m＋76.5m＋40.5m
3	杨浦大桥	上海市	双塔双索面组合梁斜拉桥	602	7658	1993	99m＋144m＋602m＋144m＋99m
4	长沙盘山浏阳河大桥	湖南省	双塔双索面组合梁斜拉桥	206		1994	
5	徐浦大桥	上海市	双塔双索面组合梁混合斜拉桥	590	1074	1997	242m＋590m＋242m
6	汲水门桥（公铁两用）	香港	双塔双索面钢桁梁斜拉桥	430	1323	1997	160m＋430m＋160m
7	汀九大桥	香港	独柱式三塔四索面组合梁斜拉桥	475	1177	1998	127m＋448m＋475m＋127m
8	鹤洞大桥	广东省	双塔双索面混合式组合梁斜拉桥	360	2440	1998	144m＋360m＋144m
9	汕头礐石大桥	广东省	双塔双索面组合梁斜拉桥	518	2402	1999	47m＋47m＋100m＋518m＋100m＋47m＋47m
10	青洲闽江大桥	福建省	双塔双索面组合梁斜拉桥	605	2572	2000	250m＋605m＋250m
11	武汉白沙洲大桥	湖北省	双塔双索面钢—混凝土混合箱梁斜拉桥	618	3586	2000	50m＋180m＋618m＋180m＋50m
12	芜湖长江大桥（公铁两用）	安徽省	双塔双索面混凝土板—钢桁组合梁矮塔斜拉桥	312	5681（公路部分）	2000	（120m＋2×144m）＋2×（3×144m）＋（180m＋312m＋180m）＋2×120m

续上表

3. 斜拉桥							
序号	桥 名	所在省、区	主孔桥型结构	主孔最大跨径（m）	桥梁全长（m）	建成年份	跨 径 组 合
13	南京长江二桥（南汊桥）	江苏省	双塔双索面钢箱梁斜拉桥	628	2938	2001	58.5m+246.5m+628m+246.5m+58.5m
14	军山长江公路大桥	湖北省	双塔双索面钢箱梁斜拉桥	460	2847	2002	48m+204m+460m+204m+48m
15	润扬长江公路大桥（北汊桥）	江苏省	双塔双索面钢箱梁斜拉桥	406		2005	175.4m+406m+175.4m
4. 悬索桥							
序号	桥 名	所在省、区	主孔桥型结构	主孔最大跨径（m）	桥梁全长（m）	建成年份	跨 径 组 合
1	东风桥	云南省	钢悬索桥	139.7	169.28		
2	岗托桥	四川省	钢悬索桥	92	137.4	1956	
3	澜沧桥	云南省	钢悬索桥	102.6	132.9	1959	
4	伏龙桥	云南省	钢悬索桥	108	113.4	1959	
5	树底吊桥	云南省	钢悬索桥	111	125.8	1960	
6	功果桥	云南省	钢悬索桥	135	158.05	1962（修复）	
7	金江桥	云南省	钢悬索桥	136	222.2	1962	
8	六库向阳桥	云南省	钢悬索桥	136	140	1968	
9	河门桥（04 号桥）	四川省	钢悬索桥	185	212	1968	
10	柴家台桥	甘肃省	钢悬索桥	180	211	1970	
11	靖远桥	甘肃省	钢悬索桥	64	350.3	1971	
12	什川吊桥	甘肃省	钢悬索桥	124	165	1971	
13	平堡吊桥	甘肃省	钢悬索桥	133	192.4	1971	
14	茨开桥	云南省	钢悬索桥	117	121	1973	
15	禹门口桥	陕西省	钢悬索桥	144	167.2	1973	
16	积石桥	青海省	钢悬索桥	124	140	1979	
17	桑园峡桥	甘肃省	钢悬索桥	127.2	244	1980	
18	桑圈子吊桥	甘肃省	钢悬索桥	140	140	1980	
19	红果桥	四川省	钢悬索桥	140	152	1982	
20	新安黄河桥	河南省	钢悬索桥	320	320	1982	
21	泽曲河口桥	青海省	钢悬索桥	50	50	1983	
22	八盘峡吊桥	甘肃省	钢悬索桥	174	180	1983	
23	达孜大桥	西藏	单跨钢桁梁悬索桥	500		1984	

续上表

4. 悬索桥							
序号	桥　名	所在省、区	主孔桥型结构	主孔最大跨径（m）	桥梁全长（m）	建成年份	跨径组合
24	南平九峰山大桥	福建省	单跨双铰钢悬索桥	200	325	1984	
25	卡力岗桥	青海省	钢悬索桥	85	85	1985	
26	邕江组合吊桥	广西	单跨双铰钢桁梁悬索桥	274		1986	
27	齐哈马桥	甘肃省	钢悬索桥	190	190	1986	
28	白浪黄河桥	河南省	钢悬索桥	438	440	1986	
29	溪落渡桥	云南省	钢悬索桥	150	166	1987	
30	杨家湾桥	甘肃省	钢悬索桥	180	180	1987	
31	大连市北桥	辽宁省	钢加劲桁梁悬索桥	132	230	1987	48m+132m+48m
32	奉节梅溪河大桥	重庆市	单跨双铰斜吊杆钢桁架悬索桥	205	338	1990	
33	紫泥大桥	福建省	单跨钢悬索桥	208	396	1995	76m+208m+76m
34	西陵长江大桥	湖北省	单跨钢箱梁悬索桥	900	1394	1996	225m+900m+225m
35	虎头崖桥	青海省	钢悬索桥	70	100	1996	
36	丰都长江大桥	重庆市	单跨钢桁梁悬索桥	450	744.5	1997	164.5m+450m+130m
37	虎门大桥	广东省	单跨钢箱梁悬索桥	888	4588	1997	302m+888m+302m
38	青马大桥（公铁两用）	香港	两跨钢桁梁悬索桥	1377	2032	1997	355m+1377m+300m
39	江阴长江公路大桥	江苏省	单跨钢箱梁悬索桥	1385	3000	1999	336.5m+1385m+336.5m
40	厦门海沧大桥	福建省	三跨连续钢箱梁悬索桥	648	5926	1999	230m+648m+230m
41	忠县长江大桥	重庆市	单跨钢桁梁悬索桥	560		2001	
42	宜昌长江公路大桥	湖北省	单跨钢箱梁悬索桥	960	1452	2001	246.255m+960m+246.255m
43	鹅公岩长江大桥	重庆市	三跨连续钢箱梁悬索桥	600	1428	2000	180m+600m+180m
44	润扬长江公路大桥（南汊桥）	江苏省	单跨钢箱梁悬索桥	1490	2430	2005	470m+1490m+470m

大跨径公路铁路两用桥有，1992 年用国产高强度新钢材 16MnVNq 厚板建成的公铁两用九江长江大桥，全长 7675m［主桥为 2－3×160m+（180+216+180）m+2×126m 多跨多联栓焊钢桁梁桥］，公路桥长 4460m，其中孔为三跨一联连续刚性钢桁梁与柔性钢加劲拱混合结构；2000 年建成通车的公铁两用芜湖长江桥，钢材采用国产 14MnNbq 钢，主桥为｛（120m+2×144m）+2×（3×144m）+（180m+312m+180m）+2×120m｝，公路桥全长 5681m，其中孔为一联三跨（180m+312m+180m）双塔双索面混凝土板与钢桁组合梁矮

塔斜拉桥，为我国目前规模最大的公铁两用钢桥。

2003年建成的上海卢浦大桥，全长3900m，主桥为跨径550m中承式钢箱拱桥，被誉为“世界第一钢拱桥”。

二、我国公路钢桥现状

我国公路钢桥，有的已经营运将近一个世纪，属于老龄化桥梁；有的因原来设计的技术标准和荷载等级较低，已不适应现在重载快速交通的需求；有的缺乏应有的维修、保养和涂装，已锈蚀严重、截面削弱、构件弯曲损伤，桥面系、伸缩装置、支座等都存在一定的损伤和病害。必须对旧的公路钢桥进行评估。我国现时公路钢桥正在向特大跨发展，对于已建钢桥的评估，可使人们在新建桥梁更加重视桥梁养护维修的综合、现代化的技术管理，并对新建公路钢桥配备相应的监控系统和养护设施，以提高钢桥使用耐久性和营运水平。

1.20世纪50年代以前修建的公路钢桥急需加固补强

据不完全统计，我国20世纪50年代以前修建的公路钢桥（不包括台湾、澳门）现在尚存60余座。这些公路钢桥，大都经过旧中国的战乱，已多次改造修复，有的已多处损伤，锈蚀不堪，存在许多病害，急需处治。解放前中国公路钢桥类型、数量如表3.1.1-2所列。

解放前中国公路钢桥统计表 表3.1.1-2

年份	桥式							合计（座）
	开启桥	钢桁桥	钢板桥	结合梁	钢拱桥	悬索桥	贝雷梁	
1901～1910年	3	4	—	—	—	—	—	7
1911～1920年	—	2	—	—	—	—	—	2
1921～1930年	3	2	—	—	—	—	—	5
1931～1940年	1	17	4	2	1	5	—	30
1941～1950年	—	11	1	—	—	5	2	19

从表3.1.1-2可知，在20世纪50年代以前，中国公路钢桥数量少且等级低。新中国成立后，其中一些钢桥已经过维修加固。如兰州黄河钢桁梁公路桥，1954年把简支平弦钢桁梁变为连续的加上曲弦桁梁，荷载等级从汽车—8级提高到汽车—20级。又如广州市海珠桥，1933年2月建成时中孔为开启桥，1949年国民党政府撤离广州时，将桥炸毁，1950年修复为中孔固定钢桁梁，经过半个多世纪营运，于1988年和1993年又对该桥进行了全面调查、检测，发现钢结构锈蚀严重，特别是连接部位，个别铆钉头已全锈蚀，横梁也锈蚀严重，竖向钢梁变形超出允许值，桥面板损伤严重，泄水管和伸缩缝已坏掉，承载力不足。为此，该桥又于1995年实施了加固大修工程。

2.20世纪50～70年代修建的钢桥急需全面检查鉴定、提高承载力和防腐水平

据1982年公路普查资料，既有公路桥梁中危桥约占3.54%，20世纪50～60年代修建的钢桥大都为承载力不足。在国道干线上，设计荷载等级低于汽车—10级者占5.4%，而公路钢桥在20世纪50年代末至70年代修建的较多，这些钢桥普遍情况是设计荷载等级较低。1950～1979年修建的公路钢桥设计荷载等级统计如表3.1.1-3所列。

1950～1979年我国修建的公路钢桥荷载标准统计表　表3.1.1-3

年　代	设计荷载等级						合计（座）
	汽车—8级	汽车—10级	汽车—13级	汽车—15级	汽车—18级	汽车—20级	
1950～1959	1	10	5	2	2	0	20
1960～1969	3	4	19	0	4	0	30
1970～1979	2	3	13	0	4	2	24

从表3.1.1-3可看出，20世纪50～70年代修建的钢桥，车辆荷载等级在汽车—13级以下的有50余座，占统计数量的68%，而汽车—15级以上的仅占16%，致使大部分公路钢桥承载能力严重不足。如位于陕西和山西两省交界的108国道上的禹门口黄河公路钢悬索桥，原设计荷载为汽车—13级，拖车—60，自1973年建成通车以来，基本上未做过除锈及涂装养护工作，两边跨主缆索外缠防腐玻璃布已基本脱落光；1985年后未涂防腐油，纵梁及横梁锈蚀较多，山西岸的伸缩缝已用沥青砂堵死，陕西岸在1994年新更换了伸缩缝；钢支座也有锈蚀，桥面严重损伤，钢筋混凝土桥面板开裂严重，漏水渗水锈蚀主桁。在陕西岸的1号墩上、下游两根吊杆均与主缆索成倾斜状态，约向河心方向移动50cm。更为严重的是超载，大量运煤车辆的重量大多在30t以上。类似的公路钢桥极为普遍，都急需加强养护和技术改造，以提高其承载能力，适应重载交通的需求。

3. 新建公路钢桥要重视桥的营运监测与养护管理

20世纪80年代至今，中国修建了60余座新的公路钢桥，数量虽不多，但极为重要，大都是跨越江、河及海峡上的特大跨桥梁。而且建于高速公路上的钢桥在增多，车速高，载重量大，车道数为四车道以上的较多。因此，必须对其加强营运监控、管理和养护。一般钢桥防锈涂装周期为10年左右，公路钢桥防锈喷漆必须按科学的保养周期进行。另外，对钢桥的变形、振动、噪声等均应定期监测，积累原始管理信息资料，为长期营运养护及大、中修提供全面、准确的数据。

4. 目前我国公路钢桥新建与养护急需解决的一些问题

我国现行的《公路桥涵钢结构及木结构设计规范》(JTJ 025—86)（以下简称“公路钢桥规范”）颁布使用至今已近20年之久，在这段历史时期，我国钢桥建设的快速发展，设计施工技术日益完善，但钢桥基础理论研究和技术规范远远落后于钢桥建设的需要，已经远远不能满足目前钢桥的设计、施工与养护的需要。由于《公路桥涵钢结构及木结构设计规范》(JTJ 025—86)的部分内容过时或不够全面、合理，使钢桥设计施工时较难使用(JTJ 025—86)规范的条文，导致钢桥梁在设计、施工与养护时，不得不参考和使用英国、日本、美国等国外的规程和技术标准，而这些国外的规程和技术标准又不完全适合目前的国情。我国的公路桥梁荷载情况和钢桥的制作工艺、安装技术水平等不仅与国外不同，而且目前的钢桥设计施工缺乏统一的设计理论、计算方法、安全与可靠度指标和评价方法。

我国目前的《公路桥涵钢结构及木结构设计规范》(JTJ 025—86)中“公路桥涵钢结构设计”，有许多过时及不合理的条文规定和空白，急需修订和填补。如以下一些问题有待研究和解决：

(1) 钢桥的安全度评价与基于可靠度理论的概率极限状态设计方法的研究。

（2）钢桥的新钢材品种及螺栓、焊材等研究与开发。

（3）钢桥构造细节的疲劳性能或疲劳强度和用于疲劳设计计算的车辆荷载谱及其设计计算方法的研究；公路钢桥各种构造细节设计的疲劳曲线研究。

（4）正交异性钢桥面板的合理构造、最小刚度和疲劳强度等问题。

（5）钢箱梁、钢箱拱、钢桥塔设计中遇到的加劲受压板件的加劲肋构造、整体与局部稳定、破坏形态、设计强度等问题。

（6）大跨径钢梁桥高腹板的合理加劲肋构造、局部稳定和设计强度问题研究。

（7）钢梁桥的扭转、畸变与横隔板的合理间距和刚度问题研究。

（8）公路钢桥的合理刚度问题与车桥共振的动力系数研究。

（9）战备用中小跨径钢箱梁、钢板梁和钢桁梁桥的标准化设计问题。

（10）大跨度斜拉桥、悬索桥等应用广泛的扁平钢箱梁的受力特性、合理构造与设计计算方法问题。

（11）典型公路钢桥的集成化制造技术与制造精度规范化问题。

（12）钢桥的无支架、少支架施工，大块体运输与吊装施工问题；大型钢桥施工过程的数值仿真问题。

（13）钢桥防腐涂装与长效防腐的试验研究与应用问题。

（14）钢桥的检测技术和质量控制及验收问题。

5. 公路钢桥技术的发展趋势

（1）大跨度钢桥将向更长、更大、更柔的方向发展，由此引发了对各种组合体系、协作体系以及三向组合结构和混合结构等创新结构体系的研究，以充分发挥不同材料和体系各自的优点，并最终获得高效的经济指标、可靠的结构细部连接以及安全方便的施工工艺。

（2）轻质高性能、耐久新型钢材品种的研制开发和应用。新型钢材应具有高强、高弹模、轻质高韧性、可焊性好的特点，玻璃钢纤维和碳纤维增强塑料复合夹心钢板将作为建筑材料方向发展，从而引发桥梁工程材料的革命性转变。在这一过程中，高性能、轻质超强度钢材及其防腐工艺的进步也会继续发展。

（3）在设计理论和计算分析方面，借助计算机和非线性数值有限元方法的不断进步，使力学模型日益精细化将提高分析计算的仿真度，可以在设计阶段逼真地描述大桥在地震、强风、海浪等恶劣自然条件下施工和营运的全过程，如数值风洞的模拟开发等，将为决策提供动态的虚拟现实图像。

（4）大型工厂化高精度制造钢桥节段和大型施工设备的整体化安装将成为钢桥施工方法的主流。在运用新技术的钢桥工程精细化施工中，工期的可操控性大大加强，现场操作人员可大批量减少，而且施工安全性也容易得到保证；材料、构件尺寸及质量检测与可控性检验技术将得到加强，使工程质量得到整体提高。同时有条件采用抗腐蚀性能良好的复合塑料夹心钢材及采用标准化方法对钢结构进行防护性涂装，提高钢材和结构的耐久性，可延长钢桥的使用寿命，符合环境保护和可持续发展的科学发展观。

（5）大型深水基础工程的发展。目前世界桥梁基础尚未超过 100m 深海基础工程，下一步需进行 100～300m 深海基础的工程实践。

（6）大跨径钢桥的健康监测和旧桥维修保养与加固技术。随着钢桥的长大化、轻柔化和行车速度的提高，大跨度钢桥在营运阶段可能出现结构振动过大以及构件的疲劳、应力过大、老化失效、开裂等问题，并由此危及钢桥的正常使用和安全。这就需要建立完善的健康监测系统，对容易发生损伤的部位及时作出诊断和警报，对钢桥结构的健康状况进行鉴定，并向养护部门提供维修或加固的决策，以保证钢桥的使用寿命。同时，我国在经历了二十多年交通事业的迅猛发展时期之后，既有桥梁存在的荷载等级不足、年久失修等问题逐渐显现，旧桥的检测与加固的重要性也日益提高。通过正确评估旧桥的现有承载能力，以及研究发展旧桥的加固技术，可以延长桥梁结构的使用寿命，更好地保障交通的畅通，获得更大的经济效益。

（7）重视桥梁美学及环境保护。桥梁是人类最杰出的建筑之一，著名的大跨钢桥都是一件件宝贵的空间艺术品，它们成为陆地、江河、海洋和天空的美丽景观，成为城市标志性建筑。21世纪的钢桥结构必将更加重视建筑艺术造型，重视桥梁美学和景观设计，重视环境保护，达到人文景观同环境景观的完美结合。

（8）大型钢桥工程的营建与管理技术。随着工程规模的日益扩大，对管理者的要求也逐渐提高。对大型的复杂工程，各工艺工序的前后衔接安排及工期控制，物力和财力的安排及调度，设计、施工、监理、工程控制等各方的工作关系协调等问题成为制约工程质量的重要因素。通过营建与管理技术的研究，培养一批既有工程技术，又有管理经验的高素质工程主管人员，对提高大型钢桥工程的质量至关重要。

（9）中小跨组装钢桥方面。在今后的发展中，有关部门会加强装配式钢桥的标准图设计，以节省设计资源，并形成规模化、标准化构件制造与拼装，提高施工质量，降低施工费用；同时应用高强度钢材，保证栓焊连接的性能，以减轻结构自重，提高钢桥的跨越能力。这也有利于战备和国防。

（10）桥梁设计、施工规范及技术标准的更新。近年来桥梁建设中出现了一些工程质量事故，对我国钢桥规范的适用范围提出了疑问。普遍的看法是目前的钢桥规范用于跨度小于200m的中小跨度钢桥还是合理的，是有试验依据的。但不适应近年来跨度迅速增大的钢桥工程，针对大跨度钢桥需要推出新的设计、施工规范。因此，应当加快中国钢桥规范的更新和修改周期，以改变我国钢桥规范严重滞后于钢桥设计、施工技术发展的被动局面。

三、公路钢桥营运期的评估

公路钢桥的评估是对桥梁在营运期间的可靠度的具体评价。主要是对安全性、适用性和耐久性的评估。安全性评估，是指对结构的破坏极限状态的评估，即对承载能力评估或结构构件极限强度和实际安全储备的评估，以避免桥梁在营运过程中发生灾难性的事故。评估的内容涉及结构的实际营运荷载及疲劳、残余应力以及残余变形等较复杂的结构受力与变形等多个方面；钢桥的适用性评估，是指对结构的正常营运极限状态的评估，它为结构是否能正常使用提供依据，适用性评估与桥梁正常状态下的变形、疲劳裂纹、振动等有关，以确定结构的工作条件并指导钢桥的日常养护与维修管理工作；钢桥的耐久性评估，是指对材料强度和结构损伤的评估，并侧重于结构损伤及成因分析，考虑损伤对材料物理化学特性的影响，可把对钢结构的损伤划分为无损伤、轻微损伤、一般性损伤、严重损伤和破坏性损伤5种。由此按分类损伤评估后，有助于结构寿命的预测，其结果也可为安全性、适用性评估提供重要信息。对钢桥的耐久性而言，主要是靠养护涂装来保证。

目前，国内的交通主管部门和桥梁建设者主要将精力投入到了新建桥梁工程中，而对既有桥梁工作状态无暇关注，但这并不意味着国内不存在国外所面临的问题。从 20 世纪初至建国初期，我国修建了一定数量的桥梁，其中营运超过 50 年的铆接钢桥就有 1 万多孔（包括铁路桥），有些还是德、日、英等国留下的舶来品。对这些长期甚至超期服役的老钢桥而言，锈蚀与疲劳是控制其寿命的两大主要因素。鉴于这些桥梁建造时期的技术水平，钢材质量参差不齐，疲劳问题也不可能在当时桥梁的设计中加以考虑。近年来随着公路等级的提高，一方面增加过桥车辆频率和超载重量，另一方面由于速度增加引起较大的横向和竖向振动，这些因素将造成桥梁剩余使用寿命的急剧缩短；尤其是横向振动的加剧，使得原来薄弱的横向联系更为雪上加霜，从而大大降低桥梁的使用安全性。

以上事实充分说明我国桥梁工程界也面临着同样的挑战，对老桥的研究与评估势在必行。老桥的留用或拆除，必须通过综合试验与理论方面的分析来确定。正确评估它们的剩余寿命和安全度，是采用加固措施保障它们使用的理论基础。

1. 评估内容与方法

1）评估系统内容

图 3.1.1-1 给出了老桥评估系统流程，由此可知老桥评估系统包括以下主要内容：

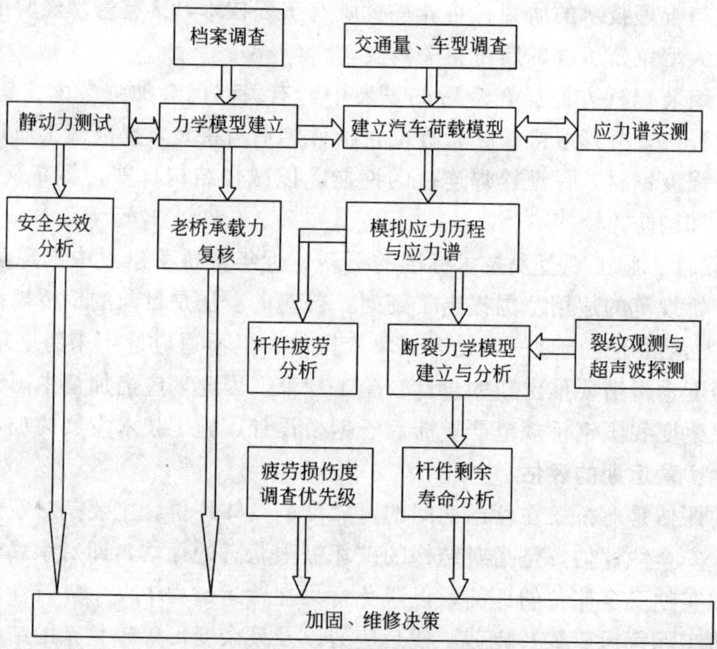

图 3.1.1-1　老桥评估系统流程

（1）档案调查。主要包括查阅、整理老桥原始设计、历次大修资料，以往荷载试验和加固质量检测报告。

（2）建立精确模拟桥梁实际工作状态的三维力学模型。在档案调查的基础上可以初步建立老桥的力学模型。为得到更精确、合理的力学分析模型，应对老桥进行实桥静动力测试，从而获得该桥最新的应力、位移和自振频率，并与已建力学模型的计算结果进行对比分析来修正力学模型，最终可建立与老桥当前工作状态相吻合的力学模型。

(3) 对老桥进行承载能力复核。老桥建造年代久远，其设计荷载较小，难于满足重载、高速、大交通量的发展要求，同时老桥均存在一定程度的结构损伤与退化。因此，为确保老桥的使用安全，对其进行极限承载能力复核是十分必要的。

(4) 建立老桥的交通荷载模型以及对未来交通的预测。为建立老桥的交通荷载模型，应首先进行现场交通观测和参数估计，在此基础上初步建立交通荷载模型。为检验交通荷载模型的正确性，还要进行若干杆件应力谱实测，通过实测应力谱与计算应力谱的对比来校正交通荷载模型。为模拟老桥受载历史，应对老桥自建成投入使用后的车辆荷载、列车营运记录进行详细调查，对未来交通状况进行合理预测，从而提高疲劳分析的可靠性。

(5) 模拟老桥应力历程和应力谱。应用已建立的力学模型与交通荷载模型，可进行老桥应力历程和应力谱的模拟计算。

(6) 安全失效分析，确定危及老桥安全营运的薄弱环节。老桥安全分析的出发点首先是识别重要构件，重要构件的破坏将导致桥梁的损坏或可能出现倒塌。重要构件可分为四个等级：串联构件、冗余构件、次要构件、桥面系。构件按上列分级，可以决定安全分析是针对单个构件还是全桥或者不进行分析。对受压杆通常是进行稳定验算。受拉杆出现裂纹将可能导致杆件突然破坏，需用断裂力学方法进行分析。一旦受拉的重要构件被识别，其断面的承载能力可借助于强度计算加以判定。一个构件在丧失它的承载力之前，有足够长的时间显现它遭受疲劳裂纹带来的损伤，因此对受拉的重要构件，必须进行断裂安全调查。

(7) 估计老桥的使用寿命。在应力历程和应力谱计算的基础上，可分别按传统疲劳分析方法估算老桥的剩余寿命。为合理确定构件的疲劳抗力曲线，首先要分析大量试验资料，并进行必要的材料及大构件疲劳试验。应该说明，由于老桥的应力历程较难精确确定，因此传统疲劳分析方法很难准确计算老桥的剩余寿命。

(8) 计算老桥的剩余寿命。为准确计算老桥的剩余寿命，应采用断裂力学方法。可采用观测和超声波两种方法来确定初始裂纹大小，并根据各杆件的截面组合形式进行简化，建立断裂力学模型，并计算各杆的临界裂纹大小，进而估计各杆件的剩余寿命和使用安全。

(9) 确定老桥的维修对策。在疲劳损伤和断裂力学方法分析的基础上，确定老桥的维修对策。首先判断老桥是否能够继续使用？若不能继续使用，应拆除；若能继续使用，还要判断是降级使用或加强部分断面。为保证该桥的安全使用，还应确定调查间隔与裂纹探测的技术手段。

2) 评估方法

评估系统结合应用传统的疲劳分析方法和近几十年来发展起来的断裂力学方法，并结合有限元方法与可靠度理论，来预测老桥的剩余寿命，给出其继续使用的维修对策。在剩余寿命与使用安全性评估中可应用如下新方法与先进技术：

(1) 疲劳试验估计法。目前，对老公路钢桥还没有相应规范可供使用来评估其剩余寿命。许多文献报道的交通流量增加和车辆荷载加重而引起的老钢桥剩余寿命评估方法，一般都是采用现桥实测应力谱，并利用现有 S-N 曲线来计算。S-N 曲线疲劳分级以及对长寿命区形状的取用不同，往往会造成计算剩余寿命与实际情况相差很大，主要原因是铆接结构受力复杂，构件疲劳强度的分散性很大。针对这一问题，国外做了很多大构件、部分结构甚至整个桁梁疲劳试验，来验证桥梁评估采用的基本假定、观测裂纹的扩展以及识别桥梁结构中的薄弱细节，尤其是裂纹发展比较隐蔽的部分。

（2）断裂力学方法。应用断裂力学方法确保桥梁使用安全的一般过程可分四步：确定临界构件（杆件或节点板）；对那些没有足够强度的构件计算其最大容许裂纹大小；从裂纹探测长度或初始裂纹假定至断裂的裂纹增长时间，验算是否超过正常可接受的检测时间；对那些剩余寿命小于正常检测时间段的构件进行必要的加强以延长整个桥梁的使用寿命。

（3）可靠度理论。为了真实地预测桥梁结构性能，在评价构件时，由于其荷载与抗力均是随机变量，由此可得到一个构件或结构的破坏概率（或可靠度）。首先从老钢桥已长期营运的事实出发，通过检测确定计算初始裂纹大小，应用概率断裂力学方法和可靠度理论反映到计算模型中，从而使得未来使用阶段的安全度水平得到回升。根据剩余安全度曲线可以确定老钢桥的下一检测时间段和构件修补的尺度，合理延长老钢桥的使用寿命。

（4）精密有限元分析方法。在老桥结构整体静、动力分析中，采用大型通用结构分析软件来建立精确的三维空间计算模型，从而提高结构分析的精度，为疲劳与断裂奠定良好基础。在应力谱模拟计算中，编制应力影响线（面）的动态加载程序和雨流法计数软件。在应用断裂力学方法进行使用安全性评定时，把解析方法与有限元方法结合起来，采用静力凝聚技术和移动裂尖区策略，一步一个应力循环或多个循环来模拟裂纹扩展。采用有限元方法计算J积分。

（5）超声波探测技术。采用断裂力学方法计算剩余寿命具有良好精度，但由于铆钉较多，铆接构造也较复杂，诸如节点板和补强焊缝，使得初始裂纹大小的确定比较困难。国外最常用的观测方法推荐采用现代超声波无损探测技术探测裂纹，从而提高断裂力学评估的准确度。

（6）统计试验法又称蒙特卡洛（Monte-Carlo）仿真技术法，或简称 M-C 方法。是一种用数值模拟来解决与随机数量有关的实际工程问题的方法。对随机变量的数值模拟相当于一种“试验”，评估系统采用 M-C 方法来形成模拟车流，实现步骤为：①用均匀分布随机数产生相应的车型。②找出车型前、后轴承载比例，轮距及自重。③将均匀分布随机数通过函数关系转化为极值Ⅰ型随机变量，并根据车型得到车重值，用②所得数值求出前后轮所承重量。④将均匀分布随机数通过函数关系转化为对数正态分布随机变量求出车间距。⑤将以上各值组成荷载数组，写入数据文件中。

3）试验技术

在老桥剩余寿命与使用安全性评估系统中采用的试验技术有：材料化学成分分析，材料力学性能试验，实桥裂纹探测，实桥位移、应变、振动测试，构件疲劳试验，应力谱实测。

评估老钢桥剩余寿命与使用安全的关键在于：检测必须正确无误；节点处要采用先进的裂缝探测方法；真实模拟桥梁的工作状态、应力历程和疲劳裂纹的扩展。

2. 工程应用实例

1）项目简介

外白渡桥位于上海市外滩，建成于 1907 年，上部结构为两跨 52.178m 的下承式简支不等高钢桁架桥。该桥自建成以来，几经加固检测，在荷载、桥面结构方面虽有很大改变，但目前仍保证正常的营运状态。为了继续保持景观、交通、文物三种功能要求，上海市市政工程管理处于 2000 年 1 月委托同济大学桥梁工程系对该桥的剩余寿命及使用安全性进行全面评估，以便作出对该桥损伤安全的正确维护管理对策。

锈蚀与疲劳是控制外白渡桥剩余寿命的两大因素。该桥过去曾进行了几次大修，但都是针对锈蚀问题和桥面系而进行的。有关疲劳问题在当时该桥的设计中没有加以考虑，因此迫切需要评估它的剩余寿命和使用安全。应用传统的疲劳分析方法和近几十年来发展起来的断裂力学新方法，并结合有限元方法与可靠度理论，可预测外白渡桥的剩余寿命并给出其继续使用的维修对策。

2）加固研究步骤和内容

图 3.1.1-2 给出了本桥加固研究的技术路线流程，它主要包括以下几个步骤：①首先要进行档案调查，包括查阅、整理外白渡桥原始设计图纸，历次大修施工图和竣工资料，以往荷载试验和加固质量检测结果。②建立三维力学模型；③建立外白渡桥的交通荷载模型。④应用已建立的力学模型与交通荷载模型，对外白渡桥应力历程和应力谱模拟计算。⑤获得应力谱之后，按传统疲劳分析方法估计外白渡桥的使用寿命和调查优先级。⑥应用断裂力学方法准确计算外白渡桥的剩余寿命。⑦在疲劳损伤和断裂力学方法分析的基础上，确定外白渡桥的维修对策。

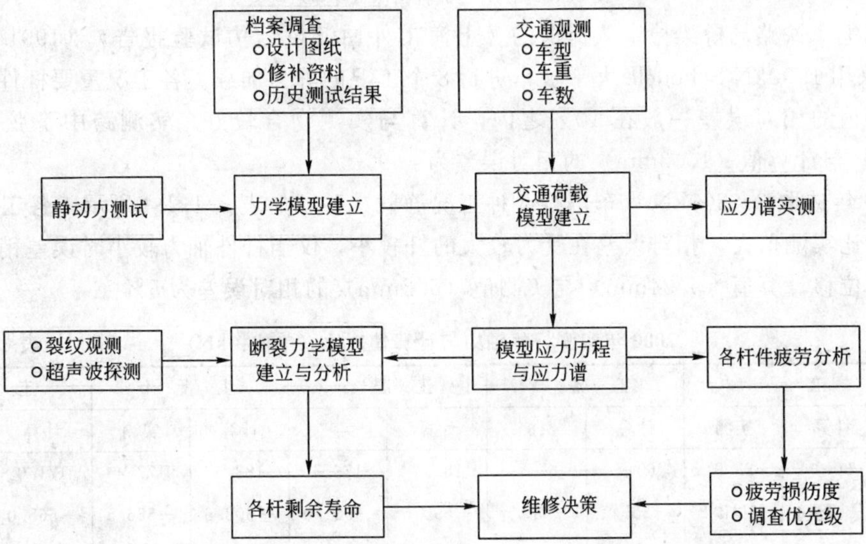

图 3.1.1-2　老桁架桥剩余寿命评估流程

评估老钢桥剩余寿命与使用安全的关键在于：对老桥的检测必须正确无误；在构件相交的节点处要采用较先进的裂纹探测方法；真实模拟桥梁的工作状态、应力历程和疲劳裂纹的扩展。

3）三维空间力学模型

外白渡桥原始设计资料大部分已丢失。历史上做过多次大修，但修复资料不齐全，尽管对档案资料做了深入研究和恢复工作，但据此建立符合实际的工作模型还是不可能。为得到更精确、合理的力学分析模型，该项目对外白渡桥进行实桥静动力测试，从而获得该桥最新的应力、位移和自振频率，并与已建力学模型的计算结果进行对比分析来修正力学模型，最终可建立与外白渡桥当前工作状态相吻合的力学模型。三维力学模型建立过程中关键是桥面系混凝土与钢纵、横梁的共同工作的模拟，经过多次试算得到了准确的三维力学模型，见图 3.1.1-3。

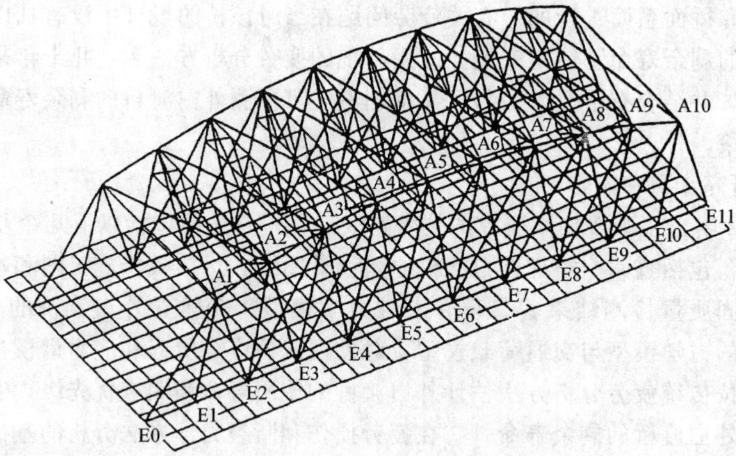

图 3.1.1-3 外白渡桥工作（计算）模型

根据上海铁路局桥梁检定队提供的《上海市外白渡桥结构试验报告》（1991 年 8 月），1991 年采用 1500kN Scheuele 大平板车进行 8 个工况的静力加载。各工况重要杆件内力计算值与实测值的相对误差一般在 10%之内，计算与实测吻合较好。实测跨中下弦竖向位移（9.8mm）与计算值（10.3mm）的相对误差为 4.9%。

2000 年选取 3×300kN 汽车进行 5 种工况静载试验。如表 3.1.1-4 所示，各工况轴力计算值一般比实测值大，相对误差在受力较大的杆较小，仅当杆件轴力较小时误差稍大。跨中下弦竖向位移计算值（5.34mm）与实测值（5.2mm）的相对误差为 5%。

2000 年实测杆件轴力与计算值对比（单位：kN） 表 3.1.1-4

杆 号	工 况 1		工 况 2		工 况 3		工 况 4		工 况 5	
	计算	实测	计算	实测	计算	实测	计算	实测	计算	实测
E5E6	30.1	28.9	60.7	67.7	182.1	176.6	183.5	177.4	171.0	143.6
A5A6	−138.6	−112.2	−255.1	−237.5	−590.6	−581.0	−602.6	−556.5	−565.0	−529.3
A1E1	216.8	−199.1	49.7	42.2	−5.7	−7.8	5.3	5.0	−4.0	−6.9
A1E2	59.0	51.4	259.7	244.0	218.2	178.2	208.0	190.5	171.5	129.5
A2E3	−58.3	−63.1	−1.4	1.7	124.6	119.5	118.3	114.5	96.6	88.9
A5E6	−27.6	−23.4	−52.0	−45.1	−27.4	−28.7	4.4	−4.7	106.5	78.0
A6E5	26.6	18.0	49.2	38.9	85.1	66.8	60.5	48.6	−61.7	−45.8

动力分析表明，竖弯振型计算频率（3.42Hz）与 2000 年实测值相同，但对称横弯振型计算频率（2.6Hz）比 2000 年实测值（2.93Hz）略小。竖弯和横弯振型计算频率与 1991 年实测值（3.81Hz 和 3.2Hz）相比都略小，其原因可能是 1991 年大修时割换桥门架、拆换人行道及边纵梁、桥面重新铺装等导致结构连接、质量、刚度的变化所致。

4）交通荷载模型的建立

由于实测极其困难且费用昂贵，本项目将先描述交通荷载模型，再根据影响线加载计算应力谱，最终调查它对构件带来的疲劳损伤。为建立外白渡桥的交通荷载模型，首先进行现场交通观测和参数估计，在此基础上应用蒙特卡洛（Monte-Carlo）方法产生虚拟车流。再进行影响线（面）加载得到控制断面应力历程，进行雨流法计数得应力谱。为检验初建交通荷载模型的正确性，还要进行若干杆件应力谱实测，通过实测应力谱与计算应力谱的对比来校正交通荷载模型。图 3.1.1-4 给出 E1A1 杆计算（模拟）轴力应力谱与实测轴力应力谱的对比结果。由于随机抽取一天实测，较大应力循环不一定被捕捉到，但最大应力幅相近。

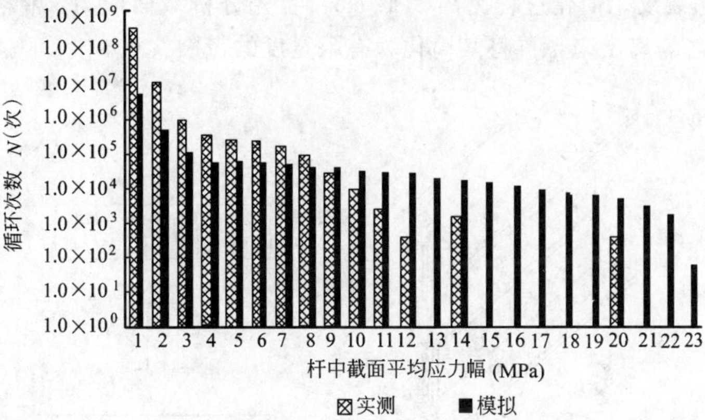

图 3.1.1-4　E1A1 杆中截面应力谱对比

5）疲劳损伤以及使用寿命计算

根据对各种足尺疲劳试验结果的调查分析，本项目偏安全地采用美国 AASHTO 规范的 S-N 曲线，其中 $m=3$，疲劳细节分级为 71MPa，变幅疲劳极限强度为 17.9MPa。按 Miner 线性累积损伤原理来计算损伤累积。各主要杆件疲劳使用寿命计算结果如表 3.1.1-5 所列。通过对该桥使用寿命估计，E1A1 杆寿命较短，这样的结果是偏安全的，因为此桥过去受力不会超过现在的状态。通过损伤累积分析获得使用系数 γ，其值愈小表明已有损伤累积愈大，关注的优先级愈高，进而排列出各杆的检测优先级，其中 E1A1 杆最高。

各杆件使用寿命和已有疲劳损伤　　表 3.1.1-5

杆　件	使用寿命（年）	N（次）	D	$\Delta\sigma_R$（MPa）	$\Delta\sigma_C$（MPa）	γ
E1A1	98	23 592 308	0.010 241	31.2	30.7	1.016
E2A1	310	11 674 706	0.003 226	39.4	26.4	1.492
E6A5	290	13 143 738	0.003 448	37.9	25.9	1.463
E5A6	113 597	78 208	0.000 009	209.2	19.0	11.011

注：$\Delta\sigma_C$ 为等价应力幅，$\Delta\sigma_C=\sqrt[3]{\frac{\sum n_i \Delta\sigma_i^3}{\sum N_i}}$

6）剩余寿命与安全分析

由于外白渡桥地处外滩，交通受到限制，交通量变化不大，因此本项目采用当前交通情况，应用断裂力学方法模拟裂纹扩展来预测外白渡桥的剩余寿命。

(1) 识别临界构件

通过对外白渡桥各杆的角钢失效计算，确定下弦杆、吊杆和腹杆均为临界构件。此外节点板多半是一块板，没有足够的构造强度，因此必须验算它的断裂安全性。但试验证实，它后于杆件破坏。桥面系和风撑被视为次要构件。

(2) 断裂力学分析模型的建立

一般来说，裂纹是从铆钉孔边萌生并沿垂直于构件方向扩展至断裂。因此，可以假定铆钉孔与裂纹近似为一个大裂纹。这样的假定是偏安全的。参照国外研究成果，可把构件缀合成分—板、角钢一并结合铆钉布置形式分别简化为两种基本断裂力学模型：CCT＝中心裂纹，DECT＝双边裂纹。简化过程见图 3. 1. 1-5，首先分析截面应力，将容易断裂的截面成份（图中为角钢）隔离出来，再将其简化为有限宽度的带裂纹板。

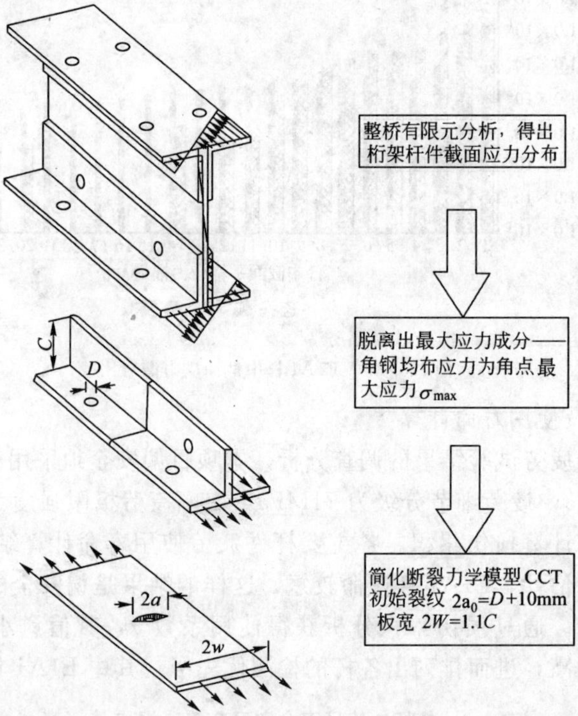

图 3. 1. 1-5 断裂力学模型简化过程

(3) 材料韧性

根据外白渡桥的化学成份分析和拉伸试验，$R_{el}=302.1MPa$，$R_m=446.4MPa$，并考虑外白渡桥的建造年代，在 1900～1940 年铆接结构中使用的材料最常见的为软钢，相当于 Q235。综合国外对老钢的最新材料试验结果，对应于 5%的分位数，相应参数可取为：在 30℃时，$R_{el,5\%}=250N/mm^2$，$J_{mat,5\%}=17N/mm$。

(4) 裂纹假定

①根据国外经验，采用观测方法检查时，只有当裂纹扩展到遮盖物之外 5mm 才能发现。即 $2a_0=D+2\times5mm$，D 为铆钉头直径，对于有角钢或其他成份覆盖时，需再加上相应

长度。这种假定裂纹非常大，往往会导致过于安全的结果。

②超声波探测是根据发射和接收来确定铆钉覆盖下孔边裂纹位置和大小的。在实测中，由于铆钉杆与铆钉孔之间存在缝隙，难于对真实裂缝加以判断。尽管如此，可以偏安全地认为，所检测到的可疑点均为裂纹，大小取实测值。

(5) 临界裂纹大小的确定

可以利用有限元方法作 α—J 曲线，首先利用对称性，可将 CCT 与 DECT 的 1/4 进行有限元网格划分，对不同的裂纹长度 α，只需改变裂尖局部有限元网格划分。材料采用弹塑性和 Mises 屈服准则，积分区域选取加密单元区外加外围一圈单元，加密区虚拟函数取常值 1.0。再让 α 不断增加至将截面屈服时的裂纹长度 a_N，则

$$\text{CCT}: a_N = W(1-\sigma_{max}/R_{el})$$

$$\text{DECT}: a_N = W\sqrt{2.25+4+(1-\sigma_{max}/R_{el})} - 1.5W$$

如果 J_N 大于 J_{mat}，截面有发生脆断的可能，这时的临界裂纹长度可在 α—J 曲线上插值得到。按上述计算步骤所得临界裂纹长度必须小于构件缀合成分实际所能承受的最大长度 α_{max}。对于角钢，试验证实：临界裂纹大小不能超过肢长。表 3.1.1-6 中列出了外白渡桥各个杆件临界裂纹大小的计算结果。

断裂力学模型计算结果　　表 3.1.1-6

杆　件	简化模型	最大应力 (MPa)	a_0（观测）(mm)	a_0（超声波探测）(mm)	acr (mm)	脆　断
E1A1	CCT	107.54	24.1	13.9	31.6	×
E2A1	DECT	137.41	24.1	14.1	41.0	√
E6A5	CCT	53.44	24.1	14.7	38.0	×
E5A6	CCT	67.30	24.1	14.5	50.8	√

(6) 剩余寿命计算

考虑裂纹增长区域 I 的过渡曲线，裂纹增长速度采用下列公式：

$$\frac{da}{dN} = \begin{cases} 0 & \Delta K \leqslant \Delta K_{th} \\ c(\Delta K^m - \Delta K_{th}^m) & \Delta K > \Delta K_{th} \end{cases}$$

Barson、Sedlacek 等人对老钢做了许多试验可取上限：$c=4\times10-13$，m=3。其中：变幅疲劳极限强度值取英国规范 BS5400 中的推荐公式：

$$\Delta K_{th}(R) = \begin{cases} 170 - 214R\left[\dfrac{N}{mm^{3/2}}\right] & R \leqslant 0.5 \\ 63\left[\dfrac{N}{mm^{3/2}}\right] & R > 0.5 \end{cases}$$

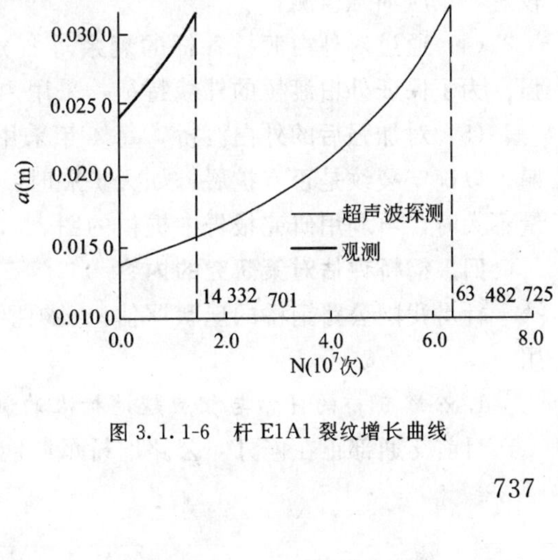

图 3.1.1-6　杆 E1A1 裂纹增长曲线

图 3.1.1-6 给出了 E1A1 杆在观测和超声波探测情况下的裂纹增长曲线，从曲线中可知，由观测而假设所得的剩余寿命较短，为 1.43×

10^7 次应力循环，相当于 1.8 年。而采用超声波探测方法，将提高到 7.9 年。

（7）检测间隔及维护对策

表 3.1.1-7 列出了 4 个主要临界杆件在观测与探测情况下的计算剩余寿命，对于观测方法，应考虑 1.5 的安全系数，得到最大检测间隔年数；对于超声波探测方法，必须考虑有一次漏检的可能性，因此安全系数应取 2.0。从表 3.1.1-7 中的计算结果来看，采用观测方法必须每年进行，采用超声波探测的方法必须每 3 年进行 1 次。这样的探测安排间隔较短，在具体实施中会有困难。因此，对超声波探测间隔小于 10 年的杆件进行加强。这时对应的观测间隔也将提高到 4 年，这也与钢桁梁拷铲油漆的间隔相当，能够保证下一检测的质量。

剩余寿命及探测间隔 表 3.1.1-7

杆　号	应力循环（次/年）	超声波探测			观　测		
		应力总循环（次）	剩余寿命（年）	探测间隔（年）	应力总循环（次）	剩余寿命（年）	探测间隔（年）
E1A1	7.99×10^6	6.35×10^7	7.95	3.98	1.43×10^7	1.79	1.19
E2A1	8.69×10^6	3.16×10^8	36.34	18.17	9.65×10^7	11.11	7.41
E6A5	5.79×10^6	1.21×10^8	20.87	10.44	3.25×10^7	5.62	3.75
E5A6	9.15×10^6	4.89×10^9	534.14	267.07	2.01×10^9	219.45	146.30

7）结论

通过实测与理论分析，对外白渡桥的剩余寿命和使用安全性的评估结论和建议如下：

（1）在实测基础上建立的三维力学模型较真实再现了外白渡的结构受力特性，经与实测应力谱相比，较为安全地反映了现在构件中的应力历程，用于预测未来车流情况下的应力谱具有相当的可靠性。

（2）由于疲劳分析未能按准确的应力历程进行，故使得计算结果过于保守。但相对来看，可以确定各杆件关注的先后次序，其中第一吊杆 E1A1 的损伤最大.

（3）经观测和用超声波探测，并分别应用断裂力学方法对各杆件的安全与剩余寿命进行了计算，发现 E2A1 和 E5E6 存在脆断危险，但它们的剩余寿命很长。故建议对杆内各铆钉孔，尤其在节点板处加强观测和必要的超声波探测。E1A1 杆虽然为塑性破坏，但剩余寿命较短，也应加强监测。

（4）通过对外白渡桥各杆的剩余寿命分析后建议：对寿命较短的 4 个杆件进行截面补强。为了保证外白渡桥的外貌特征，采用内贴钢板的加强方案。

（5）对加强后的外白渡桥，每 4 年采用观测方法检查 1 遍，每 10 年采用超声波探测 1 遍，以确定裂纹是否有扩展；如无扩展时，本项目报告中的剩余寿命分析仍可适用；如扩展量不大时，可利用研究报告中提供的图表，重新安排以后的维修对策。

四、钢桥评估对策研究的内容

针对我国公路钢桥的现状评估，必须要进行相应的对策研究，以发挥已建公路钢桥的作用。

1. 公路钢桥的评估与相应规范标准的制订

目前交通部正在修订《公路旧桥承载能力鉴定方法》，但其仅适用于钢筋混凝土和预应力混凝土桥梁，在既有钢桥的评估与鉴定方面还是一个空白领域。应将新的科研理论成果和实践经验进行总结，以形成钢桥的评估或承载力鉴定规范。建立统一的钢桥评估指标，为钢桥养护管理提供更明确的信息。

2. 建立公路钢桥的信息库管理系统

将已建公路钢桥的营运现状的基础情况进行调查，建立钢桥的信息库管理系统进行信息存储、分析、归类管理的工作，再结合专家经验，建立起既有公路钢桥的评估与对策处理的专家系统，最后形成可选取项目的优先次序表，根据可利用的资金与资源情况确定桥梁最佳更换和养护策略，提供预测桥梁超限时间的损坏程度、养护加固最佳计划和方案。

3. 开发公路钢桥结构的损伤或缺陷的成套测试及监控技术

对于公路钢桥结构的损伤或缺陷，应重点从钢材的锈蚀、钢材的焊接、栓接、铆接接头处，纵、横梁及与主梁连接处，钢梁与混凝土桥面板的结合部位，观测其疲劳裂纹、残余应力及应变等损伤。对一些老龄钢桥，要适时进行动态模拟无损检测，或进行动、静载试验检测，以确定实际的材料强度、损伤程度及结构响应的真实状况，为正常营运的养护管理提供科学的技术资料。

铁路科研部门近几年已开展了应用疲劳断裂理论，通过对旧桥钢材的性能和铆接连接中裂纹尖端的应力强度因子的试验研究，以疲劳裂纹扩展寿命指标评估钢桁梁的剩余寿命。已成功地对我国现有铁路钢桥中占 80%（20 世纪 50 年代以前修建的）的旧钢桥安全状况和剩余寿命进行了科学的评估，对充分发挥旧钢桥的潜力和进行合理的加固、更新，保障营运安全、畅通具有重要的价值和意义。

4. 开发公路钢桥的养护管理对策研究

公路钢桥自建成竣工后，即进入正常的营运养护管理阶段。对于钢桥，必须把涂装防锈蚀周期、养护维修水平、资金利用等对策研究与钢桥的可靠度评估工作紧密相连。随着钢桥营运龄期的增长，会出现各种各样的损伤。有些较严重的损伤靠一般的养护措施处理不了，则必须进行实桥监控与测试，随时诊断出损伤与缺陷的实际情况，进行承载力与适用性的评估，并采取相应的措施对该旧钢桥进行维修加固处理。

§1.2　钢桥的主要类型

一、钢桥的主要结构形式及其材料

1. 钢桥的主要结构形式

钢桥根据主要承重结构的受力体系可以分为：梁式桥、拱桥、刚构桥、斜拉桥、悬索桥和组合体系桥梁。

1）梁式桥

梁式桥（图 3.1.2-1）在竖直荷载作用下，主梁的截面只有弯矩和剪力、不产生轴力，支座只承受竖直方向的力，不承受水平力。多孔梁桥的梁墩上不连续的称为简支梁桥；在桥墩上连续的称为连续梁桥；在桥墩上连续，在桥孔内中断，线路在桥孔内过渡到另一根梁上的称为悬臂梁桥。支承在悬臂上的简支梁称为挂梁；伸出有悬臂的梁称为锚梁。梁式桥的梁身可以做成实腹的，也可以做成空腹的（称为桁梁）。

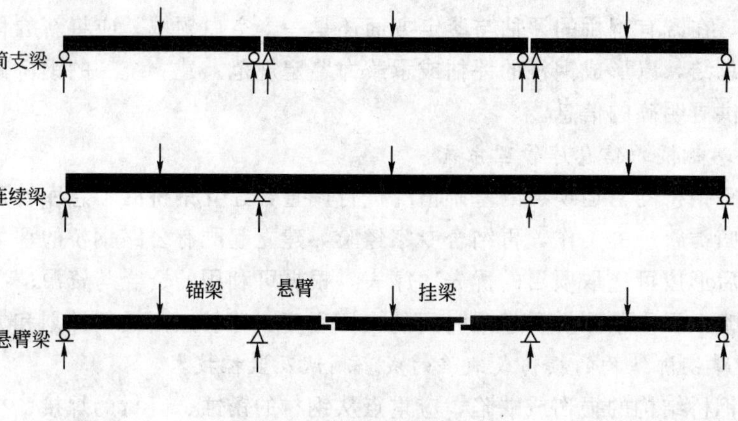

图 3.1.2-1 梁式桥

钢梁式桥按主梁形式还可以分为钢板梁桥（图 3.1.2-2）、箱梁桥（图 3.1.2-3）、钢桁桥（图 3.1.2-4）。目前梁式桥的最大跨度达到 548.8m，是 1917 年建成的加拿大魁北克公路铁路两用悬臂钢桁梁。

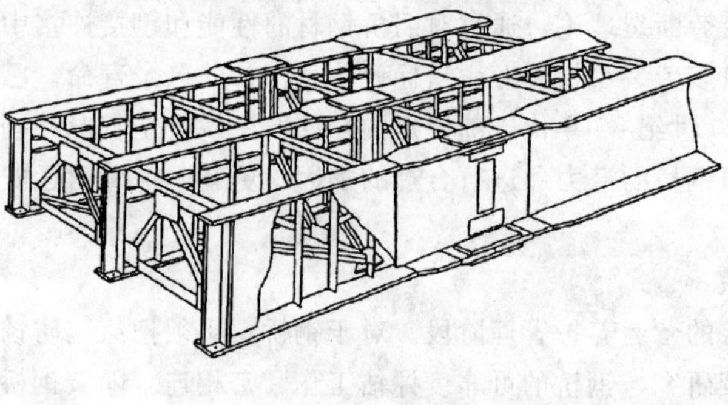

图 3.1.2-2 钢板梁桥

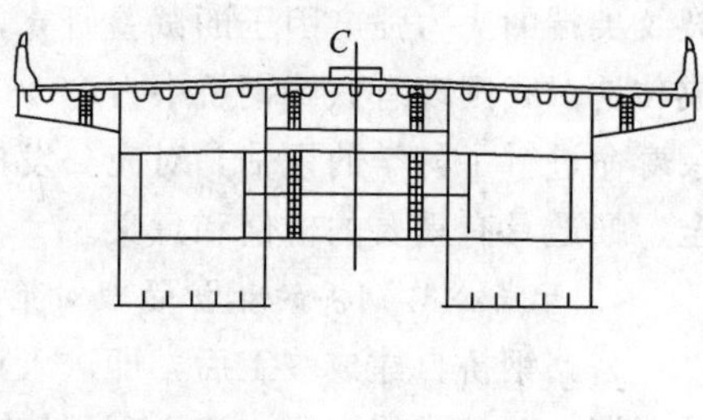

图 3.1.2-3 钢箱梁桥

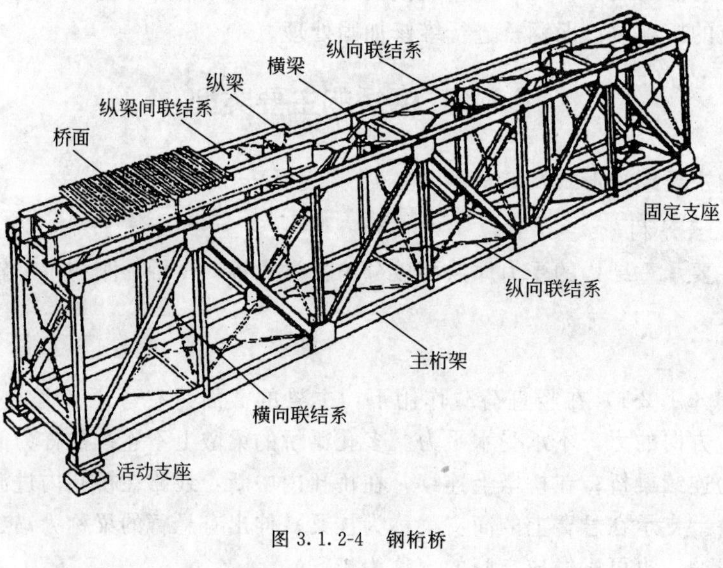

图 3.1.2-4 钢桁桥

2）拱桥

拱桥是以曲线形拱作为主体结构的桥梁，具有外形美观、受力合理、跨越能力大、适用范围广等许多优点，在钢桥、混凝土桥、圬工桥梁以及钢与混凝土组合结构桥梁中都得到广泛应用。拱不仅外形与梁不同，受力与梁也有很大的区别。拱桥在竖向荷载作用下，拱的两端支承处除有竖向反力外，还有水平推力，使得拱内弯矩和剪力大大减小，主要以受压为主。如果拱桥不能充分承受两端支承处的水平力，拱脚不仅会产生很大的位移，而且拱内产生很大的弯矩，则不能充分发挥拱的优势。拱桥可以采用两种方法来承受两端支承处的水平力：一种是设置坚固的基础，水平力由基础承受，为有推力拱，适用于地基良好的桥位；另一种是在拱的两端设置拉索或者拉梁（称为系杆或系梁）等，使得水平力互相平衡，为无推力拱，也称为系杆拱，适用于地基较差的桥位。

图 3.1.2-5 分别表示上承式拱桥（桥面在拱肋的上方）、中承式拱桥（桥面一部分在拱肋上方、一部分在拱肋下方）与下承式拱桥（桥面在拱肋下方）。

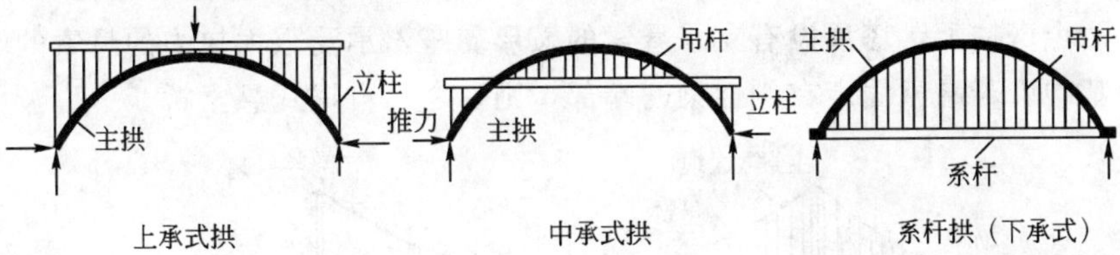

图 3.1.2-5　拱桥

目前钢拱桥的最大跨度达到 550m，是 2003 年建成的上海卢浦大桥。

3）刚构桥

梁身与桥墩或桥台连为一体者，称为刚构桥，如图 3.1.2-6 所示。其受力兼有梁桥与拱桥的一些特点，主要承重结构为偏心受压和受弯。目前钢刚构桥的最大跨度达到 376m，是 1972 年建成的意大利斯法拉萨桥；我国 1976 年建成的陕西安康江汉大桥，跨径达到 176m，为我国钢斜腿刚构桥之首。

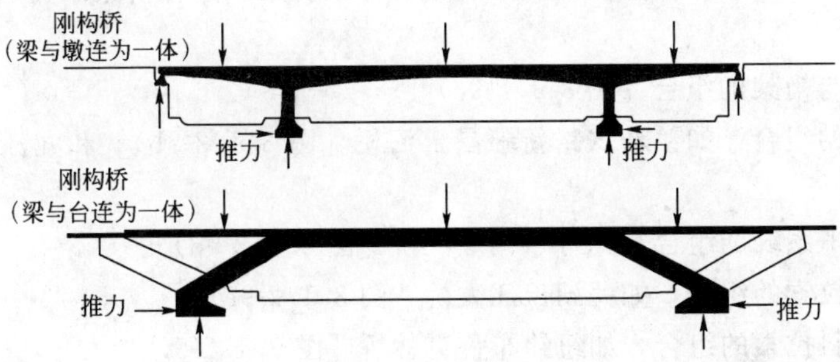

图 3.1.2-6　刚构桥

4）斜拉桥

斜拉桥的结构形式是将梁用若干根斜拉索拉在塔柱上，如图 3.1.2-7 所示。斜拉索为梁提供弹性支承，且其水平分力施加于梁，使梁产生很大的轴力。可以通过调整斜拉索的索力达到调整主梁弯矩、桥面高程和提高索及桥梁整体刚度的目的。设计中可以根据受力需要计算确定斜拉索的初始索力，施工中通过施工控制调整索力，使之达到设计值。斜拉桥是一种高次超静定结构，索力控制较为困难，是设计和施工的一个关键问题。

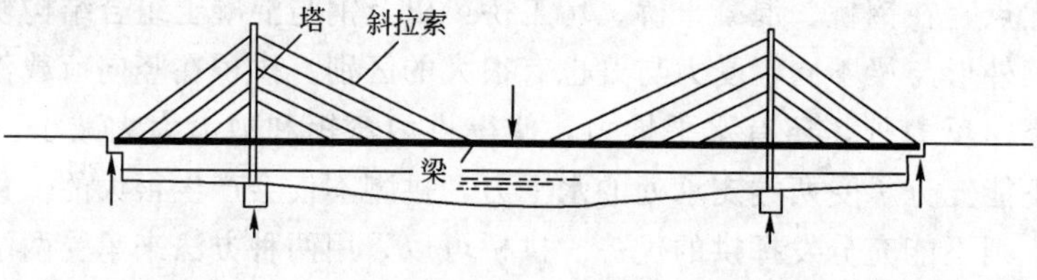

图 3.1.2-7 斜拉桥

5）悬索桥

用吊索将桥面挂于悬索（通常称大缆）上的桥称为悬索桥（吊桥），如图 3.1.2-8 所示。作为承重结构的悬索是柔性的，只承受拉力。为了避免在车辆驶过时，桥面随着悬索一起变形，现代悬索桥一般均设有刚性梁（又称加劲梁）。桥面铺在刚性梁上，刚性梁吊在悬索上。悬索支承在两个塔柱上，塔顶设有支承悬索的鞍形支座。承受很大拉力的悬索的端部通过锚碇固定在地基中。若悬索固定在刚性梁的端部，则称之为自锚式悬索桥。

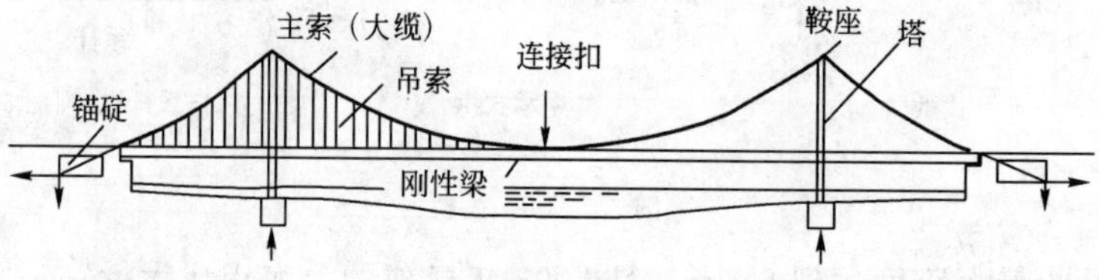

图 3.1.2-8 悬索桥

目前悬索桥的最大跨度为 1991m，是 1998 年建成的日本明石海峡大桥。我国 1999 年建成的江阴长江大桥跨径为 1385m，2004 年建成的润扬大桥跨径达到 1490m。

6）组合体系桥梁

承重结构由两种结构体系组合而成的叫组合体系桥梁。这种桥梁结构通常采用以下组合方式：

（1）实腹梁与桁架的组合［图 3.1.2-9a)］。

（2）梁与拱的组合，如兰新铁路新疆昌吉河桥［图 3.1.2-9b)］和九江长江大桥（［图 3.1.2-9c)］。

（3）梁与悬吊系统的组合，如丹东鸭绿江桥［图 3.1.2-9d)］。

（4）梁与斜拉索的组合，如芜湖长江大桥［图 3.1.2-9e)］。

（5）悬索与斜拉索的组合，如纽约布鲁克林桥［图 3.1.2-9f)］。

2. 钢桥的主要特点

1）主要优缺点

钢桥具有如下优点：

（1）材料高强匀质。钢材是一种抗拉、抗压、抗剪强度高的匀质材料，可承受拉力、压力、弯矩和剪力，并且与混凝土等材料相比自重小（通常用重量强度比 $W/[\sigma]$ 来表示两种材料在结构意义上的相对轻重），所以钢桥具有很大的跨越能力。当所要建的桥的跨度特

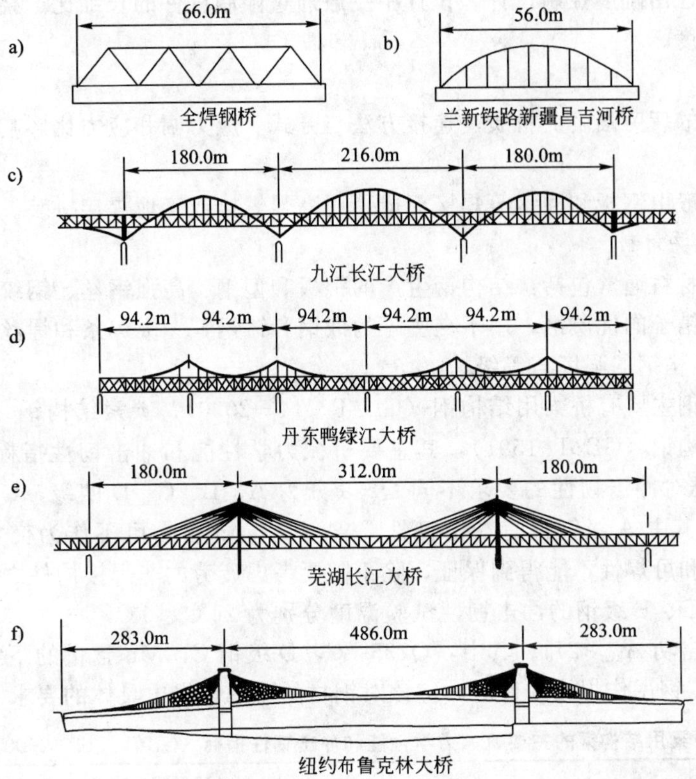

图 3.1.2-9　组合体系桥梁

别大，恒载特别重，采用其他材料来造桥将遇到困难时，一般常采用钢桥。钢材质均匀、可加工性适合用于复杂桥型和景观桥。

(2) 钢桥的构件最适合用工业化方法来制造；便于运输和无支架施工，工地安装速度快，施工工期较短。

(3) 韧性、延性好，可提高抗震性能。

(4) 钢桥在受到破坏后，易于修复和更换。

(5) 旧桥可回收，资源可再利用，有利于环保。

钢材的主要缺点是易于腐蚀，需要经常检查和定期防护涂装。

2) 结构与受力

(1) 薄壁结构

为了提高截面效率，钢桥一般做成薄壁结构，应力计算应考虑剪力滞、扭转（自由扭转和约束扭转）、翘曲等影响。

(2) 稳定

结构刚度小，稳定问题突出。作为薄壁结构，为了防止板件的局部失稳需要设置加肋，限制板件的宽厚比。

(3) 刚度

刚度小，往往由刚度控制设计。设计中一般通过限制杆件的长细比、挠度和钢桥的宽跨比保证桥梁的刚度。

（4）疲劳

构件和连接的疲劳强度受材质、连接方法与方式、应力幅和应力比影响。

（5）连接

钢桥构件一般由钢板和型钢等焊接而成，用高强螺栓或工地焊接拼装。

3. 钢桥的主要材料

钢桥的主要材料通常包括：结构钢生产的钢板和型钢、高强钢丝、钢绞线和钢索，用于高强螺栓、铰和销子的优质钢，用于支座等的锻钢和铸钢，一级焊条和焊丝等。

1）桥梁用结构钢的强度与等级

桥梁用结构钢主要有桥梁用结构钢（GB/T 714—2000）、碳素结构钢（GB/T 700）和低合金高强度结构钢（GB/T 1591），其主要机械力学性能和冲击韧性指标如表 3.1.2-1～表 3.1.2-3。根据对冲击韧性的要求不同 Q235 分为 A、B、C、D 四级，Q345 分为 A、B、C、D、E 五级。其中 A 级钢没有冲击韧性要求，C、Mn 含量可不作为交货条件。由于 A 级钢的冲击韧性和可焊性不能得到保证，除不需要考虑疲劳的非焊接构件之外，在钢桥中很少采用。B、C、D、E 级钢的冲击韧性试验温度分别为 20℃、0℃、−20℃和−40℃，要求 V 形缺口时间冲击功 $A_{kv} \geqslant 27$J。其中，Q235-BC，D 级钢 C、Mn 含量的下线也可不作为交货条件，当 Q235 钢用作焊接构件时，应该对钢材的可焊性提出具体的要求。

桥梁用结构钢的主要机械力学性能和冲击韧性指标（GB/T 714—2000）　表 3.1.2-1

牌号	质量等级	厚度 (mm)	屈服点 σ_s (MPa)	抗拉强度 σ_b (MPa)	伸长率 δ_5 (%)	V形冲击功（纵向） 温度 (℃)	(J)	时效 (J)	180℃弯曲试验 钢材厚度 (mm)	
			不小于						≤16	>16
Q235q (16q)	C	≤16	235	390	26	0	27	27	$d=1.5a$	$d=2.5a$
		>16～35	225	380						
		>35～50	215	375						
		>50～100	205	375						
	D	≤16	235	390	26	−20				
		>16～35	225	380						
		>35～50	215	375						
		>50～100	205	375						
Q345q 16Mnq	C	≤16	345	510	21	0	34	34	$d=2a$	$d=3a$
		>16～35	325	490	20					
		>35～50	315	470	20					
		>50～100	305	470	20					
	D	≤16	345	510	21	−20				
		>16～35	325	490	20					
		>35～50	315	470	20					
		>50～100	305	470	20					

续上表

牌　号	质量等级	厚度（mm）	屈服点 σ_s（MPa）	抗拉强度 σ_b（MPa）	伸长率 δ_5（%）	V形冲击功（纵向）			180℃弯曲试验钢材厚度（mm）	
						温度（℃）	（J）	时效（J）		
			不小于						≤16	>16
Q345q 16Mnq	E	≤16	345	510	21	−40	34	34	$d=2a$	$d=3a$
		>16～35	325	490	20					
		>35～50	315	470	20					
		>50～100	305	470	20					
Q370q（14MnNbq）	C	≤16	370	530	21	0	41	41	$d=2a$	$d=3a$
		>16～35	355	510	20					
		>35～50	330	490	20					
		>50～100	330	490	20					
	D	≤16	370	530	21	−20				
		>16～35	355	510	20					
		>35～50	330	490	20					
		>50～100	330	490	20					
	E	≤16	370	530	21	−40				
		>16～35	355	510	20					
		>35～50	330	490	20					
		>50～100	330	490	20					
Q420q（15MnVNq）	C	≤16	420	570	20	0	47	47	$d=2a$	$d=3a$
		>16～35	410	550	19					
		>35～50	400	540	19					
		>50～100	390	530	19					
	D	≤16	420	570	20	−20				
		>16～35	410	550	19					
		>35～50	400	540	19					
		>50～100	390	530	19					
	E	≤16	420	570	20	−40				
		>16～35	410	550	19					
		>35～50	400	540	19					
		>50～100	390	530	19					

注：1. Q420qE级钢的−40℃冲击功值由供需双方协议规定。

2. d—弯心直径，a—试样厚度（直径）。

低合金高强度结构钢的拉伸和弯曲试验要求 按 GB/T 1591—94　　表 3.1.2-2

牌　号	质量等级	屈服点 σ_s（MPa）				抗拉强度 σ_b（MPa）	伸长率 δ_5（%）	180°弯曲试验 d=弯心直径 a=试样厚度（直径）	
		厚度（直径，边长）（mm）						钢材厚度（直径，mm）	
		≤16	>16～35	>35～50	>50～100			≤16	≤16
Q295	A、B	295	275	255	235	390～570	23	$d=2a$	$d=3a$
Q345	A、B、C、D、E	345	325	295	275	470～630	21～22	$d=2a$	$d=3a$
Q390	A、B、C、D、E	390	370	350	330	490～650	19～20	$d=2a$	$d=3a$
Q420	A、B、C、D、E	420	400	380	360	520～680	18～19	$d=2a$	$d=3a$
Q460	C、D、E	460	440	420	400	550～720	17	$d=2a$	$d=3a$

注：冲击功 A_{kV}（纵向），A 级不限制；B 级 A_{kV}=34J（20℃）；C 级 A_{kV}=34J（0℃）；D 级 A_{kV}=34J（−20℃）；E 级 A_{kV}=27J（−40℃）。

碳素结构钢钢材的机械性能（GB 700—88）　　表 3.1.2-3

牌号	等级	拉伸试验								冲击试验	
		最小屈服点 σ_s（MPa）						抗拉强度 σ_b（MPa）	最小伸长率 δ_s（%）	温度（℃）	最小 V 形冲击功（纵向）(J)
		钢材厚度（直径），mm									
		≤16	>16～40	>40～60	>60～100	>100～150	>150				
Q195	—	(195)	(185)	—	—	—	—	315～390	32～33	—	—
Q215	A	215	205	195	175	165	165	335～410	26～31	—	—
	B									20	27
Q235	A	235	225	215	195	185	185	375～460	21～26	—	—
	B									20	27
	C									0	
	D									−20	
Q255	A	255	235	235	215	205	205	410～510	19～24	—	—
	B									20	27
Q275	—	275	255	255	235	225	225	490～610	15～20	—	—

对于低合金结构钢，碳（C）、锰（Mn）、硅（Si）、硫（S）、磷（P）、合金元素等化学成份和屈服点、抗拉强度、延伸率、冷弯等机械力学性能，以及 B 级钢以上的冲击韧性均被作为交货条件。低合金结构钢不仅强度高，钢材的力学性能、冲击韧性、可加工性和可焊性均较好，在桥梁中广泛应用。

为了保证桥梁结构的承载力和防止出现脆性破坏，应该根据结构的重要性、荷载特征、结构形式、应力状态、连接方法、钢材厚度和工作环境等综合考虑，选用合适的钢材牌号和材性。桥梁结构应该尽可能选用桥梁用结构钢（GB/T 714—2000）。

钢材的强度方面，应尽可能不要使得钢板过厚，以免造成焊接困难、焊接应力与变形太大导致质量下降，以及由于钢材的厚板效应太大造成钢材强度下降过多。特别是 16Mn 钢的厚板效应比较明显，钢桥中16Mn钢的板厚一般不超过35～40mm，对于厚板一般要求进行焊接试验和强度试验。钢桥的主要受力构件一般采用Q345钢，只有构件受力过大，钢板厚度过厚（大于40～50mm）时才考虑采用强度更高的钢板。然而，当构件受力较小，构件由最小尺寸或稳定控制设计、或者对整体受力影响不大的次要构件与板件，可以选用Q235钢。对于焊接构件，钢材应该要有良好的可焊性。

钢材等级方面，应该特别注意防止出现脆性破坏和疲劳破坏，根据桥梁结构的工作温度合理选择钢材等级。过高的等级要求往往会增加工程造价和因钢材采购困难而影响工期；等级过低有可能影响结构的质量。对于建筑钢结构，不同连接方法和工作温度（通常指最低日平均温度）时，钢材等级应该满足表3.1.2-4的要求。钢桥的活载较大，对钢材的冲击韧性指标要求较高，桥梁结构的钢材选择一般比建筑钢结构要求更加严格。同时，应充分考虑应力状态和板厚的影响。一般情况下，桥梁用结构钢中，Q235（A3）和Q420C（15MnVNq-A）不作焊接用；Q420D（15MnVNq-B）用于焊接受压部件；厚32mm及以下的Q235q（16Mnq）、厚50mm及以下的Q370q（14MnNbq）、厚56mm及以下的Q420E（15MnVNq-C）可用于受压、受拉或疲劳控制的焊接部件。

建筑结构钢等级的选用　　表3.1.2-4

工作温度 t（℃）	焊接构件	非焊接构件
$t>0$	Q235B，Q345B，Q390C，Q420C	Q235B，Q345B，Q390C，Q420C
$0<t>-20$	Q235C，Q345C，Q390D，Q420D	Q235B，Q345B，Q390C，Q420C
$t<-20$	Q235E，Q345D，Q390E，Q420E	Q235C，Q345C，Q390D，Q420D

不同的国家采用的质量标准和钢材型号有所不同，表3.1.2-5列出了部分国家的标准中强度相当的钢材型号，我国有些工厂的企业标准中也有国外的钢材标准，如宝山钢铁集团，除国家标准（GB）钢材外，还有日本、德国标准的结构钢种。

部分国家的钢材型号对比　　表3.1.2-5

钢材	中国	美国 AASHTO	美国 ASTM	日本	英国	法国	德国	俄罗斯	备注
型钢板材	Q235	M183	A36	SS400 SM400 SMA400	40	E24	St37	C235	型钢、次要构件
	Q345q Q345	M223 M222	A572 A588	SM490Y SM520	50D	E36	St52	C345	主要构件焊接钢梁
	Q390	—	—	SM570	50F	—	—	C390	很少采用
高强螺栓	8.8级	M164	A325	F8T，S8T	—	—	—	—	—
	10.9级	M253	A490	S10T，F10T	—	—	—	—	—
高强钢索钢绞线	1670MPa	—	—	—	—	—	—	—	—
	1860MPa	—	—	—	—	—	—	—	—

2）钢材的规格与表示方法

桥梁所用的钢材主要为热轧成型的钢板和型钢、热轧成型或冷弯成型的焊接钢管，以及高强钢丝、钢绞线和平行钢索等。

（1）钢板

钢板成品宽度一般在500～3800mm，长度4～12m，根据钢材板厚和宽度，钢板分为薄钢板、中厚板、厚板、特厚板和扁钢。表示方法为“PL－宽×厚×长”（表3.1.2-6）。

钢板规格 表3.1.2-6

类型	厚度（mm）	宽度（mm）	长度（m）
薄钢板	0.35～4	500～1800	0.4～6
中厚板	4.5～20	700～3000	4～12
厚板	20～60	700～3000	4～12
特厚板	＞60	600～3800	4～9
扁钢	4～60	12～200	3～9

（2）型钢

钢桥常用的型钢有角钢、工字钢、槽钢、H钢和钢管。型钢的截面形式简单、受力合理，采用工厂定型轧制产生，造价比焊接构件低。当型钢能够满足受力要求时，应尽可能选用型钢。例如：钢桥的平联、斜撑等二次构件一般受力较小，通常采用型钢。

①角钢

角钢有等边角钢和不等边角钢两种，它主要用于拉压构件或格构式结构等。等边角钢以肢宽和肢厚表示，不等边角钢是以两肢的宽度和肢厚表示。等边角钢表示方法为：肢宽×肢厚×长度；不等边角钢表示方法为：长肢宽×短肢宽×肢宽×长度。我国目前生产的等边角钢铁肢宽为20～200mm；不等边角钢两个肢宽分别为25×16～200×125mm。角钢长度为4～19m。

②工字钢

工字钢有普通工字钢和轻型工字钢两种，主要用于腹板平面内受弯的构件。由于它两个主轴方向的惯矩和回转半径相差较大，不宜单独用作轴心受压构件或承受斜弯曲和双向弯曲的构件。普通工字钢号数表示其截面高度（cm），20号以上的工字钢，同一号数有三种腹板厚度，分别为a、b、c三类。同样高度的轻型工字钢的翼缘要比普通工字钢的翼缘宽而薄，轻型工字钢可用汉语拼音符号“Q”表示。工字钢表示方法为：普通工字钢，I号数（截面高度cm和腹板厚度a、b、c）；轻型工字钢，QI号数（截面高度cm和腹板厚度a、b、c）。我国目前生产的普通工字钢高度为10～63mm，长度为5～19m。

③槽钢

槽钢分普通槽钢和轻型槽钢两种，槽钢数表示其截面高度（cm），I4号以上的槽钢，同一号数有两种不同的翼宽和厚度，分别为a、b表示。槽钢的表示方法为：普通槽钢，［号数（截面高度cm和腹板厚度a、b、c）；轻型槽钢，Q［号数（截面高度cm和腹板厚度a、b、c）。我国目前生产的槽钢高度为5～40mm，长度为5～19m。

④H 型钢和 T 型钢

H 型钢分热轧和焊接两种。热轧 H 型钢分为宽翼缘 H 型钢（代号为 HW)、中翼缘 H 型钢（HM)、窄翼缘 H 型钢（HM）和 H 型钢柱（HP）等四类。表示方法为：宽翼缘 H 型钢，HW 高度（H）×宽度（B）×腹板厚度（t_1）×翼缘厚度（t_2）；中翼缘 H 型钢，HM 高度（H）×宽度（B）×腹板厚度（t_1）×翼缘厚度（t_2）；窄翼缘 H 型钢：HN 高度（H）×宽度（B）×腹板厚度（t_1）×翼缘厚度（t_2）；H 型钢柱：HP 高度（H）×宽度（B）×腹板厚度（t_1）×翼缘厚度（t_2）。我国目前生产的 H 型钢高度为：HW100×100～400×400；HM150×100～600×300；HN100×50～700×300，长度为 6～12m。

T 型钢由 H 型钢剖分而成，可分为宽翼缘剖分 T 型钢（TW)、中翼缘剖分 T 型钢（TM）和窄翼缘剖分 T 型钢（TN）等三类。表示方法为：宽翼缘 T 型钢，TW 高度（H）×宽度（B）×腹板厚度（t_1）×翼缘厚度（t_2）；中翼缘 T 型钢，TM 高度（H）×宽度（B）×腹板厚度（t_1）×翼缘厚度（t_2）；窄翼缘 T 型钢：TN 高度（H）×宽度（B）×腹板厚度（t_1）×翼缘厚度（t_2）。我国目前生产的 H 型钢的高度为：TW50×100～200×400；TM470×100～300×300；TN50×50～30×200，长度为 6～12m。

焊接 H 型钢由平钢板用高频焊接组合而成，用“H 高×宽×腹板厚×翼缘厚”来表示，长度为 6～12m，也可经供需双方同意，按设计现实尺寸供货。

⑤钢管

钢管有热轧无缝钢管和焊接钢管两种。焊接钢管由钢板卷焊而成，又分为直缝焊钢管和螺旋焊钢管两类。钢管表示方法为 ϕ 外径（d）×厚度（t）×长度。无缝钢管的外径为 32～630mm，长度为 3～12m；直缝钢管的外径为 19.1～426mm，通常长度为 3～10m；螺旋钢管的外径为 219.1～1420mm，常长度为 8～12.5m。

钢管是受压构件的最合理截面形式，主要用于受拉压杆件、立柱、桥墩和拱肋等结构。

3）钢材容许应力及其提高系数

（1）钢材的容许应力

桥梁结构钢强度的容许应力一般以钢材的屈服强度 f_y 为依据除以某一安全系数 k，同时考虑结构的应力状态、板厚、板件局部稳定等的影响综合确定。安全系数由材料的匀质系数、超载系数和工作条件等综合确定，一般约为 1.7。

①公路钢桥规范规定的钢材容许应力列于表 3.1.2-7。表中容许应力是根据 f_y＝340MPa 确定的，未考虑板厚（t）的影响和受压板件局部稳定的影响，当板厚较大并且钢材的屈服强度小于 340MPa 时以及设置加劲肋的加劲板件，应该按钢材的实际屈服强度对表中的容许应力进行修正。例如，某 16Mnq 钢的屈服强度为：330MPa（t＝25～36）和 320MPa（t＝38～50），则该钢材的拉压容许应力应该为 200×330/340＝194MPa（t＝25～36）和 200×320/340＝188MPa（t＝38～50)。表中其他值的换算方法类同。

②我国关于考虑局部稳定影响的板件容许应力和加劲板件容许应力的研究资料较少，公路钢桥规范、铁路钢桥规范和建筑钢结构规范均没有加劲板容许应力的相关条文规定。为便于参考，表 3.1.2-8 列出了日本道路钢桥的相关规定。

③钢材的容许剪应力通常根据试验以及最大能量的强度理论决定，直接受剪强度为轴向拉应力的 $1/\sqrt{3}=0.577$ 倍，公路钢桥规范近似取用 0.6［σ］。

钢材的容许应力（MPa）（公路钢桥规范） 表 3.1.2-7

应力种类	钢材种类						
	Q235（A3）	Q235(16Mn)	ZG25II	ZG35II	ZG45II	45 号钢	35 号锻钢
轴向应力	140	200	130	150	170	210	—
弯曲应力	145	210	135	155	180	220	220
剪应力	85	120	80	90	100	225	110
端部承压应力	210	300	—	—	—	—	—
紧密接触的承压应力	70	100	65	75	85	105	105
自由接触的承压应力	5.5	8.0	5.0	6.0	7.0	8.5	8.5
节点销子的空壁承压应力	210	300	195	225	225	—	180
节点销子的弯曲应力	210	340	—	—	—	360	—

日本钢桥容许应力（MPa） 表 3.1.2-8

日本钢材种类（中国）	受拉或弯曲压应力 σ_1	轴心受压应力		弯曲压应力（考虑局部稳定）σ_{wal}		
		未考虑稳定 σ_{ao}	考虑整体稳定，但未考虑局部稳定 σ_{ag}	三边简支一边自由板	四边简支板	等间距加劲板的四边简支加劲板
SS400 SM400 （Q235）	140	140	140，$\lambda\leqslant 20$；$140-8.4[\lambda-20]$，$20<\lambda\leqslant 93$；$1200000/[6700+\lambda^2]$，$93<\lambda$	140，$b/t\leqslant 13.1$；$24000(t/b)^2$，$13.1<b/t\leqslant 16$	140，$b/t\leqslant 39.6f$；$220000(tf/b)^2$，$39.6f<b/t\leqslant 80f$	140，$b/tn\leqslant 28f$；$40-25[(b/tfn)-28]$，$28f<b/tn\leqslant 56f$ $220000(tfn/b)^2$，$56f<b/tn\leqslant 80f$
SM490 （Q345）	190	190	190，$\lambda\leqslant 15$；$190-13[\lambda-15]$，$15<\lambda\leqslant 80$；$1200000/[5000+\lambda^2]$，$80<\lambda$	190，$b/t\leqslant 11.2$；$24000(t/b)^2$，$11.2<b/t\leqslant 16$	190，$b/t\leqslant 34.0f$；$220000(tf/b)^2$，$34.0f<b/t\leqslant 80f$	190，$b/tn\leqslant 24f$；$90-39[(b/tfn)-24]$，$24f<b/tn\leqslant 48f$； $220000(tfn/b)^2$，$48f<b/tn\leqslant 80f$
SM490Y SM520 （Q520）	210	210	210，$\lambda\leqslant 14$；$210-15[\lambda-14]$，$14<\lambda\leqslant 76$；$1200000/[4500+\lambda^2]$，$76<\lambda$	210，$b/t\leqslant 10.7$ $24000(t/b)^2$，$10.7<b/t\leqslant 16$	210，$b/t\leqslant 32.4f$；$220000(tf/b)^2$，$32.4f<b/t\leqslant 80f$	210，$b/tn\leqslant 22f$；$210-45[(b/tfn)-22]$，$22f<b/tn\leqslant 46f$；$220000(tfn/b)^2$，$46f<b/tn\leqslant 80f$
SM570 （Q570）	260	260	260，$\lambda\leqslant 18$；$260-22[\lambda-18]$，$18<\lambda\leqslant 67$；$1200000/[3500+\lambda^2]$，$67<\lambda$	260，$b/t\leqslant 9.6$；$24000(t/b)^2$，$9.6<b/t\leqslant 16$	260，$b/t\leqslant 29.1f$；$220000(tf/b)^2$，$29.1f<b/t\leqslant 80f$	260，$b/tn\leqslant 22f$；$260-67[(b/tfn)-22]$，$22f<b/tn\leqslant 40f$；$220000(tfn/b)^2$，$40f<b/tn\leqslant 80f$
备注			$\lambda=l/r$：长细比； l：压杆换算长度； r：截面回转半径	t：板厚； b：板宽	t：板厚；b：板宽； $f=0.65\varphi^2+0.13\varphi+1.0$； $\varphi=[\sigma_1-\sigma_2]/\sigma_1$； σ_1，σ_1：板件边缘应力（压应力为正），$\sigma_1\geqslant\sigma_2$； $n=m+1$；m：加劲肋根数	

④对于一、二级焊缝，承受拉力的焊缝容许应力与基本钢材的容许应力相同。承受剪力的焊缝容许应力与基本钢材的容许剪应力相同。

⑤悬索桥钢索的容许应力采用钢索破断拉力的 30%。钢索破断拉力采用钢丝极限强度的 0.85 倍。

⑥摩擦型高强度螺栓的抗剪容许承载力 N_L 按下式计算：

$$N_L = \frac{P \cdot \mu \cdot n}{k}$$

式中：P——高强度螺栓的预应力；

μ——摩擦系数：

n——传力摩擦面系数；

k——安全系数，取用 1.70。高强度螺栓沿轴向有由外力引起的附加拉力 Z 时，Z 不应大于 0.6P，此时，螺栓的抗剪剩余承载力 N_L 按下式计算：

$$N_L = N_L \frac{P - 1.4Z}{P}$$

（2）容许应力的提高系数

桥梁结构在设计试用期内，几种可变荷载同时出现或偶然荷载出现的可能性一般比经常出现的主要荷载组合要小，为了考虑不同荷载统计特性的影响，公路钢桥规范规定：验算结构在各种荷载作用下的强度和稳定性时，基本钢材和各种连接件的容许应力应乘以表 3.1.2-9 的提高系数 γ。表中的系数为经验数值，并没有可靠的理论依据。

容许应力的提高系数——公路钢桥规范　　表 3.1.2-9

构造物性质	荷 载 组 合	提高系数 γ
永久性结构	组合 I	1.0
	组合 II、III、IV	1.25
	组合 V	1.30～1.40
临时性结构	组合 I	1.30
	组合 II、III、IV、V	1.40

注：节点销子的容许弯应力在任何荷载作用下，均不得提高。

二、钢板梁桥与钢箱梁桥

1. 钢板梁桥

1）钢板梁桥的结构形式

钢板梁桥的主梁，通常采用工字钢、H 型钢、焊接工形梁等结构形式（图 3.1.2-10）。主梁与主梁之间采用横梁和纵联相连形成整体受力结构。由于主要受力加固的主梁和横梁在平面上形成格子形状的梁格（图 3.1.2-11），所示钢板梁桥也被称为格子梁桥。

工字钢和 H 型钢由工厂轧制而成，通常为等截面形式，与焊接钢梁相比，具有结构简单、造价低的特点。但是，采用工字钢和 H 型钢作为钢板梁桥的主梁，截面尺寸往往会受到工厂的轧制能力的限制，跨越能力较小，通常在 20m 以下。为了提高工字钢和 H 型钢的跨越能力，也常在上下翼缘板增加盖板，盖板通常采用焊接形式与型钢连接（图 3.1.2-10d)、e))。

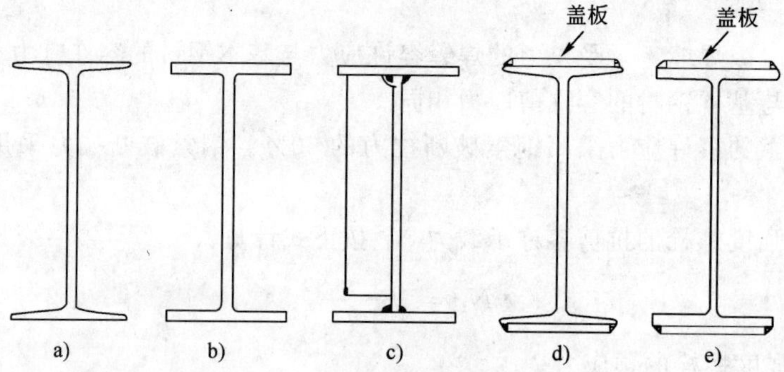

图 3.1.2-10　钢板梁桥截面形式

a）工字钢；b）H 钢；c）焊接工形梁；d）工字钢＋盖板；e）H 钢＋盖板

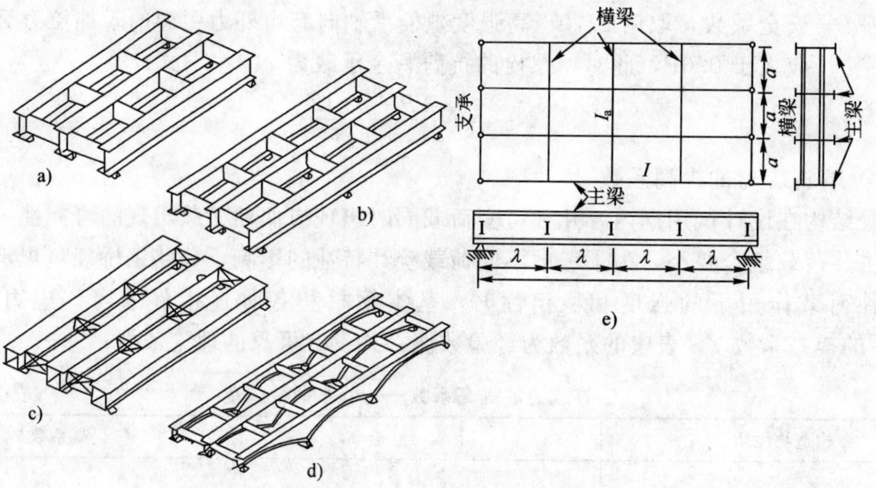

图 3.1.2-11　格子梁桥

焊接工形梁由上下翼板和腹板焊接而成（图 3.1.2-10），具有结构灵活、构造简单、受力明确、现场连接方便、单个构件重量轻等优点，适用跨径可以达到 60m。中小跨径钢梁桥的宽跨比较小时，必须充分注意横向失稳问题。

钢板梁桥根据支承条件和受力特点可以分为：简支钢板梁桥、连续钢板梁桥和悬臂钢板梁桥（图 3.1.2-12）。

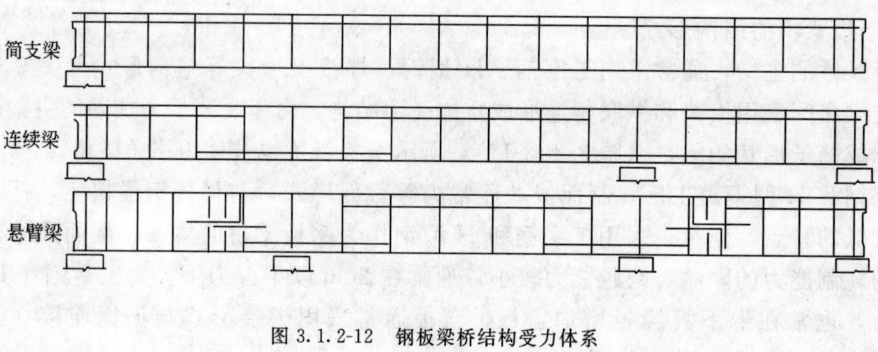

图 3.1.2-12　钢板梁桥结构受力体系

简支钢板梁桥是最为简单的结构形式，经济跨径一般在40m以下。当跨径较大时，采用连续钢板梁桥的结构形式，它的经济跨径可以达到约60m。与简支梁桥相比，连续钢板梁桥具有伸缩缝少、噪声小、行车平稳、挠度小、截面经济等优点，有逐渐取代简支梁的趋势。但是，连续梁对地基不均匀沉降较为敏感，软土地基的连续梁桥附加弯矩较大。悬臂钢板梁桥是静定结构，弯矩却与连续梁桥比较接近，截面比简支梁经济，对地基不均匀沉降不会产生附加弯矩。由于其伸缩缝多、悬臂的挠度大、有折角现象，对行车不利，而且牛腿构造复杂，容易引起疲劳破坏等，目前很少被采用，只用于不适合修建其他桥型的情况。

按桥面板形式还可以分为钢筋混凝土桥面板钢板梁桥和钢桥面板梁桥。其中根据桥面板参与主梁受力的情况又分为结合梁桥和非结合梁桥。结合梁桥的桥面板桥参与主梁共同工作，钢板梁与桥面板结合后由组合截面承受外荷载；非结合梁桥的桥面板不参与主梁共同受力，外荷载由钢板梁单独承担。对于钢筋混凝土桥面板结合梁桥，桥面板与钢板梁间用剪力连接器连接。

钢桥面由顶板和焊接于顶板上的纵向及横向加劲肋组成，它具有自重轻、极限承载力大、钢桥面建筑高度小等优点，是大跨度钢桥和建筑高度受到限制时最为最用的结构形式。

按桥梁的平面形状又分为直桥、斜桥和曲线桥等（图3.1.2-13）。直桥的桥轴线为直线并且与支承边垂直；斜桥的桥轴线为直线但是与支承边不垂直，支承边垂线与桥轴线的夹角称为斜交角；当桥轴线为曲线时称为曲线桥。

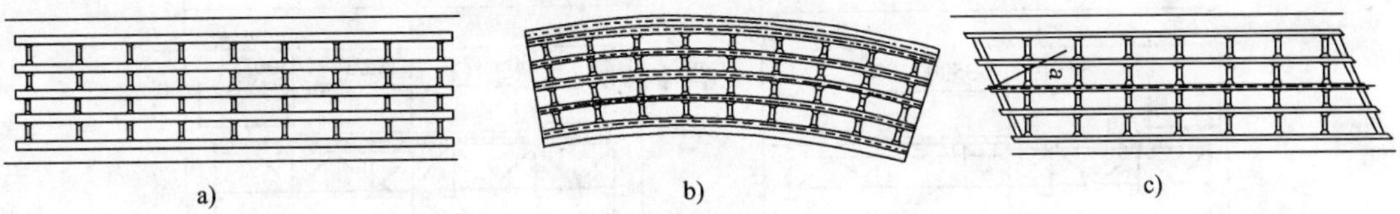

图3.1.2-13　钢板梁桥的平面结构形式

a）直桥；b）弯桥；c）斜桥

2）钢板梁的组成

钢板梁桥上部结构主要由主梁、横向联结系、纵向联结系和桥面系组成，如图3.1.2-14所示。主梁是桥梁的主要承重结构，并将桥面系、横向联结系、纵向联结系传来的荷载传递到支座。横向联结系有实腹式梁和空腹式桁架形式，前者称为横梁，后者称为横联。横向联结系的作用是为把各个主梁连接成整体，起到荷载横向分布、防止主梁的侧向失稳的作用。纵向联结系通常采用桁架式结构，其作用主要是加强桥梁的整体稳定性、与横梁共同承担横向力和扭矩的作用。桥面系是桥梁的行车部分，把桥面荷载传递到横梁和主梁。

3）横断面布置

横断面布置主要确定主梁的根数与间距。主梁的根数与间距直接影响主梁的受力大小与截面尺寸，同时当桥面板支承于主梁时，主梁的间距决定桥面板的跨径，主梁间距过大时，往往导致不得不设置纵梁或很密的横隔板来减小桥面板的跨径。另外，主梁的位置还会影响到桥面板的受力，当车道的轮迹主要集中在主梁中心附近时，可以大大改善桥面板的受力，提高桥面板的使用寿命。因此，横断面的布置不仅要考虑主梁受力与桥面板的间距，同时要尽可能的兼顾桥面板的受力。

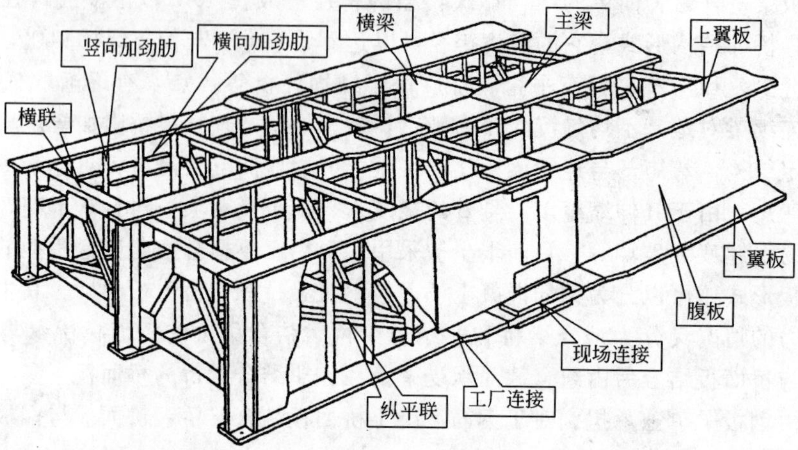

图 3.1.2-14　钢板梁桥的组成

钢筋混凝土桥面板钢板梁桥标准设计横断面布置如图 3.1.2-15 所示。一般主梁间距为 2.0～3.5m，桥面板的悬臂长度在 1m 以内。这样的主梁间距，钢筋混凝土桥面板的跨中板厚可控制在 26m 以内，桥面板悬臂根部板厚控制在 36m 以内，并且可以利用桥面板梗肋的高度，与跨中板厚相协调。

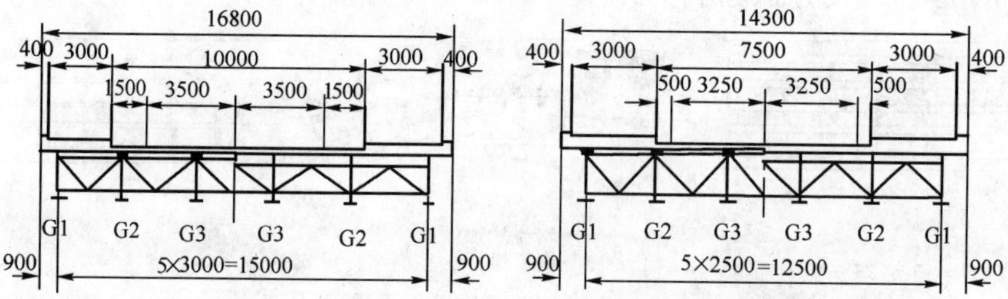

图 3.1.2-15　钢筋混凝土桥面板钢板梁桥标准设计横断面布置（尺寸单位：mm）

随着预应力混凝土桥面板的应用、厚钢板质量的提高及厚板焊接技术的发展，国外近年来出现了少主梁的结构形式，一般 2～3 车道的桥梁仅用 2～3 根主梁。图 3.1.2-16 所示为双主梁钢板梁桥，桥宽 11.2m，仅采用两根主梁。这种结构，构造简单，大大减少了工厂钢结构制作的工作量，同时可提高桥梁施工架设的速度，从而降低桥梁的建设成本。

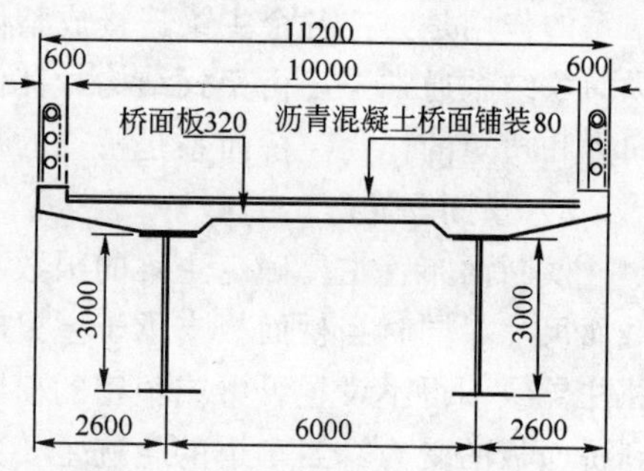

图 3.1.2-16　双主梁钢板梁桥（尺寸单位：mm）

图 3.1.2-17 是钢桥面板钢板梁桥横断面布置示例。由于钢桥面板的自重轻、跨越能力较大，特别是采用闭口加劲肋时，正交异形钢桥面板的跨径可以达到 4～6m。如果适当设置纵肋和横肋，有可能横梁作为钢桥面板的主要支承结构。因此，钢桥面板板梁桥的主梁间距设置较为灵活，甚至仅设置两根主梁。

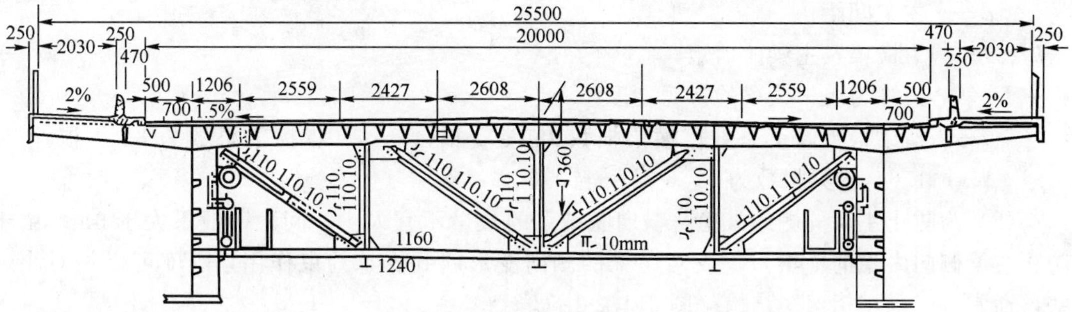

图 3.1.2-17　钢桥面板板梁桥横断面布置图（尺寸单位：mm）

根据我国《公路工程技术标准》，当主梁间距大约 2～3.5m，不设人行道时的典型桥梁横断面宽度和主梁布置如表 3.1.2-10 所示。当设置人行道时，根据人行道宽度不同，一般可以增加 1～3 根主梁，人行道宽度在 1.5m 以下时增加 1 根主梁；1.5～3.5m 时，增加 2～3 根主梁。

典型桥梁桥宽与主梁布置　　表 3.1.2-10

设计车道数	桥　宽（栏杆＋车行道）＋分割带	主梁布置 悬臂＋等分数×主梁间距＋悬臂	设计车道数	桥　宽（栏杆＋车行道）＋分割带	主梁布置 悬臂＋等分数×主梁间距＋悬臂
8车道	2×（0.5＋3.75＋4×3.75＋0.5）＋2.0＝41.5m	1.5＋11×3.5＋1.5＝41.5m 1.25＋13×3.0＋1.25＝41.5m 1.25＋15×2.6＋1.25＝41.5m 1.25＋20×1.95＋1.25＝41.5m	4车道	2×（0.5＋3.75＋2×3.75＋0.5）＋2.0＝24.5m	1.45＋6×3.6＋1.45＝24.5m 1.4＋7×3.1＋1.4＝24.5m 1.0＋9×2.5＋1.0＝24.5m 1.25＋11×2.0＋1.25＝24.5m
6车道	2×（0.5＋3.75＋3×3.75＋0.5）＋2.0＝34.0m	1.25＋9×3.5＋1.25＝34.0m 1.05＋11×3.0＋1.05＝34.0m 1.1＋12×2.65＋1.1＝34.0m 1.25＋15×2.1＋1.25＝34.0m	2车道	0.5＋1.5＋9.0＋1.5＋0.5＝13.0m	1.25＋3×3.5＋1.25＝13.0m 1.2＋4×2.65＋1.2＝13.0m 1.25＋5×2.1＋1.25＝13.0m 1.15＋2×3.1＋1.15＝8.5m 1.25＋3×2.0＋1.25＝8.5m

4）平面布置

钢板梁桥的平面布置主要是确定横向联结系结构形式、数量和间距，以及纵向联结系的形式与布置。横向联结系把各个主梁连接成整体，起到荷载横向分布、防止主梁的侧向失稳的作用，并把桥面系传来的荷载传递给主梁。纵向联结系主要是加强桥梁的整体稳定性，起到与横梁共同承担横向力和扭矩的作用。

（1）横向联结系的结构形式和数量主要由桥梁的横向整体刚度和主梁的侧向失稳要求控制设计。从荷载横向分配的角度，桥梁的横向整体刚度大致可以用下式表示的格子刚度 Z 来衡量。一般认为 Z 大于 10 时，各个梁分担的荷载大致较为均匀，桥梁的横向刚度基本能满足要求。

$$Z \doteq \left(\frac{l}{2a}\right)^3 \frac{I_{Q1}}{I}, I_{Q1} = iI_Q$$

式中：l——主梁跨长；

a——主梁间距；

I_Q、I——为横梁及主梁的惯矩；

I_{Q1}——换算为单根横梁的换算刚度；

i——横梁根数修正系数；横梁根数为 1、2 根，$i=1.0$；横梁根数为 3、4 根，$i=1.6$；横梁根数为 5、6 根：$i=2.6$。

（2）为防止主梁的侧向失稳，横向联结系的数量不宜太少，间距一般不大于 6m。由于防止主梁侧向失稳的横梁，仅仅对主梁的侧向变形起到支承约束作用，刚度可以相对小一些，通常可以采用桁架式结构（图 3.1.2-18）。

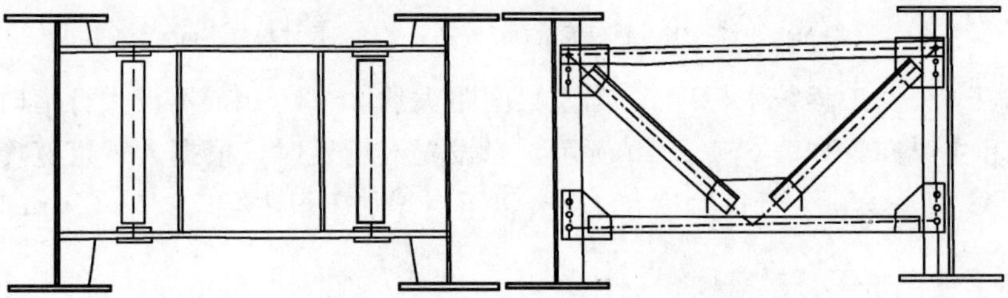

a) 实腹式横向联结系　　b) 桁架式横向联结系

图 3.1.2-18

（3）为了尽可能使得结构简单，横梁也可以采用单一的结构形式。在同一桥梁中采用多种不同结构形式的横向联结系，构造较为复杂，构件种类多，钢桥制造与架设均较为麻烦。

（4）必须保证纵向联结系有足够的强度和刚度。纵向联结系对于防止板梁桥施工时的失稳和抵抗横向力及扭矩有很大的作用。对于直线桥，一般扭矩较小，纵向联结系主要由刚度控制设计；对于曲线梁桥，扭矩较大，横向联结系和纵向联结系的间距要求设置得小一些。常用的纵向联结系布置形式如图 3.1.2-19 所示。

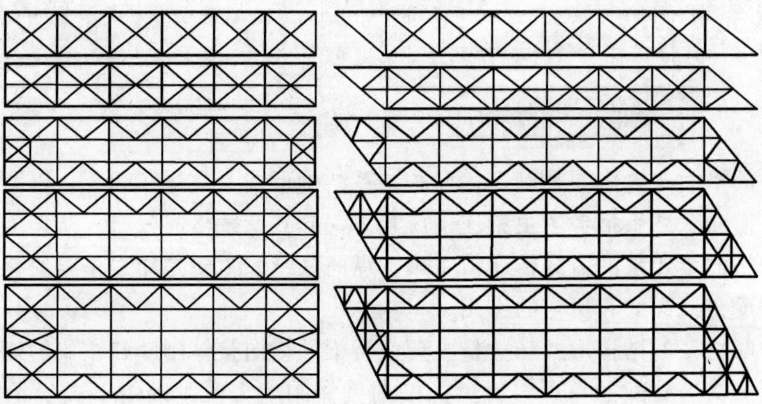

图 3.1.2-19　纵向联结系结构形式

5）支座及临时支点布置

为了维修和更换支座方便，在工形钢板梁桥中应设置支承千斤顶的临时支点来加强结构。图 3.1.2-20 是常用的临时支点布置形式。

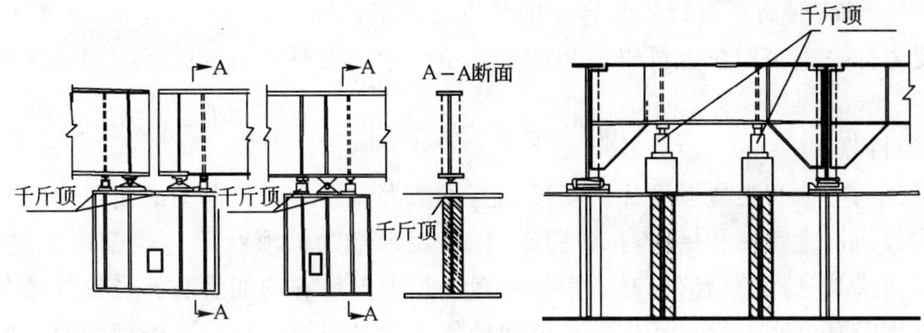

图 3.1.2-20　临时支点布置图

2. 钢箱梁桥

1）结构形式

钢箱梁桥的结构形式如图 3.1.2-21 所示，图 a）为单箱梁桥，用于宽度与跨径之比较小的桥梁。图 b)、f）为双箱单室箱梁桥，是钢箱梁中采用最多梁桥结构形式。图 d）是倾斜腹板的倒梯形箱梁桥，桥墩宽度较小。图 e）是具有 3 个以上腹板的单箱多室箱梁桥，一般很少采用。图 c）为多箱单室结构形式，主要用于桥宽较大的桥梁。图 g）为扁平钢箱梁，梁高与桥宽之比很小，主要用作悬索桥、斜拉桥、拱桥等的加劲梁，梁式桥中很少采用。

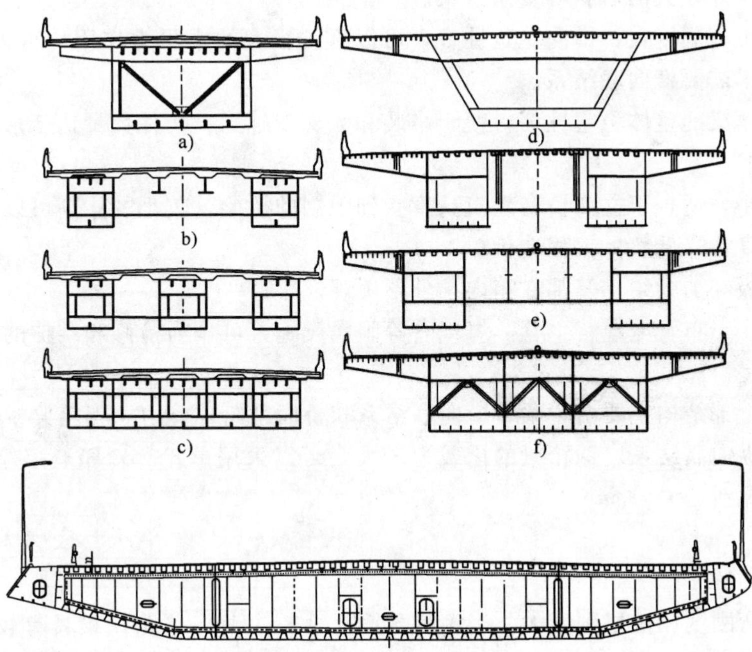

图 3.1.2-21　钢箱梁桥结构形式

当跨径较大（通常超过约 60m）时，采用箱形梁桥的形式较为合理。钢箱梁桥可以采用钢筋混凝土桥面板和钢桥面板的结构形式。通常跨径小于 60m 时采用钢筋混凝土桥面板较为经济。随着跨径的增加，恒载弯矩增加较快，通常跨径小于 80m 时采用钢桥面板较为经济。跨径 60～80m 时需要进行较为详细的技术与经济比较。

根据受力体系钢箱梁桥也可以分为简支梁桥、连续梁桥和悬臂梁桥，钢箱梁桥特别适合于连续梁桥。

2）构造特点

钢箱梁桥的翼缘和腹板厚度比起高度和宽度来都非常小，是典型的闭口薄壁结构。为了防止钢箱梁截面发生畸变和横向弯曲变形，保持箱形断面的形状，必须设置足够的横隔板。为了防止钢箱梁翼缘板的局部失稳，受压翼缘必须设置足够的加劲肋。受拉翼缘在制作、运输和安装过程中有可能出现局部压应力或面外弯曲，也应该布置一定的加劲肋。上翼板的加劲肋也是桥面板的支撑，抵抗集中荷载作用下的局部弯曲变形。在弯矩、剪力和集中荷载作用下，腹板的受力与工形钢板梁类似，需要设置竖向和水平加劲肋，抵抗腹板的弯剪失稳和局部压皱。

钢箱梁必须具有足够横隔板和纵横加劲肋，才会有很好的受力特性。钢箱梁与工形钢板梁相比主要有以下优点：

（1）翼缘宽度大，抗弯能力强。跨越能力比工形钢板梁大得多，钢箱连续梁桥目前最大跨径已达到 300m。

（2）抗扭刚度大，荷载横向分配均匀。即使采用单箱结构形式，两个腹板的弯矩也相差不大，适合于扭矩较大的弯斜等复杂桥梁。

（3）横向抗弯刚度大、横向稳定性好，可以抵抗很大的水平力作用，省去纵向联结系，对于单箱结构不需要横向联结系。

（4）单根箱梁的整体稳定性好，便于吊装和无支架施工；构件数量比工形梁少，施工速度快；

（5）梁高小，适合于立交桥和建筑高度受到限制的桥梁。较小的梁高可以有效的缩短引桥或引道的长度，降低整体工程造价；

（6）横隔板和加劲结构等都在箱内，外形美观；

（7）箱内便于布置电缆、水管、煤气管等附属设施，可作为检修和维护的通道。

3）总体布置

钢箱梁桥上部结构主要由主梁、横向联结系和桥面系组成。由于钢箱梁桥的横向刚度很大，可以不设纵向联结系。钢箱梁的承载力较大，可以采用单箱、双箱、多箱的结构形式，总体布置比较灵活。

（1）主梁

①单箱钢梁桥

钢箱梁抗弯刚度和抗扭刚度大，当箱梁截面尺寸较大时，单箱钢梁具有较大的承载力。桥宽较小时（通常桥宽在 3 车道以内），可以采用单箱结构。桥梁的桥宽与跨径之比（宽跨比）不大时，通常跨径为桥宽的 10 倍以上，采用单箱结构形式较为经济。对于 4～6 车道，也可采用上下行线完全分离的双幅单箱梁桥。

单箱钢梁桥在钢箱两侧设置较大的悬臂，如图 3.1.2-21a）、d）所示，可以有效地减小钢箱的宽度。为了减小挑梁的悬臂长度，还常常将箱梁做成倒梯形的结构形式。钢箱梁采用悬臂式钢桥面板还可以增加翼缘板的有效宽度。一般情况下，主梁腹板间距不大于等效跨径的 1/5 或者主梁悬臂长度不大于等效跨径的 1/10 时，箱梁全宽有效。这里，简支梁的等效跨径与主梁计算跨径相同，连续梁的等效跨径为反弯点间的距离。

对于钢筋混凝土桥面板钢箱梁桥，当悬臂长度较大时，通常需要设置挑梁和边纵梁支承桥面板。为了减轻桥面板的重量，挑梁不宜过大，通常不大于 3m。挑梁处箱内需要设置横隔板或横肋将荷载均衡的传递到箱梁，防止应力集中。

对于钢桥面结构，挑梁主要是为了提高桥面板的刚度，采用开口加劲肋时的挑梁间距一般为 1.5～3m，闭口加劲肋时挑梁间距可以适当增加，一般为 2～4m。通常挑梁高度较小，闭口截面形式的加工制作困难，一般做成工形截面。

单箱钢梁桥通常采用单箱单室的结构形式。单箱多室结构的中间腹板对于箱梁的抗扭作用不大，且增加用钢量，所以较少采用。只有当梁高受到限制不得已才采用。

②双箱钢梁桥

桥宽较大，或者单箱结构尺寸过大，在制作、运输和安装架设有困难时，或者单箱有效宽度很小、不经济时，采用双箱结构较为合理。采用钢筋混凝土桥面板结构时，可以设置挑梁［图 3.1.2-22a)］，也可以不设置挑梁［图 3.1.2-22b)］，两种结构的用钢量差别不大。设置挑梁主要有以下优点：

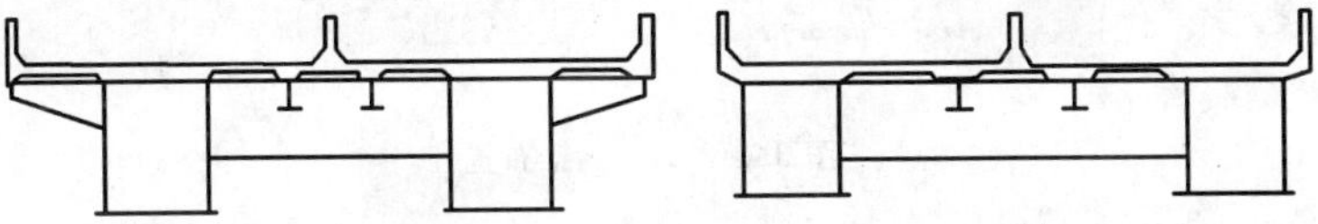

a)　　　　b)

图 3.1.2-22　双箱钢梁桥的布置

a) 设挑梁；b) 不设挑梁

a. 可以通过调整悬臂长度适应桥宽的变化使得主梁间距不变。

b. 减小下部结构的宽度。

c. 增加组合梁桥顶板的有效宽度。

d. 可以使得桥面板相对于主梁接近于对称，减小主梁偏心受力。

不设置挑梁的形式，简化了结构，可以减少工厂加工量，并且与工形钢板梁桥相连接时可以使得两者的桥面板悬臂长度相同，结构更加美观。

采用钢桥面板时，通常采用有悬臂的结构形式。双箱钢梁桥的挑梁布置和结构形式与单箱梁基本相同。

③多箱钢梁桥

多箱钢梁桥的布置与双箱梁桥基本相同。多箱结构的用钢量大，当跨径较小、且桥宽大时才采用。为了使各主梁受力均匀和改善桥面板的受力，多箱钢梁桥的主梁尽可能等间距布置（图 3.1.2-23）。

（2）纵梁

为了减小钢筋混凝土桥面板的跨径，或者提高钢桥面板的刚度，当主梁间距较大时，箱梁之间设置纵梁（图 3.1.2-24）。从钢筋混凝土桥面板的厚度考虑，纵梁间距不宜太大，一般不大于 3m，并且支承于横梁之上。图 3.1.2-25、图 3.1.2-26 为纵梁与横梁的常用连接构造，在连接处纵梁一般做成可以传递弯矩的结构形式。其中，图 3.1.2-25a)、图 3.1.2-26a)

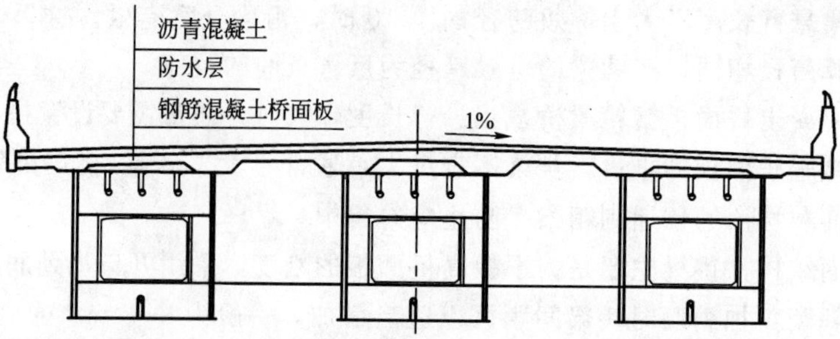

图 3.1.2-23 多箱钢梁桥的布置

为腹板搭接形式，图 3.1.2-25b)、图 3.1.2-26b）为腹板对接结构形式。箱梁外侧设置挑梁时，在挑梁端部需要设置边纵梁（俗称为耳梁）支承桥面板，图 3.1.2-27 为边纵梁与挑梁的常用连接构造，分腹板搭接和对接两种结构形式。

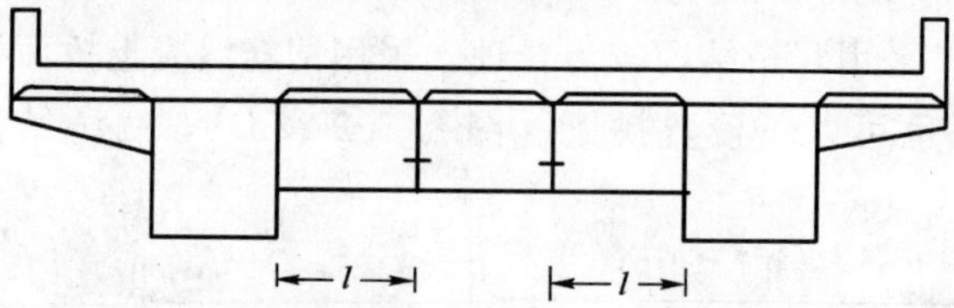

图 3.1.2-24 纵梁布置

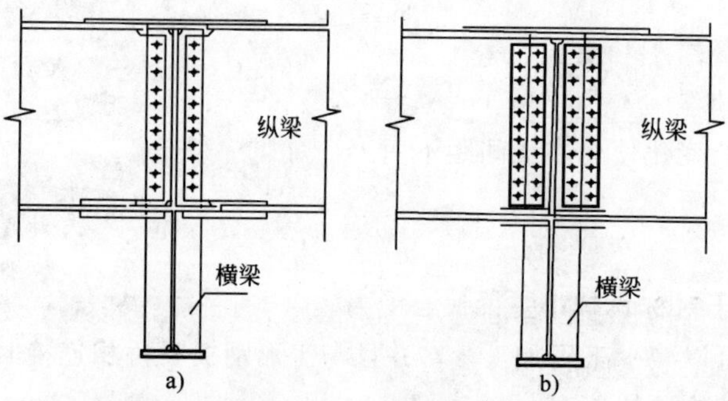

图 3.1.2-25 纵梁与中间横梁的连接形式

a）腹板搭接；b）腹板对接

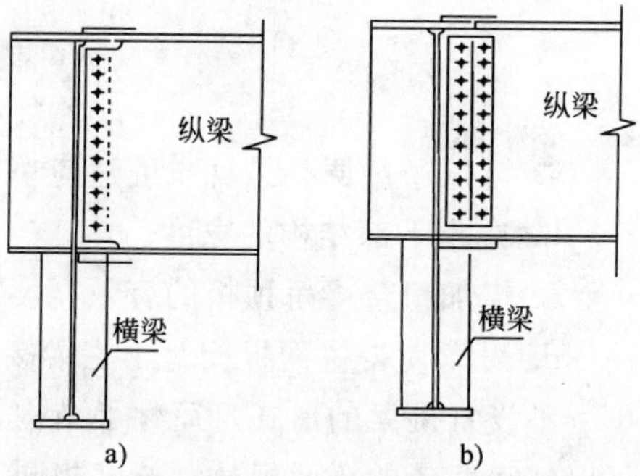

图 3.1.2-26 纵梁与端横梁的连接形式

a）腹板搭接；b）腹板对接

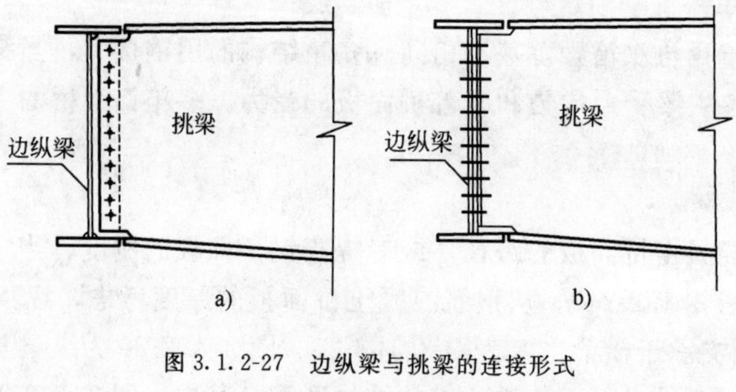

图 3.1.2-27 边纵梁与挑梁的连接形式

a）腹板搭接；b）腹板对接

对于钢桥面板，通常横梁或横肋间距较小，可以不设纵梁。当桥宽较大，横梁刚度相对较小时，为了提高桥面结构刚度，也可以设置纵梁。

3）横梁

对于双箱或多箱结构钢梁桥，为了使得各主梁受力均匀并支承纵梁和桥面板，在箱梁之间往往设置中间横梁。梁端或中间支承处设置端横梁，可以有效提高桥梁整体抗扭能力和分散支点反力。为了保证桥梁的整体受力和抵抗偏心荷载、风荷载等产生的扭矩，除单箱梁桥或多幅完全分离式单箱梁桥外，必须设置端横梁。

主梁之间设置纵梁并且支承于横梁之上时，为了减小纵梁的跨径（通常等于横梁的间距），横梁的间距不宜大于6m。没有纵梁时，横梁主要是起到荷载横向分配的作用，间距可以适当放宽，横梁最大间距20m左右，其中有一道横梁应该设置在跨中。

钢箱梁桥的横向联结系与主梁组成箱梁桥梁格系结构。为了使得横梁有较好的横向分配效果和支承纵梁的承载能力，横梁要有足够的刚度。所以钢箱梁桥通常采用图3.1.2-28所示的实腹式结构形式，梁高通常为主梁高度的3/4～4/5，除特殊情况之外不得小于主梁高度的1/2。横梁还兼作桥面板的横向支承结构，横梁顶面一般与主梁同高。

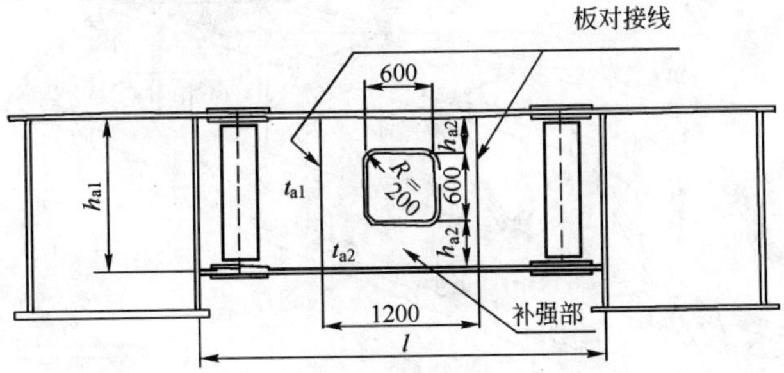

图3.1.2-28　横梁

4）支座及临时支点布置

单箱钢梁桥的梁端必须设置两个支座才能保证结构的稳定性和抵抗扭矩的作用。对于连续弯箱梁桥，中间支座偏离主梁形心，偏心设置在曲率半径较大的一侧可以减小主梁恒载偏心扭矩，为了便于控制支座的偏心矩，中间支点可以采用单个支座的结构形式。但是，单支座结构形式抵抗活载扭矩的能力比双支座结构小，采用中间支点单支座结构形式时，箱梁整体必须具有足够的抵抗外扭矩能力。

多箱钢梁桥，往往一个钢箱设置一个支座，箱梁之间用横梁相连。当一个钢箱设置多个支座时，由于支座高度的设置误差会导致支座受力不均匀，对箱梁产生不利的影响。

为了维修和更换支座方便，箱梁桥应该设置支承千斤顶的临时支点加强结构，图3.1.2-29是常用的临时支点布置形式。

三、钢桁梁桥

1. 钢桁梁的组成

当跨度增大，板梁桥及结合梁桥所需的梁高和用钢量将增加，一般当桥梁跨度大于40m时，采用钢桁梁结构比较经济。简支钢桁梁桥是一种最常用的桥梁结构。钢桁梁也常用于悬索桥、斜拉桥、拱桥等结构中。

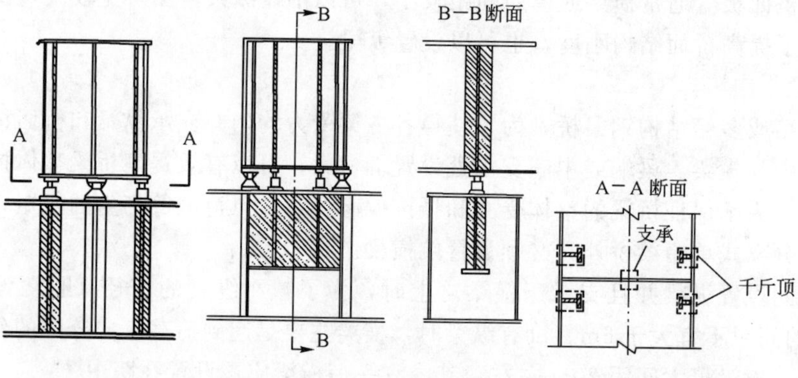

图 3.1.2-29 支座及临时支点布置

钢桁梁桥根据桥面位置的不同可分为上承式桁梁桥、下承式桁梁桥和双层桁梁桥。桁梁桥由主桁联结系、桥面系及桥面组成，如图 3.1.2-30 所示。

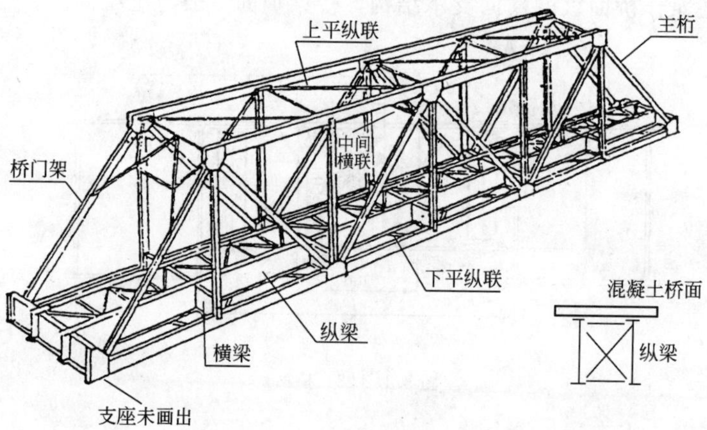

图 3.1.2-30 下承式简支钢桁梁

1）主桁

钢桁梁桥的主桁架是主要承重结构，其作用是承受竖向荷载，并通过支座传给墩台。主桁架由上、下弦杆和腹杆组成。腹杆又分为斜杆和竖杆两种。有些桁架不设竖杆。杆件交汇处称为节点。有斜杆交汇的节点，受力及构造比较复杂，节点板尺寸也较大，通常被称为大节点。仅有竖杆和弦杆交汇的节点，受力及构造较简单，节点板尺寸也较小，被称为小节点。大节点两边弦杆的内力不等，截面也不同，通常在节点中或节点旁弦杆是断开的。小节点两边弦杆的内力相等，截面也相同，故弦杆小节点处不必断开。节点之间的距离称为节间。节间的长度一般也是钢桁梁桥面系横梁的间距及纵梁的跨度。主桁截面形式如图 3.1.2-31 所示。

2）联结系

联结系分纵向联结系和横向联结系两种。联结系的作用是联结主桁架，使桥跨结构成为稳定的空间结构，以承受各种横向荷载。

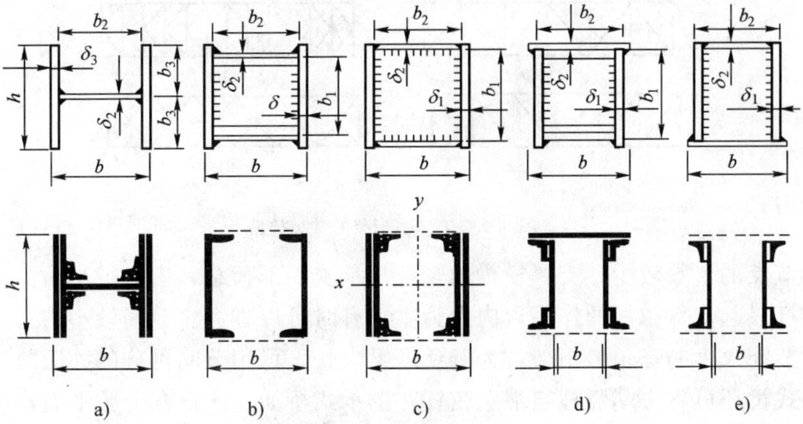

图 3.1.2-31 主桁杆件的截面形式

纵向联结系设在主桁架的上、下弦杆的平面内。分别称为上部水平纵向联结系与下部水平纵向联结系（简称上平纵联与下平纵联）。平纵联的主要作用是承受作用于桥跨结构上的横向水平荷载，包括作用于主桁架、桥面系、桥面和车上的横向风力、车上横向摇摆力及曲线桥上的离心力。平纵联的另一个作用是横向支撑弦杆，减少弦杆平面以外的自由长度。当弦杆是压杆时，这一作用尤其重要。

横向联结系设在桥跨结构的横向平面内。位于桥梁端部的称端横联，在下承式桁梁上叫桥门架。位于桥跨结构中部的叫中横联。桥门架设在主桁架端斜杆平面内；中横联设在主桁架竖杆平面内，主桁架没有竖杆时，中横联可设在主桁架中间斜杆平面内。中间横联的间距一般不大于两个节间。

中横联的作用是增加钢桁架的抗扭刚度。当桥跨结构受到不对称的竖向荷载或横向荷载时，中间横联还可以适当调节两片主桁或两片纵联的受力不均。

3）桥面系

钢桥的桥面系是指纵梁、横梁及纵梁之间的联结系，如图 3.1.2-30 所示。桥面传来的荷载先作用于纵梁，再由纵梁传至横梁，然后由横梁传至主桁架节点。纵梁之间的联结系将两片纵梁联成整体。

4）桥面

桥面是供车辆和行人走行的部分。桥面的形式与钢梁桥及结合梁桥相似。

2. 主桁架的图式及特点

主桁架是钢桁梁桥的主要组成部分，它的图式选择是否合理，对桁梁桥的设计质量起着重要作用。拟定主桁架的图式，应根据桥位的具体情况，选择一个较为经济合理的方案。对于城市桥梁，还应该适当考虑与周围环境相协调的美观问题。

根据腹杆几何图形的不同，主桁架常见的几何图式可归纳为四种基本类型，如图 3.1.2-32 所示。主桁架图式的选择原则是经济、构造简单、有利于标准化和便于制作安装。

1）三角形桁架

由斜腹杆与弦杆组成等腰三角形的桁架称为三角形桁架，如图 3.1.2-32a）所示。它是目前世界上应用最广的一种桁架。它适用于各种跨度的桥，主要优点是：弦杆的规格和有斜

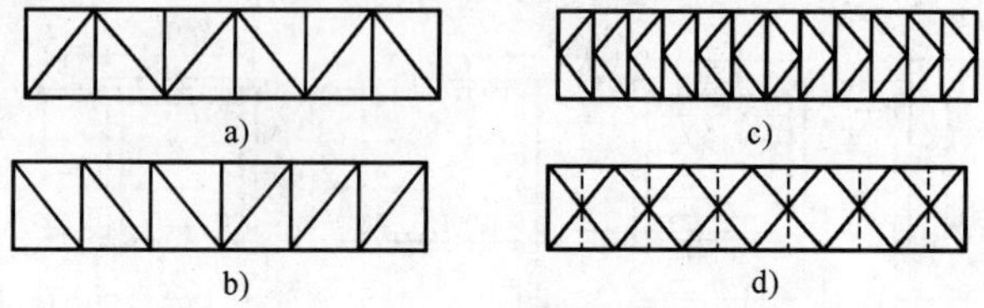

图 3.1.2-32　主桁架的常见类型

杆交汇的大节点的个数较少；支撑横梁的竖杆只承受局部荷载，内力很小而截面相同；不支承横梁的竖杆只起支撑弦杆的作用，内力为零，有时可以省去。节间较小的三角形桁架也可不带竖杆。节间太大的三角形桁架，为避免纵梁太长，可用节间再分的办法减小纵梁的支承跨度。下承式桥还可省去端竖杆与端上弦杆；上承式桥如支座设在上弦平面，也可省去端竖杆与端下弦杆，如图 3.1.2-33 所示。

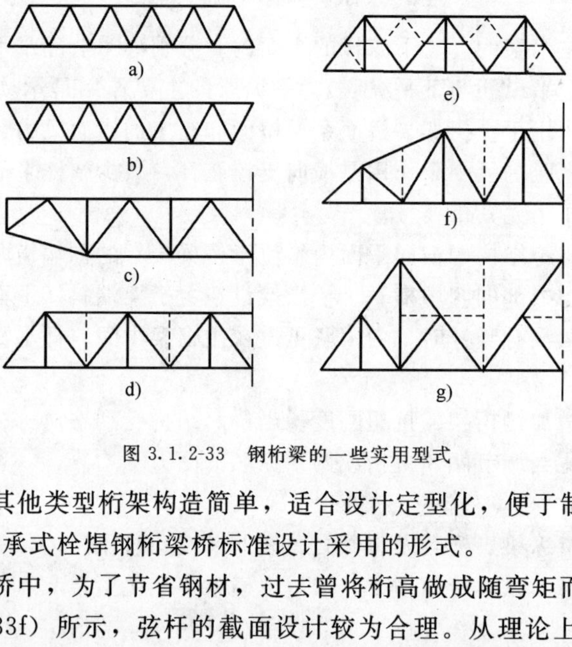

图 3.1.2-33　钢桁梁的一些实用型式

三角形桁架较之其他类型桁架构造简单，适合设计定型化，便于制作和安装，是中等跨度（$L=48\sim80\text{m}$）下承式栓焊钢桁梁桥标准设计采用的形式。

在大跨度钢桁梁桥中，为了节省钢材，过去曾将桁高做成随弯矩而变化，主桁架上弦呈折线形，如图 3.1.2-33f）所示，弦杆的截面设计较为合理。从理论上说，钢料用量比平行弦杆桁架省，但其杆件类型、节点类型均多，增加了工厂制作的难度。不利于杆件互换，也不利于制作、安装及修复。

2）斜杆形桁架

相邻斜杆互相平行的桁架称为斜杆形桁架，如图 3.1.2-32b）所示，与三角形桁架相比，其弦杆规格多，每个节间都有变化。竖杆不仅规格多，而且内力大，所有节点都有斜杆交汇，均为大节点。因此，其构造及用钢量都不及三角形桁架优越。

3）K 形桁架

斜杆与竖杆构成 K 字形的桁架称为 K 形桁架，如图 3.1.2-32c）所示。由于主桁架同一节间内的剪力由两根斜杆分担，其斜杆截面较上述两种类型要小。但这种桁架的杆件规格品种多，节点多，节间较短，纵、横梁的件数和连接较多，用于中小跨度时，构造显得复杂，偶尔在大跨度桥上采用。K 形桁架具有杆件短小、轻便的优点，适宜于装拆式桥梁。

4）双重腹杆桁架

双重腹杆桁架是由两个不带竖杆的三角形桁架叠合而成，如图 3.1.2-32d）所示。由于斜杆只承受节间的力的一半，杆件短、截面小，如用于大跨度梁，受压斜杆短，对压屈稳定有利。斜杆截面小，则在节点板上的连接栓钉数也少，有助于解决在大跨度桁架节点板尺寸过大与钢板供货尺寸有一定限制的矛盾。我国大跨度钢桁梁多数采用带辅助竖杆的双重腹杆桁架，又称菱形桁架或米字形桁架。武汉、南京公铁两用长江大桥和我国铁路标准设计（L=96～120m）下承式简支栓焊钢桁梁桥均采用米字形桁架。

3. 连续桁架桥

跨度大于 100～120m 的多孔桥，采用连续梁较为合理。由于连续梁的最大弯矩比简支梁小，因此比简支梁节省约 8%～10%的钢材。

连续桁架桥在桥墩上只设一个支座，墩帽所需尺寸较简支梁小。墩身在竖向荷载作用下，只承受中心压力。

连续桁架的竖向及横向刚度均比简支桁架大。其竖向挠度曲线匀顺连续，转坡点少，冲击作用小，有利于桥梁的高速行车。连续桁架的挠度约为简支桁架的 80%。因此，在同等刚度要求下，连续桁架的梁高可以做得矮一些。

1）连续桁架桥是超静定结构，利用调整支座高程可以调整杆件内力，使内力分布更趋合理。

2）连续桁架特别适合于用悬臂拼装，或采用纵向拖拉及顶推方法安装就位。其安装内力比较接近于设计内力，故安装时需要加强的杆件也较少。

3）连续桁架局部破坏时，损害不及简支桁架大，不易整孔塌落，修复也较容易。

4）连续桁架桥最常采用的每联跨数是两跨或三跨，极少超过五跨。跨数多固然可以改善线路运行条件，但所带来的经济效益有限，而且会使固定支座承受较大的制动力，增大活动支座一端的伸缩量。

5）两孔连续桁架应做成等跨的。三孔时为使各孔弯矩平衡，合理跨度的比例是7∶8∶7。为了美观，尤其是两联以上的，通常也采用等跨布置，我国的武汉长江大桥就采用 3 联 3×128m。

6）连续桁架因竖向刚度大，其梁高可以做得比简支梁矮一些，通常为跨度的 1/7～1/8。跨度很大时，为避免弦杆截面尺寸相差过分悬殊，难以设计，可将支点上方适当加大桁高。一般可为跨中桁高的 1.2～1.5 倍，但不宜将加高部分的外形做得太尖。为了美观、制造标准化及安装时便于爬行吊车在上弦移动，近代修建的连续钢桁梁桥常做成平行弦的。

图 3.1.2-34 为著名的武汉长江公铁两用连续钢桁架桥。

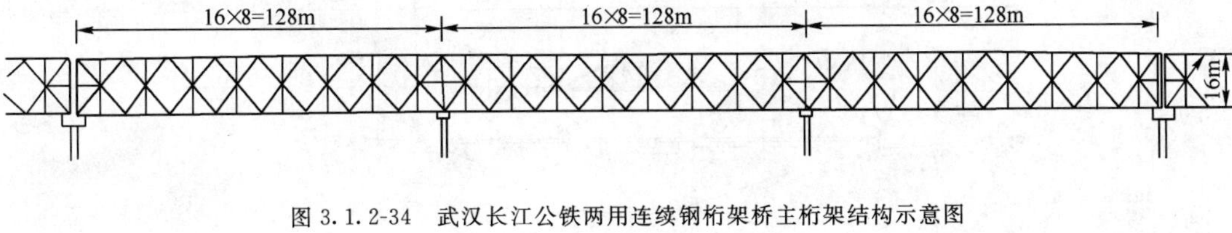

图 3.1.2-34 武汉长江公铁两用连续钢桁架桥主桁架结构示意图

4. 悬臂桁梁桥

悬臂桁梁由锚固跨、悬臂跨或悬挂跨组成。悬挂跨由悬臂与挂孔组合而成，如图

3.1.2-35 所示。悬臂桁梁桥具有许多与连续桁架桥相同的优点。例如：邻孔荷载可使跨中弯矩减小，比简支桁架桥可节省钢材 8%～10%等。悬臂桁梁桥是静定结构，杆件内力不会像连续桁架桥那样受墩台不均匀沉陷的影响。但是，悬臂桁梁桥有以下一些缺点：

（1）在悬挂跨，挂孔与悬臂衔接处桥跨结构纵向线形有较大的折角，对行车不利；

（2）悬臂桁梁桥需要设铰，构造复杂，维护困难；

（3）锚固跨被毁会累及悬臂跨或悬挂跨一起坠落。

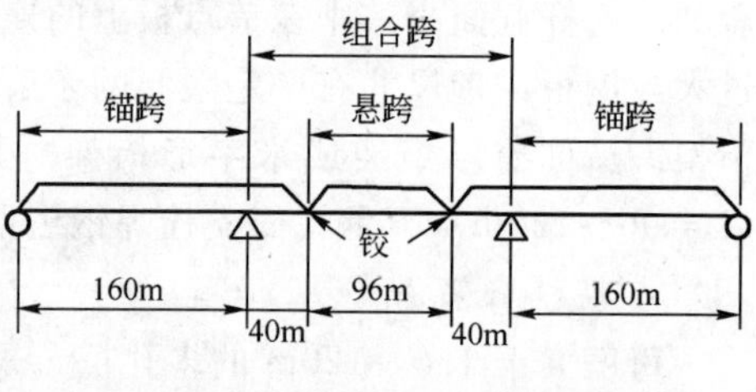

图 3.1.2-35　悬臂桁梁桥的组成示意图

悬臂桁梁的形式中，铰的布置较为重要。铰的位置决定悬臂桁梁的悬臂长度，而悬臂长度和用钢量及竖向刚度有关。一般悬臂长与锚跨之比为 1/4～1/3。为了使悬臂桁梁桥的弦杆内力较为均匀，也就是正、负弯矩处的弦杆内力接近，用钢量较节省，悬挂跨一般比锚固跨要大，悬挂跨与锚固跨之比以 1.1～1.4 为宜。同时还应考虑桥位处的地形、地质、水文、通航等条件。当悬臂过长时，应在锚跨的端支座处设拉力支座，以承担负的支反力。

悬臂桁梁挂梁及锚梁跨中部分的高度，可略低于简支梁，约为跨度的 1/6.5～1/7；悬臂在支点处的高度，为臂长的 2/3 左右，否则悬臂端的挠度难于保证。悬臂桁梁桥做成平行弦的比较少。

图 3.1.2-36 为国内外几座比较著名的悬臂桁梁桥。图 3.1.2-36a）为我国 1912 年建成的济南洛口黄河桥，是新中国成立前国内跨度最大的钢桁梁桥。图 3.1.2-36b）为日本 1974 年建成的南港连络桥，是近代修建的跨度较大的悬臂钢桁桥。图 3.1.2-36c）为加拿大魁北克桥，1917 年建成。该桥施工过程中曾发生悬臂下弦压杆失稳的重大事故。这座悬臂梁桥迄今仍保持着梁式钢桥的跨度记录。

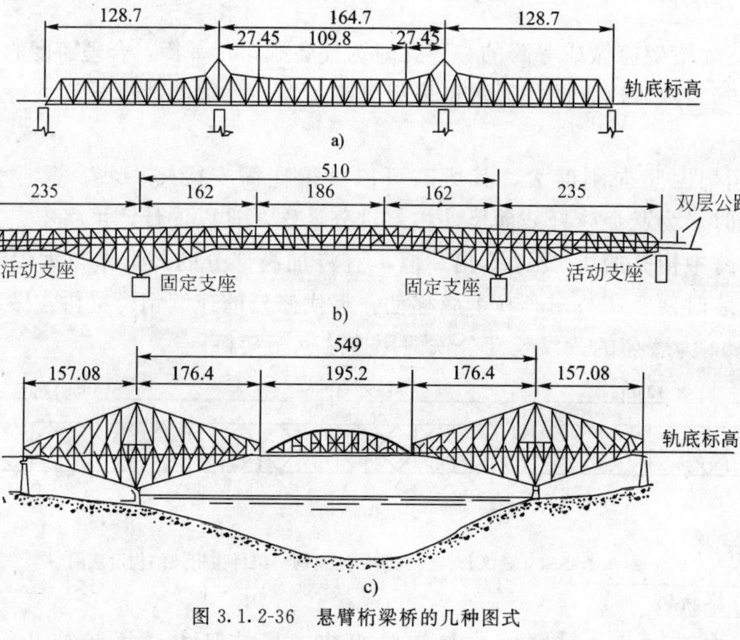

图 3.1.2-36　悬臂桁梁桥的几种图式

a）济南洛口黄河桥；b）南港连络桥（日本大阪）；c）魁北克桥（加拿大）

5. 钢桁梁桥的受力特点

钢桁梁桥的最大特点是桁梁高且为空腹结构，杆件承受轴向力为主，自重轻，承载力大，因而跨越能力大。通过调整节间杆件截面尺寸可使各杆件的工作应力均能接近设计应力值，以获得最小截面，从而材料耗用少，经济性显著。

桁架所有杆件是在工厂里由钢板焊接组成，工地拼装架设，轻型的架设机械就足够用了，但架设工费比较昂贵；近年来已开始采用大型块件架设法，即一次架完一个相当长的桁架单元，可显著地缩短工期，这种施工方法适用于大跨径桥梁。

1）桁高与节间

与板梁桥的梁高相比，桁梁桥的桁高要大得多，因而主桁刚度大、挠度小，不易产生振动。下承式钢桁梁桥桁高与跨径比，直弦桁架为$\frac{1}{10}\sim\frac{1}{6}$，曲弦桁架为$\frac{1}{8}\sim\frac{1}{5.5}$。连续桁梁桥合理的高跨比宜取$\frac{1}{10}\sim\frac{1}{12}$。桁高过低，活载产生的挠度将增大。

在行车道数、桁宽、跨度已定的条件下，采用表 3.1.2-11 中列出的桁架节间数与桁高的最佳组合，用钢数最少。

最佳桁高、最佳节间数　　表 3.1.2-11

有效桁宽(m)	跨度 l(m)	最佳节间数	最佳桁高 h(m)	跨度/桁高 l/h
6	50	7	7.0	7.1
6	60	7	9.5	6.3
6	70	7	10.5	6.6
6	80	8	13.0	6.2
6	90	9	15.0	6.0
6	100	10	16.0	6.2
9	60	6	12.0	5.0
9	80	8	14.5	5.2
9	100	10	17.0	5.9

一般公路桁梁桥的经济节间长度为 6～9m，当节间长度大于经济长度或者桥面系高度受到限制时，应采用再分节间的桁架。一般情况下，斜杆的水平倾角取 45°～55°时最经济，杆件之间的连接也比较容易。然而在大跨度桁架桥中，采用 45°～55°的斜杆倾角，节间长就变得很大，导致桥面系重量增大，恒载增大，斜杆的自由屈曲长度增大且对受力不利。

在桁架桥中一般纵梁的跨度都比较大，把纵梁作成连续结构，对其受力和构造均有利。

2）杆件截面组成

(1) 主桁杆件必须采用对称截面。当使用拼接板或节点板与其他杆件相连接时，必须使杆件的轴力线和杆件的重心线重合。这样，各杆件轴力产生的截面应力才能均匀分布。

(2) 杆件的应力是由节点板通过与桁架面平行的杆件腹板扩展到整个杆件截面的，故腹板的截面积至少要占杆件全截面积的 40%，使节点附近杆件内的内力能均匀地传递。其次，为了提高杆件的屈曲强度，截面对竖轴的回转半径 r_y 需要大于对水平轴的回转半径 r_x，即需采用$\frac{r_y}{r_x}>1$的截面。

（3）用螺栓联结的拉杆，应按净截面计算其抗拉承载力。为弥补拉杆两端栓孔削弱，并使竖向荷载产生的内力从腹杆均匀地通过节点板传至弦杆，最好是采用加厚杆端一段腹板板厚的办法，对拉杆予以补强。

（4）压杆必须避免因连接部偏心产生的附加弯矩。否则，就必须按压弯构件进行设计。若压杆连接部采用高强度螺栓联结时，应根据毛截面面积计算抗压承载力。在大跨径桁梁桥中，当压杆应力非常大时，如将压杆端面的接触部磨光顶紧则需要的螺栓数可以减少一半。在这种情况下，可以把顶紧的部分作为等价截面来处理。为了不发生轴向压杆失稳，压杆的压应力值必须小于规范中所规定的轴向容许压应力值或容许屈曲应力值。在决定板厚以及补强板尺寸时，必须遵守规范中的有关规定。

（5）平纵联、横联等次要杆件，常用缀板和缀条将型钢联成组合式杆件，对较小的杆件则焊接成箱形、H 形截面。

大跨径钢桁梁桥中杆件的板厚变大，板局部挠曲将产生附加应力及横梁固端弯矩，使主桁杆件产生扭转剪应力，焊接部位应力叠加数值变大，故必须采用双面贴角焊缝。

3）节点构造

节点的构造要求在于保持交汇于节点杆件的相对位置正确，节点附近承受的复杂应力必须有足够的安全性。普通钢桁架交于节点的杆件，常采用从两侧插入节点板，且采用高强度螺栓或铆钉联结的构造，如图 3.1.2-37 所示。

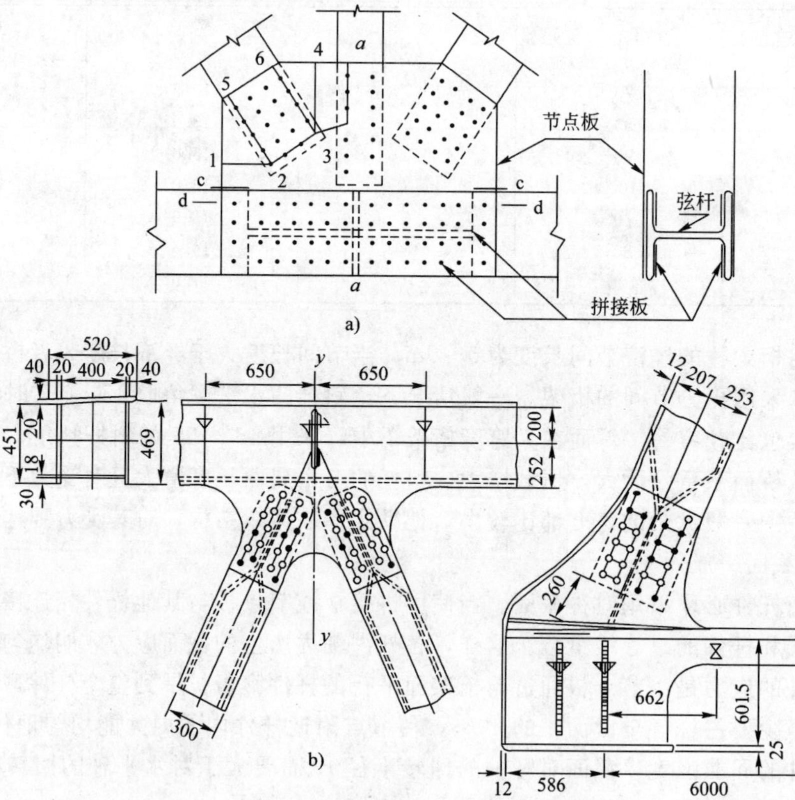

图 3.1.2-37 节点构造（尺寸单位：mm）

a）下弦杆的节点构造；b）上弦杆的节点构造

节点构造通常有下面 4 种形式：

（1）在焊接桁架桥中，节点板已在工厂用坡口焊缝和弦杆的腹板焊成整体，节点板起到了弦杆腹板的作用，而且轴向力产生的正应力是通过对接焊缝作用的。此外，为了避免节点板因截面突变而引起应力集中，常将板边加工成曲线形状，使应力集中系数尽量地减小。

（2）当弦杆全部为焊接组成，在弦杆腹板的两侧放节点板，然后用铆钉或高强度螺栓把腹杆和弦杆连接时，尽管节点板板边和杆件之间存在凹角部，但不会发生应力集中现象。

（3）采用坡口焊缝把节点板焊接于弦杆的腹板上，然后在两块节点板的中间插入腹杆，并用高强度螺栓或铆钉把二者连接。

（4）全焊节点。

4）杆件的连接

（1）腹杆和节点板的连接

为便于腹杆和节点板现场连接，将腹杆的两翼缘宽收拢，并加厚该部分的腹板，采用高强钢材。

当在拼成弦杆的节点板之间插入腹杆时，节点板内侧和腹板之间会产生少量缝隙。当采用高强螺栓接合时，表面缝隙必须按表 3.1.2-12 中方法处理，节点板内侧和腹杆翼缘的外侧应当用螺栓紧固。

节点板和腹杆之间有缝隙时的连接要求　　表 3.1.2-12

实际缝隙量	处 理 方 法	实际缝隙量	处 理 方 法
1mm 以下	无需处理	3mm 以上	放入填板
不足 3mm	安入楔形端减低缝隙量		

当缝隙量 Δt 大于 3mm 时，在两面喷沙处理之后，将填板放入缝隙内，如图 3.1.2-38a）所示。

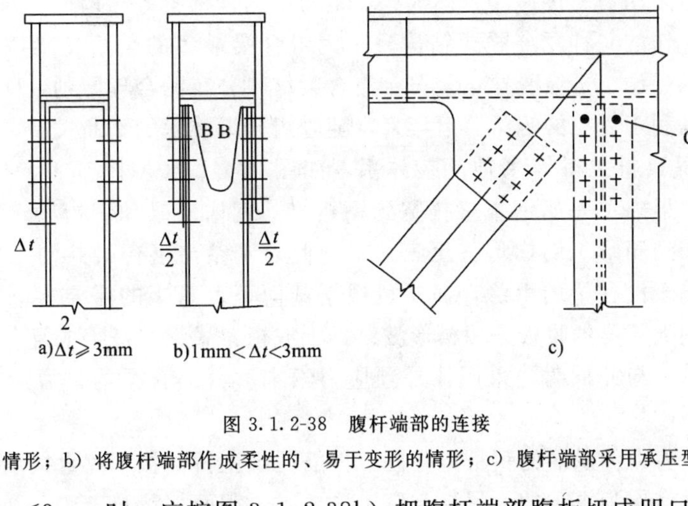

图 3.1.2-38　腹杆端部的连接

a）放入填板的情形；b）将腹杆端部作成柔性的、易于变形的情形；c）腹杆端部采用承压型高强螺栓的情形

当 $1mm<\Delta t<3mm$ 时，应按图 3.1.2-38b）把腹杆端部腹板切成凹口形以使端部变柔，然后借翼缘高强螺栓的紧固力使之变形连到节点上，从而可以减少一些缝隙。或将腹杆末端一排螺栓改为承压型高强螺栓，如图 3.1.2-38c）所示。

大跨径钢桁梁桥的杆件刚度大，节点刚性引起的二次弯矩便增大，所以在桁架腹杆中将产生较大的二次弯矩。当腹杆为压杆时，为使受压腹杆的屈服应力不致降低，可采用部分预先在工厂内连接完毕，然后在两侧加拼接板对接焊缝和腹杆端部 B 拼接方式。当腹杆为拉杆时，因没有局部屈曲的危险，可以采用在腹板翼缘上开孔拼接的方式。

(2) 弦杆的拼接位置

通常，每个节点的上弦杆和下弦杆都设有一处工地接头。接头的位置不能只从搬运、架设方便着想，最好把接头设在节点的附近。当腹板厚大于节点板板厚的时候，腹板应从翼缘伸出至少 25mm，用坡口焊缝把它和节点板焊接起来。当腹板板厚小于节点板厚时则可把节点附近的弦杆腹板和节点板焊成整体。

6. 钢桁梁桥的二次应力影响

桁架结构的杆件中，除轴向力外，不可避免的会产生弯矩。引起弯矩的原因，有以下诸因素。

(1) 刚性节点板对连接杆件的影响；

(2) 轴向力对于杆件重心的偏心力矩；

(3) 杆件自重产生的挠曲；

(4) 横向连接构件（横梁、横联等）挠曲变形的影响。

由上述原因所引起的正应力称为二次应力。而假定由理想连接的桁架计算出来的正应力称为一次应力。

二次应力大都是构造原因所引起的，设计时除了考虑一次应力外，还应当考虑减少二次应力的影响。比如，在进行 h/l 比较大的杆件设计时，或者在对杆件进行更换施工时，都应当将杆件的长细比 l/r 或杆件的高长比 h/l 限制在适当的范围内，以尽量减少二次应力的影响。

四、组合梁桥

组合梁桥是指采用剪力传递器将钢板梁、钢箱梁、钢桁梁等结构构件与钢筋混凝土结合成组合截面共同工作的一种复合梁式结构。采用组合梁最多的是简支梁桥（图 3.1.2-39），因为简支梁的上缘受压、下缘受拉，最符合组合梁材料分布的合理原则，即梁上缘为受压的混凝土板，下缘是利于受拉的钢梁。近年来，随着组合梁技术的不断发展，使用范围已扩展到连续梁桥、拱桥和斜拉桥等多种复杂体系，如图 3.1.2-40～图 3.1.2-43 所示。组合梁中的钢梁部分也由早先单一的钢板梁拓宽到钢箱梁、钢槽形梁和钢桁梁，组合梁的截面形式也由工字形发展到箱形、倒梯形甚至三角形。此外，参与组合梁共同工作的钢筋混凝土板的位置也不只限于设在梁的上缘，而是可根据截面正负弯矩的需要上下缘均可设置，甚至可将预应力混凝土箱梁的腹板采用槽形波纹钢板或桁架式钢腹杆组成复合式组合梁，以进一步减轻桥梁自重。与此同时，采用体外预应力索来改善组合梁的受力，也是一种发展方向。

组合梁与不设剪力传递器的钢板梁不同，钢筋混凝土桥面板不仅直接承受车轮荷载起到桥面板的作用，而且作为主梁的上翼板与钢梁形成组合截面，参与主梁共同作用。由于钢筋混凝土参与主梁共同工作，通常用钢量可以比普通钢板梁节省 10%～30%，梁高也可以比普通钢板梁小，适用跨径较大。

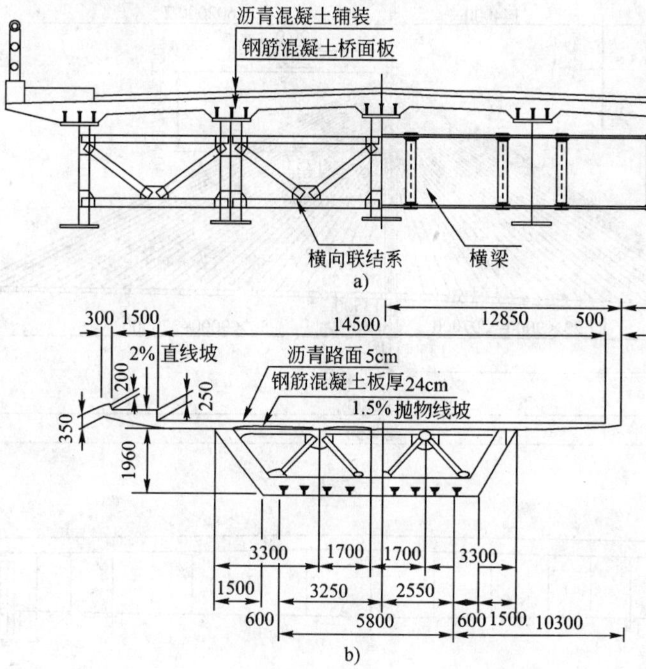

图 3.1.2-39　组合梁（尺寸单位：mm）

a）工字形截面组合梁；b）倒梯形截面组合梁

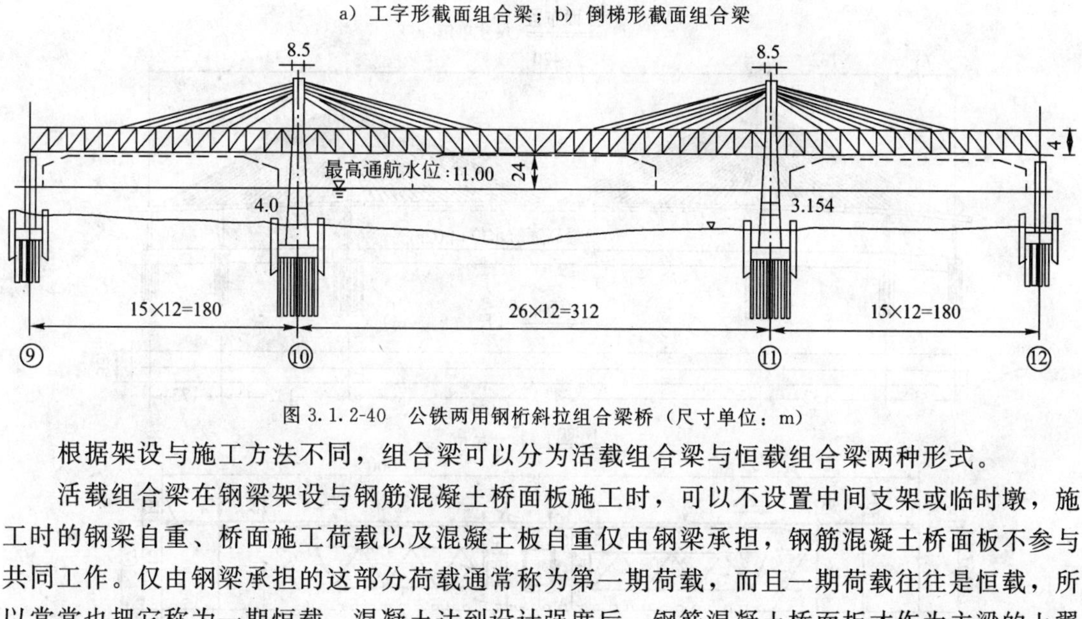

图 3.1.2-40　公铁两用钢桁斜拉组合梁桥（尺寸单位：m）

根据架设与施工方法不同，组合梁可以分为活载组合梁与恒载组合梁两种形式。

活载组合梁在钢梁架设与钢筋混凝土桥面板施工时，可以不设置中间支架或临时墩，施工时的钢梁自重、桥面施工荷载以及混凝土板自重仅由钢梁承担，钢筋混凝土桥面板不参与共同工作。仅由钢梁承担的这部分荷载通常称为第一期荷载，而且一期荷载往往是恒载，所以常常也把它称为一期恒载。混凝土达到设计强度后，钢筋混凝土桥面板才作为主梁的上翼板与钢梁形成组合梁截面，参与主梁共同工作。桥面铺装、栏杆、人行道、过桥管道等结构往往是在钢筋混凝土桥面板达到设计强度后施工，这部分荷载通常称为二期恒载。活载作用时，钢筋混凝土桥面板与钢梁已形成组合截面，混凝土板参与主梁共同作用。由于一期恒载和二期恒载及活载作用下，参与受力的截面不同，截面强度验算时内力叠加方法不适用，应该采用应力叠加方法计算。

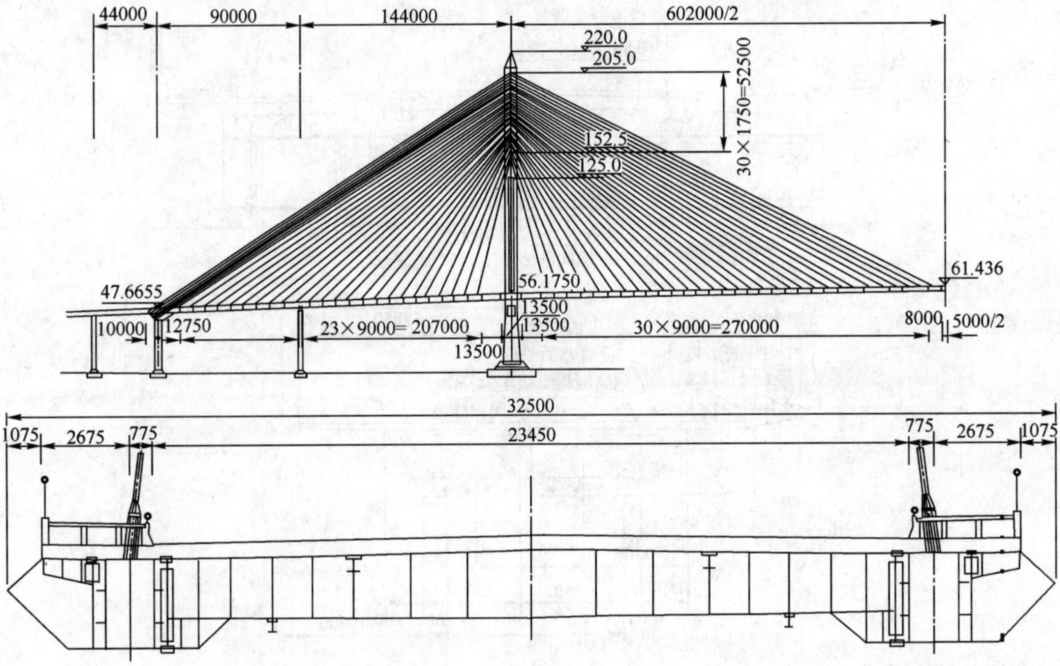

图 3.1.2-41　杨浦大桥组合梁断面图（尺寸单位：mm）

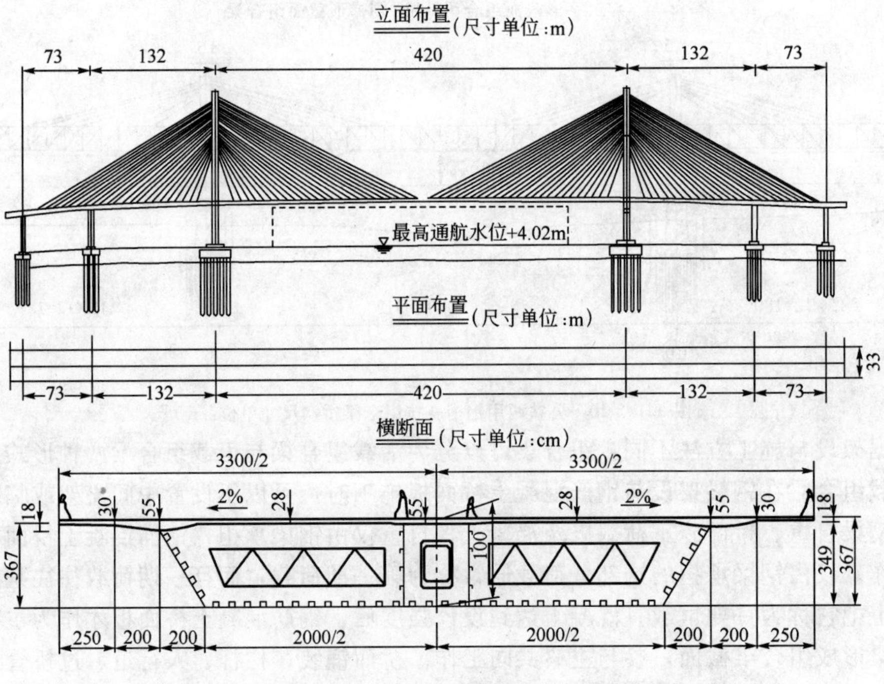

图 3.1.2-42　东海大桥钢—混凝土箱形组合梁斜拉桥

恒载组合梁在钢梁架设与钢筋混凝土桥面板施工时，设置中间支架或临时墩，施工时的钢梁自重、桥面施工荷载以及混凝土板自重由中间支架或临时墩承担，钢梁为无应力状态。混凝土达到设计强度，钢筋混凝土桥面板才作为主梁的上翼板与钢梁形成组合梁截面，此时

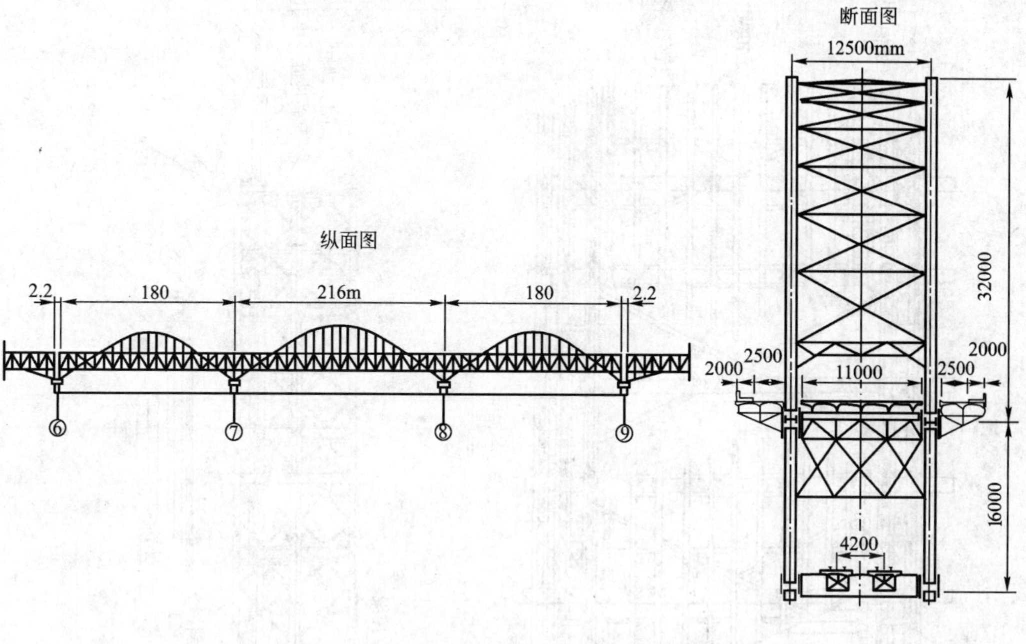

图 3.1.2-43　九江长江公铁两用钢桁柔拱组合梁桥

才撤去中间支架或临时墩。因此，在一期恒载、二期恒载和活载作用下，混凝土板参与主梁共同作用，均按组合截面计算。由于一期恒载和二期恒载及活载作用下，参与受力的截面相同，截面强度验算时可以采用内力叠加方法，也可以采用应力叠加方法计算。

五、装配式公路钢桥

1. 概述

装配式公路钢桥的设计始于20世纪60年代初期，其结构简单、部件轻巧、互换通用性强、容易组装，用简单的工具和人力就能快速分解和架设，适用于维修加固以及战时与水毁紧急抢修的临时便桥；装配式桁架还可以作其他用途，如各类龙门架、架桥机、混凝土箱梁的悬浇挂篮、拱桥施工支架等，1985年广西邕江曾作为跨径270m悬索桥的加劲梁（设计荷载400kN，车距80m）。

中交公规院在原英制贝雷桥的基础上设计了可拆式的钢桥称之为装配式公路钢桥。它采用高强钢全焊制成的主梁为可分解的轻型桁架，立体或平面拼装单元用销或螺栓连接，其上、下弦杆采用双槽钢组拼，腹杆为工字钢的式样，这种钢桥的所有构件可以用人工抬运，其主要受力构件为米字形桁架，每3m为一节，桁高1.4m，节与节之间用销子连接，按节数的多少组成所需要的跨径，同时随着汽车荷载的不同，在横桥方向可以并排几个数列或双层叠置，然后将两边的桁架用横梁和抗风拉杆相连，横梁以上为纵梁，纵梁以上为木质桥面板，形成半穿式下承钢桁桥。桥梁组合形式，可根据跨径、荷载大小改变。

装配式公路钢桥桥面净宽3.7m，为单车道，桥梁的总体结构详见图3.1.2-44a)、b)、c)。桁架的组合形式计有10种，如图3.1.2-45所示。装配式公路钢桥适用于荷载自汽车—10至单—300kN特重车等7种载重，主要钢材曾用过A3钢（Q235-C）和16Mn钢（Q345-C），其中各种组合的跨径为9～69m。表3.1.2-13列出了载重与跨径的组合关系。

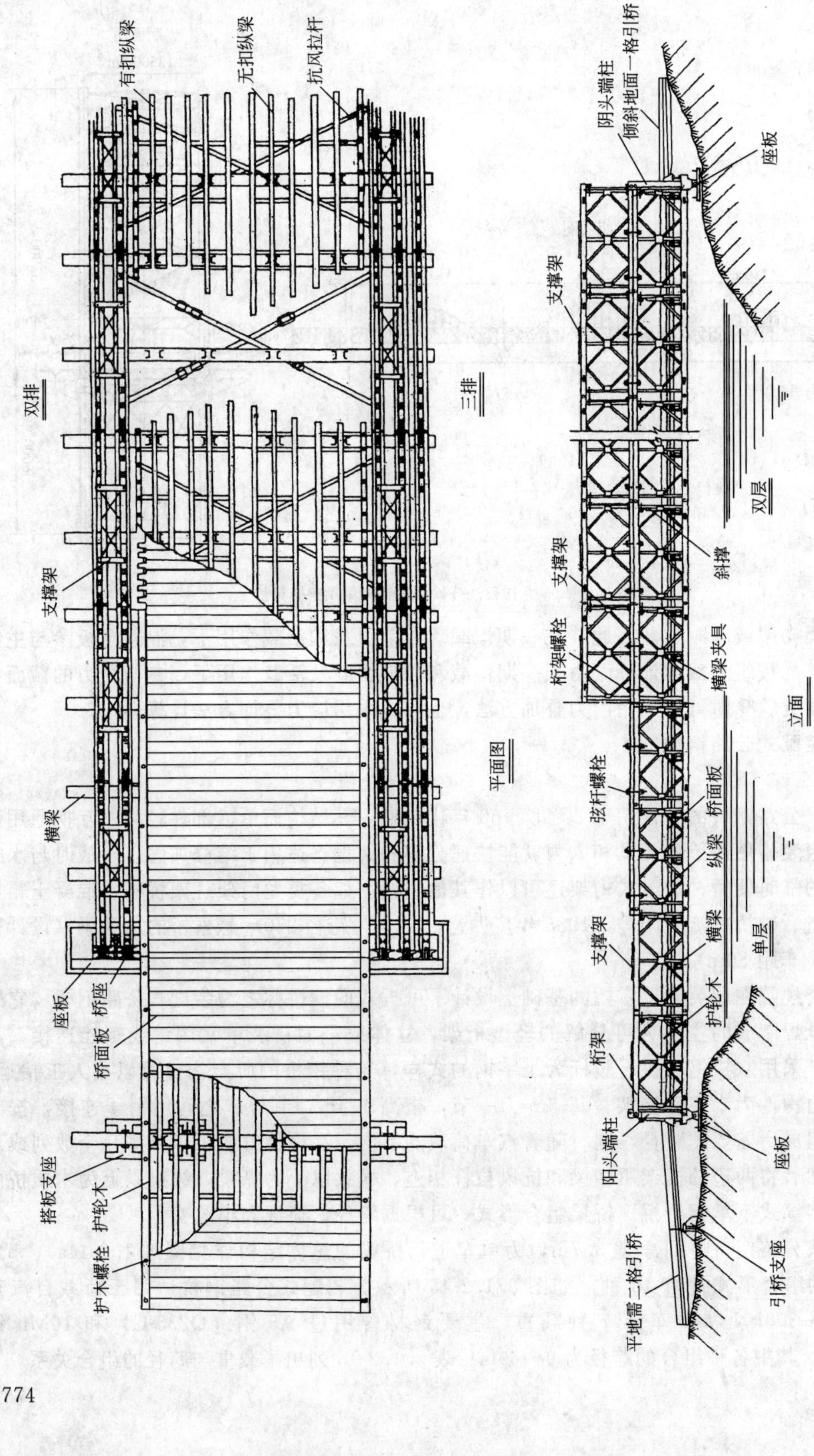
有扣纵梁
无扣纵梁
抗风拉杆
双排
支撑架
横梁
座板
桥座
桥面板
搭板支座
护轮木
护木螺栓
三排
平面图
阴头端柱
倾斜地面一格引桥
座板
支撑架
双层
斜撑
支撑架
桁架螺栓
横梁夹具
弦杆螺栓
桥面板
纵梁
横梁
单层
支撑架
护轮木
桁架
阳头端柱
座板
平地需二格引桥
引桥支座
立面

a)

图 3.1.2-44

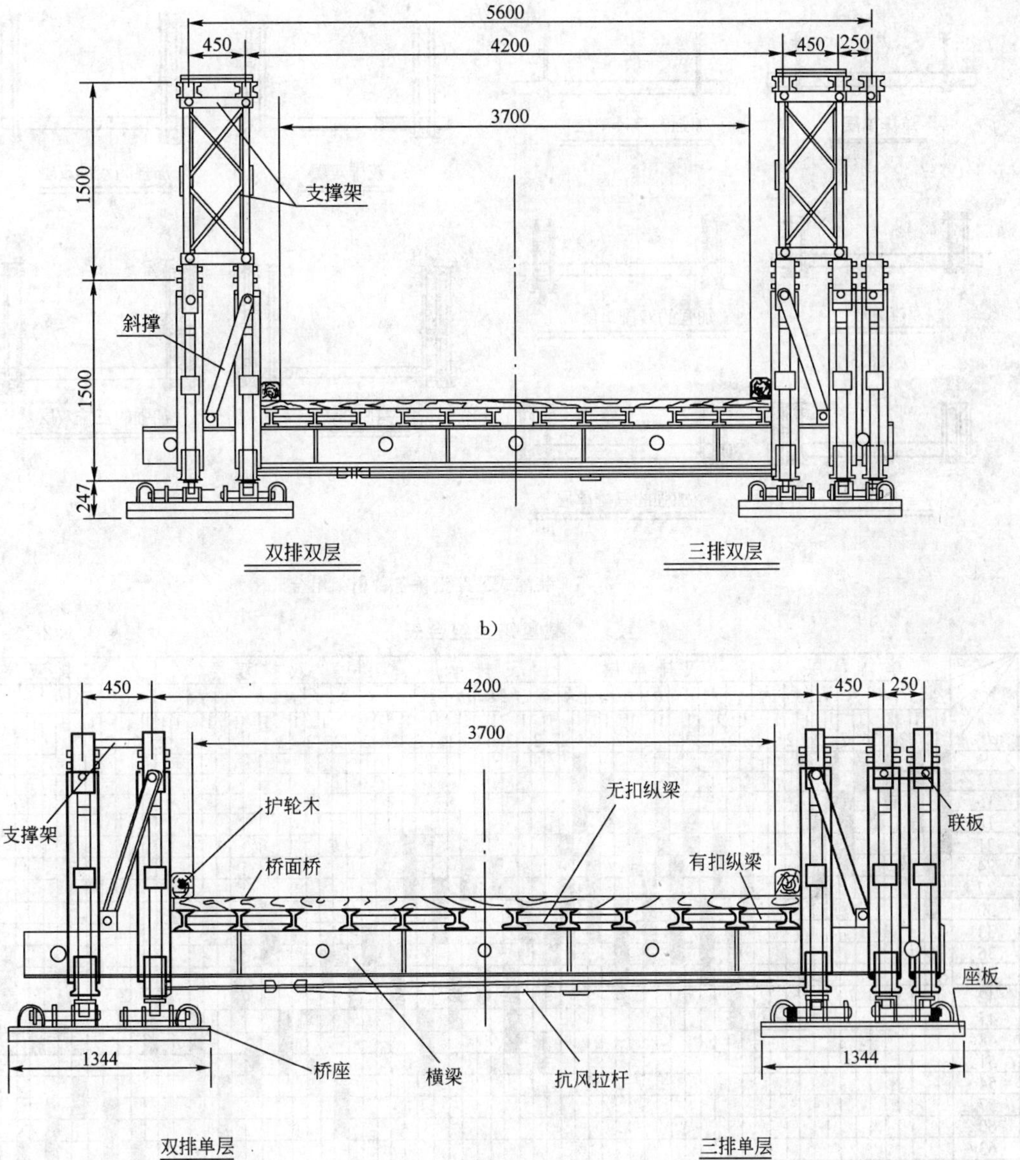

图 3.1.2-44　装配式桥梁（尺寸单位：mm）

a）装配式公路钢桥总体结构；b）双层桥横断面；c）单层桥横断面

通过装配式公路钢桥的行车速度：汽车列车和单—300kN 特重车限制在每小时 30km 以内，履带车（履带—30、履带—50）和平板挂车（挂车—60）在每一跨径内（连续梁为每一连孔内）只准许一辆车以每小时不超过 5km 的慢速通过。

各种跨径必备的部件数量列于表 3.1.2-14 中，使用时体积小容易丢失的零配件如销子、螺栓、插销等，应比表列数目多备一些，以便失落后予以补充。

装配式公路钢桥所用材料，除桥面板和护轮木为木料外，其余均为钢料。桥面板一般用松木，护轮木可用松木或杉木。表 3.1.2-15 列出了装配式公路钢桥每格重力。

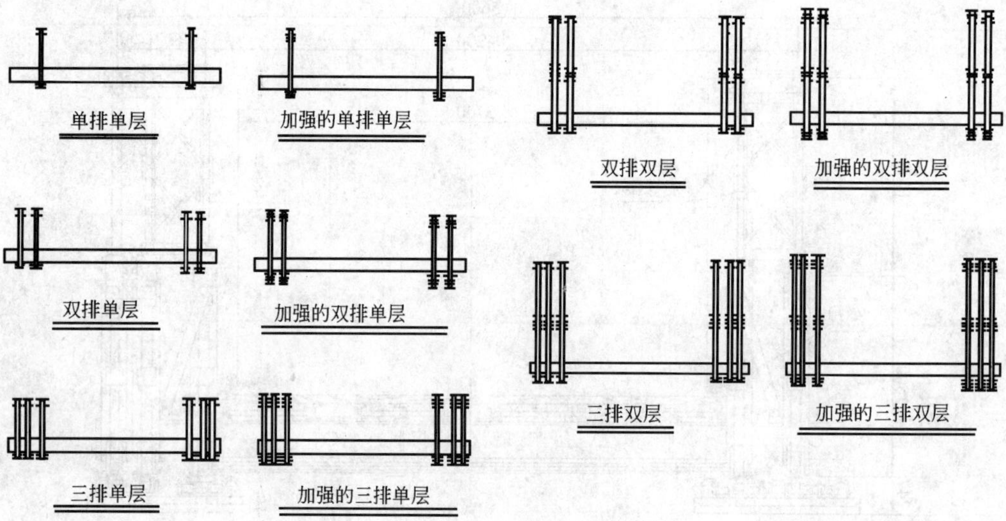

图 3.1.2-45 装配式公路钢桥各种桁架组合

载重跨径组合表 表 3.1.2-13a)

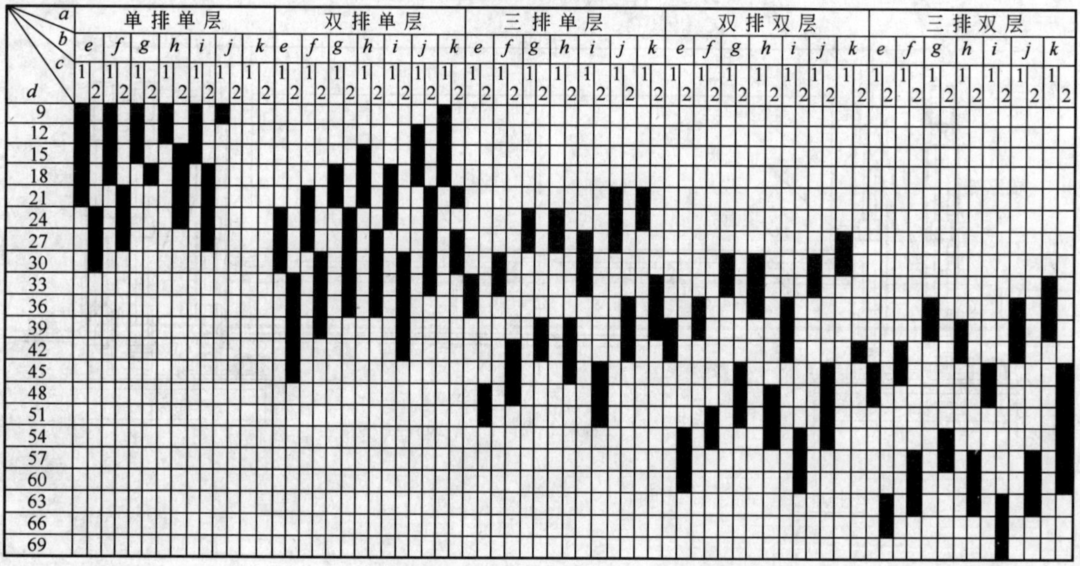

表 3.1.2-13b)

载重 \ 组合形式 跨径(m)		单排单层 不加强	单排单层 加强	双排单层 不加强	双排单层 加强	三排单层 不加强	三排单层 加强
汽—10 主车(单车)	安全行驶	24	39	36	54	42	60
	小心慢行	27	42	39	57	45	63
汽—15 主车(单车)	安全行驶	21	36	33	48	39	57
	小心慢行	24	36	36	51	42	60

续上表

载重 \ 跨径(m) \ 组合形式		单排单层		双排单层		三排单层	
		不加强	加强	不加强	加强	不加强	加强
汽—20主车（单车）	安全行驶	15	27	24	42	33	51
	小心慢行	18	30	27	45	36	51
单—300kN	安全行驶	12	12	21	36	27	45
	小心慢行	15	24	27	42	33	51

注：1. 表中所列“安全行驶”系指行车速度在30km/h以下，“小心慢行”指不考虑车辆冲击系数；

2. 表列跨径均未计算行人作用；

3. 表中符号意义：a—排层组合，b—载重，c—结构形式，d—跨径（m），e—汽10，f—汽15，g—汽20，h—单30，i—履带30，j—履带50，k—拖车80，1—不加强，2—加强。

荷载、跨径与桥梁组合配置表 表3.1.2-13c)

跨径(m)	荷载				
	汽车—10级	汽车—15	汽车—20级	履带—50级	挂车—80级
9	S，S	S，S	S，S	S，S	—
12	S，S	S，S	S，S	S，S	D，S
15	S，S	S，S	S，S，R	S，S，R	D，S
18	S，S	S，S，R	D，S	D，S	D，S
21	S，S，R	S，S，R	D，S	D，S	D，S，R
24	S，S，R	D，S	D，S	D，S，R	D，S，R
27	S，S，R	D，S，R	D，S，R	D，S，R	D，S，R
30	D，S	D，S，R	D，S，R	D，S，R	T，S，R
33	D，S，R	D，S，R	D，S，R	D，S，R	T，S，R
36	D，S，R	D，S，R	DS，R	DS，R	T，S，R
39	D，S，R	DS，R	T，S，R	T，S，R	T，S，R
42	D，S，R	T，S，R	T，S，R	T，S，R	T，D，R
45	T，S，R	T，S，R	T，D，R	T，D，R	—
48	T，S，R	D，D，R	T，D，R	T，D，R	—
51	D，D，R	D，D，R	T，D，R	T，D，R	—
54	D，D，R	D，D，R	—	T，D，R	—
57	D，D，R	T，D，R	—	T，D，R	—
60	D，D，R	T，D，R	—	T，D，R	—
61	T，D，R	—	—	—	—

注：1. 表中S，S表示单排层；D，S表示双排单层；T，S表示三排单层；D，D表示双排双层；T，D表示三排双层。

2. 在S，S；D，S；T，S；D，D和T，D之后加R，则表示它们的加强型，即有加强弦杆。

部件数量表

表 3.1.2-14a)

部件名称 \ 跨径(m)	单位	单排单层					双排单层								三排单层							双排双层							三排双层					
跨径(m)		9	12	15	18	21	9	12	15	18	21	24	27	30	18	21	24	27	30	33	36	24	27	30	33	36	39	42	33	36	39	42	45	48
节数		3	4	5	6	7	3	4	5	6	7	8	9	10	6	7	8	9	10	11	12	8	9	10	11	12	13	14	11	12	13	14	15	16
桁架	节	6	8	10	12	14	12	16	20	24	28	32	36	40	36	42	48	54	60	66	72	64	72	80	88	96	104	112	132	144	156	168	180	192
销子	个	16	20	24	28	32	32	40	48	55	64	72	80	88	84	96	108	120	132	144	156	144	160	176	192	208	224	240	288	312	336	360	384	408
横梁	根	9	11	13	15	17	9	11	13	15	17	19	21	23	15	17	19	21	23	25	27	19	21	23	25	27	29	31	25	27	29	31	33	35
横梁夹具	个	12	16	20	24	28	24	32	40	48	56	64	72	80	72	84	96	108	120	132	144	64	72	80	88	96	104	112	132	144	158	168	180	192
有扣纵梁	组	6	8	10	12	14	6	8	10	12	14	16	18	20	12	14	16	18	20	22	24	16	18	20	22	24	26	28	22	24	26	28	30	32
无扣纵梁	组	6	8	10	12	14	6	8	10	12	14	16	18	20	12	14	16	18	20	22	24	16	18	20	22	24	26	28	22	24	26	28	30	32
阳头端柱	根	2	2	2	2	2	4	4	4	4	4	4	4	4	6	6	6	6	6	6	6	4	4	4	4	4	4	4	6	6	6	6	6	6
阴头端柱	根	2	2	2	2	2	4	4	4	4	4	4	4	4	6	6	6	6	6	6	6	4	4	4	4	4	4	4	6	6	6	6	6	6
斜撑	根	8	10	12	14	16	8	10	12	14	16	18	20	22	14	16	18	20	22	24	26	18	20	22	24	26	28	30	24	26	28	30	32	34
支撑架	个	—	—	—	—	—	6	8	10	12	14	16	18	20	12	14	16	18	20	22	24	34	38	42	46	50	54	58	46	50	54	58	62	66
联板	块	—	—	—	—	—	—	—	—	—	—	—	—	—	14	16	18	20	22	24	26	—	—	—	—	—	—	—	48	52	56	60	64	68
抗风拉杆	根	6	8	10	12	14	6	8	10	12	14	16	18	20	12	14	16	18	20	22	24	16	18	20	22	24	26	28	22	24	26	28	30	32
桥面板	块	105	120	135	150	165	105	120	135	150	165	180	195	210	150	165	180	195	210	225	240	180	195	210	225	240	225	270	225	240	225	270	285	300
护轮木	根	14	16	18	20	22	14	16	18	20	22	24	26	28	20	22	24	26	28	30	32	24	26	28	30	32	34	36	30	32	34	36	38	40
桥座	个	4	4	4	4	4	8	8	8	8	8	8	8	8	8	8	8	8	8	8	8	8	8	8	8	8	8	8	8	8	8	8	8	8
座板	块	4	4	4	4	4	4	4	4	4	4	4	4	4	4	4	4	4	4	4	4	4	4	4	4	4	4	4	4	4	4	4	4	4
搭板支座	个	8	8	8	8	8	8	8	8	8	8	8	8	8	8	8	8	8	8	8	8	8	8	8	8	8	8	8	8	8	8	8	8	8
有扣搭板	组	8	8	8	8	8	8	8	8	8	8	8	8	8	8	8	8	8	8	8	8	8	8	8	8	8	8	8	8	8	8	8	8	8
无扣搭板	组	8	8	8	8	8	8	8	8	8	8	8	8	8	8	8	8	8	8	8	8	8	8	8	8	8	8	8	8	8	8	8	8	8
桁架螺栓	个	—	—	—	—	—	—	—	—	—	—	—	—	—	—	—	—	—	—	—	—	64	72	80	88	96	104	112	132	144	156	168	180	192
斜撑螺栓	个	10	20	24	28	32	16	20	24	28	32	36	40	44	28	32	36	40	44	48	52	36	40	44	48	52	56	60	48	52	56	60	64	68
撑架螺栓	个	—	—	—	—	—	24	32	40	48	56	64	72	80	48	56	64	72	80	88	96	136	152	168	184	200	216	232	184	200	216	232	248	272
护木螺栓	个	56	64	72	80	88	56	64	72	80	88	96	104	112	80	88	96	104	112	120	128	96	104	112	120	128	136	144	120	128	136	144	152	160

注：表列横梁、桥面板、护轮木、有扣搭板、无扣搭板、搭板支座与护木螺栓之数包括 4 跨引桥用；架桥时，若引桥有所增减，则上述部件之数亦相应增减，每增减一跨引桥应增减之数为：横梁 1 根，桥面板 15 块，护轮木 2 根，有扣搭板 2 组，搭板支座 4 个，护木螺栓 8 个。

表 3.1.2-14b)

部件名称	单位 \ 跨径(m)	加强的单排单层						加强的双排单层										加强的三排单层							加强的双排双层							加强的三排双层								
	跨径(m)	18	21	24	27	30	33	18	21	24	27	30	33	36	39	42	45	33	36	39	42	45	48	51	42	45	48	51	54	57	60	45	48	51	54	57	60	63	66	69
	节数	6	7	8	9	10	11	6	7	8	9	10	11	12	13	14	15	11	12	13	14	15	16	17	14	15	16	17	18	19	20	15	16	17	18	19	20	21	22	23
桁架	节	12	14	16	18	20	22	24	28	32	36	40	44	48	52	56	60	65	72	78	84	90	96	102	112	120	128	136	144	152	160	180	192	204	216	228	240	252	264	276
加强弦杆	根	16	20	24	28	32	36	32	40	48	56	64	72	80	88	96	104	108	120	132	144	156	168	180	96	104	112	120	128	136	144	156	168	180	192	204	216	228	240	252
销子	个	44	52	60	68	76	84	88	104	120	136	152	138	184	200	216	232	252	276	309	324	348	372	396	328	352	376	400	424	448	472	528	564	500	636	672	708	744	780	816
横梁	根	15	17	19	21	23	25	15	17	19	21	23	25	27	28	31	33	25	27	29	31	33	35	37	31	33	35	37	39	41	43	33	35	37	39	41	43	45	47	49
横梁夹具	个	24	28	32	36	40	44	48	56	64	72	80	88	96	104	112	120	132	144	156	168	180	192	204	112	120	128	136	144	152	160	180	192	204	216	228	240	252	264	276
有扣纵梁	组	12	14	16	18	20	22	12	14	16	18	20	22	24	26	28	30	22	24	26	28	30	32	34	28	30	32	34	36	38	40	30	32	334	36	38	40	42	44	46
无扣纵梁	组	12	14	16	18	20	22	12	14	16	18	20	22	24	26	28	30	22	24	26	28	30	32	34	28	30	32	34	36	38	40	30	32	334	36	38	40	42	44	46
阳头端柱	根	2	2	2	2	2	2	4	4	4	4	4	4	4	4	4	4	6	6	6	6	6	6	6	4	4	4	4	4	4	4	6	6	6	6	6	6	6	6	6
阴头端柱	根	2	2	2	2	2	2	4	4	4	4	4	4	4	4	4	4	6	6	6	6	6	6	6	4	4	4	4	4	4	4	6	6	6	6	6	6	6	6	6
斜撑	根	14	16	18	20	22	24	14	16	18	20	22	24	26	28	30	32	24	26	28	30	32	34	36	30	32	34	36	38	40	42	32	34	36	38	40	42	44	46	48
支撑架	个	—	—	—	—	—	—	12	14	16	18	20	22	24	26	28	30	22	24	26	28	30	32	34	58	62	66	70	74	78	82	62	66	70	74	78	82	86	90	94
联板	块	—	—	—	—	—	—	—	—	—	—	—	—	—	—	—	—	24	26	28	30	32	34	36	—	—	—	—	—	—	—	64	68	72	76	80	84	88	92	95
抗风拉杆	根	12	14	16	18	20	22	12	14	16	18	20	22	24	26	28	30	22	24	26	28	30	32	34	28	30	32	34	36	38	40	30	32	34	36	38	40	42	44	46
桥面板	块	150	165	180	195	210	225	150	165	180	195	210	225	240	225	270	285	225	240	255	270	285	300	315	270	285	300	315	330	345	360	285	300	315	330	345	360	375	390	405
护轮木	根	20	22	24	26	28	30	20	22	24	26	28	30	32	34	36	38	30	32	34	36	38	40	42	36	38	40	42	44	46	48	38	40	42	44	46	48	50	52	54
桥座	个	4	4	4	4	4	4	8	8	8	8	8	8	8	8	8	8	8	8	8	8	8	8	8	8	8	8	8	8	8	8	8	8	8	8	8	8	8	8	8
座板	组	4	4	4	4	4	4	4	4	4	4	4	4	4	4	4	4	4	4	4	4	4	4	4	4	4	4	4	4	4	4	4	4	4	4	4	4	4	4	4
搭板支座	组	8	8	8	8	8	8	8	8	8	8	8	8	8	8	8	8	8	8	8	8	8	8	8	8	8	8	8	8	8	8	8	8	8	8	8	8	8	8	8
有扣搭板	个	8	8	8	8	8	8	8	8	8	8	8	8	8	8	8	8	8	8	8	8	8	8	8	8	8	8	8	8	8	8	8	8	8	8	8	8	8	8	8
无扣搭板	组	8	8	8	8	8	8	8	8	8	8	8	8	8	8	8	8	8	8	8	8	8	8	8	8	8	8	8	8	8	8	8	8	8	8	8	8	8	8	8
桁架螺栓	个	—	—	—	—	—	—	—	—	—	—	—	—	—	—	—	—	—	—	—	—	—	—	—	112	120	128	136	144	152	160	180	192	204	216	228	240	252	264	276
弦杆螺栓	个	32	40	48	56	64	72	64	80	96	112	128	144	160	176	192	208	216	240	264	288	312	336	360	292	308	324	340	356	372	388	312	336	360	384	408	432	456	480	504
斜撑螺栓	个	28	32	36	40	44	48	28	32	36	40	44	48	52	56	60	64	48	52	56	60	64	68	72	60	64	68	72	76	80	84	64	68	72	76	80	84	88	92	96
撑架螺栓	个	—	—	—	—	—	—	48	56	64	72	80	88	96	104	112	120	88	96	104	112	120	128	136	232	248	264	280	296	312	328	248	264	280	296	312	328	344	360	376
护木螺栓	个	80	88	96	104	112	120	80	88	96	104	112	120	128	136	144	152	120	128	136	144	152	160	168	144	152	160	168	176	184	192	152	160	168	176	184	192	200	208	216

注：1. 首尾两节不设加强弦杆；

2. 表列横梁、桥面板、护轮木、有扣搭板、无扣搭板、搭板支座与护木螺栓之数，包括 4 跨引桥用；架桥时，若引桥有所增减，则上述部件之数量亦相应增减，每增减一跨引桥应增减之数为：横梁 1 根，桥面板 15 块，护轮木 2 根，有扣搭板 2 组，搭板支座 4 个，护木螺栓 8 个。

表 3.1.2-14c)

部件名称 \ 组合形式	单位	单排单层					双排单层								三排双层							双排双层							三排双层					
跨径(m)		9	12	15	18	21	9	12	15	18	21	24	27	30	18	21	24	27	30	33	36	24	27	30	33	36	39	42	33	36	39	42	45	48
桁架	片	4	6	8	8	10	4	6	8	8	10	10	12	12	8	8	10	12	1	14	14	10	10	12	14	14	16	18	14	16	18	20	22	24
销子(连同插销)	个	8	12	16	16	20	8	12	16	16	20	20	24	24	16	16	20	24	24	28	28	20	20	24	28	28	32	36	28	32	36	40	44	48
横梁	根	2	3	4	4	5	2	3	4	4	5	5	6	6	4	4	5	6	6	7	7	5	5	6	7	7	8	8	7	7	8	8	9	9
横梁夹具	个	4	6	8	8	10	4	6	8	8	10	10	12	12	8	8	10	12	12	14	14	10	10	12	14	14	16	18	14	16	18	20	22	24
斜撑	根	2	4	4	4	6	2	4	4	4	6	6	6	12	4	4	6	6	12	14	14	6	6	12	14	14	16	16	14	14	16	16	18	18
抗风拉杆	根	2	2	4	4	4	2	2	4	4	4	4	6	12	4	4	4	6	12	14	14	4	4	12	14	14	16	16	14	14	16	16	18	18
支撑架	个	—	—	—	—	—	—	—	—	—	—	—	—	—	—	—	—	—	—	—	—	—	—	—	—	—	—	2	—	2	2	4	4	6

表 3.1.2-14d)

部件名称 \ 组合形式	单位	单排单层						双排单层										三排双层							双排双层							三排双层								
跨径(m)		18	21	24	27	30	33	18	21	24	27	30	33	36	39	42	45	33	36	39	42	45	48	51	42	45	48	51	54	57	60	45	48	51	54	57	60	63	66	69
桁架	片	8	10	10	12	12	14	8	8	10	12	12	14	14	16	18	18	14	14	16	16	20	20	24	18	20	2	24	24	28	28	20	24	26	26	28	30	34	34	36
销栓（连同插销）	个	16	20	20	24	24	28	16	16	20	24	24	28	28	32	36	36	28	28	32	32	40	40	48	36	40	44	48	48	56	56	40	48	52	52	56	60	68	68	72
横梁	根	4	5	5	6	6	7	4	4	5	6	6	7	7	8	9	9	7	7	8	8	9	9	10	8	9	9	10	10	10	11	11	8	9	10	10	11	12	12	13
横梁夹具	个	8	10	10	12	12	14	8	8	10	12	12	14	14	16	18	18	14	14	16	16	20	20	24	18	20	22	24	24	28	28	20	24	26	26	28	30	34	34	36
斜撑	根	4	6	6	6	12	14	4	4	6	6	12	14	14	16	18	18	14	14	16	16	18	18	20	16	18	18	20	20	22	22	16	18	20	20	20	22	24	24	26
抗风拉杆	根	4	4	4	6	12	14	4	4	4	6	12	14	14	16	18	18	14	14	16	16	18	18	20	16	18	18	20	20	22	22	16	18	20	20	20	22	24	24	26
支撑架	个	—	—	—	—	—	—	—	—	—	—	—	—	—	—	—	—	—	—	—	—	2	2	4	2	2	4	4	4	6	6	4	6	6	6	6	6	8	8	8
联板	块	—	—	—	—	—	—	—	—	—	—	—	—	—	—	—	—	—	—	—	—	—	—	—	—	—	—	—	—	—	—	—	—	—	—	2	2	2	2	2

注：表列数量未考虑装齐桥梁可利用之部件，亦不包括推出时桥尾压重之桁架数量。

各装配式桥梁每格重力（kN）　　表 3.1.2-15

构造 装配程度	鼻架			单排单层	双排单层	三排单层	双排双层	三排双层
	单排单层	双排单层	三排单层	加强的单排单层	加强的双排单层	加强的三排单层	加强的双排双层	加强的三排双层
全部装齐				$\frac{22.7}{26.3}$	$\frac{28.7}{35.7}$	$\frac{34.4}{45.0}$	$\frac{40.2}{47.3}$	$\frac{51.7}{62.3}$
面板、护木未装	9.0	15.0	20.7	$\frac{15.7}{19.3}$	$\frac{21.7}{28.7}$	$\frac{27.4}{38.0}$	$\frac{33.2}{40.3}$	$\frac{44.7}{55.3}$
面板、护木、纵梁未装				$\frac{11.5}{15.1}$	$\frac{17.5}{24.5}$	$\frac{23.2}{33.8}$	$\frac{29.0}{36.1}$	$\frac{40.5}{51.1}$

注：表中数字，分子为非加强的木桥面，分母为加强的钢桥面。

2. 设计计算

1）上部结构承载能力设计计算

设计这种形式的钢桥，由于桁架截面形式固定，只是排数不同和有无加强弦杆的区分，所以通行汽车荷载的等级和跨径的大小取决于桁架的排数和有无加强弦杆组成的截面所具有的承载能力，而不是通常的桥梁设计先决定了跨径和通行汽车荷载的等级使桁架或主梁的截面来满足受力要求，所以这种钢桥是一种“倒装”的设计。

装配式公路钢桥采用材料的容许应力按基本应力提高 30%，个别钢质构件的应力超过上述规定，但未超过屈服点的 85%。

设计采用的容许应力如下：

木料：顺木纹弯应力、压应力及弯压应力：15.0×0.9×1.2=16.2MPa；受弯时顺木纹剪应力：2.5×0.9×1.2=2.7MPa。

钢材：16 锰钢拉应力、压应力及弯应力：1.3×160.0=208.0MPa；30 铬锰钛拉应力、压应力及弯应力：0.85×1300.0=1105.0MPa；剪应力 0.45×1300.0=585.0MPa。

焊缝的容许应力按基本钢料的容许应力作如下折减：压应力 0.9、拉应力 0.8、剪应力 0.7。

装配式公路钢桥的钢材曾用过 A3 钢（Q235—C）和 16Mn 钢（Q345—C），A3 钢配用公路荷载标准汽车—13 级，验算荷载为拖—60；16Mn 钢配用公路荷载标准为汽车—15 级，汽车—20 级，验算荷载为履带—50 和挂车—80。当采用三排双层时，通行汽车—20 级荷载时跨径可达 51m，而通行挂车—80 荷载时最大跨径只能达到 42m。

桁架截面承载能力包括抗弯、抗剪和抗挠三个方面，应以最低的一个承载能力来决定通行汽车荷载的等级和跨径大小。

(1) 抗弯

简支桁架在活载作用下上弦杆受压、下弦杆受拉，受压的上弦杆因稳定原因杆件承载能力有所折减，而上弦杆系由 2 个槽钢组成的组合构件，桁架平面外的长细比 λ_y 大于桁架平面内的长细比 λ_x，因此平面外不利。按公路桥规：

$$\lambda_y = \sqrt{\lambda_0^2 + \lambda_1^2}$$

式中：λ_0——组合构件对中心位置竖轴的长细比；

λ_1——单肢构件对1—1轴的长细比，可查得纵向折减系数Φ_y。

则上弦杆容许承受的轴力：

$$[N]=\Phi_y F_c[\sigma]$$

式中：F_c——上弦杆截面积。

设桁高为H，抗弯能力：

$$[M]=[N]\times H=\Phi_y F_c[\sigma]\times H$$

当为多排桁架时，

$$[M]=n\xi\Phi_y F_c[\sigma]\times H$$

式中：n——桁架排数；

ξ——桁架折减系数。

（2）抗剪

抗剪以斜杆为控制设计。一般斜杆平面内的惯性矩J_x均小于平面外的惯性矩J_y，因此$\lambda_x>\lambda_y$，平面内不利，斜杆容许承载力：

$$[N]=\phi_x F_s[\sigma]$$

式中：F_s——斜杆的截面积；

ϕ_x——折减系数，由λ_x查公路桥规可得。

根据国外的荷载试验结果，桥梁的剪力除分配给竖杆外，由斜杆承受的剪力：

$$[Q]=k[N]=1.37[N]$$

当为多排桁架时，其抗剪能力：

$$[Q]=n\xi\times 1.37\times\Phi_x F_s x\times[\sigma]$$

式中：n、ξ、F_s符号的意义同前。

（3）抗挠

由于装配式公路钢桥属临时性结构，其容许挠度可以放大，公路桥规规定挠度值应小于$L/130$。

2）地基基础承载力检算

装配式公路钢桥通过座板将桥上荷载传至地基，当座板上的反力超过地基容许承载力时，需用木料、石料或混凝土等作扩大基础或加固处理。各种载重与跨径的桥梁座板下的最大反力及其应力列于表3.1.2-16a）、b），各种地基土容许承载力如表3.1.2-17所列。

用木料作扩大基础，称为木格床。为使荷载（W）作有效地传布，木格床必须坚固。因此，设计木格床需要进行下列两项强度验算，如图3.1.2-46所示，计算公式如下：

最大剪力Q_A（A点）$=\dfrac{W}{a}\times\dfrac{(a-b)}{2}$

最大弯距M_B（B点）$=\dfrac{W\ (a-b)}{8}$

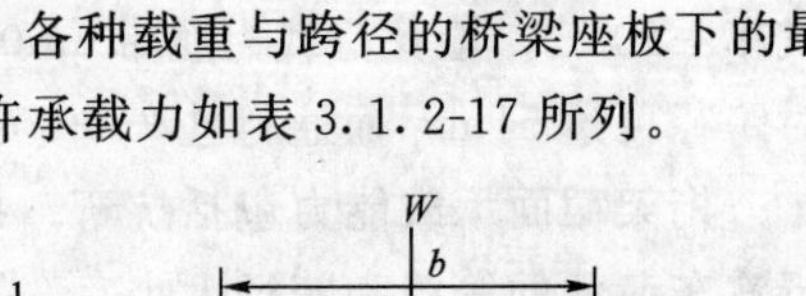

图3.1.2-46 木格床计算图式

1-木格床；2-座板

各种荷载跨径组合下座板的最大反力及其应力表（一）　　表 3.1.2-16a)

载重		汽车—10			汽车—15			汽车—26			单—30		
桥梁型式	跨径(m)	组合形式	反力(kN)	应力(kPa)	组合形式	反力(kN)	应力(kPa)	组合形式	反力(kN)	应力(kPa)	组合形式	反力(kN)	应力(kPa)
非加强桥梁	9	单排单层	103.8	86	单排单层	138.3	115	单排单层	194.0	161	单排单层	222.7	185
	12		118.6	98		155.1	128		222.6	135		240.4	199
	15		133.5	11		173.6	144		249.6	206	双排单层	259.1	215
	18		147.2	122		189.1	157	双排双层	276.5	229		272.5	226
	21		159.4	132	双排单层	211.9	175		295.1	244		282.3	234
	24	双排双层	182.3	151		255.8	187	三排单层	320.9	266	三排单层	307.4	254
	27		196.5	163		241.3	200		337.4	279		319.9	265
	30		212.5	176	三排单层	272.5	226	双排双层	376.5	312	双排双层	348.6	289
	33	三排单层	243.6	202		292.1	242		401.5	332		362.7	304
	36		259.6	215	双排双层	329.7	274	三排双层	456.3	378		376.7	312
	39	双排双层	296.3	246		348.7	289		481.5	400	三排双层	425.7	353
	42		312.9	259	三排双层	405.2	336	—	—	—		443.1	369
	45	三排双层	371.7	308		426.6	353	—	—	—	—	—	—
	48		392.3	325	—	—	—	—	—	—	—	—	—
加强桥梁	15	单排单层	—	—	单排单层	—	—	单排单层	—	—	单排单层	257.9	213
	18		—	—		—	—		276.1	230	双排双层	283.2	234
	21		—	—		209.0	173	双排双层	—	—		294.8	244
	24		178.0	147		222.5	184		325.5	269		311.0	257
	27		191.6	159		237.1	196		342.4	283		323.9	268
	30		207.0	171	双排单层	276.9	229		364.7	302		336.9	278
	33	双排单层	248.0	205		297.2	246		388.6	320		349.8	289
	36		264.6	219		315.7	261		410.7	340		362.7	300
	39		280.9	232		333.3	275	三排单层	459.7	380	三排单层	403.9	334
	42		296.5	246	三排单层	381.5	316		480.6	397		419.6	347
	45		312.5	258		401.4	332	双排双层	514.1	425		434.4	358
	48	三排单层	335.1	302	双排双层	421.5	348		538.4	445	双排双层	460.4	381
	51		384.9	318		455.0	376		561.6	464		477.3	394
	54	双排双层	416.2	344		477.2	394	三排双层	651.1	538		491.7	406
	57		465.6	360	三排双层	568.2	470		678.9	560	三排双层	578.1	477
	60		454.6	376		591.8	489	—	—	—		597.5	493
	63	三排双层	550.6	455		615.4	508	—	—	—		617.6	510
	66		573.0	474	—	—	—	—	—	—	—	—	—
	69		—	—	—	—	—	—	—	—	—	—	—

各种荷载跨径组合下座板的最大反力及其应力表（二） 表 3.1.2-16b)

载重		履带－30			履带－50			拖车－60		
桥梁型式	跨径(m)	组合形式	反力(kN)	应力(kPa)	组合形式	反力(kN)	应力(kPa)	组合形式	反力(kN)	应力(kPa)
非加强桥梁	9	单排单层	195.9	162	单排单层	278.1	230	双排单层	275.7	230
	12		205.0	170	双排单层	297.4	246		323.4	267
	15		214.5	177		308.9	255		352.1	292
	18	双排单层	230.6	191		321.1	266		373.3	309
	21		238.1	197	三排单层	337.1	279	三排单层	398.9	330
	24		246.1	203		347.1	287		413.3	343
	27	三排单层	267.2	221		356.5	295	双排双层	441.0	366
	30		276.0	228	双排双层	364.4	301		453.9	376
	33		284.4	235		372.8	308	三排双层	495.4	410
	36	双排双层	311.2	257	三排双层	399.9	331		510.9	424
	39		320.7	265		410.7	340		524.6	435
	42		331.2	274		419.8	347	—	—	—
	45	三排双层	384.4	318	—	—	—	—	—	—
	48		396.8	328	—	—	—	—	—	—
加强桥梁	15	单排单层			双排单层	—	—	双排单层	—	—
	18		227.1	188		—	—		—	—
	21		234.1	194		339.5	281		401.5	332
	24		241.3	199		349.8	289		416.5	344
	27		248.4	205		359.6	297		430.4	356
	30	双排单层	278.9	231		368.0	304		441.4	364
	33		288.1	238		376.8	312	三排单层	476.9	394
	36		297.2	246	三排单层	413.6	342		490.8	406
	39		305.4	252		425.5	352		503.1	416
	42		314.8	260		435.8	360		524.4	433
	45	三排单层	359.1	297	双排双层	455.9	377	三排双层	594.2	491
	48		369.9	306		468.6	387		609.8	504
	51		381.8	316		479.9	397		425.5	517
	54	双排双层	403.8	334		491.0	406		640.9	530
	57		415.4	343	三排双层	547.7	475	双排双层	657.0	543
	60		428.0	354		589.8	488		473.2	556
	63	三排双层	518.5	429		604.6	500	—	—	—
	66		534.0	441	—	—	—	—	—	—
	69		549.6	454	—	—	—	—	—	—

地基土容许承载力　　表 3.1.2-17

地基土名称和软硬状态		容许承载力（kPa）
粘质土	软塑状态的	150
	硬塑状态的	300
	固体状态的	350
粉质土	稍湿的	200
	湿的和饱和的	100
中细砂	稍湿的	250
	湿的和饱和的	150
密实的砾类土和粗砂		4000
卵石类土		6000

3. 计算实例

现用双排桁架和具有加强弦杆的双排桁架的实例来说明谁为控制设计，抗弯和抗剪能力计算见表 3.1.2-18。

表 3.1.2-18

形　式	抗弯能力 $[M]=n\xi\Phi_y F_c\ [\sigma]^{*1}\times H$	抗剪能力 $[Q]=1.37\times n\xi\Phi_x F_s\times\ [\sigma]^{*2}$
双排桁架	$2\times0.99\times0.783\times21.00\times1.3\times0.247\times140$ $=1463.6\text{kN}\cdot\text{m}$	$1.37\times2\times0.99\times0.827\times7.91\times1.3\times0.2$ $=461.4\text{kN}$
加强的双排桁架	$2\times0.99\times0.783\times2\times21.00\times1.3\times0.247\times160$ $=3345.3\text{kN}\cdot\text{cm}$	461.4kN

注：表中：$[\sigma]^{*1}$为 09Mn VC 钢容许应力，$[\sigma]^{*2}$为 16Mn 钢容许应力。

按以上桁架的承载能力，反求当通行汽车—10 级和汽车—20 级荷载时所能达到的最大跨径。半边桁架恒载重：双排桁架 $q=0.407\text{t/m}$，加强的双排桁架 $q=0.503\text{t/m}$，计算公式如表 3.1.2-19 所列。

表 3.1.2-19

形式	恒载支点剪力	恒载跨中弯矩	汽车荷载支点剪力	汽车荷载跨中弯矩
双排桁架	$Q_q=0.5qL=0.2035L$	$M_q=0.125qL^2$ $=0.0509L^2$	$Q_L=0.5\ (1+\mu)\ \eta K_0 L$ $=0.5\ (1+\mu)\ \times0.62K_0L$ $=0.31\ (1+\mu)\ K_0L$	$M_L=0.125\ (1+\mu)\ \eta K_{0.5L}L^2$ $=0.0775\ (1+\mu)\ K_{0.5L}L^2$
加强的双排桁架	$Q_q=0.2515L$	$M_q=0.0629L^2$		

注：表中 $1+\mu$ 为冲击系数，$\mu=\frac{15}{37.5+L}$；η 为汽车荷载横向分配系数；K_0 为支点剪力等代荷载值，$K_{0.5L}$ 为跨中等代荷载。

按表 3.1.2-19 算式，假定设计跨径 L，求出弯矩和剪力，如表 3.1.2-20 所列。

对照表 3.1.2-20 与表 3.1.2-18，仅双排桁架当荷载为汽车—10 级、设计跨径为 30m 时，弯矩超过抗弯能力 $[M]$ 值（但不超过 3%）外，余皆小于 $[M]$ 值，说明确定的各设计跨径 L 是可行的。抗剪力小于抗剪能力 $[Q]$ 值，为非控制因素。

表 3.1.2-20

形　式	计算跨径 L（m）	恒载剪力（kN）	恒载弯矩（kN·m）	荷载等级	活载剪力（kN）	活载弯矩（kN·m）	总剪力（kN）	总弯矩（kN·m）
双排桁架	21	42.7	224.5	汽车—20 级	232.6	1068.9	275.3	1293.4
	30	61.0	458.1	汽车—10 级	152.1	1048.6	213.1	1506.7
加强的双排桁架	36	90.5	815.2	汽车—20 级	278.8	2231.3	369.3	3046.5
	45	113.20	1273.7	汽车—10 级	181.4	1799.1	294.6	3072.8

最后检验抗挠能力能否满足要求，由于桁架是销接结构，在荷载作用下，桁架既有弹性挠度又有非弹性挠度，而弹性挠度又分为均布恒载和集中荷载作用下的挠度，现验算在汽车—20 级荷载作用下的跨中挠度。

［**例 1**］　双排桁架在汽车—20 级荷载作用下跨径为 21m 时的挠度计算（图 3.1.2-47）。

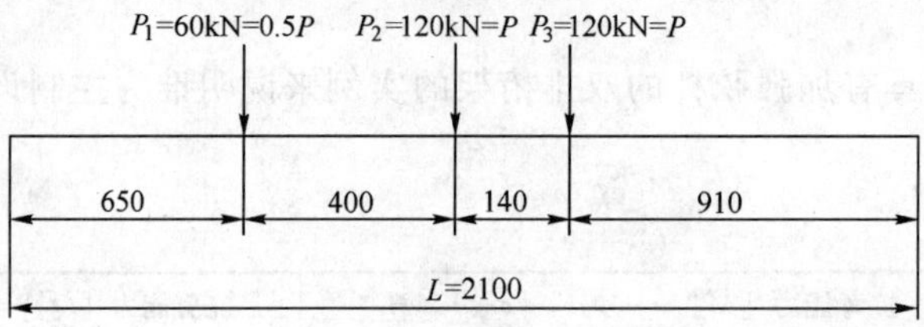

图 3.1.2-47　（尺寸单位：cm）

（1）非弹性挠度

$$f_0 = 0.5d(n^2-1)$$

式中：$d=0.1524$cm；

n—节数，$n=L/3=7$。

$$f_0 = 0.5\times 0.1524\times(7^2-1) = 3.66\text{cm}$$

（2）恒载挠度

$$f_q = \frac{5qL^4}{384EJ} = \frac{5\times 40.7\times 2100^4}{384\times 21\times 10^6\times 2\times 206437} = 1.19\text{cm}$$

（3）汽车—20 级荷载作用下的挠度

$$f_L = \frac{\eta PL^3}{48EJ}\sum_l^n r_n \frac{x}{L}\left(3-\frac{4x^2}{L^2}\right) = \frac{0.62\times 120\times 10^3\times 2100^3}{48\times 21\times 10^6\times 2\times 206437}\times 2.379 = 3.94\text{cm}$$

n	r	$\frac{x}{L}$	$\frac{rx}{L}$	$3-\frac{4x^2}{L^2}$	$\frac{rx}{L}\left(3-\frac{4x^2}{L^2}\right)$
1	0.50	0.310	0.155	2.616	0.405
2	1.00	0.500	0.500	2.000	1.000
3	1.00	0.433	0.433	2.250	0.974
—	—	—	—	—	2.379

则 $$f=f_0+f_q+f_L=3.66+1.19+3.94=8.79\text{cm}$$

$$\frac{f}{L}=\frac{8.79}{2100}=\frac{L}{239}<\frac{L}{130}$$

抗挠满足要求。

［**例 2**］　加强的双排桁架在汽车—20 级荷载作用下，跨径为 36m 时的挠度计算（图 3.1.2-48）。

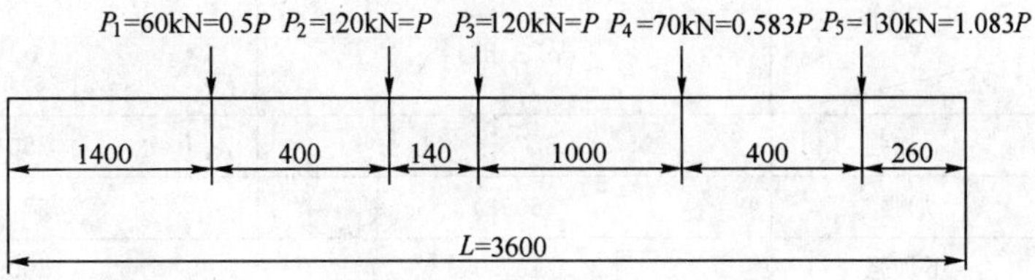

图 3.1.2-48　（尺寸单位：cm）

（1）非弹性挠度。

$$f_0=0.5dn^2$$

式中：$d=0.1524\text{cm}$，

n—节数；$n=L/3=12$。

$$f_0=0.5\times0.1524\times12^2=10.97\text{cm}$$

（2）恒载挠度

$$f_q=\frac{5qL^4}{384EJ}=\frac{5\times40.7\times3600^4}{384\times21\times10^6\times2\times475875}=5.50\text{cm}$$

（3）汽车—20 级荷载作用下的挠度

$$f_L=\frac{\eta PL^3}{48EJ}\sum_i^n r_n\frac{x}{L}\left(3-\frac{4x^2}{L^2}\right)=\frac{0.62\times120\times10^3\times3600^3}{48\times21\times10^6\times2\times475875}\times2.997=10.84\text{cm}$$

n	r	$\frac{x}{L}$	$\frac{rx}{L}$	$3-\frac{4x^2}{L^2}$	$\frac{rx}{L}\left(3-\frac{4x^2}{L^2}\right)$
1	0.50	0.389	0.195	2.395	0.467
2	1.00	0.500	0.500	2.000	1.000
3	1.00	0.461	0.461	2.150	0.991
4	0.583	0.183	0.107	2.866	0.307
5	1.083	0.072	0.078	2.979	0.232
—	—	—	—	—	2.997

则 $$f=f_0+f_q+f_L=10.97+5.50+10.84=27.31\text{cm}$$

$$\frac{f}{L}=\frac{27.31}{3600}=\frac{L}{132}<\frac{L}{130}$$

抗挠也满足要求。

以上计算说明了双排桁架当通行汽车—20 级荷载时，跨径最大为 21m；而加强的双排桁架跨径可达到 36m。按此方法，可以求出各种不同排数加强与非加强弦杆的桁架所能通过的各级荷载作用下的最大跨径，并列成图表，以供使用。

4. 装配公路钢桥的几何特性及桁架容许内力

几何特性及桁架容许内力如表 3.1.2-21 和表 3.1.2-22 所列。

几何特性表 表 3.1.2-21

结构构造 \ 几何特性		w（cm³）	j（cm⁴）
单排单层	不加强	3578.5	250497.2
	加强	7699.1	577434.4
双排单层	不加强	7157.1	500994.4
	加强	15398.3	1154868.8
三排单层	不加强	10735.6	751491.6
	加强	23097.4	1732303.2
双排双层	不加强	14817.9	2148588.8
	加强	30641.7	4596255.2
三排双层	不加强	22226.8	3222883.2
	加强	45962.6	6894390

注：表中数值为半边桥之值，全桥时应乘 2。

桁架容许内力表 表 3.1.2-22

容许内力	桥型									
	非加强桥梁					加强桥梁				
	单排单层	双排单层	三排单层	双排单层	三排单层	单排单层	双排单层	三排单层	双排单层	三排单层
弯矩(kN·m)	788.2	1576.4	2246.4	3265.4	4653.2	1687.5	3375.0	4809.4	6750.0	9618.8
剪力（kN）	245.2	490.5	698.9	490.5	698.9	245.2	490.5	698.9	490.5	698.9

5. 装配式公路钢桥桁架在桥梁加固施工中的应用

1）综述

钢桥桁架作桥梁加固临时支承结构的形式很多，归结起来不外两种：一种是利用桁架作“梁”，以承受弯矩、剪力；另一种是作“柱”，用以承受垂直荷载。钢桁梁、柱都是重要支承结构，都应熟悉桁架的技术性能和各个杆件、孔眼的作用，保证桁架能多次重复使用、方便拆装，桁架与桁架之间相连或与其他构件相连时，应利用桁架弦杆和竖杆上的孔眼采用螺栓进行连接，或通过用连接板螺栓与桁架连接，不得使用焊接与桁架杆件连接。

（1）用桁架作梁时的注意事项

①为保证桁架的横向稳定，必须按要求设横向连系构件，如就地加工制作的横向连系构件必用如前所述方法与桁架连接，不得用强索捆扎。

②桁架梁的端部支撑，应装端竖杆，无端竖杆时必须对桁架梁的剪力进行验算，必要时应另作一竖杆加强，加强的竖杆应采取磨光顶紧的办法与上下弦杆顶紧，不得用焊接。

③施加于桁架梁上的集中荷载尽可能放在桁架点上，否则应对弦杆的局部弯矩进行校核。

④用桁架作连续梁时，中间支撑应设在节点上。必要时增设加强竖杆。

⑤鉴于目前有的施工现场使用的桁架，已重复使用多次，有的因保养不善，连接焊缝和杆件有锈蚀现象，甚至有的产品并非出自正规厂家，对桁架的原材料、焊接质量、桁架连接销的材质和热处理等，并未经过严格的检验，建议在使用桁架作重要受力件时，应对其应力进行校核，并加大安全储备。

(2) 用桁架作柱时的注意事项

①一般构造的原则和方法

a. 桁架之间仍用桁架销连接，荷载由弦杆承受。

b. 柱横断面内使用桁架的数量随柱的高度和荷载大小而异，可用2片至多片。使用多片桁架时，应用横向支撑架进行联结，必要时设风缆以保证稳定。

c. 为扩大弦杆支撑面积，在柱的底部设座板，用桁架连接销与之连接。

d. 在柱的顶端，设顶梁，顶梁用桁架的连接销与弦杆连接。

e. 柱的传力途径：荷载→顶梁→桁架弦杆→座板→地基。

f. 梁柱的结合部，应通过桁架连接销传力，不得直接设在桁架竖杆上，必要时应设斜撑。

②柱的拼装方法

a. 整体竖立。先在地面上按梁的拼装方法，将整柱拼成，然后用吊车或扒杆将柱整体竖立，这种方法拼装设置快速，一般是在柱不高，总重量不大，并有吊车和场地的情况下采用。

b. 垂直逐片吊装法。如柱较高可用此方法：a) 利用轻型角钢井架，在其上设扒杆将单片桁架直立起吊，进行拼装，这一方法不需大型设备，安全性好，但速度较慢；b) 利用猴子杆起吊桁架进行拼装。

c. 柱的强度稳定计算

d. 稳定措施

对较高的柱通常设风缆来保证其稳定性，风缆布置在柱的四周，设三根风缆时，每根的平面夹角应为120°，布四根时，可设在柱的两个对称轴上，在高度方向上一般每10m高设一层，风缆与地面的夹角不应大于60°，风缆一般用$\phi18\sim\phi24$mm钢丝绳制作，其上端与柱用蛇口或卡环（卸甲）与之连接，下端与地锚连接，为紧定风缆，可以在其间插入一个带有正反螺纹的长度调节器，也可以用起重倒链来收紧。

2) 拼装架桥（梁）机

拼装架桥（梁）机基本上由三个部分组成：

(1) 主梁和横梁（用桁架拼成）；

(2) 起重滑车组；

(3) 纵、横移机构。

架桥机结构形式较多，随架梁的数量，梁的跨径、重量和现有钢桥桁架器材的数量等条件而定。

下面介绍几种典型的架桥机：

(1) 简易架桥机

如桥梁跨径在 20m 以内，架梁的数量不多，单片梁的重力在 200kN 左右，而且装配式桁架器材不充裕时，常拼装成简易架桥机，其特点是：用的桁架器材少，但吊装作业速度较低。

①基本构造

a. 主梁：主梁桁架的排数根据吊装梁的重量、跨度进行计算而定，一般用 2～4 排桁架连成一组，每排桁架的中心距一般为 45～80cm，每组主梁的中心距为 2.5～3.0m。如图 3.1.2-49 所示，各排桁架之间用标准或现场特制支撑进行联结。

为保证主梁的横向稳定，在主梁端部两组之间设横向支撑，必要时在梁组的中部或 1/4 跨处设带螺纹的横向支撑杆，然后在主梁前端装上导梁或鼻梁，导梁的长度为两桥墩之间间距的 1.2～1.3 倍，在桥墩顶设一根 Φ250～Φ300mm，壁厚 8～10mm 的无缝钢管，在主梁支撑位置设一个特制的半圆形扣座，扣在无缝钢管上。

b. 起重平车：在每组主梁的上弦设枕木，在其上铺设一对钢轨和两个起重平车，在每个平车上设横梁和平车框架，在平车框架上再设起重滑车组。

②吊装作业

用轨道平车或拖车或驳船将预制混凝土梁运到桥跨下面，将平车及其框架移靠桥墩。

当吊带（或千斤绳）与起重吊钩连接后开动绞车，徐徐将梁吊起，待梁接近桥墩帽梁时，一端绞车停车，让梁呈倾斜状态进入跨间，再利用上下平车将梁纵向或横向作微小移动就位，当一片梁起吊就位后，再利用绞车将整机沿无缝钢管向滑移至下一片梁吊装位置。

③跨间的几片梁均吊好后，利用绞车、导梁将整机拖向下一跨。

(2) 14t（架钢筋混凝土 16m 空心板梁）架梁机简介

①基本构造（图 3.1.2-50）

主梁：每根主梁用三排公路钢桥桁架拼成，每组主梁中心距为 12m。为了减少架桥机纵向移动次数。将主梁的长度做成三跨连续梁，长为 49m 加上鼻子架导梁 8m，全长为 57m。在主梁上设有两根横梁，每根横梁用三排公路钢桥桁架拼成，并设有相应的横系梁，横梁籍纵向绞车，保证其沿主梁纵向运动，在横梁上设有一对带起重滑车的跑车，用以提升和横向移动空心板梁。

②架桥机的运行

架桥机按下述步骤运行：

a. 将横梁及平车后移到纵主梁尾部作平衡重；

b. 在纵主梁移动到中间桥墩上加枕木和平滚，作中间支撑，以减少主梁尾端的悬空；

c. 收紧前方桥墩上枕木和主梁摇滚支撑上的缆索，以平衡主梁在推进时引起的水平推力，保持枕木垛的稳定；

d. 开动绞车将整个架桥机平稳前进到工作位置。

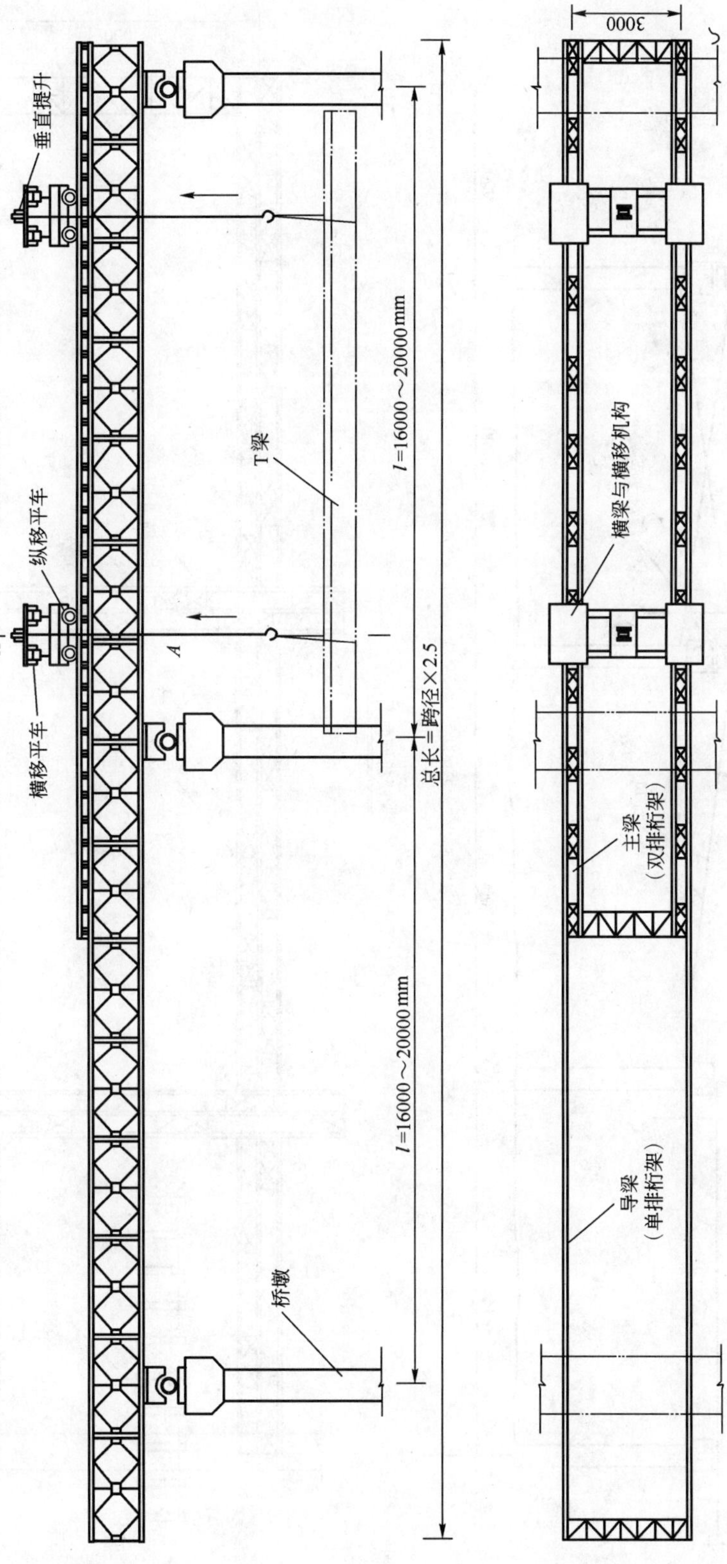

图3.1.2-49　简易架桥机

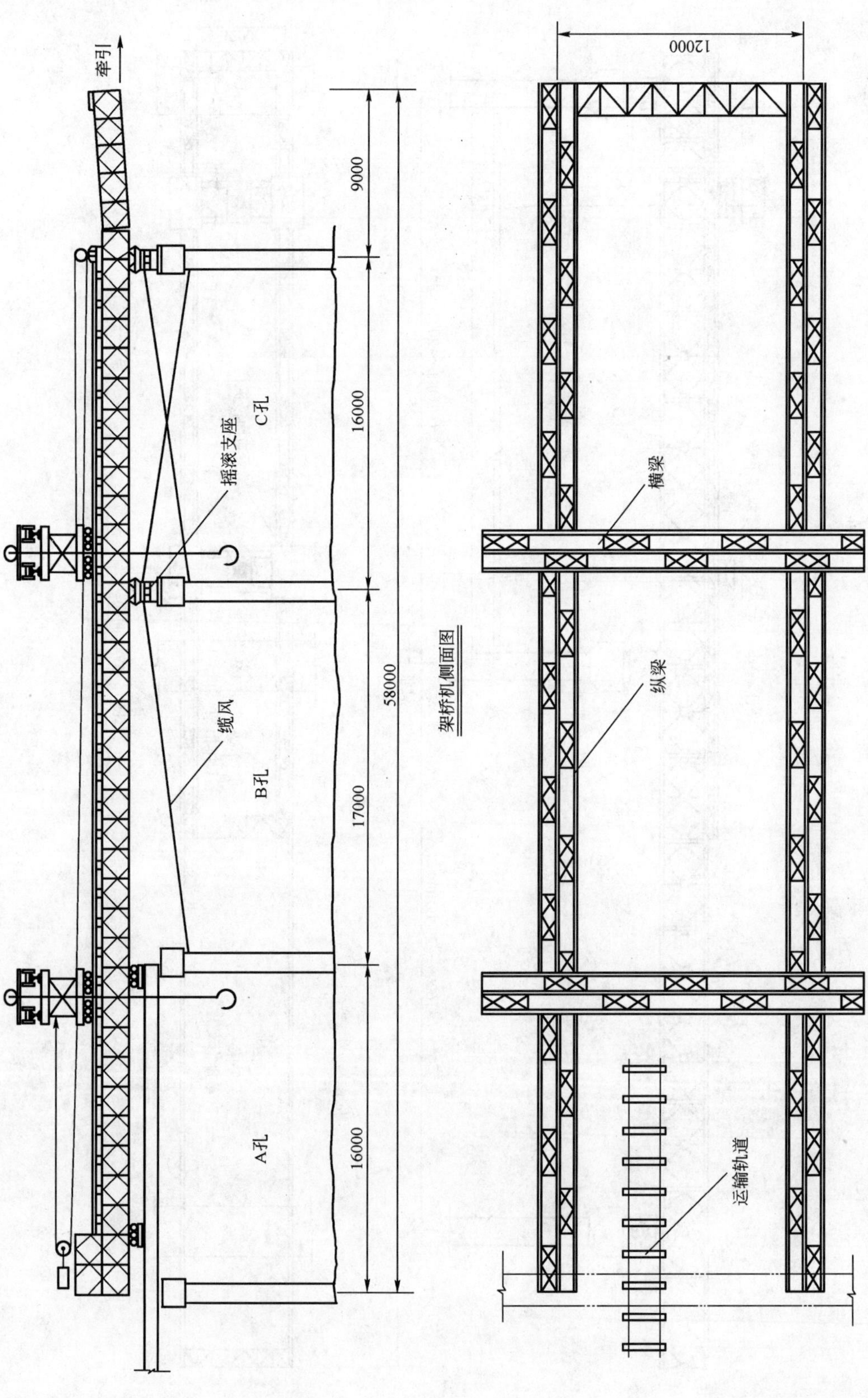

图3.1.2-50 14t（16m空心板梁）架桥机纵横梁平面示意图（尺寸单位：mm）

③吊梁顺序（图 3.1.2-51）

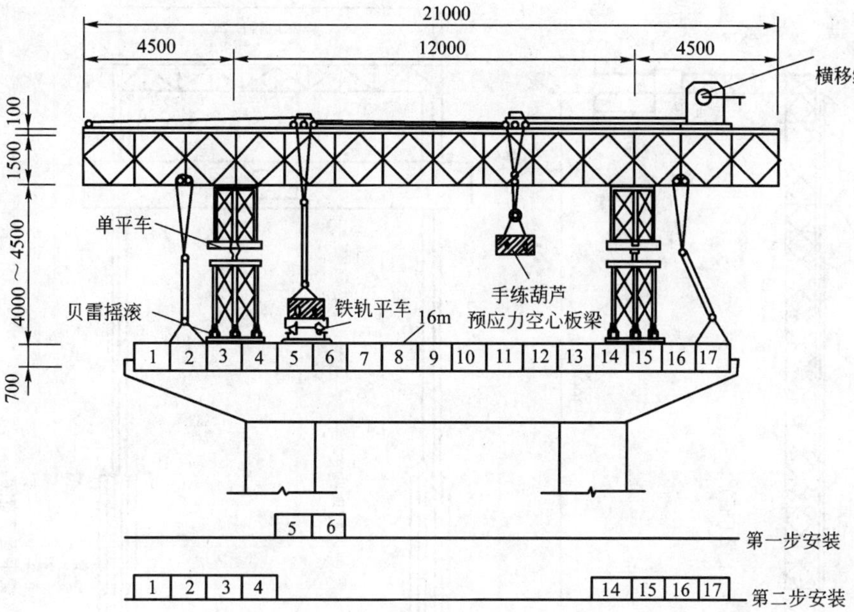

图 3.1.2-51　吊梁顺序（尺寸单位：mm）

架桥机就位后将空心板梁用轨道平车运至架桥机的后端 A 孔，用设在两横梁上的滑车组，逐一吊装，先安 B 孔，其吊装顺序为：

a. 先安轨道上的 5 号、6 号梁（因轨道在 5 号、6 号梁的位置，因此应先安装），将前横梁的跑车移到 5 号、6 号梁位，吊起梁的前端，开动纵梁上的绞车，将横梁拖拉到 B 孔。待梁的后端平车拉引后横梁位置时，停机，再将梁的后端挂在后横梁的吊钩上，然后又开动绞车将梁吊入预设位置。

b. 在 5 号、6 号梁上铺设轨道。

c. 吊装 1 号～4 号和 14 号～17 号边梁，其方法是：用轨道上的平车将梁运到 B 孔，然后用两横梁上的跑车将梁横移到位。对于架桥机主梁正下方的板梁，利用手拉葫芦斜拉到位。

d. 安装中部板梁，其方法与吊边梁基本相同。

e. 变换支座：当 B 孔的梁吊完后，将架桥机主梁在 B 孔的枕木、摇滚支座及缆风索拆除，移到前一孔的桥墩上；在已安装好的 B 孔的 3 号、4 号及 14 号、15 号梁前端桥墩上旋转摇滚支座，准备吊装下一孔梁，如此反复。操作熟练后，平均每天可吊 6～7 片梁。

(3) 70t（架 30m 长 T 梁）梁架桥机简介

①结构

架桥机全长 66m，由起吊跨和安装跨组成，全宽 18m，能将桥梁横断面内的 7 片 T 梁在机内横移就位，架桥机由主梁、横梁、行车系、吊运系统、电路控制系统 5 个部分组成。

a. 主梁。每根主梁采用公路钢桥单层或双层 3～6 排桁架拼成，分别放在桥梁的两侧，中心距 16m，为满足悬臂整机移动和吊装作业时主梁最大弯矩和剪力的要求，在中腿前后长 21m 范围内采用并列 6 排桁架，其余采用并列三排桁架（图 3.1.2-52）。

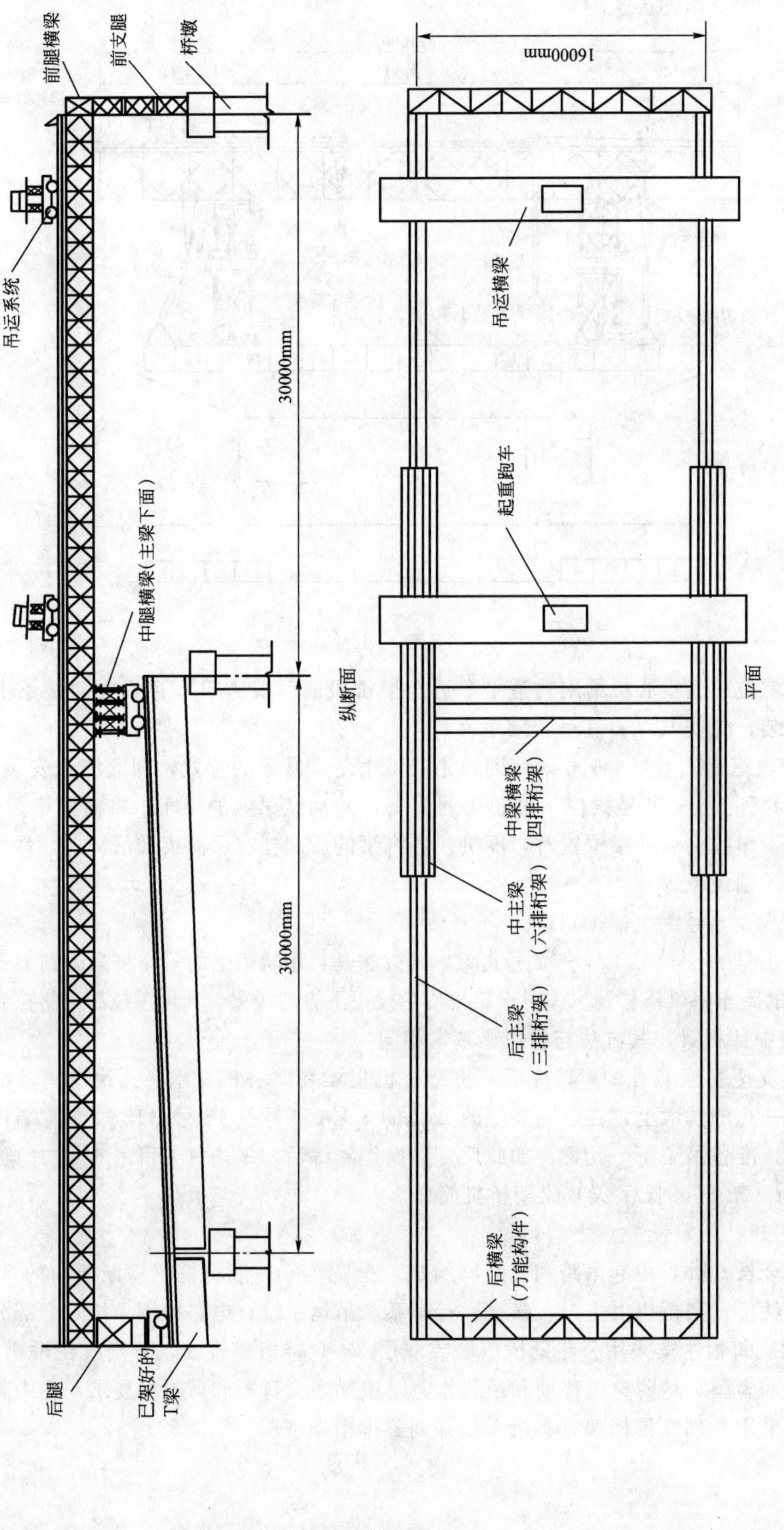

图3.1.2-52 70t（30m T梁）架桥机纵横梁平面示意图

b. 横梁。在前、中、后三处设有横梁，将主梁连接成一个牢固的平面框架，前后横梁（含地支腿）用万能构件拼成，中横梁用 4 排公路钢桥桁架拼成。

c. 行走系统。中后支腿用型钢和万能构件组成，在每个支腿下各设一个平车，每个平车按双轴双轨设计，轨道布置在混凝土梁肋板上，桥两侧各用一台 50kN 电动卷扬机牵引整个架桥机行走。为了使架桥机能在弯桥部分行走，在中腿平车上设有平面转动磨盘，以公路钢桥桁架连接销为轴，上盘表面镶一层不锈钢板，下盘表面设两块四氟板，以减少摩擦力。此外在后腿的平车上还设有偏心连杆与主梁联结，以便架桥机在行走时，自动调整位置。

d. 吊运系统。从预制场到起吊跨，有较长距离，运输方法是将梁装在轨道平车上，用电动卷扬机牵引。梁到起吊跨后，用横梁平车上滑车组起吊，用电动绞车牵引，再借支撑横梁的跑车将 T 梁纵向移动到安装跨，然后再开动横梁顶上的跑车，将梁横移到位。

e. 操作系统。整机由电控系统操纵，操纵台设在中腿的平车上。

②吊装作业

整个吊装分两步进行，首先是将架桥机前移就位，然后运梁、吊装。

前移架桥机的作业步骤：

a. 将两个起重横梁移动靠近后横梁位置，设斜拉塔；折除前支腿支垫使架桥机呈悬臂状态（图 3.1.2-53）。

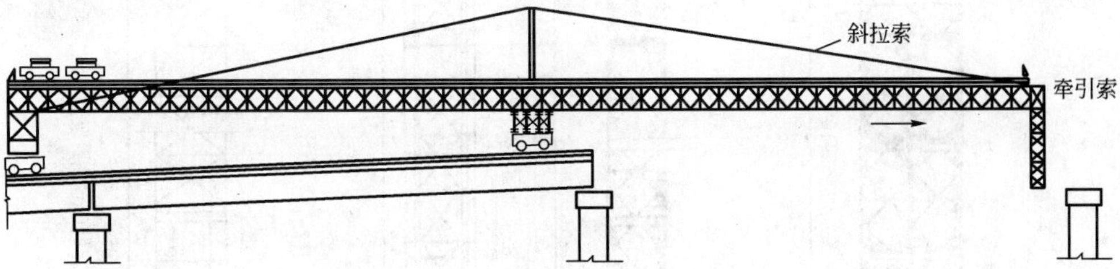

图 3.1.2-53　架桥机前移

b. 开动绞车使架桥机前移。如牵引转向滑车是在高的桥墩上，还应在墩前设一斜拉索以平衡墩顶水平力。并将架桥机范围内的梁跨之间的伸缩缝挟紧，以防在整机移动时产生的水平力使梁发生纵向滑动。

c. 设前支腿支垫。整机移到位后，将前支腿支撑在桥墩上，如前支腿不是铰结构，为克服在吊梁时，由于主梁下弦伸长，使支腿发生的水平力而带来的不利影响，可在支垫内设 2～3 层橡胶支座。

d. 撤除斜拉索塔，吊运系统就位，设置中、后横梁活动支点，固定中、后平车车轮。

③起吊安装

吊装时按下述程序进行：穿吊带→起吊→进入安装跨→横移→落梁就位→设置临时支撑（T 梁）→撤除吊具。

梁号安装顺序：先安装 1 号、7 号边梁，这是因为边梁就位时，需将下梁翼板高度降低到架桥机主梁下弦以下，才能完全横移就位所致。

其次安装 2 号、6 号梁，然后再安装中间 3 号、4 号、5 号梁。为安全计，在同一天内应完成相邻两片以上的梁，应焊接好横隔板。

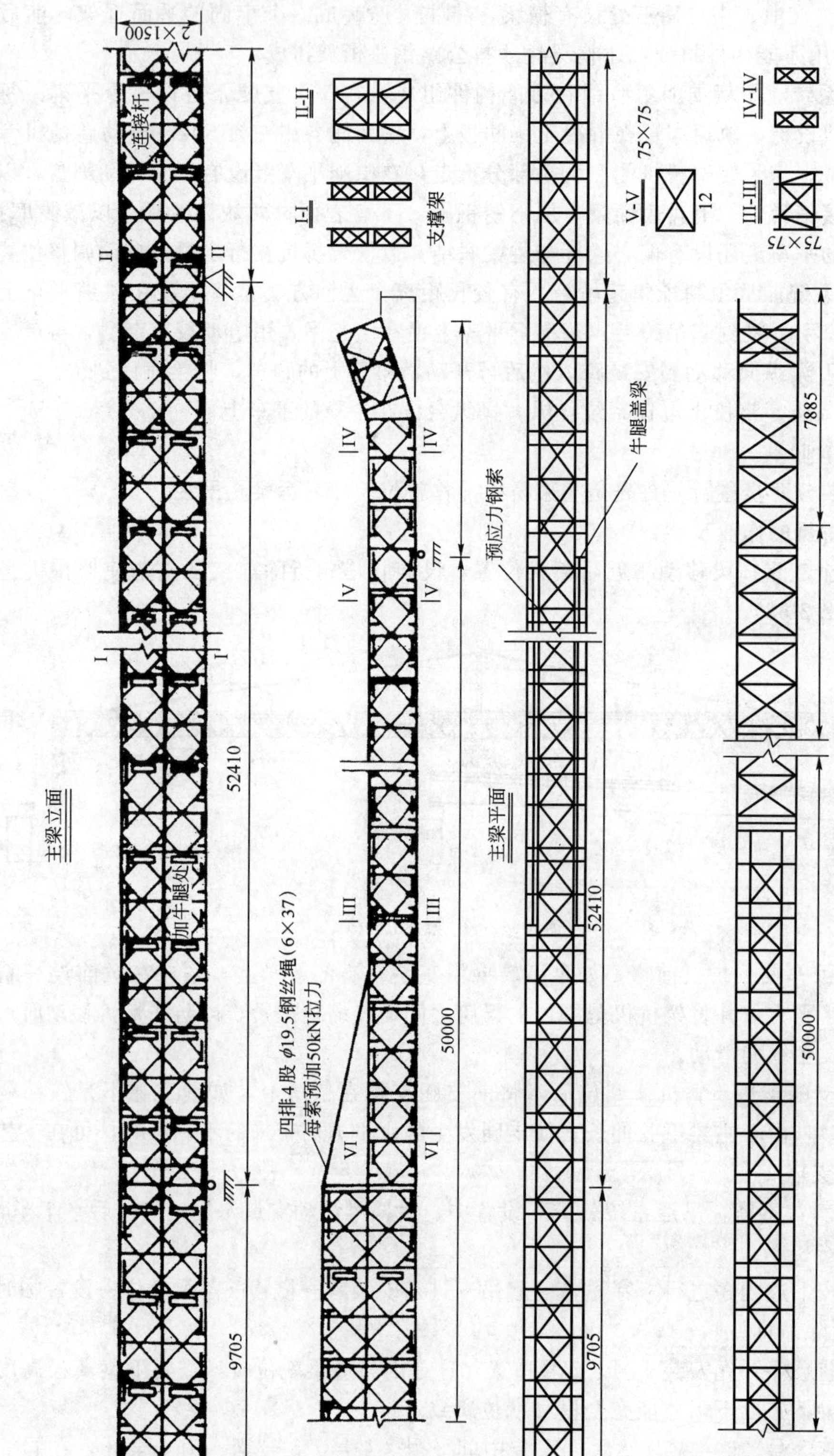

图3.1.2-54 起重142t(50m T梁)架桥机结构示意图(尺寸单位:mm)

整个架桥机由 17 人操纵，在中等熟练的情况下，整机前移一跨约 4h，安装一片梁从起吊到安装完毕约 20h，最快一天可安装 4 片梁。

(4) 142t（架 50m 长 T 梁）架桥机简介

①主梁

两根主梁长 120m，分四段：后端悬臂段长 9.7m，承重段长 52.41m，这两段用加强的 4 排双层桁架拼装，平衡段 50m，为加强的 4 排单层桁架拼装，前端导梁段，为双排单层桁架，长 7.89m，（图 3.1.2-54）每节桁架用 C10 钢作上下风架，间距 1.5m，各排桁架间用 75×75 角钢作横向剪刀撑，间距 3.0m，各排桁架间距，四排的为 45cm＋105cm＋45cm；两排的为 1.95m，为了改善双层与单层桁架连接处的受力状态，在此设了 4 束预应力索，每束施加预应力为 50kN，此外对承重段桁架竖杆做了加强。

②横梁

两根横梁分别由加强的 4 排单层桁架组成，长 9m，两端支承在 60t 四轮的平车上，横梁上设有可移动的动滑轮支架和起重量为 100t 的动滑车组及吊钩。

③移动和吊装系统

主梁和横梁的移动均靠 50kN 的慢速卷扬机带动，T 梁的吊装由装在横梁中部动滑车组承担。架桥顺序如表 3.1.2-23 所列。

架梁顺序　　表 3.1.2-23

<table>
<tr><th>顺序</th><th>架设图式</th><th>说　明</th></tr>
<tr><td>1</td><td>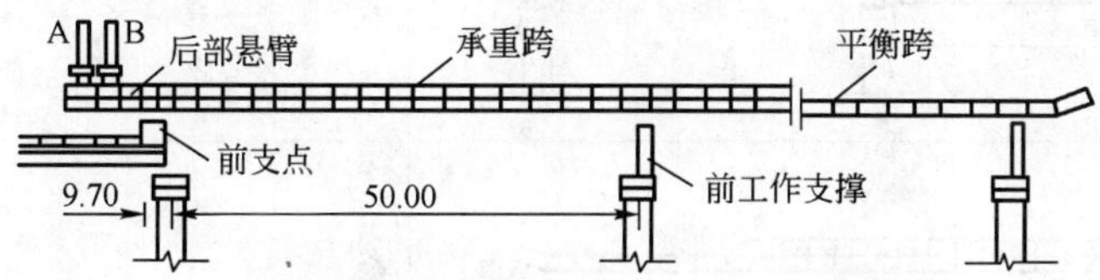
</td><td>(1) 顶推主梁至安装预制梁位置。该位置前支点离导梁端 9.7m，离墩中线 2.11m。
(2) 前、后工作支撑离墩中线 0.3m。
(3) 铺设运预制梁铁轨。
(4) 检查架设安全措施</td></tr>
<tr><td>2</td><td>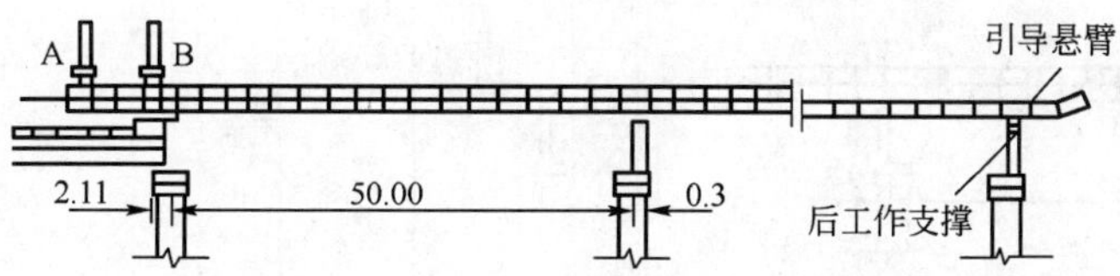
</td><td>(1) 先将预制场运至主梁尾端。
(2) 当预制梁前端平车中线与前支点重合时，B 行车往前推移至梁前吊点处（即前支点），即用该车的链滑车将梁前端稍稍吊起，取去前端平车后，落至原高度，再由绞车牵引 B 行车前进</td></tr>
<tr><td>3</td><td>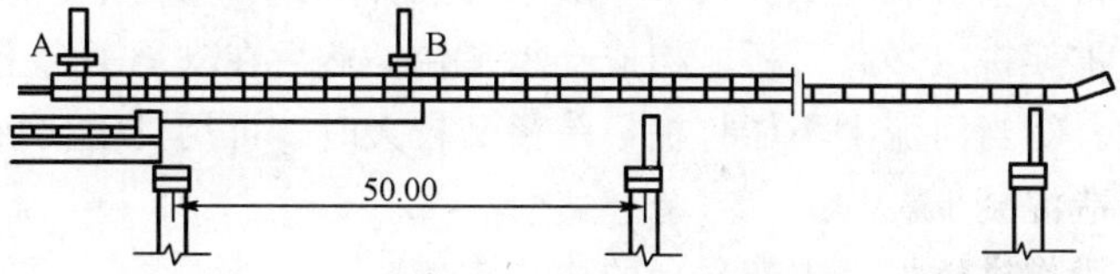
</td><td>(1) B 行车慢速前进。行走方向一定要与桥横轴平行，不准倾斜或越位。
(2) 严格执行吊装安全技术规程，特别注意吊钩、钢丝绳、前工作支撑等</td></tr>
</table>

续上表

<table>
<tr><th>顺序</th><th>架设图式</th><th>说　明</th></tr>
<tr><td>4</td><td>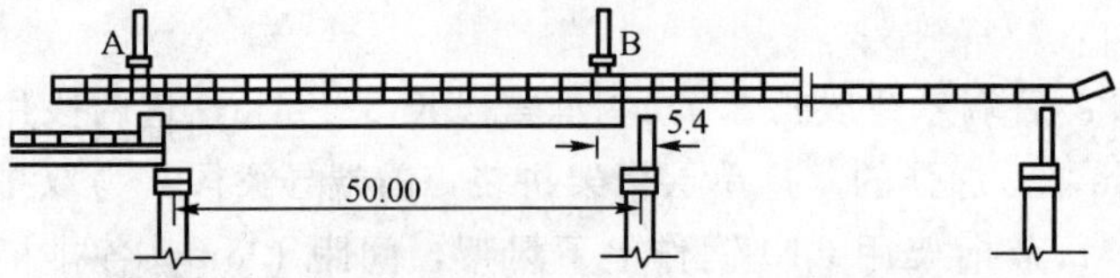
</td><td>(1) 当B行车至离前工作支撑5.4m时，应立即停止往前行走。
(2) A行车应立即往前移至前支点，即用该车的链滑车将后端梁稍稍吊起，取掉后端平车后，落至原来位置，再由绞车牵引A、B行车前进</td></tr>
<tr><td>5</td><td>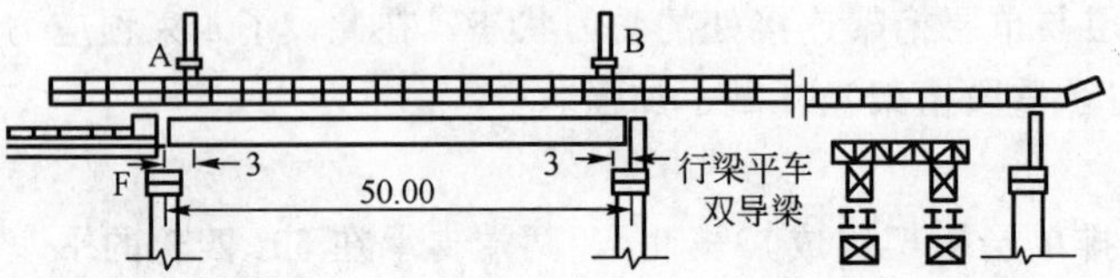
</td><td>(1) A、B行车各离梁端3.0m处，慢速落梁。
(2) 在墩台，横移预制梁到规定位置</td></tr>
<tr><td>6</td><td>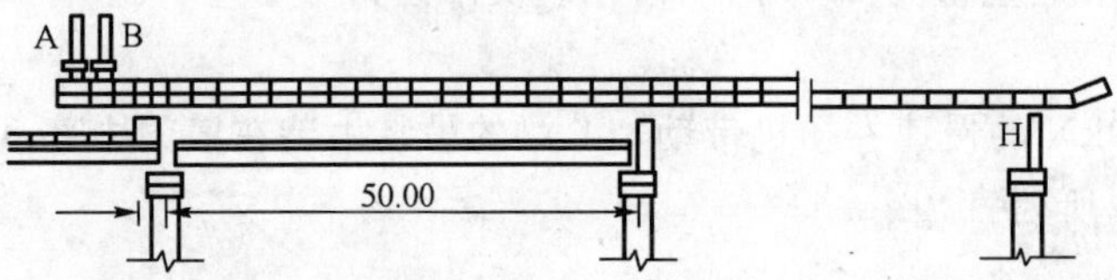
</td><td>(1) 安装孔架设完毕，移动A、B横梁至导梁规定的位置。
(2) A、B横梁与导梁联结在一起</td></tr>
<tr><td>7</td><td>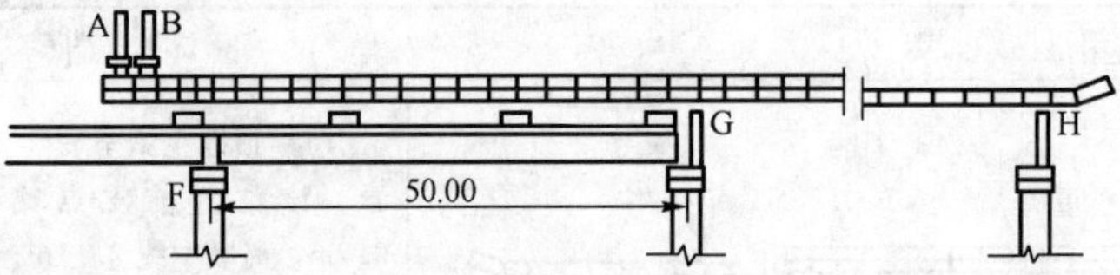
</td><td>在安装孔离梁自由端2.09m后，每隔16m设临时支撑。该孔共设临时支撑点3处，支撑点处应设滚动支承</td></tr>
<tr><td>8</td><td>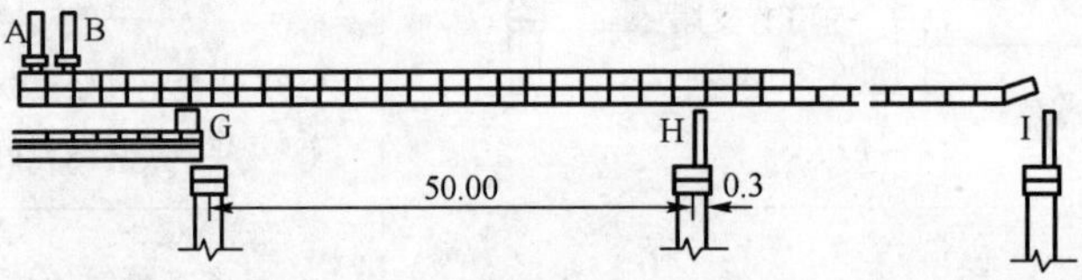
</td><td>整机往前推移</td></tr>
<tr><td>9</td><td>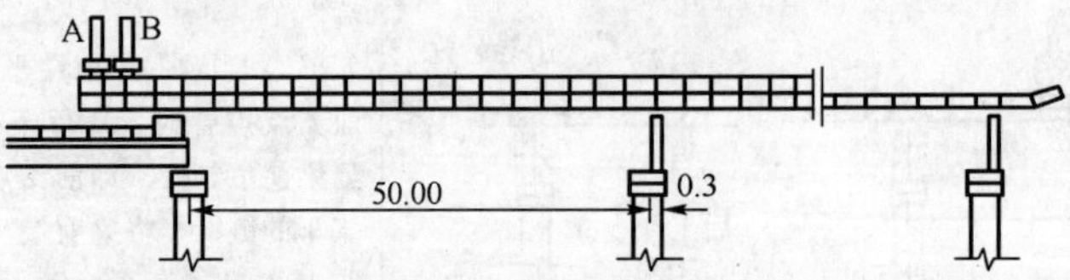
</td><td>重复顺序1</td></tr>
</table>

3）拼装拱架

在拱桥加固施工中常用贝雷桁架拼装施工支架，一般采用两种形式：①在不通航和无行洪威胁情况下可先打桩，用贝雷架拼成多跨梁桥，构成支承平台，然后在支承平台上搭设满堂式拱架进行拱桥的上部施工。②当河流上不能打桩，跨径又较大时，可用贝雷架拼成拱形架，然后其上配模浇筑上部构造混凝土。

(1) 采用钢管桩多跨贝雷梁作拱桥加固支架平台的构造实例。

①钢管桩中间支墩

中间支墩采用钢管桩，入土深度按支承桩或摩擦桩设计。该实例每墩四根桩，用震动法沉桩，达到标高后，用气割割平，向管内填砂，灌水密实，然后在桩顶部现浇 80cm 的混凝土，并预埋螺栓供连接桩的接长部分使用，在完成桩的接长部分之后，在其上设工字钢作帽梁。

②多跨贝雷梁

在中间支墩上设 6 组贝雷梁，每组两排桁架，用标准的支撑架联结，组与组之间用角钢作横联和剪力撑。贝雷梁在平板驳船上分段拼接，用浮吊逐跨吊装，然后在贝雷梁上横向铺设工字钢，构成平台。

③现浇支架

用竹、木或钢管在平台上搭拱盔构成满堂现浇支架，如图 3.1.2-55 所示。

（2）采用斜拉贝雷梁做支架平台的构造实例（图 3.1.2-56）

广东省公路工程处在修建粤东一座跨径 70m 的刚架拱桥（硫磺桥）时，用公路钢桥桁架拼成斜拉桥式平梁，然后再在“斜拉平梁”上设垂直支撑架来浇注拱肋混凝土，取得了省工省料的效果。

（3）贝雷拱架构造实例

在通航河流及深谷加固大跨径拱桥时，如河底不能打桩，可用贝雷桁架拼成拱架，然后在其上拆卸及现浇拱肋和上部结构。

①贝雷拱架构造

如某桥原是一座中承式系杆拱桥，其拱肋为工字形钢筋混凝土结构，采用贝雷拱架拆除原拱肋及其上部建筑，然后重浇新拱肋及上部建筑，拱架按两铰拱设计，根据计算需在每一拱肋下方设四片桁架，组成一道钢拱圈用以支承拱上建筑重量，如图 3.1.2-57 所示。

由于拱架上弦与下弦的曲率不同，理论弦长不一，但桁架又是一个 3m×1.5m 的矩形架，拼成拱架后，上下弦长出现差异，对圆弧拱其值为 1.5θ（θ 为拱脚及任意点与拱轴切线的倾角）。

因此，每隔 3～4 片桁架要设一段长度分别为 17cm、18cm、19cm 三种特制短上弦杆（图 3.1.2-58）以保证拱架的弧度，拱脚采用特制的三角构件（图 3.1.2-59）。

为保证拱架稳定，除去每组桁架的上下弦上设有横向支撑架外，还用工字钢将两条拱架联系在一起，此外，还在拱架两侧设有 5 对风缆。

②拱架的拼装架设

拱架在岸边浮箱上分段组拼，浮运到拱下，用缆索吊机吊装，吊装时从拱脚开始两岸对称进行，每吊一段用扣索扣住（图 3.1.2-60），以保持悬拱的稳定，并加强观测，调整拼接的标高，保证线形，此外，在岸边拼装桁架组时，应严格保证相互位置，最好将前后两组进行试配，以保证吊装的桁架组能顺利销接。

③拱架合龙

拱架在跨中合龙，事前先测量缺口宽度和高度，然后调整一岸（比如左岸）扣索，让缺口宽度稍大于合龙段桁架的长度，然后将合龙段吊入（也可单片桁架引入），先与一岸桁架销接，然后调整另一岸扣索，销接桁架的另一端。

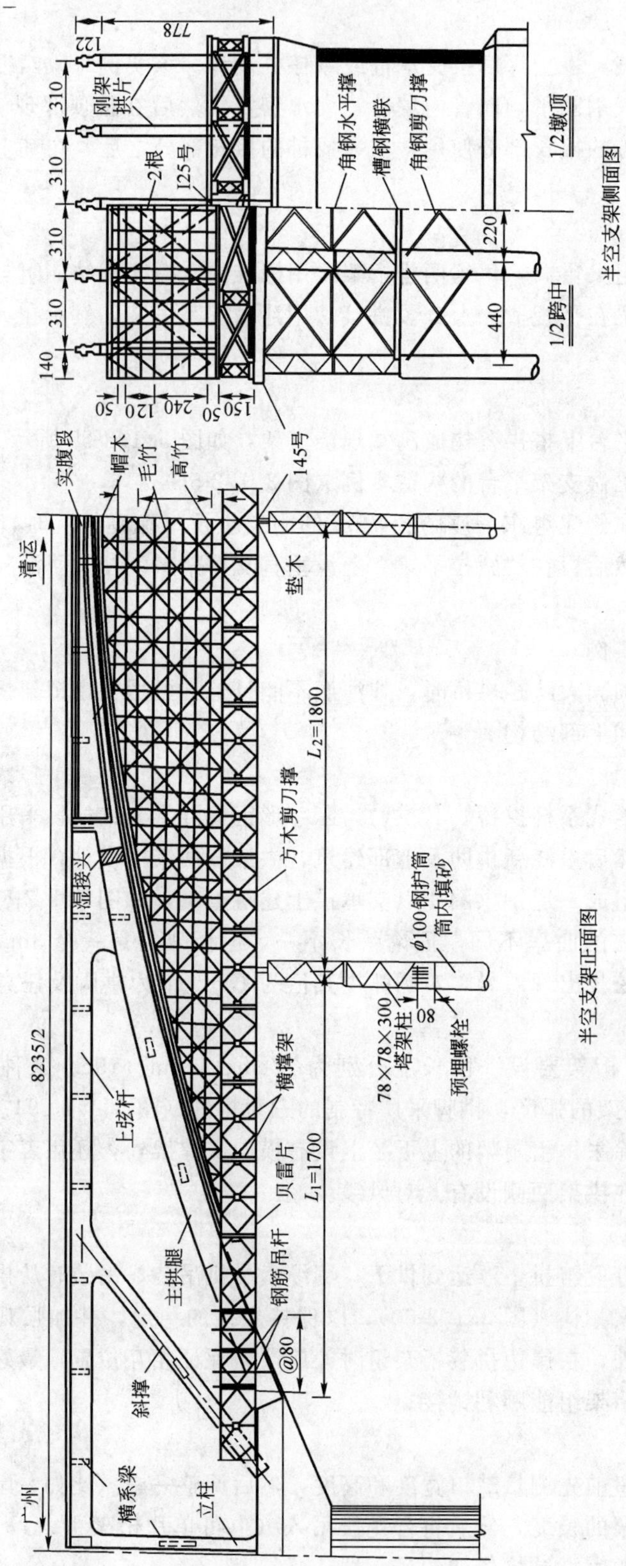

图3.1.2-55 拱桥满堂现浇钢梁桁架（贝雷梁）布置图（尺寸单位：cm）

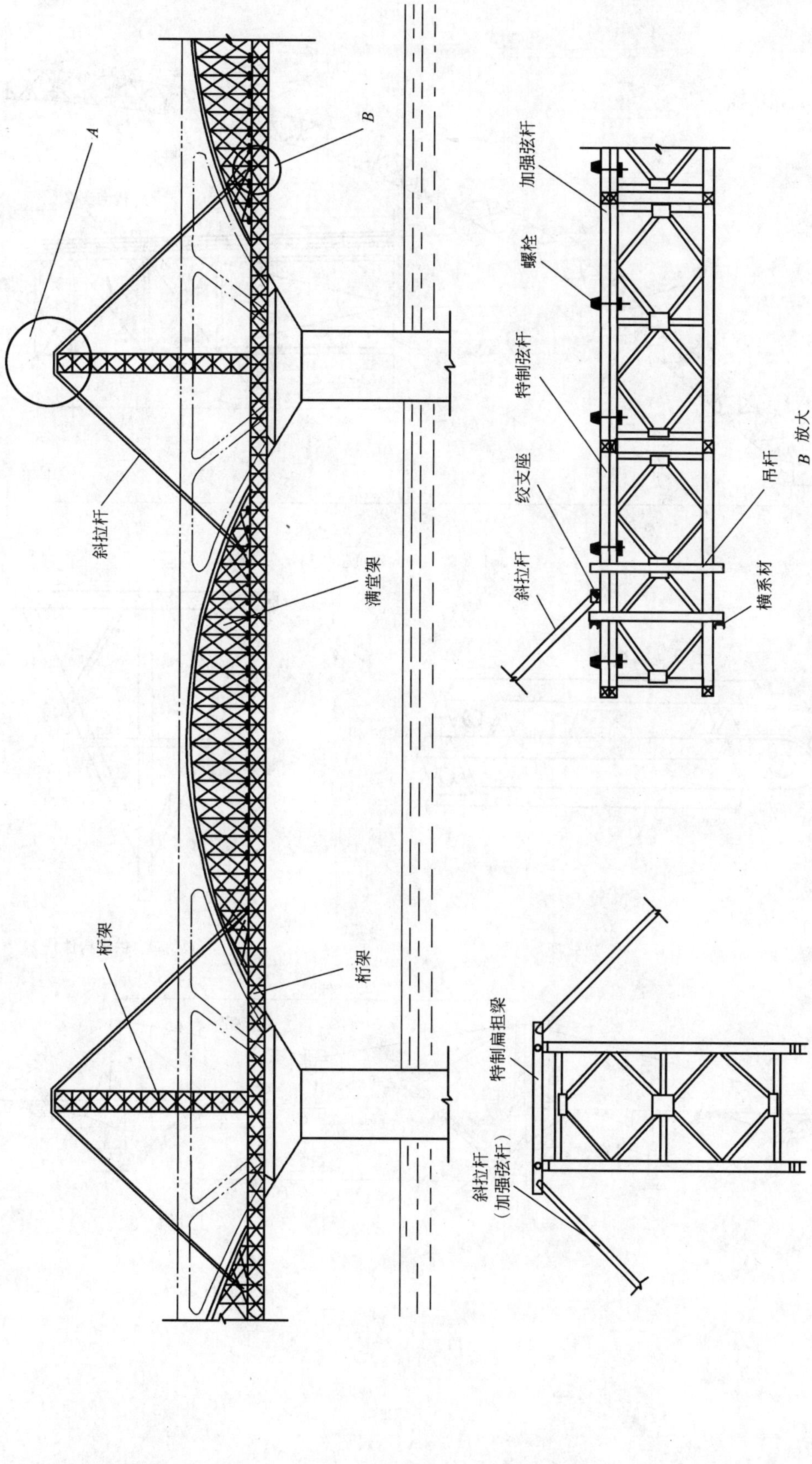

图3.1.2-56 斜拉贝雷架作支架平台

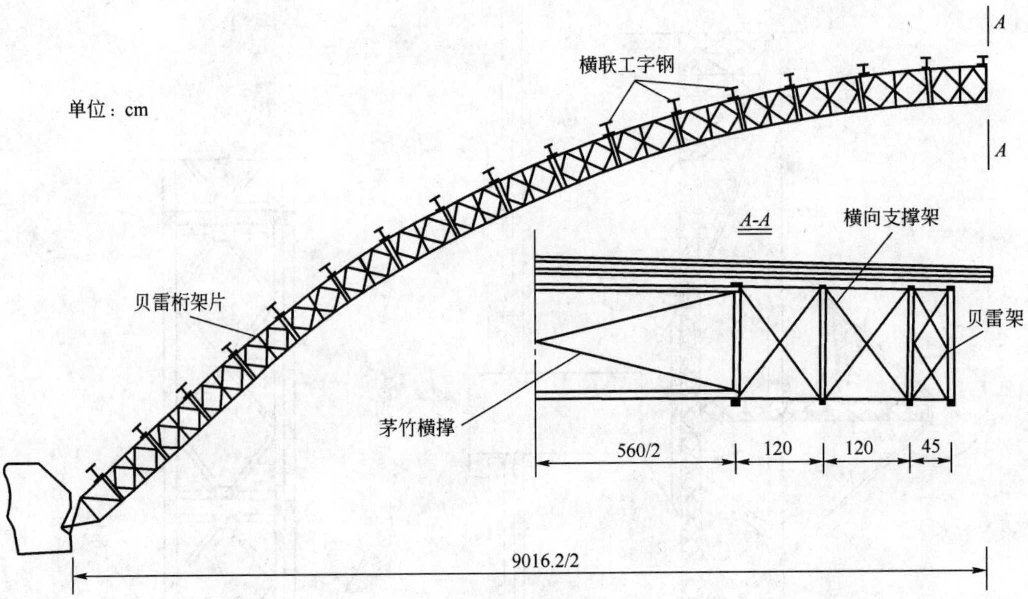

图 3.1.2-57　90m 跨贝雷拱架

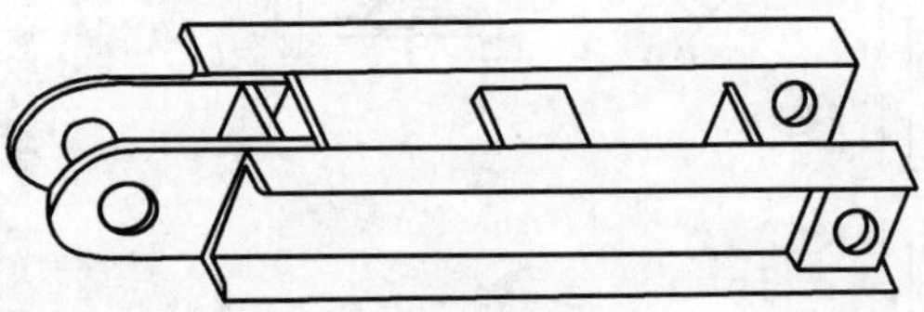

图 3.1.2-58　短弦杆

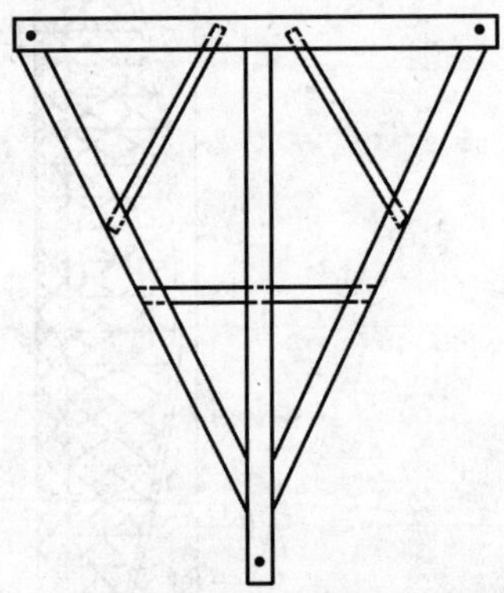

图 3.1.2-59　拱脚构件

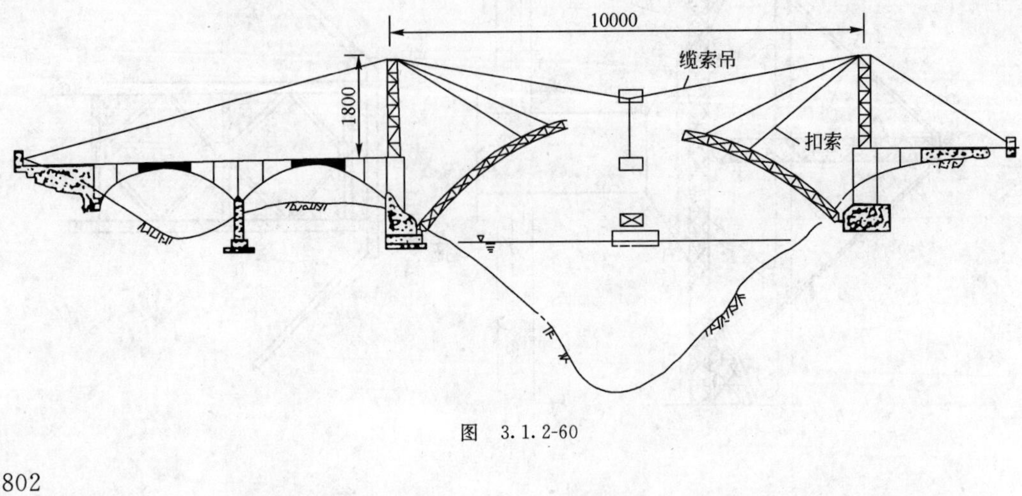

图　3.1.2-60

④调整拱架线形

拱架合龙后，拉好侧风缆，通过调整侧风缆和扣索，调整拱架的中轴线和拱曲线，使之符合拱架的设计拱度，经检测拱轴线无误后，拆除扣索使拱架形成一个独立的体系。

⑤注意事项

a. 使用贝雷桁架作大跨度拱架必须精心设计，正确确定加载、卸载步骤方法；

b. 为保证拱架的侧向稳定除设水平、纵横联系构件外，还应该设足够的剪刀斜撑，与拱架连接时，应充分利用桁架弦杆上的眼孔，采取锥形套筒加螺栓的方式，以保证连接牢固，施工过程中应加强观测，掌握拱架变形情况。

6. 装配式公路钢桥最新发展简况

贝雷钢桥自1938年设计定型后，经半个多世纪的应用，除仍保留米字形桁架腹杆体系外，在制造、焊接工艺、材料、防腐等方面做了许多改进。

1）在结构方面的改进

①桁架高度新增了200型、100型，近期200型得到了广泛采用。

②桥面板新增了钢桥面板，这种桥板可在其上加铺沥青混凝土。

③桁架的连接销增加了膨胀销。

④桁架腹杆由工字钢改用方钢管。

⑤横梁在桁架上的位置由中间竖杆侧改设在交叉腹杆之间。

⑥拉风拉杆改在横梁上固定。

⑦备有加长横梁，以利加宽桥面。

2）200型贝雷桁架与老贝雷桁架技术性能的比较，如表3.1.2-24所列。

表3.1.2-24

区　分	老贝雷桁架	200型贝雷桁架
桁架长（m）	3.3048	
高（m）	1.4478	2.236（7′）
重（N）	270	286
桁架抗弯能力（kN·m）	770.41	1270.5
桁架抗剪强度（kN）	152	355.1
桁架弦杆轴力（kN）	559	650.1
材料	50A（相当M16）	

区　分	老　贝　雷	200型贝雷桁架
桥面宽（m）	3.7（可加宽到4.0）	4.7（可加宽到7.0）
桥面材料	木板	钢桥板
每节桁架横梁数	2（或4）	1
30m桥跨自重（kN）	470	320
30m桥跨构件数	102件	31件
30m桥跨双排单层架设时间（h）	6	4
60m桥跨自重（kN）	1500	1040
60m桥跨构件数	141	98

§1.3　钢结构的检验与维修加固

一、钢结构的特点

钢结构和其他材料的结构相比有如下特点：

（1）钢材强度高，塑性韧性好

钢材强度高，适用于建造跨度大、高度高、承载重的桥梁结构。但由于强度高，一般构件截面小而壁薄，在受压时由稳定和刚度所控制，强度难以得到充分的利用。钢材塑性好，结构在一般条件下不会因超载而突然断裂，只增大变形，故易于被发现。此外，尚能将局部高峰应力重分配，使应力变化趋于平缓。

钢材韧性好，适宜在动力荷载下工作，因此在地震区采用钢结构较为有利。

(2) 钢结构的重量轻

钢材重度大，强度高，做成的结构却比较轻。结构的轻质性可以用材料的重度 ρ 和强度 f 的比值 α 来衡量，α 值越小，结构相对越轻。建筑钢材的 α 值等于 $(1.7\sim3.7)\times10^{-4}/m$；木材为 $5.4\times10^{-4}/m$；钢筋混凝土约为 $18\times10^{-4}/m$。由于材料具有匀质性，构件轻，故用悬臂法施工特别方便，是大跨径桥梁的理想材料，目前各类体系桥梁中，其最大跨径的桥梁皆为钢结构，已建成的桥梁最大跨径达1990.8m。

重量轻，可减轻基础的负荷，降低地基、基础部分的造价。同时还方便运输和吊装。

(3) 材质均匀，与力学计算的假定比较符合

钢材由于冶炼和轧制过程的科学控制，其组织比较均匀，接近各向同性，为理想的弹性-塑性体，其弹性模量和韧性模量皆较大，因此，钢结构实际受力情况和工程力学计算结果比较符合，在计算中采用的经验公式不多，计算结果比较可靠。

(4) 钢结构制作简便，施工工期短，在特大桥梁中比其他材料的结构总造价要低

钢结构构件一般是在金属结构厂制作，施工机械化，准确度和精密度皆较高。钢结构所有材料皆已轧制成各种型材，加工简易而迅速。钢构件较轻，连接简单，安装方便，施工周期短。构件可完全实现工业化的制造和安装，上下部结构可同时施工。

(5) 钢结构密闭性较好

钢结构的钢材和连接（如焊接）的水密性和气密性较好，适宜于做要求密闭的板壳结构和钢管混凝土结构等。

(6) 钢结构耐腐蚀性差，养护费用高

钢材容易锈蚀，对钢结构特别是薄壁构件必须注意防护，因此，处于较强腐蚀性介质内的桥梁结构不宜采用钢结构。钢桥易生锈，需经常涂油漆防锈，油漆质量和涂层厚度均有严格要求。

(7) 钢材耐热但不耐火

钢材受热，当温度在200℃以内时，其主要性能（屈服点和弹性模量）下降不多。温度超过200℃后，材质变化较大，不仅强度总趋势逐步降低，还有变脆和徐变现象。达600℃时，钢材进入塑性状态已不能承载。

二、钢结构的防锈蚀与涂装

1. 钢结构的锈蚀

随着桥梁建设向大型化、大跨度和工厂化的方向发展，以及工业民用建筑造型也越来越钢结构化，建筑用钢量占钢总产量的比重也越来越大。目前我国建筑钢材的消耗占钢总产量的比例已超过30%。这个比例与世界工业发达国家相比基本相同。如日本、美国和加拿大等国的建筑钢材占钢材总消耗量的26%～50%。钢结构具有轻质、高强、适用于大跨度和大吨位负荷、抗震性能好、制作方便、施工安装速度快以及建设周期短等一系列优点。钢结

构的使用范围在不断扩大，钢材的需用量也在逐渐增加。钢结构虽然有上述的很多优点，但在使用过程中由于受到各种介质的作用而容易锈蚀。

锈蚀会给社会造成巨大的经济损失，据发达国家的统计，每年由于锈蚀而造成的经济损失约占国民经济总产值的 4%。我国对锈蚀造成的经济损失没有精确的统计，但也相当严重。钢结构的锈蚀不仅要造成自身的经济损失，还要直接影响生产和安全，损失的价值要比钢结构本身大得多。

腐蚀是钢结构在长时间使用过程中不可避免的自然现象，由此所造成的社会影响和经济损失是可观的。防止钢结构腐蚀，延长使用寿命，保证桥梁正常营运状态，是设计、施工、养管部门的共同职责。对新钢结构采用重防腐涂装，对旧钢结构采用复涂工艺是提高钢结构防腐能力的新途径。

1）钢结构桥梁防腐工艺发展历程

钢结构桥梁防腐工艺是随着科技和交通的发展，从采用有机或无机涂料作为防腐涂层技术，以防止钢结构在空气和水等轻腐蚀环境条件中的腐蚀，到如今采用用于严酷环境条件下的长效重防腐涂装配套体系。国外已开发应用电化学防腐技术与提高高聚合物的耐腐蚀性能相结合的涂装体系。

钢结构涂装前的表面处理施工技术由传统的手工除锈和刷漆发展到采用喷射及化学除锈和喷涂技术，涂料由采用天然原料油漆为面漆，配以铅系防腐涂料为底漆的轻防腐涂装，发展到以富锌涂料为防锈底漆，配以环氧云铁为中涂，氯化橡胶、丙烯酸聚氨酯合成树脂为面涂的重防腐涂装。涂装周期从 2～5 年延长到 20 年。

2）钢结构腐蚀机理与原因分析

（1）钢结构桥梁腐蚀机理

钢结构在水和空气中氧浸蚀的条件下，产生电化学反应在阳极，铁释放电子 e：$Fe \rightarrow Fe^{++}+2e$；在阴极水中的溶解氧吸收来自阳极的电子而生成氢氧根离子 OH^-，$O_2+2H_2O+4e \rightarrow 4OH^-$，电子由阳极不断流向阴极，产生腐蚀电流，在钢梁表面生成氢氧化亚铁薄膜，再与水、氧结合生成氢氧化铁，即铁锈：$2Fe+2H_2O+O_2 \rightarrow 2Fe(OH)$，$2Fe(OH)_2+H_2O+\frac{1}{2}O_2 \rightarrow 2Fe(OH)_3$。

涂膜的防腐作用在于它能使腐蚀所需的水分和氧不能侵入钢结构表面，但涂层总会有一定的渗透性，一般的涂装及其涂层厚度很难达到严密坚固的屏蔽保护层。

（2）钢梁腐蚀原因分析

①自然环境的影响

工业废气及汽车尾气排放污染严重。大气中除空气与水汽外，还有很多污染杂质，如二氧化碳、二氧化硫、硫化氢和氯化物、盐粒子、灰尘等。尽管这些杂质在空气中的含量很低，但对钢梁的腐蚀及危害却是不可忽视的，特别是二氧化硫是影响最大的一种污染物。氯离子可使钢梁表面的钝化膜遭破坏，各种非金氧化物溶于水中成为酸，可增加氯离子浓度，各种电解质可增加薄层水膜的导电性等。

桥下迎河水面，常年河水的蒸发增加了钢梁周围的环境湿度，并促使酸性气体及盐粒的溶解，成为较强的电解质，加速钢梁不断地遭受到电化学腐蚀，随着大气中相对湿度增大，腐蚀将急剧增加。

固体尘埃降落量较大的地区，尘埃可吸附腐蚀性气体，使其浓度大于空气中浓度，从而加速大气腐蚀环境。尘埃可沉积或附着的钢梁表面上，形成特有的缝隙，在一定电解质溶液中使缝隙的局部范围产生腐蚀。一年四季的气候变化，一日的昼夜温差、风、砂、雨、雪、雾的影响，反复干湿交替，这些都在无形地加速着钢梁腐蚀过程。

②钢梁结构的影响

钢结构桥梁大部为铆接或拴焊结构，板与板之间存在着大小不同的缝隙，当缝隙间距在0.025～0.1mm内，是缝隙腐蚀的敏感区间，发生缝隙腐蚀时，缝隙内部一般出现加速腐蚀，而缝隙外部腐蚀较轻。由于缝内贫氧，形成缝内外氧浓差电池，缝内为阳极，且发生酸的自催化过程，因此造成缝内的加速腐蚀，腐蚀产生的体积膨胀，堆积在缝隙处使缝间距不断扩大，导致铆钉及缀板等出现锈胀变形现象。

在钢梁的角稍阴暗处及桁架内部，由于水、尘土和垃圾堆积，这些部位上部富氧，下部贫氧形成了氧浓差电池，致使钢板发生腐蚀生锈。上述部位堆积垃圾、尘土中的有机物可分解呈酸性或含各种盐分，均可加速钢板的电化学腐蚀。此外这些部位还是各种细菌繁殖的场所，细菌的活动更恶化了腐蚀环境。在同一介质中，有菌比无菌腐蚀速度快100倍。

在钢梁与混凝土连接部位，均发生钢梁和混凝土的严重腐蚀，剥落现象，由于混凝土中的钢筋处于碱性环境，pH值在12～13间，钢筋处于钝化状态，而混凝土外部的钢材未能钝化，由于介质pH值的差异造成混凝土内外钢材的电位差，形成活化－钝化电池，产生很大腐蚀电流，混凝土外的钢材是阳极遭受腐蚀。

由于介质及机械作用联合引起的破坏过程危险性很大，如应力腐蚀、腐蚀疲劳等。钢桥承载使其常年处于腐蚀及交变应力的联合作用下，尤是在钢桁梁的节点上，会产生较大的结构应力，应力不能自行消除，引起应力差电池腐蚀。危害性最大的腐蚀破坏一般就发生在节点上。腐蚀疲劳是腐蚀和疲劳的叠加作用，腐蚀既会诱发裂纹，又能加速疲劳裂纹的扩展，甚至开裂。因此，腐蚀疲劳是不易被人们察觉而危害性甚大的腐蚀破坏形式之一，应给于高度重视。美国的俄亥俄州大桥和韩国汉城圣水桥就是因钢梁腐蚀疲劳突然断裂塌落，造成车毁人亡的重大事故。

③桥面系渗漏水

桥面铺装层不防水，桥面泄水孔道排水不畅，伸缩缝装置漏水等是桥面系渗漏水的主要原因。盐和气体溶于水，变成腐蚀性很强的电解质。桥面排水不畅，长期渗漏水对钢梁造成腐蚀，水中溶有大量的有害物质，特别是冬季雪后，为溶雪采取的喷洒盐水措施，每年融雪用固体盐量竟达几千吨，再加上水稀成一定浓度的盐水，喷洒在道路、桥梁上溶雪，这些盐水对道路、桥梁、绿化花草树木、汽车轮胎等造成严重的腐蚀损害和巨大的经济损失。盐水喷洒在桥面上，盐水顺不防水的桥面及伸缩缝、泄水孔等流到钢梁上，形成盐浓差电池，严重地腐蚀钢梁。更为严重的是，当盐水蒸发干燥后，仍留在钢梁表面漆膜上的盐分渗透到漆膜内层至钢板，再次遇盐水再溶解，再腐蚀，造成漆膜脱落、钢板层层锈蚀。

④桥下钢梁积存尘土、垃圾

由于桥面卫生清扫管理不当，环卫清扫人员将桥面垃圾、杂土等顺桥泄水孔口和伸缩缝或有孔处扫下，落在翼缘板上，天长日久，桥管人员又不及时清扫、冲刷，造成积土增多，积土部位又是阴暗潮湿部位，细菌滋生蔓延，水分难以蒸发，钢板长期处于潮湿状态，是钢梁腐蚀的良好环境条件和主要原因。

⑤涂装配套选择不当

钢梁通常用涂装层保护，不同部位所处条件不同，腐蚀情况也不同。如桥面系以上空气流通好，不易积土，常年处于干燥状态，腐蚀轻；桥面系以下及阴暗死角处，空气流通差，湿度大，腐蚀相对严重。以往的钢梁涂层大都采用一种涂装配套方案，显然是不合理的，结果造成涂层脱落。在这些涂层脱落裸露钢铁的部位形成腐蚀阳极区，未脱落有涂层保护部位是阴极区，大阴极、小阳极的不利面积比，就更加速了裸露钢铁部位的腐蚀。因此，应根据不同部位及腐蚀情况，制定不同的涂装配套方案，才能科学合理保护钢梁。所以对涂装方案的选择和合理配套至关重要。

⑥涂层厚度不足

目前大多数涂料是以树脂为成膜物质，为微细的粉末状颗粒或不规则的片状组成，这些物质叠加堆积成涂层，在显微镜下可看到有很多不规则的缝隙和孔洞。一般的防腐涂层总厚度在100～150μm之间，这一涂层厚度，空气中氧气和水分仍能透过涂层到达金属表面，引起腐蚀。实践证明，涂层的防腐能力（寿命）是与涂层厚度的平方成正比关系，提高涂层厚度，能加强涂层的隔离能力，是提高涂层防腐蚀能力的有效手段。钢梁涂层不足，不能使涂层形成叠加严密的坚固防腐涂层，防腐蚀能力很低，周期短，浪费资金，起不到对钢梁的保护作用。

⑦涂装施工质量问题

涂装施工质量是保护防腐蚀能力的关键。目前，对涂装施工工艺仍未制定一套完整系统的《钢梁涂装施工技术规程》和《质量检验评定标准》以及必要的监测办法。所以，以往的涂装施工对质量的控制仅是流于管理形式，达不到应有的防腐蚀能力和质量标准。如采用机械喷丸或喷砂除锈在施工中很难控制，往往是除锈过度，将钢铁损伤，削弱钢板截面积，影响桥梁承载能力。涂层漆膜脱落普遍存在，漆膜脱落主要原因是对钢梁表面处理不好和涂装配套选择不当等问题造成涂层附着力差。无规程、标准的涂装施工是最大的质量隐患。

3）钢梁防腐蚀体系

钢梁的防腐蚀应从设计、施工、维护、管理等方面入手，忽视了任何一方面都将造成对钢梁腐蚀的隐患。

（1）钢梁的加固补强及表面处理

①钢梁的加固补强

为保证钢结构的完整及承载能力，在涂装前，在认真全面检查的基础上，针对已腐蚀损害的钢梁进行加固补强施工，应委托专业设计单位进行钢梁加固补强工程设计，经专业专家审查后呈报批准，再进行施工。如果已损坏严重的钢梁不进行加固补强，损坏将继续发展，且很危险，不能安全运行。

②钢梁表面处理

为保证涂层的附着力和使用寿命，在钢梁涂装前应将钢梁表面的旧涂膜、氧化皮和锈迹除净，钢梁表面处理可根据涂装施工方法和钢梁的新旧进行施工。

a. 新钢梁结构

对新建的钢桥或采用全部彻底除锈的旧钢结构，在涂装前应将钢结构的表面的氧化皮和锈采用喷射或化学除锈方法除净，达到施工方案要求的除锈质量等级，然后在钢梁表面上喷涂一层金属镀层，再喷涂涂料。钢结构表面处理的施工质量将影响涂层与钢结构的附着力和涂装的使用寿命。喷射除锈一定要掌握适度，避免喷射过度损伤钢梁。

b. 旧钢梁结构

对旧钢梁结构，在涂装前首先应组织人员对钢梁结构锈蚀状况进行全面检查，再确定施工范围、部位、面积及施工方法。

表面处理的标准：①钢结构面漆部分粉化和表面出现锈迹反锈现象。②钢结构面漆严重粉化，用手指摩擦可露出底漆，底漆漆膜完好，没有锈迹现象。③钢结构表面部分出现锈迹反锈，漆膜上、下层之间已有卷起、翘皮现象，底漆基本完好。④面漆已粉化、脱落呈松散状态，底漆局部脱落损坏。⑤钢梁锈蚀严重，已占整体面积的40%以上。

表面处理程序：①可根据锈蚀检查情况进行分类，分出对表面处理的类型。②对底漆完好、面漆已粉化、脱落的，可将损坏的面漆清除后再复涂面漆。③对底漆已损坏的部位，将漆膜全部清除后，再涂底漆、面漆。④对锈蚀严重，底漆已大部分损坏的桥梁应进行彻底除锈涂装。

(2) 复涂施工工艺

复涂施工工艺为采用局部除锈加涂面漆的一种适用于旧钢结构的涂装施工工艺。

①主要优点：采用局部除锈加涂面漆，可延长底漆的使用年限，减少除锈，节省资金。

②适用范围：采用局部除锈，加涂面漆施工工艺适用于已涂装的钢结构由于受自然环境等因素的影响使涂膜损坏再锈蚀。

③施工程序：a) 根据对钢结构锈蚀情况的检查分类，确定施工范围、面积及处理方法。b) 在进行局部表面清除中应达到规则、整齐，防止漏涂和凹凸不平现象。c) 新旧漆膜接茬应压好层次，接顺、防止薄厚不匀。d) 要掌握对已失去防锈能力的旧漆膜或产生锈蚀部位进行局部处理，以哪一层损坏就处理哪一层为原则。e) 表面处理达到规定的质量标准后，再涂底漆或面漆。

采用局部除锈复涂面漆或底漆，可延长漆膜使用年限，减少除锈量，改善劳动条件和对环境污染，防腐周期长，还可节省资金。施工原则：对已失去防蚀能力的旧漆膜，表面已粉化、脱落等进行处理。以哪一层粉化、脱落就处理哪一层为标准，对完好的旧漆膜一般不必破坏，表面处理后，测定干膜厚度，确定加涂底漆和面漆的厚度，经复涂后的涂层必须具有防腐蚀能力和应有的厚度。

2. 金属锈蚀等级标准

金属锈蚀等级标准，是以均匀锈蚀深度来表示，共分三级标准。

1) 均匀锈蚀三级标准分类法如表 3.1.3-1 所列。

均匀锈蚀三级标准 表 3.1.3-1

类　别	等　级	锈蚀深度 (mm/年)
耐蚀	1	<0.1
可用	2	0.1～1.0
不可用	3	>1.0

2）钢材表面锈蚀等级，其文字部分叙述如下：

（1）全面地覆盖着氧化皮而几乎没有铁锈的钢材表面；

（2）已发生锈蚀，并且部分氧化皮已经剥落的钢材表面；

（3）氧化皮已因锈蚀而剥落或可以刮除，并有少量点蚀的钢材表面；

（4）氧化皮已因锈蚀而全面剥离，并且已普遍发生点蚀的钢材表面。

3. 涂层厚度的确定

钢结构涂装设计的重要内容之一，是确定涂层厚度。涂层厚度的确定，应考虑以下因素：

（1）钢材表面原始状况；

（2）钢材除锈后的表面粗糙度；

（3）选用的涂料品种；

（4）结构使用环境对涂料的腐蚀程度；

（5）预想的维护周期和涂装维护的条件。

涂层厚度，一般是由基本涂层厚度、防护涂层厚度和附加涂层厚度组成。基本涂层厚度，是指涂料在钢材表面上形成均匀、致密、连续漆膜所需的最薄厚度（包括填平粗糙度波峰所需的厚度）。

防护涂层厚度，是指涂层在使用环境中，在维护周期内受到腐蚀、粉化、磨损等所需的厚度。

附加涂层厚度，是指因以后涂装维修困难和留有安全系数所需的厚度。

涂层厚度应根据需要来确定，过厚虽然可增强防腐力，但附着力和机械性能都要降低；过薄易产生肉眼看不到的针孔和其他缺陷，起不到隔离环境的作用。钢结构涂装层厚度，可参考表 3.1.3-2 确定。

钢结构涂装涂层厚度（μm）　　表 3.1.3-2

涂　　层	基本涂层和防护涂层					附加涂层
	城镇大气	工业大气	化工大气	海洋大气	高温大气	
醇酸漆	100～150	125～175				25～50
沥青漆			150～210	180～240		30～60
环氧漆			150～200	175～225	150～200	25～50
过氯乙烯漆			160～200			20～40
丙烯酸漆			120～160	140～180		20～40
聚氨酯漆		100～140	120～160	140～180		20～40
氯化橡胶漆		120～160	140～180	160～200		20～40
氯磺化聚乙烯漆		120～160	140～180	160～200	120～160	20～40
有机硅漆					100～140	20～40

4. 钢结构防锈蚀涂装维护一般要求与方法

1）对钢结构应定期和及时地检查钢材的锈蚀状况。检查时应特别注意经常干湿交替的部位，如天然地面附近、露天结构的各种狭缝，以及其他可能积水的部位，遭受结露或水蒸汽侵蚀的部位等，因为这些部位都易发生锈蚀。此外，钢结构的支座部分以及伸缩装置等抗锈薄弱环节等也易于产生锈蚀。

对严重锈蚀的检查，应采用较精密的测量工具如游标卡尺、千分尺等，测定锈蚀的深度，查明构件断面削弱的程度。通过计算校核确定是否需要采取更换或加固措施。

2）钢结构应定期进行涂装维护。维护间隔时间之长短与涂料的寿命有关，而涂装的寿命取决于除锈是否彻底、涂料本身的质量及操作的质量，还取决于结构物所处区域的湿度、通风状况、该区域有无侵蚀性的介质，以及该结构物的侵蚀性介质的数量和活力、含尘量等。

3）以下情况应及时进行维护：

（1）凡发现涂层表面失去光泽达90％；

（2）涂层表面粗糙、风化、开裂达25％；

（3）漆膜起泡，构件有轻微锈蚀达40％；

4）钢结构防锈蚀涂装维护方法，如表3.1.3-3所列。

钢结构防锈蚀涂装维护方法　　表3.1.3-3

类别	方法	适用旧涂层情况及处理方法
维护性涂装	1. 清除局部锈蚀，涂底漆两道，面漆两道	涂层有小于5％的局部锈蚀，锈蚀处用手工清理，清理后的钢表面涂红丹油性底漆两道、醇酸面漆两道，新旧涂层间应有一条过渡段
	2. 清理打磨旧涂层，覆盖面漆两道	底漆涂层完整，附着力良好，钢梁无锈蚀，当面漆涂层达到GB 1766—79《漆膜耐候性评级方法》中规定的3级以上明显粉化时，旧涂层应清除污垢、烟黑、粉化层，并经打磨处理，然后覆盖面漆两道
	3. 除点锈，清除粉化层，补涂底漆两道，全面覆盖面漆两道	旧涂层情况如2所述，并有小于1％面积的针头状锈蚀，可清除粉化层，锈蚀处用手工工具清理，涂Y53-1（HG2-581-74）红丹油性底漆两道，然后全部覆盖面漆两道
重新涂装	整孔钢梁（或个别杆件）按规定要求全部清理并按涂装体系重新涂装	涂层有大于5％的局部锈蚀或涂层露底漆、龟裂、剥落、起泡和吐锈等面积超过5％时，则全部（整孔钢梁或个别杆件）旧涂层应按规定清理并按涂装体系重新涂装

5. 钢结构除锈及表面清理要求

1）除锈工具及方法

（1）手工除锈。钢加劲梁有锈点或锈块、氧化皮，可用尖嘴或平口锤敲击，注意锤口不要磨得太锐，以免砸伤钢板平面。一般锈层用钢丝刷刷除。手工除锈工具通常有铲刀刮刀、打锈锤、钢丝刷和砂布等。

在夹缝或坑凹凸的点锈、锈块或电焊渣，可用尖头或扁嘴平头打锈锤敲击。锈层、锈块和麻点经过铲刀等工具处理后可用钢丝刷横竖叉刷几遍。钢丝刷采用28～30号钢丝，不要使用粗钢丝刷。用钢丝刷刷过后，用破布或棉纱擦净锈灰，再用布沾着松节油擦一遍即可。

（2）机械除锈。在新建桥梁和维护保养单位，具备电源和空气压缩机时均可采用机械除锈。常用工具有手提式电动砂轮、电动或风动钢丝轮及带针束的风动除锈器。前三种适用于钢梁的平面，后一种适用于弯曲、狭窄、凹凸不平的表面及角缝处。

机械除锈主要借助机械力冲击与摩擦，比较手工除锈质量好，工效稍快，有些不到之处还要用铲刀等工具铲刮；对于旧漆皮难以用机械除掉。

现将一些机械除锈工具叙述如下：

①JIDJ2-6 角向电动除锈机。该机的电动机为双重绝缘的单相串激式，有轴流通风装置。更换工作头可以装砂布、砂轮及圆盘钢丝刷进行除锈。

②SZD100 型立式端面风动钢丝轮，可以装上砂轮、砂布、钢丝轮及布轮等，是多种用途的机械化工具之一，作为磨光、抛光、除锈之用，减轻劳动强度，提高加工质量。

③SIMJ2-100 角向打磨机。该机为直握式电动工具，采用单向串激式电动机，双重绝缘结构。作为除锈之用。

④针束除锈器。该机是一种风动工具，是用高强硬钢丝作为针束，约 30～40 根组成，扭动阀门开关，针束旋转摩擦，可随不同曲面变化调节，适用于在钢梁节点的狭窄、凹凸不平及角缝、弯曲、板束等部位清除氧化皮、锈层旧漆皮及焊碴等物，除锈质量较好，空气耗量少，操作简便，但工作较慢。

⑤单头冷风式敲铲枪。用压缩空气借其敲铲冲头的冲击力量来清除铁锈、氧化皮及旧漆皮等。锤头直长 25～40mm 左右，每分钟冲击达 1000～6000 次。适用于钢梁节点板角缝狭窄之处，工效不高。

(3) 喷射除锈处理。钢铁除锈的喷射处理方法有干式喷砂、湿式喷砂、干湿混合式喷砂、喷丸、高压水喷射及高压水与砂混合喷射处理等工艺。

喷射除锈不仅可除锈层，而且由于砂粒的冲击磨撞或高压冲击，可使金属表面的氧化皮、锈层、旧漆皮全部除净，显出银白色金属面，经过冲击摩擦形成带有微孔的粗糙面，可以增强涂层与金属的附着力和结合力，从而延长涂料的保护金属能力。因此，在国内外广泛被采用。

钢结构喷砂除锈参考数据表，如表 3.1.3-4 所列。

干喷砂数据表　　表 3.1.3-4

项　目	单　位	参　数	说　明
喷砂风压	MPa	0.4～0.6	空气压缩机供风，喷砂筒处风压
喷嘴耗风量	M^3/min	3～4	每个喷嘴
砂子粒径	Mm	0.5～2.0	石英河砂，锐角颗粒，干燥洁净
耗砂量	M^3/m^2	0.033～0.05	
喷距	mm	150～250	喷嘴至钢件表面距离
喷射角	°	45～80	
喷嘴耗用量	个/m^2	$\frac{1}{30}$～$\frac{1}{60}$	按高氧化铝陶瓷喷砂嘴，内径由 7mm 磨大到 9mm 更换计

①干喷砂

喷射用的磨料，应符合下列要求：

a. 密度大、韧性强，有一定粒度要求的粒状物；

b. 在使用过程中，不易破裂，散释出的粉尘少；

c. 喷射后，不应残留在钢材的表面上；

d. 磨料的表面不得有油污，含水率不得大于 1%；

磨料的粒径和喷射工艺要求如表 3.1.3-5 所列。

常用喷射磨料品种、料径及喷射工艺 表 3.1.3-5

磨料名称	磨料粒径 (mm)	压缩空气压力 (MPa)	喷嘴直径 (mm)	喷射角 (°)	喷距 (mm)
石英砂	3.2～0.63 0.8 筛余量不小于 40%	0.4～0.6	6～8	35～70	100～200
硅质河砂或海砂	3.2～0.63 0.8 筛余量不小于 40%	0.4～0.6	6～8	35～70	100～200
金刚砂	2.0～0.63 0.8 筛余量不小于 40%	0.35～0.6	4～5	35～70	100～200
钢线粒	线粒直径 1.0，长度等于直径，其偏差不大于直径的 40%	0.4～0.6	4～5	35～75	100～200
铁丸或钢丸	1.6～0.63 0.8 筛余量不小于 40%	0.4～0.6	4～5	35～75	100～200

磨料的选择，除要满足喷射或抛射工艺要求外，还要考虑消耗成本和综合性的经济效果。如河砂价格低廉，但它一般只能使用一次，而且喷射质量较差，粉尘又大；钢丸虽然价格高，但它可使用 500 次以上，除锈质量较高，且无粉尘。表 3.1.3-6 为各种磨料的使用次数及相对成本，供参考。

各种磨料的使用次数及相对成本 表 3.1.3-6

磨料名称	相对成本	使用次数	每使用一次的相对成本	维氏硬度
砂	0.35	1	0.35	约 400
铁渣	1	1	1	约 500
铜渣	2	10 以下	0.2 以上	约 800
激冷铁丸	8	10～100	0.08～0.8	300～600
可锻铁丸	13	100 以上	0.13	约 400
钢丸	24	500 以上	0.048 以下	400～500
钢丝段	24	500 以上	0.048 以下	约 400

②湿喷砂

a. 能消除矽尘。效率比干喷砂低 20%。

b. 压缩空气工作压力：喷砂筒 0.5MPa；水罐 0.1～0.35MPa；水罐 0.1～0.35MPa。砂、水也可混合在一个喷砂器内。

c. 防锈剂（磷酸三钠、亚硝酸钠、碳酸钠和乳化剂）加入水中份量占 1%～1.5%。

③喷丸除锈

喷丸除锈与干式喷砂方法相同，不过是用金属颗粒弹丸代替砂粒喷射到钢铁表面。

喷丸的设备有：真空喷射除锈器、喷丸机（分立式和卧式两种），还有专用抛丸除锈机等。

2）钢结构表面清理要求，如表3.1.3-7所列。

钢结构表面清理要求　　表3.1.3-7

涂层类别	钢表面清净度要求	方法	清理后钢表面达到要求
1. 热喷涂锌、铝涂层和涂装环氧富锌底漆涂层	一级清理	喷射磨料清理	应全部清除油污、灰尘、氧化皮、腐蚀物、旧涂层以及其他外来物，钢表面应呈现均匀一致银白色
2. 涂装红丹酚醛、红丹醇酸、无机富锌、环氧沥青、环氧聚氨酯底漆涂层	二级清理	喷射磨料清理	应全部清除油污、灰尘、腐蚀物以及其他外来物，无论任何区域，允许牢固附着点状或条状氧化皮、铁锈、旧涂层面积不大于整个钢表面的5%，至少95%的钢表面无任何可见残留物，钢表面应呈现近银白色
3. 铆钉头、螺栓头及螺纹涂装红丹酚醛、红丹醇酸底漆涂层	三级清理	喷射磨料清理	应全部清去油污、灰尘以及其他外来物，无论任何区域，允许牢固附着氧化皮、铁锈、旧涂层面积不大于整个钢表面的1/3，至少2/3钢表面无任何可见残留物
4. 维护性涂装使用红丹油性底漆涂层	手工清理	手动工具或动力工具	应全部清除油污、灰尘以及疏松氧化皮、铁锈、旧涂层，钢表面呈现金属光泽

6. 钢结构涂装作业条件及施工注意事项

钢结构涂装作业条件及施工注意事项，如表3.1.3-8所列。

钢结构涂装作业条件及施工注意事项　　表3.1.3-8

项目	作业条件	作业要求
涂装气候条件	温度	(1) 不低于5℃（无机富锌、聚氨酯、环氧富锌、环氧沥青不低于10℃）； (2) 夏天避免阳光直射，应在背阳处或早晚进行
	湿度	(1) 钢表面不许有凝水、雨、雾、雪、霜冻时不涂装； (2) 相对湿度不大于80%
	风	大风天气不宜涂装
施工注意事项	钢表面清理完毕至第一道底漆间隔时间	(1) 应不超过4h（室内作业不超过8h)； (2) 并应于当日涂装底漆完毕； (3) 涂装前应清扫钢表面，最好用干净布蘸松节油或松香水擦洗干净
	涂装次层涂料的要求	(1) 底层涂料充分干燥，除快干涂料外一般不应少于48h； (2) 间隔也不应超过7d； (3) 进行次一道涂装前，应用铲刀将表面的灰尘杂质铲除干净，然后用"00"号砂纸打磨成细致毛面
	做好防护工作	经受烟熏、落煤水和蒸汽影响部位，涂装作业应在较长行车间隙时间进行，或遮挡尚未干燥的漆膜

7. 涂装作业的检查

1）涂装前的检查。各种涂料均有规定的技术标准，每批进库涂料均应按其产品标准进行检验，合格后方可使用。检验时应按规定的涂装工艺将涂料涂装在试板上（铁板或玻璃板），然后再对试板进行试验。

（1）盐雾加速试验在盐雾试验机内进行。试验条件如下。

温度：40℃±2℃。

喷雾浓度：3.5%NaCl溶液。

喷雾时间：喷雾15min、停喷45min，连续运转试验。

试验观察周期：200h、400h、600h、800h、1000h。

经过试验，观察试板上涂料是否有变黄、剥落、吐锈等情况产生，以确定其耐盐雾试验的时间。

（2）耐化学药品（酸）试验在室温条件下，将试板的1/3斜浸入3%H_2SO_4（体积）+3%$NaSO_3$（质量）的溶液中，半密闭状态连续浸泡，定期观察涂料的变化，有无起皮、剥落、锈蚀等，以判断其耐化学药品（酸）的耐久性。

（3）人工老化试验在老化试验机内进行。在试验机内距试板表面12cm安装4支1kW紫外灯管，试板正面连续喷自来水，温度保持在60℃～80℃之间，连续试验。每200h相当于在大气中自然老化一年。

（4）附着力测定采用铁道部科学研究院金化所研究的“漆膜附着力定量测定”方法进行。即在干燥后试板的涂料上粘贴金属圆柱体，然后进行拉拔，测试其附着力是否达到规定指标。

（5）弯曲试验（也称柔韧性试验）是测定涂料在撤去变形应力以后，恢复其原有形状的能力。柔韧性不良的涂料，若遇到温度突然变化等情况时漆膜易于破裂。

测定方法：将涂料试板（用0.2～0.3mm厚薄铁板）实干48h后，在20℃～25℃温度下，使漆膜向下以2～3s的时间将试板均匀地围绕在弯曲试验器的轴棒上（直径有1mm及2mm两种）成180°，然后用4倍放大镜检查，如漆膜无裂纹即为合格。

（6）冲击试验是测定涂料干膜抵抗冲击的强度。以1kg的钢制锥体落在涂料试板上而不引起漆膜破坏（用4倍放大镜检查）的最大高度来表示，单位为N·cm。例如面漆要求通过500N·cm的抗冲击强度。

（7）干燥时间分表面干燥和实际干燥。其测定方法如表3.1.3-9所列。

漆膜表面干燥和实际干燥测定方法 表3.1.3-9

项目	方法	内容
表面干燥	棉球法	将小块的脱脂棉轻轻地扔在油漆表面上，然后用嘴顺漆方向把它吹走，棉花的纤维不残留在漆膜上
	手指法	以手指轻按漆膜表面不粘手指，漆膜不显指纹
实际干燥	干燥试验器（或称干燥砝码）法	在漆膜表面放一棉球，在棉球上放干燥试验器，经30s取去棉球，不能有纤维粘附在漆膜上
	保险刀片法	保险刀片能刮起漆膜且漆膜底层无粘着现象
	指甲法	用指甲划，漆膜不脱落

（8）涂料的粘度是指涂料的稀稠程度。施工时的温度不同对涂料的粘度要求不同。粘度的标准是在25℃±1℃时测定的。测定粘度的方法如表3.1.3-10所列。

测定涂料粘度的方法　　表3.1.3-10

方法	采用工具	测量方法
仪器法	涂料4号粘度杯 （容积100ml） 秒表 水银温度计	（1）将油漆拌合，过滤，搅匀； （2）用温度计测定油漆温度（如需与标准粘度比较，油漆应预热到25℃±1℃，并保持2min）； （3）将粘度杯放平，用手指堵住漏孔嘴； （4）将油漆试样倒入粘度杯，装满扒平； （5）放开手指，油漆从漏嘴流出，同时开动秒表，当油漆流丝中断并呈现一滴时停止秒表； （6）计算油漆从粘度杯流出的全部时间（s），即为该油漆在该温度时的粘度
经验法	搅油用棍棒	（1）将油漆搅匀； （2）将棍棒突然往上提，高出漆面约0.2m，观察油漆往下流的情况； （3）如上提感到轻松，油漆掉入漆桶略有响声，表示粘度较稀；若上提感到比较吃力，则油漆粘度较大；有经验油漆工，测出粘度可准确到±5s

（9）其他指标

细度：即涂料中颜料、填充料等最大颗粒的粗细程度。用刮板细度测定。

硬度：一般用摆杆硬度计。利用与玻璃度相比较的方法来测定。

匀饰性：指涂料涂刷后形成光滑平面的时间。

（10）热喷涂锌、铝。使用的锌丝应符合GB 470—64规定中锌含量不低于99.5%（四号锌）的要求。使用的铝丝应符合YB604—66规定中规定的二号防锈铝LF_2要求。

2）涂装作业过程中的检查

（1）每道油漆涂装过程中，应用滚轮或梳式湿膜测厚仪测量湿膜厚度，以控制涂层干膜厚度。

（2）涂料涂层不允许有剥落、咬底、漏涂、分层等缺陷。涂层应均匀、平整、丰满有光泽，允许有不影响防护性能的轻微桔皮、流挂、起皱和少量颗粒杂质。

（3）锌、铝涂层不允许有碎裂、剥落、漏喷、分层、气泡等缺陷。涂层应均匀、致密、无松散颗粒，允许有不影响防护性能的轻微结疤、起皱。

（4）用腻子腻缝处要求密实、平整、不裂不脱。

（5）热喷涂锌、铝附着力检验。在15mm×15mm涂层上用刀刻划平行线，两条线间距为涂层厚度的10倍。两条线内涂层不允许从钢表面翘起。

8. 钢结构涂装材料及施工工艺

1）漆膜粉化评级方法（GB 1766—79）

测定时以食指在样板表面上往复擦两次（擦痕长5～7cm），然后视手指上的颜料粒子多少评定其等级，如表3.1.3-11所列。

漆膜粉化评级表 表 3.1.3-11

等　级	粉化状况
0	无粉化
1	用力擦样板表面，手指沾上少量颜料粒子
2	用力擦样板表面，手指沾有较多的颜料粒子
3	用力较轻，手指沾有较多的颜料粒子
4	轻轻一擦，整个手指上沾满大量颜料粒子或出现露底

2）各类涂料应选用的稀释剂列于表 3.1.3-12 之中。

稀释剂一览表 表 3.1.3-12

<table>
<tr><th>涂料类别</th><th>稀释剂名称</th><th>说　明</th></tr>
<tr><td>酚醛类</td><td>200 号溶剂汽油（又名松香水）</td><td rowspan="7">（1）稀释剂品种应与所用涂料体系相适应，不得乱用；
（2）掺加适量的稀释剂是为了得到较好的施工粘度，应尽量少加；
（3）不容许对已调配好的涂料在现场临时任意掺加稀料</td></tr>
<tr><td>醇酸类</td><td>醇酸稀料（松香水 1：二甲苯 1）</td></tr>
<tr><td>环氧类</td><td>环氧稀料（丁醇 3：二甲苯 7）</td></tr>
<tr><td>氯化橡胶</td><td>苯或二甲苯</td></tr>
<tr><td>聚氨基甲酸酯</td><td>无水二甲苯 1：环乙酮 1（掺少量醋酸乙酯）</td></tr>
<tr><td>无机富锌底漆</td><td>工业酒精</td></tr>
<tr><td>78-2 富锌漆</td><td>水</td></tr>
</table>

3）钢梁腻子配合比，如表 3.1.3-13 所列。

腻子配合比表 表 3.1.3-13

<table>
<tr><th rowspan="2">节点形式</th><th colspan="3">腻子的配制</th></tr>
<tr><th>石　膏　粉</th><th>防锈漆名称</th><th>配比（质量比）</th></tr>
<tr><td>栓接点、焊接点</td><td rowspan="5">在金属容器内加热150℃～500℃，时间 20～30min，不断搅拌，凉后过 120 目筛</td><td rowspan="2">F53-1 红丹酚醛防锈漆，粘度 60～80s，用前充分搅拌，使部分溶剂挥发</td><td rowspan="2">石膏粉：F53-1
1：1</td></tr>
<tr><td>喷砂直接组装的栓接点</td></tr>
<tr><td>热喷锌接点</td><td rowspan="2">F06-9 锌黄酚醛防锈漆，黏度 60～80s</td><td rowspan="2">石膏粉：F06-9
1：0.8</td></tr>
<tr><td>热喷铝接点</td></tr>
<tr><td>涂刷碱性硅酸盐富锌漆栓接点</td><td>H06-2 锌黄环氧底漆，黏度 60～80s</td><td>石膏粉：F06-2
1：0.8</td></tr>
</table>

注：1. 表列黏度均属 25℃时的标准黏度。
2. 腻子配制时应充分碾压、拌和，使颜色均匀。
3. 腻子应与所用防锈底漆配套使用。
4. 钢梁杆件可能存水的缝隙，均应清除污垢和铁锈，必须在缝隙中涂刷一道与配制腻子相应的防锈底漆并且干燥后才能腻缝。
5. 使用前在腻子中加水数滴并拌匀，应在 10min 内用完，要边用边加水，也不宜过多，以防止腻子干后产生孔隙。

4）钢结构涂装施工主要参考数据（用 PQ-1 及 PQ-2 型喷枪），如表 3.1.3-14 所列。

表 3.1.3-14

涂料过筛目数	单 位	参 考 数 据
涂料过筛目数	目	140～160
涂料施工黏度	s	随温度而异，随表可作参考
喷涂压力	MPa	一般 0.3～0.5，锌铝面漆 0.3～0.4，红丹底漆 0.4～0.5
喷距（离工作物面）	cm	15～30
喷角（离工作物面）	°	90
喷枪移动速度	m/min	均匀（不流挂，达到要求漆膜厚度，特别注意角落隐蔽部位不遗漏，不论横喷或纵喷，每次压叠一半）
每道干膜厚度	μm	30～45

附：涂料喷涂施工黏度参考值（PQ-2 型喷枪）

温度（℃）	6	8	10	15	20	25	30	35	说 明
红丹醇酸防锈漆（s）		70	60	55	50	45	40	37	武汉制漆厂出品
锌铝粉醇酸面漆（s）	80		75	70	60	50	45	40	天津制漆厂出品

5）钢桥喷锌主要参考数据，如表 3.1.3-15 所列。

钢桥喷锌主要参考数据表 表 3.1.3-15

项 目		单 位	参考数据	
			丙烷喷镀	电喷枪喷镀
空气压力		MPa	0.45～0.55	0.4～0.6
氧气压力		MPa	0.2～0.35	—
丙烷压力		MPa	0.05～0.075	—
锌丝	直径	mm	ϕ1.6（根据喷嘴不同也可用 ϕ1.8）	
	消耗量	kg/m²	≈2.0	
要求喷层总厚度		μm	⩾300	
喷嘴距工件尺寸	距离	mm	100～200	
	角度	°	≈30	
喷砂与喷锌间隔时间		h	≯4	

6）营运中钢梁的整孔重新涂装

（1）钢梁大面积部位涂装，其涂装体系及技术要求，如表 3.1.3-16 所列。

根据钢梁所处腐蚀环境不同，底面漆采用不同道数涂装，干燥地区采用表中下限值，沿海及严重污染地区采用表中上限值，一般潮湿地区采用中间值。漆膜总厚度不小于 160μm。

钢梁大面积部位涂装体系及技术要求　　　　表 3.1.3-16

序号	涂料名称	主要应用技术指标	涂装道数	每道干膜厚度（μm）	涂料标准
I	红丹酸醛底漆或 红丹醇酸底漆	（1）附着力：3MPa （2）耐冲击：400N·cm （3）耐弯曲：2mm （4）干燥时间：指干 h，实干 24h （5）耐盐雾试验时间：400h	2～3	35	HG2-782-74 HG2-25-74
	锌铝醇酸面漆或 云铁醇酸面漆	（1）附着力：（对底漆）：3MPa （2）耐冲击：500N·cm （3）耐弯曲：1mm （4）干燥时间：指干 5h，实干 24h （5）细度：＜65μm （6）耐老化试验时间：400h	3～4	30	HG2-1061-77
II	环氧富锌底漆或 无机富锌底漆	（1）附着力：（环氧富锌）4MPa （无机富锌）2MPa （2）耐冲击：400N·cm （3）耐弯曲：2mm （4）干燥时间：指干 3h，实干 20h （5）耐盐雾试验时间（按使用厚度：2000h 无锈、无泡、无裂纹）	2～3	35	HG14-508-74
	磷化底漆中间层或 环氧云铁中间层	（1）附着力：3MPa （2）耐冲击：400N·cm （3）耐弯曲：1mm （4）干燥时间 （磷化底漆）指干 1h，实干 2h （环氧云铁）指干 3h，实干 20h	1	15～20	
	锌铝醇酸面漆或 云铁醇酸面漆	（1）附着力：3MPa （2）耐冲击：400N·cm （3）耐弯曲：1mm （4）干燥时间 （磷化底漆）指干 1h，实干 2h （环氧云铁）指干 3h，实干 20h	3～4	30	HG2-1061-77
III	环氧富锌底漆	（1）附着力：（对底漆）：4MPa （2）耐冲击：400N·cm （3）耐弯曲：1mm （4）干燥时间 （磷化底漆）指干 1h，实干 2h （环氧云铁）指干 3h，实干 20h	2	35	HG14-508-74
	云铁氯化橡胶面漆	（1）附着力：（对底漆）：4MPa （2）耐冲击：400N·cm （3）耐弯曲：1mm （4）干燥时间：指干 1h，实干 10h （5）细度：＜65μm （6）耐老化试验时间（按使用厚度）：400h	3～4	35	

（2）不同腐蚀环境下钢梁热喷锌涂装，锌涂层厚度要求如表 3.1.3-17 所列。

不同腐蚀环境下钢梁热喷锌涂层厚度要求（单位：μm）　　表 3.1.3-17

涂装体系 ＼ 涂装厚度 ＼ 大气环境	干燥地区	潮湿地区	沿海或严重污染地区
密封锌镀层	120	160	200
锌镀层上覆盖涂料层	80＋（100）	100＋（100）	140＋（100）

密封锌镀层为在热喷锌后刷涂一道磷化底漆，再刷一道 C01-7（HG2-589-74）醇酸清漆。当大气环境呈酸性或碱性、金属易直接遭受化学侵蚀时，需在喷锌层上覆盖涂料层，即为锌黄酚醛底漆一道（亦可涂装磷化底漆或环氧云铁底漆中间层，但不得使用红丹底漆），灰铝锌醇酸面漆或云铁醇酸面漆两道。喷锌层上涂料层干膜总厚度为 100μm。

（3）加劲箱梁顶板顶面涂装体系及技术要求，如表 3.1.3-18 所列。

加劲箱梁顶板顶面涂装体系及技术要求　　表 3.1.3-18

涂装体系	涂料名称	主要应用技术指标	涂装道数	每道干膜厚度（μm）	涂料标准
I	棕黄聚氨酯底漆	（1）附着力：6MPa （2）耐冲击：500N·cm （3）耐弯曲：1mm （4）干燥时间：指干≤1h，实干≤16h （5）耐盐雾试验时间（按使用厚度）：400h	2	45	HG2-782-74 HG2-25-74
	银灰聚氨酯面漆	（1）附着力：6MPa （2）耐冲击：500N·cm （3）耐弯曲：1mm （4）干燥时间：指干 1h，实干≤16h （5）细度：＜65μm （6）耐老化试验时间（按使用厚度）：400h	3	60	HG2-134-73
II	热喷锌棕			120	
	黄聚氨酯底漆	技术指标同上	1	45	HG2-185-73
	银灰聚氨酯面漆	技术指标同上	2	60	HG2-134-73

（4）栓焊梁螺栓连接部位涂装技术要求。栓焊梁连接部位板层间热喷铝涂层，涂层厚100～150μm，或喷涂 78-2 无机富锌漆一道，干膜厚 100～150μm，板层涂层间的摩擦系数应大于或等于 0.45，外露部位除上述方法喷涂外，还需照前述涂中间层和面漆。

（5）箱形梁内部涂装。涂低溶剂（溶剂含量在 20％以内）环氧沥青厚浆防锈底漆和低溶剂环氧沥青厚浆面漆各一道，每道干膜厚度 125μm，总厚不少于 250μm。箱内已安装除湿机者可据实际养护检查情况而定。

7）漆膜厚度测量方法，如表 3.1.3-19 所列。

漆膜厚度测量一览表　　表 3.1.3-19

干湿膜别	仪器名称	一般构造及测量方法
湿膜	湿膜测厚仪	金属制，圆形，边缘有三条凸缘，在刻度为 0 处为同一水平，从 0 起向两侧，中间凸缘逐渐内凹，至 180°处与两边凸缘差为 150μm。测量时手持仪器圆心处，使刻度 0 处置于湿膜上，向左及右滚动半个圆周，中间凸缘在何处不再粘附油漆即可读出其湿膜厚度，两侧读数应相等
	SHJ 湿膜厚度计	薄片梳子形，金属形，有三片：（1）SHJ-100，读数 0～100μm，每 10μm 一个读数；（2）SHJ-250，读数 0～250μm，每 25μm 一个读数；（3）SHJ-750，读数 0～750μm，每 75μm 一个读数。 厚度计下部两端连成一直线，中间各齿端内凹读数即为各齿距该直线的微小距离。使用时，将厚度计垂直置于湿膜上测量，不粘油漆的第一个凸齿读数，即为其湿膜厚度
干膜	钢料漆膜测厚仪	该仪器系用 0～500μA 或 0～1000μA 直流微安电流表改装，5 号电池供电，比较轻便。使用时打开电流（左侧旋钮）调整右侧旋钮，使指外正指“∞”处，再用标准块调到“0”，然后将侧柱置于欲测漆膜的表面（漆膜应平整），指针读数即为钢料表面漆膜总厚度
	MIKROSTEST 显微测厚仪	德国进口，将仪器置于漆膜上，将按钮掀动又放松，读数即行显示漆膜厚度，不需电源

8）涂料的涂漆间隔时间，见表 3.1.3-20。

常用涂料的涂漆间隔时间　　表 3.1.3-20

涂料型号及名称	涂漆间隔时间	
	最短时间（h）	最长时间（周）
X06-1 乙烯磷化底漆	2	8h
Y53-31 红丹油性防锈漆	48	2
C53-31 红丹醇酸防锈漆	24	2
C06-1 铁红醇酸底漆	24	1
C06-10 云铁醇酸底漆	24	1
J52-8 云铁氯黄化聚乙烯底漆	24	1
G06-4 锌黄、铁红过氯乙烯底漆	2～4	0.5
H06-4 环氧富锌底漆	24	1
H06-13 环氧沥青底漆	48	1
C04-42 各色醇酸磁漆	48	4
G52-31 各色过氯乙烯防腐漆	2～4	0.5
G52-2 过氯乙烯防腐漆	2～4	0.5
J52 厚浆型氯黄化聚乙烯中间漆	24	3
J52-61 氯黄化聚乙烯防腐漆	24	3
X53-11 高氯化聚乙烯磁漆	24	2

在使用同一品种颜色相同的涂料进行施工时，每一层都应选用不同颜色的涂料，以防漏涂和便于识别层次，从而保证涂层质量和总厚度。

9）禁止涂漆部位：

(1) 地脚螺栓和底板。

(2) 高强度螺栓摩擦接合面。

(3) 与混凝土紧贴或埋入混凝土的部位。

(4) 机械安装所需的加工面。

(5) 密封的内表面。

(6) 现场待焊接的部位、相邻两侧各100mm的热影响区以及超声波探伤区域。

(7) 通过组装紧密接合的表面。

(8) 设计上注明不涂漆的部位。

10）涂装前的遮蔽

对施工时禁止涂漆的部位，在施工前应进行遮蔽保护。

(1) 面积较大的部位，可贴纸并用胶带贴牢。

(2) 面积较小的部位，可全部用胶带贴上。

11）涂装配套的选择

防腐涂装的选用，与钢梁所处的自然环境、使用年限、结构类型、施工方法等有着密切关系。钢结构的涂装所需涂料必须具备一定的配套性、适应性和附着结合力。应选择科学、合理、经济、适用的涂装配套体系。涂装配套方案详见表3.1.3-21。

涂装配套方案参考表　　表3.1.3-21

<table>
<tr><th>方案编号</th><th>部位</th><th>配套涂料名称</th><th>遍数</th><th>涂膜厚度（μm）</th><th>涂膜总厚度（μm）</th><th>除锈等级标准</th><th>使用年限（年）</th><th>说　明</th></tr>
<tr><td rowspan="3">I</td><td rowspan="3">上部结构</td><td>底漆：环氧富锌防锈漆</td><td>2</td><td>70～80</td><td rowspan="3">210～240</td><td rowspan="3">Sa2.5</td><td rowspan="3">20</td><td rowspan="3">曾在南浦大桥、日本京滨、日本京滨—京南本四联络桥使用</td></tr>
<tr><td>中间漆：环氧云铁漆</td><td>2</td><td>70～80</td></tr>
<tr><td>面漆：氯化橡胶面漆或聚氨脂面漆</td><td>2</td><td>70～80</td></tr>
<tr><td rowspan="3">II</td><td rowspan="3">上部结构</td><td>底漆：特种环氧富锌防锈漆</td><td>2</td><td>70～80</td><td rowspan="3">240～280</td><td rowspan="3">Sa2.5</td><td rowspan="3">20</td><td rowspan="3">曾在武汉长江大桥、柳江、枝城长江大桥使用</td></tr>
<tr><td>中间漆：环氧云铁漆</td><td>2</td><td>70～80</td></tr>
<tr><td>面漆：醇酸桥梁面漆</td><td>3</td><td>100～120</td></tr>
<tr><td rowspan="3">III</td><td rowspan="3">下部结构</td><td>底漆：特种环氧富锌防锈漆</td><td>2</td><td>60～80</td><td rowspan="3">220～320</td><td rowspan="3">Sa2.5</td><td rowspan="3">20</td><td rowspan="3">曾在阜桥、日本青函河桥使用</td></tr>
<tr><td>中间漆：环氧沥青漆及无碱无蜡玻璃布</td><td>2×2</td><td>(40～60)×2</td></tr>
<tr><td>面漆：环氧沥青漆</td><td>2</td><td>80～120</td></tr>
</table>

续上表

方案编号	部位	配套涂料名称	遍数	涂膜厚度（μm）	涂膜总厚度（μm）	除锈等级标准	使用年限（年）	说明
Ⅳ	节点板及钢盖板	底漆：喷镀锌铝金属	1	80	150～250	Sa2.5	20年以上	曾在南京、武汉长江大桥使用
		中间漆：磷化底漆	1	10				
		面漆：聚氨酯漆	2～4	60～160				

涂装的配套选择就是进行涂装体系的设计，要依据钢梁的锈蚀情况及环境条件等制定出一套科学合理的涂装体系，最大限度地发挥涂膜性能，提高防腐能力。

12）重防腐蚀涂装方案选择

重防腐涂装是一复合涂装体系，由高性能的底漆、中涂和面漆构成。一般采用250～500μm的涂层厚度，是用厚浆型防腐蚀涂料形成的一种新产品，具有耐腐蚀性能强、涂膜厚、防腐蚀有效期长的特点。重防腐蚀涂层采用厚浆型的环氧富锌涂料或喷金属打底，给与阴极保护；中涂采用云铁漆和玻璃鳞片厚浆型无溶剂涂料；面层采用耐水、耐化学性、耐候性优良的高体分涂料进行配套，效果显著。底漆具有良好的防蚀和对钢铁的附着性能；中间涂层应对底漆和面漆的涂层有较好的附着结合力，并有较好的屏蔽作用，以便有效阻止水、氧及腐蚀介质的渗入；面漆应具有很好的耐候和耐腐蚀性能。以富锌涂料为防锈底漆，氯化橡胶等合成树脂涂料配套的涂装，具有长达20～30年的耐腐蚀有效期，是长效、实用和经济的防腐涂装体系。

一般防腐涂层的总厚度为100～150μm。采用这一涂层厚度，水份和氧气仍可透过涂层浸入到金属表面，产生锈蚀。实践证明，涂层的防腐能力是与涂层厚度的平方成正比的关系。提高涂层厚度，能加强涂层的隔离能力，是提高涂层防腐能力的有效措施。钢梁涂膜只有形成一定厚度的叠加严密坚固层，才能达到防腐效果。涂层厚度在200μm以上可防止水份和有害气体的浸入。厚涂是解决钢梁腐蚀的新途径。

9. 钢结构涂装完成后的检验与工艺监控

1）检验

（1）在底漆涂层、锌铝涂层和全部涂层、锌铝涂层和全部涂层涂装完成后，应分别检验涂层的干膜厚度是否符合相应涂装体系的标准要求。

（2）测量漆膜干膜厚度，可按GB 1764—79《漆膜厚度测定法》规定的磁性测厚仪法或杠杆千分法测量，亦可用钢梁漆膜测厚仪测量。

（3）测量锌、铝涂层厚度按GB 1674—81《增塑剂酸值的测定》的规定用磁性测厚仪法进行。

（4）钢梁主要构件抽验20%，次要构件抽验5%。每件构件检测3处。板梁、箱形梁每$10m^2$检测3处，每一处取10cm×10cm，测5点，其测点分布如图3.1.3-1所示。

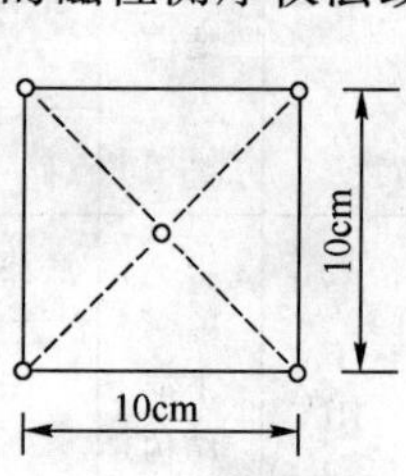

图3.1.3-1 钢梁构件检测测点分布

（5）涂层厚度平均值应在标准规定厚度90%以上，其最低值应在标准规定厚度80%以上，每个测点厚度不得超过平均值30%。

栓接摩擦面涂层厚度需在标准规定范围以内。

2）严格涂装施工工艺和质量监控

(1) 严格涂装施工工艺

钢梁涂装施工工艺规程是施工技术及施工质量的标准，是对涂装施工监控的依据。没有施工技术规程或不按施工技术规程施工，将会影响防腐效果，浪费资金。因此，涂装工程施工技术规程至关重要。目前在国内尚无一套完整、系统的《钢梁除锈涂装施工技术规范》。

(2) 质量监控

防腐施工质量的优劣在于“三分材料，七分施工”，说明钢梁涂装施工的质量对漆膜的寿命影响极大。施工中各因素对涂装寿命影响所占比例如表 3.1.3-22 所列。

施工中各因素对涂膜寿命影响速度表 表 3.1.3-22

因　素	钢梁的表面处理	涂膜厚度	涂料配套	施工人员技术水平、环境条件及设备情况	备　注
影响程度（%）	50	20	5	25	

在各种施工因素中表面处理因素占 50%，表面处理是进行施工的第一道工序，也是决定涂层寿命的关键工序。钢梁表面处理，可在钢梁表面形成适宜的粗糙度，使防腐涂层与钢梁表面之间除涂料分子与金属表面极性基因的相互引力之外，还存在机械咬合作用，对增大防腐层间的粘附力十分有利。涂层厚度、涂装配套和人员等因素也是不可忽视，均具有一定的重要性。

涂装施工质量标准是保证施工质量的重要依据。钢梁涂装表面处理除锈质量虽有规定的质量等级标准，但除涂膜厚度可用干膜测厚仪测定外，其他项目均为观察检查的检验方法，观察项目很难严格掌握，出入很大。同时又是关键工序，例如喷射过度会损害桥梁，削弱钢构件截面积，影响桥梁承载力。唯一的办法只能在喷射中随时观察，尤其是在临近达到除锈质量标准前，更需注意观察、控制喷射角度，避免损伤钢梁。

钢结构常用防腐蚀涂料汇总列于表 3.1.3-23。

三、钢结构的检验与维护

钢结构的检验与维护，除锈蚀问题外，尚应注意：结构材料，焊接、铆接和高强度螺栓连接的缺陷；各构件、缀板等各部件的缺陷；结构和构件的变形等。

1. 钢结构材料标准与检验

桥梁结构钢必须具有足够的强度、良好的塑性、韧性、耐疲劳性和优良的焊接性能，且易于冷热加工成型，耐腐蚀性好，成本低廉。国家标准《钢结构设计规范》（GBJ 17—88）提出了对承重结构的钢材应满足屈服强度、抗拉强度、伸长率、冷弯试验指标，以及控制硫、磷含量的保证要求；因为这些指标是钢结构设计计算、施工制作、安全使用十分必要的因素。

同时应满足国家标准《钢结构工程施工及验收规范》（GBJ 50205—95）对钢材的要求，详见附录 1、附录 2。

2. 焊接检验

1）焊接检验的种类和项目

表 3.1.3-23

钢结构常用防腐蚀涂料汇总表

性能 \ 牌号		702（二罐装）环氧富锌底漆 702 Zinc Rich Epoxy Primer	704 无机锌底漆 704 Inorganic Silicate Znic Primer	703 环氧铁红底漆 703red Oxide Epoxy Primer	842 环氧云铁底漆 842M10 Epoxy Primer	706 新防锈底漆 706 New Primer	绿色硅酸锌焊前打底漆 Interplate NQA022/NQA026	环氧面漆 Epoxy Finish
用途		钢板抛丸后的保养底漆，保养期约九个月	钢材喷砂处理后作钢结构上防锈底漆	钢结构防锈底漆有效保护期 3～6 个月	防锈底漆的中层漆保护底漆漆膜	钢结构表面底漆无毒快干防锈	用于钢结构是经受长期曝晒和机械破损	钢结构高性能涂料的面漆、耐水、耐油
颜色		无光、灰	灰色	铁红	银灰	银红色	绿色	各色
闪点		(A) ＋ (B) 24℃ (C) 27℃	13℃	15℃	27℃	35℃	第一部分－13℃ 第二部分及混合后－18℃	27℃
使用量		保养底漆 858/m² 作防锈漆 2808/m²	120g/m²		280g/m²	90g/m²		270g/m²
湿膜厚度		用作保养底漆 38μ 用作防锈漆 120μ	40μ	100μ	195μ	75μ	62μ	190μ
干膜厚度		用作保养底漆 20μ 用作防锈漆 70μ	20μ	25μ	100μ	35μ	15μ	120μ
干燥时间（在 25°C）	表面干燥	30min	小于 5min	2～4min	2h	3h	2min	12h
	实际干燥	24h	1h	硬干 4～6mm	24h	24h	24h	24h
	完全固化	7d			7d			7d

续上表

牌号 性能	702（二罐装）环氧富锌底漆 702 Zinc Rich Epoxy Primer	704 无机锌底漆 704 Inorganic Silicate Znic Primer	703 环氧铁红底漆 703red Oxide Epoxy Primer	842 环氧云铁底漆 842M10 Epoxy Primer	706 新防锈底漆 706 New Primer	绿色硅酸锌焊前打底漆 Interplate NQA022/NQA026	环氧面漆 Epoxy Finish
稀释剂	106 稀释剂作底漆用 103 稀释剂作防锈漆	用无机锌稀释剂 0～2℃　20～40℃ 用量 0～5%　0～10%	106 稀释剂	103 稀释剂	溶剂汽油或松节油	GTA136	103 稀释剂
配比	环氧富锌底漆（A+B）:固化剂液（C）＝91：9（重量比）	主剂：漆浆＝1：2（重量比）	漆浆：固化剂＝16：6.4（重量比）	漆浆：固化剂＝6：1（重量比）		容积之比 1：1	漆浆：固化剂＝18.5（各色）＝18：3.4（白色）
适用期	混全后在 25℃时 8h 内用完	25℃时 8h 内用完	25℃8h 内用完	25℃8h 内用完	25℃以上 20h 内用完	8h 用完	25℃12h 内用完
表面处理	钢材表面经除锈处理达 sa2 $\frac{1}{2}$ 级方能涂装					钢材表面喷砂至瑞典标准 sa2 $\frac{1}{2}$ 等级	
配套涂料	氯化橡胶系涂料 环氧树脂系涂料 环氧沥青系涂料 醇酸系涂料	环氧树脂漆 环氧沥青漆 氧化橡胶漆 乙烯树脂漆 无机涂料	环氧树脂漆 环氧沥青漆 氧化橡胶漆 醇酸及沥青漆	前道配套涂料 702 富锌底漆 704 无机锌底漆	后道配套涂料 各种醇酸型、油基型漆或中间层底漆		前道配套涂料 702 富锌底漆 842 环氧云铁底漆

焊接检验按钢结构加固改造施工阶段可分为，焊接施工前检验；焊接施工过程中检验，焊后检验，如表 3.1.3-24～表 3.1.3-26 所示。

焊接前检验项目 表 3.1.3-24

序号	分类		检验项目
1	通用项目	环境	(1) 焊接场地的环境 (2) 安全卫生上的注意事项
		材料、器具	(1) 焊接电源的容量及稳定性 (2) 焊接材料和种类及匹配 (3) 焊接材料的性能
		加工、组装	(1) 坡口形状 (2) 坡口尺寸（角度，留根尺寸） (3) 根部间隙 (4) 错边 (5) 空隙 (6) 衬垫板规格尺寸、安装的优劣状况 (7) 引弧板和引出板的规格、安装的优劣状况
		其他	(1) 焊接区域清理是否干净 (2) 预热温度和预热范围
2	各种焊接方法特定项目	G E E E A S	(1) 使用气体的流量、纯度 (2) 紫铜块（板）的安装状况 (3) 冷却水系统的供给状况 (4) 熔化嘴的放置状况 (5) 自动装置的运行状况 (6) 螺柱焊接施工前的检查

注：G：气体保护焊；E：熔化嘴电渣焊；A：自动焊；S：螺柱焊。

焊接过程中的检查项目 表 3.1.3-25

序号	分类	检查项目	序号	分类		检查项目
1	通用项目	(1) 焊接顺序 (2) 焊接电流 (3) 电弧电压 (4) 焊接速度 (5) 运条方法、方式 (6) 熔敷顺序、焊道的布置 (7) 多层焊的层间清理 (8) 清根状况 (9) 层间温度 (10) 焊条、焊丝直径的选择	2	各种焊接方法特定项目	A E E E E B	(1) 焊剂的补给状况 (2) 熔渣深度调节 (3) 熔化嘴的位置、稳定性 (4) 紫铜的冷却 (5) 衬板的加热状况 (6) 焊丝送给状况

注：A：埋弧自动焊；E：熔化嘴电渣焊；B：半自动焊接。

焊接后的检查项目　　表 3.1.3-26

<table>
<tr><th>序号</th><th colspan="2">分　类</th><th>检 查 项 目</th></tr>
<tr><td rowspan="4">1</td><td rowspan="4">通用项目</td><td>焊缝表面外观缺陷</td><td>(1) 焊道是否平整
(2) 有无弧坑
(3) 有无焊瘤
(4) 有无咬边
(5) 焊缝接口处的状况
(6) 对接焊缝表面磨平状况①</td></tr>
<tr><td>尺寸</td><td>(1) 加强高度尺寸；
(2) 焊缝长度；
(3) 角焊缝焊脚长度、补强焊角尺寸；
(4) 不等边焊脚</td></tr>
<tr><td>内部缺陷</td><td>(1) 裂纹
(2) 未焊透
(3) 熔接不良
(4) 夹渣
(5) 气孔</td></tr>
<tr><td>处理</td><td>(1) 引弧板、引出板的去除状况
(2) 飞溅清理状况
(3) 包角焊是否完整</td></tr>
<tr><td>2</td><td>指定项目专用焊接方法</td><td>S
S
S
E</td><td>(1) 螺柱的垂直度状况
(2) 螺柱焊后的长度
(3) 螺柱焊后弯曲试验
(4) 虫状气孔</td></tr>
</table>

注：S：螺柱焊；E：熔化嘴电渣焊。

①有疲劳强度要求的场合。

2）焊缝外观检验（表 3.1.3-27）

焊缝处观质量检查要求（单位：mm）　　表 3.1.3-27

<table>
<tr><th>序号</th><th>项　目</th><th colspan="3">质 量 要 求</th></tr>
<tr><td rowspan="3">1</td><td rowspan="3">气孔</td><td colspan="2">横向对接焊缝</td><td>不　允　许</td></tr>
<tr><td>纵向对接焊缝、主要角焊缝</td><td>直径小于 1</td><td rowspan="2">每米不多于 3 个，间距不小于 20</td></tr>
<tr><td>其他焊缝</td><td>直径小于 1.5</td></tr>
<tr><td rowspan="5">2</td><td rowspan="5">咬边</td><td>受拉部件横向对接焊缝</td><td rowspan="2">不允许</td><td rowspan="5">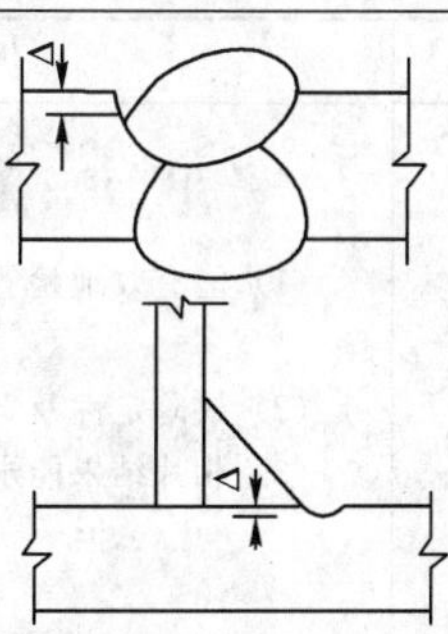</td></tr>
<tr><td>竖加劲肋角焊缝腹板侧受拉区</td></tr>
<tr><td>受压部件横向对接焊缝</td><td>≤0.3</td></tr>
<tr><td>纵向对接及主要角焊缝</td><td>≤0.5</td></tr>
<tr><td>其他焊缝</td><td>≤1.0</td></tr>
</table>

续上表

序号	项　目	质 量 要 求	
3	焊脚尺寸	埋弧焊 K_0^{+2} 手弧焊 K_{-1}^{+2} 手弧焊全长 10%范围内允许 K_{-1}^{+3}	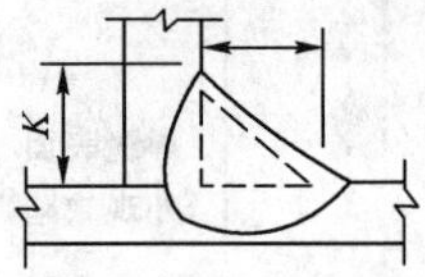
4	焊波	$h<2$（任意 25mm 范围内）	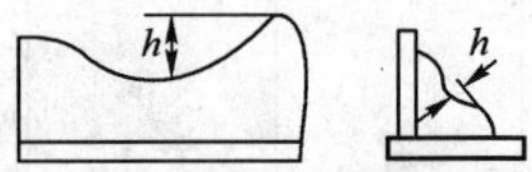
5	余高（对接接头）	$b<15$ 时 $h\leqslant3$，$15<b\leqslant25$ 时 $h\leqslant4$ $b>25$ 时 $h\leqslant4b/25$	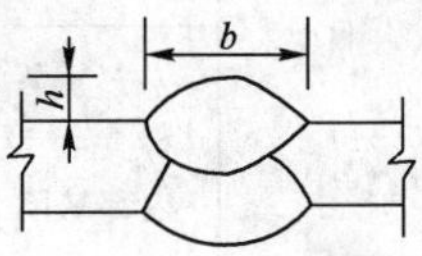
6	余高铲磨（对接接头）	$\Delta_1+0.5$ $\Delta_2-0.3$　表面粗糙度 $\overset{50}{\bigtriangledown}$	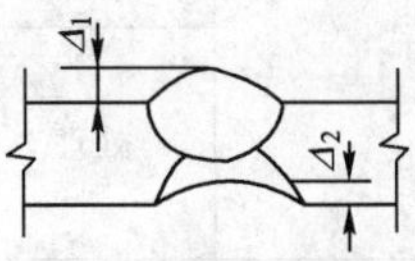
7	平均未熔透	（箱梁杆件）$\Delta\leqslant\sqrt{2T}+2$	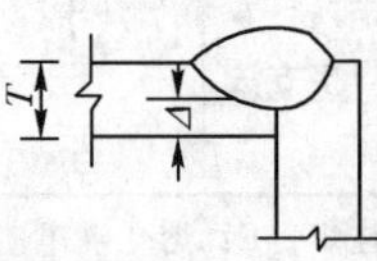

注：1. 主要角焊缝包括桁梁中的弦、斜、竖杆，纵、横梁的主焊缝；板梁中的主梁、纵梁、横梁的主焊缝箱形梁中主梁的主焊缝；纵肋与上下翼缘的焊缝。

2. 所有焊缝均不得有裂纹、夹渣、未融合、弧坑未满、露焊等缺陷；

3. 外观检验不合格的焊接构件，在未进行处理并满足要求之前，不得进入下一道工序。

3）无损检测

焊缝缺陷无损检测常用方法种类及其特点，如表 3.1.3-28 所示。

无损检测常用方法种类及其特点　　表 3.1.3-28

种类	优　点	缺　点
射线探伤法	（1）能有效地检查整个焊缝透照区内所有缺陷； （2）缺陷定性及定量迅速、准确； （3）相片结果能永久记录并存档	（1）检查时间长、成本高； （2）需建造一个专门的曝光室； （3）需要有专门处理胶片的暗室及设备； （4）能发现厚度方向尺寸较大的缺陷，但平行于钢板轧制方向的缺陷检测能力差； （5）T 形接头及各种角焊缝检查困难； （6）现场及野外操作时，射线防护困难

续上表

种类	优　点	缺　点
超声波探伤法	(1) 探伤速度快、效率高； (2) 不需要专门的工作场所； (3) 设备轻巧、机动性强，野外及高空作业方便、实用； (4) 探测结果不受焊接接头的影响，除对接焊缝外，还能检查T形接头及所有角焊缝； (5) 对焊缝内危险性缺陷（包括裂缝、未焊透、未熔合）检测灵敏度高； (6) 易耗品极少、检查成本低	(1) 探测结果判定困难，操作人员需经专门培训并经考核及格； (2) 缺陷定性及定量困难； (3) 探测结果的正确评定受人为因素的影响较大； (4) 缺陷真实形状与探测结果判定有一定偏差； (5) 探测结果不能直接记录存档
磁粉探伤法	(1) 对铁磁性材料表面及近表面缺陷探测灵敏度高； (2) 操作简单、探测速度快、成本低； (3) 缺陷显示直观、结果可靠	(1) 不适用于非导磁材料的检测； (2) 工件内部缺陷无法检测； (3) 被检工件表面需达到一定的光洁度； (4) 与磁力线平行的缺陷不易检出
渗透探伤法	(1) 适用于非导磁材料表面开口性缺陷的检查； (2) 设备轻巧、机动性强	(1) 表面不开口的缺陷及近表面缺陷无法检出； (2) 探测结果受操作程序及清洗效果的影响； (3) 清洗着色液时易污染环境和影响水源的清洁

(1) 焊缝无损检测项目与质量要求

焊缝无损检测要求零部件及组拼部件的焊缝均应在焊接后24h之后进行无损检验。对于厚度大于30mm的高强度钢板焊接接头可在焊接48h后进行无损检验。

①对接焊缝内部质量检验项目及要求：

a. 对接接头焊缝内部质量应按表3.1.3-29、表3.1.3-30的规定进行超声波探伤。其他有关技术要求按《对接焊缝超声波探伤》(TB 1558—84) 执行；

对接焊缝类别及其超声波探伤范围　　表3.1.3-29

焊缝类别	适用范围	探伤范围
I	板梁、箱形梁（包括面板、底板、腹板）的横向对接焊缝	全部
II	板梁、箱形梁（包括面板、底板、腹板）的纵向对接焊缝； 纵向加劲肋的纵向对接焊缝	两端各1m， 小于1m全探

对接焊缝内部质量超声波探伤质量要求　　表3.1.3-30

试件类型	板厚 (mm)	测长线	定量线	判断线	缺陷最大指示长度 (mm)	
					I类焊缝	II类焊缝
CSK-IIB	10～40	ϕ2×40mm−18dB	ϕ2×40mm−12dB	ϕ2×40mm−4dB	6	T/3，最小可为9
CSK-IIIA	10～15	ϕ1×6mm−12dB	ϕ1×6mm−6dB	ϕ1×6mm+2dB		
	>15～40	ϕ1×6mm−9dB	ϕ1×6mm−3dB	ϕ1×6mm+5dB		

b. 对接接头焊缝内部质量还应按表3.1.3-31、表3.1.3-32的规定进行射线探伤。射线探伤的焊接接头数量不得少于总数的10%，并不少于1个接头。用于破坏性试验的引送弧试板则应全部经过射线探伤；当I、II类横向对接焊缝的长度大于1200mm时，还应在焊缝中部加探250～300mm；

I、II类焊缝不允许出现超过直径2.0mm和3.0mm的针状气孔；

检验视场内任意10mm×10mm或10mm×20mm范围内的不记点数的气孔数应少于10个。不记点数气孔按以下规定：母材厚度小于或等于25mm时、直径小于0.5mm的气孔，母材厚度大于25mm时、直径小于0.7mm的气孔，可定为不记点数的气孔。超过此值的气孔均为记点数的气孔；

焊缝记点数的气孔点数可用拍片记录实际直径，按表3.1.3-33换算。点数多者用于厚度上限，少者用于厚度下限，中部厚度的点数按插入法计算取整数。

其他技术要求按《钢熔化焊对接接头射线照相和质量分级》(GB 3323—87)的规定执行。

对接焊缝内部质量射线探伤质量要求 表3.1.3-31

焊缝类别	适用范围	探伤范围(mm)	板厚(mm)	视场范围(mm)	质量要求	
					气孔允许点数	裂纹、未熔合、未熔透
I	板梁、箱形梁（包括面板、底板、腹板）的横向对接焊缝	两端头各250～300	10～25	10×10	2～5	不允许
			25～40	10×20	4～6	
II	板梁、箱形梁（包括面板、底板、腹板）的纵向对接焊缝	两端头各250～300	10～25	10×10	4～8	不允许
			25～40	10×20	8～9	

对接焊缝内部质量射线探伤质量要求 表3.1.3-32

焊缝类别	板厚 t (mm)	视场范围(mm)	质量要求			
			气孔允许点数	裂纹、未熔合、未熔透	单个条状渣长 L (mm)	条状夹渣总长(mm)
I	10～25	10×10	2～5	不允许	不允许	不允许
	25～40	10×20	4～6			
II	10～25	10×10	4～8	不允许	最小可为3，最大 $t/4$	在任意直线上，相邻两夹渣间距均不超过 $6L$ 的任何一组夹渣，其累计长度在 $12t$ 焊缝长度内不超过 t（L 为该组夹渣中最长的夹渣）
	25～40	10×20	8～9			

气孔（包括针孔、点状夹渣）换算表 表3.1.3-33

气孔尺寸(mm)	≤1.0	>1.0 ≤2.0	>2.0 ≤3.0	>3.0 ≤4.0	>4.0 ≤6.0
气孔点数	1	2	3	6	10

(2) 角焊缝内部质量检验项目及要求

①对要求全焊透的角焊缝内部质量应按表3.1.3-34的规定进行超声波探伤。

②超声探伤一般采用柱孔标准试块，也可采用经过校准的其他孔型试块。

③如超声探伤已可准确认定焊缝存在裂纹，则应判定焊缝质量不合格。

④对局部探伤的焊缝，当发现裂纹或其他缺陷时，应连续延伸探伤长度，必要时可达焊缝全长。

角焊缝内部质量超声波探伤质量要求 表 3.1.3-34

焊缝类别	适用范围	探伤范围	腹板厚度	质量要求		
				单个缺陷当量	缺陷指示长度	缺陷最小间距
II	板梁、纵横梁、箱形梁的纵横肋、横隔板	全部杆件两端各 1m。板梁、纵横梁跨中 4m 范围加深 1m	10～25mm	<φ1×2mm	<φ1×2mm ≥φ1×2mm−6dB ≤9mm	<φ1×2mm ≥φ1×2mm−6dB 20mm
			>25～40mm	<φ1×2mm+3dB	<φ1×2mm+3dB ≥φ1×2mm−3dB ≤9mm	<φ1×2mm+3dB ≥φ1×2mm−3dB 20mm
III	人行道、托架，其他结构	抽探杆件数的 10%		<φ1×2mm+3dB	<φ1×2mm+3dB ≥φ1×2mm−3dB ≤12mm	<φ1×2mm+3dB ≥φ1×2mm−3dB 10mm

⑤对用超声波不能准确认证缺陷严重程度的焊缝，应补充进行射线探伤，原则上以射线探伤结果来评定焊缝缺陷。本款亦适用于对接焊缝的内部质量检验与评定。

3. 高强度螺栓检验

1）高强度螺栓连接

（1）连接形式

①高强度螺栓是用优质碳素钢或低合金钢材料制成的一种特殊螺栓，由于螺栓的强度高，故称高强度螺栓。

高强度螺栓是继铆接连接之后发展起来的一种新型钢结构连接形式，它已发展成为当今钢结构连接的主要手段之一。

②高强度螺栓按连接形式分为摩擦连接、张拉连接和承压连接三种。

摩擦连接和承压连接均属抗剪连接。螺栓摩擦连接是通过板件间的抗滑力来传递剪力的，以板件之间出现滑动作为其承载能力的极限状态，这种连接即称为抗滑型连接或称摩擦连接。承压型高强度螺栓种类亦多，有施加预拉力的或任意施加 50% 预拉力的，有紧配式的和打入式的，也有正常孔型的；这些都是以板层间出现滑动作为正常使用（即荷载为极限状态）的方法。用这种方法的高强度螺栓承载能力计算与普通螺栓连接完全相同。高强度螺栓受拉连接是螺栓杆轴方向受拉的连接。

（2）高强度螺栓连接的工作性能和计算

①高强度螺栓的预拉力

高强度螺栓连接按其受力特征分为摩擦型连接和承压型连接两种类型。摩擦型连接是依靠被连接件之间的摩擦阻力传递内力，并以荷载设计值引起的剪力不超过摩擦阻力这一条件作为设计准则。

螺栓的预拉力 P（即板件间的法向压紧力）、摩擦面间的抗滑移系数和钢材种类等都直接影响到高强度螺栓连接的承载力。

高强度螺栓分大六角头型（图 3.1.3-2a)）和扭剪型（图 3.1.3-2b)）两种。

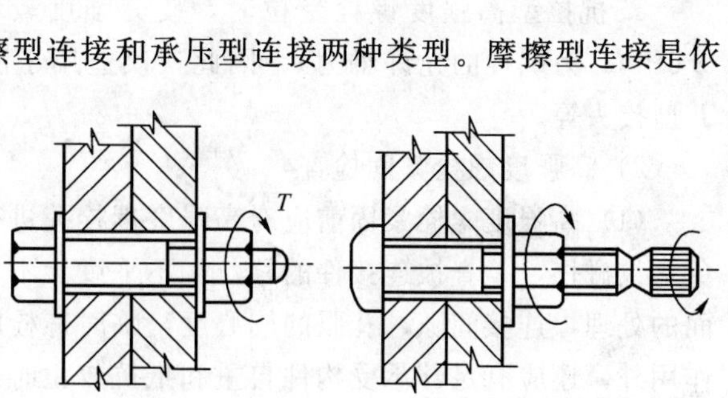

a) b)

图 3.1.3-2 高强度螺栓

预拉力的确定

高强度螺栓的预拉力设计值 P 由下式计算得到：

$$P=\frac{0.9\times0.9}{1.2}A_{e}f_{y}=0.675A_{e}f_{y} \tag{3.1.3-1}$$

式中：A_e——螺栓的有效截面面积；

f_y——螺栓材料经热处理后的最低屈服强度。对于 8.8S 螺栓，$f_y=660\text{N/mm}^2$；10.9S 螺栓，$f_y=940\text{N/mm}^2$。

式中的系数考虑了以下几个因素：

a. 拧紧螺帽时螺栓同时受到由预拉力引起的拉应力和由螺纹力矩引起的扭转剪应力作用。折算应力为

$$\sqrt{\sigma^2+3\tau^2}=\eta\sigma \tag{3.1.3-2}$$

根据试验分析，系数 η 在 1.15～1.25 之间，取平均值为 1.2。即考虑拧紧螺栓时扭矩对螺杆的不利影响系数。

b. 为了弥补施工时高强度螺栓预拉力的松弛损失，在确定施工控制预拉力时，考虑了为预拉力设计值的 1/0.9 的超张拉，故式（3.1.3-1）右边分子应考虑超张拉系数 0.9。

c. 考虑螺栓材质的不定性系数 0.9。

各种规格高强度螺栓预拉力的取值见表 3.1.3-35。

一个高强度螺栓的设计预拉力值（kN） 表 3.1.3-35

螺栓的性能等级	螺栓的公称直径（mm）					
	*M*16	*M*20	*M*22	*M*24	*M*27	*M*30
8.8 级	70	110	135	155	205	250
10.9 级	100	155	190	225	290	355

②高强度螺栓的应用

a. 摩擦型高强度螺栓适用于钢桁架结构梁、柱连接，实腹梁连接，及制动系统和承受动荷载的重要结构的连接。

b. 承压型高强度螺栓可用于允许产生少量滑动的静载结构或间接承受动力荷载的构件中的抗剪连接。

c. 抗拉型高强度螺栓受拉时，疲劳强度较低，在动载作用下，其承载能力不易超过 0.6P（P 为螺栓的允许轴力），因此，仅适用于静载作用下使用，如受压杆件的法蓝对接、T 型接头等。

2）高强度螺栓紧固检查

（1）高强度螺栓紧固前应对高强度螺栓孔进行检查。为了保证高强度螺栓安装质量，避免螺纹碰伤，检查被连接件的移位、不平度、不垂直度、磨光顶紧的贴合情况以及板叠摩擦面的处理，连接间隙，孔眼的同心度，临时螺栓的布放等等。安装临时螺栓除了起临时连接作用外，还应有足够承受构件自重和抵抗校正时来自外力的作用，临时螺栓布放数量应根据连接节点高强度螺栓的数量计算决定，一般不宜少于节点高强度螺栓总数的三分之一。防止构件偏移，加大对板叠的挤压力，使其间隙达到最小限度。要保证摩擦面不被沾污，沾污将

会降低摩擦系数，改变和影响高强度螺栓连接的质量。

（2）对高强度螺栓紧固时应检查高强度螺栓的种类、等级、规格、长度、外观质量、紧固顺序等。高强度螺栓要能自由穿入眼孔、螺栓穿入方向要整齐一致，使操作方便。紧固时要分初拧和终拧两次紧固，对于大型节点可分为初拧、复拧和终拧；当天安装的螺栓，要在当天终拧完毕，防止螺纹被沾污和生锈，引起扭矩系数值发生变化。

（3）高强度螺栓紧固后的检查：

①对于大六角高强度螺栓终拧检查，先用0.3kg小锤敲击每一个螺栓螺母的一侧，同时用手指按住相对的另一侧，以检查高强度螺栓有无漏拧。对于扭矩系数的检查，每个节点先在螺杆端面和螺母上画一直线，然后将螺母拧松60°，再用扭矩扳手重新拧紧，使二线重合，此时测得的扭矩值应在0.9Ms～1.1Ms范围内，Ms为设计预定扭矩（kN·m）。

如发现有不符合标准的，应再扩大检查10%，如仍有不合格者，则整个节点的高强度螺栓应重新拧紧。

②扭剪型高强度螺栓是一种特殊的自标量型的高强度螺栓，由本身环形切口的扭断力矩控制高强度螺栓的紧固轴力。所以，复验时，只要观其尾部被拧掉，即可判定螺栓终拧合格，不必借助工具判断，对于某一个局部难以使用电动扳手处，则可以参照高强度大六角螺栓的检查方法办理。

③高强度大六角螺栓复检的抽查量，宜为每个作业班组和每天终拧完毕数量的5%，其允许不合格数应小于被抽检数量的10%，且应少于2个，方为合格。否则，应按此法加倍抽检。如仍不合格，应对当天终拧完毕的螺栓，全部进行复查。欠拧、漏拧必须全部补拧。超拧的必须全部更换。

3）螺栓长度选择

紧固螺栓长度的选择对螺栓的紧固轴力有较大的影响，使用的螺栓长度比标准螺栓长度长或短的螺栓，均会使紧固轴力降低。因此，要正确选择螺栓的长度。

大六角高强度螺栓和扭剪型高强度螺栓长度选择按下式计算：

$$L = L' + n_s + m + 3p \tag{3.1.3-3}$$

式中：L'——连续板厚度（mm）；

n——垫圈个数，扭剪型高强度螺栓为1，大六角螺栓为2；

s——高强度螺栓垫圈厚度（mm）；

p——螺栓螺纹的螺距，见表3.1.3-36。

高强度螺栓螺纹的螺距（mm）　　表3.1.3-36

螺栓公称直径M	12	16	20	(22)	24	(27)	30
螺距	1.75	2	2.5	2.5	3	3	3.5

经计算求得的高强度螺栓的长度$L<100$mm时，按2舍3入和7舍8入原则取5的整数倍；$L>100$mm时，按4舍5入的原则取10的整数倍。

另外，对于扭剪型高强度螺栓，可根据螺栓的直径和连接厚度加标准长度选择螺栓的长度，见表3.1.3-37。

扭剪型高强度螺栓长度选择（mm）　　表 3.1.3-37

螺栓的公称直径	连接厚度＋标准长度
M16	25
M20	30
M22	35
M24	40

经计算求得的高强度螺栓的长度按 2 舍 3 入的原则取 5 的整数倍。

4）摩擦面处理及检验

高强度螺栓连接分摩擦连接、张拉连接和承压连接，但一般所说的高强度螺栓连接都是指摩擦连接。摩擦型高强度螺栓连接的基本原理是靠高强度螺栓紧固产生的强大夹紧力来夹紧板束，依靠板束间接触面产生的摩擦力传递与螺杆轴垂直方向应力的。其摩擦连接滑动承载能力由下式计算：

$$N = n \cdot m \cdot f \cdot p \tag{3.1.3-4}$$

式中：N——滑动极限承载能力（kN）；

n——传递 N 力的螺栓数量；

m——摩擦面数；

f——摩擦系数；

p——螺栓预拉力（kN）。

从上式可知，摩擦连接的极限承载能力与板束间摩擦系数成正比，板束间的摩擦系数对其承载能力有直接影响。影响摩擦系数的因素较多，如摩擦面的状态、钢材的强度、表面浮锈、表面涂层、表面油污以及处理方面都会降低摩擦系数。《钢结构工程施工及验收规范》GBJ 205—83 第 3.6.1 条规定对高强度螺栓连接节点处的钢板表面进行加工，使之接触面处的摩擦系数达到设计要求的额定值，一般为 0.45～0.55。

高强度螺栓摩擦面抗滑移系数的大小与连接处构件接触面的处理方法和构件的钢号有关。试验表明，此系数值有随被连接构件接触面间的压紧力减小而降低的现象，故与物理学中的摩擦系数有区别。

我国现行钢结构设计规范推荐采用的接触面处理方法有：喷砂、喷砂后涂无机富锌漆、喷砂后生赤锈和钢丝刷消除浮锈或对干净轧制表面不作处理等，各种处理方法相应的 μ 值，详见表 3.1.3-38。

摩擦面的抗滑移系数 μ 值　　表 3.1.3-38

在连接处构件接触面的处理方法	构件的钢号		
	Q235 钢	Q345、Q390 钢	Q420 钢
喷砂	0.45	0.50	0.50
喷砂后涂无机富锌漆	0.35	0.40	0.40
喷砂后生赤锈	0.45	0.55	0.55
钢丝刷清除浮锈或未经处理的干净轧制表面	0.30	0.35	0.40

钢材表面经喷砂除锈后，表面看来光滑平整，实际上金属表面尚存在着微观的凹凸不平，高强度螺栓连接在很高的压紧力作用下，被连接构件表面相互啃合，钢材强度和硬度愈高，要使这种啃合的面产生滑移的力就愈大，因此，μ 值与钢种有关。

试验证明，摩擦面涂红丹后 $\mu<0.15$，即使经处理后仍然很低，故严禁在摩擦面上涂刷红丹。另外，连接在潮湿或淋雨条件下拼装，也会降低 μ 值，故应采取有效措施保证连接处表面的干燥。

5）摩擦系数检验

（1）高强度螺栓连接的钢结构在施工前应对钢结构摩擦面的抗滑移系数进行复验，这是保证高强度螺栓施工质量的一项重要手段。每 500t 钢结构为一批，少于 100t 按一批计。在工厂处理的摩擦面试件出厂时要有三组，作为工地复验，抗滑移系数试验的最小值应大于或等于设计规定，否则应对摩擦面做重新处理。抗滑移系数试验用的试件，应与所代表的钢结构为同一材质、同一摩擦面处理方法、同批制造、相同运输条件、相同条件存放，同一性能等级的高强度螺栓。

抗滑移系数的试件，应根据连接螺栓的规格确定，宜采用图 3.1.3-3 的形式和表 3.1.3-39 所示之尺寸。其试件的长度则根据所采用试验机的夹具而定。

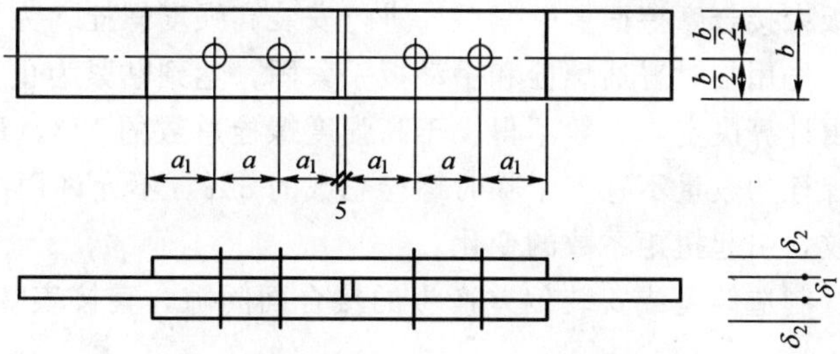

图 3.1.3-3　抗滑移系数试件

抗滑移系数试件参考尺寸（mm）　　表 3.1.3-39

性能等级	公称直径	孔径	芯板厚度 t_1	盖板厚度 t_2	板宽 b	端距 a_1	间距 a
8.8S	16	17.5	14	8	75	40	60
	20	22	18	10	90	50	70
	(22)	24	20	12	95	55	80
	24	26	22	12	100	60	90
	(27)	30	24	14	105	65	100
	30	33	24	14	110	70	110
10.9S	16	17.5	14	8	95	40	60
	20	22	18	10	110	50	70
	(22)	24	22	12	115	55	80
	24	26	25	16	120	60	90
	(27)	30	28	18	125	65	100
	30	33	32	20	130	70	110

(2) 抗滑移面的试验、试件和高强度螺栓的安装应符合《钢结构工程施工及验收规范》的规定。试件在发运过程中，在抗滑移面上或孔的位置上所有用油漆写的标志，或沾土机油或泥土等杂物的，安装时必须加以处理；对处理好的抗滑移面必须加以保护。试件抗滑移面要保持干燥，不应在雨天复验作业，不得改变抗滑移面出厂状态，并防止变形和碰伤，对因久存产生浮锈的应用钢丝刷清除，不得随便处理。

抗滑移试验时，高强度螺栓预拉力值应准确控制在 $0.95P \sim 1.05P$ 的范围内，然后在试验机上进行拉力试验。试验时，试件的轴线与试验机的夹具中心应严格对准，才进行拉力试验，然后，按下式求出抗滑移系数值。

$$f=\frac{F}{n_{\mathrm{f}}\sum P_{\mathrm{t}}} \tag{3.1.3-5}$$

式中：F——由试验测得的滑移荷载；

n_{f}——摩擦面数；

$\sum P_{\mathrm{t}}$——与抗滑移荷载对应的高强度螺栓拧紧预拉力实测值之和。

6）节点处理

高强度螺栓连接应在其结构架设调整完毕后，再对接合件进行矫正，消除接合件的变形、错位和错孔，板束接合摩擦面要贴紧后，进行安装高强度螺栓。为了接合部板束间摩擦面贴紧，结合良好，先用临时普通螺栓和手动扳手紧固，达到贴紧为止。在每个节点上穿入临时螺栓的数量应由计算决定，一般不得少于高强度螺栓总数的 1/3。最少不得少于两个临时螺栓。冲打穿入螺栓的数量不宜多于临时螺栓总数的 3%。不允许用高强度螺栓兼临时螺栓，以防止损伤螺纹，引起扭矩系数的变化。

对因板厚公差、制造偏差或安装偏差产生的接合面间隙，宜按表 3.1.3-40 规定和加工方法进行处理。

接触面间隙加工 表 3.1.3-40

项目	示 意 图	加 工 方 法
1	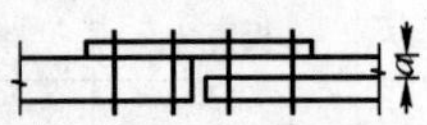	$a \leqslant 1.0$mm 不加工
2	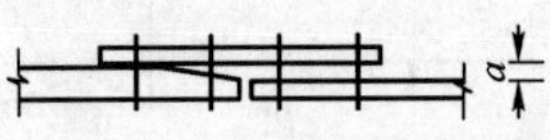	$a > 1.0 \sim 3.0$mm 将厚板的一侧磨成 1∶10 的缓坡，使间隙小于 1.00mm
3	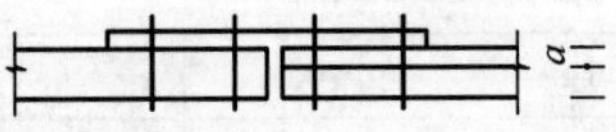	$a > 3.0$mm 加垫板，垫板的材质和摩擦面的处理与构件相同

7）螺栓安装与紧固

(1) 高强度螺栓安装在节点全部处理好后进行；高强度螺栓穿入方向要一致。一般应以施工便利为宜，对于箱形截面部件的接合部，全部从内向外插入螺栓，在外侧进行紧固。如操作不便，可将螺栓从反方向插入。扭剪型高强度螺栓连接副的螺母带台面的一侧应朝向垫圈有倒角的一侧，并应朝向螺栓尾部。对于大六角高强度螺栓连接副在安装时根部的垫圈有倒角的一侧应朝向螺栓头，安装尾部的螺母垫圈则应与扭剪型高强度螺栓的螺母和垫圈安装相同。严禁强行穿入螺栓；如不能穿入时，螺孔应用绞刀进行修整，用绞孔修整前应对其四周的螺栓全部拧紧，使板叠密贴后再进行。修整时应防止铁屑落入板叠缝中。绞孔完成后用砂轮除去螺栓孔周围的毛刺，同时扫清铁屑。

往构件连接点上安装的高强度螺栓，要按设计规定选用同一批量的高强度螺栓、螺母和垫圈的连接副，一种批量的螺栓、螺母和垫圈不能同其他批量的螺栓混同使用。

(2) 螺栓紧固

高强度螺栓紧固时，应分初拧、终拧。对于大型节点可分为初拧、复拧和终拧。

①初拧：由于钢结构的制作、安装等原因发生翘曲、板层间不密贴的现象，当连接点螺栓较多时，先紧固的螺栓就有一部分轴力消耗在克服钢板的变形上，当周围螺栓紧固以后，其轴力分摊会降低。所以，为了尽量缩小螺栓在紧固过程中由于钢板变形等的影响，采取缩小互相影响的措施，规定高强度螺栓紧固时，至少分两次紧固。第一次紧固称之为初拧。初拧轴力一般宜达到标准轴力的60%～80%，建议以表3.1.3-41为目标值。初拧轴力值最低不应小于标准轴力的30%。

高强度螺栓初拧轴力宜达到的目标值　　　　表3.1.3-41

螺栓种类	螺栓公称直径ϕ (mm)	标准轴力 (kN)	初拧轴力 (kN)
8.8S	12	49.0	29.4～39.2
	16	88.0	52.8～70.4
	20	137.0	82.2～109.6
	(22)	167.0	100.2～133.6
	24	196.0	117.6～156.8
	(27)	255.0	153.0～204.0
	30	309.0	185.4～247.2
10.9S	12	59.0	35.4～47.2
	16	108.0	64.8～86.4
	20	167.0	100.2～164.8
	(22)	206.0	123.6～164.8
	24	245.0	147.0～196.0
	(27)	314.0	188.4～251.2
	30	382.0	229.2～305.6

②复拧：即对于大型节点高强度螺栓初拧完成后，在初拧的基础上，再重复紧固一次，故称之为复拧，复拧扭矩值等于初拧扭矩值。

③终拧：对安装的高强度螺栓作最后的紧固，称之为终拧。终拧的轴力值以标准轴力为目标，并应符合设计要求。考虑高强度螺栓的蠕变以及终拧时预拉力的损失，根据试验，一般为设计预拉力的5%～10%。螺栓直径较小时，如M16，宜取5%；螺栓直径较大时，如M24，则取10%。于是终拧扭矩按下式计算：

$$M=(P+\Delta P)\cdot k\cdot d \tag{3.1.3-6}$$

式中：M——终拧扭矩（kN·m）；

P——设计预拉力（kN）；

ΔP——预拉力损失值，一般为设计预拉力的 5%～10%；

k——扭矩系数；

d——螺栓公称直径（mm）。

（3）拧紧顺序

每组高强度螺栓拧紧顺序应从节点中心向边缘依次施拧，使所有的螺栓都能有效起作用，见表 3.1.3-42。

高强度螺栓拧紧顺序 表 3.1.3-42

节点型式	图示	说明
板式节点接合部	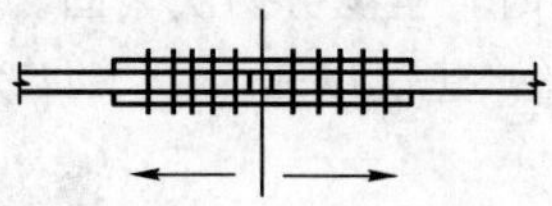	从中部螺栓起顺次向两端螺栓紧固
箱型部件节点接合部	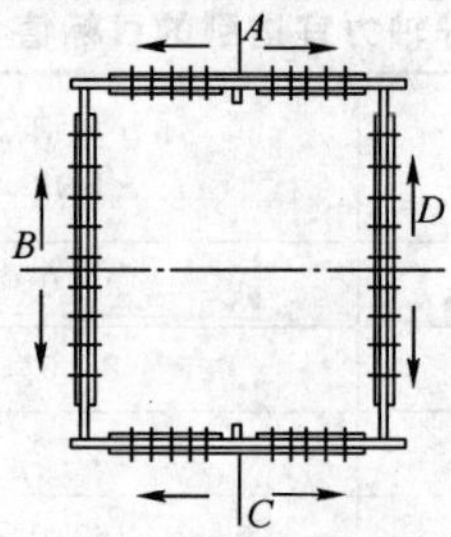	A、B、C、D 螺栓群的紧固，沿箭头方向进行
H 形钢紧固顺序	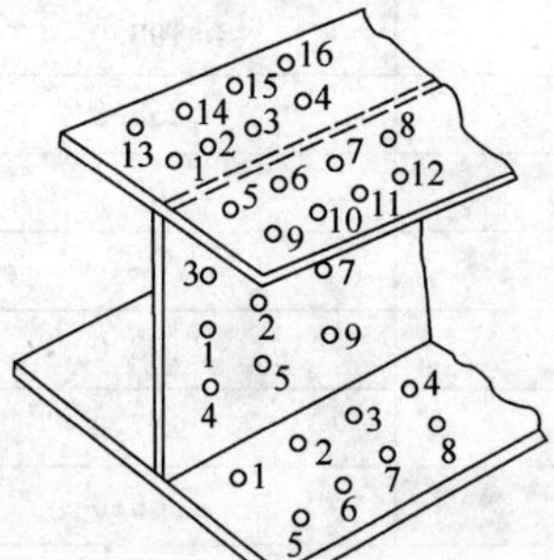	按下列顺序紧固 （1）柱侧连接板 （2）腹板连接板 （3）上翼连接板 （4）下翼连接板 各板按顺序号紧固

（4）紧固方法

高强度螺栓的拧紧，根据螺栓的构造型式有两种不同的方法。对于大六角高强度螺栓的拧紧，通常采用力矩法和转角法。

①力矩法：即用能控制紧固扭矩的带响扳手、指针式扳手或电动扭矩扳手施加扭矩，使螺栓产生预定的预拉力。其扭矩值按下式计算：

$$M = kdp \tag{3.1.3-7}$$

式中：M——预定扭矩（kN·m）；

p——预拉力（kN）；

d——螺栓的公称直径（mm）；

k——扭矩系数，根据生产厂提供的扭矩系数值。

②转角法：转角法按初拧和终拧两个步骤进行，第一次用示功扳手或风动扳手拧紧到预定的初拧值；终拧用风动机或其他方法将初拧后的螺栓再转一个角度，以达到螺栓预拉力的要求。其角度大小与螺栓性能等级、螺栓类型、连接板层数及连接板厚度有关。其值可通过试验确定。

虽然这两种高强度螺栓预拉力的具体控制方法各不相同，但对螺栓施加预拉力总的思路都是一样的。它们都是通过拧紧螺帽，使螺杆受到拉伸作用，产生预拉力，而被连接板件间则产生压紧力。

a. 对大六角头螺栓的预拉力控制方法有：

ⓐ力矩法一般采用指针式扭力（测力）扳手或预置式扭力（定力）扳手。目前用得多的是电动扭矩扳手。力矩法是通过控制拧紧力矩来实现控制预拉力。拧紧力矩可由试验确定，务使施工时控制的预拉力为设计预拉力的 1.1 倍。

为了克服板件和垫圈等的变形，基本消除板件之间的间隙，使拧紧力矩系数有较好的线性度，从而提高施工控制预拉力值的准确度，在安装大六角头高强度螺栓时，应先按拧紧力矩的 50％进行初拧，然后按 100％拧紧力矩进行终拧。对于大型节点在初拧之后，还应按初拧力矩进行复拧，然后再行终拧。

力矩法的优点是较简单、易实施、费用少，但由于连接件和被连接件的表面质量和拧紧速度的差异，测得的预拉力值误差大且分散，一般误差为±25％。

ⓑ转角法先用普通扳手进行初拧，使被连接板件相互紧密贴合，再以初拧位置为起点，按终拧角度，用长扳手或风动扳手旋转螺母，拧至该角度值时，螺栓的拉力即达到施工控制预拉力。

b. 扭剪型高强度螺栓是我国在 20 世纪 60 年代开始研制，80 年代制订出标准的新型连接件之一。它具有强度高、安装简便和质量易于保证，可以单面拧紧，对操作人员没有特殊要求等优点。扭剪型高强度螺栓与普通大六角型高强度螺栓不同。如图 3.1.3-2b）所示，螺栓头为盘头，螺纹段端部有一个承受拧紧反力矩的十二角体和一个能在规定力矩下剪断的断颈槽。

扭剪型高强度螺栓连接副的安装过程如图 3.1.3-4 所示。安装时用特制的电动扳手，有两个套头，一个套在螺母六角体上；另一个套在螺栓的十二角体上。拧紧时，对螺母施加顺时针力矩 M_1，对螺栓十二角体施加大小相等的逆时针力矩 M'_1，使螺栓断颈部分承受扭剪，其初拧力矩为拧紧力矩的 50％，复拧力矩等于初拧力矩，终拧至断颈剪断为止，安装结束，相应的安装力矩即为拧紧力矩。安装后一般不拆卸。

4. 螺栓和铆钉连接的常规检查与维护

螺栓和铆钉连接的常规检查，应着重注意螺栓和铆钉是否在使用阶段被剪断和松动，重点检查重要受力构件及承受反复荷载、振动荷载之处的螺栓和铆钉，以及设计与施工遗留下的缺陷。

1）螺栓连接的检查与维护

（1）对螺栓检查一般用目测结合扳手试扳进行。正常工作的螺栓、螺帽不应有丝毫松动，螺栓头及螺帽应完全压紧垫板。对于一些承受较大振动荷载特别重要的螺栓，尚应定期

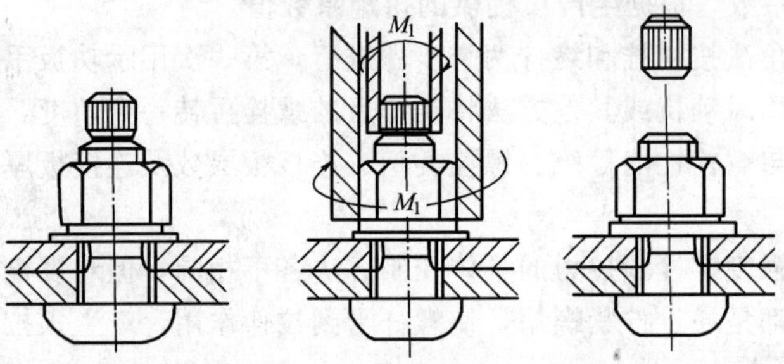

图 3.1.3-4 扭剪型高强度螺栓连接副的安装过程

卸开用放大镜检查螺栓上是否有裂缝，必要时采用超声波、磁力探伤等物理方法检查。

(2) 对于断裂的螺栓，应查明原因，必要时校核其承载能力是否满足要求，并予以更换或做其他处理。对于松动的螺栓结合检查工作予以拧紧。

(3) 高强螺栓应采用特制测力扳手，使螺栓达到规定的张拉力，高强螺栓拧紧后，应抽查5%～10%，看其扭矩是否达到规定的数值。检查方法是先松动螺母1/6转，然后再用扳手转到原来位置，看其扭矩是否符合要求。如扭矩不足应扭紧到规定的扭矩值。永久性普通螺栓的螺帽的固定按设计规定，用有防松装置的螺母或弹簧垫圈。设计无规定时，可焊死螺母或打毛螺纹。

2) 铆钉连接的检查与维护

(1) 铆钉连接的检查

铆钉检查的工具有：0.3kg的手锤、放大镜、塞尺、样板等。正常的铆钉在用手锤敲打时，不得有丝毫跳动。检查时可用一手贴近钉头，另一手用锤自钉头侧面敲击，再从另一侧敲击，如铆钉松动，则手会感到钉头跳动。在厂房结构检查过程中，一组铆钉在锤击下感到跳动的数量≥10%时，应将所有跳动的铆钉换掉。所谓一组铆钉系指：

①在节点范围内固定单根构件的铆钉（如节点板与弦杆或斜杆连接的铆钉）。

②桁架组合构件节点之间的铆钉。

③在拼接处的铆钉，通用接头处为半个铆接长度上的铆钉，阶梯形接头处为每个接头间的铆钉。

④受弯构件翼缘每米长度内的翼缘铆钉。

(2) 铆钉连接的维修更换

对松动、掉头、剪断或漏铆的均应及时更换修复，修复时可采用高强螺栓来代替铆钉，其直径按等强度换算决定。

四、钢结构的加固

1. 加固的原则

1) 钢结构加固原因

当结构的强度、刚度及稳定性不能满足使用要求时，则应进行加固。引起结构加固的主要原因有下列几种：

(1) 使用年限长久，结构老化，抗疲劳强度降低，承载力和耐久性均须重新评价；

(2) 荷载的标准提高、交通量增大、超限车辆的通过；

(3) 意外的损害，如受撞击、战争破坏和自然灾害等；

(4) 由于设计、施工方面所造成的缺陷。如桁架节点板设计时，未考虑施工拼装误差所造成侧焊缝长度不足，或当单角钢杆件在背棱处和节点板切口嵌接时，因切口过长使角钢截面削弱过大等；

(5) 钢材质量不符合要求；

(6) 使用过程中的磨损以及不正常操作所造成的缺陷等。

2) 钢结构的修复

当结构的使用条件不变，仅仅因为遭受意外事故或由于使用不当、材质不好使结构遭受损坏而需要进行恢复结构物的功能者称为“结构物的修复”。修复过程中，除对损坏严重的构件采取补强措施外，尚应规定可以不作处理的各种缺陷的允许值。

3) 结构的加固原则

结构和构件的加固是一项复杂的艰巨工作，要考虑的因素很多。应在详细勘查结构物的现有状态和历史情况，通过结构检算并结合施工条件，根据具体情况进行具体分析。加固的方法应是以施工方便、经济合理、效果良好为原则。

2. 钢结构加固设计的主要方法

1) 改变结构的静力计算图式加固法

即调整原有结构中的应力，使符合设计需要的内力重分配，改善被加固构件内的受力情况，以减少加固工程量。

①增加杆件以加强结构空间刚度，采用按空间结构进行验算，挖掘结构潜力。

②加设支撑以增加刚度，或调整结构的自振频率以提高结构的抗振性能。

③增设支撑或辅助杆件以减小构件的长细比。

④设置拉杆以加强结构的刚度，减小挠度。

⑤变更端部的固定情况，如将铰接变为刚接。

⑥增加中间支座或将简支结构端部连接使之成为连续结构或调整连续结构的支座位置。

⑦施加预应力。

2) 加大原结构的构件截面和连接强度加固法。

3) 增设平行受力构件分散受力减少荷载法。

4) 组合梁及结合梁加固法。

5) 更换轻型高强混凝土桥面板加固设计。

附录 1

钢材和连接的强度设计值

钢材的强度设计值（N/mm^2）　　附表 1-1

钢材		抗拉、抗压和抗弯	抗剪	断面承压（刨平顶紧）
牌号	厚度或直径（mm）	f	f_v	f_{ce}
Q235 钢	≤16	215	125	325
	>16～40	205	120	
	>40～60	200	115	
	>60～100	190	110	

续上表

钢材		抗拉、抗压和抗弯	抗剪	断面承压（刨平顶紧）
牌号	厚度或直径（mm）	f	f_v	f_{ce}
Q345 钢	≤16	310	180	400
	>16～35	295	170	
	>35～50	265	155	
	>50～100	250	145	
Q390 钢	≤16	350	205	415
	>16～35	335	190	
	>35～50	315	180	
	>50～100	295	170	
Q420 钢	≤16	380	220	440
	>16～35	360	210	
	>35～50	340	195	
	>50～100	325	185	

注：表中厚度系指计算点的厚度。

焊缝的强度设计值（N/mm²）　附表 1-2

焊接方法和焊条型号	构件钢材		对接焊缝				角焊缝
	牌号	厚度或直径（mm）	抗压 f_c^w	焊缝质量为下列等级时，抗拉 f_t^w		抗剪 f_v^w	抗拉、抗压和抗剪 f_f^w
				一级、二级	三级		
自动焊、半自动焊和 E43 型焊条的手工焊	Q235 钢	≤16	215	215	185	125	160
		>16～40	205	205	175	120	
		>40～60	200	200	170	115	
		>60～100	190	190	160	110	
自动焊、半自动焊和 E50 型焊条的手工焊	Q345 钢	≤16	310	310	265	180	200
		>16～35	295	295	250	170	
		>35～50	265	265	225	155	
		>50～100	250	250	210	145	
自动焊、半自动焊和 E55 型焊条的手工焊	Q390 钢	≤16	350	350	300	205	220
		>16～35	335	335	285	190	
		>35～50	315	315	270	180	
		>50～100	295	295	250	170	
自动焊、半自动焊和 E55 型焊条的手工焊	Q420 钢	≤16	380	380	320	220	220
		>16～35	360	360	305	210	
		>35～50	340	340	290	195	
		>50～100	325	325	275	185	

注：1. 自动焊和半自动焊所采用的焊丝和焊剂，应保证其熔敷金属抗拉强度不低于相应手工焊焊条的数值。

2. 焊缝质量等级应符合现行国家标准《钢结构工程施工及验收规范》的规定。

3. 对接焊缝抗弯受压区强度设计值取 f_c^w，抗弯受拉区强度设计值取 f_t^w。

螺栓连接的强度设计值（N/mm^2）　　附表 1-3

螺栓的钢材牌号（或性能等级）和构件的钢材牌号		普通螺栓						锚栓	承压型连接高强度螺栓	
		C级螺栓			A级、B级螺栓					
		抗拉 f_t^b	抗剪 f_v^b	承压 f_c^b	抗拉 f_t^b	抗剪 f_v^b	承压 f_c^b	抗拉 f_t^b	抗剪 f_v^b	承压 f_c^b
普通螺栓	4.6级、4.8级	170	130	—	—	—	—	—	—	—
	8.8级	—	—	—	350	250	—	—	—	—
锚栓	Q235钢	—	—	—	—	—	—	140	—	—
	Q345钢	—	—	—	—	—	—	180	—	—
承压型连接高强度螺栓	8.8级	—	—	—	—	—	—	—	250	—
	10.9级	—	—	—	—	—	—	—	310	—
构件	Q235钢	—	—	305	—	—	400	—	—	465
	Q345钢	—	—	385	—	—	510	—	—	590
	Q390钢	—	—	400	—	—	530		—	615
	Q420钢	—	—	425	—	—	560		—	655

注：1. A级螺栓用于 $d \leqslant 24$mm 和 $l \leqslant 150$mm（按较小值）的螺栓；B级螺栓用于 $d > 24$mm 或 $l > 10d$ 或 $l > 150$mm（按较小值）的螺栓。d 为公称直径，l 为螺旋公称长度。

2. A、B级螺栓的精度和孔壁表面粗糙度、C级螺栓的允许偏差和孔壁表面粗糙度，均应符合现行国家标准《钢结构工程施工及验收规范》的要求。

结构构件及连接设计强度的折减系数　　附表 1-4

项　　次	情　　况	折减系数
1	单面连接的单角钢 (1) 按轴心受力计算强度和连接 (2) 按轴心受压计算稳定性 等边角钢 短边相连的不等边角钢 长边相连的不等边角钢	 (0)　85 0.6+0.0015λ，但不大于1.0 0.5+0.0025λ，但不大于1.0 0.70
2	跨度≥60m桁架的受压弦杆和端部受压腹杆	0.95
3	无垫板的单面施焊对接焊缝	0.85
4	施工条件较差的高空安装焊缝和铆钉连接	0.90
5	沉头和半沉头铆钉连接	0.80

注：1. λ——长细比，对中间无联系的单角钢压杆，应按最小回转半径计算；当 $\lambda < 20$ 时取 $\lambda = 20$。

2. 当几种情况同时存在时，其折减系数应连乘。

附录 2

梁的整体稳定系数

1. 焊接工字形等截面简支梁

焊接工字形等截面（附图 2-1）简支梁的整体稳定系数 φ_b 应按下列计算：

$$\varphi_b = \beta_b \frac{4320}{\lambda_y^2} \cdot \frac{Ah}{W_x}\left[\sqrt{1+\left(\frac{\lambda_y t_1}{4.4h}\right)^2}+\eta_b\right]\frac{235}{f_y} \tag{附 2-1}$$

式中：β_b——梁整体稳定的等效弯矩系数，按附表 2-1 采用；

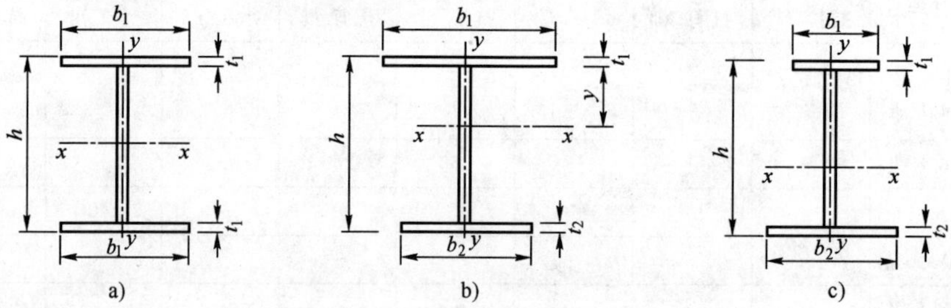

附图 2-1 焊接工字形截面

a) 双轴对称工字形截面；b) 加强受压翼缘的单轴对称工字形截面；c) 加强受拉翼缘的单轴对称工字形截面

工字形截面简支梁系数 β_b 附表 2-1

项次	侧向支撑	荷载		$\xi=\frac{l_1 t_1}{b_1 h}$		适用范围
				$\xi\leqslant2.0$	$\xi>2.0$	
1	跨中无侧向支撑	均布荷载作用在	上翼缘	$0.69+0.13\xi$	0.95	附图 2-1a)、b) 的截面
2			下翼缘	$1.73-0.20\xi$	1.33	
3		集中荷载作用在	上翼缘	$0.73+0.18\xi$	1.09	
4			下翼缘	$2.23-0.28\xi$	1.67	
5	跨度中点有一个侧向支撑点	均布荷载作用在	上翼缘	1.15		附图 2-1 中的所有截面
6			下翼缘	1.40		
7		集中荷载作用在截面高度上任意位置		1.75		
8	跨中点有不少于两个等距离侧向支撑点	任意荷载作用在	上翼缘	1.20		
9			下翼缘	1.40		
10	梁端有弯矩，但跨中无荷载作用			$1.75-1.05\left(\frac{M_2}{M_1}\right)^2+0.3\left(\frac{M_2}{M_1}\right)^2$，但$\leqslant2.3$		

注：1. $\xi=\frac{l_1 t_1}{b_1 h}$——参数。

2. M_1 和 M_2 为梁的端弯矩，使梁产生同向曲率时，M_1 和 M_2 取同号，产生反向曲率时，取异号，$|M_1|\geqslant|M_2|$。

3. 表中项次 3、4 和 7 的集中荷载是指一个或少数几个集中荷载位于跨中央附近的情况，对其他情况的集中荷载，应按表中项次 1、2、5、6 内的数值采用。

4. 表中项次 8、9 的 β_b，当集中荷载作用在侧向支承点处时，取 $\beta_b=1.20$。

5. 荷载作用在上翼缘系指荷载作用点在翼缘表面，方向指向截面形心；荷载作用在下翼缘系指荷载作用点在翼缘表面，方向背向截面形心。

6. 对 $a_b>0.8$ 的加强受压翼缘工字形截面，下列情况的 β_b 值应乘以相应的系数：

项次 1 当 $\xi\leqslant1.0$ 时 0.95

项次 3 当 $\xi\leqslant0.5$ 时 0.90

$\lambda_y=l_1/i_y$——梁在侧向支承点间对截面弱轴 $y-y$ 的长细比，i_y 为梁毛截面对 y 轴的截面回转半径；

A——梁的毛截面面积；

h、t_1——梁截面的全高和受压翼缘厚度；

η_b——截面不对称影响系数：

对双轴对称工字形截面［附图 2-1a)］

$$\eta_b = 0$$

对单轴对称工字形截面［附图 2-1b)、c)］

加强受压翼缘 $\eta_b = 0.8\ (2\alpha_b - 1)$

加强受拉翼缘 $\eta_b = 2\alpha_b - 1$

$\alpha_b = \dfrac{I_1}{I_1 + I_2}$——$I_1$ 和 I_2 分别为受压翼缘和受拉翼缘对 y 轴的惯性矩。

当按附式（2-1）算得的 φ_b 值大于 0.60 时，应按下式计算的 φ'_b 代替 φ_b 值：

$$\varphi'_b = 1.07 - \frac{0.282}{\varphi_b} \leqslant 1.0 \tag{附 2-2}$$

注：附式（2-1）亦适用于等截面铆接（或高强度螺栓连接）简支梁，其受压翼缘厚度 t_1 包括翼缘角钢厚度在内。

2. 轧制 H 型钢简支梁

轧制 H 型钢简支梁整体稳定系数 φ_b 应按附式（2-1）计算，取 η_b 等于零，当所得的 φ_b 值大于 0.6 时，应按附式（2-2）算得相应的 φ'_b 代替 φ_b 值。

3. 轧制普通工字钢简支梁

轧制普通工字钢简支梁整体稳定系数 φ_b 应按附表 2-2 采用，当所得的 φ_b 值大于 0.60 时，应按附式（2-2）算得相应的 φ'_b 代替 φ_b 值。

轧制普通工字钢简支梁的 φ_b 附表 2-2

项次	荷载情况			工字钢型号	自由长度 l_1（m）								
					2	3	4	5	6	7	8	9	10
1	跨中无侧向支承点的梁	集中荷载作用于	上翼缘	10～20	2.00	1.30	0.99	0.80	0.68	0.58	0.53	0.48	0.43
				22～32	2.40	1.48	1.09	0.86	0.72	0.62	0.54	0.49	0.45
				36～63	2.80	1.60	1.07	0.83	0.68	0.56	0.50	0.45	0.40
2			下翼缘	10～20	3.10	1.95	1.34	1.01	0.82	0.69	0.63	0.57	0.52
				22～40	5.50	2.80	1.84	1.37	1.07	0.86	0.73	0.64	0.56
				45～63	7.30	3.60	2.30	1.62	1.20	0.96	0.80	0.69	0.60
3		均布荷载作用于	上翼缘	10～20	1.70	1.12	0.84	0.68	0.57	0.50	0.45	0.41	0.37
				22～40	2.10	1.30	0.93	0.73	0.60	0.51	0.45	0.40	0.36
				45～63	2.60	1.45	0.97	0.73	0.59	0.50	0.44	0.38	0.35
4			下翼缘	10～20	2.50	1.55	1.08	0.83	0.68	0.56	0.52	0.47	0.42
				22～40	4.00	2.20	1.45	1.10	0.85	0.70	0.60	0.52	0.46
				45～63	5.60	2.80	1.80	1.25	0.95	0.78	0.65	0.55	0.49
5	跨中有侧向支承点的梁（不论荷载作用点在截面高度上的位置）			10～20	2.20	1.39	1.01	0.79	0.66	0.57	0.52	0.47	0.42
				22～40	3.00	1.80	1.24	0.96	0.76	0.65	0.56	0.49	0.43
				45～63	4.00	2.20	1.38	1.01	0.80	0.66	0.56	0.49	0.43

注：1. 同附表 2-1 的注 3、注 5。

2. 表中的 φ_b 适用于 Q235 钢。对其他钢号，表中数值应乘以 $235/f_y$。

4. 轧制槽钢简支梁

轧制槽钢简支梁的整体稳定系数，不论何种荷载形式以及荷载作用点在截面高度上的任何位置均可按下式计算

$$\varphi_b = \frac{570bt}{l_1 h} \cdot \frac{235}{f_y} \quad (附\ 2\text{-}3)$$

式中：h、b、t——分别为槽钢截面的高度、翼缘宽度和平均厚度。

按附式（2-3）算得的 φ_b 值大于 0.6 时，应按附式（2-2）算得相应的 φ'_b 代替 φ_b 值。

5. 双轴对称工字形等截面（含 H 型钢）悬臂梁

双轴对称工字形等截面（含 H 型钢）悬臂梁的整体稳定系数，可按附式（2-1）计算，但式中系数 β_b 应按附表 2-3 查得，$\lambda_y = l_1/i_y$（l_1 为悬臂梁的悬伸长度）。当求得的 φ_b 值大于 0.6 时，应按附式（2-2）算得相应的 φ'_b 值代替 φ_b

双轴对称工字形等截面（含 H 型钢）悬臂梁的系数 β_b 附表 2-3

项 次	荷 载 形 式		$\xi=\frac{l_1 t}{bh}$		
			$0.6\leqslant\xi\leqslant1.24$	$1.24\leqslant\xi\leqslant1.96$	$1.96\leqslant\xi\leqslant3.10$
1	自由端一个集中荷载作用在	上翼端	$0.21+0.67\xi$	$0.72+0.26\xi$	$1.17+0.03\xi$
2		下翼端	$2.94-0.65\xi$	$2.64-0.40\xi$	$2.15-0.15\xi$
3	均布荷载作用在上翼端		$0.62+0.82\xi$	$1.25+0.31\xi$	$1.66+0.10\xi$

注：本表是按支撑端为固定的情况确定的，当用于由邻跨延伸出来的伸臂梁时，应在构造上采取措施加强支承处的抗扭能力。

附录 3

钢梁段拼装允许偏差

梁段预拼装的条件

（1）提交梁段预拼装的零件及梁段应是已经验收合格的产品。

（2）若制造厂需将零件及梁段运至另一拼装场地进行预拼装，需报请监理部门和验收部门同意，并采用符合要求的运输方式和场地条件。

（3）按正常的工艺程序，应在节段经过涂装之后再进行梁段拼装。

（4）制造厂应编写出详细的梁段预拼装及预安装工艺，包括：场地整平、密实；排水、通风布置；临时支撑台座；预拼时顺序；各安装阶段的放样、模拟标高计算、测量和检查方法等，并报请监理部门同意。

（5）梁段预拼装的顺序应服从加劲钢箱梁工地架设顺序的要求。一般应为：拼装跨中梁段→拼装标准梁段→拼装塔根梁段→拼装合龙梁段。

（6）应将相邻的 3～5 梁段编为一个拼装组，同时进行梁段预拼装。使各梁段的接口在自由状态下对准，进行误差矫正，反复检查精度，最后才可将相邻梁段之间的工地接头匹配件精确地安装在梁段上。梁段预拼装偏差应符合附表 3-1 和附表 3-2 的规定。

梁段预拼装允许偏差（1）（单位：mm）　　附表 3-1

简　图	项　目	允许偏差
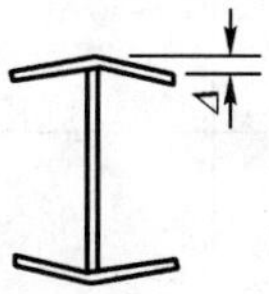	工地拼接处	Δ≤0.5
	其余部分	Δ≤2.0
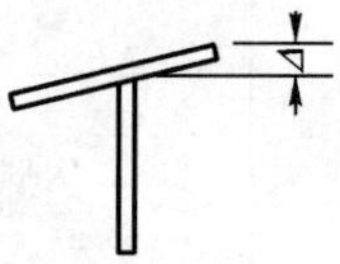	工地拼接处	Δ≤0.5
	其余部分	Δ≤2.0
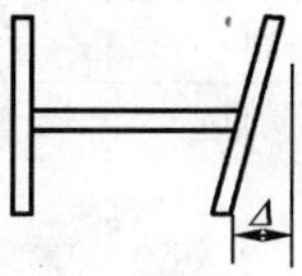	工地拼接处	Δ≤1.0
	其余部分	Δ≤3.0
工形、箱形杆件的扭曲		Δ≤3.0
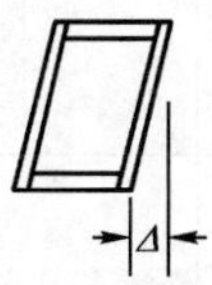	工地拼接处	Δ≤0.7
	其余部分	Δ≤1.5
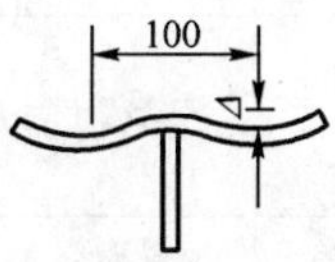	工地拼接处	Δ≤0.3
	其余部分	Δ≤1.0
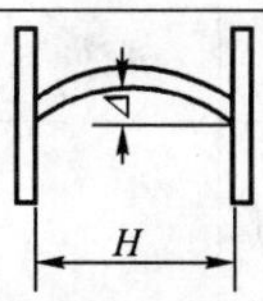	板梁的腹板，纵横梁腹板的平面度	Δ≤H/500（且≤5）
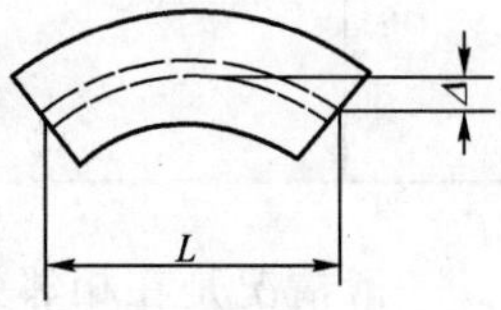	工形、箱形杆件（或纵横梁）旁弯	Δ≤2.0（L≤4000） Δ≤3.0（4000≤L≤16000） Δ≤5.0（L>16000）
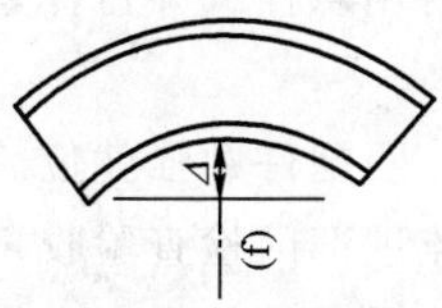	不设拱度的板梁、纵横梁	Δ≤3 不许下挠
	设拱度 f 的板梁	+5 −3

梁段预拼装允许偏差（2）（单位：mm）　　附表 3-2

简　图	项　目		允许偏差
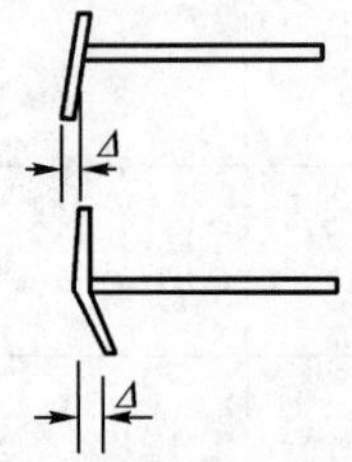	工地拼接处		Δ≤1.0
	其余部分		Δ≤3.0
	长度方向马刀弯		f≤5
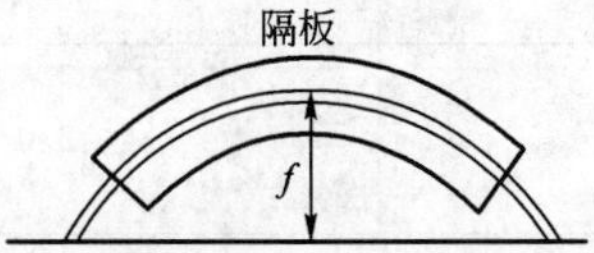	隔板纵横两个方向		f≤2
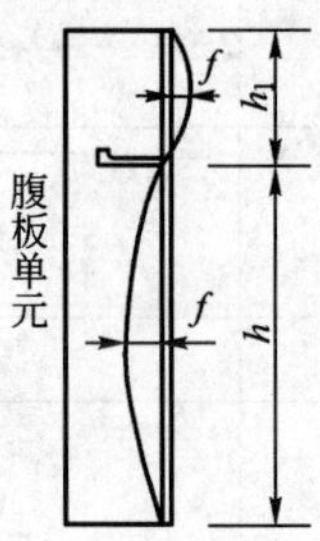	工地拼接处		f≤h/250
	其余部分	横向	f≤2.0
		纵向 4m 范围	f≤4.0
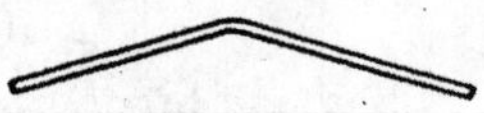	上盖板（人字坡）扭曲		≤5
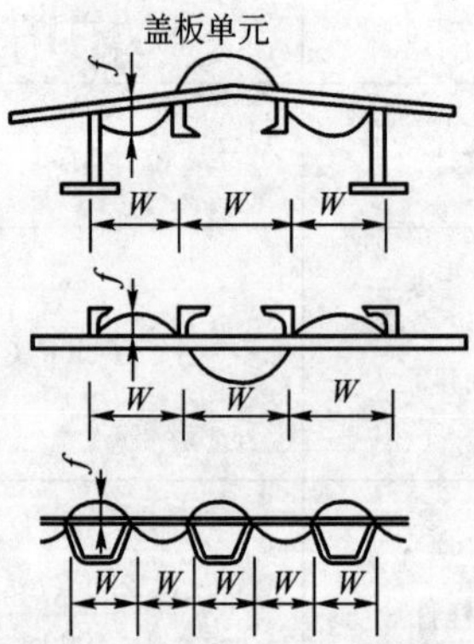	工地拼接处		f≤2.0
	其余部分	横向	f≤W/250
		纵向 4m 范围	f≤4.0
	四角不平		

（7）工地接头匹配件的构造和设置位置应按设计图进行。一般情况是在相邻梁段之间的接口部位安装匹配件，把两梁段联为整体，插入无缝钢管，再用螺栓或冲钉拧紧，对焊于梁段的工地接口上，以保证工地安装精确对位。

（8）严禁用锤击、扳扭等强制方法使梁段接口、零部件、匹配件勉强就位。

（9）每一预拼装段及其附件安装报验完工后，必须报请监理部门检查验收，然后才能移动梁段，但拼装台座上还需留下最后一个梁段作为下一组拼装梁段的基准，进行下一组梁段的预拼装和预安装工作。其余梁段可拆开移运堆放场地或桥位。

附录 4

钢梁防腐蚀有关技术资料

1.《涂装前钢材表面锈蚀等级和除锈等级》(GB 8923—88)

参见附表 4-1 与附表 4-2。

钢材表面原始锈蚀程度（GB/T 8923—88）　　附表 4-1

等级符号	锈 蚀 程 度	等级符号	锈 蚀 程 度
A	全面覆盖着氧化皮而几乎没有铁锈的钢材表面	C	氧化皮已因锈蚀而剥落，或者可以刮除，并且有少量点蚀的钢材表面
B	已发生锈蚀，并且部分氧化皮已经剥落的钢材表面	D	氧化皮已因锈蚀而全面剥离，并且已普遍发生点蚀的钢材表面

钢材表面除锈质量等级（GB/T 8923—88）　　附表 4-2

等级符号	锈 蚀 程 度	除 锈 质 量
Sa1	轻度的喷射或抛射除锈	钢材表面应无可见的油脂和污垢，并且没有附着不牢的氧化皮、铁锈和油漆层等附着物
Sa2	彻底喷射或抛射除锈	钢材表面应无可见的油脂和污垢，并且氧化皮、铁锈和油漆层等附着物已基本清除，其残留物应是牢固附着的
Sa2 $\frac{1}{2}$	非常彻底的喷射或抛射除锈	钢材表面应无可见的油脂、污垢和铁锈氧化皮、铁锈和油漆层等附着物，任何残留的痕迹应仅是点状或条纹状的轻微色斑
Sa3	使钢材表面洁净的喷射或抛射除锈	钢材表面应无可见的油脂、污垢、铁锈氧化皮和油漆层等附着物，该表面应显示均匀的金属色泽
St2	彻底的手工和动力工具除锈	钢材表面应无可见的油脂和污物，并且没有附着不牢的氧化皮、铁锈和油漆层等附着物
St3	非常彻底的手工和动力工具除锈	钢材表面应无可见的油脂和污垢，并且没有附着不牢的氧化皮、铁锈和油漆涂层等附着物。钢材显露部分的表面应具有金属光泽

2. 防腐涂装的一般性作业条件

1）涂装环境要求及稀释剂

(1) 钢表面涂装时不允许表面有潮气和冷凝水；钢和混凝土表面不允许有松软物、尘灰和油污等附着物；结露期或其他恶劣气候，不得进行涂装施工。

(2) 酚醛、醇酸、油性漆不允许在气温 5℃以下、相对湿度 80%以上条件下施工；无机富锌、聚氨脂、环氧富锌、环氧沥青漆不允许在气温 10℃以下、相对湿度 80%以上条件下施工，或参见附表 4-3。

不同涂料、油漆的适当温、湿度　　附表 4-3

涂 料 名 称	气温（℃）	相对湿度（%）	备　　注
油性漆	15～35	≤85	低温不好
醇酸树脂涂料	10～30	≤85	气温高好
硝基漆	15～20	≤70	低温过湿不好
改性胺固化环氧涂料	10～30	≤85	气温高好
聚酰胺固化环氧涂料	15～30	≤85	气温高好
聚氨酯涂料	5～30	≤70	过湿不好
水性乳胶涂料	15～35	≤75	低温过湿不好

（3）钢表面清理至油漆涂装的时间间隔，室外作业时不超过 4h，室内作业时不超过 8h。在喷涂锌、铝层时，应在钢表面清理后 4h 内进行，且热喷后 2h 内涂装头道漆或中间层。

（4）两道油漆涂装的时间间隔，当前道漆膜尚未彻底干燥时不得涂装第二道，但间隔时间亦不应超过 7d。超过时，涂层表面应用细砂纸打磨成细致毛面。在涂装作业中不管机械喷涂还是人工涂刷，涂料应具有相应的施工粘度。为此涂料中可加入适量稀释剂。稀释剂的品种及数量应与施工方式和涂料体系相适应，不能乱用，数量适量；对于已配好的涂料，不容许施工现场临时任意掺加稀释料。常用稀释剂品种见表 3.1.3-12。

2）涂装作业的检查

（1）涂装前的检查

各种涂料均有规定的技术标准，每批进库涂料均应按其产品标准进行检验，合格后方可使用。检验时应按规定的涂装工艺将涂料涂装在试板上（铁板或玻璃），然后再对试板进行试验。

①盐雾加速试验在盐雾试验机内进行。试验条件如下：

温度：40℃±2℃

喷雾浓度：3.5%NaCl 溶液

喷雾时间：喷雾 15min、停喷 45min，连续运转试验

试验观察周期：200h、400h、600h、800h、1000h

经过试验，观察试板上涂料是否有变黄、剥落、吐锈等情况产生，以确定其耐盐雾试验的时间。

②耐化学药品（酸）试验在室温条件下，将试板的 1/3 斜浸入 3%H_2SO_4（体积）+3%$NaSO_3$（质量）的溶液中，半密闭状态连续浸泡，定期观察涂料的变化，有无起皮、剥落、锈蚀等，以判断其耐化学药品（酸）的耐久性。

③人工老化试验在老化试验机内进行。在试验机内距试板表面 12cm 安装 4 支 1kW 紫外灯管，试板正面连续喷自来水，温度保持在 60℃～80℃之间，连续试验。每 200h 相当于在大气中自然老化一年。

④附着力测定采用铁道部科学研究院金化所研究的“漆膜附着力定量测定”方法进行。

即在干燥后试板的涂料上粘贴金属圆柱体，然后进行拉拔，测试其附着力是否达到规定指标。

⑤弯曲试验（也称柔韧性试验）是测定涂料在撤去变形应力以后，恢复其原有形状的能力。柔韧性不良的涂料，若遇到温度突然变化等情况时漆膜易于破裂。

测定方法：将涂料试板（用 0.2～0.3mm 厚薄铁板）实干 48h 后，在 20℃～25℃温度下，使漆膜向上，以 2～3s 的时间将试板均匀地围绕在弯曲试验器的轴棒上（直径有 1mm 及 2mm 两种）成 180°，然后用 4 倍放大镜检查，如漆膜无裂纹即为合格。

⑥冲击试验是测定涂料干膜抵抗冲击的强度。以 1kg 的钢制锥体落在涂料试板上而不引起漆膜破坏（用 4 倍放大镜检查）的最大高度来表示。单位为 N·cm。例如面漆要求通过 500N·cm 的抗冲击强度，见附图 4-1。

⑦干燥时间分表面干燥和实际干燥。其测定方法见表 3.1.3-9。

⑧涂料的粘度是指涂料的稀稠程度。施工时的温度不同对涂料的粘度要求不同。粘度的标准是在 25℃±1℃时测定的。测定粘度的方法见表 3.1.3-10 及附图 4-1、附图 4-2。

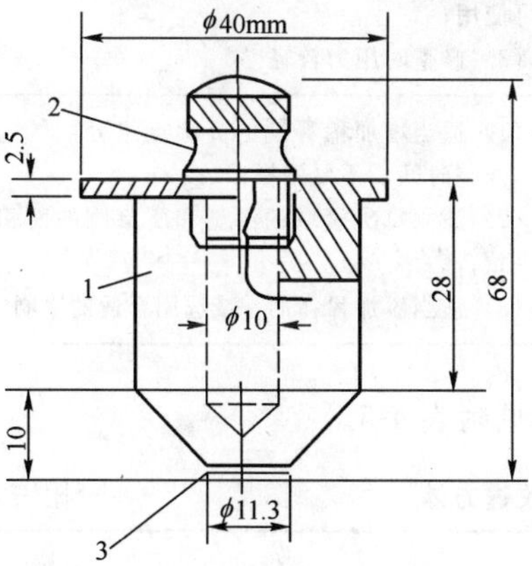

附图 4-1　干燥试验器（单位：mm）

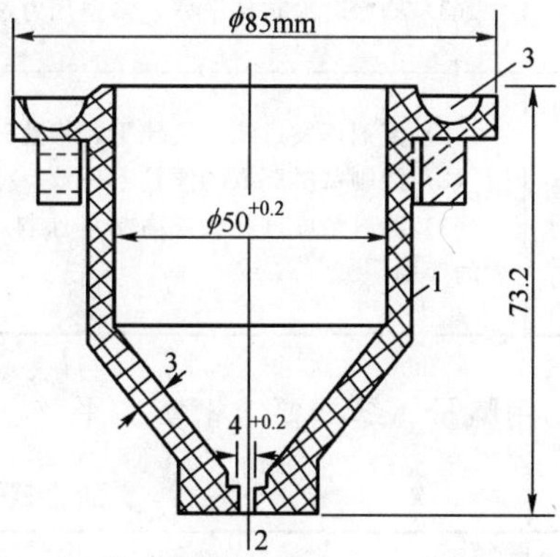

附图 4-2　涂料 4 号粘度杯（单位：mm）

⑨其他指标

细度：即涂料中颜料、填充料等最大颗粒的粗细程度，用刮板细度仪测定。

硬度：一般用摆杆硬度计。利用与玻璃硬度相比较的方法来测定。

匀饰性：指涂料涂刷后形成光滑平面的时间。

⑩热喷涂锌、铝。使用的锌丝应符合 GB 470—64 规定中锌含量不低于 99.5％（4 号锌）的要求。使用的铝丝应符合 YB604－66 规定中规定的 2 号防锈铝 LF2 要求。

(2) 涂装作业过程中的检查

①每道油漆涂装过程中，应用滚轮或梳式湿膜测厚仪测量湿膜厚度，以控制涂层干膜厚度。

②涂料涂层不允许有剥落、咬底、漏涂、分层等缺陷。涂层应均匀、平整、丰满有光泽，允许有不影响防护性能的轻微桔皮、流挂、起皱和少量颗粒杂质，参见附表 4-4。

③锌、铝涂层不允许有碎裂、剥落、漏喷、分层、气泡等缺陷。涂层应均匀、致密、无松散颗粒，允许有不影响防护性能的轻微结疤、起皱。

刷涂漆膜常见缺陷与改进方法 附表 4-4

缺陷	原因	改进方法
流挂	(1) 选用的漆刷刷毛过宽，与被涂物状况不适应； (2) 漆刷沾取的漆量过多	(1) 根据被涂物选用合适规格的漆刷； (2) 漆刷应按照预定的涂刷面积沾取漆量
刷痕	(1) 漆刷的毛刷不整齐； (2) 漆刷刷毛过硬，涂料抹平后，修整效果差； (3) 涂料粘度过高，流平性差； (4) 稀释剂挥发过快	(1) 将漆刷刷毛修整整齐； (2) 根据涂料特性选用合适的漆刷； (3) 适当添加稀释剂； (4) 增加稀释剂中的高沸点组分
气泡	(1) 漆刷用水浸泡存放，使用时水分未除净； (2) 被涂物表面沾附有油、水或灰尘； (3) 刷涂时未纵横交替的进行涂布、抹平、修整	(1) 漆刷使用前一定要除净水分； (2) 刷涂前仔细清理被涂物表面； (3) 刷涂的涂布、抹平、修整三步骤应纵横交替地进行
针孔	(1) 漆刷的刷毛粘附有水分； (2) 漆刷刷毛含有较多的低沸点溶剂； (3) 刷涂时涂料抹平后，修整用力过大	(1) 刷涂前应将漆刷刷毛粘附的水分除净； (2) 漆刷刷毛含有低沸点溶剂时，应使其挥发后方可使用； (3) 修整时用力较轻
漆膜厚度不均	(1) 溶剂挥发过快，且抹平、修整时间过长； (2) 漆刷每次蘸取的漆量不一致，差别明显； (3) 涂料粘度过高，或高粘度涂料选用了刷毛较软的漆刷	(1) 适当增加稀释剂的高沸点组分，尽量缩短抹平、修整时间，不要停顿； (2) 漆刷每次蘸取的漆量和所涂刷的面积，要基本一致； (3) 适当添加稀释剂，或选用合适的漆刷

④用腻子腻缝处要求密实、平整、不裂不脱，参见附表 4-5。

刮涂腻子层常见缺陷及改进方法 附表 4-5

腻子层缺陷	产生原因	改进方法
开裂	(1) 一次刮涂过厚； (2) 腻子层未刮涂严实； (3) 腻子层收缩性大，且不平整	(1) 每次刮涂不能超过允许的厚度； (2) 仔细刮除，不让腻子层留有孔隙； (3) 选用收缩比小的腻子，尽量刮涂平整
脱落	(1) 腻子与底漆不配套或被涂物表面事先未涂底漆； (2) 被涂物表面有油污； (3) 腻子的体质颜料组分过多； (4) 腻子太稠，润湿性能差	(1) 选用配套的腻子和底漆，刮涂腻子前，被涂物表面应先涂底漆； (2) 被涂物表面的油污去尽； (3) 选用适合的腻子，在腻子中不能任意增加体质颜料 (4) 适当添加稀释剂并调匀
起泡	(1) 腻子层刮涂不严实，残留有气泡； (2) 腻子含有水分； (3) 腻子层未干透	(1) 仔细刮涂严实，不让残留空气； (2) 腻子中不能加水，严格避免水分混入； (3) 腻子层干透后方可刮除下道腻子或涂底漆
翻卷	(1) 一道腻子涂刮次数太多； (2) 腻子的润湿性能差； (3) 被涂物表面不净	(1) 每挖取一次腻子，应该按操作步骤，不停顿地、尽快刮涂好，不要多次来回涂刮； (2) 适当添加稀释剂； (3) 刮涂前被涂物表面应清理干净

续上表

腻子层缺陷	产生原因	改进方法
不平整 有刮痕	（1）腻子太稠，且一次刮涂太厚； （2）打磨不仔细或打磨器材选用不当； （3）腻子打磨性能差，腻子层太厚	（1）适当添加稀释剂，一道腻子层不超过允许的厚度； （2）选用适合的打磨器材仔细打磨，手工打磨要用垫板； （3）采用机械打磨与手工打磨相配合的方法

⑤热喷涂锌、铝附着力检验。在 15mm×15mm 涂层上用刀刻画平行线，两条线间距为涂层厚度的 10 倍。两条线内涂层不允许从钢表面翘起。

（3）涂装完成后的检查

①在底漆涂层、锌铝涂层和全部涂层涂装完成后，应分别检验涂层的干膜厚度是否符合相应涂装体系的标准要求。

②测量漆膜干膜厚度，可按《漆膜厚度测定法》（GB 1764—79）规定的磁性测厚仪法或杠杆千分法测量，亦可用钢梁漆膜测厚仪测量。钢梁漆膜测厚仪见附图 4-3。

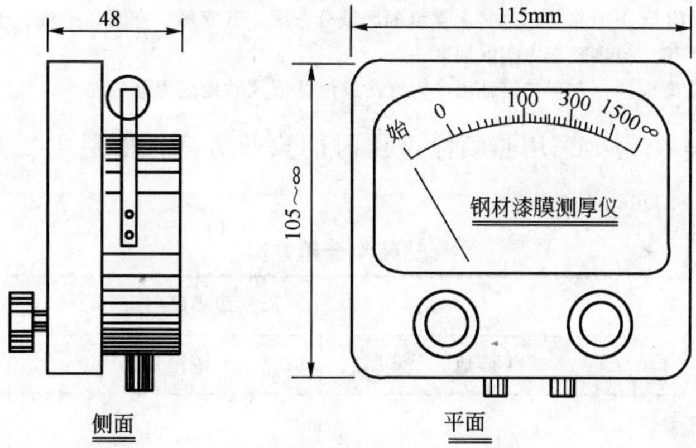

附图 4-3　漆膜测厚仪示意图（尺寸单位：mm）

注：钢梁漆膜测厚仪使用方法：先打开电池（左侧旋钮），调整右侧旋钮指针正指“∞”处，擦净测柱及标准块光滑面，用标准块核对是否正指“0”点，若发现偏差再观察除去标准块后是否正指“∞”处，反复调试，达到要求为止。然后将测柱放于欲测漆膜的表面，指针读数即为钢梁上漆膜总厚度。

③测量锌、铝涂层厚度按《增塑剂酸值的测定》（GB 1674—81）的规定用磁性测厚仪法进行。

钢梁主要构件抽检 20%，次要构件抽检 5%，每件构件检测 3 处。板梁、箱形梁每 $10m^2$ 检测 3 处，每一处取 10cm×10cm，测 5 点，其测点分布如附图 4-4 所示。

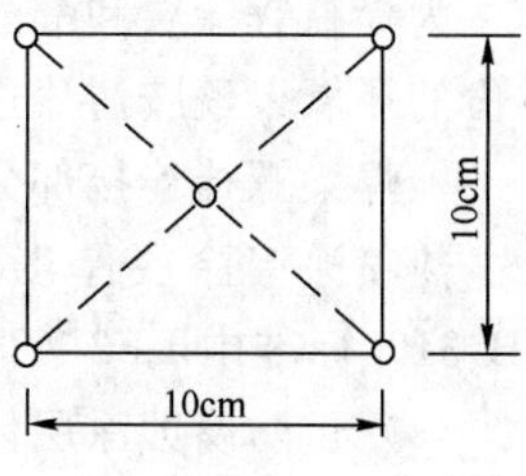

附图 4-4　钢梁构件检测点分布

④涂层厚度平均值应在标准规定厚度 90%以上，其最低值应在标准规定厚度 80%以上，每个测点厚度不得超过平均值 30%。

3. 钢梁涂装方案参考资料

（1）铁道部《铁路钢桥保护涂装》（TB/T 1527—95）钢桥涂

装体系见附表 4-6，用于初始涂装和重涂。

铁道钢桥涂装体系 附表 4-6

涂装体系序号	涂料名称	涂料代号	道数	每道干膜最小厚度（μm）	干膜最小总厚度（μm）		
					干燥地区	潮湿地区	恶劣地区
I	特制红丹酚醛底漆	F53-31	2～3	35	70	70	105
	灰铝锌醇酸面漆	C04-45	2～3	35	70	105	105
II	特制红丹酚醛底漆	F53-31	2～3	35	70	70	105
	灰铝锌醇酸面漆	C04-6	2～3	40	80	120	120
III	环氧富锌底漆	H06-4	2～3	30	—	—	80
	灰云铁氯化橡胶面漆		4	35			140
IV	特制环氧富锌底漆		2	40		80	80
	环氧云铁中间层	H06-4	1	40	—	40	40
	灰铝粉石墨醇酸面漆		2～3	35		70	105

注：1. 按 GB4797.1 附录 A 中我国户外气候类型的区域分布图，其寒冷、寒温、暖湿、干热区域的内陆地区为干燥地区，其亚湿热、湿热区域为潮湿地区。

2. 含有盐雾的沿海地区、含有二氧化硫的大气污染地区或风砂地区为恶劣地区。

（2）附表 4-7 给出钢梁采用热喷涂金属时的涂装方案；面层主要考虑钢梁彩色和耐酸蚀。

热喷涂金属方案 附表 4-7

涂装体系	涂层最小厚度（μm）		
	干燥地区	潮湿地区	沿海、污染、风沙地区
锌涂层	120	160	200
灰铝锌醇酸面漆（二道）	70	70	70
锌涂层	120	160	200
灰云铁醇酸面漆（二道）	80	80	80

热喷锌用锌丝材质应与 GB470《锌锭》标准一致，含锌量不低于 99.95％

为提高锌涂层和醇酸涂层之间附着力和防腐性能，应在锌涂层上用稀释成 20％左右固体份的环氧聚酰胺清漆进行封孔，封孔层厚度无要求，涂覆的封孔剂至不被吸收时为止。

栓焊梁螺栓连接部分摩擦面热喷涂铝。

热喷涂铝涂层厚度为 160±40μm，摩擦系数不小于 0.55。热喷涂铝用铝丝应符合 GB 3190标准中 LF2（2 号防锈铝）要求。

（3）重防腐蚀涂层体系

重防腐体系是一种复合涂层体系，其高性能的底层由具有与底层和面层良好结合力及良好物理与防腐性能的中间层和良好耐候性、抗周围介质作用的面层构成。用于恶劣海洋腐蚀环境的大型工程钢结构的防腐蚀，要求涂层防腐寿命达10年以上。

一般防腐涂层总厚为100～150μm，这一厚度空气中的氧和水仍能透过涂层到达金属表面。重防腐体系涂层厚达250μm以上。提高涂层厚度加强了涂层隔离能力。

重防腐体系除了涂层总厚度厚，防腐蚀周期长达15年以上和底、中、面层结构外，最突出的一个特点是以使用富锌涂料底层的阴极保护作用来抑制局部涂层破损部位的腐蚀反应发生。富锌涂层中锌溶解的腐蚀产物使涂层和钢铁表面被覆盖，使锌粉和钢表面保持在耐腐蚀状态。亦即富锌层的耐久性是通过阴极保护作用的持续性和锌腐蚀产物沉积形成稳定覆盖膜来保持。一般富锌层膜厚度达30μm以上。

富锌涂料分为两种：有机富锌涂料和无机富锌涂料。有机富锌涂料以环氧脂、环氧树脂、氯化橡胶、乙烯树脂和聚氨酯为成膜物质，干膜中锌粉达85%～92%。其优点是易于施工，受环境影响小，表面处理没有无机富锌涂料要求那么严，膜较厚，机械性能也较好。无机富锌涂料是以水玻璃或正硅酸乙酯为基料，属自固化型，需有机溶剂稀释，涂刷后通过水解逐步缩合成聚硅氧烷，最后形成含锌的聚二氧化硅结构。其优点是防腐能力高、耐热、耐磨、耐溶剂、耐成聚硅氧烷，最后形成含锌的聚二氧化硅结构。其优点是防腐能力高、耐热、耐磨、耐溶剂、耐海水性能好，耐候性也好。表面处理要求严格，施工麻烦。详细性能比较见附表4-8。

无机与有机富锌涂料性能对比 附表4-8

类型	优点	缺点
无机类	(1) 锌粉与金属间的接触牢固，防蚀性能优，阴极保护作用持续时间长； (2) 不会因锌腐蚀后产生的碱性造成涂膜老化，涂膜不易起泡； (3) 耐热性好； (4) 耐溶剂性好； (5) 耐候性好	(1) 表面处理要求严格，处理不当造成附着性能差； (2) 湿度等环境因素对固化影响大； (3) 涂得过厚易发生龟裂和鼓泡； (4) 易吸入面漆而产生气泡，配套涂层施工时应注意，采用喷涂施工
有机类	(1) 涂料调配灵活，可得到良好涂膜物理机械性能和施工性能及其他特殊性能的涂料； (2) 涂料的施工性好，涂膜韧性好，附着力强，不易开裂； (3) 施工和固化时，对表面处理和环境条件要求不严（但环氧类低温固化很慢）	(1) 阴极保护的持续时间较短； (2) 有时会产生鼓泡； (3) 耐候性不如无机类； (4) 耐溶剂性差

重防腐涂料体系中涂层采用厚浆涂料如：氯化橡胶厚浆涂料、乙烯系厚浆涂料、环氧厚浆涂料、聚氨酯厚浆料、云母氧化铁（M10）厚浆涂料，以及玻璃磷片厚浆涂料等。

面层基本上同上述厚浆涂料如氯化橡胶、乙烯树脂、聚氨酯等都有较多的应用。常规重防腐涂料特性品种见附表4-9。为了增强面层抗腐蚀介质性和耐候性，除上述面漆外，也可采用耐候性更好的氟涂料、有机硅改性丙烯面漆、有机硅改性聚氨酯面漆。这几类新型面漆在国外已得到广泛应用。

常规重防腐涂料的特性品种与应用 附表 4-9

树脂类型	特　性	品种与应用
氯化橡胶系	低温干燥性好，耐候、耐化学性好；耐热、耐溶剂性差，应用范围广，主要用于大气暴露部位和海水飞溅区保护	（1）金属防腐底漆：用于钢和混凝土表面； （2）2道浆：用于混凝土表面； （3）厚浆型中涂：无空气喷涂于富锌底漆上，需罩面漆； （4）2道面漆：刷涂或高压无气喷涂，为耐光色漆，亦作面漆； （5）罩面漆：用于潮湿、化工腐蚀环境中，刷或喷涂，每次涂3～4遍，厚30～60μm
乙烯树脂系	耐水、耐化学性和耐候性好，可实现厚膜化；耐热、耐溶剂性差，应用同氯化橡胶系涂料一样	（1）维护底漆：修补氯化橡胶涂层损伤部位； （2）厚浆型中涂：涂于富锌底漆上，每道涂膜厚度200μm； （3）高固体分底漆：作2道面漆，高压无气喷涂； （4）罩面漆：喷涂于高固体分2道面漆上，涂2次
环氧树脂系	双组分常温固化，耐水、耐化学性、附着力强、硬而耐磨；耐候性差，易粉化，不宜用作耐候性面漆；不适用于水下和恶劣大气环境	（1）金属防腐蚀底漆：涂于钢铁表面； （2）环氧沥青；耐水性好，用于地下管道和水下工程，作底漆和面漆； （3）厚浆型中涂：用于富锌底漆上； （4）2道浆：高固体分，高压无气喷涂作2道面漆，需罩面漆； （5）罩面漆：用于2道浆表面
聚氨酯系	双组分常温固化；性能同环氧系，但脂肪族聚氨酯涂层耐候性优异；适用于恶劣环境	（1）芳香族：作底漆、厚浆型中涂涂料； （2）脂肪族：作2道面漆，面漆涂于环氧涂层表面

重防腐涂层要考虑涂层的配套性。即是否能发挥各涂层应有的功能：底层应具有良好防腐性和与底材的附着性能；中涂层除发挥屏蔽作用外，尚应加强底层、面层间的结合力；面层应具有耐候和抗外界腐蚀介质性能。当底层耐溶剂性差时，应考虑上面涂层溶剂对底层的软化作用，此时应加1道耐溶剂好、层间结合力强的涂料作中涂层，如云母氧化铁（M10）涂料。各种涂料重迭的配套性见附表4-10；典型桥梁防腐涂层体系实例见附表4-11。

各防蚀涂料重迭的配套性 附表 4-10

下层涂料	上层涂料								
	长效磷化底漆	无机富锌涂料	有机富锌涂料	酚醛M10涂料	氯化橡胶涂料	乙烯树脂涂料	环氧树脂涂料	环氧沥青涂料	聚氨酯涂料
长效磷化底漆	×	×	×	○	○	○	△	△	△
无机富锌涂料	○	○	○	×	○	○	○	○	○
有机富锌涂料	○	×	○	×	○	○	○	○	○
酚醛M10涂料	×	×	×	○	○	△	△	△	△
氯化橡胶涂料	×	×	×	○	○	×	×	×	×
乙烯树脂涂料	×	×	×	×	×	○	×	×	×

续上表

下层涂料	上层涂料								
	长效磷化底漆	无机富锌涂料	有机富锌涂料	酚醛 M10 涂料	氯化橡胶涂料	乙烯树脂涂料	环氧树脂涂料	环氧沥青涂料	聚氨酯涂料
环氧树脂涂料	×	×	×	△	△	○	○		○
环氧沥青涂料	×	×	×	△	△	△	△	○	△
聚氨酯涂料	×	×	×	×	×	×	×	×	○

注：○—配套；△—依具体情况而定；×—不配套。

典型桥梁防腐蚀涂层体系实例　　附表 4-11

项　目	一般防腐蚀涂层体系			重防腐蚀涂层体系			
	1	2	3	4	5	6	7
第一层	磷化底漆	磷化底漆	富锌预涂底漆	厚膜富锌底漆	厚膜富锌底漆	厚膜富锌底漆	富锌底漆
第二层	油性防锈漆	油性防锈漆	氯化橡胶底漆	磷化底漆	厚膜氯化橡胶	厚膜环氧	环氧沥青
第三层	油性防锈漆	油性防锈漆	氯化橡胶底漆	铬酸锌底漆	厚膜氯化橡胶	厚膜环氧	环氧沥青
第四层	长油度醇酸	酚醛 M10	氯化橡胶	酚醛 M10	氯化橡胶	环氧或聚氨酯	环氧沥青
第五层	长油度醇酸	氯化橡胶	氯化橡胶	酚醛 M10	氯化橡胶	环氧或聚氨酯	—
第六层	—	氯化橡胶	—	氯化橡胶	—	—	—
第七层	—	—	—	氯化橡胶	—	—	—
涂层总厚度	～150μm			≥250μm			

(4) 钢箱梁涂装参考方案

钢梁涂装材料及干膜厚度如下：

①钢梁外表面依次为：

无机硅酸锌车间漆　　1 道　　干膜厚 20μm

无机富锌底漆　　1 道　　干膜厚 75μm

环氧云铁中间漆　　1 道　　干膜厚 60μm

聚氨脂面漆　　2 道　　干膜厚 2×40μm

②钢梁内表面依次为：

无机硅酸锌车间底漆　　1 道　　干膜厚 20μm

无机富锌底漆　　1 道　　干膜厚 75μm

无机富铝面漆　　1 道　　干膜厚 30μm

(5) 栓焊梁连接摩擦面热喷涂铝

热喷涂技术要求：铝喷涂层厚度（160±40）μm；摩擦系数≥0.55；热喷涂铝丝应符合 GB 3190 标准中 LF2（2 号防锈铝）要求。

喷铝工艺要求：

①喷枪：SQP-1 型吸射喷枪；

②铝材：二号防锈铝　符合 GB3190；

③氧气：纯氧二级以上，(>98.5%)；压力 0.5～0.6MPa；

④乙炔：压力0.08～0.12MPa；

⑤压缩空气：纯净无油、无水、无尘，压力0.5～0.6MPa；

⑥送丝速度：60～90m/h；

⑦喷射角度：65°～90°；喷射距离：150mm±50mm。

附录5

钢梁常用钢材的有关技术资料

随着我国钢桥设计和制造的发展，整体焊接节点桁梁和全焊钢箱梁的大量使用，对桥梁钢材料的焊接性能及低柔韧性的要求也越来越高和越来越严格。我国冶金技术的发展提供了充分满足上述性能要求的钢材品种和技术规范，供设计和制造选用。

1. 14MnNbq桥梁钢

该品种桥梁钢是我国自己研制的具有优良可焊性和焊后低柔韧性的钢材品种，其大量成熟的结构设计研究数据，已纳入《铁路桥梁钢结构设计规范》（TB 10002.2—99）。

14MnNbq桥梁钢主要技术条件：

（1）14MnNbq钢化学成分应符合附表5-1的规定。

14MnNbq钢化学成分（%） 附表5-1

钢　种	C	Si	Mn	P	S	Nb
14MnNbq	0.11～0.17	0.20～0.60	1.20～1.60	≤0.025	≤0.015	0.010～0.035

注：可加入稀土等微量元素。

（2）14MnNbq钢力学性能应符合附表5-2的规定。

（3）交货状态：小于等于24mm的钢板可控轧或正火交货，大于24mm的钢板必须正火交货。

14MnNbq钢力学性能 附表5-2

钢　种	交货状态	板厚（mm）	σ_s（MPa）	σ_b（MPa）	δ_5（%）	冷弯180°	纵向 A_{kv}（J）	纵向应变时效 A'_{kv}（J）
14MnNbq	正火	6～16	≥370	530～685	≥20	d=2a	≥40	≥40
		17～25	≥355	510～665	≥19	d=3a		
		26～36	≥350	500～645				
		37～60	≥340	490～625				

（4）钢板化学成分允许偏差应按GB 222规定执行。

（5）包装标志及质量证明书应按GB 247规定执行。

（6）凡本技术条件未尽事宜按照GB/T 714—2000标准执行。

2.《桥梁结构钢》（GB/T 714—2000）

《桥梁结构钢》（GB/T 714—2000），为《桥梁建筑用热轧碳素钢技术条件》（GB/T 714—1965）、《桥梁用碳素钢及普通低合金钢钢板技术条件》（YB 168—1970）和《桥梁结构钢》（YB（T）10—81）三个标准合并修订而成。

（1）范围

本标准规定了桥梁用结构钢的尺寸、外形、重量及允许偏差、技术要求、试验方法、检验规则、包装、标志及质量证明书。

本标准适用于桥梁建筑用钢板及型钢。

（2）引用标准

下列标准所包含的条文，通过在本标准中引用而构成为本标准的条文。

GB/T 222—1984 钢的化学分析用试样取样法及成品化学成分允许偏差

GB/T 223.5—1997 钢铁及合金化学分析方法 还原型硅相酸盐光度法测定酸溶硅含量

GB/T 223.12—1991 钢铁及合金化学分析方法 碳酸钠分离-二苯碳酰二肼光度法测定铬量

GB/T 223.19—1989 钢铁及合金化学分析方法 新亚铜灵-三氯甲烷萃取光度法测定铜量

GB/T 223.24—1994 钢铁及合金化学分析方法 萃取分离-丁二酮肟分光光度法测定镍量

GB/T 223.62—1988 钢铁及合金化学分析方法 乙酸丁酯萃取光度法测定磷量

GB/T 223.63—1988 钢铁及合金化学分析方法 高碘酸钠（钾）光度法测定锰量

GB/T 223.67—1989 钢铁及合金化学分析方法 还原蒸馏一次甲基蓝光度法测定硫量

GB/T 223.68—1997 钢铁及合金化学分析方法 管式炉内燃烧后碘酸钾滴定法测定硫含量

GB/T 223.69—1997 钢铁及合金化学分析方法 管式炉内燃烧后气体容量法测定碳含量

GB/T 228—1987 金属拉伸试验法

GB/T 229—1994 金属夏比缺口冲击试验方法

GB/T 232—1999 金属材料 弯曲试验方法

GB/T 247—1997 钢板和钢带验收、包装、标志及质量证明书的一般规定

GB/T 706—1988 热轧工字钢尺寸、外形、重量及允许偏差

GB/T 707—1988 热轧槽钢尺寸、外形、重量及允许偏差

GB/T 708—1988 热轧钢板和钢带尺寸、外形、重量及允许偏差

GB/T 2101—1989 型钢验收、包装、标志及质量证明书的一般规定

GB/T 2970—1991 中厚钢板超声波检验方法

GB/T 2975—1998 钢及钢产品 力学性能试验取样位置及试样制备

GB/T 4336—1984 碳素钢和中低合金钢的光电发射光谱分析方法

GB/T 6397—1986 金属拉伸试验试样

GB/T 17505—1998 钢及钢产品交货一般技术要求

（3）牌号表示方法

桥梁钢的牌号由代表屈服点的汉语拼音字母、屈服点数值、桥梁钢的汉语拼音字母、质量等级符号 4 个部分组成。

例如：Q345qC

其中：Q——桥梁钢屈服点的“屈”字汉语拼音的首位字母；

345——屈服点数值，单位 MPa；

q——桥梁钢的“桥”字汉语拼音的首位字母；

C——质量等级为C级。

(4) 尺寸、外形、重量及允许偏差

①桥梁钢钢板的尺寸、外形、重量及允许偏差应符合GB/T 709的规定。

②桥梁钢型钢的尺寸、外形、重量及允许偏差应符合有关标准规定。

③经供需双方协议，并在合同中注明，可供应其他尺寸、外形及允许偏差的桥梁钢。

(5) 技术要求

①牌号和化学成分

a. 钢的牌号和化学成分（熔炼分析）应符合附表5-3的规定。

附表5-3

牌号	质量等级	统一数字代号	化学成分(%)					
			C	Si	Mn	P	S	Als
						不大于		
Q235q	C	U32353	≤0.20	≤0.30	0.40～0.70	0.035	0.035	
Q235q	D	U32354	≤0.18	≤0.30	0.50～0.80	0.025	0.025	≥0.015
Q345q	C	L13453	≤0.20	≤0.60	1.00～1.60	0.035	0.035	
Q345q	D	L13454	≤0.18	≤0.60	1.10～1.60	0.025	0.025	≥0.015
Q345q	E	L13455	≤0.17	≤0.50	1.20～1.60	0.020	0.015	≥0.015
Q370q	C	L13703	≤0.18	≤0.50	1.20～1.60	0.035	0.035	
Q370q	D	L13704	≤0.17	≤0.50	1.20～1.60	0.025	0.025	≥0.015
Q370q	E	L13705	≤0.17	≤0.50	1.20～1.60	0.020	0.015	≥0.015
Q420q	C	L14203	≤0.18	≤0.50	1.20～1.60	0.035	0.035	
Q420q	D	L14204	≤0.17	≤0.60	1.30～1.70	0.025	0.025	≥0.015
Q420q	E	L14205	≤0.17	≤0.60	1.30～1.70	0.020	0.015	≥0.015

b. 表中的酸溶铝(Als)可以用测定总含铝量代替，此时铝含量应不小于0.020%。为改善钢材性能，可以加入钒、铌、钛、氮等微量元素，其含量应符合附表5-4的规定，并应在质量证明书中注明。

附表5-4

V	Nb	Ti	N
≤0.08%	≤0.045%	≤0.02%	≤0.018%

其余元素铬、镍、铜含量应各不大于0.03%。

c. 桥梁钢各牌号的碳当量应符号附表5-5的规定。

附表5-5

牌号	Q345q	Q370q	Q420q
C_{eq}	0.43%	0.44%	0.45%

碳当量按下列公式计算：

$$C_{eq}\ (\%) = C + \frac{Mn}{6} + \frac{Si}{24} + \frac{Ni}{40} + \frac{Cr}{5} + \frac{Mo}{4} + \frac{V}{14}$$

d. 钢的成品化学成分允许偏差应符合 GB/T222 的规定。

e. 经供需双方协议，并在合同中注明，可供其他牌号和化学成分的桥梁钢。

②冶炼方法

钢由转炉或电炉冶炼。

③交货状态

钢材以热轧、控轧或正火状态交货。

④力学性能和工艺性能

钢材的力学性能和工艺性能应符合附表 5-6 的规定，经需方同意，时效冲击可不做检验。

夏比（V 形缺口）冲击功按三个试样的算术平均值计算，允许其中有一个试样的单值低于附表 5-6 的规定值，但不得低于规定值的 70%。

如果低于规定值的试样不超过 2 个，而且低于规定值 70%的试样不超过 1 个，可以从同一抽样产品上再取一组 3 个试样进行试验，前后两组 6 个试样的平均值应不低于规定值，低于规定值的试样不应超过 2 个，低于规定值 70%的试样不应超过 1 个。

一组三个试样的平均值应符合规定最小值的要求。

当采用 7.5mm×10mm×55mm 或 5mm×10mm×55mm 小尺寸试样做冲击试验时，其结果应分别不小于附表 5-6 规定值的 75%或 50%。

桥梁结构钢材的力学及工艺性能指标　　附表 5-6

牌号	质量等级	厚度 (mm)	屈服点 σ_s (MPa)	抗拉强度 σ_b (MPa)	伸长率 δ_5 (%)	V 形冲击功（纵向）		180℃弯曲试验钢材厚度 (mm)	
						温度（℃）	时效（J）	≤16	>16
Q235q	C	≤16	235	390	26	0	27	$d=1.5a$	$d=2.5a$
		>16～35	225	380					
		>35～50	215	375					
		>50～100	205	375					
	D	≤16	235	390	26	−20			
		>16～35	225	380					
		>35～50	215	375					
		>50～100	205	375					
Q345q	C	≤16	345	510	21	0	34	$d=2a$	$d=2a$
		>16～35	325	490	20				
		>35～50	315	470	20				
		>50～100	305	470	20				
	D	≤16	345	510	21	−20			
		>16～35	325	490	20				
		>35～50	315	470	20				
		>50～100	305	470	20				

续上表

牌　号	质量等级	厚度(mm)	屈服点 σ_s(MPa)	抗拉强度 σ_b(MPa)	伸长率 δ_5(%)	V形冲击功(纵向)		180℃弯曲试验钢材厚度(mm)	
						温度(℃)	时效(J)	≤16	＞16
Q345q	E	≤16	345	510	21	−40	34	$d=2a$	$d=2a$
		＞16～35	325	490	20				
		＞35～50	315	470	20				
		＞50～100	305	470	20				
Q370q	C	≤16	370	530	21	0	41	$d=2a$	$d=2a$
		＞16～35	355	510	20				
		＞35～50	330	490	20				
		＞50～100	330	490	20				
	D	≤16	370	530	21	−20			
		＞16～35	355	510	20				
		＞35～50	330	490	20				
		＞50～100	330	490	20				
	E	≤16	370	530	21	−40			
		＞16～35	355	510	20				
		＞35～50	330	490	20				
		＞50～100	330	490	20				
Q420q	C	≤16	420	570	20	0	47		
		＞16～35	410	550	19				
		＞35～50	400	540	19				
		＞50～100	390	530	19				
	D	≤16	420	570	20	−20			
		＞16～35	410	550	19				
		＞35～50	400	540	19				
		＞50～100	390	530	19				
	E	≤16	420	570	20	−40			
		＞16～35	410	550	19				
		＞35～50	400	540	19				
		＞50～100	390	530	19				

注：1. Q420qE级钢的−40℃冲击功值由供需双方协议规定。

2. d—弯心直径，a—试样厚度（直径）

⑤表面质量

钢材表面不应有裂纹、气泡、结疤、折叠、夹杂，钢材不应有分层。

如有上述表面缺陷允许清理，清理深度从实际尺寸算起，不应大于钢材厚度公差之半，并应保证最小厚度。清理处应平滑无棱角。

⑥超声波探伤

根据需方要求，厚度大于20mm的钢板，应进行超过波探伤检验。探伤标准及级别由供需双方协议规定，并在合同中注明。

⑦特殊要求

根据需方要求，经供需双方协议，并在合同中注明，可进行其他项目的检验。

（6）试验方法

每批钢材的检验项目、取样数量、取样部位及试验方法应符合附表5-7的规定。

钢材检验规定　　附表5-7

序号	检验项目	取样数量	取样方法及部位	试验方法
1	化学成分	1个（每炉罐）	GB/T 222	GB/T 223
2	拉伸	1	GB/T 2975	GB/T 228，GB/T 6397
3	冲击	3	GB/T 229	GB/T 229
4	时效冲击	2	GB/T 229	GB/T 229
5	冷弯	1	GB/T 2975	GB/T 232
6	表面	逐张（根）	—	目视
7	尺寸	逐张（根）	—	卡尺，直尺

注：化学成分熔炼分析时，采用GB/T 4336；仲裁时，采用GB/T 223。

（7）检验规则

①钢材的验收由供方技术监督部门进行。需方有权按标准进行验收。

②钢材应成批验收，每批应由同一牌号、同一炉号、同一轧制温度及同一热处理温度的钢组成；每批重量不应大于60t。

③冲击试验结果不合格时，应按GB/T 17505有关规定进行复验。再从另外2个产品上分别取样，按上述规定做同样的试验，其结果应完全符合该条款的要求。

④钢材的其他检验项目的复验应符合GB/T 247和GB/T 2101的规定。

（8）包装、标志及质量证明书

钢材的包装、标志及质量证明书应符合GB/T 247和GB/T 2101的规定。

3.《碳素结构钢》（GB 700—88）和《低合金高强度结构钢》（GB 1591—94）

1）《碳素结构钢》（GB 700—88）

GB 700—88为碳素结构钢系列，其中Q235各级钢可用于铆接与栓接结构桥梁，用于焊接桥梁，需采用镇静和特种镇静钢即Q235C级或D级钢。C、D级可满足可焊性要求，韧性需根据桥址最低设计温度、应力状态提出具体要求。

（1）碳素结构钢系列化学成分见附表5-8。

碳素结构钢化学成分　　附表5-8

牌　号	等　级	化学成分（%）					脱氧方法
		C	Mn	Si	S	P	
				不大于			
Q195	—	0.06～0.12	0.25～0.50	0.30	0.050	0.045	F、b、Z
Q215	A	0.09～0.15	0.25～0.55	0.30	0.050	0.045	F、b、Z
	B				0.045		

续上表

牌　号	等　级	化学成分（%）					脱氧方法
		C	Mn	Si	S	P	
				不大于			
Q235	A	0.14～0.22	0.30～0.65[1]	0.30	0.050	0.045	F、b、Z
	B	0.12～0.20	0.30～0.70[1]		0.045		
	C	≤0.18	0.35～0.80		0.040	0.040	Z
	D	≤0.17			0.035	0.035	TZ
Q255	A	0.18～0.28	0.40～0.70	0.30	0.050	0.045	F、b、Z
	B				0.045		
Q275	—	0.28～0.38	0.50～0.80	0.35	0.050	0.045	b、Z

（2）碳素结构钢力学性能见附表 5-9。

碳素结构钢力学性能

附表 5-9

牌号	等级	拉伸试验													V形冲击功（纵向）（J）	
		屈服点 σ_s（MPa）						抗拉强度 σ_b（MPa）	伸长率 δ_5（%）						温度（℃）	时效（J）
		钢材厚度（直径）（mm）							钢材厚度（直径）（mm）							
		≤16	>16～40	>40～60	>60～100	>100～150	>150		≤16	>16～40	>40～60	>60～100	>100～150	>150		
Q195	—	(195)	(185)	—	—	—	—	315～430	33	32	—	—	—	—	—	不小于
Q215	A	215	205	195	185	175	165	335～450	31	30	29	28	27	26	—	—
	B														20	27
Q235	A	235	225	215	205	195	185	375～500	26	25	24	23	22	21	—	—
	B														20	27
	C														0	
	D														−20	
Q255	A	255	245	235	225	215	205	410～550	24	23	22	21	20	19	—	—
	B														20	27
Q275	—	275	265	255	245	235	225	490～630	20	19	18	17	16	15	—	—

（3）碳素结构钢冷弯试验应满足附表 5-10 的规定。

2）《低合金高强度结构钢》（GB 1591—94）

GB 1591—94 为低合金高度结构钢系列，如 Q345、Q390、Q420 力学性能与原 16Mn、14MnNb、15MnVN 钢相近，化学成分及性能稍作调整，可用于焊接桥梁使用。从力学性能来讲主要含碳量≤0.18%，S 含量≤0.015%，P 含量≤0.0258%，碳当量≤0.44，$\delta_5 \geq$ 19%，冷弯弯径 2a，满足 180°要求。夏比冲击韧性按桥址设计最低温度及受力状态满足要求。Q345D 级钢已较多用于全焊钢箱梁设计和制造。

碳素结构钢冷弯试验规定　　附表 5-10

牌　号	试样方向	冷弯试验 $B=2a$（180°）		
		钢材厚度（直径）(mm)		
		60	>60~100	>100~200
		弯心直径 d		
Q195	纵	0	—	—
	横	0.5a		
Q215	纵	0.5a	1.5a	2a
	横	a	2a	2.5a
Q235	纵	a	2a	2.5a
	横	1.5a	2.5a	3a
Q255	—	2a	3a	3.5a
Q275	—	3a	4a	4.5a

(1) GB 1591—94 系列钢化学成分见附表 5-11。

低合金结构钢化学成分　　附表 5-11

牌号	质量等级	化学成分（%）									
		C(≤)	Mn	Si(≤)	P(≤)	S(≤)	V	Nb	Ti	Al(≥)	Cr(≤)	Ni(≤)
Q2395	A	0.16	0.80~1.50	0.55	0.045	0.045	0.02~0.15	0.015~0.060	0.02~0.20	—		
	B	0.16	0.80~1.50	0.55	0.040	0.040	0.02~0.15	0.015~0.060	0.02~0.20			
Q345	A	0.20	1.00~1.60	0.55	0.045	0.045	0.02~0.15	0.015~0.060	0.02~0.20	—		
	B	0.20	1.00~1.60	0.55	0.040	0.040	0.02~0.15	0.015~0.060	0.02~0.20	—		
	C	0.20	1.00~1.60	0.55	0.035	0.035	0.02~0.15	0.015~0.060	0.02~0.20	0.015		
	D	0.18	1.00~1.60	0.55	0.030	0.030	0.02~0.15	0.015~0.060	0.02~0.20	0.015		
	E	0.18	1.00~1.60	0.55	0.025	0.025	0.02~0.15	0.015~0.060	0.02~0.20	0.015		
Q390	A	0.20	1.00~1.60	0.55	0.045	0.045	0.02~0.20	0.015~0.060	0.02~0.20	—	0.30	0.70
	B	0.20	1.00~1.60	0.55	0.040	0.040	0.02~0.20	0.015~0.060	0.02~0.20	—	0.30	0.70
	C	0.20	1.00~1.60	0.55	0.035	0.035	0.02~0.20	0.015~0.060	0.02~0.20	0.015	0.30	0.70
	D	0.20	1.00~1.60	0.55	0.030	0.030	0.02~0.20	0.015~0.060	0.02~0.20	0.015	0.30	0.70
	E	0.20	1.00~1.60	0.55	0.025	0.025	0.02~0.20	0.015~0.060	0.02~0.20	0.015	0.30	0.70
Q420	A	0.20	1.00~1.70	0.55	0.045	0.045	0.02~0.20	0.015~0.060	0.02~0.20	—	0.40	0.70
	B	0.20	1.00~1.70	0.55	0.040	0.040	0.02~0.20	0.015~0.060	0.02~0.20	—	0.40	0.70
	C	0.20	1.00~1.70	0.55	0.035	0.035	0.02~0.20	0.015~0.060	0.02~0.20	0.015	0.40	0.70
	D	0.20	1.00~1.70	0.55	0.030	0.030	0.02~0.20	0.015~0.060	0.02~0.20	0.015	0.40	0.70
	E	0.20	1.00~1.70	0.55	0.025	0.025	0.02~0.20	0.015~0.060	0.02~0.20	0.015	0.40	0.70
Q460	C	0.20	1.00~1.70	0.55	0.035	0.035	0.02~0.20	0.015~0.060	0.02~0.20	0.015	0.70	0.70
	D	0.20	1.00~1.70	0.55	0.030	0.030	0.02~0.20	0.015~0.060	0.02~0.20	0.015	0.70	0.70
	E	0.20	1.00~1.70	0.55	0.025	0.025	0.02~0.20	0.015~0.060	0.02~0.20	0.015	0.70	0.70

(2) GB 1591—94 系列钢力学性能见附表 5-12。

低合金结构钢力学性能 附表 5-12

牌号	质量等级	屈服点 σ_s (MPa)				抗拉强度 σ_b (MPa)	伸长率 δ_5 (%)	冲击功，A_{kv}，(纵向)(J)				180°弯曲试验 d=弯心直径，a=试样厚度(直径)	
		厚度(直径，边长)(mm)						+20℃	0℃	−20℃	−40℃	钢材厚度(直径)(mm)	
		≤16	>16~35	>35~50	>50~100		不小于					≤16	>16~100
Q295	A	295	275	255	325	390~570	23	—	—	—	—	$d=2a$	$d=3a$
	B	295	275	255	325	390~570	23	34	—	—	—	$d=2a$	$d=3a$
Q345	A	345	325	295	275	470~630	21	—	—	—	—	$d=2a$	$d=3a$
	B	345	325	295	275	470~630	21	34	—	—	—	$d=2a$	$d=3a$
	C	345	325	295	275	470~630	22	—	34	—	—	$d=2a$	$d=3a$
	D	345	325	295	275	470~630	22	—	—	34	—	$d=2a$	$d=3a$
Q390	A	390	370	350	330	490~650	19	—	—	—	—	$d=2a$	$d=3a$
	B	390	370	350	330	490~650	19	34	—	—	—	$d=2a$	$d=3a$
	C	390	370	350	330	490~650	20	—	34	—	—	$d=2a$	$d=3a$
	D	390	370	350	330	490~650	20	—	—	34	—	$d=2a$	$d=3a$
	E	390	370	350	330	490~650	20	—	—	—	27	$d=2a$	$d=3a$
Q420	A	420	400	380	360	520~680	18	—	—	—	—	$d=2a$	$d=3a$
	B	420	400	380	360	520~680	18	34	—	—	—	$d=2a$	$d=3a$
	C	420	400	380	360	520~680	19	—	34	—	—	$d=2a$	$d=3a$
	D	420	400	380	360	520~680	19	—	—	34	—	$d=2a$	$d=3a$
	E	420	400	380	360	520~680	19	—	—	—	27	$d=2a$	$d=3a$
Q460	C	460	440	420	400	550~720	17	—	34	—	—	$d=2a$	$d=3a$
	D	460	440	420	400	550~720	17	—	—	34	—	$d=2a$	$d=3a$
	E	460	440	420	400	550~720	17	—	—	—	27	$d=2a$	$d=3a$

(3) 试验抽样方法及试验方法见附表 5-13。

试 验 取 样 表 附表 5-13

序　号	检 验 项 目	取 样 数 量	取 样 方 法	试 验 方 法
1	化学成分	1 个（每炉罐）	GB 222	GB 223
2	拉伸	1	GB 2975	GB 228 GB 6397
3	弯曲	1	GB 2975	GB 232
4	常温冲击	3	GB 2975	GB 2106
5	低温冲击	3	GB 2975	GB 4159

4. 其他桥梁钢构件材料选用及相应标准

其他桥梁构件材料选用及相应标准参见附表 5-14。

其他桥梁钢构件材料　　附表 5-14

构 件 名 称	钢 材 牌 号	应符合标准
桥梁辅助结构	Q235、B、Z	《碳素结构钢》(GB 700)
铆钉、精粗制螺栓	BL2　BL3	《标准件用碳素热轧圆钢》(GB 715)
高强度螺栓及螺母垫圈	40B　20MnTiB　35VB	《合金结构钢技术条件》(GB 3077)《高强度大六角头螺栓、大六角螺母、垫圈和技术条件》(GB/T 1228～1231)
	35、45、15MnV	

第二章　钢桁梁桥的维修加固

§2.1　钢桁梁桥的病害

一、病害的产生

公路钢桁梁桥正常使用情况下发生严重破坏、损伤和落桥的实例极少。但发生锈蚀、断面削弱、裂缝、局部弯扭、桥面系破坏、构件损伤、铆钉螺栓剪断的现象却比较普遍。

公路钢桁梁桥由活载直接产生的整体强度病害很少。这是因为设计荷载满载的机会较少，原材料强度稳定，所采用的安全系数较高的缘故。由地震、火灾、战争等灾害，车辆的撞击事故，地基下沉和由邻近工程引起的桥梁病害时有发生。而较早年代所建的桥梁，随着钢构件老化、疲劳强度降低和荷载增大的等原因，其承载能力和耐久性成为主要的问题。

二、病害的分布

钢梁病害（缺陷）发生的部位、程度及形式，依据构造物的种类、应力状态和发生原因而呈多种形态。由于钢结构抗变形性能比较好，所以要发现钢构造物的缺陷也相当困难。但是如果缺陷在局部上即使是很小的，它也可能是重大缺陷的隐患和前兆。所以在检查中发现异状时，必须细心地作现场调查，准确而详细地察知病害（破坏）损伤状况是很重要的。

（1）钢桁梁缺陷的宏观检查内容有

①变位、移动、下沉、倾斜；

②异状挠曲、过大的振动；

③异状变形、裂缝、剪断；

④松动、错动；

⑤钢材变质；

⑥锈蚀、腐蚀、锈得粘在一起；

⑦积水成洼、堵上灰尘和泥等。

（2）各构造部位常见的病害

①主梁和主要上部结构有：

a. 中承式和下承式桥因车辆撞击引起的变形；

b. 跨线桥，梁的下翼缘因车辆撞击产生的变形；

c. 支座部位底板的变形和裂缝；

d. 横向联结系与主梁联结部位的变形；

e. 排水困难地点的腐蚀。

②下部构造有：

a. 跨线桥、桥墩和墩柱因车辆撞击产生的变形；

b. 箱形断面桥墩内部的积水；

c. 随基础构造变形的下沉、移动和倾斜。

③结合和接头部位有由于铆钉和螺栓锈蚀发生的损耗。

④支座有：

a. 位移量不足，或由它引起的变形和裂缝；

b. 锚固螺栓和安装螺栓松弛、锈蚀；

c. 支承板和辊轴等锈得粘在一起；

d. 支座底座下沉以及被压坏；

e. 堵满灰尘和泥土。

⑤附属设备等有：

a. 防止落梁装置的位移量不足和由它引起的变形等；

b. 栏杆因车辆撞击产生的变形；

c. 伸缩装置和排水设施破坏损伤。

§2.2　钢桁梁桥病害的检测评定

由于钢结构的特性，即使部分钢桁的强度有所降低，也不会直接导致桥梁整体的承载能力下降，因此因钢桁梁主桁梁缺陷而影响使用性能的情况较少发生。但若对缺陷不及时补修，让缺陷继续发展，会导致严重病害（缺陷）以致降低结构的承载能力，从而缩短桥梁寿命。所以对于任何病害（缺陷），应予尽快处置。

此外，对于早期修建的钢桁梁桥，由于实际活载的增大、使用材料的变异和构件老化等问题，必须确定桥梁合理的承载能力，以满足营运要求。

一、预估评价

对于病害（缺陷）的评定，可按下列三者中之一进行划分。

(1) 需要补修加固：缺陷程度较大，构造物强度、承载力和安全系数已经降低者；缺陷有再发生和扩展者；锈蚀严重，影响耐久性以及周围环境者等。

(2) 需要进一步作动态调查：仅有一般检查或调查，对缺陷状况、成因尚不明确，评定较困难；或缺陷没有发展，需继续核查今后动态变化等。

(3) 不需补修：虽属缺陷，但对结构受力性能没有特别影响；发生缺损构件为次要或附属构件；静定结构中的缺损构件不影响结构稳定性时，没有必要采取对策；使用性能上虽有影响，但影响较小，或无适当的补修方法，或因补修反而可能带来不良影响或危险等。

二、各种缺陷类别的评定和维修加固的要点

(1) 变形

钢桁梁桥易产生变形的情况，以下面两种为最多。

①跨线桥，桥下通过的车辆对下翼缘的撞击。

②下承式桥上通行的车辆对主桁架的撞击。

几乎所有形式的桥梁，其横向刚度都较低，当受重车剧烈撞击时，以撞击地点为中心，主梁（主桁）、横梁、侧面构件和斜撑会产生弯曲和压屈变形。

此外，下承式桥梁，因车辆驾驶失误撞击主梁桁架的斜杆和竖直杆等，由于这些构件细长、刚度较小，受撞击后会产生较大变形和裂缝。

当撞伤轻时，如涂装被刮掉、钢材表面受轻伤、产生部分小坑等，进行涂装即可。

当撞后出现较大变形时，不仅在美观上不能令人满意，传递应力的机理也产生变化，构件抗压或抗压屈能力降低，构造物整体的安全度受到威胁，必须做矫正和更换构件等补修。

此外，为了防止再次发生撞击事故和确保交通安全，在下承式桥梁上有必要设护轮带和栏杆等。在桥下净空较小的跨线桥，有必要在桥前设防护梁和警戒门柱等。

(2) 变位

钢桁梁支座由于附近工程的影响、地基沉陷和软弱地基地带以及有异常土压的作用、或因基础被冲刷等会产生移动下沉。主桁沿水平方向移动时，伸缩装置产生滑动，梁端活动间隙会产生过于狭窄或拉开过宽等情形，当移动量再增大，就失去了支承或超过防止落梁装置的活动间隙，使固定钢件和锚固螺栓等损伤，支座上下垫板离位等。同样，多跨简支钢桁梁桥也有因桥台向前面移动，多跨桁梁被逐孔推出，而使全桥的伸缩装置和支座遭破坏的。连续梁和刚构等超静定钢桁梁桥，由于各支点的不均匀下沉，在钢构造物上产生肉眼能看到的缺陷极少，但由计算值可知，即使在不均匀下沉量很小的情况下，钢桁某些构件也会达到相当高的应力状态。此外，桥台和桥墩等如倾斜下沉，则上部构造的左、右桁片下沉量不同，主梁因此受扭曲，产生主桁梁变形、混凝土桥面板裂缝等等。

对于支座的移动下沉，从基础和下部构造进行修复，难度是相当大的。因此多采用维修加固上部构造的方案。但是，需进行追踪检查，当判明移动下沉仍有发展时，则必须加固基础构造物，以阻止下沉发展。因支座水平移动，在伸缩装置上发生缺损时应更换伸缩装置。支座上产生缺损时，可重新安装或更换。当有不均匀下沉和倾斜下沉时，则以千斤顶顶起，将支座抬高，重新安装，或更换支座。

(3) 裂缝

钢桁梁桥发生的裂缝，最常见的有以下两种：

①钢板辊轧伤、焊接不良（焊缝开裂、焊接不实）、钢构件制作上的缺口等，即从加工和安装时起就存在的裂缝。

②有高残留应力，或在应力集中处，或锈蚀的部位处，因疲劳受力而发生的裂缝。

因上述两种裂缝在营运期间都会发展，有可能导致构件断裂。特别是在主桁的主要承重构件上发生的裂缝，非常危险，世界上钢桁梁落梁的特大毁桥事故，几乎都是上述两种裂缝为起因，而导致脆性破坏或疲劳破坏的。此外，由于交通量增加和汽车荷载等级的提高，虽加固了桥面系构件以适应提高荷载等级的要求，但必须加强检查，防止上述两种裂缝的出现，以避免加固后在短期内就有发生疲劳或脆性破坏的可能性。

补修裂缝时，如仅以焊接和增加盖板等将裂缝堵塞一下，是不解决问题的。必须充分调查裂缝发生部位的钢材质量、焊接状态、应力状态、锈蚀状况和疲劳状态等，依据调查的结果，采取对策。有时，为了改善材质，必须更换构件，为了改善应力状态，必须优化设计变更结构。

(4) 火灾

火灾对钢桁梁的影响，与火灾的性质（指燃烧物的种类、燃烧值、温度和时间等）、构造物的受热温度、燃烧物的位置、面对火灾的情形、气温和风向等有关，在同一构造物中也因部位不同而异。

①在连续梁、刚构等超静定钢桁梁上，由火灾发生的温度应力，即使在同一构造物上也会因构件不同，受热温度不同，因而产生温差应力。温差应力因构造物的种类和形式而异，有时也会超过材料的屈服点。

②钢材由于受热，物理性质产生变化。在400～600℃范围内，强度、屈服点和弹性模量急剧地降低。

③由于火灾使钢材弹性模量降低，钢桁梁产生下挠和压屈；由于局部的温差，在板上会产生凸凹；由于有的构件受热膨胀，也将引起其他构件产生变形。这些因受热引起的变形，都将使构件抗拉和抗压屈能力降低。

④钢材因其合金元素不同，高温加热的钢材经淋水急剧冷却后，发生淬火变脆，同时，产生内应力。经热处理调质、提高强度、改善了材质的钢材，如加热超过回火温度（650℃）的程度，冷却后强度也有所下降。

⑤靠高强螺栓摩擦结合的钢构件接头，在高温下摩擦力会下降。依据温度及其持续时间，螺栓的轴力会有一定的松弛，恢复到常温之后，其拉滑力也会有所降低。螺栓也因被热处理而变质。

遭遇火灾的钢桁构造物，由所涂涂料的变色程度和钢材的硬度试验等来推算受热温度，并应测定其变形值。当受害仅为变形，而且其值较小，对应力没有影响的，可保持现状。当受热温度较高，材质有变化可能时，应从受灾桥上切下试件进行机械试验。当材质有恶化和过度变形等情形时，则应进行更换构件和加固等。

（5）锈蚀

在钢构造物中因锈蚀原因产生的缺陷病害最多。其锈蚀的原因，本篇第一章第1.3节中已作了详述。

桁架的节点、箱形断面内部、伸缩装置及其附近、梁端和支座部位等，都是钢桁梁桥上部构造锈蚀的多发部位，锈蚀一旦发展，则断面渐渐地减小，如锈蚀严重，则将因断面缺损而影响其承载能力。

为防止锈蚀，定期清扫和对所涂涂层的补修是不可缺少的。断面缺损的构件和头部损耗的铆钉、螺栓必须更换。在支座处，上下钢垫板锈得粘在一起，损害了转动和移动的机能，以清扫打油不能补救时，应更换整个支座。

此外，应结合对锈蚀部位的涂装补修，改善排水不良部位的排水，以防止从伸缩装置和桥面板破坏损伤部位的渗漏水侵蚀。

三、设计规范变化对旧桥的影响

（1）一桥承载能力的多样性

随着规范的修订，设计荷载、钢材设计计算强度的取值、安全系数的采用等均在变化，按“旧规范”所设计的大跨径钢桁架式主梁的承载能力，并非都比按现行规范设计的承载能力小。其中桥面板和桥面系构件（纵、横梁等），或小跨径的主梁，一般承载能力比按现行规范设计的小。因此正在使用的钢桁梁桥中，实际上承载能力各不相同，甚至在同一座桥梁中，引桥、主梁、桁架式主梁与桥面板以及桥面系之间，承载能力也有所差别。

（2）从旧钢桁梁桥的使用现状（含缺损、锈蚀、病害等）及车辆荷载实际交通状况调查，以及国内外旧钢桁梁桥的维修加固统计分析来看，直接承受车辆荷载的桥面系已成为公路桥梁提高使用荷载下承载能力的关键结构部位。如上面所述用“旧规范”设计的桥面板和桥面系的荷载承受能力当然小，而从营运的实际状态看，即使是按现行规范设计建成的新桥，相当一部分建成后 2～3 年内桥面板或桥面系也发生破坏损伤事故，已有损于桥梁本身的使用功能。

对桥面系这个影响桥梁承载力的关键部位，应提出合理可行的加固设计方案来提高承载能力。例如，为钢筋混凝土桥面板的承载能力，可用增设纵梁和压接钢板、或更换预制板和钢桥面板等加固方法。而当桥面系缺陷病害较多时，以采用全面更换为好。此外，如采用高强螺栓和现场焊接、在构件上增装新钢板，以加大杆件断面的方法，或用增设并列纵、横梁等较大规模加固法都可提高桥梁的承载能力。

§2.3 钢桁梁桥的维修加固方法

一、维修加固方法的分类

(1) 紧急处理

如当支座损坏时，必须立即将主桁暂时以排架和道木垛等支承，或由于事故造成主桁发生严重损伤时，实行交通限制（车道限制或禁止通行等）和重量限制等的处理，都属这一类。此时，钢桁主梁是处于不稳定状态，这种状态如长期持续下去，会使缺陷病害进一步发展，或第二次造成结构严重损伤。

(2) 维修

维修是指对产生缺陷损伤的结构部位和构件等进行修复，并尽量恢复到与原来相近的形状。例如矫正由撞击事故造成的构件变形，或将支点下沉的梁以千斤顶顶高重新安装支座等。

(3) 加固

加固是以提高结构的强度为目的。例如，为了提高承载能力而增设纵梁，改造加铺桥面系，或对于因锈蚀而减小的断面增设新盖板等。规模较大的加固，如采用增设新主梁与原来的主梁并列布设，使其相互联结以增加承载能力等。当加固使结构体系和应力分布产生变化时，对新、旧构件结成一体的共同受力性能以及应力分布等应详细计算，从而确定计算加固后的安全度。

(4) 更换

更换是指对发生缺损的构件进行拆除，并且用新的构件进行替代。例如将锈蚀和松弛的铆钉（螺栓）拆除，并重新钉（拧固）上，将严重锈蚀的支座更换为防锈材料制作的支座等。对于整个上部构造大规模的重建，也属于更换的方法之一。在更换中，必须研究分析旧构件拆除时的结构体系和静荷载应力状态变化等问题，以提出准确可靠的拆除方案。具体实施时，即使是次要构件，不经研究而轻易拆除也是危险的。

二、钢桁梁桥维修加固要点

(1) 维修加固设计

对不同时期修建的桥梁，加固设计均应按现行桥梁规范所规定的荷载标准进行核算。

加固后的结构物无论在哪个结构部位上的新旧构件，所承受的设计荷载都不得超过各自的容许应力。在旧构件上增加钢板或型钢进行加固时，一般多在恒载状态下进行，因此旧构件只承受恒载，而用于加固的新增断面则承受活载，但必须保证两者都不得超过构件的容许应力。

另外，对钢桁铆钉接头采用焊接补修时，设计计算时接头（或节点）应力的传布，应全部由焊接来承担。

（2）加热处理

对因撞击等原因而使构件发生变形的情况，进行构件加热矫正时，应注意如下事项：

①加热用的燃烧器，宜采用喷火口较大的加热专用燃烧器，将应矫正的部位同时加热，不要出现没有被加热的部位。

②构件如加热过度，表面溶化，将因自重而可能下垂，为防止梁下垂，事先要搭设排架。

③如加热不够，即使使用千斤顶也不易再矫正成型。

④不得将千斤顶加热。

⑤不得以水急剧冷却构件，避免钢板材质改变。

⑥要严格控制加热温度，最高温度为600℃。对于热处理、高强钢材的加热不得超过其回火温度（650℃）。

⑦以锤子敲打进行矫正时，不要打成坑槽。

⑧在加热施工中应禁止交通。

（3）更换锈蚀的铆钉

①当锈蚀的铆钉集中在一个接头上时，应将其全部更换为高强螺栓。

②当拆除旧铆钉时，以钻挤出较好。用气割烧断铆钉头的方法，母材将产生缺口和伤痕。

③当更换为高强螺栓时，母材有因锈蚀而产生凸凹，应采用研磨机将摩擦面磨平。在摩擦面上不要涂涂料。应将原来的涂料用刮刀和研磨机铲除。

④将锈蚀的连接板全部进行更换则效果较好。

（4）采用工地焊接维修的注意事项

①钢材的焊接性能

对于早期的钢结构，因所采用的钢材不全是焊接性能良好的产品。特别对于规格不清和标准以外的钢材，其焊接性能更不清楚，故对于规格和材质不明确的钢材，应从原有桥梁上切取试验片，除做机械性能试验和化学分析之外，必须进行焊接性能的试验（撞击试验、硬度试验、焊缝弯曲试验和X光检查），以确定其焊接性能。

当试验的结果确定焊接性能较差时，应选择采用高强螺栓等其他方法。在旧桥上所用的锻铁件和在支座上所用的铸铁件等，因为焊接性能不好，不能采用焊接法进行补修。对于焊接性能优越的材质，如高强钢和厚钢板，因焊接产生的硬化倾向显著，易于产生焊接缺陷，所以要注意进行预热和选择适当的焊条。

②现场焊接的施工特点

焊接质量除受焊接工人技术高低影响外，还受焊接现场作业空间狭小、工人难以采取自然焊接姿势的影响。另外现场焊接还受气候条件的影响，受构件清扫程度、焊条干燥、焊接电流不稳定等影响。

为了确定焊接的施工质量，应做工地焊接试验。试验采用与实际桥相同材质的钢板。为反映现场条件，应根据实际的施工法和施工条件（焊接工、焊接姿势、焊接机具材料和气温等），取其中最不利的状态下进行试验。试验的种类，一般作X光检查、抗弯试验和硬度试验即可。但在对焊时，最好还进行抗拉试验和撞击试验。

③交通管制

以焊接进行维修加固的工程，必须在禁止交通的环境下进行。这是因为构件在受动荷载的振动和冲击的状态下，难以达到稳定的焊接效果，易产生焊接紊乱。此外，在维修设计中，因多数计算只考虑恒载作用下的应力，如在活载作用的状态下进行焊接，则补修后的构件应力状态与设计不符，对其他构件也会产生附加应力。

如因故不能完全禁止交通时，则必须对受力构件内力影响较大的车行道限制交通，以减少振动和冲击。在现场要进行严格的焊接管理，在设计上也必须留有足够的应力储备。

④气象条件

现场作业易受天气的影响，如在下雨和下雪时进行焊接，则水分将附着在焊接面或焊条上，有发生焊接事故和漏电事故的危险。

另外，焊接部位的冷却速度受风速所支配，风速大冷却速度非常快，同时因电弧被风所吹，混入气泡等而引起病害。因此，焊接部位不要直接迎风，在暴风时应当停止焊接。

焊接前母材的温度通常与气温相等，如在低气温时进行焊接，则焊接部位的温度梯度很大，容易产生各种缺陷，焊接质量不能保证。因此，当气温在5℃以下时，不得进行现场焊接。有时受工期控制在5℃以下焊接时，则必须将焊接部位预热，使其达到适当的温度，并进行严格的焊接管理。

⑤清扫

进行焊接的构件以及增接钢板的表面，在焊接前必须清扫。焊接面及其附近如有水分，在焊接金属上可能会产生气泡，同时还有触电的危险，所以焊接前必须将水分彻底擦掉。

粘在焊接面上的赤锈和涂料等，应全部除掉。含铅和锌等成分的涂料，焊接时会因高温分解而产生有毒气体，故必须清除。此外，在焊接面上若有熔渣、土砂和灰尘等被焊进被焊的金属中，将降低焊接质量。因此，对焊接面及距焊接线左右各约5cm的邻接部位，必须用锤子、钢丝刷和研磨机等彻底除掉有害的附着物。

⑥组装与焊接

在构件组装时，为了确保构件和增接钢板或型钢件的位置准确，应采用金属夹具嵌固。夹具必须保证构件和增接钢板或型钢件不因焊接作业中桥梁的挠曲和振动等而产生位移，也不得约束焊接应变和影响焊接的连续作业。当组装拼焊时，进行临时定位焊接的情况比较多，因临时定位焊接容易产生焊接缺陷（临时焊接长度太短时，硬化显著且易于开裂），所以，规定必须按80mm以上的长度焊接。尤其是当焊接完毕以后，应除掉焊珠、焊渣，检查有无开裂。

为了防止焊接开裂和减轻残留应力，应尽量不使钢板或型钢件的焊接变形受约束。首先应在产生较大变形的部位进行焊接，例如可先进行对接，再做贴角焊，由构件的中部向两端施焊等。

§2.4　钢桁梁桥提高荷载等级的加固计算实例

一、桥梁概况

山东北镇黄河公路大桥全长 2932.00m，桥面净空为净 9m+2×1.5m 人行道，原设计荷载为汽-13、拖-60、人群荷载 2.5kN/m^2（系 1967 年《公路桥涵车辆荷载及净空标准暂行规定》）。主河道桥跨结构（主桥）为一联 4×112m 连续栓焊钢桁架，主桁采用平行弦三角形体系，桁高 11m、节长 8m、主桁横向中心距为 10m。北引桥上部为 112 孔跨径 20m 的钢筋混凝土 T 梁，中引桥为 7 孔跨径 33m 的预应力混凝土简支 T 梁。桥梁下部构造，引桥为双柱式钻孔灌注桩基础，中引桥和主桥为深孔钻孔灌注桩高桩承台混凝土重力式桥墩，两岸桥台为钻孔灌注桩双柱式框架桥台，见图 3.2.4-1。该桥于 1972 年建成通车，后因北滩地被洪水淹没，于 1986 年完成北引桥 20mT 梁（77 孔）抬高和接长工程。

20 年来交通量逐年增加，已达 2 万余辆/日，超过设计荷载标准的重车也日益增多，桥梁在超负荷状态下营运，加上桥梁维修不及时，桥面破损严重，已明显不能适应营运要求。1998 年对该桥进行技术改造，为弄清该桥主要承重结构的承载潜力，探讨将荷载等级提高到汽—20、挂—100、人群荷载 3.0kN/m^2 的可行性，为加固维修提供依据，交通部公路科学研究院受委托对该桥的维修加固提出设计验算分析报告。

二、验算基本资料

1. 桥跨与荷载

（1）桥型及跨径：主桥一联四孔 112m 下承式四跨连续栓焊钢桁架；

（2）桥面净空：净 9m+2×1.5m 人行道；

（3）验算荷载：验算活载汽—20、挂—100、人群荷载 3.0kN/m^2，恒载及其余可变荷载与原设计相同；

2. 主桥构造特点

（1）主桁：为平行弦三角形体系，桁高 11m，节间长度 8m，主桁横向中心距 10m，杆件高 500mm，基本截面为 16Mn 钢板焊成的 H 形，弦杆杆长 15.95m，斜杆长 12.56m，竖杆长 10.5m。

（2）纵梁：为 16Mn 钢板焊成的工字形梁，跨径为 8m。

（3）横梁：为 16Mn 钢板焊成的工字形梁，跨径为 10m。

（4）行车道板：为 5 跨连续原 30 号钢筋混凝土预制板，板厚 12cm，计算跨径为 1.6m。

（5）人行道板：为宽 1.48m 原 25 号钢筋混凝土预制板，板厚 7cm，计算跨径为 1.12m。

3. 主要材料特性

（1）主桥结构钢为 16Mn 钢，弹性模量 $E=2.1\times10^5$MPa；剪切模量 $G=0.81\times10^5$MPa；

轴向容许应力：$[\sigma]=200$MPa；弯曲容许应力：$[\sigma_w]=210$MPa；容许剪应力：$[\tau]=120$MPa；重度：$\gamma=7.85$kN/m^3。

（2）原 30 号混凝土，弹性模量：$E_h=3.0\times10^4$MPa；轴心抗压设计强度：$R_a=17.5$MPa；轴心抗拉设计强度：$R_L=1.75$MPa。

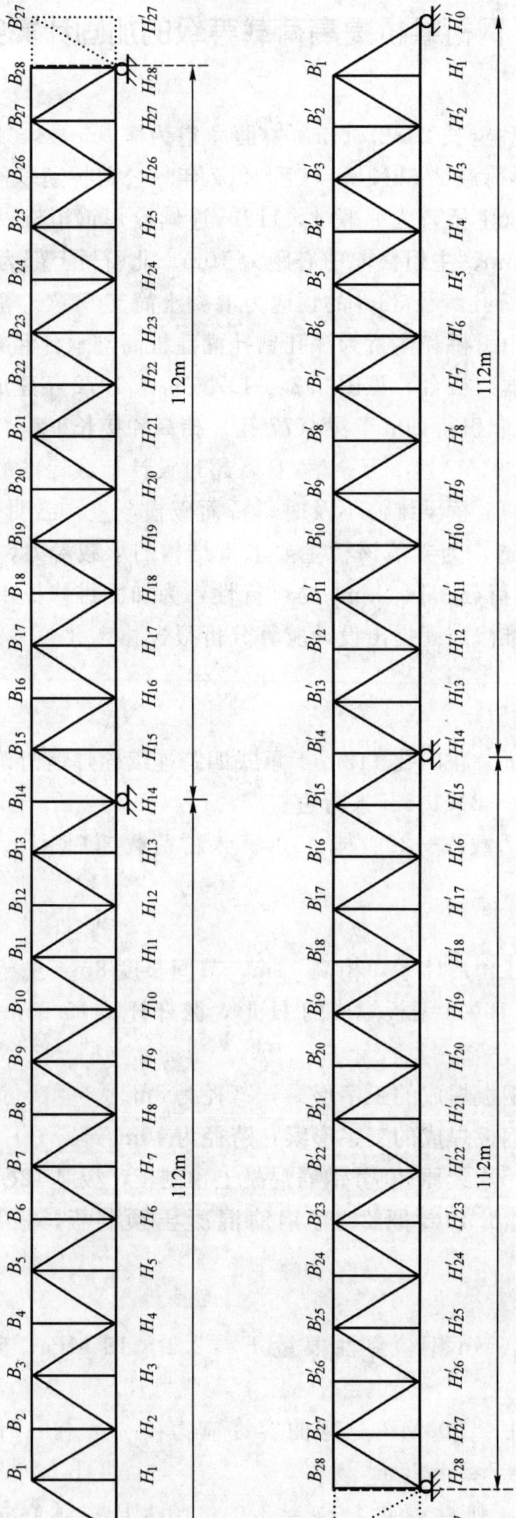

图3.2.4-1　主桁架计算图式

三、验算依据与验算方法

1. 验算主要依据

(1) 公路桥涵设计通用规范（JTJ 025—86）

(2) 公路旧桥承载能力鉴定方法（试行）（以下称“鉴定方法”）

(3)“公路桥涵钢结构及木结构设计规范”（JTJ 025—86）

(4)“公路钢筋混凝土及预应力混凝土设计规范”（JTJ 023—85）

(5)“公路养护技术规范”（JTJ 037—85）

(6) 原北镇黄河大桥钢桁架结构计算书

(7) 山东省北镇黄河公路大桥质量检测报告（交通部公路科学研究所，1997 年 11 月）

2. 验算方法

主要采用荷载效应比较法，即将验算荷载产生的各主要承重构件控制截面内力最不利荷载效应组合值，与原设计荷载产生的各构件控制截面内力最不利荷载效应组合值进行直接比较。若荷载效应的比较系数小于等于 1，则认为验算荷载即获通过，不再进行构件强度、刚度等的验算。若荷载效应的比较系数大于 1，除了进行结构主要承重构件的强度和结构刚度验算外，还进行结构稳定性、疲劳性能以及节点板连接强度等细部验算。

四、主桁承载能力验算分析

1. 验算要点

(1) 由于主桁弦杆不直接承受荷载，且杆件高度与节点中距之比为 1/16，未超过“桥规”（JTJ 021—89）规定的 1/10，所以计算取用不考虑节点刚接效应引起的次应力，可按铰接的三角形平面桁架体系考虑。杆件内力按弹性阶段确定。计算图式见图 3.2.4-1。

(2) 主桁桥跨结构分为两个独立的平面三角形铰接桁架体系计算，两个平面铰接桁架间的共同作用通过荷载横向分配系数来考虑。桥面系、平纵联等结构恒载荷载横向分配系数为 0.5（即平均分摊），活荷载横向分配系数按杠杆法计算，计算时取用的行车道宽为 9m。汽车-20 级荷载横向分配系数分二行和三行车队并计入 0.8 折减系数分别考虑，取较大者为 1.31。

(3) 鉴于主桥恒载和各杆件截面没有明显的变化，主桁杆件恒载内力和杆件截面特征值均采用原“北镇黄河大桥钢桁架结构计算书第 1 卷”的计算结果，活载内力及人群荷载内力由采用“桥梁结构计算综合程序”按图 3.2.4-1 所示计算图式电算而得，并沿用原“北镇黄河大桥钢桁架结构计算书第一卷”给出的杆件内力影响线对部分杆件进行手工加载复核，以确认电算结果的正确性。

(4) 冲击系数 $(1+\mu)$ 按“桥规”（JTJ 021—89）规定计算，其值为 1.1。挠度计算时未考虑栓孔削弱的影响，而按杆件的毛截面进行计算，以电算为主，辅以手算复核部分结果。

(5) 在进行主桁杆件强度复核时，按“桥规”（JTJ 025—86）规定，采用容许应力法验算。根据 1997 年 11 月提出“山东省北镇黄河公路大桥质量检测报告”中的质量检测评价情况，杆件材料未发生明显的恶化和衰退，故杆件材料的容许应力仍采用原桥计算书中的取值。

(6) 按“桥规”（JTJ 021—89）规定，在校核验算荷载强度时，挂车荷载组合其容许应力的提高系数为 1.25，汽车荷载组合其容许应力的提高系数为 1.0。

2. 主桁杆件内力验算

依据上述验算要点，采用“桥梁结构计算综合程序”算得的验算荷载作用下主桁各杆件最不利控制内力值以及其与恒载内力组合值如表 3.2.4-3 及表 3.2.4-4 所列。为便于比较起见，表 3.2.4-1 及表 3.2.4-2 亦列出了原设计荷载作用下主桁各杆件最不利控制内力值以及其与恒载内力组合值，由表 3.2.4-3、表 3.2.4-4 数据可见，挂-100 各杆件最不利效应组合值降低 1.25 倍后，小于汽-20 作用下相应的效应组合值，因此用汽-20 控制验算。将汽-20 荷载与原设计荷载作用下主桁各杆件最不利控制内力值对应比较，求得的大于 1 的荷载效应比较系数 K 值如表 3.2.4-5 和表 3.2.4-6 所列。纵观表列数据可以看到，荷载效应比较系数 K 值均大于 1.0，且弦杆和斜腹杆的杆件内力组合值一般在 2000kN 以上。

原设计荷载产生的弦杆控制内力汇总表 表 3.2.4-1

杆名		恒载内力	汽-13		人群荷载		内力组合	
		$N_{恒}$	$N_{活}^{+}$	$N_{活}^{-}$	$N_{人}^{+}$	$N_{人}^{-}$	$N_{恒}+N_{活}^{+}+N_{人}^{+}$	$N_{恒}+N_{活}^{-}+N_{人}^{-}$
上弦杆	H_0H_2	1205.6	648.2	−79.3	125.6	−16.2	1979.4	1110.1
	H_2H_4	2897.6	1540.8	−237.8	311.6	−48.5	4750	2611.3
	H_4H_6	3631.4	2032.7	−395.1	410.3	−80.6	6074.4	3155.7
	H_6H_8	3401.5	2083.7	−553.7	421.8	−112.9	5907	2734.9
	H_8H_{10}	2203.1	1709.9	−712.1	345.8	−145.2	4264.8	1351.8
	$H_{10}H_{12}$	58.5	927.8	−869.7	182.7	−171.4	1169	−988.8
	$H_{12}H_{14}$	−3053.2	313.4	−1619.3	64.6	−341.8	−2675.2	−5014.3
	$H_{14}H_{16}$	−3291.4	249	−1689.1	51.9	−350.7	−2990.5	−5331.2
	$H_{16}H_{18}$	−650.2	788.1	−1033.4	150.5	−207.5	288.4	−1893.1
	$H_{18}H_{20}$	1030.2	1463.5	−961.2	292.3	−198.1	2786	−129.7
	$H_{20}H_{22}$	1748.1	1720	−889.1	346.7	−187.9	3814.8	671.1
	$H_{22}H_{24}$	1504.6	1556.8	−851	313.8	−177.2	3375.2	476.4
	$H_{24}H_{26}$	301.3	977	−821.5	193.7	−166.4	1472	−686.6
	$H_{26}H_{28}$	−1866.6	624.3	−1446.6	132.4	−301.8	−1109.9	−3615
下弦杆	B_1B_3	−2173.4	158.4	−1167.1	32.3	−229.7	−1982.7	−3570.2
	B_3B_5	−3385.6	315.7	−1843	64.4	−371.8	−3005.5	−5600.4
	B_5B_7	−3637	474.4	−2111.6	96.8	−427	−3065.8	−6175.6
	B_7B_9	−2926.4	632.7	−1949.1	129	−394.7	−2164.7	−5270.2
	B_9B_{11}	−1254.5	790.7	−1365.6	161.3	−275.2	−302.5	−2895.3
	$B_{11}B_{13}$	1376.1	1098.8	−540.7	227	−102.1	2701.9	733.3
	$B_{13}B_{15}$	4969.9	2186.3	−278.8	507.7	−56.4	7663.9	4634.7
	$B_{15}B_{17}$	1848.9	1226.2	−402.5	249.9	−82.1	3325	1364.3
	$B_{17}B_{19}$	310.9	996.9	−1172.2	204	−232.3	1511.8	−1093.6
	$B_{19}B_{21}$	−1508.7	925.1	−1643.5	173.3	−330.5	−390.5	−3482.7
	$B_{21}B_{23}$	−1745.8	865.8	−1690.2	182.6	−341.1	−697.4	−3777.1
	$B_{23}B_{25}$	−1022.6	836.6	−1313.7	171.8	−264.7	14.2	−2601
	$B_{25}B_{27}$	663.4	1005.7	−678.5	205.4	−145.2	1874.5	−160.3
	$B_{27}B_{27'}$	3309.9	1940.2	−709.4	451.2	−150.7	5701.3	2449.8
说明	(1) 本表所有数据均摘自原设计计算书。 (2) 表中弦杆内力"+"表示拉力，"−"表示压力。 (3) 内力单位为 kN。 (4) 人群荷载为 2.5kN/m²							

原设计荷载产生的腹杆控制内力汇总表 表 3.2.4-2

杆名		恒载内力 $N_{恒}$	汽-13		人群荷载		内力组合	
			$N_{活}^{+}$	$N_{活}^{-}$	$N_{人}^{+}$	$N_{人}^{-}$	$N_{恒}+N_{活}^{+}+N_{人}^{+}$	$N_{恒}+N_{活}^{-}+N_{人}^{-}$
边跨斜腹杆	H_0B_1	−2051.7	134.4	−1102.6	27.4	−213.7	−1889.9	−3368
	B_1H_2	1643.2	932.4	−142.7	178.5	−59.3	2754.1	1471.2
	H_2B_3	−1234.8	162.3	−778.9	34.8	−146.9	−1032.7	−2160.6
	B_3H_4	825.9	641.1	−208.2	118.9	−43.9	1585.9	573.8
	H_4B_5	−417.4	344.9	−519	56.6	−94.5	−15.9	−1030.9
	B_5H_6	9.1	412.2	−400.9	73.5	−72.7	494.8	−464.5
	H_6B_7	399.4	505.6	−345	92.1	−55.8	997.1	−1.4
	B_7H_8	−807.7	246.1	−602.6	41.3	−114.6	−520.3	−1524.9
	H_8B_9	1126.8	704	−180.8	131.9	−29.6	1962.7	916.4
	B_9H_{10}	−1624.9	129.8	−877.4	20.7	−168.2	−1474.4	−2670.5
	$H_{10}B_{11}$	2033.6	1023.7	−90.3	198.9	−14.2	3256.2	1929.1
	$B_{11}H_{12}$	−2442	47.9	−1178.2	10	−231.7	−2384.1	−3851.9
	$H_{12}B_{13}$	2850.4	1341.3	−37.3	266.4	−7.6	4458.1	2805.5
	$B_{13}H_{14}$	−3258.9	33.9	−1509.4	6.9	−302.8	−3218.1	−5071.1
中跨斜腹杆	$H_{14}B_{15}$	−2856	169	−1464.8	34.2	−293.5	−2652.8	−4614.3
	$B_{15}H_{16}$	2447.9	1296.8	−173.8	257.5	−35.3	4002.2	2238.8
	$H_{16}B_{17}$	−2039.2	189.2	−1135.3	38.7	−223.9	−1811.3	−3398.4
	$B_{17}H_{18}$	1631.1	985.6	−216.1	192.8	−44.7	2809.5	1370.3
	$H_{18}B_{19}$	−1222.3	256.4	−849	53.7	−164.7	−912.2	−2236
	$B_{19}H_{20}$	814.2	725.4	−310.7	139.8	−65.9	1679.4	437.6
	$H_{20}B_{21}$	−405.6	441	−616.6	81.3	−118.2	116.7	−1140.4
	$B_{21}H_{22}$	−2.5	522.2	−538.4	99.9	−100.1	619.6	−641
	$H_{22}B_{23}$	410.9	648.3	−400.4	122.3	−85	1181.5	−74.5
	$B_{23}H_{24}$	−819.9	348	−775.4	73.3	−147.7	−398.6	−1743
	$H_{24}B_{25}$	1227.8	913.1	−309.7	176.2	−64.7	2317.1	853.4
	$B_{25}H_{26}$	−1636.1	284.1	−1064.8	59	−207.5	−1293	−2908.4
	$H_{26}B_{27}$	2044.5	1225.6	−269.7	241.4	−55.8	3511.5	1719
	$B_{27}H_{28}$	−2452.9	265.2	−1393.3	54.8	−277.5	−2132.9	−4123.7
说明	(1) 本表所有数据均摘自原设计计算书。 (2) 表中腹杆内力“+”表示拉力，“−”表示压力。 (3) 内力单位为 kN。 (4) 人群荷载为 2.5kN/m^2							

验算荷载产生的弦杆控制内力汇总表 表 3.2.4-3

杆名		人群荷载		汽-20		挂-100		汽-20 内力组合值		挂-100 内力组合值	
		$N_{人}^{+}$	$N_{人}^{-}$	$N_{活}^{+}$	$N_{活}^{-}$	$N_{活}^{+}$	$N_{活}^{-}$	$N_{恒}+N_{活}^{+}+N_{人}^{+}$	$N_{恒}+N_{活}^{-}+N_{人}^{-}$	$N_{恒}+N_{活}^{+}+N_{人}^{+}$	$N_{恒}+N_{活}^{-}+N_{人}^{-}$
上弦杆	H_0H_2	150.72	−19.44	697.79	−83.05	456.64	−46.16	2054.11	1103.11	1812.96	1140.00
	H_2H_4	373.92	−58.20	1643.62	−263.05	1101.59	−138.47	4915.14	2576.35	4373.11	2700.93
	H_4H_6	492.36	−96.72	2156.24	−439.41	1414.28	−230.79	6280.00	3095.27	5538.04	3303.89
	H_6H_8	506.16	−135.48	2218.73	−615.17	1420.79	−323.10	6126.39	2650.85	5328.45	2942.92
	H_8H_{10}	414.96	−174.24	1842.64	−790.93	1167.74	−415.42	4460.70	1237.93	3785.80	1613.44
	$H_{10}H_{12}$	219.24	−212.88	1054.58	−966.70	711.58	−507.73	1332.32	−1121.08	989.32	−662.11
	$H_{12}H_{14}$	77.52	−410.16	362.06	−1613.50	186.94	−600.05	−2613.62	−5076.86	−2788.74	−4063.41
	$H_{14}H_{16}$	62.28	−420.84	296.03	−1650.52	190.41	−620.49	−2933.09	−5362.76	−3038.71	−4332.73
	$H_{16}H_{18}$	180.60	−251.40	742.60	−947.30	672.58	−499.32	273.00	−1848.90	202.98	−1400.92
	$H_{18}H_{20}$	350.76	−238.44	1442.51	−891.11	1025.94	−378.15	2823.47	−99.35	2406.90	413.61
	$H_{20}H_{22}$	416.04	−225.48	1712.37	−834.50	1151.09	−256.98	3876.51	688.12	3315.23	1265.64
	$H_{22}H_{24}$	376.56	−212.64	1547.48	−834.93	1030.50	−349.57	3428.64	457.03	2911.66	942.39
	$H_{24}H_{26}$	232.44	−199.68	957.99	−835.89	679.58	−462.20	1491.73	−734.27	1213.32	−360.58
	$H_{26}H_{28}$	158.88	−362.16	564.82	−1439.82	191.18	−574.83	−1142.90	−3668.58	−1516.54	−2803.59
下弦杆	B_1B_3	38.76	−275.64	174.53	−1232.28	92.31	−822.94	−1960.11	−3681.32	−2042.33	−3271.98
	B_3B_5	77.28	−446.16	351.52	−1969.19	184.63	−1299.62	−2956.80	−5800.95	−3123.69	−5131.38
	B_5B_7	116.16	−512.40	527.29	−2246.75	276.94	−1449.46	−2993.55	−6396.15	−3243.90	−5598.86
	B_7B_9	154.80	−473.64	703.05	−2093.03	369.26	−1327.25	−2068.55	−5493.07	−2402.34	−4727.29
	B_9B_{11}	193.56	−330.24	878.82	−1512.42	461.57	−956.87	−182.12	−3097.16	−599.37	−2541.61
	$B_{11}B_{13}$	272.40	−122.52	1121.60	−582.85	553.89	−449.80	2770.10	670.73	2202.39	803.78
	$B_{13}B_{15}$	609.24	−67.68	2345.05	−276.34	681.08	−157.28	7924.19	4625.88	6260.22	4744.94
	$B_{15}B_{17}$	299.88	−98.52	1166.38	−425.20	559.91	−440.03	3315.16	1325.18	2708.69	1310.35
	$B_{17}B_{19}$	244.80	−278.76	919.42	−1143.01	438.74	−873.28	1475.12	−1110.87	994.44	−841.14
	$B_{19}B_{21}$	207.96	−396.36	862.81	−1623.75	317.57	−1121.83	−437.93	−3528.81	−983.17	−3026.89
	$B_{21}B_{23}$	219.12	−409.32	834.45	−1676.18	293.25	−1124.17	−692.23	−3831.30	−1233.43	−3279.29
	$B_{23}B_{25}$	206.16	−317.64	835.41	−1300.64	405.89	−879.45	18.97	−2640.88	−410.55	−2219.69
	$B_{25}B_{27}$	246.48	−174.24	1002.88	−662.94	518.52	−445.73	1912.76	−173.78	1428.40	43.43
	$B_{27}B_{27'}$	541.44	−180.84	2081.82	−582.90	631.15	−167.11	5933.16	2546.16	4482.49	2961.95
说明	(1) 表中恒载内力摘自原设计计算书。 (2) 表中弦杆内力“+”表示拉力，“−”表示压力。 (3) 表中活载控制内力为两列汽—20 产生的值，已计入 $(1+\mu)=1.1$ 的冲击系数和 1.31 荷载横向分配系数。 (4) 内力单位为 kN。 (5) 人群荷载为 $3.0kN/m^2$										

验算荷载产生的腹杆控制内力汇总表　　　　表 3.2.4-4

杆名		人群荷载		汽-20		挂-100		汽-20 内力组合值		挂-100 内力组合值	
		$N_{人}^{+}$	$N_{人}^{-}$	$N_{活}^{+}$	$N_{活}^{-}$	$N_{活}^{+}$	$N_{活}^{-}$	$N_{恒}+N_{活}^{+}+N_{人}^{+}$	$N_{恒}+N_{活}^{-}+N_{活}^{-}$	$N_{恒}+N_{活}^{+}+N_{人}^{+}$	$N_{恒}+N_{活}^{-}+N_{人}^{-}$
边跨斜腹杆	H_0B_1	32.88	−256.44	147.14	−1187.37	78.48	−776.39	−1871.68	−3495.51	−1940.34	−3084.53
	B_1H_2	214.20	−35.16	1016.21	−168.68	699.58	−78.48	2873.61	1439.36	2556.98	1529.56
	H_2B_3	41.76	−176.28	206.32	−853.63	123.18	−624.02	−986.72	−2264.71	−1069.86	−2035.10
	B_3H_4	142.68	−52.68	710.82	−265.42	549.59	−199.71	1679.40	507.80	1518.17	573.51
	H_4B_5	67.92	−113.40	342.45	−577.51	275.06	−476.69	−17.03	−1108.31	−74.42	−1007.49
	B_5H_6	88.20	−87.24	460.81	−436.88	405.70	−349.24	558.11	−515.02	503.00	−427.38
	H_6B_7	110.52	−66.96	542.00	−358.57	421.76	−337.11	1051.92	−26.13	931.68	−4.67
	B_7H_8	49.56	−137.52	272.29	−663.23	271.24	−492.36	−485.85	−1608.45	−486.90	−1437.58
	H_8B_9	158.28	−35.52	793.95	−198.16	560.32	−208.70	2079.03	893.12	1845.40	882.58
	B_9H_{10}	24.84	−201.84	138.75	−933.13	151.57	−625.77	−1461.31	−2759.87	−1448.49	−2452.51
	$H_{10}B_{11}$	238.68	−17.04	1086.57	−93.85	687.29	−100.86	3358.85	1922.71	2959.57	1915.70
	$B_{11}H_{12}$	12.00	−278.04	65.01	−1239.67	57.46	−743.25	−2364.99	−3959.71	−2372.54	−3463.29
	$H_{12}B_{13}$	319.68	−9.12	1407.74	−42.43	792.51	−20.45	4577.82	2798.85	3962.59	2820.83
	$B_{13}H_{14}$	8.28	−363.36	33.56	−1570.54	19.10	−834.43	−3217.06	−5192.80	−3231.52	−4456.69
中跨斜腹杆	$H_{14}B_{15}$	41.04	−352.20	168.23	−1516.30	95.75	−819.35	−2646.73	−4724.50	−2719.21	−4027.55
	$B_{15}H_{16}$	309.00	−42.36	1349.47	−180.80	765.75	−95.75	4106.37	2224.74	3522.65	2309.79
	$H_{16}B_{17}$	46.44	−268.68	200.44	−1182.38	95.75	−704.17	−1792.32	−3490.26	−1897.01	−3012.05
	$B_{17}H_{18}$	231.36	−53.64	1029.48	−227.81	636.11	−129.98	2891.94	1349.65	2498.57	1447.48
	$H_{18}B_{19}$	64.44	−197.64	285.23	−881.63	193.25	−564.23	−872.63	−2301.57	−964.61	−1984.17
	$B_{19}H_{20}$	167.76	−79.08	748.40	−361.28	489.32	−262.03	1730.36	373.84	1471.28	473.09
	$H_{20}B_{21}$	97.56	−141.84	451.11	−626.23	334.74	−413.64	143.07	−1173.67	26.70	−961.08
	$B_{21}H_{22}$	119.88	−120.12	520.21	−556.30	338.39	−409.90	637.59	−678.92	455.77	−532.52
	$H_{22}B_{23}$	146.76	−102.00	677.78	−429.59	485.60	−265.46	1235.44	−120.69	1043.26	43.44
	$B_{23}H_{24}$	87.96	−177.24	352.88	−810.44	196.34	−560.62	−379.06	−1807.58	−535.60	−1557.76
	$H_{24}B_{25}$	211.44	−77.64	957.86	−294.19	632.74	−132.44	2397.10	855.97	2071.98	1017.72
	$B_{25}H_{26}$	70.80	−249.00	265.61	−1110.30	103.01	−701.17	−1299.69	−2995.40	−1462.29	−2586.27
	$H_{26}B_{27}$	289.68	−66.96	1277.59	−245.44	763.48	−103.01	3611.77	1732.10	3097.66	1874.53
	$B_{27}H_{28}$	65.76	−333.00	233.09	−1444.99	103.01	−818.57	−2154.05	−4230.89	−2284.13	−3604.47

说明：
(1) 表中恒载内力摘自原设计计算书。
(2) 表中弦杆内力"+"表示拉力，"−"表示压力。
(3) 表中活载控制内力为两列汽-20 产生的值，已计入 $(1+\mu)=1.1$ 的冲击系数和 1.31 荷载横向分配系数。
(4) 内力单位为 kN。
(5) 人群荷载为 $3.0kN/m^2$

主桁腹杆荷载效应比较系数 **K** 值计算表　　表 3.2.4-5

杆名		汽-13（设计荷载）		汽-20（验算荷载）		K^+	K^-
		$N_{恒}+N_{活}^{+}+N_{人}^{+}$	$N_{恒}+N_{活}^{-}+N_{人}^{-}$	$N_{恒}+N_{活}^{+}+N_{人}^{+}$	$N_{恒}+N_{活}^{-}+N_{人}^{-}$		
上弦杆	H_0H_2	1979.40	1110.10	2054.11	1103.11	1.04	0.99
	H_2H_4	4750.00	2611.30	4915.14	2576.35	1.03	0.99
	H_4H_6	6074.40	3155.70	6280.00	3095.27	1.03	0.98
	H_6H_8	5907.00	2734.90	6126.39	2650.85	1.04	0.97
	H_8H_{10}	4264.80	1351.80	4460.70	1237.93	1.05	0.92
	$H_{10}H_{12}$	1169.00	−988.80	1332.32	−1121.08	1.14	1.13
	$H_{12}H_{14}$	−2675.20	−5014.30	−2613.62	−5076.86	0.98	1.01
	$H_{14}H_{16}$	−2990.50	−5331.20	−2933.09	−5362.76	0.98	1.01
	$H_{16}H_{18}$	288.40	−1893.10	273.00	−1848.90	0.95	0.98
	$H_{18}H_{20}$	2786.00	−129.70	2823.47	−99.35	1.01	0.77
	$H_{20}H_{22}$	3814.80	671.10	3876.51	688.12	1.02	1.03
	$H_{22}H_{24}$	3375.20	476.40	3428.64	457.03	1.02	0.96
	$H_{24}H_{26}$	1472.00	−686.60	1491.73	−734.27	1.01	1.07
	$H_{26}H_{28}$	−1109.90	−3615.00	−1142.90	−3668.58	1.03	1.01
下弦杆	B_1B_3	−1982.70	−3570.20	−1960.11	−3681.32	0.99	1.03
	B_3B_5	−3005.50	−5600.40	−2956.80	−5800.95	0.98	1.04
	B_5B_7	−3065.80	−6175.60	−2993.55	−6396.15	0.98	1.04
	B_7B_9	−2164.70	−5270.20	−2068.55	−5493.07	0.96	1.04
	B_9B_{11}	−302.50	−2895.30	−182.12	−3097.16	0.60	1.07
	$B_{11}B_{13}$	2701.90	733.30	2770.10	670.73	1.03	0.91
	$B_{13}B_{15}$	7663.90	4634.70	7924.19	4625.88	1.03	1.00
	$B_{15}B_{17}$	3325.00	1364.30	3315.16	1325.18	1.00	0.97
	$B_{17}B_{19}$	1511.80	−1093.60	1475.12	−1110.87	0.98	1.02
	$B_{19}B_{21}$	−390.50	−3482.70	−437.93	−3528.81	1.12	1.01
	$B_{21}B_{23}$	−697.40	−3777.10	−692.23	−3831.30	0.99	1.01
	$B_{23}B_{25}$	14.20	−2601.00	18.97	−2640.88	1.34	1.02
	$B_{25}B_{27}$	1874.50	−160.30	1912.76	−173.78	1.02	1.08
	$B_{27}B_{27'}$	5701.30	2449.80	5933.16	2546.16	1.04	1.04
说明	荷载效应比较系数 K 为验算荷载效应组合值与原设计荷载效应组合值之比						

主桁腹杆荷载效应比较系数 K 值计算表

表 3.2.4-6

杆名		汽-13（设计荷载）		汽-20（验算荷载）		K^+	K^-
		$N_{恒}+N_{活}^{+}+N_{人}^{+}$	$N_{恒}+N_{活}^{-}+N_{人}^{-}$	$N_{恒}+N_{活}^{+}+N_{人}^{+}$	$N_{恒}+N_{活}^{-}+N_{人}^{-}$		
边跨斜腹杆	H_0B_1	−1889.90	−3368.00	−1871.68	−3495.51	0.99	1.04
	B_1H_2	2754.10	1471.20	2873.61	1439.36	1.04	0.98
	H_2B_3	−1032.70	−2160.60	−986.72	−2264.71	0.96	1.05
	B_3H_4	1585.90	573.80	1679.40	507.80	1.06	0.88
	H_4B_5	−15.90	−1030.90	−17.03	−1108.31	1.07	1.08
	B_5H_6	494.80	−464.50	558.11	−515.02	1.13	1.11
	H_6B_7	997.1	−341.4	1051.92	−26.13	1.05	0.08
	B_7H_8	−520.30	−1524.90	−485.85	−1608.45	0.93	1.05
	H_8B_9	1962.70	916.40	2079.03	893.12	1.06	0.97
	B_9H_{10}	−1474.40	−2670.50	−1461.31	−2759.87	0.99	1.03
	$H_{10}B_{11}$	3256.20	1929.10	3358.85	1922.71	1.03	1.00
	$B_{11}H_{12}$	−2384.10	−3851.90	−2364.99	−3959.71	0.99	1.03
	$H_{12}B_{13}$	4458.10	2805.50	4577.82	2798.85	1.03	1.00
	$B_{13}H_{14}$	−3218.10	−5071.10	−3217.06	−5192.80	1.00	1.02
中跨斜腹杆	$H_{14}B_{15}$	−2652.80	−4614.30	−2646.73	−4724.50	1.00	1.02
	$B_{15}H_{16}$	4002.20	2238.80	4106.37	2224.74	1.03	0.99
	$H_{16}B_{17}$	−1811.30	−3398.40	−1792.32	−3490.26	0.99	1.03
	$B_{17}H_{18}$	2809.50	1370.30	2891.94	1349.65	1.03	0.98
	$H_{18}B_{19}$	−912.20	−2236.00	−872.63	−2301.57	0.96	1.03
	$B_{19}H_{20}$	1679.40	437.60	1730.36	373.84	1.03	0.85
	$H_{20}B_{21}$	116.70	−1140.40	143.07	−1173.67	1.23	1.03
	$B_{21}H_{22}$	619.60	−641.00	637.59	−678.92	1.03	1.06
	$H_{22}B_{23}$	1181.50	−74.50	1235.44	−120.69	1.05	1.62
	$B_{23}H_{24}$	−398.60	−1743.00	−379.06	−1807.58	0.95	1.04
	$H_{24}B_{25}$	2317.10	853.40	2397.10	855.97	1.03	1.00
	$B_{25}H_{26}$	−1293.00	−2908.40	−1299.69	−2995.40	1.01	1.03
	$H_{26}B_{27}$	3511.50	1719.00	3611.77	1732.10	1.03	1.01
	$B_{27}H_{28}$	−2132.90	−4123.70	−2154.05	−4230.89	1.01	1.03
说明	荷载效应比较系数 K 为验算荷载效应组合值与原设计荷载效应组合值之比						

3. 主桁杆件的强度、抗疲劳性能及其刚度与稳定性验算

主桁杆件的刚度原设计能满足要求。“桥规”（JTJ 025—86）规定杆件强度、抗疲劳性能和稳定性验算方法列于表 3.2.4-7 中，比较表列公式可以看到，对于拉杆、压杆、拉—压杆仅需分别校核强度、稳定性、疲劳强度，对于压—拉杆需同时校核稳定性和抗疲劳强度，其校核结果见表 3.2.4-8～表 3.2.4-11。分析结果可见，除个别杆件应力超出其相应容许值外（表 3.2.4-8），最大超限 6.6%，其他所有杆件应力值均小于其相应容许值（表 3.2.4-9～表 3.2.4-11），可见在验算荷载作用下主桁杆件的强度、抗疲劳性能和稳定性能够满足规范要求。

杆件强度、抗疲劳性能和稳定性验算方法 表 3.2.4-7

受力特性验算类别	拉 杆	压 杆	拉—压杆	压—拉杆
强度	$N/F_j \leqslant [\sigma]$	$N/F_m \leqslant [\sigma]$	$N/F_j \leqslant [\sigma]$	$N/F_m \leqslant [\sigma]$
稳定性		$N/(\Phi_1 \times F_m) \leqslant [\sigma]$		$N/(\Phi_1 \times F_m) \leqslant [\sigma]$
疲劳强度			$N/(F_j \times \varphi) \leqslant [\sigma]$	$N/(F_j \times \varphi) \leqslant [\sigma]$
说明 (1) 表中 N 为杆件的轴力组合效应值，F_m、F_j 分别为杆件的毛截面面积、扣除栓孔后净截面面积；Φ_1 为轴心受压构件的纵向弯曲系数。 (2) $\varphi=[\sigma_n]/[\sigma]$，为疲劳容许应力折减系数，$[\sigma_n]$ 为钢材疲劳容许应力，$[\sigma]$ 为钢材容许应力，当 $\varphi \geqslant 1.0$ 时，取 1.0				

注：表 3.2.4-7 应按“桥规”（JTJ 025—86）中 1.2.15～1.2.17 条文的形式计算汇总表达，采用与“桥规”相同的符号。下面有关的计算（如表 3.2.4-9～表 3.2.4-11）也应相应改动。

主桁拉杆强度验算表 表 3.2.4-8

受力特性	杆名	$N_恒+N_活^++N_人^+$ (kN)	$N_恒+N_活^-+N_人^-$ (kN)	F_j (cm²)	N/F_j (MPa)
拉杆	H_0H_2	2054.11	1103.11	261.76	78.47
	H_2H_4	4915.14	2576.35	230.40	213.33
	H_4H_6	6280.00	3095.27	294.74	213.07
	H_6H_8	6126.39	2650.85	294.74	207.86
	H_8H_{10}	4460.70	1237.93	230.40	193.61
	$H_{20}H_{22}$	3876.51	688.12	230.40	168.25
	$H_{22}H_{24}$	3428.64	457.03	181.92	188.47
	$B_{11}B_{13}$	2770.10	670.73	181.92	152.27
	$B_{13}B_{15}$	7924.19	4625.88	394.16	201.04
	$B_{15}B_{17}$	3315.16	1325.18	181.92	182.23
	$B_{27}B_{27'}$	5933.16	2546.16	320.64	185.04
	B_1H_2	2873.61	1439.36	141.52	203.05
	B_3H_4	1679.40	507.80	141.52	118.67
	H_8B_9	2079.03	893.12	141.52	146.91
	$H_{10}B_{11}$	3358.85	1922.71	181.92	184.63
	$H_{12}B_{13}$	4577.82	2798.85	252.00	181.66

续上表

受力特性	杆名	$N_{恒}+N_{活}^{+}+N_{人}^{+}$ (kN)	$N_{恒}+N_{活}^{-}+N_{人}^{-}$ (kN)	F_j (cm^2)	N/F_j (MPa)
拉杆	$B_{15}H_{16}$	4106.37	2224.74	252.00	162.95
	$B_{17}H_{18}$	2891.94	1349.65	141.52	204.35
	$B_{19}H_{20}$	1730.36	373.84	141.52	122.27
	$H_{24}B_{25}$	2397.10	855.97	141.52	169.38
	$H_{26}B_{27}$	3611.77	1732.10	181.92	198.54
说明	(1) $N_{恒}+N_{活}+N_{人}$ 为汽-20 荷载的内力组合值。 (2) F_j 表示扣除栓孔后净截面面积，摘自原设计计算书。 (3) [σ] 为钢材容许应力，为 200MPa				

主桁压杆稳定性验算表 表 3.2.4-9

	杆名	$N_{恒}+N_{活}^{+}+N_{人}^{+}$ (kN)	$N_{恒}+N_{活}^{-}+N_{人}^{-}$ (kN)	$\Phi_1\times F_m$ (cm^2)	$N/(\Phi_1\times F_m)$ (MPa)
压杆	$H_{12}H_{14}$	−2613.62	−5076.86	267.24	−189.97
	$H_{14}H_{16}$	−2933.09	−5362.76	267.24	−200.67
	$H_{26}H_{28}$	−1142.90	−3668.58	229.44	−159.89
	B_1B_3	−1960.11	−3681.32	197.73	−186.18
	B_3B_5	−2956.80	−5800.95	332.04	−174.71
	B_5B_7	−2993.55	−6396.15	332.04	−192.63
	B_7B_9	−2068.55	−5493.07	332.04	−165.43
	B_9B_{11}	−182.12	−3097.16	156.41	−198.02
	$B_{19}B_{21}$	−437.93	−3528.81	197.73	−178.47
	$B_{21}B_{23}$	−692.23	−3831.30	197.73	−193.76
	H_0B_1	−1871.68	−3495.51	247.74	−141.10
	H_2B_3	−986.72	−2264.71	116.25	−194.81
	H_4B_5	−17.03	−1108.31	88.34	−125.46
	B_7H_8	−485.85	−1608.45	116.25	−138.36
	B_9H_{10}	−1461.31	−2759.87	146.96	−187.80
	$B_{11}H_{12}$	−2364.99	−3959.71	211.97	−186.81
	$B_{13}H_{14}$	−3217.06	−5192.80	278.75	−186.29
	$H_{14}B_{15}$	−2646.73	−4724.50	278.75	−169.49
	$H_{16}B_{17}$	−1792.32	−3490.26	211.97	−164.66
	$H_{18}B_{19}$	−872.63	−2301.57	116.25	−197.98
	$B_{25}H_{26}$	−379.06	−1807.58	116.25	−155.49
	$B_{23}H_{24}$	−1299.69	−2995.40	146.96	−203.82
	$B_{27}H_{28}$	−2154.05	−4230.89	247.74	−170.86
说明	(1) $N_{恒}+N_{活}+N_{人}$ 为汽-20 荷载的内力组合值。 (2) F_m 表示毛截面面积，Φ_1 为纵向弯曲系数，摘自原设计计算书。 (3) [σ] 为钢材容许应力，为 200MPa				

主桁拉—压杆抗疲劳强度验算表 表 3.2.4-10

杆	名	$N_{恒}+N_{活}^{+}+N_{人}^{+}$	$N_{恒}+N_{活}^{-}+N_{人}^{-}$	F_j	疲劳折减系数 φ	$N/(F_j\times\varphi)$
拉—压杆	$H_{10}H_{12}$	1332.32	−1121.08	181.92	1.67	43.95
	$H_{18}H_{20}$	2823.47	−99.35	181.82	0.84	184.26
	$H_{24}H_{26}$	1491.73	−734.27	181.92	1.00	82.00
	$B_{25}B_{27}$	1912.76	−173.78	181.92	0.87	120.50
	B_5H_6	558.11	−515.02	141.52	1.00	39.44
	H_6B_7	1051.92	−26.13	141.52	0.84	88.75
	$H_{22}B_{23}$	1235.44	−120.69	141.52	0.88	99.61
说明	(1) $N_{恒}+N_{活}+N_{人}$ 为汽-20 荷载的内力组合值。 (2) F_j 表示净截面面积，摘自"验算依据−3"。 (3) φ 为疲劳容许应力折减系数。 (4) 表中"−"表示压力或压应力，"+"表示拉力或拉应力					

主桁压—拉杆总体稳定性和疲劳强度验算表 表 3.2.4-11

杆名		$N_{恒}+N_{活}^{+}+N_{人}^{+}$ (kN)	$N_{恒}+N_{活}^{-}+N_{人}^{-}$ (kN)	F_j (cm²)	$F_m\times\Phi_1$ (cm²)	疲劳折减系数 φ	$N/(\Phi_1\times F_m)$ (MPa)	$N/(\varphi\times F_j)$ (MPa)
压—拉杆	$H_{16}H_{18}$	273.00	−1848.90	181.92	156.41	1.00	−118.21	−101.63
	$B_{17}B_{19}$	1475.12	−1110.87	181.92	156.41	1.00	−71.02	−61.06
	$B_{23}B_{25}$	18.97	−2640.88	181.92	156.41	0.88	−168.84	−164.96
	$H_{20}B_{21}$	143.07	−1173.67	141.52	88.34	1.00	−132.86	−82.93
	$B_{21}H_{22}$	637.59	−678.92	141.52	88.34	1.00	−76.85	−47.97
说明	(1) $N_{恒}+N_{活}+N_{人}$ 为汽-20 荷载的内力组合值。 (2) F_j 表示净截面面积，F_m 表示毛截面面积，Φ_1 为纵向弯曲系数，摘自原设计计算书。 (3) φ 为疲劳容许应力折减系数。 (4) 表中"−"表示压力或压应力，"+"表示拉力或拉应力							

4. 主桁节点板强度验算

依据主桁内力计算分析结果，选取边中跨各两块节点板进行强度验算。其验算内容和方法如下：

(1) 验算在主力作用下节点中心处节点板竖向截面上的法向应力（图 3.2.4-2）

验算公式：

$$\sigma_{上,下}=N/A_j\pm(e\times N)/W_j\leqslant[\sigma]$$

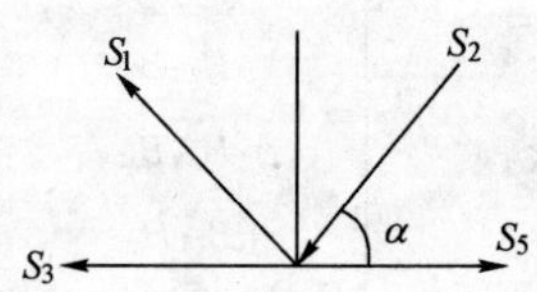

图 3.2.4-2 节点板受力简图

式中：$N=S_5-S_2\cos\alpha$；

A_j——节点板和拼接板的净截面积；

W_j——节点板和拼接板的净表面抵抗矩；

e——弦杆中心线至节点板中性轴的距离。

(2) 验算在主力作用下腹杆与弦杆之间的节点板水平截面的剪应力

验算公式：

$$\tau = T/A_j' \leqslant 0.75[\sigma]$$

式中：$T=(S_1+S_2)\cos\alpha$，S_1，S_2 为两斜腹杆轴力，取其之和较大者；

A_j'——两块节点板在验算截面处的水平净面积。

(3) 在斜杆与节点板连接处，验算节点板的撕裂应力

抗撕裂强度≥杆件强度的1.1倍，即

$$(0.75\sum A_j + A_{ji})[\sigma] \geqslant N\times 1.1$$

式中：$\sum A_j$——与斜杆内力斜交或平行的所有截面面积之和；

A_{ji}——与斜杆内力垂直的截面面积；

N——杆件强度。

杆件强度 N 确定方法如下：

对于受拉杆件：

$$当[\sigma_n]<[\sigma] \qquad 取\ N=A_j[\sigma_n]$$

$$[\sigma_n]>[\sigma] \qquad 取\ N=A_j[\sigma]$$

对于受压杆件：

当为异号反复应力时，取 $N=A_j[\sigma_n]$ 与 $N=A_m[\sigma]\Phi_1$ 中较小者；

当为同号应力时，$N=A_m[\sigma]\Phi_1$

式中：A_j、A_m——净、毛截面积；

$[\sigma]$、$[\sigma_n]$——钢材的基本容许应力和疲劳容许应力；

Φ_1——轴心受压杆件的纵向弯曲系数。

根据上述公式计算的节点板竖向截面的法向应力、水平截面的剪应力以及撕裂强度如表3.2.4-12所列。由表可见：

①节点板水平截面的剪应力小于剪切容许应力，说明节点板水平抗剪强度足够；

②节点板的抗撕裂强度均大于主桁杆件强度的1.1倍，说明节点板撕裂强度足够；

③节点板 H_8 和 H_{28} 竖直截面上的法向应力超过其容许应力200MPa的20%，因此，通过实桥加载试验对 H_8 和 H_{28} 两节点板竖直截面正截面强度进行检验是非常必要的。

主桁杆件节点板连接强度　　表3.2.4-12

节　点		B_9	H_8	B_{15}	H_{28}	说　明
验算节点板竖直截面的法向应力	N (kN)	−4460.7	5493.07	5362.76	−5933.16	基本允许应力为200MPa
	A_j (cm^2)	493.44	481.92	526.72	557.12	
	I_j (cm^4)	883173.3	751488.4	1083907	1208407	
	e (cm)	33.59	31.04	37.38	41.15	
	$[\sigma]$ 上 (MPa)	49.41	−69.7	−62.08	84.13	
	$[\sigma]$ 下 (MPa)	−189.8	241.13	217.19	−240.14	
验算节点板水平截面的剪应力	S_1 (kN)	2079.03	−1608.45	−4724.5	−4230.89	剪切允许应力 $[\tau]=0.75\times200=150$MPa
	S_2 (kN)	2759.87	−2079.03	−4106.37	4230.89	
	A_j' (cm^2)	419.2	409.6	480	549.12	
	τ (MPa)	67.9	−52.96	−108.22	0	

续上表

节　点			B_9	H_8	B_{15}	H_{28}	说　明
节点板的抗撕裂强度验算	杆件强度（kN）		2939.2	4496.91	5575	4954.8	—
	杆件强度×1.1（kN）		3233.12	4946.601	6132.5	5450.28	
	抗撕裂强度（kN）	截面 1-2-3-4	5944	5944	5944	6488	
		截面 5-2-3-6	6116.8	6116.8	6116.8	7140.8	
		截面 1-2-3-6	5646.4	5646.4	5646.4	6622.4	

5. 主桁节点挠度计算及刚度校核

主桁在汽—20、挂—100 作用下由“桥梁结构综合分析程序”计算得到的不计荷载横向分布系数及冲击系数影响的节点挠度值，如表 3.2.4-13 所列。

验算荷载下主桁节点挠度计算结果　　表 3.2.4-13

节　点　号		汽-20 下挠度（mm）	挂-100 下挠度（mm）	节　点　号		汽-20 下挠度（mm）	挂-100 下挠度（mm）
边跨	H_0	0/0	0/0	中跨	H_{15}	−11.8/9.7	−12/8
	H_1	−15.3/3.5	−15/4		H_{16}	−22.9/18.7	−24/16
	H_2	−29.2/7.6	−31/8		H_{17}	−35.4/25.7	−37/20
	H_3	−42.3/11.1	−44/12		H_{18}	−45.8/30.5	−50/23
	H_4	−51.4/14.6	−55/15		H_{19}	−54.1/33.3	−63/24
	H_5	−59.0/17.4	−67/18		H_{20}	−59.0/35.4	−66/23
	H_6	−62.5/19.4	−69/21		H_{21}	−61.8/35.4	−71/22
	H_7	−64.5/21.5	−73/23		H_{22}	−59.7/34.7	−66/22
	H_8	−61.8/22.2	−66/24		H_{23}	−56.2/−2.6	−64/22
	H_9	−57.6/22.9	−62/24		H_{24}	−47.9/−9.2	−51/21
	H_{10}	−49.3/21.5	−51/23		H_{25}	−38.2/24.3	−38/19
	H_{11}	−38.9/18.7	−38/20		H_{26}	−25.7/17.4	−25/14
	H_{12}	−26.4/14.6	−25/15		H_{27}	−13.2/9.0	−12/8
	H_{13}	−13.9/7.6	−12/8		H_{28}	0	0/0
	H_{14}	0	0/0				

汽—20 作用下，边、中跨跨中 H_7 和 H_{21} 号节点挠度最大，计入荷载横向分布系数 1.31，但不计冲击影响后求得边、中跨跨中正负挠度的最大绝对值之和：

$$f_{边\max}=1.31\times(64.5+21.5)=112.66\text{mm}$$

$$f_{中\max}=1.31\times(61.8+35.4)=127.33\text{mm}$$

均小于规范规定容许值：

$$f_{容}=112000/800=140\text{mm}$$

挂-100 作用下，边中跨跨中 H_7 和 H_{21} 节点挠度最大，计入荷载横向分布系数 0.715 后

求得的 H_7 和 H_{21} 节点正负挠度的最大绝对值之和：

$$f_{边max}=0.715\times(73+23)=68.64\text{mm}$$

$$f_{中max}=0.715\times(71+22)=66.50\text{mm}$$

均小于规范规定容许值：

$$f_{容}=1.2\times112000/800=168\text{mm}$$

显然，主桁的刚度是足够的。

五、纵横梁承载能力验算分析

1. 纵梁承载能力验算分析

(1) 纵梁恒载内力计算

桥面铺装自重力：$q_1=2.16\text{kN/m}$

桥面板自重力：$q_2=3.46\text{kN/m}$

纵梁自重力：$q_3=0.91\text{kN/m}$

依据原设计计算书，荷载提高 1.1 倍后，得

$$q_{恒}=1.1\times(2.16+3.46+0.91)=7.16\text{kN/m}$$

跨中：$M_{恒}=(1/8)\times7.16\times8^2=57.3\text{kNm}$

支点：$Q_{恒}=(1/2)\times7.16\times8=28.9\text{kN}$

(2) 荷载横向分配系数

纵梁荷载横向分配系数在跨中按连续梁弹性支承法计算，在支点时按杠杆法计算，计算结果见表 3.2.4-14。计算时取用的行车道净宽为 9.0m。

纵梁荷载横向分布系数计算结果　　表 3.2.4-14

项目			1 号 梁	2 号 梁	3 号 梁
汽-20	跨中	二列	0.4965	0.493	0.4514
		三列	0.4965	0.5	0.5938
	支点		0.5	0.4688	0.5938
挂—100		跨中	0.2725	0.2934	0.2708
		支点	0.1719	0.4375	0.4375

(3) 控制截面活载内力计算

选取纵梁跨中截面弯矩及支点截面剪力进行控制内力计算，按《公路桥涵钢结构及木结构设计规范》(JTJ 025—86) 规定，纵梁的内力按跨径等于横梁中距的简支梁计算。表 3.2.4-15 中内力值对汽—20 荷载按两列车队布载时，计入了 1.33 的冲击系数和相应的横向分布系数，对汽-20 荷载按三列车队布载时，计入了 1.33 的冲击系数和 0.8 的车道折减系数。由表 3.2.4-15 可见，就纵梁跨中正弯矩而言，汽-20 荷载按两列车队布载所产生的单梁跨中最不利弯矩值均大于汽-20 荷载按三列车队布载及挂-100 所产生的相应值，且以 1 号梁受力最不利，其跨中活载弯矩 $M_{1/2}=261.5\text{kN}\cdot\text{m}$。对于纵梁支点截面剪力来说，挂-100 作用下梁的最不利剪力值最大，为 $Q_0=209.6\text{kN}$，$Q_0/1.25=167.68\text{kN}$，小于二列汽-20 作用下 3 号梁的支点截面抗剪强度。

控制截面内力值 表 3.2.4-15

荷载类别			1 号 梁	2 号 梁	3 号 梁
跨中弯矩 (kN·m)	汽—20	二列	261.50	259.65	237.74
		三列	209.20	210.67	213.60
	挂-100		231.63	249.4	230.18
支点剪力 (kN)	汽—20	二列	158.20	151.40	172.50
		三列	126.60	121.74	142.92
	挂—100		116.20	209.60	204.80
备注	挂-100 荷载组合容许应力提高系数为 1.25				

(4) 控制截面强度验算

①跨中正截面强度验算

1 号纵梁跨中弯矩荷载效应组合值：

$$M_{组L/2}=M_{汽L/2}+M_{恒L/2}=261.50+57.3=318.8\text{kN}\cdot\text{m}$$

$$\sigma_w=\frac{M}{W}=\frac{318.8\times10^3}{1810}=176.13\text{MPa}<[\sigma_w]=210\text{MPa}$$

②支点处截面剪应力验算

2 号纵梁支点截面剪力荷载效应组合值

$$Q_{组0}=Q_{汽0}+Q_{恒0}=172.5+28.9=201.4\text{kN}$$

$$\tau_{max}=\frac{3\times Q_{组0}}{2\times\delta\times h}=\frac{3}{2}\times\frac{201.4}{1.2\times44.8}\times10=56.19\text{MPa}$$

因 $\tau_{max}/\tau_0=1.5$ 取 $C_\tau=1.25$，则

$$C_\tau\ [\tau]=1.25\times120=150\text{MPa}$$

$$\tau_{max}=56.79\text{MPa}<C_\tau\ [\tau]=150\text{MPa}$$

可见，纵梁正截面强度和支点处截面抗剪强度均能满足要求。

(5) 纵梁竖向刚度验算

不计冲击作用时，两列汽-20 荷载产生的纵梁跨中弯矩最大值为：

$$M'_{L/2}=261.5/1.33=196.62\text{kN}\cdot\text{m}$$

则由静活载引起的纵梁跨中最大挠度值：

$$f_{L/2max}=5ML^2/48EI$$

$$=\frac{5}{48}\times\frac{196.62\times8^2}{2.1\times10^5\times57250\times10^{-8}}=10.90\text{mm}$$

"桥规"(JTJ 025—86) 规定的容许值 $f_{容}=8000/600=13.3\text{mm}$，则

$$f_{L/2max}=10.90\text{mm}<f_{容}=13.3\text{mm}$$

因此，纵梁的竖向刚度满足要求。

2. 横梁承载能力验算分析

(1) 恒载内力计算

横梁恒载内力为纵梁支反力产生的内力与横梁自重产生的内力之和。作用于横梁一个节间单根纵梁支反力：

$$R_{纵}=(1/2)\times 7.16\times 8=28.64\text{kN}$$

横梁自重力（提高 1.2 倍）：

$$q_{横}=0.02558\times 78.5\times 1.2=2.41\text{kN/m}$$

横梁跨中恒载弯矩：

$$M_{恒}=2\times 2\times 28.64\times (0.5+1.3+2.1)+1/8\times 2.41\times 10^2=476.91\text{kN}\cdot\text{m}$$

横梁支点剪力：

$$Q_{恒}=28.64\times 6\times 2+2.41\times 10/2=183.89\text{kN}$$

（2）活载内力计算

横梁承受的活载是纵梁传递的间接荷载，当横桥向布置活载使中间两根纵梁（3 号梁、4 号梁）横向分布系数最大时，求得横梁的跨中弯矩最大。按上述原则，计算所得的纵梁荷载横向分布系数如表 3.2.4-16 所列。各纵梁不计横向分布系数和冲击系数时支反力的计算结果见表 3.2.4-17。

纵梁荷载横向分布系数计算结果　　表 3.2.4-16

项　目			1 号 梁	2 号 梁	3 号 梁
汽-20	跨中	二列	0.1736	0.333	0.441
		三列	0.4965	0.5	0.5069
	支点	二列	0.01563	0.4844	0.5
		三列	0.5	0.4688	0.5313
挂-100		跨中	0.0651	0.1667	0.2587
		支点	0	0.0859	0.4141

纵梁的支反力　　表 3.2.4-17

荷 载 类 别			位　置		
			1 号梁（R_1）	2 号梁（R_2）	3 号梁（R_3）
支点反力（kN）	汽-20	二列	19.55	105.61	118.65
		三列	124.15	119.83	129.86
	挂-100		22.134	85.465	226.7

①汽—20 荷载

冲击系数：$1+\mu=1+\dfrac{15}{37.5+16}=1.28$

按三列车队布载时（图 3.2.4-3）：

横梁跨中弯矩 $M_3=2\times(124.15\times 0.5+119.83\times 1.3+129.86\times 2.1)=981.12\text{kN}\cdot\text{m}$

横梁支点剪力 $Q_3=124.15+119.83+129.86=373.84\text{kN}$

按两列车队布载时：

跨中弯矩 $M_2=2\times(19.55\times 0.5+105.61$

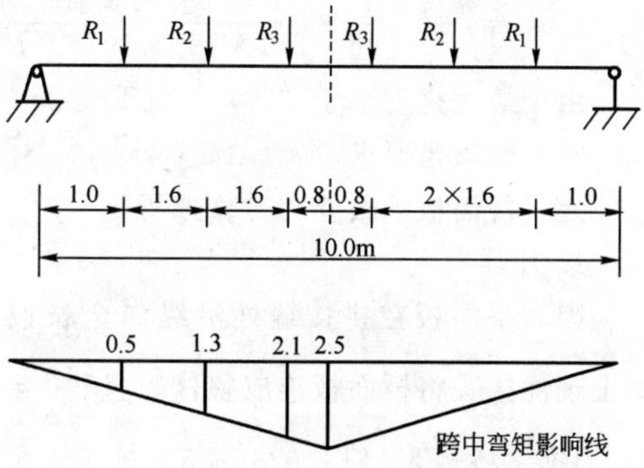

图 3.2.4-3　活载影响线图

$\times 1.3+118.65\times 2.1)=792.47\text{kN}\cdot\text{m}$

横梁支点剪力　　　$Q_2=19.55+105.61+118.65=243.81\text{kN}$

因为$0.8M_3=784.90\text{kN}\cdot\text{m}<M_2=792.47\text{kN}\cdot\text{m}$

$0.8Q_3=299.070\text{kN}>Q_2=243.81\text{kN}$

所以，跨中弯矩以两列车队控制验算，支点剪力以三列车队控制验算。

荷载控制验算内力：

跨中弯矩　　　$M_{L/2}=1.28\times 792.47=1014.36\text{kN}\cdot\text{m}$

支点剪力　　　$Q_0=1.28\times 299.07=382.81\text{kN}$

②挂-100 荷载

横梁跨中弯矩$M_{L/2}=2\times 22.134\times 0.5+85.465\times 1.3+226.7\times 2.1=1196.48\text{kN}\cdot\text{m}$

$M_{L/2}/1.25=957.184\text{kN}\cdot\text{m}<1014.36\text{kN}\cdot\text{m}$

横梁支点剪力$Q_0=22.134+85.465+226.7=411.13\text{kN}$

$Q_0/1.25=267.44\text{kN}<382.8\text{kN}$

(3) 控制验算的荷载内力组合值

由以上计算可知，横梁跨中弯矩以两列汽-20 控制验算，则

跨中弯矩组合值　　　$M_{组L/2}=476.91+1014.36=1491.24\text{kN}\cdot\text{m}$

支点剪力以汽-20 三列车队控制验算。

支点剪力组合值　　　$Q_{组0}=183.89+382.81=566.71\text{kN}$

(4) 截面强度验算

横梁跨中截面弯曲应力　　　$\sigma_w=1491.24\times 10^3/9005=165.6\text{Mpa}<[\sigma_w]=210\text{MPa}$

横梁支点截面剪应力：

$$\tau=\frac{3}{2}\times\frac{566.71\times 10}{1.2\times 106.5}=66.52\text{MPa}<C_\tau[\tau]=150\text{MPa}$$

抗剪强度能满足要求。

(5) 横梁竖向刚度计算

不计冲击作用时，两列汽-20 荷载产生横梁跨中最大弯矩最不利值：

$$M'_{L/2}=792.47\text{kN}\cdot\text{m}$$

则由静活载引起的横梁跨中最大挠度值：

$$f_{L/2,\max}=\frac{5}{48}\times\frac{792.47\times 10^2}{2.1\times 10^5\times 4975\times 10^{-6}}=7.9\text{mm}<f_{容}=1000/600=16.7\text{mm}$$

由于最大挠度小于“桥规”(JTJ 025—86) 规定的容许值，说明在验算荷载作用下横梁竖向刚度能满足要求。

六、桥面板承载能力验算分析

1. 计算图式

因为桥面板在拼接缝处沿纵向全长设置钢筋混凝土现浇接头将桥面板连成整体，且$\frac{l_{长边}}{l_{短边}}=\frac{8}{1.6}=5>2$，根据“桥规”(JTJ 023—85) 规定，桥面板应按多跨连续单向板计算，见图 3.2.4-4。

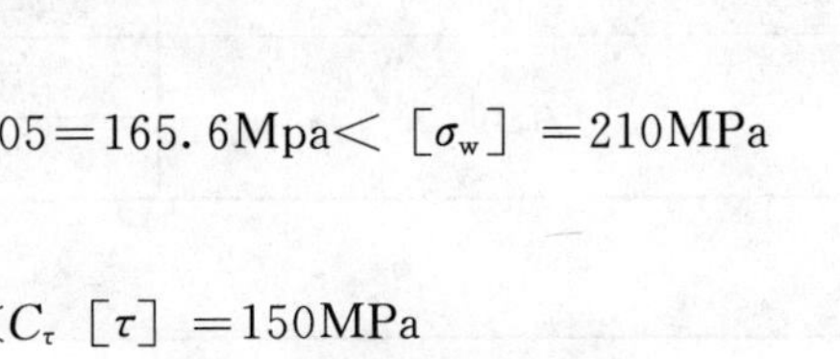

图 3.2.4-4　桥面板计算简图（尺寸单位：cm）

2. 恒载及其内力

(1) 每延米板上的恒载 g

沥青混凝土铺装层　　$g_1=\frac{0.04+0.11}{2}\times 24=1.8\text{kN/m}$

桥面板　　$g_2=0.12\times 25=3\text{kN/m}$

每延米板宽恒载合计　　$g=\sum g_i=4.8\text{kN/m}$

(2) 恒载产生的内力

跨中弯矩　　$M_g=\frac{1}{8}\times 4.8\times\left(1.6-\frac{0.24}{2}\right)^2=1.314\text{kN}\cdot\text{m}$

支点剪力　　$Q_g=\frac{1}{2}\times 4.8\times 1.48=3.55\text{kN}$

3. 活载产生的内力

依据“桥规”(JTJ 023—85)，板的计算跨径取值如下：

计算弯矩时　　$L=L_0+t=1.48+0.12=1.6\text{m}$

$L_0+b=1.48+0.12=1.6\text{m}$

故 L 取值 1.6m

计算剪力时　　$L=L_0=1.48\text{m}$

(1) 汽-20 级

以重车车轮作用于板跨中轴线上为跨中弯矩最不利荷载布置，以重车轮作用于支点附近为支点剪力的最不利荷载位置，按“桥规”(JTJ 021—89) 规定，后轮着地宽度 b_2 和长度 a_2 为

$$a_2=0.2\text{m},\quad b_2=0.6\text{m}$$

顺行车方向轮压分布宽度：

$$a_1=a_2+2H=0.2+2\times 0.075=0.35\text{m}$$

垂直行车方向轮压分布宽度：

$$b_1=b_2+2H=0.6+2\times 0.075=0.75\text{m}$$

①荷载在板的跨中有效分布宽度

$$a=a_1+L/3$$

$$0.35+\frac{1.6}{3}=0.883\text{m}<\frac{2}{3}\times 1.6=1.066\text{m}$$

取较大者 $a=1.066\text{m}$

因为 $a<1.4\text{m}$ (汽-20 重车轮最小轮距)

$L/2<1.8\text{m}$ (轴距)

因此，沿板的横纵向均只计入一个车轮荷载的作用。

②荷载在板的支点处的有效分布宽度

$$a'=a_2+2H+t=0.35+0.12=0.47\text{m}$$

对于弹性支承的行车道板

$$\frac{L}{3}=\frac{1}{3}\times 1.48=0.493\text{m}$$

取较大者 $a'=0.493\text{m}$

作用于每米宽板条上的弯矩

$$M_{p}^{汽}=(1+\mu)\frac{p}{8a}\left(L-\frac{b_1}{2}\right)=1.3\times\frac{120}{8\times 1.066}\times\left(1.6-\frac{0.75}{2}\right)=22.41\text{kN}\cdot\text{m}$$

作用于每米宽板条上的剪力

$$Q_{p}=(1+\mu)(A_1y_1+A_2y_2)$$

式中：

$$A_1=\frac{p}{2a}=\frac{120}{2\times 1.066}=56.285$$

$$A_2=\frac{p}{8aa'b_1}\ (a-a')=\frac{120\times\ (1.066-0.493)^2}{8\times 1.066\times 0.493\times 0.75}=12.495$$

$$y_1=\frac{1.48-\frac{0.75}{2}}{1.48}=0.7466\text{m}$$

$$y_2=\frac{1.48-\frac{1}{3}\times\frac{1.066-0.493}{2}}{1.48}=0.9355\text{m}$$

$$Q_{p}^{汽}=1.3\times\ (56.285\times 0.7466+12.495\times 0.9355)\ =69.825\text{kN}$$

(2) 挂-100

按“桥规”(JTJ 021—89) 规定，车轮着地宽度 b_2 与长度 a_2 为：

$$b_2=0.50\text{m},\ a_2=0.2\text{m}$$

$$b_1=b_2+2H=0.5+2\times 0.075=0.65\text{m}$$

$$a_1=a_2+2H=0.2+2\times 0.075=0.35\text{m}$$

①跨中弯矩计算

荷载在板跨中的有效分布宽度（图 3.2.4-5）

$$a=a_1+\frac{L}{3}=0.35+\frac{1.6}{3}=0.883\text{m}<\frac{2}{3}\times 1.6=1.066\text{m}$$

取较大者 $a=1.066\text{m}$

因 $a<1.2\text{m}$（挂-100 最小轴距），沿垂直于板跨方向只有一个车轮进入。

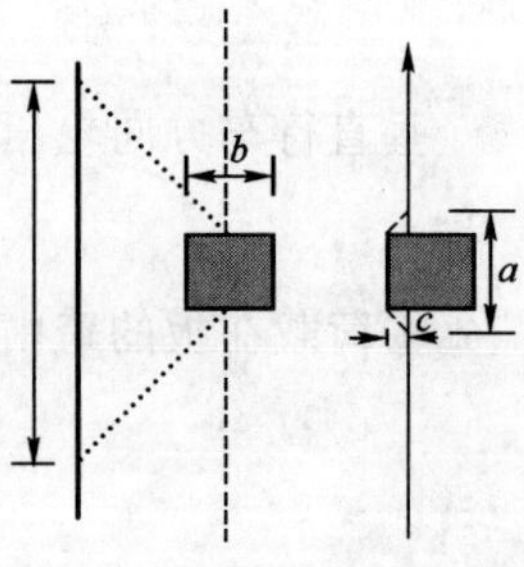

图 3.2.4-5 跨中弯矩计算图式

因 $L/2+\frac{b_1}{2}>0.9\text{m}$（挂-100 车轮最小轮距），沿板跨方向还有另一车轮（宽度为 c 的轮压）作用于板上，其部分轮压宽度 c 为：

$$c=\frac{b_1}{2}-\left(0.90-\frac{L}{2}\right)=\frac{0.65}{2}-\left(0.90-\frac{1.6}{2}\right)=0.225\text{m}$$

轮压面 $c\times a_1$ 上的荷载对支点处的有效分布宽度

$$a''=a_1+2c=0.35+2\times 0.225=0.8\text{m}$$

作用于每米宽板条上的弯矩

$$M_{p}^{挂}=\frac{p}{16a}\left(L-\frac{b_1}{2}\right)+\frac{pc^2}{16a''b_1}=\frac{250}{16\times1.066}\times\left(1.6-\frac{0.65}{2}\right)+\frac{250\times0.225^2}{16\times0.8\times0.65}$$

$$=20.21\text{kN}\cdot\text{m}$$

②支点剪力计算

其部分轮压宽度 c（图 3.2.4-6）：

$$c=\frac{b_1}{2}-\left(0.90-\frac{L}{2}\right)=\frac{0.65}{2}-\left(0.90-\frac{1.6}{2}\right)=0.22\text{m}$$

轮压面 $c\times a_1$ 上的荷载对支点处的有效分布宽度：

$$a''=a_1+2c=0.35+2\times0.58=1.51\text{m}$$

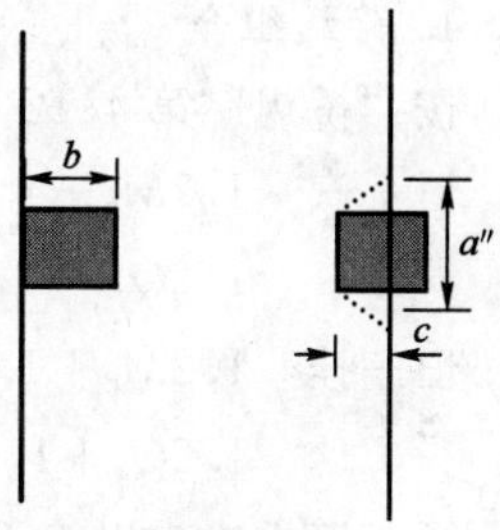

图 3.2.4-6 支点剪力计算图式

荷载在板的支承处的有效分布宽度：

$a'=a_1+t=0.35+0.12=0.47\text{m}<\frac{L}{3}=0.493\text{m}$，取较大者$a'=0.493\text{m}$

作用于每米宽板条上的剪力为

$$Q_{p}^{挂}=A_1y_1+A_2y_2+A_3y_3+A_4y_4$$

$$A_1=\frac{P}{4a}=\frac{250}{4\times1.066}=58.63$$

$$A_2=\frac{P}{16aa'b_1}(a-a')^2=\frac{250}{16\times1.066\times0.493\times0.65}(1.066-0.493)^2=15.02$$

$$y_1=\frac{1.48-\frac{0.65}{2}}{1.48}=0.78$$

$$y_2=\frac{1.48-\frac{1}{3}\times\frac{1.066-0.493}{2}}{1.48}=0.9355$$

$$A_3=\frac{P}{4ab_1}\times c=\frac{250}{4\times1.51\times0.65}\times0.225=14.33$$

$$A_4=\frac{P}{16aa'b_1}(a-a')^2\times\frac{c}{b_1}=\frac{250}{16\times1.51\times0.493\times0.65}(1.066-0.493)^2\times\frac{0.58}{0.65}=29.80$$

$$y_3=\frac{1.48-0.58/2}{1.48}=0.804$$

$$y_4=\frac{\frac{1}{3}\times\frac{1.51-0.493}{2}}{1.48}=0.1145$$

$$Q_{p}^{挂}=58.63\times0.78+15.02\times0.9355+20.30\times0.392+5.199\times0.0645=74.72\text{kN}$$

由于桥面板为五跨连续板，依据“桥规”（JTJ 023—85）第 3.1.3 条之规定

$$\frac{t}{b}=\frac{0.12}{0.12}=1>\frac{1}{4}$$

跨中弯矩 $M_{中}=0.7M_{o}$

$$M_{g}=0.7\times1.314=0.9198\text{kN}\cdot\text{m}$$

$$M_{\mathrm{P}}^{汽}=0.7\times22.4=15.68\mathrm{kN\cdot m}$$

$$M_{\mathrm{P}}^{挂}=0.7\times20.21=14.147\mathrm{kN\cdot m}$$

4. 荷载组合

按“桥规”第 4.12 条之规定：

恒＋汽　$1.2M_{\mathrm{g}}+1.4M_{\mathrm{P}}^{汽}=1.2\times0.9198+1.4\times15.68=23.07\mathrm{kN\cdot m}$

$1.2Q_{\mathrm{g}}+1.4Q_{\mathrm{P}}^{汽}=1.2\times3.55+1.4\times69.825=102.01\mathrm{kN}$

恒＋挂　$1.2M_{\mathrm{g}}+1.1M_{\mathrm{P}}^{汽}=1.2\times0.9198+1.1\times14.147=16.67\mathrm{kN\cdot m}$

$1.2Q_{\mathrm{g}}+1.1Q_{\mathrm{P}}^{汽}=1.2\times3.55+1.1\times68.08=79.15\mathrm{kN}$

行车道板内力以汽-20 控制验算，为

$$M=23.07\mathrm{kN\cdot m}$$

$$Q=102.01\mathrm{kN}$$

5. 强度验算

(1) 跨中截面抗弯强度验算

板跨中截面高度 $h=12\mathrm{cm}$，净保护层 $a=2.0\mathrm{cm}$，钢筋为 $\Phi12$，间距为 11cm 见图 3.2.4-7。

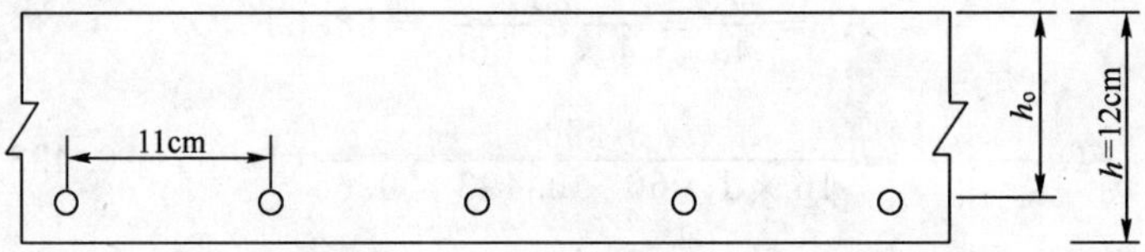

图 3.2.4-7　跨中截面单位桥面板计算简图

跨中正截面强度：

$$M_{\mathrm{j}}=\frac{1}{r_{\mathrm{c}}}R_{\mathrm{a}}bx\left(h_{\mathrm{o}}-\frac{x}{2}\right)$$

式中：$R_{\mathrm{a}}=17.5\mathrm{MPa}$

$$b=1.0\mathrm{m}$$

$$h_{\mathrm{o}}=h-a-\frac{d}{2}=12-2-0.6=9.4\mathrm{cm}$$

$$R_{\mathrm{g}}A_{\mathrm{g}}=R_{\mathrm{a}}bx$$

$$A_{\mathrm{g}}=10.18\mathrm{cm}^2$$

$$x=\frac{340\times10.18}{17.5\times1\times10^2}=1.98\mathrm{cm}$$

$$M_{\mathrm{j}}=\frac{1}{1.25}\times17.5\times1\times1.98\times(9.4-1.98/2)/10=23.31\mathrm{kN\cdot m}>23.07\mathrm{kN\cdot m}$$

超限 12％。

(2) 支点截面抗剪强度验算

$$Q_{\mathrm{j}}\leqslant0.038R_{\mathrm{L}}bh_{\mathrm{o}}$$

$$0.038R_{\mathrm{L}}bh_{\mathrm{o}}=0.038\times1.75\times100\times9.4=62.51\mathrm{kN}$$

根据“桥规”，实体板容许限值可提高25%，则

$$62.51\times1.25=78.14\text{kN}<102.01\text{kN}$$

需进行抗剪强度验算。

$$\begin{aligned}Q_W&=0.06R_{gW}\sum A_W\sin\alpha\\&=0.06\times340\times10.18\times6.6/13=105.43\text{kN}>102.01\text{kN}\end{aligned}$$

抗剪强度满足要求。

七、验算结论与评价

1. 结论

(1) 在汽车-20级、挂车-100荷载作用下，除部分主桁杆件及节点连接板强度分别超限6.6%和20%外（表3.2.4-8、表3.2.4-12），主桥主桁杆件及其节点连接板的强度、刚度和稳定性以及主桁的竖向刚度均能满足“桥规”（JTJ 023—85）的要求。

(2) 从验算结果来看，纵梁和横梁在验算荷载作用下，竖向刚度及跨中弯曲正应力和支点剪应力三项指标均能满足“桥规”（JTJ 023—85）的要求。

(3) 验算分析表明，目前主桥桥面板跨中抗弯强度超限12%，支点抗剪强度能满足“桥规”（JTJ 023—85）的要求。

2. 建议

由于以上验算分析均基于原结构技术状况和设计计算值，未考虑该桥已使用20多年的质量衰退和强度降低等因素，因此有必要对实桥进行荷载试验，以进一步鉴定该桥的实际承载力。

八、主桥静力荷载试验

(一) 试验的目的

(1) 通过实桥加载试验，了解桥梁受载工作性能，验证主桥承载能力验算分析结果的可靠性。

(2) 检验主桥主要承重构件的强度和刚度，确定主桥进行技术改造的可行性。

(3) 通过加载试验获取结构实际受力参数，验证主桥技术改造分析计算的可靠性。

(二) 静力荷载试验

1. 加载方案与实施

(1) 静力试验荷载

根据承载能力验算情况，确定以汽车-20级标准荷载作为本次静力试验的控制荷载。由于客观条件的限制，实际采用数辆单辆总重力约300kN的三轴载货车，作为本次静力试验的试验荷载。试验加载车的主要技术参数列于表3.2.4-18中。

试验加载车主要技术参数　　表3.2.4-18

项　目	轴距（cm）	轮距（cm）	轴重（kN）
前轴 P_f	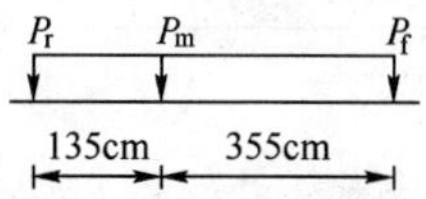	205	60
中轴 P_m		180	120
后轴 P_r		180	120

(2) 加载试验项目

依据主桥质量检查和承载能力验算的要求，按照“在满足鉴定桥梁承载能力的前提下，加载项目安排应抓住重点，不宜过多”这一原则确定的本次静力荷载试验的项目如表3.2.4-19所列。

静力荷载试验加载项目一览表 表 3.2.4-19

加载载位	代号	加载试验项目
I	ML-1	检验普通横梁和纵梁跨中正截面强度
II	ML-2	检验墩顶横梁跨中正截面强度与竖杆抗力效应
III	ML-3	检验边跨跨中上下弦杆抗力效应和边跨钢桁架竖向刚度
IV	ML-4	检验中跨跨中上下弦杆抗力效应和中跨钢桁架竖向刚度
V	ML-5	检验中支点截面上下弦杆抗力效应
VI	ML-6	检验中支点附近斜腹杆抗力效应

(3) 加载

各加载试验项目所需试验加载车数量及其加载位置，按照静力试验荷载效率值 η_q 不小于0.95的原则等效换算确定。本次试验加载项目较多，受加载时间所限，各加载试验项目均为一次满载，加载试验车的纵向排列和横向布置如图3.2.4-8～3.2.4-15所示。

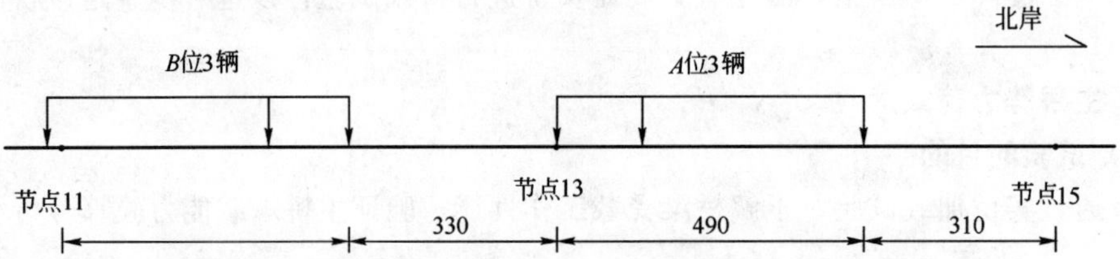

图 3.2.4-8 普通横梁和纵梁的加载布置图（尺寸单位：cm）

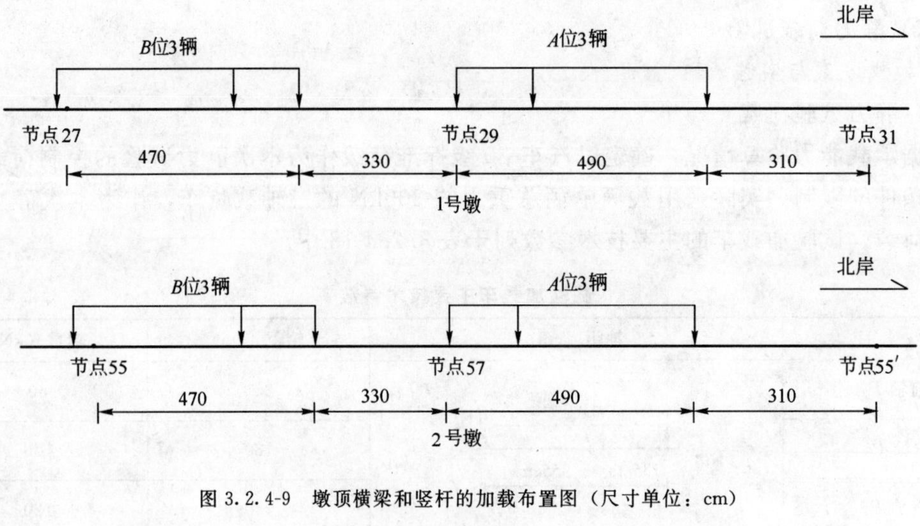

图 3.2.4-9 墩顶横梁和竖杆的加载布置图（尺寸单位：cm）

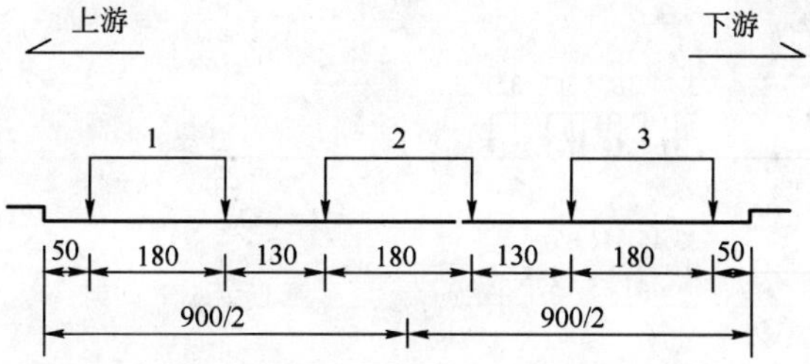

图 3.2.4-10　*A*、*B* 位横桥向加载布置图（尺寸单位：cm）

注：1. 图中所标轮距均以中后轴为准。

2. 节点编号见图 3.2.4-19。

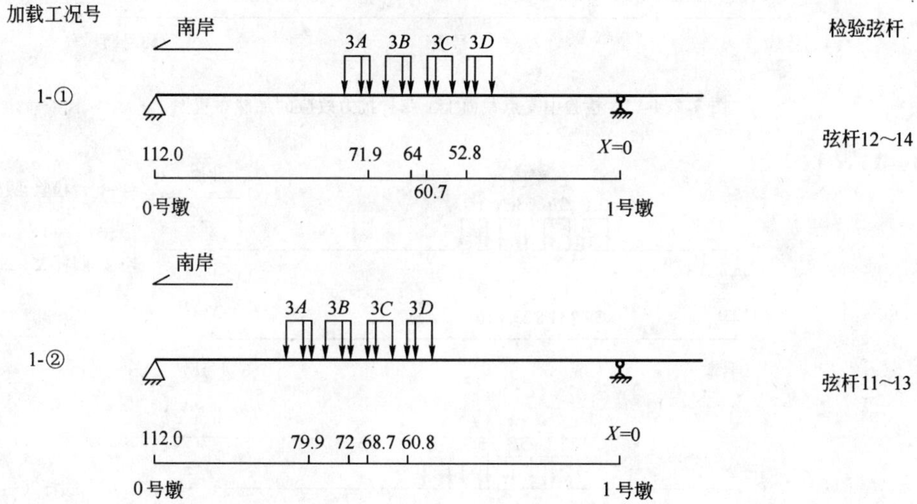

图 3.2.4-11　检验边跨跨中上下弦杆抗力效应和边跨钢桁架竖向刚度的加载布置图

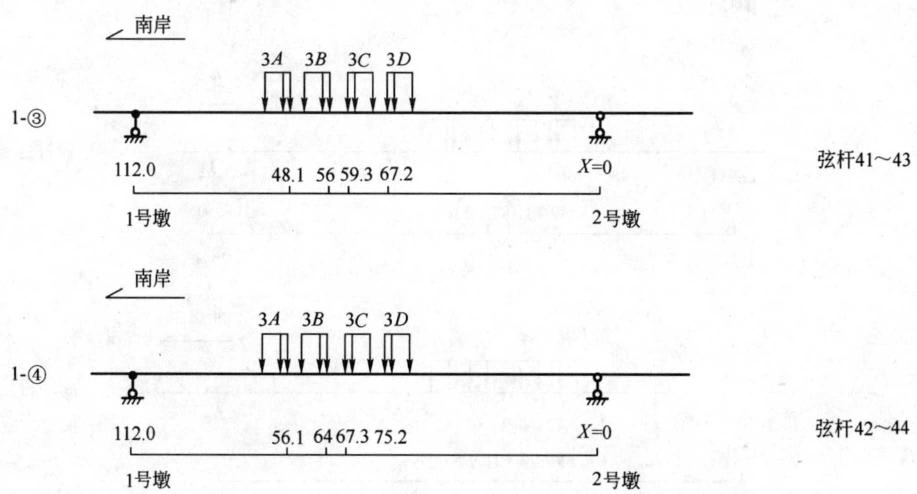

图 3.2.4-12　检验中跨跨中上下弦杆抗力效应和中跨钢桁架竖向刚度的加载布置图

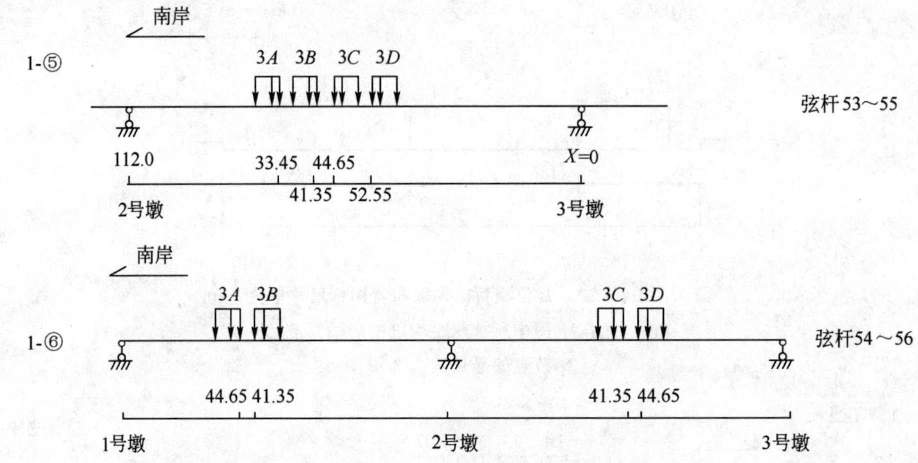

图 3.2.4-13 检验中支点截面上下弦杆抗力效应的加载布置图

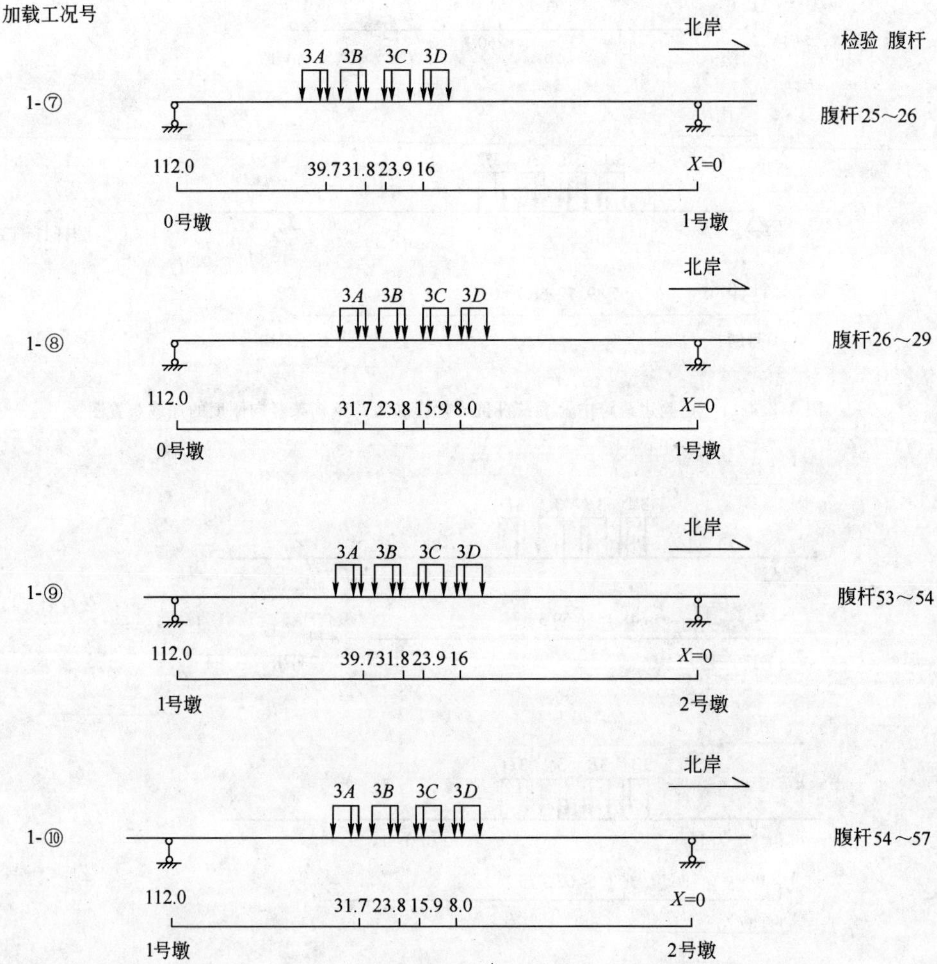

图 3.2.4-14 检验中支点附近斜腹杆抗力效应的加载布置图

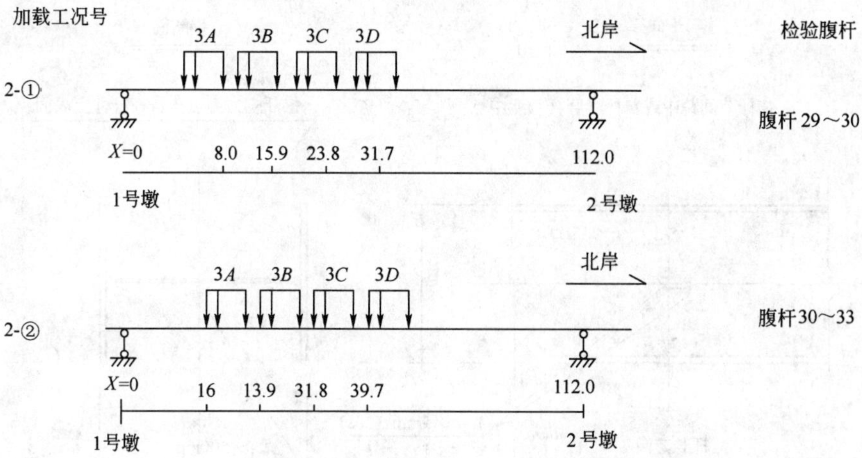

图 3.2.4-15　检验中支点附近斜腹杆抗力效应的加载布置图

（4）加载程序

本次静力试验的加载程序如下：

先用最大试验加载量的 20%～30%进行预加载，在确定结构已进入正常工作状态测试仪表正常工作后，再按图 3.2.4-8～图 3.2.4-14 所示的加载程序要求，依次顺序进行代号为 ML-1、ML-2、ML-3、ML-4、ML-5、ML-6 的加载试验，最终一次卸零。

2. 观测项目及其量测方法

（1）主桁弦杆、腹杆以及纵横梁控制截面应力，采用在构件表面粘贴阻值为 120Ω、规格为 3mm×5mm 的箔式应变片，按半桥接线由 JT663QC 桥梁检测车所提供的 7V07 数据采集系统测量。

（2）主桁控制截面的挠度和桥墩沉降，采用在梁体跨中截面梁腹腹底安装高亮度发光体作为照准目标，用 TOPCON GTS-3B 全站仪测量。

（3）控制截面大节点板高强螺栓紧固力变化情况，采用超声波螺栓紧固应力仪监测。

3. 静载试验观测断面及其测点布置

试验孔观测断面及其测点布置如图 3.2.4-16～3.2.4-20 所示。

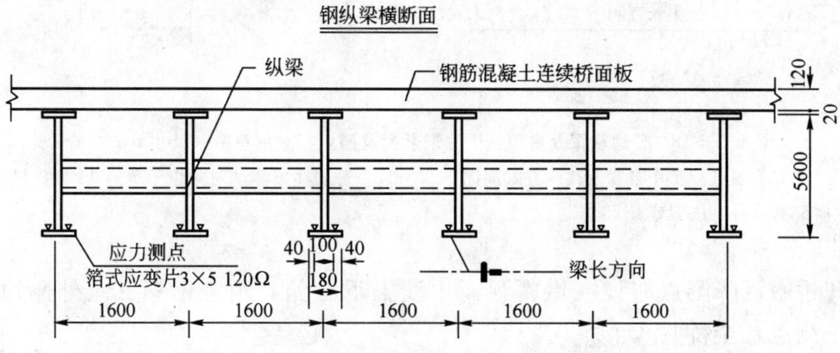

图 3.2.4-16　节间 11～13 钢纵梁跨中截面应力测点布置示意图（尺寸单位：mm）

注：钢纵梁测试对象位于节间 11～13 间，其应力测点所贴应变片采用二片三线接线方式。

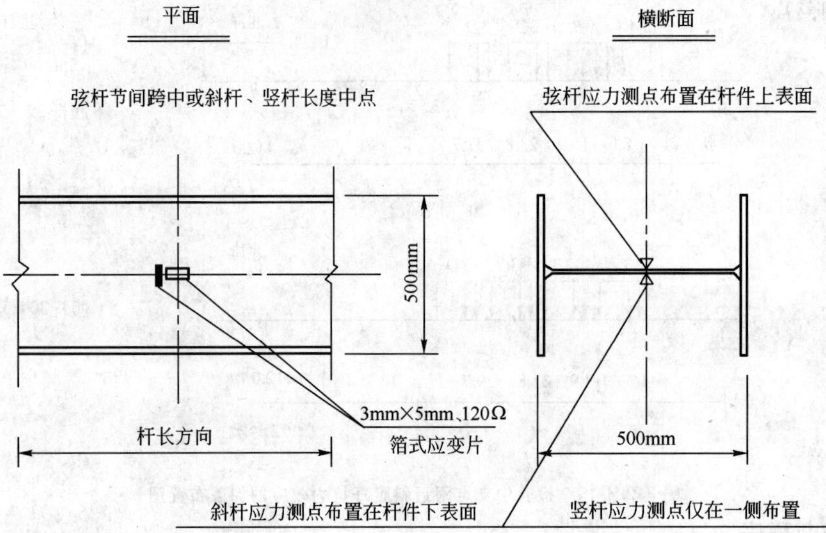

图 3.2.4-17　弦杆、斜杆及竖杆应力测点应变片布置示意图

注：应力测点采用二片三线（半桥）接线方式。

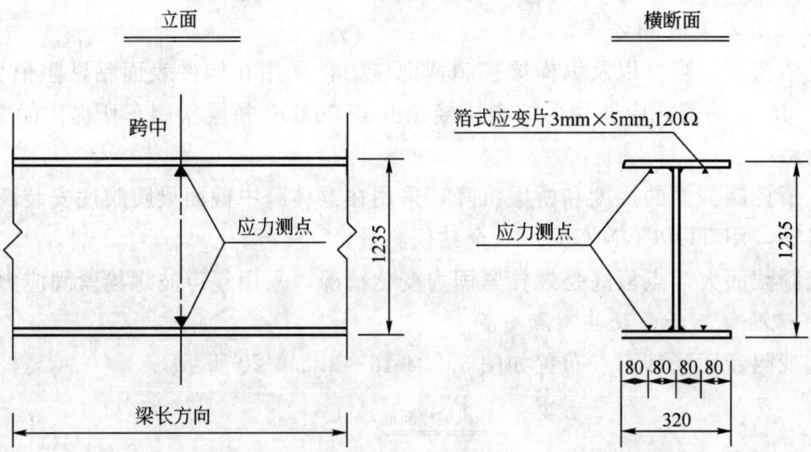

图 3.2.4-18　普通横梁及墩顶横梁测试断面及测点布置示意图（尺寸单位：mm）

注：应力测点应变片布置及接线方式同图 3.2.4-17，普通横梁测试对象位于节点 13 处，墩顶横梁测试对象位于节点 29 号、57 号。

试验孔桥墩沉降测点布设在墩帽顶面中线上下游侧，距主桁钢支座外侧边缘 200mm。每墩设两个测点，全桥共八个。

在图 3.2.4-19 所示的节点 13、22、36 和 37 处的大节点板上，布设大节点板高强螺栓紧固力变化情况的监测，每一节点板上抽取 30％的高强螺栓进行监测。

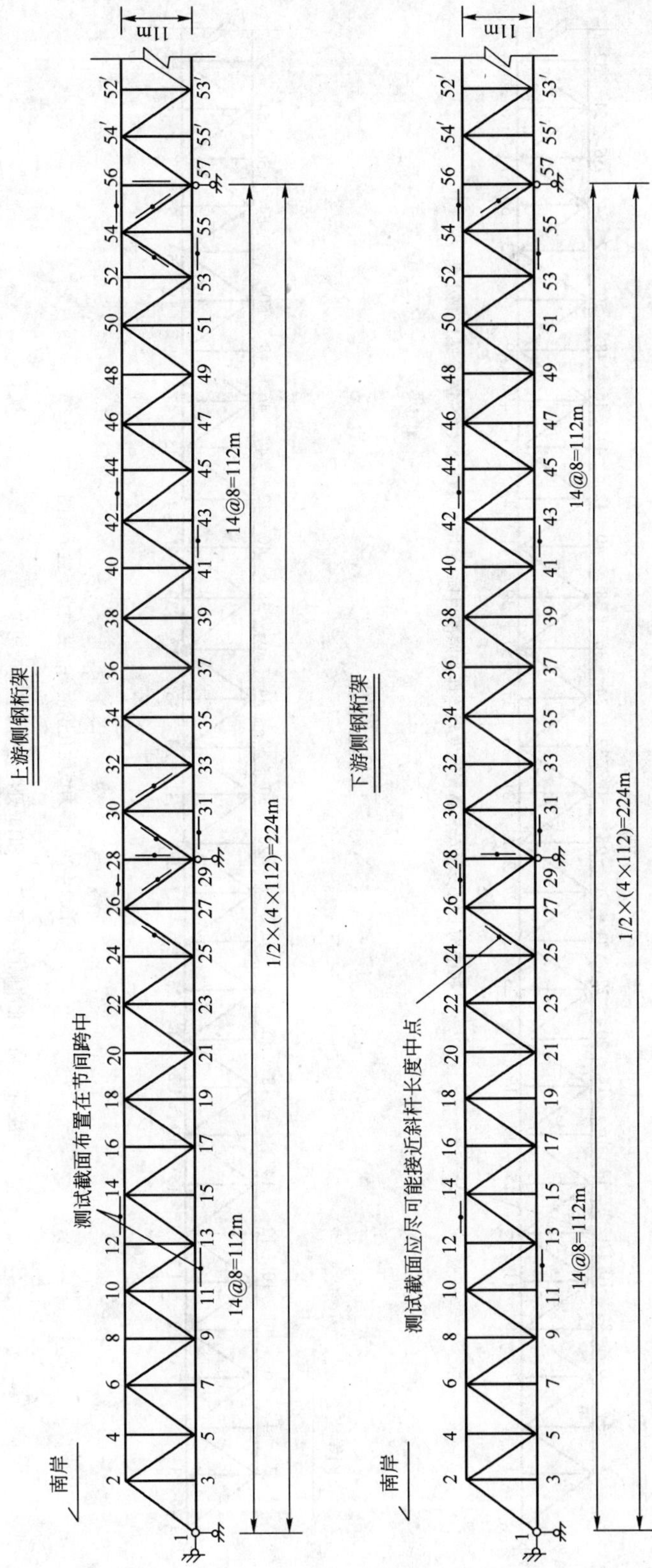

图3.2.4-19　钢桁架应力测试杆件及测试截面位置示意图

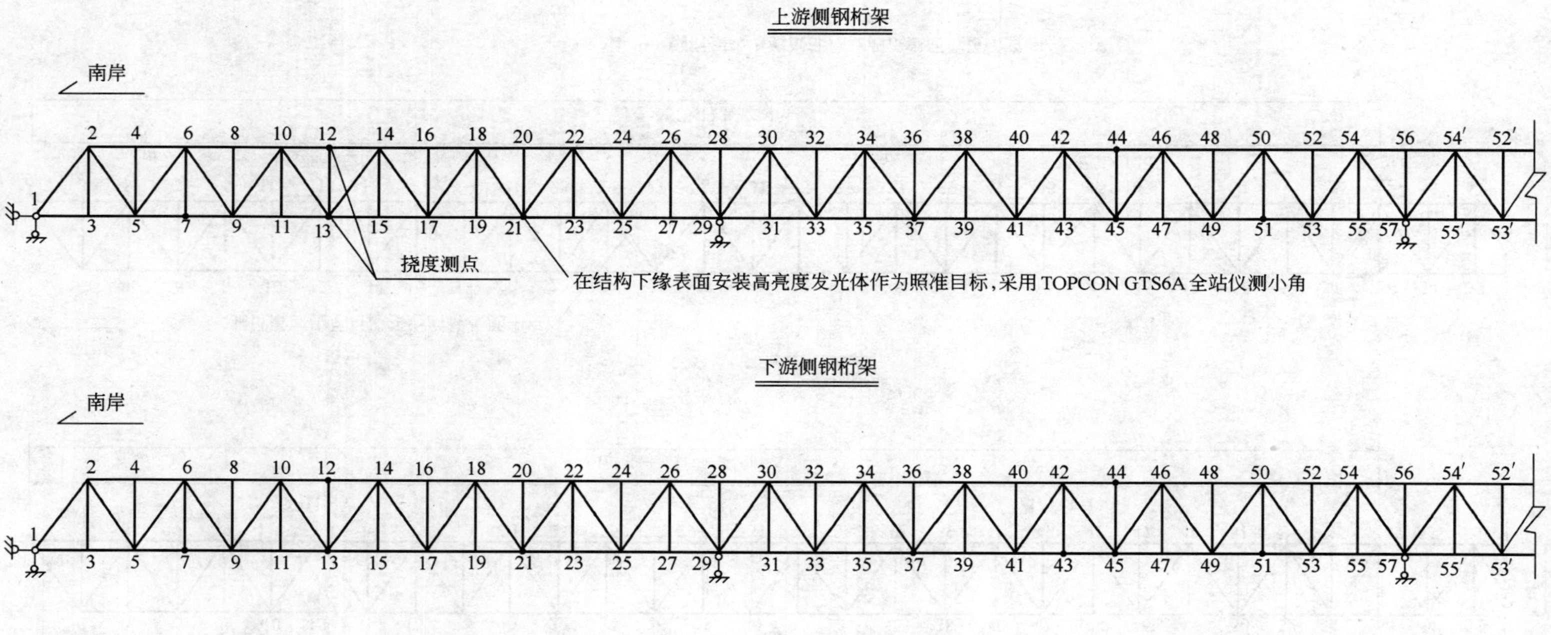

图3.2.4-20　静力试验孔钢桁架挠度测点布置示意图

注：1. 上游侧北岸侧两孔节点 43′和13′处应分别布置挠度测点；

2. 桥墩沉降测点宜在上游侧墩顶中心布置高亮度发光体作为照准目标，采用水平基准准直监测。

(三) 静力荷载试验结果及评定分析

1. 主桁控制杆件抗力

(1) 静力试验荷载效率 η_1

试验荷载产生的主桁控制杆件轴力组合值，与鉴定荷载（汽车-20 级）产生的同一截面轴力最不利组合值之比即为该项目的静力试验荷载效率 η_1。汽车-20 级荷载下的轴力最不利组合效应值摘自《验算报告》中有关数据。试验荷载产生的轴力采用“桥梁结构计算综合程序”计算。荷载横向分布系数按杠杆法计算，汽车-20 级荷载、试验荷载的横向分布系数分别取值 1.33、1.5。汽车-20 级荷载还计入 1.11 的冲击系数。主桁控制杆件轴力组合值及静力试验荷载效率 η_1 计算结果见表 3.2.4-20。

主桁控制杆件静力试验荷载效率 η_1　　表 3.2.4-20

项　目	杆件号	工况号	杆件轴力组合效应值（kN）		静力试验荷载效率 η_1
			汽-20	试验荷载	
边跨跨中上下弦杆	11-13	1-2	6280.00	7309.67	1.16
	12-14	1-1	−6396.15	−6613.23	1.03
	26-28	1-8	7924.19	7249.02	0.91
中跨跨中上下弦杆	42-44	1-4	−3831.30	−4599.63	1.20
	41-43	1-3	3876.51	4703.57	1.21
	54-56	1-6	5933.16	5426.21	0.91
	53-55	1-5	−3668.58	−3604.92	0.98
中支点截面上下弦杆	25-26	1-7	4577.82	5002.90	1.09
	26-29	1-8	−5192.80	−5581.86	1.07
中支点附近斜腹杆	29-30	1-11	−4724.50	−5076.66	1.07
	30-33	1-12	4106.37	4467.40	1.09
	53-54	1-9	3611.77	4055.27	1.12
	54-57	1-10	−4230.89	−4665.42	1.10
说明	(1) 杆件应变值＝表中值×10^{-6}。 (2)“＋”为拉应变，“－”为压应变				

由表可见，η_1 大部分在 0.95～1.25 之间，满足《公路旧桥承载能力鉴定方法》（以下简称“鉴定方法”）的规定，由此说明试验荷载产生的加载控制截面内力是能够反映鉴定荷载产生的最不利内力值的。

(2) 主桁控制杆件应变实测结果及其评定分析

①控制杆件应变与应力值

各个工况试验荷载，实测的各控制杆件应变值和应力值见表 3.2.4-21、表 3.2.4-22。为便于分析比较，同表中亦列出了相同荷载下杆件的应变计算值和应力计算值。

②试验结果评定分析

a. 结构应力校验系数

试验荷载下应变实测值与计算值的比较 表 3.2.4-21

项 目	杆 件 号	工 况 号	应变实测值	应变计算值	实测值/计算值
边跨跨中上下弦杆	11-13	1-2	500.00	514.72	0.97
	12-14	1-1	−324.60	−346.95	0.94
	26-28	1-8	170.81	201.74	0.85
中跨跨中上下弦杆	42-44	1-4	−363.98	−505.23	0.72
	41-43	1-3	371.61	524.85	0.71
	54-56	1-6	186.78	233.89	0.80
	53-55	1-5	−180.39	−250.35	0.72
中支点截面上下弦杆	25-26	1-7	290.54	346.34	0.84
	26-29	1-8	−255.30	−275.95	0.93
中支点附近斜腹杆	30-33	1-12	294.70	323.22	0.91
	29-30	1-11	−171.61	−263.11	0.65
	53-54	1-9	543.23	705.00	0.77
	54-57	1-10	−233.07	−361.27	0.65
说明	(1) 杆件应变值＝表中值×10^{-6}。 (2)“+”为拉应变，“−”为压应变				

试验荷载下由应变实测值推求的应力值 表 3.2.4-22

项 目	杆 件 号	应力实测值（MPa）	应力计算值（MPa）	实测值/计算值
边跨跨中上下弦杆	11-13	105.00	108.09	0.97
	12-14	−68.17	−72.86	0.94
	26-28	35.87	42.37	0.85
中跨跨中上下弦杆	42-44	−76.44	−106.10	0.72
	41-43	78.04	110.22	0.71
	54-56	39.22	49.12	0.80
	53-55	−37.88	−52.57	0.72
中支点截面上下弦杆	25-26	61.01	72.73	0.84
	26-29	−53.61	−57.95	0.93
中支点附近斜腹杆	30-33	61.89	67.88	0.91
	29-30	−36.04	−55.25	0.65
	53-54	114.08	148.05	0.77
	54-57	−48.95	−75.87	0.65
说明	(1) 钢材弹性模量 $E=2.1\times10^5$MPa。 (2)“+”为拉应变，“−”为压应变			

根据“鉴定方法”的规定，试验荷载作用下实测的控制杆件应力与相应的计算应力值之比，即为结构应力校验系数，结果见表 3.2.4-22。其值介于 0.65～0.97 之间，均小于《公

路养护技术规范》(JTJ 037—85）规定值 1.0。由此看出，在试验荷载作用下杆件的强度能满足规范要求。

b. 卸载后的相对残余应变

卸载后实测的主桁各控制杆件的残余应变 f_p 与总应变 f_t 之比即为相对残余应变。从表 3.2.4-23 看出，其值小于“鉴定方法”所规定的 20%，说明在试验荷载作用下主桁控制杆件处于弹性受力状态。

卸载后的相对残余应变率　　表 3.2.4-23

项　目	杆　件　号	卸载后残余应变 f_p	总应变 f_t	相对残余应变率（%）(f_p/f_t)
边跨跨中上下弦杆	11-13	72.64	500.00	0.15
	12-14	−41.20	−324.00	0.13
	26-28	17.17	170.81	0.10
中跨跨中上下弦杆	42-44	−50.00	−363.98	0.14
	41-43	53.48	171.61	0.31
	54-56	18.36	186.78	0.10
	53-55	−39.91	−180.39	0.22
中支点截面上下弦杆	25-26	49.09	290.54	0.17
	26-29	−40.00	−255.30	0.16
中支点附近斜腹杆	30-33	−38.90	294.54	−0.13
	29-30	21.00	−171.61	−0.12
	53-54	71.00	543.23	0.13
	54-57	3.19	−233.07	−0.01
说明	应变值＝表中值×10^{-6}			

2. 主桁竖向刚度

(1) 试验荷载效率 η_2

η_2 为试验荷载产生的主桁控制截面挠度值与鉴定荷载（汽车-20 级）产生的同一位置挠度之比。计算挠度时，计入荷载横向分布的影响，汽车-20 级、试验荷载的横向分布系数分别取值 1.33、1.5；不计冲击系数。由表 3.2.4-24 可见，主桁试验荷载效率 η_2 均大于 1.0，满足“鉴定方法”的规定。由此说明，试验荷载产生的各控制截面刚度效应能够反映主桁在鉴定荷载下的最不利刚度效应的。

主桁竖向刚度静力荷载效率 η_2　　表 3.2.4-24

加载试验项目	节　点　号	工　况　号	汽-20	试　验　荷　载	静力荷载效率
第 1 跨 1/4 跨径处截面挠度	7	1-1	61.44	70.2	1.14
		1-2		76.95	1.25
第 1 跨跨中截面挠度	15	1-1	84.50	85.05	1.01
		1-2		110.6	1.31

续上表

加载试验项目	节点号	工况号	汽-20	试验荷载	静力荷载效率
第二跨跨中截面挠度	43	1-3	80.96	118.8	1.47
		1-4		111.9	1.38
说明	(1) 表中挠度单位为 mm。 (2)"+"表示下挠				

(2) 主桥实测挠度及评定分析

扣除梁端支座压缩变形后的主桁边、中跨实测挠度值见表 3.2.4-25。表中还给出了主桁同一位置挠度计算值。分析表列数值可以看到：

①结构挠度校验系数

将满载时所测得的最大挠度值与计算值相比，得到的结构挠度校验系数在 0.51～0.95 之间（表 3.2.4-25），均小于《公路养护技术规范》规定值 1.0，可见主桁实际竖向刚度要较理论计算大，主桁的竖向刚度满足要求。

试验荷载下挠度最大实测值与计算值的比较 表 3.2.4-25

加载试验项目	节点号	工况号	挠度实测值	挠度计算值	实测值/计算值
第 1 跨 1/4 跨径处	7	1-1	66.83	70.20	0.95
		1-2	59.91	76.95	0.78
第 1 跨跨中	15	1-1	71.82	85.05	0.84
		1-2	69.11	110.60	0.62
第二跨跨中	43	1-3	60.70	118.80	0.51
		1-4	59.82	111.90	0.53
说明	(1) 表中单位为 mm。 (2)"+"为向下，"−"为向上				

②卸载后主桁实测的相对残余变形在 10%以下（表 3.2.4-26），小于"鉴定方法"所规定的 20%，表明在加载试验过程中主桁呈现较好的弹性工作状态。

实测各节点相对残余变形值 表 3.2.4-26

项目 \ 节点号	7	13	19
残余变形值 f_p (mm)	8.04	1.05	9.63
总变形值 f_t (mm)	76.95	110.60	111.9
f_p/f_t (%)	0.10	0.01	0.09

3. 桥面系纵、横梁跨中正截面强度

(1) 试验荷载效率 η_3

试验荷载产生的纵、横梁控制截面弯矩实测值与鉴定荷载（汽车-20 级）产生的同一截面最不利弯矩计算值之比即为试验荷载效率 η_3。按《公钢规》规定，纵梁的内力按跨径等于横梁中距的简支梁计算。纵梁的荷载横向分布系数在跨中按连续梁弹性支承法计算、在支点按杠杆法计算。在计算汽车-20 级荷载作用下最不利弯矩值时，考虑了荷载横向分布的影响和 1.33 的冲击系数，对三行车列布载还计入了 0.8 的车道折减系数。横梁承受的活载是纵梁传递的间接荷载，因此，需先计算荷载作用下纵梁的支反力，再将反力作用于横梁，计算出横梁的跨中弯矩。具体计算方法参见"验算报告"。

分析 η_3 计算结果（表 3.2.4-27）发现，主桁纵、横梁的静力试验荷载效率 η_3 分别为 0.77 和 1.33。横梁加载的静力荷载效率能满足"鉴定方法"之规定。纵梁受客观条件所限其荷载效率值稍偏低。如果钢纵梁处于弹性工作状态，可将试验结果直线外延到荷载效率 1.0 时得到相应的换算值。因此，本次试验结果是能够反映纵、横梁在鉴定荷载下的最不利内力效应的。

纵、横梁跨中正截面试验荷载效率 η_3　　表 3.2.4-27

加载试验项目	跨中弯矩值（kN·m）		静力荷载效率 η_3
	汽车-20 级	试验荷载	
纵梁	261.50	202.25	0.77
普通横梁	1099.58	1431.61	1.30
墩顶横梁	1099.58	1431.61	1.30

（2）纵梁实测应变与评定分析

纵梁跨中的梁腹下缘（距梁底面 1.7cm）处实测的应变值以及试验荷载下对应测点位置处计算的应变值均列于表 3.2.4-28 中，据应变值推求的跨中荷载横向分布系数见表 3.2.4-29。

普通纵梁跨中应变实测值与计算值之比较　　表 3.2.4-28

项　目	1 号梁	2 号梁	3 号梁	4 号梁	5 号梁	6 号梁
实测应变（平均值）	292.94	300.92	353.60	348.02	338.44	343.23
计算应变值	431.95	434.56	442.42	442.42	434.56	431.95
说明	（1）应变值＝表中值×10^{-6}。 （2）计算应变是根据实测横向分布系数计算的					

由纵梁实测跨中应变值推求的荷载横向分布系数　　表 3.2.4-29

项　目	1 号梁	2 号梁	3 号梁	4 号梁	5 号梁	6 号梁
实测横向分布系数	0.148	0.152	0.179	0.176	0.171	0.174
计算横向分布系数	0.165	0.166	0.169	0.169	0.166	0.165

①荷载横向分布系数

比较表 3.2.4-29 所列数值可以发现，由跨中实测应变推求的荷载横向分布系数与在承载能力验算中取用的荷载横向分布系数规律基本一致。实测的受力最不利 3 号梁横向分布系数为 0.179，与承载能力验算取用的最不利值 0.169（3 号梁）相比较，偏大 5.9%。说明验算所取用的跨中荷载横向分布系数能够反映结构荷载横向分布规律。

②跨中下缘拉应力及结构应力校验系数

按照弹性理论，据表 3.2.4-28 换算的钢纵梁测点处应力值如表 3.2.4-30 所列。由表可见，在试验荷载效率为 0.77 时，实测主梁下缘最大拉应力为 74.26MPa，换算到荷载效率 1.0 时为 96.44MPa，与恒载内力的组合值为 128.1MPa，小于钢材料的容许应力 210MPa。因此主梁跨中正截面强度能满足规范要求。

纵梁跨中下缘拉应力值（MPa）及结构应力校验系数 表 3.2.4-30

项　目	1号梁	2号梁	3号梁	4号梁	5号梁	6号梁
实测应力	61.52	63.19	74.26	73.08	71.07	72.08
计算应力	90.71	91.26	92.91	92.91	91.26	90.71
应力校验系数	0.678	0.692	0.799	0.787	0.779	0.795
说明	(1) 以“+”表示拉应力，以“−”表示压应力。 (2) 钢材弹性模量为 2.1×10^5MPa。 (3) 计算值是按实测的横向分布系数计算的					

根据“鉴定方法”的要求，将满载时实测的钢纵梁跨中下缘应力与试验荷载作用下相应理论计算进行比较，其比值为结构应力校验系数，见表 3.2.4-30，可见其值最大为 0.799，小于《公路养护技术规范》规定值 1.0，说明截面实际抗弯强度比按承载能力验算所采用的值大，可能是桥面板参与组合受力造成的。同时也再一次证明主梁跨中正截面强度足够。

③卸载后结构的工作状况

卸载后实测的结构残余应变 f_p 与总应变 f_t 之比即为相对残余变形，从表 3.2.4-31 可见，其值在10%以下，小于“鉴定方法”所规定的 20%。由此可以得知，在试验荷载作用下，钢纵梁处于线弹性工作阶段。

卸载后的相对残余应变率 表 3.2.4-31

项　目	1号梁	2号梁	3号梁	4号梁	5号梁	6号梁
残余变形值 f_p（mm）	20.75	−4.79	1.60	−16.76	23.95	16.76
总变形值 f_t（mm）	292.94	300.92	353.60	348.02	338.44	343.23
相对残余应变率 f_p/f_t	0.071	−0.016	0.005	−0.048	0.071	0.049

(3) 主桁横梁实测应变与评定分析

横梁跨中截面实测应变值、应力值与试验荷载下对应测点的计算应变值、应力值列于表 3.2.4-32、表 3.2.4-33 中。分析表中结果可得出：

普通横梁与墩顶横梁跨中应变实测值与计算值 表 3.2.4-32

项　目	13号普通横梁				29号墩顶横梁			
	上缘南	上缘北	下缘南	下缘北	上缘南	上缘北	下缘南	下缘北
实测值	−446.99	−454.97	439.91	450.18	−214.49	243.45	154.05	202.74
实测值（平均）	−450.98		441.05		−228.97		228.4	
计算值	−729.68		729.68		−554.32		554.32	
说明	(1) 以“+”表示拉应变，以“−”表示压应变。 (2) 应变值=表中值×10^{-6}							

横梁跨中应力值（MPa）及结构应力校验系数　　表 3.2.4-33

项　目	13 号普通横梁		29 号墩顶横梁	
	上缘	下缘	上缘	下缘
实测值（平均）	−94.71	92.62	−48.08	47.96
计算值	−153.23	153.23	−116.41	116.41
应力校验系数	0.62	0.60	0.41	0.41
说明	"+"表示拉应力，"−"表示压应力			

①横梁的上、下缘对称位置的实测应变值基本相等，符合对称截面的受力特性。

②结构应力校验系数在 0.41～0.62 之间，小于《公路养护技术规范》规定值 1.0，说明承载能力验算结果偏安全，横梁跨中正截面强度能满足规范要求。

③在试验荷载（荷载效率为 1.33）下，按实测应变值换算的下缘应力值为 92.62MPa，当其换算荷载效率 1.0（其下缘应力为 69.64MPa）并与恒载内力的组合值为 122.6MPa 时，小于钢材料的容许应力 210MPa，又一次说明横梁跨中正截面强度足够。

④卸载后实测的钢横梁残余应变 f_p 与总应变 f_t 之比（即相对残余变形），介于 5%～17%之间，小于"鉴定方法"所规定的 20%，说明在试验荷载作用下，钢纵梁基本处于线弹性工作阶段（表 3.2.4-34）。

卸载后的相对残余应变率　　表 3.2.4-34

项　目	13 号普通横梁				29 号墩顶横梁			
	上缘南	上缘北	下缘南	下缘北	上缘南	上缘北	下缘南	下缘北
卸载后的残余应变值 f_p(mm)	−37.52	54.28	55.87	−24.74	−22.35	40.29	16.76	16.76
总应变值 f_t（mm）	446.99	454.97	439.91	450.18	314.49	243.45	154.05	202.74
卸载后的残余应变率 f_p/f_t	−0.084	0.119	0.127	−0.055	−0.071	0.207	0.109	0.083

（四）高强螺栓紧固力测定

在进行主桁控制截面杆件抗力加载试验时，选取部分大节点板高强螺栓，利用超声波螺栓紧固测定仪进行了加载前后的紧固力测定，从测定结果来看，所测高强螺栓加载前后的紧固力无明显差异，这说明在试验荷载作用下，节点板的连接强度是有保证的。此外，从整个加载试验过程来看，未发现主桁任何一部分出现明显的死挠度变形，也可以断定，主桁节点板的连接有效，强度足够。

（五）静载试验结果评价

通过现场试验以及对试验结果的分析，得到如下结论：

（1）本次所用静力试验荷载产生的控制截面最不利内力，以及挠度效应与鉴定荷载产生的同一截面内力或挠度效应之比（即静力荷载效率），均能满足"鉴定方法"之规定。由此反映试验荷载产生的加载控制截面力学效应，是能够代表验算鉴定荷载（汽车-20 级）的。

（2）在试验荷载作用下，主桁各控制杆件结构应力校验系数介于 0.65～0.97 之间，均小于《公路养护技术规范》（JTJ 073—85）规定值 1.0，卸载后相对残余应变小于"鉴定方法"所规定的 20%，说明主桁各控制杆件强度能满足规范要求，其工作状态为弹性受力状态。

(3) 在主桁竖向刚度加载试验中，结构挠度校验系数在0.51～0.95之间，均小于《公路养护技术规范》规定值1.0，可见主桁实际竖向刚度较理论计算为大，主桁的竖向刚度满足结构要求。卸载后相对残余变形在10%以下，小于"鉴定方法"所规定的20%，又一次表明在加载试验过程中主桁呈现较好的弹性工作状态。

(4) 在试验荷载作用下，桥面系纵、横梁实测跨中最大组合应力值分别为128.1MPa、122.6MPa，小于《公钢规》规定的材料允许值200MPa；纵、横梁的结构应力校验系数小于《公路养护技术规范》规定值1.0，都说明纵、横梁跨中正截面强度满足规范要求。卸载后实测纵、横梁残余变形小于"鉴定方法"规定，纵、横梁处于弹性工作状况。

(5) 从高强螺栓紧固力测量结果可以判断，在试验荷载作用下，节点板的连接强度是有保证的，主桁节点板的连接有效，强度足够。

§2.5 钢桁梁桥维修加固工程实例

一、桥梁概况

解放桥位于天津市区，横跨海河，是市内重要的交通枢纽。桥梁全长95.404m，桥面宽12.20m+2×2.75m人行道。上部结构由两边孔24.232m的下承式简支钢桁梁和中孔为46.940m的下承式施尔泽尔（Schez、Zer）开启体系钢桁梁组成。下部结构由两墩、两台组成。1925年开工，1927年建成，该桥至今已有80多年历史。

1. 使用情况

解放桥建成后，由于受战争、地震，尤其是自然腐蚀的影响，桥梁各部位都有着不同程度的损坏。为明确桥梁的实际工作状态，天津市道桥管理处与市政工程研究所于1985年对该桥进行了全面的试验鉴定，并对该桥实施了维修加固。

2. 原桥病害检查及分析

(1) 历史状况调查

由于该桥建造历史较久，缺乏完整的图纸与资料，通过现场检查与实地量测，整理补足基本图纸，进行结构内力分析，尽力追溯原始设计构思，以掌握桥梁的全面情况。

(2) 现状检查

现状检查主要是以现场外观检查量测为主，对全桥进行检查记录，结合测试结果对桥梁做出综合评价。检查情况综述见表3.2.5-1。

现状检查综述表 表3.2.5-1

项目	结构相对位置的测量	钢结构检查	混凝土与木结构的宏观检查	钢材料试验
内容	测量钢梁节点的相对几何位置和顶面高程；测量墩台平面几何位置和高程；测量桥面与平衡体顶面高程；丈量支座各部位相对尺寸	检查杆件有无裂纹、穿孔、硬弯、弯扭、锈蚀、爆皮、锈涨及杆件平直度；疲劳裂纹；铆钉有无松动，欠缺与锈蚀程度。支座与锚栓损坏情况，灵活可靠程度。与图纸是否一致	检查墩台有无风化、剥落、破损、裂隙，裂纹的长度、宽度、深度、发展情况，对固定跨混凝土桥面，活动跨平衡体混凝土块，木桥面也进行相应检查	进行强度试验；冲击韧性与疲劳试验，金相检验，化学成分分析

续上表

项目	结构相对位置的测量	钢结构检查	混凝土与木结构的宏观检查	钢材料试验
目的与要求	根据量测结果绘出每片主桁断面、平面图，据此判断钢桁梁现状，分析判断钢梁是否产生弯曲或扭转变形；计算桥面与平衡体自重；墩台、支座变化情况，建立永久观测水准点	对钢桁梁、弦杆、斜杆、竖杆、横梁、联结系、齿座梁、弧形梁、桥门架、人行道托梁与门架、栏杆、支座等处进行检查登记，据此判断杆件截面的损伤程度，计算结构内力，结合测试结果确定每一部位的承载能力	对检查部位有问题处绘图说明，尽力查明损坏情况与范围，结合动力分析说明墩台损坏程度，并检查平衡体与桥面损坏情况	从主要杆件中取样加工成试件，进行材料试验分析，以决定其强度、屈服点、延伸率、疲劳和可焊性能
检查结果综述	两片主桁下弦节点在平面和立面相对位置发生了变化，结合 E_{12} 上平联（大龙门架）的变化状态，说明桁架存在着扭转变形。南台支座上部向南移 5cm，北台支座向北移 3cm；这可能是由于 1976 年地震的影响或桥台向河心发生滑移	桥面以上部位与杆件，平整度良好，无明显弯曲、扭转、硬折，仅局部杆件因战争所致和使用不当遭受损坏、锈蚀；桥面以下部位，由于污物易菌集，通风不良，湿度大，在交汇处均有不同程度鱼鳞坑或斑状锈蚀；截面损伤深度在 2～6mm 范围，严重者锈穿。杆端和缀板连接有较严重锈蚀，铆钉也有损坏；支座、人行道托梁均有锈穿，这些部位必须采取安全措施	北台一条宽 8mm 竖向裂缝自上而下直入埋土之中，在台帽 80cm 胸墙上有一条横向贯通裂缝，两台翼墙、护岸砌石均开裂；桥墩墩帽下 8cm 处有一道 0.5cm 宽环形封闭裂缝，混凝土变质。混凝土桥面与平衡体混凝土块几处钢筋外露、锈蚀、胀裂、混凝土开裂脱落。桥面损坏，严重者多在路桥和活动跨与固定跨交界处；木桥面出现坑槽开裂	钢材力学试验试件断面： 1. 200cm×0.70cm $F=1.4\text{cm}^2$ 2. 标记为 5cm 3. $\sigma_n=260\text{MPa}$ $\sigma_T=260\text{MPa}$ $\sigma_{max}=460\text{MPa}$ $\sigma_p=371\text{MPa}$ 4. $E=215\text{MPa}$（平均） 5. 钢材化学成分分析见表 3.2.5-2

二、检测与分析试验

(一) 静载试验

静载试验目的是：实测结构的应力、挠度、支座位移并与计算值进行比较，以鉴定结构现实工作状态；另外对桥梁现状中存在的一些问题进行分析，为维修加固提供依据，同时也为维修加固的效果提供对比数据。

1. 试验项目

（1）应力

对选定的弦杆、斜杆、竖杆、纵梁、横梁、齿座梁和一个节点，用 YJD-1 和 YJD-5 电阻应变仪按半桥接线进行测量。

（2）挠度

对加载孔的主桁节点用水平仪进行测量。

（3）支座位移

用装在磁力表架上的百分表测定活动支座的水平位移。

2. 测点布设

测点是根据检算与检查结果，并方便现场观测与仪器的安设一并考虑，最后选取了南侧下游承载系数小、较薄弱的杆件和节点。测定杆件与测点布置见图 3.2.5-1。

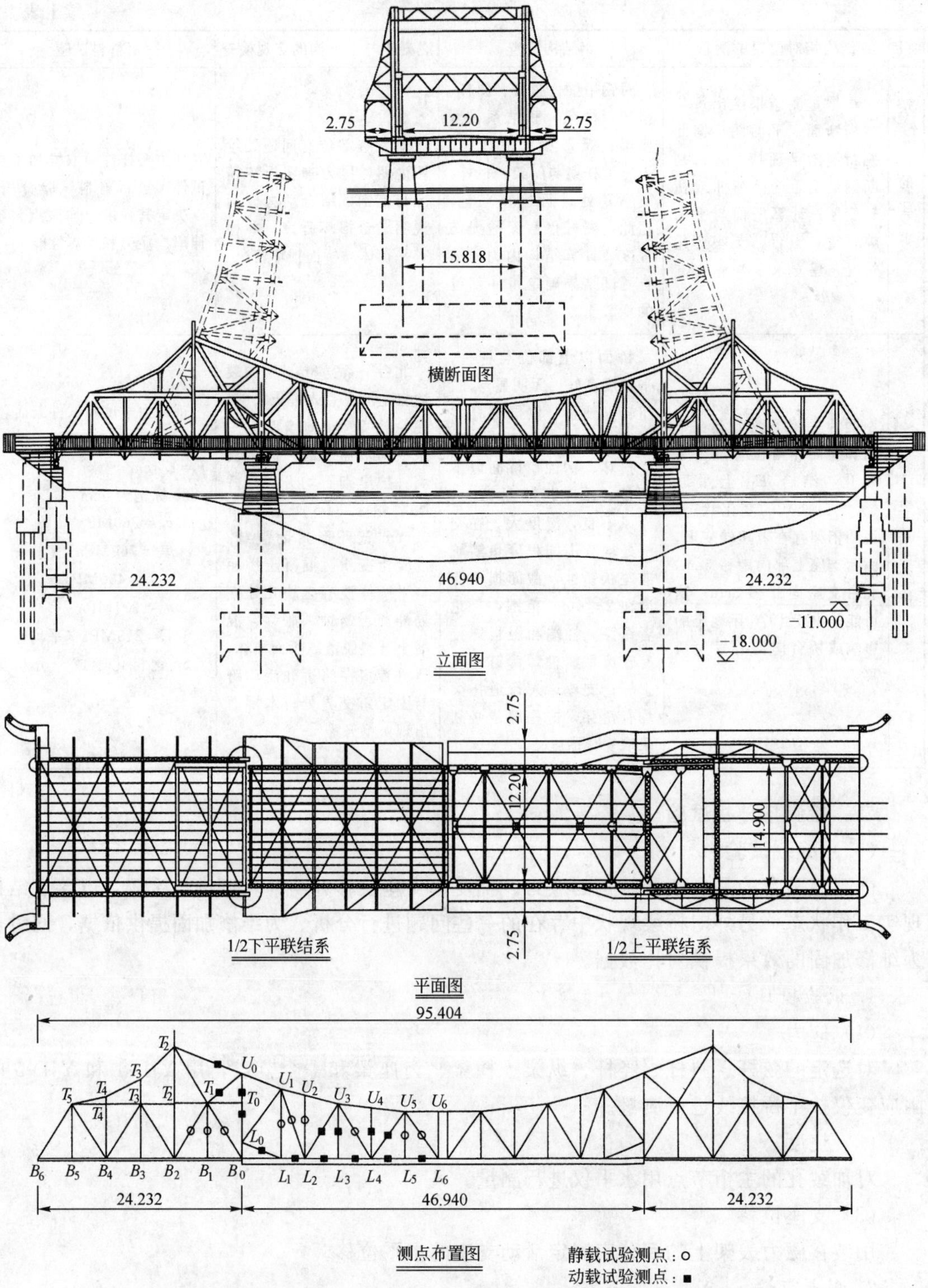

图 3.2.5-1　解放桥总图与测定杆件及测点布置图（尺寸单位：m）

解放桥钢材成分分析表 表 3.2.5-2

仪器分析条件	等离子光谱 ICAP (N+M)									
1（皮）	S	P	Cr	Cu	Zn	Mn	V	Si	Ni	（皮层）
	0.02	0.03	0.025	0.014	0.067	0.23	0.035	0.15	0.004	
2	未检出（<0.01）	未检出（<0.01）	0.027	0.013	0.013	0.37	<0.01	0.10	0.02	（固跨内层）
3	0.013	0.053	0.048	0.15	0.011	0.27	<0.01	0.11	0.038	（活跨内层）
说明	含量均以%计									

（1）杆件测点布设及其应力值

主桁平面内杆件，为避免节点受力而引起数据分析的困难，除测量次应力点之外，均将贴片布置在杆件中间。

①对具有两个对称轴的截面杆件，只测轴向应力 σ_0，考虑存在弯曲应力 σ_y 时，布置两个测点如图 3.2.5-2 所示。此时：

$$\sigma_0 = (\sigma_1 + \sigma_2)/2$$
$$\sigma_y = (\sigma_1 - \sigma_2)/2$$

对一些非重点分析杆件，可以认为 $\sigma_y=0$，仅贴一片测得 σ_0。

②对仅有一个对称轴的截面杆件，布置 2～4 个测点，测点选在翼缘上，如图 3.2.5-3。此时，轴向应力：

$$\sigma_0 = \left(\frac{\sigma_1 + \sigma_2}{2}\right)\frac{y_2}{h} + \left(\frac{\sigma_3 + \sigma_4}{2}\right)\frac{y_1}{h}$$

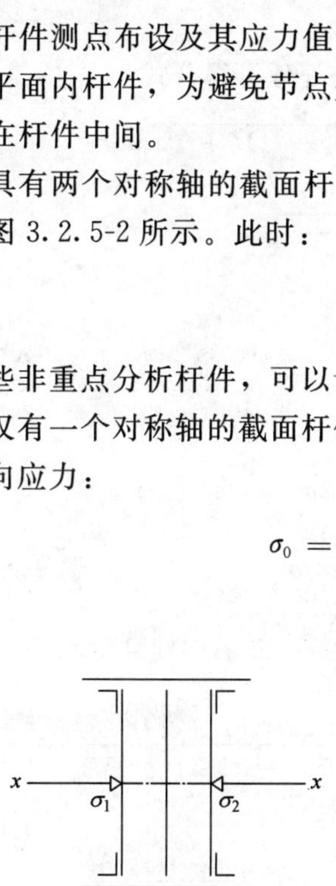

图 3.2.5-2 主桁测点布置一

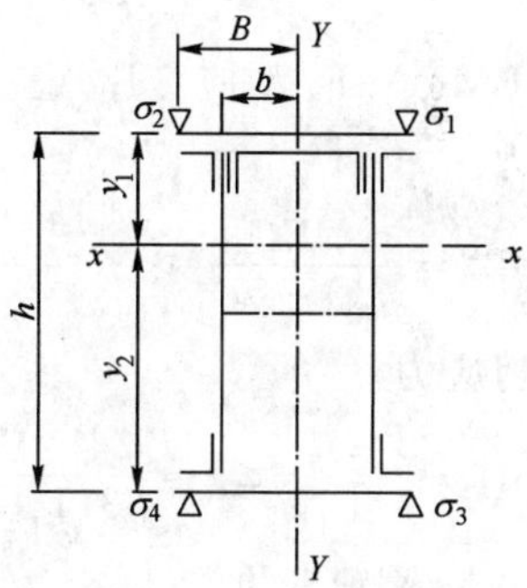

图 3.2.5-3 主桁测点布置二

竖向弯曲应力：

$$\sigma_{x1} = \sigma_{x2} = \left(\frac{\sigma_1 + \sigma_2}{2}\right) - \sigma_0$$

$$\sigma_{x3} = \sigma_{x4} = \left(\frac{\sigma_3 + \sigma_4}{2}\right) - \sigma_0$$

水平弯曲应力：

$$\sigma_{y2}^{y1} = \pm\left[\frac{\sigma_1 - \sigma_2}{\cdot 2} - \frac{y_2}{h}\left(\frac{\sigma_3 - \sigma_4}{2} - \frac{\sigma_1 - \sigma_2}{2}\frac{b}{B}\right)\right]$$

$$\sigma_{y4}^{y3} = \pm\left[\frac{\sigma_3 - \sigma_4}{2} - \frac{y_2}{h}\left(\frac{\sigma_3 - \sigma_4}{2} - \frac{\sigma_1 - \sigma_2}{2}\frac{b}{B}\right)\right]$$

约束扭转应力：

$$\sigma_{w2}^{w1}=\pm\frac{y_1}{h}\left(\frac{\sigma_1-\sigma_2}{2}-\frac{\sigma_3-\sigma_4}{2}\cdot\frac{b}{B}\right)$$

$$\sigma_{w4}^{w3}=\pm\frac{y_2}{h}\left(\frac{\sigma_3-\sigma_4}{2}-\frac{\sigma_1-\sigma_2}{2}\cdot\frac{b}{B}\right)$$

当贴片做到 $\sigma_1=\sigma_2$，$\sigma_3=\sigma_4$ 时，仅贴三片即可测得轴向应力数值，也可根据图解法确定其数值。

③对于横梁、纵梁、齿座梁等受弯构件，测点布置在跨中下翼缘处。

(2) 节点测点布设及所测应力值

每一测点贴应变片一片，按弹性力学中平面应力问题处理可得公式：

$$\sigma_{\min}^{\max}=\frac{E}{2}\left[\frac{1}{1-\mu}(\varepsilon_x+\varepsilon_y)\pm\frac{1}{1+\mu}\sqrt{(\varepsilon_x-\varepsilon_y)^2+\gamma_{xy}^2}\right]$$

$$\tau_{\max}=\frac{E}{2(1+\mu)}\sqrt{(\varepsilon_x-\varepsilon_y)^2+\gamma_{xy}^2}$$

X 轴与最大主应力夹角：

$$\varphi_0=\frac{1}{2}\mathrm{arc\ tan}\frac{\gamma_{xy}}{\varepsilon_x-\varepsilon_y}$$

式中 ε_x、ε_y、γ_{xy}，可由下列三式联立求解：

$$\varepsilon_x+\varepsilon_y+(\varepsilon_x-\varepsilon_y)\cos\varphi_1+\gamma_{xy}\sin2\varphi_1=2\varepsilon_1$$

$$\varepsilon_x+\varepsilon_y+(\varepsilon_x-\varepsilon_y)\cos\varphi_2+\gamma_{xy}\sin2\varphi_2=2\varepsilon_2$$

$$\varepsilon_x+\varepsilon_y+(\varepsilon_x-\varepsilon_y)\cos\varphi_3+\gamma_{xy}\sin2\varphi_3=2\varepsilon_3$$

采用 BMF_3-F_4 型应变片（三片轴线之夹角均为 120°），可采用计算公式为：

主应力

$$\sigma_{\min}^{\max}=\frac{E}{3(1-\mu)}(\varepsilon_1+\varepsilon_2+\varepsilon_3)\pm\frac{2E}{3(1+\mu)}\sqrt{\varepsilon_1^2+\varepsilon_2^2+\varepsilon_3^2-\varepsilon_1\varepsilon_2-\varepsilon_2\varepsilon_3-\varepsilon_3\varepsilon_1}$$

最大剪应力

$$\tau_{\max}=\frac{2E}{3(1+\mu)}\sqrt{\varepsilon_1^2+\varepsilon_2^2+\varepsilon_3^2-\varepsilon_1\varepsilon_2-\varepsilon_2\varepsilon_3-\varepsilon_3\varepsilon_1}$$

主应力与 X 轴夹角

$$\varphi_0=\frac{1}{2}\arctan\frac{3(\varepsilon_2-\varepsilon_3)}{(\varepsilon_2+\varepsilon_3-2\varepsilon_1)}$$

3. 试验荷载

按《公路桥涵设计通用规范》(JTJ 021—89) 规定，以汽-15 荷载，根据试测目的要求对杆件影响线进行布载。使用日产五十铃 TD50ALCQD 型（自重 6.5t，载重 8.5t 超载），前轴重力 50kN，后轴重力 100kN，轴距 4350mm，前轮距 1960mm，后轮距 1820mm。汽车 6 辆，以横向居中对称排列 4 辆和附加 2 辆偏载组合的两种形式加载。每次加载以在 5min 之内读数变化小于所用仪器的最小分辨值，则认为结构变形达到相对稳定，记录读数。车辆退出后，仪器均需进行零点调正或初读数，20min 后进行下一车辆位置的试验。为减少温度对测量结果的影响和便于维护交通，静载试验安排在夜间进行。

4. 检测结果与分析

(1) 应力

①杆件的结构校验系数

在荷载作用下，桁梁的实际受力情况是静载试验的核心，用杆件的结构校验系数（实测值与理论计算值之比）来判断结构理论计算与实际受力的符合程度。在汽-15荷载作用下主桁被测杆件校验系数汇总于表3.2.5-3。

各杆件结构校验系数表　　表3.2.5-3

杆件		实测轴向应力（MPa）	理论轴向应力（MPa）	结构校验系数 $\left(\frac{实测压力}{理论应力}\right)$	结构校验系数常值
斜杆竖杆	D_1（T_1-B_0）	−2.370	−5.148	0.46	0.95～1.00
	D_2（T_1-B_2）	+3.780	+5.138	0.74	0.95～1.00
	N_2（T_1-B_1）	1.890	2.151	0.88	0.85～1.00
下弦杆	M_4（L_6-L_5）	−8.610	−8.069	1.07	0.7～0.80
	M_3（L_3-L_2）	−19.950	−34.737	0.57	
	M_2（L_2-L_1）	−23.520	−42.773	0.55	
	M_1（L_1-L_0）	−16.800	−27.569	0.61	
上弦杆	$M_5(U_a-U_0)$	21.840	27.932	0.78	0.90～0.95
	$M_6(U_0-U_1)$	16.800	23.601	0.71	
	$M_7(U_2-U_3)$	26.800	30.402	0.88	
	$M_8(U_4-U_5)$	21.420	29.032	0.74	
斜杆	$D_2(U_0-M_a)$	12.180	15.893	0.77	0.95～1.00
	$D_3(U_1-U_0)$	−153.30	−21.105	0.73	
	$D_5(U_3-U_2)$	−26.250	−26.852	0.98	
竖杆	$N_1(U_0-L_0)$	−6.195	−11.150	0.56	
	$N_5(U_4-L_4)$	−9.240	−11.564	0.80	
下游齿座梁		32.130	64.900	0.50	
（中间）小纵梁		45.150	62.40	0.72	
横梁 F_2		39.270	78.260	0.50	

从表3.2.5-3中可知除下弦杆 M_4 之外，主桁杆件的轴向应力和纵梁、横梁、齿座梁的跨中下翼缘实测边缘应力的结构校正系数都小于规范要求数值，说明各杆件都有着一定安全储备。M_4（L_5—L_6）由于节点锈蚀严重，导致承载能力的降低，必须予以重视。

当荷载作用点不是最不利位置时，杆件的结构校验系数普遍小于表3.2.5-1中数值。

②恒载和试验荷载下的计算应力

表3.2.5-4列入汽-15荷载作用在最不利位置时的活载应力、恒载应力，并结合杆件实际的损坏程度进行了断面的应力计算。

表3.2.5-4中的实测值均小于理论计算值，说明该桥承载力具有一定潜力。但当考虑杆

件受损按削弱断面计算时，部分应力数值已接近材料允许应力值，这一点是不能忽视的。

杆件恒载和试验荷载下的计算应力表 表 3.2.5-4

杆件		恒载轴向应力（MPa）	活载理论轴向应力（MPa）	$\frac{恒+活（实测）}{恒+活（理论）}$	削弱断面的计算轴向应力（MPa）
弦杆	M_2（L_1-L_2）	−66.977	−42.773	$\frac{-91.497}{-109.750}$	−131.700
	M_5（U_a-U_0）	49.582	27.934	$\frac{71.422}{77.516}$	93.019
斜杆	$D_1(M_a-U_a)$	−71.677	−40.382	−112.059	−123.265
	$D_6(U_3-L_4)$	50.145	35.96	$\frac{75.975}{85.541}$	111.203
	$D_7(U_5-L_4)$	−33.716	33.009	$\frac{-65.139}{-66.725}$	−86.743
竖杆	$N_1(U_0-L_0)$	−65.920	−11.150	$\frac{-72.115}{-77.070}$	−84.777
	$N_2(U_1-L_1)$	46.201	23.778	$\frac{57.541}{69.979}$	76.977

③节点应力分析

考虑到锈蚀、穿孔等因素对节点应力的影响，选取代表性的节点 L_2 作为测试对象，在其侧面布置了 43 个测点。为对试验结果进行校核，采用 SAP—5、四类元平面应力分析，使用三角形单元，单元划分时把铆钉位置划在结点上，测点布置在三角形的形心上。选取进行应力对比的单元边长不宜过大，边长之比亦不能太大。测点总数 239 个，单元总数 397 个（测点布置与单元划分图略）。

计算时，杆件作用在节点上的力采用了三种假定：

a. 将杆件计算轴力平均分配在该杆件节点二侧板面边缘交线长度；

b. 平均分配给该杆与两侧节点板相连的全部铆钉上；

c. 杆件计算轴向力从外排铆钉到内排铆钉按等差级数逐排递减分配。

上述这三种计算假定分别对应着 3 种工况组合成 9 种工况进行轴力计算。经分析第一种假定与实测数据比较接近，将实测值与计算结果的部分值均换算为主应力后，用结构校验系数表示汇总在表 3.2.5-5 中。

节点静载应力实测与理论数值表 表 3.2.5-5

工况	测点号	实测$\frac{\sigma_{max}}{\sigma_{min}}$（MPa）	实测$\frac{\tau_{max}}{\varphi_0}$（MPa）/角度	理论$\frac{\sigma_{max}}{\sigma_{min}}$（MPa）	结构校验系数
1	1	$\frac{-4.6}{-26.8}$	$\frac{11.1}{35°}$	$\frac{-5.4762}{-27.3469}$	$\frac{0.84}{0.98}$
2		$\frac{-8.3}{-27.7}$	$\frac{9.7}{30°}$	$\frac{-8.4694}{-28.5567}$	$\frac{0.98}{0.97}$
3		$\frac{-1.2}{-11.8}$	$\frac{5.3}{38°}$	$\frac{-1.3793}{-12.211}$	$\frac{0.87}{0.95}$

续上表

工况	测点号	实测$\frac{\sigma_{max}}{\sigma_{min}}$ (MPa)	实测$\frac{\tau_{max}}{\varphi_0}$ (MPa) /角度	理论$\frac{\sigma_{max}}{\sigma_{min}}$ (MPa)	结构校验系数
1	7	$\frac{7.5}{-7.5}$	$\frac{7.5}{45°}$	$\frac{7.6832}{-7.5904}$	$\frac{0.98}{0.90}$
2		$\frac{6.9}{-10.9}$	$\frac{8.9}{-44°}$	$\frac{7.1535}{-12.1244}$	$\frac{0.96}{0.90}$
3		$\frac{-1.6}{-5.4}$	$\frac{1.9}{-7°}$	$\frac{-1.8523}{-5.5746}$	$\frac{0.86}{0.97}$
1	12	$\frac{8.7}{-12.3}$	$\frac{10.5}{42°}$	$\frac{8.9934}{-14.8694}$	$\frac{0.79}{0.83}$
2		$\frac{-4.5}{-24.5}$	$\frac{10.0}{-29°}$	$\frac{-4.6673}{-25.2262}$	$\frac{0.96}{0.97}$
3		$\frac{4.7}{-4.7}$	$\frac{4.7}{45°}$	$\frac{5.1859}{5.3243}$	$\frac{0.91}{0.88}$
1	14	$\frac{8.7}{-1.7}$	$\frac{3.5}{-20°}$	$\frac{9.6667}{1.8280}$	$\frac{0.90}{0.93}$
2		$\frac{5.9}{-0.3}$	$\frac{3.1}{-17°}$	$\frac{6.2105}{-0.4615}$	$\frac{0.95}{0.65}$
3		$\frac{4.0}{1.2}$	$\frac{1.4}{-30°}$	$\frac{4.4445}{1.6438}$	$\frac{0.90}{0.73}$
1	34	$\frac{-1.1}{-12.7}$	$\frac{5.5}{-40°}$	$\frac{-1.1458}{-12.8283}$	$\frac{0.96}{0.99}$
2		$\frac{-1.9}{-13.3}$	$\frac{5.7}{-37°}$	$\frac{-1.9388}{-13.5714}$	$\frac{0.98}{0.98}$
3		$\frac{-3.1}{-4.3}$	$\frac{374.7}{-44°}$	$\frac{-3.1313}{-7.4138}$	$\frac{0.99}{0.58}$
1	43	$\frac{0.1}{-2.1}$	$\frac{1.1}{-30°}$	$\frac{0.2639}{-2.2414}$	$\frac{0.38}{0.94}$
2		$\frac{-1.1}{-3.9}$	$\frac{1.4}{40°}$	$\frac{-1.3240}{-4.2562}$	$\frac{0.83}{0.92}$
3		$\frac{0.1}{-2.1}$	$\frac{1.1}{-30°}$	$\frac{0.2636}{-2.2424}$	$\frac{0.389}{0.94}$

从表 3.2.5-5 中数据可以看出节点试验应力都小于计算应力，并符合理论分布情况。节点虽有较严重锈蚀，但还是具有一定安全储备。但严重的锈蚀会引起随机疲劳与断裂，所以对锈蚀的损坏部位应采取相应的措施。

④节点次应力影响

活载加在 D_5（U_5-L_5）影响线最大处实测节点附近截面的次应力，实测最大边缘应力与轴向应力比值：$\frac{-23.52\text{MPa}}{-20.055\text{MPa}}=1.17$，为综合次应力系数，其数值是不大的，在设计计算次应力影响时，当汽-15 作用时无超载现象，允许应力将提高 20%。一般情况下，弦杆的节点次应力综合值与平面内的数值接近，主要是由主桁平面的节点力矩 M_x 所致。而腹杆除 M_x 影响外，尚存有主桁平面外的力矩 M_y 的影响，故实测 D_5 斜杆是具有代表性的。

⑤破断杆件修复后的现状应力

上游侧斜杆 D_5 在战争中被炸断后已经修复，为明确该杆件的应力状态进行了轴向应力测量。测量结果平均轴向应力－38.07MPa，（下游侧：－26.250MPa），结构校验系数为1.15（下游侧为0.98）。因此该杆也是这座桥中的薄弱杆件之一。

（2）挠度

当活载如图3.2.5-4位置作用时，实测下弦节点挠度平均值与理论值列表如表3.2.5-6。

挠度实测与计算数值表

表3.2.5-6

测点位置	L_1	L_2	L_3	L_4	L_5	L_6
实测挠度值（cm）	0.40	0.60	1010	1.50	2.20	2.00
理论挠度值（cm）	1.21	1.64	1.85	2.10	2.60	2.65
结构校验系数	0.33	0.37	0.59	0.71	0.85	0.75
结构校验系数常值	0.70～0.75					

实测挠度最大值为2.2cm，小于理论值也小于规范中挠度计算限值3.755cm，结构校验系数平均值为0.6，说明桁架垂直方向有足够刚度，同时也可看出节点 L_5 与 L_6 处刚度储备不是很大的。

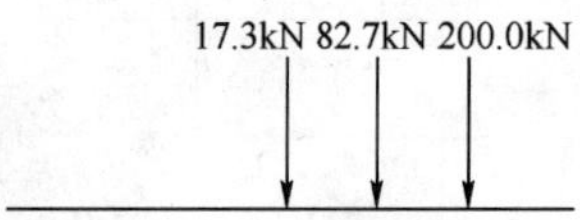

图3.2.5-4 活载作用位置图

（3）支座水平位移

在汽-15荷载作用下，实测南台活动支座位移为0.055mm，小于理论计算值2.35mm，虽然结构系数很小，但数值是偏低的，这是由于固定支座铰轴锈蚀严重，活动支座没在理论位置上导致实测数值偏低。

（二）动载试验

1. 试验目的

（1）用一台4t重车在桥中线上由南向北，逐渐提高行驶速度，在桥上规定的位置上做急制动和跳车激振，对墩台进行振动实验；

（2）用六辆15t重车纵向间隔80m的一列车队，在下游侧由南向北通过后台头再由北向南，在桥上增速，对部分杆件和节点进行动载应力和振动试验；

（3）对桥梁进行随机荷载作用下的振动试验。

2. 试验项目

（1）应力

采用静载试验中数值较大的测点，以半桥接线法通过YD-15动态电阻应变仪放大，由S0NY磁带记录器记录。

（2）振动

试验采用两套记录系统，在试验前都分别进行了标定。一种是采用701传感器通过电流信号输出，由SC—16光电记录示波器记录桥墩振动数据，用人工进行数据处理；另一种采用43型和JC型压电晶体加速度传感器，由S0NY—FF3907W磁带记录器记录，通过7T08S信号处理机进行有关随机振动参数处理。

3. 试验结果

（1）应力

对主桁一些杆件及节点第25测点进行动应变测量，由磁带记录器记录下来的信号输入

7T08S信号处理机中，用雨流法采样点万次和千次计算方法，以及用概率计算方法同时对几个测点进行数据处理，其计算结果是一致的。因此其余测点都采用一个点千次雨流法处理动应变数据。各测点数据处理后得到最大动应力值与冲击系数见表3.2.5-7。

实测动应力和冲击系数数值表　　表3.2.5-7

标　号	最大应力值（MPa）	冲击系数 $(1+\mu)=\frac{\sigma_{dmax}}{\sigma_{jmax}}$
M_1（L_0-L_1）	−9.660	1.150
M_2（L_1-L_2）	−12.245	1.045
M_4（L_4-L_5）	−7.816	1.815
M_5（U_a-U_0）	11.194	1.025
M_7（U_1-U_2）	9.900	1.179
M_8（U_3-U_4）	10.514	1.125
D_3（U_1-U_0）	8.056	1.051
N_1（U_0-L_0）	−7.002	1.130
节点25测点	$\sigma=3.974$	1.244

从动应力计算结果可以看出，动力试验结果与静力试验及外观检查结果是一致的，除M_4杆件存在一定的问题外，其他各杆件实测值比较正常，冲击系数均小于允许值1.33。

（2）振动

在动力荷载作用下，在弹性限度内结构所产生的内力和变形，除与外荷载大小、作用方式、变化规律有关外，还与结构的动力特性有很大关系。动力特性主要用自振频率和振型表达。通过自振频率可以较确切地估算出位移和内力的幅值，还可以找出结构产生较大振动的原因，从而提出减振的有效措施。振型是与自振频率相互对应的，一个结构的振动可按自振频率进行振型分解，我们按人工处理和电子数据处理机（自动分析）二种方法对桥墩和钢桁梁进行了数据分析。

①桥墩振动

通过SC-16光电记录示波器记录的信号以人工进行计算，并通过7T08S数据处理机将桥墩振动特性数值处理结果汇总在表3.2.5-8中。

桥墩振动特性实测数值表　　表3.2.5-8

内　容	（顺桥）纵向振动			（横桥）横向振动			（垂直地面）竖向振动		
	频率（Hz）	最大振幅（mm）	加速度（$g=9.8m/s^2$）	频率（Hz）	最大振幅（mm）	加速度（$g=9.8m/s^2$）	频率（Hz）	最大振幅（mm）	加速度（$g=9.8m/s^2$）
7T08S处理结果	3.90		0.0038g	5.07		0.0038g			0.0073g
SC-16处理结果	3.67	0.026		5.25	0.065		3.00	0.04	
规范计算值				4.30	0.36				
参考计算值	2.48			4.54					

从表中数值可以看出两者相差不大，也可看到纵横向振动频率和最大振幅满足《公路桥梁检定规范》的要求。

②钢桁梁的振动

钢桁梁在南侧下游每个节点、部分杆件、平衡重上进行了竖向振动的测量，处理后的数据见表 3.2.5-9。

从表 3.2.5-9 中数值可知，在荷载作用的平面振动的频率值均能满足规范要求值 1.917Hz，稍大于汽车的自振频率 1.89Hz，但活动桁架自振频率与振幅值在第三振型时仍存在人感不适的区域。

（三）试验分析结论

根据鉴定试验所进行的数据分析与外观检查的结果是一致的。总体上说，钢桁梁和主要结构虽然存在不同程度的损坏，但尚能满足汽-15 级荷载标准要求的承载力与刚度。但也必须及时地进行维修加固。

活动跨钢桁梁振动测量数据表

表 3.2.5-9

部位 / 内容	固定桁架				活动桁架			
	B_2	B_3	B_4	B_5	L_2	L_3	L_4	L_5
频率（Hz）	2.535	2.535	2.535	2.535	2.928	2.535	2.560	2.540
加速度 ($g=9.8m/s^2$)	0.00435g	0.0097g	0.0071g	0.01065g	0.01009g	0.02301g	0.02007g	0.0295g
部位 / 内容	活动桁架				平衡重块			
	L_6	L_2（g_{22}）	L_2（g_{25}）	$M_{2(中)}$	$M_{6(中)}$	顺桥向	横桥向	竖向
频率（Hz）	2.928	1.952	1.952	2.628	2.928	3.90	3.90	2.34
加速度 ($g=9.8m/s^2$)	0.02975g	0.0064g	0.0066g	0.0525g	0.0125g	0.0088g	0.0049g	0.0160g

三、维修加固的研究

（一）维修加固的技术分析

1. 维修加固的必要性

（1）从现状检查结果可以明显看到如下弦节点处等一些部位，污物易菌集，积尘积水不易清理，通风不良，湿度大，产生鱼鳞坑状或斑片状的严重锈蚀。尤其在斜杆交汇的大节点处，不仅节点板受损严重，此处横梁腹板多处锈穿，这些都将直接影响到桥梁的安全。

（2）对比 1958 年对本桥的检查报告，发现各部分的锈损均有着不同程度的加重，且有发展迹象，如 L_6 节点的疲劳裂纹。

（3）对试验结果和考虑断面锈损时的应力计算值已接近规范规定的材料容许应力这一事实，应予以重视。

综上所述，加之该桥地理位置重要，交通流量大，对本桥进行维修加固很有必要。

2. 维修加固的可行性

（1）根据静载试验结果，各杆件与节点应力测点的结构校验系数，大部分小于 1。并且在偏载组合的情况下挠度与位移的实测值都小于理论计算值，也在控制范围之内。所以从总体上讲该桥的承载能力是高于汽-15 荷载设计标准的。

(2) 在动载作用下，桁梁的冲击系数和动应力以及桁梁的横、竖向振动特性实测结果与静载试验检查结果是一致的，除局部锈损严重的杆件接近规范要求外，大部分满足规范要求，所以该桁梁从总体上讲其横、竖向刚度是比较强的。

(3) 桁梁杆件次应力，从实测结果可知在荷载达到设计标准时，其边缘应力仍在许可范围之内。

(4) 在动荷载作用时，桥墩的横向振幅与纵向、竖向振幅都比较小，且其水平自振周期也小于规范允许值，说明桥墩情况较好。桥台最好能挖验或进行静力触探。

(5) 我国建于1900年到1930年间的公路钢桥，如上海的外白渡桥、浙江中路桥、广州的海珠桥，多数经加固处理后仍在继续发挥作用。尤其是杭州钱塘江一桥在不中断交通的情况下，曾进行过更换桁梁主要杆件的维修加固，这些经验都为维修加固提供了可靠的技术依据。

总之，在保证安全的前提下，以计算分析和技术措施为依据，尽量利用旧桥设备进行维修和加固，为现代交通服务是可行的。

(二) 维修加固的经济效益分析

利用旧桥，还是建造新桥？两个方案有着不同的性质和特点。但是，立足现实，从技术和经济上分析评价，还是可比的。

通过前面的叙述，证明原桥经过维修加固后可以继续为现行交通服务。新建桥当然技术可行。两方案技术可行性上是统一的。

1. 近期与远期效益

从远期效益显而易见，新建方案具备着使用年限和适应远期交通发展的能力等方面优势。从近期效益看，该桥尚适应目前的交通通行能力，因而，从投资角度讲，桥服务年限越长，意味为国家创造的产值越多，从维持使用资金时间价值上，利用方案是较优，故两方案各具所长。

2. 投资指标分析

为同一使用的目的，哪个方案投资少，哪个方案经济效益就好。利用维修加固旧桥方案工程造价较新建方案低得多，椐估算，利用旧桥方案投资仅占新建方案的16%～18%，投资效果系数也大。

3. 时间指标分析

时间指标，主要从资金的时间价值和施工占用时间进行分析。从资金的时间价值上，利用旧桥方案较新建桥节省投资是明显的。从两者施工时间比较，利用旧桥方案工期为3个月，新建方案工期约为1年。此外，该桥地处市区，减少中断交通时间也有很大的社会效益。

综上所述，最后确定采用利用旧桥方案，进行维修加固设计。

四、维修加固方法

(一) 钢筋混凝土与圬工工程

1. 原桥状况分析

由于原桥施工质量受历史的局限性，运营时受到损坏，加之长期自然腐蚀，尤其是地震的影响等，该桥一些部位出现裂缝、脱落、风化、腐蚀、局部损坏等现象。根据对现场的观察和分析判断，各损坏情况多数已属基本稳定的状态。

2. 维修方法

翼墙、系梁、护岸等混凝土、砌石工程，局部采取重新砌筑；桥墩、桥台、桥面、平衡体等处的裂缝采用环氧树脂封闭和环氧水泥胶压入。

（二）桥面铺装

1. 原桥面铺装使用情况分析

(1) 对活动跨原木桥面的维修，要以保证桥梁开启功能为前提，因此自重不能增加，尺寸受到限制。同时要求新桥面受力明确，制作容易，安装方便，能提供快速施工的条件。

(2) 维修方案是反复比较后确定的，最初采用钢丝网水泥预制槽形桥面板，但实验表明，抗疲劳性能太低，没有采用。继而提出浸渍混凝土桥面板，但因抗拉强度不足，且造价高，也未被采用，钢筋混凝土桥面板因自重太大也无法采用，最后确定采用正交异性钢桥面板。

2. 加固方法

(1) 钢桥面板的更换采用了以原横梁为支承的钢正交异性连续板，上铺薄型磨耗层，并先进行了中间试验，效果良好。

(2) 正交异性板采用 Pelkan-Essluger 方法进行设计计算，用 SAP-5 六类空间板壳元，把构造物正交化为物理几何正交，简化为六类板单元进行核算，仅有 5.9%误差，数据基本吻合。设计活载为汽车-15 级，恒载实算，其他按规范值。填写 SAE-5 荷载卡片，分析出荷载最不利位置后，分几种工况，按等效原理把荷载移置到节点上，进行核算。

(3) 钢桥面板是以 12mm 厚钢板为面板，在其下方沿顺桥轴方向，每隔 30cm 设300mm×250mm×180mm×6mm（顶宽×高×底宽×厚）空腹倒梯形加劲肋 20 根。垂直于桥轴方向，每隔 371cm 设倒 T 形横梁，连续支承在原桥横梁上。由于加工运输条件限制，活动跨桥面共分为 24 块单元件，工厂预制后运至工地拼装，最后铺磨耗层。

(4) 轻型磨耗层铺筑，在经喷砂除锈和喷涂环氧防锈底漆的钢面板上，铺 5～10mm 的碎石抗滑层，再涂刷沥青结合漆，最后铺筑橡胶沥青混凝土。

（三）钢桁梁维修

1. 原桥状况分析

鉴定结论已指出钢桁梁维修加固以节点为重点。小节点和其他一些部位仅对锈蚀严重的部位进行更换处理；对大节点维修，施工范围不宜大，宜精宜稳，严格控制施工中的拆除、安装程序，施工程序是由内力计算确定的。

2. 加固方法

(1) 由于原结构不宜采用焊接，又没有铆接施工条件，同时板与板之间的锈垢无法清除，不能保证板层间的摩擦系数，也无法采用高强度螺栓连接，故最后确定只能采用栓接，以一个螺栓代替一个铆钉。

(2) 为保证螺栓与铆钉尽量受力协调，采用精制螺栓连接，严格控制冲孔、扩孔，并宜采用硬度不大的钢材加工螺栓。

(3) 用钢扁担系于大节点相邻的两个节点上，支稳各杆件，中断活载，减小节点受力，以便对孔，对大节点进行加固。

(4) 锈蚀严重部件，不易拆卸时，可以用千斤顶取出，更换新部件。

(5) 所有更换件加工均应现场放样，旧部件拆下后应立即将新加工配件换上，插入冲钉、螺栓。螺栓补齐安装好之后，由中心向外，分几次逐步拧紧，操作要稳、准、迅速。

(6) 横梁和人行道托梁的腹板是正应力较大的部位，除将锈穿部位补齐后，还增加两块加固板夹好栓接，以增大腹板截面。大节点与下弦杆上翼缘锈蚀较重处也增加了加固板。

(7) 全部杆件、部件、附属钢结构进行整修、整形。

(8) 全桥采用人工与机械除锈，后涂红丹防锈底漆两道，铅灰桥梁面漆两道，干膜总厚为 150～200μm。

五、维修加固效果

1. 维修加固后的静载试验

为检验维修加固效果，鉴定该桥实际受力状态，进行了静载试验。钢桁梁的测点仍取维修加固前所拟定的位置，钢桥面板的测点则定为纵肋中点和面板中点。工况亦与目前维修加固所拟定工况一致。使用多点自动数字应变仪、百分表等进行数据采集。

2. 钢桁梁试验结果分析

(1) 部分主桁杆件，尤其是受荷载影响较大的杆件，实测应力值比维修加固前降低了 8%～28%。

(2) 横梁〈F_2〉、小纵梁，维修加固前实测应力值分别为 39.27MPa、－12.6MPa，相同的工况条件下，维修加固后实测应力值分别是 24.3MPa、－3.8MPa，分别下降了 38%、70%。

(3) 节点挠度值减小了，对应表 3.2.5-6 结果，L_1、L_3、L_6 分别为 0.64cm、1.03cm、1.83cm。结构校正系数当然下降了。

从上可以分析出，原结构经更换钢正交异性板和维修原桁梁后，改变了荷载纵向分布；改善了原桁梁和桁梁节点受力情况；提高了横梁抗弯能力；小纵梁的增设，增强了结构的整体性，加大了结构刚度。

3. 钢桥面板试验结果与分析（表 3.2.5-10）

正交异性桥面板实测与计算数值表　　表 3.2.5-10

部位 应力(MPa)挠度(mm)	纵肋	面板	面板挠度	纵肋挠度
实测数值	66.2	23.95	0.485	1.66
计算数值	71.1	—	$L/500=0.60$	$f/L=1.66/3710=1/2230$

纵肋实测应力与计算数值较接近，面板最大挠度为 0.485mm，相当于面板跨度的 1/618，有较好刚性。

4. 使用效果

本桥维修加固，原计划 45 天完成，实际仅用了 35 天就全部完成，维修后车辆行驶平稳，通行能力提高，达到了预期效果。

第三章 斜拉桥的维修加固

§3.1 概 述

一、斜拉桥的结构特点

斜拉桥是一种自锚结构体系，它不需要拉索两端巨大而昂贵的锚墩结构。它的拉索应力基本上沿索长不变，能充分利用材料。斜拉索在跨内呈直线布置，并具有相当的抗拉刚度。斜拉索对桥跨结构的主梁产生有利的压力，改善了主梁的受力状态，同时，正交异性板制造工艺已趋成熟，钢加劲梁不仅有抗弯能力，且有强大的抗压屈能力，使钢斜拉桥跨结构更能充分发挥跨越能力大的优势。

由于斜拉桥设计理论、电子计算机技术的应用和发展，结构风动稳定验算和减振控制，以及施工质量的控制、监测技术等的发展和进步，使斜拉桥的应用得到充分的发展。其结构特点主要有：

1. 合理跨径的选择

(1) 按照目前高强钢丝的强度来推算，斜拉桥理论跨径虽然可达 3000m，但因斜拉桥的刚度主要由拉索提供，且拉索的垂度将使拉索的刚度降低（习惯上表示成拉索材料弹性模量的降低），所以根据刚度要求其跨径不宜超过 1300m。从防止拉索出现共振考虑，拉索长度不宜超过 600m，其相应的跨径也即限制在 1100m 左右。

(2) 从经济性上分析，在超大跨度范围内，自锚式斜拉桥由于加劲梁中巨大的轴向压力将耗费可观的材料而难以和大跨悬索桥竞争，所以其跨径宜在 1100m 之内。

(3) 大跨径桥梁在同样桥宽和主梁截面形式的条件下，其抗风稳定性主要取决于桥梁的固有频率，即关键在于结构本身的抗风性能和结构有效的减振控制措施。从动力性能上比较，斜拉桥在 1200m 以上的超大跨径范围将失去优势。

综上所述，斜拉桥的最有利跨度范围应当是在 1200m 以下。过长的拉索由于垂度的非线性效应将使承载能力和刚度下降，采用辅助索将斜拉索拉紧并使斜拉索呈折线形的方法实质上是在向悬索转化。超大跨度采用悬索桥仍然是最合理、美观经济的桥型。跨径在 1100m 以内斜拉桥替代悬索桥是合理的。

2. 桥型总体设计的多样化

斜拉桥的塔、索和桥面结构式样繁多，没有一种桥型能像斜拉桥那样演变出千姿百态的造型。经过多年的实践，斜拉桥已从最初的稀索体系发展到密索体系，从辐射形（扇形）索和平行索发展到半扇形索，从钢斜拉桥、PC 斜拉桥发展到各种不同组合的混合结构斜拉桥。三跨布置的典型斜拉桥。其基本风格可以归纳为两大类：

(1) 刚性塔和柔性薄梁相结合的双索面飘浮体系，如美国 P—K 桥，代表一种雄伟飘逸的美学风格。

(2) 刚性箱梁和柔性独塔相结合的单索面塔梁固结体系，它始于法国布鲁东桥，代表一种稳重挺拔的美学风格。

在许多大跨径桥梁的竞标中，常常是上述两种风格的较量，应该说两者各有千秋、互有优点。当跨度较大或桥面较窄时，双索面的斜拉桥常做成A形塔和斜索面形式。在超大跨度斜拉桥的竞赛方案中已经出现这两种风格的组合，即刚性A形塔和刚性桁架式箱梁的组合结构，以满足抗风稳定性的要求。

3. 施工控制要求严、技术难度高

斜拉桥的施工控制，包括有考虑几何非线性的分析方法、索的初张力，即恒载索力确定和优化，施工阶段对索力的监测手段等。这些都随着跨度的增大而显得更加重要。

当斜拉桥跨度日趋增大，施工时的跨高比也将随之加大，对施工控制的要求必将更高，因此没有准确、快速的控制方法也就无法实现大跨度桥梁的安全施工和符合设计要求的施工质量。

4. 对拉索耐久性的考验和拉索锈蚀的威胁日趋明显

过去50年内，全世界修建了400余座斜拉桥，由于斜拉索锈蚀的影响，使得部分早期修建的斜拉桥损坏得非常严重。尽管桥梁设计者采用了各种斜拉索的防腐办法，但许多防护方法都不是很成功的。由于腐蚀的作用，斜拉索的使用质量均过早地衰退了。

著名的委内瑞拉 Maracaibo 桥采用混凝土包裹的斜拉索，建成16年后发现拉索锚固端严重锈蚀即更换拉索。换索耗时两年、耗资5000万美元。工程师们预测不久的将来仍需换索。

德国汉堡的 Kohlbrand Estuary 桥，由于拉索腐蚀严重，在建成后的第三年，就更换了所有的斜拉索，耗资6000万美元，为原造价的四倍。

法国跨越卢瓦尔河的 St. Nmaim 桥的斜拉索采用封闭式钢绞线索，建桥数年后，当用锤敲击拉索时，拉索上即可掉下大片索锈。

美国P－K桥为第一座现代斜拉桥，其拉索置于聚乙烯管中，同时在管内注入水泥浆。考虑到黑色聚乙烯管的热膨胀系数比水泥浆和钢索大二倍，为控制温度的作用并照顾美观，在聚乙烯管外再缠绕聚氯乙烯条带。条带的使用寿命原估计为25年，由于受紫外线的作用，仅3～5年就全部失效。

我国广州市海印桥仅使用6年半、济南黄河公路大桥使用13年后即因拉索腐蚀而不得不全部换索。

国内已建成的斜拉桥拉索、防护、锚具及使用情况（截止2004年的统计），如表3.3.1-1所列。

国内斜拉桥拉索、防护及使用情况统计资料　　表3.3.1-1

桥　名	主跨(m)	建成年份	拉索结构	锚头类型	防护形式	使用情况
上海新五桥	54	1975	$65Si_2Ti\phi12$ 筋	墩头锚	沥青马蹄酯、钢丝网水泥浆	已换索加固
浙江章镇桥	72	1983	$65Si_2Ti\phi12$ 筋	墩头锚	冷刷沥青胶	已加固
四川云阳桥	75	1975	$\phi42-7\times19$ 钢索	热铸锚	苯乙烯玻璃丝布＋钢丝网水泥浆	已换索加固
上海恒丰北立交桥	76.6	1987	$320\phi5$	冷铸锚	PE管压水泥浆外涂防护料	已换索
陕西新龙桥	88.8	1987		冷铸锚	热挤PE套	

续上表

桥　　名	主跨(m)	建成年份	拉索结构	锚头类型	防护形式	使用情况
广西红水河铁路桥	96	1980	10－7ϕ5 钢绞线	销式组合锚	底漆、玻璃钢套、面漆	已换索
山东青岛大沽河桥	104	1975	ϕ5 钢丝	环销锚	沥青马蹄酯、聚乙烯套管、黄油	已毁
浙江宁波甬江大桥	105	1992	(163～265) ϕ5	冷铸锚	热挤 PE 套	
广西柳州柳江四桥	120		19－7ϕ5	OVM 锚	双层热挤 PE 套	待换索
陕西安康汉江桥	120	1979	55ϕ5	环销锚	钢丝网水泥套压浆	已加固
广东珠海横琴大桥	120	1994	(151～253) ϕ7	冷铸锚	热挤 PE 套	
广西南宁白沙大桥	122.5	1994	(73～121) ϕ7	冷铸锚	热挤 PE 套	待换索
广东西樵山大桥	125	1987	217ϕ7	冷铸锚	PE 套压水泥浆、包玻璃钢	待换索
四川三台涪江桥	128	1980	36ϕ5	镦头锚	沥青膏、玻璃钢、铅套灌水泥浆	已拆除重建
吉林临江门桥	132.5	1995	265ϕ7	冷铸锚	热挤 PE 套	已加固
云南宝山三大地怒江大桥	145	1994	271ϕ5	冷铸锚	热挤 PE 套	已换索
甘肃兰州银滩黄河桥	133	1998	(139～211) ϕ5	冷铸锚	热挤 PE 套	
台湾光复桥	134	1977	12T13 钢绞线束		ϕ300 厚 5mm 钢管压水泥浆	
广东南海紫洞大桥	140	1995	199ϕ5	冷铸锚	热挤 PE 套	已换索
广东九江桥	160	1988	85ϕ5	冷铸锚	热挤 PE 套	已换索
江西南昌新八一大桥	160	1997	(85～211) ϕ7	冷铸锚	双层热挤 PE 套	
浙江杭州钱江三桥	168	1996	(265～451) ϕ7	冷铸锚	双层热挤 PE 套	
广州海印桥	175	1988	ϕ5	冷铸锚	镀锌铜丝、PE 管压水泥浆包玻璃钢	已换索
辽宁长兴岛桥	176	1980	36ϕ5	镦头锚	现场镀锌、白铁皮管压浆	已加固
广东三水大桥	180	1994	(109～151) ϕ7	冷铸镦头锚	镀锌丝、热挤 PE 套	已加固
安徽黄山太平湖大桥	190	1997	(151～253) ϕ7	冷铸锚	热挤 PE 套	
上海松江泖港桥	200	1982	147ϕ5	冷铸锚	底漆、玻璃钢套、面起	已加固
陕西咸阳渭河大桥	200	1994	(139～199) ϕ5	冷铸锚	热挤 PE 套	
湖南湘江北桥	210	1990	217ϕ7	冷铸锚	喷涂锌、铝粉热挤 PE 套	已加固
山东济南黄河桥	220	1982	121ϕ5	冷铸锚	镀锌丝、铝套压水泥浆	已换索加固
安徽蚌埠桥	224	1989	121ϕ5	冷铸锚	热挤 PE 套	
安徽风台淮河桥	224	1990	121ϕ5	冷铸锚	热挤 PE 套	
重庆石门桥	230	1989	302ϕ5	冷铸锚	氧磺化聚乙烯硫化胶套	待换索
四川犍为桥	240	1990	127ϕ5	冷铸锚	镀锌丝、热挤 PE 套	已换索
福州闽江三县洲大桥	248	1998	ϕ7	冷铸锚	镀锌丝、热挤 PE 套	
浙江宁波招宝山大桥	258	2001	(121～253) ϕ7	冷铸锚	双层热挤 PE 套	已加固
天津永和桥	260	1987	199ϕ5	冷铸锚	PE 套管压水泥浆	已换索加固
浙江温州大桥	270	1996	(151～367) ϕ7	冷铸锚	双层热挤 PE 套	
湖南湘潭湘江三桥	270	2000	(139～223) ϕ7	冷铸锚	双层热挤 PE 套	
山东东营黄河大桥	288	1987	127ϕ7	热铸锚	PE 套管压水泥浆	
广东肇庆金马大桥	283	1998	(121～253) ϕ7	冷铸锚	热挤 PE 套	
湖南岳阳洞庭湖大桥	310	1997	(131～313) ϕ7	冷铸镦头锚	镀锌丝、热挤 PE 套	
安徽芜湖长江大桥	312	2000	(283～337) ϕ7	冷铸锚	双层热挤 PE 套	
江西湖口大桥	318	1999	(121～253) ϕ7	冷铸锚	双层热挤 PE 套	
广东珠海淇澳大桥	320	2001	(109～187) ϕ7	冷铸锚	热挤 PE 套	待换索
广东广州鹤洞大桥	320	1997	(85～265) ϕ7	冷铸锚	热挤 PE 套	
广东番禺大桥	380	1998	(121～367) ϕ7	冷铸镦头锚	镀锌丝、热挤 PE 套	

续上表

桥 名	主跨 (m)	建成年份	拉索结构	锚头类型	防护形式	使用情况
湖北武汉长江二桥	400	1995	187ϕ7	冷铸锚	镀锌丝、热挤PE套包PVF带	
湖北郧阳汉江桥	414	1993	409ϕ7	冷铸锚	热挤PE套	
上海南浦大桥	423	1991	205ϕ7	冷铸锚	热挤PE套	
安徽铜陵长江大桥	432	1995	241ϕ7	冷铸锚	镀锌丝、热挤PE套	
重庆长江二桥	444	1995	283ϕ7	LM7冷铸锚	镀锌丝、热挤PE套	
湖北荆沙长江大桥	500	1999	PES7	冷铸镦头锚	热挤PE套	
广东汕头礐石大桥	518	2000	全封闭钢绞线	OVM	镀锌丝、热挤PE套	
上海徐浦大桥	590	1997	(163～367) ϕ7	冷铸锚	热挤PE彩色涂层	
上海杨浦大桥	602	1993	301ϕ7	冷铸锚	热挤PE彩色聚氨酯双护套	
福建青州闽江大桥	605	2000	211ϕ7	冷铸锚	热挤PE套	
湖北武汉白沙洲桥	618	2000	ϕ7钢丝	冷铸锚	镀锌丝、热挤PE套	
江苏南京长江二桥	628	2001	ϕ7钢丝	冷铸锚	镀锌丝、热挤PE套	

二、我国斜拉桥的发展概况

1975年我国四川省云阳县建造了云阳桥，跨径76m，开创了我国建造斜拉桥的历史。

1980年广西建成了红水河铁路斜拉桥，主跨96m，是双塔双索面竖琴式拉索混凝土斜拉桥。

1982年上海建成泖港大桥，主跨200m，是双塔双索面竖琴式拉索混凝土斜拉桥，采用预制拼装悬臂施工工艺。同期山东建成济南黄河公路桥，主跨220m，是双A形塔双索面扇形拉索的预应力混凝土斜拉桥，采用现浇混凝土悬臂施工工艺。

1988年重庆建成石门大桥，跨径为230m+200m，是独塔单索面斜拉桥。

1991年上海建成南浦大桥，其主跨423m，是双塔双索面扇形拉索的结合梁斜拉桥。

1993年上海建成杨浦大桥，主跨602m，是双塔双索面扇形拉索的结合梁斜拉桥。

2001年建成的南京长江二桥，主跨628m双塔双索面钢筋梁桥，以及正在建设中的苏通长江大桥，主跨已达1088m的双塔双索面混合式钢筋梁桥，使我国的斜拉桥跨越能力和建设速度已进入世界领先水平。

国内斜拉桥统计表，如表3.3.1-2所列。

国内混凝土及部分钢斜拉桥统计表　　表3.3.1-2

桥 名	跨径组合 (m)	桥宽 B (m)	体 系	横断面	梁高 h (m)	h/L	B/h	L/B	索面
上海恒丰北立交	76.6+72.8	24	刚构独塔	单箱四室	1.5	1/51	16.0	3.3.2	单
山东青岛大沽河桥	46+104+46	10	支承有吊梁	分离双箱	1.2	1/87	8.3	10.4	双
浙江宁波甬江大桥	97+105	25	独塔						双
湖南衡阳湘江三桥	112+112		独塔	开口板肋					双
广东珠海横琴大桥	120+120		独塔						双
陕西安康汉江桥	36+120+36	10	有吊梁	分离双箱	1.8	1/67	5.6	12.0	双

续上表

桥　　名	跨径组合（m）	桥宽 B（m）	体　系	横断面	梁高 h（m）	h/L	B/h	L/B	索面
广西南宁邕江三桥	122.5＋122.5		独塔						双
浙江金华金孜桥	125	24.8	独塔	单箱三室	2.2	1/57	10.9	5.2	单
广东西樵山大桥	125＋110	16	刚构独塔	双主肋	1.86	1/67	8.6	7.8	双
四川三台涪江桥	56＋128＋56	12	刚构有吊梁	分离双箱	2.0	1/64	6.0	10.7	双
吉林临江门桥	132.5＋132.5	27.5	独塔	半开口箱梁	2.0	1/66	13.8	4.8	双
甘肃兰州银滩黄河桥	133＋133		独塔						双
广东南海紫洞大桥	140								单
江西南昌新八一大桥	160＋160	27.6	双独塔	梁＋板	2.5	1/64	11	5.8	双
广东九江桥	160＋160	18.9	刚构独塔	单箱四室	2.5	1/64	7.6	8.5	双
浙江杭州钱江三桥	168＋168	29.5	独塔	单箱五室	3.5	1/48	8.4	5.7	单
广州海印桥	85.5＋175＋85.5	35	刚构连续	单箱三室	3.0	1/58	11.7	5.0	单
辽宁长兴岛桥	83.2＋176＋83.2	10	支承连续	单箱三室	1.75	1/100	5.7	17.6	双
广东三水大桥	180＋110	20.5	独塔	双主肋	1.7	1/106	12.1	8.8	双
安徽黄山太平湖大桥	190＋190	18.9	独塔	单箱三室	3.5	1/54	5.4	10.0	单
陕西咸阳渭河大桥	200		独塔						双
上海松江泖港桥	85＋200＋85	12	悬臂有吊梁	分离双箱	2.2	1/91	5.5	16.7	双
湖南湘江北桥	105＋210＋105	30.1	刚构连续	单箱三室	3.4	1/62	8.9	7.0	单
山东济南黄河桥	104＋220＋104	19.5	飘浮连续	双三角箱	2.75	1/80	7.1	11.3	双
安徽蚌埠桥	114＋224＋114	18.8	飘浮连续	双三角箱	2.5	1/90	7.5	11.9	双
安徽风台淮河桥	224								双
重庆石门桥	230＋200	25.5	刚构独塔	单箱三室	4.0	1/58	6.4	9.0	单
四川犍为岷江大桥	52＋66＋240＋66＋52	14.6	飘浮	单箱三室	2.4	1/100	6.1	16.4	双
福州闽江三县洲大桥	238＋178	30	独塔	单箱三室	3.28	1/76	8.2	9.2	单
浙江宁波招宝山大桥	258	29.5	飘浮独塔	双箱单室	2.5	1/103	11.8	8.7	双
天津永和桥	125＋260＋125	14.5	飘浮连续	双三角箱	2.0	1/130	7.3	17.9	双
浙江温州瓯江大桥	135＋270＋135	32	飘浮连续						双
湖南湘潭湘江三桥	135＋270＋135	20.5	飘浮连续	开口板肋					双
广东肇庆金马大桥	283＋283	29.2	独塔	梁＋板					双
湖南岳阳洞庭湖大桥	130＋310×2＋130	23	飘浮三塔	肋板	2.5	1/124	9.2	13.5	双
安徽芜湖长江大桥	180＋312＋180	21	低塔斜拉加劲连续钢桁	钢桁框架	3.5	1/25		23.1	双
江西湖口大桥	65＋123＋318＋130	27.5	半飘浮	双肋板	2.6	1/122	10.6	11.6	双
广东珠海淇澳大桥	40.5＋136＋320＋136＋40.5	33	双塔独柱	准三角箱	3.36	1/95	9.8	9.7	单

续上表

桥　名	跨径组合（m）	桥宽 B（m）	体　系	横断面	梁高 h（m）	h/L	B/h	L/B	索面
广东广州鹤洞大桥	144+360+144	30.3		梁+板					双
广东番禺大桥	70+91+380+91+70	37.7	飘浮	梁+板	2.2	1/148	14.7	10.1	双
湖北武汉长江二桥	180+400+180	29.4	飘浮连续	双箱截面	3.0	1/133	9.8	13.6	双
湖北郧阳汉江桥	86+414+86	15.6	跨中设铰	单箱三室	2.0	1/207	7.8	26.5	双
上海南浦大桥	423	30.35	飘浮连续	I字梁+板	2.1	1/201	14.5	13.9	双
安徽铜陵长江大桥	190+432+190	23	飘浮连续	开口轻型梁	1.7	1/254	13.5	18.8	双
重庆长江二桥	169+444+169	24	飘浮连续	双主肋	2.5	1/178	9.6	18.5	双
湖北荆沙长江大桥	500	26.5	飘浮	双主肋	2.4	1/208	11.3	18.5	双
广东汕头礐石大桥	518	30.35	飘浮	分离双箱	3.0	1/173	10.1	17.1	双
上海徐浦大桥	242+590+242	35.95	飘浮	分离双箱	2.7	1/219	13.3	16.4	双
上海杨浦大桥	602	30.35	飘浮连续	箱梁+板	2.7	1/223	11.2	19.8	双
福建青州闽江大桥	605	23.5	一端固结	梁+板	2.8	1/216	8.4	25.7	双
湖北武汉白沙洲桥	618	29	半飘浮	分离双箱	3.0	1/206	9.7	21.3	双
江苏南京长江二桥	628	38.2	飘浮	钢箱	3.5	1/179	10.9	16.4	双
江苏南京长江三桥	648	36.4	半飘浮连续	钢箱	3.2	1/202	11.4	17.8	双
江苏苏通大桥	1088	40.6	半飘浮连续	钢箱	3.96	1/272	10.25	26.8	双
香港昂船洲大桥	1018	18.45	连续	混合式钢箱	3.8	1/267	9.75	27.5	双独柱

三、斜拉索的构造特点与力学特性

斜拉索是斜拉桥的一个重要组成部分，斜拉桥桥跨结构的恒载和活载绝大部分或全部通过斜拉索传递到塔柱上。现代斜拉桥的拉索几乎全部采用高强度钢丝或钢绞线制作。目前，单根斜拉索的破断索力已达到30MN，耐疲劳应力幅值达到200～250MPa。品质好而有效的防护能保证拉索的寿命达到或超过30年，同时拉索的生产已日趋工厂化。

（一）斜拉索的构造

斜拉索包括拉索和锚具两大部分。拉索承受拉力，锚具用来锚固拉索传递索力。

1. 拉索种类

目前钢拉索主要有如下几种形式（图3.3.1-1）：

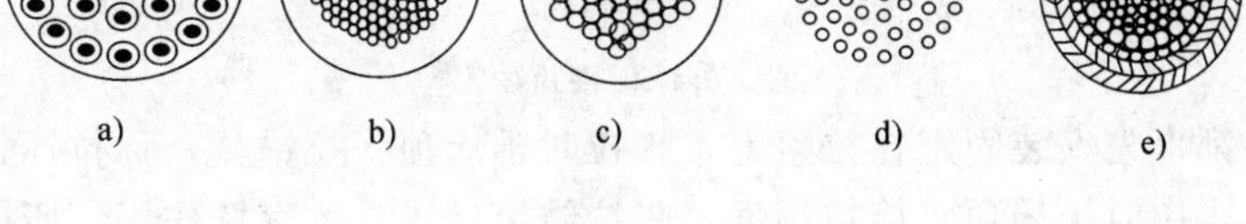

a)　b)　c)　d)　e)

图3.3.1-1

a）钢筋索；b）钢丝索；c）钢绞线索；d）单股钢绞缆；e）封闭式钢缆

（1）高强度平行粗钢筋索；

（2）高强平行（半平行）钢丝索（PWS）；

（3）平行（半平行）钢绞线索；

（4）单股钢绞缆索；

（5）锁合式螺管索（LCR）。

2. 锚具种类

通常用的有四种：

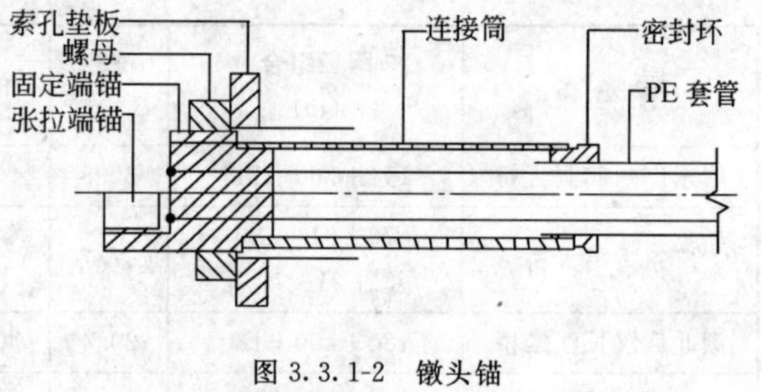

图 3.3.1-2　镦头锚

（1）镦头锚（图 3.3.1-2）；

（2）冷铸墩头锚（图 3.3.1-3）；

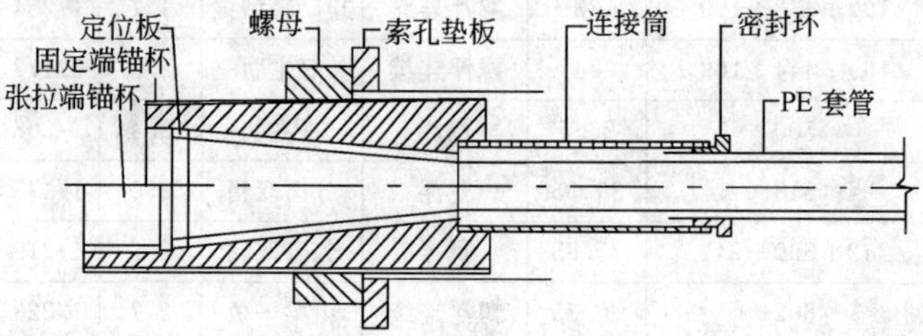

图 3.3.1-3　冷铸镦头锚

（3）热铸锚（图 3.3.1-4）；

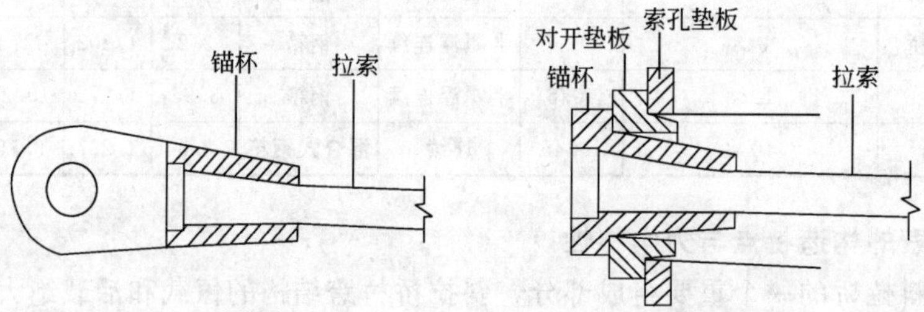

a) 销接板　　b) 垫块式

图 3.3.1-4　热铸锚

（4）夹片群锚（图 3.3.1-5）。

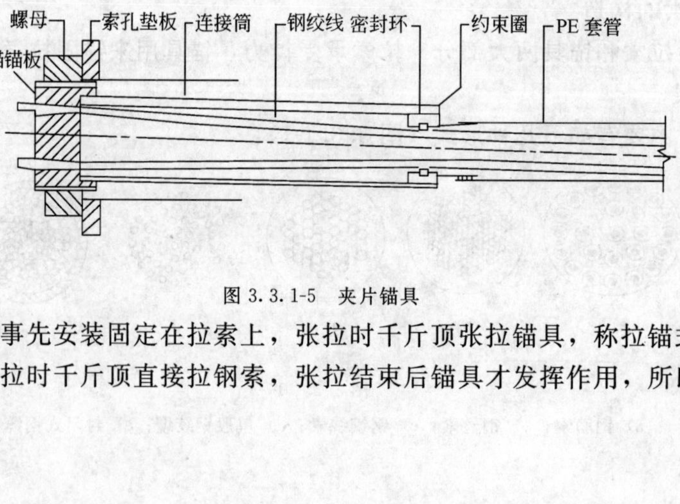

图 3.3.1-5　夹片锚具

前三种锚具都事先安装固定在拉索上，张拉时千斤顶张拉锚具，称拉锚式锚具；配装夹片群锚的拉索，张拉时千斤顶直接拉钢索，张拉结束后锚具才发挥作用，所以夹片群锚又称拉丝式锚具。

3. 我国常用的拉索与锚具

(1) 平行钢丝拉索

平行钢丝拉索是经涂脂处理后按正六边形或缺角六边形平行并拢定形捆扎并轻度扭绞成束后，加缠高强度聚脂包带和热挤高密度聚乙烯塑料（简称 HDPE）护套或染色 PE 护套，再于两端安装钢套管和锚具。平行钢丝拉索构造图见图 3.3.1-6。

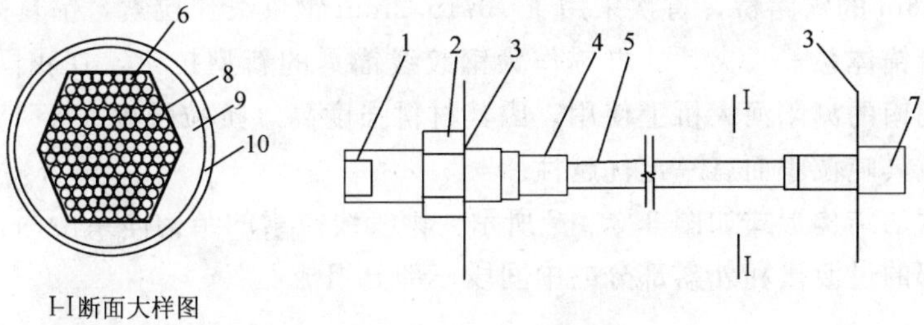

图 3.3.1-6　平行钢丝拉索结构图

1-张拉端锚筒；2-锚圈；3-锚垫板；4-过渡钢管；5-拉索；6-平行钢丝；7-固定端锚饼；8-2 层玻璃丝带或 2 层涤纶带；9-热挤 PE 塑料护套；10-PVE 缠包带

1968 年 5 月美国在新港悬索桥上第一次成功应用平行钢丝索，从此大跨径桥梁建设所需的高强材料实现了一大飞跃。1986 年我国在广东九江大桥 2×160m 跨的独塔斜拉桥上，采用了由当时的湖南路桥总公司与重庆交通科研所在工地共同研制出的我国第一根热挤 PE 防护扭绞型平行钢丝拉索（又简称 PWS 索），为我国在这一领域的开拓和发展奠定了可贵的基础。自 1988 年国内第一个工厂化制作成品斜拉索的工厂上海浦江缆索厂开始建立至今，采用平行钢丝拉索体系的大小斜拉桥数量已经达近百座。自 1990 年国内第一根工厂生产的平行钢丝拉索使用于上海南浦大桥以来，随后上海杨浦、徐浦大桥、南京长江二桥、杭州钱塘江三桥等等，经近 20 年的发展，我国拉索的设计和生产进入了国际先进行列。已建南京长江二桥拉索最长为 335m，重 30000kg 由 265ϕ7mm 高强钢丝组成；在建的江苏苏通长江大桥，主跨 1088m，最长索约 585m，索径 160mm，由 313ϕ7mm 高强钢丝组成，索重达 63000kg。

平行钢丝拉索的结构体系可分为三个主要部分。①锚固部分：又分为张拉端锚固与固定端锚固两种形式，其中张拉端锚固由锚筒、锚圈、锚垫板、防护罩等组件组成；固定端锚固由锚饼、锚垫板、防护罩组成。②过渡部分：由钢导管、锚筒过渡延伸钢管、减振器、防水罩等组成。③中间部分：由高强钢丝、玻璃丝带、PE 防护、缠包带等组成。近年来拉索制作技术已发展到内层与外层两层 PE 防护套一次热挤成型，无须再用外层缠包带。

单根圆钢丝直径常用 5mm、7mm 两种，钢丝抗拉标准强度 R_b 不小于 1570MPa；锚具一般采用冷铸镦头锚，以 1～2mm 的淬硬钢球、环氧树脂铁砂、矿粉、固化剂、增韧剂等材料冷铸而成。

拉索制作好后，卷盘运至建桥工地，经放索、牵引、安装、张拉、索力调整等工序完成拉索的张挂受力。拉索制作有工厂制作与施工现场制作两种形式。目前一般采用工厂制作形式，因为工厂制作，拉索质量容易得到控制。放索有水面放索、桥面放索、桥侧放索三种施工方法。拉索的挂设方法有吊点法、硬牵引法、软牵引法、承重导索法四种。拉索的张拉有一端张拉一端锚固与两端张拉两种。

(2) 钢绞线拉索

钢绞线拉索是现代斜拉桥拉索中日渐常用的一种。1978 年法国建造的勃洛东纳桥，主桥为 143.5m+320m+143.5m，首次采用 $60\phi_j15.2$mm 钢绞线拉索，应用至今已有 26 年。在近 20 年中，钢绞线拉索在欧美、日本等国家得到了广泛的应用。我国 1980 年在广西红水河修建的主跨 96m 的铁路桥，首次采用了 $10\phi15.2$mm 钢绞线作拉索，锚具采用的是销式组合锚具。采用自锚体系——夹片式群锚作为钢绞线锚具的新型拉索，在我国应用还不到 10 年，最早是在湖南的浏阳河大桥上使用，因其材料强度高（抗拉强度大于 1860MPa）、牵挂索容易、张拉机具吨位小而有一定优越性。

钢绞线拉索的结构形式如图 3.3.1-7 所示。钢绞线拉索的结构体系由两端的锚固段，隐埋在塔、梁内部的过渡段和外露部分的中间段三部分组成。

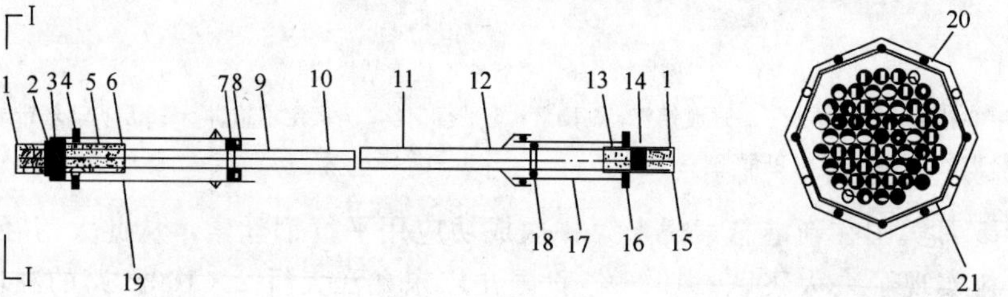

图 3.3.1-7　平行钢绞线拉索结构图

1-张拉端防护盖帽；2-张拉锚具；3-螺母；4-张拉端锚垫板；5-张拉端过渡管；6-填充发泡剂；7-张拉端体内定位器；8-止动环；9-热延伸护套管；10-斜拉索外套管；11-PE 钢绞线；12-钢锥管；13-固定端过渡管；14-固定端锚具；15-防护油脂；16-固定端锚垫板；17-固定端预埋管；18-固定端体内定位器；19-张拉端预埋管；20-防护罩定位孔；21-密封条

锚固段分张拉端与固定端，由锚环、锚圈、锚垫板、防水装置，保护装置等组件组成；过渡段组成与平行钢丝拉索相同；中间段由钢绞线、内防护、外防护组成。钢绞线由 7 根直径 5mm 或 7mm 的圆形钢丝绞制成单股钢束，各单股钢束平行排列，形成钢绞线索。单根钢丝标准抗拉强度 $R_b > 1860$MPa。国外，如美国、日本的钢绞线，目前已发展到 $R_y^b >$ 200MPa。钢绞线拉索的防护有两种形式：一种是有粘结刚性防护，如图 3.3.1-8 所示。即将整根拉索穿入一根外套管中，外套管与钢绞线之间压注水泥浆液，因其防护效果欠佳，且换索不便，目前已很少使用。另一种是无粘结柔性防护，又有 3 层、4 层防护之分，是将每一根钢绞线束外涂防锈油脂或镀锌或喷铝后挤裹 PR 护套，再将若干根带有护套的钢绞线束组装成一根拉索，在拉索外再套一层 HDPE（热挤高密度聚乙烯塑料）套管形成无粘结柔性拉索。这种防护形式的拉索目前应用较普遍。

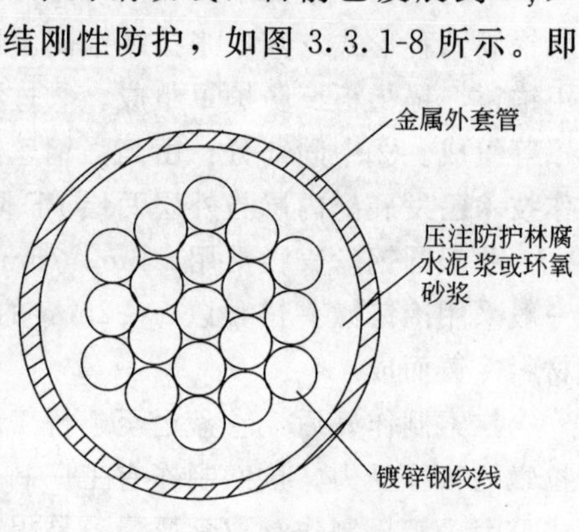

图 3.3.1-8　刚性拉索截面图

钢绞线拉索的锚具，早期采用的是销式组合锚、弗氏锚、楔型锚等。随着锚具的不断开发、研制、创新，国外有 Frdssgent 和 VSL 公司先后研制了自锚夹片式群锚体系；国内有 HVM、OVM、VSL 等厂家生产的自锚夹片群锚，均广泛地应用于钢绞线拉索的锚固上。这种锚具退锚方便、锚固效果好、操作简便。但钢绞线斜拉索的锚具、夹片、钢绞线三者的工作性能以及拉索在低应力状态或高应力幅与振动疲劳作用下易出现夹片松动导致滑丝现象，值得引起设计者与施工者密切注意。

一般而言，钢绞线拉索的制作方法是在工厂先进行单股钢绞线下料、热挤 PE 护套，再卷盘运至工地组装，最后进行整索防护。也有在工厂内将单股钢绞线束外涂防锈油脂或镀锌或喷铝后，运至建桥工地，现场下料、穿束、形成钢绞线拉索，再现场进行拉索的防护。因单股钢绞线重量轻，束径小，柔软性好，安装、放索均方便，故常采用桥面进索施工方法。即先安装 HDPE 套管与两端锚具，然后逐股单根牵挂、单根张拉，最后整索张拉调整索力。

(3) 平行钢丝拉索与钢绞线拉索的比较

平行钢丝拉索与平行钢绞线拉索，在加工制作、运输、安装、受力性能、防护性能、维护更换等方面各有优缺点，现比较如下：

①拉索的制作

平行钢丝拉索全部在工厂制作完成，目前国内已有专业化的制索工厂，具有成熟的生产工艺，质量控制易得到保证。其受力均匀、轴向刚度较大、材料利用率较高。钢绞线拉索的各个零部件均在工厂制作完成，而大部分的组装、防护工程须在建桥工地完成，受力均匀性较差，要求材料强度相对较高。国内用群锚与夹片锚固拉索的新型钢绞线拉索在桥梁上使用的年限较短，因而使用经验尚不够成熟。

②拉索的运输、安装

平行钢丝拉索：运输需要大直径卷索盘，受公路净空、净宽的限制，需大型起吊设备进行装、卸作业，安装和张拉需要重型千斤顶，张拉端结构内需较大空间，牵挂索时牵引力大，需特殊设计牵引装置。

钢绞线拉索：运输时其索盘直径相对较小，装卸作业起吊、运输及安装较容易，挂索时牵引力小，张拉空间相对要求较小，因此钢绞线拉索的大型设备投入少。

③拉索的防护性能

平行钢丝拉索索体部分与两端锚固部分均在工厂整体进行加工，施工时间短，整体防护性好，其防护性能明显优于钢绞线拉索。

钢绞线拉索的防护层较多，且钢绞线拉索的防护施工时间长，防护施工的环境条件较差，防护的整体性也较差。钢绞线拉索的锚头与锚下过渡段结合部位是防护薄弱环节，钢套管内压注浆液在拉索的振动与变幅荷载作用下易碎裂、渗水，引起拉索锈蚀，也应引起重视并妥善解决。

④拉索的挂索张拉

钢绞线拉索能化整为零，施工方便性能优越于平行钢丝拉索，但工期要长一些。

⑤拉索的受力性能

平行钢丝拉索的材料强度略低，$R_y^b \geqslant 1670$MPa，但受力均匀性较好；钢绞线拉索的材料强度略高，$R_y^b \geqslant 1860$MPa，当为镀锌钢丝时，$R_y^b \geqslant 1770$MPa，但受力均匀性稍差。在应

力上限为 $0.45R_y^b$，疲劳次数为 2×10^6 次的相同条件下，两类拉索的疲劳应力幅均可达到200MPa。平行钢丝拉索抗挠曲性能稍弱于钢绞线拉索。在相同设计荷载条件下，平行钢丝拉索的外径较小，直径比钢绞线拉索小 30%～40%，受风力面积显著减少，抗风振性能明显优于钢绞线拉索。

⑥拉索的更换

两种形式的拉索在拆卸过程中方法是一致的，只在安装时有所不同。平行钢丝拉索的更换为整索卸载、退锚、更换，是安装过程的逆过程，施工安全可靠，与钢绞线拉索相比，相对要简便得多。钢绞线拉索安装过程为单根束牵引张拉，由若干根单股钢绞线束组装形成。在组装成索后用水泥浆将若干根单股束浇灌形成整体，或在锚头处用环氧砂浆将单股束粘结成整体。换索时，若按安装时的逆过程施工，对于压注了水泥浆的整索首先要将其分解为互相独立的若干根单股束，在高空斜向空间索上施工，无疑是很困难的；当然，无粘结柔性钢绞线拉索不存在这个困难。若采取整束卸载、退锚，则拉索锚具外露钢绞线应有足够的长度，以保证拉索卸载时的回缩量。因千斤顶油缸的长度有限，要分多次进行才能完成。其次，拉索营运几十年后，钢绞线、夹片、锚环三者之间易产生金属互融现象，要使几十副夹片均能同步退出、顶进是有困难的。近年来，已对钢绞线拉索的锚具作了改进，在夹片锚环处表面车螺牙，用镦头锚张拉杆与锚环拧合连接。与平行钢丝拉索换索方法相同，但钢套管孔径要大，削弱了结构的受力性能。

⑦拉索的造价比较

对于索长短于 500m、索重轻于 25000kg 的拉索来说，两种型号拉索的总体费用相差不大。对于超过上述长度与重量的拉索来说，受加工场地、运输、吊装的影响，平行钢丝拉索的总体费用可能要超过钢绞线拉索。

综上所述，两种拉索各有优缺点。20 世纪七、八十年代，国际上普遍采用平行钢丝拉索。从 90 年代开始，钢绞线拉索的应用发展迅速，特别是欧美一些国家，受平行钢丝拉索加工制作及进口平行钢丝拉索的限制而大量应用钢绞线拉索。平行钢绞线拉索的防护措施与锚固体系在不断更新，我国在 20 世纪 90 年代后期也有了一定的发展。表 3.3.1-3 为国内部分钢绞线拉索斜拉桥。

国内部分钢绞线拉索斜拉桥 表 3.3.1-3

序 号	桥 名	序 号	桥 名
1	广西红水河桥	1	云南西双版纳景洪大桥
2	广西柳江四桥	2	浙江金华金婺大桥
3	湖南浏阳河桥	3	湖北夷陵长江大桥
4	广东汕头礐石大桥	4	福建青州大桥
5	广东湛江海湾大桥	5	重庆马大溪长江大桥
6	湖南衡山湘江大桥	6	甘肃兰州小西湖黄河大桥
7	福建漳州战备大桥	7	

(4) 冷铸锚

由平行钢丝索组成的冷铸锚如图 3.3.1-9 所示。

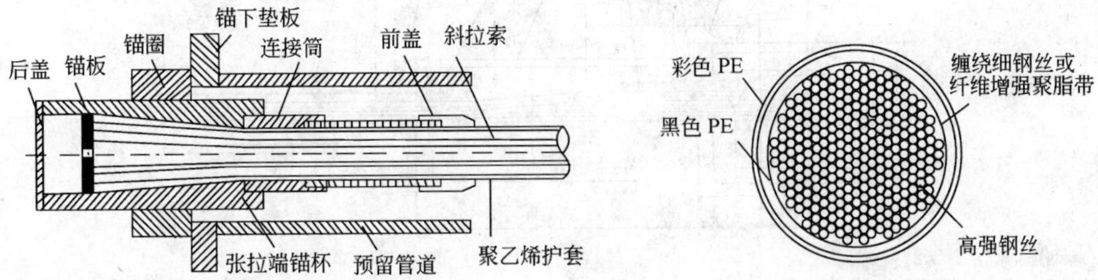

图 3.3.1-9 平行钢丝拉索的冷铸锚

平行钢丝索和冷铸锚的拉索整体在工厂制造。平行钢丝索由 ϕ5mm 或 ϕ7mm 高强度镀锌钢丝（抗拉强度 σ_b =1600MPa 左右）组成，一般排列成六角形，表层由玻璃丝布包扎定型后用热挤高密度聚氯乙烯（HDPE，简称 PE）塑造成正圆形截面。这种斜拉索具有厚镀锌层（锌层 300g/m）和厚 PE 层（厚度 6mm 以上）的双重防腐保护。

然后将钢丝束穿入冷铸锚中，钢丝尾镦头后锚定在冷锚的后锚板上，再在锚体内分段常温浇灌环氧树脂加铁丸和环氧树脂加岩粉（辉绿岩）等混合填料，使锚体与钢丝束之间的刚度匀顺变化，避免在索和锚的交界处刚度突变。最后，将冷铸锚头放入加热养生，加热温度约 150℃。由于是在常温下浇铸填料，不同于传统的锌基合金填料的浇铸高温要求，故相对而言称为“冷铸锚”。冷铸锚的锚固力由锚筒的圆锥体内腔和筒内填料的横向挤压力承受。在正常情况下镦头不受力，只是作为安全储备。

平行钢丝索和冷铸锚，以其性能可靠（承载能力、疲劳强度和防腐措施）从 70 年代在欧洲和日本始用起至今已被广泛使用。但由于其要求整体制造、整体运输和整体安装，在某些特定环境下受到限制。

由于运输需要，钢索必须盘绕在圆筒上。为避免索的钢丝产生过高的弯曲应力和外包 PE 套被撕裂，一般规定圆筒直径不小于索径的 20～25 倍。因此，在跨度大因而索也大的斜拉桥中，粗而长的拉索其索径可过 200mm 以上，索长 200m 以上。如以索径 200mm 计，则圆筒直径超过 4m，绕索后的圆筒将更粗，这将给陆路运输（火车或汽车）造成困难，而在桥位处无水运条件（例如山区或内陆水库）时则较难解决。

为方便平行钢丝索在圆筒上的盘绕，在工厂制造中常将索扭转一个 2°～4°的小角（增加柔性），此小扭角不影响索的特性（弹性模量和疲劳性能）。

鉴于平行钢丝拉索打盘及运输有一定困难，因此在现代大跨度斜拉桥中提出拉索分散制作、现场安装成索的要求。

(5) 夹片锚

由平行钢绞线索组成的夹片锚如图 3.3.1-10 所示。

将平行钢丝索中的钢丝换成等强度的钢绞线即成为平行钢绞线索。

对于平行钢丝冷铸锚斜拉索，国内外均已有成熟可靠经验，其安全度毋庸置疑。但对于平行钢绞线夹片锚斜拉索，应注意几个问题：①对于应力幅值较大的拉索，在高低应力幅变

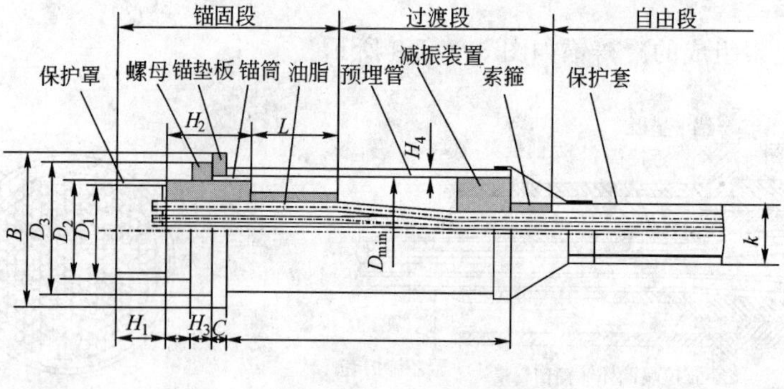

图 3.3.1-10　平行钢绞线拉索的夹片锚

频过程中容易发生夹片松动而导致滑落；②对于钢箱梁斜拉桥因为其活载与恒载之比较大，梁体振动十分敏感，振动幅度较大，在长期振动作用下的夹片锚容易产生松动而滑落；③对夹片锚松动导致的单根或多根绞线滑移，目前没有有效处理手段和方法，值得在工程实践中进一步研究，提高技术水平。

钢绞线在索中是平行排列的，有别于早期曾出现过的将多根钢绞线扭绞而成的螺旋形钢绞线索，故称为平行钢绞线索。

此种 ϕ15mm 钢绞线为后张法体预应力无粘结钢绞线（抗拉强度 $\sigma_b=1860$MPa），系将镀锌钢绞线表面涂油（或蜡）后外套两层 PE 管而成。钢绞线成盘运至现场，在现场截取需要长度后除去两端部分长度的套管，逐根安装、张拉，两端裸线由夹片锚固定。

采用夹片锚的原因，是在现场施工中难以将 ϕ15mm 的钢绞线镦头（镦头机体积太大）和保证其质量。

在钢绞线的逐根张拉中，须使最终拉索中的各根钢绞线拉力相等。此施拉工艺称为“等值张拉法”(iso-tension)，最先由法国弗雷西奈公司提出。此法系在一群钢绞线中选定一“参照线”，在张拉过程中对该“参照线”拉力进行同步精密标定，每张拉一根钢绞线，即按照此“参照线”标定该线的张拉值。待全部钢绞线张拉完毕后，各根钢绞线的拉力与“参照线”相同，然后再用大能量小行程的张拉千斤顶将整索钢绞线同步张拉至预定索力。

对于平行钢绞线索和夹片锚体系，需要注意的问题是：

①夹片锚的疲劳强度。

②夹片和锚孔之间的圆锥度配合要精确，否则咬合力将集中在夹片小端形成“切口效应”，成为疲劳破坏之源。

③对夹片应设置防松脱装置，否则在较小索力（小于 $0.25\sigma_b$）下受振动荷载时，夹片可因咬合力不足而松脱，导致事故。

钢绞线进入锚管内有两处转折，一在钢绞线散开的约束圈处，二在钢绞线进入锚孔处。在第二个转拆处，亦为拉索的锚固点，存在着固端弯矩，由于轴向索应力和挠曲应力的叠加，该处产生最大的应力幅。为分散应力幅，需在锚管内加设一“支承圈”，据实验，该“支承圈”可分散 80％以上的应力幅。

当前，在斜拉索中使用的平行钢绞线索和夹片锚共有 4 种体系，即弗雷西奈体系（法国），迪维达克体系（德国），VSL 体系（瑞士）和强力（Stronghold）体系（英国），我国尚有 OVM 体系，见图 3.3.1-11。

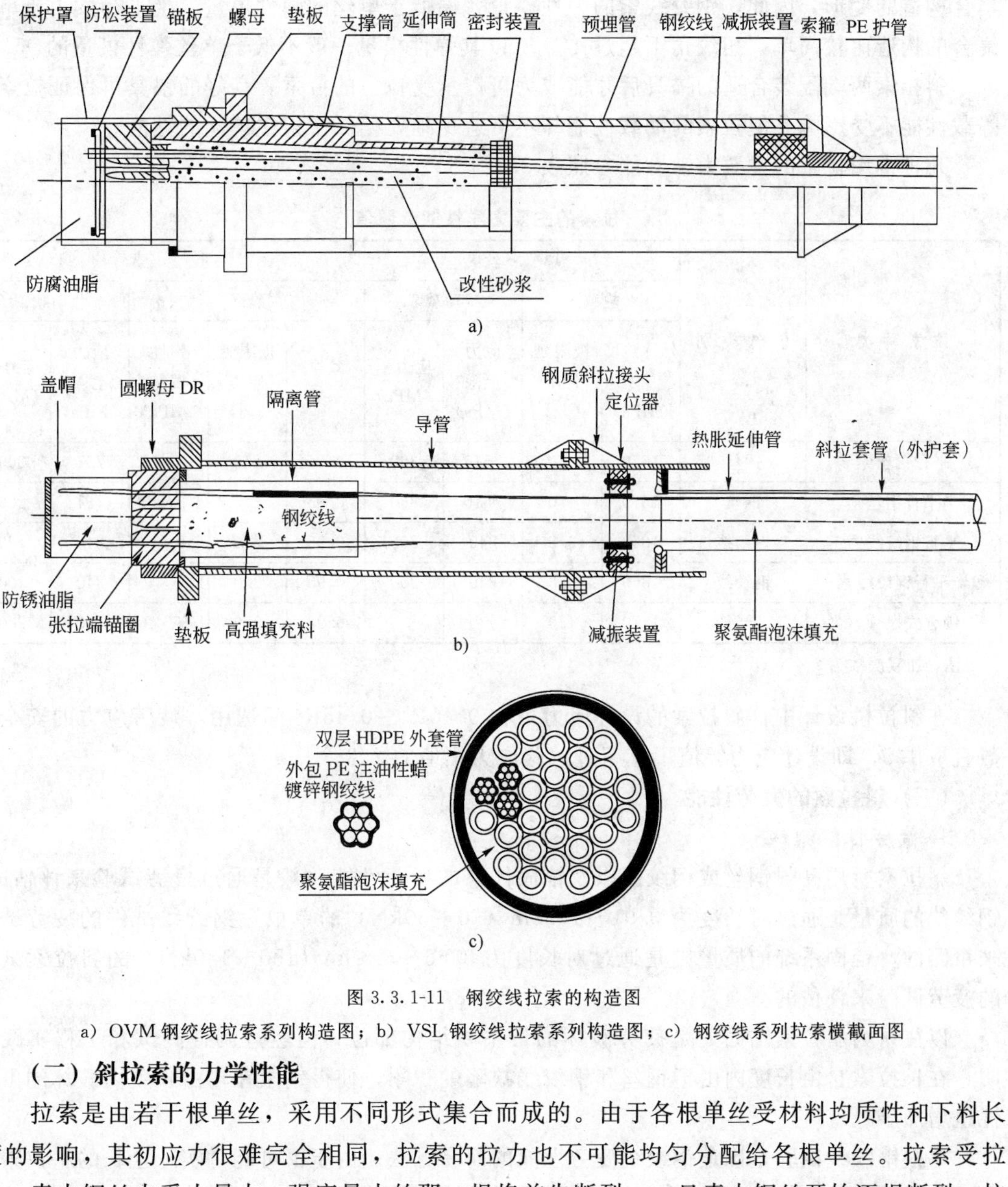

图 3.3.1-11　钢绞线拉索的构造图

a）OVM 钢绞线拉索系列构造图；b）VSL 钢绞线拉索系列构造图；c）钢绞线系列拉索横截面图

（二）斜拉索的力学性能

拉索是由若干根单丝，采用不同形式集合而成的。由于各根单丝受材料均质性和下料长度的影响，其初应力很难完全相同，拉索的拉力也不可能均匀分配给各根单丝。拉索受拉时，索内钢丝中受力最大、强度最小的那一根将首先断裂。一旦索中钢丝开始逐根断裂，拉索的强度也就很快达到极限。所以，拉索的极限拉力不等于索中各根钢丝拉力的总和，即拉索的实际破断索力总是稍低于公称破断索力。此处公称破断索力为拉索公称截面和钢丝标准强度的乘积。实际破断索力和公称破断索力之比，称为拉索的效率系数。

拉索的弹性模量也受索中各根单丝集合形式的影响。对于平行钢丝索，受拉时索中各根单丝的变形情况，与一根单丝做受拉试验时的变形情况基本相同，因此，平行钢丝索的弹性模量和组成平行钢丝索的单丝的弹性模量基本相同。

钢绞线索是由若干单丝集合绞制而成的。绞索受拉后，除索中单丝的弹性伸长外，还有集合构造的变形，因此，钢绞线索的弹性模量普遍低于单丝的弹性模量。半平行索由于单丝集合的构造比较简单，扭绞角不超过4°。所以其弹性模量一般不低于单丝弹性模量的95%。

斜拉索两端配装合适的锚具后才能成为可以承受拉力的拉索。良好的锚具可保证拉索的静载性能不受影响，但拉索的动载性能却不可避免地要稍低于索中单丝的性能。

几种常用拉索的主要力学性能参照表3.3.1-4。

拉索的主要力学性能参照值 表3.3.1-4

拉索种类	单丝类别	单丝				拉索				
		静载		动载		静载			动载	
		公称强度 R^b (MPa)	极限延伸率 (%)	应力上限 (MPa)	应力幅 (MPa)	效率系数	极限延伸率 (%)	弹性模量 (MPa)	应力上限 (MPa)	应力幅 (MPa)
平行钢丝索	钢丝	1670	4.0	7510	360	0.95	2.0	1.9×10^5	751	200
半平行钢丝索	钢丝	1670	4.0	7510	360	0.95	2.0	1.9×10^5	751	200
平行钢绞线索	钢绞线	1860	3.5	840	200	0.95	2.0	1.9×10^5	840	160
半平行钢绞线索	钢绞线	1860	3.5	840	200	0.95	2.0	1.85×10^5	840	200
锁合式螺管索	圆形	1470	4.0			0.92	2.0	1.85×10^5	840	200

注：加载次数为2×10^6次。

在斜拉桥设计中，斜拉索的设计应力可在$0.40R^b$～$0.45R^b$间选用，疲劳应力的安全系数宜取1.5，即设计应力幅值不宜超过试验应力幅值的2/3。

(三) 斜拉索的疲劳性能

1. 疲劳性能测试

斜拉索所用高强钢丝或钢绞线以及锚固体系的疲劳性能一般是通过疲劳试验来评估的。钢绞线的质量是通过对长度为0.91～1.52m（30～50kN）的单根短钢绞线试件的疲劳试验来量测的，锚固系统的质量则是通过对长度为3.66～5.49m（150～180kN）的斜拉索试件的疲劳试验来评估的。

以往认为斜拉索锚固处是疲劳破坏的最主要结构部位，但经过调查测试和工程实践证明，在长拉索自由长度内由于钢丝和钢绞线缺陷的积累，使得钢索在自由长度内破坏的可能性也增加了。

单根钢绞线试验是确定钢绞线疲劳性能的简易方法。由于不可能对实际全长的斜拉索进行试验以评估其性能，所以建立单根钢绞线试件疲劳性能与桥梁长拉索自由长度部分疲劳破坏之间的关系，开发一种由高强钢丝或钢绞线试验结果来预计斜拉索疲劳性能的方法是工程单位普遍采用的路子。

单根钢丝或钢绞线疲劳的试验数据离散性很大，因而在预估斜拉索的疲劳寿命时，一般采用概率统计方法。但是，目前制作斜拉索的材料、及其疲劳寿命特征、拉索尺寸等对斜拉索寿命的影响程度还不能定量确定，所以还不能用解析的方法来证明哪一种概率分布能最好地描述和模拟钢丝或钢绞线的试验结果。

2. 高强钢丝、钢绞线品质对疲劳性能的影响

国外许多研究机构常用高强钢丝、钢绞线试件寿命的平均值 $\overline{N}$ 和偏差系数 $C_v(N)$，来作为钢绞线疲劳性能的定量计算。研究证明，对于一个特定钢丝破断数的斜拉索寿命与斜拉索钢绞线试件的平均寿命是成正比的。

钢绞线试件寿命的偏差系数对短索（$n=1$）与长索（$n=25$）的斜拉索寿命的影响如图3.3.1-12及图3.3.1-13所示。以1.22m（40kN）长的典型钢绞线试件为基准，n 值为1和25时，则相应于8.53m（280kN）及213m（7000kN）的斜拉索长度。在图3.3.1-12及图3.3.1-13中，斜拉索破断率5%时的平均寿命与钢绞线平均寿命之比点绘在预应力钢绞线可能发生偏差系数的范围内，由统计分析的结果说明偏差系数一般在0.25～0.5的小范围之内。

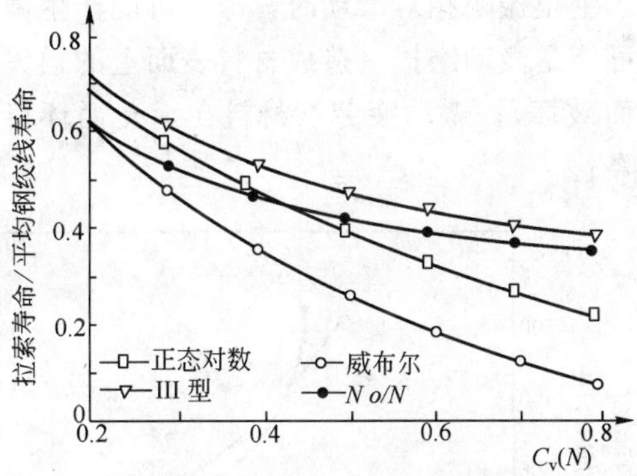

图3.3.1-12　短拉索平均寿命概率分布

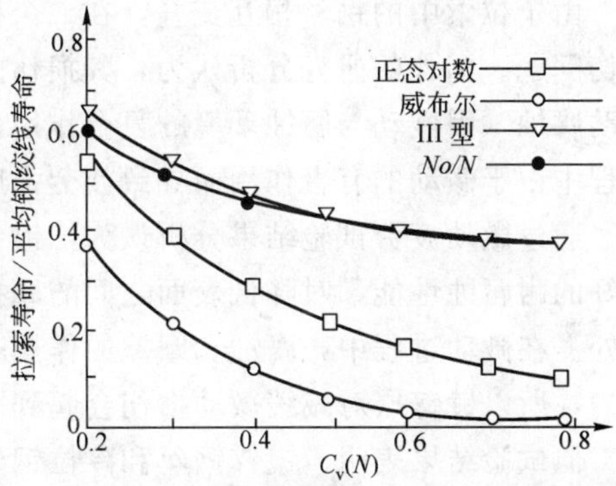

图3.3.1-13　长拉索使用寿命概率分布

为了充分地定义III型分布函数，必须对钢绞线试件寿命的每一偏差系数估计或假定一个钢绞线寿命分布的偏斜度。图3.3.1-12、图3.3.1-13所示的III型分布是假定在每一偏差系数下对数正态分布的偏斜度与III型分布的偏斜度相等的条件下建立的。由此假定，III型分布的偏斜度总是正的，并随偏差系数的增大而增大。而且，最小疲劳寿命与平均寿命之比则随偏差系数的增大而减小。

从图3.3.1-12、图3.3.1-13可看到单根钢绞线试件寿命的偏差系数对斜拉索的寿命有显著的影响，最长的斜拉索的寿命是按小的偏差系数来预测的。这些结果说明：斜拉索所用的钢绞线质量不仅应该有长的平均寿命，而且疲劳寿命的变动性也应较低。

钢绞线试件寿命变异性的增大，相当于单根斜拉索钢丝寿命变异性也增大。如果钢丝寿命变异性增大，在循环次数远低于平均钢丝寿命时，拉索中很早便会有破坏发生。因为斜拉索的疲劳寿命是由斜拉索中很小一部分钢丝的破坏所控制，故斜拉索的寿命将因钢丝寿命变异性的增加而降低。

图3.3.1-12、图3.3.1-13也说明了斜拉索长度对其疲劳寿命的影响。图中数字的比较，说明对于同样的偏差系数，长斜拉索的寿命总是小于短斜拉索。

3. 斜拉索长度对疲劳性能的影响

国外试验研究指出，斜拉索寿命（相对于钢绞线平均寿命）因长度效应而降低的情况与钢丝、钢绞线疲劳寿命分布函数的下尾段很有关系。当长度比变得很大时，所有破坏概率的

斜拉索寿命都将收敛到最低的疲劳寿命，这意味着如果能建立或估算出绝对最小的试件疲劳寿命，则长斜拉索的寿命将近似地等于这个最小的疲劳寿命。预计的斜拉索寿命约在钢丝、钢绞线平均寿命的50%～65%的范围之内。

研究证实，斜拉索的疲劳寿命相应于斜拉索钢丝或钢绞线试件在低破坏概率时的循环次数。一根斜拉索的疲劳寿命比该索的钢绞线短试件的平均寿命要短得多。经大量的试验和概率统计分析，斜拉索寿命约为平均钢绞线试件平均寿命的50%～65%。当斜拉索钢绞线试件寿命变异性增加时，斜拉索寿命就降低。用于斜拉索的高质量钢绞线试件不仅应该有长的平均寿命，而且应该有低的疲劳寿命的变异性；斜拉索疲劳寿命随索长的增加而减少；斜拉索寿命的变异性随钢绞线数量的增加而减小。

4. 斜拉索钢丝的微动疲劳影响

由于拉索中的钢丝相互交叠，在二个接触面产生小振幅相对滑动时，即有可能产生微动损伤问题。国外的研究分析认为，其损伤的方式可能是微动磨损（造成材料表面上的损失）；微动腐蚀（因微动与腐蚀环境的复合作用而使表面破坏）；微动疲劳（材料在承受循环荷载过程中由于微动的有害作用而导致疲劳强度的下降）。

通过微动疲劳试验结果分析认为，镀锌层有良好的耐腐蚀性能，对降低表面之间的摩擦也有益处。在微动过程中，腐蚀和摩擦的作用是很主要的，所以镀锌层对减缓微动损伤会起到一定作用。但试验结果表明，镀锌钢丝和冷拉钢丝的微动疲劳性能并无实质上的差别，在较高应力幅值时（515MPa），镀锌钢丝的寿命会长一些，但在疲劳S-N曲线（图3.3.1-14）的其他部分，其性能还稍逊于冷拉钢丝，两者在经过10^7次循环后疲劳强度同为260MPa。其原因首先是由于镀锌层在试验不久即被磨损，实际上是钢材之间的金属与金属直接接触贯穿着微动疲劳过程。其次，钢丝采用热镀锌工艺，由冷拉而产生的表面残余压应力分布将会发生变化，钢丝外层的残余压应力幅值将下降，这显然对阻止钢丝裂纹的产生和扩展是不利的。

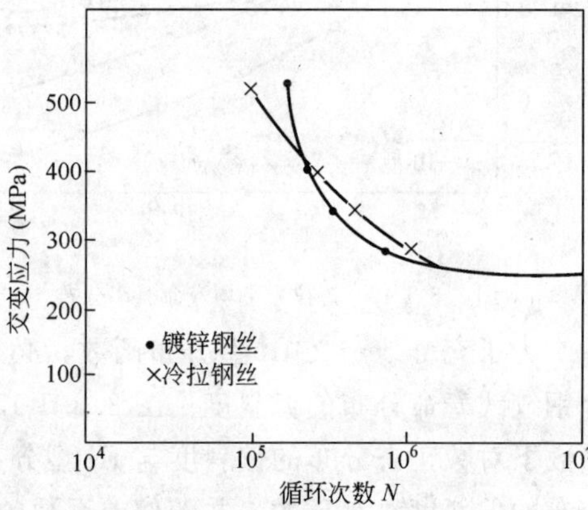

图3.3.1-14 钢丝微动疲劳试验曲线

再者，不论是镀锌还是冷拉钢丝，其一端断口均带有凸出部位，呈舌形；另一端断口则留有相应的凹入部位。这种形状的断口并非是偶然出现的，而是微动疲劳的特征之一。这种断口是在外加循环应力、夹紧应力及微动作用所产生的切向应力的合成作用下形成的。裂纹最初以与钢丝表面成一定倾角的方向扩展，一旦裂纹越过夹紧应力与切向应力影响区，即转向朝与外加的轴向循环应力垂直的方向继续扩展，于是在疲劳源附近即产生明显的舌形断口。

镀锌钢丝表面上的微动损伤而带来的区内损伤十分严重。微动疲劳试验表明，镀锌和冷拉钢丝都会因微动损伤而大大下降疲劳强度。因为材料强度越高，对损伤及缺陷越敏感，而微动作用的过程恰恰是产生表面损伤的过程。对钢丝微动疲劳性能的影响因素包括振幅、夹紧荷载、摩擦系数以及作用环境等。

试验结果：抗拉强度为1600MPa的镀锌钢丝与抗拉强度为1570MPa的冷拉钢丝都因微

动损伤而使疲劳强度下降到260MPa。拉索若用高强钢丝组成，对微动损伤将十分敏感，因此需要作进一步的研究，以解决拉索可能出现的微动失效问题。

四、斜拉索损坏的原因与防护

（一）损坏原因

1. 电化学腐蚀

腐蚀是拉索损坏的主要原因。引起拉索腐蚀的常见因素有：氧化、水、电化电位（氯离子、二氧化硫和二氧化氮）、持续作用于高强钢丝的拉应力等因素都会引起和加速钢材腐蚀，产生应力腐蚀裂缝和氢化断裂。

2. 振动影响

斜拉桥刚度相对较小，在车辆、风荷载作用下容易产生振动。频频发生的激烈振动会加速拉索防护的损坏。

3. 疲劳影响

高强钢丝腐蚀以后，其抗疲劳能力显著降低。

4. 施工质量及养护不当

如美国路易斯安那州东特（DOTE）桥发生过聚乙烯管破裂事故，在5根拉索上产生12条裂缝，有些裂缝长达4～5m。开裂的主要原因是灌浆时的气温太高，遇到低温时，管子易破裂。拉索背面的裂缝是由于灌浆时拉索应力太大所致。

总共只有72根拉索的美国Luling桥，由于施工安装过程中造成切口、刻痕、套筒搭接不良和钢丝对接失败等，施工期间就对其中的42根拉索进行了修整。

阿根廷布宜诺斯艾利斯附近的科林特斯桥和巴拉那桥分别建于1976年和1977年，主跨均为330m。两年后，拉索聚乙烯套管出现巨大裂缝。经分析，开裂的原因是养护不善及在高温下灌浆压力过大。修复时，工人们在套管外缠绕了二层聚乙烯条带后，再在外面缠绕一层Tedlar条带，但这只是一种临时的解决办法。

5. 拉索松弛影响

由于松弛，拉索无法维持原有的长度和应力。日本某桥在竣工后不到五年，拉索的松弛量骤增，用手就可轻而易举地使斜拉索作横向摆动。

如此巨大的延伸量是任何拉索防护体系都无法适应的。防护体系的各个部分（条带、聚乙烯、水泥砂浆和钢管）由于变形不一致，在套管内周和混凝土外表面产生一系列的缝隙，在徐变和收缩的影响下，裂缝扩大，盐分和其他化学物质乘虚而入，侵蚀钢丝。此外，拉索套筒内的空隙是另一个值得关注的问题。

6. 施工影响

相对比较柔软的拉索聚乙烯防护层，安装操作时的撞击和磨损也会引起拉索防护层的损坏。

（二）斜拉索的防护

拉索是斜拉桥的主要受力构件，如果某一根斜拉索突然断裂，则很可能导致结构遭到灾难性的突然破坏

替换悬索桥的吊索，在世界上是司空见惯的，而早期斜拉桥的设计者对拉索的更换和修缮一般都缺乏预见。由于斜拉桥存在着拉索过早失效、使用寿命缩短的问题，故美国（联邦

公路局）等国家设计规范现已规定，所有斜拉桥结构的设计必须保证能在维持正常交通的情况下安全地更换斜拉索。

由于斜拉索一般布置于梁体外部，并长期处于高应力状态下，其截面尺寸又小，故对腐蚀作用非常敏感，即使发生轻微的腐蚀其强度也会有较大的损失。斜拉桥的耐久性在很大程度上取决于斜拉索的抗腐蚀能力。

斜拉索的腐蚀主要是由于钢索与周围介质发生电化学作用，造成氧化还原反应所致。在拉索钢材中的合金元素、渗碳体及其他杂质往往构成阴极，铁元素构成阳极，当拉索表面凝结和吸附水气而形成水膜时，就构成了无数微电池，拉索就会被腐蚀。空气中的氧、二氧化硫及二氧化碳等还会不断地溶解到水膜中去，促进铁元素的电离，加快钢索腐蚀速度。

要防止钢索的腐蚀，就要防止其表面形成可作为电解液的水膜，因而钢索防护的一个重要原则就是将它与大气隔离。这可采用各种涂层，包括有机的如油漆、油脂等，无机的如水泥浆，金属的如锌、铝、铁皮、钢管等。也可采用介质中添加缓蚀剂使金属表面形成保护膜或用干燥空气使水膜无法形成的方法，后者往往使用在悬索桥的锚室中。斜拉桥拉索常见的防护措施大致有以下几种：

（1）全封闭索防护。

（2）单根钢丝镀铸防护。

（3）单根钢丝镀铝防护：钢丝镀铝防护，当铝层厚度为1mm时，其有效防护期可达75年。

（4）化学涂层法：如用聚氨酯铬酸锌混合液浸泡加聚胶酯涂料、玻璃纤维加强的丙烯树脂涂料、聚乙烯涂料、玻璃钢防护等，其防护效果较好，但其费用一般较高。而玻璃钢尚有易脆裂的问题。

（5）套管压浆法：套管的种类有钢套管、铝套管、聚乙烯套管等。套管与钢索之间的空隙内通常压注水泥浆，也有压注树脂或油脂等材料的，如防锈脂、沥青马蹄酯、合成橡胶、聚胺酯预聚体与铬酸锌混合体等。其中铝管内压注水泥浆的方法要经过特殊的化学处理。而聚乙烯管（PE管）由于其分子结构的对称性，具有较高的化学稳定性。PE中还掺有碳黑作填充料，使其对紫外线有显著的屏蔽作用，可提高PE管的抗老化性能。PE管还较为廉价，透气率低，适合工厂化生产和加工，故成为套管压浆法中最为经济实用的方法。以往常采用的套管内压水泥浆法，由于压浆套管内的水泥浆会产生泌水、潮气，且此种潮气无法逸出，反而对钢索防护不利。

（6）直接挤压护套法：即目前国内外大量采用的热挤塑高密度聚乙烯（PE）护套加聚氨酯（PU）彩色护套的挤包护层扭绞型拉索。

目前，用不锈钢材料制索，用环氧涂层保护以及用电极防护处理等新技术已有应用实例，但由于价格昂贵，只是在特殊环境条件下使用。非金属的预应力系统，如aramid和碳纤维、玻璃纤维以及由高聚合环氧树脂基和玻璃纤维复合的预应力索也在研试中。

目前国际上通用的拉索除德国梯森公司的锁合式螺管索（Locked-coilwire rope）外，多数采用由PE套管或钢套管灌浆防腐的钢索体系。国际公认的四种预应力体系有：

（1）瑞士BBR-Hiam体系：由7ϕ7光圆的或镀锌平行钢丝，加冷铸墩头锚具构成，钢丝根数61～313根。

(2) 德国 Dywidag 体系：16ϕ36 平行粗钢筋，可由 6～15 根组成一束。

(3) 法国 Freyminet 体系：由 7ϕ5 平行钢丝索 27～91 股组成一个大的索股，每股 7ϕ5 在锚头处用夹具单独锚固。

(4) 瑞士 VSL 体系：由 7ϕ5 钢绞线 7～91 股平行排列组成的钢绞线索。

但是，上述封闭索体系和用灌浆防腐的各种体系在防腐性能上都不是很成功的。美国两位工程师调查了 90 年代前世界一百余座已建斜拉桥的各种拉索体系后，发现了大量程度不同的腐蚀问题。这表明：虽然水泥浆对钢筋的防腐在钢筋混凝土结构证明是成功的，但对于拉索，由于水泥浆的收缩和活载应力将使水泥浆层断裂而失效。

近 20 年来，日本推出一种新的平行钢丝系统（NPWS)，利用电缆制作技术将高密度的 PE 材料直接热挤在经过防腐处理的平行钢丝索上。但它的防腐寿命也只有 25 年～30 年，且尚待实践的检验。

林同炎教授（T. Y. Lin）曾在台湾的一座斜拉桥上采用了一种特别的双重预应力拉索体系，即在外围水泥浆层上也施加预应力，防止其开裂以保持其对中心部钢丝索的防腐性能，现经过 20 多年的考验，证明这一体系的构思是成功的。1988 年前联邦德国 Jschlaich 又推出了一种在 PE 管中用 PE 材料填充的新的拉索防腐体系，以代替传统的水泥灌浆。

(三）防护对策

1. 优选拉索

斜拉桥使用的拉索有钢缆绳、封闭式钢绞线、平行钢丝或钢绞线和平行钢筋等几种。1987 年泰国曼谷跨越湄南河的斜拉桥上首次在大跨径斜拉桥上使用了锁合式螺管索(LCR)，法国 Howfleur 桥也采用此种索。目前世界上跨径最大的法国 Normandy 斜拉桥，使用了封闭式钢绞线拉索。

封闭式钢绞线拉索中使用锁合钢丝不仅可以增加钢绞线的密实程度，而且有利于防护。为保护中间的钢丝，必须经常在拉索表面涂漆，且要防止拉索产生过大的振动，否则，外层的钢丝会分裂开，水分或氧气会侵入。但要保证拉索不产生振动几乎是不可能的。

建于 1965 年的科隆莱茵河上的 Severin 桥的锁合式螺管索锈蚀严重，特别是在锚固区附近。该桥进行过整修，并重新做封层，但目前还没有一个可靠的方法可以确定内层钢丝的使用状况。

早期的桥梁大多采用镀锌的钢丝或钢绞线，从理论上讲，当软质镀锌层剥落后可再涂上漆，但实践上尚无成功的实例。

蒙特利尔的 Papineau 桥建成至今已有 30 余年，12 年前对其进行了全面检查整修，桥面磨耗层全部更新，并设置了橡胶块作拉索减振装置。所设置的聚乙烯套管因受外部环境与材料质地的影响并不能长久地保护斜拉索，化学物质仍在侵蚀拉索。

2. 采用新的防护方法

以前大多数斜拉桥采用平行钢丝、平行钢绞线或平行钢筋构成斜拉索。三种拉索的防腐方法相类似，均需一个或钢或聚乙烯管防护套管，并将水泥砂浆或防护蜡、或油脂注入套管填充空隙。但是，由于混凝土收缩引起的开裂，会使灌入套管的水泥浆失去保护作用。另外拉索的伸缩、再张拉和振动也会破坏水泥浆的完整性。单根钢丝可采用镀锌或环氧树脂保护层。近 30 年来很多国家采用高密度聚乙烯（PE）与聚氨酯（PU）热挤作防护。

法国 Brotoune 斜拉桥，尽管拉索套管有镀锈层并涂上油漆，但拉索面上还是出现了褐色的腐蚀斑点。焊接点的防腐问题也没能很好解决。1984 年该桥跨中下沉了 15～23cm 后，即对拉索进行了再张拉。

美国伊利诺斯 1987 年建成的跨越密西西比河的 Quincy 桥，选用具有环氧树脂保护层的钢绞线拉索，并采用加热熔化的方法将聚乙烯管逐节连接起来。灌浆前先在桥面铺一层厚厚的砂子，灌浆后再移走砂子，这等于对灌浆材料施加了“预应力”。

目前还出现了一些新的防腐方法。欧洲采用将镀锡铜缠绕在拉索钢丝的外面，将钢丝密封的工艺，具体的做法是先用丁基条带缠绕钢拉索，再用约 450kN 的力将防护镀锡铜包裹在拉索外面。做防护时，拉索可自动向前推进。此过程也可用于拉索的修整。本方法已在曼海姆 KurtSchumacher 桥上试用。

此外，还可采用 3mm 厚的钛级不锈钢保护层。即在钢管内留有定位钢垫以使拉索精确定位，并保证灌浆的顺利。钛级不锈钢外加坚韧的氧化物层可使金属免除多种酸和其他物质的腐蚀。

德国杜塞尔夫的 Ulenbergstasse 桥使用了纤维玻璃钢斜拉索，该材料由 Bayer 研制，1980 年在人行桥上试用成功以后，已用于公路桥梁。利用光纤技术可以很方便地检查拉索结构的使用性能。

3. 采取有效的拉索减振措施

建于 1977 年的法国 Brotonne 桥使用过程中，斜拉索发生剧烈振动，随后在桥面安装液压减振装置。因减振装置采用三角状的支架，一定程度上影响了桥梁的美观。而 1984 年建成的美国路易斯安那州 Luling 桥也因拉索发生较大振动后而采取了减振措施。

Muller 在佛罗里达州 Sunshine Skyway 桥上采用了一种较为完善也较美观的拉索减振装置。该装置将液压器安装在箱梁内，采用很细的连杆将拉索与液压器联结起来。该桥也全面安装了许多用于长期监测桥梁振动和其他位移变化的监控器。

4. 我国常用拉索的防护

(1) 防护的分类

①钢绞线拉索的防护，按拉索的结构，可分为内渗防护与外裹防护。内渗防护如在钢绞线的平行钢丝间填充塑胶物质；外裹防护如在单股或单根拉索的外表热挤 PE 套管、外套金属套管、预应力混凝土套管等。

②按防护的材料，可分为化学防护、金属防护、非金属防护三种。化学防护如热挤、热塑 PE 材料、灌注环氧砂浆等；金属防护如镀锌、喷铝等；非金属防护如涂油漆、涂油脂等。

③按防护时间长短，可分为临时防护、永久防护。临时防护如喷防护油、涂漆、充氨气、防腐油浸泡等；永久防护如压注水泥浆、热挤 PE 套管等。

④按防护制作地点，可分为工厂防护与现场防护。工厂防护如镀锌、喷环氧粉末、喷铝粉等。现场防护如锚具端面的防护、现场安防水罩、防护罩、注防腐油脂、发泡剂等。

以上分类方法只是从不同的角度来进行划分，一种防护方法同时包含有几种不同的类型，如压注水泥浆，既是内部防护又是永久防护，同时又是现场防护。

(2) 临时防护

钢绞线从出厂开始至永久防护的一段时间内，所需要的防护称为临时防护。临时防护的时间每座桥不一样，一般为1～3年。

国内目前采用的临时防护法常用的有钢丝镀锌、喷铝粉、喷环氧粉末三种。喷防腐油、充氨气、涂油漆、涂沥青膏等防护法，因其防护效果不佳而不再采用。

法国于1993年12月颁布了国际上第一个预应力钢丝和钢绞线的防腐标准——预应力热镀圆钢丝和钢绞线（NFA35—035），确定以热镀锌钢丝作为唯一的镀层方法。我国于1997年颁布了桥梁缆索用热镀钢丝的国家标准（GB/T 17101—1997）。

镀锌钢绞线与水泥浆直接接触，易起反应，对氢脆较为敏感的预应力钢材容易出现断裂，产生“氢脆”现象，因此镀锌钢绞线拉索压注水泥浆，宜在镀锌钢绞线外裹一层隔离层如PE套、白蜡等。钢绞线镀锌后，其强度将会由1860MPa降低至1760MPa，设计与施工时要引起注意。

含铝5%的合金镀层（称为Calfan）具有良好的耐腐性，明显的镀层粘附性，较好的可塑性和抗拔性能，是临时防护中另一种较好的材料。

（3）永久防护

从拉索安装完毕到拉索设计使用寿命期内的防护称为永久防护。永久防护应满足防锈蚀、耐日照、耐老化、耐高温、材质轻、材料来源广、价格低廉、生产工艺成熟、制作运输方便等要求。特别HDPE套管应用最广泛。

（4）锚头防护

拉索的锚头防护是钢绞线拉索现场防护的关键工序和重要内容。锚头防护历来是钢绞线拉索防护中的薄弱环节，是影响拉索使用寿命的关键部位。因为单股钢绞线在穿入锚环前，应剥除穿入长度的PE外保护套，清除其相应长度的油脂、白蜡等临时保护涂层，剥除端面至锚环距锚垫板远端端面之间的钢绞线外包层成裸露钢绞线，极易锈蚀断裂；其次，锚头中的钢绞线要承受由活载引起的应力变化幅和由锚头处的转角而引起的弯曲应力。

锚头防护目前常用的有两种方法。一种是与柔性索相对应的柔性防护，另一种是与刚性索相对应的刚性防护。

①柔性防护

柔性防护是从锚环外端面通过锚环向锚具接长筒内灌注发泡剂、油脂或石蜡的防护方法，如图3.3.1-15所示。

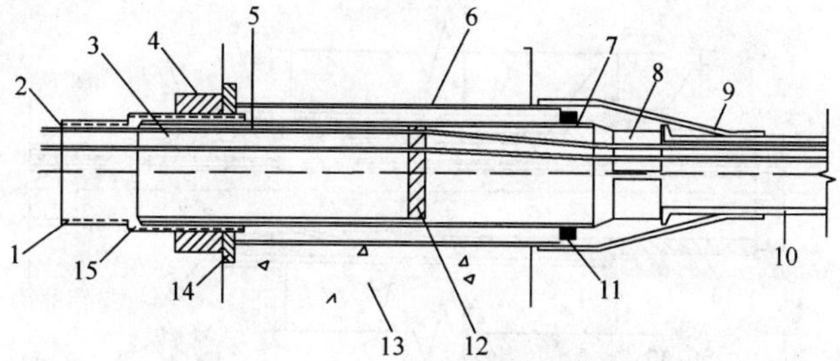

图3.3.1-15 锚头柔性防护构造示意图

1-锚环；2-夹片；3-发泡剂、油脂或石蜡；4-锚圈；5-钢绞线；6-索道钢管；7-锚具过渡钢管；8-拉索约束管；9-橡胶防水罩；10-拉索防护套管；11-减振圈；12-托盘；13-塔柱混凝土；14-锚垫板；15-锚筒

锚具注油防护。用于锚固区防腐的油脂是选用专门用于高强预应力钢筋、钢缆的防腐油脂。其产品特点有：高滴点、防腐和抗氧化性能。主要技术指标：滴点不低于 260℃；防腐性(50℃、48h) 不大于 2 级。按照锚固区钢绞线防腐的特殊要求，将灌注油脂分成两步完成。

第一步向过渡管内灌油。在过渡管和钢绞线之间的缝隙应从锚头通过夹片进行灌油，主要工艺步骤如下：

a. 在钢绞线按规定的切除长度进行切割后，将一个与钢绞线数相应的灌油板和密封垫放在锚具的表面上；

b. 一个灌油钢板应通过在锚头上的 6 个留出的孔用螺栓拧在锚头上；

c. 对于每一根钢绞线，在灌油板的第一个孔处，用螺栓拧上一个灌油管，油脂可以通过一台空气压缩灌油泵注入管内，直到油脂不能再流入管内；重复该操作，直到全部的孔模都被灌油；

d. 油脂被注入直到被放置在靠近过渡管口位置的密封圈接头，该密封圈就起到了隔断外部水和空气的作用。

至此一根钢绞线拉索的过渡管内灌油工作即告完成。

第二步向防护盖帽中灌油。在完成向延伸管内灌油的工作以后，就可以安装防护盖帽。将防护盖帽通过密封圈安装到两端的锚具上。通过设于防护盖帽底部的灌油口向防护盖帽内灌注油脂。并且可以通过在盖帽顶部的排气孔观察灌注的油脂量。直到防护盖帽内完全被油脂填满后，关闭上端排气口。这样就完成了锚头柔性防护。

注油防护。由于油脂挥发与滴油现象的出现，近年来，有些桥梁锚头防护采用热挤压注聚胺脂发泡剂的方法，效果较好。

②刚性防护

刚性防护以后，拉索与锚具形成整体，不能单根钢绞线抽换，换索时须整根更换，防护效果比柔性防护好。

刚性防护体系由西班牙 CTT 公司开发，由常驻英国的 Stronghold 公司应用和推广。防护原理是将平行钢丝中的冷铸锚头应用于钢绞线拉索的锚头防护中，将钢绞线优越的受力性能、简便的施工操作与冷铸锚头优越的受力性能、耐久的防护性能有机地结合起来，为当今钢绞丝拉索中的最佳结构。

该锚具由冷铸锚筒、锚圈、锚环等部分组成，如图 3. 3. 1-16 所示。

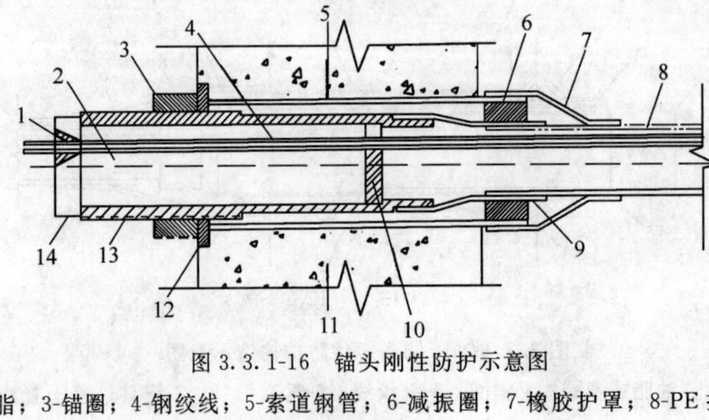

图 3. 3. 1-16 锚头刚性防护示意图

1-夹片；2-冷铸环氧树脂；3-锚圈；4-钢绞线；5-索道钢管；6-减振圈；7-橡胶护罩；8-PE 护套；9-锚具喇叭筒；10-分线盘；11-塔柱混凝土；12-锚垫板；13-锚杯；14-锚环

冷铸锚的特点：a. 冷铸锚环氧混合物的固化温度低于180℃，不会给高强钢丝带来不利的影响；b. 耐疲劳强度高，以拉索抗拉强度的45%作为拉索的上限应力，在200万次的反复加载试验中，其应力变化幅度范围不低于200～250MPa；c. 弹性模量高而且稳定，平行钢丝弹性模量约为2.05×10^5MPa；d. 优良的防腐性能及耐久性，冷铸锚与拉索在工厂内整体制作，由高密度的聚乙烯挤压包裹，锚头与拉索的接头部分为全防水密封结构，因此在运输和架设时不怕雨水的侵蚀，而且聚乙烯裹层内填充了防腐材料，显示出了优良的耐腐蚀性；e. 冷铸锚头断面尺寸比热铸锚头、夹片式锚头小；f. 施工方便，冷铸锚受力灵活，调索均较方便；g. 质量稳定，拉索的下料长度精确，平行性好，断面形状完整，锚头与钢丝索、防护套之间相对位置稳定。

冷铸锚的施工：钢绞线索精下料后，将端头的塑料护套层剥除，顺序套上钢套筒和锚杯后，再逐根穿过锚固板上的对应孔眼。冷铸锚填料的浇注采用“倒灌法”，即先定量灌入环氧铁砂、高温环氧浆及常温环氧浆，环氧砂常用ϕ1～2mm铸钢丸，环氧浆中掺入抗老化剂和填充剂，采用边浇注、边振捣工艺。硬化后的混合料应具有足够的强度和温度稳定性，以确保锚具的锚固功能。在冷铸锚中，锚固板只承受钢索的部分拉力，大部分的锚固力来自混合填料对钢丝的粘结和握裹，以及锚杯与锥形内腔的楔形效应，这是冷铸锚具与热铸锚具受力的根本区别。

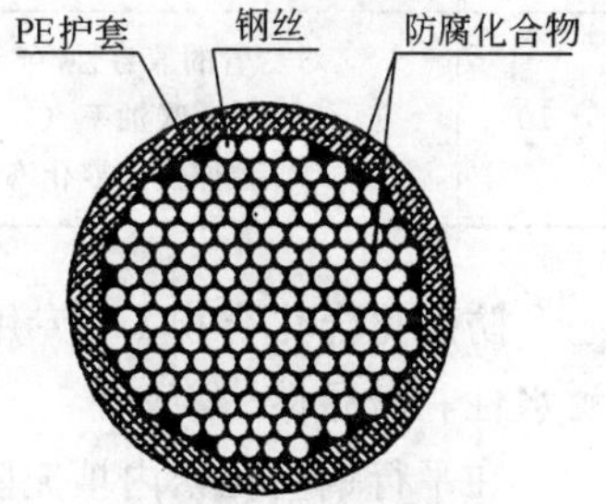

图3.3.1-17　复合防腐拉索体系的拉索截面图

(5) 使用寿命50年复合防腐型斜拉索的研发及应用

由上海浦江缆索股份有限公司为南京长江三桥研发制作的新型斜拉索，已通过大量试验和技术鉴定，主要是采用在平行钢丝拉索内填充防腐化合物的复合防腐技术，如图3.3.1-17。目前应用的防腐化合物主要有两种，一种是防腐化合物I，一种是专用防腐油脂，技术性能如表3.3.1-5、表3.3.1-6。其中防腐化合物I具有不干性，对钢丝具有良好的粘附性和阻蚀保护性能。

防腐化合物I性能　　表3.3.1-5

序号	项目	指标
1	外观	浅黄色均质膏状物
2	密度	≤1.3g/cm³
3	不挥发份含量	按重量计：≥85%
4	黏度（针入度）	260～340mm/10（25℃下）
5	粘附率	≥90%
6	耐热性	80℃×24h，高温不流淌、不起皮
7	耐低温性	−40℃×2h，180°弯曲不开裂
8	耐腐蚀性	镀锌钢板涂1mm厚防腐化合物，在40℃±1℃，RH90%下试验15d，钢板表面不腐蚀

专用防腐油脂性能　　表 3.3.1-6

序号	项目	指标	试验方法
1	滴点（℃）	≥182	GB/T 4929
2	工作锥入度（0.1mm）	265～290	GB/T 269
3	腐蚀（45 号钢片，100℃，24h）	合格	SH/T 0331
4	水分（%）	痕迹	GB/T 152
5	蒸发量（90℃，22h）（%）	0.52	GB/7325
6	低温性能（−40℃，30min）	合格	SH/T 0387
7	温热试验（45 号钢片，30d），级	1	GB/T 0081
8	盐雾试验（45 号钢片，30d），级	2	SH/T 0081
9	氧化安定性（99℃，100h785kPa） 压力降（kPa） 酸值（mgKOH/g）	 11 0.28	 SH/T 0325 GB/T 264
10	对套管的兼容性（65℃，40d） 吸油率（%） 拉伸强度变化率（%）	 5.5 8.4	 HG2−146 GB/T 1040

防腐化合化合物Ⅰ和专用防腐油脂均具有良好的化学安定性，抗氧化性，防锈防腐性，耐水性、高温性。

在平行钢丝拉索内填充防腐化合物主要起到了两个技术性能作用：

①起到水气隔绝、阻蚀防腐作用

拉索从成品出厂到现场挂索施工结束，会经历多道操作，PE 护层损伤难免。由于目前的拉索防腐更多的依赖拉索 PE 护层，存在一点“突破”全索皆受损的缺点，一旦 PE 护层破裂，水蒸气或雨水将进入钢丝索的空隙，严重时造成积水。另外，关键的导致钢丝内部锈蚀问题出现的水气在目前的工艺中尚无法避免，还有拉索使用过程中的产生冷凝水问题也无法避免。填充混合物通过特定工艺完全填充满钢丝间的内部空隙，避免内部由于制作工艺出现水气。在斜拉索正常承载期间，其具有的一定弹性也能保证完全充满所有的空隙。使用复合防腐体系的斜拉索，其内部基本完全隔绝了水气的存在，即便有很少量的水气，由于混合物填充满了空隙，内部没有了通道，水气无法流通，所以完全避免了冷凝水的出现。

通过对试验索的盐雾试验对比表明，采用复合防腐型平行钢丝拉索体系的试验索在 3000h 后钢丝表面没有出现锈蚀，远远好于普通防腐体系的试验索。复合防腐型平行钢丝拉索体系使得拉索在 PE 护层出现开裂和损伤的时候能起到很好的保护钢丝的作用，避免水气进入钢丝内部，从而延长了拉索的使用寿命。

②润滑抗磨作用

众所周知，在钢丝绳行业以及无粘结筋钢绞线中均填充了油脂，这是因为钢丝绳和钢绞线经过扭绞后，其内部的钢丝之间存在点接触或线接触，在受拉时，钢丝之间存在钢对钢的接触磨损，而在填充油脂后，一方面油脂起到了润滑减磨作用，当然另一方面起到了防腐作用。

同样道理，斜拉索用平行钢丝索也经过扭绞，只不过其绞制节距较大而已，但钢丝之间也存在接触磨损，尤其在桥梁拉索受反复荷载的情况下，这种接触磨损不可忽视。所以在平行钢丝索内填充防腐化合物，包括防腐化合物Ⅰ（具有的不干性和对钢丝的粘附性）和防腐油脂都能起到润滑减磨的作用，具有明显延长拉索使用寿命的作用。

综合分析复合防腐型拉索的防护体系，具有：

a. 采用通过10000h的人工老化试验和10000h耐环境应力开裂试验的HDPE配方，相当于具有50年使用寿命的性能；

b. 在拉索内填充具有水气隔绝、阻蚀防腐和润滑抗磨双重作用的防腐填充物，延长拉索的使用寿命；

c. 最新抗风雨振研究成果——双螺旋线抗风雨振拉索的应用，提高拉索的使用寿命；

d. 拉索防腐的最后屏障——钢丝镀锌层。

因此，采用镀锌钢丝＋防腐化合物＋高性能HDPE护层的复合防腐型平行钢丝拉索体系的斜拉索，在正常施工和使用情况下，其使用寿命不少于50年，这是拉索使用寿命的重大技术突破。

§3.2　斜拉桥的缺陷、病害与防治措施

一、索塔

（一）承台和塔座表面裂缝

1. 缺陷

裂缝沿塔座棱线分布。双柱式塔柱的承台顺桥向中部表面裂缝。

2. 原因分析

（1）塔座棱线两侧有两个夹角较小的临空面，混凝土在该处的水分易散失。且因塔座形状接近复斗形，棱线处往往是一些缺少骨料的砂浆，抗裂性差。

（2）双柱式塔柱随着柱身的不断增高，承台两端受压力增大，承台中部受反弯矩作用，上部混凝土受拉开裂。

（3）养护不及时，塔座水分散失过快。大体积承台混凝土水化热高，内外层温差大，表面混凝土受拉开裂。

3. 预防措施

（1）设计时棱台式塔座应考虑棱线薄弱部分的混凝土抗裂措施，对构成小角度相交部分，应在内部布置抗裂钢筋或钢丝网。

（2）设计应考虑大体积承台两端与中部不均匀下沉时中部混凝土抗裂措施。

（3）大体积承台混凝土浇筑时应降低体内水化热和内外温差，主要措施有：

①选择水化热较低的水泥品种，降低配合比中的水泥含量。

②在大体积混凝土中掺适量块石及掺加粉煤灰等掺合料以减少水化热。

③在大体积混凝土内部散热降温，如可布置冷却管道通循环水降温，混凝土表面保温保湿。如承台表面可采用蓄水保温等加强养护的措施。

④加强混凝土各层面温度的监测与调节。

4. 处治方法

(1) 塔座棱线混凝土裂缝，可采用防水砂浆嵌补封闭。

(2) 大体积承台混凝土中部裂缝，经一段时间观察后不再发展，可将裂缝凿成“V”形，用防水砂浆嵌补封闭。细微裂缝，经过加强洒水养护后已经闭合，可不作处理。如裂缝继续扩展增宽（>0.2mm），并有可能影响结构强度安全的，应会同设计单位共商补强办法。

(二) 塔柱混凝土外观缺陷

节段混凝土接缝错台，塔身棱线不和顺。

1. 原因分析

(1) 放样立模不准。

(2) 发现已浇节段拆模后有误差，上节混凝土立模调整纠偏不和顺。

(3) 有劲性骨架结构的塔身，劲性骨架安装不准确，立模时以它为依托而未作纠正。

(4) 浇筑混凝土时跑模，模板及支撑刚度不够。

2. 预防措施

(1) 每一节段混凝土施工前必须复核前一节段混凝土的外形尺寸和坐标、高程。

(2) 有劲性骨架结构的塔身混凝土在浇筑前必须复核前一段劲性骨架的轴线、高程，并消除焊接变形。

(3) 发现已拆模节段混凝土外形尺寸有误差，应在上节模板的上口调整。如果误差较大，则应增加调节节段，避免在一节中纠正全部偏差形成折线。

(4) 增强模板和支撑的刚度，尤其对斜塔柱支撑（或拉杆）应检查其强度、刚度和稳定性。

(三) 塔身、承台混凝土劣化、保护层脱落等缺陷处理

混凝土水化反应产生过饱和 $Ca(OH)_2$ 溶液，形成较强的碱度，pH 值在 12.5 以上，钢筋在此状态形成一层致密的碱性钝化膜，对锈蚀呈惰性状态。大气中 CO_2 与游离 $Ca(OH)_2$反应使混凝土中性化，即 pH 值为 8.3。钝化膜消失，钢筋开始锈蚀。严重时钢筋锈层膨胀，使保护层脱落。如此时有氯离子存在，会进一步加速钢筋锈蚀。混凝土的中性化即碳化，失去耐久性进而产生混凝土破坏、钢筋锈蚀。对于桥龄在十年左右或以上的桥，尤其在海洋大气下和浪溅区的桥塔混凝土应进行碳化检测和缺陷普查。

桥塔设计之初应加保护涂层，最初考虑不够或涂层失效的应采用“亡羊补牢”的措施，重新涂装。涂装前对裂缝及破损处进行处理，见图 3.3.2-1。对于环氧树脂细石混凝土或环氧砂浆，可不要基层增强粘胶剂，对普通混凝土类修补需在各面涂加粘胶剂增强。阻锈剂如氨基甲酸乙酯树脂，是与铁锈反应后能阻止铁锈增长。

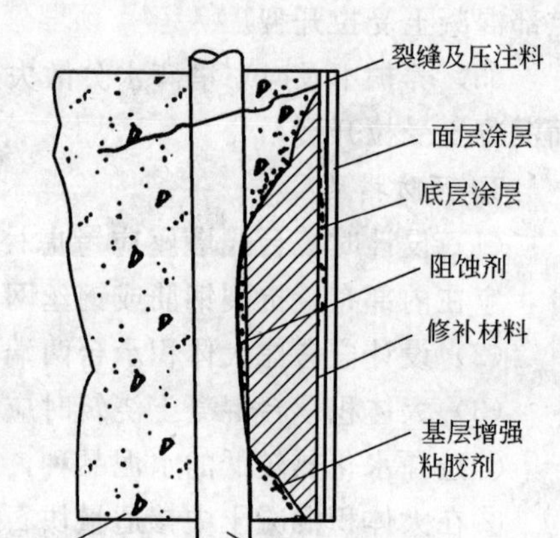

图 3.3.2-1 保护层脱落及较大破损修补示意图

常用的桥塔涂装方案之一（供参考）：

(1) 承台

底层及中间层：	环氧封闭漆及厚浆环氧漆	2×100μm
面层：	丙烯酸厚浆面漆	100μm
	共	300μm

（2）塔身

底层及中间层：	环氧封闭漆及厚浆环氧漆	100μm
面漆：	丙烯酸厚浆面漆	2×80μm
	共	260μm

施工应由具有该项工作资质的单位进行。如需防腐寿命 20 年，需进一步设计涂层厚度 500μm 或以上。海洋环境混凝土结构，参见混凝土结构的防腐蚀处治方法。对于少量或局部结构也可采用碳纤维布包裹的方式进行处理。

（四）索孔位置不准确

1. 病害

斜拉索轴线与索孔轴线不一致，致使拉索与孔壁摩擦，索孔内避振圈或填充料安装困难或使用中易脱落。

2. 原因分析

（1）索塔施工时，索孔坐标、高程控制不严，放样不准。

（2）索塔混凝土浇筑时，跑模或索孔模型移动变位。

（3）劲性骨架安装不准确，以劲性骨架作依托的索管预埋件随之变位。

（4）梁、塔、墩铰接的斜拉桥在施工时的临时固结不当，导致索塔在施工时摆动，影响索孔定位准确。

（5）设计索孔孔径预留量过小，施工达不到设计要求的精度。

（6）调索后的最终拉索位置与设计位置误差过大。

3. 防治措施

（1）准确复核索孔预埋件的坐标、高程，每一索孔应有独立的坐标、高程校核系统，避免系统误差。

（2）浇筑混凝土时，索孔预埋件必须可靠固定，不得在浇筑混凝土时使预埋件位移。

（3）准确安装劲性骨架，当索孔预埋件以劲性骨架为依托时，除校核劲性骨架位置外，应独立校核索孔预埋件位置。

（4）塔、梁、墩铰接结构在施工时的临时固结装置必须可靠，防止在施工时索塔位移；加强施工过程中的索塔位移观测。

（5）设计时应充分考虑拉索安装的误差及在不同拉力作用下悬链线的空间曲线位置的变化。尤其在索塔混凝土壁较厚、索管较长时尤应在孔壁与拉索间留有适当间隙。

（6）调索时应尽量使拉索的索力保持在设计允许的范围之内。

（7）安装或调索后如发现索与索管壁摩擦，应采取措施予以隔离、避免摩擦，防止拉索磨损。

（五）索塔轴线偏离

1. 病害

单塔斜拉桥索塔轴线向主跨（河跨）方向倾斜或双塔柱斜拉桥两索塔倾向河跨或两索塔

同向倾斜，见图 3.3.2-2。

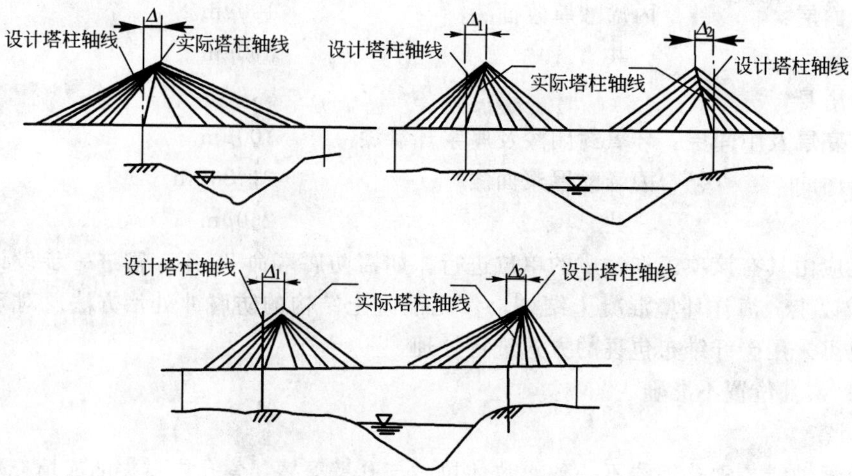

图 3.3.2-2　索塔轴线倾斜示意图

2. 原因分析

(1) 索塔不均匀下沉，导致塔身倾斜。

(2) 双塔大跨径斜拉桥，两岸对称安装、张拉斜拉索及调索工艺不一，索力误差较大。两岸施工进度不同步，一个塔柱或两个塔柱都有较大的初始偏斜而未及时纠正。

(3) 两岸施工季节（温度）相差过大，结构的非线性变形差别过大而又未及时修正。

(4) 索塔、梁设计为铰支结构或飘浮结构，索塔、梁施工临时固结装置约束条件不一致，解除临时固结装置后，两岸的约束阻力不一。

3. 防治措施

(1) 在施工期间及竣工后 2 年或更长的时间内坚持进行塔、墩的沉降观测。在施工期间如发现承台、(或主塔墩) 索塔有倾斜的趋势，应及时采取措施阻止不均匀沉降的继续发展。

(2) 大跨度双塔斜拉桥施工，两塔柱的施工进度应大致同步，从承台到塔身施工的主要节点和两岸的测量基点进行坐标、高程的联测复核，避免造成单侧的系统误差。

(3) 安装斜拉索，宜由同一施工单位用基本相同的工艺、机具（特别是张拉千斤顶）进行，原则上两岸的安装应同步，进度相差不宜过大。

(4) 塔、梁、柱的施工临时固结装置的约束条件两岸应一致，解除其约束时温差不宜相差过大。

(5) 飘浮体系的横向限位装置及纵向滑动摩擦阻力应基本相同。

二、预应力混凝土主梁

(一) 主梁线形变形过大

1. 病害

主梁波状起伏，严重的桥面系开裂，合龙段下凹不平。

2. 原因分析

(1) 采用挂篮悬臂浇筑方案，挂篮支承平台前端下挠，下一节段浇筑时又产生前端下挠，随着节段的延伸出现波状起伏。

(2) 施工控制参数与计算模型拟定的数据不符，反馈不及时、不准确，施工荷载忽高忽低，与设计假定不符。

(3) 挂篮前端支承拉索（临时索或永久索）松弛或吊篮后锚、压重装置变形松弛。以梁内劲性骨架作为挂篮的承重结构，骨架刚度不够，浇筑混凝土时挠度较大。

(4) 合龙段模板或支承刚度不够，浇筑混凝土时下挠。

3. 预防措施

(1) 选择合理的主梁施工方案及施工控制方法。采用挂篮悬臂浇筑方案时，应对劲性骨架、挂篮、支承索、后锚等装置的弹性及非弹性变形有较准确的估算。在初始节段混凝土浇筑前，应对挂篮及支承系统做荷载试验，测试局部和整体的弹性变形和剩余变形，检验其刚度与稳定性，确定计算参数。

(2) 严格控制施工荷载，不得在施工中任意增减悬臂端机具、人员，严格复核模板，控制断面尺寸。以架桥机拼装首节阶段，应严格按设计要求移动和停放架桥机。

(3) 支架法施工主梁，在支架搭设前应对地基进行加固处理，支架完成后宜进行加载试验，加载方式和数量应与主梁节段混凝土的浇筑方式和混凝土重力相对应，试验荷载卸载后对支架进行调整。

(4) 合龙段施工应制订详细的施工方案或施工组织设计，对合龙段混凝土的浇筑温度、临时联结方式、混凝土浇筑次序、测量方法以及力筋张拉锚固工艺等进行论证。

4. 处理方法

(1) 发现节段线形不符设计要求，应立即分析原因，会同设计单位在下一阶段施工中予以调整，如调整索力、修正吊篮或模板的高程值。支架法施工则应及时调整支架。

(2) 全桥竣工后发现线形不和顺，起伏较大时，由于预应力混凝土斜拉桥主梁的自重和刚度较大，仅以索力调整对改变线形作用不大，甚至可能会出现部分拉索索力超限的状况。因此宜在索力调整结束后，在桥面铺装层及路面厚度上作适当调整。

(二) 主梁预应力锚固区周围混凝土裂缝

1. 病害

布置在主梁底部的预应力锚头混凝土牛腿前端，在分段张拉预应力索后，出现横向裂缝。

锚固区裂缝示意见图 3.3.2-3。

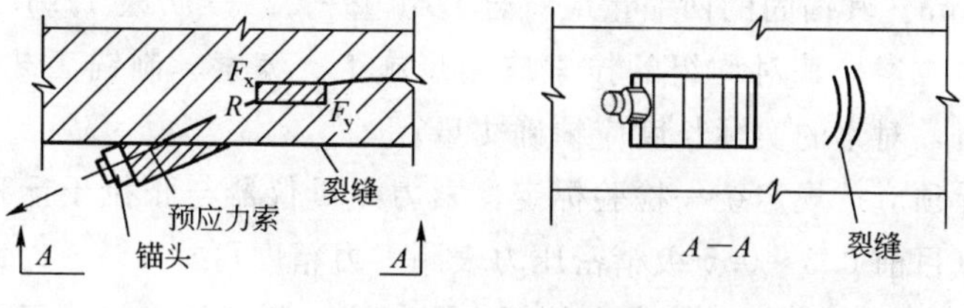

图 3.3.2-3　锚固区裂缝示意图

2. 原因分析

(1) 预应力索的锚头布置在梁体底部，力索在梁体内呈曲线弯曲，张拉后，在曲线拐点发生一径向向下分力，该处混凝土局部受拉，超过其抗拉强度则发生开裂。

（2）混凝土未达设计强度即进行张拉，张拉时间过早。

3. 防治措施

（1）设计应充分考虑到布置在梁底预应力索锚头区周围混凝土在力索张拉时所受的拉应力，应按力索的曲线布设，在受拉区布置抗裂钢筋。

（2）混凝土未到张拉强度，不得张拉预应力索。

三、斜拉索

（一）索力偏差过大

1. 病害

经一段时间运行后，经索力仪测定，实际索力与设计索力仍相差10％以上，或顺桥向两侧和横桥向两侧对称的斜拉索组的索力相差大于10％。

2. 原因分析

（1）施工控制方法不当，设计计算模式与施工工况有较大差异。

（2）节段施工时，施工荷载与设计值相差过大，且反馈信息及指令修改不及时、不准确，成桥后节段的高程和索力相差过大。

（3）索的非线性松弛因素影响不一。

（4）张拉索时的千斤顶油压表具未进行统一检验，测力表具误差较大。

（5）索长误差较大，或索的非线性变形不一，导致索实际长度相差较大。

3. 预防措施

（1）严格按设计的施工顺序浇筑节段混凝土、挂索、调索。

（2）以高程（线形）控制为主，并非只控制主梁的高程而不顾及拉索索力的偏差。当发现高程符合设计要求，但顺桥向两侧和横桥向两侧斜拉索组索力有较大差异时，应立即查找原因。在线形符合设计要求的前提下，调整索力使之基本同步。目前常用的高程、索力控制方法有：一次张拉到位法、多次张拉法、设计参数识别法、修正法、卡尔曼滤被法等。

（3）为减少线性变形因素的影响和提高拉索的可靠度，应对每根主索进行预张拉。按《公路桥涵施工技术规范》（JTJ 041—89）和《市政桥梁工程施工及验收规程》（DBJ 08—228—97）的规定，预拉力按1.1～1.5倍设计恒载拉力进行预张拉并持荷10～15min。应在设计拉力和温度下确定主索的长度，其允许偏差不应大于索长的0.02％，当索长小于100m时，不应大于20mm。其锚固的回缩量应符合DBJ 08—228—97表12.4.11的要求。

现场编制的斜拉索，其对称组的拉索应同步施工。编索、制锚工艺应一致，张拉应同步。在安装锚头时，对索的实际长度应精确丈量。

（4）张拉千斤顶应按规定统一检验标定。索力测量仪器与张拉千斤顶表具应相互校核，偏差应予以修正（目前0.3～0.5级精密压力表测索力精度可达1％～2％；压力传感器精度可达0.5％～0.1％；以测索频求算索力的频率测定仪，测定频率的精度可达0.005Hz）。

（5）安装、张拉斜拉索时，同侧对称组和两岸对应组的拉索，施工时间应尽可能同步；应严格核定施工荷载和工况，安装温度应基本一致。

（6）对索力误差超过10％的斜拉索，可从超过设计拉力值最大或最小的拉索开始调整到设计拉力。调整的顺序及拉力调整值，应会同设计决定。

如果经调索后，仍有相当数量的斜拉索力超过设计索力10%以上，则应检查设计与施工的工况是否与实际要符；量测表具仪器是否存在系统误差等原因，并逐项予以排除。

（二）斜拉索钢丝锈蚀、断裂

1. 病害

拉索钢丝生锈、流淌锈水，锈皮起鼓脱落。铝套筒灌水泥浆式护套铝皮起鼓、破裂。钢丝锈蚀严重的导致拉索断裂，酿成事故。

2. 原因分析

（1）套筒式拉索护套（金属套筒或橡胶、塑料套筒）内注水泥浆酿成隐患：

①注浆时水泥浆液未充盈至套筒顶部。

②套筒上端浆液离析不凝固。

③套筒有裂缝，雨水、大气侵入。

④铝管套筒灌水泥浆护套，水泥浆与铝皮起化学反应，铝皮迅速腐蚀（约半年至一年）破裂。斜拉索病害示意见图3.3.2-4。

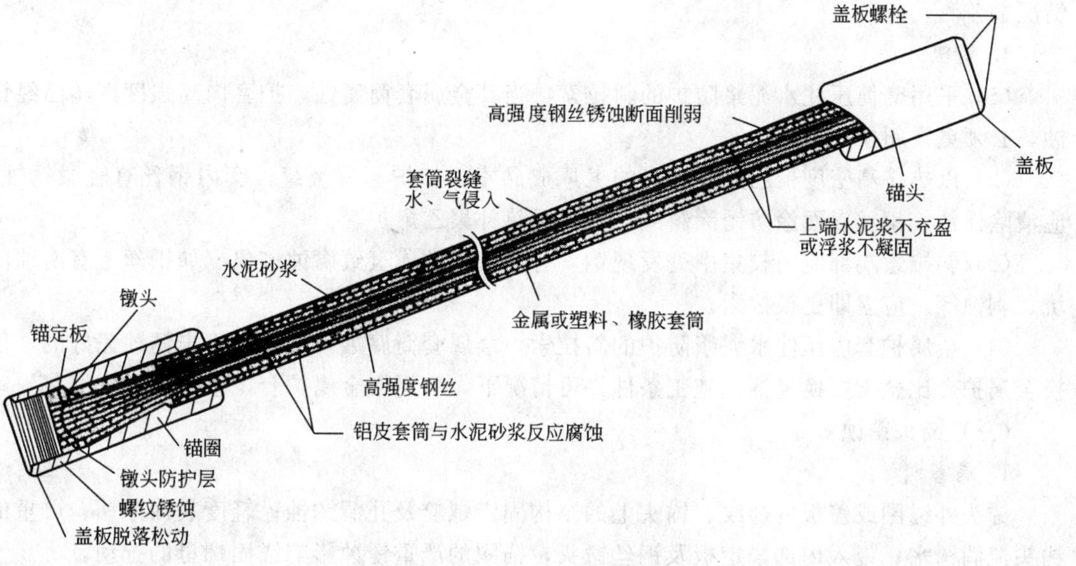

图3.3.2-4　斜拉索病害示意图

（2）聚乙烯或橡胶护套在拉索架设中损坏，如被割破，拉裂，又未进行及时修补，雨水、大气顺裂口侵入，腐蚀钢丝。

（3）拉索钢丝耐腐蚀能力较差（如用镀锌高强度钢丝抗腐蚀能力大大高于不进行镀层防护的黑钢丝）。

（4）应力腐蚀。因为斜拉索体承受很大的拉力（2000～11000kN）高强度钢丝应力很高（现已应用$\sigma_b=1860$MPa的高强度低松驰钢丝），在高应力、反复荷载、风振的作用下，钢丝更易腐蚀。

3. 预防措施

(1) 选用防腐性能较好的镀锌高强度钢丝和成熟有效的斜拉索防护技术。如选用镀锌(不能用电镀锌层的钢丝，以避免氢致腐蚀)的高强度低松弛钢丝和以工厂热挤高密度聚乙烯作护套(NPWS法)生产的成品索。在现场施工的可选择高密度聚乙烯管压注水泥浆的防护方式。根据试验，高密度聚乙烯护套(掺2.5%、粒径小于0.1μm均匀分布的特制炭黑以抗紫外线)的气密性、耐老化性要高于塑料套、金属套。试验表明：7mm厚的聚乙烯管对水气的渗透稳定性相当于1.2m的混凝土壁。压注的水泥浆配比与工艺必须经过试验论证，确保浆液在套筒内密实，并能压注至顶端冒溢。在桥塔较高时，所用的水泥浆液在套管上端不会离析或不凝固。

(2) 不能用易与水泥浆起化学(或电化反应)反应的金属如未经处理的铝管和易老化的塑料套管。作为套筒式护套的外包材料，不用易脆裂的玻璃钢护套(施工困难且易碎)，以及钢丝网水泥壳套等。

(3) 必须加强在运输、架设期间对斜拉索的防护，避免与地面直接接触的拖拉和尖物割伤。有损伤必须修复。不能修复的则应立即更换。

(4) 在酸雨环境、大风雨、拉索振动频率失常、索力变化异常时，应加强对斜拉索损坏情况的监测。

4. 处理方法

(1) 采用套筒压注水泥浆防护的斜拉索，当其金属套筒腐蚀，护套内高强度钢丝已经锈蚀，必须更换斜拉索。

(2) 以热挤高密度聚乙烯作护套的工厂成品索，如护套有裂缝，套内钢丝有轻微锈蚀，应清除浮锈，钢丝表面涂防锈涂料或防锈油后热补聚乙烯护套。

(3) 斜拉索端部应力较集中处发现钢丝有应力腐蚀或氢致腐蚀迹象(如钢丝上有腐蚀凹坑、剥蚀等)应立即更换拉索。

(4) 金属护套内压注水泥浆防护的斜拉索，金属套筒腐蚀，但钢丝仍未锈蚀完好的，仅换金属护套比全索更换经济，施工条件许可情况下，可更换金属护套，重新压注水泥浆。

(三) 锚头锈蚀

1. 病害

锚头外锚圈或盖板内螺纹、锚头上的结构固定螺栓及孔洞锈蚀；轻度表面浮锈，严重的锚头流淌锈水，侵入内部锚定板及钢丝镦头，锚圈的严重锈蚀影响锚固螺母的拧动。

2. 原因分析

(1) 锚头安装后没有及时除锈、涂黄油或防锈油、防锈涂料。

(2) 锚头盖板未安装，或盖板固定螺栓松动脱落以致盖板脱落或不密封，水、气侵入。

(3) 锚定板的防护层如环氧树脂、橡胶板、涂料膜等老化、龟裂、脱落失效。

3. 防治措施

(1) 斜拉索架设后，一般需张拉、调索多次。因此在拉索终调后，必须彻底检查张拉端和固定端的锚头，彻底除锈，涂刷防腐油或涂料。安装锚头盖板必须牢固可靠，固定螺栓应有制振防松动措施。

(2) 锚板上防护层损坏必须修补，保证密封防水。

（3）增设索道防水装置，见图 3.3.2-5。

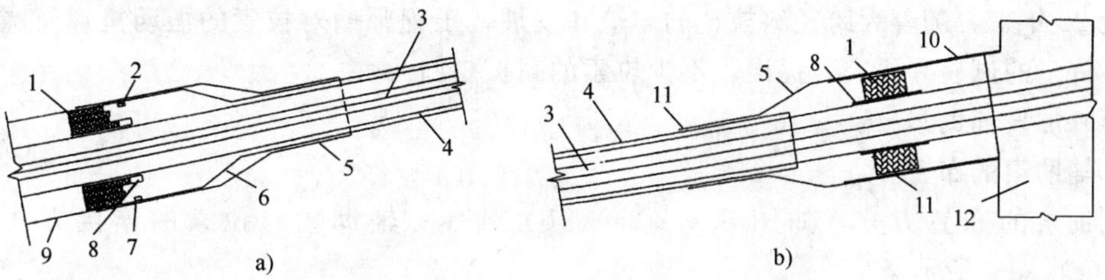

图 3.3.2-5　索管防水装置图

1-减振装置；2-塞焊；3-斜拉索；4-PE 管；5-防水罩；6-防水罩 II；7-泄水孔；8-索箍；9-索道钢管；10-锚固块钢管；11-周圈焊；12-塔柱端

（四）钢锚箱裂纹

斜拉索钢锚箱如发现裂纹发展，不得随意补焊，可以采用 $\phi6\sim\phi8$mm 钻孔止裂。钻孔必须钻掉裂纹尖端部分。如裂纹不进一步发展，就可以不再作进一步处理。如发现裂纹进一步扩展，需深入分析研究，采取合适加固方案：高强度螺栓连接，还是焊补。由于锚箱为承受巨大集中力的结构，此种修补需十分慎重，应关闭交通甚至考虑进一步卸载。焊补时气温要高于 10℃，先计算气刨刨去的范围和深度，研究补焊程序，并由合格焊工施实。最好采用热量较小的 CO_2 气体保护焊，补焊最好一次完成。焊后探伤。构件较大、厚时，应考虑预热。

此后的营运中仍需观测该处是否有新裂纹产生。

（五）斜拉索振动异常

1. 病害

斜拉索在风雨中振幅增大，甚至剧烈摆动，有时伴有波状驰振，严重时甚至两索相碰。剧烈的振动不仅会产生弯曲附加应力而引起拉索疲劳损伤，而且会损坏索的钢套筒、套筒帽及其固定螺栓、拉索的防振阻尼器及索的护套。经常发生的异常振动会加剧斜拉索根部护筒疲劳开裂，使拉索根部积水，加速拉索锈蚀，缩短其使用寿命。

2. 原因分析

拉索的风振除颤振（后叙）外（因减振方法不适用于颤振），根据已观测和研究成果，受自然及人为因素影响，其表现方式和成因主要有以下三类：涡振、尾流驰振和雨振。

（1）涡振：风以某个攻角、风速吹动斜拉索时，旋涡（称卡尔曼涡、卡门涡）脱落。其频率与拉索的固有频率一致时，会发生振动。涡振的发生频率 t_s 与风速 V、斜拉索直径 D 之间有如下关系：$S=t_s \cdot D/V$。据观测涡振一般由 2～10m/s 左右的风速引起。

（2）尾流驰振：当拉索有某种外形，在适当的风攻角和风速下会发生驰振。在一个索面上的 2 根并列的斜拉索，当间距为拉索直径的 10～20 倍时，就会由上风侧斜拉索的尾流激发下风侧拉索形成椭圆形的振动，产生的尾流驰振可能是产生拉索剧烈摆动甚至相碰的原因。

（3）雨振：下雨时当风的作用方向与斜拉索的下坡一致时，索表面形成上下两条流水通道，使其截面变为对空气动力不稳定而发生振动。据观测，雨振常常是发生于光滑的 PE（聚乙烯）管作护套的索，6～18m/s 风速时引起。

3. 防治措施

近 20 年来，随着大跨径斜拉桥的建造和发展，工程师们对拉索的振动机理及减振措施进行了许多的试验和研究，提出了不少拉索的减振措施。

(1) 加设辅助索

①辅助索的布置

辅助索的布置方式，如图 3.3.2-6a)、b) 所示；辅助索与拉索的连接方式，如图 3.3.2-6c)、d) 所示。

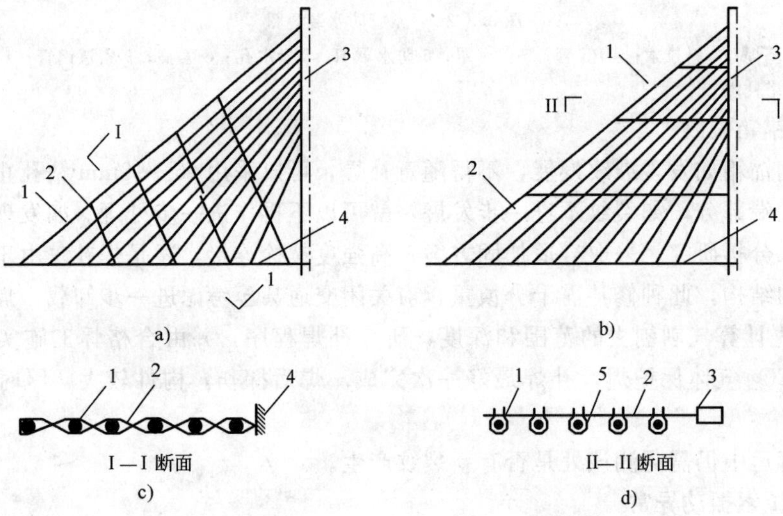

图 3.3.2-6 斜拉索辅助索的布置方式示意图

a) 斜向辅助索布置方式；b) 水平辅助索布置方式；c) 8 字形缠绕形连接方式；d) 一字卡箍形连接方式

1-斜拉索；2-辅助索；3-塔柱；4-主梁；5-抱箍

由于辅助索的作用，使原来相互独立的单根索组成的拉索体系变成相互关联的在一定程度上代表各单根索平均特性的索网体系，而索网体系中的每一单根索又都表现出其独立的特性，各单根索的自振频率随单根索段的参数（索型、索长、索径、索力等）而变化。只要辅助索有足够的轴向刚度，则索网不可能发生有害的整体振动。

②辅助索根数的选择

辅助索常用的有 1～5 根，可根据拉索根数、拉索长度而定。实验研究表明：拉索被辅助索连成索网以后，基本上不可能发生整体振动。从抑制局部振动这一目标出发，辅助索的多少对抑制涡激共振引起的拉索振动并无实质性的影响。但是采用较密的辅助索能更好地抑制由支座激励引起的拉索振动。其次辅助索根数的选择还与辅助索的材料与辅助索能承受的拉力有关，辅助索布置较密，每根辅助索所受的力就相对较小。

③辅助索的安装

辅助索的材料有钢绞线束、软钢丝绳、尼龙强等，根据受力大小经计算后选用。辅助索与拉索之间的连接方式有缠绕型与卡箍型，见图 3.3.2-6c)、d)。为了防止辅助索在拉索发生一定振幅的振动时因辅助索张拉力全部释放或变松而导致在拉索振动冲击力作用下突然断裂，一般应对辅助索施加一定的预张力。

缠绕型辅助索通过手拉葫芦、法兰杆等方法收紧辅助索，施加预张力。辅助索一般通过液压千斤顶或带有测力计的卷扬机收紧辅助索，施加预张力。当挂设几根拉索后，开始安装第一道辅助索，以后随着拉索的加长，根数增多，依次安装若干根辅助索。辅助索的安装顺序见图 3.3.2-6a)。由于第 1、2 道辅助索安装时，最长、最重的拉索尚未安装，因此随着拉索的不断安装，最先安装的辅助索相应的要延长，因为长拉索比短拉索更需要减振。延长的方法：卡箍式钢绞线、钢丝绳辅助索初安装时预留全长，随着拉索的增加相应地增加卡箍即可；缠绕式软绳则需增加一道辅助索，可于第一根拉索到最后一根拉索之间整个加一条，与初安装的一条重合；也可以第一次安装的最上端拉索作为延长辅助索最下方的第一根拉索至最后最上方一根拉索之间加一根辅助索。对于钢绞线辅助索，可先将辅助索的一端固定在最上方的拉索上，另一端用张拉设备固定在桥面上，然后再将其他的拉索与辅助索用卡箍固定在一起。卡箍处应垫塞耐磨的柔性材料如橡胶、树脂等，以有效地保护好拉索的 PE 防护套。

（2）设置阻尼减振器制振

在拉索两端索管入口处安装阻尼器，利用阻尼器增加拉索的模态阻尼比，形成阻尼点，吸收拉索的能量。其大部分能量通过由具有黏弹性或伸缩性的阻尼器缓冲消能，剩余部分能量由阻尼器传给索道钢管，再传给主梁承受，达到减振的目的。同时，阻尼器将整根拉索分成中间长两端短的 3 段，以提高拉索的固有频率，改变拉索振型，干扰拉索的共振、激振现象。

目前常用的阻尼器有三种：黏弹性阻尼器、液压阻尼器与磁流变阻尼器。

①黏弹性阻尼器

黏弹性阻尼器由高阻尼减振胶圈、铸钢罩壳、楔形固定块、塑料发泡填充剂、联结螺栓组成，如图 3.3.2-7、图 3.3.2-10、图 3.3.2-11 所示。

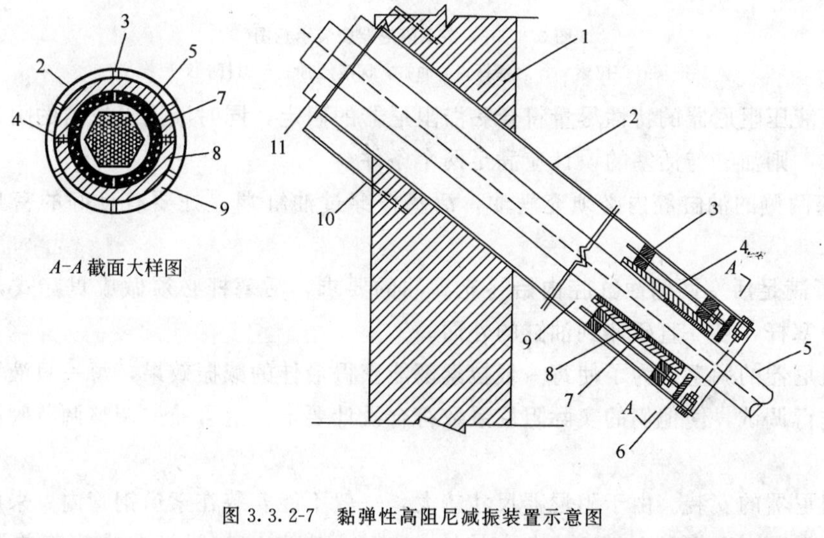

图 3.3.2-7　黏弹性高阻尼减振装置示意图

1-塔柱；2-索道钢管；3-楔形块；4-螺栓；5-拉索；6-减振器挡环；7-橡胶圈；8-罩壳；9-塑料发泡剂；10-锚箱；11-锚圈

阻尼器的主要构件胶圈的材料，目前有天然橡胶、丁苯橡胶、乙丙橡胶、氯丁橡胶、丁基橡胶、黏弹性聚酯胶等，均为高分子有机材料，其阻尼系数依次提高。这些高分子材料在受到交替外力作用时，其高分子发生弹性卷曲和拉伸；同时又因分子链间的错动，引起摩擦而呈现黏滞性，导致外力所做的功转变为热能。这就是胶圈具有阻尼作用的原理。

阻尼器的安装。阻尼器减振胶圈、铸钢罩壳均为两个半圆形，拉索挂设后，将两个半圆形胶圈、罩壳套箍于拉索上，将罩壳上的对拉螺栓拧紧，用橡胶锤或木锤轻轻敲打，推移阻尼器至设计位置。铸钢罩壳与索道钢管间用铁楔楔紧，钢管出口处安装防水罩，即完成施工过程黏弹性阻尼减振器的安装。胶圈的内径与拉索的外径要相匹配，拉索与钢护筒之间相对位置的偏离，可通过调整楔形块尺寸和制作可调量较大的减振器挡环来进行调整，调整绝对偏差一般不超过 5cm。成桥后，将减振器周围填充聚氨酯等发泡材料，安装减振器挡环，能较好地解决减振器松脱掉落与损坏问题。减振器安装采取临时固定或长久固定，是挂索施工阶段与营运阶段的主要区别。至于减振器原理、作用、目的、装置，施工期与营运期是相同的。

②液压阻尼器

液压阻尼减振器由活塞、活塞杆、油缸、端盖、密封圈、液压油等组成，如图 3.3.2-8 所示。

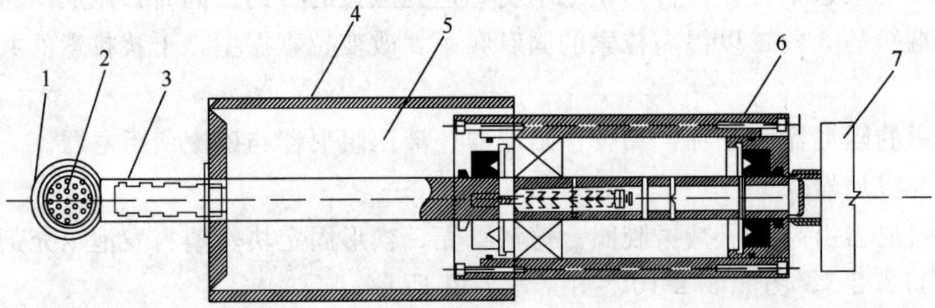

图 3.3.2-8 液压阻尼器安装示意图

1-抱箍；2-拉索；3-活塞杆；4-油缸；5-液压油；6-螺杆；7-短横梁

为保证液压阻尼器的特性尽量符合黏滞阻尼器的假定，同时液压阻尼器的阻尼系数能满足设计要求，则油缸与活塞的设计应满足两个条件：

a. 活塞两侧的油缸腔内必须充满油，活塞杆穿过油缸端盖处要有良好的密封，防止油料泄露；

b. 为了满足活塞两侧油缸腔内始终充满油的要求，活塞杆必须做成贯穿式，即活塞的两侧都有活塞杆，且一直延伸到油缸的外面。

液压阻尼器的调整。为了使每一根拉索都能获得最佳的减振效果，每一只液压阻尼器都必须单独进行调试，使他们的实际阻尼系数符合设计要求；这可通过调整调节阀门的开启程度来实现。

液压阻尼器的安装。由于阻尼器尺寸较大，一般不能安装在索道钢管内。采用外置式安装法，安装在距离索管口上端 3m 左右的地方与主梁相连，按设计要求安装并调整好位置后，将液压阻尼器与预埋钢板用电焊或用螺栓固定。一般主梁端用液压阻尼器，塔柱端用黏弹性阻尼器。液压阻尼器一般采用间隔式安装，间隔中的拉索用黏弹性阻尼器代替。在同一座桥上，液压阻尼器与黏弹性阻尼器可搭配使用。

③磁流变阻尼器

磁流变阻尼器是以智能材料（磁流变体）制成的可调整参数阻尼器，目前国内使用的多数是由美国生产。两相磁流变体是一种可控液体，它是用不导电的母液和均匀散布在其中的固体磁性颗粒制成的飘浮液，在磁场的作用下，磁流变体中的固体颗粒会形成一束束纤维状的链，横架于磁场两极之间，随着电压的增大，磁流变体逐渐由液体变为半固体，其剪切屈服应力也随之增大，如图 3.3.2-9 所示。

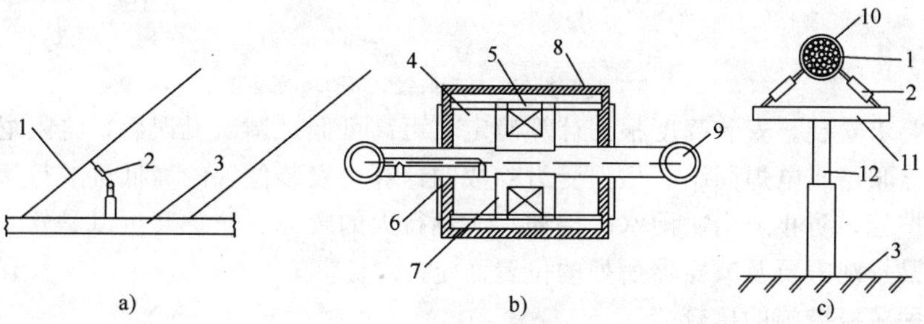

图 3.3.2-9　磁流变阻尼器安装图

a）拉索侧立面图；b）磁流变阻尼器结构图；c）拉索横桥向立面图

1-拉索；2-磁流变阻尼器；3-主梁；4-磁流变液；5-线圈；6-密封圈；7-活塞；8-油缸；9-连接套；10-抱箍；11-短横梁；12-立柱

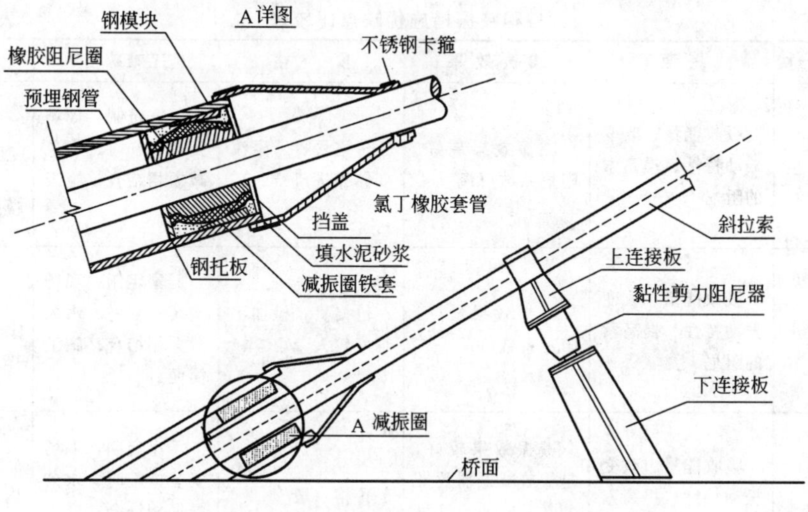

图 3.3.2-10　内置式减振圈和外置式黏性剪力阻尼器 VSP 示意图

根据拉索参数（索长、索重、索径、索力、索与梁面夹角等）的不同，通过调节磁流变阻尼器的输入电压，可以使全桥每根拉索都取得较好的减振效果。

磁流变阻尼器的安装。一般只安装在主梁端，塔柱端仍安装黏弹性阻尼器。磁流变阻尼器由专业厂家（目前尚依靠进口）定制生产，运至工地，根据实测拉索的参数，调整阻尼器的阻尼系数；在需安装阻尼器的梁面上预埋钢板，安装内附黏弹性垫圈的抱箍，将阻尼器按

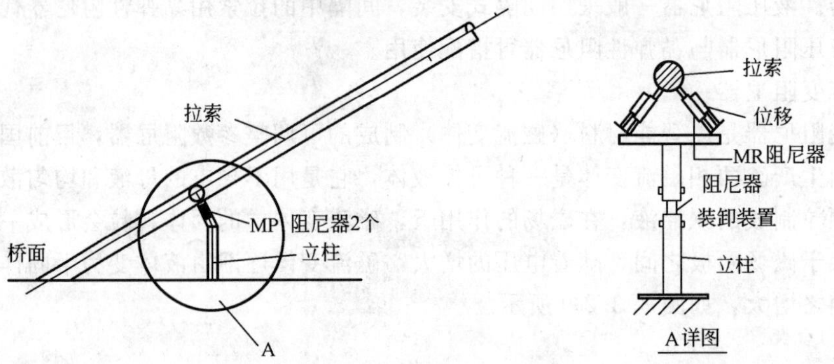

图 3.3.2-11 斜拉索减振装置（MRD）示意图

设计位置与要求安装。安装高度根据计算确定，可高可低。调试无误后，将阻尼器与梁面预埋钢板用螺栓联结或电焊固结。根据受力参数的计算，安装位置的高低可进行调整。减振器外表安装防护套，防止灰尘、雨水的侵蚀，车辆行人的毁坏。防护套可以是软套，也可以是钢箱，视桥梁景观需要及减振器所处的位置而定。

(3) 各种减振措施的比较

拉索的减振措施有很多种，如图 3.3.2-10、3.3.2-11 等所示，不同的措施适应不同的条件与要求，施工时应根据具体情况灵活而恰当地选择，达到既满足设计要求与使用要求，又满足成本低廉、安装简便、外形美观的要求。拉索各种减振措施优缺点比较如表 3.3.2-1 所列。

各种减振措施优缺点比较表 表 3.3.2-1

序号	减振器名称	减振原理	减振效果	价格	施工难易程度	美观效果
1	磁流变阻尼器	吸收能量、改变振动特性、提高索的阻尼	减振效果最好、阻尼系数可调	价格最贵、磁流变体靠进口	厂家定制，现场安装；临时、永久减振相结合；施工简便	安装于桥面上，呈三角形支撑，欠美观
2	液压阻尼器	吸收能量、改变振动特性、提高索的阻尼	减振效果最好、阻尼系数可调	价格贵、机加工难度较大	厂家定制，现场安装；临时、永久减振相结合；施工简便	安装于桥面上，呈三角形支撑、欠美观
3	黏弹性阻尼器	吸收能量、改变振动特性、提高索的阻尼	减振效果较好，是橡胶减振器效果的 4～5 倍，阻尼值不便调整	价格一般	厂家定制，现场安装；临时、永久减振相结合；施工简便	安装于钢护筒内，美观、简洁；也可外置
4	橡胶阻尼器	吸收能量、改变振动特性、提高索的阻尼	减振效果一般、阻尼值不便调整	价格较低	厂家定制，现场安装；临时、永久减振相结合；施工简便	安装于钢护筒内，美观、简洁

续上表

序号	减振器名称	减振原理	减振效果	价格	施工难易程度	美观效果
5	辅助索	索网体系，由单根变成整体，长索变成短索，网结点起弹性支承点作用，改变拉索结构特性	对4阶以上涡激振动减振效果差，对其他振型减振效果较好	价格较低	边挂设拉索边安装、临时、永久减振相结合，施工麻烦	形似蜘蛛网，不美观
6	动力减振锤	改变拉索动力特性	减振效果一般	价格低	只用于临时减振，安装方便	索端悬吊附件，不美观
7	索端联结杆	吸收能量、提高索的阻尼	减振效果一般	价格低	只用于临时减振，安装方便	临时措施，不影响成桥后美观
8	拉索异形防护套	防止生成卡门涡激，消除拉索振动的外因	对抑制风、雨振效果好，抑制抖振效果差	价格昂贵	工厂制作，现场安装，施工方便	介于1、2和3、4之间

四、钢主梁（型钢、结合梁、全焊加劲箱梁）缺陷防治

（一）钢材预处理不符合要求

1. 缺陷

杆件端部钢板有上翘或下挠的死弯，钢板截面中部有非金属夹杂。

2. 原因分析

（1）钢板轧制时，端部形成切口变形形成死弯，部件下料时，往往受到钢板定尺长度的限制，未将变形部分切除。

（2）板中部线状非金属夹杂，大多是因为用于轧钢板的钢锭都较大，比小钢锭的钢材容易出现硫、磷化合物偏析。钢锭在延轧时，为了提高出材率，两端缩孔往往切除不够，造成在多次延轧后，在钢板中部形成线状非金属夹杂。

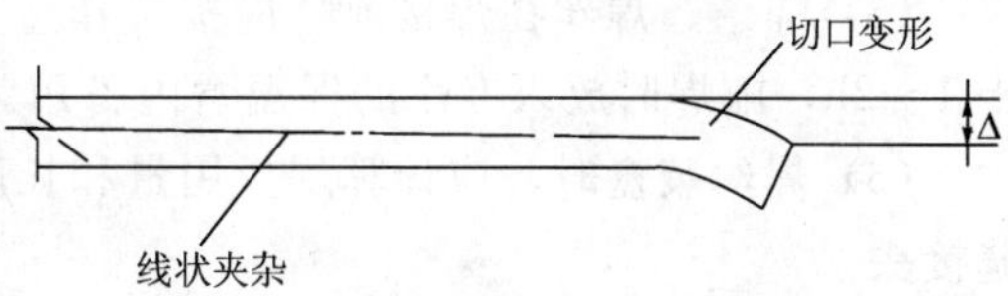

图 3.3.2-12 钢板缺陷示意图

钢板缺陷示意见图 3.3.2-12。

3. 预防措施

（1）下料前，必须对钢材进行预处理。长大杆件的端部应避开钢板的切口变形区。发现有板材上翘和下挠情况，必须矫平后方能组焊部件。端部变形的钢板，不能作为摩擦型接头用材。

（2）对薄钢板的变形可用机械矫正，中厚板宜以火工校正或以火工与机械矫正相结合的措施整形。

（3）发现钢板中间有线状夹杂，应立即取样进行金相分析和化学成分分析，若确认为非金属夹杂，应追踪该炉批号钢板，剔出不用。

（二）焊接缺陷

1. 病害

焊接缝有气孔、脆裂，夹渣，未焊透，焊件上有打弧孔。

2. 分析原因

（1）对首次采用的钢种和焊接材料未进行焊接工艺性能试验，焊接材料中焊丝、焊条、熔剂、工艺匹配不当。

（2）未进行钢件焊接前预热和焊后保温（后热），未消除焊接应力。

（3）焊接环境温度偏低，湿度偏大。

（4）焊接电压不稳。变电室至焊接工件线路电压降过大。

（5）焊条未烘干保温。自动焊和半自动焊熔剂颗粒未分级、烘干；焊丝长度不够焊缝长；中途停机。

（6）焊接变形矫正变形率过大，施力不当或矫形时室温过低。

（7）未在待焊工件外留引弧板，在母材上打头引弧；或在焊接时，焊件与其他铁件间形成电火花。

3. 防治措施

（1）采用新钢种和焊接材料或大批量生产钢构件前，应进行焊接工艺试验。应优先采用自动焊和半自动焊。“I”形构件宜于船形位置焊接，箱形构件应采取专门措施保证内外角焊缝、对接焊部位的焊接质量。采用专用的胎膜或夹具防止变形。

（2）改善焊接环境，车间温度低（5℃以下）时应采取防寒升温措施。湿度过大时，应在车间内安装除湿机或提高室温以降低湿度。

（3）自动焊和半自动焊，电源电压应保持在380V以上，变电室至施焊地点的电压降不应超过5%。应有单独的电源避免受其他电气设备共用的影响；焊接前应事先检修校正使用的电压表、电流表。

（4）按照钢种和工艺，进行待焊杆件的预热（电加热或火工加热）和焊后保温（后热）。

（5）焊条、焊丝在焊接前，应按工作量备足，并应在烘干箱内以250～300℃的温度烘干1～2h，施焊时放入专用的保温盒内备用。

（6）焊丝装盒时，应计算焊丝用量和长度，以免产生过多的甩头和因长度不足而造成焊缝接头。

（7）熔剂使用前，按需要进行颗粒分级和烘干。一般半自动焊使用0.25～1.5mm粒径，自动焊用1～3mm粒径，烘干箱内的温度为250～300℃，时间为2～3h。

（8）部件焊接时必须在正式焊缝的延长线上装上引板，引板坡口形式与焊接要求应与正式焊缝相同，焊接时从始端引板焊至终端引板，中间不得中断。

（9）不得在施焊的杆件上打火引弧或与其他非焊件铁件相碰造成电火花淬火或形成电弧坑。

（10）焊缝应按其部位和重要性进行磁粉探伤（MT）、超声探伤（VT）、X光探伤（XT）或二者、三者并用。发现有气孔、裂缝、夹杂、未焊透等不合格焊缝应用碳弧气刨将其铲除，重新按预热、焊接、后热（保温）的程序补焊，并再次检查，确认合格后方准投入下道工序生产。

（三）焊接变形

1. 病害

工件焊接后歪斜、凹凸、收缩、弯曲、翘扭等变形超过限差。

2. 原因分析

(1) 焊接过程中因不均匀加热和收缩必然会引起焊接变形。"I"形截面杆件焊后主要为"蕈"状变形，也有扭曲变形和收缩。I形杆件焊后的长度收缩约为杆长的0.4‰，同一条焊缝，蕈状变形沿施焊方向逐渐增大，始末两端变形大。相邻的焊缝，先焊的变形小，后焊的变形大。箱形截面杆件，主要为扭曲变形。

(2) 施焊顺序不当，变形大而不均匀。

(3) 定位焊位置选择不当，焊点过疏、过密或定位焊缝长度不够、过长。

3. 防治措施

(1) 正确拟定焊接顺序。如焊板梁，应先焊下翼缘，后焊上翼缘，以控制板梁不因焊接变形而下挠。主桁杆件、纵梁及横梁采用如图示A型施焊顺序。对于截面小，板材薄，易于矫形的次要杆件如联结系，可采用如图示的B型施焊顺序。I形梁焊接顺序示意见图3.3.2-13。

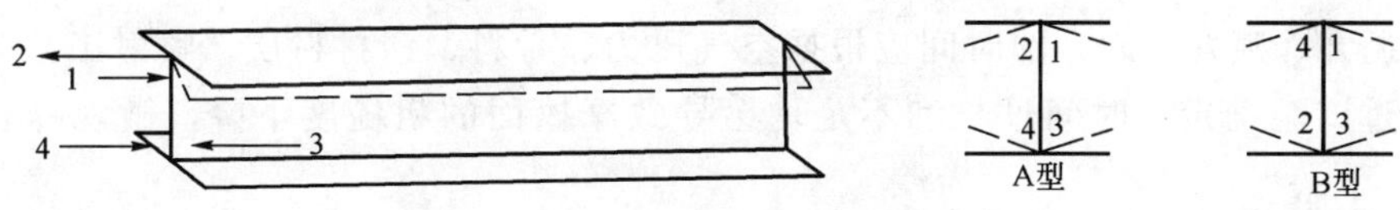

图3.3.2-13　I形梁焊接顺序

(2) 有钻孔作业的部件一般应先焊接再钻孔。钻孔前部件应先进行焊接变形矫正。联结系的杆件，为提高工作效率，也常采用先钻后焊，但必须预留焊缝收缩量。

(3) 矫形。现常用的矫形方法有热矫和冷矫。热矫温度控制在600～800℃。温度未降至室温时，不得锤击钢件。冷矫时应缓慢加力。室温不宜低于5℃，冷矫总变形率不得大于2%。时效冲击值不满足要求的拉力杆件，不得进行冷矫。箱形构件的扭曲常用压力机冷矫与热矫相结合的办法进行调整。

(4) 应力消除。焊接应力的存在会使构件增加附加应力，增加裂缝发展的可能，应尽可能在焊接后消除。消除的办法有整体回火（约600～800℃）、锤击等。

(四) 杆件接头摩擦面处理不符合要求

1. 缺陷

杆件接头摩擦面经抛丸或喷丸（砂）处理后，仍达不到设计的摩擦系数（一般出厂要求0.55）或在工地复验低于0.5。

2. 原因分析

(1) 抛丸或喷丸（砂）压力低于0.5MPa，或喷枪在运行时角度经常小于75°，或喷口与工件距离过大。

(2) 抛丸、喷丸（砂）的骨料磨耗过大、粒径过小、骨料硬度不够。

(3) 回收的钢丸（或砂）料中，铁屑、氧化皮、杂质过多，未及时清除。

(4) 待喷钢件的表面未达到钢表面清净度等级。

(5) 经抛丸（砂）的摩擦面受潮、生锈、污染或搁置时间过长（1个月以上）。

3. 防治措施

(1) 用作摩擦面的钢料表面，在抛丸、喷丸（砂）前必须清理油污、氧化皮、铁锈，达到要求（表 3.3.2-2）的洁净度等级。

表 3.3.2-2

级　别	一级清理	二级清理	三级清理
适用范围	喷铝或涂富锌漆的表面	主体结构	附属结构

注：其一级、二级、三级清净度的具体要求见《公路桥涵施工技术规范》（JTJ 041—89）附录 15.4“钢件除锈洁净度要求”。

（2）用作抛丸或喷丸（砂）骨料的钢丸、砂，应及时清筛，清除杂质。磨耗大、粒径过小的骨料应及时更换和补充新料。

（3）可在骨料中掺加硬度较高、棱角尖锐的铜矿砂、棱角砂及小钢丝头。

（4）增大喷丸（砂）压力，充分计算管道压力损失，喷口压力不能低于 0.5MPa。从管道进入抛丸、喷丸（砂）机的压缩空气应经过除湿滤清器，以去除水分、油滴。

（5）喷枪头与工件角度应始终保持 75°～90°，喷头与工件距离为 100～130mm。

（6）抛丸、喷丸（砂）的时间应根据空气压力、骨料、钢材材质、喷射工艺等因素决定，宜通过试验确定，时间过长和不足均会导致摩擦面的粗糙度下降，微观峰谷起伏钝化。

（7）处理完毕的摩擦面应包裹塑料布防潮、防油污、防擦伤，并宜立即安装组件。尽量避免在雨天安装。必须在雨天安装时，则应有防雨遮布，并用电吹风将摩擦面烘干去湿。

五、钢梁安装缺陷防治

（一）高强度螺栓栓接质量缺陷

1. 现象

（1）高强度螺栓在施拧时发生“跟转”：即螺母侧垫圈随螺母一起转动，或螺杆随螺母一起转动，甚至螺杆头部垫圈随螺母一起转动。

（2）节点板上螺栓群终拧后，经过若干时间，有个别或部分螺栓松动。

（3）个别高强度螺栓断裂——施拧时断裂或经过若干时间后断裂。

（4）高强度螺栓安装不规范：如垫圈反装（有坡口一面朝向螺杆）、垫圈缺损、钢梁上下翼高强螺栓杆尾朝上、螺孔挤压螺杆。

2. 原因分析

（1）“跟转”的原因主要是垫圈在工厂制造时过分皂化引起摩擦系数降低；或螺栓强度过高，而螺母强度偏低匹配不当引起“咬合”；连接副螺纹加工精度低，外形尺寸偏差大。当螺母侧垫圈随螺母一起转动说明垫圈与连接板间的摩擦系数小于螺母与垫圈的摩擦系数。

（2）高强螺栓松动。其原因有：

①扭矩值未达到设计要求。如扭矩扳手标定值与实际扭矩值有较大差异。

②施拧时未按技术规程的顺序施工。如在节点上先拧周边螺栓后拧中心区螺栓导致先拧的螺栓预拉力损失，螺栓松动。

③节点板、芯板、钢板不平，有死弯，板间间隙过大（超过 0.3mm），芯板（或填板）变形、松弛（范性变形），螺栓预拉力下降。

④摩擦面不密贴或未加防护，水气侵入，摩擦面锈蚀，摩擦力下降。

（3）高强度螺栓断裂

①施拧过程中断裂。原因之一是扭矩扳手标定值与实际扭矩值不符，或施拧中未按规程操作，或螺栓在施拧过程中产生“跟转”现象，超拧拉力与拧紧过程中的扭剪力产生的复合应力使螺栓内实际拉力超过螺栓抗拉强度导致螺栓撕裂。原因之二是高强度螺栓在制造中有缺陷，本身有内在裂缝或夹杂、钢料偏析。

②静载疲劳断裂或氢致断裂，即低应力的延迟破坏。是由钢体内氢原子在裂缝尖端集聚组成氢分子，在钢体内产生很大的内应力，使其发生脆断，尤其在低温环境下更易发生。

③应力腐蚀。与钢材成分、强度及应力有关。高强度螺栓在高应力情况下，受环境的腐蚀影响更大。高强螺栓在热处理时或在施工时超拧状况下易发生微裂缝，在高应力和环境腐蚀下而加速破坏。

（4）高强度螺栓安装不规范。是由于施拧时未按技术规程操作，或具体安装要求不明确，造成垫圈面反装、缺失、螺杆朝上等缺陷。螺孔挤压螺杆主要是由于板束螺孔加工误差，施工时冲钉数量不足，板束螺孔未对齐即将螺栓强行击入造成的。

3. 防治措施

（1）加强高强度螺栓的工厂检验和工地复验，降低螺栓的不合格率。

（2）为防止氢脆，选用的高强度钢的强度不超过一定的上限值，使用应力不超过临界应力。如 A490 螺栓的最高强度不超过 1190N/cm^2，安装强度不宜超过屈服点的 80%。在螺栓的热处理过程中避免渗入氢，防止氢脆。

（3）施拧时，严格按高强度螺栓技术规程操作，防止超拧。

（4）钢梁拼装时应先打入足够数量的冲钉，拼装用的冲钉直径（中段圆柱部分）应较孔眼直径小 0.2～0.3mm，其长度应大于板束厚度。用悬臂法拼装时，冲钉数量应计算确定，但不得少于孔眼总数的 1/2。满布脚手支架拼装时，冲钉与粗制螺栓数量不得少于孔眼总数的 1/3，其中冲钉占 2/3。孔眼较少的部位，冲钉和粗制螺栓总数不得少于 6 个或将全部孔眼插入冲钉或粗制螺栓。

（二）节点板板束缝隙过大

1. 病害

板束经高强度螺栓终拧后，板间隙仍大于 0.3mm。

2. 原因分析

（1）工厂钢部件加工时，节点钢板有死弯，未经矫正。

（2）试拼装（厂内预拼装）的工况与现场拼装工况差异过大，节头栓接时错位或翘曲变形。

3. 防治措施

（1）若相邻对接板束厚度不相等（在允许偏差±0.5mm 以内）或钢板有一定的翘曲变形时，为使钢板密贴，将造成一部分螺栓预拉力损失。为补救部分高强度螺栓的预应力损失，可采取：

①采用超张拉螺栓，但其数值不得超过施工预拉力的 5%～10%，且不得超过螺栓的屈服点；

②改变螺栓施拧次序，先拧离接头缝隙最近的螺栓，依次向远拧紧螺栓；

③当钢板厚度差 d 大于 1mm 时，可在接头缝隙处加垫板；

④当 d 在 0.5～1.0mm 时，将厚板一侧磨成 1：10 斜坡，使间隙小于 0.3mm。

(2) 缝隙较大的节点部分的高强度螺栓换成高一等级的高强度螺栓。如原节点设计为 A325 螺栓，可置换成 A490 螺栓，以提高预拉力。

(3) 调整两端已拼钢梁的位置高程，(悬臂拼装时，调整已拼段和悬拼段)，使节点部分对接和顺平整（但应在符合整体线形的要求下进行)。

六、钢梁涂装缺陷防治

(一) 钢梁面锈蚀

1. 病害

钢梁表面泛锈，漆膜脱落或成片起皮。

2. 原因分析

(1) 钢梁基底除锈不彻底，未达到洁净度要求和防锈要求，表面有油污。

(2) 涂装时气温过低过高（低于 5℃或高于 35℃)，湿度过大（相对湿度大于 80%)。

(3) 除锈处理后未及时涂装。

(4) 选择涂料不当，防锈及遮盖力差；或涂装时稀释过度，漆膜过薄。

(5) 运输、堆码时擦碰损伤。

3. 防治措施

(1) 正确选择涂料，并根据涂装要求进行涂装配套试验。杆件基面必须达到洁净度要求和防锈标准。

(2) 除锈后应立即涂装。

(3) 涂装环境温度应大于 5℃，低于 35℃，相对湿度低于 80%。露点以下停止涂装。

(4) 杆件堆码运输必须在涂层干燥后进行，对漆膜损伤者，应及时补漆。

(二) 螺栓、焊缝隙与节点板锈蚀

1. 现象

高强度螺栓外露部分漆膜脱落，杆件接头端面锈蚀，流淌锈水，焊缝处漆膜脱落泛锈，节点板周围漆膜脱落泛锈。

2. 原因分析

(1) 高强度螺栓安装后未经清污处理，直接涂刷底、面漆。

(2) 杆件端面或节点板束侧表面未作防锈涂装，接头空隙未用腻子封闭。

(3) 节点板周边露出未经防腐处理的摩擦面就涂底面漆，节点板周边未用腻子封闭。

(4) 焊缝处焊药药皮未清理干净即涂漆。

(5) 翼缘板积水侵入节点板板缝、节头缝隙，水汽侵入箱梁，内有积水。

3. 防治措施

(1) 高强螺栓未经防锈处理的应先清除油污，再涂底漆和面漆。已作防锈处理的高强螺栓可在擦洗干净后，直接涂面漆。

(2) 摩擦面处理时，抛丸、喷丸（砂）范围限在节点板边线内 5mm 左右为宜，杆件涂装时漆面宜延伸入边线内 5mm 左右为宜。节点板安装完毕后，板周边应用腻子封闭。

(3) 焊接完毕后焊缝药皮应清理干净，所有焊缝应用砂轮打磨至规定要求形状。

(4) 杆件端面与节点板束侧面应与杆件其他面一样清污、除锈、涂漆，所有缝隙必须有腻子封闭。

(三) 阴角处涂装缺陷

1. 现象

钢件阴角（如下翼缘与腹板相接处阴角，竖肋与翼缘板相交内角处等）锈蚀。

2. 原因分析

(1) 涂装前抛丸、喷丸、喷砂时，喷头未到达阴角部位，或除污、除锈不彻底。

(2) 涂装时因操作困难，涂刷漆膜未按要求做到。

3. 防治措施

(1) 凡机械不能达到的阴角部位，由人工以喷枪进行补喷以达到与钢构件其他基面同样的洁净度与除锈要求。

(2) 阴角、转折处的涂装如机械喷涂不能抵达时，应用人工进行补刷、补喷。

(3) 清除积水、积垢及保持泄水孔畅通。

(四) 涂料流淌、起皱

1. 缺陷

漆膜流淌起皱。

2. 原因分析

(1) 漆膜过厚。

(2) 第一层漆膜未干即涂刷第二层。

(3) 涂装时温度过低，湿度过大。

(4) 涂料质量不好或溶剂选择不当，干燥性能不好。

3. 防治措施

(1) 选择附着力、黏结力好的防锈涂料及与之相配套的溶剂材料。

(2) 第一层漆膜干透后方可进行第二度涂装。

(3) 底漆厚度每层宜为 30～40μm，面漆必须在底漆面层打毛后再涂装，不应过厚或稀释过度。

(4) 涂装环境温度低于 5℃高于 35℃、相对湿度大于 80％时，必须采取措施。

(五) 涂料粉化、剥落

1. 缺陷

油漆粉化、剥落。

2. 原因分析

(1) 油漆抗老化性能差。

(2) 底漆、面漆匹配选择不当，漆膜间起化学反应。

(3) 大气、酸雨等环境侵蚀。

3. 防治措施

(1) 铲除重新涂装。

(2) 重新审核底、面漆配方。

(3) 选择耐污抗老化、不粉化龟裂、耐磨及防锈能力、附着力、粘结力良好，油漆干膜成型后紧密不透水、气的油漆或涂料。

七、混凝土斜拉桥的裂缝防治

（一）病害

索塔、主梁的纵、横向裂缝，特别是箱形梁、肋板梁的主拉应力斜裂缝，剪力直缝，结合梁及混凝土桥面板的纵、横裂缝以及大量的不规则裂缝。

裂缝的扩展是结构破坏的初始阶段。裂缝的出现会导致结构物渗漏水，引起结构承载力下降以及保护层剥落、钢筋腐蚀、混凝土碳化等病害，从而危害结构的正常使用并降低结构的使用寿命。裂缝扩展严重时还会使混凝土结构产生破坏，甚至垮塌。

（二）裂缝成因及分类

混凝土在凝结硬固过程中，水泥石的干燥收缩和温度变形将会导致水泥石与集料结合面上产生初始微裂缝。混凝土的颗粒结构以及水泥石的生成特点和混凝土内初始微裂缝的存在，使得混凝土成为一种非匀质、非连续的材料，并表现出非线性、非弹性和各向异性的力学特征，且其强度和变形与时间有关。破坏特征具有明显的脆性，也使得抗拉强度降低。易于开裂是混凝土材料的固有特性。

混凝土斜拉桥的裂缝和一般混凝土结构上的裂缝一样，主要分为变形裂缝和荷载裂缝两类。工程实体中结构物的裂缝成因约80%属于结构物因温度、收缩和膨胀、不均匀沉降等变形引起的（或为主引起的）变形裂缝，20%属于静荷载、动荷载或其他外荷载等作用引起的（或为主引起的）荷载裂缝，也称受力裂缝。

裂缝的形状有很多类型，其表现形式与结构受力状态有直接关系。一般情况下，裂缝的方向与主拉应力方向垂直，但在结构变截面处，有可能出现与剪应力平行的纯剪裂缝。

1. 温度裂缝

由温度应力引起的变形裂缝叫温度裂缝。温差越大，产生的变形就越大。

当结构内部或外部环境温度发生变化时，混凝土将发生变形，若变形受到约束，将在结构内产生应力，当应力超过混凝土的抗拉强度时即产生温度裂缝。

（1）温度裂缝的成因

引起温度裂缝的主要因素包括结构本身的理化性质、环境温度变化及设计施工不当等。

①水化热

斜拉桥基础、承台、墩、塔等大体积混凝土，水化热是产生温度裂缝的主要原因。大体积混凝土浇筑之后由于水泥水化放热，内部温度很高，如结构物内外温差过大，将致使结构表面出现裂缝。影响水化热的因素包括水泥的品种、用量、外加剂的掺量以及施工工艺和施工期间的气温情况、养护条件等。

②日照

斜拉桥结构向阳面的温度将明显高于背阴部位。当结构受到外部约束和自身约束作用时，将在结构内产生局部拉应力。当应力超过混凝土的抗拉强度时会导致局部裂缝。

③昼夜温差和骤然降温

我国大部分地区气候干燥，昼夜温差很大，还有突降大雨、骤然降温等因素都可导致混凝土结构内外温差过大而在结构内产生较大的拉应力，从而产生裂缝。这种情况下产生的裂缝多出现在混凝土凝结阶段。

④设计、施工不当

设计不尽合理、材料达不到标准要求、施工工艺粗糙等也均会加剧温度裂缝的产生。

(2) 易发生温度裂缝的部位

①基础、承台、桥墩这些构件大多是大体积混凝土，浇筑时由于混凝土内外温差过大(一般指温差超过25℃)，产生的温度应力超过混凝土的抗拉强度时，即出现裂缝。

②斜拉桥的索塔一般都很高，对高耸结构来说，其变形与温差及高度的平方成正比，与结构水平宽度成反比。日照在向阳面和背阴面产生的温差将导致索塔产生变形。如某80m高的混凝土索塔结构，在日照条件下观测到的塔顶水平位移最多可达到75mm。

③箱梁腹板处，当桥面板与底板温差较大时易产生裂缝，并且厚腹板相对薄腹板更容易出现裂缝。

④结构变截面处，特别是较薄构件与较厚构件相连之处，由于薄构件比厚构件温度变化快，收缩也快，因而容易产生局部应力。

2. 收缩裂缝

混凝土因收缩（或膨胀）产生的裂缝叫收缩裂缝。混凝土收缩主要包括自生收缩、塑性收缩、碳化收缩和缩水收缩（干缩）四种。

混凝土收缩的发展规律是早期发展快，后期发展慢。最初三个月收缩值可达总收缩值的60%～70%，半年内可达到总收缩值的70%～80%，三年内基本完成。

(1) 收缩裂缝的成因

①自生收缩

混凝土硬化过程中，水与水泥发生化学反应而引起的收缩（或膨胀）叫自生收缩，也称为硬化收缩。

自生收缩与外界温度变化无关，其变形既可能是正（收缩），也可能为负（膨胀），如普通硅酸盐水泥混凝土的自生收缩是正的（收缩变形），矿渣水泥混凝土或掺粉煤灰的普通水泥混凝土的自生收缩是负的（膨胀变形）。根据混凝土的这一特性，工程实践中可通过掺粉煤灰或采用矿渣水泥减少混凝土凝结过程中的水化热，也可掺加早强剂提高凝固期的早期强度，来改善混凝土结构的抗裂性能。

②塑性收缩

在混凝土浇筑后但还处于初凝的过程中，此时水化反应将引起失水收缩，同时集料与胶合料之间也因自重而产生不均匀沉降（沉缩），由于这种收缩都发生在混凝土的塑性阶段，故称之为塑性收缩，也叫凝缩。

塑性收缩的量级很大（可达1%左右），混凝土在初凝过程中产生的表面龟裂现象大多由此引起。正是因为混凝土早期沉缩作用，在刚性材料附近形成沉降差，故这些裂缝一般沿钢筋或预埋管道分布。

③缩水收缩（干缩）

混凝土硬化以后，由于表层水分损失快，内部水分损失慢，混凝土内外的收缩变形不均匀，表面收缩受到内部混凝土的约束，致使表面混凝土承受拉应力，当表面混凝土承受的拉应力超过其抗拉强度时，便产生收缩裂缝。混凝土结构硬化以后的收缩主要是缩水收缩。

(2) 影响收缩的主要因素

①水灰化。水灰比越高，收缩变形越大。

②水泥品种及用量。普通水泥、火山灰水泥收缩变形小，矿渣水泥、早期水泥收缩变形大；单位体积的水泥用量大，收缩变形也大。

③所处环境。相对湿度越小、温度高、风速大，则收缩变形越大。

④混凝土振捣收缩变形要小。

⑤其他。外加剂、集料的品种、粒径及用量、细掺料的活性以及养护时间和方式等也对收缩变形产生重要影响。

(3) 易发生收缩裂缝的部位

①钢筋混凝土肋板式梁，通常发生在梁中段的腹壁中部，裂缝往往沿梁垂直方向排列。

②拉索锚固区和构件竖向变截面处，主要是混凝土凝固过程中的塑性收缩导致裂缝。

③配筋较多的构件（超过3%）或混凝土体内管道分布区，钢筋（或管道等）对混凝土的约束较大时，混凝土表面产生沿配筋（或管道等）方向的裂缝。

④桥面板，表面积大，水分损失多，混凝土表面产生不规则裂缝。

⑤索塔上部风速很大，混凝土水分损失快，容易因失水而产生裂缝。

3. 沉降裂缝

超静定结构中由于基础的不均匀沉降在结构内产生的应力超过混凝土的抗拉强度时出现的裂缝叫沉降裂缝。

引起结构沉降变形的因素很多，一般而言，地质勘察精度不够，试验资料不准确，设计失误、施工质量差以及桥梁建成以后地质条件发生变化等，是产生不均匀沉降的主要原因。就斜拉桥而言，容易发生不均匀沉降的部位是索塔基础和辅助墩支座。

沉降变形是常规计算的主要内容之一，不得失误。

4. 荷载裂缝（受力裂缝）

结构在外荷载作用下，由荷载应力产生的裂缝叫荷载裂缝，也叫受力裂缝。

对直接荷载应力而言，由于结构物受力状态较易确定，是常规计算的主要对象；结构次应力由于受力情况比较复杂，常规计算中难以准确表述和合理验算，一般根据经验或近似计算进行荷载分析和承载力设计。

结构在外荷载作用下，荷载（内力）和变形的关系如图 3.3.2-14 所示。

由图 3.3.2-14 看出：普通钢筋混凝土构件受力不到极限荷载 30%时便出现裂缝（宽度约为 0.05～0.1mm 左右），这种裂缝对结构的安全度没有影响，开裂后的结构还可承受70%～80%的极限荷载；全预应力钢筋混凝土构件内力达到极限承载力的 80%左右才出现裂缝，构件的抗裂性能提高了，但从出现裂缝到结构破坏，仅可承受约 20%的极限荷载，开裂后变形很小，形成脆性，裂缝出现后构件的变形增大了，破坏的前兆也多一些。

(1) 裂缝病害特征

结构受力方式不同，其表现出的裂缝特征也不相同。

①构件受拉产生的裂缝垂直于受力方向，且间距大体相等；

②构件受压产生的裂缝与受力方向平行，表现为短而密；

③构件受弯产生的裂缝在最大弯矩作用截面附近，裂缝从受拉区边缘开始向中和轴方向发展并与受拉方向垂直；

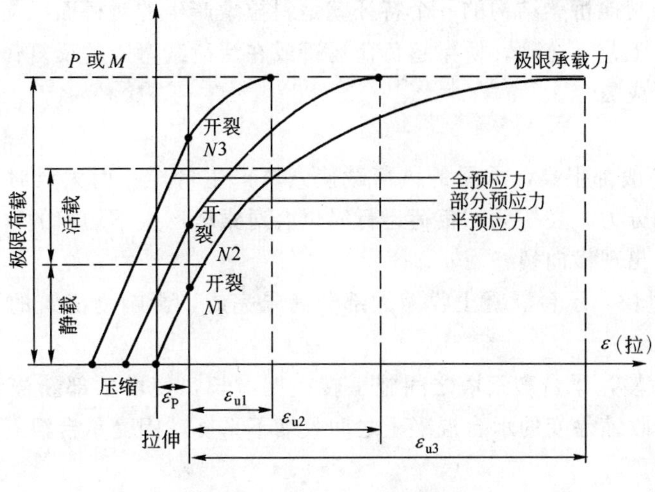

图 3.3.2-14 荷载—变形的关系图

④构件受剪产生的裂缝与中轴线呈 25°～50°的斜角，也叫斜裂缝，一般发生在剪应力较大的梁支座附近，并逐渐向受压区发展或出现在薄腹梁中性轴附近向上下延伸；

⑤构件受扭产生的裂缝与轴线约呈 45°角，并向相邻面以螺旋方向展开。

(2) 荷载裂缝的成因

尽管荷载裂缝在混凝土裂缝里占的比例较小（约 20%），但是产生荷载裂缝的原因却有很多，设计、施工、使用阶段都可能产生这类裂缝。

①设计阶段结构受力假设不合理、结构荷载漏算；设计过于新奇，对桥梁美学的刻意追求以牺牲安全系数为代价；或者为追求安全而将预应力混凝土的压应力储备过大；构造处理不当；设计不考虑施工的可能性和计算错误等。

例如，某特大跨径的预应力混凝土斜拉桥主梁设计中，由于漏掉了斜截面的荷载验算，以致该截面的剪应力超过了规范规定的容许值，结果就在该截面前后的梁段范围内出现了 45°的斜裂缝，在 148 条腹板裂缝中有 49 条内外贯通。

②施工阶段不严格按设计图纸施工，擅自更改施工顺序，施工工艺粗糙失控，如预应力张拉不到位，漏拉或未压浆或为抢工期在混凝土强度还没达到规定要求时就拆模等。

例如，某桥施工为抢工期，在主梁的悬臂浇筑施工中，既不预压重，又不调整挂篮挂索，不注意浇筑顺序，由于挂篮下挠，使与上节梁段的连接缝处出现了垂直裂缝，最大的宽达 3mm。

③使用阶段桥梁长期超负荷运行，常通过超出设计荷载的重型车辆，车流量大大高于设计标准；车、船发生交通事故对桥梁的冲击荷载超过了结构承载力极限；大风、地震等影响。

(3) 易发生荷载裂缝的部位

①主梁跨中合龙段及稀索区，由于活荷载弯矩的反复作用，容易产生沿横桥方向的横向裂缝。

②梁体支座附近，该位置剪应力很大，如构造处理不当就有可能形成与轴线成一定角度的斜裂缝。

③斜拉桥区别其他桥梁结构的一个特征就是斜拉索产生的对桥面纵向的水平压力，如构造处理不当、施工工艺不合理，桥梁超负荷运行或在活荷载弯矩的反复作用下都可能导致桥面系混凝土结构形成裂缝。

④索塔

a. 由于索塔一般都很高，承受的风荷载使索塔产生弯矩，而大风时更甚；此外，斜拉索存在水平方向的分力，在桥梁超负荷运行时也会对索塔产生不均衡的弯矩，二者相互作用下的应力叠加，会出现横向裂缝。

b. 施工速度过快，承台混凝土收缩大部分尚未完成，影响刚浇筑的下塔柱，使之产生竖向裂缝。

c. 施工速度太慢，承台和索塔之间施工转换期过长，使塔根部新浇混凝土与早已形成强度完成了大部分收缩徐变的承台混凝土之间收缩不平衡，因受承台混凝土的约束而产生塔根部位的竖向裂缝。

d. 较大斜率的塔柱施工过程中支撑强度不够、爬高支撑不及时或施工组织设计不合理，常出现塔根部位水平裂缝。

e. 上塔柱布索区采用环向预应力时，环向预应力筋张拉因内摩阻过大使延伸量不满足要求或管道压浆不饱满、不密实，使预应力后期损失较大，预应力的储备不足，则塔身两侧与内角处竖向也会产生裂缝。

⑤拉索锚固区，拉索张力在锚固点附近产生的集中应力，以及拉索长时期的风雨振会使拉索根部出现反复挠曲，这些均有可能对锚固区的混凝土造成损伤，形成不规则裂缝。另外，锚板下混凝土振捣不密实也极容易发生径向不规则裂缝。

⑥采用落地支架现浇主梁段，因支架局部沉降或变形也会产生不规则裂缝。

⑦伸缩缝设置不当等也会产生梁体受剪切破坏而致裂缝。

（三）裂缝控制措施

裂缝是应力引起的固体材料中的某种不连续现象。裂缝是混凝土结构本身固有的一种特征，有裂缝是绝对的，无裂缝是相对的。工程上一般把裂缝宽度小于 0.05mm 的混凝土结构视为无裂缝结构。所谓混凝土结构的无裂缝要求，也就是将裂缝的宽度控制在 0.05mm 的范围内。因此，从某种意义上说，混凝土结构的使用标准是由裂缝来控制的。

1. 混凝土变形裂缝的控制措施

(1) 在应力集中的部位增加构造配筋，提高抗裂性能，配筋宜采用小直径（ϕ8～ϕ14mm)、小间距（@100～150mm）布置。

(2) 精心设计混凝土的配合比。

(3) 合理选用外加剂。

(4) 浇筑混凝土尽量避免高温和日照。

(5) 大体积混凝土宜在其体内布置冷却水管，并通以循环冷却水来降低内外温差。

(6) 采用两次振捣技术，掌握好两次振捣的时间间隔（2 小时为宜)。

(7) 竖向变截面处混凝土宜分层浇筑，并采取有效措施，降低新、老混凝土之间的温差。

(8) 混凝土浇筑后应覆盖浇水保湿，同时注意保湿、防风，重要构件最好采用蒸汽养护。

(9) 掌握好拆模的时间和拆模时的气温，拆模后最好立即用塑料薄膜将混凝土构件覆盖或包裹，以保持混凝土构件内的水分。

(10) 合理设置伸缩缝。

2. 荷载（受力）裂缝的控制措施

混凝土桥梁产生荷载裂缝的原因很多，受力情况也非常复杂，有时还难以进行常规验算。因此，必须针对可能出现荷载裂缝的原因和部位，综合分析潜在裂缝部位的应力状态和最不利条件下的工况，严格按照有关规范、规程、技术标准进行设计计算。对敏感部位除切实进行常规验算外，还应建立足够的压应力储备。

(四) 常见裂缝处理方法

1. 表面处理法

对于变形引起的、不再发展的细而浅的裂缝，因其对结构承载力无影响，一般可采用表面处理法。通常是根据裂缝的扩展程度来确定相应的表面处理方法。

(1) 裂缝宽度小于 0.3mm 时，对裂缝进行表面涂抹处理。如江西九江湖口大桥主梁的变形裂缝（宽度在 0.1mm 以下），采用 XYPEX（赛柏斯）水泥基渗透结晶型防水材料进行表面涂抹处理，效果很好。

(2) 宽度在 0.3mm 到 1.0mm 之间的裂缝，可采用防水型化学灌浆处理。化学灌浆材料主要包括环氧树脂类、聚氨酯类、水玻璃类等。

(3) 当裂缝宽度大于 1.0mm 时，可用水灰比为 0.5～0.6 的研磨水泥灌浆处理。

(4) 几毫米宽的裂缝可以直接用 42.5 级普通水泥灌浆处理。

(5) 对结构防水要求较高的结构上所出现的多而密的细微裂缝，可以进行表面贴补处理，一般在裂缝表面贴土工膜（布）或其他防水片。

2. 结构补强法

对于由荷载作用所引起、可能导致桥梁结构承载力下降的裂缝，必须予以高度重视，一般采用结构补强法。结构补强的措施大致有以下几种：

(1) 补强型化学灌浆。适用于不规则裂缝处理。

(2) 粘贴钢板。钢板锚固到混凝土体内，并且与裂缝方向基本垂直。

(3) 增加预应力钢筋。新增的预应力钢筋应与混凝土结构中原有的钢筋连接，或采用体外预应力筋补强的方法，布筋方向应与裂缝方向基本垂直。

(4) 增加一层钢丝网。适用于数量较多、面积较大的裂缝处理。

(5) 粘贴碳纤维片。纤维片是近年来发展的一种高科技材料，其抗拉强度约为钢材的 7 到 10 倍，用环氧树脂粘贴到混凝土的表面即可，施工简便，适用于数量较多、面积较大且不规则的裂缝处理。

(6) 粘贴碳纤维板。

此项工艺（含材料）在发达国家的旧桥（含钢桥、混凝土桥）加固已大量采用，今后必将大量推广应用。

(五) 裂缝分析及控制与加固工程实例

1. 安那西斯桥混凝土桥面板裂缝分析

加拿大安那西斯（Annacis）桥是一座跨径为 182.75m＋465m＋182.75m 双塔双索面预

应力混凝土组合梁斜拉桥，加劲梁由钢纵横梁及混凝土桥面板组成工字组合梁，飘浮体系。

(1) 裂缝特征

安那西斯桥运行不久，混凝土桥面板即出现了大量裂缝，大体有以下几种类型：

①裂缝与大桥轴线方向垂直，贯穿整个横断面，这种裂缝分布在大桥主跨中部大约100m左右及岸跨端部附近的范围内（称I型裂缝）。

②裂缝与大桥轴线方向呈45°角，裂缝长度2m左右，分布于奇数斜拉索与桥面交接点处（称II型裂缝）。

③裂缝呈放射形，分布在拉索锚固点周围的现浇混凝土表面上（称III型裂缝）。

④裂缝与大桥轴线方向平行，分布在车道板拼缝处。这种裂缝在桥面上由于被分隔带掩盖而不易被发现，只能在桥下通过小纵梁上漏水痕迹来判断（称IV型裂缝）。

(2) 裂缝成因分析

I型裂缝是由于梁跨中及尾端是全桥中的稀索区，轴向压力较小，而极易出现拉应力，桥面板又无预应力，在活载弯矩的反复作用下，或者有较大的局部活载弯矩时，横梁两侧的混凝土受拉开裂。

II型裂缝是由于施工不当引起的。即在悬臂拼装形成一个节段钢框架而拉索尚未安装，吊机先行松钩，主梁、横梁、钢框格自重引起主梁悬臂根部负弯矩过大而导致组合梁混凝土拉裂；另外，桥面板轴向受压也加剧了裂缝的发展。

III型裂缝是由于该桥拉索锚固座（端）锚箱焊接在主梁工字钢顶面的不合理构造所致。当索力增大时，工字钢上翼缘钢板弯曲，导致混凝土开裂。

IV型裂缝是由于该桥面小纵梁顶现浇混凝土一方面受混凝土收缩的影响，更主要的是受汽车荷载振动的反复作用导致该处混凝土开裂。

2. 南浦大桥主桥混凝土桥面板裂缝的控制技术

上海南浦大桥是一座主跨423m的双塔双索面组合梁斜拉桥。其中主桥面钢梁为工字形截面格构式梁系，用高强螺栓拼合，主梁高2.2m；桥面板为钢筋混凝土实心板，尺寸是11.775m×4.03m×0.265m，现场预制安装后用C60微膨胀混凝土与钢梁系统浇筑成组合式整体受力桥面。

组合梁斜拉桥桥面板裂缝问题是一个多年困扰桥梁工程技术人员的难题。从加拿大安那西斯桥出现的裂缝情况分析，防止桥面板开裂或抑止裂缝的发展，是组合梁设计施工中最关键的问题。针对安那西斯大桥出现过的不同类型的裂缝现象，南浦大桥在设计和施工方面采取了相应的裂缝控制措施。

(1) I型裂缝控制措施：在跨中120m及岸跨尾端处设置纵、横向预应力并将上层纵向钢筋改成焊接，下层纵向钢筋仍用绑扎。

(2) II型裂缝控制措施：在永久性斜拉索尚未安装之前，先用临时三角形吊架拉索吊住主梁，通过临时索塔用千斤顶调节临时索的拉力（图3.3.2-15），使钢框架引起的弯矩为零，待钢框架形成后即可安装永久斜拉索并松去临时拉索，此举防止了现浇混凝土桥面开裂。

(3) III型裂缝控制措施：把锚箱从工字钢顶面移到工字梁腹板外侧，拉索锚头通过索道钢管锚于主梁腹板上。

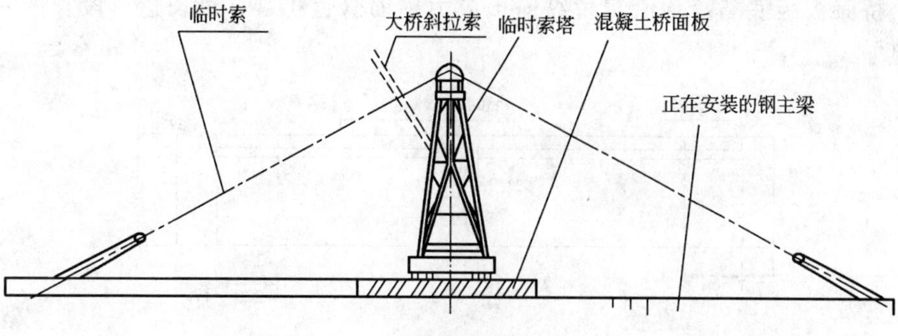

图 3.3.2-15　临时索塔施工示意图

(4) IV 型裂缝控制措施：采取在横梁底部反顶的措施，即在预制桥面板安装后、接缝混凝土尚未浇前施行反顶（图 3.3.2-16），待接缝混凝土达到强度后，放松反顶，使得钢横梁回弹时对混凝土板形成一个横向预应力。

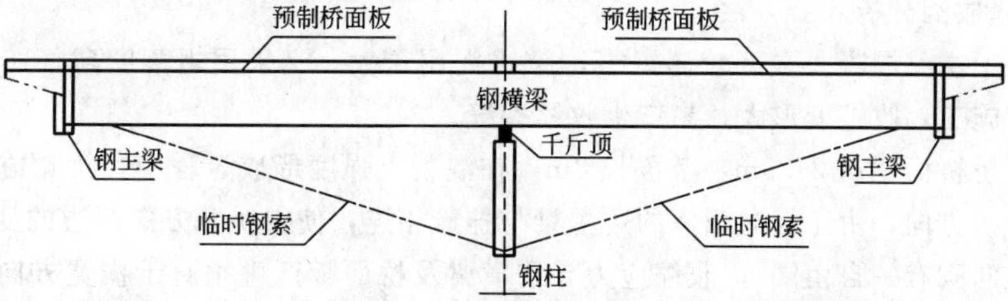

图 3.3.2-16　横梁反顶施工示意图

南浦大桥的裂缝控制措施成功地解决了组合梁斜拉桥桥面板容易产生裂缝的难题。该桥使用过程中没有出现类似安那西斯大桥那样的裂缝。

3. 九江湖口大桥主梁裂缝的处理

江西九江湖口大桥是一座主跨跨径为 318m 的高低塔双索面预应力混凝土斜拉桥，为半飘浮体系。主梁为双肋板式截面，梁高 2.6m，梁体混凝土强度等级为 C55，采用前支点挂篮悬臂浇筑施工（0、1 号块采用支架现浇）。

1) 裂缝特征

主桥在悬浇施工阶段，拆模时发现横梁以及桥面板板底均有数目不等的裂缝，大体有以下一些特征：

(1) 横梁的裂缝方向为竖向，且中轴线部位裂缝一般多于两边，裂缝扩展最低至梁高的中部（图 3.3.2-17）；

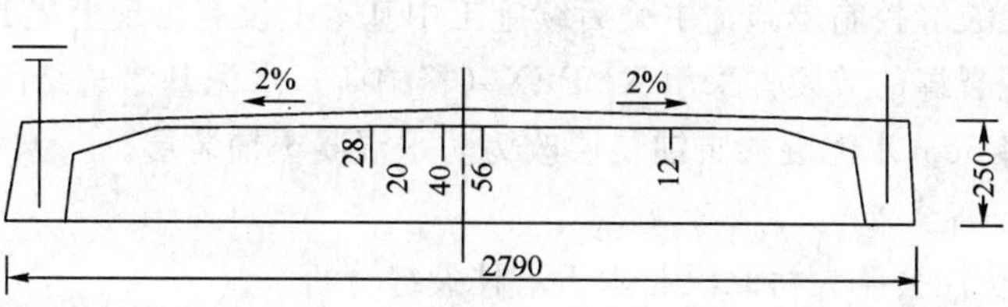

图 3.3.2-17　4 号块横梁裂缝示意图（尺寸单位：cm）

(2) 桥面板板底裂缝均沿着桥纵向预应力钢筋管道扩展，最长达节段长的一半（图3.3.2-18）；

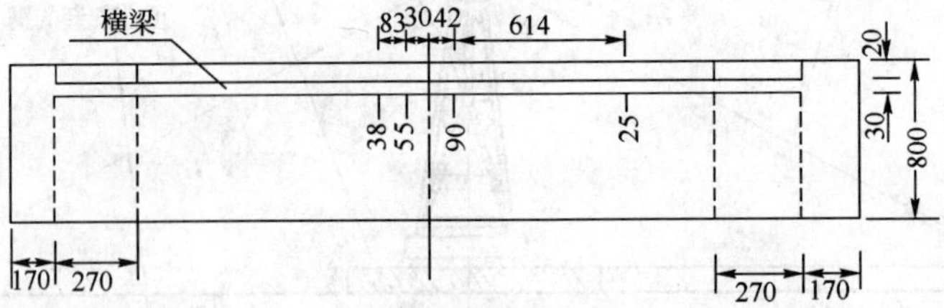

图 3.3.2-18　4 号块桥面板板底裂缝示意图（尺寸单位：cm）

(3) 东、西塔第一个悬浇段 2 号块（横梁同 1 号块已先期浇完），其桥面板板底裂缝数量多于其他节段；

(4) 裂缝宽度一般小于 0.1mm，为表面裂缝。

2) 裂缝成因分析

(1) 由于主梁混凝土强度较高（C55），水泥用量大，又采用坍落度高（16～18cm）的泵送混凝土施工，收缩变形大，易产生收缩裂缝。

(2) 该桥桥面宽达 27.9m，节段长 8m，在混凝土强度形成过程中，桥宽方向的收缩变形要大于顺桥方向，由于横向两侧的边主梁与挂篮相连，使得桥宽方向两边的变形均受到约束（顺桥方向则有一自由端），收缩应力导致横梁及桥面板产生垂直于横宽方向的裂缝，中轴线部位的拉应力最大，因此裂缝最多。

(3) 混凝土在塑性收缩阶段，由于沉缩的作用，导致塑性沉缩裂缝沿着桥纵向预应力钢筋管道扩展。

(4) 东、西塔第一个悬浇段 2 号块（横梁同 1 号块已先期浇完）裂缝较多，是由于支架现浇转悬浇时间过长（达一个月），前后节段混凝土收缩变形不同步，前一节段混凝土对后一节段混凝土产生约束，导致变形裂缝多于其他节段。

3) 裂缝控制与处理

根据裂缝成因分析，后续节段施工时采取了一系列相应的裂缝控制措施，主要包括：

(1) 设横桥向临时无粘结预应力束；

(2) 增设防裂筋及金属网；

(3) 严格控制混凝土的材料配合比、坍落度和水灰比；

(4) 严格执行混凝土浇筑、养护等标准施工工艺。

通过采取上述裂缝控制措施，主梁后续施工中基本上没有出现上述的变形裂缝。

对前期已出现裂缝的节段，采用 XYPEX（赛柏斯）水泥基渗透结晶型防水材料进行涂层封闭处理，并将 6cm 水泥混凝土铺装层改为防水混凝土铺装层。

4. 索塔裂缝分析实例

1) 湖北荆州长江公路大桥北汊北塔下塔柱裂缝分析

该桥跨越北汊通航孔是一座跨径为 200m＋500m＋200m 的双塔双索面飘浮体系预应力混凝土斜拉桥。其北塔下塔柱为外倾斜结构，与水平夹角为 69.2744°，高 14.45m，其中实心段 5.75m，空心段 8.70m；塔柱横桥向等截面 7.0m 宽，壁厚 1.2m，顺桥向变截面从 12.10m 逐渐收缩到 11.15m，壁厚 2.0m。北塔塔座浇筑 24 天后，开始浇筑下塔柱，所用混凝土为 C50，分四层浇筑。

(1) 裂缝特征

第一层实心段浇筑 7 天后，顺桥向上、下游塔柱均发现裂缝，其特征如下：

①裂缝位于顺桥向（长边）中部和 1/4 点附近，且表现出开裂有序性；

②裂缝垂直于长边方向；

③裂缝宽度在 0.08～0.15mm 之间，长约 2.0m；

④裂缝间距 1.8～3.2m。

(2) 裂缝成因分析

①下塔柱实心段大体积混凝土采用 C50，混凝土的水泥用量较多，大体积混凝土在水化热的作用下，内部温升很高，内外温差很大。

由温度应力计算的基本公式：

$$\sigma=\frac{RE_{c}\alpha T}{1-\mu}$$

式中：σ——温度应力；

R——约束系数；

E_{c}——混凝土弹性模量；

α——混凝土的线膨胀系数；

T——混凝土内外温差；

μ——混凝土泊松比。

将各项参数和实测数据代入公式（2.5-2），计算结果显示温度应力超过了混凝土的抗拉强度，这是导致下塔柱混凝土结构产生裂缝的主要原因。

②混凝土在凝结硬化过程中，收缩变形受到塔座老混凝土的约束，混凝土内部出现很大的拉应力，当拉应力超过混凝土的抗拉强度时，将产生收缩裂缝。

2) 广东某斜拉桥索塔的裂缝成因分析

该桥为墩、塔、梁固结、主跨 300 多米的双塔单索面预应力混凝土斜拉桥。主墩采用双壁柔性墩，横向宽 12m，双壁之间中心距 6m；桥面以上索塔为单箱单室混凝土结构，顺桥向宽 8m，壁厚 2.35m，横桥向宽 3.6m，壁厚 1.3m。塔体采用 C60 高强混凝土。

(1) 裂缝特征

该桥 1 号墩桥塔塔体在施工到主梁顶面以上 8m 时，塔体外表面出现竖向裂缝，随着时间的推移竖向裂缝不断增加，裂缝实测深度约几厘米，沿塔体边长均匀分布。

在施工 2 号墩桥塔塔体时，采取了结构补强措施，在塔体的钢筋骨架外侧增加一层钢丝网，但塔体外表面竖向裂缝依然出现，并且数量增多。

(2) 裂缝成因分析

根据该索塔的裂缝特征以及其后的 2 号墩桥塔塔体施工时采取补强措施后的效果来分析，可以断定该桥塔塔体的裂缝属于变形裂缝。

裂缝成因主要包括两个方面：

①塔体壁中心和内外侧表面由于水化热和混凝土的收缩变形的共同作用，在塔体的内外侧表面均产生图 3.3.2-19 所示的自约束拉应力；

②塔体箱形截面内外侧温差和收缩差产生的应力为外侧受拉、内侧受压（图 3.3.2-20）。

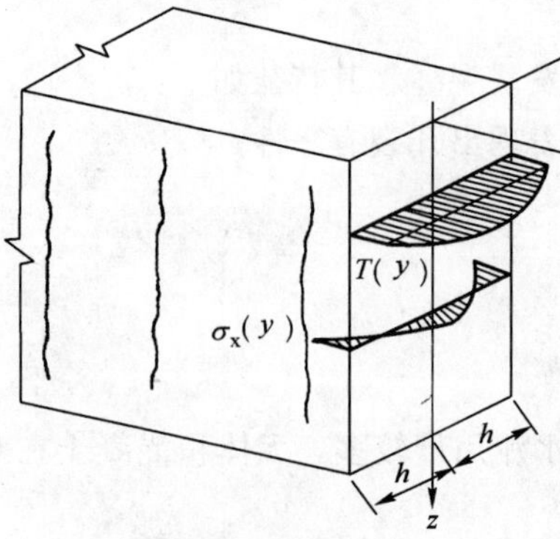

图 3.3.2-19 塔体沿壁厚方向的温度场及温度应力分布图

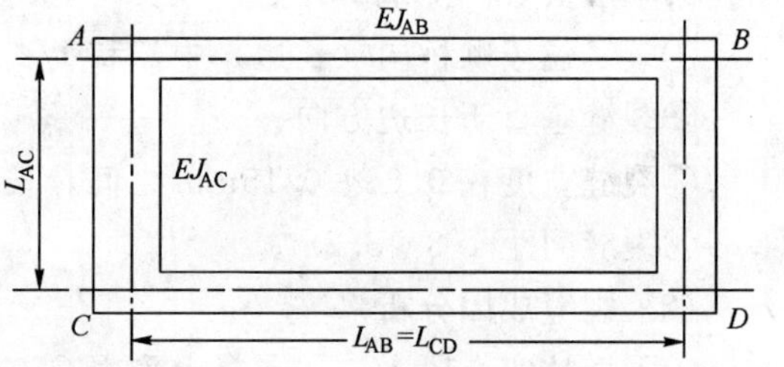

图 3.3.2-20 塔体内外侧温差、收缩差应力的计算模型图

两个因素产生的应力叠加，使得塔体内侧表面拉、压应力呈抵消作用，而外侧拉应力得到加强，该应力超过混凝土的抗拉强度时，塔体外表面出现裂缝。拉应力沿长度上相同，所以裂缝基本沿边长均匀分布。计算分析的结论也证实了上述的判断。

5. 招宝山大桥主梁裂缝的分析与处理

浙江宁波招宝山大桥是一座主跨 258m、五跨连续带协作体系的独塔双索面斜拉桥。主梁为预应力混凝土结构，标准截面为双箱单室开口箱形截面，梁高 2.5m、宽 29.5m，顶板厚 22cm，底板及斜腹板厚 18cm（图 3.3.2-21）。主梁利用牵索挂篮以 8m 一个节段由桥塔处向两侧悬臂浇筑施工，混凝土强度为 C50。

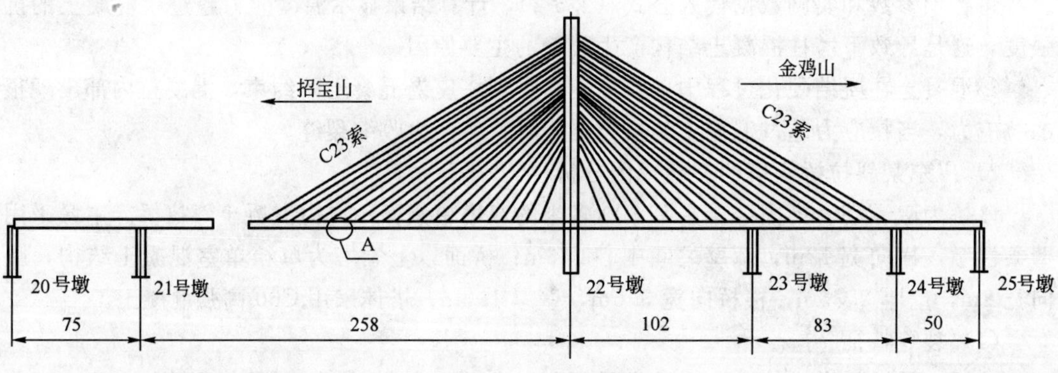

图 3.3.2-21 招宝山大桥桥跨布置图（尺寸单位：m）

1998 年 9 月 24 日，大桥主梁发生压溃破坏。在随后开始的加固拆除工作中对保留主梁在施工阶段及压溃过程中产生的裂缝进行了加固处理。

1）保留段主梁裂缝特征

（1）底板、斜腹板裂缝

典型裂缝分布如图 3.3.2-22 所示。此类裂缝主要有 2 类：

①在 2～9 号块底板底面的施工缝附近，有呈月牙状的弧形裂缝，长度在 0.1～2.0m 之

间，宽度 0.05～0.1mm，均位于该节段施工方向的前端。

②大部分节段的底板及斜腹板底面均出现了密集的细小裂缝。裂缝分布在底板与斜腹板交界处附近，斜腹板裂缝大多呈斜向分布，少数呈纵向水平方向。裂缝宽度在 0.05～0.15mm 之间。

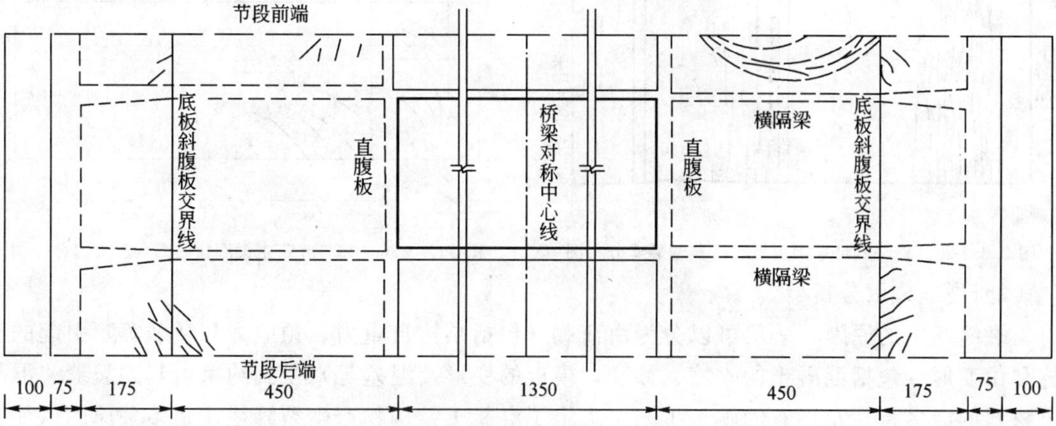

图 3.3.2-22　底板、斜腹板底面的典型裂缝分布图（尺寸单位：cm）

(2) 横隔梁裂缝

典型裂缝分布如图 3.3.2-23 所示。

①中间开口箱横隔梁。自来水管预留孔周围有少量沿孔径向的裂缝，长度为 10～30cm，宽度 0.1mm 左右；沿横隔梁预应力波纹管位置出现裂缝，裂缝长度在 0.8～2.5m 之间，宽度为 0.05～0.1mm。

②边箱横隔梁。在边跨 5～10 号块边箱沿横隔梁预应力波纹管轨迹均有裂缝，长度为 0.3～2.0m，裂缝宽度在 0.05～0.15mm 之间。

(3) 主梁实体肋内侧裂缝

主梁大部分节段的上下游实体肋内侧部位均发现有裂缝，基本呈水平方向，长度为 0.1～1.5m,大部分裂缝的宽度在 0.02～0.05mm 之间，少数达到 0.1mm 左右。典型裂缝分布如图 3.3.2-24 所示。

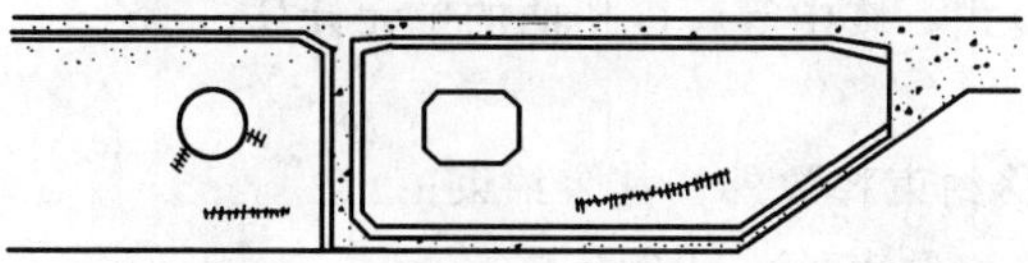

图 3.3.2-23　横隔梁典型裂缝分布图

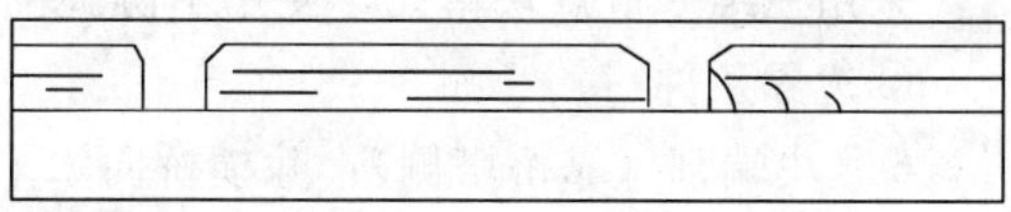

图 3.3.2-24　实体肋内侧典型裂缝分布图

(4) 24～25 号墩间（即 49.5m 跨）主梁裂缝主要有两类：

①顶板顺桥向裂缝。主梁边箱顶板顶面靠近直腹板附近各有一条长约 30m、宽约 0.2mm 的顺桥向裂缝。顶板底面靠近实体肋附近有数条几乎平行分布的顺桥向裂缝，断断续续，长约 20～40m，裂缝宽度在 0.05～0.1mm 之间。典型裂缝分布见图 3.3.2-25。

②底板及斜腹板裂缝。底板底面发现了较多的斜向裂缝，分布在靠近 24 号和 25 号墩范

围内，裂缝长度在1.0～4.0m之间，宽度为0.15～0.2mm。斜腹板的底面也有一定数量的斜向裂缝，大部分是从底板延伸过来的，裂缝长度在0.5～3.0m之间，宽度在0.1mm左右。典型裂缝分布如图3.3.2-26所示。

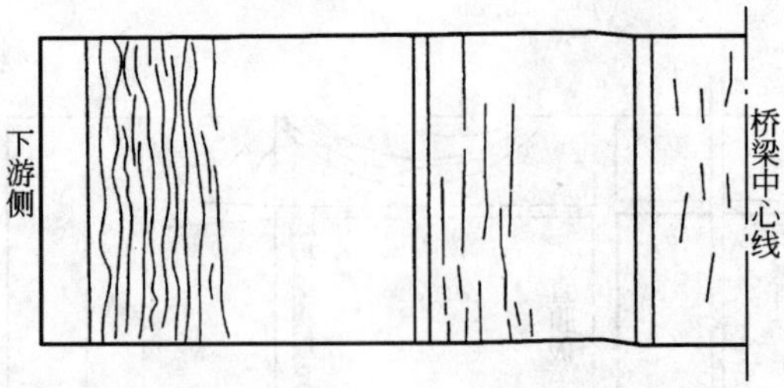

图3.3.2-25　49.5m跨主梁顶板底面典型裂缝分布图

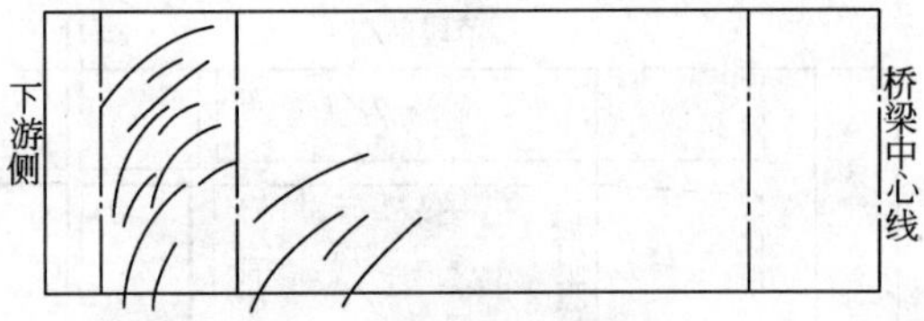

图3.3.2-26　49.5m跨主梁底板底面典型裂缝分布图

2）裂缝成因分析

裂缝产生的原因，一般可以分为由荷载（包括结构自重力、预应力和活载等）引起的裂缝和由变形（包括混凝土的收缩、徐变，模板的变形及温差等）受到约束引起的裂缝。混凝土材料的诸多特性及特有的施工工艺，决定了混凝土结构物产生裂缝往往是多种原因（如材料构成、结构构造、施工工艺、环境条件等）共同作用的结果，精确分析其影响程度是非常困难的，且本桥的裂缝观测是在主梁压溃破坏以后进行的，裂缝产生的具体时间无法确认，给裂缝分析带来了困难。因此，加固中仅对裂缝产生的主要原因进行分析。

（1）分析思路

通过对上述4类裂缝的初步分析，可以发现裂缝出现的位置、方向等方面有较明显的规律性。由此初步推断，以上裂缝多数是由荷载引起的结构性裂缝。为此分别建立了标准节段和49.5m跨主梁空间有限元计算模型，利用SAP91软件进行了相关的分析验证。

（2）主梁标准节段计算模型

纵桥向取6号、7号块2个节段，共16m；横桥向按对称性取半桥计算。节点为9890个，单元为5168个。

有关计算模型说明如下：

①单元计算

采用三维8节点块单元，使用不协调位移模式，按中等程度扭曲的单元计算。

②边界条件

6号块端部（靠桥塔侧）：除横桥向水平位移约束释放外，其余约束；

对称轴上的顶板和横隔梁：除横桥向水平位移约束外，其余释放。

③模拟实际加载过程，荷载按4个工况考虑。

工况一：在7号块端部施工纵向预应力；

工况二：工况一＋斜腹板预应力；

工况三：工况二＋横隔梁预应力；

工况四：工况三＋索力和自重。

④普通钢筋的作用未计。

结构出现裂缝以后，将使结构的刚度降低，并将发生应力重分布，此影响未考虑。

（3）49.5m 跨主梁空间有限元计算模型

纵桥向取 64.835m（支架上现浇部分），横桥向按对称性取半桥计算。

①边界条件

桥梁中心线处：除横桥向水平位移约束外，其余释放；24 号、25 号墩实际布置支座处竖向位移约束，其余释放；21 号块端面顺桥向水平位移约束，其余释放。

②加载工况

工况一：一期恒载；

工况二：一期恒载＋二期恒载；

工况三：一期恒载＋二期恒载＋汽车。

其他与标准节段计算模型相同。

（4）裂缝成因分析

①底板、斜腹板裂缝

a. 经调查，底板月牙形裂缝是由于底板薄，预应力筋偏少，在主梁施工中，牵索挂篮对主梁产生了上拉力，因此产生了底板月牙形裂缝。从 9 号块以后增加了底板预应力钢筋，此类裂缝未再发生。

b. 工况三（张拉横隔梁预应力）时，底板、斜腹板底面交界处附近纵桥向的主拉应力分布见图 3.3.2-27。由图可见，最大主拉应力超过了 3.0MPa，并且主拉应力沿纵桥向分布的峰值区域与出现裂缝的位置吻合。其余工况的应力均比工况三低。由此可以判断，底板、斜腹板底面的裂缝是张拉横隔梁预应力时产生的。另外，节段间混凝土龄期差引起的收缩差异也有一定的影响。

②横隔梁裂缝

a. 自来水管预留孔处，由于截面的突然变化，引起局部应力集中，导致该处沿径向产生了少量裂缝。

b. 原设计横隔梁厚度为 25cm，在下缘布置有预应力钢绞线，由于波纹管的外径为 10cm，横隔梁在波纹管处的净厚度仅有 15cm。另外，此处构造钢筋过少。不难确定，横隔梁在波纹管处的净厚度不够及构造钢筋不足是引起开裂的主要因素。

③主梁实体肋内侧裂缝

工况三（张拉横隔梁预应力）时，实体肋内侧纵桥向的竖向应力分布见图 3.3.2-28。由图可见，最大拉应力为 0.86MPa，其峰值区域与裂缝出现的规律吻合。原结构在此位置配筋较少，仅配置 $\phi 12$ 钢筋，间距 20cm。另外，主梁内模刚度较大，实体肋部分混凝土收缩受到约束，也是引起开裂的原因之一。

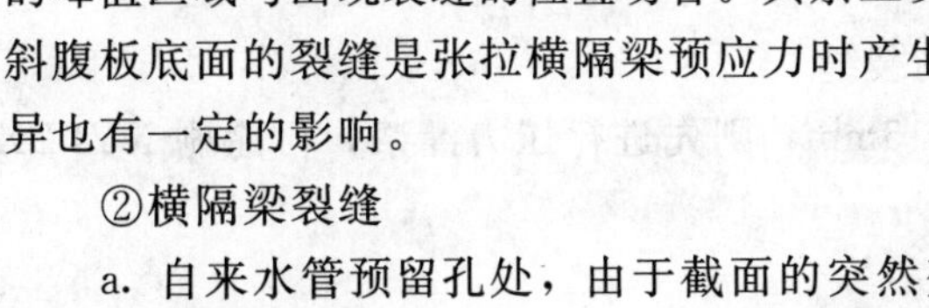

图 3.3.2-27　底板、斜腹板底面交界处附近纵桥向的主拉应力分布图（单位：MPa）

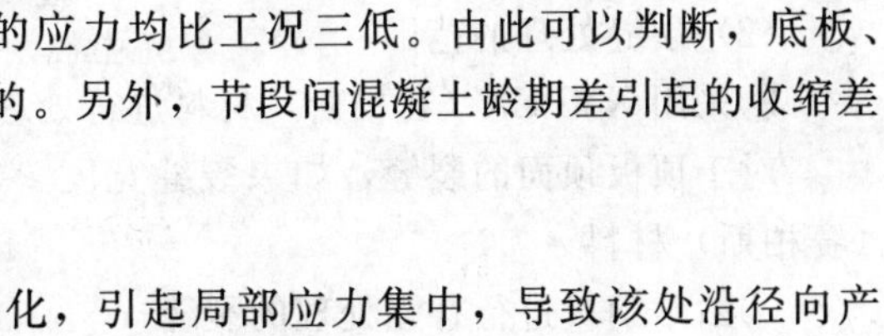

图 3.3.2-28　实体肋内侧纵桥向的竖向应力分布图（单位：MPa）

④24 号～25 号墩间（即 49.5m 跨）主梁裂缝

49.5m 跨主梁产生裂缝主要是由主梁构造布置不当引起的，表现在以下 4 点：

a. 主梁截面过于单薄，顶板、底板及斜腹板厚度与其相应的受力极不适应。

b. 在 43.8m 无斜拉索区域，主梁两侧仍设有重量较大的实体肋，加之没有设置横隔梁，使桥面板产生了较大的横桥向轴向力，最终导致桥面板顺桥向严重开裂。

c. 对于支点附近的主梁，由于剪力较大，此范围内的斜腹板及底板没有进行加强，引起主拉应力过大，导致在斜腹板及底板产生斜向裂缝。

d. 顶板、底板及斜腹板的横向钢筋布置较少，不能满足相应的受力要求。

空间模型的有限元分析结果确认了上述判断。

3）保留段主梁的裂缝处理

（1）裂缝处理的基本原则

①裂缝位置后期荷载产生的拉应力超过容许值时，应对裂缝进行补强处理。

②裂缝已经贯通时，应对裂缝进行补强处理。

③对于直接受雨水侵渗的桥面板裂缝，采用抗渗性能高的 XYPEX（赛柏斯）材料进行处理。

④不符合上述 3 条时，裂缝按耐久性进行处理：裂缝宽度≥0.15mm 时，采取压力灌浆；裂缝宽度＜0.15mm 时，仅作表面封闭处理。

（2）裂缝处理的范围

①采用 XYPEX（赛柏斯）材料进行处理的裂缝

对于顶板顶面的裂缝，如果裂缝宽度≥0.15mm，则先进行压力灌浆，再涂刷 XYPEX（赛柏斯）材料。

②粘贴钢板进行补强处理的裂缝

在离 24 号墩 3～12m 处的 49.5m 跨的底板底面粘贴钢板条进行裂缝补强处理。

③灌浆及封闭处理的裂缝

全桥其他各类裂缝根据裂缝宽度进行压浆或封闭处理。

（3）裂缝处理的时间

首先进行顶板顶面裂缝的处理，其中 49.5m 跨的顶板顶面的裂缝应在本跨加固体外横向预应力索张拉之前完成，而底板底面粘贴钢板条应在本跨加固完成后进行。其他位置的裂缝可由施工单位根据工序安排，以不影响主梁的重建和加固施工又能够保证处理质量为原则。

（4）裂缝处理的施工工艺

①XYPEX（赛柏斯）材料涂刷工艺

作为一种用于混凝土防水和混凝土保护的新型高科技材料，其配制和涂刷工艺应在厂家技术人员的指导下进行。

②粘贴钢板条的施工工艺

a. 标出裂缝的宽度，按裂缝宽度≥0.15mm 和＜0.15mm 进行区分。

b. 对宽度≥0.15mm 的裂缝进行灌浆。

c. 开凿需粘贴钢板条的孔位。

d. 混凝土表面凿毛。

e. 钢板条的处理。

③封闭裂缝处理工艺

a. 将裂缝沿裂缝方向分成小段，并用切割机将缝锯成小槽。

b. 清洗小槽。

c. 在小槽内及两侧涂环氧胶液。

d. 用根据现场温度配制的环氧胶泥填充小槽，并压实抹平。

e. 环氧胶泥固化后，若表面不平，必须打磨平整。

④裂缝灌浆处理工艺

a. 清洗裂缝。

b. 布置压浆嘴。

c. 用胶带封闭裂缝。

d. 在裂缝表面涂环氧胶液。

e. 用环氧胶泥封闭裂缝表面及压浆嘴四周。

f. 检查裂缝封闭情况。

g. 检查灌浆设备的封闭情况。

h. 根据现场温度定量配制环氧胶液。

i. 灌浆。

灌浆结束后，立即撤除管道。待环氧胶液固化后，拆除压浆嘴，并用环氧胶泥封闭。环氧胶泥固化后，若表面不平，必须打磨平整。

4）49.5m 跨主梁裂缝的分析与加固处理

保留段主梁局部拆除完毕后，全面检查中发现 24 号～25 号墩之间现浇段 49.5m 跨主梁出现两类裂缝，裂缝的特征为："上、下游边箱顶板顶面靠直腹板附近各发现一条长 30m、宽约 0.2mm 的沿桥纵向裂缝，上、下缘边箱顶板底面靠实体肋附近发现数条沿桥纵向几乎平行的裂缝，断断续续，长约 20～40m，宽度在 0.05～0.10mm 之间"，"靠 25 号墩附近底板底面及斜腹板底面发现一定数量的斜向裂缝，长度在 1.0～4.0m 之间，宽度在 0.15～0.20mm 范围内"。该现浇段主梁出现的裂缝是严重的，必须采取结构性补强措施，以满足使用期结构承载能力和耐久性的要求。

根据裂缝产生的原因及后期发展的趋势，对 24 号～25 号墩间现浇段主梁加固处理进行了多方案的分析研究，从改善主梁的受力状态、增加主梁的整体刚度、满足使用阶段结构承载能力和提高主梁耐久性的要求出发，采用增设 2 道纵梁和 4 道横梁，并施加横向预应力等的结构性加强措施。

（1）49.5m 跨主梁的原结构布置

①结构构造

24 号～25 号墩间主梁全长 49.835m，支座中心间梁长 48.985m。梁上有 3 道斜拉索，其锚固点分别在 24 号墩中心线及向东侧 3m 和 6m 处，最外索锚块终点到 24 号墩中心线距离为 7.3m，本跨东侧 42.535m 为无索区。

本跨主梁为等截面，截面布置与 24 号墩两侧主梁布置一样。桥面总宽 29.5m，桥上防撞栏杆外侧间距为27.5m，两侧各1m的外缘无任何构造设施。主梁横截面为双箱双室截面，中间两室为矩形截面，外侧两室为带斜腹板的五边形截面。中间开口箱间距4.9m，中室腹板中心距4.3m，桥面板净跨3.9m，边室外腹板为斜腹板宽4.5m，顶板宽8m；边室外侧为实体块1.75m，边室桥面板净跨6.05m。主梁顶板厚度22 cm，底板厚度18cm，中间直腹板厚度40cm，沿桥跨为等厚度。

本跨主梁在24号墩附近有3道横隔梁板，横隔梁间距为3m，横隔梁厚0.25m；24号和25号墩处设支座横梁，横梁厚度为2m和1.5m，主跨跨中39.335m范围内无横隔梁。

②钢筋布置

顶板顶层横向钢筋为$\phi12$和$\phi14$两类，其中$\phi12$钢筋通长布置，间距20cm，$\phi14$钢筋仅在实体处和中间两道直腹板顶层布置，间距20cm。顶板板中未设此筋。顶板底层横向钢筋亦为$\phi12$和$\phi14$两类，其中$\phi12$钢筋通长布置，间距20cm，$\phi14$钢筋仅在顶板板中设置，间距为20cm。

顶板顶层纵向钢筋为$\phi16$，在24号和25号墩附近12m范围内间距为10cm，其他位置纵筋间距约20cm。

底板顶层纵向钢筋为$\phi12$，间距约为20cm，底板底层纵向钢筋为$\phi14$，跨中20m范围内纵筋间距10cm，两端各15m范围内纵筋间距为20cm。

本跨主梁纵向为预应力结构，横向为钢筋混凝土结构。

(2) 49.5m跨主梁加固前的受力情况

①纵向受力

纵向计算中模拟了主梁各块件安装、主梁局部拆除、主梁加固和重建以及后期营运使用等阶段。表3.3.2-3列出24号～25号墩间主梁控制断面在重建阶段和营运阶段的应力变化。

②横向受力

本跨主梁横向传力有两种方式，在有斜拉索的区间，横向按照将斜拉索作为弹性支承的简支梁传力；在无斜拉索的区间，由于跨中很长的范围内没有横隔梁，主梁按照整体框架的模型传力。

主梁控制截面应力（MPa）　　表3.3.2-3

位置	工　况	$\sigma_{上max}$	$\sigma_{上min}$	$\sigma_{下max}$	$\sigma_{下min}$
断面I	拆除至14号块	3.21		6.16	
	悬浇至25号块	6.87		2.79	
	成桥后期	3.96		7.90	
	主力组合	7.55	−0.62	14.25	3.97
	附加力组合	10.16	−1.63	15.55	1.99
断面II	拆除至14号块	6.94		0.65	
	悬浇至25号块	6.13		1.65	
	成桥后期	4.83		3.46	
	主力组合	6.93	1.65	0.93	0.45
	附加力组合	9.13	1.04	8.82	−1.02

注：断面I为24号墩中心线处主梁断面，断面II为至24号墩中心距9m处主梁断面，正值表示压应力，负值表示压应力，负值表示拉应力。

按平面框架模型计算，恒载作用下顶板钢筋应力达 134.3MPa，裂缝宽度达 0.14mm；营运阶段顶板钢筋最大应力为 296.1MPa，裂缝宽度达 0.26mm。对控制截面的横向强度检算表明，截面抗力小于设计内力，强度达不到要求，承载能力不够。在对本跨空间受力分析中发现，由于本跨跨中大部分区间无横隔梁，箱梁边室内结构不对称，较重的实体块布置在箱梁外侧，引起主梁在恒载作用下产生了畸变效应，这进一步加剧了主梁横向受力。

③原结构计算结果分析

从原结构 24 号～25 号墩主梁纵、横向受力计算结构看，可以得出以下结论：

a. 本跨主梁纵向应力较低，纵向受力有一定的安全度。营运阶段，纵向压应力较小，局部有拉应力存在，但纵向应力尚满足本桥设计要求。

b. 在营运阶段，桥面板横向控制截面的强度不满足后期承载能力的要求，底板及斜腹板的横向拉应力值也很大。

(3) 49.5m 跨主梁裂缝产生的主要原因

经裂缝计算分析得知，产生本跨主梁裂缝的主要原因有以下几个方面：

①主梁断面过于单薄，顶板、底板及斜腹板厚度与其受力不相适应。

②49.5m 跨主梁 39.335m 范围内无横隔梁，主梁的横向传力途径是按整体横向框架进行的，各室主梁顶板尤其是边室顶板横向跨度过大，导致顶板横向拉应力过大而产生顶板顺桥向裂缝。

③49.5m 跨主梁约 43.8m 范围内无斜拉索区域，主梁两侧仍设计了较重的实体肋（每延米 4.2t），较重的实体肋加大了桥面板横向受力，促使桥面板顺桥向裂缝的产生。

④49.5m 跨无横隔梁区域主梁顶板横向为普通钢筋混凝土结构，而横向钢筋仅为 ϕ12，间距 20cm，承受横向力的钢筋太少。

⑤25 号墩附近的主梁，由于剪力较大，端块范围内的斜腹板及底板没有进行加强处理，主梁斜腹板主拉应力过大，导致 25 号墩附近主梁斜腹板产生斜向裂缝。

⑥24 号墩附近主梁底板纵向预应力束同一断面锚固数量过多，达 20 束 9ϕ15 钢绞线，锚后局部应力过于集中，导致 24 号墩附近主梁底板裂缝密集、贯通，后期的承载能力不满足设计要求。

根据裂缝的特征及产生的原因分析判断，主梁底板横桥向裂缝已贯穿底板，因此，需对底板进行补强加固处理。主梁顶板顺桥向裂缝和主梁斜腹板及底板斜向裂缝采用灌浆和封闭的办法进行处理，并采用结构加固的综合措施处理。

(4) 49.5m 跨加固结构设计

①加固方案设计

主梁结构加固方案主要采取了桥面板卸载、增设纵梁和横梁、设置竖向及横向预应力和底板局部加厚并粘贴钢板条，结构加固总图见图 3.3.2-29。

a. 桥面板卸载

本跨箱形主梁由于上下游边室间桥面板跨度过大，两侧实体肋太重，导致桥面板恒载状态下应力较高，后期承受荷载能力不足，因此，采取卸载措施，以降低恒载时的钢筋应力。将无索区梁段箱梁两侧多余实体肋切除，切除宽 80cm，切除的范围从离 24 号墩 10m 处开

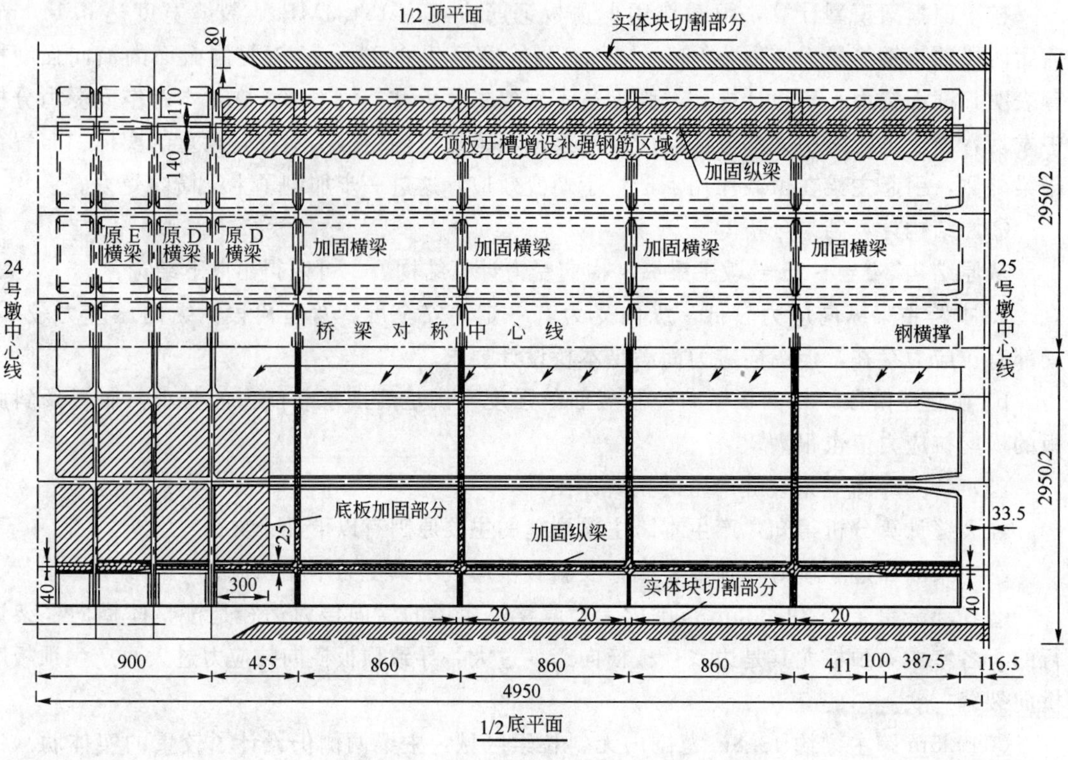

图 3.3.2-29 结构加固总图（尺寸单位：cm）

始到梁端，切割总长 39.835m。

b. 增设纵梁

在主箱梁边室斜腹板与底板交界点增设 1 道纵梁，跨中 37.5m 段纵梁腹板厚度 25cm，两端厚度增大至 40cm。纵梁下端根据纵向受力钢筋布置的需要，底宽为 61cm，上端考虑纵向受力钢筋布置和纵梁顶负弯矩较大的特点，顶宽为 85cm。增设纵梁就减小了边室桥面板的跨度，计算跨度从 6.16m 减至 4.22m。

加固纵梁采用钢筋混凝土结构，纵向受力钢筋为 ϕ25，布置在纵梁的上、下翼缘内。24 号墩附近主梁后期正负弯矩值较大，因此，纵梁上、下缘纵向加固钢筋布置较多。跨中部分主梁后期正弯矩值较大，而负弯矩较小，因此下缘纵向钢筋数量较上缘为多。25 号墩附近主梁后期正负弯矩值均较小，纵向钢筋按构造要求布置。为了保证 24 号墩处加固纵梁的纵向钢筋的可靠传力，采取将纵向钢筋植入 24 号墩支座横梁内（横梁厚度 2m）。纵梁箍筋为大箍筋，直径 ϕ12。加设纵梁后，原主梁顶板顶层横向钢筋在加固纵梁处为 ϕ12@20cm，无法满足受力要求，因此，此处增设 ϕ16@20cm 的钢筋。为此，将桥面板凿 8cm 深的槽口，槽口的宽度为 2.5m（系根据桥面板承受负弯矩的区间加上钢筋的锚固长度确定）。凿槽的纵向长度由增设横向钢筋的范围确定。槽口布置成锯齿块，以便参与后期主梁的纵向受力。

c. 增设横梁

本跨主梁无横隔梁区段共长 39.335m，在此区段增设 4 道横隔梁，招宝山侧第一道横隔梁由于受顶板预应力锯齿块的影响，布置在离原结构横梁 4.5m 处，其他 3 道横隔梁基本等间距布置，间距为 8.6m。横梁厚为 20cm。箱室内横隔梁与顶板相接处设置 15cm×15cm 的梗肋。

加固横梁为钢筋混凝土结构。横梁分布钢筋为 ϕ12，间距 15cm。横梁钢筋穿过原主梁直腹板时钻孔，孔内插入 ϕ12 钢筋，两端与加固横梁的分布钢筋搭接。桥面上开 ϕ150mm 的横梁混凝土灌注孔，灌注孔后期作为横梁的抗剪柱，孔内布置 ϕ16 的抗剪钢筋。

加固纵横梁及顶板开槽后浇筑的混凝土，均采用 C50 微膨胀混凝土，并按相应的养生条件进行养生。

d. 设置竖向预应力

• 加固纵梁竖向预应力（图 3.3.2-30）

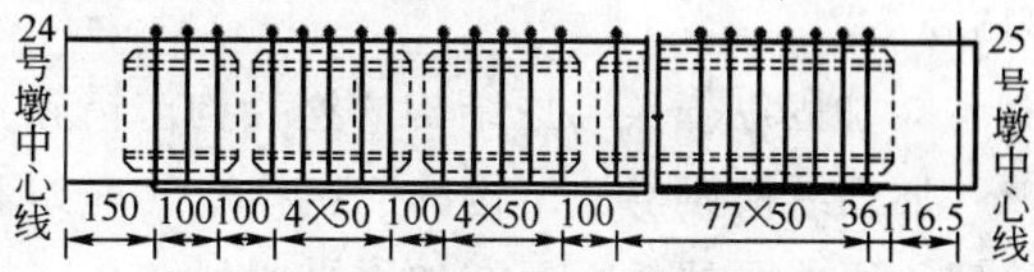

图 3.3.2-30 加固纵梁竖向预应力布置图（尺寸单位：cm）

加固纵梁设置竖向预应力粗钢筋，目的有以下两点：第一，因为加固纵梁后期要承受较大的剪力，因而加固纵梁和桥面板与底板接缝面将会产生较大的剪应力。由于加固纵梁为后期浇筑的混凝土，与桥面板和底板的接缝面的抗剪能力比同期浇筑的混凝土有所降低，因此，利用预应力来提高接缝面的抗剪能力；第二，加固纵梁的混凝土收缩可能导致加固纵梁与桥面板接缝不密实，因此采用预应力来保证加固纵梁与桥面板的可靠连接。加固纵梁的竖向预应力采用冷拉 IV 级粗钢筋，直径 ϕ25，间距 50cm，轧丝锚体系锚固。加固纵梁的竖向预应力筋位置处桥面板需钻 ϕ32mm 孔，粗钢筋锚固在底板底面和顶板顶面。

• 加固横梁竖向预应力（图 3.3.2-31）

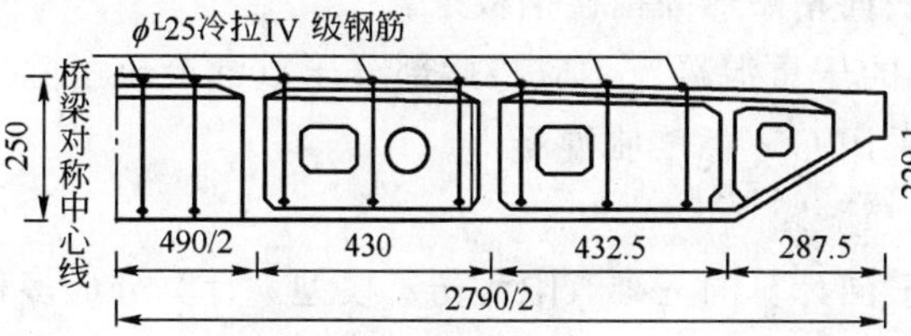

图 3.3.2-31 加固横梁竖向预应力布置图（尺寸单位：cm）

加固横梁设置竖向预应力粗钢筋，其目的是为了保证加固横梁与桥面板的可靠连接。竖向预应力采用冷拉 IV 级粗钢筋 ϕ25，轧丝锚体系锚固。加固横梁的竖向预应力筋位置处仅在桥面板上钻 ϕ32mm 的孔，竖向预应力筋一端埋在加固横梁内，另一端锚在桥面板上，露出梁体外侧的粗钢筋进行封锚处理。

加固纵横梁的竖向预应力均采用无粘结预应力，其原因基于：减小钻孔的直径；避免后期孔道压浆不易操作且难以压密实的情况。

e. 设置横向预应力和开口箱下缘钢横撑

布置横向预应力束的目的有以下 3 个方面：

• 原结构桥面板已产生顺桥向裂缝，由于原结构横向钢筋数量不够，恒载作用下，横向钢筋的拉应力较大，因此，采用横向预应力来降低原结构横向钢筋的应力；

• 桥面板局部开槽后浇的混凝土会产生收缩，后期可能与原结构间产生收缩缝，采用横向预应力可以克服后浇混凝土的收缩影响，使新老混凝土的接缝密实；

• 横向预应力束可以参与后期横向受力。

横向预应力采用体外预应力束，采用 3ϕ15 的钢绞线，OVM 锚固体系。钢绞线外包 PE 护套进行防护。横向预应力束锚固在两侧的实体肋上。为了防止开口箱桥面板产生过大局部弯矩，在开口箱下缘布置钢撑杆，要求钢撑杆两端与直腹板密贴，连接可靠。横向预应力穿过实体肋及直腹板处钻 ϕ60mm 及 ϕ80mm 的孔，待横向预应力束张拉完毕后，孔内灌注环氧树脂封孔。为防止钢绞线锈蚀，实体肋外侧进行封锚处理。横向体外预应力布置见图 3.3.2-32。

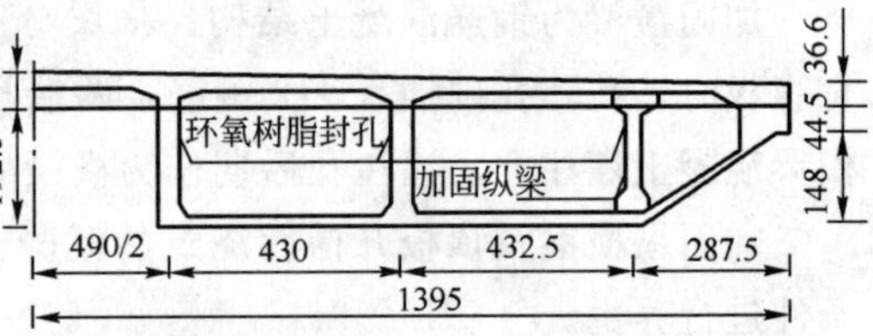

图 3.3.2-32 横向体外预应力布置图（尺寸单位：cm）

f. 加固纵横梁与原结构的连接构造措施

加固纵横梁与原结构的连接构造处理如下：原结构与加固纵横梁的接触面均需进行凿毛处理。原主梁的桥面板在加固纵梁处钻孔（桥面板钻透），孔内植入 ϕ16 的钢筋，上端锚在顶板开槽的混凝土内，下端锚固在加固纵梁内。原主梁的底板在加固纵梁处钻孔，孔深 10cm，孔内植入 ϕ16 的钢筋作钎钉。由于加固横梁受力较小，加固横梁与桥面板的连接仅采用预应力钢筋及混凝土灌注孔作抗剪柱来连接，不再设置钎钉连接。

g. 底板补强处理构造措施

在 24 号墩附近主梁底板产生横向裂缝的区域新浇一层底板混凝土，厚度为 18cm，新浇底板内布置 ϕ20 的纵向受力钢筋，纵向受力钢筋的数量根据后期底板受力大小确定。为保证底板的传力中心线不变，在加固区域原底板底面粘贴加固锚栓钢板条。

在 24 号墩附近主梁箱内原布置了低等级的压重混凝土，应将此部分压重混凝土凿除后才能浇筑补强加固混凝土。补强加固混凝土采用 C50 微膨胀混凝土。

②加固计算分析

主要针对主梁的横向受力，建立了用于横向计算的三维有限元仿真模型。计算分成多种情况进行，包括：主梁在加固前的受力状态；切除无索区梁段箱梁两侧实体肋 0.8m 对后主梁受力的影响；张拉横向预应力对结构横向受力的影响；二期恒载对结构横向受力的影响；以及活载对结构横向受力的影响。

从加固计算结果分析，可以得出如下结论：

a. 桥面板卸载对减小主梁的横向拉应力，特别是主梁顶板处横向拉应力是有效的，边箱直腹板附近顶板顶面横向拉应力减小约 0.8MPa。

b. 增设纵梁、横梁减小了主梁边室桥面板的跨径，加强了主梁上下游两箱室的整体性能，主梁横向受力得到明显改善。顶板顶面的横向应力减小了 1.5～2.0MPa，底板最大应力由 4.28MPa 降到 1.28MPa。

c. 主梁张拉竖向及横向预应力，尤其是横向预应力可以增加箱梁横向压应力，边箱直腹板附近顶板顶面产生约 0.5MPa 的压应力有利于限制裂缝的进一步发展，同时可以参与后期箱梁的横向受力。竖向预应力提高了主梁抗剪能力，限制斜裂缝的开展。

d. 加固措施对提高主梁横向承载能力是有效的，主梁边箱直腹板附近顶板顶面的横向应力从加固前的 3.3.67MPa 减小到 0.32MPa，主梁最大横向应力为 2.09MPa，满足规范要求。

e. 加固措施对限制裂缝的开展是有效的。

f. 强度验算表明，各控制截面的极限强度满足规范要求。

(5) 49.5m 跨加固施工方案

①支架法施工

本跨主梁的加固需在原结构上凿孔，实体块分段切割时要设置承托，横梁开口箱加固时模板要设置支撑，施工中的临时荷载要有支承结构，因此，主梁的加固要在支架上进行。由于主梁已建立了预应力体系，梁内应力的可调性受到限制。同时，为了防止本跨主梁加固支架的不均匀沉降导致各支点反力不均的现象发生，还必须在支架上设置千斤顶。主梁的支顶力按原主梁自重力的 1/3 来配置。

②分段加固

主跨主梁的加固从 25 号向 24 号墩方向进行，分段加固处理，每道加固横梁和其东侧加固纵梁全段及其西侧加固纵梁的 1m 同时施工，为 1 个加固段。全桥共分 5 个加固段。本段加固处理过程中同时安装开口箱的横向撑杆，本段桥面开槽及补强钢筋在本段加固纵横梁施工之后进行，待桥面板新浇混凝土强度达到设计值后，张拉箱梁横向预应力束。

③施工工序

a. 支架基础施工→支架安装→顶梁；

b. 切割混凝土实体块→桥面开凿进人下料孔及混凝土灌注孔→压重混凝土凿除；

c. 钢横撑杆安装→加固纵横梁施工→横梁竖向预应力施工→顶板开槽及补强钢筋安装→纵梁竖向预应力及横向预应力施工→底板加固混凝土施工→封锚及实体外侧装饰带施工→拆除支架千斤顶→拆除支架。

④裂缝处理措施

a. 裂缝位置处后期荷载产生的拉应力超过截面容许拉应力的裂缝，或者已经贯通的裂缝，通过粘贴钢板条等措施对裂缝进行补强处理（图 3.3.2-33）。

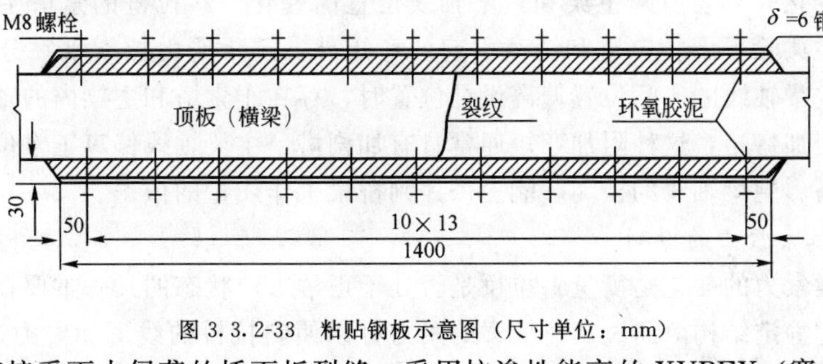

图 3.3.2-33　粘贴钢板示意图（尺寸单位：mm）

b. 对于直接受雨水侵袭的桥面板裂缝，采用抗渗性能高的 XYPEX（赛柏斯）材料进行处理。

c. 其他材料按耐久性进行处理。对裂缝宽度≥0.15mm 的裂缝采用压力灌浆（图 3.3.2-34）；裂缝宽度＜0.15mm 时，仅作表面封闭处理。

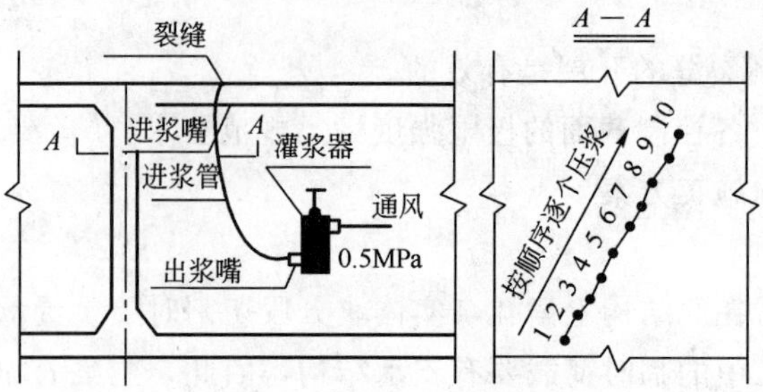

图 3.3.2-34 顶板、横梁压浆示意图

§3.3 斜拉桥的检测与评价

斜拉桥建成通车以后，由于车辆荷载、温度和其他环境因素的作用以及材料本身某些随时间变化的特性的影响，桥梁结构的几何线形及内力状态将会发生变化，在不利因素的长期作用下桥梁的功能一般都在逐渐退化。如拉索需要更换（因拉索设计使用寿命通常为 25 年至 30 年），则说明拉索质量严重退化。桥梁的其他部分（如主梁、索塔、墩台、基础等）功能状况在换索前亦应检测验算评价，这是因为换索过程中要首先卸掉被换的索，这将引起斜拉桥各部分内力的变化，如主梁某些断面弯矩增大以及邻近索索力的增加等。在进行换索过程中的结构验算时，必须同时考虑结构有关构件质量退化的状态。另外，伴随换索过程一般要同时对整座桥梁进行大修。大修项目的确定乃至大修方案的选择都与桥梁的实际技术状况有关，因此，在换索工作进行以前对需要换索的斜拉桥的技术状况进行全面的检测是十分必要的。

一、斜拉桥的检测项目

根据每座桥梁的具体情况，对斜拉桥的检测重点会各有不同，一般说有如下的一些项目要进行检测。

1. 斜拉桥主梁及索塔轴线的检测

主梁和索塔轴线的空间位置是衡量斜拉桥是否处于正常工作状态的一个重要指标。混凝土徐变、温度变化等都会引起主梁和索塔轴线位置的变化。斜拉桥的索塔主要承受轴向压力，斜拉桥的主梁除了承受自重和活载引起的弯矩外，还承受由拉索水平分力引起的轴向力。当索塔和主梁轴线的实际位置偏离设计位置时，存在于索塔和主梁内的轴向力就会在塔和主梁内产生附加弯矩，这种附加弯矩通常具有加剧塔、主梁轴线偏离正常位置的倾向。通过对斜拉桥索塔、主梁轴线的检测，能提供评判桥梁工作质量的依据。

2. 斜拉桥拉索索力的检测

斜拉桥拉索索力的变化是衡量斜拉桥是否处于正常工作状态的又一重要指标。斜拉桥是一种内部高次超静定结构，通过调整拉索的索力可以使斜拉桥的线形和内力达到理想状态。但是，如果实际索力偏离了设计索力，也会使索塔和主梁产生弯矩。通过对斜拉索索力的检测，不仅能为总体上评价斜拉桥的技术状况提供依据，同时也能在一定程度上发现拉索的锚固系统、防护系统是否完好，拉索钢索是否发生锈蚀等。

3. 主梁各控制部位应力的检测

斜拉桥的主梁既是形成斜拉桥这一桥型结构的主要构件之一，同时它又直接承受着车辆和人群荷载的作用。如常见的主梁多为分离式双室箱梁，每隔 4～6m 设一横隔板以加强两箱梁之间的联系，在恒载和车辆荷载作用下主梁各部分具有不同的受力特点，箱梁的底板主要表现为整体受力，由活载引起的局部影响较小；箱梁的顶板除了参与整体受力外，还直接受到车辆荷载的作用；横梁主要表现为局部受力。在整体受力时，箱梁顶板的下缘受压，在受局部荷载作用时箱梁顶板的下缘受拉，因此箱梁顶板的下缘会经常处于多变应力状态下，这会加速构件的疲劳，促使裂缝的开展。通过对主梁各控制部位在给定外荷载条件下的应力检测，不仅能直接了解各测点的应力状态，为评价桥梁总体的技术状态提供依据，还能通过控制点应力状态的变异来发现桥梁结构的变异。

4. 桥梁自振特性及振动水平的检测

桥梁自振特性与桥梁结构的刚度、质量及其分布有关，它是从整体上表征桥梁结构状态的一个特征值。通过对桥梁结构自振特性的检测，能从整体上把握桥梁结构的工作状态。在其他条件不变的情况下，若发现桥梁振动频率降低，则说明桥梁的整体刚度在退化。又如桥梁某阶振动频率变化不大，但是发现局部振型有变化，则说明桥梁可能出现局部损伤，引起桥梁的局部刚度退化等。

5. 斜拉桥拉索防护层、钢拉索及拉索锚头锈蚀情况的检测

斜拉桥的拉索是斜拉桥的主要受力构件，它将主梁的恒载和活载通过索塔传递给地基。如果斜拉桥的拉索失效，则整座桥梁将面临倒塌的危险，因此对斜拉桥拉索防护层、钢拉索以及锚固系统锈蚀情况进行检测非常重要。通过检测可以了解拉索质量退化情况，为选择何种修复措施或决定拉索是否要进行更换提供依据。

6. 主梁混凝土裂缝开展、混凝土风化、钢筋锈蚀情况（主梁为混凝土或预应力混凝土结构）、钢梁锈蚀情况、钢梁联结部位高强螺栓紧固情况、钢梁与混凝土桥板的裂缝开展及风化情况（主梁为结合梁）、索塔混凝土的裂缝开展以及风化情况的检测

主梁及索塔的混凝土质量退化（包括裂缝开展、风化）以及进一步引起的混凝土内部钢筋的锈蚀或者是钢梁的锈蚀等都与桥梁整体质量的退化密切相关，通过对这些项目的检测能更全面地评价桥梁的技术状态。

7. 桥面铺装、支座、伸缩缝、桥面排水系统、栏杆、照明设备等桥梁附属设施的检测

桥面铺装、伸缩缝、桥面排水系统、栏杆、照明设备等桥梁附属设施的完好程度不仅直接影响桥梁的使用性能（如不良的桥面铺装和伸缩缝会引起车辆的颠簸），而且也会影响桥梁的安全性和耐久性（如不良伸缩缝会增大车辆对桥梁的冲击作用，甚至导致局部构件的损坏。桥面排水系统不能妥善地将雨水排出桥外，则可能加剧钢梁或其他钢件的锈蚀）。

二、索力量测

斜拉桥拉索的工作状态是衡量斜拉桥是否处于正常工作状态的重要指标之一，精确测定索力对了解斜拉桥的工作状态显然十分重要。而在换索工程中，索力的准确测量显得尤为重要。在新建桥梁时，影响桥梁内力及线形的因素较多，这当然给施工控制增加了难度，但同时也给桥梁线形和内力的调整扩大了选择的余地。而在换索过程中能够进行调整的仅有索力一项，无论是使换索后的桥梁与换索前的桥梁工作状态（内力、线形）保持一致，还是希望通过换索对桥梁的状态进行改善，都必须以精确测量索力为前提。

（一）索力量测的方法

目前工程中常用的斜拉桥拉索索力的测量方法有如下几种：

1. 油压表读数法

该方法是根据张拉斜拉索时，油泵上油压表的读数来推算张拉千斤顶的张拉力，并认为千斤顶的张拉力就等于拉索索力。用该方法测定拉索索力时，事先要对张拉拉索的液压系统进行标定，建立油压表读数与千斤顶张拉力之间的对应关系。

油压表读数法适合于施工阶段拉索张拉的同时即确定张拉索索力的大小，对于成桥后的斜拉桥该方法就不合适了，主要是因为安装和移动张拉千斤顶（特别是当拉索的拉力较大而需要用大吨位千斤顶时）十分麻烦。

2. 传感器读数法

该方法是在张拉千斤顶的牵引杆与活塞之间串联一压力传感器，张拉力大小不是通过油泵上压力表的读数来确定，而是通过压力传感器及与之相匹配的二次仪表来测定的。利用该方法来测量拉索的索力，同样需要事先对传感器系统进行标定，建立传感器读数与它所受压力之间的关系。如果所用的传感器的性能稳定，用它来测量斜拉索的索力可望得到比油压表读数法更高的精度。因此用该方法时，传感器要与千斤顶配合使用，所以该方法与油压表读数法一样只适用施工阶段的索力测量，对于成桥后的索力量测并不方便。

3. 频率法

用该方法测量拉索索力，需首先设法测出拉索的振动频率，因拉索的振动频率与拉索的索力之间存在着一定的关系。对于某一根给定的拉索（即已知拉索的长度、每延米拉索的质量及拉索两端的支承条件），只要测出拉索的振动频率，便可求得该拉索的索力。

根据测定拉索振动频率的不同方法，频率法又可分为共振法和随机振动法。采用共振法测量拉索振动频率时，要用人工激振的方法，使拉索作单一的基频振动，然后用频率计测出拉索的基频。共振法测拉索振动频率的缺点是测量结果的准确性与操作者的经验有关，经验丰富的测试人员能在较短的时间里激出拉索的纯基频振动，而一般人往往激不出纯基频振动，当然也就测不出拉索的基频。用随机振动法测量拉索振动频率时，不用对拉索进行人工激振，而是利用风、桥面振动等环境随机激振源对拉索进行激励。在环境随机振源的激励下，拉索的振动也是一种随机振动，可利用频谱分析仪对拉索的随机信号进行频谱分析，一般可以得到拉索前几阶的振动频率。利用环境随机振动法测量拉索的振动频率具有不需要对拉索进行人工激振、测得拉索振动频率准确可靠等优点。

（二）频率法测定拉索索力的基本原理

1. 微分方程法

用频率法测定拉索索力是根据弦振动原理，因此可以用弦振动理论对拉索索力与振动频率之间的关系进行分析。

对于抗弯刚度可以忽略的张紧斜拉索，其动力平衡微分方程为：

$$\frac{W}{g}\frac{\partial^2 y}{\partial t^2}-T\frac{\partial^2 y}{\partial x^2}=0 \tag{3.3.3-1}$$

式中：y——横向坐标（垂直于索长方向）；

x——纵向坐标（索的长度方向）；

W——单位索长的重力；

g——重力加速度；

T——索的张力；

t——时间。

解方程式（3.3.3-1），假定索的两端是固定不动的，得：

$$T=\frac{4WL^2}{n^2 g}f_n^2 \tag{3.3.3-2}$$

式中：f_n——索的第 n 阶自振频率；

L——索长；

n——索的振动阶数。

对于需要考虑抗弯刚度的斜拉索，其动力平衡微分方程为：

$$\frac{W}{g}\frac{\partial^2 y}{\partial t^2}+EI\frac{\partial^4 y}{\partial x^2}-T\frac{\partial^2 y}{\partial x^2}=0 \tag{3.3.3-3}$$

式中：EI——索的抗弯刚度。

如果索的两端是铰支的，则方程式（3.3.3-3）的解有如下简单的形式：

$$T=\frac{4WL^2}{n^2 g}f_n^2-\frac{n^2 EI\pi^2}{L^2} \tag{3.3.3-4}$$

如索的两端的边界条件具有其他的形式（如两端固结或一端固结一端铰支等），则方程式（3.3.3-3）的解不能用索力 T 的显式表示，要通过试算才能求得索力 T。

2. 有限元分析法

当需要考虑拉索的抗弯刚度，同时拉索的边界条件又比较复杂时，用解微分方程的方法求索力比较麻烦，这时可以用有限元方法来进行求解。将斜拉索当作一平面结构，并把整根拉索划分成若干个单元，在建立单元刚度矩阵时，考虑拉索的几何刚度，根据实际测得的频率进行计算。

（三）影响拉索振动频率的若干因素

1. 拉索的抗弯刚度对振动频率的影响

斜拉索抵抗横向变形的刚度由两部分组成，一部分是拉索的物理刚度（即通常称的抗弯刚度），另一部分是拉索的几何刚度。对于正常使用下的拉索其刚度主要由几何刚度提供，物理刚度较之几何刚度常常可以略去不计。所以在用频率法测量拉索索力时，在测得拉索的振动频率后，用简单的不考虑拉索抗弯刚度的方式来推算拉索的索力不会造成太大的误差。拉索的抗弯刚度的存在将使拉索的频率增加，不考虑这种影响，将使算得的索力偏大，这种误差对于一般的索力来说约为 2%～3%，对于特别短的索可达 5%～7%。为消除这种误差，可以考虑用抗弯刚度的解析式或用有限元法来求索力。

2. 拉索垂度的影响

在前面分析拉索振动时，均把拉索简化为张紧的弦，即假定拉索是没有垂度的。Halg 在对拉索进行静力分析时，引入了无量纲参数 K。K 由下式决定：

$$K=\frac{H}{\beta} \tag{3.3.3-5}$$

$$\beta=\sqrt[3]{\frac{W^2L^5AE_s}{24L_s^3}} \tag{3.3.3-6}$$

式中：H——索力的水平分量；

L_S——索的水平投影长度；

W—— 单位长度拉索的重力；

A——索的截面积；

E_s——索的弹性模量；

L——索的长度。

静力研究的结果表明，当 $K>1.5$ 时，可以不考虑索垂度的影响，索力和索伸长之间存在着线性关系；当 $K<1.5$ 时，可以不考虑索垂度的影响，但这仅是对索的静力特性而言。

通过对拉索振动频率随参数 K 的变化规律的分析，发现拉索垂度对基频影响较大，对高频的影响较小。通常情况下，4 阶以内的振动频率可以认为不受拉索垂度的影响。拉索垂度的存在增加了拉索在垂直平面内的弯曲刚度，使拉索的频率增加，因此不考虑垂度的影响将使算得的索力较实际索力偏大。

以钱江三桥最长的索为例，其

$$W=84.1\times9.8=824.18\text{kN/m}$$

$$L=154.679\times\cos29.36°=134.8\text{m}$$

$$A=0.0108\text{m}^2$$

$$E_s=1.6\times10^5\text{MPa}$$

$$L_c=154.679\text{m}$$

$$H=4.37\times10^6\times\cos29.36°=3.91\times10^6$$

$$\beta=\left[\frac{824.18^2\times138.5^5\times0.0108\times1.6\times10^{11}}{24\times154.679^3}\right]^{1/3}$$

$$=\left[\frac{5.22\times10^{25}}{8.88\times10^{10}}\right]^{1/3}=8.38\times10^5$$

$$K=\frac{H}{\beta}=\frac{39.1}{8.38}=4.67$$

3. 减振器的影响

由于风或桥面振动的激励，斜拉索会发生多种形式的振动，有时振幅会很大。为了抑制拉索的振动，常常在拉索两端近锚头的附近安装减振器。减振器以往常用的形式有液压减振器和橡胶减振器。液压减振器相当于一个阻尼元件，橡胶减振器除了提供阻尼以外，本身还有一定的刚度，相当于阻尼与弹性的组合元件。阻尼器对拉索的约束作用使拉索的自由长度减小，提高了拉索的自振频率。由于阻尼器对拉索频率的影响比较复杂，用分析的方法来确定这种影响比较困难。一种实用的方法是：对于某一特定的桥梁，通过测量每一根拉索安装阻尼器前后的频率变化，来确定阻尼器对拉索的约束作用。用 f_1 和 f_2 分别表示安装减振器前后的拉索的振动频率（基频），用 l_1 和 l_2 分别表示拉索的实际索长和换算索长，则换算索长可以近似表示为：

$$l_2=\frac{f_1}{f_2}l_1 \tag{3.3.3-7}$$

求得每根索的换算索长后，装有阻尼器的拉索便可以根据实测的拉索振动频率、换算索长来计算拉索的索力。

三、斜拉桥检测实例

营运状态下，斜拉桥日常养护维修检测主要目的是通过中长期及不定期检测、分析，确定现有结构的承载能力、使用耐久性；定期观测其变形（分温度、徐变对挠度的影响，超重荷载通过时挠度的变化等）；索力的量测、动力特性的量测分析和斜拉索防护（锈蚀、疲劳、气候等因素的影响）及耐久性的分析判断。需采用现代化的诊断量测手段，长期积累数据，以保持桥跨结构处于良好的工作状态。

以下以济南黄河公路斜拉桥（图 3.3.3-1）为例详述桥梁营运中检测的内容和数据分析。

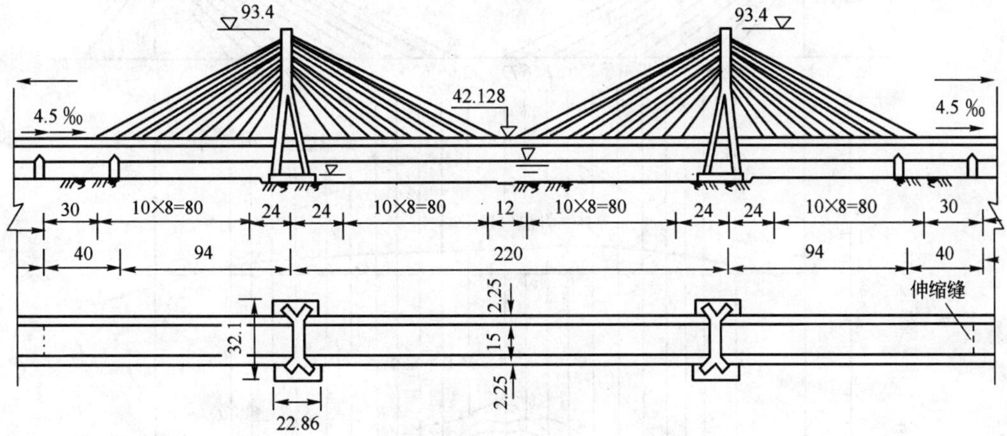

图 3.3.3-1　济南黄河公路桥立面图（尺寸单位：m）

(一) 变形观测

自 1991 年起，主梁上重新设置了高程测点，先后进行了 6 次系统的高程与水平位移测量，分析表明：

(1) 斜拉桥受气温、日照、汽车荷载等的影响，主梁挠度与水平位移随时变化，挠度值较大，水平位移值较小，其变形、受力较复杂。

(2) 午夜，在临时中断交通的条件下测量主梁的挠度，挠度值有一定规律性，在相同气温条件下主梁挠度基本相同，并呈一定挠度曲线，相邻点无突变。跨中挠度随温度的变化值为 0.2cm/℃左右。挠度变化的规律性与重合性，说明桥梁仍处于弹性工作状态。营运 12 年后，跨中相对高程下挠约 6cm 左右，其主要原因是后期新增荷载（桥面系增加铺装和护栏）的影响所致。此外，还受斜拉索徐舒等因素影响。

(3) 该桥所测得徐变值小于设计值。按设计计算主梁的徐变值系在建成桥后两年内基本完成。实测的冬、夏高程差值比徐变计算值（25mm）小（夏天高程差为 1.2mm，相应气温差 1℃；冬天高程差为 6.5mm，相应温度差为 6℃），在考虑了温度影响后，其实际徐变值在 10mm 以内（图 3.3.3-2）。

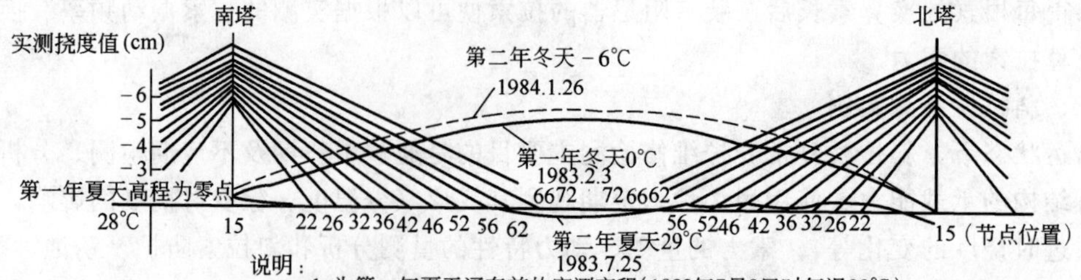

说明：

1. 为第一年夏天通车前的实测高程（1982年7月8日时气温28℃）。

2. 以第一年夏天实测高程为原点，后测高程减第一年夏天的差值为梁挠度值。

a)

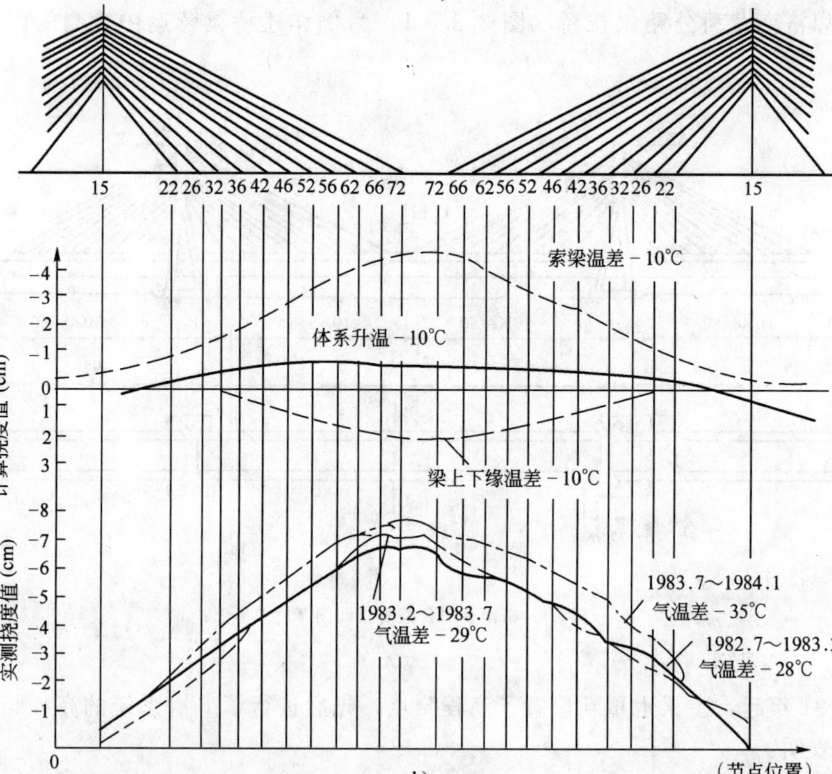

b)

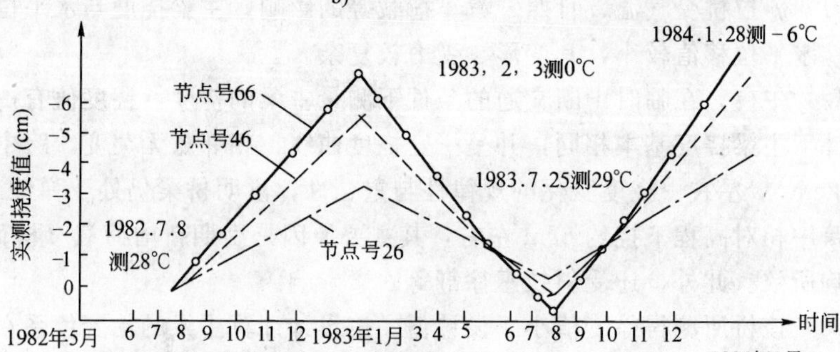

说明：

图示挠度值是以1982年7月8日通车前测的高程为零的高差值，以各点号南、北塔、上、下游四个测点绘本图。

c)

图 3.3.3-2

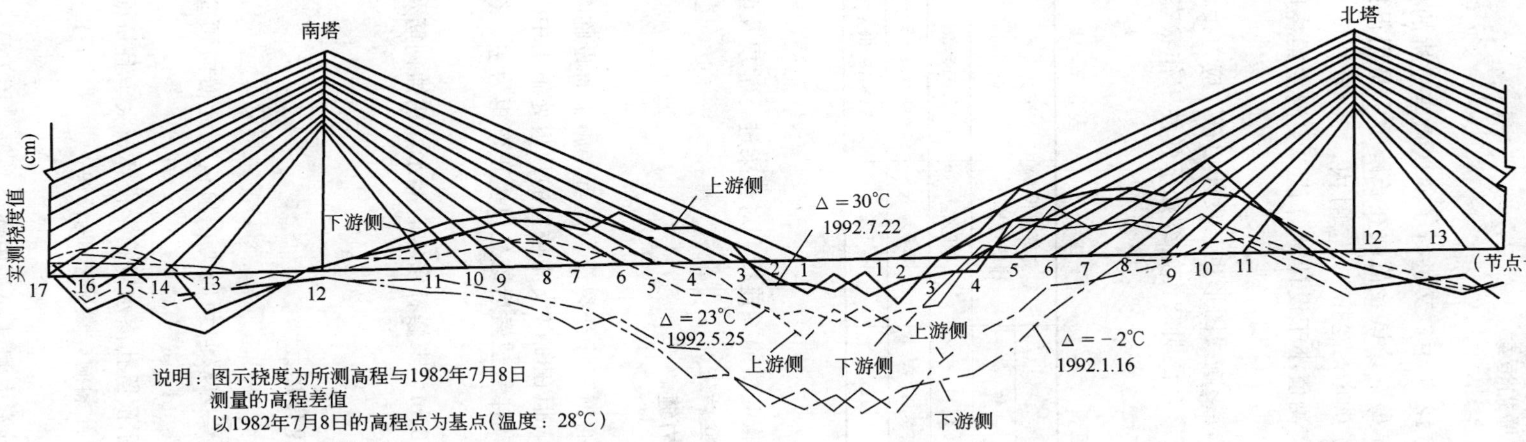

d)

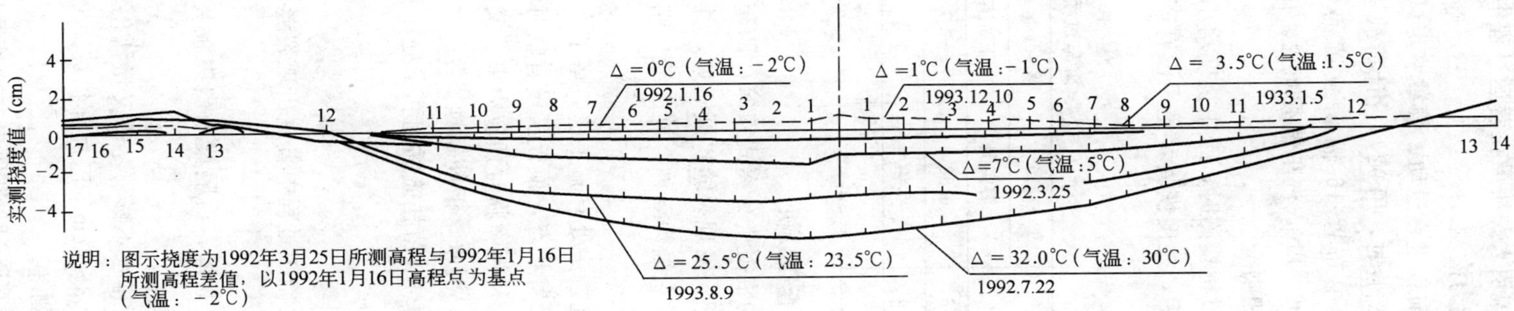

e)

图3.3.3-2　实测挠度值

a)通车后第一阶段主梁随时间挠度变化图; b）温度变化引起梁体挠度变化图； c）各节点号随时间挠度变化图； d）1992年第二阶段挠度图(与竣工系统比较)； e)1992年第二阶段挠度图(本系统比较)

(4) 由于后期恒载、桥面自重增加 14kN/m，跨中挠度下挠 5.5～7.9cm，测点变化引起曲线不圆滑，说明大跨桥梁在营运过程中不能轻易增加恒载。

(二) 承载能力检测

该桥在通车前曾进行过动、静载鉴定试验，营运 12 年中，又进行了 6 次重车过桥的检测。在竣工鉴定试验时，用 92%设计荷载进行静载试验，该试验荷载在长跨桥中是用得比较高的。跨中集中布置 16 辆满载黄河汽车（11.04m × 28m）范围内，每辆车重力 150.6kN，共 2409.6kN，汽车偏载布置。试验所得实测值小于设计计算值，实测主梁挠度曲线与计算形状相吻合。

在 6 次重车过桥检测时，跨中挠度均小于计算值，影响线图形也与设计相符，应力接近计算值。重车过后，挠度恢复，主梁没有产生残余变形，证明结构始终处于弹性工作状态，见表 3.3.3-1。

重车过桥挠度实测值表 表 3.3.3-1

时间	荷载 (kN)	挠度 (cm)			实测值与设计值之比	车宽×长 (m)
		上游实测	下游实测	计算		
1982 年 6 月	2409.6	6.88	7.78	8.83	83.0%	11.04×28
1993 年 12 月	1562.4	5.0	5.1	6.03	83.7%	34×19.65
1994 年 4 月	1515.6	4.9	5.3	5.92	86.1%	34×19.65

(三) 裂缝调查与分析

主梁为预应力混凝土分离式双箱，两箱间由桥面板与横隔梁连接，对箱梁进行常规及两次全面检查、登记，发现裂缝扩展迅速，并有新增裂缝产生。

经分析，箱梁裂缝为三种：施工缝、结构缝、受力缝。

1. 施工缝

箱梁逐段悬浇接头处有施工缝，塔下 0 号段箱梁的施工缝开裂最为严重。施工时设临时支座，受力呈双悬臂状态，顶板虽设有临时预应力束，但在临时支座位置的顶板处施工中即有斜向裂缝发生，待拆除临时预应力束后又产生裂缝，挂斜拉索后该处以受正弯矩为主，裂缝宽超过 0.3mm，漏水，钢筋锈蚀。

施工中顶板每 4m 留挂篮锚固孔 4 处，孔径 $D \geqslant 10$cm，未修补密实，漏水，锈蚀钢筋及附近的弗氏锚。

2. 结构裂缝

横隔板角隅处施工过程中普遍出现裂缝，目前未见发展。

3. 受力裂缝

箱梁顶板纵向裂缝，横隔梁与斜腹板裂缝。因箱梁为双向预应力，顶板处无横向预应力，引起纵向裂缝。

此外该桥桥面排水不畅，冬季又撒盐化雪，桥面原预留孔渗水对箱梁损坏较大。且桥面铺装厚度超过设计 3～4cm，已局部损坏，又未及时修补漏洞，裂缝扩展较快。

(四) 索力检测

该桥多次采用 YD—82 型压电式加速度传感器进行索力测试，利用环境激振，用 INV—

303 多功能数据分析系统进行采样，对 272 根索逐一检测其自振频率，并计算其索力值。测试后将索力的垂直分力与理论值对比，发现其规律性基本相同，实测值较设计值约大 9.14%。分析原因：①施工过程中悬浇混凝土重力增大约 5%，相应索力约增加 5%～6%；②通车后桥面增加自重力 14kN/m，约增加索力 3%～4%；测试误差为±（1%～2%）。

（五）斜拉索锈蚀程度与防护的检测分析

由于拉索的安全系数比较大，斜拉索因超载断索可能性极小，同时索与锚头通过了 100 万次疲劳强度试验的检验，因此疲劳破损及因风振引起的振动破损可能性也很小，实际上按计算达到设计应力变化幅度 $\Delta\sigma=200\text{MPa}$ 的设计车队每小时仅出现 2.3 次，50 年后才可能达 100 万次。尽管目前调查的日交通量达 2 万次，但有四个车道，故达到设计荷载的次数较少，所以影响拉索的承载力、结构安全度、耐久性和寿命的关键因素就只是索的锈蚀程度。

济南黄河公路大桥拉索长 33～115m，每束钢丝 67～121 根，铝套管外径 8～10cm，壁厚 2mm，管内灌注水泥浆，平均厚度 2～2.5cm，如图 3.3.3-3 所示。竣工 3 年后铝管即有胀裂，1986 年 3、4 月将桥面的拉索下端打开发现有水，钢丝有锈斑，将桥面以上 2m 钢套管内重新压注水泥浆，用环氧树脂封闭。

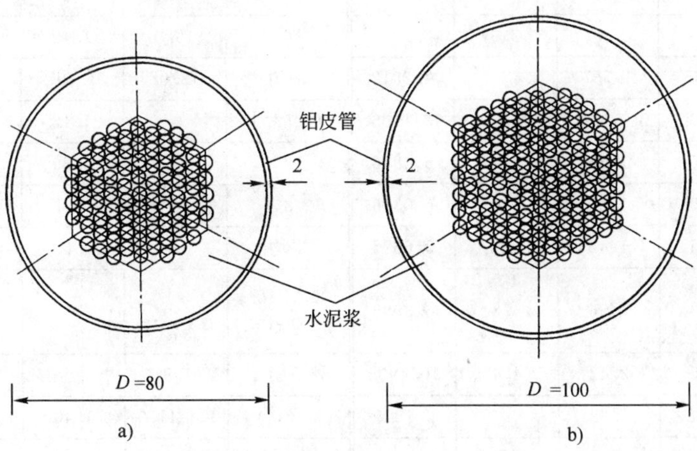

图 3.3.3-3　原斜拉索防护断面构造图（尺寸单位：mm）
a）66、74、78 丝的斜拉索；b）96、100、102、114、120 丝的斜拉索

为进一步检查斜拉索的锈蚀状况，1990 年 10 月剥开铝皮损坏严重的三根垂直索，其中南塔上游北侧一根铝管最下端约 1m 处，铝皮内有一层厚 8mm 的白色氧化物，管内水泥浆不饱满，存水深约 7cm 左右，高强钢丝锈蚀较为严重。同时剥开的九根斜拉索中，钢丝镀锌层已开始锈蚀，水泥浆不饱满部分，由于水分侵入，钢丝有不同程度的锈蚀，个别比较严重。其余垂直索中也发现有不同程度的锈蚀。最严重者为北塔下游的三根索，钢套管上端约 10～30cm 水泥浆有孔洞或泡沫疏松状，潮湿，外圈钢丝全部锈蚀，呈红褐色。该索上端 2m 以内情况也类似。锈蚀情况检测见表 3.3.3-2，钢丝束锈蚀呈月牙状，深度最大 2.42mm，整束断面削弱估测约有 11%～15%。另外部分钢丝有松动不受力的情况。部分下锚箱锚头也有不同程度的锈蚀，锚头内环氧树脂有所软化，可用铁丝挑动。北塔下游垂直索锚头存水。

斜拉索采用了镀锌钢丝外包铝管、内灌水泥浆的防护措施，由于裸露在外的铝套管长期处于大自然的工作环境之中，高强钢丝与铝管两种不同金属互相接触，在电解质的传递下产生电化学反应，具有负电位的铝作为阳极被加速腐蚀，成为电偶腐蚀，这是铝套管快速腐蚀的主要原因。

锈蚀情况检查表（1990 年 10 月检查结果） 表 3.3.3-2

位置	锈蚀长度 L_2（cm）	腐蚀深度 T（mm）	腐蚀高度 L_1（cm）	削弱断面（mm^2）	位置	锈蚀长度 L_2（cm）	腐蚀深度 T（mm）	腐蚀高度 L_1（cm）	削弱断面（mm^2）
北塔下游垂直索下端									
东北索 1	14.0	2.00	3.3	8.4116	东南索 1	14.0	1.12	4.5	4.3636
2	14.5	1.64	2.9	6.6816	2	12.0	1.44	2.5	5.7585
3	13.0	2.04	5.0	8.6086	3	14.5	0.82	6.1	3.1786
4	12.5	1.80	5.3	7.4415	4	16.0	1.10	3.6	4.2806
5	12.0	1.48	5.7	5.9406	5	15.0	1.88	6.2	7.8275
6	13.5	1.50	2.9	6.1235	6	19.0	1.42	4.5	5.6676
平均	13.25	1.757		7.2012	平均	15.08	1.297		5.1794
西北索 1	11.0	0.8	6.4	3.1005	西南索 1		1.12	4.1	3.286
2	15.5	1.38	7.2	5.4886	2		0.30	3.5	1.7122
3	17.0	1.50	6.0	6.0316	3		0.38	2.1	1.9132
4	19.5	1.42	11.5	5.6675	平均		0.60	11.5	2.7142
5	18.0	1.56	4.8	6.3086	北塔上游22 号斜索				
6	18.5	2.42	4.4	10.4955	外下索 1	7.5 9.0	0.54	4.8	2.2213
平均	16.85	1.39		6.1829	2	9.0 11.0	1.40	6.5	5.5773
					3	11.5	1.36	7.2	5.3993
					平均	9.6	1.10		4.3993

（六）检测后对大桥斜索技术状况的评价

以上状况说明：斜拉索的锈蚀已经相当严重，可能危及大桥的正常营运，为预防产生突发断索事故，必须进行斜拉索的更换工程。

§3.4 调索换索内力分析计算

一、索力分析计算工况和计算方法

（一）计算模型

斜拉桥是由斜拉索、梁、塔共同受力的空间结构，主梁是斜拉索弹性支承的多跨连续梁。在进行斜拉索换索时，不仅要考虑换索的索力变化，而且也应该对主梁和桥塔各个截面的内力变化进行验算。

为了准确地模拟主桥结构，本分析法采用 ALGOR 空间有限元分析软件包，利用其中的板壳单元、梁单元、二力杆单元来分别描述顶板、底板、腹板、横隔板、桥塔以及斜拉索的工作状态。

1. 顶板、底板、腹板、横隔板用板壳单元来模拟

由于是计算整个空间桥体在换索时的内力变化，因此，如果单元划分太细，则会受到机器内存的限制，计算时间也会大大增加。所以在不影响计算精度的前提下，单元划分以两个横隔梁间的主梁为一节段，横隔梁本身划分单元数为 6 个，每一节段中顶板单元 8 个，底板单元 4 个，腹板单元 2 个。顶板、底板、腹板、横隔板的厚度则根据桥梁的实际数据确定。图 3.3.4-1 为主梁一个节段的单元构成图。

2. 斜拉索采用二力杆单元来模拟

考虑到二力杆单元仅承受轴向力的这个力学特性，所以可采用减少二力杆单元截面积的方法来模拟桥梁的换索状态，例如将一个二力杆单元截面积减少四分之一，则表示由四根索组成的该索组在更换其中的一根索。

3. 桥塔则采用三维梁单元模拟

本内力分析及计算实例以济南桥作为实体模型样本，按该桥跨结构计有节点 1924 个，单元总数 3050 个，其中顶板单元 780 个，腹板单元 260 个，横隔梁 786 个，桥底板单元 1040 个，索塔单元 92 个，桥的整体模型见图 3.3.4-2。

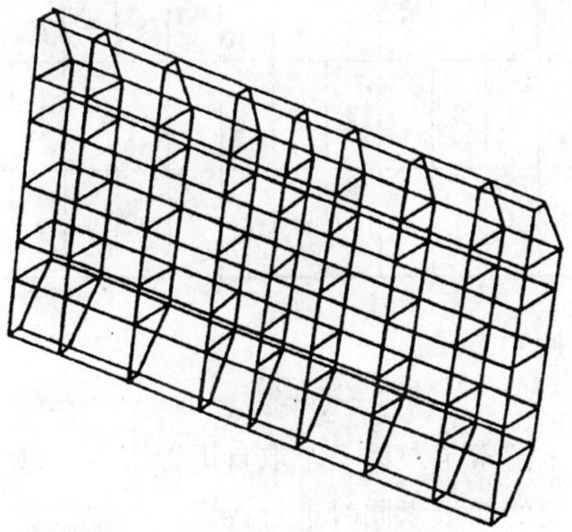

图 3.3.4-1　主梁一个节段的单元构成图

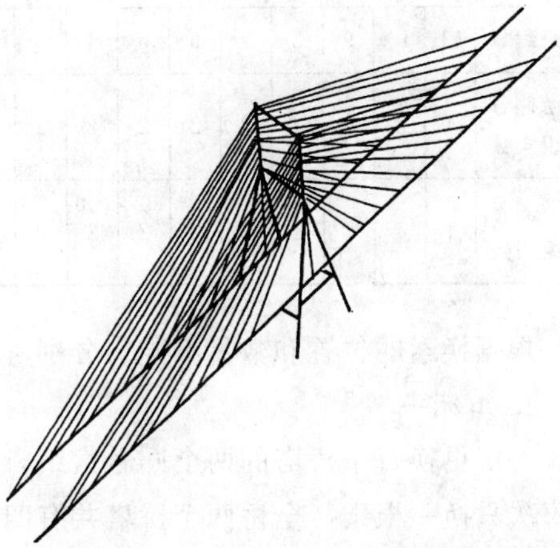

图 3.3.4-2　全桥计算模型

根据实桥的支承情况来设定计算模型的边界条件，即在桥的两端各有两个支承点，桥塔底端固定，如图 3.3.4-3 所示。

图 3.3.4-3　模型边界条件图

4. 计算模型的材料特性为

混凝土的弹性模量　　$E_h = 3.3 \times 10^4$ MPa

钢的弹性模量　　$E_g = 2.09 \times 10^5$ MPa

钢的线膨胀系数　　$\alpha_g = 1.1 \times 10^{-7}$

混凝土的线膨胀系数　　$\alpha_h = 1.0 \times 10^{-7}$

钢的泊松比　　$\mu_g = 0.3$

混凝土的泊松比　　$\mu_h = 0.2$

(二) 计算方法

分析时将一期、二期和三期恒载一次加在结构上，并采用在二力杆上施加温度影响的方法，使二力杆的内力逼近原桥设计所提供的索力，使整个结构模型的状态基本相同。在分析时可以根据每个工况计算得到某号索组换索时对拉索索力和主梁截面弯矩的影响值。

(三) 换索工况

每个桥塔各索组的索数构成如表 3.3.4-1 所示。由表可知，除去岸跨索和河中索的 2～7 号索每组是由两根索组成外，其余各索组索数均为四根。

各索组索数构成　　表 3.3.4-1

索组位置	岸塔索											桥塔索	河跨索										
索组编号	11	10	9	8	7	6	5	4	3	2	1	0	1	2	3	4	5	6	7	8	9	10	11
上游侧各索组索数	4	4	4	4	2	2	2	2	2	2	4	4	4	2	2	2	2	2	2	4	4	4	4
下游侧各索组索数	4	4	4	4	2	2	2	2	2	2	4	4	4	4	2	2	2	2	2	4	4	4	4

根据换索的位置和数量不同，分别考虑了三种换索工况：

1. 工况一

每次更换每个桥塔的两个同号索组，一个取自上游索组，另一个取自下游索组。每个索组每次只换一根索，全桥两个桥塔共有四个同号索组的四根索同时进行换索。

2. 工况二

每次更换每个桥塔的两个同号索组，一个仍取自上游索组，另一个仍取自下游索组。但与工况一不同的是，对于 0 号、1 号和 8～11 号索组，每个索组每次同时换两根索，这样全桥两个桥塔最多时共有四个索组的八根索同时换索。但对于 2～7 号索组，因每索组只有两根索组成，则每次只换其中的一根，与工况一是相同的。

3. 工况三

对于每个索组每次换索的数量同工况二，即 2～7 号索组每次换索组中的一根，0 号、1 号、8～11 号索组每次换每索组中的两根。但换索位置改为每个桥塔的同号索组上下游索组同时换索，这样对于 8～11 号索组，全桥两个桥塔共有八个索组的 16 根索同时进行换索，对于 2～7 号索组，每次则有八根索同时进行换索。

二、调索换索时索力增量的计算和分析

(一) 调索换索时索力增量的计算

表3.3.4-2、表3.3.4-3、表3.3.4-5为各工况换索时索力变化增量值的汇总，现分述如下：

1. 工况一

(1) 0号索换索时，两个桥塔各索组的索力变化规律完全相同。以一个桥塔为例，处于下游侧的0号索换索时，使下游侧的各索索力都有不同程度的增长。而处于上游侧的各索组索力除对应的0号索组每根索力增长3.9%外，其余各索组的每根索力都减小了，但变化值不超过1%。由四根索组成的0号索，当该索组面积减小1/4时（相当于换一根索），剩余三根索每根索力将增加16.7%。即同组其他三根索的合力差不多承受了索力增量的一半，剩余一半的索力增量就由两侧相邻的四个索组来分担，但每根索索力增量最大只有5.4%。

(2) 1～11号索在进行换索时，各组索力的变化比0号索小，但换索后影响相邻索组的范围一般也要大一些。例如上游侧5号索换索时，5号索组剩下的一根拉索索力仅增加5.4%，而5号索组换索时，卸下一根索力的85%左右将由上游侧相邻的其他索组来分担，且各自分担的索力增量也比较平均。

2. 工况二

前述知，0号、1号、8～11号每索组由四根拉索组成，工况二规定每个索组每次同时换其中的两根索，换索位置同工况一，即一个为下游索组，另一个为上游索组。

(1) 0号索在进行换索时，两个桥塔各个索组索力的变化规律也是完全相同的。因为一次换索的数量比工况一增加一倍，所以索力数值的变化要更加剧烈，范围更加集中。上游侧0号索换索时，剩余的两根索承担的索力也差不多是一个桥塔所有索力增量的45%，而两侧相邻的1号索组则承担了30%。离开0号索较远的索组，特别是处于下游侧的索组，各索组索力都减小了，减小幅度均不超过1%。

(2) 在8～11号索组中，换索时索力变化规律相似。以10号索组为例，上游侧10号索换索时，包括10号索组本身在内的4～11号索组，四个索组每根索力的增量平均值为6.5%，与10索本身的增量值7.8%相近，索力变化的差别不大，所以10号索换索对相邻索索力变化的影响比较均衡。

3. 工况三

按工况三规定的程序进行换索时，由于上下游两侧同号索同时进行换索，因此各组的索力变化规律相对于桥中心线是呈对称分布的。0号索换索时，影响范围相当集中。0号索换索时卸下索力的55%左右就由本组剩余的两根索来承担，其余基本上就由相邻的四个索组来分担。离开0号索组稍远的一些索组索力都是减小的，变化值也不超过1%。

其他索组换索时，各个索组包括正在换索的索组索力和相邻段大范围内索组的索力变化也比较均匀，且每根索变化幅度除1号索组为21.2%外，其余各根索最大变化值的平均值为8.2%。

执行工况一时索力增量（%） 表 3.3.4-2

索号	换索前每根索力(kN)	换索号位置													
		0		1		2		3		4		5		6	
		上游	下游	上游	下游	上游	下游	上游	下游	上游	下游	上游	下游	上游	下游
11	899.7	0.0	0.0	0.1	0.0	0.0	0.1	0.0	0.3	0.0	0.5	0.0	0.7	0.0	1.0
10	954.3	0.0	0.0	0.0	0.0	0.0	0.1	0.0	0.2	−0.1	0.4	−0.1	0.7	−0.1	1.0
9	882.7	0.0	0.0	0.0	0.0	0.0	0.2	0.0	0.4	0.0	0.6	0.0	0.9	0.0	1.3
8	883.7	−0.1	0.1	0.0	0.2	0.0	0.4	0.1	0.6	0.1	1.0	0.2	1.4	0.2	1.7
7	1240.8	−0.2	0.2	0.1	0.4	0.2	0.8	0.3	1.2	0.5	1.7	0.6	2.3	0.6	2.7
6	1202.6	−0.3	0.3	0.3	0.6	0.4	1.2	0.6	1.7	0.8	2.2	0.9	2.8	0.9	3.2
5	1183.2	−0.3	0.5	0.3	1.1	0.7	2.0	1.0	2.5	1.2	3.2	1.3	3.9	1.0	3.2
4	1071.4	−0.3	1.0	0.7	2.0	1.3	3.3	0.5	3.9	1.6	1.7	1.6	4.3	1.1	3.2
3	1025.0	−0.2	1.8	1.3	3.2	1.9	4.9	2.0	5.6	1.8	4.8	1.5	4.2	1.0	3.4
2	1050.0	0.1	3.1	2.0	4.8	2.5	6.8	2.1	5.3	1.7	4.3	1.2	3.5	0.6	3.1
1	855.4	0.9	5.3	2.8	6.6	2.7	6.4	1.9	4.6	1.2	3.4	0.7	2.5	0.2	2.4
0	1178.1	3.9	16.7	5.0	4.9	3.7	3.3	1.8	1.5	0.9	0.3	0.3	−0.3	0.0	1.4
1	805.6	0.7	5.7	6.9	2.5	7.0	2.4	5.1	1.5	4.2	0.9	3.3	0.3	2.6	−0.8
2	993.9	−0.1	3.3	5.0	1.7	7.3	2.2	5.8	1.8	5.2	1.4	4.4	0.9	3.6	−0.1
3	941.8	−0.5	1.9	3.5	1.0	5.6	1.7	6.3	1.8	6.0	1.8	5.4	1.5	4.6	0.4
4	1019.4	−0.5	1.0	2.2	0.5	3.8	1.0	4.5	1.4	5.8	1.7	5.4	1.6	4.9	1.0
5	1074.5	−0.5	0.5	1.4	0.1	2.6	0.5	3.2	0.9	4.3	1.3	5.3	1.6	5.0	1.4
6	1119.9	−0.4	0.3	0.9	0.0	1.7	0.2	2.3	0.5	3.2	−0.9	4.1	1.5	4.9	1.3
7	1145.4	−0.4	0.1	0.6	−0.2	1.3	0.0	1.9	0.2	2.8	−0.5	3.7	1.1	4.9	1.2
8	811.0	−0.3	0.0	0.4	−0.2	0.9	−0.2	1.3	0.0	2.0	−0.2	2.7	0.9	4.9	0.8
9	839.3	−0.2	0.0	0.2	−0.2	0.6	−0.3	0.9	−0.2	1.5	0.0	2.1	0.5	4.7	0.5
10	839.3	−0.1	0.0	0.1	−0.2	0.4	−0.3	0.7	−0.2	1.2	−0.2	1.7	0.2	3.5	0.2
11	788.0	0.0	0.0	0.1	−0.2	0.4	−0.3	0.6	−0.2	1.1	−0.2	1.6	0.0	2.8	0.1
11	788.0	0.0	0.0	0.1	−0.2	0.4	−0.3	0.6	−0.2	1.1	−0.2	1.6	−0.1	2.4	0.1
10	839.3	0.0	−0.1	0.2	−0.2	0.4	−0.3	0.7	−0.2	1.2	−0.1	1.8	−0.1	2.3	0.2
9	839.3	0.0	−0.2	0.2	−0.2	0.6	−0.3	0.9	−0.2	1.5	0.0	2.1	0.0	2.3	0.5
8	811.0	0.0	−0.3	0.4	−0.2	0.9	−0.2	1.3	0.0	2.0	0.2	2.7	0.2	2.4	0.8
7	1145.4	0.1	−0.4	0.6	−0.2	1.3	0.0	1.9	0.2	2.8	0.5	3.7	0.5	2.8	1.2
6	1119.9	0.3	−0.4	0.9	0.0	0.7	0.2	2.3	0.5	3.2	0.9	4.1	0.9	4.9	1.3
5	1074.5	0.5	−0.5	2.4	0.1	2.6	0.5	3.2	0.9	4.4	1.3	5.3	1.1	4.7	1.4
4	1019.4	1.0	−0.5	3.5	0.5	3.8	1.0	4.5	1.4	5.8	1.7	5.4	1.6	4.9	1.3
3	941.8	1.9	−0.5	5.0	1.0	5.6	1.7	6.3	1.8	6.0	1.8	5.4	1.5	4.6	1.0
2	993.9	3.3	−0.1	5.0	1.7	7.3	2.2	5.8	1.8	5.2	1.4	4.4	0.5	3.6	0.4

续上表

索号	换索前每根索力(kN)	换索号位置													
		0		1		2		3		4		5		6	
		上游	下游	上游	下游	上游	下游	上游	下游	上游	下游	上游	下游	上游	下游
1	805.6	5.7	0.7	6.9	2.5	7.0	2.4	5.1	1.5	4.2	0.9	3.3	0.3	2.6	−0.1
0	1178.1	16.7	3.9	5.0	4.9	3.7	3.3	1.8	1.5	0.9	0.3	0.3	−0.3	0.0	−0.8
1	855.4	5.3	0.9	2.8	6.6	2.7	6.4	1.8	4.6	1.2	3.4	0.7	2.5	0.2	1.4
2	1050.0	3.1	0.1	2.0	4.8	2.5	6.8	2.1	5.3	1.7	4.3	1.2	3.5	0.6	2.4
3	1025.0	1.8	−0.2	1.3	3.2	1.9	4.9	2.0	5.6	1.8	4.8	1.5	4.2	1.0	3.1
4	1071.4	1.0	−0.3	0.7	2.0	1.3	3.3	1.5	3.5	1.6	4.7	1.6	4.3	1.1	3.4
5	1183.2	0.5	−0.3	0.3	1.1	0.7	2.0	1.0	2.5	1.2	3.2	1.3	3.9	1.0	3.2
6	1202.6	0.3	−0.3	0.2	0.6	0.4	1.2	0.6	1.7	0.8	2.2	0.9	2.9	0.9	3.2
7	1240.8	3.2	−0.2	0.0	0.4	0.2	0.8	0.3	1.2	0.5	1.7	0.6	2.3	0.6	2.7
8	883.7	0.1	−0.1	0.0	0.2	0.0	0.4	0.1	0.6	0.1	1.0	0.2	1.4	0.2	1.7
9	882.1	0.1	0.0	0.1	0.1	0.0	0.2	0.0	0.4	0.0	0.6	0.0	1.0	0.1	1.3
10	954.3	0.0	0.0	0.1	0.0	0.0	0.1	0.0	0.2	−0.1	0.4	−0.1	0.7	−0.1	1.1
11	899.7	0.0	0.0	0.1	0.0	0.0	0.1	0.0	0.3	0.0	0.5	0.0	0.7	0.0	1.0

注：表中索力增量数字下有下画线者表示换索位置。

索号	换索前每根索力(kN)	换索号位置									
		7		8		9		10		11	
		上游	下游	上游	下游	上游	下游	上游	下游	上游	下游
11	899.7	0.0	1.4	0.1	1.3	0.1	1.5	0.1	2.0	0.0	2.2
10	954.3	0.0	1.3	0.0	1.2	0.0	1.4	0.0	1.8	−0.1	1.8
9	882.7	0.0	1.6	0.0	1.4	0.0	1.6	0.0	1.7	−0.1	1.7
8	883.7	0.2	2.1	0.1	1.7	0.0	1.5	−0.1	1.5	−0.2	1.5
7	1240.8	0.5	3.0	0.2	1.7	0.0	1.4	−0.2	1.4	−0.2	1.4
6	1202.6	0.6	2.6	0.2	1.4	0.0	1.1	−0.2	1.0	−0.3	1.0
5	1183.2	0.7	2.5	0.2	1.3	−0.1	1.0	−0.2	0.8	−0.3	0.8
4	1071.4	0.6	2.5	0.1	1.2	−0.1	0.8	−0.2	0.6	−0.3	0.6
3	1025.0	0.4	2.1	0.1	0.9	−0.1	0.5	−0.2	0.3	−0.3	0.3
2	1050.0	0.2	1.5	0.0	0.5	−0.1	0.1	−0.2	0.0	−0.2	0.0
1	855.4	−0.1	0.7	−0.1	0.1	−0.1	−0.2	−0.2	−0.4	−0.2	−0.4
0	1178.1	0.0	−0.1	0.0	−0.7	0.1	−0.8	0.1	−0.7	0.0	−0.6
1	805.6	2.0	−0.4	1.1	−0.4	0.9	−0.5	0.7	−0.4	0.5	−0.3
2	993.9	2.9	0.0	1.6	−0.2	1.3	−0.4	1.1	−0.4	0.8	−0.4
3	941.8	3.8	0.5	2.2	0.1	1.8	−0.2	1.6	−0.3	1.3	−0.3

续上表

索号	换索前每根索力(kN)	换索号位置									
		7		8		9		10		11	
		上游	下游	上游	下游	上游	下游	上游	下游	上游	下游
4	1019.4	4.2	0.8	2.5	0.3	2.2	0.1	2.0	−0.1	1.7	−0.2
5	1074.5	4.5	1.1	2.8	0.6	2.5	0.3	2.3	0.1	2.0	0.1
6	1119.9	4.7	1.2	3.0	0.7	2.8	0.6	2.6	0.4	2.4	0.3
7	1145.4	5.4	1.3	3.7	0.9	3.6	0.9	3.4	0.7	3.1	0.5
8	811.0	4.3	1.1	3.5	0.8	3.5	0.9	3.5	0.8	3.2	0.7
9	839.3	3.6	0.8	3.0	0.7	3.6	0.9	3.6	0.9	3.4	0.7
10	839.3	3.1	0.5	2.7	0.5	3.3	0.7	3.8	0.8	3.6	0.7
11	788.0	3.0	0.3	2.6	0.4	3.3	0.6	3.7	0.7	3.9	0.7
11	788.0	3.0	0.3	2.6	0.4	3.3	0.6	3.7	0.7	3.9	0.7
10	839.3	3.2	0.5	2.7	0.6	3.3	0.7	3.8	0.8	3.6	0.8
9	839.3	3.6	0.7	3.0	0.7	0.6	0.9	3.6	0.9	3.4	0.7
8	811.0	4.3	1.1	3.5	0.8	3.5	0.9	3.5	0.8	3.2	0.7
7	1145.4	5.4	0.6	3.6	0.9	3.6	0.9	3.4	0.7	3.1	0.5
6	1119.9	4.7	1.2	3.0	0.7	2.8	0.6	2.6	0.4	2.4	0.3
5	1074.5	4.5	1.1	2.8	0.6	2.5	0.3	2.3	0.1	2.0	0.1
4	1019.4	4.2	0.8	2.5	0.3	2.2	0.1	2.0	−0.1	1.7	−0.2
3	941.8	3.8	0.5	2.2	0.1	1.8	−0.2	1.6	−0.3	1.3	−0.3
2	993.9	2.9	0.0	1.6	−0.2	1.3	−0.4	1.1	−0.4	0.8	−0.4
1	805.6	2.0	−0.4	1.1	−0.4	0.9	−0.5	0.7	−0.4	0.5	−0.3
0	1178.1	0.0	−0.1	0.0	−0.7	0.1	−0.8	0.1	−0.7	0.0	−0.6
1	855.4	−0.1	0.7	−0.1	0.1	−0.1	−0.2	−0.2	−0.4	−0.2	−0.4
2	1050.0	0.2	1.5	0.0	0.5	−0.1	0.1	−0.2	0.0	−0.2	0.0
3	1025.0	0.4	2.1	0.1	0.9	−0.1	0.5	−0.2	0.3	−0.3	0.3
4	1071.4	0.6	2.5	0.1	1.2	−0.1	0.8	−0.2	0.6	−0.3	0.6
5	1183.2	0.7	2.5	0.2	1.3	−0.1	1.0	−0.2	0.8	−0.3	0.8
6	1202.6	0.6	2.6	0.2	1.4	0.0	1.1	−0.2	1.0	−0.3	1.0
7	1240.8	0.5	3.0	0.2	1.7	0.0	1.4	−0.2	1.4	−0.2	1.4
8	883.7	0.2	2.1	0.1	1.7	0.0	1.5	−0.1	1.5	−0.2	1.5
9	882.1	0.1	1.6	0.1	1.4	0.0	1.6	0.0	1.7	−0.1	1.7
10	954.3	0.0	1.3	0.0	1.2	0.0	1.4	0.0	1.8	−0.1	1.8
11	899.7	0.0	1.4	0.1	1.3	0.1	1.6	0.1	2.0	0.0	2.2

执行工况二时索力增量（%） 表3.3.4-3

索号	换索前每根索力(kN)	换索号位置											
		0		1		8		9		10		11	
		上游	下游	上游	下游	上游	下游	上游	下游	上游	下游	上游	下游
11	899.7	−0.1	−0.1	0.1	−0.1	0.0	2.5	0.0	3.1	0.0	3.9	−0.1	4.4
10	954.3	−0.1	−0.1	0.0	−0.1	0.0	2.3	0.0	2.8	0.0	3.7	−0.2	3.6
9	882.7	−0.1	−0.2	0.0	0.0	0.0	2.7	0.0	3.2	−0.1	3.4	−0.3	3.5
8	883.7	0.0	−0.3	0.0	0.3	0.2	3.3	−0.1	2.9	−0.2	3.0	0.4	3.0
7	1240.8	0.1	−0.4	0.1	0.8	0.3	3.5	−0.1	2.9	−0.4	2.8	−0.6	2.8
6	1202.6	0.3	−0.5	0.3	1.3	0.3	2.9	−0.2	2.2	−0.5	2.0	−0.6	2.0
5	1183.2	0.7	−0.4	0.7	2.3	0.3	2.6	−0.2	1.8	−0.5	1.6	−0.6	1.6
4	1071.4	1.9	0.0	1.5	4.1	0.1	2.3	−0.3	1.5	−0.6	1.2	−0.7	1.1
3	1025.0	4.0	1.1	2.7	6.8	0.0	1.8	−0.3	0.9	−0.6	0.6	−0.6	0.5
2	1050.0	7.8	3.5	4.3	10.1	−0.2	1.0	−0.4	0.2	−0.5	0.1	−0.5	−0.1
1	855.4	14.0	7.7	5.9	14.1	−0.3	0.1	−0.3	0.5	−0.4	−0.8	−0.3	−0.8
0	1178.1	46.0	−3.8	10.8	10.3	0.0	−1.5	0.1	−1.6	0.1	−1.6	0.0	−1.3
1	805.6	14.8	7.8	14.8	5.3	2.2	−0.8	1.7	−1.0	1.3	−0.9	1.0	−0.7
2	993.9	8.1	3.3	10.7	3.7	3.2	−0.5	2.6	−0.8	2.2	−0.9	1.7	−0.9
3	941.8	4.2	0.8	7.5	2.2	4.4	0.1	3.7	−0.4	3.2	−0.7	2.7	−0.7
4	1019.4	1.7	−0.4	4.6	0.9	5.1	0.6	4.5	0.1	4.0	−0.3	3.4	−0.4
5	1074.5	0.6	−0.8	2.9	0.2	5.7	1.1	5.2	0.6	4.7	0.3	4.1	0.1
6	1119.9	0.0	−0.9	1.8	−0.2	6.1	1.4	5.8	1.1	5.4	0.7	4.8	0.5
7	1145.4	−0.2	−0.9	1.3	−0.4	7.4	1.9	7.4	1.7	7.1	1.4	6.4	1.1
8	811.0	−0.3	−0.7	0.7	−0.5	7.1	1.7	7.2	1.8	7.2	1.6	6.7	1.4
9	839.3	−0.3	−0.6	0.5	−0.5	6.2	1.4	7.3	1.8	7.5	1.8	7.1	1.5
10	839.3	−0.3	−0.4	0.3	−0.5	5.5	1.1	6.8	1.5	7.8	1.7	7.4	1.5
11	788.0	−0.3	−0.3	0.2	−0.4	5.3	0.8	6.7	1.2	7.7	1.4	8.1	1.3
11	788.0	−0.3	−0.3	0.2	−0.4	5.3	0.8	6.7	1.2	7.7	1.4	8.1	1.3
10	839.3	−0.4	−0.3	0.3	−0.5	5.6	1.1	6.8	1.6	7.8	1.7	7.5	1.6
9	839.3	−0.6	−0.3	0.5	−0.5	6.2	1.4	7.3	1.8	7.5	1.8	7.1	1.5
8	811.0	−0.7	−0.3	0.7	−0.5	7.1	1.7	7.2	1.8	7.2	1.6	6.7	1.4
7	1145.4	−0.9	−0.2	1.3	−0.4	7.4	1.9	7.4	1.7	7.0	1.4	6.4	1.1
6	1119.9	−0.9	0.0	1.8	−0.2	6.1	1.4	5.8	1.1	5.4	0.7	4.8	0.5
5	1074.5	−0.8	0.6	2.9	0.2	5.7	1.1	5.1	0.6	4.7	0.3	4.1	0.1
4	1019.4	−0.4	1.7	4.6	0.9	5.1	0.6	4.5	0.1	4.0	−0.3	3.4	0.4
3	941.8	0.8	4.2	7.5	2.2	4.4	0.1	3.7	−0.4	3.2	−0.7	2.7	−0.7
2	993.9	3.3	8.1	10.7	3.7	3.2	−0.5	2.6	−0.8	2.2	−0.9	1.7	−0.9

续上表

索号	换索前每根索力(kN)	换索号位置											
		0		1		8		9		10		11	
		上游	下游	上游	下游	上游	下游	上游	下游	上游	下游	上游	下游
1	805.6	7.8	14.8	14.8	5.3	2.2	−0.8	1.7	−1.0	1.3	−0.9	1.0	−0.7
0	1178.1	−3.8	46.0	10.8	10.3	0.0	−1.5	0.1	−1.6	0.1	−1.6	0.0	−1.3
1	855.4	7.7	14.0	5.9	14.1	−0.3	0.1	−0.3	−0.5	−0.4	−0.8	−0.3	−0.8
2	1050.0	3.5	7.8	4.3	10.1	−0.2	1.0	−0.4	0.2	−0.5	−0.1	−0.5	−0.1
3	1025.0	1.1	4.0	2.7	6.8	0.0	1.8	−0.3	0.9	−0.6	0.6	−0.6	0.5
4	1071.4	0.0	1.9	1.5	4.1	0.1	2.3	−0.3	1.5	−0.6	1.2	−0.7	1.1
5	1183.2	−0.4	0.7	0.7	2.3	0.3	2.6	−0.2	1.8	−0.5	1.6	−0.6	1.6
6	1202.6	−0.5	0.3	0.3	1.3	0.3	2.9	−0.2	2.2	−0.5	2.0	−0.6	2.0
7	1240.8	−0.4	0.1	0.1	0.8	0.3	3.5	−0.1	2.9	−0.4	2.8	−0.6	2.8
8	883.7	−0.3	0.0	0.0	0.3	0.2	3.3	−0.1	2.9	−0.2	3.0	−0.4	3.0
9	882.1	−0.2	−0.1	0.0	0.1	0.1	2.8	0.0	3.3	−0.1	3.4	−0.3	3.5
10	954.3	−0.1	−0.1	0.0	−0.1	0.0	2.3	0.0	2.8	0.0	3.7	−0.2	3.6
11	899.7	−0.1	−0.1	0.1	−0.1	0.0	2.5	0.0	3.1	0.0	3.9	−0.1	4.4

注：1. 2～7号索力增量同工况一；

2. 表中索力增量数字下有下画线者表示换索位置。

执行工况三时索力增量（%） 表3.3.4-4

索号	换索前每根索力(kN)	换索号位置											
		0	1	2	3	4	5	6	7	8	9	10	11
11	899.7	−0.2	−0.1	0.1	0.2	0.4	0.6	1.0	1.4	2.5	3.0	3.9	4.2
10	954.3	−0.2	−0.1	0.1	0.2	0.3	0.6	0.9	1.3	2.3	2.8	3.6	3.4
9	882.7	−0.2	0.0	0.2	0.3	0.6	0.9	1.3	1.6	2.7	3.2	3.3	3.1
8	883.7	−0.3	0.2	0.4	0.7	1.1	1.5	1.9	2.3	3.5	2.8	2.7	2.5
7	1240.8	−0.3	0.8	1.0	1.5	2.1	2.8	3.3	3.5	3.8	2.7	2.4	2.1
6	1202.6	−0.2	1.6	1.6	2.3	3.0	3.8	4.0	3.2	3.1	2.0	1.5	1.3
5	1183.2	0.2	3.1	2.7	3.5	4.4	5.2	4.3	3.2	2.8	1.6	1.0	0.8
4	1071.4	1.3	5.9	4.6	5.5	6.3	5.9	4.5	3.1	2.4	1.1	0.6	0.4
3	1025.0	3.8	10.0	7.0	7.6	6.7	5.7	4.0	2.5	1.7	0.5	0.0	−0.1
2	1050.0	8.4	15.2	9.4	7.5	6.0	4.7	3.0	1.6	0.7	−0.2	−0.6	−0.7
1	855.4	16.0	21.1	9.3	6.5	4.6	3.1	1.6	0.5	−0.3	−0.9	−1.3	−1.2
0	1178.1	54.5	22.3	7.1	3.3	1.3	0.0	−0.8	−1.1	−1.6	−1.6	−1.5	−1.4
1	805.6	16.7	21.2	9.5	6.6	5.1	3.6	2.5	1.6	1.3	0.7	0.3	0.1
2	993.9	8.4	15.1	9.7	7.7	6.7	5.3	4.0	2.8	2.7	1.8	1.2	0.8

续上表

索号	换索前每根索力(kN)	换索号位置											
		0	1	2	3	4	5	6	7	8	9	10	11
3	941.8	3.6	10.2	7.5	8.2	7.9	6.9	5.6	4.3	4.5	3.3	2.5	1.9
4	1019.4	0.9	5.8	4.9	5.9	7.5	7.0	6.2	5.1	5.7	4.6	3.7	3.0
5	1074.5	−0.2	3.2	3.1	4.1	5.7	6.8	6.4	5.7	6.8	5.8	5.0	4.2
6	1119.9	−0.6	1.6	1.9	2.8	4.1	5.3	6.2	5.9	7.6	6.9	6.2	5.3
7	1145.4	−0.9	0.8	1.3	2.1	3.3	4.7	5.9	6.9	9.4	9.1	8.5	7.6
8	811.0	−0.8	0.2	0.6	1.2	2.1	3.2	4.4	5.4	8.9	9.1	8.9	8.1
9	839.3	−0.7	−0.1	0.3	0.7	1.4	2.3	3.3	4.4	7.7	9.2	9.3	8.7
10	839.3	−0.6	−0.3	0.1	0.4	1.0	1.7	2.6	3.7	6.7	8.4	9.6	9.1
11	788.0	−0.5	−0.3	0.1	0.3	0.8	1.4	2.3	3.3	6.2	8.0	9.3	9.5
11	788.0	−0.5	−0.3	0.1	0.3	0.8	1.4	2.3	3.3	6.2	8.0	9.3	9.5
10	839.3	−0.6	−0.2	0.1	0.5	1.0	1.7	2.6	3.7	6.8	8.5	9.6	9.1
9	839.3	−0.7	−0.1	0.3	0.7	1.4	2.3	3.3	4.4	7.7	9.2	9.3	8.7
8	811.0	−0.8	0.2	0.6	1.2	2.1	3.2	4.3	5.4	8.9	9.1	8.9	8.1
7	1145.4	−0.9	0.8	1.3	2.1	3.3	4.7	5.9	6.9	9.4	9.1	8.5	7.6
6	1119.9	−0.6	1.6	1.9	2.8	4.1	5.3	6.2	5.9	7.6	6.9	6.2	5.3
5	1074.5	−0.2	3.2	3.1	4.1	5.7	6.8	6.4	5.7	6.8	5.8	5.0	4.2
4	1019.4	0.9	5.8	4.9	5.9	7.5	7.0	6.2	5.1	5.7	4.6	3.7	3.0
3	941.8	3.6	10.2	7.5	8.2	7.9	6.9	5.6	4.3	4.5	3.3	2.5	1.9
2	993.9	8.4	15.1	9.7	7.7	6.7	5.3	4.0	2.8	2.7	1.8	1.2	0.8
1	805.6	16.7	21.1	9.5	6.6	5.1	3.6	2.5	1.6	1.3	0.7	0.3	0.1
0	1178.1	54.5	22.3	7.1	3.3	1.3	0.0	−0.8	−1.1	−1.6	−1.6	−1.5	−1.4
1	855.4	16.0	21.1	9.3	6.5	4.6	3.1	1.6	0.5	−0.3	−0.9	−1.3	−1.2
2	1050.0	8.4	15.2	9.4	7.5	6.0	4.7	3.0	1.6	0.7	−0.2	−0.6	−0.7
3	1025.0	3.8	10.0	7.0	7.6	6.7	5.7	4.0	2.5	1.7	0.5	0.0	−0.1
4	1071.4	1.3	5.9	4.6	5.5	6.3	5.9	4.5	3.1	2.4	1.1	0.6	0.4
5	1183.2	0.2	3.1	2.7	3.5	4.4	5.2	4.3	3.2	2.8	1.6	1.0	0.8
6	1202.6	−0.2	1.6	1.6	2.3	3.0	3.8	4.0	3.2	3.1	2.0	0.5	1.3
7	1240.8	−0.3	0.8	1.0	1.5	2.1	2.8	3.3	3.5	3.8	2.7	2.4	2.1
8	883.7	−0.3	0.2	0.4	0.7	1.1	1.5	2.0	2.3	3.5	2.8	2.7	2.5
9	882.1	−0.2	0.0	0.2	0.3	0.6	0.9	1.3	1.6	2.8	3.2	3.3	3.1
10	954.3	−0.2	−0.1	0.1	0.2	0.3	0.6	0.9	1.3	2.3	2.8	3.6	3.4
11	899.7	−0.2	−0.1	0.1	0.2	0.4	0.7	1.0	1.4	2.5	3.0	3.9	4.2

注：1. 索力增量在上、下游面完全对称；

2. 表中索力增量数字下有下画线者表示换索位置。

（二）调索换索时索力承载力安全系数的分析

将原设计所提供的设计索力称为原设计索力，并将前述通过施加温度影响而得到的索力称为新计算索力，由于后期恒载等原因的影响，各索组每根索索力值两者有些差别，除0号、河中8～10号索每根索力增加13%左右外，其余各索力平均减小了6%左右。下面的分析均以新计算索力为基础（表3.3.4-5）。

原设计索力与新计算索力（kN）　　表3.3.4-5

索号		原设计索力	新计算索力	索号		原设计索力	新计算索力
岸跨	11	954.7	899.7	中跨	1	502.9	505.6
	10	1018.4	954.3		2	1038.8	993.6
	9	944.6	882.7		3	1022.3	941.8
	8	941.3	883.7		4	1130.7	1019.4
	7	1321.0	1240.8		5	1214.6	1074.5
	6	1265.1	1264.6		6	1284.5	1119.9
	5	1239.6	1183.2		7	1359.7	1145.4
	4	1120.6	1071.4		8	959.2	1081.3
	3	1063.6	1025.0		9	987.1	1119.0
	2	1071.8	1050.0		10	987.3	1119.0
	1	843.3	855.4		11	911.5	788.0
	0	1084.1	1178.0				

下面以工况一换索时索力增量最大的0号索为例进行分析。

换索前每根索的索力：1178.1kN

每根索的破断索力：4494.4kN

换索前索的承载力安全系数：$K_1=4494.4/1178.1=3.81$

换索时剩余每根索的索力：1178.1×1.167＝1374.8kN

换索时索承载力安全系数：$K_2=4494.8/1374.8=3.27$

表3.3.4-6列出了各个工况几个主要的索组在换索前后每根拉索安全系数的汇总。表中K_1表示换索前每根索的承载力安全系数，K_2表示换索后每根索的承载力安全系数。

各工况每根索的承载力安全系数　　表3.3.4-6

工况＼索号	0		1		2		3		4	
	K_1	K_2	K_1	K_2	K_1	K_2	K_1	K_2	K_1	K_2
工况一	3.81	3.27	4.21	3.93	4.52	4.21	4.18	4.04	4.04	3.89
工况二	3.81	2.61	4.21	3.66	4.52	4.21	4.18	3.90	4.04	3.74
工况三	3.81	2.47	3.96	3.27	4.52	4.12	4.18	*3.82	4.04	3.83

注：*这是7号索的安全系数，因为换8号索组时，7号索组增量最大。

从换索时各索组各根索索力的变化情况分析，换索时0号索组承载力安全系数在工况三时最小，为2.47。从原设计得知，斜拉索在主要荷载组合时安全系数最小值是岸跨10号索的2.83。在附加组合时安全系还会低一些。考虑到换索施工时间的短暂性，这样的承载力安全系数是可以接受的。

三、调索换索时主梁弯矩变化的分析

在分析换索中索力变化对主梁弯矩影响时，分别计算了各个工况在更换各索组时所引起的各截面的弯矩值，并依此与已计算得到的恒载弯矩值进行比较，得到如表 3.3.4-7、表 3.3.4-8、表 3.3.4-9 所示的各个工况主梁各个截面的弯矩变化值。在这三个表格中，每格数字表示弯矩变化的数值，数字上方的正负号表示该截面弯矩的增减。如果未标明正负号，则表示该截面由原正弯矩（或负弯矩）转换成负弯矩（或正弯矩）后的增量绝对值。数字前方的正负号则表示弯矩的正负号。

为了检视换索过程中主梁的安全性，给出了主梁各截面弯矩变化幅度的容许值，见表 3.3.4-10 所示。表 3.3.4-10 所示为以原设计所提供的恒载弯矩图作为零坐标而得到的换索对主梁各控制截面容许变化的弯矩坐标值。各点负弯矩值表示原设计提供参考的附加组合弯矩包络图负弯矩值与恒载弯矩的差值，各点正弯矩值表示原设计提供参考的附加组合弯矩包络图正弯矩值与恒载弯矩的差值。

因为原设计计算提供的恒载弯矩和新计算的恒载弯矩图有差别，因此，以表 3.3.4-10 所定的弯矩变化幅度来判断换索时主梁的安全显然有一定的局限性，但考虑到换索是一个时间很短的过程，所以供工程施工参考还是可行的。

执行工况一时主梁截面的弯矩变化（kN·m）　　表 3.3.4-7

索梁节点截面号		换索的索号											
		0	1	2	3	4	5	6	7	8	9	10	11
河岸跨	11	+ 70	+ 290	+ 670	+ 980	+ 1350	+ 1750	+ 1870	+ 1740	+ 800	+ 20	− 1200	− 1190
	10	− 70	+ 390	+ 900	+ 1300	+ 1770	+ 2270	+ 2390	+ −3250	+ 910	− 150	− 520	+ 230
	9	0	− −550	− −1050	− −1370	− −1710	− −1990	− −1760	− −990	+ −340	+ −470	− −240	− −390
	8	− −190	− −540	− −810	− −840	− −770	− −470	+ −300	+ −1610	+ −1180	+ −100	− −410	− −500
	7	− −380	− −530	− −520	− −200	+ −340	+ −1310	+ −2660	+ −2750	+ −610	− −110	− −470	− −520
	6	− 790	− −440	− −120	+ −104	+ −241	+ −3330	+ −2530	+ −990	+ −60	− −250	− −400	− −460
	5	− −810	− −310	+ −110	+ −1710	+ −3110	+ −3860	+ −1820	+ −610	+ −40	− −250	− −350	− −340
	4	100	0	+ −1400	+ −313	+ −3570	+ −1800	+ −580	0	− −290	− −210	− −230	− −220
	3	+ 1100	+ −630	2780	3200	− 1380	− 310	+ 250	+ 400	+ 230	+ 130	+ 90	70
	2	+ 970	+ −310	− 2860	− 860	+ 140	+ 640	+ 720	+ 570	+ 210	+ 50	40	− 50
	1	+ 280	214	− 480	+ 520	+ 950	+ 1070	+ 890	+ 590	+ 190	0	− 90	− 100
桥塔	0	− 3650	+ 2320	+ 2730	+ 217	+ 1760	+ 1360	+ 930	+ 580	+ 210	+ 90	0	0

续上表

索梁节点截面号		换索的索号											
		0	1	2	3	4	5	6	7	8	9	10	11
河中跨	1	− −710	+ −2330	+ −1020	− −430	− −1170	− −1540	− −1640	− −1590	− −1010	− −940	− −870	− −770
	2	− −950	+ −940	+ −3250	+ −130	− −70	− −940	− −1440	− −1620	− −1130	− −1140	− −1110	− −1000
	3	− −920	− −180	+ −1630	− −330	+ −1660	+ −170	− −800	− −1380	− −1150	− −1270	− −1290	− −1180
	4	− −770	− −210	+ −640	+ −1810	+ −3690	+ −1850	− −290	− −760	− −970	− −1250	− −1370	− −1310
	5	− −590	− −370	+ 60	+ −830	+ −2070	+ −3850	+ −910	+ −300	− −540	− −1030	− −1280	− −1290
	6	− −490	− −440	− −290	+ −160	+ −870	+ −2140	+ −3830	+ −1800	+ −150	− −590	− −1000	− −1100
	7	+ 290	+ 430	+ 480	+ 270	− 130	+ 870	204	366	− 1140	− 140	+ 470	+ 690
	8	+ 180	+ 410	+ 580	+ 490	+ 420	0	− 72	1720	− 2400	− 1220	− 400	0
	9	+ 100	+ 370	+ 610	+ 670	+ 730	+ 570	+ 110	− 750	− 1420	− 2750	− 1730	− 1140
	10	+ 50	+ 340	+ 620	+ 710	+ 840	+ 870	+ 600	− 50	− 800	− 1790	− 3550	− 2710
	11	+ 30	+ 330	+ 620	+ 770	+ 970	+ 1010	+ 820	+ 260	− 520	− 1600	− 3130	− 4770

注：表中下画线者表明换索位置。

执行工况二时主梁截面的弯矩变化（kN·m） 表 3.3.4-8

索梁节点截面号		换索的索号					
		0	1	8	9	10	11
河岸跨	11	− 250	+ 610	+ 1640	+ 50	− 2450	− 2440
	10	− 260	+ 840	+ 1860	− 310	− 1050	+ 470
	9	− −90	− −1170	+ −700	+ −950	− −500	− −800
	8	− −690	− −1170	+ −2400	+ −200	− −830	− −1030
	7	− −1370	− −1140	+ −1240	− −230	− −950	− 1060
	6	2470	− −930	+ −120	− −440	− −820	− −840
	5	2910	− −710	− −90	− −500	− −720	− −730
	4	3570	0	− −380	− −420	− −460	− −450
	3	+ 3940	− 1350	+ 470	+ 270	+ 180	+ 150
	2	+ 3470	− 3620	+ 440	+ 100	− 80	− 110
	1	+ 1010	4580	+ 380	+ 20	− 180	− 210
桥塔	0	1380	+ 4970	+ 440	+ 180	+ 30	− 30

索梁节点截面号		换索的索号					
		0	1	8	9	10	11
河中跨	1	− −2350	+ −5000	− −2080	− −1930	− −1800	− −1600
	2	− −3430	+ −2020	− −2360	− −2360	− −2300	− −2080
	3	− −3290	+ −380	− −2380	− −2620	− −2680	− −2490
	4	− −2760	− −450	− −2000	− −2580	− −2840	− 2720
	5	− −2130	− −810	− −1130	− −2130	− −2660	− −2680
	6	− −1540	− −940	− −310	− 1210	− −2090	− −2300
	7	+ 107	+ 930	236	− 290	+ 980	− 1450
	8	+ 640	− 880	− 5050	− 2520	− 820	0
	9	+ 350	+ 800	− 2940	− 5600	− 3580	− 2350
	10	+ 290	+ 730	+ 1650	− 4060	− −7350	− 5660
	11	+ 110	+ 710	− −1050	− 3290	− −6480	+ 9910

注：1. 表中下画线表明换索位置；

2. 2～7 号索换索影响见表 4-7。

执行工况三时主梁截面的弯矩变化（kN·m）　　表 3.3.4-9

索梁节点截面号		换索的索号											
		0	1	2	3	4	5	6	7	8	9	10	11
河岸跨	11		+ 1310	+ +1380	+ +2010	+ +2740	+ +3660	+ +3780	+ +3490	+ +3270	+ +100	− +4890	− <u>+4860</u>
	10		+ +1800	+ +1850	+ +2660	+ +3590	+ +4600	+ +4820	+ +4330	+ +3720	− +620	− <u>+2100</u>	+ +950
	9		− −2490	− −2100	− −2800	− −3480	− −4020	− −3540	− −2000	+ −1390	+ <u>−190</u>	− 1000	− −1600
	8		− −2580	− −1660	− −1710	− −1560	− −960	+ −600	+ −3220	+ <u>−4800</u>	+ −400	− −1670	− −2050
	7		− −2430	− −1060	− −410	+ −700	+ −2650	+ −5370	+ <u>−5520</u>	+ −2480	− +450	− −1890	− −2120
	6		− −2180	− −250	+ −1210	+ −3400	+ −6740	+ <u>−6960</u>	+ −3030	+ −870	− +880	− −1770	− −1870
	5		− −1500	+ −1010	+ −3490	+ −6930	+ <u>−7820</u>	+ −3670	+ −1220	+ −170	− −990	− −1430	− −1450
	4		0	+ −2880	+ −6390	+ <u>−7260</u>	+ −3640	+ −1180	− −60	− −750	840	920	880
	3		2930	2270	<u>6530</u>	2800	+ +630	+ +500	+ +800	+ +930	+ 530	+ +350	+290
	2		7700	<u>5860</u>	− +1760	+ +290	+ +1320	+ +1460	+ +1140	+ +880	+ +200	− +150	− +210
	1		<u>9740</u>	− +990	+ +1050	+ +1930	+ +2160	+ +1780	+ +1180	+ +750	+ +30	− +370	− +430
桥塔	0		+ <u>10530</u>	+ +5590	+ +4410	+ +3580	+ +2750	+ +1880	+ +1170	+ +880	+ +360	+ +50	− +50
河中跨	1		+ <u>−10570</u>	+ −2080	− −850	− −2390	3120	33100	3210	4210	3910	3640	3210
	2		+ −4260	+ <u>−6630</u>	+ −2630	− −1400	− −1910	− −2860	− −3280	4550	4550	− −4650	− −4200
	3		+ −810	+ −3340	+ <u>−6720</u>	+ −3380	+ −350	− −1620	− −2790	− −4820	− −5300	− −5430	− −5030
	4		− −940	+ +1310	+ −3690	+ <u>−7500</u>	+ −3760	− −600	− −1540	− −4060	− −5230	− −5130	− −5500
	5		− −1710	+ −120	+ −1670	+ −4230	+ <u>−7810</u>	+ −3860	+ −600	− −2290	− −4350	− −5420	− −5430
	6		− −1980	− −530	+ −330	+ −1900	+ −4340	+ <u>−77500</u>	+ −3660	− −620	− −2470	4240	4660
	7		+ +1070	+ +990	+ +540	260	1770	+ +4130	<u>7420</u>	480	− +1160	+ +3740	+ +4700
	8		+ +1850	+ +1190	+ +1090	+ +850	+ +40	+ +1470	− +3030	<u>10270</u>	− +5110	− +1650	+ +10
	9		+ 370	+ 610	+ 670	+ 730	+ 570	+ 110	− 750	− 1420	− <u>2750</u>	− 1730	− 1140
	10		+ +1560	+ +1270	+ +1510	+ +1830	+ +1780	+ 1220	− +100	− +3320	− +8220	− <u>+14920</u>	− +11370
	11		+ +1490	+ +1270	+ +1570	+ +1970	+ +2050	+ +1660	+ +530	− +2120	− +6670	− +13140	− <u>+20040</u>

注：表中下画线表明换索位置。

主梁各梁索节点截面容许的弯矩变化值（100kN·m） 表 3.3.4-10

	索梁节点截面号	11	10	9	8	7	6	5	4	3	2	1	0
河岸跨	容许的负弯矩变化值	320	435	290	120	110	190	245	280	293	290	285	175
	容许的正弯矩变化值	350	410	300	178	198	290	350	378	375	354	315	124
河中跨	容许的负弯矩变化值	90	115	140	168	188	210	230	263	285	300	295	—
	容许的正弯矩变化值	295	335	330	330	325	318	310	310	310	247	270	—

分析结论：

从表 3.3.4-11 可以看到，主梁容许的弯矩变化幅度在河岸跨 7～8 号，河中跨 10～11 号截面之间形成一个比较狭窄的瓶口带，但即使是这样，换索时主梁弯矩的变化幅度仍远远比这个容许值小，而且在许多区间两者还不是同一个数量级。全桥共 92 个索组，斜拉索的总根数是 272 根，各个工况一次换索的斜拉索根数从 4 根到 16 根不等，占全部索数的比例很小（<6%），对于这样一个高次超静定结构，换索时主梁弯矩变化并不那么剧烈是可以理解的。

四、调索换索时桥塔内力变化的分析

由于 A 形桥塔刚度很大，且由上述分析可知，换索时斜拉索本身的索力变化和主梁内力变化都不大，经分析后认为塔身的内力变化也不会起控制作用，所以不再对桥塔换索前后内力变化进行详细分析计算。

综上分析可知，无论采取哪个工况进行换索都是可行的，斜拉索、主梁和塔身的内力变化都在容许范围内。理论上的分析计算认为各个工况各个索组可以同时换索，但实际施工很难做到这一点，所以换索时结构实际的安全性还要更大一些。采取何种换索工况主要由施工设备、施工人员的多寡来确定。

五、计算实例

以本节调索换索内力分析和计算方法，对济南黄河公路斜拉桥进行计算分析。

（一）济南黄河斜拉桥基本概况

本桥全长 2023.4m，其中主桥长 488m，为塔墩固结密索的五跨连续预应力混凝土箱梁，呈飘浮体系。分跨为 40m＋94m＋220m＋94m＋40m，如图 3.3.4-4 所示。

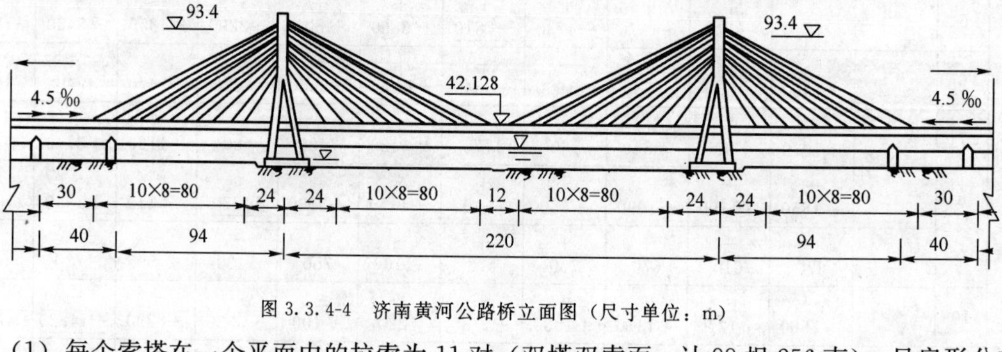

图 3.3.4-4 济南黄河公路桥立面图（尺寸单位：m）

（1）每个索塔在一个平面内的拉索为 11 对（双塔双索面，计 88 根 256 束），呈扇形分布，在索塔中心处还有 4 根垂直拉索（计 16 束），全桥共有 46 对 92 根 272 束拉索，索距为 8.0m。

索塔是钢筋混凝土结构，与桥墩形成一个整体。塔墩横向为门式构造。为了使塔柱不占

桥面宽度，拉索锚固于行车道与人行道之间。索塔设上、中、下三根横系梁，以增加索塔的横向稳定。索塔纵向在拉索锚固区部分为单柱，其下分两根斜柱，形成A形塔墩。

(2) 主梁横截面为双三角箱梁，两箱之间用桥面及横隔梁联系，梁高2.75m，如图3.3.4-5。

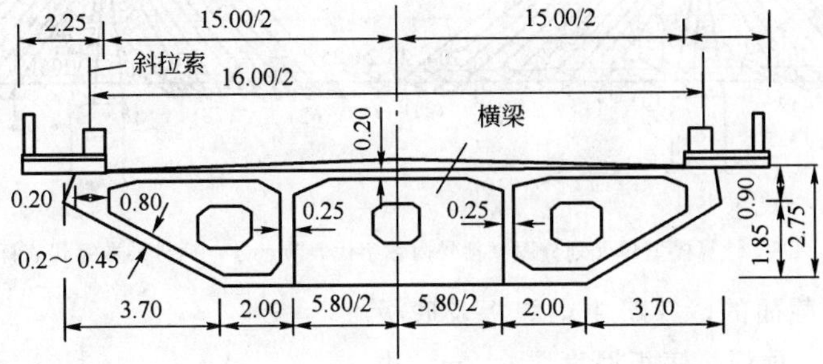

图3.3.4-5 主梁横断面（尺寸单位：m）

（二）计算方法和模型

1. 计算程序

本算例是采用自编的空间结构有限元模型专用程序进行分析的。程序可以进行下述结构内力分析：

(1) 每个节点有三个自由度的平面杆件有限元分析，每个节点有六个自由度的空间杆件有限元分析；同时还能分析包括翘曲内力在内的七个自由度的空间杆件结构；

(2) 结构分阶段形成及对体系变换时的内力分析；

(3) 结构静力稳定分析。

程序可相应输出：

(1) 平面有限元杆件分析时杆件两端三个坐标轴方向的弯矩 M_i、M_j，轴向力 N_i、N_j 和剪力 Q_i、Q_j 六个参数；

(2) 空间有限元杆件分析时杆件两端三个坐标轴方向的弯矩 M_{i1}、M_{j1}、M_{i2}、M_{j2}、M_{i3}、M_{j3}，轴力 F_i、F_j，剪力 Q_{i2}、Q_{j2}、Q_{i3}、Q_{j3}。对于七个自由度还增加了翘曲变量双力矩 B_i、B_j 及两端自由扭转扭矩 M_{i1}^u、M_{j1}^u，约束扭转扭矩 M_{i1}^r、M_{j1}^r、共18个参数。

2. 单元划分

本桥空间结构有限元模型有114个节点，213个杆件单元，其中主梁杆件单元51个，斜拉索杆件单元92个，桥塔杆件单元60个，基础杆件单元10个，单元局部坐标系按右手法则为 i—1、2、3。2、3轴为截面主轴，2轴作为参考轴，计算采用的空间结构有限元模型如图3.3.4-6所示。

3. 计算模型的边界条件

每个桥塔处用四个杆件与基础固接相连，这四个连接单元的长度取为桩的嵌固长度。主梁除在四个支座处设四个可以纵向移动的连杆外，全梁呈飘浮状态。

（三）计算时采用的有关数据

1. 截面的几何特征

(1) 主梁

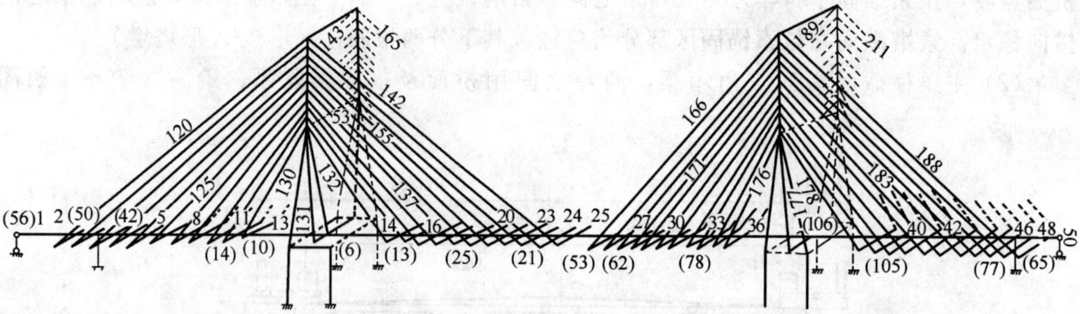

图 3.3.4-6 计算模型单元划分图（括号内数字代表节点号，括号外数字代表杆件号）

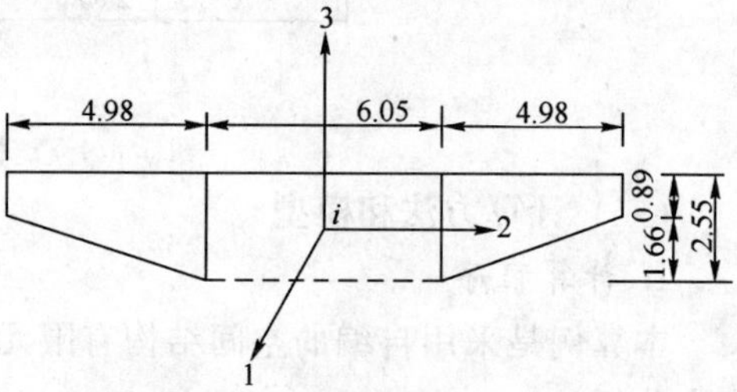

图 3.3.4-7 （尺寸单位：m）

假定主梁是常截面的，忽略主梁腹板及底板沿纵向厚度的变化。顶板、底板厚度取 0.2m，边腹板厚度取 0.8m，中腹板厚度取 0.25m。局部坐标系的坐标轴的方向及各部尺寸见图 3.3.4-7。

绕 2 轴的抗弯惯矩　　$I_2=5.524\text{m}^4$

绕 3 轴的抗弯惯矩　　$I_3=239.367\text{m}^4$

扭转惯矩　　$I_k=9.63\text{m}^4$

截面面积　　$F=7.999\text{m}^2$

局部坐标系的坐标轴方向：

1 轴　即杆件方向，由左节点至右节点方向为正；

2 轴　截面主轴，亦是参考轴；

3 轴　截面主轴，1、2、3 形成右旋系统。

(2) 索塔柱（上锚箱区）

截面面积　　$F=4.32\text{m}^2$

绕 2 轴的抗弯惯矩　　$I_2=2.21\text{m}^4$

绕 3 轴的抗弯惯矩　　$I_3=1.798\text{m}^4$

抗扭惯矩　　$I_d=1.45\text{m}^4$

局部坐标系坐标轴的方向是：

平面 2-3 是与行车道平面垂直的，2 轴垂直于行车方向，为参考轴，1 轴则是垂直于行车道平面的，见图 3.3.4-8。

(3) 索塔斜柱

截面面积　　$F=4.0\text{m}^2$

绕 2 轴的抗弯惯矩　　$I_2=1.333\text{m}^4$

绕 3 轴的抗弯惯矩　　$I_3=1.333\text{m}^4$

抗扭惯矩　　$I_d=2.251\text{m}^4$

局部坐标系的坐标轴方向与索塔局部坐标轴方向相同，见图 3.3.4-9。

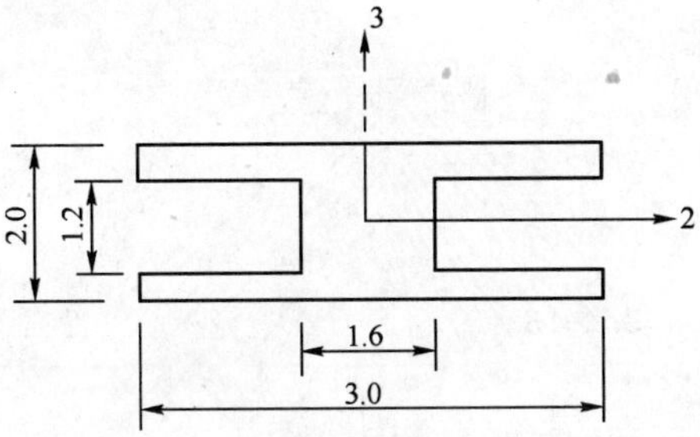

图 3.3.4-8　(尺寸单位:m)

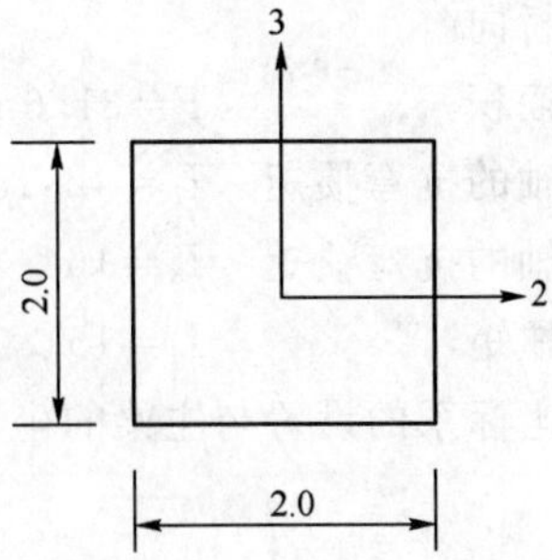

图 3.3.4-9　(尺寸单位:m)

(4) 索塔上横梁

截面面积　　　　　$F= 1.5m^2$

绕 2 轴的抗弯惯矩　$I_2= 0.064m^4$

绕 3 轴的抗弯惯矩　$I_3= 0.225m^4$

抗扭惯矩　　　　　$I_d= 0.1705m^4$

局部坐标系的 2-3 平面是垂直于行车方向的平面，而 3 轴则是与行车方向一致的，见图 3.3.4-10。

(5) 索塔桥面处下横梁

截面面积　　　　　$F= 2.5m^2$

绕 2 轴的抗弯惯矩　$I_2= 0.277m^4$

绕 3 轴的抗弯惯矩　$I_3= 1.302m^4$

抗扭惯矩　　　　　$I_d= 1.803m^4$

局部坐标系的设置与索塔上横梁坐标系相同，见图 3.3.4-11。

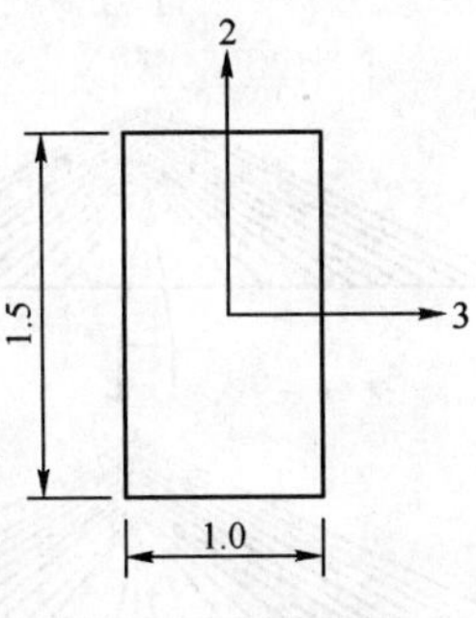

图 3.3.4-10　(尺寸单位:m)

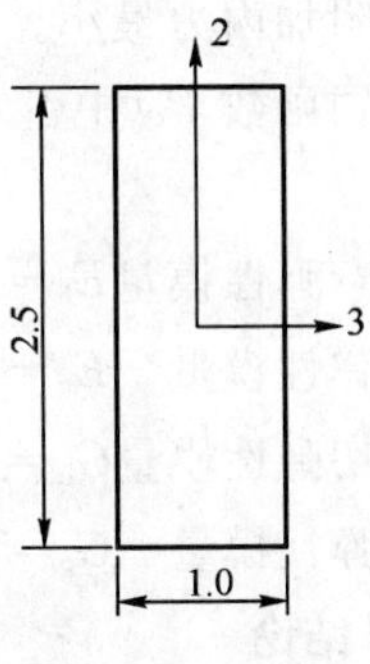

图 3.3.4- 11　(尺寸单位:m)

(6) 承台处横梁

①横桥向

截面面积　　　　　$F=16.0m^2$；

绕 2 轴的抗弯惯矩　$I_2=21.33m^4$

绕 3 轴的抗弯惯矩　$I_3=21.33m^4$

抗扭惯矩　　　　　$I_d=36.01m^4$

局部坐标系的设置与索塔上横梁系坐标系相同，见图 3.3.4-12。

②顺桥向

截面面积　　　　$F=31.6\text{m}^2$

绕 2 轴的抗弯惯矩　$I_2=42.133\text{m}^4$

绕 3 轴的抗弯惯矩　$I_3=164.346\text{m}^4$

抗扭惯矩　　　　$I_d=151.065\text{m}^4$

局部坐标系的设置与主梁的坐标系相同，见图 3.3.4-13。

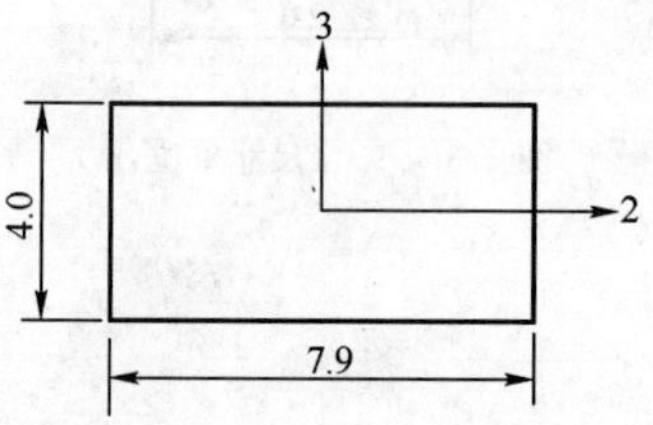

图 3.3.4-12 （尺寸单位：m）

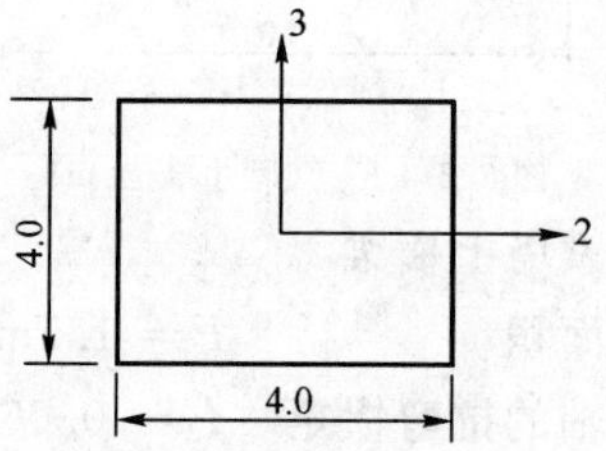

图 3.3.4-13 （尺寸单位：m）

（7）桩

截面面积　　　　$F=1.767\text{m}^2$

一个承台下共有 24 根 ϕ1.5m 的桩，计算时简化成四根。

2. 计算时所采用的控制值

（1）挠度：分四点控制，即跨中挠度（节点 53、62）取向上的 5cm，塔下垂直索处（节点 6、106）向上挠度取为 3cm。

（2）期望的结构设计内力：假定结构现存实际内力与期望的设计内力相符，故换索调索时应使调索后所产生的附加内力最小。

（3）在惩罚函数 P_G 中引入 $\varepsilon=10^8$。

3. 其他

混凝土抗弯弹性模量 $E_h=3\times10^4\text{MPa}$

钢的抗弯弹性模量　$E_g=2.1\times10^5\text{MPa}$

混凝土剪切弹性模量 $G_h=1.29\times10^4\text{MPa}$

钢的剪切弹性模量　$G_g=0.903\times10^5\text{MPa}$

（四）计算结论

（1）全桥 92 根斜拉索分 23 批张拉，每批同时张拉 4 根（每根拉索由 4～8 束组成，每束用 67～121 根 ϕ7 镀锌高强钢丝平行编制成束）。设定张拉次序按斜拉索在索塔的位置由外及里，即第一批先张拉桥塔最外侧靠近河岸的编号为 120、143 及另一索塔最外侧编号为 166、189 的四根索（图 3.3.4-6）。基本结构示意图如图 3.3.4-13。

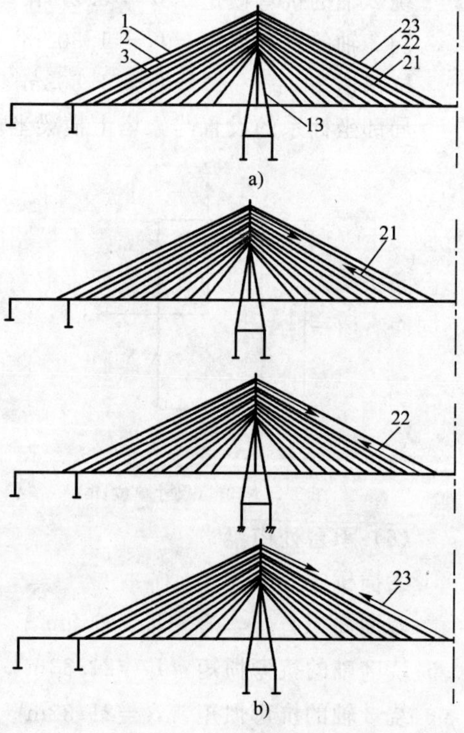

图 3.3.4-13　分批调索基本结构示意图

a）调索顺序；b）21～23 阶段调索结构

（2）由于每次张拉的四根斜索都选在两个桥塔

相同的对应位置上，所以利用结构的对称性，则使每批索的四根斜索的调索张拉力增量值相等。

表 3.3.4-11 给出了计算得到的每批斜拉索张拉力的增量值。

分批调索每批斜拉索索力增量 表 3.3.4-11

同批调索的斜拉索编号	拉索索力增量（kN）	同批调索的斜拉索编号	拉索索力增量（kN）
120，143，188，211	1344.458	132，155，176，199	1433.460
121，144，187，210	−2719.291	133，156，175，198	−1242.011
122，145，186，209	1623.187	134，157，174，197	1343.252
123，146，185，208	−517.898	135，158，173，196	511.058
124，147，184，207	340.127	136，159，172，195	−119.055
125，148，183，206	103.211	137，160，171，194	−159.719
126，149，182，205	−134.952	138，161，170，193	142.556
127，150，181，204	292.454	139，162，169，192	−838.257
128，151，180，203	614.754	140，163，168，191	1477.436
129，152，179，202	−454.366	141，164，167，190	−1759.001
130，153，178，201	958.674	142，165，166，189	1257.842
131，154，177，200	841.801		

注：表中负号表示斜拉索放松。

(3) 表 3.3.4-11 所示斜拉索张拉力增量值是满足设计要求的各斜索应施加的张拉力增量值。由于实际调索时施工顺序不尽相同，所以虽然在全部调索阶段结束后斜拉索实际索力不会因张拉次序不同而有所变化，但在各个调索阶段中，各斜拉索的实际索力将随施工顺序不同而有所变化。

为了节省篇幅，图 3.3.4-13 仅列出了按本计算分析法所设定的调索次序，表 3.3.4-12 列出在调索的 21～23 阶段各斜拉索索力。该索力与各斜拉索原始索力叠加后即为调索后各斜拉索的索力。表中所列的第 23 阶段各拉索索力就是调索完成后的各拉索索力的增量。

(4) 表 3.3.4-13 列出了在调索后 21～23 阶段主梁各杆件弯矩增量的累积值。

表 3.3.4-6 最后一列所示调索后第 23 阶段的主梁弯矩值，虽按计算要求其值是与期望的结构设计内力值差值最小，但如果这个增量值叠加上主梁的原存弯矩超过截面的容许承载力时，则说明原设的调索控制值、或应调的挠度数值、或应调的挠度控制点数量、或一次调索的数量应予修正。按新设定的控制值重作计算，直至满足设计要求。

(5) 表 3.3.4-14 记录了从调索 21～23 阶段时主梁各节点的挠度值。

正如设计所指定的控制值那样，在调索第 23 阶段结束后，控制点的高程均分别达到与控制值相差 3cm 和 5cm。从控制点的变形值变化规律来看，塔下垂直索及相邻各点的高程变化比较平缓，而跨中节点及相邻点的高程变化却非常剧烈。

调索 21～23 阶段斜拉索索力（kN） 表 3.3.4-12

拉索编号 \ 阶段	21	22	23	拉索编号 \ 阶段	21	22	23
120，143	−1855.768	−1781.265	−1899.301	166，189	326.4094	−215.9419	—
121，144	3323.680	3371.414	3298.562	167，190	286.0103	—	2403.873
122，145	−1847.444	−1808.568	−1866.299	168，191	—	−1818.250	−1505.453
123，146	644.8749	673.6847	631.6546	169，192	1345.459	1022.734	1276.771
124，147	−312.4825	−293.2399	−321.0810	170，193	−1283.158	−1544.051	−1350.218
125，148	−19.60689	−10.51577	−23.78918	171，194	550.5848	384.7918	499.5561
126，149	299.0300	301.0159	297.6747	172，195	534.1769	428.3294	493.3817
127，150	−139.5566	−142.788	−138.9892	173，196	−215.0941	−268.2509	−244.2098
128，151	−453.9054	−462.1894	−451.3808	174，197	−1139.431	−1148.029	−1157.501
129，152	1015.507	1003.885	1019.592	175，198	2205.589	2230.928	2197.388
130，153	−742.7476	−757.4679	−736.2967	176，199	−1259.641	−1208.725	−1260.531
131，154	187.5999	236.8985	204.6098	177，200	188.4099	243.7818	204.1416
132，155	−1236.819	−1167.414	−1237.540	178，201	−701.648	−719.6389	−694.3171
133，156	2191.162	2214.646	2182.765	179，202	1003.342	992.6164	1006.696
134，157	−1127.296	−1142.499	−1146.659	180，203	−457.8375	−465.5378	−455.7710
135，158	−201.8131	−268.8636	−233.6052	181，204	−143.6723	−146.4741	−143.3301
136，159	570.6648	439.7798	524.8668	182，205	305.8457	308.2081	304.4188
137，160	541.7685	439.7798	491.6192	183，206	−24.62302	−16.18849	−28.27042
138，161	−1302.526	−1541.566	−1359.388	184，207	−314.2031	−298.8084	−320.7197
139，162	1299.348	1022.034	1240.126	185，208	640.2783	663.6985	630.0434
140，163	—	−1785.499	−1496.031	186，209	−1817.240	−1785.540	1831.970
141，164	268.6357	—	2356.054	187，210	3283.132	3322.234	3263.271
142，165	353.2180	197.5416	—	188，211	−1850.461	−1781.084	−1889.913

调索 21～23 阶段主梁弯矩增量累计值（kN·m）　　表 3.3.4-13

杆件号	杆件位置	调索阶段			杆件号	杆件位置	调索阶段		
		21	22	23			21	22	23
1	紧靠支承杆件	0	0	0	26	紧靠跨中索间杆件	−275.7186	10111.17	−6002.205
2	索间杆件	−1155.05	−1052.303	−1232.777	27	索间杆件	−2545.428	11570.85	4479.662
3	索梁最外侧杆件	−2310.107	−2104.605	−2465.554	28	索间杆件	−6897.241	−1856.770	−2538.224
4	索间杆件	7225.48	6756.030	7447.582	29	索间杆件	−332.7611	−1522.283	1838.472
5	索间杆件	−967.716	−997.4612	−949.082	30	索间杆件	−4402.031	−9271.031	−3875.862
6	索间杆件	2091.095	2353.3760	1981.151	31	索间杆件	2172.138	−4212.307	1609.491
7	索间杆件	53.10325	379.7090	−80.9308	32	索间杆件	3925.082	−2523.033	2720.454
8	索间杆件	607.0664	838.3852	520.265	33	索间杆件	722.6412	−4807.232	−745.524
9	索间杆件	1332.718	1389.142	1329.773	34	索间杆件	−348.8429	−4433.845	−1792.093
10	索间杆件	−715.6342	−852.5286	−622.1499	35	索间杆件	10671.50	8122.604	9444.921
11	索间杆件	−1381.386	−1679.587	−1197.094	36	垂直索侧面杆件	−3661.036	−4965.090	−4576.672
12	索间杆件	2769.777	2398.180	3018.088	37	垂直索侧面杆件	707.2350	1223.123	757.8873
13	垂直索侧面杆件	−4752.139	−5063.541	−4486.770	38	索间杆件	−3968.172	−4290.193	−3706.351
14	垂直索侧面杆件	611.392	1034.091	685.4731	39	索间杆件	3267.972	2892.150	3508.295
15	索间杆件	−3029.861	−4239.398	−3963.744	40	索间杆件	−1029.133	−1335.166	−848.8585
16	索间杆件	11258.95	8635.402	9998.141	41	索间杆件	−467.5941	−622.7209	−369.2985
17	索间杆件	360.7136	−3946.778	−1130.489	42	索间杆件	1517.320	1541.157	1530.246
18	索间杆件	1425.523	−4404.580	−90.59161	43	索间杆件	665.0017	845.8875	605.797
19	索间杆件	4489.715	−2198.724	3263.654	44	索间杆件	28.2966	292.3736	−71.1077
20	索间杆件	2260.035	−4072.560	1748.881	45	索间杆件	1997.819	2217.362	1912.282
21	索间杆件	−4713.669	−9147.918	−4070.782	46	索间杆件	−1093.132	−1103.225	−1083.916
22	索间杆件	−883.2846	−1436.417	1389.452	47	索间杆件	9789.496	9604.656	9858.707
23	索间杆件	−7322.369	−1644.513	−2951.716	48	索间杆件	−2571.112	−2330.889	−2736.063
24	紧靠跨中索间杆件	−2844.907	11660.79	4030.380	49	紧靠支承杆件	−1285.556	−1165.444	−1368.031
25	跨中杆件	−323.0628	10205.41	−6139.155					

注：表中所列弯矩均为杆间左端的弯矩值。

调索 21～23 阶段主梁节点挠度变化值（cm） 表 3.3.4-14

节点编号＼调索阶段	21	22	23	说明	节点编号＼调索阶段	21	22	23	说明
56	0	0	0		62	6.053	−0.842	5.000	跨中控制点
54	0.099	0.087	0.108		66	6.026	−0.316	4.775	
50	0.041	0.031	0.005		70	5.887	0.561	4.612	
46	0.024	0.025	0.022		74	5.552	1.456	4.423	
58	0	0	0		78	5.135	2.239	4.241	
42	0.150	0.148	0.148		82	4.617	2.747	3.980	
38	0.376	0.372	0.373		86	4.153	3.070	3.754	
34	0.651	0.652	0.642		90	3.806	3.271	3.604	
30	0.944	0.962	0.926		94	3.502	3.303	3.441	
26	1.262	1.305	1.230		98	3.262	3.241	3.287	
22	1.613	1.684	1.569		102	3.271	3.330	3.336	
18	1.946	2.039	1.892		106	2.981	3.053	3.000	垂直索下控制点
14	2.256	2.361	2.200		105	2.412	2.525	2.360	
10	2.598	2.701	2.548		101	2.053	2.170	1.994	
6	2.979	3.045	3.000	垂直索下控制点	97	1.746	1.853	1.688	
13	3.051	3.090	3.121		93	1.430	1.516	1.380	
17	3.004	2.962	3.034		89	1.105	1.165	1.067	
21	3.229	3.004	3.173		85	0.821	0.855	0.796	
25	3.544	2.971	3.346		81	0.564	0.579	0.549	
29	3.928	2.786	3.530		77	0.325	0.329	0.317	
33	4.451	2.489	3.809		73	0.130	0.132	0.126	
37	5.031	2.015	4.128		59	0	0	0	
41	5.499	1.269	4.362		69	0.002	−0.002	−0.002	
45	5.866	0.041	4.588		65	0.06	0.005	0.007	
49	6.020	−0.041	4.771		55	0.02	0.103	0.127	
53	6.053	−0.088	5.000	跨中控制点	57	0	0	0	

注：负号表示变形方向向下。

§3.5　换索施工控制

一、斜拉索的更换

近40年来，我国已建成斜拉桥200余座，为世界上斜拉桥最多的国家。作为斜拉桥主要受力构件的斜拉索，其设计使用寿命一般为25年，而斜拉桥的设计使用寿命一般为100年。因此，在斜拉桥的营运期间，必须进行1～2次或更多次的拉索更换。

（一）拉索更换的原因

拉索更换的原因可从设计、施工、营运和拉索本身的质量四个方面进行分析。

1. 设计

（1）设计荷载的变化。我国自1975年至1989年期间修建的斜拉桥，其设计荷载使用老设计标准：汽车-10级、汽车-15级、挂车-80，人群荷载2.5kN/m^2。自1989年以后，设计荷载执行新标准《公路桥涵设计规范》（JT 021—89）。新标准规定：高速公路、一级公路设计荷载为汽车—超20级，验算荷载为挂车—120，人群荷载3.5kN/m^2。由于设计荷载的增加，引起拉索受力要求的提高。

（2）设计结构分析计算图式的误差。斜拉桥的恒载内力与施工方法密切相关，施工过程中结构体系不断地发生变化，而计算图式有时不能正确地反映施工过程存在的误差，引起主梁内力、拉索受力与计算图式不符。

（3）结构设计参数的误差，诸如结构弹性模量的误差，截面特性的差别、截面面积、惯性矩的误差，风振、雨振、地震对斜拉桥的影响等。

（4）设计理论、规范的变化。我国自1975年开始修建斜拉桥，至1996年《公路斜拉桥设计规范》（JTJ 027—96）试行版的颁布，在此期间对斜拉桥的许多设计理论，尚处于探索阶段，没有充分的认识，没有统一的规范和标准可遵循，带有一定的探索性，设计中难免有大的失误和缺陷，致使设计拉索受力不合理。

2. 施工

（1）施工实施与设计图的误差影响。如混凝土的强度、重度，成桥后断面尺寸与平面尺寸同设计图比较总是有差别的；预应力张拉，索体的张拉，桥面铺装层厚度的控制等，均会与设计图有差别。当恒载超过设计计算值，预应力达不到设计值时，引起索力增大，拉索提前破坏。

（2）施工环境的影响。在斜拉桥施工过程中，设计要求的温度、空气质量、风力和现场实际环境条件存在差异，影响拉索的安装质量与使用寿命。

（3）施工控制因素的影响。应该进行索力调整、优化拉索受力状况的桥梁工程，因工期原因或嫌麻烦而放弃索力调整，致使拉索受力不匀；在主梁进行悬臂施工阶段，为了确保主梁线形顺直，多数是将主梁高程控制放在第一位，索力控制放在第二位，特别是合龙时，当合龙段两端高程误差较大，采用强近合龙法，致使拉索的实际受力达不到设计受力要求，影响拉索的使用寿命。

（4）施工过程中的意外事故。如拉索牵引过程中，过度弯折、砸伤、划破拉索保护套，拉索掛张失效，掉落桥面后损伤，雨水、有害液体渗入拉索体内，失火烧伤拉索，化学有害物质腐蚀拉索等不可预见的意外事故，均可造成拉索重大损伤，严重者甚至报废。

3. 营运

（1）后期车辆荷载增加，交通流量增大的影响。随着交通运输业，车辆制造业的发展，交通流量、超重车增加幅度较大，特别是超载车辆其轮压远远超过设计值，对桥梁的破坏性最大，作为主要受力构件的拉索，首当其冲。

（2）混凝土收缩、徐变的影响。混凝土收缩、徐变是时间效应的函数，在一个相当长的时期内，徐变变形一直在增长，特别是一些抢工期的工程采用高强度等级混凝土，混凝土中掺外掺剂等，主要收缩、徐变未完成即全桥合龙，在梁内产生附加内应力。随着桥梁的营运，主梁产生的附加内应力影响到拉索索力的变化和使用寿命。

（3）拉索维护的影响。拉索的钢材均为高强预应力材料，较普通钢材更易受外界因素的侵袭而腐蚀。在营运期间，如对拉索维护不及时或措施不当，很容易引起拉索的腐蚀破坏。

4. 拉索质量

（1）拉索的钢材、PE 防护套，据已有的试验证明，其正常使用寿命在 25～30 年之间，远远短于桥梁设计的使用寿命。

（2）锈蚀。由于拉索钢材与周围介质发生电化学作用，造成氧化还原反应，使拉索及锚固系统锈蚀，以至破坏。拉索防护体系与防护施工质量好的，使用寿命就长些，否则就短些。如广州海印大桥，用水泥浆作内防护，由于部分水泥浆体不凝固，致使该桥拉索使用 6 年半即失效断裂，而有些桥的拉索使用了 20 多年尚未出现断裂失效现象。

（3）疲劳的影响。由于拉索长期处于高应力状态，抗疲劳次数在 200～250 万次之间，随着桥梁的营运，拉索抗疲劳的能力逐渐下降，直至因疲劳而损坏。

（4）活载的影响。由于车辆、行、人、风、雨等活载的作用，拉索应力变化大，索梁振动加剧，从而大大加快拉索防护层的破坏，影响拉索防护体系的完整，加剧拉索的腐蚀，直至失效。

（5）温度的影响。一年四季温度的变化，组成拉索材料的钢材、水泥浆体、PE 套、钢管、铝管等其线膨胀系数相差较大，不能同步伸缩，导致拉索的防护层出现微裂缝，在外界环境因素的侵蚀下，加速了拉索的老化与损坏。

（二）拉索更换前的准备工作

拉索更换前，应先做好调查研究、方案设计、施工组织设计、资源准备等工作，保证换索过程的安全、可靠、质量优良，使得新换拉索及桥梁整体经久耐用，成本低廉。拉索的更换过程同时又是桥梁的一次全面检测、维修、加固过程。

1. 结构现状调查

（1）外观调查。外观调查分索、塔、梁三部分。①拉索的上下锚头处及锚箱锈蚀情况，拉索防护套完好状况；②塔柱各部位裂缝与缺陷检查，桥塔横梁及与塔柱的接合部的裂缝检查，竖向、侧向支座设置及位移状况检查；③主梁各部位裂缝开展状况与特征，桥面及索座裂缝情况，桥面伸缩缝损伤及工作状况。

（2）索力测定

准确的测定每一根拉索索力是了解斜拉桥的状态和确定新换索索力的基本依据。长期荷载作用下的实际索力与设计计算的索力常有较大差异，只有准确地测定旧索索力，才能修正设计差异，使新换索索力符合桥梁营运期的实际索力。索力测量常用油压表读数法，传感器压力计读数法，振动频率法，磁通量法、激光测振仪法。油压表读数法、传感器压力计读数法宜用于施工过程，对成桥后的索力测量不合适。振动频率法、磁通量法、激光测振仪法适合于测量成桥后拉索的索力。

振动频率法通常利用风、桥面振动等环境随机激振源对拉索的激励，测得拉索振动频率，算出索力。该法具有准确可靠，操作方便的优点。

20 世纪末美国一家建筑技术公司——Construction Technology Laboratorieslnc（CTL）研制开发了一种非接触式激光测振仪测量拉索的低阶振动。这种方法不需人工振动，测振仪可在几百英尺外瞄准拉索因而不必来回搬动仪器，可快速、准确、可靠地测量振频，求出拉索索力。CTL 公司建立的 PTM 法还能探查拉索损伤源的准确位置及损伤的程度。此外，还可用磁通法测量索力。此法是通过拉索上装配的电磁传感器以测定索中磁通量的变化来测定索力的，我国在斜拉桥索力的测试中已开始应用。

（3）全桥几何尺寸测量

用远红外全站仪或 GPS 全站仪、精密水准仪或数字水准仪对全桥（梁、塔、索、墩身）即主梁的高程，平面位置，挠度曲线，塔柱的水平偏移，拉索的长度，上下钢套管的空间坐标，支座的压缩值、位移值，伸缩缝的缝宽、高程，墩身的水平位移与基础的沉降等进行全方位的测量。

2. 换索方案设计

换索方案设计包括结构与施工两部分。

（1）结构设计

结构现状调查完成后，将调查资料记录、汇总，对旧桥的整个结构进行全面的分析、计算，并与建桥时的设计资料进行核对，修正计算误差与参数。根据前后设计荷载使用标准的不同，设计荷载与营运期实际荷载的差别，重新确定并计算换索以后该桥的设计标准。方案确定后，分别计算梁、塔、索的受力。

（2）施工组织设计

施工组织设计的主要内容包括：①施工队伍的选择，施工组织机构的确定；②施工工期计划，特别是放索、挂索的时间安排；③施工方案的确定，换索顺序，每次换索根数，拉索松张方法，松放索、牵挂新索方案，对新旧索的保护措施，桥面行人、车辆通行的安全保护措施等；④交通开放与管制措施；⑤施工安全与工程质量的保证措施。

3. 换索前对桥梁的加固维修

根据对桥梁现状的调查和分析，必须对承重的结构部位和主要控制构件出现的缺陷进行维修和加固，以保证换索的顺利进行和施工过程中结构的安全。维修的内容主要有桥面铺装的修补；伸缩缝的高程调整、维修或更换，防止出现跳车现象，减少对桥梁的冲击；外露钢筋的除锈、封堵；混凝土缺陷的修补；预应力管道的补充压浆；桥面标线、标志的完善。加固的内容主要有：启用备用束；增加体外预应力束；裂缝封闭及压注结构胶；结构粘贴钢板、粘贴碳纤维等加固措施。

4. 资源准备

换索前，应将换索所需的资源全部准备就绪，以保证施工的需要。其中机具设备主要有起重、吊装、运输、人员上下电梯、施工操作平台、吊篮、牵引、张拉等，都要备齐就位。换索所需拉索、锚具、防护材料、减振器等，均运至工地仓库备用，根据施工需要，分期分批运至桥面现场。所有仪器、设备、配件、加工件、原材料均需具有质量保证书，试验检测报告，出厂合格证、日期等。对加工件的结构安装和制作均需有计算书，配套仪器全部按期标定、校验。

(三) 平行钢丝拉索的更换

平行钢丝拉索的更换施工分三大步骤进行：①拉索张力的放松，简称松张；②拉索的拆除、回收；③新换拉索的安装。

1. 拉索的松张

拉索的松张，是换索工程中的关键步骤。根据设计规范规定：设计中应考虑正常车辆运行时，可更换任一根拉索而结构不致被破坏。拉索作为可更换构件，应设计成具有可更换性。为保证梁塔对称受力，规范中所指的一根拉索应该包括上游、下游、江侧、岸侧共 4 根单索。拉索松张要同时使用 4 台套千斤顶及其配套张拉杆、工具锚圈、电动油泵等。机具准备好，开始松张，程序如下：

(1) 清理工作。先拆除上下锚头外端的防护罩，清除锚杯内外螺牙间的油脂、尘屑、锈屑，变形损坏的螺牙进行修复，将锚垫板面上的锈屑，混凝土渣屑清洗干净。拆除拉索两端防水罩、减振器，并维修、保养备用。

(2) 松张设备安装。松张设备与张拉设备相同，采用 YDC 系列大吨位穿心式带撑架的千斤顶，松张与松索要综合考虑，对于短索、长索、超长超重索，分别安装不同的放张设备，如图 3.3.5-1 所示。

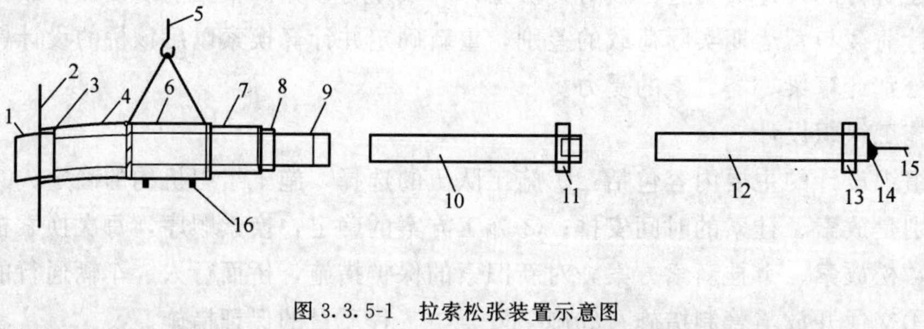

图 3.3.5-1 拉索松张装置示意图

1-锚杯；2-锚垫板；3-工作锚圈；4-撑架；5-吊钩；6-千斤顶缸体；7-千斤顶活塞；8-工具锚圈一；9-张拉杆一；10-张拉杆二；11-工具锚圈二；12-张拉杆三；13-工具锚圈三；14-连接器；15-牵引索或钢绞线束；16-高压油管接头嘴

① 对于短索，用千斤顶配合张拉杆一、张拉杆二松张；

② 对于长索，可用多根张拉杆，分多级松松张；

③对于超长、超重索，采用张拉杆放张后，拆除 YDC 穿心式千斤顶，更换连续快速千斤顶松张。

(3) 松张方法

①松张设备安装好后，同一根索的上游、下游、江侧、岸侧施工同步对称进行。在不安装工具锚的情况下，千斤顶无负荷伸长活塞，距最大行程5cm左右暂停。

②安装工具锚圈一，启动油泵，千斤顶活塞顶伸至工作锚圈离开锚垫板1～2cm，读取实际索力大小，见图3.3.5-2步骤一。

③拧松工作锚圈，千斤顶缓慢回程，工作锚圈同步拧松，回程至距活塞最小行程2～3cm时暂停。

④拧紧工作锚圈，千斤顶继续回程，拧松工具锚圈，完成一个行程的松张，见图3.3.5-2步骤二。当拉杆足够长时，重复①～④步，可完成短索的松张；当拉杆不够长时，换用多级叠合拉杆，如图3.3.5-1中的拉杆二、拉杆三。

⑤安装第二节张拉杆及相应的工具锚圈，此时因拉杆外径变小，工作锚圈已不起作用，相应的安装由两个半圆环组成的开合式工作锚圈，临时锚固拉索与拉杆，重复①～④步，可完成中长索的松张。

⑥对于超长、超重的索，经多级拉杆松张后，索力仍比较大，需要换用钢绞线代替拉杆，用带外螺牙的夹片群锚锚环与拉杆端相连，先退出千斤顶，将夹片式工具群锚锚环穿入钢绞线中，置于千斤顶前端，作为临时固锚。重新安装千斤顶，换用不同的垫板，再安装一套夹片式群锚锚环置于千斤顶后端，作为工具锚，参照①～④步逐渐松张，直至拉索张力小于松索时卷扬机的牵引力。

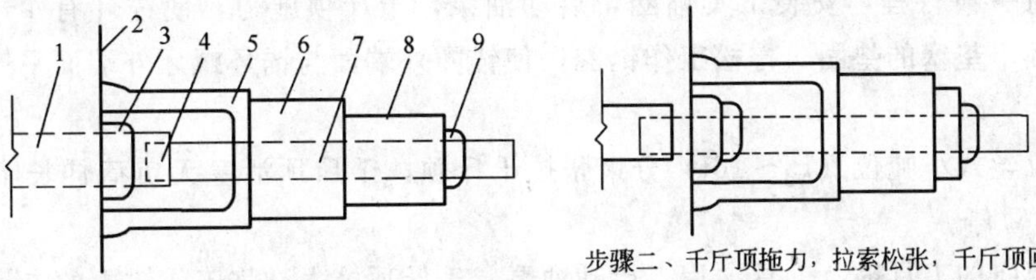

步骤一、安装千斤顶，千斤顶空载运行，千斤顶锚固

步骤二、千斤顶拖力，拉索松张，千斤顶回程，拉索部分放松，开合式锚圈临时锚固

图3.3.5-2　平行钢丝拉索松张步骤示意图

1-拉索锚头；2-锚垫板；3-锚圈；4-锚环；5-撑架；6-千斤顶；7-张拉杆；8-活塞；9-千斤顶工具锚圈

2. 拉索降落与回收

拉索松张后，开始拉索的降落、拆除与回收。拉索降落分两种情况，单根索索重小于20t，宜用卷扬机配滑轮组走丝降落；单根索索重大于20t，宜用承重导索降落。在塔柱端降索至一定长度，梁端锚头开始自由下降时，要在梁端锚头挂尾索，缓慢放松，防止拉索突然下降，造成安全事故，同时尾索能托住拉索，减小塔端牵引索的拉力。

拉索回收有水面与桥面回收两种形式，水面回收是在拉索下停泊一艘船，船上安放卷索盘，边降落拉索边卷曲成盘，直至全部降落至船面上。桥面回收是先将梁端锚头牵出索道钢护筒口，摆放到桥面，塔端边降落，梁端边平移、边卷盘，直至拉索全部降落桥面，卷至盘上运离桥面。

3. 新换拉索的安装

新换拉索的安装施工与新建桥拉索安装方法基本相同，不同的是拉索索长的计算与确定。常用的有两种方法：①根据初建桥时拉索的下料长度，观测并测量安装、营运后拉索实际长度与计算长度的差异，修正误差后确定下料长度；②拉索更换前，测量拉索上下索道钢护筒口的坐标，利用公式计算下料长度。新换索的索力由换索设计确定。

(四) 钢绞线拉索的更换

钢绞线拉索的更换分原拉索的松张、降落、新换拉索的安装三个大的步骤，各个步骤的施工方法如下。

1. 拉索的松张

不同类型的拉索有不同的松张方法。对于刚性拉索宜采用整索松张；对于柔性拉索，锚头又为无粘结防护，宜采用先整体部分松张，再单束分束松张的方法。拉索松张前，先拆除防护罩、夹片顶压板，外露钢绞线除锈、除渣屑，用钢丝刷清理干净，锚环外螺牙除锈，清理、修复螺牙，拉索两端防水罩、减振器拆除，拉索两端 1m 范围内外防护套（如 HDPE 套）拆除，做好拉索松张的准备。

(1) 柔性拉索松张

柔性拉索索股之间为无粘结，松张施工过程为安装时拉索张拉的逆过程。

当锚具为镦头锚与夹片锚的组合式锚具时，如 OVM 锚具，则松张方法为：

①拉索整体部分松张。当锚环下有开合式垫圈时，用拉锚式千斤顶配张拉杆，千斤顶活塞无负荷运行一段行程，安装工具锚圈，启动油泵，千斤顶施力，使锚环有 1～2cm 的松动；拆除锚环下垫塞的垫圈，拧松工作锚圈，使锚圈外端面与锚环螺牙外端面平齐，千斤顶回程。

②安装拉丝式小吨位（15～16t）分束张拉千斤顶，千斤顶活塞无负荷伸长至距最大行程 5～8cm 时暂停。

③安装相应的工具锚、工具夹片，启动油泵，千斤顶施力，将工作锚中的夹片退出。

④千斤顶回程至最小行程 3cm 左右时，工作锚安装工具夹片，并轻轻打紧，千斤顶继续回程，放松工具锚进入下一个周期的施工。重复②～④步，直至放松拉索的全部预应力。当一端松张，拉索预应力仍不能解除时，可采用塔端、梁端同时松张的方案，一般说来，可达到松张目的。

当锚具为纯夹片式锚环时，如 VSL 锚具，则松张方法为：

①将单根钢绞线的索力松张至 15kN 以下，换千斤顶安装到换索支架上，并穿过两根钢绞线。给千斤顶缓慢、平稳的供油，张拉钢绞线直至将夹片拔出。人工取出夹片，千斤顶回油松张。如果一个行程无法将索力放张至 15kN 以下，应上紧夹片将钢绞线临时锚固住后，千斤顶活塞空行一定行程，再次张拉将新上紧的夹片拔出，然后回油放张。重复上述操作，直到将索力放张到 15kN 以下。

②连接卷扬机和钢绞线，移开换索千斤顶，解除换索专用连接器与钢绞线的连接；移开换索支架，用切割机将离钢绞线的末端约 50mm 处进行环向切割，只保留中间一根钢丝；将塔内卷扬机钢丝绳与镦头螺丝牢固连接。

③将需要更换的钢绞线抽出；卷扬机牵引钢绞线，将夹片取出。缓慢放下钢丝强直至钢绞线的镦头处到达塔外预埋管口末端。在固定端锚具处使用桥面卷扬机牵拉钢绞线拉出HDPE外套管，在梁端预埋管口处，解除塔内卷扬机钢丝绳与钢绞线在张拉端处的连接。用桥面卷扬机将需要更换的钢绞线完全抽出固定端锚具，完成拉索的松张。

（2）刚性拉索的松张

刚性拉索因钢绞线相互之间均粘结成整体，只能整体松张，不能单独松张、更换。松张方法：

①安装大吨位穿心式YDC系列千斤顶，安装张拉杆与锚环外周螺牙拧合连接；

②千斤顶无负荷运行至距最大行程3～5cm暂停，安装工具锚圈；

③启动油泵，千斤顶继续运行，直至拉索锚环松动，工作锚圈离开锚垫板1～2cm，测量并记录拉力大小，拧松工作锚圈至最远位置（锚圈外端面与张拉杆前端面相抵）；

④千斤顶回程，拉索松张，拧松千斤顶工具锚圈，拆除张拉杆、千斤顶。

经过初步松张的拉索，一般来说其预应力尚未全部解除，放松牵引力仍然很大，需进一步松张。但国内已建造的斜拉桥对刚性拉索的整体松张设计考虑得尚不够完善，锚环的预留长度不够长，虽然锚环能自由通过锚垫板、索道钢管，但安装张拉杆后，张拉杆套于锚环外，加大了断面尺寸，张拉杆就无法通过锚垫板、钢套管，限制了拉索的进一步松张。国内目前尚无钢绞线拉索换索的实例，有待桥梁界同仁进一步研究、解决。在这里提出两个解决办法的设想，供参考。

①将拉索的锚环制作成变截面，如图3.3.5-3所示。大直径段锚环用来整体张拉，初级整体放张；小直径段锚环用来连接张拉杆，使张拉杆外径能通过锚垫板与钢套管进行多级松张。

②拉索初级松张后，拉索拉力已减小，根据受力计算，切断拉索外露的部分钢绞线股，切断一股拉索钢绞线换一根牵引钢绞线，并穿入同外径、同孔数锚环中。拉索外露钢绞线与牵引钢绞线均用挤压锚具固定。如图3.3.5-4用拉丝式张拉法连续松张，直至解除拉索的全部预应力，满足换索松张的要求。

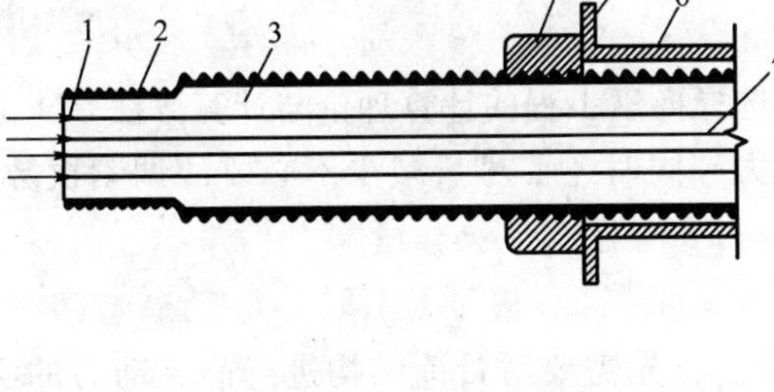

图3.3.5-3　变截面锚环示意图

1-夹片；2-小径锚环；3-大径锚环；4-锚圈；5-锚垫板；6-索道钢管；7-钢绞线束

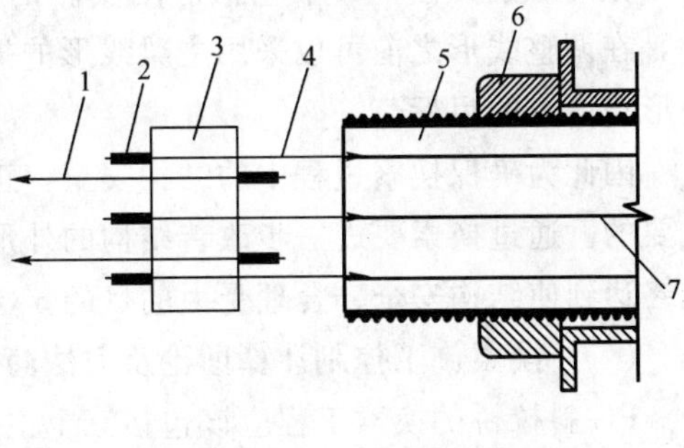

图3.3.5-4　刚性拉索松张示意图

1-钢绞线牵引索；2-挤压锚头；3-接长索锚环；4-拉索外露钢绞线；5-拉索工作锚环；6-拉索锚圈；7-拉索钢绞线

2. 拉索的降落

拉索的降落有整体降落与分束降落两种方法。整体降落与平行钢丝拉索降落方法相同。

分束降落方法如下：

①在待降落拉索上安装滑动式吊篮；

②分段用手提式砂轮机切割、分解、拆除拉索最外层防护套，并予及时回收；

③拆除索箍，分离单股拉索之间的粘结；

④将单股钢绞线两端头部拉出钢套管；

⑤单股钢绞线两端用专用连接套与两台卷扬机牵引索相连；

⑥梁端卷扬机牵引钢绞线顺桥向水平移动，塔端卷扬机同步同速放松，直至该钢绞线全部降落至桥面，拆除两端连接套，钢绞线卷盘回收运走，卷扬机牵引索恢复原状。

至此，完成一根钢绞线的降落，重复③～⑥步，即可完成整根拉索的降落。

3. 新换拉索的安装

新换拉索的安装与建桥时拉索的安装方法相同。需要注意的是：随着桥梁设计荷载的提高，拉索的型号与受力会跟着改变，相应的锚具、千斤顶、挂设拉索时的牵引方法、牵引力也应相应地改变；其次，随着技术的进步，拉索的防护与减振技术也在不断的改进和发展，防护体系与减振措施的变化，要求施工方法也要相应的变化，如内置式变换为外置式等。

二、换索施工控制方法

（一）换索工程控制的目的

一般说来，在PC斜拉桥营运若干年之后，由于混凝土的徐变、收缩、拉索的松弛等影响，结构外形和内力会产生变化。特别是有些PC斜拉桥在合龙时因在悬臂施工中主梁高程和斜拉索力的失控，采用了压重强迫合龙的方法，在附加弯矩等内力的作用下，斜拉桥的主梁和塔会产生较大的变形和内力重分布。如法国主跨为320m的Broutonne桥，三年之后主梁跨中竖向挠度为24cm，塔顶向跨中侧移10cm。考虑到结构产生的变形和内力重分布要经过相当长的一段时间才能完成，所以为在换索的同时能改善结构的内力，必须通过实测斜拉索索力和理论模拟等手段弄清结构目前实际的受力状态，以便制定调整索力的范围和估计调整索力后产生的效果。为了使理论计算值与实际结构的内力相符合，可以采用结构几何特性等参数的识别方法，其中包括静动实测的识别方法。对于主梁已产生过大变形的PC斜拉桥，在调整线形之前可以采用主梁线形的拟合优化计算，同时验算内力能否通过，达到兼顾外形与内力的目标。

因此为确保换索过程中的结构安全，正确地选择换索工程的计算理论与计算方法是十分重要的。通过换索要进一步改善结构的外形和内力，同时还要尽量减少不必要的调索次数，最终达到使结构安全、合理受力的目的。

（二）换索施工控制计算理论及方法简介

PC斜拉桥的换索工程应该包括三个主要步骤：首先需要对目前结构进行静、动力的实测工作，结合理论计算搞清楚结构的实际受力状态；然后以实测成果为依据，制订换索工程的目标和具体施工步骤；最后进行施工作业。其中换索工程的施工是重要的环节，应严格控制。斜拉桥换索工程的施工是一个严格按程序即对称（或反对称）逐根换索—量测—判别—修正—预告—换下一组索的循环过程进行的。换索施工控制的最基本要求是确保施工中结构的安全，其次必须对结构的几何线形和内力、挠度实行“三控”。很显然，控制系统首先要有一套完整的具有足够精度的内力、挠度和索力等的量测手段，将控制系统与实际结构连通；其次，为了尽量避免在施工过程中对斜拉索不必要的多次张拉和换完索后对斜拉索再进行张拉调整，要求控制系统除了具备常规的结构分析计算基本功能之外，更重要的是根据斜拉桥的特点在施工现场具备消除设计与实际不一致的自检能力，并能及时提供内力、高程和索力的修正值。控制系统还应当有很强的适应性，以适应施工中结构体系的多变性而引起的误差。换索施工控制程序如图 3.3.5-5 所示。

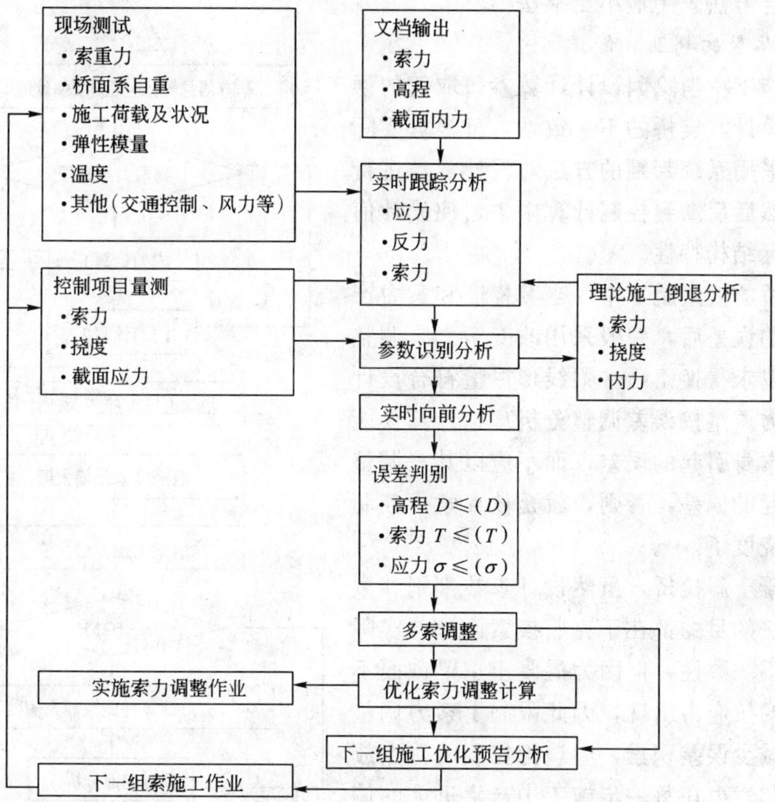

图 3.3.5-5　换索施工控制程序图

在换索施工中应注重跟踪分析。每一组换索施工按程序进行完了之后，应将结构已改变的信息输入到计算机内进行集中处理，这些信息大致是结构本身的体系变化、挠度、应力和索力的实测值、现场气温等。在跟踪分析中主要进行结构内力分析、挠度测点的拟合、温度的修正、待换索设计计算参数判别和下一组换索的施工预告等工作。要特别重视预告分析计算。在大多数情况下，虽然各种控制量的偏差均小于规定值，但结构还是有误差存在，对于这种小的误差应该利用每一组换索张拉的机会予以减小。在合理的施工作业中，具有消除有限误差的能力。跟踪分析的程序如图 3.3.5-6 所示。

其中，安全预警系统主要是为提示和防止在主梁内出现过大的拉应力而导致结构破坏。图 3.3.5-6 中“一步预测分析”系采用实时控制技术中的索力调整计算方法，通过选择方案的优化计算来实现。

1. 主梁线形拟合法

为了使主梁线形通过换索得到改善，同时也要避免换索本身引起线形进一步恶化，进行线形控制是必要的。在换索前首要的问题是确定现有梁轴线的确切位置。但是PC斜拉桥通常采用悬浇或悬拼的节段施工方法，成桥后主梁测点的连线为折线形，因此也就可能会遇到如何确定主梁轴线位置的问题。为了反映主梁的整体线形，可采用曲线拟合的方法来求得其轴线线形，并以此来判断主梁的变位和制订调整方案。

通常拟合方法采用最小二乘法。

2. 设计参数的判别和修正

为了在施工中消除因设计计算参数取值的误差所产生的设计与实桥的不一致性，可根据实际结构的特性采用系统判别的方法对设计参数进行分析修正，然后反馈到控制计算中去，使设计值能够体现实际结构特性。

在斜拉桥的换索施工中，当其挠度和索力产生超过允许的误差后，一般采用改变索力来调整挠度误差，以求得换索后主梁线形尽量符合设计要求。但索力调整按误差调整分析理论计算仅能纠正由索力本身引起的误差，而不应以其来调整其他因素引起的偏差，否则，就是放弃索力控制而单独控制挠度了。

对于混凝土斜拉桥，虽然设计参数判别和索力调整两方法的目的都在于克服换索设计与实际成桥结构的不一致性，但因为混凝土主梁截面不允许有较大的拉应力出现，因此限制了索力调整的范围。为减少误差积累，应该把控制的重点放在防止高程和索力在每一步施工中产生过大的偏差。为此采用参数判别方法来调整理论期望值是合理的。参数判别就是在施工过程中通过实测梁的内力和挠度、索力和反力等信息的处理，求出符合实际结构的设计索力及相关参数。有了比较接近实际结构的设计参数之后，就可以给出新的内力、挠度和索力施工控制值。多次进行这一过程，可以实现内力、高程和索力的三控目的。不难得出：在改变参数以后给出的设计高程和张拉索力的控制值都在不断变化，其中已包含了索力调整，只不过发现偏差再实施索力调整是在换索之前，而不是在换索之后。后者的调整在实施时通常是非常困难的，不但影响合理的施工周期，

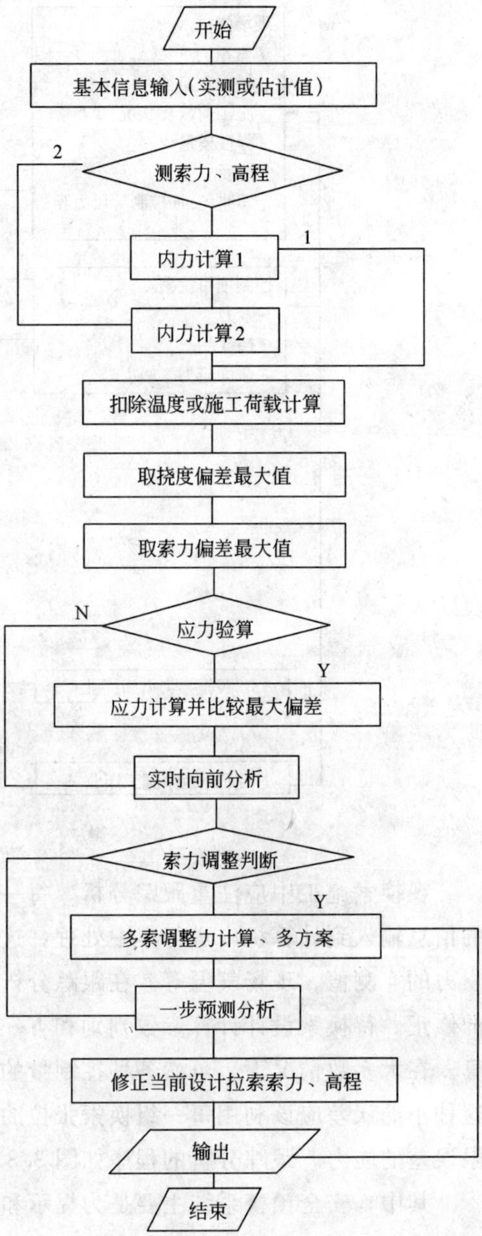

图 3.3.5-6 跟踪分析程序框图

而且易造成索力调整的紊乱。

参数判别计算通常也采用"最小二乘法"。

3. 非线性影响计算的有限元法

斜拉桥多数是柔性飘浮结构，即使在正常的设计荷载作用下，截面应力没有超过材料的允许应力范围，其荷载变形关系也呈非线性的。随着斜拉桥的跨径不断增大，非线性影响愈显著，这种非线性的结构分析方法是工程控制中需要具备的基本手段。一般说来，引起斜拉桥的非线性影响的因素主要有三个，即：

(1) 斜拉索的垂度；

(2) 梁—柱效应；

(3) 结构几何大变位。

目前常用的斜拉桥结构非线性影响的精确分析理论为有限位移理论，主要的分析方法有拖动坐标法和非线性刚度矩阵法。拖动坐标法是用于大变形结构的非线性结构分析方法，与非线性刚度矩阵法相比，具有精度高的优点。

(三) 换索过程的索力监测

换索过程的索力监测经过开始阶段的摸索、实践后，最后形成一种可靠的规范的程序。换索过程中的索力监测包括以下三方面的内容：

1. 拉索精确张拉阶段的索力监测

同一索塔上同一侧（上游或下游）对称于索塔的河跨或岸跨的拉索在换索过程中基本上是同步进行的，如旧索同步放松、新索同步张拉等。换索过程中每根新索的张拉力先是通过油泵上油压表读数来控制，当某一侧对称于索塔的两组索全部更换结束后，再对这两组索中的每一根索进行精确张拉。首先用前面介绍的环境随机振动法测量这两组索中每根索的索力并与设计索力对照，通知施工单位每一根索索力调整的数值。索力的调整是根据索力变化与拉索变形之间的关系，在张拉千斤顶的配合下，通过拧紧或放松锚固螺母来实现的。这样通过反复几次测试和调整，使每根索的实测索力与设计索力之间的差值达到小于规定值后，这一对索组的精确张拉即告结束。

2. 换索对邻近拉索（新索）索力影响的监测

换索时，如果每更换一根索都能做到新旧索的索力严格相等，那么每换完一根索或一组索后，邻近索的索力是不应该有变化的。也就是说，换索对邻近拉索的索力是没有影响的。而事实上，由于各种因素的影响，新旧拉索的索力很难做到严格相等。新旧拉索索力的差异势必会对邻近拉索的索力产生影响。为了定量掌握这种影响，每换完一组索后都要对邻近的新索索力进行测定。一般对邻近的三组新索索力进行测量。另外，当具有相同索组号的索全部更换结束后要从两塔各挑选出一个索面，将已换新索的索力全部测一遍。

3. 换索过程中卸掉一根索后对邻近拉索索力的影响

斜拉桥主梁由斜拉索支撑着，主梁的重力按一定的规律分配给每一根拉索，换索过程中每卸掉一根索将引起其他拉索特别是与其相邻的拉索的索力变化，用计算的方法可以对这种变化进行分析。为了对计算结果进行验证，换索过程中对卸掉一根索后邻近拉索索力的影响也需进行测定。

§3.6 斜拉索的减振

由于斜拉桥的刚度比同样跨度的悬索桥大，随桥梁断面形式日益优化，所以目前跨度在1000m以内的斜拉桥，迄今为止还没有发生过因斜拉桥颤振而造成的失事事例。因此，工程师们将研究课题集中到低风速区斜拉桥拉索的限幅振动方面，即拉索的涡激振动和抖振。法国的Brotonne桥，斜拉索的端部套在钢管内并用水泥浆浇注，因此索的阻尼很小，造成索的振幅很大。两根长度最长的索，平行中心距离为1957mm，当它们的振动相位相反时能相互碰到。丹麦的Faro桥也存在类似的问题，在6个月中曾纪录到20次较大的索振动，最大的振幅为1.0m左右（峰值为2.0m）。我国天津永和桥、蚌埠淮河大桥、广东南海九江桥都有索的振动问题。虽然尚未发现如上述两座桥那样大的振幅，但是索的振动问题已引起工程师们的极大重视。

一、斜拉索的振动机理

拉索作为斜拉桥的一部分，它既直接受到环境气流的作用，同时又受到桥面和索塔自身振动而对拉索产生的激励，从而引起拉索振动。

由于拉索的柔性、相对小的质量及低的阻尼，拉索在风、风雨、交通活载作用下极易发生振动。这些振动包括涡激共振、尾流驰振、驰振、参数激振、风雨激振等。拉索的大幅振动容易引起锚固端的疲劳，或者损坏拉索端部的防腐蚀保护系统，降低拉索的使用寿命。严重时甚至要紧急关闭交通。拉索的振动已成为大跨度斜拉桥营运养护中需解决的关键技术之一。

1. 涡激共振

拉索横断面一般为圆形，当气流流经拉索时，在其横断面的气流尾流中将出现交替脱落的漩涡，（即所谓的卡门漩涡），漩涡脱落的频率 f_v 由下式表示：

$$f_v = S_t U/D$$

式中：U——风速；

D——拉索直径；

S_t——无量纲参数，对于圆形断面，索的雷诺数在 $1.0\times10^4 \sim 3.0\times10^5$ 之间时，S_t 等于0.2。

因为每次漩涡脱落时在拉索上产生一个作用力，漩涡交替脱落必将激起拉索振动，如果激励频率正好等于拉索的某阶自振频率 f_k，则发生拉索涡激共振。发生涡河激共振的风速可表达为

$$U_{vc} = f_k D/S_t$$

对于典型拉索，设索的 k 阶模态频率为2Hz，索直径 $D=0.15$m，则 k 阶模态发生涡激共振的风速为 $U_{vc}=1.5$m/s。此表明涡激共振能在很低的风速下发生，并且高阶模态发生涡激共振的风速也越大。

增大拉索的质量和阻尼比可以降低拉索的振幅。实际斜拉桥拉索的阻尼比在0.001至0.005之间，相应计算得到的拉索涡激振动振幅很小，只有拉索直径的1%左右。这说明拉索涡激振动对拉索的影响是有限的，但又很难解释在实际桥梁观察到的拉索大幅振动现象。

斜拉桥主梁也存在涡振的可能，其原理与此类似。

2. 尾流驰振

两索沿风向斜列时，来流方向的下游拉索将发生比上游拉索更强烈的一种风致振动。上游拉索的尾流区中存在一个不稳定驰振区，如果下游拉索正好位于这一不稳定区中，其振幅就会不断加大。当两拉索相距较远，超出尾流驰振不稳定区时，就不会发生尾流驰振。

3. 风雨激振

风雨激振是在风雨共同作用下发生的拉索振动，它是目前已知的所有拉索振动中最强烈的一种，世界上许多大桥都发生过这种现象。发生风雨振的特点为：

（1）大、中、小雨状态下皆可能发生拉索的风雨激振，发生大幅振动的风速一般为 8～18m/s；

（2）长索发生风雨激振的可能性较大，而靠近塔柱处的短索发生这一振动的可能性较小；

（3）风雨振一般发生在 PE 包裹的具有光滑表面的拉索，拉索直径一般为 140～200mm；

（4）风雨振时，拉索常以单模态振动，振动频率一般小于 3Hz，为拉索的二到三阶模态频率；

（5）风雨振与风向、风攻角有关，已经观察到有塔的背风面索面振动较大，而塔的迎风面索面振动较小的情况；

（6）在一座桥上，常有多根拉索同时发生风雨激振。

4. 驰振

在横风作用下，方形截面或接近方形截面的细长结构还可能发生一种单自由度的弯曲自激振动，这就是驰振。斜拉桥可能发生驰振的结构是塔柱。

由驰振临界风速公式不难看出，驰振临界风速与结构单位长度质量、弯曲频率 ω_h 和阻尼 ξ_h 成正比，增大阻尼可提高驰振临界风速。

混凝土塔柱单位长度质量大于钢塔柱，因此较难发生驰振。为减少驰振，通常将塔柱作倒角处理。

为避免塔柱驰振，可在塔顶和塔身安装减振消能装置。如日本横滨桥主跨 460m，H 形钢塔高 172m，塔柱上安装了多个 TMD 减振器以消除施工过程和成桥状态中的塔柱风振，如图 3.3.6-1 所示。

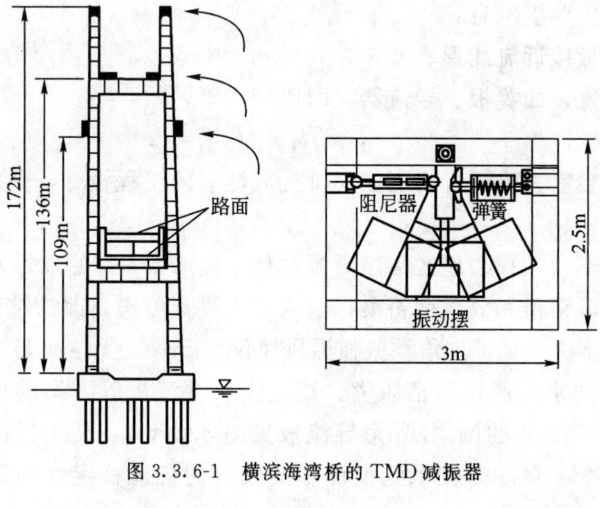

图 3.3.6-1　横滨海湾桥的 TMD 减振器

我国斜拉桥一般用混凝土塔，验算的驰振临界风速都很高，一般不必采取特别抗驰振措施。今后随着跨度加大及钢塔柱的采用，抗驰振措施会逐步进入工程实体。

5. 拉索参数激振

在实际工程中，对已建和在建的斜拉桥的观测表明，在无风或风荷载很小的情况下，个别拉索有时会发生十分剧烈的横向振动。研究表明，当桥面振动的频率接近拉索某阶模态频率的2倍时，拉索将可能发生自激共振现象，从而引起拉索的大幅振动，这种现象也称为参数激振。斜拉桥的拉索和桥面的这种耦合振动，需要应用非线性振动理论加以解释。理论证明，存在两种类型的共振，其一是当桥面激励频率等于拉索第 k 阶模态频率，拉索将发生共振；另一种是当桥面激励频率等于2倍的拉索模态频率，拉索将发生参数共振。

当给拉索一个初始小扰动后，则拉索的振动受到桥面振动的激励而加剧，以至于拉索的最大振幅远远高于其所受到的初始扰动。在无阻尼情况下，拉索和桥面的振动具有“合拍”的特征，即其振幅分别随时间周期性变化，此消彼长。

实际上，斜拉桥的拉索与空气间存在着一定的阻尼，而阻尼对系统的动力特性有较大的影响，当拉索或桥面具有足够的阻尼时，可避免参数共振的发生。

6. 颤振

颤振是桥梁自激气动力激发的一种可能发散的扭转振动或弯扭耦合振动。颤振是随无量纲风速而变化的，当风速大到一定程度时，由颤振确定的自激力有可能转而向结构馈送能量，致使结构振幅不断增大以至发散，因此颤振属于空气动力失稳现象。

由于颤振是一种发散型的自振动，一旦发生，几乎无法控制，因此常规减振方法不适应于颤振设计，唯一可行的办法就是确保桥梁结构本身的颤振临界风速高于成桥状态检验风速。

斜拉桥是一种组合结构，由于拉索作用，侧向弯曲与扭转总是耦联的，因此斜拉桥的振型比较复杂。现已证明，如果主梁具有良好气动外形，斜拉桥的颤振型态都是呈现多个振型耦合的特点。因此，斜拉桥的颤振验算采用多振型耦合效应的三维颤振分析方法，其结果稳定可靠。

为了改善主梁气动性能、提高结构刚度和增大结构阻尼，可提高斜拉桥的颤振临界风速。而提高结构的整体刚度和增大结构阻尼将付出很大的代价，因此应尽量从改善主梁气动性能入手。这方面的主要措施有：

(1) 主梁截面尽量接近流线形；

(2) 安装导风装置，如翼板、导流器（即风嘴）等；

(3) 主梁中间开槽。

同济大学风洞试验室为改进青州闽江大桥抗风性能的工程设计，是改善主梁气动性能的成功实例。

青州闽江大桥位于台风频袭地区福建沿海，是一座605m跨的双塔双索面斜拉桥，原先的主梁设计方案为闭口钢箱和分离钢箱梁，后从节省投资考虑，改为结合梁。当然，大桥的抗风稳定性随之大幅下降，+3°攻角颤振临界风速仅55m/s，无法满足大桥抗风稳定性即颤振检验风速70m/s的要求。通过包括风嘴、稳定板、导流板等方案的比选，最后选定在主梁两侧各增设宽1m、高1m的倒“L”形导流板见图3.3.6-2，使大桥的颤振临界风速提高到74m/s，增幅达35%，解决了关系到设计方案成败的抗风稳定性问题，同时获得了良好的经济效益。与闭口钢箱梁方案相比，节省造价 6500 万元。大桥合龙后，经受了 2000 年“碧利斯”台风和 2001 年“飞燕”台风正面袭击的考验。

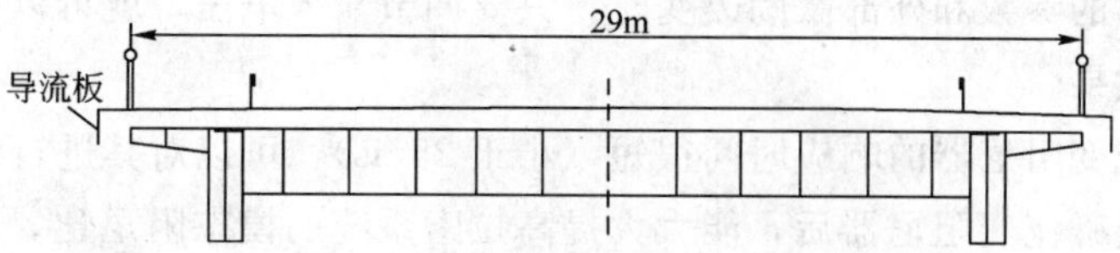

图 3.3.6-2　改进的青州闽江大桥主梁断面图

二、斜拉索振动控制方法和抗风雨振技术发展

1. 空气动力学措施

研究表明，将圆形的拉索断面改为多边形断面可以改变拉索的气动性能。

在拉索 PE 套管上开槽及增加 U 形套能防止拉索上水线的形成，对控制风雨振非常有效，已分别在 Higashi-Kobe 桥和 Yuge 桥应用。

增加拉索表面粗糙度，或在拉索表面制造凹痕同样能防止水线的形成，抑制风雨振的发生。风洞试验表明，该措施对抑制风雨振具有较好的效果，这对于大跨度斜拉桥来说是非常有利的，因为大跨度斜拉索的阻力已接近主梁的阻力。

在索表面沿轴向加螺旋带的方法，干扰或截断水线的形成，能起到减振作用。该方法在 Normandy 桥和我国南京长江二桥、三桥均作为辅助减振措施，效果显著。

2. 机械减振措施

由于拉索振动主要是拉索具有非常低的固有结构阻尼，因此增加拉索阻尼是控制拉索振动，特别是控制风雨振最直接和最有效的方法。研究表明，由于拉索的横向振动只引起很低的应变，采用某些高阻尼材料增加拉索结构阻尼的方法是非常困难的，因此在拉索和桥面之间安装阻尼器成了必然的选择。

在索锚处（即在梁体拉索钢套管内）加设高阻尼橡胶阻尼器（High Damping Rubber, HDR）是国内外应用最广的方法之一。它的减振原理是利用高阻尼橡胶吸收振动的能量。实践证明，因为橡胶阻尼器安装高度较低，拉索在该处振动位移很小，吸收振动能量有限，难以对风雨振等大幅强烈的振动产生有效的控制。如杨浦大桥、洞庭湖大桥都安装了橡胶减振阻尼器，却都发生了强烈的风雨振。

增加拉索阻尼最有效和最广泛使用的方法是在拉索和桥面之间安装油阻尼器，如法国的 Brotonne 桥、美国的 Sunshine Skyway 桥、日本的 Aratsu 桥及我国的南京二桥等都使用这个方法。

3. 磁流变智能阻尼减振技术

磁流变阻尼器是以智能材料（磁流变体）制成的可调参数阻尼器。图 3.3.6-3 为美国 LORD 公司生产的 RD-1005 型磁流变阻尼器，其输入电压为 0～12V（直流），相应的电流为 0～2A。在 1A 电流和 50mm/s 速度时其阻尼力（峰-峰值）大于

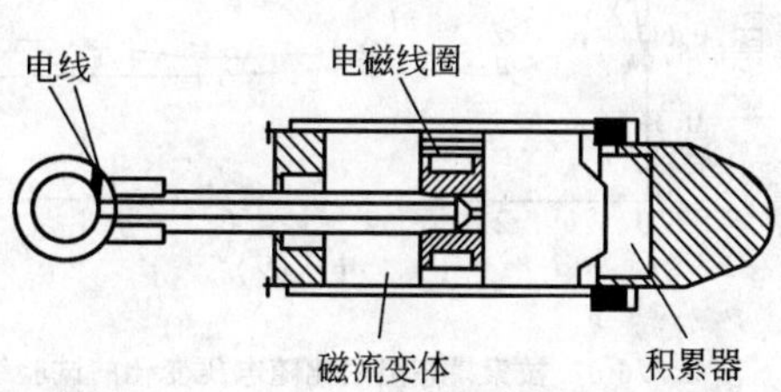

图 3.3.6-3　磁流变阻尼器结构原理

2270N，最高工作温度可达70℃，响应时间小于25ms。磁流变阻尼器的特点：

(1) 调节磁流变阻尼器的输入电压，可以改变磁流变阻尼器的阻尼特征，获得可变阻尼。因此，当拉索的参数和外部激励改变时，只要调节输入电压，就可以使全桥每根拉索都取得较好的减振效果。

(2) 因为磁流变阻尼器的响应时间很短（小于25ms），可以对其进行半主动控制。

在拉索上安装磁流变阻尼器后，能大大提高拉索系统的模态阻尼比，图3.3.6-4为实际拉索采用二阶模态频率激振时安装两个磁流变阻尼器前后所得的衰减信号对比（阻尼器安装高度为$x_c/L=3.5\%$）。从图中看出在安装阻尼器后，系统的模态阻尼比大大提高。

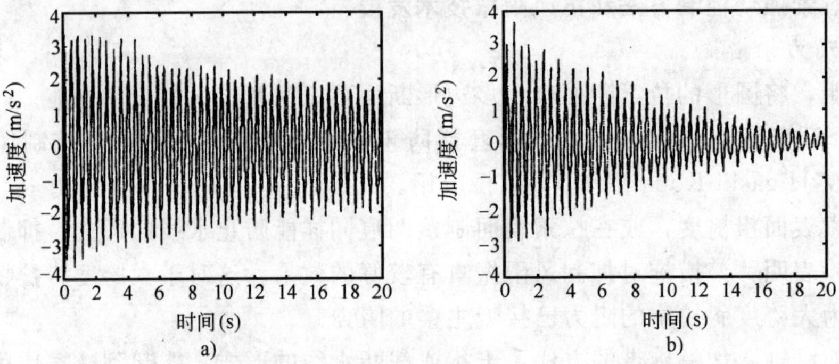

图3.3.6-4 安装阻尼器前后衰减信号对比

a) 无阻尼器；b) 有阻尼器

图3.3.6-5为岳阳洞庭湖大桥A_{11}号索前三阶模态阻尼比随电压变化的试验结果。在无阻尼器情况下，该索的前三阶模态阻尼比分别为0.187%、0.182%和0.17%。从图3.3.6-4可看出，当阻尼器输入电压变化时，拉索系统的各阶模态能获得可变的模态阻尼比，与无阻尼器相比，安装阻尼器后拉索系统模态阻尼比增大了3～6倍。每阶模态存在一个最优电压值，在该电压下，该阶模态阻尼比达到最大。

图3.3.6-6为洞庭湖大桥A_{10}索（无阻尼器）和A_{11}索（两个磁流阻尼器）在发生风雨振时测得的拉索$L/6$处面内加速度响应对比，表明拉索在安装磁流变阻尼器后，其加速度响应减小了20～30倍。

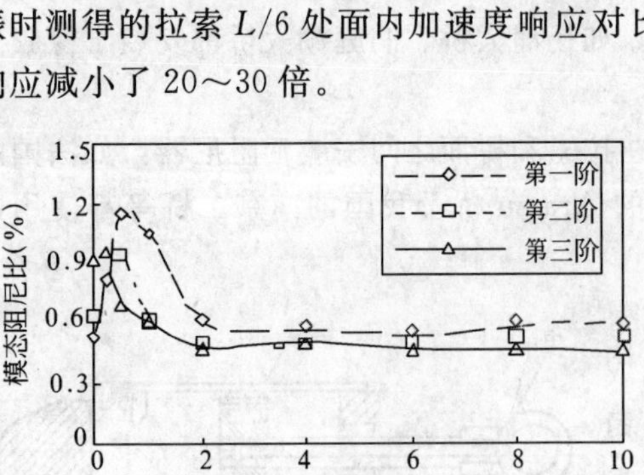

图3.3.6-5 拉索模态阻尼比随电压变化的试验结果

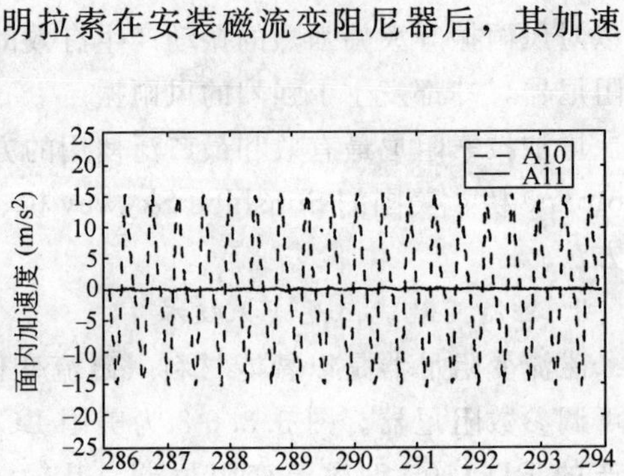

图3.3.6-6 实际风雨振时拉索响应对比

通过大量的理论分析和试验研究，证明磁流变阻尼器对斜拉桥拉索振动控制具有良好的效果，能够很好地控制斜拉桥强烈的风雨振。

4. 斜拉索抗风雨振控制技术的发展

随着斜拉桥建设规模的不断发展，风雨激振对斜拉索的危害越来越被桥梁界所认识。风雨激振是在风和雨的共同作用下，斜拉索发生的一种激烈大幅振动，振动严重时，相邻两根拉索会发生碰撞。在国内，杨浦大桥尾索在风雨共同作用下发生过强烈振动，其最大振幅超过 1m；南京长江二桥，在建成未通车前就发生了强烈的风雨激振，最大振幅超过 50cm，致使用来减振的拉索油阻尼器破坏。拉索的振动虽然不会立即引起斜拉桥的毁坏，但却时刻耗损着材料的抗疲劳能力，最终严重影响了拉索的使用年限。同样，拉索的振动也可能会引起拉索防腐系统损坏，所以拉索的振动对桥梁的安全和使用都有很大的危害。而在已知的引起拉索振动形式中，风雨激振是最具危害性的一种。据统计，现用于抑制风雨振的费用高达斜拉桥原造价的 2%～4%。

(1) 风雨振动机理

斜拉索风雨振是典型的低频、大幅振动，一般以前三阶振型出现。在微风到疾风（七级风范围）的作用下，雨打到斜拉索上以后绕索的圆形截面运动，拉索横截面上存在雨的滞留点（图 3.3.6-7），各截面滞留点处的雨水沿索长形成雨线。雨线在风的作用下处于稳定状态，其高度足以改变索的横截面形状，并产生升力。由此，带雨线的拉索受到气流的影响，产生索平面内或外的振动，即风雨振。

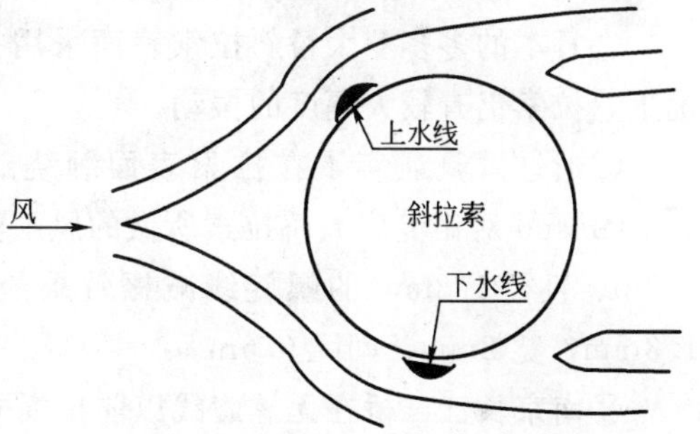

图 3.3.6-7　风雨振机理示意图

同时，斜拉索的风雨振与材料有一定的关系。在老式的斜拉桥中，拉索的套管采用钢材，表面形成的铁锈有一定的粗糙度，阻碍了水线的运动，并扰乱气流的边界层，不易发生风雨振。而现在的斜拉索一般采用聚乙烯材料，表面光滑，有的水滴绕拉索运动，雨水在表面张力的作用下形成雨线，因此，易产生风雨振。

(2) 空气动力学减振措施

空气动力学减振措施主要为了减少拉索的风雨激振和轴向流激振。有以下几种常见的方法：

①采用多边形剖面的拉索。多边形的剖面可以改变或控制水线在拉索表面的位置。试验表明：水线分为几股沿多边形几个角边流动，这样就能防止水线在引起拉索不稳定振动的位置出现。Kobayashi 采用人工降雨试验方法对各种扭转和不扭转的多边形剖面的拉索模型做了风雨激振减振研究，并在风洞中测试了各种模型、各种雨量情况下的气动阻尼曲线，并与模型振动试验对比，发现剖面为 24 边形的模型阻力较小，在低风速下不发生风雨激振，但在高风速下仍有可能不稳定。

②拉索表面沿轴向开凹槽。这一剖面形式能控制雨水在凹槽中沿索轴向流动。但这种外形设计要考虑美观；也要注意在凹槽的拐角处不能有太大的应力集中，以免缩短防护层的寿

命，影响拉索的使用；三要防止出现其他形式的气动不稳定。

③对拉索进行表面处理，如在拉索表面打凹孔。凹孔可以破坏水线和轴向流的形成，抑制风雨激振和轴向流激振。Kobayashi 的试验研究表明，与扭转和不扭转多边形索相比，表面有凹坑的圆柱形索不仅在各种雷诺数下阻力最小，而且在各种雨量及无雨情况下都有极好的稳定性，拉索的气动阻尼随风速提高明显稳定上升，始终保持为正。在拉索表面打凹孔是一种较好的有待深入研究的气动减振措施。

④在拉索表面沿轴向缠绕带状物或间隔缠绕带状物。缠绕带装物或等距箍条可以破坏水线和轴向流的形成，减弱拉索风雨激振和轴向流激振。这是一种与高耸建筑物抗风振减振措施类似的方法。

(3) 几种减振措施效果比较

①日本在 Higashi-Kobe 斜拉桥拉索上采用带凹槽的拉索，有较好的风雨激振减振效果。但实用中也发现在 37m/s 的高风速下（对应基频 0.499Hz，折算风速为 46m/s），直径为 0.16m 的拉索的振动幅值突然增大到 0.25m。

②日本的多多罗大桥斜拉索表面采用打凹孔的方式，但实际证明：在风速 12m/s 的情况下，拉索仍有较大幅度的振动。

③通过试验证实了在拉索表面缠绕螺旋或等距箍条可以有效地减少拉索风雨激振。O. Flamand 对诺曼底大桥拉索所做的风雨激振减振试验认为，对直径 165mm 的拉索，螺距 0.3m、直径 1.3mm 的螺旋线减振效果最好。最后在实体拉索表面采用的双螺旋线为高 1.3mm，宽 2mm，间距 0.6m。

④南京长江二桥在无螺旋线以前拉索的风雨振动相当利害，把原用于减振的液压阻尼器都打坏，而缠绕上螺旋线后，已基本不振，大大提高了斜拉索的使用寿命。上海杨浦大桥，在风雨振中曾将钢护筒帽打裂，而经在索体外缠绕螺旋包带后，由于缠绕时包带的叠加使索体表面产生螺旋线，极大抑制了风雨振动，改善了拉索的使用状况。测试表明，当拉索表面的双螺旋线螺距为 4 倍拉索直径，螺旋线高度为 2mm，拉索不仅具有较好的抗风雨振效果，并具有较小的空气阻力系数，从而取得最佳的经济技术效果。

§3.7 斜拉桥加固工程实例

一、实例 I——换索工程

(一) 原桥工程概况

1. 桥梁分跨及构造特点

济南黄河公路大桥是塔墩固结、A 塔密索布置的五跨连续飘浮体系预应力混凝土斜拉桥，桥梁全长 2023.4m，桥宽 19.5m，主桥长 488m，分跨为 40m＋94m＋220m＋94m＋40m（图 3.3.7-1）。两端 1535.4m 的引桥由 51 孔 30m 跨径的先张法预应力混凝土槽形组合梁组成。

(1) 索塔

每个索塔在一个平面内的拉索为 11 对，呈扇形分布。在索塔中心处还有一根垂直拉索。主梁上索距为 8m。拉索用 67～121 根直径 5mm 的镀锌高强钢丝平行编制成束，每组（号）

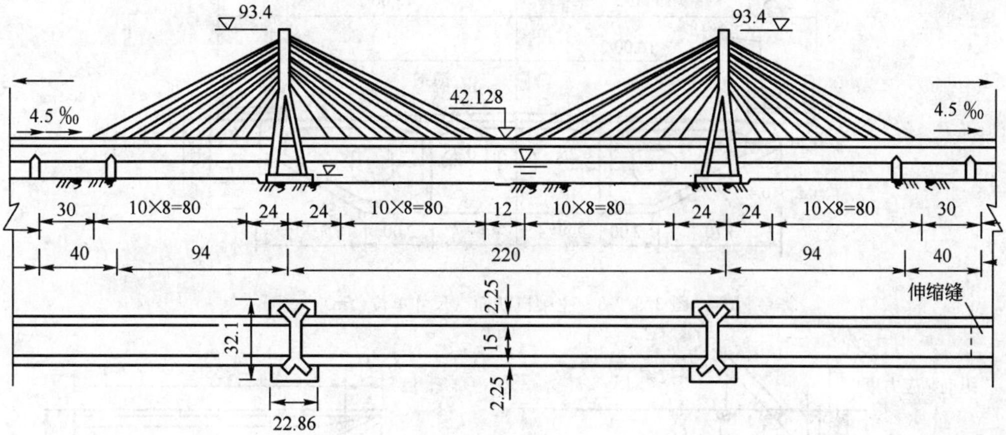

图 3.3.7-1　济南黄河公路桥立面图（尺寸单位：m）

拉索由 4～8 束组成。

索塔为钢筋混凝土结构，塔墩横向构造如图 3.3.7-2 所示。索塔设有三根横系梁。中横梁以下到桩基顶面设有 11.5：1 的斜度，使拉索能锚固在行车道与人行道之间，塔柱不再占据桥面宽度。索塔纵向在拉索锚固区部分为单柱，其下分为两根斜柱，形成 A 形塔墩。

（2）主梁

主梁横截面为双三角箱梁，两箱之间用桥面及横隔梁联系（图 3.3.7-3），主梁高 2.75m。拉索锚固在三角箱的外端，人行道悬出在主梁之外。主梁为原 45 号混凝土，布置有纵、横、竖三向预应力束筋（图 3.3.7-4）。除少数纵向长索采用弗氏锚外，其余纵、横向力筋固定端用镦头锚，张拉端用弗氏锚。

主梁各支点皆用盆式橡胶支座，索塔支点处用竖直拉索将主梁吊起，形成连续飘浮体系。

（3）斜拉索

拉索与主梁的锚固见图 3.3.7-4。拉索通过主梁顶板锚于预留的锚箱中，在桥面上设有索座。拉索锚头采用冷铸镦头锚（图 3.3.7-5）。

2. 原桥施工概况

原桥拉索施工以索力测定为主，桥面高程为辅，保证了主箱梁合龙前索力和线形都在设计范围内。竣工试验所测数据证明结构工作状态良好。

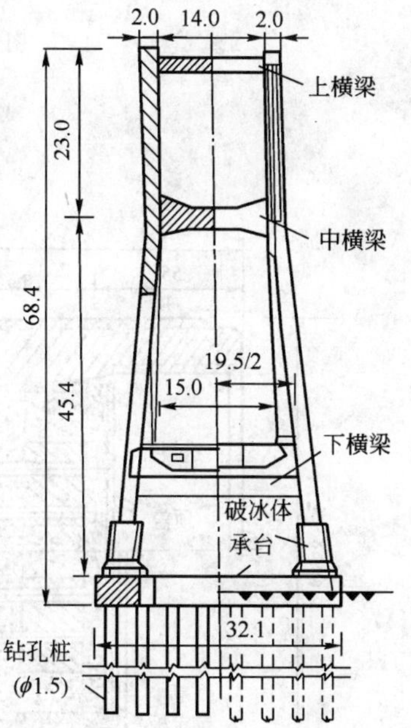

图 3.3.7-2　塔墩结构（尺寸单位：m）

索塔采用万能杆件拼装的脚手架逐段现浇。中孔和边孔主梁采用悬臂现浇方法，每节段浇筑长度为 4m。

上部结构的施工分为 59 个阶段进行，各阶段的工作内容见表 3.3.7-1。

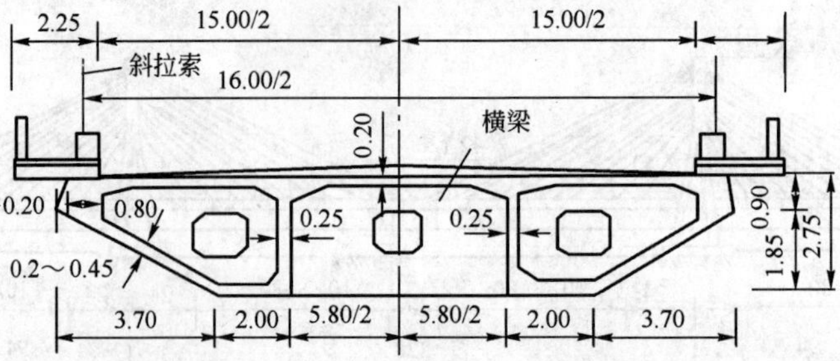

图 3.3.7-3　主梁横断面（尺寸单位：m）

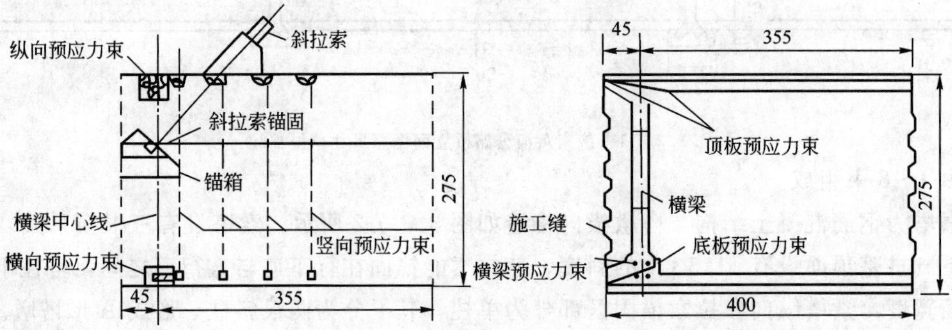

图 3.3.7-4　主梁与拉索锚固（尺寸单位：cm）

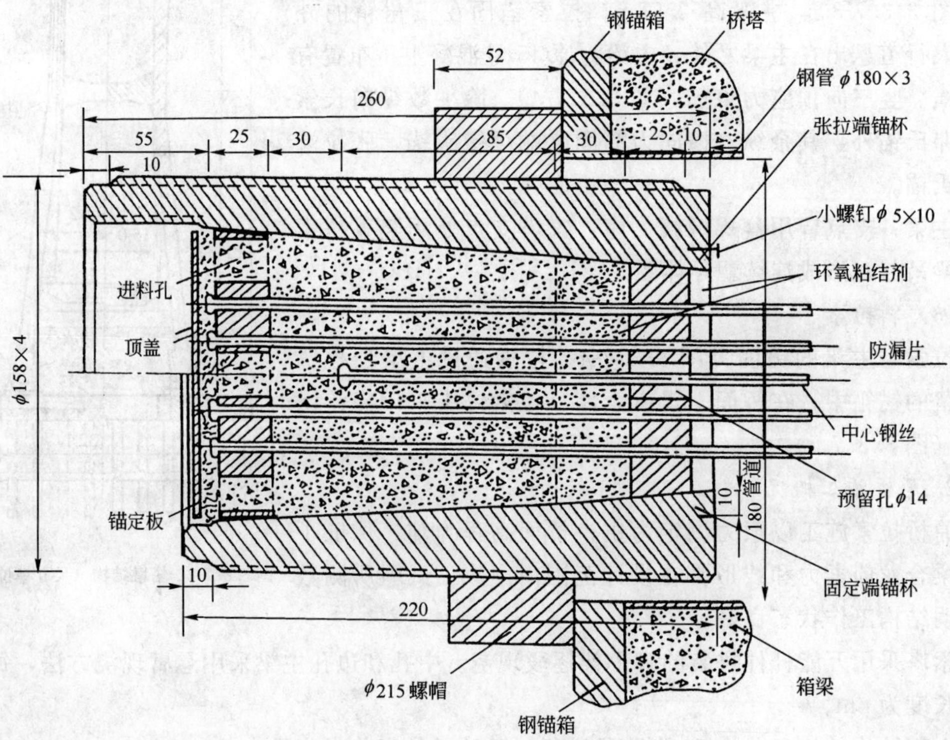

图 3.3.7-5　拉索锚头构造图（尺寸单位：mm）

表 3.3.7-1

阶段	工　作　内　容
1－A	桥塔建成，用扇形支架浇筑墩顶 N_0 段箱梁，张拉纵向、竖向、横向预应力束，架挂篮
1－B	浇注 N_1、N_2 段箱梁，张拉纵向、横向预应力束，移挂篮
1－C	悬浇 N_3、N_4 段箱梁，张拉纵向、竖向、横向预应力束
2	张拉纵向预应力束，张拉 A_1、H_2（第一对）拉索，张拉横向预应力束，拆排架，桥塔临时墩受力
3	移挂篮
4	悬浇 N_5、N_6（4m 段）段箱梁，张拉横向预应力束
5	张拉纵向预应力束，移挂篮
6	悬浇 N_7、N_8（8m 段）箱梁，张拉纵向、竖向、横向预应力束
7	张拉 A_3、H_4 拉索，张拉横向预应力束
8-52	重复 3～7 步骤直至张拉 A_{21}、H_{22}拉索和张拉横向预应力束
53	拆除纵向临时预应力束、移挂篮
54	悬浇 N_{45}、N_{46}段箱梁，边孔墩顶箱梁（N_{39}）加压重，张拉横向预应力束，拆挂篮，拼装中跨跨中挂篮
55	利用支架浇筑副孔 N_{47}段箱梁，同时安装边孔和副孔支座，张拉纵、横向预应力
56	张拉 T_{23}拉索（竖直索），拆除索塔下横梁上的临时支座
57	铺筑桥面铺装（或压重）
58	浇注 N_{48}段合龙段，张拉纵向预应力束，拆中跨跨中挂篮
59	拉索防护

施工阶段内力按内力平衡法计算，其特点：

1. 各拉索在各自的施工阶段中按一次张拉至设计值，以后不需调整。

2. 为了充分利用索力对主梁内力和高程的作用，在一期恒载中除主梁自重外，还加上人行道和栏杆自重，总计约占恒载的 93％。

3. 二期恒载的桥面铺装在中跨合龙前施工，以减小跨中弯矩。

4. 中跨合龙段用千斤顶预顶，然后用工字钢与主梁中的预埋槽钢焊接形成支撑骨架，待温度变化对合龙和高程影响最小时浇筑混凝土。

5. 恒载徐变内力计算简化为按一个统一加载龄期计算合龙后的混凝土附加内力。

主梁段合龙高程误差平均 3cm，塔水平位移量与设计吻合，该桥自重比设计超重 9.7％，因此索力增大了 3.1％。

3. 内力计算简介

活载内力及挠度按平面杆系有限单元法计算，其空间影响则用杠杆法计算的横向分布系数加以修正。

温度影响计算了四种情况：体系温差±20℃；梁上、下缘温差±5℃；塔日照温差±5℃；索、梁温差±10℃。

计算的各项内力见图 3.3.7-6。

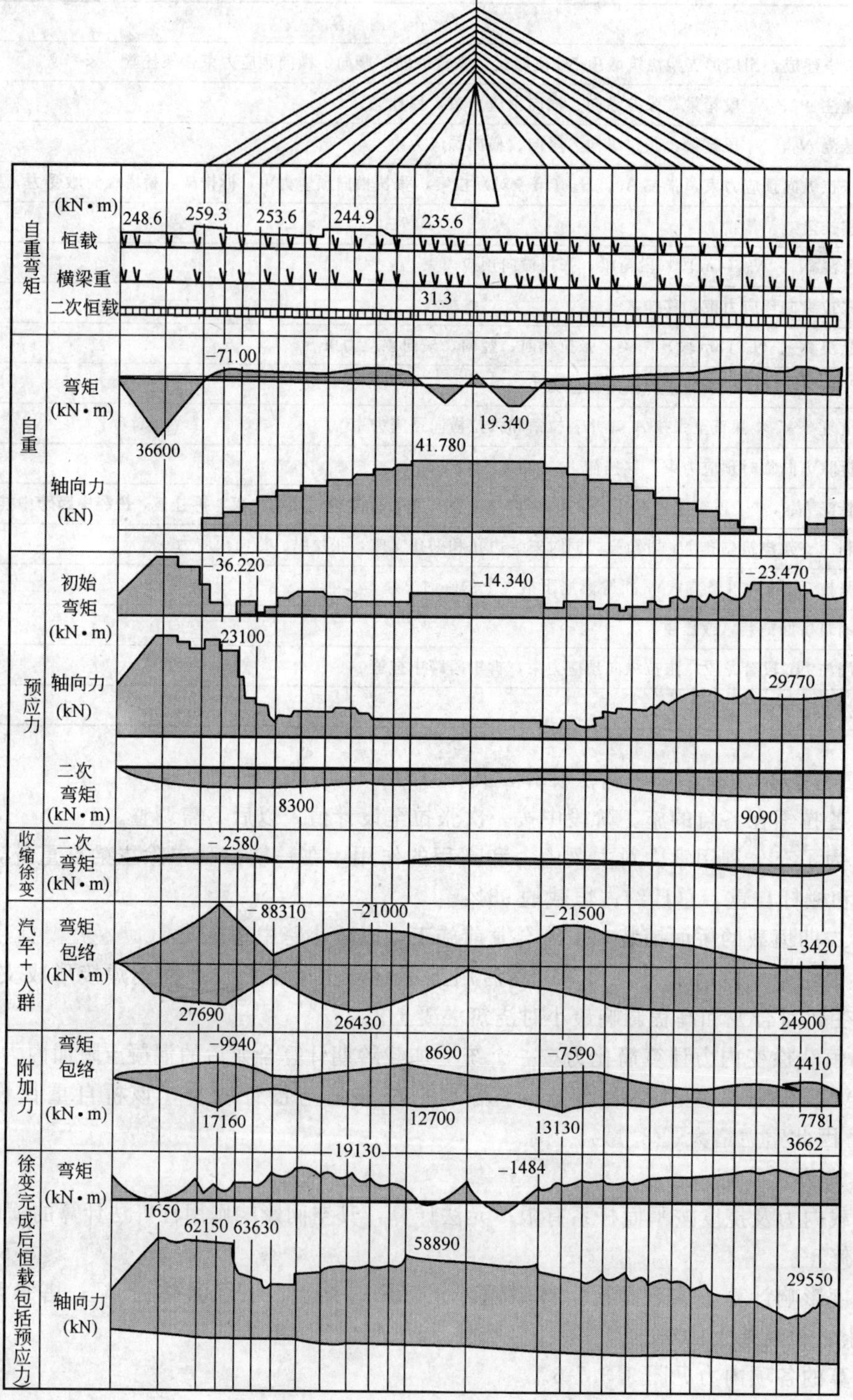
自重弯矩
(kN·m)
248.6
259.3
253.6
244.9
235.6
恒载
横梁重
31.3
二次恒载
自重
弯矩
(kN·m)
−71.00
36600
19.340
41.780
轴向力
(kN)
预应力
初始
弯矩
(kN·m)
−36.220
−14.340
−23.470
轴向力
(kN)
23100
29770
二次
弯矩
(kN·m)
8300
9090
收缩徐变
二次
弯矩
(kN·m)
− 2580
汽车＋人群
弯矩
包络
(kN·m)
−88310
−21000
−21500
−3420
27690
26430
24900
附加力
弯矩
包络
(kN·m)
−9940
8690
−7590
4410
17160
12700
13130
7781
3662
徐变完成后恒载(包括预应力)
弯矩
(kN·m)
−19130
−1484
1650
轴向力
(kN)
62150
63630
58890
29550

图 3.3.7-6　内力图

(二) 换索工程设计与计算

经过换索前两年对大桥的温度与挠度的关系、承载能力、裂缝、索力以及斜拉索锈蚀等方面的测试和分析后，确定该桥必须进行换索才能保证承载能力与结构安全。

1. 索力的测定

换索前对营运中的拉索进行了多次的索力测定，同时还根据桥梁结构自重的变化情况计算得到了计算索力，其结果列于表 3.3.7-2 中。表中拉索编号如图 3.3.7-7 所示。

在表 3.3.7-2 中有关的索力如下所述：

计算索力与实测索力比较表 表 3.3.7-2

项目 部位	索号	原斜拉索		设计恒载索力(kN)	施工中增加索力(kN)	竣工后增加索力(kN)	计算恒载索力(kN)	实测恒载索力(kN)	计算值/实测值
		束数	丝数						
岸侧	A_{21}	8	97	903.8	81.3	41.6	1026.7	954.7	1.075
	A_{19}	8	75	646.3	58.2	31.5	736.0	763.8	0.964
	A_{17}	8	67	579.0	52.1	26.7	657.8	708.0	0.929
	A_{15}	8	67	616.0	55.4	25.0	696.4	706.0	0.986
	A_{13}	4	121	1163.6	104.7	44.0	1312.3	1321.0	0.993
	A_{11}	4	115	1040.1	93.6	42.2	1175.9	1265.1	0.929
	A_9	4	115	1087.1	97.8	43.2	1228.1	1239.6	0.991
	A_7	4	101	1015.0	91.4	38.7	1145.1	1120.6	1.022
	A_5	4	101	929.5	83.7	39.1	1052.3	1063.6	0.989
	A_3	4	97	933.0	84.0	39.3	1056.3	1071.8	0.986
	A_1	8	79	699.2	62.9	38.9	801.0	843.3	0.950
河侧	H_2	8	79	680.8	61.3	43.0	785.1	802.9	0.978
	H_4	4	97	905.0	81.5	49.8	1036.3	1038.8	0.998
	H_6	4	101	899.4	80.9	50.1	1030.4	1022.3	1.008
	H_8	4	101	1022.2	92.0	48.9	1163.1	1130.7	1.021
	H_{10}	4	115	1076.6	97.0	54.5	1228.1	1214.6	1.011
	H_{12}	4	115	1046.5	94.2	53.0	1193.7	1284.5	0.929
	H_{14}	4	121	1165.8	104.9	53.6	1324.3	1359.7	0.974
	H_{16}	8	67	641.5	57.7	27.9	727.1	719.4	1.011
	H_{18}	8	67	629.9	56.7	25.8	712.4	740.3	0.962
	H_{20}	8	75	635.8	57.2	26.2	719.2	733.7	0.980
	H_{22}	8	97	878.8	79.1	30.0	987.9	911.5	1.084
垂直索	T_{23}	8	103	925.4	83.3	64.4	1073.1	1084.1	0.990

(1) 计算索力

①设计恒载索力。设计恒载索力从原“济南黄河公路大桥电算资料”摘取，结果见表

3.3.7-2。拉索编号见图 3.3.7-7。

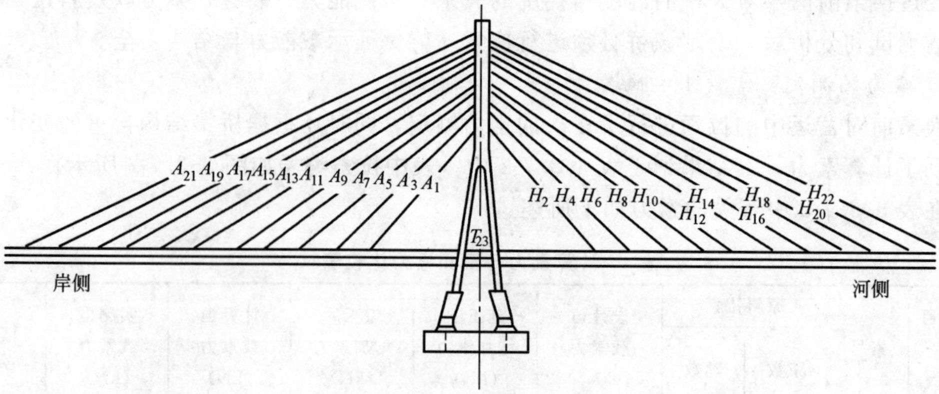

图 3.3.7-7 斜拉索编号示意图

②施工中增加索力。根据原施工实测资料，施工中自重增加了 9%，其中测量误差约为 1%～2%。考虑到测试误差有可能存在正与负，因此换索计算的自重增加值取为 9%。

原设计一期恒载为 2356kN/m，二期恒载为 213 kN/m，自重力增加值为 231.3 kN/m，计算结果见表 3.3.7-2。

③竣工后增加索力。大桥建成后十余年，桥梁自重力每延米约增加 14kN。其具体增加值如下：

桥面铺装增厚 3cm	10.8kN/m
安装防撞护栏	2kN/m
安装通信线与支架	0.6 kN/m
动力与照明线	0.6 kN/m
合计	14 kN/m

按二期恒载增加 14 kN/m 计算，索力见表 3.3.7-2。

(2) 实测索力

①原桥施工单位提供了 1982 年 2 月 6 日在气温－2℃、风力 3～4 级的条件下斜拉索防护前各索力的测试结果。

②山东省交通科学研究所 1994 年 7 月提供“斜拉索防护与索力的检测研究”中提供了 1992 年 12 月与 1993 年 3 月两次实测结果。

③由于上述两个单位提供的索力实测结果均有一定的离散性，因此选取两单位提供的索力的平均值作为本设计的实测索力，结果见表 3.3.7-2。

(3) 计算索力与实测索力比较

根据计算索力与实测索力的比较表（表 3.3.7-2）中统计的数据，表明 23 对索平均计算索力比实测索力小 1.02%。其中差值小于 2%的有 10 对索；小于 5%的有 8 对索；小于 8.4%的有 5 对索；最大差值为 8.4%。实测索力将根据换索前的起动索力等实测结果再进行必要的调整。

2. 新拉索与锚具设计

(1) 新拉索与锚具类型选择考虑的主要因素

①拉索（包括锚具）应满足规定的质量要求，并保证使用年限在25年以上；

②选择的拉索及锚具类型应保证达到规定的安全系数；

③选择的拉索及锚具类型应符合国内常规的型号与规格，以便于生产和采购；

④选择拉索及锚具类型应考虑施工方便，并充分考虑原桥斜拉索数量、锚箱对管道的孔径要求等相匹配的问题，见表3.3.7-3。

新拉索与锚具类型及尺寸表　　表3.3.7-3

部位 \ 项目	索号	束数	丝数	锚具型号	锚具尺寸（mm）						
					L_1	L_2	H	d_1	d_2	d_3	d_4
岸侧	A_{21}	8	55	LM7-55	380	340	80	230	170	114	140
	A_{19}	8	55	LM7-55	380	340	80	230	170	114	140
	A_{17}	8	55	LM7-55	380	340	80	230	170	114	140
	A_{15}	8	55	LM7-55	380	340	80	230	170	114	140
	A_{13}	4	85	LM7-85	400	360	100	250	190	127	155
	A_{11}	4	73	LM7-73	400	360	100	250	190	127	155
	A_9	4	73	LM7-73	400	360	100	250	190	127	155
	A_7	4	73	LM7-73	400	360	100	250	190	127	155
	A_5	4	73	LM7-73	400	360	100	250	190	127	155
	A_3	4	73	LM7-73	400	360	100	250	190	127	155
	A_1	8	55	LM7-55	380	340	80	230	170	114	140
河侧	H_2	8	55	LM7-55	380	340	80	230	170	114	140
	H_4	4	73	LM7-73	400	360	100	250	190	127	155
	H_6	4	73	LM7-73	400	360	100	250	190	127	155
	H_8	4	73	LM7-73	400	360	100	250	190	127	155
	H_{10}	4	73	LM7-73	400	360	100	250	190	127	155
	H_{12}	4	73	LM7-73	400	360	100	250	190	127	155
	H_{14}	4	85	LM7-85	400	360	100	250	190	127	155
	H_{16}	8	55	LM7-55	380	340	80	230	170	114	140
	H_{18}	8	55	LM7-55	380	340	80	230	170	114	140
	H_{20}	8	55	LM7-55	380	340	80	230	170	114	140
	H_{22}	8	55	LM7-55	380	340	80	230	170	114	140
垂直索	T_{23}	8	73	LM7-73	400	360	100	250	190	127	155

注：L_1——张拉端锚杯长度；L_2——固定端锚杯长度；H——螺母高度；d_1——螺母外径；d_2——锚杯外螺纹直径；d_3——连接筒外径；d_4——锚杯内螺纹直径。

(2) 新拉索与锚具的类型及防护

①新拉索采用直径为7mm镀锌高强钢丝同心向左绞合而成。根据拉索安全系数的要求

和考虑采用通用规格，拉索的钢丝根数选取三种，即 55、73、85 丝（见表 3.3.7-3）。

②锚具采用冷铸镦头锚，其型号与拉索相匹配，也分三种，即 LM7-55、LM7-73、LM7-85，其各部分尺寸见表 3.3.7-3。

③新拉索防护采用黑色高密度聚乙烯（PE）挤包护层，外加聚胺脂（PU）彩色护套，使用年限与拉索要求相同，均不低于 25 年。

(3) 拉索的安全系数

①拉索的恒载安全系数。由于建设和竣工营运后结构自重略有增加，故在计算恒载拉索的安全系数时以实测恒载索力为基准。根据计算，安全系数最小为 3.33，最大为 4.40，其中有 8 束大于 4.0，详见表 3.3.7-4。

新斜拉索安全系数计算表 表 3.3.7-4

部位 \ 项目	索号	束数	丝数	恒载索力 (kN)	主要组合 (kN)	每束钢丝面积 (mm²)	破断力 (kN)	恒载安全系数	主要组合安全系数
岸侧	A_{21}	8	55	954.7	1125.4	2117	3387.2	3.55	3.01
	A_{19}	8	55	1018.4	1195.2	2117	3387.2	3.33	2.83
	A_{17}	8	55	944.6	1097.6	2117	3387.2	3.59	3.09
	A_{15}	8	55	941.3	1087.2	2117	3387.2	3.60	3.12
	A_{13}	4	85	1321.0	1510.9	3271	5233.6	3.96	3.46
	A_{11}	4	73	1265.1	1442.4	2809	4494.4	3.55	3.12
	A_9	4	73	1239.6	1424.0	2809	4494.4	3.63	3.16
	A_7	4	73	1120.6	1292.7	2809	4494.4	4.01	3.48
	A_5	4	73	1063.6	1248.8	2809	4494.4	4.22	3.60
	A_3	4	73	1071.8	1269.4	2809	4494.4	4.19	3.54
	A_1	8	55	843.3	1032.9	2117	3387.2	4.02	3.28
河侧	H_2	8	55	802.9	1004.8	2117	3387.2	4.22	3.37
	H_4	4	73	1038.8	1262.5	2809	4494.4	4.33	3.56
	H_6	4	73	1022.3	1243.1	2809	4494.4	4.40	3.62
	H_8	4	73	1130.7	1345.1	2809	4494.4	3.97	3.34
	H_{10}	4	73	1214.6	1454.0	2809	4494.4	3.70	3.09
	H_{12}	4	73	1284.5	1516.7	2809	4494.4	3.50	2.96
	H_{14}	4	85	1359.7	1594.5	3271	5233.6	3.85	3.28
	H_{16}	8	55	959.2	1121.9	2117	3387.2	3.53	3.02
	H_{18}	8	55	987.1	1138.0	2117	3387.2	3.43	2.98
	H_{20}	8	55	978.3	1131.9	2117	3387.2	3.46	2.99
	H_{22}	8	55	911.5	1043.6	2117	3387.2	3.72	3.25
垂直索	T_{23}	8	73	1084.1	1375.2	2809	4494.4	4.15	3.27

②拉索主要荷载组合下的安全系数。根据计算，主要荷载组合（即实测恒载索力、汽车-20级、人群荷载的组合控制设计），拉索安全系数最小为2.83，最大为3.62，其中只有4束小于3.0。

（4）新拉索防护后自重的比较

营运期间桥梁自重有所增加，新斜拉索钢丝直径变化比原斜拉索增重约60t，但采用PE+PU防护后，总重仅为390t，比原斜拉索防护后的总重589t减轻了200t，因此必将较大程度地改善斜拉索的受力状况。新旧斜拉索防护后质量计算见表3.3.7-5和表3.3.7-6。

原斜拉索防护后索质量计算表　　表3.3.7-5

部位＼项目	索号	束数	丝数	每束钢丝面积(mm^2)	每束防护面积(mm^2)	每束单位质量(kg/m)	索长(m)	总质量(kg)
岸侧	A_{21}	8	97	1905	6623	30.43	116.21	28290
	A_{19}	8	75	1473	4444	21.67	108.23	18763
	A_{17}	8	67	1316	4439	20.37	100.29	16343
	A_{15}	8	67	1316	4493	20.37	92.41	15059
	A_{13}	4	121	2376	8375	37.60	84.50	12709
	A_{11}	4	115	2258	8640	37.34	76.79	11469
	A_9	4	115	2258	9164	37.34	69.05	10313
	A_7	4	101	1983	7059	30.50	61.45	7497
	A_5	4	101	1983	6511	30.50	53.81	6565
	A_3	4	97	1905	6903	30.71	46.40	5700
	A_1	8	79	1552	7026	28.62	39.22	8980
河侧	H_2	8	79	1552	7091	28.62	39.04	8939
	H_4	4	97	1905	6804	30.71	46.18	5673
	H_6	4	101	1983	6429	30.50	53.55	5633
	H_8	4	101	1983	6462	30.50	61.16	7462
	H_{10}	4	115	2253	7877	37.34	68.73	10266
	H_{12}	4	115	2253	8419	37.34	76.44	11417
	H_{14}	4	121	2376	8065	37.60	84.12	12652
	H_{16}	8	67	1316	4213	20.37	92.00	14992
	H_{18}	8	67	1316	4319	20.37	99.86	16273
	H_{20}	8	75	1473	4349	21.67	107.77	18683
	H_{22}	8	97	1905	6837	30.43	115.72	28171
垂直索	T_{23}	8	103	2022	12698	45.08	33.05	11919
							小计	294668
							全桥	589336

新斜拉索防护后索质量计算表　　表 3.3.7-6

部位＼项目	索号	束数	丝数	每束钢丝面积（mm^2）	每束防护面积（mm^2）	每束单位质量（kg/m）	索长（m）	总质量（kg）
岸侧	A_{21}	8	55	2117	16.6	18.4	116.21	17106
	A_{19}	8	55	2117	16.6	18.4	108.22	11948
	A_{17}	8	55	2117	16.6	18.4	100.32	11075
	A_{15}	8	55	2117	16.6	18.4	92.43	10204
	A_{13}	4	85	3271	25.6	27.3	84.53	9231
	A_{11}	4	73	2809	22.0	23.4	76.79	7188
	A_9	4	73	2809	22.0	23.4	69.05	6463
	A_7	4	73	2809	22.0	23.4	61.47	5754
	A_5	4	73	2809	22.0	23.4	53.81	5037
	A_3	4	73	2809	22.0	23.4	46.40	4343
	A_1	8	55	2117	16.6	18.4	39.19	5766
河侧	H_2	8	55	2117	16.6	18.4	38.98	5738
	H_4	4	73	2809	22.0	23.4	46.18	4322
	H_6	4	73	2809	22.0	23.4	53.55	5012
	H_8	4	73	2809	22.0	23.4	61.17	5726
	H_{10}	4	73	2809	22.0	23.4	68.73	6433
	H_{12}	4	73	2809	22.0	23.4	76.45	7156
	H_{14}	4	85	3271	25.6	27.3	84.15	9189
	H_{16}	8	55	2117	16.6	18.4	92.02	10159
	H_{18}	8	55	2117	16.6	18.4	99.89	11028
	H_{20}	8	55	2117	16.6	18.4	107.79	12777
	H_{22}	8	55	2117	16.6	18.4	115.73	17035
垂直索	T_{23}	8	73	2809	22.0	23.4	33.01	6179
							小计	194869
							全桥	389738

3. 新斜拉索长度的计算

(1) 计算方法

本次换索的原则是尽量保持原结构的受力状态，通过换索仅对斜拉索及主梁内力有所改善。为此，新拉索的索长采用以下两种方法进行校核计算：

①以原桥设计为依据，计算由于自重增加引起索长的变化，修正原计算索长，得到换索的索长。

②以成桥后各拉索锚固点 x、y、z 坐标为依据，根据实测索力和新更换斜拉索的几何特征值，并考虑应计入的各种因素计算新索长。

两种方法计算的结果，除有一对拉索最大相差 17mm 外，其余各对拉索长度基本吻合（均<10mm）。

(2) 计算索长考虑的因素

①拉索锚固点 x、y、z 坐标；

②恒载预拱值；

③桥梁自重增加；

④拉索的弹性伸长；

⑤由于该桥拉索不长，拉索自重产生的垂度影响较小，经计算，最大为 2.2～2.9mm。

(3) 拉索长度和钢丝用量计算

拉索长度和钢丝用量见表 3.3.7-7。

新斜拉索长度质量计算表 表 3.3.7-7

部位＼项目	索号	束数	丝数	初张力 (kN)	锚具类型	锚头外径 (mm)	索长 (mm)	每束钢丝单位质量 (kg/m)	总质量 (kg)
岸侧	A_{21}	8	55	954.7	LM7-55	170	116207	16.6	30864.6
	A_{19}	8	55	1018.4	LM7-55	170	108223	16.6	21558.0
	A_{17}	8	55	944.6	LM7-55	170	100321	16.6	19983.9
	A_{15}	8	55	941.3	LM7-55	170	92429	16.6	18411.9
	A_{13}	4	85	1321.0	LM7-85	190	84525	25.6	17310.8
	A_{11}	4	73	1265.1	LM7-73	190	76794	22.0	13515.8
	A_9	4	73	1239.6	LM7-73	190	69051	22.0	12153.0
	A_7	4	73	1120.6	LM7-73	190	61467	22.0	10818.2
	A_5	4	73	1063.6	LM7-73	190	53813	22.0	9471.0
	A_3	4	73	1071.8	LM7-73	190	46403	22.0	8167.0
	A_1	8	55	843.3	LM7-55	170	39168	16.6	10403.0
河侧	H_2	8	55	802.9	LM7-55	170	38983	16.6	10353.8
	H_4	4	73	1038.8	LM7-73	190	46181	22.0	8127.8
	H_6	4	73	1022.3	LM7-73	190	53554	22.0	9425.
	H_8	4	73	1130.7	LM7-73	190	61173	22.0	10766.4
	H_{10}	4	73	1214.6	LM7-73	190	68729	22.0	12096.4
	H_{12}	4	73	1284.5	LM7-73	190	76445	22.0	13453.6
	H_{14}	4	85	1359.7	LM7-85	190	84152	25.6	17234.4
	H_{16}	8	55	959.2	LM7-55	170	92024	16.6	18331.2
	H_{18}	8	55	987.1	LM7-55	170	99891	16.6	19898.3
	H_{20}	8	55	978.3	LM7-55	170	107789	16.6	21471.6
	H_{22}	8	55	911.5	LM7-55	170	11576	16.6	30736.8
垂直索	T_{23}	8	73	1084.1	LM7-73	190	33009	22.0	11619.2
								全桥	356172.3

4. 新斜拉索的质量标准

(1) 镀锌碳素钢丝［φ7］

必须符合 GB 5223—85 及 JISG—1981 标准，主要技术指标见表 3.3.7-8。

镀锌碳素钢丝［φ7］主要技术指标 表 3.3.7-8

项目		规格
尺寸	直径（mm）	7.0（+0.08，−0.02）
	偏径差（mm）	0.08 以下
	公称面积 A（mm^2）	34.485
	直度	弦长 1500mm 时矢高不大于 30mm
机械性能	标准强度 R_b（MPa）	1600～1800
	屈服强度 $R_{0.2}$（MPa）	1400
	弹性模量 E（MPa）	2.0（+0.08，−0.02）$\times10^5$
	伸长率（%）	不小于 4
	反复弯曲	不小于 4 次（R=17.5mm）
	缠绕	$3D\times8$ 圈
镀锌要求	镀锌附着量（g/m^2）	不小于 300
	镀锌后直径增加（mm）	平均 0.13 以下
	附着力	$5D\times2$ 圈
	外观	均匀 光滑 无裂纹 少刺

(2) 锚具

①锚具采用不低于 45 号合金结构钢，并应进行调质处理，符合 GB 699—65 和 GB 5676—85 标准；

②锚杯与螺母均为梯形螺纹，并符合 GB 12359 的要求；

③锚具各部件应进行超声波探伤检测，并符合 GB 4162 和 JB 3956 的要求；

④锚具各部件应进行防锈处理，并进行发黑处理；

⑤同一规格冷铸锚具的相同部件应具有互换性；

⑥冷铸锚具的制造必须严格按照操作规程进行；

⑦锚具的技术性能需与斜拉索配合后再进行检验，各项技术指标应满足斜拉索的要求；

⑧预张拉后，冷铸锚具中锚板回缩值不大于 6mm。

(3) 斜拉索

①斜拉索的标准强度在 1600MPa 以上；

②静载破断荷载应不小于斜拉索标称破断荷载的 95%；

③静载破断延伸率应不小于 2%；

④拉索的弹性模量应控制在 $2.0^{+0.02}_{-0.04}\times10^5$ MPa；

⑤斜拉索疲劳强度在应力变化幅度为 200MPa 时，经 2.0×10^6 循环脉冲试验，钢丝破断数应不大于索中钢丝总数的 5%；拉索防护层不应有明显损坏，锚具无损坏，锚杯与螺母

旋合正常；

⑥斜拉索使用年限在25年以上；

⑦每根拉索均需经过预张拉，预张拉荷载为斜拉索标称破断荷载的0.5～0.7倍；

⑧斜拉索的长度误差（ΔL）应符下述规定：

索长 $L<100$m 时　　$\Delta L<20$mm

索长 $L>100$m 时　　$\Delta L<0.0002L$

⑨斜拉索的钢丝束应同心左向绞合形成，最外面一层钢丝绞合角为3°±0.5°；

⑩斜拉索采用PE防护层，PE防护层应具有足够的护抗老化性能，保证斜拉索使用年限（25年）；斜拉索应紧密包覆，在正常的生产、运输、吊装、营运过程中应不松脱，防护层外观质地均匀、光滑、平整、无裂纹；

⑪斜拉索应能弯曲盘束，最小盘束直径应不小于17倍D，盘束弯曲后，外形不应有明显变形；

⑫斜拉索应进行绞合角、预张拉、静载破断、延伸率、疲劳性能等方面的试验，以检验斜拉索的可靠度。

（三）换索施工方案设计

1. 换索原则

（1）济南黄河公路桥建成后营运13年，已使主桥处于稳定和均衡状态。本次换索的原则是尽量不改变原结构的受力状况，适度调整和改善线形，以保持现有桥梁结构工作状态连续性。

（2）换索中施工控制原则是以索力和高程为主，二者兼顾，要采取措施尽量避免和减少日照温度变化对换索的影响。

（3）由于该桥为济南市北部唯一的进出口，交通量大，在换索工程中宜尽量不中断交通。但是在关键工序、关键部位的施工过程中，为保证桥梁结构和施工安全以及测试工作顺利进行，必要的交通中断是不可避免的。

（4）该桥斜拉索更换，当时在国内尚属首次，在国际上实例也较少，因此要慎重对待。在施工中要始终坚持安全第一的原则，充分做好准备工作，周密考虑可能出现的问题以及采取的相应措施，加强监控、严格施工以及管理程序，精心组织，保证换索工作顺利进行。

2. 换索施工前期工作

（1）结构现状调查

1）斜拉索

①上下锚头处及锚箱锈蚀状况；

②桥塔索孔管道及箱梁索座与索孔道原有灌浆填充情况；

③原桥施工中用混凝土封锚的锚箱现状。

2）上部结构

①箱梁及横隔梁等部位裂缝形状、位置、长度、缝宽、发展与特征；

②露筋、渗水等情况；

③桥面及索座裂缝或损伤情况；

④桥面伸缩缝工作状态及损伤情况；

⑤支座及承压区状况。

3）桥塔

①塔柱各部位裂缝与缺陷检查；

②塔柱横梁各部位裂缝检查；

③临时支座设置状况检查。

（2）索力及位移测定

1）索力的测定

准确的测定每一束斜拉索索力是了解斜拉桥工作状态和换索索力取值的基本依据。由于桥面铺装加厚、增设防撞护栏及通信电缆检查通道，使桥梁后期自重增加幅度较大，因此长期恒载作用下的实际索力与设计索力有较大差异，精确迅速地测定索力已成为换索工作的重要环节。索力测试精度要求误差不大于 1kN。

2）桥面高程的测定

对该桥主要控制点和所布设的观测点（主要是斜拉索在主梁锚固处和桥的跨中）进行长期高程测量，作为控制换索前后桥面高程的依据。

3）温度变化对桥面高程影响的测试

根据不同的温度测定桥面控制点高程，分析桥面高程随温度变化的规律，以便控制换索时温度的影响。

这种测试宜在每年最高和最低的气温季节并在午夜后进行，以使日照对结构的影响减低到最少。

4）桥塔水平位移的观测

由于原有桥塔水平位移观测点没有保存好，且河务部门不同意在河槽中重新设立有障碍的观测点，故难以在桥塔上（下）游观测塔顶水平位移的变化，因此可在中断交通条件下，在桥面上采用经纬仪进行水平距离和斜长的测量间接求出，但精度较低。

（3）换索前主要构件的加固修整

根据对桥梁的调查和分析，需对承重的结构部位和主要控制构件（例如：桥塔上横梁孔、中横梁、锚固横梁、锚箱等）出现的缺陷进行修正和加固，以保证换索的顺利进行和施工安全。

1）主桥

①为了减小桥梁自重，将原钢筋混凝土索座改为金属索套与减振支撑；

②新更换的斜拉索增设减振设施；

③锚箱除锈，涂防锈漆；

④锚具加防腐设施；

⑤更换主桥伸缩逢；

⑥主箱梁、横隔梁、索塔横梁等部分裂缝修补；

⑦整修桥面铺装；

⑧增设完善的标志、标线；

⑨处理好桥面漏水问题，并增加排水设施。

2）引桥

①修补桥面板；

②修整槽形梁排水设施；

③更换伸缩缝；

④修整部分桥面铺装。

（4）换索程序及工艺要求

1）换索程序

①安装桥塔下横梁临时支座并使支座与主梁底保持 10mm 的空隙；

②换索的程序：由双塔同时反对称进行，由内索（即 A_1，H_2）开始逐索更换直至外索（即 A_{21}，H_{22}），最后更换垂直吊索（即 T_{23} 号索）；

③同一索号的斜拉索，每次于塔柱两侧对称更换一束，更换完成以后，于另一塔柱两侧再对称更换一束，交替进行，直至该索号全部拉索均更换完毕，再进行下一索号的更换；

④在更换斜拉索时，每束均按设计给定的索力进行张拉锚定，待同一索号斜拉索全部束均更换完毕后，全部束再同时张拉进行索力调整，使其达到给定的索力；没有特殊情况，该索不再进行二次张拉调索；

⑤同一索号的斜拉索全部更换完毕后，除进行索力影响面的测试外，还应进行邻近点桥面高程测量，根据测试数据，决定是否调整索力。

2）换索工序

①安装索塔悬挂脚手架及千斤顶试张拉，检查千斤顶与油压表、传感器同步工作的可靠性；

②安装主梁拉索锚固处桥下悬挂移动挂篮；

③检查新索，确定新索无缺陷后等待起吊，重点检查锚杯与锚圈螺纹连接是否顺滑，外防护有无损坏；

④起动张拉原索并逐渐拆除，准确量测启动索力；

⑤检查索塔及主梁的索孔道有无损坏与修整的必要；

⑥固定端穿索并调整好锚圈及螺母位置，张拉端安装引出杆，起吊新索并穿束；

⑦进行张拉，张拉到指定的索力并与千斤顶油压表及传感器、索力测力仪数值校核后锚定；

⑧测定该索的索力，如确定可暂时不需张拉后，则按相同工序重复进行本索号中其他束的更换；

⑨本索号的全部束更换完毕后，再对本索号中所有的束同时张拉，达到设计给定的索力；

⑩再次测定索力，当确定索力满足设计要求后，本索号的换索工作结束，移动千斤顶和支架至下一索号，按上述工序重复进行，直至全部索更换完毕。

3）换索施工时段的选择

换索的准备工作，如安装支架和千斤顶、清理索孔管道等，一般应在白天进行。换索和张拉工作，为避免日照对结构的影响和避开交通高峰时间，一般应在晚上至次日凌晨之间进行。测定索力时应中断交通，并移出施工荷载。

4）换索时间的交通控制

由于换索施工与加固维修工程同时作业，大量的人员进行交叉现场作业，且部分机具、设备、脚手架置于桥上，因此与桥上交通形成较大的相互干扰。为保证桥梁结构、人员、车辆的安全，在施工期间设专门的人员对交通进行管理与控制。

施工准备工作时段，应控制主桥上车辆为双向单车道行驶，严禁超载、超车和堵车，并限制车速。

换索时段，应限制主桥车辆为单车道行驶，单车道的位置与所进行换索的位置相反。

张拉和测定索力时段，暂时中断交通。

5）换索期间，严禁将施工机具、设备、材料等集中堆放在主桥上，尤其不允许把多余的机具、设备、材料、杂物等堆放在应换索的位置上。

（5）换索后的桥梁测试

在更换斜拉索和加固整修后，为验证换索后主桥的工作状态，进行了一次鉴定试验。鉴定试验内容包括全部索索力、桥面高程、主桥控制断面应力、主桥的动力特征等测试。

（四）换索施工工艺要点

1. 准备工作

（1）为满足换索工艺需要，需设塔柱中横梁上工作平台及塔下的箱斗式防护平台，塔柱上锚区可上、下移动的挂篮，工作电梯，以及为下锚箱卸、挂索及检测用的主箱梁下桁车。

（2）换索中应配套的机具，如卸索、挂索的连接器，张拉螺杆引出杆，千斤顶、油泵，反力架，垫板等，所有仪器、设备、配件、加工件均需具有原材料材质证书、探伤试验报告、调质报告和材料金相分析报告；对加工件的结构安装和制作均需有计算书，配套仪器全部按期标定、校验。

（3）上下锚箱、锚杯、锚管的清理工艺及检测

①打开原上锚杯钢护筒，清除黄油，清丝除锈，并逐个与加工好的连接器配套，试安装后编号待用；对锚箱垫板检查补强；锚杯外露长度量测记录，对已清理好的锚杯刷机油防锈，并用塑料布封闭三层待用，为换索做好准备。

②利用检测大桥的下桁车，在其端部加高，组成工作台及防护拦杆，对下锚箱外封钢板气割清除，空压机配以风镐凿除下锚箱内混凝土。清理锚杯后，测量记录锚杯外露长度。

③在上下锚箱清理工作完成后，即着手对上、下锚管的清理。由于下锚管直径较小，且管中底部浇筑了60cm以上的贫混凝土，清理工作较难。清理时，先拆除橡胶减振器，将混凝土索座凿除，将多余锚管割除。气割时注意对索的保护，确保不损伤拉索，利用长短不同电钻、风钻及钢钎将锚管内清理干净，然后在底锚管和索管之间进行防护。在接点处采取注塑防护，严防雨水侵入。换索前必须完成此项工作。

④清理混凝土索座。

2. 卸索工艺要点

（1）在旧索索长的1/2处设有辅助索卡箍阻尼器，在拆除旧索前15天应按更换索的顺序拆除相应的阻尼器。

（2）卸索所用的张拉杆、反力架及连接器均为45号钢。为确保换索要求，其加工程序为：探伤→粗加工→调质→探伤→精加工→超张拉试验→使用。超张拉试验时，绘制 $P-S$ 曲线及进行回归统计。测量及试验用的传感器应校验标定后使用。

（3）卸索工艺流程如图 3.3.7-8 所示。利用反力架、连接器张拉螺杆、接力螺母、拉伸机，按新计算索力为依据，双塔反对称、单塔双向对称，同时进行拉索分级松张。当大螺母稍有松动时为实际索力（启动索力），并进行两次松张相对照，差别不大时方可进行卸索。卸索以变形为主控制索力（松张力）变化，每次 1～5cm 同步放松。放松时密切注意两侧松张的索力、变形保持同步，以保证索塔两侧不产生偏载，受力平衡。松张程序见控制图 3.3.7-9。

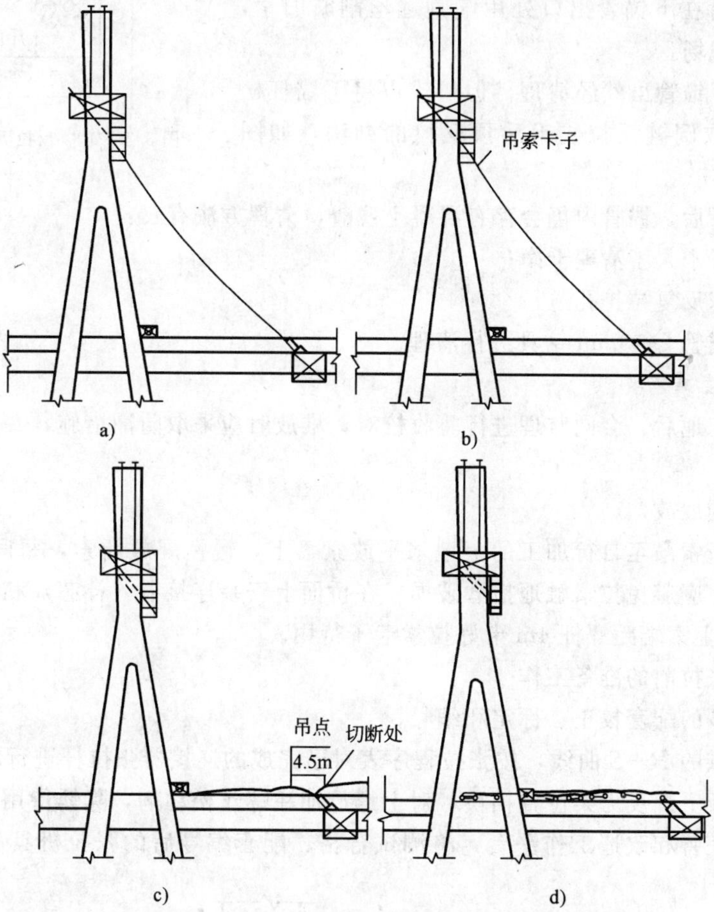

图 3.3.7-8　卸索工艺示意图

a）利用千斤顶反力架将索拉活动，将螺母松开，逐级利用千斤顶行程，上下螺母接力，将索松至索塔锚管下口；b）卷扬机回头滑车连接吊索卡子，将索慢松放下；c）拆除下螺母，或在下锚管割断索分别卸下；d）利用 8-12t 吊机提出索，放在平车上运出

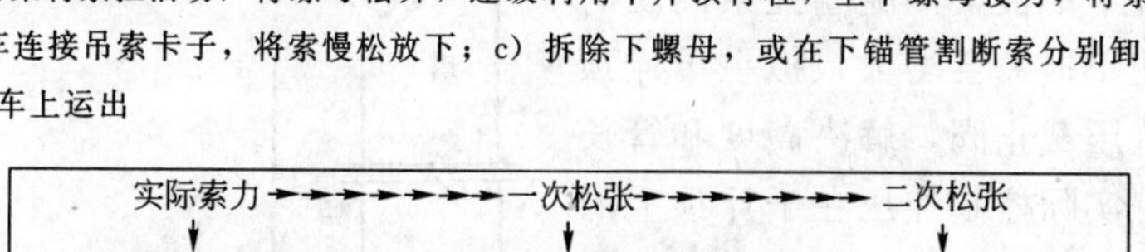

图 3.3.7-9　松张程序控制图

(4) 利用千斤顶行程及引出杆螺母逐步放索，待拉索无应力时（一般不高于1MPa），再用塔柱上卷扬机滑车卡紧拉索，先卸下千斤顶反力架、引出杆，再利用卷扬机将索徐徐放下。考虑到原索压浆后刚度大，不易弯折，宜在桥面上设卷扬机动力牵引，引导放下，同时固定下索端，然后在下锚管出口处用气割逐丝割断旧索，分别卸下运出现场。

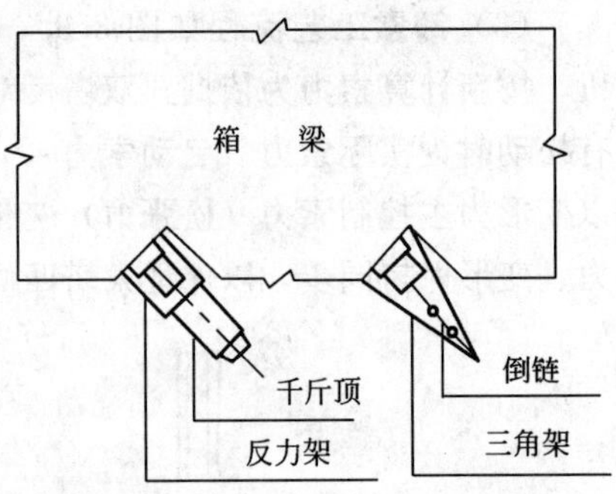

图 3.3.7-10 反拉拆除锚环示意图

(5) 考虑下锚管虽然经清理，但仍难以将下锚杯松掉，必要时采取倒链反拉或千斤顶反拉的办法，如图3.3.7-10所示。

当锚杯卸下后，锚管内仍会存有混凝土残渣，清理方法有三：

①用圆弧钎子人工清理干净；

②用橄榄球反复拉扩孔道；

③用小于锚管2～3mm钻具进行清理。

3. 新索安装工艺要点

新索运抵工地后，会同监理进行验收核对，堆放时应采取防潮措施，并盖帆布防雨，编号待用。

(1) 拉索的展放

用吊机将新索吊至自行加工的落地水平放索盘上，慢慢展放新索，每间隔4～5m固定在落地平车上，应避免拉索触地拖磨破损。在桥面上安装连接器（补芯）和张拉螺杆（必须上满螺纹），在上索端距螺杆4m卡好拉索卡子待用。

(2) 拉索张拉前的准备工作

①张拉设备的配套校正、标定和编号；

②根据提供的$P-S$曲线，按张拉程序表对已完成的连接器张拉杆进行超张拉试验；

③在锚垫板上焊反力架位置挡块，对上螺母加注螺丝松动剂，除锈待用；

④进一步完善和改造工作平台，将测试合格、配套编号后的张拉机具吊至工作平台备用；

⑤按设计指定的顺序号及张拉程序，反交叉平行对称张拉；

⑥由于油泵置于中横梁，随着挂索高度的增加，管路内的油压损失会增大，拟在千斤顶设一油压表并配持压截止阀，解决高度和管长带来的油压损失。实际控制油压在千斤顶上的显示值，油泵、油压表读数仅为参考，如图3.3.7-11。

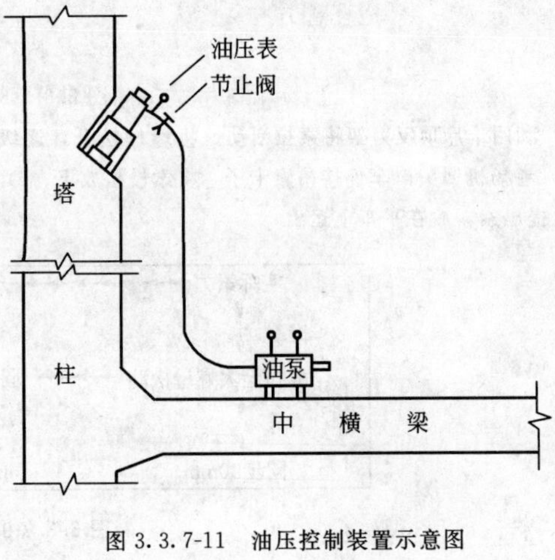

图 3.3.7-11 油压控制装置示意图

(3) 拉索张拉

①根据下锚管的长度确定吊点，用吊机吊起，将下锚杯缓缓放入下锚管中，按设计要求

将下螺母安装到指定的位置；

②用卷扬机起吊已装好连接器张拉杆的斜拉索的上端吊点，吊至索塔柱上锚管下口处，上好引出杆；

③当卷扬机牵引到底后，在索塔两侧分别挂两只30kN倒链，将锚杯向锚管内推进，随着将张拉端张拉引向杆向外拖出；

④张拉时，按顺序先放锚杯大螺母，再放大垫板，其次是大螺母、反力架、千斤顶、大螺母（图3.3.7-12）。油泵开动少许供油，千斤顶张拉缸保持适量的油压后（约1MPa），调整千斤顶反力架，使之与锚管在同一轴线上。

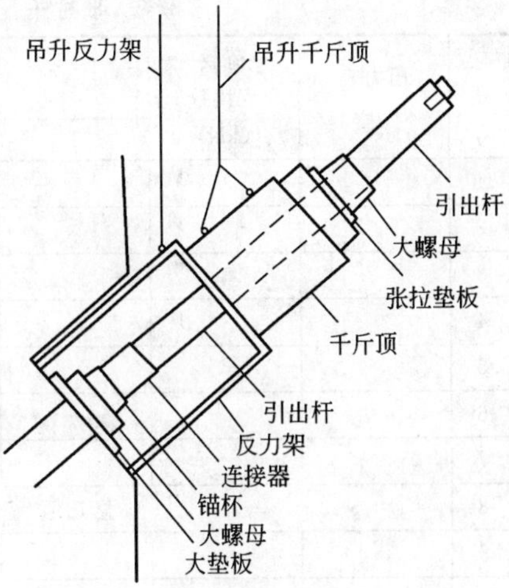

图3.3.7-12　张拉设备装置示意图

（4）张拉程序

①张拉采用张拉力与伸长值双控。

②以 $P-S$ 曲线标定数值为依据，计算按规范（JTJ 041—89）中张拉实际伸长值 ΔL：

$$\Delta L=\Delta L_1+\Delta L_2$$

式中：ΔL_1——从初应力至最大张拉力间的实际伸长值（cm）；

ΔL_2——初应力时推算的伸长值（cm），采用相邻级的伸长值。

施工中将根据不同型号索的 $P-S$ 曲线，按以下张拉程序进行张拉（图3.3.7-13）。

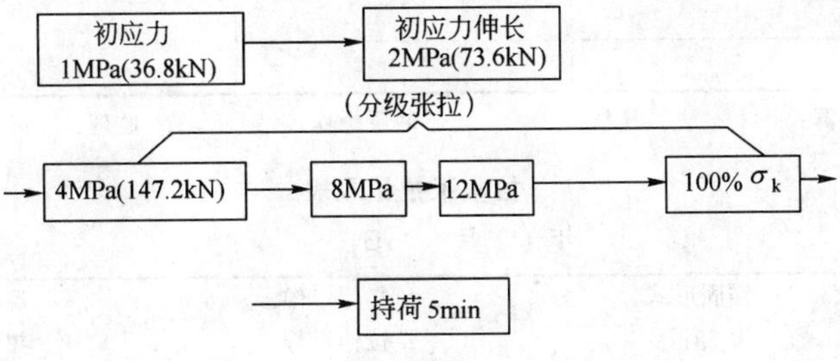

图3.3.7-13　张拉程序

a. 分级张拉，其目的是为了使双向千斤顶张拉力均衡进行，避免索塔单向受力过大。

待同一索号斜拉索双塔反对称、单塔双向对称同时进行张拉达到给定的索力后，没有特殊情况，该索不再张拉。

b. 双塔桥面高程测量应在卸索前、卸索后、张拉后分三次进行，测点主要是斜拉索在主梁锚固处和桥的跨中，以密切注意桥面高程变化。施工完成后，对以前完成的索的高程重新复测，为换索的全过程提供验证依据。

对拉索张拉的量测，以施工中标定配套的油压表控制张拉力，配以传感器作为量测手段。同时按计算及检测结果调整修正指令，完善最终的张拉控制力作为自检手段。

c. 量测附表（仅供参考）见表3.3.7-9～表3.3.7-12。

张拉千斤顶检验荷载与压力表读数回归表

表 3.3.7-9

项	压力表（MPa）	荷载表读数（kN）	传感器（kN）			传感器号	通道
						荷载表	压力表
			1	2	平均	油泵	千斤顶号
1							
2							
3							
4							
5							
6							
7							
8	修正值						
9							
10							
11							
12							
13							
14							
15							
16							
17							
18							
19							
20							

填表：　　计算：　　复核：　　油泵操作：　　监理：　　时间：

拉索张拉记录表

索号：　　　　年　　月　　日　　　　表 3.3.7-10

施工单位	锚固形式	气　候	温　度
拉索净长	索　号	拉伸机号	拉索规格
设计张拉索力（kN）	实测索力（kN）	油表编号	卸索时间

编号	油表控制读数（MPa）		总伸长（mm）	张拉断面示意图
	分级张拉力（MPa）			
	油压表实际读数（MPa）			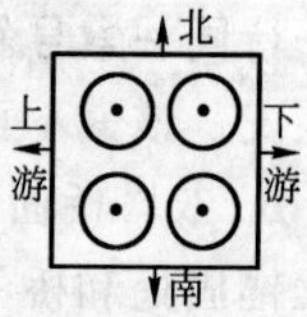
	实际张拉力（kN）			
	传感器读数（kN）			
	伸长值（cm）			
	油压表实际读数（MPa）			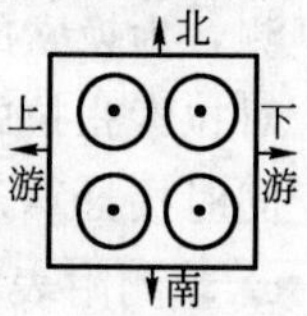
	实际张拉力（kN）			
	传感器读数（kN）			
	伸长值（cm）			

张拉负责人：　　司泵：　　记录：　　计算：　　监理：

拉索 *P-S* 曲线测试标定记录表　　表 3.3.7-11

日　期	年　月　日	气　　候		温　度		
索　号		拉索净长（m）		规　格		
加载 130kN 时初始索长（mm）						
序号	荷载（kN）	称重显示器控制读数（kN）	伸长量（mm）			
			1	2	3	平均值
1						
2						
3						
4						
5						
6						
7						
8						
9						
10						
11						
12						
	回归统计	$Y=A+BX$；$A=$　　；$B=$　　；$r=$				

复核：　　签发：　　记录：　　盖章：

斜拉索卸索记录表

索号：　　年　月　日　　表 3.3.7-12

施工单位		锚固形式				气　候				温　度		
拉索净长		索　号				拉伸机号				拉索规格		
设计张拉索力（kN）		实测索力（kN）				油表编号				卸索时间		
编号	内容／项目	张拉松动时	千斤顶回油分级行程（mm）									卸索断面示意图
			10	30	50	70	90	110	130	150	170	
	千斤顶行程（cm）											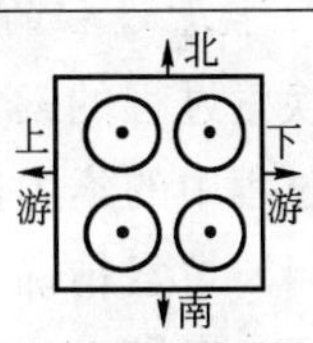
	油压表读数（MPa）											
	张拉力（kN）											
	传感器读数（kN）											
	千斤顶行程（cm）											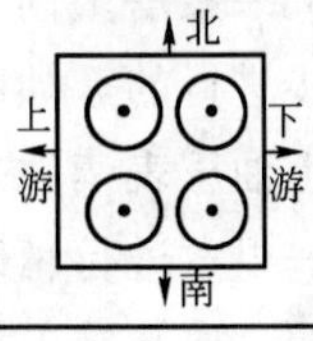
	油压表读数（MPa）											
	张拉力（kN）											
	传感器读数（kN）											

张拉负责人：　　司泵：　　记录：　　计算：　　监理：

(五) 换索过程中的索力监测

1. 索力测定

在济南黄河公路大桥的换索过程中，油压表读数法、传感器读数法及频率法中的环境随机振动法都使用过。在换索开始前，曾用环境随机振动法对原有斜拉索的索力进行过多次测量，在换索开始阶段，三种索力测量方法同时使用并相互进行校核。实践证明，用环境随机振动法测量拉索索力具有方便、测量精度高等优点。

为了对斜拉索的索力进行测量和分析，需对斜拉索进行编号。济南桥采用如下的编号规则：

①N、S：表示拉索位于北塔或南塔——北塔记为 N，南塔记为 S；

②R、B：表示拉索位于河跨或岸跨——河跨记为 R，岸跨记为 B；

③U、D：表示拉索位于上游侧或下游侧——上游侧记为 U，下游侧记为 D；

④表示索组号：垂直索为 0 号，最靠近索塔的为 1 号，向外编号依次增加；

⑤表示某一索组内不同位置上的索。

每组有 2 根索的一般索组：数字 1 表示靠近车行道一侧的索；数字 2 表示靠近人行道一侧的索；

每组有 4 根索的一般索组：数字 1 表示下排靠近车行道一侧的索；数字 2 表示下排靠近人行道一侧的索；数字 3 表示上排靠近车行道一侧的索；数字 4 表示上排靠近人行道一侧的索；

垂直索（即 0 号索）组：数字 1 表示岸侧靠近车行道一侧的索；数字 2 表示岸侧靠近人行道一侧的索；数字 3 表示河侧靠近车行道一侧的索；数字 4 表示河侧靠近人行道一侧的索。

例如，NBD10.3 为北塔岸侧下游第 10 号索组中，上排靠近车行道的一根索。

2. 索力监测的依据

济南黄河公路大桥已经营运十几年，各部分结构受力已达到稳定状态，而且目前主梁在竖直平面内的线形比较理想，希望换索后桥梁能在保持目前线形及内力的工作状态基础上进一步有所改善。为了实现这一目标，要求换索后的索力与原设计保持一致，因此使新老索力基本保持一致，是此次换索过程中索力控制的目标，也是换索过程中索力监测的依据。

3. 换索过程的索力监测

换索过程的索力监测经过开始阶段的摸索、实践后，最后形成一种可靠的规范的程序。换索过程中的索力监测包括以下三方面的内容：

(1) 拉索精确张拉阶段的索力监测

同一索塔上同一侧（上游或下游）对称于索塔的河跨或岸跨的拉索在换索过程中基本上是同步进行的，如旧索同步放松、新索同步张拉等。换索过程中每根新索的张拉力先是通过油泵上油压表读数来控制，当某一侧对称于索塔的两组索全部更换结束后，再对这两组索中的每一根索进行精确张拉。首先用环境随机振动法测量这两组索中每根索的索力并与设计索力对照，通知施工单位每一根索索力调整的数值。索力的调整是根据索力变化与拉索变形之间的关系，在张拉千斤顶的配合下，通过拧紧或放松锚固螺母来实现的。这样通过反复几次测试和调整，使每根索的实测索力与设计索力之间的差值达到小于规定值后，这一对索组的精确张拉即告结束。

（2）换索对邻近拉索（新索）索力影响的监测

换索时，如果每更换一根索都能做到新旧索的索力严格相等，那么每换完一根索或一组索后，邻近索的索力是不应该有变化的。而事实上，由于各种因素的影响，新旧拉索的索力很难做到严格相等。新旧拉索索力的差异势必会对邻近拉索的索力产生影响。为了定量掌握这种影响，每换完一组索后都要对邻近的新索索力进行测定。测定的范围是：对于1～4号索组，每换完一组索后，对前面所有的新索全部测一遍；对于5号以后的索组，每换完一组索后对邻近的三组新索索力进行测量。另外，当具有相同索组号的索全部更换结束后，要从南塔和北塔各挑选出一个索面，将已换新索的索力全部测一遍。

（3）换索过程中卸掉一根索后对邻近拉索索力影响的监测

换索过程中每卸掉一根索将引起其他拉索特别是与其相邻的拉索的索力变化，用计算的方法可以对这种变化进行分析。为了对计算结果进行验证，换索过程中对卸掉一根索后邻近拉索索力的影响也需进行测定。

4. 换索过程中索力监测结果及分析评价

（1）表3.3.7-13为各换索阶段相应的索力测试结果，换索的次序是从靠近塔的1号索组开始，依次由内向外（对塔而言）更换，待11号索组更换结束后再换0号索组。换索过程中只对已换上的新索索力进行检测，因此相应于表3.3.7-13的格式，检测数据呈阶梯状排列。表中所列的第1阶段至第11阶段各栏内的数据分别对应于第1号索组至第11号索组换索结束后测得的有关拉索的索力。第12阶段是对应于0号索组换索结束后测得的索力。

（2）表3.3.7-13中所列最外侧的两组数据是两组新索换索结束时精确张拉的索力。由表可以看出，精确张拉时拉索的索力控制比较严格，每根拉索的实测索力与设计索力差值很少超过10kN，同一索组内两根索之间索力的最大差值很少超过20 kN。

（3）从表3.3.7-13还可以看出，某一拉索的索力受邻近索换索的影响。对于不同位置上的索，这种影响是不同的，一般的规律是随着换索过程的进行，已换上去的新索索力都略有减小，开始减小的多一些，以后便逐步趋于稳定。索力减小的总量约占精确张拉完成时的索力的2%～3%左右。

（4）表3.3.7-14列出了换索过程中从第4阶段开始，卸掉一根旧索对邻近新索索力的影响值。

从表3.3.7-14所列的数值可以看出，不同部位的索卸掉一根后引起邻近拉索索力的相对增大值是不同的。卸掉一根0号索引起的邻近索力的相对增值最大，同一索组内的其他三根索每一根索的索力增量约为12%左右，邻近的1号索组内每根索的索力增量约为5%～6%。4～11号索组中卸掉一根索后，除个别情况外，引起的邻近索的最大增量约为5%左右。与计算值比较，除个别情况外，一般有如下规律：与被卸索属于同一索组内的索及紧靠被卸索所在索组索的索力增量实测值小于计算值；而远离被卸索所在索组索的索力增量的实测值大于计算值。也就是说，由测量得到的卸掉一根索以后引起的邻近索的索力增量变化的梯度要小于计算值，表明主梁的实际刚度比设计所采用的刚度要大。

各换索阶段索力测试结果表(单位:kN)　　　　表 3.3.7-13

编号		第1阶段	第2阶段	第3阶段	第4阶段	第5阶段	第6阶段	第7阶段	第8阶段	第9阶段	第10阶段	第11阶段	第12阶段
A_{21}-上内	SBU11.3											941	911
A_{21}-上外	SBU11.4											942	943
A_{21}-下内	SBU11.1											944	921
A_{21}-下外	SBU11.2											952	933
A_{19}-上内	SBU10.3										1079	1051	1011
A_{19}-下内	SBU10.1										1080	1078	1046
A_{19}-下外	SBU10.2										1076	1043	1033
A_{17}-上内	SBU9.3									872	851	837	852
A_{17}-下内	SBU9.1									871	844	844	838
A_{17}-下外	SBU9.2									886	872	858	860
A_{15}-上内	SBU8.3								926	906	912	907	903
A_{15}-下内	SBU8.1								925	932	911	904	899
A_{15}-下外	SBU8.2								907	920	907	916	891
A_{13}-内	SBU7.1							1337	1330	1325	1307		1295
A_{13}-外	SBU7.2							1337	1333	1335	1314		1293
A_{11}-内	SBU6.1						1263	1254	1257	1255	1244		1224
A_{11}-外	SBU6.2						1264	1267	1260	1251	1261		1230
A_9-内	SBU5.1					1251	1243	1241	1236		1241		1211
A_9-外	SBU5.2					1246	1232	1230	1225		1242		1203
A_7-内	SBU4.1				1141	1104	1114	1109			1118		1086
A_7-外	SBU4.2				1136	1103	1112	1110			1119		1087
A_5-内	SBU3.1			1080	1053	1021	1008				1029		1022
A_5-外	SBU3.2			1068	1057	1028	1020				1027		1024
A_3-内	SBU2.1		1079	1073	1066	1037					1045		1039
A_3-外	SBU2.2		1086	1082	1074	1046					1051		1047
A_1-上内	SBU1.3	868		858	850	834					841		843
A_1-上外	SBU1.4	858		847	841	823					827		831
A_1-下内	SBU1.1	861		849	841	824					828		833
A_1-下外	SBU1.2	870		858	859	834					841		836
T_{23}-内	SBU0.1												1108
T_{23}-外	SBU0.2												1107

续上表

编号		第1阶段	第2阶段	第3阶段	第4阶段	第5阶段	第6阶段	第7阶段	第8阶段	第9阶段	第10阶段	第11阶段	第12阶段
T_{23}-内	SU0.3												1100
T_{23}-外	SU0.4												1109
H_2-下内	SRU1.1	854		814	810			811	810	820		811	811
H_2-下外	SRU1.2	850		831	826			823	827	843		829	829
H_2-上内	SRU1.3	860		820	816			814	829	825		824	818
H_2-上外	SRU1.4	859		834	830			828	816	848		840	836
H_4-内	SRU2.1		1077	1062	1054	1187	1050	1052	1054	1059		1048	1041
H_4-外	SRU2.2		1085	1069	1060	1048	1057	1056	1049	1061		1047	1044
H_6-内	SRU3.1			1061	1006	(1096)	1001	1004	1033	998		993	984
H_6-外	SRU3.2			1059	1042	1031	1039	1040	1003	1037		1034	1008
H_8-内	SRU4.1				1175	(1235)	1162	1164	1161	1159		1161	1126
H_8-外	SRU4.2				1162	(1225)	1143	1145	1141	1139		1154	1109
H_{10}-内	SRU5.1					1256	1252	1237	1243	1226		1224	1198
H_{10}-外	SRU5.2					1246	1241	1237	1232	1232		1219	1194
H_{12}-内	SRU6.1						1288	1287	1272	1262		1222	1220
H_{12}-外	SRU6.2						1292	1291	1283	1269		1235	1226
H_{14}-内	SRU7.1							1372	1328	1325	1301	1272	1271
H_{14}-外	SRU7.2							1366	1328	1323	1301	1275	1276
H_{16}-下内	SRU8.1								989	979	954	932	931
H_{16}-下外	SRU8.2								988	978	962	937	940
H_{16}-上内	SRU8.3								988	958	945	921	927
H_{18}-下内	SRU9.1									1024	1003	982	977
H_{18}-下外	SRU9.2									1012	984	963	958
H_{18}-上内	SRU9.3									1032	1018	990	972
H_{20}-下内	SRU10.1										996	986	983
H_{20}-下外	SRU10.2										1000	979	974
H_{20}-上内	SRU 10.3										983	952	960
H_{22}-下内	SRU11.1											905	880
H_{22}-下外	SRU11.2											920	899
H_{22}-上内	SRU11.3											928	899
H_{22}-上外	SRU11.4											908	892

续上表

编号		第1阶段	第2阶段	第3阶段	第4阶段	第5阶段	第6阶段	第7阶段	第8阶段	第9阶段	第10阶段	第11阶段	第12阶段
A_{21}-上内	SBD11.3											957	956
A_{21}-上外	SBD11.4											946	943
A_{21}-下内	SBD11.1											949	941
A_{21}-下外	SBD11.2											948	897
A_{19}-上内	SBD10.3										1072	1086	1081
A_{19}-下内	SBD10.1										1072	1095	1081
A_{19}-下外	SBD10.2										1077	1078	1076
A_{17}-上内	SBD9.3									901	886	867	860
A_{17}-下内	SBD9.1									870	849	838	853
A_{17}-下外	SBD9.2									878	854	840	860
A_{15}-上内	SBD8.3								928	938	921	906	896
A_{15}-下内	SBD8.1								923	914	914	892	887
A_{15}-下外	SBD8.2								932	885	916	885	885
A_{13}-内	SBD7.1							1345	1314	1306	1297		1285
A_{13}-外	SBD7.2							1344	1320	1299	1327		1295
A_{11}-内	SBD6.1						1262	1251	1255	1252			1218
A_{11}-外	SBD6.2						1263	1261	1256	1276			1236
A_9-内	SBD5.1					1248	1240	1247	1236				1205
A_9-外	SBD5.2					1248	1240	1237	1234				1203
A_7-内	SBD4.1				1143	1113	1112	1128					1080
A_7-外	SBD4.2				1149	1116	1117	1123					1092
A_5-内	SBD3.1			1068	1069	1034	1038						1017
A_5-外	SBD3.2			1070	1061	1041	1038						1019
A_3-内	SBD2.1		1081	1100	1068	1079	1045						1030
A_3-外	SBD2.2		1089	1078	1071	1079	1049						1027
A_1-上内	SBD1.3	860		850	845						867		830
A_1-上外	SBD1.4	860		844	839						848		822
A_1-下内	SBD1.1	860		848	840						854		824
A_1-下外	SBD1.2	864		849	855						858		825
T_{23}-内	SD0.1										1079		1112
T_{23}-外	SD0.2										1091		1103

续上表

编号		第1阶段	第2阶段	第3阶段	第4阶段	第5阶段	第6阶段	第7阶段	第8阶段	第9阶段	第10阶段	第11阶段	第12阶段
T_{23}-内	SD0.3										1072		1106
T_{23}-外	SD0.4										1050		1092
H_2-下内	SRD1.1	855		841	840						865	848	830
H_2-下外	SRD1.2	855		839	836						856	846	826
H_2-上内	SRD1.3	854		844	841						868	848	829
H_2-上外	SRD1.4	855		861	858						882	865	847
H_4-内	SRD2.1		1083	1062	1055	1046	1050					1050	1035
H_4-外	SRD2.2		1078	1046	1052	1036	1045					1023	1009
H_6-内	SRD3.1			1064	1043	1033	1036					1044	1038
H_6-外	SRD3.2			1051	1102	1103	1103					1047	1043
H_8-内	SRD4.1				1169	1239	1156	1157				1111	1106
H_8-外	SRD4.2				1163	1228	1156	1151				1111	1113
H_{10}-内	SRD5.1					1259	1246	1246	1238			1191	1191
H_{10}-外	SRD5.2					1250	1243		1234			1190	1194
H_{12}-内	SRD6.1						1287	1278	1269	1259		1219	1211
H_{12}-外	SRD6.2						1297	1297	1277	1269		1226	1222
H_{14}-内	SRD7.1							1365	1320	1301	1285	1237	1238
H_{14}-外	SRD7.2							1376	1337	1320	1303	1253	1253
H_{16}-下内	SRD8.1								983	968	948	925	924
H_{16}-下外	SRD8.2								991	979	967	952	953
H_{16}-上内	SRD8.3								992	979	963	954	936
H_{18}-下内	SRD9.1									1015	998	973	916
H_{18}-下外	SRD9.2									1006	989	959	916
H_{18}-上内	SRD9.3									995	977	964	914
H_{20}-下内	SRD 10.1										990	952	947
H_{20}-下外	SRD10.2										988	988	980
H_{20}-上内	SRD10.3										985	992	950
H_{22}-下内	SRD11.1											902	885
H_{22}-下外	SRD11.2											903	891
H_{22}-上内	SRD11.3											936	899
H_{22}-上外	SRD11.4											992	895

续上表

编号		第1阶段	第2阶段	第3阶段	第4阶段	第5阶段	第6阶段	第7阶段	第8阶段	第9阶段	第10阶段	第11阶段	第12阶段
A_{21}-上内	NBU11.3											942	935
A_{21}-上外	NBU11.4											946	932
A_{21}-下内	NBU11.1											953	923
A_{21}-下外	NBU11.2											947	937
A_{19}-上内	NBU10.3										1077	1053	1050
A_{19}-下内	NBU10.1										1084	1044	1050
A_{19}-下外	NBU10.2										1091	1057	1057
A_{17}-上内	NBU9.3									878	867	843	848
A_{17}-下内	NBU9.1									878	857	842	825
A_{17}-下外	NBU9.2									893	871	961	856
A_{15}-上内	NBU8.3								926	918	904	896	885
A_{15}-下内	NBU8.1								926	920	902	883	838
A_{15}-下外	NBU8.2								930	926	909	891	838
A_{13}-内	NBU7.1							1342	1339	1332	1311		1289
A_{13}-外	NBU7.2							1347	1334	1322	1302		1285
A_{11}-内	NBU6.1						1268	1258	1242	1239			1219
A_{11}-外	NBU6.2						1264	1254	1240	1262			1212
A_9-内	NBU5.1					1251	1245	1244	1219				1203
A_9-外	NBU5.2					1252	1251	1248	1227				1204
A_7-内	NBU4.1				1152	1123	1126	1134					1098
A_7-外	NBU4.2				1134	1101	1108	1106					1075
A_5-内	NBU3.1			1065	1062	1042	1040						1025
A_5-外	NBU3.2			1076	1068	1041	1048						1032
A_3-内	NBU2.1		1081	1066	1062								1039
A_3-外	NBU2.2		1095	1022	1018								993
A_1-上内	NBU1.3	864		847	844								836
A_1-上外	NBU1.4	855		835	834								826
A_1-下内	NBU1.1	857		839	837								820
A_1-下外	NBU1.2	868		850	853								838
T_{23}-内	NU0.1												1111
T_{23}-外	NU0.2												1114

续上表

编号		第 1 阶段	第 2 阶段	第 3 阶段	第 4 阶段	第 5 阶段	第 6 阶段	第 7 阶段	第 8 阶段	第 9 阶段	第 10 阶段	第 11 阶段	第 12 阶段
T_{23}-内	NU0. 3												1112
T_{23}-外	NU0. 4												1115
H_2-下内	NRU1. 1	859		823	817		820	809	811	820	812	810	810
H_2-下外	NRU1. 2	854		827	821		825	813	815	826	816	813	814
H_2-上内	NRU1. 3	858		835	827		830	821	823	828	825	817	826
H_2-上外	NRU1. 4	854		829	824		824	815	817	818	821	818	815
H_4-内	NRU2. 1		1078	1051	1041		1039	1029	1030	1028	1027	1013	1015
H_4-外	NRU2. 2		1077	1050	1036		1031	1021	1021	1017	1023	1003	1005
H_6-内	NRU3. 1			1059	1045	1034	1036	1025	1022	1019	1007	998	995
H_6-外	NRU3. 2			1066	1052	1044	1045	1035	1032	1028	1017	1007	1008
H_8-内	NRU4. 1				1183	1161	1162	1154	1144	1141	1122	1110	1111
H_8-外	NRU4. 2				1174	1161	1160	1153	1155	1134	1122	1110	1112
H_{10}-内	NRU5. 1					1254	1235	1222	1208	1197	1183	1161	1169
H_{10}-外	NRU5. 2					1258	1240	1235	1224	1223	1198	1215	1195
H_{12}-内	NRU6. 1						1295	1279	1265	1254	1234	1217	1212
H_{12}-外	NRU6. 2						1292	1278	1266	1251	1235	1226	1221
H_{14}-内	NRU7. 1							1360	1327	1313	1288	1265	1262
H_{14}-外	NRU7. 2							1367	1349	1327	1313	1287	1283
H_{16}-下内	NRU8. 1								989	977	959	979	942
H_{16}-下外	NRU8. 2								992	947	969	955	947
H_{16}-上内	NRU8. 3								994	982	971	972	949
H_{18}-下内	NRU9. 1									1019	999	983	977
H_{18}-下外	NRU9. 2									1014	1000	982	990
H_{18}-上内	NRU9. 3									1023	1000	987	984
H_{20}-下内	NRU10. 1										986	971	967
H_{20}-下外	NRU10. 2										987	971	959
H_{20}-上内	NRU10. 3										985	970	990
H_{22}-下内	NRU11. 1											930	872
H_{22}-下外	NRU11. 2											927	889
H_{22}-上内	NRU11. 3											909	884
H_{22}-上外	NRU11. 4											906	877

续上表

编号		第1阶段	第2阶段	第3阶段	第4阶段	第5阶段	第6阶段	第7阶段	第8阶段	第9阶段	第10阶段	第11阶段	第12阶段
A_{21}-上内	NBD11.3											951	935
A_{21}-上外	NBD11.4											942	931
A_{21}-下内	NBD11.1											965	934
A_{21}-下外	NBD11.2											941	934
A_{19}-上内	NBD10.3										1092	1051	1066
A_{19}-下内	NBD10.1										1070	1023	1043
A_{19}-下外	NBD10.2										1082	1055	1053
A_{17}-上内	NBD9.3									871	847	849	817
A_{17}-下内	NBD9.1									872	847	828	833
A_{17}-下外	NBD9.2									881	966	849	844
A_{15}-上内	NBD8.3								920	917	898	915	887
A_{15}-下内	NBD8.1								920	925	909	921	935
A_{15}-下外	NBD8.2								932	934	943	932	944
A_{13}-内	NBD7.1							1338	1328	1306	1301		1289
A_{13}-外	NBD7.2							1352	1346	1334	1312		1236
A_{11}-内	NBD6.1						1264	1263	1230	1243			1230
A_{11}-外	NBD6.2						1268	1260	1241	1247			1240
A_{9}-内	NBD5.1					1251	1239	1238	1227				1223
A_{9}-外	NBD5.2					1246	1201	1199	1200				1185
A_{7}-内	NBD4.1				1150	1124	1130	1131					1113
A_{7}-外	NBD4.2				1135	1115	1118	1117					1088
A_{5}-内	NBD3.1			1071	1061	1036	1044						1032
A_{5}-外	NBD3.2			1071	1063	1041	1046						1031
A_{3}-内	NBD2.1		1090	1080	1073								1053
A_{3}-外	NBD2.2		1072	1070	1065								1044
A_{1}-上内	NBD1.3	868		854	852								843
A_{1}-上外	NBD1.4	861		841	836								827
A_{1}-下内	NBD1.1	854		836	833								820
A_{1}-下外	NBD1.2	855		840	834								819
T_{23}-内	ND0.1												1107
T_{23}-外	ND0.2												1112

续上表

编号		第1阶段	第2阶段	第3阶段	第4阶段	第5阶段	第6阶段	第7阶段	第8阶段	第9阶段	第10阶段	第11阶段	第12阶段
T_{23}-内	ND0.3												1103
T_{23}-外	ND0.4												1107
H_2-下内	NRD1.1	854		828	823	823						847	821
H_2-下外	NRD1.2	853		831	827	827						846	824
H_2-上内	NRD1.3	851		839	863	848						857	835
H_2-上外	NRD1.4	853		840	837	834						854	832
H_4-内	NRD2.1		1072	1050	1044	1029						1031	1015
H_4-外	NRD2.2		1085	1064	1060	1048						1048	1035
H_6-内	NRD3.1			1053	1040	1023	1032					999	1045
H_6-外	NRD3.2			1055	1051	1035	1049					1039	1033
H_8-内	NRD4.1				1167	1145	1153	1151				1116	1129
H_8-外	NRD4.2				1163	1146	1159	1154				1113	1098
H_{10}-内	NRD5.1					1266	1248	1238	1264			1202	1195
H_{10}-外	NRD5.2					1250	1226	1217	1201			1186	1184
H_{12}-内	NRD6.1						1288	1276	1268	1238		1231	1241
H_{12}-外	NRD6.2						1295	1280	1275	1253		1219	1220
H_{14}-内	NRD7.1							1369	1385	1335	1308	1300	1301
H_{14}-外	NRD7.2							1364	1348	1336	1330	1307	1299
H_{16}-下内	NRD8.1								985	979	982	946	954
H_{16}-下外	NRD8.2								992	978	964	943	943
H_{16}-上内	NRD8.3								975	965	945	933	933
H_{18}-下内	NRD9.1									1024	1027	1006	1004
H_{18}-下外	NRD9.2									1011	976	959	963
H_{18}-上内	NRD9.3									1021	995	988	992
H_{20}-下内	NRD10.1										998	953	972
H_{20}-上内	NRD10.2										990	976	968
H_{20}-上外	NRD10.3										998	961	946
H_{22}-下内	NRD11.1											910	878
H_{22}-下外	NRD11.2											907	884
H_{22}-上内	NRD11.3											909	879
H_{22}-上外	NRD11.4											910	903

第四阶段卸掉一根索对邻近索索力影响值

被卸索索号 NRU4.1　　　　（北塔上游 H_8-内）　　　　表 3.3.7-14a

	拉索编号		卸旧索(kN)	张新索(kN)	增量(%)			拉索编号		卸旧索(kN)	张新索(kN)	增量(%)	
					测量值	计算值						测量值	计算值
北塔上游	H_2-下内	NRU1.1	866	827	4.7	4.2	北塔上游	H_{16}-下内	NRU8.1				
	H_2-下外	NRU1.2	875	834	4.9	4.2		H_{16}-下外	NRU8.2				
	H_2-上内	NRU1.3	877	836	4.9	4.2		H_{16}-上内	NRU8.3				
	H_2-上外	NRU1.4	865	832	4.0	4.2		H_{16}-上外	NRU8.4				
	H_4-内	NRU2.1	1111	1058	5.0	5.2		H_{18}-下内	NRU9.1				
	H_4-外	NRU2.2	1101	1050	4.9	5.2		H_{18}-下外	NRU9.2				
	H_6-内	NRU3.1	1112	1062	4.7	6.0		H_{18}-上内	NRU9.3				
	H_6-外	NRU3.2	1126	1073	4.9	6.0		H_{18}-上外	NRU9.4				
	H_8-内	NRU4.1		1149				H_{20}-下内	NRU10				
	H_8-外	NRU4.2	1245	1196	4.1	5.8		H_{20}-下外	NRU10.2				
	H_{10}-内	NRU5.1						H_{20}-上内	NRU10.3				
	H_{10}-外	NRU5.2						H_{20}-上外	NRU10.4				
	H_{12}-内	NRU6.1						H_{22}-下内	NRU11.1				
	H_{12}-外	NRU6.2						H_{22}-下外	NRU11.2				
	H_{14}-内	NRU7.1						H_{22}-上内	NRU11.3				
	H_{14}-外	NRU7.2						H_{22}-上外	NRU11.4				

第五阶段卸掉一根索对邻近索索力影响值

被卸索索号 SRU5.1　　　　（南塔上游 H_{10}-内）　　　　表 3.3.7-14b

	拉索编号		卸旧索(kN)	张新索(kN)	增量(%)			拉索编号		卸旧索(kN)	张新索(kN)	增量(%)	
					测量值	计算值						测量值	计算值
南塔上游	H_2-下内	SRU 1.1	845	815	3.7	3.3	南塔上游	H_{16}-下内	SRU 8.1				
	H_2-下外	SRU 1.2	859	829	3.6	3.3		H_{16}-下外	SRU 8.2				
	H_2-上内	SRU 1.3	848	819	3.5	3.3		H_{16}-上内	SRU 8.3				
	H_2-上外	SRU 1.4	863	832	3.7	3.3		H_{16}-上外	SRU 8.4				
	H_4-内	SRU 2.1	1100	1057	4.1	4.4		H_{18}-下内	SRU 9.1				
	H_4-外	SRU 2.2	1107	1061	5.1	4.4		H_{18}-下外	SRU 9.2				
	H_6-内	SRU 3.1	1057	1010	4.6	5.4		H_{18}-上内	SRU 9.3				
	H_6-外	SRU 3.2	1091	1042	4.7	5.4		H_{18}-上外	SRU 9.4				
	H_8-内	SRU 4.1	1231	1181	4.2	5.4		H_{20}-下内	SRU 10.1				
	H_8-外	SRU 4.2	1209	1168	3.5	5.4		H_{20}-下外	SRU 10.2				
	H_{10}-内	SRU 5.1						H_{20}-上内	SRU 10.3				
	H_{10}-外	SRU 5.2	1313	1269	3.5	5.3		H_{20}-上外	SRU 10.4				
	H_{12}-内	SRU 6.1						H_{22}-下内	SRU 11.1				
	H_{12}-外	SRU 6.2						H_{22}-下外	SRU 11.2				
	H_{14}-内	SRU 7.1						H_{22}-上内	SRU 11.3				
	H_{14}-外	SRU 7.2						H_{22}-上外	SRU 11.4				

第六阶段卸掉一根索对邻近索索力影响值

被卸索索号 NRU6.1　　（北塔上游 H_{12}-内）　　表 3.3.7-14c

拉索编号			卸旧索(kN)	张新索(kN)	增量(%)		拉索编号			卸旧索(kN)	张新索(kN)	增量(%)	
					测量值	计算值						测量值	计算值
北塔上游	H_2-下内	NRU 1.1	839	820	2.3	2.6	北塔上游	H_{16}-下内	NRU 8.1				
	H_2-下外	NRU 1.2	843	825	2.2	2.6		H_{16}-下外	NRU 8.2				
	H_2-上内	NRU 1.3	854	830	2.9	2.6		H_{16}-上内	NRU 8.3				
	H_2-上外	NRU 1.4	849	824	3.0	2.6		H_{16}-上外	NRU 8.4				
	H_4-内	NRU 2.1	1082	1039	4.1	3.6		H_{18}-下内	NRU 9.1				
	H_4-外	NRU 2.2	1074	1031	4.2	3.6		H_{18}-下外	NRU 9.2				
	H_6-内	NRU 3.1	1085	1036	4.7	4.6		H_{18}-上内	NRU 9.3				
	H_6-外	NRU 3.2	1095	1045	4.8	4.6		H_{18}-上外	NRU 9.4				
	H_8-内	NRU 4.1	1219	1162	4.9	4.9		H_{20}-下内	NRU 10.1				
	H_8-外	NRU 4.2	1214	1160	4.7	4.9		H_{20}-下外	NRU 10.2				
	H_{10}-内	NRU 5.1	1406	1235	5.7	5.0		H_{20}-上内	NRU 10.3				
	H_{10}-外	NRU 5.2	1300	1240	4.8	5.0		H_{20}-上外	NRU 10.4				
	H_{12}-内	NRU 6.1		1295				H_{22}-下内	NRU 11.1				
	H_{12}-外	NRU 6.2	1368	1292	5.9	4.9		H_{22}-下外	NRU 11.2				
	H_{14}-内	NRU 7.1						H_{22}-上内	NRU 11.3				
	H_{14}-外	NRU 7.2						H_{22}-上外	NRU 11.4				

第七阶段卸掉一根索对邻近索索力影响值

被卸索索号 SRU7.1　　（南塔上游 H_{14}-内）　　表 3.3.7-14d

拉索编号			卸旧索(kN)	张新索(kN)	增量(%)		拉索编号			卸旧索(kN)	张新索(kN)	增量(%)	
					测量值	计算值						测量值	计算值
南塔上游	H_2-下内	SRU 1.1	837	817	2.4	2.0	南塔上游	H_{16}-下内	SRU 8.1				
	H_2-下外	SRU 1.2	854	834	2.4	2.0		H_{16}-下外	SRU 8.2				
	H_2-上内	SRU 1.3	845	823	2.7	2.0		H_{16}-上内	SRU 8.3				
	H_2-上外	SRU 1.4	857	836	2.5	2.0		H_{16}-上外	SRU 8.4				
	H_4-内	SRU 2.1		1060		2.9		H_{18}-下内	SRU 9.1				
	H_4-外	SRU 2.2	1082	1064	1.7	2.9		H_{18}-下外	SRU 9.2				
	H_6-内	SRU 3.1	1065	1015	4.9	3.8		H_{18}-上内	SRU 9.3				
	H_6-外	SRU 3.2	1092	1045	4.5	3.8		H_{18}-上外	SRU 9.4				
	H_8-内	SRU 4.1	1211	1176	3.0	4.2		H_{20}-下内	SRU 10.1				
	H_8-外	SRU 4.2	1197	1155	3.6	4.2		H_{20}-下外	SRU 10.2				
	H_{10}-内	SRU 5.1	1292	1260	2.5	4.5		H_{20}-上内	SRU 10.3				
	H_{10}-外	SRU 5.2	1296	1252	3.6	4.5		H_{20}-上外	SRU 10.4				
	H_{12}-内	SRU 6.1	1338	1294	3.4	4.7		H_{22}-下内	SRU 11.1				
	H_{12}-外	SRU 6.2	1348	1302	3.5	4.7		H_{22}-下外	SRU 11.2				
	H_{14}-内	SRU 7.1		1374				H_{22}-上内	SRU 11.3				
	H_{14}-外	SRU 7.2	1406	1355	3.8	5.4		H_{22}-上外	SRU 11.4				

第八阶段卸掉一根索对邻近索索力影响值

被卸索索号 NRU8.1　　（北塔上游 H_{16}-下内）　　表 3.3.7-14e

拉索编号			卸旧索(kN)	张新索(kN)	增量（%）		拉索编号			卸旧索(kN)	张新索(kN)	增量（%）	
					测量值	计算值						测量值	计算值
南塔上游	H_2-下内	NRU 1.1					南塔上游	H_{16}-下内	NRU 8.1		918		3.5
	H_2-下外	NRU 1.2						H_{16}-下外	NRU 8.2	1024	922	11.1	3.5
	H_2-上内	NRU 1.3						H_{16}-上内	NRU 8.3	1013	918	10.3	3.5
	H_2-上外	NRU 1.4						H_{16}-上外	NRU 8.4				
	H_4-内	NRU 2.1	1050	1030	1.9	1.6		H_{18}-下内	NRU 9.1				
	H_4-外	NRU 2.2	1040	1021	1.9	1.6		H_{18}-下外	NRU 9.2				
	H_6-内	NRU 3.1	1036	1022	1.4	2.2		H_{18}-上内	NRU 9.3				
	H_6-外	NRU 3.2	1042	1032	1.0	2.2		H_{18}-上外	NRU 9.4				
	H_8-内	NRU 4.1	1171	1144	2.4	2.5		H_{20}-下内	NRU 10.1				
	H_8-外	NRU 4.2	1177	1155	1.9	2.5		H_{20}-下外	NRU 10.2				
	H_{10}-内	NRU 5.1	1240	1208	2.6	2.8		H_{20}-上内	NRU 10.3				
	H_{10}-外	NRU 5.2	1273	1224	4.0	2.8		H_{20}-上外	NRU 10.4				
	H_{12}-内	NRU 6.1	1307	1265	3.3	3.0		H_{22}-下内	NRU 11.1				
	H_{12}-外	NRU 6.2	1300	1266	2.7	3.0		H_{22}-下外	NRU 11.2				
	H_{14}-内	NRU 7.1	1370	1327	3.2	3.7		H_{22}-上内	NRU 11.3				
	H_{14}-外	NRU 7.2	1378	1349	2.1	3.7		H_{22}-上外	NRU 11.4				

第九阶段卸掉一根索对邻近索索力影响值

被卸索索号 SRU9.1　　（南塔上游 H_{18}-下内）　　表 3.3.7-14f

拉索编号			卸旧索(kN)	张新索(kN)	增量（%）		拉索编号			卸旧索(kN)	张新索(kN)	增量（%）	
					测量值	计算值						测量值	计算值
南塔上游	H_2-下内	SRU 1.1					南塔上游	H_{16}-下内	SRU 8.1	1014	975	4.0	3.5
	H_2-下外	SRU 1.2						H_{16}-下外	SRU 8.2	1041	1003	3.8	3.5
	H_2-上内	SRU 1.3						H_{16}-上内	SRU 8.3	1013	960	5.5	3.5
	H_2-上外	SRU 1.4						H_{16}-上外	SRU 8.4				3.5
	H_4-内	SRU 2.1						H_{18}-下内	SRU 9.1		1017		3.6
	H_4-外	SRU 2.2						H_{18}-下外	SRU 9.2	1017	1008	0.9	3.6
	H_6-内	SRU 3.1						H_{18}-上内	SRU 9.3	1063	1036	2.6	3.6
	H_6-外	SRU 3.2						H_{18}-上外	SRU 9.4				
	H_8-内	SRU 4.1						H_{20}-下内	SRU 10.1				
	H_8-外	SRU 4.2						H_{20}-下外	SRU 10.2				
	H_{10}-内	SRU 5.1	1265	1235	2.4	2.5		H_{20}-上内	SRU 10.3				
	H_{10}-外	SRU 5.2	1253	1225	2.3	2.5		H_{20}-上外	SRU 10.4				
	H_{12}-内	SRU 6.1	1337	1281	4.4	2.8		H_{22}-下内	SRU 11.1				
	H_{12}-外	SRU 6.2	1347	1284	4.9	2.8		H_{22}-下外	SRU 11.2				
	H_{14}-内	SRU 7.1	1435	1326	8.2	3.6		H_{22}-上内	SRU 11.3				
	H_{14}-外	SRU 7.2	1429	1330	7.4	3.6		H_{22}-上外	SRU 11.4				

第十阶段卸掉一根索对邻近索索力影响值

被卸索索号 SRD10.1　　（南塔下游 H_{20}-下内）　　表 3.3.7-14g

拉索编号			卸旧索(kN)	张新索(kN)	增量(%)		拉索编号			卸旧索(kN)	张新索(kN)	增量(%)	
					测量值	计算值						测量值	计算值
南塔下游	H_2-下内	SRD 1.1					南塔下游	H_{16}-下内	SRD 8.1	990	957	3.4	3.5
	H_2-下外	SRD 1.2						H_{16}-下外	SRD 8.2	988	959	3.0	3.5
	H_2-上内	SRD 1.3						H_{16}-上内	SRD 8.3	996	961	3.6	3.5
	H_2-上外	SRD 1.4						H_{16}-上外	SRD 8.4				
	H_4-内	SRD 2.1						H_{18}-下内	SRD 9.1	1035	1000	3.5	3.6
	H_4-外	SRD 2.2						H_{18}-下外	SRD 9.2	1008	989	1.9	3.6
	H_6-内	SRD 3.1						H_{18}-上内	SRD 9.3	1005	981	2.4	3.6
	H_6-外	SRD 3.2						H_{18}-上外	SRD 9.4				
	H_8-内	SRD 4.1						H_{20}-下内	SRD 10.1		983		3.8
	H_8-外	SRD 4.2						H_{20}-下外	SRD 10.2	1006	963	4.5	3.8
	H_{10}-内	SRD 5.1						H_{20}-上内	SRD 10.3	982	968	1.4	3.8
	H_{10}-外	SRD 5.2						H_{20}-上外	SRD 10.4				
	H_{12}-内	SRD 6.1	1241	1240	0.0	2.6		H_{22}-下内	SRD 11.1				
	H_{12}-外	SRD 6.2	1278	1258	1.6	2.6		H_{22}-下外	SRD 11.2				
	H_{14}-内	SRD 7.1	1332	1284	3.7	3.4		H_{22}-上内	SRD 11.3				
	H_{14}-外	SRD 7.2	1334	1294	3.1	3.4		H_{22}-上外	SRD 11.4				

第十一阶段卸掉一根索对邻近索索力影响值

被卸索索号 SRU11.2　　（南塔上游 H_{22}-下外）　　表 3.3.7-14h

拉索编号			卸旧索(kN)	张新索(kN)	增量(%)		拉索编号			卸旧索(kN)	张新索(kN)	增量(%)	
					测量值	计算值						测量值	计算值
南塔下游	H_{22}-下内	SR11.1	911	923	−1.3		南塔上游	H_{16}-下内	SRU8.1	977	963	1.5	3.2
	H_{22}-下外	SR11.2	904	905	−0.1			H_{16}-下外	SRU8.2	986	905	9.0	3.2
	H_{22}-上内	SR11.3	936	933	0.3			H_{16}-上内	SRU8.3	964	939	2.7	3.2
	H_{22}-上外	SR11.4	929	923	0.7			H_{16}-上外	SRU8.4				
南塔上游	H_4-内	SRU2.1						H_{18}-下内	SRU9.1	1020	990	3.0	3.4
	H_4-外	SRU2.2						H_{18}-下外	SRU9.2	1001	969	3.3	3.4
	H_6-内	SRU3.1						H_{18}-上内	SRU9.3	1030	971	6.1	3.4
	H_6-外	SRU3.2						H_{18}-上外	SRU9.4				
	H_8-内	SRU4.1						H_{20}-下内	SRU10.1	1016	986	3.0	3.6
	H_8-外	SRU4.2						H_{20}-下外	SRU10.2	981	979	0.2	3.6
	H_{10}-内	SRU5.1						H_{20}-上内	SRU10.3	969	952	1.8	3.6
	H_{10}-外	SRU5.2						H_{20}-上外	SRU10.4				
	H_{12}-内	SRU6.1	1227	1186	3.5	2.4		H_{22}-下内	SRU11.1	912	893	2.1	3.9
	H_{12}-外	SRU6.2	1263	1245	1.4	2.4		H_{22}-下外	SRU11.2		925		
	H_{14}-内	SRU7.1	1353	1334	1.4	3.1		H_{22}-上内	SRU11.3	932	915	1.9	3.9
	H_{14}-外	SRU7.2	1324	1286	3.0	3.1		H_{22}-上外	SRU11.4	923	912	1.2	3.9

第十二阶段卸掉一根索对邻近索索力影响值

被卸索索号 SU0.4　　　　（南塔上游 T_{23}）　　　　表 3.3.7-14i

拉索编号			卸旧索（kN）	张新索（kN）	增量（%）	
					测量值	计算值
南塔下游	A_1-下内	SBD1.1	854	858	-0.5	
	A_1-下外	SBD1.2	858	856	0.2	
	A_1-上内	SBD1.3	867	860	0.8	
	A_1-上外	SBD1.4	848	850	0.2	
	T_{23}-下内	SD0.1	1079	1052	2.6	
	T_{23}-下外	SD0.2	1091	1049	4.0	
	T_{23}-上内	SD0.3	1072	1036	3.5	
	T_{23}-上外	SD0.4	1050	1008	4.2	
	H_2-下内	SRD1.1	865	864	0.1	
	H_2-下外	SRD1.2	856	852	0.5	
	H_2-上内	SRD1.3	868	858	1.2	
	H_2-上外	SRD1.4	882	856	3.0	
南塔上游	A_3-内	SBU2.1	1075	1020	5.4	3.1
	A_3-外	SBU2.2	1087	1063	2.3	3.1
	A_1-下内	SBU1.1	884	857	3.2	5.3
	A_1-下外	SBU1.2	911	866	5.2	5.3
	A_1-上内	SBU1.3	891	844	5.6	5.3
	A_1-上外	SBU1.4	884	831	6.4	5.3
	T_{23}-下内	SU0.1	1162	1039	11.8	16.7
	T_{23}-下外	SU0.2	1175	1044	12.5	16.7
	T_{23}-上内	SU0.3	1193	1076	10.9	16.7
	T_{23}-上外	SU0.4		1061		
	H_2-下内	SRU1.1	877	835	5.0	5.7
	H_2-下外	SRU1.2	906	852	6.3	5.7
	H_2-上内	SRU1.3	882	840	5.0	5.7
	H_2-下外	SRU1.4	906	853	6.2	5.7
	H_4-内	SRU2.1	1091	1047	4.2	3.3
	H_4-下外	SRU2.2	1099	1056	4.1	3.3

（六）换索后的竣工测试

换索的目的是用新索来替代已经被腐蚀的旧索，防止发生断索事故。另外也希望通过换索，对桥梁的线形和内力进行调整改善，使结构处于最佳工作状态。

通过换索以及加固维修，桥梁的工作状态较之换索之前一般都会有程度不同的改善。为了摸清桥梁结构的这种变化，对换索工程进行评价并为日后桥梁的安全营运和合理养护提供依据，一般对换索后的斜拉桥要进行竣工试验。

1. 竣工测试内容

斜拉桥换索后竣工试验的内容，与新建桥梁竣工试验的内容大致相同，具体的测试内容可根据换索前的桥梁状况、换索过程中索力和线形的调整情况，以及加固补强、维修的项目而定。一般应包括以下测试内容：

（1）恒载作用下斜拉索索力的测定

换索工作结束以后，在恒载作用下新索实际索力与换索设计索力的符合程度，是衡量换索工程质量的重要依据。换索过程中对索力进行同步监测，则实际索力与设计索力之间差异能及时发现、及时调整，换索结束时实际索力与设计索力一般不会相差很大。如果换索过程中没有对索力进行检测，则换索结束后对索力进行测定就更有必要。为了能尽量精确地测定恒载索力，索力的测定应在拉索减振器安装以前实施。为便于今后监测索力的变化，应在拉索减振器安装完毕后再测一遍拉索的频率，根据减振器安装前后两次测得的频率值就可算出该索的换算索长，以便于日后在测得拉索频率用以计算索力时，考虑减振器对拉索的约束作用，取换算索长代替实际索长进行索力计算和校验。

（2）静力加载试验

静载试验是检验桥梁强度和刚度最直接、最有效的方法。通过量测在试验荷载作用下桥梁的变形和若干控制部位内力，就能确定桥梁的实际工作状态与换索及加固、维修设计期望值是否相符，及经过换索加固、维修以后桥梁原来退化的功能是否得以恢复等。

静载试验主要测量试验荷载作用下桥梁的变形（挠度）和应力。试验荷载的大小及加载位置可根据具体情况而定，一般的原则是使试验荷载产生的控制部位的变形和应力与设计荷载作用下的变形和应力相接近。

（3）动载试验

动载试验是测量移动车辆荷载作用下，经过换索及加固维修后桥梁控制部位位移和应力的动态值，桥梁不同部位变形与应力的动态变化规律，及动荷载对构件疲劳的影响。

（4）桥梁动力特性的测试

桥梁动力特性是指桥梁自由振动时振型、频率的阻力比。经过换索和维修后的斜拉桥，其结构特性或结构状态较之换索以前可能会有所改变，这种改变也会反映在动力特性上，通过比较换索前后桥梁动力特性，可以知道经过换索、维修加固后桥梁结构特性改变的情况。

2. 斜拉索索力测定

竣工试验阶段的斜拉索索力测定方法，仍用环境随机振动法。

索力测定是在封闭交通的情况下进行的。这时直接影响用环境随机振动法测量索力精度的计算索长、拉索的边界条件以及拉索的单位长度的质量都比较明确，因此可认为这时测得的每根拉索在恒载作用下的索力具有较高的精度。表 3.3.7-15 是换索竣工后的实测索力，与设计张拉索力相当接近，（见表 3.3.7-16）两者差值很少有超过 5％的，与计算索力就更加接近。

换索竣工试验实测恒载索力明细表（单位：kN） 表 3.3.7-15

索　号	索　力	索　号	索　力	索　号	索　力	索　号	索　力
NBD11.1	943	NBD11.2	933	NBU11.1	949	NBU11.2	950
NBD11.3	947	NBD11.4	956	NBU11.3	935	NBU11.4	950
NBD10.1	1033	NBD10.2	1074	NBU10.1	1067	NBU10.2	1070
NBD10.3	1059	NBD10.4		NBU10.3	1072	NBU10.4	
NBD9.1	836	NBD9.2	839	NBU9.1	858	NBU9.2	866
NBD9.3	834	NBD9.4		NBU9.3	847	NBU9.4	
NBD8.1	909	NBD8.2	906	NBU8.1	891	NBU8.2	903
NBD8.3	891	NBD8.4		NBU8.3	895	NBU8.4	
NBD7.1	1268	NBD7.2	1264	NBU7.1	1294	NBU7.2	1289
NBD6.1	1220	NBD6.2	1214	NBU6.1	1221	NBU6.2	1223
NBD5.1	1205	NBD5.4	1202	NBU5.4	1218	NBU5.2	1222
NBD4.1	1091	NBD4.2	1074	NBU4.1	1107	NBU4.2	1085
NBD3.1	1043	NBD3.2	1034	NBU3.1	1031	NBU3.2	1043
NBD2.1	1059	NBD2.2	1051	NBU2.1	1041	NBU2.2	998
NBD1.1	828	NBD1.2	826	NBU1.1	836	NBU1.2	839
NBD1.3	847	NBD1.4	834	NBU1.3	814	NBU1.4	815
ND0.1	1096	ND0.2	1113	NU0.1	1108	NU0.2	1117
ND0.3	1096	ND0.4	1099	NU0.3	1111	NU0.4	1116
NRD1.1	830	NRD1.2	836	NRU1.1	825	NRU1.2	831
NRD1.3	840	NRD1.4	843	NRU1.3	833	NRU1.4	830
NRD2.1	1033	NRD2.2	1051	NRU2.1	1033	NRU2.2	1026
NRD3.1	1012	NRD3.2	1071	NRU3.1	1009	NRU3.2	1024
NRD4.1	1119	NRD4.2	1127	NRU4.1	1125	NRU4.2	1118
NRD5.1	1193	NRD5.2	1173	NRU5.1	1194	NRU5.2	1199
NRD6.1	1202	NRD6.2	1204	NRU6.1	1231	NRU6.2	1227
NRD7.1	1293	NRD7.2	1292	NRU7.1	1287	NRU7.2	1305
NRD8.1	938	NRD8.2	945	NRU8.1	965	NRU8.2	972
NRD8.3	940	NRD8.4		NRU8.3	963	NRU8.4	
NRD9.1	1003	NRD9.2	973	NRU9.1	1006	NRU9.2	992
NRD9.3	979	NRD9.4		NRU9.3	992	NRU9.4	
NRD10.1	961	NRD10.2	985	NRU10.1	983	NRU10.2	979
NRD10.3	968	NRD10.4		NRU10.3	980	NRU10.4	
NRD11.1	908	NRD11.2	902	NRU11.1	892	NRU11.2	890
NRD11.3	890	NRD11.4	920	NRU11.3	913	NRU11.4	905
SBD11.1	944	SBD11.2	926	SBU11.1	929	SBU11.2	948

续上表

索号	索力	索号	索力	索号	索力	索号	索力
SBD11.3	928	SBD11.4	929	SBU11.3	929	SBU11.4	955
SBD10.1	1059	SBD10.2	1055	SBU10.1	1061	SBU10.2	1051
SBD10.3	1063	SBD10.4		SBU10.3	1048	SBU10.4	
SBD9.1	844	SBD9.2	853	SBU9.1	849	SBU9.2	872
SBD9.3	877	SBD9.4		SBU9.3	853	SBU9.4	
SBD8.1	903	SBD8.2	908	SBU8.1	913	SBU8.2	907
SBD8.3	917	SBD8.4		SBU8.3	907	SBU8.4	
SBD7.1	1294	SBD7.2	1300	SBU7.1	1308	SBU7.2	1320
SBD6.1	1237	SBD6.2	1243	SBU6.1	1248	SBU6.2	1250
SBD5.1	1228	SBD5.2	1228	SBU 5.1	1224	SBU5.2	1221
SBD4.1	1108	SBD4.2	1112	SBU4.1	1110	SBU4.2	1108
SBD3.1	1039	SBD3.2	1040	SBU3.1	1032	SBU3.2	1038
SBD2.1	1057	SBD2.2	1052	SBU2.1	1060	SBU2.2	1066
SBD1.1	836	SBD1.2	838	SBU1.1	843	SBU1.2	851
SBD1.3	843	SBD1.4	835	SBU1.3	855	SBU1.4	841
SD0.1	1132	SD0.2	1117	SU0.1	1110	SU0.2	1117
SD0.3	1120	SD0.4	1105	SU0.3	1105	SU0.4	1104
SRD1.1	847	SRD1.2	855	SRU1.1	826	SRU1.2	843
SRD1.3	850	SRD1.4	868	SRU1.3	831	SRU1.4	842
SRD2.1	1049	SRD2.2	1042	SRU2.1	1055	SRU2.2	1062
SRD3.1	1023	SRD3.2	1022	SRU3.1	990	SRU3.2	1029
SRD4.1	1124	SRD4.2	1130	SRU4.1	1142	SRU4.2	1128
SRD5.1	1213	SRD5.2	1215	SRU5.1	1220	SRU5.2	1211
SRD6.1	1227	SRD6.2	1196	SRU6.1	1253	SRU6.2	1261
SRD7.1	1220	SRD7.2	1221	SRU7.1	1269	SRU7.2	1261
SRD8.1	938	SRD8.2	930	SRU8.1	916	SRU8.2	936
SRD8.3	953	SRD8.4		SRU8.3	933	SRU8.4	
SRD9.1	988	SRD9.2	996	SRU9.1	997	SRU9.2	978
SRD9.3	975	SRD9.4		SRU9.3	993	SRU9.4	
SRD10.1	975	SRD10.2	981	SRU10.1	997	SRU10.2	971
SRD10.3	978	SRD10.4		SRU10.3	971	SRU10.4	
SRD11.1	894	SRD11.2	918	SRU11.1	875	SRU11.2	878
SRD11.3	927	SRD11.4	916	SRU11.3	912	SRU11.4	918

计算、设计、实测索力表（单位：kN） 表 3.3.7-16

部位 \ 项目	索号		计算索力	设计张拉索力	1992、1993年实测索力	1995.9.28实测索力	换索竣工实测索力
岸跨	B_{11}	A_{21}	950	950	973	960	940
	B_{10}	A_{19}	1064	1080	1038	1057	1060
	B_9	A_{17}	850	880	962	956	852
	B_8	A_{15}	908	930	960	975	904
	B_7	A_{13}	1316	1340	1347	1382	1293
	B_6	A_{11}	1251	1265	1290	1322	1232
	B_5	A_9	1225	1250	1264	1291	1218
	B_4	A_7	1103	1145	1142	1122	1100
	B_3	A_5	1034	1070	1084	1092	1038
	B_2	A_3	1022	1065	1093	1125	1048
	B_1	A_1	804	837	860	882	836
河跨	0	T_{23}	1090	1100	1105	1103	1110
	R_1	H_2	812	829	818	845	839
	R_2	H_4	1032	1060	1059	1098	1043
	R_3	H_6	1026	1055	1042	1105	1016
	R_4	H_8	1122	1170	1153	1138	1126
	R_5	H_{10}	1195	1255	1238	1270	1202
	R_6	H_{12}	1236	1290	1309	1344	1225
	R_7	H_{14}	1288	1365	1386	1395	1273
	R_8	H_{16}	959	995	978	966	944
	R_9	H_{18}	989	1020	1006	992	987
	R_{10}	H_{20}	982	995	997	1024	977
	R_{11}	H_{22}	911	910	929	903	904

注：1. 本表中的数据由山东省交通规划设计院济南黄河桥大修设计组提供；
2. 本表最后三列中的实测索力为同类拉索实测索力的平均值。

3. 动载试验

本次动载试验，以测量一辆或一排（二辆或三辆并排）车的动态效应为主（对测试结果进行分析时，都采用"动态增量"这一术语，以与冲击系数这一概念相区别）。

(1) 动载试验的动应变测试断面及测点布置

本次动载试验的动应变测试断面选择在主跨跨中附近，箱梁底板和顶板上应变片的粘贴位置在跨中断面偏北 1.0m 处，横隔梁上应变片粘贴在位于跨中横隔梁的下缘。图 3.3.7-14 为动应变测点位置图。

(2) 动载试验的车辆

动载试验共用 4 辆斯泰尔载货汽车，其主要技术参数为：前轴重力为 65kN，中、后轴重力为 130kN，前轴和中轴间的距离为 4.34m，中、后轴之间的距离为 1.39m，前轮距为 1.985m，后轮距为 1.8m。

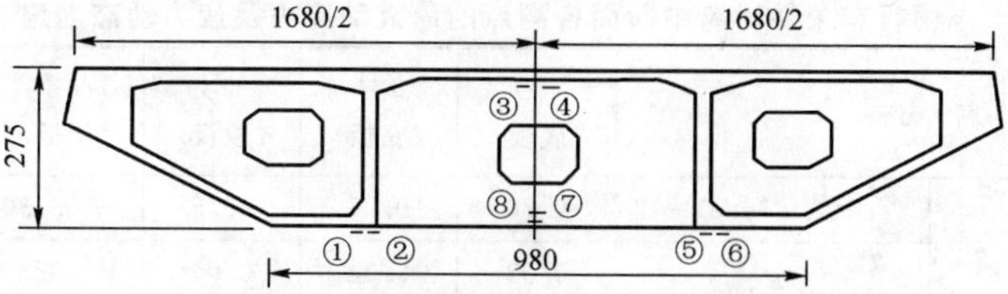

图 3.3.7-14　动应变测点布置图（尺寸单位：cm）

（3）动载试验的内容

①三辆满载的试验车辆并排，分别以 10km/h、20km/h、30km/h、40km/h 的速度驶过桥面，每次记录各测点的动应变；

②一辆满载的试验车辆分别以 10km/h、20km/h 的速度跨越设在测试断面处的障碍（障碍是长度为 3m，横断面为弓形的木板，弓形的底宽 30cm，矢高 7cm），每次记录各测点的动应变；

③二辆满载的试验车并排，分别以 10km/h、20km/h 的速度跨越设在测试断面处的障碍，每次记录各测点的动应变；

④一辆满载的试验车辆以 30km/h 的速度行驶至测试断面处紧急制动，记录各测点的动应变。

以上试验内容除第（4）项外都重复进行两次测试。

（4）测试分析

从动应力时程曲线（从略）上可以直观地了解斜拉桥主梁跨中截面不同部位的动应力随时间（随移动车辆位置）变化的规律，表 3.3.7-17 所列出的不同行车条件下不同测点的最大动应力和应力动态增量则是对这些规律进行的定量说明。这些图、表反映出如下规律：

①箱梁底板不受移动车辆荷载的直接作用，底板主要表现出整体受力特性，如应力时程曲线变化比较平缓，车辆荷载经过测试断面时底板应力不发生突变等。

②箱梁顶板兼有主体结构和分布车辆荷载的桥面板的双重作用，其受力也表现出整体受力和局部受力的双重性。如当车辆荷载经过测试断面时，顶板应力发生突变，特别是顶板下缘部位由于整体应力与局部应力是异号叠加，当车辆荷载经过测试断面时，顶板下缘的应力发生剧烈的波动，在很短的时间内（与车速有关）应力改变符号（图略）。

③从横梁隔梁下缘应力的时程曲线可以看出，与箱梁的底板和顶板相比，横隔梁的受力呈现出较大的局部性，这表现在动应力时程曲线的应力峰比底板的更陡，以及当车辆远离该横隔梁时激起的桥梁振动在横隔梁内引起的应力波动远小于在底板或顶板内引起的应力波动。

④当加载车辆以不同车速驶过平坦桥面时，箱梁各部位的应力动态增量比较小（一般不超过 0.05），且与车速无明显的关系。

⑤当车辆跨越障碍时，会在桥梁结构中产生较大的动应力和应力动态增量。从总体上看，动态增量的大小与车速之间存在一定的相关关系，在车速 10km/h 时，应力动态增量一般大于车速 20km/h 时的动态增量。引起应力动态增量增大的主要原因是车辆的中、后轮在跨越障碍时对桥梁的冲击作用。当车辆以 10km/h 车速行驶时，中、后轮对桥梁的冲击频率比车辆以 20km/h 车速行驶时冲击频率更接近桥梁的前几阶自振频率，这可能是前一种行车条件引起更大的应力动态增量的原因。

不同行车条件时跨中断面各测点的最大动应力及应力动态增量　　表 3.3.7-17

测点号			5号（底板）	6号（底板）	3号（顶板）	4号（顶板）	7号（横隔梁）	8号（横隔梁）
三辆	10km/h	σ_{max}（MPa）	0.78	0.77	−0.52	−0.53	1.10	1.02
		μ	0.03	0.04	0.04	0.03	0.02	0.04
	20km/h	σ_{max}（MPa）	0.77	0.77	−0.50	−0.54	1.09	0.97
		μ	0.02	0.02	0.03	0.04	0.03	0.02
	30km/h	σ_{max}（MPa）	0.78	0.79	−0.49	0.56	1.15	0.96
		μ	0.03	0.02	0.02	0.02		
	40km/h	σ_{max}（MPa）	0.81	0.79	−0.47	0.51	1.05	1.02
		μ	0.03	0.05	0.02	0.06		
一辆	10km/h跨越障碍	σ_{max}（MPa）	0.37	0.34	0.69	0.68	0.75	0.82
		μ	0.15	0.07	0.43	0.46	0.08	0.21
	20km/h跨越障碍	σ_{max}（MPa）	0.34	0.35	0.39	0.66	0.82	0.73
		μ	0.04	0.10		0.36	0.21	0.02
二辆	10km/h跨越障碍	σ_{max}（MPa）	0.66	0.62	0.39	0.48	1.11	0.97
		μ	0.14	0.10	0.57	0.47	0.16	0.11
	20km/h跨越障碍	σ_{max}（MPa）	0.63	0.59	0.21	0.31	0.96	0.81
		μ	0.10	0.05	0.37		0.05	0.12
一辆	30km/h急刹车	σ_{max}（MPa）		0.26		−0.27	0.79	
		μ		0.13		1.04	0.17	

4. 自振特性测试

本次采用环境随机振动法测量结构自振特性。

(1) 测试步骤

①选择测量断面：沿桥跨选择若干测量断面，每一测量断面上有若干测点。选择测量断面，取决于要测振型的多寡，期望测到的振型阶数越高，则要求测量断面越密。

②测试时使用的测振传感器的数目一般小于测点数。通过移动传感器位置和改变传感器的方向，测量并记录各测点不同方向的振动时域信号。在所有这些测点中要选择一个测点作为参考测点，参考测点不应选在感兴趣振型的节点上。在整个测量过程中参考点的位置一般不动，搬动传感器后，每测一批测点的振动信号时，必须同时测量参考点的信号。

③将测得的各测点的时域信号在FFT分析仪上进行谱分析处理，可以得到各测点时域信号的功率谱以及各测点与参考点之间信号的相位谱。

④通过每一测点信号功率谱图上的峰值位置确定各阶模态的振动频率。

⑤各阶模态的振型可以通过用参考点的某阶频率的功率谱幅值去除各测点对应频率功率谱的幅值，就可得到对应某一频率各测点对于参考点归一化的振型幅值。至于振型位移的符号，可以通过对应频率各测点与参考点之间的相位差来确定。

⑥环境随机振动法测量结构自振特性时，用半功率带宽法确定各阶模态的阻尼比。

(2) 时域信号的测量

①自振特性测试断面的布置如图 3.3.7-15，在每测试断面上，上下游侧各设一测点，这些测点上测振传感器竖向放置，以测量该处的竖直振动信号。另外在每一测试断面上桥面中心线处也设一测点，这些测点上测振传感器水平放置，以测量测点处的水平振动信号。

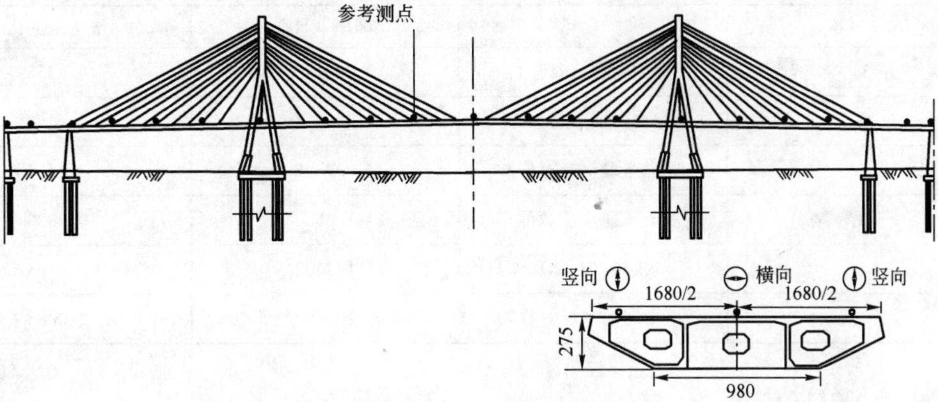

图 3.3.7-15　自振特性测试时测试断面及测点布置图（尺寸单位：cm）

②竖向和扭转振动的测量。将一枚传感器固定在参考点处不动，方向竖直向上，另外 10 枚传感器分别布置在其他测点处。当各测点的时域信号记录达到规定长度后，除参考点测点的传感器保持不动外，将其他测点上的传感器移到尚未测量过的新的测点上，方向竖直向上，然后记录测量信号。重复上述步骤，直到所有测点的信号都被测量记录。

③横向振动的测量。横向振动的测量步骤与竖向振动的测量步骤相类似。此项振动试验时，是将各测试断面上水平测点布置在桥面纵向中心线上，所有的测振传感器都水平放置，传感器的敏感方向与桥梁纵轴垂直，仍保持参考测点上的传感器不动，记录完一批测点的水平振动信号后，相继移动其他传感器到新的测点上再继续测量、记录，直到所有测点的水平方向的信号都被测过一遍为止。

（3）测试结果

图 3.3.7-16 及图 3.3.7-17 分别是参考测点的竖向及横向振动的时域信号和功率谱图。

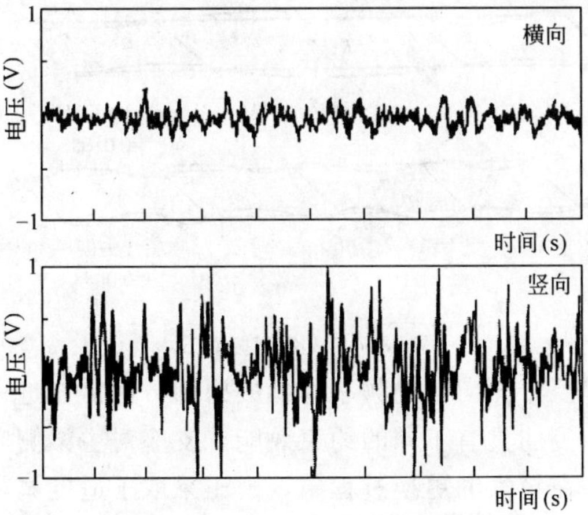

图 3.3.7-16　参考测点的竖向振动及横向振动的时域信号图

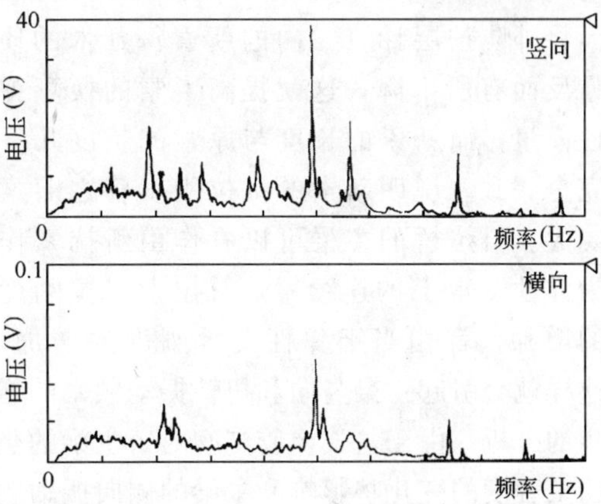

图 3.3.7-17　参考测点的竖向振动及横向振动的功率谱图

表 3.3.7-18 列出了测得的主梁前 6 阶自振特性参数值，图 3.3.7-18 为相应于表 3.3.7-18 的前 6 阶实测振型图。

换索后实测桥梁自振特性参数表　　表 3.3.7-18

阶　次	振　型	频率（Hz）	平均阻尼比
1	侧向弯曲（对称）	0.4133	0.0158
2	竖向弯曲（对称）	0.5974	0.0156
3	竖向弯曲（反对称）	0.9546	0.0151
4	侧向弯曲（反对称）	1.0630	0.0098
5	扭转（对称）	1.4407	0.0108
6	竖向弯曲（反对称）	1.9707	0.0088

（4）测试分析

①从表 3.3.7-19 换索前后实测桥梁自振特性参数对照表中可以看出，表中列出的前 6 阶振型的振动频率和阻尼比，从总体上看，对应的振型前后两次测得的频率基本接近，除个别振型外，大部分振型两次测得的阻尼比比较接近。

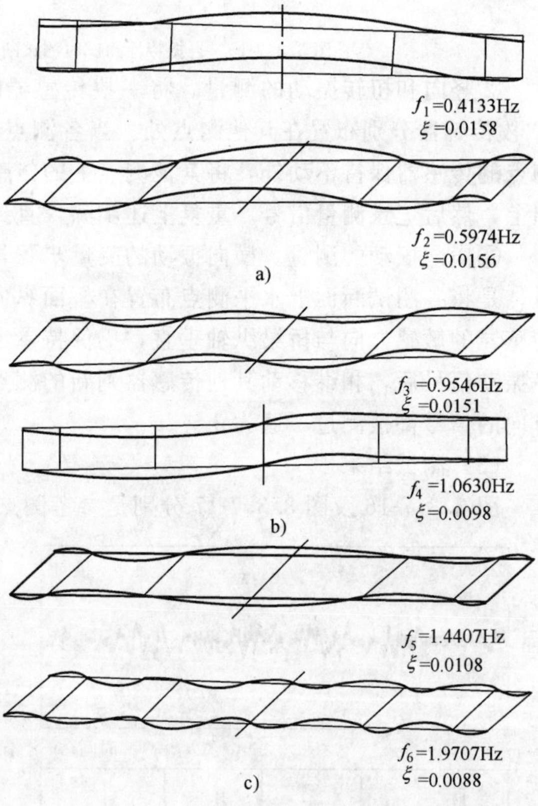

图 3.3.7-18　实测振型图

②从表 3.3.7-19 还可以看出，换索后主梁的竖向弯曲与扭转振动的频率较之换索前都略有提高，而两阶侧向弯曲振动的频率却有所降低。主梁出现这种振动频率变化的原因是：通过斜拉索的更换，每一索组内新索的钢丝面积及总和较之原来索的钢丝面积及总和都有不同程度的增加，而将外防护层计算在内的新索每延米的质量反而有所下降，这就提高了索的换算弹性模量；而新索的长度与原索的长度几乎完全一致，说明新索的抗拉刚度较之旧索要大。斜拉桥的主梁可以看作由斜拉索作为弹性支承上的连续梁，斜拉索抗拉刚度的增加，就相当于弹性支承刚度的增加，这样就会引起主梁竖向和扭转振动频率的增加。至于侧向振动频率降低的原因，尚需作进一步的分析。由于盆式橡胶支座对于主梁的竖向和侧向具有不同的约束效能，支座对主梁侧向约束程度的变化将影响到主梁的侧向振动频率。在拉索的更换过程中，由于采取了适度调整索力和改善线形的措施，有可能改变了主梁支承状态。

换索前后实测桥梁自振特性参数对照表　　表 3.3.7-19

阶次	振　型	频率（Hz）		平均阻尼比	
		换索前	换索后	换索前	换索后
1	侧向弯曲（对称）	0.4848	0.4133	0.0148	0.0158
2	竖向弯曲（对称）	0.5891	0.5974	0.0132	0.0156
3	竖向弯曲（反对称）	0.9047	0.9546	0.0122	0.0151
4	侧向弯曲（反对称）	1.1047	1.0630	1.0169	0.0098
5	扭转（对称）	1.4036	1.4407	0.0110	0.0108
6	竖向弯曲（反对称）	1.8742	1.9707	0.0159	0.0088

二、实例 II——斜拉桥预应力混凝土主梁加固工程

（一）加固工程概述

该工程主桥为独塔斜拉桥与连续梁结合组成的协作体系，主跨 258m，跨径布置自南侧到北侧为：74.5m＋258m＋102m＋83m＋49.5m，总长为 567m，桥面宽 29.5m，全桥共计 102 根斜拉索，主跨分 25 个节段，采用牵索挂篮施工，见图 3.3.7-19。

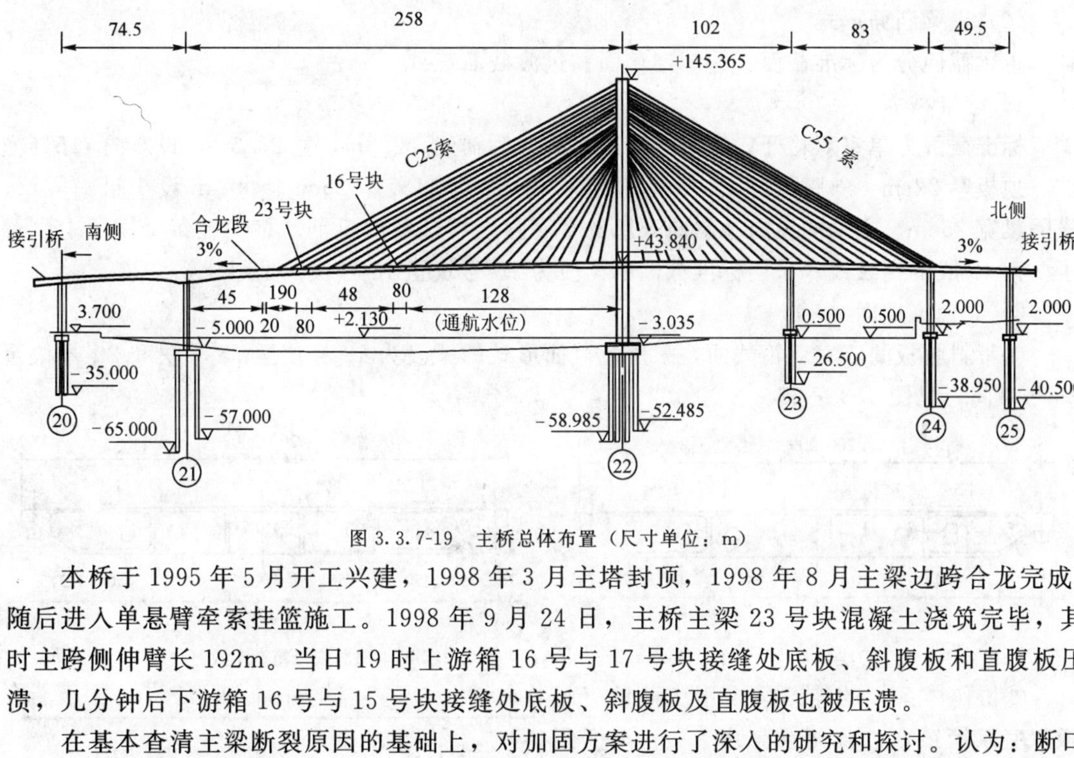

图 3.3.7-19　主桥总体布置（尺寸单位：m）

本桥于 1995 年 5 月开工兴建，1998 年 3 月主塔封顶，1998 年 8 月主梁边跨合龙完成，随后进入单悬臂牵索挂篮施工。1998 年 9 月 24 日，主桥主梁 23 号块混凝土浇筑完毕，其时主跨侧伸臂长 192m。当日 19 时上游箱 16 号与 17 号块接缝处底板、斜腹板和直腹板压溃，几分钟后下游箱 16 号与 15 号块接缝处底板、斜腹板及直腹板也被压溃。

在基本查清主梁断裂原因的基础上，对加固方案进行了深入的研究和探讨。认为：断口局部加固修复方案不确定因素较多，一些关键性施工工艺难以解决，施工安全和永久性安全缺乏保证。而局部拆除重建方案充分考虑了主梁压溃破坏对结构造成的严重影响，避免了将无法探明的损伤带入营运阶段，方案比较安全、可靠，具有可操作性。根据"立足大桥的长远质量和安全，确保原设计的使用功能和使用寿命的思路"，1999 年 4 月确定了主梁局部拆除加固的总体方案。

1. 原桥设计概况

(1) 技术标准

1) 桥面布置

全桥桥面宽 29.5m，桥面布置如下：1.5m（隔离带）+11.25m（车行道）+4.0m（灰管区）+11.25m（车行道）+1.5m（隔离带）。

2) 荷载标准

活载：汽—超 20 级，挂车—120。

风载：基本风压 800Pa，最大风压 1200Pa。

地震荷载：基本烈度 6 度，验算烈度 7 度。

排灰管荷载：ϕ273mm 钢管共 8 根，6 根运行，2 根备用。运行时每根灰管单位重力 2.176kN/m，停运时 1.676kN/m。

自来水管荷载：ϕ800mm 共 2 根，每根单位重力 5.6kN/m。

3) 线形标准

纵坡：主桥 3%，竖曲线半径 R=6145m；

横坡：1.5%。

(2) 主梁断面形式

主梁截面分为标准截面、非标准截面和过渡截面三种。

1) 标准截面

标准截面为单室双箱开口箱形截面，梁高（桥轴处）2.5m，宽 29.5m，设双向 1.5%横坡，顶板厚 22cm，斜腹板厚 18cm，底板厚 18cm，竖腹板厚 25cm。每 4m 设 1 道横隔梁，横隔梁宽 25cm。主梁的纵向和斜向采用 ϕ32 高强度精轧螺纹钢筋，横向在每个横梁上配置了 2 束 19 股的钢绞线。采用标准截面的梁段为 18′号块至 18 号块，见图 3.3.7-20。

2) 非标准截面

①带斜腹板的双室双箱截面，采用此截面形式的梁段为 19 号块至 25 号块和 20′号块至 25 号墩间，见图 3.3.7-21。

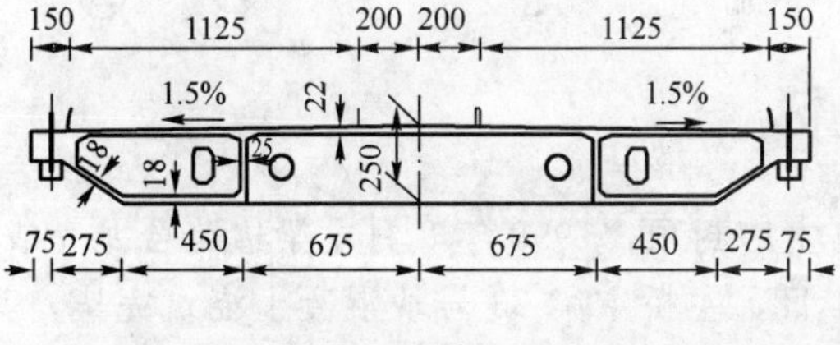

图 3.3.7-20 标准截面（尺寸单位：cm）

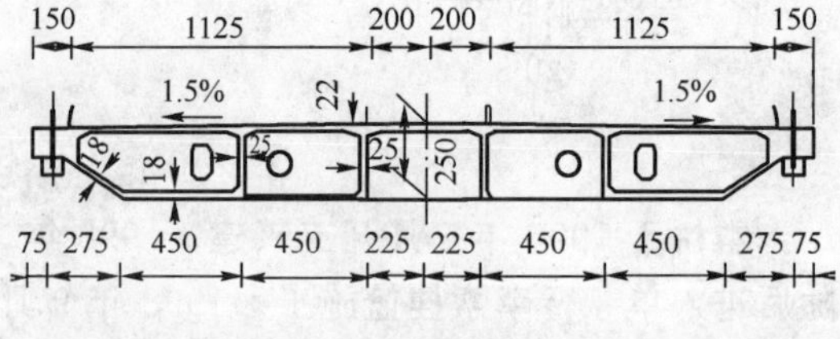

图 3.3.7-21 斜腹板双箱双室截面（尺寸单位：cm）

②协作体系侧的连续梁采用变截面直腹板双室双箱截面，截面梁高由 5.0m 渐变到 2.5m，见图 3.3.7-22。

3) 过渡截面

从标准截面到双室双箱之间设置了过渡截面，即底板由单室渐变到双室。主跨跨中

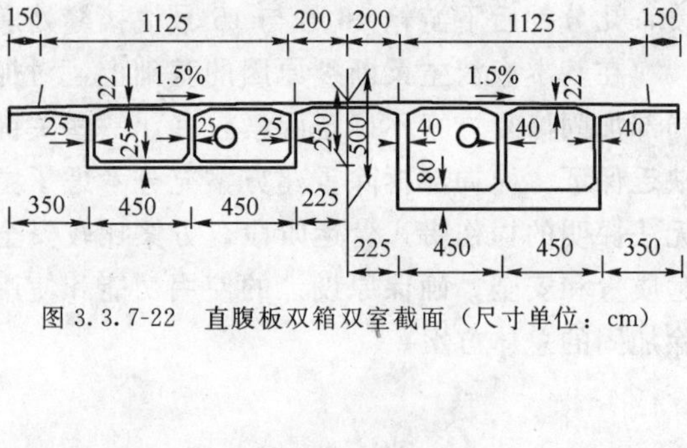

图 3.3.7-22 直腹板双箱双室截面（尺寸单位：cm）

合龙段同斜腹板双室双箱截面过渡到直腹板双室双箱截面。

(3) 索、塔布置

1) 主塔为钢筋混凝土结构，混凝土 C50；主塔高 148.4m，塔柱截面为矩形八面体箱形断面，塔顶截面尺寸 5m×6.5m，塔底 7m×10m。

2) 斜拉索采用双索面扇形布置，梁上标准索距为 8.0m，塔上 2.0m，塔两侧各 25 对斜拉索，主塔位置设 0 号索，全桥共 102 根斜拉索，斜拉索采用 ϕ7mm 高强度低松弛钢丝和 PE 挤压护套的平行钢丝束，钢丝强度 R_y^b=1670MPa，最大索为 301 丝，最小索 109 丝，锚具为冷铸锚。塔上 C_1～C_5，C_1'～C_5'直接锚固在塔壁上，C0 索直接锚固在主塔上的横梁上，其他各索锚固在主塔内锚固钢横梁上。

2. *局部拆除主梁加固方案的确定*

(1) 对原结构的评估分析

为了对局部拆除重建工程提供科学依据，制定安全可靠、切实可行的施工方案，必须对原结构施工及营运中结构各阶段各部分的受力状况、全桥刚度情况、结构安全储备、构造细节处理等进行全面系统地分析。经审阅原结构设计图纸、变更设计图纸及对原结构安装、成桥两个阶段的计算，基本上查清了原结构中存在的问题，为局部拆除加固重建设计奠定了基础。

(2) 局部拆除的可行性研究

1) 拆除阶段计算模型的建立

首先对原结构及架设过程进行认真研究，模拟原监控计算过程，按原设计所给的索力及施工控制过程一步一步安装到 23 号块混凝土浇筑完毕状态。在模拟该桥安装过程中，发现从安装 11 号块开始，主梁前端的竖向位移很大，至浇筑完 23 号块，梁端竖向计算位移高达 2.0m，主梁 15～17 号块底板平面计算应力超过 24.0MPa。

通过对结构安装过程和结构现状分析，利用“斜拉结构软件系统 SCDS 程序”模拟原结构主梁安装架设及 16 号块处主梁压溃破坏和断口加固的全过程，建立了局部拆除初始计算模型。

2) 局部拆除的目标

①确保主梁拆除过程结构安全。由于结构破坏严重，状态难以掌握，任何不慎都可能导致桥毁人亡的严重后果。

②主梁能保留的部分，尽量保留，前提是经过加固，保留部分满足永久结构强度和耐久性要求。

③制订局部拆除方案，必须考虑原有斜拉索的利用，以减少经济损失。

3) 局部拆除的控制原则

在整个拆除过程中以断口补强底板处应力变化（断裂后加固补强底板零应力为初始值）是否超限（断口应力控制在-1.0～1.0MPa）和全桥索力、线形、应力的测试结果来判断结构是否处于安全状态。

应力变化幅值通过控制索力调整、卸载吨位（荷载变化）、支架支顶的位置及时机和反力大小来控制。

在拆除过程中为防止结构出现大的扰动，原则上只允许对称调整最前端两对斜拉索。块件拆除利用原有的悬浇牵索挂篮，块件凿除分块前必须先进行结构体系转换，把主跨悬臂最外端一根斜拉索转换成牵索锚固于挂篮之上。由于牵索挂篮本身结构受力的限制，锚固于挂篮上的牵索最大索力不能超过 3000kN，所以结构体系转换前必须将最外索的索力调整至 3000kN 以下。出于控制主梁受力特别是断口处底板应力的考虑，在放松最外侧斜拉索的同时，必须同步张拉邻近的第二对斜拉索。

4）拆除的可行性研究计算

在拆除起始点的基础上，从 23 号块起按每块 4 个大的步骤模拟拆除到 15 号块（14 号块保留）。在整个拆除模拟过程中，为防止 83m 锚跨主梁上下缘应力过大而出现裂纹，对 83m 锚跨的支架的位置和支架支顶的时机反复试算以确定最佳位置和时机。

局部拆除主梁控制计算结果表明：在拆除主梁的过程中断口的应力变化、主梁上下缘的应力都未超限，各支架的支反力均可控制在 2000kN 以内。同时通过调整临时支架支顶反力、斜拉索索力和控制桥上临时荷载等措施，主梁局部拆除过程中不会对结构产生大的影响，既有结构保留部分不会产生新的缺陷，局部拆除方案是可行的。

5）加固方案的确定

通过对重建方案的多次深化研究，在解决了降低有索区保留主梁的应力水平等技术难点后，经综合技术和经济等各方面分析，决定采用预应力混凝土加固重建方案。与原结构相比较，加固重建方案有以下特点：

①结构体系调整。在 22 号墩设水平限位支座，23 号墩改造为拉压支座，塔上锚固钢横梁在二期恒载完成后予以固定。

②保留部分采用在闭口箱室的角隅处增加劲性骨架混凝土小纵梁加固方法，加固范围为河侧 14 号块至岸侧 20′号块。直腹板处小纵梁 50cm 高，66.5cm 宽，斜腹板处小纵梁 50cm 高，45～129cm 宽。劲性骨架由二片［28c 组成，槽钢上焊接剪力钉，加强与混凝土的连接。通过采用高配筋率的小纵梁方法，解决了新老混凝土龄期相差很大的技术难题。通过工艺试验解决了在强约束条件下，加固小纵梁和斜腹板加厚部分的开裂问题。通过一系列的构造措施解决了加固结构与保留结构共同受力的问题。

③减少双箱双室断面的布置范围。斜拉桥主梁剪力较小，布置双箱双室断面仅为断面过渡需要。原 19～25 号块为双箱双室断面，重建设计仅 25 号块为双箱双室断面。由此减小的恒载重力用以抵消重建部分双箱单室断面的重力，使主梁总的恒载水平基本保持不变。

④重建结构断面加强。底板厚度由原结构的 18cm 增加至 28cm，斜腹板厚度由原结构的 18cm 增加至 22cm，横梁厚度由原结构的 25cm 增加至 28cm。

⑤结构顶板、底板、腹板和横隔梁在两层钢筋之间增设拉筋。

⑥优化预应力系统布置。ϕ32 精轧螺纹钢筋标准强度 $R_y=750$MPa，单根张拉力 $N_y=542.9$kN；钢绞线标准强度 $R_y=1860$MPa，19 孔钢绞线的单束张拉力 $N_y=3710$kN。重建设计把原结构同一断面布置 140 根预应力精轧螺纹钢筋减少为 64 根。

预应力钢筋的布置仅满足施工阶段梁体的受力需要，营运期主梁内力由体内布置的合龙预应力钢绞线束来提供。

⑦预应力精轧螺纹钢筋锚固螺母外径 75mm，锚固接长时必须套用 ϕ80mm 的波纹管，为减少精轧螺纹钢筋锚固接长对结构断面的削弱，除增加结构板厚外，采用交错锚固接长的

方式。

⑧为防止斜腹板在主梁悬浇施工阶段和后期营运阶段出现开裂，斜腹板预应力精轧螺纹钢筋由原结构的每 8m 节段 20 根增加至 24 根。

⑨49.5m 跨通过增加 2 道直腹板及 4 道横隔梁，并辅之以主梁横向体外预应力等加固措施，保证其在后期营运过程中满足主梁横向受力的要求。

⑩重建结构悬臂施工过程中，通过施工控制计算的优化调整使安装阶段的最大负弯矩由原来的 87000kN·m 减小至 37000kN·m，大幅度降低了安装阶段主梁应力水平。

(3) 加固设计内容：

①研究裂缝成因，并提出裂缝修补及补强加固方案；

②对上、下部结构进行全面的分析检算；

③对主梁存在构造缺陷的部位及承载能力达不到《规范》要求的部位进行局部加固设计；

④主梁重建设计；

⑤对桥面及其他附属结构进行重新设计。

3. 加固设计的原则及技术标准

(1) 加固设计的原则

根据“功能不变，外形不变及使用寿命不变”的“三不变”原则，重建设计遵循以下原则：

①满足原设计的使用功能；

②保证局部重建结构和保留结构在施工及营运阶段安全可靠；

③满足桥梁耐久性的要求；

④对原结构中可以利用的部分尽量采用，以减少经济损失；

⑤重建结构的外观与保留结构的外观保持一致；

⑥对保留结构存在缺陷的部位通过降低应力水平和采取构造措施进行加固处理。

(2) 加固设计的技术标准

①功能要求：达到原设计标准；

②主梁应力控制标准

根据主梁的实际情况及“多孔板”承载能力试验结果，对本桥主梁在施工及营运阶段的应力控制标准进行适当调整，以保证安全可靠；

①施工阶段：主梁混凝土压应力 $[\sigma_a] \leqslant 20$MPa；

②营运阶段：保留主梁构造上存在缺陷的部位其压应力按照下列标准控制。

主梁保留部分存在构造缺陷部位：主要组合 $[\sigma_a] \leqslant 15.5$MPa；附加组合 $[\sigma_a] \leqslant 18.5$MPa。无构造缺陷部位：主要组合 $[\sigma_a] \leqslant 17.5$MPa；附加组合 $[\sigma_a] \leqslant 21.0$MPa。

加固结构压应力按下列标准控制：主要组合 $[\sigma_a] \leqslant 17.5$MPa；附加组合 $[\sigma_a] \leqslant 21.0$MPa。

营运阶段主梁原则上不出现拉应力，个别部位拉应力 $[\sigma_L] \leqslant 2$MPa。

4. 加固设计内容

(1) 保留部分主梁的加固范围

有以下情况者，应予以加固：①承载能力不满足要求的部位；②主梁构造上存有严重缺陷的部位；③裂缝危及结构安全的部位。

根据以上原则，保留主梁加固的范围为：①从 14 号块～24 号墩间有索区保留主梁，加固的主梁长度共 305m；②49.5m 跨主梁整体加固；③49.5m 跨主梁横梁的加固及 24 号墩脱空支座的处理。

（2）有索区保留主梁的加固

1）加固结构构造布置

由于保留部分主梁的底板及斜腹板较薄，主梁下缘压应力较大；密集布置的预应力精轧螺纹钢筋对底板断面削弱较大；且“多孔板”的混凝土强度试验结果表明混凝土抗压强度有所降低；主梁底板及斜腹板上存在许多裂缝。综合以上各项因素，有索区的主梁采用在主梁箱室角隅处增设 2 道纵梁的方案进行加固，斜腹板采用增加腹板厚度加固，主梁加固结构构造见图 3.3.7-23。

加固纵梁为内包劲性骨架的混凝土梁，位于主梁箱室下缘，加固纵梁混凝土强度等级与保留主梁混凝土强度等级相同（C50），采用微膨胀混凝土。加固纵梁四周设置 ϕ20 的纵向钢筋，劲性骨架采用 2 根 28c 槽钢利用缀板连接成整体，劲性骨架的构造见图 3.3.7-24，加固纵梁总配筋率达 4%～5%。采用高配筋率的劲性骨架，主要解决因新老混凝土龄期差别大、混凝土收缩徐变引起的开裂问题。

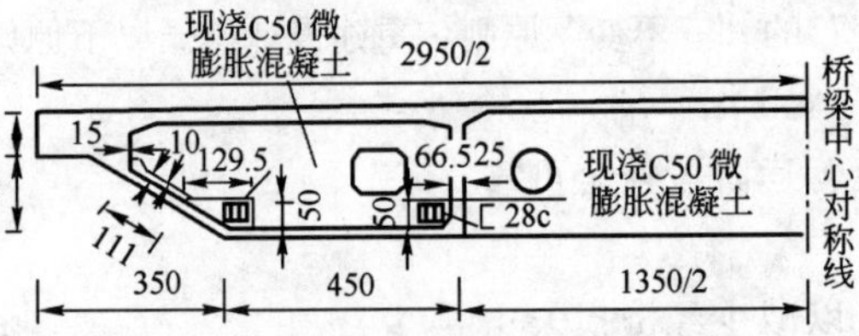

图 3.3.7-23 主梁加固结构构造（尺寸单位：cm）

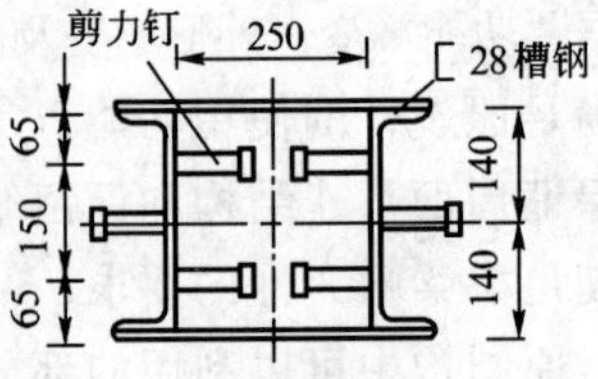

图 3.3.7-24 劲性骨架构造（尺寸单位：mm）

2）新老混凝土的连接

为了保证加固纵梁能参与后期主梁共同受力，新老混凝土的可靠连接是关键，因此，在加固纵梁与保留主梁间采用以下措施来加强连接：①保留主梁与加固纵梁的接触面全面凿毛，要求凿毛面积达到 90%，凿毛的表面完全露出新的混凝面。②保留主梁底板，斜腹板及直腹板间设置剪力键。③设置连接钢筋将保留主梁槽口内的纵向钢筋与加固纵梁的纵向钢筋焊接起来。④加固纵梁纵向钢筋尽可能穿过横梁与另一箱室的加固纵梁形成一体，无法穿过横梁的纵向钢筋与横梁内箍筋焊连成整体。

（3）理论依据及试验验证

由于加固的规模较大，涉及的问题很多，在国内外均没有先例可循。从理论上讲，目前我国公路桥梁设计规范仅有几条条文对此类结构进行了说明：组合梁结合钢筋的含筋率不小于结合面的 0.15%（螺纹钢筋），0.2%（光圆钢筋），满足上述含筋率时，结合面的容许剪应力在结合表面清洁时为 0.5MPa，结合表面清洁并凿毛时为 1MPa。美国公路桥梁设计规范（AASHTO）对两次浇筑的混凝土界面传递剪应力的取值有规定，按照 AASHTO 标准，结合面的相对位移（即剪应力）应由结合面的粘结力和结合面的摩擦力两部分抵抗。两次浇筑的混凝土表面清洁时粘结力为 0.52MPa，摩擦系统为 0.6，表面清洁凿毛时粘结力为 0.7MPa，摩擦系统为 1.0。摩擦力主要由结合面的连接钢筋及竖向压力提供。

为了验证加固方案的可靠性，本工程组织了两个模型试验项目：①加固处理剪切模型试验；②整体模型试验。

1）加固处理剪切模型试验主要是检验结合面的抗剪能力，整体模型试验主要是检验加固部分能否参与结构整体受力。两类模型试验的主要结论有以下几点：

①结合面的抗剪能力受结合面的连接钢筋影响很大，当存在连接钢筋时（结合面有摩擦力），结合面的抗剪能力大于3.0MPa，无连接钢筋时（结合面无摩擦力），结合面的抗剪能力约为1.4MPa；

②在压弯状态时，加固纵梁与原结构处于共同受力状态，在纯弯状态下，加固纵梁与原结构的共同受力有所减弱，但基本上仍能共同作用。

由于斜拉桥存在较大的压力，因此，加固纵梁能很好地参与保留主梁的受力。

2）由于加固纵梁与保留主梁间混凝土龄期相差大，因此，需采取措施来减少加固纵梁的收缩徐变影响，设计中采取了：

①提高加固纵梁纵向钢筋的含筋率；

②采用微膨胀混凝土；

③采用低坍落度的混凝土；

④加强新老混凝土结合面的连接。

通过以上措施，大大降低了加固纵梁的收缩徐变影响，实际施工结果没有发现新老混凝土间存在收缩裂缝。加固完成后的几次加载试验也表明了加固纵梁参与主梁共同受力，因此，本桥的加固方案是可靠和可行的。

（4）加固设计中的结构体系及构造、布束调整

加固设计的结构构造与原结构相比进行了较大的调整，主要有以下几个方面：

①结构体系的调整；

②主梁结构尺寸的调整；

③主梁预应力布置的调整；

④其他一些构造布置的调整。

1）结构体系的调整

原结构为飘浮体系的独塔斜拉桥，全桥无纵向水平支座。加固设计在主塔附近设置了主梁纵向水平位移约束支座，以满足主梁两端伸缩变形的需要。

计算发现，设置水平支座后，主梁各部位的内力有不同程度的改善，活载弯矩最大可降低42%，主跨跨中合龙段的活载弯矩亦可降低6.5%，因此，体系调整后，可以改善主梁的受力情况，进一步降低保留主梁的应力水平。

设计中考虑过将21号墩支座摩阻力作为纵向水平约束的方案，但考虑到21号墩处于主桥南侧，两端主梁的长度相差太大，且25号墩处原预留梁缝不能满足主梁变形的需要，因此未予采用。

2）主梁结构尺寸的调整

①用双箱单室截面代替原设计的双箱双室截面。由于有索区段主梁的荷载剪力较小，因此，重建主梁双塔双室截面由原结构的48m长减小到8m长的范围，用双箱单室截面代替原设计的双箱双室截面，使主梁加强后恒载基本维持不变，为利用原有的斜拉索创造了条件。

②主梁横截面的结构尺寸调整。主梁底板厚度由原结构的 18cm 增加到 28cm，斜腹板厚度由原结构的 18cm 增加到 22cm，横梁厚度由原结构的 25cm 增加至 28cm。这部分的调整主要基于以下原因：

a. 主梁均处于主跨跨中部分，荷载正弯矩较大，原结构的主梁底板及斜腹板太薄，主梁的抗弯刚度较小，主梁的重心偏高，主梁抵抗正弯矩的能力不足；

b. 保留主梁斜腹板较薄，保留主梁在安装过程中，斜腹板与底板交接面产生了许多裂缝。

经过调整后的重建主梁抵抗正弯矩的能力得到进一步加强，在安装过程中再未发现斜腹板上产生裂缝。调整后的主梁横截面布置见图 3.3.7-25。

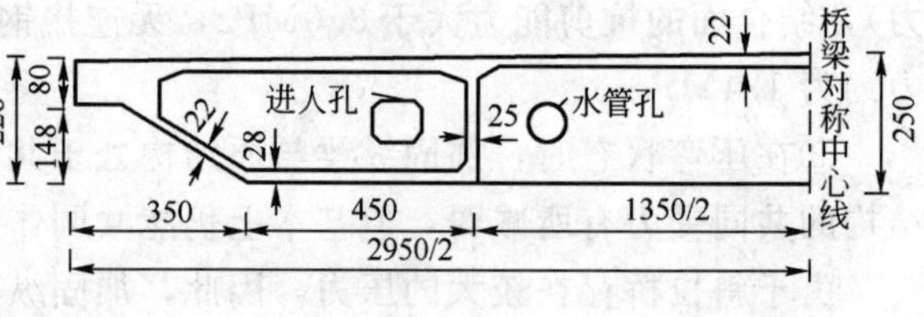

图 3.3.7-25 主梁横截面示意（尺寸单位：cm）

3）主梁预应力筋布置的调整

本桥主梁纵向预应力体系分 2 类：一类为 ϕ^{L}32 预应力精轧螺纹钢筋，单根张拉力为 542.5kN；另一类为 9ϕ15 的钢绞线，单束的张拉力为 1757.7kN。预应力精轧螺纹钢筋主要用于承受安装过程主梁的拉应力，钢绞线则提供营运阶段主梁所需的预应力。

本桥主梁采用牵索挂篮悬浇施工，在浇筑块件混凝土的过程中，牵引索的索力是可以调整的，因此，主梁在安装阶段的弯矩值并不大。原设计主要为结构后期预留了较大的负弯矩，因此主梁梁内布置了较密的预应力精轧螺纹钢筋，其结果不仅削弱了主梁断面，同时也影响了预应力钢绞线设置的位置。重建主梁改变了设计原则，精轧螺纹钢筋的数量由原结构 140 根减至 60 根，增加了预应力钢绞线的数量，既满足了主梁后期受力要求，又大幅度降低了安装过程主梁内力，见图 3.3.7-26、图 3.3.7-27。重建主梁的竖向预应力根据计算也进行了适当调整。

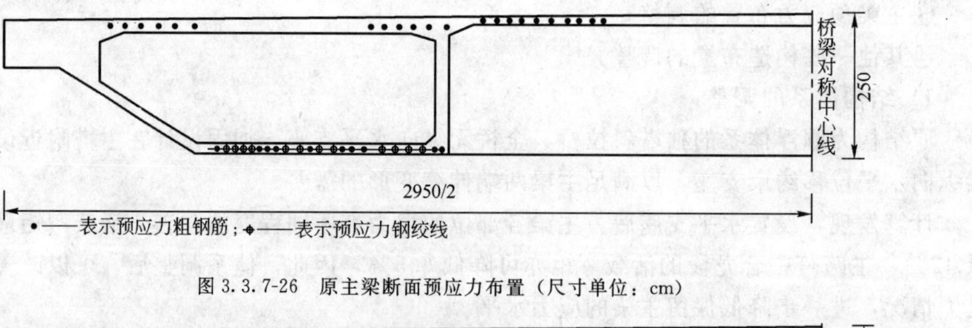

图 3.3.7-26 原主梁断面预应力布置（尺寸单位：cm）

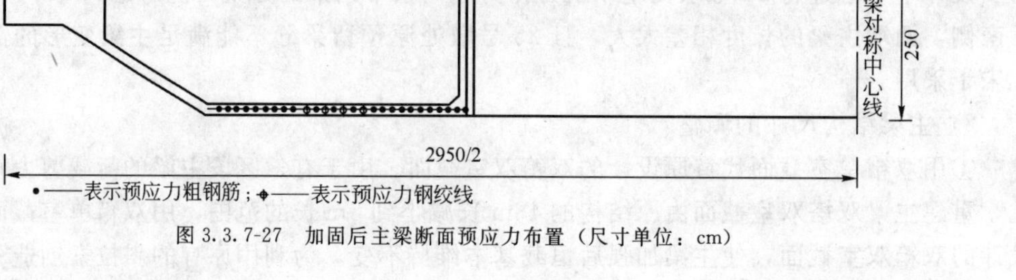

图 3.3.7-27 加固后主梁断面预应力布置（尺寸单位：cm）

4）主梁的其他构造调整

主要有：对于协作跨双箱双室直腹板截面到有索区主梁双箱双室斜腹板截面的过渡方式进行调整，以使两类截面渐变匀顺过渡；加固主梁纵向普通钢筋适当增加，增设预应力束弯起部位的径向普通钢筋，以防止主梁斜裂缝的产生；2层钢筋网间增设连接钢筋以防受压钢筋失稳；调整主梁拉索锚块的钢筋布置等。

（二）主梁加固前局部拆除工程的设计与施工监控

1. 局部拆除控制计算

（1）主梁断裂前结构状态的模拟

要建立主梁局部拆除计算模型，首先要对原结构及其架设过程进行认真地研究，了解原结构悬浇至23号块时结构的受力状态。原结构采用线形一次抛高、索力一次张拉到位的方法安装，安装计算按照原结构实施的安装原则、原结构的实际施工步骤、原结构安装过程中的临时荷载大小及位置，原设计给定的每一施工步骤的张拉索力，一步一步地安装到23号块混凝土浇筑完状态。混凝土的收缩徐变依据记录的每个块件的实际浇筑时间，按照《公路钢筋混凝土及预应力混凝土桥涵设计规范》的公式计算。

原结构安装模拟计算过程分析，从安装11号块开始，主梁悬臂端竖向计算位移逐渐加大，到主梁浇筑完23号块时，主梁悬臂端竖向计算挠度达2.0m，主梁主跨14～17号块梁段底板下缘压力超过24.0MPa。

（2）主梁断裂模拟

主梁的压溃断裂过程实际上是结构内力发生重分配的过程，要建立拆除结构的初始状态，必须摸清楚16号块前后主梁底板压溃破坏使结构发生了怎样的内力重分布。

16号块主梁底板压溃后，原结构此断面约80000kN·m的负弯矩中的绝大部分得到释放，从主梁压溃处形态观察，压溃过程中主梁下缘在16号块处缩短，23～17号块梁段同时发生一定的刚体位移。借助于主梁断裂前后2次全桥监控测试的索力和线形测试数据，可以推算由于主梁压溃过程而产生的主梁结构的索力和挠度变化值。依据16号块处主梁压溃过程结构索力和线形的变化，用结构分析的方法可以比较准确地模拟主梁压溃断裂过程结构内力重分配的情况。

（3）局部拆除控制计算

1）拆除原则

①在保证结构安全的前提下充分利用既有结构，原结构中能满足结构受力和耐久性要求的部分尽量保留。

②在拆除过程中，充分考虑原结构主梁局部压溃的特点，保证局部拆除过程中既有结构的安全。

③局部拆除考虑对主箱梁加固的影响。

2）拆除计算

根据上述主梁局部拆除的原则，结合主梁受力情况及原设计主梁的结构构造分析，确定主梁局部拆除范围为23～15号主梁块件。

通过主梁16号块处压溃断裂的计算机模拟，建立了局部拆除的起点，在此基础上对结构进行倒拆计算。从23号块起按每个块件分4个大的步骤模拟拆除至15号块。块件拆除利用原有的悬浇挂篮。块件凿除分块之前，必须先进行结构体系转换，把悬臂端最外一根索换成牵索，使凿除块件的全部重力置于牵索挂篮上，在此基础上对需拆除的 8m 节段分块凿除、卸载，卸去拆除块件荷载的同时，视结构的受力需要调整斜拉索索力。由于牵索挂篮本身结构受力的限制，每根牵索索力不能超过 3000kN，所以在结构体系转换前必须把最外索的索力调整至 3000kN 以下。

每 1 个块件拆除并卸载完毕，对称拆除河跨和岸跨最外 1 根斜拉索，由于 C23′、C22′斜拉索锚固于岸跨 24 号墩附近主梁，23 号、22 号块件可以在原结构上直接拆除。21～15 号块对应的岸侧斜拉索 C21′～C15′锚固于岸侧 83m 跨梁体。随着 C21′～C15′斜拉索的逐步拆除，为满足岸侧 83m 跨梁体受力的需要，在拆除岸侧斜拉索的同时，必须在岸侧 83m 跨设立支架，在拆除斜拉索的相应位置用支架支撑梁体。为确保岸侧 83m 跨主梁满足局部拆除和加固重建结构受力的要求，避免主梁出现新的开裂，在支撑架与主梁之间设置可测试和调整反力的自锁式油压千斤顶。

以 21 号块为例，块件拆除的主要步骤如下：

①岸侧 83m 锚跨临时支架施工，施工顺序从 24 号墩向 23 号墩方向进行。

②主跨牵索挂篮后退至 21 号块位置，调索使 C21 号斜拉索索力小于 3000kN/根，并视结构受力需要调整 C20 号斜拉索索力。

③体系转换，把 C21 号正式索转换为牵索，锚固于挂篮之上，相应地在 C21′号索位置的支架上设置支顶结构，安装自锁式油压千斤顶。

④用风镐将 21 号块与 20 号块凿断分离，释放纵向预应力。

⑤释放 21 号块横向预应力，并按要求对主梁 21 号块分块凿除，分块的大小由起吊能力决定。

⑥对 21 号块主梁各块分批卸载，每一次卸载，对主梁应力和线形进行测试，若结构应力的变化值超出控制范围，则需对斜拉索索力进行适当调整。

⑦在斜拉索的索力调整过程中，对岸侧 83m 跨支顶反力进行测读和调整。

⑧21 号块卸载完毕，拆除牵索和对应的岸跨 C21′号斜拉索，挂篮下降，后退到 20 号块位置，并提升到位。

3）拆除应力控制

原结构的安装模拟计算表明，主梁压溃断裂之前，主跨 14～17 号块区段主梁下缘平均压应力高达 24MPa。随着主梁 16 号块处主梁压溃破坏的发生，使该处约 80000kN·m 的负弯矩得以释放，主跨主梁的应力状态得以改善。但断口处始终是一个非常薄弱的环节，为了确保主梁局部拆除过程中结构的安全，局部拆除之前需对 16 号块断口进行临时加固。断口的加固包括直腹板、顶板、底板和断口附近横隔梁。由于加固条件的限制，加固结构能否完全参与原结构共同受力仍值得怀疑，加固后的断口仍很脆弱，为确保局部拆除过程中的安全，拆除的全过程中仍对断口处主梁下缘计算名义应力的变化范围予以严格控制。通过卸载和调索等手段，把断口处计算名义应力的变化值严格控制在－1.0～1.0MPa 之间。

局部拆除之前岸侧（102＋83）m 跨主梁下缘部分区段压应力水平仍达 20MPa，为确保主梁局部拆除和加固重建过程中结构的安全，在 14′～18′号块范围内大规模施加压重，以降低梁体下缘的压应力水平。

2. 局部拆除设计

(1) 主梁断裂后断口处应急加固措施

1) 主梁直腹板补强加固

对16号块前后各约16m梁段直腹板的箱内、箱外进行凿毛处理，钻孔，穿抗剪钢筋，各浇筑20cm（断口附近25cm）厚的混凝土（箱外部分下端带马蹄），箱外混凝土内竖向布置ϕ32预应力粗钢筋，并张拉锚固于主梁顶板之上。

2) 粘贴钢板加固

主梁15～17号块由于压溃破坏而产生了大量的裂纹，需对箱梁顶板的顶、底面，采用钻孔、设膨胀螺栓、粘贴钢板的方法进行加固。

3) 16号块前后横梁的加固

在16号块前后横梁及相邻15号块前横梁、17号块后横梁中部设1道2m宽、2.25m高、共3组4m长的桁架平联和纵联，以加强主梁该部位横隔梁的横向稳定性，见图3.3.7-28。

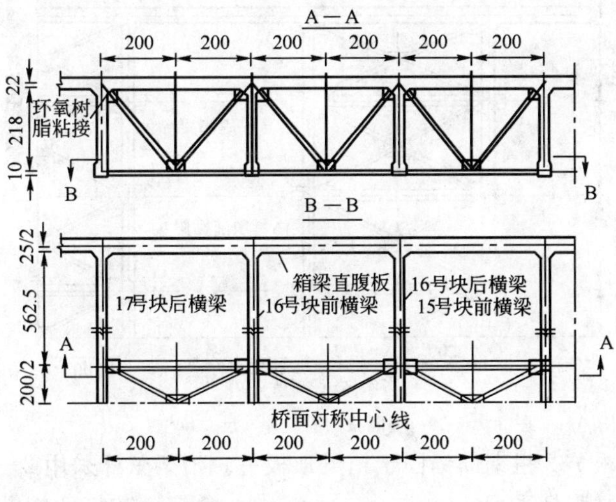

图3.3.7-28　桁架平纵联加固示意（尺寸单位：cm）

上述应急加固措施稳定了压溃破坏后的梁体，并在此基础上实施了23号块件的拆除。

(2) 22～15号块拆除加固设计

1) 断口附近横隔梁的加固设计

①主梁断裂后对横隔梁的影响

横隔梁主要是连接主梁两个边箱，对主梁荷载起横向分布作用，并把荷载的竖向作用力传给两边箱，最终通过斜拉索传给主塔。主梁16号块前后两道横梁及17号块后横梁在事故过程中受到突发性的扭矩而损伤，出现大量的裂纹，若横梁发生面外失稳破坏，将会引起更大的事故。

②原横隔梁加固措施在23号块拆除中所反映的问题

在对16号块及前后共3个横梁节间采取在横梁中部增设1道2m宽、2.25m高的桁架平联和竖联，由于横梁在主梁受力体系中不参与纵向受力，而增设桁架的3个节间是连续的3个节间，虽然对16号块前后横梁起到了一定的稳定作用，但由此导致17号块后横梁和15

号块前横梁在一定程度上参与主梁的共同作用，产生的纵向力无法传走，受扭弯而出现新的裂缝，因此在 22 号块拆除前需对断口附近横梁提出新的加固措施。

③横隔梁的加固设计

为尽量避免横梁参与纵向受力，采用 3 组空间桁架在开口箱内将 17 号块前后横梁、16 号块前后横梁及 15 号块前后横梁分别连成整体，并将每组横梁因局部参与主梁纵向受力而产生的共同作用力通过水平桁架及竖向桁架传给直腹板及顶板，见图 3.3.7-29。

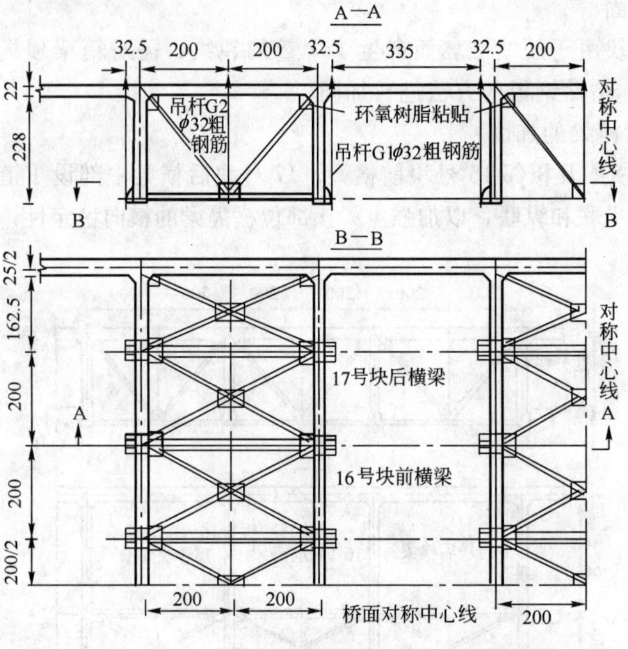

图 3.3.7-29 横隔梁加固设计（尺寸单位：cm）

每组桁架通过 9 根 ϕ32 粗钢筋锚固于箱梁顶板上。桁架弦杆采用 2－∟100×100×10 角钢组成，水平斜杆及竖腹杆采用 1－∟100×100×10 角钢。弦杆两端节点设计成靴子状套在横梁下缘，并填以环氧树脂砂浆，竖向通过 ϕ32 粗钢筋，下端与靴子相连，上端穿过顶板锚固于梁面。竖腹杆下端连桁架弦杆中部节点上，上端通过倒角形节点板在横梁上部与顶板的倒角顶紧，之间填以环氧砂浆。弦杆中部亦设吊杆锚固于顶板上。

2）断口处实体段加固

实体段厚 80cm，横桥向宽 175cm，为斜拉索下锚点的主要受力及传力部位，也是主梁施工时牵索挂篮前后吊带、挂钩及抗剪柱的主要传力结构，见图 3.3.7-30。为适应牵索挂篮施工，实体段在主梁分段接缝前 60cm 处开有 44cm×80cm 的抗剪柱孔，分段接缝后 30cm 处开有 20cm×40cm 的吊带孔。

主梁发生断裂事故后，主要破损部位为接缝处底板及斜腹板，但亦波及到斜腹板上端的实体段。

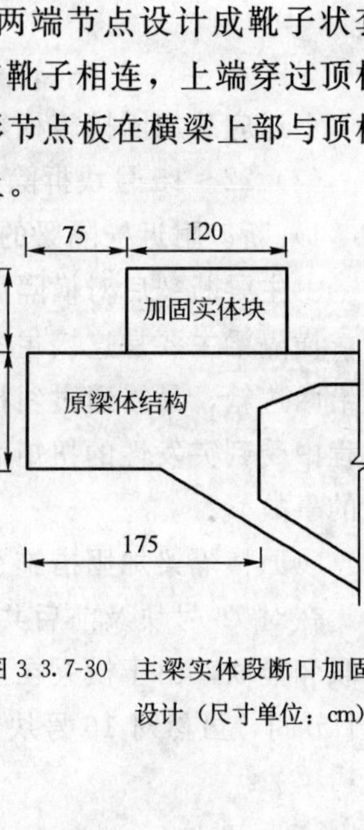

图 3.3.7-30 主梁实体段断口加固设计（尺寸单位：cm）

实体段箱内外侧混凝土均有压碎崩裂，16～17 号块上游侧节缝破坏区域顺桥向长达 182cm，15～16 号块下游侧节缝破坏区域顺桥向长达233cm，破坏处内外侧均有钢筋外露。

主梁拆除施工中，挂篮前挂钩的设计反力为1600kN，后挂钩为900kN，前吊带设计反力为2300kN，后吊带为1150kN。为了承受17号和16号块拆除过程中挂钩及吊带的强大反力，必须对断口实体段进行加固。

实体段加固采用在断口处梁面，跨断口浇筑1块60cm高、120cm宽、400cm长的钢筋混凝土块，并保留原抗剪柱孔及吊带孔，见图3.3.7-30。为保证新老混凝土的结合，对加固段范围内梁顶面进行凿毛处理，并钻ϕ5cm、深25cm孔洞。为防止钻孔过多对梁体造成新的伤害，孔洞纵横向间距为30cm左右。孔洞内插入ϕ25mm的短钢筋，以环氧树脂砂浆填实。短钢筋顶端焊以ϕ16mmU形钢筋，形成四肢箍筋。在短钢筋之间的梁面横向开5cm深、120cm长的沟槽，埋入四肢ϕ16的箍筋，并与槽内露出的主梁钢筋焊连，绑上ϕ25mm的顶、底层纵向钢筋，浇筑C60混凝土。加固位置为15～16号块下游断缝和16～17号块上游断缝共两处。

3）岸侧83m支架设计

为了满足主梁局部拆除过程中结构受力的需要，22～15号拆除时需在岸侧83m跨设置支架以支承梁体。支架基础采用ϕ55cm钢管桩，每个支架下面设置4根桩。21′号及20′号块为双箱双室截面，其支点（7号、8号支架）设在每个块段的前横梁底板的中心线处，横向间距为21.46m。15′～19′号块为双箱单室截面，其支点（1～5号支架）设在每个块段的后横梁实体段的中心线处，横向间距为28.5m。在20′号块段的后横梁实体段的中心线处增设一支点（6号支架），横向间距为28.5m。支点反力由万能杆件立柱直接传递到基础上。考虑支架高达近30m，支架及桩基在受力后均会产生不均匀沉降，为保证主梁的结构安全，在每个支点上设置可以调整、测量反力的自锁液压千斤顶。千斤顶顶部与主梁之间设置四氟板支座，可允许主梁纵向移动，见图3.3.7-31。

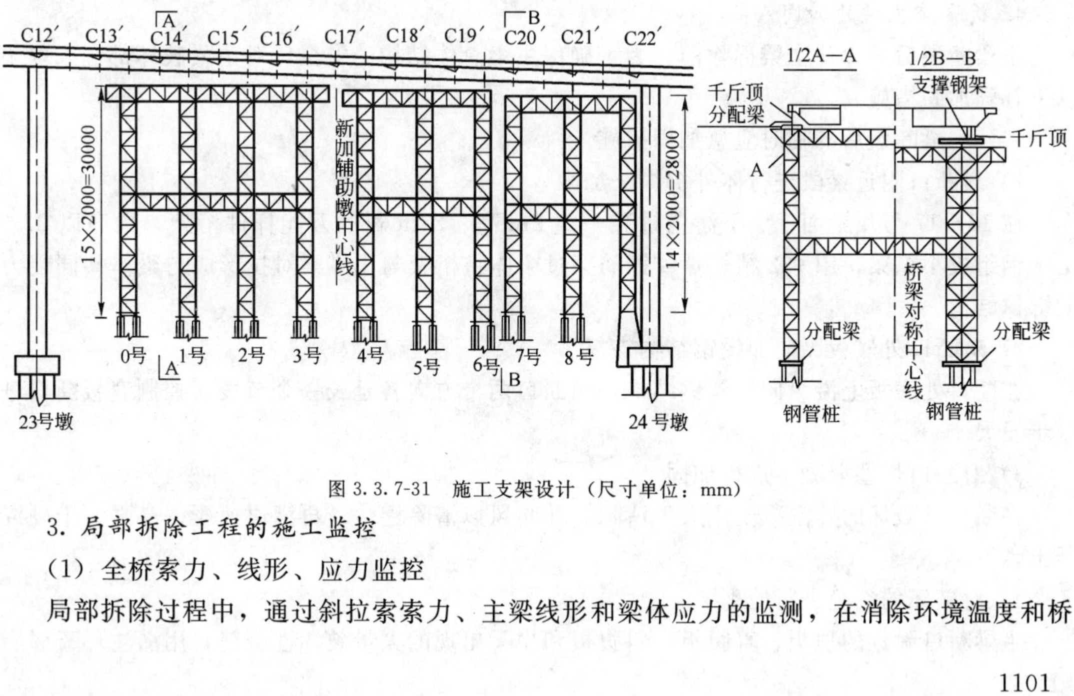

图3.3.7-31　施工支架设计（尺寸单位：mm）

3．局部拆除工程的施工监控

（1）全桥索力、线形、应力监控

局部拆除过程中，通过斜拉索索力、主梁线形和梁体应力的监测，在消除环境温度和桥上施工临时荷载等对测试数据的影响后，与设计控制值进行比较、分析判断，以便总体把握结构的状态，确保结构安全。

调整斜拉索索力是控制内力的主要手段。但本桥是一个断裂后的不完整结构，采用伸缩量控制调索有一定的难度。局部拆除过程中索力的调整在23号、22号块拆除时采用索力控制，同时记录斜拉索的伸缩量。通过两个块件拆除的摸索，在掌握一定的修正关系后，21～15号块件的拆除过程中，斜拉索索力的调整采用伸缩量控制。

在整个拆除过程中，断口处补强底板的应力一直是监测和控制的重点。断口处应力的变化作为判断结构是否安全的主要手段，每一步工序都进行测试，试验手段除使用埋设于加固底板中的钢弦式应变仪外，同时使用手持式应变仪。

(2) 塔上钢横梁位置观测

塔上斜拉索锚固原设计采用对拉钢横梁，通过钢板和四氟滑板支承于主塔锚固区塔壁牛腿上，位置不固定，主梁拆除过程中始终处于左右滑动状态。故需观测记录其位置变动量。

(3) 83m支架变位观测及支顶反力测试

随着主跨梁体块件的拆除，对应岸跨的斜拉索也相应拆除，83m跨梁体支承于支架上，如果支架发生下沉变形，将导致岸侧83m跨梁体开裂。拆除设计中在梁体与支架之间布置了自锁式油压千斤顶，在每一监测阶段均对83m跨支架变形和支顶反力进行测试，综合全桥索力和线形监控结果，决定是否对支顶力进行调整。

(4) 裂纹观测

在拆除过程中，主梁新裂纹的出现和原裂纹的发展是结构是否处于安全状态的直接信号，保留部分结构出现的新开裂会给日后的加固工作带来难度。所以在拆除过程中对断口附近梁体和通过保留结构设计分析易产生裂纹的部位进行重点定期跟踪观察，以确定其产生和发展的时间与工况，分析判断裂纹发生、发展的机理，采取相应的对策。

4. 拆除前主梁的加固

主梁断裂后及部分主梁拆除前，为了确保主梁总体结构的安全，对主梁破坏部位采取了以下补强加固措施。

(1) 主梁断裂后的临时应急加固措施

1) 对断口附近梁段进行体外绑撑法加固

在15～17号块梁面上、下游各拼装一组2m高、28m长的万能杆件桁架，梁底以2I56工字钢组成小纵梁，用ϕ32精轧螺纹钢筋穿过梁体将桁架与小纵梁对拉形成与梁体共同受力的绑撑结构。

2) 对断口处底板纵向加设钢结构支撑

在断口处底板上沿纵向设置钢结构，向断口两个方向各延长一个节段，控制底板断口进一步发展。

3) 对断口填塞混凝土进行加固

将断口已破坏的碎混凝土用人工清除，并吹风以清除浮尘，再灌以速凝、高强、干硬混凝土。

4) 对破坏的裂缝进行处理

主梁断口附近的顶板、直腹板、斜腹板和横梁出现的大量破坏性裂缝，用灌注环氧树脂法进行闭合。

5）主梁直腹板补强加固

对16号块前后约16m梁段直腹板的箱内、箱外表面进行凿毛处理，并钻孔穿抗剪钢筋，各浇筑20cm（断口附近25cm）厚的混凝土（箱外部分下端带马蹄），箱外加厚混凝土板内布置竖向ϕ32预应力精轧螺纹钢筋并张拉，锚固于顶板上，纵向马蹄内亦布置有预应力精轧螺纹钢筋。

6）贴钢板法加固

主梁15～17号块因压溃破坏而产生大量的裂纹，对箱梁顶板上、下面，底板上面采用钻孔设膨胀螺栓、贴钢板，并压注环氧树脂进行粘贴。

7）16号块前后横隔梁的加固

在16号块前后横梁及左右相邻两横梁中部增设1道2m宽、2.25m高，共3组4m长的桁架平联和纵联，以加强主梁的横向稳定性。

经过以上临时应急加固，危桥得以初步稳定，为后续工作赢得了时间。

（2）23号块拆除前的主梁加固

在16号块两端断口处箱内底板及斜腹板上浇筑1层20cm厚的钢筋混凝土加厚层，并在相邻箱内加钢支撑（每箱共5组），钢支撑两端与横梁顶紧。

（3）22～15号块拆除前的主梁加固

1）断口附近横隔梁的加固

为避免横梁参与纵向受力，采用3组空间桁架在开口箱内分别将17号块前后横梁、16号块前后横梁及15号块前后横梁连成整体，并将每组横梁因局部参与主梁纵向受力而产生的共同作用力通过水平桁架及竖向桁架传给直腹板及顶板。

2）断口实体段处顶板加固

为了保证挂篮通过16号块断口处断口能传递剪力，在断口范围内实体段处顶板加设一加固小梁。

5. 主梁拆除

（1）施工步骤

斜拉桥主梁系悬浇块件，故可利用本桥牵索挂篮进行拆除。当拆除N号块件时，其施工步骤为：

1）调整N号及$N-1$号拉索索力，索力调整值根据拆除控制计算确定，使N号索索力降至挂篮允许的3000kN左右，对N号拉索进行体系转换，使N号拉索作用在主梁上的力转换到挂篮上。在整个调索和体系转换过程中，控制拉索应力不大于$0.55R^b$。

2）在牵索挂篮平台上，先释放主梁内纵向预应力筋，再将主梁N号块与$N-1$号块接缝处横向凿开，并将主梁N号块1/2处横向凿开，释放主梁横隔梁内横向预应力束及斜腹板应力筋。用风镐将N号块混凝土分割成数块，同时完成23～24号墩间对应的N'号与$N'-1$号块处的临时支架拼装、预压重及支架顶上3200kN千斤顶与主梁顶紧。

3）吊机站位于主梁$N-1$号块前端中部，上、下游对称起吊分割后的主梁混凝土块，运至指定地点卸掉。

4）调整N号与$N-1$号拉索索力，使N号拉索索力放松至0，拆除N号拉索，上盘存放。

5）牵索挂篮下降 2.5m，后退 8m，提升 2.5m，就位锁定，在挂篮后退前、后退 4m、后退到位时，分别调整 N－1 号拉索的索力。

(2) 主梁拆除工序流程

1）工序流程

工序流程见图 3.3.7-32。

2）主梁拆除工序

①挂篮就位锁定；

②牵索索力调整与体系转换；

③预应力释放；

④主梁分块卸除；

⑤临时支架施工及支顶力调整；

⑥挂篮改造；

⑦斜拉索拆除及上盘。

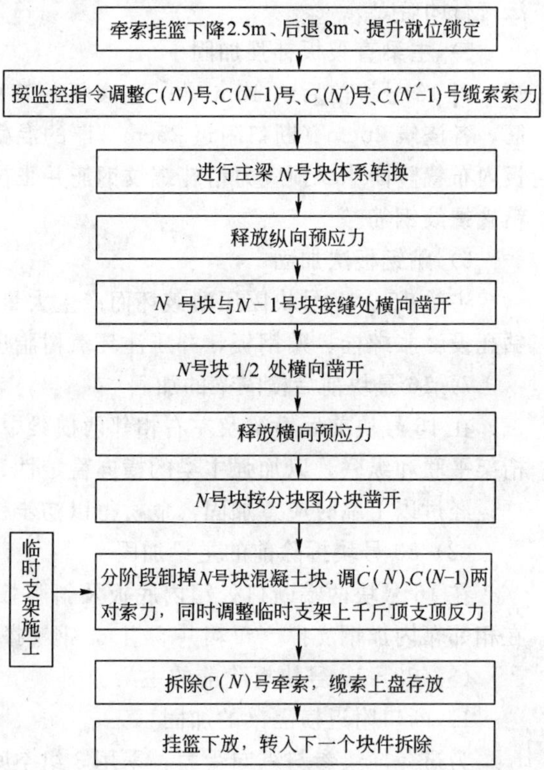

图 3.3.7-32　工序流程框图

（三）主梁保留段的加固

该桥在加固中对主梁保留结构采取有效的加固措施。加固工程分有索区及无索区两大部分进行设计施工。有索区主梁加固范围为主梁 14～24 号墩墩顶，长 305m。无索区主梁加固范围为 24～25 号墩范围内 49.5m 跨主梁。

1. 主梁加固前全桥索力调整

主梁 15 号块拆除完毕后，将保留部分斜拉索索力、线形全面测试一次。根据实测索力与设计监控理论计算要求，从 22 号主塔墩中心线开始两侧对称，对 C1、C1′→C2→C3→C4、C4′→C5→C8→C11、C11′→C12′→C13、C13′拉索索力进行调整。同时为满足主梁的线形和应力要求，对主梁拆除过程中设置的承托边跨主梁的 83m 支架上的支顶反力进行监测与调整。

2. 有索区主梁加固

(1) 加固方案

设计从可靠性、有效性及施工可操作性等因素考虑，在保留部分主梁箱室内靠近斜腹板与直腹板附近主梁下缘增设 2 道 C50 钢筋混凝土小纵梁，内设劲性骨架及采取高配筋率以抵抗新浇混凝土收缩而出现的开裂。斜腹板与底板角隅处的小纵梁顶宽 129cm、底宽 45cm、高 50cm，直腹板与底板角隅处的小纵梁宽 66.5cm、高 50cm，同时，在原 18cm 的斜腹板上加厚 10cm 钢筋混凝土板，对主梁斜腹板进行加固，其断面形式见图 3.3.7-33。

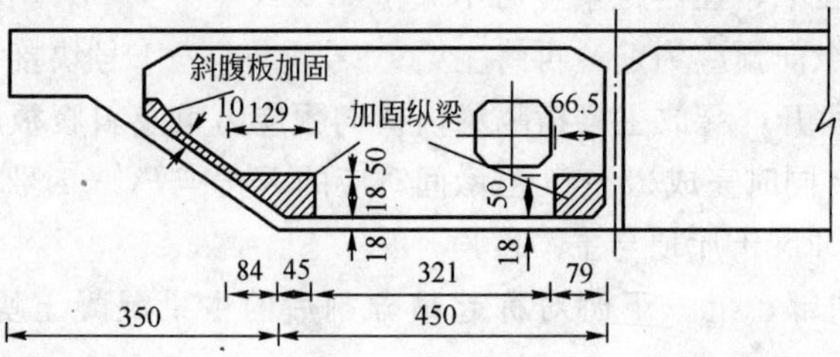

图 3.3.7-33　主梁加固断面（尺寸单位：cm）

加固范围：主跨从 14 号块至 0 号块

件，长 120m，边跨从 0′号块至 24 号墩，长 185cm，全桥加固总长度为 305m，其中边跨 20′号块至 24 号墩只加固斜腹板。

(2) 加固纵梁与保留部分主梁之间结合面处理

本工程采取以下措施：在保留主梁底板、直腹板及斜腹板上间隔凿成倒梯形槽口成剪力槽，槽内露出主梁纵向钢筋与加固纵向钢筋用剪力筋焊连起来。未开槽的部位，混凝土表面凿毛，新老混凝土结合面上涂刷丙乳净浆，加强新老混凝土间的结合力。斜腹板上埋置钎钉。

(3) 预防加固纵梁开裂的措施

为避免加固纵梁新浇筑混凝土与保留主梁之间产生裂缝，在加固纵梁内设置 2 根［28c 槽钢组成的劲性骨架，劲性骨架上焊有剪力钉，加固纵梁纵向钢筋穿过主梁横隔梁形成通长主筋，因预应力管道影响，无法穿过横隔梁的纵向钢筋与横隔梁主筋焊连，采用微膨胀低陷度混凝土，加强混凝土养护，采用涂刷养护剂及草袋覆盖浇水复式养护方法。

3. 无索区主梁加固

(1) 49.5m 跨主梁顶板加固

49.5m 跨主梁在顶板顶面对应直腹板附近出现纵向裂纹，经分析计算需进行加固处理。处理方案为：先将主梁两外侧实体块部分切除，然后在边箱内底板与斜腹板交界处增设一纵梁，在无横隔梁区域增设 4 道横隔梁，新增纵梁及横梁内均布置竖向预应力筋，每两道横隔梁之间在开口箱底部增设 3 道钢支撑，在靠近顶板处加设横向体外预应力钢绞线，见图 3.3.7-34。

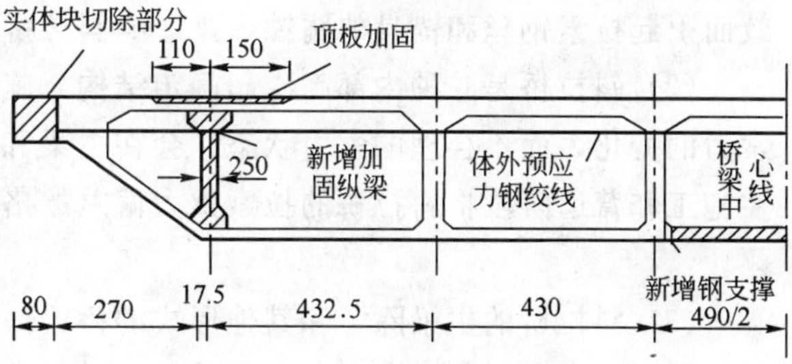

图 3.3.7-34　49.5m 跨主梁加固横断面（尺寸单位：cm）

(2) 底板加固补强

24 号墩附近处主梁底板底面出现多条横向裂缝，采取在底板底面用环氧胶泥粘贴钢板、顶面浇筑长 12m、厚 18cm 钢筋混凝土板方法进行补强。在原底板上间距 20cm 埋植 1 根钎钉，钢筋网片与钎钉焊接连接，浇筑 C50 混凝土。

§3.8　斜拉桥健康监测

一、概况

1. 桥梁健康监测系统

桥梁健康监测系统，是一个以桥梁结构为平台，应用现代传感、通信和网络技术，优化组合结构监测、环境监测、交通监测、设备监测、综合报警、信息网络分析处理和桥梁养护管理各功能子系统为一体的综合监测系统，它实时监测桥梁在各种环境、荷载等因素作用下的结构响应，并能有效地提供桥梁养护管理的科学依据，显著提高桥梁的整体管理水平，从而能够最大限度地确保桥梁安全营运、预诊断桥梁病害和延长桥梁使用寿命。

2. 建立健康监测系统的必要性

斜拉桥灵活多变的塔、梁、索组合形式，宽广的跨径适应范围和相对良好的空气动力稳定性，以及便于悬臂施工等优点，使其得到广泛应用。我国已建成规模不等的斜拉桥有百余座。

大跨径斜拉桥具有大型桥梁的共性——巨大的工程规模与建设投资，它们往往与交通主干网相关联，是国道主干线的枢纽工程。

由于斜拉桥在交通干线中的重要作用以及斜拉桥拉索的结构特点和不利的工作条件，人们非常关心斜拉桥结构的安全性与耐久性。近年来营运中发生的斜拉桥结构损坏事故，更引起人们对斜拉桥安全使用与维护的关注。

据不完全统计，我国20世纪80至90年代修建的斜拉桥中，有近40%的桥进行过换索或加固。

斜拉桥有许多不同于其他桥梁形式的结构构造和结构材料，并有相应的问题需要研究并加以解决。比如：

(1) 细长的斜拉索暴露于高空大气中，直接受日照、温度变化、风、雨作用，在风、雨、车辆荷载的激励下会产生各种不同机制的拉索振动，如不采取有效的减振措施，频繁、大幅度的拉索振动会引起拉索防护层防护功能的失效和拉索钢丝的疲劳。因拉索防护系统失效而引起拉索钢丝和锚具的腐蚀，是影响斜拉桥安全最突出的问题。

(2) 斜拉桥是一种内部高次超静定结构，施工误差、混凝土的收缩徐变都会引起斜拉索索力的变化，而不合理的索力状态，会在主梁和索塔内引起不同于设计的内力状态。因此，在施工和营运阶段将斜拉桥的拉索索力偏差严格控制在容许范围内是斜拉桥的另一个重要问题。

(3) 斜拉桥的主梁除了和其他形式的桥梁一样承受自重及活载引起的弯矩和剪力外，还要承受斜拉索水平分力产生的轴向力，不合理的主梁线形在轴向力的作用下会产生附加弯矩，而这种附加弯矩又会加剧桥面线形对正常位置的偏离。因此，在施工和营运阶段将斜拉桥的主梁线形的偏差严格控制在容许的范围内是斜拉桥的又一重要问题。

在桥梁结构的适当部位安装相应的传感器，能反映桥梁健康状态的特征参数，如斜拉索索力、索塔和主梁的位置、活载引起桥面板的应力、主梁和索塔断面上的温度分布、主梁控制断面的振动加速度等，能进行实时监控或定期检测，及时了解桥梁的工作状态及发展趋势。对特征参数的异常值进行分析判断，找出原因，以便组织更进一步的检查、检测或采取相应的营运管理措施或维修养护措施，使桥梁经常保持良好的营运状态，这是桥梁健康监测最直接、最主要的目的。当然，由健康监测系统获得的数据、资料对改进今后的桥梁设计，促进桥梁科学研究同样有十分重要的意义。

3. 国内外桥梁健康监测系统的发展应用状况

由于国内大型桥梁发展历史不长，没有详细的桥梁状况数据。而根据国外资料，如美国截止1988年6月的统计，577710座在编和分类的桥梁中有135826座被认为是有结构缺陷的，这意味着对这些桥梁必须进行维修。

从20世纪末80年代中期，结构控制研究热点转向结构健康监测系统。多年来，桥梁健康监测逐渐受到关注并得到很大的发展。近年随着大跨径桥梁的轻柔化及形式与功能的复杂化，桥梁健康监测系统已经成为国内外学术界、工程界研究的重要领域。许多国家都在一些已建和在建的大跨桥梁上进行了有益的尝试。

1987年，英国在总长522m的三跨变高度连续钢箱梁桥Foyle桥上布设了传感器。此后建立健康监测系统的典型桥梁还有丹麦的Faroe跨海斜拉桥，墨西哥的Tampico斜拉桥，英国的Flintshire独塔斜拉桥，加拿大的Confederation连续刚构桥，日本的明石海峡大桥，韩国的Soe-Hae斜拉桥，泰国的Rama8桥（独塔斜拉桥）等；而美国不仅在相当多的桥梁结构上安装了结构监测系统，而且有对交通干线上的桥梁建立整体监测、评估网络的趋势。

基于对桥梁健康监测系统重要性的认识，并受到以往桥梁健康监测系统成功经验的启发，国内外许多正在建设或准备建设的重要的桥梁在建设初期就已经考虑安装桥梁健康监测系统。我国近年来一些已建成或正在修建的斜拉桥上都设计安装了施工监测系统。如南京长江二桥、上海徐浦等大型斜拉桥在施工期间均安设了有关传感设备，以期在营运期间进行实时监测。通过收集结构和构件的位移、应变、加速度等物理参数以及环境因素对结构的影响资料，了解结构的工作状态，将起到确保桥梁安全营运、延长使用寿命的作用。并希望能通过早期发现桥梁病害，以节约桥梁的维修费用，提高桥梁的综合作用效益。铜陵长江大桥、蚌埠淮河公路桥也进行了营运期的跟踪检测，了解桥梁结构的变化，并取得了一定的成效。目前我国正在进行桥梁健康系统安装和研究的大型斜拉桥有十余座。而对加固过的旧桥而言，设置健康监测系统尤为重要和紧迫。本节中将介绍由同济大学桥梁系为已换索（1995年），并加固（2004年）的济南黄河公路斜拉桥建立健康监测系统的工程设计施工实例。

二、桥梁健康监测系统特点

1. 系统特点

从已经建立的监测系统的监测目标、功能以及系统运行等方面看，大型桥梁进行健康监测系统具有以下特点：

(1) 通过测量结构各种响应的传感装置获取反映结构行为的各种记录。除监测结构本身的状态和变化外，还强调对结构环境条件（如风、车辆荷载等）的监测记录分析。

(2) 在通车营运后连续或间断地监测结构状态，力求获取的大桥结构信息连续而完整。某些桥梁监测传感器在桥梁施工阶段即开始工作并用于监控施工质量。

(3) 监测系统具有快速大容量的信息采集、通讯与处理能力，并实现对数据的网络共享。

(4) 诸如光纤光栅传感器、MEMS和GPS等先进技术已经逐渐在桥梁监测系统中应用。

(5) 大型桥梁健康监测系统不只是传统的桥梁检测加结构评估技术，而是被赋予了结构监控与评估、设计验证和研究与发展三方面的意义。

(6) 实时监控可达到预警预报的准确性、可靠性，合理地进行交通管理。可实现实时或者准实时的损伤检测，及时发现桥梁的损伤与质量退化，对大桥在使用过程中出现的损伤进行定性、定位和定量分析，实现防患于未然。并且对检测出来的损伤进行分析，提供维修建议等。

如：美国的Kishwaukee桥的健康监测系统，自1995年起一直在发挥着积极的作用。

系统中的LVTD裂纹监测仪成功地对桥梁的裂纹扩展情况进行实时监测，并结合系统中的位移应力监测，成功对超限车辆通行后对该桥产生的危害进行了预警报告，经验证后及时修复桥梁，避免了病害的进一步恶化，节省了后期的维修费用，保证了桥梁的安全营运。

加拿大在Bedding Trail大桥上首次成功地布置了光纤布拉格光栅传感器，用以监测桥梁内部的应变状态。

加拿大的Confederation桥上安装的综合监测系统对桥梁在冰荷载作用下的性能、结构短期和长期变形、温度应力、车辆荷载以及风和地震引起的动力响应等进行了成功地监测。

刚刚建成的钱塘江四桥健康监测系统利用EM传感器对吊杆索力进行了成功地实时监测。

2. 设计原则

在设计健康监测系统时，为了避免以往监测系统存在的技术问题，使之成为一个功能强大并能真正长期用于结构操作识别和状态评估，同时又具有经济效益，能达到国际技术水平的桥梁健康监控系统，应遵循如下设计原则：

(1) 强调大桥健康监测系统的科学性，遵循“简洁、实用、性能可靠、经济合理”的设计原则。

(2) 健康监测系统首先需满足大桥养护管理和营运的需要（养护管理对桥梁信息的需求）。按照实用性原则，根据实际需要，采用实时监测和定期检查相结合的方法，力求用最少的传感器和最少的数据量来满足功能要求。

(3) 由于采集数据量大，且数据在因特网传输过程中在时间上有一定的滞后，系统在底层网络应设置智能型传感器工作站，在传感器工作站之中嵌入数据的预处理和初级预警模块。工作站在采集数据的同时，就能对数据进行预处理和实时分析，以克服以往系统不能有效处理、分析和处理采集到的大量数据的弊病。

(4) 各传感子系统均采用独立模块设计，单个传感器或数据采集单元的维护、更换不会影响系统的运行；系统软件采用模块化设计，确保很强的升级能力。

(5) 系统设计以结构工程师为主，他们能深刻理解桥梁结构、掌握各传感器采集信号的关联性，从而可以根据多个传感信息来判断结构工作状态，正确的对桥梁结构设置预警值。

桥梁的健康监测系统成功的设计、安装、调试和使用，将极大地减少大桥管理的现场工作量和养护管理费用，尤其是能及时了解桥梁的营运状态、病害和外部事件，从而科学地制定对策，对中长期养护计划及加固、改造发挥重要作用。

三、健康监测工程实例

济南黄河公路大桥于1982年建成通车，其主桥是我国早期建成的大跨径斜拉桥之一，自建成通车以后发挥了很好的经济、社会效益。但是随着桥龄的增长，桥梁部件老化及功能退化等情况也逐渐增加，其中斜拉索的锈蚀问题尤为突出。为了确保大桥的安全，1995年10月对大桥的斜拉索全部进行了更换。

在换索期间，利用关闭交通的机会，对主桥进行了全面的加固维修。面对日益增长的交通压力以及济南黄河公路大桥的交通网络中的重要地位，原来仅靠人工手段监测已无法满足桥梁养护要求和有效地防范突发事件的发生，主要表现在：

（1）现在的定时检测，间隔时间长，缺乏连续检测资料，而且检测数据不是动态检测数据，不能随时反映出桥梁在极端受力状态和恶劣环境下的营运状况，起不到预防和预报的作用。

（2）现在高程测量由人工完成，受读数误差、视角、大气、温度等因素的影响，测量精度不高。

（3）每次检测都需做好充分的准备，从安排加载车辆，调试试验仪，搭设脚手架，安装和拆除传感器，到组织人员封闭交通，每个环节都不能疏漏，需耗费大量的人力、物力和财力，花费较长的时间。

（4）由于该桥建造较早，对桥梁养护考虑不周，很多位置不易到达，观测较困难，增加了技术人员检测的危险性。

鉴于以上情况，为了确保大桥的安全营运，延长桥梁的使用寿命，经过多次论证，于2004年引桥大修期间，决定在济南黄河公路大桥的主桥斜拉桥上安装健康监测系统。

（一）济南黄河公路斜拉桥健康监测系统的要求与内容

该桥是一座营运了20多年的桥梁，而且目前担负着繁重的交通运输任务。为此，健康监测的首要任务是掌握在车辆荷载作用下，桥梁的安全状态。因此选择以下的监测项目作为该斜拉桥健康监测系统的主要内容：

1. 桥梁变形监测

恒载作用下主梁轴线的位置是桥梁整体安全状态的重要标志，活载作用下主梁的挠度既是桥梁整体刚度的重要标志，也能反映作用于桥梁上的荷载情况，通过对桥梁变形的监测可以从整体上把握桥梁的健康状态。

2. 桥梁动力特性及振动水平的监测

桥梁动力特性包括桥梁振动的频率、振型和阻尼比，它也是桥梁整体安全的标志。桥梁使用质量的退化会引起自振特性的改变，例如在其他条件不变的情况下，桥梁刚度的降低会引起桥梁自振频率的降低，桥梁局部振型的改变可能预示着桥梁局部损伤的存在。

3. 主梁动应力监测

斜拉桥主梁受活载的影响最直接，极易因异常局部荷载而引起损伤，同时主梁的损伤对桥梁使用性能的影响也最为直接。通过对主梁有代表性断面上的动应力监测，可以了解作为斜拉桥主要受力构件主梁的受力状态，这对控制车辆荷载、进行构件疲劳分析十分必要。

4. 温度分布监测

通过对主梁及塔索有代表性断面上的温度分布监测，可以验证设计假定或根据实际测量的结果重新计算温度对桥梁内力和变形的影响，以便对桥梁的安全状态作出更加符合实际的评价。

5. 斜拉索索力监测

6. 车辆荷载监测

以上1～4项监测内容采用连续、实时监测方法，所涉及的设备、设备安装及相关软件属于本工程的内容。第5项斜拉索索力监测采用定期人工检测的方式，检测结果存入本系统的监测数据库。第6项车辆荷载监测系统利用已有的车辆动态称重系统，将监测结果存入本系统的监测数据库。

(二)系统综述

1. 系统目标

济南黄河公路斜拉桥健康监测系统是大桥养护管理系统的重要组成部分，其预期目标是：

(1) 对日常营运状态下主桥的变形、动力特性及振动水平、主梁的动应力、主梁及索塔的温度分布以及车辆荷载进行实时监测，对斜拉桥的索力进行定期监测。

(2) 对以上监测内容提供便于结构工程师和桥梁养护、管理技术人员对桥梁的健康状态作出判断的各种监测结果报表。

(3) 为今后进一步用计算机软件进行桥梁异常状态识别及桥梁综合状态评估积累资料。

2. 工程范围

济南黄河公路斜拉桥健康监测系统的工程范围是：

(1) 安装桥梁上的各种传感器、放大器、数据采集及通信设备。

(2) 安装中控室的数据显示、储存、查询与管理系统。

(3) 连接桥梁现场设备与中控室的通信网络。

3. 工程界面

(1) 所有监测传感器、放大器、数据采集、通信设备及数据管理的硬件购置、安装、调试工作。

(2) 健康监测系统中所有的数据采集、通信及数据管理的软件编制及购置。

(3) 桥梁现场设备至中控室计算机通信光缆和桥梁现场设备之间通信光缆的敷设与相应的连接设备。

(4) 中控室的室内装饰工作及必要的办公室用具购置。

(5) 本系统接收实时监测的车辆荷载的数据及定期检测的斜拉索索力的数据。

4. 系统结构

济南黄河公路斜拉桥健康监测系统包括以下互相关联的子系统：

(1) 传感器(放大器)系统

该系统应用先进的传感技术，通过各种不同功能的传感器，将被测的不同形式的物理量如位移、应变、温度、振动和速度等转变成便于记录及再处理的电压、电流等电信号或光信号。由于从传感器输出的电信号或光信号一般很弱，通常各种传感器都需要有与之相匹配的放大器。放大器的功能是将传感器的输出信号放大或换成便于记录的另一种信号。

(2) 数据采集与传输系统

该系统的功能是将经传感器变换、放大器放大后的信号直接以模拟量的方式记录下来或者经过模数转换以后以数字量的方式进行记录。另外，为了达到实时监测或远程监测的目的，还要将这些数据通过合理的传输方式送到监控室，或在计算机终端显示，或直接进入监测数据库。

(3) 监测数据管理

该系统的目的是根据各监测项目的特点，使各种不同类型的数据通过恰当的组织被有效地储存起来。在保证必要信息储存的前提下，尽量减少数据冗余度。该管理系统要能方便地从数据测量系统中获取数据，又能被不同用户方便地调用数据。

（三）济南黄河公路斜拉桥健康监测系统方案设计

1. 测点布设与监测方法

(1) 桥梁变形监测的测点布置及监测方法

桥梁变形采用GPS进行监测，测点的位置如图 3. 3. 8-1 所示。

对于中跨，在跨中上、下游各布置一个GPS测点对荷载作用下桥梁挠进行监测；在两索塔塔顶各布置一个GPS测点以对桥塔的长期变形进行监测。另外，在桥梁附近设一位置固定不变的参考站，目的是用参考站的监测数据来清除其他测站由各种因素引起的测量误差。

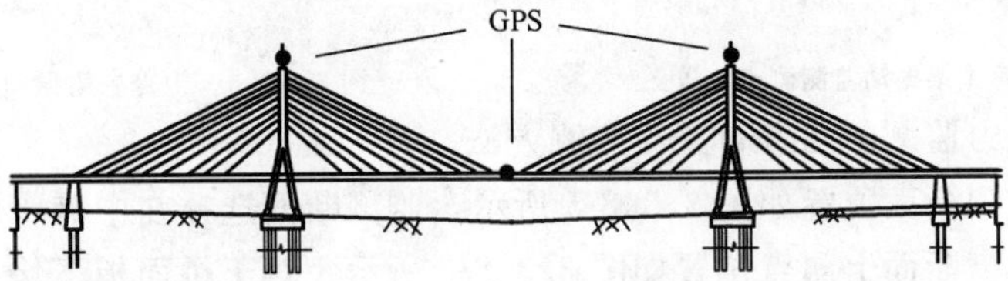

图 3. 3. 8-1　GPS测点布置图

(2) 斜拉索索力的监测方法

斜拉索的索力采用环境随机振动法进行测量。由于恒载索力的变化标志着斜拉索质量的退化，如果拉索的防腐体系及锚固体系不受损坏，一般恒载索力的变化很小且十分缓慢，所以监测的周期不必很短，一般半年或一年测量一次即可。又因为斜拉索的数量较多，换索后的拉索为 248 根，因此不宜也没有必要在每一根拉索上都安装永久性的测振传感器对拉索的索力进行实时连续监测，而采用定期的人工测量的办法，如每隔半年或一年用 4～8 个测振传感器、一套测振放大器及信号分析仪对所有斜拉索的索力进行巡回检测。

(3) 桥梁动力特性及振动水平监测测点布置及监测方法

主梁振动测试的测试断面如图 3. 3. 8-2 所示。对于中跨，测振传感器布置在中跨跨径四分点断面的上游侧箱梁内；对于边跨，测振传感器布置在边跨跨中断面上游侧箱梁内。振动测点在桥梁横断面上的位置如图 3. 3. 8-3 所示。每一个断面布置一个竖向加速度传感器，一个横向加速度传感器。在中跨跨中断面布置一个竖向加速度传感器，一个横向加速度传感器。在中跨南侧四分点断面的下游箱梁内设置一个竖向加速度传感器如图 3. 3. 8-4 所示，对中跨主梁扭转振动形态进行监测。

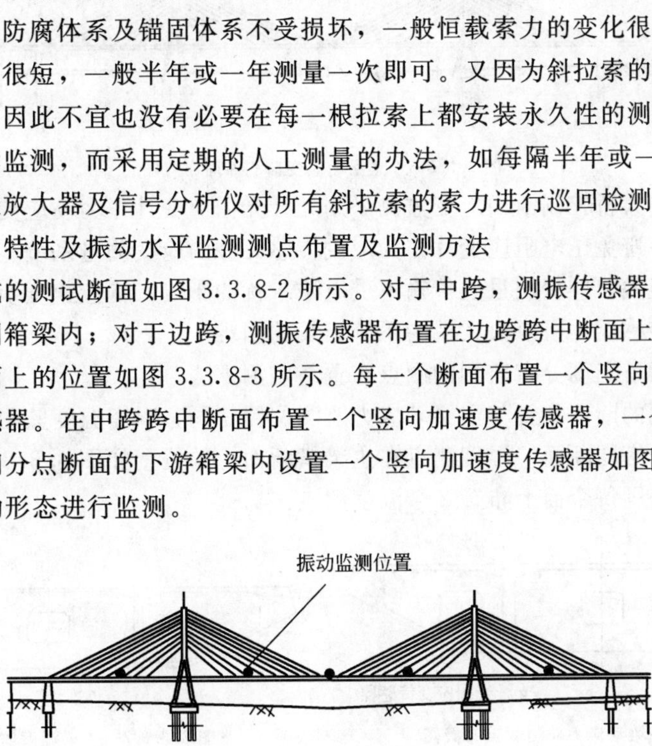

图 3. 3. 8-2　振动测点布置图

主梁的测振传感器采用目前现场振动测量中常用的一种超低频加速度传感器。采用超低频加速度型传感器主要考虑济南黄河公路大桥主梁的自振频率较低，采用其他类型（如位移型）的测振传感器较难满足低频测量的需要。

因振动监测一般需要连续测量较长时间，所有采用一独立系统进行监测。每通道测振传感器都有与之对应的测振放大器与滤波器，信号滤波放大后经 A/D 转换器将各通道的模拟信号转换成数字信号，然后送到监测计算机显示与储存。

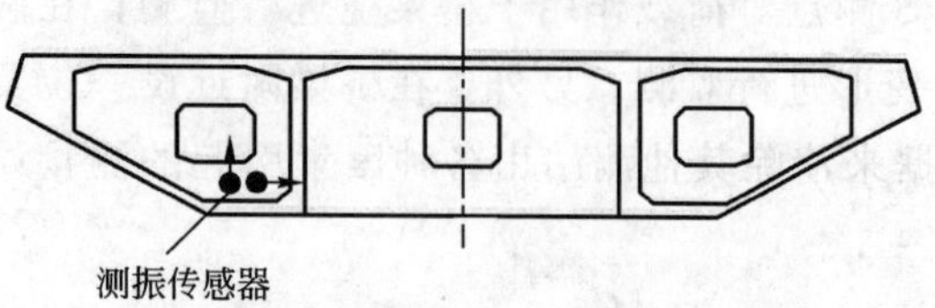

图 3.3.8-3　边跨主梁振动监测测点布置图

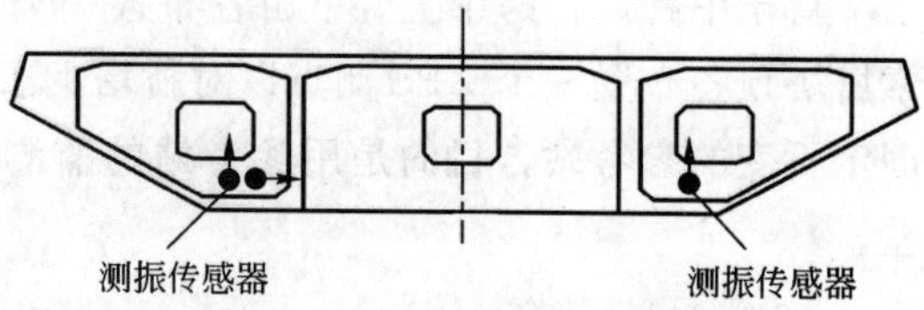

图 3.3.8-4　中跨主梁振动监测测点布置图

（4）主梁动应力监测的测点布置与监测方法

主梁动应变监测断面位置如图 3.3.8-5 所示，监测断面选择在中跨跨中断面及主桥南侧伸缩缝附近断面。横断面上测点位置如图 3.3.8-6 所示。对于桥面板下缘的测点，每个位置均布置纵桥向动应变传感器一个。横隔板下缘只布置横桥向应变传感器。

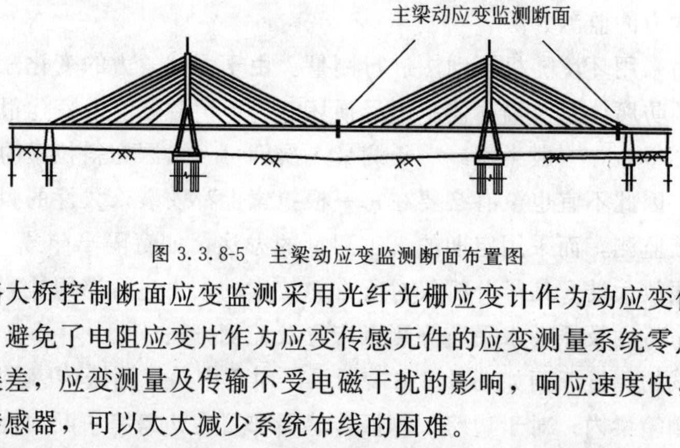

图 3.3.8-5　主梁动应变监测断面布置图

济南黄河公路大桥控制断面应变监测采用光纤光栅应变计作为动应变传感器。光纤光栅应变计的优点是：避免了电阻应变片作为应变传感元件的应变测量系统零点漂移和接触电阻变化引起的测量误差，应变测量及传输不受电磁干扰的影响，响应速度快，并且一根光纤上可串联多个应变传感器，可以大大减少系统布线的困难。

（5）主梁、索塔温度分布监测的测点布置与监测方法

主梁温度监测的断面位置与主梁动应力监测位置相同，索塔温度监测断面位置选择南塔柱桥面高程附近的塔腿断面，温度测点在主梁横断面上的位置如图 3.3.8-7 所示。索塔温度监测沿塔腿断面外围每个面上布置 2 个温度测点。

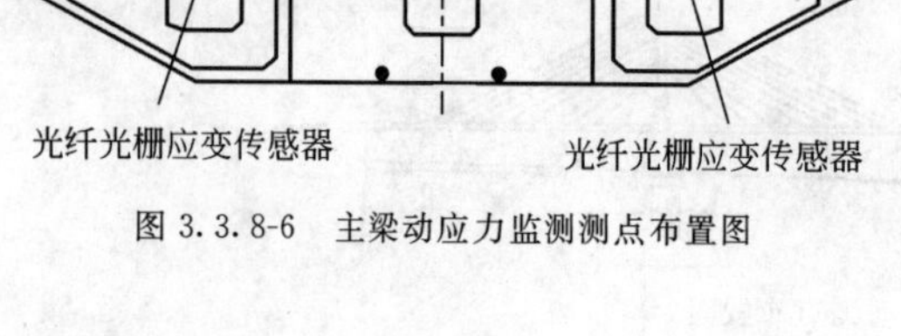

图 3.3.8-6　主梁动应力监测测点布置图

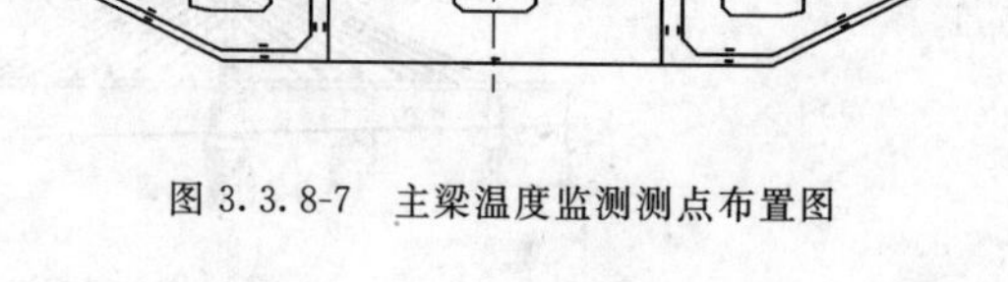

图 3.3.8-7　主梁温度监测测点布置图

可用于温度测量的传感器有多种类型，如热电偶、热电阻、压电型及晶体管型温度传感器等。以上各种类型的传感器在不同范围的应用都收到了不错的效果。但是这些传统的温度传感器也有许多不足的地方，例如，都要先进行标定，有的传感器的测量精度还与导线长度、转换开关的接触电阻等有关，有的则要求高稳定、高精度的放大器。此外，以上这些传感器输出的都是模拟量，要经过 A/D 转换才能将测量数据送入计算机，而且每一个传感器都要有一路连接线。

中跨跨中主梁温度及边跨主梁温度分布监测采用动应变监测中的温度测量部分进行。索塔温度监测部分采用主要由 DS1820 数字式温度计构成的温度测量系统。该系统有如下特点：

①测量系统稳定，无零点漂移等不稳定现象，不用事先标定；

②一路（二根或三根）导线上可以挂接多个 DS1820 温度传感器；

③传感器输出的是数字量，可以直接用单片机或 PC 机来测量温度，无须另外的二次仪表。

2. 系统网络

济南黄河公路斜拉桥健康监测系统网络由 Lonworks 网（现场操作网）和桥梁监测局域网组成。

桥梁变形监测子系统、主梁及拉索振动监测子系统、温度监测子系统、动应变监测子系统等在各监测断面处都分别与一块 Lonworks 节点控制卡连接。所有的 Lonworks 节点卡再连接在一起，形成一个 Lonworks 网络。Lonworks 网通过一个路由器或 I. LON 因特网服务器与桥梁监测局域网连接，整个系统的网络结构如图 3.3.8-8 所示。

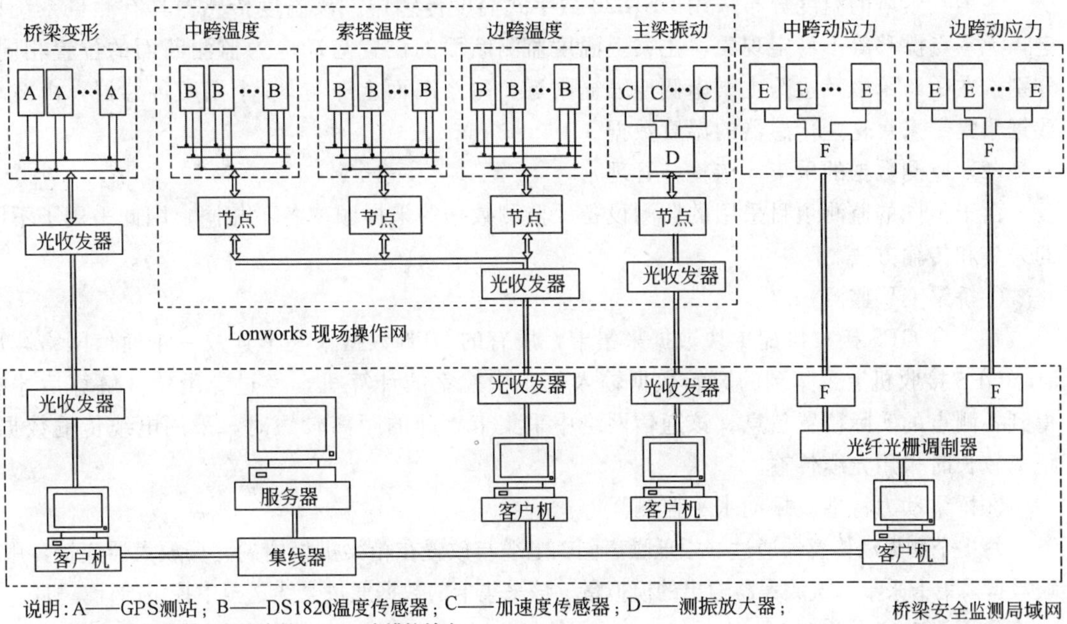

图 3.3.8-8　济南黄河大桥结构安全监测数据采集与传输网络图

所有各子系统的数据采集、传输的控制操作，都可以在桥梁监测局域网的一台客户机上进行。

(1) 监测方法与规模

①桥梁变形监测

济南黄河斜拉桥的变形监测，采用先进的 GPS 技术。4 个 GPS 测量站分别设在南北索塔的塔顶、主梁中跨跨中的上下游侧适当的位置上。另外，在桥梁附近设一位置固定不变的参考站，目的是用参考站的监测数据来消除其他测站因各种影响因素引起的测量误差。5 台 GPS 接收机通过接口设备和通信线路连接成一个桥梁变形监测子系统。

②主梁动力特性及振动水平监测

主梁动力特性及振动水平监测，采用频响应好、灵敏度高的线驱动压电式加速度传感器作为测振传感器，与之匹配的是带抗混淆低通滤波器的测振放大器。主梁上 5 个振动测量断面分别布置在边跨的跨中、中跨跨中及四分点。每个测量断面上布置 3 个（2 个竖向，1 个横向）测振传感器，共 15 个测振传感器。每一个测振传感器都有一根信号线与放在箱梁机柜内的测振放大器连接。

③主梁动应力监测

主梁动应力监测采用无零点漂移、动态特性好、不受电磁干扰影响的光纤光栅应变传感器，主梁上 2 个动态应变监测的断面分别布置在中跨及南侧边跨伸缩缝附近。每个断面上布置 9 个测点。每个断面光纤光栅传感器相互串联，然后用一对光纤与放置在中央控制室的光纤光栅解调器连接。

④主梁及索塔的温度分布监测

主梁及索塔的温度分布采用 DS1820 数字式温度传感器。该温度传感器具有测量系统稳定，无零点漂移等不稳定现象。主梁上温度监测断面的位置与动应力监测断面的位置相同，分别选在中跨跨中及边跨主梁南侧伸缩缝附近。每个断面上布置 33 个温度传感器，由 2 块数据采集卡采集这些传感器的温度数据。

(2) 监测数据的采集、传输与管理

由于不同的监测项目采用的监测设备、监测数据的采样频率各不相同，因此采用了不同的采集和传输方法。

①桥梁变形监测

每一台 GPS 接收机配 1 块数据采集卡，所有的 GPS 数据采集卡连成一个通信网络，从 5 台 GPS 接收机上采集到的原始数据输入位于中控室的计算机，经过专用软件解算后才能得到各测点的实际位置信息。该通信网络中采集卡之间的距离较短时，采用电缆传输数据，距离较长时采用光缆传输。

②桥梁动力特性及振动水平监测

每 1 个测振动传感器通过一根低噪声同轴电缆与放置在箱梁机柜内的测振放大器连接，用 1 块数据采集卡采集测振放大器输出的模拟量。该采集卡的数据通过光缆送至中控室的计算机。

③主梁动应力监测

每 1 个主梁动应力测量断面上的 9 个光纤光栅应变量传感器相互串联，由 1 对光纤将监测信号送至位于中控室的光纤光栅解调设备。

④主梁及索塔的温度分布监测

主梁上每 1 个温度监测断面有 1 块数据采集卡，索塔温度监测断面上有 2 块数据采集卡，4 块数据采集卡在桥上相互串联，通过一对光纤将温度测量信号送至中控室的计算机。

在中控室装备 4 台计算机，其中 1 台作为服务器，储存包括桥梁变形等实时监测的数据、定期监测的索力数据以及车辆荷载数据等所有的济南黄河公路大桥的健康监测数据。另外 3 台计算机中 1 台接收和显示桥梁动力特性和振动水平监测的数据，1 台接收和显示桥梁动应力数据，还有 1 台接收和显示桥梁变形和温度分布的数据。

(四) 桥梁变形监测

1. 监测目的

恒载作用下索塔与主梁轴线的实际位置与设计值是否相符是衡量桥梁整体安全状态的重要标志，活载作用下主梁的挠度既是桥梁整体刚度的重要标志，也能反映作用于桥梁上的荷载情况。

2. 监测仪器

目前大地测量型 GPS 接收机的静态平面测量的标称精度为 $3mm+0.5\times10^{-6}D$，高程测量精度约为 $5mm+1\times10^{-6}D$。动态采样频率达 10Hz。

在桥梁健康监测系统中应用于桥梁变形测量的仪器除 GPS 技术外还有全站仪与超声波测距仪或压力传感器联合使用的连通管等测量仪器。与全站仪相比，GPS 技术具有各测点测量数据的同时性好，测量不受天气影响等优点。与连通管相比，GPS 能测量测点处的三维位置，而连通管只能测量测点处的高程变化。

3. 监测点的位置

对于主梁，在中跨跨中主梁的上、下游侧各布置一个 GPS 测点，对荷载（包括恒载及活载）作用下主梁跨中部位的位置进行测量（图 3.3.8-9）。在两索塔的塔顶各布置一个 GPS 测点，对桥塔的长期变形进行监测。另外，在桥梁附近设一位置固定不变的参考站，参考站的具体设置位置应根据当地的具体条件确定。

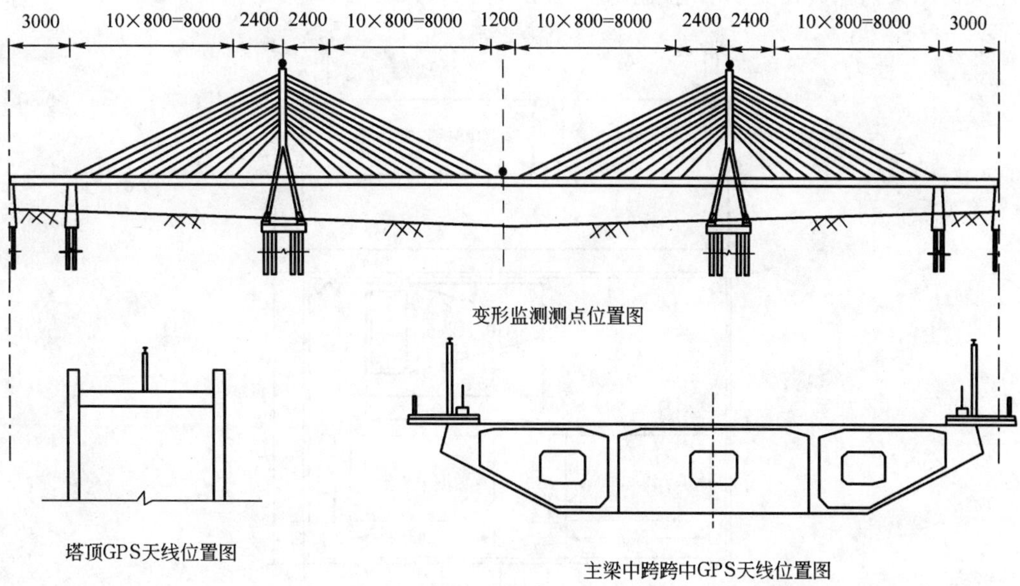

图 3.3.8-9　桥梁变形测点布置图（尺寸单位：cm）

4. 安装

GPS系统的安装包括接收天线、接收机、电源以及通信线路的安装。

(1) 接收天线

GPS接收天线既是卫星信号的设备，又是确定监测点位置的基准。天线安装必须稳固，具体见GPS天线安装图（图3.3.8-10）。

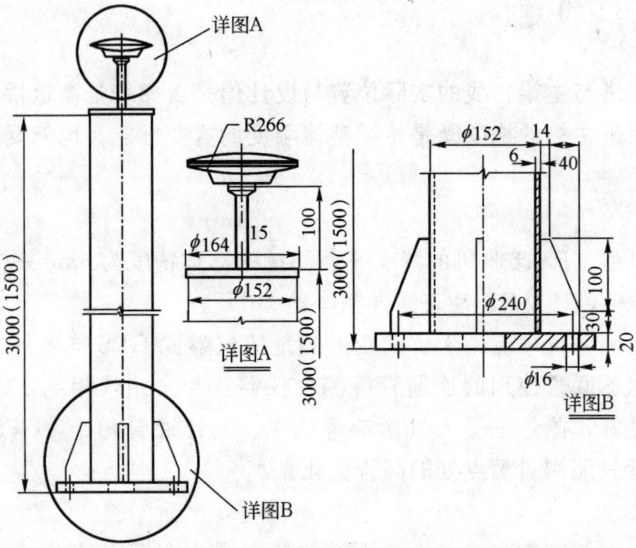

图3.3.8-10 GPS天线安装图（尺寸单位：mm）

(2) 为防止GPS接收机遭外界损坏，将每一台GPS接收机连同电源（12V开关电源）、数据采集通信卡都安装在一个铁制的控制箱内。为了便于系统的调试及维护，控制箱尽量装在主梁的箱梁内，具体见GPS控制箱安装图（图3.3.8-11）。

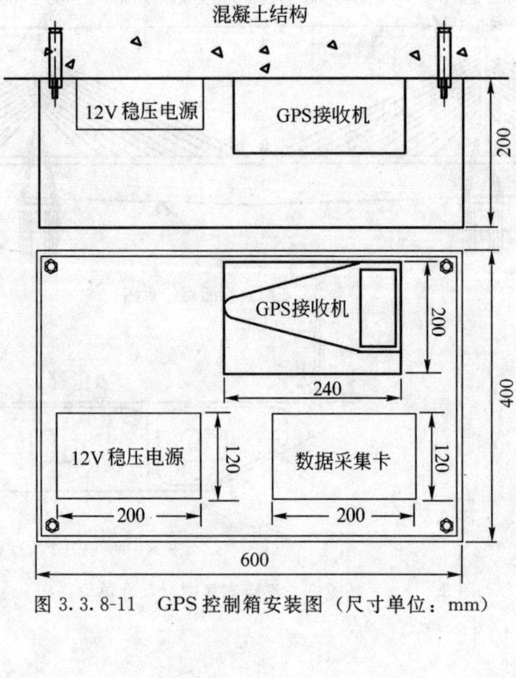

图3.3.8-11 GPS控制箱安装图（尺寸单位：mm）

(3) 通信线路的安装

4 个测量站及一个参考站的 GPS 监测系统本身要形成一个独立的数据通信网络。但其通信线路的安装则要与 GPS 监测系统的其他子系统统一考虑，具体见 GPS 通信线路安装图（图 3.3.8-12）。

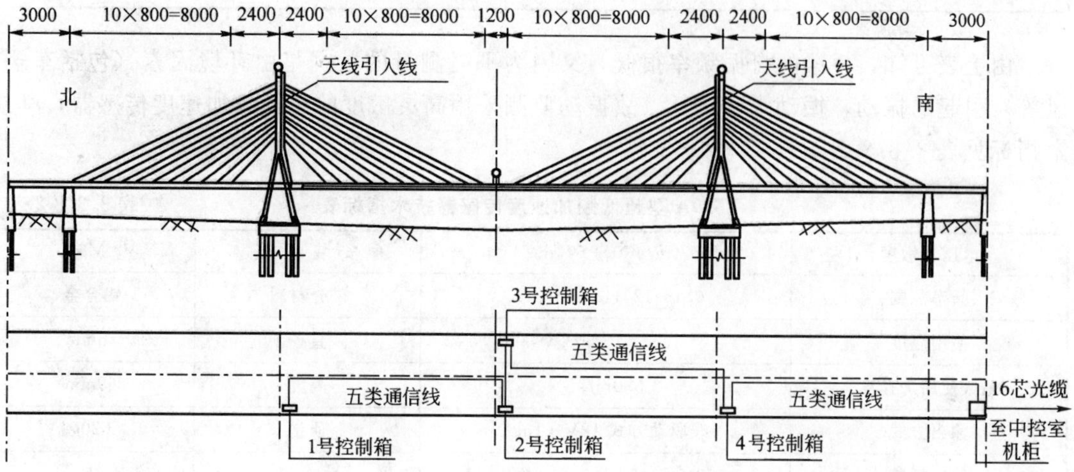

图 3.3.8-12　GPS通信线路布置图（尺寸单位：cm）

5. 数据采集与处理

(1) 原始数据的采样频率

4 个测量站及 1 个参考站进行同步测量，原始数据的采样频率为 10Hz。

(2) 数据处理与储存

4 个测量站及一个参考站采集的原始数据输入计算机后，由专用的软件进行处理，消除各种因素引起的测量误差，得到每一时刻各测量时段、三维坐标以及测量置信度等测量结果。经处理的测量数据再存入计算机硬盘。

(3) 对储存的数据可以以表格或曲线的形式进行查询和调用。

(4) 超限数据的处理

当一测点的三维坐标超过出事先设定的限值时，屏幕可显示出该超限值及发生的时间。

(五) 桥梁动力特性及振动水平监测

1. 监测目的

通过对监测到的时域振动波形分析，可以掌握桥梁营运过程中，在车辆荷载作用下，异常天气（如大风）及偶发事件（如地震）桥梁的振动水平。这对判断在这些外界因素的作用下是否产生危及结构安全的振动十分必要。

2. 监测仪器

1995 年大桥斜拉索更换后，由测量得到的主梁前 6 阶振动频率，见表 3.3.8-1。

济南黄河公路大桥实测前6阶振动频率表　　表 3.3.8-1

序　号	频率（Hz）	振　型	序　号	频率（Hz）	振　型
1	0.4133	侧弯（对称）	4	1.0690	侧弯（反对称）
2	0.5974	竖弯（对称）	5	1.4407	扭转（对称）
3	0.9546	竖弯（反对称）	6	1.9707	竖弯（对称）

由上表可知，桥梁的自振频率很低，又因为平时测量的数据是由环境因素（包括车辆、风等）引起的振动，振动水平较低。故振动监测采用高灵敏度的超低频加速度传感器，其技术指标见表 3.3.8-2。

VS99A 型超低频加速度传感器技术指标表　　表 3.3.8-2

电压灵敏度	1.02mV/（m/s^2）±5%mV/（m/s^2）	安装螺丝	M6
频率范围	0.1～120Hz±10%Hz	外壳材料	铝合金
使用温度	−20～60℃	直径	53mm
最大使用加速度	3.0m/s^2	高度	69mm
输出方式	线驱动方式 12V−1mA	质量	620g
输出插座	BNc		

与上述测振传感器匹配的是带混淆滤波器的测振放大器，其技术指标见表 3.3.8-3。

VA99 型低通滤波放大器技术指标表　　表 3.3.8-3

通　道　数	8 通道
放大倍数	1～5000（10V，5V，1V，0.5V，0.2V，0.1V，50mV，20mV，10mV，5mV，2mV）
非线性	±0.2%（增益为 1 时）
频率范围（±1dB）	0.1～3kHz
低通滤波器截止频率（−3dB）	8 档可调（1Hz，2Hz，3Hz，5Hz，10Hz，20Hz，50Hz）
阻滞衰减	−24dB/oct (Butterworth)
温度漂移	<0.5μV/℃（开机 15 分钟后）
系统噪声	±15μV_{p-p}（输入短路 20Hz）
输入适配器	配 VS−99 型加速度计（驱动电源 12V−1mA BNC）
最大输出电压	±5V
输出负载	>2kΩ（±5V 输出电压）
使用温度范围	0～45℃
电源	AC90～245V 47～400Hz 约 15W
外形尺寸	322mm×247mm×100mm
重量	约 3.7kg

3. 监测点的布置

主梁振动监测的测点位置如图 3.3.8-13 所示。中跨，取中跨跨径的四分点断面，边跨，取边跨跨中断面。每一个振动监测断面上布置 2 个竖向加速度传感器，1 个横向加速度传感器，以便测量主梁的竖向、横向及扭转振动。

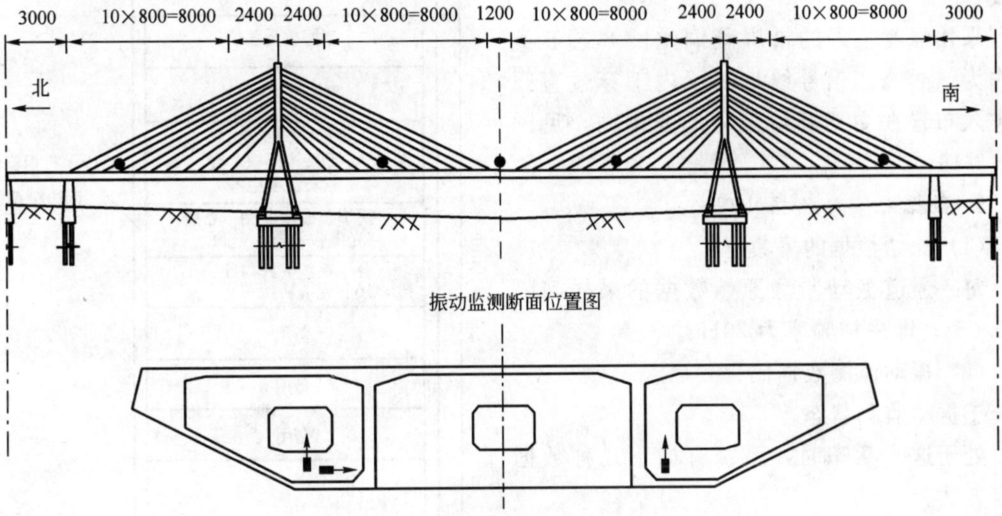

图 3.3.8-13　主梁振动监测测点位置图（尺寸单位：cm）

4. 安装

(1) 振动传感器的安装

为避免振动传感器遭到意外损伤，先将振动传感器装入不锈钢制的罩壳内，再安装在箱梁的横隔板上（图 3.3.8-14）。

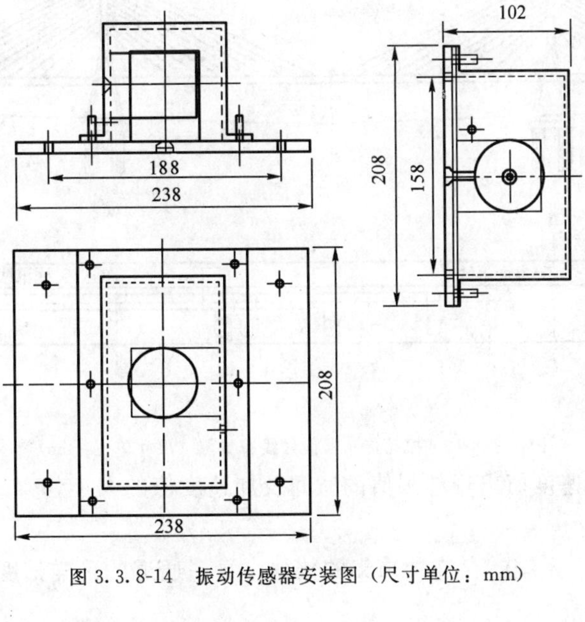

图 3.3.8-14　振动传感器安装图（尺寸单位：mm）

(2) 测振放大器的安装

在主梁南侧边跨适当位置的箱梁内安装一个机柜，用来安装2组（每组8通道）测振放大器以及用于通信的光电收发器等设备（图3.3.8-15）。

(3) 测振传感器及放大器之间信号线的敷设

采用强度较好的带屏蔽铜丝网8芯五类线作为信号线。信号线从箱梁内部穿过直腹板进入布置在主梁开口部分的线槽内，见图3.3.8-16。

5. 数据采集与数据处理

(1) 原始数据的采集

每一通道振动监测原始数据的采样间隔为0.05s，即采样频率为20Hz。

(2) 振动监测数据储存

①振动监测状态

处于这一状态时，系统有如下几种数据储存方式：

a. 储存各测点每分钟前51.2s的1024个振动加速度值。

b. 储存各测点每分钟内振动加速度的最大值。

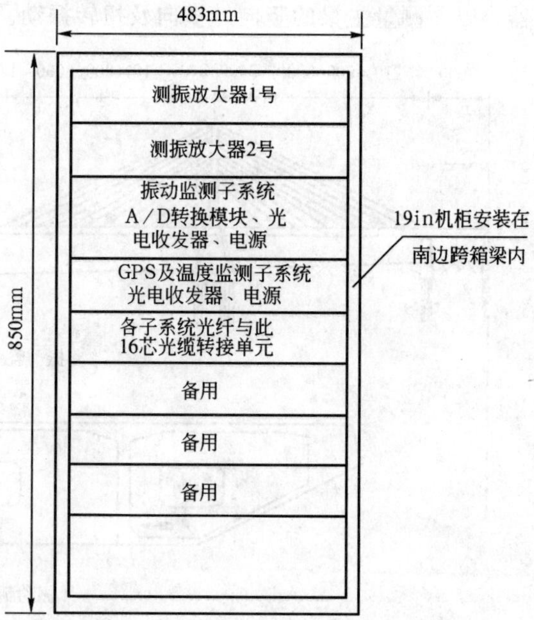

图3.3.8-15 测振放大器安装图

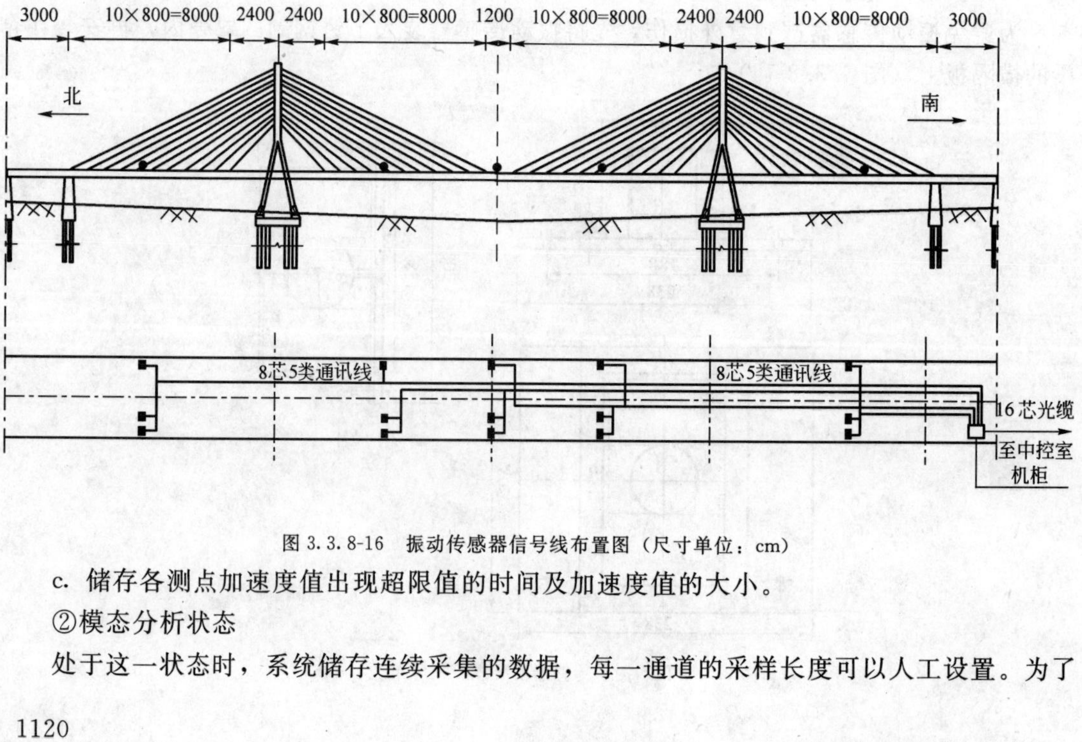

图3.3.8-16 振动传感器信号线布置图（尺寸单位：cm）

c. 储存各测点加速度值出现超限值的时间及加速度值的大小。

②模态分析状态

处于这一状态时，系统储存连续采集的数据，每一通道的采样长度可以人工设置。为了满足进行模态分析的需要，采集的数据块（每块1024点）数在20～30之间。

(3) 屏幕显示

①振动监测状态

处于这一状态时，根据操作者的需要，屏幕显示可以选择以下几种方式中的一种：

a. 各测点振动加速度均方值（有效值）的均势图；

b. 各测点的振动波形；

c. 各测点的振动功率谱；

d. 各测点的振动加速度有效值的直方图。

当出现超限值时，直方图的颜色会自动改变。

②模态分析状态

处于这一状态时，在进行数据采集的过程中，屏幕显示各测点的波形。模态分析结束后，屏幕显示各阶模态的振型动画。

（六）主梁动应力监测

1. 监测仪器

目前用于结构应力监测的仪器，其基本原理都是先设法测出测点处一定范围内某一方向的变形（或位移），再求得这一范围内的平均相对变形，这种平均相对变形称之为应变。有了测点处一个或几个应变后，再根据结构材料的物理特性（材料的弹性模量、泊松比）就可由测点处的应变求得应力。基于这样的原理，相应的应变测量传感器有电阻应变片、振弦式应变计、光纤光栅应变传感器等。

(1) 电阻应变片具有体积小、量程大、频响宽、成本低、可应用于多种对象（金属、混凝土、有机玻璃等)、多种环境（高温、水下等)、可制作成多种形式的其他类型的传感器(应变筒测力计、压阻式振动传感器）等优点。缺点是长期稳定性差，容易发生零点飘移。

(2) 振弦式应变计的原理是通过测量作为传感器的钢弦的振动频率变化来测量结构物的应变。其优点是长期稳定性好，无零点飘移，测量值不受接触电阻的变化、导线长度等变化因素的影响；不足之处是应变计尺寸不能做得太小，另外目前的振弦式应变计要测量变化较快的动态信号有困难。

(3) 光纤光栅应变测量的原理是，当光在光导纤维的传播途中遇到沿光纤轴线折射率周期变化的光栅时，入射光中波长为$\lambda_h=2n_{eff}\cdot\lambda$（其中$n_{eff}$是光纤的等效折射率。$\lambda$是光栅的周期)，就会向后反射。如果将光纤光栅粘贴在结构物表面，当结构物由于力、温度等因素的作用而产生应变时，光纤光栅将随结构物一起变形，同时光纤光栅的折射率周期和等效折射率也发生相应的变化，光栅反射的光的波长也随之变化，通过检测反射光谱峰值的移动量$\Delta\lambda_h$，就可得到结构物的应变。用光纤光栅作为应变传感器来测量结构物的应力，它兼有电阻应变片和振弦式应力计两者的优点，而避免了它们的诸如长期稳定性好、无零点飘移、频率响应范围宽等不足。除此以外光纤光栅应变计还有它自身特有的优点，如不受电磁干扰的影响，集传感与传输于“一纤”，能进行分布式测量等。不足之处是由于光纤光栅传感技术相对来说是一种比较新的技术，应用还不如电阻应变测量那样广泛、成熟，因此光纤光栅应变计本身以及后续的测量设备价格都偏高。此外，光纤光栅应变传感器的安装工艺、光纤的熔接技术尚未被一般的实验人员、工程技术人员掌握、熟悉，这在一定程度上阻碍了该项技术的推广与普及。表3.3.8-4是光纤光栅应变传感器与电阻应变片、振弦式应变计的技术性能比较表。

各种应变传感器的技术性能比较表　　表3.3.8-4

比较项目＼传感器类型	光纤光栅应变计	电阻应变片	振弦式应变计
原理	光栅变形引起光栅反射波长的变化	应变片变形引起测量电桥桥压的变化	振弦变形引起的振弦频率的变化
长期性	好	差	良
精度	好	好	好
准确性	好	好	好
灵敏度	好	好	好
线性度	好	良	良
监测参数	应变、温度	应变	应变
稳定性	好	差	良
工程实施	良	好	好
传送距离	好	差	好
存活率	好	差	好
分布式测量	可	不可	不可
响应速度	好	好	差
成本	高	低	中

济南黄河公路斜拉桥主梁动力应力监测对监测仪器提出两点基本要求：一是长期稳定性好，二是要能测量动态应变。根据以上分析，选择光纤光栅应变传感器及相应的分析设备作为该斜拉桥主梁动应力监测设备，其主要技术指标如下：

①FONA光纤光栅应变传感器

测量范围：±1000－2000$\mu\varepsilon$

测量精度：1%

分辨率：1$\mu\varepsilon$

安装方式：事先封装，现场支架固定

光纤：单模

②FONA 20464光纤光栅传感网络分析仪

通道数：4

测量频率：50Hz（四道同时）

测量精度：应变1%，温度0.5℃

测量范围：视每一通道串接的光栅个数，一通道只接一个光栅时的范围为40000$\mu\varepsilon$

光纤连接方式：熔接、法兰盘、光接头

传送距离：大于10km

2. 监测点的位置

主梁动应力监测的测点位置如图 3.3.8-17 所示，监测断面选择在中跨跨中及主桥南侧伸缩缝位置附近。每一个动应力监测断面上布置 9 个测点，桥面板 7 个测点应变计的敏感方向与主梁的纵轴线一致，布置在 2 个横隔板之间的中间位置。横隔板 2 个测点位置在与桥面板测点相邻的横隔板下缘，应变计的敏感方向与主梁的纵轴线垂直。

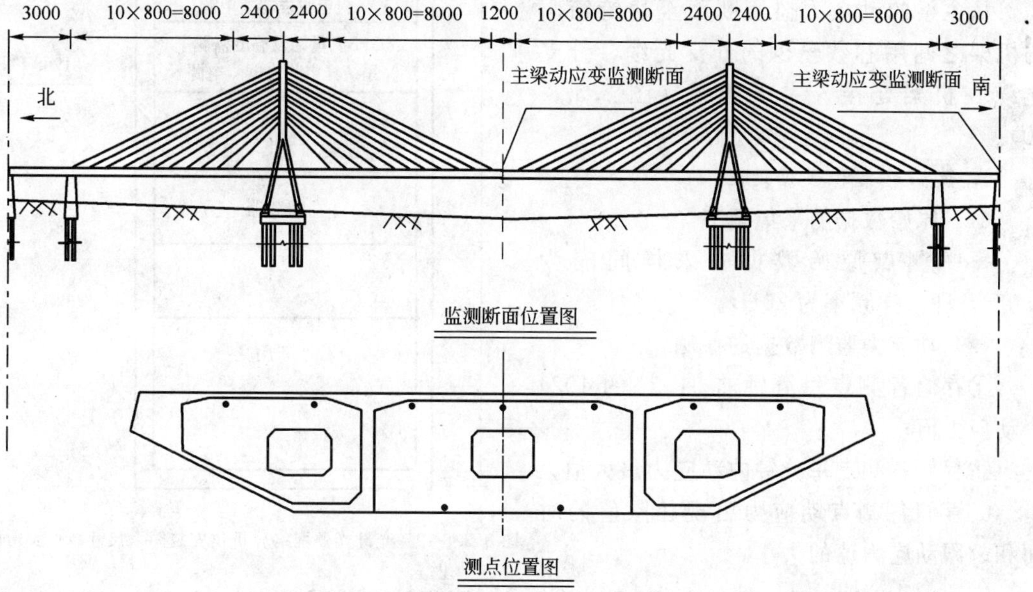

图 3.3.8-17　主梁动应力监测测点位置图（尺寸单位：cm）

3. 安装

（1）光纤光栅应变传感器的安装

大桥主梁动应力监测的光纤光栅应变传感器采用事先封装好的类似于振弦式应变计的光栅。现场安装时先用膨胀螺丝固定端块，再将应变传感器与端块固定（图 3.3.8-18）。每个应力监测断面上的若干个应变传感器相互串联，最后将引出端的光纤与线槽内光缆连接。

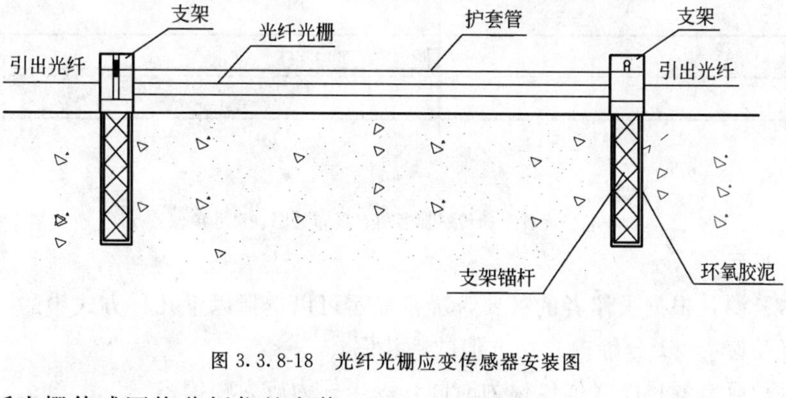

图 3.3.8-18　光纤光栅应变传感器安装图

（2）光纤光栅传感网络分析仪的安装

光纤光栅网络分析仪安装于中控室的机架上，如图 3.3.8-19 所示。

(3) 光纤光栅传感器与光纤光栅传感网络分析仪之间通信光缆的敷设

为了满足大桥安全监测系统的通信要求，在主桥南侧边跨箱梁内的机架与中控室机架上之间敷设一条16芯的主干通信光缆，从主梁的动应力监测断面至边跨箱内的机架之间用芯数较少的分支光缆，分支光缆在机架处接入主干光缆（图3.3.8-20）。

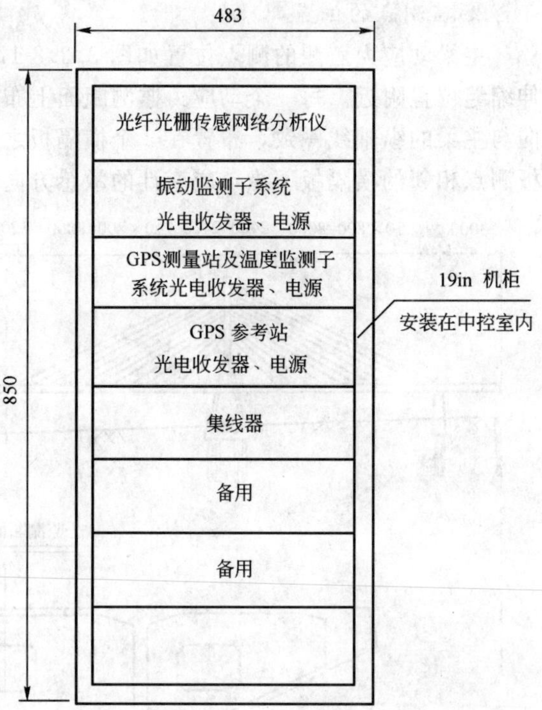

图3.3.8-19 光纤光栅网络分析仪安装图（尺寸单位：mm）

4. 数据采集和数据处理

(1) 原始数据的采集频率

每一测点原始数据的采样间隔为0.05s，即采样频率为20Hz。

(2) 动应力监测数据的存储

①存储各测点每分钟前51.2s的1024个动应力值；

②存储各测点每分钟内动应力最大值；

③存储各测点动应力出现超限值的时间和超限动应力值的大小。

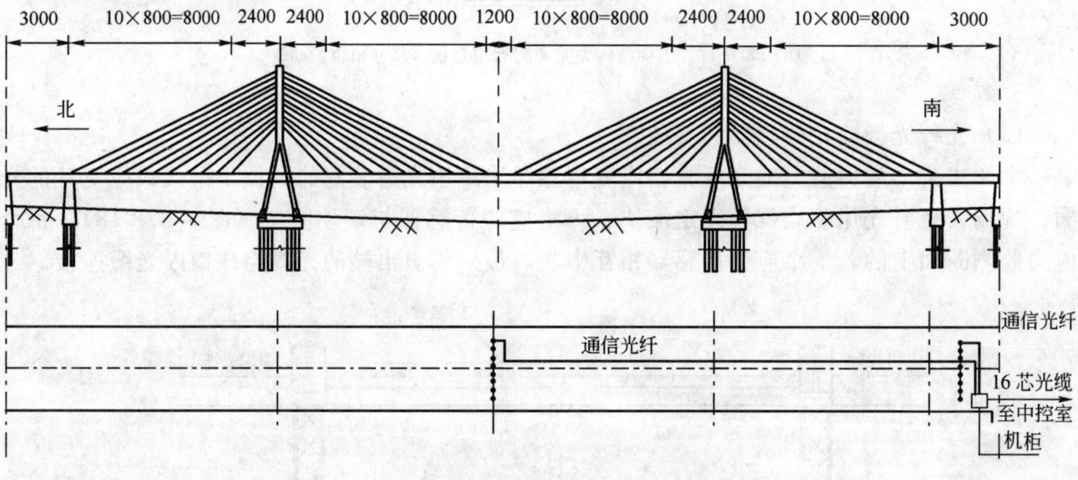

图3.3.8-20 光纤光栅传感器通信光纤布置图（尺寸单位：cm）

(3) 屏幕显示

动态应力监测，根据操作者的需要，屏幕显示可以选择以下几种方式中的一种：

①各测点动应力（1分钟内）均方值的趋势图；

②各测点动应力变化图（横坐标为时间，纵坐标为应力幅值）；

③各测点动应力的频谱（幅值谱）图；

④各测点动应力有效值的直方图。

（七）主梁及索塔的温度分布监测

1. 监测仪器

可用于温度测量的传感器有：热电偶、热电阻、温度变送器和半导体集成温度传感器等。

上述各种温度传感器在不同的范围内得到了广泛的应用并取得了良好的效果。但是在计算机和数字化技术广泛应用的今天，这些传统的温度传感器暴露出许多不足的地方，限制了其应用技术的发展。

美国Dallas公司推出的DS1820单线数字温度计输出直接表示温度值的9位二进制读数，一根总线（二芯或三芯）上可以挂接多个DS1820温度计，总线本身可以向所有的温度计提供电源而无需外部电源，这样可以非常方便地构成单线多点温度测量系统。

该大桥健康监测系统采用DS1820数字温度计来测量温度，用这种设备测量温度有如下特点：

(1) 测量系统稳定，无零点漂移等不稳定现象，不用事先标定；

(2) 一路总线（二芯或三芯）可以挂接多个DS1820温度传感器；

(3) 传感器输出的数字量可以直接输入计算机，不需要另设二次转换仪表。

DS1820的温度测量范围从－55～＋125℃，分辨率为0.1℃，DS1820的温度转换时间为1s，读取一个温度数据时间只需几毫秒。与传统的电路不同的是每个DS1820可独立完成温度转换。而传统的电路采用公用的放大电路和A/D转换器，只能逐一转换，因此完成一次多路检测的时间与通道数成正比，如果考虑到通道的切换时间、数据稳定等因素，则需的检测时间更长。

2. 监测点的位置图

主梁、索塔温度监测点的位置如图3.3.8-21所示。主梁温度监测断面选择在中跨跨中及主桥南侧伸缩缝附近。索塔温度监测断面选择在南塔柱桥面高度的塔腿上。主梁上温度测点沿桥面板宽度方向、直腹板高度方向布置。另外，在箱梁的底板、主梁的开口部分的横隔板处也布置测点。每个断面上共33个温度测点。索塔上温度测点沿塔腿的外表每个面上布置2点。

3. 安装

(1) 温度传感器的安装

①主梁上温度传感器的安装

主梁上温度传感器的位置如图3.3.8-22所示。在安装温度传感器的位置，对于箱梁顶底板则在混凝土上钻一直径16mm的圆孔，孔的底部离顶、底板的外表面的距离为20mm，每一孔内安装2个温度传感器，一个靠近顶、底板的外面，一个靠近顶、底板的内表面，传感器用环氧树脂固定在孔内。对于腹板上的温度传感器也仿照顶、底板上温度传感器的安装方式进行安装。

②索塔上温度传感器的安装

索塔上温度传感器的位置如图3.3.8-22所示，在安装温度传感器的位置，在混凝土上钻一直径12mm、深40mm的圆孔，温度传感器用环氧树脂固定在孔内。

(2) 温度数据采集卡的安装

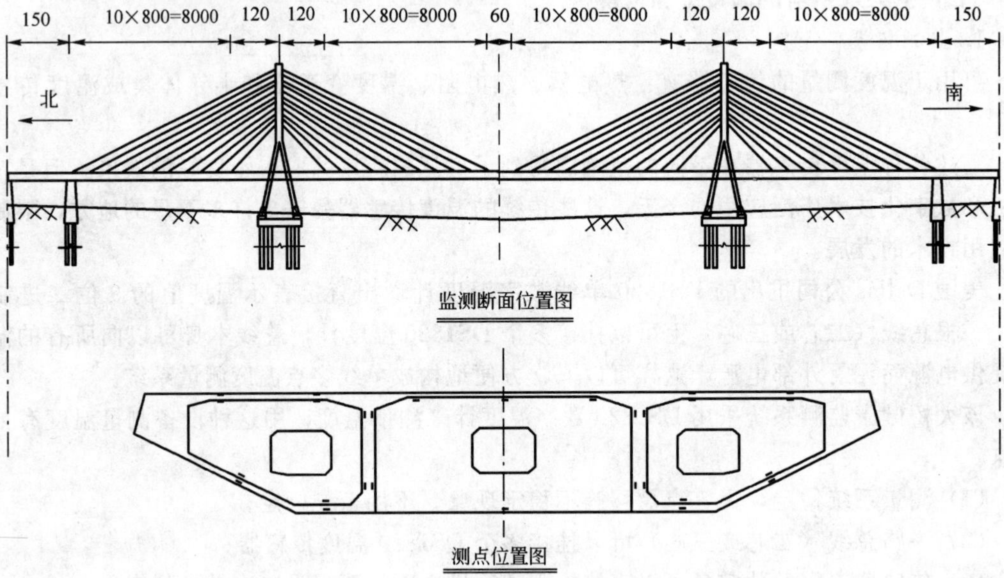

图 3.3.8-21　主梁、索塔温度监测测点位置图（尺寸单位：cm）

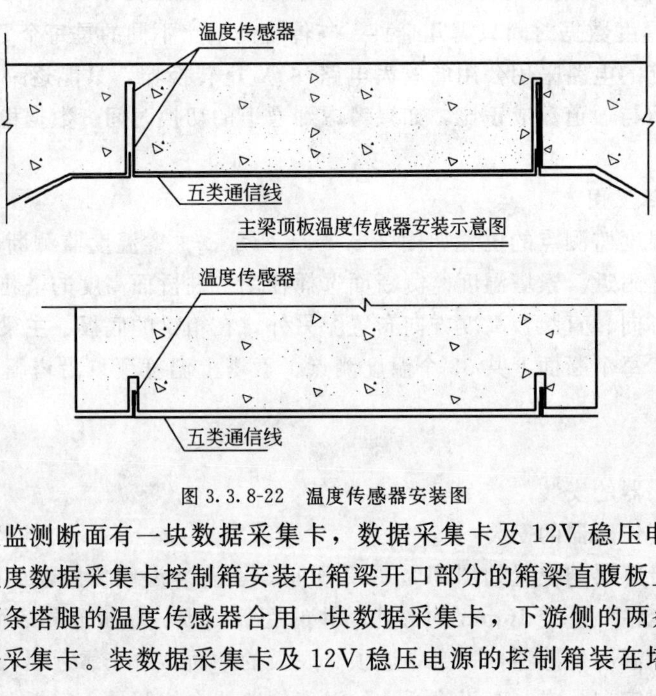

图 3.3.8-22　温度传感器安装图

主梁每一温度监测断面有一块数据采集卡，数据采集卡及 12V 稳压电源装在一铁制的控制箱内。主梁温度数据采集卡控制箱安装在箱梁开口部分的箱梁直腹板上。

索塔上游侧两条塔腿的温度传感器合用一块数据采集卡，下游侧的两条塔腿的温度传感器合用另一块数据采集卡。装数据采集卡及 12V 稳压电源的控制箱装在塔腿内侧面上，见图 3.3.8-23。

（3）温度测量子系统数据通信线的敷设

每一温度测量断面上所有的温度测量传感器用总线的形式进行连接，再与数据采集卡连接，所有的温度采集卡再以总线方式连接，然后与箱梁内机柜的光收发器连接。当信号传输要穿过箱梁直腹板时，可在直腹板透气孔穿过。温度数据采集控制箱之间的信号传输线敷设在箱梁开口部线槽内。

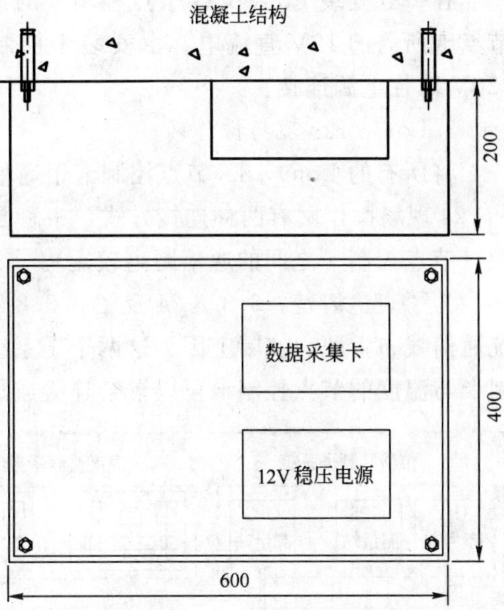

图 3.3.8-23　温度控制箱安装图（尺寸单位：mm）

4. 数据采集与数据处理

（1）原始数据的采样频率

温度监测的原始数据的采样时间间隔为60s。

（2）温度监测数据的查询

温度监测数据可以有以下几种查询方式：

①任意时刻（时间间隔为60s）温度在空间上分布情况，主梁和索塔分别用图、表表示；

②任意测点某一天内温度随时间的变化曲线；

③任意测点某一月日平均温度；

④任意测点每一年月平均温度。

（3）屏幕显示

温度监测数据除了可以进行上述方式查询外，还可在默认条件下显示测点当前时刻的温度。

（4）超限值的处理

当温度超过规定限值时，系统的对话框中以红字发出报警信息，并将温度值、时间及测点记录到报警数据库中，操作人员可在查询方式下看到报警数据。

（八）数据采集及通信网络

1. 概述

大桥安全监测系统的数据采集及通信网络由 Lonworks 现场操作网和桥梁监测局域网组成。Lonworks 现场操作网和桥梁监测局域网通过数据通信卡连接。整个数据采集及通信系统的网络结构如图 3.3.8-24。

用来测量桥梁变形的 GPS 系统，每一个测量站和参考站各用一块 Lonworks 数据采集控制卡，桥梁变形测量系统和桥梁温度测量子系统所有的 Lonworks 数据采集控制卡相互串联，形成了一个总线型网络，这一网络通过一块数据通信卡与中控室的一台客户机连接；振动测量子系统由于采集的数据量较大，单独通过一对 Lonworks 的数据采集卡与另一台客户机连接；光纤光栅应变测量传感器输出的电信号再接入第三台客户机。位于中控室的三台客户机和一台服务器通过一台集线器连成桥梁监测局域网。

2. Lonworks 节点控制卡

Lonworks 节点控制卡具有采集不同类型数据，并能完成数据的暂时存储、数据通信等功能。Lonworks 节点控制卡根据控制对象的具体情况，分别安装于桥梁的不同部位。

（1）安装

Lonworks 节点控制卡安装在一个尺寸为 600mm×400mm×200mm 的控制箱内，再根据安装位置的具体情况，用膨胀螺丝将控制箱与主结构固定。

（2）电源

在每处安装 Lonworks 节点控制卡的地方，均布设专用的监控电源（220V 交流电源），节点卡所需的 12V 直流电，由安装于控制箱的 12V 稳压电源供给，稳压电源的输入端与 220V 监控电源连接。

3. Lonworks 现场操作网

将所有的 Lonworks 节点控制卡用通信线连接起来就成为 Lonworks 现场操作网。Lonworks 现场操作网有两种连接方式，一种是总线型（总线长度不超过 1300m），一种是分支型（节点控制卡之间的通信距离较短）。该大桥采用总线型的连接方式。

为了表达清楚，3.3.8-24 及图 3.3.8-25 分别表示出 GPS 通信线路布置与温度测量子系统通信线布置图。实际上因为这两个子系统形成了一个 Lonworks 现场操作网，GPS 节点控制卡与温度的节点控制卡可以混合连接成总线方式。

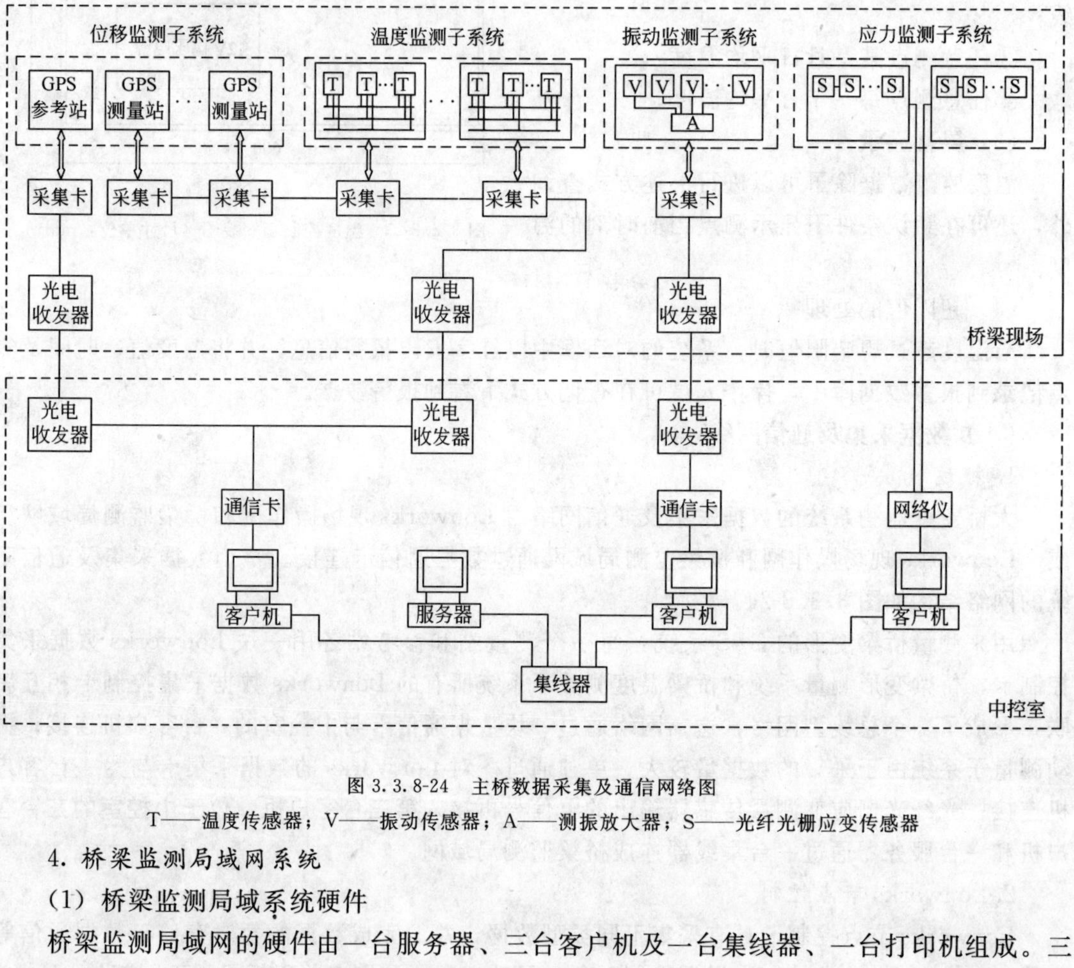

图 3.3.8-24 主桥数据采集及通信网络图

T——温度传感器；V——振动传感器；A——测振放大器；S——光纤光栅应变传感器

4. 桥梁监测局域网系统

(1) 桥梁监测局域系统硬件

桥梁监测局域网的硬件由一台服务器、三台客户机及一台集线器、一台打印机组成。三台客户机分别用来采集、显示桥梁变形与温度监测系统、桥梁振动监测子系统及主梁动应力监测子系统的数据。服务器上装有监测数据管理软件，能对客户机送至服务器的数据进行统一管理和进一步数据处理。

客户机及服务器的主要技术指标：

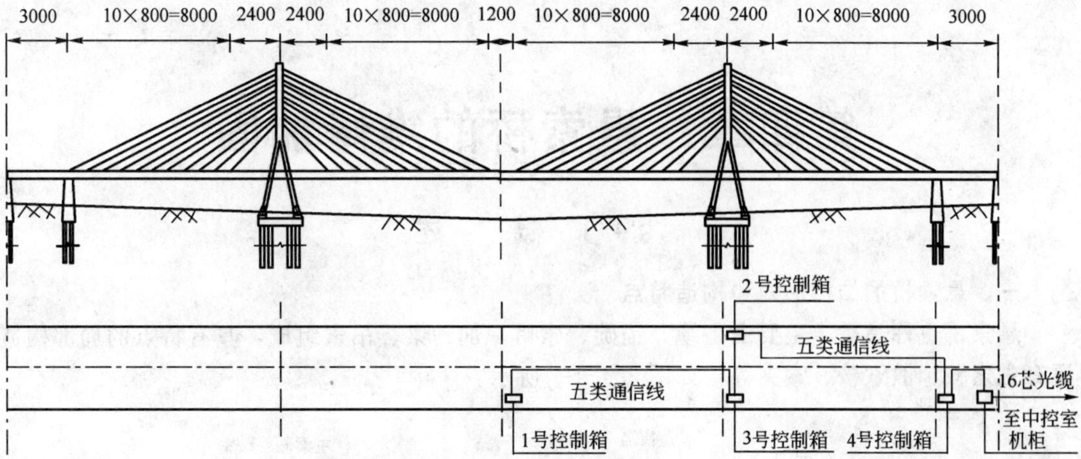

图 3.3.8-25　温度测量子系统通信线布置图（尺寸单位：cm）

CPU：2.4GHz

内存：512Mbit

硬盘：80Gbit

显示器：15″LCD

打印机：A4 黑白激光打印机

(2) 安装

桥梁监测局域网系统安装在桥梁的中央控制室内，集线器及光电收发器安装在中控室机柜内，服务器及客户机放置于操作台上。

(3) 电源

各控制箱及节点卡由专用监控电源供电。同时为了保证计算机系统安全以及在偶然停电时仍能正常工作，中控室计算机系统要求不间断电源供电，见图 3.3.8-26。

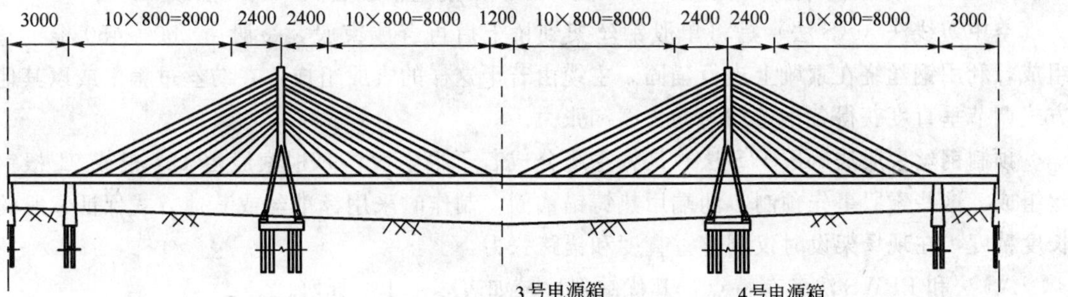

图 3.3.8-26　监测电源线路布置图（尺寸单位：cm）

第四章 悬索桥的维修加固

§4.1 概 述

一、悬索桥的结构形式和构造特点

悬索桥也称吊桥，主要由主缆、锚碇、索塔、加劲梁、吊索组成，具有特点的局部构造还有主索鞍、散索鞍、索夹等，如图 3.4.1-1 所示。

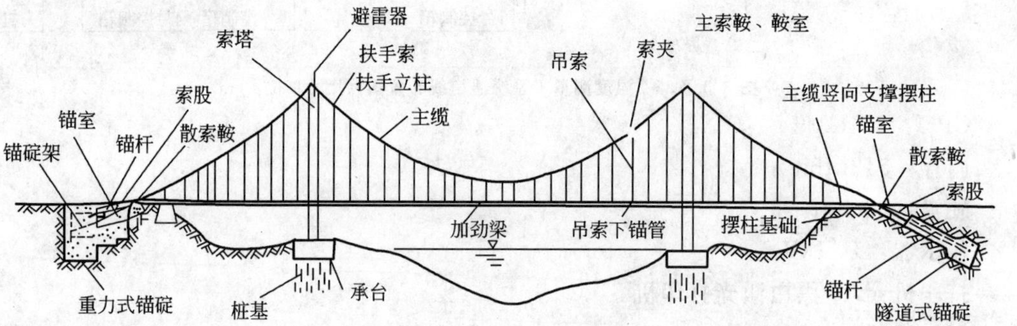

图 3.4.1-1 悬索桥养护部位示意图

1. 主缆

主缆是悬索桥主要承重构件，整个桥梁的恒载和活载均靠两根主缆悬吊起来。主缆由抗拉强度高、疲劳性能好、弹性模量大、截面密度大的高强度平行钢丝束股组成，按架设方法不同分为平行钢丝束股空中纺线法（AS 法）和预制钢丝束股法（PPWS 法或 PS 法）。

空中纺线法（AS 法）是将单股钢丝架到桥上后再合成束股，每股由 250～450 根钢丝组成，利用钢丝绕在索靴上进行锚固。主缆由若干这样的索股组成，在纺丝过程中或以其他方式调节垂直度获得各钢丝均匀的长度和张力。

预制钢丝束股法（PPWS 法）是将主缆分成若干根索股，每根索股由 127 根或 91 根钢丝组成。这些索股事先预制，两端用热铸锚锚固，制作时采用标准丝或其他方式保证索股的长度精度，在现场架设时仅调整垂直度和锚跨张力。

AS 法和 PPWS 法各有特点，其优缺点比较如表 3.4.1-1 所列。

AS 法与 PPWS 法比较 表 3.4.1-1

项 目	AS 法	PPWS 法
施工方法	单根钢丝逐根架设	成束钢丝在工厂预制，运到现场架设
钢丝锚固	绕在丝座上	锚杯套筒热铸合金
与锚固体的连接	用螺栓将丝座固定在锚体上	通过埋在锚碇混凝土中的锚杆与锚头连接
索股钢丝数	300～600 根	61、91、127 根组成束股

续上表

项　　目	AS法	PPWS法
锚固系统构造	较简单、紧凑、丝座断面尺寸较复杂	锚碇墙面积大
索股调整	单根丝和每束股均需调整	成束股调整
单件运输重量	几百公斤至几吨	数十吨
架设设备	吨位小，但较复杂	吨位大
钢丝交叉及索股	纺丝时多交叉	索股从索盘拉出时易产生扭曲
扭曲	需要	不需要
钢丝接长	受风力影响大	不影响
天气对施工影响	小	大
施工时对镀锌层	无	需工厂制索股
损坏	稍多	较少
场地要求	长	较短
现场施工人员		
工期		

2. 加劲梁

悬索桥的加劲梁通常有钢桁架和钢箱梁。从桥梁发展趋势来看，已不局限于传统的加劲梁结构，而是朝着高箱（双层结构）梁、三角形箱梁和分离式多箱截面方向发展。

3. 吊索

吊索（也称吊杆）将加劲梁恒载和活载传递到主缆，起支承桥梁作用。图 3.4.1-2 为常见吊索的两种结构形式。其中直吊索被大多数国家所采用。斜吊索与直吊索相比大致有如下特点：

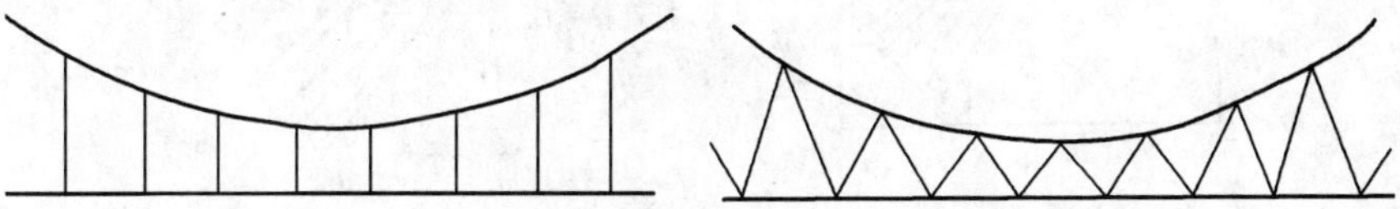

a)　　　　　b)

图 3.4.1-2　吊索的形式

a）直吊索；b）斜吊索

（1）和主缆、加劲梁一起起到桁架作用，能提高桥的整体刚度。

（2）结构振动衰减性能好。

（3）在主跨中附近，活载产生应力变化幅度大，容易引起疲劳问题。

（4）吊索容易松弛。

吊索材料为钢丝绳、钢绞线或由平行钢丝束股制作。吊索与主缆用鞍挂式或销连接，两者都是通过主缆套箍与主缆进行连接的。套箍由两个半圆筒合成，用高强度螺栓紧固，如图 3.4.1-3。吊索与加劲梁的连接，靠钢丝绳两头散开伸入连接套筒，浇入合金使钢丝绳两端形成锚头，锚头通过垫圈以承压方式顶住加劲梁。

4. 索塔

索塔是支承主缆的重要构件，整桥的恒载和活载大都由塔承受。索塔一般均采用混凝土制作，箱形截面结构。

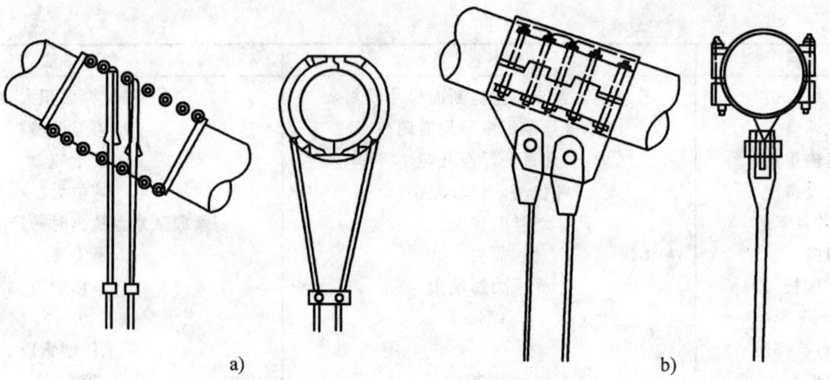

图 3.4.1-3 吊索与主缆连接方式

a）鞍挂式；b）销连接式

5. 锚碇

锚碇是主缆的锚固体，与索塔一样是支承主缆的重要部分，它将主缆的拉力传递给地基。锚碇一般由锚碇基础、锚块、主缆的锚碇架及固定装置、遮棚等组成。当主缆需要改变方向时，锚碇中还设有主缆支架和锚固鞍座。图 3.4.1-4 为重力式、隧道式等锚固形式。

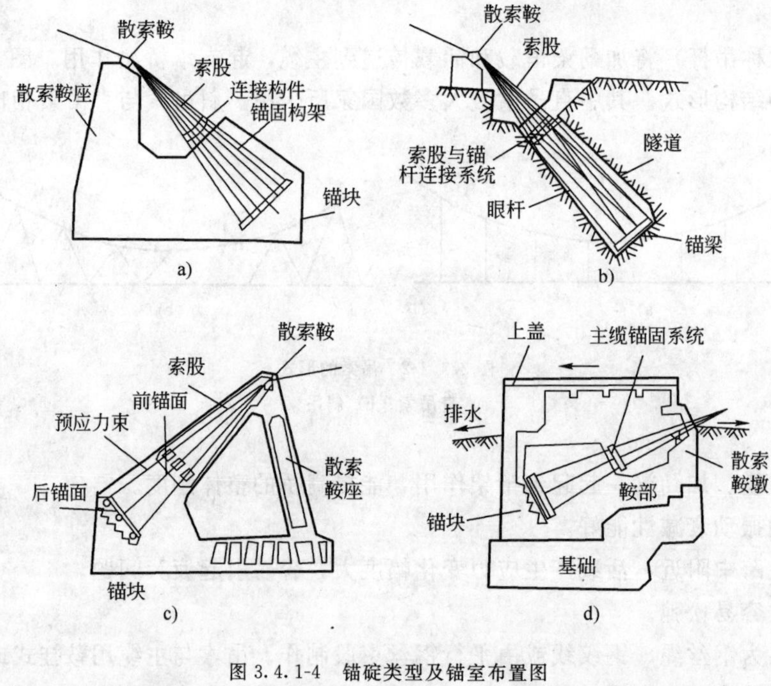

图 3.4.1-4 锚碇类型及锚室布置图

a）重力式锚碇；b）隧道式锚碇；c）框架式锚碇；d）锚碇总体布置

主缆的锚碇架及固定装置通常由前梁、后梁、锚杆及支承并定位这些构件的支承结构组成，将主缆拉力分散传布到锚块。主缆锚固构架是一个相当大的钢结构骨架，锚杆为高强度长螺杆或预应力钢丝束，锚杆埋在混凝土锚块内。

6. 鞍座

塔顶鞍座将主缆传来的很大竖直力均匀分布到塔柱顶截面。鞍座为全钢焊接结构，鞍座和塔顶板用螺栓连接，鞍座上设有索槽以安设主缆。图 3.4.1-5 为鞍座锚固形式。鞍座固定于塔顶，拉索在鞍座上连续通过，拉索的竖直分力对鞍座产生很大的压力，使索相对鞍座在顺桥向不可能移动。

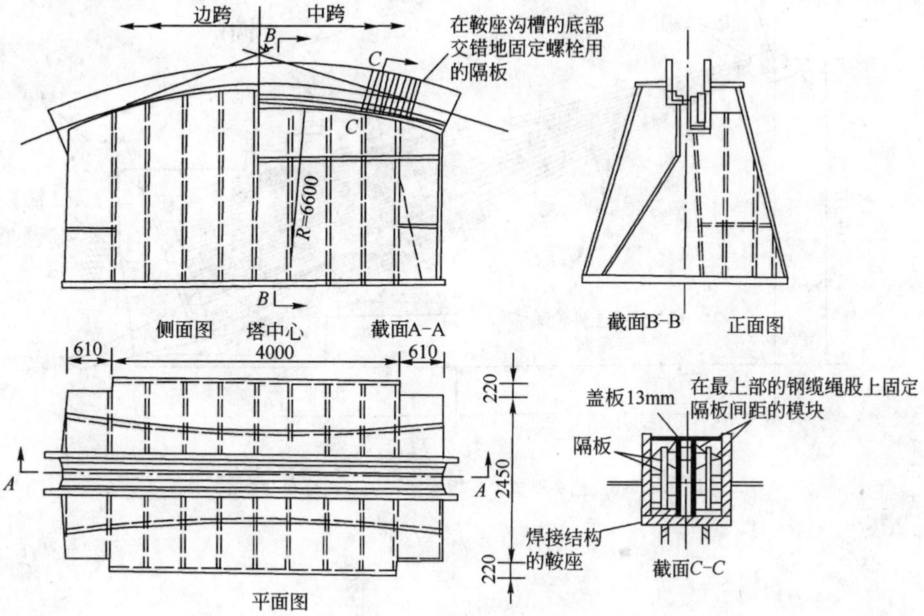

图 3.4.1-5 塔顶鞍座（尺寸单位：mm）

二、锚碇系统

（一）锚碇及锚碇室

悬索桥的重力式锚碇，是靠其自重平衡主缆的竖向分力，靠自重或山体地形间产生的水平阻力平衡主缆的水平力，并分别保证足够的安全度。锚碇本身的破坏及主缆在锚碇上锚固的破坏，即意味着悬索桥主缆处于危险的破坏状态，主缆及加劲梁不能继续承载。同样悬索桥的隧道式锚固，是靠在隧洞里填筑的混凝土锚固锚碇支架或锚杆来锚固主缆，或直接在山体里锚固锚杆来固定主缆。安全牢固的锚固同样是主缆及加劲梁正常工作的保证。保证锚碇的正常完好状态，是悬索桥养护维修的重要内容。锚碇及钢构架见图 3.4.1-6、图 3.4.1-7。

自 1883 年美国具有现代构造的悬索桥布鲁克林桥建成以来，120 余年的使用与维修经验证明，悬索桥锚碇共同的病害是锚碇室进水、大的空气湿度，或带有氯离子的海水或湿气，导致主缆锚固系统及锚室内的主缆系统严重腐蚀。美国近百年悬索桥维护记载中多见到这样的叙述：①乔治·华盛顿桥：64 年的使用寿命中（该桥 1931 年投入使用，1996 年文献），两个锚碇已受到不同程度的水侵蚀。新泽西州侧锚碇，水从排水孔常年流入岩石基础，顺着开放孔道流入锚碇，导致相当高的湿度；纽约州侧锚碇，暴露在外部环境中，在早期 45 年中，海水使路面盐化，锚碇混凝土鸽子窝室被水渗入。主缆发生大量深层腐蚀是因为地表径流直接流到丝股上，锚碇主缆因浸水而变质，水日复一日地冲击主缆，较低处锚鞍钢丝发生相当多断丝或严重腐蚀。②布鲁克林桥、威廉斯堡桥、曼哈顿桥、百叶山桥、哈法逊桥等：由于主缆丝股低于行车道，常常受到从路面上渗漏的污水浸蚀，成为锚碇处丝股破坏

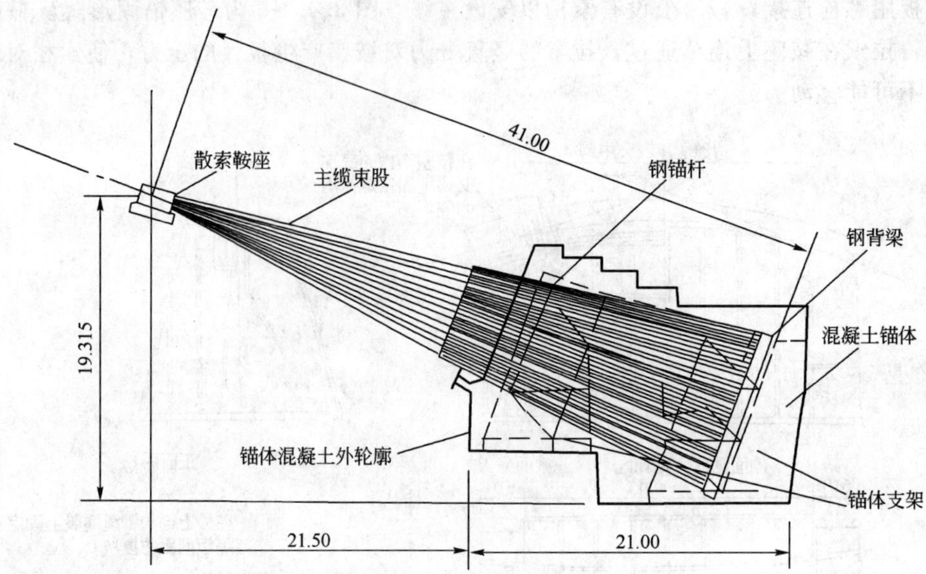

图 3.4.1-6　汕头海湾大桥钢构架锚固（尺寸单位：m）

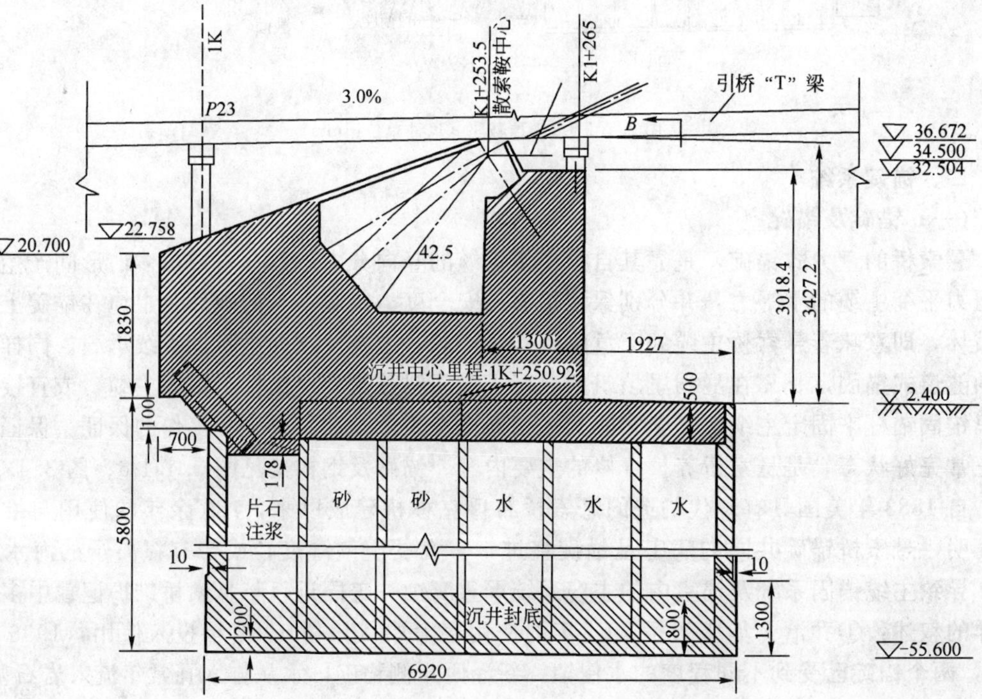

图 3.4.1-7　江阴长江大桥南锚碇结构（尺寸单位：cm）

的重要原因。

我国 1997 年竣工通车的某悬索桥，于 2002 年 8 月检查时曾有这样叙述：①北岸侧锚室：渗水非常严重，常年不断，且混凝土内碱盐析出已形成“钟乳石”；②南岸侧锚碇：锚室内未采用任何养护措施，室内积水深达3m左右，室内相对湿度98%，72根螺杆无一例外发生锈蚀，并已有锈坑，岩锚面墙仍有小股水流出。

在锚室内的主缆部分和主缆锚固系统，由于丝股裸露及位置低于桥面易于进水腐蚀而成为主缆最薄弱的部分。现今悬索桥的设计均采取严密的防水措施和锚室内采用除湿设备，以防止该部分主缆的腐蚀破坏。养护维修的目标，正是保持这些措施及设备处于良好使用状态。

1. 锚碇及锚碇室的检查

(1) 经常性检查

①锚体周围护坡、排水明沟或暗沟有否坍陷、缺损、沉降；有无垃圾充塞、杂草丛生、步行台阶是否完好等。

②锚室内墙、盖顶有否开裂、渗漏；室内排水沟有否污物堵塞。

③通风是否良好，除湿设备系统是否完好及运转正常，锚室内相对湿度是否在45%以下。

④锚室内各种照明、通讯标志是否齐全完好，排风是否通畅。

日常检查应做好详细记录，并提出下步工作建议。

(2) 定期检查

桥梁建成头3年，应每年检查一次；此后可2～3年检查一次。检查内容主要针对结构性病害，如截面尺寸的改变、界面相对沉降及变形、构件混凝土的开裂等。

①锚碇有否沉降和滑移或转动。按锚碇混凝土块体的组成特点，建立永久性水准点及位移测点，将全站仪摆放在不受锚体影响的永久测站上，每次检测这些固定点高程及位移。

②锚室盖板有否开裂漏水；锚室前墙、后墙及侧壁、底板有否开裂渗水；上述各处有否风化、保护层剥落、露筋、空洞、钢筋锈蚀等。

③各部混凝土截面突变处有否开裂、漏水；排水沟及回填有否移动、断裂，以致不能有效排水。

④锚墙内的锚杆在墙面处有否拔出、滑移迹象，有否沿锚杆渗水致使锚杆锈蚀。

定期检查做好详细记录，对病害部位、病害危害程度及病害原因应作出初步分析、评估和确认，并提出处理建议。

(3) 特殊检查

对于锚碇来讲，专门检查其在地震及滑坡等强大自然灾害之后位置有否变动、有否发生如开裂、破碎等结构性损伤。首先应对永久性高程及控制网点位置进行复核，确认无变动，否则应重新引入并建立高程及控制网点，然后检查先前建立的锚碇上特征点有无变化；同时亦应对主塔及基础进行相同检测，发现有异常，立刻进行全桥跨度及线形检测。取用全桥其他部分灾后检查数据，全面分析全桥状态及能否正常营运，必要时进行荷载试验以判断桥梁状态。

2. 锚碇及锚碇室的养护维修

(1) 锚室除湿系统的养护维修

除湿系统应由经过培训的专门人员进行操作及养护维修。日常维修的内容包括：主要设备如配电盘、鼓风机、电动机、过滤器、阻尼器、除湿组件及温、湿度显示记录系统等。各部件的检查、清洁、润滑，易损件更换及故障查找及排除等。

要求：系统正常运转，年度相对湿度小于45%。

(2) 排水沟断裂、水无序排泄、边坡破坏、掏空等

修复排水系统或重新设计有序排水系统，将水引离锚碇；以石块、钢丝笼等填实塌陷及冲洞，并灌水泥浆填实，然后在其上修筑排水系统。

(3) 锚室顶盖开裂、四壁开裂渗漏

首先将裂纹按宽度大小进行灌浆或封闭处理。同时应分析水的来路，以便断绝水源，顶盖可用碳纤维布加固或于顶盖上面加铺柔性防水层。

(4) 混凝土腐蚀防护

处于海洋大气及海水飞溅、水位变动处，混凝土遭到严重腐蚀，甚至出现混凝土松软、腐蚀洞穴等。

首先将腐蚀面层凿除，并清除尘渣，以防水混凝土或防水砂浆修平。必要时进行飞溅面防腐涂装。涂装材料及厚度：底层，环氧树脂封闭漆；面层，聚氨酯焦油沥青漆。要求寿命20年时可取干膜总厚500μm，10年时取干膜厚300μm，或采用其他涂层材料。

(二) 锚固系统

锚室内的锚固系统是悬索桥的关键部位，其主缆锚固系统及主缆索股锚固装置、锚杆、锚梁、支撑桁架构造如图3.4.1-8～图3.4.1-10所示。

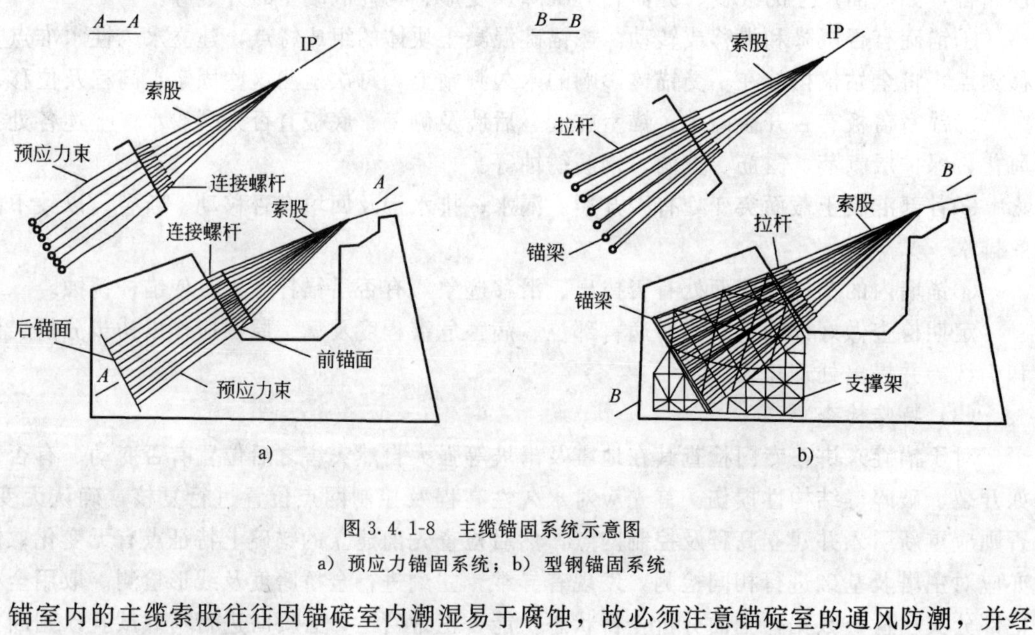

图3.4.1-8 主缆锚固系统示意图
a) 预应力锚固系统；b) 型钢锚固系统

锚室内的主缆索股往往因锚碇室内潮湿易于腐蚀，故必须注意锚碇室的通风防潮，并经常保持防腐层的良好状态。

检查索股端部的热铸锚头，及时清除尘垢水分，涂刷防锈漆。

需经常对锚杆进行检查和养护，如发现油漆剥落或锈蚀，应重新进行涂装。锚杆构造及锚固方式见图3.4.1-11～图3.4.1-13。

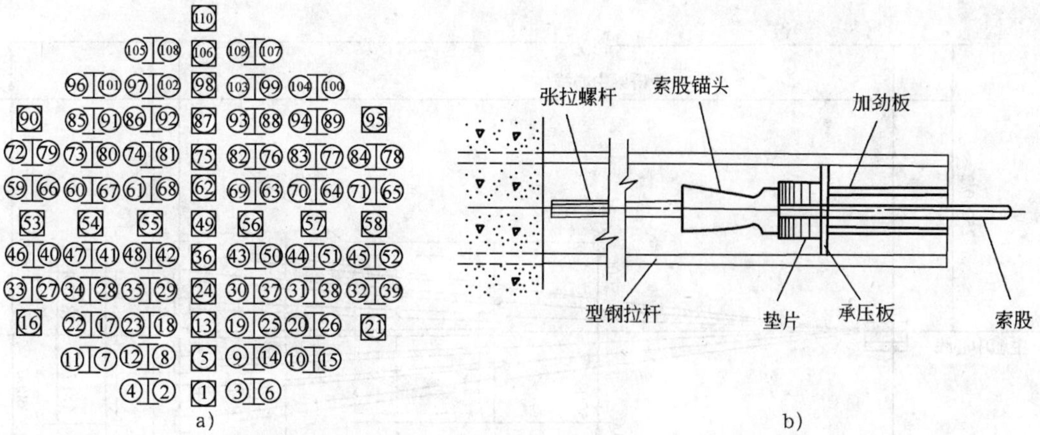

图 3.4.1-9　主缆索股锚固示意图

a）前锚面型钢分布；b）索股在型钢上锚固

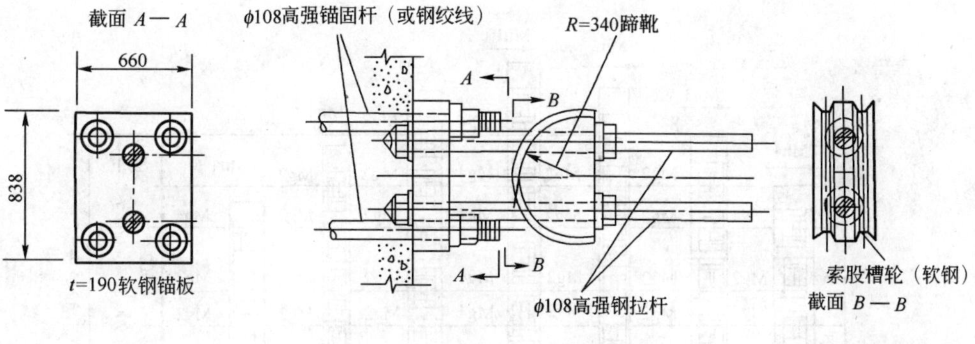

图 3.4.1-10　蹄靴式锚固（尺寸单位：mm）

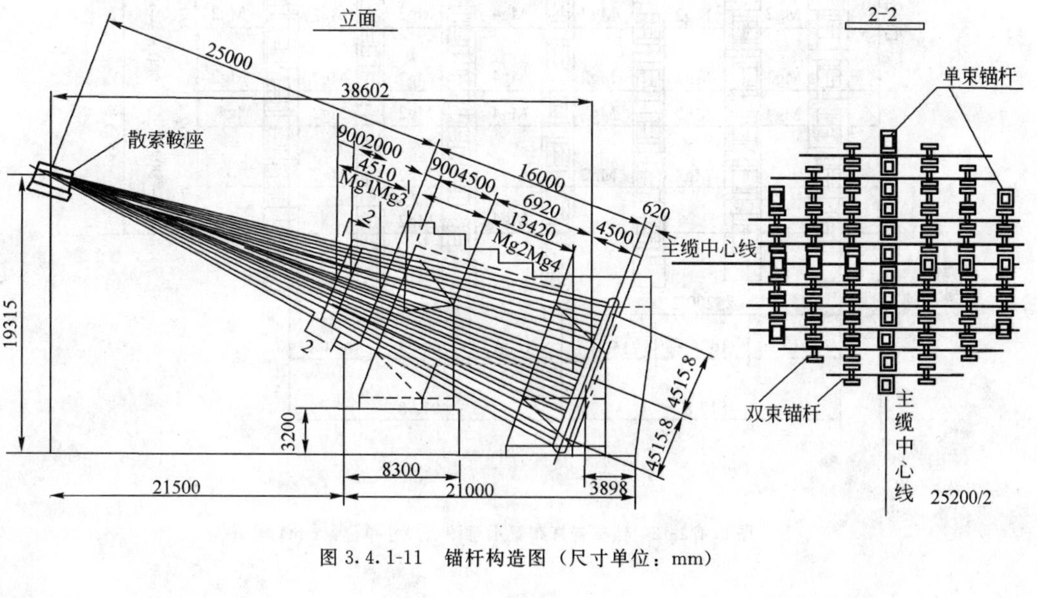

图 3.4.1-11　锚杆构造图（尺寸单位：mm）

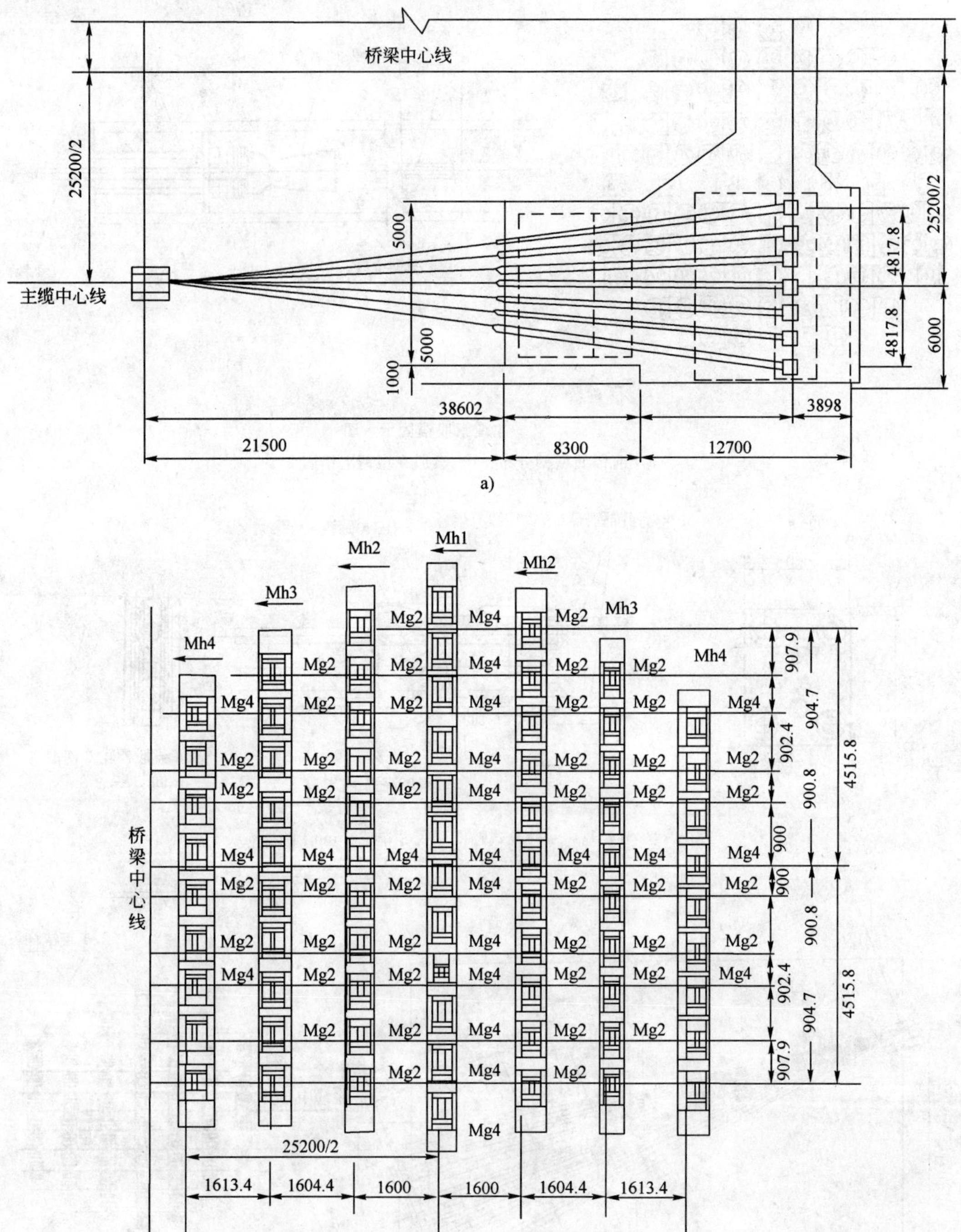

图 3.4.1-12　锚碇锚杆布置示意图（尺寸单位：mm）

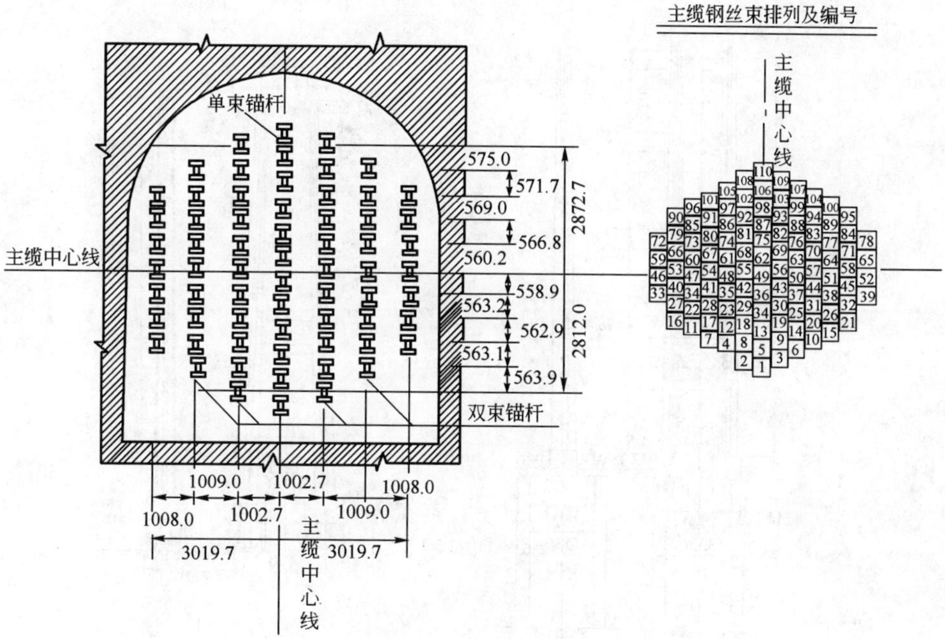

图 3.4.1-13　锚体内预埋锚杆示意图（尺寸单位：mm）

三、主塔系统

主塔系统包括塔顶、主鞍室、主塔身、塔墩和基础几部分组成，如图 3.4.1-14 所示。该系统是悬索桥的重要组成部分，受力以压弯为主。养护维修工作如下：

（1）经常性保养与维护，保持主鞍室清洁、无油污及尘垢、无杂物和积水；主鞍座、附件及锚固螺栓、连接螺栓无松动、无断裂、无锈蚀；对油漆局部破损及时修补。塔内升降梯、照明、通风设备及其他设备及标志完好无缺。

（2）主塔混凝土结构部分，当发现裂纹时应作详细的记录：对≥0.2mm 裂纹采用压注环氧胶液，小于 0.2mm 裂纹采取封闭处理。

（3）主塔沉降及倾斜检测，应 2～3 年进行一次，连同主梁线形一起，制成曲线图与竣工时高温及低温下测试数据相比较，判断其是否在正常工作范围之内。

（4）强台风、地震、船舶强烈撞击以后，应对桥塔进行全面检查。

（5）主鞍座及构件如发现裂纹不得随意补焊，此种修补需十分慎重，应关闭交通甚至考虑进一步卸载。

（6）塔身、承台混凝土劣化，保护层脱落等缺陷应做常规处理。

四、主缆系统

每根主缆由上百束预制平行钢丝或钢绞线组成。每束平行钢丝束又由上百丝 ϕ5.2mm 的平行高强镀锌钢丝集束成预制索股，如图 3.4.1-15 所示，其两端配有热铸锚具。主缆的防护主要包括缠丝、密封、油漆等。

（一）主缆的检查及养护要点

（1）检查缠丝的油漆，若发现漆膜有开裂、碎片或分层剥落损坏等，应予以清洗后重新油漆。若缠丝断裂散开，则应首先察看主缆有无锈蚀，待清洗除锈完毕后，再重新缠绕，且

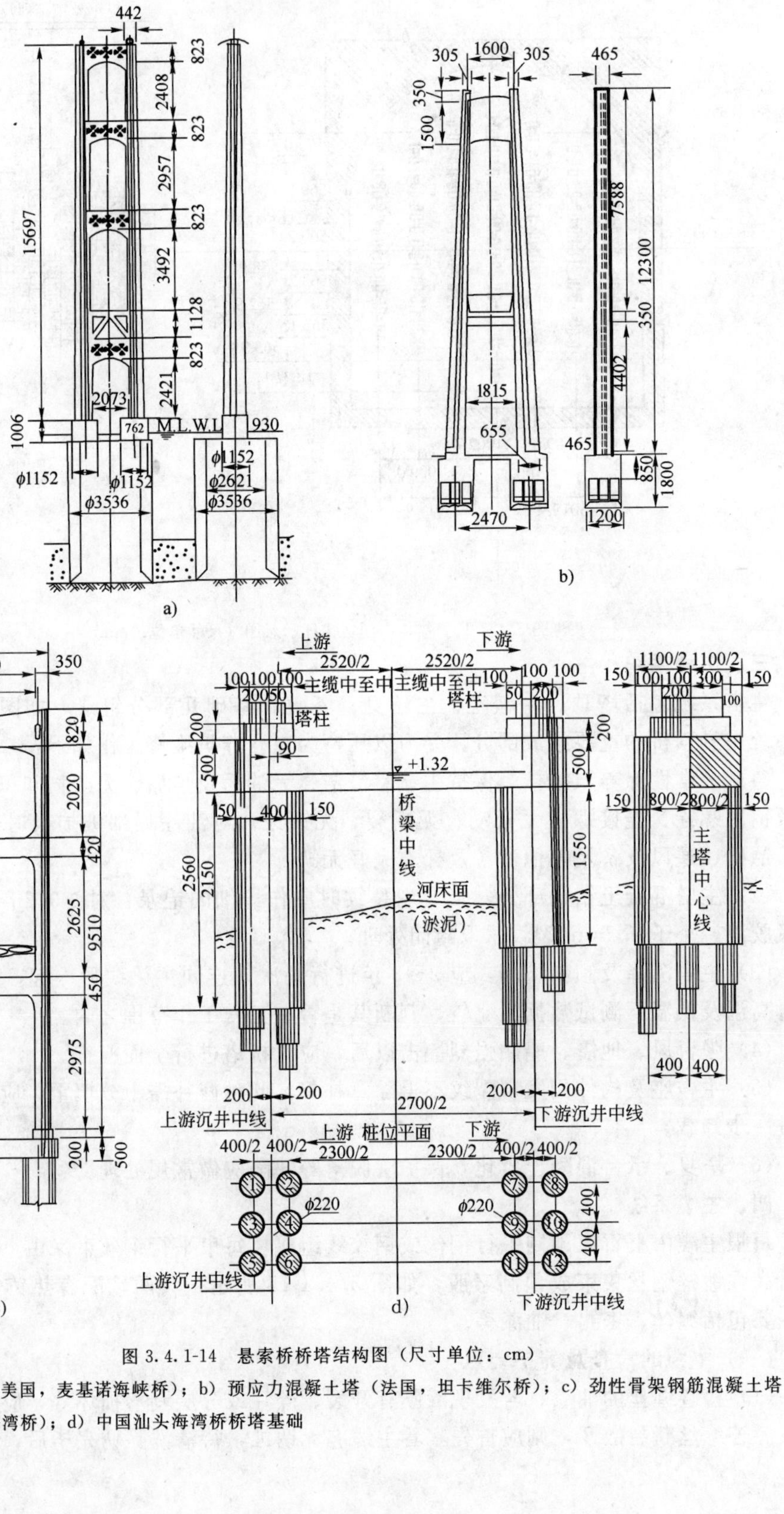

图 3.4.1-14　悬索桥桥塔结构图（尺寸单位：cm）

a）钢塔（美国，麦基诺海峡桥）；b）预应力混凝土塔（法国，坦卡维尔桥）；c）劲性骨架钢筋混凝土塔（中国，汕头海湾桥）；d）中国汕头海湾桥桥塔基础

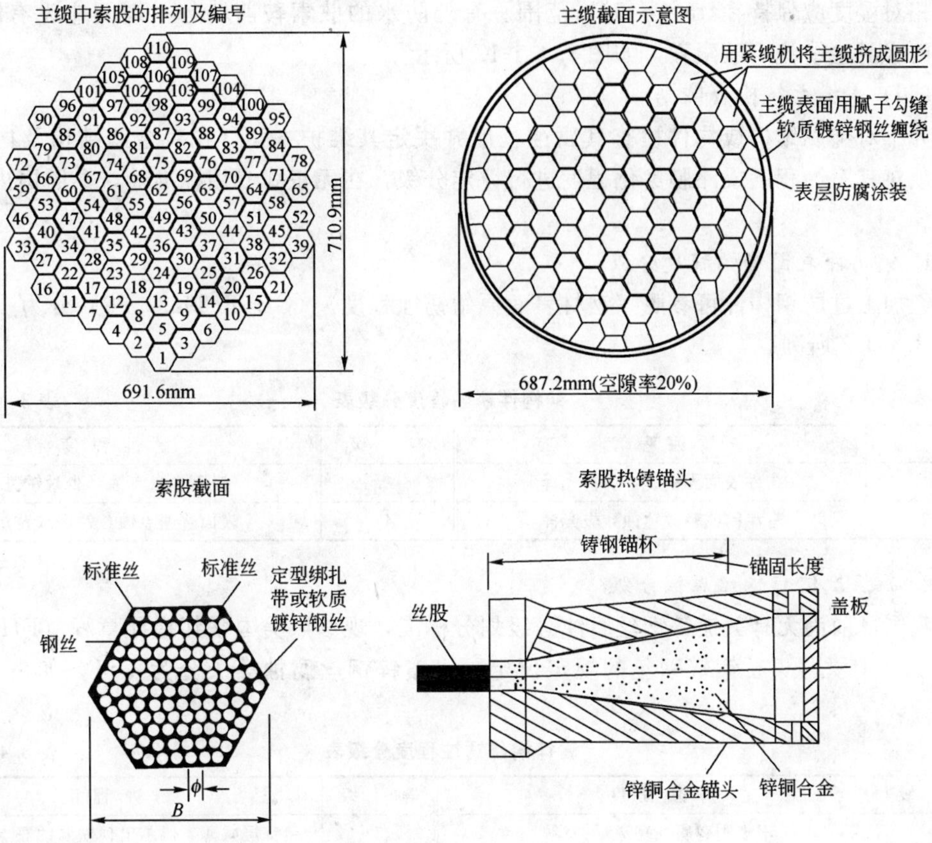

图 3.4.1-15　主缆横截面一般构造图

需在重新缠绕的丝上再行油漆，确保主缆防护层完好，避免水分渗入。

(2) 检查索股端部的热铸锚头，及时清除尘垢水分，涂刷防锈漆。

(3) 必须经常对锚杆进行检查、养护。如发现油漆剥落或锈蚀，则应重新进行涂装。要定期检查锚杆与锚碇混凝土接触面是否完好，有无破损或水浸入。

(二) 主缆检查通道的养护维修

(1) 检查通道在塔顶和锚固处的连接，如有松动应重新紧固；松弛的扶手应予以拉紧；扶手索的撑杆如有弯曲扭转，应予校正或更换。

(2) 发现扶手绳索钢丝等锈蚀，应先除锈后再涂刷油漆防锈。如使用时间长久发现断裂、锈蚀严重等，应及时更换。

(三) 主缆系统检查维护应具备的条件

(1) 沿主缆全长应设有检查用扶手，并由支杆固定于索夹上，扶手可采用 ϕ25mm 镀锌钢丝绳，如图 3.4.1-16 所示。

(2) 主塔鞍座室进出门及屋顶应密封防水，有条件时设除湿设备，并保持相对湿度在 45％～50％范围。主塔避雷针应高于鞍室屋顶。

(3) 锚室具有完善防水和密封门，应有集水沟及排水设备和按锚室体积设计的除湿设备，相对湿度应保持在 45%～50%范围。有外防水的散索鞍前墙与主缆间应设有防水罩，以防雨水沿主缆流入散索鞍，如图 3.4.1-17 所示。

(四) 主缆系统检查依据

为了对金属结构或构件检查其腐蚀程度并决定其维护方案，在对金属结构及构件检查时，须对其腐蚀程度或涂膜劣化程度进行评定分级，在无正式专用标准前，参照国内外已有标准。

1. 钢构件表面锈蚀程度分级

经加工过的钢构件可参照《钢材表面原始锈蚀程度》(GB/T 8923—88) 分为 1～4 级，如表 3.4.1-2 所列。

钢构件锈蚀程度分级表 表 3.4.1-2

等级	锈蚀程度	等级	锈蚀程度
1	构件表面无铁锈，保持光泽	3	表面少量点蚀，少量锈斑
2	有浮锈或轻微锈蚀，失光泽	4	表面普遍点蚀，锈斑或锈坑

2. 高强度镀锌钢丝腐蚀分级

我国目前尚无有关镀锌钢丝腐蚀等级划分标准，现参照美国联邦指导章程 (FHWA-IP-86-26) 中有关悬索桥镀锌钢丝的规定评定，将镀锌钢丝腐蚀等级分为 4 级，如表 3.4.1-3 所列。

镀锌钢丝锈蚀程度分级表 表 3.4.1-3

等级	锈蚀程度	等级	锈蚀程度
1	不规则锌腐蚀亮斑，失泽	3	镀锌层减薄，偶尔出现铁腐蚀斑点和腐坑
2	较多锌腐蚀，并有白色腐蚀产物，尚未见铁锈蚀	4	锌腐蚀被大面积铁腐蚀代替，或开裂

3. 钢构件涂膜劣化类型及评定分级

钢构件涂膜劣化类型及劣化等级评定分级，可采用《铁路钢梁涂膜劣化评定》(TB/T 2486—94) 标准进行。

(1) 钢梁涂膜劣化类型

钢梁涂膜劣化类型包括粉化、起泡、裂纹、脱落和生锈五种。

①粉化：涂漠由于表面老化损坏，呈粉状脱落，浅色漆出现白色粉状物，深色漆出现深色粉状物。

②起泡：涂膜表面分布直径不同的膨胀隆起，出现点泡或豆泡。

③裂纹：涂膜出现裂痕，能见到下层或底层的网状或条状裂纹。

④脱落：涂膜表层和底层间、新旧涂层之间丧失了附着力，涂层表面形成小片或鳞片脱落。

⑤生锈：涂膜出现针状锈斑、点状锈或片状锈的现象。

(2) 钢梁涂膜劣化等级

钢梁涂膜劣化等级分为 4 级，如表 3.4.1-4 所列。

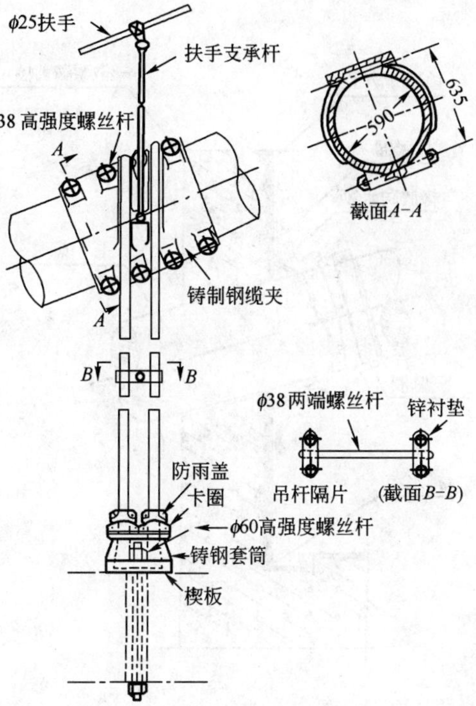

图 3.4.1-16　悬索桥主缆检查走道扶手

涂膜劣化等级评定表　　表 3.4.1-4

劣化类型 / 涂膜劣化等级	粉　化	起泡或裂纹或脱落	生　锈
轻微（一级）	粉化 1 级	0.3%	无
中等（二级）	粉化 2 级	5%	0.3%
轻重（三级）	粉化 3 级	16%	3%
严重（四级）	粉化 4 级	33%	5%

注：粉化评定：粉化 1 级，用力擦涂膜，手指粘有少量颜料粒子；粉化 2 级，用力擦膜，手指粘有较多颜料粒子；粉化 3 级，用力较轻，手指粘有较多颜料粒子；粉化 4 级，轻轻一擦，整个手指粘满大量颜料粒子或出现漏底。

4. 按照标准 TB/T 2486—94，对劣化后的涂膜处理按劣化等级确定，并分为维护涂装和重新涂装两类：一级劣化不做处理；二、三级劣化做维护性涂装；四级劣化为重新涂装。

(五) 主缆系统检查

1. 主缆系统防腐涂层检查

(1) 一般性检查

一般性检查借助目测和高倍望远镜（高处）、或放大镜（低处），沿主缆全长检查，重点

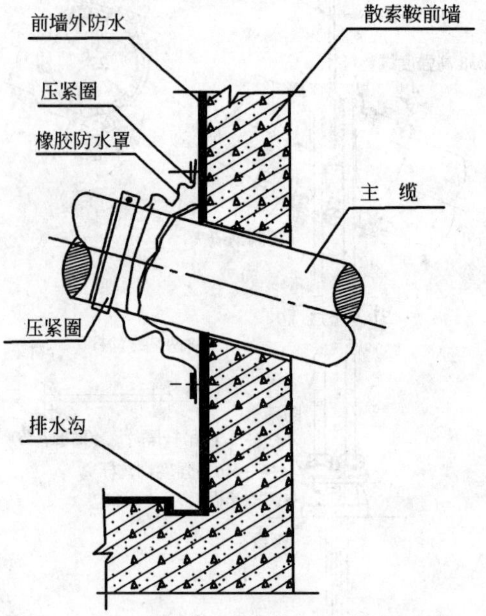

图 3.4.1-17 散索鞍前主缆防水罩

部位可定为散索鞍连接段、主缆鞍座进出口段、主缆跨中最低点、索夹两侧。对行车道净空高度范围，检查涂膜是否机械损伤，其他部位检查自然劣化情况。必要时可触摸、摩擦、轻微敲击等。对一般性检查发现可疑损伤和劣化处可划定区域进行重点检查。

(2) 涂膜定期全面检查

一般涂膜设计寿命 10 年或 15 年。由桥梁投入营运开始，在寿命期内按计划进行的全面检查称为定期检查。该种检查随桥梁寿命的增加，全面检查的周期要缩短。

(3) 涂层检查评定依据、周期和记录

①检查依据可参照《铁路钢梁涂膜劣化评定》(TB/T 2486—1994)。

②检查周期

a. 设计寿命为 15 年：第一次建成后第 3 年；第 4～10 年应 1 次/2 年；第 11 年开始 1 次/年。

b. 涂膜设计寿命为 10 年：第一次仍为建成后第 3 年，第 8、9、10 三年 1 次/年；中间可 1 次/2 年。

一般性检查可每年安排两次：1～2 月份和 7～8 月份。

③检查应做好详细记录，除以记录表格形式存档外，同时应将检查状况、评定结果、处理意见输入计算机永久保存。

表 3.4.1-5 供参考，记录表项目不足时可自行补充。

涂膜定期检查评定记录表　　表 3.4.1-5

<table>
<tr><td>检 查 日 期</td><td></td><td>检　查　人</td><td></td><td>记　录　人</td><td></td></tr>
<tr><td rowspan="2">当日天气状况</td><td rowspan="2"></td><td>气温（℃）</td><td></td><td>天气特征</td><td></td></tr>
<tr><td>相对湿度（%）</td><td></td><td>检查部位</td><td></td></tr>
<tr><td>检查内容</td><td colspan="2">检查结果</td><td colspan="2">评价意见</td><td>核实</td></tr>
<tr><td>粉化</td><td colspan="2"></td><td colspan="2"></td><td></td></tr>
<tr><td>起泡</td><td colspan="2"></td><td colspan="2"></td><td></td></tr>
<tr><td>开裂</td><td colspan="2"></td><td colspan="2"></td><td></td></tr>
<tr><td>脱起</td><td colspan="2"></td><td colspan="2"></td><td></td></tr>
<tr><td>生锈</td><td colspan="2"></td><td colspan="2"></td><td></td></tr>
<tr><td>失光</td><td colspan="2"></td><td colspan="2"></td><td></td></tr>
<tr><td>人为损坏</td><td colspan="2"></td><td colspan="2"></td><td></td></tr>
</table>

2. 主缆系统外观检查

外观检查以散索鞍为起点沿主缆全长进行涂膜检查。检查有无粉化、开裂、起泡、脱落和锈蚀，有无机械碰损，并对检查结果进行分类评定。尤其注意检查主缆边跨、中跨最低点索夹两侧、主鞍两侧有无进水的缺陷。

如发现涂膜严重破损或缠丝严重锈蚀或断裂，可能危及主缆钢丝腐蚀，应报请主管部门同意可在破坏处和主边跨主缆最低点打开缠丝，用木楔撑开主缆钢丝进行内部检查；检查主缆截面顶部、两侧和底部钢丝是否锈蚀及锈蚀程度。检查时应采取措施防雨露及冷凝水进入，在复原时，采用吹入干燥空气干燥钢丝。

由散索鞍开始检查锚室内裸露散开丝股有无钢丝松弛、凸出和断丝，有无钢丝锈蚀，对腐蚀等级作出评估。

对锚室内锚头、锚板、拉杆和连接器的涂装、锈蚀状况进行检查，必要时作出涂膜劣化及锈蚀等级评定。

检查锚室内除湿机系统运转是否正常，室内湿度是否在45%～50%范围内，密封门是否密封。

检查散索鞍内的主缆丝股是否有尘污及锈蚀、锌填筑块是否滑移，锚螺栓有无松动，鞍座油漆有无脱落和锈斑，散索鞍前墙有无开裂漏水，墙外主缆进口防水罩密封是否完好，防水罩本身材质有无老化和开裂等。

对主鞍座鞍罩内主缆外观检查、锌块有无滑移、主缆丝有无尘污、锈蚀、紧固螺栓及锚螺栓有无移动，各钢部件有无油漆脱落和锈蚀，密封门橡胶条密封状态是否完好，罩内湿度是否在45%～50%范围内。

3. 主缆内力及线形检查

（1）主缆内力检查：主缆内力检查包括主缆索股内力及锚固拉杆和预应力束锚固系统，

在外观检查中如未发现防松标记错动或相应部位油漆涂层开裂，可认为基本无变化，则检查主要是索股内力。

检查方法可采用下述三种办法中的一种。

①千斤顶张拉法：借助施工的张拉千斤顶，将索股锚头轻轻拉起，读取液压表读数。此办法千斤顶需事先标定，同时拉起锚头前需安装百分表，测量锚头承压面脱离瞬间的位移数据。如图 3.4.1-18 所示，可由位移及索力读数 Δl_1、ΔN_1，Δl_2、ΔN_2…得曲线 OAB，将 AB 延长交纵轴 C，OC 即所求索股内力。

②频谱分析法：将传感器安装至散索鞍至锚头的裸露索股上，通过频谱分析求得索股内力。

③施工阶段张拉索股前，即在锚杆上安装了永久弦式传感器，则读取传感器读数即可得索股内力。

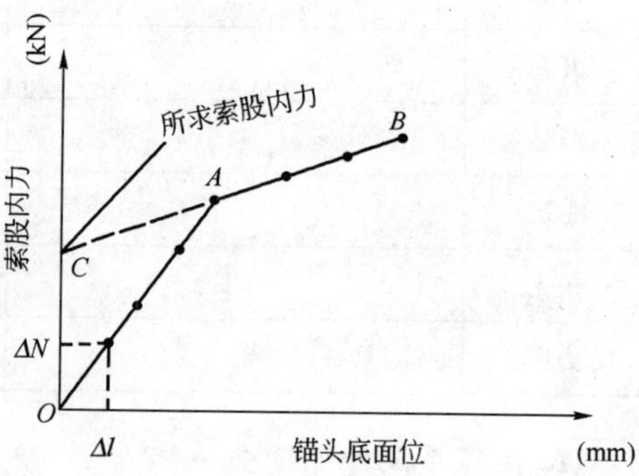

图 3.4.1-18　张拉索股位移曲线示意图

上述三种方法最好由初始张拉索股开始即读取永久弦式传感器读数，以备长期使用。当锚室内无恒温设备时，测试应在温度稳定时进行。

桥建成最初三年，应于最高气温、最低气温时各测一次；三年以后可每年于高温（或低温）测一次。亦可同时采用两种办法，以便互相校核。

（2）主缆线形检查：主缆线形检查和主缆索股内力检查一样，是判断主缆内力变化的依据。主缆线形的永久性变化预示着锚碇、主缆锚固系统、主塔及主鞍的病害以及加劲梁恒载的变化。判断主缆线形变化的主要依据是主缆设计线形和竣工线形数据，并且两者均有相对应的大气温度数据，如设计线形一般相对于设计标准温度 20℃，竣工线形测试温度一般偏离 20℃，但经温度差的修正，线形数据应是吻合的。这些在桥梁档案库中均有记载。

悬索桥建成第一年应于年最高温度、年最低温度及年平均温度时对主缆进行线形检测。测量应于桥上无活荷载和一天内气温稳定时进行。在取得温度影响的修正数据后，每年可进行一次线形检测。在发现主塔墩、锚碇有沉降和位移时应进行详细线形检测；加劲梁线形有明显变化时，应进行加劲梁详细线形检测；对于 1000m 以上跨度悬索桥应进行地球曲率修正。

使用仪器：全站型电子速测仪（全站仪）。

精度要求：测距±（$2+2\times10^{-6}D$）mm；

测角±1.5″。

仪器的摆放点应无沉陷，测点应为永久性，每次测点相同。

（六）主缆系统的养护维修

1. 主缆系统的涂膜养护和维修

（1）主缆涂膜维护性涂装

在涂膜寿命期前 5 年之内，或锈蚀或涂膜劣化评定一级时，涂膜只需养护而不需维修。主缆系统的涂装是为了防止主缆系统构件的锈蚀，因而对涂膜的养护即是对主缆系统的养护，是养护维修工作的重要部分。日常养护工作虽然简单，但对于保证主缆寿命却非常重要。

应经常清除构件上积灰和油污，尤其海洋大气下的积尘含有大量盐离子，具有极强腐蚀性。

保持主鞍室不漏水、除湿机保持正常营运且湿度在 40%～50%范围。保持散索鞍防水罩密封良好，以及散索鞍前墙不开裂、不漏水，无雨水沿主缆流入散索鞍及索股。

锚室无漏水、积水，保持锚室除湿机正常运转，湿度在 40%～50%范围。

(2) 涂膜局部修补

当主缆系统的防护涂装寿命在 5 年以上、12 年以下时，经锈蚀评定和涂膜劣化评定等级均在 2～3 级时，涂装的维修只限于局部范围，属于维护性涂装。

涂膜局部修补和重涂一样，需采用与本桥成桥时相同的材料和工艺。

涂膜在 15 年以上时，基本接近或达到寿命期，或涂膜劣化达到 4 级或锈蚀达到 4 级时，应将主缆系统重新进行防护涂装。重涂的工艺、材料和质量要求，与本桥成桥时相同。

(3) 国内悬索桥主缆系统防护涂装材料及防腐体系简介

①采用北京航空材料研究院开发的主缆涂装工艺和防腐体系的有：汕头海湾大桥、西陵长江大桥、厦门海沧大桥及重庆鹅公岩大桥，其施工工序包括：

·主缆挤缆后表面处理
·刷涂磷化底漆，　干膜厚　$10\mu m$
·刮涂合成橡胶密封膏，　$2\sim3mm$
·主缆缠丝
·缠丝表面处理
·刷涂磷化底漆，　干膜厚　$10\mu m$
·环氧云铁底漆，　干膜厚　$40\mu m$
·刮涂密封橡胶密封剂，　0.5mm
·三道环氧云铁底漆，　干膜厚　$120\mu m$
·两道聚胺酯面漆，　$80\mu m$
　总干膜厚　$260\mu m$

(注：海湾大桥无此两道磷化底漆。)

②虎门大桥主缆涂装工艺和防腐体系施工工序：

·挤缆后表面处理
·环氧富锌底漆，　干膜厚　$75\mu m$
·聚胺酯腻子，　$2\sim3mm$
·缠丝
·缠丝表面处理
·聚胺酯腻子，　$0.5\sim1mm$

·聚胺酯防水面漆，　干膜厚　640μm

·防紫外线聚酯面漆，　250μm

总干膜厚　965μm

③江阴长江大桥主缆涂装工艺和防腐体系施工工序：

·挤缆后表面处理

·聚胺酯腻子　1mm

·缠丝

·缠丝表面处理

·磷酸锌环氧底漆，　干膜厚　50μm

·云铁酚醛漆，　干膜厚　130μm

·中间层漆，　干膜厚　35μm

·醇酸树脂面漆，　干膜厚　35μm

总干膜厚　250μm

④索鞍涂装

索鞍的涂装，一般鞍罩外表面采用与钢箱梁外表面相同的涂装方案，如：

涂料名　富锌底漆，　干膜厚　35μm

环氧云铁中间漆，　150μm

聚胺酯面漆，　80μm

总干膜厚　265μm

鞍罩内表面及索鞍锻铸钢构件采用与箱内表面相同涂装方案，如：

油漆名　无机硅酸锌漆，　干膜厚　100μm

总干膜厚　100μm

碳素钢锚栓涂装方案，如：

油漆名　环氧漆，　干膜厚　200μm

总干膜厚　200μm

2. 主缆防护技术的发展

(1) 20世纪主缆防护方法

截至目前为止，悬索桥主缆防护方法仍是：主缆采用热镀锌钢丝、挤缆（空隙率至18%～20%）、涂装漆或腻子、缠丝、再涂底漆、涂中间漆及面漆的涂装工艺。这种防护方式起于1883年美国布鲁克林（Brooklgn）桥，基本可行或有效。如随后美国1903年修建的威廉斯堡桥（Williamsburg）和1909年修建的曼哈顿桥（Mamhaftan）均采用此防护方式，已有百年历史，尽管主缆在锚室内和散索鞍处锈蚀较为严重，甚至出现断丝等病害，经处理这些桥仍保存或使用；著名的金门桥（GoldenGate）已有多年历史，主缆经过一定的维护和修理，该桥仍正常营运。

美国早期的主缆防护涂料多采用红丹类涂料或铅黏稠物和植物油。钢束中注入亚麻油或鱼油；缠丝前包裹红色铅黏稠物或白色铅黏稠物；表面涂亚麻油或松子油，如表3.4.1-6所列。

美国早期悬索桥主缆防护系统　　表 3.4.1-6

桥 名	建造年份	主缆防护方式
布鲁克林桥	1883 年	表面涂亚麻油，缠丝前涂白色铅黏稠物包裹镀锌钢丝；1985 年大修时缠丝前包深红色铅黏稠物
威廉斯堡桥	1903 年	钢丝股及缆表面涂石墨油，主缆表面再覆盖不起受力作用的复合物和薄金属层外壳；1915～1922 年亚麻子油用于镀锌钢束外包层；1944 年亚麻子油由塔顶主缆注入缆中；1963 年由塔顶注入鱼油混合物；1992～1994 年缠丝内使用红色铅黏稠物、缠丝外用亚麻油，外包合成橡胶
曼哈顿桥	1909 年	钢束油质底层，镀锌缠丝在红色黏稠体外
百页山桥	1924 年	
哈德逊桥	1930 年	镀锌缠丝前涂红色铅黏稠物，钢丝束涂润滑油和亚麻子油
华盛顿桥	1931 年	钢丝束涂松子油，缠丝前涂红色铅黏稠物

英国和美国大致相同，使用红铅涂料；日本悬索桥建设年代较晚，代表性桥主缆防腐情况见表 3.4.1-7。

(2) 主缆防腐蚀技术研究成果

①主缆内部腐蚀环境的研究

主缆的腐蚀与外部大气类型及环境相关，其中海洋大气由于多水及盐离子形成较严重的氯离子化学腐蚀；其次工业大气的 CO_2 和 SO_2 同样形成不利环境。

悬索桥主缆打开检查发现：主缆截面底部有水存在，尤其在主缆的跨中最低点，流出的是红色的锈水。主缆侧面锈蚀严重，主缆中心部位锈蚀较轻。日本的固岛大桥、大鸣门大桥，中国的乌江桥均发现这样的规律。日本的平户桥和关门桥检查结果锈蚀并不严重，但锈蚀规律与上述是一致的。因此认为：一般情况下主缆底部有水存留，其来源是架设期间雨水进入并残留其中，即使涂装之后也仍然会有水侵入并存留。这些残留水使主缆内部处于十分潮湿的环境。

日本几座悬索桥主缆防护　　表 3.4.1-7

桥 名	建设年份	主缆防护结构涂层		
		基层	涂料	漆（面层）
关门桥	1973 年	铬酸盐	高分子有机铅	苯二甲酸
平户桥	1977 年	铬酸盐	高分子有机铅	氯化橡胶
固岛桥	1983 年	丙烯酸树脂	HS 涂料	氯化橡胶
大鸣门桥	1985 年	丙烯酸树脂	HS 涂料	聚氨酯

注：HS 涂料主要成分为高铅酸钙、高分子有机铅、碳酸锡和亚麻油。

日本采用一段 2m 长、ϕ650mm 直径的钢束进行模拟试验，该试验结构的构造与实桥完全相同。将试件两端密封，形成一个主缆内部密封系统，在截面不同部位设置温度及湿度传感器，对试件内有水及无水情况进行湿度、温度监测。测试结果如图 3.4.1-19 及图 3.4.1-20 所示。

图 3.4.1-19a）给出主缆内部温度变化，中部相对较为稳定，四周温度变化较大；图 3.4.1-19b）是无存留水主缆，图 3.4.1-19c）是有存留水主缆内部湿度的变化。

实桥测试及主缆试验段试验结果一致。无残留水的主缆内部相对湿度在 70%～90%；有残留水的主缆除顶部外，相对湿度基本为 100%，而顶部相对湿度在 80%～95%间波动。

主缆中确有水存在，尤其在主缆最低点的主跨跨中。边跨主缆中水无法存留时，也会沿主缆流进散索鞍。图 3.4.1-21a)、b) 给出了日本模拟主缆不同部位不同相对湿度下索缆的锈蚀

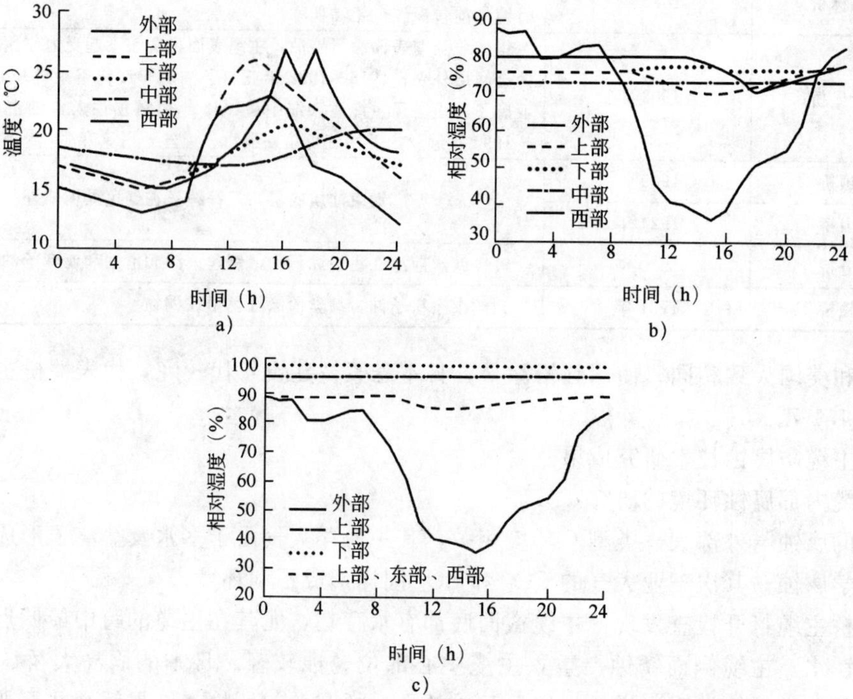

图 3.4.1-19　主缆内部温度湿度测试结果

a) 温度；b) 注水前的相对湿度；c) 注水后的相对湿度

结果，可以看出主缆侧面锈蚀最为严重，而顶部及中部较轻。

由图 3.4.1-22 可见，钢丝表面的含盐量越多钢丝腐蚀越快，相对湿度 60%是锈蚀的临界点，相对湿度达到 60%锈蚀均会加速。

②主缆防护的最新方法——注入干空气法

注入干空气法的要点是：空气通过过滤器过滤后，再经除湿机进行干燥，干空气经吹风机进气罩注入主缆，然后经排气罩排出（图 3.4.1-23）。排出气体将主缆内潮湿水汽带出。明石海峡大桥首先采用此工艺，证明有效，全桥主缆内相对湿度均在 60%以下（图 3.4.1-24）。为了保持主缆内形成闭合气体流通通道，主缆外表面密封是个关键问题。密封使干空气不致漏掉，而是通过设计的通道由排气罩排出。为此日本首创了 S 形缠丝。明石海峡大桥采用干燥空气输入法后，随后来岛大桥及来岛峡第二、三大桥均采用，如图 3.4.1-25 所示。

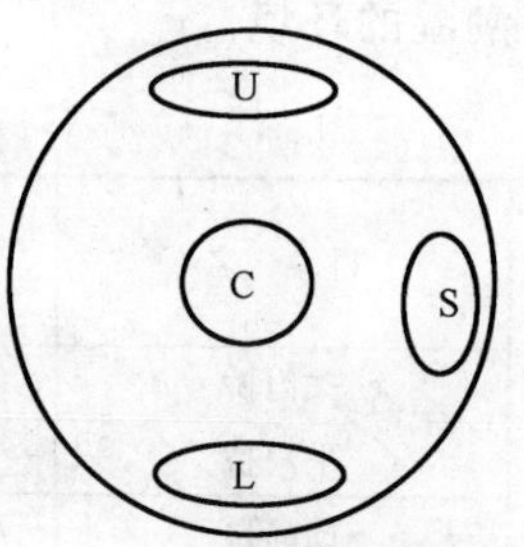

U-夜晚湿，白天干
S-昼夜湿
C-昼夜潮湿
L-浸在残留的水中

图 3.4.1-20　主缆内部湿度分布示意图

a. 来岛海峡大桥干燥空气注入系统设计的有关参数，按以下条件决定进气口及出气口间距：

缆内的积水量，认为主缆孔隙（20%）的 15%充满水分；主缆倾斜角越小越接近水平，积水越多，送气间距越小。

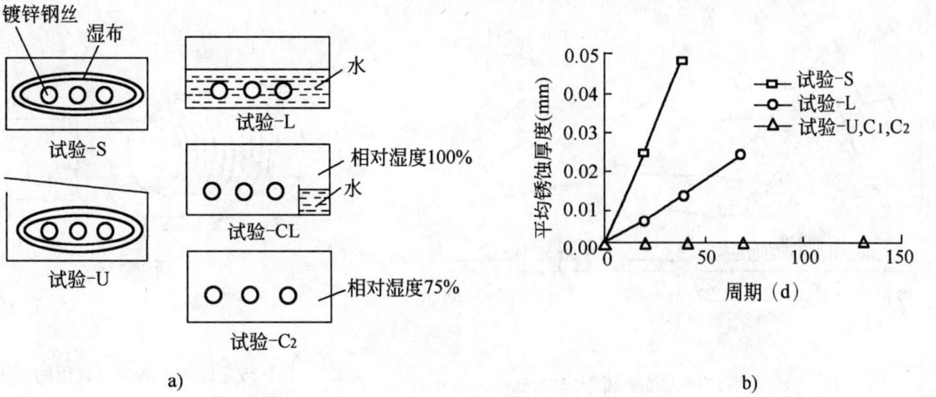

图 3.4.1-21　模拟主缆不同部位相对湿度的锈蚀试验

a）主缆内不同部位及相关湿度；b）以天为周期的锈蚀结果

送气压力，考虑密封层的耐久性取0.03个大气压。

干燥期限，由开始注入需经一年时间完全干燥。

干燥空气指标，考虑周边气象，取温度20℃，相对湿度18%。

由上述条件决定进气罩与排气罩间距为200m；主缆接近水平处采用100～190m。

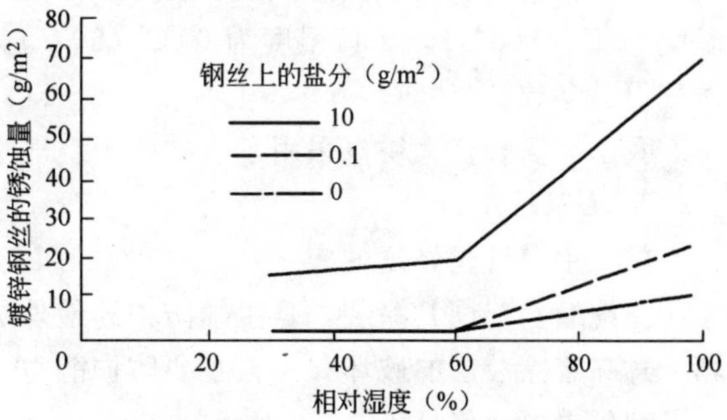

图 3.4.1-22　含盐量及相对湿度对镀锌钢丝锈蚀的影响

b. 所采用设备：

过滤器由粗过滤层、海盐离子过滤层及ULPA过滤层组成。

除湿机采用蜂房式安装方式，干空气流量2.0m³/min（4.0m³/min）。

鼓风机为罗茨式鼓风机，入口温度20℃、相对湿度80%，出口露点温度低于20℃，空气流量2.0m³/min（4.0m³/min）。

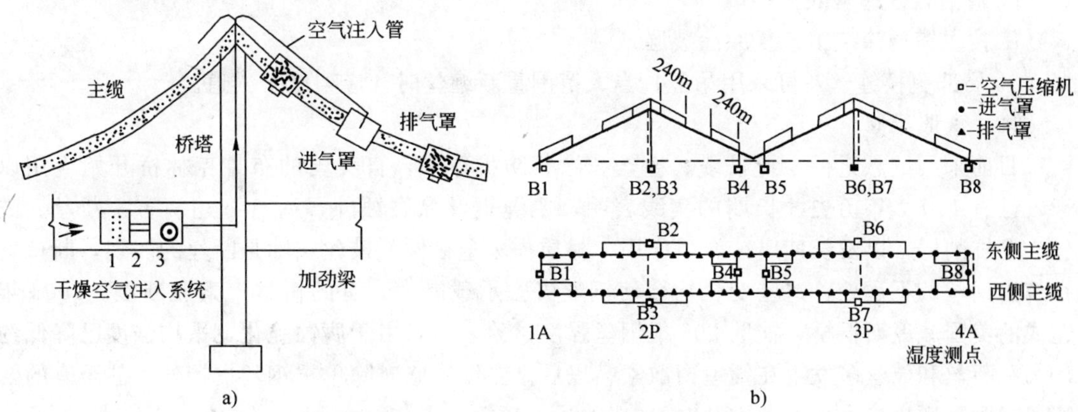

图 3.4.1-23　主缆干空气注入系统

1-过滤器；2-除湿机；3-风机

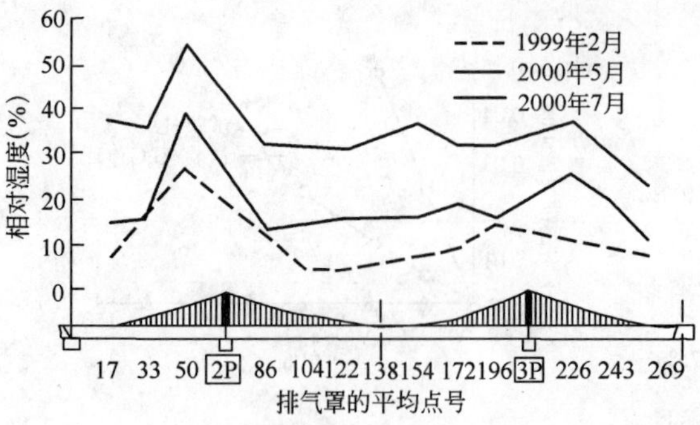

图 3.4.1-24 明石海峡大桥采用干燥空气

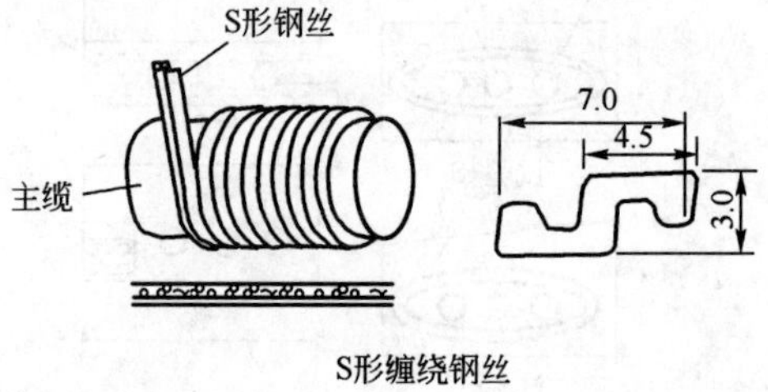

图 3.4.1-25 日本来岛大桥首用的 S 形缠丝（尺寸单位：mm）

冷却设备采用波形翼片式空气散热交换器，空气量为 2.0m^3/min（4.0m^3/min）；入口温度 98℃（108℃），出口温度为 60℃（60℃）。其中括号内的数据为来岛海峡第二、三大桥送气设备参数。

我国润扬长江大桥也采用了日本的干空气注入系统进行主缆的内部防腐蚀。

3. 主缆的维护

（1）主缆缠丝修复

主缆缠丝连同其涂装，是主缆防护的最外层，直接承受腐蚀介质的作用。主缆缠丝的破坏，意味着涂装层的破坏和失去主要防护能力。发现缠丝严重锈蚀或断裂应及时修复。

缠丝更换及修复工艺：

a. 除去废弃缠丝之前，在维修段两端保留缠丝 2～3 圈，采用铜钎焊固定，钎焊温度应不影响缠丝下的主缆钢丝；要有足够的钎焊长度并质量良好，然后剪除待换缠丝；

b. 清洁主缆钢丝表面；

c. 涂底漆，涂腻子；

d. 新缠丝，再将新缠丝的头尾 2～3 圈铜钎焊固定；缠丝拉力不低于 2kN；

e. 清洁处理缠丝表面；

f. 按主缆原涂装工艺复原涂装层；

g. 局部更换缠丝，可采用吊篮；当大范围重新缠丝时，应架施工猫道。

（2）索股维修

目前采用的悬索桥主缆挤缆、缠丝、涂装防护体系，自美国的布鲁克林桥开始应用以来，已有 100 多年历史。长期的实践表明，主缆钢丝除腐蚀外，尚有下述病害：断丝、鼓丝、腐坑削弱，以及长期腐蚀介质作用，材质失去塑韧性。鼓丝实际是断丝的表现，断口就在鼓出钢丝的不远处。这些变化均会使钢丝失去承载能力。有的桥整束索股断裂。1903 年建成的美国威廉斯堡桥，抽取 208 根钢丝强度试验表明，由于腐蚀脆化，平均强度已降低约 10%。断丝和鼓丝多发生在锚室内散索鞍以后。主缆维修时除单根钢丝拼接外，甚至有的要整条索股重新拼接，如美国 1909 年建成的曼哈顿桥。

如何判断主缆钢丝的失效，是主缆维修的一个重要问题。美国 1864 年建成的罗布林桥，在 1989 年检查时曾从主缆中取破断钢丝进行试验，确定其不同条件等级下钢的抗拉强度占原材料抗拉强度的百分比，同时将罗布林桥将钢丝腐蚀标准分为0，1，2，3，4，5级，并给出这5个级别钢丝强度与原材料强度比。罗布林桥的腐蚀标准及强度比分别列于表3.4.1-8、表3.4.1-9。

罗布林桥腐蚀分级　　表3.4.1-8

条件等级	特征描述	条件等级	特征描述
5	新钢丝	2	中等不规则腐坑
4	轻微腐蚀	1	严重密布的中等大小腐坑
3	小腐坑，轻度至中度腐蚀	0	钢丝断裂

各条件等级钢丝剩余强度　　表3.4.1-9

条件等级	特征描述	条件等级	特征描述
5	100	2	50
4	100	1	25
3	75	0	0

罗布林桥的钢丝腐蚀至1级以下（包括1级），认为强度可忽略。实际上当为2级时，强度已削弱一半，这时钢丝很快会发生断裂，应将2级钢丝列入“断裂”中予以拼接。因此，裂纹已扩张至50%直径，或腐坑已削弱截面至50%的钢丝，均应考虑拼接和更换；甚至考虑更严格的处理：腐坑削弱25%和带有裂纹的钢丝一律予以更换或拼接。

美国在桥龄较长的悬索桥的主缆检查中，在主缆跨度中间和锚室内均发现断丝，但较多集中在锚室内。在跨度中间，断丝较少并较分散时，可以暂不处理；锚室内断丝可采用接丝器拼接断丝。接丝器可以是一个套筒挤压接头，也可以是一个内径带正反螺纹的连接器。挤压接头需专用液压挤压设备将两断头连在一起。

①断丝拼接。先将断丝处丝股绑扎松开，拉出断丝两端头，剪除两端头部分受损段，再剪一段新钢丝，长度大于剪掉段；处理接头部分：磨掉锈蚀锌层，去油污，以套筒挤压接头与一端相接；处理另端钢丝接头部位，拉紧钢丝至规定拉力，剪除多余钢丝，以套筒挤压连接接头，复位钢丝并两侧扎紧索股。这种带有内壁螺纹的套筒（国产或进口产品），挤压连接后承载力均能达到90%以上。

②索股拼接。整条断裂索股一般均在散索鞍和锚碇墙之间。美国曼哈顿桥进行过这项修复工作。新旧索股间采用热铸锚接头连接，新旧丝股热铸锚间可采用螺杆以丝扣连接，再将索股张拉至要求的索力后锚固。

（3）主缆线形变化

主缆线形变化，如下挠变大，必须经多次春秋相同气温下无活载时测试复核确认，再研究其发生的原因。一般发生这种情况多为主鞍座偏移，主塔非中心受压，产生向主跨方向的附加弯曲。治理办法：封闭交通，解除主鞍的锁定，中跨减载（如更换铺装时），边跨加载，使主鞍移向边跨，恢复至要求位置再锁定。这种处理需经设计和施工周密计划安排后实施。

如主缆断丝较多，应经计算后降低荷载等级使用，或加固或更换主缆。

五、吊索系统

吊索系统包括索夹、索夹拉杆、吊索索体钢丝绳及热铸锚（骑挂式吊索）、吊索索体及冷铸锚或热铸锚（ϕ7mm 镀锌钢丝采用冷铸锚，ϕ5mm 钢丝采用冷铸锚或热铸锚）、叉形眼板及销子。下锚部位不采用穿销式时，一般有下锚筒及密封盖等，如图 3.4.1-26～图 3.4.1-32 所示。

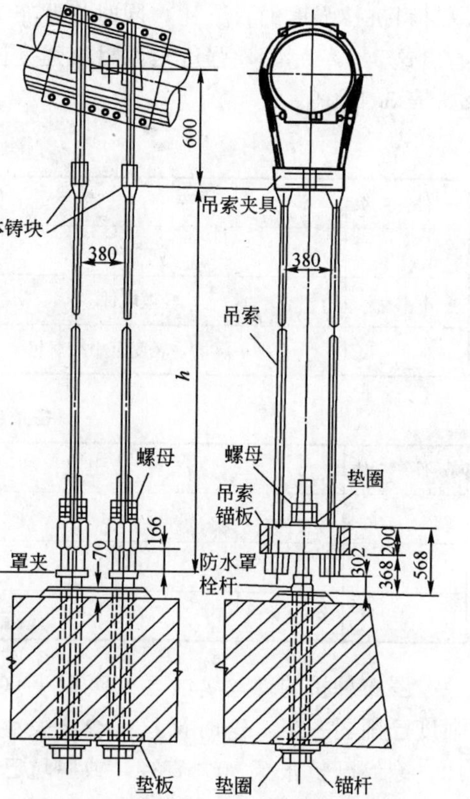

图 3.4.1-26　骑挂式吊索及索夹示意图

（尺寸单位：mm）

（一）吊索系统检查

1. 吊索系统防腐涂层检查

吊索的防腐除层检查与主缆系统同时进行，检查方法及结果评定、分级标准也同主缆。此外，索夹本身及拉杆等配件漆膜是否同主缆索鞍及其螺杆；索夹上下接缝及索夹端部与主缆间填缝是否完好；下锚筒及密封盖的密封是否完好（骑挂式吊索）；锚头眼板及销子等涂膜是否完好（销连接吊索）；索体 PE 管是否老化、失去弹性甚至出现环向开裂等各项，均应仔细检查并做好记录，对涂膜劣化及锈蚀等级作出评定。

2. 索夹螺杆内力检查

检查拉杆内力前，应首先检查索夹是否沿主缆滑移。

据实桥测试，一般悬索桥成桥后，索夹螺栓拉力损失均很大。日本关门桥在架设过程中于安装索夹、架设桁梁、桥面铺装及全部恒载上桥后施拧 4 次，其后 1200 天约降低 40%；日本若户桥最后一次施拧后 3000 天，平均降低 50%；美国金门桥最后一次施拧后 14 年平均降低 33%。根据上述经验，悬索桥通车 2～3 年应进行索夹螺栓轴力检查，索夹螺栓轴力降低大于 20%～30%时应补拧，以保证索夹抗滑移安全系数不低于 3。

首先以 0.3kg 小锤轻轻敲击螺帽，以手指感知是否异常，是否有松动和拉杆断面开裂。内力检查和补拧则仍采用液压张拉千斤顶。检查时首先考虑靠近索塔斜度最大的索夹。

3. 吊索索力检查

吊索索力检查一般情况下应和主缆线形检查同时进行，当发现索夹有滑移迹象，除立即检查索夹内力外，尚需进行吊索索力检查。

吊索索力检查应由具有该项测试资质的单位进行，一般测试方法有：

（1）频谱法。由精确的加速度传感器通过吊索的脉动或微振，记录到信号，由频谱分析求得吊索振动频率，按照弦振规律求得吊索内力。一般索的长径比在 80～100 以上时，测试数据比较准确。

（2）压力传感器法。对于短索，尤其弯曲刚度较大的短索，频谱测试吊索内力误差大，

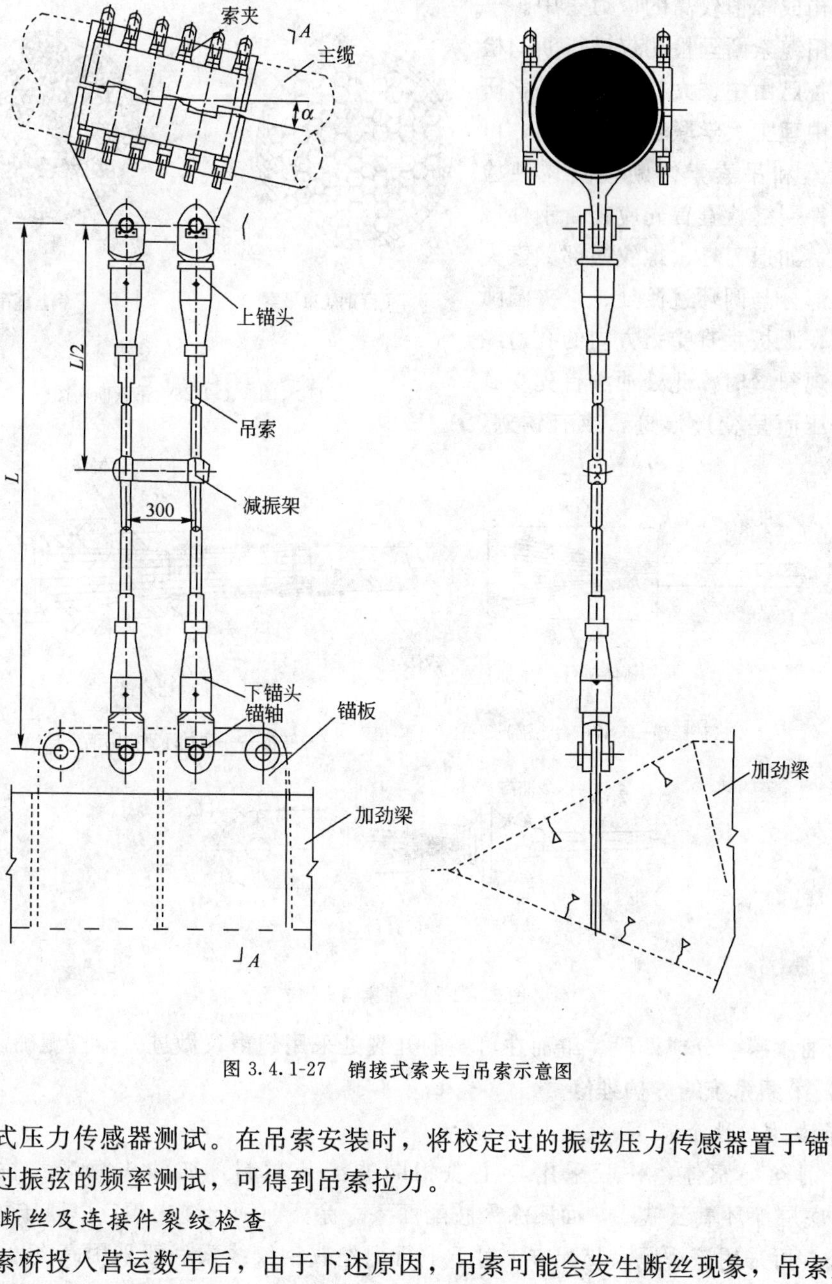

图 3.4.1-27　销接式索夹与吊索示意图

可采用振弦式压力传感器测试。在吊索安装时，将校定过的振弦压力传感器置于锚头承压螺帽之下，通过振弦的频率测试，可得到吊索拉力。

4. 吊索断丝及连接件裂纹检查

一般悬索桥投入营运数年后，由于下述原因，吊索可能会发生断丝现象，吊索连接件有可能产生裂纹，应进行断丝及裂纹检查。

(1) 吊索是直接承受桥面活载的构件，一般活载应力幅均在 100MPa 以上；附件同样承受与吊索相同加载方式的活载。

(2) 吊索由高碳冷拔钢丝组成，含碳量约为 0.75%～0.85%，塑性、韧性差，极易腐蚀；索夹一般由 ZG35 铸造而成；眼板等构件一般也由合金结构钢锻造加工并经调质处理，对疲劳裂纹和腐蚀均较敏感。

(3) 铸、锻和机加工以及热处理的钢件均难避免存在缺陷，并且这些构件几何形状复杂，往往构成峰值较高的应力集中。

可使用缆索断丝检测仪进行断丝检测。该设备已由中铁大桥局桥梁科学研究院和华中理工大学联合研制成功，可用于斜拉索和吊索索体断丝及锈蚀检测。连接件裂缝检查首先应查看钢件截面突变处，如退刀槽、螺纹根部、索夹螺杆连接部分与圆环过渡处、索夹圆弧部分顶点、眼板垂直受力方向的孔边缘等。当出现裂缝时，此处油漆首先受到拉伸或挤压而呈变形痕迹，或有锈迹，

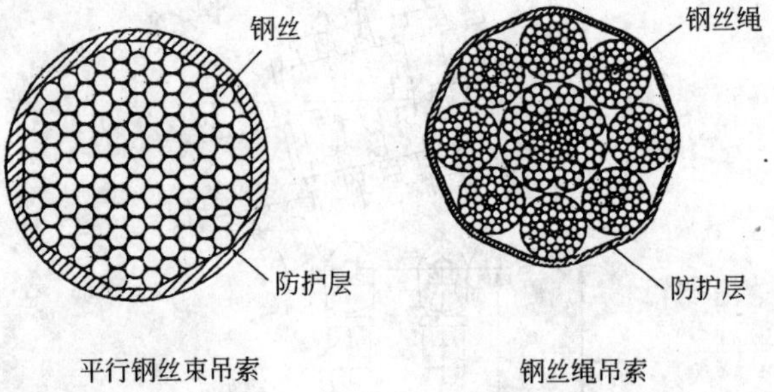

图 3.4.1-28 吊索断面图

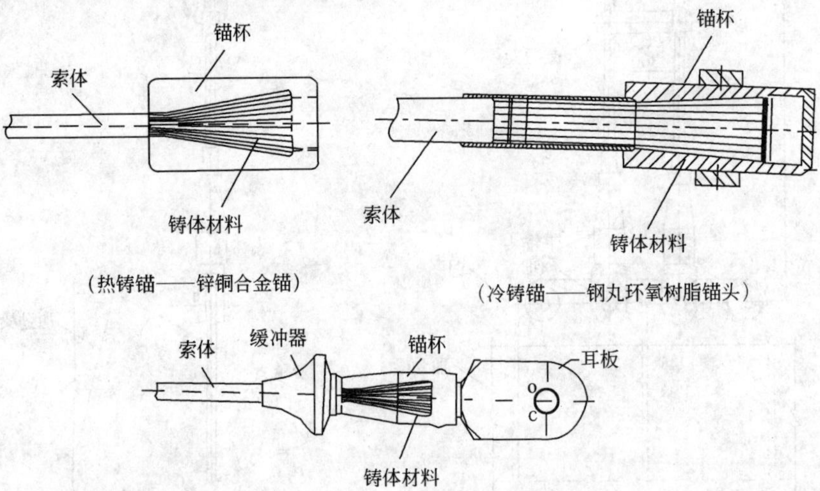

图 3.4.1-29 吊索锚头构造图

以刮刀刮油漆膜会分成两段。继而在可疑的开裂处采用超声仪做进一步检测确认。

（二）吊索系统的养护维修

1. 吊索维护性涂装

对于钢丝绳索体，一般采用与主缆相同的涂装材料，如汕头海湾大桥，总干膜厚250μm，底层涂环氧云铁漆，面漆涂聚胺酯面漆。涂漆前钢丝绳内槽应以腻子填平。对于维护性修补，可采用该桥原涂装配方。对于平行钢丝或钢绞线索一般采用高密度聚乙烯套管，当套管破裂，可采用热压成型修补。

索夹及眼板螺栓等部件，涂装一般采用锚板、鞍底相同配方，总干膜厚一般在250μm以下。

吊索系统涂装维护前应将干裂脱落的腻子敲掉重新抹平，再按涂膜检查评定的结果进行维护涂装，参见主缆涂膜维护内容及相应规定和工艺。

2. 吊索的养护维修

(1) 定期对吊索系统各零部件涂刷防锈漆，始终保持它们的漆膜完好。

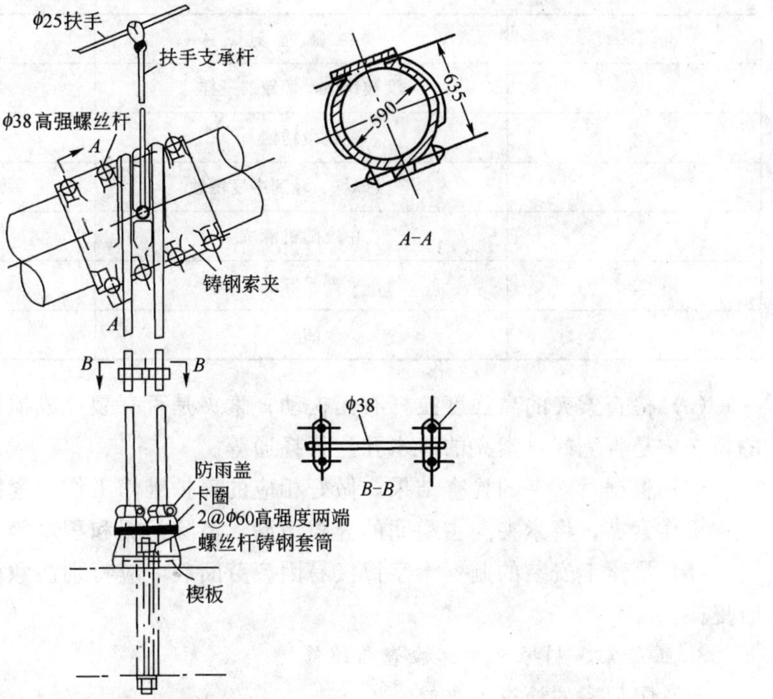

图 3.4.1-30　索夹构造图

(2) 对已有锈蚀的吊索及各有关零部件应及时除锈，涂刷防锈漆。

(3) 清查吊索已锈蚀的钢丝数及其锈蚀程度，如表 3.4.1-10 所列。当锈蚀根数和受锈蚀的程度等级叠加后相当的断丝根数超过总丝数时，应更换此索。

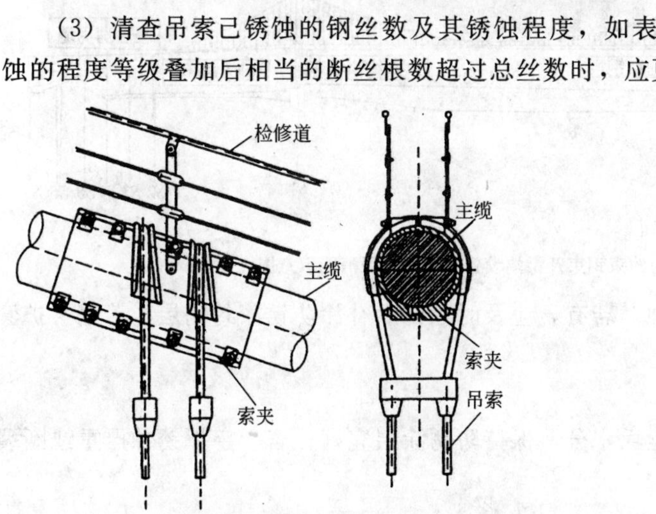

图 3.4.1-31　骑跨式吊索与主缆连接及检修道示意图

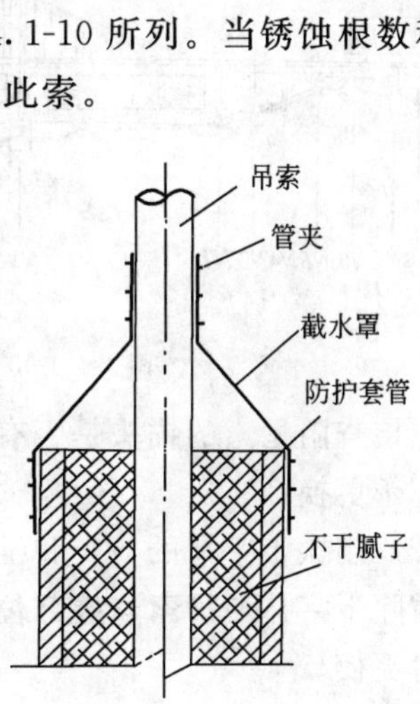

图 3.4.1-32　吊索下部的截水罩

(4) 当吊索的冷铸锚头发生裂纹和破损时，也应该更换此索。

(5) 更换吊索宜逐根进行。即使有时需要同时更换，每次也不得超过 3 根，且这 3 根吊索不能是彼此相邻的。

锈蚀程度分级表　　表 3.4.1-10

等　级	特 征 描 述	强度折减系数（%）
5	没被锈蚀，像新的一样	100
4	轻微锈蚀	100
3	轻微麻坑、轻到中度锈蚀	75
2	中度随机麻坑	50
1	严重麻坑	25
0	断丝	0

(6) 检查索夹的高强度拉杆有无松动；索夹是否有裂纹或损坏；索夹与主缆之间的缝隙的填充物是否完好；索夹的泄水孔是否畅通等。

(7) 根据对索夹的检查结果，做好相应的养护维修工作，紧固或更换高强度拉杆以及垫圈；更换索夹；将索夹与主缆间的缝隙填满；清除污垢和积水等。

(8) 吊索上安装的制振十字撑极易因疲劳断裂，应特别注意检查，一旦发现断裂，须及时更换。

3. 阻尼索、制振十字撑检查与维修

(1) 阻尼索的检查和维修

当桥梁所在地区为地震区，为确保主塔的绝对安全，可采取缓解地震反应强度的措施(图 3.4.1-33)。设阻尼索（纵向约束钢索）即为其一。

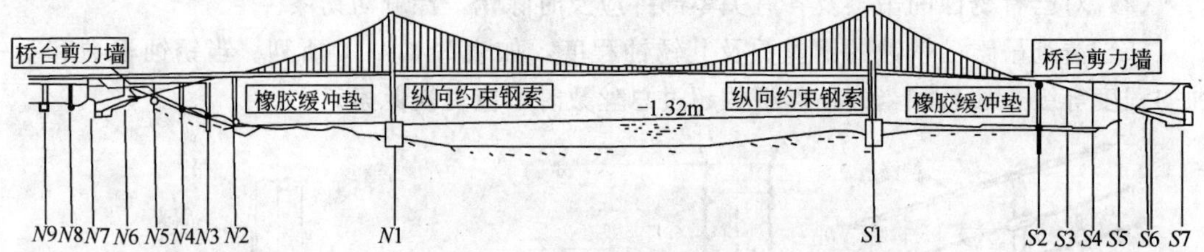

图 3.4.1-33　纵向约束钢束及梁端设置缓冲垫隔振消能示意图

应检查阻尼索的锚头是否有锈蚀。若有，应及时除锈后补涂防锈漆封闭层；若钢索护套老化应予更换。

(2) 制振十字撑的检查和维修

清除十字撑与吊索连接部位的尘垢水分，保持防锈涂层完好；若十字撑锈蚀严重或断裂应随时更换。

六、鞍座

主鞍及散索鞍（图 3.4.1-34～图 3.4.1-36）锚栓、鞍槽口拉杆螺栓及其他固定螺栓和对合螺栓等松动者，采用扭矩扳手或张拉千斤顶恢复至设计预拉力；已开裂或断裂者及时更换；锚栓断裂，可在座板下斜向凿去部分混凝土，取出旧锚栓，更换新锚栓。由于这些螺栓多为中碳素钢或合金结构钢并经调质处理，不宜焊接修复。修复后应进行涂装处理，涂装按

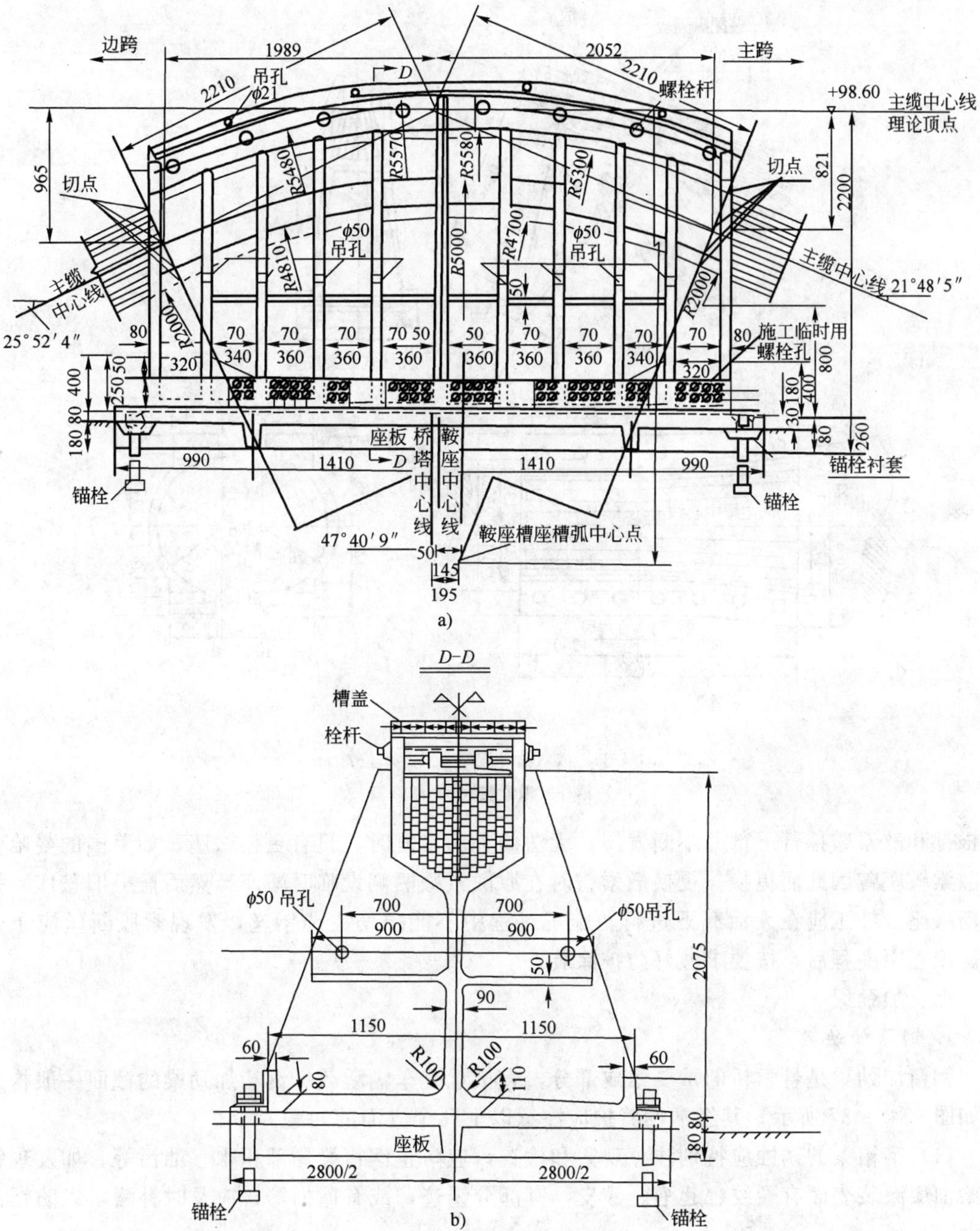

图 3.4.1-34 塔顶主鞍座构造图（尺寸单位：mm）

原桥涂装配方及工艺进行局部修补。

对于全铸、全焊或铸焊的鞍座局部出现裂纹者，首先应采用探伤方法查清裂缝部位、形状、深度和产生裂缝的原因，经研究可采用钻孔止裂（板上的穿透裂缝）、磨除（浅层椭圆裂缝）、补焊（较深椭圆裂缝，局部加压超过临界温度不致影响受力）；当较严重裂纹在鞍索

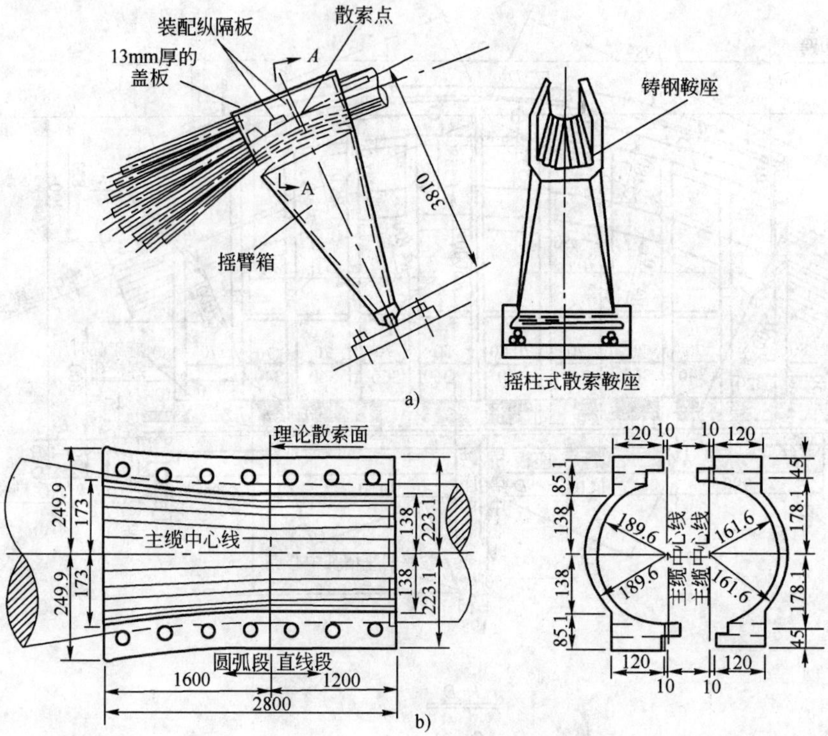

图 3.4.1-35　散索箍、鞍座（尺寸单位：mm）

a）摇柱式散索鞍；b）散索箍

板根部和散索鞍摇臂下部并不断发展，无法修补和修复时，只有更换鞍座。如美国的曼哈顿桥散索鞍座曾因此而更换。更换散索鞍时在原散索鞍两侧设临时鞍座，然后撤换旧鞍座，换上新鞍座。施工应在无活载下进行。施工过程中不能损伤主缆钢丝，发现索股断丝应予修复。恢复原高程后，按要求做好防护涂装。

七、加劲梁

1. 钢箱加劲梁

钢箱加劲梁是悬索桥的重要组成部分，直接承受车辆活载。钢箱加劲梁的截面一般构造图如图 3.4.1-37 所示。其经常性养护应注意以下几个方面的问题。

（1）钢箱梁的锈蚀应特别注意观察和检查，应防止钢箱梁局部积水、油污等。如发现钢箱梁油漆涂装表面有裂纹、起泡、皱皮，有部分锈迹，或有撞损等，应及时补漆，以防锈蚀扩大。

（2）钢箱梁与其他构件连接的螺栓结合点，应经常检查注意，当用铁锤轻敲时有振动，发现螺栓松动，必须及时拧紧。损坏的螺栓应涂色记录，注明更换的位置和数量，及时更换。

（3）应及时检查焊缝，如发现有裂纹等问题，要分析原因，作出养护维修对策。

（4）钢箱梁内部的除湿系统应保证运转完好，保持钢箱梁内的干燥，尽量延缓和避免钢箱梁内部的锈蚀发生。

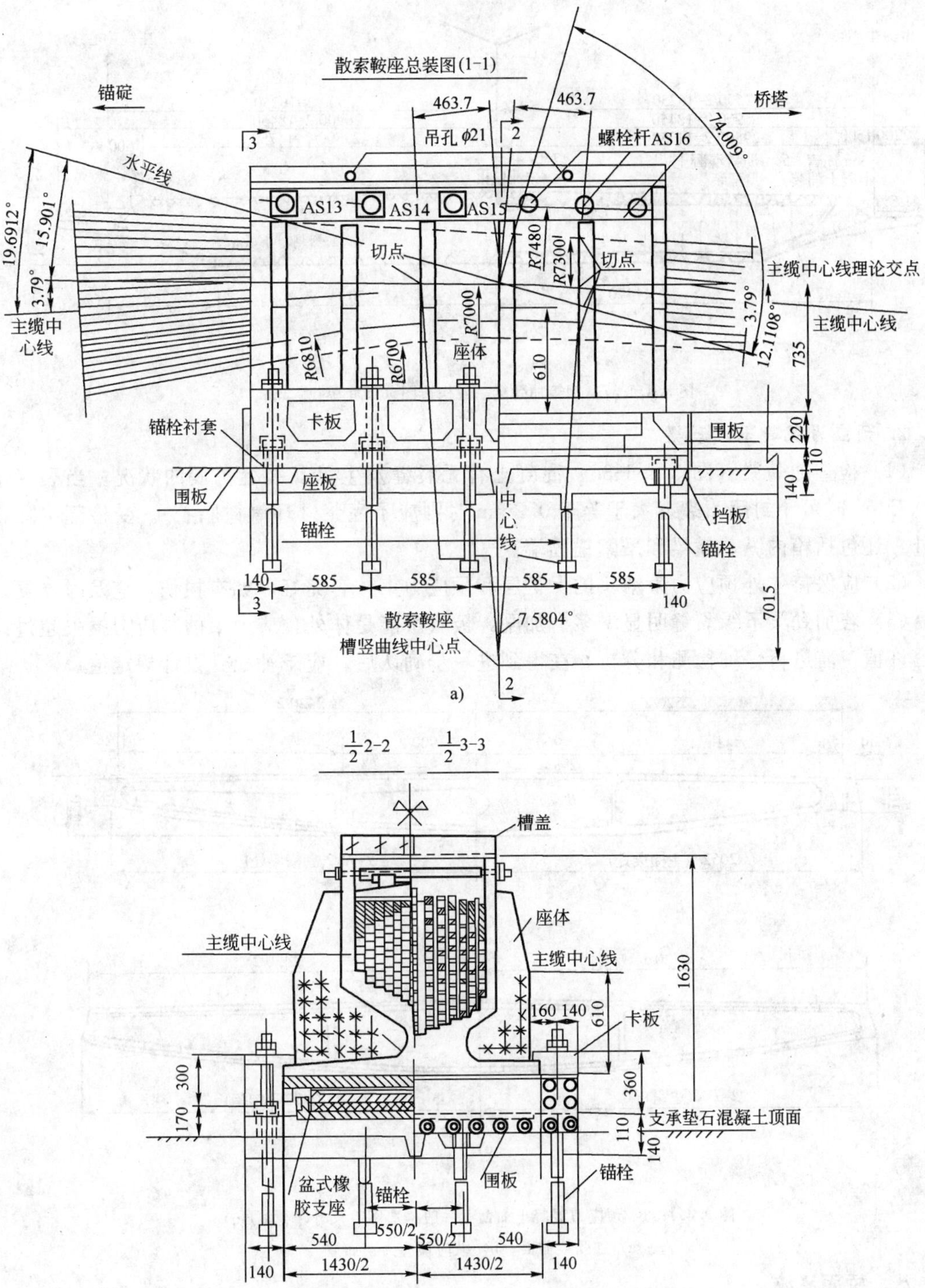

图 3.4.1-36　散索鞍座构造图（尺寸单位：mm）

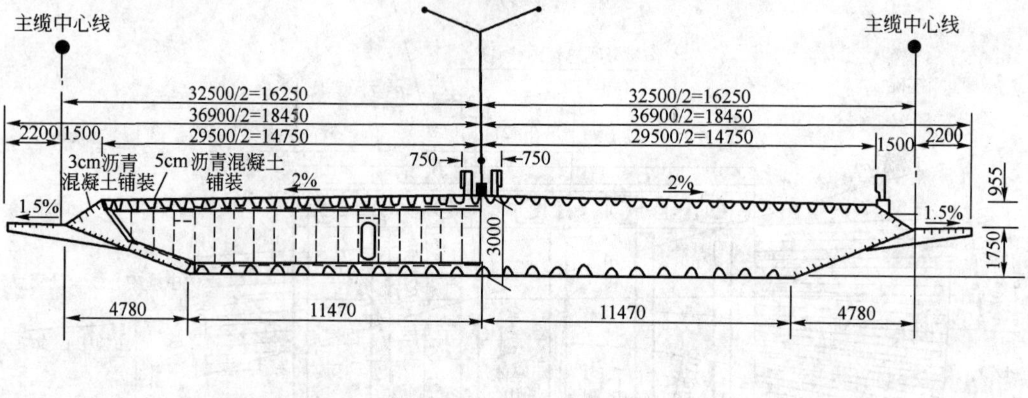

图 3.4.1-37　钢箱加劲梁一般构造图（尺寸单位：mm）

2. 预应力混凝土加劲梁

（1）检查加劲梁（图 3.4.1-38）混凝土有无裂缝发生以及裂缝扩展的状况。当裂缝小于 0.2mm 时可予封闭，裂缝大于等于 0.2mm 时则应予灌浆（环氧树脂胶）。受检部位除箱体外，还包括箱内纵、横梁和吊索锚固端。

（2）应保持体外预应力束锚头的保护层和预应力束护套完好，如有损伤，应及时修复。

（3）若加劲梁下缘裂缝明显增多、加剧，极有可能是体外预应力束的预应力损失超过设计容许值，需进行仔细检测和分析。在得到进一步确认后，应予补拉到设计规定值。

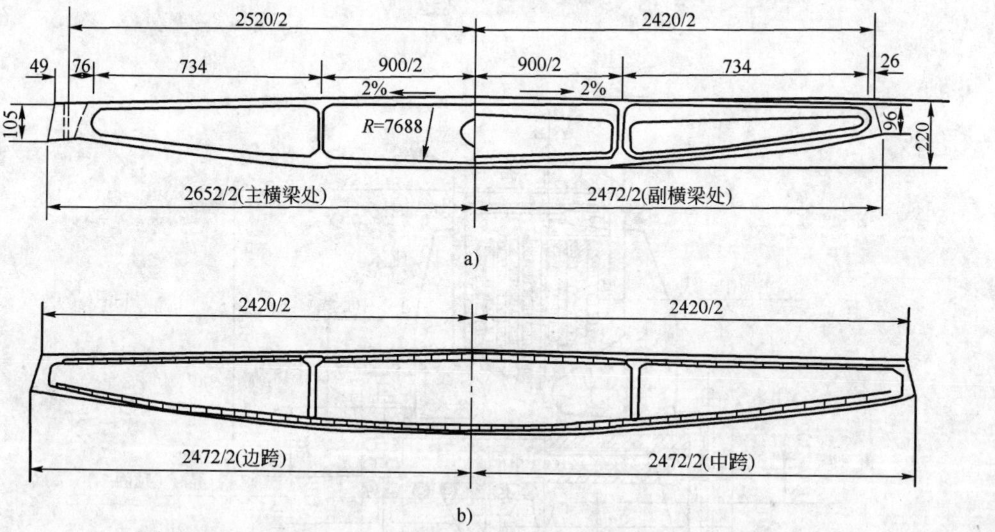

图 3.4.1-38　预应力混凝土加劲梁一般构造图（尺寸单位：cm）

a）加劲梁截面；b）纵向预应力束布置

八、桥面系统

桥面系统的完好既能保障桥梁的交通畅通，又能保障桥梁美观的功用。桥面系统主要包括：桥面铺装、桥面排水、防撞栏和路缘带、伸缩缝、交通标志牌、航空及航道标志、照明设施等。养护和维修内容包括：

(1) 桥面铺装的养护维修(见§4.5 钢桥面铺装维修)。

(2) 桥面排水的养护维修。

(3) 桥面栏杆、护栏及灯柱的养护维修。

(4) 伸缩缝的养护维修。

(5) 交通标志、航空及航道标志、照明设施、检查车等的养护维修。

(6) 支座养护维修。

九、附属结构构件

1. 桥上各种管道检查和养护维修

应随时保持设在加劲梁箱内及桥上各种管道完好、通畅有效,不得锈蚀。若有锈蚀现象,则应及时除锈重新油漆;紧固件若有损伤要及时更换;若松动,应及时拧紧。若通过的油、气、水管等发现泄漏,应立即抢修。

2. 防雷设施的养护

(1) 防雷系统的结构

防雷设施即防雷保护系统,是用来保护结构物免遭雷电袭击的整个导体系统。防雷保护系统主要由以下部件组成:

①空中终端。是防雷系统中用来拦截雷电放电的构件。

②下引导体。是连接空中终端与地下终端的导体。

③接头和连接。指防雷系统构件间机械性连接。

④试验接头。为进行电阻或连续性测量而设计和定位的接头。

⑤地下终端。是防雷系统中用来将雷电电流放电到一般地下物质中去的构件。

⑥地极。是用来传导雷电电流的导体,如插入地下的金属板件或钢筋混凝土基础、桩基等,它紧密与地接触。图 3.4.1-39 所示为防雷系统结构示意图。

(2) 桥梁防雷系统

按《建筑物防雷设计规定》(GB 50057—94)中规定,大桥为二类防雷建筑;监控机房电源系统采用三级防雷保护。采用重点部位重点保护,分级泄流,逐级降压的基本原则。

对于大型斜拉桥和悬索桥,有较高的索塔,一般在高塔上设置防雷系统的空中终端或避雷针,其防护覆盖范围为主跨长 L 加上边跨的 $1.5H\times2$,即 $1.5H+L+1.5H$;独塔时应为 $1.5H\times2$。此处 L 为主跨跨长,H 为索塔高。超出此范围的引桥、收费站等也需进行防雷击设计,可将金属栏杆或金属网架作为空中终端。系统的引下线可利用一直连到基础或根基的柱、塔、墩的钢构件或钢筋,在引下线间断处必须做好连接。如图 3.4.1-40 所示为桥梁构件兼作引下线。

(3) 防雷设施的检查与维护

防雷系统应由专业人员进行检查与养护维修。养护人员应有防雷保护系统组成特征、材料尺寸,位置分布图。定期,如每年雷雨季节到来之前,检查每处组成导体、连接接头及接地是否完好与正常;裸露的导体(钢或铝)是否被腐蚀;防腐蚀保护、涂装是否失效;对地电阻值是否超过规范规定的 10Ω 限值,并查清电阻增大的原因。必要时,重新涂装、紧固或更换接头、导体,然后重新进行接地电阻试验,使满足要求。

当结构物的构造、用途变更时,应重新完善防雷保护系统。对上述所有工作内容做记

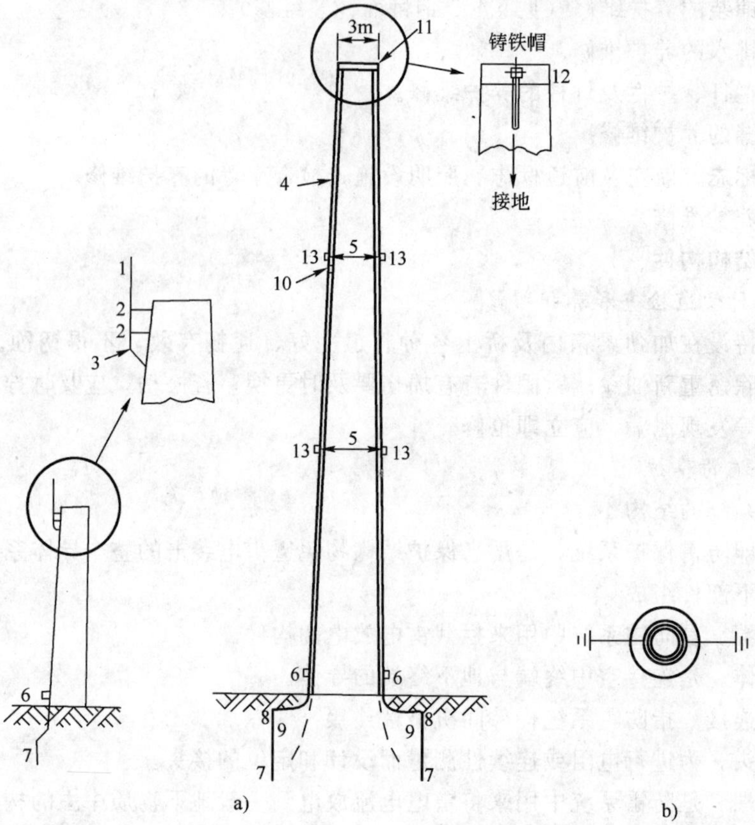

图 3.4.1-39　防雷系统结构示意图

1-空中终端；2-握棒器；3-棒连接器；4-下引导体；5-水平导体；6-试验接头；7-地极；8-地接棒“A”形接头；9-棒材外套；10-导体夹具；11-冠状箍；12-与铸铁帽连接的冠状箍；13-连接夹钳

录，并应有当事人签字。

十、悬索桥关键结构部位的特殊检查与维护

1. 索夹的滑移控制

(1) 索夹滑移的原因

吊索索夹在主缆上产生滑移的原因有二：一是高强度拉杆的预拉力松弛，使索夹与主缆之间的夹紧程度放松；二是在长期使用后主缆的挤紧程度提高，空隙率减小，使得索夹与主缆的夹紧程度减弱。这两种原因都会使索夹在主缆上产生滑移。滑移的危害有二：一是改变吊索状态，由铅垂变成斜吊索，使加劲梁的受力状态改变，吊索的内力改变，对结构产生不利影响；二是索夹在主缆上滑移会损坏主缆的防锈层，或使缠丝破坏（断裂或鼓包），从而导致主缆损伤。图 3.4.1-41 为主缆与索夹的连接方式。

(2) 检查索夹滑移的方法

检查索夹是否在主缆上滑移的方法是在主缆和索夹上分别做出相对明显的标记，每次定期检查时须量测这两个标记之间的相对位移。测量工具可采用游标卡尺或者其他的工具（如

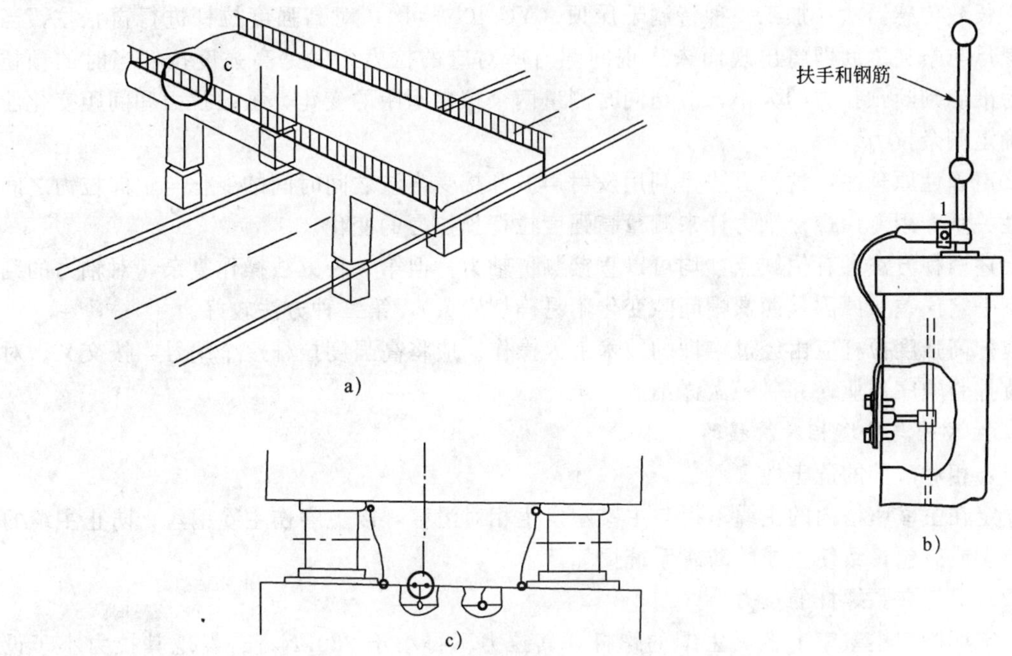

图 3.4.1-40　连接示意图

a）与钢筋混凝土桥支柱连接并接地；b）扶手与钢筋连接；c）细部 c 表示在辊轴支座上的柔性连接

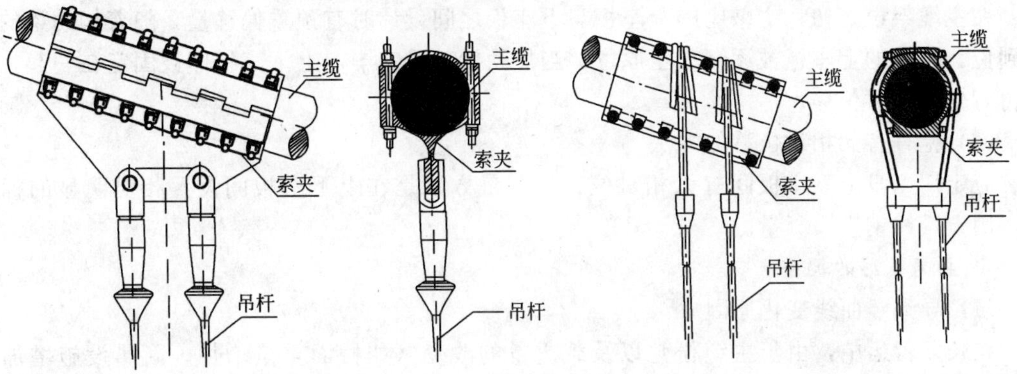

图 3.4.1-41　主缆与索夹的连接方式

钢尺）。

(3) 防止索夹滑移的方式

防止索夹在主缆上相对滑移的方法是定期用高强度螺栓的施拧工具补足高强度拉杆的预拉力，使索夹与主缆的夹紧程度保持恒定，并使高强度拉杆的预拉力达到并保持设计值。

(4) 索夹高强度拉杆轴力变化控制

高强度拉杆张拉时施加的预拉力应为设计值±10kN。为保证营运安全，在任何情况下高强度拉杆实际保持的张拉力不得低于280kN，如低于此值，则应予补足。对高强度拉杆轴力变化的测量方法有以下两种：

①长效传感器法：加工一种特制千斤顶（YC-40 亦可），对高强度拉杆进行再张拉，当拉至螺母与索夹之间即将出现而未出现间隙时所对应的拉力，就是高强度拉杆当时的预拉力。为准确判断预拉力的大小，应当同时测量两个螺帽间距的变化，根据拉力和间距变化曲线来确定剩余拉力。

②声弹性原理法：这种方法是利用发射声波和接受声波之间时间的变化与轴向拉力之间的线性关系，用专用螺栓轴力计来测量高强度拉杆预拉力的变化。

上述两种方法各有优缺点，均可以直接测量轴力。但第一种方法操作复杂，对轴力的判断也有一定误差（原因是两螺帽间隙变化不易确切测量），第二种方法较好。

施拧高强度拉杆应由经过培训的技术工人操作。应将高强度拉杆逐个编号，按交叉、对称张拉拧紧顺序作业，并一一做详细的记录。

2. 主鞍座与主缆相对滑移的控制

（1）相对滑移的危害性

固定在主鞍座槽内的主缆不得与主鞍座发生相对滑移，以免磨伤主缆钢丝；防止主缆的缠丝断裂或鼓包，致使主缆的防腐系统损坏。

（2）保持夹紧螺杆的拉力

需定期检查主鞍座上夹紧主缆的螺杆，其拉力不得小于 280kN。若发现其拉力小于设计规定值，即应予以补足。

3. 主鞍座上座板与下座板的相对位移的控制

（1）安装完毕后不应有相对位移

在主缆架设之初，主鞍座的上座板与下座板之间设计时有预置偏移量，随着加劲梁的吊装到位，预偏的上座板被逐渐压至原位。当加劲梁架设完毕，上下座板即被固定在一起，不得再有任何相对位移。

（2）检查有无相对位移的方法

应定期测量上下座板间有无相对位移。测量方法是在上下座板间设置相对明显的标志点，用卡尺或钢直尺测量。

4. 主缆线形的调整

（1）导致竖曲线变化原因

在长期营运中，由于主缆松弛以及载重量的改变（如桥面重量增加、附属设施增加），会导致主缆和加劲梁线形的变化。这种变化积累到一定程度便会影响桥梁的使用功能和美观，必须定期检查并予以调整。

（2）竖曲线的测量

①将主缆和加劲梁的测量标志分别设置在中跨跨中断面上、下游主缆索底及相对应的人行道栏杆上（共计 4 个测量标志）。

②用全站仪同时测量 4 个测量标志和基准点的高程读数，即可分别计算出这 4 个测量标志当时的高程。将本次得到的高程与竣工测量得到的高程相比较，就可测量出主缆和加劲梁线形的变化情况。

③在进行主缆线形调整的测量时，悬索桥上应无活荷载、无风（三级风以下），且宜在温度变化不大的时间内（如夜间 1～3 时）进行，还应考虑温度（与竣工测量时相比）修正。

(3) 主缆线形的调整

①受季节变换和日温度变化影响的悬索桥的主缆线形，会发生可恢复的变化，加劲梁的线形亦有相应的改变。这种线形变化反映到加劲梁高程的改变，一般在20cm以内是正常的。不要轻易作出调整主缆线形的决定。只有在经过仔细检测和反复核算，发现确有不可恢复的线形变化时，才应予考虑作适当调整。调整方法如下：

a. 首先作内力分析。根据验算情况，利用调整吊索大螺帽来改变加劲梁的高程。这种调整有时会增大加劲梁局部应力，要特别注意。

b. 如必须用顶推主鞍座和散索鞍座的办法来调整主缆线形，应咨询大桥的设计单位或进行专项研究后方能作出决定。

②悬索桥线形变化过大，即挠度变化太大时，常常是结构隐藏着较大问题的征兆。此时，养护部门应请设计单位并经专家分析研究，找出根由，提出相应的整治措施。

5. 吊索索力的调整

(1) 吊索索力变化原因

吊索索力变化的原因有三：一是吊索锚板螺板螺杆的螺帽松动，导致吊索变松，索力减小；二是主缆空隙率进一步变小，导致索夹间隙变小，进而使吊索变松，索力减小；三是因腐蚀和疲劳导致吊索已有断丝。前两种原因联合作用将使断丝加剧。

另外由于荷载的改变、温度影响或主缆变细等原因，会导致吊索索力变化。而个别索力变化必然会使邻近吊索内力重分配，同时也会使加劲梁段应力状态改变。

(2) 吊索索力测量

需定期对吊索索力进行测量。

(3) 吊索索力的调整

测量后若发现吊索索力与桥梁开通营运时的索力数据（或与前次的数据）相差较大，则应仔细探明原因，并采取相应的措施。

对是否需要调整吊索索力，应持谨慎态度。因使用不同的测量方法检测吊索索力，可能有5%的差别，再加上施工安装吊索时的索力误差，所以不同时间用不同方法的测试结果差别在10%以内当属正常。即使个别吊索索力差值较大（如30%），若主缆及加劲梁线形良好，仍可不调整吊索索力。

6. 锚杆的检查与处理

对锚杆的检查养护维修除遵照前述一般性检查和养护维修工作的要求外，还应定期检查锚杆与锚碇混凝土接触界面是否完好，防止水从接触面流入侵蚀锚杆。

及时处理异常情况。正常情况锚杆不会从锚碇中拔出，若万一有异常（如锚碇混凝土破损），须仔细观察，并及时上报。

7. 限位拉杆及限位索夹

定期检查主缆限位拉杆及限位索夹的销轴是否转动灵活、锈死，销孔的周边是否有裂缝等。

8. 结构动力特性的量测

(1) 动力特性变化征兆

由结构动力特性的变化可间接评判结构损伤程度，因此应定期测量结构动力特性及振型变化。

（2）动力特性的测量

定期测量动力特性变化的主要内容有：①加劲梁动力特性及振型，频率要达到15阶以上。②主塔动力特性及振型，频率要达到10阶以上。③主缆动力特性及振型，频率要达到15阶以上。

测量结构动力特性的方法：利用环境振动作振源，将加速度计放置在测试断面上，拾取加速度信号。用多道磁带记录仪记录信号，用频谱分析仪进行分析，可以分别给出主缆、加劲梁和主塔各自的前10～15阶频率、振型、阻尼。进行动力特性测量时应尽可能封闭桥上交通，实在不能封闭也应限制重载车过桥，只可允许少量小轿车通行，否则记录到的信号不便分析。

§4.2　悬索桥的防锈蚀与易损件的更换

一、防腐涂装简介

海洋大气环境和大气污染易对金属造成腐蚀，腐蚀是金属结构的大敌。金属结构的腐蚀给人类带来的经济损失和社会危害是十分惊人的。依据国家有关部门统计表明，我国每年因金属腐蚀造成的经济损失约占国民经济生产总值的2%～4%。虽然腐蚀主要发生在化工生产等领域，但腐蚀引起的危害却普遍地存在于基础设施及各个生产领域中，因而引起了人们的关注。

在新建和营运的钢桥中，必须针对桥梁所在地区的实际情况进行防腐处理，加强维修养护。根据工业发达国家的统计，每年因腐蚀而报废的金属设备和材料，约占各国金属产量的20%～40%。损失惊人而不得不引起重视，从而使得高效、优质的金属防腐技术的研究得以广泛、深入地进行，金属表面防护工程科学和技术不断得到创新。

因而，防腐涂装是延长钢桥使用寿命、节约维护费用、优化桥梁景观的重要环节，是悬索桥上部结构营运养护管理中不可忽视的重要内容。

悬索桥的防腐涂装，应根据各部构件的构造、形状、所处的环境、能否重涂等条件选配。一般按主塔、主缆、钢箱梁、鞍座、锚头、索夹、吊索等分别做防腐设计施工。本节主要介绍上部结构中的主缆系统和主梁系统的防腐涂装方法。

（一）主缆系统防腐涂装技术的应用和发展

主缆是悬索桥的主要承重结构，一般来说主缆不能更换。即使主缆只出现局部的损坏，要进行修复也是极为困难的。因此，防护主缆免受腐蚀，成为悬索桥正常营运的一项关键技术。

主缆的防护方式通常是在主缆架设好后，在镀锌钢丝表面涂一层防锈涂料，然后用直径约4mm的软质镀锌钢丝缠绕，最后涂刷油漆。这种防锈方式从100年前首次用于布鲁克林桥以来一直没有改变，仅主缆表面所涂的防锈涂料有所发展变化。第二道保护层是主缆高强钢丝的镀锌膜。

1. 国外主缆防护涂装技术的应用与发展

悬索桥主缆采用抗老化的涂料进行防护的效果是足够的。20世纪美国和英国采用的是红铅涂料。而日本大多采用HS涂料，这种涂料的主要成分为高铅酸钙、高分子有机铅、碳酸钙和亚麻油。例如：美国旧金山于1937年建成的主跨达1280m的金门大桥，其主缆丝与缠丝间的缝隙采用含有氧化铅的腻子（又称红丹膏）进行密封保护，缠丝表面再用油漆涂层保护，在以后的营运过程中只是在主缆表面进行持续不断的油漆涂装维护保养。数十年后的检查中发现，红丹腻子中的亚麻油和其他矿物油组分经酸解挥发，导致腻子干涸开裂，主缆丝有腐蚀现象发生。在以后的维修中，主缆表面进行了橡胶布缠绕包覆，确保了主缆的密封防护效果。由于含铅的红丹膏会对环境产生相当大的危害，世界上大部分地区现已严禁使用。西方国家在以后的悬索桥主缆防护中作了改进，采用了一种含锌粉的聚氨酯密封膏作为主缆丝与缠丝之间的密封腻子。其原理是利用锌粉膏的阴极保护作用并填满缝隙阻止水分进入，直到20世纪90年代建成的香港青马大桥都在使用该种材料。由于欧美国家在20世纪60年代以后建造的大型悬索桥梁较少，其主缆防护方法一般都是在缠丝前采用红铅腻子、铝片腻子和锌粉腻子涂覆，缠丝后仅用油漆保护，防护等级不高，需要每年持续不断地进行表面油漆保护。

日本从早期建成的关门桥、平户桥、大鸣门桥、连接本州四国联络线上的濑户桥和目前世界上最大跨径的明石峡大桥（主跨1991m），在引进欧美技术和材料的基础上，不断开发了多种新的防护涂装材料，取得了多项技术专利。缠丝前的密封腻子采取了重量轻、防腐性能高和抗老化寿命长的高分子不干性密封材料，材料本身具有吸水和防腐保护性能。缠丝后为加大主缆表面的防护等级，使用了橡胶带包覆或采用S形钢丝进行缠丝。所有索夹等结构缝隙采用高分子弹性密封材料如有机硅、聚硫等密封剂进行密封，同时开发出了耐候性更优的含氟聚氨酯涂料作为表面保护。近十几年来，相继开发出了在主缆内部输入干燥空气的除湿系统，首次在明石海峡大桥上全面应用，并逐步在濑户桥上改进使用。但是在日本，同时采用S形钢丝缠丝和加装通干燥空气系统还没有应用先例，其关键技术是如何确保主缆系统的密封性以阻止水气进入，这一课题尚需研究和实践。

2. 国内主缆防护涂装技术的应用与发展

我国从20世纪90年代才开始建造大型现代化悬索桥梁，但发展速度非常快，在消化吸收欧美、日本等国先进经验的基础上，悬索桥的建造水平是非常高的。从第一座现代化悬索桥梁——汕头海湾大桥开始，陆续建成了西陵长江大桥、虎门大桥、厦门海沧大桥、江阴长江大桥、鹅公岩长江大桥、忠县长江大桥、宜昌长江公路大桥等，每项工程都有其技术特点和技术创新。如广东虎门大桥施工中采用了“密封套”保护主缆，它与油漆防护系统的根本区别在于主要材料不再对主缆起阴极保护作用，而是依靠牢固紧密的密封套套住主缆，使镀锌钢丝与外部隔绝，从根本上不让水分与空气进入，阻止腐蚀的发生。由此可见，国内悬索桥主缆防护涂装系统也基本上跟上了世界同类桥梁的发展水平。

目前国内外已建悬索桥梁主缆涂装体系主要有以下几种：

（1）江阴桥体系：即采用欧美常用体系来进行主缆防护涂装。

（2）虎门桥主缆涂装体系：选择美国一家公司的聚氨酯类密封胶作为主要涂装材料。

（3）汕头桥、西陵桥、海沧桥、鹅公岩桥、宜昌桥、忠县桥的主缆涂装选择了北京航空材料研究院（BIAM）的涂装体系，其体系类似日本的专利体系，并有所创新，提高了涂装防护等级，在技术上先进、可靠，在造价水平、日后维修等方面具有较强优势。

此外，尚有较成熟的美、英等国防护体系，见表3.4.2-1。

常用的几种主缆防护体系 表 3.4.2-1

项目	防护涂装体系				
	方案一	方案二	方案三	方案四	方案五
主缆钢丝	镀锌	镀锌	镀锌	镀锌	镀锌
底漆		环氧富锌 75μm		磷化底漆 15μm	环氧树脂 20μm
腻子密封材料	亚麻油锌粉密封膏 1mm	聚氨酯腻子 2mm	聚异丁烯不干密封膏 2～3mm	聚异丁烯不干密封膏 2～3mm	磷酸铝糊状涂料 1mm
缠丝	圆形镀锌钢丝	圆形镀锌钢丝	圆形镀锌钢丝	圆形镀锌钢丝	S形镀锌钢丝
底漆	磷酸锌环氧酯 50μm		环氧底漆 40μm	磷化底漆 15μm	环氧底漆 2×40μm
腻子材料	聚氨酯腻子 2mm	聚硫密封剂 0.5mm	聚硫密封剂 0.5mm		
涂料（底层）	云铁酚醛 2×65μm		环氧底漆 2×40μm		
涂层（中间层）	环氧树脂 35μm	聚氨酯防水漆 2×320μm	环氧漆 40μm		
涂料（面层）	醇酸面漆 35μm	聚氨酯面漆 2×125μm（在主缆顶面施加砂粒形成防滑层）	聚氨酯面漆 2×40μm	聚氨酯 3×40μm（在主缆顶面施加砂粒形成防滑层）	柔性氟化乙烯防护漆
实桥应用	江阴大桥	虎门大桥	汕头海湾大桥，西陵长江大桥	海沧大桥，宜昌长江大桥，鹅公岩大桥，忠县长江大桥	日本白鸟大桥
技术支持	英国 KCBL 公司	美国 IT&T 公司	中国 BIAM	中国 BIAM	日本新体系

（二）国内外钢结构（含钢桥）**涂装技术的应用和发展**

20 世纪 30～40 年代，限于防腐涂料及涂装技术水平，世界大多数国家对钢铁构件采用一般的防腐涂装，通常为红丹或磷化底漆和油性醇酸面漆。20 世纪 40～50 年代，由于环氧树脂的出现，环氧富锌涂料的研究得以广泛开展，发展了比热浸锌更优异的工艺和涂料，并获得商业性应用。50 年代发展了不需要加热工序的常温固化型无机富锌涂料，并获得广泛应用。80 年代由于世界各国对环境保护和抗腐蚀的要求越来越高，于是水基无机富锌涂料由于其无污染（无挥发有机化合物）以及抗腐蚀性能优于溶剂型无机富锌涂料而获得广泛应用。

20 世纪 60～70 年代世界上许多国家钢结构工程普遍采用重防腐涂装系统来达到长效防腐效果。美国、日本及我国，对在海洋大气环境下的钢结构，在重防涂装系统上大多采用水性无机硅酸锌涂料（IC531）和无机富锌涂料为底漆，加环氧云铁中间漆，再加聚氨酯面漆的涂装方案。日本明石海峡大桥的涂装方案，是无机富锌底漆加环氧云铁中间层加氨基甲酸乙酯树脂和氟化乙烯树脂混合料面漆。近年国内大桥钢梁表面也有采用热喷锌（铝）涂装的实例，其施工要求高，投资费用大，金属喷涂后仍需进行其他体系的涂装防护，故不易推广。国内外流行的各种钢结构长效重防腐涂装体系比较见表 3.4.2-2。

长效重防腐涂装体系比较表　　表 3.4.2-2

涂层体系	水性无机硅酸锌涂料 IC531 单层 IC531 层底＋中间层＋面层	热喷金属涂层 铝/锌 可外加其他涂层	多层涂装体系 无机富锌底漆＋ 环氧云铁＋聚氨酯面漆
涂层属性	水性无机类	金属类	无机类＋有机类
防护机理	封闭＋阴极保护	封闭＋阴极保护	封闭＋阴极保护
涂层厚度（μm）	单层 100～120 多层 75＋35＋80	铝/锌：100～180	50＋80＋80
基材处理	Sa2.5 级	Sa3.0 级	Sa2.5 级
工艺要求	一般	很高	一般
施工环境	较严	严格	一般
施工工效	固化快、效率高	作业慢、效率低	分层涂装固化、效率略低
耐盐雾性能	10000h 优秀	＞1000h 良好	＞1000h 良好
焊接性能	良好	较好	较好
毒性、污染	无毒无味基本无污染	金属蒸气有毒	微毒、基本无污染
栓接面处理	适用	适用	适用
使用寿命	25 年以上	10～25 年	10～15 年

二、主缆结构体系的防腐蚀涂装与维护

（一）主缆的防护结构

由于主缆系统结构设计复杂，自重和承载能力都很大，在大气自然环境和荷载作用下，容易发生多种类型腐蚀，如双金属电化学腐蚀、大气盐雾腐蚀、湿热腐蚀、振动疲劳腐蚀等。因此，对不同结构部位要求用不同的防护材料进行化学和物理防护。

一般来说，主缆结构构件在制造时都已进行了预防腐蚀处理，如钢丝表面镀锌，索夹、鞍座表面进行油漆防护等，但关键的防护是在主缆架设完毕后进行。根据防腐蚀年限的不同，主要有两个阶段的防腐蚀要求。

1. 主缆缠丝前的防腐蚀要求

由于主缆成型后有 15%～20%的空隙率，缠丝与主缆表面之间有空隙，而缠丝钢丝又是以一定的张力紧紧缠绕到主缆丝表面上。从设计寿命看，主缆系统的设计寿命为 100 年，缠绕钢丝在设计寿命内是不能打开的。因此，对缠丝前的涂装材料要有以下几个基本要求：

（1）使用寿命应达到 100 年，即永久不开裂、不硬化。

（2）具有不干性特点，应为流体状，但不得有流动性。

（3）与镀锌钢丝有一定的黏结力。

（4）具有耐水、耐油、耐大气老化等综合性能，并对钢丝有阻蚀保护作用。

2. 主缆缠丝后的防腐蚀要求

主缆缠丝后，各构件的安装即完成，剩下的最后一道工序是对主缆系统进行整体防护，即对缠丝表面、索夹、鞍座的表面和缝隙进行防护涂装。结合结构特点和当今所用材料水平，一般采用油漆和弹性密封剂相结合的涂装材料，主要要求有：

(1) 使用寿命为15～20年，并可复涂、可维修。

(2) 有一定的韧性和弹性，油漆、密封剂、钢结构之间有良好的粘结相容性。

(3) 具有耐水、耐盐雾、耐大气老化等综合性能。

(4) 整个涂层应有一定的厚度，确保填满所有间隙，达到密封效果。

除了以上基本性能要求外，所有材料应有完整的技术数据，有可行的施工工艺，有可行的现场检验规程，同时还应有良好的经济性，造价要适中。因此，主缆防护方法：第一道保护层是主缆的缠丝和涂料防护，防止缆外水分进入主缆内腐蚀钢丝；第二道保护层是主缆高强钢丝的镀锌膜，对钢丝起屏蔽隔离和电化学阴极保护双重作用。

3. 高强钢丝镀锌防腐蚀要求

主缆所用的每根高强度钢丝和主缆缠绕用钢丝均进行热镀锌防腐蚀，镀层主要技术指标如表3.4.2-3所列，其选用参照标准分别为（GB 5223—85）和（GB 3081—82）。

镀锌钢丝技术要求 表3.4.2-3

项　目	技术指标	
	主缆钢丝	缠绕钢丝
锌层质量（g/m²）	≥300	≥280
附着力	5d×2 不起皮，不剥离	7d×8 不起皮，不剥离
硫酸铜均匀性（1min/次）	>5	>5

4. 主缆防腐蚀涂装结构

主缆防腐蚀涂装主要包括涂防腐蚀底漆、涂抹防锈腻子、涂外层面漆等（图3.4.2-1、图3.4.2-2）。

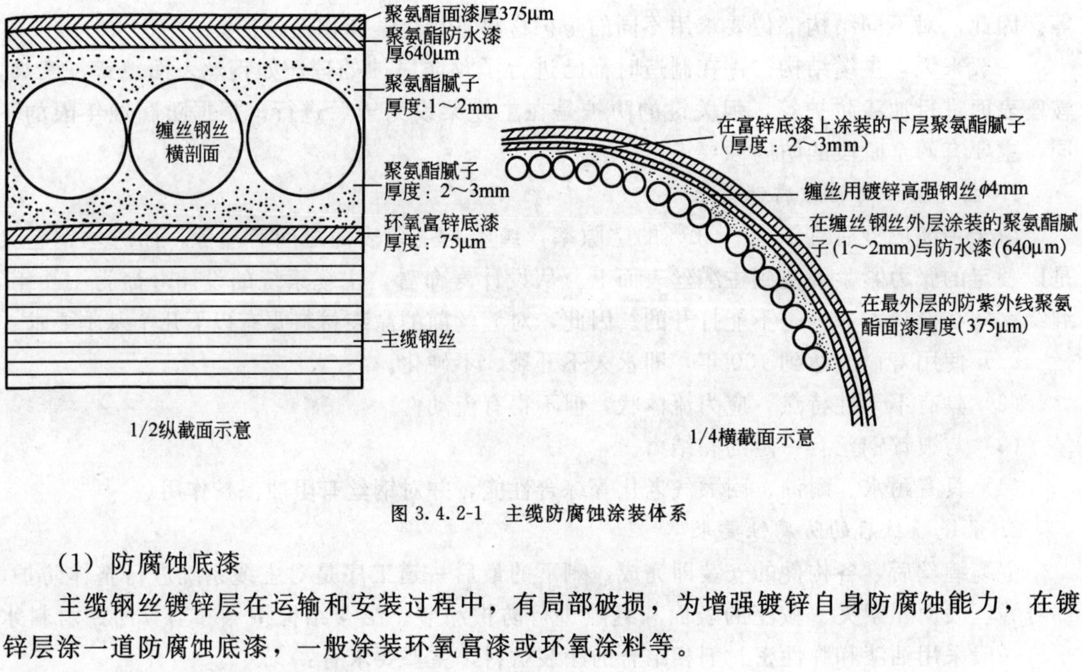

图3.4.2-1 主缆防腐蚀涂装体系

(1) 防腐蚀底漆

主缆钢丝镀锌层在运输和安装过程中，有局部破损，为增强镀锌自身防腐蚀能力，在镀锌层涂一道防腐蚀底漆，一般涂装环氧富漆或环氧涂料等。

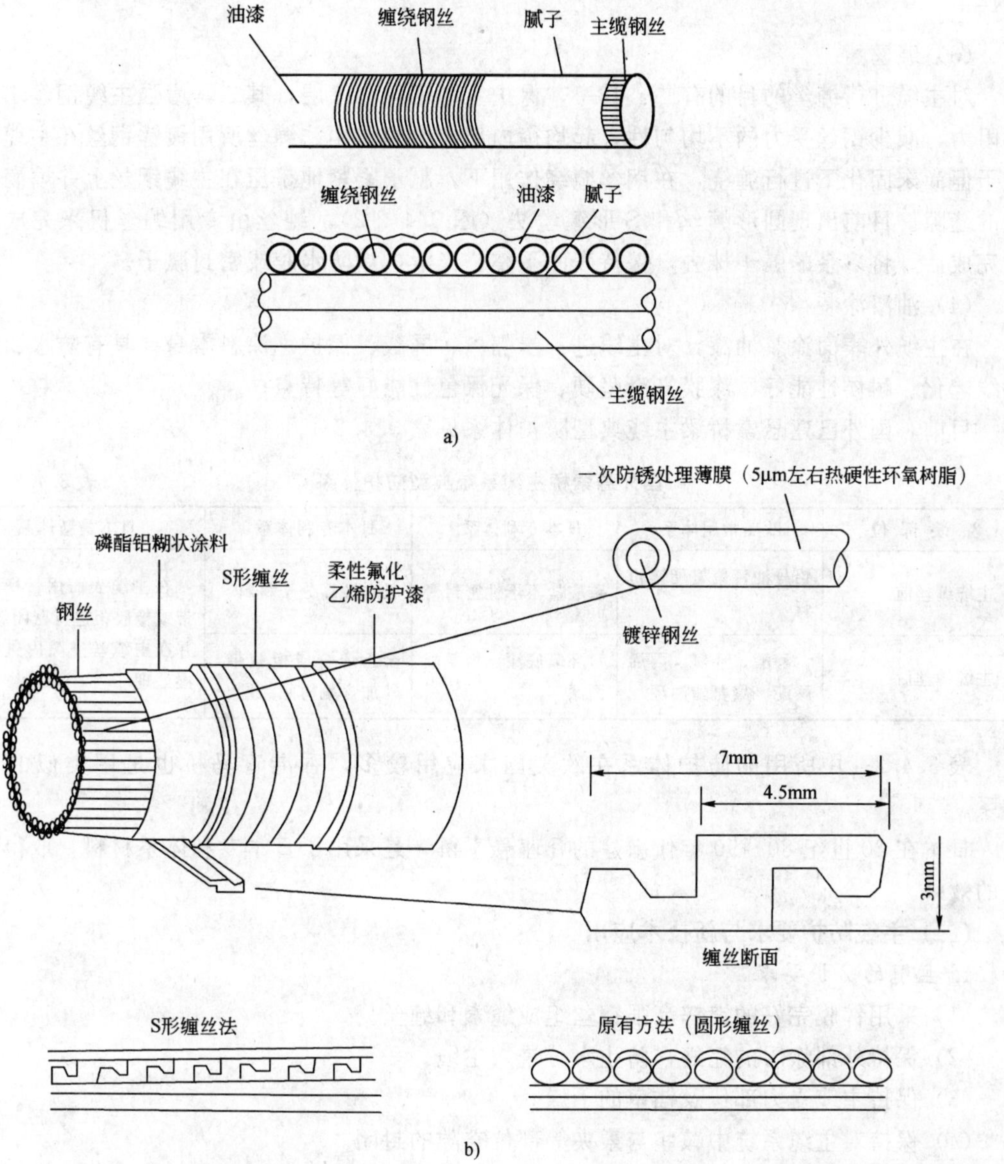

图 3.4.2-2　主缆缠丝法及防护
a）圆形缠丝法；b）S 形缠丝法

（2）密封腻子

使用密封腻子的目的是将整个主缆密封起来，一方面不让外界水分和有害物质浸入，另一方面使钢丝处于缺氧状态，有效阻止钢丝腐蚀的发生。由于主缆常处于低频的振动状态，要求密封腻子长期使用不结块、不变硬，并对钢丝镀锌层有较好的粘着力及保护性。各桥主缆采用的腻子成分略有差别，有些不含金属固体材料，有些含有金属（如红铅、铝粉、锌粉）材料，并仍可对钢丝起一定的阴极保护效果。腻子的厚度一般为 2～3mm，采用刮涂方法施工。

（3）缠丝

对主缆进行缠丝的目的有二：其一，保护主缆钢丝和涂层；其二，增强主缆钢丝之间的摩阻力，减少钢丝受力的不均匀性，起均衡内部应力的作用。缠丝所用镀锌钢丝在主缆腻子表干但尚未固化下进行缠绕，在钢丝缠绕作用下，腻子紧紧地挤压在主缆钢丝上并填满钢丝间的缝隙。目前出现圆形缠丝和S形缠丝法（图3.4.2-2），缠丝由专用缠丝机来完成。缠丝完成后，将多余的腻子抹去，保持表面平整、光滑，涂防水胶或密封腻子。

（4）油漆涂装

在主缆外表面涂装油漆，对主缆进一步隔离、屏蔽、保护。涂料本身要具有防水、抗紫外线老化、耐侯性能好、漆膜光滑坚硬、保光保色性能好等特点。

目前，国外已建悬索桥梁主缆典型防护体系见表3.4.2-4。

国外悬索桥主缆系统典型防护体系　　表3.4.2-4

<table>
<tr><th>涂装部位</th><th>欧美常用体系</th><th>日本专利体系1</th><th>日本专利体系1</th><th>日本最新体系</th></tr>
<tr><td>主缆缠丝前</td><td>铅丹油膏聚氨酯锌粉膏</td><td>磷酸盐不干性密封膏</td><td>吸水性高分子材料</td><td rowspan="2">在主缆表面用带楔形钢带或橡胶板进行密闭缠绕，并在主缆丝空隙内进行除湿处理</td></tr>
<tr><td>主缆缠丝后</td><td>醇酸、环氧、丙烯酸酯、聚氨酯油漆</td><td>环氧底漆、聚氨酯面漆</td><td>聚乙烯合成橡胶带，外加含氟树脂涂层</td></tr>
</table>

表3.4.2-4中所用的防护体系在欧美国家应用较多，香港青马桥也是用类似的防护体系。

日本在20世纪80～90年代新建的几座悬索桥，是采用了日本专利体系材料，取得了良好的效果。

（二）主缆防护要求与新技术应用

1. 主缆的防护要求

（1）采用锌膜完好的镀锌高强钢丝组成缆索和缠丝。

（2）保持外部涂层的完好，防止水分进入主缆。

（3）保持主缆受力部位及锚室的干燥。

（4）保持对主缆系统中鞍座与索夹等部位空隙的封闭。

（5）一旦有水分进入主缆，在索夹附近留有通路将主缆内凝结的水分排出。

（6）使用寿命为15～20年，并可复涂、维修。

（7）有一定的韧性和弹性，油漆、密封剂和钢结构之间有良好的粘结相容性。

（8）具有耐水、耐盐雾、耐大气老化等综合性能。

（9）整个涂层应有一定厚度，确保填满所有空隙，达到密封效果。

2. 传统主缆防护存在的问题

从现有悬索桥主缆都存在不同程度腐蚀的情况来看，传统的主缆防护效果不甚理想。

腻子除起密封主缆的作用外，还可较好地防止外层钢丝的锈蚀（图3.4.2-3）。但主缆内部一旦有水，腻子就失去作用。因此设计时，一般在索夹下方要设置排水孔，以排出主缆内部的水分。但仍会有一些水分吸附在钢丝表面。况且，在主缆现场架设中，钢丝镀锌层的

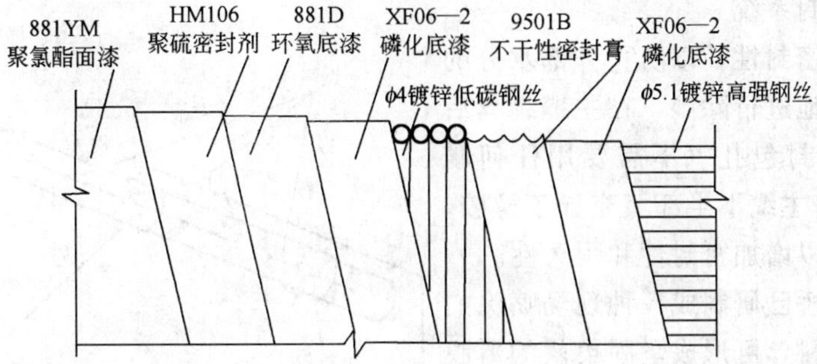

图 3.4.2-3 主缆密封防护结构示意图

损害难以避免，这也会使局部腐蚀加剧。

要长时间保证整个主缆没有水分的侵入是不现实的。事实上，有一部分水分在索股架设期间就已存在并被裹入主缆内，同时营运期间油漆层开裂和腻子老化等亦会使雨水侵入。另外，对防护层来说，一方面起到阻挡外部水分侵入主缆内部的作用，另一方面却又使刚进入或已遗留在主缆内部的水分难以溢出，使其在白天温度高时蒸发，夜晚温度低时冷凝，周而复始。这也是锈蚀不局限于主缆表面和底面钢丝的原因。

我们知道，较高的相对湿度是钢丝产生锈蚀的主要原因。主缆防腐最重要的问题是如何保持其内部干燥，即使其达到一个较低的相对湿度水平，因此采用除湿法是顺理成章的。

3. 注入干空气法的研究

事实上，主缆的两个锚跨由于难以进行外层保护，是通过密封锚室内的除湿装置进行防护的；至于钢箱梁内部的防护，除湿装置也比传统的定期人工刷防锈漆好得多。但由于主缆形状特殊，其除湿的外部环境要比锚室和箱梁内部差得多，加之钢丝经挤压后（孔隙率 18%左右）比较密实，能否用除湿装置有效除去其缝隙中的水分仍不得而知。日本曾进行过为期 3 个月的许多模型试验，将挤压后的主缆模型用密封带包裹，使内部相对湿度为 85%～95%，并向里面注入 250mL 水，同时每天接受 1h 的雨淋。在所有的试件中，主缆的中部都发生了锈蚀，这表明如果有水存在，主缆内部将不能得到很好的保护。于是提出了另一种方法，即在主缆中注入干空气，并让其在主缆中流动。试验时通过预留的小孔以 15cm/min 的流速徐徐注入相对湿度为 20%左右的干燥空气，并由另一孔泄出。干燥模型花费约 1 个月时间，结果仅在积水的底部出现了白腐蚀，而其余地方均可见其镀锌的本色，证明除湿的效果是明显的。

试验还表明，即使存在少量白腐蚀或红锈及微量盐分，但只要相对湿度低于 60%，镀锌钢丝就几乎不再发生锈蚀。

在实桥主缆正式采用除湿防护之前，日本还在北备赞桥上就除湿干燥区域进行了试验。将直径为 998mm 的主缆临时用橡胶带进行密封包裹，从主鞍附近预留的小孔中注入干燥空气，结果发现这 140m 的长度范围内均能有效降低主缆内湿度。另外，在主缆直径为 610mm 的因岛大桥上的试验发现，在 230m 的长度范围内湿度被充分降低。

4. 主缆除湿防腐新技术的实桥应用

注入干空气除湿防腐法首次应用于日本的明石海峡大桥。下面简要介绍日本明石海峡大桥主缆除湿防护系统（图 3.4.2-4、图 3.4.2-5）。

(1) 主缆密封系统

为加强主缆密封性，以防止外部水分的侵入，从而有效地进行除湿，在主缆缠丝后用橡胶带进行密封包扎（不需要用任何腻子）。索夹截面自主缆下半部填充异丁橡胶，上半部填充硅酮以增加密封性和耐久性。

明石海峡大桥已研制成一种现场喷涂的液体速干密封材料，可形成坚固柔软的薄膜层，用于密封层的修补和施工。

(2) 除湿系统

经过滤器除去杂质和盐分的干空气由一个含硅胶的除湿装置产生。干燥空气由风机通过管线运输自索箍进气口进入主缆内，再由邻近的索箍出气口排出，从而在主缆内形成干燥气流。进出气口间距离约为 140m，每个进气包中流量为 $3m^3/min$，并保持主缆包扎带内的压力低于 0.03 个大气压，以不使密封材料因内部压力过高而破裂。同时，进气口都尽量靠近索夹处。

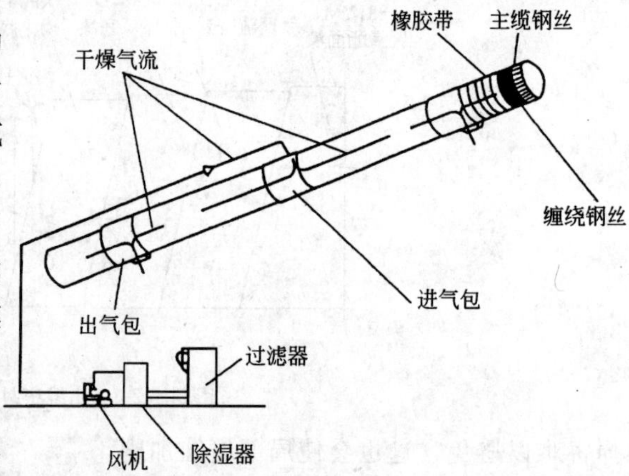

图 3.4.2-4 主缆除湿系统

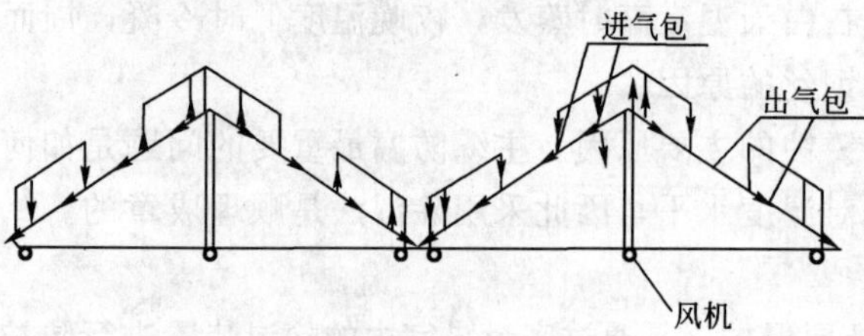

图 3.4.2-5 气孔布置

明石海峡大桥主缆是首次尝试采用除湿防护的，自 1997 年建成投入使用以来，对该桥主缆内的相对湿度进行了连续观测。起初有水分进入主缆，6 个月后这些水分全蒸发了。此后主缆内的相对湿度一直保持在 40% 以下，防腐效果很好，达到了预期的目的。同时，除湿系统的优越性还不仅体现在后期的除湿效果上。阴雨潮湿的气候对现行传统的防护施工影响很大，甚至不能施工；而除湿法由于不需要腻子，运行后又可很快除去施工时遗留的水分，因而施工时受天气的影响很小，这对工期控制是有利的。

5. 发展前景

(1) 主缆是悬索桥的主要受力部分，且建成后不可更换。从国内在建或已建成的桥梁情况看，索夹排水孔中常有水流出，可见主缆内部的湿度较大，且其内部的锈蚀情况又难以检查和发现，因此这方面的研究应引起足够重视。

(2) 主缆钢丝镀锌层在工厂制索和现场架设中的索股拖拉、整形和入鞍等工序中均会不同程度地磨损，这会使腐蚀速度加快。

(3) 主缆除湿防护比传统的防护方法更为可靠，其经济效益也是显著的。我国润扬大桥引进并采用了该除湿系统。

(三) 主缆辅件防护措施与维护

1. 主缆非缠丝部位

该部分为主塔鞍座两侧主缆引出段和散索鞍座主缆入口段，由于外部条件限制，不能缠丝，自鞍体侧壁开始第一个封闭索箍止，其防护方案为：

底漆：采用环氧富锌 75μm，或磷化底漆 15μm；

腻子材料：包括环氧、聚氨酯、聚异丁烯、聚硫密封材料等（填平，再缠高强玻璃布两层）；

涂装中间漆和面漆：采用与主缆一致的涂料，涂装 3～4 道防腐蚀涂料。

2. *索夹防护*

带吊索的索夹是悬索桥的重要受力构件，但暴露在大气中，形状又较复杂，给防护涂装提出了更高的要求。其防护涂装分制造和安装两个阶段分别进行。

1）工厂涂装

方法一：索夹出厂前，对内侧和外表采用热喷锌，内侧厚度 100μm，外表面厚度为 200μm，此外在外表面还涂有 60μm 厚的环氧云铁漆和 40μm 的丙烯酸聚酯面漆。

方法二：内外侧涂环氧富锌底漆 75μm，环氧云铁漆 3×40μm，聚氨酯面漆 2×40μm。

2）现场涂装

①索夹安装后，对外表面（包括螺栓螺帽）增加了聚氨酯防水漆 640μm 或各类密封腻子 1mm，涂装聚氨酯面漆 250μm。

②索夹缝隙的密封

索夹密封主要起保护主缆的作用，采用液体橡胶或者是橡胶腻子。液体橡胶灌注索夹下缘夹缝比较困难；橡胶腻子灌注的索夹下缘夹缝，由于重力的影响，时间长了可能会发生变形。为避免上述两种材料的缺点，可改用方形空心橡胶条作为索夹密封填料，同时用液体橡胶填充索夹夹缝两端的一些空隙，对索夹进行密封保护。橡胶条由厂家定做，运到工地根据需要下料。

3. *吊索防护措施*

目前在国内应用的主要有两种体系：

（1）体系一：底漆，环氧富锌漆 75μm；防水漆，聚氨酯防水漆 4×160μm；防紫外线漆，聚氨酯面漆 2×80μm。

（2）体系二：底漆，磷化底漆 15μm；中间漆，环氧漆 3×50μm；面漆，聚氨酯面漆 3×40μm。

4. *锚头防护*

吊索锚座设在钢箱梁内部，吊索锚头与钢箱梁内壁一样利用干燥空气防腐蚀，为了不使潮湿空气和雨水沿吊索进入钢箱梁内部，除在锚座上部突出钢箱梁外壁的钢筒内填充密封腻子外，还在吊索下部设截水罩，以防止雨水沿密封腻子与吊索之间的裂隙进入吊索底部和钢箱梁内，腐蚀箱梁钢护构件。

5. *锚碇防护*

（1）埋入混凝土部分

防护要求：涂层长期耐腐蚀，涂层与钢件结合力好而与水泥混凝土粘结不牢固。

涂装工艺如表 3.4.2-5 所列。

埋入混凝土部分锚杆及锚梁涂装　　表 3.4.2-5

工　序	道　数	干膜厚度 (μm)	颜　色	与上道工序间隔时间	工艺要求
表面处理	喷砂除锈，质量等级达到 Sa2.5 级				砂粒直径 16～40 目
无机富锌底漆	1	75	灰色	<4h	
厚浆型环氧沥青中间漆	3	240	黑色	>1d	每道间隔 8～24d
环氧富铝面漆	1	30	铁灰色	1～10d	用喷涂工艺进行
现场补涂	在运输和安装过程中，损伤的漆膜要修补，按涂装工艺要求进行				
	合计：干膜厚度 345μm（车辆漆厚度不计）				

锚杆支架的耐腐蚀性要求相对低些，一般情况下只需满足加工制作及在浇筑混凝土前不锈蚀就可以，所以可采用涂料如车间底漆、磷化底漆等进行工序间临时防护处理。

锚杆、锚梁的防腐蚀要求较高，防腐蚀涂装与钢箱梁内表面要求相同。

(2) 外露的锚杆部分

外露的锚杆部分钢结构防护采用电弧喷涂或重防腐蚀涂料进行防腐蚀涂装，其防腐蚀要求与钢箱梁内部防腐涂层相同。

(3) 锚室

锚室与钢箱梁有相同之处，通过增加密封、安装除湿装置可有效地对锚跨钢结构和锚碇内部钢结构进行防腐蚀保护，其除湿工作原理与钢箱梁内部相当。

6. 主索鞍、散索鞍、索夹、支座防护

(1) 主索鞍、散索鞍的外表表面防护要求按一般钢结构处理，其鞍槽内常采用热喷锌防腐，保持其光洁度。

(2) 索夹外表防腐与主缆的外涂层相同，索夹与主缆的接触面的内表面亦采用热喷锌防护。

(四) 缆索系统涂装主要引用的标准

1. 国内标准

GB 8923　涂装钢材表面锈蚀等级和除锈等级

TB/T 1257　铁路钢桥保护涂装

TB/T 2486　铁路钢梁涂膜劣化评定

JB/Z 350　高压无气喷涂典型工艺

GB/ 1764—79　漆膜柔韧性测定法

GB 1731—79　漆膜厚度测定法

GB 7692　涂装作业安全规程——涂膜前处理工艺安全

GB 6541　涂装作业安全规程——涂膜工艺安全

2. 国际标准

BS 5493　钢铁结构保护涂层

SSPC-SP12　高压淡水冲洗的清洁标准

ISO2808　涂层膜层测试方法

ISO8501-1：1988　钢材在涂装油漆及相关产品前的预处理——表面清洁度的目测评定

ASTM-D2697-86　体积固体份的测定

三、加劲钢梁的防护涂装

钢箱加劲梁作为悬索桥的主体结构组成部分，其防护非常重要。钢箱梁外部防锈蚀周期应与主缆、吊索相同，约为15年。钢箱梁内部要求长效防锈蚀。

（一）钢箱梁锈蚀与除锈方法

1. 钢箱梁锈蚀的种类

对钢梁锈蚀的检验，大致可将钢锈分为：银锈、浮锈、黄锈、褐锈、黑块锈或夹层锈、麻孔锈、氧化皮形成的锈皮疱瘩等种类。钢铁表面锈蚀的构成如图3.4.2-6所示。

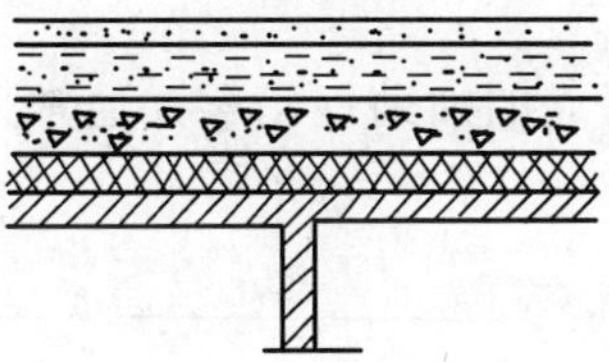

图3.4.2-6　钢铁表面锈蚀的组成

锈蚀按锈蚀程度大致可分为五类，见表3.4.2-6。

钢箱梁锈蚀程度分类表　　表3.4.2-6

类别号	锈蚀程度	锈蚀具体表现
一类	基本无锈蚀	钢材表面显出金属或黑色金属光泽
二类	轻微锈蚀	钢材表面有一层浮粉的银锈，局部有黄锈，只稍加处理表面就可进行涂漆
三类	基本锈蚀	钢材表面形成黑锈粉
四类	较严重锈蚀	钢材表面全部有黑褐色锈层，并有轻度麻孔锈坑
五类	严重锈蚀	钢材表面油漆脱落，全部有较多的疏松黑块锈和麻点坑

2. 钢箱梁锈蚀后表面除锈方法及质量标准

对于钢箱梁表面的铁锈、氧化皮、旧漆皮、污垢、泥土等，可采用的除锈方法有：机械除锈、化学除锈、喷砂除锈、喷丸除锈、高压水喷射除锈、水砂混合除锈、手工除锈等。

除锈以后，钢箱梁表面的质量应达到以下标准：

①应将钢箱梁表面的氧化皮、锈蚀层、旧漆层及对钢箱梁油垢或带有化学腐蚀性物质一律清除干净，显出灰白色金属表面。

②使用手工和机械方法进行除锈工作时，不得损伤钢铁表面，不得留有锤痕、砍印、裂口等。

③若使用有机溶剂配制的脱漆剂处理旧漆皮，严禁用硫酸、盐酸等在钢箱梁上除锈；不允许使用碱液脱除旧漆皮；也不允许高温火焰焚烧锈层及旧漆皮。

④喷射处理后，要使钢梁表面具有一定粗糙度，能与涂料结合牢固，附着力强。

3. 营运中钢箱梁防锈蚀处理的方法

当桥梁营运15年以后，由于钢梁生锈及旧漆皮脱落，在除锈后，应立即采取防锈蚀养护措施。常用的防锈蚀方法有：油漆，电镀锌、铬，喷涂金属锡、锌、铬等，或喷涂塑料粉沫等。这些方法中，国内外常用的方法还是以油漆涂装为主。

4. 钢箱梁内除湿防锈蚀的监测及维护

钢箱梁内部应设置相应数量的除湿机，利用两侧贯通全长的U形肋作为通风孔，营运养护管理时，应注意监控除湿机的工作状态，一旦遇到故障，应立即修复，以保持钢箱内较低的湿度，达到长效防锈蚀效果。

(二) 钢箱梁防腐维修工艺

对于用中型钢板（厚度6～14mm）全焊而成的加劲钢箱梁，通常采取下述防腐涂装方式：

整个梁体分三部分进行防护（图3.4.2-7）：①由于钢箱梁呈封闭箱体，其内壁几乎不能重涂油漆，可以采用干燥空气防护（有关内容详见下节）。②对行车道部分沥青混凝土防水层下的钢桥面只涂长效漆底（如虎门大桥采用的是溶剂型的无机富锌漆）。③对外壁即底板、斜腹板、上腹板外露在大气中，可以进行重涂，一般采用多油漆防护。要求使用寿命为15年，即5年小修，15年大修。

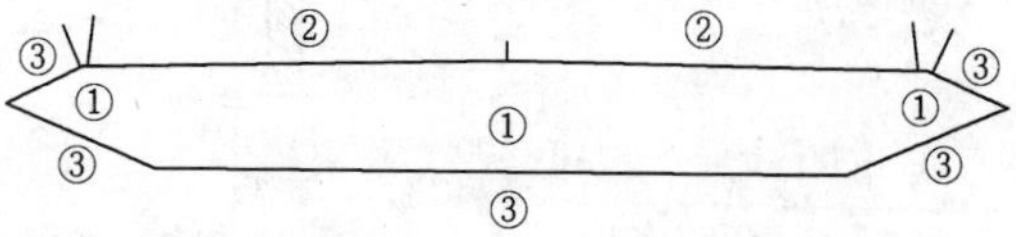

图3.4.2-7 梁体防护区域划分

早期的钢箱梁涂装均采用油漆方法，随着防腐蚀技术的不断发展，新建各类钢桥涂装防腐蚀均采用了建桥时期相对成熟的工艺技术。

1. 钢箱梁外壁防腐涂装维修工艺

钢箱梁外壁主要指底板、上下斜腹板的外表面。它们直接暴露在大气中，是钢箱梁最容易腐蚀的部位，建桥时也主要针对此部分而设置检修小车，进行定期检修和维护。

(1) 涂装体系

钢箱梁防腐蚀涂装体系通常是由底层、封闭层、中间层和面层组成的综合防腐蚀系统，任何一种涂料都无法保证同时对钢铁具有隔离、抗紫外线和阴极保护等功能，只有通过它们的互相组合，才能组成有效的防腐蚀涂装体系。

①防腐蚀底层

防腐蚀涂装底层与钢铁直接接触，对钢铁表面具有钝化缓蚀作用、阴极保护作用，即含有防腐蚀底层的钢铁表面直接暴露在腐蚀介质中时，它应对钢板具有防腐蚀保护。此外，防腐蚀底层应与钢铁具有优良的涂层结合力，以保持整个涂装层在防腐蚀寿命期内结合牢靠，避免因涂层附着力差导致涂装层脱落而提前失效。防腐蚀涂装底层对整个涂层的耐腐蚀寿命有举足轻重的影响，通常采用的底层涂装层如表3.4.2-7所示。

常用涂装底层种类　　表 3.4.2-7

涂装底层种类	常用厚度（μm）	涂层与钢铁结合力（MPa）	涂装底层种类	常用厚度（μm）	涂层与钢铁结合力（MPa）
热浸镀锌	80～100		热浸镀铝	80～100	
热喷涂锌	100～300	6～8	热喷涂铝	100～300	10～17
环氧富锌	≤80	2～3	无机富锌	≤80	4～5
水性富锌	≤80	2～3			

除此之外，锌铝合金在大气环境下具有相对活性和更好的阴极保护效果，已使用的有热浸镀锌铝合金，热喷涂锌铝合金。

②封闭涂层和中间涂层

封闭涂层对热喷涂层的孔隙进行封闭，对环氧富锌涂层、无机富锌涂层和热浸镀锌层等外露锌颗粒进行遮盖，大大降低了底层钢板的电化学腐蚀速率；其次是起隔离作用，防止腐蚀介质进入底层钢板的内部，加强面漆附着力，延缓其电化学腐蚀发生的时间，使涂层的耐腐蚀寿命获得提高。

封闭涂层与中间涂层的主要区别是，封闭涂层应有足够低的黏度，以确保涂料能够渗透到底层涂层的孔隙中去。一般情况下封闭涂料是由中间涂料加入30%～50%相应稀释剂而成，常用的封闭涂料为环氧云铁、环氧铁红等；而中间涂料主要在底漆和面漆之间起承上启下作用，它增加涂装涂层厚度，是防腐蚀涂装体系中的重要部分。

③面漆

面漆对涂装底层和中间涂层具有保护作用，延缓底层腐蚀发生的时间。面漆涂层应具有优良的耐候性、抗老化性、保光保色性、耐盐雾性、耐潮湿性能，漆膜坚硬光滑。现在普遍使用的面漆有氯化橡胶和聚氨酯两大类，聚氨酯尤以丙烯酸聚氨酯和脂肪族聚氨酯应用效果最好。

（2）涂装应用实例

本节所列举的涂装应用实例中，桥梁钢板均已涂装硅酸锌车间底漆20～30μm，经喷砂除锈后再进行涂装。

虎门大桥钢箱梁外表面涂装见表3.4.2-8。

虎门大桥钢箱梁外表面涂装　　表 3.4.2-8

涂层名称	涂装道数	涂层厚度（μm）
无机富锌底漆	1	75
环氧铁红封闭漆	1	25
环氧云铁中间漆	2	80
丙烯酸聚氨酯面漆	2	80

江阴长江大桥钢箱梁外表面涂装见表3.4.2-9。

江阴长江大桥钢箱梁外表面涂装 表 3.4.2-9

涂层名称	涂装道数	涂层厚度（μm）
硅酸锌底漆	1	70
环氧聚酰胺底漆	1	25
环氧云铁中间漆	1	75
可复涂聚氨基甲酸乙酯面漆	2	80

香港青马大桥钢箱梁外表面涂装见表 3.4.2-10。

香港青马大桥钢箱梁外表面涂装 表 3.4.2-10

涂层名称	涂装道数	涂层厚度（μm）
电弧喷锌底漆	1	175±50
红色磷酸锌底漆	1	20
灰色磷酸锌底漆	1	20
黑色环氧云铁中间漆	1	40
银灰色环氧云铁中间漆	1（现场）	40
脂肪族聚氨酯面漆	1（现场）	40

厦门海沧大桥钢箱梁外表面涂装见表 3.4.2-11。

厦门海沧大桥钢箱梁外表面涂装 表 3.4.2-11

涂层名称	涂装道数	涂层厚度（μm）
醇溶性无机富锌底漆	1	80
环氧封闭漆	1	25
环氧云铁中间漆	2	80
脂肪族聚氨酯面漆	2	80

上海南浦大桥、杨浦大桥和闽清石潭溪大桥外表面涂装列于表 3.4.2-12。

上海南浦大桥、杨浦大桥和闽清石潭溪大桥外表面涂装 表 3.4.2-12

涂层名称	涂装道数	涂层厚度（μm）
环氧富锌底漆	1	80
环氧云铁中间漆	2	100
聚氨酯面漆	2	80

上海徐浦大桥、天津彩虹桥外表面涂装见表 3.4.2-13。

上海徐浦大桥、天津彩虹桥外表面涂装 表 3.4.2-13

涂层名称	涂装道数	涂层厚度（μm）
水性富锌底漆	1	70
环氧云铁中间漆	2	70～100
聚氨酯面漆	2	80

从以上大量应用实例中防腐蚀涂装层的使用效果看，采用油漆涂料涂装的极限使用寿命均在10～15年，甚至在4～5年内有些桥的防腐蚀涂层已需重新维修。如上海南浦大桥、杨浦大桥等均已重新采用电弧喷涂防腐蚀的涂装层进行了防腐蚀维修涂装，耐蚀寿命可以达到30～50年以上；以后即使需要维修，仅需重新涂装防腐蚀面漆，而不需喷砂除锈。

2. 涂装质量要求与检测

(1) 漆膜的外观要求

底漆、中间漆主要要求平整、均匀，漆膜无气泡、裂纹、无严重流挂、脱落、漏涂等缺陷，面漆除达到要求外，其颜色应与比色卡相一致。

(2) 漆膜厚度的要求与检测

①必须达到设计要求的厚度，一般用电子涂层厚度仪和磁性测厚仪、横杆式测厚仪等测量。

②每涂完一层后，必须检查干膜厚度，涂装完工检查总厚度。

③测量方法：每10m^{2}测5个点，每个点附近测3次，取平均值，每个点的量测值如小于设计值应加涂一道涂料。

(3) 漆膜附着力的检验

检验方法：粘贴法。用锋利的专用刀在漆膜上划一叉，刀痕划到钢板，然后贴上指定胶布，贴紧漆膜，接着迅速将胶布拉起。当干漆膜厚度小于120μm时，刀痕两边漆膜被粘下的总宽度最大不超过2mm为合格，超过者为不合格。干膜厚度大于120μm不超过3mm为合格。

3. 钢箱梁涂装主要引用的标准

(1) 国内标准

GB8923　涂装钢材表面锈蚀等级和除锈等级

GB6060.5　表面粗糙度比较样块——抛（喷）丸、喷砂加工表面

GB6484　铸钢丸

GB/T13312　铸钢砂

TB/T1527　钢铁件涂装前油程度检验方法（验油试纸法）

TB/T2486　铁路钢梁涂膜劣化评定

JB/Z350　高压无气喷涂典型工艺

GB1764　漆膜厚度测定法

GB9286　色漆和清漆——漆膜的划格试验

GB7692　涂装作业安全规程——涂漆前处理工艺安全

GB6514　涂装作业安全规程——涂漆工艺安全

(2) 国际标准

ISO/DIS 12944(或 BS5493)　钢铁结构保护涂层

BSENISO 8503—21995　除锈喷砂钢板表面粗糙度

ISO 8501—1：1988　钢材在涂装油漆及相关产品前的预处理——表面清洁度的目视评定

NACENO.5/SSPC-SP12　高压淡水冲洗的清洁标准

ISO2808　涂层膜厚测试方法

ISO2409　色漆和清漆——划格试验

(三) 钢箱梁内壁除湿防腐技术

钢箱梁内壁可采用油漆涂装防腐和除湿防腐。具体选择何种方案，应根据桥位处环境等因素而定。油漆涂装防腐前节已作介绍，本节重点介绍除湿防腐技术。

1. 内壁防腐蚀涂装的难度

钢箱梁内表面主要由箱梁内壁和风嘴内壁两部分组成。由于风嘴通常与外界直接相连，腐蚀环境要较箱梁内壁更恶劣，通常设计风嘴内壁的防腐蚀要比箱梁内壁高出一个等级。目前已建和在建的钢箱梁桥内表面防腐蚀涂装体系基本相同，钢箱梁内表面涂装体系及典型应用实例如表 3.4.2-14～表 3.4.2-16 所列。

虎门大桥钢箱梁内表面涂装　　表 3.4.2-14

涂层名称	涂装道数	涂层厚度（μm）
硅酸锌车间底漆预涂	1	20～30
二次表面处理 Sa2.5 级		
无机富锌底漆	1	60
无机富铝面漆	1	20

江阴大桥钢箱梁内表面涂装　　表 3.4.2-15

涂层名称	涂装道数	涂层厚度（μm）
硅酸锌车间底漆	1	20～30
二次表面处理 Sa2.5 级		
硅酸锌车间底漆	1	100

武汉军山大桥钢箱梁内表面涂装　　表 3.4.2-16

涂层名称	涂装道数	涂层厚度（μm）
硅酸锌车间底漆	1	20～30
二次表面处理 Sa2.5		
环氧耐磨漆	1	100
硅酸锌车间底漆	1	20～30
二次表面处理 Sa2.5		
无机硅酸锌	1	80
环氧中间漆	1	25　　风嘴
环氧面漆	1	125

大型钢结构采用涂装防腐，多则 15 年一大修，小则 5 年一小修，维护工作量相当大。尤其是悬索桥跨径大，钢箱梁的内部结构十分复杂，涂装表面面积大，死角多，箱内空间小，工作条件差，给营运后长期的维修和养护工作带来困难。因此，采取一系列构造措施，将钢箱梁封闭起来成为一个密封的空间，安装抽湿机，形成除湿系统来防止箱梁内部的锈蚀是一种可行的方案。

2. 除湿防腐的应用与发展

除湿防腐即在钢箱梁体内部安装除湿机（亦称抽湿机），使箱体内的空气相对湿度长期保持在50%以下，钢板表面处于干燥空气的环境中，阻止钢板表面锈蚀。这种方法已在欧洲一些钢箱梁的桥梁上得到广泛应用。1970 年建成的丹麦小贝尔桥，在加劲梁内安装了降湿机，将箱内的空气相对湿度控制在45%左右，30 年来箱体内壁没出现锈蚀现象。虎门大桥的钢箱梁内壁采用了国外先进办法，在箱体内安装了 4 台降湿机，还对钢箱梁内部进行了二次表面处理、涂漆。江阴长江大桥采用重防腐油漆涂料和防湿系统保护方案。宜昌长江大桥根据桥梁具体情况未安装除湿装置，仅采用涂装防护。南京二桥、润扬大桥均设置了除湿系统。

对钢箱梁内部进行重防腐涂装和除湿方法进行比较，内部除湿具有以下显著特点：

(1) 与周期性油漆涂装相比较，除湿系统可以大大降低桥梁营运期间的养护费用。

(2) 采用内部除湿方式防腐可以变被动防腐为主动防腐，提高防腐效果。

(3) 由于钢箱梁的结构特点，适合于运用内部除湿技术。梁体为顺直封闭型，箱内的U形加劲肋可以利用起来，作为干燥空气送风管。

(4) 内部除湿系统需要较高的自动化控制系统。

3. 除湿防锈蚀重点结构部位

迄今为止，全世界已有 30 余座钢桥梁采用除湿设备对钢箱梁、锚室和鞍室等进行干燥防腐蚀保护，有效地防止了钢梁和缆索的腐蚀，保护了大桥的安全营运。

(1) 除湿系统工作原理

常用的空气除湿方法分为两大类：冷却法和化学法。

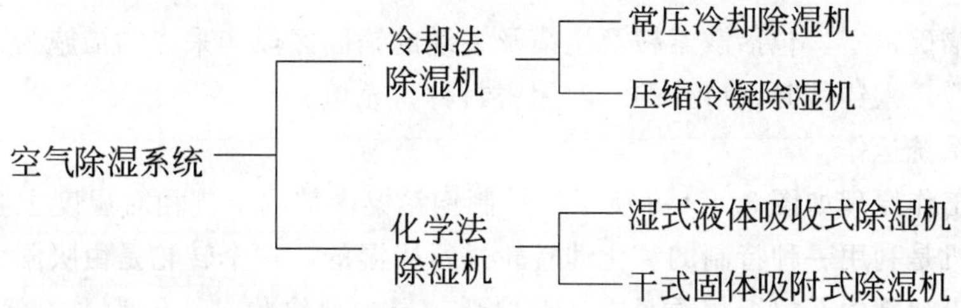

化学法除湿系统具有除湿量大、除湿效率高、设备体积小、安装简便、维护操作简单、运行可靠、运行费用低廉等优点。

(2) 除湿防锈重点部位

虎门大桥悬索桥采用除湿系统防锈蚀的部件有：

①钢箱梁内部。在两岸边梁端各放置 2 台除湿机（Munters ML1100），以桥面 U 形加劲肋作为送风管道，将干燥空气送至跨中，在除湿机的作用下，通过箱梁内部的气体循环，使箱梁内部空气的相对湿度保持在 40%左右。

箱梁内部采用除湿防腐的方法也给箱梁的内部构造处理带来下列问题：

a. 横隔板上须开孔以满足梁内气体循环的要求；

b. 为保证箱梁的内部气密性，需对灯柱、泄水孔，端隔板上的密封门及焊接孔，伸缩缝伸入的梁端部分，吊索进入箱梁部位等结构进行构造处理。

c. 除湿系统自身的构造需要在箱梁端做一些特殊的构造处理，如再生空气入孔、湿空气排放孔和保证梁内外气压平衡的底板开孔等，如图 3.4.2-8 所示。

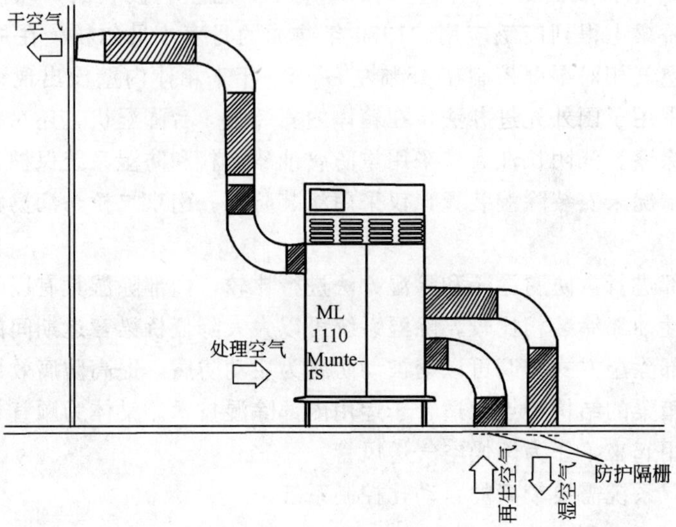

图 3.4.2-8　箱内除湿机示意图

②东、西塔顶主索鞍室。包括主索鞍及两侧封闭索夹之间的索套内及鞍槽内的主缆，采取密封措施，即将索套两端与鞍室及封闭索夹之间空隙用密封材料充填，主索鞍室入口采用密封门。

③东、西锚碇锚室。包括散索鞍及主缆及主缆的锚固区段，采取的措施为：锚室入口采用密封门，主缆进入锚室时入口处的空隙用密封材料充填。

（3）除湿系统运作

①除湿机工作原理如图 3.4.2-9 所示。控制钢箱梁内部的空气相对湿度主要依靠除湿机来完成。除湿机是利用一种特制的氯化锂转轮进行吸湿的，这个转轮是由吸附力强、耐高温并含有氯化锂吸湿剂的石棉纸相卷而成（石棉纸一层为波纹状，一层为平板状），纸与纸之间形成许多蜂窝状的小通道，以增加湿空气与石棉纸芯的湿热交换面积，提高除湿效果。此外，用无机胶聚合铝作为保护剂，把氯化锂及湿晶体牢牢嵌固在石棉纸上，以免氯化锂被空气带走。

②除湿系统布设（虎门桥）

a. 钢箱梁内部。于箱梁两端各布置两台（Munters ML1100）除湿机，并利用两侧贯通全长的 U 形肋作为通风孔道，具体布置如图 3.4.2-10、图 3.4.2-11 所示。

b. 东、西主鞍室。各布置了一台（Munters ML1100）除湿机。

c. 东、西锚室。各布置了两台（Munters ML690）除湿机。

（四）钢桥面板的防锈蚀涂装

悬索桥钢箱梁桥面板的防锈蚀涂装要求涂层耐高温、耐砂石冲击，有良好的长效防水、防腐性能。涂装具体做法为：对钢桥面板的板材先进行一次表面处理，喷砂除锈，质量等级达到 Sa2.5 级，再涂无机硅酸锌车间底漆一层，干膜厚 20μm；然后进行第二次表面处理，喷砂或电动工具打磨，除去锈及全部车间底漆；再涂刷一层灰色无机富锌底漆干膜厚

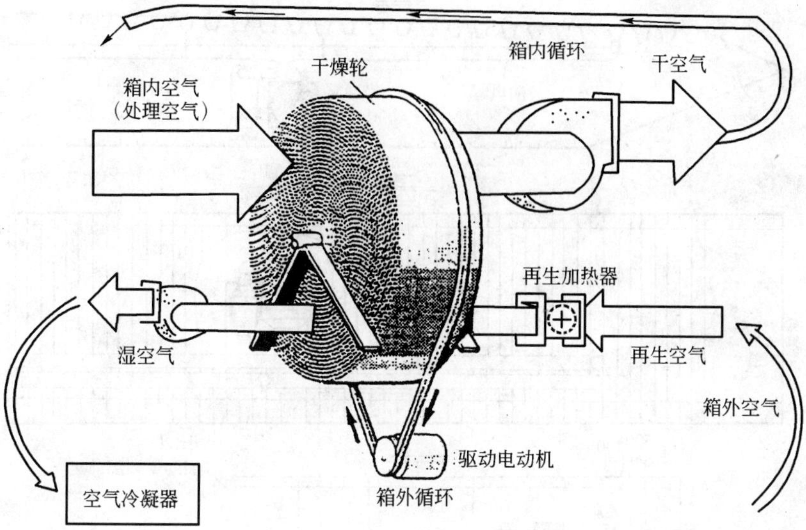

图 3.4.2-9　除湿机工作原理图

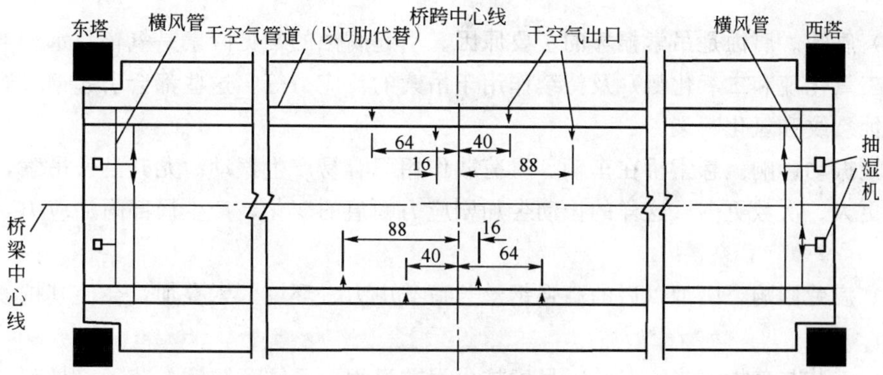

图 3.4.2-10　钢箱梁内部除湿系统布置（尺寸单位：cm）

100μm。进行桥面沥青铺装之前，涂装两层白黄双色防水胶，干膜厚度 200μm。防水胶应选用韧性好、防水性好，并与沥青铺装层结合良好的材料。

钢桥面板防锈蚀养护应与桥面沥青铺装层结合进行。

四、易损件的更换

不能同主结构寿命相等的、易受腐蚀或损伤的构件称为易损件。悬索桥的易损件主要有：吊索系统、主缆扶手索、主缆缠丝、桥面铺装层、伸缩缝及桥面附属设施等。

（一）吊索系统的更换

1. 吊索系统损坏的主要原因

吊索系统损坏的主要原因有如下五方面：

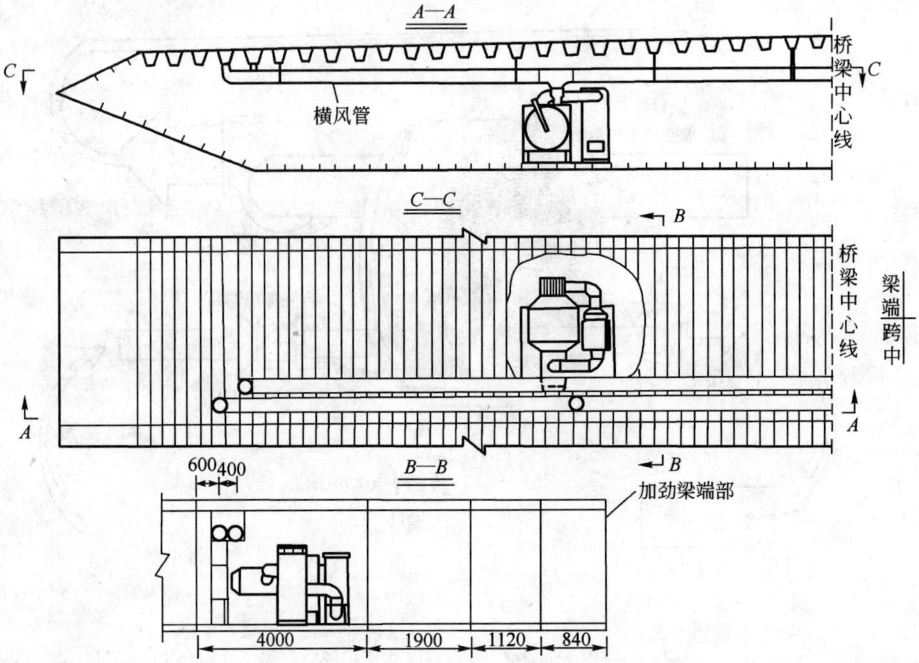

图 3.4.2-11 梁端除湿机布置（尺寸单位：mm）

(1) 腐蚀。腐蚀是吊索损坏的主要原因。引起腐蚀的常见因素是氧化、水、电化位（氧离子、三氧化硫和二氧化氮）及持续作用于吊索的拉应力等。这些都会引起钢材腐蚀，产生应力腐蚀裂纹和氢化断裂。

(2) 振动影响。悬索桥在车辆、风荷载作用下容易产生振动。尤其是长吊索，风致振动的幅度更大、次数更多。这样的振动会加剧应力幅值的变化，产生局部附加应力，导致断丝等。

(3) 疲劳影响。腐蚀以后的高强钢丝与荷载应力、环境因素叠加，会使其抗疲劳性能显著降低。

(4) 安装与养护不当。安装时吊索拉力误差过大、不注意防锈、疏于养护都会加剧吊索的损坏。在制造运输过程中的意外受伤也会导致其钢丝应力集中，使其抗疲劳能力下降。

(5) 意外事故。桥上发生火灾或爆炸等高温引起吊索退火，力学性能降低；交通事故中失控车辆冲撞吊索使吊索断丝或折断。这两种意外都会导致吊索损坏。

2. 吊索的设计使用寿命和提前损坏

个别索可根据实际损伤、腐蚀状况及断丝情况决定是否更换。全面更换吊索应慎重考虑，一般应在50年后，视绝大部分吊索是否严重腐蚀，或断丝已削弱截面达5%，或吊索由锚头中有明显拔出迹象，或眼板及相邻部位有裂纹扩展，应对更换下的吊索进行解剖并进行试验后综合判断决定。

按照设计和制造质量的要求，吊索一般均应能承受200万次循环加载的疲劳试验，且设计采用的静力安全系数一般在3.0～3.5以上。其冷铸锚的冷铸料是采用环氧树脂类灌筑料，环氧类材料一般常温日光老化寿命在50年以上。冷铸料在锚内的工作条件，不受阳光照射，且温度不大于60～80℃，因此，在良好防腐工作条件下，一般设计寿命均应在50年以上。

3. 吊索更换工艺

吊索更换工艺见图3.4.2-12，其步骤如下：

（1）准备工作。测量主缆与加劲梁在需要换吊索处的高程和需要更换吊索的现存索力；制作新吊索，其断面规格和长度同需更换的吊索；制备2根临时吊索，包括其端部冷铸锚和螺帽（临时吊索端部应考虑用螺杆接长，以便用于各种不同长度的吊索更换）；制备2套临时索夹，包括应配数量的高强度拉杆；制备1根工具梁，并按跨中承担的集中力设计；制备2套加长螺杆、连接螺帽，加长螺杆的直径及螺纹同锚杆的直径及螺纹，加长螺杆的长度应根据工具梁的高度（h）、连接螺帽高度、螺帽高度和留有一定余量等来考虑；制备2根分配梁。

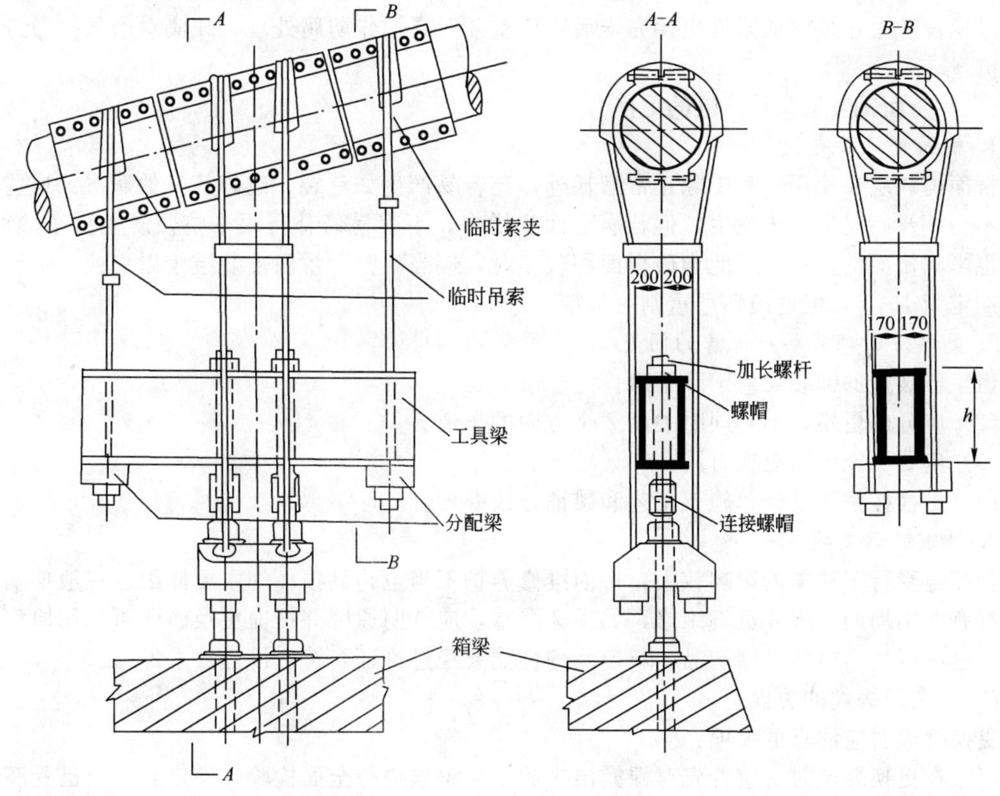

图3.4.2-12　吊索更换工艺（尺寸单位：mm）

（2）安装临时索夹。

（3）安装临时吊索、工具梁、分配梁。

（4）安装连接螺帽、加长螺杆、螺帽等。调整好工具梁的高程，拧紧各螺帽，将原吊索的力转换到临时吊索上。

（5）取下需更换的吊索，换上新吊索。

（6）将临时吊索的索力逐渐转换至新吊索上，复核线形（高程）及新吊索索力，使之处于正常。

4. 主缆索夹的更换

若主缆索夹有严重腐蚀或损伤，或夹壁开裂，或夹眼板开裂，可与吊索同时更换。但应注意更换后一定要将主缆挤紧，使其在索夹处的空隙不大于18%。

5. 索夹高强度拉杆的更换

(1) 当索夹的高强度拉杆严重锈蚀剥落、变形过大或发生裂纹，应予更换。

(2) 当同一个索夹上需要更换的高强度拉杆较多时，则更换应从索夹的中间向索夹的两端逐个进行。并应准确测试线形及高程，了解设计及竣工吊索力，以使新索夹恢复至原拉力及高程。

(3) 张拉高强度拉杆，其预拉力应按原设计值施加，并于更换后一月、半年、一年和三年时检查并复张拉。

6. 作防腐处理

吊索及有关连接件或附件更换完毕后，应重新对它们作防腐处理，并应对吊索拉力进行一次测量。

(二) 桥面铺装层及伸缩缝的更换

1. 桥面铺装层更换

桥面铺装层在使用过程中除正常磨耗外，还容易产生如龟裂、破碎等其他病害。这些病害虽不会一开始就大面积发生，但若病害面积增多，不容易修补得很平整，产生行车颠簸，同时也影响桥面的外观。因此当破损面积较多时，应当对整个桥面铺装层予以更换。一般更换周期定为15年，但遇破坏严重则可提前。

2. 更换桥面铺装层应注意的问题

(1) 已破损的铺装层应铲除干净。

(2) 应分向更换，不得同时关闭2个方向的车道。

(3) 应尽可能缩短更换时间。

(4) 更换按桥面设计、施工工艺和摊铺方法办理。

3. 伸缩缝的更换

伸缩缝受行车冲击的影响较大，桥面维修养护不当也是其损坏的主要原因。一般伸缩缝出厂都有使用周期年限并负责维修，如损坏严重，应查明原因并提前更换。既可以用原型号产品，也可以用当时的新型产品。新产品的性能要经过论证，符合设计要求即可。

(三) 主缆缠丝的更换

更换缠丝时应注意的事项：

(1) 在更换缠丝时，应首先对裸露出来的主缆钢丝进行全面检验，确定其是否已受腐蚀或有断丝发生。如有，则应当对主缆进行深入检验和防腐处理，然后再更换缠丝和对已松弛的缠丝进行重缠。

(2) 更换的新缠丝要在既有缠丝段上重叠缠绕，重叠长度至少要有一倍的主缆直径。如要全部更换主缆缠丝，应该对既有缠丝边放松边缠丝，或放松一段缠一段，总之不应让主缆钢丝在空气中裸露太久。

(3) 更换主缆缠丝应由专业公司进行，该公司应该有缠丝机和相应的缠丝业绩。

(四) 桥面附属设施的更换

大桥桥面附属设施包括栏杆、灯桩、防撞设施、梁底检查车和塔内检查爬梯等。如果这些附属设施腐蚀严重或意外损坏，应修理、局部更换或全部更换。

五、混凝土主塔、基础、锚碇及混凝土梁、墩的防护

（一）混凝土结构的耐久性防护

进行混凝土结构防腐蚀处理，首先应对混凝土结构进行防腐蚀耐久性设计。混凝土结构的防腐蚀耐久性定义为：在正常设计、施工、使用和维护条件下，在设计寿命期内，混凝土结构所具有的防止因钢筋锈蚀导致混凝土破坏的能力。混凝土结构防腐蚀耐久性设计，应针对结构预期功能和所处环境，选择合理的结构形式、构造以及具有良好密实度、抗渗性和抗腐蚀性的混凝土，必要时采用高性能混凝土和特殊防腐蚀措施。

此处所说“所处环境”，对于混凝土结构而言指的是乡村大气及工业大气、海洋大气及海水环境、盐滩区等。海洋大气及海水环境对混凝土结构腐蚀最为严重，Cl^- 渗透和电化学腐蚀作用强、破坏性大。

1. 混凝土的防护

混凝土的腐蚀主要是因为混凝土为疏松多孔隙体，腐蚀介质会直接腐蚀混凝土，或通过这些孔隙对混凝土内钢筋进行腐蚀。因此，混凝土的防护主要应从钢筋防腐蚀和增加混凝土密实性、封闭孔隙等方面采取措施。

（1）钢筋的防护

对钢筋采用涂层进行防护，以增强其耐腐蚀抗力；或采用强制性的阴极保护，以保持钢筋处于钝态。

在钢筋采用涂层防护的方法中，镀锌被证明是不可能提供钢筋长久有效防腐蚀的，因锌层在高碱性环境下会产生腐蚀溶解。目前多应用环氧涂层，它是在工厂对钢筋施涂环氧涂层。虽然应用取得一定的防腐蚀效果，但在实际使用中问题也很多，如运输、安装过程中划伤和焊接、切割的损伤，现场是无法修补的，受损部位的腐蚀现象依然存在。同时，环氧涂层还影响混凝土对钢筋的粘结和握裹力。阴极保护用于含水环境下的混凝土防腐蚀，被证明是有效的。然而必须增加辅助阳极，以与钢筋形成电化学回路。但混凝土孔隙中充满水等电解质作为电化学回路的一部分，一旦电化学回路发生问题，钢筋将直接暴露在电解质中被腐蚀，危害性很大。另一方面，阴极保护并不能对外界 CO_2 和 Cl^- 的浸蚀进行有效的控制，对非含水环境下的混凝土及钢筋的腐蚀，阴极保护是无效的。

（2）钢筋阻锈剂

在混凝土浇制时加入阻锈剂，以保持混凝土的高碱性，希望钢筋始终处于碱性钝状态。实践证明，阻锈剂加入量是有限的，否则，一方面会影响混凝土的强度等自身性能；另一方面，有限的阻锈剂会逐渐被消耗，不可能永远保持混凝土长久高碱性，外界 CO_2 和 Cl^- 的侵蚀却一直在进行，因此，阻锈剂对钢筋保护也是有限的。阻锈剂仅能对混凝土内钢筋提供有效保护，而不能对 CO_2 和化学物质引起的混凝土腐蚀进行保护。

（3）混凝土的表面涂装

混凝土防护主要是增加混凝土的密实性，如聚合物水泥浆；或者是对混凝土的疏松空隙进行封闭处理，如各种防护性涂层对混凝土的孔隙进行填充或起隔离作用，以阻止 CO_2 和

Cl^-的渗入。

表面涂层防护是在混凝土完全养护完毕后进行，或对旧混凝土结构进行表面预处理后再进行涂装，既不影响熟化期混凝土的排水、排气，也能有效阻止腐蚀介质对混凝土的侵入。

混凝土表面防护涂层近年来被各国普遍使用。特别在港工结构上的应用，它能够使混凝土的使用寿命延长15～50年，大大减少混凝土的维护费用。混凝土表面涂层按作用机理分封闭型和隔离型两大类。

①封闭：将黏度很低的涂料涂于风干后的混凝土表层，靠毛细孔的表面张力吸入深约数毫米的混凝土表层中，可显著降低混凝土的吸水性和氯化物的渗入，保持混凝土原有的透气性，利于将混凝土内水蒸气自由蒸发出去，显著提高混凝土的耐腐性。使混凝土在海洋潮湿和盐田等环境下，保护效果达20年以上。

②隔离：在混凝土表面涂刷油漆覆盖层，使侵蚀性介质与混凝土隔离，对混凝土进行有效的保护。只要涂装层抗CO_2和Cl^-渗透性大于水泥的抗渗性，即可对混凝土提供有效保护。

工程应用时往往将封闭和隔离联合起来使用，其防腐蚀效果将大大提高。混凝土表面涂装的目的：

a. 装饰作用——遮盖混凝土众多表面缺陷，美化颜色不均、色彩古板的混凝土外观，点缀环境景观。

b. 防水作用——阻止水浸入混凝土内部引起钢筋锈蚀和混凝土劣化。

c. 防潮作用——在潮湿环境能保持混凝土内部处于干燥状态，有利于提高混凝土的使用寿命。

d. 防腐蚀作用——防止混凝土碳、氯离子侵蚀，化学介质腐蚀，阻止钢筋锈蚀，延长混凝土构件的使用寿命。

在混凝土表面涂装时，涂装层可以同时起以上四种作用，四种效果是相辅相成的。防腐蚀是首要的，它的效果好坏同时关联其他三种涂装效果。表3.4.2-17、表3.4.2-18列举了一些常用涂层对混凝土的保护效果。

涂层对混凝土的保护效果 表3.4.2-17

涂　料	干膜厚度、道数	效　果	使用年限
环氧煤焦油或环氧沥青涂层（黑色）	250μm，大于1道	涂布良好且无针孔时，效果很好，但不能跨覆活动性裂缝	视暴露条件不同，可达20年
环氧，双组份聚氨酯	250μm，大于2道	很好，但不能重涂，不能跨覆活动性裂缝	视厚度不同，情况不同，可达10～15年以上
溶剂型有机玻璃、丙烯酸酯、丁丙树脂、单组份聚氨酯、氯化橡胶	—，多道	良好，兼具美观与保护功能，应涂多道以减少针孔，不能跨覆活动性裂缝	视暴露条件不同，情况不同，可达10年
丁苯乳胶或丙烯酸或共聚物乳液（或有其他无机材料）	—，—	不够好，还有一些渗透性，有些涂层抗碳化性能与溶剂型一样，一般不能跨活动缝	视暴露条件不同，可达10年

混凝土表面涂层的抗氯化物渗透性 表 3.4.2-18

涂料种类	涂层类型	厚度 (μm)	氯离子扩散率 (mg/cm^2·d)
湿固化环氧树脂	组合层	900	0
	单层	600	0～0.48×10^{-3}
无溶剂的聚丁二烯弹性体	组合层	1000	0～0.48×10^{-3}
	单层	500	
玻璃鳞片环氧树脂	组合层	1000	0
	单层	500	0～0.87×10^{-3}
玻璃鳞片乙烯酯树脂	组合层	1500	0
	单层	500	0
玻璃粗砂环氧树脂	组合层	2000	0～0.48×10^{-3}
	单层	800	0～0.48×10^{-3}

表 3.4.2-19 为英国里兹大学用库仑法快速测定氯离子对不同混凝土涂层的渗透性，由此分析可知，环氧类涂料无论是在抗氯离子渗透性方面，还是对混凝土的总体保护效果上均很显著。

表面涂层提高混凝土抗氯化物渗透性效果分析表 表 3.4.2-19

涂层	保护作用	涂层结构	每道涂层用量	涂层道数（道）	涂层厚度 (mm)	涂层通电量 (C)	涂层的砂浆当量厚度 (cm)
环氧类	密封	底漆：低黏度双组份溶剂型改性环氧	150g/m^2	1	0.4	2.22	134
	隔离	面漆：双组份溶剂型环氧	300g/m^2	2			
硅烷＋丙烯酸酯（溶剂型）	憎水密封	底漆：低黏度硅烷/硅氧烷/丙烯酸混合的溶剂型憎水剂	0.4L/m^2	多道，以达到规定用量	0.2	5.72	26
	隔离	面漆：单组份加填料的弹性溶剂型丙烯酸酯涂料	0.4L/m^2	2			
硅烷＋丙烯酸酯（水溶性）	憎水密封	底漆：低黏度硅烷/硅氧烷/丙烯酸混合的溶剂型憎水剂	0.4L/m^2	多道，以达到规定用量	0.4	72.2	4
	隔离	面漆：单组份加填料的弹性水溶性丙烯酸酯涂料	0.4L/m^2	2			
丙烯酸酯（溶剂型）	隔离	面漆：单组份加填料的弹性溶剂型丙烯酸酯涂料	200 g/m^2	2	0.2	8.21	18
硅烷	憎水密封	100%硅烷（异丁烯）三烷氧基硅烷单体	0.3 L/m^2	2	30	456	5
水玻璃	浸入填孔	硅酸钠以体积以 1∶4，1∶3，1∶2，加水稀释后，先后涂覆	0.18 L/m^2	3	1	957	1
无	—	水灰比为 0.55 的 1∶2.33 砂浆为涂覆的基底	—	—	25	7420	—

2. 混凝土表面涂层工程应用实例

(1) 广东汕头海湾大桥混凝土涂装体系（表 3.4.2-20、表 3.4.2-21）

主塔承台涂层体系　　表 3.4.2-20

涂 层 名 称	道　数	涂层厚度（μm）	涂 层 名 称	道　数	涂层厚度（μm）
环氧封闭漆	1	—	环氧厚浆漆	1	100
环氧厚浆漆	1	100	丙烯酸厚浆面漆	1	100

主塔、加劲梁及主桥南北边跨墩和盖梁涂层体系　　表 3.4.2-21

涂 层 名 称	道　数	涂层厚度（μm）
环氧封闭漆	1	
环氧厚浆漆	1	100
丙烯酸厚浆面漆	2	2×80

（2）厦门海沧大桥混凝土涂装体系（表 3.4.2-22）

索塔及引桥梁墩涂层体系　　表 3.4.2-22

涂 层 名 称	道　数	涂层厚度（μm）
低粘度环氧封闭漆	1	—
抹环氧腻子		
环氧中间漆	2～3	200
聚氨酯面漆	2	80

（3）南京长江二桥混凝土涂装体系（表 3.4.2-23）

索塔及引桥梁墩涂层体系　　表 3.4.2-23

涂 层 名 称	道　数	涂层厚度（μm）
FC 丙烯酸高强度水泥腻子胶	2	
桥梁水泥漆	2	200

（二）混凝土结构的涂装材料及涂装工艺

1. 涂层性能要求

（1）涂层与混凝土粘结力不小于 2.7MPa。

（2）涂层耐碱性能：30d 耐碱试验，涂层不起泡、无裂纹、无变色。

（3）抗氯离子渗透性：30d 试验，无氯离子透过涂层。

（4）耐候试验：300h 加速耐候试验，涂层无粉化、龟裂、起泡现象。

2. 涂层在塔墩上的应用（仅供参考）

(1) 主塔承台涂层，如表3.4.2-24所示。

主塔承台涂层　表3.4.2-24

涂层次序	涂料名称	涂层厚度（μm）	
		每道	总计
1	环氧封闭漆（N505/C510）	—	300
2	厚浆环氧漆（P545/C510）	100	
3	厚浆环氧漆（P545/C510）	100	
4	丙烯酸厚浆面漆（F673）	100	

(2) 主塔塔身、系梁及边跨墩涂层，如表3.4.2-25所示。

主塔塔身、系梁及边跨墩涂层　表3.4.2-25

涂层次序	涂料名称	涂层厚度（μm）	
		每道	总计
1	环氧封闭漆（N505/C510）	—	260
2	厚浆环氧漆（P545/C510）	100	
3	丙烯酸厚浆面漆（F673）	80	
4	丙烯酸厚浆面漆（F673）	80	

3. 混凝土涂装施工工艺

(1) 混凝土表面处理。先用水泥浆或环氧砂浆修补混凝土表面缺陷，清除表面污物及杂质，用汽油或丙酮洗去油污，用压缩空气吹净表面浮尘。

(2) 利用吊篮、检查设备及辅助设备进行塔柱、系梁及墩的施工，应全部采用机械高压喷涂。

(3) 施工时应控制涂层湿膜厚度，并应取样检查。取样方法：在喷涂面贴50mm×100mm×2mm白铁皮，喷涂后取下，7d后用漆膜仪测定干膜厚度。

(三) 主塔、基础、锚碇混凝土结构裂缝的检查及处理

1. 混凝土裂纹的检查

(1) 发现裂纹后应做的检查监视工作

①在每条裂纹的起点或终点，与裂纹相垂直以红油漆画线作记号。

②进行裂纹编号。

③量出裂纹的部位、走向、宽度、长度、分布情况及特征，用坐标绘制裂纹展示图，记录检查日期及气温。

④用带刻度的放大镜测量裂纹宽度。

⑤索塔、主梁两侧有明显对称裂纹时，应检查裂纹是否贯通。方法：将裂缝清洗封闭，并在适当的对应部位两侧安装压浆嘴，从一侧压浆嘴通入压缩空气，在另一侧压浆嘴上抹以肥皂水，如微微起泡或鼓起，则说明裂纹里外贯通。

⑥选择适当部位，做灰块或玻璃测标，注明设置日期。测标做法：先将该部位圬工表面

凿毛、洗净，然后用1∶2水泥砂浆或石膏在裂纹上抹成厚10～15mm的方形或圆形灰块，或用石膏将细条状玻璃固定在裂纹两侧，裂纹处玻璃断面应较小（图3.4.2-13）。

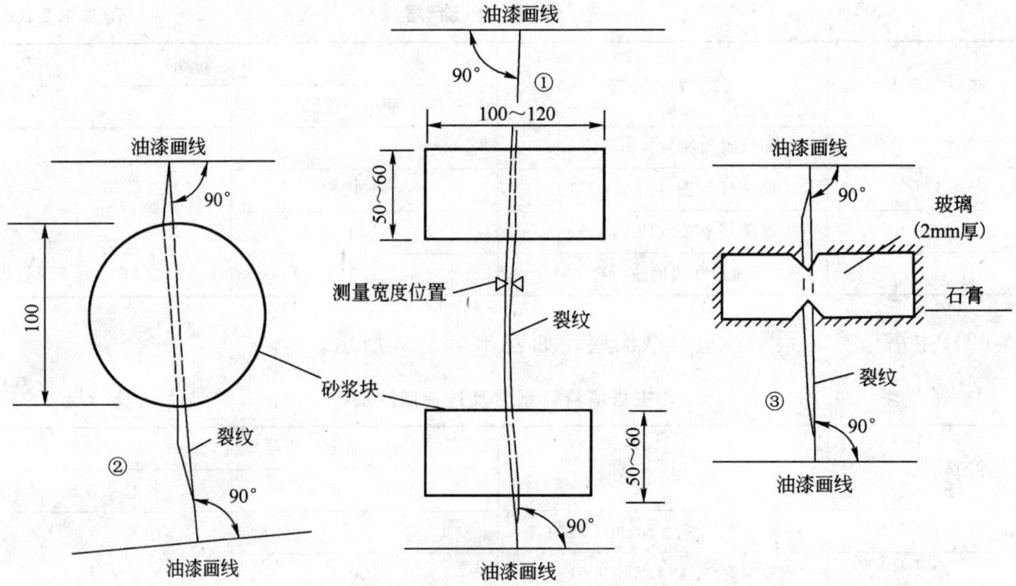

图3.4.2-13　测标图（尺寸单位：mm）

⑦检查宽大裂纹在活载作用下有无开合现象。检查方法：在裂纹处安装千分表测量。

⑧检查裂纹附近的混凝土有无疏松剥落、空洞蜂窝等不良现象。

(2) 裂缝深度检查方法

裂纹较浅时，可在裂纹中注射酚酞溶液（0.1g酚酞、60mL酒精、40mL水配制），然后开凿至不显红色为止，测量其深度。

超声测量混凝土裂缝深度的方法：

①当构件断面不大时，可直接在垂直的裂缝的面上进行测试，如图3.4.2-14所示，从声波通过构件的时间曲线即可得到裂缝的深度。

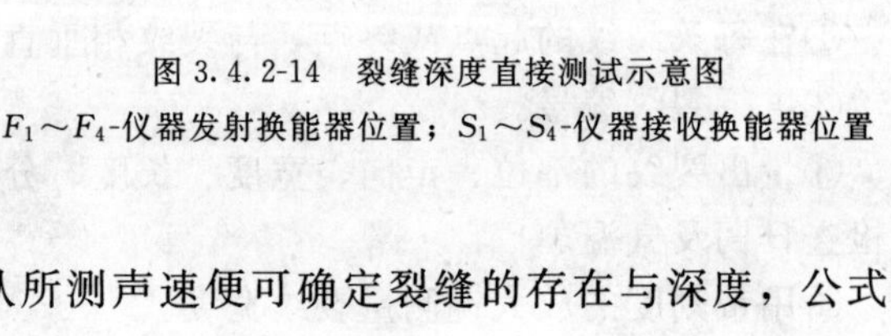

图3.4.2-14　裂缝深度直接测试示意图

F_1～F_4-仪器发射换能器位置；S_1～S_4-仪器接收换能器位置

②当构件断面较大时，不能用图3.4.2-14方法直接测试时，可采用平测法（适用于裂缝深度不超过50cm）。

对于垂直表面的裂缝，如图3.4.2-15a)，探头等距离平置于裂缝两侧，低频超声波可从裂缝尾部绕过而传播，这样从所测声速便可确定裂缝的存在与深度，公式如下：

$$\left(\frac{vt}{2}\right)^2=\left(\frac{\alpha}{2}\right)^2+h^2 \qquad h=\sqrt{\left(\frac{vt}{2}\right)^2-\left(\frac{\alpha}{2}\right)^2}$$

式中：v——混凝土超声声速，可在混凝土试件中通过多次测量求得；

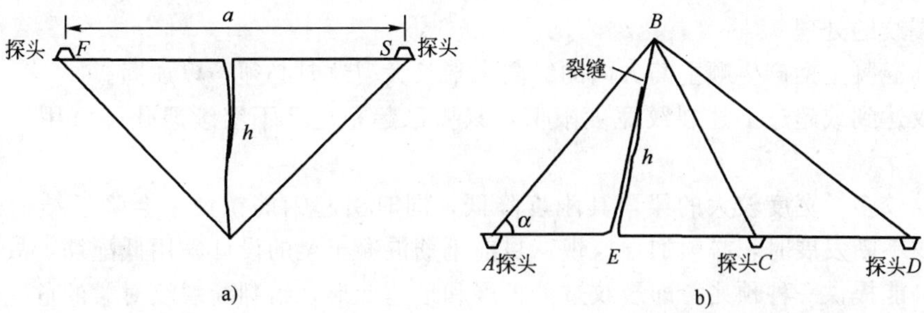

图 3.4.2-15　裂缝深度平测示意图

α——两探头间距；

t——超声传播时间；

h——缝深。

对于斜缝，如图（3.4.2-15b）所示，可先确定裂缝倾斜的方向，然后在裂缝一侧固定发射探头，在另一侧移动接收探头，若离缝越远，超声波传播时间越长，则可判断裂缝倾斜于发射探头一侧；若移动接收探头，离缝越远，超声波传播时间为长→最短→长，则可判断裂缝倾斜于接收探头一侧。把发射探头置于 A 处，接收探头置于 C、D 处，由下列联立方程求出$\overline{\mathrm{AB}}$及 cosα。

$$\begin{cases}\overline{BD}^2=\overline{AB}^2+\overline{AD}^2-2\ \overline{AB}\cdot 2\ \overline{AD}\cos\alpha \\ \overline{BC}^2=\overline{AB}^2+\overline{AC}^2-2\ \overline{AB}\cdot\overline{AC}\cos\alpha \\ \overline{AB}+\overline{BC}=t_1 v \\ \overline{AB}+\overline{BD}=t_2 v\end{cases}$$

式中：t_1、t_2——分别探头置于 A、C 及 A、D 处所测得的传播时间。

在△ABE 中，已知$\overline{AB}$、$\overline{AE}$、cosα 就可求出裂缝深度 h。

用超声波法测裂缝的深度时，要求缝内无水无杂物，否则不易测准。

用于探测接近贯穿的裂缝时，先将两探头置于好混凝土处，如图 3.4.2-16 所示，由 1、1′看其波幅、频率如何，然后将两探头穿过裂缝如 1、2′或 1、3′、1、4′处观其波幅与频率的突变，根据探测情况，即可判断裂缝深度。

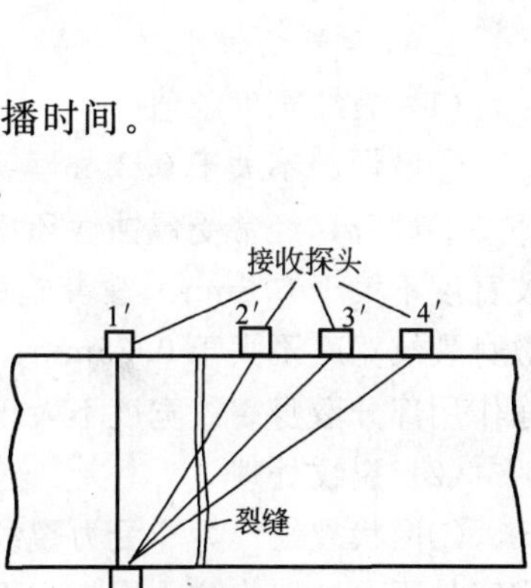

图 3.4.2-16　接近贯穿裂缝的探测

（3）应视裂纹发展情况作定期检查

①对照记录和标记，观测裂纹长度、宽度和深度发展情况。

②观测测标是否开裂或折断。

③如有新裂纹发现，应按前述检查监视。

2. 普通钢筋混凝土梁裂纹处理

（1）裂纹宽度限值的一般要求

①主筋附近竖向裂纹宽度不得超过 0.25mm，每米梁长裂纹宽度总和不得超过 0.6mm。

②斜裂纹不得超过 0.3mm，且不得有伸入中性轴的对裂。

③腹板上裂纹不得超过 0.3mm。

④顺主筋纵向水平裂纹不容许存在。

（2）裂纹的处理

①钢筋混凝土梁产生顺主筋方向的纵向水平长大裂纹时必须予以加固。

②裂纹达到或超过上述裂纹宽度限值，只要已趋稳定，不继续恶化，可用环氧树脂胶修补。

③裂纹较多、宽度较大的梁，其刚度降低，同时引起钢筋锈蚀，会降低结构的使用年限，故裂纹不断发展时，必须加强监视。目前钢筋混凝土梁的设计采用低配筋，故在梁发生破损以前，能提供一种预兆，即裂纹过分扩展和迅速变形，给判断裂纹对梁的危害性有比较富裕的时间。

④梁的挠度大小可以作为间接粗略估计结构状态完好与否的根据，如实测挠度不大于计算挠度，一般来说承载力不会有什么问题。钢筋混凝土梁的实测资料表明，一般实测挠度与理论计算挠度之比为0.6～0.9，预应力混凝土梁跨中挠度一般为理论计算值的0.7～1.0倍。

3. 预应力混凝土梁裂纹处理

（1）裂纹宽度的限值

①梁体不允许有竖向裂纹；纵向裂纹的宽度不得超过0.2mm。

②横隔板裂纹宽度不得超过0.3mm。

（2）裂纹的处理

①下翼缘的纵向裂纹，若内外侧裂纹走向一致，且裂纹宽度、长度有所发展，将影响梁的受力性能，同时空气水分很可能进入套管内，使钢丝锈蚀，必须加强监视，必要时进行加固。

②其他裂纹一般不影响梁的正常使用，裂纹已趋稳定者，可用环氧树脂胶修补。

4. 墩台裂纹的处理

（1）裂纹宽度限值

①墩帽，不大于0.3mm。

②墩身，经常受侵蚀性环境水影响时，有筋墩身裂纹宽度不大于0.2mm，无筋墩身裂纹宽度不大于0.3mm；常年有水但无侵蚀性时，有筋墩身裂纹宽度不大于0.25mm，无筋墩身裂纹宽度不大于0.35mm；干沟或季节性有水河流墩身裂纹宽度不大于0.4mm；有冰冻作用部分墩身裂纹宽度不大于0.2mm。

（2）裂纹处理

①网状裂纹，为非受力裂纹，对墩台本身受力无多大影响，一般无需修补。在墩台顶部或容易积水处，为防止因冻胀而使裂纹逐渐扩大时，可用环氧树脂砂浆修补。

②不影响墩台安全的裂纹，若裂纹宽度小，已趋稳定，且未上下贯通或左右对称，过车时无明显张合现象，经分析不影响墩台安全时，可用环氧树脂浆修补或压注灰浆进行整治。

③对继续发展且较宽、上下贯通，左右或前后对称，行车时有张合现象的受力裂纹，应找出裂纹发生的原因，采取有效的加固措施。对因墩台基础承载力不足而发生的裂纹，应根据不同情况采取硅化灌浆、压注水泥砂浆、扩大基础、加打基桩或改小跨度等加固方案。对因墩台圬工质量不良而发生的裂纹可采取躯体包箍、局部翻修、压注灰浆或拆除重建、U形桥台换填填芯圬工等措施加固。

④对有急剧发展、张合严重、缝口错牙、影响承载能力、危及行车安全的裂缝，应立即

采取临时措施保证行车安全，再查明原因进行加固。

5. 索塔裂纹的处理

(1) 裂纹宽度的限值

①索塔塔柱裂纹宽度不得超过0.2mm。

②索塔横梁裂纹宽度不得超过0.3mm。

(2) 裂纹处理

①塔座棱线两侧有两个夹角较小的临空面，混凝土在该处的水分易散失，且因塔座形状接近复斗形，棱线处往往是一些缺少集料的砂浆，抗裂性差易开裂；另外，双柱式塔柱随柱身增高，承台两端受压力增大，加之中部受弯矩作用，上部混凝土受拉开裂（图3.4.2-17）。此时，对塔座棱线混凝土裂缝，可采用砂浆嵌补封闭；对大体积承台混凝土中部裂缝，经一段时间观察后不再发展可将裂缝凿成"V"形，用防水砂浆封闭；细微裂缝，经过处理闭合并不再发展可不再处理，若裂纹继续拓展增宽并超过0.2mm有可能影响结构稳定安全的，应会同设计单位共商加固方法。

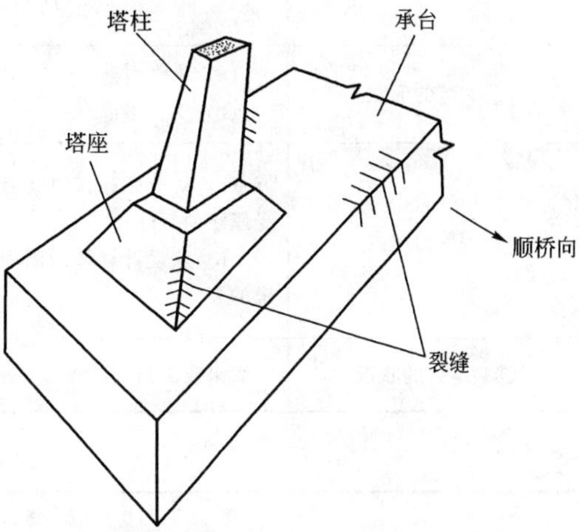

图3.4.2-17　索塔塔座、承台易产生裂缝部位示意图

②对索塔上的网状裂纹，并为非受力裂纹，对索塔本身受力无多大影响，一般无需修补。在索塔顶部、横梁及塔座顶部容易积水处，为防止因冻胀而使裂纹逐渐扩大时，可用环氧树脂砂浆修补。

③不影响索塔安全的裂纹，裂纹宽度小，已趋于稳定，未上下贯通或左右对称，行车时无明显张合现象，经分析不影响索塔安全时，可用环氧树脂砂浆修补或压注灰浆进行整治。

④对继续发展较宽的裂缝，上下贯通，左右或前后对称，行车时有张合现象的受力裂纹，应找出裂缝发生的原因，采取有效的加固措施。

⑤对有急剧发展，张合严重，缝口错牙，影响索塔强度，甚至危及行车安全的裂缝，应立即采取临时措施保证行车安全，同时通知原设计单位，并会同有关专家共商补强加固方法。

6. 混凝土裂缝的判断及容许限值

参照表3.4.2-26～3.4.2-29来判断混凝土裂缝及其容许限值。

混凝土墩台裂缝的判断　　表3.4.2-26

判别项目	判别资料	修补措施
①裂缝宽度	(a) 容许裂缝宽度 关于容许的裂缝宽度，根据结构物的种类和环境等而不同，见规范（JTG D62—2004）6.4节或本书表3.4.2-27、表3.4.2-28。 (b) 裂缝宽度和钢筋应力 从裂缝宽度推算钢筋应力的建议公式有很多，取中国规范计算即可	对于比容许值大的裂缝，希望补修，应根据结构物的重要程度作出判断。 推算结构物的承载能力，在承载力不够时，要修补

续上表

判别项目	判别资料	修补措施
②裂缝的原因	(a) 由于集料不好产生的裂缝； (b) 由于钢筋受腐蚀产生的裂缝； (c) 由于设计差错产生的裂缝； (d) 由于混凝土强度不够产生的裂缝； (e) 由于其他原因产生的裂缝	根据其强度，进行修补
③裂缝的形状	(a) 单向裂缝； (b) 交叉裂缝	根据其程度，进行修补 要修补
④裂缝的深度	(a) 从设计计算的断面中性轴已发展到受压缘的裂缝； (b) 从设计计算的断面中性轴，到受拉缘的裂缝	要修补。 根据其程度，进行修补
⑤裂缝处的状况	满水或游离灰液大量渗出的裂缝	要修补

(ACI Comittee224) 表 3.4.2-27

环境	最大容许裂缝宽度 (mm)
空气干燥或保护层	0.40
空气潮湿、土壤	0.30
防冻剂	0.18
海水、海水洒布	0.15
贮水容器	0.10

(CE-FIP) 表 3.4.2-28

环境	最大容许裂缝宽度 (mm)	
	永久荷载和长期作用的变动荷载	永久荷载和变动荷载的不利组合
暴露在有害环境中	0.1	0.2
没有保护	0.2	0.3
有保护	0.3	美观上的检验

公路桥涵容许裂缝宽限值 表 3.4.2-29

结构类别	裂缝部位	允许最大缝宽 (mm)	其他要求
钢筋混凝土梁	主筋附近竖向裂缝	0.25	
	腹板斜向裂缝	0.30	
	组合梁结合面	0.50	不允许贯通结合面
	横隔板与梁体端部	0.30	
	支座垫石	0.50	

续上表

<table>
<tr><th>结构类别</th><th colspan="3">裂缝部位</th><th>允许最大缝宽（mm）</th><th>其他要求</th></tr>
<tr><td rowspan="2">预应力
混凝土梁</td><td colspan="3">梁体竖向裂缝</td><td>不允许</td><td></td></tr>
<tr><td colspan="3">梁体纵向裂缝</td><td>0.20</td><td></td></tr>
<tr><td rowspan="3">砖、石、
混凝土拱</td><td colspan="3">拱圈横向</td><td>0.30</td><td>裂缝高小于截面高一半</td></tr>
<tr><td colspan="3">拱纵横向（竖缝）</td><td>0.50</td><td>裂缝长小于跨径 1/8</td></tr>
<tr><td colspan="3">拱波与拱肋结合处</td><td>0.20</td><td></td></tr>
<tr><td rowspan="8">墩台</td><td colspan="3">墩台帽</td><td>0.30</td><td></td></tr>
<tr><td rowspan="5">墩
台
身</td><td rowspan="2">经常受侵蚀性
环境水影响</td><td>有筋</td><td>0.20</td><td></td></tr>
<tr><td>无筋</td><td>0.30</td><td></td></tr>
<tr><td rowspan="2">常年有水，但
无侵蚀性环境</td><td>有筋</td><td>0.25</td><td></td></tr>
<tr><td>无筋</td><td>0.35</td><td></td></tr>
<tr><td colspan="2">干沟或季节性有水河流</td><td>0.40</td><td></td></tr>
<tr><td colspan="3">有膨胀作用部分</td><td>0.20</td><td></td></tr>
</table>

注：表中所列特指适用于一般条件，对于潮湿和空气中含有较多腐蚀性气体等条件下的缝宽限制应要求严格一些。

7. 混凝土裂缝的处理方法

(1) 混凝土裂缝简易整治方法如表 3.4.2-30 所列。

混凝土圬工裂纹整治方法　　表 3.4.2-30

裂纹和空隙情况	整治方法
1. 微细（裂纹宽＜0.15mm）数量较多的裂纹	不是平面裂纹一般可不作修补，必要时 (1) 喷浆； (2) 涂 2 层树脂涂料进行封闭。 方法：用钢丝刷擦除裂纹附近表面污垢灰层后再用丙酮擦洗，待干后用漆刷蘸涂，第 1 层硬化后再涂第 2 层
2. 裂纹宽＞0.15mm，而＜0.3mm	用环氧树脂砂浆修补。方法：沿裂纹凿一条外口宽 20mm、深约 7mm 的“▽”形槽，将圬工表面用丙酮擦净（如用水冲洗则必须待混凝土表面完全干燥），然后涂一层厚约 0.2mm 的树脂涂料（或粘结剂）再用树脂砂浆修补平整
3. 裂纹宽度＞0.3mm	沿裂纹凿一条外口宽约 20mm，内口宽约 6mm 深约 15mm 的梯形槽，修补办法同 2
4. 裂纹宽度＞0.15mm，裂纹深入圬工内部，但已稳定，不再发现圬工内部有空隙	(1) 压力灌浆； (2) 压注环氧树脂浆液； (3) 压注甲凝浆液。 把纯水泥浆（裂纹较大时也可掺一些细砂）或环氧树脂浆液、甲凝浆液，用压力灌注到圬工裂纹内并填补内部空隙，以加强圬工的整体性和强度。 一般梁体空隙及裂纹多压注环氧浆液，墩台内部空隙较大时压注水泥浆

续上表

裂纹和空隙情况	整 治 方 法
5、石砌墩台砌缝裂纹灰缝失效、空洞	采用捣缝整治。方法：将不良灰缝或裂缝处凿成宽 20～30mm、深为 200～400mm 的缝，洗净，刷上水泥浆用干硬性水泥砂浆将缝分层捣实。如缝太宽或有较大空洞，可用小石填塞，个别处可用两端带弯钩的钢筋埋入缝中加强。缝的表面用 M10 水泥砂浆勾缝。 如果裂缝有张合现象，整治时应卸载
6、墩台有断裂贯通的裂缝	设钢筋混凝土套箍后压浆

(2) 压注环氧树脂浆液及甲凝浆液工艺

①压注环氧树脂浆液工艺

压注环氧树脂浆液的主要机具设备有压浆桶、压浆嘴、连接设备及供风设备，见图 3.4.2-18。其工艺方法如下：

a. 检查裂纹，布置压浆嘴：一般情况下，无论是竖直缝还是对水平缝、斜缝，压浆嘴的间距均为 20～40cm，裂纹两端均应设压浆嘴，若两侧贯通，则两侧应错开布嘴。

b. 清洗：用小锤、刮锈刀、钢丝刷将需封闭范围内的碎屑、浮渣、污垢等清除，然后用棉纱醮丙酮擦洗。若用水洗，需待表面干燥后，才能进行下一道工序，操作时要防止压浆嘴部位的缝隙被堵死。

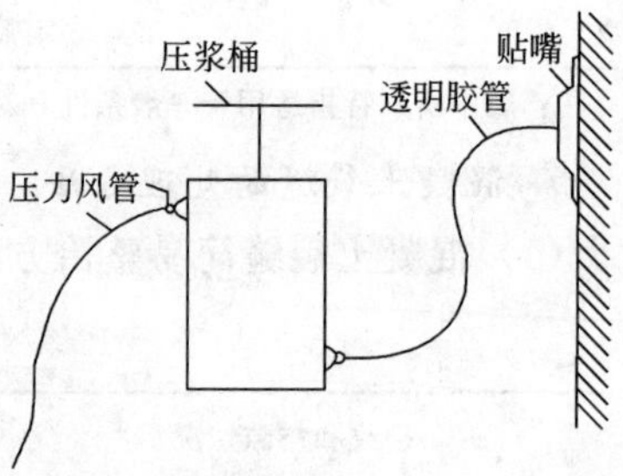

图 3.4.2-18　压注环氧树脂浆液设备示意

c. 封闭：贴嘴 12h 后，沿嘴周主裂纹涂一层宽 4cm、厚 2mm 的环氧腻子，嘴周围抹厚一些，防止试风时压浆嘴脱落。环氧腻子固结后（约 12h)，在预先清理好的封闭范围内，涂环氧粘结剂（或环氧涂料）封闭层两次，每次厚约 0.8mm。

d. 试气：压浆前需进行试气，以检查裂纹与压浆嘴是否漏气或通气，同时吹净缝内积尘。方法：先用木塞将嘴眼堵死，然后压浆。将木塞逐个拔出，用手试探通气情况或将肥皂水抹在封闭层表面，如有漏气即冒泡，漏气处再用腻子堵塞。圬工两侧有对称裂纹需检查其是否贯通。可在一侧试气时，在另一侧相对的压浆嘴上抹肥皂水，如裂纹内外贯通，则外侧压浆嘴上的肥皂水会微微起泡。

e. 压浆：其工序如图 3.4.2-19 所示。

压浆顺序为先水平缝后竖直缝，竖缝由下而上，逐嘴压注。风压 0.3～0.5MPa 压浆至邻近嘴冒浆为止，然后用木塞堵塞本孔，如此逐孔进行。当最后一个嘴冒浆用木塞堵住后，需保持恒压 5～10min，以保证浆液充满缝隙。每次浆液配料不宜过多，否则时间过长，浆液会硬化不能使用。压浆时浆液流动情况可从透明管中看出。浆液中非活性稀释剂掺量过多，则浆液进入深隙后不易挥发，长期不能硬化，故应尽量少用非活性稀释剂。

②压注甲凝浆液工艺

a. 配方：每 1kg 甲凝浆液配方如表 3.4.2-31 所列。

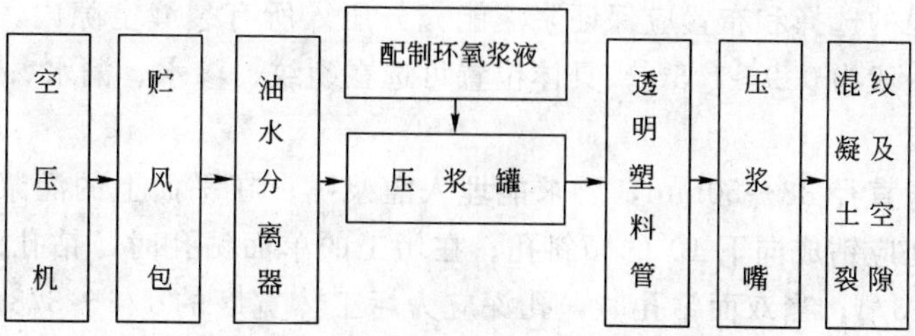

图 3.4.2-19　工艺流程示意

甲凝浆液配方　　表 3.4.2-31

材料名称	作用	用量
甲基丙烯酸甲酯	主剂	80%
甲基丙烯酸丁酯	增韧剂	17.5%
过氧化二苯甲酰	引发剂	0.7%
对甲苯亚磺酸	除氧剂	1.1%
二甲基苯胺	促进剂	0.8%

注：甲凝浆配方来源为广州铁路局、广东省化研究所。

b. 配制工艺：先用浓度 25%的氢氧化钠水溶液将甲基丙烯酸甲酯、甲基丙烯酸丁酯中的阻聚剂洗去，分别洗 3～4 次，再用水洗至中性，然后装入密闭瓶中，用冰冻贮存。配制浆液时，先量取甲基丙烯酸甲酯和甲基丙烯酸丁酯，然后加入过氧化二苯甲酰和对甲苯亚磺酸，待完全溶解后，再加入二甲基苯胺。

c. 灌浆工艺：基本上与灌环氧树脂液同，唯灌浆材料用甲凝。甲凝灌浆最大布孔间距可达 70cm，可灌性好（能灌 0.1mm 的裂纹），聚合固结时间快（60min 固结），但配制工艺复杂，粘结力和强度低于环氧浆液。

(3) 压力灌浆工艺

一般情况下，压力灌浆主要机具有压缩空气供风设备、水分分离器、管路、压力灌浆桶等，如图 3.4.2-20 所示。压浆数量大时，可用电动压浆泵，其压浆作业程序如下：

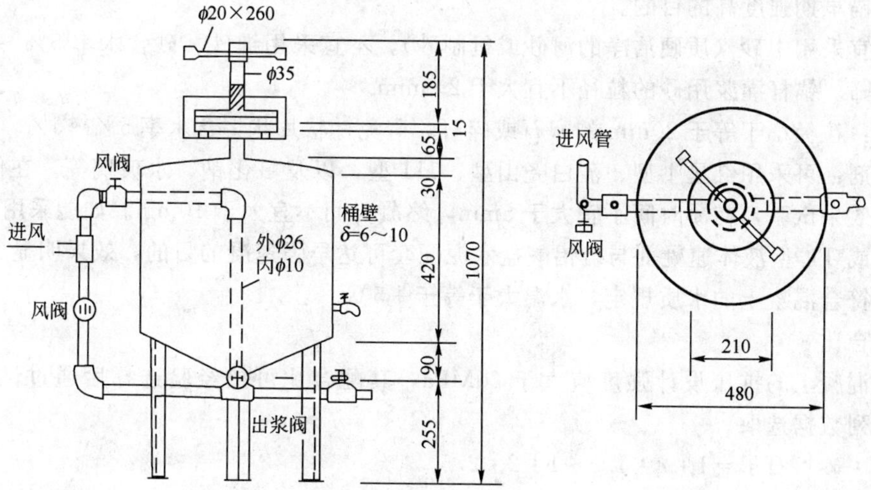

图 3.4.2-20　压力灌浆桶示意图（尺寸单位：mm）

①选孔：孔眼的选择和布置应保证浆液能充分压入所有裂缝空隙内。孔眼可交错配置，各孔眼间的距离一般为0.9～1.5m。具体位置可选在裂纹、渗水、漏水、冒浆、砌缝或锤敲声响不正常等部位。

②钻孔：孔眼直径38～50mm，要求能埋入灌浆嘴；在平面上的灌浆孔应钻成垂直孔，在立面上的灌浆孔应钻成向下10°的倾斜孔。在圬工的单面钻孔时，钻孔深度一般应为该圬工体宽度的2/3～3/4；当双面钻孔时，孔深应为圬工体宽度的1/3～3/8。钻孔完毕即埋设注浆管。

③冲洗：压浆前要冲洗孔眼，用压力0.2MPa（最大不超过0.4MPa）的孔内压力清洗，直到从孔内流出清水止。冲洗顺序自上而下逐孔进行，冲洗后用0.2MPa的压缩空气吹风20～30min，吹出缝隙内的清水，然后用木塞塞紧，同时将圬工表面裂纹和缝隙用麻絮填塞紧密。

④灌浆：在平面上由孔眼开始逐孔向四周进行，在立面上从最下层的孔眼开始逐孔向上进行。灌浆最好用325级普通水泥。灌浆开始时水泥浆的水灰比用10∶1，压力用0.05～0.1MPa，风压约2h，以便挤出多余的水分。之后再灌一次，填满挤出水分的空隙，灌浆完毕拆除注浆管，并用1∶1砂浆填塞抹平。

如无保温设备，在气温低于＋3℃时不宜灌浆。为了加速灰浆凝结，可掺入水泥重量2%～5%的氯化钙。在灌浆发现压力不而大量进浆时，表示有漏浆处，应查明并堵塞漏浆处后再灌。如找不到原因应立即停止灌浆，待所灌浆凝结后（约48～72h）再继续灌浆。

如在抢修过程中需早强速凝，可采用硫铝酸盐水泥掺加液体速凝剂的水泥砂浆灌注，压浆后1h即可承重。

（4）喷射混凝土加固工艺

①材料要求

水泥：宜采用硅酸盐水泥和普通水泥。条件不具备时，也可采用矿碴水泥。水泥强度等级不得低于32.5级，并不得过期、结块和受潮。有条件时，最好采用硫铝酸盐早强水泥，能达到喷锚早期强度高的目的。

砂：宜采用中砂（质硬洁净的河砂或机制砂），不宜采用细砂。砂含水率5%～7%，使用前应过筛。锚杆灌浆用砂的粒径不宜大于2.5mm。

石子：粒径小于等于20mm的卵石或碎石，避免针状片状，含水率5%～6%。

速凝剂：可采用红星1型、蒲白尧山型、711型，以及氟化钠、水玻璃等。在使用前应经过速凝效果试验，初凝时间不宜大于5min，终凝时间不宜大于10min。如能采用TS型粉状速凝剂或TL型液体速凝剂与硫铝酸盐水泥配套可达早强速凝的目的，效果明显。

水：符合混凝土的水质规定，水温大于等于＋5℃。

②配合比

喷射混凝土的抗压设计强度应大于20MPa，其配合比可按经验选择后通过试验确定，也可按下列数据选取。

水泥∶砂∶石子＝1∶2∶1.5～1∶2∶2.5

灰骨比：1.4～1.5

水灰比：0.4～0.5

砂率：45%～60%

速凝剂掺量通过试验确定，宜为水泥重量的2%～4%。

锚杆灌浆用水泥砂浆配合比1：（0.5～1.1），水灰比0.38～0.45。

③机具设备

混凝土喷射机型式，以转盘喷射机较好，机型小、工效高，对干湿物料有较好的适应性。其他机具包括空压机、贮风包、油水分离器、水泵、混凝土拌和机（宜采用强制式）及输料、输水管路（水压力大于0.8MPa）、皮带运输机等。

④操作工艺要点

a. 被加固圬工的表面应凿毛，松散混凝土应清除，并用高压水冲洗干净。

b. 当采用网喷（即挂钢筋网）加固时，应在旧圬工上钻孔，用砂浆埋设嵌钉式锚杆作为钢筋网支点，用点焊连接牢固。钢筋应随受喷面的起伏铺设。钢筋网到受喷面的间距大于等于3cm。

c. 水泥、砂石经拌和后的混合料应力求均匀，颜色一致。干混合料随拌随用，掺速凝剂的混合料存放时间一般小于等于20min，不掺的一般小于等于2h。

d. 喷射管路要平顺。混凝土喷射机工作时要连续均匀上料，使料斗保持2/3存料。

e. 开始工作时，应先给风，再给电，后送料；作业完毕时先停料，再停电，再送风2～3min吹净余料后关风。

f. 水灰比由喷射手掌握，以混凝土表面呈现轻度光泽为标准。水压高出风压0.1MPa。作业时先给水后给料，结束时先停料后关水，任何时候水不得倒流入机体。

g. 喷射由下而上进行，喷射线路如图3.4.2-21所示，工作面如有坑宜先喷平。

h. 喷头与受喷面应垂直，偏斜不得超过15°，距离在0.6～1.2m左右，工作风压为0.15～0.3MPa。

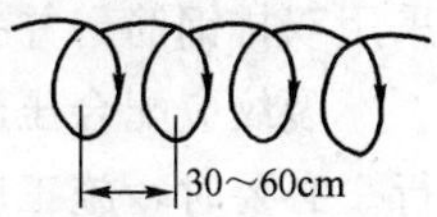

图3.4.2-21 喷射线路示意

i. 一次喷射厚度不宜过薄。当掺有速凝剂时，拱部宜为5～7cm，边墙可为7～10cm；不掺速凝剂时，拱部为3～5cm，边墙为5～7cm。

j. 喷射每层混凝土的间隔时间不宜过短，后一遍喷射应在前一层混凝土终凝后进行；如在终凝后1h以上继续喷射时，则受喷面应用风、水清洗。

k. 为防止喷头堵塞，要求风压、水压要稳定合适，集料含水量宜小，石子规格符合要求（特别是粒径不允许过大），上料时防止干拌物集料分离、粗颗粒集中，运送管路应无极度弯曲等。

l. 加强养护。混凝土终凝后2h，即应洒水养护，并持续不少于14昼夜，使混凝土表面经常保持湿润状态。

(5) 钢筋混凝土套箍压浆工艺

桥墩用环形箍加固（图3.4.2-22）。桥台用U形箍加固（图3.4.2-23）。墩台原断面薄弱或破坏严重时采用整个墩台套箍。一般横向裂纹用单箍，竖向裂纹可用数个箍，即每隔一定的距离设置一个箍。每个箍高约1.0～1.5m，厚约25～40cm，其间距视病害情况而定，但不宜大于桥墩正面宽度。整个墩台套箍就是将整个墩台包以钢筋混凝土箍。箍的下端支于基础顶面，上端伸至墩台帽下（图3.4.2-24），或把墩帽包住。

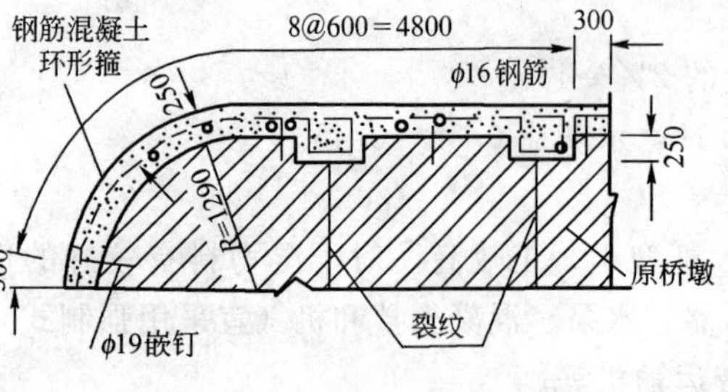

图 3.4.2-22 用环形箍加固桥墩（尺寸单位：mm）

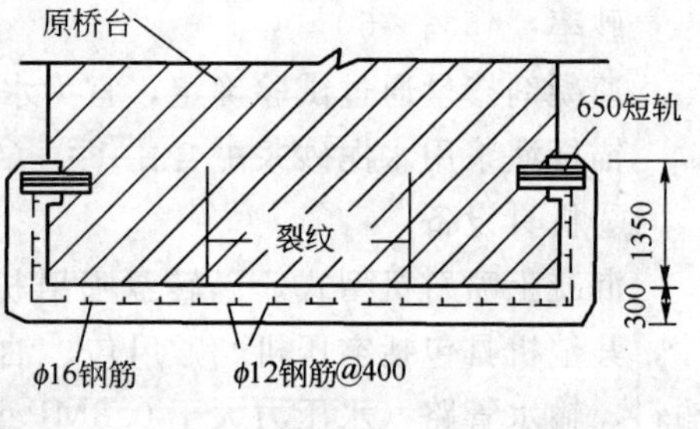

图 3.4.2-23 用 U 形箍加固桥台（尺寸单位：mm）

①施工工艺

混凝土应不低于 C20 级，钢筋配筋率应大于 0.2%。为防止混凝土收缩发生龟裂，宜采用较小的钢筋，主筋直径 12～19mm，副筋直径 8～12mm。为使新旧混凝土结合良好，需将墩台表面凿毛，清除松散颗粒，按梅花式布孔埋设直径 19～32mm 的倒刺嵌钉，孔眼直径应比嵌钉大 8～10mm，嵌钉插入长度为钉长的 1/2～2/3，用砂浆锚固。浇筑混凝土前，用水冲洗凿毛了的圬工表面，使其充分湿润。有条件时用喷射混凝土。

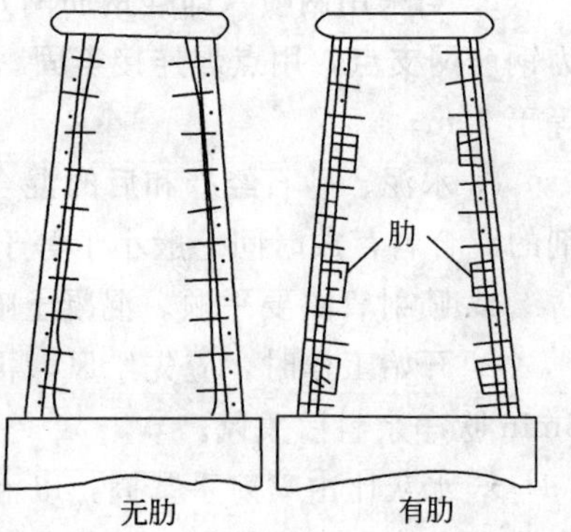

图 3.4.2-24 整个墩身套箍

墩台破裂比较严重，单排钢筋不能满足要求时，可采用双排钢筋，并扎成钢筋骨架，浇筑混凝土。

裂纹应配合压注灰浆或环氧树脂浆进行处理，压浆在套箍凝固后通过预埋的注浆管来进行。必要时，施工应采用排架临时支承卸载，或控制车辆过桥慢行来防止混凝土凝固过程中早期受力。

②防止套箍裂纹的措施

防止套箍裂纹的措施有掺减水剂、做伸缩缝、加强养生。这些措施可预防钢筋混凝土套箍发生裂纹（图 3.4.2-25）。

为减少和避免整墩套箍因混凝土收缩而产生裂纹，除正确选用集料、使用螺纹钢筋、加强振捣增加其密实度外，还可以采取以下措施：

a. 掺用水泥质量 2‰的木质素磺酸钙减水剂，以减少用水量，提高混凝土强度。

b. 在圆端形桥墩圆弧与直线连接位置，设计 4 处钢筋混凝土箍伸缩缝（图 3.4.2-25）。伸缩缝采用 6mm 钢板加工成“Ω”形，内填环氧聚氨酯弹性密封膏，密封膏与钢板黏结力达 1.8MPa，凝固后受压能弹性变形。伸缩缝钢板两侧焊有短钢筋与混凝土箍连成一体。伸缩缝厚 150mm，钢板上预留直径 13mm 孔眼，以便外层钢筋穿过和自由伸缩。

（6）修补圬工环氧浆液及胶泥配制工艺

①环氧浆液配合比

a. 采用乙二胺、间苯二胺、三烯四胺等固化剂时，其配合比见表 3.4.2-32。

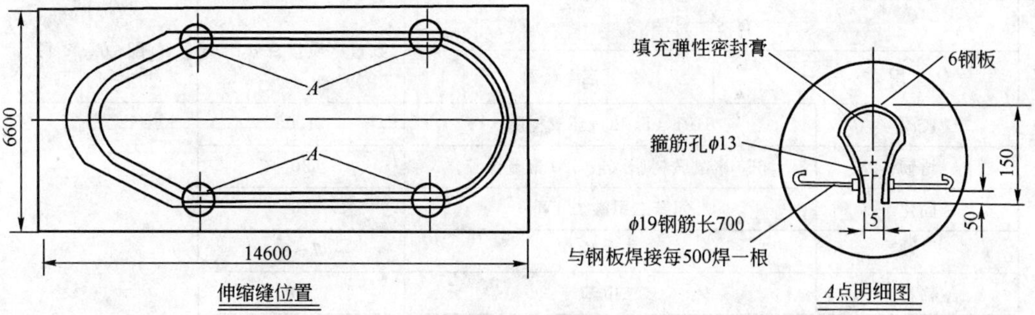

图 3.4.2-25　某桥桥墩套箍伸缩缝实例（尺寸单位：mm）

表 3.4.2-32

序号	材料		数量（质量百分比）	配方来源
	用途	名称		
（一）环氧树脂涂料封闭细小裂纹作表面处理，配方1加填充料，呈普通水泥本色				
1	胶凝	634（E.42）或6101（E.44）环氧树脂	100	
	增韧	邻苯二甲酸二丁酯	20	
	固化	乙二胺（或间苯二胺）	8（15）	
	填充料	普通32.5级水泥	30（20）	
		立德粉	10（20）	
2	胶凝	6101（E.44）环氧树脂	100	科学院
	增韧	煤焦油	30	
	固化	三乙烯四胺	7～8	
	填充料	石英粉	20～30	
3	胶凝	6101（E.44）环氧树脂	100	科学院
	增韧	聚硫橡胶1000	20	
	固化	三乙烯四胺	7～8	
	填充料	石英粉	20	
4	胶凝	6101（E.44）环氧树脂	100	科学院
	增韧	203低分子聚酰胺	50	
	固化	三乙烯四胺	4	
	填充料	石英粉	20	

续上表

序号	材料 用途	材料 名称	数量（质量百分比）	配方来源
5	胶凝	6101（E.42）环氧树脂	100	
	增韧	650 聚酰胺树脂（或 620 聚硫橡胶）	30	
	固化	邻苯二甲酸二丁酯	10	
		乙二胺	7～8	
	稀释	二甲苯	10	
		酚	15～20	
	填充料	水泥	200～300	
（二）环氧浆液用于压力灌浆				
1	胶凝	634（E.42）或 6101（E.44）环氧树脂	100	哈尔滨铁路局
	增韧	邻苯二甲酸二丁酯	20	
	固化	乙二胺（或间苯二胺）	8	
2	胶凝	环氧树脂	100	北京第一建筑公司济南铁路局原南昌铁路局
	增韧	邻苯二甲酸二丁酯	5～10	
	固化	乙二胺（或间苯二胺）	10（17）	
	稀释	环氧氯丙烷（或 690 活性溶剂即环氧丙烷苯基醚）	20	
		二甲苯	40	
3	胶凝	环氧树脂	100	济南铁路局
	增韧	乙二胺（或间苯二胺）	10	
	稀释	501690 活性溶剂（即环氧丙烷丁基醚）	20	
		二甲苯	30～40	
4	胶凝	618（E.51）环氧树脂	100	铁研院丰台桥梁厂
	增韧	邻苯二甲酸二丁酯	10～20	
	固化	乙二胺（或间苯二胺）	11（20）	
	稀释	690 活性溶剂	30	
5	胶凝	634（E.42）环氧树脂	100	哈尔滨铁路局
	增韧	邻苯二甲酸二丁酯	10	
	固化	乙二胺	9～10.5	
	增韧、固化	650 聚酰胺树脂	20～30	
	稀释	二甲苯	20	
		酚	20	
		690 活性溶剂	20	

续上表

序号	材料		数量（质量百分比）	配方来源
	用途	名称		
6	胶凝	环氧树脂	100	北京铁路局
	增韧	邻苯二甲酸二丁酯	10	
	固化	乙二胺	10	
	稀释	501稀释剂	10～15	
		二甲苯	5～15	
7	胶凝	634（E.42）或6101（E.44）环氧树脂	100	
	固化	乙二胺	10	
	稀释	630稀释剂（或多缩水甘油醚）	20	
		二甲苯	20～40	
8	胶凝	6101（E.42）环氧树脂	100	广州铁路局
	增韧	糖醛	35	
	稀释	丙酮	35	
	固化	二烯三胺	17	
（三）环氧树脂砂浆，修补圬工用				
1	胶凝	634（E.42）或6101（E.44）环氧树脂	100	铁路局
	增韧	邻苯二甲酸二丁酯	15～20	
	固化	乙二胺	7～8	
	填充料	水泥（其中可立德粉50g）	150～200	
	粗填充料	砂	450～550	
2	胶凝	6101（E.42）环氧树脂	100	铁研院丰台桥梁厂
	增韧	邻苯二甲酸二丁酯	10	
		煤焦油	40	
	固化	乙二胺	8（15）	
	填充料	水泥（其中可立德粉50g）	100～150	
	粗填充料	砂	300～500	
3	胶凝	6101环氧树脂	100	济南铁路局
	增韧	煤焦油	50～100	
	固化	乙二胺	8	
	填充料	水泥	200～300	
	粗填充料	砂	500～700	
4	胶凝	634（E.42）环氧树脂	100	广州铁路局
	增韧	邻苯二甲酸二丁酯	5	
	固化	二乙烯三胺	10	
	填充料	石英砂	350	

续上表

序号	材料 用途	材料 名称	数量（质量百分比）	配方来源
（四）环氧腻子，压浆时腻缝，粘注浆嘴				
1	胶凝	环氧树脂	100	原吉林铁路局
	增韧	邻苯二甲酸二丁酯	20	
	固化	乙二胺	8	
	填充料	水泥	400	
2	胶凝	环氧树脂	100	北京第一建筑公司
	增韧	邻苯二甲酸二丁酯	10	
	稀释	乙二胺 8～10		
	固化	二甲苯	25	
	填充料	滑石粉	70～200	
3	胶凝	环氧树脂	100	原武汉铁路局 原南昌铁路局
	增韧	邻苯二甲酸二丁酯	25	
	固化	乙二胺	3～8	
	填充料	石膏粉	150～250	
（五）环氧树脂粘结剂，粘结混凝土，在修补圬工时作为粘合剂，在修补面先涂 1～2 层粘结剂，然后再抹砂浆或浇筑混凝土				
1	胶凝	634（E.42）或 6101（E.44）环氧树脂	100	铁路局
	增韧	邻苯二甲酸二丁酯	20	
	固化	乙二胺（或间苯二酯）	8	
2	胶凝	634（E.42）环氧树脂	100	哈尔滨铁路局
	胶凝	邻苯二甲酸二丁酯	10	
	增韧、固化	650 聚酰胺树脂	20～30	
	固化	间苯二胺	15	
	稀释	二四苯（丙酮）	10～20	
	填充料	水泥	200～300	
3	胶凝	634（E.42）环氧树脂	100	广州铁路局
	增韧	邻苯二甲酸二丁酯	5	
	固化	二乙烯三胺	10	

注：环氧浆液，泛指上述配方无填料部分。加入水泥等填充料，称作胶泥。

b. 采用 T_{31} 作固化剂时，其配合比参见表 3.4.2-33。

表 3.4.2-33

序号	材料：用途	材料：名称	数量（质量百分比）	配方来源及用途
（一）环氧胶泥				
1	胶凝	6101（E.44）环氧树脂	100	长江葛洲坝船闸管理处。用于滚动破损修补。环境温度：5℃～10℃，湿度70%～90%，修补裂缝，能防冲防磨
	稀释	T_{31}	17～25	
	固化	无水乙醇	8～12	
	填充料	石英砂	100～111	
		6101（E.44）环氧　石英粉	300～333	
2	胶凝	6101（E.44）环氧树脂	100	兰州煤油厂。用于修理地下泵房墙壁裂缝漏水漏油
	稀释	T_{31}	25～35（由黏度决定）	
	固化	乙醇	200～400	
	填充料	石英粉		
3	胶凝	6101（E.44）环氧树脂	100	云南磷肥厂。用于地下污水循环池渗漏水处理
	稀释	T_{31}	30	
	固化	乙醇	15	
	填充料	石墨粉	200	
（二）环氧树脂砂浆				
1	稀释	无水乙醇	15	桥涵修理
	填充料	水泥	100	
	固化	T_{31}（气温 30℃以下用 30，一般温度 20℃）	15～30	
	稀释	无水乙醇	15	
	填充料	水泥	100	
	粗填充料	砂	500	
2	胶凝	6101（E.44）环氧树脂	100	云南磷肥厂。用于地下污水循环池渗漏水处理
	固化	T_{31}	30	
	稀释	乙醇	15	
	填充料	水泥	80	
	粗填充料	砂	200～250	
3	胶凝	6101（E.44）环氧树脂	100	葛州坝工程局试验室。用于葛洲坝水利枢纽二江泄水闸 25 号闸孔滚动破损修补
	固化	T_{31}	30	
	稀释	501 活性溶剂	20	
	增韧	650 聚酰胺	30	
	偶联剂	南大.12	2	
	填充料	石英砂（或铸石骨料）	800（1000）	

续上表

序号	材料		数量（质量百分比）	配方来源及用途
	用途	名称		
4	胶凝	6101（E.44）环氧树脂邻苯二甲酸二丁酯	100	九江马头水库管理处。用于泄洪隧道裂缝修理
	增韧	T_{31}	5～20	
	固化	水泥	15～40	
	填充料	砂	300～350	
5	胶凝	6101（E.44）环氧树脂	100	长江水电科学院。用于地下电缆沟混凝土渗漏水封堵
	固化	T_{31}	28～35	
	增韧	丙酮	10	
	稀释	水泥	160	
	填充料	砂	400	
6	胶凝	6101（E.44）环氧树脂	100	上海第十钢铁厂。用于修补酸洗车间梁柱混凝土及地坪
	固化	T_{31}	20	
	增韧	650聚酰胺	15	
	填充料	水泥	100	
		砂	400～700	

T_{31}无毒，能在水下及高温等恶劣环境和冬季户外施工，固化后环氧树脂强度高，耐腐蚀性好，比乙二胺有较多的优越性。以环氧量为100%，T_{31}用量可在12%～40%范围内选用，常用15%～20%，低温及水下为25%～30%，用量自由度较大。稀释剂采用丙酮、乙醇、二甲苯等。抢修、堵漏可用无水乙醇，并适当增加T_{31}用量。减缓固化速度，可用丙酮并适当减少T_{31}用量。

②环氧树脂配合工艺

补修圬工的环氧树脂配合工艺一般为：

a. 将环氧树脂用温水浴法（环氧树脂装入敞口容器，置于水中加温）溶化，加热温度不超过40℃。

b. 按定量掺入稀释剂、增韧剂搅拌均匀。

c. 在环氧树脂中加入固化剂迅速搅拌均匀。

d. 将加好固化剂的树脂浆倒入拌和好的粗细填料中，边上料边搅拌制成均匀的树脂涂料或砂浆。

e. 如使用间苯二胺作固化剂时，应用温水浴法预先将其加热溶化，温度不超过65℃，然后加入二丁酯搅拌，使温度降到40℃，再加入已溶化的环氧树脂拌和均匀。

f. 配合比必须正确（必要时先做少量试验），拌和要均匀，一定要用天平和量杯量取，不应估量。

g. 环氧树脂加入固化剂后，较短时间即硬化，因而每次拌和的树脂量、使用乙二胺及T_{31}时不应超过0.5kg，使用间苯二胺时不应超过1kg，拌和物应在0.5h内用完，采用T_{31}固化剂时及乙醇作为稀释剂时硬化时间快，更应尽快用完。

(四) 海水环境的混凝土防腐蚀措施

在海洋大气及海水环境的混凝土防腐蚀的基本措施是采用高耐久性、高抗氯离子渗透性、高强度及良好工作性的高性能混凝土；另外在混凝土表面尚可采用防腐涂层。涂层涂装范围为表湿区（浪溅区及平均潮位以上的水位变动区）和表干区（大气区）。

1. 涂层系统的设计使用年限应不少于 10 年；涂层施工时混凝土龄期应不少于 28 天，并通过验收合格。

2. 防腐蚀涂料应具有耐碱性、附着性和耐蚀性，底层涂料应具有良好渗透能力，表层涂料应具有耐老化性，表湿区防腐涂料应具有湿固化、耐磨耐冲击和耐老化等性能。涂层与混凝土粘结力不小于 1.5MPa。复合涂层性能应满足表 3.4.2-34 要求。

涂层性能要求 表 3.4.2-34

项目	试验条件	标准	涂层名称
涂层外观	耐老化试验 1000h 后	不粉化、不起泡、不龟裂、不剥落	底层＋中间层＋面层的复合涂层
	耐碱试验 30d 后	不起泡、不龟裂、不剥落	
	标准养护后	均匀，无流挂、无斑点、不起泡、不龟裂、不剥落等	
抗氯离子渗透性	活动涂层片抗氯离子渗透试验 30d 后	氯离子穿过涂层片的渗透量在 $5.0\times10^{-3}mg/cm^2\cdot d$ 以下	底层＋中间层＋面层的复合涂层

注：1. 涂层的耐老化性系采用涂装过的尺寸为 70mm×70mm×20mm 的砂浆试件，按现行国家标准《漆膜老化测定法》（GB 1865）测定。

2. 涂层的耐碱性、涂层抗氯离子渗透性、涂层与混凝土表面的粘结力按《海港工程混凝土结构防腐技术规范》附录 C 的混凝土涂层试验方法测定。

3. 涂层系统应由底层、中间层和面层或底层和面层配套涂料涂膜组成，配套上下层涂料间应具有相溶性。

根据腐蚀环境及设计使用年限，配套涂层及最小涂层干膜厚度可按表 3.4.2-35 选用。

4. 涂装工艺、质量控制、检查、验收及维修应符合《海港工程混凝土结构防腐蚀技术规范》附录 D 的规定。

5. 硅烷浸渍适用于海港工程浪溅区混凝土结构表面防腐蚀保护。宜采用异西烯三乙氧基硅烷浸渍材料。其他浸渍材料经论证亦可采用。异丁烯三乙氧基硅烷质量应满足下列要求：

(1) 异丁烯三乙氧基硅烷含量不应小于 98.9%。

(2) 硅氧烷含量不应大于 0.3%。

(3) 可水解氯化物含量不大于 1/10000。

(4) 密度不应小于 $0.88g/cm^3$。

(5) 活性应为 100%，不得以溶剂或其他液体稀释。

混凝土表面涂层最小平均干膜厚度　表 3.4.2-35

设计使用年限(a)	配套涂料名称				涂层干膜最小平均厚度（μm）	
					表湿区	表干区
10	1	底层		环氧树脂封闭漆	无厚度要求	无厚度要求
		中间层		环氧树脂漆	250	200
		面层	I	丙烯酸树脂漆或氯化橡胶漆	100	100
			II	聚氨酯磁漆	50	50
			III	乙烯树脂漆	100	100
	2	底层		丙烯酸树脂封闭漆	15	15
		面层		丙烯酸树脂漆或氯化橡胶漆	350	320
	3	底层		环氧树脂封闭漆	无厚度要求	无厚度要求
		面层		环氧树脂或聚氨酯煤焦油沥青漆	300	280
20	1	底层		环氧树脂封闭漆	无厚度要求	无厚度要求
		中间层		环氧树脂漆	300	250
		面层	I	丙烯酸树脂漆或氯化橡胶漆	200	200
			II	聚氨酯磁漆	90	90
			III	乙烯树脂漆	200	200
	2	底层		丙烯酸树脂封闭漆	15	15
		面层		丙烯酸树脂漆或氯化橡胶漆	500	450
	3	底层		环氧树脂封闭漆	无厚度要求	无厚度要求
		面层		环氧树脂或聚氨酯煤焦油沥青漆	500	500

按《海港工程混凝土结构防腐蚀技术规范》附录 E 规定进行浸渍前的喷涂试验和芯样吸水率、硅烷浸渍深度、氯化物吸收量降低效果测试。合格质量判定标准应满足下述三项要求，当任一项不满足时，该验收批重新浸渍硅烷：

(1) 吸收率平均值不应大于 0.01mm/min。

(2) 对强度等级不大于 C45 的混凝土浸渍深度应达 3～4mm；强度等级大于 C45 的混凝土，浸渍深度应达 2～3mm。

(3) 氯化物吸收量的平均降低值不小于 90%。

硅烷浸渍深度，宜采用《海港工程混凝土结构防腐蚀技术规范》附录 E 所示染料指示法评定。

(五) 工程实例——杭州湾大桥耐久性混凝土结构综合防腐技术简介

杭州湾大桥混凝土工程在海洋环境下设计使用年限 100 年。设计依据为相关规范和科研及试验成果。主要设计思路为混凝土结构耐久性综合防腐方案：

混凝土钻孔灌注桩、承台、墩身和箱梁等；大桥主结构以采用高性能混凝土为基本措施，对于混凝土结构保护层相对较小且位于浪溅区和水位变动区的薄弱部位，采用混凝土外部保护涂层。

表 3.4.2-36～表 3.4.2-47 针对浪溅区、水位变动区、水下区和大气区，列出了钻孔桩、

承台、墩身、箱梁的耐久性高性能混凝土的设计要求指标。

水位变动区钻孔桩混凝土 表 3.4.2-36

工 程 部 位		钻 孔 桩	备 注
环境部位		水位变动区/水下区	
混凝土设计强度等级		C30 水下混凝土	
混凝土设计保护层厚度（mm）		75	
预测寿命对构件受力情况的估计		存在受拉区，有裂纹	
防腐方案		钢护筒（Q235，t=10～14mm）＋高性能混凝土	
关于高性能混凝土	胶凝材料类型	硅酸盐水泥 II 型＋I 型高性能海工混凝土专用掺合料	建议比例：35%水泥＋65%掺合料
	最小胶凝物质用量（kg/m^3）	≥400	
	最大水胶比	≤0.38	
混凝土氯离子扩散系统（m^2/s）		$\leqslant 3.0\times10^{-12}$	浓度曲线法（90d）
混凝土抗氯离子渗透性（C）		≤1000	电量法（28d）
混凝土寿命预测（a）		约 113	93＋20

陆上部分的钻孔灌注桩混凝土 表 3.4.2-37

工 程 部 位		钻 孔 桩	备 注
环境部位		大气区	陆上部分
混凝土设计强度等级		C30 高性能混凝土	
混凝土设计保护层厚度（mm）		75	
预测寿命对构件受力情况的估计		存在受拉区，有裂纹	
防腐方案		高性能混凝土	
关于高性能混凝土	胶凝材料类型	硅酸盐水泥 II 型＋I 型高性能海工混凝土专用掺合料	建议比例：35%水泥＋65%掺合料
	最小胶凝物质用量（kg/m^3）	≥380	
	最大水胶比	≤0.40	
混凝土氯离子扩散系统（m^2/s）		$\leqslant 3.0\times10^{-12}$	浓度曲线法（90d）
混凝土抗氯离子渗透性（C）		≤1200	电量法（28d）
混凝土寿命预测（a）		约 130	

水位变动区和浪溅区承台混凝土 表 3.4.2-38

工 程 部 位	承台（现浇）	备 注
环境部位	浪溅区、水位变动区	
混凝土设计强度等级	C30	
混凝土设计保护层厚度（mm）	90	
预测寿命对构件受力情况的估计	存在受拉区，有裂纹	
防腐方案	高性能混凝土	

续上表

工程部位		承台（现浇）	备注
关于高性能混凝土	胶凝材料类型	硅酸盐水泥II型+I型高性能海工混凝土专用掺合料	建议比例：35%水泥+65%掺合料
	最小胶凝物质用量（kg/m³）	≥400	
	最大水胶比	≤0.36	
混凝土氯离子扩散系统（m²/s）		$\leqslant 2.5\times10^{-12}$	浓度曲线法（90d）
混凝土抗氯离子渗透性（C）		≤1000	电量法（28d）
混凝土寿命预测（a）		约117	

陆上部分承台混凝土　　表3.4.2-39

工程部位		承台	备注
环境部位		大气区	陆上部分
混凝土设计强度等级		C30高性能混凝土	
混凝土设计保护层厚度（mm）		90	
预测寿命对构件受力情况的估计		存在受拉区，有裂纹	
防腐方案		高性能混凝土	
关于高性能混凝土	胶凝材料类型	硅酸盐水泥II型+I型高性能海工混凝土专用掺合料	建议比例：35%水泥+65%掺合料
	最小胶凝物质用量（kg/m³）	≥380	
	最大水胶比	≤0.40	
混凝土氯离子扩散系统（m²/s）		$\leqslant 3.5\times10^{-12}$	浓度曲线法（90d）
混凝土抗氯离子渗透性（C）		≤1500	电量法（28d）
混凝土寿命预测（a）		约177	

墩身混凝土　　表3.4.2-40

工程部位		墩身（现浇）	备注
环境部位		浪溅区/大气区	北引桥和南引桥滩涂区
混凝土设计强度等级		C30	
混凝土设计保护层厚度（mm）		65	
预测寿命对构件受力情况的估计		存在受拉区，有裂纹	
防腐方案		高性能混凝土+硅烷类涂层	
关于高性能混凝土	胶凝材料类型	硅酸盐水泥II型+II型高性能海工混凝土专用掺合料	建议比例：30%水泥+70%掺合料
	最小胶凝物质用量（kg/m³）	≥400	
	最大水胶比	≤0.36	

续上表

工程部位	墩身（现浇）	备注
混凝土氯离子扩散系统（m^2/s）	≤1.5×10^{-12}	浓度曲线法（90d）
混凝土抗氯离子渗透性（C）	≤1000	电量法（28d）
混凝土寿命预测（a）	约125	110+15

墩身混凝土　　表3.4.2-41

工程部位		墩身（现浇）	备注
环境部位		大气区	北引桥和南引桥滩涂区
混凝土设计强度等级		C30	
混凝土设计保护层厚度（mm）		60	
预测寿命对构件受力情况的估计		存在受拉区，有裂纹	
防腐方案		高性能混凝土	
关于高性能混凝土	胶凝材料类型	硅酸盐水泥II型+II型高性能海工混凝土专用掺合料	建议比例：30%水泥+70%掺合料
	最小胶凝物质用量（kg/m^3）	≥400	
	最大水胶比	≤0.38	
混凝土氯离子扩散系统（m^2/s）		≤2.5×10^{-12}	浓度曲线法（90d）
混凝土抗氯离子渗透性（C）		≤1000	电量法（28d）
混凝土寿命预测（a）		约114	

墩身混凝土　　表3.4.2-42

工程部位		墩身（现浇）	备注
环境部位		浪溅区/大气区	北航道桥/南航道桥/南引桥水中低墩区/引桥水中高墩区
混凝土设计强度等级		C40	
混凝土设计保护层厚度（mm）		65	
预测寿命对构件受力情况的估计		存在受拉区，有裂纹	
防腐方案		高性能混凝土+硅烷类涂层	
关于高性能混凝土	胶凝材料类型	硅酸盐水泥II型+II型高性能海工混凝土专用掺合料	建议比例：40%水泥+60%掺合料
	最小胶凝物质用量（kg/m^3）	≥450	
	最大水胶比	≤0.34	
混凝土氯离子扩散系统（m^2/s）		≤1.5×10^{-12}	浓度曲线法（90d）
混凝土抗氯离子渗透性（C）		≤1000	电量法（28d）
混凝土寿命预测（a）		约125	110+15

现浇墩身混凝土 表 3.4.2-43

工程部位		墩身（现浇）	备注
环境部位		浪溅区/大气区	北航道桥/南航道桥
混凝土设计强度等级		C50	
混凝土设计保护层厚度（mm）		60	
预测寿命对构件受力情况的估计		存在受拉区，有裂纹	
防腐方案		高性能混凝土＋硅烷类涂层	
关于高性能混凝土	胶凝材料类型	硅酸盐水泥 II 型＋II 型高性能海工混凝土专用掺合料	建议比例：40％水泥＋60％掺合料
	最小胶凝物质用量（kg/m^3）	≥480	
	最大水胶比	≤0.32	
混凝土氯离子扩散系统（m^2/s）		$\leqslant 1.5\times 10^{-12}$	浓度曲线法（90d）
混凝土抗氯离子渗透性（C）		≤1000	电量法（28d）
混凝土寿命预测（a）		约 125	110＋15

现浇墩身混凝土 表 3.4.2-44

工程部位		桥塔（现浇）	备注
环境部位		浪溅区	北航道桥
混凝土设计强度等级		C50	
混凝土设计保护层厚度（mm）		60	
预测寿命对构件受力情况的估计		有受拉区，有裂纹	
防腐方案		高性能混凝土＋硅烷类涂层	
关于高性能混凝土	胶凝材料类型	硅酸盐水泥 II 型＋II 型高性能海工混凝土专用掺合料	建议比例：40％水泥＋60％掺合料
	最小胶凝物质用量（kg/m^3）	≥480	
	最大水胶比	≤0.32	
混凝土氯离子扩散系统（m^2/s）		$\leqslant 1.3\times 10^{-12}$	浓度曲线法（90d）
混凝土抗氯离子渗透性（C）		≤800	电量法（28d）
混凝土寿命预测（a）		约 124	109＋15

桥塔大气区部分混凝土 表 3.4.2-45

工程部位	桥塔（现浇）	备注
环境部位	大气区	北航道桥
混凝土设计强度等级	C50	
混凝土设计保护层厚度（mm）	55	

续上表

工程部位		桥塔（现浇）	备注
预测寿命对构件受力情况的估计		有受拉区，有裂纹	
防腐方案		高性能混凝土	
关于高性能混凝土	胶凝材料类型	硅酸盐水泥II型+II型高性能海工混凝土专用掺合料	建议比例：40%水泥+60%掺合料
	最少胶凝物质用量（kg/m^3）	≥480	
	最大水胶比	≤0.32	
混凝土氯离子扩散系统（m^2/s）		$\leqslant 1.5\times10^{-12}$	浓度曲线法（90d）
混凝土抗氯离子渗透性（C）		≤800	电量法（28d）
混凝土寿命预测（a）		约171	

现浇墩身混凝土　　表3.4.2-46

工程部位		箱梁（现浇）	备注
环境部位		大气区	
混凝土设计强度等级		C50	
混凝土设计保护层厚度（mm）		40	
预测寿命对构件受力情况的估计		有受拉区，有裂纹	
防腐方案		高性能混凝土+硅烷类涂层	
关于高性能混凝土	胶凝材料类型	硅酸盐水泥II型+II型高性能海工混凝土专用掺合料	建议比例：40%水泥+60%掺合料
	最小胶凝物质用量（kg/m^3）	≥480	
	最大水胶比	≤0.32	
混凝土氯离子扩散系统（m^2/s）		$\leqslant 1.3\times10^{-12}$	浓度曲线法（90d）
混凝土抗氯离子渗透性（C）		≤800	电量法（28d）
混凝土寿命预测（a）		约119	104+15

预制节段拼装箱梁混凝土　　表3.4.2-47

工程部位	箱梁（预制节段拼装）	备注
环境部位	大气区	
混凝土设计强度等级	C50	
混凝土设计保护层厚度（mm）	40	
预测寿命对构件受力情况的估计	有受拉区，有裂纹	
防腐方案	高性能混凝土+硅烷类涂层	

续上表

工程部位		箱梁（预制节段拼装）	备　注
关于高性能混凝土	胶凝材料类型	硅酸盐水泥II型+II型高性能海工混凝土专用掺合料	建议比例：40%水泥+60%掺合料
	最少胶凝物质用量（kg/m^3）	≥480	
	最大水胶比	≤0.32	
混凝土氯离子扩散系统（m^2/s）		$\leqslant 1.3\times10^{-12}$	浓度曲线法（90d）
混凝土抗氯离子渗透性（C）		≤800	电量法（28d）
混凝土寿命预测（a）		约119	104+15

§4.3　悬索桥技术状况的检查

技术状况检查的目的，是为了加强悬索桥的营运技术管理，保持其具有完好的工作状态并延长其使用寿命。检查分为日常巡视、经常性检查、定期检查和特殊检查。

1. 日常巡视

养护巡视的目的是为了及时发现悬索桥各构件及设施的异常情况。每日最少巡回检查2次，每次巡视后填写“日常巡视检查表”，每月汇总归档，将其作为经常性检查和定期检查的评定依据。发现问题及时提出，尽早处理。

2. 经常性检查

每季度一次，以目测为主，主要检查桥梁的外观有无重大损坏和变化，填写“经常检查记录表”，登记所检查项目的缺损类型、范围及养护工作量，提出维修保养措施，并尽早组织实施。一般病害7日内修复，中等病害15日内修复。

3. 定期检查

最初应每年检查一次，五年后可三年检查一次，主要对桥梁各部件的受力状况进行详细测定，以专项检查仪器进行。定期检查要评定桥梁的技术状况，建立桥梁技术档案，填写“悬索桥定期检查数据表”，记录每个部件缺损状况，并进行评分，确定维护方案。

4. 特殊检查

在发生撞击、大风、暴雨、洪水及地震等灾害后进行，填写“特殊检查记录表”，写明损坏时间、部位并阐明起因及损坏情况，尽可能及时提出抢修方案，先进行临时加固。如果损坏严重，应组织专家会诊并会商加固方案。

5. 荷载试验

在遇到主体结构损坏严重，加固后不能确定其承载能力的情况下，或在悬索桥已运行20年后，每10年对悬索桥做全桥或局部荷载静动力试验，以检验其技术使用性能。

一、悬索桥日常巡视检查

悬索桥的日常巡视检查应由养护部技术人员负责，以目力检查为主，每日至少巡回检查2次，其目的是为了建立一套完整的养护基础资料，及时了解悬索桥各部件及桥梁设施的安全营运情况，及早发现可能出现的突发事件，为经常检查和特殊检查提供依据。

每次检查均应填写“日常巡视检查表”（表3.4.3-1），其内容和项目主要有：

悬索桥日常巡视检查表　　表3.4.3-1

时　间	年　月　日　时　分	温　度	℃
气候状况	暴雨　大雨　中雨　小雨　阴	风力	级
能见度	(km)	其他	
交通状况	是否堵车，是否有超载车通过		
项目	病害部位	病害情况（性质、数量、程度）	处理意见
主缆系统			
吊索与索夹			
主塔			
锚碇			
钢箱梁			
防撞护栏			
除湿系统			
照明			
标志物			
伸缩缝			
桥面系及排水设施			
塔内升降及爬梯			
通讯及照明线路			
其他			
附件情况	照片　张，检查纪录附件　页，本次检查包括照片共　张		
检查记录人			

（1）时间：指巡视悬索桥时填表的时间。

（2）温度：填表时的大气温度，用温度计读取。

（3）气候状况：主要指是否雨天。

（4）风力：当时风力，可结合天气预报情况填写。

（5）能见度：主要指雾天等能见度差时填写。

（6）其他：主要指有无别的特殊自然情况，如地震、雷电。

（7）交通状况：填写有无堵车及超载车辆通过等。

（8）主缆系：主要观察主缆有无较大异常变形，有无异常弯曲及扭曲，主缆防护有无明显损坏。

(9) 吊索与索夹：主要观察吊索有无明显松动与变形，吊索有无明显损伤，索夹有无明显错位。

(10) 主塔：主要观察主塔有无明显倾斜变形，塔身有无大面积锈蚀痕迹，有无大面积损伤。

(11) 锚碇：日常察看锚坑内有无积水，锚坑顶板有无渗漏水现象，预埋锚件有无损坏，散索鞍有无明显变形。

(12) 钢箱梁：主要观察钢箱梁有无明显变形扭曲，在大风大雨时应适时观察，另应注意钢桥面板有无局部变形损坏。

(13) 护栏：主要观察有无被车撞及刮蹭痕迹，或是否有大面积锈迹、掉皮等病害。

(14) 除湿系统：箱梁、锚室及塔顶鞍室内除湿机是否正常运行。

(15) 照明：夜间观察照明装置是否完好，亮度有无明显变化。

(16) 标志物：观察是否清晰完好。

(17) 伸缩缝：伸缩缝是否填塞、破损，过车时有无异常响动。

(18) 桥面铺装：查看桥面铺装是否平整，有无车辙坑槽，桥面排水设施有无损坏、堵塞等。

(19) 塔内升降机及爬梯：日常检查进出口门有否破坏，是否有非工作人员进入，电路是否完好。

(20) 其他：除上述列项之外病害。

二、悬索桥经常性检查

经常性检查是在日常巡视检查的基础上作出进一步的检查，其范围更全面一些，以目测辅以简单的检测工具进行，每季检查一次，汛期应加强检查。当场填写“经常检查记录表”，登记所检查各项目的缺损类型、缺损状况，测量缺损范围并绘制缺损图，提出相应的养护措施，尽可能估计出养护所需的工作量，对小修保养的部位或构件提出养护计划并尽快予以组织实施。对达到表 3.4.4-2 所列三类使用技术状况的病害时，应向主管部门汇报，以确定大、中修或加固技术方案与施工计划，以便尽快完成病害的修复。

经常性检查分为锚碇系统检查、主塔系统检查、主缆系统检查、吊索系统检查、钢箱梁系统、桥面系统及附属构件检查共 7 个检查表格（根据具体桥跨结构自行设计，或参考表 3.4.3-2～表 3.4.3-8）。每次检查均应完整地填写检查表，如果没有缺损也应写明无。如果表格不够写明病害原因或描述不清，可另加附页，但附页数应在备注中说明。

悬索桥经常性检查记录表（一）（锚碇） 表 3.4.3-2

检 查 范 围	东（西）锚 上（下游）	时 间	年 月 日
气候状况	暴雨 大雨 中雨 小雨 阴	风力	级
大气湿度	%	气温	℃
项目	病害情况及内容描述		意见及建议
主缆及大门密封性	良 好 差 坏		
坑内湿度	%		
除湿机运行状况	良好 损坏		
锚坑积水	多 少 无		

续上表

检 查 范 围	东（西）锚　上（下游）	时　间	年　月　日
气候状况	暴雨　大雨　中雨　小雨　阴	风力	级
大气湿度	%	气温	℃
项目	病害情况及内容描述		意见及建议
锚坑内有无漏水	有（　处，位置如下）　无		
散索鞍状况	处掉皮　处锈蚀　其他损坏情况		
锚坑内主缆索股状况	号索股掉漆脱皮 号索股有锈蚀 号索股有伤痕		
锚杆状况	号锚杆掉皮 号锚杆锈蚀 号锚杆有裂纹		
锚室内混凝土状况	（位置）出现蜂窝麻面 （位置）开裂		
其他项目			
备注	1. 附而情况：本检查表共有附页　张 2. 其他		

检查记录人：　　　　　　　　　　　　　　　　检查负责人：

悬索桥经常性检查记录表（二）（主塔）　　　　表 3.4.3-3

检 查 范 围	东（西）锚　上（下游）			时　间	年　月　日
气候状况	暴雨　大雨　中雨　小雨　阴			风力	级
大气湿度	%			气温	℃
项目	病害内容及描述			程度	意见与建议
塔内升降机	电路是（否）完好，是（否）运行平稳 机械部分有（无）损坏 其他项目				
避雷系统	主要检查避雷针及引线是否连接可靠，接地部位有无异常物品堆放				
塔底基础	有（无）明显冲刷，有（无）明显倾斜沉降，有（无）明显损坏，塔门是（否）完好，塔内有（无）积水，塔底座有无锈迹或露筋				
塔身	病害现象	位置（从塔底起多少米）	范围		
	蜂窝麻面				
	网状裂缝				
	裂缝				
	表面渗出物				
	表面锈迹				
	其他				

续上表

检查范围	东（西）锚　上（下游）	时　间	年　月　日
气候状况	暴雨　大雨　中雨　小雨　阴	风力	级
大气湿度	%	气温	℃
项目	病害内容及描述	程度	意见与建议
下系梁	检查有（无）蜂窝麻面，有（无）裂缝，表面有（无）渗出物、锈迹剥落和露筋。特别检查牛脚处		
中系梁	检查有（无）蜂窝麻面，有（无）裂缝，表面有（无）渗出物、锈迹剥落和露筋。特别检查牛脚处		
上系梁	检查有（无）蜂窝麻面，有（无）裂缝，表面有（无）渗出物、锈迹剥落和露筋。特别检查牛脚处		
塔顶主鞍室内	除湿装置是否运行正常，主鞍座有无掉漆、起皮、生锈现象，鞍室墙壁有无渗水及锈迹。各紧固件是否牢固。鞍室内密封效果如何		
其他项目			
备注	检查表共有　　附页		

检查记录人：　　　　　　　　　　　　　　检查负责人：

悬索桥经常性检查记录表（三）（主缆）　　　　表 3.4.3-4

检查范围		上（下）游缆索系统	时　间	年　月　日
气候状况		暴雨　大雨　中雨　小雨　阴	风力	级
大气湿度		%	气温	℃
项目		病害内容及描述	程度及范围	意见与建议
东边跨	号索夹往西（m）			
	号索夹往西（m）			
	号索夹往西（m）			
	号索夹往西（m）			
	号索夹往西（m）			
	号索夹往西（m）			
中跨	号索夹往西（m）			
	号索夹往西（m）			
	号索夹往西（m）			
	号索夹往西（m）			
	号索夹往西（m）			
	号索夹往西（m）			
西边跨	号索夹往西（m）			
	号索夹往西（m）			
	号索夹往西（m）			
	号索夹往西（m）			
	号索夹往西（m）			
	号索夹往西（m）			
其他项目				

续上表

检 查 范 围	上（下）游缆索系统	时　　间	年　月　日
气候状况	暴雨　大雨　中雨　小雨　阴	风力	级
大气湿度	%	气温	℃
项目	病害内容及描述	程度及范围	意见与建议
备注	1. 位置指东边从东散索鞍起第几号索往西多少米处，中跨指从东向西第几号索夹往西多少米处，西边跨指从西塔起多少米处 2. 病害项目主要有： ①主缆顶面 40cm 防滑漆起反脱落； ②主缆表面聚氨酯面漆起皮脱落； ③主缆面漆下面聚氨酯防水漆起皮脱落； ④防水漆底面密封腻子脱落，外露缠丝； ⑤缠丝外露有锈蚀，断裂等； ⑥缠丝下面密封腻子脱落，外露主缆钢丝； ⑦主缆钢丝生锈断裂等； ⑧其他病害。 3. 程度指轻、中、严重三等；范围指面积大小 4. 本检查表共有　　页		

检查记录人：　　　　　　　　　　　　　　　　检查负责人：

悬索桥经常性检查记录表（四）（吊索）　　　　表 3.4.3-5

检 查 范 围	上（下）游吊索系统	时　　间	年　月　日
气候状况	暴雨　大雨　中雨　小雨　阴	风力	级
大气湿度	%	气温	℃
吊索编号	病害内容及描述	程度及范围	意见与建议
其他项目			
备注	1. 吊索编号从东向西起。 2. 吊索主要检查表面涂装（面漆、防水漆及底漆）有无起皮掉漆，如有外露吊索钢丝则检查有无钢线生锈断裂现象。 3. 吊索下端主要检查吊索外套钢筒内密封腻子有无损坏，有无雨水渗入，另外就是截水罩是否密封完好，有无表面生锈。 4. 索夹部分主要检查索夹表面防水漆与面漆有无起皮掉漆，有无生锈痕迹。索夹中间的橡胶条有无损坏老化，密封性是否良好；索夹是否有移动的痕迹。 5. 程度主要指各项目严重情况，分为轻、中、严重三等，尽可能给出范围大小。 6. 本检查表共有　　附页		

检查记录人：　　　　　　　　　　　　　　　　检查负责人：

悬索桥经常性检查记录表（五）（钢箱梁） 表 3.4.3-6

检查范围	钢箱梁			时间	年 月 日
气候状况	暴雨 大雨 中雨 小雨 阴			室外温度	℃
室外湿度	%	室内湿度	%	室内温度	℃
项目	病害内容及描述			程度	意见与建议
除湿系统	东侧两台除湿机是（否）运转正常？ 东侧大门密封性如何？ 西侧两台除湿机是（否）运转正常？ 西侧大门密封性如何？ 箱梁内灯柱、泄水管及吊索镜头处的气密性应仔细检查				
钢箱梁内部检查	应由东向西逐箱检查箱内表面病害状况，对油漆表面应检查有无变色、起皱、脱落等表面病害，对焊缝、吊索锚头等处应检查有无细裂纹产生				
钢箱梁外部检查	主要检查油漆有无变色、起皮、脱落、锈迹产生及油污等病害。另应仔细观察有无裂纹出现，重点检查接缝及吊索锚头位置，应标明病害位置及范围大小				
检查车系统	主要检查电机是否运行良好，运行当中有无异常声响，螺栓有无松动等病害				
备注	1. 本检查表共有 附页 2. 检查时由东向西进行，箱外位置可将吊索作为参照点，箱内直接按梁室编号排列检查				

检查记录人： 检查负责人：

悬索桥经常性检查记录表（六）（桥面系） 表 3.4.3-7

检查范围	桥面系构造	时间	年 月 日
气候状况	暴雨 大雨 中雨 小雨 阴	风力	级
日照温度	℃	气温	℃
项目	病害内容及描述	程度	意见与建议
桥面铺装	主要检查桥面特别是桥面与路缘及中央分隔带连接处有（无）裂缝、松散、坑槽及车辙等，如有病害，应查明钢桥面防水层有无损坏，钢桥面有无生锈		
防撞护栏及路缘带	主要应检查有无损坏、开裂、变形、腐蚀及螺栓松动，其表面有无掉漆起皮现象		
航空标灯及照明灯柱	应检查航空标灯及沿线照明有（无）失效灯泡，灯柱底螺栓有无松动，焊缝有（无）开裂。柱身油漆有（无）掉漆、起皮及锈迹产生。电路有（无）失效露电现象		
航标指示及标志标线	标志标线应检查是（否）清晰、完整，有（无）损伤及松动		
桥面排水	主要应检查以下几个方面： 1. 排水设施排水不畅，内有杂物堵塞； 2. 排水设施入口处有杂物堆积； 3. 管路破坏、损伤、开裂及漏水		
其他项目			
备注	本检查表共有 附页		

检查记录人： 检查负责人：

悬索桥经常性检查记录表（七）（附属构件）　　表 3.4.3-8

检 查 范 围	悬索桥附属构件	时　　间	年　月　日
气候状况	暴雨　大雨　中雨　小雨　阴	风力	级
大气湿度	%	气温	℃
项目	病害内容及描述	程度	意见与建议
伸缩缝	主要应检查以下几个主要方面： 1. 行车时有（无）异常声音和冲击； 2. 伸缩槽内有（无）杂物嵌入，应及时清除齿缝间杂物； 3. 接焊处有（无）裂缝、起皮掉漆现象； 4. 是（否）有渗露水现象； 5. 橡胶条是否老化破损； 6. 接缝周围铺装下陷、开裂； 7. 滑动装置是否自如、顶滑		
支座	主要应从以下几方面检查： 1. 车辆通过时有无异常声响； 2. 支座各部位是否清洁完整，纵向移动是（否）顺畅； 3. 固定螺栓有无剪断损坏，螺母有无松动； 4. 竖向支座处有无积水，支座与系梁结合处混凝土有无破损、开裂； 5. 横向限位支座钢接焊部位有无开裂		
备注	1. 本检查表共有　　附页。 2. 悬索桥共有两条伸缩缝，竖向支座四个，横向限位支座四个，记录时方向可写明东或西边，方位可写明上下游处		

检查记录人：　　　　　　　　　　　　检查负责人：

三、悬索桥定期检查

(一) 定期检查的目的

悬索桥定期检查是在桥梁养护管理系统中采集结构技术状况动态数据的工作，为评定大桥使用功能、制订养护计划提供基本数据。定期检查由大桥负责养护的专职桥梁养护工程师负责，制订大桥年度定期检查计划，组织定期检查工作。定期检查要比经常性检查的内容更全面、更深入、更详细。

定期检查要求由较高的理论知识和有丰富实践经验的专职桥梁工程师参加，以目测观察为主，辅以必要的测量仪器设备，必须接近和进入各部件仔细检查其功能及材料的缺损情况。

定期检查主要目的是通过对各主要构件的受力和变形情况连续观测，了解各部件的受力和变形的发展变化，及时发现本桥的异常状况，为悬索桥的长期养护与管理提供科学依据，并为悬索桥的设计积累技术资料。

(二) 定期检查的周期

拟在桥建成通车后的最初五年内每年观测一次，之后可三年观测一次，每次观测应选相同的时间段，以每年度的 11 月份为宜。

(三) 定期检查的内容

(1) 锚碇体的位移、沉降和转动的观测。

(2) 主塔基础的沉降观测，主塔塔顶的纵桥向水平变位及中跨跨径的观测，主塔塔身应力的监测。

(3) 主缆主要控制截面的几何线形观测，主缆索股的张力监测。

(4) 吊索索股的索力监测，索夹螺栓紧固力的监测。

(5) 钢箱梁桥面的几何形态的观测。

(6) 伸缩缝位移量的观测。

(7) 锚箱及主塔塔身钢筋锈蚀电位的跟踪监测。

(8) 桥跨结构的自振特性测量。

(9) 河床及调治结构物的监测。

(四) 定期检查方法

定期检查可结合长期营运监控进行，可以自检，也可委托具有一定资质和丰富经验的专业单位进行。具体结构部位检查方法如下：

1. 锚碇的定期检查

(1) 锚碇体的观测。锚碇体的沉降观测可利用施工时的高程控制网，选择相应的控制测点，使用精密水准仪或全站仪按国家二等水准施测要求进行往返闭合的方法观测；而锚碇体的转动则可采用预埋精密倾斜测量仪的方法，观测锚碇体的纵、横向位移和转角。也可用 GPS 法测量沉降。

若发现锚碇体有不均匀沉降或转动，应及时上报并采取维修处理措施。

(2) 锚杆的检查。对锚杆要注意检查防锈或锈蚀情况，应定期检查锚杆与锚碇混凝土的接触界面是否完好，防止水从接触界面流入而侵蚀锚杆。正常情况锚杆不会从锚碇中拔出，若有异常（如锚碇混凝土破损），须仔细观察，及时上报并采取迅速有效的抢救措施。

2. 主塔的定期检查

(1) 主塔的变位观测。主塔塔顶的变位观测，可利用大桥施工时的高程控制网，在最佳观测时刻用全站仪按三角高程或极坐标观测法做四测回观测，并将每次观测数据与竣工测试值相比较。

(2) 主塔塔身的裂缝及钢筋锈蚀监测。定期检查时，若发现塔身有微裂缝应连续跟踪观测，当裂缝宽小于 0.2mm 时应予以封闭；当裂缝宽大于等于 0.2mm 时，应灌注环氧树脂浆予以维修。塔身内钢筋是否锈蚀，可选择易观测的塔根一侧，使用钢筋锈蚀仪跟踪监测。

(3) 主塔塔身的应力观测。可用施工监测时预先埋置于塔身内的弦式传感器和塔身表面安置的应变计测试读取。

3. 主缆和加劲梁竖曲线变化的定期检查

(1) 导致主缆和加劲梁竖曲线变化的原因。在长期营运中，或由于塔顶发生偏移、或由于加劲梁本身产生不可恢复的挠曲变形、或由于主缆松弛以及载重量的改变（如桥面重量增加、附属设施增加），都会导致主缆和加劲梁线形的变化。这种变化积累到一定程度便会影响桥梁使用功能和美观，必须定期检查并予以调整。

(2) 竖曲线的测量。将主缆和加劲梁的测量标志分别设置在中跨跨中断面上、下游主缆索底及相对应的人行道栏杆上，用全站仪同时测量多个测量标志基准点的高程读数，即可分别计算出多个测量标志当时的高程。将本次得到的高程与竣工测量得到的高程相比较，就可衡量主缆和加劲梁线形的变化情况。

在进行线形测量时，悬索桥上应该无活荷载、无风（三级风以下），且宜在温度变化不大的时间内（如夜间 1～3 时）进行，还应考虑温度（与竣工测量时相比）修正。

(3) 主缆线形的调整。受季节变换和日温度变化影响的悬索桥的主缆线形会发生可恢复的变化，加劲梁的线形亦有相应的改变，这种线形变化主要反映到加劲梁高程的改变。一般不要轻易作出调整主缆线形的决定。只有在经过仔细检测和反复核实，发现确有不可恢复的线形变化时，才应予考虑作适当调整。调整方法如下：

①首先作内力分析。根据验算情况，利用调整吊索大螺帽来改变加劲梁的高程。这种调整有时会增大加劲梁局部应力，要特别注意。

②如必须用顶推主鞍座和散索鞍座的办法来调整主缆线形，应咨询设计单位或进行专项研究后方能作出决定。

(4) 若悬索桥线形变化过大，常常是结构隐藏着较大问题的征兆。此时，应报请主管领导部门，并请设计单位和其他专家分析研究，找出原因，提出相应的整治措施。

(5) 主缆索股张力测试。可用预埋在锚头内的传感器测取读数，或用人工激振法测量。

4. 吊索的定期检查

由于恒载的改变、温度的变化，或由于吊索锚板螺杆的螺帽松动，或由于主缆空隙率变小主缆变细等原因，会导致吊索索力变化。而个别吊索的应力幅上限提高必然会使邻近吊索内力重分配，同时也会使加劲梁段应力状态改变，均对结构不利。

(1) 吊索索力测量。可用以下两种方法定期对吊索索力进行测量：

①用长效传感器进行测量。将长效传感器放置在锚固板上，张拉大螺杆，测量大螺帽和锚固板之间的主变形 δ。利用事先标定的变形 δ 与张拉力的关系曲线，以测得的 δ 值查出其所对应的（即所求的）索力值。

②测量吊索的自振频率。将传感器固定在吊索上（垂直于吊索表面），拾取吊索的微动信号。用频谱分析方法，确定吊索的一阶频率 f_1。以测得的 f_1 值代入下列公式即可算出吊索索力 P。

$$P = 4mL^2 f_1^2$$

式中：m——吊索单位长度的质量；

L——吊索的计算索长。

(2) 慎重对待吊索索力的调整。测量后若发现吊索索力与竣工通车营运时的数据（或与前次的数据）相差较大，则应仔细探明原因，并采取相应的措施。应防止吊索索力突然变化而引起结构内力重分配或吊索本身的突然断裂。

对是否需要调整吊索索力或换索，应持谨慎态度。因使用不同的测量方法检测吊索索力，可能有5%的差别，再加上施工安装吊索时的索力误差，所以，不同时间用不同方法的测试结果差别在10%以内，当属正常。即使个别吊索索力差别较大（如30%），但主缆及加劲梁线形良好，仍可不调整吊索索力或换索。

5. 索夹滑移的定期检查

索夹的作用：一是将主缆夹紧使其空隙率达到最小，二是将吊索骑挂在主缆上为吊索提供槽道起过渡作用。

（1）索夹滑移的原因。吊索索夹在主缆上产生滑移的原因：一是高强度拉杆的预拉力松弛，螺帽松动，使索夹与主缆之间的夹紧程度放松；二是在长期营运后主缆的挤紧程度提高，空隙率减小，使得索夹与主缆的夹紧程度减弱。这两种原因都会使索夹在主缆上产生滑移。滑移的危害：一是改变吊索状态，由铅垂变成斜吊索，使加劲梁的受力状态改变，吊索的内力也改变，对结构产生不利影响；二是索夹在主缆上滑移会损坏主缆的防锈层，或使缠丝破坏（断裂或鼓包），从而导致主缆损伤。

（2）检查索夹滑移的方法。可在主缆和索夹上分别做出相对明显的标记，每次定期检查时须量测这两个标记之间的相对位移。测量工具可采用游标卡尺或者其他的工具如钢尺等。

（3）防止索夹滑移的方法。可定期用高强度拉杆施拧工具如专用扭力板手补足高强度拉杆的预拉力，使索夹与主缆的夹紧程度保持恒定，使高强度拉杆的预应力达到并保持设计值。

（4）紧固高强度拉杆。为保证营运安全，在任何情况下高强度拉杆实际保持的张拉力都不得低于设计规定的预拉力；如低于此值，则应予补足。对高强度拉杆轴力变化的测量方法有如下三种：

①长效传感器法。加工一种特制千斤顶（YC-40亦可），对高强度拉杆进行再张拉，当拉至螺母与索夹之间即将出现而未出现间隙时所对应的拉力，就是高强度拉杆当时的预拉力。为准确判断预拉力的大小，应当同时测量两个螺帽间距的变化，根据拉力和间距变化曲线来确定剩余拉力。

②超声波法。用专用超声波螺栓紧固应力测试仪来长期监测高强度拉杆预拉力的变化。这种方法是利用发射声波和接受声波之间时间的变化与轴向拉力之间的线性关系来计算拉杆预应力的。

③电测法。在高强度拉杆上贴应变片，测出拉杆的应变，算出拉杆轴力的大小。

（5）施拧高强度拉杆应由经过培训的技术工人操作。应将高强度拉杆逐个编号，按交叉、对称张拉拧紧顺序作业，并一一做详细的记录，建立拉杆轴力档案，进行长期管理和监测。

6. 主鞍座与主缆的相对滑移的定期检查

（1）相对滑移的危害性。固定在主鞍座槽内的主缆不得与主鞍座发生相对滑移，以免磨伤主缆钢丝；防止主缆的缠丝断裂或鼓包，致使主缆的防腐系统损坏。

（2）保持夹紧螺杆的拉力。应定期检查主鞍座上夹紧主缆的螺杆，其拉力不得小于设计规定值。若发现其拉力小于设计规定值，即应予以补足。

7. 主鞍座上座板与下座板相对位移的定期检查

(1) 安装完毕后不应有相对位移。在主缆架设之初，主鞍座的上座板与下座板之间设计有预置偏移量，随着加劲梁的吊装到位，预偏的上座板被逐渐压至原位。当加劲梁架设完毕，上下座板即被固定在一起，不得再有任何相对位移。

(2) 检查有无相对位移的方法。是在上下座板间设置相对明显的标志点，用卡尺或钢直尺测量。

8. 悬索桥结构动力特性变化的定期检查

(1) 动力特性变化的效应。由悬索桥结构动力特性的变化可间接评判结构损伤程度，因此，应定期测量结构动力特性及振型变化。

(2) 动力特性的测量

①定期测量动力特性变化的主要内容有：

a. 加劲梁动力特性及振型、频率要达到设计规定阶以上。

b. 主塔动力特性及振型、频率要达到设计计算规定阶以上。

c. 主缆动力特性及频率、频率要达到设计计算规定阶以上。

②测量结构动力特性的方法：利用环境振动作为振源，将低频加速度计放置在测试断面上，拾取加速度信号。用多通道磁带记录仪记录信号，用频谱分析仪进行分析，可以分别给出主缆、加劲梁和主塔各自的前 10～15 阶频率、振型、阻尼。进行动力特性测量时应尽可能封闭桥上交通。实在不能封闭也应限制重载车过桥，只可允许少量小轿车通行，否则记录到的信号不便分析。

③桥跨结构的竖向振动可分解为竖向和扭转两种参量，所以测点应布置在加劲梁的测量断面上，于上下游两防撞栏处同时安置两台竖向振动加速度计进行监测。把其他们的输出量相加作为竖向参量，输出量相减作为扭转振动参量。而对于桥跨结构的横向振动，也可类似地分解为横向和扭转两种参量，在同一测量断面上布置两个水平振动加速度计测量，一个放在顶板，一个放在梁底。考虑结构的对称性，可仅布置半桥，但测试断面不得少于设计规定的个数。

④索、梁、塔的测量应分开进行。为便于确定振型，应选择一个断面作为参考断面。每次测量时，这个参考断面上的加速度计应该保持不变，而其余断面上的加速度计应予移动。每组主要构件应能得到设计规定阶以上的频率和振型。

(3) 动力特性变化的测量是一项技术含量较高的工作，应由专门从事此类工作并且有经验的单位进行。

9. 河床的定期检查和监测

河床的监测可采用全站仪等测试仪器，监测河槽宽度、弯曲、土质、有无沙洲、冲刷坑及航道相对于悬索桥的位置变化情况。对于调治构造物应检查其能否正常发挥调治功能，着重查看调治构造物下部有无冲刷、淤积发生，坡脚有无发生局部破坏等。

(五) 定期检查记录及检查报告

“定期检查记录表”可根据具体桥跨结构自行设计，也可参考表 3.4.3-9～表 3.4.3-22 填写。每个表格代表一个检查项目，各个表格均可有插页、附页和照片，但均应在备注中注明附页情况。检查报告包括如下几项内容：

悬索桥定期检查记录表（一） 表 3.4.3-9

检 查 项 目	东（西）锚体变位				时 间	年 月 日	
气候状况		风力			气温		
锚体沉降	测点	首次高程（m）	上次高程（m）	本次高程（m）	差值（m）	累计（m）	基准点
	1. 上游前侧 2. 上游后侧 3. 下游前侧 4. 下游后侧						
锚体位移	测点	首次高程（m）	上次高程（m）	本次高程（m）	差值（m）	累计（m）	基准点
	1. 上游纵向观测点 2. 下游纵向观测点 3. 前侧横向观测点 4. 后侧横向观测点						
锚体转动	测点	首次高程（m）	上次高程（m）	本次高程（m）	差值（m）	累计（m）	基准点
	1. 上游纵向转角 2. 下游纵向转角 3. 上游横向转角 4. 下游横向转角						

悬索桥定期检查记录表（二） 表 3.4.3-10

检 查 项 目		主塔基础沉降				时 间	年 月 日 时	
气候状况						气温	℃	
塔位	测点	测位	首次高程（m）	上次高程（m）	本次高程（m）	差值（m）	累计（m）	基准点
上游东塔	1	上游西侧角						
	2	上游东侧角						
	3	下游西侧角						
	4	下游东侧角						
下游东塔	1	上游西侧角						
	2	上游东侧角						
	3	下游西侧角						
	4	下游东侧角						
上游东塔	1	上游西侧角						
	2	上游东侧角						
	3	下游西侧角						
	4	下游东侧角						
下游东塔	1	上游西侧角						
	2	上游东侧角						
	3	下游西侧角						
	4	下游东侧角						
备注								

观测： 记录： 计算： 复核： 负责人：

悬索桥定期检查记录表（三） 表 3.4.3-11

检 查 项 目	塔顶纵向水平变位及中跨跨径观测	时 间	年 月 日 时
气候状况		气温	℃
观测项目	竣工时塔顶中心里程	本次观测塔顶中心里程	纵桥向水平变位（mm）
东塔上游			
东塔下游			
西塔上游			
西塔下游			
观测项目	竣工时中跨跨径	本次观测中跨跨径	差值（mm）
上游塔柱			
下游塔柱			
备注	1. 顶纵桥向水平变位观测指主鞍座中心处； 2. 桥向水平变位以向西偏为正，向东偏为负； 3. 中跨跨径指两主鞍座中心之距		

观测： 记录： 计算： 复核： 负责人：

悬索桥定期检查记录表（四） 表 3.4.3-12

检 查 项 目	主缆线形观测				时 间	年 月 日 时		
气候状况		主缆表面温度	℃		测站气温	℃		
测点编号	测点点位	上游主缆				下游主缆			
		测点里程	竣工时高程（m）	本次高程（m）	差值（m）	测点里程	竣工时高程（m）	本次高程（m）	差值（m）
1	东边跨跨中								
2	中跨 1/8 点								
3	中跨 2/8 点								
4	中跨 3/8 点								
5	中跨跨中								
6	中跨 5/8 点								
7	中跨 6/8 点								
8	中跨 7/8 点								
9	西边跨跨中								
备注	表中主缆高程指主缆缆顶高程								

观测： 记录： 计算： 复核： 负责人：

悬索桥定期检查记录表（五） 表 3.4.3-13

检 查 项 目		钢箱梁桥面线形			时 间	年 月 日 时	
气候状况					气温	℃	
测点编号	测点所在纵桥向位置	上游侧			下游侧		
		竣工高程（m）	本次观测高程（m）	差值（m）	竣工高程（m）	本次观测高程（m）	差值（m）
1	4 号吊杆处						
2	8 号						

续上表

测点编号	测点所在纵桥向位置	上游侧			下游侧		
检查项目		钢箱梁桥面线形			时间	年 月 日 时	
气候状况					气温	℃	
		竣工高程（m）	本次观测高程（m）	差值（m）	竣工高程（m）	本次观测高程（m）	差值（m）
3	12号						
4	16号						
5	20号						
6	24号						
7	28号						
8	32号						
9	36号吊杆处						
10	跨中						
11	37号吊杆处						
12	41号						
13	45号						
14	49号						
15	53号						
16	57号						
17	61号						
18	65号						
19	69号吊杆处						
备注	钢箱梁桥面测点布置在沥青桥面铺装表面，上、下游测点位于防撞栏内侧						

观测： 记录： 计算： 复核： 负责人：

悬索桥定期检查记录表（六） 表 3.4.3-14

检查项目	伸缩缝位移量		时间	年 月 日 时
气候状况			气温	℃
测量位置	竣工时伸缩性（cm）	本次观测值（cm）	差值（cm）	
东侧伸缩缝				
西侧伸缩缝				
备注				

观测： 记录： 计算： 复核： 负责人：

悬索桥定期检查记录表（七）

表 3.4.3-15

检查项目		索股锚下传感器张力				时间	年 月 日 时	
气候状况						气温	℃	
测位	上游主缆				下游主缆			
	索股号	竣工时张力（kN）	本次张力（kN）	差值（kN）	索股号	竣工时张力（kN）	本次张力（kN）	差值（kN）
东锚	4				4			
	45				45			
	65				65			
	67				67			
	90				90			
	96				96			
	100				100			
	110							
西锚	1				4			
	45				45			
	65				65			
	67				67			
	96				96			
	100				100			
	110							
备注	1. 锚跨索股张力采用钢弦式测力计人工测量； 2. 索股张力均为拉力							

观测： 记录： 计算： 复核： 负责人：

悬索桥定期检查记录表（八）

表 3.4.3-16

检查项目		人工激振实测东（西）锚上（下）游索股张力						时间	年 月 日 时		
气候状况								气温	℃		
索股号	竣工时张力（kN）	本次测值（kN）	差值（kN）	索股号	竣工时张力（kN）	本次测值（kN）	差值（kN）	索股号	竣工时张力（kN）	本次测值（kN）	差值（kN）
1				11				21			
2				12				22			
3				13				23			
4				14				24			
5				15				25			
6				16				26			
7				17				27			
8				18				28			
9				19				29			
10				20				30			

续上表

检查项目		人工激振实测东（西）锚上（下）游索股张力						时间	年 月 日 时		
气候状况								气温	℃		
索股号	竣工时张力（kN）	本次测值（kN）	差值（kN）	索股号	竣工时张力（kN）	本次测值（kN）	差值（kN）	索股号	竣工时张力（kN）	本次测值（kN）	差值（kN）
31				58				85			
32				59				86			
33				60				87			
34				61				88			
35				62				89			
36				63				90			
37				64				91			
38				65				92			
39				66				93			
40				67				94			
41				68				95			
42				69				96			
43				70				97			
44				71				98			
45				72				99			
46				73				100			
47				74				101			
48				75				102			
49				76				103			
50				77				104			
51				78				105			
52				79				106			
53				80				107			
54				81				108			
55				82				109			
56				83				110			
57				84							
备注	1. 实测值系按现场实测索股频率值及设计索股长度计算得出； 2. 本表共有4页										

检测：　　　　计算：　　　　复核：　　　　负责人：

悬索桥定期检查纪录表（九）　　表 3.4.3-17

检 查 项 目	人工激振实测吊索索力		时　间	年　月　日　时	
气候状况			气温	℃	
吊点编号	上游侧			下游侧		
	竣工测值（kN）	本次测值（kN）	差值（kN）	竣工测值（kN）	本次测值（kN）	差值（kN）
1						
2						
3						
4						
5						
6						
7						
8						
9						
10						
11						
12						
13						
14						
15						
16						
17						
18						
19						
20						
21						
22						
23						
24						
25						
26						
27						
28						
29						
30						
31						
32						
33						
34						
备注	实测值按现场实测吊索频率和设计吊索长度计算得出					

测试：　　　　计算：　　　　复核：　　　　负责人：

悬索桥定期检查记录表（十） 表 3.4.3-18

检 查 项 目	主塔控制截面应力观测				时 间		年 月 日 时		
气候状况					气温		℃		
测位	东侧边缘			西侧边缘			塔中		
	竣工值（MPa）	本次测值（MPa）	差值（MPa）	竣工值（MPa）	本次测值（MPa）	差值（MPa）	竣工值（MPa）	本次测值（MPa）	差值（MPa）
东塔上游									
东塔下游									
西塔上游									
西塔下游									
备注	1. 测值以受压为“+”； 2. 测值均为各边缘的应力平均值								

测读： 计算： 复核： 负责人：

悬索桥定期检查记录表（十一） 表 3.4.3-19

检 查 项 目	索夹紧固力观测	时 间	年 月 日 时
气候状况		气温	℃
索夹编号	小于设计要求（松动）螺栓编号	检查紧固力值	紧固后紧固力值
备注			

检查： 紧固： 记录： 负责人：

悬索桥定期检查记录表（十二） 表 3.4.3-20

检 查 项 目	钢筋锈蚀测定			时 间	年 月 日 时	
气候状况				气温	℃	
测位	主塔内钢筋锈蚀电位（mV）			锚坑内钢筋锈蚀电位（mV）		
	初测值	本次测值	差值	初测值	本次测值	差值
11						
12						
13						

续上表

检 查 项 目	钢筋锈蚀测定			时　间	年　月　日　时	
气候状况				气温	℃	
测位	主塔内钢筋锈蚀电位（mV）			锚坑内钢筋锈蚀电位（mV）		
	初测值	本次测值	差值	初测值	本次测值	差值
14						
15						
16						
17						
18						
19						
20						
21						
22						
23						
24						
25						
26						
27						
28						
29						
30						
31						
32						
33						
34						
35						
36						
37						
38						
39						
40						
备注						

测试：　　　　　记录：　　　　　复核：　　　　　负责人：

悬索桥定期检查记录表（十三） 表 3.4.3-21

检 查 项 目	结构动力特性观测				时 间	年 月 日 时	
气候状况					气温	℃	
测位及振型	频率（Hz）			平均阻尼比			计算阶次
	竣工值	本次测值	差值	竣工值	本次测值	差值	
主梁侧弯对称 1							
主梁竖弯反对称 1							
主梁竖弯对称 1							
主梁竖弯对称 2							
主梁竖弯反对称 2							
主梁侧弯反对称 1							
主缆侧弯对称 1							
主缆扭转对称 1							
主缆竖弯对称 3							
主梁扭转对称 1							
主梁扭转反对称 1							
主梁竖弯反对称 3							
主梁扭转对称 2							
主梁扭转反对称 2							
塔的一阶顺桥向弯曲							
塔的顺桥向弯曲							
塔的一阶扭转							
塔的二阶顺桥向弯曲							
备注	1. 全缆扭转是指桥轴线两侧主缆反方向竖弯； 2. 竣工值参见验收试验报告						

测读： 记录： 复核： 负责人：

悬索桥定期检查记录表（十四） 表 3.4.3-22

检 查 情 况	河床及调治构造物检查	时 间	年 月 日 时
气候状况		潮水状况	
检查内容	检查要点		变化情况
河床情况	重点检查河槽宽度及弯曲状况，河滩的宽度、土质、沙洲变化、冲刷坑及航行情况		
水位高程	上一次至本次之间最高水位、常水位、枯水位等		
水流状况	检查流速及流量，有无涡流及流速不匀现象，有无漂浮物等		
调治构造物	重点检查西塔基础冲刷和淤积情况，东塔护堤潮水冲刷有无坡脚局部破坏发生，检查范围为上游 500m 及下游 200m		
备注			

检查： 记录： 负责人：

（1）定期检查结果综述，附上桥梁定期检查数据表。

（2）典型缺损和病害的照片及说明，并对悬索桥使用技术状况作评定。

（3）实地判断缺损原因，估定需要维修加固的项目，拟用的维修方案，估算费用和实施时间。

(4) 对难以判断缺损原因和程度的结构构件，提出进一步特殊检查的项目及要求。

(5) 当某些构件损坏严重，危及安全营运时，应及时提出暂时限制交通的建议报告。

(6) 根据悬索桥的技术状况，确定下次检查时间。

四、悬索桥的特殊检查

特殊检查是指用仪器设备等特殊手段和理论计算方法分析桥梁病害的确切原因和程度，确定桥梁的技术状态，以采取相应的加固、改造方案和措施。特殊检查分为应急检查和专门检查。

(一) 应急检查

当桥梁道受洪水、风灾、滑坡、地震、火灾、船舶或重大漂流物撞击、超载车辆自行通过等自然灾害或事故后，应立即对悬索桥结构作详细检查，查明破损状况，采取应急措施，以尽快恢复交通。

1. 洪水期和洪水过后的检查

(1) 在洪水期应进行必要的水文观测，掌握洪水动态，并与当地气象、水文部门取得密切联系，对洪水期的雨水、洪水水流速度、流量、水位高、浪高等水情状况进行监测和记录。

(2) 水位观测。可借助设在主桥桥墩上的固定水位标尺或水准仪进行观测。

(3) 流速观测。一般用流速仪测速，也可用浮标法或泥沙颗粒起动法测速。

(4) 做好排洪、泄洪等防范工作。每年汛期前应对桥墩台、调治构造物等进行一次预防水毁的技术检查。

(5) 洪水过后对大桥排水设施、河床冲刷对主塔、桥墩基础有无影响等应进行及时详细检查，如有破损或病害，应立即修复。

2. 风灾期和风灾过后的检查

(1) 台风风速观测。接到台风即将到来的预报时，应该启动设在桥上的台风风速观测仪，自动记录风速随时间变化的历程曲线，取得最大风速以及来风的方向与加劲梁的攻角。

(2) 大桥各部位的台风响应观测与分析。在台风来临之前，在中跨跨中加劲梁内安装好加速度计及位移计，台风到来后自动记录加劲梁的加速度和振幅随时间的响应历程。台风过后对记录到的信号进行频谱分析，确定结构在本次台风期的最大响应。

还应在主塔塔基（承台）上架设高速摄像机，自动记录台风过程中，中跨跨中的最大挠度（包括竖向和横向）迹线。

(3) 主塔偏移。用安放在主塔承台上的高速摄像机测量主塔偏移，记录塔顶偏移的时间历程。台风过后对记录进行分析，确定分析结果。

(4) 悬吊系统。台风过后，必须检查主缆和吊索系统是否有损坏。检查内容包括：主塔有无不可恢复的偏移，主缆及其缠丝有无损伤、断丝，大螺帽和索夹的高强度螺杆、螺母等是否变形和松动。

(5) 各鞍座、支座情况。台风过后，必须检查主鞍座、散索鞍座、加劲梁的各支座是否处于正常位置和完好工作状态。

(6) 加劲箱梁情况。风灾过后，应仔细察看桥面、伸缩缝、加劲梁与吊索连接处周围、风嘴等部位是否有裂纹或较大的变形。

(7) 桥上附加电器、照明管线情况等。应仔细检查桥上各种附加电器诸如路灯、塔内照明设施、箱内照明设施、航空障碍灯、避雷设施、安全标志等是否完好、有效。

(8) 风灾检查报告。上述各项检查有的是在台风期间，有的是在台风过后进行的，每项检查都应有检查报告，并应按统一的格式填报。格式见表 3.4.3-23 和表 3.4.3-24。

台 风 检 查 记 录 表 3.4.3-23

风速	瞬时最大风速		加劲梁桥外观		
	平均风速（km/h）		体外束		
	持续时间（h）		主塔偏移（mm）	顺桥向	
响应	加劲梁的最大动应变（$\mu\varepsilon$）			横桥向	
	加劲梁的平均动应变（$\mu\varepsilon$）		悬吊系统	主缆	
	最大水平挠度（mm）			吊索	
	最大竖向挠度（mm）			其他	
	持续时间（h）		桥上附属设施		

检查记录人： 负责人：

台 风 检 查 记 录 表 3.4.3-24

台风起止时间： 年 月 日 时 分至 年 月 日 时 分
情况描述：

检查记录人：

3. 滑坡发生和过后的检查

如果悬索桥的桥墩台或锚碇等附近区域发生山体或土体滑坡，应采取措施减少和防止滑坡带来的危害及损失。一是争取用人工结构物将滑坡体限定在一定范围，防止滑坡扩大；二是对已滑坡的土石体部分进行清理，特别是当滑坡危及锚碇，墩台基础、或堵塞河道时，应及时检查和处理，并查看悬索桥结构是否有变位和受附加力等作用，如果结构构件受到损伤，应及时维修加固。

4. 地震过后的检查

每接到即将有地震发生的预报，应立即启动安装在主塔基础上的地震记录仪，连续记录地震加速度、结构振动幅值等结构效应。地震过后应对结构进行全面检查，并对破损处提出相应的修补加固措施。

(1) 外观检查。地震，特别是烈度在 6 度及其以上的地震，会导致悬索桥悬吊部分大幅度摆动和主塔振动，悬索桥的塔、索、梁各部位处在一个强烈的耦合振动过程，常常会使悬索桥的有些部位损坏。因此，每当地震过后，一定要认真全面检查悬索桥各部位的完好性。

检查的主要内容有：桥面沥青混凝土、桥面伸缩缝和加劲桥梁是否完好；梁段之间的接缝是否完好；各鞍座是否偏离原位或遭到损坏；各支座是否偏离原位或遭到损坏；吊索本身及其和主缆、加劲梁的连接是否完好；吊索与主缆间是否发生相对位移；主缆是否完好；锚杆本身以及与各束股的连接是否完好；锚碇是否完好；体外索是否完好；主塔身有无损坏；照明线路及其他电器设施是否完好。

（2）检查防震设施。常规的防震设施有：主塔处设置纵向约束钢索限制主梁位移；梁端伸缩缝间隙设置缓冲垫隔震消能。地震过后应立即对这些设施进行检查，看其是否已经破坏。如已破坏，则应及时进行修复或更换。同时，还应检查与这几处联结的梁体结构是否有损伤。如有受损严重的，则应对其进行修补加固。

（3）测算地震响应和加速度谱。地震过后，应立即对设置在主塔根部的固定地震观测台进行检查。将记录到的地震反应（如加速度或位移）时程曲线送至分析中心进行分析。分析出桥址处的最大地震加速度和持续时间。根据记录分析得到的最大加速度对结构进行地震响应分析，得出各关键部位的位移、内力等最大响应。分析应考虑几何非线性和材料弹塑性的影响。

根据实测时程曲线进行频谱分析，得出加速度谱，即不同频率对应的加速度。此项分析，包括地震观测台的设置，应委托专门的检测机构进行。

5. 火灾过后的检查

（1）火灾过后必须检查

若因行驶在桥上的油罐车或其他运载易燃物品的车辆发生意外等原因引起火灾，一定要做仔细检查。查清火灾原因，确定受火灾影响的范围和部位。

（2）检查的主要内容

①火灾影响范围内的桥面、伸缩缝及加劲梁是否受损。

②火灾影响范围内的各根吊索及其有关连接件是否受损，吊索索力有无变化。

③如果火灾发生处的主缆离桥面的高度较低（如 10m 以下），则需检查主缆防腐及缠丝系统有无变化。若主缆的防腐及缠丝系统损坏严重，还要进一步查看主缆的钢丝是否也受到损伤。

④查看桥面中央分隔带或其他部位的通讯及照明管线是否有效。

（3）对损伤部位处理

①桥面或加劲梁若有损坏应及时修补。

②伸缩缝若有损伤，应予以更换或修复。

③吊索及其有关连接件、主缆防腐和缠丝油漆烧脱者应作防腐处理。

④如有断丝和损坏的零部件应予以更换。

⑤对火灾影响范围内的各吊索索力进行测定。将此测定值与前次定期观测的结果向比较，看是否有较大变化，并分析变化的原因，再进一步考虑是否更换或调整索力。

6. 超重车通过和通过后的检查

超重车辆过桥应按规定办理。事先必须经过有关部门的检算、批准，应该单独过桥，按指定的路线进行，并禁止其他车辆同时通行。在超重车辆行进过程中和通过以后都必须进行必要的观测。常见载重平板车主要技术指标如表 3.4.3-25 所列。

各种常见载重平板车的主要技术指标 表 3.4.3-25

<table>
<tr><th>种　类</th><th>简　图</th><th>主要技术指标</th></tr>
<tr><td>300t
平板车</td><td>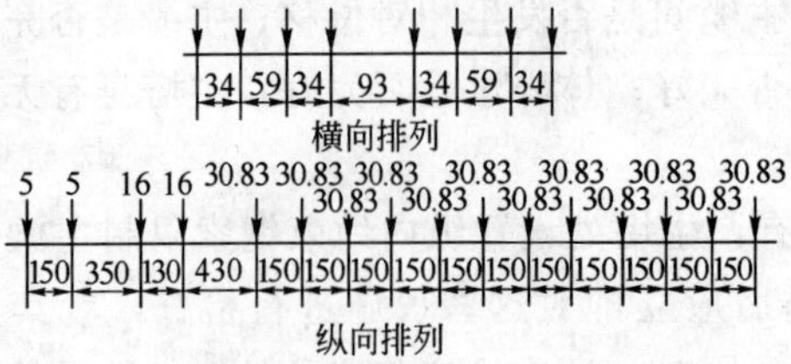</td><td>自重：牵引车 35t、平板 70t；货台面积：1934cm×370cm，满载时对地面压力：78.436×10⁴～98.07×10⁴Pa；牵引车拖挂车时最小转弯半径 2100cm；转弯时通道宽度：770cm</td></tr>
<tr><td>200t
平板车</td><td>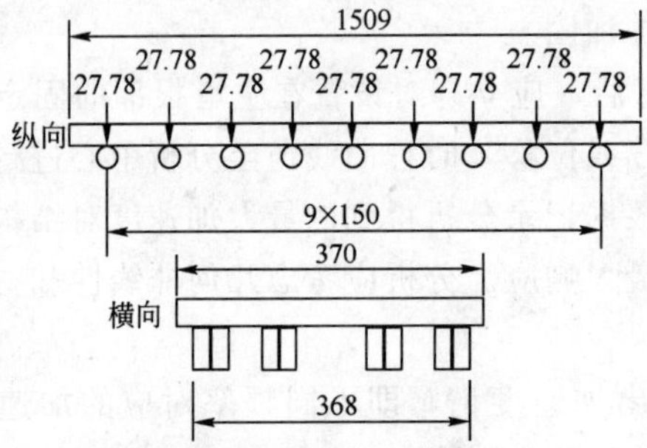</td><td>自重：牵引车 35t，平板车 50t；货台面积：1509cm×370cm；牵引车拖挂全挂车时最小转弯半径；1900cm；转弯时通道宽度：750cm</td></tr>
<tr><td>150t
平板车</td><td>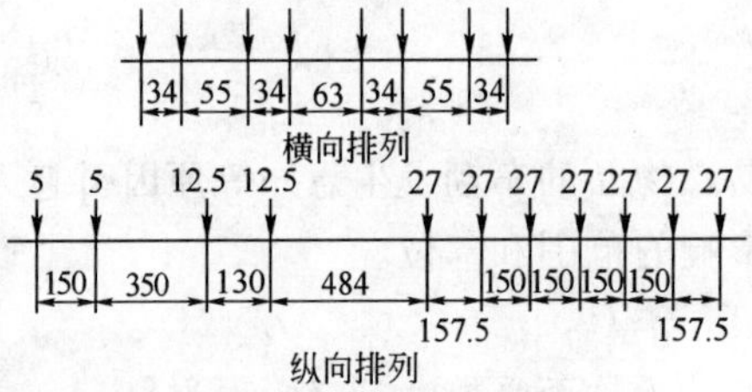</td><td>自重：牵引车 22t，平板车 35t；货台面积：1266cm×356cm；满载时对地面压力 78.436×10⁴～98.07×10⁴Pa，牵引车拖挂全挂车时最小转弯半径；1700cm；转弯时通道宽度 650cm</td></tr>
<tr><td>100t
平板车</td><td>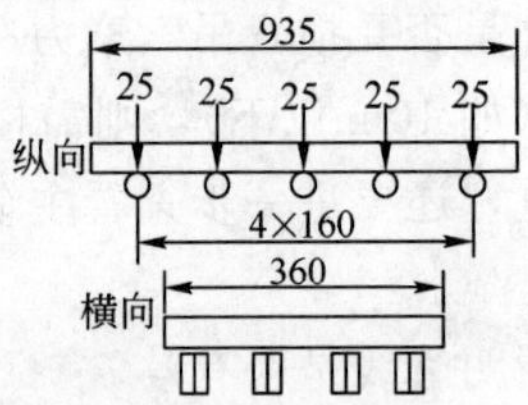</td><td>自重：牵引车 22t，平板车 25t；满载时对地面压力：82.3788×10⁴Pa，最小转弯半径；1550cm；转弯时通道宽度：650cm</td></tr>
</table>

注：1. 图中尺寸单位：cm，重力单位：10kN。
2. 平板车、拖挂车各种参数见图 3.4.3-1。

(1) 行进过程中的检查。在行进过程中，主要应当对主桥挠度、桥面线形变化和裂缝开展情况进行跟踪测量。测量方法：在桥中跨跨中及 1/4、3/4 跨分别设置光电挠度测点，竖起靶子，当超重车通过时，光电挠度计的主机可快速记录每一步的信号，当超重车离开桥面后，将得到 3 条位移—时间曲线，从曲线中可查出最大挠度。

(2) 超重车辆离桥后的检查。超重车辆驶离主桥半小时后，首先应当对桥面线形变化进行测量，看是否留下残余挠度。然后应组织养护人员察看桥面及加劲梁箱内有无可见的裂缝，伸缩缝有无损坏。如有损坏，应组织有关人员讨论修补或其他处理方案。如有条件，还应当对吊索、主缆等进行力学检查，判断重载车过桥有无对其产生不利影响。也应对锚室顶板、桥墩、台及支座等进行检查。

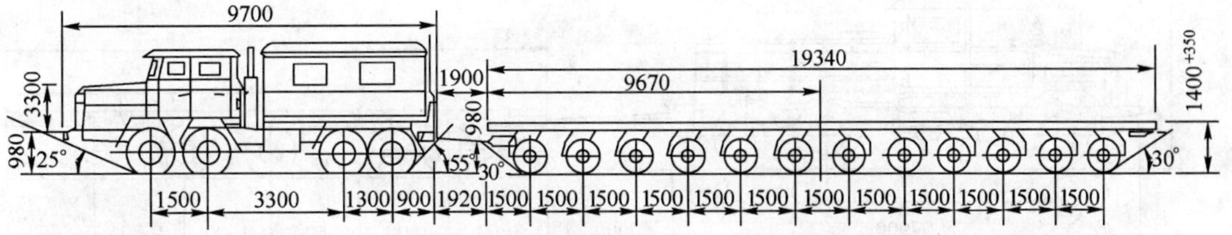

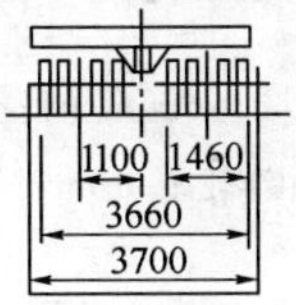

自重：牵引车35t，平板车70t；货台面积：19.340m×3.700m；最小离地距离：280mm；

对地面压力（满载时）：80～100N/cm^2，牵引车拖挂全挂车时最小转弯半径：21000mm；

转弯处通道宽度：7.7m；主挂车偏移量：e=3.6m

a)

自重：牵引车35t，平板车50t；货台面积：55m^2；最小离地距离：280mm；

平板轮胎：900～2072个；转弯处通道宽度：7.5m；主挂车偏移量：e=2.7m；

牵引车拖挂全挂车时最小转弯半径：19000mm

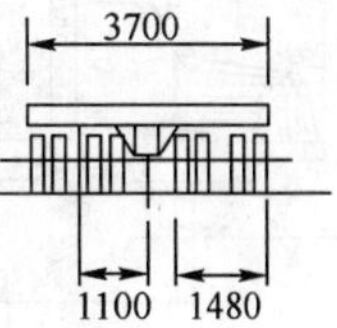

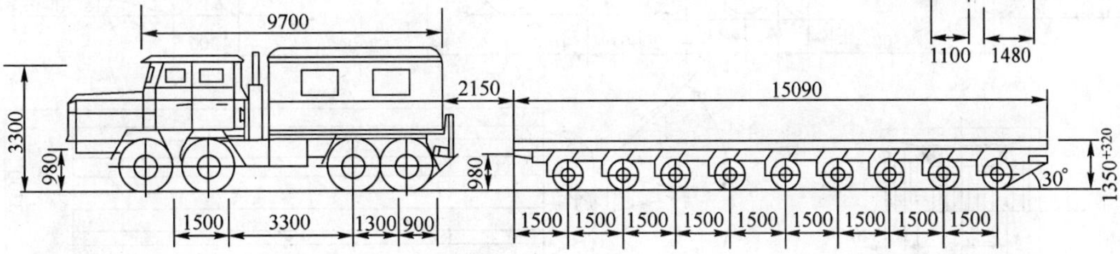

b)

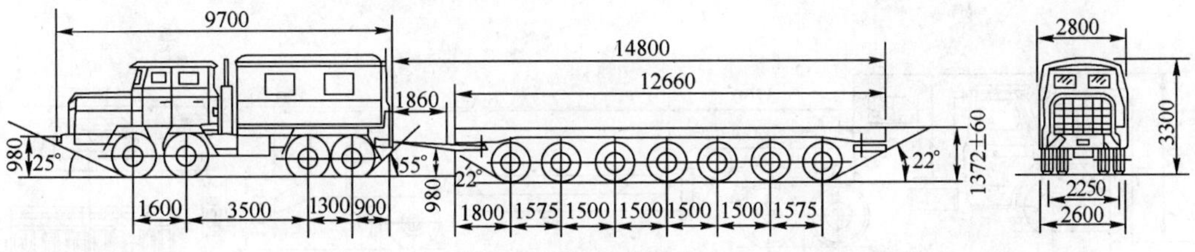

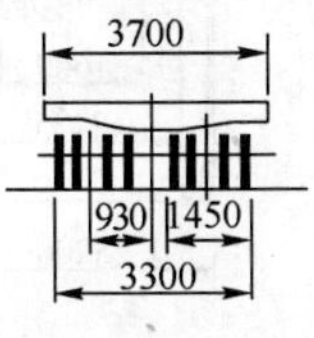

自重：牵引车22t 平板车35t 转弯处通道宽度：6.5m；货台面积：12660mm×3560mm

主挂车偏移量：e=2.2m 最小离地距离：340mm 对地面压力（满载时）；80～100N/cm^2

牵引车拖挂全挂车的最小转弯半径：17000mm

c)

图 3.4.3-1

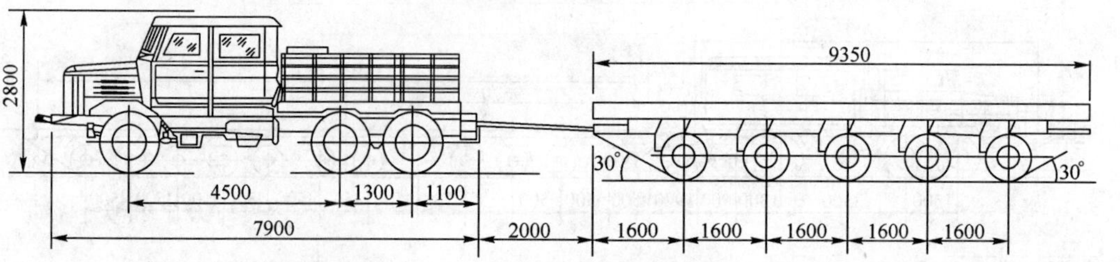

自重:牵引车 22t 平板车15t；前轮距:2.02m；后轮距:1.902m；轴负荷：前2.5tf后19.5tf; 转弯处通道宽度:6.5m;最小转弯半径:15.5m；转弯时主车与平板车轮子内侧偏移量:e=1.7m；平板车最宽:3.6m；牵引车最宽:2.6m每组车轮距:0.9m；轮胎与地面最大接触压力:84N/cm^2

d)

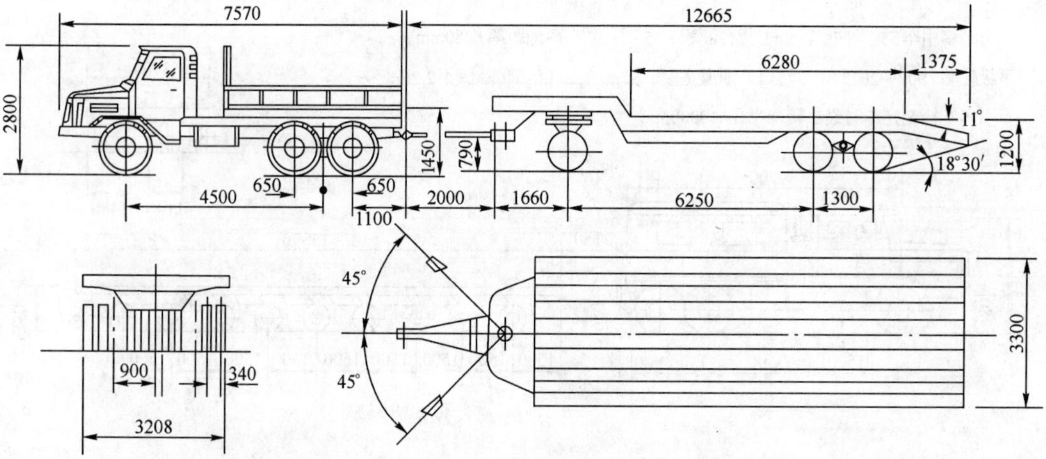

牵引车拖挂,全挂车时最小转弯半径:15.5m；自重:37t；最大载重量:60t；转弯处通道宽度:6.5m; 主挂车偏移量:e=1.5m

e)

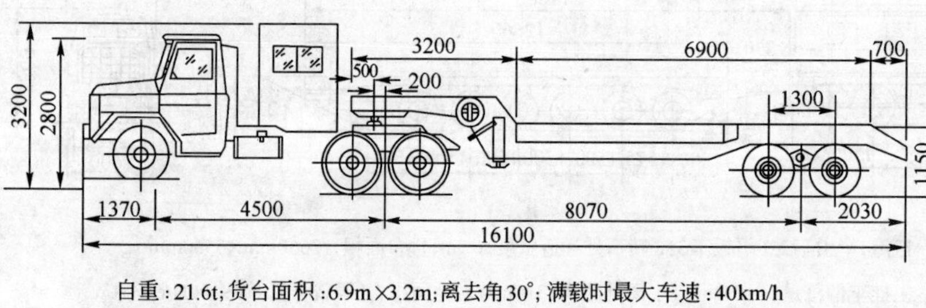

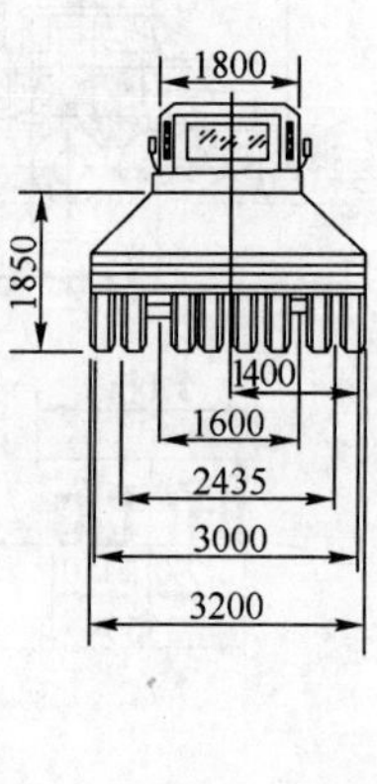

自重:21.6t;货台面积:6.9m×3.2m;离去角30°;满载时最大车速:40km/h

最小转弯半径:15m；通车宽度:6.5m; 主挂车偏移量:e=3.5m; 牵引车轮胎:1200～2010只；平台轮胎:900～2016只

f)

图 3.4.3-1

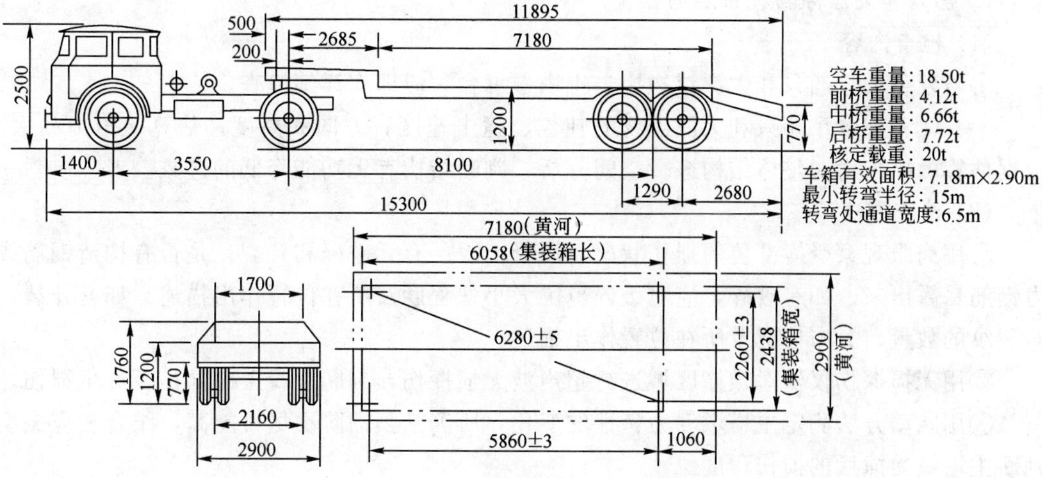

g）

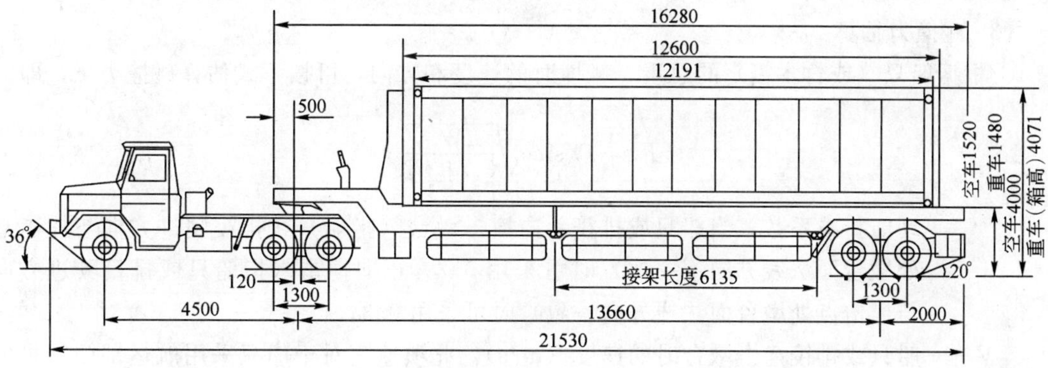

h）

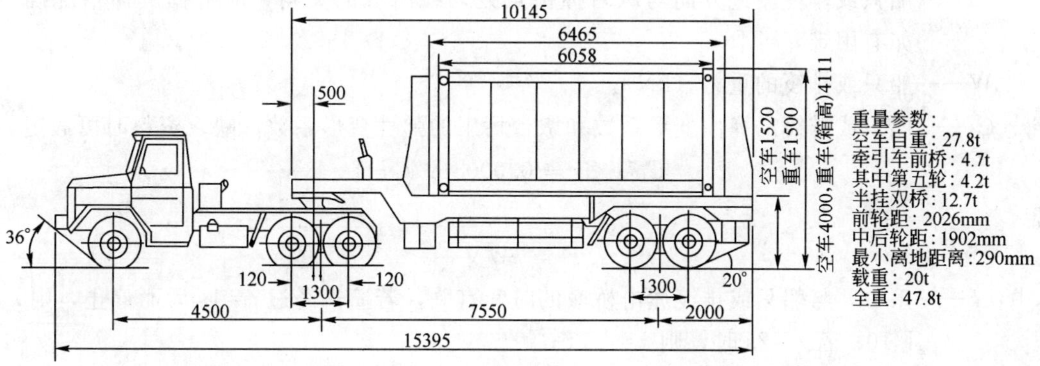

i）

图 3.4.3-1　平板车、拖挂车各种参数（尺寸单位：mm）

a）300t 平板车；b）200t 平板车；c）150t 平板车

d）100t 牵引平板车；e）交通 QG—60t 平板车；f）SH161BG40t 平板车

g）黄河 BG20t 平板车；h）集装箱运输车（装运 1AA 型）；i）集装箱运输车（装运 1CC 型）

7. 船只和大漂浮物撞击后的检查

(1) 检查内容

①若发生失控船只和大漂浮物撞击主塔墩承台，应即作详细检查。

②调查肇事船只和大漂浮物的吨位、撞击速度、方向和高度，估算撞击力的大小。根据估算的撞击力对整体结构进行空间分析，判断结构有无功能降低的迹象。

(2) 检查方法

①用肉眼观察受撞部位的损伤状况，混凝土表层有无破碎和开裂，是否有构造钢筋或受力钢筋暴露出来。如有破碎，应对破碎范围大小、程度及所在位置作出描述。如有开裂，应对裂纹的数量、分布情况及所在位置作出描述。

②用无损探伤仪器对被撞区域进行超声波无损探伤，判断混凝土内部是否产生损伤。

③用脉动方法测定主塔墩动力特性的变化，所测基频的阶次尽可能高，结合相应振型来判断主塔墩受撞后的损伤程度。

④此项检查技术复杂，需要有较多经验，应由专门机构承担并给出报告。

(3) 碰撞力估算

①根据船只（或竹木筏）的总重、碰撞时的速度和方向，可按下式估算碰撞力 F，即

$$F = \gamma V \sin\alpha \sqrt{\frac{W}{C_1 + C_2}}$$

式中：γ——动能折减系数，当船只或排筏斜向撞击墩台（指船只或排筏驶进方向与撞击点处墩台面法线方向不一致）时可采用 0.2；正向撞击（指船只或排筏驶进方向与撞击点处墩台面法线方向一致）时可采用 0.3；

V——船只或排筏撞击墩台时的速度（m/s），此项速度对于船只采用航运部门提供的数据；对于自放排筏采用水流速度；

α——船只或排筏驶进方向与墩台撞击点处切线所成的夹角，应根据具体情况确定，如有困难，可取 $\alpha=20°$；

W——船只或排筏的重力（kN）；

C_1、C_2——船只或排筏的弹性变形系数和墩台圬工的弹性变形系数，缺乏资料时可假定：

$$C_1 + C_2 = 0.0005\text{m/kN}$$

或

$$F = kWV$$

其中：k——系数，与船只或排筏撞击桥墩的时间有关，若撞击经过 $t=1$s 后而停止，则 $k=1/10$；若 $t=2$s 时，则 $k=1/20$；

W、V 同上。

②根据船只破损情况采用下式估算船撞力 F，即

$$F = \frac{N \times 0.6\sigma_m \times A_s}{1000}$$

式中：N——系数，视船只或排筏在完成碰撞过程中的撞击次数而定，第 1 次往往较大，如撞击 3 次，第一次可用 0.4～0.5；

$0.6\sigma_m$——钢材破坏剪应力（MPa）；

A_s——被剪断钢材的总面积（mm^2）。

③根据墩台混凝土破损的情况估算船撞力 F

a. 当混凝土受压而损坏时船撞力

$$F=\frac{N\cdot A_c\cdot R'_a}{1000}$$

式中：A_c——墩台混凝土破损面积（mm^2）；

R'_a——墩台混凝土抗压极限强度（可用实时检测法实测）（MPa）；

N 同上式。

b. 当混凝土受剪而损坏时（往往是圆端形桥墩的上游圆弧部分）船撞力：

$$F_1=\frac{N\cdot A_c\cdot 0.3R'_a}{1000}$$

$$F_2=\frac{F_1}{\mu}$$

式中：F_1、F_2——分别为墩台圆弧部分切线方向及垂直切线方向的碰撞力（kN）；

μ——钢与混凝土之间的摩擦系数，可采用0.4。

由于碰撞时的实际情况不易确实掌握（如碰撞时的船舶航行速度、方向、碰撞次数等），加上有某些假设，故由各种公式计算所得的结果可能出入较大。

根据计算碰撞力、作用于桥墩的角度、碰撞高度以及当时的风向风力、桥上活载情况等检算顺桥方向及顺水流方向桥墩在水面以下各截面（主要是变截面处）是否会产生裂纹，墩台偏心是否超限等，并结合实地检查，确定其是否安全。

8. 各种事故后的结构检算

①结构检算方法和目的。在地震、风灾、超重车辆过桥、船只和漂浮物撞击桥墩以及桥上行驶的车辆撞击吊索等后，除进行前述有关条款的检查外，还均应对结构进行检算。验算的方法是将外力（地震力、撞击力等）加在相应位置，用有限元法对结构进行整体分析，确定结构在这些意外荷载作用下的内力状态，并把这些附加内力同结构恒载内力叠加，然后再与材料的设计强度或结构刚度对比，确定结构的使用功能是否仍能满足要求。

②用动力特性变化作故障诊断。在发生各种事故后，亦应对相应状态下结构的动力特性及响应进行计算，以评判这些意外事故是否会引起桥梁病害发生，对可能发生病害的部位进行仔细测量，用动力特性的变化来进行病害诊断。

（二）专门检查和检验

对进一步需要判明损坏原因、缺损程度或使用功能的桥梁，要求针对病害进行专门的现场试验检测、验算分析等鉴定工作，以便采取有效的养护措施。需进行专门检查和检验的三种情况如下：

（1）定期检查中难以判明损坏原因及损坏程度的桥梁。

（2）在决定对桥梁或部分构件进行改造、加固之前，要求提高载重等级时。

（3）桥梁技术状况为四类者。

特殊检查由大桥养护部门的总工程师或专职桥梁养护主管工程师主持，委托公路桥梁检测中心或具有这种能力的科研设计咨询单位，签订特殊检查合同后实施。

(三) 特殊检查的项目及内容

1. 结构验算、水文验算。

2. 静载、动载试验。

3. 用精密仪器对病害进行现场调查和实验室分析:

(1) 混凝土裂缝外观及显微调查、混凝土碳化鉴定、氯化试验、钢筋锈蚀、强度测试,结构分析。

(2) 主缆及吊索变位、断裂及锈蚀状态调查。

(3) 钢结构及焊缝的X光拍片及超声波探伤。

(4) 桥面防水层状况调查。

(5) 桥面铺装状况调查。

(四) 特殊检查报告

承担特殊检查的单位及负责检查的工程师应按合同规定的内容及时间完成检查任务,并做出检查报告。检查报告应包括下列主要内容:

(1) 概述检查的一般情况,包括桥梁的基本情况、检查的组织、时间、背景和工作过程等。

(2) 目前桥梁技术状况的描述,包括现场调查、试验与检测项目及方法、检测数据与分析结果和桥梁技术状况评价等。

(3) 详细阐述检查部位的损坏程度及原因,并提出结构部件和总体的维修、加固或改善的建议方案。

§4.4 结构维修等级及技术状况评定

一、技术状况分类

桥梁结构各部分的技术状况,应根据巡视、经常性检查、定期检查和特殊检查结果按结构部位进行评定和分类,一般分为一类、二类、三类和四类。各类的评定标准见表3.4.4-1。

悬索桥使用技术状况评定指标 表3.4.4-1

	一 类	二 类	三 类	四 类	
主锚碇	1. 锚坑无积水,空气干燥; 2. 锚坑内无渗漏水现象; 3. 锚坑内顶板,侧墙表面状况良好; 4. 锚杆及索股锚头完好; 5. 锚碇体无沉降及扭转现象	1. 锚坑有少量积水,空气潮湿; 2. 锚坑有渗水; 3. 顶板、侧墙有局部麻面沉积物; 4. 锚杆及锚头涂层局部脱落; 5. 锚碇体有轻微沉降	1. 锚坑积水较多,湿度较大; 2. 锚坑有漏水; 3. 顶板、侧墙出现锈迹、蜂窝、渗出物; 4. 锚杆及锚头出现大面积涂层脱落并有少量锈迹出现; 5. 锚碇体沉降达5mm以上,有轻微扭转	1. 锚坑积水严重,湿度很大; 2. 锚坑渗漏水严重; 3. 顶板及侧墙出现大面积锈迹,有钢筋外露,有小裂缝; 4. 锚杆及锚头出现大面积锈迹; 5. 锚碇体沉降达10mm以上并有5以上扭转	1. 锚坑长期积水,空气长期湿度大; 2. 锚坑多处渗漏水严重; 3. 顶板及侧墙产生锈迹并有混凝土剥落,钢筋大面积锈蚀外露,并伴有较大裂缝; 4. 锚杆及锚头锈蚀严重; 5. 锚碇体出现50mm以上沉降,扭转角大于1°以上

续上表

	一　类	二　类	三　类	四　类	
索塔与基础	1. 索塔各部分完好； 2. 基础及地基状况良好	1. 索塔部分基本完好； 2. 3%以内的表面有风化麻面、短细裂缝，缝宽小于限值，砌体灰缝脱落； 3. 表面长有苔藓、杂草； 4. 基础无冲蚀现象	1. 索塔3%～10%的表面有各种缺损，裂缝宽超限值，有风化、剥落、露筋、锈蚀现象；砌体灰缝脱落，局部变形等； 2. 出现轻微的下沉、倾斜、滑动等现象，但发展缓慢或趋向稳定； 3. 基础有局部冲蚀现象，桩基顶段被磨损	1. 索塔10%～20%的表面有各种缺损，裂缝宽而密，剥落、露筋、锈蚀严重，砌体大面积松动、变形； 2. 墩台出现下沉、倾斜、滑动，台背填土有沉降裂缝或挤压隆起，变形发展较快，但变形小于或等于规范限值； 3. 基础冲刷大于设计值，基底冲空面在10%～20%内。桩基顶段被侵蚀，有露筋、颈缩或环状冻裂	1. 索塔不稳定，下沉、倾斜、滑动，变形大于规范限值，造成上部结构和桥面变形过大，不能正常行车； 2. 基桩出现结构性断裂缝，裂缝有开合现象； 3. 基底冲刷20%以上，冲刷深度大于设计值，地基失效，承载能力降低
主缆及主缆检修道	1. 主缆表面无掉漆、起皮； 2. 检修道上两根扶手绳及四根栏杆绳无起丝及伤痕； 3. 主缆线形良好	1. 主缆表面有局部面漆变色起泡； 2. 检修道上扶手绳及栏杆绳有伤痕并有起丝现象； 3. 主缆线形正常	1. 主缆表面防护有超过3%的面漆变色、起泡，并有局部缠丝外露； 2. 扶手栏杆绳出现多处伤痕，使截面损失达30%； 3. 主缆跨中挠度比竣工时同条件下下挠5cm以上	1. 主缆表面有超过10%的面漆变色、起泡，有3%的缠丝外露，局部缠丝起锈； 2. 扶手绳或栏杆绳有断裂现象； 3. 主缆跨中挠度超过10cm以上	1. 主缆表面大面积面漆变色、起泡，有10%的缠丝外露，并有3%的缠丝生锈； 2. 扶手绳或栏杆绳有多处断裂； 3. 主缆跨中挠度比竣工时同条件下超过20cm以上
吊索及索夹	1. 吊索表面无掉漆、起皮； 2. 吊索无松弛； 3. 索夹无起皮及移动	1. 吊索表面有局部面漆变色、起泡； 2. 吊索无明显松弛； 3. 索夹有局部起皮	1. 吊索有3%的面漆起皮、起泡； 2. 吊索应力变化与竣工状态相比超过3%； 3. 有超过3%的索夹面漆起皮，有锈蚀	1. 吊索有10%面漆起皮； 2. 吊索松弛，应力变化超过10%； 3. 有超过10%索夹面漆起皮，索夹有明显滑动	1. 有超过20%的吊索面漆起皮； 2. 吊索损坏； 3. 索夹有损坏或较大位移
加劲钢箱梁	1. 各部件及焊缝均完好； 2. 各节点铆钉、螺栓无松动； 3. 各部分油漆均匀平光、完整，色泽鲜明	1. 各部件完好，焊缝无开焊； 2. 少数节点个别铆钉、螺栓松动变形； 3. 油漆变色、起泡剥落，面积在10%以内	1. 个别次要构件有局部变形，焊缝有裂纹； 2. 联结铆钉、螺栓损坏在10%以内； 3. 油漆失效面积10%～20%	1. 个别主要构件有扭曲变形、损伤裂纹、开焊、严重锈蚀； 2. 联结铆钉、螺栓损坏10%～20%； 3. 油漆失效面积在20%以内	1. 主要构件有严重扭曲变形，开焊、锈蚀削弱截面10%以上，钢材变质，强度性能恶化。油漆失效面积在50%以上； 2. 节点板及联结铆钉、螺栓损坏在20%以上； 3. 结构永久变形大于规范限值； 4. 结构振动或摆动过大，行车有不安全感

续上表

	一　类	二　类	三　类	四　类	
加劲预应力混凝土梁	1. 加劲梁表面完好，防腐层完好； 2. 箱外无裂缝发生，箱内横隔板原有裂缝无扩展	1. 加劲梁基本完好，仅表面有部分缺陷； 2. 箱梁没有出现新的裂纹	1. 外表有腐蚀露筋现象，局部混凝土剥落； 2. 出现裂纹，其宽度已接近规定限值	加劲梁已严重开裂，梁内力筋已有严重锈蚀，裂纹已超过规范限值	
支座	1. 各部分清洁、完好，位置正确； 2. 活动支座伸缩与转动正常	1. 支座有尘土堆积、略有腐蚀； 2. 支座滑动面干涩	钢支座固定螺栓松动，锈蚀严重	1. 钢支座的组件出现断裂； 2. 活动部位坏死，不能活动； 3. 支座上下错位过大，有倾倒脱落的危险	支座错位、变形、破损严重，已失去正常支承功能，使上下部结构受到异常约束，造成支承部位的缺损和桥面的不平顺
除湿系统	各除湿机构运行正常	钢筋内锚室除湿机有个别运行不正常	鞍室内除湿机运行不正常，钢筋内锚室或锚室有两台以上运行不正常	除湿机多数损坏	全部除湿系统失效
护栏	完整清洁，螺栓无松动，涂层无掉皮现象	个别构件破损、脱落，3%以内构件有松动、剥落和污染	10%以内构件有松动开裂、剥落、锈蚀、破损、脱落	10%～20%构件严重损坏、错位、变形、脱落、残缺	20%以上构件残缺
桥面铺装、伸缩缝	1. 铺装层完好、平整、清洁，或有个别细裂缝； 2. 防水层完好；泄水管完好、畅通 3. 伸缩缝完好、清洁； 4. 桥头平顺，无跳车现象	1. 铺装层10%以内的表面有纵横裂缝，间距大于1.5m，浅坑槽、波浪； 2. 防水层基本完好；泄水管堵塞，周围渗水； 3. 伸缩缝局部螺帽松动，结合点局部开焊，铺装碎边缝内堵塞卡死； 4. 桥头轻度跳车，有异常响动	1. 铺装层10%～20%的表面有严重的龟裂、深坑槽、波浪； 2. 桥面板接缝处防水层断裂渗水，泄水管破损、脱落； 3. 伸缩缝普遍缺损，铺装碎边严重，出现跳车现象	1. 铺装层20%以上表面有严重的破碎、坑槽、桥面普遍坑洼不平、积水； 2. 防水层老化失效，普遍断裂、掺水、泄水管脱落，孔堵塞； 3. 伸缩缝严重破损、失效，难以修补； 4. 桥头跳车严重	
照明标志	完好无缺，布置合理	照明灯泡坏，灯柱锈蚀，标志不正、脱落	灯柱歪斜不正，灯具损坏，标志倾斜损坏	照明线路老化断路或短路，灯柱、灯具残缺不齐，标志缺失严重	

续上表

	一 类	二 类	三 类	四 类	
调治构造物	1. 构造设置合理，功能正常； 2. 构造物完好，无存留漂浮物	1. 构造功能基本正常； 2. 构造物局部断裂，砌体松动、变形	1. 构造本身抗洪能力不足，基础局部冲蚀； 2. 构造物 20%以内出现下沉、倾斜、局部坍塌	1. 构造本身抗洪能力太低，基础冲蚀严重； 2. 构造物 20%以上被损坏，部分丧失功能或功能下降	1. 构造物大范围毁坏，失去功能或设置不合理，未达到预期效果； 2. 原未设置，而调查表明需要补充设置者
总体评定	完好、良好状态	较好状态	较差状态	坏的状态	危险状态
	1. 重要部件功能与材料均良好； 2. 次要部件功能良好，材料有少量（3%以内）轻度缺损或污染； 3. 承载能力和桥面行车条件符合设计指标； 4. 只需日常清洁保养	1. 重要部件功能良好，材料有局部（3%以内）轻度缺损或污染，裂缝宽小于限值； 2. 次要部件有较多（10%以内）中等缺损或污染； 3. 承载能力和桥面行车条件达到设计指标； 4. 需进行小修、保养	1. 重要部件材料有较多（10%以内）中等缺损，裂缝宽超限值；或出现轻度功能性病害，但发展缓慢，尚能维持正常使用功能； 2. 次要部件有大量（10%～20%）严重缺损，功能降低，进一步恶化将不利于重要部件和影响正常交通； 3. 承载能力比设计降低 10%以内，桥面行车不舒适； 4. 需要进行中修	1. 重要部件材料有大量（10%～20%）严重缺损，裂缝宽超限值，裂缝间距小于计算值，风化、剥落、露筋、锈蚀严重；或出现中等功能性病害，且发展较快，结构变形小于或等于规范值，功能明显降低； 2. 次要部件有 20%以上的严重缺损，失去应有功能，严重影响正常交通； 3. 承载能力比设计降低 10%～25%，必要时限速或限载通过； 4. 要通过特殊检查，确定大修、加固或更换构件的措施	1. 重要部件出现严重的功能性病害，且有继续扩展现象；关键部位的部分材料强度达到极限，出现部分钢筋断裂、混凝土压碎或压杆失稳变形的破损现象，变形大于规范限值，结构的强度、刚度、稳定性和动力响应不能达到平时安全通行的要求； 2. 承载能力比设计降低 25%以上，必须降低通行荷载与车速，或封闭交通； 3. 要通过特殊检查，确定处治对策

二、维修加固等级

一类桥梁只需进行正常保养；二类桥梁需进行小修；三类桥梁需进行中、大修或加固；四类桥梁则需要加固改造才可继续使用。

当按照检查结果，被定为四类桥梁时，应对桥梁进行承载能力鉴定，对吊索和主缆拉力进行测量，以确定桥梁现状能否满足设计荷载要求，是否需要降低荷载等级使用，或是否需要加固后才能正常使用。

（1）小修——主要是指桥面清洁和修补日常工作，可由养护部门自己承担。小修工作每天都在进行。

（2）中修——包括主缆、吊杆及鞍座等的除锈、防腐工作及桥面修补。中修工作由定期观测结果而定，可由养护部门自己进行。

（3）大修——工作内容为桥面铺装层的更换，吊索和主缆断丝的处理，吊索的更换以及整个桥跨结构的加固。大修应由桥梁养护部门提出申请，报主管部门和政府审批。必要时还应由专家论证。大修工作应请专业队伍进行。大修工作开始前一周，应通过新闻媒体向社会公布，以免影响正常的交通秩序。

中修、大修的周期一般应分别根据定期检查和特殊检查结果而定，不宜作硬性规定。

三、承载能力鉴定

1. 准备工作

(1) 掌握基本资料

基本资料包括桥梁概况、历史资料、设计文件、施工质量、竣工文件、养护维修资料以及建桥前后的水文地质资料等。除上述资料外，还应查阅历次定期检查和特殊检查所形成的报告及原始记录。最近一次的静动载试验资料尤为重要，应当全面研究、分析结构各主要部件的既有病害和受损伤程度。

(2) 确定鉴定试验方案

试验方案包括试验目的、测试主要内容和要求、加载方法、试验方法等，可根据不同的试验目的和要求而定。

鉴定试验内容主要有：

①塔柱底截面应力；

②吊索拉力、主缆拉力；

③中跨跨中及四分点处的挠度，塔顶位移（含顺桥向和横桥向等）；

④加劲梁的动力特性和动力响应；

⑤主塔的动力特性和动力响应等；

⑥主缆和吊索钢丝锈蚀程度的综合评定；

⑦加劲梁控制断面的应力。

2. 结构承载能力鉴定

(1) 鉴定方法

桥梁承载能力鉴定，通常采用3种方法：

①分析计算法；

②随机调查比较法，即由实际交通测定桥梁状态的方法；

③荷载试验法，即对桥梁施加试验荷载，测定其主要部位主要参数的方法。

(2) 桥梁承载能力分析与评定

应充分利用已掌握的调查检验资料，根据桥梁的结构特点综合分析评定桥梁的承载能力及其使用条件。

①结构的强度与稳定性分析。根据设计文件、施工竣工资料、历次定期检查资料、特殊检查资料、静动载试验资料和结构实际损坏程度，参考设计荷载等级作用下的验算情况，对桥跨结构的强度与稳定性进行分析评定。

②结构刚度要求。加劲箱梁的最大竖向活载挠度不应超过中跨跨径的1/400。

③加劲梁及主塔的裂缝限制。混凝土加劲梁的最大裂缝不应超过0.10mm，主塔的最大裂缝不应超过0.15mm。

④吊索及主缆拉力。吊索及主缆拉力不应超过试验荷载作用下的计算值。

⑤综合评定。根据以上分析，可综合评定桥梁的承载能力及其可供通行的荷载等级，以确定桥梁是否需要进行改善或加固。

3. 悬索桥结构检算与承载力鉴定试验

如果桥梁构件损坏严重，悬索桥维修加固又较难实施，因此对加固和改善方案应组织有关专家评审商议，确定出最优方案后组织有经验的施工队伍实施加固维修。

如有局部损坏对悬索桥结构整体性能有影响或经过20年后对本悬索桥的实际使用状况不明确，可根据实际的结构技术状况对悬索桥进行结构检算或承载能力试验鉴定。

桥梁结构检算，应按实际断面尺寸及缺损状况、材料的实际强度和弹性模量、地基实际容许承载力和水文条件进行计算，并按现行部颁《公路桥涵设计规范》和《公路桥梁承载能力鉴定规程》有关条文办理。

承载力试验分为静力荷载和动力荷载试验，试验评定方法应按照《公路桥梁承载能力鉴定规程》或《大跨径混凝土桥梁试验方法》的有关内容实施。

4. 主缆剩余承载力的确定

(1) 为了精确确定悬索桥主缆的承载能力，可进行非破损试验。非破损试验相当于对全桥进行一次静载试验，即把载重车辆按规范要求布置在桥上进行无损试验。缆索拉力可以用应变计直接确定，或者通过在已知荷载下上部结构的挠度间接计算。或通过测量主缆垂度的变化来分析确定主缆的恒载和活载应力。然而，由于某些荷载由加劲梁直接作用在塔顶和桥台上，这仅能作为一种近似结果。塔的位移和温度也将影响缆索垂度和主缆应力，应适当进行修正。

(2) 也可考虑从主缆和吊索上受腐蚀最严重或已断丝的钢丝上截取试件进行极限拉力试验和疲劳特性试验。利用营运部门调查的既往交通量，考虑未来社会经济的发展，预估未来交通量，再把交通量换算成应力谱，用累积损伤原理来评估相关构件的剩余寿命。

(3) 由于截面损失造成的缆索剩余承载能力，可用每组钢丝的数量乘以相对原极限强度所剩余的平均强度来估算。

(4) 为了测量汽车活载作用下主缆拉力的增量，可在锚杆上布设应变片或应变传感器，测量锚杆在活载作用下的应变，即可用来计算主缆拉力的增量。主缆拉力的测量还可利用附着在散索股上的拾振器，利用脉动测量方法或人工激振法，测量每根散索的自振频率。那么，主缆索股的拉力可直接由散索自振频率来换算。主缆拉力是各散索拉力的矢量和。

(5) 在主缆上增设仪表来测量各点的垂度是较方便的方法。这样，通过测量已知活载作用下主缆垂度的变化，就可确定活载作用下主缆的拉力，而且测量结果也易于得到证实。

§4.5 钢桥面铺装的维修

一、我国钢桥面铺装技术的发展

我国钢桥的建设在20世纪70年代末开始起步，随之出现了许多钢桥面铺装的新技术和新结构。直到90年代，随着公路钢箱梁悬索桥和钢箱梁斜拉桥的大量修建，钢桥面铺装材料、施工工艺、使用性能以及早期破损等问题才引起人们的充分重视。

1.20世纪80年代以前的桥面铺装

桥面铺装最早也最容易发生的问题是铺装层间的粘接问题。铺装层间是否粘接牢固，直接决定了铺装是否能与钢板共同作用。因此，有的桥梁的桥面铺装在沥青中加入树脂以改善其粘附力；有的桥面铺装在沥青中掺入某种比例的建筑沥青以增加沥青的稠度，改善热稳性，如北京大北窑立交桥；有的桥面铺装在沥青中掺入丁苯橡胶、氯丁橡胶以抵御铺装容易产生的疲劳开裂问题，如广东北江马坊桥、山东东营黄河大桥、西陵长江大桥等。

但是，过去的桥面铺装中，大部分都没有考虑到铺装体系中的防水排水问题。尽管铺装层设计、施工工艺的重点放在沥青混凝土铺装层的耐高低温性能、抗车辙、耐疲劳性能上，但除南京二桥的铺装尚未出现问题外，余均发生过病害（推移、开裂车辙等），几经翻修，甚至全部铲除重铺新的沥青混合料铺装层。

2.20世纪80年代以后的铺装技术

（1）浇筑式沥青混凝土铺装体系。在日本较多采用的浇筑式改性沥青混凝土，是一个比较完整的铺装体系。钢板在喷砂除锈以后，不再涂防护漆，直接涂布粘接剂对钢板进行封闭，不再设防水层，利用浇筑式沥青混凝土的防水性保证铺装的防水。在浇筑式沥青混凝土的施工缝位置，作了特殊的防水处理。浇筑式沥青混凝土成型后，表面光滑，因而撒布嵌入碎石。采用洒布改性乳化沥青粘层等新材料、新工艺以保证铺装上、下层的联结。

英国的沥青玛蹄酯混合料，曾用于我国香港青马大桥和江阴长江大桥，施工效率相对较低，施工缝特别多，因施工缝处不进行特殊的防水处理，所以铺装均设防水层。同时，由于是一层铺筑，所以需要嵌入耐磨碎石以保证铺装表面的防滑性能。其中，江阴长江大桥的桥面铺装几经修补未果，2004年已全部改铺环氧沥青铺装。

（2）环氧类桥面铺装。采用环氧树脂改性沥青铺筑钢桥面铺装，已经在南京二桥试用成功（厚5cm）；改性环氧树脂磨耗层铺装在青马大桥的备用车道上也使用过（厚度1～2cm）。由于环氧树脂是热固化性树脂，相应的施工特性以及与桥面板之间的粘结都需要使用热固化性树脂类粘结剂。

（3）SMA铺装。SMA混合料本身是一种骨架密实型结构，铺装的防护、粘结、防水与抗裂关键技术也较成熟。为填充SMA混合料与钢板接触界面间的空隙，同时，也是为了适应于摊铺机等作业的需要，防水粘接剂（1mm）和预拌碎石的厚层都较大。我国自己研制开发的双层改性沥青SMA铺装成套技术，已在多座桥梁工程中得到实际应用，到目前为止，使用效果良好。

二、桥梁结构对钢桥面铺装的影响

1. 主梁形式对铺装的影响

影响桥面铺装形式的主梁类型可分为两种：

（1）采用水泥混凝土桥面板的型钢及钢桁架梁桥；

（2）采用正交异性板的钢桥，又分为两种：

① 正交异性钢桥面板的钢桁架梁桥。

② 正交异性钢桥面板的钢箱梁桥。

上述结构的桥面铺装的使用条件是有很大区别的。采用水泥混凝土桥面板时，桥面铺装问题相对较容易解决。过去的工程实例中，主要是板与板之间的连接部位和伸缩缝部位由于跳车所形成的铺装啃边、段差等破坏，如南京长江大桥的公路桥桥面铺装常见此种病害。

钢桁架梁和钢箱梁通常都使用正交异性钢桥面板，但两者桥面铺装时的条件有明显差异。最显著的是铺装温度的差异。由于钢箱梁桥是密闭的，而钢桁架桥是开放式的，在夏季高温天气时，钢桁架桥面铺装较钢箱梁桥面铺装温度约低10℃。如采用钢箱梁的广东虎门大桥钢桥面铺装温度达65～70℃，地域气温仅33～34℃；而采用钢桁架的香港青马大桥钢桥面铺装温度只有55℃。因而，钢箱梁桥较钢桁架桥桥面铺装技术要求更高。

2. 桥梁形式对铺装的影响

到目前为止，采用正交异性钢桥面板的桥梁的有悬索桥、斜拉桥、简支梁桥等。从铺装受力分析结果可以看到，体系的变形对铺装影响非常小，也即使铺装层产生的拉应变非常小。而柔性更大的桥梁行车振动对铺装带来的危害影响较大。

以钢箱梁作为简支梁的桥跨都比较小，对铺装来说，更多的病害是由于桥梁伸缩缝跳车引起的。例如：广东北江马房桥（14跨简支梁桥）和山东东营黄河大桥（斜拉桥），钢箱梁断面相当，前者为开口肋，后者为闭口肋，采用了几乎相同的铺装方案，但马房桥通车半年内铺装全面破坏，而山东东营黄河大桥桥面铺装虽也经常进行局部修补，但基本上较完好地使用近20年。马房桥和山东东营黄河大桥桥面铺装破坏形式中，以层间脱落最为严重，但马房桥伸缩缝很多，伸缩缝的跳车加剧了桥面脱层病害的发展。

3. 桥面系结构对铺装的影响

桥面系结构对铺装的受力状态有着决定性的影响。概括地说，主要有以下几个方面：桥面顶板（钢板）厚度、加劲肋肋形和尺寸、横隔板（梁）间距、有无纵向腹板、是全焊接还是栓接等。

根据过去的实测资料和有限元分析结果，纵向腹板顶面铺装表面拉应变最大，其次为加劲肋顶面，然后是横隔板顶面。因此，在桥梁结构设计中，纵向腹板一定要避免设置在行车道轮迹部位。否则，该部位铺装很快会产生纵向开裂（一般1～2年）。钢箱梁的联结也要尽可能采用全焊接（采用栓接时，易产生跳车冲击）。

4. 钢桥面防腐蚀层对桥面铺装的影响

钢桥面防腐蚀涂装层直接与钢桥面板相接触，防水连接层和桥面沥青混凝土铺装层都是依存于防腐蚀涂装层面与钢桥面相结合的，如果防腐蚀涂装装层与钢桥面结合不牢，或出现掉皮、脱落现象，那么桥面沥青混凝土铺装层赖以附着生根的基础将不复存在或不可靠，在桥面行车剪力的作用下，必然会出现桥面铺装层滑移或破损现象。由此可见，桥面防腐涂装层铺设也是桥面铺装工程的关键工序，不可掉以轻心。目前常用的防腐涂层有三种。

(1) 无机富锌防腐蚀涂料

无机富锌漆可与钢铁表面直接反应生成硅酸铁，属于化学结合，涂层附着力强；此外无机富锌涂层的孔隙电阻率比有机富锌涂层高，因此，表面无机富锌涂层具有比有机富锌涂层更高的耐蚀寿命。无机富锌涂料主要组成是金属超细锌粉颜料、粘接剂和助剂。粘接剂为无机化合物。无机富锌涂料依干燥方式的不同分为自固化型和后固化型。其中水溶性无机锌可分为水性后固化型和水性自固化型，而醇溶型（溶剂型）仅有自固化型，没有后固化型。后固化的缺点是该漆涂于钢铁表面后，要用酸性固化剂涂覆漆膜表面使漆膜固化，而且固化后必须用（热）水冲洗，清除可溶物固化残渣。

硅酸盐的模数后固化时最好大于3，而自固化时一般为（3.9～4.7）∶1。值得注意的是自固化水溶性无机富锌漆与钢铁表面的化学反应最终产物有氢气（H_2），因此，施工干燥过程中应注意漆膜起泡。

醇溶性无机富锌固化过程易于控制，在30%～85%的相对湿度下溶剂挥发较快，易于形成涂层，被广泛应用；水性富锌涂料随着制造工艺的不断完善，也在一些工程中获得应用。我国的虎门大桥、江阴大桥、宜昌大桥、鹅公岩大桥等，均采用醇溶性无机富锌涂料对钢桥面进行防腐蚀涂装。表 3.4.5-1 为醇溶性无机富锌涂料的技术指标。

醇溶性无机富锌涂料技术要求　　表 3.4.5-1

项　目	技术指标	项　目	技术指标
颜色	金属灰色	固体体积含量（%）	64
理论涂布率（m^2/L）	12.8（按 50μm 干膜厚度计）	密度（g/cm^3）	2.65
闪点（℃）	14	指干时间（20℃）（h）	0.5
有机挥发物（VOC）含量（g/L）	535	完全固化时间（20℃）（h）	24
涂层与钢板最大结合力（MPa）	2～5		

（2）环氧富锌涂料

环氧富锌涂料是以直链环氧树脂为基料，加有 80%～90%以上锌粉构成，表 3.4.5-2 为环氧富锌涂料的基本组成，通常可以做成两罐装或三罐装。环氧富锌涂料主要技术指标如表 3.4.5-3所列。

环氧富锌涂料基本组成　　表 3.4.5-2

名　称	含　量（%）	名　称	含　量（%）
纯锌粉	80.1	环氧树脂漆	15.0
防沉剂	1.0	聚酰胺树脂	4.0

环氧富锌涂料技术指标　　表 3.4.5-3

名　称	技术指标	名　称	技术指标
颜色	红色、蓝色、灰色	固体体积含量（%）	55～65
闪点（℃）	32（混合后）	指干时间（25℃）（min）	45～60
密度（g/cm^3）	1.95～2.90	完全固化时间（h）	24
涂层附着力（MPa）	1～3		

环氧富锌涂料具有许多突出的优点，但因漆膜中锌含量高，在焊接和切割时产生的氧化锌气体对人体健康有一定影响。因此，在采用富锌涂料作为防锈底漆时，对焊缝部位应预先留出，或采用较薄的涂层厚度。

（3）桥面电弧喷锌

钢桥面电弧喷锌可以获得比富锌涂料涂装更长久的耐蚀使用寿命，使得在钢桥面沥青混凝土路面更新维修时，不需要重新进行防腐蚀涂装，节约大量人力、财力和缩短施工工期。其他的优良功能有：其一，作为钢桥面屏蔽层，尽管喷锌涂层有一定的孔隙，但其他可以用低黏度的封闭涂料进行封闭，从而形成一个结合牢靠、隔离屏蔽效果好的防腐蚀涂层；其二，作牺牲阳极涂层，电弧喷锌涂层均匀覆盖桥面板表面，任何损害部位将发生锌优先腐蚀而保护钢铁，喷锌涂层比无数锌粉互相连接的富锌涂料层具有更优良的防腐蚀保护。我国的武汉军山长江公路大桥和香港青马大桥均采用电弧喷锌对钢桥面进行长效防腐蚀保护（表 3.4.5-4、表 3.4.5-5）。

军山大桥桥面涂装方案　　表 3.4.5-4

工艺项目	设计要求
表面净化	去除钢桥面表面油圬、得到无油污、干燥表面
喷砂除锈	采用手持压力式喷砂机和无尘喷砂机对钢桥面喷砂除锈，得到清洁度 Sa3 级，粗糙度 Ra40～80μm 的表面
电弧喷锌	采用大功率二次雾化机械化电弧喷涂设备喷涂，获得厚度 120～180μm，结合力大于 6.0MPa 的锌涂层
封闭	采用高压无气喷涂设备喷涂改性氯丁沥青质封闭涂料，获得厚度 20μm，附着力 2.0MPa 以上的封闭涂层

青马大桥桥面涂装方案　　表 3.4.5-5

项　目	设计要求
表面净化	除去桥面油污，获得干燥、洁净桥面
喷砂除锈	采用无尘喷砂机，用 S40/G16 钢砂喷砂，获得清洁度 Sa3.0 级，粗糙度 Ra25～80μm 的表面
电弧喷锌	采用一次雾化电弧喷涂设备喷涂，获得厚度 178μm，结合力 4.14MPa 的锌涂层
封闭	采用高压无气喷涂设备喷涂磷化底漆封闭胶

三、正交异性板钢桥面铺装

正交异性板钢桥面的铺装较一般路面、机场跑道铺装有更高的性能要求。钢桥面铺装应具备以下基本性能：①良好的抗疲劳抗开裂性能，以承受反复变形。②优良的高温稳定性能，以满足高达 70℃的高温条件。③完善的防排水体系，以保证钢板不被侵蚀。④良好的层间结合，保证铺装与桥面板的协同作用。⑤对钢板变形有良好的追从性，以适应钢板变形。⑥良好的平整度与抗滑性能。

（一）正交异性板钢桥面铺装结构设计的研究与发展

正交异性板钢桥面铺装结构的形式多种多样，从最初采用的普通密级配沥青混凝土，到使用改性密级配沥青混凝土、沥青玛蹄脂碎石（以下称 SMA）、改性环氧磨耗层铺装、浇注式沥青混凝土等。

1. 浇筑式沥青混凝土铺装

浇筑式沥青混凝土（Gussasphalt）源于德国，并在日本等国家得到较普遍的应用。

沥青玛蹄脂混合料（Masticasphalt）源于英国，主要在英联邦国家应用。

两者的共同特点是两阶段高温拌和，拌制的混合料具有一定流动性。浇筑式摊铺（不需要碾压），一般使用天然硬质沥青（德国也已开始使用聚合物改性沥青）。混合料组成相近，混合料结构的强度形成原理一致，但拌制工艺略有区别。

（1）浇筑式沥青混凝土组成

Gussasphalt、SMA 与密级配沥青混凝土 AC-13 的混合料组成对比如表 3.4.5-6 所示。

各种混合料组成对比 表 3.4.5-6

筛孔（mm）	通过率（%）		
	Gussasphalt	SMA13	AC-13
19	100	—	—
16	—	100	100
13.2	95～100	90～100	95～100
9.5	—	<75	70～80
4.75	65～85	20～30	48～68
2.36	45～62	16～24	36～53
1.18	—	14～20	24～41
0.6	35～50	12～18	18～30
0.3	28～42	11～17	12～22
0.15	25～34	10～14	8～16
0.075	20～27	8～11	4～8
油石比范围（%）	7.0～10.0	6.0～7.0	4.5～6.0
纤维用量（%）	—	0.3～0.5	—

很明显可以看到，Gussasphalt 比密级配沥青混凝土（以下称 AC）有高得多的矿粉用量和相对较高的沥青用量。而 SMA 则有较高的碎石量，矿粉用量则介于 Gussasphalt 和 AC 之间。

沥青玛蹄脂混合料（曾用于青马大桥、江阴大桥）与 Gussasphatl 组成相近。其组成为 14%～16%的硬质沥青与石灰岩细集料（矿粉含量 40%～60%）拌制沥青玛蹄酯，再与 45%±5%粗碎石（总混合料重量比）拌制成沥青玛蹄酯混合料。Masticasphalt 的两阶段拌和组成如表 3.4.5-7 所示。

Masticasphalt 混合料组成 表 3.4.5-7

沥青玛蹄酯				粗集料（通过率）		
	筛孔（mm）	分计筛余		尺寸（mm）	要求	实测
		要求	实测			
细集料	2.36	—	0.5	14	—	100
	0.6	0～25	22.4	10	—	99.7
	0.212	5～35	18.6	6.3	<40	38.8
	0.075	10～30	13.5	5	—	17.7
	<0.075	40～60	45	3.35	—	2.8
可溶性沥青含量：14%～16%					—	

可以看到 Masticasphalt 与 Gussasphalt 混合料组成非常相近。但 Masticasphalt 在 0.6～6.3mm 间有明显的断级配倾向。在沥青玛蹄酯混合料（Masticasphalt）的基础上增加大的碎石含量（4.7～5mm 以上碎石达 70%以上），改进而得到沥青玛蹄酯碎石（SMA）混合料，也是一种更明显的断级配混合料。

从 Gussasphalt 和 Masticasphalt 的组成与 SMA 和密级配沥青混合料比较可知，Gussasphalt 与 Masticasphalt 均是一种完全悬浮式结构混合料，集料间毫无嵌挤，依赖于硬质沥青的高软化点和高矿粉含量和高温施工所形成的薄沥青膜（基本无自由沥青）以形成其强度和达到热稳性要求。

日本 Gussasphalt 所用硬质沥青是由 25%左右的天然湖沥青与 75%左右的针入度 20～40 直馏沥青混合而成。而在香港青马大桥所采用的 Masticasphalt 中，硬质沥青由 70 号天然湖沥青与 30%左右的针入度为 70 左右的道路沥青混合而成，如表 3.4.5-8 所列。

日本用于掺配的硬质沥青材料及硬质沥青性质　　表 3.4.5-8

	日本 Gussasphalt 用硬质沥青性能要求				
	直馏沥青	天然沥青	硬质沥青	要求	实测
针入度（25℃）（0.1mm）	20～40	1～4	15～30	10～25	14
软化点（℃）	55～65	93～98	58～68	60～70	68.1
延度（25℃）（cm）	≥50	—	≥10	—	—
蒸发质量变化（%）	≤0.3	—	≤0.5	≤2	0.25
甲苯可溶含量（%）	≥99	52.5～55.5	86～91	66～70	68.9
闪点（℃）	≥260	≥240	≥240	—	—
密度（15℃）	≥1	1.38～1.42	1.07～1.13	1.17～1.30	1.257

浇筑式沥青混凝土的动稳定度虽然不高，但整体性较强，在使用温度未达到硬质（混合）沥青软化点附近时，热稳性仍能满足要求。

(2) 浇筑式沥青混凝土施工工艺

在日本、德国所使用的 Gussasphalt，一般用于铺装下层，面层一般采用改性沥青混凝土，如日本的本四桥。在德国面层还采用 SMA 混合料，Gussasphalt 也用于下层。铺装总厚度一般为 7～9cm。用于青马大桥和江阴大桥的 Masticasphalt，只铺筑一层主铺装层，总厚度一般为 4～5cm。

Gussasphalt 先在拌和楼中 200℃左右温度下拌和（加入天然沥青），然后将混合料放入拌和运输车中，边拌和边升温至 230～250℃。拌制的混合料有一定流动性，采用专用摊铺机浇筑式铺筑。为增强铺装上、下层的结合及增强浇筑式混合料的热稳性，一般在其上撒布一层粒径约 5～13mm 及 13～20mm 的预拌碎石（8～15kg/m^2），并压入浇筑式沥青混凝土中。

Masticasphalt 的拌和，则是先将天然湖沥青与直馏沥青拌和均匀，并加入矿粉及细集料，拌制成沥青玛蹄酯（可制成块状物运输至工地使用），再将沥青玛蹄酯及加热的碎石按比例加入拌和运输车中，拌和升温至 240～270℃左右后，采用专用摊铺机浇筑式铺筑。为了保证铺装层的抗滑性能，在其表面需撒布一层高耐磨的预拌沥青碎石，压入浇筑式沥青混凝土中，但露出 1/3 高度。由于 Masticasphalt 拌和时间较长，施工效率相对较低，青马大桥用 4 台拌和车，每日作业面积单车道长度只有 60～100m。

2. 沥青玛蹄酯碎石铺装

沥青玛蹄酯碎石（SMA）混合料的粗集料含量大，矿粉含量较密级配高，是一种典型的骨架密实结构，热稳性、密水性、抗裂性能均较优良，适宜于钢桥面铺装。

在德国，SMA既可用于铺装下层，也可用于铺装面层。从日本的铺装实例看，SMA主要用于铺装下层，面层则用改性沥青密级配沥青混凝土。

改性沥青双层SMA结构，已在我国广东虎门大桥、汕头海湾大桥、汕头岩石大桥中得到应用。在厦门海沧大桥、武汉白沙洲长江大桥的钢桥铺装应用中又得到进一步改进定型，铺装厚度一般为7.0～9.0㎝。

（二）铺装的防水结构层

铺装的防水结构层包括喷砂除锈、防护漆或粘接剂、防水层、铺装下层（防水隔离层）以及铺装边缘的阻水用填缝料（或贴缝条）及钢桥面板的排水等内容。铺装层的防水体系与铺装混合料类型有关。

1. 日本钢桥面铺装的防水体系

日本的钢桥面铺装结构，主要是浇筑式沥青混凝土（Gussasphalt）上面铺筑改性沥青混凝土。由于浇筑式沥青混凝土空隙率很小，具有良好的密水性，因而未设防水层，仅在钢板喷砂除锈后涂布两次0.2L/m^{2}的溶剂型橡胶沥青作为黏结剂。

使用改性沥青密级配混凝土作为铺装下层时，一般均需使用防水层。防水层常用改性沥青卷材。卷材施工时贴合面不容易赶尽空气，施工后在钢板与卷材间留有空气产生生泡，在焊缝位置、边角部位很难贴实，需充分注意。

2. Masticasphalt 铺装防水层

香港青马大桥的钢桥面铺装采用的是Masticasphalt，总厚度4㎝，其中有3㎜厚的甲基丙烯酸类现场反应性树脂防水层，其下为喷砂除锈（Sa3.0级，粗糙度75～100μm）后喷涂热喷锌（150μm厚）作为防锈层。

此外，也有使用刮铺一层矿粉与沥青混合物（或矿粉与改性沥青混合物的做法），如江阴大桥及丹麦的小带桥等。一般沥青约20%～30%，矿粉约70%～80%，拌和均匀后，在高温下人工刮铺。

3. 德国钢桥面铺装的防水层

德国钢桥面铺装的种类最多，有采用湖沥青的Gussasphalt，有采用聚合物改性沥青的Gussasphalt，也有采用SMA混合料的；铺装表面层也有用改性沥青混凝土的（底面层不允许用密级配沥青混凝土）。

德国对防水体系的完善非常重视。其防水层主要有以下几种：

（1）反应性树脂防水层（上面再用沥青类黏结剂）；

（2）一层反应性树脂防水层上洒布改性沥青粘层（沥青防水层与反应性树脂防水层的结合）；

（3）沥青类防水层（洒布改性沥青）；

（4）反应性树脂防水层上撒小碎石（未固化前），在其上洒布改性沥青形成缓冲层。

4. 我国改性沥青双层SMA铺装的防水体系

钢板先喷砂除锈达到Sa2.5级光洁度及粗糙度40～80μm，喷涂无机富锌底漆50～100μm，洒布改性沥青粘结并嵌入2.36～4.75mm预拌沥青碎石（形成防水粘接层），由上述几层组成铺装的防水层。铺装下层采用SMA10，设计空隙率3.0%，具有良好防渗效果（渗水率小于1×10^{-6}cm/s），铺装下层与防水层共同组成防水隔离层。

在铺装与构造物结合部位填入高弹性沥青类填缝料以防止路面水进入铺装下部。在雨水井周围开口，边缘纵向设螺旋排水管以保证桥面板上水的排除。必要时，在路边缘设泄水孔。中央分隔带使用具有一定流动性的SMA0/5铺筑（浇筑施工）。

上述组成形成了钢桥面铺装较完善的防水系统。

5. 其他钢桥面铺装结构

(1) 环氧树脂磨耗层

香港青马大桥备用车道上的环氧树脂磨耗层铺装，系采用特别双组份环氧树脂，在钢桥喷砂除锈后，刮铺在桥面板上，厚度约5mm，在其上撒布一层厚约2cm的特制耐磨石料（如锻烧铝钒土、氧化铝等）、撒布石料粒径3～6mm。待环氧树脂固化后，扫除多余碎石，即形成表面非常粗糙耐磨的桥面铺装。

使用环氧树脂磨耗层铺装，具有重量轻、抗滑性能优良等优点。但需注意，施工时钢板应非常干净、干燥。

(2) 环氧改性沥青混凝土铺装层

日本本四桥钢桥面铺装技术研究设计中，环氧改性沥青混凝土是比较方案之一。在疲劳试验中，环氧改性沥青混凝土表现出非常优良的抗疲劳性能（较浇筑式沥青混凝土及橡胶改性沥青混凝土均优良），但在试验桥实施约两年后，产生了大量的疲劳开裂。该研究报告认为，主要原因是环氧改性沥青混凝土施工工艺要求非常严格，实施中难以达到试验效果。

环氧改性沥青混凝土的施工难度较高，主要是非常严格的施工温度控制和施工时间控制，且温度控制与时间控制均需充分考虑施工时的环境温度。当拌和、摊铺温度过高，掺入沥青中的环氧树脂反应迅速，在有一定程度固化后，摊铺碾压都很困难。当施工温度过低时，因相应沥青黏度较高、摊铺碾压也很困难，且难以完成反应、固化。一般情况下，环氧改性沥青混凝土除进行充分的性能试验外，在120～160℃内，应进行大量的工艺试验，选定适宜的拌和温度（及控制范围）和确定拌和后允许的施工时间。

使用环氧树脂改性沥青混凝土的另一问题是应充分考察铺装层对钢板变形的追从性，即铺装层模量太高，难以适应钢桥变形，会导致严重的疲劳开裂。

四、南京二桥钢桥面环氧沥青混凝土铺装工程实例

南京长江二桥南汊桥主桥长1238m，为双塔飘浮体系钢箱梁斜拉桥，主跨长628m，主梁为扁平钢箱梁，梁高3.5m，梁宽38.20m，钢箱中设纵横隔板、U形加劲肋，其桥面铺装首次采用了环氧沥青混凝土。

1. 环氧沥青混凝土的应用

环氧沥青混凝土由壳牌石油公司开发，最初用于机场跑道面以抵抗飞机燃油和喷气的侵害，1967年首次被用于美国San Mateo-Hayward大桥正交异性钢桥面的铺装层。其他是通过在沥青中添加热固性环氧树脂和固化剂，经固化反应而形成的一种强度高、韧性好的沥青混凝土。将这种材料用作钢桥面铺装的国家主要有美国、日本、加拿大、荷兰和澳大利亚，其中美国应用最为广泛。美国和日本还编写了相应的环氧沥青桥面铺装规范。表3.4.5-9列出了世界上部分采用环氧沥青混凝土铺装的正交异性板钢桥面。

采用环氧沥青混凝土铺装的正交异性钢桥面 表 3.4.5-9

桥 名	摊 铺 年 份	铺装厚度（mm）
美国 San Mateo 桥	1967	50
美国 San Diege 桥	1969	50
美国 Long Beach 桥	1970	50
美国 Fremont St. 桥	1973	50
巴西 Rio de Janerio	1974	50
澳大利亚 West gate 桥	1976	50
美国 Luling 桥	1984	57
中国台北 Kuan Du 桥	1983	50
美国 Golden Gate 桥	1986	50
加拿大 Lion Gate 桥	1975	35
荷兰 Bagestein 桥	1980	不详
美国 Hale Boggs 桥	1983	63.5

2. 环氧沥青混凝土的特性

（1）强度高，韧性好

环氧沥青混凝土的马歇尔稳定度是普通沥青混凝土稳定度的 5～8 倍，而流值却大致相同。说明环氧沥青混凝土不仅具有较高的强度，而且还具有一定的柔韧性。

（2）良好的层间结合能力

使用环氧沥青摊铺的粘结层具有很好的粘结能力。在 23℃温度下，以 500mm/min 的延伸率对环氧沥青粘结层材料进行拉伸试验，其拉伸强度可达 8.1MPa，断裂延伸率达 230%。

（3）良好的温度稳定性

环氧沥青是一种热固性材料，在高温下会变软但不会流动。用环氧沥青混凝土摊铺的桥面铺装具有良好的高温稳定性，一般不会出现车辙或推挤拥包等病害。而在低温下其他也不过分脆硬，强度反而高于普通沥青混凝土。

（4）优良的抗疲劳性能

无论是环氧沥青混凝土本身还是沥青混凝土和钢板复合试件，其疲劳性能都远大于普通沥青混凝土，一般至少高出一个数量级。

（5）良好的耐久性

环氧沥青混凝土抗燃油腐蚀、抗水害性能十分优越。

3. 铺装结构设计

环氧沥青混凝土铺装结构如图 3.4.5-1 所示。

4. 铺装材料组成设计

（1）结合料

环氧沥青一般由两部分组成：组分 A（环氧树脂）和组分 B（由石油沥青和固化剂组成的匀质合成物）。如果组分 A 和组分 B 之间相容性较差，还需添加介质。

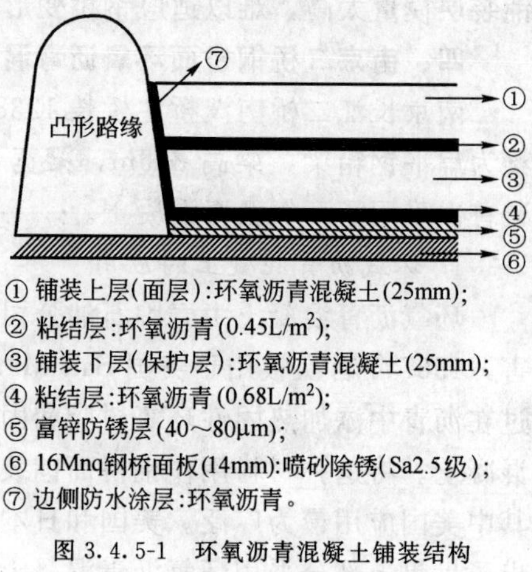

① 铺装上层(面层)：环氧沥青混凝土(25mm)；
② 粘结层：环氧沥青(0.45L/m²)；
③ 铺装下层(保护层)：环氧沥青混凝土(25mm)；
④ 粘结层：环氧沥青(0.68L/m²)；
⑤ 富锌防锈层(40～80μm)；
⑥ 16Mnq钢桥面板(14mm)：喷砂除锈(Sa2.5级)；
⑦ 边侧防水涂层：环氧沥青。

图 3.4.5-1 环氧沥青混凝土铺装结构

组分 A、组分 B 及两者混合后的技术指标如表 3.4.5-10～表 3.4.5-12 所示。

组分 A 技术指标 表 3.4.5-10

指 标	要 求	试验方法
黏度（23℃）(Pa. s)	11～15	ASTM D 445
环氧当量	185～192	ASTM D 1652
含水量（%）	≤0.05	ASTM D 1744
闪点（克立夫兰敞口杯）(℃)	≥200	ASTM D 92
相对密度（23℃）	1.16～1.17	ASTM D 1475
外观	透明琥珀状	目视

组分 B 技术指标 表 3.4.5-11

指 标	要 求	试验方法
酸值（KOH/g）(mg)	40～60	ASTM D 664
闪点（克立夫兰敞口杯）(℃)	≥200	ASTM D 92
含水量（%）	≤0.05	ASTM D 95
黏度（100℃）(Pa. s)	＞14	布氏黏度计，HBT 型采用 3 号轴（100r/min）
相对密度（23℃）	0.98～1.02	ASTM D 1475
颜色	黑	目视

环氧沥青技术指标 表 3.4.5-12

指 标	要 求	试验方法
抗拉强度（23℃）(MPa)	≥1.5168	ASTM D 638
断裂时的延伸率（23℃）(%)	≥200	ASTM D 638
热固性（300℃）	不熔化	小试件放置在热板上
黏度增加至 100Pa. s（在 121℃时）(min)	≥50	布氏黏度计

(2) 集料

集料应采用干净、坚硬、耐磨的非酸性矿料，表面 100% 为破碎面，形状以立方体为主，其技术指标列于表 3.4.5-13。为减小高温季节太阳辐射对铺装层的升温作用，宜选用浅色集料。

铺装用集料技术指标 表 3.4.5-13

指 标	标 准	试验方法
洛杉矶磨耗损失（100 转后）	≤7%	ASTM C 131
洛杉矶磨耗损失（500 转后）	≤22%	ASTM C 131
砂当量	≥42	ASTM D 2419
磨光值（PSV）	≥44%	ASTM D 3319
长宽比大于 3：1 的颗粒含量	≤5%	ASTM D 4791
视密度（g/cm^3）	≥2.65	T0304-94

矿质填料采用石灰石粉，至少包含90%的碳酸钙，不含活性石灰。

5. 配合比设计

环氧沥青混凝土的基本性能指标有马歇尔稳定度、流值、恢复率和孔隙率。配合比设计按常规沥青混合料设计方法进行，性能指标如表3.4.5-14所列。

环氧沥青混凝土的性能指标 表3.4.5-14

性质	指标	
	示固化试件	60℃下固化试件
马歇尔稳定度（kN）	≥5	≥40
流值（0.1mm）	≥20	≥20
恢复率（%）	—	≥60
孔隙率（%）	≤4.0	≤4.0

环氧沥青混凝土的配合比设计也以马歇尔试验为主。根据马歇尔试验得出最佳沥青用量，然后再根据环氧沥青混凝土和钢板的复合试件的疲劳性能，对该用量进行必要调整。根据美国的研究发现，对应于最佳耐疲劳性能的最佳沥青用量要比从马歇尔试验中得到的最佳沥青用量多0.5%。另外也有人将混合料拌和的和易性作为环氧沥青混凝土组成设计的一个依据。

6. 黏结层试验

铺装层和钢板之间的黏结强度对桥面铺装的使用寿命有很大影响。由现场破坏调查可知，铺装层和钢板之间黏结力的丧失主要发生在沥青混合料和防锈涂装层之间。也就是说，黏结层的黏结强度不足。在钢桥面铺装中，常用作黏结层的材料有热熔型黏结材料、溶剂型黏结剂和热固性黏结材料。南京二桥黏结层采用环氧沥青热固性黏结材料。由表3.4.5-12可知，环氧沥青热固性黏结耐高温性要求达到300℃以上。拉伸试验表明，在23℃下环氧沥青黏结料拉伸强度可达8.1MPa，远远大于结合料的抗拉强度（1.76MPa），断裂延伸率可达232%，显示了其极好的强度和变形能力。检验黏结层性能最常用的试验方法是拉拔试验和剪切试验。

表3.4.5-15为常温和60℃的黏结层剪切强度试验结果。针对南京二桥实际结构，考虑水平力作用（摩擦系数0.5），采用有限元分析计算，常温时钢板与铺装间的最大剪应力为0.48MPa，60℃时为0.33MPa。试验结果满足理论分析上的要求。

环氧沥青铺装剪切试验结果 表3.4.5-15

温度（℃）	防锈漆类型	固化条件	剪切强度（MPa）	破坏面位置
18.8	环氧富锌漆	自然固化*	5.5	黏结层与漆膜间
17		完全固化*	6.84	
60		自然固化*	0.34	
60		完全固化*	1.00	

注：*常温洒布黏结层材料，自然固化5d（120℃固化4h）后铺装环氧沥青混凝土。

为比较环氧富锌漆和无机硅酸锌漆与铺装层间的黏结强度，拉拔试验中分别采用了经这两种涂料防锈处理的钢板试件。试验在：低温（0±2℃）、常温（23℃±2℃）和高温

(60℃±2℃)三种温度下进行。试验结果见表3.4.5-16所示。

环氧沥青铺装拉拔试验结果　　表3.4.5-16

试验温度(℃)		0±2	23±2	60±2
黏结强度(MPa)	无机硅酸锌漆	7.13	1.55	0.92
	环氧富锌漆	4.24*	>2.23	0.97

注：*试件破坏面产生在拉头和胶黏剂间，不能反映铺装层和钢板间真正的黏结强度。

由表3.4.5-16中的试验结果发现，在常温和高温下表面喷涂环氧富锌漆的钢板和铺装层间的黏结强度，都大于表面喷涂无机硅酸锌漆的钢板和铺装层间的黏结强度。环氧沥青混凝土铺装层和钢板之间的黏结强度随着的温度升高而减小。而环氧沥青混凝土本身的抗拉强度也随温度升高而减小。另外，所有试件的破坏面都没有发生在两铺装层之间，说明桥面铺装分两层摊铺时其层间黏结力是牢固稳定的。通过观察发现，高温下试件的破裂面发生在黏结层和钢板之间，黏结层表面略微有些粘手，但其形态仍保持为固态，说明黏结层能承受60℃高温。

7. 混合料拌和工艺要求

环氧树脂、固化剂改性沥青和集料在拌制过程中的混合时间是保证环氧沥青优异性能的重要条件。在拌制温度下，结合料黏度将逐渐增加，故要求环氧沥青混合料必须在温度下降至规定最小值之前摊铺并压实，否则将导致混合料变成不可操作的硬块。因此，在环氧沥青混合料的拌制过程中，控制温度和拌和、摊铺碾压时间是极为重要的。

拌和楼的位置必须距施工现场足够近，以保证环氧沥青可以在规定的摊铺时间内运送到摊铺机内。拌和楼需进行必要改造，配备安装环氧沥青组分存储罐、混合罐以及相关的加热器、给料线和计量设备。

环氧沥青由专用的混合机混合并保持在要求的温度范围（135～150℃）内，然后通过专用管道添加到搅拌器中与集料混合。环氧沥青混合料的出料温度用红外线测温仪测量，控制在121℃左右。

8. 施工技术要点

(1) 喷涂黏结层

在喷涂黏结层之前，桥面钢板上应先进行喷砂除锈和防锈漆的涂覆。防锈漆一般选用无机硅酸锌漆或环氧富锌漆。南京二桥采用环氧富锌漆。

黏结层材料也采用环氧沥青，采用特殊的撒布设备喷涂。

为利于环氧沥青黏结层的喷涂施工，组分A（环氧树脂）加热至82～93℃，组分B（固化剂和沥青）加热至150℃，通过计量系统按规定比例混合后，经混合器/反应器和喷涂杆喷到桥面钢板上。其喷涂率，在钢板上为0.68L/m^2，在两层铺装层之间为0.45L/m^2。

为防止桥面上凝聚的水分破坏黏结层和钢板间的黏结力，桥面温度和气温必须高于10℃时才能施工。

为防止摊铺机打滑，黏结层撒布施工应超出摊铺施工足够大的距离，但也不能超过各铺装操作预定的长度，喷涂后的黏结层在车道开放交通之前或在喷涂完后的3天内，必须用铺装混合料覆盖。

(2) 环氧沥青混凝土的摊铺

环氧沥青混凝土采用常规摊铺机和压路机摊铺并压实。但对每辆运料车中的混合料都有严格的时间和温度要求。对应于不同的混合料温度，都有一个最小允许时间和最大允许时间。混合料从开始拌和到倒入摊铺机中，所用的时间必须介于这两时间之间。如果超出了最大允许时间，则混合料必须废弃。

为保证混合料在摊铺时温度在规定范围内，摊铺机上的熨平板在放下之前，可先用板上的燃烧器加热；但其温度不能超过铺装用混合料自身的温度（110～121℃）。

初压必须紧跟着铺装层的摊铺。初压完成之前摊铺层的温度不得低于 83℃。终压必须在摊铺层温度下降至 66℃之前完成。故复压压路机和终压压路机应紧跟在初压压路机后面完成碾压作业。

纵向接缝应与车道边缘错开 15cm，或位于一条车道中央 1/3 区内。为使摊铺道上面层间的接缝牢固顺直，可以用锯将摊铺道的斜坡部分切开，并清除斜坡部分的材料。

环氧沥青混凝土面层温度冷却至气温并延长 2 小时后即可开放交通，但其最终强度的形成需在 5～7 周后。

五、钢桥面铺装病害与处治的工程实例

虎门大桥主跨 888m 悬索桥主梁采用轻型加劲扁平钢箱梁，钢箱梁节段采用焊接方式连接，钢箱梁全宽 35.6m，桥面为双向六车道，行车道单幅宽 14.25m。大桥钢桥面采用单层改性沥青 SMA 铺装，铺装于 1996 年 12 月开工，1997 年 4 月完工。大桥于 1997 年 6 月 9 日正式通车。通车约 3 个月后，桥面铺装局部段落即开始出现如车辙、推拥等热稳性病害，随着时间的推移，热稳性病害继续发展。1998 年下半年，鉴于病害日趋严重，于 11 月对大桥钢桥面铺装进行了全面处治。

(一) 原桥面铺装状况

1. 铺装设计

根据该桥“钢桥面铺装技术的研究”课题研究成果及钢桥面铺装试验路施工检测结果，确定的原大桥钢桥面铺装结构设计如图 3.4.5-2 所示。

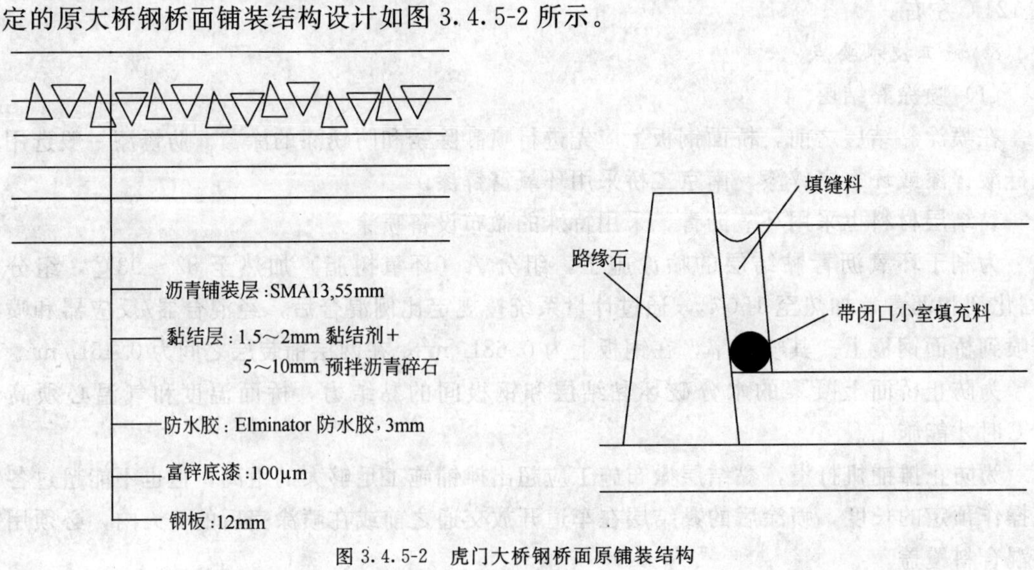

图 3.4.5-2　虎门大桥钢桥面原铺装结构

钢面铺装原设计厚度为 70mm，后经讨论决定改为 60mm，因此铺装方案也由双层式 SMA 铺装改为单层 SMA 铺装方案。

2. 铺装施工

虎门大桥钢桥面铺装分 6 段施工，右幅（上游）分段编号为一、三、五段，各段长度分别为 300m、540m 和 48m；左幅（下游）分段编号为二、四、六段，各段长度分别为 432m、408m 和 48m。钢桥面板富锌漆喷涂在工厂内完成，钢箱梁吊装完毕焊接好后，焊接部位富锌漆在现场喷涂。钢桥面各段防水胶、粘结层和 SMA 铺装层的施工，依次衔接紧跟进行。

防水胶共分四道工序，第一道为白色底漆，第二道为黄色防水胶，第三道为灰色防水胶，每四道为红色面漆。中间两道防水胶各厚约 1.25mm，为甲基丙烯酸树脂类防水胶，采用双组份无气喷涂设备施工。

黏结层的黏结剂采用沥青撒布车喷撒施工，黏结剂撒布温度控制在 200～220℃，每段黏结剂均分三幅撒布，相邻两幅间重叠约 10～15cm。整个桥面黏结剂撒布厚度大部分控制在 1.5～2.0cm 之间，个别地方略偏厚。预拌沥青碎石撒布在黏结剂撒布后进行，采用人工撒布方法施工，撒布量为 5～7kg/m²，撒布后没有用轮胎压路机碾压。

桥面沥青铺装开工前，对 SMA13 混合料进行了配合比设计，见表 3.4.5-17 所示。

SMA13 混合料配合比设计结果　　表 3.4.5-17

筛孔尺寸（mm）	16.0	13.2	9.5	4.75	2.36	1.18	0.6	0.3	0.15	0.075
级配要求范围（%）	100	90～100	34～75	23～41	18～30	15～24	13～21	11～17	10～15	9～13
设计级配（%）	99.7	92.0	54.9	35.7	25.5	20.6	18.5	15.8	14.1	12.0
油石比（%）		7			纤维用量（%）			0.5		

改性沥青采用桶装成品，由普通沥青脱桶设备脱桶融化，再经搅拌罐搅拌后，泵入沥青储罐待用。SMA 混合料采用日本进口的新泻 N11GATA 型间歇式拌和机生产，拌和机额定生产能力为 150t/h，生产 SMA 混合料的能力约为 100t/h，SMA 混合料的出料温度控制在 180～200℃。SMA 混合料摊铺采用 2 台具有自动调平功能的 DEMAC 摊铺机联合作业，采用 3 台自重分别为 7t、8t 和 9t 的钢轮压路机进行静压，碾压遍数约为 4～6 遍。SMA 混合料施工时，路缘石边缘预先放置模板，铺装碾压完后将模板抽出，形成预留接缝，全桥铺装完工后再用热灌型高弹性填缝料进行灌缝。

（二）病害的产生

大桥通车 3 个月后，桥面铺装局部段落即出现了热稳性病害，且随着时间的延续，推拥越来越严重，车辙也越来越明显。1997 年 8 月和 11 月、1998 年 2 月和 5 月，先后对桥面铺装进行了四次观测，各段车辙深度如表 3.4.5-18 所示。从表中可以看出，各段车辙深度整体上均呈发展趋势，车辙最严重的是第三和第四段，其次是第二、五、六段，第一段状况最好。各段车辙深度又以重车道最明显。全桥重车道与主车道间的车道线局部扭曲严重，主车道与超车道间车道线局部扭曲也较明显，重车道与紧急停车带间车道线只有少数地方发生扭曲。重车道外侧1m范围及重车道与主车道间约1m范围，铺装局部明显隆起，尤其是第二、第四段，在这两个部位可看出有两条明显的隆起带。四次观测中全桥铺装均没有发现裂缝，也没有出现坑槽等病害。

虎门大桥钢桥面铺装车辙深度观测值（mm） 表3.4.5-18

位置			各次观测结果			
			第一次	第二次	第三次	第四次
第一段	重车道	右轮位	3.4	8.5	11.4	9.7
		左轮位		6.8	8.9	8.7
	主车道	右轮位	5.8	5.1	8.0	6.5
		左轮位		4.8	5.0	5.7
第二段	重车道	右轮位	6.3	13.7	14.1	14.8
		左轮位		7.5	10.6	13.8
	主车道	右轮位	5.3	9.4	9.4	9.5
		左轮位		6.8	9.6	10.4
第三段	重车道	右轮位	9.1	12.6	15.9	16.4
		左轮位		12.5	12.7	12.1
	主车道	右轮位	9.6	11.0	13.9	13.6
		左轮位		10.0	11.3	10.7
第四段	重车道	右轮位	6.3	11.3	11.6	14.9
		左轮位		7.8	11.6	13.9
	主车道	右轮位	5.5	6.9	7.1	8.1
		左轮位		5.2	8.8	7.9
第五段	重车道	右轮位	9.0	11.0	10.3	12.0
		左轮位		9.0	10.5	12.0
	主车道	右轮位	4.3	3.0	11.9	7.5
		左轮位		4.5	11.3	11.0
第六段	重车道	右轮位	4.7	11.8	11.0	13.0
		左轮位		6.8	9.0	17.0
	主车道	右轮位	3.5	2.8	5.5	8.0
		左轮位		3.3	5.8	8.5

（三）病害分析

通车这么短的时间就出现了热稳性病害，这是钢桥面铺装科研和施工单位原先没有料到的。根据现场的多次观测及讨论分析，一致认为产生病害的原因主要是：

（1）黏结层过分强调了材料的韧性，忽略了黏结剂的硬度和初始抗剪强度。

（2）黏结剂撒布厚度偏大且预撒沥青碎石撒布量又偏少，黏结剂无法在黏结层内“消化”，SMA铺装施工时黏结剂会上移，导致SMA混合料沥青含量偏大。

(3) 改性沥青偏软，又不是现场生产随配随用，在使用过程中改性剂难免会出现离析，从而影响了质量。

(4) SMA 铺装过于偏重其抗裂性和防水性，并且沥青用量偏大，SMA13 混合料级配 4.75mm 筛通过量偏大，部分铺装段落级配控制不严格。

(5) 铺装厚度由原设计 7cm 减为 6cm 后（原计划采用两层 SMA 铺装），改成一层铺装施工，铺装层的热稳性、抗裂性、防水性等矛盾均集中在一层，很难兼顾。两层式铺装的方案，可以将铺装层的功能要求适当分开，有侧重地对待，使各铺装层的性能得到良好协调。

(6) 虎门地区夏季温度较高，加之重车又多，客观上也加快了铺装层热稳性病害的产生和发展。

(7) 施工过程中，SMA 配比偏差较大。

(8) 施工中的机械故障也会引起配比发生变化。

(四) 病害的处治

1. 处治方案

经全面调查、分析后，确定刨掉原有铺装表面层，然后再加铺一层新的 SMA 铺装，使整个钢桥面恢复双层式铺装。具体做法是：用铣刨机刨除原有铺装表面，使剩下的铺装厚度为 40mm±5mm，然后在整个刨除面撒布一层改性乳化沥青，撒布量为 0.2～0.4kg/m²，上面再加铺一层平均厚度为 30～35mm 的热拌改性沥青 SMA10 混合料，使整个铺装厚度达到 70mm±5mm。该处治方案的加铺层，采用热稳性较好的改性沥青 SMA10，设计空隙率为 3.5%～4.5%，从而保证了混合料粗集料嵌挤良好，使加铺层具有良好的热稳性，以达到明显改善铺装层热稳性的目的。

2. 处治施工

大桥钢桥面铺装处治施工分 4 次进行，每次施工一半桥面，另一半则开放交通，纵向施工缝设置在主车道的中间位置。

(1) 铣刨施工前，先按每一吊杆的位置量测横断面铺装厚度，并绘出横断面图，确定每一断面特征点的铣刨厚度。按处治方案，铣刨厚度以铣刨到原有铺装层剩余厚度为 40mm±5mm 控制。对于行车道，只铣刨车辙中间高出来的位置。靠近中央分隔带路缘石位置留下 20cm 范围不铣刨，紧急停车位置不铣刨。

(2) 单边铣刨后，清扫掉铺装表面的浮尘、碎石颗粒等杂物，然后沥青撒布车喷撒一道改性乳化沥青作为粘层，撒布量为 0.2～0.4kg/m²。改性乳化沥青采用 5%EVA 改性。加铺层 SMA10 混合料的拌和、运输、摊铺、碾压工艺参照“虎门大桥钢桥面铺装施工实施细则”执行。SMA10 混合料采用大型沥青拌和楼拌和，改性沥青在拌和现场用胶体磨生产，混合料采用 1 台具有自动找平功能的摊铺机摊铺，摊铺后由 1 台 12t 钢轮压路机和 1 台 9t 钢轮压路机进行碾压。

(3) 铺筑 SMA 混合料

SMA 10 混合料采用玄武岩碎石，分 5～10mm 和 0～5mm 石屑两种规格。矿粉采用石灰石粉，纤维采用木质素纤维（纤维用量为 0.4%～0.6%），改性沥青采用原虎门大桥铺装用改性沥青再掺加 3.5%PE 和 2.5%SBS，现场用改性沥青胶体磨设备生产并现配现用。加铺层改性沥青技术要求如表 3.4.5-19 所示。SMA 10 混合料的性能要求如表 3.4.5-20 所示。

按新配方用胶体磨现场生产的改性沥青，经取样测得其 30℃时针入度为 4.6mm，40℃时针入度为 8.8mm；软化点 84.5℃。SMA10 混合料级配及沥青用量如表 3.4.5-21 所示。采用新的改性沥青和按设计确定的级配拌制的 SMA10 混合料，70℃、0.7MPa 时车辙试验动稳定度达 3000 次/min，表现出优良的热稳性。SMA10 混合料加铺层于 1998 年 11 月完工，施工完全按制订的施工工艺进行，施工过程中混合料级配、沥青用量和施工温度、混合料摊铺和碾压工艺等均控制较好，施工完的桥面铺装表面平整、均匀、符合质量要求。

SMA10 混合料改性沥青技术要求 表 3.4.5-19

检测项目		要求范围	试验方法
针入度（25℃，100g，5s）（0.1mm）		20～60	JTJ 052—93
软化点（环球法）（℃）		≥80	JTJ 052—93
延度（10℃，5cm/min）（cm）		≥20	JTJ 052—93
黏度（200℃）（mm^2/s）		≤300	ASTM D2171
回弹率（25℃，20mm，30min）（%）		≥80	TeillTL—PMB
计算 $T_{1.2}$（℃）		≤−10	JTJ 052—93
闪点（℃）		≥230	JTJ 052—93
针入度指数 PI		≥1.0	JTJ 052—93
薄膜烘箱试验（180℃，2.5h）	质量损失（%）	≤1.0	JTJ 052—93
	针入度比（%）	≥65	JTJ 052—93
	回弹率比（%）	≥80	JTJ 052—93

SMA10 混合料性能要求 表 3.4.5-20

检测项目		要求范围
设计指标	马歇尔稳定度（kN）	≥6.2
	流值（0.1mm）	20～50
	空隙率（%）	3.5～4.5
	饱和度（%）	70～90
	骨料间隙率 VMA（%）	≥17.0
检验指标	70℃、0.7MPa 动稳定度（次/mm）	≥2000
	60℃、0.7MPa 动稳定度（次/mm）	≥3000
	−10℃低温弯曲极限应变	$\geq 7\times10^3$
	48h 浸水马歇尔残留稳定度（%）	≥80

SMA10 混合料设计级配 表 3.4.5-21

通过筛孔（mm）	3.2	9.5	4.75	2.36	1.18	0.6	0.3	0.15	0.075
要求范围（%）	100	90～100	30～45	22～32	18～26	14～20	12～18	10～16	8～13
设计级配（%）	100	100	33.0	23.5	18.4	17.0	15.5	14.3	12.2
油石比（%）	6.0～6.5								

(五) 处治效果

大桥钢桥面铺装全面处治后，铺装状况良好，基本没有出现推移、车辙等热稳性病害，车道线也极少发生扭曲。说明通过改善改性材料的性能和改进生产工艺，针对热稳性病害，采用 SMA10 新铺装层对桥面铺装进行了全面加铺处治，恢复双层式 SMA 铺装方案，处治效果良好，达到了预期目的。

§4.6　悬索桥的健康监测系统

桥梁在建成通车后，由于受到气候、氧化、腐蚀和老化等环境因素影响，并且长期在静载和活载的作用下遭受损坏，其强度和刚度会随着时间的增加而降低。这不仅会影响行车安全，更会使桥梁的使用寿命缩短。而传统的桥梁检查程序和设施，一般来说是不能直接和有效地应用在大型悬吊体系桥梁上，因为悬吊体系桥梁的结构布局和规模都十分复杂，构件多而尺寸大，再者其中一些构件都难以直接靠近检查。另外由于现代的机械、光学、超声波和电磁等技术的检测工具，都只能提供局部的检测和诊断信息，而不能提供整体和全面的全桥结构健康检测和评估信息，因此有必要建立和发展一个实时监测系统，用来监测和评估悬索桥在营运期间其结构的承载能力、营运状态和耐久能力等。

国际上各国对桥梁结构健康监测都非常重视。如美国在 20 世纪 30 年代已在金门大桥的桥墩、桥塔和主缆及桥面上安装了测振仪，对金门大桥的环境振动进行监测试验。日本关门大桥也在 20 世纪 70 年代安装了大桥健康监测系统。

我国自主设计建造的第一座大跨度现代悬索桥——汕头海湾大桥自通车营运之后，即开始进行每年一度的定期健康监测，检查主要结构的工作状态。

中国香港的青马大桥是一座主跨 1377m 的公铁两用悬索桥，该桥所建立的桥梁结构健康监测系统 1998 年 6 月开始工作，已取得了大量的环境因素影响及结构状态的数据。此后香港的汲水门斜拉桥、汀九斜拉桥亦相继建立桥梁营运状态监测系统。虎门大桥、上海徐浦大桥、江阴长江大桥、南京长江二桥、芜湖长江大桥、军山长江大桥等均建立和准备建立营运状态的健康监测或安全监测系统。该项技术已逐渐成熟并成为大跨度桥梁性能监测的普遍手段，并为桥梁设计、建造和维护提供宝贵的适时监测数据和经验。

一、健康监测范围和目的

1. 健康监测范围

(1) 桥梁工作环境的监测：包括桥址处风速和风向，桥址处环境温度和桥梁结构上温度分布状况，交通（车辆）荷载及其分布状况，地震荷载等。

(2) 桥梁整体性能的监测：包括主塔和桥跨结构的动力特性，加劲梁的各控制部位应力和位移状态，以及主缆和吊索的索力等。

(3) 进行结构状态评估工作，以评估桥梁即时的结构可靠度。

2. 健康监测目的

(1) 监测大桥结构健康，制订日常养护维修方案。

(2) 论证大桥的设计和建造时所用的假设和参数，用作结构和可靠性理论评估模型的修订和改进。

(3) 发展和吸纳先进的结构监测和评估技术及方法，例如结构的可靠性评估方法，结构损伤或缺陷及其诊断和检损技术，桥梁评估工作的标准化和规范化，大桥修复加固技术，大桥的养护维修策略和监测系统的信息管理技术等。

(4) 促进及提高大桥的人工结构检测和评估工作水平。

3. 监测的基本方法

(1) 静载内力与变形监测。

(2) 动载内力与变形监测。

4. 监测结果的分析与评估

对监测结果进行分析，提出相应处治措施。

二、健康监测系统设计与实施

1. 监测系统的组成

图 3.4.6-1 示出了桥梁营运状态健康监测系统的框图。由该框图可见，整个系统可分为三个子系统：传感器系统、数据采集与传输系统及数据分析处理和健康评估系统。

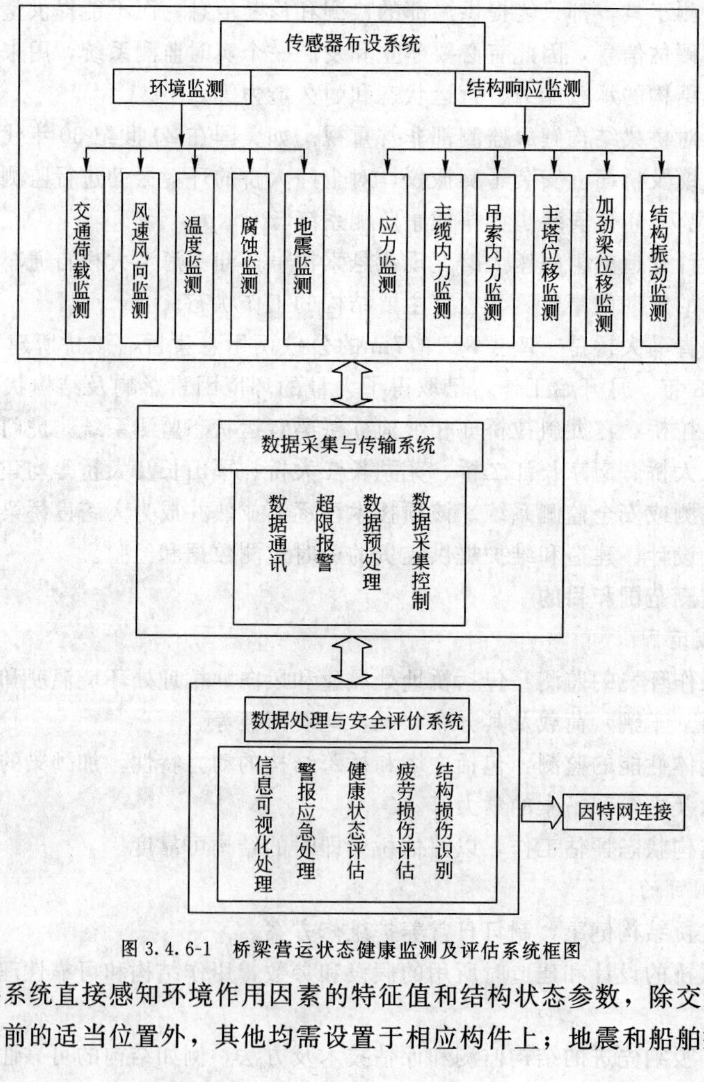

图 3.4.6-1 桥梁营运状态健康监测及评估系统框图

(1) 传感器系统直接感知环境作用因素的特征值和结构状态参数，除交通荷载传感器设备置于桥头上桥前的适当位置外，其他均需设置于相应构件上；地震和船舶撞击测试传感器可设置于墩顶或墩身适当位置；风环境监测传感器一般设置于较高位置如桥塔、桥头堡建筑或专用塔柱上。其他传感器应按桥测参量的性质布置于相应构件上，并应通过结构分析选择最不利和典型位置。

（2）数据采集和传输位置应考虑尽量减少和避免干扰以及因导线长度带来的精度降低。一般较大的桥两个半桥均设数据采集工作站，并兼顾采集工作站与岸上监测控制中心间信号传输布置合理。比如采集工作站设于两桥塔下，控制中心设于岸上与荷载监测系统在一处。

（3）健康评估系统主要指的是营运状态评估和耐久性以及寿命评估。该项工作应由专业人员或专家结合桥梁普查结果进行。状态评估应按现行规范的桥梁技术状态评定标准给出技术状况等级，并根据技术状况等级采取相应维修措施；耐久性或寿命评估由包括构件腐蚀状况及疲劳损伤累积计算作出。这是一项十分重要但难度极大的工作，目前仍无比较成熟的理论系统可用。但目前的技术进步可以作出评定，而不会造成原则性的偏差。

2. 健康监测系统设计的基本原则

（1）实用性和专用性

设计的目的和内容应紧扣桥址自然环境、结构形式特点和结构设计的要求，例如无抗震要求或不通航，便无须对地震与船舶撞击信息采集和评估做相应的硬软件配置设计；对混凝土结构桥梁也不必要对疲劳损伤设置系统内容等，仅针对本桥结构状态评估所要求的项目进行系统设计和硬软件配置。这样结构简单明确、操作方便，可将测站硬件配置、传感器的选择及测点布置数量减至满足要求的最低点，但留有一定扩展空间。

（2）长期工作的稳定性和可靠性

监测系统硬件配置应满足长期、连续和桥上振动、温度变化等苛刻条件下工作的稳定性和可靠性；软、硬件应保证数据采集、传输、存储及处理的可靠性。

系统的运转故障和数据采集的错误，均会造成评估、判断的失误，酿成严重后果。

（3）要满足评估要求的测试精度和合理的数据采集程序。

正确判断是基于准确的测试数据，因此测试的精度十分重要。满足要求的精度主要决定于传感器和相应数据采集仪器的综合精度。采用较高精度的传感器和工作性能稳定可靠的仪器是保证测试精度的主要条件，分离和排除其他因素的干扰也是必要的。如采用不受温度影响或少受影响的光纤传感器、振弦式传感器进行应变测试；采用稳定的电源或专用电源，尽量将传输距离缩短；可以间断测试时，选择温度稳定的时段进行测试等。

数据采集程序的合理安排是十分必要的。可按监测目的的不同分别进行昼夜不间断采集或按一定条件自动触发采集或定期采集等方式，以降低运行成本、节约存储空间、减少数据分析和处理的工作量。

3. 方案设计应解决的技术问题

（1）传感器及相应二次仪表的选型，特殊要求的处理。

（2）过桥荷载监测系统的技术设计及可靠性保证。

（3）各类监测信号的采集程序及预处理。

（4）局域网系统集成及管理方式。

（5）结构三维仿真模型的建立及模型修改。

（6）系统控制中心专用程序开发。

(7) 损伤识别及评估系统的研制。

4. 监测子系统配置及工作方式

(1) 车辆荷载监测

①传感器：应变传感器构成的专用测量系统，测量精度应不低于满量程±1%。

②位置及数量：每个车道一套，在测站上桥前集中一处布置；有收费站者可设于收费站处。

③工作方式及数据预处理：自动触发和停止工作；由滤波后的信号计算出轴重、轴距及行车速度，并存储一昼夜荷载信息。

④控制中心：每一昼夜调入一次数据存盘。每一周或一个月统计一次给出过桥荷载数据。

(2) 风环境监测

①传感器：三向风速仪。

②设置位置及数量：桥塔顶或桥头堡顶和主跨跨中两侧。

③监测方式：连续工作昼夜不停。

④工作方式和数据预处理：测量风速与攻角，3s 阵风风速，1min 平均风速、10min 平均风速、1h 平均风速；发送风速、风向信号至控制中心，存储一昼夜数据；发送超值风速数据至中心报警。

⑤控制中心：每 12h 调取数据信号存盘，定期（一天、一周、三个月、一年）按风场理论作全面分析，绘制风玫瑰图，给出特定风速持续周期。

(3) 温度场监测

①传感器：数字式温度传感器或光纤温度传感器。

精度要求±0.2℃；量程范围上限按桥址大气极端最高温度+35℃考虑，下限按桥址大气极端最低温度−10℃考虑。

②位置及数量：塔顶、塔底截面；主梁跨中截面、边跨跨中截面；主缆、吊索。依据桥形结构选择。

③监测方式：连续 10min 采集一次。

④工作方式及数据预处理：桥上工作站采集、存储 24h 数据，并排出断面最高、最低温度数据及位置，平均温度和超限温度发送控制中心。

⑤控制中心：每隔 12h 自桥上工作站调入温度信息并存盘，计算断面温差及温度对线形和内力的影响。

(4) 地震及船舶撞击监测

①传感器：三向加速度仪，预警雷达，红外摄像机。

②位置及数量：用于地震监测，一般在主墩上安放一个传感器，并尽量靠近承台；用于船舶撞击监测，一般在通航孔桥墩墩顶布置两个或三个测点。

③监测方式：昼夜不停。

④工作方式和信息预处理：采集工作站存 24h 数据，并作实时数据处理，地震烈度 6 度及 6 度以上和船舶撞击桥墩，及时向控制中心报警。

⑤控制中心：调入工作站报警信息并存盘。

(5) 腐蚀监测

①传感器：湿度计。

②位置及数量：悬索桥锚室、主鞍室、主缆主跨最低点截面内、吊索以及钢箱梁内部等。

③监测方式：昼夜不停。

④工作方式和数据预处理：采集并记录相对湿度大于45%的时间和延续时间，对大于60%的相对湿度报警。

⑤控制中心：调入相对湿度大于45%的数据存储24h，一个季度对湿度数据作一次分析，对可能存水腐蚀位置作人工处理。

(6) 结构应力监测

①传感器：钢弦式应变计、光纤应变传感器；综合精度要求：$\pm 2\mu\varepsilon$；量程：$\pm 1500\mu\varepsilon$；需考虑温度影响及长期工作稳定性。

②测点位置及数量：主梁弯矩最不利断面、主塔压弯最不利断面、主梁剪力最不利断面的应变，如果耐久性疲劳损伤监测，应针对存在疲劳问题的构件作检测。应变计布置的具体位置和数量需经结构分析提出。

③监测方式：长期连续或某一段时期连续。

④工作方式和数据预处理：每12h将采集信息作初步数据处理；将应力幅分级，滤掉低幅，提供疲劳损伤分析；给出断面应力分布；向控制中心发送信息。

⑤控制中心：调入数据存盘，每12h一盘，存储24h数据，作24h内的应力频值谱分析和断面承载力分析。

(7) 主缆索股、吊索索力监测

①传感器：振弦式压力传感器。

综合精度不低于满量程5‰；量程大于主缆索股、吊索设计索力的一倍。

②数量及位置：按具体监测要求定，主缆宜设在锚室内有代表性的索股锚下，吊索可选择控制索力处。

③监测方式：一般时间段内连续或定期。

④工作方式和数据预处理：时间段内数据或定期测试数据取均值计算索力或索股力，由索股力计算大缆索力，发送控制中心。

⑤控制中心：将测试结果调出存盘，分析有无异常变化。

(8) 结构位移监测

①传感器：数字式光电液位器与连通管结合构成连通管式光电挠度监测系统，配合定期使用自动跟踪全站仪（精度前者0.1mm，后者0.1s)；倾角仪、位移传感器。

数字式光电液位器用于结构竖向挠度监测；自动跟踪全站仪也用于主塔位移监测；位移计、倾角仪用于支座位移监测。

②位置及数量：按具体结构形式和监测目的、要求来定，满足状态及承载力评估要求。

③监测方式：连续或定期。

④工作方式和数据预处理：采集并存储测试数据、算出主梁挠度、主塔偏移及支座位移，将数据及初步分析处理发送控制中心；对位移超限值报警。

⑤控制中心：存储检测站发来数据及结果、对变形数据及挠度作图形处理，提供营运状态评估及承载力评估数据，并作出判断。

（9）动力特性监测

结构动力特性包括结构和构件的频率、振幅、振型、阻尼等数据。这是结构或构件操作评估和病害诊断的重要参数，也是桥梁动力性能设计的重要参考依据和维护档案的数据。尤其对于操作评估和病害诊断常要求动力特性中的高阶部分。

①传感器：单项加速度计。

②位置及数量：主塔顶水平纵向和横向，主梁跨中截面竖、横、纵向；悬索桥加劲梁 $l/4$ 截面竖、纵、横向；振型及冲击系数等性能测试可考虑定期检测时临时布置更多不同频率的加速度计。

③监测方式：连续或定期。

④工作方式和数据预处理：30min 作一次谱分析，给出结构低阶频率、阻尼，报告控制中心，突发事件向中心报警。

⑤控制中心：将特性数据文件存盘，供评估用。

5. 分析评估系统

（1）评估内容

分析评估系统的工作是在长期大量监测数据及初步各时段数据分析结果基础上，对桥梁结构的工作性能及状态进行评估，包括下述几方面：

①桥梁结构现阶段实际承载力与营运状态。

②疲劳损伤及易腐蚀构件的耐久性评估。

③各种限值的研究确定。

分析评估工作包括评估理论方法的研究以及开发相应评估软件。

（2）实际承载力和营运状态评估

基本内容要点：

①由监测结果的断面应力数据、结构挠度数据，以及结构振动特性数据得出承载力状态的关键数据组，进行结构参数识别和处理。

②按监测实际过桥荷载参数转入结构仿真分析程序，得出理论分析结果。

③结合结构普查结果，进行实测和理论分析对比研究，判断结构承载力状态。

④依据公路桥梁养护规范，结合事故或灾害的破坏状况作出营运状态评估。

（3）桥梁构件或构造的疲劳操作评估

基本内容要点：

①按荷载监测数据建立荷载频值谱及等效疲劳荷载谱。

②按应力幅测试结果建立应力频值谱并进行分级。

③建立常幅疲劳试验各评估结果的回归方程。

④按荷载频值谱计算应力频值谱，并进行分级。

⑤按实测应力谱及计算应力谱进行累积损伤计算，得出损伤度及剩余寿命。

（4）报警限值的研究确定

可采用提醒、警告及报警三级报警系统：

提醒：检测到新的限值；

警告：检测到超限限值，尚不肯定是否危及营运；

报警：检测到危及安全营运的信息，向控制中心报警。

危及营运安全的状态往往并非由某一项检测结果决定，而是由视觉检查和多项检测参数决定的，因此项该内容仍需进一步深入研究。

三、青马大桥健康监测系统简介

(一) WASHMS 桥梁健康监测系统简介

1. 监测系统概要

WASHMS 主要由四个系统所组成，并通过网络联系而进行运作。这四个系统是：

(1) 一般传感器系统（Sensory System）；

(2) 信息收集系统（Data Acquisition System or DAS）；

(3) 信息处理和分析系统（Data Processing and Analysis System DPAS）；

(4) 系统运作和控制电脑系统（Computer for System Operation and Control）。

这四个系统可划分为两种类别的系统，即硬件系统和软件系统。其中硬件系统是指：传感器系统；信息收信系统（DAS）的硬件系统；信息处理和分析系统（DPAS）的硬件系统以及系统运作和控制的电脑硬件（CSOC）。而软件系统是指所有的电脑软件系统，包括：电脑系统运作、信息收集、处理、传送，结构分析、评估，信息储存、发送、管理以及图像处理等。

2. 硬件监测系统

(1) 传感器系统。这是指安装在青马大桥、汲水门大桥、汀九大桥三座大桥内约 900 个传感器及有关附件，其中包括有风速仪、加速仪、应变仪、位移仪、温度仪、水平仪、车轴车速仪、信息放大处理器和串联界面等。

(2) 信息收集系统（DAS）。这是指安装在大桥内的 9 个由微电脑控制的信息收集站(Data Acquisition Outstation Units or DAOU)，每一个信息收集站（DAOU）包括有一至两台微电脑，至少可收集和处理 64 条频道的信息，并设有缓冲器可连续储存 12 小时的信息。DAS 或 DAOU 的主要功能是收集由传感器传来的信息并将此信息数据化，再放入光纤网络传送到桥梁监测室的信息处理和分析系统（DPAS）中。

(3) 信息处理和分析系统（DPAS）的电脑硬件系统，是指安装在桥梁监测室内的其中两台电脑工作站，第一台工作站（CLFC）用作青马大桥和汲水门大桥的信息收集处理和作初步分析工作，而第二台工作站（CTKB）则用作汀九大桥的信息收集处理和作初步分析工作。

(4) 系统运作和控制的硬件电脑系统，是指安装在桥梁监测室内的其他另外两台电脑工作站，其中第一台工作站（CSOC）是将 CLFC 和 CKTB 所处理和初步分析了的信息进行结构分析和评估工作，第二台工作站（C3DG）用于辅助 CSOC 作为图像处理和执行图像输入及输出工作。此外还设有一台手提微电脑（Portable Computer for Network Maintenance or PCNM）用于网络维修和测试，及一台可处理 16 条频道的可携带式信息收集和处理系统(Portable Data Acquisition System or PDAS)，用作大桥环境随机振动测试。表 3.4.6-1 列出全部传感器在大桥内的位置和功能。图 3.4.6-2 表示青马大桥传感器系统和布置。

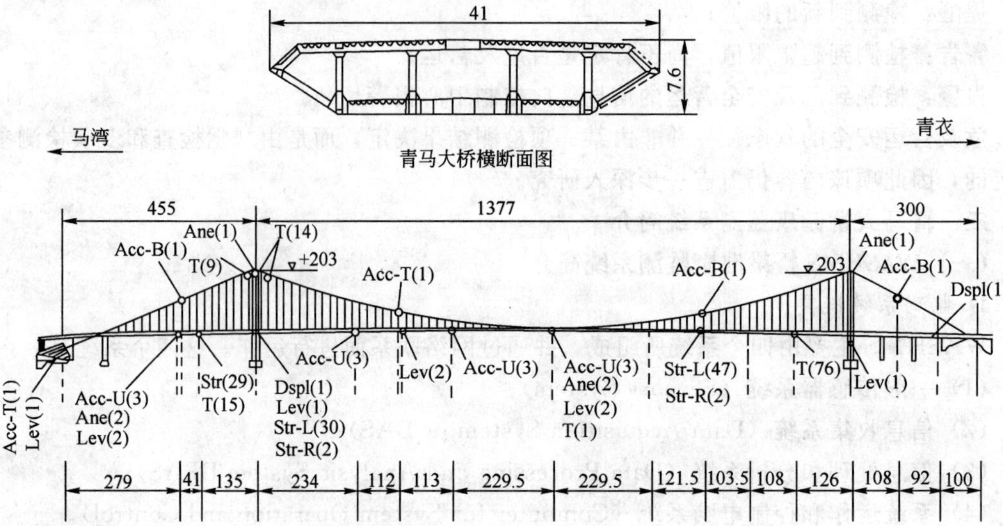

图 3.4.6-2 青马大桥的传感器分布图（尺寸单位：m）

传感器在大桥内的位置和功能 表 3.4.6-1

传感器名称	传感器位置	传感器功能	数量（个）
风速仪（Ane）	1. 在青马大桥的每个桥塔塔顶上空 7.5cm 处； 2. 在大桥主跨中间两边离开桥身平面 7.5cm 处； 3. 在青马桥桥身的每一边跨中间两边离开桥身平面 7.5cm 处（青马大桥的青衣边跨除外）	1. 测量立体三维平均风速和风向； 2. 测量立体三维阵风速和风向； 3. 测量风的结构	6
加速仪（Acc）	1. 在三桥的每一主跨中间桥身两边； 2. 在青马桥的每一边跨中间桥身两边（青马大桥的青衣边跨除外）； 3. 在青马大桥主跨桥身离开马湾桥 234m 处	1. 测量大桥的动态特征，如频率和振型等； 2. 测量大桥的动力反应，如振幅等	12（单轴） 3（双轴） 2（三轴）
应变仪（Str）	1. 在大桥的桥身截面，位置如图 3.4.6-2 所示； 2. 在青马桥桥身和桥塔的支承轴上（青马大桥的青衣桥塔支承轴除外）	1. 测量构件的最大应力和收集 RAINFLOW COUNT 资料以作构件的疲劳验算； 2. 测量大桥的整体和局部的应力影响线和影响面	4（三向）
位移计（DSPl）	在青马和汀九两桥的伸缩缝处，位置如图 3.4.6-2 所示	测量大桥在交通荷载、风荷载、温度荷载和地震荷载下的纵向位移	2
温度仪（T）	在三桥的桥身和桥塔的截面，位置如图 3.4.6-2 所示	测量空气、混凝土截面、钢构件、缆索钢及路面截面的温度	115

续上表

传感器名称	传感器位置	传感器功能	数量（个）
水平仪（Lev）	在青马和汲水门两桥的桥身，位置如图3.4.6-2所示	测量大桥整体的位移影响线，以检测过大位移的位置	9
车轴车速仪（WIM）	1. 在青屿干线离大屿山行政大楼前后约500m处的车道上，每车道一个传感器共有6个； 2. 在汀九大桥青衣桥台南面约20～200m的车道上，每车道一个传感器，共有6个	测量大桥的交通流量和各车轴重力，以作大桥结构疲劳评估之用	

3. 软件监测系统

软件监测系统（表3.4.6-2）包括有：

各微电脑和工作站内的主要电脑软件系统名称　表3.4.6-2

编　号	软件系统名称	微电脑或工作站名称	注　释
1	SPIDAR	CSOC，CLFC，CTKB，PDAS及PCNM	信息处理和分析软件
2	MATLAB	CSOC	信息处理和分析软件
3	MSC/NASTRAN V70	CSOC	有限单元法结构分析和评估软件
4	MSC/NATRAN V7.5	C3DG	NSC/NASTRAN图像处理软件
5	ANALYSIS MANAGER	C3DG	MSC/NASTRAN分析程序和信息管理软件
6	Mathematica	CSOC	文字信息和数学程式处理软件
7	Digital UNIX4.0D	C3DG	工作站系统运作和管理软件
8	Digtal UNIX4.0B	CSOC及CTKB	工作站系统运作和管理软件
9	Digital UNIX3.2D	CLFC	工作站系统运作和管理软件
10	SCO UNIX	PDAS及PCNM	微电脑系统运作和管理软件
11	TCP/IP及UDP/IP	各微电脑，CLFC及CTKB	信息传送软件

（1）所有安装在微电脑内的软件系统用作信息收集、处理和传送功能。

（2）所有安装在工作站内的软件系统用作信息处理、分析、传送、储存和管理功能。

（3）所有安装在CSOC和C3DG工作站内的软件系统用作结构分析和评估、信息储存和管理功能。

（二）WASHMS监测系统的运作及检测和评估工作

WASHMS主要由上述四个系统所组成并通过网络联系而进行运作。图3.4.6-3展示其中传感器系统（Sensory System）、信息收集站（DAOU）和网络系统连接器（Network）。

图3.4.6-3所示为Access Unit的网络连续和运作流程图。大桥的信息处理、分析、传送、储存和管理工作，由CLFC和CTKB执行；而大桥的检测和评估，及分析后的信息或资料储存和管理工作，则由CSOC和C3DG执行。

图3.4.6-4展示WASHMS监测系统的检测和评估工作流程。

WASHMS的一般检测和评估工作包括：

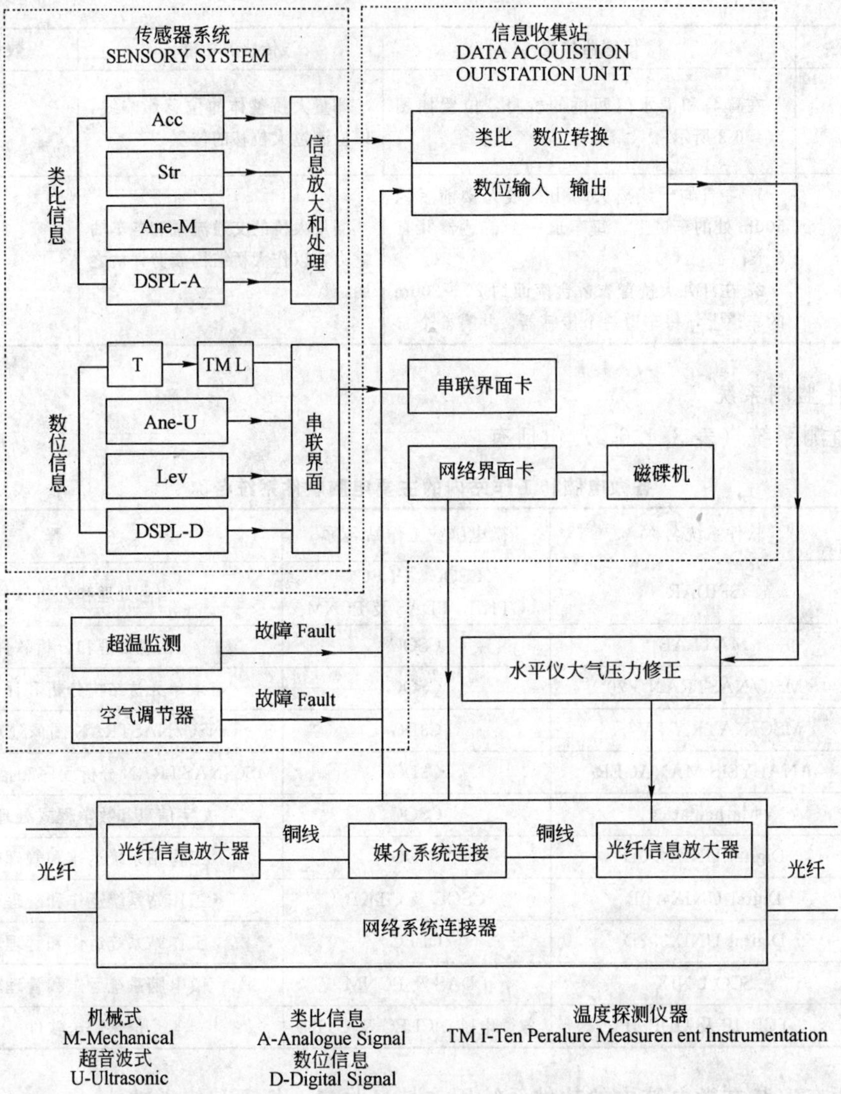

图 3.4.6-3 典型传感器系统和信息收集站的网络连接和运作流程图

(1) 报告大桥工作环境和荷载的变化。

(2) 报告大桥各主要构件的实际内力分布和位移状况。

(3) 提供大桥主要构件及其连接处的荷载记录。

(4) 记录任何极大荷载的事故，例如台风、地震、超重交通荷载和大桥结构被车船撞击等。

(5) 报告大桥主要构件有否任何损坏和累积性的损坏。

(6) 推算大桥主要构件有否潜在损坏的危机。

(7) 推算大桥的承载能力及论证设计施工假设和参数的有效性。

(8) 推算大桥及其主要构件的剩余使用寿命。

(9) 给大桥营运和维修决策者提供大桥超载的警告信息。

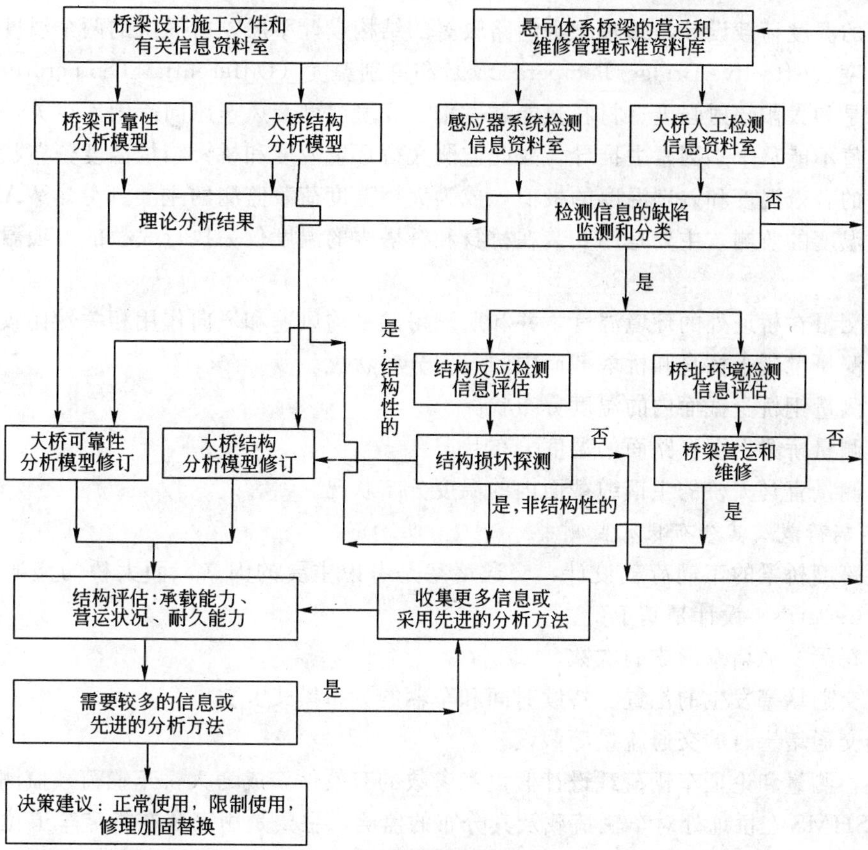

图 3.4.6-4　WASHMS 监测系统的检测和评估工作流程图

(三) 桥梁工作环境的监测

1. 桥址处风速和风向监测

大桥在设计施工时所做的抗风能力分析和风洞测试，是基于离开大桥桥址较远的气象站所收集到的风结构资料。由于桥址和气象站所处的位置有高度上和地形上的差别，再加上悬吊体系梁对风振有较大的结构反应，因此，测量大桥桥址的抗风结构和论证大桥的设计施工假设参数的有效性，成为大桥抗风振监测的主要部分。WASHMS 在桥址处对风的监测，主要是用安装在桥身和桥塔上的风速仪去执行。

(1) 测量平均风速和风向，并绘编桥址的风玫瑰图，确定各自的平均风速，风向和重现频率，以用作大桥的结构抗风验算复核，同时作为在台风期间大桥交通管制措施的参考；

(2) 测量风的结构，包括：3s 阵风风速，1min 平均风速，10min 平均风速，1h 平均风速，垂直的风角和风速，风在不同方向上的功率谱，不同风向不同平均风速的相关和相干特性；

(3) 测量特定风速的持续周期，以检测桥梁缆索的涡激共振平均持续周期。

2. 桥址处环境温度和桥梁结构上温度分布状况监测

大桥的温度荷载设计，是基于香港路政署的结构设计手册。所提供的两个温度参数：有效桥梁温度（Effective Bridge Temperature）和差别温度（Differential Temperature）。由于温度变化是和太阳辐射强度、材料热能散发率、环境温度及风速风向等因素有关，因此温度参数的极值不能从个别因素去推导。故此监测大桥环境温度和桥梁结构温度分布状况，用以推算大桥的有效温度和差别温度的极值，成为大桥温度荷载监测的主要部分。WASHMS 在桥址处对温度的监测，主要是用安装在桥身和桥塔内的温度仪去执行大桥的五项温度荷载监测工作：

(1) 测量在桥址处的环境温度，并和所测得的平均风速和风向作用相关性比较。

(2) 测量混凝土桥身和桥塔截面内的温度分布状况。

(3) 测量钢桥身截面内的温度分布状况。

(4) 测量桥梁上沥青路面的温度分布状况。

(5) 测量青马大桥的主钢缆截面内的温度分布状况。

3. 车辆荷载及其分布状况监测

对大跨度桥梁的车辆荷载设计，交通堵塞是考虑主要的因素。而大桥的交通荷载长度（Loaded Lengths）设计是基于：

(1) 每天交通堵塞形成的次数。

(2) 交通堵塞发生的位置、持续时间和车辆的分布模式。

(3) 交通堵塞时的交通流量等假设。

因此，测量和论证车辆荷载设计假设和参数的有效性，成为大桥车辆荷载监测的主要项目。WASHMS 在桥址处对车辆荷载及其分布的监测，主要是用安装在指定车道位置上的车轴车速仪和桥塔横梁上的摄录机所录下的影像去执行大桥的四项交通荷载监测工作。

(1) 测量车辆的车轴重力和车速，并作各类型车辆的分类，以推算适当的大桥车辆交通荷载（HA Loading）。

(2) 记录和观察在大桥上交通堵塞发生的位置、持续时间和车辆的分布模式。

(3) 测量货车车辆的百分比，以推算适当的大桥车道荷载系统（HA Lane Factor）。

(4) 测量各类型车辆的流量，以确定各流量级的应力阶段并用作大桥主要构件的疲劳估算。

4. 地震荷载监测

青马大桥的地震荷载是根据美国 AASHTO 的多振型分解反应谱法（Multimode Spectral Analysis Method Procedure 2）和输入适当的地震系数推算出来的。因此，测量大桥桥址的反应谱、论证地震荷载推算假设和参数的有效性，成为大桥地震荷载监测的主要项目。WASHMS 在桥址处对地震荷载的监测，主要是用安装在青马大桥马湾锚碇内的两个三向加速仪，测量桥址在地震时的地面三向加速度和绘制有关的地震反应谱。

5. 铁路荷载监测

青马大桥的铁路荷载是由承托着铁路道轨的纵向工字钢梁（Waybeams）传到大桥桥身（加劲梁）内的横向框架（Crossframes）上。由于没有传感器能直接测量铁路机车在大桥上所产生的荷载，因此大桥铁路荷载的监测，只能通过安装在大桥中跨（Way-beams）上的应变仪和绘制相应的感应线去推算单一机车车辆的荷载，再用这单一机车车辆的荷载去推算整列机车的荷载。

（四）桥梁整体结构性能的监测

1. 悬索桥结构的动力特性监测

大桥结构的动力特性与桥梁结构的刚度、质量、阻尼值及其分布有关。结构的刚度决定了结构的静挠度或平均挠度，同时也决定了发振风速。质量是决定自振频率的重要因素。对大桥的风振来说，这种影响主要表现在作为一个大质量的物体在涡激振动中，其他的响应幅度较小，而涡振的发振风速较高。阻尼值是影响振幅大小的主要因素。随阻尼值的增大，振幅会降低，而发振风速会提高。要准确地监测大桥动载例如风振、地震和铁路等荷载的结构反应，首先要定期去测量其他们的结构动力特性，然后从整体上观察或分析大桥结构的运行状态。例如在其他条件不变的情况下，若发现大桥振动频率降低，则表示大桥的整体刚度在退化；若大桥某阶振型的频率变化不大，但发现局部振型有变化，则表示大桥局部部位有缺陷或损坏而引起的局部刚度退化等。WASHMS 对大桥结构的动力特性监测，主要是用环境随机振动方法测量大桥振动特性，如自振频率、振型和阻尼值等。其中振型包括：

（1）加劲梁的横向弯曲振型、竖向弯曲振型及扭转振型。

（2）桥塔的顺桥向弯曲振型、横桥向弯曲振型及扭转振型。

（3）主缆和吊索的面内和面外弯曲振型。

2. 加劲梁的各控制部位应力和位移状态监测

大桥加劲梁在恒载和交通荷载作用下，加劲梁各部分具有不同的受力特点。通过对加劲梁各控制部位的应力和位移进行监测，不仅能直接了解各测点的应力和位移状态，从而为总体评估大桥的承载能力、营运状态和耐久能力提供依据，还能通过控制点上应力或位移状态的变异来查找大桥结构有否损坏或潜在损坏的状态。WASHMS 对大桥加劲梁的各控制部位应力和位移状态监测，主要是利用安装在大桥内各控制部位的应变仪和水平仪来完成，并绘编相应的应力或位移影响线和影响面，以检测各控制部位应力和位移状态。此外利用 Rainflow Counting Method 去处理应变仪的信息，之后再用 Palmgren-Miner Rule 和有关的 *S-N* 曲线去推算大桥加劲梁各控制部件是否有疲劳损伤。

3. 钢索索力的监测

大桥的主缆索、吊索等钢索索力状态是衡量大桥是否处于正常运行状态的一个重要标志。定期对钢索索力进行监测，不仅能为从总体上评估大桥的安全性和耐久性提供依据，同时也能在一定程度上发现钢索的锚固系统、防护系统是否完好，或钢索是否发生锈蚀等。WASHMS 对大桥钢索索力的监测，主要是用环境随机振动方法测量钢索的自振频率和振型，并利用有关的索力公式去推算钢索的拉力。

（五）悬索桥结构评估工作

结构评估工作是指利用特定信息，分析既有桥梁的可靠性并作出工程决策的工作过程。WASHMS 的大桥结构评估工作过程，可分为信息资料收集和处理、电脑分析评估模型的建立和修订、分析评估和决策建议等三个主要部分。其基本工作过程见图 3.4.6-4。目前 WASHMS 对大桥结构评估的内容有三个方面，即承载能力、营运状态和耐久能力。承载能力评估与结构或构件的极限强度、稳定性能等有关。其评估的目的是要找出大桥结构的实际安全储备，以避免桥梁在日常使用中发生灾难性的后果。因其与人身安全和财产损失有关而成为大桥结构评估的主要内容。营运状态评估与大桥结构或其构件在日常荷载工作下的变形、裂缝、振动等有关。就结构工作条件和定期的养护维修而言，大桥结构营运状态评估结果是十分重要的。耐久能力的评估侧重于悬索桥的损伤及其成因，以及其对材料物理特性的影响。桥梁损伤大致可分成结构性损伤和非结构性损伤。结构性损伤对承载能力有直接影响。对钢结构而言，主要指钢材腐蚀和疲劳累积损伤；对混凝土结构而言，主要指开裂、钢筋腐蚀和混凝土严重剥落。通常非结构性损伤只对大桥的营运状态和耐久能力产生影响，并可能增大车辆的冲击荷载效应。青马大桥等三座大桥健康监测工作站的评估网络连接如图 3.4.6-5 所示。

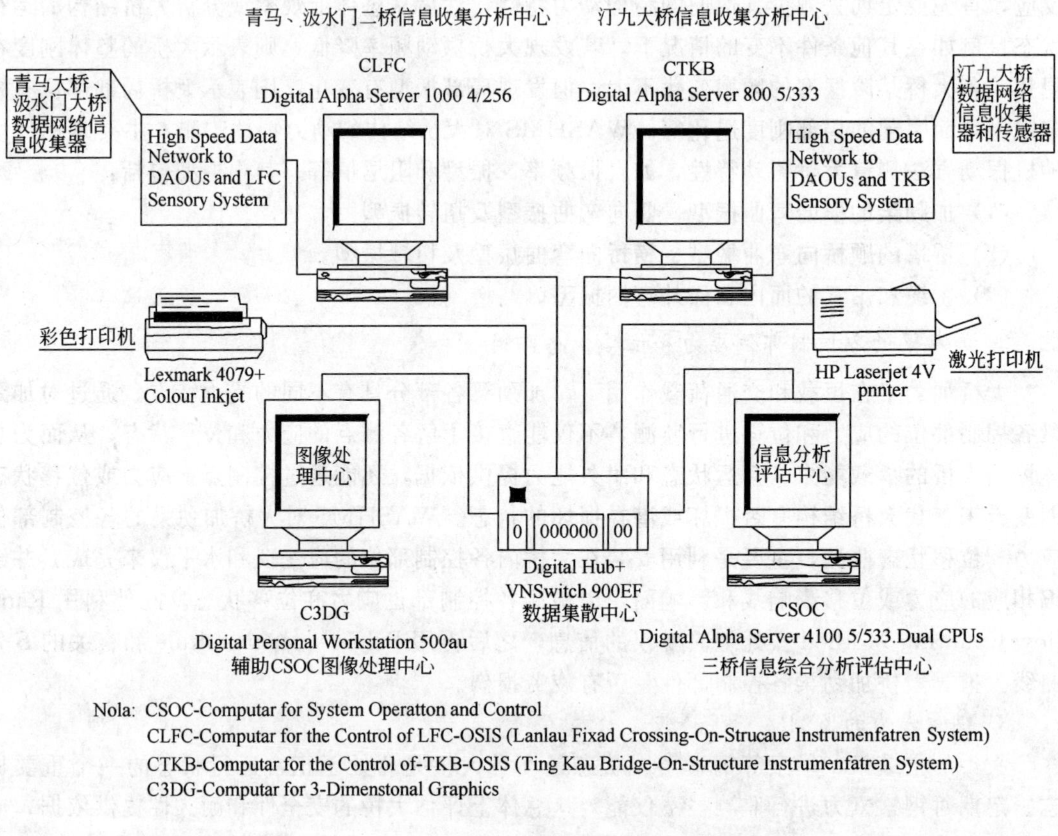

图 3.4.6-5 桥梁监测室内四台电脑工作站的网络连接图

（六）WASHMS 系统的改进与完善

1. 实时影像信息监测

由于 WASHMS 没有安装任何实时影像信息监测仪器，因此 WASHMS 目前的实时监测只能从数字信息或桥梁电脑模型上反映出来，但这些信息和模型欠缺了实桥反应或其周围环境变化的物理理念。实时影像信息监测除了能在视觉上评估监测系统的可靠性和在应用数字信息上提供较多的启发性思考外，更能在影响悬索桥结构的事故发生时，及时从视觉上检测大桥结构的损坏状况。因此大桥上加装数码摄录机，是目前考虑改进 WASHMS 的内容之一。

2. 加劲梁及索塔轴线监测

悬索桥加劲梁和索塔轴线的空间位置，是衡量大桥是否处于正常营运状态的一个重要标志。任何索塔和主梁轴线偏离于设计轴线，都会影响桥梁的承载能力和构件的内力分布。目前青马大桥加劲梁及索塔轴线监测是包括在大桥每年一次大地测量的工作内。WASHMS目前还未能对大桥加劲梁和索塔轴线作实时监测。基于近年来卫星导航定位系统法（Global Positioning System or GPS）的实时距离测量的准确性有极大的改进（重直面误差约为20mm，而水平面误差约为10mm），因此引进GPS于大桥加劲梁及索塔轴线监测上，也是目前考虑改进WASHMS的内容之一。

3. 加劲梁索塔混凝土及钢构件耐久性监测

目前还没有传感器能有效地对桥梁的混凝土和钢构件进行长期和实时的氧化、腐蚀和老化等监测工作。因此大桥的耐久能力，对混凝土构件来说，是用设计规范中规定保护层厚度和限制裂缝宽度来保证；但对钢构件来说，是靠定期的人工检测、养护和维修来保证。

WASHMS是一个借助于传感器系统、网络系统和电脑辅助系统式的桥梁健康监测系统，主要依赖于传感器系统的准确性、网络系统的耐用性和电脑辅助系统的可靠性。因此定期对传感器系统、网络系统和电脑辅助系统进行检测、维修和校订，以及对电脑软件的可靠性能测试，已成为日常监测工作的一部分。因此桥梁健康监测系统的工作，不仅需要桥梁结构的工程及管理技术人员，还需要有电子和电脑工程及管理技术人员的参与，才能逐步完善和发展。

四、江阴大桥上部结构安全监测系统简介

1. 监测目的

江阴长江公路大桥结构安全监测的目的：为了及时掌握和了解大桥在各种条件下的工作状况，对有关安全参数设定多级警戒等级，通过监测系统对结构适时采集的数据和信号进行分析，为维护管理人员提供预警或报警信息，以便及时对大桥采取处理措施；获取储存必要的数据，为特大型悬索桥的设计、科研提供数据。

2. 安全监测内容

江阴长江公路大桥悬索桥主跨1385m结构安全监测的主要内容有：

（1）监测主跨桥形在纵向、横向和垂直向的变化。

（2）监测钢箱梁的移动。

（3）监测锚室内主缆索股的拉力。

（4）监测跨中及1/4跨处的吊索拉力。

（5）监测主跨部分及悬吊体系的振动特性。

3. 系统构成

结构安全监测系统由1台工作站和8台远程外站通过以太光纤局域网络连接而成。工作站置于大桥的监控中心，提供系统与操作人员的界面，便于完成系统的操作，并对各站接收到的统计、处理和报警数据进行存储和显示。外站布置在桥上负责全部传感器和分系统的监测，并在数据传输到工作站之前处理所有收集到的有关数据。外站布置如图3.4.6-6所示。

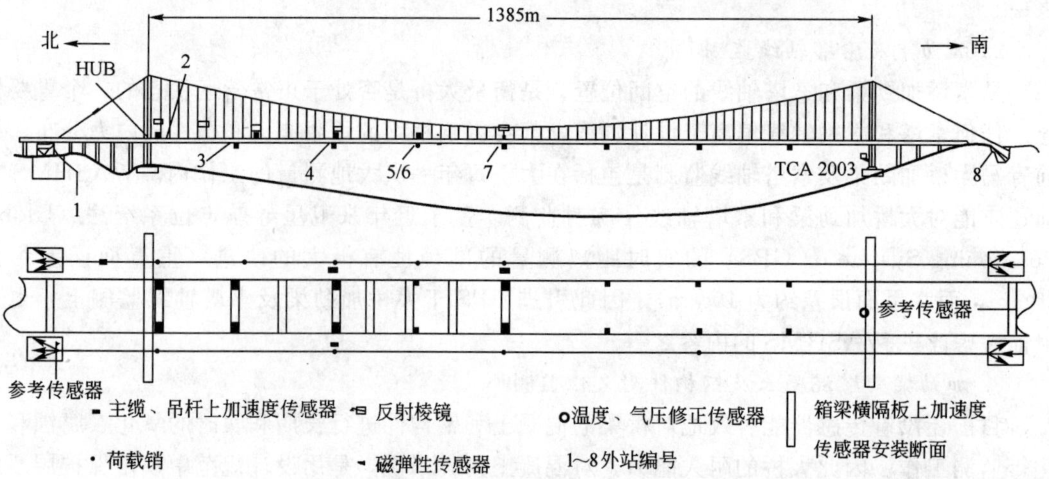

图 3.4.6-6 江阴长江大桥结构安全监测系统外站及传感器分布图

工作站包括一台网络服务器，一台处理器，配置内存和三个交换硬盘驱动器。外站由外站仪器和相关的电源及接线盒组成，各外站通过串行接口接入磁致弹性计数仪，并和莱卡全站仪相连。

4. 测点布置与仪器选择

(1) 梁的外形和位移监测

监测主梁的外形和位移的测量装置有压力监测的液体填充系统、卫星定位系统、光谱干涉系统和光载波通信系统。液体填充系统需在梁内设液压连通管，安装较为复杂；卫星定位系统需在梁上布设天线，同时在梁的内部每个检测部位设接收器，另外还需在桥梁以外设参照点，系统费用较大，无线安装复杂；光谱干涉系统要求远离主跨设置一个目标装置，本桥不满足相应的工作距离；光载波通信系统是利用全站仪进行连续监测，本桥选择了光载波通信系统。

通过选择梁段上适当的点位，确定其在空间的相对位置，从而确定梁的形状和位移状况。点位沿钢箱梁纵向每隔 1/8 跨布设，布设位置见图 3.4.6-6，在横向布置在梁底两侧。在相应点位布置反射器，并与全站仪配合使用，形成光载波通信系统。利用全站仪的红外激光控测功能，对反射器进行连续监测，测量每个反射器与全站仪的相对角度和距离，经过系统计算，确定出梁的外形和位移情况。

莱卡全站仪设置在南塔的东侧塔脚上，方向朝北，高度位于地面以上 4m 处。全站仪有自动倾斜纠正功能，适应角度为±3′4″范围内的倾斜纠正。如果塔的倾斜超过这一范围，则仪器停止动作而需重新作设定。另外，还利用设在桥外的两个外测站进行参考监测，并进行修正。

反射器有单头反射器和三联反射器，布置在箱梁底板两侧，面向全站仪方向，具体的型号选择和详细位置，结合全站仪加以考虑。

选定一个坐标系，确定反射器和全站仪在坐标系中的位置。监测时，全站仪自动追踪反射器，读取有关数据；外站经这些数据计算，确定每一对反射器的 x、y、z 坐标平均值。

在完成所有的反射器位置追踪与确定后，外站完成一个实时统计分析结果，提供出平均的、最大的、最小的和标准的位移量以及最大和最小值出现的时间。统计数据每小时向工作站传递一次，以便用图形显示桥梁的外形和位移。

（2）主缆索股拉力的监测

选取每个锚室内的三根束股进行主缆束股拉力的监测。在两个西锚碇中，通过主缆的截面中心，对散开的主缆顶部、中央和底部的典型索股进行监测；在两个东锚碇中，对散开的主缆左侧、中央和右侧的索股进行监测。

测量主缆束股拉力，本桥采用磁致弹性传感器。其他是利用磁通量的变化与钢丝应力改变有关这一特性而工作的传感器。磁致弹性传感器是环形的装置，其他缠绕在索股上，索股中的磁通量的大小由一个主线圈感应，另一个次线圈量测。因磁通量的大小与温度变化有关，因而利用一个温度传感器作参照，对其进行温度修正。传感器同 Dynamag CB5 控制仪相连，通过对放电脉冲激励进行数字处理，再由 Rs232 传输到相邻的外站。各控制仪与一个参考传感器相连接，作为仪器的检查和对磁质在某一长时间内变化的纠正。磁致弹性传感器由其组件直接现场安装在索股上，对索股不能有任何损伤。外站在取得传感器的数据后，再传给工作站用于显示、绘制曲线报警及存储。

（3）吊索索力的监测

吊索对悬索桥的安全起着重要的作用，因此吊索索力及其变化也是监测的重点之一。

本桥按图 3.4.6-6 所示的测点布置，对吊索索力进行测定。测定对象主要为主跨北侧一半的吊索，南侧一半则作为校核。目的是测出吊索拉力与理论值进行比较，并对吊索索力的变化进行监测，以确定吊索是否有疲劳破坏的现象产生。吊索成对设置，在箱梁两侧各有一对吊索，监测时只测一对吊索中的一根。为不影响吊索结构，本桥吊索索力监测采用了荷载销。因吊索与主缆及主梁均是通过销钉的方式相连，因此测出销钉的剪力就可确定吊索中的索力。本桥选择的是吊索底部与箱梁锚板相连处的销钉，该销钉长 198mm、直径 100cm。为测其剪力，采用了一种由英国产的标准剪力销来替代监测部位的销钉。该剪力销材质优于原销钉，受力与其相同，其传感原理是利用全桥电阻应变测量回路置于剪力销的轴心孔穴中来测量销钉的剪力。剪力销插入的方式与原来的销钉相同，并用一块标准的止动板挡住，防止销钉转动，保证剪力销的定位方向对准吊索荷载的作用线上。剪力销由缆线同转换/放大器相连，转换/放大器再接入 6 号外站，由外站对其监测数据进行处理和储存，最终传输到工作站进行显示管理。监测时，在对荷载变动频率估算的基础上，取 30 次/s 的数据读取率。在数据的处理上，按数据的等级区分，采用数理统计和雨流计数法进行处理。根据各种频率曲线和累计频率曲线，作出疲劳寿命的估计。

（4）振动特性监测

为掌握本桥的振动特性和动力反应，对大桥的主跨及一侧边跨主缆进行了监测，测点位置大部分在北侧半个主跨内。南侧半个主跨的测点作为校核测点。对振动特性及动力反应的监测是在相应测点布设加速度计来解决，测点的布置如图 3.4.6-6 所示。

对于主缆，加速度只测量垂直向和横向，而纵向不测量。对于吊索，加速度在其 1/4 处量取，即在吊索底至两吊索之间的联结器这一区段内量取，量取方向为纵向和横向。对于箱梁截面，在中间装有纵向和横向加速度计，在两侧装有垂向加速度计。加速度计的监测数据由外站收集，这些数据要求必须在最大期望频率的周期10%范围内达到时间同步。时间同步数据可完成一个精确的振动分析，决定振型形态和频率。

振动特性的监测还可提供主梁、主缆和吊索的颤振振型，以便与理论对比分析，并可为大桥的使用特性和维护管理提供帮助。

5. 数据采集及利用

结构安全监测系统的监测数据采集是通过传感器及莱卡全站仪将有关数据按各自设定的数据读取率传至相应的外站；外站经分析处理后，按不同的要求传输给工作站；工作站则对从外站接收的所有统计、处理数据及报警数据进行存储和显示。外站动作是由数据库控制，外站不仅能向工作站传输监测数据，还可向其传输有关系统故障信息，工作站则可向外站及时发出停止传输或重新传输数据等指令。

工作站可以根据所拥有的数据进行表格显示、图形显示和数据显示，针对所设定的各类允许参数进行多级报警和提示，并可同大桥塔、锚的监测数据及相关的气象监测数据综合起来，对大桥的结构安全进行综合分析研究，以实现大桥常营运和维护管理对安全的要求。另外，存储数据可提供对江阴长江大桥的受力及变形等进行一步研究，为大桥的使用和安全制定出更有效的措施，并为今后大跨径悬索桥的设计和科研提供参考和依据。

4

第四篇 混凝土及圬工拱桥的加固

第一章　拱桥的加固技术

§1.1　拱桥常见病害及原因分析

一、常见的混凝土拱桥类型

1. 板拱

主拱采用实体矩形截面，横截面形式如图 4.1.1-1 所示。

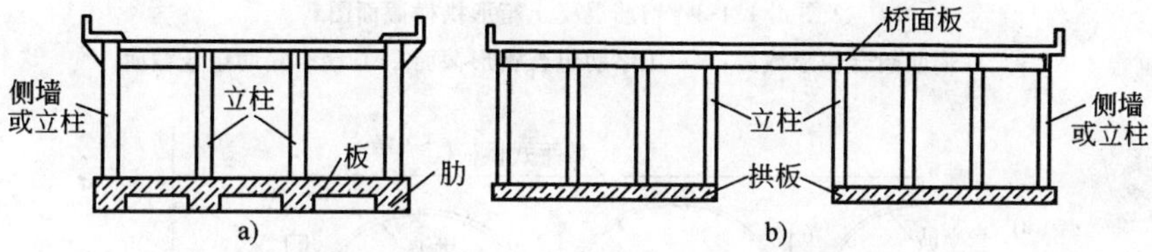

图 4.1.1-1　钢筋混凝土板拱横截面图

a）肋形拱板；b）钢筋混凝土板拱横截面

2. 拱肋

用两条或多条平行线拱肋作主拱圈，拱肋间设横隔梁以保证拱肋的横向稳定性，截面形式如图 4.1.1-2 所示。

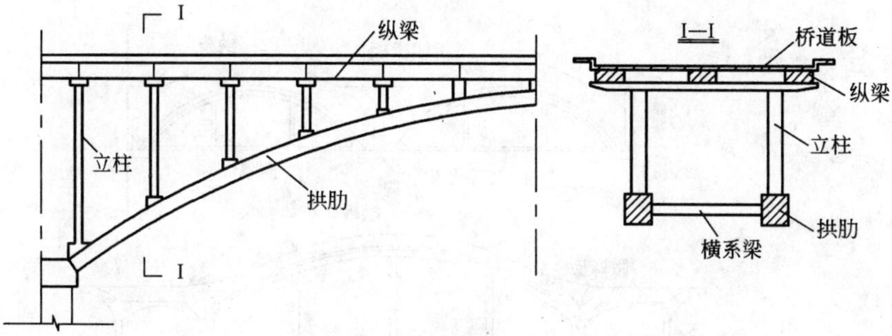

图 4.1.1-2　钢筋混凝土肋拱横截面图

3. 箱形拱

主拱采用箱形截面，横截面形式如图 4.1.1-3 所示。

4. 双曲拱

主拱截面由拱肋、拱波、拱板、横向联结系构成，截面形式如图 4.1.1-4 所示。

5. 刚架拱

上部结构由刚架拱片（包括主梁、主拱腿、次梁、次拱腿四个构件）、横向联结系、桥面等组成，截面形式如图 4.1.1-5 所示。

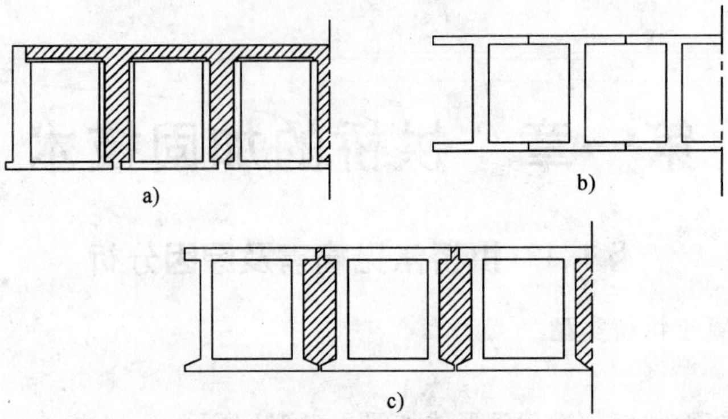

图 4.1.1-3 钢筋混凝土箱形拱横截面图

a）U 形肋组合箱形截面；b）工字肋组合箱形截面；c）闭合箱肋组合截面

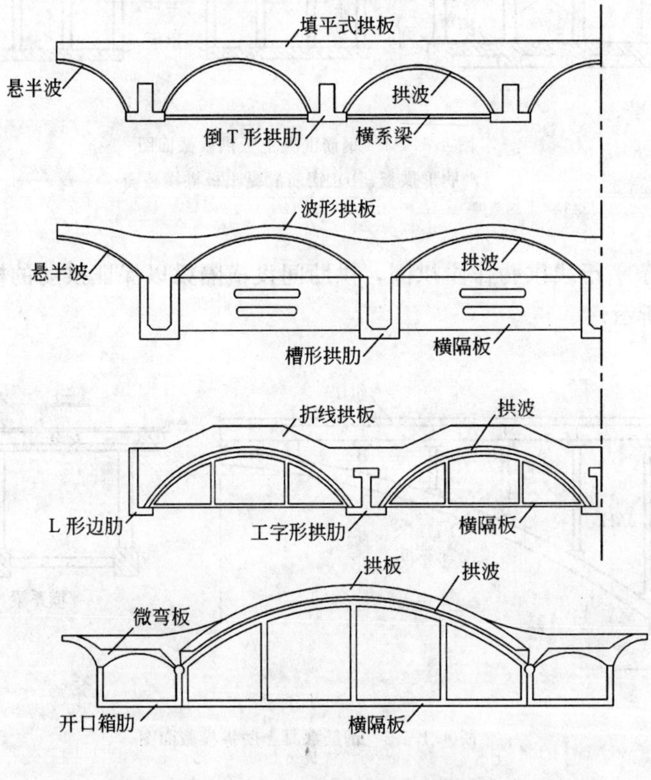

图 4.1.1-4 钢筋混凝土双曲拱横截面图

a）、b）、c）多肋多波；d）双肋单波

6. 桁架拱

上部结构由桁架拱片（包括上、下弦杆、腹杆、实腹段四个构件）、横向联结系、桥面等组成，截面形式如图 4.1.1-6 所示。

7. 系杆拱

上部结构由拱肋、系杆或立柱、行车道梁、横向联结系、桥面等组成，根据杆与拱惯性

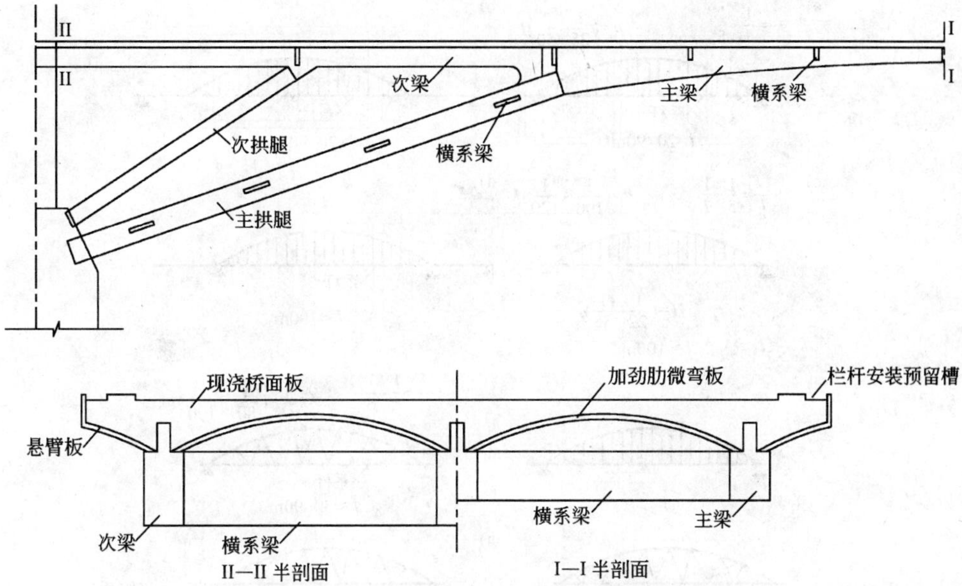

图 4.1.1-5　钢筋混凝土刚架拱纵、横截面图

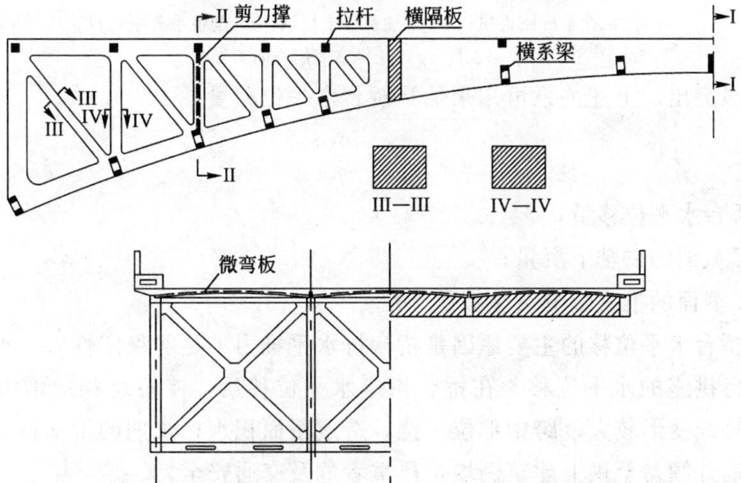

图 4.1.1-6　钢筋混凝土桁架拱纵、横截面图

矩之比，可分为柔性系杆刚性拱、刚性系杆柔性拱、刚性系杆刚性拱。各种截面形式如图 4.1.1-7 所示。

二、拱桥常见病害及原因分析

拱桥在长期的运营过程中，由于环境因素、材料、荷载加重等原因，会产生各式各样的病害，常见的有三类。

1. 拱顶下沉，拱轴线变形，桥面积水

产生拱顶下沉的主要原因是桥台的水平位移。根据结构力学原理，拱脚发生水平位移时，拱轴各截面的下沉量为该截面的推力影响线坐标值。由于拱顶推力影响线坐标最大，因

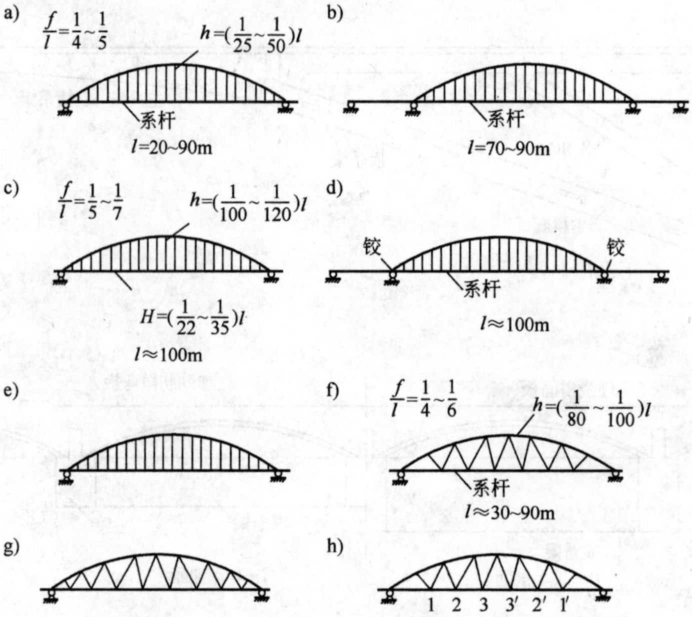

图 4.1.1-7 钢筋混凝土系杆拱结构示意图

a）柔性系杆刚性拱；b）刚性系杆柔性拱；c）刚性系杆刚性拱

d）、e）、f）、g）、h）不同组合的系杆拱

此，拱顶下沉最突出。上述关系可用来估算桥台水平位移量。

$$\Delta = \frac{\delta_X}{\eta_X}$$

式中：Δ——桥台水平位移量；

δ_X——X 截面的拱轴下沉量；

η_X——X 截面的推力影响线坐标值。

拱桥产生桥台水平位移的主要原因是桥台抗水平推力不足和稳定性差。如软土地基的不均匀沉陷和桥台拱座的水平位移。在桥台拱座水平位移后，使桥跨相应增大，拱座向后倾斜、转动；拱轴线变形较大，跨中部位下挠，造成桥面积水；长期的桥面排水不良，会导致桥面破坏，侧墙外倾乃至拱上建筑倒塌，严重者危及交通安全。

应该指出，在拱桥的调查中，发现一些软土地基上的拱桥桥台出现了一定的水平位移并引起了结构的开裂，但这些桥梁大部分仍能正常运营；研究发现，当桥台水平位移到一定程度时，拱脚的上缘一般会开裂，特别是拱脚上缘未设锚入拱座钢筋的双曲拱桥，主拱圈的支撑条件由原来的无铰拱改变为介于无铰、两铰之间的状态，桥台水平位移在无铰拱中引起的附加内力比两铰拱大的多，因而支撑条件的改变在相当程度上减少了桥台水平位移引起的附加内力；其次，拱脚截面开裂，其刚度削弱，导致主拱圈的刚度发生变化，引起了主拱圈的内力重分布，使拱脚截面的弯距大大减小，而轴力有所增加。因而，应根据实际情况，对因桥台位移引起的结构变化做恰当的分析。

此外，少数拱桥拱顶下沉是由原设计通行能力不足引起的，如 1967 年前后修建的双曲拱桥，按照汽-15（不计加重车）载重标准设计，拱肋之间横向用套管联结，在拱肋和拱波之间也不设抗剪构造，因而较低的设计载重和较差的整体性，使初期修建的双曲拱桥，经多年通车，损坏率较高。

拱顶下沉的其他原因还有：未设预拱度或预拱度留的不够，混凝土质量差，徐变系数大等。通常矢跨比小，下沉量大，且拱顶下沉量较显著时，常伴随产生拱圈开裂。

2. 主拱圈开裂

主拱圈出现的裂缝大致分为两类：一类是恒载、活载或结构位移引起的结构受力裂缝，另一类是由于混凝土干缩引起的塑性收缩裂缝或是由于温度应力引起的温度裂缝。后者的主要特征是宽度较小，长度短。此类裂缝一般仅出现在结构受力的薄弱环节，不会对结构的实际安全造成显著影响。但在长期荷载反复作用下，特别是超载车辆的大量增加，致使结构实际处于超负荷运营状态，会加重第一类裂缝的发展。结构裂缝是结构缺陷的集中体现。主拱圈的裂缝主要有以下几种类型：

(1) 主拱与拱上建筑结合面的环缝

该种裂缝是指主拱与拱上建筑交界处沿桥跨方向的裂缝。

(2) 主拱自身裂缝

①拱顶径向缝。一般分布在 $L3/8$～$L5/8$ 的区段内，少数也有的分布范围较大，延伸致 $L/4$～$L3/4$（L 为拱桥跨径）范围内。在拱肋侧面上，裂缝由于拱肋下边缘至上延伸，裂缝宽度一般为 0.1mm，严重的可达 0.5mm 以上，裂缝延伸长度约为 0.2～0.3m 左右。

②拱脚截面拱背径向缝。在拱肋侧面上，裂缝由拱肋上缘向下延伸。

3. 拱上建筑损坏

拱上建筑的主要作用是为桥梁提供行车平面，并将桥面活载传递到主拱结构上去，其自重也全部由主拱承担。

从实际情况看，拱上建筑形式多样，其损坏主要有三种情况：

(1) 因主拱圈变形而导致拱上建筑开裂；

(2) 拱上建筑自身强度不足导致破坏；

(3) 排水不畅，导致冻胀或水损，结构因而变形、损坏。

§1.2　钢筋混凝土拱桥结构评定计算分析

桥梁检测、荷载试验与分析计算相结合的评定方法，是评定现有的钢筋混凝土拱桥上部结构的主要方法，既适用于检验结构是否具有设计承载能力，也适用于检验结构能否提高其承载能力。

一、主拱圈内力的分析评定

以常见的等截面悬链线无铰空腹拱为例，评定其结构内力计算的内容和方法如下。

1. 主拱圈内力计算

(1) 截面特征

截面特征均按实际截面计算。主拱圈为组合截面的，按组合截面计算。

(2) 恒载内力

以实际恒载进行计算。如实际拱轴线与设计拱轴线偏离较大，应以实际拱轴线进行计算。

恒载内力计算分两步进行：先计算不考虑恒载压力线与拱轴线偏离的内力，然后计算由于压力线与拱轴线偏离产生的附加内力，将二者叠加即可得恒载内力。

①不考虑恒载压力线与拱轴线偏离时，内力按下式计算：

$$\left.\begin{aligned}&\text{轴力 } N=\frac{H_g}{\cos\varphi}-\frac{\mu_1}{1+\mu}H_g\cdot\cos\varphi\\&\text{弯矩 } M=\frac{\mu_1}{1+\mu}H_g(y_s-y_1)\\&\text{剪力 } Q=\mp\frac{\mu_1}{1+\mu}H_g\cdot\sin\varphi\end{aligned}\right\}\qquad(4.1.2\text{-}1)$$

（上边符号为左半拱，下边符号为右半拱）

式中：H_g——拱脚推力；

φ——拱轴线水平夹角；

μ、μ_1——系数，$\mu=\dfrac{l}{EvA\int_S\dfrac{y^2\mathrm{d}s}{EI}}$　$\mu_1=\dfrac{l}{Ev_1A\int_S\dfrac{y^2\mathrm{d}s}{EI}}$（$v$、$v_1$ 值可从《公路设计手册<拱桥>（上册）》附录III查得）；

y_s——弹性中心距拱顶距离，$y_s=\alpha_1 f$（α_1 值可从《公路设计手册<拱桥>（上册）》附录III查得）。

式（4.1.2-1）是考虑了弹性压缩影响后的恒载内力计算公式。按照《公路砖石及混凝土桥涵设计规范》（JTJ 022—85）规定，以下情况不计弹性压缩：

跨径≤30mm，矢跨比≥1/3；

跨径≤20mm，矢跨比≥1/4；

跨径≤10mm，矢跨比≥1/5；

不计弹性压缩影响的恒载内力仅有轴力一项，弯距和剪力均为0。轴力计算公式为

$$N=\frac{H_g}{\cos\varphi}\qquad(4.1.2\text{-}2)$$

②恒载压力线与拱轴线偏离引起的附加内力计算

现有拱桥拱轴线一般是通过与恒载压力线在拱顶、拱脚、$L/4$ 处五点重合法决定的。在此五点以外恒载压力线与拱轴线偏离是普遍存在的问题，所以必须考虑其对内力的影响。

假设偏离值为 Δy，则偏离弯距 $M_p=H_g\cdot\Delta y$。由于偏离弯距的存在，在弹性中心产生赘余力 X_1、X_2。

$$X_1=-\frac{\int_S\dfrac{M_p}{EI}\mathrm{d}s}{\int_S\dfrac{\mathrm{d}s}{EI}}\qquad X_2=-\frac{\int_S\dfrac{(y_1-y_s)M_p}{EI}\mathrm{d}s}{\int_S\dfrac{(y_1-y_s)^2\mathrm{d}s}{EI}}$$

由于恒载压力线与拱轴线偏离引起的内力按下式计算：

$$\left\{\begin{aligned}\Delta N&=X_2\cdot\cos\varphi\\\Delta M&=X_1+X_2(y_s+y_1)+H_g\cdot\Delta y\\\Delta Q&=X_2\cdot\sin\varphi\end{aligned}\right.\qquad(4.1.2\text{-}3)$$

式（4.1.2-2）、式（4.1.2-3）两式叠加，即可得考虑弹性压缩的恒载内力计算公式：

$$\begin{cases} \text{轴力} \quad N=\dfrac{H_g}{\cos\varphi}-\dfrac{\mu_1}{1+\mu}H_g\cdot\cos\varphi+X_2\cdot\cos\varphi \\ \text{弯矩} \quad M=\dfrac{\mu_1}{1+\mu}H_g(y_s-y_1)+X_1+X_2(y_s+y_1)+H_g\cdot\Delta y \\ \text{剪力} \quad Q=\mp\dfrac{\mu_1}{1+\mu}H_g\cdot\sin\varphi+X_2\cdot\sin\varphi \end{cases} \tag{4.1.2-4}$$

（上边符号为左半拱，下边符号为右半拱）

(3) 活载内力

习惯上将拱上建筑视为传力结构，荷载由主拱圈承受。这种方法设计的主拱圈具有较大的承载力储备。

计算无铰拱活载内力时，为计算方便，分两部分进行：先计算不考虑弹性压缩影响的内力，然后考虑弹性压缩引起的内力，将二者叠加即可得活载内力。

① 不计弹性压缩影响的活载内力计算

按照《公路砖石及混凝土桥涵设计规范》(JTJ 022—85) 规定，对以下情况不计弹性压缩：

跨径≤30mm，矢跨比≥1/3；

跨径≤20mm，矢跨比≥1/4；

跨径≤10mm，矢跨比≥1/5；

计算时，先求赘余力影响线，然后用叠加的方法求出拱的支点反力和控制截面的内力影响线，最后在内力影响线上加载计算出截面最大内力。

无铰拱赘余力和支点反力（水平推力 H_1 和竖直反力 V）影响线现状如图 4.1.2-1 所示，水平推力 H_1 和竖直反力 V 影响线的坐标值可查《公路设计手册<拱桥>（上册）》附录 (III)。

任意截面的内力影响线形状如图 4.1.2-2 所示。

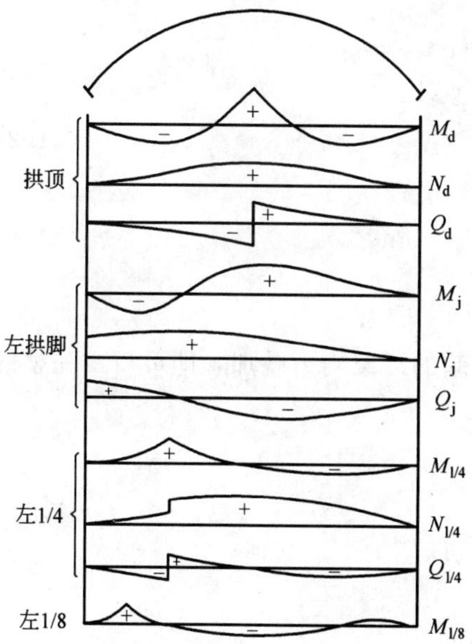

图 4.1.2-1 赘余力和支点反力影响线

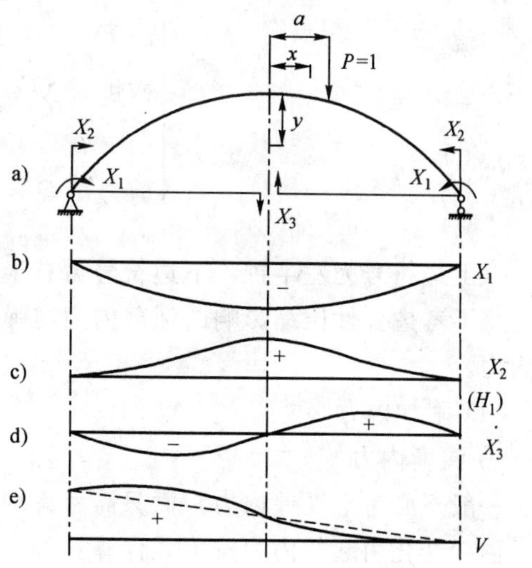

图 4.1.2-2 任意截面的内力影响线

实际计算时，轴力 N 和剪力 Q 一般不做影响线，而利用推力 H_1 和竖直反力 V 影响线求得。

$$\text{轴力}\begin{cases}\text{拱顶：}N=H_1\\ \text{拱脚：}N=V\sin\varphi_j+H_1\cos\varphi_j\\ \text{其他截面：}N\approx H_1/\cos\varphi_j\end{cases}\tag{4.1.2-5}$$

$$\text{剪力}\begin{cases}\text{拱顶：数值很小，一般不计}\\ \text{拱脚：}N=H_1\sin\varphi_j-V\cos\varphi_j\\ \text{其他截面：数值很小，一般不计}\end{cases}\tag{4.1.2-6}$$

无铰拱桥的活载横向分布问题是一个比较复杂的问题，许多部门对此作了大量研究工作并提出了多种计算方法，但未有相对精确、统一的解决办法。在实际设计时，对于重型拱上建筑的拱桥，可以把活载均布于整个主拱宽度；而对于轻型拱上建筑的拱桥，可采用考虑纵向位移影响的比拟板法（范立础主编《桥梁工程》下册）近似计算活载横向分布系数，并以此确定用于对影响线加载的活载。

有了内力影响线，可按最不利位置加载，即可求得活载内力。实际计算中，一般在弯距影响线上按最不利位置加载，求得最大（最小）弯距，然后求出与之对应的轴力，此值近似为最大轴力。

② 弹性压缩引起的活载内力计算。

除了规定的上述三种情况外，其他拱桥必须计入弹性压缩影响。弹性压缩引起的活载内力按下式计算：

$$\begin{cases}\text{轴力}\quad N=-\dfrac{\mu_1}{1+\mu}H_1\cdot\cos\varphi\\ \text{弯矩}\quad M=\dfrac{\mu_1}{1+\mu}H_1\cdot y\\ \text{剪力}\quad Q=\mp\dfrac{\mu_1}{1+\mu}H_1\cdot\sin\varphi\end{cases}\tag{4.1.2-7}$$

（上边符号为左半拱，下边符号为右半拱）

将不考虑弹性压缩影响的活载内力与弹性压缩引起的活载内力叠加，即可得出完整的活载内力。

(4) 附加内力

① 温度内力

一般不必考虑温差内力，而只需考虑均匀降温内力。

温度变化引起的内力按下式计算：

$$\begin{cases}\text{轴力}\quad N_t=H_t\cos\varphi\\ \text{弯矩}\quad M_t=H_t(y_1-y_s)\\ \text{剪力}\quad Q_t=H_t\sin\varphi\end{cases}\tag{4.1.2-8}$$

式中：H_t 为温度变化引起的赘余力。

$$H_t = \frac{\alpha \Delta t L}{(1+\mu)\int_s \frac{(y_1 - y_s)^2 ds}{EI}}$$

计算温度变化引起的内力时，可根据实际资料考虑混凝土徐变的影响。如缺乏实际资料，内力可乘以 0.7 的系数。

对于跨径不大于 25m 的混凝土予制块砌体的拱桥，当矢跨比$\geqslant\frac{1}{5}$时，可不计温度变化引起的内力。

② 收缩内力

在现有的混凝土拱桥中，一般不必考虑收缩差内力，而只需考虑均匀收缩内力。

混凝土均匀收缩引起的内力可按额外温度下降计算。整体浇筑的混凝土结构，对于一般地区相当于降温 20℃，对于干燥地区相当于降温 30℃；对于整体浇筑的钢筋混凝土结构，相当于降温 10～20℃；对于分段浇筑的混凝土或钢筋混凝土结构，相当于降温 10～15℃；对于预制装配式钢筋混凝土结构，相当于降温 10～15℃。

计算混凝土收缩引起的内力时，可根据实际资料考虑混凝土徐变的影响。如缺乏实际资料，计算内力可乘以 0.45 的系数。

③ 拱脚变位引起的内力计算

a. 拱脚相对水平位移引起的内力

假设两拱脚相对水平位移为 Δ_h，则拱脚相对水平位移引起的内力按下式计算：

$$\begin{cases} \text{轴力} \quad N = -\dfrac{\Delta_h}{\delta_{22}}\cos\varphi \\ \text{弯矩} \quad M = \dfrac{\Delta_h}{\delta_{22}}(y_s - y_1) \\ \text{剪力} \quad Q = \mp\dfrac{\Delta_h}{\delta_{22}}\sin\varphi \end{cases} \tag{4.1.2-9}$$

（上边符号为左半拱，下边符号为右半拱）

式中：δ_{22}可由《公路设计手册<拱桥>（下册）》表（III）查得。

b. 拱脚相对垂直位移引起的内力

假设两拱脚相对水平位移为 Δ_V，则拱脚相对水平位移引起的内力按下式计算：

$$\begin{cases} \text{轴力} \quad N = \pm\dfrac{\Delta_V}{\delta_{33}}\sin\varphi \\ \text{弯矩} \quad M = \mp\dfrac{\Delta_V}{\delta_{33}}x \\ \text{剪力} \quad Q = -\dfrac{\Delta_V}{\delta_{33}}\cos\varphi \end{cases} \tag{4.1.2-10}$$

（上边符号为左半拱，下边符号为右半拱）

式中：δ_{33}可由《公路设计手册<拱桥>（下册）》表（III）查得。

c. 拱脚相对转角引起的内力

假设右拱脚顺时针转动 θ_B（以顺时针转角为正），则拱脚相对转角引起的内力按下式计算：

$$\begin{cases}\text{轴力}\quad N=\mp\dfrac{\Delta_V}{\delta_{33}}\sin\varphi-\dfrac{\Delta_h}{\delta_{22}}\cos\varphi\\ \text{弯矩}\quad M=-\dfrac{\theta_B}{\delta_{11}}+\dfrac{\Delta_h}{\delta_{22}}(y_s-y_1)\pm\dfrac{\Delta_V}{\delta_{33}}x\\ \text{剪力}\quad Q=\dfrac{\Delta_V}{\delta_{33}}\cos\varphi\mp\dfrac{\Delta_h}{\delta_{22}}\sin\varphi\end{cases}\tag{4.1.2-11}$$

（上边符号为左半拱，下边符号为右半拱）

式中：δ_{11} 可由《公路设计手册<拱桥>（下册）》表（III）查得。

左拱脚顺时针转动相当于右拱脚逆时针转动，若左右拱脚同时产生转角，可叠加计算。

考虑到混凝土徐变的有利影响，桥台位移引起的内力可按规范规定乘以 0.5 的折减系数。

（5）内力组合

组合 I：恒载＋混凝土收缩＋汽车荷载（包括冲击力）＋人群荷载

汽车荷载冲击力为汽车荷载乘以冲击系数 μ。μ 值可按设计规范规定取用。

组合 II：组合 I＋温度变化影响

组合 III：恒载＋挂车或履带车荷载

上述三种组合之外，在施工具体情况需要时还要进行施工验算；在地震区，还应对地震力进行验算。

2. 拱圈强度及稳定性验算

（1）控制截面

对于一般的无铰拱桥，主拱验算主要是针对拱顶、1/4 跨径、拱脚五个控制截面，对于无支架施工的大跨径拱桥要加算 1/8 跨径和 3/8 跨径两个截面。以实际截面尺寸和实际材料强度验算。

（2）主拱强度验算

根据设计规范规定，拱圈内力按分项安全系数的极限状态设计，其设计原则是荷载效应不利组合的设计值小于或等于结构抗力效应的设计值，以公式表示为

$$S_d\ (\gamma_{s0}\psi\sum\gamma_{s1}Q)\leqslant R_d\left(\frac{R^j}{\gamma_m},\ a_k\right)\tag{4.1.2-12}$$

式中：S_d—— 荷载效应函数；

Q——荷载在结构上产生的效应；

R_d——结构抗力效应函数；

R^j——材料或砌体的极限强度，按设计规范的规定采用；

a_k——结构的几何尺寸；

ψ——荷载组合系数，按设计规范的规定采用；

γ_{s1}——荷载安全系数，按设计规范的规定采用；

γ_{s0}——结构的重要性系数，按设计规范的规定采用；

γ_m——材料或砌体的安全系数，按设计规范的规定采用；对组合截面可按下式计算：

$\gamma_m=\dfrac{\gamma_{m1}A_1+\gamma_{m2}A_2+\cdots+\gamma_{mn}A_n}{A_1+A_2+\cdots+A_n}$（$\gamma_i$、$A_i$ 分别为第 i 层安全系数和截面积）。

当主拱圈截面受拉侧不设钢筋或所设钢筋小于最小含筋率时，按圬工构件验算截面强度；当主拱圈截面受拉侧设有大于最小含筋率的钢筋时，可按钢筋混凝土构件验算截面强度。

① 圬工构件截面强度验算

砖石及混凝土主拱圈属偏心受拉构件，其正截面强度验算有三种情况：

a. 主拱偏心受压。偏心距不超过允许偏心距（允许偏心距值可查设计规范）时按下式计算：

$$N_{\mathrm{j}} \leqslant \alpha A R_{\mathrm{a}}^{\mathrm{j}} / \gamma_{\mathrm{m}} \tag{4.1.2-13}$$

式中：N_{j}——按公式 4.1.2-12 等号左边计算的纵向力；

A——构件的截面面积，对于组合截面为计算换算截面积；

$R_{\mathrm{a}}^{\mathrm{j}}$——材料的抗压极限强度，按设计规范采用，对于组合截面采用标准层的极限强度；

α——纵向力的偏心影响系数，$\alpha=\dfrac{1-\left(\dfrac{e_0}{y}\right)^{m}}{1+\left(\dfrac{e_0}{\gamma_{\mathrm{w}}}\right)^{2}}$。

其中：e_0——纵向力的偏心距，$e_0=\dfrac{\sum M}{\sum N}$；

y——截面或换算截面重心至偏心方向截面边缘的距离；

γ_{w}——在弯曲平面内截面的回转半径；

m——截面形状系数，对圆形截面取 2.5，对 T 形或双曲拱截面取 3.5，对箱形或矩形截面取 8。

b. 主拱偏心受压。偏心距超过允许值时，按下式计算：

$$N_{\mathrm{j}} \leqslant \frac{A R_{\mathrm{wL}}^{\mathrm{j}}}{\left(\dfrac{A e_0}{W}-1\right)\gamma_{\mathrm{m}}} \tag{4.1.2-14}$$

式中：$R_{\mathrm{wL}}^{\mathrm{j}}$——受拉边边缘层的弯曲抗拉极限强度；

W——截面受拉边缘的弹性抵抗矩（组合截面按换算截面计算）。

c. 主拱正截面直接受剪时，按下式计算：

$$Q_{\mathrm{j}} \leqslant \frac{A R_{\mathrm{j}}^{\mathrm{j}}+\mu N}{\gamma_{\mathrm{m}}} \tag{4.1.2-15}$$

式中：Q_{j}——按式（4.1.2-12）等号左边计算的剪力；

$R_{\mathrm{j}}^{\mathrm{j}}$——砌体截面的抗剪极限强度；

A——受剪截面面积；

μ——摩擦系数；

N——不计荷载系数的纵向力。

② 钢筋混凝土主拱截面强度验算

a. 钢筋混凝土矩形截面主拱属偏心受压构件，正截面受力情况如图 4.1.2-3 所示，其正截面强度按式（4.1.2-16）计算。

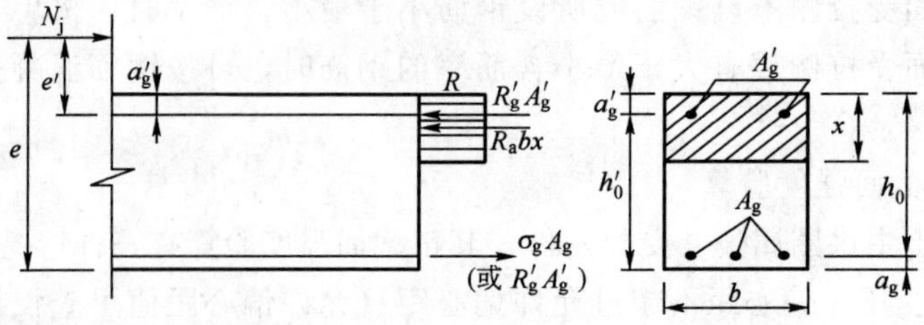

图 4.1.2-3　计算图式

$$N_j \leqslant \frac{\gamma_b}{\gamma_c}R_a bx + \frac{\gamma_b}{\gamma_s}(R'_g A'_g - \sigma_g A_g) \qquad (4.1.2\text{-}16)$$

式中：N_j——按公式 4.1.2-12 等号左边计算的纵向力；

γ_b——构件工作条件系数，取 $\gamma_b=0.95$；

γ_c——混凝土安全系数，取 $\gamma_c=1.25$；

γ_s——钢筋安全系数，取 $\gamma_s=1.25$；

R_a、R'_g——分别为混凝土和纵向钢筋的抗压设计强度；

σ_g——小偏心受压构件中受拉（或受压较小边）钢筋的应力；

A_g、A'_g——分别为受拉和受压纵向钢筋截面面积。

此时，中性轴位置按下式确定：

$$R_a bx\left(e - h_0 + \frac{x}{2}\right) = \sigma_g A_g e \mp R'_g A'_g e' \qquad (4.1.2\text{-}17)$$

式中：h_0——受拉钢筋 A_g 合力点至靠近钢筋 A'_g 的截面边缘之间的距离；

e、e_0——纵向力作用点至受拉及受压钢筋合力点之间的距离。

当纵向力 N_j 作用在钢筋 A'_g 的合力点与钢筋 A_g 的合力点之间时，式（4.1.2-17）等号右边第二项取正号；反之，取负号。

当 $\xi=-\frac{x}{h_0}\leqslant\xi_{jg}$ 时，构件属于大偏心受压，式（4.1.2-16）和式（4.1.2-17）中的 σ_g 应采用 R_g；当 $\xi=-\frac{x}{h_0}>\xi_{jg}$ 时，构件属于小偏心受压，σ_g 按下式计算，但不应大于 R_g 值：

$$\sigma_g = 0.003E_g\left(\frac{0.9}{\xi} - 1\right) \qquad (4.1.2\text{-}18)$$

式中：E_g——钢筋弹性模量；

ξ_{jg}——钢筋混凝土大、小偏心构件受压区高度界限系数，按设计规范取值。

对于大偏心受压构件，如在计算中考虑受压钢筋时，则混凝土受压区高度应符合下列条件：$x\geqslant 2a'_g$。如不符合，则构件正截面强度可按下式计算：

$$N_j e' \leqslant \frac{\gamma_b}{\gamma_s}R_g A_g(h_0 - a') \qquad (4.1.2\text{-}19)$$

如按式（4.1.2-19）求得的构件强度比不考虑受压钢筋时小，则计算中不应考虑受压钢筋。

对于小偏心受压构件，如纵向力作用于钢筋 A_g 合力点及 A'_g 合力点之间时，则应符合下列条件：

$$N_j e' \leqslant 0.5\frac{\gamma_b}{\gamma_c}R_a bh'^2_0 + \frac{\gamma_b}{\gamma_s}R'_g A_g(h'_0 - a') \quad (4.1.2\text{-}20)$$

式中：h'_0——受压钢筋 A'_g 合力点至靠近钢筋 A_g 的截面边缘之间的距离。

b. 钢筋混凝土 T 形截面主拱偏心受压，当翼缘位于截面较大受压边缘时（图 4.1.2-4），其正截面强度按下列规定计算：

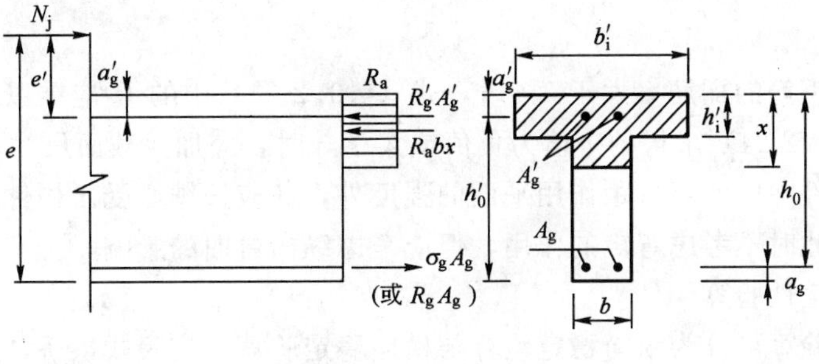

图 4.1.2-4　计算图式

如中性轴在翼缘中，则按照宽度为 b'_i 的矩形截面计算。

如中性轴与腹板相交，则应考虑腹板受压作用，按下列公式计算：

$$N_j \leqslant \frac{\gamma_b}{\gamma_c}[R_a bx + R_a(b'_i - b)h'_i] + \frac{\gamma_b}{\gamma_s}(R'_g A'_g - \sigma_g A_g) \quad (4.1.2\text{-}21)$$

此时中性轴位置按下式确定：

$$R_a bx\left(e - h_0 + \frac{x}{2}\right) + R_a(b'_i - b)h'_i\left(e - h_0 + \frac{h'_i}{2}\right) = \sigma_g A_g e \mp R'_g A'_g e' \quad (4.1.2\text{-}22)$$

大、小偏心的判别条件、式（4.1.2-17）中的正负号确定，以及大偏心受压构件受压区高度应符合的条件均同矩形截面。

对于小偏心受压构件，如纵向力作用于钢筋 A_g 合力点及 A'_g 合力点之间时，则尚应符合下列条件：

$$N_j e' \leqslant 0.5\frac{\gamma_b}{\gamma_c}[R_a bh'^2_0 + R_a(b'_i - b)(h'_i - a'_g)^2] + \frac{\gamma_b}{\gamma_s}R'_g A_g(h'_0 - a_g) \quad (4.1.2\text{-}23)$$

工字形截面钢筋混凝土偏心受压构件的强度计算，可用 T 形截面翼缘位于较大受压边之偏压计算公式进行。但当小偏心受压时，位于较小受压边的翼缘悬出部分一般可不予考虑。

箱形截面钢筋混凝土偏心受压构件，在强度计算时，可简化为 T 形、工字形截面，构件进行计算偏心受压构件时，对于矩形截面 $l_0/h>8$（h 为弯距作用平面内的截面高度）；对于任意截面 $l_0/r_w>28$（r_w 为弯距作用平面内截面的回转半径），均应考虑构件在弯距平面内的挠度对纵向力偏心距的影响。此时，应将纵向力对截面重心轴的偏心距 e_0 乘以偏心距增大系数 η：

$$\eta = \frac{1}{1 - \frac{\gamma_c N_j}{10\alpha_e E_h I_h}l_0^2} \quad (4.1.2\text{-}24)$$

式中：E_h——混凝土弹性模量；

I_h——混凝土截面惯性矩；

l_0——构件计算长度，三铰拱 $l_0=0.58s$，双铰拱 $l_0=0.54s$，无铰拱 $l_0=0.36s$，s 为拱轴长度；

α_e——考虑偏心距对可值的影响系数，按下式计算：

$$\alpha_e=\frac{0.1}{0.3+\frac{e_0}{h}}+0.143(\text{当 } e_0/h\geqslant 1 \text{ 时，取 } \alpha_e=0.22)$$

当全部纵向钢筋的配筋率大于3%时，式（4.1.2-24）中的 I_h 应乘以系数1.2。

当按式（4.1.2-24）求得的 η 值为负值或大于3时，应加大截面尺寸。

偏心受压构件除应计算弯距作用平面的强度外，尚应按轴心受压构件验算垂直于弯矩作用平面的强度。此时不考虑弯矩的作用，但应考虑纵向弯曲的影响。

（3）主拱稳定性验算

拱的稳定性验算可分为纵向稳定验算与横向稳定验算。实腹式拱桥，跨径一般不大，可不验算纵、横向稳定性。大、中跨径拱桥，是否验算纵、横向稳定性，应视施工等具体情况而定。如果采用有支架施工，又在拱上建筑砌完后再卸落拱架，则认为拱上建筑参与主拱共同作用，主拱的纵向稳定性可不予验算。如果主拱的宽度大于其跨径的1/20，则不必验算拱的横向稳定性。采用无支架施工或早脱架（即拱上建筑尚未砌完就拆除拱架）施工的大、中跨径拱桥，一般均应验算拱的纵、横向稳定性。随着拱桥跨径的不断增大、高强度混凝土的应用以及无支架施工的普及化，主拱的长细比越来越大，其稳定性验算尤为重要。

①主拱纵向稳定性验算

对于长细比不大，且 f/l 在0.3以下的拱，纵向稳定性验算一般可采用强度校核的形式，即将拱圈（肋）换算为相当长度的压杆，按平均轴力计算，以强度校核形式控制稳定。

对砖、石及混凝土拱圈（肋），其验算公式为

$$N_j\leqslant \varphi\alpha AR_a^j/\gamma_m \tag{4.1.2-25}$$

式中：φ——受压构件纵向弯曲系数，按设计规范取值；

其他符合意义同公式（4.1.2-13）。

拱圈（肋）为钢筋混凝土构件时，其验算公式可采用设计规范中的钢筋混凝土轴心受压构件计算公式。

当主拱（换算直杆）的细长比大于《公路砖、石及混凝土桥涵设计规范》或《公路预应力混凝土桥梁设计规范》所列数值时，可按临界力控制稳定，其验算公式为

$$K_1=\frac{N_l}{N_j}\geqslant 4\sim 5 \tag{4.1.2-26}$$

N_j——按式（4.1.2-12）等号左边计算的纵向力；

N_l——拱丧失纵向稳定的平均纵向力（临界轴向力），按设计规范计算。

式（4.1.2-26）中未考虑混凝土徐变对稳定性的不利影响，考虑混凝土徐变的影响后 K_1 值应稍取大。

②主拱横向稳定性验算

宽跨比小于1/20的主拱及无支架施工的拱桥，应验算横向稳定性。由于目前尚无成熟

的计算方法，工程中常用与纵向稳定验算相似的公式进行验算：

$$K_1 = \frac{N'_1}{N_j} \geqslant 4 \sim 5 \tag{4.1.2-27}$$

N_j——按式（4.1.2-12）等号左边计算的纵向力；

N'_1——拱丧失纵向稳定的平均纵向力（临界轴向力），按设计规范计算。

3. 桥台水平位移较大时拱桥内力分析

桥台水平位移较大时，如仍按上述方法验算，肯定难以通过，而实际上不少桥梁仍然较正常的运营，因而必须探索新的较符合实际的分析方法。

混凝土拱桥主拱圈的强度潜力较大，且具有适应桥台水平位移的能力。其原因在于拱是超静定结构，当桥台水平位移发展到某一程度，拱脚截面拱背产生径向缝，导致主拱圈支承条件的改变，介于无铰拱与两铰拱之间，引起拱内力的重分布，使附加内力大大减小。再加上拱脚截面刚度的削弱，使拱脚截面的弯矩大大减小，虽然拱脚上缘开裂，但拱脚下缘的抗压强度仍能满足要求。在旧桥中，从超静定体系中挖潜，考虑开裂引起内力重分布的分析方法比较符合实际情况，是可取的一种评定方法。

（1）考虑开裂引起内力重分布分析方法的假定

①由于桥台水平位移较大时拱上建筑开裂或损坏较严重，因此不考虑拱上建筑的联合作用，按裸拱进行分析。

②按平截面假定，截面的应变为线性分布。

③混凝土不能承受拉应力，出现拉应力后，截面该部分退出工作。

④各种荷载作用于开裂后的结构体系上（即不考虑荷载的历程）。取桥台水平位移的一半所形成的拱轴线作为计算拱轴线，来考虑桥台水平位移引起的拱轴变化的影响。

⑤应考虑材料的非线性特性：混凝土按 σ-ε 非线性关系考虑；钢筋的应力超过屈服强度后，应力不再随应变增加，只保持常数。

（2）考虑开裂引起内力重分布的分析方法的特点

①材料基本仍处于弹性工作状态，一般仍按容许应力控制。

②分析方法是非线性的。

③各项内力与截面的开裂及应力分布互相关连，需反复迭代计算。

④由于不计拱上建筑的联合作用以及未考虑开裂后拱轴的变化，因此用考虑开裂引起内力重分布的分析方法仍然有一定的强度储备，与实测情况相比，仍偏安全。

（3）考虑开裂引起 内力重分布分析方法中容许应力的取用

混凝土与钢筋的容许应力可按公路桥梁设计规范取用。混凝土的容许应力（包括乘1.25）约相当于按极限状态设计强度的0.95倍，钢筋的容许应力约相当于屈服强度的0.7倍。

考虑到较大桥台水平位移业已全部完成以及其引起的附件内力所占的比重很大时，旧拱桥最不利荷载组合的钢筋容许应力，还可以提高到屈服强度的0.8倍（仍有1.25的安全系数），可不考虑钢筋应力超过屈服强度的现象。至于混凝土的容许应力，可视现有的质量，按原容许应力值乘以0.9～1.05的系数。

二、拱上建筑的分析

拱上建筑一般可按弹性支承连拱分析。对于已有贯通横缝的腹拱，可按横缝处设铰的图式分析内力并验算强度。分析边腹拱以内的腹拱内力时，边腹拱可取二铰图式。分析中可考虑护拱作用。

对梁板式拱上建筑：

①简支梁板

可按一般简支梁板进行分析。

②连续梁板

可按弹性支承连续梁板进行分析，如立柱上方的板严重开裂时，可视该处为铰进行分析。

三、考虑开裂引起内力重分布时的结构承载能力分析

1. 基本假定

考虑开裂引起内力重分布的分析方法，是将结构非线性分析理论用于评定圬工拱桥，其基本假定如下：

①截面应变符合平截面假定，截面的应变为线性分布。

②圬工砌体不承受拉应力。当截面出现拉应力后，该部分圬工退出工作。

③力的叠加原理不适用，各种荷载一次作用于结构体系上，不计荷载的传递过程。

④考虑几何非线性。为了考虑桥台水平位移引起的拱轴线变化，从简便适用出发，以所产生的桥台水平位移的一半形成的拱轴线作为计算拱轴线。

⑤考虑材料的非线性。

对圬工砌体，取用的 σ-ε 曲线如下，如图 4.1.2-5 所示。

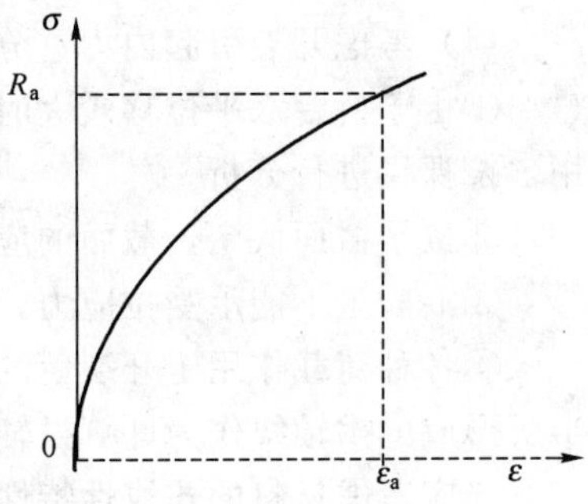

图 4.1.2-5 σ-ε 曲线图

$$\sigma = R_a(1 - e^{-\xi\varepsilon}) \tag{4.1.2-28}$$

式中：R_a——圬工砌体的抗压极限强度，按规范要求或实测值取用；

ξ——圬工砌体变形的弹性特征值，$\xi = \frac{E}{0.783R_a}$（E 为圬工砌体的弹性模量，按规范取值或实测值取用）。

因此式（4.1.2-28）可写成

$$\sigma = R_a(1 - e^{-\frac{E}{0.783R_a}\varepsilon}) \tag{4.1.2-29}$$

⑥不计拱上建筑之联合作用效应。因为在桥台发生一定的水平位移时，拱上建筑均已有不同程度的损坏。

2. 计算的方法与步骤

计算分两部分进行，第一部分计算主拱圈各截面的内力，第二部分是用所计算的内力，按截面平衡的条件，求出截面的应变及应力，并计算出截面特征的折减值，据此重复第一部分的计算，如此反复迭代，最终得出结果。

具体计算方法和步骤如下。

(1) 先按无铰拱计算出包括恒载、活载、温度及桥台水平位移等附加荷载在内的各截面

内力 M、N。在桥台水平位移较大时，此时算出的拱顶、拱脚截面内力偏心距有可能在截面之外，截面已无法满足平衡条件。在这种情况下，应先将拱顶、拱脚截面的抗弯刚度乘以小于1的系数，再转入下一步计算。

(2) 各截面按照应变线性分布的假定。

(3) 以及平衡条件，计算出截面的拉、压应变 ε_T、ε_c。由应变线性分布假定，求出的截面受压区高度 y_0 以及受压区边缘 x 处的应变 ε_x（图 4.1.2-6）为

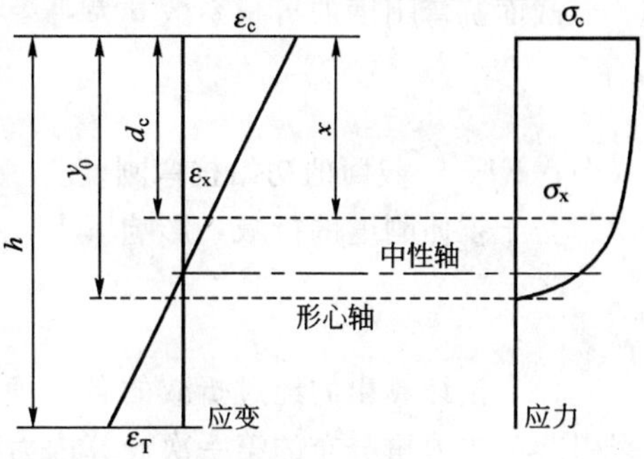

图 4.1.2-6 σ-ε 计算图式

$$y_0 = \frac{\varepsilon_c}{\varepsilon_c - \varepsilon_T} h \tag{4.1.2-30}$$

$$\varepsilon_X = \varepsilon_c - \frac{X}{h}(\varepsilon_c - \varepsilon_T) \tag{4.1.2-31}$$

式中应变符号：压应变为正值，拉应变为负值。

用上述的圬工砌体应力应变的非线性关系式，即可得到相应于 ε_X 的应力 σ_X：

$$\sigma_X = R_a \{1 - e^{-\frac{E}{0.783R_a}\left[\varepsilon_c - \frac{X}{h}(\varepsilon_c - \varepsilon_T)\right]}\} \tag{4.1.2-32}$$

由于圬工拱桥主拱圈一般为矩形截面，因此由截面平衡条件可得到：

$$R_a b \int_0^{y_0} \{1 - e^{-\frac{E}{0.783R_a}\left[\varepsilon_c - \frac{X}{h}(\varepsilon_c - \varepsilon_T)\right]}\} \mathrm{d}x = N \tag{4.1.2-33}$$

$$R_a b \int_0^{y_0} \{1 - e^{-\frac{E}{0.783R_a}\left[\varepsilon_e - \frac{X}{h}(\varepsilon_e - \varepsilon_T)\right]}\} (y_e - x) \mathrm{d}x = M \tag{4.1.2-34}$$

式中：b——矩形截面的宽度；

y_c——截面形心轴距受压区边缘之距，$y_c = \frac{h}{2}$。

经过一系列的积分和变换运算后，式（4.1.2-33）、式（4.1.2-34）可写成

$$\varepsilon_T = \frac{N - R_{ab}h}{N}\varepsilon_c - \frac{0.783R_{ab}h}{EN}\left[e^{-\frac{E}{0.783R_a}\varepsilon_c} - 1\right] \tag{4.1.2-35}$$

$$M = \frac{hN}{2} - \frac{R_{ab}h^2\varepsilon_c^2}{2(\varepsilon_c - \varepsilon_T)^2} + \frac{0.783R_a R_{ab} h^2 \varepsilon_c}{E(\varepsilon_c - \varepsilon_T)^2} + \frac{(0.783R_a)^2 R_a b h^2}{E^2(\varepsilon_c - \varepsilon_T)^2} \cdot \left[e^{-\frac{E}{0.783R_a}} \cdot \varepsilon_c - 1\right] \tag{4.1.2-36}$$

求解式（4.1.2-35）、式（4.1.2-36）可采用试算法，即先假定 ε_c，由式（4.1.2-35）计算出相应的 ε_T，将 ε_c、ε_T 代入式（4.1.2-36）可算出一个对应的 M'。比较 M' 和 M，若 $\frac{|M' - M|}{|M|} > 1\%$，则改变 ε_c，重复上述步骤，直至 $\frac{|M' - M|}{|M|} < 1\%$，此时相应的 ε_c、ε_T 即为满足上述平衡条件的解。

(4) 计算截面特征值的折减系数

根据步骤（3）求出的拉、压应变 ε_T 和 ε_c，可按下式计算出截面的应变曲率。

应变曲率
$$\Phi = \frac{\varepsilon_c - \varepsilon_T}{h} \tag{4.1.2-37}$$

截面抗弯刚度的折减系数 α 为：

$$\alpha = \frac{M}{\Phi EI} \tag{4.1.2-38}$$

式中：EI——截面的初始抗弯刚度。

至于拉伸刚度的折减，影响不大，可近似按受压面积 A_1 与原面积 A 之比算得，即

$$\beta = \frac{A_1}{A} \tag{4.1.2-39}$$

（5）按计算出的经过折减的各截面特征值 αEI 及 βEA，重复第一个步骤，计算考虑开裂引起的内力重分布的第一次计算内力。此时拱轴线的坐标应按基本假定④，用前面第一步骤算出的挠度之半，加以修正。

（6）重复上述步骤，算出考虑开裂引起的内力重分布的第二次、三次……计算内力。

（7）经过这样重复的迭代计算，直至相邻两次计算的内力或抗弯、拉伸刚度折减系数的误差不大于5%，即可认为此内力就是考虑开裂引起的内力重分布后的内力。由 ε_c 也可求得截面的最大压应力。

四、拱脚截面强度的分析评定

1. 拱脚截面内力计算

由于力的叠加原理不适用，荷载只能一次施加，分项计入荷载安全系数，尤其是在恒载、活载效应存在同号或异号时有困难。考虑到荷载组合后要乘以0.8的荷载组合系数，这样一来，不论是内力的绝对值还是压力偏心距均比直接的总和为小。所以在考虑开裂引起内力重分布的计算方法中，直接引用各项荷载，不乘任何系数，其计算内力偏大，即偏安全。

用“考虑开裂引起的内力重分布的分析方法”可求得拱桥拱脚截面在恒载、温降（包括收缩）、桥台水平位移和设计标准荷载共同作用下的最不利内力组合和相应的截面特征值折减系数（轴力、弯矩、抗弯刚度折减系数、拉伸刚度折减系数）。在内力计算中，根据荷载试验评定结果，用试验荷载作为活载来代替产生拱脚截面最不利力学效应的设计标准荷载，这样，一方面可以通过计算与实测结果的比较分析来验证上述方法的可靠性，另一方面也使计算简便而又不致于产生很大的偏差。

2. 拱脚截面强度评定

拱脚截面压力偏心距 $e_0\left(e_0=\dfrac{M}{N}\right)$应小于（JTJ 022—85）规范要求的 $e_0=0.7y$。此时，截面效应的设计值 N_{jp} 可按下式计算：

$$N_{jp} = \frac{\alpha\beta AR_a^j}{\gamma_m} \tag{4.1.2-40}$$

并且与拱脚截面的荷载效应组合值 N_j 相比较后，确定拱脚截面的强度能否满足要求。

3. 拱脚截面内力计算与试验结果的对比评定

根据上述计算的拉伸刚度折减系数 β，求出拱脚截面的最大开裂高度 x，并同调查中所发现裂缝的实测开裂高度相比较。

$$x = 1.65(1-\beta) \tag{4.1.2-41}$$

目前由于受检测手段的限制，在局部破损的情形下无法准确测出裂缝的开裂深度及其在

构件内的分布。加之，由于混凝土、砂浆材料性状的差异，以及暴露在大气中的表层受环境腐蚀而退化，在温度收缩和荷载作用下，又极易引起开裂，而且还会有不同程度的扩展等原因，对其比较结果，难以作更为详尽的解释。这也是在大多数旧桥中无法按实际开裂情形进行荷载检算的主要原因之一。

将试验荷载作用下的拱脚下缘实测最大应力 σ_{max}、平均应力 σ 同相应的理论计算应力 σ_p 相比较，由于在计算中采用了裸拱计算图式，完全不计拱上建筑的作用，同时在计算中也没有考虑拱脚附近拱轴线下降的因素，通常情况下，计算应力同实测应力接近，往往计算应力大于实测应力。另外，在计算模式中，也没有考虑开裂而引起的转动，计算结果仍偏于安全。因此，用“考虑开裂引起内力重分布的分析方法”来分析拱顶和拱脚均有一定程度开裂的圬工拱桥，其结果与实际情况较接近，且偏于安全。

§1.3　圬工拱桥结构评定计算分析

一、圬工拱桥存在的主要病害及产生的原因

依托 1977 年建成的实桥（王河大桥为 50m 石拱桥，图 4.1.3-1），经 1988 年初的详细检查，结合圬工拱桥使用的实际状况，分析圬工拱桥普遍存在的病害。

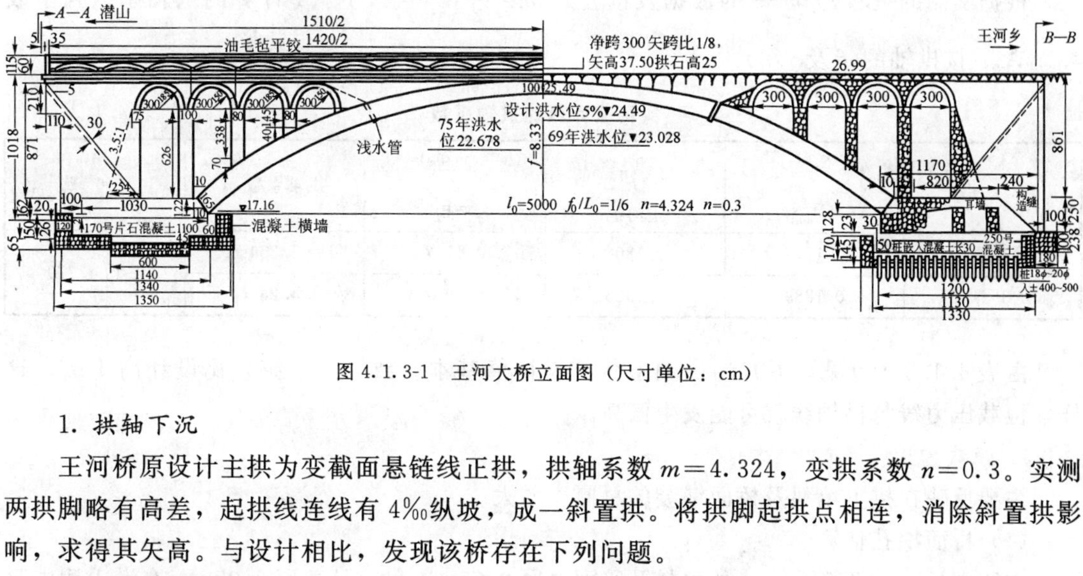

图 4.1.3-1　王河大桥立面图（尺寸单位：cm）

1. 拱轴下沉

王河桥原设计主拱为变截面悬链线正拱，拱轴系数 $m=4.324$，变拱系数 $n=0.3$。实测两拱脚略有高差，起拱线连线有 4‰纵坡，成一斜置拱。将拱脚起拱点相连，消除斜置拱影响，求得其矢高。与设计相比，发现该桥存在下列问题。

（1）跨径略有变化

实测拱的净跨径，上游为 49.958m，下游为 50.110m，略有不同。

（2）矢高明显减小，拱顶下沉、矢跨比变坦

设计矢高为 8.333m。实测上游矢高 7.889m，下游 7.996m。与设计比，上游减小 0.444m，下游减小 0.337m。

起拱线高程均较设计为高，平均上游高 0.153m，下游高 0.170m。如扣除此项因素，即令起拱线高程与设计高相同，则矢高上游减小 0.291m，下游 0.167m。

矢跨比变坦，净矢跨比上游为 1/6.333，下游为 1/6.267。

(3) 拱轴线变化

按设计，由起拱线连线至截面内缘的高度为：$L/3$ 截面 4.136m；$L/4$ 截面 6.665m；$3L/8$ 截面 7.931m。而 1988 年实测已扣除斜置拱因素的数据列于表 4.1.3-1：

起拱连线至拱圈下缘的高度（m） 表 4.1.3-1

	$L/8$	$L/4$	$3L/8$	$5L/8$	$3L/4$	$7L/8$
上游	4.005	6.396	7.597	7.573	6.382	4.048
下游	3.994	6.404	7.666	7.592	6.376	4.053

注：由潜山侧起算，下同。

与设计相比，$L/8$ 减小 0.083～0.142m，$L/4$ 减小 0.261～0.289m，$3L/8$ 减小 0.265～0.358m。至于拱顶，如前所述，减小 0.337～0.444m。拱轴线比较均匀地下沉，没有突变。从表 4.1.3-1 也可见，拱轴线略有一些不对称，但并不明显。

(4) 拱轴系数变化

原设计 $m=4.324$，即$\frac{y_{1/4}}{f}=0.19$。

根据实测的资料，其$\frac{y_{1/4}}{f}$的数据及按公式 $m=\frac{1}{2}\left(\frac{f}{y_{1/4}}-2\right)^2-1$ 计算的拱轴系数列于表 4.1.3-2（按拱轴的 f 及 $y_{1/4}$）。

实测值计算的拱轴系数 表 4.1.3-2

	$\frac{y_{1/4}}{f}$ 潜山侧	$\frac{y_{1/4}}{f}$ 王河侧	$\frac{y_{1/4}}{f}$ 平均	拱轴系数 m	
上游	0.1788	0.1806	0.1797	5.354	平均 4.779
下游	0.1889	0.1925	0.1907	4.261	

由表 4.1.3-2 可见，下游的拱轴系数与设计值基本一致，而上游则比设计高 1 级。这样，恒载压力线与拱轴线就可能发生偏高。

2. 恒载增大

主要反映在拱上填料及桥面铺装的总厚度增大。

(1) 桥面挖孔估算

在跨中桥面挖两个孔，一处填料及路面总厚 0.75m，另一处总厚 0.95m。在潜山侧中腹拱顶桥面处挖过 1 个孔，填料及路面总厚 0.55m。而设计值均为 0.50m。

(2) 从缘石标高与桥面标高推算

设计的缘石标高比桥面边缘高 0.10m。现在是桥面没有横坡，将实测桥面高减去（缘石高－0.1），即为填料与路面厚度增大值，大体上自 $L/4$～$L3/4$ 填料及铺装厚度增加 10～25cm。

(3) 从桥面标高与拱圈上缘标高之差来推算

以桥面实测标高与拱圈内弧标高之差减去拱圈竖向高度，即可得填料及路面的总厚度，并与设计厚度比较，列于表 4.1.3-3。

表 4.1.3-3

	$L/8$	$L/4$	$3L/8$	$L/2$	$5L/8$	$3L/4$	$7L/8$
上游	4.340	2.285	1.320	1.115	1.371	2.358	4.424
下游	4.325	2.255	1.232	0.991	1.336	2.351	4.410
设计	4.198	1.956	0.826	0.500	0.826	1.956	4.198

不论从哪个方面检测结果来看，填土厚度均较设计大很多。故验算时，应按此实测数字计算恒载。至于立柱及腹拱圈的尺寸，经丈量与设计基本一致，验算时仍可按设计图数据进行。

3. 桥台变位

（1）桥台不均匀沉陷

从两侧缘石的高差可见，王河侧下沉较多，上游为 0.106m，下游为 0.066m。

（2）桥台水平位移

由于没有实测竣工资料，桥上也没作规则的伸缩缝而不能据以推算，故只能根据拱顶下沉值来推算。

拱顶的下沉值以缘石标高差来推算，列于表 4.1.3-4。

拱顶、$L/4$ 下沉值 表 4.1.3-4

	拱顶（m）	$L/4$（m）
上游	0.161	0.086
下游	0.125	0.053
平均	0.143	0.070

按照结构力学原理，单位水平位移引起的拱顶或 $L/4$ 的下沉值，分别为拱顶或 $L/4$ 截面的推力影响线值。利用这个关系来推算桥台水平位移值。

拱轴系数取 4.324，$n=0.3$，矢跨比取上、下游平均值，为$\frac{1}{6.3}$，则推力影响线坐标为：

拱顶 $\eta_{L/2}=0.2642\times6.3=1.6645$

$L/4$ $\eta_{L/4}=0.1360\times6.3=0.9568$

因此，桥台水平位移为：

按拱顶 $\Delta=\frac{0.143}{1.6645}=8.6\text{cm}$

拱 $L/4$ $\Delta=\frac{0.070}{0.8568}=8.2\text{cm}$

两者很接近，取用 $\Delta=8.6\text{cm}$，相当于跨径的 1.7‰。

（3）桥台转动

由于桥梁没有设正规的伸缩缝，另外拱轴线非对称的变形很不明显，因此难以判定桥台的转动，尽管从地基情况看，王河侧有可能发生一些桥台转动。

4. 裂缝

（1）主拱圈裂缝

两拱脚区段约 1～3m 范围内，上缘存在几条径向缝，如图 4.1.3-2 所示。个别裂缝缝高达 1m。裂缝检查记录见表 4.1.3-5。

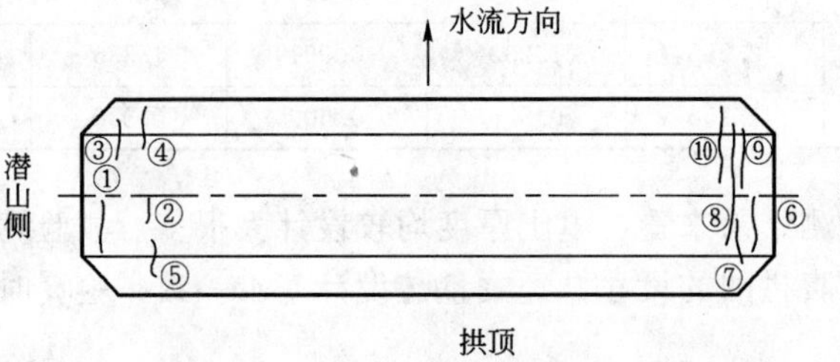

图 4.1.3-2　拱脚区裂缝平面俯视展开图

拱脚裂缝检查记录表　　表 4.1.3-5

裂缝编号	距最近端距(cm)	缝长(cm)	侧高(cm)	缝宽(cm)	备　注
1	124	60	79	0.15	
2	204	76		>1.0	旧迹
3	204	70		>1.0	
4	305	182.5	45.5	0.19	
5	305		40		
6	160	30		0.56	
7	210	160	100	0.81	
8	295	690	36 [55]	>1.0	旧迹
9	132	80	50	>1.0	
10	370	55	100	0.45	
说明：侧高指沿砌缝之长度，缝长是指在拱背上的长度					

拱顶区段下缘有一些径向裂缝见图 4.1.3-3。有的径向缝伸展高达 50cm。裂缝检查记录见表 4.1.3-6。

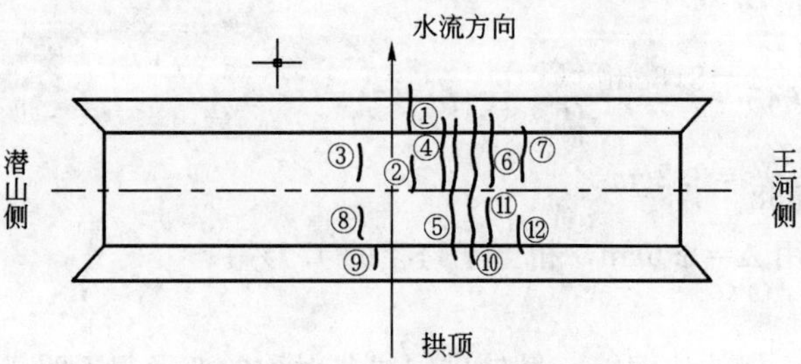

图 4.1.3-3　拱顶区裂缝平面仰视展开图

拱顶裂缝检查记录表　　表 4.1.3-6

裂缝编号	距最近端距离（cm）	缝长（cm）	侧高（cm）	缝宽（cm）	备注
1	18		37.5		
2	45	54			施工假层裂缝
3	−66	205			
4	94	159	38		
5	181	贯通	49		
6	219	150	20		
7	309	120	35		施工假层裂缝
8	28	78			
9	21		35		
10	110	贯通	60		
11	203	150	20		
12	243	150	30		

（2）拱上建筑裂缝，见图 4.1.3-4。

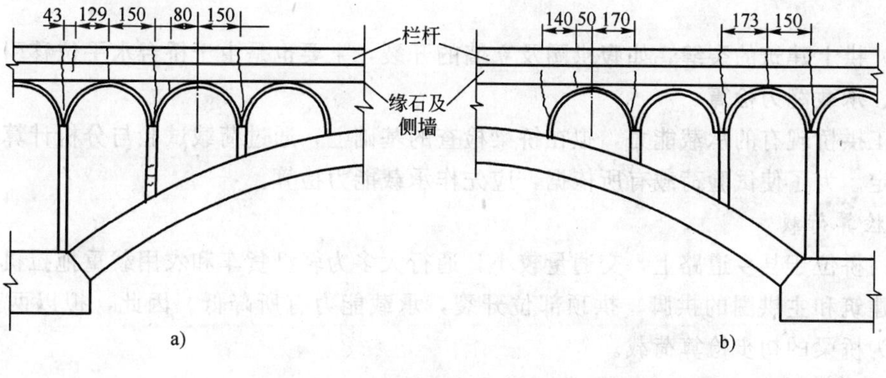

图 4.1.3-4　腹拱裂缝示意图

a）潜山上游侧；b）王河上游侧

腹拱裂缝：除靠岸第一个腹拱人工作成铰拱，必然会发生开裂以外，潜山侧的第二腹拱、王河侧的第三腹拱均有开裂。

立墙裂缝：两侧长立墙有几道裂缝，其中各有一条横贯全立墙，顺桥向最大延伸 30cm（立墙宽 80cm）。

侧墙裂缝：除靠岸第一个腹拱上的侧墙人工作成不整齐的伸缩缝而发生开裂以外，其他腹拱的侧墙也有开裂，有的腹拱裂缝向上延伸到侧墙。

5. 拱轴变形是否稳定的判断

根据现场调查及养护部门的反映，认为变形已趋稳定。从裂缝情况来看，均为陈旧裂缝，没有发现较新的裂缝。在加载试验中，也没有观测到桥台变位。因而可以判定，桥台变位已稳定，拱轴变形也已稳定。

6. 病害产生的原因

(1) 王河桥存在的主要病害是拱顶下沉及拱顶下缘、拱脚上缘出现裂缝，其根源在于桥台的变位。桥台的水平位移使拱顶的正弯矩、拱脚的负弯矩加大。当超过砌缝砂浆的抗拉强度时，拱顶下缘、拱脚上缘发生开裂，同时桥台的水平位移引起拱顶区段的下沉。从理论上可知，单纯的不均匀沉降使拱脚上缘开裂，下沉多的拱脚下缘开裂。王河桥的裂缝是两拱脚上缘开裂，因此这些裂缝主要是由于桥台变位中的水平位移所引起。此外，不均匀沉陷的附加内力远比水平位移附加内力为小，故不均匀沉陷不是王河桥的主要问题。

(2) 桥台水平位移的产生。最主要是由于台背填土高度不够及填土不实而造成的。按照设计图，从起拱线起算的填料加路面总高度为 9.83m，而实际上少填了 1～1.1m，占 10.1%～11.2%。再加上实腹区段填料与路面的增厚，推力更大。抗力减小，推力加大，就造成了桥台的水平位移。自然也有填土夯实不够的原因。

(3) 主拱圈的实际拱轴线与设计拱轴线相差较远。主要是施工中采用土牛拱胎压实不够而造成的，据了解施工时是把全部拱石放在土牛上，最后在 $L/4$、$3L/4$ 及拱脚处座浆合龙。因此合龙以前的全部拱圈重量压在土牛上，造成拱轴线的变形。不宜把这一变形全部归因于桥台变位，否则会导致估算出过大的桥台变位。

(4) 拱顶的下沉，运营期间逐年填高拱顶区段，使该区段填土高度已超过缘石，填土超过设计值虽对于拱脚截面有些好处，但对于拱顶截面，却很不利，这也是拱顶区段开裂的原因之一。

(5) 拱上建筑的裂缝，如腹拱圈及立墙的开裂，主要也是由于桥台水平位移引起的。

二、承载能力检算

圬工拱桥现有的承载能力，拟在桥梁检查的基础上，通过荷载试验与分析计算相结合的方法评定。为了使试验荷载有所依据，应先作承载能力检算。

1. 检算荷载

王河桥位于县乡道路上，交通量较小，通行大多为轻型货车和农用载重拖拉机，加上该桥拱上建筑和主拱圈的拱脚、拱顶部位开裂，承载能力有所降低。因此，拟以两列汽－10荷载作为桥梁的初步检算荷载。

2. 计算拱轴线的确定

内力计算时，尤其是桥台位移内力计算时，应以竣工拱轴线来计算。由于竣工拱轴线未实测，只能从现有实际拱轴线反推竣工拱轴线。

根据桥梁实际调查结果，不计斜置拱效应，用实测的拱顶和 $L/4$ 点的拱轴下沉量、拱的实测跨径以及各控制点的高程，可以推求发生桥台变位之前的拱轴线，即可以反求出竣工拱轴线。

求得的竣工拱轴线有关参数如下：

拱轴系数 $m=4.367$，变拱系数 $n=0.2919$；

计算跨径 $L=51.012$m；

跨比 $f/L=1/6.142$。

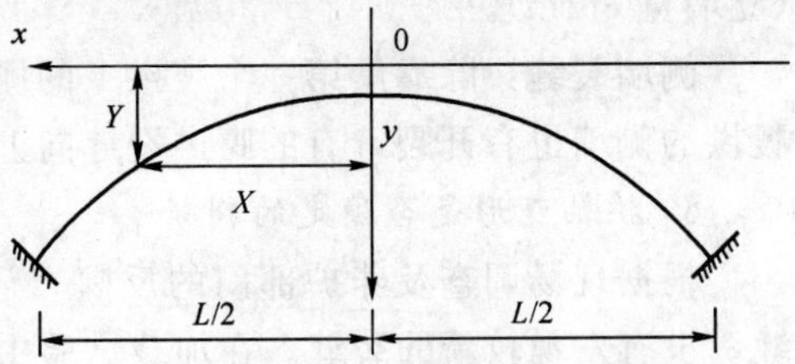

图 4.1.3-5

若以拱顶作为坐标原点，建立如图 4.1.3-5 所示的直角坐标系，则王河桥的实际拱轴线可近似地表示成：

$$Y = 2.36293[\mathrm{Ch}(2.15385\xi) - 1]$$

式中：$\xi=2x/L$；

L——主拱圈的计算跨径。

3. 截面强度检算

(1) 内力计算

依据实际调查的桥面填土高度和各部分细部尺寸，用平面杆元法计算恒载作用下主拱圈主要控制截面的轴力、弯矩值列于表 4.1.3-7 中。

主要控制截面内力（弯矩 M、轴力 N）计算值　　表 4.1.3-7

截面 / 内力 / 荷载	拱脚		$L/8$		$3L/8$		拱顶	
	M (kN·m)	N (kN)	M (kN·m)	N (kN)	M (kN·m)	N (kN)	M (kN·m)	N (kN)
恒载	2717.5	21531.8	−3169.7	19887.0	1040.2	17808.9	1471.5	17679.2
温降、收缩	−2406.7	−306.6	−817.7	−342.0	483.2	−371.1	614.5	−374.4
桥台位移	−14568.3	−1816.3	−4876.9	−2032.4	2902.4	−2219.6	3687.7	−2239.0
两列汽—10	−1405.67	533.58	−557.01	742.95	73.72	577.4	623.61	726.33
Σ	−15663.17	19942.48	−9421.31	18255.55	5159.52	15795.64	6397.31	15794.13
偏心距 e (m)	−0.7854		−0.5161		0.3266		0.4050	
备注	(1) M 以主拱圈下缘受拉为正；N 以压为正。 (2) 总和值用于验算截面强度。							

温度变化影响力按温降 15℃考虑，砌体收缩影响力折合成温降 10℃。计算中分别考虑了 0.7 和考虑徐变影响 0.45 的折减系数。

由前述可知，因缺乏足够的判据，一时难以确定桥台不均匀沉陷和转动。根据主拱圈和拱上建筑的开裂和变形的分析。可以断定桥台变位是以水平位移为主。在桥台变位中，水平位移引起的附加内力一般比相同数量级的不均匀沉陷大得多，其相差达到一个数量级。因此，可忽略桥中不均匀沉陷的影响，而只用按拱顶下沉推求的桥台水平位移值来计算桥台变位引起的附加内力，计算中按规范考虑 0.5 的折减系数。

按无铰拱计算图式计算的各控制截面两列汽—10 活载最不利内力结果，列于表 4.1.3-7 中。

由于实际拱轴线是在 2 月份实测的，当时气温较低，所以由温降和收缩引起的变形已寓于实际拱轴线中，此时再考虑温降 15℃，收缩 10℃是偏于安全的。

在上述内力计算中，未计入拱上建筑的联合作用及主拱圈开裂后对结构内力计算的影响。

(2) 压力偏心距检算

按照（JTJ 022—85）规范的有关规定，将表 4.1.3-7 所列内力值进行荷载效应的不利组合。将恒载效应乘以 1.2 或 0.9，与其他荷载效应乘以 1.1 的两者总和乘以 0.8 后再乘以 1.03，其结果如表 4.1.3-8 所列。相应的压力偏心距 e。也示于表 4.1.3-8 中。

主要控制截面内力荷载效应不利组合值 表 4.1.3-8

截面 / 内力	拱　脚	$L/8$	$3L/8$	拱　顶
弯矩 M_j（kN·M）	−14644.94	−8800.66	4762.30	5919.77
轴力 N_j（kN）	19850.08	18185.52	15784.62	15772.57
偏心距 e_0（m）	0.7378	0.4839	0.3017	0.3753
截面高度 h（m）	1.650	1.333	1.069	1.000
e_0/y	0.894	0.726	0.564	0.751
备注	（1）y 为截面重心至偏心方向截面边缘这距离，对矩形截面为截面高度之半。 （2）M_j、N_j 的正负号规定同表 4.1.3-7。			

由表 4.1.3-8 可知，除 $L3/8$ 截面外，其他截面的轴力偏心距 e_0 均超过（JTJ 022—85）规范所规定的 $0.7y$ 值。其中拱脚截面偏心距 e_0 超出规范容许值最多，为 27.7%；$L/8$ 和拱顶截面分别超出 3.7%和 7.1%。

限制偏心距的目的，在于限制裂缝和裂缝的开展宽度及保持截面的稳定。而对王河桥这种圈已发生开裂的旧拱桥，在进行截面强度检算时，可能适当放宽其允许偏心距，也就是说（JTJ 022—85）规范规定的容许偏心距在新桥中应严格执行，而在在验算中则不宜用此规定来控制。其原因主要在于：

①王河桥主拱圈虽已开裂，但裂缝已趋于稳定，没有发展。

②主拱圈开裂后进入弹塑性工作状态，由于拱是以受压为主的推力结构，只要裂缝不继续发展，受压区没有压坏，拱仍能继续承载。

③依据“双曲拱上部结构承载能力的评定”研究报告（交通部公路研究所，1987）的分析结论，主拱圈开裂将引起结构内力重分布，无论拱顶或拱脚截面，均会出现弯矩减少，轴力略有增大，即偏心距 e_0 减小的趋势。

（3）截面强度检算

主要控制截面结构抗力效应之设计值 N_{jp} 的计算，见表 4.1.3-9。

主要控制截面结构抗力效应设计值 N_{jp} 表 4.1.3-9

控制截面	拱　脚	$L/8$	$3L/8$	拱　顶
截面面积 A（m²）	11.220	9.063	7.272	6.300
轴力偏心影响系数 α	0.1741	0.3574	0.5061	0.3341
砌体极限抗压强度 R_a^j（MPa）	14.80（12 号砂浆砌 100 号料石）			
砌体的材料安全系数 γ_m	1.92			
$N_{jp}=\alpha AR_a^j/\gamma_m$（kN）	15057.474	24968.187	28369.439	17512.41

表中轴力偏心影响系数 α 的计算公式如下：

$$\alpha=\left[1-\left(\frac{e_0}{y}\right)^8\right]\Big/\left[1+\left(\frac{e_0}{y_\omega}\right)^2\right] \tag{4.1.3-1}$$

式中：y——截面或换算截面重心至偏心方向受压边缘之距离，$y=\frac{1}{2}$；

γ_{ω}——截面的回转半径，对矩形截面：$\gamma_{\omega}=0.2887h$（h 为截面的高度）。

比较表 4.1.3-8、4.1.3-9 所列数值可以看到，除拱脚截面外，其他截面的荷载效应不利组合值均小于结构抗力效应的设计值。

对圬工拱桥而言，当拱脚截面开裂时，将会导致主拱圈支承条件的变化，由于铰拱改变为介于两铰与无铰之间的状态。由桥台水平位移引起的无铰拱内力要比两铰拱内力大得多，因而支承条件的改变在相当程度上减小了桥台水平位移引起的附加内力。此外，由于拱脚截面开裂，刚度削弱，也会引起结构内力重分布，使拱脚截面弯矩大大减小。20 世纪 70 年代，交通部科学研究院等单位研究了考虑这一因素的平铰拱计算方法。而王河桥的上述不考虑截面开裂影响求得的无铰拱拱脚截面内力，显然与实际不符，弯矩明显偏大。

为了使内切合实际，这里可先用"平铰拱内力的计算方法——拱脚弯矩修正法"，对按不考虑截面开裂影响求得的无铰拱拱脚弯矩进行修正。

由表 4.1.3-7 可得，在不考虑截面开裂影响时，恒载、温降和收缩、桥台位移以及两列汽-10 荷载共同作用下无铰拱一端拱脚 A 的最不利内力为：

弯矩　$M_{A}=-15663.17\text{kN}\cdot\text{m}$

轴力　$N_{A}=19942.48\text{kN}$

偏心距　$e_{nA}=0.7854\text{m}$，且 $e_{nA}/y=0.9520$

此时，另一端拱脚 B 相应的内力为：

弯矩　$M_{B}=-13111.4\text{kN}\cdot\text{m}$

轴力　$N_{B}=19710.86\text{kN}$

偏心距　$e_{nB}=0.6652\text{m}$，且 $e_{nB}/y=0.8063$

可见，在这种情形下无铰拱两端拱脚会出现不同程度的开裂。

当无铰拱两端拱脚出现不同程度的开裂时，引用"平铰拱内力计算方法——拱脚弯矩修正法"中的板拱平铰拱拱脚轴力偏心距 e_{mA} 和 e_{mB} 计算公式：

$$\frac{e_{nA}}{y}-\beta\frac{e_{nB}}{y}=\frac{2e_{mA}}{h}-\frac{2\beta e_{mB}}{h}+(1-\beta)^{2}\frac{2.5K_{s}h}{12}\left[\frac{8}{\left(3-6\dfrac{e_{mA}}{h}\right)^{2}}-12\frac{e_{mA}}{h}\right]\tag{4.1.3-2}$$

$$\frac{e_{nB}}{y}-\beta\frac{e_{nA}}{y}=\frac{2\beta e_{mA}}{h}-\frac{2\beta e_{mA}}{h}+(1-\beta)^{2}\frac{2.5K_{s}h}{12}\left[\frac{8}{\left(3-6\dfrac{e_{mB}}{h}\right)^{2}}-12\frac{e_{mB}}{h}\right]\tag{4.1.3-3}$$

式中：e_{nA}——无铰拱一端拱脚 A 的轴力偏心距；

e_{nB}——无铰拱另一端拱脚 B 的轴力偏心距；

h——截面高度；

y——截面重心至偏心方向截面边缘的距离，对板拱为截面高度之半；

k_{s}——无铰拱拱脚的抗弯刚度系数，按下式计算：

$$k_{s}=\frac{2}{1+n}+\frac{(1-k)^{2}}{\vartheta}+\frac{12}{1+3n}\tag{4.1.3-4}$$

n——变拱系数；

k——弹性中心离拱顶竖距 y_s 与矢高 f 之比，y_s 可按《拱桥》式（4-18）计算；

ϑ——单位变位 δ_{22} 的计算系数，按下式计算：

$$\vartheta=\frac{EI_d\delta_{22}}{Lf^2} \tag{4.1.3-5}$$

EI_d——拱顶截面的抗弯刚度；

L——计算跨度；

f——计算矢高；

δ_{22}——在弹性中心施加一对反向单位水平力时，弹性中心发生的相对水平位移，按《拱桥》式（4-47）计算；

β——无铰拱拱脚的弯矩传递系数，按下式计算：

$$\beta=\frac{K_{s'}}{K_s} \tag{4.1.3-6}$$

$K_{s'}$——无铰拱拱脚的传递抗弯刚度系数按下式计算：

$$K_{s'}=\frac{2}{1+n}+\frac{(1-k)^2}{\vartheta}-\frac{12}{1+3n} \tag{4.1.3-7}$$

将 $e_{nA}/y=0.9520$、$e_{nB}/y=0.8063$、$\beta=0.48$、$k_s=24.6032$ 和 $h=1.65$m 代入式（4.1.3-2）、式（4.1.3-3），可求得相应的平铰拱两端拱脚 A、B 的轴力偏心距为：

A 端拱脚 $e_{mA}=0.3519$m

B 端拱脚 $e_{mB}=0.3294$m

拱脚弯矩折减系数为：

A 端拱脚 $\alpha_A=\frac{e_{mA}}{e_{nA}}=0.4481$

B 端拱脚 $\alpha_B=\frac{e_{mB}}{e_{nB}}=0.4952$

将 α_A 乘以表 4.1.3-8 中拱脚的弯矩，即得 A 端拱脚荷载效应最不利组组合的弯矩值：

$$M_j=-14644.94\times0.4481$$
$$=-6562.40\text{kN}\cdot\text{m}$$

此时，拱脚截面相应的荷载效应最不利组合的轴力 N_j 按“公路双曲拱桥上部结构设计计算”（交通出版社，1980）仍可沿用表 4.1.3-8 之值，即：

$$N_j=19850.08\text{kN}。$$

拱脚截面的轴力偏心距 $e_0=0.3304$，且 $e_0/y=0.401$，小于规范（JTJ 022—85）规定的 0.7。

按“平铰拱内力的计算方法”算得的拱脚截面内力，不仅计入了截面应力重分布的影响，还计入了因应力重分布引起截面曲率增大而造成的内力重分布。显然，在此情形下用规范（JTJ 022—85）所给公式计算的拱脚截面结构抗力效应会明显偏高。其主要原因在于规范（JTJ 022—85）的公式只是考虑了塑性变形引起的应力重分布，而未涉及因开裂造成截面刚度削弱的问题。所以在引用规范（JTJ 022—85）给定的公式时，引入截面刚度削弱的影响，得出按“平铰拱内力的计算方法”计算拱脚内力时，拱脚截面结构抗力效应计算公式如下：

$$N_{jp} = \alpha \cdot \beta A R_a^j / \gamma_m \tag{4.1.3-8}$$

式中：N_{jp}——拱脚截面结构抗力效应轴力值；

β——截面刚度削弱影响系数，对矩形截面可按下式计算：

$$\beta = 1.5 - 3e_m \tag{4.1.3-9}$$

e_m——按“平铰拱内力的计算方法”求得的拱脚截面轴力偏心距；

α——轴力偏心影响系数，按式4.1.3-1计算；

A——截面面积；

R_a^j——圬工砌体的极限抗压强度；

γ_m——材料安全系数，按规范（JTJ 022—85）表3.0.1-2采用。

依据式（4.1.3-8）算得的按“平铰拱内力的计算方法”计算的拱脚截面结构抗力效应的轴力值：

$$N_{jp}=50179.41\text{kN}$$

可见，拱脚截面的荷载效应不利组合值小于其结构抗力效应值。

由于计算的抗力N_{jp}值仍然很大。为了验证还应用1974年《公路桥涵设计规范》（以下简称《公桥规》）中有关偏心受压构件强度验算方法，对按“平铰拱内力的倒计算方法”考虑开裂后的拱脚截面进行了强度验算。其验算过程如下：

按“平铰拱内力的计算方法”求得的恒载、温降（包括收缩）、桥台位移和两列汽-10荷载共同作用下的拱脚截面的内力值：

$$M_j=-15663.17\times 0.4481=-7018.67\text{kNm}$$

$$N_j=19942.48\text{kN}$$

相应的轴力偏心距$e_0=0.3519$m，且$e_0/y=0.4265$小于《公桥规》规定的0.7。此时，按《公桥规》的塑性公式（附3-1）求得的拱脚截面最大压应力$\sigma_a=2747.35$kPa，小于《公桥规》规定的1.25［σ_a］=7375kPa。

最后，需要说明的是，按“平铰拱计算方法”求得的拱脚截面开裂高度$x=1.65-(1.5+3e_m)=120.6$cm，略大于调查中所发现的拱脚部位最大表面开裂高度100cm（见表4.1.3-5）。由此表明，按上述方法进行主拱圈强度验算能反映出王河桥现有病害对其承载能力的影响。

通过以上计算分析可以看到，王河桥基本上能承受两列汽-10的标准荷载。但考虑到上述计算是以桥台变位相对稳定为前提的，计算中作了不少近似简化处理，计算结果与实际受力情况可能有偏离。为安全起见，并探索这类桥梁的规律，有必要通过现场静力荷载试验和更切合实际的分析计算对其作进一步的评定。

三、荷载试验评定

1. 试验目的

通过现场静力荷载试验，达到如下目的：

（1）探讨现有病害对桥梁承载能力带来的不利影响。

（2）弄清在规定的荷载下桥台变位是否已经稳定。

（3）鉴定王河桥的实际正常使用承载能力能否达到汽-10荷载标准。

（4）为确定合理的计算模式和评定分析方法以及加固处理提供一定的科学依据。

2. 测试项目及测点布置

（1）主要测试项目如下：

①控制截面（两端拱脚、拱顶截面）的应力测量。采用在拱顶拱背和拱脚拱腹粘贴标距为25cm左右的千分表夹具进行应变观测。

②控制截面（$L/4$，拱顶和$3L/4$截面）的挠度观测由于支架较软，用机械或移位计有困难，故采用管型电测位移计，量测仪器为YJ-18静态应变仪。

③桥台水平位移，沉降和转角的观测，量测仪器同②。

④裂缝的观测，主要由人工辅以刻度放大镜进行目测检查。

（2）主要测点布置如图4.1.3-6、图4.1.3-7、图4.1.3-8所示。

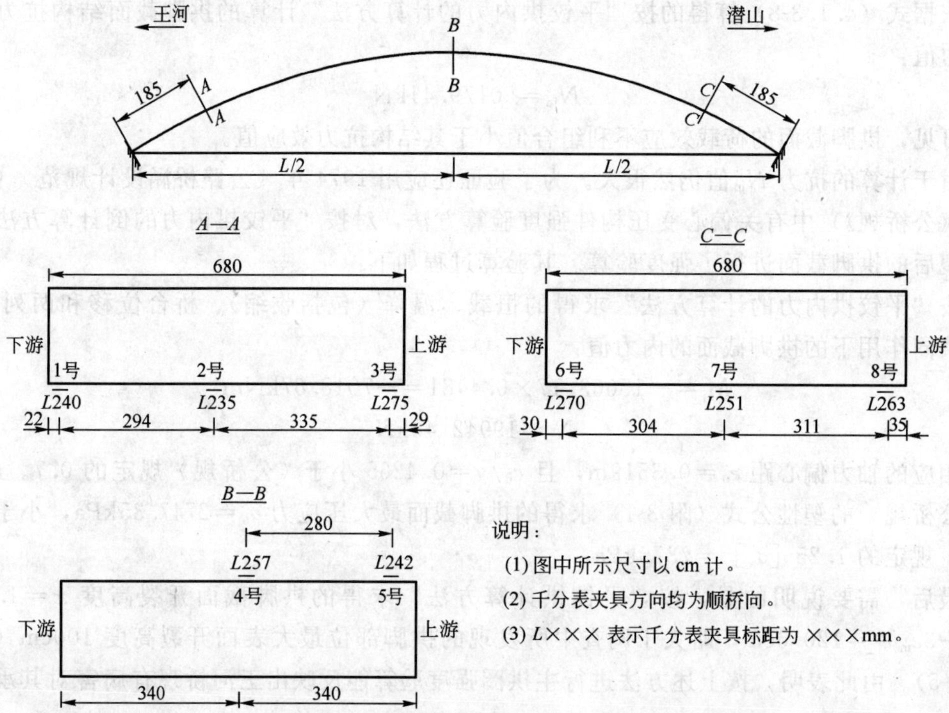

图4.1.3-6 控制截面应力测点布置图

3. 加载方案

由主要控制检算的拱脚、拱顶截面弯矩算得等效静力试验荷载。即用两辆总重约15吨的载重黄河汽车加载。加载方式为逐级增加的循环递增方式。分成两级试验荷载施加，各级荷载作用下的主要控制截面内力一般为总内力的50%。

试验的荷载纵、横向布置与分级加载见表4.1.3-10、表4.1.3-11。

4. 试验程序及规定

（1）试验程序

正式加载试验之前，用一辆载重黄河在拱顶部位进行预加载试验，以检查测试系统的可靠性和查看仪表是否正常工作。

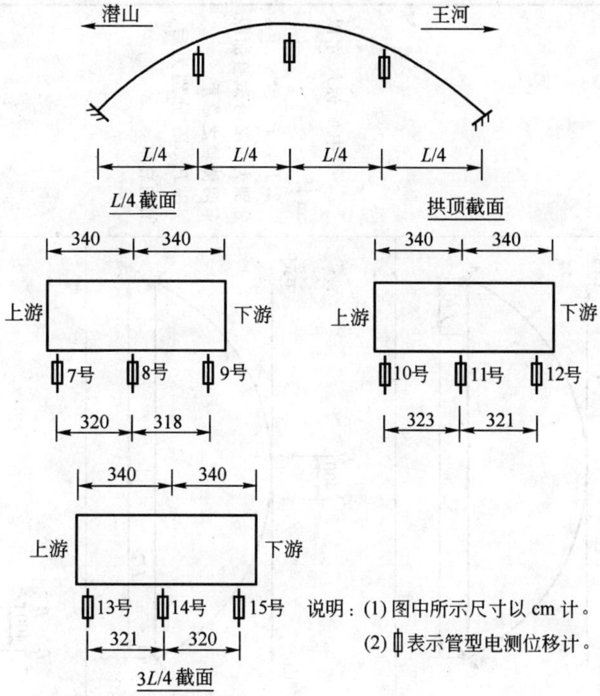

说明：(1) 图中所示尺寸以 cm 计。

(2) ▯表示管型电测位移计。

图 4.1.3-7　控制截面挠度测点布置图

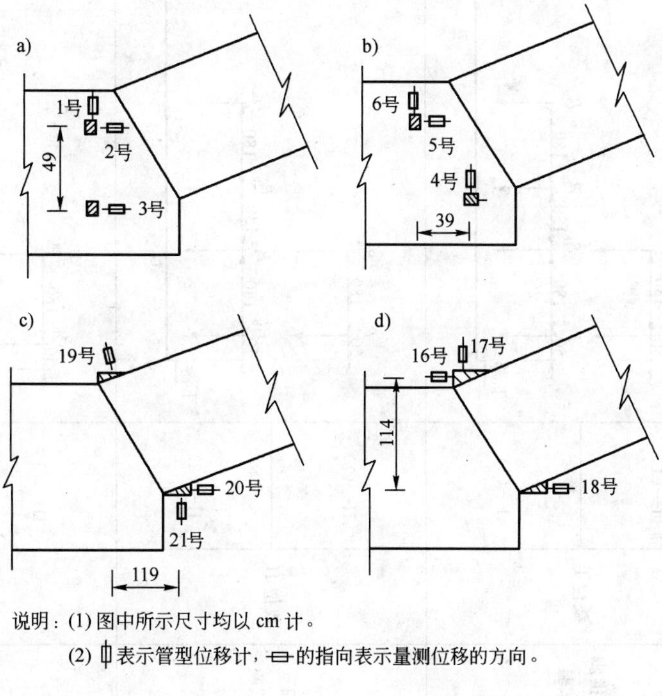

说明：(1) 图中所示尺寸均以 cm 计。

(2) ▯表示管型位移计，▭的指向表示量测位移的方向。

图 4.1.3-8　桥台变位测点布置图

a）潜山拱座上游侧；b）潜山拱座下游侧；c）王河拱座上游侧；d）王河拱座下游侧

试验荷载纵横桥向布置和分级加载 表 4.1.3-10

试验名称	试验载位	荷载等级	试验荷载横向布置	试验荷载纵向布置	备注
王河岸拱脚加载试验	载位 I	I—(1)	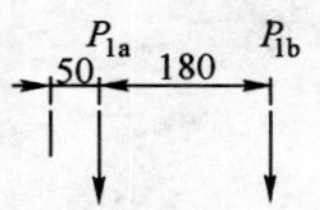	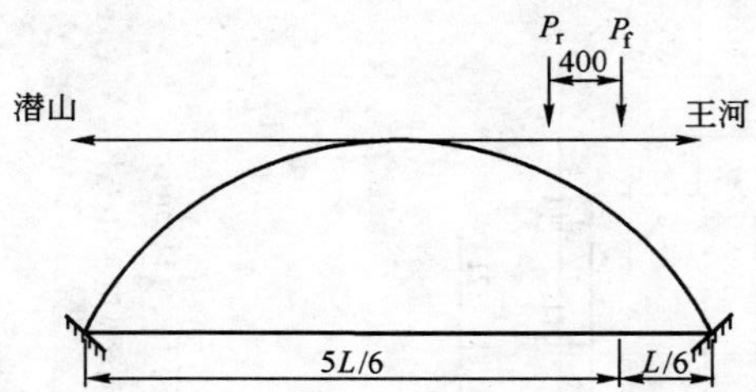	1. 图中所标尺寸以 cm 计。 2. P_{1a}、P_{2b}、P_{2a}、P_{2b} 分别为 1、2 号试验加载车两侧轮之总重。 3. P_r、P_f 分别为后、前轴总重。
		I—(2)	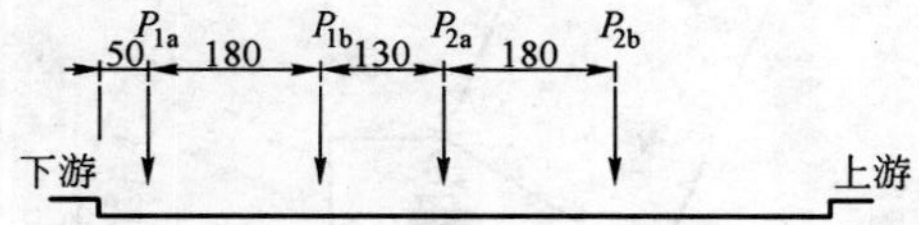		
拱顶加载试验	载位 II	II—(1)	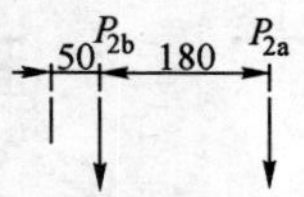	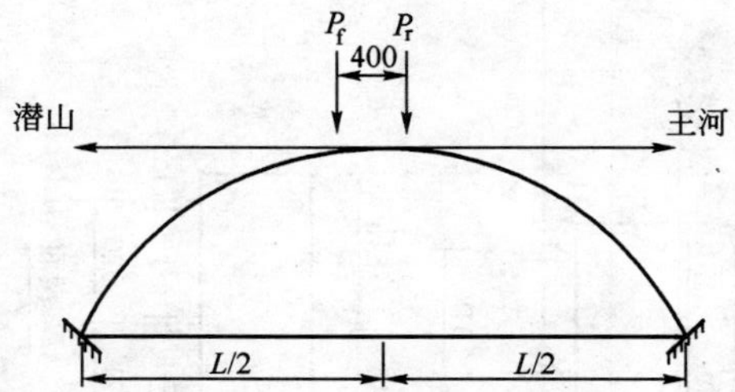	
		II—(2)	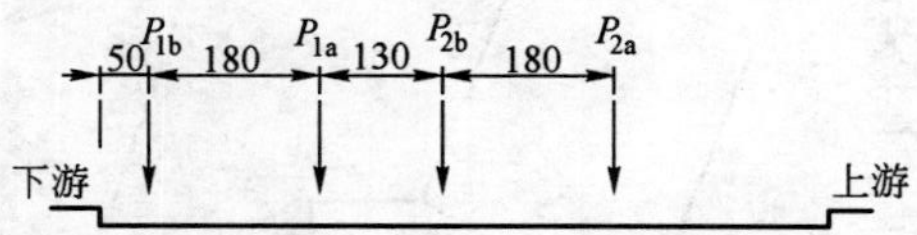		
潜山岸拱脚加载试验	载位 III	III—(1)	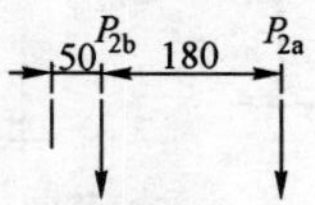	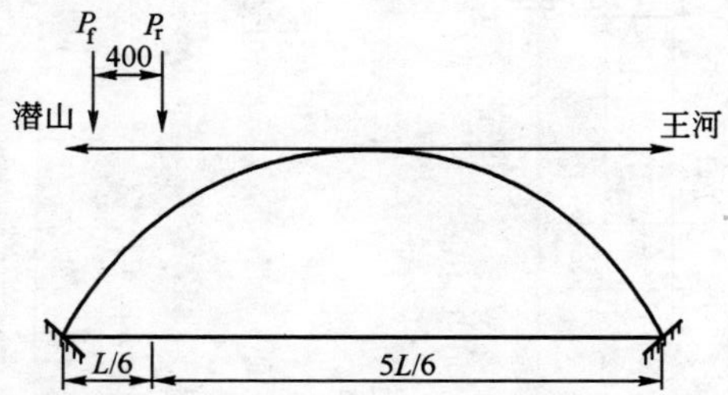	
		III—(2)	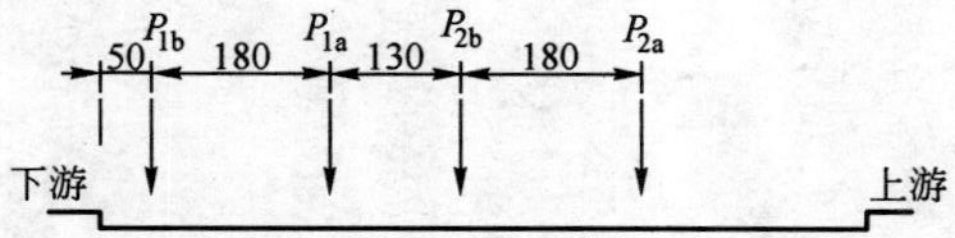		

各载位下加载车轮、轴荷总重表　　表 4.1.3-11

试验载位	荷载等级	轮荷（kN）				轴荷（kN）	
		P_{1a}	P_{1b}	P_{1a}	P_{2b}	P_f	P_r
载位 I	I—（1）	78.0	74.5			40.5	112.0
	I—（2）	78.0	74.5	79.0	80.0	90.5	221.0
载位 II	II—（1）			79.0	80.0	50.0	109.0
	II—（2）	78.0	74.5	79.0	80.0	90.5	221.0
载位 III	III—（1）			79.0	80.0	50.0	109.0
	III—（2）	78.0	74.5	79.0	80.0	90.5	221.0

正式试验程序：

王河岸拱脚加载→拱顶加载→潜山岸拱脚加载。

（2）试验规定

①静力荷载持续时间

每次加、卸载的持续时间取决于结构最大变位测点达到相对稳定所需时间。要求在前一荷载阶段内，结构变位相对稳定后，才能进入下一荷载阶段。

同一级荷载内，结构在最后 5 分析内的变位增量小于前个 5 分钟内变位增量的 15%，或小于所用测量仪器的最小分辨值，则认为结构变位达到相对稳定。

②静力试验量测时间

全部测点在加载开始前均进行零荷载读数，以后每次加载或卸载后立即读数一次，结构变位稳定后，进入下一个荷载阶段再读数一次。

结构变位最大的测点，每隔 5 分钟读数一次，以观测结构变位是否达到相对稳定，每级荷载下读数一般不少于 3 次。

由于裂缝观测费时较多，观测时可不受变位稳定和量测时间的约束。

③静力试验终止条件

如出现下述情形，应立即停止试验。

a. 结构控制部位最大变位超过规范的容许值。

b. 结构控制截面应力超出规范的要求。

c. 桥台变位超过规范要求，或桥台变位出现不能稳定的趋势。

d. 缝宽超过规范容许值的裂缝大量增多，或料石出现开裂时。

e. 拱上建筑局部损坏，影响其正常使用时。

为了消除温度变化对测试结果的影响，试验选择在温度变化不大的夜间进行，并在试验之前进行 45 分钟的温度稳定观测。

5. *静力试验结果分析*

（1）应力

各载位下实测的主要控制截面上缘或下缘应力数值列于表 4.1.3-12 中。按推求的竣工拱轴线，分计入和不计入拱上建筑联合作用两种状况，用材料力学公式求得各试验载位下主要控制截面上、下缘应力列于表 4.1.3-13 中。

各试验载位下主要控制截面上缘或下缘实测应力值

表 4.1.3-12

试验载位	控制截面 / 测点 / 荷载等级	主要控制截面实测应力值 σ_{ap}(kPa)										
		A—A				*B—B*			*C—C*			
		1号	2号	3号	平均	4号	5号	平均	6号	7号	8号	平均
I	I—(1)	44.25	55.28	38.62	46.03	−18.37	−13.77	−16.07	−12.43	−13.51	−11.85	−12.60
	I—(2)	33.58	105.45	81.53	90.19	−41.32	−29.26	−35.29	−28.33	−31.12	−26.80	−28.75
II	II—(1)	−60.07	−70.30	−54.08	−61.48	137.74	97.52	117.63	−18.80	−23.51	−17.95	−20.09
	II—(2)	−93.42	−105.45	−85.82	−94.90	263.30	195.04	229.17	−40.38	−47.61	−37.64	−41.88
III	III—(1)	−15.06	−25.75	−14.75	−18.52	−19.36	−14.63	−17.90	32.91	49.35	26.92	36.39
	III—(2)	−42.91	−45.19	−39.33	−42.48	−36.72	−31.24	−33.98	65.82	35.81	61.19	70.94
备注	(1)"—"表示拉应力。 (2)圬工砌体弹性模量按(JTJ 022—85)规范取 $E=1.18\times104$MPa											

各试验载位下主要控制截面上、下缘计算应力值

表 4.1.3-13

试验载位	荷载等级	主要控制截面实测应力值 σ_{ap}(kPa)											
		主要控制截面计算应力值						计入拱上建筑联合作用					
		A—A		*B—B*		*C—C*		*A—A*		*B—B*		*C—C*	
		$\sigma_上$	$\sigma_下$	$\sigma_上$	$\sigma_下$	$\sigma_上$	$\sigma_下$	$\sigma_上$	$\sigma_下$	$\sigma_上$	$\sigma_下$	$\sigma_上$	$\sigma_下$
I	I—(1)	−172.57	195.96	−26.64	42.68	70.59	−66.56						
	I—(2)	−350.64	398.12	−53.48	85.57	150.31	−133.26	−281.05	329.77	−48.26	86.35	79.76	−61.58
II	II—(1)	185.57	−141.42	322.21	−246.85	142.14	−96.62						
	II—(2)	361.32	−274.62	641.89	−494.01	282.71	−193.52	280.73	−189.25	630.88	−477.98	168.13	−77.54
III	III—(1)	70.59	−66.56	−26.64	42.68	−172.57	195.96						
	III—(2)	150.31	−133.26	−53.48	85.57	−350.64	+398.12	79.76	−61.58	−48.26	86.35	−281.05	329.77
备注	(1)"—"表示拉应力。 (2)在计算主要控制截面内力时,未考虑拱圈和拱上建筑的开裂。 (3)$\sigma_上$、$\sigma_下$ 是按材料力学公式计算的。												

分析表 4.1.3-12、表 4.1.3-13 所列数值可以发现：

①实测各载面应力沿横桥向的分布并不均匀，一般中间大，两边小，且偏载侧的应力略大于非偏载侧。

②不论在 $L/6$ 还是在拱顶加载。由于拱上建筑联合作用效应的存在，主拱圈拱脚和拱顶的弯矩均有不同程度的折减，其中拱脚弯矩折减较多；轴力略有变化，但幅度极小。

③在王河侧 $L/6$ 处加载时实测的 A、B、C 截面（图 4.1.3-4）应力，与在相应的潜山侧 $L/6$ 处施加与之相对称的荷载时实测的 C、B、A 截面应力并不对应相等；且潜山侧 $L/6$ 加载实测的各截面应力要比王河侧 $L/6$ 对称加载实测的对应截面上的应力小。其原因主要是由于结构构造的实际不对称性两侧拱上建筑的不对称开裂，以及斜拱效应等影响。

④各试验载位下实测的主要控制截面应力均小于相应的理论计算应力。

（2）挠度

各试验载位下实测的 $L/4$、$L/2$ 和 $3L/4$ 截面的挠度值列于表 4.1.3-14 中，拱纵向变位曲线见图 4.1.3-9。按推求的竣工拱轴线，分计入和不计入拱上建筑联合作用两种状况，求得的 $L/4$、$L/2$、$3L/4$ 截面主拱挠度列于表 4.1.3-15 中。

纵观表 4.1.3-14，表 4.1.3-15 中所列数值和图 4.1.3-9，可以看到：

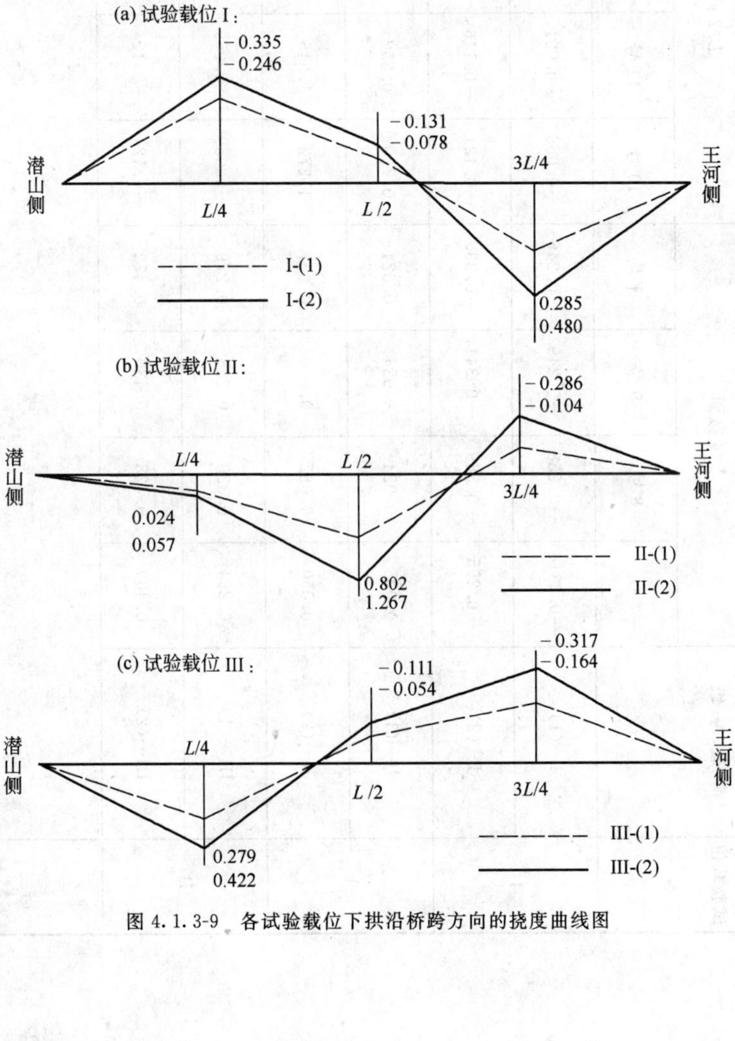

图 4.1.3-9　各试验载位下拱沿桥跨方向的挠度曲线图

表 4.1.3-14

各试验载位下 $L/4$、$L/2$、$3L/4$ 截面实测挠度值

试验载位	荷载等级	$L/4$、$L/2$ 和 $3L/4$ 截面实测挠度值(mm)											
		$L/4$ 截面				$L/2$ 截面				$3L/4$ 截面			
		7号	8号	9号	平均	10号	11号	12号	平均	13号	14号	15号	平均
I	I—(1)	−0.2314	−0.258	−0.249	−0.246	−0.069	−0.091	−0.074	−0.078	0.265	0.298	0.292	0.285
	I—(2)	−0.295	−0.369	−0.341	−0.335	−0.121	−0.146	−0.125	−0.131	0.471	0.483	0.487	0.480
II	II—(1)	0.025	0.024	0.024	0.024	0.760	0.852	0.794	0.802	−0.092	−0.123	−0.097	−0.104
	II—(2)	0.050	0.062	0.060	0.057	1.272	1.315	1.273	1.267	−0.277	−0.295	−0.286	−0.286
III	III—(1)	0.254	0.320	0.268	0.279	−0.069	−0.069	−0.050	−0.054	−0.149	−0.173	−0.171	−0.164
	III—(2)	0.409	0.428	0.430	0.422	−0.124	−0.124	−0.124	−0.111	−0.297	−0.362	−0.292	−0.317
备注	(1)"—"表示上拱。 (2)$L/4$ 截面为潜山侧 $L/4$ 截面,$3L/4$ 截面为王河侧 $L/4$ 的截面。												

各试验载位下 **$L/4$、$L/2$、$3L/4$** 截面计算挠度值　　表 4.1.3-15

试验载位	荷载等级	$L/4$、$L/2$、$3L/4$ 截面计算挠度值（mm）					
		状况［1］			状况［2］		
		$L/4$	$L/2$	$3L/4$	$L/4$	$L/2$	$3L/4$
I	I—（1）	−0.392	−0.210	0.552			
	I—（2）	−0.786	−0.423	1.105	−0.619	−0.351	0.953
II	II—（1）	0.066	1.305	−0.279			
	II—（2）	0.100	2.573	−0.524	0.071	2.480	−0.442
III	III—（1）	0.552	−0.210	−0.392			
	III—（2）	1.105	−0.423	−0.786	0.953	−0.351	−0.619
备注	（1）"—"表示上拱。 （2）状况［1］、状况［2］分别为不计入和计入拱上建筑之联合作用。 （3）$L/4$、$3L/4$ 截面分别为潜山侧和王河侧 $L/4$ 截面。 （4）挠度计算中，未计入主拱圈和拱上建筑的开裂影响。						

①实测的 $L/4$、$L/2$ 和 $3L/4$ 截面挠度反映的拱桥受力特点与实测应力所反映的较为一致。

②控制截面的实测挠度沿横桥向的分布规律与实测应力基本相同，不同的是挠度横桥向分布要比实测应力横桥向分布相对均匀些。

③实测的主拱变位变化规律与理论计算结果相符，但实测变化要比相应的计算变位小得多。在采用不带有和带有拱上建筑计算图式计算时，实测变位分别为计算变位的 0.310～0.628 和 0.37～0.803。

（3）桥台变位

各试验载位下所有桥台变位的测点读数几乎全在测量仪器的误差范围内，表明实测的桥台水平位移和沉降均极小，因此可以认为在试验荷载作用下桥台无变位。

（4）裂缝

试验前，对主拱圈和拱上建筑的初始裂缝作了目测检查，检查结果如图 4.1.3-2～4.1.3-4 所示，所有裂缝均出现在砂浆砌缝上。

试验过程中，主要观测了两端拱脚裂缝的扩展情况。观测结果，试验荷载下拱脚裂缝基本上没有扩展。

6. 静力试验结果评定

（1）静力试验荷载效率

试验荷载作下控制截面内力计算值 S_s 与评定标准荷载下同一截面的内力计算值 S 之比 ξ，即试验荷载效率，一般要求：

$$0.95 < \xi = \frac{S_s}{(1+\mu)S} < 1.05 \qquad (4.1.3\text{-}10)$$

式中：$(1+\mu)$ ——按（JTJ 021—85）规范取用的冲击系数。本桥采用 $(1+\mu)=1$；

S——两列汽-10 标准荷载作用下控制截面内力值。

本次试验的试验荷载效率 ξ 如表 4.1.3-16 所列，由表可知，用控制弯矩求得的试验荷载效率 ξ 除载位 II 能满足上述要求外，载位 I、III 均低于上述要求。但是，拱的受力状态主要为偏心受压，因而仅考虑弯矩效应一项是不够的，必须研究轴力、弯矩之组合效应。表中 ξe_0 是考虑了恒载、温降、桥台位移、汽车荷载和试验荷载产生的轴力、弯矩组合效应的结构试验效率，其值在要求的范围内。因此可以认为试验荷载作用下的结构力学效应足以反映两列汽-10 标准评定荷载作用下的结构试验效率。

静力试验荷载的效率 ξ 值　　表 4.1.3-16

试验载位	S_s			S			ξ		
	弯矩 M（kN·m）	轴力 N（kN）	偏心距 e_0（m）	弯矩 M（kN·m）	轴力 N（kN）	偏心矩 e_0（m）	ξ_M	ξ_N	ξe_0
I、III	−1155.15	266.37	0.783	−1405.67	533.58	0.785	0.822	0.499	0.977
II	643.66	502.80	0.412	623.61	728.33	0.405	1.032	0.690	1.017
备注	（1）S 的计算没有考虑主拱圈开裂和拱上建筑联合作用。 （2）S_s、S 中的偏心距 e_0 均计入了恒载内力、温降和桥台位移引起的附加内力。								

（2）结构工作状况评定

①工作应力评定

根据“大跨径混凝土桥梁的试验方法”（以下简称“试验方法”）和“公路旧桥承载能力鉴定方法”（以下简称“鉴定方法”）的要求，将实测的各控制截面的应力值 S_e 与试验荷载作用的理论计算值 S_{stat} 进行比较，比较结果于表 4.1.3-17。其比值 η 即为结构的校验系数。由表 4.1.3-17 可知，不考虑拱上建筑联合作用时，结构校验系数为 0.178～0.773，小于“鉴定方法”规定的 0.8。考虑拱上建筑与受力时，结构校验系数为 0.215～0.856。由此反映，在试验荷载作用下结构强度能满足使用要求。

②变位评定

从前面的分析可知，载位 I、II 和 III 作用下实测的主拱圈挠度最大绝对值之和分别为 0.856mm、1.610mm 和 0.792mm，远小于（JTJ 022—85）规范规定的 $L/1000=51.012$mm，且小于按无铰拱的分析计算值。表明在试验荷载作用下结构的刚度能满足使用要求。

实测的各控制断面的残余变位 f_p 与总变位 f_t 的比较结果列于表 4.1.3-18 中。其值在 5.680～18.483%之间，小于“试验方法”和“鉴定方法”所规定的 20%。由此说明，尽管结构存在裂缝，但在试验荷载作用下，结构基本上仍处于弹性工作阶段。

③裂缝评定

由前述可知，在整个荷载试验过程中主拱圈未出现任何新的裂缝，原有裂缝也没有扩展，参照“试验方法”和“鉴定方法”的要求，可以认为在试验荷载下结构工作状况良好。但考虑到主拱圈拱脚、拱顶部位以及拱上建筑裂缝较多，现在的裂缝不少又超过“鉴定方法”所规定的容许缝宽 0.3mm。因此，建议对这些裂缝进行适当的封闭处理。

表 4.1.3-17

主要控制截面的结构校验系数 η 值

试验载位	荷载等级	控制截面	实测应力值 S_e		计算应力值 S_{stat}		结构校验系数 η			
			最大值 S_{emax} (kPa)	平均值 $\overline{S}_e$ (kPa)	S_{stat1} (kPa)	S_{stat2} (kPa)	$\eta_1=\frac{S_{emax}}{S_{stat1}}$	$\eta_2=\frac{S_{emax}}{S_{stat2}}$	$\eta_3=\frac{\overline{S}_e}{S_{stat2}}$	$\eta_4=\frac{\overline{S}_e}{S_{stat2}}$
I	I—(2)	*A—A*	105.45	90.19	398.12	329.77	0.265	0.320	0.227	0.273
		B—B	−41.32	−35.29	−53.48	−48.26	0.773	0.856	0.660	0.731
		C—C	−31.12	−28.75	−133.26	−61.58	0.234	0.505	0.216	0.467
II	II—(2)	*A—A*	−105.45	−94.90	−274.62	−189.25	0.384	0.557	0.346	0.501
		B—B	263.30	229.17	641.89	630.88	0.410	0.417	0.357	0.363
		C—C	−47.61	−41.88	−193.52	−77.54	0.246	0.614	0.216	0.540
III	III—(2)	*A—A*	−45.19	−42.48	−133.26	−61.58	0.339	0.734	0.319	0.690
		B—B	−36.72	−33.98	−53.48	−48.26	0.687	0.761	0.635	0.704
		C—C	85.18	70.94	398.12	329.77	0.213	0.258	0.178	0.215
备注	(1) S_{stat1} 和 S_{stat2} 分别为不计入和计入拱上建筑联合作用的理论计算值。 (2) S_{stat1}、S_{stat2} 的计算见表 4.1.3-13									

主要控制截面的残余变位 f_p 与总变位 f_t 之比　　表 4.1.3-18

试验载位	荷载等级	控制截面	残余变位 $\overline{f}_p$ (mm)	总变位 $\overline{f}_t$ (mm)	$\overline{f}_p/\overline{f}_t$ (%)
I	I—（2）	$L/4$	−0.058	−0.335	17.313
		$L/2$	−0.024	−0.131	18.321
		$3L/4$	0.080	0.480	16.667
II	II—（2）	$L/4$	—	0.057	—
		$L/2$	0.072	1.267	5.630
		$3L/4$	−0.024	−0.286	8.392
III	III—（2）	$L/4$	0.078	0.422	18.483
		$L/2$	−0.019	0.111	17.117
		$3L/4$	−0.025	−0.317	7.887
备注	（1）“—”表示上拱。 （2）$\overline{f}_p$、$\overline{f}_t$ 分别为各控制截面的实测平均值。 （3）$L/4$、$3L/4$ 截面分别为潜山侧和王河侧 $L/4$ 截面。				

④桥台变位评定

从试验结果来看，在试验荷载下桥台没有任何变位，这表明在试验荷载下桥台是相当稳定的。可是，由于试验荷载是短期的，桥台背后填土不足，地基较弱，尽管这些年来桥台变位已稳定。但为慎重起见，应补足台后填土，并且在今后的使用中对桥台进行长期的稳定观测。

四、结构承载能力非线性分析评定

荷载试验已证实，王河桥能够承受两列汽-10 标准荷载，而采用常规的无铰拱检算方法，拱脚截面强度难以满足要求（见承载能力检算），这是因为计算中没有考虑主拱圈开裂后的受力变化。后采用考虑平铰拱的计算方法，拱脚截在检算强度能满足要求。但平铰拱的计算方法假定只有当拱脚区段开裂时，显然，这种分析方法对拱顶，拱脚均有开裂的王河桥是否合适还值得进一步探索。这里，应用“双曲拱上部结构承载能力的评定”研究报告（交通部公路科学研究所，1987）提出的“考虑开裂引起内力重分布的分析方法”进一步对拱脚截面强度进行评定。

1. 考虑开裂引起内力重分布的分析方法

（1）基本假定

考虑开裂引起内力重分布的分析方法，是将结构非线性分析理论用于评定圬工拱桥，其基本假定如下：

①截面应变符合平面假设，为线性分布。

②圬工砌体不能承受拉应力。当截面出现拉应力后，该部分圬工退出工作。

③力的叠加原理不适用，各种荷载应一次作用于结构体系上，不计荷载的历程。

④考虑几何非线性。为了考虑桥台水平位移引起的拱轴线变化，从简便实用出发，以所产生的桥台水平位移的一半形成的拱轴线作为计算拱轴线。

⑤考虑材料的非线性。

对圬工砌体，取用的 σ-ε 曲线，见图 4.1.3-10。

$$\sigma = R_a(1-e^{-\xi\varepsilon}) \tag{4.1.3-11}$$

式中：R_a——圬工砌体的抗压极限强度，本桥 $R_a=14.8$MPa；

ξ——圬工砌体变形的弹性特征值，$\xi=E/(0.783R_a)$；其中 E 为圬工砌体的弹性模量，本桥 $E=1.18\times10^4$MPa。

这样式（4.1.3-11）可写成

$$\sigma = R_a(1-e^{-1018.26\varepsilon}) \tag{4.1.3-12}$$

⑥不计拱上建筑的联合作用效应。因为当桥台发生一定的水平位移时，拱上建筑均已有不同程度的损坏。

（2）计算方法与步骤

计算分两部分进行：一是计算主拱圈各面的内力；二是用所计算的内力，按截面平衡的条件，求出截面的应变及应力，并算出截面特征的折减值，据此重复第一部分的计算内容。如此反复迭代，最终得出结果。

计算方法和步骤如下：

①先按无铰拱计算出包括恒载、活载、温度及桥台水平位移等附加荷载在内的各截面内力 M、N。

在桥台水平位移较大时，此时算出的拱顶、拱脚截面内力偏心距有可能在截面之外，截面已无法满足平衡条件。在这种情况下应先将拱顶、拱脚截面的抗弯刚度乘以小于 1 的系数，再转入下一步计算。

②各截面按照应变线性分布的假定以及平衡条件，计算出截面的拉、压应变 ε_T 和 ε_c。

由应变线性分布假定，求出的截面受压区高度 y_0 以及受压区边缘 x 处的应变 ε_x（图 4.1.3-11）为

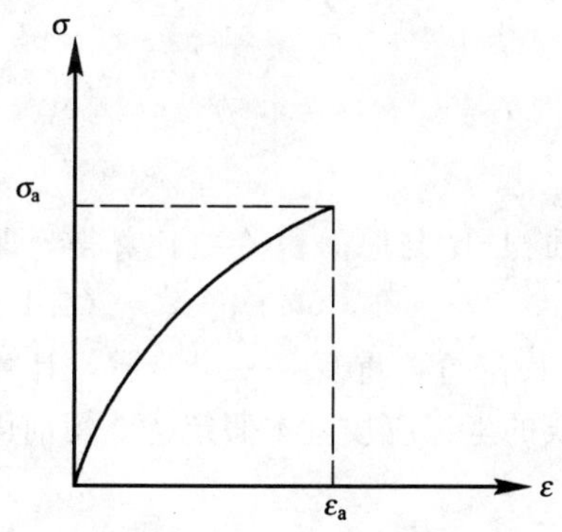

图 4.1.3-10　σ-ε 曲线图

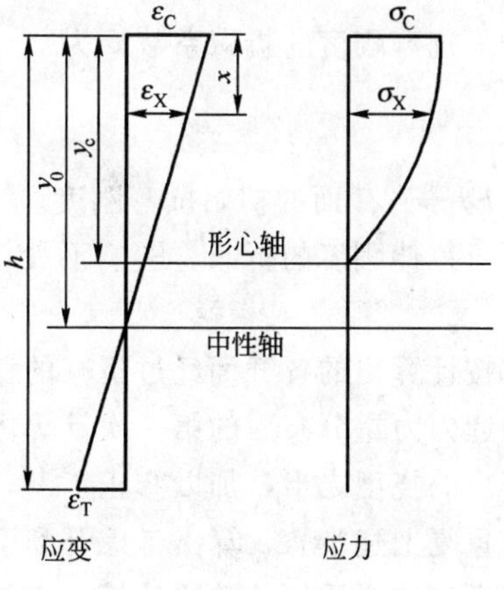

图 4.1.3-11　σ-ε 计算图式

$$y_0 = \frac{\varepsilon_c}{\varepsilon_c - \varepsilon_T} \cdot h \tag{4.1.3-13}$$

$$\varepsilon_x = \varepsilon_c - \frac{x}{h}(\varepsilon_c - \varepsilon_T) \tag{4.1.3-14}$$

式中应变符号：压应变为正值，拉应变为负值。用上述的圬工砌体应力应变的非线性关系式（4.1.3-12），即可得到相应于 ε_x 的应力 σ_x：

$$\sigma_x = R_a\left\{1 - e - 1018.26\left[\varepsilon_c - \frac{x}{h}(\varepsilon_c - \varepsilon_T)\right]\right\} \tag{4.1.3-15}$$

由于圬工拱桥主拱圈一般为矩形截面，因此由截面平衡条件可得到：

$$R_{ab}\int_0^y O\left\{1 - e - 1018.26\left[\varepsilon_c - \frac{x}{h}([\,])\varepsilon_C - \varepsilon_T\right]\right\}dx = N \tag{4.1.3-16}$$

$$R_{ab}\int_0^y O\left\{1 - e - 1018.26\left[\varepsilon_c - \frac{x}{h}([\,])\varepsilon_C - \varepsilon_T\right]\right\}\cdot(y_c - x)dx = M \tag{4.1.3-17}$$

式中：b——矩形截面的宽度；

y_c——截面形心轴距受压区边缘之距，$y_c = h/2$。

经过一系列的积分和变换运算后，式（4.1.3-16）、式（4.1.3-17）可写成：

$$\varepsilon_T = \frac{N - R_{ab}h}{N}\varepsilon_c - \frac{R_{ab}h}{1018.26N}[e - 1018.26\varepsilon_c - 1] \tag{4.1.3-18}$$

$$M = \frac{hN}{2} - \frac{R_{ab}h^2\varepsilon_c^2}{2(\varepsilon_c - \varepsilon_T)^2} + \frac{R_{ab}h^2\varepsilon_c}{1018.26(\varepsilon_c - \varepsilon_T)^2} + [e - 1018.26\varepsilon_c - 1] \tag{4.1.3-19}$$

求解式（4.1.3-18）和式（4.1.3-19）可采用试算法，即先假定 ε_c，由式（4.1.3-18）计算出相应的 ε_T，将 ε_c、ε_T 代入式（4.1.3-19）可算出一个对应的 M'。比较 M' 和 M，若 $|M'-M|/|M|>1\%$，则改变 ε_c，重复上述步骤，直至 $|M'-M|/|M|<1\%$。此时相应的 ε_c、ε_T 即为满足上述平衡条件的解。

③计算截面特征值的折减系数

依据步骤②求出的截面拉、压应变 ε_T 和 ε_c，可按下式计算出截面的应变曲率 ϕ。

$$\phi = (\varepsilon_c - \varepsilon_T)/h \tag{4.1.3-20}$$

截面抗弯刚度的折减系数 α 为

$$\alpha = \frac{M}{\phi EI} \tag{4.1.3-21}$$

式中：EI——截面的初始抗弯刚度。

至于拉伸刚度的折减，影响不大，可近似按受压面积 A_1 与原面积 A 之比算得，即：

$$\beta = A_1/A \tag{4.1.3-22}$$

④按计算出的各截面经过折减的截面特征值 αET 及 βEA，重复第一个步骤，计算考虑开裂引起内力重分布后的第一次计算内力。此时拱轴线的坐标应按基本假定④，用前面第一步骤算出的挠度之半，加以修正。

⑤重复上述步骤，算出考虑开裂引起的内力重分布后的第二、三次计算内力。

⑥经过这样重复的迭代计算，直至相邻两次计算的内力或抗弯、拉伸刚度折减系数的误差不大于5%，即可认为此内力就是考虑开裂引起内力重分布后的内力。由 ε_c 也可求得截面的最大压应力。

2. 拱脚截面强度评定

(1) 内力计算

恒载、降温（包括收缩）和桥台水平位移的计算见承载能力检算。需要说明的是，由于力的叠加原理不适用，荷载只能一次施加，分项计入荷载安全系数，尤其是在恒载、活载效应存在同号或并号时。考虑到荷载组合后要乘 0.3 的荷载组合系数，这样不论是内力的绝对值还是压力偏心距均比直接引用各项荷载计算的内力的总和为小，详见表 4.1.3-7 和表 4.1.3-8 所列。所以在考虑开裂引起内力重分布的计算方法中，直接引用各项荷载，不乘任何系数。其计算内力偏大，即偏安全。

用“考虑开裂引起内力重分布的分析方法”求得的王河桥拱脚截面在恒载、降温（包括收缩）、桥台水平位移和两列汽-10 标准荷载共同作用下的最不利内力和相应的截面特征值折减系数如下：

抗弯刚度折减系数

$$\alpha = 0.754$$

拉伸刚度折减系数

$$\beta = 0.8106$$

荷载效应组合值：

轴力 $N = 20148.2\text{kN}$

弯矩 $M = -10990.2\text{kN}\cdot\text{m}$

在内力计算中，依据荷载试验评定结果，用试验荷载 I—（2）作为活载来代替产生拱脚截面最不利力学效应的两列汽-10 标准荷载。这样做，一方面可以通过计算与实测结果的比较分析来验证上述的可靠性。另一方面也使计算简便而又不致于产生过大的偏差。

(2) 截面强度评定

拱脚截面压力偏 e_0 为

$$e_0 = \frac{M}{N} = \frac{10990.2}{20148.2} = 0.5445\text{m}$$

此值小于规范（JTJ 022—35）要求的 $0.7y = 0.7 \times 1.65/2 = 0.5775\text{m}$，此时，截面抗力效应的设计值 N_{jp} 可按承载能力检算或表 4.1.3-8 计算：

$$\begin{aligned} N_{jp} &= \alpha\beta A R_a^j/\gamma_m \\ &= 0.4168 \times 0.8106 \times 11.22 \times 14800/1.92 \\ &= 29220.5\text{kN} \end{aligned}$$

大于拱脚截面的荷载效应组合值 $N_j = 20148.2\text{kN}$。由此反映，拱脚截面的强度能满足要求。

(3) 计算与试验结果的对比

根据上述计算的拉伸刚度折减系数 β，求出拱脚截面的最大开裂高度 x 为

$$x = 1.65(1-\beta) = 1.65 \times (1-0.8106) = 0.313\text{m}$$

可见其值小于调查中所发现的开裂高度（表 4.1.3-5）。因此反映这些裂缝很可能是一些表面潜缝。这是因为砂浆材料性能较差，长期暴露在大气中的表层砂浆易受侵蚀而退化，在温度收缩和荷载等因素影响下，极易开裂且裂缝还会有不同程度的扩展。但是，目前由于

受检测手段的限制，在局部非破损的情况下无法测出裂缝的的开裂深度及其在构件内的分布。因此，对上述现象难以作更为详尽的解释。这也是在大多旧桥中无法按实际开裂情形进行荷载检算的主要原因之一。

试验荷载Ⅰ—（2）作有下王河侧拱脚下缘实测应力为：最大应力 $\sigma_{max}=105.5$kPa，平均应力 $\sigma=90.2$kPa，相应的理论计算应力 $\sigma_p=135.9$kPa。可见，计算应力与实测应力较为接近，且计算应力大于实测应力。这是因为在计算中采用了裸拱计算图式，完全不计拱上建筑的作用，同时也与计算中没有考虑拱脚的轴线下降的因素有关。另外，在计算模式中，也没有考虑开裂而引起的转动，计算结果仍偏于安全。由此说明，用“考虑开裂引起内力重分布的分析方法”来分析拱顶和拱脚均有一定程度开裂的圬工拱桥，其结果与实际情况较接近，且偏于安全。

3. 检算评定结论

通过荷载试验与分析计算，王河桥现在尚能承载两列汽-10 活载。但必须加强观测并进行下列维修，才能正式开放交通。

（1）台后填土一定要补足到设计标高

目前台后填土高度差 1m 多的情况必须改变，应按原设计，将台后的土填到应用的高度。施工时应形成新老土层的良好结合，并确保 95％的压实度。

（2）裂缝灌浆

目前主拱圈拱脚及拱顶区段及腹拱圈、立墙均有一些裂缝，为了提高桥梁的耐久性，应对宽度＞0.3mm 的裂缝，用环氧树脂进行灌浆；对于一些较宽的裂缝，也可用环氧砂浆进行灌浆。

（3）修整桥面

①以实际标高为基础进行修整，使桥上基本保持为平坡。去掉拱顶多余的填土，两侧不足的部分则要补足。

②将现在的高低不平的桥面修整成有 2.5％横坡的桥面，使桥面的横向能排除雨水。

（4）设置限理标志。明确限重 10t。

（5）加强观测。

①在桥台处建立固定标志点，定期观测桥台有否继续变位。

②定期观测桥面高程，以判断拱圈是否继续下沉。

③注意观测裂缝。

§1.4 拱桥上部结构加固技术

一、加固设计原则

拱桥加固设计应遵循的原则。

（1）对症下药，标本兼治。要根据旧桥的病害情况和整体受力情况具体分析，找出原因，对症下药。

①通过检测、试验准确的判断桥梁已有病害的性状、程度，选用科学的方法评价结构的实际承载力。

②选用合适的加固技术，确保达到加固目的。

③对已发现的病害或缺陷，要一次改造到位，不留后患。

(2) 方便施工原则。加固方案的制订要充分考虑到当地施工条件和施工难度，方便施工。

(3) 经济性原则。

①加固费用少于新建费用的 40%时，应优先考虑改造加固。

②在确定加固方案时，应选择费用最经济合理的加固方法。

(4) 对原结构的损伤，应尽可能减至最低。在加固时，为使新老混凝土结合好，共同承载，一般要采取钻孔锚筋、开凿原有混凝土等措施，但在满足功能的前提下，对原有结构的损伤应尽可能的少。

(5) 加固方案的选择应尽可能的不中断交通，或者少中断交通，或在施工中搭建便桥，既方便施工，减少干扰，也提高社会经济效益。

二、加固方法

针对不同原因引起的病害，应分别采用不同的方法对旧桥进行加固。通常，拱桥主要加固方法有粘贴钢板加固法；增设主拱加固法；加强横向联结加固法；增厚拱板加固法；主拱截面扩大加固法；调整恒载改变压力线加固法；改变结构体系加固法；顶推调整拱脚水平位移加固法等。

1. 粘贴钢板加固法

(1) 特点与运用范围

粘贴贴钢板加固法是采用环氧树脂系列粘结剂将钢板粘贴在拱肋受拉缘或薄弱部位，使之与结构物形成整体，用以代替需增设的补强钢筋，增加截面的抗弯、抗剪能力的一种加固方法。1972 年以来，以环氧树脂作为粘接剂修补混凝土结构的经验得以推广，在拱桥的加固中，常用的方法主要有通过环氧胶浆粘贴钢板、钢筋来加固主拱圈，增大主拱圈强度。

在粘贴钢板的方法中有时需使用螺栓加压。在使用胶粘剂粘贴之前，在主拱圈上按一定间距凿孔并埋入螺栓，然后将预先钻孔的钢板通过螺帽紧固在拱肋上。利用胶粘剂和螺栓的共同作用使钢板与主拱圈紧密结合。

鉴于粘贴钢板加固法，在钢板的加工、成型方面有一定的难度，而且有时贴附不够完善的情况，也有采用粘贴钢筋进行加固的，如图 4.1.4-1 所示。

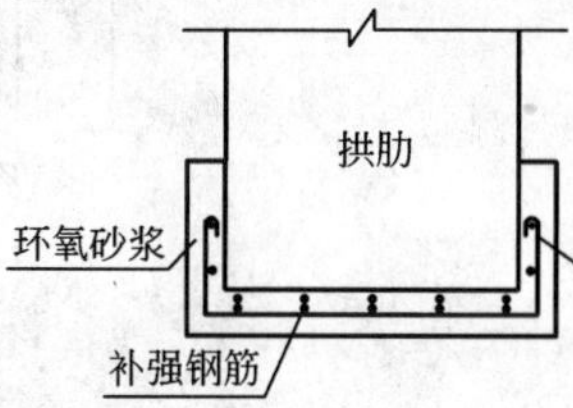

图 4.1.4-1　粘贴钢筋加固示意图

对于这三种补强方法，广东省曾作过比较实验，在冻融循环实验中，以环氧砂浆粘贴钢筋为好，其次为环氧砂浆粘贴钢板螺栓加压。在疲劳实验中也得出相同的结果，单纯粘贴钢板的补强方法和前两种方法相比没有特殊的优势。

原因如下：环氧砂浆粘贴钢筋的补强方法，由于环氧砂浆将钢筋包裹，而浆液又渗入混凝土中，使补强层和被补强层紧密结合，形成整体受力。同时，成型和施工较为方便。环氧砂浆粘贴钢板和钢板加螺栓的方法虽然在提高承载力方面较好，但粘贴面的密合性难以完全保证，有时问题出在施工过程中，故对施工质量的要求较高。

粘贴钢板的加固方法主要有能基本保持结构物的原状、结构简单、施工快速、技术含量较高、施工时车辆通行影响较小等特点。适用于主拱圈产生裂缝或承载力稍微不足等情况。

（2）设计计算与构造措施

粘贴钢板（筋）后，内力计算方法与§1.2节相关内容相同，但以下几点仍有区别。

①内力计算

a. 截面特征的采用：计算恒载内力采用原截面，计算活载内力和附加内力采用新截面。

b. 恒载内力计算：相对于原桥，由于粘贴钢板（筋）增加了主拱的自重，使恒载内力比原桥略有增加。

c. 活载内力计算：活载内力采用新截面计算，对于重型拱上建筑的拱桥基本无影响，但对于轻型拱上建筑的拱桥则要重新考虑活载的横向分布问题，以新的横向分布系数计算活载内力。

d. 附加内力计算：应采用新截面计算，要注意粘贴钢板（筋）后截面特征的变化。

②截面强度验算

粘贴钢板（筋）加固一般不需进行稳定性验算，只需进行截面强度验算。

在截面强度验算时，可认为粘贴和锚固后钢板能够与主拱圈共同作用，增加的钢板可作为钢筋考虑，与原主拱圈共同承受荷载。对于原主拱圈设有抗压钢筋的，加固设计时可不考虑抗压钢筋的作用。

粘贴钢板（筋）后的截面强度验算以矩形截面粘贴钢板（图4.1.4-2）为例，强度验算公式如下：

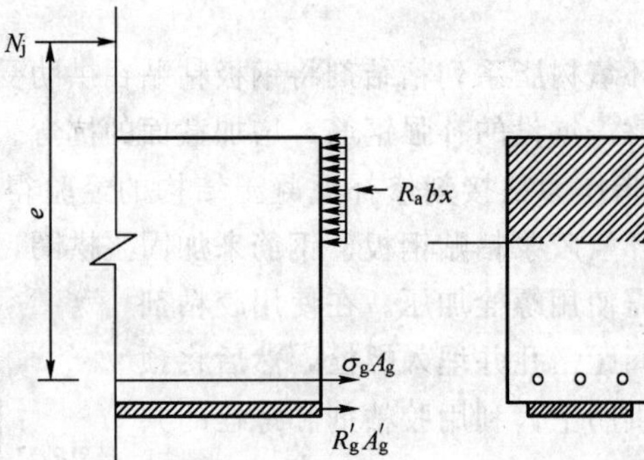

图4.1.4-2 矩形截面粘贴钢板加固计算图式

$$N_j \leqslant \frac{\gamma_b}{\gamma_c} R_a b_x - \frac{\gamma_b}{\gamma_s}(R'_g A'_g + \sigma_g A_g) \tag{4.1.4-1}$$

式中：N_j——按公式（4.1.2-16）等号左边计算的纵向力；

γ_b——构件工作条件系数，取 $\gamma_b = 0.95$；

γ_c——混凝土安全系数，取 $\gamma_c = 1.25$；

γ_s——钢筋安全系数，取 $\gamma_s = 1.25$；

R_a——混凝土的抗压设计强度；

R'_g——粘贴钢板的抗拉设计强度；

σ_g——小偏心受压构件中受拉＜或受压较小边＞钢筋的应力；

A_g、A'_g——分别为纵向受拉钢筋和粘贴钢板的截面面积。

此时，中性轴位置按下式确定：

$$R_a bx\left(e-h_0+\frac{x}{2}\right)=\sigma_g A_g e+R'_g A'_g\left(e+\frac{h'_0-h_0}{2}\right) \tag{4.1.4-2}$$

式中：h_0——受拉钢筋 A_g 合力点至靠近受压截面边缘之间的距离；

e——纵向力作用点至受拉钢筋合力点之间的距离。

当 $\xi=-\frac{x}{h_0}\leqslant\xi_{jg}$ 时，构件属于大偏心受压，式（4.1.4-1）和式（4.1.4-2）中的 σ_g 应采用 R_g；

当 $\xi=>\xi_{jg}$ 时，构件属于小偏心受压，σ_g 按下式计算，但不应大于 R_g 值：

$$\sigma_g=0.003E_g\left(\frac{0.9}{\xi}-1\right) \tag{4.1.4-3}$$

式中：E_g——钢筋弹性模量；

ξ_{jg}——钢筋混凝土大、小偏心构件受压区高度界限系数，按设计规范取值；

ξ——圬工砌体变形的弹性特征值，按规范取值或实测取值。

粘贴钢板的厚度一般为 4～6mm，在确定了厚度以后，通过式（4.1.4-1）算出粘贴钢板的宽度 B_g。

③钢板和粘贴区表面混凝土剪应力验算

以上公式成立的前提是钢板能够与拱肋共同作用，粘贴钢板在加固点外的锚固长度必须保证钢板在拉断之前不发生脱胶等粘结破坏现象。因此，必须进行钢板和粘贴区表面混凝土剪应力验算。以图 4.1.4-3 为例：

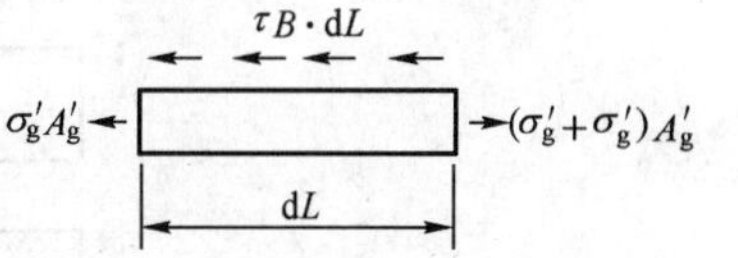

图 4.1.4-3　粘贴区混凝土剪应力计算图式

钢板和粘贴区表面混凝土剪应力验算采用容许应力法计算：

$$\sum X=0$$

$$(\sigma'_g+d'_g)A_{g'}-\sigma_{g'}A_{g'}=\tau B_g \mathrm{d}L$$

$$A_{g'}d\sigma_{g'}=\tau B_g \mathrm{d}L$$

$$\tau=n_{g'}\frac{QA_{g'}(h_0-x)}{B_g I_0}\leqslant[\tau] \tag{4.1.4-4}$$

式中：B_g——钢板宽度。

钢板最小粘贴长度按下式计算：

$$L_g=\frac{\sigma_{g'}}{[\tau]}\times\frac{A_{g'}}{B_g} \tag{4.1.4-5}$$

锚固端混凝土拉应力应小于极限拉应力，即满足以下条件：

$$\sigma_h=\sigma_{h原}+\sigma_{g'}<[\sigma]_{拉} \tag{4.1.4-6}$$

在螺栓钢板共同加固时，螺栓剪应力能与粘结剂共同抵抗钢板与拱圈之间的剪力。设计时可按完全无螺栓考虑，结果偏安全。

④构造措施

粘贴钢板的厚度不宜太厚，一般为 4～6mm；也可采用钢板条件的设计，以更有利于施工和对裂缝的限制。一般选用热轧扁钢带，供货长度可为 6～8m，施工长度可根据需要经现场量测后确定，但搭接长度以不小于 60cm 为宜。

若以钢筋为补强材料，宜采用小直径的钢筋，以减少粘贴用环氧树脂胶层的厚度，节省材料降低成本。一般钢筋的直径不宜超过 8 毫米，环氧砂浆的厚度以不使钢筋外露为准，一般在 15～20mm。

（3）施工要点

①粘贴钢板（筋）加固法工艺流程如下：

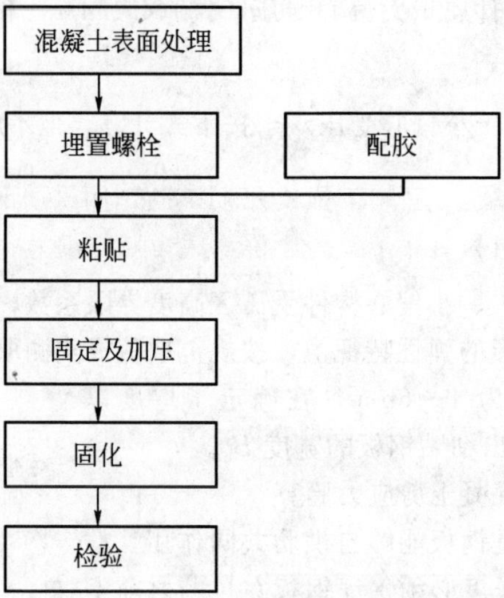

a. 表面处理

应根据现场确定的位置和量测情况，对待贴钢板区进行放样，用磨光机的钢丝轮清除表面的浮浆和疏松物，一般除去混凝土表面 2～3mm 厚表层，使其沙粒及粗集料外露，表面不平的地方应用尖凿轻凿，凿毛凿平，用压缩空气除去粉尘，再用丙酮擦拭表面。

b. 钢板条长度方向埋设膨胀螺栓

ⓐ按布置要求，沿钢板条长度方向打深度不小于 6cm 的盲孔。

ⓑ用压缩空气清理孔内浮尘，再用丙酮清洗盲孔。

ⓒ在孔内涂一层环氧树脂基液。

ⓓ用丙酮浸泡清洗膨胀螺栓，凉干后涂一层环氧树脂基液。

ⓔ向孔内塞入 1/3 孔深的软环氧胶泥。

ⓕ打入膨账螺栓，并紧固后松下螺母。

c. 将钢板按埋好的螺栓位置切割并钻孔后，用磨光砂轮机或喷砂法将钢板除锈，在钢板欲粘贴面加工刻痕，刻痕纹路尽量与钢板受力方向垂直。

d. 用丙酮清洗混凝土表面和钢板欲粘贴面后，再将欲粘合的混凝土面和钢板条表面涂一层薄而匀的环氧树脂基液。

e. 采用涂抹法粘贴钢板。先在混凝土和钢板表面涂一层环氧树脂基液，然后在钢板上均匀铺一层环氧胶泥，厚度控制在 2mm 左右，随即将钢板贴在混凝土表面上，立即加压成型，使多余的胶泥沿板边挤出，达到密贴程度。

f. 加压方式采用膨胀螺栓加方垫、坚固螺母进行锚固加压，压力以不小于 0.1MPa 为宜。

②粘贴钢板（钢筋）加固法的施工要点

环氧砂浆粘贴钢板（钢筋）应注意以下几点：

a. 钢板钻孔要留有余量，以减少施工对位的难度。

b. 完善粘贴面处理。

c. 严格控制环氧砂浆配比。

d. 施工环境温度不宜低于15℃。

e. 涂胶要均匀，严防混入气泡，防止形成空洞或脱胶。

f. 保证成型所需压力。

2. 增设拱肋加固法

（1）特点与运用范围

增设拱肋加固法是在拱肋下新增一根或几根拱肋，使拱肋的上缘与老拱桥连接在一起，形成整体后，共同承受恒载和活载，提高原桥承载力。主拱为肋拱时，可保持原有主拱肋位置不变，在旧肋间加设新拱肋；当主拱为双曲拱时，新拱肋可加设在拱波波顶下缘（如图4.1.4-4所示），也可加在拱波连接处的下缘，即将无肋双曲拱桥变为有肋双曲拱桥（如图4.1.4-5所示）。此法不仅可以提高拱圈承载力，而且可以明显改善原有拱桥的受力状况，对于大跨径桥台水平位移较大的混凝土拱桥的加固、尤其是拱肋较少、主体结构完好而承载力不足，或需要提高荷载等级的拱桥有着较为显著的作用。

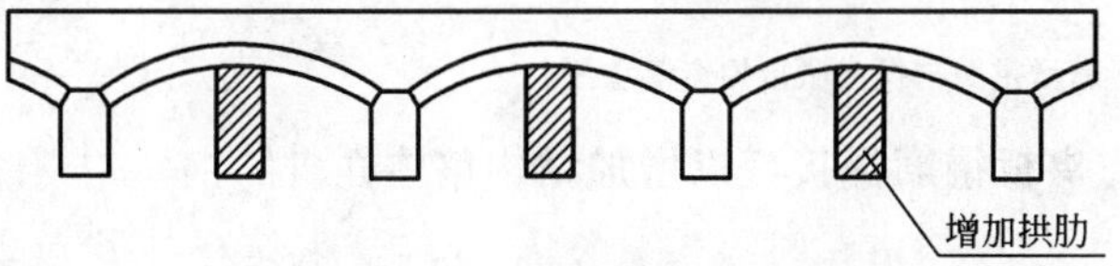

图 4.1.4-4　增加拱肋示意图

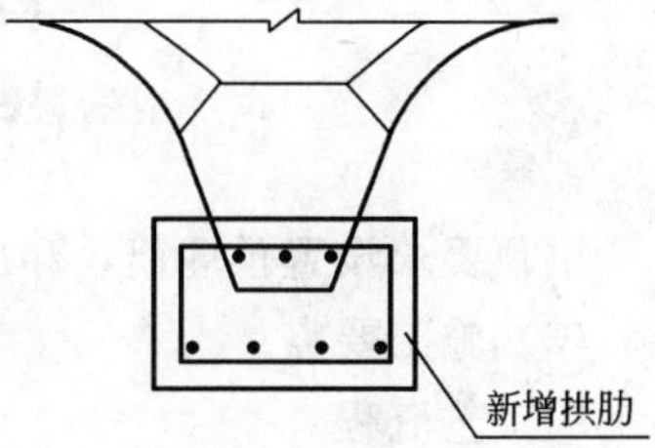

图 4.1.4-5　新增拱肋示意图

（2）设计计算与构造措施

加设拱肋后，设计计算方法与§1.2节内容相同，但以下几点应着重注意区别：

①内力计算

a. 截面特征的采用：新增拱肋截面形式可能与原拱肋不同，因此计算恒载、活载及附加内力时，对每条拱肋均采用各自截面特征。

b. 恒载内力计算：增设拱肋后，恒载集度发生了较大变化。相对于原桥，拱肋的增加导致每条拱肋分担的拱上建筑的恒载集度减小，因而恒载内力减少。

c. 活载内力计算：增设拱肋后，每条拱肋分担的活载均大幅度下降且活载在横桥向的分布更趋于均匀，因而活载内力减小。

d. 附加内力计算：应采用新截面计算，要注意新截面特征的变化。

②截面验算及稳定性验算

增设拱肋加固的截面验算及稳定性验算与§1.2节内容基本相同，应注意对旧拱肋重点验算。

③墩台及基础验算

根据新增拱肋后的恒、活载内力，验算墩台及地基承载力和稳定性。具体参考第五篇有关章节。

④构造措施

新增拱肋截面尺寸可能与原拱肋相同。

为保证拱脚的固结作用，应加强拱脚与墩台帽的联结。对于有支架现浇的拱肋，主筋应伸入墩台帽内，长度不小于规定的锚固长度，施工时拱座部位按拱脚尺寸扩大一定范围开凿，一般每边扩大 20～30cm，并留深 30cm 以上的新增拱肋主筋预埋孔。对于预制安装的拱肋，有图 4.1.4-6 所示的两种形式：一种是拱肋插入拱座，长度不小于 20cm，一种是采用方头拱肋，调整就位后用砂浆封固。

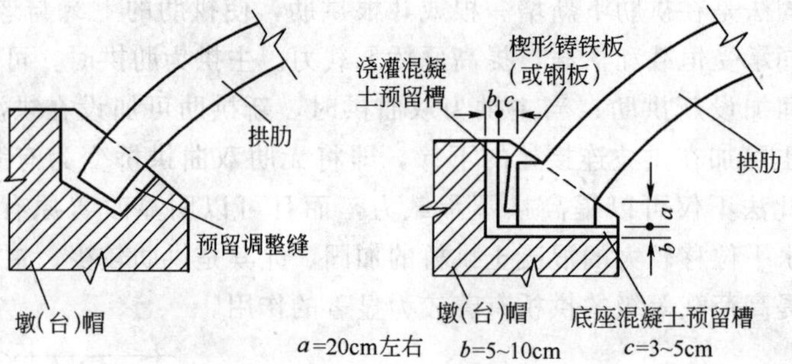

图 4.1.4-6 新增拱肋与拱座联接构造示意图

拱顶要求设置预埋筋，穿出拱波与拱板钢筋焊接，以增加结构整体性。

(3) 施工要点

①工艺流程

以主拱为双曲拱为例，新拱肋增设在拱波波顶下缘，增设拱肋加固法的施工流程如下：

a. 按增设拱肋后的尺寸预制拱肋、拱板。

b. 施工放样：放出新增拱肋在拱座、拱波、拱板、桥面铺装等处的平面布置，以此适当扩大确定开凿范围。

c. 拆除桥面铺装，凿除拱板，卸除拱波、切断横隔断，空出新增拱肋的位置。

d. 按开凿范围凿开拱脚与拱座结合部。

e. 安装拱肋预制块。

f. 浇筑拱脚与拱座结合部及拱肋接头混凝土。

g. 将横隔板钢筋与拱肋预埋钢筋焊，浇筑横隔板接头混凝土。

h. 安装新预制的拱波。

i. 绑扎拱板钢筋网与拱肋预埋钢筋焊接，浇筑拱板混凝土。

j. 绑扎桥面铺装钢筋网，浇筑桥面铺装混凝土。

②施工要点

a. 拱脚与拱座结合部要人工开凿一定的深度并在拱脚底面预留新拱主筋预留孔，以保证固结牢固，深度一般不小于 30cm。

b. 拆除桥面及拱上建筑时，应严格按顺桥向对称，以防止连拱作用的影响。

c. 预制拱肋时，顶部以及与横隔板相连处应设预埋筋，待安装后分别与拱板和横隔板钢筋焊接，以增加结构整体受力性能，位置要准确，拱脚钢筋要长出预制块30cm。

d. 安装新拱肋时，要采取有效措施保证施工过程中的横向稳定性。

e. 混凝土接头处理：浇注混凝土时用钢丝刷清除接头混凝土表面的浮浆和疏松物，一般除去混凝土表面2～3mm厚表层，表面不平的地方应用尖凿轻凿，露出新鲜混凝土表面，清除后用水冲净。

f. 安装拱波时要在拱波与拱肋之间采用高标号砂浆坐浆。

在加固完成后，分别对新旧组合截面和新增截面，在荷载作用下拱顶、拱脚、$L/4$处的受力情况进行了计算分析和试验测定。

①当截面受拉时，实测值更接近于新增截面的计算结果，说明受拉区开裂的截面部分不参与受力，是靠新增的加劲肋部分截面受力。

②当截面受压时，实测值更接近于组合截面的计算结果，说明受压区全截面参与受力。

3. *增厚拱板加固法*

(1) 特点与运用范围

有的双曲拱桥拱肋截面比较强，但拱波显得薄弱，尤其是当横向连接较弱时，会出现拱肋仍处在正常使用阶段，而在拱波顶部分产生纵向裂缝，并集中在拱顶到$L/4$之间的情况，这种情况下，就可采取增厚拱板的加固方法。

在拱板薄弱时，通常采用两种补强方法；一种是现浇钢筋混凝土加厚拱板；一种是采用喷锚混凝土直接加厚拱波。

①现浇钢筋混凝土加厚拱板

加厚时先将拱上填料拆除，用混凝土将波谷填平，再沿全桥宽浇筑混凝土拱板，内设钢筋网（如图4.1.4-7所示）；也可沿拱背等厚度浇筑混凝土拱板，加厚拱板的截面形式（如图4.1.4-8所示）。对于拱脚至$L/4$区段，如果拱波裂缝不多，则可仅将波谷填平而不加厚拱板。为使新旧混凝土能结为整体，施工时需要将原拱波波背混凝土表面凿毛冲洗后再浇新混凝土，其主要工序就是拆除旧拱背填料，重新浇筑钢筋混凝土的过程。

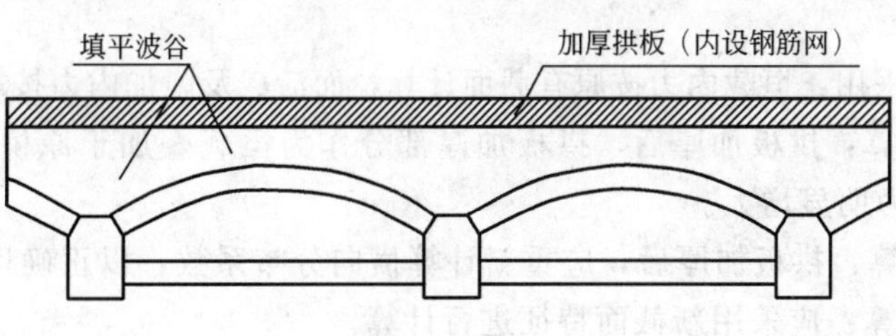

图 4.1.4-7

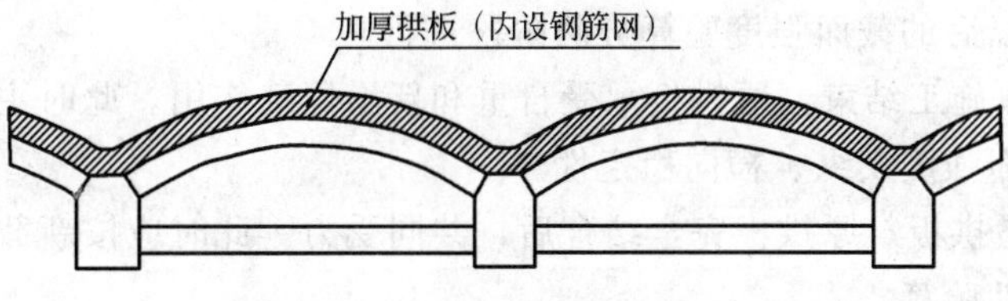

图 4.1.4-8

②喷锚混凝土直接加厚拱波

喷锚混凝土直接加厚拱波是将加固层混凝土喷射到原桥拱波下部（如图 4.1.4-9 所示），喷锚加固层与拱波底面紧密地粘接在一起，组成“喷锚层－锚杆－拱波”整体受力的新的结构体系，阻止原结构继续变形和开裂，提高承载力，调整和改善原结构的应力状态。与现浇钢筋混凝土加厚板相比，该法主要优点是不需拆除原桥拱上建筑，节省工程量。

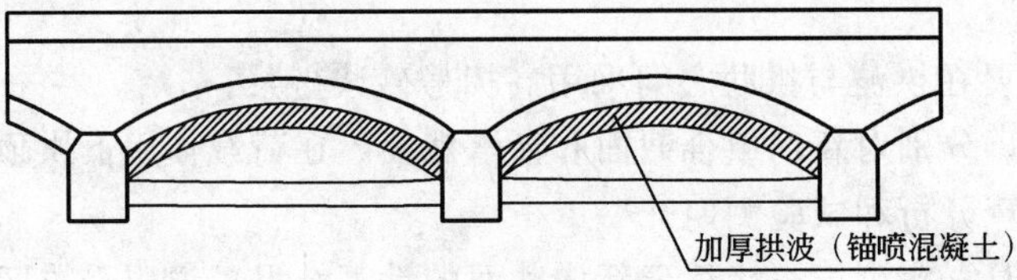

图 4.1.4-9

喷射混凝土就其拌和方式有干拌式和湿拌式两种。

喷锚混凝土由于粘结力和剪力的作用而传递荷载，其机理如图 4.1.4-10 所示：

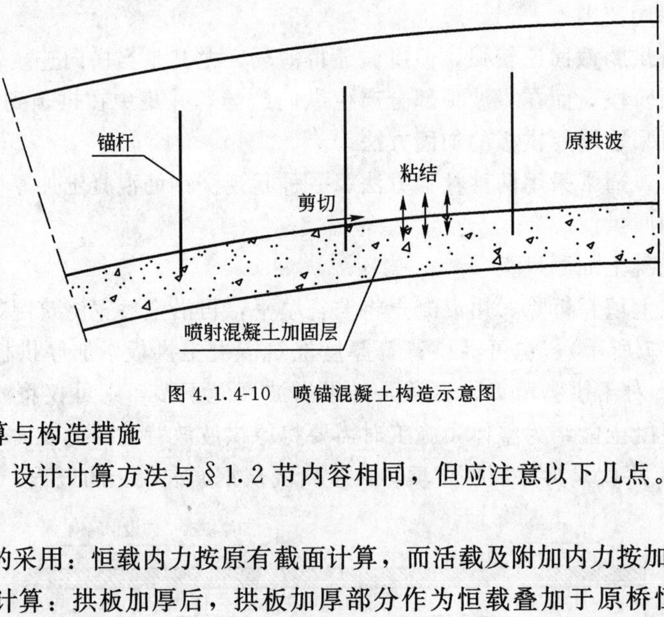

图 4.1.4-10　喷锚混凝土构造示意图

(2) 设计计算与构造措施

加厚拱板后，设计计算方法与§1.2 节内容相同，但应注意以下几点。

①内力计算

a. 截面特征的采用：恒载内力按原有截面计算，而活载及附加内力按加厚的新截面计算。

b. 恒载内力计算：拱板加厚后，拱板加厚部分作为恒载叠加于原桥恒载之上，恒载集度增大造成恒载内力明显增大。

c. 活载内力计算：拱板加厚后，应重新计算横向分布系数，以正确计算活载内力。

d. 附加内力计算：应采用新截面特征进行计算。

②截面强度验算

增加拱板厚度以后的截面强度验算分两阶段进行。

第一阶段：增厚施工结束，原拱板承受自重和新增恒载作用。此时主拱应力最大，应按原截面特征验算截面强度及纵、横向稳定性。

第二阶段：新增拱板与原拱板完全结合后，共同受力。此时应按新截面特征进行截面强度及纵、横向稳定性验算。

验算时可能存在第二阶段内力验算通过而第一阶段通不过的情况，此时加固设计就要考虑对拱板增加临时支撑，待新增拱板与原拱板完全结合后方可拆除。

③稳定性验算

增加拱板厚度后的稳定性验算按§1.2节内容进行，注意采用新截面的特征值。

④基础验算

根据加厚拱板后的组合内力，验算地基承载力和稳定性。具体参照第五篇有关章节内容。

⑤构造措施

a. 加厚拱板时必须采取各种措施保证新老拱板之间紧密粘结。常用方法有：凿毛被加固拱板表面、在原拱板上设置预埋抗剪钢筋等。

凿毛要求凿至露出新鲜混凝土面并尽量粗糙。

预埋筋埋孔深度不宜小于5cm，直径一般不小于12mm。

b. 新增拱板内应按照构造要求设置钢筋网。

对于现浇混凝土加厚法，钢筋网设置在现浇层上表面并保证保护层厚度，钢筋间距可按桥梁施工规范中对构造筋的规定。

对于锚喷混凝土加厚法，钢筋网可贴挂在原拱板上，间距不小于6cm，与锚固钢筋绑扎牢固，以免喷射混凝土时发生移动。

(3) 施工要点

①工艺流程

以喷射混凝土为例，加厚拱板施工工艺如下：

a. 搭设支架。

b. 将混凝土打毛，清洗构件表面，用混凝土冲击钻打孔，吹净灰屑。

c. 用环氧砂浆固定锚固筋，绑扎钢筋网。

d. 喷射混凝土。

e. 养护28天，7天内交通管制，限速行驶。

②施工要点

a. 凿毛要求凿至露出混凝土骨料并尽量粗糙。

b. 预埋钢筋可用混凝土冲击钻打孔，深度不宜小于5cm，钻好后吹净灰屑。

c. 预埋筋直径一般不小于10mm，用环氧砂浆固定于原拱板内。

d. 钢筋网净径不宜小于6cm，以便喷射混凝土完全包裹钢筋，钢筋接头不能集中于某一平面，防止应力集中和混凝土空隙的出现，钢筋网与预埋筋绑扎要牢靠，以免喷射混凝土时发生移动。

e. 喷射混凝土要注意：

ⓐ检查机械设备，试喷高压水，同时清洗原拱波表面。

ⓑ按施工配合比搅拌混凝土，在原拱波外试喷混凝土。调节水灰比到既不喷射干混凝土，又使混凝土不流淌。调节喷射气压，一般在$1.5kg/cm^2$。

ⓒ对原拱波喷射混凝土，喷枪口离构件表面0.8～1.5m为宜。

ⓓ喷射从构件的棱角处向平面处喷射，喷枪来回移动，每次喷厚约2～3cm，每次间隔以半小时为宜，注意喷射平顺。

f. 养护：按照公路桥涵施工规范要求养护，但要注意：7天内必须交通管制，7天后可适当开放交通，限速行驶。

4. 扩大拱肋截面法

(1) 特点与运用范围

混凝土拱桥扩大拱肋截面加固法是采用钢筋和混凝土外包（图 4.1.4-11），加大原拱肋的截面尺寸、增加拱肋断面的含筋率或变无筋拱肋为有筋拱肋、提高拱肋强度的一种加固方法，拱肋截面扩大加固法适用于拱顶截面薄弱而拱脚安全储备较多的拱桥加固。

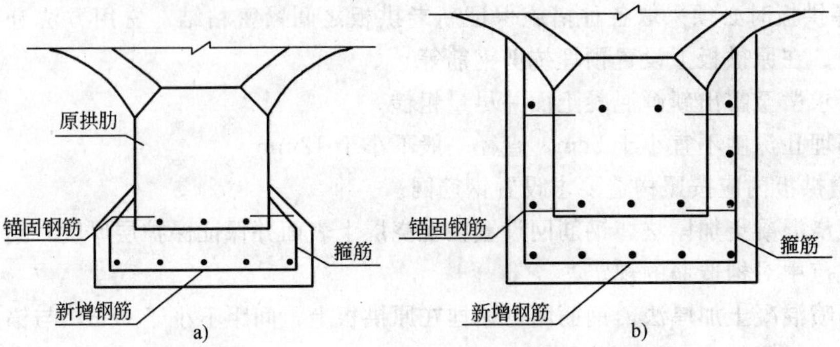

图 4.1.4-11 扩大拱肋加固示意图

a) 仅加固拱肋下部；b) 同时加固拱肋、波结合部

(2) 设计计算与构造措施

①设计计算

a. 内力计算

加大拱肋截面的分阶段受力情况如下：

加固后拱桥恒载（包括新加部分）由老拱肋承受；

活载和二期恒载由新老组合拱肋共同承受。因此，新增加部分的结构可小于老拱肋的安全度储备，以便于新加部分共同承受活载及二期恒载。

计算时要注意：加大拱肋截面后，一般要引起拱轴系数的变化，计算恒、活载时要按新的拱轴系数计算。

ⓐ截面特征的采用：恒载内力按原有截面计算，而活载及附加内力按加厚的新截面计算。

ⓑ恒载内力计算：加大拱肋截面后，截面加大部分作为恒载叠加于原桥恒载之上，恒载集度增大造成恒载内力明显增大。

恒载内力计算可以按§1.2 节内容的方法计算，也可在原桥恒载内力基础上叠加新增部分恒载产生的内力。

计算以全拱肋等厚加一层钢筋混凝土为例。全拱肋等厚加一层钢筋混凝土对于等截面拱还为等截面拱，对于变截面拱还为变截面。拱肋所承受新增部分恒载内力可由图 4.1.4-12 所示进行计算。

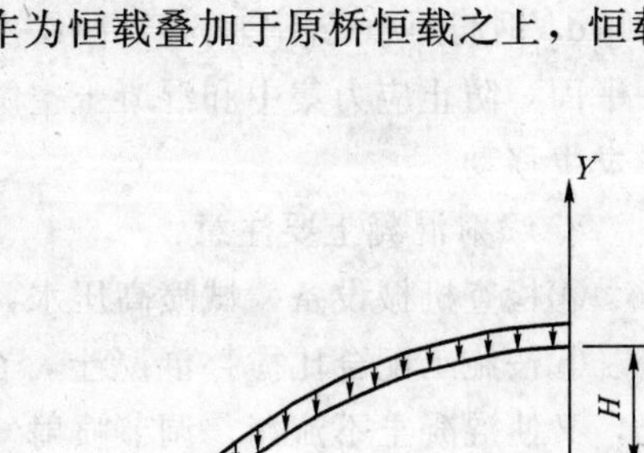

图 4.1.4-12 扩大拱肋截面计算图式

设拱顶部分恒载强度为 g_d （$g_d = h_d b\gamma$），则任意截面 x 的恒载强度 $g_x = g_d/\cos\phi$，在原拱肋弹性中心所引起的弯矩 M_x 和水平力 H_x 分别为

$$M_x=-\frac{\Delta_1 P}{\delta_{11}}=\frac{\int_s \overline{M}_1 M_p \mathrm{d}S/EI}{\int_s \overline{M}_1^2 \mathrm{d}S/EI} \tag{4.1.4-7}$$

$$H_x=-\frac{\Delta_2 P}{\delta_{22}}=\frac{\int_s \overline{M}_2 M_p \mathrm{d}S/EI}{\int_s \overline{M}_2^2 \mathrm{d}S/EI+\int_s \overline{N}_2^2 \mathrm{d}S/EA} \tag{4.1.4-8}$$

其中：h_d——新加部分厚度（折算后）；

b——拱肋宽度（应将所有新加部分折算为同一宽度）；

γ——新加部分材料单位体积重；

$$\overline{M_1}=1, \overline{M_2}=-y, \overline{N_2}=\sec\phi$$

由于 h_d 较小，在具体计算时，可近似地取 $g_x=g_d$，即 $M_p=\frac{1}{2}g_d x^2$ 进行计算。

将 H_x 之值代入式（4.1.2-1）和式（4.1.2-2）后，即可得出新增部分恒载内力。与原桥恒载内力叠加，即得加固后恒载内力。

ⓒ活载内力计算：拱肋截面加大后，应重新计算横向分布系数以正确计算活载内力。

ⓓ附加内力计算：应采用新截面特征计算。

b. 截面强度验算

ⓐ按容许应力法验算截面强度

加固后的效果往往以截面应力变化表现出来，所以用容许应力法验算拱桥加固后应力。这时，按钢筋混凝土构件计算比较合适，如图 4.1.4-13 所示。

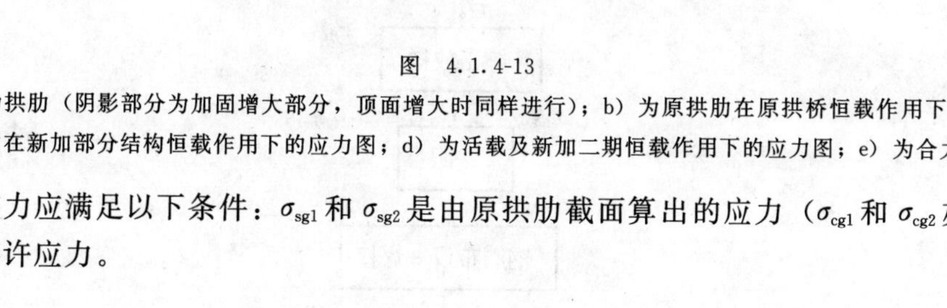

图 4.1.4-13

图中：a）为拱肋（阴影部分为加固增大部分，顶面增大时同样进行）；b）为原拱肋在原拱桥恒载作用下的应力图；c）为老拱肋在新加部分结构恒载作用下的应力图；d）为活载及新加二期恒载作用下的应力图；e）为合力图。

图示应力应满足以下条件：σ_{sg1} 和 σ_{sg2} 是由原拱肋截面算出的应力（σ_{cg1} 和 σ_{cg2} 亦同），应不超出其容许应力。

即：

$$\begin{cases}\sigma_{cg1}+\sigma_{cg2}+\sigma_{cp}=[\sigma_c]\\ \sigma_{sg1}+\sigma_{sg2}+\sigma_{sp}=[\sigma_s]\\ \sigma_{sx}\leqslant[\sigma_{sx}]\end{cases} \tag{4.1.4-9}$$

式中：$[\sigma_c]$、$[\sigma_s]$ ——分别为原拱肋混凝土、钢筋的容许压、拉应力；

$[\sigma_{sg}]$——新加钢筋的容许拉应力。

当拱圈全截面受压时，应由压应力控制，其实 σ_{sg} 将非常小，新拱肋出现的裂缝可能性已不大，并且应控制使拱肋不再出现裂缝或受拉缘不出现拉应力，即 $\sigma_{cx}\leqslant 0$（拉为正）。

ⓑ按极限状态法验算截面强度

这时拱圈的承载能力并不像未加固前那样材料能达到其设计强度值，由于恒载占的比重相当大，往往是老拱肋材料已达到设计强度而新加部分并未达到，老拱肋材料就开始破坏。则可按下面方法进行验算。

令
$$\sigma_{cg1}+\sigma_{cg2}+\sigma_{cp}=R_c$$

式中：σ_{cg1} 和 σ_{cg2}——仅与恒载有关的定值。即

$$\sigma_{cp}=R_c-\sigma_{cg1}-\sigma_{cg2}$$

σ_{cx} 和 σ_{sx} 可按图 4.1.4-13c）所示的几何关系由 σ_{cp} 求得。然后可按照偏心受压构件来计算其承载力（方法同§1.2 节内容）。计算时需要注意受拉区钢筋应力为两个值（σ_s 和 σ_{sx}），且这两值相差较大，不可混为一起。

c. 稳定性验算

增设拱肋加固的稳定性验算应采用新截面特征值进行。

②构造措施

新增主筋一般设于原拱肋底部（包括两侧底部），与U型箍筋一起通过锚固钢筋悬挂在原拱肋上。新增主筋由计算确定，U型箍筋按构造要求确定，一般为Φ6.5 钢筋，间距不大于 25cm。锚固钢筋可在原拱肋两侧分上下两排设置，距肋顶、底缘 7～8cm，间距由增加钢筋的重量确定，但不应大于 50cm，锚固深度不小于 7cm。U型箍筋可半焊半绑于锚固钢筋上。拱脚与拱座结合部要人工凿开拱肋的增大空间和主筋预留孔，以保证固结牢固，深度一般不小于 30cm。

（3）施工要点

①加大拱肋截面的施工程序如下：

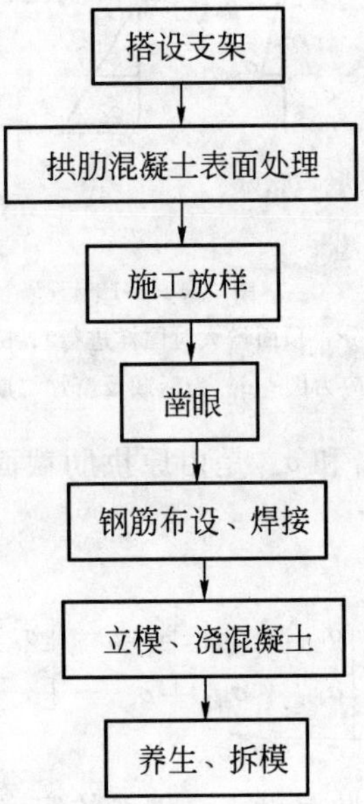

②施工要点

a. 搭设支架时，推荐采用悬吊支架，高度距拱肋底1.0～1.2m。

b. 为保证新旧混凝土之间结合良好，应对原拱肋及横系梁根部混凝土表面处理：清除破碎、松动部位混凝土块和浮浆；凿毛至新鲜混凝土表面外露；用钢刷刷去浮尘后用高压水冲洗干净。

c. 施工放样：悬挂拱肋箍筋的锚固位置以水平间距50cm、分别距肋底、肋顶7～8cm为宜；拱脚处的拱座凿深30cm以上为宜。

d. 凿眼：拱座主筋预留孔用凿岩机凿眼，钻头推荐采用直径为36mm，孔深度不小于30cm；锚固钉预留孔可用电锤钻孔，推荐钻头直径为16～19mm，钻孔深不小于7cm。

e. 钢筋布设焊接

ⓐ黏结锚固钉：锚固钉一般采用36mm罗纹钢，间距50cm，锚固长度不小于7cm。埋设前冲洗掉钻孔中的石屑浮沉，待干燥后用环氧胶泥埋设牢固。

ⓑ悬挂焊接钢筋：拱肋箍筋一般采用圆钢，间距25cm，一半绑扎，一般焊接于锚固钉上，到肋底的间距为肋底加厚尺寸减去混凝土保护层厚度。焊接箍筋由拱脚向跨中进行，至1/4跨径时先穿插主筋，待左右两段主筋就位后，再焊接中段箍筋。

ⓒ布设拱肋、横系梁钢筋：在布设主筋前先将钢筋在场地调直，以拱肋钢筋所需长度分左、中、右3段进行配料，5根为一组，按规范要求布置主筋的焊接位置。箍筋悬挂焊接到1/4跨径时，左、右两组主筋先就位。拱肋主筋必须插入拱座预留孔的底部，然后再安装中段主筋，焊接中段箍筋。主筋的焊接由拱脚向跨中进行，用环氧胶泥灌浆固结插入拱座的主筋。新增横系梁主筋宜整根贯通焊接在拱肋的主筋上。

f. 立拱架模板和现浇混凝土：加大拱肋及新增横系梁的钢筋全部焊接绑扎后，便可拆除悬吊工作支架，立现浇混凝土用的支架模板。肋底模板一次安装好，侧模分3次安装：第一次只装肋一侧下部（约肋高的1/4）的侧模，从另侧底模直接浇注；初步振捣密实后接着装另一侧下部（约肋高的1/4）的侧模，通过下部两侧模上的混凝土灌注口浇注混凝土并振捣密实；最后安装两侧的上部侧模，通过上部两侧模上的灌注口浇注混凝土并振捣密实。浇注混凝土应从中肋向两侧逐肋施工。

g. 侧模可在混凝土浇注1天后拆除，底模在混凝土强度达到70%后方可拆除。

5. 顶推法

(1) 特点与运用范围

顶推法加固拱桥技术始自1983年，由江苏、云南、交通部公路所等单位共同试验，主要用以解决地基承载力不足引起墩台的水平位移，扭转不均匀沉降以及由此引起的拱顶下沉、拱轴线变位较大、拱脚开裂等病害。经过多年的研究，在顶推理论、结构受力的非线性分析、施工监控等方面又有新的突破，形成一整套的技术。在实际应用中，通过顶推后，主拱的原来裂缝基本上都能消失或有所缩小，拱顶下沉能得到恢复，拱的抗弯刚度也有所提高。该法适用于可能发生或已发生桥水平位移$L/1160 \sim L/158$且趋于稳定的刚架拱、桁架拱和双曲线拱桥。

(2) 水平顶推量的确定

①按桥梁设计规范规定，混凝土徐变对墩台位移引起的拱圈内力，随时间的推移要进行

折减，可乘以 0.5 的折减系数。同时，由于顶推是在瞬时完成的，其内力不能折减，如果顶推量等于桥台位移量，则有可能导致拱顶截面上缘开裂。因此，顶推量 w 要小于桥台水平位移 Δ。

$$w = \xi\Delta \tag{4.1.4-10}$$

式中：$\xi\approx0.5$，桥台水平位移完成的越快，则 ξ 值越小。

②按结构力学原理，单位水平位移引起的拱顶或 $L/4$ 的下沉值，分别为拱顶或 $L/4$ 截面的推力影响线，由此可以用来确定和校核拱脚水平顶推位移引起的拱顶的升高值。

如某桥推力影响线坐标值为：

拱顶　$\eta_{顶}=1.6645$

$L/4$　$\eta_{L/4}=0.9568$

则拱顶，$L/4$ 点抬升量同桥台水平位移顶推量之间的关系为：

拱顶抬升量　$\Delta_{顶}=\eta_{顶}\cdot w$

$L/4$ 拱抬升量　$\Delta_{L/4}=\eta_{L/4}\cdot w$

式中：w——拱脚水平顶推量。

(3) 顶推方案的选择

①刚性横梁顶推方案

这一方法是采取在顶推端靠近拱脚处增设一道加强的横隔梁，刚性横隔梁为外包拱肋的新筑钢筋混凝土深梁，其与旧拱肋的结合面抗剪强度、由高强螺栓的预压力产生的摩阻力提供，如图 4.1.4-14 所示。以此横隔梁作为传递千斤顶顶推力。这种顶推施工方法，操作比较简单方便，但设备、工具比较笨重，要求桥下有足够的作业空间。在水面较高、作业空间狭小的条件下，采用此法会给施工带来困难，同时顶推过程中不便于检查，对操作人员也不甚安全。

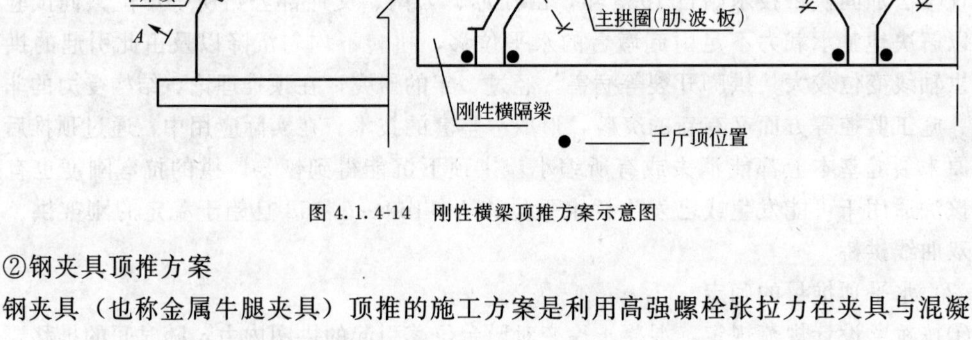

图 4.1.4-14　刚性横梁顶推方案示意图

②钢夹具顶推方案

钢夹具（也称金属牛腿夹具）顶推的施工方案是利用高强螺栓张拉力在夹具与混凝土表

面产生的摩擦力来传递千斤顶的顶推力，如图 4.1.4-15 所示。由于夹具作为一种常备工具，可重复使用，故比较经济。采用钢夹具施工，要求夹具本身必须牢固可靠，并且在夹具与混凝土之间要有足够的摩擦力来传递千斤顶的顶推力。否则会影响因夹具的变形、滑动而导致推力不均匀。造成上部结构发生横向偏移的严重后果。

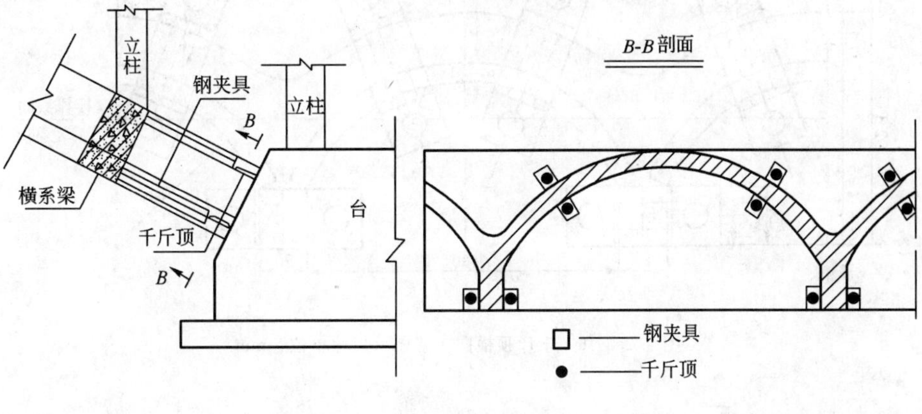

图 4.1.4-15　钢夹具顶推方案示意图

（4）采用钢夹具顶推设备设计

①千斤顶的数量

千斤顶最大负载设计时要考虑部分千斤顶机械效率可能达不到正常规定的标准。一般按千斤顶标定顶推吨位的 2/3，同时考虑顶推时应尽量使主拱圈顶托截面受力均匀，具体设置要根据桥的实际情况计算确定。

按受力要求计算千斤顶数量

$$n_1 = \frac{K \cdot N}{P}$$

式中：K——安全系数，可取 1.5；

N——拱脚处的计算恒载轴向力；

P——每台千斤顶允许顶力。

同时需要考虑按构造要求确定千斤顶数量，即每条拱肋应有一对千斤顶，且均应对称于截面纵轴均匀布置，尽量使每台千斤顶承担的顶推换算截面积相等。

②千斤顶的位置设计

千斤顶的布置可按下列原则考虑：

a. 拱肋每个单元的千斤顶台数相等，顶推力的大小相等，每个单元受力尽可能均匀。

b. 每个单元上、下两侧千斤顶换算截面重心轴的力矩值尽量相接近，顶推力的合力尽可能作用在单元的换算截面重心轴上。

c. 千斤顶的位置尽可能和拱肋混凝土表面靠近，以减小对夹具的偏心力矩。

千斤顶的布置如图 4.1.4-16 所示。

（5）夹具设计计算示例

某牛腿夹具结构各部尺寸如图 4.1.4-17 所示。

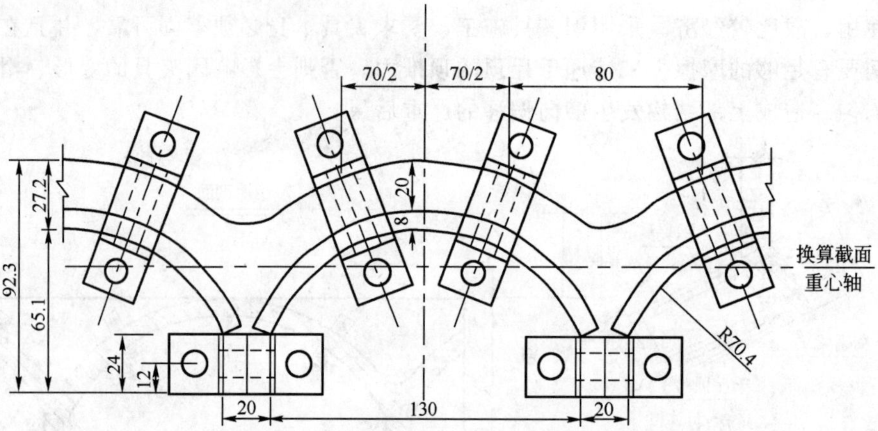

图 4.1.4-16 千斤顶横向布置图（尺寸单位：mm）

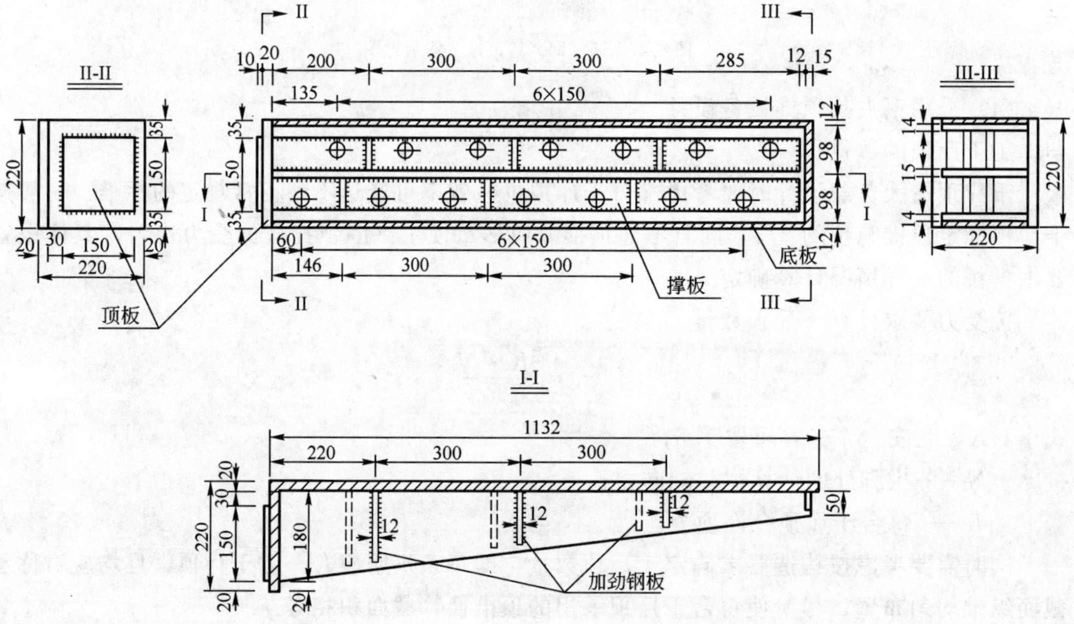

图 4.1.4-17（尺寸单位：mm）

①材料

高强螺栓材料采用 ϕ20mm，符合“冶标”YB6—71 要求的 40 硼（40B）合金结构钢，设计预应力 155kN。

拱肋为现浇 20 号钢筋混凝土，按《公路砖石及混凝土桥涵设计规范》（JTJ 022—85），轴心抗压设计强度 $R_a=11.0$MPa，拱波为 20 号予制混凝土构件，$R_a=11.0$MPa。

混凝土构件局部承压强度安全系数 $K=1.65$。

混凝土与钢夹具钢板间垫干三夹木板时，其摩擦系数可取用 $f=0.3$

②计算依据

采用《公路钢结构及木结构设计规范》(JTJ 025—86）第1.2.6条做为高强螺栓的设计依据，该条规定：当高强连接螺栓同时承受摩擦面间的剪力和沿螺栓轴线方向的外拉力时，每个高强螺栓的抗剪容许承载力按下式计算，即

$$[N^L] = 0.7\eta_m \cdot f(p-14T)$$

式中：$[N^L]$ ——一只高强螺栓抗剪容许承载力；

η_m——连接处的摩擦面系数；

f——摩擦系数；

T——每个高强连接螺栓在其轴线方向所受的拉力，此力不应大于预拉力的70%；

p——高强螺栓预应力。

③高强螺栓抗剪容许承载力计算

a. 高强螺栓因千斤顶偏心弯矩引起的轴向外拉力 T_i

b. 按复测上部构造尺寸计算，拱脚恒载轴向力 $N=7356$kN，拱脚布置13对26只千斤顶，每个千斤顶的顶推力为：

$$7365 \div 26 = 283.27\text{kN}$$

偏心距 $e=12.5$cm

偏心弯矩：$M=N \cdot e=283.27\times0.125=35.409$kN·m

设高强螺栓重心到 y 轴距离为 X_0，每根螺栓的截面各 F，如图4.1.4-18所示，则：

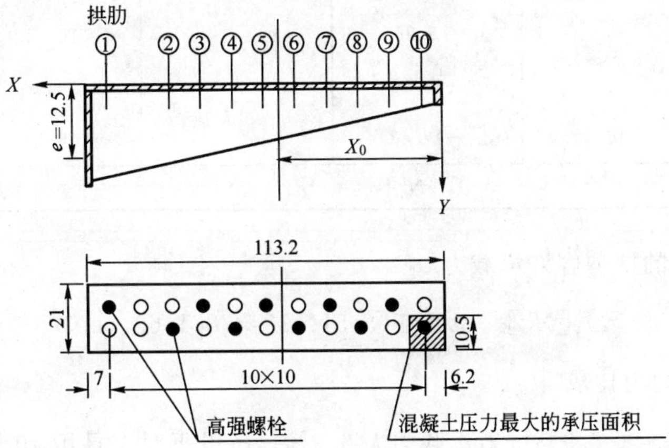

图4.1.4-18　螺栓孔布置图（尺寸单位：cm）

$$X_0 = \frac{F\ (6.2+16.2+26.2+36.2+46.2+56.2+66.2+76.2+86.2+106.2)}{F\times10}$$

$$=52.2\ (\text{cm})$$

对高强螺栓重心轴取惯性矩 I：

$$I=F\ [\ (52.2-6.2)^2+\ (52.2-16.2)^2+\ (52.2-26.2)^2+\ (52.2-36.2)^2$$

$+(52.2-46.2)^2+(52.2-56.2)^2+(52.2-66.2)^2+(52.2-76.2)^2$
$+(52.2-86.2)^2+(52.2-106.2)^2]=9240F\text{cm}^2=0.9240F\ (\text{cm}^2)$

每个高强螺栓的轴向外拉力 T_i：

$$T_i=\frac{M}{I}y\cdot F=\frac{35.409}{0.9240}y=38.32y(\text{kN})(y\text{ 单位:m})$$

c. 一对高强螺栓夹具的抗剪承载力

列表计算（如表 4.1.4-1 所列），表中高强螺栓预拉力 P 采用允许拉力 $[P]$ 值，各排螺栓数均为 1；T 值负号表示螺栓受压应力，$0.7\eta_m\cdot f=0.7\times2\times0.3=0.42$；$\sum[N^L]$ 值即为一对高强螺栓夹具的抗剪容许承载力。

表 4.1.4-1

高强螺栓排列号	y (cm)	T_i (kN)	$[P]-1.4T_i$ (kN)	$[P]-T_0$ (kN)	$[N^L]$ (kN)
1	54	20.69	117.09		49.22
2	34	13.03	127.92		53.73
3	24	9.20	133.28		55.98
4	14	5.36	138.66		58.24
5	4	1.53	144.02		60.49
6	6	−2.30		148.46	62.35
7	16	−6.13		152.29	63.96
8	26	−9.96		156.12	65.57
9	36	−13.80		159.96	67.18
10	46	−17.63		163.79	68.79
$\sum[N^L]$					605.51

d. 全部夹具总的抗剪容许承载力

$$\sum[N^L]\times13=605.51\times13=7871.63\ (\text{kN})$$

与拱脚恒载轴向力比较

$\frac{7871.63-7365}{7365}=+6.9\%$抗剪承载力大 6.9%，所以每对夹具用 10 根 M20 的高强螺栓就能满足需要。

e. 混凝土抗压强度计算

混凝土局部承压强度计算时，应考虑千斤顶偏心矩对拱肋混凝土压力的影响。由表 4.1.4-1 可知，第 10 排高强螺栓的压力最大，以此作为混凝土局部承压验算的压力。

混凝土局部承压面积：

$$F=16.2\times10.5-\frac{\pi}{4}\times2.6^2=164.8(\text{cm}^2)$$

混凝土局部承压应力：

$$\sigma=\frac{[N^{L}]_{max}}{F}=\frac{68.79}{0.01648}=4.174(\mathrm{MPa})<\frac{R_a}{K}=\frac{11.0}{1.65}=6.67(\mathrm{MPa})$$

f. 高强螺栓扭矩设计

每个高强螺栓的设计预拉力 $P=[P]=155\mathrm{kN}$，按扭矩计算公式：

$$M=K[P]d_{cp}=0.1845\times155\times0.020525=0.554(\mathrm{kN\cdot m})$$

式中：K——扭矩系数，根据工地扭矩测定试验，$K=0.1845$；

d_{cp}——螺栓直径；$d_{cp}=2.0525\mathrm{cm}$。

（6）施工要点

拱桥顶推可以采用刚性横梁法，也可采用钢夹具法。可根据现场情况和施工条件选择采用。

①准备工作

熟悉设计、施工、竣工以及养护期间的有关资料和现场情况，着重考查桥台稳定性。根据拱桥实际状况作顶推时各截面的内力和应力分析。确定顶推位移量，制定具体顶推方案，编制顶推施工组织、材料、机具、设备、仪表的预算表。

根据顶推方案和计算的顶推力，作各项顶推设备（千斤顶、钢夹具或刚性横梁）的专门设计计算和制作。

准备顶推机具和观测用的仪器（表 4.1.4-2）。对油路系统各部件（千斤顶、高压油泵、高压胶管、压力表、分油器）预先进行标定，检查有无露油现象，检验标定观测用仪器。在顶推端边肋、主拱圈各控制截面设置观测点和监控观测设备。

顶推机具设备参数一览表　　表 4.1.4-2

序号	设备名称	规　格	单位	数　量	备　注
1	电动油泵		台	1	
2	分油器	$h=570$	台	1	
3	高压油管	$400\mathrm{kg/cm^2}$	m	按需要配	
4	油压表	$1000\mathrm{kg/cm^2}$	个	2	
5	扳手	24″	只	1	
6	扳手	14″	只	2	
7	扳手	8″	只	1	
8	管子扳手		只	2	
9	台虎钳		台	1	
10	经纬仪		台	1	
11	水准仪		台	1	
12	电测位移计	10cm、5cm	个	6	
13	电锤	钻孔直径 $\phi28$	台	1	
14	油压千斤顶	100t	台	由设计定	
15	插入式振捣器		台	1	

续上表

序号	设备名称	规格	单位	数量	备注
16	氧气切割器		台	1	
17	调压器		台	1	根据实际需要配置
18	稳压器		台	1	
19	YJ—5应变仪		台	1～2	

凿空拱脚四周的混凝土，使其周边脱离桥台；加固、顶撑拱脚部位腹孔；处理桥面伸缩缝以利顶推时桥面自由移动，顶推缝设在顶推端对面拱脚处，其距离一般为顶推水平距离的一半加3cm；切断拱脚锚固筋。

划出工作分区，草袋围堰，搭设脚手架并做好断交通、断通航和交通分流工作，确保施工现场安全。

②夹具设备安装

a. 钻孔和制作刚性横隔梁

用刚性横隔梁顶推法，需根据刚性横隔梁设计，按样板在拱肋、拱波处钻孔，成孔位置要求均匀。成孔后穿入高强螺栓，按设计要求浇筑横隔梁。

用钢夹具法时，使用电锤在拱脚附近钢夹具安装部位按样板钻孔，成孔后用高强螺栓穿入检试。为加强端部主拱圈的整体性，使用本法也需在拱脚部分制作钢筋混凝土横系梁。

b. 顶推用的高强螺栓屈服强度不宜小于800MPa。使用前先对高强螺栓作拧紧螺母的试验，确定需要的扭矩。安装前在螺母及螺杆丝扣处涂黄油，螺母和垫圈的接触面涂黄油以减少摩阻力。

c. 钢夹具安装

安装前，钢夹具底板与拱肋接触面要凿毛，并防止油腻侵入内表面，使夹具有足够的摩擦力来传递顶推力。

安装时，与夹具接触的混凝土表面必须平整，凹凸不平处，需做砂浆抹平层。为保证接触面密贴，中间要选用三合板作衬垫，垫板厚度不宜超过1cm。

d. 千斤顶安装

按千斤顶设计的数量布置千斤顶的间距，千斤顶尽量靠近主拱圈轴心线布置，并使其合力尽量作用在主拱圈的轴心线上。

千斤顶安装时，底座和顶部要加垫钢板且必须平整、牢靠。

各个千斤顶的油泵应构成一个闭合回路并联连接，以便能同步顶推。千斤顶的油路管道需保持清洁，管道有弯曲时，必须平顺，不得有硬折角。

千斤顶活塞周围应涂抹黄油，以防锈蚀。

③顶推施工

根据需要可以单边顶推或双边顶推。顶推前需要将顶推端对岸的伸缩缝处理好。

每次正式顶推前，均需进行试顶和演练，试顶推距离约为1～5cm左右。观察指挥系统是否正常；各肋进程是否同步；油路系统有否露油，压力表有否异常现象；夹具有无滑动；千斤顶底座垫板是否密贴等。如发现问题要在千斤顶油压回零以后进行检修，切忌代压检修。

试压正常后减压回零。拱脚恢复到原来位置，准备正式顶推。

按顶推方案，正式顶推。每次顶推，必须在统一指挥下，统一信号、统一行动逐步缓慢进行。千斤顶行程不宜过大，拱脚弯矩释放为第一级，以后每 1cm 水平距离为一级，每级稳定 10～15min。各项量测项目五分钟读数一次，每级荷载读数 2～3 次，然后取平均值。

④施工监测

各级顶推时，都应测量顶推端拱脚截面两侧的位移量（水平、竖向）；桥台变位（水平位移、沉降、转动），桥纵轴向变化；拱肋主要截面下缘标高或对应截面的桥面路缘石标高；控制截面应变值。同时监测桥面和路缘石变形，桥端伸缩缝宽度等变化，注意顶推时伸缩缝不被顶死或堵死。

顶推时，如发现路缘石出现新的裂缝；顶推水平位移不均匀或超过规定值；主顶圈或桥台变形有异常现象；油路有异常现象等，应暂停顶推，查明原因，研究处理。

达到下述任一情况时，应立即停止顶推：

a. 顶推水平距离或拱顶标高达预定目标值。

b. 拱顶路缘石出现轻微开裂。

c. 桥台有明显位移或位移有不稳定趋势；当拱顶上缘结构混凝土应变明显变化时，停止顶推，回油、逐级退回一定安全当量位移值，得到最终实际水平顶推距离。

⑤空缝填塞整修

预先对填塞空缝用的高强快凝砂浆或小石子混凝土进行试验，确定其配合比。顶推后，将空缝认真清洗，然后立即填塞快凝砂浆或混凝土，仔细捣实、养护，并指定熟练工人守夜值班，维持千斤顶油压不变，直至砂浆强度完全达到设计要求为止。

全部顶推结束并拆除夹具以后，主拱圈的螺栓孔应封闭，桥台伸缩缝应修补，最后整修腹拱及桥面结构。

拱桥顶推工艺的实施必须在统一指挥下，合理组织人力，明确分工（表 4.1.4-3），按照顶推要求，根据顶推方案，逐级、谨慎进行。

顶推施工人员分工表　　表 4.1.4-3

序号	操 作 名 称	单　位	人　员
1	操作电动油泵	个	1
2	总指挥	个	1
3	仪器读数及记录员	个	4
4	水准测量	个	2
5	经纬仪测量	个	2
6	拌制快凝砂浆和监视人员（包括监视千斤顶、油路）	个	4
7	灌筑快凝砂浆或混凝土	个	6
8	养护人员	个	3（可调动上述人员）
9	现场保卫及维持油压	个	4
10	合计	个	24

(7) 顶推施工实例

①概述

某桥全长 75.64m，桥宽 9m＋2×1.0m，上部结构为单孔净跨 50.4m 的空腹等截面悬链线双曲拱，设计拱轴系数 $m=3.5$，矢跨比 $f/L=1.9$，矩形拱肋高 42cm，宽 30cm，设计荷载为汽-15、挂-80。1979 年 12 月建成通车。在 1991 年 9 月的普查中，发现该桥存在的主要病害及问题有：

拱顶下沉：平均下沉 26.8cm，最大下沉量（上游侧）29.3cm。

拱肋拱顶部位径向开裂：在拱顶截面左右各 2.5m 范围内，所有拱肋均出现了下宽上窄的径向开裂，最大缝宽 0.52～1.0mm 之间，间距约在 60～90cm 左右。

拱波波顶纵向裂缝：在上游起第二和第五拱波的拱顶部位分别出现了两条裂缝为 0.32mm 和 0.43mm，缝长为 240cm 和 140cm 的纵向裂缝。

腹拱开裂：腹拱圈 1/4 拱弧截面处出现横向贯通全桥的裂缝，缝宽约为 0. 2～0.5mm；腹拱拱圈拱脚脱裂，缝宽大多在 3～5mm 之间，最大缝拉开 10mm。

主拱跨径增大、拱脚高低不一及拱轴变形：主拱圈净跨径增大 16.5cm；两拱脚平均高差为 16.5mm；拱轴均匀下沉变坦，主拱拱轴系数增大，矢跨比减小。

经荷载试验，在汽-15 级荷载试验时，实测最大拱顶截面最大挠度为 7.13mm，是计算挠度值的 0.33 倍，卸载后测得主拱相对残余变形介于 8.97%～15.82%之间，小于“鉴定方法”规定的 20%，说明结构纵向刚度大，且结构整体仍处于弹性工作状态。在荷载等级汽-10，汽-15，汽-20 时，拱顶截面强度已难以满足要求，出现了一定的塑性变形，但拱脚截面在汽-20 时仍能构满足强度要求。由此可见，在确保桥台不发生水平位移及拱上建筑有联合作用的条件下，通过加固，是能够提高荷载等级至汽-20，挂-100 的。

病害原因，可能有以下几方面：桥台水平位移（平均 12.2cm）、桥台不均匀沉降（最大 3.2cm）、桥台转动变形等。这几方面中，桥台水平位移是产生上述病害及存在问题的主要原因。

②加固方法

该桥采用顶推法加固。桥台水平位移值可利用推力影响线坐标值及拱顶下沉值来推求。在不计弹性压缩的情况下，竣工拱轴推力影响线坐标值，上游侧为 2.218，下游侧为 2.178。则按实测拱顶下沉值推算的两拱脚相对水平变位为：

上游侧：$\Delta=\dfrac{29.3}{2.218}=13.2\text{cm}$

下游侧：$\Delta=\dfrac{24.3}{2.278}=11.2\text{cm}$

平均：$\Delta=12.2\text{cm}$

a. 桥台加固：采用顶管加固法，在桥台外侧各设置长 30m、外径 2.0m 的钢筋混凝土空心顶管，并在管外侧及桥台承台接触处压浆，回填管芯，增加桥台水平推力。

b. 拱桥主拱圈采用刚性横隔梁顶推加固法：采用单边拱桥顶推调整拱脚位移，以调整主拱圈结构内力，使拱肋径向受力裂缝趋向闭合，抬高拱顶标高。

在北岸侧拱脚处新浇筑一顶推刚性横隔梁（图 4.1.4-14），使用 40 台 100t，6 台 200t 千斤顶同步施顶，使拱脚沿轴线移动。在主拱圈主要几个断面处，布设应变或位移观测点，以监测拱桥结构内力变化及位移情况，同时还对顶推梁、桥台（水平、转动）及桥面（标高）进行监测。

在顶推前，对其顶推端的拱脚处进行拱座混凝土凿除处理，凿除拱脚处拱肋四周混凝土，同时要截断拱脚背部的锚筋，以便顶推时拱肋的顺利拔出；同时拆除 4 号、4′号腹拱，用钢拉杆拉紧立柱；挖除拱桥桥面，拆除栏杆；顶推完成后，用小石子快凝高强混凝土封固拱脚；重建腹拱、桥面及栏杆。

③加固施工程序

a. 顶管加固桥台施工程序

ⓐ放样测量。

ⓑ开挖作业基坑。

ⓒ做后背墙（20 号混凝土）和底板（20 号混凝土）。

ⓓ顶管作业准备：安装顶推设备，管壁钻孔。

ⓔ安放钢筋混凝土管，测量顶管中心线是否与桥台背垂直，中心线是水平后（作为顶管作业控制要点），开始顶推作业，直至顶到桥台背。

ⓕ管壁外侧压浆和顶管与桥台接触面上、下压浆，压浆泵泵送压力应≥5kg/cm^2，并注意桥台背处的压浆效果，如果一次效果不好，应采用多次压浆。

ⓖ浆砌片石回填管芯，砌筑工作坑部分浆砌片石（不影响千斤顶工作部分），最后用千斤顶对后背进行预压，并在两千斤顶中间砌片石与后背抵牢，48 小时后撤出千斤顶。千斤顶位置部分再用浆砌片石砌成整体。

ⓗ回填土夯实，恢复路面。

b. 顶推加固主拱圈施工程序

ⓐ在顶推拱脚处，开挖基坑，做围堰，保证工作中基坑内无水。基坑尺寸比拱脚处拱肋底面标高低 1.2m，宽为 3.0m，长为 12.8m，围堰高出水面 30cm；

ⓑ桥面开挖、栏杆拆除。

ⓒ4 号、4′号腹孔拆除，并用拉杆把②、③、②′、③′孔立墙连接。

ⓓ顶推刚性横隔梁的制作

用电锤在拱脚处拱肋及拱波上钻孔（共计 530 个孔）；

安装钢筋及支模板；

浇筑混凝土（40 号早强混凝土）。

电工扭矩扳手安装高强螺栓（共计 160×2 个螺母）。

ⓔ顶推实施前的准备工作

搭设脚手架：在跨中位置河中搭设脚手架，量测跨中拱肋底面高程作为顶推时的抬高量基准高程。

对拱脚处作业环境进行处理，以此作为千斤顶支撑后座。

安装顶推设备和高压油路系统：

根据现场情况，安制千斤顶后座，以使顶力的重心线与截面中心重合为准，布置千斤顶形成顶压油路系统。

凿除拱脚处拱肋周边混凝土，并截断拱脚拱背部的锚筋，以便顶推时拱肋能顺利拔出。

布置必要的监测点、控制点。

ⓕ顶推作业

经过试顶，已证实拱肋已能全部顺利拔出后，分级进行顶推作业。

ⓖ顶推完成后的处理

顶推位移量达到预定值后，用早强小石子混凝土填充拱脚处，待有一定强度后，撤去千斤顶。

重建 4 号、4′号腹孔。

重建桥面及栏杆。

④荷载试验评定

a. 加固后的主拱圈承载能力分析

按设计要求，该桥加固后载重标准要由原汽-13、挂-60 提高到汽-20、挂-100 等级。因此对加固后的主拱圈按汽-20、挂-100 进行验算。

ⓐ横向分布系数计算。见图 4. 1. 4-19 及表 4. 1. 4-4。

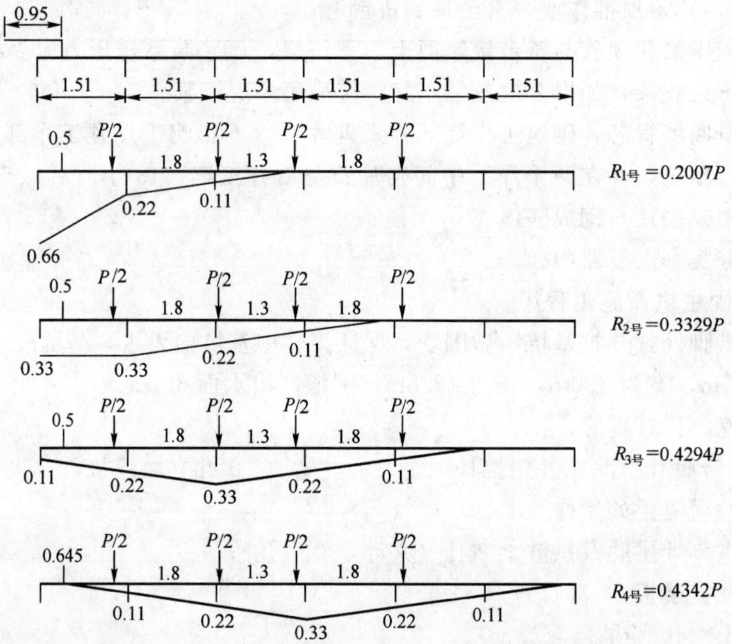

图 4. 1. 4-19 拱肋单元活载横向分配系数计算图式

拱肋单元活载横向分布系数 表 4. 1. 4-4

肋 号	横向分配系数	冲 击 系 数	$(1+\mu)$ m
1号	0. 2007	0. 076	0. 216
2号	0. 3329	0. 076	0. 358
3号	0. 4294	0. 076	0. 462
4号	0. 4342	0. 076	0. 467

$$m_{c拱}=m_{c梁}\ (1+\xi)\ =0.467\times\ (1+0.1)\ =0.514$$

ⓑ内力计算

全桥结构简化成图 4.1.4-20 的计算模型。

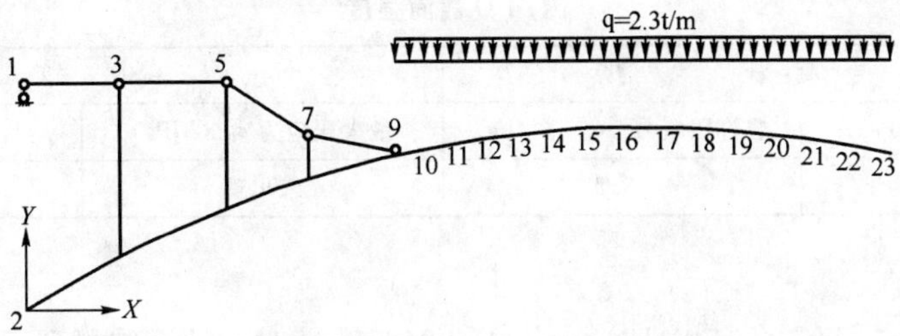

图 4.1.4-20　结构有限元模型图

内力计算结果如表 4.1.4-5 所示：

4 号肋单元内力表　　表 4.1.4-5

截面 / 项目	拱顶		L/4 截面		拱脚	
	轴力 N (kN)	弯矩 M (kNm)	轴力 N (kN)	弯矩 M (kNm)	轴力 N (kN)	弯矩 M (kNm)
恒载	2151.9	359.9	2362.9	−162.0	2560.4	152.9
汽-20（M_{max}）	313.3	-361.3	—	—	272.9	453.8
汽-20（M_{min}）	—	—	328.1	−265.9	152.3	−447.1
温度上升	61.6	−107.7	60.5	−37.8	53.4	241.7
温度下降	−61.6	107.7	−60.5	37.8	−53.4	−241.7
收缩内力	−19.9	34.8	−19.6	12.2	−12.2	−78.2
恒＋汽（M_{max}）＋温降＋收缩内力	2383.5	863.7	—	—	—	—
恒＋汽（M_{max}）＋温升＋收缩内力	—	—	—	—	2874.5	770.2
恒＋汽（M_{min}）＋温升	—	—	2751.5	−465.7	—	—
恒＋汽（M_{min}）＋温降	—	—	—	—	2647.1	−614.1

ⓒ截面强度验算

拱顶截面强度

因$\dfrac{e}{Y}=\dfrac{1.0}{1.7}$，应按钢筋混凝土截面容许应力法验算拱顶截面强度，计算结果列于表 4.1.4-6。

拱顶截面强度　　表 4.1.4-6

混凝土		钢筋	
最大压应力 σ_a（MPa）	容许压应力［σ_a］（MPa）	最大压应力 σ_g（MPa）	容许压应力［σ_g］（MPa）
12.9	13.2	73.8	136.0

注：按《公路旧桥承载力鉴定方法》取值。

1/4 处截面强度，计算结果列于表 4.1.4-7。

1/4 处截面强度 表 4.1.4-7

混凝土		钢筋	
最大压应力 σ_a（MPa）	容许压应力［σ_a］（MPa）	最大压应力 σ_g（MPa）	容许压应力［σ_g］（MPa）
11.8	13.2	未出现	0.8

拱脚截面强度

拱脚处负弯矩：$M=-614.1\text{kN}\cdot\text{m}$，$N=2.647\text{kN}$ 时，计算结果列于表 4.1.4-8。

拱脚处截面强度 表 4.1.4-8

混凝土		钢筋	
最大压应力 σ_a（MPa）	容许压应力［σ_a］（MPa）	最大压应力 σ_w（MPa）	容许压应力［σ_w］（MPa）
13.1	13.2	未出现	0.8

拱脚处正弯矩：$M=770.2\text{kN}\cdot\text{m}$，$N=2874.5\text{kN}$ 时，因 $\frac{e}{Y}=\frac{0.802}{0.7}$，按钢筋混凝土截面允许应力法验算，计算结果列于表 4.1.4-9。

拱脚处截面强度 表 4.1.4-9

混凝土		钢筋	
最大压应力 σ_a（MPa）	容许压应力［σ_a］（MPa）	最大压应力 σ_g（MPa）	容许压应力［σ_g］（MPa）
10.8	13.2	59.8	136.0

b. 加固后的荷载试验评定

1992 年冬加固施工完成后，1993 年春做荷载试验验证加固结果，其主要指标均满足汽-20、挂-100 设计要求，达到加固设计的目的。

ⓐ静力试验荷载内力（如表 4.1.4-10 所示）。

静载试验内力 表 4.1.4-10

序号	加载试验项目	试验控制值 S	设计控制值 S_e	$\frac{S}{(1+\mu)}\cdot S_e$
1	拱顶最大正弯矩	1649.96kNm	1875.10kNm	0.88
2	最大推力	2112.96kN	2309.83 kN	0.91
3	拱顶最大负弯矩	−2456.10kNm	−2540.97kNm	0.97

ⓑ加固后拱顶挠度横向分布更加均匀。居中荷载时呈现良好的对称性，偏载时，其横向增大系数最大为 1.296，小于加固前的 1.70，说明加固后的桥梁结构整体性有了明显的改善。

ⓒ如图 4.1.4-21 所示，加固前的偏载实测挠度曲线表明：加固后实测挠度值小，且曲线平滑，由此反映加固后结构竖向刚度有所增加。

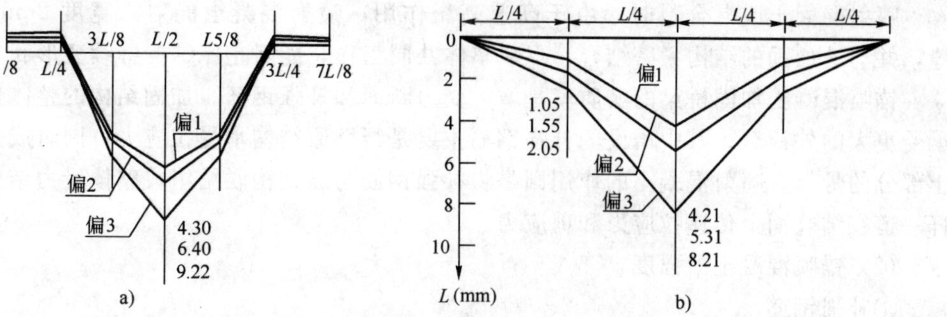

图 4.1.4-21　偏载实测挠度曲线图

a）加固前；b）加固后

ⓓ加载时主要裂缝仍有所开裂，但缝宽均在 0.2mm 以内，裂缝长度没有变化。加固后，裂缝数量大为减少，说明在汽—20 荷载作用下，拱顶部位裂缝能满足正常运营的技术要求。

⑤顶推效果

顶推中对桥台、拱脚及拱桥的五个主要断面（$L/4$、$3L/8$、跨中、$3L/4$、$5L/8$）进行了水平、垂直位移及混凝土、钢筋应变的监测工作，结果如下：

顶推位移量：顶推刚性横隔梁水平位移 79.88mm，上抬量 59.46mm；

拱桥跨中桥面抬高 180.03mm，理顺了桥面纵坡；

拱肋裂缝弥合；

顶推过程中桥台没有发生变位，由此可见桥台加固效果良好。

6. 锚喷混凝土加固法

“锚喷混凝土”，实际由两部分组成，先是将锚杆锚入拟补强部位结构内，挂设补强钢筋网，然后再喷射一定厚度的混凝土，形成与原结构共同承受外载作用的组合结构。所以，锚喷混凝土是借助喷射机械，利用压缩空气将新混凝土或混合料，通过管道输送并以高速喷射到已锚固好钢筋网的受喷面上凝结硬化而形成的一种钢筋混凝土。

锚喷混凝土不需振捣，而是在高速喷射时，由水泥与集料的反复连续撞击而使混凝土压密，同时又可采用较小的水灰比（常为 0.4～0.45），因而它具有较高的力学强度和良好的耐久性，与混凝土、砖石、钢材有较高的粘结强度，所以新旧混凝土结合面上能够传递拉应力和剪应力。

(1) 锚喷混凝土的特点

锚喷混凝土在施工工艺、材料及结构等方面与普通现浇混凝土相比有许多特点。例如：不用或只用单面模板，混凝土或混合料的运输、浇灌和捣固结合为一道工序；可通过输料软管在高空、深坑或狭小的工作空间向任意方位施作薄壁的或复杂造型的结构；设备与工序简单，占地面积小，机动灵活，节省劳动力，具有广泛的适应性。用于旧桥加固补强，还具有施工快速简便、经济可靠、不中断交通等突出特点。

锚喷混凝土在施工时可在混合料中加入各种外加剂和外掺料，大大改善喷射混凝土的性能。例如加入速凝剂，则喷射混凝土具有凝结快（2～4min 初凝，10min 以内终凝）、早期强度高（一昼夜比普通混凝土提高 2～4 倍）的特点。

喷射混凝土或混合料时，由于高速高压作用，喷射混凝土能射入宽度 2mm 以上的裂缝，并与被加固的结构紧密结合，形成整体共同工作，能阻止原结构继续变形和开裂。

锚喷混凝土加固桥梁的实质就是增大受力断面和补强钢筋、加固结构的整体性，使其能承受更大的外荷载。其中增设的补强钢筋主要是帮助原结构承受拉应力，同时成为新增混凝土部分的骨架，喷射混凝土的作用则是将补强钢筋与原结构联结组成整体受力结构，并与锚杆一道在结合面上传递拉应力和剪应力。

(2) 锚喷混凝土的强度

①补强钢筋

补强钢筋主要弥补原结构抗弯能力不足，或需要提高旧桥的承载能力所增加的外荷载作用由补强钢筋来承担。补强钢筋一般采用Ⅱ级螺纹钢，其强度要求主要以抗拉强度控制。

②喷射混凝土

a. 抗压强度。喷射混凝土的抗压强度是评定喷射混凝土质量的主要指标。

喷射混凝土的抗压强度是指用喷射法将混凝土混合料，喷射在 450mm×350mm×120mm 的模型内，当混凝土达到一定强度，用切割机锯掉周边，加工成 100mm×100mm×100mm 的试件，于标准条件下（温度 20℃±3℃，相对湿度 90%以上）养护 28d，（或在龄期到了的实际喷射面上钻芯取样后做成标准试件），所测得的抗压强度值乘以 0.95 的尺寸换算系数。

喷射混凝土的抗压强度受多种因素影响，如材料的品种和质量、混合料的设计（水灰比、水泥用量、砂率、粗骨料粒径、外加剂品种与用量等）、以及施工工艺和施工人员的操作方式（喷射压力、喷嘴与受喷面的距离、角度以及混合料的停放时间等）都对抗压强度有影响。

试验资料表明，分层喷射混凝土对抗压强度没有影响，因此，在锚喷混凝土加固旧桥时，对于需要较厚的喷射混凝土可采取分层喷射的方法施工完成。

b. 黏结强度

为确保锚喷混凝土和旧桥原有结构能够共同受力，其黏结强度是特别重要的。一般需分别考虑其抗拉黏结强度与抗剪黏结强度两种。

抗拉黏结强度是衡量锚喷混凝土在受到垂直于结合面上的拉应力时保持黏结时的能力；抗剪黏结强度则是抵抗平行于结合面上作用力的能力。实际上，作用在结合面上的应力，常常是上述两种应力的结合，而不能简单区分。

由于喷射时混凝土混合料高速连续冲击受喷面，而且要在受喷面上形成 5～10mm 厚的砂浆层后，粗骨料才能嵌入，这样水泥颗粒会牢固地粘附在受喷面上，因而喷射混凝土与原结构表面有良好的黏结强度，同时锚入原结构内的锚杆亦加强了新旧混凝土的黏结。

国内外试验资料表明，喷射混凝土与旧混凝土的黏结强度为 0.7～2.85MPa，界面的抗拉粘结强度为 1.47～3.49MPa。

(3) 锚喷混凝土的变形性能

①由于喷射混凝土水泥用量大，含水量大，又掺有速凝剂，因次比普通混凝土收缩大。同普通混凝土一样，喷射混凝土的收缩也是由其硬化过程中的物理化学反应以及混凝土的湿度变化引起的。其收缩变形又分干缩和热缩，干缩主要由水灰比决定，较高的含水量会出现

较大的收缩，而骨料则能限制收缩的发展；热缩是由水泥水化过程的温升值所决定。

②掺配速凝剂对喷射混凝土的收缩值影响很大。在同样的自然条件下养护，掺加占水泥重3%～4%的速凝剂的喷射混凝土的最终收缩率要比不掺速凝剂的大80%。

③喷射混凝土在硬化过程中的空气湿度和混凝土自身保水条件等，对喷射混凝土的收缩也有明显的影响。当喷射混凝土在潮湿条件下养护时间愈长，则收缩量愈小。如果喷射混凝土在硬化过程中，水分蒸发过快过多，当剩余水量少于继续水化所需的水量，则硬化过程就会暂时中止。这时，喷射混凝土表面就会明显地产生网状收缩裂纹。

④收缩变形是一个从混凝土表面逐步向内部发展的过程，它能引起内应力和残余变形。所以喷射混凝土后及时喷水养生，保持喷射混凝土表面的湿润状态，则能够减缓收缩，减弱内应力，从而减少喷射混凝土表面开裂的危害。

⑤喷射混凝土的徐变变形是其在恒定荷载长期作用下变形随时间增长的性能。一般认为，徐变变形取决于水泥石的塑性变形及混凝土基本组成材料的状态。其变形规律在定性上是同普通混凝土的徐变变形规律相一致的。

⑥锚喷混凝土中钢筋网的作用在于承受拉应力，从而能有效地传递温度应力，减少或避免喷射混凝土的收缩裂纹的产生。

(4) 锚喷混凝土加固旧桥设计要点

锚喷混凝土加固旧桥的方法是“新奥法”隧道施工法在桥梁加固中的应用，其加固桥梁的原理就是通过新增加混凝土和受力钢筋与原结构紧密结合，组成喷射混凝土（内含补强钢筋网）——锚杆——原结构的整体组合结构。通过锚喷加固层与原结构紧密黏结在一起，既阻止了原结构继续变形和开裂，又充分发挥原结构的作用，共同承受外荷载的作用。

锚喷混凝土加固旧桥所形成的组合结构，既根治了原结构由于裂缝等原因造成的局部应力集中病害，又恢复了原结构变形的协调性，使其能够承受更大的外荷载。

根据加固原理，锚喷混凝土加固旧桥实际上仍是加大构件截面加固法，所以，加固设计原则仍按加大构件截面的方法进行内力计算。其设计要点为：

①恒载内力（包括新喷射的混凝土）按原构件截面模量进行计算，即新喷上的混凝土恒载仍作用于原构件上。

②活载内力用加大后的组合截面模量计算内力，即新旧混凝土作为一个整体计算，对不同的混凝土标号和新增的补强钢筋按其弹性模量进行截面换算。

③仍按弹性理论进行计算。

④强度验算按照喷射截面占原截面的比率，考虑是否按组合截面进行有关验算。

⑤进行加固设计前，应弄清旧桥的原始情况以及病害原因，对旧桥的基本承载力作出评价。

⑥采用的喷射混凝土与钢筋的强度等级，不应低于原结构的强度等级。对于结合界面处两种不同等级的混凝土共同作用时，应以较低强度等级作为计算标准来进行换算。

(5) 锚喷混凝土加固旧桥施工工艺要点

根据喷射混凝土混合料的搅拌和运输方法，喷射混凝土的方式一般有干式和湿式两种。其中，干式喷射混凝土在以往的旧桥加固中采用较多。但后来应用发展起来的湿式喷射混凝土，由于明显优于干式喷射混凝土，因此已成为各国喷射混凝土技术的发展趋向，目前我国也在推广湿喷技术。

①干式喷射混凝土的特点

a. 混凝土混合料是在干燥的情况下充分拌和，然后通过送料软管靠压缩空气送到专用的喷嘴处，喷嘴内装有多孔集流腔，水在压力作用下通过多孔集流腔与混合料拌和。

b. 混凝土的运输、加水拌和和振捣三个工艺程序，均是利用空压机产生的压缩空气通过喷射机使混凝土以连续高速喷向受喷面，并和受喷面形成整体一次完成。

c. 由于混凝土的混合料是在干燥状态下拌和的，水则是在喷射过程中加入，所以，水灰比的掌握完全凭喷射机操作人员（称喷射手）的经验。因此，喷射手的操作技艺是干式喷射混凝土加固旧桥施工成败和效果的关键。

②湿式喷射混凝土的特点

湿式喷射混凝土的明显特点是，所采用的喷射机允许混凝土混合料在进入喷射机前或在喷射机中加入足够的拌和水，拌和均匀，然后再通过送料软管送至喷嘴喷射到受喷面上。所以，混凝土的水灰比能准确控制，有利于水和水泥的水化，因而粉尘较小，混合料回弹较少，混凝土均质性较好，强度易于保证。但设备较干喷机复杂，速凝剂加入也较为困难。

施工工艺要点：

a. 打毛并清洗被加固构件的表面。

b. 按设计要求在构件表面安设锚固钢筋。

c. 安设补强钢筋网。钢筋周围应有足够的间隙，以便喷射混凝土能完全包裹钢筋。注意将钢筋网牢固地绑扎或点焊在锚固筋上，以免喷射混凝土时位置产生移动。

d. 喷射混凝土。

首先检查喷射机是否正常，同时用高压水冲洗掉打毛时剩余的碎碴，并充分湿润受喷面。

ⓐ干喷法：将水泥、砂子、骨料按试验配合比在干燥时充分拌和，内掺一定比例的速凝剂（一般按水泥重的2%～5%），然后送进干喷机。

ⓑ湿喷法：按试验配合比将混合料加水拌和成混凝土，然后送进湿喷机。

ⓒ喷射混凝土：喷嘴与受喷面的最佳距离一般为0.8～1.5m左右，距离大将增加回弹量，并降低密实度，从而也降低了强度。喷嘴应尽量与受喷面垂直，否则会降低混凝土密实度。当对配有钢筋网的受喷面进行喷射时，喷嘴应更靠近受喷面一些，且于垂直方向稍偏离一个小角度，以便获得较好的握裹效果，同时便于排除回弹物。

ⓓ喷射混凝土上下垂脱落或回弹量过大，是向顶面喷射混凝土的两大问题。下垂常常是喷层过厚或过湿造成的。由于新喷上的混凝土，其抗拉及粘结强度都很低，一旦喷射混凝土的自重大于其与顶部受喷面的粘结强度时，即出现下垂或脱落。因此较厚的喷射混凝土应分层喷射，前后层喷射的时间间隔应为2～4h。一次喷射厚度以喷射混凝土不滑移，不坠落为度。既不能因喷层太厚而影响喷射混凝土的粘结力和凝聚力，又不能因喷层太薄而增加回弹。

ⓔ回弹物中水泥含量很少，主要为粗骨料，凝结硬化后则是一种松散、多孔隙的块体。因此，应及时予以清除，不能使之聚集在结构物内，更不能将其放入下批混合料中，否则将影响喷射混凝土的质量。

ⓕ表面修整。喷射面自然整平，不论从结构强度和耐久性方面讲，都是可取的。然而，喷射面过于粗糙，对于要求表面光滑和外形美观的桥孔，应及时修整。一般可在喷射混凝土初凝后（即喷射后 15～20min）用刮刀将设计线以外多余的材料刮掉，然后再喷或抹一层砂浆；或在喷射面上直接喷或抹一层砂浆。图 4.1.4-22 为某桥采用锚喷法加固方案布置图。

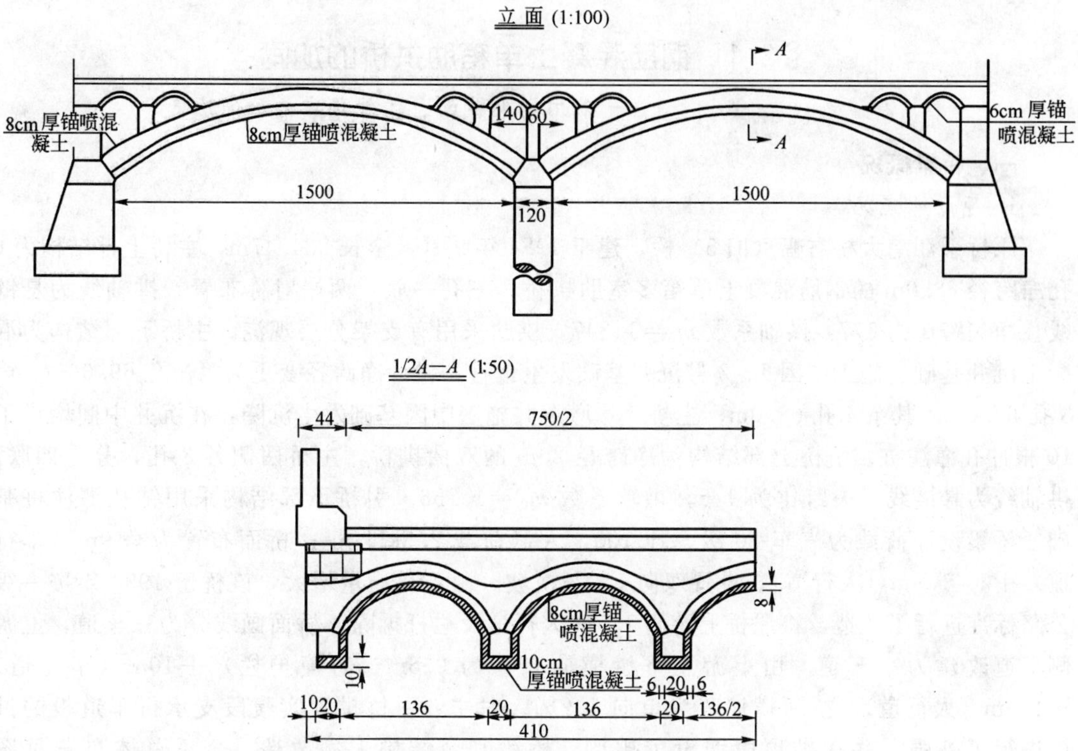

图 4.1.4-22　锚喷加固方案示意图

ⓖ喷射混凝土养生。喷射混凝土终凝两小时后，应及时喷水养生。养生时间应不小于 7d。对于水泥含量高、表面粗糙的薄层喷射混凝土结构的养生，是确保其强度的形成和避免表面开裂的重要措施。

第二章　拱桥加固工程实例

§2.1　钢筋混凝土单箱肋拱桥的加固

——采用增大截面、体外预应力加固法

一、桥梁概况

1. 原设计概况

原桥系江南大桥右幅（旧5）桥，建于1984年9月，全长824.47m，主桥上部结构为6孔净跨径68.0m的钢筋混凝土单箱多室肋拱桥，三孔一联，两岸对称布置。拱轴线为悬链线，净矢跨比为1/7，拱轴系数$m_0=1.347$，拱肋采用有支架分层现浇。主桥下部结构为混凝土沉井基础。施工中因1、2号沉井基础发生偏移，设计净跨径变更为第1孔69.60m、第3孔67.0m、其余4孔68.0m；主桥5号墩沉井施工中因基础发生沉降，在沉井中间增设了10根冲孔灌注桩。引桥上部结构为净跨径20m的双曲拱桥，主桥两侧各8孔，分为四联。拱轴线为悬链线，矢跨比为1/5，拱轴系数$m_0=1.756$。引桥下部结构采用钻孔灌注桩基础。桥梁设计荷载为汽车-20级、挂-100，人群荷载2.5kN/m^2；桥面布置为净9m（车行道）+2×1.5m（人行道），设置双向1.5%横坡。由于交通量增大，该桥于1994年按一级公路标准进行了改造，将原桥上游侧1.5m人行道及栏杆拆除，桥面画线分为三车道，上游侧车道改建为小车道，由上游至下游横向布置为0.5m（防撞护栏）+10m（车行道）+1.5m（人行道），桥面横坡改为单向1.2%。对主、引桥拱顶实腹段支承行车道板的挑梁进行了补强，并在拱顶段增设了挑梁。桥梁其余结构未做改造。全桥总体布置见图4.2.1-1。

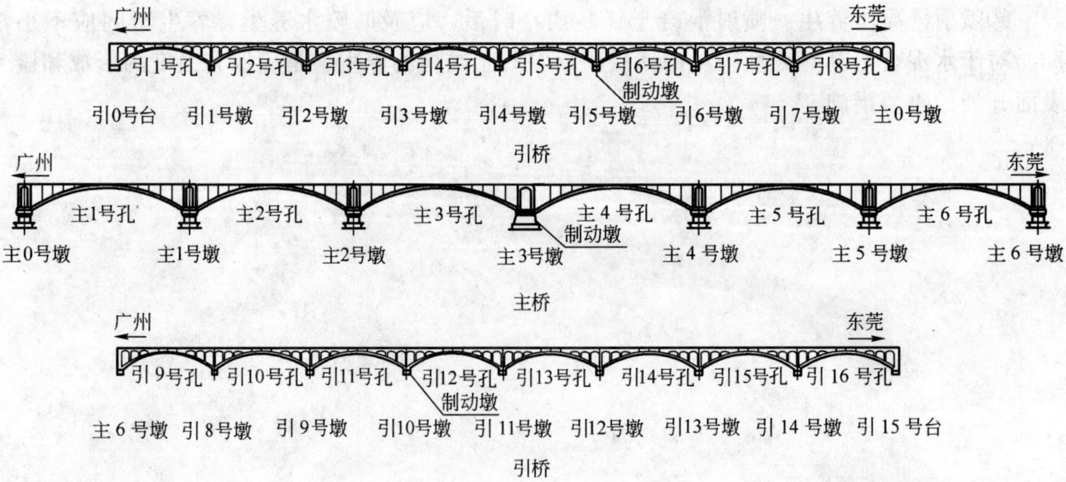

图4.2.1-1　大桥总体布置示意图（立面）

2. 存在的主要问题

（1）主桥 1～3 号拱拱圈一侧出现裂缝，其中 1 号拱开裂相对较严重，在距东莞侧拱脚 1.5m 处截面上缘有沿拱轴法向裂缝，长约 110cm（拱肋高 135cm），最宽处大于 2mm，沿横向发展并贯通。2、3 号拱肋在广州岸下游侧拱肋上缘出现裂缝，距拱脚 110cm，最长约 55cm，最宽为 0.3mm。主桥拱轴线与成拱时拱轴线比较，多处有不同程度的下沉。拱顶最大为 18.3cm。用超声—回弹综合法测得主桥 1 号拱局部混凝土强度偏低。

（2）主桥基础有变位的迹象，但已基本稳定。

（3）主桥的立柱上盖梁总体外观质量较差，存在混凝土表面渗水、局部露筋、混凝土剥落、局部混凝土疏松不密实，保护层偏薄等质量缺陷，并且悬臂段根部附近出现贯通裂缝。

（4）主桥立柱总体外观质量差，大多存在不同程度的蜂窝麻面现象，钢筋保护层厚度严重不均，箍筋外露痕迹明显，有较多的小面积钢筋锈蚀及表层混凝土胀裂现象。

（5）主桥墩帽、墩身为混凝土构件，均有竖向裂缝，但开裂程度不同。1～4 号墩裂缝较浅，墩帽强度基本满足设计要求。5 号墩由于沉井施工过程中发生沉降，在沉井中增加了 10 根冲孔灌注桩，桩直接穿过沉井进入墩帽，改变了墩帽的受力状态，该墩裂缝形态明显区别于其他桥墩。

（6）引桥部分拱肋开裂，裂缝沿拱轴环向发展，裂缝最宽为 0.16mm，几乎都伴有渗水泛白现象。主拱圈预制拱波与拱肋接缝处渗水泛白现象较普遍，拱波与拱肋的连接有松动，但拱的整体性尚好。对引桥 8 号孔测量拱轴线与设计拱轴线相比，最大有 9.4cm 的下挠；实测桥面线形和设计桥面线形比较，下挠为 2.5cm。

（7）桥面铺装层裂缝较多，混凝土桥面板碎裂也多，泄水孔大部分已被堵塞，导致桥面渗水严重。

二、主桥原结构验算

结构验算依据：原桥设计图纸；桥竣工图纸；该桥质量检测与评价报告。

1. 主桥计算模型的选择

主桥采用空间计算模型，由 35698 个节点和 35424 个单元组成，其中盖梁、挑梁、立柱和立柱间横系梁采用梁单元，桥面板、铺装层、拱肋和拱顶底板采用壳单元，主桥桥台和墩用体单元，如图 4.2.1-2 所示。防撞护栏荷载以均布荷载的形式作用在相应位置。

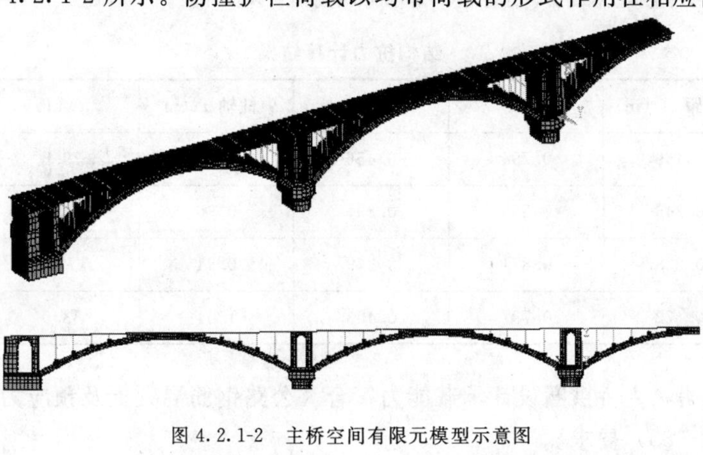

图 4.2.1-2　主桥空间有限元模型示意图

2. 计算结果分析

(1) 荷载组合

按汽车-20 级，挂车-100，人群荷载 2.5 kN/m^2，整体降温 9.3℃考虑计算。

组合 1：自重＋汽车＋人群

组合 2：自重＋汽车＋人群＋降温

组合 3：自重＋汽车＋人群＋降温＋沉降 2cm

组合 4：自重＋挂车

（与竣工图比较，实测 1 号墩下沉 0.8cm，实测 0 号墩下沉 3.0cm，计算按不均匀沉降 2cm 考虑）

(2) 计算结果

选取主桥 1 号拱东莞侧拱脚开裂截面为计算对象，计算结果见表 4.2.1-1、表 4.2.1-2。

荷载工况和组合 表 4.2.1-1

工况		恒载	汽车＋人群	挂车	$\Delta t=-11.01$℃	沉降 2cm
开裂拱肋截面	弯矩（kN·m）	−234.5	−296.0	−370.9	−150.0	−49
	对应轴力（kN）	2636.6	568.2	630.8	−37.0	0.2
组合 1	弯矩（kN·m）	−658.4				
	对应轴力（kN）	3887.7				
组合 2	弯矩（kN·m）	−803.0				
	对应轴力（kN）	3524.2				
组合 3	弯矩（kN·m）	−866.7				
	对应轴力（kN）	3524.5				
组合 4	弯矩（kN·m）	−652.7				
	对应轴力（kN）	3795.3				

注：降温和收缩考虑混凝土徐变影响分别给 0.7 和 0.45 的系数，换算 $\Delta t=-11.01$℃。

结构抗力计算结果 表 4.2.1-2

	偏心距 e_0（m）	e（m）	e'（m）	中性轴 x（m）	σ_g（kPa）	截面强度 N_R（kN）
组合 1	0.169	0.794	0.456	1.04	79.8	4192.6
组合 2	0.246	0.853	0.397	0.96	151.4	3855.8
组合 3	0.228	0.871	0.379	0.94	172.7	3755.61
组合 4	0.172	0.797	0.453	1.04	83.0	4177.3

计算结果表明，主桥拱圈设计承载能力符合《公路钢筋混凝土及预应力混凝土桥涵设计规范》(JTJ 032—85) 要求。

(3) 结构模态（表 4.2.1-3，图 4.2.1-3、图 4.2.1-4）

主桥空间模型模态分析结果　　表 4.2.1-3

阶　数	结构固有频率（Hz）	振型特征
1	1.8498	第一跨面内全波
2	1.9278	第二跨面内全波
3	2.7919	主要为第一跨横向半波与扭转偶合
4	2.8811	主要为第二跨和第三跨横向偶合
5	2.9283	主要为第二跨和第三跨横向偶合

以上结果表明，原结构自振频率偏低。

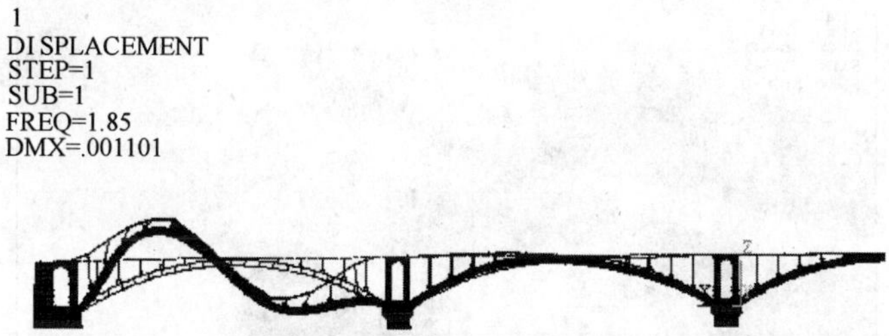

图 4.2.1-3　第一阶振型示意图

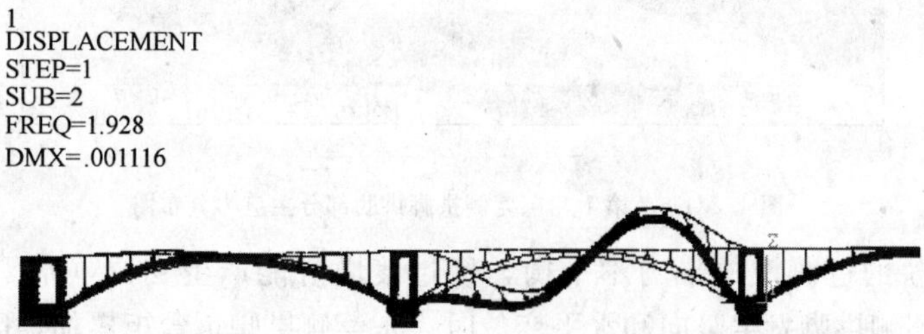

图 4.2.1-4　第二阶振型示意图

(4) 主拱开裂分析

主桥主拱开裂为负弯矩引起的受力裂缝。主桥主 0、主 3 号墩为制动墩，1～3 号拱为 1 联。

1 号孔拱顶比 2 号孔下挠大 9.3cm，除去墩的不均匀沉降（1 号拱顶下挠（3.0+0.8）/2=1.9cm，2 号拱顶下挠（1.9+0.8）/2=1.35cm），则 1 号孔比 2 号孔下挠大 8.75cm，因而可以认为此 8.75cm 下挠为主 0 号墩引起的。主 0 号墩相对 1 号墩单位水平变位引起拱顶下挠值为无铰拱的推力影响线坐标，可推出 0 号墩相对 1 号墩的水平变位，1 号墩相对 2 号墩的水平变位大 5.36cm（$m_0=1.347$，$L/f=1/7$，影响线值为 1.6328）。同理 2 号孔比 3 号孔下挠大 1.75cm（扣除了不均匀沉降引起拱顶下挠效应），可推出 1 号墩相对 2 号墩的水平变位，2 号墩相对 3 号墩水平位移大 1.07cm。

根据以上分析，考虑主0和主1号墩的水平和竖向不均匀沉降共同作用，建立计算分析模型。因1～3号拱的连拱作用，2号墩的水平位移相对其他墩变位较小，可以按以下模型计算。主0号墩水平位移6.43cm，沉降1.5cm，主1号墩水平位移1.07cm，向上位移0.7cm，主2号墩沉降0.4cm，同时对1号孔按拱脚负弯矩最大布置活载。

①位移计算结果：

第1孔拱顶竖向下挠为10.8cm；第2孔拱顶竖向下挠为3.9cm。

由于本计算模型未考虑混凝土的收缩和徐变，因而计算拱顶下挠值比实测结果偏小。

②应力计算结果：

如图4.2.1-5所示，第1孔拱肋上缘截面开裂位置处的主拉应力为6.60MPa，显然大于主拱原25号混凝土的抗拉设计强度1.55 MPa，与该截面开裂相吻合。

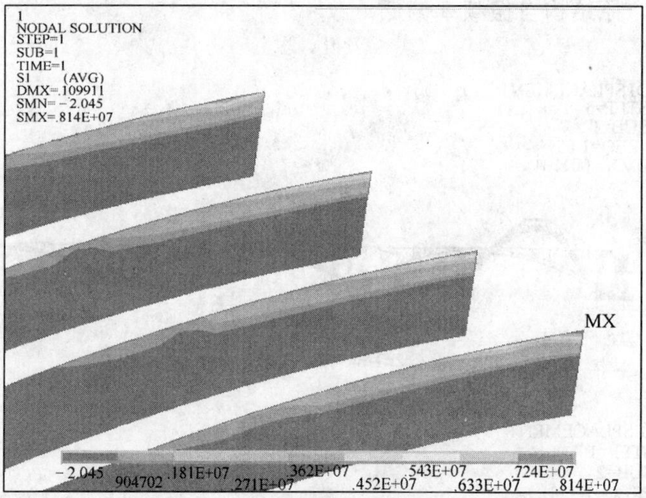

图4.2.1-5 第1孔东莞侧拱脚拱肋部分主应力分布图

因主桥与引桥的过渡墩的推力不平衡，使过渡墩可能产生变位（水平、竖向、转动）。主桥1号孔，广州侧拱脚发生竖向和水平变位时，东莞侧拱脚负弯矩累加，因此拱圈开裂，同时主0号墩变位，也会引起1、2号墩水平变位或倾斜，使2、3号孔广州侧拱脚也出现开裂。

以上分析和计算表明，主桥拱圈开裂与基础变位有关。

3. 主桥空腹段立柱上盖梁验算

现场检测发现，盖梁裂缝集中发生在盖梁悬臂根部，现选取盖梁最不利截面（盖梁根部截面）为计算对象。

(1) 原结构承载能力极限状态验算

按最不利工况组合，盖梁悬臂根部弯矩：

恒载为71.37kN·m，活载为62.25 kN·m；

组合1为2×71.37+1.03×1.4×62.25=175.4 kN·m。

按单筋断面受弯构件正截面强度计算：

混凝土受压区应符合$x<\xi_{jg}h_0$，由《公路钢筋混凝土及预应力混凝土桥涵设计规范》表4.1.6得$\xi_{jg}=0.55$。

现 $\xi_{jg}h_0=0.55\times56.2=30.91\text{cm}$，满足要求。

$$M_j<\frac{1}{\gamma_c}R_a bx\left(h_0-\frac{x}{2}\right)$$

$$\text{取}\quad \gamma_c=1.25$$

$$\text{则}\quad M_j=183.0\text{kN}\cdot\text{m}$$

而最不利组合荷载弯矩为 175.4kN·m，满足设计要求。

(2) 裂缝宽度复算

钢筋混凝土受弯构件最大裂缝宽度按下式计算：

$$\delta_{fmax}=C_1C_2C_3\sigma_g/E_g[(30+d)/(0.28+10\mu)]$$

$$C_1=1.0;C_2=1+0.5M_0/M=1.267;C_3=1.15$$

$$\mu=0.006;d=16;\sigma_g=271.9\text{MPa};E_g=2.1\times10^5\ \text{MPa}$$

计算最大裂缝宽度为 $\delta_{fmax}=0.255\text{mm}>0.2\text{mm}$，不满足“规范”要求。

三、桥梁使用功能评定

(1) 设计技术标准

①在原设计荷载标准下，主桥除盖梁裂缝宽度超出“规范”要求外，其余均满足“规范”要求。

②桥面的净宽、基础的埋置深度能够满足营运的要求。

(2) 桥梁各部件完好程度

①主拱圈拱脚段拱肋出现负弯矩裂缝，拱肋之间的拱箱顶、底板发现裂缝，以纵向裂缝为主，最大宽度为 1.2mm。

主拱混凝土分层浇筑接缝较明显，混凝土表面蜂窝麻面较突出，局部有露筋。当汽车从桥面驶过，拱背有明显的振动感，表明主桥竖向刚度偏低。

②主桥空腹拱段盖梁表面大部分都存在有渗水侵蚀现象，表面附着有较厚的泥浆层，为长期受顶部车行道板接缝处渗水及冲刷物沉淀所致。盖梁顶面与简支板间油毡垫支座久已失效，板与盖梁间为刚性接触，在行车冲击荷载作用下致使盖梁上部大多出现混凝土表面破碎、脱落，严重者混凝土破碎、脱落面积约占盖梁的 10%～20%。

③立柱表面混凝土外观质量较差，大多存在不同程度的蜂窝麻面现象，钢筋保护层厚度严重不均，少数箍筋外露；立柱表面分布有较多的小面积钢筋锈蚀及表层混凝土胀裂现象，在立柱的根部钢筋外露锈蚀、破碎、脱落、孔洞现象相对较为严重。

④桥面板间铰缝处大多存有渗水泛白现象，简支板由于在盖梁上为刚性支承，板的两端与盖梁接触部分边缘损坏相对较重，出现混凝土开裂、破碎脱落、露筋锈蚀等病害。

⑤桥面系破损较严重，铺装层裂缝较多，局部有板碎裂。各跨裂缝出现的程度不同，上游侧铺装层开裂现象较严重。主桥跨中出现较严重的横向裂缝（全宽），跨中两侧出现纵向裂缝。

桥面排水不畅，泄水孔大部分已堵塞，桥面伸缩缝被砂石堵塞，并有错台现象，最大为 0.7cm，伸缩缝边缘桥面铺装混凝土大部分破损。

下游侧桥面防撞护栏的立柱基础大都松动，混凝土破碎，桥面可见大段的桥面栏杆被冲撞破坏，路缘石破碎；广州岸上游侧混凝土防撞护栏桥头段被冲撞后发生倾覆；部分人行道板板中有纵向裂缝，板中部明显下凹，有少量板已经断裂，会危及行人的安全。

桥头有明显的跳车现象，台后路面明显下沉。广州与东莞两岸桥台锥坡与桥台都有沉降现象。

⑥主桥基础冲刷严重，河床上层粗砂层已完全冲刷完，淤泥层完全裸露在河水中。根据调查得知，90 年代前 5 年曾在桥位上、下游附近进行过大规模采砂，加之桥位处每日潮汐影响，河床冲刷明显。河床的冲刷对原本深埋于河床的沉井基础的稳定性有一定影响。

从以上各部件的病害来看，或多或少都对桥梁的正常使用功能产生一定影响。

四、主桥拱圈承载能力评定

1. 评定系数的确定

(1) 承载能力检算系数（Z_1）的确定

根据检查中发现主桥拱圈的主要病害有：

①1 号主拱拱圈出现受力裂缝，横向贯通拱背，裂缝较宽，裂缝长度超过截面的 2/3 高度。其余主拱 2 号、3 号孔下游侧拱肋一侧拱脚出现裂缝，裂缝宽 0.2mm，沿拱轴法向发展最长为 50cm。

②拱圈拱肋间箱板出现纵桥向裂缝，主桥 1～6 号孔皆有，主要集中在下缘板的板中，最大宽度为 1.2mm，最长为 315cm。部分箱板裂缝与墩帽裂缝有连续性。

③实测拱轴曲线比成拱时拱轴曲线向下位移最大为 18.3cm，向上位移最大为 9.1cm，变形较大，超过规范允许值。

④1 号拱拱圈混凝土的测位推定强度为 19.49 和 22.20MPa，拱圈局部强度偏低。

⑤拱肋表面砂砾外露，略显粗糙，混凝土表面可见蜂窝麻面。

得到拱圈的承载力检算系数 Z_1 为 0.96，结合评定标准给主桥拱圈确定评价标度值为 4（坏的状态）。

根据现场对拱圈的超声—回弹综合法检测的混凝土强度，计算得到推定强度均值系数 $0.8 \leqslant K_{bt} \leqslant 0.89$，$K_{bm} \geqslant 0.9$；强度处于较差状态，可以判断其强度评定标度值为 3。

根据自振频率评定拱圈的固有模态参数，开裂拱圈的整体性较差，可以判断其评定标度值为 3（见表 4.2.1-4）。

表 4.2.1-4

检测指标	评定标度值 E_j	权重 α_j
表观缺损状况	4（坏的状态）	0.4
材质强度	3（较差）	0.3
固有模态	3（较差）	0.3
计算得技术状况评定值 $D=4\times0.4+3\times0.3+2\times0.3=3.4$		

得到拱圈的承载能力检算系数 Z_1 为 0.96。

(2) 承载能力恶化系数（ξ_e）的确定

根据现场检查情况分别对表中各检测指标给出评定标度值，见表 4.2.1-5。

表 4.2.1-5

检测指标	评定标度值 E_j	权重 α_j
拱圈表观状况	4（坏的状态）	0.32
拱圈混凝土强度	3（较差）	0.11
钢筋锈蚀电位	1（锈蚀活动性不确定）	0.05
混凝土电阻率	2（慢）	0.20
混凝土中氯离子含量	2（不确定）	0.12
混凝土碳化深度	1（碳化深度＜保护厚度）	0.15
钢筋保护层厚度	1（影响不显著）	0.05
计算得恶化状况评定值＝4×0.32＋3×0.11＋1×0.05＋2×0.2＋2×0.12＋1×0.15＋1×0.05＝2.50		
环境条件为：干燥、不冻、无侵蚀介质		

得到拱圈承载能力恶化系数 ξ_e 为 0.035。

(3) 截面折减系数（ξ_c、ξ_s）的确定

根据现场检查情况分别对各检测指标给出评定标度值，计算得到构件截面损伤的综合评定值 R，见表 4.2.1-6。

表 4.2.1-6

检测指标	评定标度值 R_j	权重 α_j
材料风化	2（弱风化，手撮构件表面，有沙粒滚动摩擦的感觉，手掌上附着物大多为构件材料粉末，沙粒较少。构件表面沙粒附着不明显或略显粗糙）	0.10
碳化	2（碳化深度＜保护厚度）	0.35
物理与化学损伤	1（构件表面较好）	0.55
计算得构件截面损伤的综合评定值＝2×0.10＋2×0.35＋1×0.55＝1.455		

根据截面损伤的综合评定值 R，得出混凝土截面折减系数 $\xi_c = 0.989$。

钢筋截面折减系数 ξ_s 值的确定：钢筋混凝土拱肋沿钢筋出现裂缝，宽度大于限值，确定其评定标度为 2，钢筋截面折减系数 $\xi_s = 0.96$。

(4) 活载影响修正折减系数（ξ_q）的确定

对于频繁通行大吨位车、超重超限的重载交通桥梁，应考虑实际营运荷载状况对结构承载能力所造成的不利影响。在进行荷载效应组合时可引入活载影响修正系数 ξ_q，适当提高汽车检算荷载效应的分项系数，以反映桥梁实际承受荷载情况。

①根据实际调查典型代表交通量 Q_m 与设计交通量之比约为 1.7，选择对应交通量的活载影响修正系数 $\xi_{q1} = 1.10$；

②根据实际调查的重力超过汽车检算荷载主车的大吨位车辆的交通量与实际交通量之比，即大吨位车辆混入率 $\alpha < 0.3$，取用对应大吨位车辆混入率的活载影响修正系数 $\xi_{q2} = 1.05$；

③据实际调查的轴荷分布，确定后轴重力超过汽车检算荷载之最大轴荷的轴荷所占的百分数 β（$5\% \leqslant \beta < 15\%$），取用对应于轴荷分布的活载影响修正系数 $\xi_{q3} = 1.15$。

④根据确定对应交通量、大吨位车辆混入率、轴荷分布的活载影响修正系数，计算汽车检算荷载的活载影响修正系数 $\xi_q=(\xi_{q1}\xi_{q2}\xi_{q3})^{1/3}=(1.10\times1.05\times1.15)^{1/3}=1.099$

2. 持久状态桥梁结构承载能力极限状态评定计算

考虑活载影响修正折减系数（$\xi_q=1.099$）后，内力组合结果和计算的极限强度见表4.2.1-7、表4.2.1-8。

组合1：自重＋汽车＋人群

组合2：自重＋汽车＋人群＋降温

组合3：自重＋汽车＋人群＋降温＋沉降2cm

组合4：自重＋挂车

荷载工况和组合 表4.2.1-7

工况		恒载	汽车＋人群	挂车	$\Delta t=-11.01$℃	沉降2cm
开裂拱肋截面	弯矩（kN·m）	−234.5	−296.0	−370.9	−150.0	−49
	对应轴力（kN）	2636.6	568.2	630.8	−37.0	0.2
组合1	弯矩（kN·m）	−695.7				
	对应轴力（kN）	3959.4				
组合2	弯矩（kN·m）	−837.7				
	对应轴力（kN）	3590.8				
组合3	弯矩（kN·m）	−901.4				
	对应轴力（kN）	3591.0				
组合4	弯矩（kN·m）	−689.4				
	对应轴力（kN）	3857.8				

结构抗力计算结果 表4.2.1-8

	偏心距 e_0（m）	e（m）	e'（m）	中性轴 x（m）	σ_g（kPa）	截面强度 N_j（kN）
组合1	0.176	0.801	0.449	1.03	87.7	3802.2
组合2	0.233	0.858	0.392	0.95	157.8	3500.8
组合3	0.251	0.876	0.374	0.93	178.6	3411.4
组合4	0.179	0.804	0.446	1.03	91.5	3786.2

显然，基于检查结果的主桥拱圈承载能力评定为：开裂拱肋的强度不能满足该桥荷载变化后极限承载能力要求。

五、主桥拱上建筑承载能力评定

1. 评定系数的确定

(1) 承载能力检算系数（Z_1）的确定

检查中发现主桥空腹段立柱盖梁的主要病害：

①盖梁悬臂根部出现贯通裂缝，宽度在0.1～0.4mm之间，并伴有渗水泛白现象。

②由于渗水侵蚀作用，在盖梁保护层厚度较薄的地方出现钢筋锈蚀并诱发混凝土的胀裂。

③盖梁混凝土表面有渗漏现象，个别有钟乳石状悬挂沉淀物。

综合考虑桥梁和构件表观缺损状况（权重0.4）、材质强度（权重0.3）和固有模态（权重0.3）等检测评定结果，确定构件技术状况评定值D。

根据以上表观缺损情况，结合评定标准确定盖梁评定标度值为4（坏的状态）。

根据现场的超声—回弹综合法检测的盖梁混凝土强度，计算得到推定强度匀值系数$K_{bt}\geqslant0.95$,平均强度匀值系数$K_{bm}\geqslant1.00$，强度处于良好状态，可以判定其强度评定标度值为1。

根据自振频率评定盖梁的固有模态参数（由实测自振频率f_{mi}与设计理论值f_{di}之比来判断），盖梁的整体性较差，可以判定其评定标度值为3（表4.2.1-9）。

表4.2.1-9

检测指标	评定标度值E_j	权重 a_j
表观缺损状况	4（坏的状态）	0.4
材质强度	1（良好）	0.3
固有模态	3（较差）	0.3
计算得技术状况评定值$D=4\times0.4+1\times0.3+3\times0.3=2.80$		

得到盖梁的承载能力检算系数Z_1为1.02。

（2）承载能力恶化系数（ξ_e）的确定

对于钢筋混凝土结构，根据结构表观状况、构件材质强度、钢筋锈蚀电位、混凝土电阻率、混凝土中氯离子含量、混凝土碳化深度、钢筋保护层厚度等的检测评定结果，采用考虑各检测指标影响权重的综合评定方法，计算构件的恶化状况评定值E，最后根据不同环境条件，取用承载能力恶化系数。根据现场检查情况分别对以上各检测指标给出评定标度值见表4.2.1-10。

表4.2.1-10

检测指标	评定标度值E_j	权重a_j
盖梁表观状况	4（坏的状态）	0.32
盖梁混凝土强度	1（良好）	0.11
钢筋锈蚀电位	1（锈蚀活动性不确定）	0.05
混凝土电阻率	2（慢）	0.20
混凝土中氯离子含量	2（不确定）	0.12
混凝土碳化深度	2（碳化深度＜保护厚度）	0.15
钢筋保护层厚度	3（有影响）	0.05
计算得恶化状况评定值$=4\times0.32+1\times0.11+1\times0.05+2\times0.2+2\times0.12+2\times0.15+3\times0.05=2.53$		
环境条件为：干燥、不冻、无侵蚀介质		

得到盖梁承载能力恶化系数ξ_e为0.0359。

（3）截面折减系数（ξ_c、ξ_s）的确定

考虑由于材料风化、碳化、物理与化学损伤引起的结构构件有效截面损失（ξ_c），以及由于钢筋腐蚀剥落造成的钢筋有效截面的损失（ξ_s）对结构截面抗力效应的影响。

根据现场检查情况，分别对以上各检测指标给出评定标度值，计算得到构件截面损伤的

综合评定值 R 见表 4.2.1-11。

表 4.2.1-11

检测指标	评定标度值 R_j	权重 a_j
材料风化	2（弱风化，手搓构件表面，有沙粒滚动摩擦的感觉，手掌上附着物大多为构件材料粉末，沙粒较少。构件表面沙粒附着不明显或略显粗糙）	0.10
碳化	2（碳化深度＜保护厚度）	0.35
物理与化学损伤	3（构件表面剥落面积 10% 以内，剥落一般发生在表层，局部最大深度在 1cm 以内，或损伤最大深度与截面损伤发生部位构件最小尺寸之比小于 0.04）	0.55
计算得构件截面损伤的综合评定值＝2×0.10＋2×0.35＋3×0.55 ＝2.55		

根据截面损伤的综合评定值 R，得出截面折减系数 $\xi_c=0.9575$。

钢筋截面折减系数 ξ_s 值的确定；钢筋混凝土结构盖梁沿钢筋出现裂缝，宽度大于限值，确定评定标度值为 2，钢筋的截面折减系数 ξ_s 为 0.96。

(4) 活载影响修正折减系数（ξ_q）的确定

活载影响修正系数 ξ_q 同主拱圈一样为 1.099。

2. 持久状态桥梁结构承载能力极限状态评定计算

考虑活载影响修正折减系数（$\xi_q=1.099$）后内力组合计算结果：

恒载为 71.37kN·m，活载为 1.099×62.25＝68.41 kN·m；

组合 1 为 2×71.37＋1.03×1.4×68.41＝184.3 kN·m。

按单筋断面受弯构件正截面强度计算：

考虑截面折减系数（$\xi_c=0.9575$、$\xi_s=0.96$）计算中和轴 $x=5.14$cm（不计受压钢筋）。

混凝土受压区应符合 $x<\xi_{jg}h_0$，由《公路钢筋混凝土及预应力混凝土桥涵设计规范》表 4.1.6 得 $\xi_{jg}=0.55$。

现 $\xi_{jg}h_0=0.55\times56.2=30.91$cm，满足要求。

承载能力恶化系数（$\xi_e=0.0359$），承载能力检算系数 $Z_1=1.02$，代入

$$M_j<\frac{1}{\gamma_c}R_a bx\left(h_0-\frac{x}{2}\right)\xi_c Z_1(1-\xi_e)$$

取 $\gamma_c=1.25$ 则：$M_j=165.5$ kN·m

而最不利组合荷载弯矩为 184.3kN·m，不满足《公路钢筋混凝土及预应力混凝土桥涵设计规范（JTJ 023—85）》要求。

显然，基于检查结果的主桥拱上建筑承载能力评定：开裂悬臂盖梁的强度不能满足该桥荷载变化后承载能力极限状态要求。

六、引桥原结构验算

结构验算依据：原桥设计图纸；原桥竣工图纸；该桥质量检测与评价报告。

1. 计算模型的选择

本次检算采用平面杆系有限元程序，结构计算简图及单元划分见图 4.2.1-6a）、图 4.2.1-6b）、图 4.2.1-6c）。作用荷载如下：

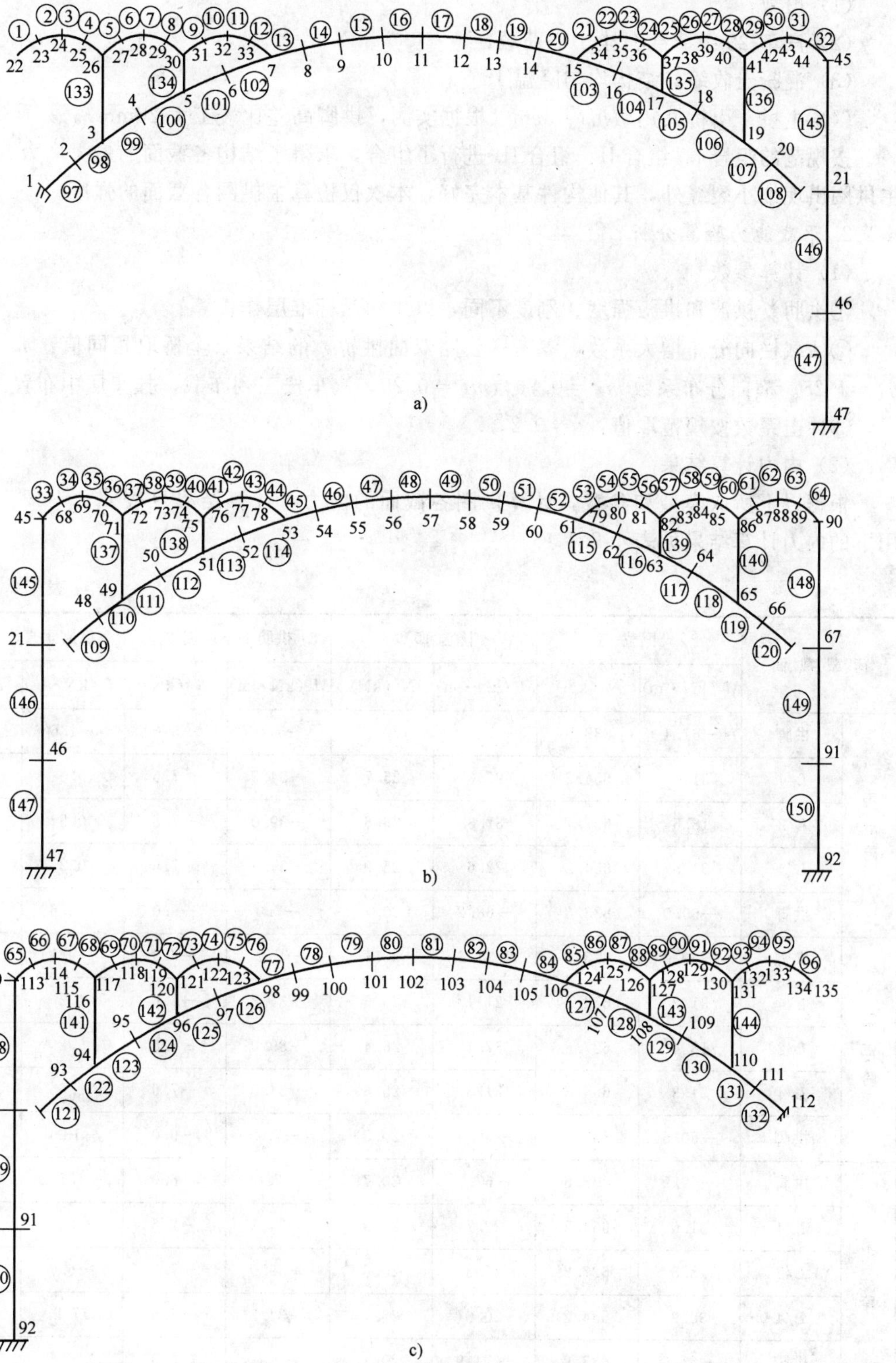

图 4.2.1-6　引桥结构计算单元划分图

（1）恒载；

（2）汽车-20 级荷载、挂-100 荷载；

（3）混凝土收缩、结构均匀降温 15℃；

（4）主桥、引桥共用墩沉降 3cm（根据实测，拱脚高差比竣工大 26mm）。

按规范的组合 I、组合 II、组合 III 进行了组合，求得了结构各截面的最大内力。由于除主拱圈出现细小裂缝外，其他构件基本完好，本次仅检算主拱圈各截面的强度。

2. 承载能力验算分析

（1）计算参数

①拱肋、拱波和拱板强度、刚度不同，以拱肋为标准层作折算。

②活载横向分布增大系数，参考《公路双曲拱桥》的结果，全桥取相同值：$\eta_{汽}=1.15$，$\eta_{挂}=1.25$。横向分布系数 $m_{汽}=0.76$，$m_{挂}=0.29$。汽车按三列布载，挂车居中布置。

③冲击系数按规范取值：$\mu=0.2$。

（2）内力计算结果

根据以上所取模型和参数，计算拱圈各截面的内力，计算结果见表 4.2.1-12；活载作用下的内力计算结果见表 4.2.1-13。

表 4.2.1-12

荷载截面		恒载		降温 15℃		拱肋上下缘温差		拱脚垂直位移 3cm	
		M（kN·m）	N（kN）	M（kN·m）	N（kN）	M（kN·m）	N（kN）	M（kN·m）	N（kN）
第一跨	拱脚	−61.4	833.9	−74.6	20.3	−7.0	−6.0	−1.6	0.6
	L/4	31.0	654.2	20.0	25.7	−34.3	−7.6	0.6	0.7
	L/2	18.5	627.7	37.3	26.6	−39.0	−7.8	0.8	0.7
	L/4	31.5	654.2	22.6	25.9	−34.3	−7.6	0.2	0.7
	拱脚	−60.0	833.8	−68.2	20.7	−7.0	−6.0	−2.6	0.5
第二跨	拱脚	−60.0	833.8	−71.2	20.7	−7.0	−6.0	−9.1	3.8
	L/4	31.2	654.3	21.1	25.6	−34.3	−7.6	4.2	4.5
	L/2	18.4	627.8	37.1	26.4	−39.0	−7.8	5.2	4.6
	L/4	31.3	654.3	21.3	25.6	−34.3	−7.6	0.6	4.3
	拱脚	−60.5	833.9	−70.4	20.3	−7.0	−6.0	−18.0	3.2
第三跨	拱脚	−59.9	833.8	−67.8	20.7	−7.0	−6.0	−185.2	−16.6
	L/4	31.6	654.2	22.7	25.9	−34.3	−7.6	−83.4	−10.0
	L/2	18.5	627.2	37.3	26.6	−39.0	−7.8	−6.0	−4.6
	L/4	30.9	654.2	20.0	25.7	−34.3	−7.6	77.8	−0.2
	拱脚	−61.5	833.9	−74.9	20.2	−7.0	−6.0	216.5	8.5

表 4.2.1-13

荷载截面		汽-20				挂-100			
		M_{max} (kN·m)	对应 N (kN)	M_{max} (kN·m)	对应 N (kN)	M_{max} (kN·m)	对应 N (kN)	M_{max} (kN·m)	对应 N (kN)
第一跨	拱脚	101.5	176.6	−131.0	192.7	97.9	207.1	−145.4	292.5
	L/4	109.0	98.6	−61.4	191.9	103.3	98.3	−63.8	232.1
	L/2	133.8	208.0	−39.2	97.2	121.7	275.2	−24.6	26.8
	L/4	109.0	98.6	−61.4	191.9	103.3	98.3	−63.8	232.1
	拱脚	90.9	162.0	−123.9	199.3	66.7	201.6	−141.3	302.4
第二跨	拱脚	92.8	155.3	−137.2	189.9	59.1	18.9	−163.4	297.1
	L/4	110.6	93.0	−60.8	186.9	104.5	109.0	−61.0	210.8
	L/2	152.3	188.9	−45.6	75.3	143.0	252.6	−29.9	32.2
	L/4	110.6	93.0	−60.8	186.9	104.5	109.0	−61.0	210.8
	拱脚	92.8	155.3	−137.2	189.9	59.1	18.9	−163.4	297.1
第三跨	拱脚	90.9	162.0	−123.9	199.3	66.7	201.6	−141.3	302.4
	L/4	109.0	98.6	−61.4	191.9	103.3	98.3	−63.8	232.1
	L/2	133.8	208.0	−39.2	97.2	121.7	275.2	−24.6	26.8
	L/4	109.0	98.6	−61.4	191.9	103.3	98.3	−63.8	232.1
	拱脚	101.5	176.6	−131.0	192.7	97.9	207.1	−145.4	292.5

表中活载内力考虑了腹拱的联合作用，对裸拱的活载考虑了折减。

内力组合考虑以下 4 种组合：

组合 1：恒载＋汽车

组合 2：恒载＋汽车＋体系降温

组合 3：恒载＋汽车＋沉降

组合 4：恒载＋挂车

由表 4.2.1-12、表 4.2.1-13 可以看出，恒载作用、体系降温、拱肋上下缘温差及活载作用时各跨的内力基本相同，仅第三跨右侧沉降时各跨内力相差较大，为便于计算，取支座沉降时内力最大的第三跨进行内力组合，组合结果见表 4.2.1-14。

内力计算组合结果 表 4.2.1-14

荷载效应		系数	拱顶		L/4		拱脚	
			M (kN·m)	N (kN)	M (kN·m)	N (kN)	M (kN·m)	N (kN)
恒载		1.2 (0.9)	18.5	627.7	30.9	654.2	−59.9	833.8
体系降温		1.4	37.3	26.6	20.0	25.7	−67.8	20.7
支座沉降			−6.0	4.6	77.8	0.2	−185.2	16.6
汽-20	最大		133.8	208.0	109.0	98.6	101.5	176.6
	最小		−39.2	97.2	−61.4	191.9	−131.0	192.7
挂-100	最大		121.7	275.2	103.3	98.3	97.9	207.1
	最小		−24.6	26.8	−63.8	232.1	−145.4	292.5

续上表

荷载效应		系数	拱顶		L/4		拱脚	
			M (kN·m)	N (kN)	M (kN·m)	N (kN)	M (kN·m)	N (kN)
组合 1	最大	1.0	209.5	1044.4	181.7	923.1	83.1	1040.3
	最小		−38.2	701.0	−61.5	913.7	−275.4	1410.1
组合 2	最大	0.8	209.4	865.3	167.8	767.3	−9.5	855.4
	最小		11.2	590.6	−26.8	759.7	−296.3	1151.2
组合 3	最大		160.4	840.7	232.5	738.6	−176.2	850.8
	最小		−37.3	566.0	47.4	731.0	−427.7	1146.6
组合 4	最大		154.1	910.6	145.4	738.1	66.5	822.3
	最小		14.2	482.0	−41.8	731.0	−220.4	1128.0

(3) 正截面强度检算

正截面强度按规范公式

$$N_j \leqslant \alpha A R_a^j / \gamma_m$$

$$\alpha = \frac{1-(e_0/y)^m}{1+(e_0/r_w)^2}$$

其中 $y_上=0.33$，$y_下=0.47$，$r_w=0.236\text{m}$，$m=3.5$，$\gamma_m=1.0$，原 20 号混凝土 $R_a^j=17.5\text{MPa}$。考虑到拱肋配筋较多（结构受拉边设有不小于截面面积的 0.05% 的纵向钢筋时容许偏心距可增大 0.1y），容许偏心距增加了 0.1y 验算结果见表 4.2.1-15。

正截面强度验算结果 表 4.2.1-15

截面		e_0	α	N_R (kN)	$[e_0]$ (m)
组合 1	L/2	0.201	0.551	3427	$[e_0]_上=0.231$ $[e_0]_下=0.329$
	L/4	0.205	0.537	3342	
	拱脚	−0.201	0.478	2970	
组合 2	L/2	0.242	0.440	2735	$[e_0]_上=0.264$ $[e_0]_下=0.376$
	L/4	0.227	0.479	2978	
	拱脚	−0.270	0.220	1370	
组合 3	L/2	0.191	0.577	3590	
	L/4	<u>0.323</u>	—	—	
	拱脚	<u>−0.476</u>	—	—	
组合 4	L/2	0.169	0.642	3994	
	L/4	0.197	0.561	3492	
	拱脚	−0.195	0.499	3102	

注：表中带下画线表示 e_0 超过 $[e_0]$。

通过验算，除组合 3 即“恒载＋汽车＋沉降”时拱肋截面强度不足外，其余工况都满足设计要求，这与现场检测发现引桥 8 号拱腹拱出现横向贯通裂缝的病害是相吻合的，可见拱脚较大的不均匀沉降应为 8 号拱腹拱开裂的直接原因。

七、引桥使用功能评定

(1) 设计技术标准

①在原设计荷载标准下，主桥除盖梁裂缝宽度超出“规范”要求外，其余均满足“规范”要求。

②桥面的净宽、基础的埋置深度能够满足营运要求。

(2) 桥梁各部构件完好程度

①主拱圈拱肋在拱脚附近多处有裂缝，裂缝以环向为主、少量竖向、横向，拱脚的环状裂缝全桥共计 98 条，几乎都伴有渗水泛白现象。最大宽度为 0.16mm，发生在 2 号拱。引桥 8 号拱 4、5 号肋东莞侧拱脚、5 号肋广州侧拱脚、引桥 10 号拱 4 号肋广州侧拱脚，引桥 15 号拱 1 号肋广州侧拱脚有露筋现象，拱脚在保护层厚度较薄的地方出现钢筋锈蚀并诱发混凝土的胀裂。

②腹拱在每跨设有变形缝的边腹拱和腹拱拱脚渗水严重，表面附着有较厚的泥浆层，腹拱伴有局部混凝土缺损和拱脚骨料外露、开裂等病害。广州侧引桥 8 号拱 2～5 号腹拱拱顶附近均存在横、纵向裂缝，裂缝以贯通缝为主，最大缝宽大于 1mm。

③挑梁表面大部分都存在有水迹，表面附着有较厚的泥浆层，为长期受腹拱接缝处渗水及冲刷物沉淀所致；由于渗水侵蚀作用及盖梁保护层厚度个别部位严重不足（＜6mm，小于仪器最小量程），在盖梁保护层厚度较薄的地方出现钢筋锈蚀并诱发混凝土的胀裂。在引桥 8 号拱的下游侧 4 号挑梁根部发现裂缝，缝宽 0.2mm，长 38cm。2 号挑梁裂缝从端部向中部沿轴线方向发展，宽 0.35mm，长 70cm。

以上各部构件的病害，对桥梁的正常使用功能产生一定影响。

八、引桥承载能力评定

1. 评定系数的确定

(1) 承载能力检算系数（Z_1）的确定

检查中发现引桥拱圈的主要病害：

①部分主拱拱圈拱脚出现宽度为 0.2mm（规范允许为 0.3mm）环向裂缝并伴有渗水泛白现象，有的拱肋有多条环状裂缝。部分拱脚段有露筋和混凝土膨胀现象。

②肋与拱波间渗水现象普遍，预制拱波的砌筑缝间也有渗水。混凝土表面基本上完好，但表面欠清洁，部分拱肋表面可见钟乳石状悬挂沉淀物。

③引桥 8 号拱即本计算模型的第三孔，2～5 号腹拱出现横、纵向贯通裂缝，最宽大于 1mm。

结合评定标准给引桥拱圈确定评定标度值为 3（较差状态）。

根据现场盖梁的超声—回弹综合法检测的盖梁混凝土强度，计算得到推定强度匀值系数 $K_{bt}\geqslant 0.95$，平均强度匀值系数 $K_{bm}\geqslant 1.00$，强度处于良好状态，可以判定其强度评定标度值为1。

根据自振频率评定盖梁的固有模态参数，拱圈的整体性较好，可以判定其评定标度值为2（表4.2.1-16）。

表4.2.1-16

检测指标	评定标度值 R_j	权重 a_j
表观缺损状况	3（较差状态）	0.4
材质强度	1（较差）	0.3
固有模态	2（较好）	0.3
计算得技术状况评定值 $D=3\times0.4+1\times0.3+2\times0.3=2.1$		

得到引桥拱肋的承载能力检算系数 Z_1 为1.14。

（2）截面折减系数（ξ_c）的确定

根据现场检查情况分别对以上各检测指标给出评定标度值，计算得到构件截面损伤的综合评定值 R 见表4.2.1-17。

表4.2.1-17

检测指标	评定标度值 R_j	权重 a_j
材料风化	2（弱风化，手撮构件表面，有沙粒滚动摩擦的感觉，手掌上附着物大多为构件材料粉末，沙粒较少。构件表面沙粒附着不明显或略显粗糙）	0.10
碳化	2（碳化深度＜保护厚度）	0.35
物理与化学损伤	1（构件表面较好）	0.55
计算得构件截面损伤的综合评定值＝2×0.10＋2×0.35＋1×0.55 ＝1.455		

根据界面损伤的综合评定值，得出截面折减系数 $\xi_c=0.989$。

（3）活载影响修正折减系数（ξ_q）的确定

活载影响修正系数 ξ_q 同主桥，为1.099。

2. 持久状态桥梁结构承载能力极限状态评定计算

对于砖、石及混凝土桥，按《公路砖石及混凝土桥涵设计规范》（JTJ 022—85）第3.0.1条效应不利组合设计值小于或等于结构抗力的方程式变更如下：

$$S_d\ (\gamma_{so}\psi\sum\gamma_{s1}Q)\leqslant R_d\ (R^j/\gamma_m,\ \alpha_k)\ Z_1\xi_c$$

正截面强度公式变化为：

$$N_j\leqslant \alpha ARa^j/\gamma_m Z_1\xi_c$$

$$\alpha=\frac{1-(e_0/y)^m}{1+(e_0/r_w)^2}\times z_1\xi_c$$

根据原结构计算结果，现仅选第三孔（引桥8号孔）为计算对象，考虑活载影响修正折减系数（$\xi_q=1.099$）后，活载内力和组合结果见表4.2.1-18、表4.2.1-19。

活载内力计算表　　表 4.2.1-18

荷载截面		汽-20				挂-100			
		M_{max}	对应 N	M_{min}	对应 N	M_{max}	对应 N	M_{min}	对应 N
第三跨	拱脚	99.9	178.0	−136.2	219.0	73.3	221.6	−155.3	332.3
	$L/4$	119.8	108.4	−67.5	210.9	113.5	108.0	−70.1	255.1
	$L/2$	147.0	228.6	−43.1	106.8	133.7	302.4	−27.0	29.5
	$L/4$	119.8	108.4	−67.5	210.9	113.5	108.0	−70.1	255.1
	拱脚	111.5	194.1	−144.0	211.8	107.6	227.6	−159.8	321.5

内力组合汇总表　　表 4.2.1-19

荷载效应		系数	拱顶		$L/4$		拱脚	
			M (kN·m)	N (kN)	M (kN·m)	N (kN)	M (kN·m)	N (kN)
恒载		1.2 (0.9)	18.5	627.7	30.9	654.2	−59.9	833.8
体系降温		1.4	37.3	26.6	20.0	25.7	−67.8	20.7
支座沉降			−6.0	4.6	77.8	0.2	−185.2	16.6
汽-20	最大		147.0	228.6	119.8	108.4	111.5	194.1
	最小		−43.1	106.8	−67.5	210.9	−144.0	211.8
挂-100	最大		133.7	302.4	113.5	108.0	107.6	227.6
	最小		−27.0	29.5	−70.1	255.1	−159.8	321.5
组合 1	最大	1.0	228.1	1073.3	204.8	936.7	102.3	1022.1
	最小		−43.7	714.5	−66.7	884.0	−273.4	1297.0
组合 2	最大	0.8	224.2	888.4	186.2	778.2	5.9	840.9
	最小		6.8	601.4	−30.9	736.0	−294.7	1060.8
组合 3	最大		175.7	863.8	251.0	749.6	−140.0	1036.4
	最小		−41.7	576.7	33.8	707.5	−411.8	856.1
组合 4	最大		167.6	941.3	156.8	749.0	77.4	855.3
	最小		−17.0	484.9	−56.3	756.7	−236.5	1160.5

考虑承载能力检算系数（$Z_1=1.14$）和截面折减系数（$\xi_c=0.989$）计算得到各种组合内力值见表 4.2.1-20。

内力组合值表 表 4.2.1-20

截面		e_0	α	N_R (kN)	外力 N_j (kN)	$[e_0]$
组合 1	$L/2$	0.212	0.518	3632	1073.3	$[e_0]_上=0.231$ $[e_0]_下=0.329$
	$L/4$	0.219	0.501	3515	936.7	
	拱脚	−0.211	0.440	3087	1297.0	
组合 2	$L/2$	0.252	0.414	2900	888.4	$[e_0]_上=0.264$ $[e_0]_下=0.376$
	$L/4$	0.239	0.447	3132	778.2	
	拱脚	−0.278	0.190	1331	1060.8	
组合 3	$L/2$	0.203	0.543	3808	863.8	
	$L/4$	0.335	—	—	—	
	拱脚	−0.481	—	—	—	
组合 4	$L/2$	0.178	0.616	4320	941.3	
	$L/4$	0.209	0.527	3693	749.0	
	拱脚	−0.204	0.467	3274	1160.5	

注：表中带下画线表示 e_0 超过 $[e_0]$。

按照《公路桥梁承载能力检测评定规程》的方法对引桥拱圈承载能力极限强度进行计算，除组合 3 即“恒载＋汽车＋支座沉降”时拱肋截面强度不足外，其余工况都满足设计要求。

九、加固设计

1. 加固设计标准

大桥的原设计荷载为汽车-20 级，挂-100，人群 2.5kN/m^2。根据大桥已查明的病害和存在的缺陷，提出加固方案，并对其进行加固与维修。在原设计标准的基础上，考虑了目前行车的实际状况（设有 3 车道），其中汽车活载考虑了基于桥梁加固完成后使用期内预测交通量的增长，并计入了活载影响修正系数 ξ_q，适当提高汽车检算荷载效应的分项系数，使加固后的桥梁的承载能力及整体使用寿命均能达到原设计要求。

2. 加固设计原则

(1) 尽量减小拱脚水平推力

基础的变位是主桥拱圈开裂的主要原因之一，因而提出加固以减小拱上建筑恒载（至少不能增加）为原则，结合本桥的实际状况提出桥面系改造方案。

(2) 尽量减小应变滞后效应

拱脚截面在活载和附加荷载组合下是偏心受压构件，加固一般采用加大截面的方法，故结构属于二次受力结构。截面后加固的混凝土（或钢材）与原结构混凝土存在应变滞后现象，加固前，原截面混凝土已有一定的应力应变水平，受拉区混凝土已经开裂，受压区混凝土尚未达到压应变极限值，拉（压）区混凝土具有一定的拉（压）应力应变水平。加固后，加固混凝土（或钢材）参与工作，受拉区加固钢筋和混凝土与受拉区原有的钢筋和混凝土共同承担拉应力，产生拉应变；受压区加固钢筋和混凝土与受压区原有的钢筋和混凝土共同承担压应力，产生压应变。在受压区，原混凝土因其已有一定的压应变历史而首先被压碎，压应变达到其极限值，而后加固的混凝土却不能达到其极限值，加固构件的承载力虽随加固截面、加固纵筋、加固混凝土的强度等级提高而提高，但它并不是新、旧两部分混凝土各自承载力的简单叠加，而是低于简单叠加值。应变滞后现象是构件发生脆性破坏的根源。

应变滞后现象的存在，一方面不利于充分发挥材料潜能；另一方面使截面最终呈现脆性破坏形态。无论从经济的角度还是安全的角度考虑，都不希望这一现象。本桥拱圈的应变滞后现象是客观存在的，加固方案中考虑拱圈在开裂状态下，通过减小上部恒载，尽量减小拱圈的原有应力，来缩小应变滞后效应带来的不利因素。

(3) 考虑开裂截面内力重分布

主桥拱圈开裂，导致拱圈内力重分布。主桥 1 号孔东莞侧拱脚附近开裂最严重，因而选取主桥 1 号孔为计算模型，用空间有限元程序模拟分析计算，得到恒载状态下开裂拱圈受力状况。

(4) 考虑车辆荷载实际状况对加固桥跨结构的不利影响

桥梁加固后，有效使用期内由于活载增加，特别是超重车辆的增加，对活载影响较大。对于频繁通行大吨位车、超重运输严重的桥梁，应考虑实际营运荷载状况对结构承载能力所造成的不利影响。在进行荷载效应组合时，可引入活载影响修正系数 ξ_q，适当提高汽车检算荷载效应的分项系数，以反映桥梁实际承受荷载情况。

①根据预测，该大桥（右幅）的交通量大大超过设计交通量，对应交通量的活载影响修正系数 ξ_{q1} 可取为 1.18；

②该大桥（右幅）通行超重车的现象频繁，预测超过汽车检算荷载主车的大吨位车辆交通量与实际交通量之比（即大吨位车辆混入率 α）$\alpha<0.3$ 取用对应大吨位车辆混入率的活载影响修正系数 ξ_{q2} 为 1.05；

③根据后轴重超过汽车检算荷载之最大轴荷的百分数 β（$5\%\leqslant\beta<15\%$），取用对应于轴荷分布的活载影响修正系数 ξ_{q3} 为 1.15；

④根据确定对应交通量、大吨位车辆混入率、轴荷分布的活载影响修正系数，计算汽车检算荷载的活载影响修正系数 $\xi_q=(\xi_{q1}\xi_{q2}\xi_{q3})^{1/3}=(1.18\times1.05\times1.15)^{1/3}=1.125$

3. 主桥加固设计

(1) 拱圈加固方案比选

以桥面系改造和行车道板是否拆除为前提，提出了拱圈的 6 个加固方案。现分别从经济性、对交通的影响程度、工期、施工难度和加固效果等 5 个方面对方案进行比选，见表 4.2.1-21。

主桥拱圈加固方案比选　表 4.2.1-21

方案		经济性	对交通的影响	实施工期	施工难度	加固效果	
A：拆除行车道板，并改造桥面铺装	粘贴钢板	一般，共计355.8万元	较大，封闭交通约240d	80d	工艺成熟难度低	较好	
	加大截面	一般，共计358.4万元	较大，约240d	90d	工艺成熟难度一般	较好	
B：不拆除行车道板，改造桥面铺装	粘贴钢板	好，共计295.3万元	较大，封闭交通约150d	80d	工艺成熟难度低	好	
	加大截面	好，共计290.5万元	较大，封闭交通约150d	90d	工艺成熟难度一般	好	推荐

续上表

方案		经济性	对交通的影响	实施工期	施工难度	加固效果	
C：不拆除行车道板、不改造桥面铺装	粘贴钢板	较少，共计39.3万元	封闭部分车道，约50d	80d	工艺成熟难度低	一般	
	加大截面	较少，共计38.2万元	封闭部分车道，约50d	90d	工艺成熟难度一般	一般	

不论是加大截面，还是粘贴钢板，其加固前提条件是减轻上部恒载，有利于减小新增截面（混凝土或钢材）的应变滞后效应，使结构用较少的加固材料取得较好的加固效果；减小了拱脚水平力，有利于基础的稳定；由方案A到C，其效果递减。同时减载方案会中断或封闭交通，直接反映是交通收费的损失，间接带来车辆饶行、客（货）在途时间加长等社会效益的损失。不同的前提条件，中断交通时间不同，由方案A到C，其经济损失递减。从加固方案来看，加大截面方案与粘贴钢板方案相比，属常规施工，施工工艺成熟，施工难度相对低，施工质量容易保证。根据以上分析，推荐使用方案B中加大截面的加固方案，即改造桥面铺装，并加大主桥拱脚段拱肋截面，由35cm加宽为120cm，见图4.2.1-7。

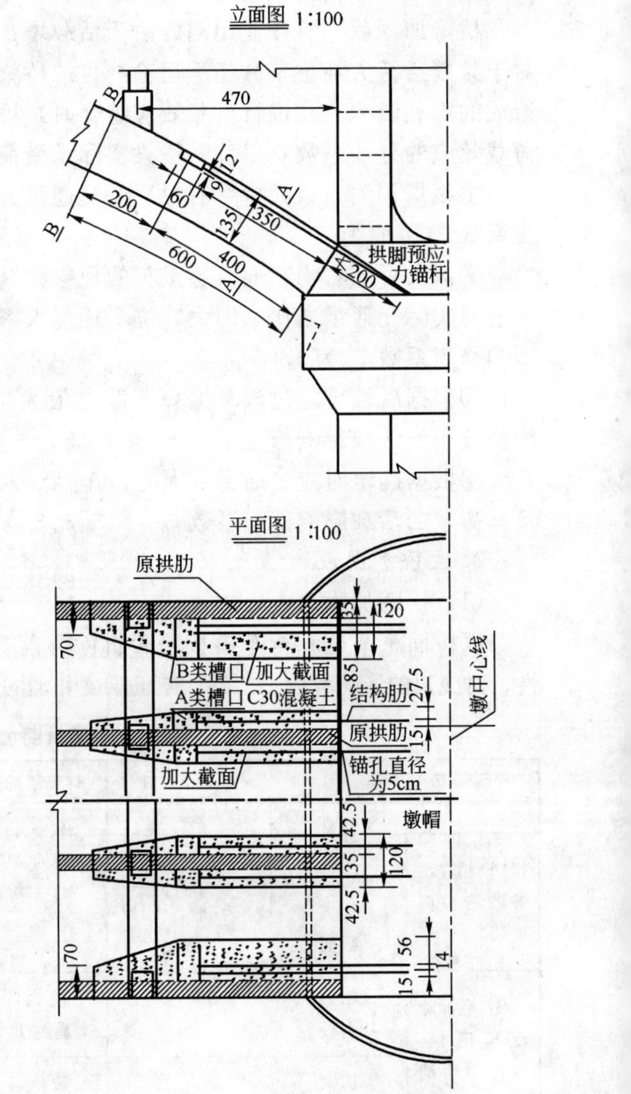

图4.2.1-7 主桥主拱圈拱脚加大截面加固构造图（尺寸单位：cm）

(2) 主桥立柱盖梁加固方案比选

针对拱上建筑桥面系改造和行车道板是否拆除为前提，提出盖梁的4个加固方案，分别从经济性、对交通的影响程度、工期、施工难度和加固效果等5个方面对方案进行了比选，见表4.2.1-22。

行车道板是否拆除直接关系到盖梁的加固。在不拆除行车道板，改造桥面铺装层前提下，提出加斜撑的方案。它与主桥拱圈推荐加固方案相协调，工期短，对交通的影响程度相对低，施工工艺成熟，施工难度低，工程费用最低，但阻碍已有的电缆、管线通过，不可行。故推荐体外预应力方案，立柱采用加大截面法加固，见图 4.2.1-8、图 4.2.1-9、图 4.2.1-10。

主桥立柱盖梁加固方案比选　　表 4.2.1-22

方案		经济性	对交通的影响	实施工期	施工难度	加固效果	
拆除行车道板后加固盖梁	拆除新建	一般，共计69.6万元	较大，封闭交通约210d	160d	工艺成熟难度低	较好	
	粘贴钢板，调整高度和横坡	一般，共计78.9万元	较大，约210d	140d	工艺成熟难度一般	好	
不拆除行车道板，改造桥面铺装	加斜撑	好，共计33.6万元	较大，封闭交通约150d	90d	工艺成熟难度低	好	
	体外预应力	一般，共计40.7万元	较大，封闭交通约150d	110d	工艺成熟难度一般	较好	推荐
不拆除行车道板、不改造桥面铺装	加斜撑	好，共计33.6万元	封闭部分车道，约50d	90d	工艺成熟难度低	好	
	体外预应力	一般，共计40.7万元	封闭部分车道，约50d	110d	工艺成熟难度一般	较好	

（3）主桥水中5号墩加固方案比选

对5号墩墩帽采用U形环向预应力和对拉杆预应力方案补强，并从经济性、工期、施工难度和加固效果等4个方面对方案进行了比选，见表 4.2.1-23。

主桥水中5号墩加固方案比选　　表 4.2.1-23

方案	经济性	工期	施工难度	加固效果
U形环向预应力	一般共计50.1万元	90d	施工难度稍大	较好
对拉杆预应力	一般共计55.4万元	100d	施工难度一般	好

环向预应力对墩的套箍作用效果较好，能较好地限制和封闭墩帽的竖向裂缝；虽施工时间稍长，但对航运影响不大（5号墩位于主航道外侧）；江南大桥左右幅5号墩墩帽间距较小，采用对拉杆加固方案受到场地限制，施工空间受到约束，而施加U形施工受环境和场地条件影响小；总工程费用相对低。根据以上分析，推荐使用环向预应力为主桥5号墩的加固方案，见图 4.2.1-11。

4. 引桥加固设计

针对引桥病害提出两个加固方案。

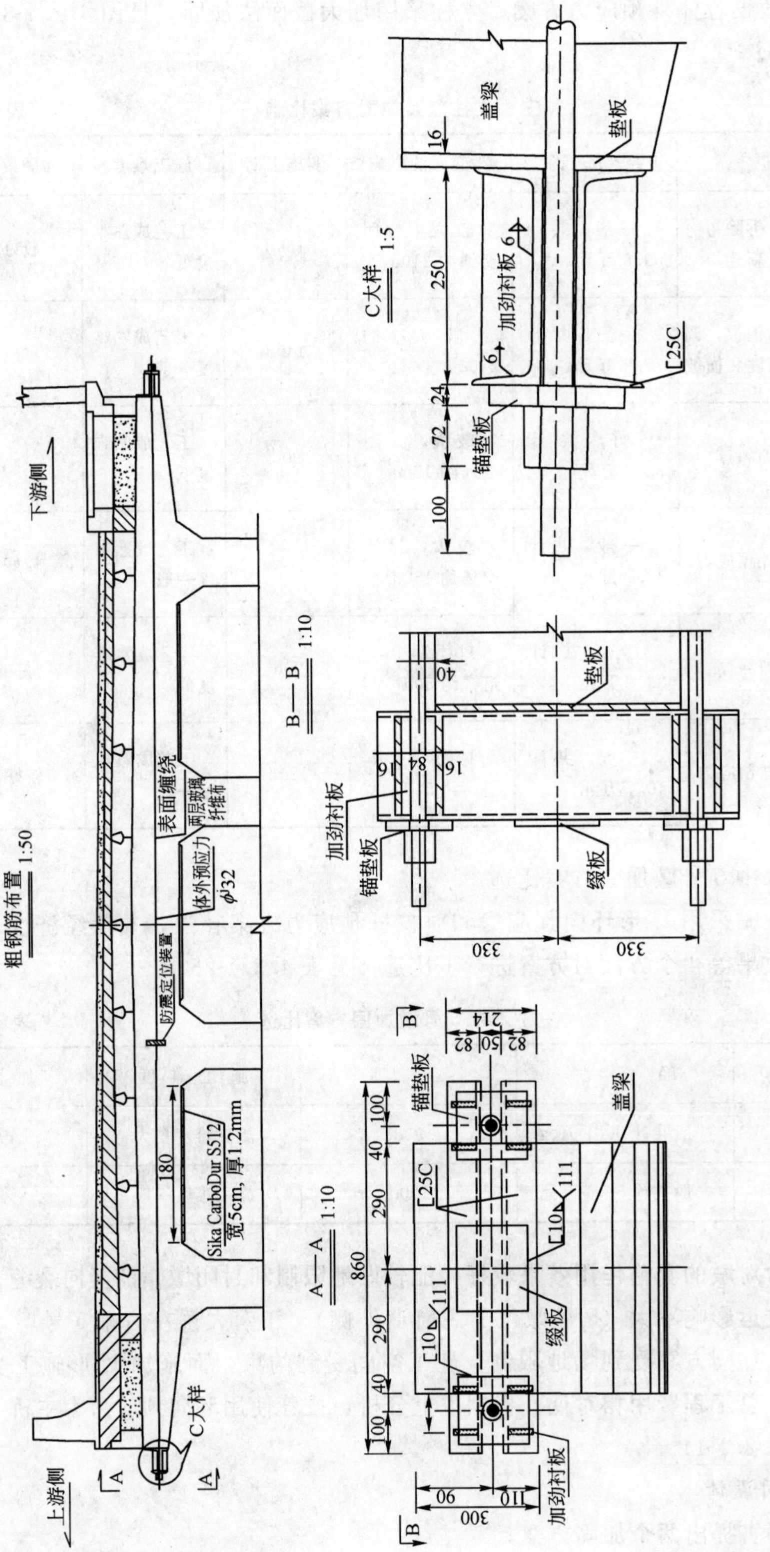

图 4.2.1-8　体外预应力加固盖梁构造布置图（尺寸单位：cm）

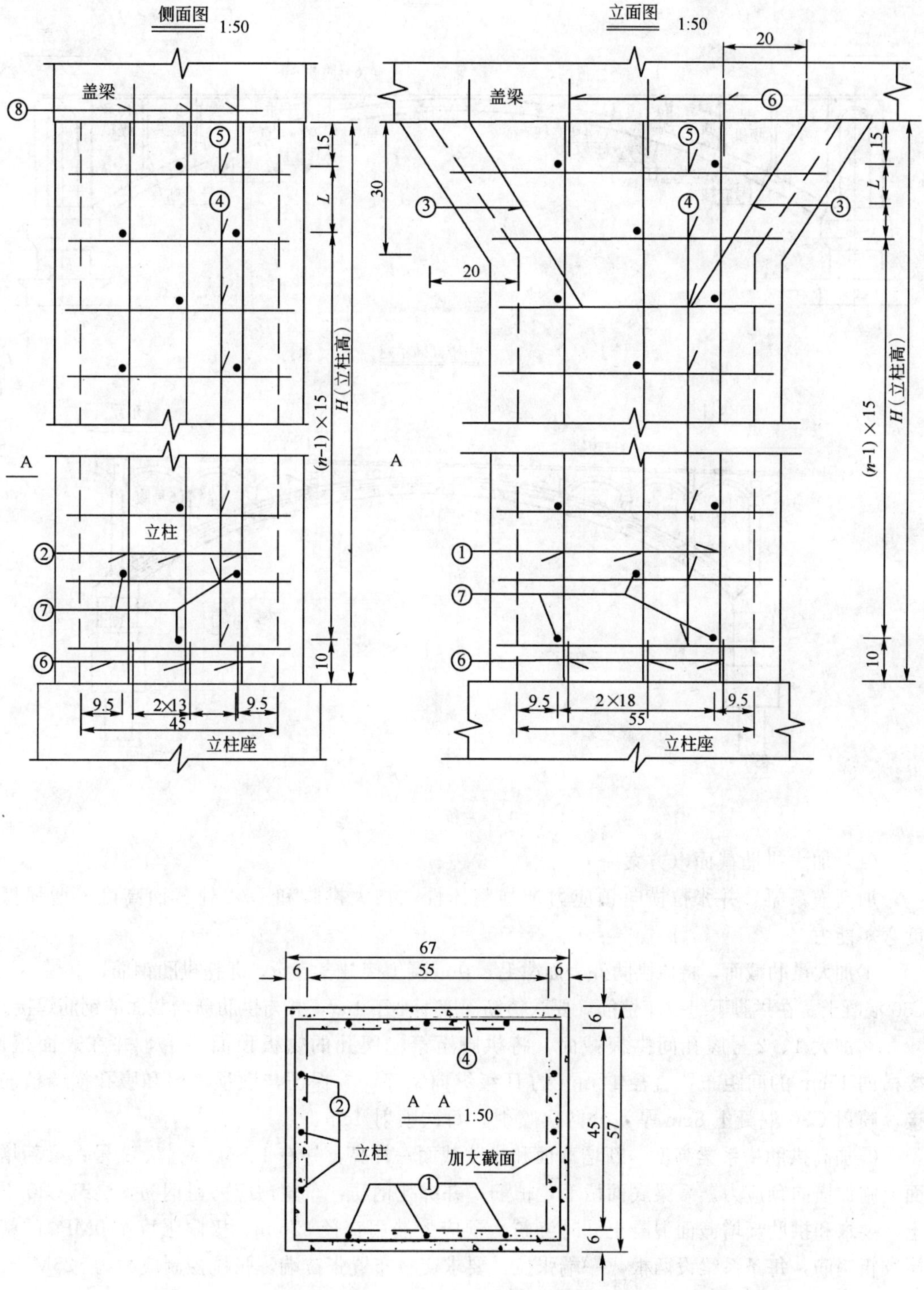

图 4.2.1-9　加大截面法加固立柱构造布置图（尺寸单位：cm）

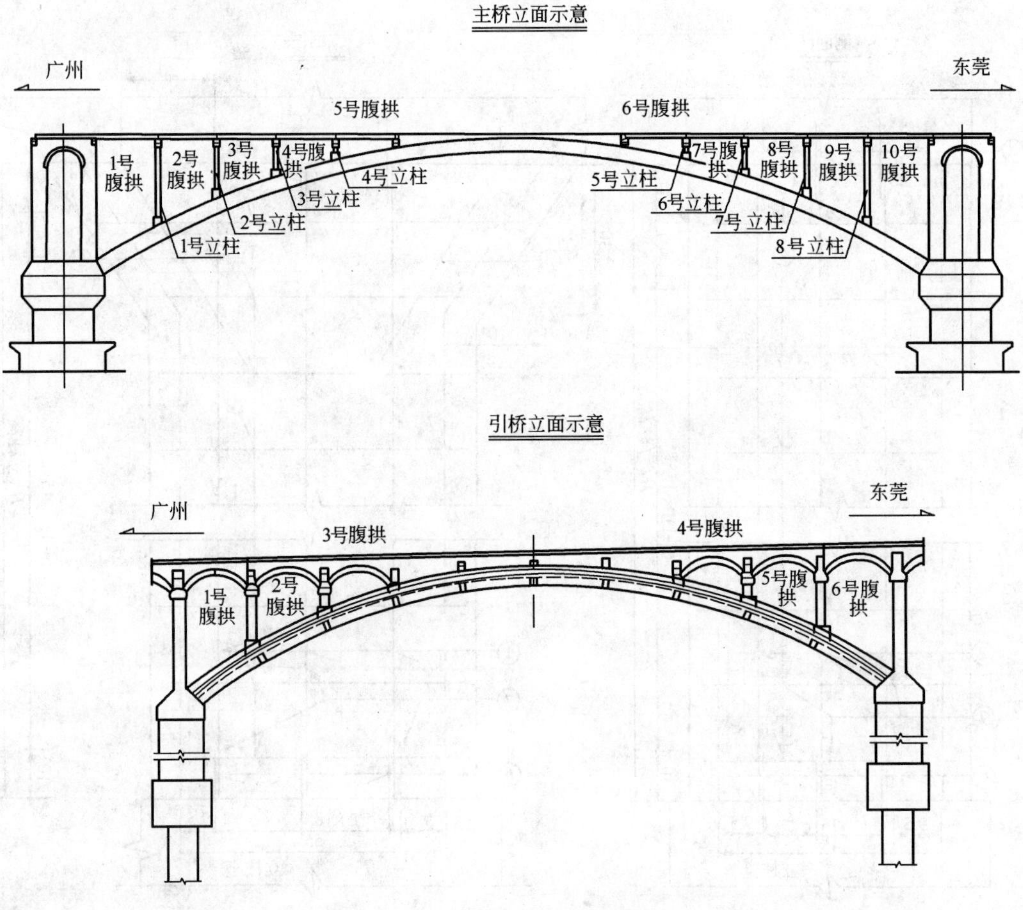

图 4.2.1-10　主桥引桥立面示意图

(1) 加大拱肋截面（方案一）

加高横系梁，并张拉横向预应力加强整体性；加大拱脚和 $L/4$ 处截面高度，增强抵抗负弯矩能力。

①加大拱肋截面，将原拱肋外表面凿毛，在混凝土接触表植筋，绑扎拱肋钢筋，立模，浇注 C30 混凝土。在拱脚下缘拱座植筋，要求植筋深度不小于 $10d$，并与拱肋新增截面的钢筋焊接。

②加大 1、2 号腹孔间拱板截面，将拱脚至第二腹孔的拱板顶面凿毛，并在表面植筋。按横向 15cm 的间距布置直径 12mm 的 II 级纵向钢筋，并保证与墩顶横墙和腹孔横墙植筋焊接，喷射 C30 混凝土 8cm 厚，分两次喷射，每次喷射 4cm。

③加高拱肋横系梁高度，新增截面和拱肋截面一样高，并在 1、3、5、7、9 号系梁新增截面上施加横向预应力。系梁底面凿毛，植筋，并绑扎钢筋，布置预应力粗钢筋，浇筑 C30 混凝土，要求和拱肋新增截面混凝土同时浇筑。预应力筋用直径 32mm、极限强度 750MPa 的精轧螺纹粗钢筋，每条系梁设两根，一端张拉，要求交替布置张拉端，张拉控制应力为 525MPa。

(2) 粘贴钢板条、加宽横系梁、加大拱脚和 $L/4$ 处截面高度（方案二）

①在拱肋截面下缘粘贴钢板条，将原拱肋下表面凿毛，按设计剪切钢板条，并植入螺栓

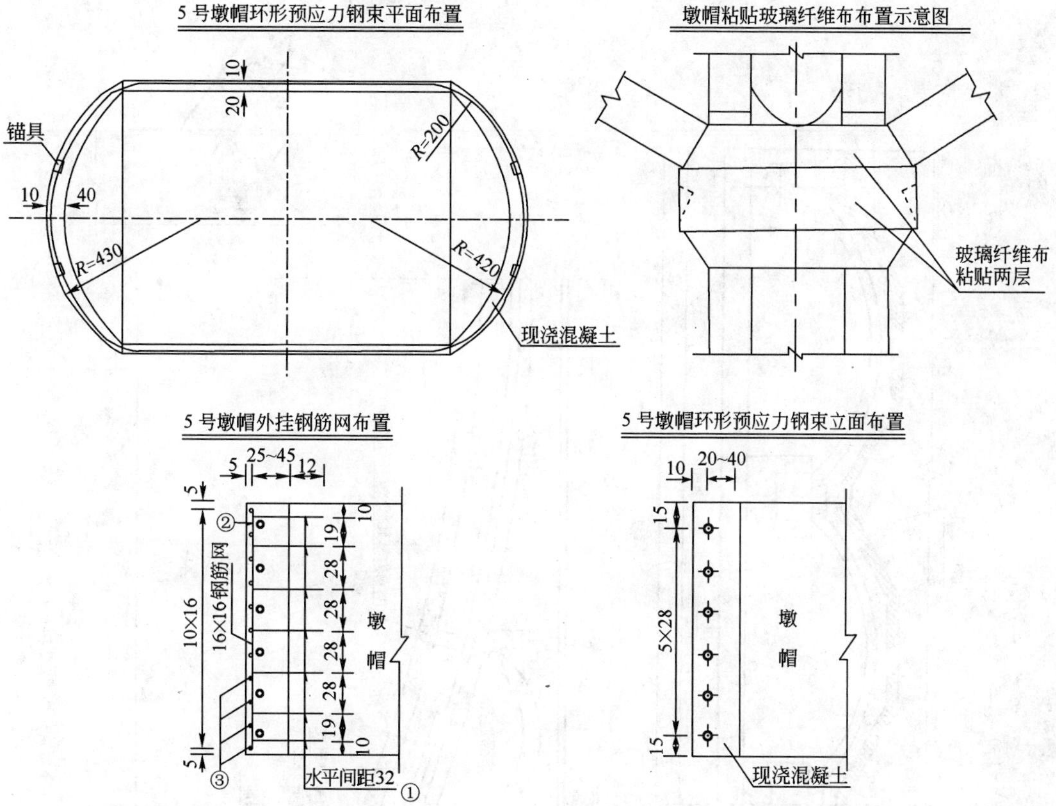

图 4.2.1-11　主桥 5 号墩帽环向预应力加固布置图（尺寸单位：cm）

达到设计要求深度后，粘贴钢板条，拧紧螺母加压。要求对钢板条做防腐处理。

②加大 1、2 号腹孔间拱板截面，凿毛拱脚至第二腹孔拱板顶面，并在表面植筋。按横向 15cm 的间距布置直径为 12mmII 级纵向钢筋，并保证与墩顶横墙和腹孔横墙植筋焊接，现浇 C30 混凝土 15cm。

③加宽拱肋横系梁，将系梁侧面和相邻拱肋侧面凿毛，植筋，绑扎钢筋，立模并浇筑 C30 号混凝土。

(3) 加固方案比选

引桥的加固施工主要针对拱肋，对交通的影响较少，主要从施工的难度、工期和经济性等几个方面对方案进行了比选，见表 4.2.1-24。

引桥加固方案比选　　表 4.2.1-24

方　案	经 济 性	工　期	施 工 难 度	加 固 效 果	
方案一	共计 140.7 万元	210d 稍长	施工难度一般	较好	推荐
方案二	共计 164.1 万元	190d 稍短	施工难度大	好	

引桥加固布置及构造，见图 4.2.1-12～图 4.2.1-15。

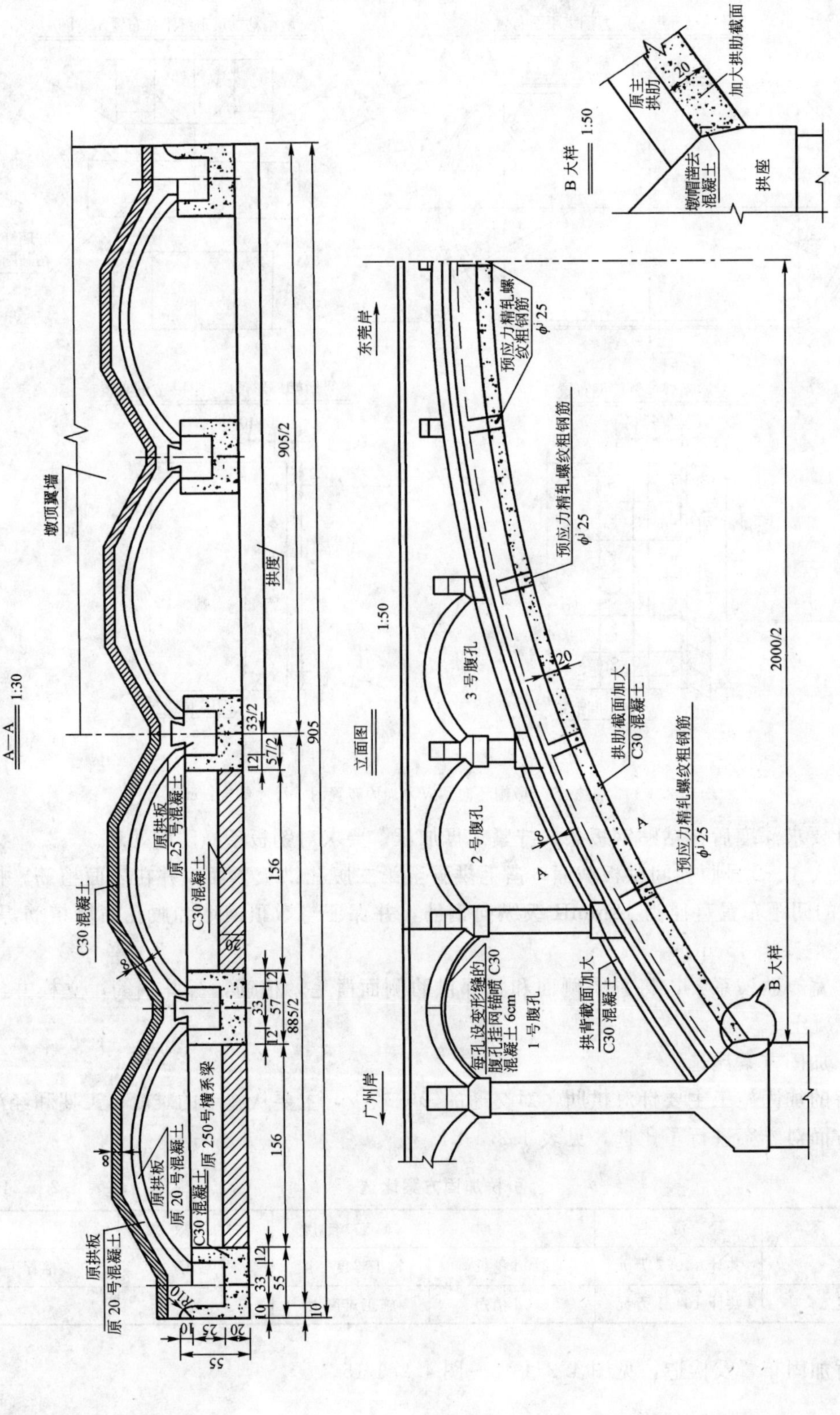

图4.2.1-12 引桥加固总体布置图（尺寸单位：cm）

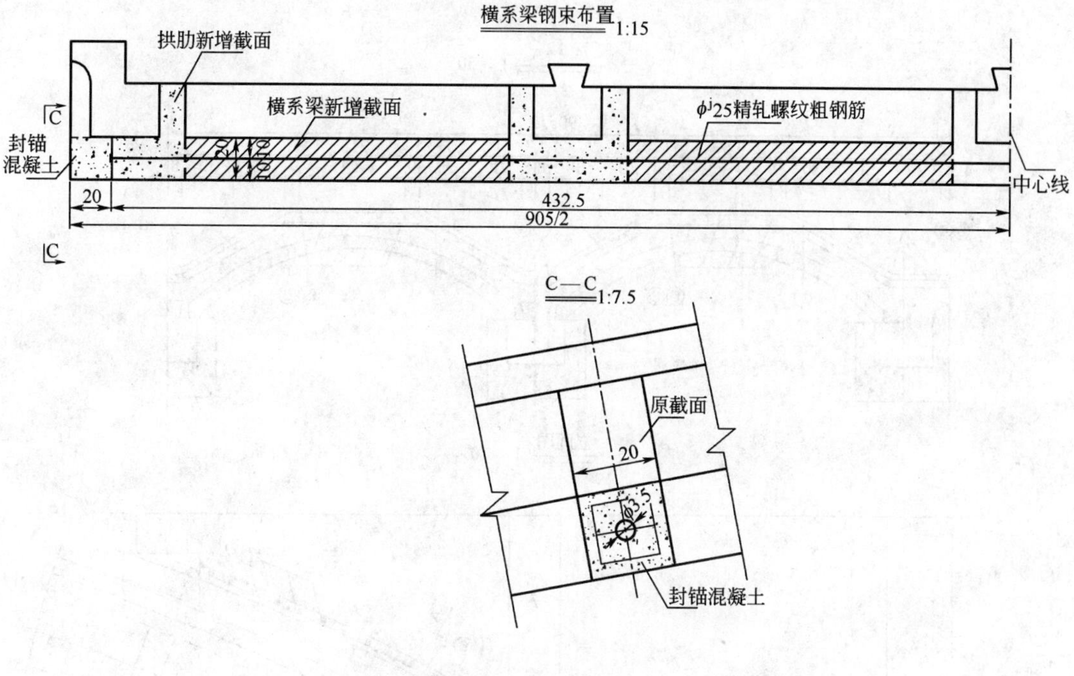

图 4.2.1-13　引桥拱圈横系梁预应力加固布置图（尺寸单位：cm）

十、加固技术经济评价

1. 本桥加固施工期的宏观经济分析

本桥加固施工期间，全社会公路使用者所遭受的损失：

（1）加固施工导致运输成本提高的损失计算（成本损失）

按照本桥加固施工时的运输成本与没有加固施工的运输成本差额来计算，经计算如下：

货运：$S_{hj}=(C_{hc}-C_{hy})\times Q_h K=(411.25-397.89)\times 4.220985=56.39$ 万元

客运：$S_{kj}=(C_{kc}-C_{ky})\times Q_k K=(96.33-92.04)\times 12.20226=52.35$ 万元

（2）本桥加固施工使得附近相关公路增加拥挤的损失计算（拥挤损失）

在施工期间一部分车辆分流到附近其他公路上使该路上交通量增加，行车速度降低，导致原本在这些公路上通行的车辆的运输成本提高而形成的损失，经计算如下：

货运：$S_{hy}=(C_{hxc}-C_{hx})\times Q_h K=(411.25-397.89\times 1.02)\times 16.62=87.785$ 万元

客运：$S_{ky}=(C_{kxc}-C_{kx})\times Q_k K=(96.33-92.04\times 1.02)\times 67.59=165.541$ 万元

（3）本桥加固施工而使车辆绕行导致的损失的计算（绕行损失）

货运：$S_{hd}=C_{hc}\times Q_{hc}K=411.25\times 6.3317=2603.91$ 万元

客运：$S_{kd}=C_{kc}\times Q_{kc}K=96.33\times 18.3039=1763.22$ 万元

（4）货物、旅客延长在途时间而引起的损失计算（时间损失）

货运：

$$S_{hs}=P_r\times Q_h K\times I\times T/((16\times 365)\times L)$$

$$=96.27\times 6.3317\times 12\%\times 0.4/((16\times 365)\times 17.231)\times 1000=0.2908\text{ 万元}$$

A—A 1∶30

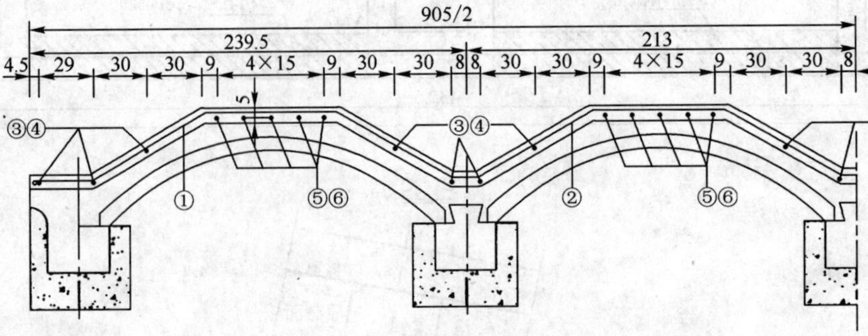

立面图 1∶30

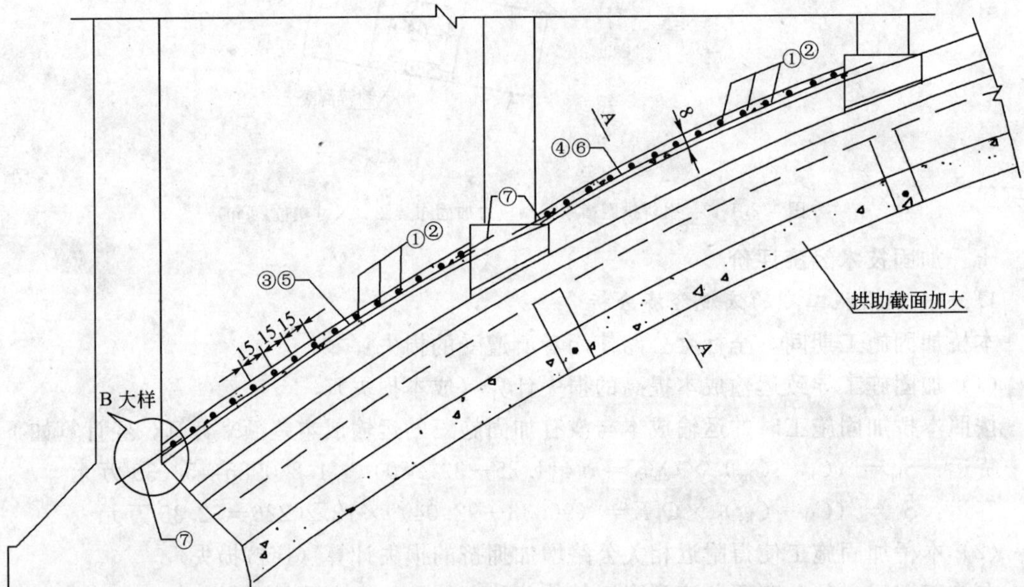

图 4.2.1-14 引桥增大拱肋（板）截面加固构造图（尺寸单位：cm）

客运：

$$S_{ks} = I_c \times Q_k K \times T/((8 \times 365) \times L)$$

$$= 12000 \times 18.3039 \times 0.4/((8 \times 365) \times 17.231) \times 1000 = 1746.19 \text{ 万元}$$

(5) 交通事故或货损事故增加而引起的损失计算（事故损失）

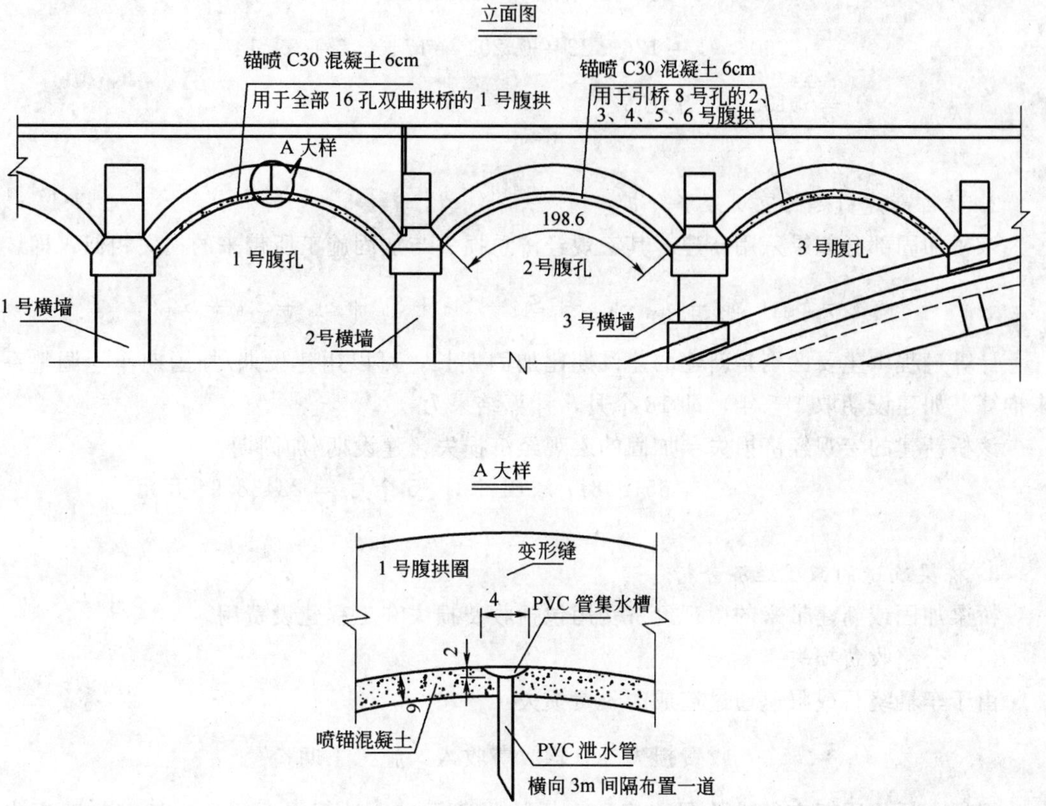

图 4.2.1-15　引桥腹拱锚喷加固布置图（尺寸单位：cm）

①交通事故损失

$$S_{jsh} = P_{jsh} \times (J_c - J_y) \times MK$$

$$= 0.8 \times (0.0240065 - 0.0082885) \times 2635.41 = 33.14(\text{万元})$$

②货损损失

本桥施工期间使货物运输损坏事故增加，其导致的损失以货损率差及计算年度在途货物平均价格来计算，即：

$$S_{ssh} = (H_w - H_y) \times Q_h K \times P_r / L$$

式中：H_w、H_y——加固施工和未施工的货损率（%）；

L——货物平均运距（km）。

根据《桥梁加固技术经济评价方法》中的说明，当资料缺乏时，货损损失可暂不作计算。目前该方面统计资料不全，所以暂不计算。

这样本桥加固期间的宏观经济损失为：

$$S = S_{hj} + S_{kj} + S_{hy} + S_{ky} + S_{hd} + S_{kd} + S_{hs} + S_{ks} + S_{jsh} + S_{ssh}$$

$=56.39+52.35+89.785+165.541$

$+2603.91+1763.22+0.291+1746.19+33.14+0$

$=6510.817$ 万元

2. 该桥新建引起的宏观经济分析

该桥加固部分如果采用新建，其宏观经济总损失与加固施工所带来的损失相似，即：

$$S=S_{hj}+S_{kj}+S_{hy}+S_{ky}+S_{hd}+S_{kd}+S_{hs}+S_{ks}+S_{jsh}+S_{ssh}$$

计算过程中主要区别是新建的建设期比加固期长，可以用建设期/加固期作为调整系数来推算。如建设期取 1.5 年，即 18 个月，计算结果为：

该桥新建的宏观经济损失＝加固的宏观经济损失×建设期/加固期

$=6510.817\times18$ 个月 /5 个月 $=23438.94$ 万元

3. 桥梁改造的微观经济分析

桥梁加固或新建带来的微观经济费用包括收费损失和工程建设费用。

(1) 公路收费损失

由于车辆绕行或限速通过造成的收费损失：

收费损失＝日均收费收入×施工工期

根据本桥加固期交通量的预测值和大桥的收费标准，计算得桥梁加固期间收费损失为 2254 万元。

(2) 加固或新建工程费用

工程费用为加固或新建方案的投资估算，依照有关定额进行。新建费用还应包括拆除桥梁构件的拆除费用。

4. 经济评价

(1) 加固费用系数 n_1 计算

加固费用系数 n_1＝加固费用/新建费用

本桥加固费用＝宏观经济总损失＋收费损失＋加固工程费用

＝6510.82＋2254＋914.5＝9679.32 万元

新建费用＝宏观经济总损失＋收费损失＋新建工程费用（包括拆除旧桥费用）

拆除该桥上部结构按 600 元/m^2，新建上部结构按 1200 元/m^2 计，则

新建工程费用＝825×13×1800＝1931 万元

本桥新建费用＝ 23438.94＋2254×18/5＋1931＝33484.34 万元

本桥加固费用系数 n_1＝9679.32/33484.34＝0.29

(2) 加固寿命系数 n_2 计算

加固寿命系数 n_2＝（桥梁原设计使用寿命－桥梁已营运年限）/桥梁原设计使用寿命

本桥（江南大桥右幅）为特大桥，其原设计使用寿命按照特大桥标准应为 50 年，该桥

1984 年 9 月建成使用，至今（2003 年）已使用 19 年，所以加固寿命系数为：

$$n_2 = (50-19)/50 = 0.62$$

（3）加固技术经济评价结论

根据桥梁加固技术经济确定原则，即：

当满足加固寿命系数 $n_2 = N_2$，加固费用系数 $n_1 < N_1$ 条件时，则认为该桥梁进行加固合理，否则应该拆除后重建。n_1、n_2 取值参见表 4.2.1-25。

桥梁加固经济分析确定原则（表中以桥梁原设计寿命 50 年为例）　　表 4.2.1-25

营运年限（年）	加固费用系数 N_1	加固寿命系数 N_2
10	0.6	0.8
20	0.5	0.6
30	0.4	0.4
40	0.3	0.2

注：本表适用于混凝土和预应力混凝土桥梁，对于特殊桥梁应综合评定分析。

根据计算，本桥梁加固寿命系数 $n_2 = 0.62$，加固费用系数 $n_1 = 0.29$。比照表 4.2.1-25 可以推算出营运年限为 19 年时，$N_1 = 0.53$，$N_2 = 0.63$。根据当满足加固寿命系数 $n_2 = N_2$，加固费用系数 $n_1 = 0.29$，$N_1 = 0.53$，$n_1 < N_1$，可以得出结论，该大桥进行加固是经济合理的。

十一、施工工艺要点

1. 裂缝灌浆

（1）清缝处理

①对所有要处理的裂缝，沿缝凿成深 2～4mm，宽 4～6mm 的 V 形槽；

②剔除缝口表面的松散杂物，用气压为 0.2MPa 以上的压缩空气清除槽内浮尘；

③沿缝长范围内用丙酮进行洗刷，擦清表面。

（2）埋设灌浆嘴

清缝处理后，用胶泥骑缝埋设、粘贴灌浆嘴，灌浆嘴的间距沿缝长依缝的宽窄以 35～40cm 为宜，原则上宽缝可稀、窄缝要密，但每一条裂缝至少须各有一个进浆孔和排气孔。

（3）封缝

对压浆区域的裂缝，无论缝宽大小，原则上都应同时封闭，以防裂缝相互贯通而跑气跑胶。沿缝长先涂一层基液，待胶泥初凝后，再抹上一层胶泥，并除去气泡抹平，待胶泥初凝后，表面用基液涂刷二度。

（4）密封检查（气检）

等封缝材料固化后，沿缝涂刷一层肥皂水，并从灌浆嘴中通入气压为 0.2MPa 的压缩空气，检查缝的密封效果。对漏气部位进行补封处理。

（5）灌浆

①浆液配制：根据现场施工的实际情况，进行化学灌浆的配置，并要求达到表 4.2.1-26 的性能要求。

表 4.2.1-26

固化时间（20°C 时）(h)	龄期				90d 的劈裂粘合强度（MPa）	
	28d		90d			
	抗压强度（MPa）	抗拉强度（MPa）	抗压强度（MPa）	抗拉强度（MPa）	干缝	饱和水缝
10～22	≥40	≥6	≥70	≥8	≥2.5	≥1.5

②灌浆工艺：启灌之前，先接通管道，打开所有灌浆嘴上阀门，用气压为 0.2MPa 以上的压缩空气将管道及裂缝吹干净。灌浆顺序自上而下，由一端向另一端依次连续进行。灌浆压力以 0.2～0.4MPa 为宜，压力逐渐升高，防止骤然加压使裂缝扩大，见图 4.2.1-16。

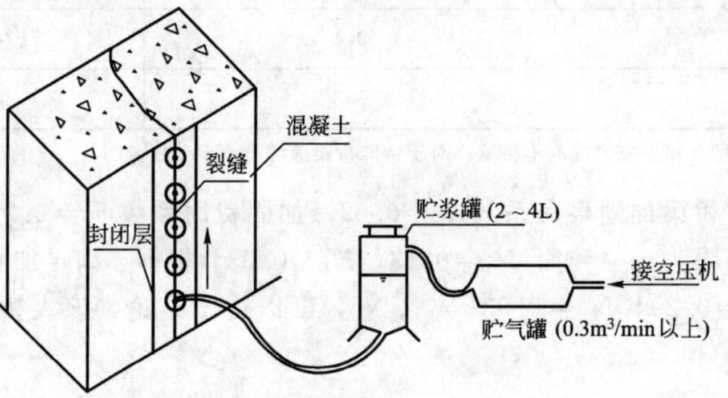

图 4.2.1-16　灌浆施工布置图

(6) 灌注操作程序：

①接通管道；

②将配制好的胶浆注入灌浆罐；

③打开储气瓶阀门，调节压力；

④打开灌浆罐通向灌浆嘴的阀门进行灌注；

⑤待相邻灌浆嘴冒浆后关闭此嘴的阀门，以下依次进行；

⑥当出浆率小于 0.1L/min 时，持压 5～10min 后，即可停止该缝的压浆，关闭压浆嘴阀门。

进行灌浆封闭的缝要进行取芯抽样或开孔内窥镜检查，以保证灌浆封闭质量。

(7) 小于 0.1mm 的裂缝封闭处理

对于裂缝，无论其缝宽大小，在进行裂缝的灌浆过程时，一并封闭，不需再作处理。对外表颜色较深的原封缝物均要清除干净，重新采用 107 胶水或 801 建筑胶水调水泥（混白水泥）刮抹，要求色泽与原表面颜色相近，外观平整。

2. 喷射混凝土

(1) 受喷面清理与凿毛

对受喷面进行清洗与凿毛，使喷射混凝土与原结构有足够粘结力，保证两种混凝土达到整体受力的要求。清理时，用钢刷、铁锤和铁凿等工具清理受喷面表面的杂物。凿毛用人工凿成深度约5mm，密度为9～12点/10cm^{2}的小坑。

(2) 植筋施工

参见植筋施工中相关要求。

(3) 挂设钢筋网

挂设时单根钢筋紧靠锚杆就位，先绑扎后点焊于锚杆上。

(4) 喷射混凝土

检查喷射机是否正常，用高压水清洗掉凿毛时剩余的碎渣；按试验配合比将材料加水拌和成混凝土混合料，然后送入湿喷机内；控制喷嘴和受喷面的距离为0.8～1.5m。距离过大将增加回弹量，并降低密实度，从而也降低了强度。喷嘴应尽量与受喷面垂直，否则会降低密实度。当对配有钢筋网的受喷面进行喷射时，喷嘴应尽量靠近受喷面一些，并与垂直方向偏离一小角度，以便获得较好的握裹效果，同时也便于排除回弹物。

(5) 平面修整

喷射面自然整平，不但有利于结构强度和耐久性，且外形美观。如喷射面过于粗糙，对于要求表面光滑和外形美观的构造物应及时修整。一般可在喷射混凝土初凝后（即喷射后15～20min）用刮刀将设计线以外多余材料刮掉，然后再喷或抹一层砂浆，或在喷射面上直接喷或抹一层砂浆。

(6) 喷射混凝土的养生

喷射混凝土终凝2h后，应及时喷水养生。养生时间不小于7d。对于水泥含量高表面粗糙的薄层喷射混凝土结构的养生，是确保其强度的形成和避免表面开裂的重要措施。

3. 植筋

(1) 材料

建议植筋胶采用爱牢达（Araldite）XH111A/B；材料的使用遵从业主的要求，但应满足国家相应规范的植筋胶力学性能要求。

(2) 植筋施工方法

①钻孔。孔深与锚筋埋设深度相同，孔径比锚筋大2～4mm，空位应避让钢束和构造钢筋，孔道应竖直。

②清理钻孔。孔道先用硬鬃毛刷清理，再以高压干燥空气吹去孔底灰尘、碎片和水分，孔内应保持干燥。

③灌胶。将植筋胶由孔底灌注至孔深2/3处，待插入锚筋后，胶即充满整个孔洞。

④插入锚筋。锚筋插入前应清除插入部分的表面污物，并需插到孔的，孔口多余的胶应清除。污物应先以刚刷清除，再用丙酮擦净，并予拭干。

⑤在胶液干固之前，避免扰动锚固钢筋和在孔位附近有明水。

4. 打锚杆

在拱座上用风钻打毛孔，用压缩空气吹除孔内粉尘，用丙酮全面清洗孔壁及锚杆外表面，干燥待用。在孔壁及锚杆外表明涂一层薄的基胶待其初凝，向孔内注入1/2～2/3孔深的结构胶（与锚筋施工用结构胶相同，由孔底向外挤出）后，打入处理好的锚杆，确保孔内胶泥充满、密实，待锚杆胶体强度达到设计要求后，进行下一道工序。

5. 预应力精轧螺纹粗钢筋

(1) 由于张拉工作在桥下空中操作，需事先搭好操作脚手支架，如在船上操作，需注意船只锚定稳固，油泵油管要有足够的长度。

(2) 张拉预应力筋前，应事先在实验机上标定油压表与拉力的关系，以便准确控制张拉力。本桥预应力力筋为直线，因此可以采用单机一端张拉。张拉应严格控制顺序，以减少混凝土的弹性压缩损失。张拉前应检查预应力钢筋是否有支挡或其他障碍物，螺帽和垫板是否垂直，如不符和要求必须进行调整，调整合格检查无误后，即用油泵控制应力表进行张拉到控制吨位，然后用特制的长扳手用力旋紧螺帽，以尽量减少螺帽压密损失。

(3) 材料防护。预应力钢筋及其他一切外露材料必须除锈，并按设计要求做防锈处理。

6. 环向预应力

(1) 孔道留设与定位。塑料波纹管直接与钢筋笼绑扎，圆弧段采用喷灯加温弯曲成型(高温季节可直接弯曲成型)，接头用配套专用连接管连接，定位方法与金属波纹管相同。圆弧段必须设拉筋定位，防止穿束时孔道移位。

(2) 穿束方法。采用单根钢绞线穿束，为防止钢绞线刺破波纹管，在钢绞线端部套上弹性钢套。

(3) 工作锚板及夹片的安装。在安装工作锚板时，尽可能不使钢绞线束扭绞。安装工作锚夹片要求夹片缝隙均匀，使用专用套管敲击夹片，使其均匀平整。

(4) 锚具的安装。安装工具锚时工作锚与工具锚的孔位要对准，使钢绞线不产生扭绞。

(5) 张拉。采用上下交替的张拉顺序，要求分级张拉。张拉到设计强度后持荷 2min，再锚固。

(6) 压浆。采用真空辅助压浆的工艺，先用真空泵抽掉孔道内多余的空气，使孔内真空度达到 0.1MPa 负压时，接着往孔道内压浆。

(7) 环向预应力技术复杂，施工难度大，工艺要求高，应选用持有专利技术的生产厂家或专业队伍施工，以确保施工安全和加固质量。

7. 粘贴玻璃纤维

凿除缺损部位劣质混凝土，并对外露钢筋进行除锈。用 NSP 外加剂配置的水泥砂浆修补立柱表面的缺损。将表面打磨平整，并将边角打磨成圆角；粘贴玻璃纤维前用丙酮除去混凝土表面油脂，凉干，在混凝土表面涂抹一层均匀饱满的粘合剂，粘贴玻璃纤维布，并沿顺纤维受力方向挤压出气泡。重复以上过程，粘贴第二层玻璃纤维布。在纤维布表面涂抹浸渍油脂，固化前检查粘贴质量，如发现局部空鼓，可用注射器注入粘结剂补充粘贴。要求纤维布条的搭接长度不小于 15cm，各搭接位置应相互错开。

8. 粘贴碳纤维

(1) 施工前应对粘贴部位混凝土的表层含水率及所处环境温度进行测量。若混凝土表层含水率＞4％或环境温度＜5℃，则应采取措施，达到设计要求后方可施工。施工前应按设计图纸在加固部位放线定位。

(2) 应清除被加固构件表面疏松部分至露出混凝土结构层。若有裂缝，应先行修补，然后，用修补材料将表层修复平整，并保证混凝土保护层厚度不小于 15mm。粘贴部位的混凝土若其表面坚实，也应除去浮浆层和油污等杂质，并打磨平整，直至露出集料新面且平整度应达到 5mm/m；构件转角粘贴处应打磨成圆弧状，圆弧半径应不小于 20mm。表面打磨后，应用强力吹风器或吸尘器将表面粉尘彻底清除。

（3）经清理、打磨后的混凝土表面，若有凹陷处，应使用修补胶找平；有段差或碾转角部位，应抹成平滑的曲面。

（4）将配制好的粘结剂（粘浸胶）均匀涂抹于需要粘贴部位的混凝土面上，将裁剪好的碳纤维织物敷在涂好黏结剂的基层上，用特制的滚筒沿纤维方向在已贴好碳纤维织物的面上多次滚压，使黏贴剂充分浸透碳纤维中，且使其平整、无气泡。多层粘贴时，逐层重复上述步骤，但应在碳纤维织物表面指触干燥后立即进行下一层的粘贴。如两层粘贴间隔超过 60min，则应等 2h 后再行涂刷黏结剂粘贴下一层。最后一层碳纤维织物的表面应均匀涂抹一道黏结剂。

（5）黏结质量不符合要求需割除修补时，应沿空鼓周沿将空鼓部分的碳纤维割除，以同样碳纤维材料、同样黏结剂每边向外缘扩展 100mm 大小，粘贴在原处。

（6）碳纤维为导电材料，施工时应使其远离电气设备及电源，或采取可靠保护措施。

（7）各种黏结剂应在其说明书规定的环境温度中密封储存，并远离火源，且避免日光直射。

（8）黏结剂的配制应在室内进行，其操作环境及施工现场均应保持良好通风。

（9）施工人员应带防护面罩、手套并着工作服。

（10）各种黏结剂材料不得污染生活水源。废弃物不得倒入下水道，应按环保要求集中处理。

9. 钢构件防锈涂装

该大桥外露钢构件处于一般大气和潮湿的环境中，同时考虑对大桥养护的要求，提出防腐设计方案按照确保 25 年、期望 50 年的周期去控制。钢板防腐涂装材料及工序见表 4.2.1-27。

表 4.2.1-27

序　号	工序名称	涂层道数	施工方法	涂层厚度	稀释剂
1	喷砂	Sa2.5 级	—	—	—
2	底漆 IC531	1	喷涂	75μm	—
3	环氧云母氧化铁中间漆	1	喷涂	60μm	GTA007
4	脂肪族聚氨酯面漆	2	喷涂	共 70μm	GTA713

上述外表面涂装体系是根据美国加洲公路局钢桥防腐特许涂料和韩国内外公司 IC531 产品性能设计。

§2.2 钢筋混凝土双曲拱桥的加固

——采用锚喷、环氧植筋增大截面加固法

一、桥梁概况

该桥于1975年建成通车，原设计荷载为汽车-13级，拖车-60，桥面净空为净－6.5m＋2×0.75m人行道，桥梁全长为136.65m，上部构造为1孔净跨径40m＋1孔净跨径70m的双孔不等跨变截面悬链线钢筋混凝土双曲拱桥。下部构造为明挖扩大基础配履齿式桥台与重力式桥墩。

40m跨径桥孔的上部构造由4片拱肋通过横系梁与微弯板组成，净矢高为610cm，净矢跨比为1/6.6，拱轴系数m=1.756。主拱圈截面由拱肋（高55cm）、拱波（总高为62cm）、填平层（高10～20cm）组成，主拱肋中至中间距为256cm；其中拱肋为原30号混凝土，拱波和填平层为原25号混凝土。拱波净跨为224cm，施工时将拱波分成宽30cm的块件预制安装。两拱肋间按拱轴等弧长划分为15等分、共设置了14根横系梁或横隔板。侧墙为原20号混凝土，仅在边肋附近设有少量填料，在主（腹）拱圈顶部桥面板直接搁置于拱顶；桥面铺装层为10cm厚的原20号钢筋混凝土。

70m跨径的桥孔亦由4片拱肋组成，净矢高780cm，净矢跨比1/9，拱轴系数m=1.756。主拱圈截面由拱肋（高75cm）、拱波（总高62cm）、填平层（高12～20cm）组成，其中拱肋为原30号混凝土，拱波和填平层为原25号混凝土。拱波净跨为224cm，施工时将拱波分成宽30cm的块件预制安装。两拱肋间按拱轴线等弧长划分为26等分，共设置了25根横系梁（或横隔板）。侧墙为原20号混凝土，桥面铺装为10cm厚的原20号钢筋混凝土，亦直接搁置于主（腹）拱圈顶。

下部构造，桥台为履齿式桥台，前墙采用原20号混凝土，侧墙、撑墙为原10号水泥砂浆砌片石，台帽采用原20号（原标号）混凝土，底板用原20号混凝土（原标号）浇筑，齿槛深120cm。桥墩为重力式桥墩，下部为实体墩，用原20号混凝土包片石，底板为履齿式，上部为原20号混凝土小拱墩。

由于此种桥型存在固有缺陷，致使该桥出现较多病害，如：腹拱圈纵向开裂，腹拱墩、桥面破损严重，车辆在桥面上行驶时，行人会有明显的震感等等，见图4.2.2-1。

二、原桥检测结果的评价

1. 结构检测的主要内容

（1）全面对大桥的总体尺寸和各构件尺寸进行复核，查明结构尺寸与原设计尺寸是否相符。

（2）检测主拱圈拱轴线，评定其实际受力状况。

（3）全面检查该桥实际平、纵面线形，查明其平纵线形变化情况。

（4）检测大桥各部位的病害与破损情况，以及变形情况。

（5）综合分析评定大桥的现状。

2. 结构检测结果

（1）桥面纵面线型与原设计基本相符。

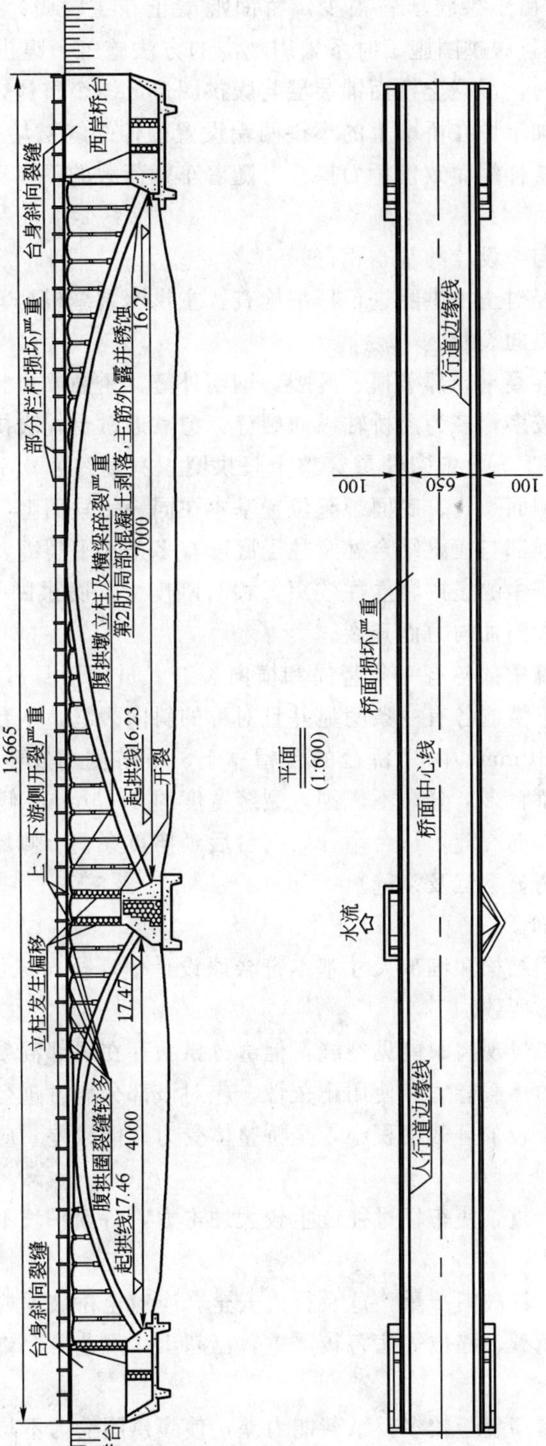

图 4.2.2-1　大桥加固前病害布置图（尺寸单位：cm）

(2) 桥面铺装，由于拱腔填料很少，桥面混凝土在主（腹）拱圈拱顶处基本上与主（腹）拱圈连成整体，且腹拱圈施工时系采用现浇的方法施工，腹拱拱脚与腹拱墩呈固结约束状态；在温度变化时，混凝土桥面铺装层与腹拱圈形成一个整体，以每跨跨中为相对固结点向两岸伸缩变化，加上原在桥墩上的小拱两端设置的伸缩缝被堵塞（或未正确设置），使得桥面与腹拱无法正常伸缩而致使桥面拱起，随着车辆荷载的不断碾压作用，桥面混凝土局部开裂、破碎严重。

(3) 主拱圈轴线与原设计的基本相符。

(4) 拱圈裂缝，经对全桥拱圈进行仔细检查，主拱圈裂缝根据其出现部位及走向可认定为拱波沿桥轴方向的纵向裂缝。

(5) 拱波、拱肋混凝土局部破损、开裂，钢筋外露，锈蚀严重。

(6) 腹拱圈裂缝较多，多为沿桥轴纵向裂缝，愈靠近墩台，腹拱圈裂缝愈多且宽。经检查，每个腹拱圈至少有1～2条裂缝贯穿整个腹拱圈，宽度约为0.1～0.2mm，腹拱圈贯穿裂缝与腹拱墩横梁的侧面裂缝、底面裂缝位置基本在同一铅垂面上。

(7) 腹拱墩立柱顶部与横梁结合处及柱子底部有多条水平裂缝，越靠近跨中立柱裂缝越严重。其原因是靠近跨中的腹拱墩立柱较短，相对刚度大，腹拱圈受环境温度影响变形时，腹拱墩因无法承受过大附加内力而开裂。

(8) 西岸桥台前墙中部各有一条竖向和横向裂缝（贯穿墙身），宽度约2～3mm，有渗水迹象；侧墙上游、下游侧各有一条明显并且对称的斜向裂缝，从台帽处开始向台后延伸贯穿整个侧墙，宽度约10mm；两岸桥台的台帽靠上、下游侧均发生开裂，宽度约2～3cm。东岸桥台裂缝比西岸桥台多，分布不规则，裂缝宽度约2～3mm。侧墙部分上、下游侧各有一条明显并且对称的斜向裂缝，从台帽开始向台后延伸贯穿整个侧墙，宽度约为10mm。桥墩情况尚好，未见有明显下沉及裂缝。

3. 检测结果的评价

(1) 大桥的主拱圈结构和细部尺寸基本符合原设计值，桥面纵坡和原设计值相差较大，其主要原因为施工变形所致。

(2) 大桥主拱肋未发现肉眼能见裂缝，但部分拱肋存在局部混凝土剥落、钢筋锈蚀严重等病害，已影响大桥的承载能力和使用耐久性，应对该部分病害进行加固防护处理。

(3) 主拱圈横系梁较少且截面积小，全桥整体受力性能较差，应采取措施加强大桥的横向整体性。

(4) 桥面破损较严重，使车辆过往产生较大冲击力，桥面平坡不利桥面排水，应重新浇筑钢筋混凝土桥面。

(5) 部分人行道栏杆破损严重，危及行人安全，应对全桥破损栏杆进行修复或更换。

(6) 腹拱墩立柱断裂、移位等病害较严重，已超出《规范》允许值，影响大桥的承载能力和营运安全。

(7) 腹拱墩横梁贯穿裂缝较多，承载能力差，使腹拱圈受力不均匀。

(8) 腹拱圈纵向裂缝较多，横向整体受力性能较差，应予以加固。

(9) 桥面伸缩缝未正确设置，桥面及腹拱无法正常伸缩而产生较多病害，严重影响了桥梁结构的正常使用。

(10) 两岸桥台侧墙与前墙均存在较大的斜向裂缝及竖向裂缝，必须采取加固措施予以修复。

(11) 桥梁上部构造振动及冲击系数较大，应采取措施予以减振和加固，提高大桥的使用耐久性。

三、加固设计

1. 加固方案

根据该桥结构检测结果、使用状况，结合当地的区域经济发展状态，以及该桥未来交通量预测，提出两种加固方案：

1) 方案Ⅰ：按照原设计荷载（汽车-13级；拖车-60）的加固方案

该方案为在原有桥梁的基础上对业已存在的病害进行维修，对存在影响结构受力的病害进行加固，加固维修后的设计荷载为：汽车-13级；拖车-60，桥面净空为：净－6.5m＋2×1.0m人行道。

其主要构件加固方案：

(1) 对主拱圈局部混凝土碎落，钢筋外露部位进行修复，其方法为：将局部破损部位周边混凝土轻轻凿除，对已锈蚀的钢筋进行除锈，并采用植筋法恢复原有截面配筋率，最后采用环氧树脂混凝土恢复至原设计截面尺寸。

(2) 考虑到腹拱圈存在较多纵、横向裂缝，已严重影响其受力状态与承载能力，考虑采用锚喷法对腹拱圈进行加固，其工艺为：

①采用骑缝钢筋对裂缝进行锚固；

②腹拱圈下缘锚固一层钢筋网，采用锚固筋锚固；

③对腹拱圈下缘锚喷一层混凝土予以加固补强。

(3) 鉴于大桥腹拱墩柱损坏严重，贯穿裂缝较多，横梁局部已严重碎裂，钢筋外露并锈蚀，已严重威胁到大桥的安全使用，采用外包钢筋混凝土法对腹拱墩进行维修加固，其工艺流程为：

①对腹拱墩柱及横梁外表面进行凿毛、清洗；

②在腹拱墩柱及横梁外设计钢筋网，并浇筑混凝土以增强腹拱墩柱及横梁的抗推刚度与强度。

(4) 桥面铺装：从结构检查结果分析，桥面铺装层混凝土在主（腹）拱圈拱顶处直接相连，中间未设置拱腔填料层，如此既增大了主（腹）拱圈的附加内力，亦增大了车辆荷载作用对大桥的冲击作用。本方案拟将原有混凝土桥面铺装层凿除，设置一层拱腔填料层，于其上浇筑钢筋混凝土桥面铺装层（桥面设置双向1.5%的横坡利用排水）。

(5) 人行道构件维修加固：经检测，人行道顶面距行车道顶面仅为1～12.9cm，极不利于行车安全与人行道行人的安全，且不易设置拱腔填料层，本方案拟将原有人行道构件全部拆除，重新设置人行道（人行道顶面距行车道边缘顶面30cm高）。

(6) 增设4道伸缩缝。

(7) 桥墩加固：鉴于结构检查中未发现桥墩墩身及基础存在增大病害，仅墩上小拱靠70m跨墩身根部因受推产生倾斜与裂缝。本方案考虑到墩上小拱墩身倾斜严重，采用浇筑混凝土将两个小墩连成整体的方法进行维修加固。

(8) 桥台加固：经检查，两岸桥台前墙与侧墙裂缝较多且宽，部分部位已完全断裂并发生错位，本次加固拟在桥台上部设置一道钢筋混凝土圈梁约束前、侧墙的进一步变形，对裂缝采用骑缝钢筋的锚固，并在桥台前、侧墙各浇一层 10cm 厚混凝土进行大修加固。

2) 方案 II：提载至汽车-20 级；挂车-100（推荐方案）

即将该桥由原汽车-13 级；拖车-60 提载为汽车-20 级；挂车-100；将桥面由原净－6.5m ＋2×0.75m 人行道拓宽至净－7m＋2×0.75m 人行道。

其主要构件加固方案：

(1) 主拱圈：经计算，该桥主拱圈不能满足汽车-20 级；挂车-100 的荷载使用要求，本次拟采用锚固钢筋网，采用锚喷混凝土的方法对主拱圈进行加固提载。其工艺流程为：

①对主拱肋及拱波进行凿毛并清洗干净；

②对主拱圈锚固钢筋网，并锚喷一层混凝土进行加固。

(2) 腹拱圈加固：考虑到腹拱圈业已存在较多的纵、横向裂缝，严重影响其受力状态与承载能力，拟采用在腹拱圈底锚固钢筋网并锚喷混凝土的方法对腹拱圈进行加固。

桥面、人行道构件、伸缩缝及桥墩（台）加固方法与方案 I 相同。

2. 加固设计要点

(1) 结构检测结果显示，主拱圈有大面积蜂窝麻面，拱肋拱脚段附近多处混凝土局部碎裂，钢筋外露、锈蚀严重，拱肋及拱波上均存在少数沿桥轴向的纵向裂缝。本次加固通过以下方法恢复主拱圈的受力性能：

①对蜂窝麻面严重、混凝土局部碎裂部位进行修复。将松散及局部破损部位的周边混凝土轻轻凿除；对已锈蚀的钢筋先除锈，并采用植筋法恢复其原有配筋率，再用环氧树脂混凝土恢复至原设计截面尺寸。

②对纵向裂缝进行修补。

(2) 腹拱圈结构检查发现存在较多的纵向裂缝，影响了腹拱圈的整体受力性能，因而采用在腹拱圈下缘锚固钢筋网后锚喷混凝土的方法进行加固。

(3) 原有桥面大面积磨损、纵向呈锯齿状，两岸桥台、桥墩处桥面混凝土碎裂，严重影响行车。采用在原桥面上重新铺设 10～4.9cm 厚 C40 防水混凝土铺装层（为使行车平顺统一设置纵坡与横坡），以使车辆行驶平顺，见图 4.2.2-2。

(4) 经检测，桥墩墩上腹拱墩身倾斜严重，墩身与主墩连接处产生横向贯穿裂缝，采用在两岸桥台及桥墩上两腹拱墩墩顶各设置一道 HXC－40A 型浅埋式伸缩缝（共 4 条），以满足腹拱与桥面的伸缩（应恢复伸缩缝处的预留槽宽为 4cm）。对墩身开裂处设置骑缝钢筋，并浇筑 10cm 厚 C40 混凝土对腹拱墩墩身进行加固补强。

(5) 两岸桥台前墙与侧墙裂缝较多且宽，部分部位已完全断裂并发生错位，采用在桥台台帽下缘设置一道钢筋混凝土圈梁，约束前、侧墙的进一步变形；对裂缝采用骑缝钢筋进行锚固，并在桥台前、侧墙上现浇（外包）一层 10cm 厚 C40 混凝土，见图 4.2.2-3。

(6) 拆除全部人行道构件，重新设置人行道，使人行道较行车道边缘高 25cm。

40m跨拱顶断面图(I-I断面)

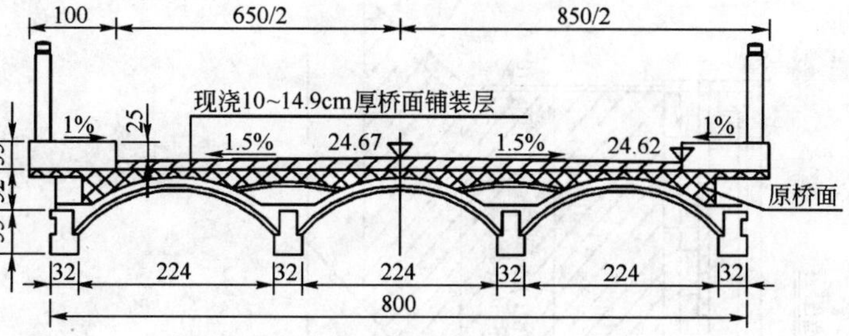

70m跨拱顶断面图(II-II断面)

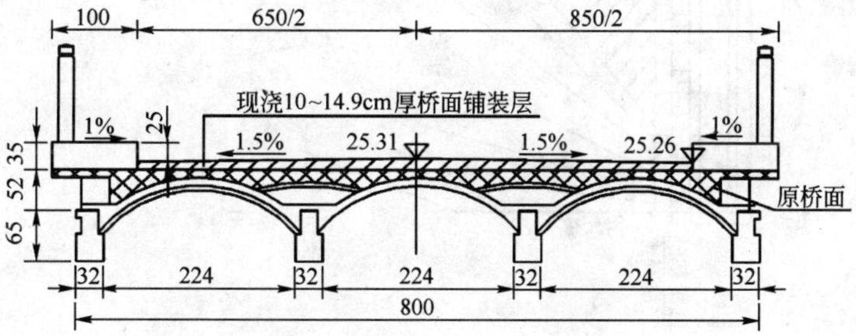

图 4.2.2-2　上部结构加固拱顶断面置图（尺寸单位：cm）

四、加固施工工艺要点

1. 锚喷工艺

腹拱圈采用锚固钢筋网后再喷射混凝土进行加固。施工时应严格按照下列锚喷工艺要求进行：

(1) 对腹拱圈底面进行必要的凿毛并用高压水冲洗干净。

(2) 按设计要求在腹拱圈底面钻固定钢筋的锚孔，孔深 4cm 左右，直径为 13mm，孔中灰尘要冲洗干净。

(3) 用 M12.5 水泥砂浆将锚固钢筋嵌固在锚孔中，并在部分锚固钢筋上做好喷射混凝土厚度的控制标志。

(4) 修补拱圈裂缝。

(5) 将加固钢筋网绑扎或点焊在锚固钢筋上，以免喷射混凝土时位置移动。

(6) 喷射混凝土

①施喷混凝土前，用高压水泵喷水冲洗，充分湿润拟喷表面，以利喷射混凝土与原结构的粘结，待表面无积水时，即可施喷混凝土。

②喷射混凝土的施工方法要求采用“湿喷法”，即用于喷射的混凝土在搅拌机中加水拌和好后送入喷射机中喷射。

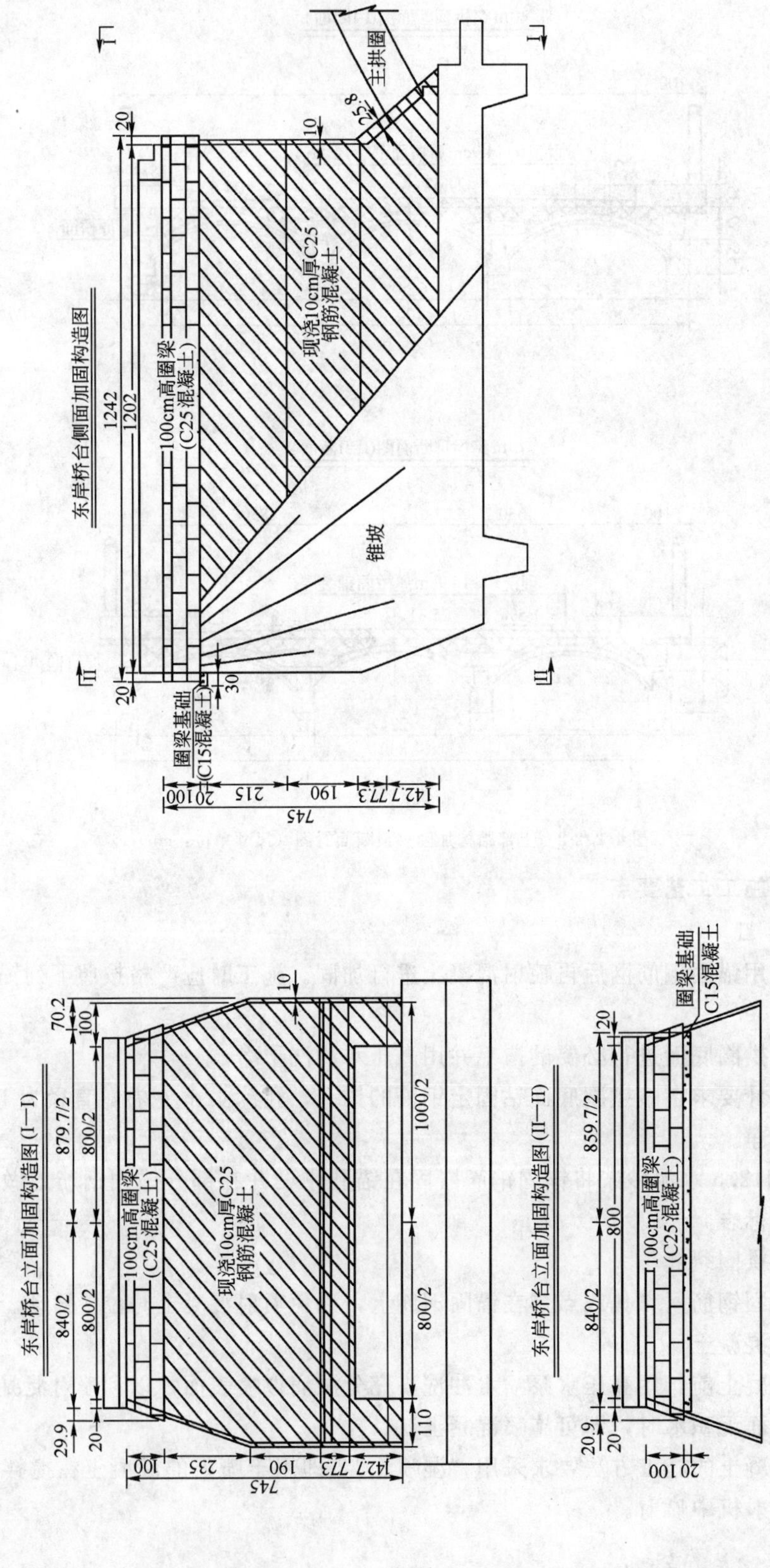

图4.2.2-3 桥台加固构造图(尺寸单位:cm)

③喷射混凝土时，喷枪距离构件表面约0.8～1.5m，先在构件表面喷一层水泥砂浆，再喷射混凝土，以利新喷射混凝土更好地和腹拱圈表面结合受力。喷射混凝土厚度每次2～3cm，逐步加厚至设计厚度。喷射混凝土至设计厚度后（由厚度标志控制），应尽量将其表面抹平，并应及时喷水养生一定时间。

2. 环氧混凝土修复主拱圈

(1) 施工工艺流程

①轻轻凿除蜂窝麻面严重、局部碎裂处的周边混凝土，使钢筋全部露出。

②用钢丝刷清除钢筋及混凝土表面上的铁锈和灰尘，在已锈断的钢筋旁加焊同样规格的钢筋以达到原有配筋率。

③设置模板，浇筑环氧树脂混凝土恢复至主拱圈原尺寸。

(2) 施工注意事项

①凿除混凝土时，若该部位的钢筋未锈断，则仅需凿至钢筋周围2.5cm左右混凝土为止；若该部位的钢筋已锈断，则需将钢筋露出的长度满足加焊焊接长度及所需工作面的要求。

②浇筑环氧树脂混凝土恢复主拱圈原尺寸之前，须将待浇筑部位清洗干净，再在处理好的混凝土和钢筋上均匀地涂上一层环氧树脂胶液以保证钢筋与混凝土的粘接性能。

§2.3　双曲拱危桥的加固

——采用拓宽加固法

一、桥梁概况

1. 原设计概况

该桥是一座7孔30m的五肋四波双曲拱桥，设计荷载汽车-15级，挂车-80，桥面净宽7.0m+2×0.25m。下部为柱式墩台，浅基础。拱肋分两段预制，吊装合龙后拱顶用法兰盘螺栓连接。

2. 存在的主要问题

该桥于1971年建成，由于设计及施工中的一些问题，致使该桥使用十余年后即出现拱顶下沉、横向联系断开和拱肋开裂等病害。随后拱顶继续下沉，裂缝明显增加，至1988年，最不利孔第四孔各拱肋分别下沉了23～33.5cm，相邻的第三、第五孔在拱顶分别下沉了7～17cm。裂缝到处可见，其宽度达到0.4mm。该桥已进入危桥状态。

为此，交通管理部门不得不对车辆采取限重限速行驶，严重阻碍了该线的交通运输，极大地影响了该地区的经济发展。为了改变这种局面，需要加宽桥面，并提高承载能力，桥面净宽加宽到净9.0m+2×0.25m，荷载等级提高到汽车-20级，挂车-100。

二、拓宽加固方案设计

(1) 方案一：在原边肋的外侧分别加一条高80cm，宽50cm的钢筋混凝土大肋，每孔用五道混凝土横隔板加以连结形成整体，同时在两边悬出半波（图4.2.3-1）。

(2) 方案二：在五条旧拱肋的外边加包钢筋混凝土以扩大其截面，达到提高承载力的要求。为了加宽桥面，再在两侧各加一条新拱肋和拱波，变成七肋六波双曲拱桥。

经过比较分析，决定采用第一方案。该方案除满足加固后的承载能力和桥面净宽的要求

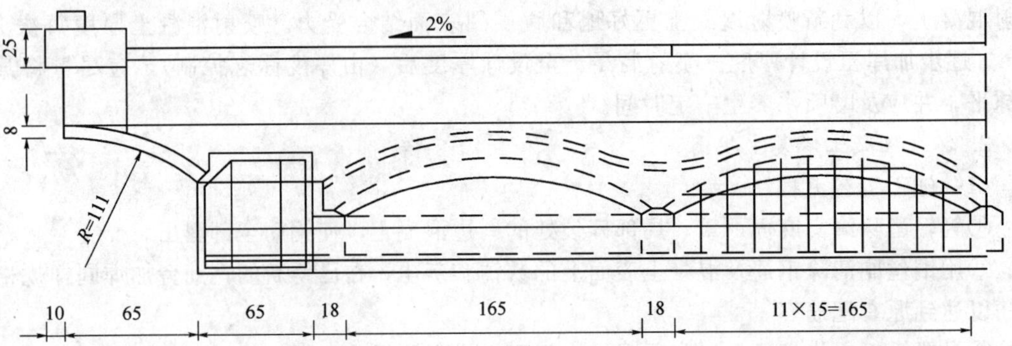

图 4.2.3-1 方案一加固示意图（尺寸单位：cm）

外，最主要的特点是全桥新加拱肋采用统一的形式，并通过矢跨比的变化来调整新加拱肋的位置，使全桥旧拱肋都处于新加拱肋的遮挡之内，给人一种结构全新的感觉，避免了以往遗留的加固痕迹。

在对上部结构加固拓宽的同时，考虑到原来的浅基础柱式墩台对应于提高后的荷载等级和桥面净宽，尤其是两条新加拱肋座设置的要求，必须对基础和墩台也分别进行加固和加宽。考虑到第四孔拱顶下沉最大，病害最严重，相应的新拱肋的矢跨比也较其他六孔小，为此,加固后的第四孔的两个桥墩均将原来的柱式墩改为实体式墩，以承受增大的水平推力。

三、结构计算

结构复算依据：原桥设计图；勘测调研资料。

1. 计算模型的选择

旧桥加固后最终是以一组合结构的形式参与受力的，因此，旧拱桥加固改造全过程可以认为有加固前加固后 2 个阶段组成。其中，加固前包括原设计竣工状态和危桥状态。为便于分析，定义前者为工况 I，后者为工况 II，则这两个工况下的主拱圈截面尺寸及相应的恒载重力（含拱上建筑）可看成是完全相同的，不同的是工况 II 下各肋拱轴线与工况 I 相比发生了严重的偏离，这种偏离势必导致静力效应发生相应的改变。加固后的阶段则以新、旧肋形成的组合截面承受荷载，将这种状态定义为工况 III，则整个加固全过程可以通过这 3 个特定的工况来描述。

(1) 等效弹簧刚度

对于多孔旧连拱桥，通常在工况 II 和工况 III 下，主拱圈各肋的拱轴线均不相同，这使得力学分析不得不借助于有限元法按空间结构来进行。然而，即使对于 3 跨连拱桥（图 4.2.3-2a），也会因单元数目太多而不便于实际应用，为此提出等效弹簧这一物理模型，以简化计算。

等效弹簧刚度的确定方法：取整孔横截面尺寸并将全桥按平面结构（图 4.2.3-2a），用平面杆系有限元计算工况 I 下的力学效应（一般只考虑挠度）。假定 AB 孔为变形最严重最不利孔，将其余孔对 AB 孔的水平约束用弹簧刚度 K_i，K_j 来代替（图 4.2.3-2b），采用同样的计算方法和荷载形式，使用专用程序在微机上自动调整弹簧的刚度，使得代替前后结构的力学效应等效，即可确定所需的等效弹簧刚度。

（2）简化计算模型

图 4.2.3-2b）所示的平面等效图式并不能详细反映该桥孔各肋的空间受力性能，因此无法确定新增加构件的设计内力，为此采用二次等效，即把弹簧按并联方法作用于该桥的各肋、墩结点，即可得简化空间模型，如图 4.2.3-3。

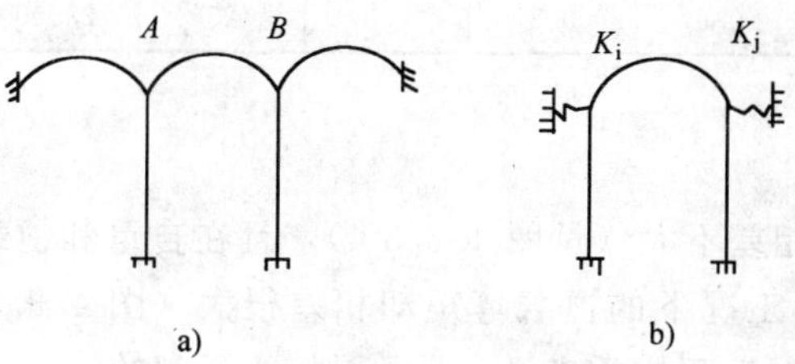

图 4.2.3-2　三跨连拱简化计算平面模型图

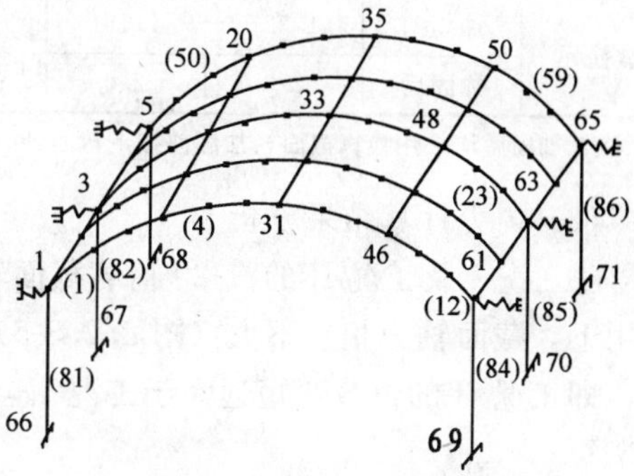

图 4.2.3-3　简化计算空间模型图

（3）主拱圈横向刚度及拱上建筑的结构分析处理

采用静力凝聚法，把主拱圈的横向抗扭刚度和横向抗弯刚度分别集中在相应的各单元截面形心。对于拱上建筑，则近似按《公路钢筋混凝土及预应力混凝土桥梁设计规范》（JTJ—85）处理。

该桥加固前已成危桥，其中第四孔一号边肋拱顶下沉达 33.5cm，因此选择第四孔为最不利孔，按上述方法采用有限元进行空间分析，单元划分形成及节点编号如图 4.2.3-3 所示，整孔共 86 个单元，71 个节点，其中边肋 24 个单元，中肋 36 个单元，盖梁 8 个单元，横梁 12 个单元，墩柱 6 个单元（墩柱单元长度取至一般冲刷线），另外附加 6 个弹簧边单元。

2. 计算结果分析

（1）基本数据

工况 I 的基本数据由原设计竣工图纸查得，工况 II 的基本数据在危桥状态从实桥量测，工况 III 的基本数据则应在状态 II 的基础上根据加固形式具体确定。各单元的几何性质及力学指标见表 4.2.3-1。

各单元的几何性质及力学指标　　表 4.2.3-1

单元种类		截面面积（m^2）	横向有效剪切面积（m^2）	竖向有效剪切面积（m^2）	抗扭惯矩（m^4）	横向抗弯惯矩（m^4）	横向抗弯惯矩（m^4）	混凝土等级	混凝土弹模（MPa）
边肋元	加固前	0.1683	0.249	0.1255	0.00516	0.0342	0.00493	20	26000
	加固后	0.6068	0.4	0.4	0.02	0.05	0.02832	25	28500
中肋元		0.33567	0.249	0.2119	0.00571	0.0485	0.00987	20	26000
盖梁元		1.0	1.0	1.0	1.0	1.0	1.0	20	26000

续上表

单元种类		截面面积 (m^2)	横向有效剪切面积 (m^2)	竖向有效剪切面积 (m^2)	抗扭惯矩 (m^4)	横向抗弯惯矩 (m^4)	横向抗弯惯矩 (m^4)	混凝土等级	混凝土弹模 (MPa)
横梁元	加固前	0.112	0.0942	0.0942	0.00163	0.000693	0.00156	20	26000
	加固后	0.5	0.4	0.4	0.088	0.005	0.0078	25	28000
墩柱元	加固前	1.327	1.161	1.161	0.280	0.1402	0.1402	20	26000
	加固后	2.0	2.0	2.0	0.6	0.3	0.3	25	28500

注：加固后均采用换算截面，加固前按毛截面计。

(2) 内力计算结果分析

①工况 I 及工况 II 的汽-20 荷载截面轴向力相差不大（见图 4.2.3-4），且在自重和恒载作用下，截面轴力相差不大（图 4.2.3-5），但两工况下的恒载弯矩却相差很大（图 4.2.3-6），即工况 II 的恒载弯矩远大于工况 I。这种情况对于拱桥来说，受力是极为不利的。

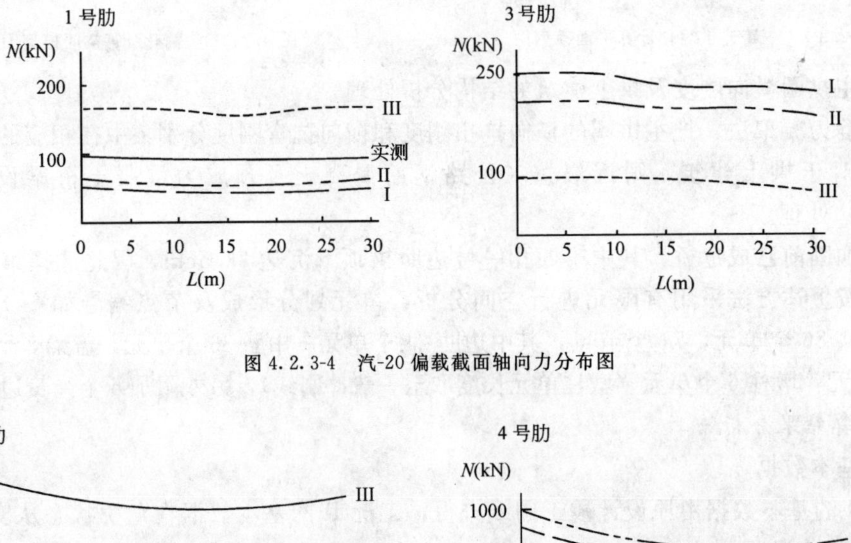

图 4.2.3-4　汽-20 偏载截面轴向力分布图

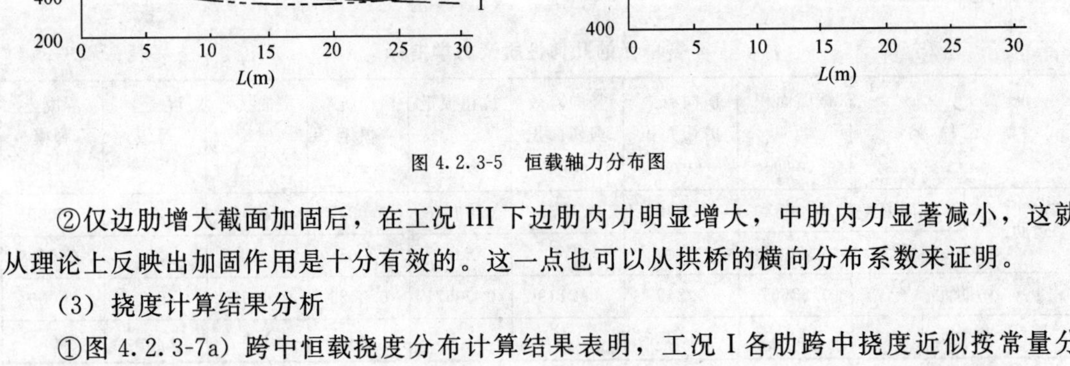

图 4.2.3-5　恒载轴力分布图

②仅边肋增大截面加固后，在工况 III 下边肋内力明显增大，中肋内力显著减小，这就从理论上反映出加固作用是十分有效的。这一点也可以从拱桥的横向分布系数来证明。

(3) 挠度计算结果分析

①图 4.2.3-7a）跨中恒载挠度分布计算结果表明，工况 I 各肋跨中挠度近似按常量分

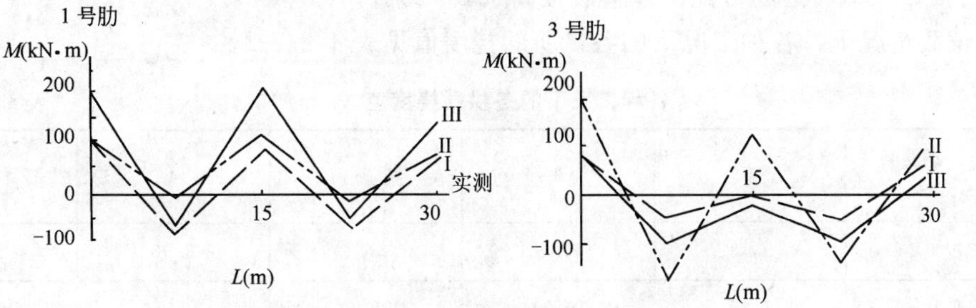

图 4.2.3-6　恒载弯矩分布图

布，且数值很小（只有 7.7mm 左右）；而工况 II 恒载挠度则按曲线分布且数值较大，其中一号肋最大，达 17.7mm，为原设计工况 I 的 2.3 倍。

②图 4.2.3-7b)、c）分别为汽-20 级荷载中载及偏载挠度。两图都有同样的规律：工况 II 的挠度值均大于状态 I，且横桥向按曲线分布，表明在活载作用下，危桥状态的变形是极为不利的；工况 III 的挠度值均远小于工况 II，这就从控制变形角度再次表明加固效果的作用显著；同时，工况 III 下的计算值与实际桥试验值符合良好。

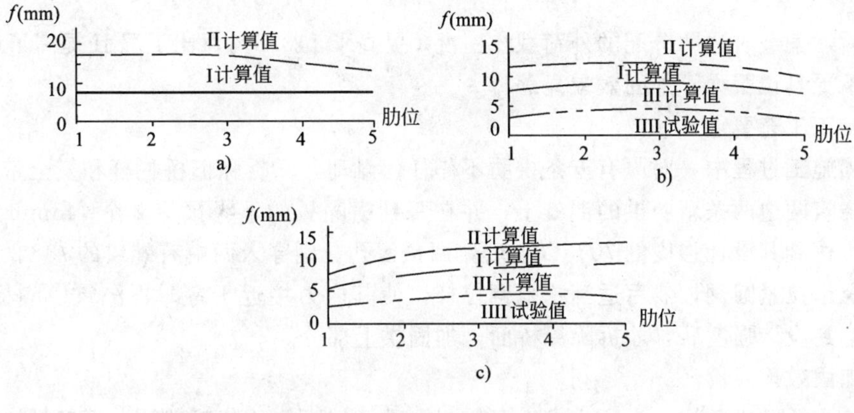

图 4.2.3-7　挠度分布图

③根据挠度、抗弯刚度和荷载分布的关系，通过图 4.2.3-7 我们可以得到定量的分析，即在中载和偏载时各种工况下边肋跨中分配的外荷载的比例（记为 m）。

a. 中载情况下，可以认为工况 I 和工况 II 下各肋的挠度值相同，工况 III 下一、二、三、四、五号肋的挠度值分别为：3.17mm、4.40mm、4.93mm、4.40mm、3.17mm，故有（f 为挠度，E 为抗弯弹性模量）：

$$m_{\mathrm{I}}=m_{\mathrm{II}}=\frac{f_{边}\ E_{边}}{\sum_{1}^{5} f_{i} E_{i}}=\frac{f_{边}}{\sum_{1}^{5} f_{i}}=0.2$$

$$m_{\mathrm{III}}=\frac{f_{边}\ E_{边}}{\sum_{1}^{5} f_{i} E_{i}}=\frac{3.17\times 0.02832}{3.17\times 0.02832\times 2+4.40\times 0.00493\times 2+4.93\times 0.00493}=0.363$$

加固后，中载时边肋分配的外荷载提高了81.5%。

b. 偏载情况下，各种工况下的各拱肋的挠度值见表4.2.3-2。

各种工况下的各拱肋挠度值（mm）　　表4.2.3-2

工况＼拱肋号	1	2	3	4	5
工况 I	5.13	7.48	8.51	8.90	9.26
工况 II	7.39	10.23	11.79	12.24	12.24
工况 III	2.22	3.34	4.53	4.71	4.36

则：$m_{\text{I}}=\dfrac{f_{边}}{\sum\limits_{1}^{5}f_{i}}=\dfrac{9.26}{5.13+7.48+8.51+8.90+9.26}=0.236$

$$m_{\text{II}}=\frac{f_{边}}{\sum\limits_{1}^{5}f_{i}}=\frac{12.24}{7.39+10.23+11.79+12.24+12.24}=0.227$$

$$m_{\text{III}}=\frac{f_{边}\ E_{边}}{\sum\limits_{1}^{5}f_{i}E_{i}}=\frac{4.36\times0.02832}{(2.22+4.36)\times0.02832+(3.34+4.53+4.71)\times0.00493}=0.497$$

加固后，偏载时边肋分配的外荷载比工况Ⅰ提高了110.6%，比工况Ⅱ提高了118.9%。偏载情况下更具说服力，加固效果显著。

四、施工工艺要点

在加固施工过程中，对原有五条拱肋不作任何触动，只拆除旧桥栏杆和安全带以后，先在支架上浇筑两边两条新肋拱的混凝土，并在每到横隔板的下缘预留2个ϕ45mm圆孔，待新肋混凝土达到其设计强度的70%以上后，两预留孔分别穿入两端有螺纹的ϕ32的16Mn圆钢，拧紧螺母拉紧圆钢，然后适当松弛钢拉杆，使其内力接近于零时再浇筑横隔板混凝土，待两者均达到设计强度后，才拆除原桥面，加固拱上部分。

五、加固效果评价

加固前该桥已成危桥，为防止发生意外，未进行加固前的荷载试验，而仅对加固后进行了实桥现场试验。

1. 试验荷载

加载荷载选用两辆ROMAN自卸车，每辆车载重25t，相当于两辆汽车－20级加重车的0.8倍，即荷载效率为0.8。

2. 加载位置

加固前第4孔病害最为严重，拱顶下沉达33.5cm，拱顶裂缝宽度为0.4mm，为全桥最危险孔，为此，加固后选用该孔为加载试验孔。

根据影响线，确定了8种加载位置分别加载，即：

拱脚最大负弯矩中载 M_{jmin}

拱脚最大负弯矩偏载 M_{jmin}

拱顶最大正弯矩中载 M_{dmax}

拱顶最大正弯矩偏载 M_{dmax}

拱脚最大正弯矩中载 M_{jmax}

拱脚最大正弯矩偏载 M_{jmax}

$L/4$ 跨截面最大正弯矩偏载 $M_{l1/4max}$

$L/4$ 跨截面最大负弯矩偏载 $M_{l1/4max}$

3. 测点布置

在第 4 孔的跨中、1/4 跨及拱脚截面均布布置了机测、电测点，共计 46 点，测点位置及编号见图 4.2.3-8。

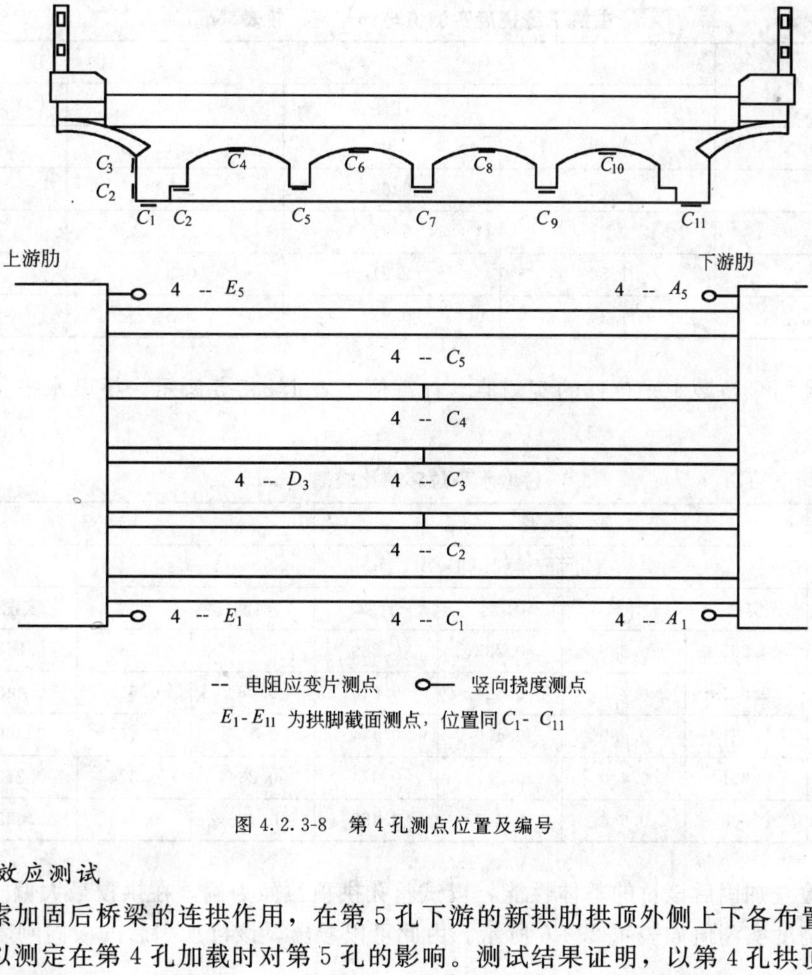

图 4.2.3-8　第 4 孔测点位置及编号

4. 连拱效应测试

为了探索加固后桥梁的连拱作用，在第 5 孔下游的新拱肋拱顶外侧上下各布置了一片电阻应变片，以测定在第 4 孔加载时对第 5 孔的影响。测试结果证明，以第 4 孔拱顶最大正弯矩偏载（偏下游）时其影响最大，下缘为 20$\mu\varepsilon$（压），上缘为 11$\mu\varepsilon$（压），证明连拱作用很不明显。

5. 测试结果与分析

采用 7V08 型数据采集仪，打印输出在试验荷载作用下各测点的应变和挠度值。

将加固后的拱桥按曲、直梁混合单元体系，在此结构上施加荷载，求出各测点的应变及位移值。几个主要载位的实测值与计算结果的对比见表 4.2.3-3、表 4.2.3-4。

主拱下缘应变值比较表（$\mu\varepsilon$）　　表 4.2.3-3

载　位	拱　脚		L/4		拱　顶	
	实测	计算	实测	计算	实测	计算
M_{jmin}	26	20	−21	−29	−2	−4
$M_{L/4min}$	10	18	30	50	−15	−20
M_{jmax}	3	14	18	50	−14	−20
$M_{L/4max}$	28	24	−22	−53	5	12
M_{dmax}	15	22	20	37	−26	−38

主拱下缘挠度实测值与计算值比较表（mm）　　表 4.2.3-4

载　位	L/4		拱　顶	
	实测	计算	实测	计算
M_{jmin}	1.68	3.05	1.11	0.75
$M_{L/4min}$	0.72	0.69	2.98	2.52
M_{jmax}	0.37	0.95	2.05	2.22
$M_{L/4max}$	1.58	2.91	0.99	1.33
M_{dmax}	1.34	0.87	3.34	3.35

第 4 孔两个桥墩水平位移的实测值与计算值于表 4.2.3-5 所示。桥墩水平位移均朝桥孔外方向。

桥墩水平位移值比较表（mm）　　表 4.2.3-5

载　位	4　号　墩				5　号　墩			
	$4-A_1$		$4-A_5$		$4-E_1$		$4-E_5$	
	实测	计算	实测	计算	实测	计算	实测	计算
M_{jmin}	0.265	0.266	0.233	0.289	0.247	0.285	0.258	0.302
$M_{L/4min}$	0.651	0.750	0.524	0.614	0.488	0.512	0.445	0.513
M_{jmax}	0.421	0.489	0.400	0.434	0.357	0.415	0.389	0.398
$M_{L/4max}$	0.301	0.410	0.247	0.374	0.234	0.324	0.213	0.321
M_{dmax}	0.508	0.644	0.447	0.455	0.486	0.545	0.475	0.500

为了检查加固后该桥的整体性能，以试验孔拱顶截面为例，在拱顶最大偏（下游）载正弯矩时其挠度实测值如表 4.2.3-6 所示。由此可以看出，该桥加固后的横向刚度较好。

拱顶截面各肋实测挠度值（mm）　　表 4.2.3-6

载　位	实测挠度值				
	$4-C_1$	$4-C_2$	$4-C_3$	$4-C_4$	$4-C_5$
拱顶最大偏载正弯矩	3.74	3.99	3.80	3.30	2.49

由各载位的实测值与计算值的比较可以看出，各主要测点的校检系数 $\eta=0.42\sim1.0$，说明该桥加固后的承载力符合《公路旧桥承载能力鉴定方法》的要求。在比较中也发现部分测点的实测值与计算值相比差异较大，离散性较突出，但仍能反映出结构在受荷时各种变化趋势。造成上述差异的原因是多方面的，如 η 值过大可能说明组成结构的材料强度不均匀，结构各部分联结性能较差，刚度较低等。η 值过小可能说明材料的实际强度及弹模较高，拱上建筑与拱圈共同作用，计算理论或简化的计算图式偏于安全等。此外，试验时加载物的重力误差，仪表的误差也有一定的影响。通过竖向位移的比较可以说明加固后的横向刚度较大，新旧拱肋能够很好地共同工作。

加载试验时，由第 5 孔拱顶截面的测点读数可以看出，加固后的桥梁其连拱作用不明显。

§2.4　板肋式圬工拱桥的加固

——采用改变拱上建筑结构体系加固法

一、桥梁概况

1. 原设计概况

该桥为等截面悬链线板肋式圬工拱桥，净跨 $l_0=40\text{m}$，净矢高 $f_0=8\text{m}$，$\frac{f_0}{l_0}=\frac{1}{5}$，设计荷载为汽-20 级、挂-100，桥面为净 $7\text{m}+2\times0.25\text{m}$，总宽 7.5m。

本桥主拱圈采用三肋式山字形横截面，其宽度 $B_0=7.6\text{m}$。主拱圈厚度 $D=110\text{cm}$，底板厚 $\delta=35\text{cm}$，三肋同高。主拱圈用原 10 号砂浆砌 60 号块石筑成，见图 4.2.4-1。

主拱圈上每半跨布置 3 个腹拱，腹拱圈净跨径 $l_0=4\text{m}$ 厚度为 25cm，净矢高为 1/8。腹拱座（墩帽）宽 0.6m，采用原 10 号砂浆砌 50 号块石筑成。腹拱墩宽 50cm，并在横向设置 2 个 1.2m 宽的人洞，用原 10 号砂浆砌 20 号混凝土预制块筑成。拱腔内填充砂砾石等填料，拱顶填料厚度 $h_d=0.5\text{m}$，侧墙为小石子混凝土砌块或片石，见图 4.2.4-2。

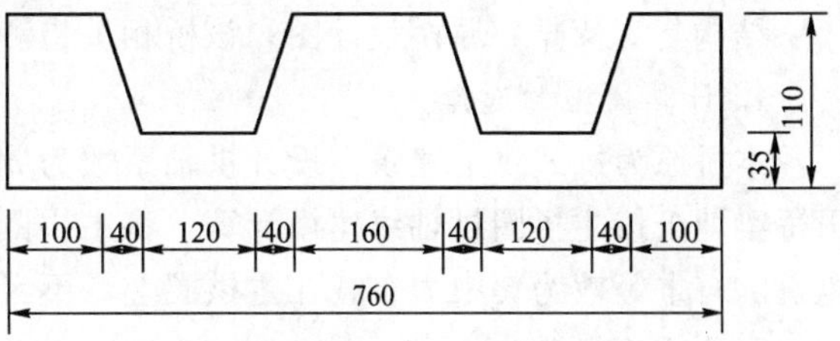

图 4.2.4-1　主拱圈断面图（尺寸单位：cm）

2. 存在的主要问题

本桥自建成通车以来，由于营运时间较长，交通量的快速增长以及维修养护的欠缺，使该桥出现了严重的病害，给该桥的安全及正常使用带来了很大的隐患。主要问题有：

(1) 拱圈裂缝

检查时发现主拱圈顺桥向有纵向裂缝，个别裂缝宽度达 0.8cm。此外，主拱圈上有不规则横向裂缝。

(2) 主拱圈变形

经检测发现主拱圈拱轴线变形较大，拱顶处下沉量达 17cm，$L/4$ 点处抬升量为 6cm。

(3) 腹拱严重破损

腹拱为浆砌片石材料，由于防水层质量差，桥面渗水严重，许多腹拱有渗水痕迹，以致

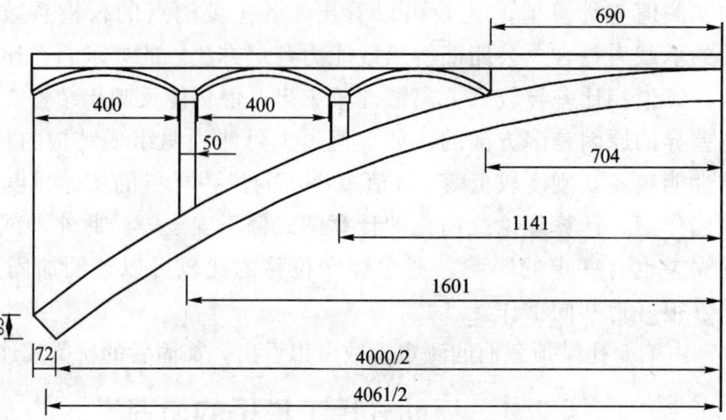

图 4.2.4-2　原结构主拱圈半跨结构图（尺寸单位 cm）

发现不少因长年流水浸溶悬挂着的“石笋”，且腹拱脚多处产生错位。腹拱圈的严重破损导致桥面产生明显变形。

(4) 桥面系破损

桥面行车道磨损严重，人行道及栏杆残缺不全。

桥跨结构长度、跨径与设计值基本一致，墩台基础受力良好，主拱圈关键部位混凝土强度的推定值满足设计强度要求。

二、原结构复算

结构复算依据：原桥设计图；该桥相关检测报告。

1. 计算模型的选择

本桥原为拱式拱上建筑，设计拱轴系数为 $m=1.543$，设计荷载为汽-20 级、挂-100。利用桥梁博士按主拱圈拱轴线建模计算，将主拱圈沿跨径方向水平等分为 48 个单元，将拱上建筑的自重等效为集中力布载在主拱圈上，不考虑主拱与拱上建筑的联合作用。

2. 计算结果分析

根据拱桥的受力特性，取拱脚、3L/8 截面及拱顶截面等控制截面加以验算，计算结果见表 4.2.4-1。

荷载效应组合系数及荷载效应最不利组合的计算值　　表 4.2.4-1

荷载效应组合		系数	拱顶		3L/8 截面		拱脚	
			M_j (kN·m)	N_j (kN)	M_j (kN·m)	N_j (kN)	M_j (kN·m)	N_j (kN)
组合 I	M_{max}	1.0	1580	10609	1740	10680	1128	10576
	M_{min}		−364	8077	−643	8171	−2710	13697
组合 II	M_{max}	0.8	1288	8478	1412	8536	857	8455
	M_{min}		−267	6454	−494	6528	−2214	10951
组合 III	M_{max}		1473	8926	1781	8912	1588	8753
	M_{min}		−228	6430	−898	6872	−3068	11353

由“拱桥设计手册”知，主拱圈正截面上纵向力的容许偏心距 $e_0=\frac{M_j}{N_j}$，在组合 I 时 $e_0\leqslant 0.5y$，组合 II、组合 III 时 $e_0\leqslant 0.6y$。经验算，原设计正截面纵向力偏心距 e_j 均满足规范要求，见表 4.2.4-2 和表 4.2.4-3。

主拱圈纵向力偏心距 e_0（m）　　表 4.2.4-2

偏心距 e_0	组　合　I		组　合　II		组　合　III	
	M_{max}	M_{min}	M_{max}	M_{min}	M_{max}	M_{min}
拱顶	0.1489	−0.0451	0.1520	−0.0414	0.1650	−0.0354
3*L*/8 截面	0.1629	−0.0786	0.1654	−0.0756	0.1998	−0.1307
拱脚	0.1067	−0.1979	0.1014	−0.2022	0.1814	−0.2702

主拱圈容许偏心距 $[e_0]$（m）　　表 4.2.4-3

荷载效应组合	组　合　I	组合 II、组合 III	中性轴位置
正偏心	0.3166	0.3799	$y_上=0.6331$
负偏心	0.2334	0.2801	$y_下=0.4669$

按《公路钢筋混凝土及预应力混凝土桥涵设计规范》（JTJ 023—85），结构抗力效应的计算值为：

$$R_N=\alpha A\frac{R_a^j}{r_m}=\alpha\times 5.96\times 9.0\times 10^3/1.92=27937.5\alpha\ \text{kN}$$

其中 $\alpha=\dfrac{1-\left(\dfrac{e_0}{y}\right)^{3.5}}{1+\left(\dfrac{e_0}{r_w}\right)^2}$，$e_0$ 为正值时，$y=y_上=0.6331$；e_0 为负值时，$y=y_下=0.4669$，$r_w=0.31453$。计算结果见表 4.2.4-4。

主拱圈抗力效应的计算值　　表 4.2.4-4

抗力 R_N	组　合　I		组　合　II		组　合　III	
	M_{max}	M_{min}	M_{max}	M_{min}	M_{max}	M_{min}
拱顶	22678.6712	27367.0012	22494.6351	27456.0211	21710.3857	21905.7499
3*L*/8 截面	21838.2663	26243.9235	21685.9822	26364.9150	25943.7742	23547.2585
拱脚	25004.9891	19021.9694	25265.6391	18711.3256	20700.3440	13704.6176

表 4.2.4-4 与表 4.2.4-1 比较，表明原设计结构抗力效应的计算值 R_N 均大于荷载效应最不利组合的计算值 N_j。由此可得，原结构设计满足承载要求。

三、桥梁现状评价

该桥实际拱轴线发生较大偏移，拱顶下沉，实际内力值变化较大。因此必须对现阶段拱桥的内力进行重新计算。采用与原结构复算相同的方法计算，得到拱顶发生塌陷后拱圈中的实际荷载内力。计算结果如下：

表 4.2.4-6 与表 4.2.4-3 比较可知，拱顶截面在组合 I、组合 II 最大弯矩、拱脚截面在组合 I、组合 II 最小弯矩作用下，偏心距均超过规范规定的容许偏心距［e_0］。同时，拱顶沉降后拱顶截面控制弯矩（正弯矩）明显偏大（见表 4.2.4-5），应采取加固措施予以消减。

荷载效应组合系数及荷载效应最不利组合的计算值　　表 4.2.4-5

荷载效应组合		系数	拱顶		3L/8 截面		拱脚	
			M_j (kN·m)	N_j (kN)	M_j (kN·m)	N_j (kN)	M_j (kN·m)	N_j (kN)
组合 I	M_{max}	1.0	3480	10800	946	7670	1970	10600
	M_{min}		732	8080	−1420	11000	−2550	8780
组合 II	M_{max}	0.8	3800	10000	974	6960	2480	9890
	M_{min}		799	7340	−1430	7890	−3200	8660
组合 III	M_{max}		3100	10800	596	7840	2130	11000
	M_{min}		758	7750	−1420	11100	−2380	9650

变形后主拱圈纵向力偏心距 e_0　　表 4.2.4-6

偏心距 e_0	组合 I		组合 II		组合 III	
	M_{max}	M_{min}	M_{max}	M_{min}	M_{max}	M_{min}
拱顶	0.3222	0.0906	0.38	0.1088	0.2870	0.0978
3L/8 截面	0.1233	−0.1291	0.1399	−0.1812	0.0760	−0.1279
拱脚	0.1858	−0.2904	0.2507	−0.3695	0.1936	−0.2466

四、加固设计

根据前述分析结果，拱顶截面下沉，正弯矩增大，偏心距过大影响了桥梁的使用寿命和安全，因此应予改造加固，以减轻拱上建筑（特别是拱顶处）的自重力。经比较，本桥采用对拱上填料及桥面系进行卸载，用梁式结构代替拱式拱上建筑的加固方案。同时，对拱脚适当进行补筋加固，保证拱脚的受力安全。

1. 加固设计要点

本桥加固时拆除拱上实腹段、腹拱圈及拱上填料，对原腹拱墩进行接长，以满足加固后高程要求；原拱上墩柱、墩帽及人洞的尺寸保持不变，并在原空、实腹段界线处增设立柱。桥面系采用钢筋混凝土板（4.5m×1.5 m，板高 35cm）和预应力混凝土空心板式结构(13.5m×1.5m，板高 60cm，内设空心孔洞)，桥面纵坡设为 1.5%，通过腹拱墩加高和沥青混凝土铺装层共同调节，加固后尺寸见图 4.2.4-3。

2. 加固计算结果分析

利用“桥梁博士”建模型计算，将实际主拱圈沿跨径方向水平等分为 48 个单元，将拱上建筑的自重力等效为集中力布载在主拱圈上，不考虑主拱与拱上建筑的联合作用，则得加固后拱桥拱脚、3L/8 截面及拱顶截面等控制截面的内力。其计算结果如下，见表 4.2.4-7、表 4.2.4-8、表 4.2.4-9。

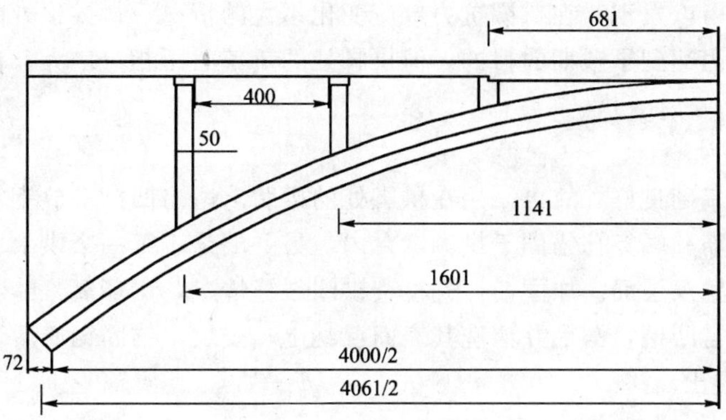

图 4.2.4-3　加固后主拱圈半跨结构图（尺寸单位：cm）

加固后荷载效应组合系数及荷载效应最不利组合的计算值　　表 4.2.4-7

荷载效应组合		系数	拱顶		3L/8 截面		拱脚	
			M_j (kN·m)	N_j (kN)	M_j (kN·m)	N_j (kN)	M_j (kN·m)	N_j (kN)
组合 I	M_{max}	1.0	2070	8100	1260	6230	1510	6790
	M_{min}		−332	6640	−1000	9050	−3060	7350
组合 II	M_{max}	0.8	2400	7980	1260	6230	2070	6200
	M_{min}		−646	6060	−1040	8130	−3710	7230
组合 III	M_{max}		1730	9190	909	6400	1610	6820
	M_{min}		−106	6310	−1010	9200	−3030	8360

加固后主拱圈纵向力偏心距 e_0（m）　　表 4.2.4-8

偏心距 e_0	组合 I		组合 II		组合 III	
	M_{max}	M_{min}	M_{max}	M_{min}	M_{max}	M_{min}
拱顶	0.2556	−0.05	0.3007	−0.1066	0.1882	−0.0168
3L/8 截面	0.2022	−0.1105	0.2022	−0.1279	0.1420	−0.1098
拱脚	0.2224	—	0.3339	—	0.2361	—

加固后主拱圈抗力效应的计算值（kN）　　表 4.2.4-9

抗力 R_N	组合 I		组合 II		组合 III	
	M_{max}	M_{min}	M_{max}	M_{min}	M_{max}	M_{min}
拱顶	22394.28	27609.64	21205.05	26402.34	24376.94	27901.13
3L/8 截面	23958.48	26285.07	23958.48	25707.81	25708.8	26306.44
拱脚	23355.99	—	20453.43	—	22953.07	—

通过以上各表可以发现，在拱圈抗力效应变化不大的情况下，拱顶处的弯矩、轴力和偏心距明显减小，加固达到了预期的目的。但拱脚处的负偏心距相应增大，仍然超限，因此必须对拱脚进行加固。

3. 拱脚加固设计

因为原桥墩台基础良好，故可采用在拱脚处的拱肋上凿出凹槽安放钢筋的方法来增加拱脚截面的抗力。钢筋一端穿孔锚固于拱脚墩台内，另一端锚于第一个拱上立柱。钢筋用量通过计算求得，可布置双层筋。加固前，先检查拱圈裂缝情况，用环氧聚酯物修复，然后在拱肋表面凿出布筋所需凹槽，凿毛并清洗其表面混凝土，安放、锚固钢筋后，在拱肋表面现浇10cm厚的C30混凝土。

§2.5　钢筋混凝土坦肋拱桥的加固

——采用粘贴钢板、增大截面、预应力锚杆加固法

一、桥梁概况

1. 原设计概况

该桥全长114.06m，桥面总宽7.6m，设计荷载为汽-13级、拖-60，于1970年10月建成通车。大桥原设计有关参数如下：

净跨：$l_0=92$m

净矢跨比：$f_0/l_0=1/10$

拱轴系数：$m=1.756$（悬链线）

两肋中距：$b=4.0$m

拱肋拱顶截面尺寸：1.5m（高）×1.2m（宽）

拱肋拱脚截面尺寸：2.635m（高）×1.2m（宽）

拱上建筑横梁间距：4.63m

此桥原设计拱肋无实腹段，即全桥21段4.63m长的纵向桥道板（空心板）全部简支在拱顶拱形横梁及拱上立柱拱形横梁上（设油毛毡支垫）。拱肋间共设有6道45cm×45cm横系梁。拱肋采用土牛拱胎分9段就地浇筑后再填缝接成整体，拱肋混凝土为300号（老标号，下同），立柱为250号，拱座为300号。桥台为U形桥台（浆砌块石），座落于裸露的岩石上，基岩坚实稳定。

2. 存在的主要问题

（1）大桥已使用30余年，受建桥时的经济条件所限，钢材用量较少，部分构件在日益增大的荷载作用下，相继出现病害，特别是拱形盖梁的悬臂端，在车载作用下，多次出现断裂坠桥，导致边板悬空的险情，桥面空心板也因上述原因及桥面铺装的破碎而出现横向推移，空心板本身病害严重，混凝土保护层不足导致钢筋锈蚀后又促使混凝土进一步胀裂。拱肋由于横向联系较弱，在活载作用下振动较大，偏扭明显。

（2）桥梁检测结果

在收集大桥原始技术资料后，对该桥进行了详细的检测，除常规检查（主要包括大桥主要构件几何尺寸复查，桥梁表观病害普查等）还进行了主要构件混凝土强度检测评定，碳化深度检查，氯离子含量、钢筋保护层及锈蚀状况检查等内容。检测结果表明：大桥拱肋、拱

座、台身及拱上立柱状况良好，拱肋除在拱脚部位有少量老残裂缝外，没有发现裂缝。拱肋及立柱构件内未见钢筋锈蚀，拱座没有发现水平及竖向位移。主体结构健康状况良好，具有一定的承载能力，但桥面系病害非常严重，并影响到台帽一并破损。

(3) 病害成因分析

该桥原设计荷载偏低，仅为汽-13级、拖-60，随着交通流量的大幅增长，大型车及重型车辆通过密度的增加，导致了桥梁结构状况令人堪忧，因此其加固改造必须以提高承载能力为前提，确保加固后的桥梁营运安全。

二、加固设计

该桥作为单跨92m，矢跨比达1/10的坦肋拱，拟定加固改造方案时，本着“修旧利用”的原则进行，尽量少改变大桥的外观。据此确定了保留原拱肋及拱上立柱，拆除并重建立柱盖梁及桥道系的改造方案，适当加宽桥面，以提高通行能力。对保留下的构件薄弱部位予以加强，以提高承载能力。具体加固改造目标：

①结构恢复良好的健康状态；

②桥面总宽增为8.5m（9.0m）；

③使用荷载等级提高到汽车-20级，挂车-100；

④控制加固改造工期，减少对社会环境的影响。

对于增宽的桥面，有两种横断面功能划分方案。

方案一：0.5m（防撞护栏）＋7.5m（车行道）＋0.5m（防撞护栏）

方案二：1.0m（人行道含栏杆）＋7.0m（车行道）＋1.0m（防撞护栏）

方案一对改善车辆通行能力有利，但加剧了偏载作用下的拱肋偏扭受力，对加固措施要求较高；方案二维持原来的行车道宽度，仅对原护轮带加宽以便单人通行。综合考虑选用方案一。

1. 加固的难点及重点

为实现加固改造目标，在具体实施上面临以下4个难点：

(1) 如何有效地提高桥梁的横向刚度，以抵抗桥面增宽、荷载增大后对拱肋明显加剧的偏扭作用。

(2) 如何使拱肋有限的承载能力尽可能多的用于承担增大的活载作用，即不增加或减少改造后的桥道系恒载。

(3) 如何在不较大改变桥梁外观的前提下，有效地提高拱肋承载能力及竖向刚度，减少振动。

(4) 如何优化工序，最大限度地缩短工期，减少封闭交通对当地社会环境的影响。

2. 加固方法

针对上述4个难点，加固设计中相应的采用以下措施加以解决：

(1) 增强横向刚度

①拱脚至1/4跨区段内横系梁的加固。

在大跨分离式肋拱桥中，拱肋间的横向连接无论是对于单肋局部的横向稳定，还是对于整桥的横向稳定性，起着很关键的作用。特别是对于坦拱，针对其跨径大、拱肋中距小这一具体情况，设计上对原有的全桥6根较小截面尺寸（45cm×45cm）的肋间横系梁进行截面增大，扩至为60cm×100cm（拱轴方向），同时采用精轧螺纹钢筋穿透拱肋腹板对拉，预加部分拉力，使增强后的横系梁与拱肋形成可靠的刚性连接，见图4.2.5-1。

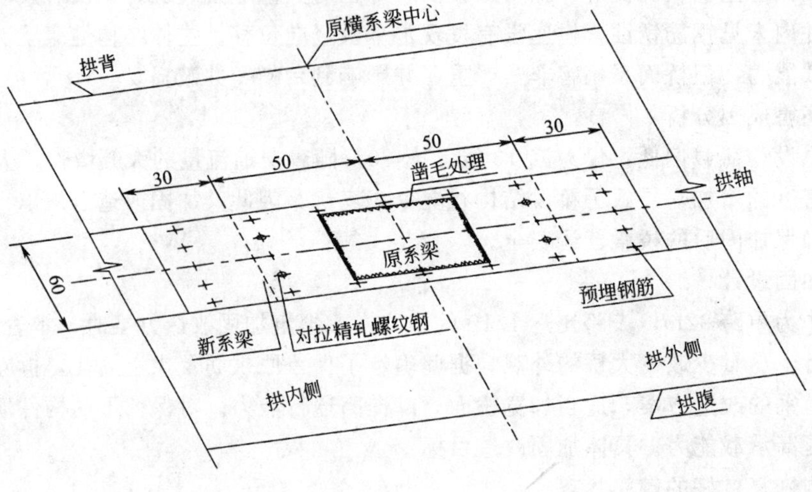

图 4.2.5-1　肋间横系梁加强示意图（尺寸单位：cm）

②拱顶至 3/8 跨区段内横向联系加固改造。

旧桥在拱顶区段设有 6 根拱形横梁，小铰缝空心板简支在横梁上，横向联系较弱（图 4.2.5-2a），本次加固对此区段内的横向联系进行了彻底改造，将原 6 根小拱形横梁全部拆除，在拱肋中植筋，重新浇筑横梁，采用大铰缝桥面板，通过混凝土现浇接头，使拱肋、横梁、桥面板在此区段形梁格正交异性板结构，见图 4.2.5-2b）。

③1/4 及 3/8 跨区段将此区段的两根（两边共 4 根）短柱盖梁进行改造，使短柱、拱肋、盖梁刚性连接，形成门架，对拱肋横向联系进一步加强。

(2) 减小拱上建筑恒载

为使拱肋有限承载力尽可能地用于承担提高荷载等级后的活载，加固后的桥道系恒载宜严格控制。在满足承载力要求前提下，最大限度地控制桥道板的截面尺寸，同时应考虑施工方便性及结构耐久性，因此桥道板采用大铰缝的实体连续板，较好地达到加固目的。

(3) 提高拱肋自身承载能力

计算分析结果表明：在桥面增宽，活载等级由汽-13、拖-60 提高到汽-20，挂-100 后，原拱肋在拱脚至 1/8 区段、1/4 跨到拱顶区段，承载能力不足，难以满足荷载等级提高后的使用要求，拱肋必须加强，同时应保证加固措施不得对拱肋外观有明显的改变，经综合考虑采用了增大截面、粘贴钢板及设置预应力锚杆等措施。

①在拱顶两侧共计 23.15m 长度的区段内，将原拱背用混凝土填平，形成实腹段，增加的恒载不大，但却使受力截面明显增大，承载力提高。由于本桥拱肋较坦，增加的实腹段混凝土再成桥后，隐盖在外挑的桥面板阴影下，外观几乎无甚改变，同时，新增实腹段混凝土把桥面板浇筑在一起，实际形成了一个组合“T”形截面，较原“工”字形拱肋截面增大许多，见图 4.2.5-3。

为了保证组合截面新旧混凝土的有效结合和传力，原混凝土结合面应充分凿毛，植入足够的剪力钢筋和新增构件预埋连接钢筋。

②在拱脚至 9 号拱上立柱区段、5 号拱上立柱至 3 号拱上立柱区段，拱背抗拉钢筋不

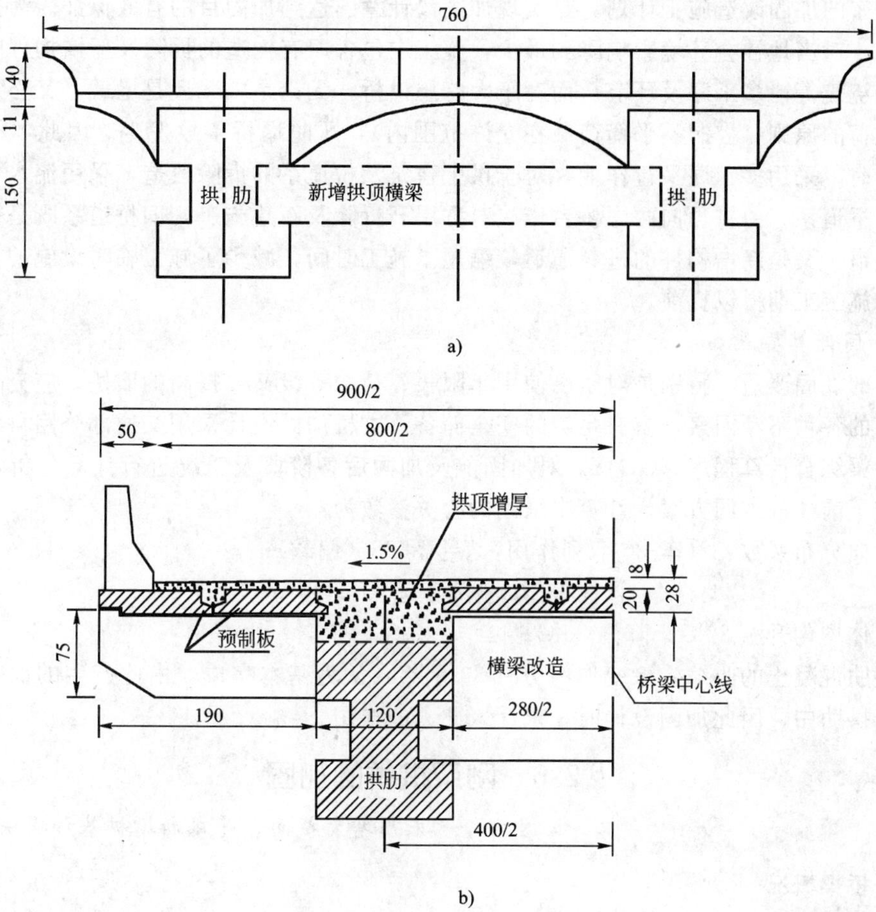

图 4.2.5-2　拱顶区段横向联系加固构造图（尺寸单位：cm）

足，分别粘贴不同面积的钢板。特别是拱脚区段拱背，各截面增贴了 104.5cm^2（扣除栓孔面积）的钢板。为使后贴钢板充分发挥作用，必须有足够的锚固传力长度，并要保证钢板与混凝土面粘贴严实，这一点要通过设计适量的锚栓来实现。

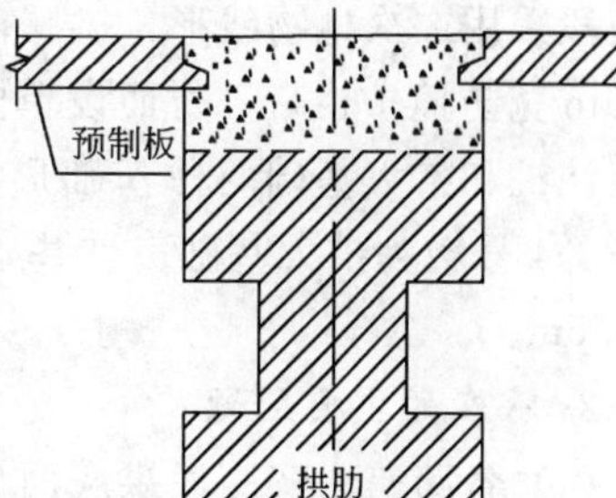

图 4.2.5-3　新增拱肋截面图

③为了保证拱脚截面得到承载力的真正增强（抗弯承载力），确保拱肋与无铰拱的受力计算假定相吻合，必须使后增钢板在此处得以有效锚固。设计上采用张拉预应力锚杆措施，使钢板有效锚固于拱座，同时预张拉力实际上相当于对拱脚截面预加了一个强大的正弯矩力，用于平衡大跨坦拱在此处的较大负弯矩值（特别是降温作用下）。实践表明这一措施作用非常明显，在锚杆张拉之前，明显感觉到拱肋在活载作用下的振动，张拉锚杆之后，拱肋振动显著降低，表明拱肋在加固前，实际上处于一种半无铰拱状态，计算假定的全截面抗弯刚度并没充分实现。

④周密的加固改造施工计划，是实现加固设计意图达到加固目的有效保证。为把对交通中断时限、对当地社会环境影响降到最少，施工中包含旧有构造的拆除及新增构件的制作安装，现场浇筑等诸多工序及环节。而对于大跨坦拱桥，无论是减载还是增载，又必须严格遵循对称施荷的原则（控制不平衡荷载在允许范围内），严防塌桥事故发生。因此本桥在施工组织设计时，采用多工序平行作业，对于拱上建筑及桥道系的拆除改造，采用流水作业，利用既有旧桥道系，由拱顶向两岸桥台依次对称展开拆除及新建施工，旧桥道系既是拆除构件的除渣通道，又是新增构件的进料通道，缩短了施工时间，减少了施工临时设施的投入，使加固改造施工工期得以提前。

3. 加固计算要点

旧桥的加固改造，特别是对于已使用年限长、荷载等级又要提高的旧桥，应充分考虑影响承载力的各种不利因素，留有足够的安全储备。本桥加固设计采用交通部公路科学研究所开发的桥梁综合计算程序《GQJS》对加固前及加固后各阶段及工况进行计算分析，按计算结果确定了前述的加固方案。计算中采用的有关参数为：

①横向分布系数：汽车-20 双列作用，$\zeta=1.525$（偏载）；

挂车-100 偏载，$\zeta_{挂}=0.85$；

②整体均匀升温 20℃，降温 25℃；

③拱肋混凝土的收缩、徐变作用历时 30 余年，认为基本完成，由此产生的次内力已分布储存于拱肋中，因此加固设计时，未计入此力的作用。

§2.6 刚架拱桥的加固

——采用增大截面、基础新增桩基加固法

一、桥梁概况

1. 原设计概况

该桥上部结构为 8 孔净跨径 40.0m、矢跨比 1/10 的无铰刚架拱，横桥向共 4 片拱肋，实腹段采用二次抛物线形，拱腿段为直线形。桥面净宽为 11.0m（车行道），上下游侧各设 0.75m 宽防撞护栏带；桥面设单向 1.5%横坡，由盖梁和拱座斜置来构成。下部结构采用钻孔灌注桩和扩大基础两种基础形式，1、5、6、7 号墩为单排桩基础，桥台为双排桩基础，2、3、4 号墩为扩大基础；桩基础桩尖进入基岩不小于 0.5m，扩大基础基底进入基岩不小于 0.5m。

2. 存在的主要问题

(1) 各跨跨中实腹段拱底面出现较多横桥向的受力裂缝，间隔为 20～40cm，裂缝宽度约 0.1～0.2mm。部分裂缝沿两侧面向上延伸形成 U 形裂缝，少数裂缝延伸至拱顶面。各跨实腹段拱均存在混凝土剥落、麻面现象，部分拱片实腹段出现露筋。

(2) 拱腿和斜撑靠近支座处混凝土表层出现剥落，距拱腿支座 2m 范围内有间隔约 20～50cm 的裂缝，缝宽为 0.05～0.25mm。斜撑支脚混凝土大多崩角、压碎。部分拱腿存在麻面、露筋，混凝土长期受雨水下渗侵蚀。

(3) 设计净跨径为 40m，最大偏差为－16cm。

(4) 局部拱片混凝土强度偏低（低于设计值约 5%）。

(5) 当汽车从桥面驶过，在拱背有明显的振感，用空间有限元模型计算得到拱圈自振频率偏低，表明主桥竖向刚度偏弱。同时结构的动力测试结果表明，扩大基础的 3 号孔动力性能尚好；轻型桥墩的 6、7 号跨，实测第 1 阶频率与计算频率之比小于 1，表明结构的裂缝和破损等病害削弱了拱肋的刚度。

根据检测结果，依照《公路养护技术规范》对该桥总体技术状况等级进行评定，综合评分为 $D_r=52.4$。评定该桥为三类桥，按规范要求进行中修加固。

二、原结构验算

结构验算依据：原桥设计图纸；原桥竣工图纸；

该桥质量检测与评价报告。

1. 计算模型的选择

采用平面杆系模型，平面杆系采用 GQJS8.5 软件计算，桥梁博士 V2.9 复核计算。单元划分及计算图式如图 4.2.6-1 所示。

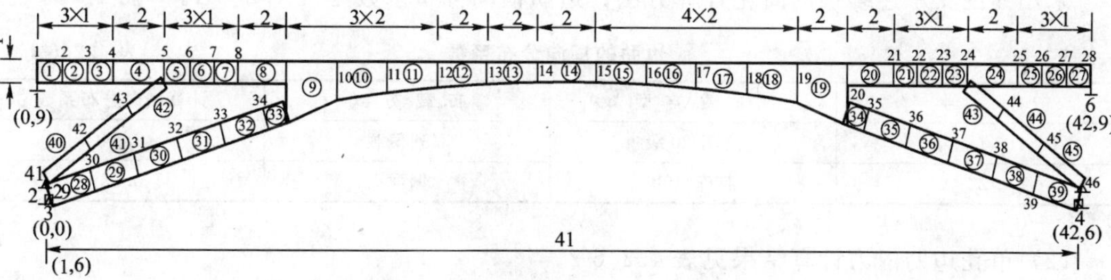

图 4.2.6-1　平面杆系单元结构离散图（尺寸单位：m）

模态分析中模型 1 考虑桩基础和扩大基础的作用，模型 2 不考虑桩基础和扩大基础的作用。

模型 1 如图 4.2.6-2 所示，用 MIDAS 软件模拟计算，微弯板和墩身用板单元模拟，其他构件用梁单元模拟，共有 10098 个单元、8036 个节点组成。模型中没有考虑护栏刚度的影响，护栏的重力按均布荷载的形式作用于相应的位置。

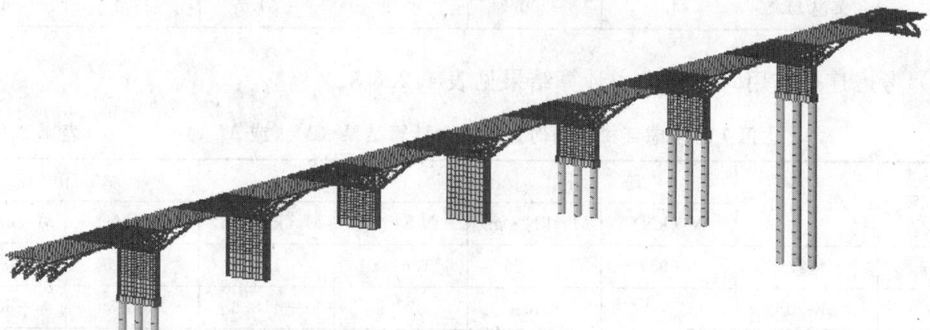

图 4.2.6-2　空间有限元模型 1 示意图

模型2共有9937个单元、7850个节点组成，如图4.2.6-3所示。模型中同样将护栏的重力按均布荷载的形式作用于相应的位置。

图4.2.6-3 空间有限元模型2示意图

2. 计算结果分析

(1) 活载横向分布系数

采用弹性支承连续梁的简化计算方法，边肋横向分布系数见表4.2.6-1。

边肋的横向分布系数 表4.2.6-1

序号	荷载类型	布载方式	计算横向分布系数
1	汽车-20级	双列偏载	0.84
2	挂车-100	偏载	0.43

(2) 单孔边肋内力计算结果见表4.2.6-2。

第7跨单孔边肋内力计算结果（M_{max}或M_{min}） 表4.2.6-2

序号	项目	跨中		拱脚		大节点	
		N (kN)	M (kN·m)	N (kN)	M (kN·m)	N (kN)	M (kN·m)
1	恒载	1409.7	266.25	1061.8	−100.1	1044.5	−34.7
2	汽车-20	549.4	498.1	71.3	−133.9	645.8	−75.2
3	挂车-100	788.4	536	270.5	−178.4	643.4	−95.35
4	支座下沉2.1cm	0	4.9	−37.2	69.2	−37.2	−37.6
5	降温11.5	34.5	−200.7	23.9	−51.7	23.9	41

(3) 考虑连拱作用时边肋内力计算结果见表4.2.6-3。

第7跨考虑连拱作用时边肋内力计算结果（M_{max}或M_{min}） 表4.2.6-3

序号	项目	跨中		拱脚		大节点	
		N (kN)	M (kN·m)	N (kN)	M (kN·m)	N (kN)	M (kN·m)
1	恒载	1409.7	266.25	1061.8	−100.1	1044.5	−34.7
2	汽车-20级	777.4	816.4	277.9	−418.6	866.5	−501.5
3	挂车-100	1016.4	854.4	477.1	−463	864	−521.6
4	支座下沉2.1cm	0	4.9	−37.2	69.2	−37.2	−37.6
5	降温11.5℃	34.5	−200.7	23.9	−51.7	23.9	41

由表 4.2.6-3 可以看出，考虑连拱作用时，跨中及拱脚活载内力值比单孔内力值要增加。

(4) 位移计算结果

活载作用下的位移，用 MIDAS 软件计算，计算结果见表 4.2.6-4。

活载作用下的位移计算结果　　表 4.2.6-4

序　号	项　目	活载作用位置	跨中挠度 (cm)	挠度绝对值之和 (cm)	桥墩水平最大位移 (cm)
1	第 3 跨	第 3 跨	2.06	——	0.34
2	第 7 跨	第 7 跨	4.16	6.38	1.33
3	第 7 跨	第 6 跨	−2.20		1.22

注：位移向下为正，向上为负。

计算结果表明，跨中挠度已超过《公路砖石及混凝土桥涵设计规范》规定的 $L/1000$ 及《公路钢筋混凝土及预应力混凝土桥涵设计规范》规定的 $L/800$。应通过补强加固防止桥墩发生较大水平位移。

(5) 模态分析结果

空间模型模态分析结果列于表 4.2.6-5。

大桥空间模型 1 模态分析结果　　表 4.2.6-5

阶　数	固有频率 (Hz)		振型主要特点	
	模型 1	模型 2	模型 1	模型 2
1	0.91	1.59	水平面内侧向弯曲＋扭转	水平面内半波＋微扭
2	1.15	1.71	立面内振型	水平面内全波＋扭曲
3	1.37	2.08	水平面内侧向弯曲＋扭转	水平面内波半＋扭曲
4	1.49	2.15	立面内振型	立面内振型
5	1.51	2.19	主要为水平面内两波＋微扭	立面内振型
6	1.67	2.55	立面内振型	立面内振型
7	1.81	2.76	主要为水平面内两波＋微扭	立面内振型
8	2.09	2.80	立面内振型	水平面内两波＋扭曲
9	2.16	3.07	水平面内两波＋扭曲	立面内振型
10	2.17	3.23	立面内振型	绕桥轴线扭曲

计算结果表明，结构自振频率偏低。

三、桥梁使用功能评定

1. 原桥技术状况

(1) 在原设计荷载标准下，除主梁挠度超出《规范》要求外，其余均满足《规范》要求。

(2) 桥面的净宽能够满足营运的要求。

(3) 基础的埋置深度，除主航道6号墩的河床冲刷较重，最大冲刷深度达3.15m，中砂层已完全冲刷完、不满足要求外，其余基础埋深均满足要求。

2. 各部件完好程度

(1) 桥面铺装层

全桥各跨桥面均有不同程度的裂缝（纵向裂缝、横向裂缝、网状裂缝）、露筋出现，部分面板有板角断裂、坑洞现象，已影响了桥梁的正常使用功能。

(2) 排水设施

部分桥面不清洁，尤其是上、下游侧防撞护栏附近存在较多垃圾、污物，导致部分泄水孔堵塞。出现桥面积水现象，桥面以下排水管长度不够，导致通过桥面排水管的水直接流到拱片或拱座上。

(3) 伸缩缝

伸缩缝内橡胶条较好，没有出现老化现象，但是大多被砂石堵塞。部分伸缩缝处出现错台现象（最大为0.5cm），个别伸缩缝边缘桥面铺装混凝土破损。

(4) 防撞护栏

两侧防撞护栏的线形不顺畅，变形严重。下游侧防撞护栏与桥面连接点多处出现基础松动现象。防撞护栏混凝土普遍出现开裂、剥落和破碎现象。全桥防撞护栏及扶手共露筋1167处。

(5) 微弯板

各跨微弯板都出现横桥向和纵桥向的裂缝。微弯板的裂缝较长、裂缝宽度大，数量较多，宽度达2mm。且微弯板混凝土剥落较严重，多处露筋。

(6) 实腹段

各跨跨中实腹段拱肋底面出现横桥向的水平裂缝，间隔为20～40cm，裂缝宽度在0.1mm左右。有部分裂缝沿着上游和下游侧面向上延伸5～30cm形成U形裂缝；少数裂缝延伸到顶面，形成环状裂缝。实腹段共露筋225处。

(7) 拱腿

拱腿表面的砂浆层普遍开裂明显，拱腿支座处混凝土出现剥落、崩角等。每个拱腿距拱腿支座2m范围内均有间隔约20～50cm的裂缝，裂缝穿过表面的砂浆层延伸到混凝土层中，形成倒U形裂缝，但裂缝宽度均较小。由于桥面泄水孔设置不够合理，导致通过泄水管的雨水流到拱座和拱片上（1号和5号），引起构件混凝土长期受雨水的侵蚀而胀裂，露筋。

(8) 斜撑

全桥斜撑裂缝较少，共有裂缝57条，裂缝总长度为31m。大部分斜撑支座处也出现1～2条U形裂缝，裂缝宽度介于0.05～0.15mm之间。全桥全部斜撑支座槽口混凝土崩角。

四、桥梁承载能力评定

1. 评定系数的确定

基于检测检测结果的承载能力评价所需的各种系数的确定详见《承载能力评定实例集》，这里只给出结果。

(1) 承载能力检算系数（Z_1）的确定

实腹段的承载能力检算系数 Z_1 为 1.09、拱腿的承载能力检算系数 Z_1 为 1.09。

(2) 承载能力恶化系数（ξ_e）的确定

实腹段承载能力恶化系数 ξ_e 为 0.0988、拱腿承载能力恶化系数 ξ_e 为 0.0988。

(3) 截面折减系数（ξ_c、ξ_s）的确定。

钢筋截面折减系数 ξ_s 为 0.98。

(4) 活载影响修正折减系数（ξ_q）的确定

活载影响修正系数 $\xi_q=(\xi_{q1}\xi_{q2}\xi_{q3})^{1/3}=1.156$。

2. 持久状态桥梁结构承载能力极限状态评定计算

(1) 实腹段跨中截面

考虑活载影响修正折减系数（$\xi_q=1.156$）后，实腹段跨中截面内力组合结果见表 4.2.6-6。

组合 1：恒载＋汽车-20＋人群

组合 2：恒载＋挂车-100

组合 3：恒载＋汽车-20＋人群＋降温 11.5℃

组合 4：恒载＋汽车-20＋人群＋沉降 2.1cm

跨中截面荷载组合表　　表 4.2.6-6

荷载组合	内　力	不考虑连拱作用		考虑连拱作用	
		不考虑折减	考虑折减	不考虑折减	考虑折减
组合 1	M（kN·m）	1017	1126	1462	1641
	N（kN）	2461	2581	2780	2950
组合 2	M（kN·m）	909	1001	1259	1406
	N（kN）	2559	2694	2810	2984
组合 3	M（kN·m）	679	781	1093	1259
	N（kN）	2310	2421	2606	2764
组合 4	M（kN·m）	947	1048	1361	1526
	N（kN）	2265	2376	2561	2719

按偏心受压构件验算强度，分别按照裸拱片和计入微弯板受压区两种情况验算。根据设计图可知钢筋面积，$A_g=4.3555\times10^{-3}\,m^2$，取 $\gamma_c=\gamma_s=1.25$，$\gamma_b=0.95$，计算结果如表 4.2.6-7 所列。

跨中截面结构抗力计算结果（杆系模型） 表 4.2.6-7

		荷载组合	e_0（cm）	中性轴 x（cm）	N_u（kN）	N_u/N_j	M_u（kN·m）	M_u/M_j
不考虑连拱作用	不考虑折减	1	41.3	10.3	2900.2	1.18	1015.2	1.00
		2	35.5	11.9	3538.0	1.38	952.4	1.05
		3	29.4	14.4	4507.5	1.95	886.3	1.30
		4	41.8	10.1	2856.3	1.26	1020.4	1.08
	考虑折减	1	43.6	9.8	2505.5	0.97	1040.0	0.92
		2	37.2	11.4	3101.1	1.15	970.1	0.97
		3	32.2	13.1	3736.6	1.54	916.8	1.17
		4	44.1	9.7	2469.4	1.04	1045.2	1.00
考虑连拱作用	不考虑折减	1	52.6	8.3	2113.7	0.76	1137.4	0.78
		2	44.8	9.5	2605.6	0.93	1053.1	0.84
		3	42.0	10.1	2843.0	1.09	1022.0	0.93
		4	53.1	8.2	2087.3	0.81	1143.0	0.84
	考虑折减	1	55.6	9.8	2505.5	0.85	1170.1	0.71
		2	47.1	11.4	3101.1	1.04	1077.9	0.77
		3	45.5	13.1	3736.6	1.35	1061.0	0.84
		4	56.1	9.7	2469.4	0.91	1175.6	0.77

从表 4.2.6-7 计算结果可以看出，考虑连拱作用时，跨中截面不能满足荷载组合 1、4（最大弯矩控制）时的抗力要求。

（2）大节点截面

大节点截面内力组合结果见表 4.2.6-8。

大节点截面荷载工况和组合表 表 4.2.6-8

荷载组合	内力	不考虑连拱作用		考虑连拱作用	
		不考虑折减	考虑折减	不考虑折减	考虑折减
组合 1	M（kN·m）	−147	−163	−744	−853
	N（kN）	2158	2299	2467	2656
组合 2	M（kN·m）	−147	−163	−615	−705
	N（kN）	1961	2072	2204	2352
组合 3	M（kN·m）	−83	−98	−637	−739
	N（kN）	2020	2151	2306	2482
组合 4	M（kN·m）	−185	−200	−739	−841
	N（kN）	1940	2071	2227	2403

按偏心受压构件验算强度。根据设计图可知钢筋对称布置，$A_g = A'_g = 2.454\times10^{-3}\ m^2$，取 $\gamma_c = \gamma_s = 1.25$，$\gamma_b = 0.95$，计算结果如表 4.2.6-9 所列。

大节点截面结构抗力计算结果表　　表 4.2.6-9

		荷载组合	e_0 (cm)	中性轴 x (cm)	N_u (kN)	N_u/N_j
不考虑连拱作用	不考虑折减	1	6.8	52.4	2437.8	1.13
		2	7.5	51.9	2414.8	1.23
		3	4.1	43.7	2036.1	1.01
		4	9.5	50.4	2348.4	1.21
	考虑折减	1	7.1	52.1	2276.7	0.99
		2	7.9	51.6	2252.5	1.09
		3	4.6	43.1	1882.7	0.88
		4	9.7	50.4	2198.7	1.06
考虑连拱作用	不考虑折减	1	30.2	42.0	1953.3	0.79
		2	27.9	42.5	1980.3	0.90
		3	27.6	26.9	1250.4	0.54
		4	33.2	41.3	1920.4	0.86
	考虑折减	1	32.1	41.5	1811.5	0.68
		2	30.0	42.0	1834.0	0.78
		3	29.8	26.2	1144.1	0.46
		4	35.0	40.9	1784.4	0.74

从表 4.2.6-9 计算结果可以看出，考虑连拱作用时，大节点截面的抗力不能满足 4 种荷载组合（最大弯矩控制）时的抗力要求。

（3）拱脚截面

拱脚截面内力组合结果见表 4.2.6-10。

拱脚截面荷载工况和组合表（杆系模型）　　表 4.2.6-10

荷载组合	内力	不考虑连拱作用		考虑连拱作用	
		不考虑折减	考虑折减	不考虑折减	考虑折减
组合 1	M (kN·m)	−308	−337	−706	−798
	N (kN)	1374	1390	1663	1724
组合 2	M (kN·m)	−316	−347	−599	−709
	N (kN)	1572	1618	1799	1881
组合 3	M (kN·m)	−351	−379	−722	−806
	N (kN)	1292	1306	1560	1617
组合 4	M (kN·m)	−231	−258	−601	−686
	N (kN)	1292	1306	1560	1617

按偏心受压构件验算强度。根据设计图可知钢筋对称布置，$A_g = A'_g = 4.91 \times 10^{-3}\,m^2$，取 $\gamma_c = \gamma_s = 1.25$，$\gamma_b = 0.95$。计算结果如表 4.2.6-11 所列。

拱脚截面结构抗力计算结果表（杆系模型） 表 4.2.6-11

		荷载组合	e_0（cm）	中性轴 x（cm）	N_u（kN）	N_u/N_j
不考虑连拱作用	不考虑折减	1	22.4	48.2	2245.0	1.63
		2	20.1	48.4	2253.2	1.43
		3	27.2	28.5	1324.9	1.03
		4	17.9	48.6	2262.3	1.75
	考虑折减	1	24.2	48.1	2099.9	1.51
		2	21.4	48.3	2108.7	1.30
		3	29.0	28.3	1233.6	0.94
		4	19.8	48.4	2114.6	1.62
考虑连拱作用	不考虑折减	1	42.5	47.2	2197.2	1.32
		2	33.3	47.6	2214.7	1.23
		3	46.2	26.9	1251.2	0.80
		4	38.5	47.3	2204.1	1.41
	考虑折减	1	46.3	47.1	2055.1	1.19
		2	37.7	47.4	2068.7	1.10
		3	49.9	26.7	1165.0	0.72
		4	42.4	47.2	2060.8	1.27

从表 4.2.6-11 计算结果可以看出，拱脚截面不能抵抗荷载组合 3（最大弯矩控制）的抗力要求。

（4）桩基截面验算

①荷载组合

空间模型（MIDS Civil 软件）的计算结果，最不利桩顶荷载在 6 号墩边桩上，如表 4.2.6-12 所列。

桩顶最不利荷载 表 4.2.6-12

序号	项目	M（kN·m）	H_0（kN）	N_0（kN）
1	恒载	55.0	0.9	1930.0
2	汽车-20	1900.0	54.0	260.0
3	恒载＋汽车-20	1955.0	54.9	2190.0

单桩桩身最大弯矩

$$M_z = \frac{H_0}{\alpha}A_m + M_0 B_m$$

$$N_j = 2245.99\text{kN} \qquad M_j = 1982.69\text{kN} \cdot \text{m}$$

桩身压应力

$$\sigma_{zx} = \frac{\alpha H_0}{b_1}\bar{Z}A + \frac{\alpha^2 M_0}{b_1}\bar{Z}B_x = 64.55\text{kN/m}^2$$

②强度验算

在弯矩作用平面内

$$\eta e_0 = \frac{BR_a + D\mu_g R_g}{AR_a + C\mu R_g} r$$

采用试算法可得，$A=0.8667$、$B=0.5414$、$C=-0.4562$、$D=1.9152$。

$$N_u = \frac{\gamma_b}{\gamma_c} Ar^2 R_a + \frac{\gamma_b}{\gamma_c} C\mu\gamma^2 R_g = 3633.38\text{kN} > N_j = 2245.99\text{kN}$$

$$M_u = \frac{\gamma_b}{\gamma_c} Br^2 R_a + \frac{\gamma_b}{\gamma_c} D\mu_g \gamma^2 R_g = 1911.13\text{kN}\cdot\text{m} < M_j = 1982.69\text{kN}\cdot\text{m}$$

桩基截面验算中没有考虑混凝土截面、钢筋的折减。计算结果表明，现桩基础需要考虑加固。

五、加固设计

该桥原设计荷载为汽车-20 级，挂-100。

根据大桥已查明的病害和存在的缺陷，提出加固设计方案，在原设计标准的基础上，计入了活载影响修正系数 ξ_q，适当提高汽车检算荷载效应的分项系数，使加固后的桥梁的承载能力及整体使用寿命均能达到原设计要求。

加固设计要点：

采取加固措施提高上部结构的整体刚度；

采取加固措施加大下部结构的抗推刚度，削弱连拱效应对上部结构的影响；

由于原桥在施工过程中未遵循“先铰后固”的原则，致使本桥先天不足，通过加大截面，提高其承载能力。

1. 上部结构加固方案设计

(1) 外包混凝土加大截面（方案一），见图 4.2.6-4。

①加大实腹段拱肋截面；压浆并封闭拱肋实腹段裂缝，混凝土凿毛，植筋，绑扎钢筋，浇筑 C30 混凝土，原矩形截面变为马蹄形截面。

②封闭大节点和内弦杆（大接点、实幅段和内弦杆相交段）裂缝，加强大小节点钢筋布置，在截面两侧外包 10cm C30 混凝土，提高大节点刚度；同时对拱腿截面外包 C30 钢筋混凝土，拱脚 5m 段范围内采用变截面，截面宽由原设计 35cm 加大为 55cm，拱脚段变为 75cm。

③对小节点附近（包括内、外弦杆和斜撑相交段）裂缝封闭，平整清洁表面，在截面侧面粘贴两层 0.111cm 厚碳纤维布；同时在斜撑支座向上 1m 范围截面两侧面、背面粘贴两层 0.111cm 厚碳纤维布。

④封闭内、外弦杆裂缝，并在截面下缘粘贴两层 0.111cm 厚碳纤维布。

⑤为加强拱肋横向联系，在拱顶段附近新增 3 道横隔梁，并对每道横隔用 1 束直径 25mm 的冷拉 III 级粗钢筋施加横向预应力，张拉力为 330kN。

本方案对实腹段拱肋和拱腿采用增大截面的方法加固，因航道等级低，过往船只少，可采用劲性骨架立模现浇混凝土施工。施工期间要求封闭部分车道或限制重载车辆通行。为防止新增混凝土截面出现收缩裂缝，新浇混凝土可用聚丙稀纤维混凝土。为使新老混凝土较好结合，要充分凿毛新老混凝土接触面。

本方案加固主要采用加大混凝土截面方法，但新增混凝土截面小，截面稍高，使混凝土振捣质量难保证；混凝土实腹段拱肋、拱腿截面加大，使得刚架拱横桥向和纵向刚度提高，但同时增大了内力不利的截面，加固的针对性强，造价低，但施工工期稍长。

(2) 喷射混凝土加大截面并加斜腿（方案二），见图 4.2.6-5。

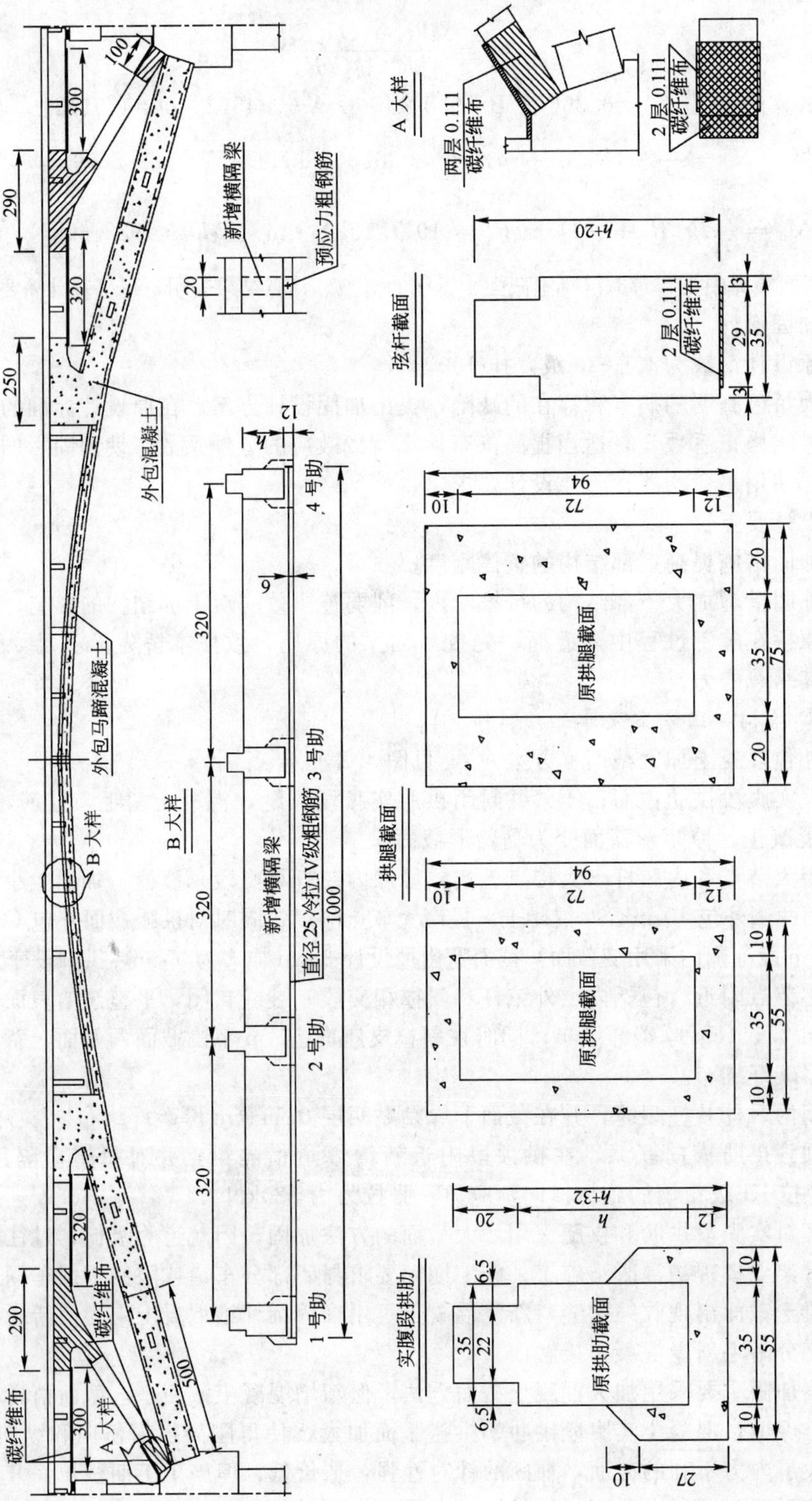

图 4.2.6-4 方案一加固构造布置图（尺寸单位：cm）

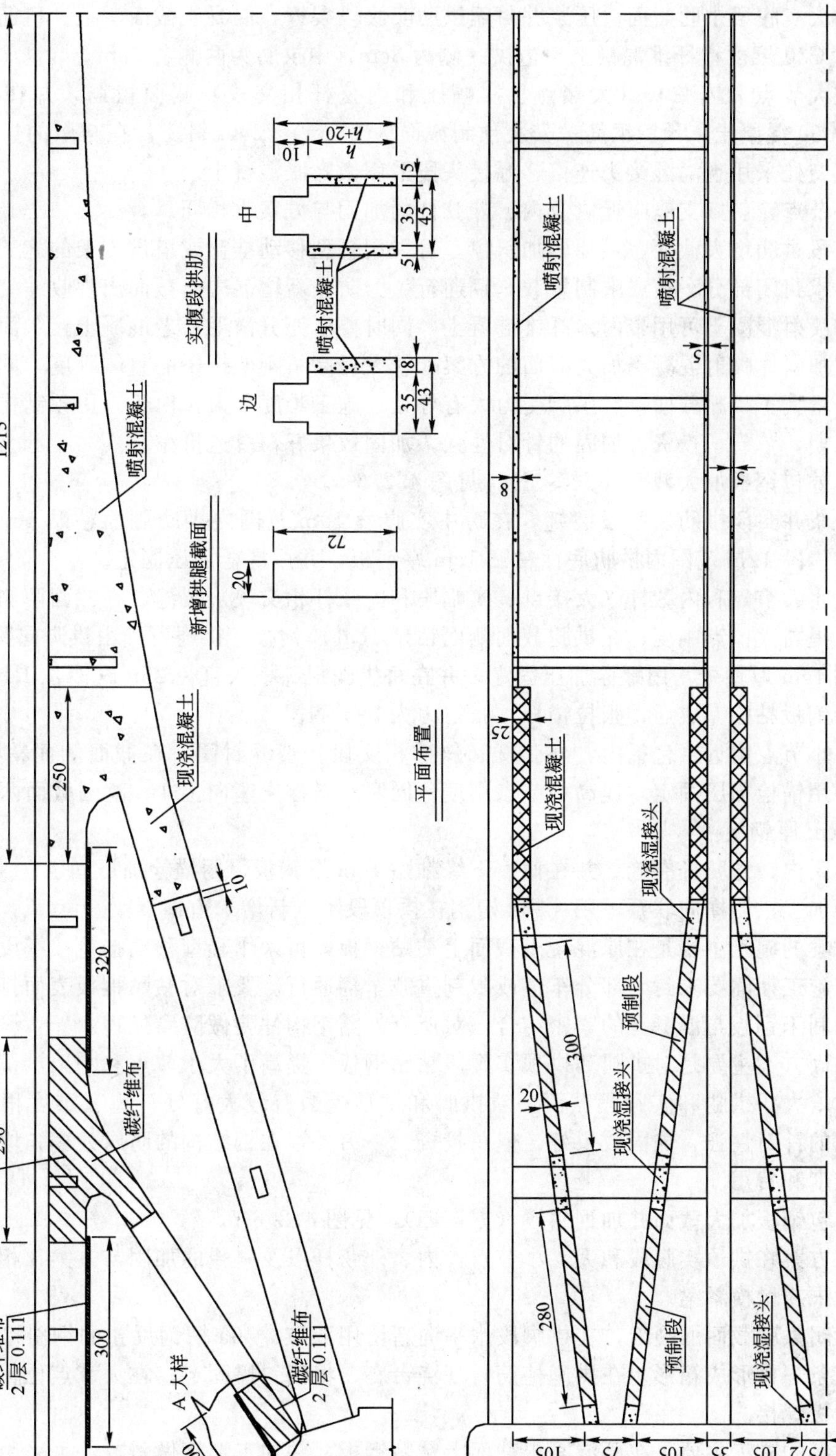

图4.2.6-5 方案二加固构造布置图（尺寸单位：cm）

①加大实腹段拱肋截面；压浆并封闭拱肋实腹段裂缝，混凝土截面凿毛、植筋，在拱肋侧面喷射 C30 聚丙稀纤维混凝土，边拱一侧为 8cm，中拱肋为两侧各 5cm。

②在大节点和内弦杆（大接点、实幅段和内弦杆相交段）侧面植筋，并在两侧现浇 25cm 厚 C30 混凝土，预留钢筋；安装预制截面为 20cm×72cm 斜腿，在与墩的连接以及和横系梁相交处采用现浇湿接头连接，湿接头段采用微膨胀混凝土。

③小节点，斜撑支座附近以及内、外弦杆的加固与方案 1 相同。

实腹段拱肋增大截面、拱腿增加斜撑，可采用轻型移动挂篮或搭设支架的施工方案。施工期间要求封闭部分车道或限制重载车辆通行。为防止新增混凝土截面出现收缩裂缝，新浇混凝土和喷射混凝土可用聚丙稀纤维混凝土，同时要求充分凿毛新老混凝土接触面。

拱腿加斜撑喷射混凝土加大截面的方案，较大提高了刚架拱桥的整体刚度，同时新增斜腿相当于增大了拱腿截面，对拱脚受力大有好处；施工难度不大，由于采用预制构件，相应缩短了工期，节省了投资。加固的针对性强，加固效果好，总造价少。

(3) 外包钢板加大截面（方案三），见图 4.2.6-6。

①压浆并封闭拱肋实腹段裂缝，在跨中实腹段 10m 范围内拱肋侧面粘贴 1cm 厚钢板，在跨中实腹段 12m 范围内拱肋底面粘贴 1cm 厚钢板，并用螺栓加压固定。

②封闭大节点和内弦杆（大接点、实幅段和内弦杆相交段）裂缝，在截面两侧粘贴 1cm 厚钢板，提高大节点刚度；在拱腿截面侧面粘贴 1cm 厚钢板，拱腿背面由拱脚向跨中 5m 范围内粘贴 1cm 厚钢板，用螺栓加压固定；并在每拱腿根部植入直径 25mm 冷拉 III 级粗钢筋锚杆，待钢板粘贴完成后，张拉锚杆，张拉力为 295kN。

③将小节点附近（包括内、外弦杆和斜撑相交段）裂缝封闭，在截面侧面粘贴 1cm 厚钢板，并用锚栓加压固定，提高小节点刚度；同时对斜撑支座向上 1m 范围截面两侧面、顶面粘贴 1cm 厚钢板。

④封闭内、外弦杆裂缝，并在截面下缘粘贴 1cm 厚钢板，用锚栓加压固定。

⑤为加强拱肋横向联系，用［36a 槽钢在拱顶段附近新增 3 道横隔梁。

本方案的施工主要是在原混凝土截面上粘贴钢板，可采用轻型移动挂篮或搭设支架的施工方案，施工期间要求封闭部分车道或限制重载车辆通行。要求对粘贴钢板表面打磨平整并清洁，以利于钢板与混凝土的紧密结合。对所有外露钢构件要做防腐处理。

本加固方案主要是对拱腿和拱顶实腹段粘贴钢板，提高了大小节点和刚架拱桥的整体刚度；同时增大了拱腿和实腹段截面，对拱脚和拱顶受力有较大好处；施工难度稍大，工期短。加固的针对性强，加固效果好，但总投资大，另外存在钢结构的防腐处理，增加了后期养护的难度和费用。

(4) 包钢板加大截面并加钢斜撑（方案四），见图 4.2.6-7。

①本方案在拱顶实腹段和大、小节点，内、外弦杆以及斜腿的加固与方案 3 相同，但拱顶实腹段未新增横系梁。

②封闭拱腿截面的裂缝，在拱脚段水平向新增用双肢［40a 槽钢反扣的钢斜撑，上下槽钢用钢板条焊接形成箱形。在拱座植筋，现浇台座，将钢斜撑固定；在大节点位置将钢斜撑与外粘钢板焊接。

本方案的施工主要是在原混凝土截面上粘贴钢板，并加工形钢做斜撑，可采用轻型移动挂篮或搭设支架的施工方案，施工期间要求封闭部分车道或限制重载车辆通行。要求对粘贴钢板

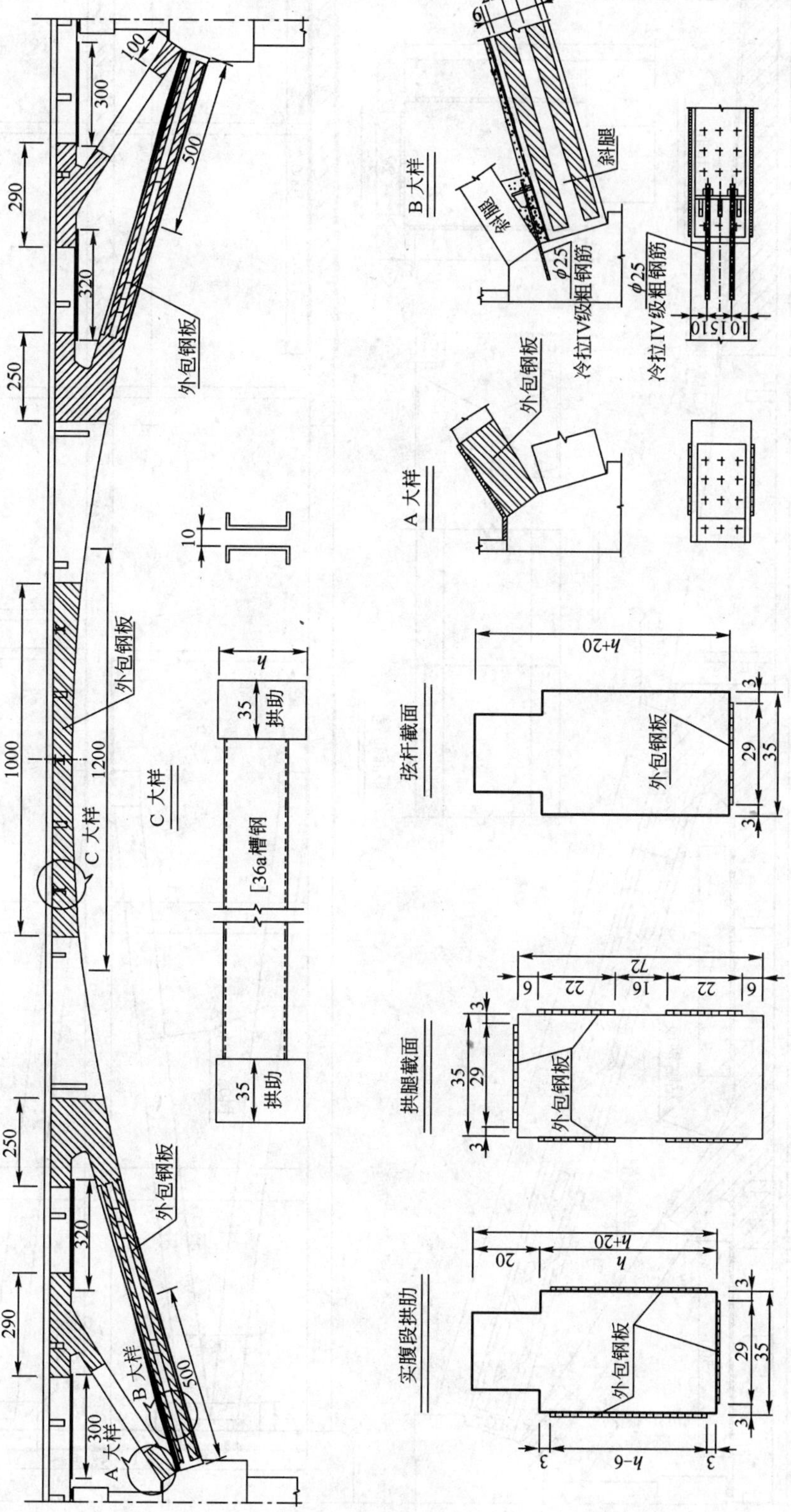

图 4.2.6-6　方案三加固构造布置图（尺寸单位：cm）

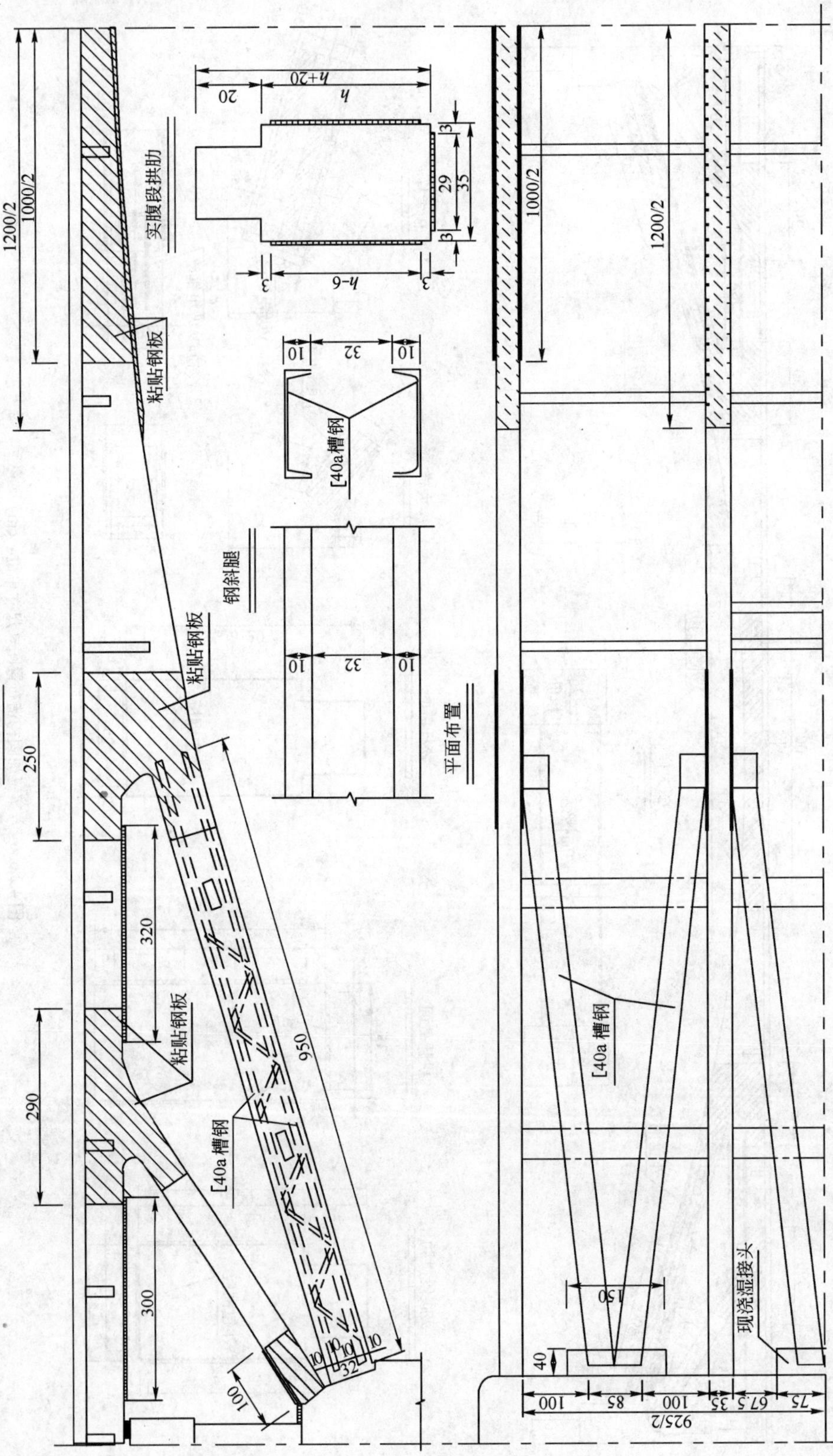

图 4.2.6-7　方案四加固构造布置图（尺寸单位：cm）

表面打磨平整并清洁，以利于钢板与混凝土的紧密结合。对所有外露钢构件要求做防腐处理。

本方案加固主要是在拱腿加钢斜撑方案，用该方案较大提高了刚架拱桥的整体刚度，同时新增斜腿相当于增大了拱腿截面，对拱脚受力有较大好处；施工难度不大，由于采用标准钢构件，相应缩短了工期，节省了投资。加固的针对性强，加固效果好，但总造价稍高，存在钢结构焊接工作量较大的弱点，同样钢结构的防腐增加了后期养护费用和难度。

（5）上部结构加固方案比选

提出的四个方案可以分为两大类：一是用混凝土加大截面；一是用粘贴钢板加大截面。同时对拱腿加大截面又可分为加大截面尺寸和加斜腿的方法。比较方案一～四，在拱腿横向增加斜撑和加大截面都对刚架拱桥整体刚度提高效果好，加大截面对横向和竖向刚度的提高都比较明显。比较用混凝土增大截面和用钢板增大截面方案，用混凝土加大截面为传统施工，施工难度小，施工质量容易保证，总造价少，工期不长，同时避免了养护期间钢构件的防腐处理，降低了后期养护费用。故推荐使用方案一对刚架拱上部结构进行加固。

2. 基础加固方案设计

基础的加固，主要是为增大其抗推刚度，减小拱脚在活载和附加荷载下产生的水平位移对上部结构有利。本桥1、5、6、7号墩用单排桩基础，而2、3、4墩为扩大基础；将本桥的下部构造与上部构造抗推刚度之比和经验值比较，发现本桥下部结构抗推刚度偏小，故提出对1和6号墩进行加固（图4.2.6-8），提高其抗推刚度。

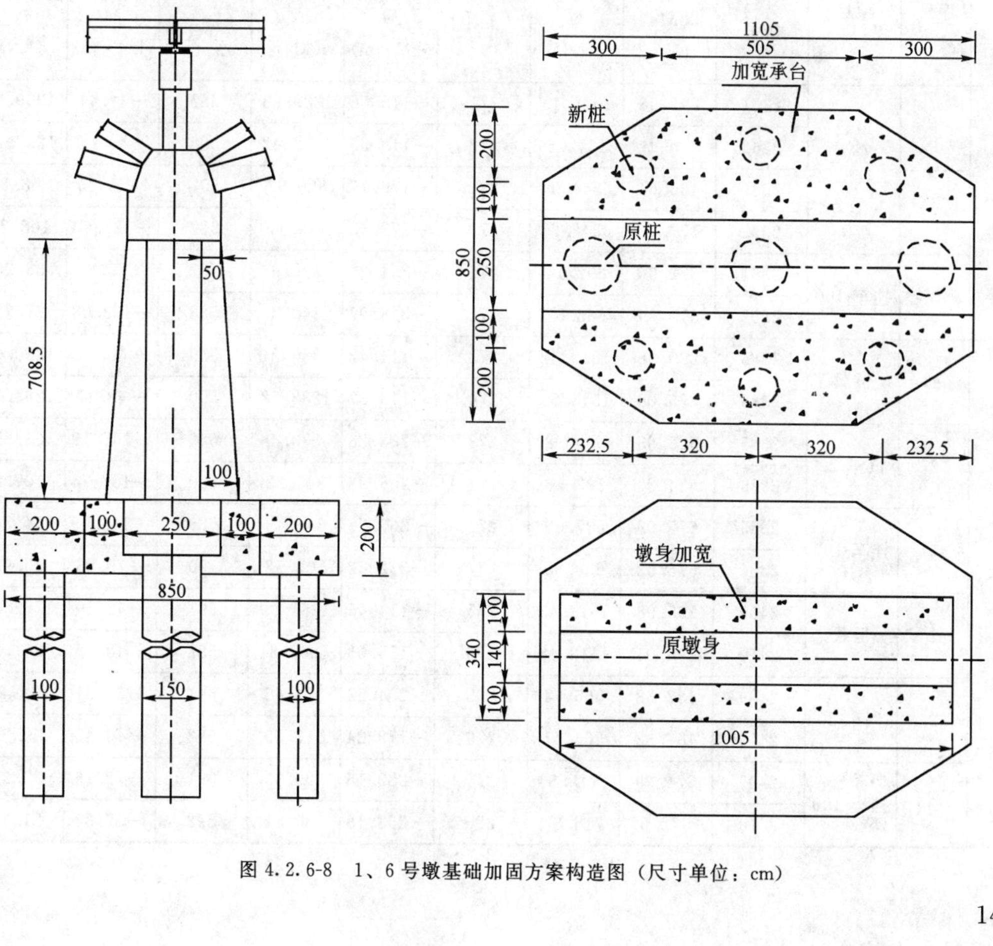

图4.2.6-8　1、6号墩基础加固方案构造图（尺寸单位：cm）

1、6号墩加固方案，系顺桥向在1、6号墩各增两排共6根直径1m的钻孔灌注桩，桥位处水位低，通航要求不高，可采用筑岛施工。另外为尽量减少新增桩基施工对原桩基的扰动，采用旋转钻进成孔的工艺。加大、加厚原承台，使1、6号墩变为多排桩基础。

3. 加固后全桥结构内力及刚度变化值的验算

用空间有限元程序 Midas Civil 分别对加固前后全桥建模计算，见图4.2.6-9，并对最不利内力和位移结果进行对比，见表4.2.6-13～表4.2.6-15。

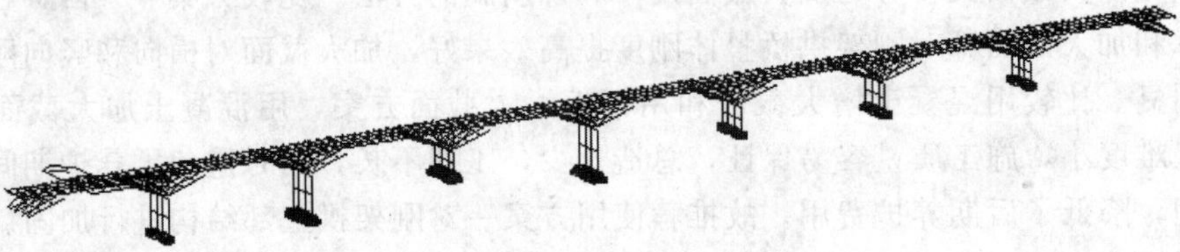

图4.2.6-9 加固后全桥计算模型图

加固1、6号墩前主要几跨内力值 表4.2.6-13

跨号	序号	项目	跨中			拱脚			大节点		
			节点	M (kN·m)	N (kN)	节点	M (kN·m)	N (kN)	节点	M (kN·m)	N (kN)
1跨	1	恒载	2361	295.98	1513.13	271	−115.96	1289.63	587	−47.41	1269.53
			2362	295.7	1512.5	272	−113.55	1278.42	588	−49.41	1257.27
	2	汽车-20	2361	480.64	544.9	271	−179.17	350.97	587	−83.75	258.82
			2362	477.72	542.2	272	−272.43	349.17	588	−124.95	108.79
	3	挂车-100	2361	622.94	692.14	271	−254.39	339.9	587	−79.83	38.95
			2362	619.89	688.57	272	−348.97	340.2	588	−133.08	71.22
2跨	1	恒载	2385	295.98	1513.42	273	−114.42	1280.21	589	−48.21	1260.68
			2386	296.06	1513.61	274	−115.37	1282.58	590	−48.47	1261.37
	2	汽车-20	2385	523.63	500.98	273	−288.28	330.4	589	−138.19	61.99
			2386	524.83	502.56	274	−255.93	345.23	590	−107.74	107.8
	3	挂车-100	2385	675.09	637.09	273	−365.75	346.45	589	−146.99	54.84
			2386	676.52	638.85	274	−332.62	304.52	590	−79.83	25.92
3跨	1	恒载	2409	295.98	1513.43	275	−114.45	1281.99	591	−48.19	1262.31
			2410	296.01	1513.48	276	−115.33	1282.81	592	−48.48	1261.58
	2	汽车-20	2409	437.68	565.44	275	−204.93	374.65	591	−87.81	211.29
			2410	438.32	566.51	276	−178.24	347.59	592	−70.42	359.99
	3	挂车-100	2409	571.99	715.9	275	−282.18	329.35	591	−73.16	37.24
			2410	572.5	716.87	276	−253.18	330.52	592	−37.38	21.32

续上表

跨号	序号	项目	跨中			拱脚			大节点		
			节点	M (kN·m)	N (kN)	节点	M (kN·m)	N (kN)	节点	M (kN·m)	N (kN)
5跨	1	恒载	2457	293.1	1518.38	279	−112.67	1279.08	595	−49.17	1260.53
			2458	293.42	1519.04	280	−109.69	1290.59	596	−51.33	1268.15
	2	汽车-20	2457	491.37	523.34	279	−239.89	349.73	595	−104.59	124.76
			2458	491.03	523.35	280	−255.53	350.77	596	−107.99	104.5
	3	挂车100	2457	636.21	664.62	279	−317.25	309.67	595	−92.91	31.7
			2458	635.94	664.12	280	−331.69	308.49	596	−86.72	37.06
6跨	1	恒载	2481	289.44	1513.09	281	−95.28	1341.15	597	−65.84	1328.18
			2482	285.16	1517.09	282	−127.57	1146.35	598	1—30.02	1118.43
	2	汽车-20	2481	495.79	513.91	281	−257.35	346.17	597	−110.04	106.16
			2482	495.69	514.07	282	−262.22	347.3	598	−113.71	106.53
	3	挂车-100	2481	641.68	652.42	281	−333.9	305.11	597	−90.36	34.28
			2482	641.6	652.83	282	−338.58	340.94	598	−98.57	38.69
7跨	1	恒载	2504	263.31	1512.55	283	−120.05	1266.32	599	−44.57	1249.07
			2505	298.61	1506.08	284	−117.05	1285.65	600	−47.13	1263.68
	2	汽车-20	2504	486.27	520.24	283	−257.28	348.64	599	−112.22	105.05
			2505	486.60	520.86	284	−244.49	350.83	600	−106.91	123.24
	3	挂车-100	2504	695.61	638.2	283	−333.76	306.55	599	−99.71	40.27
			2505	630.34	660.34	284	−321.06	309.63	600	−96	25.25

加固1、6号墩后主要几跨内力值　　表4.2.6-14

跨号	序号	项目	跨中			拱脚			大节点		
			节点	M (kN·m)	N (kN)	节点	M (kN·m)	N (kN)	节点	M (kN·m)	N (kN)
1跨	1	恒载	2361	304.71	1541.24	271	−115.714	1311.09	587	48.34	1290.74
			2362	304.67	1541.15	272	−114.35	1306.66	588	49.51	1285.08
	2	汽车-20	2361	356.39	486.96	271	−101.24	78.5	587	−61.89	511.4
			2362	356	458.96	272	−113.67	159.28	588	−62.79	458.31
	3	挂车-100	2361	470.25	807.14	271	−163.48	244.51	587	−82.99	693.59
			2362	469.53	806.59	272	−183.78	258.36	588	−72.98	673.91
2跨	1	恒载	2385	304.69	1541.95	273	−114.9	1308.06	589	−48.75	1287.76
			2386	304.68	1541.92	274	−115.11	1307.47	590	−49.17	1285.94
	2	汽车-20	2385	409.48	593.03	273	−146.81	316.49	589	−65.04	367.15
			2386	408.82	592.65	274	−174.02	361.83	590	−78.98	244.63
	3	挂车-100	2385	570.41	724.46	273	−241.98	268.34	589	−44.99	597.13
			2386	569.83	723.92	274	−277.23	334.83	590	−69.59	24.03

续上表

跨号	序号	项目	跨中			拱脚			大节点		
			节点	M (kN·m)	N (kN)	节点	M (kN·m)	N (kN)	节点	M (kN·m)	N (kN)
3跨	1	恒载	2409	304.67	1541.95	275	−114.63	1307.57	591	−48.89	1287.32
			2410	304.67	1541.94	276	−115.36	1307.66	592	−49.03	1286.1
	2	汽车-20	2409	401.76	594.8	275	−169.31	362.85	591	−77.81	243.68
			2410	402.39	595.69	276	−144.24	300.38	592	−65.71	366.81
	3	挂车-100	2409	531.02	749.64	275	−244.98	278.34	591	−70.64	24.21
			2410	531.53	750.7	276	−219.03	242.89	592	−49.05	608.34
5跨	1	恒载	2457	304.05	1542.91	279	−114.34	1307.09	595	−49.05	1287.07
			2458	304.12	1543.02	280	−113.92	1309.38	596	−49.78	1287.57
	2	汽车-20	2457	448.45	566.3	279	−203.68	348.68	595	−88.75	211.55
			2458	449.51	567.67	280	−199.05	372.92	596	−86.36	191.16
	3	挂车-100	2457	585.84	716.4	279	−279.47	326.18	595	−76.93	23.92
			2458	587.72	717.65	280	−271.78	358.41	596	−70.06	0.23
6跨	1	恒载	2481	299.61	1542.66	281	−93.48	1380.73	597	68.1	1364.63
			2482	294.37	1545.12	282	−130.58	1161.12	598	29.6	1134.66
	2	汽车-20	2481	404.56	602.03	281	−172.76	382.12	597	−76.63	231.95
			2482	404.42	602.14	282	−139.21	293.81	598	−65.69	366.76
	3	挂车-100	2481	534.02	759.38	281	−245.96	302.62	597	−66.51	5.21
			2482	532.95	760.23	282	−213.88	237.87	598	−52.79	599.28
7跨	1	恒载	2504	266.85	1547.82	283	−117.09	1303.52	599	47.41	1283.91
			2505	305.38	1539.82	284	−115.52	1308.04	600	48.83	1286.30
	2	汽车20	2504	450.73	520.16	283	−143.99	312.91	599	−66.15	369.79
			2505	413.52	586.43	284	−200.7	372.77	600	−92.48	201.44
	3	挂车-100	2504	613.02	719.04	283	−220.75	240.77	599	−46.17	603.19
			2505	544.56	739.97	284	−275.07	348.72	600	−97.48	24.38

注：轴力以压为正，拉为负；弯矩负值表示截面上缘受拉，正值表示截面下缘受拉。

通过表 4.2.6-13 和表 4.2.6-14 中数据不难发现 1、6 号墩加固后，全桥各跨上部结构恒载内力基本不变，而活载内力变化较大。以 2 号孔和 6 号孔活载内力变化最大。其中，跨中汽车活载最大弯矩减小 18.4%，轴力增大 17.1%；拱脚汽车活载最大弯矩减小 46.9%，轴力减小 13.8%；大节点汽车活载最大弯矩减小 42.2%，轴力增大 244%。跨中挂车活载最大弯矩减小 16.8%，轴力增大 16.4%；拱脚挂车活载最大弯矩减小 26.3%，轴力变化不大；大节点挂车活载最大弯矩减小 26.4%，轴力变化不大。总的来讲加固后活载内力变小，对截面有利。

加固墩前后活载作用下的位移计算 表 4.2.6-15

状 态	项 目	跨中挠度（cm）	桥墩水平最大位移（cm）
原结构	第 2 孔	3.75	1.35
加固后	第 2 孔	2.14	0.37
原结构	第 7 孔	3.50	0.97
加固后	第 7 孔	2.18	0.10

从表 4.2.6-15，可以看出原桥 1、6 号墩加固（提高其抗推刚度的）后，活载和附加荷载受连拱效应影响变小，使跨中挠度最大减小了 42.9%，拱脚水平位移最大减小了 89.5%，拱脚水平位移减小较多，可见该加固方案是有效的，可行的。

§2.7 双曲拱桥加宽提载的加固

——采用改变拱上建筑结构体系、悬臂盖梁、粘贴碳纤维加固法

一、桥梁概况

该桥全长 105.7m，上部构造为 2 跨 40m 等截面悬链线空腹式钢筋混凝土双曲拱及两岸各一孔净跨径 4m 的半圆弧拱副孔（设置在桥台上）。桥面净空为：净−7+2×0.35m 栏杆。设计荷载为：汽车-13，拖车-60；通航等级为不通航。双曲主拱的净矢跨比 $f_0/L_0=1/10$，拱轴系数（推算）$m=2.514$。

上部构造：每跨主拱圈由 4 肋 3 波及 2 个悬半波组成，拱肋中距为 185cm，主拱圈全宽 7.4m。主拱圈截面由基肋、拱波和现浇混凝土填平层组成；其中拱肋宽为 25cm、高 50cm，施工过程中分三段预制后无支架吊装，接头位置在反弯点附近，采用环氧树脂水泥胶卡砌接头。每跨拱肋各按等弧长设置 11 道横隔板连接。每跨各设 8 个腹拱，腹拱跨径为 250cm 左右。

下部构造：桥台为明挖扩大基础配 U 形桥台与重力式桥墩。

该桥建于 1974 年，营运已 30 余年，拱顶已明显下沉，桥面过窄且不平，结构多处开裂、损坏。

二、桥梁承载能力评定

1. 承载能力验算

本次检算将空间结构受力体系按照弹性支承连续梁法计算出每片拱肋的荷载横向分布系数后，简化为平面结构体系进行计算。鉴于大桥建成营运至今已 30 余年，桥梁墩、台基础沉降已趋于稳定，且两跨结构设计尺寸完全相同，因而本次检算按结构对称原则选取一跨进行分析，不考虑连拱作用。

为提高计算精度，结构模型离散时在几何形状上尽可能反映桥梁结构的真实情况，在结构单元划分时，不仅墩台位置准确，对截面尺寸稍有变化处均设置了节点元素，因此结构离散元素较密集。将选取的一跨结构离散成 164 个节点、120 个桥面系单元、44 个非桥面系单元和 4 个支承单元。计算采用交通部公路科研所编制“公路桥梁结构设计系统 GQJS8.6”进行，并采用广州市政设计研究院编“桥梁结构静、动力 CAD 系统 V5.0”复核。

(1) 检算荷载的确定

原设计荷载为汽车-13 级；拖车-60，而 1967 年编《公路桥涵车辆荷载及净空标准暂行规定》中取消了该级设计荷载，并相应增加了汽车-15 级；挂车-80 进行试算，该两种设计荷载对桥梁结构产生的效应比较接近，因而本桥承载能力检算按照汽车-15 级、挂车-80 进行控制断面效应检算。

根据《公路桥涵设计通用规范》(JTJ 021—89) 第 2.3.1 条规定，本桥检算按 2 列车队布载。

(2) 承载能力分析

①承载能力检算系数 (Z_1) 的确定

本桥承载能力检算系数 (Z_1) 的确定参照结构检查中各构件技术状况评定值 D (表 4.2.7-1) 确定的。

各构件技术状况评定值一览表 表 4.2.7-1

检测指标名称	上部结构表观	下部结构表观	混凝土强度	混凝土碳化程度	混凝土保护层厚度
D	3	2	2	2	1

注：本表中评定值系根据《公路养护技术规范》(JTJ 073—96) 表 4.2.22-1 取值。

根据上表所列各构件技术状况评定值 D，并综合检测的各项指标与参数，确定本桥检算系数 $Z_1=1.0$。

②承载能力恶化系数 (ξ_e) 的确定

根据大桥的结构特点与本次结构检查的实际状况，制定了各结构或构件检测指标影响权重系数 α，见表 4.2.7-2 所示。

检测指标影响权重系数 α 表 4.2.7-2

检测指标名称	上部结构表观	下部结构表观	混凝土强度	混凝土碳化程度	混凝土保护层厚度	Σ
评定值 D	3	2	2	2	1	
权重系数 α	0.3	0.3	0.15	0.15	0.1	
$D\times\alpha$	0.9	0.6	0.3	0.3	0.1	2.2

根据表 4.2.7-2 计算所得大桥检测评定指标综合值，取用大桥承载能力恶化系数 $\xi_e=0.08$。

③截面折减系数 (ξ_c、ξ_s) 的确定

考虑到第二跨主拱肋在拱顶及拱脚位置存在一些裂缝，因而本次结构检算中考虑主拱肋截面折减系数 $\xi_c=0.9$，钢筋折减系数 $\xi_s=1.0$。

④活载影响修正折减系数 (ξ_g) 的确定

考虑到桥梁加固后，有效使用期内，活载增加及超重车辆增加对大桥结构的影响，检算荷载的活载影响修正折减系数 $\xi_g=0.05$。

⑤持久状态桥梁结构承载能力极限状态计算

综合前面所述的承载能力检算系数 Z_1、承载能力能力恶化系数 ξ_e、结构截面折减系数与钢筋的截面折减系数，按《公路钢筋混凝土及预应力混凝土桥涵设计规范》（JTJ 023—85)第 1.0.5 条荷载效应最不利组合设计值小于或等于结构抗力效应设计值的公式变换为：

$$S_d\ (\gamma_d G;\ \gamma_q \sum Q) \leqslant \gamma_b R_d \left(\xi_c \frac{R_c}{\gamma_c};\ \xi_s \frac{R_s}{\gamma_s}\right) Z_1\ (1-\xi_e)$$

式中：S_d——荷载效应；

G——永久荷载效应；

γ_d——永久荷载安全系数；

Q——可变荷载（活载，效应）；

γ_q——可变荷载的安全系数；

R_d——结构抗力效应；

γ_b——结构工作条件系数；

R_c——混凝土强度设计值；

γ_c——混凝土安全系数；

R_s——预应力钢筋及普通钢筋强度设计值；

γ_s——钢筋安全系数；

Z_1——承载能力检算系数；

ξ_e——承载能力恶化系数；

ξ_c、ξ_s——截面及钢筋折减系数。

经综合计算，大桥基本满足汽车-15 级、挂车-80 的荷载使用要求，但不满足汽车-20 级、挂车-100 的荷载使用要求。考虑到大桥第二跨在拱顶下缘与拱脚背缘均有裂缝，已影响了大桥使用的耐久性。

三、桥梁使用功能评定

1. 设计技术标准适应情况

该公路桥按照二级公路标准进行改建，其桥梁设计荷载标准为汽车-20 级、挂车-100。因而大桥荷载标准不符合公路改造的使用要求。

2. 桥梁各构件缺损状况

(1) 大桥桥面坑洼较多，纵向呈波浪形，特别是第二跨跨中桥面明显下沉，加大了车辆通行时产生的冲击力，增大了荷载效应。

(2) 大桥第一跨主拱肋未发现有影响结构受力的病害，仅在拱脚附近背缘发现横向裂缝，拱波及横隔板未发现有肉眼能见裂缝，横向整体受力性能较好。

(3) 第二跨拱肋拱顶产生较大的沉降，继而使拱肋拱顶下缘因承受过大拉应力而开裂，改变了原结构的受力状态，见图 4.2.7-1。

(4) 大桥腹拱圈损坏严重，纵、横向贯穿裂缝较多，已严重影响了腹拱圈的受力与使用安全见图 4.2.7-2、图 4.2.7-3。

(5) 拱上侧墙砌石风化较为严重，局部碎裂，已影响到大桥的整体使用安全。

(6) 南岸桥台有向后倾斜迹象，应采取相应措施进行加固。

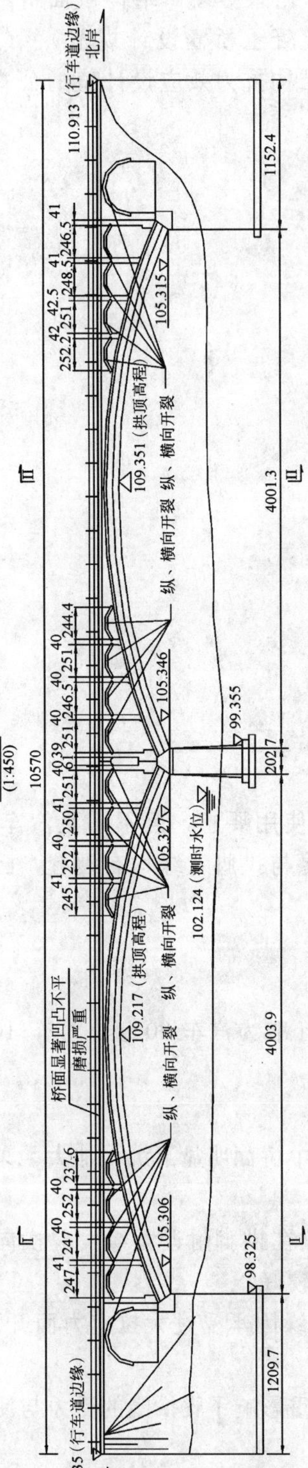

图4.2.7-1 桥梁现状布置图（尺寸单位：cm）

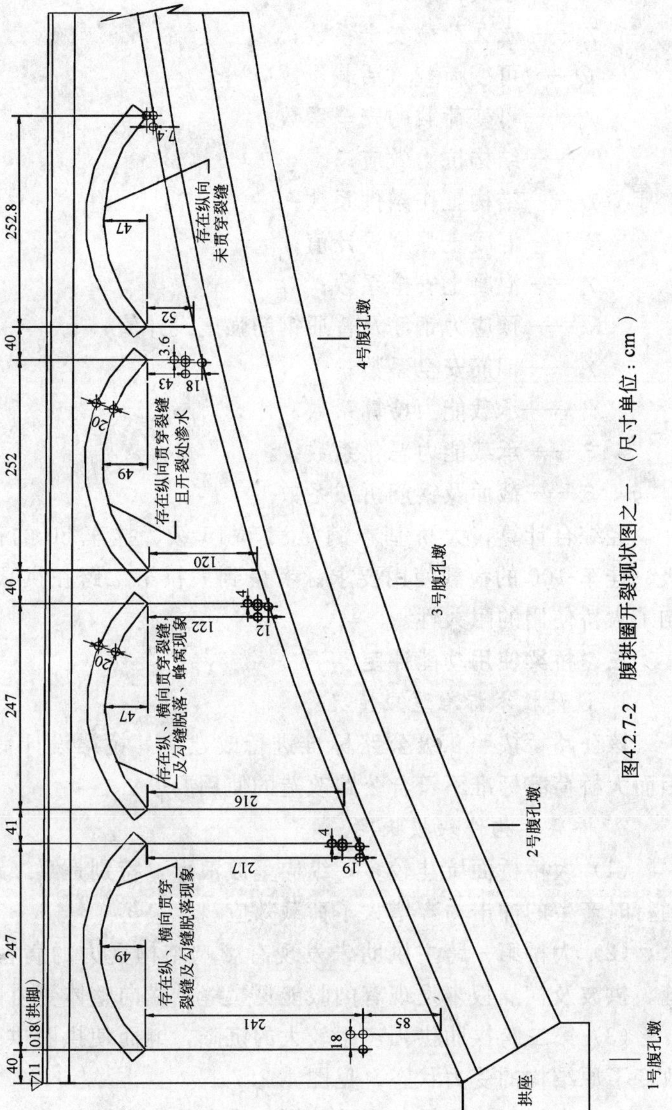

图4.2.7-2 腹拱圈开裂现状图之一（尺寸单位：cm）

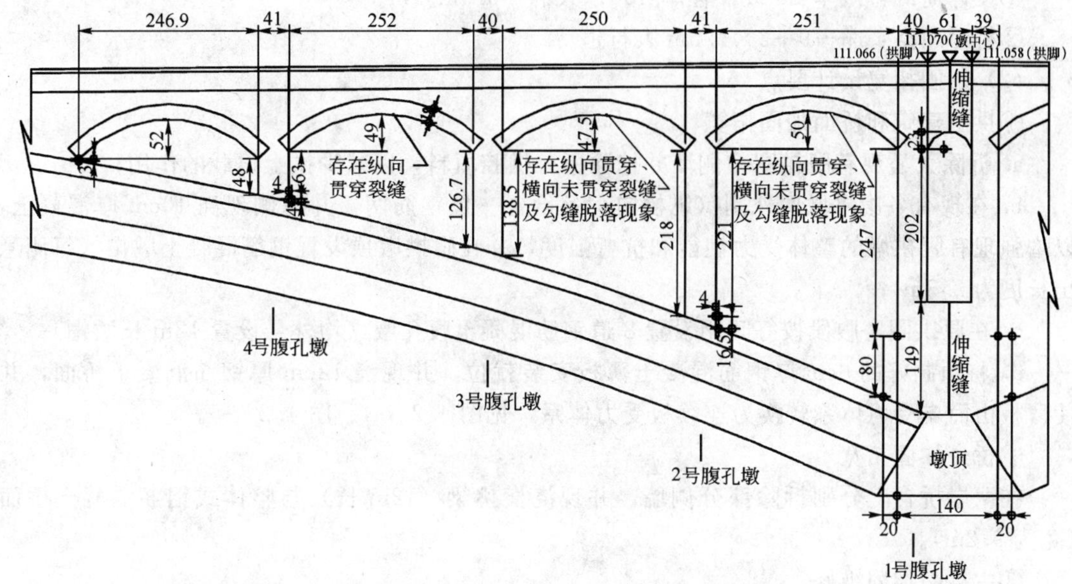

图 4.2.7-3　腹拱圈开裂现状图之二（尺寸单位：cm）

根据大桥现已查明的病害和缺陷，对照《公路养护技术规范》评定此桥技术状况属第三类（$D_1=65$），亟待维修和加固。同时，为使大桥适应道路的等级，应将该大桥同时进行拓宽和提高荷载等级。

四、加固设计

1. 加固方案

根据大桥的现有病害、缺陷及其结构特点，提出两个拓宽和提高荷载等级加固方案进行比选。

（1）方案I：两侧各增加一根拱肋方案。

①拆除桥面人行道及拱肋悬臂板，将桥墩、台加宽，并在上下游侧各增设一根拱肋、拱波及悬臂板，并重新设置桥面系；

②在旧桥拱肋下缘锚固钢筋网并锚喷 8cm 厚混凝土，以提高其承载能力；

③在腹孔拱圈下缘锚固钢筋网并锚喷 8cm 厚混凝土。

（2）方案II：改变腹拱为连续板方案。

①拆除所有桥面系与腹拱圈；

②在腹拱墩上设悬臂式盖梁；

③在盖梁上设置先简支后连续钢筋混凝土板并浇筑桥面；

④重新设置人行道构件；

⑤在拱肋拱顶下缘粘贴碳纤维布和在拱脚背缘现浇一层钢筋混凝土以增强拱肋承载能力。

综合比较以上两方案的优缺点及加固费用，推荐方案II为实施方案。

2. 加固拓宽设计要点

（1）加固拓宽设计标准

①设计荷载：汽车-20 级；挂车-100；人群－3.5kN/m^2

②桥面净空：净－9＋2×1.5m 人行道

（2）加固拓宽设计要点

①拱上建筑和桥面加固拓宽

a. 拆除大桥现有腹拱圈、侧墙并挖除所有拱腔填料，以减少拱上恒载的作用；

b. 在现有各腹拱墩两外侧（纵桥向）各设置一层钢筋网，并每侧现浇 10cm 厚混凝土，以增强现有腹拱墩的整体受力性能和抗弯强度，并在腹拱墩顶设置钢筋混凝土墩帽（每侧悬出长度为 2.3m）；

c. 在原拱圈实腹段按等间距设置 8 道钢筋混凝土腹孔墩（均外悬设置 12m 长墩帽）；

d. 将预制好的 6cm 厚钢筋混凝土薄板安装就位，并现浇 12cm 厚钢筋混凝土桥面，并使薄板由简支受力体系转换为连续板受力体系，见图 4.2.7-4、图 4.2.7-5。

②桥台加固拓宽

在两岸桥台上分别拆除部分侧墙，并现浇横挑梁（12m 长）与整体式钢筋混凝土桥面（宽为 9.2m）。

③主拱圈加固维修

a. 对第二跨拱肋下缘粘贴 2 层碳纤维布，以增强拱肋的抗弯能力；

b. 对第一跨拱肋下缘拱顶两侧各 5m 长范围（弧长）粘贴 1 层碳纤维布，以增强拱肋抗弯强度；

c. 对全桥两跨主拱圈拱脚附近拱背上缘（2 个边腹孔内）设置一层钢筋网，并现浇 10cm 厚混凝土层（要求先将拱板间凹槽浇平后再设置钢筋网），以增强主拱圈拱脚承受负弯矩的能力，见图 4.2.7-6。

④桥墩、桥台加固

a. 在桥墩墩身外侧设置一层钢筋网，并浇筑 10cm 厚混凝土（外包），以提高桥墩的强度和抗风化能力；

b. 在桥台两侧侧墙设置一层钢筋网，并浇筑 10cm 厚混凝土，以改善侧墙的受力性能。

⑤台上副孔加固

在台上副孔拱圈下缘锚固一层钢筋网，并锚喷 10cm 厚混凝土，以增强副孔拱圈的承载能力。

⑥其他

a. 重新预制安装人行道构件、栏杆与扶手。

b. 在桥墩及桥台上各设置一道行车道桥面伸缩缝。

（3）结构计算

①计算参数取值

a. 活载：汽车-20 级；挂车-100；人群－3.5kN/m^2。

b. 温度变化：体系整体升温 20℃，体系整体降温 20℃。

拱上建筑整体升温 10℃（主拱圈不变）。

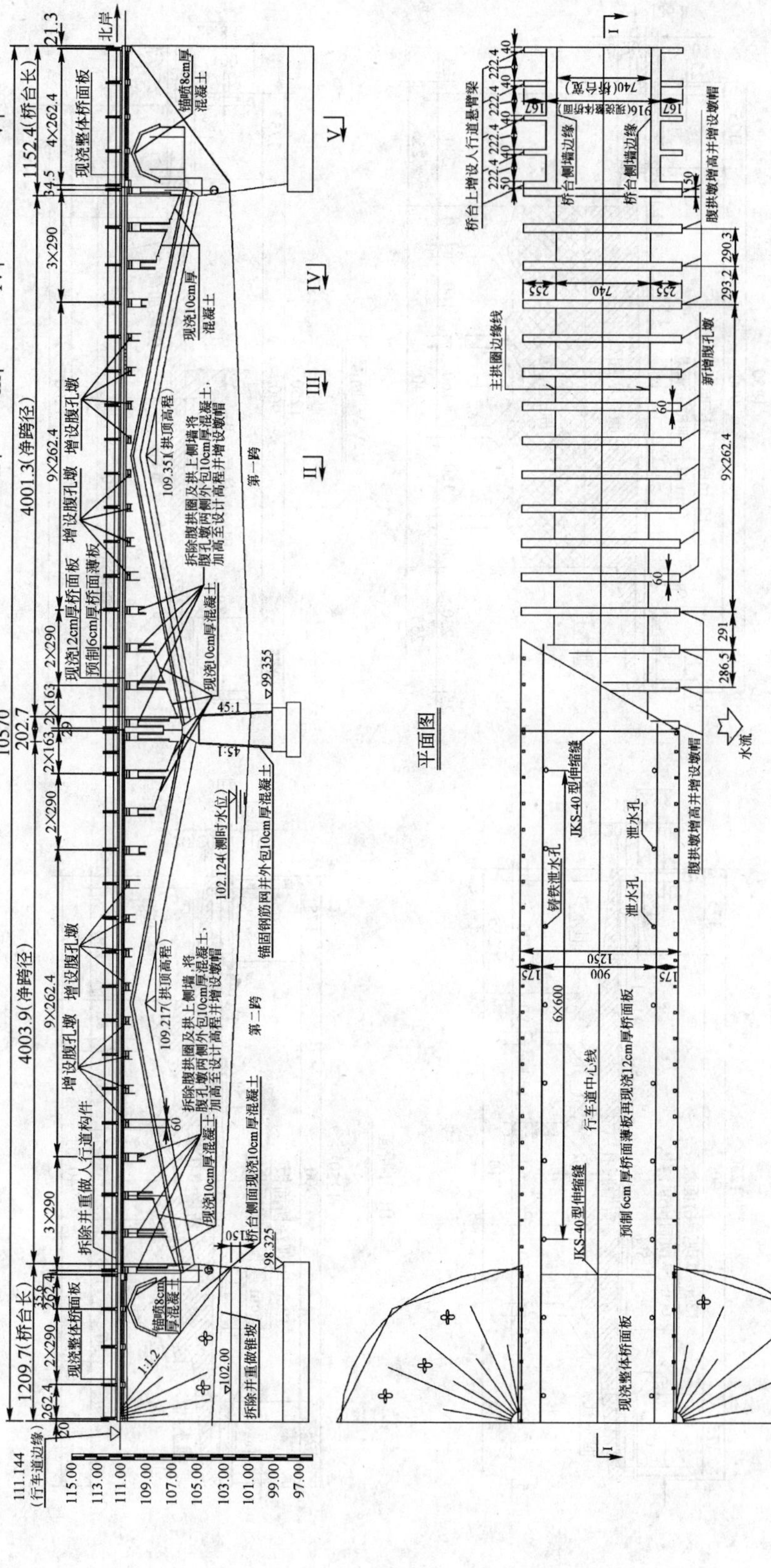

图 4.2.7-4　加固拓宽总体布置图(尺寸单位:cm)

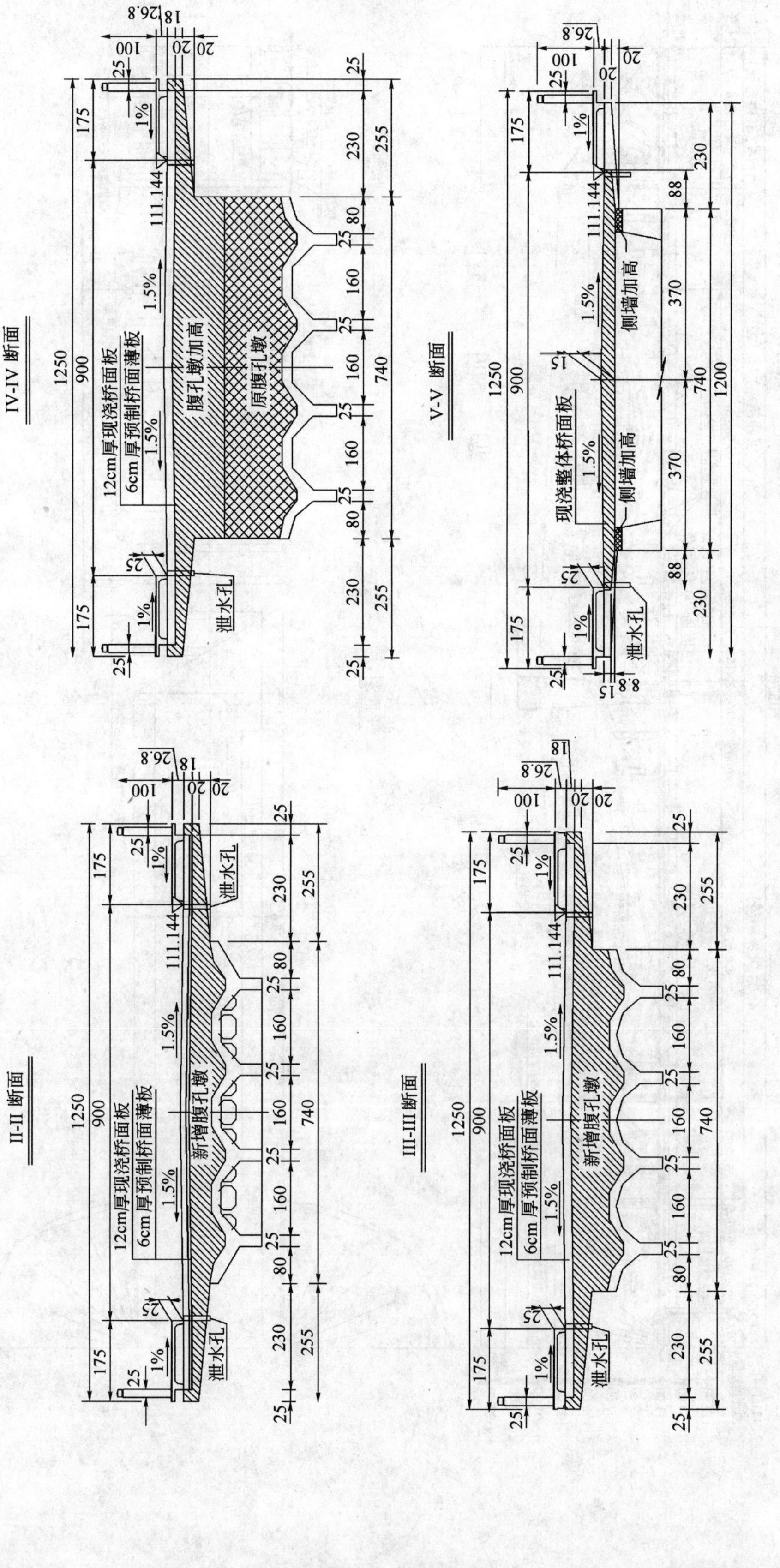

图4.2.7-5 加固拓宽横断面布置图（尺寸单位：cm）

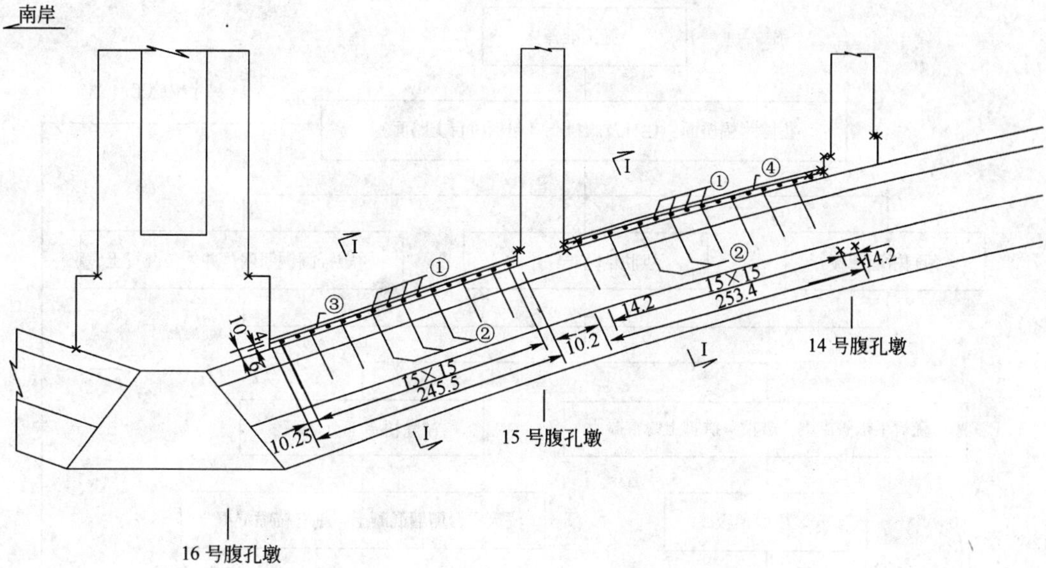

图 4.2.7-6　主拱圈拱脚加固构造图（尺寸单位：cm）

c. 考虑到该桥营运至今已 30 余年，桥梁墩（台）沉降已基本稳定，本次计算未考虑墩台沉降作用。

②结构分析

根据该桥的实际结构尺寸、施工步骤，将本桥分为拱肋安装、腹孔墩浇筑、桥面板浇筑及人行道等二期恒载共 5 个施工阶段进行分析，分析采用的结构模型见图 4.2.7-7 所示。

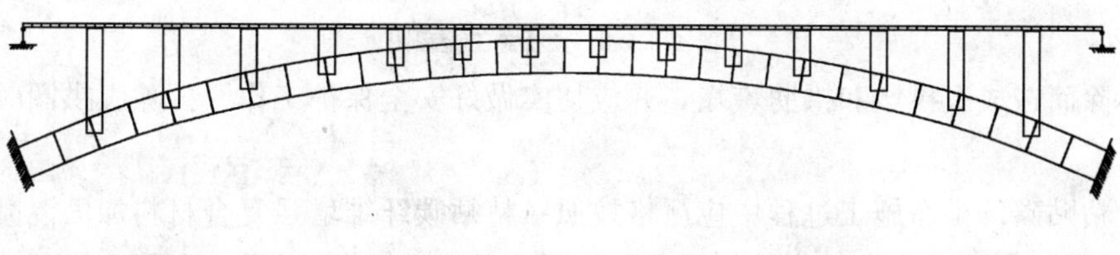

图 4.2.7-7　大桥结构离散图

根据以上模型采用交通部公路科研所编制的“公路桥梁结构设计系统 GQJS8.6”进行计算，并采用广州市政设计研究院编“桥梁结构静动力 CAD 系统 V5.0”进行复核。

五、施工要点

1. 施工流程

根据本桥加固拓宽特点，可按照以下施工流程进行加固拓宽施工，见图 4.2.7-8。

2. 施工工艺要求

(1) 凿除大桥桥面及拱腔填料过程中，不允许采用大型机械设备，应采用人工进行凿除或挖除，以免对大桥主拱圈产生新的损伤；并应及时将废料运走至弃土场地。

(2) 拆除腹拱圈时应注意以腹拱墩及拱顶为对称轴，对称地逐渐拆除，以免突然拆除或

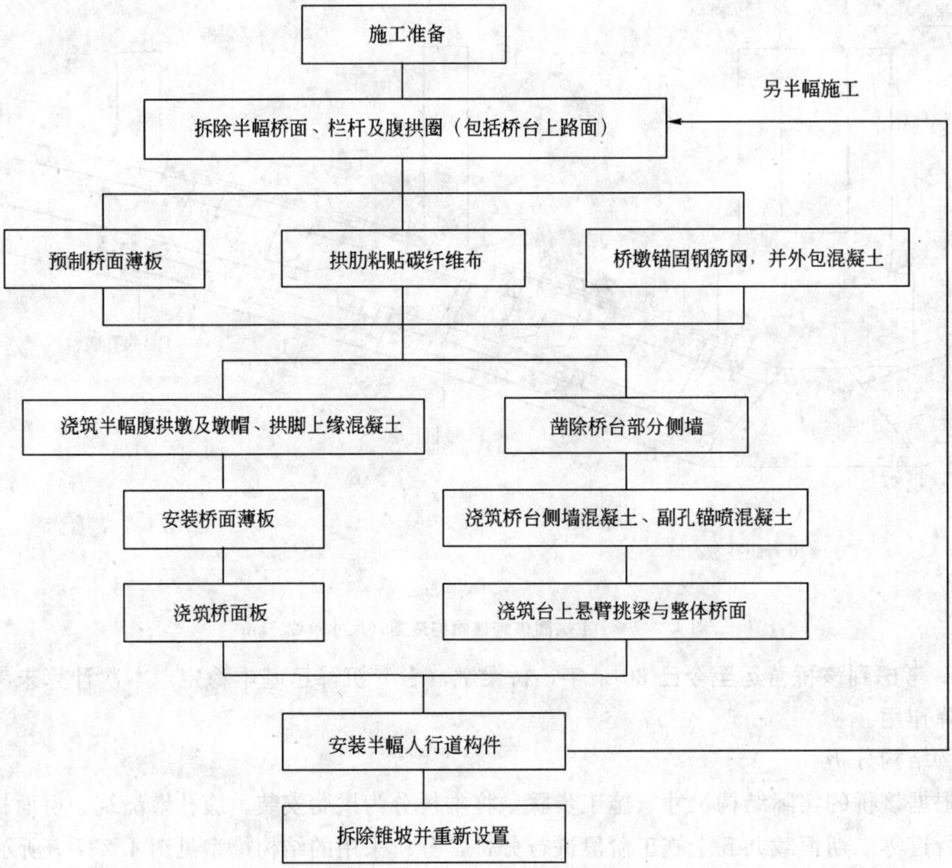

图 4.2.7-8　大桥施工流程图

不对称拆除而造成腹拱墩和拱肋垮塌，并应切实做好安全保护工作（拆除腹拱圈时应暂时中断交通）。

（3）粘贴碳纤维布施工过程中应严格按照《粘贴碳纤维增强复合材料加固混凝土工程施工与验收暂行规定》（建设部建筑物鉴定与加固规范管理委员会颁：建规固［2001］008号）进行施工，并应特别注意以下几点：

①粘贴碳纤维布应按框图 4.2.7-9 的程序进行施工；

②粘贴碳纤维布应在拆除半幅桥面与腹拱圈之后进行，尽量减轻上部构造的恒载作用，以充分发挥碳纤维布的高强性能；

③粘贴碳纤维布时及粘结胶达到强度前，不允许对上部构造增加重荷载作用，以免影响粘贴质量；

④在粘贴碳纤维布胶达到强度后，开始浇筑腹孔墩与桥面；

⑤要求粘贴前应清除拱肋下缘表面疏松部分至露出混凝土结构层，若有裂缝，应先行修补，用修补材料将混凝土表层修复平整，要求平整度达到 5mm/m；

⑥粘贴碳纤维布时，应使碳纤维布材料充分浸润，确保粘结效果；

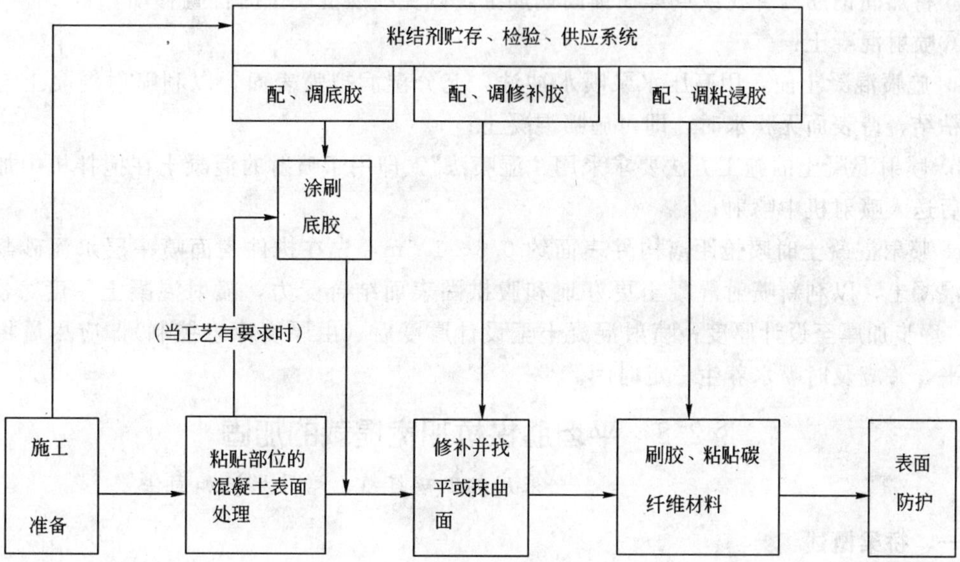

图 4.2.7-9　粘贴碳纤维布程序框图

⑦施工前应对粘贴表面混凝土含水率及所处的环境进行测量，若混凝土表层含水率大于4％或现场气温低于5℃时，应停止施工或采取相应措施；

⑧碳纤维布是否与被粘结面充分粘合直接关系到碳纤维布的施工质量，在粘贴后应仔细检查粘贴面，若发现碳纤维布与拱肋混凝土底面之间有气孔，应采用注射针管注射粘结胶修补，确保碳纤维布与拱肋底面充分粘合；

⑨在施工现场，应做好防火等安全措施；

⑩各种胶粘附在皮肤上时，要用肥皂水冲洗，特别是进入眼内，要立即用水冲洗，或接受医生诊治；

⑪加固所用的碳纤维布及其配套粘结材料均应有厂家所提供的材料检验证明和合格证，本桥加固维修所采用的碳纤维布技术指标要求如下表所示。

碳纤维布技术指标一览表

碳纤维类别	单位面积质量（g/m^2）	设计厚度（mm）	抗拉设计强度（MPa）	弹性模量（MPa）
$T700P_L$	300	0.167	3500	2.35×10^5

（4）桥台上副孔拱圈采用锚固钢筋网后再喷射混凝土进行加固，施工时应严格按照下列锚喷工艺要求进行：

①对副拱圈底面进行必要的凿毛并用高压水冲洗干净；

②按设计要求在副拱圈底面钻固定钢筋的锚孔，孔中灰尘要冲洗干净；

③用原12.5号水泥砂浆将锚固钢筋嵌固在锚孔中，并在部分锚固钢筋上做好喷射混凝土厚度的控制标志；

④修补拱圈裂缝；

⑤将加固钢筋网绑扎或点焊在锚固钢筋上，以免喷射混凝土时位置移动；

⑥喷射混凝土：

a. 施喷混凝土前，用高压水泵喷水冲洗，充分湿润拟喷表面，以利喷射混凝土与原结构的粘结，待表面无积水时，即可施喷混凝土；

b. 喷射混凝土的施工方法要求采用“湿喷法”，即用于喷射的混凝土在搅拌机中加水拌和好后送入喷射机中喷射；

c. 喷射混凝土时喷枪距离构件表面约 0.8～1.5m，先在构件表面喷一层水泥砂浆，再喷射混凝土，以利新喷射混凝土更好地和腹拱圈表面结合受力，喷射混凝土厚度每次 2～3cm，逐步加厚至设计厚度；喷射混凝土至设计厚度后（由厚度标志控制），应尽量将其表面抹平，并应及时喷水养生一定时间。

§2.8 平坦肋拱桥加宽提载的加固

——采用粘贴碳纤维、增厚拱板加固法

一、桥梁概述

该桥建于 1979 年，为单跨变截面两铰肋拱桥。1990 年曾对该桥进行过加宽，其下游加宽 4 片 16mT 梁，加宽 5.6m；上游加宽 2 片 16mT 梁，加宽 2.4m。

由于缺乏旧桥的原设计资料和设计图纸，该桥的设计荷载不详。实测旧桥主拱圈的净跨为 14.7m，净矢高 0.67m。经检查，该桥 1 号和 3 号拱肋在第一道横联的位置处开裂，裂缝几乎贯穿拱肋，另外桥体的横向联系不足，边肋钢筋外露锈蚀。

经检查肋、波、板混凝土材料质量较好，未发现其他超过容许宽度的受力裂缝。

桥梁墩台为一字式轻型桥台，质量完好。

由于交通的需要，本桥的荷载等级要提高到汽车-20 级，挂车-100。

二、承载能力检算

1. 计算资料

（1）计算荷载：按汽车-20 级、挂车-100。

（2）旧桥主拱肋：共有 6 条主拱肋，肋间净距离为 1.31m：主拱肋均为等宽度变高度矩形横截面，拱顶肋高 0.60m，拱脚肋高 1.30m，宽均为 0.31m。

原桥中间旧梁的设计尺寸见图 4.2.8-1。

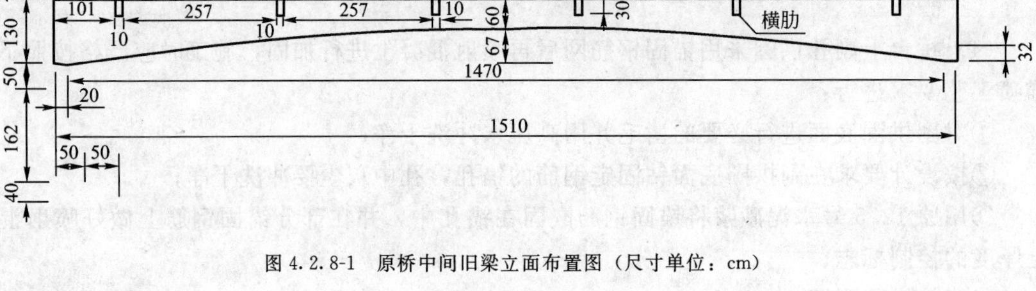

图 4.2.8-1 原桥中间旧梁立面布置图（尺寸单位：cm）

(3) 主拱肋净跨径 $l_0=14.7\text{m}$，净矢高为 $f_0=0.67\text{m}$；拱波的净跨径为 1.31m，厚度不详。全桥共 6 道横肋，宽度为 0.1m。

(4) 旧桥材料性能：由于缺乏该桥的原始设计资料，桥体的材料性能只能通过回弹仪测得。经现场初步检测，测得拱肋的混凝土 $R=43.4\text{MPa}$，横肋的混凝土 $R=46.5\text{MPa}$，拱板的混凝土 $R=35.7\text{MPa}$，台帽的混凝土 $R=33.3\text{MPa}$，桥体的配筋资料不详。

(5) 旧桥桥面宽 8.41m，汽车冲击系数为 $1+\mu=1+\dfrac{1.3-1}{45-5}\times(45-15.1)=1.224$

2. 横向分布系数计算

按弹性支承连续梁的简化计算，得到拱桥的横向分布系数。由于是旧桥加宽，车辆可以靠边布置，活载按两行车队布载，计算图式如图 4.2.8-2。

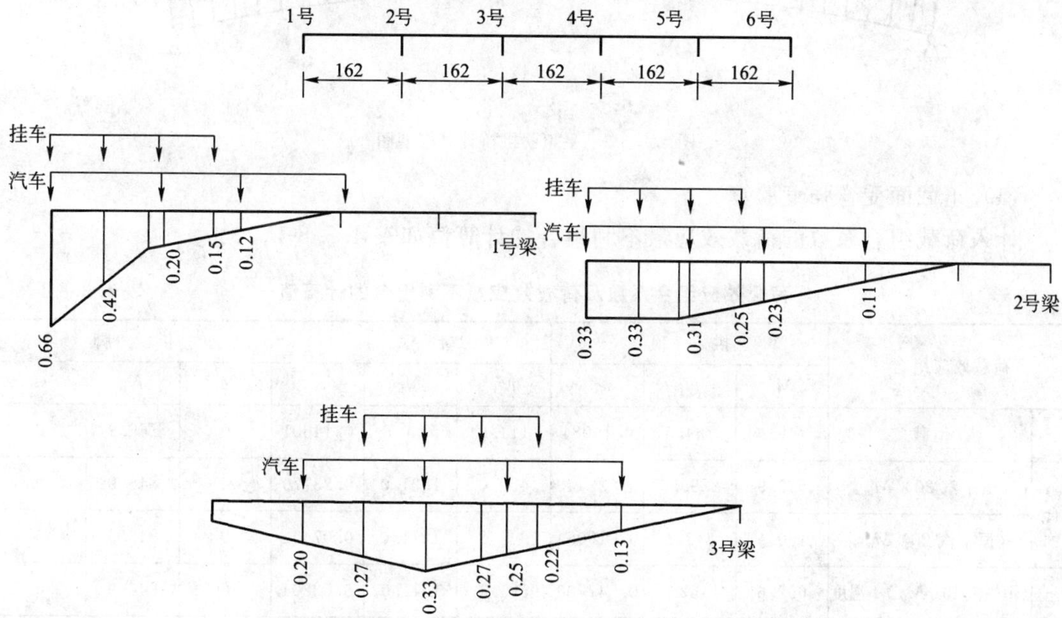

图 4.2.8-2　横向分布系数计算图式

计算得到：1 号肋的横向分布系数：汽车 $M_c=0.49$，挂车 $M_k=0.357$

2 号肋的横向分布系数：汽车 $M_c=0.49$，挂车 $M_k=0.305$

3 号肋的横向分布系数：汽车 $M_c=0.455$，挂车 $M_k=0.272$

因此计算得到拱肋的最大横向分布系数：汽车 $M_c=0.49$，挂车 $M_k=0.357$

3. 原有桥梁承载能力检算

采用分项安全系数极限状态设计的构件检算，其计算原则是：荷载效应不利组合的计算值小于或等于结构抗力效应的计算值，表达式为：

$$S_d(\gamma_g G;\ \gamma_q \sum Q)\leqslant \gamma_d R_d\left(\frac{R_c}{\gamma_C},\ \frac{R_s}{\gamma_S}\right)$$

由于微弯拱肋的纵向受拉配筋率<0.1%，必须按《公路砖石及混凝土桥涵设计规范》

(JTJ 022—85）来进行验算。根据公路桥涵设计通用规范（JTJ 02l—89）第 2.1.1 条的规定，本设计荷载效应函数有如下几种组合：

组合 I：$S_1=\gamma_{so\varphi}\sum\gamma_{s1}S=\gamma_{恒}\ S_{恒}+1.4S_{汽}$

组合 II：$S_2=\gamma_{so\varphi}\sum\gamma_{s1}S=0.8\ (S_1+1.4S_{温度})$

组合 III：$S_3=\gamma_{so\varphi}\sum\gamma_{s1}S=0.8\ (\gamma_{恒}\ S_{恒}+1.4S_{挂})$

式中当 $S_{恒}$ 与基本可变荷载同号时，$\gamma_{恒}$ 取 1.2；当 $S_{恒}$ 与基本可变荷载异号时，$\gamma_{恒}$ 取 0.9。温度以升温或降温 20℃来考虑。

微弯拱桥的计算采用 Brcad 5.0 程序，计算模型如图 4.2.8-3（不考虑拱波受力）。

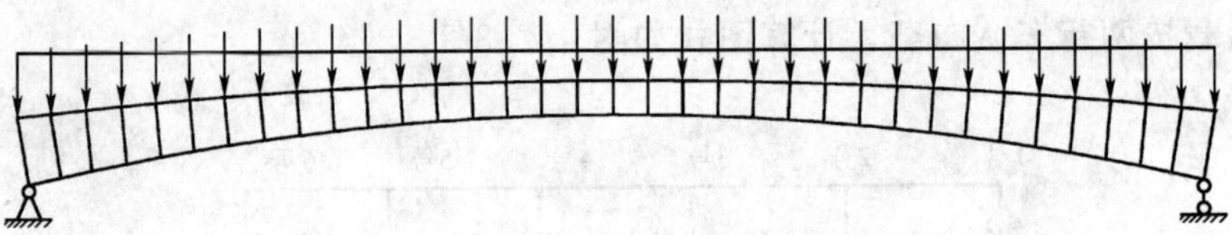

图 4.2.8-3　平坦肋拱桥计算模型图

(1) 正截面受弯强度验算

计入荷载组合系数的荷载效应最不利组合的计算值如表 4.2.8-1。

荷载效应组合系数及荷载效应最不利组合的计算值　　　表 4.2.8-1

荷载效应组合		拱顶			l/4 截面			拱脚		
		M_j	N_j	e_0	M_j	N_j	e_0	M_j	N_j	e_0
	恒载	145.9	764.5	0.19084	111.8	765.7	0.14601	0	769.9	0
组合一	（恒＋汽 20）M_{max}	515.9	2299.0	0. 22440	459.0	1931.0	0.23770	0	846.9	0
	（恒＋汽 20）M_{min}	160.5	841.0	0. 19084	94.48	1271.0	0.07434	0	846.9	0
组合二	(恒＋汽 20) M_{max}＋温度	692.6	1452.0	0. 47700	591.1	Ll11.0	0.53204	0	846.9	0
	(恒＋汽 20) M_{min}＋温度	−98. 82	1283. 0	−0.7702	−82. 79	1824.0	−.04539	0	846.9	0
组合三	（恒十挂 100）M_{max}	577.7	2715.0	0. 21278	489.4	2777.0	0.17623	0	846.9	0
	（恒＋挂 100）M_{min}	160.5	841.0	0. 19084	94.42	1237.0	0.07633	0	846.9	0

注：表中 M_j 的单位为 kN・m，N_j 的单位为 kN，$e_0=\frac{M_j}{N_j}$，温度以升温或降温 20℃来考虑。

对于素混凝土拱肋，当 e_0 的值小于表 4.2.8-2 的容许偏心距 $[e_0]$ 时，结构抗力效应的计算值按“规范”(JTJ 022—85) 第 3.0.2 条验算：

$$N_j\leqslant R_N=aA\frac{R_a^j}{\gamma_m}$$

式中偏心影响系数 $a=1-\left(\frac{e_0}{y}\right)^8/1+\left(\frac{e_0}{r_w}\right)^2$。微穹拱肋正截面上纵向力的容许偏心距见表 4.2.8-2。

拱肋的容许偏心距 $[e_0]$（m） 表 4.2.8-2

荷载效应组合	组 合 I	组合 II、组合 III
拱顶	0.180	0.210
$l/4$ 截面	0.246	0.287
拱脚	0.375	0.437

表 4.2.8-1 与表 4.2.8-2 比较，部分的拱肋正截面上纵向力的偏心距 e_0 大于“规范”规定的容许偏心距 $[e_0]$。

（2）正截面受剪强度验算（表 4.2.8-3）

拱脚剪切效应组合的计算值和抗剪效应组合计算值 表 4.2.8-3

荷载效应组合		拱顶		$l/4$ 截面		拱脚	
		Q_j	N_j	Q_j	N_j	Q_j	N_j
组合 I	恒载	5.238	764.5	18.35	765.7	56.16	769.9
	（恒＋汽 20）Q_{max}	109.6	2226.0	135.3	2156.0	257.6	1404.0
	（恒＋汽 20）N_{min}	5.751	841.0	20.19	842.3	61.78	846.9
组合 II	（恒＋汽 20）Q_{max}＋温度	104.1	2728.0	149.3	1324.0	282.4	622.5
	（恒＋汽 20）N_{min}＋温度	1.76	59.85	43.36	58.00	88.92	54.1
组合 III	（恒＋挂 100）Q_{max}	125.2	2466.0	150.4	2875.0	288.4	2207.0
	（恒＋挂 100）N_{min}	5.75	841.0	21.85	842.6	61.78	846.9

对仅配置箍筋的受弯构件，其斜截面抗剪强度按下式计算（“规范”（JTJ 022—85）第 4.1.10 条）：

$$Q_J \leqslant Q_{hk} = 0.034 \rho b h_0 \sqrt{(2+P)\sqrt{R}\mu_k R_{gk}}$$

一般支座处截面的剪力最大，根据以往同类型桥梁的配筋资料，假设该桥的箍筋配置为由 $\phi 6@500$mm，计算得

$$P = 100 \times \frac{A_g}{bh_0} = 100 \times \frac{0.00125664}{0.31 \times 1.2} = 3.4$$

$$\mu_k = \frac{A_k}{S_k b} = \frac{4 \times 0.0000282744}{0.5 \times 0.31} = 7.30 \times 10^{-4}\,\mathrm{m}^2, Q_{hk} = 200.8\mathrm{kN}$$

拱脚处的组合剪力最大，为 $Q_{max}=288.4\mathrm{kN}>Q_{hk}$，表 4.2.8-1 说明该微弯拱肋的斜截面抗剪强度不满足汽-20、挂-100 的要求。

表 4.2.8-1、表 4.2.8-2 和表 4.2.8-3 的计算结果表明，旧微弯拱肋无法满足汽-20、挂-100 的承载能力极限状态设计要求。

（3）结构配筋计算

按照 DRCAD5.0 程序的配筋计算，得到微弯拱肋的配筋结果如下见表 4.2.8-4。

理 论 最 少 配 筋 表 4.2.8-4

桥梁构件部位		旧桥截面配筋		考虑水平约束		不考虑水平约束	
		顶部	底部	顶部	底部	顶部	底部
微弯肋拱	拱脚	不详	不详	0.4Φ20	0.4Φ20		
	拱脚（附近）				1.2Φ20		3.8Φ20
	拱跨 1/8				2.8Φ20		12.8Φ20
	拱跨 1/4			1.1Φ20	11.5Φ20	5.3Φ20	32.1Φ20
	拱跨 3/8			11.5Φ20	13.3Φ20	19.6Φ20	41.8Φ20
	拱顶			21.0Φ20	14.1Φ20	23.9Φ20	44.7Φ20

注：本表按汽-20、挂-100进行计算，考虑了桥梁的承载能力极限状态和正常使用极限状态的要求，按组合 I、II、III 进行荷载组合。

表 4.2.8-3 说明一旦拱肋的水平约束失效，跨中的弯矩急剧增大。这表明拱圈正截面强度不满足汽-20、挂-100 的要求，主拱圈正截面受压强度需要加强，必须采用补强断面或更换新梁的方法才能达到。

三、加固设计

1. 加固方案

(1) 方案1：利用原有 6 片微弯拱肋并新增 3 片 T 梁（图 4.2.8-4），其安装位置按照中部 4 片微弯拱肋及两侧 2 片微弯拱肋利用原梁，其余用新梁布置。为减轻边梁的负荷，边梁与其相邻新梁间的横隔板采用铰结形式，隔板钢筋互不焊接，使边梁不受中梁横向分布影响。计算中，不考虑两侧微弯拱肋受力，按 9 梁式检算。桥梁的横向分布系数计算如下（图 4.2.8-5）：

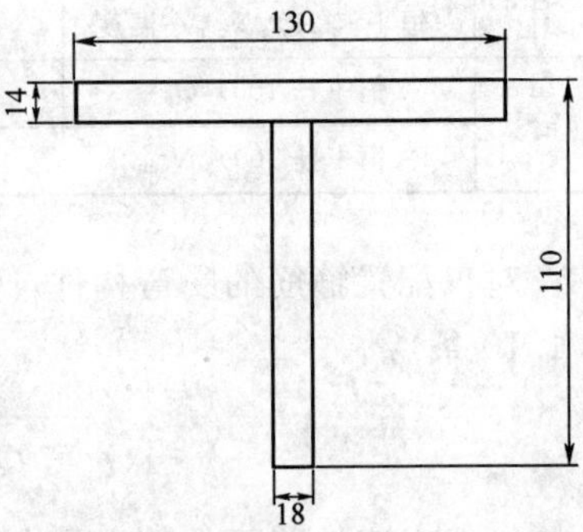

图 4.2.8-4 新增加的 T 梁

（尺寸单位：cm）

计算得到：1 号肋的横向分布系数：汽车 M_c = 0.203，挂车 M_k = 0.323

2 号肋的横向分布系数：汽车 M_c = 0.335，挂车 M_k = 0.265

3 号肋的横向分布系数：汽车 M_c = 0.24，挂车 M_k = 0.208

4 号肋的横向分布系数：汽车 M_c = 0.28，挂车 M_k = 0.205

5 号肋的横向分布系数：汽车 M_c = 0.28，挂车 M_k = 0.205

因此：旧微弯拱肋的最大横向分布系数：汽车 M_c = 0.335，挂车 M_k = 0.265

新增加 T 梁的最大横向分布系数：汽车 M_c = 0.28，挂车 M_k = 0.323

按照 BRCAD5.0 程序的配筋计算，得到旧微弯拱肋的配筋结果见表 4.2.8-5、表 4.2.8-6。新增 T 梁的配筋结果见表 4.2.8-7、表 4.2.8-8。

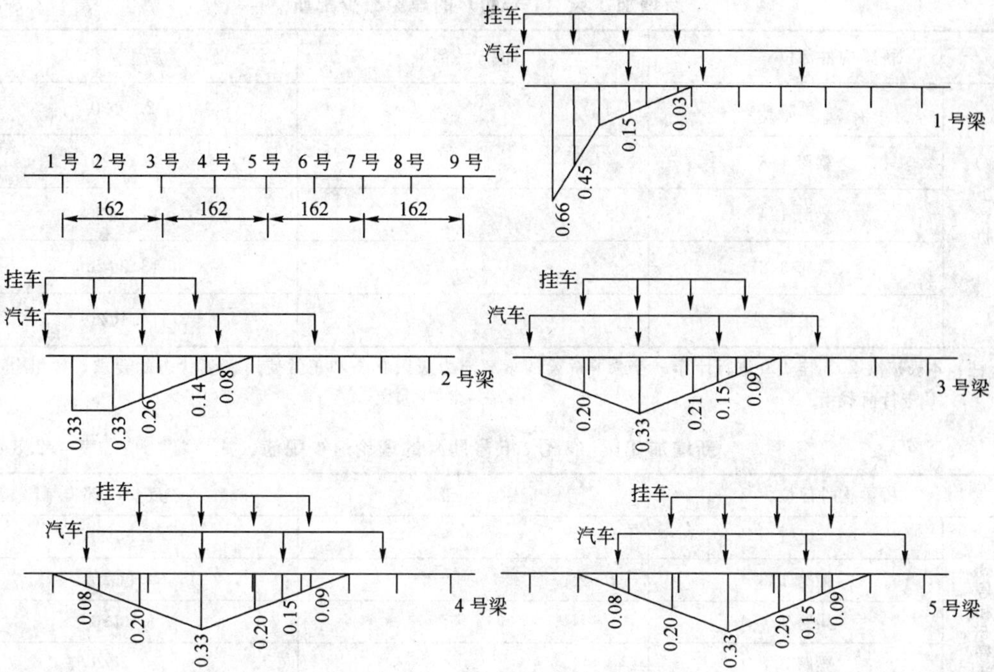

图 4.2.8-5　横向分布系数计算图式

旧微弯拱肋（2号肋）理论最少配筋　　表 4.2.8-5

桥梁构件部位		顶　部	底　部
微弯2号肋垃	拱脚		
	拱脚（附近）		2.6Φ20
	拱跨 1/8		7.8Φ20
	拱跨 1/4		15.6Φ20
	拱跨 3/8		23.5Φ20
	拱顶		25.8Φ20

注：本表按汽-20、挂-100进行计算，考虑了桥梁的承载能力极限状态和正常使用极限状态的要求，按组合 I、II、III 进行荷载组，不考虑微弯拱肋拱脚处的水平约束。

旧微弯拱肋（4号肋）理论最少配筋　　表 4.2.8-6

桥梁构件部位		顶　部	底　部
微弯4号肋拱	拱脚		
	拱脚（附近）		2.2Φ20
	拱跨 1/8		6.6Φ20
	拱跨 1/4		13.1Φ20
	拱跨 3/8		19.5Φ20
	拱顶		21.2Φ20

注：本表按汽-20、挂-100进行计算，考虑了桥梁的承载能力极限状态和正常使用极限状态的要求，按组合 I、II、III 进行荷载组，不考虑微弯拱肋拱脚处的水平约束。

新增加 T 梁（1 号肋）的理论最少配筋　　表 4.2.8-7

桥梁构件部位		顶　部	底　部
1号肋	梁脚		2.4Φ20
	梁跨 1/8		6.6Φ20
	梁跨 1/4		11.2Φ20
	梁跨 3/8		13.9Φ20
	梁顶		14.4Φ20

注：本表按汽-20、挂-100 进行计算，考虑了桥梁的承载能力极限状态和正常使用极限状态的要求，按组合 I、II、III 进行荷载组。

新增加 T 梁（3 号、5 号肋）的理论最少配筋　　表 4.2.8-8

桥梁构件部位		顶　部	底　部
3号和5号肋	梁脚		1.9Φ20
	梁跨 1/8		4.9Φ20
	梁跨 1/4		8.2Φ20
	梁跨 3/8		10.2Φ20
	梁顶		0.4Φ20

注：本表按汽-20、挂-100 进行计算，考虑了桥梁的承载能力极限状态和正常使用极限状态的要求，按组合 I、II、III 进行荷载组。

（2）方案 2：废弃原有 6 片微弯拱肋（但保留在原位置处），新增 5 片 T 梁，配筋见表 4.2.8-9～表 4.2.8-11 计算中按 5 梁式检算。为减轻原有旧微弯拱肋的荷载，旧微弯拱肋与其相邻新梁间的横隔板采用铰结形式，隔板钢筋互不焊接，使原有旧微弯拱肋不受横向分布的影响。桥梁的横向分布系数计算如下（图 4.2.8-6）：

增加 T 梁（1 号肋）的理论最少配筋　　表 4.2.8-9

桥梁构件部位		顶　部	底　部
1号肋	梁脚		2.9Φ20
	梁跨 1/8		8.2Φ20
	梁跨 1/4		13.9Φ20
	梁跨 3/8		17.4Φ20
	梁顶		17.8Φ20

注：本表按汽-20、挂-100 进行计算，考虑了桥梁的承载能力极限状态和正常使用极限状态的要求，按组合 I、II、III 进行荷载组。

计算得到：1 号肋的横向分布系数：汽车 $M_c=0.555$，挂车 $M_k=0.415$

2 号肋的横向分布系数：汽车 $M_c=0.470$，挂车 $M_k=0.315$

3 号肋的横向分布系数：汽车 $M_c=0.445$，挂车 $M_k=0.270$

因此，得到新增加 T 梁的最大横向分布系数：汽车 $M_c=0.555$，挂车 $M_k=0.415$

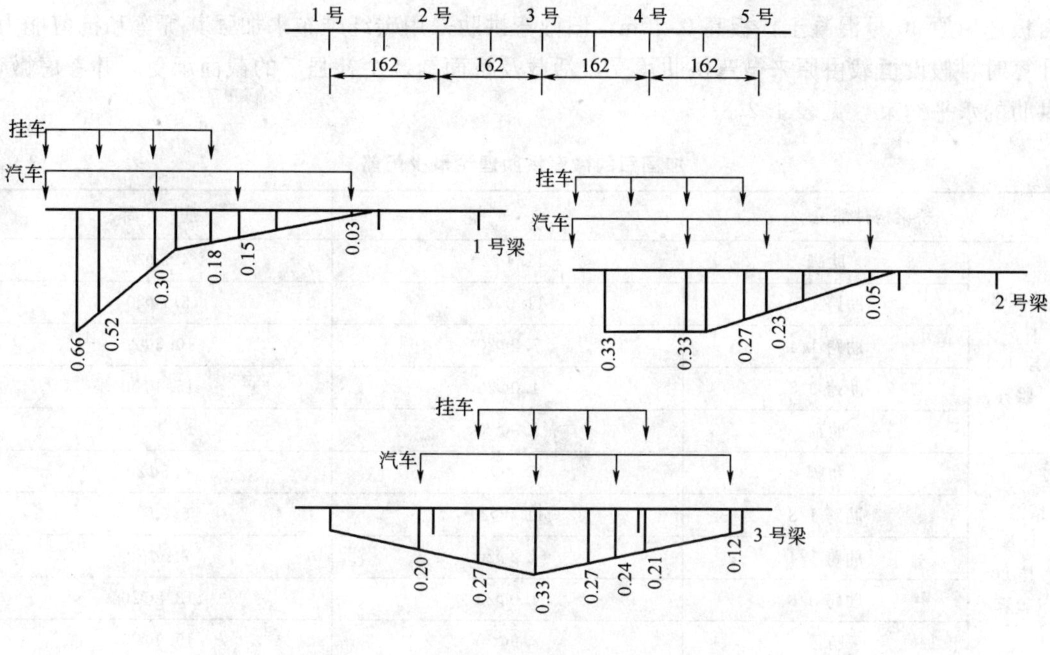

图 4.2.8-6　新增 5 片 T 梁横向分布系数计算图式

新增加 T 梁（2 号肋）的理论最少配筋　　表 4.2.8-10

桥梁构件部位		顶　部	底　部
2号肋	梁脚		2.4Φ20
	梁跨 1/8		6.8Φ20
	梁跨 1/4		11.2Φ20
	梁跨 3/8		13.9Φ20
	梁顶		14.7Φ20

注：本表按汽-20、挂-100 进行计算，考虑了桥梁的承载能力极限状态和正常使用极限状态的要求，按组合 I、II、III 进行荷载组。

新增加 T 梁（3 号肋）的理论最少配筋　　表 4.2.8-11

桥梁构件部位		顶　部	底　部
3号肋	梁脚		2.4Φ20
	梁跨 1/8		5.9Φ20
	梁跨 1/8		10.4Φ20
	梁跨 3/8		12.6Φ20
	梁顶		13.0Φ20

注：本表按汽-20、挂-100 进行计算，考虑了桥梁的承载能力极限状态和正常使用极限状态的要求，按组合 I、II、III 进行荷载组。

(3) 方案 3：凿去桥面铺装及拱肋顶混凝土保护层，露出箍筋，将新加箍筋与之焊接后，在板面绑扎补强层钢筋（理论配筋见表 4.2.8-12）并浇筑混凝土，重新铺装桥面。桥面板选用原 30 号混凝土，板高 0.20m；旧微弯拱肋采用碳纤维布来加强其抗弯和抗剪能力。计算时，假设恒载由原来微弯拱肋承受，活载及桥面铺装由补强后的截面承受，并考虑微弯拱肋的水平约束，见表 4.2.8-13。

加固后的微弯拱肋理论最少配筋 表 4.2.8-12

桥梁构件部位		顶　部	底　部
按汽-20计算、挂-100验算	肋脚	11.4Φ20	4.5Φ20
	肋跨 1/8	11.0Φ20	5.7Φ20
	肋跨 1/4	7.2Φ20	10.8Φ20
	肋跨 3/8	4.0Φ20	15.4Φ20
	肋顶	2.9Φ20	17.1Φ20
按汽-15计算、挂-80验算	肋脚	11.4Φ20	4.5Φ20
	肋跨 1/8	11.0Φ20	5.6Φ20
	肋跨 1/4	7.2Φ20	9.5Φ20
	肋跨 3/8	4.0Φ20	13.8Φ20
	肋顶	2.9Φ20	15.4Φ20

荷载效应组合系数及荷载效应最不利组合的计算值 表 4.2.8-13

桥梁构件部位		M_j（kN·m）	N_j（kN）	Q_{max}（kN）
按汽-20 计算、挂-100 验算	肋脚 M_{max}	0	555.2	337.9
	肋跨 1/8M_{max}	538.0	9.85	254.1
	肋跨 1/4M_{max}	833.9	194.8	191.4
	肋跨 3/8M_{max}	989.7	239.6	138.0
	肋顶 M_{max}	1036.0	300.6	117.8
按汽-15 计算、挂-80 验算	肋脚 M_{max}	0	555.2	287.3
	肋跨 1/8M_{max}	452.2	230.9	210.8
	肋跨 1/4M_{max}	706.8	88.79	159.5
	肋跨 3/8M_{max}	860.9	32.5	112.5
	肋顶 M_{max}	905.7	54.4	94.85

注：本表按汽-20、挂-100 进行计算，考虑了桥梁的承载能力极限状态和正常使用极限状态的要求，按组合 I、II、III 进行荷载组合。温度以升温或降温 10℃来考虑。

2. 加固强度计算

（1）抗弯强度计算

微弯拱肋的抗弯强度采用 TXD—C30 高强度碳纤维来进行补强，其 $E_{cf}=2.3\times 105$MPa，$f_{cf}=3100$MPa，$t_{cf}=0.67$mm，$f_{cfu}=1.1f_{cf}=3740$MPa，$\varepsilon_{cfu}=0.016261$，$\varepsilon_{cu}=0.0033$

根据《碳纤维片材加固修复混凝土结构技术规程》第 4.3.3 条进行加固计算，当采用一

层碳纤维布 $n_{cf}=1$ 时，$k_{nt}=1\ \frac{n_{cf}E_{cf}tcf}{420000}=0.9085$，　$[\varepsilon_{cf}]=k_m\varepsilon_{cfu}=0.01477$，$\xi_{ctb}=\frac{0.8\varepsilon_{cu}}{\varepsilon_{cu}+[\varepsilon_{cf}]+\varepsilon_i}=0.1461$

根据《碳纤维片材加固修复混凝土结构技术规程》第4.3.4条的规定，初始弯矩小于未加固截面受弯承载力的20%时，可忽略二次受力的影响。对于肋顶截面，混凝土受压区高度为

$$x=\frac{f_Y A_S-f'_Y A'_S+E_{cf}\varepsilon_{cf}A_{cf}}{bf_c}=0.064\text{m}<\xi_{ctb}h_0$$

因此需按《规程》第4.3.2-4条公式进行计算，在肋底粘贴一层碳纤维布可换算为等效II级钢筋的面积为 $A_{se}=\frac{E_{cf}\varepsilon_{cf}A_{cf}}{f_y}=5\times10^{-4}\text{m}^2$，相当于1.6$\Phi$20。

在肋跨1/8～7/8底部粘贴一层TXD-C-30碳纤维布，肋跨1/4～3/4底部粘贴第二层TXD-C-30碳纤维布，可满足汽-15到汽-20荷载的抗弯强度要求。

(2) 抗剪强度计算

微弯拱肋的抗剪强度采用TXD-C-20高强度碳纤维来进行补强，其 $E_{cf}=2.3\times10^5$MPa. $f_{cf}=3400$MPa，$t_{cf}=0.111$mm. $f_{cfu}=1.1f_{cf}=3740$MPa，$\varepsilon_{cfu}=0.016261$，$\varepsilon_{cu}=0.0033$

根据《碳纤维片材加固修复混凝土结构技术规程》第4.4.2条进行加固计算，当采用一层U形粘贴碳纤维布 $n_{cf}=1$ 时，$\phi=0.85$，剪跨比 λ 取最不利情况 $\lambda=1.5$，$\varepsilon_{cfv}=\frac{2}{3}(0.2+0.12\lambda)\ \varepsilon_{cfu}=0.004119$，$w_{cf}=0.2$m。

对于肋脚截面 $h_{cf}=1.2$m，设 $s_{cf}=0.1$m，则

$$V_{bcf}=\phi\frac{2n_{cf}w_{cf}t_{cf}}{s_{cf}+w_{cf}}\varepsilon_{cfv}E_{cf}h_{cf}=143\text{kN}$$

假该桥肋脚的箍筋配置为 ϕ6@500mm。计算得

$$\mu k=\frac{A}{S_k b}=\frac{4\times0.0000282744}{0.5\times0.31}=7.30\times10^{-4}\text{m}^2$$

$$p=100\times\frac{A_g}{bh_0}=100\times\frac{0.00125664}{0.31\times1.2}=0.34$$

$$V_{brc}=0.0349bh_0\sqrt{(2+P)}\sqrt{R\mu_k R_{gk}}=200.8\text{kN}$$

$V_{brc}+V_{brf}=343.8>337.9$kN，满足抗剪要求。

对于肋跨1/8截面 $h_{cf}=1.0$m，设 $S_{cf}=0.20$m，则

$$V_{bcf}=\phi\frac{2n_{cf}w_{cf}t_{cf}}{s_{cf}+w_{cf}}\varepsilon_{cfv}E_{cf}h_{cf}=89\text{kN}$$

$$p=100\ \frac{A_g}{bg_0}=100\times\frac{0.00125664}{0.31\times1.0}=0.41$$

$$V_{brc}=0.0349bh_0\sqrt{(2+P)}\sqrt{R\mu_k R_{gk}}=1698\text{kN}$$

$V_{brc}+V_{brf}=258>254$kN，满足抗剪要求。

对于肋跨 1/4 截面，$h_{cf}=0.8$m，假设箍筋的配置为 ϕ6@400mm 。计算得

$$\mu k=\frac{A}{S_k b}=\frac{6\times0.0000282744}{0.4\times0.31}=0.001368$$

$$p=100\times\frac{A_g}{bg_0}=100\times\frac{0.00125664}{0.31\times0.8}=0.51$$

$$V_{brc}=0.0349bh_0\sqrt{(2+P)}\sqrt{R\mu_k R_{gk}}=198\text{kN}$$

基本达到抗剪要求，不用粘贴 U 形纤维布。

3. 加固设计方案选定

选择方案 3，用碳纤维来补强拱肋结构加固法。理由是：

(1) 充分利用了原有旧桥的承载能力；

(2) 施工时间短，不到一个月；

(3) 施工比较方便。

四、施工要点

由于微弯拱肋拱顶截面在设计荷载作用下偏心距超过设计容许值，正截面强度不够，拱脚的抗剪强度不足，桥梁的整体刚度差，横向联系不强，致使车辆通行时有明显振感。另外边肋的钢筋外露锈蚀，经多年使用，出现较多病害。针对这种情况，本加固设计对微弯拱肋采取了粘贴碳纤维布、增厚拱板等加固方法。其施工工艺要点：

(1) 在浇筑新混凝土截面时，为了保证新旧混凝土之间有良好的粘结，必在浇筑混凝土前，先将结合部位的旧混凝土表面凿毛，露出骨料清洗干净。

(2) 为了保证新老混凝土之间能良好的粘结，最好的方法是，在完成上面工作后，马上在钢筋和其周围的混凝土之间涂抹一层水泥浆液或其他胶粘剂，如 1∶0，4 的铝粉水泥浆液、1∶1 的铝粉砂浆、环氧胶液等。浆液应仔细地刷进混凝土内并均匀地刷到钢筋上。刷浆的目的是在钢筋周围造成一种强碱性环境，以增强老混凝土与新混凝土之间的粘结。同时，在这些浆液涂抹后尚未凝固时，即可立即浇上新的混凝土。

(3) 新旧混凝土界面要注意牢固结合，施工时，可加设联系（锚固）钢筋或插以钢销。

(4) 拱肋部分所有超过 0.2mm 的裂缝用化学灌浆材料填补。

加固后应定期检查，观测裂缝的发展情况，当填补后的裂缝发展超过 0.5mm 或拱圈其他部分开裂时，应重新鉴定其承载能力。

§2.9 钢筋混凝土双曲拱桥加宽提载的加固

——采用悬臂梁（板）加固法

一、桥梁概况

该桥是一座钢筋混凝土双曲拱桥，全长 188m，主桥 3 孔，每孔净跨 28.5m，两岸引桥各为 6 孔，跨径 4～6m 不等，于 1974 年建成。主桥设计荷载：汽-13，拖-60，桥面净宽 7.3m，无人行道，矢跨比 1/6，设计拱轴系数 $m=2.20$，主拱圈宽度为 8m，拱圈厚 0.88m，立柱式腹拱墩。下部构造为：原 15 号片石混凝土实体墩和桥台，桥墩顶宽 2.5m，基础均为明挖扩大基础。

为判定该大桥既有结构状况和承载能力，以及进行加固的可行性，1992 年对该桥进行

了详细的结构检查和静载试验，以期对大桥上下部构造的承载能力进行鉴定，为加固拓宽利用该桥提供科学依据。

二、桥梁使用功能评定

1. 结构检测

(1) 主桥

①结构尺寸：经实际丈量，桥面净宽为 7.32m。各孔净跨径分别为 28.21m、28.35m 和 28.62m。主拱圈厚度 93cm、宽度 7.94m；拱肋底宽 37cm，肋距（中到中）1.8m；横系梁高 25cm，宽 12cm。其余尺寸基本上符合原设计尺寸。

②裂缝情况：

a. 主拱圈的拱肋和拱波经检查，均未发现裂缝。

b. 东岸桥台立柱，有一竖向裂缝，缝宽 0.1～0.3mm，长为 2m。

c. 西岸台上小拱立墙，距地面 1.7m 和 2.2m 处，各有一条水平贯通裂缝，最宽处为 2mm。

③拱肋混凝土强度测定：主桥拱肋混凝土设计为原 25 号，经用“超声—回弹综合法”测定，实际混凝土强度达到设计值。

(2) 引桥

①结构尺寸：因两岸引桥无设计资料可查，所以长度和宽度均实地进行了丈量和高程测量。

②裂缝情况：西岸第 1 孔引桥拱圈有一横向贯通裂缝，缝宽 0.2～1.0cm。其余各孔未发现裂缝。

引桥拱圈底层为素混凝土，厚 10cm，上层为片石砌筑。

(3) 结构检测结果

①结构尺寸：经实际丈量，结构尺寸基本上符合原设计尺寸。

②裂缝情况：经搭设支架观察，主拱圈的拱肋和拱波均未发现裂缝。

③拱肋混凝土强度测定：经用“超声—回弹综合法”测定，实际混凝土强度达到设计值。

④桥面平顺性：经水平测量，桥面基本上较平顺。

⑤下部构造：两岸桥台发现局部裂缝，桥墩身未发现任何病害。

2. 静载试验

(1) 试验内容

本试验共有五项内容：测定桥梁荷载横向分布情况、测定主拱圈纵向影响线和测定主拱截面强度、墩台位移情况及连拱作用。

试验目的是测定大桥的既有承载能力和受力状态。

(2) 测点布置

①主拱挠度测点（总计 10 点）

a. 跨中（$L/2$）肋底位移：采用 5 只电测位移计测试拱肋竖向挠度；

b. 跨中（$L/4$）截面：每根肋底采用一只百分表测试位移。

②墩、台位移（总计 8 点）

在墩和台的上下游各安置两只百分表，分别测试桥墩或桥台的水平和竖向位移，从而判定墩台的承载能力，和是否存在不均匀沉陷现象，以及连拱作用情况。

③拱肋钢筋应力测点（总计5点）

在跨中断面每根拱肋底面打磨露出一根主钢筋，处理后安放应变片，以测定钢筋在活载作用下的应力大小。

④混凝土应变测点（总计16点）

为测定主拱圈的混凝土在活载作用下的应力情况，布设了如下测点：

a. 跨中断面每根肋底1点，边肋顶部1点，共计6点；

b. $L/4$ 断面肋底3点（靠下游三根肋）；

c. 拱脚断面靠下游3根肋底3点，边肋顶部1点，拱板顶面1点；

d. 横系梁应变：跨中断面靠下游两根各1点。

（3）加载车和加载位置

①加载车：虽然大桥设计荷载为汽-13、拖-60，考虑到：

a. 大桥自建桥后常有重型车辆通过；

b. 主拱圈尚未发现裂缝；

c. 大桥需加固至设计荷载汽-20，挂-100。

通过结构验算，决定采用两辆200kN重车进行连拱作用测试和主拱圈纵向影响线测试，两辆300kN重车进行拱顶和拱脚静载试验。

②加载位置

a. 连拱作用加载：在试验孔邻孔拱顶作用两辆200kN重车的后轴；

b. 测试纵向影响线和拱顶、拱脚静载试验的加载位置如图4.2.9-1所示。

（4）连拱作用测试

由于大桥为三跨双曲拱桥，故为测定其连拱作用效应，在试验孔的相邻跨的跨中布置两辆200kN重车，总重力为421.2kN，进行连拱作用效应测试。

（5）桥梁荷载横向分布系数测定

为测定桥梁的荷载横向分布情况，分别在试验孔拱顶和 $L/4$ 截面加载测得主拱圈挠度，进而求得桥梁的实际横向分布系数，见图4.2.9-1、表4.2.9-1。

主拱圈（跨中和 $L/4$ 处）实测挠度与横向分布系数 表4.2.9-1

序号	截面 / 肋号 / 加载位置	跨中					$L/4$				
		1	2	3	4	5	1	2	3	4	5
1	拱顶位置	0.55	0.60	0.70	0.80	0.565	0.023	0.025	0.026	0.029	0.030
2	$L/4$ 处加载	0.10	0.075	0.12	0.055	0.15	0.056	0.063	0.065	0.067	0.069
3	荷载横向分布系数	0.171	0.186	0.218	0.249	0.176	0.175	0.197	0.203	0.209	0.216

注：1. 跨中截面挠度由电测位移计通过应变仪读得，$L/4$ 截面挠度由百分表直接读得。

2. 拱肋编号由上游往下游编为1～5号肋。

3. 加载为两辆各重300kN“大交通”车偏下游布置。

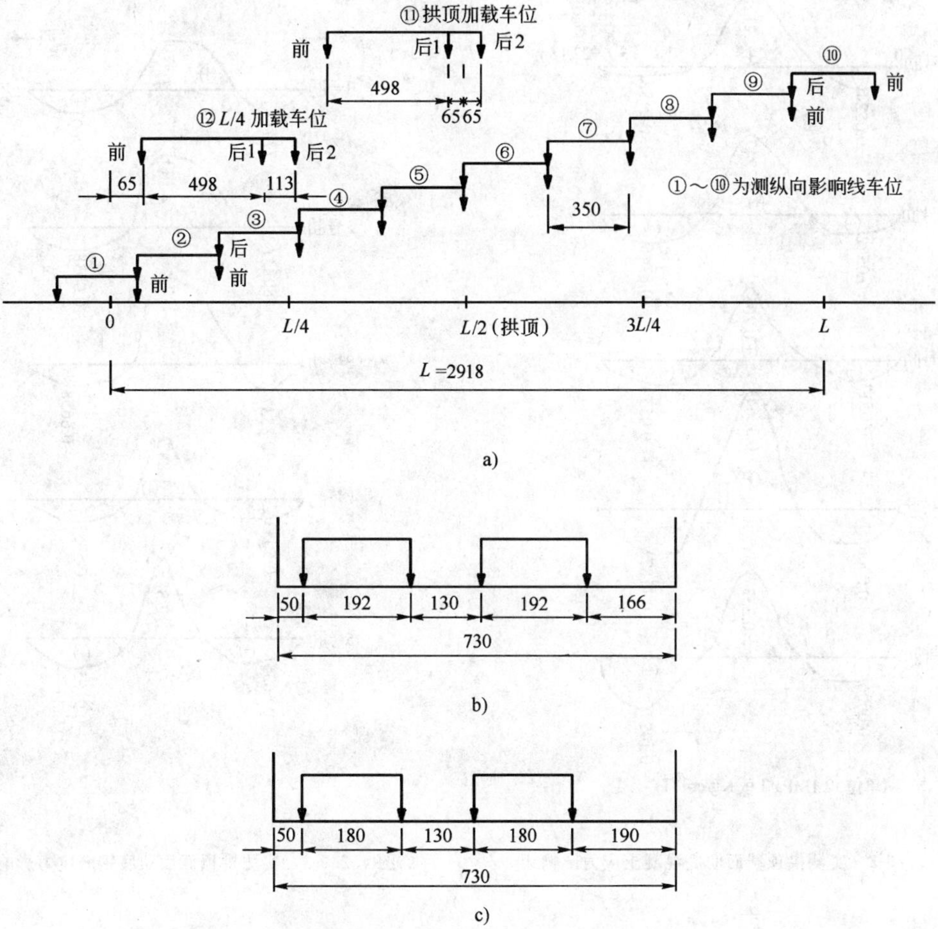

图 4.2.9-1　加载车位纵、横向布置图（尺寸单位：cm）

a）车位纵向布置；b）⑪～12车位的横向布置；c）①～⑩车位的横向布置

（6）主拱圈纵向影响线

为测定主拱圈混凝土和钢筋应力沿拱跨纵向分布情况，即纵向影响线，测试时采用两辆“罗曼”车偏下游布载，共计 10 个车位，如图 4.2.9-1 所示。各截面纵向影响线如图 4.2.9-2～4.2.9-4 所示。

（7）主拱圈截面强度

为测定主拱圈截面强度，采用两辆近 300kN 的重车分别在拱顶和拱脚加载，测出相应的肋底混凝土和钢筋应力（表 4.2.9-2），以判定主拱截面强度。

（8）测定墩台位移

该桥能否加固利用，该桥墩台及基础的稳定和承载力是一个关键。因此采用两辆重车（总重力 560kN）分别在拱顶和靠近桥台拱脚处加载，测试墩台位移情况。

（9）静载试验结果

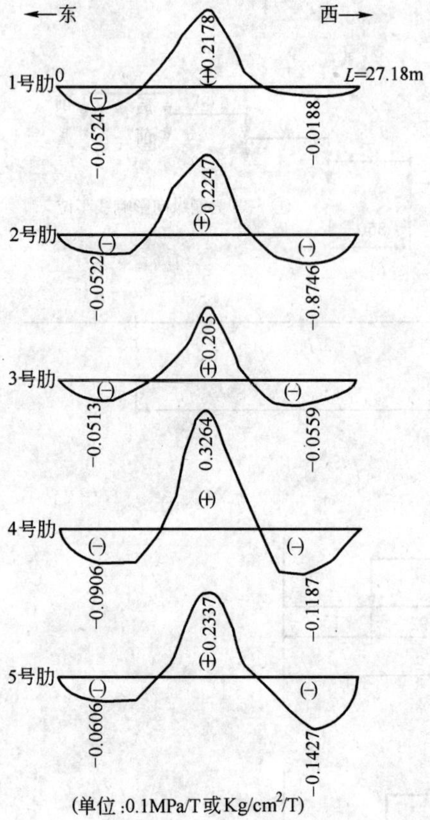

图 4.2.9-2　实测拱顶截面肋底混凝土应力影响线

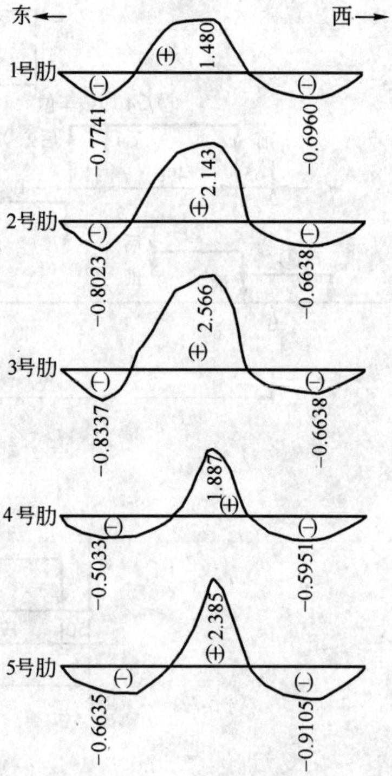

图 4.2.9-3　实测拱顶截面肋底钢筋应力影响线

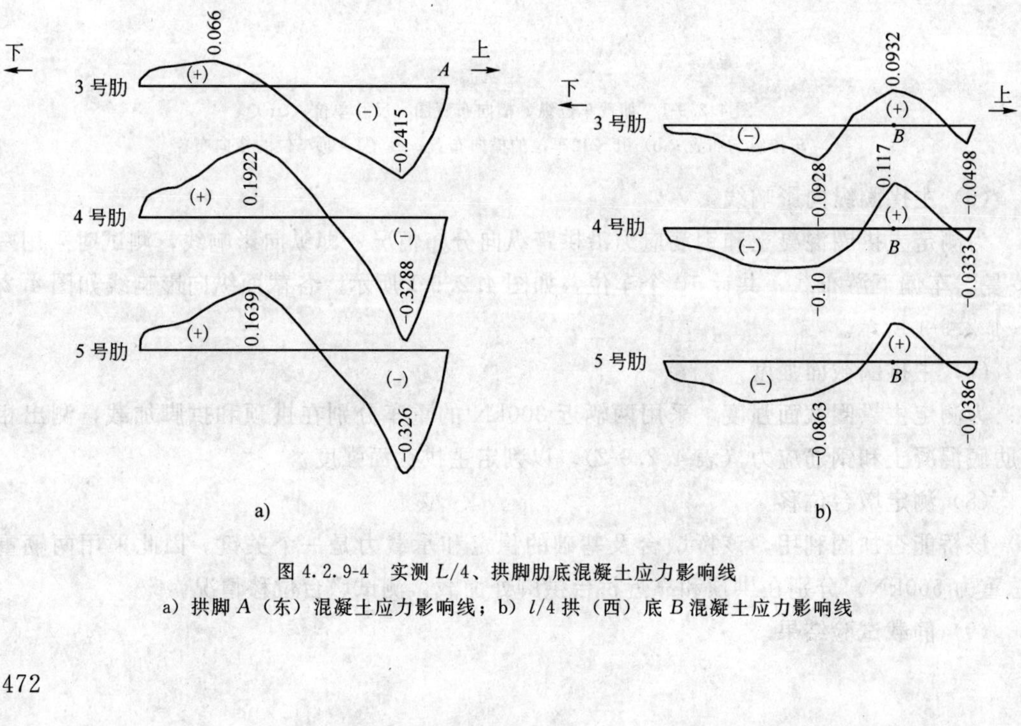

图 4.2.9-4　实测 $L/4$、拱脚肋底混凝土应力影响线

a）拱脚 A（东）混凝土应力影响线；b）$l/4$ 拱（西）底 B 混凝土应力影响线

主拱圈静载试验时应变（应力）表　　表 4.2.9-2

<table>
<tr><td rowspan="2">项目</td><td rowspan="2">加载位置</td><td rowspan="2">截面
肋号
应变（应力）</td><td colspan="5">跨　中</td><td colspan="3">L/4</td><td colspan="4">拱　脚</td></tr>
<tr><td>1</td><td>2</td><td>3</td><td>4</td><td>5</td><td>3</td><td>4</td><td>5</td><td>3</td><td>4</td><td>5</td><td>拱圈顶</td></tr>
<tr><td rowspan="4">肋底混凝土应变（应力）</td><td rowspan="2">拱顶</td><td>应变（με）</td><td>31.67</td><td>32.40</td><td>27.71</td><td>52.53</td><td>33.44</td><td>−4.23</td><td>−7.86</td><td>−4.81</td><td>11.40</td><td>10.87</td><td>3.28</td><td>10.74</td></tr>
<tr><td>应力（MPa）</td><td>0.903</td><td>0.923</td><td>0.790</td><td>1.50</td><td>0.953</td><td>−0.121</td><td>−0.224</td><td>−0.137</td><td>0.325</td><td>0.310</td><td>0.094</td><td>0.306</td></tr>
<tr><td rowspan="2">拱脚</td><td>应变（με）</td><td>−7.39</td><td>−7.96</td><td>−5.67</td><td>−12.75</td><td>−6.9</td><td>15.12</td><td>23.58</td><td>20.43</td><td>−33.70</td><td>−38.60</td><td>−43.74</td><td>10.20</td></tr>
<tr><td>应力(MPa)</td><td>−0.211</td><td>−0.227</td><td>−0.162</td><td>−0.363</td><td>0.197</td><td>0.431</td><td>0.672</td><td>0.582</td><td>−0.961</td><td>−1.10</td><td>−1.247</td><td>0.291</td></tr>
<tr><td rowspan="5">肋底钢筋应变（应力）</td><td rowspan="3">拱顶</td><td rowspan="2">应变（με）</td><td rowspan="2">33.07</td><td rowspan="2">39.37</td><td rowspan="2">47.24</td><td rowspan="2">38.58</td><td rowspan="2">48.03</td><td colspan="3">横系梁号</td><td colspan="2">横系梁①</td><td colspan="2">横系梁②</td></tr>
<tr><td rowspan="4">横系梁混凝土</td><td rowspan="2">拱顶</td><td>应变（με）</td><td colspan="2">−4.45</td><td colspan="2">2.12</td></tr>
<tr><td>应力(MPa)</td><td>6.614</td><td>7.874</td><td>9.448</td><td>7.716</td><td>−12.60</td><td>应力（MPa）</td><td colspan="2">−0.127</td><td colspan="2">0.0604</td></tr>
<tr><td rowspan="2">拱顶</td><td>应变（με）</td><td>−9.44</td><td>−12.60</td><td>−12.60</td><td>−10.24</td><td>−25.20</td><td rowspan="2">拱脚</td><td>应变（με）</td><td colspan="2">+1.67</td><td colspan="2">2.12</td></tr>
<tr><td>应力(MPa)</td><td>−1.888</td><td>−2.52</td><td>−2.52</td><td>−2.048</td><td></td><td>应力（MPa）</td><td colspan="2">+0.048</td><td colspan="2">0.0604</td></tr>
</table>

注：横系梁编号从上游往下游编。

为鉴定大桥的现有承载能力，试验时选定的两种加载车型，其中两辆“罗曼”并列作用于桥上时，经结构计算相当于汽-15 车队对大桥的作用效应，而两辆“大交通”并列作用于桥上时，相当于汽-20 车队对大桥的作用效应。因此实测的主拱圈纵向影响线即相当于汽-15 车队作用下的影响线，实测主拱圈应力与墩台位移即相当于汽-20 车队作用下的内力和墩台位移。

①由实测的桥梁荷载横向分布系数可知，大桥各肋分配内力较均匀，整体性能较好。

②由图 4.2.9-2～4.2.9-4 可知，在两辆“罗曼”车作用下，无论是跨中截面的混凝土和钢筋应力，还是 $L/4$ 和拱脚截面混凝土应力，其沿桥跨的纵向分布情况以及相应的纵向影响线均与理论计算相吻合。说明该桥的施工质量和使用性能较好，拱上建筑与拱圈联合作用明显。

③静载试验所采用的两辆“大交通”车在拱顶和拱脚加载的作用效应，经结构计算相当于汽-20 车队对大桥的作用效应。而表 4.2.9-2 中实测的跨中截面混凝土最大压应力为 1.5MPa；拱脚混凝土最大拉应力为 0.36MPa；钢筋最大拉应力为 2.52MPa；拱脚处拱圈顶面混凝土最大压应力为 0.31MPa。同时考虑恒载的内力，则拱顶截面混凝土压应力为 9.2MPa，拱脚混凝土拉应力为 0.62MPa，均小于原 25 号混凝土的容许拉应力 $[\sigma_{zl}]$ = 1.9MPa，压应力 $[\sigma_a]$ =11MPa。从而说明该桥可以利用，并通过适当的加固后可达到汽-20，挂-100 的设计荷载标准。

④该桥主拱圈试验前经全面仔细地检查未发现裂缝，试验时同时观察也未发现裂缝。另外在两辆近 300kN 的重车作用下主拱圈竖向挠度亦很小，最大仅为 0.565mm，小于允许值。从而说明该桥刚度较好，尚有承载潜力。

⑤在相当于汽-20 车队的加载车作用下，桥墩和桥台均未发现竖向位移，从而说明该桥的墩台基础承载能力能满足汽-20 荷载作用要求。墩台的水平位移最大值仅为 0.006mm，说明该桥的刚度较强，亦能满足汽-20 荷载作用要求。

3. 大桥结构检测和静载试验结果的评价

该桥墩台以及基础基本上能够满足汽-20 荷载要求，而大桥上部构造亦能继续利用，并通过适当的加固和拓宽后能够达到汽-20，挂-100 的荷载要求，以及二级路的桥面净宽要求。

三、结构验算

1. 结构受力的主要影响因素

由于近年来的计算理论的发展和测试经验的积累，充分证明了过去在双曲拱桥的设计计算中许多未予考虑的因素，诸如拱上建筑的联合作用和活载的横向不均匀分布等都客观存在，本桥静载试验实测结果与相应计算结果也得到证实。为此，在拱桥计算或验算时应考虑以下几个主要因素。

（1）拱上建筑的联合作用

荷载试验的实测应力和挠度表明，大多数拱桥除拱顶截面与计算值相接近外，拱脚和 1/4 跨处截面均较小，尤其是像本桥空腹式拱桥的腹拱段计算值与实测值出入较大，从而说明拱桥拱上建筑联合作用的存在，且对拱桥受力影响较大，在活载内力和挠度计算中应予考虑。目前在拱桥计算或验算中考虑拱上建筑联合作用时，通常采用一系数来对主拱各截面的弯矩和挠度予以折减。

（2）活载的横向分布影响

以往对拱桥计算时未考虑“活载横向分布”影响，而按“均布”处理。但有时拱顶截面的实测内力值较计算值大，即横向分布影响是客观存在的，应予考虑。一般在拱桥计算或验算时，只在计算拱顶及 $L/4$ 点的正弯矩和拱脚的负弯矩时计入荷载横向分布影响，而对 $L/4$ 点的负弯矩不计。具体做法是在计算中引入一横向增大系数。

（3）混凝土开裂的影响

主拱圈是主要承重结构，它的好坏直接影响着大桥的正常使用安全。假如主拱圈存在横向裂缝，轻者出现截面应力重分布，重者可随裂缝开展形成结构体系转换，从而由无铰拱变成有铰拱，直到破坏；如存在结构性纵向裂缝则势必破坏主拱圈横向联系，使桥梁的整体受力受到削弱或破坏。

该主桥的主拱圈未发现上述致命性的纵、横向结构性裂缝，则为加固和提高荷载等级提供了可能性和可行性。

超静定结构的拱桥，对墩台微弱的位移、温度变化及混凝土本身的收缩徐变等所产生的附加力十分敏感，尤其是双曲拱桥组合构件有整体性差的内在特点，因此常出现波顶开裂、肋波分裂、拱顶下缘或拱脚上缘开裂等。试验结果证实：拱桥按开裂影响计算混凝土应力及挠度与不考虑开裂影响的计算结果两者相比，前者与实测值更接近，且偏安全。

因此在拱桥验算中应考虑开裂所引起的内力重分布影响，即当混凝土截面拉应力超限时应按材料进入塑性状态验算。

（4）墩台位移的影响

墩台的强度和稳定性在很大程度上决定了桥梁的耐久性和能否正常使用。墩台承载能力不足，或出现下沉、倾斜、位移及转动等都将引起上部结构的损坏，严重时甚至会造成整座桥梁的坍塌。

试验证明：当拱桥墩台产生 $L/1600$ 的位移，则在拱顶、拱脚及 $L/4$ 截面所产生的附加力与同桥的恒载内力值基本相当。对于无墩台位移的拱桥其承载潜力是很大的，也是提高使用荷载标准加固的前提。

2. 结构验算

(1) 原有桥梁承载能力验算

①原设计尺寸单孔净跨：2850cm；矢跨比：1/6；净矢高：474.7cm；拱厚：88cm；拱轴系数：$m=2.2$。

拱上建筑腹拱净跨 280cm，每边 3 孔，腹拱墩为立柱式。

②截面几何特性

原设计截面单元如图 4.2.9-5，截面几何特性计算见表 4.2.9-3。

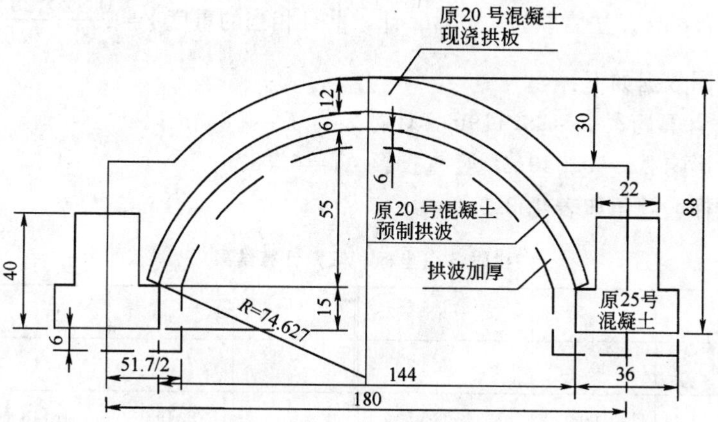

图 4.2.9-5 计算截面尺寸（一个单元）（尺寸单位：cm）

注：实线为原截面，虚线为加固后截面（拱波加厚 6cm，拱肋每侧加宽 7.85cm）。

截面几何特性（一个单元） 表 4.2.9-3

项　目	拱　肋	拱　波	拱　板	波　沟	拱圈换算截面
截面积（cm^2）	1090	1225	2945	2567	5341
形心至全截面上缘高（cm）	70.408	35.491	26.834	11.893	38.373
自身惯矩（cm^4）	147762	385065	775009	181683	2922389
每延米重力（kN/m）	2.616	3.062	7.067		12.746

注：1. 波沟只作填平层面积计算用，不计入拱圈截面。

2. 拱肋 $E=2.9\times10^4$MPa，预制拱波、拱板 $E=2.7\times10^4$MPa，换算截面按 $E=2.7\times10^4$MPa 计。

3. 拱圈及拱上构造几何特性及重量计算

按原设计图 $L/4$ 拱轴坐标为 3.817，拱顶拱轴坐标为 4.862，则：

$$\frac{Y_{L/4}}{f}=\frac{4.862-3.817}{4.862}=0.215$$

则相当于拱轴系数 m=2.514。

主拱截面形心至下缘：0.88－0.38373＝0.49627m

腹拱净距：2.80m

腹拱矢跨比：1/5.6

腹拱厚度：0.15m

立墙宽度（立柱顶帽宽）：0.50m

第1腹拱脚至主拱脚背面距：0.70－0.25＝0.45m

侧墙顶宽：0.45m

立柱顺桥宽 0.4m，横桥向5根各宽 0.36m（全桥宽1排立柱面积为 0.4m×0.36m×0.72m，按拱宽 7.85m、立墙顺桥宽 0.5m 计，共计相当的重度 $\gamma=\frac{0.72\times25}{7.85\times0.5}=4.586\text{kN/m}^3$）

经计算得拱圈数据如下：

m=2.514，计算跨径 L=29.119m，计算矢高 f=4.863m；

拱脚水平投影响 Δx=0.549m，竖直投影 Δy=0.687m。

拱轴各点坐标、倾角如表 4.2.9-4。

拱轴各点坐标、倾角计算结果　　表 4.2.9-4

点　号	x_i	y_i	ϕ_i	点　号	x_i	y_i	ϕ_i
1	0	0	38°38′40″	7	7.279	3.818	16°47′00″
2	1.213	0.904	34°40′50″	8	8.493	4.148	13°42′00″
	2.360	1.646	（第1立柱点）		8.757	4.211	（最后脂拱脚）
3	2.426	1.685	30°48′00″	9	9.706	4.412	10°46′00″
4	3.639	2.356	27°03′00″	10	10.919	4.612	7°57′40″
5	4.853	2.929	23°27′20″	11	12.133	4.752	5°15′00″
	5.660	3.261	（第2立柱点）	12	13.346	4.836	2°36′30″
6	6.066	3.414	20°01′50″	13	14.5595	4.863	0°00′00″

各立柱高（拱背至腹拱起拱线）H_i 及其上承重 P_i（立柱、腹拱及填平层）如下：

$$H_1=2.503\text{m}\qquad P_1=59.3\text{kN}$$

$$H_2=0.924\text{m}\qquad P_2=52.8\text{kN}$$

$$H_3=0.002\text{m}\qquad P_3=22.7\text{kN}$$

实腹段分为4部分，其重力化为作用于9～12点上的集中荷载：

$$P_9=33.8\text{kN},\ P_{10}=17.9\text{kN},\ P_{11}=11.5\text{kN},\ P_{12}=7.8\text{kN}$$

以上重力均指横向一个单元宽度（1.80m）范围内的恒重力，未包括桥面栏杆重力。全跨在一个单元宽范围内桥面栏杆按 8.17kN/m 计。

3. 主拱内力、应力计算

a. 主拱圈内力如表 4.2.9-5。

主拱圈内力计算表（按每单元计）　　表 4.2.9-5

内容＼部位		拱脚		L/4		拱顶	
		N (kN)	M (kN·m)	N (kN)	M (kN·m)	N (kN)	M (kN·m)
恒载		923.5	22.2	805.7	−28.0	757.2	32.0
汽-15	M_{max}	170.3	191.4	66.4	149.3	156.0	130.2
	M_{min}	124.4	−174.9	181.9	−108.7		
挂-80	M_{max}	180.7	248.5	109.5	167.8	247.4	134.9
	M_{min}	215.8	−242.2	196.0	−135.5		
恒＋汽	M_{max}	1093.8	213.6	872.1	121.3	913.1	162.2
	M_{min}	1047.9	−152.7	987.6	−136.7		
(恒＋挂)/1.25	M_{max}	883.4	216.6	732.7	111.8	803.7	133.5
	M_{min}	911.4	−176.0	801.4	−130.8		

b. 拱圈应力（恒载加活载）

单元拱圈截面积 $F=0.5341\text{m}^2$，惯矩 $I=0.02922389\text{m}^4$

形心至上缘 $y_上=0.38373\text{m}$，形心至下缘 $y_下=0.49627\text{m}$

（以上均按换算为 20 号混凝土计算）

拱脚：

正弯矩
$$\text{上缘应力 } \sigma=\frac{883.4}{0.5341}+\frac{216.6}{0.02922389}\times0.38373=4.498\text{MPa}$$
$$\text{下缘应力 } \sigma=\frac{883.4}{0.5341}+\frac{216.6}{0.02922389}\times0.49673=-2.204\text{MPa}$$

负弯矩
$$\text{上缘应力 } \sigma=\frac{911.4}{0.5341}+\frac{-176.0}{0.02922389}\times0.38373=-0.605\text{MPa}$$
$$\text{下缘应力 } \sigma=\frac{911.4}{0.5341}+\frac{-176.0}{0.02922389}\times0.49627=0.469\text{MPa}$$

$L/4$：

正弯矩
$$\text{上缘应力 } \sigma=\frac{872.1}{0.5341}+\frac{121.3}{0.02922389}\times0.38373=3.226\text{MPa}$$
$$\text{下缘应力 } \sigma=\frac{872.1}{0.5341}+\frac{121.3}{0.02922389}\times0.49627=-0.427\text{MPa}$$

负弯矩
$$\text{上缘应力 } \sigma=\frac{987.6}{0.5341}+\frac{-136.7}{0.02922389}\times0.38373=-0.054\text{MPa}$$
$$\text{下缘应力 } \sigma=\frac{987.6}{0.5341}+\frac{-136.7}{0.02922389}\times0.49627=4.170\text{MPa}$$

拱顶：

上缘应力 $\sigma=\frac{913.2}{0.5341}+\frac{162.2}{0.02922389}\times 0.38373=3.84\text{MPa}$

下缘应力 $\sigma=\frac{913.2}{0.5341}+\frac{162.2}{0.02922389}\times 0.49627=-1.045\text{MPa}$

拱圈上缘最大拉应力－0.605MPa，均无问题；拱圈下缘最大拉应力－2.024MPa，均无问题。

拱脚下缘虽有较大拉应力，但其上缘压应力很富余。按混凝土开裂截面应力重分布计算当无问题，且拱肋下缘原已配钢筋，故通过汽-15，挂-80 没有问题。

（2）加固后桥梁承载能力验算

加固后拱圈截面见图 4.2.9-5 中虚线所示，即肋、波一般加厚 6cm（且在拱脚段拱背亦加厚，计算中不计），现根据此种截面验算在汽-20、挂-100 活载下的内力及应力。

①截面几何特性（表 4.2.9-6）

加固后截面几何特性计算结果（一个单元） 表 4.2.9-6

项　目	拱　肋	拱　波	拱　板	波　沟	拱圈换算截面
截面积（cm^2）	1636	2309	2945	2567	7011
形心至全截面上缘高（cm）	75.769	37.357	26.834	11.893	42.564
截面惯矩（cm^4）	261664	667613	775009	181683	4452385
每延米重力（kN/m）	3.925	5.772	7.067		16.764

表 4.2.9-6 的计算采用表 4.2.9-3 的说明，虽截面用喷锚混凝土加厚，但由于粘结状况使全断面整体受力打一定折扣，故计算时加于拱肋、拱波上的混凝土均按原拱肋、预制拱波混凝土等级计算。

②拱圈及拱上构造几何特性及重力计算

主拱圈仅下缘加厚 6cm，与跨径相比变化甚小，故主拱计算跨径、矢高及立柱等几何数据不变，唯腹拱加厚及新做桥面部分重力另行计算。

a. 腹拱加厚重力

$$\theta=2\times\arcsin\frac{280}{2\times 222}=1.36473(\text{rad})$$

每单元宽（1.8m）一个腹拱增重：

$\Delta P=1.36473\times 2.22\times 0.06\times 1.80\times 25=8.18\text{kN}$

故各立柱上作用力变为：

$P_1=5.93+0.818=67.5\text{kN}$

$P_2=5.28+0.818=61.0\text{kN}$

$P_3=22.7+8.18/2=26.8\text{kN}$

b. 桥面重力

按加固设计的悬臂梁、板、桥面铺装、人行道铺装等总体积为 271.4m^3，人行道、栏杆改为 42＋14＝56m^3，按主孔桥长 31.0×3＝93m 计，横向按 4 个单元均担，每单元桥面部分荷载集度为：

$$Q=(271.4+56)/93/4\times25=22.0\text{kN/m}$$

原桥面要清除，故仅计算新桥面重力。

③主拱圈内力及应力计算

a. 主拱圈内力

恒载内力计入拱圈加大、腹拱喷锚加厚重力；温度内力考虑圬工拱桥有一定滞后作用，取±15℃计算；活载内力按汽-20、挂-100、人群荷载 3000kN/cm^2 计。内力计算如表 4.2.9-7。

加固后主拱圈各截面内力计算结果表　　表 4.2.9-7

序号	内力		拱脚		L/4		拱顶	
			N (kN)	M (kN·m)	N (kN)	M (kN·m)	N (kN)	M (kN·m)
1	恒载		1420.4	31.1	1241.1	−50.5	1163.8	79.2
2	汽-20＋人群	M_{max}	235.3	279.3	161.8	230.2	266.4	206.2
3		M_{min}	195.1	−317.9	252.8	−161.2	119.9	−49.1
4	挂-100	M_{max}	225.1	307.5	136.9	209.7	308.2	170.6
5		M_{min}	263.2	−305.1	244.9	−169.4	0	0
6	温度	升 15℃	62.3	253.1	73.7	−12.2	77.7	−124.7
7		降 15℃	−62.3	−253.1	−73.7	12.2	−77.7	124.7

b. 主拱圈应力

拱圈截面积 $F=0.7011\text{cm}^2$，惯矩 $I=0.04452385\text{m}^4$

截面形心至上缘 $y_{上}=0.42564\text{m}$

截面形心至上缘 $y_{下}=0.88+0.06-0.42564=0.51436\text{m}$

先按素混凝土公式 $\sigma_{\substack{上\\下}}=\dfrac{N}{F}\pm\dfrac{M}{I}\times y_{\substack{上\\下}}$ 计算如表 4.2.9-8。

加固后主拱圈各截面应力计算结果表　　表 4.2.9-8

内容＼部位	拱脚		L/4		拱顶	
	M_{max}	M_{min}	M_{max}	M_{min}	M_{max}	M_{min}
轴向力 N (KN)	1374.4	1242.5	1402.9	1493.9	1082.0	
弯矩 M (KN·m)	450.8	−431.9	1797	−211.7	328.1	
上缘应力 (MPa)	627.0	−235.7	371.9	10.7	468.0	
下缘应力 (MPa)	−324.8	676.2	−07.5	457.6	−224.7	
控制内力	恒＋汽＋温	恒＋汽＋温	恒＋汽	恒＋汽	恒＋汽＋温	

按素混凝土计算拱顶及拱脚应力偏大（计算截面见图 4.2.9-6），改按钢筋混凝土截面计算，按设计图下缘原配 3Φ22 钢筋，现喷锚部分又加 2Φ16 钢筋。原拱脚段上缘配筋为 5Φ12 钢筋，现加厚又加配 3Φ16 钢筋计。计算结果见表 4.2.9-9。

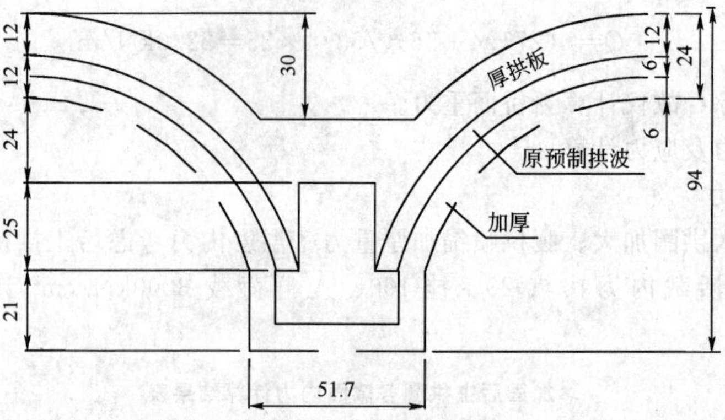

图 4.2.9-6 主拱圈计算截面尺寸图（一个单元）（尺寸单位：cm）

加固后主拱圈应力按钢筋混凝土截面计算结果表　　表 4.2.9-9

应　　力	拱　　脚		拱　　顶
	M_{max}	M_{min}	M_{max}
混凝土压应力（MPa）	9.267（上缘）	7.910（下缘）	6.574（上缘）
钢筋拉应力（MPa）	101.334（下缘）	−54.125（上缘）	−63.583（下缘）

故加固后主拱圈通过汽-20、挂-100 荷载无问题，且拱脚段的上缘加厚并未计入，拱脚实际应力会更小些。

在以上计算考虑到：虽拱圈已用喷锚混凝土加厚，但由于粘结状况使全断面整体受力打一定折扣（如某桥新老混凝土粘结效果实测为 68%），故计算时，将 C30 号锚喷混凝土按原桥 20 号混凝土取值验算。

验算结果表明，混凝土和钢筋应力均在容许范围之内，故锚喷加固后该桥可以满足汽-20、挂-100、人群 $3kN/m^2$ 的荷载要求。

四、加固及拓宽设计

1. 加固设计方案

(1) 上部构造

由于设计荷载增大，桥面拓宽，车辆横向不利位置较原桥面净宽不利位置外移（原桥设计荷载为汽-13，拖-60，桥面净宽：净 7.3m＋2×0.25m 安全带），增加了人行道活载，故对主拱圈、腹拱圈、拱上立柱等均采用锚喷混凝土加固，边肋亦予以加宽，拱背现浇混凝土加固。

(2) 下部构造

根据结构检查和静载试验结果，证明主桥墩台的强度和刚度能满足现设计荷载要求，地基坚实可靠，故对主桥墩台不予加固。

2. 拓宽设计方案

由于原桥面净宽 7.3m，无人行道，为配合二级路的宽度要求，需将桥面拓宽至 12m，即净 9m＋2×1.5m 人行道。而主桥两岸引桥（引道）已铺筑好混凝土路面，故主桥拓宽必须沿桥中心线对称地在上下游加宽。

（1）拓宽方案比选

①方案一

于墩台上挑出悬臂梁，然后增设边拱肋，修建拱上构造，拓宽桥面至净 9m＋2×1.5m，重修桥面铺装。

优点：拓宽部分直接传力到墩台上，受力明确，对原桥各拱肋受力影响不很大。

缺点：墩台上挑出的悬臂梁，因要承受增设的拱肋恒载，故必须做得较强劲，造价较高，施工难度较大。

②方案二

在桥的两侧与重修的桥面一次现浇车行道悬臂板和人行道悬臂梁，再在人行道悬臂梁上搁置微弯板。

优点：采用悬臂梁（板）加微弯板结构，构件轻巧，并充分利用了重建混凝土桥面作为悬臂梁（板）的锚固端，造价比方案一低，施工（安装）也方便。

缺点：悬出部分主要依靠边肋承受，故受力不如方案一有利，因此应对拱肋予以加固。

经对方案一、二的经济技术比选，最后采用方案二作为本桥拓宽方案。

（2）拓宽设计要点

①由于该桥为空腹式双曲拱桥，现采用悬臂梁结构来拓宽桥面，所以应尽量使悬臂梁处于拱上立柱或附近，以尽量通过立柱来传力给主拱圈和墩台上。

②车行道桥面悬臂板和人行道悬臂梁根部支于原拱桥侧墙上，悬臂板和悬臂梁相交处钢筋混凝土应整体浇成。人行道板采用轻巧的少筋微弯板。

③为加强主桥的整体性，减少桥面接缝，桥面铺装采取全桥连续，仅在桥面系两端各设置一道伸缩缝，桥面在跨墩（柱）部分底层设置钢筋网。

3. 主桥拓宽计算

（1）结构尺寸拟定

①由于该桥为空腹式双曲拱桥，现采用悬臂结构来拓宽大桥桥面，经立面布置确定人行道悬臂梁间距（中到中）为 345cm（或 344cm）。

②人行道板采用微弯板（少筋），为适应悬臂梁间距需要，长度取为 325cm，相邻微弯板现浇接头 20cm（或 19cm），宽度为 175cm，以满足 1.5m 人行道和安设栏杆（柱）的需要。

（2）人行道悬臂梁（一根）计算

①荷载计算

人行道微弯板（一块自重）：$P_{道}=18.1\mathrm{kN}$

栏杆、栏杆柱：$P_{栏}=1.52\mathrm{kN/m}\times3.45\mathrm{m}=5.244\mathrm{kN}$

人群荷载：$P_{人}=3000\mathrm{N/m^2}\times1.5\mathrm{m}\times3.45\mathrm{m}=15.525\mathrm{kN}$

$$(q_{人}=3000\mathrm{N/m^2}\times3.45\mathrm{m}=10.35\mathrm{kN/m})$$

悬臂梁自重力：$P_{自}=(0.4\times0.2+0.4^2)\div2\times(1.5+0.575)=2.49\text{kN}$

②悬臂梁固端内力计算

剪力：
$$Q_{端}=P_{道}+P_{栏}+P_{人}+P_{自}$$
$$=18.1+5.24+15.525+2.49=41.355\text{kN}$$

弯矩：
$$M_{端}=P_{栏}\times2.075+(P_{道}+P_{人})\times(0.75+0.575)+P_{自}\times L_2$$
$$=5.24\times2.075+(18.1+15.525)\times1.325+2.49\times0.922$$
$$=57.72\text{kN}\cdot\text{m}$$

悬臂梁固端截面尺寸拟定：$a\times b=0.4\text{m}\times0.4\text{m}$（端部 $0.2\text{m}\times0.4\text{m}$）

配筋：见图 4.2.9-7。

③截面强度验算

a. 按单筋矩形梁

$R_a=17.5\text{MPa}$（C30 号混凝土）

$R_g=R'_g=340\text{MPa}$

$x_1=\frac{R_gA_g}{R_{ab}}=\frac{340\times15.7}{17.5\times40}=7.626\text{cm}$

b. 按双筋矩形梁

$$x'_2=\frac{340(A_g-A'_g)}{R_{ab}}=0$$

c. 判别

$$\psi_{jgho}=0.55\times37=20.35\text{cm}$$

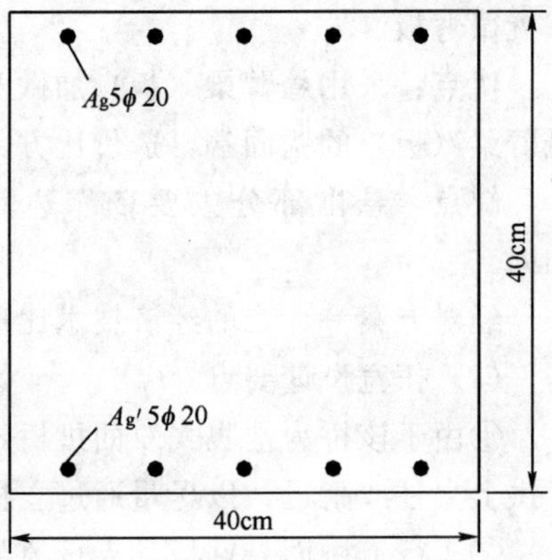

图 4.2.9-7 悬臂梁固端截面配筋图

因 $x_1=7.626\text{cm}<\psi_{jgho}=20.35\text{cm}$

$$x_2<\psi_{jgho}<2a'=6\text{cm}$$

所以按单筋矩形梁计算。

d. 单筋矩形梁强度验算

$$M_R=\gamma_b\frac{R_a}{\gamma_c}bx_1\left(h_0-\frac{x_1}{2}\right)$$
$$=1\times\frac{17.5}{1.25}\times0.4\times0.07626\left(0.37-\frac{0.07626}{2}\right)$$
$$=141.7\text{kN}\cdot\text{m}<M_j=57.72\text{kN}\cdot\text{m}$$

④抗剪强度验算

因混凝土 $Q_{h下限}=0.038R_1bh_0=0.038\times1.75\times40\times17$

$$=45.2\text{ kN}<Q_j=1.2\times(18.1+5.24+2.49)+1.4\times15.525=52.73\text{kN}$$

需考虑斜截面抗剪强度验算。

为此，应考虑钢筋（斜筋、箍筋）共同受力，即按 $Q_j \leqslant Q_{hk}+Q_w$ 计算。

按《规范》（JTJ 023—85）有

a. $Q_{hk}=\gamma_b\left(\frac{Q_h}{\gamma_c}+\frac{Q_k}{\gamma_s}\right)=0.0349bh_0\sqrt{(2+p)\ \sqrt{R}\mu_k R_{gk}}$

式中：$b=10\text{cm}$，$h_0=37\text{cm}$

$$\mu_k=\frac{A_k}{S_k b}=\frac{4\times0.283}{10\times40}=0.002825$$

$$R_{gk}=240\text{MPa}(\phi6);\text{R}=30\text{MPa}$$

$$P=\frac{A_g}{bh_0}\times100=\frac{15.7}{40\times37}\times100=1.0608$$

所以

$$Q_{hk}=0.0349\times10\times37\sqrt{(2+1.0608)\ \sqrt{30}\times0.002825\times240}$$
$$=43.5\text{kN}$$

b.

$$Q_w=0.08\,\frac{\gamma_b}{\gamma_s}R_{gw}\sum A_w\sin\alpha$$
$$=0.06R_{gw}\sum A_w\sin\alpha$$
$$=0.06\times340\times(3.142\times2)\times\sin45^\circ$$
$$=90.6\text{kN}$$

c. 综合考虑混凝土、斜筋（弯起筋）和箍筋的共同受力，则

$$Q_j=41.4\text{kN}<Q_R=Q_{hk+}Q_w=43.5+90.6=134.1\text{kN}$$

满足抗剪要求。

（3）车行道悬臂板

由于车行道板悬出距离不大，车轮只作用在板的悬臂根部，故其尺寸和配筋参照悬臂梁构造，不作具体计算。

五、施工要点

（1）由于主桥的拓宽采用拱上外悬、墩台不预加宽，所以桥面车行道和人行道悬臂梁的施工质量非常关键。新旧混凝土接触面应凿毛和冲洗干净，切实保证两者牢固结合。并应将主筋锚入旧混凝土中，深度不小于 15cm。

①主筋：采用 ϕ20 钢筋；

②混凝土：C30 混凝土；

③为保证悬臂梁（板）的根部结合可靠，其浇筑施工应和桥面一次性整体浇筑。

（2）主桥、引桥及引道的加固拓宽横剖面图如图 4.2.9-8 所示。

（3）主拱圈、腹拱圈、拱上立柱等采用外包钢筋网并用锚喷混凝土加大截面，施工时严格按照锚喷工艺要求进行。

（4）桥面施工必须在主拱圈、腹拱、立柱加固完毕后进行。

（5）最后按照有关工序进行伸缩缝的施工。

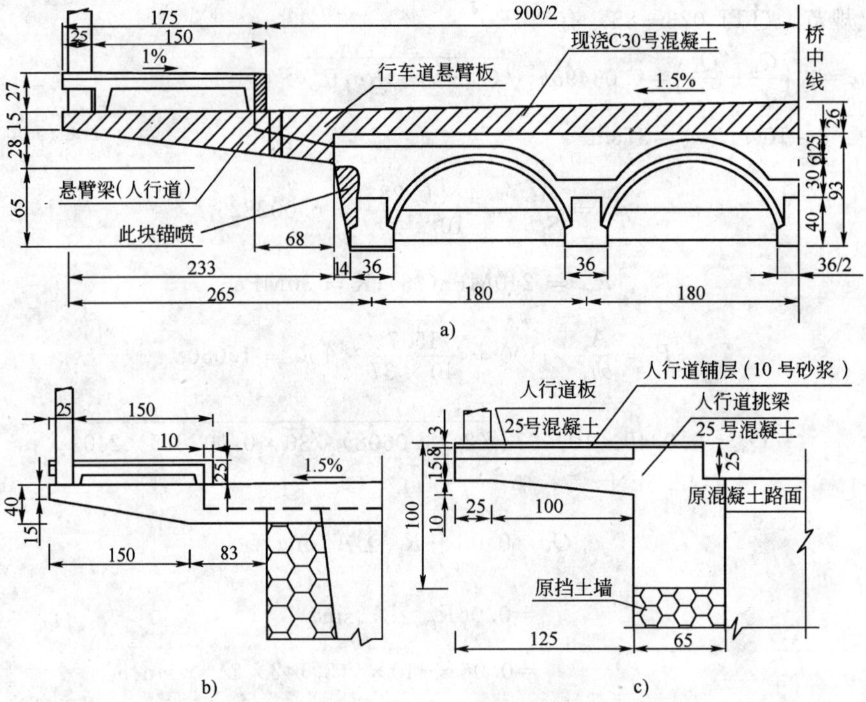

图 4.2.9-8 主桥、引桥及引道加固拓宽横断面图（尺寸单位：cm）

a）主桥拓宽横向布置（拱顶）图；b）引桥拓宽横断面图；c）引道拓宽横断面图

六、加固效果

(1) 本桥采用锚喷钢筋混凝土加固和悬臂梁拓宽技术改造，不仅便于施工、确保质量，而且施工期间可不中断交通，因而社会效益显著。

(2) 本桥采用加固拓宽方法改造，不仅在总体上具有上、下部构造配合恰当之优点，而且给人们以轻巧、优美、安全之感，施工安全简便，质量易于保证。

(3) 该桥梁改造工程费用低，耗材少，工期短，满足了汽-20，挂-100，净 9m＋2×1.5m 的二级公路桥梁设计标准要求。

§2.10 双曲拱桥提载的加固（一）

——采用锚喷及增大横系梁加固法

一、桥梁概况

该桥设计荷载为汽-13，拖-60，桥面净宽为净 7m＋2×0.25m。上部构造为 5 孔 45m（矢跨比 1/6）的双曲拱，横向 6 肋 5 波。下部构造为重力式实体桥墩和加后座的 U 形桥台。除西台基础于密实卵石层以外，其余墩台均建于千枚岩基岩上，见图 4.2.10-1。大桥于 1969 年 8 月建成营运。

大桥施工时，各孔主拱圈均采用有支架现浇施工，对称加载。西岸桥台基础下基时比设计图加深了 1m，以确保基底强度的要求。两桥台后座挡墙均建于台背回填土上。

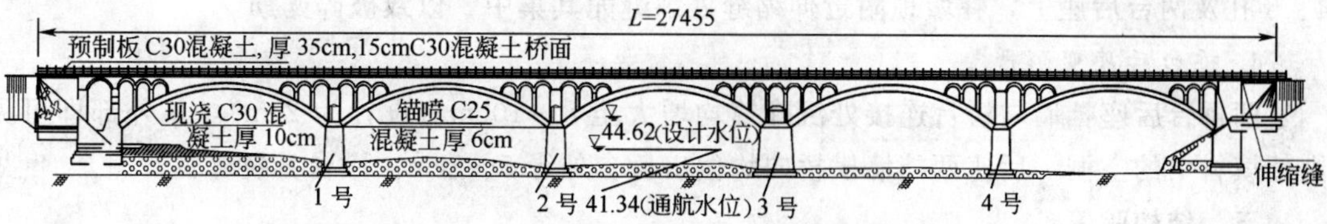

图 4.2.10-1　大桥总体布置图（尺寸单位：cm）

二、存在的主要问题

1. *主拱圈裂缝*

（1）主拱圈中波纵向裂缝。大桥横向中心线正处于第3拱波波顶处，各孔中波波顶均存在纵向裂缝，一般自拱顶开始至 $L/4$ 附近为止，但第5孔则两拱脚之间也存在，裂缝宽度最大约0.4mm。

（2）肋、波连接处裂缝。腹拱、立墙普遍开裂渗水。

（3）拱肋裂缝。各孔拱肋均有横向裂缝，而以第1、5孔比较集中，有不少是U形裂缝，这些裂缝多发生在拱顶前后10m左右范围内。

（4）横系梁裂缝。

2. *主拱圈轴线变形*

主拱轴线普遍下降，拱顶下降5～18cm，$L/4$ 点下降0～9cm，而且上下游下降值很不一致，详见表4.2.10-1。

主拱轴线实测数据表　　　　表 4.2.10-1

截　　面		（西岸）$L/4$	$L/2$	（东岸）$L/4$
第一孔	上游（m）	6.035	7.422	6.035
	下游（m）	6.060	7.388	6.038
第二孔	上游（m）	6.022	7.388	6.040
	下游（m）	6.072	7.450	6.045
第三孔	上游（m）	6.070	7.412	6.078
	下游（m）	6.085	7.414	6.087
第四孔	上游（m）	6.046	7.320	6.016
	下游（m）	6.038	7.404	5.994
第五孔	上游（m）	6.082	7.432	6.067
	下游（m）	6.042	7.444	6.068

3. *桥面变形及破碎*

桥面纵向变形已呈波浪形，但高差尚不很大。而桥面破碎现象甚为严重，多集中在3、

4、5孔及两台后座上，在墩顶附近伸缩缝处裂缝尤其集中，以致破碎露筋。

4. 桥台后座变形严重

两桥台后座挡墙与桥台连接处沉降缝均增大至8～10cm（设计为2cm），从外部即可见内部填料中的空洞，后座两挡墙横桥向均偏出桥台外缘5～8cm。墩台身裂缝较普遍。

三、结构验算

1. 加固前主拱圈验算

验算时考虑了下列三点：①拱上构造的共同作用，该桥为拱式拱上构造，共同作用影响较大，计算活载内力时考虑了这种作用；②活载横向分布，结合拱结构实际测试的结果，对拱顶及$L/4$点的正弯矩和拱脚的负弯矩计入横向分布影响，而对$L/4$点的负弯矩和拱脚正弯矩不计；③当混凝土截面拉应力超限时按材料进入塑性状态验算，降温按20℃，收缩徐变按10℃计。

按大桥设计的结构尺寸（与实际丈量基本吻合），假定主拱圈整体受力状况良好进行强度验算。

（1）恒载计算

①桥面恒载。根据原设计图以及调查实桥尺寸，采用计算的桥面恒载如图4.2.10-2所示（拱顶以上部分）。

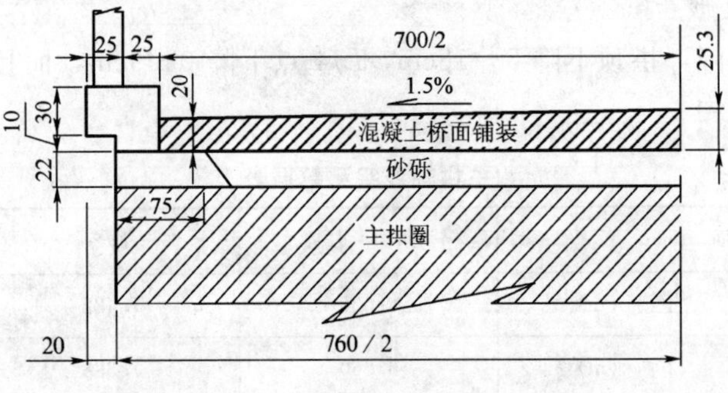

图4.2.10-2 拱顶横断面图（尺寸单位：cm）

一侧安全带：（0.4× 0.3+0.2×0.3）×24=4.3kN/m

一侧栏杆：0.7kN/m

一侧混凝土路面：（0.2+0.253）/2×3.5×24=19.0kN/m

一侧侧墙：0.75×0.22×25=3.8kN/m

一侧砂砾填料：（3.80−0.75）×0.22×17=11.4kN/m

全拱宽：$Q=$（4.3+0.7+19.0+3.8+11.4）×2=78.4kN/m

全拱宽5单元（每单元宽1.46m），每单元承担$q=Q/5=15.68$kN/m

②每单元主拱圈截面几何特性见表4.2.10-2，材料特性如下：

拱肋旧250号混凝土：$E=2.9\times10^4$MPa

拱波、拱板旧150号混凝土：$E=2.4\times10^4$MPa

$$n=2.9/2.4=1.2083$$

每单元主拱圈截面几何特性表　　表 4.2.10-2

项目＼部位	拱　肋	拱　波	拱　板	拱圈换算截面
面积（cm^2）	1605	1571	4281	7790.9
惯矩（cm^4）	385002	227425	638108	7164298

注：拱肋、拱波、拱板为实际数值，换算截面按旧 150 号混凝土换算。

换算截面形心距截面上缘 $y=73.11$cm。

拱肋单位重度 $\gamma=25\text{kN/m}^3$，拱波、拱板 $\gamma=24\text{kN/m}^3$

③拱上构造（按每单元 1.46m 宽计）

第一立墙脚总重力 $P_1=225.9$kN

第二立墙脚总重力 $P_2=159.1$kN

第三立墙脚总重力 $P_3=52.9$kN

实腹段拱上构造分 6 块计，各块重力为：

$P_4=74.0$kN、$P_5=63.9$kN、$P_6=40.2$kN、$P_7=22.4$kN、$P_8=10.2$kN、$P_9=3.0$kN

由于横系梁甚密，按 0.33kN/m 加入桥面均布荷载中，故 $q=15.68+0.33=16.01$ kN/m。

④恒载内力

将拱圈轴线分为 16 单元，按刚度法计算得恒载内力如表 4.2.10-3。

恒载内力计算结果表　　表 4.2.10-3

拱　顶		$L/4$		拱　脚	
N（KN）	M（kN·m）	N（kN）	M（kN·m）	N（kN）	M（kN·m）
1906	33	1999	70	2410	197

（2）活载内力

按双车道，5 单元分配，由《公路双曲拱桥》查得横向增大系数 $K_{汽}=1.20$，$K_{挂}=1.40$，故横向分布系数取值为：

$$\eta_{汽}=\frac{2}{5}\times1.2=0.48\quad\eta_{挂}=\frac{1}{5}\times1.4=0.28$$

对于计算最大内力时的重车位置远离该截面位置时，根据多次试验结果，其内力横向分布相当均匀，则按平均分配，即对 $L/4$ 截面的负弯矩、拱脚正弯矩及其相应的内力，均按横向分布系数为：

$$\eta_{汽}=\frac{2}{5}=0.40\quad\eta_{挂}=\frac{1}{5}=0.20$$

（3）降温及收缩徐变内力

① 降温按 20℃，收缩徐变按 10℃，计算降温值为：20×0.7＋10×0.45＝18.5℃，按

降温 20℃计。各荷载的内力均按不考虑拱上构造共同作用时的计算结果及其组合见表 4.2.10-4。

不计拱上构造共同作用的主拱圈内力及其组合计算值表（横向一个单元）表 4.2.10-4

序号	荷载		拱顶		L/4		拱脚	
			N (kN)	M (kN·m)	N (kN)	M (kN·m)	N (kN)	M (kN·m)
1	恒载		1906	33	1999	70	2410	197
2	汽-20	M_{max}	196	296	121	301	162	346
3		M_{min}			178	−186	135	−360
4	挂-100	M_{max}	373	445	186	470	201	491
5		M_{min}			267	−260	269	−652
6	汽-超 20	M_{max}	325	314	145	349	193	473
7		M_{min}			215	−246	273	−475
8	挂-120	M_{max}	447	534	223	564	241	589
9		M_{min}			321	−312	322	−782
10	降温及收缩徐变		−41	98	−39	41	−31	−214
汽-20 挂-100 组合	1+2 1+3		2102	329	2120 2177	371 −116	2572 2545	543 −163
	(1+4) /1.25 (1+5) /1.25		1823	382	1748 1813	432 −152	2089 2143	550 −364
汽超-20 挂-120 组合	1+6 1+7		2231	347	2144 2214	419 −176	2603 2683	670 −278
	(1+6+10) /1.25 (1+7+10) /1.25		1752	356	1684 1740	368 −108	2058 2122	365 −394
	(1+8) /1.25 (1+9) /1.25		1882	454	1778 1856	507 −194	2121 2186	629 −468

②考虑计入拱上构造联合作用影响时

计算各刚度比如下：

立墙与腹拱均为旧 50 号砂浆砌块石，其弹性模量为：

$$E = 800K[\sigma_a] = 800 \times 2.5 \times 2500 = 0.5 \times 10^7 \mathrm{kN/m^2}$$

取一单元宽 1.46M 计算，腹拱刚度为：

$$E_2 I_2 = 0.5 \times 10^7 \times \frac{1.46 \times 0.35^3}{12} = 26080 \mathrm{kN \cdot m^2}$$

立墙刚度为：$E_3 I_3 = 0.5 \times 10^7 \times \dfrac{1.46 \times 0.9^3}{12} = 443480 \mathrm{kN \cdot m^2}$

主拱刚度为：$E_1I_1 = 2.4\times10^7\times0.071643 = 1719430\text{kN}\cdot\text{m}^2$

所以 $E_1I_1/E_2I_2=66$，$E_1I_1/E_3I_3=3.9=4$

查《公路双曲拱桥》得弯矩折减系数为：

拱顶；$\beta=0.897$；$L/4$；$\beta=0.769$；拱脚；$\beta=0.722$

将各活载弯矩乘以相应 β 值后得内力结果如表 4.2.10-5。

计入拱上构造作用的主拱圈内力及其组合计算值表（横向一单元） 表 4.2.10-5

序号	荷载		拱顶		L/4		拱脚	
			N (kN)	M (kN·m)	N (kN)	M (kN·m)	N (kN)	M (kN·m)
1	恒载		1906	33	1999	70	2410	197
2	汽-20	M_{max}	196	266	121	231	162	250
3		M_{min}			178	−143	135	−260
4	挂-100	M_{max}	373	399	186	361	201	354
5		M_{min}			267	−200	269	−471
6	汽-超 20	M_{max}	325	282	145	268	193	342
7		M_{min}			215	−189	273	−343
8	挂-120	M_{max}	447	479	223	434	241	426
9		M_{min}			321	−240	322	−565
10	降温及收缩徐变		−41	98	−39	41	−31	−214
内力组合	(1+2) (1+3)		2102	299	2120 2177	301 −73	2572 2545	447 −63
	(1+2+10) /1.25 (1+3+10) /1.25		1649	318	1665 1710	274 −26	2033 2011	186 −222
	(1+6) (1+7)		2231	315	2144 2214	338 −119	2603 2683	539 −146
	(1+6+10) /1.25 (1+7+10) /1.25		1752	330	1684 1740	303 −62	2058 2122	260 −288
	(1+8) /1.25 (1+9) /1.25		1882	410	1778 1856	403 −136	2121 2186	498 −294

③每单元换算截面积 $A=0.7790.9\text{m}^2$，$I=0.071643\text{m}^4$

截面高度 $h=1.10\text{m}$，重心 $y_{上}=0.3711\text{m}$，$y_{下}=0.7289\text{m}$

$$W_{上}=\frac{0.071643}{0.3711}=0.1931\text{m}^3,\quad W_{下}=\frac{0.071643}{0.7289}=0.09829\text{m}^3$$

按表 4.2.10-5 组合计算得拱圈应力如表 4.2.10-6。

拱圈截面应力表（单位：MPa） 表 4.2.10-6

荷载		拱顶		L/4		拱脚	
		$\sigma_上$	$\sigma_下$	$\sigma_上$	$\sigma_下$	$\sigma_上$	$\sigma_下$
恒＋汽-20	$M_正$	4.25	−0.34	4.28	−0.35	5.62	−1.25
	$M_负$			2.41	3.53	2.94	3.91
恒＋汽-20＋降温	$M_正$	3.76	−1.12	3.55	−0.65	3.57	0.71
	$M_负$			2.06	2.46	1.43	4.84
恒＋挂-100	$M_正$	4.13	−1.18	4.03	−1.27	4.96	−1.81
	$M_负$			1.78	3.38	1.62	4.98
恒＋超－20	$M_正$	4.49	−0.34	4.50	−6.9	6.13	−2.14
	$M_负$			2.22	4.05	2.69	4.93
恒＋超－20＋降温	$M_正$	3.96	−1.11	3.73	−0.92	3.99	0
	$M_负$			1.91	2.86	1.23	5.65
恒＋挂-120	$M_正$	4.54	−1.76	4.37	−1.82	5.30	−2.34
	$M_负$			1.67	3.76	1.28	5.80

④表 4.2.10-6 中出现拉应力情况时，应按混凝土进入塑性状态计算。

截面形心至上边缘 $y=0.3711\text{m}$，截面含 2Φ18 钢筋，其含筋率为：

$$p=\frac{5.09}{7790.9}=0.065\%>0.05\%$$

故允许偏心增加 $0.1y$。

在主要组合时：$[e]=0.7y=0.26\text{m}$

在附加组合时：$[e_0]=0.8y=0.30\text{m}$

a. 汽-20 主要组合时拱顶拉应力小于允许拉应力，但拱脚处有−1.25MPa 拉应力，其偏心：

$$e=\frac{447}{2572}=0.173\text{m}<0.5y_1=0.186\text{m}$$

则 $\varphi=1-1.6\times\frac{0.173}{0.3711}+1.8\times\left(\frac{0.173}{0.3711}\right)^2=0.645$

$\sigma_a=\frac{2572}{0.645\times0.7791}=5120\text{kN/m}^2=5.12\text{MPa}<5.5\text{MPa}$（旧 150 号混凝土拱板）

b. 在挂-100 附加组合时拱脚处有−1.81MPa 拉应力，其偏心为：

$$e=\frac{441}{2089}=0.211\text{m}>0.5y_1$$

按进入塑性状态计算，则

$$\varphi=1.43-1.56\times\frac{0.211}{0.3711}=0.543$$

$$\sigma_a=\frac{2089}{0.543\times0.7791}=4940\text{kN/m}^2=4.94\text{MPa}<5.5\text{MPa}(\text{拱板})$$

c. 在 $L/4$ 产生−1.27MPa 拉应力时，其偏心为：

$$e=\frac{345}{1748}=0.197\text{m}>0.5y_1$$

按进入塑性状态计算，则

$$\varphi=1.43-1.56\left(\frac{0.197}{0.3711}\right)=0.602$$

$$\sigma_a = \frac{1748}{0.602 \times 0.7791} = 3727\text{kN/m}^2 = 3.727\text{MPa} < 5.5\text{MPa}$$

d. 在拱顶产生-1.18MPa拉应力时，其偏心为：

$$e = \frac{346}{1823} = 0.190\text{m} > 0.5y_1$$

按进入塑性状态计算，则

$$\varphi = 1.43 - 1.56\left(\frac{0.190}{0.3711}\right) = 0.631$$

$$\sigma_a = \frac{1823}{0.631 \times 0.7791} = 3710\text{kN/m}^2 = 3.71\text{MPa} < 5.5\text{MPa}$$

故在汽-20、挂-100荷载作用下截面强度均可通过。

e. 汽-超20、挂-120荷载下，拱顶出现-1.76MPa拉应力，其偏心为：

$$e = \frac{410}{1882} = 0.218\text{m} > 0.5y_1$$

按进入塑性状态计算，则

$$\varphi = 1.43 - 1.56\left(\frac{0.218}{0.3711}\right) = 0.514$$

$$\sigma_a = \frac{1882}{0.514 \times 0.7791} = 4700\text{kN/m}^2 = 4.7\text{MPa} < 5.5\text{MPa}$$

f. 在$L/4$截面出现-1.82MPa拉应力，其偏心为：

$$e = \frac{403}{1778} = 0.227\text{m} > 0.5y_1$$

按进入塑性状态计算，则

$$\varphi = 1.43 - 1.56\left(\frac{0.227}{0.3711}\right) = 0.476$$

$$\sigma_a = \frac{1778}{0.476 \times 0.7791} = 4790\text{kN/m}^2 = 4.79\text{MPa} < 5.5\text{MPa}$$

g. 在拱脚截面出现-2.34MPa拉应力，其偏心为：

$$e = \frac{498}{2121} = 0.235\text{m} > 0.5y_1$$

按进入塑性状态计算，则

$$\varphi = 1.43 - 1.56\left(\frac{0.235}{0.3711}\right) = 0.442$$

$$\sigma_a = \frac{2121}{0.442 \times 0.7791} = 6160\text{kN/m}^2 = 6.16\text{MPa} > 5.5\text{MPa}$$

故在汽-超20、挂-120作用下，拱脚截面通不过。

⑤将各超应力截面计入塑性影响，按混凝土进入塑性状态计算，则可满足容许应力要求。

由计算结果得出，原桥从设计的尺寸上说可以通过汽-20设计荷载和挂-100验算荷载。对于汽超-20和挂-120等级的荷载，按截面混凝土进入塑性状态计算，也仅是在拱脚处应力超过容许值（在拱脚截面出现-2.34MPa拉应力时，按塑性状态验算，其最大压应力为6.16MPa>5.5MPa），这仅是理论计算值，系按无损坏状态计算的，但与结构现状不符。

2. 加固后主拱圈验算

(1) 加固后主拱圈各截面应力计算

主拱圈加固是在拱圈下缘（包括拱波）锚喷 C25 混凝土，厚 6cm，在拱脚两腹拱立墙间的拱圈上缘现浇 C30 混凝土，厚 10cm，见图 4.2.10-3。横系梁由 116cm×15cm×18cm 加大截面尺寸至 116cm×15cm×50cm，把拱顶部分 3 根横隔板改为横系梁，尺寸增至 116cm×30cm×84cm，以加强主拱圈横向整体性和改变荷载的横向分布性能。根据加固后设计尺寸，活载内力及附加内力计算同加固前验算方法一样，亦考虑了拱上构造共同作用等,其应力计算见表 4.2.10-7（拱圈上缘现浇混凝土只计入恒载，在此未计入组合截面）。

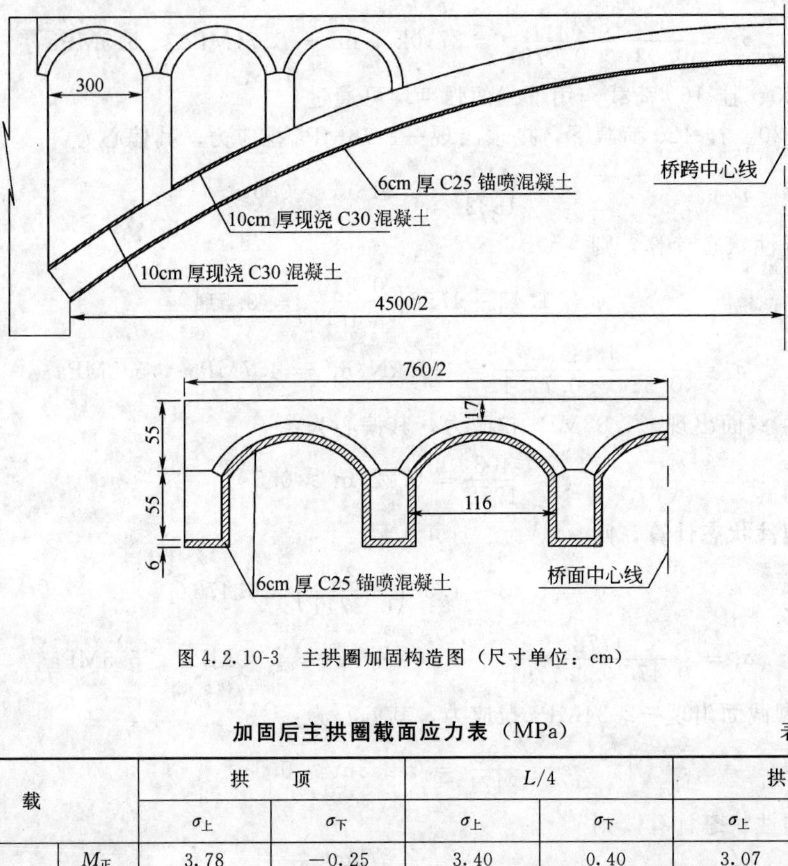

图 4.2.10-3　主拱圈加固构造图（尺寸单位：cm）

加固后主拱圈截面应力表（MPa）　　表 4.2.10-7

荷　载		拱　顶		$L/4$		拱　脚	
		$\sigma_{上}$	$\sigma_{下}$	$\sigma_{上}$	$\sigma_{下}$	$\sigma_{上}$	$\sigma_{下}$
恒＋汽-20	$M_{正}$	3.78	－0.25	3.40	0.40	3.07	2.80
	$M_{负}$			1.91	3.00	0.942	6.25
恒＋汽-20＋降温	$M_{正}$	0.33	－0.76	2.82	0.066	1.73	3.39
	$M_{负}$			1.63	2.15	0.023	6.14
恒＋挂-100	$M_{正}$	3.61	－0.78	3.20	－0.33	2.83	1.71
	$M_{负}$			1.41	2.78	0.16	6.25
恒＋汽超－20	$M_{正}$	3.98	－0.23	3.57	0.17	3.48	2.21
	$M_{负}$			1.76	3.35	0.74	6.95
恒＋汽超－20＋降温	$M_{正}$	3.47	－0.75	2.96	－0.12	2.05	2.91
	$M_{负}$			1.51	2.42	－1.40	6.70
恒＋挂-120	$M_{正}$	3.93	－1.16	3.47	－0.70	3.10	1.35
	$M_{负}$			1.32	3.04	－0.10	6.81

注：拱圈上缘现浇混凝土只计入恒载，未计入组合截面。[σ] ＝5.5MPa。

(2) 加固后主拱圈截面拉应力超限的处理

对于拱脚截面：恒＋汽-超 20＋降温组合中拉应力－1.40MPa

对于拱顶截面，恒＋挂-100 组合中拉应力－0.78MPa

恒＋挂-120 组合中拉应力－1.16MPa

对于 $L/4$ 截面，恒＋挂-120 组合中拉应力－0.7MPa

对于出现拉应力超限情况按混凝土进入塑性阶段计算，计算结果表明拱顶、$L/4$ 截面的压应力均小于容许值。而拱脚截面如考虑拱圈上缘 C30 现浇钢筋混凝土共同作用，其计算结果见表 4.2.10-8，拱脚上缘无拉应力，下缘最大压应力为 5.79MPa＞［σ］＝5.5MPa，约大超 5%左右，考虑拱肋钢筋作用，可认为拱脚截面能通过汽-超 20，挂-120 活载。

拱脚截面应力表　　表 4.2.10-8

荷　载		$\sigma_上$ (MPa)	$\sigma_下$ (MPa)	荷　载		$\sigma_上$ (MPa)	$\sigma_下$ (MPa)
恒＋汽-20	$M_正$	2.59	2.38	恒＋汽-超 20	$M_正$	2.92	1.89
	$M_负$	0.92	5.21		$M_负$	0.77	5.79
恒＋汽-20＋降温	$M_正$	1.50	2.84	恒＋汽-超 20 —20＋降温	$M_正$	1.76	2.45
	$M_负$	1.59	5.10		$M_负$	0.04	5.56
恒＋挂-100	$M_正$	2.37	1.47	恒＋挂 120	$M_正$	2.59	1.17
	$M_负$	0.28	5.20		$M_负$	0.07	5.65

四、加固效果

(1) 在汽-超 20 主要组合荷载、挂-120 附加组合荷载作用下，检测各测点应力、变形和裂缝宽度均满足规范规定的容许限值，因此本桥由原汽-13、拖-60 荷载标准提高至汽-超 20，挂-120 荷载标准的加固效果明显。

(2) 采用喷锚混凝土补强提高旧桥承载能力达到预期效果。

(3) 喷锚混凝土补强层与旧桥共同作用是不完全的。由于喷锚混凝土中存在空穴，结合粘结强度不高等原因，共同作用程度仅达 65.6%。需在设计和施工工艺上予以改进，提高共同作用程度，使喷锚混凝土层与旧桥起到完全的整体作用，提高加固效果。

(4) 由于老桥收缩、徐变已基本完成，所以喷锚混凝土不承受原桥及自身恒载，在工作阶段仅承受活载，故喷锚混凝土强度不控制。

(5) 锚喷加固本桥的费用仅为新建桥造价的 19.02%，经济效益显著。

§2.11　空腹式双曲拱桥提载的加固

——采用腹拱圈增设系杆、拱脚增设斜撑加固法

一、桥梁概况

原桥为单跨空腹式钢筋混凝土双曲拱桥，主拱圈由四根拱肋通过横系梁连成整体，跨径为 60.00m。由于没有设计图纸，该桥设计荷载等级不清楚。按现在公路等级要求，设计荷载等级需要提高到汽车-20 级，挂车-100。桥梁布置简图如图 4.2.11-1 所示。该桥的结构现

状经检查，发现腹拱圈严重开裂，横向裂缝已贯通，横系梁也发现有较长的裂缝，拱上立柱钢筋外露严重。

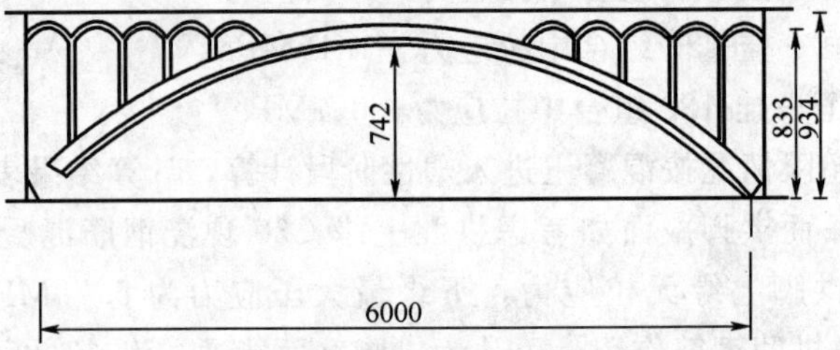

图 4.2.11-1 桥梁立面布置简图（尺寸单位：cm）

二、桥梁承载能力和使用功能评定

1. 静载试验

(1) 试验荷载

根据“大跨径混凝土桥梁的试验方法”（以下简称“试验方法”）的要求，桥梁的静力试验按荷载效率系数来确定试验的最大荷载。静力荷载效率系数 η 的计算公式为：

$$\eta=\frac{S_S}{S\times\delta} \tag{4.2.11-1}$$

式中：S_S——试验荷载作用下，检测部位变形或内力的计算值：

S——设计控制荷载作用下，检测部位变形或内力计算值；

δ——设计取用的动力系数。

本次试验为鉴定性试验，荷载效率取值范围为 0.8～1.05。试验时采用 4 台汽车作为试验荷载。加载工况分二种，其布置如图 4.2.11-2 和图 4.2.11-3。

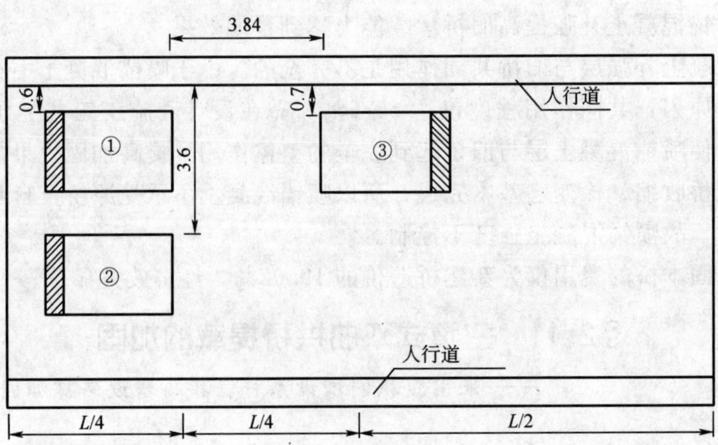

图 4.2.11-2 工况一：试验荷载布置图（尺寸单位：m）

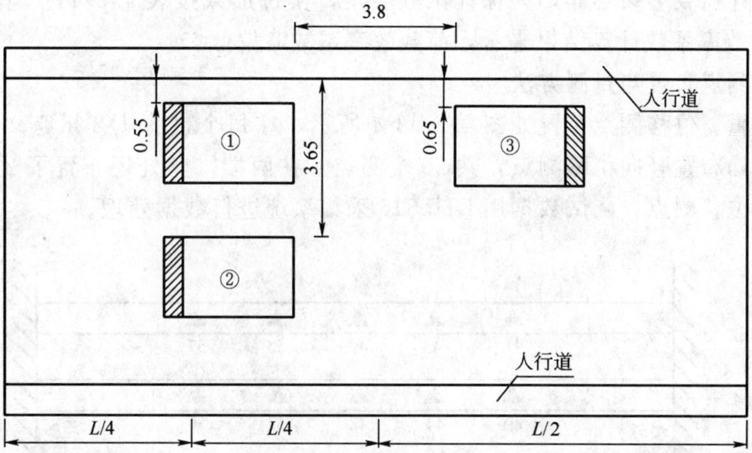

图 4.2.11-3　工况二：试验荷载布置图（尺寸单位：m）

试验荷载汽车加载载位、加载顺序与汽车轴重力如表 4.2.11-1 所示。

汽车加载载位、加载顺序与汽车轴重力表　　表 4.2.11-1

汽车序号	前轴重力（kN）	后轴重力（kN）	总重力（kN）
1	58.0	238.0	294.0
2	62.0	244.0	303.0
3	29.0	185.0	214.0
备注	加载顺序与汽车序号顺序相同		

按式（4.2.11-1）计算，本次试验荷载效率系数如表 4.2.11-2 所示。

试验荷载效率系数 η 值　　表 4.2.11-2

检测部位	工况一			工况二		
	S_S	S	η	S_S	S	η
广拱肋拱脚轴力（kN）	−436.60	−557.05	0.784	−421.30	−557.05	0.756
1号拱肋脚弯矩（kN·m）	−340.00	−776.61	0.438	468.50	629.00	0.745
1号拱肋 L/2 拱顶轴力（kN）	−282.20	−540.00	0.522	−471.80	−540.00	0.872
1号拱肋 L/2 拱顶弯矩（kN·m）	−102.20	−149.33	0.684	537.50	555.10	0.968
1号拱肋 L/4 拱腰轴力（kN）	−295.60	−603.10	0.491	−524.50	−603.10	0.869
2号拱肋拱脚轴力（kN）	−380.80	−557.05	0.682	−378.40	−557.05	0.679
2号拱肋脚弯矩（kN·m）	−323.70	−776.61	0.417	404.60	629.00	0.643
2号拱肋 L/2 拱顶轴力（kN）	−240.70	−540.00	0.446	−419.60	−540.00	0.777
2号拱肋 L/2 拱顶弯矩（kN·m）	−96.48	−149.33	0.646	502.10	555.10	0.905
2号拱肋 L/4 拱腰轴力（kN）	251.70	−603.10	0.417	−465.40	−603.10	0.772

由于原设计荷载等级不详，为保证试验安全，实桥加载按表 4.2.11-1 车辆加载，从表 4.2.11-2 荷载效率系数计算结果来看，荷载效率系数略偏低。

（2）试验测点布置与量测方法

①变形测量。位移测点布置如图 4.2.11-4 所示，在每个拱肋 1/2 拱跨、1/4 拱跨、3/8 拱跨和拱脚处均布置竖向位移测点，共 20 个测点。在两端拱座处还布置了 2 个水平位移测点和 2 个竖向位移测点。测试数据用 DH3816 采集系统进行数据处理。

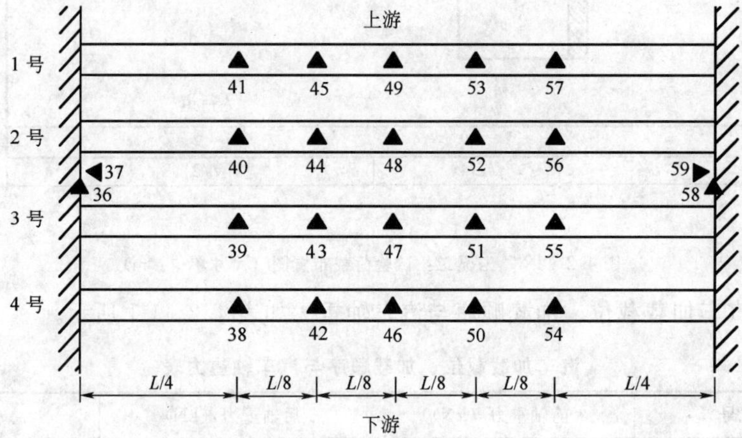

图 4.2.11-4 位移测点布置图

②应力（应变）量测根据多肋拱桥变形特点，应力（应变）测试在每根拱肋 1/4 拱跨、1/2 拱跨及拱脚处均布置应力（应变）测点，同时在中间横隔梁处也布置应力（应变）测点，上述应力（应变）测点布置如图 4.2.11-5 所示。

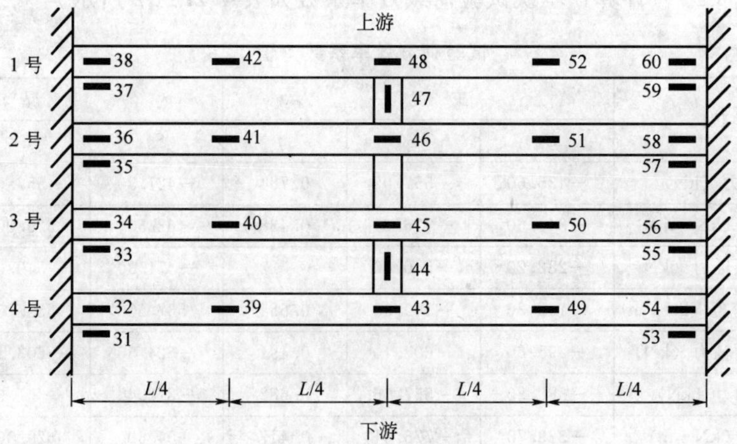

图 4.2.11-5 应力（应变）测点布置图

（3）试验程序

①将加载汽车称重后，排列于引桥上，距被测试桥一定的距离。

②正式加载前，各试验量测仪表读数调零，进行一次空载读数。

③正式加载。加载工况分二种工况，如图4.2.11-2和图4.2.11-3所示。

每级汽车荷载驶入指定的区域就位，稳定一段时间后记录加载、测试读数。试验期间温度变化较小，可忽视其对试验的影响。

(4) 试验结果及评价

①变形测量结果。在各级荷载作用下各变形测点的实测变形值详见表4.2.11-3至表4.2.11-5。在工况一荷载作用下，1号拱肋1/4拱跨实测竖向最大位移为3.20mm，而对应的理论计算值为3.32mm，实测竖向最大位移与理论计算值之比值为0.964，实测竖向最大位移与残余变形值之比为0；两拱脚水平位移较小，试验结果最大值为－0.12mm。在工况二荷载作用下，1号拱肋1/2拱跨处实测最大竖向位移为4.56mm，残余挠度为－0.05mm，而对应的理论计算值为－4.82mm，实测竖向最大位移与理论计算值之比值为0.946，实测竖向最大位移与残余变形值之比为0.01：两拱脚水平位移较小，试验结果最大值为－0.14mm。上述试验测量结果满足《试验方法》中拱桥：$0.8=\beta<\frac{S_e}{S_S}\leqslant 1.10$（其中$S_e$为试验荷载作用下测量的弹性变形值）和$\frac{S_P}{S_{max}}\leqslant\alpha=0.2$的要求。

试验荷载作用下1号和2号拱肋竖向位移测试值与计算值比较（单位：mm）

表4.2.11-3

测点编号		1号拱肋			2号拱肋		
		41（1/4拱跨）	49（1/2拱跨）	57（1/4拱跨）	40（1/4拱跨）	48（1/2拱跨）	56（1/4拱跨）
工况一加1	试验	－1.80	－0.59	1.93	－0.52	－0.53	1.83
	计算	－1.91	－0.62	1.97	－0.58	－0.57	1.98
工况一加2	试验	－2.02	－1.13	2.52	－2.10	－1.11	2.49
	计算	－2.13	－1.24	2.63	－2.21	－1.23	2.54
工况一加3	试验	－2.92	－2.40	3.20	－2.30	－2.12	2.88
	计算	－2.99	－2.81	3.32	－2.69	－2.68	2.93
残余变形		－0.10	－0.07	0.0	－0.12	－0.20	0.04
工况二加1	试验	－0.45	－1.82	1.13	－0.41	1.72	0.95
	计算	－0.54	－1.93	1.25	－0.46	－1.85	1.06
工况二加2	试验	－1.10	－3.72	2.04	－0.95	－3.62	1.99
	计算	－1.11	－3.82	2.13	－1.02	－3.73	2.02
工况二加3	试验	－0.92	－4.56	－0.85	－1.64	－4.45	－1.75
	计算	－1.06	－4.82	－1.04	－1.71	－4.73	－1.98
残余变形		－0.04	－0.05	0.00	－0.03	－0.04	－0.12
备注		1. 本表中位移正负方向规定："—"表示竖向位移向下，无"—"表示竖向位移向上； 2. 本表给出的残余变形是指工况一加1、工况一加2和工况一加3荷载全部卸掉后的残余变形值或工况二加1、工况二加2和工况二加3荷载全部卸掉后的残余变形值					

试验荷载作用下3号和4号拱肋竖向位移测试值与计算值比较（单位：mm）

表4.2.11-4

测点编号		3号拱肋（mm）			4号拱肋（mm）		
		39（1/4拱跨）	47（1/2拱跨）	55（1/2拱跨）	38（1/4拱跨）	46（1/2拱跨）	54（1/4拱跨）
工况一加1	试验	−1.35	−0.44	1.45	−0.39	−0.39	1.37
	计算	−1.41	−0.52	1.47	−0.41	−0.41	1.38
工况一加2	试验	−1.52	−0.83	1.89	−1.58	−0.83	1.87
	计算	−1.63	−0.84	1.93	−1.59	−0.86	1.91
工况一加3	试验	−2.19	−1.80	2.40	−1.73	−1.59	2.16
	计算	−2.21	−1.81	2.52	−1.79	−1.68	2.13
残余变形		−0.10	−0.07	0.0	−0.12	−0.20	0.04
工况二加1	试验	−0.34	−1.37	0.83	−0.31	−1.29	0.71
	计算	−0.35	−1.43	0.95	−0.36	−1.35	0.76
工况二加2	试验	−0.83	−2.97	1.53	−0.72	−2.72	1.49
	计算	−0.87	−2.99	1.63	−0.82	−2.76	1.52
工况二加3	试验	−0.65	−3.46	−0.64	−1.24	−2.96	−1.31
	计算	−0.76	−3.82	−0.74	−1.31	−3.23	−1.38
残余变形		−0.04	−0.05	0.00	−0.03	−0.04	−0.08
备注		1. 表中位移正负方向规定："—"表示竖向位移向下，无"—"表示竖向位移向上； 2. 本表给出的残余变形是指工况一加1、工况一加，2和工况一加3荷载全部卸掉后的残余变形值或工况二加1、工况二加2和工况二加3荷载全部卸掉后的残余变形值					

拱脚水平位移测试值（单位：mm）　　表4.2.11-5

测点	工况一加1	工况一加2	工况一加3	残余变形	工况二加1	工况二加2	工况二加3	残余变形
37	0.0	0.04	0.03	−0.04	0.03	0.02	0.01	0.0
59	0.0	−0.07	−0.12	−0.05	−0.03	−0.12	−0.14	−0.07
备注	水平位移向外侧方向为负，反之为正							

在试验荷载作用下拱肋变形与荷载基本呈线性关系，结构残余变形较小，这表明该桥在试验荷载作用下，结构处于弹性工作阶段。

②应力（应变）测试结果。该桥应力（应变）测点布置如图4.2.11-5所示。在各级荷载作用下各测点的实测应变值详见表4.2.11-6～表4.2.11-9。

由上述表中可知，在工况一荷载作用下，拱脚最大应变实测值为69.0$\mu\varepsilon$（拉应变），理论计算值为86.24$\mu\varepsilon$，残余应变值为12.0$\mu\varepsilon$；1/4拱跨最大实测值为59.0$\mu\varepsilon$（拉应变），理论计算值为66.96$\mu\varepsilon$，残余应变值为0.0$\mu\varepsilon$；1/2拱跨最大实测值为−23.0 $\mu\varepsilon$（压应变），理论计算值为−26.10$\mu\varepsilon$，残余应变值为−4.0$\mu\varepsilon$。它们的应变实测值与理论计算值之比分别为0.80、0.88和0.881，残余应变值与应变实测值之比分别为0.174、0和0.174。在工况二荷载作用下，拱脚最大应变实测值为最大应变实测值为76.0$\mu\varepsilon$（拉应变），理论计算值为

87.74$\mu\varepsilon$，残余应变值为 0.0$\mu\varepsilon$；1/4 拱跨最大实测应变值为 −63.0 $\mu\varepsilon$（压应变），理论计算值为 −64.0$\mu\varepsilon$，残余应变值为 −4.0$\mu\varepsilon$；1/2 拱跨最大应变实测值为 76.0$\mu\varepsilon$（拉应变），理论计算值为 87.74$\mu\varepsilon$，残余应变值为 0$\mu\varepsilon$。

1 号拱肋应变测试值与部分计算值（$\mu\varepsilon$） 表 4.2.11-6

测 点 编 号		38（拱脚）	42（1/4 拱跨）	48（1/2 拱跨）	52（1/4 拱跨）	60（拱脚）
工况一加 1	试验	−28.0	30.0	−9.0	−19.0	20.0
工况一加 2	试验	−54.0	55.0	−17.0	−30.0	30.0
工况一加 3	试验	−66.0	59.0	−23.0	−32.0	69.0
	计算	−74.11	66.96	−26.10	−37.47	86.24
残余变形		−9.0	0.0	−4.0	0.0	12.0
工况二加 1	试验	24.0	−20.0	45.0	−31.0	23.0
工况二加 2	试验	36.0	−35.0	65.0	−45.0	43.0
工况二加 3	试验	56.0	−51.0	76.0	−52.0	55.0
	计算	76.22	−56.97	87.74	−49.61	79.32
残余变形		0.0	0.0	0.0	−4.0	0.0

2 号拱肋应变测试值与计算值（$\mu\varepsilon$） 表 4.2.11-7

测 点 编 号		36（拱脚）	41（1/4 拱跨）	46（1/2 拱跨）	51（1/4 拱跨）	58
工况一加 1	试验	−23.0	23.0	−12.0	−9.0	
工况一加 2	试验	−43.0	51.0	−17.0	−18.0	测点已坏
工况一加 3	试验	−53.0	56.0	−20.0	−24.0	
	计算	−69.64	62.48	−23.99	−29.45	
残余变形		0.0	0.0	−1.0	0.0	74.20
工况二加 1	试验	11.0	−15.0	35.0	−32.0	
工况二加 2	试验	22.0	−30.0	66.0	−54.0	
工况二加 3	试验	33.0	−43.0	75.0	−63.0	
	计算	65.46	−49.97	82.50	−64.0	76.0
残余变形		0.0	0.0	0.0	−4.0	

3 号拱肋应变测试值与计算值（$\mu\varepsilon$） 表 4.2.11-8

测 点 编 号		34（拱脚）	40（1/4 拱跨）	45（1/2 拱跨）	50（1/4 拱跨）	56（拱脚）
工况一加 1	试验	−18.0	23.0	−9.0	−8.0	11.0
工况一加 2	试验	−41.0	49.0	−12.0	−19.0	26.0
工况一加 3	试验	−48.0	58.0	−15.0	−24.0	42.0
	计算	−54.93	48.73	−18.26	−21.13	46.53
残余变形		−8.0	2.0	0.0	−7.0	2.0
工况二加 1	试验	11.0	−12.0	22.0	−15.0	18.2

续上表

测点编号		34（拱脚）	40（1/4 拱跨）	45（1/2 拱跨）	50（1/4 拱跨）	56（拱脚）
工况二加 2	试验	20.0	−28.0	57.0	−32.0	29.0
工况二加 3	试验	29.0	−35.0	64.0	−38.0	42.0
	计算	44.18	−34.97	65.51	−34.87	48.0
残余变形		0.0	0.0	0.0	−1.0	0.0

4 号拱肋和拱顶横隔梁应变测试值与计算值（$\mu\varepsilon$） 表 4.2.11-9

测点编号		32（拱脚）	39（1/4 拱跨）	43（1/2 拱跨）	49（1/4 拱跨）	54（拱脚）
工况一加 1	试验	−10.0	19.0	−8.0	−3.0	12.0
工况一加 2	试验	−30.0	38.0	−12.0	−9.0	32.0
工况一加 3	试验	−33.0	45.0	−14.0	−15.3	45.0
	计算	−48.41	42.73	−15.85	−16.91	39.1
残余变形		0.0	2.0	−2.0	−4.0	8.0
工况二加 1	试验	14.0	−8.0	38.0	−9.0	15.0
工况二加 2	试验	21.0	−19.0	42.0	−18.0	31.0
工况二加 3	试验	29.0	−25.0	54.0	−21.0	38.0
	计算	35.4	−28.74	57.31	−29.96	41.23
残余变形		0.0	0.0	0.0	−2.0	2.0

它们的应变实测值与理论计算值之比分别为 0.735、0.984 和 0.866，残余应变值与应变实测值之比分别为 0、0.063 和 0。上述二个工况的试验数据大部分满足《试验方法》的要求，即基本满足式 $\beta<\frac{S_e}{S_S}\leqslant$（$\beta=1.05\beta=0.7$）和式$\frac{S_P}{S_S}\leqslant\alpha$（$\alpha=0.2$）的要求。

从实测曲线可看出：实测应变随荷载变化大部分接近线性变化规律（与理论计算曲线相比），也有些测点应变随荷载变化有异常现象，不符合线性变化规律。另外，拱肋实测应变值沿桥跨方向变化比较均匀，各拱肋实测应变值沿横向变化也比较均匀。

2. 动载试验

本次动载试验是利用汽车在桥面上分别以不同的速度跑车测试桥梁的受迫振动频率和振幅。

动态测试测点布置于 1/2 拱跨位置，即布置一个测点。桥梁结构的振动信号通过加速度传感器进行测量，并由计算机进行数据采集和记录，然后再通过动态信号分析软件进行分析，最后给出桥梁结构的动态试验结果。

本次试验以 5km/h、10km/h、20km/h 和 30km/h 速度跑车的实测桥梁振动频率（车频）分别为 3.9063Hz、3.9063Hz、3.906Hz 和 3.7109Hz。

3. 混凝土强度检测

(1) 混凝土碳化深度

本次试验用酚酞溶液测试桥梁结构的碳化深度，测试结果为：碳化深度大于6mm。

(2) 混凝土强度

本次试验用回弹仪对桥拱肋混凝土进行了检测。

三、加固设计

(1) 在腹拱圈拱脚处增加系杆，见图4.2.11-6，一方面增加了腹拱圈的承载力，另一方面增强了主拱圈与腹拱圈的整体性，从而增加了桥梁结构的整体刚度。另外，在主拱圈拱脚附近增加斜撑杆（图4.2.11-7），以达到护拱（主拱圈）、降低主拱圈跨中正弯矩及拱脚负弯矩。通过计算比较，按汽车-20（双列），挂车-100加载计算，加固效果为：拱顶正弯矩降低约30%，拱脚负弯矩降低超过50%，同时结构自重增加得也不多。

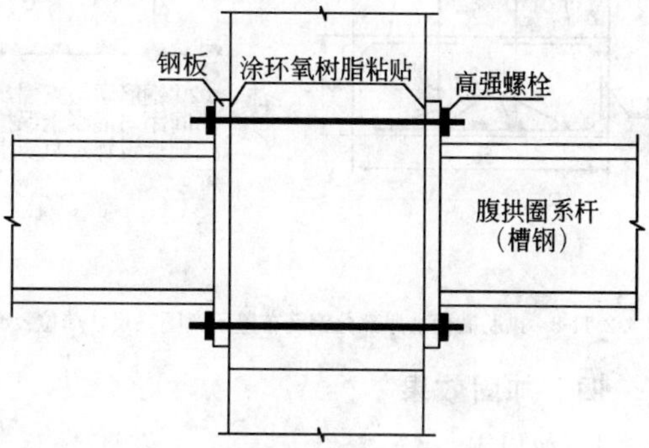

图4.2.11-6　腹拱圈系杆（槽钢）与腹拱墩局部结点连接示意图

(2) 在主拱圈拱跨中部28m范围内将各拱肋下沿加厚8cm混凝土（C30），并配10Φ20钢筋（II级钢筋），见图4.2.11-8。

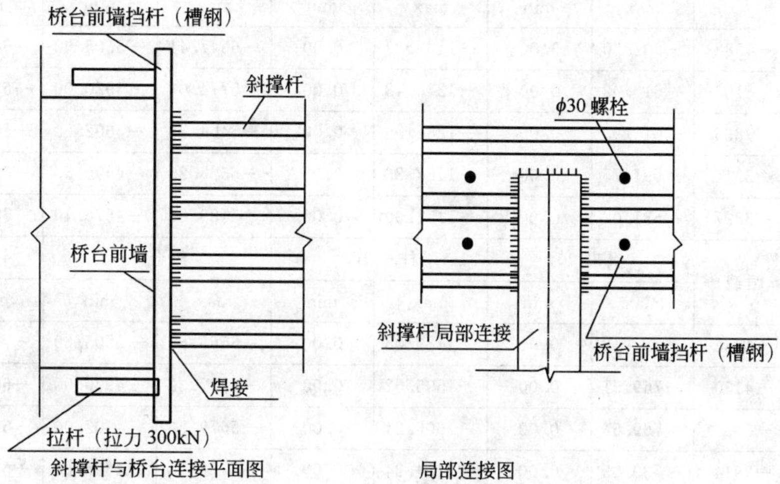

图4.2.11-7　主拱圈拱脚增设斜撑杆示意图

(3) 在主拱圈拱跨中部附近三片横隔梁两侧各增加一片槽钢（28b号槽钢），以增强横隔梁的刚度，见图4.2.11-9。

(4) 在拱脚附近的主拱圈拱背上加厚5cm混凝土（C25），配Φ14钢筋（II级钢筋），并按纵向钢筋间距为12cm、横向钢筋间距为20cm布置钢筋网。

(5) 由于腹拱圈多处开裂严重，裂缝较宽，拱上立柱钢筋外露严重，横系梁也已严重开裂，这些已影响到结构的安全性，因此需要对这些部位进行加固处理。对腹拱圈开裂处要根据具体情况压浆灌缝，腹拱圈开裂严重处需拆掉重做。

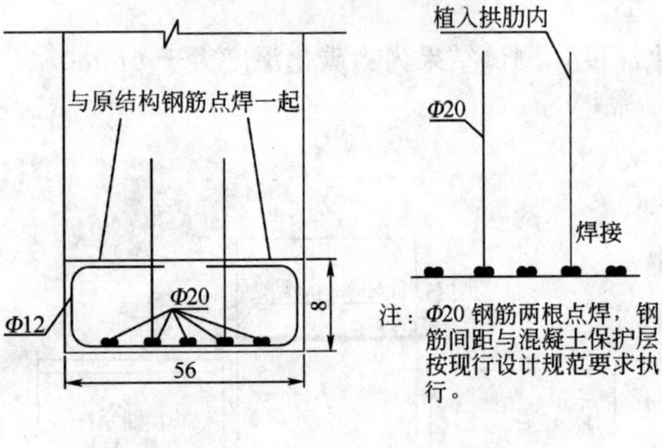

图 4.2.11-8 拱肋截面加厚部分钢筋布置示意图（尺寸单位：cm）

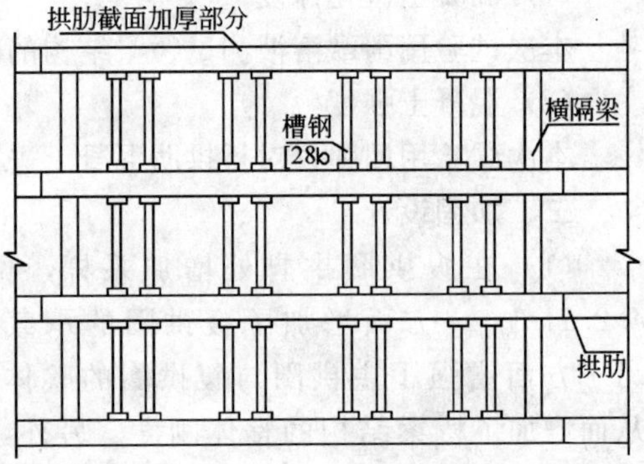

图 4.2.11-9 跨中横隔梁加固平面示意图

四、加固效果

1. 加固前

加固前各项内力如表 4.2.11-10、表 4.2.11-11。

轴向力组合表（kN） 表 4.2.11-10

轴	恒载	汽车-15		挂车-80		组合一		组合三	
		max	min	max	min	max	min	max	min
拱脚	−4588	−601.30	0.00	−1188.88	0.00	−6347.41	−5505.60	−6813.37	−5505.61
1/8 拱腰	−4100	−610.02	0.00	−1276.48	0.00	−5774.03	−4920.00	−6324.13	−4920.00
1/4 拱腰	−3835	−615.98	0.00	−1284.96	0.00	−5464.38	−4602.00	−6015.46	−4602.00
3/8 拱腰	−3914	−591.75	0.00	−1187.36	0.00	−5525.25	−4696.80	−6002.90	−4696.80
拱顶	−3897	−581.02	0.00	−1152.00	0.00	−5489.83	−4676.40	−5943.60	−4676.40
轴力	恒载	汽车-20		挂车-100		组合一		组合三	
		max	min	max	min	max	min	max	min
拱脚	−4588	−757.18	0.00	−1486.08	0.00	−6565.66	−5505.60	−7140.29	−5505.60
1/8 拱腰	−4100	−769.51	0.00	−1595.52	0.00	−5997.32	−4920.00	−6675.07	−4920.00
1/4 拱腰	−3835	−769.54	0.00	−1606.24	0.00	−5679.36	−4602.00	−6368.86	−4602.00
3/8 拱腰	−3914	−739.45	0.00	−1484.24	0.00	−5732.03	−4696.80	−6329.46	−4696.80
拱顶	−3897	724.49	0.00	−1440.00	0.00	−5690.68	−4676.40	−6260.40	−4676.40

弯矩组合表（kN·m） 表 4.2.11-11

弯矩	恒载	汽车-15		挂车-80		组合一		组合三	
		max	min	max	min	max	min	max	min
拱脚	−581.30	582.80	−639.11	1342.40	−1656.80	292.75	−1592.32	953.47	−2520.04
1/8 拱腰	37.56	194.23	−209.01	606.37	−538.05	317.00	−258.81	712.08	−558.05

续上表

弯矩	恒载	汽车-15		挂车-80		组合一		组合三	
		max	min	max	min	max	min	max	min
1/4 拱腰	498.10	371.12	−255.71	1076.32	−619.45	1117.29	90.29	1781.67	−233.10
3/8 拱腰	333.50	517.84	−281.42	1436.24	−716.95	1125.18	−93.83	1980.06	−488.50
拱顶	112.40	407.74	−183.82	1184.16	−318.92	694.47	−392.22	1781.42	−485.69
弯矩	恒载	汽车-20		挂车-100		组合一		组合三	
		max	min	max	min	max	min	max	min
拱脚	−581.3	688.44	−693.02	1677.92	−2071.04	440.65	−1667.79	1322.54	−2975.70
1/8 拱腰	37.56	310.44	−240.91	757.97	−672.56	479.69	−303.47	878.84	−706.01
1/4 拱腰	498.1	477.76	−306.42	1345.44	−774.30	1266.58	19.30	2077.70	−403.44
3/8 拱腰	333.5	654.10	−351.93	1795.28	−896.16	1315.95	−192.55	2375.01	−685.63
拱顶	112.4	560.33	−223.29	1480.16	−398.65	908.10	−447.48	1763.05	−573.39

2. 加固后

加固后各项内力如表 4.2.11-12～4.2.11-13。

轴力组合表（kN）　　表 4.2.11-12

轴力	恒载	汽车-20		挂车-100		组合一		组合三	
		max	min	max	min	max	min	max	min
拱脚	−4588	−800.08	0.89	−1087.80	0.36	−6625.71	−4127.95	−6702.18	−4128.80
1/8 拱腰	−4100	−829.84	2.72	−1223.70	3.80	−6081.78	−3686.20	−6266.07	−3685.82
1/4 拱腰	−3835	−805.04	1.59	−1217.65	2.42	−5729.06	−3449.27	−5941.42	−3448.84
3/8 拱腰	−3914	−741.71	0.00	−1083.90	0.00	−5735.20	−4696.80	−5889.09	−4696.80
拱顶	−3897	−729.74	0.00	−1061.60	0.00	−5698.04	−4676.40	−5844.16	−4676.40

弯矩组合表（kN·m）　　表 4.2.11-13

弯矩	恒载	汽车-20		挂车-100		组合一		组合三	
		max	min	max	min	max	min	max	min
拱脚	−581.3	117.61	−149.90	183.07	−247.63	−358.52	−907.43	−321.79	−969.95
1/8 拱腰	37.56	221.86	−169.31	287.67	−316.99	355.67	−203.23	361.50	−314.89
1/4 拱腰	498.1	284.82	−185.55	480.74	−327.72	996.47	188.52	1126.53	87.80
3/8 拱腰	333.5	488.47	−193.74	818.35	−317.50	1084.06	28.92	1300.39	−49.10
拱顶	112.4	485.59	−151.50	783.50	−174.69	814.71	−346.97	1220.54	−327.04

加固后，该桥拱顶截面强度：抗弯为 2236.2kN·m，轴力为 8589.06kN；拱脚附近截面强度：抗弯正弯矩为 1278.3kN·m，负弯矩为 1323，14kN·m，轴力为 8657.3kN；其他位置截面强度：抗弯正弯矩为 1135.3kN·m，负弯矩为 912.8kN·m，轴力为 6538.4kN。很显然，该桥拱肋截面的承载能力是满足汽车-20 级和挂车-100 荷载等级的要求的，达到了加固提载设计目的。

附录一　静载试验曲线

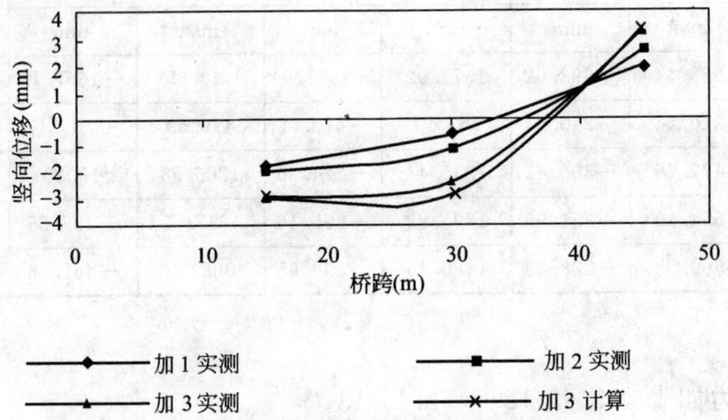

附图 1　1 号拱肋工况一荷载作用下的竖向位移

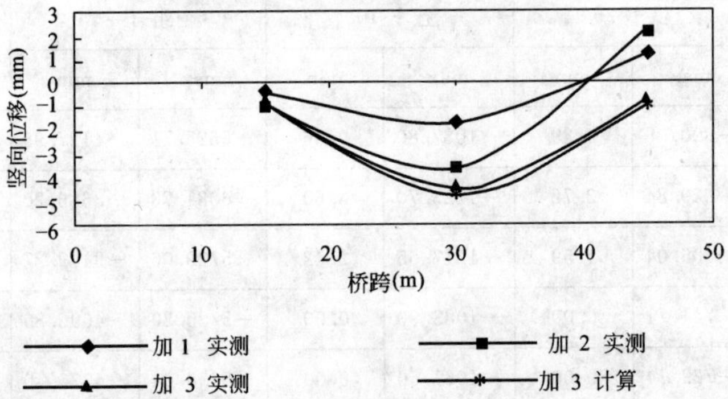

附图 2　1 号拱肋工况二荷载作用下的竖向位移

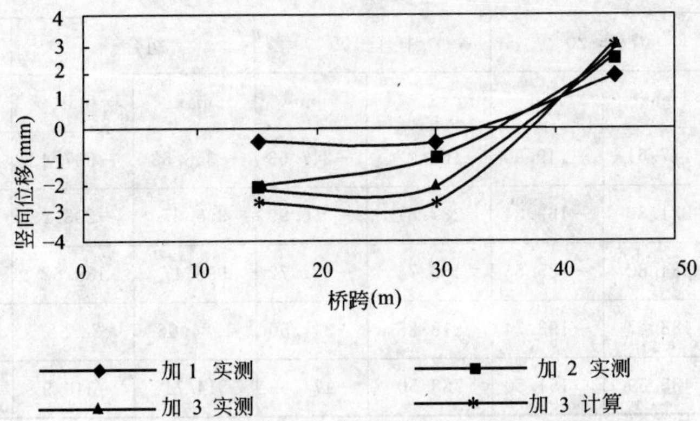

附图 3　2 号拱肋工况一荷载作用下的竖向位移

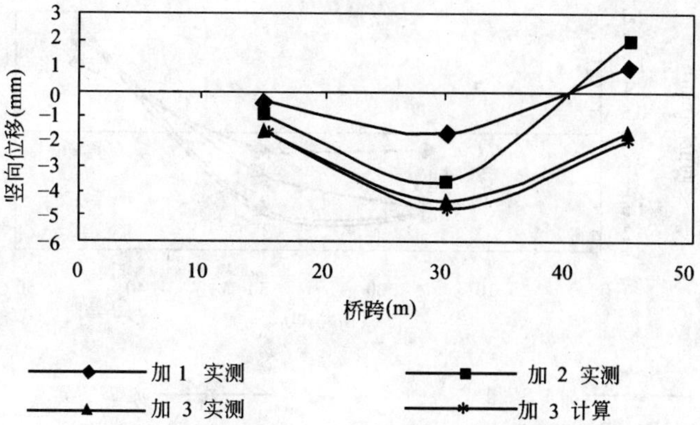

附图4　2号拱肋工况二荷载作用下的竖向位移

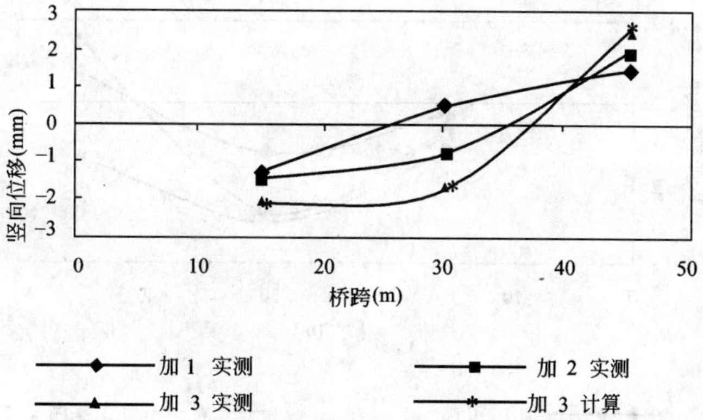

附图5　3号拱肋工况一荷载作用下的竖向位移

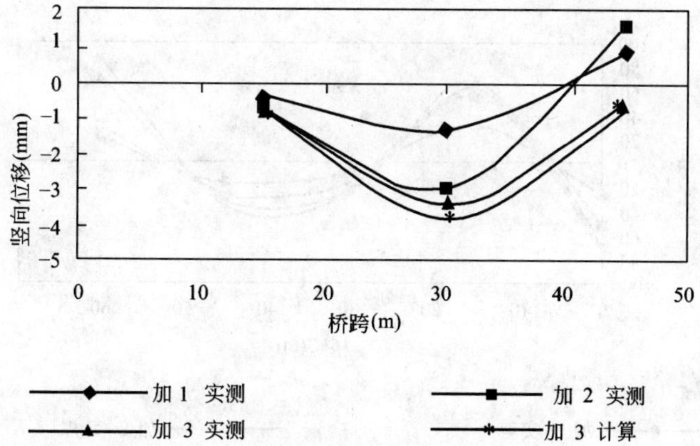

附图6　3号拱肋工况二荷载作用下的竖向位移

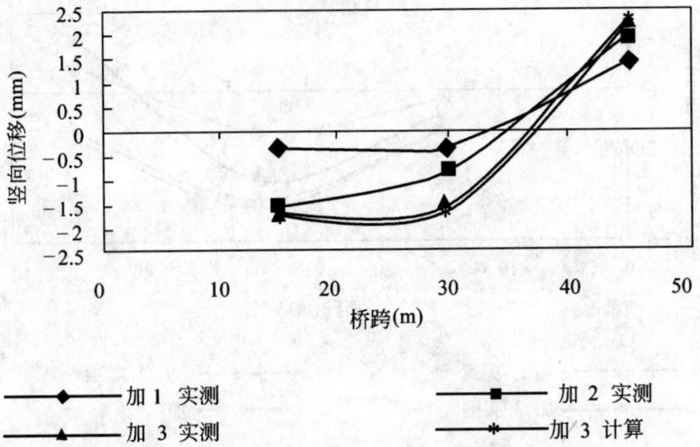

附图 7　4 号拱肋工况一荷载作用下的竖向位移

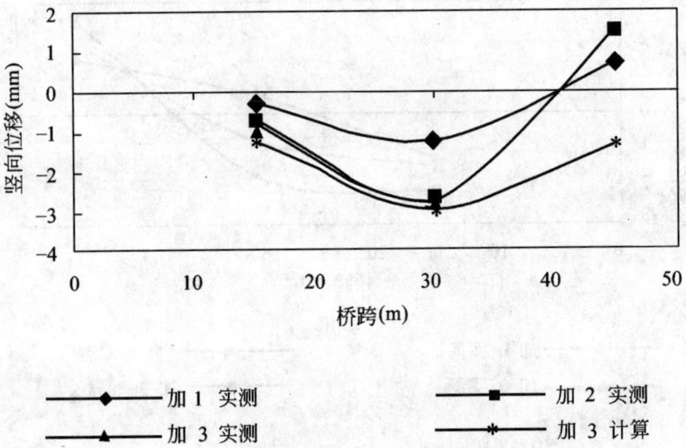

附图 8　4 号拱肋工况二荷载作用下的竖向位移

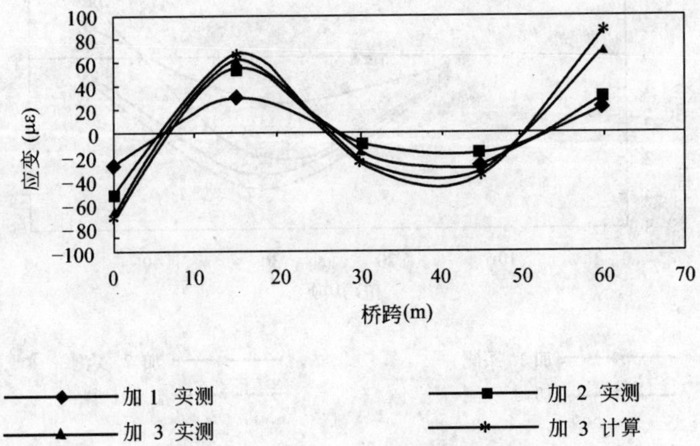

附图 9　1 号拱肋工况一荷载作用下的应变图

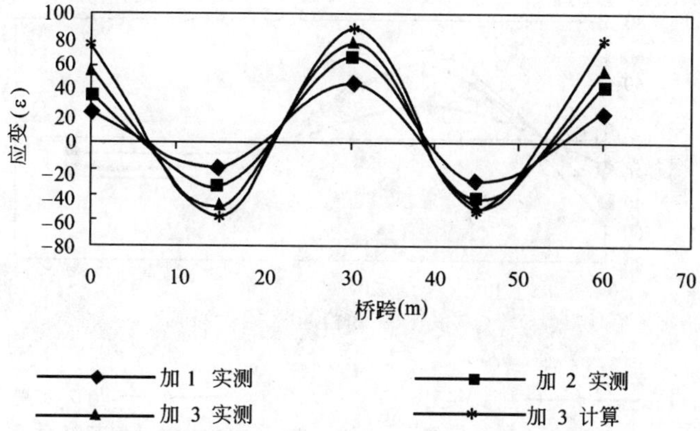

附图 10　1 号拱肋工况二荷载作用下的应变图

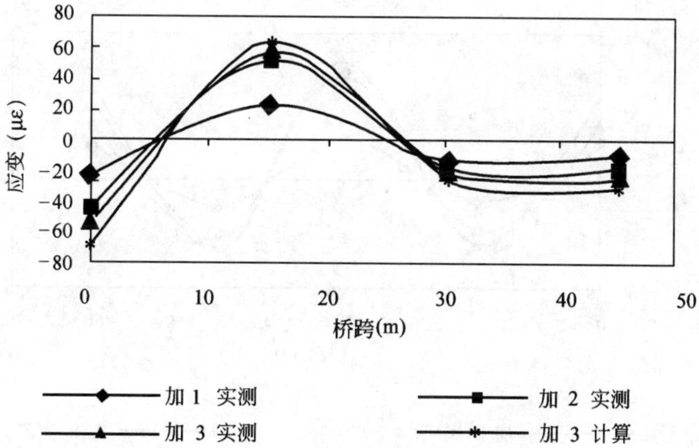

附图 11　2 号拱肋工况一荷载作用下的应变图

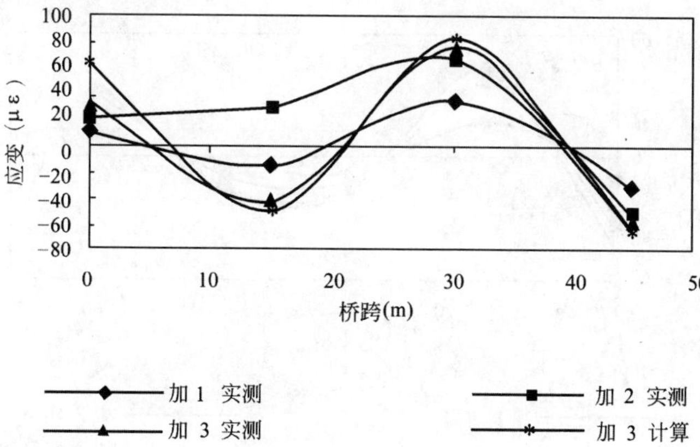

附图 12　2 号拱肋工况二荷载作用下的应变图

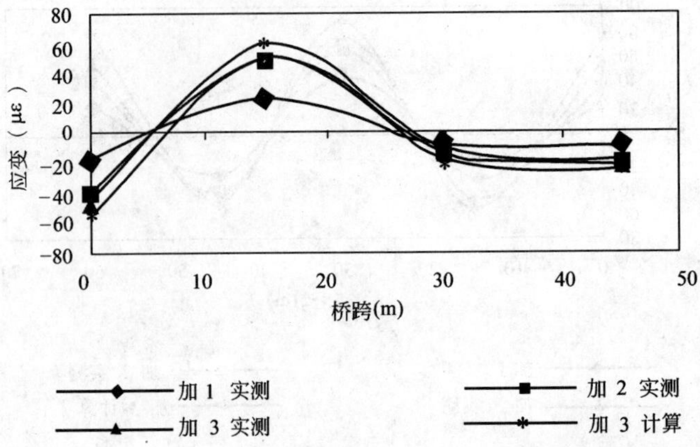

附图 13　3 号拱肋工况一荷载作用下的应变图

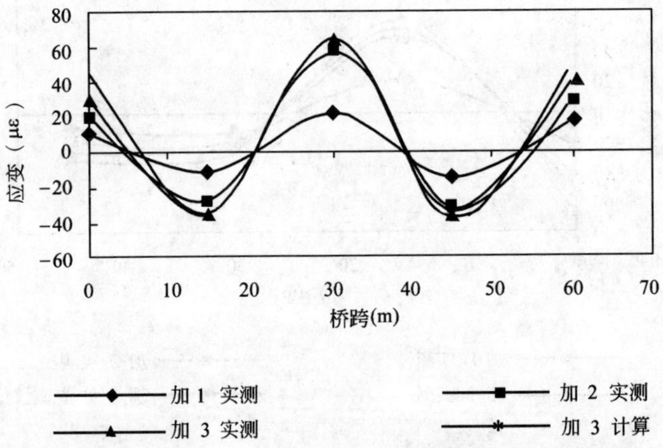

附图 14　3 号拱肋工况二荷载作用下的应变图

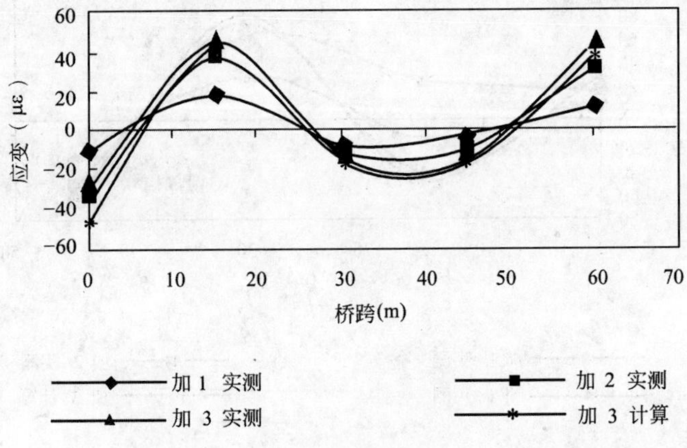

附图 15　4 号拱肋工况一荷载作用下的应变图

附录二　动载试验曲线

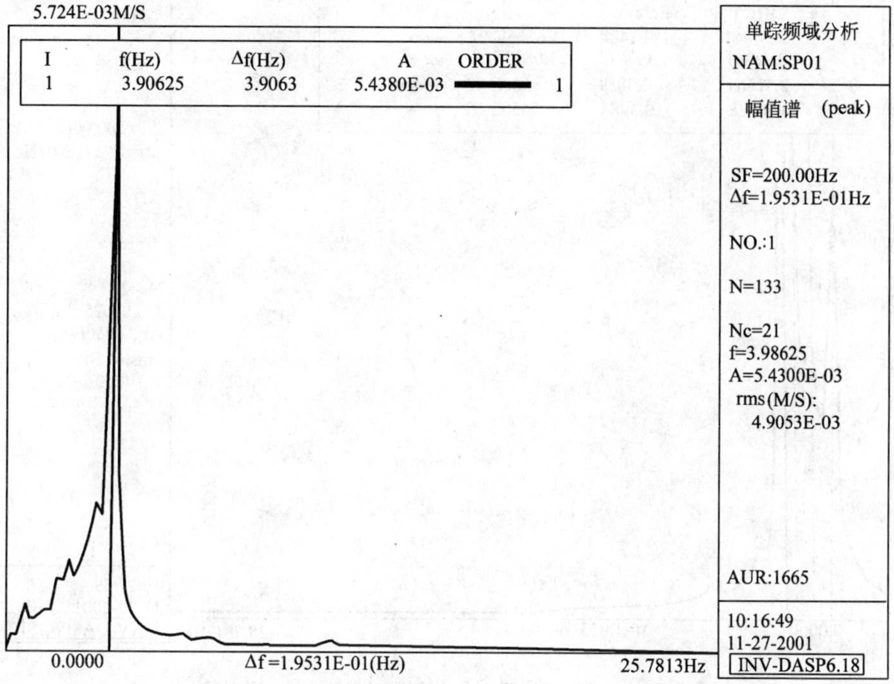

附图 16　升坪桥资源—白竹铺跑车（5km/h）频谱图

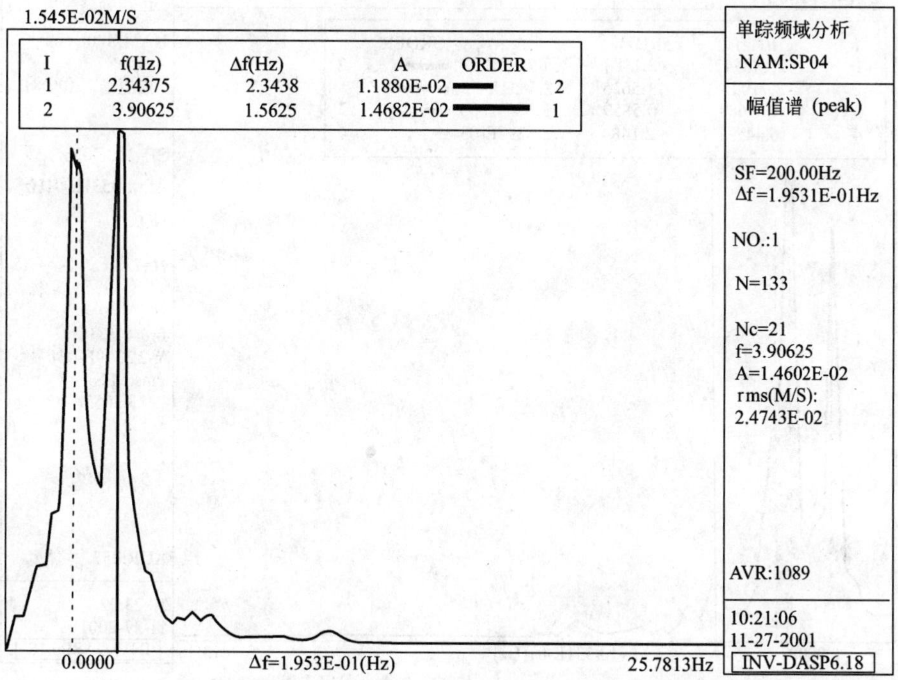

附图 17　升坪桥资源—白竹铺跑车（10km/h）频谱图

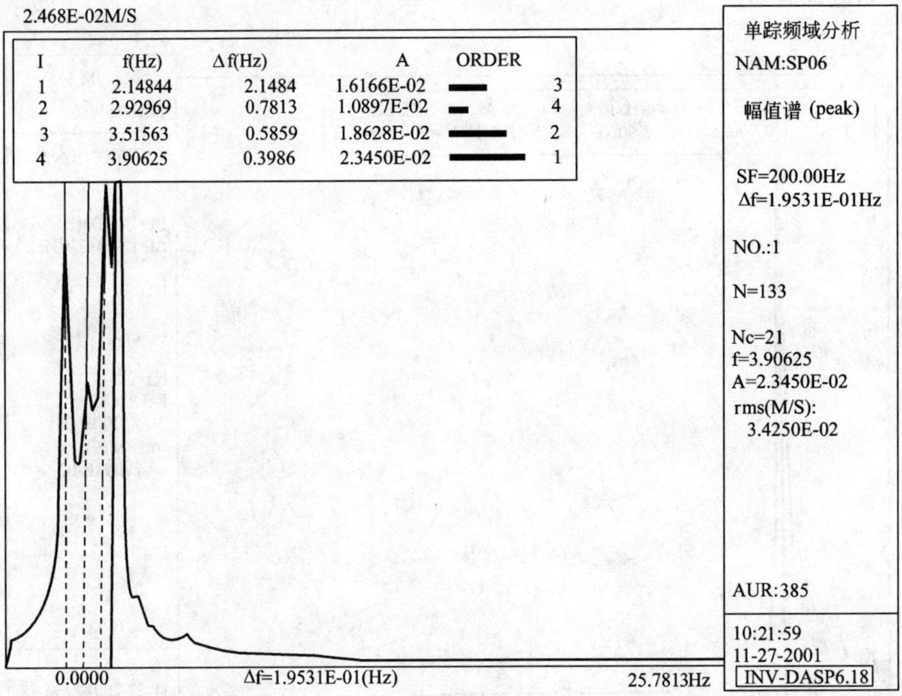

附图 18　升坪桥资源—白竹铺跑车（20km/h）频谱图

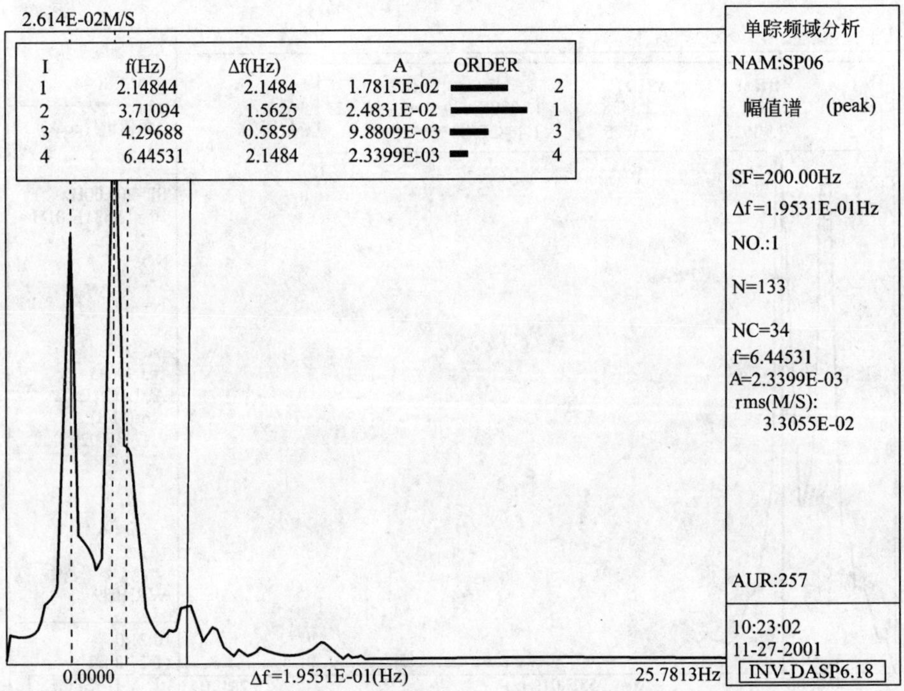

附图 19　升坪桥资源—白竹铺跑车（30km/h）频谱图

§2.12 双曲拱桥提载的加固（二）

——采用改变拱上建筑结构体系、增设横隔板加固法

一、桥梁概况

1. 原桥设计概况

该桥上部构造由6孔净跨径36m等截面悬链线空腹式钢筋混凝土双曲拱及两岸各一孔净跨径6m的钢筋混凝土矩形板组成。双曲拱净矢跨比为$f_0/L_0=1/6$，拱轴系数$m=2.240$。桥梁全长243.82m，1974年建成通车。

主拱圈由4肋3波组成，宽度8.20m；拱肋采用“⊥”形截面，高及底宽均为40cm。拱肋施工分3段预制无支架吊装，接头布置在反弯点附近，采用台阶式搭接接头，接合面用环氧树脂胶合。

拱上为排架式空腹构造。跨墩设一孔简支板，拱上为四孔连续的微弯板，靠近拱顶处设置一孔简支板暗孔。在跨墩及拱顶附近的简支板处各设变形缝一道，以利主拱圈的变形。

桥墩采用钢筋混凝土桩柱式基础及重力式墩身。桩柱直径1.30m，按两端嵌固设计配筋。根据河床覆盖层厚薄及柱的长短，1号、4号及5号墩各布置双排共4根桩，2号、3号两墩各布置双排共6根桩。为节省圬工，各墩身下部埋置5个内径1.30m、高4.0m的空心圆管。

东岸采用灌注桩基础及后座圬工砌体组合式桥台。设计考虑桩基仅承受全部垂直力，水平力则由后座支撑砌体的摩阻力及静止土压力平衡。西岸桥台为明挖基础独立前墙式台身，配4道台后撑墙支撑于岩体上。两岸边跨轻型桥台均为明挖扩大基础，直立墙式台身，见图4.2.12-1。

大桥设计技术标准：

设计荷载：汽-13，拖-60，人群3.5kN/m^2

桥面净空：净－7＋2×1.0m人行道

河流通航等级：六级

2. 存在的主要问题

（1）桥面大面积开裂、网裂，局部破碎下沉。人行道缘石两处开裂下沉，栏杆柱和扶手多处损坏，需要更换。

（2）主拱圈有裂缝，且主拱圈上的拱肋与拱板之间最大开裂长约2m，宽0.3mm左右。拱波间的横隔板处渗水较严重。

全桥的横隔板和横系梁安装与现浇接头均存在参差不齐、接头误差较大等缺陷。

（3）各孔拱上建筑腹拱墩柱与盖梁、腹拱圈等多处不同程度地存在裂缝、压碎、露筋和严重渗水等病害。

（4）桥面振动很大，当邻孔、甚至相间一孔有重车通行时，该孔桥面亦有振感。经查阅原设计，本桥未设置单向推力墩（即制动墩）。

二、加固的可行性评述

（1）根据大桥结构检查结果，除西岸主跨桥台基础局部被淘空外，主跨墩、台身与主拱圈的主要结构尚好，为本桥加固及提高荷载等级提供了可靠依据。

（2）由总重力980kN的试验荷载车辆作用于大桥的试验结果可知：主拱圈拱顶的最大挠度为5.73mm，约为净跨的1/6283；重车通过后，拱圈没有出现裂缝；桥墩水平位移上、下游平均为2.3mm；桥台水平位移上、下游平均为0.10mm。试验表明，该桥的承载力很大。

（3）结构检查尚未发现主拱圈的明显裂缝等病害，为本桥的加固和提高荷载等级提供了可行性。

（4）大量的试验证明：拱上建筑的联合作用效果较好，除可提高主拱结构的整体刚度外，还在于使腹拱具有一定抗推刚度，约束着主拱圈的水平变位。其抗推力产生的弯矩，使主拱弯矩和挠度折减很大。以往在进行拱桥设计计算时，常常不考虑"拱上建筑联合作用"的正影响，也不考虑"活载横向分布"的负影响，视为两者互补抵消。但实际上这两种影响在拱顶截面可基本"互补抵消"，而在腹拱区段还是"联合作用"影响大，故使拱桥具有承载潜力。

（5）由于桥面铺装层已大面积破损，大修加固势必将其挖除，更换为钢筋混凝土桥面铺装，因此，亦可提高大桥的纵、横向结构整体受力性能。

综上所述，对大桥进行加固，甚至提高其承载力是完全可行的。

三、加固方案

1. 按汽车-15级，挂车-80荷载标准的加固方案（方案一）

（1）凿除旧桥面，重建钢筋混凝土连续桥面铺装。

（2）腹拱结构的维修与加固

①损坏的腹拱墩立柱端部粘贴钢板，柱体外包钢筋混凝土；

②盖梁有病害部位采用粘贴钢板补强、环氧砂浆修补空洞与裂缝等措施；

③腹拱微弯板裂缝、麻面露筋等病害，待桥面重建后，采用环氧砂浆或高强度砂浆修补、封缝。

（3）桥台基础被淘空病害的补救。先采取抛石防护措施，待水位较低，具备围堰条件时，再探明实际淘空程度并作根治处理。

（4）两岸边跨轻型桥台病害处治

①先开挖凿除原破损的台帽背墙，然后重新浇筑混凝土，并增设钢伸缩缝；

②对台身中部水平贯通裂缝采用"骑马钉"加固，然后用高强度砂浆封缝和修补破损部位。

（5）两岸桥台八字墙病害处治

①修整平顺翼墙与桥台间的沉降缝，并填充防水与膨胀材料；

②对八字墙上边坡采用浆砌片石铺砌，防止雨水渗入填土内而加剧八字墙病害。

2. 按汽车-20级，挂车-100荷载标准的加固提载方案（推荐方案）

（1）凿除旧桥面，重建钢筋混凝土连续桥面铺装。

（2）主拱圈加固

①主拱肋和拱波底面分别锚固钢筋网，然后锚喷6cm厚混凝土；

②加强横向联系，将横系梁改为横隔板；

③主拱圈的腹拱部分背部现浇10cm厚钢筋混凝土加固，见图4.2.12-1。

（3）腹拱结构加固与改造

①对损坏的腹拱墩立柱与盖梁进行加固修复（同第一方案）；

②将腹拱的四孔连续微弯板、跨墩与暗孔的简支板全部拆除，更换为钢筋混凝土连续板，相应整治各腹拱墩的盖梁，并增设橡胶板支座，见图4.2.12-2。

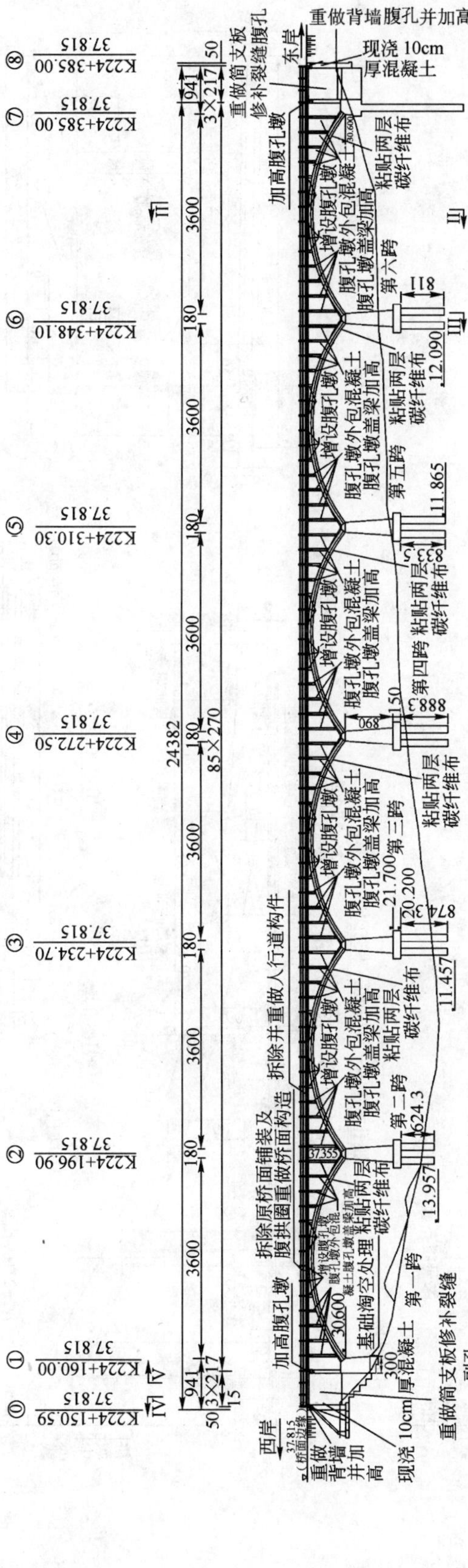

图 4.2.12-1 加固立面布置图（尺寸单位：cm）

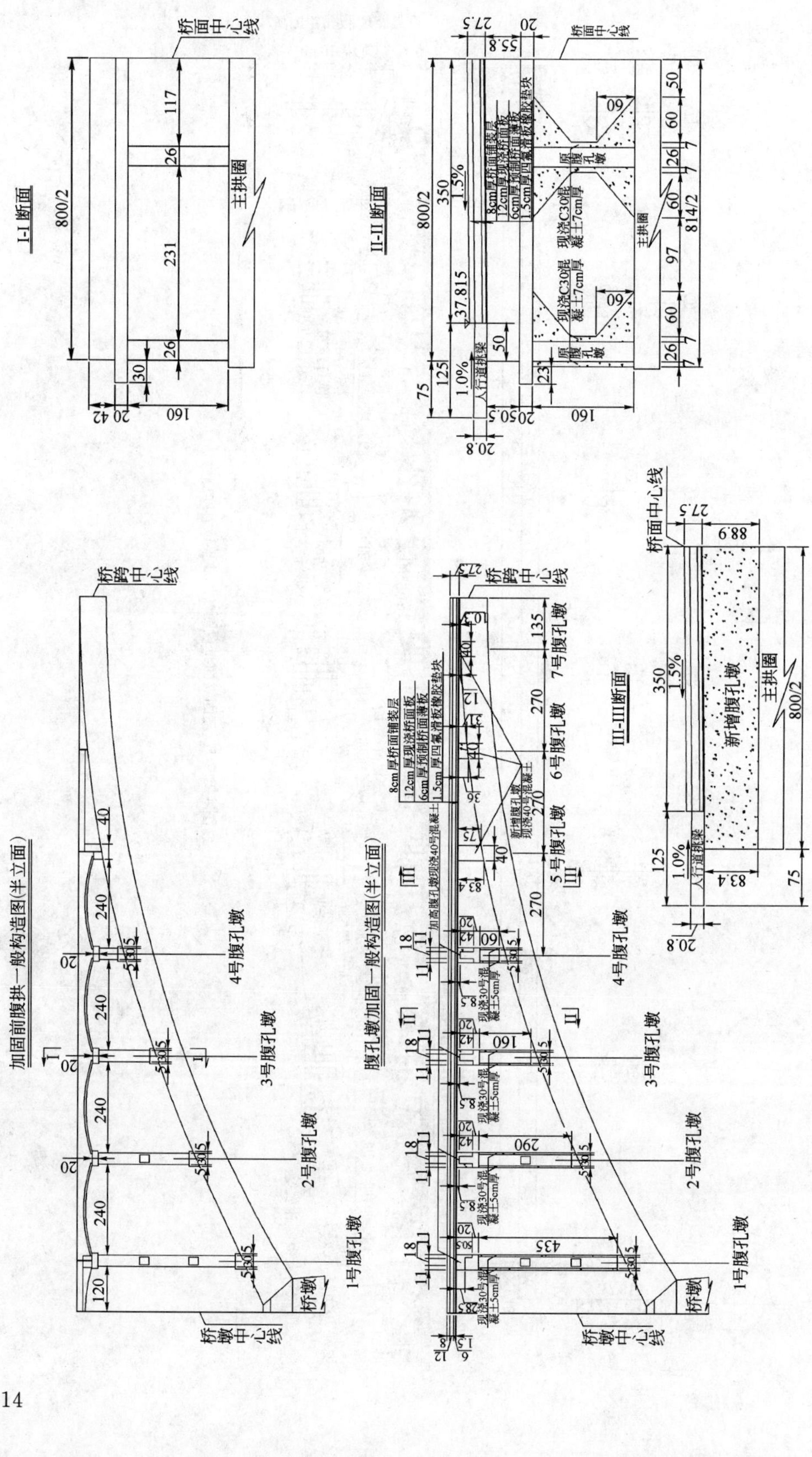

图4.2.12-2 腹拱加固构造图（尺寸单位:cm）

(4) 重建两岸边跨简支板

①拆除旧简支板（全桥两孔），然后重建；

②墩、台上增设橡胶板支座。

(5) 桥台基础被淘空病害处治：同第一方案。

(6) 两岸边跨轻型桥台病害处治：同第一方案。

(7) 两岸桥台八字墙病害处治：同第一方案。

四、加固设计要点

1. 加固提载设计标准

(1) 设计荷载：汽车-20级；挂车-100；人群－3.5kN/m^2

(2) 桥面净空：净7m＋2×1.0m人行道

2. 加固设计要点

(1) 主跨拱上建筑

①凿除原有桥面铺装层及腹拱圈；

②将腹拱墩柱截面增大至40cm×40cm，并在腹拱墩盖梁顶面设锚固钢筋、浇筑混凝土至设计高程；

③在原拱桥实腹段以拱顶为对称轴增设腹孔墩（每隔2.70m设置一道）；

④在腹孔墩盖梁顶设置四氟板式橡胶支座（规格为100mm×150mm×15mm）；

⑤将预制6cm厚钢筋混凝土薄板安装就位，并现浇12cm厚钢筋混凝土桥面，使桥面薄板由简支受力体系转换为连续板受力体系；

⑥浇筑8cm厚钢筋混凝土桥面铺装层。

(2) 主拱圈维修加固

①在主拱圈横系梁处增设横隔板，增强主拱圈的横向整体受力性能；

②对主拱肋以拱顶为对称轴左右各15m弧长范围内粘贴一层碳纤维布（每层宽25cm），以增强拱肋抗弯强度。

(3) 副孔

①拆除腹孔简支板，并重新预制安装简支板；

②在轻型桥台前墙锚固一层钢筋网，并现浇10cm厚混凝土层，以增强桥台台身的抗弯性能；

③凿除桥台背墙并重新浇筑背墙与台帽混凝土。

④副孔桥墩（即主跨桥台上的墩）墩身水平裂缝处理；

①增设锚固骑缝钢筋；

②高压灌注环氧水泥浆修补裂缝；

③在骑缝钢筋外侧固定钢丝网并抹2cm厚环氧树脂水泥砂浆层进行修补（抹面宽为50cm）。

(4) 人行道系

拆除全桥原有人行道系，重新预制安装人行道系。

(5) 主跨桥台

在枯水季节应进一步调查清西岸桥台基础冲刷情况，并根据实际情况采取相应措施进行加固处治。

3. 加固结构计算

(1) 计算参数取值

①设计荷载：汽车-20 级；挂车-100；人群－3.5kN/m^2

②温度变化：a. 体系整体升温 20℃

b. 体系整体降温 20℃

③考虑到该桥营运至今已 30 余年，桥梁墩（台）沉降已基本稳定，本次计算未考虑墩（台）的沉降作用；

④计算不考虑混凝土收缩徐变的影响。

(2) 结构分析

根据该桥的实际结构尺寸、施工步骤，将本桥分为主拱圈浇筑、腹拱墩浇筑、桥面板安装浇筑及安装人行道等二期恒载共 4 个施工阶段进行分析，分析模型见图 4.2.12-3 所示。

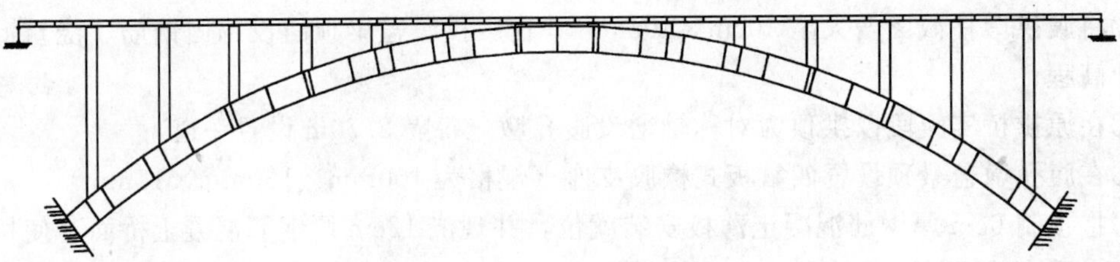

图 4.2.12-3 大桥结构离散图

根据以上模型采用交通部公路科研所编制“公路桥梁结构设计系统 GQJS8.6”进行计算，并采用广州市政设计研究院编“桥梁结构静动力 CAD 系统 V5.0”进行复核（本节略）。

§2.13 钢管混凝土桁架系杆拱桥的加固

——采用更换系杆、粘贴钢板及金属喷涂防腐体系加固法

一、桥梁概况

四川峨边县大渡河大桥主桥为 1 跨 138m 钢管混凝土桁架下承式无推力系杆拱桥，矢跨比 1/5，拱轴系数 1.352，桥面宽度为 9m（车行道）＋2×2m（人行道）。拱肋为 4 根 ϕ500mm×8mm 钢管混凝土桁架，肋高 3m，肋底宽 2m，肋顶宽 1.3m，两肋中心距 11.6m，钢管内混凝土为 C40。吊杆为 12ϕ15.24mm 高强钢绞线，两端采用 YM15－12 型锚具，下端采用锁头器，上端采用夹片锚固方式。吊杆采用外套钢管防护，管内注压原 40 号水泥浆。吊杆横梁为普通钢筋混凝土梁。系杆设于桥面系以下，为 31ϕ15.24mm 高强钢绞线，两端采用 YM15－13 群锚。系杆防护采用涂裹 10mm 橡胶沥青，然后用 2～3 层塑料薄膜、3～5mm 石棉布、2～3 层塑料薄膜、3 层 ϕ10mm×10mm 钢丝包裹，最后抹 10mm 厚 40 号水泥浆保护层。锚固端混凝土强度为 C40。桥面板采用长 4.8m 槽形板。引桥为 10m 跨径钢筋混凝土连续梁横置式桥面板。基础为钻孔灌注桩基础，主墩桩径为 2.0m，引桥桩径为 1.2m，见图 4.2.13-1。

大桥于1995年建成，因受到上游附近黄磷厂的影响，大桥锈蚀严重，特别是17号、18号上游吊杆处下弦杆防腐体系已破坏，钢管外露，表面出现大面积锈窝，最深处达3mm左右。拱肋钢管严重锈蚀。吊杆横梁普遍存在裂纹，系杆及吊杆锚具锈蚀严重，拱肋轴线偏移。2002年9月对该桥作了详细检测。

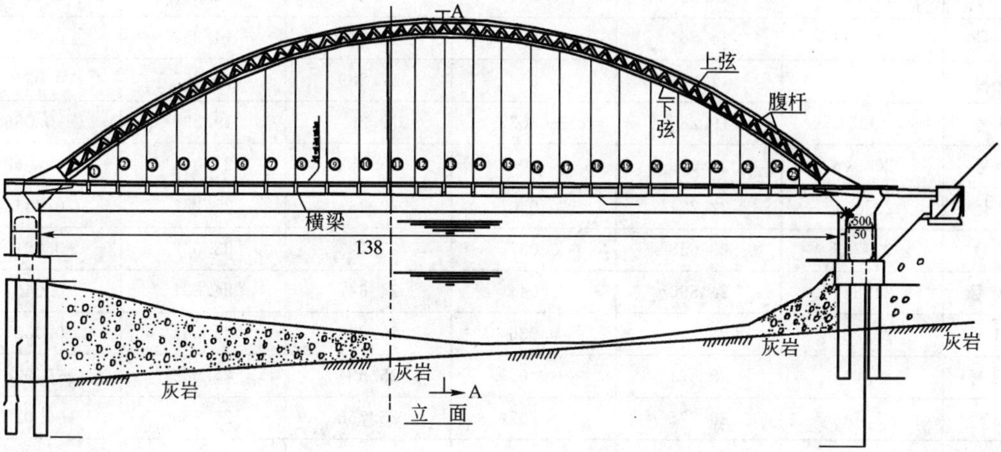

图 4.2.13-1 峨边大渡河桥型布置图

二、桥梁检测评定

1. 检测目的

(1) 对吊杆、系杆系统的现状和安全性进行评估；

(2) 对大桥的养护和加固提出评价。

2. 检测内容

(1) 几何状态：①桥面中线高程；②吊杆长度；③拱肋横向偏位。

(2) 吊杆：①防护套外观及钢绞线锈蚀情况；②射线检测防护套内混凝土密实情况；③吊杆锚具外观检查。

(3) 拱肋混凝土：①填充度；②钢管锈蚀情况。

(4) 系杆：①防护套外观及钢绞线锈蚀情况；②系杆锚具；③锚固端混凝土。

3. 检测结果

(1) 几何状态检测

①桥面中线高程检测；

②吊杆长度检测（表 4.2.13-1）。

上、下游吊杆长度检测值 表 4.2.13-1

序号	吊杆长度（温度：22～24℃）			吊杆长度（温度：25～27.5℃）		
	上游侧（m）	下游侧（m）	上、下游吊杆长度之差（m）	上游侧（m）	下游侧（m）	上、下游吊杆长度之差（m）
1号	5.838	5.847	－0.009	5.840	5.818	－0.008

续上表

序号	吊杆长度（温度：22～24℃）			吊杆长度（温度：25～27.5℃）		
	上游侧（m）	下游侧（m）	上、下游吊杆长度之差（m）	上游侧（m）	下游侧（m）	上、下游吊杆长度之差（m）
2号	9.135	9.135	0.000	9.141	9.137	0.004
3号	12.228	12.227	0.001	12.231	12.227	0.004
4号	14.873	14.841	0.032	14.877	14.852	0.025
5号	17.282	17.249	0.033	17.289	17.255	0.034
6号	19251	19.288	−0.037	19.262	19.298	−0.036
7号	20.945	21.009	−0.064	20.953	21.015	−0.062
8号	22.331	22.281	0.050	22.331	22.287	0.044
9号	23.715	23.658	0.057	23.723	23.662	0.061
10号	24.634	24.590	0.044	24.647	24.601	0.046
11号	25.285	25.249	0.036	25.293	25.261	0.032
12号	25.642	25.671	−0.029	25.654	25.682	−0.028
13号	25.746	25.775	−0.029	25.758	25.786	−0.028
14号	25.664	25.661	0.03	25.671	25.675	−0.004
15号	25.312	25.337	−0.025	25.320	25.343	−0.023
16号	24.650	24.664	−0.014	24.658	24.670	−0.012
17号	23.719	23.712	0.007	23.723	23.717	0.006
18号	22.482	22.434	0.048	22.488	22.444	0.044
19号	20.784	20.774	0.010	20.781	20.782	−0.001
20号	19.241	19.216	0.025	19.250	19.222	0.028
21号	17.140	17.112	0.028	17.147	17.119	0.028
22号	14.796	14.827	−0.031	14.805	14.831	−0.026
23号	12.145	12.144	0.001	12.151	12.156	−10.005
24号	9.196	9.167	0.029	9.201	9.182	0.019
25号	5.857	5.850	0.007	5.863	5.859	0.004

检测结果：

a. 根据《公路桥涵施工技术规程》对称点高差允许偏差值＝S/3000＝141.935m/3000＝0.0473m，而该桥对称点高差最大值为0.064m，大于规范允许值。

b. 上游侧吊杆在测量温度为25～27.5℃下时长度比测量为22～24℃下时长度长0～13mm。

c. 下游侧吊杆在测量温度为25～27.5℃下时长度比测量为22～24℃下时长度长0～15mm。

③拱肋轴线横向偏位（图4.2.13-2）。

由图4.2.13-2可见：

a. 桥梁上游拱肋上游侧下弦下缘轴线向上游方向偏移量为0～0.2482m。轴线偏位最大

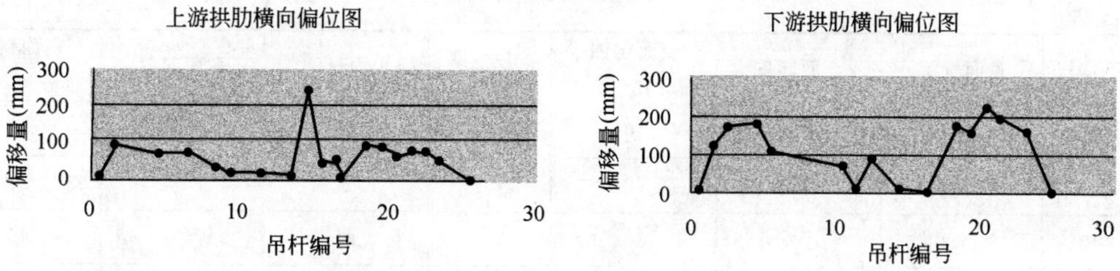

图 4.2.13-2　拱肋轴线横向位移图

值 0.2482m，超过规范允许偏差 0.03341m，超值为 0.21479m。

b. 桥梁下游拱肋下游侧下弦下缘轴线向上游方向偏移量为 0～0.2242m，轴线偏位最大值为 0.2242m，超过规范允许偏差 0.03341m，超值为 0.19079m。

（2）吊杆检测

①防护套外观检测

全桥两侧共 50 根吊杆。上游侧吊杆编号为 1、2、3…25，下游侧吊杆编号 1′、2′、3′、…25′。吊杆防护套检查结果见表 4.2.13-2。

吊杆防护套检查结果　　表 4.2.13-2

吊杆编号	表面气泡	表面起皮	表面锈蚀百分比（%）	吊杆编号	表面气泡	表面起皮	表面锈蚀百分比（%）
1	3 处	轻微	1	1′	2 处	轻微	1
2	3 处	轻微	5	2′	大面积	严重	20
3	3 处	一般	8	3′	大面积	严重	20
4	3 处	轻微	1	4′	无数	一般	10
5	3 处	轻微	2	5′	无数	严重	15
6	无数	严重	30	6′	大面积	严重	50
7	8 处	严重	30	7′	大面积	严重	40
8	5 处	一般	10	8′	5 处	轻微	5
9	5 处	轻微	5	9′	6 处	轻微	5
10	2 处	轻微	5	10′	6 处	轻微	15
11	5 处	一般	10	11′	8 处	严重	20
12	7 处	一般	10	12′	8 处	严重	30
13	8 处	严重	20	13′	8 处	严重	20
14	8 处	严重	20	14′	5 处	一般	10
15	2 处	轻微	5	15′	5 处	一般	25
16	4 处	轻微	20	16′	7 处	一般	20
17	大面积	严重	60	17′	大面积	严重	50

续上表

吊杆编号	表面气泡	表面起皮	表面锈蚀百分比（%）	吊杆编号	表面气泡	表面起皮	表面锈蚀百分比（%）
18	大面积	严重	40	18′	大面积	严重	50
19	面积	严重	70	19′	大面积	严重	20
20	大面积	严重	30	20′	大面积	严重	40
21	无数	轻微	20	21′	大面积	严重	40
22	3处	轻微	3	22′	7处	轻微	8
23	3处	轻微	2	23′	无数	严重	25
24	3处	轻微	1	24′	8处	轻微	1
25	3处	轻微	1	25′	3处	轻微	1

可见：上游17号、19号及下游6′号、17′号、19′号、21′号吊杆外套锈蚀严重。

②防护套内混凝土密实情况

经对上游侧1′号（最短吊杆）、下游侧13号吊杆（最长吊杆），距桥面上10～50cm处剥开检测发现，防护套内混凝土密实，无其他不良现象发生。

③吊杆钢绞线射线照相检测结果

全桥检测吊杆共2根，分别为上游侧1号（最短吊杆）、下游侧13号吊杆（最长吊杆）。检测部位为桥面上10～50cm处。共拍X光底片6张，经对X底片的评判，全部检测部位未发现异常影像，即所检测部位钢绞线无断裂。

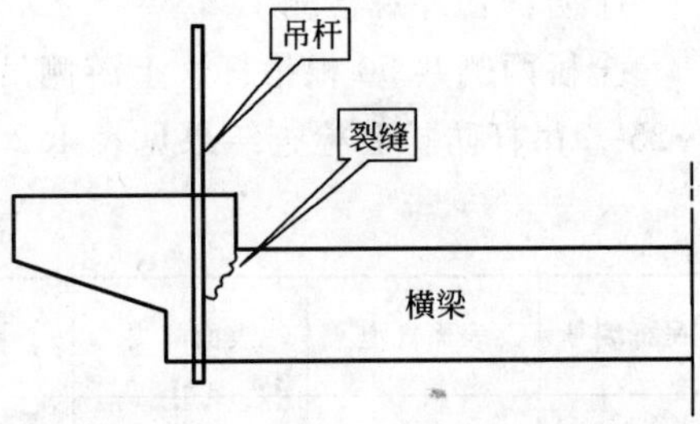

图4.2.13-3 裂缝位置示意图

(3) 吊杆横梁检测（表4.2.13-3、图4.2.13-3）

吊杆横梁开裂情况表 表4.2.13-3

吊杆编号	上游侧 裂缝长度（cm） 成都侧	上游侧 峨边侧	上游侧 说明	下游侧 裂缝长度（cm） 成都侧	下游侧 峨边侧	下游侧 说明
1	38	38				
2	30	45		40	45	
3	25	45				
4	20	30				
5	20	10				
6	30	35				
7	45	40				

续上表

吊杆编号	上游侧			下游侧		
	裂缝长度（cm）			裂缝长度（cm）		
	成都侧	峨边侧	说明	成都侧	峨边侧	说明
8	40	32				
9	/	/				
10	30	50				
11	39	18		10	30	
12	40	35				
13	35	30				
14	40	35		35	45	
15	35	34		38	36	
16	35	55	严重，已贯穿横梁	50	40	
17	35	54				
18	35	20				
19	50	43				
20	40	20				
21	46	40		40	35	
22	24	39				
23	50	37				
24						
25				40	10	

注：裂缝方向均一致，下游侧裂缝方向及形状与上游情况均对称、一致。

（4）锚具检测

采用CEE－1型电磁轭探伤仪进行磁粉探伤检测。

①吊杆锚具

全桥吊杆上、下锚具共计100个，由于受起吊设备的限制，拱顶处附近的12号、13号、14号、12号′、13号′、14号′锚具未进行检测。检查发现，5号锚具盖子积水，23号上锚具盖子存在裂缝。然后对这2处锚具进行了磁粉探伤检测。

对5号、23号吊杆上锚具及13′号、25号下锚具共4处进行了磁粉探伤检测，4处锚具无裂纹。

②系杆锚具

对全桥16个系杆锚具全部进行了检测。

外观检查结果：全桥系杆锚具均锈蚀，其中峨边岸上游侧系杆1号锚具最下侧卡片开裂：峨边侧上游4号系杆锚具卡片开裂；成都侧桥墩上游侧2号系杆（下游侧）1束钢绞线无露头，4束钢绞线露头较短。

磁粉检测结果：全桥系杆锚具无裂纹。

(5) 系杆检测

①外观

全桥共8根系杆。首先对8根系杆外部防护进行全面检查（表4.2.13-4），检查外部有无破损、有无裂缝，再选择4根系杆在不同的位置打开检测。

系杆防护套外观检查表　　表4.2.13-4

上游侧				
吊杆编号	系杆号			开裂程度
	1号（下游侧）	2号（下游侧）	3号4号（中间）	
3号	断开	断开	/	
6号	/	/	断开	
7号	/	/	断开	
8～9号	/	断开	断开	
9～10号	断开	/	/	
12～26号	/	8处	/	一般
12～26号	7处	/	/	开裂一般，裂缝0.5～1.0cm，严重1处，缝宽7～8cm
25号			1处	即峨边端部，缝宽1.2cm，铁丝网防护层全面断开，已露出钢绞线，部分钢绞线绣蚀严重
合计	9处	10处	5处	
下游侧				
吊杆编号	系杆号			开裂程度
	1号（上游侧）	2号（下游侧）	3号4号（中间）	
			断开	下游侧最大缝宽1cm
6号		断开		
7号			断开	
8～9号	断开	断开		
9号			断开	
9～10号	断开			
10号			断开	

续上表

下游侧				
吊杆编号	系杆号			开裂程度
	1号（上游侧）	2号（下游侧）	3号 4号（中间）	
10～11号	断开			下游侧最大缝宽1cm
11号		断开		
13～14号		断开		
15～16号	断开			
17号	断开			
18号			断开	
合计	5处	4处	4处	

剥开检查发现钢索外层沥青未涂完整，钢索均锈蚀，表面有一层锈粉，锈蚀面积达100%，无锈窝。

②系杆锚固端混凝土检测

对所有锚固端均进行了声波CT、混凝土回弹检测。

a. CT剖面检测结果

CT剖面成像分析：CT剖面图像为混凝土声波速度高低分区图，波速高低反映混凝土的密实程度，速度越高，混凝土越密实；波速越集中，混凝土越均匀。

CT剖面波速分段统计分析：将检测剖面分段波速按百分比统计，根据波速分区和集中情况来反映混凝土的均匀性和密实程度。

系杆锚固端选择8个剖面，作CT检测后，判明混凝土密实度较好，匀质性较差。

b. 回弹测试结果，见表4.2.13-5。

从每个测区两个相对测试面16个回弹值中，分别剔除3个最大值和3个最小值，由于回弹测试为水平状态，因此：

$$R_a = R_m = \sum_{i=1}^{10} R_i / 10$$

c. 超声波回弹强度计算，见表4.2.13-6。

根据锚固端混凝土CT检测剖面平均速度、平均回弹值，按《超声回弹综合法检测混凝土强度技术规程》(CECS 02：88)，检测剖面超声回弹强度换算值按下式计算：

$$f_{cu} = 0.0038 v^{1.23} R_a^{1.95}$$

各剖面测区平均回弹值　　表4.2.13-5

测区位置（8个剖面）	平均回弹值	测区位置（8个剖面）	平均回弹值
*A*剖面	45.1	*E*剖面	45.2
*B*剖面	45.2	*F*剖面	45.2
*C*剖面	46.7	*G*剖面	46.3
*D*剖面	46.6	*H*剖面	46.4

CT 剖面混凝土超声回弹强度推算值　表 4.2.13-6

剖面编号	剖面平均声速 (km/s)	剖面平均回弹值	剖面强度换算值 (MPa)	锚固端强度推算值 (MPa)
A	4.480	45.1	40.4	峨边侧上游端：40.4
B	4.492	45.2	40.6	
C	4.482	46.7	43.3	峨边侧下游端：43.1
D	4.48	46.6	43.1	
E	4.475	45.2	40.5	成都侧上游端：40.5
F	4.489	45.2	40.7	
G	4.464	46.3	42.3	成都侧下游端：42.3
H	4.47	46.4	42.3	

(6) 拱肋钢管混凝土检测

①填充度检测

拱肋钢管混凝土密实度采用敲击法进行了检查。经过全面敲击发现，拱肋钢管混凝土密实度较好。

②外观锈蚀情况检测

旧漆膜已破坏且露出的钢管表面出现大面积锈窝，最深处达 3mm。

4. 检测结果评定

(1) 吊杆钢绞线、吊杆锚具无裂纹损伤，吊杆下锚具锈蚀严重；

(2) 上游侧横梁普遍存在裂纹；

(3) 拱肋变形和偏位均已超过允许值，如发现变形或偏移量过大应立即采取封桥等安全措施；

(4) 上、下游吊杆对称点高差最大为 64mm，超过规范允许偏差要求；

(5) 拱肋轴线偏位

①上游拱肋轴线向上游最大偏移量为 248.2mm，超过规范允许偏差值 214.79mm；

②下游拱肋轴线向上游偏移量为 224.2mm，超过规范允许偏差值 33.31mm；

(6) 上游侧 17 号、19 号及下游侧 6′号、17′号、19′号、21′号、吊杆防护套钢管锈蚀严重；

(7) 吊杆钢绞线射线照相检测部位未发现异常影像，即所检测部位钢绞线无断裂；

(8) 拱肋钢管混凝土密实较好；

(9) 系杆锚具无裂纹损伤，但锈蚀较严重；

(10) 成都上游侧 2 号系杆（朝下游方向）1 束钢绞线无露头，4 束钢绞线露头较短；

(11) 系杆外防护层破损较多，系杆钢绞线表面均存在锈粉；

(12) CT 剖面的混凝土密实度均较好，均匀性除 F、H 剖面较差外，其余为一般；

(13) 锚固端混凝土强度推定值均大于设计强度；

(14) 部分锚具锈蚀严重，应采取防护效果好的封锚措施；

(15) 系杆锈蚀严重，应对所有锈蚀系杆采取换索处理；

(16) 拱肋钢管锈蚀严重，其表面应处理。

三、加固维修设计

1. 加固维修技术标准

本次加固维修保持原桥设计技术标准不变，即：设计荷载：汽车-超 20 级，挂车-120，人群：$3.5kN/m^2$，桥面净宽：净 9m+2×2m 人行道，设计洪水平率：$p=1\%$。

2. 加固维修方案

(1) 拱肋防腐：两个方案，一是金属喷涂防腐，二是 GCM 钢结构防护系统。经比较后采用金属喷涂防腐体系。

(2) 吊杆横梁加固：先对裂缝进行灌注混凝土粘合剂，采用粘贴 2cm 厚钢板的加固方案，提出了 U 形焊接板上包或下包两种方式。本桥采用上包方案。

(3) 系杆更换：采用钻孔分批、分次对称置换的方式更换。

四、施工技术要点

1. 拱肋防腐处理

由于受上游附近黄磷厂排放物的严重污染，故选择长效防腐方案，即采用金属喷涂防护。技术要求如下：

(1) 喷砂处理表面质量要求（按下表）

涂装种类	质量标准		检验方法	检验标准
金属喷涂 (电弧喷铝)	清洁度	Sa 2.5 级	图谱对照、贴胶	GB8923—88
	粗糙度	Ra40～80μm	比较样板及仪器测量 粗糙度测试仪	GB/T13288—91 或 GB6062—85

(2) 金属防腐体系

金属防腐体系采用 200μm 铝+40μm 环氧磷酸锌+50μm 环氧云铁+80μm 面漆。

采用电弧喷涂法，喷涂厚度 200μm 铝，涂刷 40μm 环氧磷酸锌封闭，然后再喷涂 50μm 环氧云铁中间漆，最后喷涂 2 层聚氨酯面漆。

该防护体系目前已大量在钢结构桥梁、船舶、船闸等工程领域中使用，理论防腐有效时间为 30 年。其缺点是在工地现场施工，拱肋喷砂除锈比较困难，并将影响交通。

2. 吊杆横梁加固（图 4.2.13-4）

加固方法为，先对裂缝进行灌注混凝土粘合剂，再粘贴 2cm 厚钢板，采用锚固螺栓夹紧固定，使混凝土与钢板结合成一个整体，以加强横梁抗剪和抗弯刚度。具体技术要求如下：

(1) 放线、基面处理。按设计图纸的要求在需粘贴钢板的位置准确放线，并用角磨机对混凝土基面进行打磨，除去表面松散的碳化层和灰尘，并将基面清理干净。

(2) 对裂缝进行加压灌注混凝土粘贴剂胶。操作方法是在已经过清理的基面上，用混凝土粘贴剂加滑石粉调成环氧腻子封缝，并每隔 30cm 埋设一个灌胶嘴。然后用恒压灌注器自缝的下部向上依次布置，待恒压灌注器注入混凝土梁内的粘贴剂固化后即可取下恒压灌注器，并用角磨机将表面打磨干净。

(3) 钻孔。先用钢筋探测仪测出钢筋位置，钻孔时应避开钢筋，孔径的大小及孔深按设

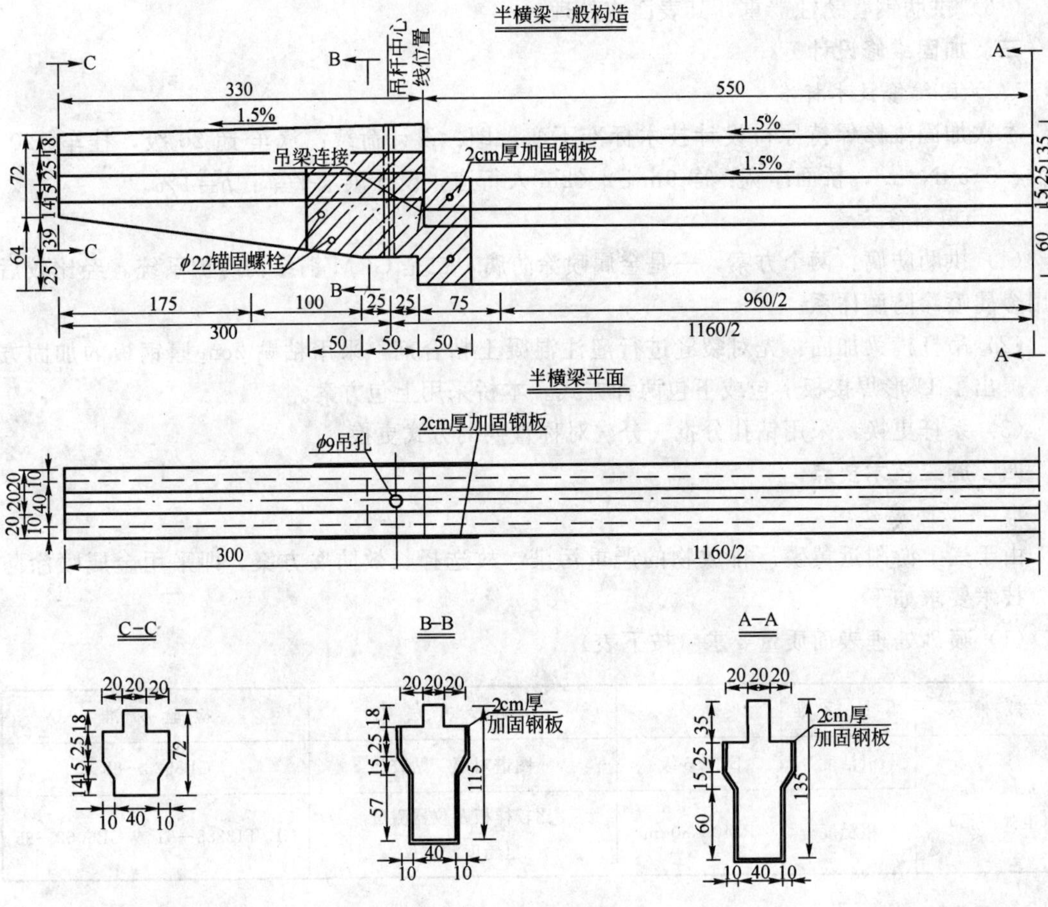

图 4.2.13-4 横梁加固构造图（尺寸单位：cm）

计确定。

(4) 钢板加工。按设计图纸的尺寸加工钢板，钢板的孔位可用石棉纸在钻孔的孔位处按1∶1的比例做出样型，按此位置精确钻孔，以便钢板能够准确安装就位。

(5) 钢板的除锈、防腐。用钢丝刷对钢板打磨除锈，除锈后立即刷一层混凝土粘结剂胶。对打磨的钢板的另一面做临时防腐，以防钢板再生锈。

(6) 钢板安装定位。先在打磨好的混凝土基面上刷一层混凝土粘结剂，然后将钢板安装就位，留出灌胶空隙，空隙应控制在4mm以内，用螺栓固定钢板，钢板周围用环氧砂浆封闭。

(7) 灌胶粘钢。预先在钢板上钻好进胶孔和出胶孔，孔径为ϕ10mm。孔的位置依钢板尺寸而定，一般一块钢板设一个进胶孔，一个出胶孔。然后在灌胶孔上粘贴灌胶嘴，待灌胶嘴粘牢后即可对其进行加压灌注，一般压力保持0.5—0.6MPa。从钢板的一头向另一头顺序灌注，直至下一个灌胶嘴满胶为止，即可封闭上一个注胶嘴，移到下一个注胶嘴继续注胶，以后注胶重复上述步骤，直至最后一个出胶嘴出胶为止。

(8) 粘贴质量检查。钢板粘贴成型后，用木棍轻敲钢板，检查是否有空洞存在，如有空洞及时填入粘贴剂充塞。若补救措施不能生效时，则需将钢板拆下后重贴。采取加压灌注工艺的优点是可保证钢板粘贴牢固，与混凝土之间无空隙，易于达到钢板与混凝土共同受力，粘贴质量易于控制。

(9) 防护处理。环氧树脂固化后，清除钢板表面污物，用钢刷除锈，涂一层混凝土粘结剂，再涂一层防锈剂进行表面防护处理。

3. 更换系杆

本桥 8 根系杆，经检测发现保护层有不同程度的损坏，经剥开检查，钢绞线表面均有一层锈粉，锈蚀面积达 100%，因此必须更换。由于原系杆锚孔在桥台处均被水泥浆封固，加之都有不同程度的弯曲半径，且孔深达 8m 左右，要想在原位更换系杆，施工难度极大。本次设计在桥台处重新钻孔，然后再更换新系杆，新系杆布置见图 4.2.13-5。新系杆采用 OVMXG15－31 可换索式环氧喷涂钢绞线系杆，该系杆具有四层防护功能，第一层为环氧层，第二层为油脂层，第三层为 PE 层，第四层为 PE 套管。系杆更换能否顺利进行，其关键工序是系杆钻孔。其具体施工方案和技术要求如下：

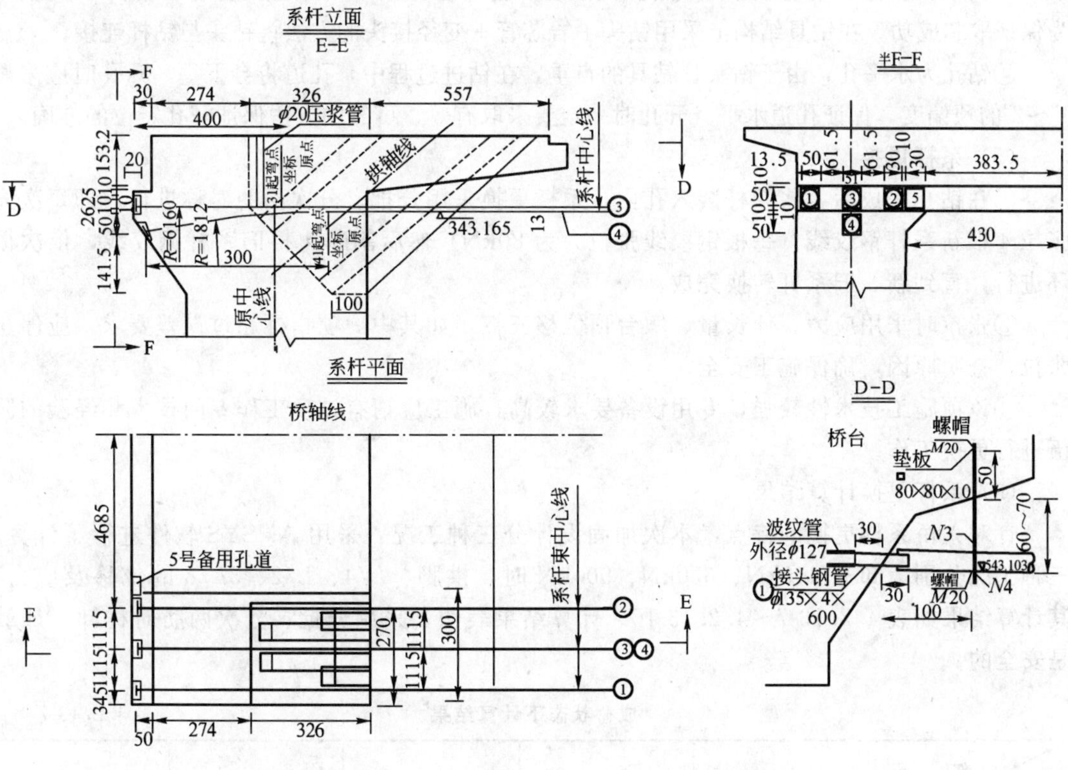

图 4.2.13-5　新系杆及锚具构造图（尺寸单位：cm，钢板、钢管：mm）

(1) 施工方案

在桥墩下方搭建施工平台，将钻机吊放在平台上，由桥墩系杆入墩端水平钻出 ϕ150mm 通孔，然后由锚头端以 ϕ150mm 孔为中心套钻 ϕ360mm 新系杆锚头孔。依次将中墩及岸台 16 个孔钻穿、顺直。施工时严禁采用冲击钻钻孔，以免危及大桥安全。

(2) 施工设备及钻具准备

主要设备有钻机、水泵等。钻机应有足够的功率，同时还要考虑到施工平台上的工作条件限制，钻机体积不能过大，钻机应便于移运及拆卸安装，以保证连续准确的钻穿8m深的钢筋混凝土墩身。

(3) 设计制造专用金刚石钻头

由于墩台为钢筋混凝土结构，系杆钻孔均为非标准孔径，要完成钻孔任务的关键在于设计、制造专用金刚石钻头，同时还应考虑实用轻便、结构可靠的钻具匹配组合。

(4) 工艺要求

①通过钻机带动钻头旋转并施加钻压以钻取混凝土，为防止金刚石钻头因摩擦过热而烧钻，在钻进过程中，钻头采用水泵通过钻杆中心孔内强制供水以冷却钻头，同时冷却水又将岩屑通过环形空间携带出孔外，以保持孔内清洁，避免钻头重复破碎岩屑。

②钻进过程中势必会遇到钢筋，当遇到钢筋时应调整工艺参数（包括钻压、转速及冷却水量），以保证顺利钻穿钢筋。

③由于孔较深，钻进中可以采用多次取芯法将岩芯分段取出，每段岩芯长度在1m左右。为保证取芯成功，在钻具结构上采用钻头＋岩芯管＋变径接头的方法将钻头与钻杆连接。

④钻孔为水平孔，由于钻头、钻具的自重，在钻进过程中，孔道将会下垂，开孔时应采用1°～2°的预偏度，保证孔道水平。开孔时一定要采取有效、可靠的方法保证开孔定位的准确。

(5) 系杆更换

①在钻孔完成后，将系杆装入孔内，系杆更换采用分批、分次两肋对称进行，即每次先张拉4根新系杆钢绞线（每根钢绞线张拉力为80kN）然后割断4根旧系杆钢绞线，依次循环进行，直到新、旧系杆转换完成。

②张拉时采用应力、伸长量、墩台顶位移三控，如其中一项指标超过误差要求，应停止张拉，查明原因，确保施工安全。

③该项施工技术性较强，专用设备要求较高，施工应请有该项工作专门技术和经验的队伍进行更换工作。

(6) 系杆更换计算结果

针对大桥系杆更换的特点，本次加固设计分三种工况，采用ANSYS软件进行了计算，三种工况分别为卸载400kN、650kN、900kN时，拱脚、$L/4$、$L/2$、$3L/8$的位移及应力，其计算结果如表4.2.13-7～4.2.13-10。计算结果表明，采用分批、分次两肋对称卸、加载是安全的。

成桥状态下计算结果 表4.2.13-7

内容 \ 部位	左拱脚	$L/4$	拱脚	$3L/8$	右拱脚
水平位移 x (cm)	0	0.28	0	2.39	0
竖向位移 y (mm)	0	34.3	71.8	34.31	0
轴向应力 (MPa)	7.17	5.69	6.85	5.46	7.15
竖向剪应力 (MPa)	0.12	0.07	0.037	0.06	0.15

卸载 400kN 换系杆计算结果汇总　　表 4.2.13-8

内容＼部位	左 拱 脚	$L/4$	拱　脚	$3L/8$	右 拱 脚
水平位移 $x$mm	0.168	2.32	0	2.33	0.168
竖向位移 $y$mm	0.55	35	72.18	35	0.55
轴向应力（MPa）	7.22	5.67	7.86	5.45	7.19
竖向剪应力（MPa）	0.12	0.07	0.04	0.06	0.15

卸载 650kN 换系杆计算结果汇总　　表 4.2.13-9

内容＼部位	左 拱 脚	$L/4$	拱　脚	$3L/8$	右 拱 脚
水平位移 x（mm）	0.255	2.29	0	2.30	0.255
竖向位移 y（mm）	0.55	35.19	72.45	35.21	0.55
轴向应力（MPa）	7.24	5.69	6.86	5.45	7.22
竖向剪应力（MPa）	0.12	0.07	0.04	0.06	0.15

卸载 900KN 换系杆计算结果汇总　　表 4.2.13-10

内容＼部位	左 拱 脚	$L/4$	拱　脚	$3L/8$	右 拱 脚
水平位移 x（mm）	0.34	2.26	0	2.27	0.34
竖向位移 y（mm）	0.55	35.3	72.73	35.3	0.55
轴向应力（MPa）	7.24	5.69	6.86	5.45	7.22
竖向剪应力（MPa）	0.12	0.07	0.04	0.06	0.15

五、加固效果

本桥加固设计，针对病害进行拱肋防腐、系杆更换及吊杆横梁加固，提出重点突出，切中病害，设计方案可行，符合规范，能满足正常使用的要求。加固效果评价如下：

1. 钢管拱肋

(1) 设计中只作常效防腐处理，但 17 号、18 号下弦管（ϕ550mm×8mm）的严重锈蚀（锈坑深达 3mm，只余 5mm）必然影响拱肋的整体强度，再通过喷涂除锈进一步减弱，应通过计算予以确定，必要时应进行加固处理。

(2) 采用金属喷涂漆防腐体系，实地喷砂除锈，高空作业难度较大，质量不易保证，较难达到 Sa2.5 级的表面粗糙度，金属喷涂效果易打折扣。

2. 吊杆横梁加固

吊杆横梁的开裂是由于锚垫板边角及横梁截面变化引起的局部应力造成的，采用下包的方案优于上包方案。由于上包方式受力连续性不好，且钢板较厚，通过粘胶传递内力是不可靠的。钢板厚度不宜大于 10mm。而主要传力应依靠锚栓，最好能使锚垫板与钢板共同受力，否则不易保证加固效果。可考虑先松动吊杆螺帽，安放焊接钢板后再拧紧螺帽的方法。

采用下包式要考虑行车道牛腿悬臂结构包裹的钢板能否延伸焊接至吊杆位置，使其受力连续。

3. 系杆更换

该桥系杆更换，钻孔成败是关键。

加固设计采用新钻四孔的方案，间距 111.5cm，钻进长约 8m，在施钻过程中应注意以下问题：

(1) 墩台帽钢筋密布，钻孔易出现偏差，危及旧系杆；

(2) 钻孔太长，可能出现卡钻，取不出钻头，钻孔报废；

(3) 新系杆和旧系杆在同一水平位置，钻孔削弱截面，旧系杆对施钻干扰较大；

(4) 张拉系杆，需拆换其上桥面板，以安放张拉千斤顶的吊架。

§2.14 下承式钢管混凝土系杆拱桥的加固

——采用更换吊杆、系杆，粘贴钢板，重防蚀涂装系统加固法

一、桥梁概况

乐山市沙湾大渡河大桥长 366.00m。主孔跨径为 150m 下承式钢管混凝土系杆拱桥，矢跨比 1/5，拱轴系数 $m=1.2$，桥面为平坡。桥面宽度为：净 9m+2×2.2m 人行道。引桥为 8×25m 预应力空心板简支梁桥，桥面坡度 3%，桥面宽度为净 9m+2×3.8m 人行道，设计荷载标准为汽车－20 级，挂车－100，人群荷载 3.5kN/m^2，桥下为五级航道标准，净空 8m。设计洪水频率：1%，地震烈度 7 级。大桥（图 4.2.14-1）于 1999 年 6 月建成营运。

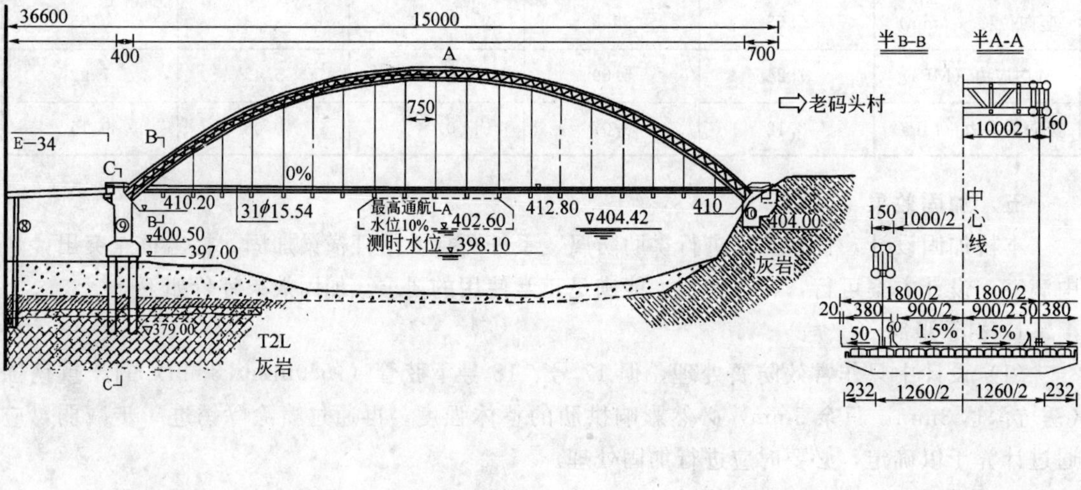

图 4.2.14-1 沙湾大渡河大桥布置图（尺寸单位：cm）

二、存在的主要问题

2002 年 7 月对大桥主体结构进行了全面检测，综合检测结果见表 4.2.14-1～表 4.2.14-6。

吊杆钢绞线断面损失率检测结果　　表 4.2.14-1

吊　杆　号	平均损失率（%）	最大损失率（%）	吊　杆　号	平均损失率（%）	最大损失率（%）
上游 02 号吊杆	3.22	11.42	下游 18 号吊杆	3.82	7.63
上游 03 号吊杆	2.63	18.58	下游 17 号吊杆	6.51	18.50
上游 04 号吊杆	3.62	18.65	下游 16 号吊杆	6.16	11.33
上游 05 号吊杆	2.98	18.65	下游 15 号吊杆	5.41	22.15
上游 06 号吊杆	3.79	7.49	下游 14 号吊杆	4.74	31.84
上游 09 号吊杆	6.23	34.88	下游 13 号吊杆	1.25	1.25
上游 10 号吊杆	1.65	1.65	下游 12 号吊杆	2.94	7.69
上游 11 号吊杆	1.88	1.88	下游 11 号吊杆	5.02	11.25
上游 12 号吊杆	1.88	1.88	下游 10 号吊杆	4.67	7.63
上游 15 号吊杆	0.47	0.47	下游 08 号吊杆	5.28	11.25
上游 16 号吊杆	4.99	14.85	下游 07 号吊杆	5.49	18.37
上游 18 号吊杆	5.61	24.76	下游 04 号吊杆	6.87	21.75
			下游 02 号吊杆	5.46	5.46

注：1. 最大损失率是以检测钢绞线断面的最小尺寸来计算，平均损失率是以检测钢绞线断面的平均尺寸来计算。

2. 由于吊杆结构形式的限制，检测钢绞线断面损失率时，全部 12 根钢绞线只量测了外围 9 根。

3. 钢绞线断面损失率仅为所检测部位的断面损失率。

吊杆 PE 套管及钢绞线锈蚀检测结果　　表 4.2.14-2

吊　杆　号	PE 管及管内灌浆情况	有无积水情况	钢绞线情况
1	PE 管老化，有少量水泥浆	无	钢绞线一般锈蚀，少量锈层
2	PE 管老化内无浆	PE 管积水	钢绞线一般锈蚀，少量锈层
3	PE 管老化内无浆	无	钢绞线一般锈蚀，少量锈层
4	PE 管老化内无浆	PE 管积水	钢绞线锈蚀特别严重，大量锈坑及锈层
5	PE 管老化内无浆	无	钢绞线锈蚀特别严重，4 根有锈坑
6	PE 管老化，有少量水泥浆	无	钢绞线一般锈蚀，少量锈层
7	PE 管老化，有少量水泥浆	无	钢绞线一般锈蚀，少量锈层
8	PE 管老化，有少量水泥浆	无	钢绞线一般锈蚀，少量锈层
9	PE 管老化内无浆	无	钢绞线严锈蚀重，2 根有锈坑
10	PE 管老化，有少量水泥浆	无	钢绞线局部锈蚀，局部锈层
11	PE 管老化，有少量水泥浆	PE 管积水	钢绞线局部锈蚀，局部锈层
12	PE 管老化，有少量水泥浆	无	钢绞线锈蚀较重，局部有锈层
13	PE 管老化，有少量水泥浆	无	钢绞线锈蚀较重，局部有锈坑
14	PE 管老化，有少量水泥浆	无	钢绞线轻度锈蚀，局部有锈层
15	PE 管老化，有少量水泥浆	无	钢绞线锈蚀较重，局部锈层
16	PE 管老化，有少量水泥浆	PE 管积水	钢绞线锈蚀严重，2 根有锈皮脱落
17	PE 管老化充满水泥浆、较密实	无	基本完好

续上表

吊 杆 号	PE管及管内灌浆情况	有无积水情况	钢绞线情况
18	PE管老化内无浆	PE管积水	钢绞线锈蚀特别严重
19	PE管老化充满水泥浆、较密实	无	基本完好

对锈蚀程度描述的说明 表4.2.14-3

锈蚀程度	锈蚀状况	锈蚀程度	锈蚀状况
基本完好	基本无锈，未见锈斑及锈层	较重	有大量锈粉及少量锈层
轻微	有大量锈斑及少量锈粉	严重	有大量锈层及少量锈坑，但锈坑较浅
一般	有少量的锈斑	特别严重	有大量锈坑，且深度在0.5mm以上

注：本表锈蚀程度的定义仅适用于下面所列表格中的检测描述。

吊杆（上游）下锚头检测记录 表4.2.14-4

锚头编号	锚头锈蚀情况	锁头器锈蚀	渗水锁头器数目	钢绞线锈蚀情况
1	基本完好	一般	无	1根较重，有锈坑，其余有不同程度锈蚀，大部分有锈斑
2	严重	较重	轻度	有锈斑，渗水部分严重锈蚀
3	轻微	较重	轻度	渗水部分严重锈蚀
4	轻微	较重	轻度	渗水部分严重锈蚀
5	轻微	较重	轻度	渗水部分严重锈蚀，1根未受力
6	轻微	严重	9	6根锈蚀特别严重
7	轻微	严重	全部	严重锈蚀，受力一均
8	较重	严重	全部	严重锈蚀，横梁主筋外露，吊杆区混凝土不密实
9	轻微	严重	3	渗水部分严重锈蚀，其他也已锈蚀
10	严重	严重	全部	8根严重锈蚀，4根一般锈蚀
11	轻微	严重	全部	严重锈蚀，形成钟乳石
12	轻微	严重	2	严重锈蚀
13	轻微	较重	5	一般锈蚀
14	轻微	严重	4	渗水部分严重锈蚀
15	轻微	较重	无	严重锈蚀
16	较重	严重	2	渗水部分严重锈蚀
17	较重	一般	3	严重锈蚀，内缩8mm
18	轻微	一般	无	一般锈蚀
19	轻微	一般	1	一般锈蚀，内缩39mm

吊杆防护钢管打开检测记录

表 4.2.14-5

吊杆号	开孔位置	PE 管内检测情况	钢绞线检测情况
上游 06 号	踞桥面 95～135cm 处	有水泥浆	基本完好
上游 08 号	踞桥面 90～130cm 处	有少量水泥浆，积水	钢绞线锈蚀，局部有锈层
上游 09 号	踞桥面 160～200cm 处	老化无浆，积水	钢绞线锈蚀严重，局部有锈层和锈坑
上游 17 号	踞桥面 80～120cm 处	有水泥浆	基本完好
下游 02 号	踞桥面 90～130cm 处	无浆	钢绞线锈蚀特别严重，局部有锈层和锈坑
下游 08 号	踞桥面 100～140cm 处	有少量水泥浆	钢绞线锈蚀严重，局部有锈层和锈坑
下游 17 号	踞桥面 90～130cm 处	无浆，积水	钢绞线锈蚀特别严重，局部有锈层和锈坑

注：防护钢管内均有 PE 管。钢管与 PE 管之间水泥浆全部比较饱满，但 PE 管内灌浆情况很差。

吊杆上锚头检测记录

表 4.2.14-6

吊　杆　号	锚头防护钢板	钢绞线检测情况	钢绞线长度差最大值（mm）
上游 19 号	完好	局部锈蚀	38
上游 01 号	完好	有锈斑	31
下游 19 号	完好	有锈斑	17
下游 01 号	完好	局部有锈斑	21

根据检测结果，该桥主要病害汇总如下：

(1) 吊杆由于锈蚀而产生的断面损失已经普遍存在，一般损失率均在 5%左右；其中 60%吊杆损伤较严重，损失率平均达 15%～20%，最大达到 34.88%（每根吊杆为 12ϕ15.24 钢绞线）。

(2) 吊杆的 PE 管已普遍老化变形，防护钢管内大部分管内灌砂浆不密实，部分 PE 管内还有积水，积水率占所检测吊杆的 39.5%。钢绞线锈蚀普遍较严重，锈蚀率占所检测吊杆的 84.2%（完好率只占 15.8%）。

(3) 吊杆下锚头和锁头器均锈蚀较重，严重锈蚀率达 60.5%，部分出现渗水现象，钢绞线也已严重锈蚀，严重锈蚀率达 89.5%；吊杆上锚头钢绞线也有局部锈蚀或锈斑，钢绞线长度差值达 17～38mm。

(4) 系杆防腐材料现状较差，钢绞线锈蚀严重，钢管内有积水。

(5) 线形基本理想，除跨中 9 号位置拱底稍偏低外，尚存有 2～5cm 上拱度。

(6) 横梁混凝土强度基本满足设计要求，裂缝集中在跨中部位，部分裂缝宽度超过 0.2mm、深度超过 10cm。

(7) 横梁间的桥面系 T 梁大部分支座错位，有悬空现象；混凝土强度基本满足设计要求，裂缝集中在跨中部位，部分宽度超过 0.2mm。内部钢筋基本无锈蚀。

(8) 主拱钢管（检查部位）的防护漆脱落严重，锈蚀也较严重。

三、病害原因分析

该桥 1999 年 6 月建成通车，到 2002 年 5 月维护检查时发现问题。仅使用三年的新桥就出现如此严重的病害，究其原因：除对系杆、吊杆结构构造、锚具型号、锚固方式、防护材料及防护措施等本身设计认识和处理上不足之外，施工质量较差，是其主要原因。

(1) 吊杆防护 PE 管质量差、老化开裂，管内积水、防护失效，引起钢绞线锈蚀严重，断面损失率高达20%左右；

(2) 上、下锚头封闭不严、渗水，引起锚头锈蚀和锁头器锈蚀严重，加之个别锚头螺母未受力（12号杆还无螺帽），使钢绞线松紧不一，受力不均；

(3) 系杆也因防护材料填充不饱满，有的防护箱内除顶部有黄油麻絮填充外，箱中间、箱底无任何防护填充材料，加之黄油麻絮防腐材料变质失效，局部钢绞线已出现锈坑，检查中还发现下游拱肋系杆（124ϕ15.24高强钢绞线）松紧不一，受力不均；

(4) 钢管混凝土拱肋也因顶部大部分防护漆脱落，呈麻面状，使钢管表面锈蚀严重，局部有锈层，锈坑深达1.0mm；

(5) 吊杆横梁及桥面系T梁均为普通钢筋混凝土，虽强度检测能达到设计要求，但跨中裂缝较严重，横梁裂缝一般都在10条以上，使钢筋锈蚀；T梁裂缝宽一般虽未超过0.2mm，但分布较密，仅7.5m跨径的梁、裂缝数均在20条以上。

此外，原设计构造处理上的不足，尤其是防护构造处理较简单，如系杆，仅用黄油麻絮填充，其本身防护能力就差，4束力筋分上下两层，要填实，施工难度较大，就是灌满填实黄油麻絮材料，而本身耐久性较差，易变质、老化；吊杆虽设有钢外套及PE管，内灌水泥砂浆，鉴于水泥砂浆在水化结硬过程中多余的水分难于从钢管内蒸发，造成管内积水，加剧钢管锈蚀、PE管老化开裂—渗水—钢绞线锈蚀的恶性循环过程。

四、加固设计

1. 系杆设计

鉴于该桥为下承式自锚式钢管混凝土系杆拱，系杆是该桥最关键的构件，首先应考虑系杆维护加固的可靠性，以策桥梁安全。为此，初设有两个方案：

(1) 重新换填防腐材料，不更换系杆。要求打开全桥系杆防护钢箱，对系杆锈损情况作全面检查，准确判定其完好程度，才能做维修补强。而钢箱埋于桥面板内，打开钢箱难度极大，难于实施，故未采取。

(2) 重新更换系杆。系杆新索采用环氧喷涂无粘结钢绞线可更换式体外预应力成品索（型号为OVMXG. T15－31），每根拱肋对应设置4束系杆索，均为31ϕ15.24高强低松弛钢绞线，标准强度为1860MPa，以平衡主拱圈推力。为不与原系杆索交叉干扰，新设系杆索设置在原系杆上面的桥面上，并在拱肋对应的拱座后面开系杆锚固槽与9号墩及10号台上原系杆锚座混凝土浇筑成整体（该槽口严格按设计图示尺寸开凿，不得随意扩大），待新浇混凝土强度达100%，方可张拉系杆。其张拉原则是保证新旧系杆索力总有效拉力值25000kN不变，始终维持平衡，以保证换索过程中主桥结构安全。换索张拉采取张拉力、伸长量、墩身位移值“三控”原则进行。可换式体外预应力成品索系杆裸露在桥面上部分采用不锈钢包裹封闭保护，锚固段的防腐也在防护材料和设计构造上作了严密处理，见图4.2.14-2。新索使用寿命为20年，即使将来再拆换新索也较容易。

2. 吊杆设计

该桥原吊杆采用的12ϕ15.24高强钢绞线，YM15－12锚具，其下端锚具采用锁头器锚固，上端锚具采用夹片锚固，易松脱锈蚀。而吊杆防护PE热挤塑套也易老化开裂。此次新换吊杆采用工厂加工好的成品索，并在现行的三种锚具形式中作比选（①组合式镦头锚；②普通镦头锚；③合金钢镦头锚），最后选用OVMDM7－55III型组合式镦头锚具，吊杆采用

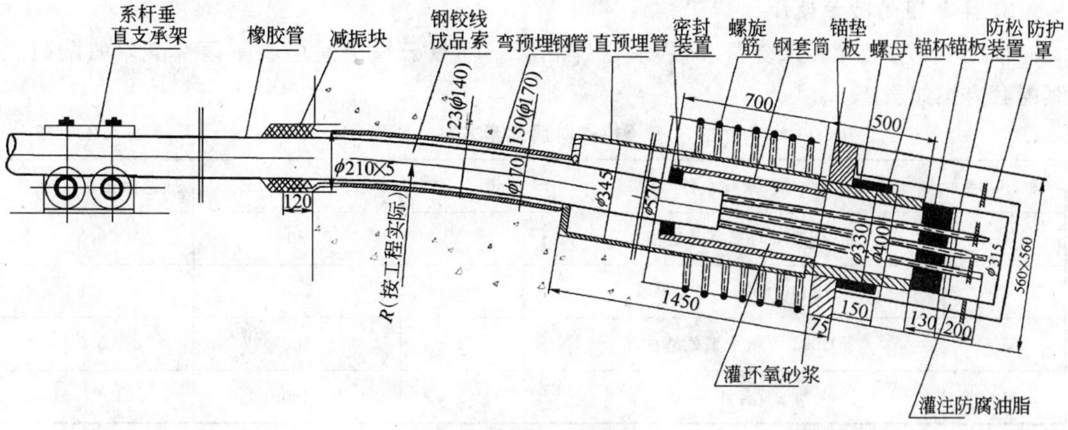

图 4.2.14-2　可换式钢绞线系杆构造图（尺寸单位：mm）

55ϕ7 的高强钢丝束加新型防护层，索体下端在工厂镦头，上端在现场镦头。吊杆在下部横梁区内新设计带球形铰的钢拉杆，拉杆上下两端均可调节吊杆长度，如图 4.2.14-3。

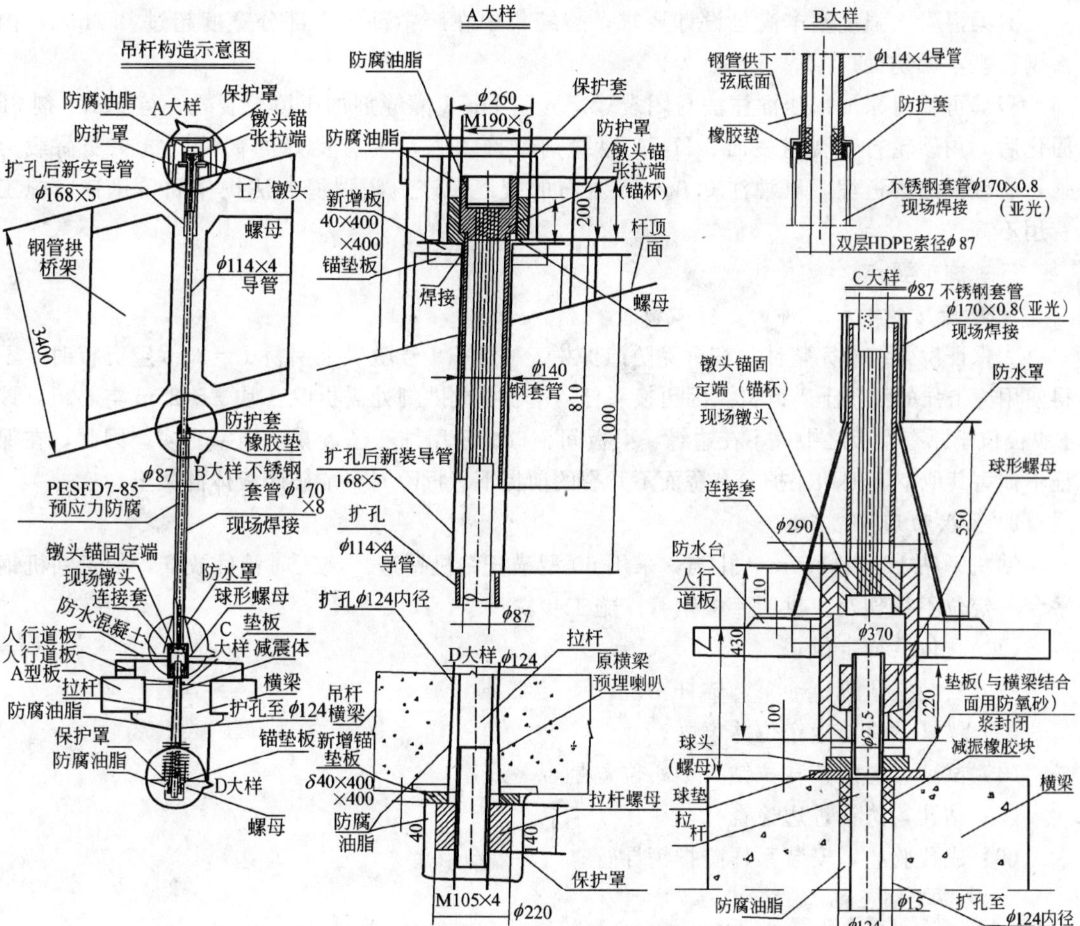

图 4.2.14-3　新吊杆索体及防护构造图（尺寸单位：mm）

3. 主拱圈的防护设计

采用“重防蚀涂装系统”，即环氧富锌底漆＋环氧云铁中间层漆＋丙烯酸聚氨酯面漆。其配套方案如表 4.2.14-7。

拱圈防腐配套方案　　表 4.2.14-7

涂　层	油漆品种	道　数	干膜厚（μm）	理论涂布率（m^2/L）
1	PE240 环氧富锌底漆	2	50	9.8
2	HE140 环氧云铁原浆漆	2	100	4.9
3	FU091 可覆涂聚氨酯面漆	2	100	5.3
4	合计	6	250	

4. 吊杆横梁、T 梁的裂缝处理

由检测结果可知，吊杆横梁混凝土强度基本满足设计要求，裂缝基本集中在跨中部位，部分宽度超过 0.2mm、深度超过 10cm，钢筋发生一般锈蚀，个别较严重。

T 梁混凝土强度基本满足设计要求，裂缝集中在跨中部位，部分宽度超过 0.2mm，内部钢筋基本无锈蚀。

裂缝可暂时采取加压灌注法封闭裂缝。先用 Ha71 灌缝剂加压填充裂缝，待 Ha71 剂 8h 固化后，用砂轮打磨裂缝表面。Ha71 灌缝剂粘接力强，具有良好的韧性，抗交变荷载力强，有较强的渗透性，可灌注 0.05mm 左右的裂缝。该封闭裂缝方法操作简单迅速，施工费用不高。

五、施工要点

1. 拆除防撞护栏、桥面、空心板

为保证桥梁结构完整性，在拆除防撞护栏、桥面、9 号墩拱上引桥 $L=25$m 空心板时，不得使用撞击强的混凝土破碎机。因更换系杆、9 号主墩拱脚处需拆除 4 块 $L=25$m 空心板，该 4 块板位于原有梁板之中，不在边缘，梁板间企口缝已用细石子混凝土填塞密实，因此，在保证不损害其他空心板和保护原有桥面不开裂的前提下，拆除时只能破碎板体混凝土。

2. 主拱肋系杆钻孔

钻机平钻 16 个 ϕ170mm 孔洞，采用 60 型锚杆钻机钻进。施工时精确放样，加工钻机钢平台、定位不得伤及主拱圈 4 根钢管。施工步骤：

(1) 孔位放样定位；

(2) 安装空压机、油泵、锚杆钻机；

(3) 锚杆钻机精确定位并牢固；

(4) 试钻，再复核孔位钻头中心位置是否一致；

(5) 钻孔，边钻进边检查孔轴线；

(6) 成孔验收，安装系杆防护钢导管。

3. 植筋及锚座施工

(1) 植筋：9 号主墩及 10 号台拱脚处植筋施工步骤为：

①放样定孔位：凿除混凝土保护层找出主筋，根据设计图纸作微小调整，在原有钢筋间

隙中布孔；

②安装混凝土钻孔机，用膨胀螺栓锚固定位；

③钻孔：用空心钻成孔，成孔直径一般比钢筋直径大3～6mm，成孔角度偏差控制在5°以内；

④清孔：用棉纱清理孔内泥沙和水，然后用高压气泵吹净，若孔内湿度较大，用热吹风吹干，保持孔内干燥；

⑤孔内灌注植筋胶：按照规定比例调配GA－50甲、乙组分，用挤胶枪将配制好的植筋胶挤入孔内，注胶量一般控制在钻孔体积的2/5～1/2，既装足又不浪费；

⑥植筋：注胶完毕，插入钢筋，刮去多余胶或添加植筋胶，保证孔内注胶饱满，并使钢筋的中线与成孔的中线重叠或平行，植筋完毕后24h内严禁碰、撞、拉、拔钢筋。

(2) 锚座施工

9号墩锚座下有一梯形悬臂体，为保证混凝土浇筑密实，首先施工悬臂体，再整体浇筑锚座混凝土。4个锚座分4次浇筑完毕。施工注意：

①锚座钢筋较密，施工时根据实际调整钢筋间距，同时应先满足预埋件位置精度，保证系杆位置准确；

②螺旋筋必须紧贴锚垫板并均匀环绕预埋管，必要时用短钢筋定位；

③凝土搅拌均匀，严格计量，分别使用微型、30、50、70等不同型号振动棒，加强混凝土振捣，保证混凝土密实；为保证锚座外观，模板内侧粘贴光洁板类材料；混凝土初凝前，人工洒水养生，避免混凝土表面开裂；

④9号主墩施工时，因悬臂体上下游两侧与未拆除的空心板间存在20cm左右间距，新安装的空心板势必在一侧有部分悬空，因此悬臂体在施工时需增宽20cm。

4. 系杆施工

(1) 检查预埋孔位置及实测同侧两锚座之间长度以确定系杆长度。

(2) 展索：将系杆拉索从托盘上放下摆成直线形，严格检查单根系杆索长。

(3) 穿索：用一台5t单筒慢速卷扬机作牵引，将系杆索从一端锚座预留孔洞中穿进，另一端锚座预留孔中穿出，安装锚具及夹片，使用同一预拉应力值对每束系杆内31股ϕ15.24钢绞线单根张拉锁定。

(4) 张拉：根据设计的张拉程序及应力、伸长值，分阶段整体张拉新系杆索体，剪断释放旧系杆，全桥8束新系杆受力均匀一致后，锚定新系杆。

(5) 防腐与防护：对预埋管及锚具采用高压灌注满高熔点防腐油脂进行保护；对系杆在桥面以上裸露部分，采用不锈钢包裹封闭保护。

5. 吊杆拆除及安装

(1) 兜吊横梁

为满足施工进度要求，施工时使用了4套兜吊系统。起吊时，以张拉油泵油表读数控制应力，精密水准仪随时测定高程，控制应变（精度为1mm）。应变的控制以保证桥面不开裂为前提。

(2) 拆除吊杆

上端旧吊杆通过机械方法辅以氧割、电焊拆除。下端吊杆拆除困难，特别是横梁内旧吊杆被高强度水泥浆封固，拆除时又不能损伤吊杆横梁，施工难度较大。施工采用地质钻机及特殊钻头加工钢套管，套住横梁内预埋钢管慢慢钻进的方法取出旧吊杆。

中间段旧吊杆用5t单筒慢速卷扬机兜吊拆除。

(3) 安装吊杆及防护

安装新吊杆前，事先拆除上锚箱内混凝土，再焊接ϕ140mm钢管与2cm厚锚垫板连接(上下均焊接)，然后将上锚箱内空隙用C40小石子混凝土封填密实，待混凝土强度达80%以后才张拉新吊杆。

新吊杆为55ϕ7镀锌高强钢丝经PE热塑而成。下端在工厂镦头，上端在施工现场镦头，张拉满足设计要求后封锚。

新吊杆防护除钢件连接处和锚头用高熔点防腐油脂封闭外，在新吊杆外包裹不锈钢管，以隔绝紫外线。

(4) 横梁补强

因拆除横梁内旧吊杆需对横梁进行钻孔，削弱了横梁受力截面，为此需对横梁补强。本桥采用在钻孔处外包1cm厚钢板灌胶粘贴，并用铆钉锚固在横梁上的方法补强。

(5) 吊杆防护检查

①检查吊杆上、下端锚头防腐油脂的完整性，锚固可靠性，有无锈蚀。

②检查吊杆横梁上部外露圆钢的防锈漆层是否完整，横梁的吊杆孔内防腐油脂是否充满，孔口的密封是否可靠。

③检查自由段吊杆HDPE材料有无损伤。

6. 横梁和T梁裂缝处理

采用加压灌注法封闭裂缝，其步骤如下：

(1) 布孔：沿着裂缝方向，每隔30cm布设2孔，孔径为4mm。

(2) 洁面：用电动钢刷对裂缝表面进行清洁处理，再用高压气吹去缝内或周边的尘埃，保证缝内和周边无雨迹或污垢等杂质。若有油污，用丙酮清洗。

(3) 封边、安装灌胶嘴：沿着裂缝方向，用封边胶封闭裂缝，宽度为3～5cm。封边同时，安装灌胶嘴。

(4) 检查封边及灌胶嘴：待封边胶固化后，用肥皂水涂在封边上，接通灌胶嘴加压通气，检验封边和灌胶嘴是否完好。若有漏气，继续封边至无气体漏出为止。

(5) 灌胶

①将GA—30甲、乙组分按甲：乙＝3：1（重量比）均匀调配，搅拌均匀后装入加压灌中，注意每次配胶不超过2kg。

②用液压管连接加压罐出胶嘴和裂缝的进胶嘴，向加压罐中加入2～4kPa气压。灌胶时，必须遵循“从底到上，从宽至窄”的原则，先连接了低端的灌胶嘴，待最邻近的灌胶嘴溢胶时，封闭最底端的灌胶嘴，连接最邻近的灌胶嘴，依次继续灌注。

③待几小时灌缝胶固化后，用电动切割机切去灌胶嘴，用电动角磨机将表面打平整。

细微裂纹不影响结构受力，采用表面封闭方式处理。

7. 主拱肋防腐

主拱肋防腐采用了“重防蚀涂装系统”，即环氧富锌底漆（2道，干膜厚50μm）＋环氧云铁中间层漆（2 道，干膜厚 100μm）＋丙烯酸聚氨脂面漆（2 道，干膜厚 100μm）。

（1）表面处理

为获得长效防护，钢材涂漆前必须进行喷砂除锈处理。这是最关键的一道工序，要求喷砂清洁度达到 Sa2.5 的标准，粗糙度达到 RUGOTEST 标准 NO3 的 BN9a－BN10 等级。

（2）涂料施工

采用无空气喷涂施工，喷涂的漆层附着力好，效率又高。若实在有困难时，采用一般空气喷涂设备施工，其漆层的附着力不如无空气喷涂的好。但不得使用滚刷涂装。

（3）涂装工艺

焊缝除锈→表面处理→防锈底漆涂装（PE240 环氧富锌底漆 50μ）→中间层涂料装（HE140 环氧云铁原浆漆 100μ）→面层漆涂装（FU091 可覆涂聚氨酯面漆 100μ，颜色可选）。

（4）施工注意事项

① 本涂料均为双组份涂料，使用时，根据包装上注明的比例配合，调匀后方可涂装。

② 涂装时涂料现配现用。涂料配好调匀后，需先熟化 15～30min，然后方能使用。在常温下（20℃），PE240 环氧富锌底漆与 HE140 环氧云铁原浆漆混合使用时，8h 内应全部用完。与面漆 FU091 可覆涂聚氨酯面漆混合使用时，2 小时内必须全部用完。

③ 稀释剂为专用稀释剂，忌用其他稀释剂。

④ 重涂间隔，见表 4.2.14-8。

表 4.2.14-8

涂 料 名 称	涂料间隔时间（20℃）	
	最小	最大
PE240 环氧富锌底漆	间隔 6h	30d
HE140 环氧云铁原浆漆	间隔 6h	5d
FU091 可覆涂聚氨酯漆	间隔 16h	无限期

底材温度应高于露点以上 3℃，以免水汽凝结，相对湿度不超过 85%。

每道漆品牌确定后，还应进行相容性试验，认可后方能正式选用。选用的防腐漆要做到耐腐蚀性好、机械性能好、热稳定性好、抗光氧化能力强，施工无毒性等要求。

六 、加固效果

为判定加固后大桥受力状况，2003 年 9 月对该桥进行了静载试验。试验结果如下：

1. 试验目的

①直接了解桥跨加固后的实际工作状态；

②验证设计理论、计算方法及桥跨结构加固设计的合理性；

③进一步预测桥梁运营的状况；

④为桥梁维修、管理提供技术依据；

⑤为同类型桥梁的设计及施工积累技术资料。

2. 试验内容

①主拱受力控制截面（拱脚、$L/4$ 拱和拱顶）的静载试验；

②跨中位置吊杆（10 号）、拱脚处短吊杆（1 号）、9 号和 11 号吊杆的加载试验；

③1 号横梁和 10 号横梁端部抗剪加载试验；

④加载拱肋、横梁截面的应力测试；

⑤加载吊杆的变形和吊杆力测试；

⑥主拱 $L/4$ 跨、跨中在和 $3L/4$ 跨的挠曲变形测试；

⑦桥面 $L/4$ 跨、跨中和 $3L/4$ 跨的挠曲变形测试；

⑧9 号墩的纵向位移测试。

3. 测点布置

具体的试验加载截面、加载构件及测点布置见图 4.2.14-4、图 4.2.14-5、图 4.2.14-6。

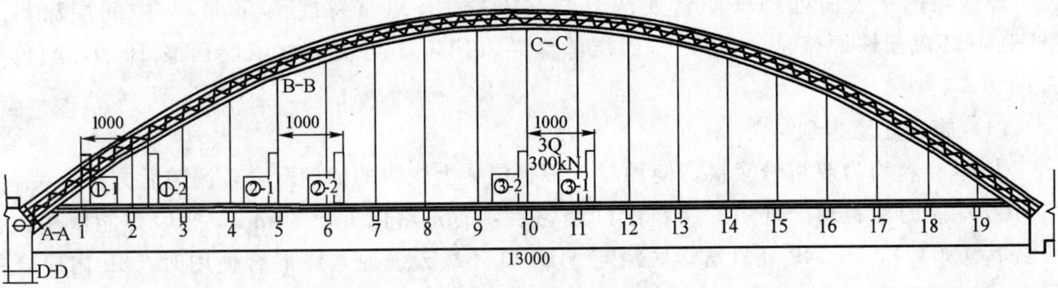

图 4.2.14-4 加载车辆布置图之一（尺寸单位：cm）

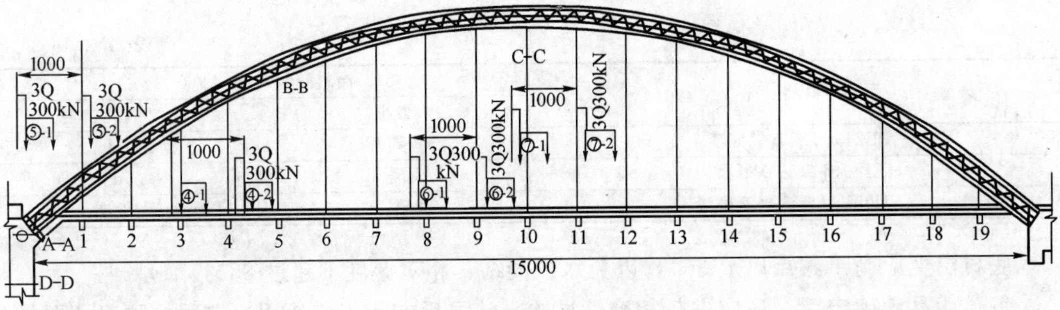

附注：

1. 每个加载工况(拱肋弦杆截面，吊杆及横梁)均使用6辆300kN车辆，轴距为1.4+4.0m.
2. 图中①号车位:A-A 截面下弦杆加载；
   ②号车位:B-B 截面上，下弦杆加载；
   ③号车位:C-C 截面上，下下弦杆加载，10#吊杆和10#横梁加载；
   ④号车位:A-A截面上弦杆加载；
   ⑤号车位:1#吊杆和1#横梁加载；
   ⑥号车位:9#吊杆；
   ⑦号车位:11#吊杆.

图 4.2.14-5 加载车辆布置图之二（尺寸单位：cm）

4. 试验荷载

根据设计的汽—20 荷载、人群荷载及挂—100 荷载，计算各个加载截面和加载构件的弯矩、剪力和轴力，并依此进行试验荷载设计。各加载截面及构件的弯矩、剪力和轴力的计算值、试验值及相应的荷载效率系数见表 4.2.14-9。各个试验弯矩荷载效率系数 μ 在 0.76～1.01 范围内，基本满足试验方法要求的 0.80～1.10 范围。

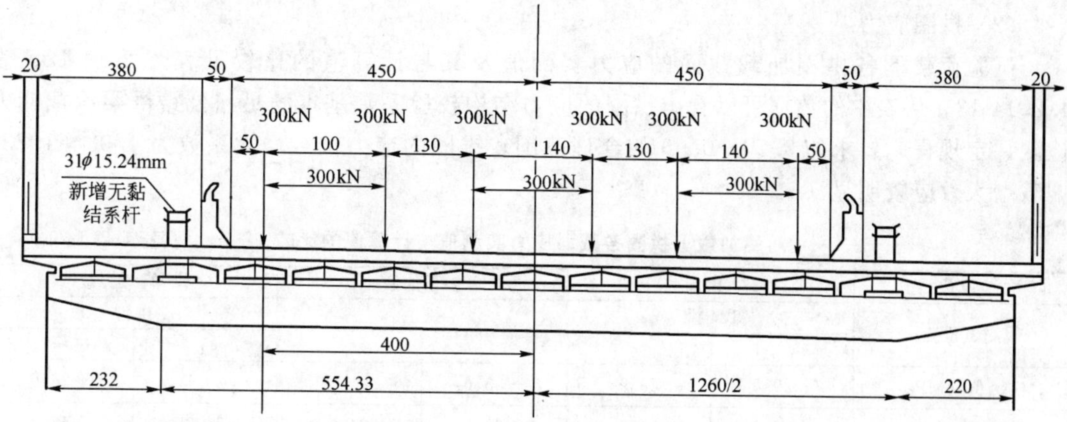

附注：

1.对称加载时，横向布置3列车：偏心加载时，横向布置两列车（1边列和中列）

图 4.2.14-6　加载车辆横向布置图（尺寸单位：cm）

拱圈试验截面计算内力、试验内力及相应的荷载效率系数　　表 4.2.14-9

加载内容	计算内力	试验内力	效率系数η
拱脚弯矩下弦杆	−282.9kN·m	−255.6 kN·m	0.90
拱脚弯矩上弦杆	−82.2 kN·m	−62.1 kN·m	0.76
$L/4$ 拱下弦杆	115.9 kN·m	117.3 kN·m	1.01
$L/4$ 拱上弦杆	169.1 kN·m	167.0 kN·m	0.99
拱顶下弦杆	163.1 kN·m	160.0 kN·m	0.98
拱顶上弦杆	208.1 kN·m	198.6 kN·m	0.95
吊杆轴力	433.7 kN	386.4 kN	0.89
横梁剪力	433.7 kN	386.4 kN	0.89

5. 试验结果及分析

(1) 拱圈挠度

试验荷载下拱圈挠度实测值及其与计算值的比较见表 4.2.14-10、表 4.2.14-11。

对称加载下拱圈挠度实测值与计算值的比较　　表 4.2.14-10

加载位置	1/4 拱加载	跨中加载	1/4 拱加载	加载位置	1/4 拱加载	跨中加载	1/4 拱加载
测试位置	1/4 拱	拱顶	3/4 拱	计算值（mm）	−37.6	−28.4	26.8
实测值	−35.5	−27.6	23.3	结构校验系数η	0.94	0.97	0.87

偏心加载下拱圈挠度实测值　　表 4.2.14-11

加载位置	1/4 拱加载		拱顶加载	
测试位置	1/4 拱		拱顶	
	上游	下游	上游	下游
实测值（mm）	−25.9	−21.0	−20.1	−14.8
偏载增大系数	1.10		1.15	

（2）拱圈应力

试验荷载下各拱圈加载截面的应力实测值及其与计算值的比较见表 4.2.14-12、表 4.2.14-13。从表中的数据可以看出拱圈的应力结构校验系数基本满足《公路桥梁承载能力检测评定规程》要求的 0.50～0.90 的合理范围。拱圈的应力偏载增大系数为 1.08～1.23，偏载增大效应较明显。

对称加载下拱圈各截面应力实测值与计算值的比较 表 4.2.14-12

加载位置	1/4 拱加载		拱顶加载		拱脚加载	
测试位置	1/4 拱		拱顶		拱脚	
	$\sigma_上$	$\sigma_下$	$\sigma_上$	$\sigma_下$	$\sigma_上$	$\sigma_下$
实测值（MPa）	−29.8	23.9	−33.6	20.2	23.1	−26.6
计算值（MPa）	−37.4	24.8	−37.3	24.6	24.9	−43.7
结构校验系数 ξ	0.80	0.97	0.82	0.90	0.93	0.61

偏心加载下拱圈各截面应力实测值 表 4.2.14-13

加载位置	1/4 拱加载				拱顶加载			
测试位置	1/4 拱				拱顶			
	$\sigma_上$		$\sigma_下$		$\sigma_上$		$\sigma_下$	
	上游	下游	上游	下游	上游	下游	上游	下游
实测值（MPa）	−21.8	−16.2	19.7	12.49	−19.3	−13.4	13.7	11.6
偏载增大系数 ξ	1.15		1.23		1.18		1.08	

（3）横梁剪应力

试验荷载下各横梁的剪应力实测值及其与计算值的比较见表 4.2.14-14、表 4.2.14-15。从表中的数据可以看出横梁剪应力结构校验系数满足于《公路桥梁承载能力检测评定规程》要求的 0.50～0.90 的合理范围。

1 号横梁剪应力实测值与计算值的比较 表 4.2.14-14

1 号横梁测点				
测试位置		1	2	3
实测值	上游值（MPa）	0.78	0.72	0.64
	下游值（MPa）	/	0.81	0.80
计算值（MPa）		1.02	1.04	0.96
结构校验系数 ξ	上游侧	0.76	0.70	0.67
	下游侧	/	0.78	0.84

10 号横梁剪应力实测值与计算值的比较 表 4.2.14-15

10 号横梁测点				
测试位置		1	2	3
实测值	上游值（MPa）	0.57	0.56	/
	下游值（MPa）	0.78	0.82	/

续上表

10 号横梁测点				
计算值（MPa）		1.02	1.04	0.96
结构校验系数 ξ	上游侧	0.56	0.54	/
	下游侧	0.76	0.79	/

（4）桥面挠度

试验荷载下桥面挠度实测值及其与计算值的比较见表 4.2.14-16、表 4.2.14-17。从表中的数据可以看出挠度结构校验系数满足《公路桥梁承载能力检测评定规程》要求的 0.60～1.00 的合理范围。桥面的挠度偏载增大系数为 1.26～1.32，偏载增大效应较明显。

对称加载下桥面挠度实测值与计算值的比较　　表 4.2.14-16

加载位置	加　载	跨中加载	1/4 加载
测试位置	桥面 1/4	桥面 1/2	桥面 3/4
实测值（mm）	−48.0	−50.0	23.8
计算值（mm）	−59.86	−56.81	26.78
结构校验系数 ξ	0.80	0.88	0.89

偏心加载下桥面挠度实测值　　表 4.2.14-17

加载位置	1/4 加载		跨中加载	
测试位置	桥面 1/4		桥面跨中	
	上游	下游	上游	下游
实测值（mm）	−37.9	−22.2	−33.1	−17.2
偏载增大系数	1.26		1.32	

（5）吊杆伸长量

试验荷载下吊杆伸长量实测值其与计算值的比较见表 4.2.14-18。从表中和数据可以看出除 1 号吊杆伸长量校验系数略低，分析认为是由于该吊杆较短对测试值的精度影响较大造成的。其他吊杆均满足《公路桥梁承载能力检测评定规程》要求 0.60～1.00 的合理范围。

试验荷载下吊杆伸长实测值与计算值的比较　　表 4.2.14-18

吊杆伸长量				
测试位置	1 号吊杆	9 号吊杆	10 号吊杆	11 号吊杆
实测值（mm）	4.25	18.7	22.4	19.3
计算值（mm）	7.98	28.18	28.42	28.18
结构校验系数 ξ	0.53	0.66	0.79	0.68

（6）桥墩水平位移

试验荷载下 9 号主墩的水平位移为 −3.2mm，对应的计算值为 −3.13mm，求得校验系数为 1.02，略高于试验方法要求的 0.60～1.00 的合理范围。

6. 试验结论

全桥经过荷载校验系数为0.76～1.01的静载试验得到以下结论。

(1) 拱圈挠度结构校验系数为0.87～0.97；

(2) 拱圈应力结构校验系数为0.61～0.97；

(3) 横梁剪应力结构校验系数为0.54～0.84；

(4) 桥面挠度结构校验系数为0.80～0.89；

(5) 1号吊杆伸长量校验系数为0.53，其他吊杆伸长量校验系数为0.66～0.79；

(6) 9号墩的水平位移校验系数为1.02。

综上所述，沙湾大渡河大桥主桥加固后具有足够刚度和强度，满足加固设计要求。

§2.15 中承式钢管混凝土箱形肋拱桥的加固

——采用更换吊杆、粘贴碳纤维布、增设桥面系钢组合件加固法

一、桥梁概况

攀枝花市倮果金沙江大桥建于1995年。该桥为一跨160m中承式钢管混凝土箱形肋拱桥，矢跨比1/4，拱轴系数m=1.543。主拱圈高3.4m，宽2.0m，两拱肋中心距14.5m，桥面宽度为12m+2×1.5m（人行道）。两岸分别有3孔和2孔跨径各为8m的预应力混凝土空心板引桥，桥梁全长208m，设计荷载标准为汽车-超20级，挂车-120，人群荷载3.5kN/m^2。

1. 上部构造

(1) 拱圈由两片箱肋组成，断面为3.4m×2m。在钢管混凝土劲性骨架上现浇混凝土形成箱肋，每片劲性骨架上、下弦各采用2ϕ299mm×12mm钢管混凝土，竖杆、斜杆、平联、横向剪刀撑均采用ϕ140mm×8mm空心钢管，劲性骨架弦杆中心高度为2.9m、宽1.5m。采用坐标放样，全焊结构，Ⅰ级焊缝，先焊弦杆，次焊竖杆，平联，再焊其他杆件，但焊缝不能重迭，探伤检查，分5段吊装，每段吊重分别为26、25、20吨。

(2) 吊杆采用22根ϕ15（GB 5224—85）钢绞线（R_y^h=1600MPa），吊杆按非预应力设计。下端采用22个7ϕ5锁头器加垫板、垫圈，用钢护罩防护，在横梁内埋入螺旋筋、喇叭管及两层钢筋网。上端为张拉端，采用YM15－22锚具，安装时以横梁高程控制，吊杆安全系数为2.7。箱肋与横梁内预埋的ϕ114mm×4mm钢管及喇叭管，内填充硫磺砂浆粘结材料，钢绞线外套为ϕ159mm×5mm钢管套，管内灌以水泥砂浆。

(3) 横梁及盖梁采用后张法预应力混凝土空心箱梁，横梁高1.5～1.41m，长15.3m，宽1m，重44t。盖梁高1.51～1.41m，长15.5m，宽12m，重55t。加长横梁重48t。每片梁用8束7ϕ5（GB 5224—85）钢绞线（R_y^h=1600MPa），YM15－7锚具。张拉控制应力采用0.75R_y^h，每束钢绞线张拉力为1154.5kN。横梁及盖梁均为预制，钢绞线分两次张拉，待混凝土强度达到80%后先张拉4束，吊装就位后，安装完桥面板，再张拉4束，采用两端张拉。桥面与拱圈交叉部位横梁采用预制拼装构件与拱肋间的劲性骨架连接，现浇接缝混凝土为普通钢筋混凝土结构。

(4) 桥面板为跨径8m的先张法预应力混凝土空心板，板厚0.5m，宽0.99m，横向铰接，每块板用11根ϕ15（GB 5224—85）钢绞线，张拉控制应力采用0.75R_y^h，每根钢绞线

张拉力为164.9kN，预制时按3～5块板串联一次张拉。

(5) 伸缩缝及支座。在两岸桥台及桥面与拱圈交叉部位横梁处，共设4道4cm宽板式橡胶伸缩缝，仅在交叉部位横梁上设四氟滑板支座，其余桥面板端头仅垫以2～3层油毛毡。

(6) 立柱、拱上立柱及引桥立柱均为现浇的普通钢筋混凝土双柱式排架结构。由于盖梁为预制件，且安装桥面板后还要张拉部分预应力钢绞线，因此立柱顶浇筑时，周边25cm厚、50cm高混凝土先不浇，只伸出钢筋与盖梁预埋钢筋相连，先浇中间断面50cm×70cm、高50cm的小矩形柱，用以支撑盖梁，待盖梁预应力束全部张拉完成后，再浇筑周边混凝土形成整体刚架。

2. 下部构造

两岸桥台均为U形重力式桥台，基础置于强风化片麻岩上，基底承载力为0.5～0.8MPa。主拱座为分离式实体墩，基础置于弱风化片麻岩上，基底基本承载力为3MPa。大桥总体布置见图4.2.15-1。

二、桥梁病害检测结果评定

1. 第一次检测试验评定

1999年8月对该桥进行了一次全面检测，包括静、动荷载试验，其结果及评价如下：

(1) 病害状况

①桥面行车道混凝土呈网状开裂（主要是主跨部分）。

②吊杆下端有明显下滑过的迹象，吊杆处桥面高程测量与竣工高程相比较，下沉明显，最大值达4.6cm。

③吊杆上锚箱积水，锚具锈蚀严重。

(2) 加载试验结果

在荷载效率为0.86—0.88的情况下：

①拱肋：所有加载工况下所控制的截面应变（应力）均小于理论值；应变（应力）校验系数的取值基本合理，波动范围为0.9以下。

②吊杆：恒载作用下各吊杆受力基本均衡，上下游吊杆变形基本对称；活载作用下吊杆受力增量与理论计算增量基本相符。

③锚具：现场调查和加载时吊杆的受力工作状态良好，但上锚箱积水太多，锚具锈蚀严重，应进行除锈和防止水进入锚箱的处理。

④结构刚度：1/4跨处的平均挠度为−0.9cm，1/2跨处的平均挠度−0.65cm，其理论值分别是：−1.1cm、−0.9cm，其校验系数分别为0.818、0.722，校验系数均小于1.0。

⑤横向稳定性：根据现场加载的观测记录，在汽车-超20级竖向荷载作用下，桥面基本无横向水平位移，说明该桥目前其横向具有良好的稳定性。

⑥结构动力性能：测得该桥的第一、二阶固有频率分别为1.320Hz、2.181Hz，相应的阻尼比分别为0.00604、0.00624。而一、二阶固有频率理论计算值分别为1.248Hz、2.242Hz，一、二阶固有频率实测值与理论值的比值分别为105.7%、97.3%，说明结构的实际刚度与理论刚度接近。

(3) 试验评定

①该桥当时仍具备承受汽车－超20级荷载标准的能力。

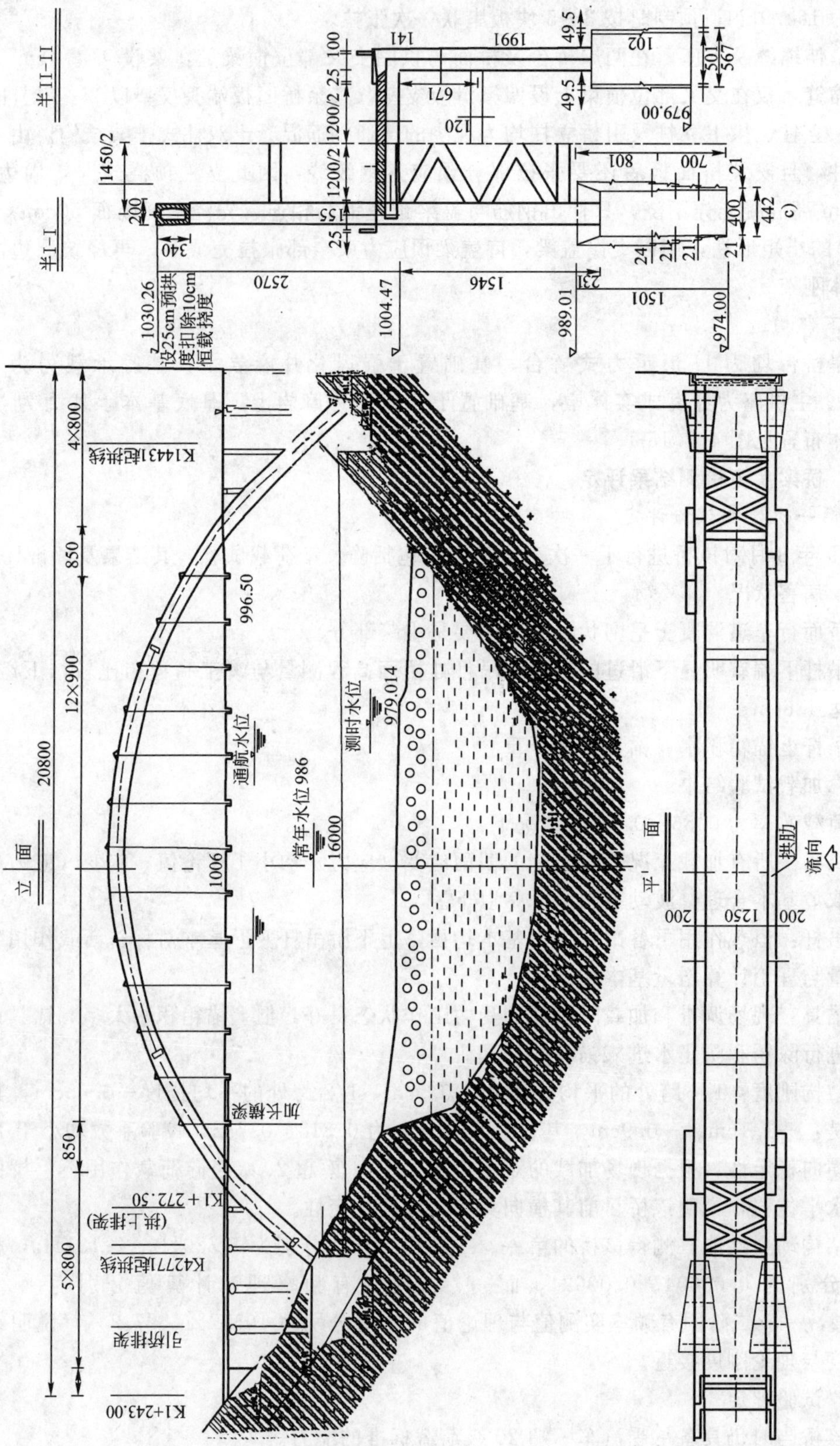

图4.2.15-1 倮果大桥总体布置图（尺寸单位：cm）

②今后应定期对吊杆、桥面和拱肋高程进行测量，检查锚具是否有松动和吊杆滑移，若继续出现下滑，应立即采取封桥系安全措施，并进行检测评定。

2. 第二次检测结果

该桥在 2002 年例行检查中发现横梁牛腿开裂、行车时吊杆发生脆响等现象，为了判定大桥的实际状况，于 2002 年 11 月对大桥主桥吊杆及横梁等进行详细检测。

（1）检测项目及方法

①强度检测：混凝土强度检测采用回弹法，根据测得的回弹值、碳化深度，对照测强曲线或利用回弹值－强度之间的函数关系对其强度作出推定。

②裂缝检测：裂缝检测采用目测和裂缝观测仪测量，裂缝深度检测采用超声波测试法。

③桥面线形测量：采用高精密水准仪精密测量，对全桥桥面高程进行通测及闭合测量，采用全站仪，运用四测回观测法对拱圈拱肋线形进行测量。

④吊杆上锚箱检测：采用钢筋锈蚀仪结合上锚箱打开处目测上锚头锈蚀状况。

⑤吊杆下锚箱检测：采用人工打开目测。

⑥吊杆内防护检测：采用人工打开目测及超声波法对缺陷进行检测。

（2）检测区段分 A、B、C 三个测区，详见图 4.2.15-2。

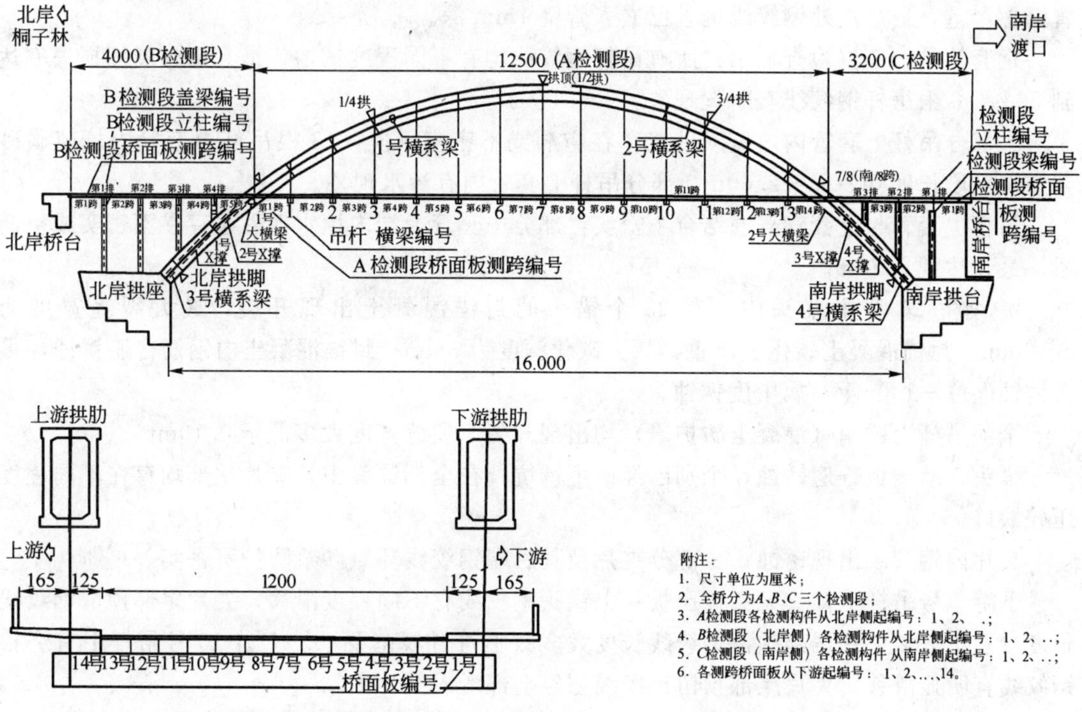

图 4.2.15-2　检测区分划图（尺寸单位：cm）

（3）检测结果

①线形测量结果。线形测量实测了桥面高程、桥轴线线形（包括平面坐标及高程）、拱肋线形（包括平面坐标、高程及拱肋宽度），检测结果分别如下：

a. 桥面线形测量结果：上、下游桥面高程 C 检测段（北）基本一致，A 检测段中 4 号、5 号、10 号、13 号吊杆处下游侧桥面比上游侧桥面高 19～26mm，8 号吊杆处上游侧桥面比下游高 29mm，C 检测段（南）下游桥面普遍高出上游 14～4mm。与设计桥面高程比较可知，桥梁北端（B 检测段）桥面实测高程高于设计高程，最大相差 68mm，桥梁南端（C 检测段）符合较好。

b. 桥面中线高程测量结果：B 检测段（北端）实测桥中线高程普遍低于设计高程，最大差值为 84mm（第 3 排立柱处），跨中（7 号吊杆处）实测桥中线高程高于设计 57mm，南引桥段实测略低于设计高程，其他区段实测桥中线与设计高程吻合较好。

c. 拱肋线形测量结果：拱肋上、下游两岸拱脚处实测高程略低于设计高程，而其他区段实测高程则高于设计高程；上游拱肋从 1 号吊杆到南拱脚附近实测高程高出设计高程 80～162mm，最大差异出现在 2 号、12 号、13 号吊杆处；下游拱肋从拱顶处到南拱脚附近实测高程高出设计高程 76～289mm，最大差异出现在 10 号～13 号吊杆区段。

②吊杆检测结果。对全桥 26 根吊杆的上、下锚头，吊杆上中和中下套管结合部位四个区域进行剥开检测，检测结果如下：

a. 吊杆普遍存在钢绞线间交叉绞丝现象，钢绞线受力不均匀；钢绞线束中心与外套钢管中心偏离，部分吊杆钢绞线与外套钢管内壁直接接触，并在内填硫磺砂浆或水泥浆不密实处与钢管内壁产生磨擦。上游 1 号、9 号、下游 1 号、2 号、3 号、13 号吊杆钢绞线与上套管磨擦严重，最严重处钢绞线钢丝已嵌入管壁 1mm 深。

钢套管结合部位检查显示：所有吊杆钢绞线均有不同程度锈蚀，最大钢丝断面损失率达到 56％。3 根吊杆钢绞线有断丝现象。

大部分吊杆上套管内填硫磺砂浆存在空洞或不密实区段。13 根吊杆上套管内填硫磺砂浆空洞区段长度 0.80m～2.00m。部分吊杆上套管内有渗水现象。

吊杆中套管与上套管普遍结合不密实，部分中套管上端内填水泥砂浆存在不密实或空洞段，最长达到 0.70m。

b. 全桥 26 个上锚头中，有 23 个锚头的封锚混凝土出现开裂，最大裂缝宽度为 0.10mm；封锚混凝土碳化较严重，最大碳化深度为 3mm；封锚混凝土内钢筋普遍锈蚀，最大锈蚀电位－130mV，属中度锈蚀。

全部吊杆上锚箱（混凝土防护罩）均出现开裂，裂缝宽度大多低于 0.10mm。

锚头、承压板普遍锈蚀，个别已经产生锈坑；在全部锚头中，夹片尾部均存在不同程度压碎缺口。

夹片内钢绞线出现锈蚀；少部分夹片及其后端钢绞线环氧砂浆防护不密实。

下游 7 号吊杆上锚头无夹片压板；上锚头钢绞线有不同程度滑移，夹片尾部预留钢绞线长度参差不齐，夹片尾部预留钢绞线长度大多数不符合规范要求。上游 10 号吊杆中有 2 根钢绞线有明显滑移，夹片尾部预留钢绞线已经全部滑入夹片中。

c. 全桥 26 个下锚头普遍存在锚头锈蚀、挤压头锈蚀、钢绞线和承压板锈蚀的现象。

部分防护油脂变质，失去防护作用。

部分锚头内有水渗出，其中下游 5 号吊杆下锚头渗水尤为严重；部分锚头、锚具与承压板之间接触不良；部分挤压头中的钢绞线存在中丝滑移现象。

d. 吊杆发生锈蚀主要原因如下：

ⓐ灌注砂浆及钢套结合不密实造成钢绞线与外界接触，空气中的水分和酸性物质与钢绞

线发生化学反应，导致钢绞线锈蚀；

ⓑ封锚混凝土不密实或开裂造成积水进入吊杆并沿钢绞线束间隙渗入钢绞线内部造成其锈蚀，且中丝较外丝锈蚀严重；

ⓒ锚头防护缺陷使空气、雨水与锚具、垫板等直接接触产生锈蚀，并延伸至锈蚀钢绞线；

ⓓ钢绞线与套管摩擦损伤其表面氧化膜加速锈蚀。

ⓔ行车时部分吊杆发生脆响的原因：

·施工偏差造成吊杆内钢绞线与外套钢管紧密接触，造成在钢套管内填砂浆不密实区段产生摩擦声响；

·上钢套管与钢绞线发生咬丝现象，咬丝的突然释放或钢丝的嵌入碰撞会使吊杆产生脆响；

·钢绞线中丝滑移产生的摩擦声或脆响；

·内填砂浆与钢套管摩擦或撞击产生的声响；

·吊杆内钢绞线受力不均和绞索，产生索间摩擦声。

③横梁检测结果

a. 横梁普遍存在裂缝，分布于梁跨侧面沿预应力筋方向及沿牛腿根部纵向开裂，梁底至梁端裂缝连通，裂缝宽度为0.15～0.35mm，深度为53～249mm。

少数横梁存在混凝土修补区域，3号、4号、5号、12号、13号横梁端部封锚混凝土存在空洞或脱落，部分钢绞线外露并锈蚀；13号横梁封锚混凝土脱落、钢绞线外露锈蚀尤为严重。

从锈蚀测试电位差来看，5号、10号横梁钢筋中度锈蚀，13号横梁端部钢筋严重锈蚀。

b. 横梁牛腿根部大多存有竖向开裂，部分横梁牛腿根部存在混凝土脱落、破碎及修补痕迹区域。其中，5号横梁北侧牛腿下游端、9号横梁南侧牛腿上游端开裂宽度达到3.00～4.00mm；2号横梁北侧牛腿上游端存在30cm深的混凝土脱落区域；3号、8号横梁北侧牛腿下游端面混凝土全部脱落，脱落深度25～30cm。脱落区域未发现牛腿钢筋。

c. 横梁混凝土强度推定值从29.7～47.5MPa，混凝土强度较为离散。2号、4号、7号横梁混凝土强度较低。

④桥面板检测结果

a. 桥面板底板普遍开裂，大多数板均有横向贯通裂缝，部分有纵向裂缝，少数板的纵向裂缝贯通，最大裂缝宽度达到0.30mm，裂缝深度最大达到70mm；个别桥面板板底有空洞、露筋，空洞最大面积为130cm×20cm，并伴有预应力钢绞线外露、锈蚀现象；板的支承状况普遍不良，大多属于三点支承，最大间隙为5cm；桥面板间绞缝混凝土不密实，板端、板间铰缝处存在渗水现象。

b. 桥面板混凝土强度测试推定值为29.4～43.9MPa，混凝土强度较为离散。个别板块混凝土强度只有23.3～24.0MPa。

⑤拱肋检测结果

a. 裂缝及其他缺陷。上下游拱肋侧板均有全程连通的沿拱轴线方向的裂缝；上游拱肋顶面3号吊杆至6号吊杆区段表面存在较为密集的横向、纵向及不规则裂缝，而其他检测区段及下游拱肋检测区段均分布有横向裂缝。

北岸拱脚、1/8拱处、1/4拱处、拱顶、3/4拱处、7/8拱处及南岸拱脚区段侧板上普遍存在纵向、横向裂缝，裂缝宽度为0.08～0.12mm，深度为35～84mm；检测区段普遍存在较为严重的空洞和较大范围的蜂窝麻面，部分主筋外露，钢筋锈蚀严重，北岸拱脚露筋，锈蚀尤其严重；部分区段施工缝开裂，且施工缝内存在残渣；部分区域钢筋保护层厚度较小，最小只有4mm；上游拱肋$L7/8$拱处（南岸）混凝土有一长约1m、深约20cm的空洞，可见到劲性骨架钢管、骨架钢筋；上游拱肋1号吊杆附近箱肋混凝土内嵌有一段木块及钢板，其下端存在一贯穿拱肋腹板的空洞；在除去外防护砂浆层后，箱内积水向外渗水达7h，且可见1号吊杆沿钢套管壁渗水。

b. 钢筋锈蚀。大多被测部位均有明显锈蚀，最大锈蚀电位差为－340mV，多数属轻度锈蚀，局部区段为中度锈蚀，个别区段锈蚀较为严重有锈坑。

c. 混凝土强度。被测区段拱肋混凝土强度推定值为35.4～54.7MPa，混凝土强度较为离散，其中，拱脚部位偏低。

d. 拱肋横系梁、大横梁及水平剪刀撑混凝土均不同程度存在纵、横走向的裂缝，最大裂缝宽度达到0.25mm，裂缝深度为21～128mm。各系梁均不同程度存在空洞、蜂窝麻面等缺陷，大横梁有较多的渗水痕迹，剪刀撑有较大范围的蜂窝麻面、露筋区域，钢筋严重锈蚀。

拱肋系梁混凝土强度推定值为27.4～49.9MPa，混凝土强度较为离散。其中1号横系梁、3号横系梁、1号大横梁、2号大横梁、3号剪刀撑、4号剪刀撑混凝土强度较低。

⑥盖梁、立柱、桥台、拱座等检测结果

a. 混凝土外观质量。盖梁侧面普遍存在沿预应力筋走向的裂缝（最大宽度0.20mm）和沿施工缝走向的贯通裂缝（最大宽度0.20mm），部分盖梁端面有宽度达到0.80mm的竖向裂缝，测点裂缝深度为28～65mm；C检测段盖梁混凝土均有空洞、露筋等缺陷，其中1号盖梁（南岸）露筋、渗水较为严重。

北岸拱座混凝土开裂，且有渗水现象，测点裂缝最大深度为75mm，拱座侧面混凝土不密实，存在空洞区域；南岸桥台侧面有水平及竖向裂缝，裂缝最大宽度达到0.75mm；北岸桥台正面分布有竖向裂缝，最大宽度达到0.50mm，裂缝深度为53～106mm；立柱侧面均不同程度沿竖向、横向开裂，部分裂缝贯通，裂缝最大宽度达到1.50mm；检测的立柱系梁均有开裂现象，B检测段第2排立柱系梁混凝土表观质量较差。

b. 混凝土强度。混凝土强度推定值分别为：桥面板33.7～38.8MPa；盖梁35.4～47.2MPa；拱座16.6～20.0MPa；立柱30.9～3636MPa；立柱系梁30.2～41.3MPa。

c. 桥面外观状况。桥面混凝土开裂严重，裂缝遍布全桥桥面，主要为纵横网状开裂，局部出现了破碎，最大裂缝宽度为3mm，实测裂缝深度为18～183mm，而最大裂缝深度已经达到桥面板顶面；4条橡胶伸缩缝间隙尘土填满，工作状况不良。

（4）检测结果汇总

①上、下游桥面及拱肋部分区段存在一定高程的差异，与设计值相比，桥中线高程最大相差8cm，两拱助轴线最大相差29cm。

②吊杆上下锚固部位工作状况不良，上锚箱混凝土强度推定值为20.2～24.2MPa，锚箱钢盘普遍中度锈蚀。上锚头、承压板普遍锈蚀，夹片尾部预留钢绞线长度大多不符合规范要求，存在钢绞线滑移现象；下锚头、钢绞线普遍锈蚀，部分防护油脂变质，并有积水、渗水现象。部分锚具与承压板接触不良，钢绞线存在中丝滑移现象。

③吊杆钢绞线、钢套管表面均有不同程度锈蚀，一半以上的吊杆钢绞线存在较严重的锈蚀区段，最大钢线断面损失率达到56%。大多钢绞线受力不均，钢绞线与钢套管均有不同程度的中心偏离和斜交，部分钢绞线与钢套管紧密接触，并存在2～3mm长的磨擦区段，钢套管内壁最大磨擦痕深度达到1.0mm，少数吊杆钢绞线存在断丝、钢丝损伤现象。

④横梁混凝土强度推定值为29.7～47.5MPa，混凝土强度离散较大，横梁普遍存在沿预应力方向的裂缝及端部的竖向裂缝，最大裂缝宽度为0.15～0.35mm，最大裂缝深度为53～249mm。钢筋及预应力钢绞线存在轻、中度锈蚀，个别严重锈蚀，部分横梁牛脚严重开裂，个别有混凝土脱落区域。

⑤桥面板混凝土强度为29.4～46.6MPa，桥面板板底普遍存在横向裂缝，部分桥面板存在空洞、露筋、渗水区域，桥面板铰缝外观质量较差，支承状况不良，存在大量的三点支撑板。

⑥拱肋混凝土强度推定值为35.4～54.7MPa，拱肋部分区段存在较大的空洞乃至留存有铁皮、木块等杂物；有混凝土脱落、钢筋锈蚀、拱箱内积水现象，拱肋系梁及横撑混凝土强度推定值为27.4～4939MPa，存在较大面积的蜂窝、麻面、露筋区域。

⑦拱座、桥台、立柱、盖梁均有较大裂缝存在，钢筋有不同程度锈蚀，个别盖梁封锚不良。

⑧桥面开裂严重，并有破碎区域。

综上所述，该桥病害严重，应及时加固或更换缺陷较为严重的主要受力构件，并对其他病害进行修补。在加固处理之前，应封闭桥梁，不得营运。

3. 两次检测结果比较分析

该桥自1995年6月通车使用4年后，1999年8月作第一次检测，已发现吊杆下部有滑移迹象，且吊杆上锚箱积水，锚具锈蚀严重，只因静、动荷载试验结果尚能满足原设计荷载标准汽车—超20级、挂—120的要求，而未及时从根本上对吊杆锚头进行维修加固，仅作日常养护观察。直到2002年进一步发现横梁牛腿开裂，行车时吊杆发生脆响等现象，已威胁到大桥营运安全时，方决定封闭交通，并于2002年进行第二次全面检查。

从两次检查结果看，两次检查间隔的三年多时间，由于该桥交通运输量的骤增，其病害现象也随之加重，表现在：

（1）桥面线形及拱肋线形变化。第一次检查桥面高程变化是与竣工高程相比较的，第二次检测高程是与原桥设计相比较的，两次虽无可比性，但第一次测得桥面下沉量大值只有4.6cm，而从第二次检测值看，实桥施工留有予拱度，竣工高程较设计高程高，但变形后A、B、C三个测段高程变化已极不规则，上下游及桥中线的高程也极不规则，最大差值达29cm。上、下游两拱肋线形高程最大差值达15.6cm，其中短吊杆处高程变化明显较第一次检测值大很多。

（2）对拱肋、吊杆、锚头、吊杆横梁、横梁牛腿、桥面梁等各主要构件全面检测，第二次检测结果较第一次检测病害情况严重很多，已达到必须全面维修加固方能保证行车安全的程度。

4. 检测评定结果

（1）对全桥吊杆进行更换。

（2）对问题严重的横梁进行更换，对其他横梁的所有牛腿进行加固处理，对有裂缝、露筋、空洞等缺陷的横梁进行处理，对封锚效果较差的横梁重新封锚。

（3）对露筋或钢筋锈蚀严重、开裂严重、混凝土缺陷严重的桥面板进行更换，对其他桥面板进行处理，保证桥面板支承和板间接缝的质量。

(4) 剔除拱肋的外层防护砂浆，找出拱箱内积水的原因，排出拱箱中的积水，清除拱肋混凝土中的施工残留物，对外露钢筋进行除锈，对拱肋空洞、蜂窝和麻面缺陷进行修补。

(5) 对盖梁的裂缝、露筋、空洞等缺陷进行处理，对封锚效果较差的盖梁重新封锚，对个别开裂严重的盖梁进行加固、灌缝处理。

(6) 对拱肋横系梁、剪刀撑、立柱及系梁、拱座和桥台的混凝土缺陷进行处理。

(7) 对局部无钢筋或配筋量不足的横梁，若要保留加固，必须探明钢筋的实际配置。

(8) 由于实测拱肋高程与设计值比较出入较大，在进行吊杆设计时，对拱肋等受力构件进行必要的验算，以确定其安全度，并据实确定吊杆长度。

(9) 该桥的维修加固设计应能满足汽车-超 20 级、挂-120 的承载能力要求；

(10) 加固后再做一次荷载试验，以确定该桥承载能力。

三、加固方案及施工要点

1. 主拱肋的加固整治

首先设置固定观测点，对结构（包括拱肋及桥面系）进行纵、平面观测。

(1) 搭架清除拱肋砂浆外涂抹层，进一步全面检查拱肋裂缝等缺陷。

排除箱拱内的积水，清除拱肋混凝土中的施工残留物，对外露钢筋进行除锈，对拱肋混凝土空洞、蜂窝和麻面等缺陷用高于原混凝土一个强度等级的微膨混凝土进行修补。对混凝土较差的拱段应开洞进行内部箱体检查，以便随时调整拱肋的加固设计方案。

(2) 对拱肋系梁上蜂窝、麻点、空洞进行维修。

用高于原混凝土一个强度等级的微膨混凝土封闭表面，同时预埋压浆管，在表层混凝土达 80%强度后，对不密实混凝土压注水泥浆。

(3) 其余裂缝用加压灌注法封闭。

(4) 拱肋裂缝修补不得遗漏。

2. 桥面板的加固整治

(1) 通过牛腿的加固整治，改善支承平面，控制支座高程，其误差应控制在±2mm 以内，同时注意相邻横梁间的横坡误差。安装时凡出现三点支承时，应采用钢板调整垫平。

(2) 加大铰缝宽度，保证铰缝的抗剪强度，清除板的顶面、侧面浮浆，露出石子，桥面铺装层下涂界面剂，以加强与板的良好粘结。

(3) 对局部开裂处，用碳纤维布补强。

(4) 对压碎混凝土应凿除补强。

(5) 其余裂缝根据裂缝宽度进行静力压注或表面封闭处理。

(6) 更换缺陷严重的桥面板。

3. 吊杆横梁的加固整治

(1) 拆除人行道、桥面铺装及桥面板间铰缝。

(2) 拆除板端锚筋，钻孔释放板端 2 根预应力筋。

(3) 拆移桥面板：先撤去两边各 3 块板，保留中间 8 块板作为施工便道，撤去的桥面板放置在中间未拆桥面板上，并及时维修拆除部分的桥面板的横梁，施工顺序见图 4.2.15-3。

(4) 横梁的加固整治：对较宽裂缝的横梁采用粘贴碳纤维布进行加固补强，其余裂缝用

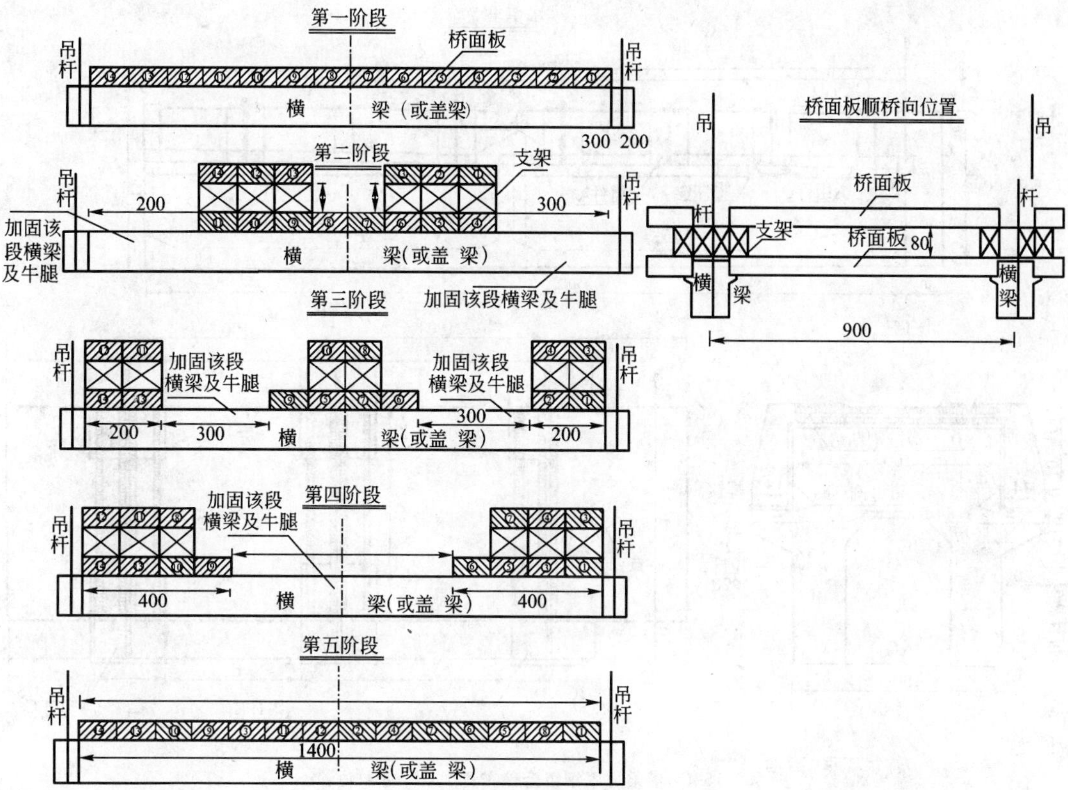

图 4.2.15-3　吊杆横梁施工程序图（尺寸单位：cm）

加压灌注法封闭或作环氧修补。

（5）修补牛腿：在拆除桥面板的同时，于桥面板位置对牛腿进行混凝土补强，以确保桥面板 4 点支承。

（6）增设桥面板支承钢组合件：增设钢组合件的前提是打开牛腿，检查牛腿配筋是否完整、混凝土是否完好。若牛腿布筋良好则取消钢组合件，否则必需增设，见图 4.2.15-4。

4. 吊杆更换

新吊杆型号 OVMDS7－85III，为组合式镦头锚吊杆，吊杆上端采用 85ϕ7（1670MPa）的高强度镀锌钢丝束，吊杆下端横梁中设置 40 铬合金钢拉杆。上、下两端均可调节吊杆长度，见图 4.2.14-3。

（1）设置可调式临时兜吊系统。兜吊系统上端在主拱圈吊杆位置设置兜吊平台，下端临时吊点设在吊杆横梁上，该临时兜吊系统为可调式。

（2）吊杆力的置换。原吊杆为 22 股钢绞线，可分 22 批切断，控制左右横梁相对位移，逐步将原吊杆拉力转换到临时兜吊系统上，然后上、下切割钢绞线。切断旧钢绞线时，必须避免对桥体造成损伤。该处桥面上、下位移量应控制在 1cm 范围内。临时兜吊系统应及时调整，以平衡吊杆拉力。有断丝的吊杆要特别注意施工安全。

（3）拆除旧吊杆，改造原预埋管道

①上锚头的处理：a. 新增锚垫板 40mm×400mm×400mm，垫平上锚端，并做好垫板

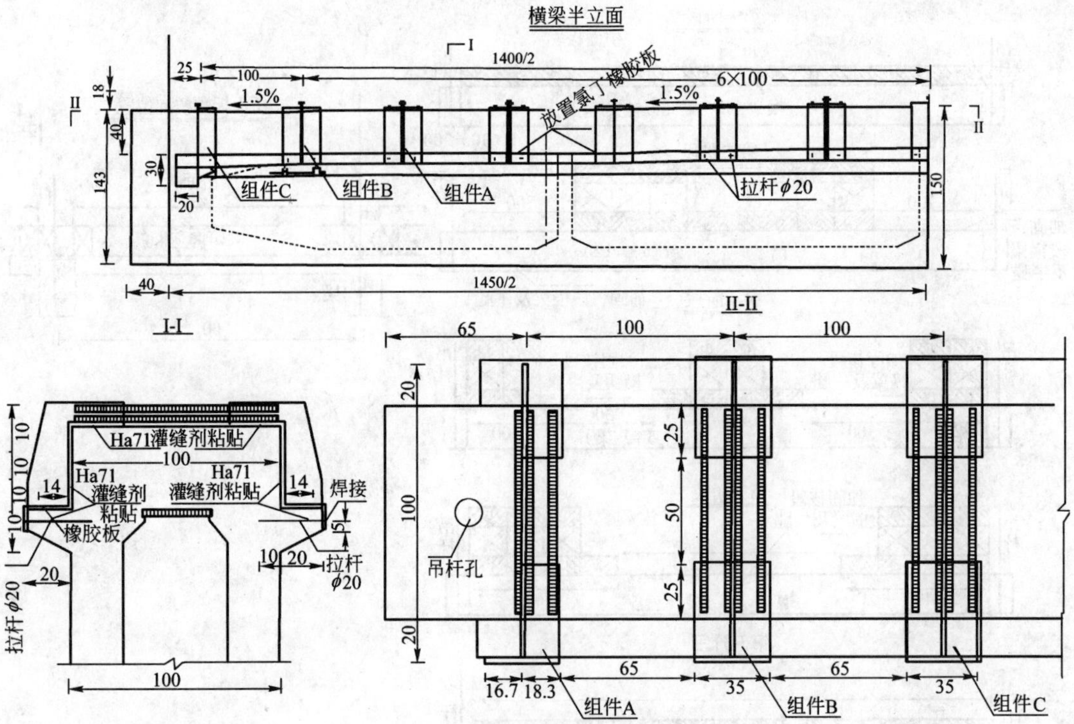

图 4.2.15-4 横梁加固钢组合件布置图（尺寸单位：cm）

的防水处理；b. 用环型金刚钻扩孔，孔径 ϕ160mm，孔深 1000mm。并埋设新导管 ϕ160mm ×5mm；c. 钻心取原吊杆索芯，钻孔直径为 102mm。

②吊杆在拱肋出口处理：

a. 打磨管口，形成弧面，以减小吊杆与管口的硬接触；

b. 管口处设减振块，减小吊杆与管口的摩阻力。

③吊杆在横梁顶面的处理：a. 做好入口处的防水台，并设置减振橡胶块；b. 扩孔并钻掉原吊杆横梁中预埋管，扩孔直径 ϕ124mm；c. 钻心取原吊杆索芯，并保持周围混凝土完整性。

④下锚头的处理：去掉原钢垫板，增设新钢垫板，规格 40mm×400mm×400mm。

（4）吊杆的安装

①现场丈量吊杆长度（丈量工作应在桥面拆除之前进行），并留足吊杆的工作长度和镦头长度，再对成品钢丝束下料，拱肋上的上锚头在工厂镦头，并装好锚板、螺母。

②将钢丝束从拱顶向下穿过拱肋，将拉杆穿过横梁，装好垫板用螺母初步锚固。根据桥面的设计高程再次丈量所需钢丝束的长度，将多余钢丝截除，套上锚板在现场镦头，镦头后，先将连接套管与上吊杆相连，然后用球铰与上下吊杆连接。张拉端在拱肋上端，桥面上、下位移量应控制在 1cm 范围内。最后逐级把临时兜吊系统的力转换到新吊杆上。

③将横梁吊杆孔内的缝隙灌满防锈油脂后封闭，连接套管及拉杆外露部分涂刷防锈漆，在连接套管下端安装防水橡胶板。

④安装上、下锚头的保护罩，将其内灌满防腐油脂后，再将灌油孔封闭。

⑤吊杆外套不锈钢套管，以隔绝紫外线。

(5) 吊杆的防护检查

①检查吊杆上、下锚头防腐油脂的充满程度，锚固的可靠性。

②检查吊杆横梁上部外露圆钢的防锈漆层是否完整，横梁吊杆孔内的防腐油脂是否充满，孔口的密封是否可靠。

③检查自由段吊杆 HDPE 材料有无损伤。

5. 盖梁、立柱、桥台、拱座的加固整治

(1) 由于盖梁为预制构件，其裂缝修补采用粘贴碳纤维布加固。盖梁与立柱支承顶面采用外包碳纤维布加固，其余裂缝用加压灌注法封闭裂缝。

(2) 对拱座、桥台、拱上立柱出现的裂缝进行封闭处理。

6. 拱肋系梁及剪刀撑的整治

(1) 修补空洞及蜂窝麻面；

(2) 对锈蚀的钢筋除锈，修补其保护层；

(3) 用压注法封闭裂缝。

7. 拱肋及桥面线型的调节

拱肋轴线上、下游两肋最大差值 156mm，高出设计轴线高程最大 290mm，目前无法判明这些变异是施工中造成的，还是营运中发生的，应在加固中进一步判明。桥中线普遍低于设计高程，最大差值为 84mm。拱肋轴线变形暂无法调整，只有在加固施工验算时，按实际拱肋高程验算拱的承载力和稳定性。而桥面系的高程可以通过吊杆来调节。

8. 桥面系整治

(1) 加强桥面铺装，增强桥面板间横向联系。原桥设计钢筋网为 10cm×10cm 间距(ϕ6.5)，厚 8cm 的原 40 号混凝土。现改为钢筋网间距为 10cm×10cm (ϕ12.0)，厚 8cm 的 C40 号钢纤维防水混凝土铺装。同时加强铰缝的连接强度。

(2) 改混凝土栏杆为复合不锈钢栏杆，以减轻栏杆重力，美化桥容。

9. 更换原板式橡胶伸缩缝为模数式型钢伸缩缝。

10. 全桥验算及使用程序

(1) 主拱圈用实际成桥状态下的坐标作平面杆系验算；

(2) 主拱圈用实际成桥状态下的坐标作空间受力分析及稳定性验算；

(3) 吊杆横梁及牛腿验算；

(4) 盖梁验算；

(5) 桥面板验算；

(6) 吊杆验算；

(7) 整桥用“桥梁博士程序”和“BSAS 程序”作平面杆系分析，用“ANSYS 程序”作空间分析。

11. 桥梁的养护设施及建立监测系统

(1) 在桥面系以下及拱肋上设置永久性的检修通道，不定期检查吊杆锚头、横梁、桥面板及其支承情况。

(2) 在新吊杆中设置“光纤光栅传感器”或压磁式传感器，跟踪监测其工作状态。

第五篇　桥梁下部结构的加固

第一章 桥梁墩台及地基基础加固技术

§1.1 墩台、基础的缺陷检查

一、检查类别

为了系统地掌握桥梁墩台、基础的技术状况，较早地发现病害和异常情况，提出养护措施，保证行车安全，延长其使用寿命，必须对桥梁墩台、基础进行如下检查：

1）经常检查：以目测为主，随时发现缺损并加以处理；

2）定期检查：用仪器和量具较全面地量测桥梁各部位的缺损。提出养护措施；

3）特殊检查：在地震、洪水、流冰、风灾发生后和超重车过桥后或船舶冲击后，应立即进行检查。

二、墩台及基础的检查重点

1）墩台圬工有无冻胀、风化剥落、掉角及船只碰撞造成的表面混凝土擦痕、露筋；

2）墩台圬工有无裂缝。对严重的裂缝应测量其具体位置及尺寸，并绘制裂缝展开图，以便对照分析；

3）砌体泄水孔是否堵塞，防水层是否损坏。砌体砌缝砂浆的风化剥落情况；

4）空心墩的水下通水洞有无堵塞；

5）大体积混凝土内部空洞引起的破损、网状裂缝及竖向裂缝；

6）检查墩台有无下沉、位移、倾斜变位等发生。当有发生时，应查清地基情况，并检查梁端部、支座及墩台的相对位置关系；

7）墩台基础主要检查冲刷和位移。如墩台已发生倾斜、位移、下沉或冻起时，应首先通过挖探或触探检查基础基底，查明原因，并注意继续观察其变化；

8）汛前预防检查 每年汛期前都应做一次预防水毁的技术检查，其有关墩台基础检查的内容如下：

（1）河流上游堆积物、漂流物的情况；

（2）梁墩台有否冲空或损坏

（3）桥下有无杂草、树枝、石块等杂物堆积淤塞河道；

（4）河床冲刷情况和附近桥位处有无坍塌，桥头锥形护坡有无冲空或由于基础下沉引起滑坡、坍陷；

（5）为了防止竹、木排筏和巨大的漂浮物等随洪水下冲，在汛期应对桥梁上游进行巡查。

三、墩台身的主要缺陷及检查的重点部位

墩台身的主要缺陷有：裂缝、剥落、空洞、钢筋外露、锈蚀、混凝土保护层不够、老化、结构变形、移位等。

梁桥墩台身检查的重点部位如表 5.1.1-1 所示。

梁桥墩台身检查的重点部位 表 5.1.1-1

构造形式	检查重点部位	示意图
轻型桥台	①支座底板； ②支撑梁； ③耳墙	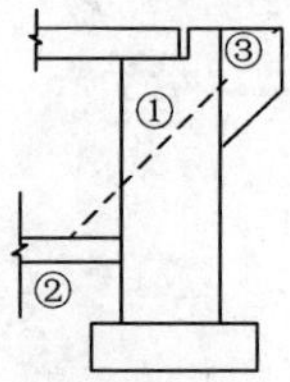
扶壁式桥台	①支座底板； ②台身； ③底板	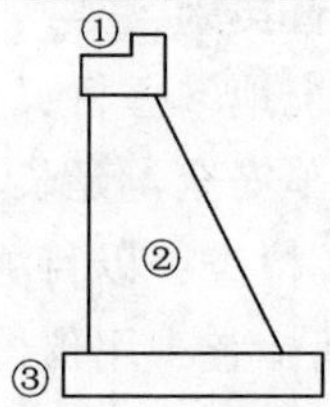
重力式桥台	①支座底板； ②台身	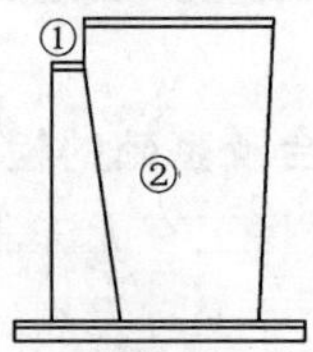
重力式桥墩	①支座底板； ②墩身； ③水面变化处	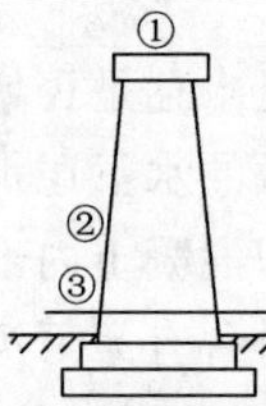
钻孔桩柱式桥墩	①支座底板； ②盖梁； ③横系梁； ④横系梁与桩连接处	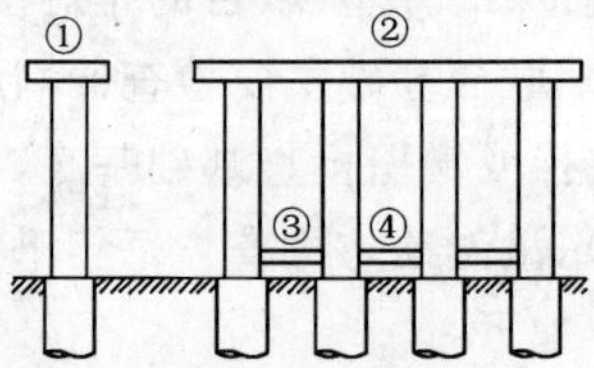
单柱式桥墩	①支座底板； ②盖梁	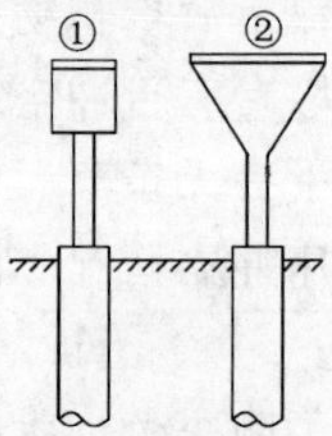
框架式桥台	①支座底板； ②混凝土浇筑处； ③角隅部位	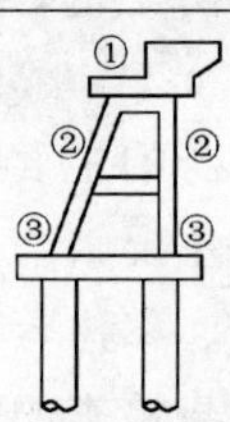

四、墩台基础缺陷的检查

1）墩台基础易发生的主要缺陷

（1）基础沉降和不均匀沉降

（2）基础滑移和倾斜

①基础受洪水的冲刷而发生滑移；

②由于河床挖浚，减少桥台前土侧压力而产生侧向滑移；

③建于软基上的桥台，当台背填土超过一定高度且基础构造处理不当时，常造成桥台失稳、滑移、倾斜。

2）基础常见缺陷如表 5.1.1-2 所示。

墩台基础常见缺陷 表 5.1.1-2

<table>
<tr><th colspan="3">基础类型</th><th>常见缺陷</th></tr>
<tr><td rowspan="3">浅基础</td><td colspan="2">天然地基上的浅基础</td><td>（1）埋置深度浅，易受冲刷而淘空；
（2）埋置深度不足，受冻害影响；
（3）地基不稳定，易发生滑移或倾斜</td></tr>
<tr><td colspan="2">岩石基础</td><td>（1）基础置于风化石层上，风化部分未处理好，经水流冲刷而淘空或悬空；
（2）受地震的剪切作用，易产生裂缝</td></tr>
<tr><td colspan="2">人工地基基础</td><td>因处于软弱地基上，在竖向荷载作用下压实沉陷、基础下沉</td></tr>
<tr><td rowspan="4">桩基础</td><td rowspan="2">打入桩</td><td>木桩</td><td>地下水位下降时，桩身常腐蚀</td></tr>
<tr><td>钢筋混凝土预制桩</td><td>（1）打桩时，桩身损坏；
（2）受水冲刷、浸蚀产生空洞、剥落等；
（3）受船只或其他漂浮物的撞击而损伤</td></tr>
<tr><td colspan="2">钻（挖）孔桩</td><td>（1）施工时桩底淤泥处理不彻底，引起桩基下沉；
（2）施工质量不好或受水冲刷、浸蚀而产生空洞、剥落、钢筋外露腐蚀等；
（3）灌注混凝土过程中发生塌孔而未作处理，桩身部分脱空；
（4）受外力撞击而损伤</td></tr>
<tr><td colspan="2">管桩基础</td><td>承载力不足，基础下沉</td></tr>
<tr><td colspan="3">沉井基础</td><td>（1）地基下沉时，基础也常发生一些下沉；
（2）地基不均匀下沉或桥台背高填土影响基础产生滑移、倾斜</td></tr>
</table>

3）检查记录

桥梁墩台、基础检查中已被检查出来的各种缺陷都要用油漆将范围标记鲜明。为继续观察裂缝发展情况，在要害部位上出现的裂缝处，除照相检查、存档外，还应设立游标卡尺。

检查人员必须掌握桥梁现有资料和各种检测方法。注意选择气候条件适宜的时候进行（一般是在阴天、无风沙、早晨日出前后、晚上日落前后、中午 2～3 点、晚上观测等为宜），遵守高空作业规定。所有原始记录，必须按照表 5.1.1-3 格式认真填写，并附示意图。

桥梁技术状况检查记录表　　表 5.1.1-3

桥梁名称		路线名称		桥位桩号	
设计载重		跨径（跨-m）		全桥长（m）	
项目	类别	缺损部位	缺损名称	缺损尺寸	修复意见
墩台					
基础					

记录：　　检查负责人：　　年　月　日

4）墩台沉降与变位的观测

（1）观测的目的

任何桥梁的地基都处于一定荷载作用之下，因而在一定深度范围内的各层土体都要产生不同程度的压缩变形，从而使地基产生沉降和不均匀沉降。因此，也使得桥梁墩台随之产生相应的垂直位移、水平位移、转角。墩台的垂直位移也称之为墩台沉降。

墩台的沉降随着地基沉降程度、特征的不同，有的属正常现象，有些则属异常或破坏的表现。不同条件下的桥梁地基沉降的数量、速度、发展趋势等特征差异较大。关于桥墩台沉降数值，良好地基最终沉降值仅为几毫米或者更少，而软弱地基最终沉降量可达数十厘米甚至更多。沉降量的大小与外部荷载成正比例关系，与时间因素成反比关系。亦即单位荷载愈大，沉降量愈大；时间间隔越长，沉降逐渐减小，最终趋于稳定。

墩台在施工过程中，甚至在桥梁通车以后相当长的一段时间内，都会发生和可能继续发生沉降。如果所产生的总沉降或相对沉降量是在规定的容许范围之内，则对桥梁结构的安全和使用没有影响。否则，会影响桥梁结构的安全性、桥梁的使用性和行车的舒适性，需对此采取必要的措施，以保证桥梁结构物的安全和正常使用。

墩台沉降和变位观测的目的：

①了解墩台基础在各个阶段内的沉降情况，实测沉降量。了解沉降的不均匀性，判定结构物是否趋于稳定。

②便于在养护中及时发现问题、采取措施、保证结构物满足使用要求。

③可在科研上验证有关理论公式的正确性，检查设计施工的质量。

④为桥梁技术鉴定工作提供资料，为桥梁维修加固提供数据。

（2）观测的内容和方法

墩台沉降和变位观测的内容：墩台总沉降和差异、墩台水平变位、墩台转角等。

墩台观测的具体工作有：根据实际情况确定水准点和观测点的布置、构造并进行测点埋设；定期并及时地进行沉降和变位观测；整理观测资料。

墩台沉降、变位的观测方法及应注意的事项见表 5.1.1-4。

墩台沉降与变位观测方法　　表 5.1.1-4

观测内容	观测方法和注意要点	示意图
沉降观测	(1) 设置观测点：基础观测点对称地设在襟边的四角；墩台身设在两侧与基础观测点相对应的部位，其高度最好能在普通低水位之上。高墩台可每隔相当距离设一组观测点，每组四点，在平面上相互对应。 (2) 埋设观测点：观测点须固定可靠，可用铆钉或圆钢筋头做成，预埋在基础和墩台身砌体中。 (3) 确定水准点：应设在桥位附近且保证不受地基变形影响和施工影响，要求坚固可靠，并严加保护，以备长期使用。 (4) 观测仪器：用水准仪按时观测，并记入已有表格中	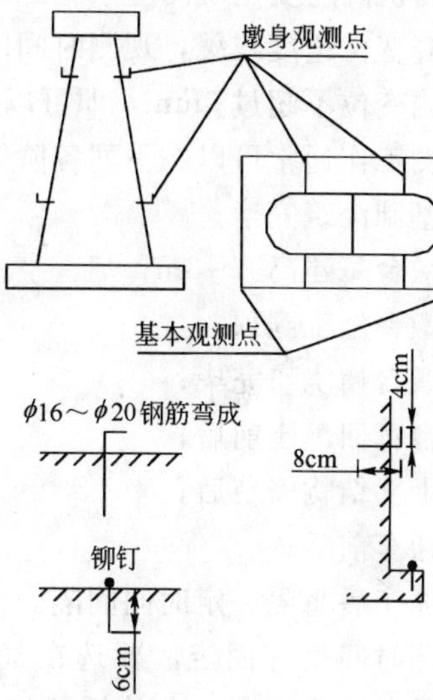
水平位移观测	(1) 布置观测点：位于墩台上下游两侧与桥中线90°正交的直线断面上。做法是：先在距 1m 处钉设桥的中心点 O，在 O 点安放经纬仪，后方是桥的纵轴线 O-O，转 90°角，在桥台两侧各测定 A、B、C 及 A′、B′、C′三点。再将经纬仪设于 C 点，视线对准 A、B 后，在台侧面找出 D、E 两点，作为观测点位置； (2) 埋设观测点：在 D、E 二处各凿出一道水平浅槽，再把长约 20cm 刻度清晰的刻度尺用万能胶粘贴于 D、E 两浅槽内； (3) 观测仪器：经纬仪； (4) 观测方法：观测时，读出 D、E 两尺的读数，取平均值，与前一次所测平均值的差值，即为区段时间内墩台的水平位移	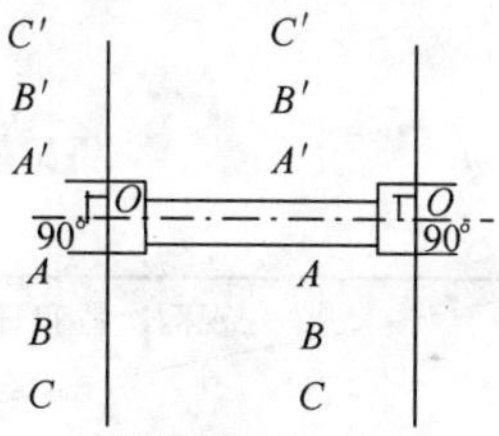 设置观测点 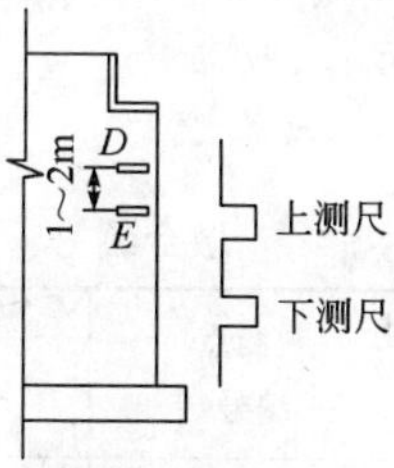 观测点的埋设 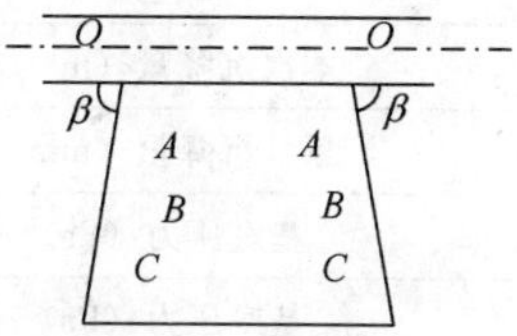 受地形限制时观测点的设置
转动观测	(1) 观测点的布置：设在墩台上下游两侧中心线上； (2) 观测点的埋设：在 A 点埋设一根螺栓，B 点凿槽埋设水平刻度尺； (3) 观测仪器及方法：在 A 处悬挂垂球，读出垂线通过 B 点的读数，当墩台发生转动时，垂线偏离初始读数，即可从刻度尺上读出由转动引起的水平位移 Δ，其倾斜度 $\varphi=\arctan\dfrac{\Delta}{L}$，L 为 AB 间的距离； (4) 在墩台未砌筑到顶之前，墩台的转动也可以由设在基础四角的沉降观测点的沉降差推求出来，$\varphi=\arctan\dfrac{S_1-S_2}{L}$ 式中：S_1，S_2——设在墩台同一侧（上游或下游）观测点测得的沉降量 L—观测点间的距离	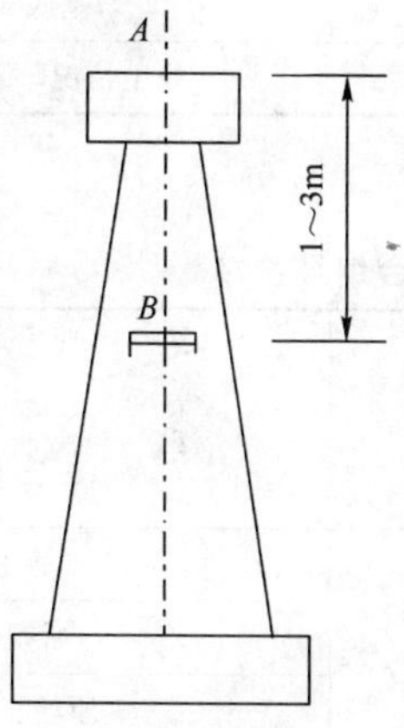

（3）观测时间及记录

墩台沉降与变位观测应于施工时就开始进行，在整个施工期间内观测的时间间隔宜短，随着沉降变位速度减缓，观测时间间隔可以适当加长。工程完工通车后尚需每月观测一次，如半年内变位不超过3mm，即可以认为趋于稳定，终止观测。

观测工作通常可以在下列各阶段进行：

①基础浇筑完毕；

②墩台每建高2～3m；

③墩台施工到顶；

④墩台帽浇筑完毕；

⑤台背回填土前后；

⑥上部结构安装后；

⑦通车前后；

⑧通车后每隔一定时间间隔。

观测时间最好固定，要选在气温变化相对稳定的时段。观测时必须随时做好观测记录，并及时整理存档。有关桥梁墩台沉降、变位和转动观测记录表格参见表5.1.1-5～表5.1.1-7。

桥梁墩台沉降观测记录表

墩台编号：　　表5.1.1-5

观测点编号	观测次数和日期 / 项目	第一次 年月日	第二次 年月日	第三次 年月日
M-1	高程（mm）			
	本次沉降量（mm）			
	累计沉降量（mm）			
	基底压力（Pa）			
M-2	基底压力（Pa）			
M-3	基底压力（Pa）			
M-4	基底压力（Pa）			
施工情况				

桥梁墩台水平位移观测记录表

墩台编号：　　表5.1.1-6

观测点编号	观测次数及日期 / 项目	第一次 年月日		第二次 年月日		
		上测尺	下测尺	上测尺	下测尺	平均
N-1	高程（m）					
	后视角 α（°）					
	原始读数（mm）					

续上表

观测点编号	观测次数及日期 / 项目	第一次 年月日		第二次 年月日		
		上测尺	下测尺	上测尺	下测尺	平均
N-1	本次读数（mm）					
	本次水平位移（mm）					
	累计水平位移（mm）					
	同时发生的累计沉降量（mm）					
N-2						
N-3						
N-4						
施工情况						

桥梁墩台转动观测记录表

墩台编号： 表 5.1.1-7

观测点编号	观测次数和日期 / 项目	第一次 年月日	第二次 年月日	第三次 年月日
Q-1	AB点间距离（mm）			
	B点初始读数（mm）			
	本次读数（mm）			
	本次水平位移（mm）			
	累计水平位移（mm）			
	倾角 φ（°）			
	基底压力（Pa）			
Q-2	基底压力（Pa）			
施工情况				

（4）观测资料的整理和分析

观测和检查得到的墩台、基础各种资料，必须以便于分析、利用、检索、保存为目标进行及时整理，并得出研究分析报告。整理资料时要以单位或单项工程进行，首先判读原始数据、去伪存真，然后把结果绘制成标准图表，并和以往多次观测和检查所得到的资料比较，进行分析研究，找出病害，追其原因，作出结论和建议，提出修补、加固的办法。

查报告的内容应包括：

①桥梁名称、墩台基础编号和类型、所在路线和区段。

②设计、施工单位、竣工时间、养护单位、委托检查单位、检查时间、检查负责人。

③检查工作的依据、检查工作的目的、要求和具体内容。

④检查方法和检查原理，以及所用仪器设备叙述。

⑤检查成果。包括历史回顾和病害分析。

⑥结论和建议。

对检查来说，观测时间越长，检查次数越多，得到的资料也越丰富，从中可以找出规律。例如：墩台沉降观测，一次测得有 1 或 2mm 的下沉量，有可能属于测量的误差，但多次测量都发生少量下沉，则可判定该墩台有沉降变化，绘制成时间—沉降曲线就可知道该沉降是在继续发展还是已渐趋稳定，并可由曲线预估未来。

不但经常检查和定期检查每年要进行一次总结分析，对一专项或特殊检查更应及时提出检查报告，详述检查时间和方法，汇总全部资料，做出分析，提出意见，来判定墩台基础现状是否良好或加固处理建议。这些资料和分析都应存入桥梁档案中。它是桥梁养护不可忽视的一项工作，一定要做好。

关于检查资料分别是各种记录、图纸、表报、文件，也包括录像、照片等。整理后的检查资料要输入桥梁管理数据库内，以备随时查询和取用。

五、墩台身常见裂缝的观测

1）桥梁墩台的常见裂缝与部位

桥梁墩台在施工及营运使用过程中，也会出现各种不同的裂缝。各种常见裂缝的特征及其产生的原因见表 5.1.1-8。

桥梁墩台常见裂缝 表 5.1.1-8

序号	裂缝部位及名称	示 意 图	特征及原因
1	墩（台）网状裂缝	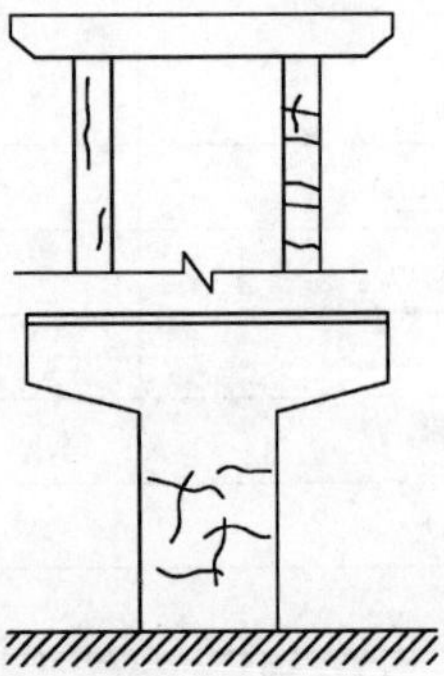	（1）此裂缝多发生在常水位以上墩身的向阳面上，裂缝宽 0.1～1mm，深 1～1.5cm，长度不等； （2）主要原因是混凝土内部水化热和外部气温的温差，或日气温变化影响和日照影响而产生的温度拉应力； （3）混凝土干燥收缩而引起
2	从基础向上发展至墩（台）上部的裂缝	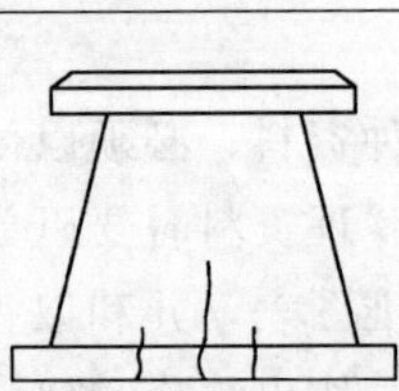	（1）裂缝上窄下宽； （2）原因是基础松软或沉降不均匀所引起
3	墩（台）身的水平裂缝	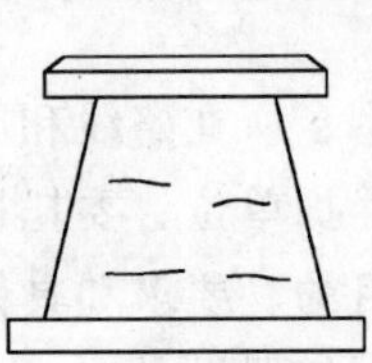	（1）是水平层状； （2）多为混凝土浇筑接缝不良所引起

续上表

序号	裂缝部位及名称	示　意　图	特征及原因
4	翼墙和前墙断裂的裂缝	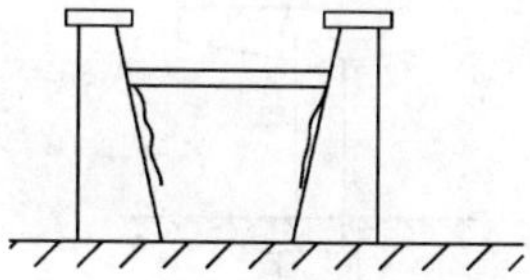	往往是由于墙间填土不良、冻胀或基底承载力不足，引起下沉或外倾而开裂
5	由支座垫石从上向下发展的裂缝	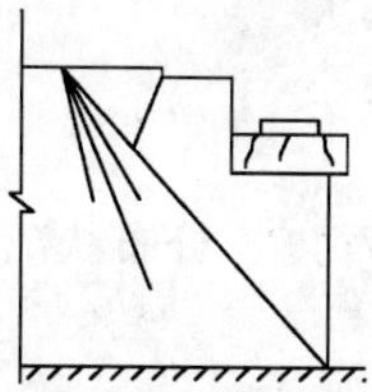	（1）主要是由于墩（台）帽在支承垫石下未布置钢筋所致； （2）也可能由于受到过大的冲击所致
6	桥墩墩帽顺桥轴向横墩帽的水平裂缝	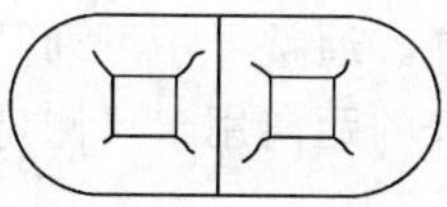	（1）不论空心墩或实心墩均有发生； （2）主要由于局部应力所致。因梁和活载作用集中地通过支座（或立柱）传至桥墩，使周围墩顶其他部位产生拉应力
7	双柱式桥墩下承台的竖向裂缝	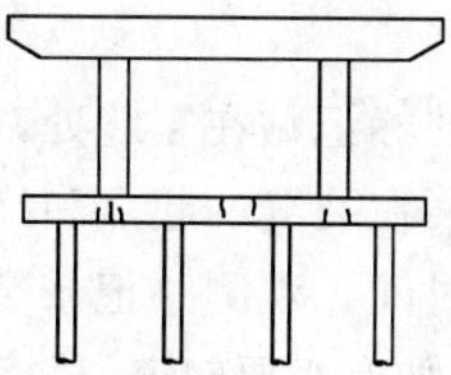	由于桩基不均匀下沉或局部应力所致
8	支座相邻不等高的墩盖梁、雉墙上的垂直裂缝	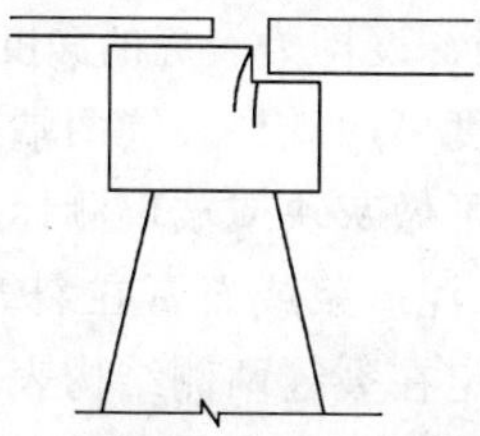	（1）裂缝多位于雉墙棱角部分及中线附近； （2）严重时部分混凝土剥落露筋； （3）由于局部应力所致
9	墩（台）盖梁上自上至下的垂直裂缝	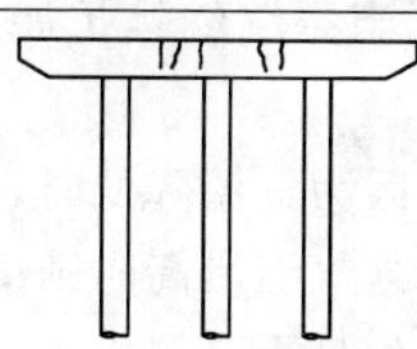	桩基下沉不均而引起盖梁上的不均匀受力
10	镶面石突出的裂缝	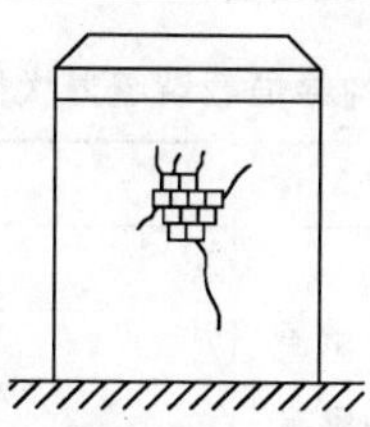	（1）多为不规则的裂缝； （2）由于镶面石与墩台连接不良

续上表

序号	裂缝部位及名称	示　意　图	特征及原因
11	悬臂桥墩角处的裂缝	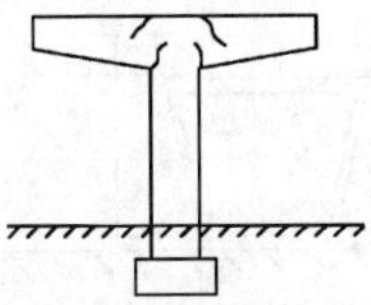	由于局部应力引起

2）墩台裂缝的检查及观测

（1）检查与观测内容

①裂缝发生的部位、走向、宽度、深度、分布状况以及大小和长度等。

②裂缝的发展变化情况。

（2）观测方法

观测裂缝的仪器一般为塞尺或手持式读数显微镜（如 DM 型），也可用长标矩裂缝应变片、千分表、引伸仪等方法来测量裂缝。通常可用下列简便方法观测裂缝的发展变化情况：

①在裂缝两边设置小标杆，两标杆的距离用卡尺测量，或者用读数放大镜直接量测裂缝的宽度。

②设置两块金属板来量记，一块金属板盖过裂缝并与另一块刻有尺寸的金属板相接触，量测并记下裂缝变化的尺寸。

③利用水泥浆或石膏做成薄片状的标记贴在裂缝处，或用玻璃片、较牢固的纸糊在裂缝上，观察其是否继续开展。具体做法：在裂缝的起点和终点划上与裂缝走向垂直的红油漆划记号，并把裂缝登记编号，标上标注时间。观测并记录裂缝所在墩台部位、走向、宽度、分布状况和长度等。并画出裂缝示意图。如有必要知道裂缝深度时，可用注射器在裂缝中注入有色溶液，然后开凿至显色为止，其开凿深度即为裂缝的深度。也可用超声仪检测裂缝深度。

观测裂缝的变化情况：对裂缝长度可用观察裂缝两端是否超出前一次观测油漆划线来判定。对裂缝沿宽度方向的扩展情况，可做灰块或玻璃测标进行观测。其方法是先将安设测标部位的结构表面凿毛，然后用 1：2 水泥砂浆或石膏在裂缝上抹成厚 10～15mm 的方形或圆形灰块。也可用石膏将细条状玻璃固定在裂缝两侧结构表面上，在裂缝处将玻璃截面截成特小测标，对测标编号并注明安装日期，当裂缝继续扩展时，测标就会断裂。一般裂缝都较小，应尽可能采用带刻度的放大镜测量。

在观测裂缝时，要记录观测气温。因为气温降低时，结构的外层比内层冷却得快些，因而表面收缩较快，这时裂缝呈现较大。当气温增高时则情况相反。

（3）公路桥梁墩台构件恒载裂缝限位见表 5.1.1-9。

桥梁墩台构件恒载裂缝最大限值表　　表 5.1.1-9

<table>
<tr><th>序　号</th><th colspan="2">部　位</th><th>最大裂缝宽度限值（mm）</th></tr>
<tr><td>1</td><td colspan="2">墩台帽</td><td>≤0.30</td></tr>
<tr><td rowspan="2">2</td><td rowspan="2">墩台身</td><td>经常性受侵蚀性环境水影响</td><td>有筋 0.20；无筋 0.30</td></tr>
<tr><td>常年有水，但无侵蚀性影响</td><td>有筋 0.25；无筋 0.35</td></tr>
</table>

续上表

序　号	部　位		最大裂缝宽度限值（mm）
2	墩台身	干沟和季节性有水河流	≤0.40
	有冻结作用部位		≤0.20

§1.2　墩台身加固的一般要求和方法

（1）墩台表面必须保持清洁，要及时清除青苔、杂草、荆棘和污秽。

（2）圬工砌体长期受大气影响、雨水侵蚀而发生灰缝脱落，应重新勾缝。

（3）混凝土表面发生侵蚀剥落、蜂窝麻面等病害应及时将周围凿毛洗净，用水泥砂浆抹平。

（4）圬工砌体镶面部分严重风化和损坏时，应予更换。用石料或混凝土预制块补砌。要求结合牢固，色泽和质地与原砌体基本一致。

（5）梁式桥墩台顶面没有设流水坡或坡面凹凸不平、有裂缝时，应及时铺填水泥砂浆或混凝土，做成横向坡度以利排水。

（6）圬工砌体墩台损坏面积较大，深度超过 3cm 以上时，不得用抹浆或喷浆进行修补，须浇混凝土予以裹覆。

（7）当墩台出现鼓肚时，应查明原因并进行修补：

①由于桥台台背填土遇水膨胀而鼓肚，应挖除膨胀土，检修排水设施，填以砂砾土，修好损坏面。

②由于冻胀原因，应挖去冻土，填以矿渣砂砾等，并封闭表面不使漏水，修好损坏面。

③属于砌筑质量不良，应凿去或拆除鼓肚部分，重新砌筑或浇注。

（8）当混凝土墩台由于温度收缩，局部应力集中、浇注质量不良等原因而产生裂缝时，应视裂缝大小分别处理。

① 裂缝小于墩台恒载裂缝最大限值者，应设法封闭裂缝。其具体方法有：

a. 表面涂刷法：沿裂缝涂刷薄膜型表面涂料，阻塞细小裂缝，减少渗漏，防止钢筋锈蚀，满足美观要求等。此法一般仅运用于表面发裂，数量不多的情况。涂刷材料有水泥浆、油漆、沥青、环氧树脂等。采取水泥浆涂刷，事前在裂缝处用水冲洗，然后刷好。采用油漆、沥青或环氧树脂涂刷，事前不仅要清洁混凝土表面，且要预先干燥，才能保证质量达到预期效果。

b. 表面铺设法：沿裂缝铺设环氧树脂玻璃布或橡胶沥青棉纸等，起到粘贴封闭裂缝的作用。效果比涂刷法好，通常用于对防渗有较高要求的构件上。修补前。混凝土表面应预先干燥，才能与基层有较好的粘结。

c. 表面抹灰法：对于局部有较多裂缝，或面积较小，且蜂窝、麻面不多的混凝土表面，可用 1∶2～1∶2.5 的水泥砂浆抹平。抹砂浆之前，必须用钢丝刷和压力水洗刷基层。结合面保持润湿没水珠。抹灰初凝后要加强养护工作，保证砂浆与结构构件粘结牢固，避免造成砂浆层起皮和脱落。

②裂缝大于墩台恒载裂缝最大限值，应做好记录，观察其变化，判别裂缝是否已稳定。当裂缝稳定无发展时，可扩缝灌以水泥砂浆或环氧树脂。裂缝未稳定时，应继续观察，找出原因加以处理。处理后裂缝不再发展时再按稳定裂缝加以处理。

具体做法：将裂缝表面凿成凹槽，然后填以填充材料进行修补。对于固定不动的裂缝，通常用普通水泥砂浆、膨胀砂浆等刚性材料填充。对于活动裂缝则用弹性嵌缝材料填充，以使裂缝有伸缩的余地，避免产生新的裂缝。

③石砌圬工出现通缝和错缝不够时，要拆除部分石料，重新砌筑。

④由于活动支座失灵而造成墩台拉裂，应修复或更换支座，并处理裂缝。

⑤由于基础不均匀下沉而产生的自下而上的裂缝，应先加固基础，再视裂缝大小程度，确定灌缝或加固墩台。

⑥裂缝已贯通墩台，可用钢筋混凝土围带或钢箍加固墩台，如图 5.1.2-1 所示。加固时，一般在墩身上、中、下分设三道围带；其间距应大致相当于桥墩侧面的宽度。每个围带的宽度，则根据裂缝情况和大小而定，一般为墩台高度的 1/10 左右，厚度 10～20cm。为加强围带与墩台的连接，应在墩身内埋置直径 10～25mm 的钢销，埋入深度为钢销直径的 20 倍左右，把围带的钢筋网扣在钢销上。埋钢销的孔眼要比销径大出 15～20mm，先填满销孔再浇筑混凝土，同时填塞裂缝。

当墩台损坏严重，有严重裂缝及大面积表面破损、风化和剥落时，则可采用围绕整个墩台设置钢筋混凝土护套的方法进行加固，如图 5.1.2-2。

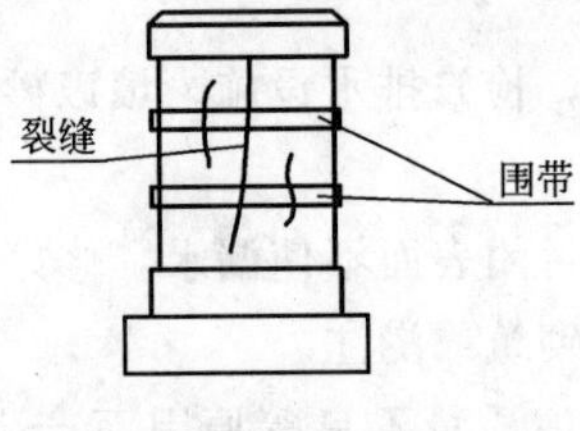

图 5.1.2-1 用钢筋混凝土围带加固桥墩台示意图

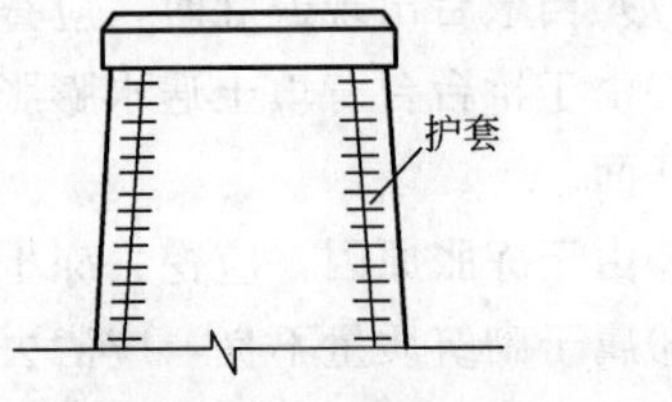

图 5.1.2-2 钢筋混凝土护套加固墩台示意图

(9) 对于墩台空洞，可用手锤敲击墩台听声，或在水渍斑痕处钎探，或以非金属超声探伤仪查明空洞部位，择近处开凿通眼，以压浆机压注水泥砂浆或环氧树脂进行修补。

(10) 墩台产生水平位移和倾斜时，应纠其原因，根据不同情况采取不同加固方案。

①梁式桥台背土压力大，造成桥台向桥孔方向的位移，可挖去台背填土，加厚桥台胸墙，或更换填土，减小土压力。

②对于拱桥桥台产生的位移和转动，要谨慎选择加固方案。

a. 在桥台两侧加厚翼墙，翼墙与原墙牢固结合为一整体，增加桥台横断面尺寸和自重，借以抵抗水平推力。

b. 从台背打入斜向排桩，以增强台背填土的密实度和摩擦力。

(11) 柱式墩台如有折断，当基础承载力许可时，可于柱侧浇注混凝土，以加大断面尺寸，或以围带法加固。

(12) 桥台锥坡及八字翼墙在洪水冲刷或填土沉落的作用下容易发生变形和铺砌层脱落。修复时夯实填土，常水位以下应砌筑水泥砂浆砌块、片石，并勾缝。

(13) 汛期河流漂流物较多时，为避免漂浮物撞击墩台，可在墩台前一定的距离处设置护墩体，其形式可根据水流的缓急、水位的高低、漂浮物的多少、流量大小等情况而定。一般形式有单桩、束桩、单排、双排、三角形等，材料有钢、木、石砌、水泥混凝土或钢筋混凝土。

(14) 冰凌和冻胀的预防。特别是我国寒冷地区的桥梁更不可忽视。气温突变时河流解冻的流冰，对桥梁墩台、柱、破冰体和导流堤坝等会产生程度不同的冲击，应采取相应的防护措施。为使流冰从桥下顺利通过，除单跨桥梁和下游比上游解冻较早的桥梁外，必须采取下列办法进行防护。

①对桥梁上游河道中的冰层进行调查测探。在流速降低的河湾、沙滩处，流冰可能互上挤碰，重新聚结形成巨形冰块，甚至冰坝，造成水位抬高，威胁桥梁安全，对此须特别警惕。

当形成巨形冰块或冰坝时，应根据所掌握的资料，工具及安全、照明等设备，于流冰期设专人负责观测、轮护。同时还应提前在桥边设置悬梯和在桥梁墩台与破冰体之间搭搁跳板。

②当冰临近时，对封冻的冰面，在桥位下游处开挖成流冰路（冰池），其长度可为河面宽的1～2倍；宽度可为河面宽的1/3～1/4；并不小于河道的最大桥跨。

当水面宽度小于30m时，流冰路的长度宜增加到水面的5倍。当冰块很厚并有强流冰发生时，可在桥台、墩、桩、破冰体周围及桥位下游20～25 m范围内开挖纵向冰沟。对流冰路冰沟应经常检查，如有冻结，应反复捣开。在应急时刻，可用撬棍、长杆、钩杆等工具，在下游将凿开的冰块逐一送入冰层下冲走。

③流冰临近时，要清除上游冰层，冰层厚度在30cm以下者，可用人工撬开，大于30cm的宜用炸药炸碎。

(15) 桥台水平冻胀力的防治措施

经检查发现桥台抗水平冻胀力不足引起病害时，可采用减弱冻胀力的措施：

①采取换填措施 在台背后用不冻胀或弱冻胀的砂砾等粗颗粒土换填。

②采取排水措施，搞好填后排水都可显著减小水平冻胀力。

③保温措施 在墙背和填土表面两个方向铺保温材料。保温材料措施和换填措施结合，可收到事半功倍之效。

§1.3　墩台基础加固的一般要求和方法

1. 冲刷损坏的防护

基础材料本身如砖石、混凝土、钢筋混凝土、桩基、沉井等出现的表面缺损、露筋、裂缝等病害可参照桥梁主体结构的维修办法办理。

基础局部冲空损坏，要分别情况及时进行修补。

1) 水深在3m以下时，可筑草袋围堰或板桩围堰，然后把水抽干。当水难以抽干时，则可浇水下混凝土封底后再抽水，抽水后以砌石或浇混凝土填补冲空部分。对于水下部分基础的修补，亦有不抽水而把钢筋混凝土薄壁套箱围堰下沉到损坏处附近河底，在套箱与桥墩间浇筑水下混凝土以包裹损坏或冲空处。

2）当基础置于风化岩上，基底外缘已被冲空时，应及时清除表面严重风化部分。当水浅时，填以混凝土，并将周围风化地基用水泥砂浆封闭。当水深时，要采取潜水作业，并铺以袋装干硬性混凝土。

3）当河床受到水流冲刷而危及桥梁墩台基础时，必须采取防护措施。根据河床地质情况及冲刷范围的不同，采取不同的防护措施。如表 5.1.3-1 所示。

河床冲刷危及基础的防护措施　表 5.1.3-1

项　目	适用条件	做　法
石笼防护	河床较稳定，冲刷范围较小	以竹子、铜丝或钢筋排成石笼护基，石笼间要相互连锁，使其整体下卧
板桩防护	河床较稳定，冲刷范围较小，并且为土质及细砾河床时	在基础周围打板桩作围堰，堰内填砂砾石。并注意板桩顶面标高不得高于河床
浆砌块片石防护	河床不稳定，基础埋置较浅，冲刷范围较大时	采用平面铺砌的方法，需在河床整个宽度内进行施工
铺混凝土预制块防护	河床不稳定，基础埋置较浅，冲刷范围较大时	采用平面铺砌的方法，需在河床整个宽度内进行施工，不能部分地施工
梢捆防护	河床不稳定，基础埋置较浅，冲刷范围较大时	以 1.5m 长鲜柳枝、荆条织成捆，内装片石或卵石
三级跳坎式或海曼式防护	河床不稳定，基础埋置较浅，下游冲刷严重时	用浆砌块片石或混凝土预制块砌成
口字形铺砌	多孔小跨径桥，河床不稳定，基础埋置浅，冲刷范围大	可做成口字形平面铺砌
加设调治构造物设置	桥位于弯曲河流宽大的河滩段下游，桥孔压缩大，河床变迁，水流局部冲刷很大	除采用上述铺砌防护冲刷外，应在桥的上游设置导流堤坝等调治构造物，引导水流平稳地从桥孔中通过

4）为防止山区或山前区桥址上下游附近河床被冲刷，保持桥涵墩台基础有足够的埋置深度，应根据当地具体情况进行防护。

（1）增设消能设施。山坡陡，冲刷较严重的小桥涵可在其上游设置缓流井或带有阶梯的跃水槽等消能设施，以减弱下游的河床冲刷。对于流速较大的中小桥，当下游河床采用延长块石铺砌加固仍不能满足抗冲要求时，可采用在下游台口以外加设挑坎的办法来加强防冲能力。

（2）下游筑拦砂坝。桥位在水库下游或桥下游有采砂场时，河床将逐年下降，这对桥梁基础特别是浅基础非常不利。当河床宽度不大时，为了稳定河床，可在桥梁下游适当位置构

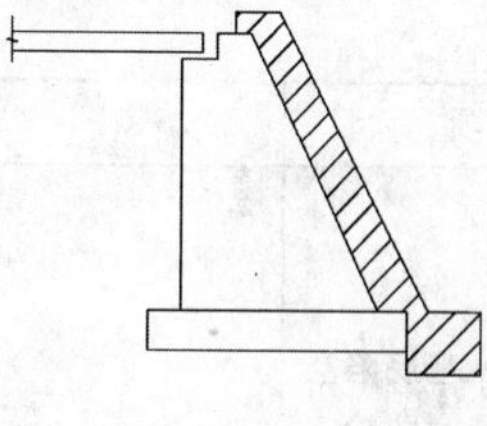

图 5.1.3-1　加厚胸墙示意图

筑拦砂坝，用以拦截泥砂，如图 5.1.3-1 所示。拦砂坝坝顶高程可根据各桥具体情况确定，但需注意防止坝下淘空，采用铺砌块石护底，以免危及坝身安全。

上述铺砌护底有困难时，亦可在坝下一定距离的长度范围内，以抛石的方法平铺一定厚度，以免坝下遭受水流冲刷。一般在枯水季节进行铺砌施工，质量易保证。

（3）砌块（片）石护底。有时可用浆砌，亦可用干砌，是桥梁整孔防护中最常用的方法之一。冲刷较小的河床可用干砌作整孔防护。对冲刷比较严重的山区及山前区漂石、卵石及砂质河床，一般可在枯水期间以浆砌块石护底。

5）局部防护。主要指桥梁墩台周围为防止水流局部冲刷而设置的防护措施，一般用于大跨径的桥梁。局部防护的顶面高程最好设置于一般冲刷线以下，才能收到预期的效果。如设置在一般冲刷线以上时，特别是刚性局部防护（如浆砌块石）常因防护基底被淘空而遭致破坏（冲毁）。对于柔性局部防护（如铁丝石笼），除流速很大时可能被水流冲卷而破坏外，通常放置在一般冲刷线以上是不致被破坏的。

局部防护分平面护基和立面防护两类。

（1）平面护基。采用浆砌块（片）石、抛石（或混凝土）作护基处理。适用于一般冲刷较小的平原砂质河床或山前区砂卵石河床。其护基顶面应放置在一般冲刷线以下。铺砌末端的截水墙须有足够的埋置深度以防淘空。

在常水位较深的情况下，若是河床及流向稳定，流速较小的砂质河段，可采用抛石、铁丝石笼以及沉排等护基，这种防护顶面高程应尽可能接近一般冲刷线。

由于干砌块石护基的整体性较差，因此其抗冲刷的流速不大，特别是设置在河床面的干砌石护基，在平均流速为 2～3m/s 时即可能被冲毁。所以这类防护仅适用于河床宽浅、坡小流缓的砂质河床上。而流速大、坡度较陡的山区或山前区的卵石河床一般不适用。

对于块石、卵石和乱石等抛填于冲刷坑中防止冲刷的抛石工程，为防止石块被水冲走，石料的重量有一定的要求，表 5.1.3-2 给出流速大小与石块重量间的一般关系。

抛石工程流速大小与石料重量关系　　表 5.1.3-2

流速（m/s）		1.0	1.5	2.0	2.5	3.0	3.5	5.0
石块重量	kg	1.3	3.0	5.5	8.0	12.0	16.0	30.0
	N	12.7	29.4	53.9	73.4	117.6	156.8	294.0

（2）立面防护。天然河床遭受严重冲刷，基础下沉、承载能力不足，桥台基础冲空以及桥台倾斜等情况下，一般要求在枯水期对墩台下部构造进行修理加固。枯水期水较深的河流应优先考虑立面防护。常见的防护见表 5.1.3-3。

2. 冻胀的预防措施

桥梁基础冻胀的预防主要是桩的防冻拔和桥台防水平冻胀两个方面。

1）桩的防冻拔措施。桩基防冻拔措施可从减少冻土对桩壁的冻结力和直接防止冻土本身的切向冻胀力这两方面入手。

墩台立面防护 表 5.1.3-3

项　目	示 意 图	说　明
基底陷空 基底防护	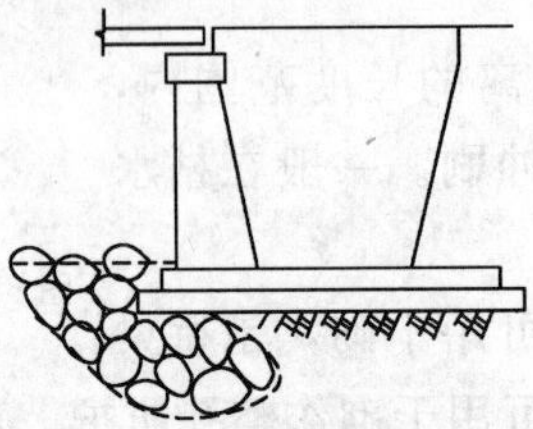	桥台临河面冲刷严重，基础底部淘空，用草包（或麻袋）装土堆砌于桥台下面防护。如台基淘空，深水下不便截筑土袋时，可水下抛石，水上堆筑土袋
桩柱淘空 滑坍	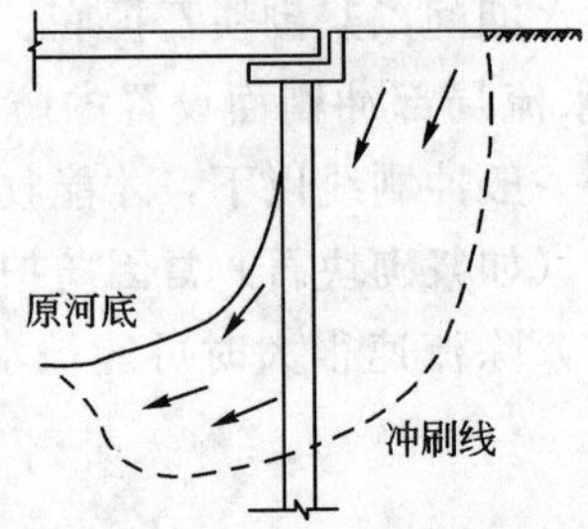	桩式桥台原有老土，未放挡板，河床受水流冲刷岸边与桥头土坡滑坍，危及桥身，可用上述方法水下抛石，再堆土袋填塞，进行防护。或用铅线石笼，沉排，出水面后堆筑土袋防护，恢复桥头护坡
台身后倾 外移	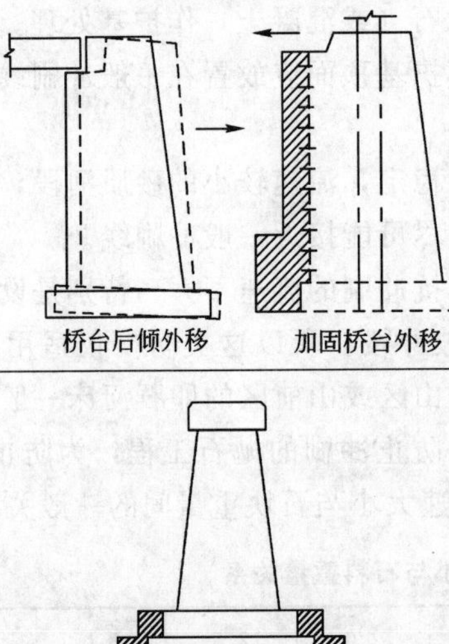	桥台受水冲刷，台背附近土壤流失，台身后倾，有落梁危险。筑临时围堰排水，在台前帮宽基础及墙身，使梁的支点重新调整。注意旧台帮宽部分的凿毛，并凿洞埋入新旧混凝土联结的锚固钢筋
墩基加固 加宽	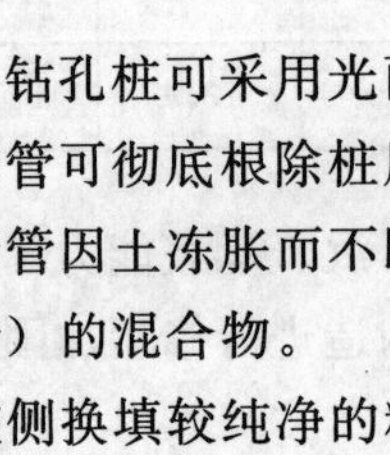	桥墩周围受冲刷严重，影响基础墩身。为加强防护，方法之一是新浇筑承台，并埋置联结锚筋（或称牵钉）。原墩若承载力不够，可帮宽扩大基础使承载面积加大，增强墩基稳定

（1）对强冻胀土，钻孔桩可采用光面混凝土护筒穿透冻结层的方法减少切向冻胀力。

（2）采用分离式套管可彻底根除桩所受到的冻胀力，如图 5.1.3-2。套管可用钢或钢筋混凝土制成。为防止套管因土冻胀而不断被顶出，可在套管底部镶板或加翼缘。套管与桩之间填以砂石渣油（或腊）的混合物。

（3）桩侧换土。桩侧换填较纯净的粗颗粒土（粉粘粒含量不超过 5%），换填深为 0.7～0.9 倍冻深，换填厚度不小于 2 倍桩径。若换填土下是不透水粘土层时，由于换填土冻结时未冻水无通路，不能被挤掺出去而降低防冻胀效果。所以，当粘土层较厚时，可加深换填至整个粘土层或打盲井沟通，以加强排水措施。

（4）保护措施。用渣油和表面活性剂对桩侧进行综合处理，是保护桩基、防止或消除冻胀的有效措施。这种用物理化学方法减少和消除冻土与桩基础的冻结力的方法目前在国内外已被广泛采用。过去多采用工业凡士林、渣油等涂抹桩壁，虽能收到良好效果，但耐久性差，多次冻融循环使渣油涂层渐薄，以致失去防冻胀作用。

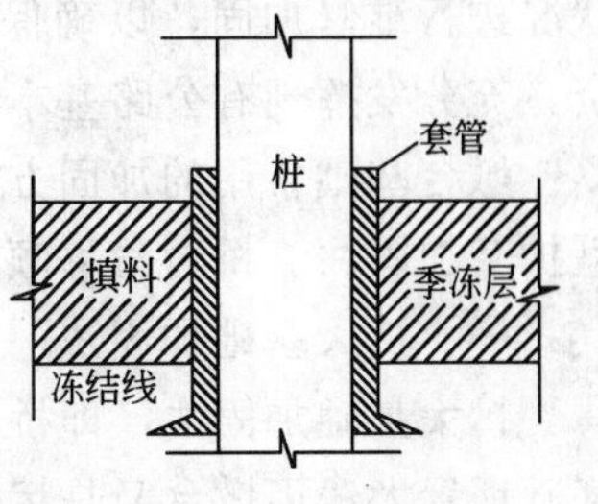

图 5.1.3-2　用套管防止桩冻拔示意图

现推荐铁道部西北研究所与天津师范学院等单位在青藏高原多年冻土地区使用渣油和表面活性剂防治桩冻拔的方法。活性剂采用铬盐和憎水性脂肪胺。试验表明，可减少冻胀力95%，经过五次冻融循环后，冻胀力仍没有明显上长，稳定性很好且料源充足，经济易行，是一种比较成功且易于推广的方法。

2）桥台结构物水平冻胀力的防治与桩基冻害的防治相类似，可从增加结构抗冻能力和减弱冻胀力两方面入手。增加结构抗冻能力，一般必须在结构施工前加以考虑，如增大结构尺寸、配置钢筋、采用锚杆或锚定板来平衡水平冻胀力等。而减弱冻胀力的措施如下：

（1）采取换填措施。在台背用不冻胀或弱冻胀的砂砾等粗颗粒土换填是减少水平冻胀力的主要措施。

（2）设置排水设施。无论回填何类土，搞好墙后排水都可显著减少水平冻胀力。

（3）保温措施。保温措施是通过减弱寒冷因素的办法来减小水平冻胀力。其办法是在墙背和填土表面两个方向铺设保温材料。保温措施与换填措施结合，可收到事半功倍的效果，并能节省换填材料。

3. 工程示例

（1）浙江仙居县潘滩大桥为一座 20 孔跨径 13m 的钢筋混凝土空心板梁桥，跨越一条很不稳定的宽阔浅滩河流。平时水流平缓，溪中积有大砂洲。1981 年修建大桥，将河床浅滩一压缩，水流加大，冲刷加剧，而桥梁基础埋置较浅，个别桥墩基础的深度不及原河床最低线以下 2m，一次洪水，就有一墩周围河床冲刷到基础底的深度，水害较为严重。由于河床压缩后，两岸筑了堤坝和建筑物，不便再在两头增加桥孔，于是采取整治河床方法，用推土机将溪中砂滩推低，使河流平顺，水流分流于全桥各孔，防止了局部冲刷的发生；河流中心的几个桥墩，基础周围浇筑混凝土或浆砌块石护基，使桥墩周围不易被冲刷；再在全桥孔下平基础面的高度，铺筑一层厚 30～40cm 厚的铺砌层，宽度上下，伸出桥墩外各 3～5m，并做成门槛式防护；同时整修上游两岸河岸，使水流平顺地从全桥孔跨内通过。修建以来未发生过大的冲刷，情况基本良好。

（2）浙江临安县步溪大桥，原为民间老石拱桥，由于河床变迁，1965 年在原 4 孔跨径 14m 的老石拱桥两岸，接长了 5 孔跨径 12～15m 的钢筋混凝土梁桥，新老桥共长 172.8m。但溪滩阔宽，河床不稳定，仍然年年有水毁。1972 年修复水毁的同时，在桥的上游和桥头两端，修建了调治水流的丁坝和导流坝，水毁情况大为好转，使该桥使用到现在，仍然安然无恙。调治方法如表 5.1.3-1 加设调治构造物所示。

§1.4　墩台基础的加固方法

墩台基础在使用过程中，由于过桥车辆荷载的加重以及自然作用的影响，会引起基础产生沉降、墩台出现倾斜和过大的裂缝。为此，应根据墩台基础不同的损坏程度，不同的结构状况进行维修加固，以确保行车安全，延长桥梁使用寿命。同时可避免拆除重建，减少投资，充分发挥现有公路基本设施的经济社会效益。

墩台基础常用的加固方法有：扩大基础加固法、增补桩基加固法、人工地基加固法、套箍护套加固法、桥台滑移倾斜的处理等。

一、扩大基础加固法

扩大基础加固法，即桥梁基础扩大底面积的加固方法。此法适用于基础承载力不足，或基础埋置太浅而墩台又是圬工实体式基础的情况。扩大基础底面积应由地基强度验算确定。当地基强度满足要求而病害仅仅表现为不均匀沉降变形过大时，采用扩大基础底面积的大小，主要根据地基变形计算来加以选定。

在刚性实体式基础周围加石砌圬工或混凝土，以扩大基础的承载面积，如图 5.1.4-1 所示。

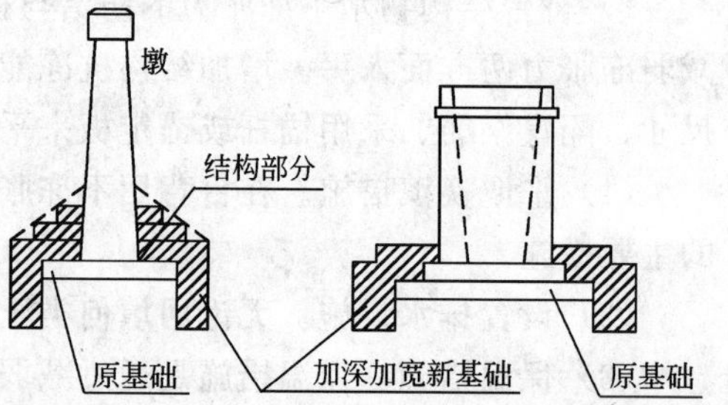

图 5.1.4-1 扩大基础加固示意图

扩大基础加固法可按下列程序进行：

(1) 先打板桩围堰把必须加宽的范围围起来。如墩台基底下的土质不良，应先做加固处理。

(2) 挖堰内土，直挖至必要的深度（注意开挖时墩台的安全）。

(3) 在堰内把水抽干后，铺砌石块（浆砌），或作混凝土基础。

(4) 新老基础要注意结合牢固。施工时，可加设连结系（锚固钢筋或插以钢销），以使加固扩大的基础部分与老基础部分牢固地结合成一整体。

二、增补桩基加固法

1) 特点及使用条件

(1) 当地基承载力不够，为提高地基承载力，对桩式基础可增基桩（钻孔桩或打入桩）并扩大原承台，使墩台的压力部分传递至新桩基。在桩式基础的周围补加钻孔桩或打入钢筋混凝土预制桩并扩大原承台，并将承台与桩顶连接在一起，以此提高基础承载力，增加基础稳定性，这种方法叫增补桩基加固法（见图 5.1.4-2）。这种加固方法的优点是不需要抽水筑坝等水下施工作业，且加固效果显著。其缺点是需搭设打桩架和开凿桥面，对桥头原有架空线路及陆上、水上交通均有一定影响。

(2) 增补桩基的加固方法适用于以下情形：

①当桥梁采用桩基础，改造拓宽项目，通过增加桩的数量，扩大承台面积，提高基础承载力；

②桥梁墩台基底下有软弱层，墩台发生沉陷，而桩的深度不足；

③由于风蚀、水蚀或冲刷等原因使桩基外露或发生倾斜时。

对单排架桩式桥墩采用打桩（或钻孔灌注桩）加固时，如原有桩距较大（在 4～5 倍桩径时），可在桩间插桩，如原有桩距较小且通航净跨允许缩小时，可在原排架两侧增加桩数，成为三排式的墩桩。

当桥台垂直承载力不足时，一般可在台前增加一排桩并浇筑盖梁，以分担上部结构传来的压力。打桩（或钻孔桩）时可利用原有桥面做脚手架，在桥面上开洞插桩。增浇的盖梁可单独受力，也可联结在一起，使旧盖梁、旧桩及新桩一起受力。

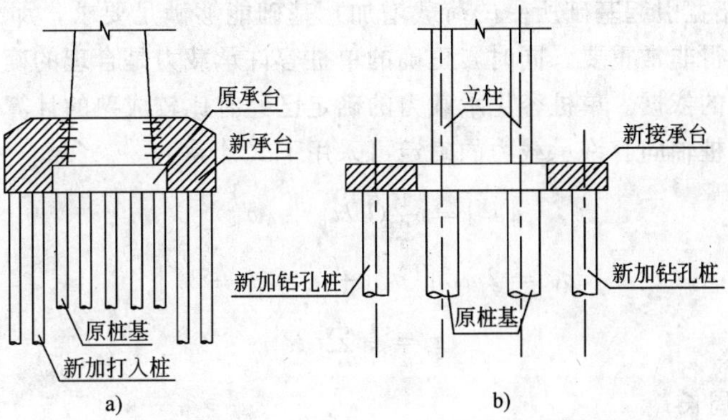

图 5.1.4-2　增补桩基加固示意图

a）增补打入桩；b）增补钻孔灌注桩

在对一些结构良好的老桥采用增补桩基实施下部结构的加固时，往往受桥下净空影响，不能满足常规机械的进入，可利用老桥的上部结构自重，以手动大吨位千斤顶，将预制桩无振动无噪音地嵌入土中。压入桩的承台与施工反梁合二为一，既为静压施工传递上部恒载的反梁，又为加固的桥墩提供一个新老桩基共同受力的承台。

(3) 不利影响

①增加的桩基会引起河床过水断面面积的减少，从而引起水流速度加大，这样将会加剧原有桩基的冲刷。

②通航净跨由于增加桩基而缩小。

③在桩间加桩时，较小的桩基中距，对桩基的承载力有一定影响。

④基础的整体性由于新旧桩基及承台的连接将有所降低。

(4) 力学特点

桥梁荷载通过桩基础传递给地基，垂直荷载一般将由桩底土层抵抗力和桩侧与土产生的摩阻力来支承，水平荷载一般由桩和桩侧土的水平抗力来支承。由于地基土的分层和其物理力学性质不同，桩的尺寸和设置在土中方法不同，都会影响桩的受力状态。从桩的受力上分析，增补桩基加固法中常采用摩擦桩和柱桩两种桩基形式。

摩擦桩主要依靠桩侧土的摩阻力支承垂直荷载，桩底土层抵抗力也支承部分垂直荷载。摩擦桩在设计范围内总是桩周摩阻力首先充分发挥作用，而这时桩尖阻力仅占很小一部分。桩侧极限摩阻力的大小不仅与桩侧土层和成桩工艺有关，而且与桩的入土深度有关。当桩的入土深度超过一定深度后，侧阻不再随深度增加而增大，呈现临界深度，临界极限摩阻力大约在 25m 深度处发生。

柱桩一般专指桩底直接支承在基岩上的桩，桩的沉降甚微，桩侧摩阻力可忽略不计，全部垂直荷载由桩底岩层抵抗力承受。

2) 设计计算

(1) 单桩容许承载力的确定

采用增补桩基加固法加固旧桥，上部荷载（桥跨自重及汽车活载）和扩大的承台（或系梁）自重将有相当一部分由补桩传递到持力层及其以下的土层中，从而使原本承载力不足的（如由于桥梁改造拓宽引起基础所受的荷载增加）基础能够满足要求，那么正确的确定单桩的容许承载力就显得非常重要。同时，正确的单桩容许承载力是合理的确定补桩数量和补桩长度的必需而重要的依据。单桩容许承载力的确定已经有比较成熟的计算公式，可以直接采用。对于摩擦桩单桩轴向容许承载力的确定可采用下式计算：

$$[P]=\frac{1}{2}(Ul\tau_{p}+A\sigma_{R})$$

$$\sigma_{R}=2m_{0}\lambda[[\sigma_{0}]+k_{2}\gamma_{2}(h-3)] \tag{5.1.4-1}$$

$$\tau_{p}=\frac{1}{1}\sum_{i=1}^{n}\tau_{i}l_{i}$$

式中：U——桩身周长；

l_i、τ_i——桩穿过的各土层厚度及其相应的与桩身间的极限摩阻力；

A——各土层内桩身平均截面积；

τ_p——桩侧平均极限摩阻力；

σ_R——桩底极限承载力；

$[\sigma_0]$——桩底处土容许承载力；

γ_2——桩底以上土的重度；

h——桩底的埋置深度。

打入桩单桩轴向容许承载力的计算式为：

$$[P]=\frac{1}{2}[U\sum\alpha_{i}l_{i}\tau_{i}+\alpha A\sigma_{R}] \tag{5.1.4-2}$$

式中：U——桩的周长；

l_i——桩在承台底面或最大冲刷线以下的第 i 层土层中的长度；

τ_i——与 l_i 相对应的各土层与桩侧的极限摩阻力；

A——桩底面积；

σ_R——桩底处土的极限承载力；

α_i、α——分别为振动下沉对各土层桩侧摩阻力和桩底抵抗力的影响系数。

（2）桩的沉降计算

在竖直荷载 N 作用下，桩顶的沉降 S 有三部分组成，即桩身混凝土的压缩 S_c、桩底岩土的变形 S_r 和沉渣的压缩 S_s 组成，即

$$S=S_{c}+S_{r}+S_{s} \tag{5.1.4-3}$$

设桩身混凝土、桩的岩土和沉渣均处于线性变形状态，并已知桩周的摩阻力 $N_f=\pi d\sum_{i=1}^{n}l_i\tau_i$ 和桩底岩土的抵抗力 N_b，且 $N=N_f+N_b$，则

$$S_{c}=\frac{(N+N_{b})l}{2AE_{c}}=\frac{pl}{E_{c}}\left(1-\frac{1}{2}\frac{N_{f}}{N}\right)=\frac{pl}{E_{c}}\left(1-\frac{1}{2}\eta\right)$$

$$p=\frac{N}{A}\qquad\qquad \eta=\frac{N_{f}}{N}$$

式中：A——桩身截面积；

l——桩长；

E_c——混凝土弹性模量。

$$S_r=\frac{N_b d_b(1-v_r^2)\times 0.79}{A_b E_r}$$

式中：E_r——桩底岩土的变形模量；

v_r——岩土的泊松比；

A_b——桩底截面积；

d_b——桩底直径。

当没有扩大桩头时：

$$S_r=\frac{pd(1-v_r^2)\times 0.79}{E_r}(1-\eta)$$

$$S_s=\frac{N_b h_s}{A_b E_s}$$

式中：h_s——沉渣厚度；

E_s——沉渣变形模量。

对于没有扩大桩头的桩：

$$S_s=\frac{ph_s}{E_s}(1-\eta)$$

对于 $h_s\to 0$ 的没有扩底的桩：

$$S=S_c+S_r=\frac{pl}{E_c}\left(1-\frac{1}{2}\eta\right)+\frac{pd(1-\nu_r^2)\times 0.79}{E_r}(1-\eta)$$

（3）群桩的承载力

在计算时，可把单桩承载力折算成群桩的承载力，用 Converse-Labarre 公式作近似计算，取群桩的效率系数为：

$$\eta=\frac{\text{群桩的极限承载力}}{n\times\text{单桩的极限承载力}}$$

效率系数 η 按下式计算：

$$\eta=1-\frac{\arctan(d/s)}{90^\circ}\times\frac{(n-1)m+(m-1)n}{mn}\qquad(5.1.4\text{-}4)$$

式中：η——群桩的效率系数；

d——桩的直径（m）；

s——桩的中心距（m）；

m——群桩中桩列的数目；

n——一个桩列的桩数。

（4）加桩沉降控制

①不同桩型下的沉降计算荷载分配

在同一基础下，设有二种以上的桩型（如图 5.1.4-3）。由于单桩承担的荷载与该桩的材料性能、桩身的规格尺寸及桩的入土情况等因素有关，而这些因素又综合反映在单桩设计承载力上，按单桩设计承载力来分配沉降计算荷载是较合理的。

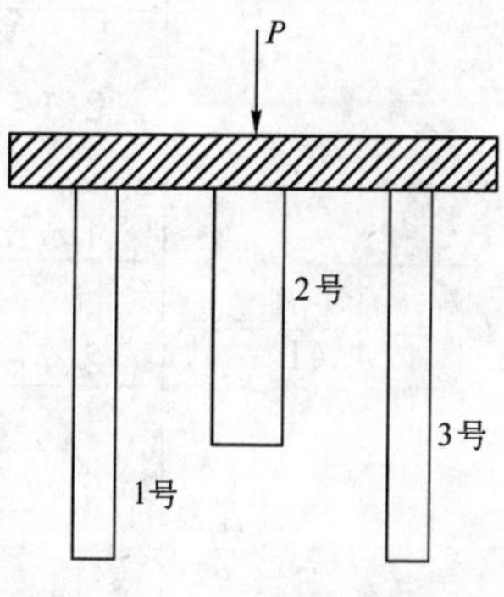

图 5.1.4-3　含不同桩型的桩基

设1号，2号，3号，…，n号桩的单桩设计承载力分别为：R_1，R_2，R_3，…，R_n作用于桩基承台上的荷载为P，则1号，2号，3号，…，n号桩分担的沉降计算荷载分别为：

$$Q_i=\frac{PR_i}{\sum_{n=1}^{n}R_i} \quad (n=1,\ 2,\ 3,\ \cdots,\ n) \tag{5.1.4-5}$$

②群桩沉降量的计算

按简单叠加法原理即可计算群桩在各自计算荷载作用下引起的作用于土层上的竖向附加应力。可按下式计算：

$$\sigma_z=\sum_{i=1}^{k}\left[\alpha_i I_{p,i}+(1-\alpha_i)I_{s,i}\right]\frac{Q_i}{L_i} \tag{5.1.4-6}$$

式中：Q_i、L_i——第i根桩的沉降计算荷载和桩长；

α_i、$(1-\alpha_i)$——第i根桩的端阻力和侧摩阻力占沉降计算荷载比，α_i可近似按单桩的端阻比取值；

$I_{p,i}$、$I_{s,i}$——第i根桩的桩端阻力和桩侧摩阻力对计算点的应力影响系数，它与桩侧摩阻力沿桩身分布形式有关。

对于桩端的集中力情况：

$$I_{p,i}=\frac{1}{8\pi(1-\mu)}\left[\begin{array}{l}-\dfrac{(1-2\mu)(m-1)}{A^3}+\dfrac{(1-2\mu)(m-1)}{B^3}-\dfrac{3(m-1)^3}{A^5}-\dfrac{30m(m+1)^3}{B^7}\\ -\dfrac{3(3-4\mu)m(m+1)^2-3(m+1)(5m-1)}{B^5}\end{array}\right]$$

桩侧摩阻力沿桩身呈矩形分布情况：

$$I_{s,i}=\frac{1}{8\pi(1-\mu)}\left[\begin{array}{l}-\dfrac{(2-\mu)}{A}+\dfrac{2(2-\mu)+2(1-2\mu)(m^2/n^2+m/n^2)}{B}-\dfrac{(1-2\mu)2(m/n^2)}{F}\\ +\dfrac{n^2}{A^3}-\dfrac{4m^2-4(1+\mu)(m/n)^2m^2}{F^3}+\\ \dfrac{4m(1+\mu)(m+1)(m/n+1/n)^2-(4m^2+n^2)}{B^3}\\ -\dfrac{6m^2(m^4-n^4)/n^2}{F^5}+\dfrac{6m(mn^2-(m+1)^5/n^2)}{B^5}\end{array}\right]$$

桩侧摩阻力沿桩身呈正三角形分布情况：

$$I_{s,i}=\frac{1}{4\pi(1-\mu)}\left[\begin{array}{l}-\dfrac{2(2-\mu)}{A}+\dfrac{2(2-\mu)(4m+1)-2(1-2\mu)(1+m)m^2/n^2}{B}\\ +\dfrac{2(1-2\mu)m^3/n^2-8(2-\mu)m}{F}-\dfrac{30m(m+1)^3}{B^7}+\dfrac{mn^2+(m-1)^3}{A^3}\\ +\dfrac{4\mu n^2m+4m^3-15n^2m-2(5+2\mu)(m/n^2)(m+1)^3+(m+1)^3}{B^3}\\ +\dfrac{2(7-2\mu)mn^2-6m^3+2(5+2\mu)(m/n)^2m^3}{F^3}\\ +\dfrac{6mn^2(n^2-m^2)+12(m/n)^2(m+1)^5}{B^5}+\dfrac{12(m/n)^2m^5+6mn^2(n^2-m^2)}{F^5}\\ -2(2-\mu)\ln\left[\dfrac{A+m-1}{F+m}\dfrac{B+m+1}{F+m}\right]-\dfrac{3(m-1)^3}{A^5}\end{array}\right]$$

其中：$A^2=n^2+(m-1)^2$、$B^2=n^2+(\overline{m}+1)^2$、$F^2=m+n^2$、$n=r/L$、$m=z/L$

式中：μ——地基土的泊松比；

r——计算点离桩身轴线的水平距离；

z——计算点离承台底面的竖向距离。

对于短桩，设定桩侧摩阻力沿桩身呈矩形分布是较合理的。而对于长桩，桩侧摩阻力呈矩形分布和呈三角形分布的计算结果较接近。

由不同桩型组成的群桩基础沉降仍按单向压缩分层总和法来计算，则基础平面某点的压缩变形量 S 见式（5.1.4-7）。

$$S=\sum_{t=1}^{T}\frac{1}{E_{s,t}}\sum_{l=1}^{n}\sigma_{z,t,l}\Delta H_{t,l} \tag{5.1.4-7}$$

式中：T——沉降计算的土层压缩总数，沉降计算范围包括自桩顶平面向下整个地层中的附加应力不小于土层自重应力10%的区段内；

$E_{s,t}$——第 t 层土在自重应力至自重应力加附加应力作用时的压缩模量；

n——t 层土的单向压缩计算分层总数；

$\Delta H_{t,l}$——t 层土的第 l 个分层的层厚；

$\sigma_{z,t,l}$——t 层土的第 l 个分层处土层的竖向附加应力，由式（5.1.4-6）得到。

墩台基础的沉降应满足下式要求：

$$S\leqslant 2.0\sqrt{L}$$

$$\Delta S\leqslant 1.0\sqrt{L}$$

式中：S——墩台基础的均匀总沉降量（不包括施工中的沉降）；

ΔS——相邻墩台基础的均匀总沉降差值（不包括施工中的沉降）；

L——相邻墩台间最小跨径长度（m）；跨径小于25m时仍以25m计。

3）构造措施

（1）桩的构造、布置和中距

①钻孔桩设计直径不宜小于80cm；

②混凝土等级，对于钻孔桩不低于C15，水下混凝土不应低于C20；对于打入桩不低于C25；

③钢筋混凝土沉桩的桩身配筋应按运输、沉入和使用各阶段内力要求通长配筋。桩的两端或接桩区箍紧或螺旋筋的间距需加密；

④加桩与原桩可采用对称布置；

⑤采用摩擦桩时，钻孔灌注桩中距不得小于成孔直径的2.5倍，打入桩在桩尖处的中距不得小于桩径（或边长）的3～4，且在承台底面处的中距均不得小于桩径（或边长）的1.5倍；

⑥采用柱桩时，桩基中距不宜小于桩径（或边长）的2.0～2.5倍；

⑦边桩外侧与承台边缘的距离，对于直径（或边长）≤1m的桩，不得小于0.5倍桩径并（或边长）并不小于25cm；对于直径（或边长）>1m的桩，不得小于0.3倍桩径并不小于50cm；

(2) 混凝土承台的新旧连接

加桩时，可以扩大原来承台尺寸或在原有承台上再加一层新承台，把上部传来的荷载通过新承台传递到新桩。为使上部荷载由墩身很好地传递给新建承台，可在新建承台与既有承台接触范围内，将原承台凿成锯齿状剪力键，设置钎钉（图 5.1.4-4）；也可采用植筋法连接新老承台，即通过植入的钢筋承接和传导弯矩及剪力，并使新旧混凝土形成有机整体，以达到扩大原承台尺寸的目的。

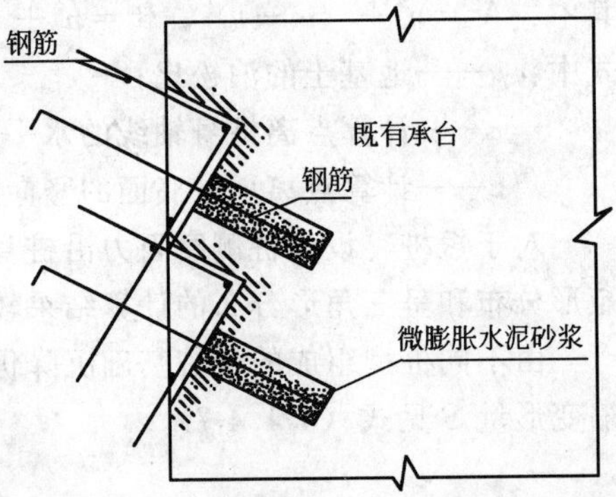

图 5.1.4-4　混凝土承台连接剪力键示意图

为加强新旧混凝土的结合，应把原承台有蜂窝或空洞缺陷部分尽可能凿除，并对新承台下的加桩顶部分进行凿毛处理，使之露出新鲜混凝土，让混凝土表面保持湿润、清洁，在完成以上工作后，立即在钢筋及其周围的混凝土上涂抹一层水泥浆液或其他胶粘剂，把浆液仔细地涮进混凝土内并均匀地涮到钢筋上，同时，在浆液涂抹尚未凝固时，立即浇筑新的混凝土。

4) 质量控制与质量检验方法

(1) 工序质量控制

严格按照施工工序及构造措施要求来保证施工质量，加固施工的质量控制按《公路桥涵施工技术规范》(JTJ 041—2000) 要求进行，重点控制桩基础和承台的施工。

(2) 加固工程质量检验评定方法

①基本要求

a. 所用材料的种类、型号、规格、数量和质量应符合有关规范及设计要求。

b. 按设计要求的程序进行施工。

②实测项目

实测项目参照《公路工程质量检验评定标准》(JTJ 071—98) 相关规定进行检验评定。

5) 评述

采用增补桩基加固法提高基础承载力及增加基础稳定性是比较可靠的方法，但在施工过程中，往往涉及到水中施工，使得桩基础、新旧承台连接施工难度加大，施工期需部分中断交通。

三、人工地基加固法

当基础下面的天然地基松软，不能承受很大荷载，或上层土壤虽好，但深层土质不良引起基础沉降过大时，可采用人工地基加固方法，以改善提高基础的承载能力。

人工地基加固的方法很多，有物理和化学两种方法，下面介绍两种常用的方法。

1) 砂桩法

当软弱地基层较厚时，可用砂桩法改善地基的承载能力。施工时，将钢管或木桩打入基础周围的软弱土层中，然后将桩或管拔出，在形成的洞内灌入干燥的粗砂、砾砂，然后捣实，形成砂桩，达到提高地基土密实度的目的。

在含水饱和的土或粘土中，由于易坍孔，灌砂困难，可采用砂袋套管法与振冲法来加固地基，如图 5.1.4-5 所示。

2）注浆法

在墩台基础下面，直向或斜向钻孔或打入管桩，通过孔眼及管孔，用一定压力把不同浆液（加固剂）注入土层中，浆液经过凝固，把原来松散的土固结为有一定强度的防渗性能的整体，或把岩石裂缝堵塞起来，从而加固地基，提高地基承载力。

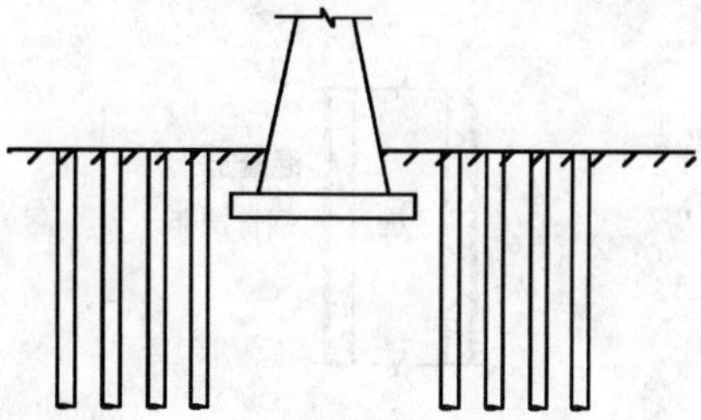

图 5.1.4-5 砂桩加固示意图

注浆法根据注浆压力的不同，又可以分为静压注浆和高压喷射注浆两大类，具体分类如下：

- 注浆法
  - 静压注浆
    - 填充注浆
    - 裂缝注浆
    - 渗透注浆
    - 挤压注浆
  - 高压注浆
    - 旋转喷射注浆
    - 定向喷射注浆

注浆法加固墩台基础，所用的方法和注浆材料一般因地质情况不同而异。

四、钢筋混凝土套箍加固法

有的桩柱式墩台在水平力作用下或台背土压力作用下产生了较大变位，致使桩柱在地面附近开裂，丧失部分承载力和稳定性。为了恢复和提高其承载力和稳定性，可在桩柱混凝土开裂部位下适当长度范围内（可根据计算和构造要求确定其长度范围）加做钢筋混凝土套箍或护套。一般做护套的加固效果较好。由于护套可做成钢筋混凝土的或钢管护套。钢管护套是在桩柱的加固部位外套一钢管，在钢管与桩柱混凝土之间浇筑混凝土以填实其空隙。采用钢管护套一要注意填筑混凝土的捣实质量，二是钢管的防腐蚀。为此，施工时可在钢管壁上留天窗以利浇筑捣实混凝土。为了防腐，钢管的厚度要大于 6mm，并在其外表面涂刷防腐剂。钢管护套的钢管直径一般较大，当无现成钢管可供应时，可用厚钢板在工厂滚轧现场焊接而成。其钢管护套加固法如图 5.1.4-6 所示。

五、桥台倾斜的加固方法

1. 支撑加固法

因桥台尺寸不足。难以承受台背压力而往桥孔方向产生倾斜或滑移的埋置式桥台，可采用修筑撑壁法进行加固，如图 5.1.4-7 所示。

对于单孔小跨径桥台，为防止桥台滑移，可在两台之间加建水平顶撑，如整跨浆砌片石撑板，或用钢筋混凝土支撑梁进行加固，如图 5.1.4-8 所示。

2. 增建辅助挡土墙加固

对于因桥台台背水平土压力太大而引起的桥台倾斜，应设法减少桥台后壁的土压力，为此可在台背加建一挡土墙，以增强挡土能力，如图 5.1.4-9 所示。

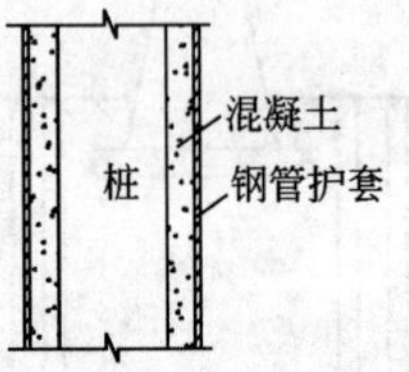

图 5.1.4-6 钢管护套加固桩柱示意图

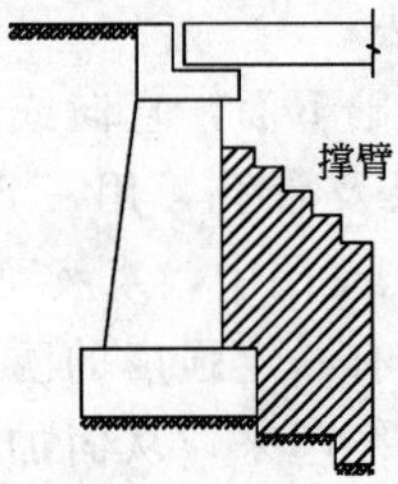

图 5.1.4-7 撑臂法加固埋置式桥台示意图

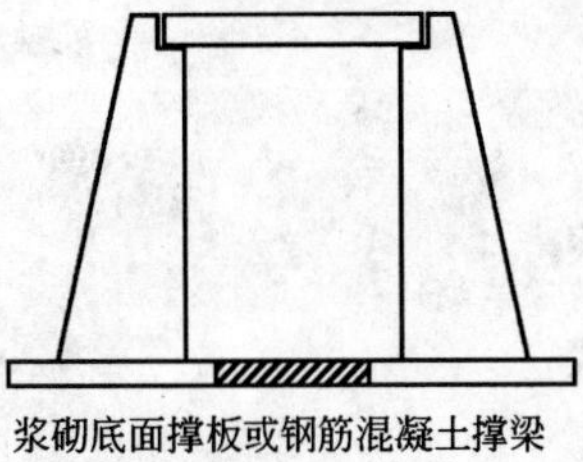

图 5.1.4-8 顶撑加固桥梁示意图

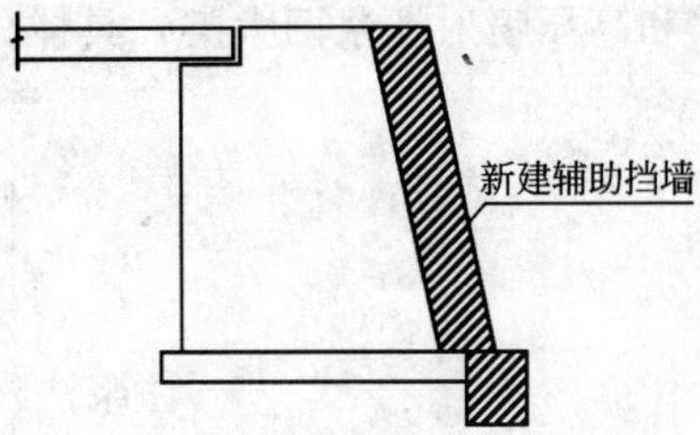

图 5.1.4-9 增建辅助挡墙加固法示意图

3. 减载法

筑于软土地基上的桥台，常由于填土较高而受到较大侧向土压力作用，从而使桥台产生前移，以致发生倾斜。此时，一般可更换台背填土，减少土压力，即采用减轻桥台基础所受荷载的方法加固或采用加长引桥处理法。

六、锚碇板加固法

对于软土地基上的轻型桥台向河心位移的病害，可采用台后增设分离式锚碇板桥台的挡土部分来处理。分开式锚碇板桥台是在桥台后面设置与桥台完全分开的锚碇板。锚碇板横置在多根钢筋混凝土立柱后面，主台以直径为 32mm 的钢拉杆拉住，拉杆另一端固定埋在路堤中的锚碇板上，上下土层分别予以拉住，使桥台不承受水平推力，其设置如图 5.1.4-10 所示。

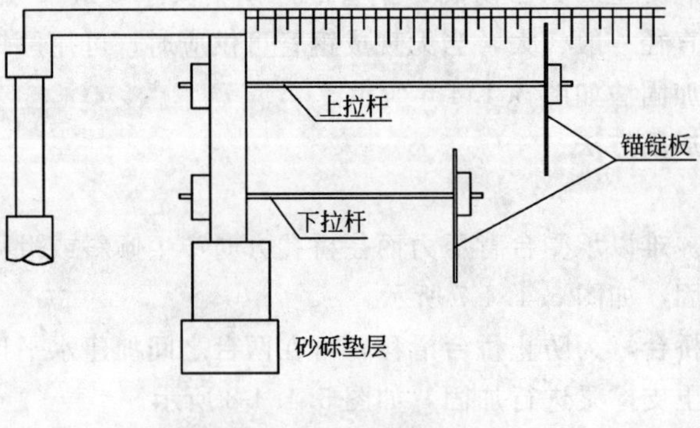

图 5.1.4-10 锚碇板加固法示意图

七、台后加孔减载法

淤泥质软土地基，地基极为软弱，如桥头又为填土较高的高路堤，则软土下卧层难以承受桥台和高路堤的荷载压力，轻则使桥台出现沉陷和水平推移；重则发展为软土下卧层剪切滑移，使桥台和路堤一起坍入河中。所以，当土基软弱，桥台沉陷、位移一时不能稳定，继续发展下去有可能导致桥台倒坍时，应下决心采取在桥台后面，挖去高填土路基改建为小跨径引桥的加固方法，以减轻地基土的荷载重量，及时制止桥台的位移和沉陷的继续发展。

把台后高路堤挖除，改为修建小跨径引桥，是解决桥台继续下沉位移和剪切滑动等破坏的极为有效的办法，是比较有把握的一种处治措施。由于台后高路堤对土基的荷载质量很大，当软土基上填土高于5m时，是难能承受的，挖除改建为引桥后，对地基的荷载将大为减轻，能有效地制止桥台的继续沉陷和位移。很多在软土地基上修建的桥梁，设计中增加桥孔长度后，没有出现大的桥梁损坏问题；而在软土地基桥梁因地基沉陷和位移，出现大的沉陷位移或者滑动倒坍后，采用了增加桥孔的办法，取得了非常显著的效果。只要把桥台后的填土一挖除，桥台的下沉立即停止。所以，软土地基高路堤填土高度大于5m以上时，采用修建小跨径引桥的方法值得推广。

§1.5　拱桥墩台基础的加固

拱桥构造与梁桥不同。因此，其加固方法除可参照梁式桥基础的加固方法之外，尚有其独特的加固办法。

拱桥基础的病害往往指产生了较大的水平位移和沉降。由于拱桥桥台产生了较大的位移和沉降，造成主拱圈下挠、变形、开裂，重者危及行车安全。为此，必须提高拱桥基础的抗位移和沉降的能力，制止位移和沉降的继续发展。

拱桥墩台基础的加固方法通常有：

一、增大基础加固法

在桥台两侧加设钢筋混凝土实体耳墙，并将耳墙与原桥台用钢销连接起来，从而达到增大桥台基础面积，提高桥台承载力的目的，如图5.1.5-1所示。加固后耳墙与原桥台联接在一起，既增加了竖向承压面积，又由于耳墙的自重而增加了桥台抗水平推力的摩阻力。

该法的缺点是增加圬工的体积较大，故耗用材料多，费用较大。

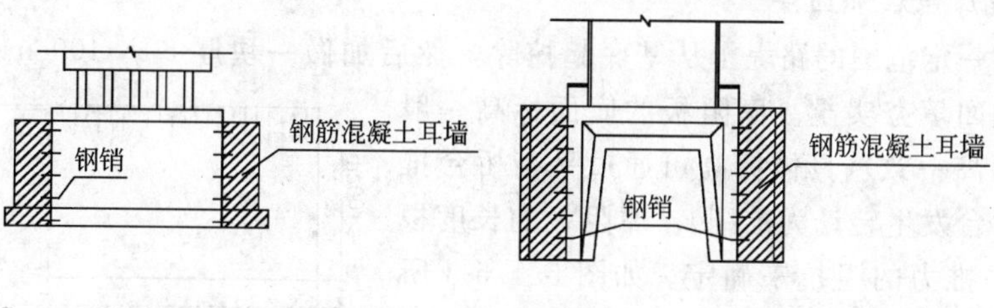

图5.1.5-1　拱桥桥台两侧设耳墙扩大基础的加固示意图

二、台前扩大基础加固法

当拱脚台前有一定的填土时，可在台前加建新的扩大基础，并将改建为变截面的拱肋支承到新基础上。新老基础之间用钢销进行联接，有条件时在台前新基础下设法增加几根短桩，以提高承载力。此法的原理是加建的新基础既能增加竖向承载力和水平方向承载能力，又加强了拱肋断面使之成为变截面拱肋，还相应地缩短了跨径。其优点是不需中断交通，可带来较大的社会效益。

三、增设临时斜向支撑法

对于多跨拱桥，为预防因其中某一跨遭到破坏使整体失去平衡而引起其他拱跨的连锁破坏，可根据具体情况，对每隔若干拱跨中的一个支墩采取加固措施。其方法是在支墩两侧加设斜向支撑；或加大该墩断面。使得在一跨遭受破坏时，只影响若干拱跨而不致全桥毁坏。

四、增大桥台摩阻力法

建在软土地基上的拱桥桥台，一经营运便发现很多桥台发生了明显的水平位移。究其原因，多数设计采用了台背土抗力和基底摩阻力来平衡拱的水平推力。台后土抗力发挥的大小与其桥台的外移量有关，外移量越大其台后土抗力的数值也越大。而台后被动土抗力必然带来极其可观的桥台水平位移，过量的桥台位移必然导致拱桥结构的破坏。为了拱桥安全，其位移必然限定在允许的限值之内，而此值一般讲是相当小的数值，在此位移下其台后土抗力值很小。为了平衡台后设计的土抗力不足，就得设法加大桥台摩阻力来弥补。为此产生了下列几种加固方法。

1. 台后加设长挡墙的加固法

在桥台两侧向路堤方向加做新挡土墙，新做的挡土墙与桥台侧墙采用插型钢或钢销的办法使新砌的墙或新浇筑的混凝土墙与桥台联结成一整体。此法的原理是利用新增挡土墙的自重产生的摩阻力抵抗桥台抗水平推力的不足，如图 5.1.5-2 所示。

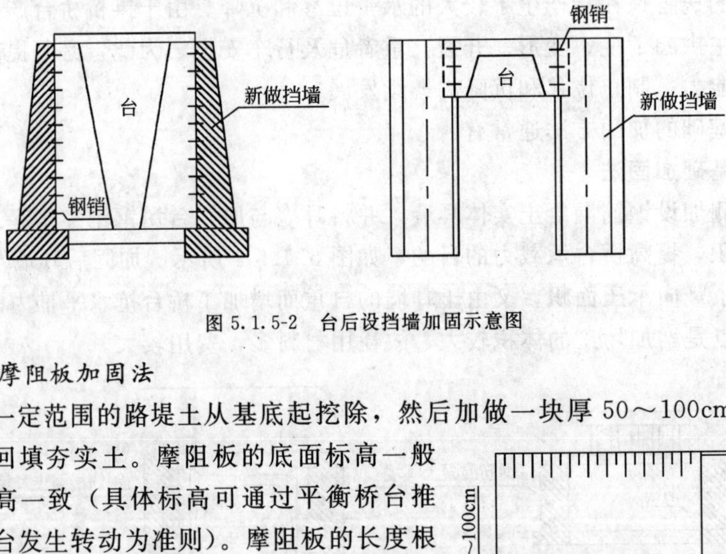

图 5.1.5-2 台后设挡墙加固示意图

2. 台后设摩阻板加固法

将桥台后一定范围的路堤土从基底起挖除，然后加做一块厚 50～100cm 的钢筋混凝土摩阻板，其上回填夯实土。摩阻板的底面标高一般与桥台基顶标高一致（具体标高可通过平衡桥台推力而又不使桥台发生转动为准则）。摩阻板的长度根据平衡拱水平推力的阻抗来确定。如图 5.1.5-3 所示。此法较适用于新建拱桥，对加固旧拱桥则难度较大，必须把摩阻板分成纵向几条，分别跳跃开挖，浇筑加填而成，绝不能一起施工，否则会加大桥台的位移和不稳定因素。

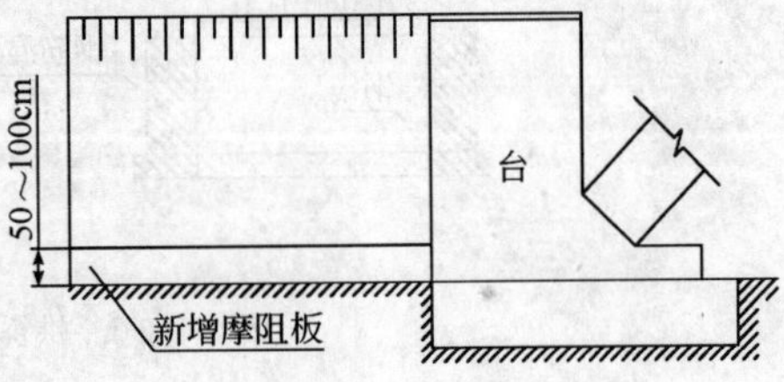

图 5.1.5-3 台后摩阻板加固示意图

3. 顶管加固法

当桥台抗水平阻力严重不足，又不允许在台后挖土作业时，采用顶管加固法是个很有效的方法。在台后被动土破裂面以外一定安全距离（比如 5m）以外沿路堤轴线挖竖井，在竖井内按顶管作业法向台后做两条或一条管路（根据受力和路基宽度而定）。顶管直径宜大于1.2m以利人工作业。如图5.1.5-4。顶管加固原理如同台后做了一条水平柱以承受水平推力。

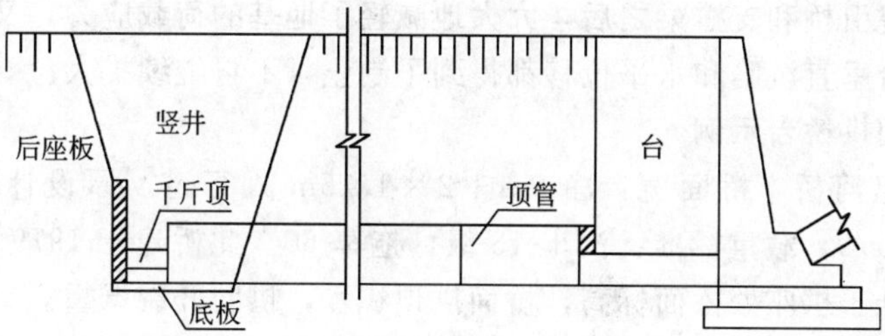

图5.1.5-4　顶管加固法作业示意图

4. 支撑梁加固法

对于软基拱桥桥台为了抵抗水平推力，制止桥台继续向后位移可采用台后增建引桥和水平支撑梁以抵抗水平推力的加固方法。如图5.1.5-5所示。

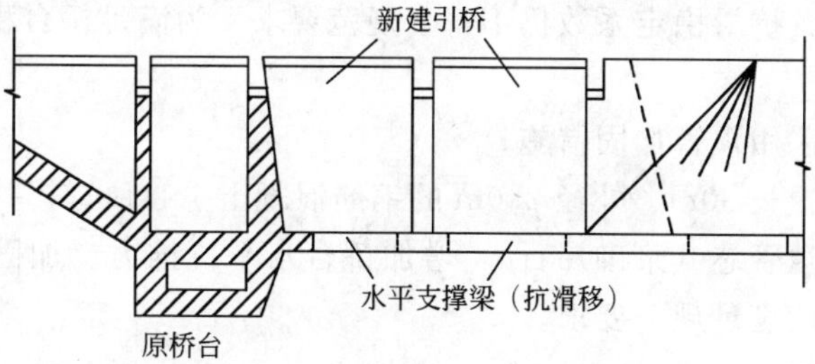

图5.1.5-5　拱台水平支撑梁加固示意图

5. 示例

(1) 拱座沉陷位移，采用台后加孔减载和增设抗滑支撑梁加固工程示例

丰惠桥为跨径30m、矢跨比1/8的悬链线双曲拱桥，1977年建成后，即发生严重损坏，两桥台水平外移达30cm，两台垂直沉陷达19.9～26.7cm，偏沉也大，拱肋在跨中明显下沉，肋底出现很多细裂缝；在拱脚起拱线处，上口张开宽达1.3cm，肋底混凝土压碎，台后驳坝基础下沉开裂，桥面板和栏杆拉开很大，部分已搁置不住，不能通车。

经过勘察和观测发现，桥梁的损坏是由软土层的不均匀沉陷和桥台水平位移造成的。因此，修理加固的目标主要是减轻地基荷载应力和制止桥台的水平位移，同时修补损坏部位，从而恢复通行汽车的能力。具体的办法是：

①台后两端各增加2孔5m的小跨径引桥，挖土减载。

减载主要将两端台后各长10m范围内的高路堤填土和驳坝挖除，改为修建两孔5m的钢筋混凝土板梁引桥，从而大大地减少地基的荷载应力，使软土地基的沉陷得以制止。

②修建台后支撑梁，以抵抗拱桥的水平推力，制止桥台继续向后的水平位移。

为使修建支撑梁工作安全顺利进行，应事先将拱脚处的拱圈与拱座间的V形开口，用三角形铁板塞入楔紧，加大拱圈与拱座间的接触面积，使拱脚受力趋向均匀，混凝土不再继续压碎损坏。然后砌筑台后混凝土支撑梁和驳坝等基础工作，并要求对称分条砌筑，以防修理中发生桥台新的水平位移。

桥台通过修建引桥和支撑梁之后，大大地减轻了地基的荷载应力，又增强了抵抗水平推力的能力，使桥台垂直沉陷和水平位移都得到了制止，不再继续扩大。

(2) 顶管加固拱桥台示例

山东省鱼城惠河桥，桥面宽：净 9m＋2×1.25m 人行道。原设计桥长 75.6m，净跨 50.40m，矢跨比 1/9，载重标准：汽车-13 级，拖车-60。此桥建于 1979 年，1992 年经检查发现拱顶标高已低于拱座处桥面标高，桥面拱顶积水，拱肋开裂严重。经量测发现拱顶平均下沉 26.8cm。桥台不均匀沉降平均 1.65cm。桥台相对水平位移 12.19cm。拱肋跨中部分裂缝严重，最宽达 1mm。

通过对调查资料的分析及现场观察了解，认为桥的主要病害是由桥台水平位移过大引起的。

经过验算证实，原桥台设计的抗滑稳定系数不符合规范要求。由于采用桥台土抗力平衡拱桥水平推力，桥台进入滑移状态，造成了过量的水平位移，并且若把目前桥台滑移现状所发挥的土抗力计入，其抗滑稳定系数仍不符合规范要求。为满足桥台稳定性及行车要求，采用如下加固措施：

①两岸桥台外侧采用顶管加固措施

在桥台外侧各设置长 30m、外径 2.0m 的钢筋混凝土空心顶管，并在顶管外侧及与桥台承台接触处压浆，回填管芯（浆砌片石），增加桥台水平抗推力。加固后，该桥在最不利情况下其抗滑稳定系数均满足规范要求。

②拱桥顶推调整应力（略）

该桥经过顶管加固桥台和顶推调整拱体内力之后，不仅处理了病害，基本恢复了原桥外观，并提高了承载力，由原汽车-13 级、拖车-60 标准提到汽车-20 级、挂车-100 等级，社会和经济效益显著。

§1.6 墩台地基的加固

一、旋喷法

1. 旋喷法工艺类型与特征

旋喷注浆法是利用地质钻孔，将旋喷注浆管置于预计的地基加固深度，借助注浆管的旋转和提升运动，用一定的压力从喷嘴中喷射液流，冲击土体，把土和浆液搅拌成混合体，随后凝聚固结，形成一种新的有一定强度的人工地基。旋喷注浆法加固墩台基础的情况如图 5.1.6-1 所示。

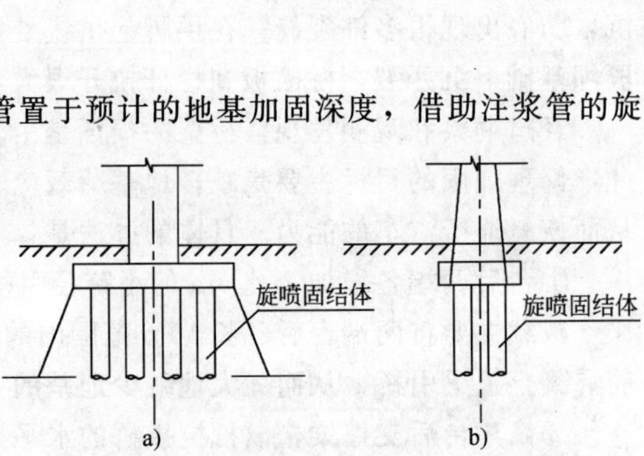

图 5.1.6-1 旋喷注浆加固墩台基础示意图

a) 群桩基础；b) 承台基础

(1) 旋喷注浆法的工艺类型

旋喷注浆法的基本工艺类型有三种：单管旋喷注浆法；二重管旋喷注浆法；三重管旋喷

注浆法。三种类型旋喷注浆法的工艺过程如表 5.1.6-1 所示。

旋喷注浆法的工艺类型　　表 5.1.6-1

工艺类型	示意简图	说明
单管旋喷注浆法	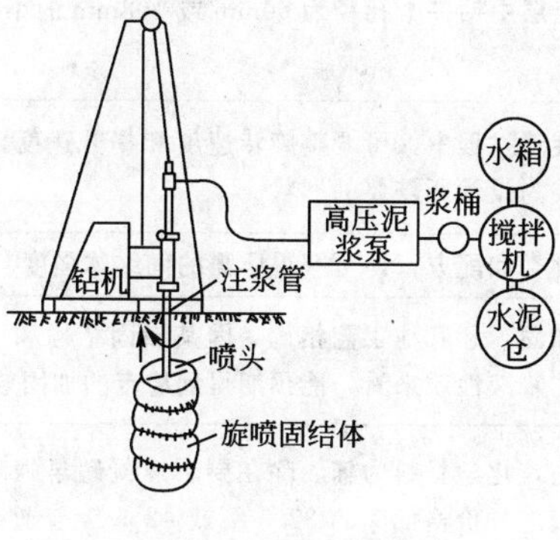	注浆管钻进至一定深度后，由高压泥浆泵等高压发生装置，以一定的压力，将浆液从喷嘴中喷射出去冲击破坏土体，同时，使浆液与土搅拌混合，在土中形成圆柱的固结体
二重管旋喷注浆法	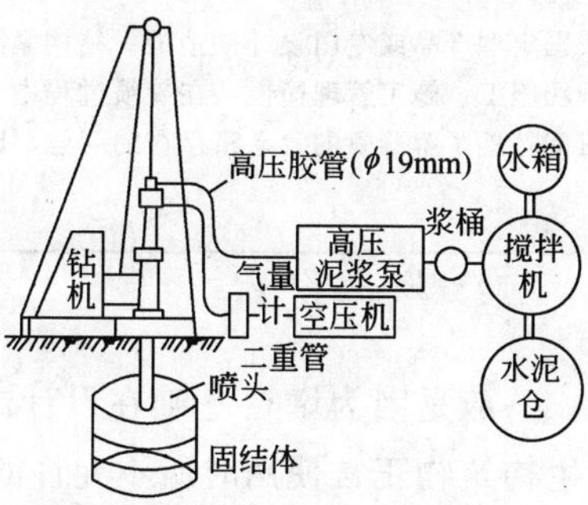	使用双通道的二重注浆管，当注浆管钻进至预定深度后，通过双重喷嘴，同时喷射出高压浆液和空气两种介质的喷射流冲击破坏土体。 在高压浆流和它外围环绕空气的共同作用下，破坏土体的能量增大，最后形成固结体的直径也明显增加
三重管旋喷注浆法	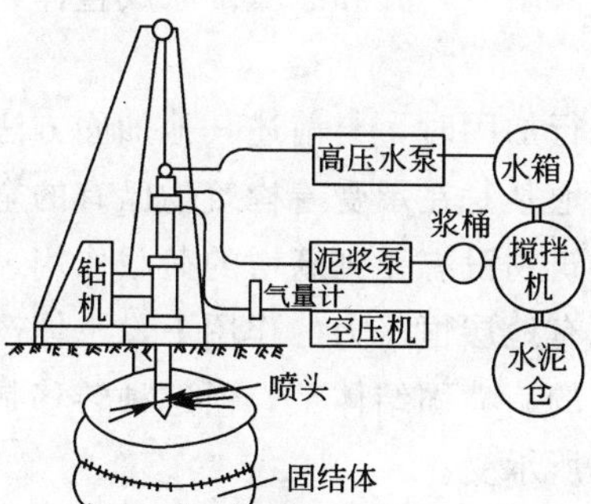	分别使用输送水、气、浆三种介质的三重注浆管。由此可在土中凝固为直径较大的圆柱状固结体

(2) 旋喷注浆法的主要特征

旋喷注浆法与静压注浆有所不同，而且与其他地基处理方法相比，更有独到之处。旋喷注浆法的主要特征见表 5.1.6-2。

旋喷注浆法的主要特征　　表 5.1.6-2

主要特征	说明
适用范围较广	能以高压喷射流直接破坏并加固土体，固结体的质量提高，适用范围较大。既可用于工程新建之前，又可用于工程修建之中，特别是用于工程建成之后
施工简便	旋喷施工时，只需在土层中钻一个孔径为 60mm 或 108mm 的小孔，便可在土中喷射成直径为 0.4～2.0m 的固结体
固结体形状可控制	为满足工程需要，在旋喷过程中，可调整旋转速度和提升速度，增减喷射压力或更换喷嘴孔径改变流量，使固结体成为设计所需要的形状
确保固结体强度	根据采用不同的浆液种类和配方，即可获得所需的固结体强度
有较好的耐久性	在一般的软弱地基中加固，和其他工艺相比，因其加固结构和适用范围不同，加固效果虽不能一概而论，但从使用的浆液性质来看，能预期得到稳定的加固效果并有较好的耐久性能
使用材料来源广，价格低廉	喷射的浆液以水泥为主，化学材料为辅。除在要求速凝超早强时使用化学材料以外，一般的地基工程中均使用料源较广、价格低廉的 32.5 级或 42.5 级普通硅酸盐水泥。此外，还可在水泥中加入一定数量的粉煤灰，既利用了废料，又降低了注浆材料的成本
设备简单、管理方便	旋喷的全套设备均为我国定型产品或专门设计制造的。结构紧凑、体积小、机动性强，占地少，能在狭窄和低矮的现场施工。施工管理简便，在旋喷过程中，通过对喷射的压力、吸浆量和冒浆情况的量测，即可间接地了解旋喷的效果和存在的问题，以便及时调整旋喷参数或改变工艺，保证固结质量

2. 旋喷法加固墩台地基设计

用旋喷注浆法加固桥梁墩台基础，一般是因为墩台基础在设计或施工中存在某些缺陷，对地基的实际承载力估计不足，已发生构筑物正常使用时所不允许的下沉。或者是因为使用条件改变，如荷载等级提高，使地基承载能力不能适应。加固的方法一般都是在墩台基础的襟边或底板下打钻孔，旋喷成圆柱形固结体，并和原基础联成整体，增加地基的承载力，达到加固的目的。

用旋喷注浆法对旧桥墩台地基进行加固时，与前述其他加固方法情况相同，原有桥梁的全部重量都是已压在原有地基上的。地基是在承受着构筑物已有的全部重量的情况下进行加固施工的。因此，若被加固的桥梁构筑物没有受到新增的荷载作用，旋喷固结体最初是几乎不受力的。只是由于时间的推移，原有地层恒压力的作用下，土体产生徐变或滑移，使原土体承受的一部分压力转移到刚性较大的旋喷固结体上。但这种转移是不大的。因此，只有构筑物新增加荷载时，才为旋喷固结体所承受。

总的来说，用旋喷注浆法加固后的地基，具有下列特点：

（1）固结体和原土层共同受力；

（2）固结体的形变模量较土层大很多倍；

（3）固结体和土体的受力在时间上不同步，一般是土体已达到或接近其极限强度以后，固结体才进入工作状态。由于这些特点的存在，旧桥墩台基用喷法加固的设计计算可参照下述方法进行。

①对加固前墩台基础的承载能力进行估算。墩台基础的加固，大体上可分为两种情况：一种是构筑物正在建造或运用过程中，基础发生较大的均匀或不均匀下沉，已危及桥梁结构的正常使用。另一种是目前使用状态良好，但考虑到桥梁要通过更大载重的车辆，地基承载力不能满足新增荷载的需要。两种情况对原有地基的极限承载力的估算方法是有所不同的。

a. 对目前已不能满足使用要求的桥梁构筑物地基承载能力的估算方法：

对已发生病害的墩台基础，在加固前除收集有关工程设计所必须的各项资料外，还应对工程的病害历史和现状进行调查分析。根据病害发生、发展的程度，推算出现有地基的承载能力。

如现有地基承受的荷重为 W_1，基础底面积为 A_1，则基础底面现有应力 σ 为：

$$\sigma = \frac{W_1}{A_1}$$

由于基础已发生下沉并危及正常使用，因此地基的现有应力必然已经超过地基的极限承载能力（基础底部及其下卧层），则地基实有的极限承载力 σ_0 肯定较 σ 值小。

$$\sigma_0 = \alpha\sigma$$

α 称为现有地基支承系数（$\alpha<1.0$）。视病害程度，α 取 0.8～0.95 之间。对下沉较小或目前已基本稳定的地基，加固后原土层的承载能力，建议取 $\sigma=0.95\dfrac{W_1}{A_1}$。对下沉速度很快或下沉正在迅速发展的地基，其原有土层的实载力可取 $\sigma=0.8\dfrac{W_1}{A_1}$。一般情况下则介于二者之间。

b. 对于目前没有病害，仅为提高荷载等级而需要加固的地基，地基承载能力有两种方法确定：一种是按地质钻探或土工试验所给出的土体极限强度 σ_0；一种是依据规范提出的"经过多次压实、未受破坏的旧地基"其允许承载力可给予提高（提高系数为 1.25～1.5）的方法确定。

②旋喷注浆法加固危及正常使用的墩台基础的设计计算方法，可按下列步骤进行：

a. 用地质钻探的方法确定基岩或硬岩的深度，决定旋喷固结体的性质。若基岩较浅，则可设计为支承桩；若基岩较深，则可设计成摩擦桩。

b. 在现场选各层土样，按加固需要和现场可能达到的水泥、水、土三者之比进行配方试验，决定固结体的材料强度 $\sigma_{桩}$。

c. 计算加固所必须的固结体的总面积 $A_{桩}$

$$A_{桩} = \frac{W_1 - \sigma_0 A_1}{\dfrac{\sigma_{桩}}{K_1} - \sigma_0}$$

式中：K_1——桩柱的安全系数，一般桩基采用 $K_1=2.0$。

也可使用正常的地基加固检算方法：

$$A_{桩} = \frac{K_2 W_1 - \sigma_0 A_1}{\sigma_{桩} - \sigma_0}$$

式中：K_2——地基承载安全系数。由于桥梁墩台是以恒载为主的建筑物，而且 σ_0 又比较确切，因此 K_2 可以比有关规范值略小，建议 $K_2=1.15$～1.3。

d. 旋喷注浆加固总面积 $A_{桩}$ 求得以后，可用试桩或经验公式法确定旋喷固结体的有效直径 D。

如采用单管法，对 $0<N\leqslant5$ 的黏性土：

$$D=1.3\times\left(\frac{1}{2}-\frac{1}{200}N^2\right)$$

对于 $5<N\leqslant15$ 的黏性土：

$$D=\frac{1}{770}(350+10N-N^2)$$

式中：D——有效直径（m）；

N——土壤的标准贯入度。

有了直径便可算出加固所需的旋喷根数 m：

$$m=\frac{A_{桩}}{F}=\frac{A_{桩}}{\frac{1}{4}\pi D^2}=1.273\frac{A_{桩}}{D^2}$$

e. 旋喷注浆根数算出后，即可进行孔位的布置。

③旋喷法加固未发生病害而为提高荷载等级的墩台基础的设计计算步骤：

a. 定出桥梁构筑物将来使用时所需支承的最大荷重 $W_{最大}$；

b. 标出现有加固前地基所承受的荷重 $W_{现在}$；

c. 假定加强后结构新增加的荷重全部由固结体承受：

$$W_{桩}=W_{最大}-W_{现在}$$

d. 加强所需的桩柱的总面积：

$$A_{桩}=\frac{W_{最大}-W_{现在}}{\sigma_{桩}/K_3}$$

式中：K_3——加强固结体的安全系数，建议 $K_3=2.0$；

$\sigma_{桩}$——固结体的抗压极限强度，按配方试验或现场承载力试验确定。

e. 所需固结体总面积确定后，即可决定固结体的有效直径 D，方法同前。

$$m=1.273\frac{A_{桩}}{D^2}$$

f. 决定桩数 m，

g. 进行桩位布孔。

3. 旋喷法加固墩台地基施工

(1) 施工方法

高压喷射注浆设备可根据工程具体情况和机具条件，选择如下：

①单管法：单独喷射水泥浆液；

②双管法：同轴喷射水泥浆液和压缩空气；

③三重管法：同轴喷射高压水和压缩空气，并注入水泥浆。

单管法桩径可达 0.3～0.8m；双管法的桩径一般为 1m；三重管法的桩径可达 1～1.5m。施工的主要机具和参数如表 5.1.6-3。

主要机具和施工参数　　表 5.1.6-3

项　　目		单　管　法	双　管　法	三　重　管　法
喷嘴孔径（mm）		2～3	2～3	2～3
喷嘴个数（个）		2	1～2	1～2
旋转速度（r/mm）		20	10	5～15
提升速度（mm/min）		200～250	100	50～150
高压泵	压力（MPa）	20～40	20～40	20～40
	流量（L/min）	60～120	60～120	60～120
空压机	压力（MPa）		0.7	0.7
	流量（L/min）		1～3	1～3
泥浆泵	压力（MPa）			3～5
	流量（L/min）			100～150

(2) 施工操作要点

①施工前根据现场环境和地下埋设物的位置等情况，复核旋喷注浆的设计孔位；

②旋喷注浆法的单管法及双管法的高压水泥浆液流和三重管法高压水射流的压力宜大于20MPa，三重管法使用的低压水泥浆液流压力宜大于1MPa，气流压力宜取0.7MPa，提升速度可取0.1～0.25m/min；

③旋喷注浆法的主要材料为水泥，对无特殊要求的工程，宜采用325号或425号普通硅酸盐水泥。根据需要可加入适量的速凝、悬浮或防冻等外加剂为掺合料。所用外加剂和掺合料的数量，应通过试验确定；

④水泥浆液的水灰比应按工程要求确定，可取1.0～1.5，常用1.0；水泥使用前需要做质量鉴定。搅拌水泥浆所用的水，应符合有关规定；

⑤旋喷注浆的施工工序为机具就位、贯入注浆管、喷射注浆、拨管及冲洗等，如图5.1.6-2所示。

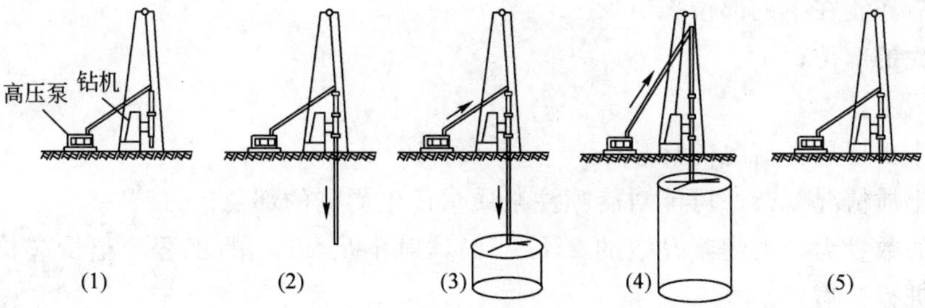

图 5.1.6-2　旋喷注浆的施工工序

⑥喷前要检查高压设备和管路系统，其压力和流量必须满足设计要求。注浆管及喷嘴内不得有任何杂物。注浆管接头的密封必须良好。

⑦垂直施工时，钻孔的倾斜度一般不得大于1.5%。在插管和喷射过程中，要注意防止喷嘴被堵，在拆卸或安装注浆管时动作要快。水、气、浆的压力和流量必须符合设计值，否

则要拔管清洗再重新进行插管和旋喷。使用双喷嘴时，若一个喷嘴被堵，则可采取复喷方法继续施工。

⑧喷射时，要做好压力、流量和冒浆量的量测工作，并按要求逐项记录。钻杆的旋转和提升必须连续不中断。拆卸钻杆继续旋喷时，要注意保持钻杆有 0.1m 的搭接长度，不得使喷射固结体脱节。

⑨深层旋喷时，应先喷浆后旋转与提升，以防注浆管扭断。

⑩搅拌水泥时，水灰比要按设计规定，不得随意更改，在旋喷过程中应防止水泥浆沉淀，使浓度降低。禁止使用受潮或过期的水泥。

⑪钻机与高压注浆泵的距离不宜过远。钻孔的位置与设计位置的偏差不得大于 50mm。实际孔位、孔深和每个钻孔内的地下障碍物、洞穴、漏水如与工程地质报告不符等情况均应详细记录；

⑫当注浆管贯入土中，喷嘴达到设计标高时，即可喷射注浆。在喷射注浆参数达到规定值后，随即旋喷、提升注浆管，由下而上喷射注浆。

⑬对需要扩大加固范围或提高强度的工程可采用复喷措施，即先喷一遍清水再喷一遍或两遍水泥浆；

⑭ 在旋喷注浆过程中出现压力骤然下降、上升或大量冒浆等异常情况时，应探明产生的原因并及时采取措施；

⑮当高压喷射注浆完毕，应迅速拔出注浆管。为防止浆液凝固收缩影响桩顶高程，必要时可在原孔位采用冒浆回灌或第二次注浆等措施；

⑯当处理既有构筑物地基时，应采取速凝浆液或大间距隔孔旋喷和冒浆回灌等措施，以防旋喷过程中地基产生附加变形和地基与基础间出现脱空现象，影响被加固工程及邻近墩台。同时，应对构筑物进行沉降观测；

⑰施工中应如实记录旋喷注浆的各项参数和出现的异常现象。

4. 旋喷法施工质量检验

旋喷注浆可采用开挖检查、钻孔取芯、标准贯入、荷载试验或压水试验等方法进行检验。检验点应布置在下列部位：

①荷载大的部位；

②中心线上；

③施工中出现异常情况的部位；

④地质土质情况复杂，可能对旋喷注浆质量产生影响的部位。

检验点的数量为施工注浆孔数的 2%～5%，对不足 20 孔的工程，至少应检验 2 个点。不合格者应进行补喷。

质量检验应在旋喷注浆结束 4 周后进行。

旋喷注浆桩体检查内容包括：桩体平均有效直径、垂直度、强度特性（包括桩的轴向压力、水平推力、抗冻抗渗性等）、桩身中心允许偏差（为 0.2 倍设计桩径）、整体性和均匀性。

5. 旋喷法加固墩台基础的应用示例

旋喷注浆加固桥梁墩台基础，近年来已得到一定的实践应用，如湖南怀化公铁立交跨线桥、四川大渡河公路桥、阜淮线戴家湖铁路桥、日本名古屋神崎川桥等工程，均取得了良好的加固效果。各工程加固措施和效果见表 5.1.6-4。

旋喷法加固桥梁墩台地基的应用示例　　　　表 5.1.6-4

工 程 名 称	加 固 简 图	说　明
怀化公铁立交跨线桥	——	该桥为U形桥台，台高 9.8m，1978 年底建成并架设主梁铺设桥面。1979 年 3 月进行台背填土。当填土达 3m 时，发现北台严重下沉，台后左角下沉 112mm，右下角下沉 106mm。桥台后倾，桥面伸缩缝增大，影响结构正常使用。 加固时采用旋喷法，根据计算用 20 根旋喷直径达 46cm 的旋喷桩柱。 本桥台自 1981 年 6 月完工后通车，一直未有下沉现象，使用正常
阜淮线戴家湖铁路桥	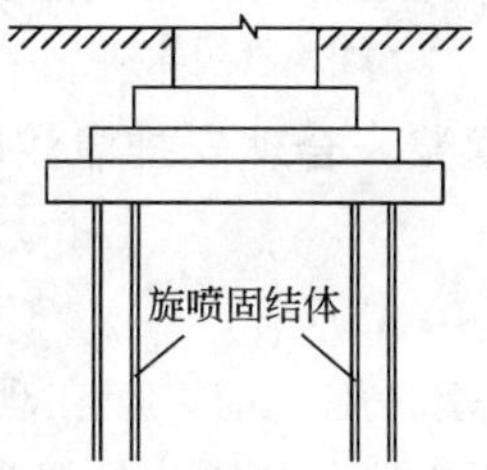	该桥两台为扩大基础，自 1980 年建成后，尚未架梁即发生较大下沉和位移。 加固时南北两台分别采用 40 和 38 根旋喷桩，长为 8.3m 和 7.5m，设计直径为 50cm。 加固后仅十天便进行架梁，投入使用后均未见有下沉现象，加固效果良好
日本名古屋神崎川桥桥墩下沉处理	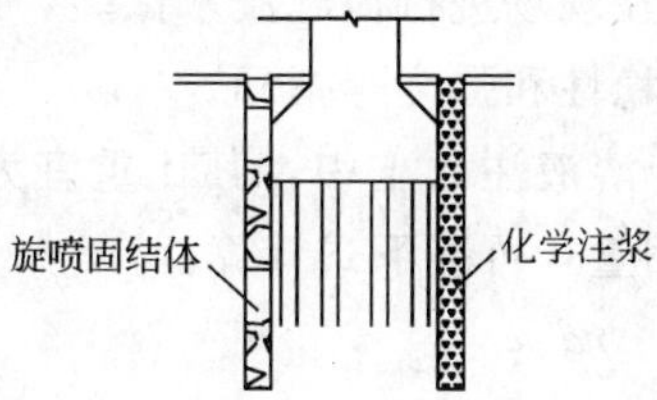	该桥由于桥址受纸厂废液冲刷，基础摩擦力减少，使桥墩发生不均匀下沉。 加固方案：在桥墩周围作旋喷，由于桥址离海口较近，河道流速小，采用单排旋喷固结体帷幕，在帷幕内，采用化学灌浆达到了增加地基强度的目的

二、注浆法

1. 注浆法加固墩台基础的设计

注浆法是被广泛采用的地基加固方法，它既适用于已有结构物地基处理，也适用于新建工程。注浆可分为水泥灌浆法、硅化法和碱液法：

1）水泥灌浆法

（1）水泥灌浆法适用于砂土和碎石土中的渗透灌浆，也适用于黏性土、填土和黄土中的压密灌浆与劈裂灌浆。

（2）水泥应选用普通硅酸盐水泥或矿渣水泥，其等级不低于 32.5 级。水泥浆的水灰比可取为 1∶1。

为防止水泥浆被地下水冲失，可在水泥浆中掺入相当水泥重量 1%～2%的速凝剂。常用的速凝剂有水玻璃和氯化钙等。

2）硅化法

硅化法可分双液硅化法和单液硅化法等。对地基土的渗透系数为 0.1～80m/d 的粗颗粒土，可采用双液硅化法（水玻璃、氯化钙）；对地基土的渗透系数为 0.1～2m/d 的湿陷性黄土，可采用单液硅化法（水玻璃）；对自重湿陷性黄土，宜采用无压力单液硅化法，以减少施工时的附加下沉。

3）碱液法

（1）碱液（氢氧化钠溶液）法适用于处理既有构筑物的非自重湿陷性黄土地基。

（2）施工时用洛阳铲或用钢管打到预定处理深度，孔径为 50～70mm，孔中填入粒径为 20～40mm 的小石子至注浆管下端的标高处，将 ϕ20mm 的注浆管插入孔中，管子四周填入 5～20mm 的小石子，高度约 200～300mm，再用素土分层填实至地表。

（3）灌注桶中的溶液可用蒸汽管加热或用火在桶底加热至 80～100℃。溶液经胶皮管与注浆管自流渗入灌注孔周围形成加固柱体。氢氧化钠的用量可采用加固土体干土重量的 3%左右。溶液浓度可采用 100g/L。

（4）在基础两侧或周边应各布置一排灌注孔，孔距可根据处理的要求确定。当要求将加固连成一片时，孔距可取 0.7～0.8m。

（5）为减少施工时的附加下沉，各孔应间隔灌浆，合理安排灌注顺序，控制施工速度，防止浸湿区连成一片。

2. 注浆法是黄土地基最常用的加固方法之一

1）采用单液硅化或碱液法加固湿陷性黄土地基，施工前，应在现场进行单孔或群孔灌注溶液试验，以确定灌注溶液的速度、时间（或压力）和加固半径等参数。

溶液灌注试验结束后，隔半个月左右，宜在现场进行荷载浸水试验，或在试验孔的加固范围内取土样进行室内试验，测定加固土的水稳性和强度等指标。

2）单液硅化应将硅酸钠（$Na_2O \cdot nSiO_2$）溶液注入土中，其比重宜为 1.13～1.15，并不宜小于 1.10，加固 $1m^3$ 湿陷性黄土的溶液用量，可按下式计算：

$$X = V \cdot n d_w \alpha$$

式中：V——加固土的体积（m^3）；

n——加固前土的孔隙率（%）；

d_w——硅酸钠溶液的相对密度；

α——溶液填充孔隙的系数，宜为 0.5～0.8。

硅酸钠的模数值宜为 2.5～3.3，其杂质含量不宜大于 2%。

3）单液硅化加固湿陷性黄土地基，应符合下列要求：

（1）当采用压力灌注溶液时，加固土的半径宜为 0.4～0.5m；当让溶液通过灌注孔自行渗透时，加固土的半径宜为 0.2～0.3m。

（2）灌注孔宜按正三角形布置，灌注孔之间的距离，宜为加固土半径的 1.73 倍。

（3）对已有构筑物地基进行加固时，在非自重湿陷性黄土地区，宜采用压力自上向下分层灌注溶液；在自重湿陷性黄土地区，应让溶液通过灌注孔自行渗入土中。

（4）碱液加固法可用于加固非自重湿陷性黄土场地上的已有构筑物地基，加固时，宜将碱液（NaOH）通过注液孔渗入土内，每个灌注孔的加固半径宜为 0.3～0.4m。碱液浓度宜为 100g/L，并宜将碱液加热至 80℃～100℃再注入土中。

(5) 采用单液硅化法或碱液法加固已有构筑物地基时，在灌注硅酸钠或碱液的过程中，应对构筑物的沉降进行监测。

(6) 已渗有油脂或其他有机物的土，不宜采用硅化或碱液加固法。

3. 上海市在总结本地区采用灌注浆液加固地基的经验基础上，编制了较为详尽的技术规范。其要点为

1) 注浆法适用于处理砂性土、粉性土、黏性土和一般填土层。

2) 注浆法的处理目的是防渗堵漏、提高地基土的强度和变形模量，进行托换技术和控制地层沉降。

3) 注浆设计前，应查明加固土层的分布范围、含水量、土的颗粒级配、地下水和孔隙率等土体的物理力学性质指标。

4) 对重要工程，注浆设计前必须进行室内浆液配比试验。此外，尚宜进行现场注浆试验，以求得合适的设计参数，并检验施工方法和设备。

4. 注浆法的设计步骤

(1) 设计前必须通过调查研究，设计时应包括下述内容：注浆有效范围、注浆材料的选择、初凝时间、注浆量和压力、注浆孔布置和注浆顺序等。

(2) 注浆工艺和有效范围应根据不同工程要求必须充分满足防渗堵洞，提高土体强度和模量、充填空隙及托换等目的加以确定。注浆点的覆盖土应大于2m。

(3) 选定浆液及其配比的设计，必须考虑注浆的目的、地质情况、地基土的孔隙大小、地下水的状态等，在满足所需目的范围内选定最佳配比。

(4) 注浆法处理软土的浆液材料可选用以水泥为主剂的悬浊液，也可选用水泥和水玻璃的双液型混合液。丙凝具有凝结时间短的特点，聚氨脂能有遇水膨胀的特性，化学浆液因对环境有污染，选用时应慎重考虑。在有地下动水流的情况下，不应采用单液水泥浆。

(5) 用作防渗的注浆至少应设置三排注浆孔，注浆液应选用水玻璃或水玻璃与水泥的混合液。注浆孔间距可按1.0～1.5m范围设计。动水情况下的堵漏注浆宜采用双液注浆或初凝时间短的速凝配方。

(6) 用作提高土体强度的注浆液可选用以水泥为主剂的悬浊液，注浆孔间距可按1.0～2.0m的范围设计。

(7) 初凝时间必须根据地基土质条件和注浆目的决定。在砂土地基注浆中，一般使用的浆液初凝时间为5～20min；在粘性土中劈裂注浆时，一般浆液初凝时间为1～2h。

(8) 注浆量取决于地基土性质和浆液的渗透性等因素。在进行大规模注浆施工时，宜在施工现场进行试验性注浆以决定注浆量。一般黏性土地基中的浆液注入率为15%～20%。

(9) 在砂性土中注浆，若以防渗为主要目的，则应考虑第二次注浆。第二次注浆的时间宜在第一次注入的水泥浆初凝后进行。注浆材料应采用水玻璃等低黏度的化学注浆材料。

(10) 对劈裂注浆，在注浆的范围内应尽量减小注浆压力。注浆压力的选用根据土层的性质及其埋深确定。砂性土时的经验数值是0.2～0.5MPa；黏性土时的经验数值是0.2～0.3MPa。

(11) 对压密注浆，注浆压力主要取决于浆液材料的稠度。如采用水泥的砂浆液，坍落

度可在 25～75 mm 左右，注浆压力可选在 1～7MPa 范围内，而且坍落度较小时，注浆压力可取上限值。如采用水泥—水玻璃双液快凝浆液，则注浆压力应小于 1MPa。

(12) 注浆孔的布置原则，应能使被加固土体在平面和深度范围内连成一个整体。

(13) 注浆顺序必须适合于地基土质条件、现场环境及注浆目的，一般不宜采用自注浆地带某一端单向推进的压注方式，应按跳孔间隔注浆方式进行，以防止串浆。对有地下动水流的特殊情况，应考虑浆液在动水流下的迁移效应，应自水头高的一端开始注浆。

(14) 注浆时应采用先外围，后内部的注浆施工方式。注浆范围以外有边界约束条件时，也可采用自内侧开始顺次往外侧注浆的方法。

5. 注浆法施工

(1) 水泥浆注浆法：以水泥浆作为注浆材料的施工方法。

①注浆施工必须根据设计要求并考虑周围环境条件进行。施工前，设计单位应向施工单位提供注浆设计文件并负责技术交底。

②注浆法施工的场地事先应予平整，除干钻法外，应沿钻孔位置开挖沟槽与集水坑，以保持场地的整洁和干燥。

③注浆施工情况必须如实和准确地记录，应有压力和流量记录，宜采用自动流量和压力记录仪，并对资料及时进行整理记录，以便指导注浆工程的顺利进行，并为验收工作做好准备。

④塑料阀管注浆施工可按下列步骤进行：

a. 钻机与灌浆设备就位；

b. 钻孔；

c. 当钻机钻到设计深度后，从钻杆内灌入封闭泥浆；

d. 插入塑料单向阀管到设计深度，当注浆孔较深时，阀管中应加入水，以减少阀管插入土层时的弯曲；

e. 封闭泥浆凝固后，在塑料阀管中插入双向密封注浆芯管进行注浆；

f. 注浆完毕后，应用清水冲塑料阀管中的残留浆液；对于不宜用清水冲洗的场地，可考虑用纯水玻璃浆或陶土浆灌满阀管内。

⑤花管注浆法施工可按下列步骤进行：

a. 钻机与灌浆设备就位；

b. 钻孔或采用振动法将花管压入土层；

c. 若采用钻孔法，应从钻杆内灌入封闭泥浆，然后插入花管；

d. 待封闭泥浆凝固后，移动花管自下向上（或自上向下）进行注浆；

⑥压密注浆施工可按下列步骤进行：

a. 钻机与灌浆设备就位；

b. 钻孔或采用振动法将金属注浆管压入土层；

c. 若采用钻孔法，应从钻杆内灌入封闭泥浆，然后插入孔径 5cm 的金属注浆管；

d. 待封闭泥浆凝固后，捅去金属管的活络堵头，然后向地层注入水泥—砂稠状浆液或水泥水玻璃双液快凝浆液。

⑦注浆孔的钻孔孔径一般为 70～110mm，垂直偏差应小于 1%，注浆孔有设计角度时应

预先调节钻杆角度，倾度偏差不大于 20°。

⑧当钻到设计深度后，必须通过钻杆注入封闭泥浆，直到孔口溢出泥浆方可提杆。当提杆至中间深度时，应再次注入封闭泥浆，最后完全提出钻杆。

⑨封闭泥浆的 7 天立方体抗压强度宜为 q_u=0.3～0.5MPa，浆液黏度为 80″～90″。

⑩塑料单向阀管每一节均应作检查，要求管口平整无收缩，内壁光滑。事先将每 6 节塑料阀管对接成 2m 长度以备用。准备插入钻孔内时应复查一遍，必须旋紧每一节螺纹。

⑪注浆芯管的聚氨酯密封圈使用前要进行检查，应无残缺和大量气泡现象，上部密封圈裙边向下，下部密封圈裙边向上，且都应涂上黄油。所有注浆管接头螺纹均应保持有充足的油脂，这样既可保证丝牙寿命，又可避免浆液凝固在丝牙上，造成折装困难。

⑫若进行第二次注浆，化学浆液的黏度应较小，不宜采用自行密闭式密封圈装置，宜采用两端用水加压的膨胀密封型注浆芯管。

⑬注浆管上拨时宜使用拨管机。塑料阀管注浆时，注浆芯管每次上拨高度应为 330mm；花管注浆时，花管每次上拨或下钻高度宜为 500mm。

⑭浆开始应充分做好准备工作，包括机械器具、仪表、管路、注浆材料、水和电等的检查及必要的试验，其中压力表和流量测定器应是必备的仪表，注浆一经开始即应连续进行，避免中断。

⑮浆的流量一般为 7～10L/min，对充填型灌浆，流量可适当加快，但也不宜大于 20L/min。

⑯浆用水应是可饮用的自来水、河水、井水及其他清洁水，不宜采用 PH 值小于 4 的酸性水和工业废水。

⑰浆所用的水泥宜用 42.5 级或 52.5 级普通硅酸盐水泥，一般不得超过出厂期 2 个月，受潮结块不得使用，水泥的各项技术指标应符合现行国家标准，并应附有出厂试验单和合格证。

⑱满足强度要求前提下，可用磨细粉煤灰或粗灰部分代替水泥，掺入量通过试验确定，一般掺入量约为水泥重量的 20%～50%。

⑲浆使用的原材料及制成的浆体应符合下列要求：

a. 制成的浆体应能在设计要求的时间内凝固并具有一定强度，其本身的防渗性和耐久性应满足设计要求。

b. 浆体在凝固后其体积不应有较大的收缩率，一般应小于 3‰的体积量。

c. 所制成的浆体在一小时内不应发生折水现象。

⑳为了改善浆液性能，可在浆液拌制时加入如下外加剂：

a. 加速浆体凝固的水玻璃，其模数应为 3.0～3.3。水玻璃掺量应通过试验确定，一般为 0.5%～3%。

b. 提高浆液扩散能力和可泵性的表面活性剂（或减水剂），一般掺量为水泥用量的 0.3%～0.5%。

c. 提高浆液均匀性和稳定性，防止固体颗粒离析和沉淀而掺加的膨润土，其掺加量不宜大于水泥用量的 5%。

㉑浆体必须经过搅拌机充分搅拌均匀后，才能开始压注，并应在注浆过程中不停地缓缓

搅拌，搅拌时间应小于浆液初凝时间，浆体在泵送前应经过筛网过滤。

㉒在冬季，当日平均温度低于5℃或最低温度低于－3℃的条件下注浆时，应在施工现场采取适当措施，以保证不使浆体冻结。

㉓在夏季炎热条件下注浆时，用水温度不得超过30～35℃；并应避免将盛浆桶和注浆管路在不注浆状态暴露于阳光下，以免加速浆体凝固。

㉔如注浆中途发生地面冒浆现象应立即停止注浆，调查冒浆原因，如系浆孔封闭效果欠佳，可待浆液凝固后重复注浆；如系地层灌注不进，则应结束注浆。

(2) 化学浆液注浆法：以灌注水玻璃或者水玻璃加氯化钙为主的灌浆法。

①无压硅化。压力硅化和电动硅化加固地基的适用范围，可按下列规定选用：

a. 渗透系数为0.1～80m/d的砂土和黏性土宜采用压力双液硅化清；

b. 渗透系数为0.1m/d以下的各类土可采用电动双液硅化清；对渗透系数0.1～2.0m/d的地下水位以上的湿陷性黄土可采用无压或压力单液硅化法。

注：a. 为避免地基在加固过程中产生大量附加沉陷，自重湿陷性黄土宜采用无压单液硅化法。

b. 地下水位以下的黄土，采用硅化加固时应由试验确定。

②硅化加固不宜用于：

a. 沥青、油脂和石油化合物所浸透的土；

b. pH值大于9的土。

③施工前应通过现场试验编制施工组织设计，内容应包括：注液管及电极管的布置图和打（或钻）入深度、化学浆液浓度和用量、注液方法、灌注速度、灌注压力以及加固效果的要求等。

采用电动硅化加固时，应提出合理的电压梯度、通电时间和方法。

④硅化加固用的水玻璃应符合下列规定：

a. 用于防渗加固的水玻璃模数不宜小于2.2，用于地基加固的水玻璃模数宜为2.5～3.3；

b. 不溶于水的杂质含量不得超过2%。

⑤氯化钙溶液中的杂质在每升溶液中不得超过60克，而悬浮颗粒不得超过1%，溶液中的PH值宜为5.5。

⑥硅化加固所需化学溶液的总用量，可参照下式计算：

$$Q = K \cdot V \cdot n \cdot 1000$$

式中：Q——溶液总用量（L）；

V——硅化土的体积（m^3）；

n——土的孔隙率（%）；

K——经验系数。

软土、黏性土、细砂	$K=0.3\sim0.5$
中砂、粗砂	$K=0.7\sim0.7$
砾砂	$K=0.7\sim1.0$
湿陷性黄土	$K=0.5\sim0.8$

注：双液硅化法的两种液用量应相等。

⑦硅化用的化学溶液，应按照表 5.1.6-5 的规定选用。

硅化用的化学溶液　　表 5.1.6-5

施工方法	土的渗透系数（m/d）	溶液和相对密度（t=18℃）	
电动双液硅化	≤0.1	1.13～1.21	1.07～1.11
压力双液硅化	0.1～10	1.35～1.38	1.26～1.28
	10～20	1.38～1.41	
	20～80	1.41～1.44	
压力单液硅化用于湿陷性黄土	0.1～2.0	1.13～1.25	

⑧注液管宜采用钢管，其内径为 20～38mm。如用钢筋作为电极时，其直径不得小于 22mm。

⑨ 压力硅化用的泵或空气压缩机，应能在 0.6MPa（表压）的压力以内向每个注液管供应 5～10L/min 的溶液。

⑩管路系统的附件和设备，以及检验仪器（压力计）应符合规定的压力。

⑪设置注浆管和电极棒宜采用打入法。如土层较深，宜事先钻孔至所需加固区域顶面上 2～3m，然后再采用打入法。钻孔的孔径应大于注浆管和电极棒的外径。

⑫需加固土层之上，应有不小于 1m 厚度的土层，否则应采取措施防止溶液上冒。

⑬打（钻）入注液管及电极棒，应采用导向装置。注浆管底端间距的偏差不得超过 20%；超过时应打补充注液管或拔出重打。

⑭注液管打至设计标高并清理管中泥砂后应及时向土中灌注溶液。

⑮硅化加固程序，应根据土的渗透性按下列顺序进行：

a. 加固渗透系数相同的土层，应自上而下进行。

b. 如土的渗透系数随深度而增大，应自下而上进行。

c. 如相邻土层的土质不同，应首先加固渗透系数较大的地层。当加固的土层不厚时，应采用有孔部分较短的注液管。

⑯采取压力及电动双液硅化法时，灌注溶液应根据地下水的流速按下列规定进行：

a. 当地下水流速小于 1m/d 时，先自上而下的灌注水玻璃，然后自下而上的灌注氯化钙溶液；

b. 当地下流速为 1～3m/d 时，轮流将水玻璃和氯化钙溶液同时注入；

c. 当地下水流速大于 3m/d 时，应先将水玻璃与氯化钙溶液同时注入，然后轮流注入水玻璃与氯化钙溶液。

⑰采用电动硅化法时，应符合下列规定：

a. 直流电源的电压梯度宜为 0.5～0.75V/cm；

b. 对不需加固土层的注液管改涂沥青绝缘，加固地区的地表水，应予疏干；

c. 通电由注液开始，延续到溶液灌完后电流曲线下降趋于平衡时为止。通电时间不得超过 36h；

d. 灌注溶液与通电工作须连续进行，不得中断；

e. 灌注溶液的压力，一般不超过 0.6MPa（表压）。

⑱拔出注液管后，留下的孔洞应用水泥砂浆或土料填塞。

6. 注浆法施工质量检验方法

(1) 水泥浆液注浆法的施工质量检验：

①对注浆效果的检查，应根据设计提出的要求进行，检验时间在注浆结束28d后。可选用标准贯入和静力触探对加固地层进行检测。

②注浆效果检测点一般为注浆孔数的2%～5%，如检验点不合格率等于或大于20%，或虽小于20%但检验点的平均值达不到设计要求时，在确认设计原则正确后应对不合格的注浆孔实施重复注浆。检测点位置应视检测方法和现场条件由施工单位和设计单位协商决定。

(2) 化学浆液注浆法的施工质量检验：

①硅化地基的验收：砂土和黄土应在施工完毕15d以后进行，粘性土应在60d以后进行。

②砂土硅化后的强度，应取试块作无侧限压试验，其值不得低于设计强度的90%。

黏性土硅化后，应按加固前后沉降观测的变化，或使用触探检测加固前后土中阻力的变化以确定质量。

黄土硅化后的质量可视具体情况，采用上述两种方法之一进行检验。

地基硅化后的整体性和外形，均可采用触探检验。

③用硅化法形成的防渗帷幕，应在帷幕本身上作压水试验检查不透水性，单位收水率不得大于设计要求的25%。

④硅化地基验收时，应提交出下列资料：

a. 施工记录；

b. 材料的试验记录；

c. 试块试验记录；

d. 防渗帷幕的渗透观测和水位变化记录；

e. 触探法测定阻力变化记录；

f. 竣工剖面图和钻孔位置平面图。

第二章　桥梁下部结构加固工程实例

§2.1　前墙式石砌桥台沉降、开裂倾斜的加固

——采用台后拉梁扩大基础加固法

一、桥梁概况

某桥上部构造为11孔跨径（墩中距）22.20m的钢筋混凝土T形梁，设计标号为旧250号。横向五片梁，梁距1.60m，设计荷载为汽车－13级，拖车－60。桥面净宽为净－7+2×0.25m。全桥平坡。主梁固定支座为带齿板的切线钢板支座，其活动支座为钢筋混凝土摆柱支座。桥面在各墩上均为钢板伸缩缝，在梁台衔接处为沥青伸缩缝。河床表层为细砂、中砂，以下为砂夹卵石，均较松散。南昌台附近有厚14m以上的粉质轻亚黏土。

南昌台为独立前墙桥台，一字式翼墙。基底置于天然地面以下2m深处，其下有1m厚砂垫层。台前基顶裸露、护坡始于基顶以下，见图5.2.1-1。

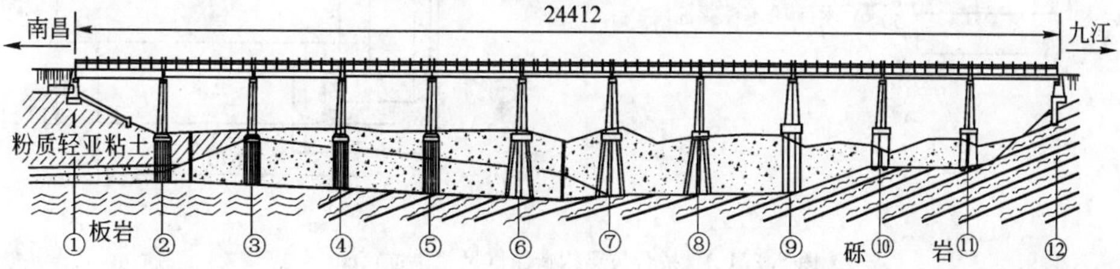

图5.2.1-1　大桥总体布置图（尺寸单位：cm）

该桥于1965年由石墩台木桁架改造为钢筋混凝土装配式T形梁。台身为旧50号砂浆砌片石，墩台帽为旧140号混凝土。

二、存在的主要问题

（1）桥台下沉。桥台台帽、基顶上下游标高相同，但较竣工时明显降低，以第一孔安全带及桥面中心线标高计算，南昌台已下沉11cm，使第一孔形成具有纵坡0.5%的坡桥。

（2）从竣工图与实测值比较，台身约向路堤方向后倾3°～4°。

（3）主梁与桥台背墙顶紧。由于背墙为浆砌片石，表面不平整，主梁与墙面突出处完全密贴，已无伸缩间隙，台帽上活动支座水平位移达6.6cm。

（4）在相当于梁底高度处，两侧翼墙及相连的背墙已有贯通的横向裂缝，最宽处达5～6mm。在背墙上边梁外缘部位上下水均有竖向裂缝。1981年已发现桥台上的裂缝，以后便日见严重。翼墙顶与边主梁间尚有钢筋混凝土预制板装饰连接，亦因后来开裂严重而拆除。

（5）台后路基下沉。为消除桥头路基下沉引起的跳车现象而加铺台后路面约4～5次。1986年加高后，又见桥头跳车明显，估计该处路基沉陷自建桥后至少20cm。

三、加固方案

(1) 第一方案：灌注混凝土加固。即在台后5m左右范围内用钻机打梅花孔，深至桥台基底，孔距约40～50cm，然后灌注混凝土。使台背土壤取得一定程度的固结和增加内摩擦角，从而减少土压力。

(2) 第二方案：改成U形基础，设置肋墙。在路基两侧分步开挖至基底，将基础接长成U形，每侧约2m宽，其上设置肋墙（埋于路基内），以扩散基底应力。

(3) 第三方案：采用设置与台背形成"π"型的拉梁的台背加固方式，拉梁埋于台后路基中，伸入原有桥台内，以防止桥台向河的位移，同时亦可改善桥台基底应力及沉陷，见图5.2.1-2。

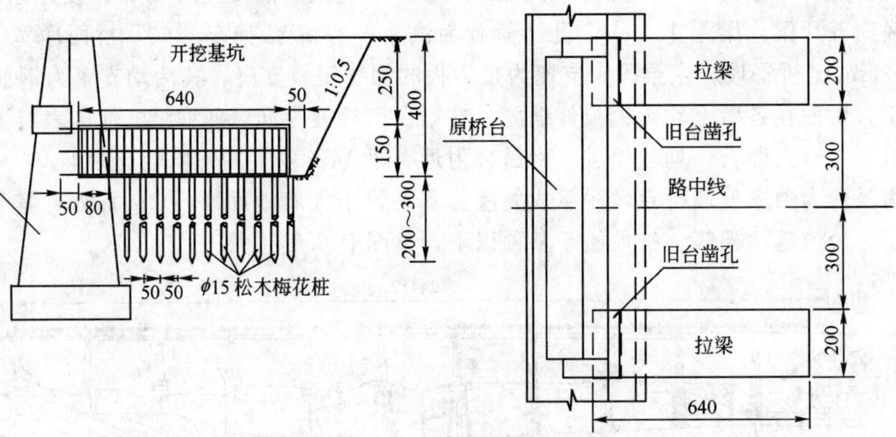

图5.2.1-2 桥台拉梁构造图（尺寸单位：cm）

该台已下沉11cm，在抬高主梁以后，其上活动支座不可能利用，故拟除去，并加高台帽，换成橡胶支座。台后路基已有沉陷，抬高主梁后，必须加铺台后路面，以保证行车平顺性。桥台上各裂缝均采用灌浆法修补。

桥台伸缩缝采用聚氨脂缝。

四、加固计算

1. 加固前原桥的验算

(1) 计算资料

①上部构造

装配式钢筋混凝土五梁式T形梁，$L=20$m，钢板支座，双车道，通航，上部构造总重1743.1kN。

②设计荷载：汽车－20级，挂车－100。

③材料：台帽旧200号钢筋混凝土：$\gamma=25\text{kN/m}^3$；

台身基础采用旧75号砂浆砌片石：$\gamma=25\text{kN/m}^3$；

台后填土：$\gamma=17\text{kN/m}^3$，土壤内摩擦角 $\varphi=30°$，$f=0.4$；

④桥台尺寸，见图5.2.1-3；

⑤验算项目

a. 恒载计算；

b. 主动土压力计算；

c. 稳定性验算；

d. 地基承载能力验算。

（2）验算结果

①恒载计算

竖向力 $N=5267.4\text{kN}$（包括基础以上土的自重）

对基底前缘力矩 $M=1035.73\text{kN}\cdot\text{m}$

力臂 $L_N=1.966\text{m}$

②无车辆荷载时台后水平主动土压力（朗金公式）

$E_H=137.4\text{kN/m}$　距基底 $C=2.38\text{m}$

③有车辆荷载（汽车－20级）时台后水平主动土压力

$$E_H=168.2\text{kN/m}\quad C=2.59\text{m}$$

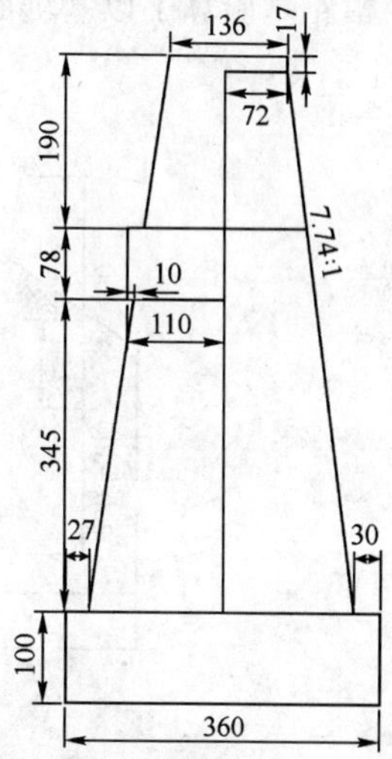

图 5.2.1-3　桥台尺寸图

（尺寸单位：cm）

④荷载组合

$$\sum M=16.82\times2.59\times52.674\times0.166=34.82\text{kN}\cdot\text{m}$$

$$\sum N=526.74\text{kN}$$

⑤基底力偏心距

$$l_0=\frac{\sum M}{\sum N}=0.66\text{m}>\frac{1}{6}B=0.6\text{m}\text{（不满足要求）}$$

⑥倾覆稳定性

$$k_0=\frac{y}{e_0}=\frac{1.8}{0.8}=2.73>1.5\text{(安全,不会发生倾覆)}$$

⑦滑移稳定性

$$k_c=\frac{f\sum N}{\sum E_H}=\frac{0.4\times52.674}{16.82}=1.25<1.3\text{（可能会滑动）}$$

⑧基底应力

$$\sigma_{\substack{max\\min}}=\frac{\sum N}{A}\pm\frac{\sum M}{W}=\frac{526.74}{3.6}\pm\frac{348.2}{2.16}$$

$$=\frac{+307.5}{-15}\text{kPa}>150\text{kPa}\text{（基底承载不够，应加强）}$$

2. 加固计算

（1）加固措施

采用方案三，在台背设置两根钢筋混凝土拉梁，与台背形成“π”型。拉梁一端伸入原有桥台背墙内，以增强台背因台后土压力产生向河方向位移的抵抗能力；同时亦可改善桥台基底应力过大及沉陷的病害。两根拉梁的尺寸均为：长×宽×高＝6m×2m×1.5m。各拉梁底面均设置小松木桩，以挤紧土壤，提高基底承载力。

（2）拉梁施工时基坑开挖计算

由于本桥在加固桥台的同时，需维持原有交通不能中断。所以，拉梁施工的基坑仅能采取半幅路基开挖，且要确保另半幅路基的安全和稳定（见图 5.2.1-4）。为此，对未开挖的半幅路基验算了以基坑面为临空面的滑移稳定性。

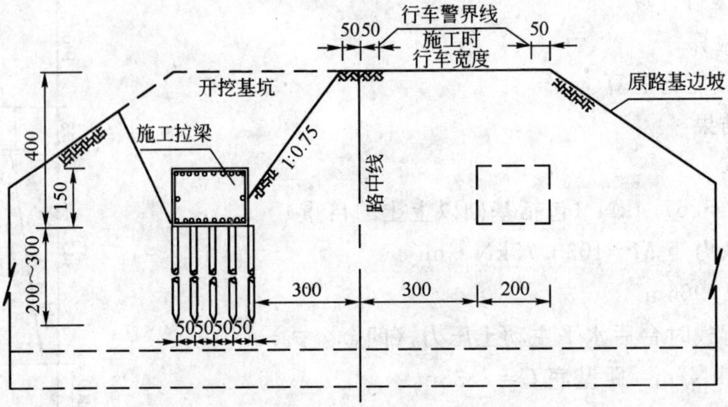

图 5.2.1-4　拉梁施工横断面图（尺寸单位：cm）

①计算要点

下滑力计算公式：

$$E = W\sin\alpha - \frac{1}{k}(W\cos\alpha\text{tg}\varphi + cL)$$

根据本桥台基坑土质情况，上式各系数分别为：

$k=1.25$，$\varphi=35°$，$c=4.0\text{kN/m}^2$，$\gamma=16.0\text{kN/m}^3$

取多个滑移面（即不同的 α 和 L 值）分别计算得多个下滑力 E 值。

②计算结果

由于各可能下滑面所算得的 E 值均为负数，所以，验算结果证明，拉梁施工时开挖半幅路基后，另半幅路基不会塌方，是可行的。

(3) 拉梁底面地基处理

拉梁施工时的基坑开挖，难免会扰动基底土壤，且设计要求拉梁底面土基承载力应在 300kPa 以上。为此，为确保拉梁发挥作用，特在其底面增设松木打入桩，以挤紧基底土壤，提高其承载力。

①计算资料

台背填料为细亚砂土，天然孔隙率 $e_0=0.8$，液性指数 $I_L=0.92$，水上，中密，饱和度 $S_r=0.36<0.5$，稍湿。

②基底要求

$e=0.5$，密实，$[\sigma_0]=350\text{kPa}$，$\varphi=38°$。

③计算结果

公式：

$$l=\left[0.952\sqrt{\frac{1+e_0}{e_0-e}}\right]d$$

式中：l——桩的间距；

d——桩的直径。

经试算后，确定采用 ϕ15cm 松木桩，间距 50cm，呈梅花形布置，桩长视打入情况取 2～3m。

五、加固施工工艺要点

(1) 台背拉梁设置

南昌台设置拉梁 2 根。为维持交通，必须 2 根拉梁分别施工，保证施工期内有半幅路基可以通车，为此在开挖前须将暂不开挖的桥头半幅路基稍作加宽，使路中线至路肩边缘宽度有 4.0m 以上。施工时设置行车警界线，车辆在警界线内通行。

基坑开挖应选择无雨天气，施工时应确保边坡的稳定性，且速度要快，尽量减短一边深基坑一边半幅路基通车的时间，同时基底土壤应严格控制不允许扰动。基底加小木桩主要是挤紧土壤，提高承载力，如开挖后承载力在 $20N/cm^2$ 以上时可不加木桩。

拉梁伸入旧桥台中的深度应保证设计图中尺寸，不能减少。

回填土仍用原路基砂性土，必须分层洒水夯实。两根拉梁回填完成后再铺筑桥头路面。

(2) 顶梁支架搭设

顶梁支架搭设应确保牢固，每片主梁下应能支持 250kN 以上的重量。千斤顶安装应稳妥可靠。宜选用顶升力为 200～250kN 的千斤顶 5 台，每梁下设置一台，且应在确定千斤顶型号尺寸后再搭设支架，控制支架顶面高度。

(3) 焊接靠近南昌台 2 号、3 号墩上伸缩缝钢板，打开 4 号墩上伸缩缝的上钢板。这是提前使第 1～3 孔形成连跨结构，而防止桥台打凿时引起 2 号墩过大的变位，然后在支架上安装千斤顶预顶主梁，如能顶起则按下面第 5 点先顶升主梁，再打凿台背，如不能顶起则先打凿后顶升。

(4) 打凿桥台背墙。按设计要求在桥台全宽范围内打凿背墙。为维持正常通车，缝上可设专用跳板。

(5) 顶升主梁。顶梁高度约为 11cm（以水平仪控制，顶至使第一孔梁水平为止）。顶梁是关键工艺，应注意如下几点：

①准备工作。顶梁前应做好支架安全检查和对千斤顶进行检查。千斤顶与主梁接触处应垫以硬木麻袋等分散集中力，并准备好各梁端楔块及顶升垫块，以及恢复交通用的专用跳板。准备就绪后宜进行一次试顶，确定顶升程序及检查观测人员，准备就绪后方可顶升。顶梁时应暂时中断交通。

②顶升过程中各千斤顶应力求同步顶升，避免主梁隔板焊缝及附近混凝土开裂。

③顶至设计高度（应比要求高度高 0.5cm，以便安放橡胶支座）后，各梁下应立即设置好垫块，然后松顶，使主梁平稳地搁置于支架垫块上，然后在每片梁墙间及时嵌入木楔，使主梁垫块不至承受过大的行车水平力，最后架上一副专用跳板开放交通，但须限制在第一孔上车速不得超过 5km/小时，且严禁刹车。

(6) 拆除原活动支座。用氧割烧去支座齿板，拆除摆柱，上下垫板仍留原处。

(7) 现浇台帽及背墙。为缩短支架通车时间，混凝土中可加入早强剂，在混凝土强度达 70%时即可安放支座进行落架。

(8) 落架。将橡胶支座安放就位后，除去梁端木楔，再次用千斤顶顶梁，拆下支架垫块，逐次循环松顶，使主梁安放在橡胶支座上。

(9) 装设台上聚氨脂伸缩缝。

§2.2 高桩承台实体墩断桩、承台与墩身开裂的加固

——采用增补桩基、十字托梁加固法

一、桥墩概况

该桥墩系副航道3孔连续梁与40m简支T梁的公用墩，左半幅桥与右半幅桥墩分离，中距15 m。其中左半幅墩身高13.99 m，钢筋混凝土实体墩，平面尺寸为7.0m×2.4m，下设高桩承台，承台高3.0m，基础为4根直径1.8m的钻孔灌注桩。

桥墩各主要部位设计标高如下：

通航水位：2.64m

承台顶面：3.00m

承台底面：0.00m

河床标高：—3.5m

桩基嵌入微风化花岗岩，按柱桩基础设计，嵌岩深度不小于0.5 m。各桩底标高：

3号桩（珠海侧上游）—66.49m，4号桩—68.50m（珠海侧下游）

7号桩（斗门侧上游）—59.90m，8号桩—67.00m（斗门侧下游）

墩身采用30号混凝土，承台及桩基采用25号混凝土，承台和墩身均分两次浇筑完成。7号、8号桩在浇注混凝土时分别发生过塌孔及中途停浇。

桥位处水面高程受潮汐影响，承台底面通常在水面线以下。

上部结构在此墩上设置了滑动支座及伸缩缝。

根据地质钻探的地层资料，55号桥墩（左半幅）地基上层为约3m厚的粉砂层，第二层为河口相和滨海相淤泥层，厚度37～45m，第三层属冲积含砾中砂层，厚约5 m，下伏花岗岩，自全风化层至中风化层底厚10～14m。

桩基成孔时所收集的资料与上述略有差异，淤泥层减薄，含砾砂层增厚。

二、存在的主要问题

55号桥墩（左半幅）于1993年9月完工，次年在承台上发现裂缝，并且逐步发展。从已获得的检测资料，可以明确断定55号桥墩（左半幅）存在如下缺陷：

1）墩身底部开裂

靠近承台的墩身侧面出现垂直竖向裂缝，最大缝长5m，裂缝下宽上窄，在墩身底部约1.0m范围内较密，向上迅速减少，墩身短边的裂缝密度明显小于长边的密度。多数缝宽在0.2mm以下，最大宽度0.6mm，且各侧面裂缝分布基本对称。在高墩、大承台时，此类裂缝较常见，可视为构造性裂缝。

2）承台开裂

承台各侧面及顶面均已形成网状裂缝。顶面裂缝走向沿承台中心向四周辐射趋势明显，距墩身周边50～100cm存在一条连通的环形裂缝，部分辐射向裂缝与侧面裂缝相连。多数裂缝宽度在0.3～0.5mm之间，最大宽度为1.6mm。根据钻孔取芯观察，顶面裂缝最大深度超过40cm。

承台四周侧面裂缝以水平方向为主，缝宽在1.0mm以下者居多。各侧面裂缝数量分布不匀，下游端面较密。距顶面约1.2m，有一条四周连通的水平裂缝，缝宽多在3～5 mm之

间。部分混凝土二次浇筑面附近也存在较宽的水平裂缝。

靠近 4 号、7 号桩位的承台侧面中部近似水平方向的裂缝宽度最大，呈逐步发展趋势，缝宽已达 14mm，缝深最大处也已越过基桩中心，缝口附近混凝土出现剥落及破碎。

3）钻孔灌注桩混凝土的缺陷

对 4 根桩在桩中心进行了钻孔取芯。8 号桩（斗门侧下游）钻至基岩，4 号桩（珠海侧下游）钻孔穿过断桩断面，3 号、7 号桩在钻孔中受阻（遇坚硬物体），终止钻孔时孔底标高分别为－53.8、－29.6m、－47.2m，距桩尖各为 14.7 m 、36.9m、12.7m。

除发现 4 号桩在高程－52.0mm 处断桩外，桩身混凝土的其他主要缺陷有：离析、存在无骨料的砂浆层，局部芯样破碎等，承台芯样存在明显气孔，桩与承台连接部位混凝土质量较差。根据试验结果，个别芯样强度未达到设计要求，强度匀质性欠佳。

三、病害成因分析

同相邻桥墩比较，该桥墩上的伸缩缝、支座、墩顶偏移、桥面标高等未见异常变位或变形，由此可以判定，承台开裂及桩基的缺陷与承台混凝土的质量密切相关。

四、加固设计方案

1）加桩、增设十字托梁

在承台两对称轴上增加 4 根钻孔灌注桩，上设 2 片交叉的十字托梁支撑承台。加桩、托梁布置要求对称，桩中距满足支承桩的要求，总体布置详见图 5.2.2-1。

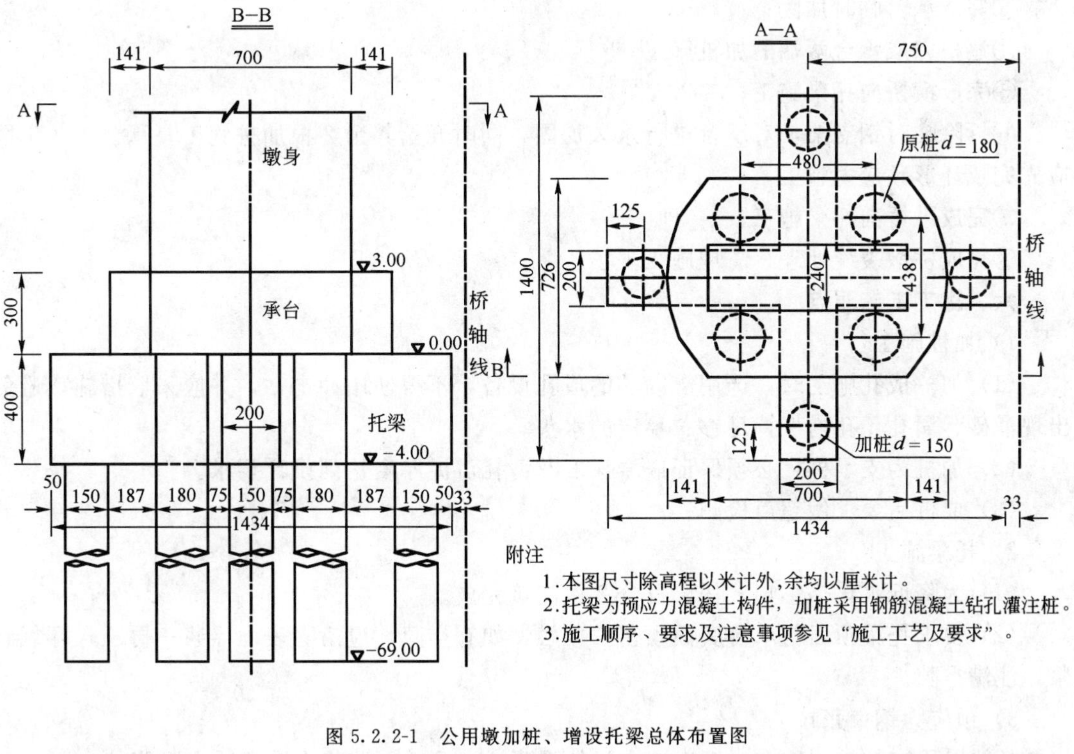

附注

1.本图尺寸除高程以米计外,余均以厘米计。

2.托梁为预应力混凝土构件，加桩采用钢筋混凝土钻孔灌注桩。

3.施工顺序、要求及注意事项参见“施工工艺及要求”。

图 5.2.2-1　公用墩加桩、增设托梁总体布置图

加桩桩径 1.5m。由于淤泥层较厚，加桩按支承桩设计；托梁采用预应力混凝土结构。

为使托梁对承台起到卸载和支撑作用，需对托梁进行预加载。在保证托梁与承台紧密接

触后，通过张拉托梁预应力钢束，使托梁向上拱起支撑承台。

2）承台加固

(1）临时加固

加桩施工前，在承台两侧设置临时钢支架，使承台平面形状成近似圆形，沿高度方向布设15束环形无粘结预应力钢束（每束4根钢绞线），以对承台形成套箍作用，提高承台的承载能力。

(2）永久加固

①裂缝处理：压浆及表口封闭。

②补强：拆除临时钢支架，重新布置环形预应力钢束，并且在侧面水平裂缝宽度大部位增设竖向预应力钢筋。

③外表处理：外挂钢筋网，现浇15cm表层混凝土。

3）墩身裂缝处理

为防止内部钢筋被侵蚀，对裂缝进行压浆及表口封闭处理。

原桩头及承台底在围堰中水被抽干和清理后应作检查，如出现异常情况另酌情处理。

五、施工顺序

①完成围堰施工及抽水；

②清理、检查承台底面，如需加固，应与承台临时加固同时进行；

③完成承台临时加固；

④逐根完成承台两端的加桩施工；

⑤完成横桥向托梁施工；

⑥拆除临时钢支架，对承台进行永久加固，同时开始其余2根加桩施工。承台永久加固应先完成环形预应力施工；

⑦完成纵桥向托梁施工；

⑧完成桥墩裂缝处理，清理施工现场。

六、施工工艺要点

1）加桩施工

(1）加桩成孔施工时，选用震动小的成孔设备，不得使用冲击钻，并应采取措施，避免出现涌砂、塌孔，孔内保持足够、稳定的水头。

(2）加桩为支承桩，必须保证嵌岩深度及清孔沉淀厚度达到设计要求。

(3）成桩后要求做超声检测。

2）托梁施工

(1）为降低水化热影响，托梁可分2次浇筑完成。

(2）要求托梁顶面与承台底面须密贴接触，如有空隙，应凿除表面浮浆，再压入环氧砂浆，注满空隙。

3）预应力钢束张拉

托梁采用有粘结预应力，钢束应在梁体混凝土达到100%设计强度后方可张拉，要求采用双控、对称、两端同时张拉。承台临时及永久加固均为无粘结预应力，环形钢束应定位准确，线形平顺，要求采用双控张拉。

张拉锚下控制张拉应力均为 $0.75R_y^b=1395MPa$，每根钢绞线控制张拉力为196kN。张拉步骤如下：

0——205kN（持荷两分钟）——196kN—— 锚固

在张拉时应有标记，以便测定钢束延伸量。实测延伸量与计算延伸量之差应在±5%以内，超出者必须查明原因。

张拉无粘结预应力钢束前，把钢束两端锚固范围内的被覆剥去，彻底除净油脂，但注意保护环氧镀层。

4）承台表层混凝土施工

（1）清除混凝土表面污物，要求承台混凝土骨料外露，表面粗糙。

（2）植埋锚筋。

（3）在张拉环形预应力钢束后，外挂钢筋网。要求水平钢筋采用焊接，形成闭合环形。

（4）立模浇筑混凝土，要求采用微缩混凝土，以减少干缩变形。浇注新混凝土前，混凝土界面应清理干净，无碎石、尘土等污物，然后喷涂界面剂，以保证新旧混凝土的可靠粘合。

（5）为降低混凝土的收缩和保证抗渗抗裂性能，混凝土湿养时间不能少于14d。

5）锚筋施工

（1）材料

植筋胶采用爱牢达（Araldite）XH111A/B。

（2）植筋施工方法

①钻孔。孔深与锚筋埋设深度相同，孔径比锚筋大2～4mm，孔位应避让钢束和构造钢筋，孔道应竖直。

②清理钻孔。孔道先用硬鬃毛刷清理，再以高压干燥空气吹去孔底灰尘、碎片和水分，孔内应保持干燥。

③灌胶。将植筋胶由孔底灌注至孔深3/4处，待插入锚筋后，胶即充满整个空洞。

④插入锚筋。锚筋插入前应清除插入部分的表面污物，并须插到孔底，孔口多余的胶应清除。污物应先以钢刷清除，再用丙酮擦净，并予拭干。

⑤在胶液干固之前，避免扰动锚固钢筋和在孔位附近有明水。

七、施工观测

为确保施工过程中的安全，应加强必要的观测，即在共用墩墩顶、承台顶面设置测点，施工期间随时监测各测点的水平变位及标高变化，各阶段观测要点如下：

（1）围堰施工前，对各测点进行观测，所测数据作为基准参数。

（2）在承台临时加固完成后，第一根加桩施工前，对各测点进行观测。各桩成孔过程中，每钻进10m及终孔时各观测一次。

（3）托梁混凝土浇筑后，张拉预应力钢束前，对各测点进行观测。张拉后再次观测。

（4）在全部施工完成后，对各测点进行观测。

如所测变位或标高变化出现异常，应立即分析原因，及时采取相应措施。

八、加固效果

开裂破损的承台已完全被新混凝土包裹，且十字托梁经张拉预应力后，与承台能够共同受力，通车 1 年后，经现场检查未发现裂缝，说明加固效果达到了加固设计的要求。

§2.3 T构桥墩偏斜及基桩不均匀沉降的加固

——采用增补桩基、预应力提升综合加固法

一、桥梁概况

该桥桥型布置为 5×16m+2×30m+45m+65m+45m+2×30m+5×16m，大桥全长 435m。其 16m 跨及 30m 跨为 T 形简支梁，45m 跨及 65m 跨为带 25m 挂孔的 T 形刚构。大桥各主要技术参数如下：

(1) 桥面净宽：净 9.00m+2×1.50m（人行道）；

(2) 线路等级：山岭二级；

(3) 荷载标准：汽车-20 级；挂车-100，人群 $3kN/m^2$；

(4) 通航标准：内河六级航道。

二、存在的主要问题

1) 伸缩缝病害严重

第三条伸缩缝破碎，第五、第六条伸缩缝受挤压卡死，第七条伸缩缝受拉张开约 10cm。

第三条伸缩缝有 1.5m 的一段破碎。主要原因是伸缩缝安装不平整，受车轮反复碾压冲击造成。第五、第六条伸缩缝是因为 9 号墩向河心方向偏斜，受挤压被卡死。第七条伸缩因 9 号墩向河心方向偏斜，梁端位移使伸缩缝张开过大，超过伸缩缝的正常使用范围。

2) 9 号墩 T 构两边悬臂梁的变位较大

该桥设计变坡点在 8 号墩 T 构和 9 号墩 T 构的挂孔梁中间，双向纵坡。在 8 号墩 T 构和 9 号墩 T 构的悬臂端、中点测得的高程值如图 5.2.3-1。

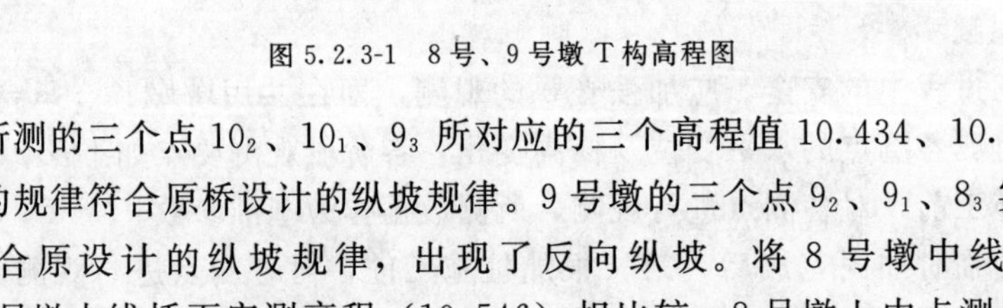

图 5.2.3-1　8 号、9 号墩 T 构高程图

从 8 号墩所测的三个点 10_2、10_1、9_3 所对应的三个高程值 10.434、10.573、10.575 中可看出，反映的规律符合原桥设计的纵坡规律。9 号墩的三个点 9_2、9_1、8_3 实测高程值所反映的规律不符合原设计的纵坡规律，出现了反向纵坡。将 8 号墩中线桥面实测高程（10.573）与 9 号墩中线桥面实测高程（10.546）相比较，8 号墩上中点测出的高程值比 9 号墩上中点测出的高程值高出 0.027m，如果是桥墩均匀下沉，则 8 号墩 T 构悬臂上与 9 号墩 T 构悬臂上对应点 9_3 与 9_2 高程差值也应为 0.027m，实际高差为 0.083m，说明 T 构在纵面上发生转动。8 号墩 T 构悬臂端与 9 号墩 T 构悬臂端对应点 10_2 与 8_3 高程值比较，高程差值为 10.434－10.506＝－0.072，亦说明 9 号桥墩发生向河中央侧的转动偏斜。

3) 9 号墩顶水平变位较大

根据实测资料，9 号墩顶下游向河心偏斜 5.5cm，上游向河心偏斜 3.7cm。8 号墩下游向河心方向偏斜 1.8cm，上游偏斜极小，可以忽略。从观测到的资料看 9 号墩除了向河心方面偏斜外还有一些扭转。8 号墩有微小扭转。

三、病害成因分析

该桥存在的主要问题是 9 号墩向河心方向偏斜，因 9 号墩向河心方向偏斜引起第七条伸缩缝被拉开达 10cm，第五、第六条伸缩缝受挤压卡死。9 号墩 T 构墩身刚度和 8 号墩 T 构墩身的刚度应该是相当的，设计的截面尺寸、高度、混凝土强度、配筋、施工条件、施工队伍都是一致的。从 9 号墩 T 构墩身和 8 号墩 T 构墩身设计图纸来看墩身的刚度是充分的。9 号墩 T 构墩身的刚度不够引起 9 号墩 T 构墩身偏斜的可能性不大。主要原因是 9 号墩基础（桩基）在河心方向的一排 1 号、2 号、3 号桩与第二排 4 号、5 号、6 号桩基不均匀下沉所致。

9 号墩基础的两排桩基不均匀下沉是引起 9 号墩 T 构墩身向河心方向偏斜的主要原因。9 号墩基础共有 6 根桩，其在河心方向侧的 1 号、2 号、3 号桩长度均为 4.2m，而在远离河心方向的另一侧的 4 号、5 号、6 号桩长分别为 15m、19.5m、22m，在“公路桥涵地基与基础设计规范”4.1.4 条中规定“在同一桩基中，除特殊设计外，不宜同时采用摩擦桩和柱桩，不宜采用直径不同、材料不同和桩尖深度相差过大的桩”。在 9 号墩基础设计中，1 号、2 号、3 号桩是按嵌岩桩设计的，而 4 号、5 号、6 号桩是按摩擦桩设计的。根据地质钻探资料，在 9 号墩基础中 1 号、2 号桩底有 10～15cm 厚的含碎石、泥沙等沉积物。桩底与基岩间的 10～15cm 厚清孔残留物会在受压后产生较大的挤压变形，引起桩基下沉。也可能是由于在 1 号～3 号桩底岩层 1.2～1.5m 下存在溶洞，出现溶洞顶面岩层变形，引起桩基下沉。另外左右二排桩长度相差很大，说明其下的岩层陡峭；陡峭岩层边缘的岩石稳定性较差，也是发生 1 号～3 号桩基下沉的原因之一。8 号、9 号墩的桩基桩尖深度相差过大，也容易引起基础的不均匀下沉。1 号～3 号桩下沉引起 9 号墩 T 构向河心方向偏斜。由此使得第 7 条伸缩缝张开过大，超过该伸缩缝的正常工作范围。第 6 条、第 5 条伸缩缝因被挤压靠紧，而失去伸缩缝的作用。

四、加固设计方案

1. 加固设计要点

该桥的主要病害是 9 号墩向河心方向倾斜及由此倾斜而引起的桥面相关伸缩缝的功能丧失。大桥其他各部位构件经检测，均能满足桥梁营运功能要求。倾斜原因是由于 9 号墩两排桩的不均匀沉降。

为了恢复大桥正常的通行功能，应对 9 号墩桩基础进行加固式纠偏处理，然后对桥面系相关病害及损坏进行处治及修复。经恰当的加固处治，大桥的安全耐久性及正常营运所要求的工作性状应能满足《桥规》的要求。

根据检测结论、原设计文件，工程地质资料，经综合分析及复算，提出以下四个加固处治方案。

2. 加固设计方案

(1) 方案一（增设桩基及预应力承台方案）

本方案的思路是：维持 9 号墩目前已基本稳定的倾斜状态，为了防止大桥在长期营运过程中，因冲刷及车辆荷载等综合作用而引起9号墩倾斜进一步发展，通过加大基础来提高其承载能力。具体方法是在靠河心侧增加三根桩，加大承台。为了使新旧承台结合好，旧承台与新增承台的结合面首先要认真地凿毛清洗，并在旧承台结合面上钻孔打入ϕ25钢筋锚栓，然后在新旧承台上、下面张拉的预应力，以此作为主要手段，使新、旧承台连成整体，共同受力，详见图5.2.3-2。本加固方案基本上是一种被动防范性的方案。

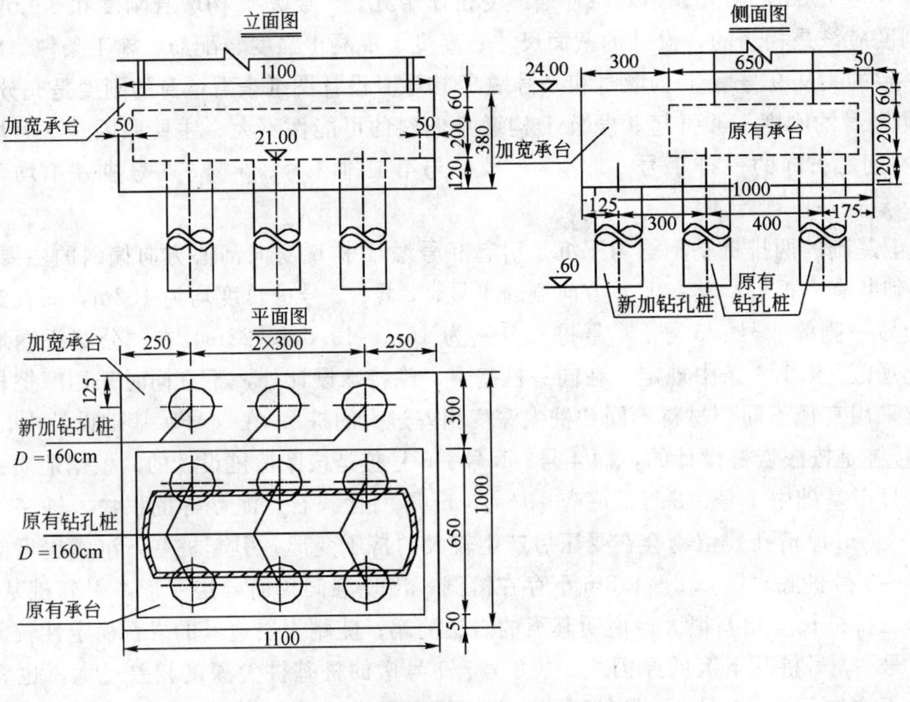

图5.2.3-2 加固构造布置图（方案一）（尺寸单位：cm）

(2) 方案二（增设桩基及外包承台方案）

本方案与方案一的思路基本相同，也是一种被动防范性的方案，其与方案一的最大区别在于新、旧承台的连接方式上，方案采用“包饺子”的方法以新承台包裹旧承台，施工难度较大，新、旧承台的结合可靠性把握不大，详见图5.2.3-3。

(3) 方案三（1号～3号桩压力注浆方案）

本方案主要是针对9号墩原有的1号～3号桩，桩长过短，桩底有10～15cm沉渣等缺陷。在1号～3号桩上钻孔，用高压水分别冲洗桩底后，压入高压水泥浆，使1号～3号桩桩底与基岩紧密结合。此方案比较简单、经济，但施工过程中的可靠性差，也是一种被动的处理措施。

(4) 方案四（预应力提升综合加固方案）

本方案是在结合一、二方案优点的基础上，进一步深化而来，其设计思路不是以维持现状为目的，而以尽量纠正偏斜，使9号墩恢复到设计要求状态为目的，是一主动性方案，详见图5.2.3-4，即在原9号墩桩基承台上再做一辅助承台（与原承台连成整体），并增设一排（三根）桩支撑辅助承台。通过新增桩基（利用桩顶横梁）与辅助承台之间的竖向预应力，提升承台，来调整 9 号墩顶向河心侧的倾斜位移，使桥面曲线部分得以恢复。同时在桥面伸缩缝挤死的位置，用千斤顶顶开，再浇筑桩顶横梁与辅助承台之间的混凝土，使得桩基、桩顶横梁和承台形成整体，确保本桥加固后的安全性。

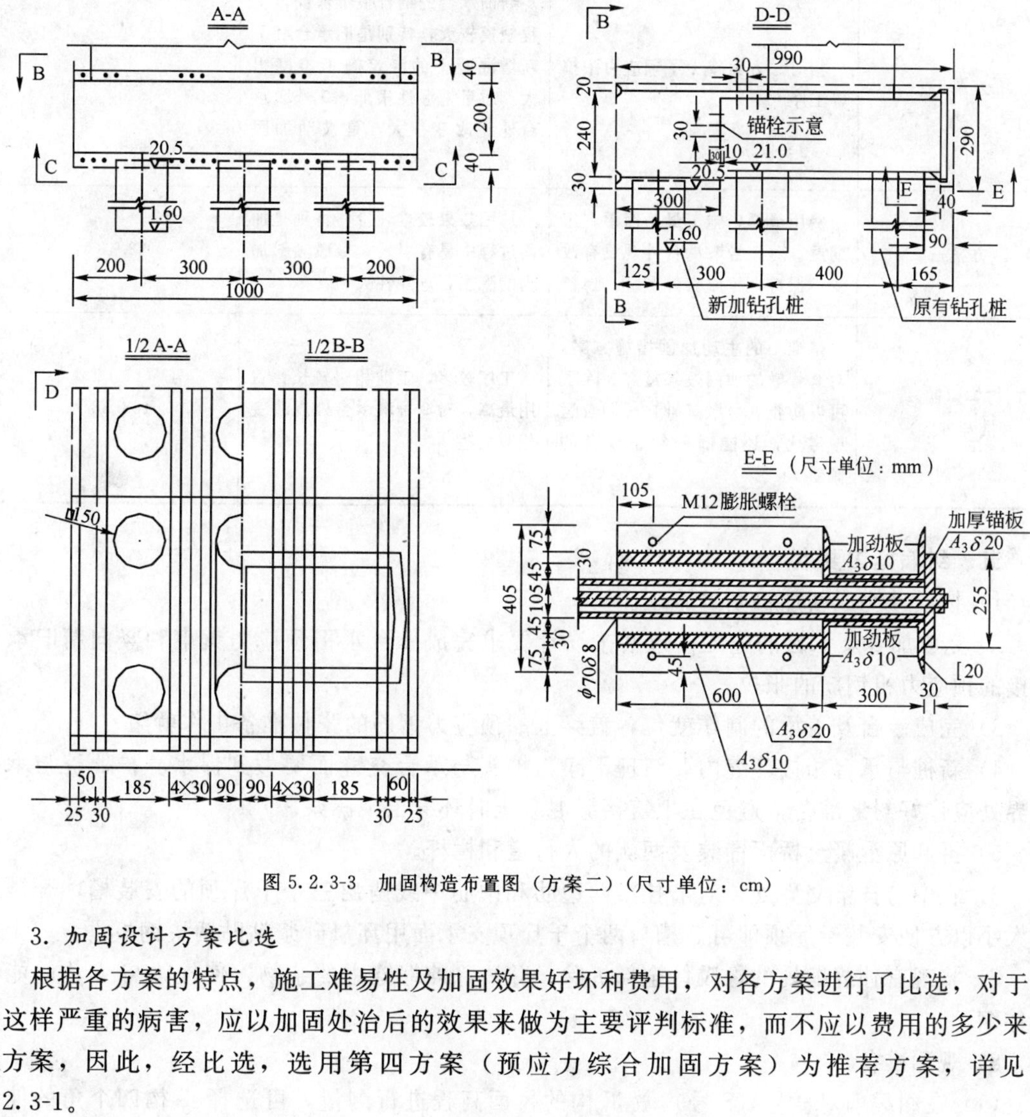

图 5.2.3-3　加固构造布置图（方案二）（尺寸单位：cm）

3. 加固设计方案比选

根据各方案的特点，施工难易性及加固效果好坏和费用，对各方案进行了比选，对于本桥这样严重的病害，应以加固处治后的效果来做为主要评判标准，而不应以费用的多少来选用方案，因此，经比选，选用第四方案（预应力综合加固方案）为推荐方案，详见表 5.2.3-1。

加固方案比选表　　　　表 5.2.3-1

方案序号	优　点	缺　点	总估算费用
方案一	加固措施较为合理，施工操作相对方便可行，对防止 9 号墩进一步斜倾可靠性强，9 号墩承台外观改变较少	是一种被动性加固措施，施工步骤相对较多，工程规模较大，费用较高	144.08 万

续上表

方案序号	优　点	缺　点	总估算费用
方案二	相对一方案减少了预应力张拉等工序	新旧承台的结合很难保证，工程规模较大，特别是旧承台底下新增混凝土的浇筑施工难度很大，质量把握性很低，9号墩承台外观改变很大，是被动加固措施	164.63万
方案三	费用最低，施工最为简单，工期短，对9号墩承台外观没有改变，保持大桥原有外形	加固效果较难评价，特别是加固过程中易有引发9号墩倾斜加剧的隐患，危险性大	52.48万
方案（四）（推荐方案）	是唯一的主动加固措施方案，对9号墩的加固效果最好，除了可以防止9号墩基础在长期营运中劣化，还能部分纠正现有的倾斜	工序较多，工期相对较长，费用最高，对9号墩承台外观改变相对大些	168.33万

五、纠偏施工要点

1）按设计完成新加桩基的施工。

2）完成加叠新承台的施工，包括按设计要求完成承台水平预应力钢束和竖向新旧承台连接的预应力粗钢筋的张拉。

3）完成承台及盖梁的制作就位，盖梁上的预应力钢筋的张拉准备工作就绪。

4）新桩与承台相接环缝内要清理干净，桩头与承台交缝面要做到保水养护，桩与承台交界处应作好封缝准备，避免在填筑接缝混凝土时环缝出现漏浆。

5）拆卸原混凝土桥面铺装及两侧的人行道和栏杆。

6）在中跨挂梁交界处，对准挂梁两边肋和中肋中线凿出三个千斤顶的安装槽，开槽尺寸大小以方便安装千斤顶即可。槽口两个千斤顶支承面用环氧砂浆粘贴两块钢板。

7）将现有伸缝缩内的橡胶体全部拆除，并清除伸缩缝中的杂物，使挂梁与T构间能自由伸缩。

8）观测准备

(1) 在纠编前对9号（8号）墩T构的桥面高程进行测量，可选择T构四个角的伸缩缝角钢顶面为主要测点。这四个点在大桥竣工时应是与设计桥面曲线相吻合或平行。纠编的目标是通过支顶使这四个点与设计桥面曲线的距离相等，但应计入未卸桥面铺装段重量形成的悬臂挠度差（由于桥墩在倾斜过程中也有下沉，故8号、9号墩对应四个测点与桥面设计曲线的距离，可能不同值）。

(2) 在桥墩上下游侧面接近墩中心线处，放出一根垂线（即上下两点，作为纠偏前的基准绳，以测量在纠编过程中墩的弯曲变形和墩体位移量）。

(3) 在旧承台的上下游侧面放出一条水平线的两端点，以确定在纠编过程中旧承台的转动位移量。

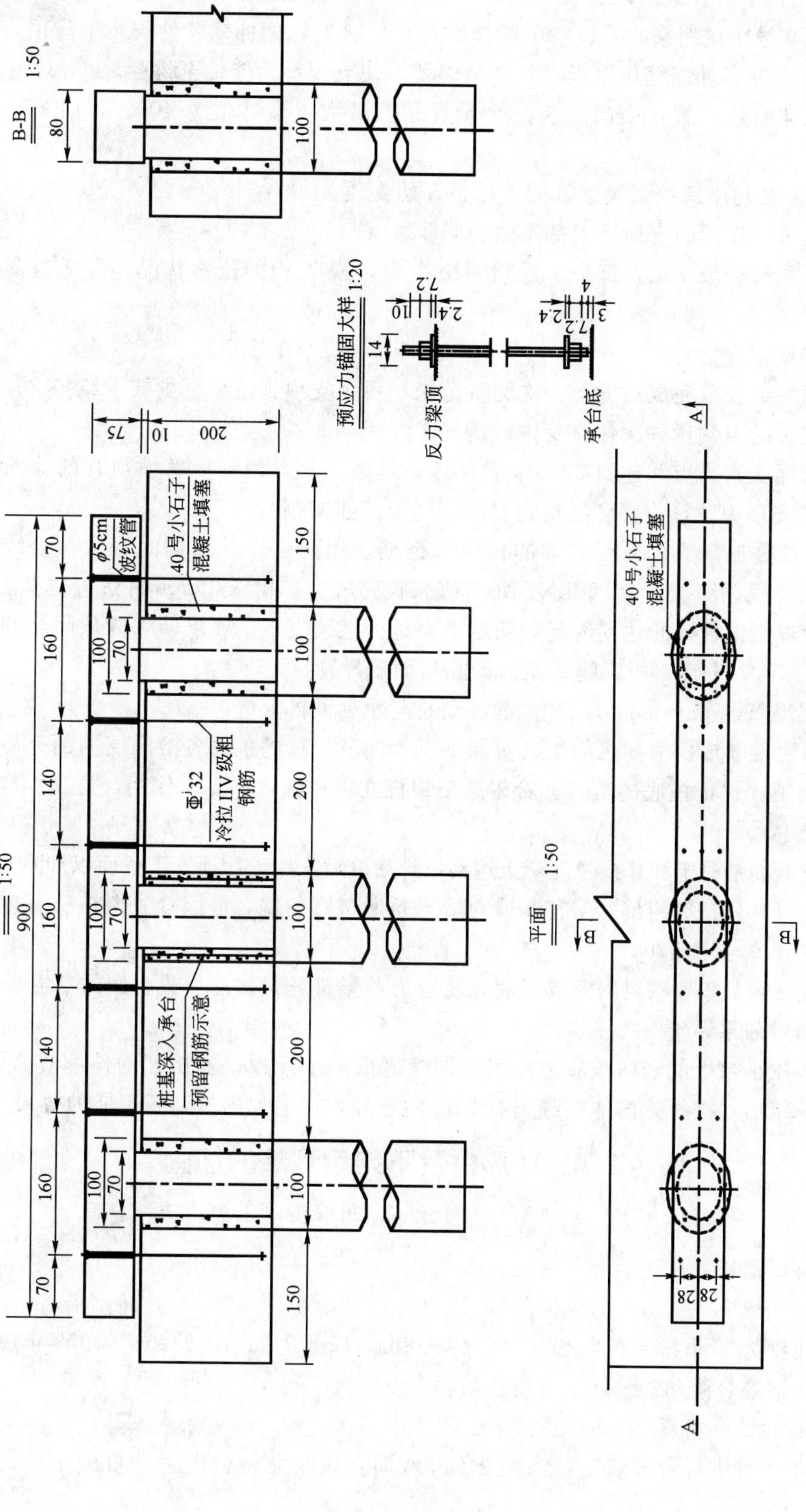

图5.2.3-4　加固构造布置图（方案四）（尺寸单位:cm）

9）分别在中跨挂梁两端安装千斤顶对8号、9号桥墩顶推纠编。

10）在9号桥墩纠编时，仅在中跨挂梁与9号墩T构间伸缩缝处安装千斤顶。从0号台到8号T构上的各伸缩缝用钢板将伸缩缝焊死，使支顶反力能传至桥台。

11）在伸缩缝位置，横向安装三个千斤顶，最大支顶吨位为400～500kN，行程大于100m。

12）9号墩与中跨挂梁接缝处的千斤顶开始支顶。

（1）三个千斤顶的支顶反力基本做到同步。

（2）支顶按分级支顶，每个千斤顶一级为5t，视T构的位移状况，可适当调整支顶力的大小。

（3）支顶力分别为0，50，100，150，200kN（每个千斤顶）。

（4）每一级支顶完成后进行一次测量记录，每级支顶到位后至少要求维持20min，在进行下一级支顶时再测量一次各点变位的情况。

13）桥面支顶力点和达到600kN时，停止继续支顶，用钢板塞填顶升的伸缩缝（如果在<600kN支顶力时，位移已经达到目标则提前终止支顶）。

14）张拉叠加新承台上反力梁的预应力钢筋，用两台千斤顶同时张拉，分级、分批张拉，每一级每根钢筋拉力为150kN，每一级张拉完成后，相隔20min并进行位移测量。

15）检查纠偏目标的达到情况，确定桥面是否继续支顶。要求伸缩缝从闭合到张开距离到5～6cm即可，并用钢板将缝塞紧。卸除桥面千斤顶。

16）用环氧混凝土（标号C40）灌注新桩与承台间的环缝。

17）采用旋喷或压力灌浆的工艺对原下沉侧的三根桩的桩底各溶洞层内的介质土或空洞部分进行灌填，保证桩底的密实。希望这三根桩在以后能发挥支承作用，这是本次桩基加固的重要环节。

18）待新灌混凝土和环接缝混凝土达到设计活度后，用千斤顶支顶桥面以卸除塞缝钢板。

19）采用9号桥墩纠偏的工艺步骤对8号桥墩进行纠偏，但因8号墩偏移程度较小，支顶的力度应比9号墩略小。

20）在8号、9号墩纠偏完成以后，将反力盖梁进行封锚灌填梁台间的空缝。

六、加固效果评价

通过张拉承台上的竖向预应力和张拉伸缩缝出的千斤顶，被挤死的伸缩缝张开了2cm。加固通车一年后，被挤死的伸缩缝仍有2cm的空隙，说明加固达到了预期的效果。

§2.4 U形桥台不均匀沉降的加固

——采用旋喷注浆加固法

一、桥梁概况

1. 原设计

某跨线桥为U形桥台扩大基础，台高9.8m，基础宽11m，长9m。1978年底桥台建成并架设工字钢叠合梁和铺设钢筋混凝土桥面。

2. 存在的主要问题

1979年3月进行台背填土，当填土到3m时，发现北桥台发生严重的不均匀下沉，至

1981 年 3 月进行旋喷桩加固前为止，桥台前趾左角累计下沉 46mm，右角下沉 44mm，台后左角下沉 112mm，右角下沉 106mm。由于桥台向后倾倒，致使桥台胸墙与桥面的伸缩缝迅速张开，由施工完毕时的 7.5mm 扩大至 210mm，支座锚固螺栓被拉弯。基础的地质情况如图 5.2.4-1 所示。

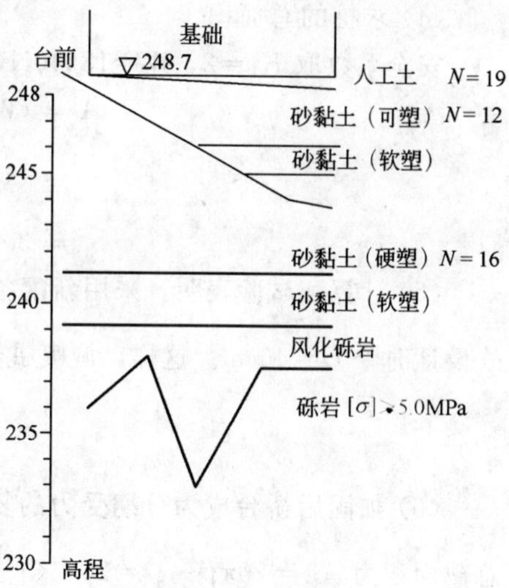

图 5.2.4-1　基础地质构造图

3. 原结构复算

（1）结构复算依据

原桥设计资料及《公路桥涵地基与基础设计规范》(JTJ 024—85)。

（2）计算模型的选择

按常规 U 型扩大基础重力式桥台计算模型分别对地基及基础的应力、沉降和稳定性进行验算。

（3）计算结果分析

见三、1. 加固设计要点。

二、桥梁现状评定

《公路桥涵地基与基础设计规范》(JTJ 024—85) 第 3.3.3 条规定："墩台的沉降（cm）不得超过下列规定：一、墩台均匀总沉降值（不包括施工中的沉降）$2.0\sqrt{L}$。"其中，L 为相邻墩台间最小跨径长度（m）；跨径小于 25m 时仍以 25m 计算。

因此，对于本桥，墩台沉降容许极限值为 $2.0\sqrt{L}=2.0\times\sqrt{25}=10\text{cm}$。

根据实测结果，该桥台已发生不均匀沉降，且超过了容许极限值，必须实施加固措施。

三、加固设计方案

1. 加固设计要点

由于在桥台基底下 10m 左右有一承载力很高的砾岩地层，容许承载力大于 5MPa，因此，按支承桩进行加固设计。单桩承受的最大荷载由桩体强度决定。桥台最大设计荷重为 18640kN。

（1）估算原有地基极限承载能力 σ_0

由于该桥建成后一年多来不断下沉，又属不均匀性质，故现有地基支承系数取 $\alpha=0.85$。

（2）加固前地基实有平均压应力

桥台最大荷重：　$W=18640\text{kN}=1.864\times10^7\text{N}$

桥台面积：　$A=11\times9=99\text{m}^2$

则：　$\sigma=\dfrac{W}{A}=\dfrac{1.864\times10^7}{99}=180000\text{Pa}=0.18\text{MPa}$

故地基可以承受的极限强度为：

$$\sigma_0=\alpha\cdot\sigma=0.85\times0.18=0.15MPa$$

（3）现场土壤进行配方试验

现场旋喷试验的固结体强度 $\sigma_{桩}$ 均大于 2.5MPa，故设计时取 2.5 MPa。

(4) 求桩的总面积

安全系数取 $K_1=2$，$W=18640\text{N}$，则

$$A=(W-\sigma_0 A)/(\sigma_{桩}/K_1-\sigma_0)$$
$$=(18640-0.15\times10^6\times99)/\left(\frac{2.5\times10^6}{2}-0.15\times10^6\right)$$
$$=3.45\text{m}^2$$

(5) 计算和试验表明，采用新配备的设备和旋喷工艺，固结体有效直径 D 均大于 46cm。故设计时令 $D=46\text{cm}$。这样，旋喷桩数量为 $m=\dfrac{A_{桩}}{\frac{1}{4}\pi D^2}=\dfrac{3.45}{\frac{1}{4}\pi\ (0.46)^2}=20$ 根，实际采用 20 根。

(6) 加固后桥台成为分期受力的复合地基，可计算桥台的总承载安全系数 K_α，20 根桩总截面积为 $A_{桩}=20\pi\left(\dfrac{D}{2}\right)^2=20\pi\times\left(\dfrac{0.46}{2}\right)^2=3.32\text{m}^2$，则

$$K_\alpha=\frac{A_{桩}(\sigma_{桩}-\sigma_0)+\sigma_0 A}{W}=\frac{3.32(2.5\times10^6-0.15\times10^6)+0.15\times10^6\times99}{18640}$$
$$=1.23$$

即桥台在最不利荷载作用下，基础有 1.23 的安全系数，满足加固要求。

(7) 孔位布置

由于桥台顺线路中线是轴对称的，故每侧布置 10 根。同时桥台现有病害是台后沉陷较前趾大，故旋喷孔在桥台后部较前部略多。除在两侧襟边布孔外，还在 U 型桥台中央底板较薄处布置 6 孔，如图 5.2.4-2 所示。

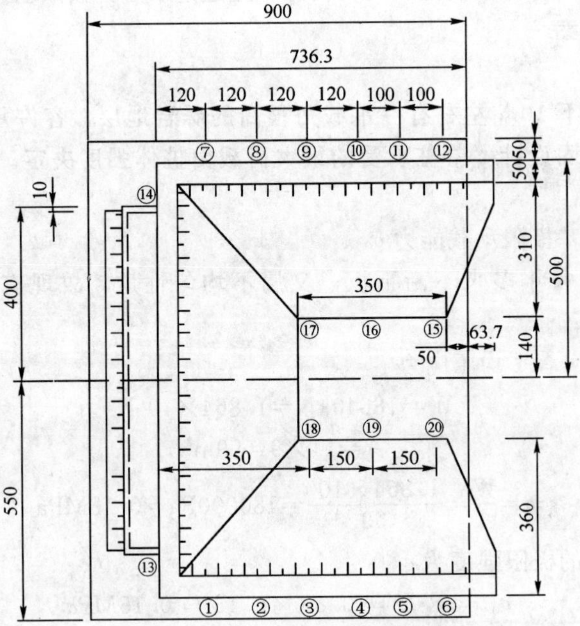

图 5.2.4-2　孔位布置图（尺寸单位：cm）

至于每个固结体的长度则根据各孔的基岩高程决定。浆液用量亦可根据有关资料进行估算。因加固前未发生危险，故不用验算桥台倾覆。

2. 加固设计方案比选

由于台后填土较高，桥台四周附近又有房舍和铁路，施工场地狭小，因此用换填或扩基等方法加固，技术上存在一定因难，经济上也不尽合理，最后决定采用旋喷法进行加固。

四、施工工艺

1. 施工工艺要点

本加固施工有两个特点：一是使用了双重管旋喷工艺，在标准贯入度 N 值较大的砂黏土中获得了较大的固结体；二是直接对桥台基底和襟边以下的土层进行旋喷加固。这样既扩大了基底面积，又使旋喷固结体和台基联成一体，在台基的下面形成一个承受力的桩群。

(1) 喷前要检查高压设备和管路系统，其压力和流量必须满足设计要求。注浆管及喷嘴内不得有任何杂物。注浆管接头的密封必须良好。

(2) 垂直施工时，钻孔的倾斜度一般不得大于1.5%。在插管和喷射过程中，要注意防止喷嘴被堵，在拆卸或安装注浆管时动作要快。水、气、浆的压力和流量必须符合设计值，否则要拔管清洗再重新进行插管和旋喷。使用双喷嘴时，若一个喷嘴被堵，则可采取复喷方法继续施工。

(3) 喷射时，要做好压力、流量和冒浆量的量测工作，并按要求逐项记录。钻杆的旋转和提升必须连续不中断。拆卸钻杆继续旋喷时，要注意保持钻杆有0.1m的搭接长度，不得使喷射固结体脱节。

(4) 深层旋喷时，应先喷浆后旋转与提升，以防注浆管扭断。

(5) 搅拌水泥时，水灰比要按设计规定，不得随意更改，在旋喷过程中应防止水泥浆沉淀，使浓度降低。禁止使用受潮或过期的水泥。

(6) 施工完毕，立即拔出注浆管彻底清洗注浆管和注浆泵，管内不得有残存水泥浆。

2. 主要施工机具及技术参数

(1) 施工机具

XJ—100型地质钻机　　一台

SNC—H300型黄河水泥注浆机　　一台

Y—1型电动液压注浆泵　　一台

76型振动钻　　一台

另外现场应急修补用小型电焊机、氧乙炔焊具和钳工用具等器材若干。

(2) 旋喷技术参数

喷嘴直径：ϕ2.5及ϕ3.2mm（共二个）

喷射压力：20MPa左右

旋转速度：20转/min

提升速度：0.12～0.2m/min（注：冒浆量大时可采用较快的提升速度，一般均为0.12m/min）。

3. 施工场地布置

因桥台地方狭小，宜顺路堤纵列式布置，留出通道便于施工机具和材料运送。

地质钻与振动钻均置于钢轨排架上。放在桥台的一侧施工，水泥注浆车则放在另一侧。当一侧施工完后，车子开上桥面，将轨排拨向另一侧，再将车退至空出的地方。

五、加固效果

由于基础岩面起伏大，局部土层松软，有些地方空隙较大，甚至存在小范围的空洞，旋喷施工时不但每孔旋喷深度相差较大，而且用浆量亦有相当大的出入。如台西第 18 号孔旋喷长度为 15.9m，注浆量约 $28m^3$。台西北第 12 号孔旋喷长度为 11.5m，注浆量 $16m^3$。而台前第 1 号孔旋喷长度为 8.85m，注浆量 $3.5m^3$。所有施工孔位均有冒浆情况发生，18 号和 12 号孔起初不冒浆，以后才逐渐开始少量冒出，可见在 18 号孔和 12 号孔附近存在有较大空隙的土层或局部空洞，在这些地方除了形成桩形的固结体外，水泥浆还填充固结了土层周围的空洞和孔隙。相反，在桥台前部 1 号孔处土层覆盖厚度较浅土质又较硬，注浆量相对减少。

本桥台自 1981 年 6 月完工后通车，经过二年的雨季考验，一直未发现有下沉迹象，使用正常，说明使用旋喷注浆技术对该桥台地基进行加固是成功的。

§2.5 U形桥台开裂、沉降的加固

——采用台背换填、增设钢筋混凝土圈梁加固法

一、桥梁概况

该桥桥梁全长 68.78m。桥面净宽为：净 9m＋2×1.5m 人行道，设计荷载标准：汽车－20 级；挂车－100；人群－$3.5kN/m^2$。上部构造为：4 孔 13m 钢筋混凝土空心板。下部构造为：扩大基础双柱式桥墩、重力式 U 形台。该桥 2001 年 10 月建成。

二、试验检测结果的评定

1. 静载试验

由于桥梁墩台基础系隐蔽工程，基坑均已回填，无法直接检测到墩台基础的地基承载能力，为此采用静载试验的方法对桥梁墩台的实际承载能力进行分析和评价，间接了解地基承载能力。

(1) 试验加载及试验效率系数 η_q

①加载车辆

试验过程中采用两辆装载重物的东风汽车进行加载，每辆车的轴重如表 5.2.5-1 所示。

静载试验加载车辆轴重 表 5.2.5-1

车　号	前轴重（t）	后轴重（t）	总重（t）	加载车辆示意图
1	8.160	32.030	40.19	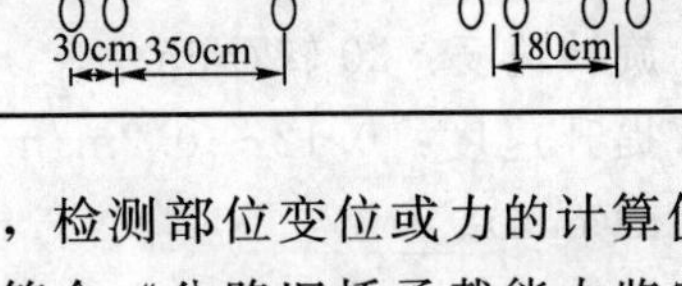
2	7.680	32.540	40.22	

经计算，试验加荷效率 η_q＝0.846（即试验荷载作用下，检测部位变位或力的计算值与设计标准活荷载作用下该部位变位或力的计算值的比值），符合《公路旧桥承载能力鉴定办法》所要求的静载试验效率 η_q 为 0.8～1.05 的规定。

②试验加载

为能更加准确的测定桥梁墩台的实际承载能力，以及考虑到安全性，本次静载试验加载采用分两级逐步加载的方式进行加载。即加载时先于加载位置布设一辆重车，待稳定后监测桥墩、台的沉降值；确定地基能承受二级荷载后再布设第二辆重车。试验过程中观察桥台侧墙裂缝是否有扩展趋势，预防在试验过程中给桥梁造成新的损伤。试验加载车辆布置详见图5.2.5-1所示。

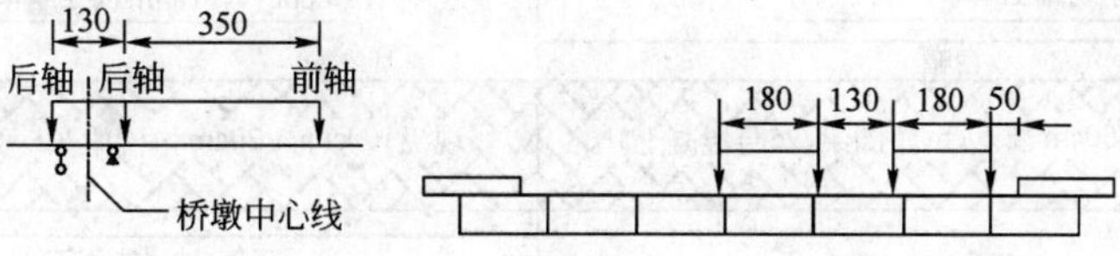

a)　　　　b)

图5.2.5-1　试验加载车辆布置图（尺寸单位：cm）

a）纵向加载布置图；b）横向加载布置图

③测点布置

本次试验在两岸桥台前墙上、下游和各桥墩墩柱上各布置一测点，见图5.2.5-2。

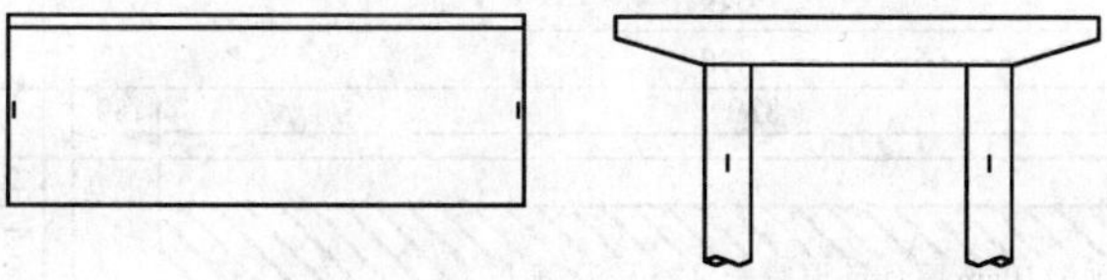

a)　　　　b)

图5.2.5-2　墩、台测点布置示意图

a）桥台前墙测点布置图；b）桥墩测点布置图

（2）试验结果

经检测并综合分析，该桥各墩台在试验荷载作用下的沉降值最大为0.85mm。

2. 检测试验结果的评定

（1）桥台侧墙严重开裂，侧墙与前墙基本形成单独受力状态，已不能满足继续使用的要求。

（2）根据《公路养护技术规范》（JTJ 073—96）第4.4.12条规定“简支梁桥墩台均匀总沉降值（不包括施工中的沉陷）超过$2.0\sqrt{L}$（cm）时应采取措施予以加固”，本桥墩台沉降值均未超过该规定，且在试验荷载作用下，墩台下沉量较小，因而分析认为该桥墩台基础尚好，暂不需加固，但在营运过程中应跟踪观察，以确定桥梁墩台是否还存在下沉或不均匀下沉现象。

三、设计要点

鉴于该桥两岸桥台侧墙开裂严重，前墙与侧墙已基本形成两个单独受力体系，对桥台整体受力极为不利。故采取以下加固方法：

（1）挖除台背填土（全部），换填砂砾等透水性材料。

（2）在桥台台帽下缘设置一道封闭式钢筋混凝土圈梁（截面尺寸为100cm×20cm），并于两侧墙外表面锚固一层钢筋网后浇筑 10cm 厚混凝土补强，将桥台前、侧墙连成一整体，以增强桥台前、侧墙的整体性，改善桥台基础不均匀受力状况，见图 5.2.5-3。

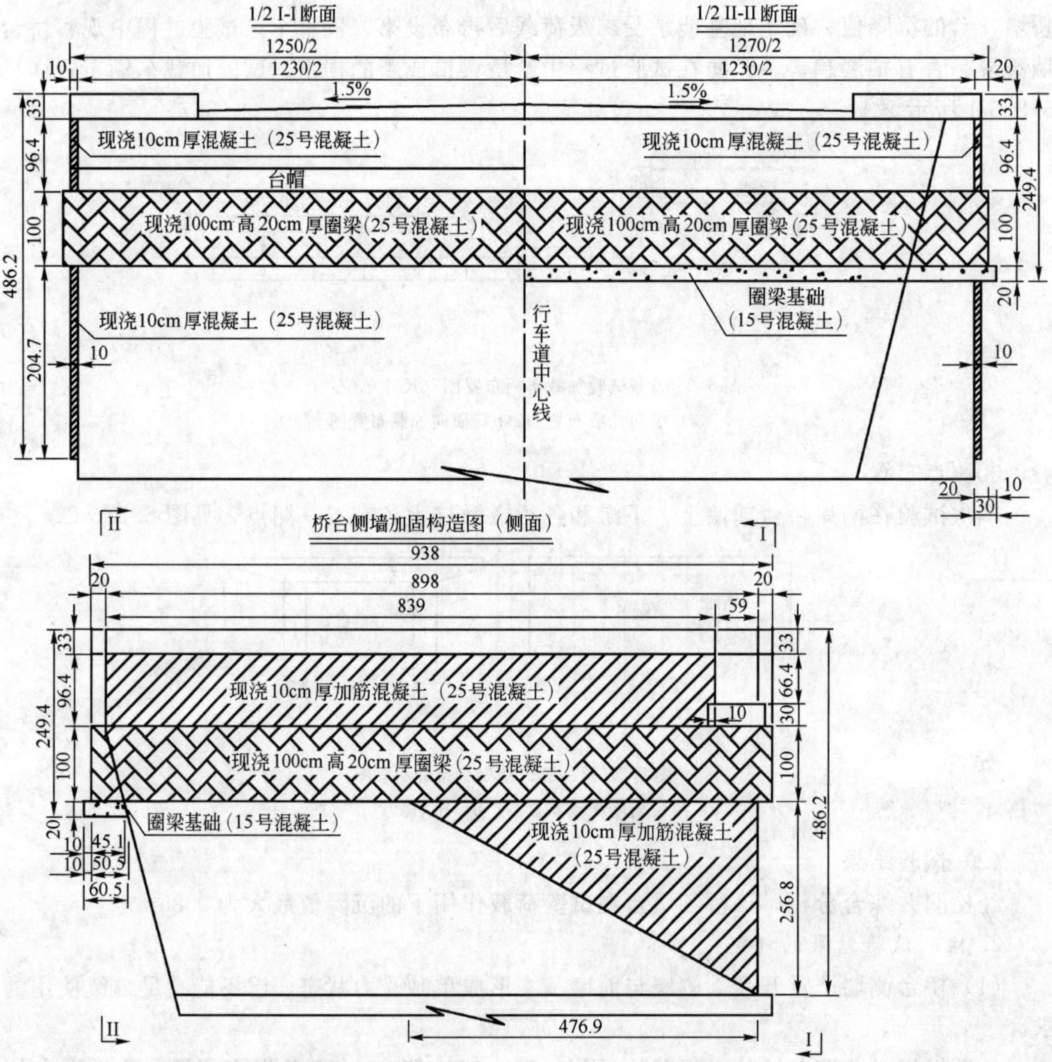

图 5.2.5-3　桥台加固构造图（尺寸单位：cm）

(3) 对侧墙裂缝设置骑缝锚固钉后，采用高压灌浆法将环氧水泥砂浆注入裂缝内，对裂缝进行修补。

(4) 更换伸缩缝。

四、施工要点

(1) 挖除台后填土后，应严格按照《公路桥涵施工技术规范》的要求回填砂砾，并达到相应密实度，其上再铺筑水稳基层与混凝土路面（与线路相同）。

(2) 浇筑桥台圈梁与侧墙混凝土前，应将桥台前、侧墙表面的砂浆层凿除干净，并用水冲洗干净。

(3) 在侧墙浇筑混凝土前，应采用压浆机将裂缝灌满砂浆（裂缝宽超过 0.5mm）。

§2.6　柔性排架桥台倾斜、下沉的加固

——采用增补桩柱加固法

一、桥梁概况

该桥上部构造为 5 孔 20m 钢筋混凝土装配式简支 T 梁，全长 119.70m，下部构造为重力式混凝土墩，除 2 号墩基础为钢筋混凝土沉井外，其余 3 个墩的基础均为小型木井筒施工的钢筋混凝土柱式基础，南昌岸桥台为钢筋混凝土柱式排架桥台（图 5.2.6-1），吉安岸为单排排架桩桥台，桥面净宽为净 7m+2×0.75m 人行道，设计荷载为汽车-13 级，拖-60，该桥建于 1964 年。

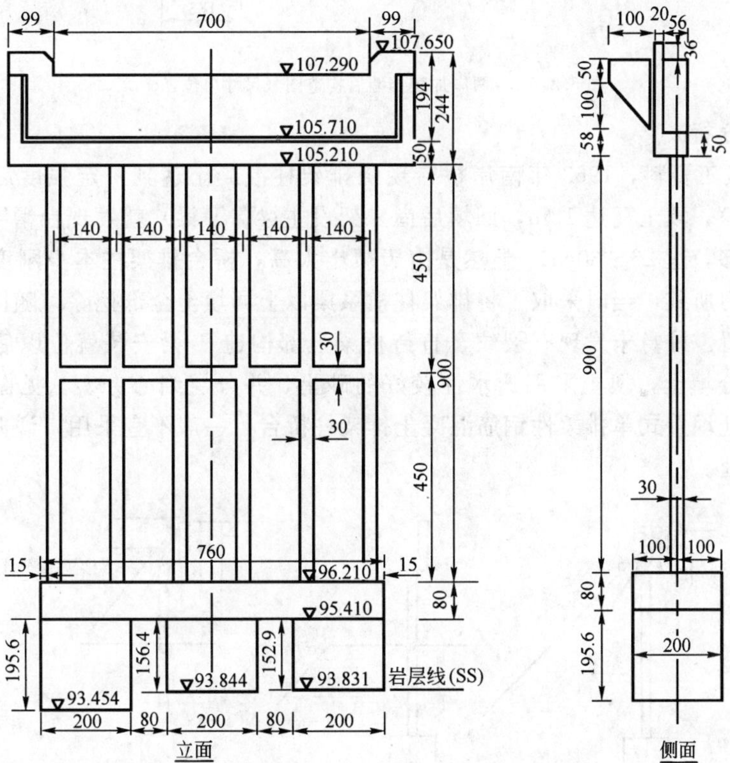

图 5.2.6-1　桥台构造图（尺寸单位：cm）

工程竣工后不久，由于两岸桥台倾斜，已在两岸台后各加建了挡土墙一座，并将两岸原 1∶1 的干砌片石锥坡改建为 1∶1.5 的浆砌片石锥坡，详见图 5.2.6-2 所示。

二、存在的主要问题

(1) 南岸桥台 6 个摆柱支座全部向台后倾斜。台帽及排架柱亦向台后倾斜，主梁（T 梁）顶靠桥台背墙。

(2) 两岸锥坡均下沉达 30cm。

(3) 6 条伸缩缝均已损坏，尤以南岸台伸缩缝损坏为甚。

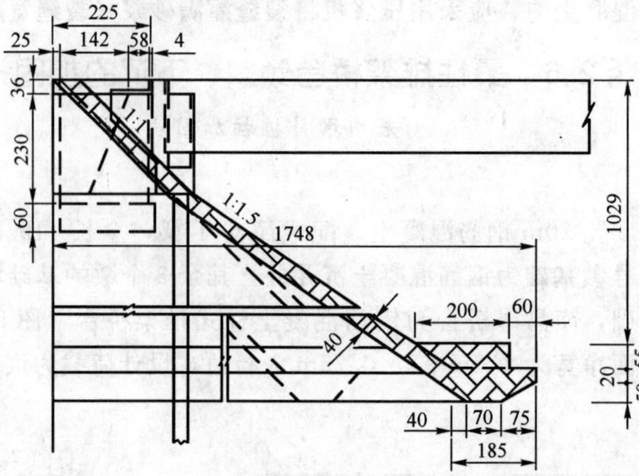

图 5.2.6-2 两岸加建挡墙后构造图（尺寸单位：cm）

三、病害分析

(1) 据查竣工资料，1963 年南岸桥台现浇排架柱混凝土达到一定强度后，即回填土方（锥坡填心土方），填土高达 12m，回填后尚未架设主梁（T 梁）就发现台帽明显向桥孔（河中心）方向位移，达 26～30cm，显然是由于填土太高，桥台排架柱本身刚度太小，不足以抵抗填土土压力所致，当时采取了将排架柱横系梁以上回填土全部挖除，随即台帽及架柱自然恢复到原位置。柱身未发现有裂纹，直待桥梁上部构造 T 梁安装就位以后，才继续回填横系梁以上部分填土，填土采用透水性较好的砂土，并分层细心夯实（见图 5.2.6-3）。说明在填土较高处埋置式单排柔性钢筋混凝土排架柱桥台，一般不宜采用，说明设计上一开始就存在不足之处。

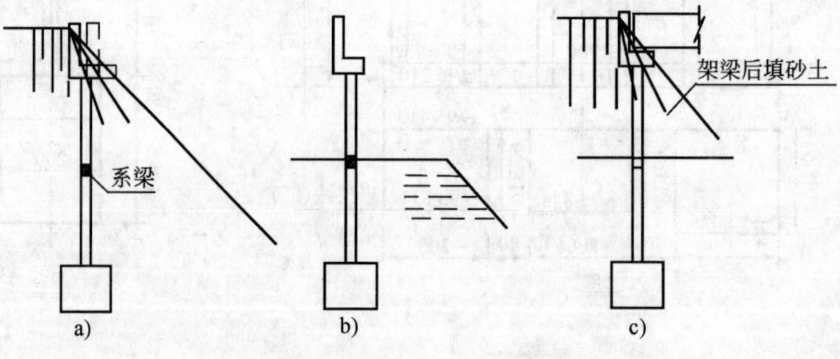

图 5.2.6-3 南昌岸桥台原施工情况示意图

a) 填土后台帽及架柱明显向桥孔位移；b) 全部挖除系梁以上填土后，架柱自然回到垂直位置；c) 架 T 梁后继续分层回填系梁以上砂土

(2) 大桥竣工时，两岸桥台台帽均向台后倾斜，锥坡变形较大，随即进行了加建整修，一是在两岸台后各加建了挡土墙一座，二是将 1∶1 的干砌片石锥坡改为 1∶1.5（如图 5.2.6-4）。台后加一挡土墙，减去了挡土墙基底以上填土对排架柱产生的土压力，同时台前放缓的边坡进一步减少了土压力，30cm 厚的干砌片石护坡，对台身有一定的支撑作用，如此处理方式使该桥维持了将近 30 年的正常营运。

(3) 由于近年来交通量迅猛增长，且大吨位超载车辆日趋增多，使得原本就有缺陷的大桥桥台越发不堪重负，因此整个台身的上部在主动土压力的作用下向河跨方向倾斜，由于台帽后墙下端被主梁（T 梁）顶住，相当于单向弹性嵌制，而台身下端嵌固于沉井，单排架柱本身属于柔性结构，产生如图 5.2.6-5 所示的变形，这与病害情况是相吻合的，由于台帽向台后倾斜较大，其倾斜速度突然加剧可以定性地推测南昌岸桥台排架柱已产生了塑性变形，可能已有断裂现象，但由于未能挖开锥坡实测，是否真已断裂尚不能确认。而吉安岸桥台采用的是打入桩基础，原天然地面上的填土高度远小于南昌岸桥台，在 1964 年加建整修后再未出现较大的病害 。

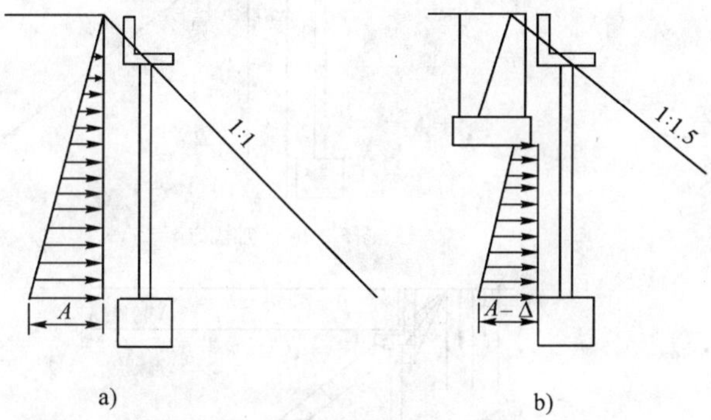

注：台前溜坡土压力未示出。

图 5.2.6-4　桥台改建整修示意图

a) 竣工时桥台示意图；b) 第一次加建整修示意图

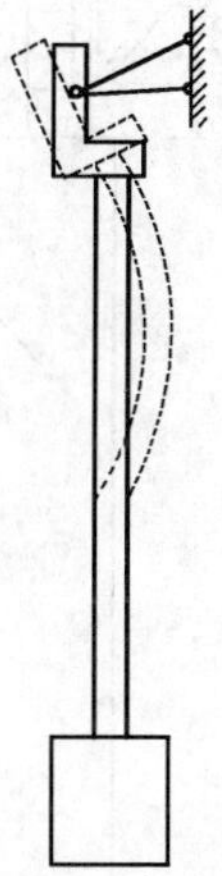

图 5.2.6-5　桥台变形示意图

四、加固方案

吉安岸桥台因倾斜较轻微，暂不加固处理，但需继续观察其病害发展情况。对南昌岸桥台提出三个加固方案进行比选。

(1) 方案一：将排架柱柔性台改为钢筋混凝土薄壁台（见图 5.2.6-6）。

该方案施工时需将锥坡开挖，限制交通，采用半幅施工，半幅维持通车的措施，同时必须采取挡板临时防护等措施，以确保另半幅路基不致坍塌，重新挖基、立模，将柔性排架柱台改为钢筋混凝土薄壁台，并将原排架柱全部包裹在薄壁台中。该方案的优点是加固完毕后外观上看不到任何痕迹，不影响外观，缺点是必须采取半幅开挖方法施工，而开挖深度达 10 多米，维持交通的另半幅路基支挡工程非常困难，必须特殊考虑。

(2) 方案二：在柔性排架柱台前另加两根挖孔灌注桩，在加桩上重新浇筑盖梁（见图 5.2.6-7）。

该方案目的明确，较为简便易行，采用另做桥台的方法，彻底地解决原有桥台的先天不足，能维持正常交通，缺点是加固完工后会留下永久的欠美观的外形，且施工时必须注意挖孔的孔壁支撑和渗水处理等问题。

(3) 方案三：在柔性架柱前另加斜向支撑，形成如图 5.2.6-8 所示的 A 形框架。

该方案较为容易施工，虽然仍需采用半幅通行，半幅施工，限制交通的方法，只需开挖至横系梁位置，比较容易实施。同时，将原柔性台改为框架结构，从结构上改变了原来的缺陷。改建后也不破坏外形，但关键和前提是现有桥台的排架柱必须完好无损。若排架柱已断裂，则此方案不可行。

三个方案各有优缺点，经综合社会效益和经济效益比较后认为第二方案较为稳妥，故按第二方案对该桥台进行了加固处理，并在加固过程中对原有已损坏的 6 条伸缩缝及全部摆柱式支座进行了更换和整修。加固后，大桥营运至今情况良好。

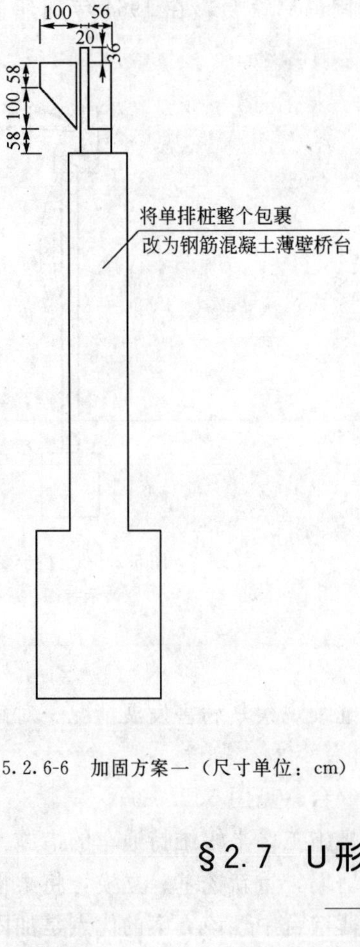

图 5.2.6-6　加固方案一（尺寸单位：cm）

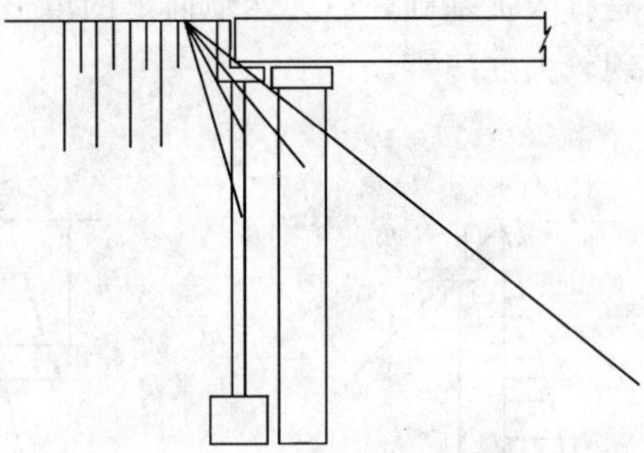

图5.2.6-7　加固方案二

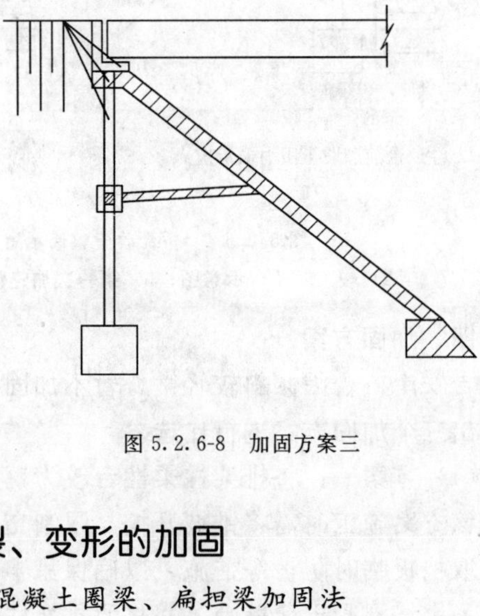

图 5.2.6-8　加固方案三

§2.7　U形桥台开裂、变形的加固

——采用钢筋混凝土圈梁、扁担梁加固法

一、桥梁概况

基高速公路下穿分离式立交桥（车行通道），全长 30.4m，设计荷载：汽车-超 20 级；挂车-120，桥宽 27m（0.5m 防撞栏＋11.5m 行车道＋0.5m 防撞栏＋2m 中央分隔带＋0.5m 防撞栏＋11.5m 行车道＋0.5m 防撞栏）。上部构造为 1 孔标准跨径 10m 钢筋混凝土空心板，桥面设 2.41％纵坡、2％横坡，通道与路线斜交 30°。下部构造：扩大基础配 U 形桥台。该桥 1997 年建成。

二、存在的主要问题

（1）南岸桥台：左幅侧墙有 1 条竖向裂缝（裂缝距前墙 215cm 左右），裂缝由侧墙顶向下延伸至锥坡内，缝宽约 1mm 左右；右幅侧墙亦有一条裂缝沿侧墙向下延伸至锥坡内，缝宽 1～10mm 不等；桥台前墙有数条细微裂缝，缝宽 0.1～0.3mm，缝边缘有白色结晶体析出。

（2）北岸桥台：①左幅侧墙有一条竖向裂缝（裂缝分别距前墙 46～90cm 不等），缝两侧混凝土有稍许错位现象，裂缝由墙顶向下延伸至锥坡内，缝宽为 3～10mm 不等；②右幅侧墙亦有 1 条横向裂缝、2 条竖向裂缝，横向裂缝距台帽底 70cm 处，缝宽 0.5～3mm 不等，缝长 300cm 左右。2 条竖向裂缝由侧墙顶向下延伸至锥坡内，缝宽约 1mm，3 条裂缝中均有积水及白色晶体析出，且横向裂缝与前墙水平裂缝连通，前墙裂缝由右幅边缘向路中心延伸，长约 820cm，之后向上呈 45°斜向向上延伸至台帽底部。

（3）桥台填土顶路面均有不同程度的下陷现象，并伴有小面积的路面破碎。

三、加固设计要点

根据结构检测有关数据可知，桥台各裂缝的产生是多种原因综合作用所导致的。所以，确定采用以下方法对桥台进行加固：

（1）采用骑缝钢筋锚固裂缝，以加强该截面的抗剪能力，并在骑缝筋表面抹一层环氧树脂砂浆进行钢筋防锈处理，见图 5.2.7-1。

（2）在台帽下台身外侧面（包括台背）设置一道四边环形钢筋混凝土圈梁（宽 20cm×高 50cm），以加强桥台的整体性，增大各墙体的抗剪能力，达到约束桥台各墙体的侧向变形之目的，圈梁通过横向锚固筋与桥台连成整体，见图 5.2.7-2、图 5.2.7-3。

（3）在桥台两侧面的圈梁下各设置 2 道纵向（沿行车方向）钢筋混凝土扁担梁（宽 20cm×高 50cm），扁担梁亦通过横向锚固筋与桥台侧墙连接成整体，以增大桥台侧墙的抗剪能力，见图 5.2.7-2、图 5.2.7-3。

（4）考虑到台后钢筋混凝土圈梁较长，如同一道搁置在弹性支承上且两端固接的连续梁，受力较复杂，因而在该段圈梁下设置一层厚 20cm 贫混凝土层，以增强该段圈梁下基础的刚度，见图 5.2.7-2、图 5.2.7-3。

（5）鉴于靠钝角侧的侧墙上裂缝较宽，并有局部错位现象，在加固中考虑对该裂缝采用环氧树脂灌浆法予以封缝处理。

四、施工要点

（1）由于圈梁施工需开挖台后局部填土及路面，因而采用半幅施工、半幅通车的方式进行，且应充分作好施工的前期准备工作，尽量缩短需中断交通施工的时间。

（2）台后填土及路面开挖后，浇筑圈梁下贫混凝土层前应对开挖槽底填土采用人工夯实，以减小填土的可压缩性。

（3）对桥台裂缝采用环氧树脂灌浆法修补以前，应对各裂缝表面进行清洗。对不灌浆的裂缝可采取表面封缝处理。

（4）骑缝钢筋锚固施工工艺流程：台身侧墙上确定锚孔位置→钻孔→清洗→注入环氧砂浆→插入骑缝钢筋→表面抹刷环氧砂浆封闭防锈。

（5）圈梁及扁担梁施工工艺流程：台身侧（前）墙上确定锚固筋位置→钻孔→清洗→注入环氧砂浆→插入锚固筋→开挖台后填土及路面（半幅）→浇筑贫混凝土基层→绑扎圈梁（半幅施工、预留接头）及扁担梁钢筋网（台背圈梁钢筋应错位搭接）→安装模板、浇筑混凝土→养生。

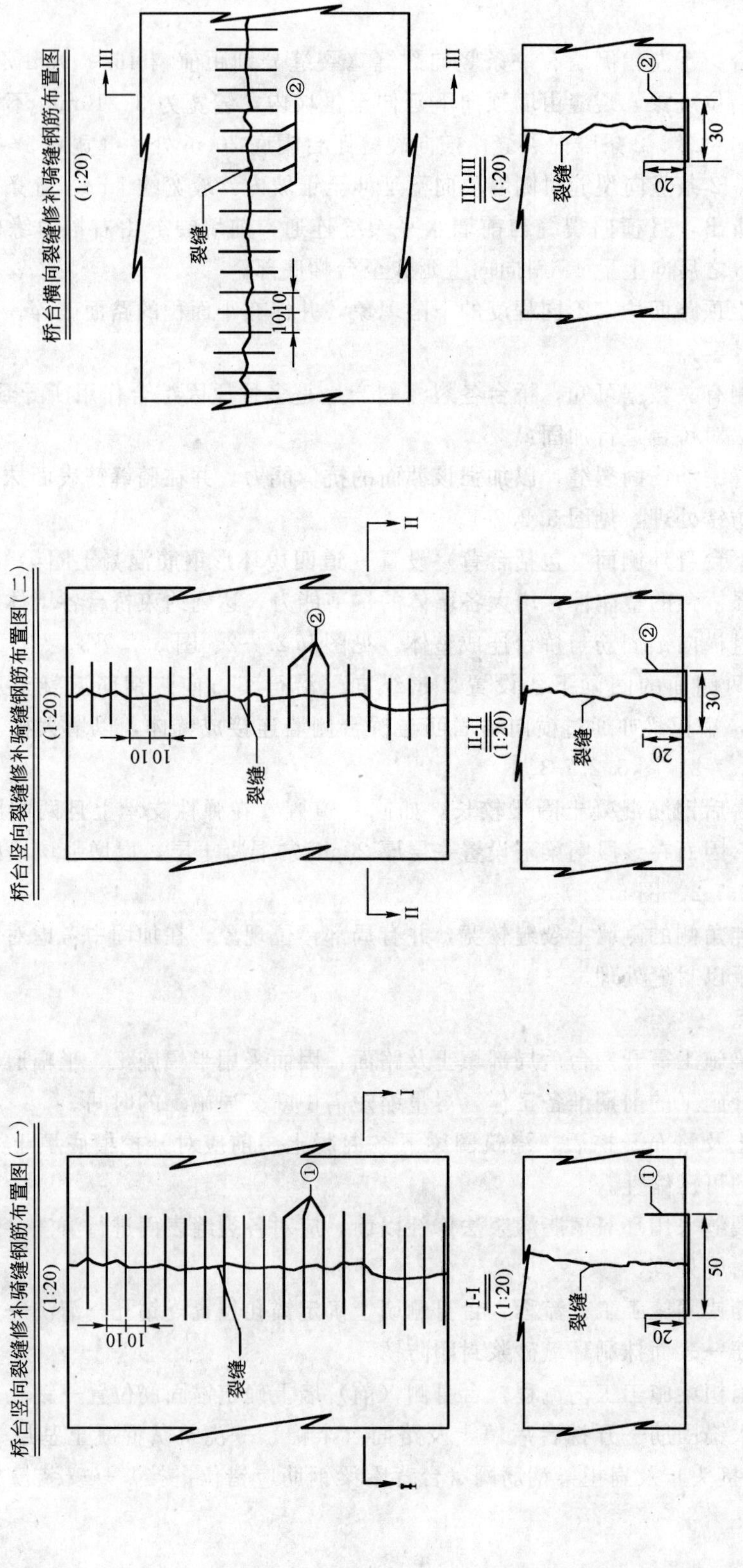

图 5.2.7-1 桥台开裂及骑缝钢筋锚固构造图(尺寸单位:cm)

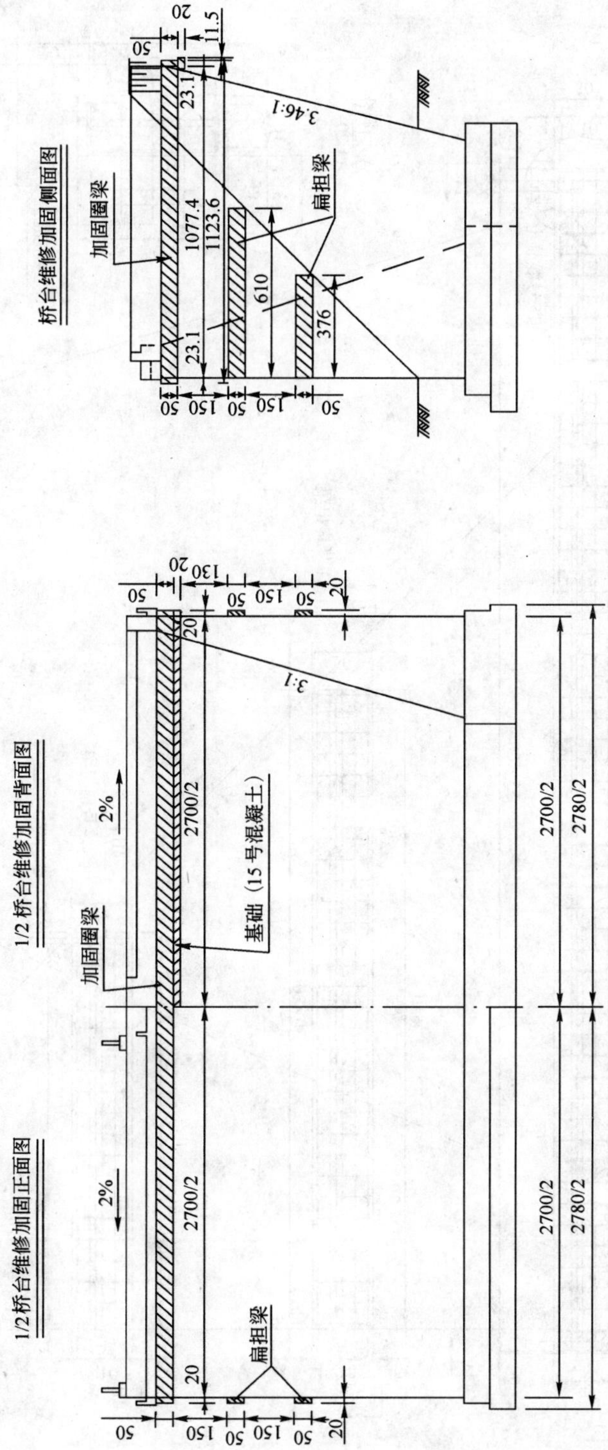

图 5.2.7-2　桥台加固圈梁、扁担梁构造布置图（尺寸单位：cm）

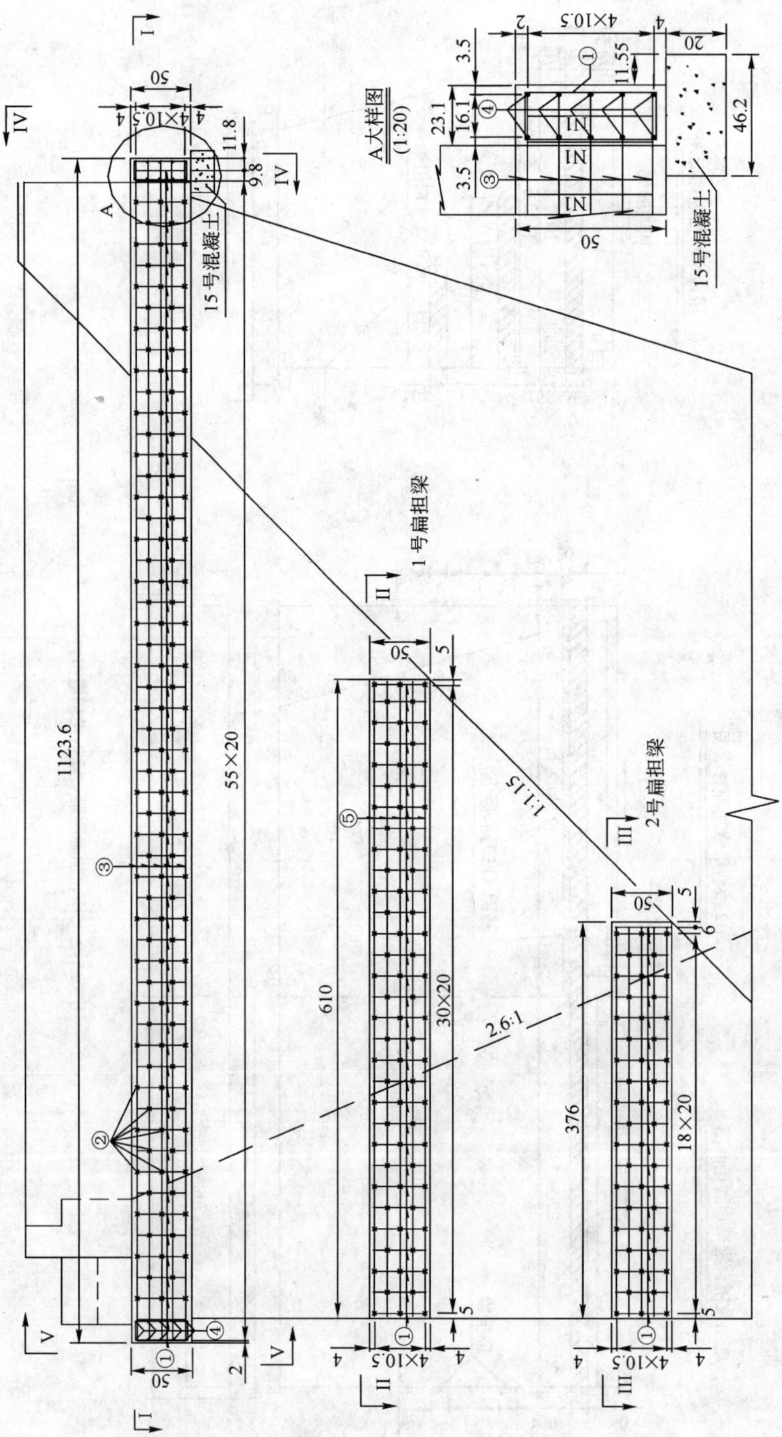

图 5.2.7-3 圈梁、扁担梁构造图（尺寸单位：cm）

(6) 浇筑圈梁及扁担梁混凝土前，应对原桥台侧（前）墙上接触面拉毛并清洗干净。

(7) 台后圈梁（建议在混凝土中掺早强剂）施工完毕后，应按照原路面结构层恢复路面。

(8) 圈梁施工中破坏的锥坡应按原结构予以恢复。

§2.8　高台身U形桥台开裂、变形的加固（一）

——采用骑缝锚固、扁担梁加固法

一、桥梁概况

某高速公路分离立交桥，全长98.64m，设计荷载：汽车—超20级，挂车—120，桥宽27m（0.5m防撞栏+11.5m行车道+0.5m防撞栏+2m中央分隔带+0.5m防撞栏+11.5m行车道+0.5m防撞栏），1997年建成。上部构造为标准跨径20m+2×16m+20m的预应力混凝土空心板（共4跨），桥面设1.1%纵坡、2%横坡，桥梁与下穿公路斜交25°，与下穿铁路斜交20°。下部构造为明挖扩大基础配双柱式桥墩与U形桥台。U形台配明挖扩大基础，左右幅分离独立（每座桥台宽1349cm），台间设2cm宽缝，斜交20°。桥台前墙顶宽125cm，按3∶1斜坡倾斜，外侧侧墙宽60cm，内侧侧墙宽73.8cm，内外侧墙顶因桥面横向坡度高差16cm。桥台前（侧）墙、基础均采用15号片石混凝土。为减小因台后填土产生桥头跳车现象，于台后各设置一11.5m宽桥台搭板，搭板长共620cm，纵向设置5%纵坡，枕梁设于距搭板前端3.2m处，搭板、枕梁厚均为30cm。

二、存在的主要问题

(1) 南岸桥台

右幅桥台外侧侧墙开裂较为严重，有一呈“Y”字型裂缝，裂缝由侧墙顶向下延伸至锥坡内，裂缝上部宽约2～3mm，下部宽约为1mm，已严重影响到该桥台的正常使用。

左幅桥台外侧侧墙状况较好，经检查，有3条近似呈水平向裂缝，缝宽约为0.5～1mm之间，另有4条竖向短裂缝（靠近前墙向的裂缝较长），竖向裂缝宽约0.3mm。

前墙左右幅均有裂缝存在，约7条，缝宽为0.3～1mm之间，部分裂缝竖向贯穿整个前墙身，并局部伴有白色晶体析出。

(2) 北岸桥台

右幅桥台外侧侧墙损坏极其严重，侧墙上部多条裂缝贯通、碎裂成松散状，裂缝最宽处错位达3cm，最长裂缝延伸入锥坡内，已严重影响到该桥台的继续使用。

左幅桥台外侧侧墙有两条竖向裂缝从侧墙顶开始延伸入锥坡面以下，缝宽为2～8mm，其中一条基本沿前、背墙连接面走向，另一条位于侧墙尾部。桥台背墙部分亦有局部碎裂现象。

前墙有4条竖向裂缝，部分裂缝贯穿整个桥台全高及前墙全厚，缝最宽达3mm，局部有白色结晶和泥土析出状况，渗水较为严重。

(3) 台后路面

搭板两端部路面开裂严重，裂缝贯穿整个行车道全宽，裂缝最宽达15mm，渗水严重。台后路面横向凹凸不平，主行车道路面明显下沉，最低处沉陷达50mm以上。北岸左幅伸缩缝锚固混凝土经车辆多年行驶碎裂极其严重，伸缩缝锚固筋外露、锈蚀，伸缩缝亦产生松动。

三、病害分析

该桥桥台产生病害的主要原因为：

(1) 台后填土土质较差，多为非透水性材料，压实度未达到设计与《规范》要求，经车辆荷载不断作用，台后填料产生下沉，并引起路面开裂严重，雨水经裂缝渗入填料中并无法排出台腔外，随温度变化不断产生膨胀与收缩，对桥台侧墙不断产生推挤，而引起桥台侧墙开裂现象。

(2) 台后搭板仅在中部设置一道横向枕梁，枕梁基本沿侧墙内侧面设置，过往重型车辆通过搭板时，枕梁受力过于集中，并迫使枕梁下填土对侧墙发生推挤，增大了台后填土对侧墙产生的主动土压力，而致使桥台靠近枕梁附近的侧墙开裂较为严重。

(3) 桥台基底地基承载能力较低，且从交通量分析情况看，重型车辆多沿外侧行车道行驶，致使桥台基底受力不均引起局部不均匀沉降，经分析，桥台前墙外侧受力为最大，因而侧墙顶部在车辆通行时呈受拉状态，随着车辆荷载的反复作用侧墙顶及前墙身产生开裂，并不断扩展而成碎裂状。

(4) 重型车辆不断增加，部分运输车辆重已完全超出本桥设计荷载，且该部分车辆行驶速度慢，多沿行车道行驶（外侧），当其行驶于桥台上时，台腔填土对桥台侧墙产生土压力过大，亦为引起侧墙开裂的主要原因之一。

四、加固设计要点

(1) 对前、侧墙裂缝采用骑缝钢筋予以锚固，增强裂缝两侧混凝土的整体性。对前墙裂缝骑缝钢筋采用挂钢丝网抹一层4cm厚环氧树脂水泥砂浆的方法予以防护，砂浆层宽不小于50cm，见图5.2.8-1。

(2) 两座桥台右幅侧墙凿除碎裂严重的侧墙混凝土，并按原尺寸恢复（内设一层钢筋网），见图5.2.8-2。

(3) 在桥台侧墙（仅限于未被锥坡所覆盖的部分）现浇一层10cm厚的钢筋混凝土，以增强前墙、侧墙的连接及侧墙的强度和抗推刚度，见图5.2.8-2、图5.2.8-3。

(4) 在桥台侧墙台帽及其以上部分设置一道钢筋混凝土扁担梁（厚20cm×高147cm），扁担梁内通过锚固钢筋（横向）锚入桥台侧墙内，使扁担梁与桥台连成整体，以增大侧墙的抗推刚度，并约束侧墙病害继续发展。

(5) 对缝宽超过0.2mm以上的裂缝采用灌注环氧树脂砂浆法予以封缝处理。

(6) 为了减小台后填土对侧墙的主动土压力，减小雨水渗入台腔填土，改变桥台侧墙的受力状态，拆除原有搭板及枕梁，并凿除25cm高侧墙混凝土，采用现浇的施工方法于台顶现浇一块整体钢筋混凝土板，板下台腔范围内设置一层15cm厚15号混凝土基础。

(7) 北岸左幅桥台背墙采用凿除该部分碎裂背墙与前墙混凝土，并设置锚固钢筋网后予以恢复（浇筑25号混凝土），见图5.2.8-4。

(8) 重做北岸左幅桥台伸缩缝。

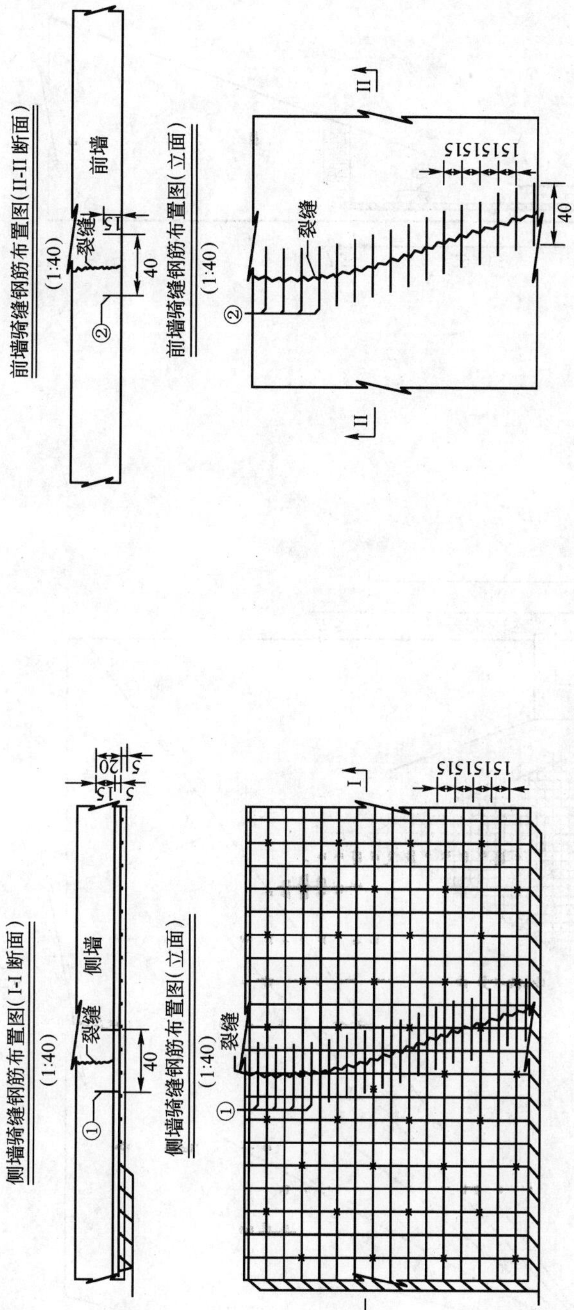

图 5.2.8-1 骑缝锚固钢筋布置图（尺寸单位：cm）

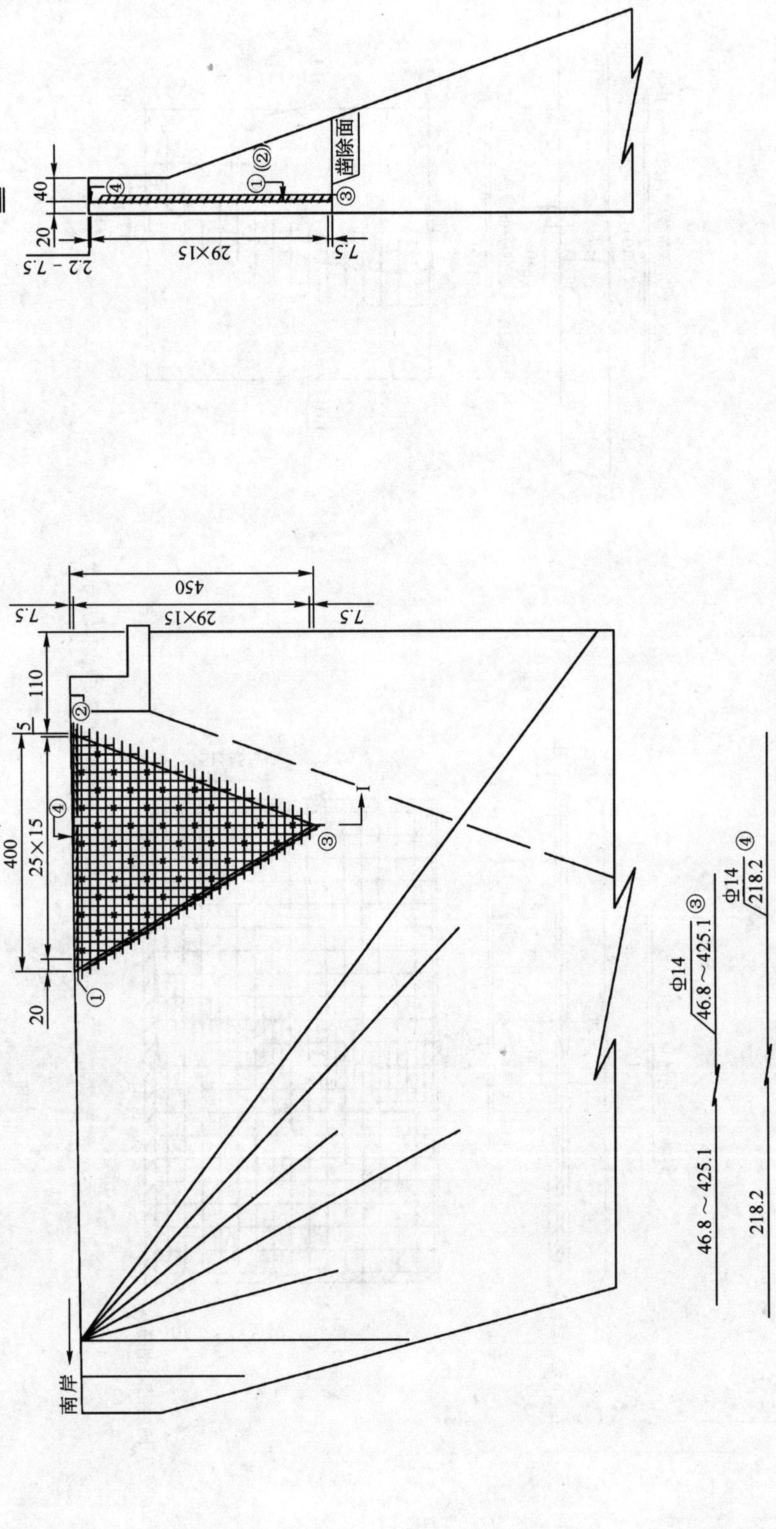

图 5.2.8-2　南岸桥台侧墙钢筋布置图（右幅）（尺寸单位：cm）

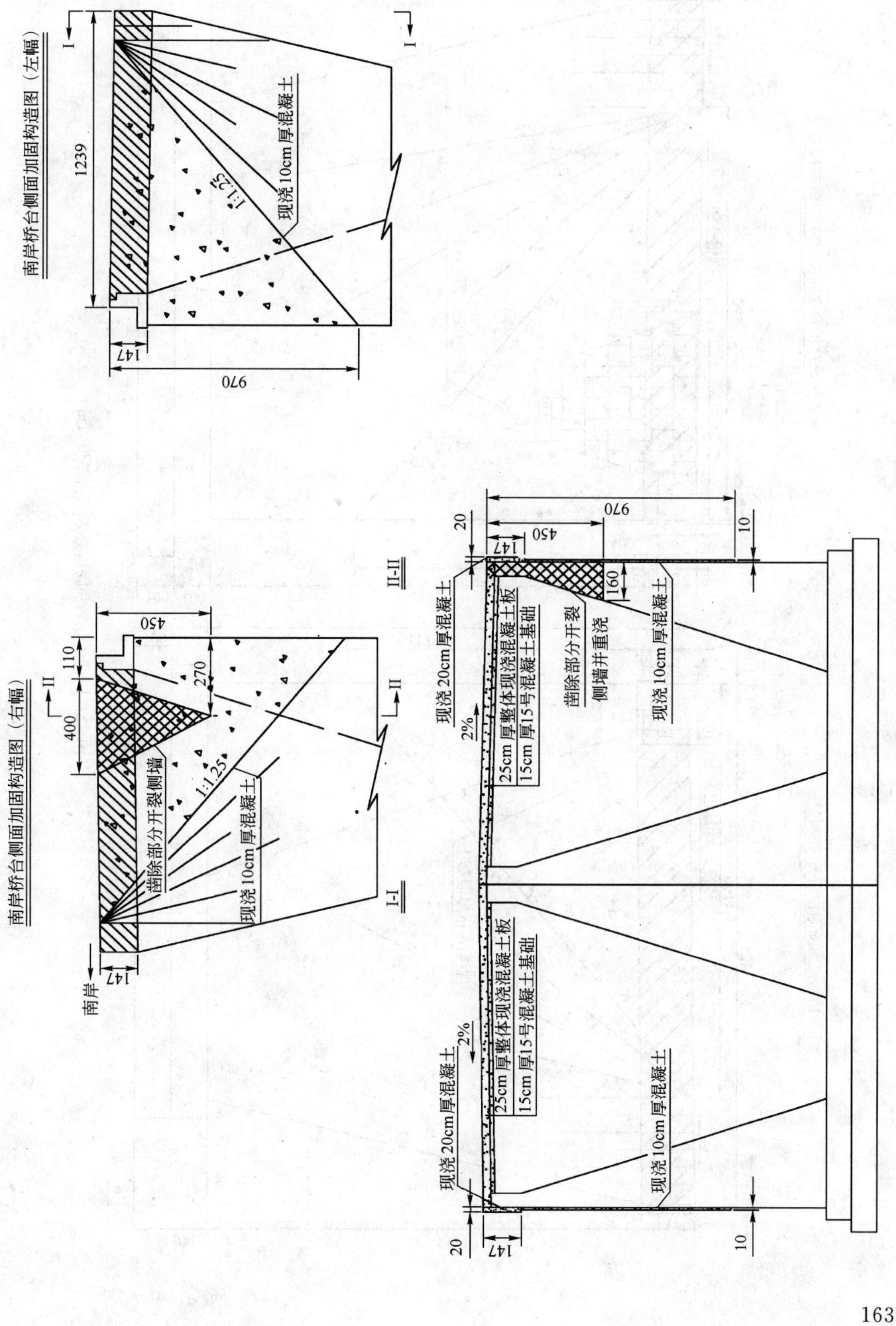

图5.2.8-3　南岸桥台加固一般构造图（右幅）（尺寸单位：cm）

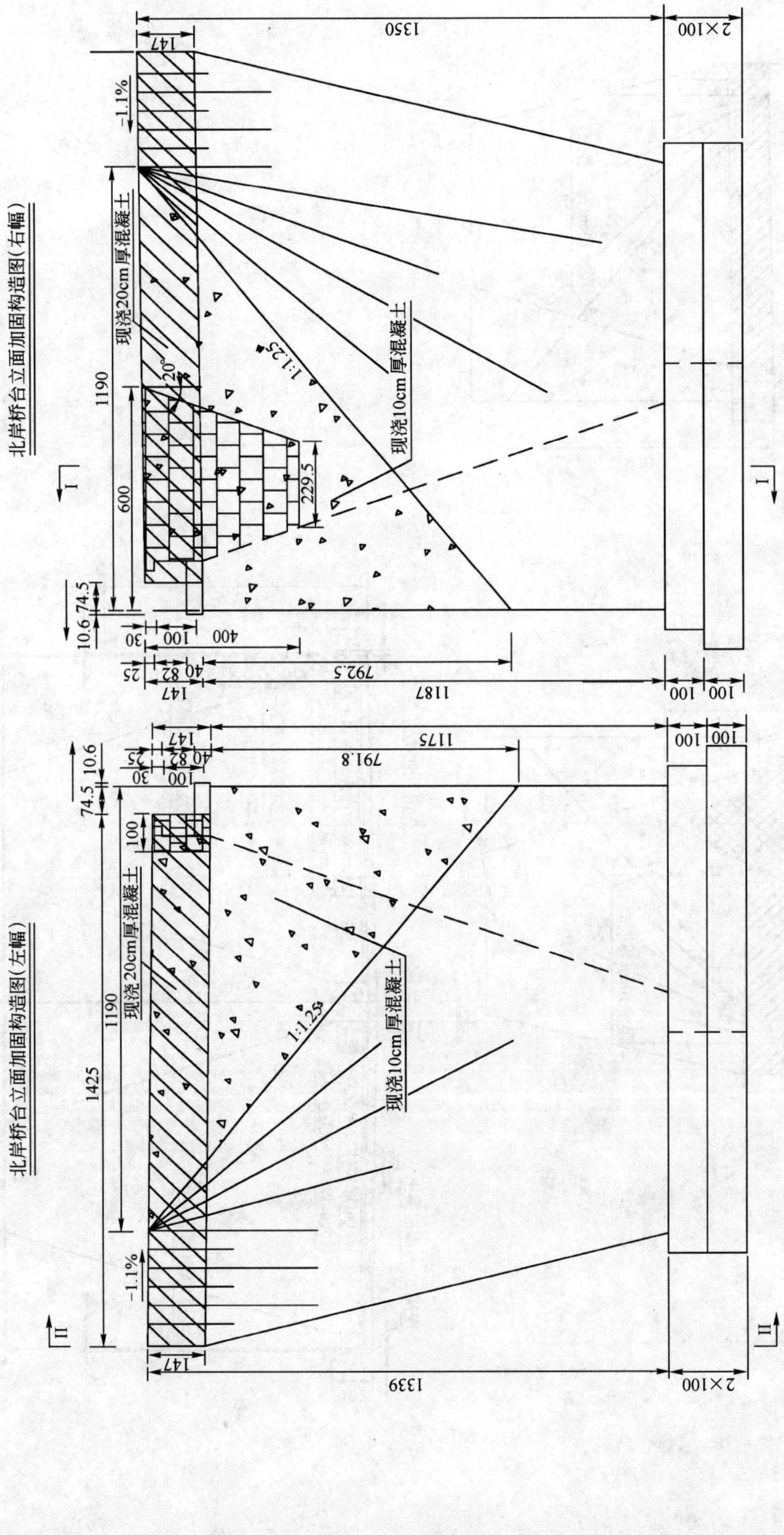

图 5.2.8-4 北岸桥台加固构造图(尺寸单位:cm)

五、施工要点

（1）在凿除桥台侧（前）墙混凝土时应使用轻型设备或人工凿除，且应竖直方向凿除，以免对桥台产生过大的冲击与震动，对未凿除部产生新的损伤。

（2）对桥台裂缝采用灌注环氧树脂砂浆修补以前，应对各裂缝表面进行清洗。

（3）浇注混凝土前，应对桥台新老混凝土接触面进行拉毛、清洗干净，应完全凿除原有装饰漆，以增强新老混凝土的结合。

（4）对侧墙浇筑混凝土施工中破坏的锥坡应按原结构予以恢复。

（5）台后填土及路面开挖并拆除原有搭板、枕梁后，浇筑整体板下贫混凝土基础前，应对填土采用人工夯实，压实度应达到规范要求。

（6）前墙骑缝钢筋锚固施工工艺流程：台身前墙上确定锚固位置→钻孔→清洗→注入环氧砂浆→挂钢丝网后插入骑缝钢筋→表面抹环氧树脂砂浆封闭防锈→养生。

（7）侧墙现浇混凝土施工工艺流程：确定锚固钢筋位置→钻孔→清洗→注入环氧砂浆→插入锚筋→绑扎钢筋网→分层安装模板、浇筑混凝土→养生。

§2.9　高台身U形桥台开裂、变形的加固（二）

——采用增厚前墙、侧墙及增铺整体式钢筋混凝土路面加固法

一、桥梁概况

某立交桥全长53.29m。设计荷载：汽车－20级，挂车－100；人群－3.5kN/m^2。桥面净空为：净 9m＋2×1.50m，桥台处仅在两侧设置了宽为0.36m安全带。立交桥上部构造为：16m＋10m的2跨不等跨装配式钢筋混凝土T型简支梁，桥面设双向1.5%横坡。下部构造为明挖扩大基础双柱式墩，浆砌片石U形台，25号混凝土预制块镶面，桥台基础为20号钢筋混凝土明挖扩大基础，每座桥台宽1230cm。施工过程中，因基底承载力满足不了设计要求，故在施工过程中对两岸桥台基底进行了换填砂砾。该桥于1990年建成。

二、存在的主要问题

1. 南岸桥台

该桥台开裂较为严重，已严重影响到该桥的正常使用：

（1）前墙在距左、右侧边缘1.4m左右各有一至两条竖向裂缝，裂缝由台帽底开始，一直向下延伸与基础裂缝贯通，裂缝最宽达10mm。且竖向裂缝两侧发生错位，错位最大达1cm左右，即两条裂缝范围内的前墙有前倾趋势。

（2）左侧墙有一裂缝自台帽始基本沿前墙背缘线（沿砌缝）向下延伸至锥坡，缝宽为3～5mm不等。

（3）右侧墙有裂缝从安全带顶面起一直向下延伸入前墙内，并伴有外凸现象，外凸最大达2cm左右。

（4）桥台台帽左侧局部碎裂，并有前倾趋势，台帽与背墙之间有一2～3cm宽的缝。

2. 北岸桥台

北岸桥台较南岸桥台情况好，经检查仅在右幅侧墙台帽下缘处发现一裂缝，缝宽约3～

4mm，长 30cm。

3. 台后路面

纵横向凹凸不平，行车道路面明显下沉，混凝土路面严重破碎，最低处沉陷达 50mm 以上。两岸桥台伸缩缝及桥面伸缩缝均已被砂石填充密实，已不能正常伸缩。

该桥桥台产生病害的主要原因为：

(1) 南岸桥台台身太高（高达 14m 以上），台后对前墙产生的主动土压力过大，致使桥台产生侧墙开裂、前墙前倾等病害。

(2) 台后填土土质较差，多为非透水性材料，压实度未达到设计与施工规范要求，经车辆荷载不断作用，台后填料产生下沉，并引起路面开裂严重，雨水经裂缝渗入填料后无法排出台腔外，随温度变化不断产生膨胀与收缩，对桥台侧墙与前墙不断产生推挤，而引起桥台侧（前）墙开裂现象。

(3) 桥台基底地质为黏土类砂砾石层，虽经填筑砂砾垫层后，但地基承载力仍较低，在车辆荷载作用下，基底产生不均匀沉降，引起基础开裂，而连带桥台前、侧墙开裂。

(4) 路面下沉后，桥台前墙与台后路面形成一台阶状，车辆行驶通过时，对前墙产生一向前的水平冲击力。而前墙系浆砌片石砌筑而成，抗剪抗拉强度较低，因而在前墙与侧墙连接处逐渐被拉裂，并呈前倾之势。

(5) 主梁在南岸桥台上的支座滑动摩阻系数较大，主梁在温度变化产生热胀冷缩时对桥台支座产生水平力，并由支座传至台帽，随着时间的延续，台帽逐渐向前移动。

(6) 重型车辆不断增加，部分运输车辆重已完全超出本桥设计荷载，当其行驶于桥台上时，台腔填土对桥台侧墙产生土压力过大，亦为引起侧墙开裂的主要原因之一。

三、加固设计要点

(1) 对前、侧墙裂缝采用骑缝钢筋予以锚固（每隔 15cm 设置 1 根），增加裂缝两侧砌体的整体性。

(2) 对南岸桥台前墙、侧墙（仅限于未被锥坡所覆盖的部分）现浇一层 15cm 厚的钢筋混凝土，以增强前、侧墙的连接及侧墙的强度和抗推刚度。见图 5.2.9-1、图 5.2.9-2。

(3) 对缝宽超过 0.2mm 以上的裂缝采用高压灌注环氧树脂砂浆法予以补强处理。

(4) 为了减小台后填土对侧墙的主动土压力，减小雨水渗入台腔填土，并改善桥台侧墙、前墙的受力状态，采用台顶现浇 25cm 厚整体钢筋混凝土路面，其下台腔范围内设置一层 15cm 厚 15 号混凝土垫层，见图 5.2.9-1。

(5) 清除两岸桥台被填充密实的伸缩缝中的砂砾碎石，恢复伸缩缝的正常伸缩功能。

四、施工要点

(1) 对桥台裂缝采用灌注环氧树脂砂浆修补以前，应对各裂缝表面进行清洁；

(2) 浇筑混凝土前，应对桥台新老混凝土接触面进行拉毛，清洗干净，并使接触面充分湿润，以增强混凝土与原桥台前、侧墙的粘结性；

(3) 施工中注意整体现浇混凝土的上层横向钢筋与侧墙竖向钢筋应焊接，以增强桥台侧墙的抗倾覆性；

(4) 浇筑整体钢筋混凝土下贫混凝土垫层前，应对填土采用人工夯实，压实度应达到设计要求。

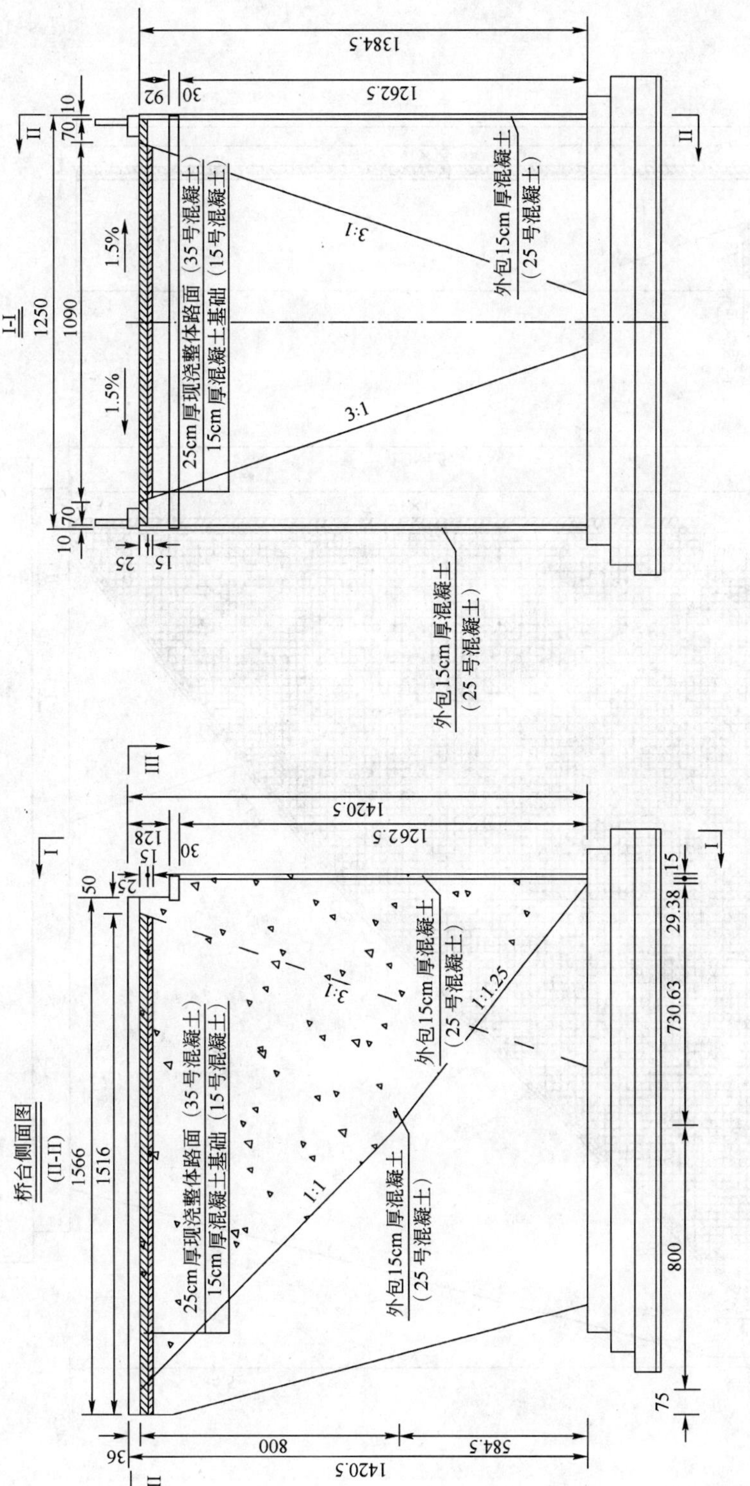

图 5.2.9-1　增厚前墙、侧墙一般构造图（尺寸单位：cm）

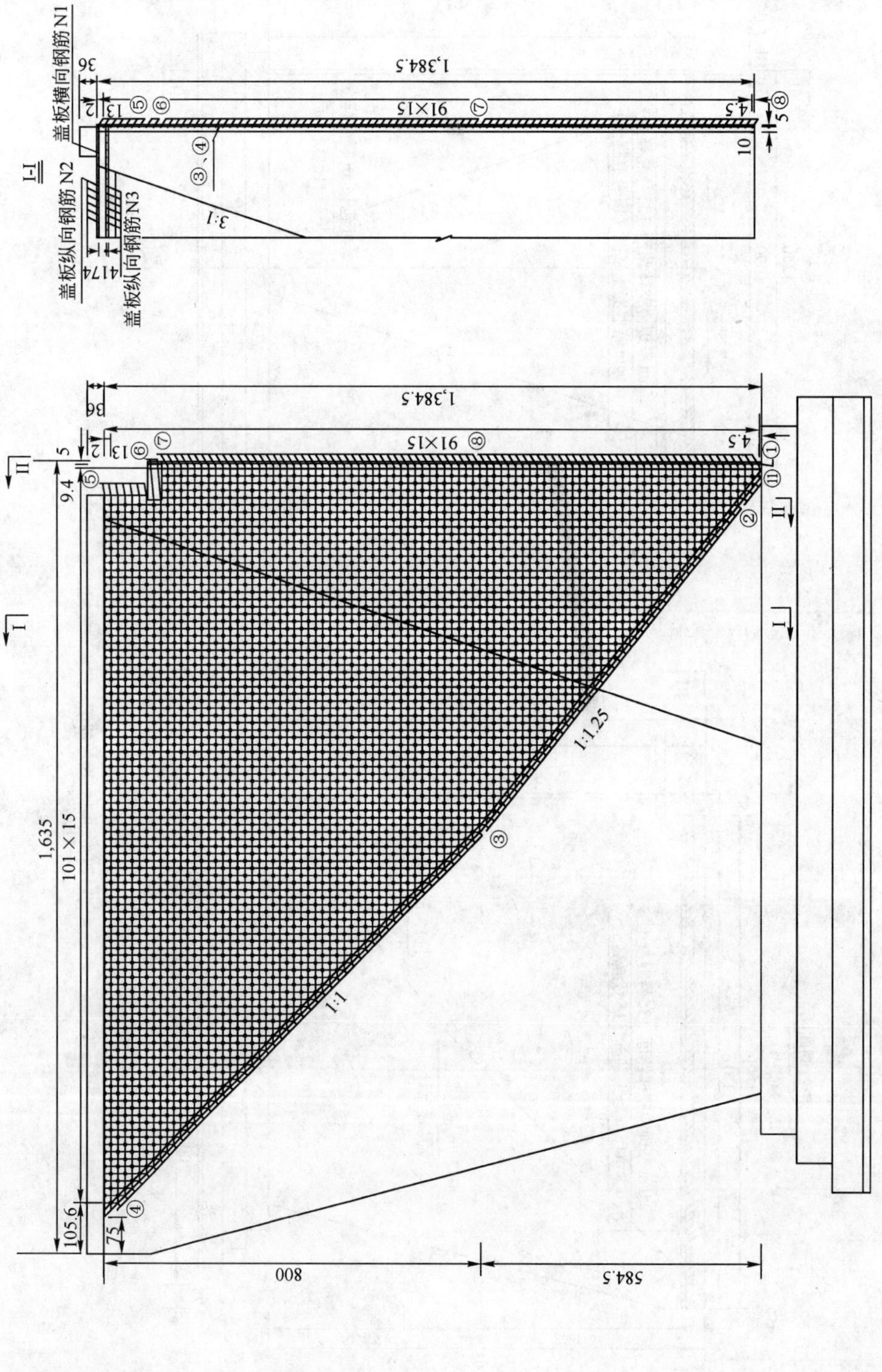

图5.2.9-2 增厚侧墙、前墙钢筋布置图（尺寸单位：cm）

§2.10　桩柱式墩台不均匀沉降、变形、开裂的加固

——采用增设木桩承台、基桩扩径加固法

一、桥梁概况

某装配式钢筋混凝土简支 T 梁桥，全桥共有 5 孔，每孔跨径为 20m，桥梁全长 104.00m。桥面净空为：净 9m＋2×1.5m 人行道。设计荷载标准：汽车-20 级；挂车-100；人群－3.5kN/m²。下部构造为：钢筋混凝土钻孔灌注桩双柱式墩台。该桥于 1999 年 11 月建成。

其下部构造：桥墩墩柱为 ϕ100cm 圆柱，桩基为 ϕ100cm 钻孔灌注桩，桥台柱为 ϕ100cm 圆柱，桩基为 ϕ120cm 钻孔灌注桩。

二、存在的主要问题

1. 桥墩

(1) 桥墩墩柱直径由原设计 ϕ100cm 变更为 ϕ110cm，而桩基直径仍为 ϕ100cm，出现柱大、桩小的结构状况；

(2) 多个桥墩存在墩柱与桩基不同心缺陷，发生错位，最大者达 10 余厘米，致使桥墩的受力状态极为不利，改变了墩柱与桩基轴心受压或小偏心受压状态；

(3) 所有的桩基在与墩柱连接处均呈不规则状，表面凹凸不平，局部凹坑深达 20 余厘米，混凝土内夹杂泥土与原围堰用的编织袋等异物，且混凝土较松散，用钢筋轻轻敲打即碎落；

(4) 4 号桥墩左侧桩基钢筋外露并严重锈蚀；

(5) 3 号桥墩左、右侧柱子内侧距盖梁底 50～55cm 处均有一水平裂缝，裂缝长为半圆周长，裂缝最宽达 0.45mm；

(6) 1 号墩、3 号墩盖梁在墩柱负弯矩区附近均存在竖向裂缝，裂缝最宽达 0.4mm。经分析其产生原因主要为两墩柱产生不均匀沉降、墩柱预负弯矩区产生过大的附加负弯矩而开裂；裂缝上宽、下窄，局部已贯穿整个盖梁厚（120cm）。

(7) 桥墩桩基经检测已产生不均匀的沉降，经综合分析，墩柱沉降值如表 5.2.10-1 所示。

桥梁墩台柱沉降值一览表　　表 5.2.10-1

墩（台）号	0 号桥台	1 号桥墩	2 号桥墩	3 号桥墩	4 号桥墩	5 号桥台
左侧柱（mm）	6	1	7	10	1	3
左侧柱（mm）	22	31	8	35	1	5

2. 桥台

(1) 柱身直径由原 ϕ100cm 变更为 ϕ110cm，桩基直径仍与原设计相同；

(2) 桩柱连接处混凝土形状极不规则（施工未设置护筒），凹凸不平，最大凹坑深达 10 余厘米，且混凝土内夹杂泥土、编织袋等异物，混凝土质量较差，用钢筋轻轻敲击即成碎裂状（强度较低），局部夹杂未经搅拌的松散水泥；

(3) 桩柱有局部偏位现象。

三、桥梁使用功能评定

1. 静载试验

试验的目的是为测试大桥下部构造（桥台、桥墩）在静定荷载作用下的工作状况，了解地基承载能力以对各墩、台的受力状况作出评价。

(1) 试验加载及试验效率系数 η_q

①加载车辆

试验过程中采用两辆装载重物的东风汽车进行加载，每辆车的轴重如表 5.2.10-2 所示。

试验加载车辆轴重表

表 5.2.10-2

车　号	前轴重（t）	后轴重（t）	总重（t）	加载车辆示意图
1	8.160	32.030	40.19	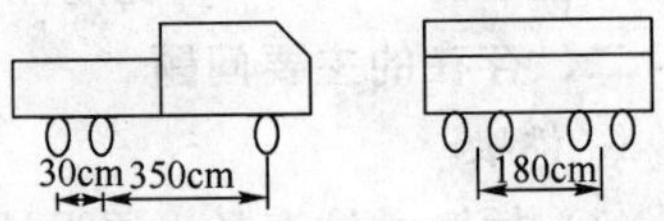
2	7.680	32.540	40.22	

经计算，试验加荷效率 $\eta_q=0.846$（即试验荷载作用下，检测部位变位或力的计算值与设计标准荷载作用下该部位变位或力的计算值的比值），符合《公路旧桥承载能力鉴定办法》所要求的静载试验效率 η_q 为 0.8～1.05 的规定。

②试验加载

加载采用逐步加载的方法，分两级进行加载，即先布设一辆重车，同时监测桥墩、台的沉降；确定地基能承受二级荷载时再布设第二辆重车。试验过程中观察桥台侧墙裂缝是否有扩展趋势，预防在试验过程中给桥梁造成新的损伤。试验加载车辆布置详见图 5.2.10-1。

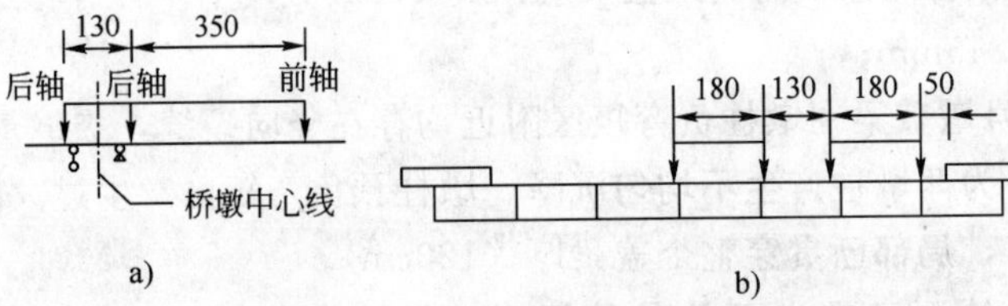

图 5.2.10-1　试验加载车辆布置图（尺寸单位：cm）

a）纵向加载布置图；b）横向加载布置图

③测点布置

本次试验在各桥梁墩（台）柱上各布置一测点进行墩台沉降观测，测点布置如图 5.2.10-2 所示。

(2) 试验结果（如表 5.2.10-3 所示）

由于 3 号墩下沉值较大，为能进一步了解该墩的实际受力现状，对 3 号墩进行了重复加载试验，并在卸载后读取了残余读数，详见表 5.2.10-4 所示。

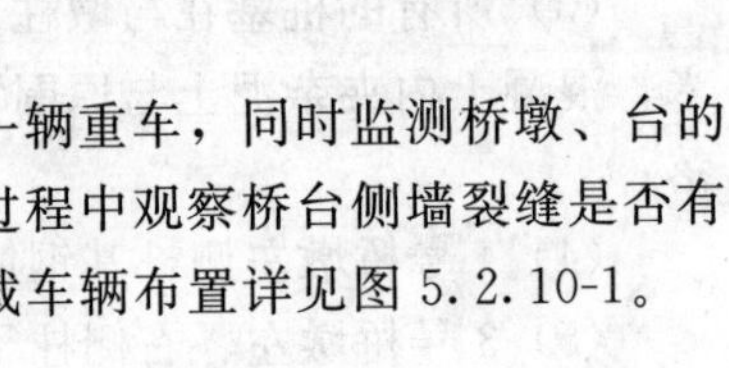

图 5.2.10-2　墩、台测点布置示意图

2. 混凝土质量检查

采用“超声—回弹”综合分析法对各构件混凝土强度进行了现场检测。每类构件各选取 10 个测区，其中回弹法每个测区为 16 个测点，超声法每个测区 3 个测点。检测结果经综合分析列于表 5.2.10-5。

墩（台）静载试验沉降值表　　表 5.2.10-3

墩（台）号	0	1	2	3	4	5	备　注
左侧柱子（mm）	0.01	0.05	0.2	0.24	0.8	0.03	
右侧柱子（mm）	0.1	0.06	0.36	5.57	0.99	0.25	

3 号墩第二次加载试验沉降值表　　表 5.2.10-4

	加　载	卸载后回复	沉降本次累计值	备　注
左侧柱子（mm）	0.31	0.04	0.35	表中数值“+”表示下沉，“—”表示上升。
右侧柱子（mm）	1.08	−0.78	0.3	

大桥构件混凝土强度一览表　　表 5.2.10-5

构件名称	设计标号	实测值（MPa）		取用值（MPa）
		最大值	最小值	
T 梁	25	31.7	20.6	20.6
盖梁	25	26.7	23.5	23.5
墩柱	25	23.4	21.4	21.4

3. 试验结果评定

(1) 所有桩基与柱身连接处混凝土质量较差，错位严重，混凝土松散，局部钢筋外露，并且伴有盖梁和墩柱开裂，已严重影响到大桥的使用安全，应立即封闭交通，采取措施进行加固补强；

(2) 虽然各墩台基础下沉值尚未超过交通部颁《公路养护技术规范》(JTJ 073—96) 第 4.4.12 条规定值“总沉降值不超过 $2\sqrt{L}=2\sqrt{20}=8.9$mm”，但从结构检测结果可看出桥梁墩台桩基础明显有不均匀沉降，左右侧桩柱不均匀沉降达 3.0mm，且在静载试验过程中，3 号墩右侧柱子下沉量达到 5.57mm，因而应采取措施增强墩台横向整体性与基础的承载能力；

(3) 桥台现未设置搭板，极易发生桥头跳车。

四、加固设计要点

(1) 挖除每个桥墩原施工时的围堰与筑岛，挖至河床断面以下 1m 深，在两桩基中间增设 36 根 ϕ200mm 圆木桩，每根桩长 7.3m（浇入承台内 1m），并采用一厚 1.5m 钢筋混凝土承台将原有与新增桩基连成整体，以增强墩台的基础承载能力与整体受力性能，如图 5.2.10-3、图 5.2.10-4 所示。

(2) 凿除挖开后的外露桩基表面混凝土 2cm 深左右（凿出桩基竖向钢筋），在桩基外设置钢筋并外包一层厚 20cm 的混凝土（矩形）至原桩柱连接处以上 30cm 处，以增强桩柱连接，改善原桩柱错位的受力状态，如图 5.2.10-5、图 5.2.10-6 所示。

(3) 部分墩柱与盖梁裂缝采用化学灌浆法进行修补。

(4) 为减小桥头跳车现象，在两岸桥台增设桥头搭板。

H_1值一览表

墩柱号	1号墩		2号墩	3号墩		4号墩	
	左柱	右柱	左(右)柱	左柱	右柱	左柱	右柱
H_1	15.68	15.94	15.54	16.04	16.25	16.22	16.49

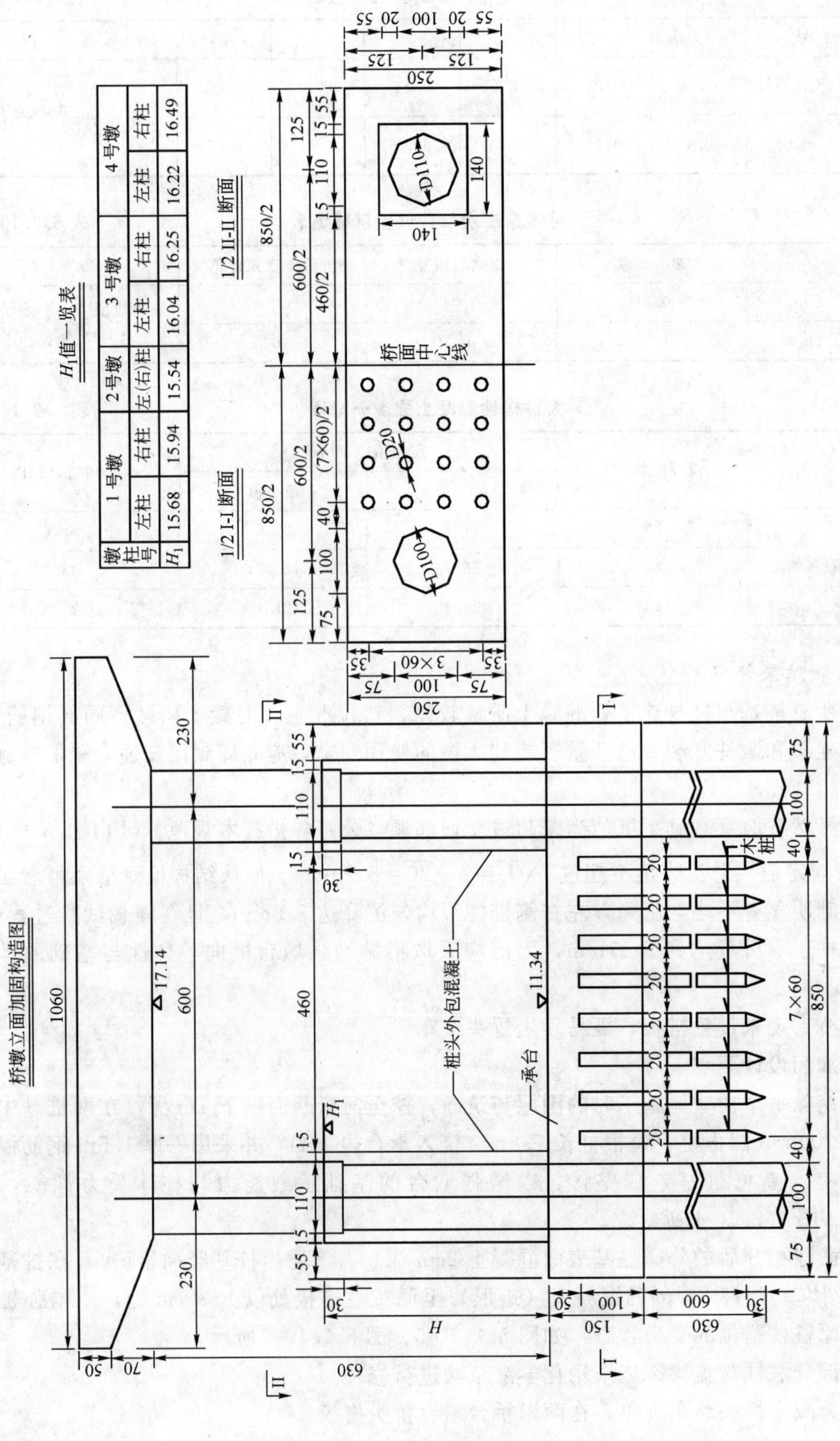

图5.2.10-3 桥墩加固一般构造图(尺寸单位:cm)

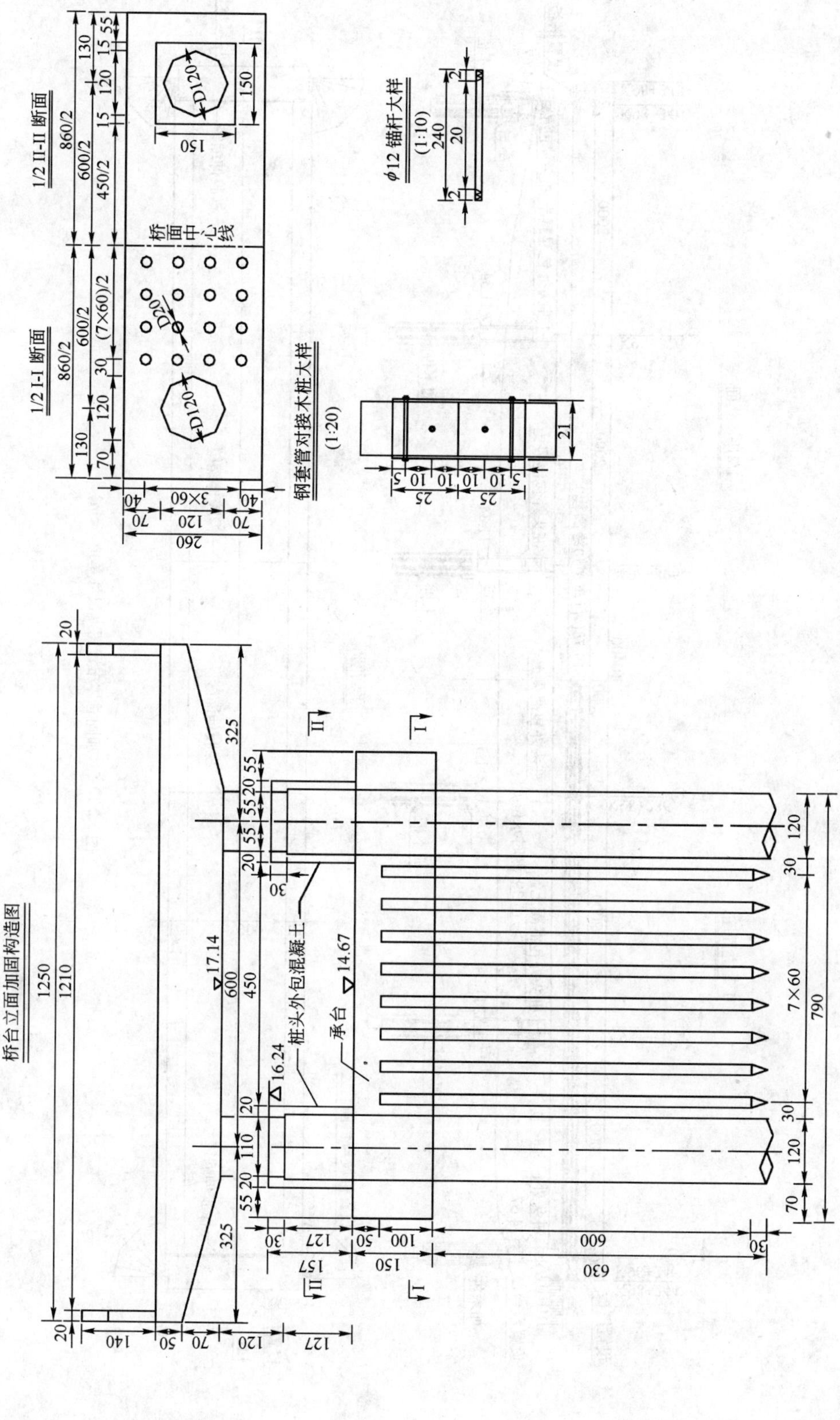

图 5.2.10-4 桥台加固一般构造图（尺寸单位：cm）

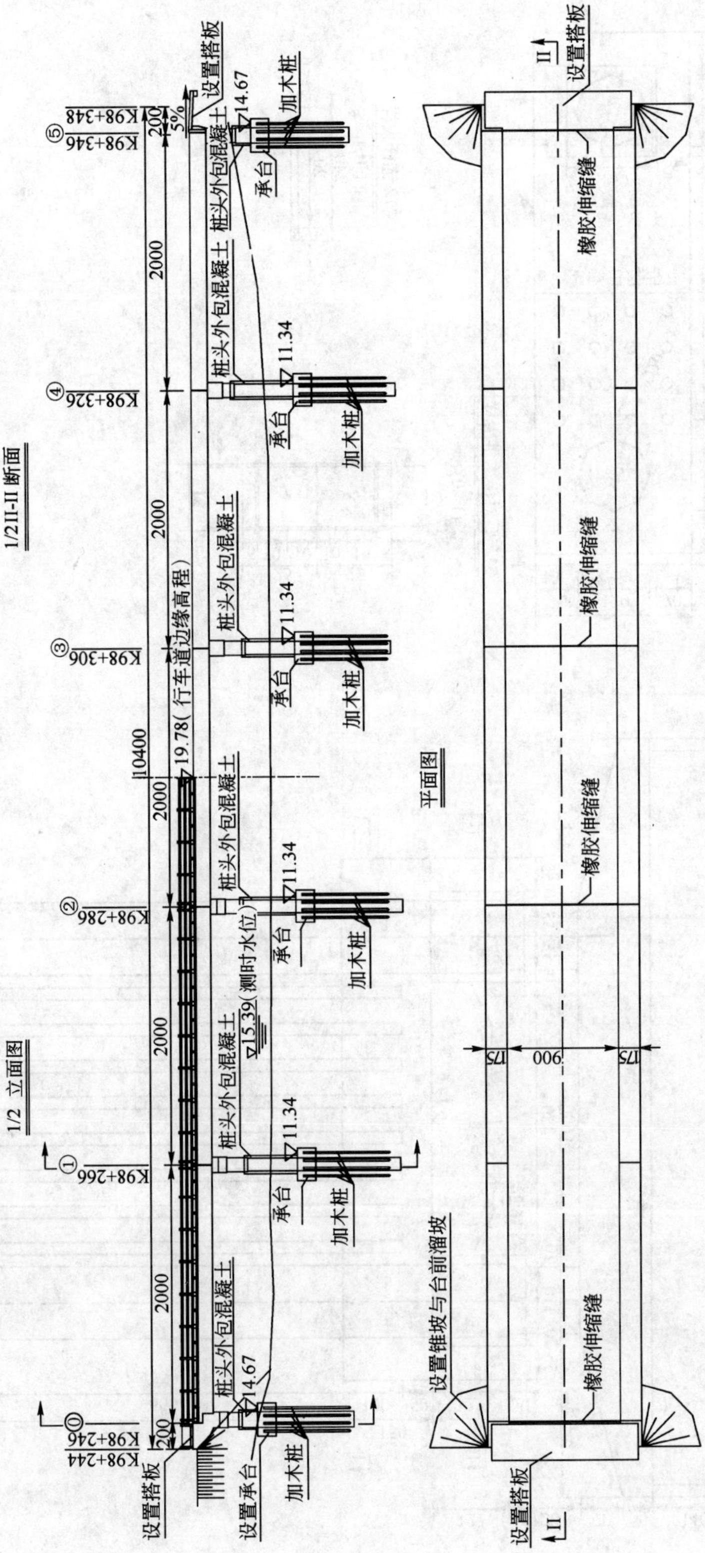

图 5.2.10-5 加固总体布置图（尺寸单位：cm）

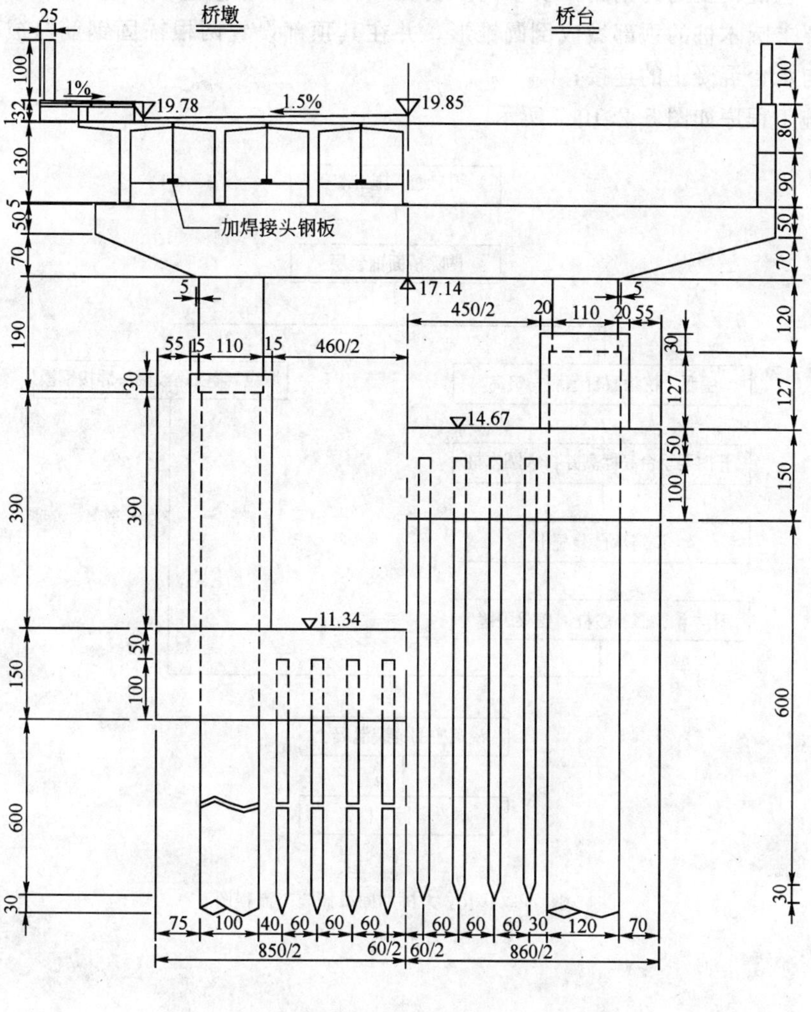

图 5.2.10-6　墩台加固构造图（尺寸单位：cm）

五、施工要点

(1) 挖除原有围堰与筑岛前应在其外围进行围堰，围堰长、宽范围应满足加固施工作业面要求；

(2) 浇筑承台混凝土前，应对基底进行整平，对原有桩基接触面进行清洗、拉毛（凿出桩基原有竖向钢筋）；

(3) 鉴于桥下施工净空较小，圆木桩可分段打入，要求木桩接头采用铁夹板对接方式连接；

(4) 圆木桩要求采用红松、落叶松或柏木等坚实和挺直的木料制作，在打桩时应采取在桩顶设置临时桩靴等措施，以免打桩过程中破坏桩头；

(5) 浇筑墩（台）桩基外包混凝土前，应对原有桩、柱接触面进行清洗、拉毛（凿出桩、柱原有竖向钢筋，并设置锚固钢筋），外包混凝土浇筑高度应高于原有桩柱连接处 30cm

以上，且外包混凝土内的钢筋，要求与承台及原有桩、柱钢筋连接成整体；

（6）要求圆木桩的顶部做成倒圆锥形，并在其顶部设置两根锚固钢筋（成十字形），以增强桩头与承台混凝土的连接；

（7）施工程序如图 5.2.10-7 所示。

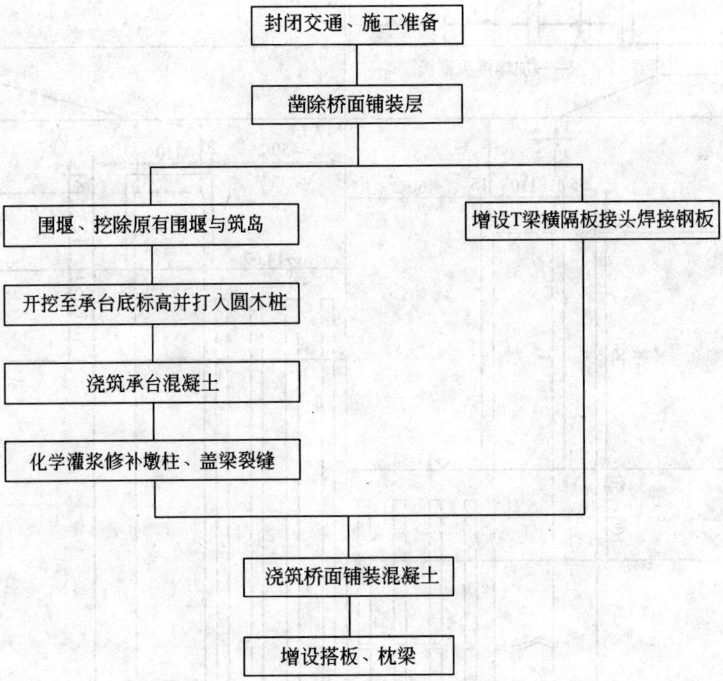

图 5.2.10-7　大桥加固维修施工流程图

参考文献

[1] 中华人民共和国交通部标准．公路钢筋混凝土及预应力混凝土桥涵设计规范（JTJ 023—85）．北京：人民交通出版社，1986.

[2] 中华人民共和国行业标准．公路钢筋混凝土及预应力混凝土桥涵设计规范（JTG D62—2004）．北京：人民交通出版社，2004.

[3] 中华人民共和国交通部标准．公路桥涵地基与基础设计规范（JTJ 024—85）．北京：人民交通出版社，1985.

[4] 中华人民共和国交通行业标准．公路与桥梁专用设备及材料标准汇编．北京：人民交通出版社，1999.

[5] 碳纤维片材加固修复混凝土结构技术规程（征求意见稿）．北京：中国工程建设标准化协会标准，2000.

[6] 叶扬祥，潘肇基主编．涂装技术实用和手册．北京：机械工业出版社，1999.

[7] 中华人民共和国铁道行业标准．铁路钢桥涂膜劣化评定（TB/T 2484—94）．北京：中国铁道出版社，1995.

[8] 刘自明，王邦楣主编．桥梁工程检测手册．北京：人民交通出版社，2002.

[9] 中华人民共和国行业标准．公路养护技术规范（JTJ 073—96）．北京：人民交通出版社，1997.

[10] 中华人民共和国交通部标准．公路养护质量检查评定标准（JTJ 075—94）．北京：人民交通出版社，1994.

[11] 中华人民共和国交通部标准．公路工程质量检验评定标准（JTJ 071—94）．北京：人民交通出版社，1995.

[12] 中华人民共和国交通部标准．公路工程质量检验评定标准（JTJ 071—98）．北京：人民交通出版社，1999.

[13] 中华人民共和国行业标准．公路工程质量检验评定标准（JTG F80/1—2004）．北京：人民交通出版社，2004.

[14] 中华人民共和国交通部标准．公路工程技术标准（JTJ 001—97）．北京：人民交通出版社，1998.

[15] 中华人民共和国行业标准．公路工程技术标准（JTG B01—2003）．北京：人民交通出版社，2004.

[16] 中华人民共和国交通部标准．公路桥涵设计通用规范（JTJ 021—89）．北京：人民交通出版社，1989.

[17] 中华人民共和国行业标准．公路桥涵设计通用规范（JTG D60—2004）．北京：人民交通出版社，2005.

[18] 中华人民共和国交通部标准．公路桥涵施工技术规范（JTJ 041—2000）．北京：人民交通出版社，2000.

[19] 中华人民共和国行业标准．铁路桥涵施工规范（TBT 203—96）．北京：中国铁道出

版社，1997.

[20] 中华人民共和国国家标准．涂装前钢材表面锈蚀等级和除锈等级（GB 8923—88）．北京：中国标准出版社，1988.

[21] 中华人民共和国铁道行业标准．铁路钢桥保护涂装（TB/T 1527—1995）．北京：中国铁道出版社，1998.

[22] 中华人民共和国交通部标准．公路桥隧施工及验收标准规范汇编．北京：人民交通出版社，2002.1.

[23] 交通部第一公路工程总公司主编．桥涵（公路施工手册）（上、下）．北京：人民交通出版社，2003.10.

[24] 范立础主编．桥梁工程（上、下册）．北京：人民交通出版社，2001.

[25] 刘效尧，赵立成主编．桥梁（下册）．北京：人民交通出版社，2000.

[26] 宋一凡编著．贺拴海主审．公路桥梁荷载试验与结构评定．北京：人民交通出版社，2002.

[27] 章关永主编．桥梁结构试验．北京：人民交通出版社，2002.

[28] 胡大琳主编．桥涵工程试验检测技术．北京：人民交通出版社，2000.

[29] 张劲泉，魏光霞等．旧桥检测、评价、加固技术的应用．北京：交通部科学技术情报研究所，1990.

[30] 张劲泉，李万恒等．公路旧桥承载能力评定方法．全国公路桥梁养护管理技术交流会文集．2002.

[31] 张劲泉，何玉珊等．桥梁结构状况的检测与评价技术．全国公路桥梁养护管理技术交流会文集．2002.

[32] 刘士林，梁智涛，侯金龙，孟凡超．斜拉桥．北京：人民交通出版社，2002.

[33] 王文涛．斜拉桥换索工程．（第二版）北京：人民交通出版社，2006.

[34] 交通部公路科学研究所．公路桥梁承载能力检测评定规程．2003.

[35] 陈宝春编著．钢管混凝土拱桥设计与施工．北京：人民交通出版社，1999.

[36] 交通部公路科学研究所等．大跨径混凝土桥梁的试验方法．1982.

[37] 公路桥涵设计手册．梁桥（上册）．北京：人民交通出版社，1996.

[38] 中华人民共和国交通部标准．公路旧桥承载能力鉴定方法（试行）．北京：人民交通出版社，1988.

[39] 金成棣．预应力混凝土梁拱组合桥梁．北京：人民交通出版社，2001.

[40] 安徽省交通科研所．交通部“九五”交通行业联合科技攻关项目。斜拉桥养管检测评估技术研究．2002.8.

[41] 江苏省科学研究院、香港理工大学．苏通大桥结构健康监测及安全评价系统研究与设计总体技术方案．2004.5.

[42] 中铁大桥勘测设计院有限公司．东海大桥健康监测系统可行性研究报告．2004.5.

[43] 潘世建，杨盛福主编．（海沧大桥）科研、试验、专用技术标准．北京：人民交通出版社，2002.

[44] 雷俊卿，郑明珠，徐恭义．悬索桥设计．北京：人民交通出版社，2002.

[45] 刘健新，胡兆同．大跨度吊桥．北京：人民交通出版社，1995.
[46] 严国敏．现代悬索桥．北京：人民交通出版社，2002.
[47] 付春晓，雷俊卿．既有悬索桥主缆的检测与研究．世界桥梁．2002.
[48] 陈明宪编著．斜拉桥建造技术．北京：人民交通出版社，2004.
[49] 王铁梦著．工程结构裂缝控制．建筑工业出版社，1997.8.
[50] 周起敬等主编．钢与混凝土组合结构设计施工手册．建筑工业出版社，1991.12.
[51] 周孟波主编．斜拉桥手册．北京：人民交通出版社，2004.3.
[52] 周昌栋，谭永高，宋官保编著．悬索桥上部结构施工．北京：人民交通出版社，2004.1.
[53] 林元培著．斜拉桥．北京：人民交通出版社，2001.1.
[54] 沈祖炎主编：钢结构制作安装手册．中国建工出版社，2002.
[55] 任必年主编．公路钢桥腐蚀与防护．北京：人民交通出版社，2002.11.
[56] 吴冲主编．钢铁（上册）．同济大学桥梁系．2004.10.
[57] 黄绍金，刘陌生编著．装配式公路钢桥多用途使用手册．北京：人民交通出版社，2002.3.
[58] 公路（1985 年至 2004 年）有关论著．北京：中交规划设计院．
[59] 中外公路（2001 年至 2004 年）有关论著．长沙：长沙理工大学．
[60] 桥梁建设（1970 年至 2004 年）有关论著．武汉：中铁大桥局设计研究院．
[61] 世界桥梁（1996 年至 2004 年）有关论著．武汉：中铁大桥局设计研究院．
[62] 公路交通科技（1998 年至 2004 年）有关论著．北京：交通部公路科学研究院．
[63] 国外公路（1990 年至 2001 年）有关论著．长沙：长沙交通学院．
[64] 国外桥梁（1978 年至 1996 年）有关论著．武汉：大桥局桥梁科研院．
[65] 湖北省京珠高速公路建设指挥部．湖北省京珠高速公路桥梁养护技术手册．北京：人民交通出版社，2003.12.
[66] 中国公路学会桥梁和结构工程学会编．全国桥梁学术论文集（1985～2003）．有关论著．北京：人民交通出版社．
[67] 中国土木工程学会桥梁及结构工程学会编．论文集（1984～2004）（全国桥梁结构学术大会）有关论著．上海：同济大学出版社．
[68] 苏善根．公路钢桥设计回顾．中交公路规划设计院五十周年院庆文集．北京，2004.
[69] 卢浦大桥（主桥）结构健康监测系统说明．同济大学桥梁试验室．2003.7.
[70] 济南黄河大桥安全监测系统工程实施细则．同济大学桥梁研究所．2004.
[71] 济南黄河大桥安全监测系统方案设计细则．同济大学桥梁研究所．2004.
[72] 项海帆．高等桥梁结构理论．北京：人民交通出版社，2001.
[73] 张士铎．钢筋混凝土梁长期与反复荷载作用下的裂缝计算．北京：土木工程学报，1985（2）．
[74] 张士铎．结构理论及其在桥梁上的应用．北京：中国建筑工业出版社，1981.
[75] 范立础主编．预应力混凝土连续梁桥．北京：人民交通出版社，2001.
[76] 倪天增主编．南浦大桥．上海：同济大学出版社，1993.

[77] 范立础编著．桥梁抗震．上海：同济大学出版社，1997.
[78] 江苏省长江公路大桥建设指挥部．江阴长江公路大桥工程建设论文集．北京：人民交通出版社，2000.10.
[79] 任必年等．2000年度湖北省桥梁学术讨论会论文集（上、下）．2000.
[80] 赵文轸．金属材料表面技术．西安：西安交通大学出版社，1992.
[81] 虞兆年．防腐蚀涂料和涂装．北京：化学工业出版社，1987.
[82] 黄淑菊．金属腐蚀与防护．西安：西安交通大学出版社，1987.
[83] 南京长江第二大桥建设指挥部，上海船舶运输科学研究所．大跨度斜拉桥结构安全监测系统研究与建立专家评判知识库．2001.7.
[84] 史家钧、邵志常．上海徐浦大桥结构状态监测系统．第十三届全国桥梁学术论文集．同济大学出版社，1998.
[85] 史家钧、项海帆、许俊．确保大型桥梁安全性与耐久性的综合监测系统．同济大学学报（自然科学版）．1997. vol. 25（增刊）．
[86] 刘正光等．青马大桥的初步监测结果（香港特别行政区路政署）．第十三届全国桥梁学论文集．同济大学出版社，1998.
[87] 上海浦江缆索股份有限公司．高寿命（30～50年）斜拉索包护层的研制和开发．2005.
[88] 上海浦江缆索股份有限公司．复合防腐型平行钢丝拉索研究．2004.
[89] 上海浦江缆索股份有限公司．斜拉索抗风雨振试验研究．2004.
[90] 柳州OVM机械股份有限公司．预应力技术（25～50期）各期有关论著．1998～2004.
[91] 全国金属与非金属覆盖标准化技术委员会．覆盖层标准应用手册（上、下册）．北京：中国标准出版社，1999.
[92] 任必年等．2001年度湖北省桥梁学术讨论会论文集．2001.
[93] 刘安森，刘郴承．钢桥油漆工艺．北京：中国铁道出版社，1991.
[94] 党志杰．斜拉索桥的疲劳抗力．铁道部大桥工程局桥梁科学研究院40周年院庆论文集．1999.
[95] 荆秀芬、陈开利，吕忠达等编著．宁波招宝山大桥养护与管理手册．铁道部大桥局桥梁科学研究院．2002.
[96] 中铁大桥局集团有限公司．大跨度桥梁设计与施工技术（2002）．北京：人民交通出版社，2002.
[97] 中铁大桥局桥梁科学研究院．大跨度铁路（公铁两用）斜拉桥和悬索桥资料调研．2001.
[98] 余天庆，李德寅，熊健民，王邦楣，罗文元，党志杰编著．工程材料与桥梁结构的力学性能测试．北京：国防工业出版社，1997.
[99] 汕头海湾大桥有限公司，铁道部大桥工程局桥梁科学研究院合编．汕头海湾大桥养护维修手册．铁道部大桥工程局桥梁科学研究院．1999.
[100] 江阴大桥管理中心编．大型桥梁养护管理．北京：人民交通出版社，2001.
[101] 铁道部大桥工程局．武汉长江二桥技术总结．北京：科学出版社，1998.
[102] 湖南省公路桥梁建设总公司．铜陵长江公路大桥设计施工技术总结．北京：人民交通

出版社，2000.

[103] 湖北省京珠高速公路建设指挥部.2001年湖北省公路学会桥梁工程专业委员会年会暨武汉军山长江公路大桥学术交流会论文集.

[104] 牛和恩．虎门大桥工程（一至四册）．北京：人民交通出版社，1998.

[105] 席时俊．铁道涂料与涂装技术．北京：化学工业出版社，1994.

[106] 徐湘缃．实用防腐蚀技术施工手册．化工部化工防腐蚀科技情报中心站（上、下）．

[107] 广东汕头海湾大桥公司．广东汕头海湾大桥工程总结．北京：科学出版社，1998.

[108] 孙秋霞．材料腐蚀与防护．北京：冶金工业出版社，2001.

[109] 铁道部大桥工程局编．悬索桥．北京：科学技术文献出版社，1996.

[110] 潘世建，杨盛福主编．厦门海沧大桥建设丛书（第二册）．北京：人民交通出版社，2002.

[111] 天津市土木工程学会，天津市市政工程局，铁道部大桥工程局编．天津永和大桥学术研讨会论文集.1988.

[112] 中华人民共和国行业标准．公路砖石混凝土桥涵设计规范（JTJ 021—85）．北京：人民交通出版社，1990.

[113] 张树仁、郑绍珪、黄侨、鲍卫刚．桥梁钢筋混凝土及预应力钢筋混凝土结构设计原理．北京:人民交通出版社，2004.8.

[114] 张树仁、宋建永、王彤．桥梁加固受弯构件承载力极限状态计算．公路交通科技，2004.06.

[115] 李洪威、张树仁、王彤．体外预应力加固钢筋混凝土受弯构件实用计算方法．公路，2003.09.

[116] 中国工程建设标准化协会标准．混凝土结构加固技术规范（CECS 25：90）．

[117] 中国科学技术学会工程学会．桥梁病害诊断论坛.2004、2005.

[118] 洪定海．混凝土中钢的腐蚀与保护．北京：中国铁道出版社．

[119] 刘自明、王帮楣．桥梁工程检测手册．北京：人民交通出版社，2002.

[120] 王国鼎、袁海庆、陈开利．桥梁检测与加固．北京：人民交通出版社，2003.

[121] 周明华．土木工程结构试验与检测．南京：东南大学出版社，2002.09.

[122] 中华人民共和国行业标准．铁路桥梁钢结构设计规范〈钢桥〉（TB 1002.9-99）．北京：中国铁道出版社，1999.

[123] 陈惟珍、王春生、徐磊．上海市外白渡桥剩余寿命与使用安全．桥梁建设，2002(2)．

[124] 谌润水，胡钊芳，师长斌．公路旧桥加固技术与实测．北京：人民交通出版社，2002.

[125] 谌润水、胡钊芳、师长斌．公路旧桥承载能力鉴定方法（试行）．

[126] 宋一凡．公路桥梁荷载试验与结构评定．北京：人民交通出版社，2002.

[127] 谌润水、胡钊芳、邓经国．公路桥梁荷载试验．北京：人民交通出版社，2003.11.

[128] 徐犇．桥梁检测与维修加固．北京：人民交通出版社，2002.

[129] 向中富．桥梁施工控制技术．北京：人民交通出版社，2001.

[130] 范立础．预应力混凝土连续梁桥．北京：人民交通出版社，2001.

[131] 刘效尧．桥梁损伤诊断．北京：人民交通出版社，2002.

[132] 吴新璇．混凝土无损检测技术手册．北京：人民交通出版社，2003.
[133] 中华人民共和国行业标准．回弹法检测混凝土抗压强度技术规程（JTG/T 23—2001）．
[134] 中华人民共和国行业标准．超声回弹综合法检测混凝土强度技术规程（CECS 02：88）．
[135] 中华人民共和国行业标准．钻芯法检测混凝土强度技术规程（CECS 03：88）．
[136] 中华人民共和国行业标准．超声法检测混凝土缺陷技术规程（CECS 21：2000）．
[137] 中华人民共和国行业标准．后装拔出法检测混凝土强度技术规程（CECS 69：94）．
[138] 中华人民共和国行业标准．港口工程混凝土非破损检测规程（JTJ/T 272—99）．
[139] 混凝土超声波检测仪（JG/T 5004—92）．
[140] 刘自明．桥梁工程养护与维修手册．北京：人民交通出版社，2004.
[141] 章关永．桥梁结构试验．北京：人民交通出版社，2002.
[142] 中国工程建设标准化协会标准．混凝土结构加固技术规范（CECS 25：90）．北京：中国计划出版社，1992.09.
[143] 公路旧桥承载能力鉴定方法（试行）．北京：人民交通出版社，1988.
[144] 交通部公路科学研究所．西部交通建设科技项目：公路旧桥加固成套技术应用指南．2004.3.
[145] 交通部公路科学研究所．西部交通建设科技项目：公路旧桥检测评定与加固技术研究及推广应用．广东省实体工程实施资料，2004.3.
[146] 交通部公路科学研究所．西部交通建设科技项目：公路旧桥检测评定与加固技术研究及推广应用．江西省实体工程实施资料（上、中、下册），2004.3.
[147] 交通部公路科学研究所．西部交通建设科技项目：公路旧桥检测评定与加固技术研究及推广应用．河南省实体工程实施资料，2004.3.
[148] 交通部公路科学研究所．西部交通建设科技项目：公路旧桥检测评定与加固技术研究及推广应用．四川省实体工程实施资料（上、中、下册），2004.3.
[149] 交通部公路科学研究所．西部交通建设科技项目：公路旧桥检测评定与加固技术研究及推广应用．青海、新疆实体工程实施资料，2004.3.
[150] 交通部公路科学研究所．西部交通建设科技项目：公路旧桥检测评定与加固技术研究及推广应用．广西壮族自治区实体工程实施资料（上、中、下册），2004.3.
[151] 党志杰．大跨度桥梁设计与施工技术——悬索桥主缆得防腐防护及涂装．北京：人民交通出版社，2002.
[152] 桥梁结构用钢（GB/T 714—2000）.2001.
[153] 碳素结构钢（GB 700—88）.1988.
[154] 低合金高强度结构钢（GB/T 1591—94）.1995.
[155] 铁道部．铁路桥梁鉴定规范．北京：中国铁道出版社.2004.
[156] 铁路钢梁涂膜劣化评定（TB/T 2486—94）．
[157] 铁路钢桥保护涂装（TB/T 1527—95）．
[158] 阳振中，项贻强，李新生.50m 刚架拱桥承载能力的评价研究．公路，2000，8.
[159] 张金奎，佟爱民．旧桥承载潜力因素分析及实桥改造利用．公路，2001，6.
[160] 赵筠．高性能混凝土桥梁．公路，2000，6.

[161] 许贤敏．国外不配筋的混凝土桥面板简介．云南交通科技，2000，8.
[162] 许贤敏．国外纤维增强聚合物的使用规程简介．特种结构，2001，12.
[163] 刘志辉，李彦兵．钢纤维钢筋混凝土在桥面铺装中的应用．公路，2000，6.
[164] 刘兰强，曹诚．聚丙烯纤维在混凝土中的阻裂效应研究．2000，6.
[165] 王增春，黄鼎业．FRP 索预应力结构应用研究．中国市政工程，2000，3.
[166] 王磊．用碳纤维增强塑料加固既有桥梁．铁道建筑技术．1998，1.
[167] 许贤敏．在预应力混凝土结构中使用纤维增强塑料．国外建筑科学，1995，3.
[168] 陈开利．CFRP 材料在桥梁加固工程中的应用．桥梁建设，2001，1.
[169] 姜辉，周履．碳纤维加劲塑料在桥梁工程中的应用．桥梁建设，1999，3.
[170] 赵志勇．复合材料在桥梁加固中的应用．建筑 VE，2001，6.
[171] 夏伟．CFRP 板对旧桥疲劳断裂纹的影响．公路，2000，6
[172] 娄宇，王红庆．碳纤维加固技术及其工程应用．工业建筑，2000，10.
[173] 许清风，蒋永生，张晋．浅谈梁的粘 FRP 板的加固法．工业建筑，2000，2.
[174] 郝超，贾冬玲．后张预应力混凝土桥的安全评估．国外桥梁，2002.1
[175] 李亚东．既有桥梁评估方法研究．铁道学报．1997，6.
[176] 刘志明，王邦楣．既有桥检测评估的若干要点．桥梁建设，2002，3.
[177] 邹记根，邹显华．湖口大桥主梁裂缝成因分析及防治．公路，2001，5.
[178] 程翔云，黄厚芝．连续弯梁桥中固结墩上的裂缝浅析．公路，2001，5.
[179] 陈锡民．混凝土桥梁早期裂缝的成因与防治．桥梁建设，2000，4.
[180] 刘忠平．50mT 梁腹板裂缝的原因分析和处理措施．公路，2000，6.
[181] 刘秉京．桥梁混凝土耐久性设计．公路，2001，2.
[182] 洪乃丰．混凝土中钢筋腐蚀与结构物的耐久性．公路，2001，2.
[183] 李卫庆，张铭光．铁山港跨海大桥的耐久性措施．公路，2001，11.
[184] 王百成，张显军，王景波．钢筋混凝土桥梁的耐久性．公路，2001，6.
[185] 张伯奇，茅昌生．马驹立交桥的加固与扩建．公路，2001，11.
[186] 李新平，高荣堂．预应力混凝土 T 构桥加固．公路，2000，6
[187] 刘守龙．提高桥梁横向刚度的措施和效果．铁道建筑，2000，11.
[188] 周建廷．钢筋混凝土套箍封闭主拱圈加固拱桥研究．公路，2002，1.
[189] 张文渊．粘贴技术在桥梁加固工程中的应用．城市道路与防洪，1999，9.
[190] 周建廷．桥梁加固机理及加固准则挥讨．重庆交通学院学报，2001，11.
[191] 高岩，郑杉．预应力混凝土桥梁的加固评判实例．铁道建筑，2000，8.
[192] 何柏春．软土地基桥梁典型病例分析．华东公路，2000，12.
[193] 唐从一，黄慧明．软土地基桥台台后病害自治．公路，2000，11.
[194] 黄维蓉，陈伟．复合混凝土在修补桥面伸缩缝过渡带处的应用．公路，2002，1.
[195] 张朝生．耐候性钢桥不同部位耐蚀性寿命的预测技术．国外桥梁，2002，1.
[196] 仲爱宝．沿海地区公路桥梁工程结构锈蚀及防护．国外公路，2001，6.
[197] 姜海波，车惠民．混凝土梁疲劳与锈蚀损伤评定与预测．桥梁建设，2004，4.
[198] 许贤敏．被盐损坏的钢筋混凝土结构修补方法．国外公路，1999，4.

[199] 宋官保，周昌栋．悬索桥施工主要质量通病防治初探．国外公路，2000，12.
[200] 蔡国宏．悬索桥主缆锈蚀机理和防护方法．国外公路，2000，12.
[201] 姜天华，周履．蓬特．杜阿尔特悬索桥的加固．国外桥梁，2002，1.
[202] 牟建波，余子腾．钢桥面板的除锈与防腐研究．公路，2001，1.
[203] 杨秀飞，盛赛华，陈仕周．虎门大桥钢桥面铺装热稳性病害的原因分析与自治．公路，2001，1.
[204] 王永强，胡定成．悬索桥主缆的锈蚀机理及其防护措施．国外桥梁，2001，3.
[205] 张朝生．耐候性钢桥不同部位耐蚀寿命的预测技术．国外桥梁，2002，1.
[206] 董长海，陈正贵，梁广雪，谷源远．系杆拱桥的施工技术质量控制．国外桥梁，2002，1.
[207] 交通部．公路建设项目后评价报告编制办法．1996，12.
[208] 交通部．公路建设项目后评价工作管理办法．1996，12.
[209] 交通部．公路建设项目后评价报告编制办法（试行）．1990，3.
[210] Asian Development Bank. Sector Synthesis of PostEvaluation Findings in the Roads and Road Transport Sector. 1996.
[211] Asian Development Bank PostEvaluation Office. Report of the President to the Board of Directors on 1996 PostEvaluation Activities and the Nineteenth Annual Review of PostEvaluation Reports June. 1997.
[212] 袁剑波，朱文喜．公路建设项目后评价内容体系研究．公路，2001.6：92-95.
[213] 于大涛，廖朝华编译．欧洲现有桥梁的评估．中外公路，2001，5：35-37.
[214] 屈文俊，车惠民．裂缝对混凝土桥梁耐久性影响的评估．铁道学报，1997，4：90-98.
[215] 卢木．基于耐久性评定的钢筋混凝土结构的剩余寿命预测．建筑科学，1999，2：23-28.
[216] 赵煜，张珂．既有桥梁拓宽后承载潜力研究．长安大学学报（自然科学版），2003，1：51-53.
[217] 胡明．八渡南盘江特大桥使用性能综合评价．土木工程学报，1997，6：12-17.
[218] 交通部科学技术情报研究所．旧桥检测、评价、加固技术的应用．1990，5.
[219] Yi Jiang. A Model for Estimating Excess User Costs at Highway Work Zones. Transportation Research Record 1657，1999：31-41.
[220] Thomas Adler，Willard Ristau，Stacey Falzarano. Traveler Reactions to Congestion Pricing Concepts for New York’s Tappan Zee Bridge. Transportation Research Record 1659，1999：87-96.
[221] 陈艳艳，王光远．桥梁抗震加固经济可行性评估．世界地震工程，2002，1：18-22.
[222] B. YANEV，陈晓明．纽约市桥梁生命周期性能的评估．特种结构，2001，3：72-77.
[223] 赵尚传，赵国藩．基于可靠性的在役混凝土结构剩余使用寿命预测．建筑科学，2001，5：19-22.
[224] 屈文俊，罗西勤．既有结构剩余技术寿命预测．中国公路学报，1999，4：29-36.
[225] 王有志，王广洋等．桥梁的可靠性评估与加固．北京：中国水利水电出版社，2002.
[226] Yasuhiro Mori and Bruce R. Ellingwood. Maintaining Reliability of Concrete Struc-

ture. I: Role of Inspection/Repair. Journal of Structural Engineering, vol. 120, No. 3, March, 1994 © ASCE: 824-845.

[227] Yasuhiro Mori and Bruce R. Ellingwood. Maintaining Reliability of Concrete Structure. II: Optimum Inspection/Repair. Journal of Structural Engineering, vol. 120, No. 3, March, 1994 © ASCE: 846-861.

[228] Dan M. Frangopol, Kai-Yung lin, and Allen C. Estes. Life-Cycle Cost Design of Deteriorating Structures. Journal of Structural Engineering, vol. 123, No. 10, October, 1997 © ASCE: 1390-1401.

[229] Jung S. Kong, and Dan M. Frangopol. Evaluation of Expected Life-Cycle Main tenance Cost of Deteriorating Structures. Journal of Structural Engineering, vol. 129, No. 5, May 1, 2003 © ASCE: 682-691.

[230] 杨昀．桥梁先简支后连续设计方法的研究．公路交通科技，1998-3.

[231] 花迎春，张劲泉．卡尔曼滤波法应用于悬索桥施工控制—主缆架设阶段．公路交通科技，1992-2.

[232] 何玉珊，张劲泉，宿建，刘京，章关永．虎门悬索桥动力荷载试验．公路交通科技，1992-2.

[233] 张劲泉，赵仲华，花迎春．虎门悬索桥交工验收静力荷载试验与评价．公路交通科技，2000-5.

[234] 楼庄鸿．论预应力混凝土梁桥的裂缝．公路交通科技，2000-6.

[235] 张劲泉，何玉珊，戴正宏．虎门悬索桥上部构造施工监测与控制技术研究．公路交通科技，2001-2.

[236] 张劲泉，何玉珊，戴正宏．虎门悬索桥上部构造施工监测与控制技术研究（续）．公路交通科技，2001-3.

[237] 廖锦祥，张劲泉，李立，冯莨．基于静力试验结果和模糊神经网络的结构模型优化．公路交通科技，2002-5.

[238] 宋桂峰，楼庄鸿，钟文香．我国预应力混凝土V形支撑桥梁．公路交通科技，2003-2.

[239] 曾丁，张劲泉，魏洪昌，王国亮，王来永．从梁理论浅析碳纤维布提高梁抗弯承载力的力学原理．公路交通科技，2004-4.

[240] 吴炜，翁洋，吕建鸣．用ANSYS对T梁和空心板梁桥进行结构仿真分析的研究．公路交通科技，2004-6.

[241] 郭大进，廖锦祥，张劲泉，吴克文．桥梁加固维修技术应用．公路交通科技，2004-8.

[242] 李万恒，沈红军．西塘大桥主桥静、动荷载试验．公路交通科技，2004-9.

[243] 魏宏昌，张劲泉．公路桥梁维修加固技术经济评价方法研究．公路交通科技，2005-1.

[244] 廖锦祥，袁明武，张劲泉．桥梁损伤自动检测理论初探．公路交通科技，2005-4.

[245] 陈可，吕建鸣．桥梁结构检测分析系统研究．公路交通科技，2005-5.

[246] 吕建鸣，陈可．预应力混凝土箱梁腹板主应力分析．公路交通科技，2005-10.

[247] 刘文峰，张劲泉，何玉珊，方明山，叶俊能．杭州湾跨海大桥监测系统中应变传感器的优化布点．公路交通科技，2005-12.

[illegible] L. Kol[illegible] Journal of [illegible]eering Mechanics, vol. 1[illegible] No. [illegible] March, 1991, ASCE, 324-[illegible]

[27] Nasim [illegible] and [illegible] E. Ellingwood. [illegible] of [illegible] Repair [illegible] Journal of Structural Engineering, vol. [illegible] No. [illegible] March, 1998, ASCE, [illegible]

[28] [illegible] and [illegible] Interface [illegible] Design of [illegible] Structures, Journal of [illegible] Mechanics, vol. 12[illegible] [illegible] 1997, ASCE, 160-[illegible]

[29] [illegible] and [illegible] Structures, Journal of Structural Engineering, vol. 123, No. [illegible] 1997, ASCE [illegible]

[30] [illegible]

[31] [illegible]

[32] [illegible]

[33] [illegible]

[34] [illegible]

[35] [illegible]

[36] [illegible] 2003

[37] [illegible]

[38] [illegible]

[39] [illegible]

[40] [illegible] 2006

[41] [illegible]

[42] [illegible]

[43] [illegible]

[44] [illegible] 2003

[45] [illegible] 2006

[46] [illegible]

[47] [illegible]